DAS BUCH DER WAHRHEIT

2010 – 2015

**Vorbereitung auf das
Zweite Kommen Christi**

DIE WARNUNG

Jesus Christus:

„BEREITET EUCH JETZT AUF DIE GROSSE WARNUNG VOR!

Wer sich nicht darauf vorbereitet läuft Gefahr vor Schreck und Schock dabei zu sterben! Eventuell sogar in Todsünde!

Es wird das GRÖSSTE EREIGNIS in der Menschheitsgeschichte sein, seit MEINER KREUZIGUNG!

Ein Ereignis, das es vorher noch NIE gegeben hat!"

Die „GROSSE WARNUNG" wurde bereits 1961-1965 von der Jungfrau Maria in Garabandal angekündigt und wird sehr bald stattfinden!

DAS SIEGEL DES LEBENDIGEN GOTTES

Gott der Vater:

Ich habe das starke Bedürfnis, alle von euch liebevollen Kinder, die ihr über Meine Liebe zu euch Bescheid wisst und sie begreift, in Mein wunderschönes Neues Paradies auf Erden mitzunehmen.

Ich verspreche euch, dass die Verfolgung kurz sein wird und dass ihr geschützt werdet.

Denn Ich vermache euch jetzt das Siegel Meiner Liebe und Meines Schutzes.

Mit diesem Siegel werdet ihr der Wahrnehmung jener entkommen, die schwere Lebensumstände in euren Ländern verursachen werden.

Mein Siegel ist Mein Versprechen der Rettung. Aufgrund dieses Siegels wird euch Meine Kraft durchströmen und es wird euch kein Unheil widerfahren.

Dieses Siegel ist ein Wunder, Kinder, und nur diejenigen, die sich vor Mir, ihrem Herrn und dem Schöpfer aller Dinge, verneigen
— wie kleine Kinder und mit Liebe für Mich in ihren Herzen —
können mit diesem Göttlichen Geschenk gesegnet werden.

Erhebt euch nun und empfangt Mein Siegel, das Siegel des Lebendigen Gottes.

DAS BUCH DER WAHRHEIT

2010 – 2015

**Vorbereitung auf das
Zweite Kommen Christi**

Das ist Gottes Wort und Gottes Wort ist frei.

Es darf frei kopiert werden unter der Bedingung das es nicht geändert wird.

Diese Buch enthält alle Botschaften empfangen von 2010 bis 2015

von Maria Göttliche Barmherzigkeit

Veröffentlicht im Oktober 2017

ISBN 978-1-387-32322-7

Einleitung

Die Seherin der „Warnung" nennt sich „Secret Prophet", „Verborgene Prophetin", weil sie im Verborgenen bleiben will. Sie enthüllt Details der Göttlichen Botschaften, die sie von unserem Herrn Jesus Christus und vereinzelt auch von Gott Vater und von der Gottesmutter seit dem 8. November 2010 empfangen hat. Die Botschaften beziehen sich auf „Die Warnung", ein Ereignis, welches weltweite Umkehr verbreiten wird.

Am 1. März 2011 beginnt die Verbreitung der Botschaften in der Muttersprache der Seherin, in Englisch, und zwar über die Webseite www.thewarningsecondcoming.com, Die deutsche Webseite www.diewarnung.net begann Mitte April 2011.

Über die Botschaften

Die sehr dringenden Botschaften, die vor allem von unserem Herrn Jesus Christus in einer Reihe von inneren Einsprechungen gegeben wurden, denen Erscheinungen der Gottesmutter und unseres Herrn Jesus Christus vorausgegangen waren, sagt sie, beziehen sich auf ein mystisches Ereignis, das in der Welt in Kürze stattfinden wird. Das Ereignis, das von Jesus Christus als „Die Warnung" und die „Erleuchtung des Gewissens" bezeichnet wird, wird der Welt als ein Akt der Barmherzigkeit gegeben. Dieses Ereignis darf nicht mit dem Zweiten Kommen verwechselt werden und wird von jeder einzelnen Person in der Welt über dem Alter von 7 Jahren erlebt. Es ist unerlässlich, sagt sie, dass die Menschen sich für die Warnung vorbereiten; denn das Ereignis wird so schockierend sein, dass manche den Schock nicht überstehen können und als Resultat in Todsünde sterben könnten. Es wird ein sehr mächtiges Ereignis sein und eines, das niemand ignorieren kann. Jeder wird sich sofort bewusst, dass Gott existiert, und allen werden ihre Sünden gezeigt werden, wie sie in den Augen Gottes erscheinen. Nur dann werden die Menschen, darunter auch Atheisten, sich endlich eingestehen, dass Gott existiert. Dieses Geschenk wird die Menschen ermutigen, ihr Leben neu zu bewerten und Gott um Vergebung zu bitten. Es wird auch viele vor den kommenden turbulenten Jahren und vor der Zeit, wenn Jesus Christus wiederkommt, um zu richten, bekehren.

Die Botschaften betreffen auch anstehende globale Unruhen einschließlich Kriege und Erdbeben, die jetzt deswegen eskalieren, weil die Menschen dem Glauben an Gott, den Allmächtigen Vater, den Rücken kehren. Die Botschaften sind eine Mischung Christlicher Lehren und Prophezeiungen in der Hinführung zum Zweiten Kommen Jesu. Sie bekräftigen die Lehren der katholischen Kirche in Bezug auf Glauben und Moral und wurden der Menschheit durch Jesus Christus gegeben, um zu helfen, die Welt wieder zu evangelisieren, so dass die Seelen vor dem Zweiten Kommen — dem endgültigen Urteil — gerettet werden können.

In den Botschaften hat Jesus gesagt, dass Gott, der Ewige Vater, Sich nicht länger zu-rücklehnen werde und zusehen werde, wie sich die Sünde weiterhin in einer ungläubigen Welt manifestiert. Diese ökologischen Katastrophen werden am Ende des Jahres 2011 stärker werden und leider in einigen Teilen der Welt, wo sie am wenigsten erwartet werden, spürbar werden. Nur dann, wenn sie so häufig werden, werden die Menschen sich Fragen stellen. Dann werden sie erkennen, dass sie nicht aufgrund des Klimawandels kommen, sondern durch die Hand Gottes.

Der Grund, warum dieses Ereignis, stattfinden wird, ist, weil Gott immer barmherzig ist und den Menschen eine Chance geben will zu bereuen, so dass sie in den Himmel eingehen können, wenn Sein Sohn, Jesus Christus, wiederkommt, um während Des Zweiten Kommens zu richten. Aus Seiner Barmherzigkeit heraus gibt Er der Welt diese letzte Chance, um die Vergebung ihrer Sünden zu bitten, sodass sie alle gerettet werden können und das neue Paradies betreten können, wenn Himmel und Erde zu einer Einheit verschmelzen.

Das Gebet wird helfen, globale Katastrophen abzuwenden, aber leider gibt es, nach der Visionärin, jetzt nicht genügend Gebet in der Welt. So wird der Zorn Gottes nun mit sofortiger Wirkung auf die Welt herabsteigen. Erdbeben, Tsunamis, Überschwemmungen, Hitzewellen und Vulkanausbrüche werden nun eskalieren und stärker werden.

Die Visionärin sagt, dass diese Botschaften ihr als das Buch der Wahrheit offenbart wurden — als die letzte Reihe der göttlichen Botschaften, die der Welt vor dem Zweiten Kommen vermittelt werden, und dass sie vorhergesagt wurden. Sie sind göttlichen Ursprungs und werden aus der reinen Liebe gegeben, die Gott für alle seine Kinder hat.

Die verborgene Visionärin unterwirft sich hinsichtlich der Echtheit dieser Botschaften völlig dem Urteil des Papsttums. Wenn es eine Frage prophetischer Offenbarungen ist, ist der Papst alleiniger Richter. (Papst Leo X. Laterankonzil 1513). Derzeit erhält sie spirituelle Führung durch verschiedene Kanäle innerhalb der Kirche.

Nach dem Dekret der Kongregation der Glaubenslehre, genehmigt durch Papst Paul VI. (14. Oktober 1966), sind Artikel 1399 und 2318 des Kanonischen Rechtes aufgehoben. Für die Veröffentlichung göttlicher Offenbarungen, Prophezeiungen oder Wunder ist kein Imprimatur erforderlich.

Über die Visionärin

Diese Botschaften werden seit dem 8. November 2010 von einer verheirateten Frau und Mutter einer Familie empfangen. Die Visionärin wird von einer Reihe von Gläubigen einschließlich Priestern aus verschiedenen Ländern unterstützt, um sie der Welt schnell zu offenbaren. Diese Offenbarungen wurden während des Gebets und einer Reihe privater Erscheinungen empfangen und werden der Welt für ihr eigenes Wohl und das der anderen offenbart.

Die Visionärin weiß, dass im Falle jener, die behaupten, Botschaften göttlicher Natur zu erhalten, äußerste Vorsicht geboten ist. Sie stimmt daher voll und ganz zu, dass die Botschaften von qualifizierten Theologen geprüft werden müssen. Von daher hat sie diese sogleich der katholischen Kirche für eine vollständige Prüfung zugänglich gemacht.

Die Botschaften müssen der Welt schnell offenbart werden, weil, so sagt sie, „wir nicht viel Zeit haben, bevor sich diese Ereignisse in der Welt entfalten, und die Menschen ein Recht darauf haben, die Wahrheit zu wissen, sodass sie ihr Leben prüfen können, in der Hoffnung, dass ihre Seelen gerettet werden können."

Die Visionärin hat beschlossen, aus einer Reihe von Gründen nicht an die Öffentlichkeit zu gehen. Erstens, sagt sie, möchte sie ihre junge Familie schützen, dass sie nicht identifiziert wird. Zweitens hat sie kein Verlangen, Aufmerksamkeit oder persönlichen Ruhm jeglicher Art zu suchen, und als ein Elternteil fühlt sie sich verpflichtet, die persönliche Sicherheit von sich und ihrer Familie zu schützen. Sie bittet, dass die Menschen ihr Recht, dies zu tun, respektieren.

Ihre Rolle beschreibt sie ganz klar: „Wie unser Herr Jesus Christus diktiert hat, darf ich der Schriftsteller sein, aber ich bin nicht der Autor. Er ist es. Ich weiß, dass es für Leute schwer ist, von der Echtheit dieser Botschaften auszugehen. Aber das ist in Ordnung.

Lassen Sie mich Ihnen aber versichern, dass die Liebe, die Jesus Christus und Sein Ewiger Vater für jeden von uns in der Welt haben, so rein ist, wie sie leidenschaftlich ist. Es bricht einem das Herz, das Leiden zu sehen, dass Er wegen der Sünden der Welt und insbesondere wegen derjenigen, die nicht glauben, dass Er existiert, auf sich genommen hat. Er will jetzt der Welt den Beweis geben, den sie während „Der Warnung" benötigt — während der Erleuchtung des Gewissens, einem übernatürlichen Ereignis, das von allen gesehen werden wird."

Der Visionärin ist von unserem Herrn Jesus Christus beauftragt worden, die Botschaften nicht zu analysieren oder irgendeine persönliche Interpretation oder persönliche Ansichten hinzuzufügen. Die Botschaften werden genau so veröffentlicht, wie sie von ihr empfangen wurden — mit keinerlei Änderungen an dem Inhalt.

Sie räumt ein, dass göttliche Offenbarungen nicht notwendig sind, um an Gott zu glauben. Sie sagt, in diesem Fall werden sie gegeben, um das Vertrauen der Menschen zu verbessern und ihnen zu helfen, sich auf die Ereignisse in der Welt vorzubereiten, welche, so sagt sie, sich auf die Zeitspanne beziehen, die dem Zweiten Kommen Christi vorausgeht. Sie macht absolut klar, dass sie keine Ahnung hat, wann genau die Wiederkunft stattfindet, noch wird ihr jemals ein Datum für dieses Ereignis gegeben werden.

Über das Zustandekommen der Botschaften und über das Buch der Wahrheit

Es war am 9. November 2010, um 3 Uhr nachts, als Maria plötzlich aufwachte. Sie hatte noch kaum auf die Uhrzeit geschaut, die rot auf der Digitaluhr neben ihrem Bett leuchtete, als sie sich bewusst wurde, dass sich ihr Körper anders anfühlte. Sie fühlte sich schwerelos und hatte ein prickelndes Gefühl in ihrer Magengegend, das den ganzen Weg zu ihren Füßen entlang zu wandern schien und das jeden Nerv und jeden Muskel erfasste.

Dann, als sie die Nachttischlampe einschaltete, strömten mehrere Wogen starker Gefühle — sowohl körperlich als auch geistig — wie elektrischer Strom durch ihren ganzen Körper. Verwirrt und überwältigt setzte sie sich auf. Sie wurde sofort zu einem Bild von Jesus auf dem Schrank neben ihrem Bett hingezogen.

Das Gesicht in dem Bild begann sich zu verändern. Es wurde lebensecht. Zu ihrer Überraschung lächelte das Bild von Jesus ihr zu, und Seine Lippen begannen sich zu bewegen, so als ob Er sprechen würde. Sein Gesicht wurde lebendig, wobei verschiedene Ausdrücke der Zärtlichkeit, der Besorgnis und des Erbarmens das Bild durchzogen. Obwohl sie Seine Stimme nicht hören konnte, wusste sie instinktiv, dass Er mit ihr kommunizieren wollte.

Sie wusste sofort, dass dies eine Göttliche Gegenwart war. Paradoxerweise fühlte sie eine wohltuende Gelassenheit, die im Widerspruch zu der etwas unwirklichen Atmosphäre im Raum stand. Zitternd, während die Tränen ihr Gesicht hinabströmten, wurde sie vor Ihm wie ein kleines Kind. Und dann hatte sie diesen starken Drang, das niederzuschreiben, von dem sie wusste, dass Jesus es ihr mitteilte.

Im Hinterkopf kam ihr die Erkenntnis, dass sich gerade eine Tür geöffnet hatte. Ein Schalter war betätigt worden, und es gab kein Zurück.

Während sie neben ihrem Bett nach einem alten Umschlag und einem Kugelschreiber griff, begannen die Worte sich in ihrem Geist zu bilden.

Sie schrieb nieder, was sie hörte und wie es ihr auf eine sanfte, aber bestimmte Weise diktiert wurde. Jedes Wort wurde deutlich, präzise und ohne Pause gebildet, während ihr Kugelschreiber das Papier berührte.

Die ersten Worte, die sie schrieb, waren: „Dein Wille ist mir Befehl." Ohne zu verstehen, warum sie dies schrieb, wusste sie in ihrem Herzen, dass es eine natürliche und spontane Antwort war. Irgendwie wusste sie, dass sie dies zuerst schreiben sollte. Und dann kam die erste Botschaft, die ihr von Jesus Christus gegeben wurde.

Die Botschaft, die ihr diktiert wurde, enthielt 745 Worte, und es dauerte genau 7 Minuten, um die Botschaft Wort für Wort von Anfang bis zum Ende niederzuschreiben.

Am nächsten Morgen, im kalten Licht des Tages, wurde sie von einem Gefühl der Unwirklichkeit überwältigt. Mit einem flauen Gefühl wusste sie, dass das, was während der Nacht geschehen war, sehr real war. Und so las sie die Botschaft. Vor Schreck und Fassungslosigkeit zitternd strömten die Tränen, während die Wahrheit begann, ihr ins Bewusstsein zu dringen.

Eine intelligente Frau, Maria, eine Mutter von vier Kindern, führte ein geschäftiges und erfülltes Leben und widmete sich einer arbeitsreichen Karriere. Gewohnt, mit den vielen Herausforderungen des täglichen Geschäftslebens umzugehen, wäre sie die Erste gewesen, solche Aussagen abzutun. Doch wusste sie in ihrem Herzen, dass sie sich die Botschaft einerseits nicht ausdachte, andererseits niemals die Fähigkeit haben würde, eine Schrift wie diese zu erstellen.

Nervös nahm sie das Bild von Jesus wieder zur Hand und sah es an. Abwartend. Das Bild zu einer erneuten Bewegung herausfordernd. Und es bewegte sich wieder. Dieses Mal schrie sie und bat Jesus dringend, ihr ein Zeichen zu geben, ob sie sich das alles einbildete.

Es war 11 Uhr vormittags (Ortszeit). Das Bild veränderte sich wie zuvor, und das Gesicht von Jesus wurde wieder lebendig. Er war in Weiß gekleidet mit einer goldenen Borte um Seinen Hals. Sein Gesicht war lang und schmal. Er hatte rötlich-braunes welliges Haar bis zu Seiner Schulter, durchdringende, blaue Augen, und war umgeben von einem blendenden, durchdringenden Licht. Dieses Licht, sagt Maria, ist sehr stark und raubt einem die Energie. Er schaute auf sie — zärtlich, mit Anteilnahme und voller Erbarmen und einer tiefen beständigen Liebe. Und dann lächelte Er.

Ihr Körper erfuhr wieder dasselbe prickelnde, schwerelose Gefühl. Sie schrieb die nächste Botschaft nieder, eine private Botschaft. Diese war viel kürzer als die Nacht zuvor. Dieses Mal sagte ihr Jesus, dass sie keine Angst haben soll. Dass es Er war, ja Er, der mit ihr kommunizierte. Er bat sie dringend, nicht davonzulaufen und stark zu sein. Er versicherte ihr, dass sie sich das alles nicht einbildete.

Und so begannen die Botschaften, obwohl Maria anfangs keine Ahnung hatte, worum es bei ihnen ging oder was sie bedeuteten. Sie fürchtete die öffentliche Reaktion auf Botschaften dieser Art und war erleichtert, als Jesus ihr sagte, dass Er wollte, dass sie aus vielen verschiedenen Gründen im Verborgenen blieb.

Als ihr die Wahrheit langsam dämmerte, dass die Botschaften tatsächlich authentisch waren — obwohl sie privat hoffte, dass sie es nicht sein würden — nahm sie an, dass sie nur eine weitere Visionärin, eine weitere Seherin war.

Doch dies war nicht der Fall. Jesus sagte ihr schließlich, wer sie war. Er sagte ihr, dass sie „die Endzeitprophetin" wäre (ein Begriff, den sie vorher noch nie gehört hat-

te), und dass sie erwählt worden wäre. Sie war als der 7. Bote gesandt worden, um — im Auftrag Jesu — die Siegel, die im Buch der Offenbarung enthalten sind, mitzuteilen, um die Welt auf Sein Zweites Kommen vorzubereiten.

Seitdem hat sie fast täglich eine Botschaft von Jesus Christus erhalten. Einige der Botschaften werden ihr von der Jungfrau Maria, der Mutter Gottes, gegeben, die Maria einen neuen Titel mitgeteilt hat, von dem sie möchte, dass dieser bekannt gemacht werden soll, nämlich „die Mutter der Erlösung".

Die erste Botschaft erhielt sie im Juni 2011 von Gott, dem Vater. Kurz bevor sie diese Botschaft erhielt, wurde ihr durch den Heiligen Geist eine Botschaft gegeben, die ankündigte, dass Gott Vater mit ihr kommunizieren möchte.

Beim Aufschreiben dieser Botschaft zitterte sie die ganze Zeit über, nicht weil sie erschrocken war, sondern wegen Seiner Macht und wegen der reinen Liebe, die Er für die ganze Menschheit hat. Er erklärte ihr, was der Hauptgrund war, warum Er die Welt schuf. Es geschah, damit Er eine Familie haben konnte.

Maria ist römisch-katholisch, aber sie sagt, dass sie bis zu der Zeit, in der sie die Botschaften erhielt, eine lau praktizierende Gläubige war. Sie glaubte an Gott, aber sie war nicht im traditionellen Sinne fromm. Jedoch hatte sie in den Monaten, die der ersten Botschaft vorausgingen, einen geistigen Neubeginn erfahren und hatte private Erscheinungen der Jungfrau Maria gehabt, obwohl sie das für sich behielt.

Infolge der Erscheinungen begann sie, mehr zu beten, und begann, den Heiligen Rosenkranz zu beten. Während sie am 8. November 2010 den Rosenkranz vor einer Statue Unserer Lieben Frau betete, geschah es, dass Unsere Liebe Frau ihr eine Botschaft gab, die sie niederschrieb. Sie hatte aber keine Ahnung, was sie bedeutete.

Maria ist mitgeteilt worden, dass das Zweite Kommen von Christus sehr nahe bevorsteht und dass sie der letzte Bote, der letzte Prophet ist. Ihr ist gesagt worden, dass sie der siebte Bote, der siebte Engel ist, welcher der Welt den Inhalt der Siegel im Buch der Offenbarung bekannt geben wird, wenn sie durch das Lamm Gottes, Jesus Christus, geöffnet werden.

Die Botschaften, die ihr gegeben werden, beinhalten das Buch der Wahrheit, das im Buch Daniel für die Endzeit vorausgesagt worden ist. Sie werden der Welt gegeben, um dabei zu helfen, die Bekehrung unter den Menschen zu verbreiten, damit alle Kinder Gottes vor dem Antichristen gerettet werden können, der in Kürze in der Welt erscheinen soll.

Gott, sagt sie, will jeden retten, einschließlich der verhärteten Sünder. Alle diejenigen, die gerettet werden, werden in ein Neues Paradies auf Erden eingehen, wo wir einen Geist, einen Leib und eine Seele haben werden. Sie werden in Herrlichkeit, Liebe,

Frieden und Harmonie leben und sie werden keine offenen Wünsche mehr haben. Das ist das Erbe, das Gott allen Seinen Kindern versprochen hat.

Es wird alles übertreffen, was wir uns jemals vorstellen könnten, sagt sie, aber nur diejenigen, die sich zu Gott hinwenden und um Vergebung bitten, können es betreten.

Sie werden ewiges Leben haben.

Wenn sie Gott ablehnen, werden sie zusammen mit dem Antichristen, mit dem falschen Propheten und mit all denjenigen, die Satan folgen, in das Feuer der Hölle geworfen werden.

Und wir haben nicht viel Zeit.

Über das Buch der Wahrheit

Das Buch der Wahrheit wird in Daniel 10, 21 erwähnt. Dort wird auf ein geheimnisvolles Buch der Wahrheit verwiesen. Der Erzengel Gabriel erklärt Daniel, dass alles, was ihm über die Zukunft und die Endzeit enthüllt worden ist, im Buch der Wahrheit zu finden ist. Daniel wurde gesagt, er solle es versiegeln, weil es für eine andere Zeit, welche „Die Zeit des Endes" genannt wird, bestimmt ist.

1. Erste Botschaft von der Jungfrau Maria

Montag, 8. November 2010, 15:30 Uhr nach dem Beten des Rosenkranzes zuhause

(Bekanntgabe der künftigen Prophezeiungen, die noch von der verborgenen Seherin empfangen werden sollen, die keine Ahnung hat, was von ihr zu diesem Zeitpunkt zu tun verlangt wird.)

Mein Kind, du hast eine verantwortungsvolle Arbeit zu tun und du darfst dich von niemandem stoppen lassen. Die Wahrheit muss raus. Du bist auserwählt worden, diese Arbeit zu tun. Mein Kind, bleib stark. Baue auf Gott, der über dir ist, um die Führung, Mein Werk zu tun.

Alle Heiligen arbeiten mit dir zusammen. Die Personen (*), die du sahst, sind alle da, um dir zu helfen, Meine unbegrenzten Botschaften zu verbreiten, damit die ganze Welt sie hören kann. Du wirst geführt. Du wirst es nicht einfach haben, aber du liebst es, dich beharrlich zu bemühen. Was jetzt geschieht, ist alles vorausgesagt worden. Du bist ein Instrument für das Mitteilen von Gottes Wort an all Seine Kinder.

Vergiss niemals, Gott liebt all Seine Kinder, einschließlich derjenigen Sünder, die Ihn verletzt haben. Bitte um Erbarmen für jeden Einzelnen von euch. Die Heilige Familie wird sich wieder vereinen.

(Pause ... an diesem Punkt war Ich überrascht. Darum fragte ich die Gottesmutter: „Habe ich diesen Teil richtig verstanden?" Sie lächelte sanft und fuhr fort...)

Nimm deinen Stift, das ist richtig, und verbreite die Wahrheit, bevor es zu spät ist. *(Heilige Familie: Die Engel, die Heiligen und wir sind wie eine Familie, die im Himmel für ewig vereint sein soll. Anmerkung des Übersetzers)*

Diese Botschaften sind göttlichen Ursprungs und müssen respektiert werden. Ich vertraue dir, dass du sicherstellst, dass sie einer ungläubigen Welt auf eine wirksame Art und Weise überbracht werden. Es ist von größter Wichtigkeit, dass du für Meinen geliebten Sohn stark bleibst. Ich weiß, du leidest für Ihn, mit Ihm und durch Ihn. Freue dich; denn dies ist gut. Du bist gesegnet, Mein Kind, dass du für dieses Werk auserwählt worden bist. Bleibe stark.

Bete jeden Tag um Führung. Du wirst mit der Zeit stärker werden. Fürchte dich nicht. Ich bin jeden Tag mit dir und mit deiner Familie. Du wirst mit dem Heiligen Geist erfüllt, damit du die Wahrheit über den Plan Meines Vaters auf Erden enthüllen kannst.

Mein Kind, lege deine Zweifel ab. Du bildest dir diese göttliche Botschaft nicht ein. Die Vorhersagen der Bibel sind im Begriff, sich zu verwirklichen.

Bete für alle Kinder Gottes. Mein geliebter Sohn hat an jedem Tag so viele Schmerzen. Er wird durch die Sünden der Menschen gequält. Sein Leiden hat ein bisher noch nie dagewesenes, seit Seinem Tode am Kreuz nicht erreichtes Ausmaß erreicht.

Du hast die Energie und den Geist, die erforderlich sind, um — mit Gottes Segen — deine Mission auszuführen. Deine Läuterung ist abgeschlossen. Du bist bereit für die Schlacht, die dich erwartet.

Gehe nun, Mein Kind. Lege deine Rüstung an. Stehe mit hocherhobenem Haupt und hilf im Kampf gegen den Teufel. Verzweifle nicht hin und wieder, wenn du dich isoliert fühlst. Du hast alle Engel und Heiligen — darunter St. Johannes Paul II. die Heilige Faustina und St. Joseph — an deiner Seite, die dich auf jedem Schritt des Weges führen.

Mein Kind, Ich danke dir für den Glauben, den du gezeigt hast. Du bist eine Kämpferin und wirst von Gott Vater und Meinem geliebten Sohn sehr geliebt. Du bist eins mit Jesus, und deine Hand wird vom Heiligen Geist geführt.

Gehe nun, Mein Kind, um das Werk zu tun, und bediene dich — in dieser wichtigsten Zeit in der Menschheitsgeschichte — aller Werkzeuge, die dir zur Verfügung stehen.

Gott segne dich, Mein Kind.

Deine liebende Mutter in Christus, Maria, Königin der Erde

(*) Die genannten Personen sind die Bilder verschiedener Heiliger, die der Seherin während der privaten Erscheinung erschienen, aber sie hatte bis zu einem späteren Zeitpunkt keine Ahnung, wer sie waren, ausgenommen diejenigen, die oben identifiziert wurden, z. B. St. Johannes-Paul II. Schwester Faustina, den heiligen Joseph und zwei weitere Personen, die nicht identifiziert sind.

2. Erste Botschaft, empfangen von unserem Erlöser Jesus Christus

Dienstag, 9. November 2010, 3:00 Uhr

Siehe, die Zeit ist für dich nahe, der Welt mitzuteilen, dass all jenen, die Mich ablehnen, Gerechtigkeit widerfahren wird. Meine Barmherzigkeit für all jene, welche sich die Wahrheit Meines Leidens am Kreuze zu Herzen nehmen, kennt keine Grenzen.

Freude denjenigen Meiner Anhänger, welche die Versuchungen zurückweisen, mit denen sie jeden Tag konfrontiert sind. Andere, die Meinen Lehren den Rücken kehren, sind blind gegenüber den Versprechen, die Ich gegeben habe, als Ich für ihre Sünden am Kreuz gestorben bin.

Ich bin von tiefem Schmerz erfüllt und fühle Mich trostlos wegen der Verlassenheit, die Ich von Seiten Meiner geliebten Sünder erleide, für die Ich Mein irdisches Leben gab.

Die Erde ist zu diesem Zeitpunkt von Finsternis bedeckt. Sie, Meine Anhänger, leiden sehr mit Mir, wenn sie eine Welt von Sündern sehen, welche nicht nur Gott, Meinem Ewigen Vater, den Rücken gekehrt haben, sondern auch Mir, der Ich ein großes Opfer erlitt, um sie aus den Reichen der ewigen Verdammnis zu retten.

Ich leide sehr und Mein Kummer ist groß wegen der Enttäuschung und der Trauer über die Art und Weise, wie Ich zum zweiten Male abgelehnt worden bin.

Ich fordere Meine Anhänger auf, sich in dieser Zeit der Trauer in der Welt zu versammeln. Sie müssen ihre Gleichgültigkeit gegenüber dem Gebet ablegen und sich Mir anschließen, um denjenigen zu helfen, deren Seelen vom Teufel gestohlen wurden.

Es ist immer noch Zeit für die Sünder, umzukehren, zu bereuen und Buße zu tun. Es gibt dafür keinen einfachen Weg. Es muss von Herzen kommen. Gläubige, habt keine Angst, einstimmig eure Stimmen zu erheben, um die Liebe zu verkünden, die Ich für alle habe.

An Christen, Muslime, Hindus, Juden und an all jene Religionen, die durch den fehlbaren Geist des Menschen hergeleitet wurden... — Ich appelliere an euch alle, ein letztes Mal, eure Augen für das wahre Wort Gottes zu öffnen, der Gott, der euch das Wort durch die Propheten sandte. Die Wahrheit wurde in dem Heiligen Wort der Heiligen Schrift — die niemand korrigieren kann, ändern kann oder versuchen kann, sie gemäß seiner eigenen Interpretation zu verdrehen — niedergeschrieben und belegt. Es gibt nur einen Gott. Darum legt eure Waffen nieder, öffnet eure Augen und folgt Mir zum Ewigen Leben.

Ich liebe euch alle so sehr, dass Ich für euch Mein Leben hingab. Habt ihr das vergessen? Durch Meine Göttliche Barmherzigkeit bitte Ich euch alle dringend ein letztes Mal, zu Mir zurückzukehren. Aufgrund Meiner Barmherzigkeit komme Ich zurück auf die Erde, um euch zu prüfen und euch zu helfen, in eure Herzen zu schauen und die Wahrheit zu suchen. Erlaubt dem Betrüger nicht, euch zu zerstören. Sucht die Wahrheit. Liebe — reine Liebe — ist der Weg zum Reich Meines Vaters.

Bitte, bitte, erinnert euch an Meine Göttliche Barmherzigkeit. Ich liebe jeden Einzelnen von euch. Betet jetzt um Vergebung. Streckt eure Hände aus und lasst Mich euch zum Reich Meines Vaters führen. Ich kehre, wie vorausgesagt, zur Erde zurück. Diese Zeit kommt so schnell näher, dass viele nicht darauf vorbereitet sein werden. So viele werden schockiert und überrumpelt sein, dass sie nicht werden glauben wollen, dass es (tatsächlich) geschieht. Es ist jetzt nicht mehr viel Zeit für Meine Propheten übrig, die Menschheit auf dieses große Ereignis vorzubereiten.

Gläubige, Ich appelliere an euch alle, Meine Warnung zu beherzigen. Verbreitet die Wahrheit. Ermahnt die Menschen, um Meine Barmherzigkeit zu bitten. Ich werde Mich bemühen, jede einzelne Seele zu retten, die bereut, bis hin zum Zeitpunkt ihres allerletzten Atemzuges.

Ich kann nicht, und werde nicht, in ihren freien Willen eingreifen. Ich ersuche euch flehentlich, zuzuhören und Mein Wort zu beherzigen. Ich liebe euch alle. Ich bitte euch, betet um die Bekehrung (der Seelen) vor der Endzeit, die schon fast gekommen ist. Ich habe nicht den Wunsch, Meinen Anhängern Angst zu machen, aber Ich flehe euch alle jetzt an, Seelen zu retten. Ihr müsst jeden an die Dringlichkeit erinnern, seinen Geist von dem Streben nach weltlichen Zielen zu befreien. Strebt stattdessen die Tugenden der einfachen Demut an, die frei vom Ego und vom Götzendienst sind.

Die gewöhnlichen Menschen werden bei der Verbreitung der Wahrheit über Mein Zweites Kommen die Vorreiterrolle einnehmen müssen.

Aufgrund der sich äußerst rasch entwickelnden geistigen Finsternis, verbreitet vom Atheismus und dem massiven Anstieg des satanischen Kultes in der traurigen und undankbaren Welt von heute, sind es die einfachen Seelen, die wahren Gläubigen, die diese Aufgabe werden übernehmen müssen.

Betet nun für das Heil der Menschheit, da die Welt jetzt in die Große Drangsal steuert, wie es in der Heiligen Schrift vorausgesagt ist. Es wird vom eigenen freien Willen der Menschheit abhängen, ob sie bereit ist, nach der Wiedergutmachung für ihre Sünden zu streben, oder ob sie nicht dazu bereit ist. Die Menschen dürfen niemals Angst haben. Meine Liebe ist immer barmherzig.

Euer Erlöser Jesus Christus

3. Die Menschheit steht der letzten Reinigung gegenüber.

Donnerstag, 11. November 2010, 12:20 Uhr

Ja, Meine geliebte Tochter, Ich bin es. Du und Ich werden zusammen Seite an Seite arbeiten bei der Vorbereitung der Welt für die Zeiten, denen sich die Menschheit gegenübersieht, wenn die Erde der letzten Reinigung gegenübersteht.

Es ist wichtig, dass diese Reinigung stattfindet; denn ohne sie kann es kein Ewiges Leben für Meine Kinder geben. Es wird Schwierigkeiten geben, mit denen all Meine Kinder, vor allem Meine Anhänger, konfrontiert sein werden; denn dies ist Teil der Schlacht, die gefochten werden muss, um Seelen zu gewinnen.

Entspanne dich. Lass dein Herz Meine Liebe fühlen, Meine Tochter. Nimm sie als ein Geschenk von Mir an. Du wirst davon möglicherweise überrascht sein, aber Ich bin deine Familie. Du bist bei Mir zu Hause in Meinem Königreich. Du hast jetzt einen Auftrag zu erledigen. Halte Meine Hand, und Ich werde deinen Geist ergreifen, um dich dabei zu führen, Meine Kinder zurück zu Meinem Heiligsten Herzen zu bringen. Ruhe jetzt, Mein Kind.

Euer liebender Jesus Christus.

Euer liebender Erlöser

4. Zweite Botschaft der Jungfrau Maria.

Donnerstag, 11. November 2010, 12:20 Uhr

Du, Mein starkes Kind Gottes, bist etwas ganz Besonderes. Ich werde immer mit dir zusammenarbeiten; denn du hast beide Seiten des Lebens hier auf Erden gesehen. Du, Mein Kind, musst verstehen, um was es bei Gottes Werk geht. Sei gesegnet, Mein geliebtes Kind, und Ich danke dir.

Ja, Mein liebes Kind, dir sind die Gnaden für deine Arbeit gegeben worden. Im Moment, wo der Heilige Geist deine Seele betrat, warst du bereit, die Arbeit aufzunehmen.

Meine bedingungslose Liebe für dich wird dich, während die Tage vergehen, stärker machen. Bitte mach dir keine Sorgen, da sie eine negative Emotion sind und dich nur zurückhalten. Bete jeden Tag zu Mir, deiner Ewigen Mutter. Ich werde dich nie verlassen oder dich bei deiner Arbeit im Stich lassen. Dir, Mein liebes Kind, ist ein ganz besonderes Geschenk gegeben worden, und jetzt musst du es in der Weise benutzen, wie nur du es zu benutzen verstehst. Ja, Mein Kind, Ich verstehe, dass dies alles zu diesem Zeitpunkt sehr beängstigend für dich ist. Sei immer versichert, dass Ich bei jedem Schritt auf deinem Weg mit dir gehe. Friede sei mit dir.

In deinem Herzen werde Ich immer wohnen. Ich segne dich, Mein Kind, und Ich danke dir für die Antwort.

Mutter des Friedens und der Hoffnung, Maria

5. Die Sünden brechen Mein Heiligstes Herz.

Freitag, 12. November 2010, 3:00 Uhr

Schreibe Folgendes, Meine Tochter: Die Stunden vergehen. Ignoriere nicht Meine Bitte, Meine Warnung an die Menschheit zu veröffentlichen. Es ist jetzt notwendig, zu bereuen. Meine Kinder müssen jetzt Meine Warnung hören. Meine Tochter, kommuniziere zuerst mit christlichen Gruppen, um Meine dringenden Bitten zu übermitteln.

Bleibe stark. Ich habe dich für diese Arbeit ausgewählt, damit Mein Flehen um die Wiedergutmachung (der Sünden) schnell vernommen werden wird. Schreibe das Buch und übermittle Meine Botschaften mit Hilfe moderner Kommunikationsmittel wie dem Internet und den Medien. Obwohl Mein Ansuchen sehr dringend ist, werde Ich dich an der Hand halten, damit du die Botschaften verstehen kannst.

Du bist stärker, als du denkst. Bete täglich öfter Meinen Barmherzigkeitsrosenkranz zu Mir. Fürchte dich nicht. Warum bist du so verängstigt? Das ewige Leben, wenn Himmel und Erde sich zu einer Einheit vereinigen, soll freudig angenommen werden. Es ist das, was der Mensch seit Anbeginn der Zeit angestrebt hat. Lass dich nicht von den Verlockungen täuschen, welche die Erde zu bieten hat. Sie verblassen an Bedeutung verglichen mit dem Glanz des Reiches Meines Vaters. Dir wird Unterstützung gesendet werden, sobald sich dein Plan zu entfalten beginnt.

Diese letzten paar Tage waren für dich überwältigend, doch du hast in deinem Herzen dem zugestimmt, was Ich von dir verlange. Es ist schwer und vielleicht auch ein wenig beängstigend für dich, all dies zu verkraften, aber es ist wichtig, dass du Mir vertraust.

Halte Mich in deinem Herzen und stütze dich auf Mich. Gib jeden Zweifel, den du hast, auf, und deine Aufgabe wird leichter sein. Du musst die Menschen an die Verheißungen erinnern und dich dabei auf Mein geschriebenes Wort beziehen. Greife auf die Schrift zurück, damit es Sinn macht. Fürchte dich niemals, die Menschen daran zu erinnern, wie sehr ihre Sünden Mein Heiligstes Herz brechen und die Seele Meines ewigen Vaters durchbohren.

Wir, Meine Mutter und alle Heiligen werden deine Hand halten und dir Kraft geben. Dir werden geeignete Hinweise gesandt werden, die dich anleiten, und Türen werden geöffnet werden, um dir bei deiner Arbeit zu helfen.

Hüte dich vor jenen, die Hindernisse schaffen, um deine Übermittlungsarbeit zu verzögern. Bete für sie und mache weiter. Ich weiß, du bist müde, aber auf Meine Bitte muss schnell reagiert werden.

Es ist jetzt Zeit zu ruhen, Mein Kind. Du reagierst gut, mit Glauben und mit Mut. Gib niemals auf.

Dein geliebter Heiland Jesus Christus

6. Dieses Buch wird Leben ändern und Seelen retten.

Freitag, 12. November 2010, 3:00 Uhr

Geh voran, tue, was zu tun ist, damit die Menschen Meine göttlichen Botschaften sehen und hören.

Ich vertraue dir, liebe Tochter, diejenigen Mittel und Wege zu benutzen, von denen Du der Meinung bist, dass sie sicherstellen, dass die Menschen die Botschaften lesen. Du brauchst all deine Energie, um das Buch zu schreiben. Das Buch, über das Ich spreche, ist eine heilige Schrift und ist Teil des Plans, wie er im „Book of Kells" enthüllt worden ist. Dieses Buch (*) wird Leben verändern, Seelen retten und es ist vorausgesagt worden. Ja, das Buch ist das, was prophezeit wurde. Du bist der Schreiber. Ich bin der Autor.

Sei nicht überrascht oder überwältigt; denn dies ist eine sehr heilige Aufgabe, und du bist auserwählt worden, diese Arbeit gemeinsam mit Mir auszuführen. Es wird drei Monate Zeit in Anspruch nehmen. Ich möchte, dass du es auf der ganzen Welt veröffentlichst. Es muss umfangreich, voller Kraft und von Millionen gefragt sein, ebenso wie die Bibel.

Meine Tochter, du kannst dieses „im Gespräch mit der verborgenen Prophetin" veröffentlichen. Es ist in Ordnung, dies zu tun. Warum fürchtest du dich, Mein Kind? Du wirst vom Himmel aus geführt. Du musst stark bleiben. Vertraue Mir. Ergib dich Mir. Ich werde deine Hand auf jedem Schritt des Weges halten. Ich werde später mit dir sprechen.

Dein liebender Heiland Jesus Christus

(*) "Das Buch" bezieht sich auf Teil 1 der Botschaften, der im Februar 2011 publiziert wurde.

7. Die Warnung vor der Hölle und die Verheißung des Paradieses.

Samstag, 13. November 2010, 3:00 Uhr

Meine geliebte Tochter, du bist durch eine schreckliche Verfolgung gegangen, die Ich zuließ, um deine Seele von den Qualen der Hölle zu befreien. Du bist jetzt frei und dein Geist wird es dir ermöglichen, Mein Wort zu verbreiten, damit die Menschheit von dem Leiden befreit werden kann, das sie erwartet, sollte sie so töricht sein, dem Teufel zu erliegen.

Du, Meine Tochter, bist gleich von Anfang an gesandt worden. Ich mache dich die ganze Zeit stärker, in nur ein paar Tagen. Was glaubst du, wirst du in einer Woche, in einem Jahr oder in zwei Jahren sein? Ein Kämpfer, tapfer bis zum Letzten. Du wirst mit Mir arbeiten, um die Seelen Meiner geliebten Kinder zu reinigen, für die Ich eine tiefes und absolut liebendes Erbarmen habe. Die Liebe strömt wie ein Fluss durch Meine Adern. Mein Erbarmen schwindet niemals, trotz der Tatsache, dass sie in die andere Richtung abbiegen.

Ich will sie vor den Qualen der Hölle bewahren

Sage ihnen, Meine Tochter, dass Ich sie vor den Qualen der Hölle bewahren möchte. Ich brauche sie, dass sie sich in ihrem freudlosen verwirrten Zustand Mir zuwenden. Es gibt nur einen Weg zur Liebe und zum Frieden. Das wird in Meinem neuen Paradies sein, wenn Himmel und Erde eine Einheit werden. Wissen sie das nicht? Haben sie niemals von Meinem Versprechen von einst gehört? Das Versprechen des ewigen Lebens, in dem sie — die ganze Menschheit —, die sich Mir zuwenden, mit Körper, Seele und Geist in die neue Erde und den neuen Himmel erhoben werden, dann, wenn diese noch einmal vereint werden als das Paradies, das so lange den Kindern Meines Vaters versprochen wurde?

Glaubt, Ich flehe euch an. Überlegt. Wenn ihr noch nie Kontakt mit der Heiligen Schrift gehabt habt, dann stellt euch diese einfache Frage: Wenn ihr Liebe in euren Herzen fühlt, woher, denkt ihr, stammt diese? Ist es Liebe, die euch sanft, demütig, sehnsüchtig und frei von allem Ego fühlen lässt? Wenn ja, dann ist dies die Liebe, die Ich all Meinen Kindern verspreche, die zu Mir umkehren.

Wie weltliche Ambitionen euch leer zurücklassen

Es ist schwer, Ich weiß, liebe Kinder, an eine andere Welt zu glauben als die, in welcher ihr lebt. Vergesst nicht, dass diese Welt von Gott, dem Ewigen Vater, geschaffen wurde. Anschließend wurde sie durch die Werke des Betrügers verschmutzt. Er, Satan, ist äußerst gerissen. Ihr, Meine Kinder, müsst doch sicherlich wissen, dass die weltlichen Ambitionen, die ihr unstillbar findet, euch nicht erfüllen? Ihr fühlt eine Leere, die man nicht erklären oder verstehen kann. Ist das nicht so? Und dann strebt ihr nach mehr und mehr. Aber dennoch seid ihr noch immer nicht zufrieden, obwohl ihr fühlt, dass ihr es sein solltet. Woran liegt das? Habt ihr in euer Herz geschaut und euch gefragt, warum? Warum? Die Antwort ist sehr einfach.

Gott schuf den Menschen. Der Mensch wurde von Satan versucht. Satan existiert in dieser schönen Welt, die Mein Ewiger Vater aus reiner Liebe schuf. Leider wird er, Satan, bis zu Meinem Zweiten Kommen existieren. Er wird dann wegen der schieren Lügen und Täuschungen entlarvt werden, die er in Meinen Kindern manifestiert hat. Aber dann wird es für viele Meiner Kinder zu spät sein, darunter diejenigen, die unsicher oder zögerlich sind im Glauben an die göttliche, überragende Schöpfung des Reiches Meines Vaters.

Weist Mich nicht zurück

Hört! Ich, Jesus Christus, der Erlöser, gesandt, um euch allen eine zweite Chance zu geben, in das Reich Meines Vaters einzugehen, hört jetzt Mein Versprechen. Hört auf Meine Stimme, die aufgrund göttlicher Gnade durch Meine Visionäre und Propheten in die heutige Welt gesandt wird, und versteht, dass all Meine Kinder in den Augen Meines Vaters gleich sind.

Diejenigen, die Ihm folgen, sind gesegnet, erleiden aber Qual für die Seelen, die nicht glauben und sich weigern zu hören. Gott erschuf die Welt. Sie erschien nicht aus dem Nichts. Der Mensch hat sich solch ein Wunder, welches die Wissenschaft nie wird erklären können, nicht ausgedacht, noch könnte er es sich ausdenken. Das Göttliche, Übernatürliche kann niemals wirklich verstanden werden, bis sich alle Kinder Gottes mit Körper, Geist und Seele der reinen Liebe hingeben, die Ich anbiete.

Bitte, Ich beschwöre euch alle dringend, weist euren Schöpfer nicht zurück. Bitte, hört nicht auf die Täuschung der Lügen, die euch von dem Betrüger gesagt wurden, durch Divisionen der Freimaurer, der Illuminaten, der falschen Propheten, der bizarren und total bösen Kulte, die sich durch die Dummheit des Menschen entwickelt haben.

Satan ist Realität

Der Mensch ist schwach. Selbst die heiligsten Meiner Anhänger fallen den ständigen Versuchungen des Teufels zum Opfer. Das Problem ist, dass diejenigen, die Vergnügen suchen, nicht glauben, dass er wirklich existiert. Andere wissen ganz genau, dass er real ist und dass er existiert. Das sind diejenigen, die Mir das meiste Herzeleid verursachen.

Wunden öffnen sich erneut und eitern

Ich leide in einem solchen Ausmaß, dass die Wunden, die Mir bei Meiner schrecklichen Kreuzigung zugefügt worden sind und denen Ich erlag, sich erneut öffnen und eitern und Mich in der äußerst schmerzhaften Qual von Körper, Seele und Göttlichkeit zurücklassen. Doch Ich werde niemals aufhören, euch alle zu lieben.

Ich appelliere an euch vom Himmel aus und im Namen Meines Ewigen Vaters, der jeden Einzelnen von euch aus reiner Liebe erschaffen hat, standhaft zu bleiben. Weist Satan zurück. Glaubt, dass er existiert. Akzeptiert, dass er existiert. Öffnet eure Augen. Könnt ihr nicht das Chaos sehen, das er in eurem Leben verursacht? Seid ihr blind?

Eine Botschaft an die Reichen

Den Reichen sage Ich: Haltet inne. Überlegt und fragt Gott nur für einen einzigen Augenblick: Ist eure Rolle, wie ihr Gottes Gebote lebt, für euch angenehm? Ist das nach eurem Gefühl richtig? Habt ihr Mich abgelehnt als Gegenpreis für die weltlichen Ausschweifungen? Genau diese Ausschweifungen und Vergnügungen werden euch mit einem leeren Herzen zurücklassen. Ihr werdet in eurem eigenen Herzen wissen, dass es sich nicht gut fühlt. Doch ihr werdet nicht mehr Durst haben nach den leeren, jedoch spannenden Versprechungen, die euch vom Betrüger im Gegenzug für eure Seele gegeben werden.

Eine Botschaft an jene, die den Illuminati folgen

Ich bitte euch alle dringend, besonders Meine Kinder, die in die Illuminati und in andere solche bösen Vereinigungen hineingezogen wurden. Dort angekommen, werdet ihr der ewigen Verdammnis verfallen. Versteht ihr denn nicht, dass das, was euch im Gegenzug für eure Seele versprochen worden ist, eine Lüge ist? Eine trügerische und beängstigende Lüge. Ihr werdet niemals die Geschenke erhalten, die von diesen finsteren Boten aus den Tiefen der Hölle versprochen wurden. Als euer Erlöser am Kreuz, als Ich Mein Leben gegeben habe, um euch zu retten, bitte lasst Mich euch jetzt nicht verlieren. Ich liebe euch, Meine Kinder. Ich weine, während Ich euch ein letztes Mal anflehe, Mich nicht zu Gunsten des Betrügers abzulehnen.

Ich werde allen vergeben, die beichten

Ich kann nicht in euren freien Willen eingreifen; denn das ist eines der Geschenke, die euch gegeben wurden, als ihr im Licht Gottes geboren wurdet. Ich werde sehr bald kommen, wie die Schriften es vorausgesagt haben, — früher, als es irgendeiner fassen kann. Die Welt wird in Finsternis und Verzweiflung stürzen. Doch Ich werde allen und jedem Einzelnen Meiner Kinder vergeben, dann, wenn ihnen ihre Sünden enthüllt werden, egal wie abstoßend sie sind — sofort zum Zeitpunkt der Beichte. Sie werden mit Leib und Seele in das Paradies eingehen, wenn Himmel und Erde eine Einheit werden, wo ihr alle mit eurer Familie für die Ewigkeit für immer und ewig leben werdet.

Versprechen, die das Paradies zu bieten hat

Keine Krankheit, keine körperlichen Gebrechen, keine Sünde — nur Liebe. Das ist das Versprechen Meines Paradieses. Niemand wird noch einen offenen Wunsch haben. Jeder wird in Harmonie, Freude und Liebe leben.

Die Realität der Hölle

Lehnt dieses Leben nicht ab für das Leben, das euch von Satan versprochen worden ist! Ihr werdet belogen. Wenn ihr diesem Pfad folgt, wo Gott oder Ich, Jesus Christus, euer Erlöser nicht dazugehören, dann seid ihr auf dem Weg zur ewigen Verdammnis. Ihr werdet vor Schrecken schreien, wenn ihr den Fehler einseht. Dann werdet ihr um Gnade flehen. Ihr werdet euer Gesicht verzerren, euch die Haare raufen. Aber da ihr den freien Willen habt, ein Geschenk von Meinem Vater, kann er euch nicht genommen werden. Wenn ihr diesen falschen Weg wählt, werdet ihr die Verdammnis erleiden und für immer in der Hölle brennen. Das ist sehr real. Die größte Verdammnis ist es, letztendlich, zu erkennen, dass es einen Gott gibt, dass Ich, euer Erlöser Jesus Christus, tatsächlich existiere. Aber ihr werdet in diesem Stadium keine Möglichkeit mehr haben, euch selbst zu retten.

Die größte Verdammnis ist, wenn ihr wisst, dass ihr das Angesicht Gottes nie sehen werdet

Eure Familie mag von der anderen Seite auf euch schauen. Wenn das geschieht und ihr die schreckliche Wahrheit erkennt, dann wird es zu spät sein. Vergesst diese Worte nicht: Die größte Verdammnis ist, wenn ihr wisst, dass ihr niemals das Antlitz Gottes sehen werdet. Das wird die größte Qual sein und eine, die für immer bei euch bleiben wird im Feuer der Hölle, wo der Schmerz gleichbleibend und unerbittlich ist. Ihr werdet — anstatt das Paradies zu genießen, das euch versprochen wurde — durch die Lügen des Betrügers in den erschreckenden Korridoren der Hölle landen. Sie ist sehr real und stellt Leiden für die Ewigkeit dar.

Bitte, ihr alle, die ihr nicht glaubt, dass Ich mit der Menschheit kommuniziere, Ich bitte euch, betet zu Meinem Heiligsten Herzen. Betet Meinen Barmherzigkeitsrosenkranz um 15 Uhr jeden Tag. Ich werde auf euer Bitten mit Liebe antworten, die ihr sogleich spüren werdet. Haltet Meine Hand, Kinder. Lasst sie nicht los. Ich liebe euch alle so sehr, dass Ich für jeden Einzelnen von euch Mein Leben gab, damit ihr gerettet werden könnt.

Dieses Mal komme Ich, um zu richten. So sehr Ich euch liebe, Ich kann nicht in das Geschenk des freien Willens eingreifen, das euch von Meinem geliebten Vater gewährt wurde. Ich hoffe, dass ihr durch Meine heutigen Visionäre und Propheten letztendlich hören werdet. Denk daran, dass die Wahrheit der Weg zum ewigen Heil ist und zu einem neuen Anfang, wenn das Paradies zur Erde zurückkehrt.

Die Lügen Satans

Die Lügen, egal wie verführerisch sie sind, sind genau dies: Es sind Lügen — dazu bestimmt, die geliebten Seelen zu stehlen, damit sie von Meinem Vater, dem Schöpfer und Urheber der Erde, nicht erlöst werden können.

Euer Göttlicher Heiland Jesus Christus

8. Das Zeichen vom Ende der Zeiten – Aber die Glorie wird zur Erde zurückkehren.
Sonntag, 14. November 2010, 23:00 Uhr

Meine liebe Tochter, fühle dich nicht schuldig wegen der Zweifel, die du heute gefühlt hast. Das ist natürlich. Dein Verständnis von geistigen Dingen ist nicht so stark, wie es sein sollte, aber das ist in Ordnung.

Ich werde dich führen, und du wirst mit der Zeit den Zweck deiner Mission verstehen. Ich brauche dich stark in deiner Arbeit und in deinem Gehorsam Mir gegenüber. Dies ist eine schwere Aufgabe und eine, die für dich emotional aufzehrend sein wird. Ich sende dir einen Seelenführer, damit er dir hilft, das enorme Ausmaß dieser Aufgabe, die ausgeführt werden muss, zu bewältigen. Derart ist die Aufgabe, dass ohne diese Arbeit mehr Seelen an den Teufel verloren ge-

hen würden. Meine Tochter, du hast dich zu dieser Aufgabe verpflichtet, bevor ich dich gerufen habe, diese Arbeit zu tun.

Ich führe deinen Seelenführer. Er wird die Wahrheit wissen, wenn du sprichst. Inzwischen wirst du in den letzten zwei Tagen nur einige der Sünden der Menschen erkundet haben, in einer Weise, die für dich bis jetzt nicht möglich war. Siehst du den Unterschied? Fühltest du dich sonderbar, als du auf Meine Kinder sahst? Du sahst sie in einem anderen Licht, nicht wahr? Das ist die Kraft des Heiligen Geistes, mit der Ich dich gesegnet habe.

Die Liebe, die du in deinem Herzen für Meine Kinder und für den Priester gefühlt hast, die du heute bei der Messe sahst, ist auch das Geschenk, das Ich dir mit der Kraft des Heiligen Geistes gab. Du wirst die Sünden der Menschheit jetzt in einem Ausmaß sehen, fühlen und hören, dass du den Schmerz fühlst, den Ich fühle. Du wirst auch die Liebe, die Ich für Meine Kinder habe, sehen, durch deine Augen hindurch, welche Mein Herz spiegeln.

Habe keine Angst vor diesen Geschenken, Mein Kind. Habe nicht das Gefühl, dass du diese Aufgabe nicht bewältigen kannst, weil die Kraft, die dir durch Meine Gnaden gegeben wird, dich so stark machen wird, dass du nie zurückschauen wirst und es auch nicht willst.

Du fühlst dich jetzt schwach. Dies ist das Gefühl Meiner göttlichen Macht, die durch deinen Körper wogt. Die Hitze ist die Liebe, die Ich für dich habe. Weine nicht, Mein Kind. Bisher bist du außerordentlich stark gewesen und hast so sehr zugestimmt, obwohl es jetzt nur wenige Tage sind, seit Ich zuerst mit dir sprach. Du zweifelst noch und befragst noch diejenigen in deiner Nähe.

Diejenigen, die ihre Seele an Satan verkaufen

Schreibe jetzt Folgendes: Die Welt schwankt unter dem Gewicht der Finsternis und der bösen Verschwörung des Teufels, der weiterhin Meine geliebten Kinder lockt und verführt. Sie sind in einem solchen Ausmaße umgarnt, dass viele von ihnen sich wie Tiere winden, sogar vor den Menschen. Wie viele arme Seelen, gemästet mit Lust, Gier und Eitelkeit gefüttert, erscheinen jenen mit Glauben in einem derart beklagenswerten Zustand! Sie glauben in ihrer Eitelkeit, dass sie wirkliche Macht besitzen. Die Macht, die ihnen von Satan versprochen worden ist. Viele dieser Kinder haben sich entschieden, ihre Seelen zu verkaufen und rühmen sich noch dessen.

Mehr von Meinen Kindern sind zum Glanz und Reichtum seiner Versprechen hingezogen worden, für die ganze Welt sichtbar. Nein, sie schämen sich nicht, sich der Tatsache zu rühmen, dass sie zu ihm gehören. Was auch immer er an Versprechen gemacht hat, sind nicht nur Lügen, diese Versprechen sind ihnen aus reinem Hass auf die Menschheit gegeben worden. Satan hasst die Menschheit.

Er lügt Meine Kinder an und erzählt ihnen, er könne ihnen alles Mögliche geben, aber leider ist es eine Lüge. Diejenigen, die ihm und seinen leeren Versprechungen folgen, werden und können nicht gerettet werden.

Bete, bete, bete für Meine Kinder. Meine Tochter, Ich weiß, du bist müde, aber beherzige dies. Denn die Gläubigen, die lau sind und die nicht direkt bis zum Äußersten auf den Teufel ausgerichtet sind — auch sie müssen vorsichtig sein. Sie, einschließlich Meiner Anhänger und einiger Meiner geistlichen Diener, Bischöfe und Kardinäle, verhöhnen den Glauben Meiner Kinder. Ihre Spiritualität ist — in gewissen Kreisen, wo Gold und Reichtum die Göttlichen Gaben verdecken, die ihnen als Jünger Gottes gegeben wurden — hinter der Gier verloren gegangen.

Die Kirche hat ihren Weg verloren und stürzt in die Finsternis. Dies, Mein Kind, ist vorhergesagt worden und ist ein Zeichen der Endzeit. Das wird dann sein, wenn der letzte Papst auftritt und die Welt unter der irregeleiteten Führung des falschen Propheten verloren gehen wird.

Offenbarungen darüber, was Meinem Zweiten Kommen vorangehen wird, werden dir, Meinem Kind, gegeben werden, so dass deine Worte gehört werden dürften, damit die Seelen vor der Großen „Warnung" vorbereitet sind. Mach dir keine Sorgen. Das Leben geht weiter. Die Glorie wird zur Erde zurückkehren. Meine Kinder werden aus den Klauen des Teufels, der vernichtet werden wird, gerettet werden. Es ist wichtig, dass er nicht durch seine Täuschung Meine Kinder mit sich in die Tiefen der Hölle nimmt.

Mein Wort muss stark sein. Meine Kinder müssen zuhören. Aus reiner Liebe gebe Ich ihnen diese Warnung. Weil Ich als Richter und nicht als Retter komme, hat sich durch die Gebete Meiner geliebten Mutter und Meiner Anhänger in der ganzen Welt die Zeit für das Urteil in der Vergangenheit verzögert. Dies es M al wird es nicht so sein.

Keiner wird den Zeitpunkt des Zweiten Kommens kennen

Weder dir noch Meinen Kindern wird der Zeitpunkt genannt werden. Er kann nicht offenbart werden. Deshalb ist es wichtig, dass alle Meine Kinder vorbereitet sind. Denn diejenigen, die sich nicht vorbereiten, können nicht sagen, dass ihnen die Wahrheit nicht gegeben wurde. Wenn die „Warnung" geschieht, werden sie die Wahrheit erkennen. Ja, wenn sie beichten und ihre Sünden bekennen, werden sie Meinen Segen erhalten. Wenn sie es nicht tun, werden sie in die Hölle geworfen werden. Meine Barmherzigkeit wird dann abgelaufen sein.

Gehe nun, Mein Kind. Bereite das Wort vor, damit die Welt es hört. Sage Meinen Kindern, den Gläubigen, sie sollen sich nicht fürchten. Sage ihnen, sie sollen für die Nichtgläubigen beten. Dann sage den Nichtgläubigen, sie sollen zu Mir umkehren. Tue alles, was möglich ist, um sie anzuspornen, ihre Herzen zu öffnen.

Dein Heiland Jesus Christus, der kommt, um die Lebenden und die Toten zu richten.

9. Das Zweite Kommen.

Montag, 15. November 2010, 3:00 Uhr

Vielen Dank, Meine Tochter, für dein Beharren in Meiner Wahrheit und dein Verstehen, dass Meine Kommunikation mit dir sehr real ist. Du wirst Meinen Geist in deinem Körper fühlen, wenn Ich komme, um dir Meine Göttliche Botschaft zu offenbaren, die für die Menschheit notwendig sind, um in dieser Zeit durchzublicken. Ich bringe eine Botschaft der reinen Liebe und Leidenschaft für die Kinder Meines Vaters. Diese Botschaften sind dazu da, um allen Anhängern Gottes vor allem die Notwendigkeit zu erklären, jetzt auf ihre Knie zu fallen und die Wahrheit des Buches des Johannes zu verstehen.

Die Zeit für Meine Wiederkunft ist gekommen, die Zeichen davon werden bereits denjenigen enthüllt, welche die Prophezeiungen kennen, die vor so langer Zeit vorausgesagt worden sind. Schaut, was seht ihr jetzt? Die Zeichen sind nun sichtbar. Der Mensch erkennt nicht das schreckliche Herabkommen von demjenigen, dem er ausgesetzt ist. Die böse Lüge, mit welcher ahnungslose Regierungen konfrontiert werden und die sie akzeptieren, versteckt sich unbemerkt unter dem Deckmantel der Errettung.

Hört Mir jetzt zu, Meine Kinder. Der Antichrist ist bereit zum Sprung. Bleibt auf der Hut, öffnet eure Augen und Herzen für die Wahrheit, oder ihr werdet umkommen. Fürchtet euch nicht, Meine geliebten Anhänger; denn ihr werdet Meine Herde in die Heilige Anbetung Meines Ewigen Vaters führen. Die Nahrung des Lebens wird für jene Gläubigen während der kommenden dunklen Tage reichlich sein. Bleibt zusammen, liebt einander. Gebt einander die Stärke, so dass ihr alle Rassen, Glaubensrichtungen und Gläubige überall zum Reich Meines Vaters hin vereinen könnt.

Es wird eure Aufgabe sein, die Liebe Gottes, die Güte, die Liebe, die Hoffnung und die Wahrheit des Ewigen Lebens, welches die ganze Menschheit erwartet, zu demonstrieren. Durch das gemeinsame Gebet und dadurch, dass ihr die Fassade des Stolzes und der Schüchternheit fallen lasst, werdet ihr die treibende Kraft werden. Gemeinsam werdet ihr stark sein. Euer Vertrauen in Mich, Euren Göttlichen Erlöser, wird dazu beitragen, die Ungläubigen zu bekehren. Diese Menschen, viele von ihnen, wissen ohne eigene Schuld nichts von Meiner Liebe. Sie mögen füreinander Liebe empfinden, aber verstehen nicht, woher das kommt. Führt sie zum Licht, Meine Kinder Gottes.

Ich bin das Brot und Ich bin das Licht. Mein Licht wird euch alle in Sicherheit halten. Aber Ich bitte euch dringend, in Herz und Seele großzügig zu sein und an die armen Seelen zu denken, die Führung benötigen. Ihr müsst dies durch euer Beispiel tun und diesen Seelen zeigen, wie man Mir nä-

her kommt. Ihnen muss entlang des Weges sanft, aber bestimmt zugeredet werden. Es ist wichtig, sie aus ihrem Schlummer der Unwissenheit aufzuwecken, bevor es zu spät ist.

Meine Kinder, versteht ihr nicht die Lehren im Buch Meines Vaters? Das Buch, das die Zeichen Meiner Rückkehr auf die Erde enthüllt, muss studiert und als die Wahrheit akzeptiert werden. Gott, Mein Ewiger Vater, lügt nicht durch die Propheten. Er widerspricht Sich nicht. Euch werden jetzt die himmlischen Zeichen gezeigt, die vorausgesagt worden sind, und ihr müsst euch jetzt vorbereiten.

Ihr und eure Familien werdet mit einem Wimpernschlag erhoben werden

Bitte, bitte betet um Führung. Gläubige, macht euch jetzt bereit, in Meinem Namen zu kämpfen und euch gegen den Antichristen zu erheben. Die Menschen werden euch belächeln, wenn ihr sie an die Prophezeiungen erinnert, die im Buch des Johannes enthalten sind. Ihr werdet beschuldigt und beschimpft werden mit ironischer Belustigung über eure Ansichten und Anliegen. Ignoriert dies; denn ihr habt jetzt Mir gegenüber eine Pflicht. Betet, betet und bringt die Nichtgläubigen dazu, die Lehren anzunehmen. Habt keine Angst. Den vielen von euch, die hinsichtlich der Zukunft und ihrer Familien verängstigt sind, muss Ich Folgendes sagen: Wenn die Zeit kommt, werdet ihr und werden eure Familien mit Mir im Handumdrehen in den Himmel gehoben werden. Dann werdet ihr das Geschenk des Ewigen Lebens erhalten, wenn Himmel und Erde eine Einheit werden. Dies ist das, was mit dem Neuen Paradies gemeint ist. Es wird eine Zeit großer Glorie, Liebe und Vollkommenheit für alle Meine Anhänger werden.

Bleibt stark. Ihr müsst eine kurze Periode der Qual ertragen. Aber euer Glaube wird euch stark halten. Vergesst nicht, Ich liebe euch alle. Liebt Mich eurerseits und helft Mir, so viele Seelen wie möglich zu retten.

Ihr seid Meine mächtige Armee, und die Zeit ist nun da, sich für die Schlacht vorzubereiten. Ich werde euch alle zum Reich Meines Vaters führen.

Euer liebender Heiland
Jesus Christus

10. Globale Macht, der Antichrist und das Zeichen des Tieres.

Montag, 15. November 2010, 11Uhr

Du erkennst jetzt die Wahrheit und nimmst Meine Botschaft als das an, was sie ist. Schreibe Folgendes, Meine Tochter: Die Geschwindigkeit, mit der sich die Prophezeiungen entfalten, ist für alle deutlich sichtbar. Siehe die Veränderungen in Meiner Kirche, die als eines der ersten Anzeichen offensichtlich werden. Dies ist, wenn der Betrüger Meine Jünger in die Irre führen wird.

Das zweite Zeichen wird erlebt werden, in der Weise, wie viele von euch nicht mehr die Kontrolle über ihr eigenes Land haben werden. Das betrifft alle materielle Kontrolle und das Militär. Meine Kinder, ihre Führer und alle, die für die Versorgung ihrer Leute Verantwortung tragen, werden alle Kontrolle verlieren. Sie werden wie ein Boot ohne Ruder werden. Dieses Boot, das sie steuern, wird ziellos sein, und sie werden verloren gehen.

Meine Kinder, ihr müsst jetzt kräftig beten, um den Griff zu lockern, den diese bösen Gruppen von Menschen über euch ausüben werden. Sie sind nicht von Gottes Reich, und durch die listige Täuschung ihrer äußeren Erscheinung werdet ihr nicht erkennen, dass dies eine einflussreiche Macht ist, die sorgfältig darauf bedacht ist, sich nicht selbst zu offenbaren.

Ihr, Meine Kinder werdet nicht klüger sein. Ihr werdet denken, dass ihr in schwierigen Zeiten lebt, aber diese Fassade ist so geplant, dass ihr dies denkt. Steht jetzt auf, Meine Kinder.

Das Zeichen des Tieres

Nehmt das Zeichen nicht an. Wenn mehr von euch es nicht annehmen, dann seid ihr zahlenmäßig stärker. Das Zeichen — das Zeichen des Tieres wird euer Untergang sein. Es ist nicht das, was es zu sein scheint. Wenn ihr zustimmt, werdet ihr mehr und mehr beiseite geschafft werden.

Nehmt euch in Acht vor dem Plan, der durch den Betrüger betrieben wird, alle Zeichen Meines Ewigen Vaters und die Lehre der Heiligen Schrift aus eurem Leben zu entfernen. Ihr werdet dies in Schulen, Hochschulen, Krankenhäusern und in der Verfassung eurer Länder sehen. Der größte Gräuel, der Mir tiefen Schmerz verursacht, ist die Abschaffung der Lehren der Schrift von Seiten derjenigen, die ihre Verehrung für Mich, ihren Göttlichen Heiland, praktizieren. Sehr bald werdet ihr sehen, dass Mein Wort wie auch die Lehre der Wahrheit abgeschafft und strafbar werden wird.

Ihr, Meine geliebten Kinder, werdet in Meinem Namen stark leiden. Diese bösen Mächte sind dafür verantwortlich. Sie werden von Satan geführt. Ihr werdet sie überall finden, vor allem in jenen maßgebenden Behörden, von denen ihr abhängig seid, um zu überleben. Kinder, habt keine Angst um euch selbst. Habt vielmehr Angst um jene armen irregeleiteten Seelen, die so verseucht mit dem Betrüger sind, dass es ihnen schwer fällt, sich loszureißen. So fest ist der Griff, der sie hält. Diesen Leuten ist nicht zu trauen. Seid vorsichtig, wie ihr mit ihnen kommuniziert. Sie werden euch in einem solch eisernen Griff halten, weil sie alles beherrschen werden. Ihr werdet feststellen, dass es schwierig sein wird, sie zu bekämpfen, da sie sogar eure Bank, eure Immobilien, eure Steuern und die Lebensmittel, die ihr braucht, um zu überleben, beherrschen werden.

Aber das wird nicht lange dauern; denn ihre Tage sind gezählt. Sollten sie bei ihrer Sklaverei zum Bösen bleiben, werden sie in einen Abgrund von solchem Schrecken stürzen, dass es zu schrecklich und so beängstigend wäre, ihr Schicksal zu beschrei-

ben, dass der Mensch wie ein Stein — tot — hinfallen würde, würde er nur eine Minute der Qual flüchtig sehen, die sie ertragen werden.

Die Schlacht beginnt und entfaltet sich, während die Hand Meines Ewigen Vater schnell fallen wird, als Strafe für ihre Sünden, welche jetzt auf dieser Erde beobachtet werden können. Die Sünden, für die Ich starb. Keiner ist ein Kind Gottes, der diese finstere, aber geordnete Armee der Zerstörung verkündet oder verdunkelt. Diese böse Armee, mit den Dämonen aus den Tiefen der Hölle gefüllt, nimmt Handlungen von einer solch bösen Größenordnung vor, dass unschuldige Menschen sich das nicht einmal vorstellen können.

Ich habe nicht den Wunsch, Meine Kinder zu erschrecken, aber die Wahrheit über das, was es ist, wird beizeiten offen gelegt werden. Steht jetzt auf, Meine Kinder. Bekämpft die Macht des Bösen, bevor sie euch zerstört. Seid vorsichtig bei globalen Regeln jeder Ausprägung, Größe, Form oder bei jedem Gesetzbuch. Seht mit Vorsicht auf eure Führer und diejenigen, die euren täglichen Zugang zum Geld kontrollieren, das euch ernähren und am Leben halten wird. Ihr müsst jetzt einen Vorrat an Lebensmitteln anlegen.

Ihr habt diese Botschaft nicht in einer Weise empfangen, die Meine Lehren reflektiert, aber hört Mir jetzt zu. Diese Prophezeiungen wurden vorhergesagt. Meine Kinder müssen genau zuhören. Der Geist der Finsternis wächst, und ihr, Meine Anhänger, müsst stark bleiben. Haltet euren Glauben an Mich durch Gebet lebendig. Alle Meine Anhänger müssen jeden Tag den Barmherzigkeitsrosenkranz beten. Er wird Seelen stärken und wird ihnen helfen, im Moment des Todes Wohlwollen (bei Gott) zu finden.

Meine Kinder, bitte lasst euch nicht durch Meine Botschaften erschrecken. Meine Anhänger haben jetzt Mir gegenüber eine Pflicht. Lasst Mich dies sagen. Vergesst nicht, ihr werdet mit dem Heiligen Geist erfüllt werden, sobald ihr Mein Wort annehmt. Fürchtet euch nicht; denn ihr seid auserwählt worden. Ihr, Mein Heer von Anhängern, werdet zur Niederlage des Bösen hinführen. Um dies tun zu können, müsst ihr beten.

Ich komme mit einer Botschaft der reinen Liebe. Habt Ihr nicht erkannt, dass ihr das Paradies erleben werdet, wenn Himmel und Erde sich zu einer Einheit verbinden? Es gibt nichts zu fürchten, denn ihr, Meine Anhänger, werdet mit Körper, Geist und Seele in das Reich der göttlichen Hierarchie erhoben werden. Ihr werdet eure Lieben sehen. Eure Lieben, die das Wohlwollen Meines Ewigen Vaters gefunden haben.

Tut, wie Ich euch sage. Betet, sprecht mit Mir, liebt Mich, vertraut auf Mich. Ich Meinerseits werde euch im Gegenzug dafür Kraft geben. Betet um Schutz durch das Beten des sehr Heiligen Rosenkranzes, der euch mit dem Segen Meiner geliebten Mutter gegeben worden ist. Einerseits muss

dieses Gebet gesprochen werden, um zu helfen, euch vor dem Bösen zu schützen. Auf der anderen Seite müsst Ihr um den Schutz vor denjenigen Menschen bitten, mit denen ihr in Kontakt kommt, damit sie euch nicht verderben können oder den Glauben zerstreuen können, den ihr für Mich in euren Herzen habt.

Betet für Meine Visionäre und Propheten, so dass sie geschützt sind. Betet für Meine geliebten geistlichen Diener, diese heiligen frommen Diener, die von Mir geschickt sind, um euch zu führen. Sie, genau wie Meine Anhänger, erleiden Qualen durch den Teufel. Er wird nie aufhören zu versuchen, euch für die Wahrheit blind zu machen, und wird jede hinterhältige Taktik verwenden, um euch zu überzeugen, dass euer Glaube falsch ist. Hört Mich. Er, der Betrüger, wird Logik und Argumentation verwenden, in einer angenehmen, sanften Weise formuliert, um euch zu überzeugen, dass er Hoffnung in euer Leben bringt. Er wird durch den Antichristen bestrebt sein, euch glauben zu lassen, dass er der Auserwählte sei.

Der Antichrist

Viele Meiner Anhänger werden diesem abscheulichen Betrug zum Opfer fallen. Seid auf der Hut. Er wird als der Botschafter der Liebe, des Friedens und der Harmonie in der Welt gesehen werden. Die Menschen werden auf die Knie fallen und ihn anbeten. Er wird euch seine Macht zeigen und ihr werdet glauben, dass er göttlichen Ursprungs ist. Aber er ist es nicht. Er wird euch in einer Weise unterweisen, die zeitweise merkwürdig erscheinen wird. Wahre Gläubige werden wissen, dass er nicht vom Licht kommt. Sein prahlerisches, pompöses Auftreten wird hinter purem Bösen versteckt sein. Er wird sich brüsten und zeigen, was wahres Mitgefühl und Liebe für alle zu sein scheint. Hinter dieser Fassade ist er voller Hass auf Meine geliebten Kinder. Er lacht hinter verschlossenen Türen.

Meine Kinder, er wird euch schrecklich verwirren. Er wird mächtig, selbstbewusst, humorvoll, fürsorglich, liebevoll auftreten und wird als ein Retter gesehen werden. Sein schönes Gesicht wird alle anziehen, aber er wird sich bald ändern.

Er wird verheerenden Schaden in der Welt anrichten und wird viele ermorden. Seine Akte des Terrors werden für alle deutlich sichtbar sein. Er wird eure Unabhängigkeit zerstören und er wird mitwirken, das Zeichen — das Zeichen des Tieres — herbeizuführen. Ihr, Meine Kinder, müsst stark sein. Nehmt das Zeichen nicht an; denn wenn ihr das tut, so werdet ihr unter seinen bösen hypnotischen Einfluss kommen.

Viele werden für ihren Glauben an Mich sterben. Habt keine Angst; denn wenn ihr für Mich, in Mir, mit Mir leidet, so seid ihr auserwählt. Betet, betet, dass ihr euch nicht seiner Schreckensherrschaft unterwerft. Steht auf und kämpft für Mich.

Lasst den Antichrist, trotz all seines überzeugenden Charmes, nicht über eure Seelen siegen. Lasst Mich euch in Meinen Armen halten, euch jetzt mit Meiner göttlichen Barmherzigkeit wiegen, um euch die Kraft zu geben, für die Wahrheit zu kämpfen. Meine Liebe zu euch wird niemals sterben. Ihr solltet nie diesen Weg wählen — oder auch ihr werdet für Mich verloren sein. Es wird schwer sein, aber Meinen Kindern wird auf viele, viele Weisen Hilfe gegeben werden, ihre Leiden zu lindern. Geht jetzt und betet um Meine Göttliche Barmherzigkeit und bereitet euch für den Endkampf vor.

Jesus Christus, König Meines Volkes
Erlöser und gerechter Richter

11. Warnung an den Klerus.
Dienstag, 16. November 2010, 9:55 Uhr

Meine Tochter, man wies dich gestern zurück, als Leute versuchten, dir Zweifel zu suggerieren. Du hast darunter gelitten. Verzweifle nicht, man wird auf Mein Wort hören. Du wirst auf Hindernisse stoßen, die dich bei der Arbeit enttäuschen.

Meine Tochter, Ich führe dich. Du musst daran denken und darfst nie Mein Versprechen vergessen. Ich tat, wie du gebeten hast, und erlaubte dir letzte Nacht, ruhig zu schlafen. Du bist nun stärker. Spürst du das nicht?

Sei vorsichtig, mit wem du dich abgibst. Meine Anhänger oder diejenigen, die du für Meine Anhänger hältst, sind nicht immer so, wie sie zu sein scheinen. Du musst tun, was dein Herz dir sagt.

Die Welt mag erscheinen wie immer, aber es gibt einen Wandel und der vollzieht sich jetzt. Dieser Wandel führt die Menschen in eine sie vernebelnde Dunkelheit, die ihre Liebe für Mich trübt.

Warum müssen Meine Kinder die Wahrheit noch immer hinterfragen? Sie folgen nicht Meinen Lehren, obwohl ihnen dieses Geschenk von meinen Aposteln gegeben worden ist, die aus Liebe zu Mir und durch die Kraft des Heiligen Geistes der Welt eine ganz besondere Gabe vermachten: Die Gabe der Wahrheit war allen Meinen Kindern auf der ganzen Welt gelehrt und unter ihnen verbreitet worden. Viele Kinder folgten durch die Jahrhunderte dieser Führung.

Andere jedoch entschieden sich — obwohl sie die Wahrheit kannten —, sie nach ihren eigenen Ansprüchen, Wünschen, Begehrlichkeiten und Machtgelüsten zu verdrehen. Meine Anhänger konnten dann nicht unterscheiden zwischen der Wahrheit des Wortes Gottes und den Lügen, die jene Fehlgeleiteten verbreiteten. So geht der Betrüger vor. Er bringt Verwirrung, Verzweiflung und Hoffnungslosigkeit, und dies seit Meinem Tod am Kreuz. Aber hört Mich jetzt. Er wird nicht obsiegen, Meine Tochter. Die Macht der himmlischen Führung wird in den Kindern ihren Glauben neu aufleben lassen durch die Lehren Meiner Propheten.

Bitte Meine Kinder, sie mögen auf der Hut sein gegenüber den Änderungen, die sie in der Welt sehen. Bitte sie, sie mögen ihre Herzen, ihre Augen und ihren Geist öffnen, um die Lügen zu sehen, die Satan verbreitet. Von ihm sprießt ein Netz von Versprechungen, damit sich Meine Kinder von äußerlichen Wundern angezogen fühlen. Die Wunder und falscher Ruhm sind jedoch leer.

Weder enthalten sie Liebe noch bieten sie irgendeine echte Tröstung, wenn deren Leere einmal erkannt ist.

Die Truppen des Bösen werden jetzt immer stärker, Mein Kind. Sie werden von Satan geplant, mittels seiner Armee von bösen Anhängern. Diese Anhänger folgen ihm aufgrund von Gier und Selbstliebe in fügsamer Verehrung und werden in sein protziges Paradies geführt werden. Sein verheißenes Paradies ist nichts als Dunkelheit, und wenn Meine Kinder dies merken, wird die Zeit für die Rettung verstrichen sein.

Gebet um Rettung

Alle Meine Kinder müssen, auch wenn es aus Liebe zu ihren eigenen Familien ist, angesichts dieses Übels aufwachen, wenn sie einander retten möchten. Meine Liebe wird sie weiterhin führen, wenn sie sich jetzt Mir zuwenden. Sie dürfen niemals ängstlich sein, umzukehren und folgendermaßen zu bitten:

„O Mein Herr, führe mich zu Deinem Reich und beschütze mich vor der Finsternis, die meine Seele verschlungen hat. Höre mich jetzt, o Heiligstes Herz, und durch Deine Güte lass Dein Licht der Liebe und des Schutzes durchscheinen. "

Jene Meiner Kinder, die dieses Gebet sprechen, werden erhört werden. Ihr Flehen um Rettung, für sich und für diejenigen, die sie lieben, wird erhört werden. Ich habe durch Meine von Meiner Mutter geführten Seher gewissenhaft versucht, Warnungen an die Welt zu senden. Viele, viele Male wurden Meine Seher, obwohl anfangs abgelehnt, schließlich angenommen. Diesmal wird ihnen nicht genug Zeit gewährt werden, dass genügend Mitmenschen ihre Botschaften hören.

Hütet euch vor falschen Propheten

Aber Ich muss Meine Kinder warnen, vor falschen Propheten auf der Hut zu sein. Viele echte Seher sind in die Irre geführt worden. Echten Sehern werden die mit der Wahrheitsvermittlung einhergehenden Gnaden gegeben, sodass sie von übernatürlichen Ereignissen und Wundern begleitet werden, die man weder leugnen kann noch will.

Mein Herz bricht, wenn Ich sehe, wie viele von ihnen durch Meine geweihten Jünger abgelehnt wurden. Dieselben Jünger, die Ich ausgesandt habe, Meine Kinder zu lehren, versagen in ihrer Aufgabe. Sie müssen sich jetzt mit der Bitte um Führung an Mich wenden und um die Gnaden beten, die sie brauchen, um (ihrerseits) Mein Volk zu führen.

Meine geistlichen Diener sind etwas Besonderes, und diejenigen, die die Sakramente empfangen haben, müssen Mein Flehen hören. Ihr seid jetzt ganz in Meiner Pflicht. Erneuert jetzt eure Gelübde. Glaubt und folgt Meiner heiligen Botschaft. Seid stark; denn ihr seid jetzt alle aufgerufen, Zeugnis für die Wahrheit in dem Buch der Offenbarung abzulegen und die Zeit als gekommen anzuerkennen. Haltet euch nun für dieses große Ereignis bereit. Verleugnet Mich nicht, noch kehrt Mir den Rücken zu. Verkündet mit Kraft und Überzeugung. Verwässert Meine Lehren nicht und sagt Meinen Anhängern nicht, dass alles in Ordnung kommen wird. Dies ist nicht die Botschaft, für die ihr berufen ward. Eure Pflicht Mir, eurem göttlichen Erlöser, gegenüber ist es, eure Herde über die Wahrheit zu informieren.

Meinen Kindern muss gesagt werden, dass nicht alle von ihnen gerettet werden. Dies ist eine Unwahrheit (Anm.: wenn man das so behauptet). Denn nur diejenigen werden gerettet werden, die Meine Vergebung suchen und Mir und Meinen Lehren folgen.

Warum folgt ihr nicht den Lehren der Heiligen Schrift? Warum benutzt ihr Ausreden? Warum führt ihr Meine Kinder in die Irre und überzeugt sie, dass Gott allen verzeihen wird? Mein Ewiger Vater wird nur denjenigen vergeben, die an Mich glauben und die bereuen.

Sagt euch Mein Tod am Kreuz nicht irgendetwas? Ich starb, um die Menschheit vor der Torheit Satans zu retten. Doch ihr lehrt — aufgrund falsch verstandener Toleranz — Meine Kinder eine Lüge. Ihr seid dem Druck der Menschen zum Opfer gefallen, die Heilige Lehre unkenntlich zu machen, die zu predigen ihr berufen ward.

Schämt ihr euch nicht? Ihr seid so in den weltlichen Verlockungen gefangen, welche die Erde zu bieten hat, dass ihr falschen Lehrsätzen folgt, die euch gemäß der populären Toleranz, die Satan unter Meinen Kindern verbreitet hat, vorgeschrieben werden. Diese armen irregeleiteten Kinder brauchen Führung. Sie müssen auch den Unterschied zwischen menschlicher Auslegung und dieser göttlichen Verheißung, die von Mir gemacht wurde, verstehen.

Warum sollten Meine Kinder an das göttliche Eingreifen nicht glauben? Warum spielt ihr dies herunter, wenn es euch dargelegt wird? Meine Priester, hört Mein Flehen. Betet, dass Meine Botschaft der Wahrheit gehört wird.

Botschaft an die Bischöfe

Meinen Bischöfen sage Ich: Legt euren Prunk ab, wendet euch von den Reichtümern ab, an die ihr geglaubt habt. Entscheidet euch für die von euch geforderte Demut. Befolgt jetzt Mein Wort — oder haltet euch die Folgen vor Augen. Ihr seid nur Mir und Meinem Ewigen Vater in der Pflicht. Wie blind seid ihr geworden.

Zeichen am Himmel werden jetzt durch Seher gegeben, und ihr schenkt ihnen keine Beachtung. Stattdessen sitzt ihr in euren Schlössern und spottet. Aus diesem Grund werden euch eure Sünden nicht vergeben werden.

Die Sünden Meiner geistlichen Jünger, jener, die Meinen Weg gewählt haben, verletzen Mich sehr. Öffnet eure Augen, euer

Herz und besinnt euch auf die Lehren in Meinem heiligen Buch.

Botschaft an die Kardinäle

Meinen Kardinälen sage Ich: In welch luftige Höhen seid ihr gestiegen, dass ihr die Sakramente oder die Wahrheit Meiner Lehre vergessen habt, um Meine Herde zu führen. Kommt jetzt herunter und folgt Meiner Führung. Lasst euch nicht von der Unwahrheit ablenken, welche von der Menschheit Besitz ergriffen hat, noch lasst euch dazu hinreißen, mich zu verleugnen.

Ich bitte euch alle, für Meinen geliebten standhaften Papst zu beten, den letzten wahren Papst. Ihr, Meine Jünger, werdet von dem Betrüger in die Irre geführt. Er hat sich in den Wandelgängen Meiner Kirche sichtbar eingenistet und seine bösen Machenschaften treten jetzt zutage. Denjenigen, die offene Augen haben, sage Ich: Seid vor dem, was vor euch und hinter euch passiert, auf der Hut. Er wird sich eurer Seele bemächtigen, wenn ihr seinem Betrug nachgebt.

Bitte betet jetzt für alle von euch. Bittet um Meine Führung. Fleht um Verzeihung und lasst Mich euch erneut führen.

Denjenigen von euch, welche diese Weisung hinterfragen, sage Ich: Hört jetzt zu. Warum sollte Ich Mich euch nicht in dieser Weise mitteilen? Ich lehrte euch alle durch die Apostel, die mit der Führung des Heiligen Geistes der Welt Meine Botschaften gaben, die seitdem fortgelebt haben. Jetzt ist die Zeit nahe. Euer ganzes Leben lang habt ihr um Führung gebetet. Jetzt bitte Ich euch dringend, Mein Flehen zu hören.

Euer Göttlicher Heiland Jesus Christus

12. Schieb alle Zweifel beiseite.

Dienstag, 16. November 2010, 23 Uhr

Schreibe Folgendes, Meine Tochter: Die Zweifel, die in deine Gedanken hineinschleichen, sind zu erwarten. Ja, du wirst versucht sein, den Kopf wegzudrehen, aber er, der Betrüger, wird dich niemals von Mir wegziehen können. Meine geliebte Tochter, du bist stärker, als du denkst; denn sehr wenige auserwählte Seelen wären in der Lage, dieses große heilige Ersuchen in der Weise zu bewältigen wie du. Es erfordert Mut, mit der Art fertig zu werden, auf welche Ich Mich dir kundtue. Du bist nicht starr vor Furcht weggelaufen. Du wusstest von der ersten Minute an, dass dies eine göttliche Mitteilung von der höchsten und heiligen Hierarchie war.

Du wirst in Kürze außerordentliche Erleuchtung erfahren, die all deine Zweifel beiseite schieben wird. Wenn dies geschieht, dann wird sich dein Geist mehr öffnen, um diese besonderen Gnaden zu erhalten, die dir zuteil werden müssen, um dich mit dem Mut und der Entschlossenheit zu erfüllen, die die du brauchst, um, diese Prophezeiung zu realisieren.

Ja, meine Tochter, sehr zu deinem Erstaunen bist du die Auserwählte, um die Prophezeiungen zu erfüllen, die im Buch des Johannes enthalten sind, um die Mensch-heit für die Reinigung vorzubereiten, die sich in Kürze entfalten wird. Sobald die Angst, das Zögern und die Unsicherheit dich verlassen, Meine geliebte Tochter, wirst du aufstehen und diese ganz besondere Aufgabe erfüllen, die Ich von dir verlange. Tue jetzt, was Ich dir sage. Du musst jeden Tag um 15 Uhr den Barmherzigkeitsrosenkranz beten, um Seelen retten zu helfen. Du musst fortfahren, den Rosenkranz zu beten, welcher der Welt von Meiner allerkostbarsten Mutter gegeben worden ist, die mit Mir an der Vorbereitung Meines Zweiten Kommens auf diese Erde arbeitet.

Viele Seelen verlieren jetzt ihr Gespür für Mich, indem sie täglich vom Teufel immer weiter von Mir weggezogen werden. Sie können Mir nicht weggenommen werden. Bitte hilf Mir, ihre armen Seelen zu retten. Schieb alle Zweifel beiseite. Denk nur an deine Aufgabe. Hilf, ihre Augen zu öffnen, um es ihnen zu ermöglichen, sich in den Augen Meines Ewigen Vaters selbst zu retten. Wenn du einfach ständig an das Endergebnis denkst, wirst du verstehen, warum dies wichtig ist und warum es eine Berufung ist, die aus der reinen Liebe gemacht wurde, die Ich für alle Meine Kinder in Meinem Herzen habe.

Betrachte es so: Die Liebe hingebungsvoller Eltern kennt keine Grenzen. Wenn ein Kind sich verirrt und den Weg des Verderbens geht, so sind das Herzeleid und der Kummer, die den Eltern zugefügt werden und von ihnen empfunden werden, wie ein Schwert, welches das Herz durchstößt.

Alle Eltern, die ihre Kinder lieben, werden sich bemühen, für sie bis zum Ende zu kämpfen. Sie geben niemals auf. Nie und nimmer. So ist es mit Mir. Ich werde alles in Meiner göttlichen Macht Stehende tun — ohne in den freien Willen des Menschen einzugreifen —, ihre Herzen zu Meinem Heiligsten Herzen hinzukehren. Du, Meine Tochter, wirst helfen, dies zu tun.

Ich brauche dich nicht an die Notwendigkeit des Gehorsams und der völligen Hingabe an Mich zu erinnern. Dies ist die Berufung, für welche du erwählt worden bist. Nimm jetzt dein Schwert auf. Du musst Seite an Seite mit deinem Göttlichen Erlöser kämpfen, in einem letzten Versuch, das Heil all Meiner Kinder vor dem Tag des Gerichts herbeizuführen.

Gehe nun in Frieden und Liebe, um heute Meinen Leib zu empfangen.

Dein liebender Erlöser Jesus Christus

13. Botschaft an Agnostiker und Atheisten.

Donnerstag, 18. November 2010, 21 Uhr

Denjenigen, die behaupten, nicht an Mich zu glauben, habe Ich Folgendes zu sagen: Stellt euch selbst diese Frage: Könnt Ihr euch an eine Zeit erinnern, in der ihr an Mich geglaubt habt? Denkt zurück, als ihr ein Kind gewesen seid, als ihr an Gott glaubtet. Es spielt keine Rolle, welcher Religion eure Eltern folgten. Habt ihr geglaubt? Was hat sich geändert? War es Beeinflus-sung durch andere? Haben sie euch gesagt, dass es auf euer Existieren eine rationale Antwort gibt?

Es war seit Anbeginn der Zeit schwer für Meine Kinder, sich die andere Existenz außerhalb dieser hier einzugestehen. Doch schaut euch in der Welt um und seht die Wunder der Schöpfung durch Meinen Ewigen Vater, die Sonne, den Mond, das Meer, die Flüsse, die Pflanzen, die Tiere und all die Wunder der Schöpfung, und beantwortet Folgendes: Wo kommt das alles her? Glaubt ihr wirklich, es ist aus etwas anderem als einem höheren Wesen aufgetaucht? Seid gewarnt, wenn ihr die Lügen hört, die durch sogenannte Wahrsager verbreitet werden, die es in der New-Age-Bewegung gibt. Sie werden zu dem geführt, von dem sie glauben, dass es die Wahrheit ist, und zu der Begeisterung über das Leben, das ihnen in einer neuen Ära versprochen worden ist. Diese Ära, an welche zu glauben, sie geführt worden sind, ist ein neues Paradies. Eine Form eines menschengesteuerten, aber herrlichen Zentrums des Universums. Es ist eine falsche Lehre. Viele Menschen Gottes, auch diejenigen, die glauben, verwechseln irrtümlich ihren Glauben an diese Lehre mit der des Lichts.

Sie werden von den Dämonen geführt. Einige wissen, dass es so ist, andere nicht. Betet, dass sie die Wahrheit sehen, bevor sie ihren sinnlosen Weg zur Leere fortsetzen.

Den Atheisten sage Ich Folgendes: Ich liebe euch, egal wie ihr Mich beleidigt. Den Atheisten, die von anderen Überzeugungen geführt und beeinflusst werden, sage Ich: Haltet inne und denkt nach. In ihrem Streben, menschengemachter Logik zu folgen, glauben sie einfach an eine andere Religion. Der Religion, dass der Mensch die Kontrolle ausübt. Er tut es nicht. Doch genau diese Leute, Meine geliebten Kinder, für die Ich kämpfen will, werden ermutigt, Satan, dem Verführer und Feind der Menschheit, zu folgen. Fragt den Atheisten, der außerordentliche Anstrengungen unternimmt, um Gottes Kinder unter Druck zu setzen, warum er dies tut.

Ist es nicht genug, einfach nur Mich abzulehnen? Warum lügen diese Menschen? Viele dieser atheistischen Gruppen haben einen Plan, Meine Kinder in eine falsche Lehre zu locken und zu verführen. Täuscht euch nicht, ihr Glauben ist eine andere Form von Religion. Eine Religion, welche die Macht der Intelligenz, der Vernunft und des Stolzes hervorhebt. Sie ahmen die eigentlichen Charakterzüge Satans nach. Sie folgen in ihrer Blindheit einem anderen Glauben — der Vergötterung des Finsteren, wo es keine Liebe gibt.

So leidenschaftlich sind diese Atheisten, so stolz auf ihre Religion, dass sie nicht verstehen, dass das, wofür sie stehen, eine Religion ist — die Religion des Betrügers, der über ihre Dummheit lacht.

Atheisten, hört Mich ein letztes Mal an. Kehrt jetzt zurück zu den Heiligen Schriften. Schaut auf das Buch des Johannes und betrachtet die Wahrheit, wie sie sich jetzt zu entfalten beginnt. Scheint sie euch nicht real zu sein, jetzt, wenn ihr die Ereignisse seht, wie sie vor euch offen gelegt werden, Schicht für Schicht, jeden Tag?

Könnt ihr nicht sehen, dass Mein Wort, Meine Prophezeiung, die vor so langer Zeit vorausgesagt wurde, die Wahrheit sein kann? Öffnet eure Augen und sprecht noch einmal wie folgt zu Mir:

"Gott, wenn Du die Wahrheit bist, enthülle mir das Zeichen Deiner Liebe. Öffne mein Herz, damit es Führung erhält. Wenn Du existierst, lass mich Deine Liebe fühlen, damit ich die Wahrheit sehen kann. Bete jetzt für mich."

Während Ich ein letztes Mal an euch appelliere, sage Ich Folgendes: Liebe ist nicht von Menschen gemacht. Ihr könnt sie nicht sehen, aber ihr könnt sie fühlen. Liebe kommt vom Ewigen Vater. Sie ist ein Geschenk an die Menschheit. Sie kommt nicht aus der Finsternis. Die Finsternis, die ihr fühlt, ist bar jeder Liebe. Ohne wahre Liebe könnt ihr nicht fühlen. Ihr könnt das Licht nicht sehen. Ihr könnt keine Zukunft sehen. Ich bin das Licht. Ich bin die Zukunft. Ich bringe euch noch heute Herrlichkeit und Leben. Kehrt jetzt um und bittet um Meine Hilfe. Tut das, und Ich werde euch antworten und euch in Meine Arme hüllen.

Meine Tränen der Freude werden euch retten, in dem Augenblick, in dem ihr wieder Mein geliebtes Kind werdet. Kommt jetzt und vereint euch mit Mir im Paradies.

Euer liebender Erlöser Jesus Christus

14. Erhebung von satanischen Gruppen und die Weltkontrolle.
Samstag, 20. November 2010, 7:20 Uhr

Meine Tochter, sage Meinen Kindern, die Schlange ist dabei loszuschnellen. Ihr dürft es nicht zulassen, in diese böse Fallgrube zu fallen, aus der es kein Zurück mehr gibt.

Er, die Schlange, hat viele Gesichter. Seine Anhänger, die durch eine gegenseitige Gehirnwäsche von Versprechungen von Macht und Ruhm gegangen sind, verschwören sich jetzt, um eine Reihe von Ereignissen rund um die Welt herbeizuführen, die überall unermessliche Trauer, Schmerz und Entsetzen verursachen werden.

Meine Kinder werden um nichts klüger sein. Jene Kinder, denen die Wahrheit gezeigt wurde und die von Mir geführt werden, sind tapfere Seelen. Sie versuchen verzweifelt, die Welt vor diesen schrecklichen Gruppen zu warnen, deren Splittergruppen überall zu finden sind, alle mit einem einzigen Ziel vor Augen. Ausgestreut in jedem Land, gegenwärtig in jeder Ebene der Autorität, verschwören sich sie im Geheimen.

Es gibt jene unschuldigen Mitglieder, Teil der bösen Gesellschaft, die nicht die Realität der Wahrheit erkennen. Stattdessen gehen sie umher, tun ihre guten Taten, ohne die teuflischen Aktionen zu verstehen, die

ihre Ältesten im Geheimen verüben. Täuscht euch nicht, diese Ältesten sind treue Anhänger Satans und sie engagieren sich in Ritualen der Verehrung, welche andere Menschen, würden diese sie sehen, würgen ließen vor Entsetzen über die obszönen Handlungen der satanischen Anbetung und der Loyalität gegenüber den Versprechungen des Teufels, die den Kern ihrer Organisationen ausmachen.

Denjenigen unter euch, die die Worte Meiner tapferen Seelen amüsant finden, sage Ich: Hört Mich jetzt an. Eure Ablehnung, die Wahrheit zu verstehen und auf diese mutigen Stimmen zu hören, wird euer Leben, euren Glauben und euren Lebensunterhalt zerstören; denn schon solange haben diese Leute sich für die Kontrolle verschworen. Ihre Werke sind in vielen, vielen Ländern augenscheinlich, aber sie sind in solcher Weise konzipiert, dass jene Kinder, die ihren Tagesgeschäften nachgehen, nicht erkennen, was vor sich geht.

Die Schlange wird jetzt losschnellen

Wenn Ich sage, die Schlange ist im Begriff loszuschnellen, meine Ich jetzt. Er und seine gemeine böse Armee von stolzen und hungrigen Biestern marschieren schnell und entschlossen in alle Lebensbereiche. Sie lenken euer Leben in einer Art und Weise, die euch gar nicht bewusst ist. Weil sie von dem Betrüger geführt werden, sind sie schlau, charmant, sprachgewandt, gierig, skrupellos und haben nur ein einziges Ziel vor Augen. Sie werden euch alle beherrschen wollen durch die Banken, die modernen Kommunikationsmittel, das Militär, durch religiöse Organisationen und durch Regierungen. Passt jetzt auf und hört zu.

Keine Verschwörungstheorien

Meine Warnung und die Meiner geliebten Kinder werden als Verschwörungstheorien abgetan werden. Leider sind sie das nicht. Diese Situation, Meine Tochter, ist nicht etwa plötzlich gekommen. Diese Gruppe, und Ich beziehe Mich jetzt auf nur eine Gruppe, hat sich seit Jahrhunderten verschworen, Pläne geschmiedet und Mitglieder aus den oberen Rängen der Gesellschaft angeworben. Sie haben diejenigen ermordet, welche sie in der Vergangenheit aufgedeckt haben. Sie haben durch die Jahrhunderte Staats- und Regierungschefs ermordet, darunter berühmte und talentierte Köpfe. Sie sind Blutsbrüder und verschlingen das Fleisch von der Menschheit.

Satanische Reliquien

Sie erweisen den obszönen Reliquien und Zeichen, die die Schlange begehrt, Ehrerbietung. Das ist — täuscht euch nicht — eine mächtige und erschreckende Gruppe. So mächtig sind sie, dass es schwer sein wird, aus ihren Klauen zu entkommen, sobald euer Lebensunterhalt, eure Nahrung und euer Geld von ihnen abhängig sind.

Meine Kinder, viele, viele Menschen an der Macht, in Regierungen, in Banken, in der Lebensmittelindustrie und in Hilfsorganisationen, wissen nicht, was geschieht, noch werden sie es wissen bis zum Ende der

Großen Drangsal, die im Begriff ist stattzufinden. Dann werden sie das Tier in Erscheinung treten sehen, das einen raschen Umschwung bringen wird, so dass ihr alle zu kämpfen haben werdet wie nie zuvor, um euch vor seinem bösen Regime zu verstecken.

Sobald das Tier und seine Anhänger euer Geld kontrollieren wird, wird es alles steuern bis auf eine Sache. Es kann und darf niemals versuchen, eure Seelen zu stehlen. Doch genau dies ist es, was es zu tun versucht.

Für diejenigen von euch, die diese Botschaft der Wahrheit hinterfragen, die zu euch geschickt wurde auf Grund des Wunsches, dass Ich euch helfen, euch führen und euch die Wahrheit offenbaren muss, hört Mir jetzt zu: Wenn ihr dieser Botschaft nicht glaubt, bete Ich — durch die Gebete, die Ich durch Meine Anhänger verlangen werde — dafür, dass ihr das Licht sehen werdet. Ich bitte euch, auf der Hut zu sein und auf die Zeichen dieser bösen machthungrigen Bestien zu achten, denen der Plan und der falsche Ruhm, den sie ernten werden, das Wasser im Mund zusammenlaufen lässt.

Täuscht euch nicht! Es wird ihnen nicht genug sein, zu kontrollieren, wie ihr euer Geld verdient und wie ihr an euer Geld ran kommt. Nein, sie werden viel, viel mehr von euch wollen. Sie werden kontrollieren wollen, was ihr esst, trinkt und wo ihr lebt. Um euch dagegen zu schützen, müsst ihr jetzt folgende Handlungen vornehmen.

Findet Schutzunterkünfte

Bitte findet Unterschlupf als Gruppen von Gläubigen. Ich schicke euch das Licht, um euch zu helfen zu überleben. Beginnt, eure eigene Nahrung anzubauen. Speichert lagerfähige Lebensmittel und legt sie beiseite. Beginnt jetzt zu planen, als ob ihr einen Sturm erwarten würdet. Wisst, dass die Finsternis in einem solchem Ausmaß herabsteigen wird, dass ihr vorbereitet sein müsst, um zu überleben.

Hört auf die Propheten. Macht nicht den gleichen Fehler, wie Mein Volk, als es nicht auf Meinen Propheten Noah hören wollte. Sie wandten sich von ihm ab, weigerten sich, auf ihn zu hören. Sie gingen ihrem täglichen Leben nach, während sie lachten und aßen und dem schrecklichen Schicksal, das sie erwartete, keinerlei Beachtung schenkten.

Steht jetzt auf. Wendet euch um Führung an Meinen Ewigen Vater, Gott, den Allerhöchsten. Bereitet eure Familien auf die kommende sickernde Dunkelheit vor, die ihr jetzt noch nicht verstehen könnt. Betet, betet um den Mut, das Zeichen des teuflischen Tieres nicht anzunehmen. Er (Satan) will durch seine böse Armee versuchen, euch das zuzufügen, was anfangs ein böser Identitätsstempel sein wird. Dieser wird euch gegeben werden und als unerlässlich dargestellt werden, gut für euch, um Geld abzuheben, Lebensmittel zu kaufen, zu reisen, in euren Häusern zu leben und

17

Handel zu treiben. Dies ist die ultimative Kontrolle. Ihr und eure echten politischen Führer werdet machtlos sein.

Ich appelliere an die Medien, an diejenigen, die nicht mit dieser bösen Gruppe infiziert sind, zu schauen und zu erkennen, was geschieht. Entlarvt alle, welche die Schlange und ihre Armee unterstützen, aber fädelt es sorgfältig ein.

Meine Kinder, fürchtet diese Gruppe und erkennt, dass es sie wirklich gibt und dass die Behauptungen wahr sind, die von den tapferen starken Menschen gemacht werden, die versuchen, sie zu entlarven.

Für diejenigen unter euch, die denken mögen, wie eine Botschaft aus Göttlichen Quellen solch sensationellen 'Unsinn' sprießen lassen kann. Denkt noch einmal nach. Geht zurück und lest in den Heiligen Schriften. Die Worte, die in Meines Vaters Buch des Vertrauens enthalten sind, sind richtig. Sie berichten von Ereignissen aus alten Zeiten. Sie liefern die Wahrheit, um euch zu Gott zu führen. Die Worte Meiner Propheten damals und heute präsentieren die volle Wahrheit vom kommenden Leben.

Die Warnung, die in dem Buch des Johannes enthalten ist — obwohl viele Menschen heute finden, dass sie schwer zu entziffern ist —, basiert auf Ereignissen, die sich jetzt entfalten werden.

Das Buch der Offenbarung sagt präzise eine Reihe von Ereignissen voraus, die von Satan ausgelöst werden, wenn die Endzeit heranrückt. Er kennt die Wahrheit, dass seine Tage gezählt sind. Aber er erzählt Meinen armen Kindern, die ihn anbeten, dass sie ein Paradies erwartet, anders, aber verlockender als das von Gott versprochene. Daher wird er in seinem letzten Kampf mit Meinem Ewigen Vater alles tun, um die Seelen zu stehlen, und zwar so viele wie möglich, bevor der Zorn Meines Vaters herabsteigt.

Er, Satan, ist in Eile. Lauft schnell den anderen Weg. Tragt Sorge für eure Familien und betet, wie ihr es lange schon nicht mehr getan habt. Das Gebet wird euch alle schützen. Erneuert jetzt euren Glauben, und dann, wenn die drei Tage der Finsternis auf die Erde herabsteigen, werden sie, Meine Anhänger, ihre Häuser mit Leichtigkeit beleuchten. Die schreckliche Finsternis, die kein Mensch ergründen kann, ist schwärzer als die Nacht.

An die Nichtgläubigen und an diejenigen, die das Lob des Tieres singen: Sie werden an diesem Punkt die Wahrheit erkennen, weil sie der Finsternis, wenn sie herabsteigt, nicht entgehen werden.

Steht jetzt auf, Meine Kinder, und kämpft. Plant für das Überleben in Hinsicht auf Körper und Seele, da sich die bösen Taten dieser Menschen vor euren Augen entfalten.

Euer liebender Erlöser Jesus Christus

15. Bekehrung.
Sonntag, 21. November 2010, 1:00 Uhr

Heute, Meine Tochter, bringe Ich eine Botschaft der Hoffnung und des Friedens für alle Meine Kinder, die vielleicht glauben, dass diese Botschaften Furcht verkörpern. Wisse, dass du dir sogar um diejenigen unter euch keine Sorge zu machen brauchst, die es schwer finden, an Mich, an Meinen Ewigen Vater und an den Heiligen Geist zu glauben. Viele von euch, Meine lieben Kinder, wollen glauben, aber wegen eures Überlegens und eurer Logik, wobei ihr alle Dinge auf rationales Denken basiert bewertet, findet ihr es schwer, an das Übernatürliche zu glauben.

Fürchtet euch nicht. Indem ihr betet, wenn auch nur einmal am Tag, und Mein Heiligstes Herz bittet, Meine Liebe über euch auszugießen, werdet ihr euch sehr bald anders fühlen. Viele von euch — jene, die in ihrem Glauben sehr vage sind — beneiden andere mit einem tiefen Glauben. Ihr müsst verstehen, dass Ich euch alle liebe. Wie bei den Eltern hat jeder von euch einen tiefen und besonderen Platz in Meinem Herzen. Ihr dürft nie fühlen, dass ihr Meiner Liebe nicht würdig seid.

Habe Ich euch nicht in einem solchen Maße geliebt, dass Ich gern Mein Leben für euch hingab, in der Hoffnung, dass euch eine zweite Chance gegeben wird, zu Mir zurückzukommen?

Kinder, ihr werdet immer von anderen beiseite geschoben werden, dafür, dass ihr einen Glauben an euren Göttlichen Schöpfer ausdrückt. Wenn dies geschieht, vergesst nicht, dass das etwas ist, was die Menschen auf dieser Erde für ihre Liebe für Mich erleiden müssen. Lasst niemals diesen Glauben an Mich, euren göttlichen Erlöser, verblassen oder vor jenen verborgen sein, die mit Mitleid auf euch sehen werden.

Ja, viele von Meinen Kindern, die von menschlicher Vernunft und Logik beeinflusst sind, die bewusst in ihre verschlossene Seele gelegt wurden, werden euren Glauben hinterfragen. Um euch weiter zu beleidigen, wird ihnen euer Glaube peinlich sein, und obwohl sie es nicht öffentlich zugeben werden, fühlen sie eine seltsame Eifersucht. Diese Eifersucht entspringt aus der Gewissheit, dass ihnen dämmert, dass es im Inneren ihrer Seele eine Leere gibt. Egal, wie sehr sie nach innen schauen, sie können nicht verstehen, warum dies der Fall ist. In der Zwischenzeit werdet ihr, die Gläubigen, durch die peinlich berührten Augen der Schaulustigen mit einem schwachen Glauben oder keinen Glauben Demütigungen erfahren.

Habt niemals Angst oder seid beschämt, euch zu der Liebe zu bekennen, die ihr in eurem Herzen für Meinen Ewigen Vater habt. Seid offen wegen eures Glaubens. Tragt eure Liebe für Mich stolz, für alle sichtbar. Indem ihr so handelt, geht ihr mit gutem Beispiel voran.

Versucht nie, euren Glauben zu heftig, durch logisches Argumentieren, Nichtgläu-

bigen in einer aggressiven Weise aufzuzwingen. Zeigt stattdessen euren Brüdern und Schwestern Liebe und Unterstützung, auch wenn ihr wisst, sie brauchen Anleitung. Wenn sie die offene Art sehen, in welcher ihr eure Liebe zu Mir äußert, freiweg und mit Freude im Herzen, werden sie anfangen, sich zu wundern.

Dadurch, dass ihr durch das gute Beispiel der Liebe, des Respekts und guter Taten vorangeht, werden die anderen zum Licht hingezogen. Viele werden anfangs nicht verstehen, warum. Aber mit der Zeit und vor allem durch die Kraft eurer Gebete werden sie auf Mich zugehen.

Ich bitte euch dringend, betet für die Bekehrung aller Seelen. Dazu gehören solche Menschen, die euch persönlich bekannt sind, bei denen ihr das Gefühl habt, dass sie Gebet für die Schwierigkeiten benötigen, denen sie in diesem Leben begegnen. Betet auch für die Umkehr der armen Kinder, die für Mich verloren sind, durch die Finsternis, die sie für die Wahrheit blind macht. Betet besonders mit Mitgefühl und Liebe für diejenigen, die aktiv dem Weg des Betrügers folgen. Sie brauchen eure Gebete mehr als jeder andere.

Macht allen, mit denen ihr in Kontakt kommt, Details bekannt, wie jeder von ihnen gerettet werden kann, sogar im Moment des Todes, und zwar durch das Beten des Rosenkranzes der Göttlichen Barmherzigkeit.

Bitte, bitte, gebt diesen an alle weiter, die hören wollen. Drängt sie — sofern ihr es wagt —, dass sie ihn lesen mögen und dass sie ihn nicht vergessen mögen; denn, wenn ihr so handelt und sie ihn in ihren letzten wenigen Atemzügen beten, können und werden sie von Mir gerettet werden.

Schämt euch nie der Kreuze, die ihr tragt

Fühlt euch nie beleidigt, wenn Nichtgläubige lachen oder euch auf die Schippe nehmen, wenn ihr betet. Schämt euch nie der Kreuze, die ihr zum Schutz tragt. Versteckt nicht diese Symbole der Liebe, die ihr für Mich, Euren Göttlichen Heiland, Meinen Ewigen Vater oder den Heiligen Geist habt. Indem ihr diese Abzeichen der heiligen Ehre stolz tragt, führt ihr andere zu Mir. Trotz äußerlicher Verachtung, die ihr von diesen Menschen erfahren könnt, innerlich beneiden sie euch um euren Glauben. Viele dieser Beobachter fühlen aufgrund ihres mangelnden Glaubens eine hohle Leere im Inneren. Gebet, Meine Kinder, kann Mir helfen, ihre Seelen zu gewinnen. Sprecht folgendes Gebet für sie:

Mein lieber Herr, ich strecke meine Arme aus, um Dich zu bitten, meinen geliebten Bruder / meine geliebte Schwester in Deine zärtlichen Arme zu nehmen. Segne ihn / sie mit Deinem heiligen Blut und gib ihm / ihr die Gnade, die nötig ist, damit er / sie den Geist Deiner Liebe empfängt, um ihn / sie in das ewige Heil zu führen."

Wenn ihr, Meine Gläubigen, von anderen offen wegen eures Glaubens herausgefordert werdet, sagt zuerst dies: Ich bin ein Anhänger von Christus, der durch die Hände von Nichtgläubigen den Tod erlitten hat. Aus diesem Grunde werde Ich als ein Anhänger von Christus immer wegen Meiner Liebe zu Ihm von anderen Demütigung erleiden. Das ist das Kreuz, das Ich trage, und Ich bin stolz auf diese Tatsache. Er, Mein Heiland, starb nicht nur für Meine Sünden, sondern auch für eure.

Wenn sie sich stolz der Tatsache rühmen, sie seien Agnostiker oder Atheisten, sagt ihnen das. Fragt sie, ob sie sich anders fühlen werden, wenn ihr Leben auf dieser Erde zu Ende gehen wird. Dann gebt ihnen diesen Ratschlag: Vergesst auf eurem Sterbebett diesen Barmherzigkeitsrosenkranz nicht, auch wenn ihr immer noch unsicher seid. Öffnet eure Herzen und bittet Meinen Ewigen Vater, ihnen zu verzeihen. Denkt an Mein Versprechen. Als Richter wie auch als euer Erlöser werde Ich verzeihen — bis hin zum letzten Atemzug jedes Meiner Kinder auf dieser Erde. Sagt ihnen, sie sollen kräftig beten, so dass sie ihre Herzen zumindest einmal öffnen können.

Das Gebet führt alle Meine Kinder näher an Mein Reich auf Erden, wenn Himmel und Erde zu einer Einheit verschmelzen werden. Die Kraft des Gebetes wird nur dann wirklich verstanden, wenn Meine Kinder ihre Herzen öffnen und es herausrufen. Bittet, und wenn es Gottes Willen ist, werden eure Gebete beantwortet werden.

Verweigert euren Kindern niemals das Sakrament der Taufe

Zu guter Letzt, betet für die kleinen Kinder, eure Söhne und Töchter und die Jugend der Welt. Jeder von ihnen verdient, dass ihm die Wahrheit gezeigt wird. Aufgrund der geistigen Finsternis, die seit den letzten zwei Jahrzehnten auf der Erde existiert, wurde ihnen von ihren Eltern weder die Wahrheit der Liebe Gottes gezeigt noch Führung gegeben. Selbst wenn euer eigener Glaube schwach ist, weicht nicht eurer Pflicht als Eltern aus, ihnen den Zugang zu den Sakramenten zu geben, besonders zur Taufe. Nehmt es niemals auf euch, eurem eigenen Kind dieses wichtigste Sakrament zu verweigern. Viele Eltern, die stolz nicht nachgeben, während sie laut über ihre Ansichten des Unglaubens schreien, schaden den Seelen ihrer Kinder. Gebt euren Kindern das Geschenk der Sakramente. Mit der Zeit werden sie entweder euch dafür danken oder Mich ablehnen. Das hängt dann von ihnen ab. Lehnt Mich ab, wenn ihr müsst, aber stehlt nicht die Seelen Meiner Kinder. Ihr mögt ihre Eltern auf Erden sein, aber sie sind die Kinder Meines Ewigen Vaters, des Schöpfers und Erzeugers aller Dinge. Versucht nicht, sie mit euch in die Finsternis zu nehmen. Erinnert euch wieder daran, dass Ich, ungeachtet eurer eigenen Überzeugungen, euch alle liebe.

Euer Göttlicher Erlöser und Richter
Jesus Christus, Sohn des Ewigen Vaters

16. Aufruf an alle Kirchen und Konfessionen zur Einheit gegen das Böse.
Sonntag, 21. November 2010, 15 Uhr

An die Kirchen auf der ganzen Welt, hört Meinen Ruf. All ihr Kinder und Anhänger gehört zu Mir. So viele von euch folgen den Lehren eurer Kirche und Gottes, des Schöpfers der Menschheit. Das ist gut. Viele von euch legen die Lehren Meines Ewigen Vaters auf unterschiedliche Weise aus. Dies ist bedingt durch die Auslegungen der Propheten seit Anbeginn der Zeit.

Viele Propheten deuteten die Belehrungen Gottes auf die Art und Weise, wie sie sie empfangen hatten. Manche der Worte Meiner Propheten wurden verfälscht. All Meinen Propheten wurde die Wahrheit vermittelt. Nicht all Meinen Propheten gelang es, ihre Anhänger auf dem Weg zum Ewigen Leben sicher zu geleiten.

Alle Wege führen zu Gott, dem Schöpfer der Menschheit. Die Anhänger Gottes deuten die Lehren auf unterschiedliche Weisen, was zu Verwirrung führt. Sobald es zu Verwirrung kommt, könnt ihr sicher sein, dass es der einzige Ausweg ist, euren Glauben einfach zu halten. Glaubt einfach und erweist eurem Schöpfer Ehre.

Ich rufe all die Kirchen, Religionen und Glaubensrichtungen der Welt auf, für die Menschheit und für jene ohne Glauben zu beten — jetzt. Die Liebe Gottes hat nichts mit der Zerstörung des Lebens zu tun. Kein Mensch hat das Recht, in Meinem Namen oder Meines Ewigen Vaters Namen ein Menschenleben zu nehmen. Stattdessen versammelt und vereint euch in Liebe zu eurem Schöpfer angesichts des Bösen, das so schnell überall um euch herum entsteht.

Meine Kinder, Ich möchte euch an Gottes Gesetze erinnern, die Zehn Gebote, die euch von Meinem Ewigen Vater durch Seinen so überaus heiligen und frommen Propheten Moses übermittelt wurden. Diese Regeln wurden zur Belehrung der Kinder Gottes erstellt, wie sie Ihm Ehrerbietung erweisen müssen, auf dass Er sie zur Wahrheit führt. So viele Menschen haben dies heute vergessen. Diejenigen, die das nicht vergessen haben, bedenken selten, was die Zehn Gebote wirklich bedeuten. Diejenigen, die die zehn Gebote nicht verstehen, zogen es vor, sie in einer Weise auszulegen, die weit entfernt von der Wahrheit ist. Zu diesen sage Ich: Bitte, lest die Zehn Gebote und hört darauf, oder ihr riskiert den Zorn Gottes. Deren Bedeutung darf nicht verwässert werden hinter falscher Liebe, falschem Mitleid oder durch Rechtfertigung der Sünde, wo man euch doch genaue Anweisungen gegeben hat.

Das erste Gebot sagt euch, nur einen Schöpfer, Meinen Ewigen Vater, anzubeten und Götzendienst zu vermeiden. Doch das erste Gebot hat man zugunsten falscher Götter verworfen. Mit falschen Göttern meine Ich nicht unbedingt nur Menschen in hohen Positionen oder jene, die sich selbst zu den Höchsten machen, so dass ihr, Meine

Kinder, in Verzückung zu ihren Füßen niederfallt. Ja, das ist ein Verstoß und in Gottes Augen tief beleidigend. Der Götzendienst, von dem Ich jetzt spreche, ist die Liebe des Menschen zur Macht und zum Geld, welche Meine Kinder in Leere und Verzweiflung treiben kann. Diese Verzweiflung führt dazu, das nächste Gesetz zu brechen: die Sünde der Selbstsucht. Das Verlangen, eure eigenen Wege zu gehen auf Kosten eurer Seele, wird euer Untergang sein. Liebe zu sich selbst ist keine Liebe. Es ist Eitelkeit. Doch das ist heute eine beliebte Lehre. Ihr erhöht euch selbst unter dem Vorwand des falschen Mitleids und leugnet Gott. Euer Mangel an Demut wird zu eurer Zerstörung führen. Wenn ihr euch über andere stellt, werden diese und andere Menschen dafür leiden. Dieses Gebot darf niemals gebrochen werden. Menschliche Argumentation, die nur zur Rechtfertigung der Sünde dient, ist absurd.

Die Besessenheit mit Prominenten

Denn die jungen Menschen, denen schon solange die Orientierung fehlt, werden jetzt in einer Weise in den Abgrund des Götzendienstes gezogen, dass es für alle deutlich zu sehen ist. Genau die Abgötter, die Meine jungen Kinder anbeten, sind zum größten Teil nicht vom Licht. Viele haben ihre Seelen dem Teufel verkauft und sind auch noch lautstark stolz darauf.

Ihre hypnotische Anziehungskraft — durch ihre Musik und ihre Worte — überzeugen Meine Kinder, dass dies der einzig wahre Weg ist. Ihre aufreizende Unmoral ermutigt ihre Anhänger, sie nachzuahmen. Wenn sie das tun, blockieren sie, Meine Kinder, das Licht, und auch sie werden in die ewige Finsternis hineingesogen. Die Besessenheit mit Prominenten in der heutigen Welt bedeutet, dass Meine Kinder die ganze Zeit krampfhaft danach streben, jene Höhen zu erreichen, die diejenigen, die dem Betrüger folgen, angeblich genießen.

Kommt nun, alle Meine Kinder von allen Kirchen und Konfessionen. Vereinigt euch und kämpft für das Recht, den Glauben an Gott, den Ewigen Vater, zu bewahren, für das Recht, einander zu lieben, das Recht auf reine Liebe, die Liebe Gottes, des Ewigen Vaters, des Schöpfers des Himmels und der Erde.

Euer liebender Erlöser und gerechter Richter
Jesus Christus

17. Die Große Warnung – ein Geschenk der Barmherzigkeit.
Montag, 22. November 2010, 2:00 Uhr

Meine geliebte Tochter, Ich bin so zufrieden, wie du Meinen Worten folgst mit vollkommenem Glauben und Gehorsam. Meine Liebe zu dir ist stark, wie auch deine Liebe zu Mir stark ist. Du fühlst Mich jetzt sehr nahe an deinem Herzen. Du bist jetzt eins mit Mir, Meine Tochter. Ich und Mein Ewiger Vater sowie der Heilige Geist, die Allerheiligste Dreifaltigkeit, freuen Uns über deine Antwort auf diese sehr wichtige Berufung.

Wir und alle Engel und Heiligen begleiten dich jeden Tag, um dich in diesem höchstheiligen Werk zu schützen.

Nimm dir ein Herz und halte weiterhin Meine Hand. Lass Mich dich in deinen Worten führen, um der Menschheit eine Chance zu geben, endlich die Wahrheit zu verstehen, vor der „Großen Warnung". Diese große „Warnung", aus Barmherzigkeit und Liebe, als ein letztes Geschenk an Meine Kinder, wird bald stattfinden. Jedem einzelnen Meiner Kinder wird sein Leben gezeigt werden, seine Sünden, seine falschen Taten und jede einzelne Beleidigung, die er sich gegenüber seinen Brüdern und Schwestern zuschulden kommen ließ, alles in einer mystischen Erfahrung. Kein Mann, keine Frau und kein Kind auf dieser Erde werden ausgenommen sein.

Einige werden tief schockiert und traurig über die Sünden in ihrem Leben sein und werden sich sofort an Mich, ihren gerechten Richter, wenden und sich retten. Sie werden — aus Liebe und Kummer — um Gnade bitten.

Andere werden so angeekelt sein und schockiert durch die Art und Weise, wie ihre Sünden offenbart werden, dass sie tot umfallen werden, bevor sie eine Chance haben, um Vergebung zu bitten.

Und dann gibt es diejenigen, die dem Betrüger folgen. Wenn sie die bösen Sünden ihres Lebens vor sich aufblitzen sehen, dann werden sie vor Schrecken fliehen. Sie werden versuchen, sich zu verstecken, aber es gibt keinen Ort, wo sie hingehen können. Sich duckend und wegtauchend werden sie entweder gelten lassen, was sie sehen, und auf der Stelle um Vergebung bitten, oder sie werden sich abwenden und sich vor Scham und Entsetzen winden, aber nicht um Barmherzigkeit bitten.

Dann gibt es den endgültigen Sünder. Wenn ihm seine Sünden gezeigt werden, ist alles, was er tun wird, zu argumentieren und zu leugnen, dass er diese schwerwiegenden Verstöße gegen die Gebote Gottes verübt hat. Er wird einfach die Wahrheit leugnen und sich abwenden in die Finsternis der Ewigen Hölle.

Niemand wird von Meiner Barmherzigkeit abgewiesen werden

Warum verstehen Meine Kinder das nicht? Wenn sie wirklich ernsthaft reumütig sind und wünschen, zu kommen und mit Mir auf der neuen Erde zu leben, wo Himmel und Erde eins werden, warum bitten sie nicht um Vergebung? Niemand wird von Meiner reinen Gnade abgewiesen werden, wenn er Reue zeigt. Doch so sehr in ihrem Streben nach selbstsüchtigen Zielen gefangen, schaffen sie es nicht, die Konsequenzen zu begreifen.

Wacht jetzt auf, ihr alle. Akzeptiert es, dass mit den Änderungen, die ihr gerade seht, aufgrund der schlechten Taten der Menschheit, die Zeichen da sind, die vorausgesagt worden sind und welche Meiner Rückkehr zur Erde vorausgehen werden.

Lasst Mich euch zum Paradies führen

Durch diese Prophetin und durch das Buch der Wahrheit bitte Ich euch noch einmal aus Meiner kostbaren Liebe heraus, wendet euch jetzt Mir zu, bevor die Zeit abläuft. Lasst Mich euch in Meinen Armen halten. Lasst Meine Liebe durch euch fließen in Körper, Geist und Seele. Öffnet eure Herzen und lasst Mich euch zu Meinem Paradies auf Erden führen, wo ihr das ewige Leben genießen werdet. Warum solltet ihr euch wünschen, den anderen Weg zu wählen, den Weg, der dem Untergang geweiht ist und der ins Nichts führt, wenn die Wahrheit offenbart worden ist?

Mein Herz bebt vor Sorge und Traurigkeit, wenn Ich an Meine Kinder denke, die es einfach ablehnen, die Wahrheit Meiner Versprechen anzunehmen. Ich sage noch einmal: Wendet euch Mir zu und sprecht zu Mir. Bittet Mich, wieder in euer Herz zu kommen. Ich werde Mich in eure Seele einpassen. Ich gebe euch dieses Versprechen, auch den verhärtetsten Seelen. Es genügt, nur ein einziges Wort zu sagen. Bittet Mich, euch Meine Anwesenheit zu zeigen, mit den Worten:

Jesus, ich fühle mich verloren. Öffne mein Herz, dass ich Deine Liebe annehme, und zeige mir die Wahrheit, damit ich gerettet werden kann.

Meine Worte der Warnung sind keine Drohung. Dieses Ereignis ist seit Meinem Tod am Kreuz bekannt. Warum denkt ihr, dass es nicht geschehen kann? Lest die Wahrheit in der Schrift, die für alle zu verstehen ist. Ich werde bis zur letzten Minute als euer Erlöser handeln, bevor Ich als gerechter Richter komme, damit Ich schließlich Meine Kinder zu Meiner Familie der großen Liebe, der großen Freude und der großen Glückseligkeit führen kann, wo alle in Ewigkeit in Harmonie leben werden.

Satan und seine Anhänger werden für immer in die Finsternis gestürzt werden. Meine Familie wird die Freude und den Göttlichen Himmel sehen, angesichts dessen kein Mensch — könnte er auch nur flüchtig sehen, was er verspricht — dem reinen Glück im Reich Meines Vaters den Rücken kehren würde.

Betet, betet um Vergebung und tretet in das Reich Meines Vaters in Herrlichkeit ein, wo ihr und eure Lieben im Licht der reinen Liebe begrüßt werdet.

Ich werde kämpfen, um euch alle zurückzugewinnen

Ich starb für euch alle und Ich werde bis zum letzten Augenblick kämpfen, um euch alle für Mich zurückzugewinnen, trotz der Finsternis des Bösen in der Welt.

Bitte lasst Mich euch noch einmal zeigen, wie sehr Ich euch liebe. Nehmt jetzt Meine Hand, legt euren Kopf auf Meine Schulter, und eure sanfte Seele wird mit einer Liebe entflammt werden, die ihr vergessen habt.

Euer liebender Heiland Jesus Christus

18. Warnung vor einem Atomkrieg.
Dienstag, 23. November 2010, 3:00 Uhr

Meine Tochter, du leidest wegen der Arbeit, die du in Meinem Namen tust. Die Finsternis, die du spürst, kommt von dem Betrüger, der jede Stunde durch andere zuschlägt — durch Menschen, die du kennst, durch seine Finsternis —, um dich anzugreifen. Trotz deiner Gefühle der Verzweiflung bist du tatsächlich geschützt. Er, der Betrüger, so habe Ich dir gesagt, wird deiner Seele nicht schaden. Du musst weiterhin den höchstheiligen Rosenkranz beten um ständigen Schutz vor Peinigung. Indem du diese machtvolle Verehrung zu Meiner Mutter betest, wirst du einen Unterschied sehen.

Das Werk, das du dich bemühst, in Meinem Namen weiterhin zu vollenden, ist nicht einfach, aber du musst stark bleiben, Meine Tochter; denn es ist das Werk, das, wenn es der Welt offenbart worden ist, Frieden und Zufriedenheit für Meine Kinder bringen wird.

Wenn Meine Kinder die Wahrheit verstehen, werden sie wissen, dass sie nicht auseinandergeworfen und von ihrem Schöpfer vergessen sind. Der Trost, den sie durch das Wissen erfahren werden, das Ich ihnen durch dieses Buch geben werde, wird sie näher zu Mir ziehen.

Der Plan für den Krieg geht voran

Fürchte dich nicht, Meine Tochter, du bist sicher, obwohl du Ohnmacht fühlst und Unsicherheit fürchtest. Die Welt, einschließlich deines eigenen Landes, ist im Begriff, mehr Leiden zu erfahren, als Folge der weltweiten Kontrolle, welche die Menschen machtlos macht. Daher ist es wichtig, sich jetzt vorzubereiten.

Ich habe dir früher gesagt, dass du Meinen Kindern sagen musst, sie sollen beginnen, jetzt zu planen, bevor der gefürchtete weltweite Krieg beginnt. Der Krieg, von dem Ich spreche, wird jetzt von dem Roten Drachen koordiniert. Der Drache, die neue Weltenergie, schmiedet jetzt Pläne und wird nun Städte im Westen zerstören. Die Zeit ist nahe. Betet, betet für Umkehr, da dieses Übel nicht gestoppt werden kann, da es nicht genug Gebet gibt, um es zu verhindern. Betet für jene Seelen, die durch diesen Atomkrieg sterben werden.

Drei Jahre, bevor sich der Plan entfaltet

Betet jetzt für jene Seelen. Da eine globale Macht die Führung übernimmt, ganz sachte, mit einem vorgetäuschten Mitgefühl, werden sie, Meine Tochter, eure Freiheit, zu leben, zu essen und zu beten, kontrollieren wollen. Deshalb muss sich Mein Volk bemühen, sich selbst zu versorgen. Baut eure Nahrung an. Findet rechtzeitig Schutzräume, wo ihr euch treffen könnt, um eurem göttlichen Erlöser Huldigung zu erweisen. Bleibt stark. Erzählt auch nicht zu vielen Menschen, warum ihr dies tut. Es wird nur drei Jahre dauern, die Zeichen dieses Planes vor euren Augen zu entfalten. Bis dahin werden eure Pläne eine Form der Hilfe hervorbringen, die ihr in Frage stellen mögt und die euch vielleicht von Zeit zu Zeit befremdlich vorkommt. Baut jetzt eure eigenen Lebensmittel an. Kauft das Saatgut, das jetzt in der Zukunft nicht zum Verkauf zur Verfügung stehen wird. Dies wird eure Familie ernähren, wenn die globale Hungersnot stattfindet.

Geht jetzt und trefft Vorbereitungen.

Euer Göttlicher Heiland Jesus Christus

19. Treppe zur spirituellen Vollkommenheit.

Mittwoch, 24. November 2010, 2:30 Uhr

Schreibe Folgendes, Meine geliebte Tochter. Der Glaube hat die Eigenart, meine treuesten Anhänger gerade dann zu verlassen, wenn sie es am wenigsten erwarten. Dabei handelt es sich um eine wichtige Prüfung, so dass sie nach dieser Erfahrung gestärkt wieder in Mein Herz zurückkehren. Fürchtet euch nicht, dies ist eine Prüfung, die Ich zulasse, damit Meine Kinder daraus stärker hervorgehen.

Es ist nicht leicht für euch, euren Glauben an Mich zu bewahren, Meine Kinder, da so viele Hindernisse eurer Hingabe im Wege stehen. Ihr werdet von Zeit zu Zeit eine vollständige Leere in eurer Seele fühlen. Das kann euch aus der Fassung bringen, weil ihr euch ohne Halt und alleingelassen fühlt.

Meine Getreuen, ihr müsst euch über Folgendes im Klaren sein. Ich bin trotz der subjektiv empfundenen Einsamkeit nie weit entfernt. All diese vorübergehenden Zustände haben nur ein Ziel, euren Glauben in einer solchen Weise zu stärken, um sicherzustellen, dass ihr euch jedes Mal einen neuen Schritt in Richtung auf Mich bewegt. Dies nennt man die Treppe zur spirituellen Vollkommenheit, nämlich zum Himmel. Es ist eine lange Treppe und es kann eine geraume Zeit dauern, die oberen Stufen zu erreichen. Jeder Schritt kann eine neue Offenbarung mit sich bringen, in welchen Lektionen ihr Erfahrungen machen müsst, bevor ihr die zur geistigen Vollkommenheit noch nötigen Gnaden erlangen könnt, um in das Paradies Meines Vaters zu kommen.

Mit jeder erklommenen Stufe gewinnt ihr ein neues Bewusstsein dafür, was ich von euch erwarte. Schwer zuweilen. Ungerecht — so mag es scheinen —ein andermal. Aber mit jeder erklommenen Stufe werdet ihr umso tiefer die Wahrheit Meiner Lehren verstehen.

Einige erklettern diese Stufen rasch, während andere mehr Zeit brauchen. Einige Meiner frommen Anhänger mögen den Mut verlieren und gehen einen Schritt, zwei Schritte, bisweilen drei zurück. Das ist nur natürlich. Andere, die sich zu schnell fortbewegen, gewinnen dermaßen an Selbstsicherheit, was sie zu der Überzeugung bringt, dass sie alle geistigen Angelegenheiten verstehen. Aber das ist der Weg des Betrügers, der euch diese falsche Selbstsicherheit glauben und annehmen lässt. Alle

euch verliehenen Geschenke können nur von Mir kommen. Ihr erhaltet sie, Meine Getreuen, aus Meiner grenzenlosen Liebe zu euch. Ihr dürft nie davon ausgehen, dass ihr dies allein euch selbst zu verdanken habt, nur weil euer Glaube stark ist. Ja, euer Glaube mag stark sein aufgrund der Zärtlichkeit eures Herzens. Aber auch das ist auch ein Geschenk von Mir. Ihr müsst, um die oberste Stufe zu erreichen, demütig sein in eurer Liebe zu Mir. Erweist euch jederzeit als tugendhaft.

Zeigt in eurem Glauben unbedingt Vertrauen; denn dies ist Mir wohlgefällig. Aber tappt niemals in die Falle zu glauben, ihr würdet alle Geheimnisse des Himmelreiches kennen. Als Menschen mit der Erbsünde geboren, wird euch erst die Zeit diese Geheimnisse offenbaren, Meine Kinder.

Bemüht euch, immer alles als ein Geschenk von Mir anzunehmen, sogar die Prüfungen, die ich euch vielleicht auferlege. All Meine Geschenke haben den Zweck, euch stark in eurer Liebe zu Mir zu machen.

Ich bin so stolz auf alle Meine Kinder, die an Mich glauben und Mir Ehre und Achtung erweisen. Damit Ich euch zur vollen Herrlichkeit des Paradieses Meines Vaters erheben kann, müsst ihr nach der Herrlichkeit der vollkommenen Vereinigung mit Mir streben.

Dafür braucht es ein wenig Zeit und Geduld, bevor ihr Mir eure Seele voll und ganz überlasst, Meine Kinder. Sobald dies aber geschieht, werdet ihr Meines mystischen Leibes teilhaftig für die Ewigkeit.

Überlasst euch, Meine Kinder, Meiner vollkommen reinen Liebe, und ihr werdet nie zurückblicken oder euch fürchten müssen; denn ihr werdet in Meinen Armen sicher sein.

Bleibt stark, Meine getreuen Kinder, auch angesichts der Hindernisse; denn Ich werde nie Meine geliebten Getreuen verlassen. Niemals.

Euer liebender Heiland Jesus Christus

20. Globaler Plan zum Abbau der Weltbevölkerung und Sturz der Führer der Welt.

Freitag, 26. November 2010, 3 Uhr

Meine geliebte Tochter, dir wird bald Führung durch einen Seelenführer gesandt werden. Aber vergiss (dabei) nicht: Viele Meiner Anhänger werden von Mir berufen, aber nicht alle stimmen zu. Ich kann nicht, wie du weißt, in den freien Willen eingreifen, der ein Geschenk an den Menschen ist. Unabhängig davon ist es jetzt wichtig, mit dieser dringenden Aufgabe weiterzumachen, sodass Meine Kinder zuhören und gerettet werden.

Die Zeichen

Täusche dich nicht: Veränderungen sind im Gange und in Kürze wird es so viele Zeichen dafür geben, dass es nur wenige Menschen auf dieser Erde geben wird, die nicht imstande sein werden, sie zu bemerken. Die Zeichen, von denen Ich spreche, wie jene, welche durch Meine Visionäre auf-

grund der Erscheinungen Meiner Seligen Mutter in Europa gegeben werden. Viele Menschen, die ihren Geist öffnen und ihre gefangene Seele befreien, werden verstehen, dass diese Mitteilungen vom Himmel kommen. Wenn Meine Kinder die Wunderzeichen sehen, welche durch die Sonne sichtbar sein werden, dann werden sie die Wahrheit kennen.

Ignoriere die Verachtung, den Spott und den Hass, die gezeigt werden, wenn die Menschen den Inhalt dieses Manuskripts lesen. Das gleiche passierte Meinen Aposteln, die mit der Gabe des Heiligen Geistes ihre Arbeit vollbrachten. Auch Dir, Meine Tochter, wurde dieses Geschenk gegeben. Lehne es niemals ab oder zweifle nicht daran. Es ist real, und du weißt das jetzt. Deine Zweifel haben endlich begonnen zu verblassen.

Ich werde dir Hilfe senden, wie Ich es dir gesagt habe. Der Beweis dieser Verheißung beginnt jetzt sich zu entfalten. Ich werde dir auch Informationen über zukünftige Ereignisse geben, welche du allen enthüllen musst, einschließlich der Nichtgläubigen. Was macht es, wenn sie zunächst nicht glauben? Denn wenn die Ereignisse sich entfalten, werden sie keine andere Wahl haben, als die Wahrheit anzuerkennen.

Die Verschwörung, einen Krieg zu inszenieren

Es ist eine ruchlose Verschwörung der Weltmächte im Gange, einen Krieg zu inszenieren — die Absicht ist, die Bevölkerung der Welt zu dezimieren. Betet, betet jetzt, um zu helfen, den Umfang des Schadens einzudämmen, welchen diese bösen Menschen auf der Erde verursachen wollen. Ihre dumme Treue gegenüber dem Betrüger bringt es mit sich, dass sie — durch die satanischen Kräfte, die sie unter seinem Einfluss empfangen — fest entschlossen sind, diese Aufgabe um jeden Preis auszuführen.

Die Verschwörung, Papst Benedikt zu Fall zu bringen

Es sind auch Pläne im Gange, über Kirchen und verschiedene Religionen einschließlich des Vatikans die Führung zu übernehmen. Mein Papst, Mein geliebter Papst Benedikt, ist von jenen umringt, die seinen Sturz planen. Andere Führer der Welt, welche sich der zugrunde liegenden Kräfte, die in ihren eigenen Reihen versteckt sind, nicht bewusst sind, werden ins Visier genommen, mit dem Ziel, sie zu stürzen.

Meine Kinder, wacht auf und kämpft. Dies ist ein sehr realer Krieg, anders als irgendein Krieg, den man auf der Erde erlebt hat. Es ist ein Krieg gegen euch, gegen jedes einzelne Meiner Kinder. Ihr seid das Ziel. Das Problem ist, dass ihr den Feind nicht sehen könnt. Da sie Feiglinge im Herzen sind, haben sie nicht den Mut, sich zu offenbaren.

Geheimtreffen

Von sich selbst besessen, treffen sie sich im Geheimen innerhalb eurer eigenen Gemeinschaft und sie haben sich über alle Lebensbereiche verstreut. Ihr werdet sie nicht nur in den Korridoren eurer Regierung finden, sondern auch in der Justiz, in der Exekutive, in der Wirtschaft, im Bildungssystem und beim Militär.

Lasst diese Leute euch nicht diktieren, wie ihr beten sollt. Beobachtet, wie sie versuchen werden, euer Leben zu verwalten, und beginnt, euch jetzt auf das vorzubereiten, was vor euch liegt.

Warnung vor globalen Impfungen

Vor allem betet in Gruppen. Betet für diejenigen Menschen, die glühende Verehrer Satans sind. Das Gebet wird helfen, einige dieser Katastrophen abzuwenden. Hütet euch vor den Gräueln, die sie euch durch Impfungen zuzufügen suchen. Traut keiner plötzlichen weltweiten Impfkampagne, auch wenn sie in ihrer Absicht mitfühlend erscheinen mag. Seid auf der Hut. Von Land zu Land treffen sie Absprachen, um so viele Menschen wie möglich zu beherrschen.

Fürchte euch nicht; denn Ich werde Meine Anhänger, die zu Mir beten, schützen. Betet auch für jene tapferen Seelen unter euch, die sich entschieden haben, die Wahrheit zu verbreiten. Viele dieser Menschen werden ausgelacht, aber sie sprechen zum größten Teil die Wahrheit.

Einlagern von Lebensmitteln

Vertraut nicht den Nahrungsmittellieferanten. Bereitet euch jetzt auf die Zukunft vor. Beginnt mit dem Sammeln von Nahrungsmitteln und fangt an, selber etwas anzubauen. Lagert ein, als ob ein Krieg kommen würde. Denjenigen, die das tun, wird es gut gehen. Gebet und Andacht wird eure Seelen stärken und euch vor den bösen Wegen dieser Leute bewahren. Lasst sie niemals euren Geist oder eure Überzeugungen beherrschen, und zwar durch ihr Drängen auf die Einführung von Gesetzen, die auf die Zerstörung der Familie ausgerichtet sind. Sie werden bestrebt sein, Familien auseinanderzubringen, indem sie zur Trennung ermutigen, was beinhaltet, dass sie die Scheidung und sexuelle und religiöse Freizügigkeit fördern.

Ermorden von Führern der Welt

Sie werden den Hass zwischen den Nationen fördern, Politiker von Weltrang ermorden, durch Attentate, und die Freiheit der Menschen knebeln, indem sie ihnen ihre Diktatur aufzwingen.

Der Zorn Gottes wird in Kürze zu sehen sein, da Er ihre Bosheit nicht viel länger dulden wird, es sei denn, diese Leute, die sich entschieden haben, ihren satanisch inspirierten Organisationen zu folgen, kehren diesem üblen Gräuel den Rücken. Betet für sie.

Seid vorsichtig, welchen Leuten ihr in euren Ländern eure Wählerstimme gebt. Schaut, wie sie euch präsentiert werden, durch die Worte, die sie sprechen. Hört auf diejenigen, die versuchen, euch zu warnen. Ich fordere euch dringend auf, für diejenigen zu beten, die dies nicht tun, damit auch sie bereit für eine Bekehrung sind, um gerettet werden zu können.

Diese Ereignisse, von denen Ich spreche, werden in Kürze einzutreten beginnen. Haltet fest zusammen, haltet eure eigenen Nahrungsmittelvorräte bereit, trachtet danach, euer eigenes Gemüse anzubauen und andere Dinge, die ihr zum Überleben braucht, bei der Hand zu haben. Dies ist ein Krieg gegen euch, aber es wird nicht danach aussehen. Doch seid auf der Hut.

Die Kirchen werden verboten

Diejenigen von euch, die den Mut aufbringen, zu eurer Kirche zurückzukehren, habt niemals Angst, zu beten oder euren Glauben offen zu zeigen. Denn das tun diejenigen, die Meine Kirche für selbstverständlich hinnehmen, eben nicht. Denn erst, wenn euch genau dieses besondere Geschenk, das euren Glauben frei repräsentiert, genommen sein wird, wird euch die Wahrheit dämmern. Und dies wird euch zornig machen.

Meine Tochter, sage Meinen Menschen, sie sollen nicht in Panik verfallen. Sie, Meine Anhänger, werden gerettet und mit Mir in die Wolken gehoben werden, um Mein neues Paradies auf Erden zu erwarten. Sie werden Mein neues Paradies genießen und werden sich mit den Verstorbenen aus ihrer Familie in diesem neuen Ewigen Leben wiedervereinen. Sie müssen stark bleiben, beten und einander Liebe zeigen. Betet, betet, betet vor allem für jene verlorenen, getäuschten Seelen, die keine Ahnung haben, was ihr Handeln für ihre Zukunft im nächsten Leben bedeuten wird.

Diejenigen mit lauen Seelen

Betet auch für Meine anderen Kinder, diejenigen mit lauen Seelen. Sie müssen zu Mir umkehren, und zwar bald. Kinder, zögert um der euch verbindenden Liebe willen nicht, diese Menschen bezüglich der Wahrheit zu warnen. Zeigt ihnen durch euer Beispiel die Bedeutung des Gebets, so werden auch sie nicht verloren gehen.

Bleibt stark. Kapituliert niemals vor der Armee des Betrügers. Niemals. Steht für das auf, woran ihr glaubt. Schützt jetzt eure Familie. Kehrt um zu Mir. Betet jeden einzelnen Tag den Barmherzigkeitsrosenkranz. Für die Christen überall: Betet den Rosenkranz. Lasst Meine Mutter euch durch Ihre Fürsprache zu Mir zurückbringen.

Meine Kinder, Ich weine um euch alle. Ich brauche meine Anhänger, damit sie sich jetzt mit Mir im Kampf gegen das Böse vereinen. Das Gebet ist die Antwort.

Euer geliebter Erlöser Jesus Christus

21. Buch der Offenbarung
Freitag, 26. November 2010, 24:00 Uhr

Meine innig geliebte Tochter, heute ist ein Tag, an dem Mein Herz gebrochen ist — wegen der Unruhen und der großen Traurigkeit in der Welt. Ich sehe mit Betrübnis, wie die Welt sich im Zorn gegeneinander erhebt. Vieles von dieser Traurigkeit entspringt dem Wissen, dass sich diese Prophezeiungen entfalten werden, doch viele Menschen werden nichts dazulernen.

Betet, dass Russland an Meine Selige Mutter geweiht wird

Sie weigern sich noch immer anzuerkennen, dass diese Ereignisse im Buch des Johannes vorausgesagt wurden. So, so viele werden jetzt wegen des Mangels an Glauben leiden. Betet jetzt, dass Russland endlich einlenkt und erlaubt, dass es endlich im Namen Meiner Seligen Mutter geweiht wird. Betet, betet, betet, dass dies geschieht. Denn durch das Gebet wird dieser große Triumph möglich sein. Wenn es geschieht, dann werden Millionen gerettet werden. Denn die Gefahr ist gegeben, dass die kommunistischen Kräfte sich mit der Schlange erheben und sich vereinigen werden und euch, Meine Kinder, machtlos sein werden lassen.

Seht jetzt die Geschwindigkeit, mit der die Nationen sich zum Kampf erheben. Die Geschwindigkeit der globalen Ereignisse wird viel Bestürzung verursachen, da diese sich in ihrer Intensität entfalten. Meine Anhänger, ihr müsst zuhören. Gebetsgruppen werden unerlässlich sein, bei der Verbreitung von Bekehrung und um diese katastrophalen Ereignisse zu zerstreuen. Sogar jene unter euch, die ihr in eurem Leben selbstgefällig seid und alles für selbstverständlich haltet, ihr werdet nicht länger in der Lage sein, diese Ereignisse zu ignorieren.

Ihr müsst auf Mich hören und anerkennen, dass diese Ereignisse, wie im Buch der Offenbarung vorhergesagt, jetzt eintreten.

Haltet jetzt eure Hände im Gebet. Selbst wenn ihr gerade mal einen Funken Zuneigung in euren Herzen für Mich habt, bittet Mich, euch festzuhalten, damit Ich euren Glauben an Mir entzünden und stärken kann.

Ich werde für jeden Einzelnen von euch kämpfen

Ich werde bis zum bitteren Ende kämpfen, um euch alle näher zu Meinem Herzen zu bringen, ob ihr ein Kind, ein Teenager, ein junger Erwachsener, mittleren Alters oder alt seid — in Meinen Augen seid ihr alle gleich. Ihr seid Meine teure, geliebte Familie — jeder Einzelne von euch. Niemand ist ausgeschlossen, selbst diejenigen von euch nicht, die nicht akzeptieren, dass Ich existiere, selbst diejenigen von euch nicht, die Mich nur hassen — Ich liebe euch trotzdem. Meine Liebe ist leidenschaftlich und entzieht übersteigt eure Vorstellungskraft, und Ich werde alles in Meiner Macht Stehende tun, um euch zurück in Meine Herde zu bringen.

Ich werde eure Seelen nicht so leicht Satan überlassen.

Bitte wendet euch Mir zu

Bitte wendet euch Mir zu — egal, wie viele Zweifel ihr habt — und lasst Mich euer Herz mit Meiner Göttlichen Liebe füllen. Nur ein Vorgeschmack auf diese Liebe wird euch helfen, euch für das Ewige Leben im Paradies mit Mir, Meinem Ewigen Vater und euren Brüdern und Schwestern vorzubereiten. Dies ist euer Erbe, euer rechtmäßiges Erbe.

Vergeudet nicht diese Chance der Rettung. Wenn euer Leben auf Erden zu einem Ende kommt, werdet ihr zwei Möglichkeiten im Leben danach haben. Den Himmel im Paradies oder die Tiefen der Hölle mit Satan, der euch mit sich nehmen wird, durch die Sünden, zu denen er euch auf Erden verführt. Öffnet jetzt eure Augen. Denkt daran, der Tod auf Erden kann an jedem Tag stattfinden, zu jeder Zeit und wann ihr es am wenigsten erwartet.

Durch diese Botschaft bitte Ich euch, die Wahrheit vor dem Tag des Jüngsten Gerichts zu sehen. Denkt immer daran: Ich liebe euch, egal, wie schwer ihr gesündigt habt. Wenn ihr euch Mir zuwendet und Mich aus dem Grunde eures Herzens um Vergebung bittet, wird euch verziehen. Sogar während eures letzten Atemzuges.

Euer geliebter Erlöser Jesus Christus

22. Aufruf an die Gläubigen, verlorene Seelen zu bekehren.
Freitag, 26. November 2010, 24:00 Uhr

Meine innig geliebte Tochter, die Allerheiligste Dreifaltigkeit vereinigt sich mit dir zu einer Einheit, um die Göttliche Wahrheit als eine Angelegenheit von höchster Dringlichkeit zu jeder Seele in der Welt voranzutreiben.

Du, Meine Tochter, fühlst jetzt in Einheit mit Mir in deinem Herzen den Schmerz und das Leid für die Menschen. Ihr verlorener Glaube bringt dir eine tiefe Traurigkeit und ein Gefühl der Angst um ihre Zukunft.

Meine geliebten und treuen Anhänger vereinigen sich jetzt zu dieser Zeit auf der ganzen Welt durch das Band der mächtigen göttlichen Liebe, um zu kämpfen, Seelen vor der Verdammnis zu retten.

Diese, Meine Kinder des Lichtes, kommen aus allen Nationen. Sie werden einander sofort erkennen, unabhängig von ihrer Rasse, Hautfarbe oder Religion. Ich führe sie, so dass diese Armee der Liebe dazu beitragen wird, den Glauben der Menschheit an diesem Punkt der Geschichte zu stärken.

Nie zuvor habe Ich Meine Gegenwart in den Herzen der Gläubigen so offensichtlich gemacht. Sie fühlen das Leid, das Ich ertrage, während Ich die herzzerreißende Verdorbenheit sehe, die vom Menschen ausstrahlt, sogar unter jenen, die ihr für liebenswürdig und rücksichtsvoll halten würdet. Eigenliebe zerstört Meine Kinder.

Egoismus und Rücksichtslosigkeit gegenüber jenen in eurer Umgebung und gegenüber den Verwundbaren hinterlassen einen Schandfleck, der schwer zu entfernen ist.

Die Grausamkeit, die der Mensch gegenüber seinem Nächsten an den Tag legt — alles mit dem einen Motiv im Sinn: Selbstzufriedenheit —, erreicht ein Allzeithoch. Die Sucht, die eigenen Bedürfnisse zu befriedigen, ist in den Augen Meines Ewigen Vaters eine Sünde.

So viele falsche Entschuldigungen, die im Namen des Selbstwertgefühls hervorgebracht werden, sind vollständig unannehmbar und gegen Meine Lehren. Liebt einander. Behandelt andere so, wie ihr selbst behandelt werden möchtet. Denkt an die Bedürfnisse der anderen vor euren eigenen. Steht auf für die Menschenrechte eurer Brüder und Schwestern, wenn sie mit der Ungerechtigkeit anderer konfrontiert sind. Rechtfertigt nie und nimmer die Bestrafung einer Person mit dem Ziel, materiellen Vorteil zu erlangen. Zeigt sogar euren Feinden Liebe und Mitgefühl. Das ist wegen der materialistischen Unsicherheiten, die Meine Kinder fühlen, keine leichte Aufgabe. Die Symptome der egoistischen Besessenheit nach Reichtum, Schönheit und sogenanntem Erfolg, von denen viele Menschen glauben, dass sie natürliche Eigenschaften des Menschen sind, verursachen schreckliche Verwirrung.

Die Vorstellung, wobei Menschen einer Gehirnwäsche unterzogen werden, dahingehend, dass sie ihre eigenen Bedürfnisse im Namen des Selbstwerts an die erste Stelle setzen, ist seit langer Zeit in die menschliche Seelenkunde eingepflanzt worden, aber diese Philosophie hat sich durch die Mächte der modernen Kommunikation verstärkt. Wenn Meine Kinder diese Meldungen fast täglich durch das Fernsehen, die Medien, das Kino, die Musik und das Internet hören, übernehmen sie diese Meldungen als wichtig.

Ungeachtet des falschen Versprechens, welches diese Vorstellungen — die ansprechend sind, indem sie Selbstbeglückung anbieten, welche schwer abzulehnen ist — darstellen, stimmen meine Kinder der Lüge zu. Der Lüge, die von dem Betrüger — Satan — untergeschoben worden ist.

Die Unruhe, die sie bald danach fühlen, wenn sie jemand anderen übervorteilt haben, ist für sie schwer zu verstehen.

Sie, Meine Kinder, die den heiß begehrten Preis gewonnen haben, sind nicht glücklich. Sie suchen dann mehr und mehr von dem Gleichen, so unersättlich ist ihr Appetit. Aber es hilft nichts. Sie können sich selbst nicht vollkommen zufrieden stellen. Sie sind ohne wirkliche Freude, ohne natürliche Zufriedenheit, und verstehen nicht die Leere, die sie im Innern fühlen.

Wenn ihr euch an die erste Stelle setzt, über andere, dann ist das egoistisch. Wenn ihr jene, die schwächer und verwundbarer als ihr sind, unfairerweise übervorteilt, so ist das sündhaft. Wenn ihr die Fähigkeit dieser Personen, in Würde zu leben, beeinträchtigt und ihnen dann das Recht aberkennt, ihre Familien angemessen zu ernähren, beleidigt Mich das zutiefst. Ich leide mit diesen

Seelen. Tut ihr eurem Nächsten ein Unrecht an, dann tut ihr dieses Mir an. Wenn ihr euren Nächsten durch gehässige Worte verletzt, dann seid ihr schuld daran, dass Meinem Herzen Schmerz zugefügt wird.

Wenn ein Mensch einen anderen durch Gewalt bestraft, erleide Ich den Schmerz Meiner Passion am Kreuz. Ich erlebe ihn noch einmal. Ich fühle ihren Schmerz, während ihr ihnen körperlichen Schaden zufügt. Wenn ihr ein Mörder seid, macht ihr euch der letzten Demütigung schuldig, dadurch dass ihr Mich ans Kreuz nagelt.

Kinder, nehmt zur Kenntnis: Sünde führt euch zur Hölle. Das ist für diejenigen Gläubigen erschreckend, die Mich als einen barmherzigen Richter sehen. Mein Versprechen unbegrenzter Barmherzigkeit, die Ich jedem einzelnen von euch, der bereut, geben will, ist immer nach wie vor zugesichert. Aber wie kann Ich jene retten, die nicht den Irrtum in ihrem durcheinander gebrachten Leben sehen wollen?

Die Wahrheit Meiner Lehre zu predigen, ist wichtig. Wegen der Anziehungskraft der vielen Ablenkungen, von denen es nur so wimmelt, finden so viele Meiner Kinder es äußerst schwer, das Wort Gottes zu erkennen. Viele werden keine Kenntnis von Gottes Lehren durch die Propheten oder durch die Heilige Schrift haben. Viele wollen einfach nichts darüber wissen. Andere werden sich weigern zuzuhören, selbst dann nicht, wenn das Wort durch Meine Propheten und Seher von heute verbreitet wird, mit deutlichen, für alle erkennbaren Zeichen. Deshalb wird es die Aufgabe der Gläubigen sein, für die anderen zu beten. Es braucht jetzt spezielle Gebete. Durch das Beten des Barmherzigkeitsrosenkranzes, des machtvollen Gebets, das Meiner geliebten Schwester Faustina gegeben wurde, werden viele Bekehrungen stattfinden.

Wenn das geschieht, bitte Ich, dass all Meine Kinder sich in Gebetsgruppen vereinigen, um fortzufahren, für diese Meine verlorenen Kinder — eure Brüder und Schwestern — zu beten und sie anzuloben.

In Meinem Namen und im Namen der Allerheiligsten Dreifaltigkeit bitte Ich Meine geliebten Kinder dringend, ihre Kräfte in Einheit mit Meinem Herzen zu vereinen und Mir zu helfen, ihre Seelen zu retten. Ich liebe sie alle so sehr, dass Ich schmerzliche und bittere Tränen der Angst um sie weine. Ich möchte sie nicht verlieren.

Helft Mir, Meine Anhänger im Licht, diese verlorenen Seelen mit Meiner Familie wieder zu vereinen, damit auch sie das wahre Paradies erfahren werden, um das sie sich so sehr bemühen.

Streckt ihnen eure Hand entgegen. Sprecht zu ihnen. Hört ihnen zu. Zeigt ihnen Mitgefühl, auch wenn sie es euch verächtlich ins Gesicht zurückwerfen. Zeigt Geduld. Vor allem lasst sie durch euch Meine Liebe fühlen.

Sie werden es schwer finden, euch abzulehnen, auch wenn sie euch verspotten.

Durch eure Gebete könnt und werdet ihr ihre Seelen retten.

Ich grüße Meine kostbaren Anhänger. Ihr rührt Mich zu Tränen mit eurer Liebe und Hingabe, die ihr Mir, Meiner Seligen Mutter, Königin des Himmels, und der Allerheiligsten Dreifaltigkeit zeigt.

Wir und all die Engel und Heiligen im Himmel freuen uns jetzt über eure Antwort auf diese Berufung. So geht und tut eure Arbeit im Namen Meines Ewigen Vaters. Bringt Meine Herde zurück.

Euer hingebungsvoller Erlöser
Jesus Christus

23. Verfolgung der echten Visionäre.
Montag, 29. November 2010; 12:48 Uhr

Meine Tochter, schreibe dieses, um die Welt vor der Verfolgung zu warnen, die Meinen auserwählten Seelen zugefügt wird, die der Welt gesandt worden sind, um die Wahrheit zu vermitteln und um dadurch vor Meinem Zweiten Kommen Seelen zu retten.

Ihr werdet feststellen, dass Meine auserwählten Visionäre, Seher und Propheten diejenigen sind, die rundweg abgelehnt werden, mehr als die falschen Propheten. Diese Meinen schönen Seelen, erwählt für ihre einfache Hingabe, werden in Einheit mit Mir die Ablehnung erleiden, welche Ich von den Menschen erlitt.

Jene, die in Mir, mit Mir und wegen Mir leiden, sind die echten Propheten. Sie sind die Seelen, die gequält werden, mit Verachtung behandelt werden und in Meinem Namen voll und ganz verurteilt werden. Sie werden auch von Meiner eigenen Kirche abgelehnt werden, jedoch nicht von allen Meinen geistlichen Dienern. Gottesfürchtige Anhänger, die Meine Lehren genau befolgen, werden auch versucht sein, sie abzulehnen, bis mit der Zeit auch ihnen die Wahrheit langsam dämmern wird.

Seit Anbeginn der Zeit, als Ich Mich entschied, Propheten in die Welt zu schicken, aus Meiner Göttlichen Barmherzigkeit heraus, um euch alle an Meine Lehren zu erinnern, wurde zunächst nur sehr wenigen geglaubt. Viele wurden verhöhnt und als solche gesehen, die unter einer lebhaften Phantasie, unter Depressionen leiden, oder sie wurden einfach nur als irregeführt verurteilt. Die meisten dieser Propheten waren selbst überwältigt, als sie ihre erste Göttliche Begegnung erlebten. Viele von ihnen bezweifelten diese mystischen Erfahrungen eine Zeitlang, bevor sie deren Echtheit akzeptierten. Nur sehr langsam begannen sie, ihre Erfahrungen anderen Menschen zu offenbaren. Sie brauchten Zeit, um zu akzeptieren.

Alle Meine auserwählten Seelen zögerten, obwohl sie ihre Berufung annahmen, Meine Botschaften und Anweisungen sogar meinen geistlichen Dienern, einschließlich Ordensschwestern, Priestern, Bischöfen und Kardinälen, offenzulegen. Sie empfanden Ehrfurcht vor diesen Menschen und wussten in ihrem Herzen, dass auf sie mit den ihnen aufgezwungenen Fragen nur sehr schwer umgehen könnten. Viele, die berufen waren, offenbarten ihre Botschaften nicht und benutzten Gebet und persönliches Leiden, um ihrer Pflicht Mir gegenüber nachzukommen.

Anderen, welche die Botschaften offenlegten, wie sie von Meiner gesegneten Mutter und Mir angewiesen wurden, wurde nicht geglaubt. Erst durch Göttliche Manifestierungen, die mit der Zeit offensichtlich wurden, wurde ihnen geglaubt.

Ich bitte alle Meine Anhänger dringend, auf ihr Herz zu hören. Schaut auf die Botschaften, die von Meinen kostbaren Visionären und Sehern übermittelt wurden. Diese Botschaften werden euch aus reiner Liebe gegeben, um zu helfen, euch zu führen und Seelen zu retten. Das ist das Ziel. Wenn ihr entscheidet, dass sie nicht Göttlicher Herkunft sind, dann betet um Führung. Wenn ihr entscheidet, dass sie es sind, dann betet, betet, betet für Meine Visionäre, dass man auf sie hört.

Nun lasst Mich euch auf die Zeichen aufmerksam machen, auf welche ihr achten müsst, wenn Meine echten Visionäre in Meinem Namen verfolgt werden. Die Anhänger des Betrügers werden sie, wenn sie ihr Licht sehen, nicht nur leicht anvisieren, sondern sie werden sie mit einer Bösartigkeit angreifen, die euch den Atem rauben wird. Sie werden sie nicht nur durch Spott quälen, sondern sie werden nichts unversucht lassen, um sie zu diskreditieren. Und das alles in Meinem Namen. Der Schmerz, den Meine Jünger erleiden, ist nichts gegen den Schmerz, den Mir dieses Verhalten verursacht.

Mein Leiden hat in der letzten Zeit ein solches Ausmaß erreicht, dass ich alles wieder durchlebe, die schreckliche Folter, die ich ertrug, als ich für eure Sünden starb. Alle Sünden. Für die gesamte Menschheit. Einschließlich derer, die Mich und Meine Visionäre quälen. Einschließlich jener Mörder, jener Menschen, die Mich in aller Öffentlichkeit verleugnen und sich damit noch brüsten, und für das gegenwärtige schreckliche Übel in der Welt.

Bitte hört auf Meine Visionäre. Ihr werdet es in eurem Herzen spüren, wenn ihr die Wahrheit hört. Bitte, tappt nicht in die Falle derer, welche die Visionäre Meiner gesegneten Mutter verfolgten, wie z. B. die Heilige Bernadette oder Meine kleinen Kinder in Fatima. Sie wurden mit größter Respektlosigkeit behandelt, vor allem durch Meine geistlichen Diener. Sie sind diejenigen, die am meisten verletzen, wenn Meine Göttlichen Offenbarungen aus Liebe an die Menschheit gegeben werden. Mein Herz leidet mehr, wenn sie weder an das übernatürliche Göttliche glauben noch es erkennen, wenn es ihnen präsentiert worden ist.

Bitte, betet für Meine Visionäre und vor allem für Meine Visionäre, deren Botschaften nicht abgelehnt werden können wegen der Liebe, die sie zeigen, und der Warnungen, die sie enthalten. Denn sie sind Meine wahren Visionäre. Ihr werdet sie anhand der Beleidigungen, der Verleumdungen, der Peinigung und der Beschimpfungen erkennen, die sie von Meinen Kindern erdulden müssen.

Wenn ihr auf die Beleidigungen seht, die sie empfangen, und dann auf die Lügen seht, die über sie in einer solch erniedrigenden Weise verbreitet werden, dann (allerdings) müsst ihr euch selbst fragen: Wenn diese Person bis jetzt gequält wurde und ihr nicht geglaubt wurde, warum werden die Beleidigungen so barsch fortgesetzt? Dann werdet ihr eure Antwort haben. Betet zum Heiligen Geist um Führung, um Meine wahren Propheten, Visionäre und Seher von den anderen, die euch in die Irre führen, unterscheiden zu können.

Euer geliebter Erlöser Jesus Christus

24. Suche nach Wohlstand.
Dienstag, 30. November 2010, 12 Uhr

Meine geliebte Tochter, konzentriere dich und höre auf das, was Ich zu sagen habe. Du bist jetzt mitten in einem Übergang von der Zeit, als du die erste Botschaft erhalten hast, hin zu den jetzigen Botschaften. Bitte verstehe, dass diese Botschaften von Mir kommen, und bitte, hör jetzt auf zu zweifeln. Dann kannst du dich besser auf das Werk konzentrieren, für das du berufen bist.

Im Hinblick auf das Weltgeschehen wird nun von Tag zu Tag klarer, was die teuflische Weltordnung versucht, auf der Welt anzurichten. Die Vereinten Nationen, die mit anderen an vorderster Front für diese neue Weltordnung kämpfen, versuchen, alle Meine Lehren auszumerzen, und werden jede ihnen zur Verfügung stehende, todbringende Waffe verwenden, um dies auch zu tun.

Fürchte dich nicht; denn Meine Gläubigen werden hart kämpfen und Mich nicht verleugnen, vor allem in jenen Ländern nicht, die Mir geweiht sind und die einen aufrichtigen und unerschütterlichen Glauben haben. Sie werden nicht tatenlos zusehen und dies nicht zulassen. Aber viele werden wegen des Aufwands zur Sicherstellung, dass ihre Kinder im wahren Licht geführt werden, machtlos sein.

Wie Ich bereits zuvor deutlich gemacht habe, wird der Zorn Meines Ewigen Vaters bald auf der Erde zu sehen sein, da die Menschen Schritt für Schritt weiter und weiter gehen in ihren Versuchen, Mich zu verleugnen.

Die Welt scheint dieselbe zu sein. Die Menschen scheinen dieselben zu sein. Die Welt des Fernsehens mit seiner rosarot getönten Attraktivität erscheint als dieselbe. Die Menschen stecken ihren Kopf in den Sand. Sie denken, dass die Welt auch weiterhin so bleiben wird, wie sie ist. Leider täuschen sie sich.

Meine Pflicht Meinen Kindern gegenüber ist es, euch zu retten und nicht zuzulassen, dass ihr weiterhin in den Sog eines leeren Vakuums von Versprechungen, leeren Träumen und falschem Ehrgeiz gezogen werdet. Dies sind die Freuden, denen ihr viele, viele Jahre treu wart. Dies sind die

Versprechungen, von denen viele von euch — ohne ihre eigene Schuld — überzeugt waren, dass dies der Weg zur Erlangung von Selbstwert(gefühl) wäre: persönliche Bereicherung, Selbstbelohnung. Euch wurde erzählt, dass ihr euch um die Nummer Eins bemühen sollt, koste es, was es wolle. Und die Nummer Eins wäret ihr. Ihr mit euren Ambitionen, eurer Gier nach Reichtum für euch selbst und eure Kinder, dem Verlangen, besser zu werden als eure Brüder und Schwestern und einer ständigen unbarmherzigen Suche nach Selbstbestätigung, ihr wurdet reingelegt

Diese ehrgeizigen Ambitionen wurden Meinen Kindern vom Betrüger eingegeben, durch die Anziehungskraft und den Glanz dieser Ambitionen. Viele meiner Kinder werden über diese Botschaft lachen und sagen, dass dies nicht wahr sei. Leider existiert der Betrüger, und die meisten Meiner Kinder akzeptieren nicht, dass es ihn gibt.

Er ist darin gerissen, sich hinter Dingen, Menschen, Handlungen und attraktiven Anreizen zu verstecken. Seine glamouröse Verführungskraft bedeutet heutzutage, dass, wenn ihr eine Person fragt, was sie lieber annehmen würde — Geld oder die Möglichkeit, sich mit ihrer verlorenen Familie wieder zu vereinigen —, sie sich dann für das Geld entscheiden wird. Fragt eine andere Person, ob sie ihren Bruder oder ihre Schwester für materiellen Gewinn verraten würde, — und die Antwort wird ein Ja sein. Fragt ein junges Kind, ob es sein einfaches gegen ein spannungsgeladenes Leben voller Wunder eintauschen würde, — und die Antwort wird ein Ja sein.

Warum finden es dann Meine Kinder so schwer zu verstehen, dass, sobald sie den Großen Preis gewonnen haben, sie dann das Gefühl haben, dass sie mehr und mehr benötigen? Ein reicher Mensch, der einmal Gewinne gemacht hat, wird ständig mehr erwerben wollen. Der Grund dafür ist, dass Satans Geschenke ein unbefriedigendes Gefühl der Leere in euch zurücklassen, welches ihr nicht versteht.

So fahrt ihr in eurem Bestreben nach mehr fort, und das geschieht in der Regel auf Kosten des Wohls eures Nächsten. Kein Mensch gewinnt großen Reichtum, ohne dass die Menschen, denen er auf dem Weg begegnet, in einem gewissen Grad leiden. Keine Person, die Berühmtheit erlangt, wird dorthin gelangen, ohne dass ein anderer darauf verzichten musste. Jemand, der seinen Reichtum nicht teilt, ist verloren. Eine Person, die nichts hat, ist eher zu teilen bereit als diejenigen, die mit materiellen Annehmlichkeiten gesegnet sind.

Meine Lehren
können nicht verwässert werden

Warum ignorieren Meine Kinder diese Lehren, die von Meinen Aposteln gelehrt wurden, als die Schriften des Neuen Testaments entstanden Warum beherzigen sie nicht die Doktrin, die sie enthalten? Glauben sie, dass sie von Meinen Jüngern aufgeschrieben wurden, damit die Menschen nicht zuhören würden? Diese Lehren haben sich nicht geändert, seit Ich diese Erde verlassen habe. Es gibt sie nicht ohne Grund. Ihr könnt ihre Interpretation verändern, sie verwässern, ihnen eine neue Bedeutung beifügen oder einige Teile löschen, aber eines wird bleiben — und das ist die Wahrheit.

Die Wahrheit wird immer dieselbe bleiben. Sie kann und wird nicht geändert werden, um sie dem Menschen genehm zu machen. Beherzigt das jetzt. Richtet euch auf und hört zu. Ihr könnt nicht erwarten, dass ihr diesem Weg folgt und in das Reich Meines Vaters kommt. Viele von euch rechtfertigen den Reichtum und den Ruhm, den sie erlangen, und schreiben dies dem Glück zu. Was ihr möglicherweise nicht erkennt, ist, dass viele von euch dabei ihre Seelen dem Teufel verkauft haben. Einige Meiner Kinder wissen ganz genau, dass sie diese schwere Sünde begangen haben, und denken sich nichts dabei. Andere sind wirklich überzeugt, dass sie einfach das Beste für sich und ihre Familien tun, aber sie müssen verstehen, dass finanzielle Sicherheit akzeptabel ist, streben nach Luxus und Reichtum aber nicht.

Tatsache ist, dass sich große Reichtümer nur durch Sünde erwerben lassen. Reichtum, der vielleicht sogar ohne Sünde erworben wurde, wird zur Sünde führen.

Trotz der Lehren der Kirche Meines Vaters auf der ganzen Welt nehmen die Menschen Meine Lehren noch immer nicht an. Wohlhabende Menschen, die nach materiellem Gewinn streben, haben einen Gott. Arme Menschen, die nach Reichtum streben, haben einen Gott. Es handelt sich in beiden Fällen um denselben Gott: Geld. Geld ist nutzlos, wenn es unehrlich erworben wurde und wenn die weniger Wohlhabenden davon nicht auch profitieren.

Geld, materieller Reichtum und alle guten Dinge, die von jenen Menschen erworben wurden, die meinen, dass sie Glück hatten, müssen mit denjenigen geteilt werden, die es nötig haben. Geld, das aber nur gespendet wird, um Ruhm oder Aufmerksamkeit zu erlangen, ist nutzlos.

Seid versichert, dass ihr nur dann erkennt, welch geringen Wert das Geld hat, wenn das Unheil, das in der Welt geplant wird, wenn das Bestreben, euch mit leeren Taschen zurück zu lassen, eine Realität wird. Wenn die bösen Organisationen euer Geld übernehmen und es euch unmöglich machen werden, es anzurühren, ohne ihren Bedingungen zuzustimmen, werdet ihr endlich begreifen, dass ihr einen anderen Weg zum Glücklichsein braucht.

Euer Geld wird wertlos sein. Ihr werdet dann zum Überleben mit Zuständen wie im tiefsten Urwald zurecht kommen müssen. Diejenigen mit Überlebensinstinkten werden es leichter finden als diejenigen, die noch nie zuvor auf ihren gekrümten Knien arbeiten mussten. Saatgut, um eure eigene Nahrung anbauen zu können, wird euch mehr als eine Million Dollar wert sein. Eine einfache Frucht wird euch mehr bedeuten als ein protziges Auto; denn wenn euch alles genommen ist, werdet ihr nach eurem Urheber, eurem Schöpfer rufen. Erst dann, und nur dann werdet ihr feststellen, dass die Liebe in eurem Herzen alles ist, was zählt. Denn ohne Liebe könnt ihr weder wachsen noch in das Reich Meines Vaters kommen.

Denkt jetzt nach. Seid vorsichtig in eurem Streben nach Reichtum. Haltet jetzt ein, bevor es zu spät ist. Teilt und verteilt und folgt Meinem Weg. Dies ist eine harte Lektion für Meine Kinder, die ein Gefühl der Unsicherheit verspüren.

Euer geliebter Erlöser Jesus Christus

25. Die Warnung an die Menschheit, um die Wahrheit zu verstehen.

Dienstag, 7. Dezember 2010, 3:15 Uhr

Ja, Meine geliebte Tochter, Ich bin zurück. Schreibe Folgendes: Du, Meine Tochter, die du dich von Mir unter Leugnen der Wahrheit abgewandt hast, wirst jetzt helfen, Mein Volk zurück zum Licht, dem Licht der Wahrheit zu führen.

Niemandem wird von Mir die Chance verweigert werden, die Wahrheit Gottes zu erkennen. Ihnen wird Barmherzigkeit gezeigt werden durch das Geschenk des Beweises Meiner Existenz, das ihnen gegeben wird. Ihnen wird dieses Geschenk dann gegeben werden, wenn sie während der „Warnung" endlich die Wahrheit kennen. Leider werden sich nicht alle — auch nicht in dieser Phase — zu Mir oder zum Ewigen Reich Meines Vaters hinwenden.

Meine Tochter, Ich habe eine Reihe von Tagen nicht mit dir kommuniziert. Das war beabsichtigt. Die Zeit wurde dir gewährt, um dir zu erlauben, den Inhalt Meiner Botschaften sorgfältig zu verdauen.

Du wirst inzwischen wissen, dass diese Botschaften von Mir kommen und sich alle mit sehr wichtigen Themen beschäftigen. Ich denke, du kannst jetzt zwischen der Wahrheit Meiner Lehren und dem aus deiner Phantasie unterscheiden. Meine Tochter, du kannst jetzt den Schmerz und die Betrübnis sehen, die Ich fühle, wenn du fast täglich die Frustration siehst, die Ich und Mein Ewiger Vater bei den Einstellungen dieser traurigen, leeren und ungläubigen Welt fühlen.

Nicht nur die Ungläubigen verursachen dir Schmerzen, sondern aufgrund der Gaben und Gnaden, die Ich dir gegeben habe, siehst du auch die Verwirrung, die sogar in den Köpfen Meiner Anhänger vorhanden ist. Auch sie sind nicht so leicht von der Wahrheit überzeugt, wenn ihnen als Geschenk der Liebe von Mir durch Meine Propheten gegeben worden ist.

Was für eine lange gewundene Straße ist das für Meine Kinder, wenn sie zu der der Wahrheit hinstreben und zu den Versprechungen, die Ich ihnen gegeben habe. Wenn du jeden Tag auf Meine Kinder, individuell, schaust, auf der Straße, im Fernsehen, in den Medien und unter deinen

Nächsten, siehst du sie jetzt durch Meine Augen. Was siehst du? Totale Vernachlässigung der spirituellen Welt und einen Mangel an einem wirklichen Ziel in ihrem Leben. Ein Gefühl der Hoffnungslosigkeit trotz der Verlockungen weltlicher Bestrebungen.

Meine Kinder erkennen es jetzt nicht, aber sie gehen durch eine Reinigung. Diese Reinigung, wo sie ein akutes Gefühl der Leere aus Mangel an materiellen Gütern erfahren, ist von Mir zugelassen worden. Doch ist alles durch die Gier des Menschen verursacht worden. Dadurch dass den Menschen das Recht auf ihren eigenen freien Willen bewilligt worden ist, werden sie, die bösen Verursacher des weltweiten Zusammenbruchs des Bankensystems, mit ihrer listigen Täuschung weitermachen.

Ich habe zugelassen, dass Meine Menschen, die unschuldigen Opfer, sich dieser Reinigung unterziehen. Es ist sehr wichtig, dass sie es tun, weil die Strapazen, die sie ertragen, helfen werden, ihre Seelen zu reinigen.

Sehr bald, wenn materielle Güter weniger werden — und schwieriger zu erlangen sein werden, werden sie das Leben in einer tieferen Weise sehen. Einfachheit wird dazu beitragen, ihre Augen für die Wahrheit zu öffnen, die Wahrheit dessen, was wirklich wichtig ist. Ohne diese Reinigung, wenn Meinen Kindern erlaubt ist, zum Wohle ihrer Seele zu leiden, können und werden sie sich nicht Meinem Herzen nähern.

Von den materiellen Gütern befreit, für die sie in der Vergangenheit solch eine vergötternde Besessenheit hatten, werden sie zur Wahrheit zurückkehren. Sie werden deutlich die Liebe in den Seelen jedes anderen sehen. So werden sie auch sehr schnell das Böse in all seiner hässlichen Herrlichkeit in denjenigen erkennen, die den Verlockungen der Selbstsucht und Habgier folgen. Sie werden jetzt diejenigen Menschen, die durch die Medien Glaubwürdigkeit bekommen, als seien sie solche, zu denen man aufschauen und die man bewundern sollte, in der gleichen Weise sehen, in der Ich sie betrachte, nämlich mit äußerster Bestürzung und Betrübnis.

Gehe jetzt, Meine Tochter, und verstehe deine Aufgabe mit klaren Augen. Du kennst jetzt die Wahrheit. Du zweifelst nicht mehr. Verbreite die Wahrheit der Rettung so bald wie möglich, um den Menschen die Chance der Rettung zu gewähren, bevor die Große Warnung eintrifft.

Euer liebender Heiland Jesus Christus

26. Das Nächste Leben.
Samstag, 11. Dezember 2010, 9:15 Uhr

Meine innig geliebte Tochter, du bist jetzt bereit, um voranzuschreiten und mit der Aufgabe weiterzumachen, das Heilige Buch Meiner Wahrheit zum Abschluss zu bringen. Du, Meine Tochter, wurdest der Reinigung unterzogen, die erforderlich ist, um dir die Kraft für diese Arbeit zu geben.

Meine Kinder, die so verfangen in dieser Welt aus zwei Teilen sind, erkennen nicht, dass bald alles eins sein wird. Die beiden Teile bergen in sich tiefe Traurigkeit und helle Freude. Diese Traurigkeit existiert in der Welt in einer Weise, die tiefe Verwirrung und Verzweiflung verursacht. Es ist eine Traurigkeit, anders als jede andere, seit der Gründung der Erde.

Die tiefe Traurigkeit, die heute zu spüren ist, basiert auf dem Verlust, der zustande gekommen ist, weil materielle Dinge weggenommen wurden. Es besteht auch die Sehnsucht nach Frieden in Körper, Geist und Seele. Dieser wird nur durch Demut, Annahme und Liebe zu Meinem Ewigen Vater zustande kommen. Denn dort ist die Freude. Ich lächle mit Liebe, wenn Meine Kinder lachen, lächeln und sich freuen. Dies ist ein Geschenk von Mir. Lachen und Freude ist ein wichtiges Geschenk an die Menschheit, wenn es rein ist und nicht auf Kosten eines anderen geht.

Meine kleingläubigen Kinder, Ich weiß, es ist schwer, innezuhalten und zu sagen: Ich kehre zurück zu Gott. So viele von euch wissen, wer der Ewige Vater ist. Nur wenige verstehen, dass Er über euch wacht, jeden Tag eures Lebens, über jeden Einzelnen von euch. Er lächelt, lacht und empfindet ein großes Gefühl der Freude, wenn seine Kinder glücklich sind. Er sieht jedoch nicht mit Wohlwollen auf jene, deren Freude, oder das, was sie für Freude halten, ohne Liebe im Herzen erreicht wird.

Auch Ich, euer Erlöser, Jesus Christus, liebe euch alle, Meine Kinder. Doch Ich bin eins mit Meinem Ewigen Vater. Ich lächle auf euch alle herab und hoffe, dass ihr zu Mir zurückkommt.

Kommt her zu Mir, Meine Kinder, ihr alle, und geht mit einem offenen Herzen auf Mich zu.

Bei vielen Meiner Kinder schlägt hinsichtlich der Botschaften, die auf Mein Zweites Kommen auf Erden verweisen, das Herz voller Furcht. Ihr braucht euch nicht zu fürchten. Dies wird ein Moment der absoluten Freude, der Glorie und des reinen Glücks sein. Denn für euch alle, die ihr Mir eure Herzen wieder zukehrt, gilt: Ich werde euch in Meinen Armen halten und Tränen der Freude weinen.

Ihr Gläubigen, bitte, bitte, betet jetzt für diejenigen, die nicht glauben oder die sich verirrt haben. Der Bauer, der seine Herde zusammentreibt, wird immer bemüht sein, unablässig diejenigen zu suchen, die sich verlaufen haben. Die Süße des Sieges, die er fühlt, wenn sie zu seiner Herde zurückkommen, ist ähnlich dem Gefühl, das Ich bekomme, wenn Meine verlorenen Kinder zu Mir zurückkehren.

Kinder, auch in Momenten der Freude und des Lachens auf dieser Erde denkt bitte an eine Sache. Dies ist nur ein Schimmer des reinen Glücks und der reinen Freude, die auf der neuen Erde existieren werden, wenn das einst verlorengegangene Paradies neu entsteht. Wenn dies geschieht, wird das auserwählte Volk, werden diejenigen, die ein gutes Leben führen, die an ihren Schöpfer glauben, sich mit den auferstandenen Toten vereinen. Jene Menschen, Freunde und Familie, die die aus dem Leben geschieden sind, werden sich mit Mir in dieser neuen glorreichen Ewigkeit verbinden.

Vergesst nicht, Kinder, es ist wichtig, diese Erde nicht für selbstverständlich zu halten, noch davon auszugehen, dass alles auf ihr unter eurer Kontrolle ist. Denn es ist nicht so. Wenn ihr fortfahrt, aufgezehrt zu werden durch ihre Versprechen, Enttäuschungen, Freuden und Wunder, vergesst nicht, sie ist nur ein vorübergehender Ort. Eine vorübergehende Etappe vor dem Betreten des Reiches Meines Vaters, des neuen Himmels und der neuen Erde, die zu einer Einheit werden.

Ein letzter Aufruf, Meine Kinder: Betet mit euren eigenen Worten zu Mir. Bittet Mich, euch zu führen. Bittet Mich, euch Liebe und die Wahrheit in einer Weise zu zeigen, die Sinn machen wird. Haltet euren Kopf nicht im Sand vergraben, oder ihr werdet euch nicht der Glorie der neuen Erde erfreuen.

Der leere Pfad zum Nichts

Kinder, die Mich verhöhnen und verleugnen, sagen euch, es gäbe kein Leben nach diesem einen. Lasst Mich euch versichern, sie verweigern sich selbst nicht nur den Zugang zum Paradies. Stattdessen wählen sie auch einen leeren Pfad zum Nichts. In einigen Fällen folgen sie der Täuschung des Betrügers — des Teufels —, der sich so leise und mit einem todbringenden Talent bewegt, dass jene, die nicht glauben, dass er existiert, ihm — seine Hand haltend — blindlings durch die Tore der Hölle folgen.

Mein Leiden im Garten von Gethsemani

Wenn Meine Gläubigen sehen, wie diese Leute arrogant stolzieren und mit ihrem Atheismus prahlen, fühlen sie ein schreckliches Leiden. Sie, die Mein Kreuz auf sich genommen haben, fühlen die Qual, die Ich während Meiner Zeit im Garten von Gethsemani gelitten habe. Das ist, wo ich wusste, dass — auch wenn ich bereitwillig das ultimative Opfer bringe und den Tod auf Mich nehme, um Meinen Kindern eine Chance zu geben, einen Platz im Reich Meines Vaters zu erlangen —, wo ich zuinnerst wusste, dass das einigen Meiner Kinder vollkommen gleichgültig sein wird. Der Schrecken, den Ich für diese verlorenen Seelen fühlte, existiert heute noch immer in Mir.

An diejenigen von euch, die fragen: Wenn Du Gott bist oder Jesus Christus bist, dann kannst Du sicherlich irgendetwas tun? Meine Antwort ist: Natürlich. Bis auf eines: Ich kann nicht in euren freien Willen eingreifen, der dem Menschen gegeben ist. Es wird von Meinen Kindern abhängen, diese ihre endgültige Wahl aus ihrem eigenen freien Willen heraus zu treffen.

Euer liebender Christus, euer Heiland
Jesus Christus

27. Aufruf, Mord / Abtreibung zu stoppen.

Donnerstag, 16. Dezember 2010, 13:10 Uhr

Schreibe dies, Meine Tochter: Unschuldige Opfer zu Tode zu bringen, ist eine der größten Sünden, die der Mensch seinem Bruder zufügen kann. Es ist die schlimmste Sünde des Fleisches und verursacht Mir tiefen Schmerz. Der Mangel an Respekt, den der Mensch heute gegenüber dem menschlichen Leben hat, wird zunehmend deutlich in der Welt.

Das Leben ist ein kostbares Geschenk Gottes. Kein Mensch hat das Recht, einem anderen das Leben zu nehmen. Kein Mensch hat das Recht, einem Kind das Leben zu nehmen, bevor es bei der Geburt seinen ersten Atemzug getan hat. Dieses Verbrechen ist abscheulich und unverzeihlich. Alle Seelen kommen von Meinem Ewigen Vater und werden im Moment der Empfängnis geschaffen. Kleine Kinder, unschuldige Seelen, werden von genau den Leuten ermordet, die gesandt sind, um sie zu hegen und zu pflegen — ihre eigenen Mütter, welche die Verantwortung für ihr Sein haben, verweigern ihnen das Recht, geboren zu werden.

Warum schauen Meine Kinder tatenlos zu? Im Namen der Freiheit werden diese kleinen Engel aus dem Reich Meines Vaters von dieser Erde genommen, bevor die Zeit, die ihnen als Kinder Gottes zugewiesen worden ist, stattgefunden hat. Verstehen diese Frauen nicht, dass diese Leben, auf die sie so wenig Wert legen, Gott gehören? Diese Kinder leiden. Sie ertragen während ihrer Ermordung qualvolle Schmerzen. Und das alles wird von den Regierungen, der Ärzteschaft und den Familien dieser Frauen gerechtfertigt. Haben sie kein schlechtes Gewissen in ihren Seelen?

Erkennen sie nicht, dass sich ihre abscheuliche Handlung nicht von der Handlung unterscheidet, wenn ein Mensch einen anderen Menschen ermordet?

Es ist sogar eine noch größere Sünde, da diese Kinder hilflos sind. Diese Frauen müssen um Erbarmen bitten, wenn sie schuldig geworden sind, oder Mich um Führung bitten, wenn sie eine Abtreibung in Erwägung ziehen. Ob Mord oder Abtreibung, die Menschen werden gemäß ihrer Sünde gerichtet werden. Sünden des Fleisches sind in den Augen Meines Vaters die schrecklichsten Sünden überhaupt. Und gäbe es noch so viele Gründe, die den Mord an einem Mitmenschen rechtfertigen — sie alle sind für Mich und Meinen Ewigen Vater nicht akzeptabel.

Wacht jetzt auf, Meine Kinder, und versteht, dass, jemandem das Leben zu nehmen, die Täter in das ewige Feuer der Hölle führen wird. Es wird aus diesem Abgrund voller Dämonen kein Zurück geben, derselben Dämonen, die durch die Arbeit des Betrügers — Satan — den Mörder überzeugen, dass das, was er oder sie tun, richtig ist! Er wird die Mütter hinterlistig überzeugen, zum Beispiel, dass sie die "richtige Entscheidung" treffen. Mit jedem Trick, in Verbindung mit menschlicher Argumentation, wird er die Person die Tat rechtfertigen lassen, obwohl diese Tat falsch ist. Er wird die Lüge benutzen, dass Mörder ihre eigenen Rechte haben. Dass sie zuerst auf ihre eigenen Interessen sehen müssen. Diese Lüge ist als ein Menschenrecht manifestiert, so dass die Rechte einer Mutter und ihre Freiheit, ihr Leben so zu führen, wie sie wählt, bewundert werden müssen. Die Lüge überzeugt eine Mutter dann, dass es gut und richtig ist, ihr Kind zu ermorden.

Bitte versteht, dass die Eskalation des Völkermords in der Welt vorausgesagt wurde. Es ist eines der vielen Zeichen, das im Bezug auf die Endzeit angesprochen wurde.

Ihr alle, haltet ein. Hört: Mord ist ein sehr ernstes Vergehen. Tut ihr es, so werdet ihr nicht gerettet werden. Es gibt keinen Weg zurück. Bereut, tut Buße, jene von euch, die diese schreckliche Sünde begangen haben. Bittet jetzt um Vergebung. Ich werde aufgrund Meiner Barmherzigkeit euer Gebet erhören. Ihr könnt und werdet gerettet werden, wenn ihr eure schwere Sünde ehrlich bereut. Ich werde hören. Ich werde verzeihen. Aber die Zeit ist nicht auf eurer Seite.

Gläubige, betet kräftig für diese Meine verlorenen und umherirrenden Kinder, die von dem Verführer und seinen Schergen in Machtpositionen irregeführt worden sind. Sie brauchen jetzt eure Gebete. Ihr, ihr alle, müsst das Recht auf menschliches Leben verteidigen. Dieses Recht darf auf keinen Fall durch die Hand des Menschen manipuliert werden.

Betet zu Mir jeden Tag. Opfert alle Leiden, die ihr vielleicht habt, für die unschuldigen Opfer auf.

Euer geliebter Erlöser Jesus Christus

28. Das Buch der Wahrheit.

Samstag, 18. Dezember 2010, 9:40 Uhr

Also, du weißt jetzt, was Ich verspreche, kommt zum Tragen. Ich habe dir einen Seelenführer geschickt, die Person, die Ich gleich zu Beginn deiner Reise auserwählt habe. Meine paar Auserwählten brauchen Zeit, um den Kelch für Mein Werk zu ergreifen. Meine Tochter, du brauchst einen Seelenführer, damit Meine Botschaften von einem Meiner Diener voll verstanden werden. Auf diese Weise wird sich das Wort verbreiten, und die Menschen werden die Wahrheit erkennen. Dies wird ein Weg voller Unebenheiten und kurzer, schmaler Gassen sein, die plötzlich auftauchen, um dich in eine andere Richtung zu werfen, habe aber keine Angst. Du wirst jetzt geführt und wirst ein größeres Vertrauen bei deiner Arbeit fühlen.

Nun schreibe Folgendes: Das Buch der Wahrheit wird den Menschen dargeboten, um ihnen zu helfen, sich in Mein Herz zu retten. Ihnen wird eine Wahlmöglichkeit geschenkt, Meine Glorie zu verkünden, bevor Ich als ein barmherziger Retter und gerechter Richter zurückkomme. Ich möchte Meinen Kindern nie eine Strafe auferlegen, außer unter bestimmten Umständen, denn diejenigen, die in vollem Bewusstsein Partner des Betrügers sind und ihn und seine bösen Günstlinge so sehr ehren, bis hin zu dem Punkt, dass sie ihm vor einem Altar huldigen, können nicht gerettet werden. Sie wissen, wer sie sind. Sie finden es sehr schwer, zu Mir umzukehren. Betet für sie.

Wen greift Satan an?

Dem Betrüger bleibt sehr wenig Zeit auf Erden, um Chaos und Verwüstung anzurichten, und so hat er seine Aktivitäten überall verstärkt. Er zielt vor allem auf Meine geistlichen Diener in der Kirche Meines Vaters ab, auf die jungen und die schönen wie auch auf die hochintelligenten.

Denjenigen, die weiterhin damit prahlen, dass sie nicht an Mich oder Meinen Ewigen Vater glauben, wird nur noch einmal eine Chance gegeben werden, ihre Herzen zu öffnen.

Es schmerzt Mich, ihnen zuzusehen. Meine geliebten Kinder, es ist wie wenn man ein vollbesetztes Auto beobachtet, das im dichten Nebel auf eine Klippe zufährt. Sie haben eine falsche Abzweigung genommen und während sie glauben, dass sie nach Hause fahren zum Komfort ihres eigenen Heims, sind sie gerade kurz davor, in tiefe Finsternis ohne jegliche Hoffnung zu stürzen

Prophezeiungen, die vorausgesagt wurden, werden jetzt enthüllt

Meine Kinder dazu zu bringen, dass sie zuhören, Meine geliebte Tochter, wird nicht einfach sein. Du musst trotz der Hindernisse beharrlich sein. Geduld ist wichtig. Diese Botschaften sind sehr wertvoll und voller Liebe wie auch voller Warnungen. Sie, Meine Kinder, müssen innehalten und verstehen, dass die Prophezeiungen, die vor so langer Zeit vorausgesagt worden sind, nun offenbart werden. Diese Ereignisse sind im Begriff, auf dieser Erde stattzufinden, und die Zeit ist sehr, sehr kurz.

Ich werde nie das Datum Meines Zweiten Kommens enthüllen

Ich werde euch nie das Datum Meines Zweiten Kommens offenbaren, Meine geliebte Tochter; denn das zu wissen, steht euch nicht zu. Doch bevor Ich komme, kommuniziere Ich jetzt mit der ganzen Welt, so dass Ich Meinen Kindern Meine reine Barmherzigkeit zeigen kann.

Meine Mutter arbeitet in Meinem Namen

Meine geliebte Mutter arbeitet in Meinem Namen, verbreitet Botschaften durch auserwählte Visionäre. Andere auserwählte Propheten leiden still und ohne Öffentlichkeit, freiwillig, um Seelen zu retten. Ich erlaube ihnen, Meinen Schmerz zu erleiden, als eine Geste solch enormer Großzügigkeit durch diese überaus frommen Gläubigen. Sie sind verantwortlich für die Rettung von vielen. Aber sie leiden nicht nur die Leiden, die von Mir am Kreuz erduldet wurden, sondern fühlen auch den Schmerz, den Ich heute erleide. Darüber hinaus erleiden sie von Zeit zu Zeit Spott, Beleidigungen und Hohn. Doch durch ihre Demut leiden sie in der Stille oder — in einigen Fällen — für alle sichtbar. Andere, Meine geistlichen Diener, die sich für ein Leben in Einsamkeit entscheiden, tun Mir einen großen Dienst. Ihr besonderes Opfer an Selbstverleugnung hilft wiederum, Seelen zu retten.

Geschenke Gottes werden für selbstverständlich gehalten

Die Vermittlung der Wahrheit in einer modernen Welt, wo die Technik zu einer solch schwindelerregenden Höhe gebracht wurde, ist schwierig. Meine Stimme ist wie ein matter Schrei in der Wildnis, zur Seite geschoben zugunsten der Sensationslust.

Meine Kinder sind nicht imstande, es zu verstehen: All die Wunder, die durch Technik zum Wohl der Menschen erreicht worden sind, sind ein Geschenk des Ewigen Vaters. Alle die Wunder der Entwicklung von Medikamenten zum Wohl des Menschen sind auch ein Geschenk. Doch diese Geschenke werden für selbstverständlich gehalten, da Meine Kinder denken, dass dies alles Menschenwerk ist, aber es ist nicht so.

Geschenk der Intelligenz

Das Geschenk der Intelligenz — ebenso wie die Gabe des Gesanges — ist ein Geschenk aus dem Reich Gottes. Und gerade, weil diese Gaben von Gott sind, werden sie von Satan, dem Teufel, ins Visier genommen. Durch seinen Einfluss wurde die Technik umfunktioniert, um zu zerstören und Zerstörung in der Welt zu verursachen. Wie er lacht, wenn er Kriege ausbrechen sieht und wenn die Technik verwendet wird, um zu spionieren oder zu töten. Wie er wiederum lacht, wenn die Medizin verwendet wird, nicht nur, um zu töten, sondern auch, um das Töten zu rechtfertigen. Alle diese erschreckenden Verbrechen gegen die Menschlichkeit, durch die Technik möglich gemacht, werden hinter der Fassade der sogenannten Toleranz versteckt.

Toleranz als eine Maske für Böses

Die Toleranz kann die perfekteste Maske für das Böse sein. Es ist für jeden, der aufgrund Meiner Lehren wachsam ist, sofort klar zu erkennen, wann sich diese Verbrechen gegen die Menschheit vor euren Augen entfalten.

Im Namen der Toleranz werden Menschen ermordet, wird ihnen ihre Freiheit verweigert und vor allem das Recht aberkannt, für moralische Gerechtigkeit zu kämpfen. O ja, Kinder, seid gewarnt, seid wachsam und auf der Hut, denn die Toleranz ist eines von Satans liebsten Täuschungsspielen.

Die Menschen stehen nicht für das Christentum auf.

Meine Kinder sind trotz der Welt der modernen Kommunikation nicht imstande, aufzustehen und ihr Christentum zu bekennen. Dies liegt vor allem an der Tatsache, dass sie, die meisten Christen, in der westlichen Welt leben. Sie haben Angst, dass sie ausgelacht und schikaniert werden. Sie werden tatsächlich ausgelacht werden. Aber beachtet dies: Meine Kinder erleiden immer eine Art von Spott, wenn sie Mein Kreuz auf sich nehmen. Sie können dann sicher sein, dass sie Mein Werk tun.

Wer in Meinem Namen leidet, wird große Segnungen und viele Gnaden empfangen. Aber die Christen, die für das Recht kämpfen, Meinen Namen in der Öffentlichkeit zu verkünden, werden am meisten leiden. Er oder sie muss stark bleiben. Ihr seid Meine Hoffnung auf dieser Erde. Ohne Meine treuen Anhänger können Meine Kinder nicht über die letzte Schwelle zum Reich Meines Vaters gebracht werden.

Ich liebe alle Meine Anhänger. Ich bin in ihren Herzen, und sie wissen dies. Beherzigt jetzt Mein Wort durch diese Prophetin. Ignoriert diese Botschaften nicht. Sie werden helfen, durch gesprochenes Wort, Millionen von Seelen auf der ganzen Welt vor Meinem Zweiten Kommen zu retten.

Geht nun in Frieden und Liebe.

Euer hingebungsvoller Heiland Jesus Christus

29. Die große Drangsal.
Montag, 20. Dezember 2010, 10:00 Uhr

Beachte Folgendes, Meine Tochter. Die Menschheit wird durch diese Botschaften vor der Axt gewarnt, die auf jene niederfallen wird, die fortfahren, den Ewigen Vater zu verleugnen. Die Zeit bis zum Eintreten der großen Drangsal wird immer kürzer. Dieses Ereignis wird ab Ende 2012 beginnen und darf nicht verwechselt werden mit der Zeit oder dem Datum Meines Zweiten Kommens auf die Erde. Denn dies, Meine Kinder, wird in diesen Botschaften nicht vorhergesagt. Wer auch immer versucht, Meinen Kindern ein Datum für Mein Zweites Kommen zu geben, ist ein Lügner und kein wahrer Prophet. Ich aber offenbare durch diese Prophetin Jahre mit besonderen Ereignissen, die zu Meinem Zweiten Kommen führen.

Gott wird einen Plan zur Dezimierung der Weltbevölkerung nicht zulassen

Die Große Drangsal, wie sie vor langer Zeit vorhergesagt wurde, wird sich vor den Augen einer nichtgläubigen Welt entfalten. Das geschieht, wenn das Schwert der Gerechtigkeit überall zuschlägt. Mein ewiger Vater wird nicht tatenlos zusehen und nicht zulassen, dass der böse Plan, der in diesem Augenblick hinter verschlossenen Türen geschmiedet wird und vorsieht, die Weltbevölkerung zu dezimieren, verwirklicht wird.

Diese böse Gruppe, innige Gefolgsleute Satans, hat in der Vergangenheit versucht, den Kindern Meines Vaters einen Völkermord aufzudrängen. Das ist fehlgeschlagen. Sie versuchen es wieder. Es wird ihnen wieder nicht gelingen, aber vorher werden sie furchtbare Zerstörung verursachen.

Die Gläubigen sollten keine Angst haben

In Seiner Barmherzigkeit wird Mein Ewiger Vater einschreiten müssen, um sie aufzuhalten, auch wenn es Ihn schmerzt, die kommenden globalen Katastrophen entfesseln zu müssen. Gläubige, habt keine Angst, weder um euch selbst noch um eure Familien. Ihr werdet beschützt. Aber bitte, bitte betet stets den Heiligen Rosenkranz und Meinen Barmherzigkeitsrosenkranz, um zu helfen, dass einige dieser Katastrophen gemildert oder abgewendet werden.

Fangt jetzt an zu planen. Diese Leute, die versuchen, euer Geld, eure Gesundheit, eure Nahrungsmittel und sogar euren Glauben zu kontrollieren, müssen bekämpft werden. Steht auf und beschützt euch selbst und eure Familien, durch euer Gebet. Ruft alle Heiligen, die ihr verehrt, an, euch als Fürsprecher Meines Ewigen Vaters zu helfen.

Globale Katastrophen werden ausbrechen

Während diese globalen Katastrophen mit dramatischen Veränderungen im Wetterverhalten beginnen werden — die bereits in einer milden Form begonnen haben —, wird man sie als Ergebnis globaler Erwärmung verstehen. Ja, die Menschheit hat der Erde auf wirklich hässliche Weise Schaden zugefügt, aber diese Katastrophen haben nichts mit der Klimaveränderung zu tun.

Mein Ewiger Vater könnte, wenn Er wollte, sich zurücklehnen und nichts tun. Dann würden diese bösen, machthungrigen und irregeleiteten Gruppen von mächtigen Entscheidungsträgern gewinnen. Dadurch, dass sie Meine unschuldigen Kinder in ihre Falle einer hypnotischen Gefolgschaftstreue gegenüber Satan, dem Teufel, ziehen, würden sie Seelen stehlen. Das wird ihnen nicht erlaubt werden.

Aufruf an alle Religionen, sich zusammenzuschließen

Es ist jetzt an der Zeit, sowohl für die Kinder und Anhänger Meines Vaters als auch für jene, die an ein höchstes Wesen, das heißt, an Gott, den Schöpfer und Urheber aller Dinge, glauben, ihre Kräfte zu einer Einheit zu bündeln. Unabhängig davon, auf welchem Weg ihr Gott folgt oder ob ihr an Mich, Seinen einzigen, geliebten Sohn, glaubt, steht als eine Einheit zusammen. Bekämpft die Gruppe, die den Teufel repräsentiert. Er ist euer Feind, wenn ihr an Gott, den Ewigen Vater, glaubt. Er versucht, euch vom Eintritt ins Paradies dadurch abzuhalten, dass er seine Anhänger belügt und behauptet, dass auch er sie zu einem gleichwertig schönen göttlichen Paradies führen würde. Diese armen, irregeführten und vertrauensseligen Anhänger können den Betrug nicht durchschauen, weil sie von der Verlockung der materialistischen Herrlichkeit geblendet sind.

Die Prophetien im Buch des Johannes kommen jetzt ans Tageslicht

Betet, betet, betet, ihr alle, jeden einzelnen Tag. Sehr bald schon werden alle die

Wahrheit der Heiligen Schrift verstehen. Alle werden letztendlich verstehen, dass die Lehren, die im Buch Meines Vaters enthalten sind, zutreffend sind. Sie lügen nicht. Prophetien, die in der Vergangenheit vorhergesagt wurden, kamen ans Tageslicht. Prophetien, die im Buch des Johannes enthalten sind, werden jetzt ans Tageslicht kommen. Diese Botschaften, die dieser Prophetin gegeben werden, sind dazu da, Meine Kinder darauf vorzubereiten, in das Reich Meines Vaters einzugehen.

Geht jetzt und verbreitet Meine Wahrheit. Rettet einander aus den Klauen des Betrügers, bevor es zu spät ist.

Euer liebevoller Retter,
Jesus Christus

30. Dritte Botschaft der Jungfrau Maria

Montag, 20. Dezember 2010, 10:00 Uhr

Höre Mir zu, Mein Kind. Du musst stark bleiben für Meinen geliebten Sohn Jesus Christus. Er ist zu wichtig, als dass du dich mit Zweifeln in deinem Kopf abwenden dürftest. Ja, bei dieser Arbeit kann man leicht ganz durcheinander sein, aber du musst vollkommen auf Ihn vertrauen. Er braucht dich, dass du dich Ihm hingibst und Ihm dein absolutes Vertrauen schenkst.

Mein Kind, es war nicht leicht für dich mit dieser Arbeit. Aber wie Ich dir schon vorher sagte: Du bist kein Mensch, der leicht aufgibt. Du wirst bei der Ausführung deiner Arbeit erfolgreich sein. Ich bitte dich dringend, wieder zu einer Routine des täglichen Gebets zurückzukehren; gerade durch Meinen Heiligsten Rosenkranz wirst du geschützt werden. Diese Arbeit ist sehr heilig, Mein Kind, so gehorche bitte Meinem Sohn aus Respekt, indem du Ihm vollständig vertraust. Schiebe deine Zweifel beiseite, Mein Kind; denn dir wurden durch den Heiligen Geist besondere Gnaden gegeben. Die Wahrheit liegt jetzt in deinem Herzen, in deiner Seele und in deinem Geist. Daher findest du es jetzt leichter, die Botschaften, die Mein geliebter Sohn dir gibt, aufzuschreiben.

Er liebt dich, Mein Kind, und hat dich für eine der wichtigsten Aufgaben in diesem Jahrhundert überhaupt erwählt. Deine Arbeit ist vergleichbar mit dem, was von Schwester Faustina verlangt wurde. Du erduldest ähnliche Leiden, die sie ertragen hat. Habe keine Angst vor diesen Leiden, die eine mangelnde Fähigkeit zu beten und tägliche Zweifel beinhalten, die normal sind. Sie werden vorübergehen. Alle Heiligen, darunter die Heilige Faustina, begleiten dich, Mein Kind, und führen dich jeden Tag.

Das Werk, das du in Meinem Namen und im Namen Meines geliebten Sohnes ausführst, wurde vorausgesagt. Es ist eine der wichtigsten Möglichkeiten, durch welche du Seelen retten kannst. Schwanke oder zögere nicht. Rufe immer und immer wieder deine geliebte Mutter um Beistand an. Ich bin für dich da. Bitte, bete täglich zu Meinem Sohn, indem du den Barmherzigkeitsrosenkranz betest. Auf diese Weise wirst du Ihm näher sein und du wirst fühlen, wie Er in dein Herz einzieht.

Fasse jetzt Mut und schreite vorwärts. Schau mit Liebe in Richtung des kostbaren Weges, der zur Heiligsten Dreifaltigkeit führt. Alle sind mit dir. Du wirst leiden, aber betrachte dies als eine Gnade; denn ohne Leiden kannst du nicht nahe am Herzen Meines Sohnes bleiben.

Das war's für heute. Kehre um und öffne dein Herz jetzt auf Meinen geliebten Sohn hin, Jesus, den Allerhöchsten.

Liebe und Friede.

Eure Liebe Frau von den Rosen

31. Der Schmerz, den Jesus heute erleidet.

Mittwoch, 22. Dezember 2010, 2:40 Uhr

Meine Tochter, Ich habe schreckliches Leid aufgrund der Sünden der Menschheit und der grausamen Ablehnung Meiner Existenz, die in der Welt jetzt so häufig ist, dass die Zahl der Gläubigen, die Mir ihren Rücken kehren, in außerordentlichem Maße gestiegen ist.

Der Schmerz, das Leid und die Qual treten immer deutlicher hervor, während die Welt Weihnachten feiert. Ich weiß in Meinem Herzen, dass, obwohl dies das wichtigste christliche Fest ist, Meine Lehren jetzt nicht in der Weise verkündet werden, wie sie es sollten.

Meine geliebte Tochter, du musst in deinem eigenen Leiden sowohl des Geistes als auch der Seele durchhalten. Sie werden dich näher an Mein Heiligstes Herz bringen. Nur dann, wenn du diese Prüfungen erträgst, wirst du mit Mir eins werden.

Meine Tochter, bete, bete, bete, dass anderen Seelen die Qual, die Ich ertrage, lindern werden. Ach, wenn Ich doch nur Seelen schnell retten und in Meine liebenden Armen nehmen könnte, Mein Herz würde heilen. Aber viele Seelen wollen nicht zu Mir umkehren. Du musst hart arbeiten, um sie von der Wahrheit zu überzeugen, Meine Tochter. Gib niemals, niemals auf.

Du warst voller Zweifel, aber Ich weiß, dass du tief in deinem Herzen erkennst, dass diese Botschaften der Barmherzigkeit für das Heil der Seelen wirklich aus Mir und Meinem Ewigen Vater kommen.

Halte durch, nimm das Leiden an, sei demütig, geduldig und handle mit Würde, wenn du in Meinem Namen herausgefordert wirst.

Geh nun mit frischem Elan, gestärkter Liebe und neuer Kraft, um die Seelen Meiner geliebten Kinder zurückzugewinnen.

Euer liebender Erlöser Jesus Christus

32. Warum bin Ich Mensch geworden?

Freitag, 24. Dezember 2010, 20:00 – 22:15 Uhr

Meine geliebte Tochter, Ich danke dir für deine Antwort auf Meinen Ruf. Mit Freude kommuniziere Ich mit dir an diesem besonderen Fest Meiner Geburt. Die Liebe, die Mein Herz erfüllt, aufgrund des Glaubens und der Hingabe, die all Meine Kindern zeigen, ist sehr kostbar.

Dies ist die Zeit für Meine Kinder — überall —, über Mein Leben auf der Erde nachzudenken. Es ist eine Zeit für sie, über die Auswirkungen nachzudenken, welche Meine Geburt für die gesamte Menschheit hat. Meine Geburt ist der Grund dafür, dass der Mensch nach Erlösung streben wird. Aufgrund der Liebe Meines Ewigen Vaters für alle Seine Kinder hat Er dieses höchste Opfer gebracht. Dass Er zusehen musste, dass ein Baby geboren wurde, dass Er es als ein Kind aufwachsen sehen musste, bis ins Erwachsenenalter, zeigt deutlich Seine Liebe und Entschlossenheit, alle Seine Kinder zu retten. Er liebt alle Seine Kinder so sehr, dass Er Mich bat, das Leben als ein Mensch zu leben, im vollen Bewusstsein dessen, dass Ich gedemütigt und verspottet würde. Er ließ dies geschehen.

Meine Geburt ist ein Zeichen, dass Gott, der Ewige Vater, Seine Kinder so sehr liebte, dass Er ein großes Opfer brachte. Indem Er Mir erlaubte, auf die Erde zu kommen, um unter euch allen zu leben, zeigte Er Sein Erbarmen und den Wunsch, euch zu retten, dadurch dass Er Meinen Tod zuließ. Hätte Er Mich nicht gesandt, könnte der Mensch nicht gerettet werden. Doch diejenigen, die Mich zurückweisen, sind immer noch unsicher bezüglich der Wahrheit der Verheißungen, die von Gott, dem Ewigen Vater, gemacht wurden. Es herrscht noch immer große Verwirrung.

Alles, was jetzt für die Menschheit zählt, ist es, die Verheißungen und die Realität des neuen Himmels und der neuen Erde zu verstehen, die für alle Kinder Gottes vorgesehen sind. Dies ist das größte Geschenk von allen und es ist das Geschenk, das ihr alle mit Ihm hättet teilen sollen, bis Satan es ganz zerstörte, indem er Eva verführte.

Die Menschen von heute sehen die Lehren im Alten und im Neuen Testament in vielerlei Hinsicht als alte Fabeln. Viele verstehen immer noch nicht, dass die in diesen Schriften enthaltenen Lehren echt waren und immer noch echt sind. Da in vielen Fällen Hinweise auf Ereignisse gemacht werden, die im spirituellen Bereich stattfanden, können die Menschen schwer glauben, dass dies geschehen sein konnte. Sie sind zu diesem Schluss gekommen, weil sie die Inhalte durch logisches Denken bewerten, das auf dem basiert, was auf der Erde geschieht. Aber sie liegen falsch.

Mein Kommen auf die Erde war als die letzte Möglichkeit arrangiert, die Welt aufzuwecken, so dass alle erkennen würden, dass Gott ein alles verzeihender Gott ist.

Meine Rolle war es, euch — durch Meine Lehren und Meinen Tod am Kreuz — den Weg zum Himmel zu zeigen.

Denkt dann zu Weihnachten daran, dass Meine Geburt euch helfen sollte, damit anzufangen, euren Glauben an den Himmel neu zu beurteilen. Euren Glauben an den Himmel, an welchem Teil zu haben ihr alle ein Anrecht habt. Dadurch, dass ihr euch an Mein Leben erinnert, könnt ihr euch jetzt mit Mir im Reich Meines Vaters vereinen, wenn ihr eure Herzen öffnet und Mich bittet, euch noch einmal zu umarmen.

Euer Göttlicher Heiland und Gerechter Richter, Jesus Christus

33. Falsche Lehrer und Propheten.
Dienstag, 25. Dezember 2010, 10:30 Uhr

Ich bin der Anfang und das Ende. Durch Mich hat Mein Ewiger geliebter Vater die Welt erschaffen, und es wird durch Mich sein, dass sie zu Ende gehen wird. Ich bin das Licht und der Erlöser, der alle, die an Mich glauben, in das verheißene Paradies führen wird. Diejenigen, die sich trotz all Meiner Lehren und die Anstrengungen Meiner Propheten noch weigern, Mich anzunehmen, werden nicht in das Reich Meines Vaters eintreten.

Diejenigen von euch, denen durch die heiligen Schriften das Geschenk der Wahrheit gegeben worden ist, ihr müsst jetzt eure Augen öffnen und Meine Lehren und die Prophezeiungen, die Meinen Propheten gegeben worden sind, annehmen. Der Zeitpunkt rückt endlich näher, an dem Ich auf die Erde zurückkehren werde, um Meine geliebten Anhänger zurückzufordern. Wenn ich durch Meine modernen Propheten spreche, werde Ich aber leider immer noch abgelehnt werden. Ihr alle müsst die Botschaften von Mir, die euch aus Gnade gegeben werden, hören und lesen und deren Bedeutung verstehen.

Meine Lehren haben sich niemals geändert

Ihr müsst bedenken, dass Meine Lehren die gleichen sind, wie sie es immer gewesen sind. Diejenigen, die in Meinem Namen kommen, müssen sorgfältig beobachtet werden. Wenn sie Mein Wort verkünden, dann kommen sie aus dem Licht. Wenn ihr feststellt, dass sie Meine Lehren in einer Weise verändern, die euch fremd erscheint, so nehmt Abstand. Hört nicht zu. Diese unglücklichen Menschen wurden vom Teufel in Versuchung geführt, Meine Lehren bewusst zu verfälschen, um euch in die Irre zu führen und zu verwirren.

Jede Lehre, die ihren Ursprung nicht aus der Heiligen Schrift hat und die beansprucht, die Wahrheit zu verkünden, ist eine Lüge. Dies ist eine Sünde gegen Mich und ist ein ernster Angriff auf Mich und Meinen Ewigen Vater.

Falsche Messiasse

Diese falschen Lehrer werden in Kürze beginnen, sich auf der ganzen Welt selbst bekannt zu machen. Ihr werdet sie überall finden, mit lauter Stimme schreiend, Auf-merksamkeit heischend. Einige werden Meine Kinder derart beeindrucken, dass sogar Meine echten Anhänger glauben werden, sie hätten besondere göttliche Befugnisse. Einer vor allem wird sich zu solch luftigen Höhen erheben, dass die Menschen fälschlicherweise glauben werden, dass er der Messias sei.

Es wird eine Menge Mut brauchen, Unbeirrbarkeit und Kraft für Meine Kinder, zu Mir zu halten und Mir zu erlauben, sie durch diesen gefährlichen Dschungel voller Dämonen zu führen. Die Dämonen, die nun von Satan ausgesandt werden, da die letzten Tage sich zu entfalten beginnen, werden als Meine Anhänger und Propheten verkleidet kommen. Sie konspirieren jetzt, Meine echten Visionäre, Seher und Propheten anzuvisieren. Sie werden versuchen, sie mit falschen Lehren zu verführen. Sie werden die Wahrheit verdrehen, um sie an ihre unmoralischen Wege anzupassen, was — von außen gesehen — schwer zu durchschauen sein wird. Meine treuen Anhänger, geistlichen Diener und Propheten werden sofort wissen, wer diese bösen Menschen sind. Sie werden finden, dass ihre Erklärungen schmerzlich und beunruhigend sind, was aber schreckliche Angst in ihren Herzen hervorrufen wird, ist die Tatsache, dass so viele Christen wegen deren charmanten Persönlichkeiten zu Fall kommen werden. So überzeugend werden sie sein, dass viele genau jene geistlichen Diener, die ihr Leben Mir und Meinem Ewigen Vater geweiht haben, in ihre böse Falle ziehen werden.

Aufruf an die Christen aufzustehen

Ich appelliere jetzt an euch, Meine gläubigen Anhänger, die ihr mit den Gnaden des Heiligen Geistes gesegnet seid. Ergreift eure Waffe des Glaubens und bleibt stark. Fordert sie heraus. Lehrt die Menschen die Wahrheit, indem ihr sie ständig an die Wahrheit erinnert, die im Buch Meines Vaters enthalten ist — dem Buch der Wahrheit. Diese Lehren sind ewig gültig.

Meine Kinder, es mag für euch schwer sein, aufzustehen und mit dem Finger auf euch zeigen zu lassen, aber hört Mich jetzt an: Wenn ihr dies tut, werdet ihr Seelen helfen. Eure Brüder und Schwestern in der Welt sind eure Familie. Ich werde euch alle ins Paradies mitnehmen, das Ich all Meinen Kindern versprochen habe. Bitte, bitte, helft Mir, keinen von euch zurückzulassen. Es wird Mir das Herz brechen, wenn Ich nicht alle Meine geliebten Kinder retten kann. Es wird das Gebet sein, die Opfer und die Ausdauer seitens Meiner Anhänger überall, dass Meinem Willen stattgegeben wird.

Nehmt jetzt in Meinem Namen den Kelch des Heils auf. Folgt Mir. Lasst Mich euch alle führen. Lasst Mich euch in Meinem Herzen umarmen, während wir uns gemeinsam vereinen, um die Menschheit vor dem Betrüger zu retten.

Denkt daran: Ich liebe jedes einzelne Meiner Kinder so sehr, dass ein Sieg, ohne sie alle ins ewige Leben gebracht zu haben, ei-nen bitteren Beigeschmack hätte und Mir das Herz brechen würde.

Betet, betet, betet jetzt ihr alle und vergesst nicht die Worte — Ich bin das Alpha und das Omega.

Euer geliebter Erlöser Jesus Christus, König der Erde und Gerechter Richter für die gesamte Menschheit.

34. Weihnachten feiern.
Dienstag, 25. Dezember 2010, 0:30 Uhr

Meine geliebte Tochter, warum zögerst du? Weißt du nicht, dass du täglich geführt wirst? Du weißt in deinem Herzen mit Gewissheit, dass alles, was du tun musst, darin besteht, dass du dich hinsetzt und dein Herz öffnest … und du wirst dann bald Meine Botschaft hören. Vertrau auf Mich. Gib dich Mir hin. Glaube, dass Ich, wenn du Mir deine Ängste, Sorgen, Anliegen und Fragen übergibst, sie dir abnehmen werde und entsprechend antworten werde. Du musst dir jetzt die Zeit nehmen, diesen äußerst dringenden Botschaften für die gesamte Menschheit Beachtung zu schenken. Zögere nicht, mit dieser sehr heiligen Arbeit voranzukommen.

Beherzige jetzt Folgendes, Meine geliebte Tochter: Während Christen in aller Welt Meiner Geburt in Bethlehem Ehrerbietung erweisen, werden viele lediglich Respekt zollen, ohne wirkliche Liebe in ihrem Herzen. Viele werden dennoch nahe an Meinem Herzen sein. Andere werden einfach nicken, lächeln und kurz über die Bedeutung dieser sehr wichtigen Zeit sprechen, in der das größte Geschenk gefeiert wird, das jemals den Kindern Meines Vaters seit Anbeginn verliehen worden ist. Doch wenn Meine Kinder, Meine treuen Anhänger, Weihnachten feiern, sind sie abgelenkt vom Pomp und den mit weltlichen Gütern verbundenen Feierlichkeiten.

Wie viele Christen erklären ihren Kindern die Bedeutung Meiner Geburt? Wie viele machen sich Gedanken über die Demut, die von Meiner geliebten Mutter und ihrem höchstheiligen Gatten, dem Heiligen Josef, gezeigt wurde? Wie viele verstehen, dass Ich Mensch wurde, um die Menschheit vor dem Weg in die Hölle zu retten? Gerade diese einfache Botschaft wurde über Jahrhunderte verzerrt dargestellt und durch weltliches Tamtam überdeckt. Dennoch wird sie von frommen Christen als eine Zeit anerkannt, über ihre Treue zu Mir, ihrem Heiland, nachzudenken. Bitte, Ich ermahne euch, Kinder, dieses Fest zu nutzen, um für all jene in der Welt zu beten, die aufwachen müssen hinsichtlich der Tatsache, dass sie ein Erbe besitzen. Dort ist für jeden von ihnen ein besonderer Platz im Reich Meines Vaters reserviert, sollten sie sich entscheiden, es anzunehmen.

Die Zeit für die Große Warnung ist beschlossen

So gebannt sind Meine Kinder jede Minute des Tages von den Nachrichten, dass das — auch wenn es ihr Leben beeinflussen kann — doch keine Bedeutung für das Ewige Leben hat. Kinder, es ist Zeit für euch alle, jetzt euer Gewissen zu erforschen, vor der „Großen Warnung", die Meinem Zweiten Kommen vorausgeht. Benutzt Gebete mit euren eigenen einfachen Worten, um göttliche Führung zu erbitten.

Die Zeit für die „Große Warnung" ist jetzt beschlossen. Seid wachsam. Bleibt auf der Hut.

Euer Göttlicher Erlöser und gerechter Richter Jesus Christus

35. Warnung an die Gläubigen, echte Propheten nicht abzulehnen.

Donnerstag, 28. Dezember 2010, 11:00 Uhr

Meine geliebte Tochter, dir werden jetzt die letzten Botschaften gegeben, damit die Menschheit sie vor dem Ende der Zeiten verdauen kann, um ihre Seelen zu retten.

Es gibt jetzt eine große Zahl von Engeln, die — wie vorausgesagt — über die ganze Welt verstreut sind, um die Erde auf Meine Ankunft vorzubereiten. Viele dieser Engel sind in menschlicher Gestalt und wie du, Meine geliebte Tochter, entschieden sie sich für diese Rolle selbst. Ihre Entfaltung bei der Geburt war zeitlich mit der letzten „Warnung" und der Endzeit abgestimmt.

Gleichermaßen sind die Dämonen entfesselt, die aus den Tiefen der Hölle freigelassen werden. Wenn sie sich auf dieser Erde präsentieren, tun sie das durch Versuchung und Lügen. Sie locken Meine Kinder an, die offen für ihren Einfluss sind. Sie infizieren jene Seelen, die bereits in der Dunkelheit sind. Sie treten in ihren Geist ein, indem sie sie belügen und sie überzeugen, dass ihr Glaube an Mich und Meinen Ewigen Vater Unsinn ist.

Von ihrem äußeren Erscheinen her würdet ihr diese Menschen nie mit etwas in Verbindung bringen, das ihr für böse haltet. Ganz im Gegenteil, sie werden anmutend, sachkundig, intelligent und inspirierend sein. Sie werden auch sehr überzeugend sein, wenn sie das predigen, was Meine guten Kinder für die Wahrheit halten. Traurigerweise wird in ihren Herzen keine Liebe sein, und ihr müsst vor ihren Lehren auf der Hut sein.

Jetzt will Ich Mich an Meine Gläubigen wenden. Ihr, Meine Kinder, habt durch Gebet und Glauben die Gaben empfangen, die Ich allen verspreche, die Mir folgen. Euch sind verschiedene Gaben gegeben und jede Gabe ist dazu bestimmt, Mein Wort in einer unterschiedlichen Art und Weise zu vermitteln.

Beurteilung von Visionären

Für diejenigen, denen Ich die Gabe der Erkenntnis gebe, um zu helfen, diejenigen zu identifizieren, die in Meinem Namen kommen, und diejenigen, die in Satans Namen kommen, sage Ich: Seid bitte sehr vorsichtig. Es ist nur richtig, dass ihr vor falschen Propheten auf der Hut seid. Doch nie und nimmer beurteilt diejenigen, die sagen, sie kämen in Meinem Namen, ohne sich zuvor ein klares Bild von ihren Botschaften gemacht zu haben. Ihr dürft die Botschaften, die von Mir gesandt sind, nie der „äußeren

Erscheinung (des Sehers) nach" beurteilen. Nur weil ein Mensch von sich sagt, dass er in Meinem Namen komme, dürft ihr noch nicht glauben, dass eure Einschätzung dieses Menschen unfehlbar sei. Haltet nach solchen Propheten Ausschau, die Spott erleiden oder die Empörung verursachen, wenn sie behaupten, dass sie göttliche Botschaften von Mir oder Meiner Mutter erhalten.

Erliegt nicht der Versuchung, ein sofortiges Urteil über die zu fällen, ohne vorher sorgfältig auf die Botschaften selbst gehört zu haben. Diese Botschaften werden sich nicht einfach nur auf Meine Lehren beziehen, sie werden sich auf Mein Wort beziehen und werden voller Liebe sein. Sie werden euch Anweisungen geben, wie ihr euer Leben in Meinem Namen leben sollt, um das Heil zu erreichen.

Seid niemals aufgebracht, wenn Meine wirklichen Propheten behaupten, dass sie Botschaften über zukünftige Ereignisse erhalten, in die sie eingeweiht sind. Seid nicht versucht, die Sünde des Vorurteils zu begehen, dadurch indem ihr diese Botschaften beurteilt aufgrund der Gesellschaftsschicht, die diese Propheten repräsentieren. Einigen wird es an Bildung mangeln. Einige werden das Gegenteil sein und werden wortgewandt sein. Viele werden nicht eurer Vorstellung von einer „heiligen" Person entsprechen.

Aber es gibt Möglichkeiten, wie ihr euch deren Authentizität sicher sein könnt. Diejenigen, die mit Meiner geliebten Mutter kommunizieren, werden in den meisten Fällen die Erscheinungen vorhersagen, die Meine geliebte Mutter auf Stunde und Datum voraussagt. Von denen, die bei den Erscheinungen dabei sind, werden viele Begleitumstände beobachtet werden. In dem Falle, wo Meine Botschaften an die Menschheit vermittelt werden, werden sie der Welt gegeben, ohne dass der Prophet auf Ruhm aus ist.

Urteil abgeben über Menschen

Schließlich werden Meine Gläubigen, trotz ihrer Treue zu Mir, noch immer diejenigen mit blankem Hohn überschütten, die zukünftige Ereignisse voraussagen, und abfällige Bemerkungen über jene machen, die mit heilenden Kräften des Heiligen Geistes gesegnet sind. Haltet inne und wacht auf von eurem friedlichen Schlummer. Diese Propheten werden eure Routine durcheinander bringen, weil sie mit eurer heiligen Gruppe nicht harmonisieren. Sie werden nicht so sein, wie ihr es von ihnen erwartet. Beachtet dies. Wenn ihr diese Menschen aufgrund vom Hörensagen und vom Klatsch Dritter oder versteckter Andeutungen beurteilt, begeht ihr eine Sünde. Die Sünde gegen Meine Propheten beleidigt Mich zutiefst. Wenn ihr Meine echten Seher und Propheten verwerft, kehrt ihr Mir den Rücken.

Aber genau das ist es, was heute auf der Welt passiert, wo mehr Visionäre an die Öffentlichkeit gehen. Es ist nicht leicht für Meine Gläubigen. Vergesst nur nicht, dass die

Botschaften Meiner Propheten gelesen werden müssen, bevor ihr sie beurteilt, und das schließt selbst diejenigen Botschaften ein, die möglicherweise von den falschen Propheten kommen. Bittet um Führung, wenn ihr diese Botschaften erwägt. Authentische Botschaften werden voller Liebe sein. Doch sie werden fest in ihrer Autorität sein. Botschaften, die gegen alles gehen, was ihr über Meine Lehren und die Meiner Apostel gelernt habt, egal wie subtil, werden leicht zu bewerten sein.

Schweigt nicht über euren Glauben

Geht jetzt, Meine Kinder, und öffnet eure Herzen gegenüber Meinen Propheten. Sie sind dazu da, euch die Sicherheit zu geben, dass die Zeit für Mich gekommen ist, um euch alle vorzubereiten, in Meinem Namen den Mund aufzumachen. Vergesst nicht, Glorie ist Meinen Propheten gegeben, die den Mund aufmachen, trotz der Demütigung und Verachtung, die sie zu ertragen haben. Strafe wird aber denen zuteil, die sagen, dass sie Mir folgen, aber über ihren Glauben stumm bleiben, doch auf der anderen Seite schnell dabei sind, sich gegen Meine echten Visionäre auszusprechen. Ihr wisst in euren Herzen, dass diejenigen, welche ihr verurteilt habt, doch über kommende Ereignisse sprechen, die nach eurer Meinung sehr schwer zu akzeptieren sind.

Ihr mögt euch vielleicht fragen: Warum arbeitet Mein Erlöser, Jesus Christus, durch solche Individuen? Im Grunde genommen sind sie keine heiligen Anhänger gemäß Meinen Vorgaben. Nun, Meine Frage an euch lautet: Warum glaubt ihr, dass nur die wenigen Auserwählten, die ihr Leben dem Gebet widmen, die Autorität haben, diejenigen abzulehnen, die außerhalb eurer Kreise sprechen? Habt ihr nichts gelernt? Versteht ihr nicht, dass diejenigen, die ihr Leben im Gebet verbringen, ebenfalls dem Betrüger zum Opfer fallen können?

Meine echten Propheten werden gehasst werden

Vergesst nicht, auch Ich wurde — als ich auf der Erde war — von den Ältesten und Priestern verspottet, verhöhnt, abgelehnt und von oben herab behandelt. Wenn Ich gehasst wurde, dann könnt ihr sicher sein, dass Meine echten Propheten die Meistgehassten sein werden, ebenso wie sie an anderen Orten verehrt werden.

Schande über euch alle. Meine Propheten werden nicht aus euren Gruppen stammen, dennoch müsst ihr sie ehren. Dem Leben nach, das sie geführt haben, werden sie am wenigsten nach Propheten aussehen. Einige werden aus wohlhabenderen Familien kommen. Einige werden mit geringer Bildung kommen, während andere mit der Gabe der Wortgewandtheit geboren werden. Das sind Meine erwählten Propheten. Hört auf ihre Stimme, bevor ihr sie verurteilt.

Betet für sie. Betet, dass Mein Wort, das diesen Propheten gegeben wird, nicht abgelehnt wird. Weist auch ihr Mein Wort nicht zurück. Die Nichtgläubigen werden immer versuchen, diese tapferen Seelen, die Mein

Wort laut aussprechen, zu diskreditieren, aber das ist zu erwarten. Wenn aber Meine Gläubigen, und besonders jene in Gebetsgruppen, Klöstern und anderen geistlichen Ämtern, Meine echten Seher nach außen hin ablehnen, dann bricht Mein Herz entzwei. Hört auf Meine Worte. Sie werden nie von der Wahrheit abweichen, genauso wenig, wie ihr, Meine geliebten Anhänger, die Wahrheit beeinflussen könnt, sodass sie eurer Interpretation entspricht.

Öffnet eure Augen. Wacht auf. Die Zeichen haben — für alle sichtbar —begonnen. Ihr, Meine Gläubigen, habt nicht viel Zeit. Hört. Betet. Tut euch zusammen und verkündet Mein Wort in Einheit, um Seelen zu retten, bevor die Zeit abläuft.

Euer liebender Christus — Jesus, der Heiland und gerechte Richter

36. Die Zensur der Medien und andere Zensuren kommen.

Samstag, 1. Januar 2011, 2 Uhr morgens

Meine geliebte Tochter, die Zeit ist gekommen, für ein weiteres Jahr, in dem Meine geliebten Kinder von Mir mehr darüber lernen werden, wie sie ihr Leben ausrichten müssen, damit, wenn Ich als Richter komme, die Menschheit auch bereit dafür ist.

Meine wunderbaren Kinder, die Ich alle nahe an Meinem Herzen halte, ihr müsst nun auf Mich hören. Ich werde euch nie im Stich lassen, wenn ihr Mich und die Wahrheit des neuen Paradieses anerkennt — das Versprechen, das Ich euch allen gab, bevor Ich am Kreuz für eure Sünden starb. Die Zeit rückt nun näher, Meine geliebten Kinder. Habt niemals Angst. Wenn ihr Mich liebt und an Mich glaubt, was gibt es da zu fürchten? Denn in der Liebe gibt es keine Angst. Liebe ist Freude, Glück und für alle von euch, die an das Ewige Leben im Himmel glauben, gibt es nichts zu fürchten. Ich liebe euch alle.

Die Rolle der Gottesmutter beim Zweiten Kommen Christi

Meine geliebte Mutter, die die Verantwortung trug, den Kelch des Anerkennens Meiner Existenz im Augenblick der Empfängnis aufzunehmen, um einen Neubeginn für die Menschheit anzukündigen, wird auch Meine Zweite Ankunft ankündigen.

Ich werde all jene retten, die sich um Barmherzigkeit an Mich wenden. Meine Mutter, vom Ewigen Vater gesandt, der Welt Erlösung und Heil zu bringen, wird bei diesem zweiten Mal Mir zur Seite stehen.

Meine geliebte Mutter, der Engel des Lichts, wird jetzt im Triumph Meine Barmherzigkeit zur Welt bringen und Mein Zweites Kommen auf Erden verkünden. Meine ergebene Mutter, die Unbefleckte Empfängnis, wird als Mittlerin helfen, die Welt für Meine Zweite Ankunft vorzubereiten. Sie hat die Menschheit viele Jahrhunderte lang vorbereitet, versucht aber jetzt in den letzten 100 Jahren, Liebe in eure Herzen einzuflößen, um die manchmal etwas lau gewordene Liebe, die ihr für Mich und Meinen Ewigen Vater habt, zu entzünden.

Es gab eine Zeit, da Meine Mutter durch göttliche Offenbarung Aufmerksamkeit auf Erden erweckte. Leider nehmen seit Fatima und Garabandal wenige Meiner geistlichen Diener ihre übernatürlichen Erscheinungen ernst. Auch Ihre Seher, die wenigen Auserwählten, werden nicht ernst genommen. Jetzt, da das Jahr 2011 beginnt, werden bald viele, viele Veränderungen in der Welt stattfinden. Dies ist so, Meine Kinder, weil die Welt, wie ihr sie einstmals kanntet, dabei ist, sich zu wandeln.

Das Geheimnis von Fatima im Zusammenhang mit der Zukunft

So viele von euch unschuldigen und vertrauensvollen Seelen können das Böse, das sich gerade entfaltet, nicht erkennen. Meine Kinder — Ich schließe jene mit ein, die diese Botschaften zum ersten Mal lesen, die es aus Neugierde tun, die eine Diskrepanz fühlen mögen, was ihr Seelenheil betrifft — hört jetzt zu:

Ihr und auch eure Brüder und Schwestern werdet jetzt in eine Welt hineingeführt, die unter dem Diktat jener Gruppe steht, die im letzten Geheimnis von Fatima vorausgesagt wurde, das man euch jetzt enthüllt hat und wo ihr bald Folgendes feststellen werdet:

1. Euer Geld wird wertlos sein und das einzig gültige Zahlungsmittel, wird Gold und Silber sein.

2. Ihr werdet in Gruppen beten und einen geistlichen Diener finden müssen, der mutig genug ist, sich der Verfolgung zu widersetzen.

3. Ihr müsst Unterkünfte für das Gebet finden, denn eure Kirchen werden für finanziellen Gewinn verkauft werden.

4. Klammert euch an die (Heilige) Schrift, auch wenn ihr sie vielleicht noch nie gelesen habt, aber seid versichert, man wird in Zukunft keine Bibeln mehr kaufen können

5. Richtet Gebetsgruppen ein für die Rettung der Menschheit. In drei Jahren werdet ihr verstehen, warum dies wichtig ist.

Zensur der Medien

Zu den Medien habe Ich dieses zu sagen: Als Berichterstatter an die Welt wird sich die Arroganz, die ihr heute an den Tag legt, in Verzweiflung wandeln, wenn euer Wort nicht mehr gehört wird. Auch ihr werdet bald die Wichtigkeit des Gebets erkennen, wenn sich die Menschheit von der Wahrheit abwendet. Euer Wort kann heute noch die wichtige, unabhängige Wahrheit repräsentieren. Aber dieses Geschenk wird euch jetzt genommen werden. Stattdessen wird die Wahrheit jetzt vor der Menschheit durch die Diktatur verborgen, deren Zeugen ihr während der Großen Drangsal bald sein werdet.

Dann wird euer Wort abgelehnt werden, gerade so wie Mein Wort abgelehnt wird.

Der „Geheime Kommunikations-Kanal"

Niemand wird euch zuhören, weil das einzige Wort mit Einfluss, das der Menschheit übermittelt wird, durch die Technik über einen geheimen Kanal übermittelt werden wird. Ihr werdet euch in der Wildnis befin-

den und werdet am Ende versuchen, mit einer ungläubigen Welt in Verbindung zu treten, gerade wie Ich es jetzt zu diesem Zeitpunkt tue, dann, wenn euer Wort nicht gehört wird.

Hütet euch vor Diktatoren

Habt keine Angst, jene von euch, ungeachtet, auf welchem Weg ihr Gott folgt, hört Mich nur einfach an. Kämpft gegen jene, die eurer Welt eine Diktatur auferlegen; denn sie sind des Satans. Lasst euch nie von ihnen täuschen, egal wie viel sie euch für die Verbreitung von Lügen zahlen. Sie werden mit der ewigen Verdammnis konfrontiert werden, wenn sie nicht Buße tun; denn die Zeit ist nicht auf ihrer Seite. Kämpft für die Freiheit, die bezeugten Ungerechtigkeiten auch zu verkünden. Unabhängig von eurem Glauben an Mich werdet ihr die Wahrheit Meiner Lehren erkennen, wenn ihr die Erfüllung dieser Prophezeiung seht.

Buch der Offenbarung

Heute, in einer Welt, die wegen des wirtschaftlichen Zusammenbruchs gebeutelt und verletzt aussehen mag, ist es leicht zu glauben, dass die Dinge in Ordnung kommen werden. Ja, Meine Kinder, in der Vergangenheit wäre dies eine natürliche Annahme, aber heutzutage nicht mehr. Die von einer Kerngruppe von Organisationen weltweit in jedem Land geplante und gleichsam auf satanische Art und Weise vernetzte Verschwörung ist nunmehr bereit loszuschlagen. Jene unter euch, die nicht an Mich glauben, werden jetzt endlich die Prophezeiungen verstehen, die in Meines Vaters Buch und im Buch der Offenbarung enthalten sind.

Fürchtet euch nicht, Meine Kinder. Wendet euch Mir zu und sprecht vertraulich mit euren eigenen Worten zu Mir, und Ich werde euch die Kraft, die Hoffnung und die Energie geben, diesen dunklen Abschnitt in der Geschichte der Menschheit durchzustehen.

Jene von euch, die diese Botschaft lesen, überlegt sorgfältig. Wenn ihr den Inhalt bezweifelt, dann schaut euch um und fragt euch, ob ihr die Zeichen herausfordern und relativieren könnt. Bemerkt ihr nicht, dass man euren freien Willen, der euch von Meinem Ewigen Vater als Geschenk gegeben wurde, jetzt manipuliert? Ich und Mein Ewiger Vater würden niemals in dieses Göttliche Geschenk eingreifen, ein so heiliges Geschenk ist es. Aber wenn der Mensch sich entscheidet, Satan und die Flammen der Hölle in Kauf zu nehmen, dann sei es so.

Gott, Mein Ewiger Vater, kann dies nicht verhindern. Doch Satan wird versuchen, euch dieses Geschenk des freien Willens zu nehmen. Wenn ihr feststellt, dass euch euer freier Wille genommen wird, durch starke Kräfte, über welche ihr keine Gewalt habt, dann werdet ihr wissen, dass der Teufel dahinter steckt.

Satan wird niemals siegen

Bitte, bitte, warnt Meine kostbaren Kinder weiterhin. Gebt nicht auf. Wenn genügend von euch beten und standhalten, werdet ihr eure Seelen retten. Satan und seine Armee werden niemals siegen. Sie vermögen es nicht. Es ist unmöglich. Nur Gott hat die Macht, diesen schrecklichen Kampf zu beenden.

Ich, euer Erlöser und eingesetzter Richter, mahne euch zu Widerstand, Mut und Kampf für das, was ihr in euren Herzen als richtig erkannt habt, auch wenn ihr dabei furchtsam seid. Furcht wird euch von Satan eingegeben. Furcht wird niemals von Mir oder Meinem Ewigen Vater in eure Herzen eingeflösst.

Kommt heraus aus der Deckung und öffnete euer Herz der Liebe, nicht der Furcht. Liebe kommt von Gott. Ich habe euch gesagt, dass ihr Liebe fühlt, wenn ihr euer Herz öffnet. Liebe und Gott, der Ewige Vater, Schöpfer dieser Erde, gehen Hand in Hand. Sie sind nicht zu trennen. Wenn dies doch der Fall ist, dann ist Satan am Werk.

Geht jetzt, Meine Kinder, und entscheidet euch. Möchtet ihr euch mit der Liebe Meines Heiligsten Herzens umhüllen oder mit Furcht? Es ist eure Entscheidung.

Euer Göttlicher Meister, Erlöser und gerechter Richter der Barmherzigkeit
Jesus Christus

37. Wie die Warnung ein Geschenk für die Menschheit ist

Sonntag, 2. Januar 2011, 21:45 Uhr

Warum sind diese Botschaften beängstigend?

Meine geliebte Tochter, wenn die Menschen diese Botschaften lesen, werden sie sie hinterfragen, sie anzweifeln und sie auseinander reißen. Mehr als das, sie werden sie mit Spott überschütten und die Frage stellen, warum diese Botschaften nicht mehr von Freude und Glück sprechen. Warum sind sie so furchterregend? Sicherlich würde dieser Ansatz, mit der Welt zu kommunizieren, nicht von Jesus Christus kommen. Ganz sicher würde Jesus Christus Liebe predigen, nicht Terror. Meine Antwort auf diese Vorwürfe ist einfach. Ich zeige euch jetzt durch diese Botschaften Meine Barmherzigkeit, weil Ich euch alle liebe. Ich komme zuerst als Erlöser für alle, um euch zu befreien, so dass jeder an der Erlösung teilhaben kann. Mein Tod am Kreuz war dazu da, euch eine zweite Chance zu geben, Meines Vaters Königreich zu betreten. Dieses Mal komme Ich zurück als ein gerechter Richter. Euch allen wird jetzt, durch Meine Liebe zu euch, zuerst Barmherzigkeit gezeigt. Diese Barmherzigkeit nimmt die Form einer Vorwarnung an, um euch zu helfen, euer Leben wieder in Ordnung zu bringen, bevor Ich am Gerichtstag zurückkomme.

Aufgrund Meines Erbarmens für jeden einzelnen von euch gebe Ich euch jetzt die letzte Chance, eure Herzen zu öffnen und euer Leben so zu leben, wie ihr solltet.

Freude auf Erden kann nicht mit Freude im Himmel verglichen werden

Wendet euch von der Sünde ab, tut Buße und bringt wieder Gebet in euer Leben. Aus Barmherzigkeit warne Ich euch vor der Wahrheit. Die Freude, die, wie ihr glaubt, Meinen Botschaften fehlt, ist bedingt durch die Tatsache, dass die Menschheit der wahren Freude den Rücken gekehrt hat. Die Freude, wie sie im Himmel empfunden wird, kann nicht mit der so genannten Freude verglichen werden, die ihr auf Erden erfahrt. Freude auf Erden, welche von wahrer Liebe kommt, wird rein sein. Freude, die von weltlichen Gütern kommt, ist bedeutungslos.

Meine Kinder, die Freude, die Ich empfinden sollte, dadurch, dass Ich euch zusehe, ist kurzlebig, leider, wegen dem, was Ich auf der Erde heute sehe. All das, was ihr wertschätzt, entspringt weltlichen Besitztümern oder durch die Anerkennung anderer, welche euch loben. Wenig Zeit widmet ihr eurer Vorbereitung auf das nächste Leben.

Die Warnung ist ein Geschenk

Meine Barmherzigkeit wird euch als ein Geschenk gebracht. Nehmt es an. Genießt es. Streckt euch nach Mir aus, ihr alle. Ich bin euer Rettungsboot aus sturmgepeitschter See, die voller unerwarteter Strömungen und Sturmfluten ist. Rettet euch jetzt, sonst werdet ihr in eine Strömung von solcher Stärke gesogen werden, dass — solltet ihr euch in letzter Minute entscheiden, doch ins Boot reinkommen zu wollen — ihr nicht die Kraft haben werdet, reinzuklettern.

Die Läuterung in der Welt dauert an

Ich bin müde, Kinder. Wie sehr ich auch versuche, mit euch zu kommunizieren, viele von euch stellen sich immer noch taub. Sogar Meine Priester kümmern sich nicht um Meinen Aufruf, wenn Ich Meine Barmherzigkeit offenbaren will. Da die Läuterung in der Welt andauert und an Geschwindigkeit zunimmt, ist es jetzt Zeit, Mich anzurufen, Kinder.

Erdbeben und andere globale Katastrophen

Habt keine Furcht vor den Stürmen, Erdbeben, Tsunamis, Überflutungen, Vulkanen und Hitzewellen, die auf die Welt herabkommen werden, um den Antichristen und seinen Arm aufzuhalten. Meine Anhänger werden sicher sein im Wissen dessen, was sie im Neuen Paradies erwartet, welches sich ergeben wird, wenn Himmel und Erde sich als eine Einheit durchdringen. Diese Dinge müssen geschehen. Sie können nicht gestoppt werden, da sie vorausgesagt worden sind. Diese Ereignisse, Meine Kinder, werden jedoch von kurzer Dauer sein.

Ihr, Meine Gläubigen, werdet für euren Glauben und eure Ausdauer angesichts des riesigen Widerstandes belohnt werden. Die Freude, Meine Kinder, wird dann schwer zu ermessen sein. Die im Licht sind, werden mit der Herrlichkeit und der Liebe umhüllt werden, die euch erwartet. Jene in der Dunkelheit werden nicht in der Lage sein, das Licht auszuhalten. Ihr mögt euch vielleicht wünschen, es auszuhalten, aber es wird euch so sehr schmerzen, dass ihr euch werdet verstecken müssen. Aber ihr könnt nirgendwohin gehen außer in die Höhle der Dunkelheit, welche vom König der Dunkelheit selbst beherrscht wird — vom Teufel. Ist es das, was ihr wollt?

Wie Satan durch die Menschen wirkt

Versteht ihr den Schrecken, den der Betrüger verkörpert? Habt ihr nicht erkannt, dass er hinter jedem einzelnen Akt des Egoismus, der Gier und der Selbstliebe lauert? Während ihr das lebt, von dem ihr glaubt, dass es euer aufregendes, spaßerfülltes und geschäftiges Leben ist — Geldausgeben, Essen, eitles Bekleiden und die ständige Suche nach der nächsten Unterhaltung —, seid ihr völlig ahnungslos, was sich hinter euren Handlungen verbirgt.

Die geheime Stimme, welche ihr nicht hören könnt, die ihr aber fühlt — wenn ihr einen Drang zum Handeln fühlt, welcher euch drängt, mehr Spaß, Nervenkitzel und Spannung zu suchen, zu suchen und zu suchen — kommt vom Teufel. Es spielt keine Rolle, dass eure Handlungen euch zum Lächeln bringen, oder zum Lachen, oder euch vor Begeisterung in die Hände klatschen lassen. Das ist von geringem Gewicht. Dieses starke Verlangen soll dazu beitragen, dass ihr ständig Befriedigung eurer selbst sucht. Was nützt das? Hinterlässt es ein gutes Gefühl, wenn es vorüber ist? Natürlich tut es das nicht. Wenn Ihr innehaltet und euch selbst fragt, was ist, wenn ich diese Dinge nicht länger tun kann — was dann? Wäre das von Bedeutung? Zunächst ja. Vielleicht würde es frustrierend sein, aber erst, wenn ihr vor dem Nichts steht, werdet ihr euch darauf konzentrieren müssen, euch selbst am Leben zu erhalten.

Lebensmittel werden wichtiger werden als spaßerfüllte materielle Güter; denn wenn ihr nichts mehr zu Essen habt und hungert, werdet ihr erkennen, dass keinerlei jener einstigen Attraktionen wichtig sind. Dies ist jetzt die Läuterung, die nun schnell in der Welt vonstatten gehen wird. Durch diese Läuterung, eine Form von Reinigung, werdet ihr wieder heil werden. Dann, und nur dann, werdet ihr bereit sein, die Wahrheit zu akzeptieren.

Wie Satan euch mit einem Gefühl der Leere zurücklässt

Meine Kinder, ihr seht nicht, dass Satan am Werk ist. Ihr könnt ihn nicht sehen, doch er investiert all seine Zeit, um zu versuchen, euch Mir zu stehlen. Er verursacht euch schrecklichen Schmerz, Kinder. All die Versuchungen legt er euch in den Weg, benutzt den weltlichen Anreiz des Geldes, der Schönheit, des Besitzes und der Begabung, was von euch aufgrund von Habgier und Begierde verschlungen wird. Ihr glaubt, dass ihr, wenn ihr all diese Dinge angesammelt habt, euch vollkommen fühlt. Leider ist dies nicht wahr. Dies ist die Lüge, die Satan benutzt, um euch zu verführen. Wenn jene von euch, welche solch stolze Höhen des Reichtums erlangt haben, feststellen, dass ihr, aus welchem Grunde auch immer, alles verloren habt, dann seid dankbar. Denn nur, wenn ihr ohne weltlichen Besitz kommt, könnt ihr Mich wirklich in euer Herz lassen.

Botschaft an die Wohlhabenden

An die Wohlhabenden — Ich verurteile euch nicht. Weil ihr materielle Annehmlichkeiten habt, bedeutet das nicht, dass ihr nicht dem rechten Weg folgt. Aber ihr habt eine Verantwortung, zu teilen und euch um jene zu kümmern, die weniger wohlhabend sind als ihr selbst. Dies ist eure Pflicht. Es sind nicht der Reichtum oder die materiellen Annehmlichkeiten, die falsch sind. Es sind nicht die Freude und das Lachen, das ihr erlebt, wenn ihr das Leben genießt, was falsch ist. Wenn es aber zur Besessenheit wird und wenn euer Verlangen nach Luxus den Vorrang einnimmt über euren eigenen Glauben und das Wohlergehen anderer, dann wird das zu einer Sünde in den Augen Meines Vaters.

Euer Reichtum, eure Wohnhäuser, Kleider und Besitztümer sind wie Wolken, die am Himmel vorüberziehen. Sie sind eine Minute da und in der nächsten verschwunden. Ihr könnt sie nicht mitnehmen in das nächste Leben. Es ist eure Seele, die mit euch gehen wird. Passt auf eure Seele auf, zeigt einander Liebe, auch jenen, die euch in diesem Leben Kummer bereiten. Folgt Meinen Lehren. Bittet um Mein Erbarmen. Nur dann werdet ihr euch mit Mir auf der neuen Erde, welche das Paradies ist, vereinen. Verwirkt nicht euer Erbe und euren Platz im Königreich Meines Vaters.

Euer geliebter Jesus Christus

38. 2011, Jahr der Läuterung

Dienstag, 11. Januar 2011,
23.45 bis 0:30 Uhr

Meine geliebte Tochter, endlich sind wir wieder vereint. Du warst jetzt ein paar Tage lang in der seelischen Verfassung, Meine Botschaften zu empfangen. Hab keine Angst, wenn du jetzt Zeit brauchen wirst, um Meine dringendste Botschaft, die bis jetzt der Welt gegeben worden ist, zu verarbeiten.

2011 ist das Jahr, in welchem die Umbrüche — die Läuterung — beginnen werden und von Millionen Menschen auf der ganzen Welt gesehen werden. Obwohl Gebet hilfreich ist, weltweite Katastrophen abzuschwächen, wird es jetzt nicht reichen, um die Hand Meines Ewigen Vaters aufzuhalten, wenn sie in Kürze auf die Menschheit niederschlägt.

Der Schmutz, der Geist, Körper und Seele durchdringt, und das böse Verhalten, das in der Welt im Moment an den Tag gelegt wird, sind jetzt für euch alle klar zu sehen. Jene von euch, die ihr so mit euren Alltäglichkeiten beschäftigt seid, ihr solltet jetzt rechtzeitig innehalten und erkennen, was vor euren Augen geschieht.

Der Teufel wirkt durch diejenigen, die in der Finsternis sind, und er hat eine Verwüstung angerichtet, wodurch jetzt täglicher Mord derart zur Normalität geworden ist, dass die Menschheit gegenüber den diese Gräuel ausführenden Übeltätern, ihre Sensibilität verloren hat. Egoismus und Habgier beherrschen eure Gesellschaft. Eure Führer

und Politiker sind machthungrig, und in vielen Fällen ist ihnen euer Wohlergehen mehr als gleichgültig. Selbstmord, der immer häufiger wird, ist eine Folge des Klimas der Verzweiflung, das vom Betrüger, dem Teufel, in eurer Gesellschaft geschaffen wird.

Er, der sich euch nie zu erkennen gibt, versteckt sich hinter jedem Akt einer öffentlichen Demonstration, die sexuelle Unmoral und schwere Körperverletzung gegenüber anderen und sich selbst glorifiziert.

Die stete Jagd nach Luxusgütern, die ihr über das Wohlergehen eurer Familie stellt, wuchert richtiggehend. Während ihr, Meine Kinder, diesen hohlen Träumen nachjagt, werdet ihr mit der Zeit feststellen, dass ihr ohne Nahrung geblieben seid. Diese wert- und nutzlosen Dinge werden nicht euren leeren Magen noch eure leeren Seelen füllen, die nach Trost schreien — einem Trost, den ihr nicht länger zur Verfügung habt. Dieser Trost ist nur durch Gebet und insbesondere durch organisiertes Gebet in Gruppen zu finden.

Die Läuterung kommt vor Meinem Zweiten Kommen

Erdbeben werden bald die Erde heimsuchen, da die Wucht Meines Vaters grimmigen Zorns entfesselt sein wird. Ihr, Meine undankbaren Kinder, die ihr dem Licht der Wahrheit den Rücken zugekehrt habt, müsst jetzt besorgt sein. Die Große Drangsal wird jetzt beginnen, wo ökologische Katastrophen spektakulär eskalieren. Der Mensch wird ohnmächtig sein. Mit der Zeit wird er die Existenz Meines Vaters erkennen und anerkennen, und dass Ich, Sein geliebter Sohn, nun die Welt vorbereite, Zeuge Meiner Wiederkunft auf Erden zu sein. Diese Zeit rückt jetzt näher. Allerdings muss sich die Welt zunächst dieser gründlichen Reinigung unterziehen. Wie die Zahl weltweiter Katastrophen weiterhin steigen wird, so wird auch die Zahl der Anhänger Satans zunehmen. Aus Trotz werden sie ihr elendes böses Leben fortsetzen und Meinen Gläubigen und jenen, die rechtschaffen leben, Schmerz und Terror zufügen.

Wenn Meine Gläubigen einer ungläubigen Welt die Wahrheit erklären, werden sich allerdings mehr Menschen bewusst eingestehen, dass tatsächlich Änderungen in der Welt stattfinden. Sie werden bald durch die Prophezeiungen, die Ich Meinen Kindern durch Meine auserwählten Botschafter zukommen lasse, verstehen, was tatsächlich vor ihren Augen geschieht. Denn die Ereignisse, die sich nunmehr entfalten, können nicht durch den Menschen bewirkt werden. Sie können nur geschehen, wenn Mein Ewiger Vater dazu ausdrücklich die Erlaubnis gibt.

Die Zeit ist gekommen, die Siegel zu brechen

Meine Kinder, die Zeit ist gekommen für die vorausgesagten Zeichen, wenn die Siegel gebrochen werden sollen und die Posaunen die Veränderungen verkünden. Das Böse wird von Gott, dem Schöpfer der Menschheit, nicht geduldet werden und wird

auf der Welt für immer ausgerottet werden. Kein Anhänger des Teufels, ungeachtet dessen, wie sehr er sich Satan und seinen leeren Versprechungen verpflichtet hat, wird verschont werden, wenn er nicht bereut!

Liebe, Meine Kinder, wird allen Meinen Anhängern und den Anhängern des Ewigen Vaters gezeigt, wenn ihr eure Herzen öffnet. Satan tritt jedoch jetzt so massiv auf, dass seine Macht jetzt so viele Meiner Kinder angesteckt hat, dass sie nicht länger an Tugenden glauben, wie Ehrlichkeit, gute Werke, Achtung vor dem Leben — entweder gegenseitig oder im Hinblick auf ihre Familien. Bruder wendet sich gegen Bruder, Schwester gegen Schwester, Nachbar gegen Nachbar, Priester gegen seine Vorgesetzten (d.h. gegen Bischöfe und Papst), Bischöfe gegen die Lehren der Heiligen Schrift.

Warum bestraft ihr Mich mit Liebesentzug?

Meine Kinder haben auch diesem schönen Planeten den Rücken gekehrt — euch so liebevoll dargeboten von Gott Vater, dem Schöpfer und Erzeuger aller Dinge. Was habt ihr getan? Warum bestraft ihr Mich mit Liebesentzug? Mich, euren Erlöser? Warum wendet ihr euren eigenen Bedürfnissen den Rücken zu — nämlich der Notwendigkeit, eure eigene Seele zu nähren? Eurem Durst nach Erkenntnis des Reiches Meines Vaters, des Himmels — eures verheißenen Erbes? Ihr, Meine Kinder kehrt eurem eigenen Heil den Rücken! Merkt ihr das nicht? Glaubt doch bitte, dass — wenn ihr jetzt nicht euer Gewissen prüft und um Führung betet — ihr nicht gerettet werdet und nicht gerettet werden könnt.

Priester ignorieren die Lehren

Meine geistlichen Diener, eben die Hirten, die Meine Herde zu führen eingesetzt wurden, haben überhaupt nicht die Existenz des Teufels erklärt. Sie haben in ihrem Bestreben, als moderne, aufgeschlossene und praktische Lehrer zu gelten, versagt klarzumachen, wie gefährlich es ist, die im Buch Meines Vaters enthaltenen Lehren zu ignorieren. Im Buch meines Vaters (der Bibel) ist klar und deutlich die Existenz des Teufels aufgezeigt und wie er durch jeden einzelnen wirkt, sodass er euch von eurer endgültigen, jedoch rechtmäßig zustehenden Heimat weglotsen kann — von dem Neuen Paradies, welches Ich euch allen versprochen habe, als Ich am Kreuz für euch starb. Ich starb nicht für eine gesichtslose Gruppe von Menschen. Ich gab Mein Leben für jeden einzelnen von euch, so dass ihr gerettet werden könnt.

Vergesst nicht, obwohl Meine Liebe für euch allumfassend ist, so verursacht sie Mir auch tiefes Leiden. Dieses Leiden rührt daher, dass ihr Meine Existenz ignoriert. Ihr zieht es vor, blind weiterzumachen in eurem naiven Glauben, dass die Erde alles bereitstelle, was auch immer ihr euch wünschen könnt. Ihr vergesst, dass das Leben — das Leben nach diesem Leben hier — ewig sein wird.

Prophezeiungen, euch aus Barmherzigkeit gegeben

Zeichen, Botschaften und Prophezeiungen sind über Jahre hindurch aufgrund Meiner Barmherzigkeit zu euch Kindern übermittelt worden. Mit Ausnahme Meiner Anhänger hören sehr wenige von euch zu, öffnen sehr wenige die Augen oder erwägen nur für einen Moment, sich zu fragen: Könnte dies wirklich eine göttliche Mitteilung sein? Wenn dem so ist, was muss Ich dann tun? Die Antwort darauf ist: Hört zu und akzeptiert, dass es wahr ist, dass ihr eine Wahl zu treffen habt. Entscheidet, welchen Weg ihr gehen wollt. Betet dann für eure Seele und für jene, die ihr liebt.

Denn jene von euch, die sich anmaßend und verächtlich abwenden, wenn Mein Name genannt wird, oder in Respektlosigkeit abwinken, wenn Meine Anhänger Meine Wahrheit verkünden, ihr seid dann für Mich verloren. Ich kann nur aufgrund Meiner Barmherzigkeit dieser Welt Zeichen und Botschaften geben, um euch zu helfen und zu führen. Da die Menschheit vom Ewigen Vater, Gott, dem Schöpfer und Erzeuger aller Dinge, mit einem freien Willen beschenkt wurde, kann Ich eure Hand nicht zwingend führen. Obwohl Meiner Kommunikation mit euch immer eine Botschaft der Liebe und des Erbarmens zugrunde liegen wird, so sind Meine Botschaften auch durch Meinen Schmerz und Mein Entsetzen motiviert.

Mein Leiden, Meine Qual und Mein Schmerz verstärken sich in dem Maße, wie Meine Kinder in die offenen Arme Satans springen. Das bedeutet, dass Ich euch allen jetzt klar zeigen muss, welches Schicksal vor jenen liegt, welche Mich und Meinen Ewigen Vater zurückweisen.

Die Hölle ist Realität

Wählt die Lügen, die der Betrüger verbreitet — die Hauptlüge davon ist, dass Gott, der Ewige Vater, nicht existiert — und ihr seid verloren. Beim Durchschreiten der Tore der Hölle werdet ihr dann den schrecklichen Fehler erkennen, den ihr begangen habt. Glaubt Mir, Meine Kinder, wenn ihr doch nur den Schock und das Gefühl des Grauens jener Seelen sehen könntet, wenn ihnen nach dem Tod die letzte Wahrheit enthüllt wird, wäret ihr nicht in der Lage, auch nur einem Moment dieser Qual standzuhalten. Solltet ihr jetzt nur einen flüchtigen Blick auf diesen Ort werfen, so würdet ihr — menschlich ausgedrückt — vor lauter Angst vor dem Schicksal, das jenen widerfährt, welche den Pfad der Sünde wählen, tot umfallen.

Dieser Weg, der schön, gefällig, verlockend und herrlich aussieht und voller Wunder zu sein scheint, ändert sich, wenn ihr bereits auf halbem Weg nach unten seid. Die Änderungen, auf die ihr zu der Halbzeit stoßt, führen euch eure Unzufriedenheit vor Augen. Dieses seltsam leere und enttäuschende Gefühl setzt sich für den Rest der Reise unvermindert fort. Ihr könnt nicht verstehen, warum ihr euch so fühlt. Eure nach außen hin angenehmen Erfahrungen sind wider Erwarten voller beunruhigender, unangenehmer Gefühle, gemischt mit Zorn, Frustration, Einsamkeit und Furcht. Erst wenn ihr euer Idol am Ende eurer Reise trefft und in seine bösen, vor herablassender Belustigung flackernden Augen schaut, werdet ihr schreien, bis ihr heiser seid. Erst in diesem letzten Moment werdet ihr um Meine Hilfe rufen. Aber es wird zu spät sein. Es wird in diesem Stadium keine Rückkehr mehr geben. Ihr werdet eure Wahl in diesem Leben getroffen haben. Und obwohl Ich bittere Tränen weinen werde vor tiefem Kummer für jede Meiner verlorenen Seelen, kann Ich euch zu diesem Zeitpunkt nicht mehr retten. Euer freier Wille, womit ihr euer eigenes Schicksal wählt, wird vollständig Meiner Macht entzogen sein.

Durch diese, wenn auch sehr harte, Botschaft gebe ich der Welt die letzte Warnung — aus reiner Liebe für jeden von euch. Ich bitte euch eindringlich, jetzt endlich Meine Stimme zu hören, so dass ihr eure Seele retten könnt.

Euer geliebter Jesus Christus, Erlöser der Menschheit und Gerechter Richter.

39. Die Warnung — Das Zweite Kommen Jesu ist nahe — eine Chance, eure Seelen zu retten.
Mittwoch, 12. Januar 2011, 15 Uhr

Meine Tochter, Meine Botschaft von gestern war hart. Viele, die sie lesen, werden sagen: „Dies ist nicht die Art, wie der Herr spricht." Aber wie wollen sie das wissen? Wegen des Leidens, das von Meinen lieben Kindern, die anderen ausgeliefert sind, ertragen wird, muss Ich Mich äußern. Ich äußere Mich aufgrund Meiner Göttlichen Barmherzigkeit, um euch, Meinen Kindern, zu helfen, sich zu retten, damit wir als eine Heilige Familie im Neuen Paradies vereint sein können. Ich möchte nicht eine einzige Seele an den Betrüger verlieren. Es ist wichtig, dass Meine Stimme gehört wird.

Ungläubigen fällt es so schwer

Ich verstehe, dass es vielen Meiner Kinder, insbesondere den Ungläubigen, sehr schwer fällt, an das nächste Leben zu glauben. Sie werden so von weltlichen Angelegenheiten bestimmt. Dass sie im ständigen Kampf, um zu überleben, ihre Spiritualität in einem solchen Ausmaß vernachlässigt haben, dass sie gar nicht glauben, dass es ein anderes Leben gibt. Sie müssen jetzt überlegen. Sie glauben, dass nach dem Tode alles endet und dass die einzige Welt, um die sie sich Sorgen machen müssen, die eine ist, in der sie im Augenblick leben. Wie Ich um diese fehlgeleiteten Seelen betrübt bin. Wenn sie nur einen Augenblick das erleben könnten, was das Paradies bietet, sie würden ihre Tage im Gebet verbringen und damit, Mich und Meinen Ewigen Vater anzubeten, zu preisen und Dank zu sagen.

Diese neue Welt, die Ich ihnen versprochen habe, ist eine Realität. Lob den Gläubigen, die diese Tatsache niemals vergessen haben und die immer noch jeden Tag zu Mir beten. Wie liebe Ich Meine Anhänger. Aber wie leide Ich auch für sie. Diese frommen Anhänger tun alles, was sie können, um andere von Meiner Existenz zu überzeugen. Dafür werden sie ausgelacht und verhöhnt in Meinem Namen. Wie bricht Mir dies Mein Herz.

Wie sich die Verstorbenen nach all jenen Hinterbliebenen sehnen, die ohne Glauben sind

Wie sehnen sich eure Lieben nach euch allen auf der anderen Seite, die keinen Glauben haben! Für diejenigen von euch, deren liebe Angehörigen im Frieden im Reich Meines Vaters sind, sie beten ständig, um euretwegen Fürsprache einzulegen. Was ihr nicht merkt, ist dieses: Wenn ihr euch Zeit nehmt, mit Mir vertraulich zu sprechen — mit euren eigenen Worten — und Mich um Führung bittet, sogar wenn euer Glaube lau ist, dann werde Ich antworten. Und ihr werdet wissen, dass Ich geantwortet habe. Wendet euch jetzt Mir zu, Kinder. Mit euren eigenen Worten. Und bittet Mich, euren Glauben zu erneuern.

Bedenkt Meine Lehren durch diese Botschaften und durch die Bibel und bringt euch in Erinnerung, auf welche Weise ihr euer Leben führen müsst. Ich werde euch — aufgrund Meiner Barmherzigkeit — sehr bald eure Beleidigungen gegenüber Meinen Lehren und jede Sünde und jedes Vergehen, das ihr im Laufe eures Lebens begangen habt, enthüllen.

Nicht der Jüngste Tag, sondern ein Vorgeschmack darauf, was er sein wird

Dies ist ein Akt der Barmherzigkeit Meinerseits. Ihr werdet eure Sünden sehen und unmittelbar verstehen, wie sie Mir erscheinen. Augenblicklich werdet ihr klar verstehen, wie beleidigend sie sind und wie verkehrt. Dies ist eure Chance, Kinder, um zu bereuen. Dies ist nicht der Jüngste Tag, sondern ein Vorgeschmack darauf, wie er sein wird.

Aus Barmherzigkeit wird euch das größte aller Geschenke vor dem Jüngsten Tag gegeben — die Chance, um zu bereuen und euer Leben zu ändern, vor dem Letzten Tag — vor der Zeit, wo Ich auf diese Erde zurückkomme. Ich komme, wie ihr wisst, dann nicht als Erlöser, sondern als gerechter Richter. Diese Zeit ist jetzt nahe, Meine Kinder. Fürchtet euch nicht. Ich liebe euch alle. Ihr seid in Meinem Herzen. Erlaubt Mir, jetzt in das eure einzutreten, und lasst Mich euch zum Königreich Meines Vaters führen. Fürchtet niemals den Tod. Der Tod wird einfach ein Tor sein in ein neues, schönes Leben glückseliger Ewigkeit voller Liebe, Frieden und Glück.

Das Leben auf Erden ist nur eine Durchreise in der Zeit

Euer Leben auf Erden ist einfach nur eine Durchreise in der Zeit. Es kann voller Liebe, Freude, Schmerz, Ablehnung, Furcht, Ärger, Verzweiflung, Frustration und Betrübnis sein. Aber nur, wenn ihr euch Mir zuwendet, wird euer Schmerz gelindert. Gesegnet sind jene, die leiden, und das insbesondere in

Meinem Namen; denn ihr werdet im Reich Meines Vaters verherrlicht werden. Gesegnet sind auch jene, die zu Mir umkehren; denn es wird im Himmel darüber große Freude sein.

Man wird euch in Meinem Neuen Paradies willkommen heißen. Betet jetzt für eure Seelen und jene eurer Familien. Die „Warnung" wird bald stattfinden. Dann werdet ihr die Wahrheit kennen. Ihr werdet dann die Chance haben, euch in Meinen Augen reinzuwaschen.

Ich liebe euch alle. Ich freue Mich, weil Ich weiß, dass jetzt so viele Meiner Kinder zu Mir und zu Gott, dem Ewigen Vater, umkehren werden, da die Endzeit jetzt sehr nahe rückt. Seid vorbereitet.

Euer liebender Erlöser Jesus Christus

40. Wie in den Himmel kommen — Die Rolle des Leidens.

Samstag, 14. Januar 2011, 10 Uhr

Meine geliebte Tochter, die Art, in welcher Ich Mich dir mitteile, wird sich nunmehr ändern. Während Ich in den bisherigen Botschaften Meine Kinder warnte wegen der Dringlichkeit, Buße zu tun, um das Heil zu erlangen, werden Meine nächsten Mitteilungen sich darauf konzentrieren, Seelen zu helfen, spirituelle Vollkommenheit zu erlangen.

Ins Paradies, Meine Tochter, kommt man nicht so einfach, obwohl es die rechtmäßige Heimat für jeden einzelnen von euch ist. Der Eingang ist schmal, und dementsprechend klein ist die Zahl derer, die zu einem Zeitpunkt eintreten können. Um hineinzukommen, müssen Seelen Demut zeigen und sich völlig in Meine Hände begeben. Sie müssen Stolz, Eigenwillen und den Eifer und die Anhänglichkeit, die sie für die materiellen Dinge auf dieser Erde haben, beiseite lassen, wenn sie den Himmel betreten wollen.

All Meine Kinder, die ihre spirituelle Reise zu Mir jetzt beginnen, müssen, um die Wahrheit zu verstehen, jetzt hart arbeiten und die wesentlichen Eigenschaften verstehen, die man braucht, um in das Reich Meines Vaters zu kommen.

Wichtigkeit der Demut

Demut ist ein Begriff, den viele Meiner Kinder durch Meine Lehren verstehen. Während viele Meiner Anhänger verstehen, warum sie wichtig ist, sind sie sich im Unklaren, was Demut wirklich ist. Demut bedeutet Aufrichtigkeit. Sie bedeutet, mit Würde die Prüfungen, Herausforderungen und Schmähungen anzunehmen, denen ihr gegenüberstehen werdet, besonders dann, wenn ihr in Meinem Namen kommt. Mein Rat ist, am besten wie folgt vorzugehen: Stellt euch vor, ein Kind, ein einfaches, unschuldiges Kind zu sein, ohne Wissen um die böse Gesellschaft, welche ihr normalerweise als Erwachsener erleben würdet. Teilt euch jederzeit in euren Gebeten zu Mir durch die Augen und das Herz eines Kindes mit.

Haltet Gebete und Mitteilungen einfach. Ich erwarte von euch nicht, dass ihr alle Gebete sprecht, die der Welt aus Liebe gegeben worden sind. Schaut auf und teilt eure Probleme mit Mir. Teilt eure Leiden. Übergebt sie Mir. Ihr werdet reich belohnt werden, wenn ihr Kummer und Leid in eurem Leben um Meinetwegen annehmt. Ihr merkt dies vielleicht nicht einmal, aber wenn ihr das tut, rettet ihr damit viele Seelen und ebnet für sie den Weg ins Himmelreich. Diese Tatsache wird euch nicht offenbart werden, bis auch ihr in den Himmel eingehen werdet, wo ihr die Glorie eures großzügigen Geschenks an Mich erfahren werdet.

Verliert nicht die Geduld, wenn ihr euren Glauben verteidigt

Wenn ihr Demut zeigt, heißt das, die Vorgänge in eurer Umgebung hinzunehmen, mag es auch schmerzhaft sein. Zeigt Würde zu jeder Zeit, auch wenn Mein Name in eurer Gegenwart geschmäht wird. Verteidigt ihn auf jeden Fall — und wenn ihr es so wünscht, auch leidenschaftlich —, aber stellt den Täter nie öffentlich bloß.

Erklärt die Wahrheit Meiner Lehren ruhig. Verliert nicht eure Beherrschung. Zeigt auch keine Furcht vor dem Täter. Seid standhaft. Verteidigt euch, aber nur durch das Wiederholen Meiner Lehren. Fürchtet auch nie, die Wahrheit offen auszusprechen. Verwechselt nicht Demut mit Feigheit. Manche Meiner Anhänger, welche die Bedeutung der Demut verstehen und wie wichtig sie für die Heilung von Seelen ist, verwechseln diese mit einem Sich-still-Verhalten, wenn Mein Name öffentlich verspottet wird. Ja, ihr sollt nie die Person verurteilen, die Mich oder Meinen Ewigen Vater oder womöglich Meine geliebte Mutter verhöhnt, aber ihr sollt bei der Verteidigung der Wahrheit nicht ausweichen.

Kummer, ein Geschenk Gottes

Wenn Ihr zu Mir sprecht wie ein Kind, dann haltet euch Folgendes vor Augen: Wenn ihr euer Herz öffnet und all euer Vertrauen in Mich setzt, werde Ich euch leiten, wenn ihr auf dieser Erde Kummer erleidet. Wendet euch nicht von Mir ab. Obwohl es unerträglich schmerzhaft ist, Meine Kinder, bedenkt, dass Kummer ein Geschenk Gottes ist, ein Segen. Denn durch Kummer und Leid erfolgt die Läuterung. Opfert Mir eure Leiden auf. Indem ihr so handelt, vermindert ihr die Qual, die Ich erdulde, wenn Ich den Schmerz Meiner Passion am Kreuz immer wieder und wieder, jeden Tag erfahre, wenn Ich die Gräuel in der Welt heute sehe.

Die Läuterung, die erfolgt, wenn ihr Kummer und Leiden — und seien sie noch so bitter — annehmt und sie mit Freude für die Rettung der Menschheit aufopfert, könnt ihr, Meine Kinder, nicht wirklich verstehen. Aber je näher ihr Mir kommt, indem ihr eure Herzen öffnet, Mir euren Willen überlasst und euch Mir völlig übergebt, werdet ihr mehr verstehen. Es ist nun einmal so, dass ihr nur, wenn ihr so handelt, mit Mir vereint sein werdet. Aber wenn ihr so handelt, werden eure Prüfungen und Leiden auf Erden

weniger schwer sein. Mit der Zeit werdet ihr Leiden mit Freude im Herzen annehmen, insbesondere, wenn ihr Mir diese als Geschenk aufopfert.

Leiden ist ein Geschenk von Gott und ist zugelassen. Die Seelen, die ihr retten helft, sichern euch einen Platz im Reich Meines Vaters.

Diese Lehren sind nicht neu, Meine Kinder. Es ist nur so, dass man euch nicht an die einfache Wahrheit erinnert hat. Meine Botschaften und Lehren haben sich nie geändert. Sie sind einfach und sind in den Evangelien und in den Zehn Geboten zusammengefasst Denkt daran, wenn ihr euch selbst an jedermann verschenkt, so gebt ihr euch Mir. Erweist eurem Nächsten Liebe — und ihr erweist Mir Liebe.

Behandelt ihn auf die Weise, auf welche ihr selbst behandelt werden wollt. Und vergesst nie, dass, wenn ihr auf andere ärgerlich werdet und ihnen Schaden zufügen oder sie in irgendeiner Weise bestrafen wollt, dass Ich in ihnen gegenwärtig bin — sogar in jenen, die Mich hassen. Fügt ihr irgendeinem Meiner Kinder Schaden zu, so tut ihr das Gleiche mit Mir.

Im Laufe der Zeit, Meine Kinder, wird eine solch gnadenreiche Vorgehensweise Sinn machen. Betet jeden Tag um die Kraft, euer Leben in Meinem Namen zu leben. Wisset, dass jedes Mal, wenn ihr einem anderen, auch wenn er wie ein Feind scheint, vergebt, erweitert ihr Mein Herz der Liebe und des Erbarmens. Dafür werdet ihr ewiges Glück im Himmel erhalten.

Betet um Beharrlichkeit. Ahmt Mein Leben nach. Es wird nicht einfach sein. Aber die Handlungen, die ihr setzt, und seien sie noch so klein, werden Seelen helfen.

Euer geliebter Lehrer und Erlöser

Jesus Christus — eins mit Gott dem Ewigen Vater und dem Heiligen Geist

41. Mein Kreuz tragen.

Sonntag, 16. Januar 2011, 15 Uhr

Ja, Meine geliebte Tochter, Ich bin es. Es war ein langer Lernprozess für dich und du wirst weiterhin mit der Kenntnis der Wahrheit genährt werden, durch das Geschenk des Heiligen Geistes, der deine Seele erfüllt.

Meine Tochter, stelle bitte sicher, dass diese Botschaften, welche eine Mischung von Vorwarnungen, Prophezeiungen und eine Zusammenfassung Meiner Lehren sind, in jedem Winkel der Welt verbreitet werden. Es ist lebenswichtig, dass Meine Kinder verstehen, wie sie ihre Seelen vorbereiten können, um sich in den Augen Meines Vaters rein zu waschen.

Eine geistige Erneuerung geht jetzt in der Welt vor sich

Es findet gerade jetzt in der Welt eine neu aufkommende Hingabe und Verehrung von Mir, Meinem Ewigen Vater, dem Heiligen Geist und Meiner geliebten Mutter statt. Obwohl es noch nicht deutlich sichtbar ist, wird diese kraftvolle spirituelle Erneuerung helfen, Meine Kinder zu schützen, sogar jene, die sich überall von Mir abwenden. Man wird jetzt wieder auf die Evangelien zurückkommen, da die Menschen wieder beginnen werden, großen Hunger nach der Wahrheit zu verspüren. Da die Läuterung stetig zunimmt und sich immer mehr rund um die Welt ausbreitet, so werden auch diese Seelen, die ohne Liebe zu Mir sind, ihre Herzen wieder öffnen.

Da sich die Liebe durch das Licht Meiner Anhänger verbreitet, werden die Auswirkungen des Teufels und des Verhaltens jener, die er heimsucht, schwächer werden. Der Teufel wird dafür Vergeltung üben.

Satans Tage sind gezählt

Da seine Tage auf dieser Erde von Stunde zu Stunde weniger werden, wird er versuchen, soviel Schaden anzurichten, wie er kann. Seine Anhänger werden ihre Aktivitäten beschleunigen und sich sofort erheben, um überall Bosheiten zu verbreiten. Ihre Aktionen, die entsetzlich anzusehen sein werden, wenn sie sich vor euren erstaunten Augen kundtun, werden kurzlebig sein.

Der Glaube, Meine Kinder, gestärkt durch regelmäßiges, tägliches Gebet, wird diese Gräueltaten ausmerzen. Geht zurück, Meine Kinder, und entdeckt neu Meine Lehren. Bringt Mich zurück in euer Leben. Nehmt Mich wieder in euren Herzen auf, damit Ich euch in Meinen Armen halten kann. Lasst Mich euch zur spirituellen Vollkommenheit führen, damit ihr für das Ewige Leben vorbereitet seid, wenn Himmel und Erde eins werden.

Ahmt Mich in eurem täglichen Leben nach, Meine Kinder. Nehmt Mein Kreuz auf euch, auch wenn euch die Last hierfür zu viel erscheinen mag. Fürchtet niemals, Mein Kreuz anzunehmen, da Ich euch nur das tragen lasse, wozu ihr fähig seid.

Der Sinn des Leidens in diesem Leben

Wenn ihr in diesem Leben leidet, tragt ihr Mein Kreuz. Ihr habt zwei Möglichkeiten. Wenn ihr Mein Kreuz ablehnt, stöhnt und aufgrund dessen verbittert seid, nimmt das Leiden unvermindert zu. Andererseits, wenn ihr das Kreuz annehmt und euer Leiden aufopfert, um Seelen zu retten, dann ist dies ein wunderbares Geschenk an Mich.

Wenn ihr dieses Leiden, die Prüfungen und den Kummer mit Freude annehmt, wird eure Last leichter werden. Ich werde euch helfen, sie zu tragen. Der Schmerz wird dann nachlassen und Friede, Liebe, Freude und pure Glückseligkeit werden in euch herrschen.

Führt ein einfaches Leben

Lebt einfach, Kinder, und tut alles in Maßen. Wenn ihr esst, trinkt, schlaft, ruht und entspannt, so stellt sicher, dass es in Maßen geschieht. Sobald eure körperlichen Bedürfnisse erfüllt sind, solltet ihr nicht weiterhin mehr suchen, da es euren Geist auslaugt. Buße, Meine Kinder, ist für euch unbedingt erforderlich, um Mir näher zu kommen. Damit meine Ich persönliche Opfer. Fasten ist nur ein Beispiel für Buße. Ich predigte die Bedeutung der Buße während

Meiner Zeit auf Erden. So tat es auch Mein kostbarer Prophet, der heilige Johannes der Täufer.

Ich fastete 40 Tage, um euch ein Beispiel zu geben. Nur durch Fasten, Kinder, werdet ihr helfen, den Teufel auszutreiben.

Meine lieben Kinder, so vieles liegt vor euch. Ihr versteht noch nicht, was von euch in den kommenden Jahren abverlangt wird. In der Zwischenzeit ist es wichtig, dass ihr euch Mir mehr nähert, damit ihr auf die kommenden Prüfungen vorbereitet seid, denen die Christen auf der ganzen Welt gegenüberstehen.

Geht in Frieden.

Euer liebender Erlöser Jesus Christus

42. Wie leicht ist es zu sündigen
Montag, 24. Januar 2011, 21:50 bis 22:00 Uhr

Heute, Meine geliebte Tochter, hast du endlich die Gefahren verstanden, die euch durch den Betrüger drohen, wenn ihr in eurer Wachsamkeit nachlasst. Das Gebet zu Meinem Ewigen Vater durch den Barmherzigkeitsrosenkranz ist wichtig zur Heiligung eurer Seele.

Sünde, Meine geliebte Tochter, ist schwer zu vermeiden. Es ist schwerer, Meine besonderen Gnaden zu erlangen, als jegliche Art von Sünde zu vermeiden. Wenn ihr zu diesem heiligen Werk berufen seid, werdet ihr immer ein Ziel des Teufels sein, der versucht, bei jeder Gelegenheit in euer Leben Negativität zu bringen. Er wird eure Mitmenschen als ein Mittel zum Angriff benutzen, weshalb ihr ihm gegenüber immer auf der Hut sein müsst. Lasst ihn nie obsiegen; denn es gelingt ihm dann, Seelen heimzusuchen und schrecklichen Schmerz, Angst und Leid zu verursachen. Er bewirkt den Bruch von Freundschaften, Verwirrung und Verzweiflung, und er flößt falsche Gedanken in die von ihm ins Visier genommenen Köpfe ein. Dann, wenn Meine Kinder Schuldgefühle haben über ihre Schwäche, der Versuchung erlegen zu sein, kommen sie sich irgendwie erbärmlich vor, was wiederum zu Verzweiflung, Kummer und Unruhe in ihrem Leben führt.

Meine Kinder, ihr werdet immer zur Sünde verführt werden. Vollkommenheit der Seele ist äußerst schwer zu erzielen und erfordert enorme Disziplin und Entschlossenheit eurerseits. Falls ihr doch der Verführung des Teufels erliegt und tatsächlich sündigt, müsst ihr sofort von Herzen beten und Vergebung suchen.

Regelmäßige Beichte ist ein sehr missverstandenes Sakrament. Nur durch wöchentliche Beichte bei einem Priester kann eure Seele in einem Stand der Gnade bleiben. Wenn eure Seele auf diese Weise und durch tägliches Gebet geheiligt ist, dann erst könnt ihr den Betrüger in Schach halten.

Die Schuld der Sünde

Wenn ihr Schuld tragt, als Folge einer sündigen Handlung, ungeachtet, wie schwer das Vergehen in den Augen Meines

Vaters ist, sorgt euch nicht. Kehrt um, öffnet euer Herz und bittet um Vergebung. Schuld ist ein negatives Gefühl. Und obwohl sie zur Steuerung eures Gewissens dienlich ist, ist es nicht gesund, in diesem Zustand zu bleiben. Bittet in eurem Gebet um die Gnaden zur Erlangung einer Reinheit der Seele, die erforderlich ist, um Mir zu dienen. Geduld ist wichtig. Lasst nie zu, dass die Sünde euch von Mir entfernt. Schuld darf bei der Suche nach Erlösung nie im Wege stehen.

Denkt daran, Kinder, dass ihr aufgrund der Erbsünde immer der Versuchung des Teufels zum Opfer fallen werdet. Durch Gebet, Fasten und Hingabe an die Heilige Eucharistie werdet ihr vertrauter mit Mir. Das erfordert aber, dass man dafür Zeit aufwenden muss.

Gehet nun, Meine Kinder, und vergesst eines nicht: Habt nie Angst, zu Mir umzukehren, wenn ihr gesündigt habt. Seid nie verlegen, um Vergebung zu bitten, wenn ihr ehrlich bereut. Aber denkt auch daran, dass ihr, wenn ihr das nicht tut, den Betrüger immer und immer wieder anziehen werdet, und eure Seele wird in die Finsternis stürzen. Finsternis zieht Finsternis an. Licht zieht Licht an. Ich bin das Licht.

Wendet euch jetzt Mir zu und lasst Meine Liebe durch eure armen verlorenen Seelen scheinen. Ich liebe euch so sehr, Meine Kinder, dass ihr, wenn ihr Mir euer Herz zuwendet — auch wenn ihr euch noch so isoliert fühlen mögt — niemals abgewiesen werdet.

Geht in Frieden und Liebe,

Euer Göttlicher Erlöser

Jesus Christus

43. Bereitet euch vor auf die „Warnung", die Erleuchtung des Gewissens.
Freitag, 28. Januar 2011, 00:15 bis 1:00 Uhr

Heute Nacht, Meine innig geliebte Tochter, wurden dir die Gnaden geschenkt, die dich stärker machen sollen, um dieses heilige Werk fortzusetzen. Durch die Hingabe Meiner geliebten und geschätzten Anhänger, die sehr für dich gebetet haben, wirst du, Meine Tochter, bei der Fertigstellung des Buches der Wahrheit schnell vorwärts kommen. Wie sehr du auch abgelenkt wirst, so fällt es dir doch schwer, deine Pflicht Mir gegenüber abzulehnen. Das ist für Mich erfreulich, doch wir haben nicht viel Zeit.

Der Welt, Meine Tochter, wird ein besonderes Geschenk gegeben — das Buch der Wahrheit — um Meinen Kindern zu zeigen, was sie jetzt tun müssen, um sich für die „Warnung" vorzubereiten, für die Erleuchtung des Gewissens, welche der Menschheit als Hilfe gewährt wird, um sich auf Mein Zweites Kommen angemessen vorzubereiten.

Denn jene, die nicht an Mich glauben, müssen noch die Chance haben, die Wahrheit zu lesen. Wenn dieses Ereignis dann stattfindet, nachdem diese Botschaften der Welt übermittelt worden sind, werden die Menschen an die Echtheit Meiner Worte glauben, die du, Meine Tochter, weitergibst, um die Menschheit zu retten.

Das mystische Ereignis, an dem alle im Alter über 7 Jahren teilhaben

Sei nicht verletzt, Meine Tochter, wenn Menschen diese Botschaften ablehnen. Sei nur dankbar, dass man ihnen dieses Geschenk gewährt. Sie werden die Wahrheit dieser Prophezeiung verstehen, nachdem dieses mystische Ereignis, welches all Meine Kinder über dem Alter von sieben Jahren überall auf der ganzen Welt erfahren werden, stattgefunden haben wird. Jene, die nach diesem Ereignis leben, werden den Inhalt dieses heiligen Buches vorsichtiger bewerten. Sie werden es nur schwer ignorieren können, selbst wenn ihr Glaube schwach ist. Andere, welche die Wahrheit nicht wissen wollen, muss man noch an die Inhalte dieses Werkes erinnern.

Gib nie auf, Mein Kind, wenn es um die Rettung von Seelen geht. All Meine kostbaren Kinder sind aus der Liebe Meines Ewigen Vaters heraus geboren. Wenn sie auch vom rechten Weg abgekommen sind, tut das nichts zur Sache. Gott, Mein Ewiger Vater, liebt trotz allem noch jedes einzelne Seiner Kinder.

Glaube, Mein Kind, kann wieder neu entflammt werden durch den Glauben anderer, die mit dem Heiligen Geist gesegnet sind. Meine auserwählten Kinder, die gesendet sind, Mein Wort jetzt auf der Welt zu verbreiten, vermögen Tränen der Freude in jene armen Seelen zu bringen, die aufgrund ihres leeren ungeordneten Lebens nach Führung schreien.

Schaut auf jeden durch Meine Augen

Schaut auf eure Freunde, Familie, Nachbarn und Arbeitskollegen immer durch Meine Augen. Seht immer nach der guten Seite. Erweist ihnen Liebe, und sie werden Meine Gegenwart fühlen. Sie werden von euch angezogen, ohne den Grund hierfür zu kennen.

Folgt Meinem Beispiel und ihr werdet Mir dabei helfen, Meine verloren gegangenen Kinder zu bekehren. Indem ihr inbrünstig für sie betet, könnt ihr sie Mir näher bringen. Durch Opfer und Annahme des Leidens in Einheit mit Mir könnt ihr Seelen retten. Dazu gehören jene Seelen, die diese Erde noch verlassen müssen, sowie jene, die das Gericht im Fegefeuer erwarten.

Lasst Mich euch abschließend noch daran erinnern, dass ihr zwei Möglichkeiten habt. Glaubt an Mich, indem ihr euren Geist der Wahrheit öffnet, die im Evangelium enthalten ist. Wenn ihr jeden Glauben verloren habt, dann lest nur einen Teil Meiner Lehren. Dann bittet Mich, euch die Wahrheit in eurem Herzen zu zeigen. Dann werdet ihr wissen, welcher Weg euch zu Mir in den Himmel führt. Ihr könnt aber auch eure Augen geschlossen halten und euch weigern zu hören. Nur das Gebet von Gläubigen kann euch dann helfen. Das Gebet Meiner Anhänger sowie das Gebet Meines Barmherzigkeitsrosenkranzes, eines Geschenks an Schwester Faustina im 20. Jahrhundert,

können eure Seelen zum Zeitpunkt eures Todes retten.

Betet den Barmherzigkeitsrosenkranz

Betet, betet, betet jetzt den Barmherzigkeitsrosenkranz für eure eigene Seele und jene der Ungläubigen. Gebetsgruppen werden mithelfen bei der Verbreitung der Wahrheit und der Erweckung des Glaubens in jenen, die jeden Sinn dafür verloren haben, wer sie sind und woher sie kommen. Dies wird maßgeblich mitwirken an der Entzündung der Ausbreitung der Evangelisierung, welche man jetzt in allen Teilen der Welt spüren wird, da die Zeit naht, dass die Enthüllung der Prophezeiungen in Bezug auf Mein Zweites Kommen auf Erden beginnt, wenn sie sich vor einer Reihe von Ereignissen auf der ganzen Welt entfalten.

Haltet euch allzeit bereit, Kinder. Bleibt im Stand der Gnade und öffnet euer Herz den Lehren der Liebe und des Friedens auf Erden. Wenn alle Meine Kinder Meinen Lehren folgten, dann gäbe es in der Welt keine Kriege, keine Gier, keinen Hass und keine Armut. Ihr müsst euch in Ruhe hinsetzen, jeder von euch, nur für eine halbe Stunde pro Tag.

Lest euch die Psalmen, die Gleichnisse durch und fragt euch: „Treffen diese Lehren auf Mein Leben in der heutigen Welt zu?" Ihr wisst, die Antwort ist natürlich: Ja. Betet um die Kraft, eure Einstellung und Auffassung über das Leben nach dem Tod zu ändern. Denkt an diese wichtige Lehre: Die Erde ist einfach eine kurze Übergangsphase. Das einzig wahre Glück und ewige Leben ist bei Mir im Himmel, im Paradies — im Reich Meines Vaters.

Euer liebender Erlöser
Jesus Christus

44. Liebe ist der Weg zur Erlösung
5. Februar 2011, 11:50 Uhr

Meine innig geliebte Tochter, dir wurden heute weitere außerordentliche Gnaden verliehen, damit Ich dich näher an Mich ziehen kann; denn nur in Meiner Nähe wirst du Frieden, Liebe und Freude in deinem Herzen erfahren können. Nur durch Gebet und dadurch, dass du Mir deine Sorgen übergibst, wirst du mit Mir vereint werden. Wenn du dich Mir übergibst, Meine Tochter, und auf Mich vertraust, dann wirst du die Liebe verstehen, die Ich für dich in Meinem Herzen habe. Und wenn du das tust, wird deine Liebe zu Mir stärker werden. Nur wenn du all deine Sorgen aufopferst und in Meine Hände legst, kann Ich Mich darum kümmern.

Du kannst anderen nur dann echte Liebe erweisen, wenn du Mich liebst. Es ist durch die Liebe, dass du gesegnet werden wirst mit den Gaben, andere Menschen durch Mein Herz, das voller Liebe und Mitgefühl ist, zu sehen.

Nur wenn ihr Mir wahre Liebe zeigt, wird sich euer Leben verändern, und Freude wird euer tägliches Leben durchwogen. Fürchtet niemals Meine Liebe, Kinder. Sie ist für euch alle in Hülle und Fülle da, wenn

ihr euch nur an Mich wenden und darum bitten könntet. Sobald ihr diese Liebe empfangt, seid großzügig damit. Verbreitet Meine Liebe überall, damit alle von euch, besonders die lauen Seelen, Mich in ihre Seelen einladen können. Dies ist der einzige Weg zum Heil.

Euer liebender Erlöser Jesus Christus

45. Die globale Umkehr steht kurz bevor.
Sonntag, 6. Februar 2011, 13:40 bis 14:00 Uhr

Geliebte Tochter, dies ist eine der letzten Botschaften, die eingefügt sein soll in Meinem ersten Stück heiliger Schrift, im Band „Die Warnung".

Meine geliebten Kinder, euch wird bald durch Züchtigungen Meine Existenz bewusst gemacht werden. Sehr bald wird jetzt denjenigen, die an Gott, den Allmächtigen, glauben, und den Atheisten gleichermaßen dieses letzte Geschenk gegeben werden, vor dem glorreichen Tag, an dem Ich zurückkehre, um zu richten.

Dieses große Ereignis wird eure Herzen öffnen, und ihr werdet in Ehrfurcht auf die wundervolle Liebe schauen, die Ich euch in diesem Akt der Barmherzigkeit zeige. Viele von euch realisieren nicht, dass Ich — oder Mein Ewiger Vater — existieren. An die so vielen unschuldigen Seelen von euch: Ihr sollt verstehen, dass Meine Barmherzigkeit sich während der „Warnung" bis zu euch erstreckt.

Ganz gleich, welchen Namen ihr Mir werdet geben wollen, es wird dann so sein, dass ein neues Verständnis eure Seelen erfassen wird. Seid dankbar, wenn dies geschieht, denn diese Züchtigung wird eure Rettung sein.

Sobald dieses Ereignis vorbei sein wird, werden all jene Gläubigen gemeinsam mit denen, die gläubig geworden sind, weil sie endlich die Wahrheit verstehen, Meine neue Armee auf Erden bilden. Jeder von euch, der sich um Vergebung bemühen wird, wenn euch eure Sünden enthüllt worden sein werden, wird bestrebt sein, die Wahrheit unter jenen in der Finsternis zu verbreiten.

Dieses Geschenk, Meine Kinder, wird euch Schmerz bereiten, dann, wenn ihr in Meinem Namen verspottet werdet. Seid dankbar, wenn dies geschieht, denn dann werdet ihr — obwohl diese Erfahrung schmerzvoll sein wird — wissen, dass ihr ein wahrer Jünger von Mir seid. Ihr werdet euch mit Mir im Paradies vereinen, wenn die Zeit kommt. Habt niemals Angst, gläubig zu sein, Meine Lieben. Denn wenn ihr die gänzliche Pracht, die Mein Vater für euch im Paradies geschaffen hat, nur für einen Augenblick sehen würdet, könnten eure menschlichen Augen nicht dem Licht und der Herrlichkeit standhalten. Einmal flüchtig erblickt, werdet ihr trotz eurer Verbundenheit mit dieser Erde — so schön sie auch ist, weil auch sie von Gott geschaffen worden ist — werdet ihr um die Zeit flehen, wo ihr zu Mir ins Paradies kommen könnt.

Botschaft der Liebe für die Atheisten

Merkt euch eine letzte Lektion von Mir: Atheisten überall, schenkt jetzt dieser Botschaft Gehör, auch wenn ihr es schwer findet, das zu tun. Jedes einzelne Meiner Kinder auf dieser Erde fühlt zu irgendeinem Zeitpunkt in seinem Leben Liebe. Wenn ihr in euren Herzen Liebe empfindet, könnt ihr diese nicht sehen, sie nicht berühren und ihr mögt vielleicht feststellen, dass sie schwer zu beschreiben ist. Es steht keine wissenschaftliche Methode zur Verfügung, die sie messen kann. Liebe macht euch demütig. Liebe macht euch großherzig. Liebe kann euch helfen, große Opfer zu bringen. Liebe ist verwirrend, aber leidenschaftlich. Liebe ist nicht von Menschen gemacht. Sie ist ein Geschenk von Gott. Liebe entspringt nur einer einzigen Quelle.

Liebe ist Gott. Gott ist Liebe. Es ist so einfach. Öffnet eure Herzen für die reine Liebe, die Ich und Mein Ewiger Vater für jeden Einzelnen von euch haben. Schaut auf Mich wie ein Kind auf seine Eltern schauen würde. Ruft Mich, und Ich werde eure Herzen erfüllen. Wenn das geschieht, wollt ihr nie wieder zurück.

Euer liebender Erlöser
Jesus Christus

46. Veröffentlicht Meine Botschaften auf der ganzen Welt.

Montag, 7. Februar 2011, 22:00 Uhr

Meine Tochter, du hattest dich ein wenig verirrt und nun bittest du um die Stärke, um dir die Zuversicht und den Mut zur Durchführung Meiner Anweisungen zu geben. Das ist gut. Gib Mir deine Zeit, wie Meine liebe Mutter es verlangt hat, denn deine Seele muss rein bleiben, wenn du Mein Wort übermittelst.

Ich muss dich jetzt bitten, die Veröffentlichung Meiner kostbaren „Warnung", ein Geschenk für jede einzelne Person in der Welt, zu planen. Den Menschen müssen spätestens Ende Februar Details davon weltweit über das Internet bekannt gegeben werden. Beeile dich, Kind, tu, was getan werden muss, damit so vielen Menschen wie möglich eine Chance gegeben wird, es zu hören. Opfere diese Zeit, Meine geliebte Tochter, denn es ist jetzt dringend. Diese Bitte ist nicht dazu gedacht, dich zu erschrecken, sondern um die Dringlichkeit zu betonen, damit so viele Menschen wie möglich auf der Welt vorbereitet sind. Denn dann können sie sich um Versöhnung bemühen, wenn ihre Sünden vor ihren Augen enthüllt sind.

Dadurch, dass sie sich vorbereiten, werden sie außerordentlich profitieren. Aufgrund dieser Schrift werden sie die „Warnung" überleben. Dann werden sie rein sein und — mit dem Segen, den sie erhalten werden, — dann bereit sein, den Prüfungen, die folgen werden, zu begegnen.

Nimm dieses Geschenk an, Meine Tochter. Hab keine Angst und zeig dich nicht

enttäuscht. Dies ist ein Geschenk für die Menschheit. Deine Annahme dieser Berufung hat dazu geführt, dass du gelitten hast, aber nicht in der Weise, wie du es erwartet hast. Dein Leiden entstand aufgrund der Versuchung. Deine Zweifel haben dich davon abgehalten, den Frieden und die Freude in deiner Seele anzunehmen, welche du hättest, wenn du Mir die Freiheit lassen würdest, dich zu nehmen und dich zu führen. Es ist jetzt Zeit, Meine Tochter, Mir alles zu übergeben. Opfere Mir deinen freien Willen als ein Geschenk auf, und Ich werde dir das größte und meistgeschätzte Geschenk von allen geben. Friede, Freude und eine übergroße Liebe zu Mir in allen Teilen deines Wesens. Komm jetzt, Meine Tochter. Sei Mein. Vereinige dich endlich in Einheit mit Mir. Gib Mir all deine Liebe, dein Leid, deine Sorgen und deine Bedenken. Lass sie jetzt einfach los. Dann, und nur dann, wirst du wirklich frei und frohen Herzens sein.

Dieses Werk wird Stärke erfordern, Meine Tochter. Du bist nicht nur das, was ihr einen Visionär nennt. Ich gebe dir die Gabe der Prophetie. Warum? Weil du, Meine kostbare Prophetin, bei der Verbreitung der guten Nachricht an die ganze Welt behilflich sein wirst, der Nachricht über Mein Zweites Kommen, wenn Ich zur Erde wiederkehre.

Ich weiß, dass diese Nachrichten möglicherweise wie ein Schock kommen, aber du bist für diese Rolle eine sehr, sehr lange Zeit schon vorbereitet worden, nur wusstest du es nicht. Um dir bei dieser Aufgabe zu helfen, habe Ich dir eine Reihe von Heiligen zugeteilt, damit sie dir beistehen. Dazu gehören der Heilige Benedikt, der Heilige Augustinus, der Heilige Johannes Paul II. die Heilige Faustina, der Heilige Malachias und die Heilige Theresia von Avila. Ich werde dir mit der Zeit andere offenbaren. Alle sind jetzt im Einsatz, um deine Aufgabe zu unterstützen, die eine der wichtigsten Aufgaben überhaupt ist, die der Menschheit in diesem entscheidenden Augenblick in der Geschichte aufgegeben werden.

Hab keine Angst, Meine Tochter. Du bist mehr als fähig für diese Aufgabe. Warum, denkst du, verlange Ich solche Disziplin von dir? Du musst noch manchen Weg in deiner spirituellen Entwicklung gehen, aber das wird mit der Zeit kommen. Ich werde fortfahren, vertraulich mit dir zu kommunizieren, während der erste Band des Buches an die Öffentlichkeit geht. Ich liebe dich, Meine Tochter. Ich weiß, du liebst Mich. Ich weiß, dass es für dich sehr schwer sein kann mit all dem Druck, dem du ausgesetzt bist. Aber du wirst durchhalten, stärker und stärker werden. Deine Energie und deine geistige Beweglichkeit werden sicherstellen, dass diese wichtige Reihe von Botschaften an alle Meine Kinder überall hinausgeht, in alle Länder.

Danke, dass du dir heute Abend die Zeit für innere Einkehr genommen hast und Mir antwortest.

Dein liebender Erlöser

Jesus Christus

47. Botschaft vom Heiligen Geist.

Samstag, 12. Februar 2011, 15:30 Uhr

Die Zeit ist gekommen, jetzt aufzustehen und diesen Kelch zu nehmen — trink daraus; denn es ist der Kelch des Heils. Indem du aus diesem Kelch trinkst, wirst du nun vorbereitet werden, diesen Kelch mit der Menschheit zu teilen. Du bereitest dich jetzt vor, die Worte Christi zu enthüllen, damit die Seelen während der „Warnung" gerettet werden können.

Vergeude nicht einen einzigen Augenblick, da jetzt die Zeit für dieses große Ereignis naht. Du wirst nur eine kurze Zeit haben, dass die Welt die Inhalte im Internet liest. Aber diese Zeitspanne wird entscheidend sein, Millionen vor dem Feuer der Hölle zu bewahren.

Dies ist eine große Verantwortung, aber du bist jetzt bereit.

Gehe jetzt in Liebe und in Frieden
Der Heilige Geist

48. Erhebung der arabischen Welt — Drei Führer der Welt werden ermordet.

Donnerstag, 17. Februar 2011, 23:45 Uhr

Meine innig geliebte Tochter, Ich bin heute voller Freude, dass diese wichtige Reihe von Botschaften an die Menschheit nunmehr für die Herausgabe an die gesamte Menschheit vorbereitet wird. Du wirst bald feststellen, dass alle Länder diese Botschaften aufspüren werden. Sorge dich nicht um deine Sicherheit, da Ich dich und deine Familie jederzeit schützen werde. Obwohl Ich voller Liebe für dich bin, Mein Kind, bricht Mir Mein Herz in tiefem Kummer wegen des Leides, das diese hinterlistige Gesellschaft (jetzt) herbeiführt, die ein Komplott schmiedet, um die Macht über (ganze) Länder zu ergreifen.

Sie werden dies tun, indem sie schlau die Führer beseitigen. (*) Dann werden sie anbieten zu helfen. Dann werden sie sich die Freundschaft neuer Regime erkaufen, bis sie diese unter ihre Kontrolle gebracht haben werden. Diese neue Kontrolle wird schlimmer sein als die machthungrigen Diktatoren, die im Namen der Freiheit gestürzt wurden.

Meine Tochter, beobachte jetzt die Geschwindigkeit, mit der die arabische Welt sich gegen Mein Volk, die Juden, vereinen wird. Beobachte, wie all ihre Verbündeten abfallen werden und sie ohne Schutz lassen.

Meine Tochter, wenn die „Warnung" erfolgt, wird Mein Wort bereitwilliger gehört werden, nachdem die Umkehr stattgefunden hat. Dies wird die Zeit für Meine heiligen Anhänger sein, sich trotzig gegen die Tyrannei zu vereinen, die in der westlichen Welt, insbesondere in Europa, in Erscheinung treten wird. Kämpft für euer Recht zu beten. Wenn ihr das nicht tut, wird es nicht einen Religionskrieg, sondern einen Krieg des Völkermordes geben.

Es werden drei Führer der Welt Opfer von Mordanschlägen werden, demnächst, einer nach dem anderen. Denke daran, dass jeder Einzelne von ihnen durch die Verschwörung der bösen Gruppe ermordet werden wird — durch die subkulturellen Organisationen, die sich gegen die Kultur stellen und welche in allen Nationen herrschen, obwohl ihr sie nicht sehen könnt, weil sie Feiglinge sind. Aber nicht mehr lange werden sie sich verstecken. Sobald die Kontrolle in ihrer Hand ist, werden sie eure Aufmerksamkeit unbedingt haben wollen und Respekt verlangen.

Die „Warnung" wird helfen, alle Meine Kinder überall zu retten. Die Umkehr, ein Geschenk von Mir, wird auch jenen gegeben werden, die sich verschwören und Pläne schmieden, die Kontrolle über Gottes Erde zu gewinnen. Wenn sie nur verstehen könnten, dass diese Macht niemals die Ihre sein wird, würden sie aufhören. Aber sie sind blind.

Mehr Meiner Engel (**) in menschlicher Gestalt, die auf der Erde jetzt wirken, werden helfen, diesen armen irregeführten Seelen die Wahrheit zu zeigen. Viele werden umkehren. Andere nicht.

Meine Tochter, geh hin und verbreite das Wort schnell. Du hast nur Wochen. Nutze jedes Werkzeug, das du zur Verfügung hast. Zeige Mut. Tue wirklich alles, damit all Meine Kinder, alle Völker die Bedeutung Meines besonderen Geschenkes verstehen — wenn sich Meine Hand vom Himmel ausstreckt, um ihre Seelen zu retten.

Diejenigen, die sich anfangs nicht bekehren, werden das vor der Verfolgung tun, wenn mehr und mehr Seelen zu Mir umkehren werden. Dies wird eine sehr schwere Zeit für alle sein. Aber seid geduldig, es steht euch eine gute Zeit bevor, wenn Frieden auf die Erde zurückkehren wird. Meine Kinder werden nach diesem Weckruf die Liebe sehen, die Ich habe, und werden zurück in Meine Arme gelaufen kommen. Wenn das dann geschieht, wird Mein Arm Mein Königreich aufbauen und es gegen den Betrüger verteidigen, dessen Herrschaft sehr kurz sein wird.

Dies ist ein Wendepunkt in der Geschichte der Menschheit, Kinder. Ihr werdet das bald schon verstehen. Sämtliche skeptische Gedanken, die ihr zurzeit über die „Warnung" habt — spätestens dann, wenn es passiert, werdet ihr eure Herzen der Wahrheit öffnen.

Gehe jetzt, Meine Tochter, in Frieden und Liebe für die ganze Menschheit.

Jesus Christus, König der Juden

(*) Die Visionärin möchte der Welt klarmachen, dass der Grund, warum sie die Namen der Führer, zwei aus der arabischen Welt und einer vom europäischen Festland, nicht bekannt geben kann, die Achtung vor deren Familien ist und um übermäßigen Schmerz zu vermeiden. Sie hat jedoch die Botschaften einigen Geistlichen und Medien unter Verschluss gegeben, zur Veröffentlichung bereit, sobald die Attentate in Kürze

stattfinden (alle innerhalb einer sehr kurzen Zeitspanne, einer nach dem anderen).

(**) Die Visionärin versteht das so, dass Hinweise auf "Engel" sich auf "Boten" beziehen, die rund um die Welt erwählt sind, um göttliche Botschaften zu übermitteln, um dabei zu helfen, Bekehrung auszubreiten.

49. Letzte Botschaft für den Band "Die Warnung".
Samstag, 19. Februar 2011, 15:00 Uhr

Meine innig geliebte Tochter, du bist sehr bemüht, Meine Anweisungen zu befolgen, deine Seele zu heiligen, und dies freut Mich sehr. Bitte gib Mir eine volle Stunde deines Tages in Stille mit Mir und lass Mich dich näher an Mein Heiligstes Herz ziehen.

Du wirst dich viel stärker fühlen, wenn du dies tust. Beginne, von heute an, diese Zeit in Meiner Gesellschaft zu verbringen, so dass Ich dein Herz erleuchten und deine Last erleichtern kann.

Heute will Ich dir Meinen Wunsch für die Menschen offenbaren, dass sie beginnen, ihr Leben zu beurteilen, in Vorbereitung auf die „Warnung". Meine Tochter, jene von euch, die es verabsäumen, sich vorzubereiten, benötigen Gebet, viel Gebet.

Die „Warnung", das große Geschenk, wird der Welt nun präsentiert werden. Allen wird die Gelegenheit gegeben werden, die Freude auszukosten, wenn sie endlich die Wahrheit erkennen werden, die Wahrheit von Meiner Existenz. Bete für jedermann, Mein Kind, damit sie den Mut haben werden, sich um Meine Vergebung zu bemühen.

Endlich, Meine Tochter, beginnen Meine Kinder überall, ihre Augen zu öffnen. Sie nehmen jetzt wahr, dass die Welt sich verändert. Die Welt, wie sie diese einst kannten, ist in eine neue Phase eingetreten. In dieser neuen Phase wird es eine Reihe von Etappen geben, bevor sie, Meine Kinder, letztendlich für das Neue Paradies bereit sein werden.

Die Parasiten des Betrügers werden leider hartnäckig bis zum bitteren Ende kämpfen. Betet jetzt für jene armen wahnhaften Seelen, dass ein Funken Licht ihre Herzen überströmen wird, wenn sie mit Meinen frommen Anhängern in Kontakt kommen. Euch, Meinen Anhängern, werden die Gnaden verliehen, um zu helfen, all jene Seelen zu bekehren, die in der Wildnis verloren sind und sich in einem konfusen Zustand befinden, der von Satan in ihren Seelen verursacht worden ist.

Die Prophezeiungen von La Salette, Fatima und Garabandal treffen jetzt ein

Alle Prophezeiungen, die den gesegneten Visionären in La Salette, Fatima und Garabandal gegeben wurden, werden sich jetzt für alle sichtbar entfalten. An all die Tausenden von Gläubigen, die diese Prophezeiungen kennen und annehmen, wisset, dass Ich, euer Erlöser, euch alle aufrufe, für die Seelen der ganzen Menschheit zu beten. Öffnet eure Herzen noch einmal für diese neuen Botschaften — die letzten Prophezeiungen ihrer Art, die all Meinen Kin-

dern geschenkt werden sollen, bevor Ich wiederkomme, um zu richten.

Aufruf an alle Diener der Kirchen

Ich rufe auch Meine geistlichen Diener aller Konfessionen, die Meinen Ewigen Vater ehren, auf, jetzt zuzuhören. Erlaubt dem Betrüger nicht, euch durch seinen falschen Propheten dahingehend zu täuschen, dass ihr die Lüge glauben werdet, die in Kürze in Seinem (Gottes) Namen verbrochen werden wird. Dies wird eine sehr schwere Zeit für jene unter euch sein, die Mich lieben, denn man wird euch sehr verwirren.

Der Falsche Prophet und der Antichrist

Betrachtet doch mit klaren Augen den falschen Propheten, der versuchen wird, Meine Kirche zu führen; denn er kommt nicht aus dem Haus Meines Ewigen Vaters. Es wird aussehen als ob. Aber das wird falsch (ein Betrug) sein. Schaut auch auf die Freundschaft mit dem Antichristen, die er zur Schau stellen wird; denn sie werden zwei der hinterlistigsten Jünger Satans sein — in Schafspelz gekleidet. Sie werden Fähigkeiten haben, welche den Wundern von einst ähnlich zu sein scheinen, aber diese Fähigkeiten werden satanisch sein. Ihr müsst jederzeit im Stande der Gnade bleiben, um euren Glauben zu verteidigen. Betet für Meine geistlichen Diener, die — lau in ihrem Glauben — in die Arme des Betrügers gezogen werden. Er wird auf sie Eindruck machen, weil er Reiz und Leidenschaft bieten wird, sogenannte Liebe, welche ich-bezogen sein wird, und seiner charismatischen Erscheinung wird schwer zu widerstehen sein. Geht diesen Weg, Meine geistlichen Diener, — und ihr werdet für Mich für immer verloren sein.

Ihr mögt fragen: Warum sollten diese Ereignisse solche Schwierigkeiten darstellen? Ihr werdet euch dann wundern, warum Ich zulasse, dass diese Dinge geschehen. Jesus würde uns in seiner Barmherzigkeit doch sicher nicht mit solchen Hindernissen konfrontieren? Nun, Ich muss sie zulassen, denn aufgrund dieser Herausforderungen wird die entscheidende Schlacht zwischen Meinem Ewigen Vater und dem Teufel stattfinden können. Ohne eine endgültige Konfrontation kann er, Satan, nicht endgültig in den Abgrund der Ewigen Hölle geworfen werden.

Seid alarmiert hinsichtlich dieses Betruges. Lasst eure Seelen nicht auf diese Weise verloren gehen. Betet, betet, betet um die Gnaden des Urteilsvermögens, so dass ihr diesen Falschen Propheten als das sehen könnt, was er wirklich ist, ein Dämon, gesandt aus den Tiefen der Hölle, um euch zu verwirren. Seid dankbar, dass ihr seine Ziele seid. Wegen eurer Treue zu Mir werdet ihr auf die äußerste Probe gestellt werden. Die Prüfung eures Glaubens. Nie wieder werdet ihr solch einer Prüfung gegenüberstehen. Seid also vorbereitet. Wendet euch Mir zu, ihr alle, Meine geistlichen Diener, und zwar jetzt, bevor es zu spät ist.

Euer geliebter Erlöser Jesus Christus

50. Die Demokratie verschwindet – die Priester werden gemartert werden.

Donnerstag, 3. März 2011, 23:30 Uhr

Oh innig geliebte Tochter, mit Freude begrüße Ich an diesem Abend deine Aufmerksamkeit. Dein Ausbleiben hat Mich etwas geschmerzt, aber Ich wusste, du würdest dich Mir bald wieder zuwenden.

Bitte höre aufmerksam zu. Obwohl Ich erkenne, dass du mit deinem Leben beschäftigt bist, musst du die äußerste Dringlichkeit dieser Botschaft verstehen. Mein Wort wird dir in der historischsten Epoche seit Anbeginn gegeben. Denn in dieser Zeit wird die Welt jetzt Veränderungen erleben, wie sie bisher nie von der Menschheit erlebt wurden.

Macht euch jetzt bereit, Meine Kinder, wo auch immer ihr in der Welt seid; denn sehr bald wird eines der wertvollsten Geschenke nun jedem von euch gegeben werden, aus Meiner Barmherzigkeit heraus. Meine „Warnung", die euch gegeben wird, wird überall Bekehrung verbreiten. Wenn dies stattfindet, nach dem Zeitpunkt, an dem die Erde stillstehen wird, wird durch die Annahme der Wahrheit die Liebe weit verbreitet sein.

Satans Anhänger werden es schwer finden, ihr böses Verhalten vor der Liebe und dem Licht zu verteidigen, das durch euch hindurch leuchten wird. Doch obwohl das große Ereignis, das euch aufschrecken wird, zu großer Bekehrung führen wird, müsst ihr euch immer noch darauf vorbereiten.

Akzeptiert, dass diese Prophezeiung stattfinden wird. Nur sehr wenige werden es sowohl während als auch danach leugnen. Doch viele werden immer noch fortfahren, sich von Mir abzuwenden. Die große Verfolgung wird folgen.

Die Priester werden leiden

Meine Armee von geliebten Anhängern wird tapfer aufstehen und Meine Existenz verteidigen. Doch selbst diejenigen, von denen ihr es am wenigsten erwartet, einschließlich Meiner christlichen Kirchenführer, werden sich auf die Seite des Teufels und seiner Parasiten schlagen. Sie werden aufgrund ihrer Glaubensschwäche verführt werden. Ihr werdet feststellen), dass die geistlichen Stellvertreter von Mir, Meine treuen geistlichen Diener, ihren Glauben verteidigen werden müssen. Die Grausamkeit, welche ihnen erwiesen werden wird, wird derjenigen gleichen, die ich durch Meine Henker erfuhr. Beherzigt dies, ihr alle, die ihr Mir folgt. Lasst euch nicht verleiten, dem Pfad der Verräter zu folgen, auch wenn ihr Angst habt. Fallt niemals auf ihre falschen Versprechungen herein. Seid tapfer. Betet um Stärke.

Die Verfolgung wird nicht lange dauern

Macht euch darauf gefasst, Gläubige, denn sogar jene, die euch am nächsten stehen, werden sich vom Glauben abkehren. Ihr mögt feststellen, dass ihr isoliert seid, ausgelacht werdet und öffentlich lächerlich gemacht werdet. Ignoriert ihre Sticheleien. Ich werde euch alle führen und beschützen. Denn diese Zeit wird nicht lange andauern. Das schmerzlichste Leiden, das ihr erfahren werdet, wird ihre Untreue Mir gegenüber, der Wahrheit gegenüber sein.

Die nichtchristlichen Nationen werden die Kontrolle haben

Das Gebet kann helfen, einige der katastrophalen Ereignisse, die sich entfalten werden, zu verringern. Die Verfolgung, die denjenigen von euch zugefügt wird, die an Mich und Meinen Ewigen Vater glauben, wird durch die Nationen erfolgen, die ohne Liebe sind, ohne Liebe zu Gott. Die einzige Liebe, die sie in ihren Herzen haben, gilt der Macht über weniger glückliche Länder. Herrschen ist ihr oberstes Ziel: Ruhm und das Streben nach Reichtum und Eigentumsrecht über euch, euer Land und diejenigen von euch, die sich weigern, Mich zu denunzieren. Gebt ihr nach, Meine Kinder, dann werdet ihr feststellen, dass es sehr schwer ist, wieder auf den richtigen Weg zu kommen oder eure Schritte auf Mich zu wieder aufzunehmen. Das wird enormen Mut erfordern angesichts der mächtigen Widrigkeiten. Aber ihr werdet gewinnen. Solltet ihr aufgrund der Leidenschaft leiden, die ihr in euren Herzen für die Liebe zu Gott, Meinem Ewigen Vater, empfindet, dann werdet ihr dies mit Freude in euren Seelen annehmen.

Aufstehen neuer Diktatoren

Plötzliche Veränderungen in der globalen Lage, die bis jetzt wie ein wenig Unruhe erschienen, werden jetzt als massive Kriege auftreten. Kriege werden zur Verknappung von Lebensmitteln führen. Die Demokratie wird rasch verschwinden und böse Diktaturen werden sich erheben. Diese Diktaturen werden jedoch sehr sorgsam darauf achten, wie sie wahrgenommen werden. Sie werden als friedliche Unterhändler und als „Retter" kommen. Im Gegenzug für die Fütterung eurer Münder werden sie euren Besitz kontrollieren, der dann der ihre werden wird. Ihr werdet die Erlaubnis bekommen müssen, eure Familien zu ernähren. Um zu reisen, werdet ihr eine spezielle Form der Identifikation benötigen, und ihr werdet aufgefordert werden, das Zeichen anzunehmen — das Zeichen des Tieres. Rennt, Meine Kinder. Verbergt euch. Denn das ist nicht alles. Sie werden bestimmen, wie ihr betet; denn es ist nicht Gott, an den sie sich wenden. Meine Kinder, diese sind Satans Armeen und sie wollen eure Seelen stehlen.

Diejenigen von euch, die an Mich glauben, macht euch bereit. Geht sofort zurück zu euren Kirchen. Betet zu Gott, dem Ewigen Vater. Sammelt euch in Gruppen und betet, betet, betet. Bittet jetzt um Versöhnung, damit ihr, wenn ihr die „Warnung" seht, mit Demut den Zustand eurer Seelen akzeptieren werdet. Ihr werdet nichts zu befürchten haben.

Betet auch für eure Familie und eure Freunde, eure Kinder, eure Nachbarn. Sie alle müssen sich vorbereiten. So viele werden dann bekehrt werden, wenn sie die Wahrheit Meiner Existenz sehen. So viele werden nicht in der Lage sein, dem Schock standzuhalten, wenn sie sehen, wie sie Mich beleidigt haben. Andere wollen sich einfach keine Sorge machen. Die Stunden ticken jetzt.

Bittet Mich, euch zu helfen

Die Zeichen — alle von diesen sind vorhergesagt worden — sind um euch herum, Kinder. Seht sie und akzeptiert sie als das, was sie sind. Aufstände, Erdbeben, Hochwasser, der Klimawandel, sie werden nun eskalieren. Geld wird jetzt knapp werden, ebenso eure Lebensmittel. Glaubt nicht, dass alles verloren ist; denn wenn ihr Mich um Hilfe bittet, werden eure Gebete beantwortet werden. Ich werde euch alle an der Hand halten und euch durch diese Turbulenzen hindurch helfen. Aber ihr müsst eure Herzen öffnen. Blockt jedem Versuch ab, euch dazu zu verleiten, dass ihr euch der Verschwörung des Teufels anschließt. Bewahrt die Reinheit des Herzens und des Geistes. Seid demütig in eurer Haltung. Aber habt niemals Angst, euer Recht, an Mich zu glauben, zu verteidigen.

Zeit, eure Seelen vorzubereiten

Die Zeit ist gekommen. Geht jetzt, Meine Kinder, und bereitet eure Seelen vor. Bemüht euch — durch die Sakramente — um die Gnaden, die ihr benötigt, um eure Seelen zu heiligen. Dann bittet Mich, euch in Meine Arme zu nehmen, und bittet um Erlösung. Meine Liebe und Mein Mitgefühl für jeden Einzelnen von euch übersteigt euer Begreifen. Aber wenn die „Warnung", eines der gnadenreichsten Geschenke, das Ich euch allen geben kann, noch vor dem endgültigen Urteil stattfindet, muss sie von euch begrüßt werden. Seid dankbar, dass euch dieses wunderbare Geschenk gegeben wird. Denn wenn in jedem Winkel der Welt die Bekehrung erfolgt, dann werdet ihr wirklich bereit sein für den neuen Himmel und die neue Erde, die dann Eins werden — als Mein Paradies und als das herrliche Erbe, an dem teilzuhaben, jeder von euch berechtigt ist, solltet ihr euch so entscheiden.

Erwartet jetzt Meine „Warnung", Meine Kinder; denn die Zeit rückt jetzt sehr nahe.

Euer liebender Heiland, gerechter Richter und Barmherziger Jesus Christus

51. Alle Christen, tut jetzt Buße, Katholiken, betet für Papst Benedikt.

Samstag, 5. März 2011, 10:00 Uhr

Meine geliebte Tochter, wir sind aufs Neue vereint. Du warst in diesen letzten Tagen sehr beschäftigt. Hast du die Stärke bemerkt, die Ich dir sowohl im Glauben als auch körperlich gegeben habe? Das ist, weil Mich deine Arbeit so sehr erfreut. Während du weiterhin diese Botschaften veröffentlichst, bitte ermutige so viele Menschen, wie du kennst, jetzt schnell die Aussöhnung für ihre Sünden zu suchen. Es spielt keine Rolle, welchem christlichen Glauben sie angehören. Sie müssen ihre Demut und Loyalität zu Mir zeigen, indem sie einen Akt setzen, durch den sie Erlösung erlangen wollen.

Dieser einfache Akt wird sie stärker machen während des Ereignisses, das Ich als die „Warnung" bezeichne. Bereut, ihr alle, um eure Seelen zu retten. Bereitet euch jetzt sofort auf die „Warnung" vor, denn jene von euch, die nicht im Stande der Gnade sind, überleben sie möglicherweise nicht.

Meine geliebte Tochter, Ich will, dass du fortfährst, den Inhalt dieser Botschaften schnell zu verbreiten. Ich habe dir zuvor erklärt, dass sie möglichst vielen Menschen in möglichst kurzer Zeit zukommen müssen. Ebenso, wie sich dieses Ereignis abzeichnet, so braut sich auch ein Ereignis zusammen, das den Heiligen Vatikan betrifft.

Bitte alle, für Meinen geliebten Heiligen Stellvertreter Papst Benedikt zu beten; denn er ist von den Feinden Meines Ewigen Vaters umgeben. Betet für die Priester, die in ihrem Glauben an Mich oder Meinen Ewigen Vater nie gewankt haben.

Emporkommen des falschen Propheten

Sie müssen jetzt inbrünstig beten, da ihr alle vom Ergebnis dieses Angriffs auf Meinen Heiligen Stellvertreter Zeuge werdet. Betet, betet, betet, dass der Falsche Prophet als das erkannt werden wird, was er ist. Achtet auf sein Verhalten. Sein aufmerksamkeitsheischendes Programm. Die Art, wie Meine irregeführten geistlichen Diener in Ehrfurcht zu seinen Füßen sinken werden. Dann hört aufmerksam zu, was er zu sagen hat. Seine Demut wird falsch sein. Seine Absichten sind boshaft und die Liebe, die er ausstrahlt, wird sich nur um ihn selbst drehen. Er wird als innovativ und dynamisch gesehen werden — ein frischer Wind. Obwohl er motiviert und tatkräftig ist, werden seine Kräfte nicht von Gott, dem Ewigen Vater, kommen. Sie kommen von Satan. Dem Teufel.

Betet, betet, betet. Denn ihr, Meine Kinder, müsst auf der Hut sein. Ihr braucht Mich, damit Ich euch jetzt führe, da diese Prophezeiungen der Menschheit offenbart werden. Seid stark. Bleibt Meinen Lehren treu. Betet in Gruppen. Betet den Heiligen Rosenkranz zum Schutz gegen den Bösen.

Vergesst nicht diese eine Lektion: Meine Lehren ändern sich niemals. Sie sind dieselben, wie sie es immer waren. Wie Ich schon früher sagte, wenn ihr feststellt, dass man sie manipuliert, entschärft oder, wie es der Fall sein wird, in einer Art verdreht, die eigenartig scheint oder im Widerspruch zu Meinen Lehren steht, dann wendet euch ab und betet zu Mir um Führung.

Euer Göttlicher Erlöser Jesus Christus

52. Tröstende Worte in Bezug auf diejenigen, die diese Botschaften hinterfragen.
Sonntag, 6. März 2011, 15 Uhr

Meine Tochter, bleibe stark. Du darfst dich nicht selbst martern, indem du die Kommentare im Internet liest, die den Hass beweisen, den viele, viele Meiner Kinder gegen Mich empfinden. Meine Ablehnung begann nicht und endete nicht mit Meiner Kreuzigung. Sie setzt sich heute fort als eine direkte Folge des Hasses, der von Satan durch Meine Kinder verbreitet wird. Du wirst in Meinem Namen leiden, ebenso wie auch Meine geliebten Anhänger, welche wagen, Mich zu verteidigen. Das, Meine geliebte Tochter, ist nichts Neues. Es ist nur schockierend für dich, es zu sehen.

Selbst diejenigen Meiner Anhänger, die behaupten, an Mich zu glauben, werden diese Botschaften schwer verdaulich finden. Im Laufe der Zeit, wenn der Beweis offenbart sein wird, werden all diejenigen, die verkünden, Mich zu hassen, ihre Ansichten neu bewerten. Manche werden weinen, wenn ihnen die Süße der Wahrheit gezeigt wird. Andere werden noch hinterfragen und hinterfragen, weil sie den Fehler machen zu versuchen, durch menschliche Überlegungen zu ihrer Entscheidung zu kommen.

Geh jetzt und bete für all jene, die diese Botschaften in Frage stellen. Es ist nur richtig, dass sie es tun. Denn diejenigen, die in Meinem Namen kommen, müssen akzeptieren, dass sie herausgefordert werden, und das zu Recht. Also, deshalb sollten alle Botschaften sorgfältig geprüft werden.

Gehe jetzt in Frieden und Liebe. Und vergiss nicht, Ich liebe alle Meine Kinder, einschließlich derjenigen, die bekennen, Mich zu hassen.

Dein liebender Erlöser
Jesus Christus

53. Der Mensch wird in diesem Jahr der Reinigung bestraft.
Samstag, 11. März 2011, 15:30 Uhr

Meine geliebte Tochter, die Reinigung, die die Menschheit durch Kriege, Erdbeben, Vulkanausbrüche, Tsunamis, Hitzewellen und Schlammlawinen erleiden wird, setzt sich wegen der Sünden der Menschheit fort.

Nur jene, die sich Mir, ihrem Göttlichen Erlöser und ihrem Schöpfer, Meinem Vater, ihrem Vater, zuwenden, können gerettet werden. Schaut niemals mit Angst auf Meinen Vater; denn Er liebt alle Seine Kinder. Doch Er wird diejenigen strafen, die Seine Existenz nicht anerkennen wollen. Seine Geduld geht jetzt zu Ende, da das Böse, der Glaubensmangel und die unzüchtige Eigenliebe des Menschen sich fortsetzen.

Mein Ewiger Vater, Gott, der Urheber und Schöpfer von allem, liebt alle Seine Kinder mit einer Zärtlichkeit, wie sie Eltern für ihre Kinder empfinden. Aber genau wie Eltern, verantwortungsbewusste Eltern, es machen und ihre Kinder strafen, wenn sie Handlungen begehen, die aggressiv oder inakzepta-

bel sind, so wird auch jetzt der Zorn Meines Vaters in der Welt zu dieser Zeit entfesselt werden. Dies, Meine Tochter, ist, wie Ich dir gesagt habe, das Jahr der Reinigung.

Überall werden die Menschen verstehen, dass diese Ereignisse nicht natürlich sind. Sie werden durch göttliches Eingreifen verursacht, um die Menschen endlich dazu zu veranlassen, die Wahrheit der Schriften zu verstehen.

Betet, betet um Bekehrung.
Euer geliebter Jesus Christus

54. Erdbeben in Europa und Weltkrieg.
Freitag, 18. März 2011, Mitternacht

Meine innig geliebte Tochter, mit großer Liebe komme Ich heute Abend, um mit dir zu kommunizieren. Denn Ich kenne die Qualen, die du gelitten hast. Das Leid, das du jetzt für die Seelen aufgeopfert hast, bedeutet, dass sie der Verdammnis ausgesetzt worden wären, hättest du nicht mit Freude so gehandelt.

Meine Tochter, diese Botschaften sind echt, aber du darfst mit Mir nur während des Gebets oder nach dem Gebet kommunizieren. Dies ist wichtig, weil der Betrüger manchmal versuchen kann zu unterbrechen, wenn du nicht in einem stillen Gebet mit Mir bist.

Weltkrieg

Meine Tochter, die Prophezeiungen, über die Ich sprach, sind dabei einzutreffen. Meinem geliebten Stellvertreter verbleibt nicht viel Zeit im Vatikan, aufgrund von Ereignissen, die im März stattfinden. Weitere Ereignisse werden jetzt von der Menschheit gesehen, darunter ein Erdbeben in Europa, das viele schockieren wird. Aber diese Reinigung wird dazu beitragen, Menschen zu vereinen, was zum Wohl aller sein wird. Andere globale Ereignisse, einschließlich des Vulkanausbruchs, werden nun auftreten (* Einzelheiten von Ort und Monat sind der Seherin bekannt), während der Krieg im Nahen Osten andere Nationen einbeziehen wird. Die anderen Nationen aus dem Westen werden eine Reaktion von Russland und China provozieren. Alles wird in einem Weltkrieg enden.

Das Gebet wird den Ernst dieser Ereignisse lindern

Währenddessen wird die „Warnung" in Kürze stattfinden. Diese wird Bekehrung hervorrufen. Die Bekehrung wird, durch Gebet, das Ausmaß und die Schwere dieser Ereignisse vermindern.

Das Leiden wird Demut bringen — Demut wird Seelen retten

Meine Tochter, in dem Maße, wie die Welt weiterhin diese bestürzenden Ereignisse erfährt, werden diejenigen, die leiden, demütig sein. Durch Demut können sie gerettet werden. All dies ist notwendig, um die Welt auf Mein Zweites Kommen vorzubereiten. Diese Zeit ist nicht weit entfernt. Meine Tochter, es wird ein Tag großer Herrlichkeit für die Gläubigen sein. Bewahre diesen Tag immer in Erinnerung; denn alle vorangegangenen Leiden, die du in Meinem Namen ausgehalten hast, werden dann vergessen sein.

Alle im Buch der Offenbarung vorausgesagten Prophezeiungen präsentieren sich jetzt der Welt. Für diejenigen, die die Bedeutung dieser Ereignisse verstehen: Bitte, bitte, erklärt anderen Menschen, wie wichtig und notwendig es ist, Gott um Vergebung zu bitten, um ihre Seelen zu reinigen.

Bezweifeln Meiner Botschaften

Meine Tochter, höre immer, immer Meine Botschaften mit deinem Herzen. Du weißt, dass sie von Mir, deinem Göttlichen Heiland, kommen, obwohl andere Menschen dich manchmal überzeugt haben werden, dass dies nicht so ist. Das schmerzt Mich so sehr. Ich verstehe viele deiner eigenen Zweifel, die aus einer Sorge rühren, dass du es hassen würdest, die Menschen irrezuführen. Du musst jetzt endlich alle solche Gedanken aufgeben.

Übergib Mir deinen Willen

Meine Tochter, du wärest stärker, wenn dir die spirituelle Unterstützung gegeben würde, die du von einem Priester benötigst. Leider will nicht einer von ihnen Meinen Kelch in der richtigen Art und Weise annehmen — eine Tatsache, die Ich zutiefst beleidigend finde. So musst du jetzt ganz auf Mich vertrauen. Überlasse Mir endgültig deinen Willen, und alles wird viel klarer erscheinen. Bete vor jedem Tag, wie Ich dich gebeten habe, Meinen Barmherzigkeitsrosenkranz sowie den Heiligen Rosenkranz. Gehe auch mindestens einmal pro Woche in eine Kirche zur Anbetung. Alle diese kleinen Geschenke an Mich werden dich Mir näher bringen. Je näher du kommst, desto leichter und einfacher werden deine Aufgaben sein.

Verteidige diese Botschaften

Achte diese sehr Heilige Schrift. Verteidige sie. Nimm es hin, dass sie angegriffen und auseinandergerissen wird, besonders von jenen, die behaupten, Experten zu sein, und die Abschnitte aufspüren, welche, wie sie sagen, Meinen Lehren widersprechen. Der einzige Widerspruch wird ihre eigene fehlerhafte Interpretation Meiner Lehren sein. Das ist, wo sie Mein heiliges Wort verdreht und fehlinterpretiert haben, weil es ihnen passt, dies zu tun.

Die Wichtigkeit, im Stande der Gnade zu bleiben

Meine Tochter, Ich habe dich und deine enge Kommunikation mit Mir aus dem Herzen heraus vermisst. Bitte Mich um die Gnaden, dich stark bleiben zu lassen, und Ich werde diese gewähren. Ich habe Pläne mit dir, Meine Tochter. Sie sind sehr wichtig. Deshalb ist es wesentlich, dass deine Seele gereinigt wird und dass du jederzeit in einem Zustand der Gnade bleibst. Während deine endgültige Umwandlung zur geistigen Vollkommenheit stattfindet, wirst du leiden, Meine Tochter. Aber Ich werde dich darauf vorbereiten. Die Meinung anderer Menschen sollte dich nicht berühren. Jene, die nicht im Licht sind, die dich verunsichern — ignoriere sie. Bete für sie. Sei dir jedoch dessen bewusst, dass sie dich so weit weg von Mir abbringen können, ohne dass du es merkst, sodass du dann, wenn du so handelst, dein Herz für Mich verschlossen haben wirst.

Der Heilige Augustinus und der Heilige Benedikt arbeiten beide mit dir. Rufe sie um Hilfe, und du wirst feststellen, dass alles viel einfacher ist. Meine Arbeit zu tun und diese Aufgaben auszuführen, die Ich von dir verlange, ist schwer. Bei jedem einzelnen Schritt auf dem Weg werden Versuche unternommen, dich stolpern zu lassen. Zorn, Frustration und Argumente werden um dich herum aufkommen und sich intensivieren. Alle sind bestimmt, deinen Willen zu schwächen, wenn du es zulässt.

Du musst dein Haus segnen und jetzt jederzeit einen Rosenkranz, ein Benediktuskreuz sowie Weihwasser mit dir führen. Sei jetzt tapfer. Vertraue Mir völlig. Lass endgültig los. Opfere Mir jetzt deinen freien Willen auf, und Ich werde dir alle Gnaden verleihen, die du benötigst, um Meine Arbeit bis zur Perfektion auszuführen.

Ich liebe dich, Meine auserwählte Tochter. Ich werde fortfahren, dich stärker zu machen, als du bist. Ich werde dich führen. Damit dies wirklich wirksam ist, musst du Mir Körper, Geist und Seele übergeben. Aber das Opfer muss von dir kommen und Mir als ein kostbares Geschenk gegeben werden. Ich kann dies nicht einfach von dir wegnehmen, weil dein freier Wille ein besonderes Geschenk von Gott, Meinem Ewigen Vater, ist.

Gehe jetzt in Frieden, Meine Tochter. Gib Mir deine Sorgen und Bedenken. Gebe jetzt deinen Geist, deinen Leib und deine Seele frei. Wenn du dann deinen freien Willen übergibst, wirst du schließlich zur Vereinigung mit Mir gelangen. Dieses Geschenk an Mich wird sicherstellen, dass Mein Wort auf der ganzen Welt wirkungsvoller gehört wird.

Dein geliebter Erlöser der Menschheit, Jesus Christus, gerechter Richter

55. Bete für jene, die dir Schmerz verursachen.
Montag, 21. März 2011, 23 Uhr

Heute Abend, Meine geliebte Tochter, fühlst du einen Frieden, den du so lange Zeit nicht gefühlt hast. Du, Meine Tochter, wurdest von dem Betrüger gefoltert, und jetzt fühlst du, aufgrund der Gnaden, die Ich dir verliehen habe, die Auswirkungen solcher Angriffe nicht mehr.

Ich habe dir eine reine Seele voller Liebe geschickt, welche hilft, dich zu führen. Er wird deine Hand halten und dich zu Mir und der Wahrheit führen. Du, Meine geliebte Tochter, verstehst jetzt, wie es ist, in Meinem Namen zu leiden. Du weißt, wie es ist, in der Öffentlichkeit verspottet zu werden, hinter deinem Rücken verhöhnt zu werden, eines unrechten Tuns beschuldigt zu werden, dessen du dich nicht schuldig gemacht hast — und das alles in Meinem Namen. Freue dich, Meine Tochter; denn dies bedeutet, dass du nun näher zur Vereinigung mit Mir gelangt bist. Gebet wird, wie du jetzt endlich verstehst, dich in einem Zustand der Gnade und des Friedens bewahren.

Meine Tochter, urteile nicht über diejenigen, die dir Schmerz verursachen. Bete für sie. Vergib ihnen. Aber du hast es bereits getan, nicht wahr? Jetzt verstehst du die Wahrheit Meiner Lehren. Ich werde dich stärker und stärker machen, Meine Tochter. Keine Angst. Wie Ich dir zuvor gesagt habe, der Betrüger wird deine Seele niemals stehlen. Ich halte dich fest in Meinen Armen und schwöre, dass Ich dich, solltest du abirren, immer zurück zu Mir ziehen werde.

Du musst jetzt die Kraft und den Mut erlangen, Meine göttlichen Botschaften an die Menschheit zu übermitteln. Sie sind dringend. Du weißt, was zu tun ist. Rufe Mich jede Minute des Tages in dein Herz. Ich liebe dich, Meine tapfere kostbare Tochter. Ich bin stolz auf dich, so wie du ruhig die Wahrheit verteidigt hast und diese heiligen Botschaften nicht abgelehnt hast; denn du kennst jetzt die Wahrheit.

Dein lieber Erlöser Jesus Christus

56. Die Bedeutung und die Macht des Gebets.
Donnerstag, 24. März 2011, 23 Uhr

Meine innig geliebte Tochter, mit großer Freude vereinige Ich Mich heute Abend wieder mit dir. Du bist jetzt mit der Gnade des Urteilsvermögens erfüllt und dir ist sehr klar, wie du dem rechten Weg folgen musst.

Endlich, nachdem du dich in Vereinigung mit Mir hingegeben hast, bist du jetzt frei. Frei von Zweifeln, reinen Gewissens, stärker als vorher und bereit, der Welt Mein Versprechen zu offenbaren. Mein Wort wird die Dringlichkeit vermitteln, die nötig ist, um vorbereitet zu sein, eure Herzen in dem Moment zu öffnen, wenn allen ihre Sünden gezeigt werden.

Dadurch, dass sie vorbereitet und vorgewarnt sind, können viel, viel mehr Seelen gerettet werden. Je mehr Bekehrungen, desto schwächer wird dann die Verfolgung sein, welche folgen wird. Meine Tochter, werde nie selbstgefällig. Auch solltest du keine Angst vor zukünftigen Ereignissen haben. Alles wird vorübergehen, und stattdessen wird eine glücklichere Welt sein mit mehr Liebe überall.

Botschaften, einfach, um alle an die Existenz Gottes zu erinnern

Sag Meinem Volk überall, dass diese Botschaften einfach sind, um alle Kinder Gottes daran zu erinnern, dass Er existiert. Sie müssen auch erkennen, dass ihre Seelen der wichtigste Teil ihres menschlichen Wesens sind. Sorge für ihre Seelen ist lebenswichtig, wenn sie an der wunderbaren Zukunft, die alle erwartet, teilhaben sollen. Die Menschen müssen sich einfach der Zehn Gebote erinnern und sie in Ehren halten. Denn alles, was sie tun müssen, ist, Meinen

Lehren zu folgen und ihr Leben führen, wie Ich es ihnen gesagt habe.

Der Grund, warum Ich Prophezeiungen gebe, ist, Meinen geliebten Anhängern zu beweisen, dass ein göttliches Eingreifen stattfindet. Auf diese Weise hoffe Ich, dass sie ihre Herzen öffnen, um die Wahrheit hineinsinken zu lassen.

Die Göttliche Liebe bringt Frieden

Viele Menschen legen hinsichtlich Meiner Lehren nur ein Lippenbekenntnis ab. Andere finden sie langweilig und ermüdend. Indem sie Mich nachahmen, haben sie Angst, dass sie die Bequemlichkeit verpassen, die, wie sie glauben, materielle Dinge in ihr Leben bringen werden. Was sie nicht verstehen können, ist, dass der einzige wirkliche Trost, den sie möglicherweise erfahren können, die göttliche Liebe ist. Diese Liebe kann nur in euer Leben kommen, indem ihr euch Mir und Meinem Ewigen Vater nähert, durch einfaches Gebet. Sobald ihr diesen Frieden erfahrt, werdet ihr feststellen, dass ihr frei von Sorgen und Spannungen seid.

Keine noch so falschen Anregungsmittel können der Euphorie gleichkommen, die entsteht, wenn ihr nah an Mein Herz kommt. Nicht nur, dass diese Liebe den gesamten Körper, den Geist und die Seele durchdringt, sie ermöglicht es euch auch, ein freieres Leben zu leben. Ihr werdet eine tiefe Zufriedenheit erfahren, wie sie euch zuvor unbekannt war. Dann werdet ihr erstaunt sein, wie wenig die Welt des materiellen Luxus euch weiterhin berührt. Ihr werdet das Interesse an diesen Dingen verlieren, und das wird euch überraschen.

O Kinder, wenn ihr doch nur versuchen könntet, nahe zu Mir zu kommen, ihr würdet endlich frei werden. Ihr werdet in eurer Seele keine leere Verzweiflung mehr spüren. Stattdessen werdet ihr ruhiger sein, weniger in Eile sein. Ihr werdet mehr Zeit haben, Interesse an anderen Dingen zu zeigen, und ihr werdet euch im Frieden fühlen. Dieser wird von euch ausstrahlen. Andere Menschen werden natürlicherweise zu euch hingezogen. Ihr werdet euch wundern, warum. Seid nicht ängstlich, denn da ist die Gnade Gottes am Werk. Wenn ihr mit Gnade erfüllt seid, ist sie ansteckend, und dann breitet sie sich auf andere aus, durch Liebe. Dann setzt sich der Zyklus fort.

Kinder, bitte vergesst daher nicht die Bedeutung des Gebets. Die Kraft, die es erbringt, und die Geschwindigkeit, mit der es sich fortbewegt, um all jene glücklichen Seelen zu umhüllen, die in diese Wolke der Liebe gezogen werden.

Satans Netz der Täuschung verursacht Angst

So wie das Gebet und die Liebe füreinander Schwung bekommen, so tut es auch der Hass, der von Satan ausgespien wird. Der Betrüger verbreitet seine Täuschung, indem er durch jene Menschen arbeitet, die keinen Glauben haben oder die sich in dunklen spirituellen Spielen versuchen. Sein Netz des Hasses fängt sogar jene an den fernsten Enden, die möglicherweise fühlen, dass sie ein einigermaßen gutes Leben führen. Dieses raffinierte Netz kann jeden einfangen, der nicht vorsichtig ist. Der eine gemeinsame Nenner ist, dass all jene, die gefangen werden, Unruhe, Angst, Verzweiflung und Furcht fühlen. Diese Furcht verwandelt sich sehr schnell in Hass.

Lauft schnell zu Mir, ihr alle. Wartet nicht, bis euer Leben durch unnötigen Kummer auf dem Kopf steht. Denn Ich bin immer da, wachend, wartend, hoffend, dass jeder von euch seinen Stolz fallen lässt, so dass Ich eintreten und euch umarmen kann. Geht in eure Kirche und betet zu Mir. Sprecht zu Mir zu Hause, auf eurem Weg zur Arbeit. Wo immer ihr gerade seid, ruft Mich an. Ihr werdet ziemlich schnell wissen, wie Ich antworte.

Wacht auf — öffnet eure verschlossenen Herzen

Wacht auf, Kinder. Erkennt ihr nicht inzwischen, dass ihr Mich braucht? Wann werdet ihr endlich eure verschlossenen Herzen öffnen und Mich hineinlassen? Verschwendet keine wertvolle Zeit in eurem eigenen Interesse und um eurer Familien willen. Ich bin die Liebe. Ihr braucht Meine Liebe, um eure vertrockneten und unterernährten Seelen zu stillen. Meine Liebe wird, sobald ihr sie erfahrt, euren Geist erheben und euch wieder echte Liebe fühlen lassen. Diese Liebe wird dann euren Geist gegenüber der Wahrheit öffnen — gegenüber den Verheißungen, die Ich für jeden von euch gemacht habe, als Ich am Kreuz für eure Sünden gestorben bin. Ich liebe euch, Kinder. Bitte zeigt Mir die Liebe, Ich flehe euch an. Bleibt nicht für Mich verloren. Es gibt wenig Zeit, Kinder, zu Mir zurückzukehren. Zögert nicht.

Euer liebender Erlöser

Jesus Christus

57. Botschaft von Jesus an eine auserwählte Seele.

Samstag, 3. April 2011

Jesus spricht, Mein Kind.

Ihr tretet jetzt in die Endzeit ein. Eine große Strafe wird auf die Welt herabkommen für die Sünde, die gegen Meinen Himmlischen Vater begangen wurde.

Wiederum sage Ich denen, die Meine Barmherzigkeit zurückweisen: Sie werden in der Hölle zugrunde gehen.

Verbreite diese Botschaft, Mein Kind, solange es noch Zeit ist.

Ich liebe euch.

Jesus

58. Die Hand Meines Ewigen Vater wird nun auf diese undankbare blinde Welt fallen.

Montag, 4. April 2011, 19:00 Uhr

Meine innig geliebte Tochter, die Zeit läuft uns davon. Stoße, stoße diese Botschaften so weit hinaus in die Welt, wie du kannst. Die Zeit für die „Warnung" ist sehr nahe. Sage Meinen Anhängern, sie sollen — aus ihrem Glauben an Mich heraus — helfen, die Nichtgläubigen zu bekehren, um sie auf die „Warnung" vorzubereiten.

Meine Tochter, während du diese Botschaften möglicherweise immer noch hinterfragst, verlierst du kostbare Zeit. Es ist keine Zeit verfügbar für Meine geliebten Seelen, die Rettung ersehnen. Die Sünde, Meine Tochter, ist ungezügelt und verbreitet sich wie ein Virus in jeden Winkel der Welt. Satan bringt die Menschheit völlig durcheinander. Er ist überall. Er quält gute Seelen ebenso wie jene, die für Mich verloren sind. Er muss gestoppt werden. Gebet und die Ausbreitung Meines Wortes werden helfen. Sage Meinen Anhängern, wie Satan die Menschen heimsucht. Er ist nicht nur durch globale Unruhen anwesend, er verseucht auch jene, die glauben, aus einem Gerechtigkeitssinn heraus zu handeln. Er ist auch in der jungen unbekümmerten Gesellschaft anwesend, in ihrer Musik- und in ihrer Prominenten-Kultur.

Rettet jetzt Seelen, indem ihr Meinen Barmherzigkeitsrosenkranz betet. Verbreitet dieses Gebet vordringlich. Das Gefühl von Panik, Entsetzen, Unruhe und bitterem Hass, das derzeit in der Welt erfahren wird, wird von Mir, dem Göttlichen Erlöser der Menschen, der endlos Tränen für diese verlorenen Seelen weint, tief empfunden.

Ja, können die Menschen nicht diesen Hass gegen sich an jeder Ecke sehen? Wissen sie nicht, dass dies Satan ist, der Verführer, der am Werke ist? Wie der böse Hass und die abscheulichen Gräueltaten sich wie ein Lauffeuer verbreiten, so wird auch die Hand Meines Ewigen Vater jetzt auf diese undankbare blinde Welt herabfallen. Wie die menschlichen Gräueltaten sich fortsetzen, wo die Menschen einander Terror und Mord zufügen, so werden auch die ökologischen Katastrophen zunehmen als Strafe für die Sünde des Menschen gegen den Menschen. Diese Strafe wird nun über die Welt hereinbrechen.

Der Kampf, um Seelen zu retten, hat begonnen

Der Kampf, um Seelen zu retten, hat begonnen. Betet innig für euch selbst und für eure Familien; denn viele unschuldige Seelen werden in dieser Katastrophe gefangen sein. Fürchtet euch nicht; denn jene, die Mir und Meinem Ewigen Vater treu sind, werden gerettet werden. Wenn Mein Ewiger Vater jetzt nicht eingreift, dann wird der Mensch einen Völkermord in einem solchen Grade verursachen, dass die Weltbevölkerung in riesigen Ausmaßen dezimiert werden wird.

Die Göttliche Barmherzigkeit

Haltet alle an eurem Glauben fest; denn ohne euren Glauben wird euer Leiden schwer zu ertragen sein. Gepriesen sei Mein Vater, dass Er Mir das Geschenk der Göttlichen Barmherzigkeit gewährt. Meine Barmherzigkeit kennt keine Grenzen, und dies wird nun an euch allen bewiesen werden. Dieser Ozean reiner ungetrübter Liebe wird über alle Meine Kinder gegossen werden, um zu helfen, euch vor dem Hass und dem Bösen zu erretten, die durch den Teufel verbreitet werden. Wascht jetzt eure Seelen in Meiner Liebe, durch das Gebet, denn die Zeit ist nahe.

Vergesst nicht, Ich liebe euch alle. Mein Geschenk der Barmherzigkeit gilt für alle, sogar für jene Sünder in der Todsünde. Ihnen wird eine Chance zur Umkehr gegeben werden. Damit sie Satan besiegen. Damit sie sich für immer mit Mir vereinen, um in Mein gnadenvolles Königreich zu kommen.

Schaut zum Himmel. Lasst Mich euch alle festhalten und euch umarmen.

Euer liebender Retter
Immer gnädiger Richter
Jesus Christus

59. Richtet niemals über andere Religionen, Glaubensbekenntnisse oder sexuelle Ausrichtungen.

Mittwoch, 6. April 2011

Meine geliebte Tochter, du erleidest diese Qual, weil der Betrüger ständig bemüht ist, dich zu versuchen, dass du dieses hochheilige Werk aufgibst. Er zerreißt dich. Akzeptiere dies. Zweifle nie an Meinem Göttlichen Wort, ganz gleich, wie schwer dies für dich sein mag. Du wirst mit dem Geist des Friedens belohnt werden, wenn du dich Mir wirklich hingibst. Sage Mir das jeden Tag, den ganzen Tag über, und bitte Mich, sobald der Betrüger dich angreift, um die Gnaden, dich mit Freude zu erfüllen. Bleibe stark, Meine Tochter. Gib niemals auf. Halte deine Gedanken frei von Durcheinander und konzentriere dich auf Meine Botschaften für die Welt. Es sind Botschaften von allergrößter Bedeutung für die Menschheit von heute. Sie werden gewährt, um die Menschheit zu belehren, noch einmal den richtigen Weg zu Mir zu finden.

Die Menschen sind aufgrund Meiner Belehrungen irritiert

Viele Menschen sind jetzt verloren. Sie sind irritiert durch Meine Lehren und die zahlreichen Möglichkeiten der Auslegung, wie sie also verwässert, verändert wurden, wie etwas hinzugefügt oder weggenommen wurde. Meine Kinder brauchen jetzt Führung, so dass sie die Gnaden suchen können, damit sie wieder stark und guten Mutes werden können. Dies kann nur zustande kommen durch Gebet und Einhalten Meiner Lehren.

Ich schließe nicht eine einzige Seele in der Welt aus

Meine Kinder, die sich bekehrt haben, wissen dieses und kommen durch die Sakramente näher an Mein Herz. Aber für jene umherirrenden verlorenen Kinder: Sie müssen ganz von vorne beginnen und sich an die Zehn Gebote erinnern, welche durch Moses der Welt gegeben worden sind. Viele, viele Kinder heutzutage sind sich der Zehn Gebote nicht bewusst: Ich schließe nicht eine einzige Seele in der Welt aus, unabhängig davon, welche Religion sie praktiziert.

Warnung an die Gläubigen, auf andere Glaubensrichtungen herabzusehen

Wenn Meine Gläubigen sich abgrenzen und sich besser vorkommen auf Kosten derer, die in Unkenntnis Meiner Lehren sind, dann verhalten sie sich ganz so, wie es die Pharisäer taten. Schande über diejenigen, die sich über jene Seelen erhaben fühlen, die noch Hilfe bei der Erleuchtung brauchen. Schande über diejenigen, die, obwohl sie um die Wahrheit wissen, jene anderer Glaubensrichtungen verhöhnen; Schande über diejenigen, welche glauben, dass sie in Meinen Augen bedeutsamer sind, weil sie in die Wahrheit eingeweiht sind und aus den hochheiligen Sakramenten Nutzen ziehen. Ja, Ich erhalte von jenen frommen Anhängern viel Trost und Freude in Meinem Herzen. Aber wenn sie andere wegen ihres Glaubens verdammen oder verurteilen, beleidigen sie Mich sehr.

Ihr, Meine Anhänger, öffnet eure Augen für die schlichte und einfache Wahrheit Meiner Lehren. Richtet nicht andere. Schaut nicht auf diejenigen herab, von denen ihr glaubt, dass sie Sünder sind, und welche Meine Lehren ablehnen; denn sie sind in Meinen Augen euch gleich, obwohl euch die Gabe der Wahrheit gewährt worden ist. Es bereitet Mir großen Kummer, wenn jene Anhänger den armen verlorenen Seelen — wenn auch gut gemeint — diktieren, wie sie ihr Leben zu leben haben. Sie gehen damit den falschen Weg.

Sagt niemals jenen anderer Glaubensbekenntnisse oder sexueller Ausrichtung, sie seien verdammt

Wenn ihr Meine Lehren in einer Weise zu forcieren versucht, indem ihr denjenigen, die nicht Anhänger sind, sagt, dass sie zugrunde gehen oder Schaden erleiden werden, und indem ihr ihre Gewohnheiten als „böse" bezeichnet, wird sie das einfach schwächer machen als zuvor. Viele werden euch einfach den Rücken kehren. Dann werdet ihr versagt haben. Enthaltet euch also der Belehrung.

Zeigt Barmherzigkeit. Belehrt durch euer Beispiel. Sagt diesen Menschen niemals, nicht einmal versuchsweise, dass sie in Meinen Augen verdammt seien; denn das sind sie nicht. Ich liebe jede einzelne Seele, aller Religionen, aller Glaubensrichtungen, aller Glaubensbekenntnisse, aller sexuellen Ausrichtungen. Jedes ist ein wertvolles Mitglied der Kinder Gottes. Niemand besser als der Nächste. Obwohl die Sünde immer da sein wird — ihr seid alle Sünder, vergesst das nicht — es ist jeder von euch gefordert, Meine Lehren zu befolgen und Mein Wort zu verbreiten.

Umarmt einander. Zeigt einander Barmherzigkeit. Schließt niemanden aus, unabhängig davon, ob sie katholisch sind, ob sie einer anderen christlichen Konfession angehören, ob sie islamischen, hinduistischen, jüdischen, buddhistischen Glaubens sind — sogar ob sie jenen neuen nunmehr entstandenen Kulten anhängen, die nicht an Gott, den Ewigen Vater glauben. Betet für sie.

Lehrt sie die Wichtigkeit, ihr Herz für die Wahrheit zu öffnen. Lehrt sie durch euer Beispiel. Verbreitet Bekehrung. Aber fällt niemals ein Urteil über andere oder versucht niemals jene, die die Wahrheit nicht verstehen, auszugrenzen.

Glaubt niemals, dass ihr besser als eure Brüder und Schwestern seid, weil euch wegen eurer Treue zu Mir schon die Gnaden des Himmels gewährt worden sind. Ja, ihr bringt Freude in Mein Heiligstes Herz, aber ihr müsst mit anderen in einer liebevollen und nicht selbstherrlichen Weise umgehen.

Keiner von euch ist würdig, andere zu richten

Vergesst diese Lektion nicht: Keiner von euch ist würdig, andere zu richten oder zu bewerten. Niemand hat die Macht oder göttliches Wissen, andere moralisch zu bewerten. Seid immer unvoreingenommen und vergesst nicht, der Tag, an dem ihr glaubt, in Meinem Augen wichtiger zu sein als diejenigen, die ihr für Sünder haltet, ist der Tag, an dem ihr für Mich verloren geht.

Ich will keinerlei Glaubensbekenntnis von diesen Botschaften ausschließen

Mein Wort kommt nun als ein Geschenk der Menschheit zugute, jedem Einzelnen von euch. Ich will durch diese Mitteilungen nicht irgendeiner Gruppe von frommen Anhängern den Vorzug geben. Jene unter euch, welche zur Wahrheit Zugang haben, möchte Ich daran erinnern. Alle meine Kinder auf der ganzen Welt, auch die hartnäckigsten Sünder, diejenigen, die nicht an die Existenz Meines Ewigen Vaters glauben, an Gott den Schöpfer und Urheber aller Dinge, haben jetzt Vorrang. Es wird von euch, Meinen Anhängern, abhängen, inständig zu beten und den Verblendeten Liebe zu zeigen. Aber tut dies in der Art und Weise, wie Ich euch angewiesen habe. Vergesst letztlich nicht: Ich liebe euch alle.

Euer liebender Retter
Jesus Christus
König der gesamten Menschheit

60. Millionen von Seelen werden durch diese Botschaften gerettet werden.

Donnerstag, 7. April 2011, 22:00 Uhr

Meine geliebte Tochter, heute wurde dir die Gabe des Heiligen Geistes zusammen mit speziellen göttlichen Gnaden zuteil. Nachdem du, Meine Tochter, deinen freien Willen hingegeben hast, wirst du nun weitermachen, Meinen Heiligsten Willen zu tun. Du wirst jetzt die Bedeutung des vollständigen Gehorsams Mir gegenüber erkennen. In deinen Gedanken, Worten, Handlungen, deinem Verhalten und deiner Haltung. Du wirst jetzt Meiner Führung folgen und sie suchen, bevor du in Meinem Namen etwas unternimmst.

Endlich bist du bereit, Meinen Anweisungen zu folgen. Du musst dich Mir jetzt jeden zweiten Tag mindestens zwei Stunden im Gebet hingeben. Darüber hinaus musst du den Anweisungen des geistlichen Seelenführers folgen, der dir vom Himmel gesandt worden ist. Er wird zu dir sprechen, wie Ich es ihm auftrage. Tue genau das, was er sagt. Du musst dafür sorgen, dass du jeden Tag mit Mir kommunizierst, weil Ich dir viel zu sagen habe.

Meine Tochter, höre von jetzt an nur auf Meine Stimme. Schreibe nur, was du von Mir empfängst. Mach dir niemals Meinungen anderer über diese sehr Heiligen Botschaften zu Eigen. Es gibt nur einen Mund, mit dem Ich mit dir kommuniziere, und das ist der Meine. Vertraue Mir, Meine Tochter. Vertraue Mir vollkommen. Hinterfrage diese Botschaften nie; denn Ich bin es, der mit dir spricht. Denke immer daran. Jetzt, da du Mir vertraust, wirst du viel stärker sein. Ich versichere dir, dass du jetzt in der Lage sein wirst, effektiver mit den Angriffen des Betrügers umzugehen.

Fühle dich in Frieden. Die Liebe zu dir, Meine Tochter, wogt durch Mein Herz, während deine Hingabe und Liebe zu Mir dich erfüllt und dich machtlos macht. Diese mächtige Liebe ist in ihrem vollen Umfang rein und kann mit nichts verglichen werden, was du jemals zuvor in dieser Welt erfahren hast.

Der Himmel jubelt über deine endgültige Hingabe. Aber jetzt wirst du dich vorbereiten müssen, um Millionen von Seelen retten zu helfen. Meine Tochter, die Arbeit, die Ich von dir verlange, ist für menschliche Begriffe enorm. Du, Meine Tochter, wirst die Botin für die Welt sein, die Botin des umfangreichsten Buches Meines Heiligen Wortes, um die Welt auf Mein Zweites Kommen vorzubereiten.

Sie, Meine kostbaren Kinder, die Ich mit einer tiefen, von euch nicht gekannten Leidenschaft liebe, müssen zurück an Mein Heiligstes Herz gezogen werden, bevor es zu spät ist. Von dir, Meiner Tochter, wird erwartet werden, dass du der Menschheit Mein Wort überbringst. Das ist keine leichte Aufgabe. Du wirst deswegen leiden, aber du musst verstehen, dass dies jetzt deine Pflicht Mir gegenüber ist. Du bist berufen, dafür zu sorgen, dass durch das Wort von Meinen Göttlichen Lippen Millionen von Seelen vor dem Feuer der Hölle gerettet werden.

Kommuniziere jetzt mit Mir in der richtigen Art und Weise. Ich werde dich die ganze Zeit führen. Friede sei mit dir, Meine Tochter. Mein Höchstheiliger Geist überflutet jetzt deine Seele. Du bist jetzt voller Liebe und Freude und bereit für die nächste Stufe dieser göttlichen Mission.

Dein Erlöser
Jesus Christus

61. Mein Schmerz ist heute noch größer, als er es während Meiner Kreuzigung war.

Mittwoch, 13. April 2011, 23:00 Uhr

Meine innig geliebte Tochter, Ich weine heute Abend in großer Traurigkeit über die Sünden der Menschheit, die mit großer Intensität zunehmen, während die Zeit für die Welt, Meiner Passion am Kreuz zu gedenken, näher rückt. Mein Schmerz ist sogar größer, als er es war, als Ich zum ersten Mal gekreuzigt wurde. Ich durchlebe jetzt erneut die Todesqual, die Ich erlitten habe, da die Sünden der Menschheit Mein Herz durchbohren, gleich einem Schwert, das länger, schärfer und schmerzhafter ist.

Hört Mein Klagen! Hört Mein Weinen! Ihr alle. Tröstet Mich in diesem tiefen Schmerz, den Ich heute erleide. Ich muss täglich den tiefen Kummer, den Schmerz und die Qual sehen, die Menschen sich gegenseitig zufügen. Die Menschen Kindern zufügen. Diese Mörder haben keine Gewissensbisse, so verseucht sind ihre dunklen Seelen von Satan, dem Betrüger. Er zeigt keinerlei Erbarmen mit irgendeinem von euch; denn er hat keine Seele.

Doch die Menschen erliegen törichterweise — gleich Blinden — seinen Versuchungen. So sklavisch lassen sie sich in diese schreckliche Finsternis saugen, dass Ich auf euch Gläubige angewiesen bin, dass ihr innig betet, um solche Seelen zu retten.

Meine Schmerzen verstärken sich täglich. Die Sünde wird von den Menschen nicht als das gesehen, was sie ist. Im einfachsten Fall handelt es sich um Eigenliebe. Im schlimmsten Fall ist es eine Liebe für alle Dinge, die anderen Schaden zufügen durch Unehrlichkeit, Gewalt, Missbrauch und Mord. Warum verschließen die Menschen die Augen, wenn sie solche Gräueltaten sehen? Diese Opfer sind Menschen wie ihr selbst. Betet intensiv für diese Täter; denn auch sie sind Opfer. Sie, Meine Kinder, wurden vom Betrüger umgarnt, doch viele akzeptieren nicht einmal, dass es ihn gibt.

Die Zeit naht jetzt, dass Mein Wort auf Erden wirklich wieder gehört werden wird. Bitte, bitte, erklärt allen, dass Meine Barmherzigkeit jetzt dabei ist, während des bevorstehenden mystischen Ereignisses auf Erden sichtbar zu werden. Es ist wichtig, so vielen Menschen wie möglich zu sagen, sie sollen Gott, den Ewigen Vater, bitten, Er möge jedem Einzelnen von euch die früheren Sünden vergeben, die ihr begangen habt. Tut es gleich jetzt. Und schnell. Rettet eure Seelen und die Seelen der anderen Menschen. Obwohl die Umkehr um sich greift, werden einige unglückliche Seelen den Schock nicht überleben. Betet, betet, dass sie nicht im Zustand der Todsünde sterben werden.

Bitte gedenkt während der Fastenzeit Meiner Passion, indem ihr das Opfer betrachtet, das Ich bereitwillig für euch alle gebracht habe, damit ihr gerettet werden könntet. Sodann versteht, dass die „Warnung", die Erleuchtung des Gewissens, Mein nächstes Geschenk der Barmherzigkeit an die Menschheit ist.

Breitet überall Bekehrung aus! Helft, den Betrüger zu besiegen, indem ihr Meinen Barmherzigkeitsrosenkranz betet, um Seelen zu retten.

Vertraut Mir jetzt und holt Mich zurück in eure Herzen. Vereinigt euch miteinander, um die Menschheit durch Liebe zu retten.

Euer Göttlicher Erlöser,

Jesus Christus,

Sohn Gottes, des Allmächtigen Vaters, des Schöpfers und Urhebers aller Dinge

62. Besondere Gnaden, versprochen für das Hinwenden an Jesus für nur einen Tag.

Donnerstag, 14. April 2011, 11:00 Uhr

Meine geliebte Tochter, Ich danke dir, dass du diesem sehr heiligen Werk mehr Zeit widmest. Die Zeit ist gekommen, dass ihr alle Mir für nur einen Tag eure Herzen öffnet, um es Mir zu ermöglichen, euch mit besonderen Gnaden zu erfüllen. Diese Gnaden werden jetzt jenen von euch verliehen werden, die vergessen haben, dass Ich existiere, da der Karfreitag naht.

Während die Zeit für die machtvolle Novene der Göttlichen Barmherzigkeit naht, wird diese Zeit verwendet, um eure Seelen mit einem besonderen Geschenk von Mir zu überströmen. Tut jetzt, was Ich sage, und betet heute mit euren eigenen Worten zu Mir. Die Gnaden, die Ich euch geben werde, werden euch nicht nur näher an Mein Heiligstes Herz bringen, sondern werden euch auch mit dem Heiligen Geist erfüllen. Betet Meine Novene von Karfreitag an und schließt so viele Seelen wie möglich ein, und Ich werde jede einzelne retten.

Für diejenigen von euch, die wieder fallen, sogar nach eurer Hingabe an Mich: Ich werde euch immer wieder aufheben. Fürchtet euch nicht, zu Mir umzukehren, wenn ihr abirrt. Ich werde niemals diejenigen im Stich lassen, die immer wieder zu Mir zurückkommen. Als Sünder neigt ihr dazu, immer wieder zu fallen. Keine Angst, Ich stehe neben jedem von euch, bereit, euch zu jeder Zeit zu umarmen. Die Sünde kann vergeben werden. Macht euch wegen der Sünde kein schlechtes Gewissen, wenn ihr das Bedürfnis habt, euch Mir zuzuwenden und Mich um Vergebung zu bitten. Ich bin immer da.

Meine Kinder, nutzt die Karwoche, um aller Opfer zu gedenken, die Ich für die Sünder gebracht habe. Mein Erbarmen ist immer noch groß. Es hat sich niemals für die Seelen vermindert, nicht einmal für diejenigen, deren Sünden Mich tief beleidigen. Wenn eine Seele Vergebung sucht, dann wird diese Sünde beseitigt werden. Meine Novene zur göttlichen Barmherzigkeit wird äußerst machtvolle Gnaden einflößen, wenn sie von Karfreitag an gebetet wird in Vorbereitung auf das Fest der Barmherzigkeit neun Tage später. Dadurch dass ihr diese Novene betet, werdet ihr nicht nur eure eigenen Seelen retten, sondern Millionen Seelen anderer Menschen. Tut dies für Mich.

Euer jeden liebender und treuer Göttlicher Erlöser

63. Ich bin in der Eucharistie gegenwärtig, trotz der Missdeutung Meines Versprechens.

Donnerstag, 14. April 2011

Meine geliebte Tochter, mache dir keine Sorgen, du vervollkommnest dich in der Weise, wie du Zeit bereitstellst im Gebet zu Mir. Nun ist es für den Menschen wichtig zu begreifen, dass er, um näher an Mein Herz zu kommen, die Notwendigkeit verstehen muss, das Sakrament der Heiligen Eucharistie zu empfangen.

Viele Menschen, einschließlich anderer christlicher Gruppen, bestreiten Meine Realpräsenz in der Eucharistie. Warum sie beschlossen haben, die Verheißungen abzulehnen, die Ich bei Meinem Letzten Abendmahl gemacht habe, wo Ich versprach, Ich würde Mein Fleisch und Blut als Speise und Nahrung für eure Seele geben, ist unklar. Was klar ist, ist, dass das Wunder der Heiligen Eucharistie, das in allen Tabernakeln auf der ganzen Welt gegenwärtig ist, heute existiert und da ist, um eure armen, unterernährten und leeren Seelen mit Meiner Gegenwart zu erfüllen. Diese Gegenwart wird euch in einer Weise stärken, dass ihr, würdet ihr es unterlassen, Mich zu empfangen, nachdem ihr euch daran gewöhnt habt, euch verloren fühlen werdet.

Viele Christen ignorieren eines der fundamentalsten Versprechen, das Ich während Meiner Kreuzigung gemacht habe, dass Ich in Brot und Wein gegenwärtig sein würde und dass Ich ein dauerhaftes Zeichen hinterlassen würde, um zu helfen, eure Seelen zu nähren. Zu viele menschliche Erwägungen haben dazu geführt, dass Ich sogar von wohlmeinenden Christen abgelehnt wurde. Diese selben Christen können die heilige Eucharistie nicht in ihrer wahren Gestalt empfangen. Die Heilige Eucharistie wurde euch allen als ein großes Geschenk für eure Erlösung und euer Heil gegeben. Die Ablehnung der Tatsache, dass Ich gegenwärtig bin, bedeutet, dass ihr besondere Gnaden verwirkt, die Teil eines Bundes sind, um Mich noch näher in eure Herzen zu bringen.

Vergesst nicht: Als Ich für euch gestorben bin, geschah das, um euch zum ewigen Leben und zum Heil zu führen. Empfangt Mich als die lebendige Gegenwart, und eure Seelen werden in einer Weise erleuchtet werden, wie ihr es nicht für möglich gehalten hättet. Kehrt um, um Meinen Leib und Mein Blut zu empfangen. Lasst Mich eure Zweifel ausräumen. Dies ist einer der größten Fehler, den Christen gemacht haben, dadurch, dass sie Mir auf diese Weise den Zugang zu ihren Seelen verweigert haben. Es beleidigt Meinen Ewigen Vater außerordentlich, wegen des Opfers, an dem Er beteiligt ist, um eure Seelen zu retten. Lasst Mich Licht und Nahrung in euer Leben bringen. Ihr werdet mehr geneigt sein, die Wahrheit Meiner Lehre anzunehmen, nachdem die „Warnung" stattgefunden hat.

Denkt daran, was Ich während Meines Letzten Abendmahls versprochen habe, dass, wenn ihr das Brot und den Wein nehmt, es für euch (durch die Konsekration des Priesters) Mein Leib und Mein Blut werden wird. Jede andere Auslegung ist durch menschliche Logik und Überlegung verzerrt worden. Jetzt begreift und nehmt die Wahrheit an.

Euer liebender Erlöser Jesus Christus

64. Wie könnt ihr sicherstellen, dass eure Familien und eure Freunde in den Himmel gelangen können?

Freitag, 15. April 2011, 15:30 Uhr

Meine geliebte Tochter, Ich freue Mich außerordentlich, weil sich während der Karwoche so viele gute und treue Anhänger von Mir zu einer Einheit zusammenschließen, um das Opfer, das Ich für alle gebracht habe, zu ehren. Ein Opfer, das Ich gerne immer wieder bringen würde, wäre es auch, um jeden Einzelnen von euch zu retten. Meine Liebe ist tief, für jeden Menschen in der Welt, für jeden, der durch den Heiligen Willen Gottes, des Ewigen Vaters, des Schöpfers der Menschheit, geschaffen worden ist. Ihr alle habt einen ganz besonderen Platz in Meinem Herzen, sogar diejenigen von euch, die Mich nicht kennen.

Wenn euch ein Leben auf dieser Erde versprochen würde, das euch Reichtum und Glückseligkeit bietet, dann würden viele von euch die Gelegenheit ergreifen. So unbedingt wollt ihr die Sehnsüchte des Körpers befriedigen. Wenn den Menschen das Paradies im Himmel angeboten würde, so würden sie es schwer finden, es sich vorzustellen. Ich verstehe dies. Für die laue Seele: Sie würde eine lebhafte Phantasie brauchen, um diesen herrlichen Ort zu ergründen.

Sie wird immer kämpfen, um sich diese herrliche Gebilde vorzustellen. Die einzigen Seelen, die das können, sind solche mit einem starken Glauben an die Existenz Gottes. Der einzige Weg, wirklich den Juwel zu verstehen, der jeden Einzelnen von euch erwartet, ist, euren Glauben zu stärken. Der einzige Weg, dies zu tun, ist, innig zu beten, um die Wahrheit zu sehen. Das Licht. Die glänzende Zukunft, die all diejenigen erwartet, die Gott, den Allmächtigen Vater, ehren.

Gläubige, ihr müsst beten für eure Freunde, Ehepartner, Verwandten, Eltern, Brüder, Schwestern und Kinder, die wenig Vertrauen haben. Mein Barmherzigkeitsrosenkranz wird ihre Seelen retten, wenn ihr ihn in ihrem Namen betet. Das ist jetzt Mein Versprechen an euch.

Euer liebender Erlöser
Jesus Christus

65. Wachet auf für die Wahrheit, bevor es zu spät ist.

Freitag, 15. April 2011, 22:00 Uhr

Meine geliebte Tochter, du musst der Welt sagen, dass Mein Heiliger Wille eingehalten werden muss, wenn die Menschheit das ewige Leben will. Diese Welt wird, obwohl sie viel zu bieten hat, euren Hunger niemals stillen. Wäre es nicht wegen der Sünden eurer ersten Eltern Adam und Eva, ja, dann wäre es für euch möglich gewesen, im ewigen Glück zu leben, ohne Hindernisse auf eurem Weg.

Da der Betrüger überall ist, wird er es nicht zulassen, dass irgendeiner von euch sein Leben auf Mich hin plant. Gerissen, ein Lügner, wird er dauernd bemüht sein, durch verschiedene Mittel der Verführung dafür zu sorgen, dass ihr in Sünde fallt. Er wird es jedoch sehr schwer finden, euch ins Visier zu nehmen, wenn ihr im Stande der Gnade seid, den ihr durch die Beichte und die Heiligen Sakramente erreicht habt.

Der Heilige Rosenkranz ist besonders wirksam gegen Satan aufgrund der Macht, welche der Heiligen Jungfrau, Meiner Mutter, von Gott, dem Ewigen Vater, gegeben wurde. Sie hat enorme Macht über den Betrüger. Er ist machtlos gegen Sie, und er weiß das. Wenn ihr Meiner Heiligen Mutter erlaubt, euch zu den Gnaden zu führen, so kann sie euretwegen Fürsprache einlegen; dann werdet ihr gegen seinen Einfluss immun sein.

Indem die Menschen heute auf dieser Erde nach Glück und Frieden streben, suchen sie nach einer geheimen Formel. Hier verschwenden sie ihre Zeit, indem sie versuchen, das Geheimnis des Glücks, des materiellen Gewinns und des Friedens in ihrem Leben zu erschließen. Sie denken sich neue Wege aus, entwickeln Ideen, die alle durch Pläne gefördert werden, reich zu werden.

Unabhängig von allen Argumenten, die sie vorbringen, von denen die meisten auf psychologisch begründeten Idealismus basieren, es ist einfach nicht möglich, Friede und Freude in eurem Leben zu erreichen, wenn ihr nicht an Gott, den Ewigen Vater, glaubt. Er ist der einzige Spender des Lebens. Wenn ihr euch Ihm nicht nähert, werdet ihr geistig leer sein.

Denjenigen von euch, die viel Zeit investieren, indem sie versuchen Meine Existenz zu widerlegen, sage Ich: Ihr verschwendet eure Zeit, indem ihr Träumen nachjagt, die nie zum Tragen kommen werden. Eure hartnäckige Weigerung, euren Schöpfer, das höchste Wesen, das diese Welt erschuf, anzuerkennen, wird euch in einen Abgrund ewiger Finsternis führen.

Viele Menschen wie ihr, die besonders lange die Existenz Gottes in ihrem Leben leugneten, dadurch, dass sie die Lüge verbreiteten, dass es nicht so etwas wie Gott Vater gäbe, befinden sich jetzt leider durch ihre eigene Wahl in den Tiefen der Hölle. Lasst nicht zu, dass dies mit euren Seelen geschieht, wo diejenigen, die in der Hölle landen, brennen, als ob sie noch immer im Fleische wären.

Wie Satan über eure Unwissenheit lacht. Wenn ihr Gott leugnet, so verweigert ihr euer Recht auf ewige Glückseligkeit. Diese selbe ewige Glückseligkeit ist es, die ihr unablässig in dieser Welt sucht. Aber sie kann nicht auf Erden erlangt werden.

Lebt niemals euer Leben auf Erden, als ob dies der einzige Teil des Ablaufes eurer Existenz wäre; denn das ist es nicht. Eure eigentliche Heimat wird bei Mir im Paradies sein.

Euer liebender Erlöser Jesus Christus

66. Was werdet ihr während der „Warnung" und während des Gebetes um sofortige Vergebung erfahren?

Samstag, 16. April 2011, 10:00 Uhr

Meine geliebte Tochter, beeile dich, um das Bewusstsein rund um Meine Botschaft zu verstärken; denn die „Warnung" ist beinahe in der Welt. Sage jenen Seelen, die sich weigern zu beten, sie mögen ihren Stolz und ihre Abneigung beiseite schieben und sich Mir jetzt zuwenden und um Vergebung bitten. Sei dir im Klaren, dass viele, viele Seelen dieses unmittelbar bevorstehende Ereignis überleben werden. Viele dieser Seelen sind einfach träge und, während sie, trotz allem, doch vielleicht an Gott, den Ewigen Vater, glauben mögen, denken sie, dass sie sich zu irgendeinem künftigen Zeitpunkt dann mit ihrem spirituellen Glauben beschäftigen werden. Aber dann wird es zu spät sein.

Sage der Welt, dass dieses Ereignis stattfindet, um die Menschen zu retten. Viele werden während dieser mystischen Erfahrung bereuen. Sie werden ein brennendes Gefühl empfinden, ähnlich, wie es von Seelen im Fegefeuer erlebt wird. Dies wird ihnen einen Einblick geben, durch was Seelen, die nicht vollständig rein sind, hindurchgehen müssen, bevor sie das herrliche Licht des Himmels sehen können. Indem sie einfach akzeptieren, dass dieses Ereignis vielleicht stattfindet, können sie es überleben. Wendet euch an Mich und sagt: "Bitte führe mich zum Licht und zur Güte Deiner großen Barmherzigkeit und vergib mir meine Sünden" und Ich werde euch sofort verzeihen. Danach, nach der „Warnung", werdet ihr einen tiefen Frieden und Freude in eurer Seele erfahren.

Junge Leute finden es beschämend zu beten

Viele Menschen in der Welt von heute weigern sich zu beten. Insbesondere viele junge Menschen schämen sich und finden es altmodisch. Sie glauben irrtümlich, dass, wenn sie an Gott glauben, das Gebet ja nicht notwendig sei. Das ist nicht wahr. Es ist unerlässlich, um das Paradies zu betreten, das ihr nach dem Tod dringend ersehnen werdet. Wenn ihr in der Sünde verbleibt, könnt ihr dieses herrliche Fest nicht verkosten.

Genauso müssen diejenigen von euch, die sich fit halten, die ihren Körper umsorgen, die sorgfältig darauf achten, was sie essen, und die ständig pflegen, auch in dieser Weise ihre Seele vorbereiten. Wenn ihr nicht genau auf den Zustand eurer Seele achtet, wird sie schwach werden und es ihr an der Nahrung fehlen, die sie benötigt, um sicherzustellen, dass sie vollkommen in Form ist.

Gebet, um andere Menschen zu bekehren

Wegen des schwachen Glaubens unter jenen Menschen in der Welt, die Gläubige sind, haben diejenigen von euch, die stark im Glauben sind, jetzt eine enorme Verantwortung. Ihr müsst das folgende Bekehrungsgebet für die andere Menschen beten:

„O Jesus, ich bitte Dich dringend in Deiner Göttlichen Barmherzigkeit, bedecke jene lauen Seelen mit Deinem Kostbaren Blute, so dass sie bekehrt werden können."

Sprecht dieses kurze Gebet für jene, von denen ihr glaubt, dass sie es am dringendsten benötigen.

Kinder, vergesst nicht Meine wunderbare Verheißung: Ich werde am Ende triumphieren. Satan, der Verführer, kann einfach nicht überleben. Bitte, lasst Mich euch schützen und euch mit Mir nehmen. Gebt eure Seele nicht Satan. Ich liebe euch alle. Bittet Mich immer wieder jeden Tag, euren Glauben zu stärken.

Euer Göttlicher Erlöser

König der Barmherzigkeit und des Erbarmens

Jesus Christus

67. Auch kleine Gebetsgruppen der Göttlichen Barmherzigkeit können Millionen retten.

Samstag, 16. April 2011, 22:45 Uhr

Meine geliebte Tochter, die Zeit für die „Warnung" ist jetzt nahe und es wird schnell geschehen, in einem Augenblick. Alle werden zum Stillstand kommen, wenn sie Meine große Barmherzigkeit sehen. Betet an erster Stelle für all jene, die sich in Todsünde befinden. Sie brauchen eure Gebete; denn viele von ihnen werden aufgrund des Schocks tot umfallen, wenn sie — wie durch Meine Augen gesehen — den Abscheu der sündigen Gräueltaten erkennen, die sie begangen haben. Durch das Beten des Barmherzigkeitsrosenkranzes können Millionen gerettet werden, auch wenn es nur eine kleine Gruppe von gläubigen, liebevollen Anhängern tut.

Ich werde dir für dieses große Ereignis kein Datum geben, Meine Tochter. Aber sei versichert, die Zeit ist jetzt für die Welt da. Wie das Böse auf der ganzen Welt unvermindert wächst, so wird jetzt auch die Hand Meines Vaters überall niederfallen. Er wird sich nicht zurückhalten und zulassen, dass diese bösen Sünder im Bunde mit Satan Meine Kinder weiterhin vernichten oder verseuchen. Schande über jene selbstbesessenen Sünder, die Ich immer noch liebe, trotz des bösen Makels ihrer Sünde. Ich bit-

te euch, betet jetzt um die Vergebung ihrer Sünden.

Wie die Warnung jetzt stattfinden wird, so werden auch die ökologischen Katastrophen über die Menschheit hereinbrechen. Das Gebet ist jetzt eure einzige Waffe, Meine Kinder, euch selbst und die Menschheit vor dem Feuer der Hölle zu retten. Sobald die „Warnung" vorüber ist, werden Frieden und Freude vorherrschen. Und dann wird die Verfolgung durch das Neue Weltbündnis beginnen. Ihre Macht wird geschwächt werden, wenn genügend von euch Umkehr verbreiten und innig beten.

Habt keine Angst, Meine geliebten Anhänger, ihr werdet eng zusammenarbeiten, um für das Heil der Menschheit zu beten. Und ihr werdet in dem Prozess Millionen von Seelen retten.

Euer geliebter Erlöser Jesus Christus

68. Plan der Neuen Weltordnung zur Kontrolle eures Geldes und eurer Lebensmittel.

Sonntag, 17. April 2011, 9:00 Uhr

Meine geliebte Tochter, sage der Welt, dass sie jetzt im Begriff ist, eine Reihe ökologischer Katastrophen zu sehen. Sie werden an den ungewöhnlichsten und am wenigsten vermuteten Orten auftreten und werden schlimm in ihrer Intensität sein. Das sündige Verhalten der Menschen hat dies bewirkt. Tut alle Buße und vergesst nicht, diese Klimakatastrophen wecken euch aus eurem blinden Schlaf und aus eurem Mangel an Glauben.

Sie finden auch statt, um die Auswirkung der bösen Gruppe globaler Allianzen und ihrer boshaften, dummen Aktivitäten zu schwächen. Diese Gruppen, welche Ich als eine Neue Weltregierung in Lauerstellung bezeichnen will, plant, jetzt unter der Leitung des Antichristen loszuspringen. Dieselben Gruppen haben den Zusammenbruch des Bankensystems bewirkt und werden nun überall Währungen zerstören, damit sie euch kontrollieren können.

Meine Tochter, als Ich dir diese Botschaft vor einigen Monaten erstmals mitteilte, dachtest du, dass die Botschaften bizarr erscheinen, doch du schriebst nieder, was Ich dir gesagt habe. Der niederträchtige böse Plan dieser Schlangen, dieser Anhänger Satans, ist seit geraumer Zeit geschmiedet worden. Einige ihrer raffinierten Pläne sind bereits aufgedeckt worden; doch viele Menschen glauben, dass die Welt einfach noch eine weitere Finanzkrise durchläuft. Wacht jetzt alle auf. Schaut um euch herum und seht selbst.

Hört auf mit eurem Versuch, zu unterstellen, dass die Welt sich einfach in den Geburtswehen einer Depression befindet, verursacht durch einen Konjunkturrückgang in der Wirtschaft. Denn das ist nicht wahr. Diese Menschen werden jetzt durch eine globale Währung und Überschuldung eures Landes jeden Einzelnen von euch kontrollieren. Kein Land wird ihren Fängen entgehen. Bitte beherzigt Mein Wort: Euer Geld wird wertlos sein. Euer Zugang zu Lebensmitteln und anderem Notwendigen wird nur durch das Zeichen möglich sein, durch die Kennzeichnung, über die Ich sprach.

Bitte, bitte, nehmt dieses Zeichen nicht an, denn dann werdet ihr für Mich verloren sein. Dieses Zeichen wird euch töten, nicht nur körperlich, sondern auch geistig. Bleibt außerhalb dieser Gerichtsbarkeit. Beginnt jetzt, euren Vorrat an Lebensmitteln, Decken, Kerzen und Wasser zu planen, wenn ihr das Zeichen vermeiden wollt, das Zeichen des Tieres.

Er, der Antichrist, der diese neue Weltregierung anführen wird, glaubt, er werde die Seelen der Menschheit stehlen. Aber das wird er nicht. Genau so, wie viele unter seinen Einfluss fallen werden, so werden Meine Anhänger auch standhaft Mir, ihrem Göttlichen Erlöser, die Treue halten.

Ihr alle, die ihr diese Prophezeiungen mit Hohn und Spott überschüttet, hört jetzt zu: Fallt ihr unter den Einfluss der globalen Macht, so werdet ihr verloren gehen. Ihr werdet einen starken Glauben benötigen, um zu überleben. Um was ihr im Gebet erbittet, wird erhört werden. Ich werde euch während dieser schrecklichen Zeit auf der Erde schützen. Bereitet euch jetzt auf Zusammenkünfte in Gruppen vor, wo ihr in Frieden und im Geheimen beten könnt.

Sie, die Neue Weltordnung, werden sich auch im Gebet befinden, in ihren eigenen abscheulichen Kirchen. Diese Kirchen existieren überall, obwohl sie insgeheim eingerichtet wurden. Sie bringen ihrem Idol Satan Opfer dar und huldigen ihm. Diese Kulte greifen jetzt um sich und alle haben das eine gemeinsame aberwitzige Ziel: die Menschheit zu beherrschen. Sie werden dies tun, indem sie versuchen, euer Geld, eure Nahrungsmittel und eure Energie zu kontrollieren.

Bekämpft sie in der für euch bestmöglichen Weise, durch Gebet und Ausbreitung der Umkehr. Betet auch für diese verblendeten Menschen, denen großer Reichtum, Technologie, längere Lebensdauer und Wunder versprochen wurden. Wie sie sich doch irren. Sie wurden wirklich getäuscht. Wenn sie die Wahrheit herausfinden, werden sie in die Tiefen der Hölle gestürzt worden sein, und es wird zu spät sein.

Betet, betet alle täglich Meinen Barmherzigkeitsrosenkranz und den sehr Heiligen Rosenkranz so oft wie möglich, um die Auswirkungen dieses hinterhältigen und dämonischen Planes zu lindern. Betet auch für jene Seelen, die in den bevorstehenden globalen ökologischen Katastrophen, die durch die Hand Gottes, des Vaters, herbeigeführt werden, verloren sein werden. Sie brauchen eure Gebete. Bitte beherzigt Meinen Appell um Gebete; denn sie werden erhört werden.

Euer geliebter Erlöser Jesus Christus

69. Der Zorn Gottes fährt auf die Neue Weltordnung nieder.
Sonntag, 17. April 2011, 19:00 Uhr

Meine innig geliebte Tochter, mit großer Betrübnis muss Ich dir sagen, dass die bevorstehenden ökologischen Katastrophen einen riesigen Verlust an Menschenleben in Asien, Europa, Russland und den Vereinigten Staaten von Amerika zur Folge haben werden. Der Zorn Gottes, Meines Ewigen Vaters, wird rasch auf diese Globale Allianz niederfallen, die insgeheim Untergrundorganisationen plant, um über den Rest der Welt den Tod zu bringen, zu ihrem eigenen Vorteil. Sie sind verantwortlich für die Schaffung von Wohlstand, Landwirtschaft und neuer Technologien, die euch blenden würden, wären sie nicht so teuflisch in ihren Zielen.

Diese Menschen aus jedem Land der Ersten Welt sind reich, mächtig, talentiert und kontrollieren Banken, Militär, weltweite humanitäre Organisationen, Polizeikräfte, Regierungen, Energieversorger und die Medien. Keiner von euch kann ihren Klauen entkommen, wenn Ich euch nicht sage, wie.

Gebet, vor allem das Beten des Barmherzigkeitsrosenkranzes, wird Bekehrung ausbreiten, und durch das Rosenkranzgebet wird die Arbeit dieser bösen Parasiten, deren Idol Satan ist, geschwächt werden.

Das Interessante ist Folgendes: Viele dieser Fanatiker, die in diesem tückischen Netz gefangen sind, glauben, dass sie einfach ehrgeizig sind mit einem natürlichen Verlangen nach Reichtum, und sie haben keinerlei religiöse Überzeugungen. Was sie nicht wissen, ist, dass sie von Satan getäuscht werden und von ihm täglich beeinflusst werden. In ihren Gedanken, Erwartungen, Worten und Taten. Wie blind sie doch sind!

Überall, wo sie gruppiert sind, da wird auch der Zorn Gottes mit erschreckender Gewalt niederfahren. Dies ist bereits im Gange. Sie werden gestoppt werden, aber es wird eine Weile dauern. Es wird sie nicht vollständig stoppen, aber es wird die schrecklichen Auswirkungen abschwächen, die ihre Taten ansonsten haben würden.

Die Allerheiligste Dreifaltigkeit ist jetzt aktiv in Kommunikation mit auserwählten Seelen auf der ganzen Welt. Die Gläubigen werden dies bereits bemerkt haben. Jene, die nicht an Gott, den Vater, glauben, denken, dass diese Menschen lediglich Weltuntergangsspinner seien. Obwohl viele Menschen in der Welt heute in der Tat falsche Behauptungen aufstellen können, ignoriert sie bitte nicht, ohne vorher zu hören, was sie zu sagen haben.

Betet immer um Führung in diesen schwierigen und verwirrenden Zeiten. Konzentriert eure Aufmerksamkeit jederzeit auf Mich, euren Göttlichen Heiland. Ich werde euch fest an der Hand halten und euch durch diese Versuchungen hindurch helfen.

Viele Menschen werden, wenn sie sehen, dass diese Prophezeiungen eintreten, in Panik geraten und werden in vielen Fällen in Schrecken versetzt werden. Aber sie brauchen nichts zu befürchten, weil diese Periode von kurzer Dauer sein wird. Und dann werden der neue Himmel und die neue Erde kommen, wo ihr alle ein friedliches, langes und glückseliges Leben in Einheit mit Mir leben werdet.

Je mehr Menschen umkehren und Gott, den Vater, um Führung bitten, desto geringer werden die Auswirkungen der von der Neuen Weltordnung geplanten bösen Herrschaft sein.

Geht jetzt in Frieden. Betet, um euren Glauben an Mich zu stärken.

Euer barmherziger Heiland und gerechter Richter Jesus Christus

70. Sexuelle Unmoral wird euch zur Hölle führen
Montag, 19. April 2011, 23:50 Uhr

Meine Tochter, obgleich die Welt sich in verschiedene Klassen einteilt — diejenigen, die ein einfaches und geordnetes Leben führen, manche, die von Wohlstand und Frieden, diejenigen, die von Armut und Krankheit betroffen sind oder die Opfer von Krieg sind, und die Mächtigen — alle werden voller Staunen genau dieselben bevorstehenden Ereignisse sehen.

Viele werden ökologische Katastrophen als die Hand Gottes sehen. Andere werden sagen, dass sie ein Zeichen der Endzeit seien, während wiederum andere sagen werden, dass es alles mit der globalen Erwärmung zu tun habe. Aber, was jetzt in dieser Zeit am Wichtigsten ist, ist, Folgendes zu verstehen. Sünde, wenn sie auf ein beispielloses Niveau eskaliert, wird in eurem geordneten Leben irgendwie Zerstörung verursachen. Aber wenn sie sich zu dem gegenwärtigen Niveau verschärft, wie es von euch allen in der Welt heute erfahren und gesehen wird, dann könnt ihr sicher sein, dass bei solchen Katastrophen die Hand Gottes am Werke ist.

Gott, der Ewige Vater, hat bereits reagiert und auf diese Weise gehandelt. Jetzt, da die Zeit naht, Satan und seine Anhänger zu vernichten, werden von Gott in seiner Barmherzigkeit weitere ökologische Unruhen entfesselt werden. Er wird dies tun, um Satan und all seinen verdorbenen menschlichen Marionetten vorzubeugen, die geifern bei der Aussicht auf Reichtum und Ruhm, die er ihnen durch seine psychologischen Kräfte verspricht.

Satan flößt böse Gedanken und Aktionen in Seelen ein, die schwach genug sind, sich seinen vereinnahmenden Kräften auszusetzen. Solche Menschen haben gemeinsame Merkmale. Sie sind egozentrisch, besessen von weltlichen Ambitionen und Reichtum und sind sexuellen Perversionen verfallen und machtsüchtig. Alle werden in der Hölle landen, wenn sie der Verherrlichung des Antichristen folgen, der dabei ist, sich in der Welt bekannt zu machen.

Viele arglose Menschen glauben nicht an Satan, an den Antichristen oder gar an Gott, den Vater, den Allmächtigen. Also schließen sie die Augen. Doch sie wundern sich, warum die ganze Gesellschaft, in der sie leben, zusammengebrochen ist. Sie verstehen nicht die beängstigende Geschwindigkeit bei dem Zusammenbruch der traditionellen Familieneinheit. Sie führen dies auf die Übel der modernen Gesellschaft zurück. Was sie nicht wissen, ist, dass Satan an erster Stelle auf die Familie abzielt. Das ist, weil er weiß, dass, wenn die Familie zusammenbricht, dann auch die Gesellschaft zusammenbricht. Viele wissen das, weil es in der heutigen Welt zunehmend offenkundig wird.

Dann schaut auf die sexuelle Unmoral. Ihr seid erstaunt, wie schrecklich die Gesellschaft mit dieser Sittenlosigkeit verseucht worden ist. Wieder einmal ist — was ihr nicht erkennt — Satan für jede einzelne Handlung obszöner Unmoral in der Welt verantwortlich. Während diejenigen von euch, die in einer Welt der sexuellen Freizügigkeit und der sexuellen Perversion und des Missbrauchs an anderen Menschen gefangen sind, argumentieren werden, dass diese Handlungen eine Quelle des Vergnügens sind und in manchen Fällen eine Form von Einkommen — so müsst ihr wissen, dass diese euer Reisepass zu den ewigen Flammen der Hölle sein werden.

Für jeden verkommenen sexuellen Akt, an dem ihr teilnehmt, so wird auch euer Körper — auch wenn ihr Geist sein werdet — für die Ewigkeit brennen, als ob er noch im Fleische ist. Jeder Teil des menschlichen Körpers, den ihr durch die Todsünde missbraucht, wird in den Feuern der Hölle die höchste Qual erleiden. Warum solltet ihr das wollen? Viele von euch armen, verblendeten Seelen erkennen nicht, dass euch noch nie die Wahrheit gesagt worden ist. Die Wahrheit, dass es den Himmel, das Fegefeuer und die Hölle gibt.

Viele meiner wohlmeinenden geistlichen Diener der Kirchen haben für eine sehr lange Zeit diese Lehren nicht betont. Schande über sie. Ich weine wegen ihrer Qual, weil viele von ihnen selbst nicht wirklich an die Hölle glauben. Wie also können sie über das Grauen predigen, das die Hölle ist? Sie können es nicht. Denn viele haben die einfache Antwort gewählt: „Gott ist immer barmherzig. Er würde euch niemals zur Hölle schicken? Oder würde Er das?"

Die Antwort ist: Nein — Er tut es nicht. Das ist wahr, weil er niemals Seinen Kindern den Rücken kehren könnte. Aber die Realität ist, dass viele, viele Seelen, die durch die Todsünde blockiert sind, dazu verleitet worden sind — da sie sich einmal ihren Sünden hingegeben haben —, diese wieder und wieder zu begehen. Immer wieder. Sie befinden sich in so tiefer Finsternis — behaglich in ihrer eigenen Unmoral —, dass sie fortfahren, diese Finsternis sogar nach dem Tod zu wählen. Sie können dann nicht gerettet werden. Sie haben diesen Weg gewählt aufgrund ihres eigenen freien Willens, ein Geschenk Gottes, in den Er

nicht eingreifen kann. Aber Satan kann es. Und er tut es.

Wählt, welches Leben ihr wollt. Den Weg des Lebens zu Gott, dem Ewigen Vater, in den Himmel oder zu Satan, den Verführer, in die Feuer der ewigen Hölle. Es gibt keine klarere Weise, euch, Meinen Kindern, das Resultat zu erklären. Aufgrund Meiner Liebe und Meines Erbarmens muss Ich euch die Wahrheit lehren.

Diese Botschaft ist dazu bestimmt, euch irgendwie aufzuschrecken; denn wenn Ich euch nicht zeigen würde, was ihnen bevorsteht, würde Ich Meine wahre Liebe für euch alle nicht offenbaren.

Es ist Zeit, der Zukunft ins Auge zu sehen, nicht nur für euch selbst, sondern auch für die Freunde, für die Familie und für geliebte Menschen, die ihr durch euer eigenes Verhalten beeinflusst. Verhalten bringt Verhalten hervor. Arglose Menschen können euch unbewusst lenken und leiten, auch auf den Weg zur ewigen Finsternis, durch Unwissenheit.

Kümmert euch um eure Seele. Sie ist ein Geschenk Gottes. Sie ist alles, was ihr in die nächste Welt mit euch nehmen werdet.

Euer Erlöser Jesus Christus

71. Steh auf gegen die Angriffe Satans.
Mittwoch, 20. April 2011, 17:45 Uhr

Meine Tochter, dein Glaube wird kontinuierlich jede Stunde des Tages geprüft, wenn du durch Außenstehende unter Druck gesetzt wirst, diese Botschaften abzulehnen. Diesen Druck wird es immer geben. Es ist Zeit, dass du dich an diese Quälerei gewöhnst. Du kannst jetzt beruhigt sein — mehr denn je —, dass diese Botschaften echt sind und von Mir, dem Göttlichen Erlöser der Menschheit, Jesu Christus, stammen.

Es macht Mich traurig, wenn Ich sehe, dass Gläubige, insbesondere, wenn sie so von dem Betrüger beeinflusst sind, Mein Heiliges Wort ablehnen, wenn es für die Welt dargeboten wird, damit sie es erfährt.

Meine Tochter, du bist mehr als fähig, jetzt alle Stimmen zu ignorieren, die behaupten, sie sprächen mit der Autorität, welche ihnen durch göttliche Quellen gegeben worden sei. Viele falsche Propheten sind in der heutigen Welt präsent und sie sind nicht das, was sie zu sein beanspruchen. Höre einzig auf Meine Stimme, wie Ich dir früher gesagt habe. Du brauchst keine Genehmigung anderer Menschen, um mit diesem heiligen Werk weiterzumachen.

Diese Bücher heiliger Botschaften werden mit der Zeit als das gesehen werden, was sie sind. Du darfst dich niemals von falsch informierten Seelen dazu verleiten lassen, dass sie nicht göttlich inspiriert seien. Denn das ist nicht der Fall. Blocke die Lügen ab, die durch den Betrüger, Satan, deine Ohren bombardieren werden. Er, Meine Tochter, will dieses Werk stoppen und wird alles tun, um dich zu behindern.

Erhebe dich jetzt und sprich mit der Autorität des Heiligen Geistes, die dir, Meiner kostbaren Tochter, vermacht worden ist. Du bist eine auserwählte Botin, um, wie Ich schon sagte, die wichtigsten Botschaften für die Menschheit in dieser Zeit zu übermitteln. Du machst Mich so glücklich mit der Stärke und dem Mut, die du angesichts der Angriffe, die du durch die Hände Satans ertragen musstest, gezeigt hast. Vergiss das nicht, obgleich du dieses Werk mit der Demut, die von dir erwartet wird, annehmen musst.

Empfange Mich jetzt jeden Tag in deiner Seele für extra Gnaden. Ich liebe dich, Meine Tochter. Der Himmel jubelt über die Geschwindigkeit deiner Reaktion auf Meinen Allerheiligsten Willen.

Dein Erlöser Jesus Christus

72. Verteidigt das Recht eurer Kinder auf eine christliche Erziehung
Karfreitag, 22. April 2011

Meine geliebte Tochter, heute ist die Zeit für all jene, die an die Passion des Kreuzes glauben, zu helfen es zu tragen, damit Mein Wort noch einmal in der Welt gehört werden kann. Erinnert sie daran, wie Ich gestorben bin und warum das die Erlösung ausmacht. Es ist jetzt eure Pflicht, jene zu informieren, die ihren Weg verloren haben, um ihre Herzen wieder der Wahrheit Meiner Lehre zu öffnen.

Steht jetzt auf und verteidigt eure Rechte, Christen zu sein. Obwohl Ich von eurer Seite Toleranz erwarte, wobei ihr die Ansichten anderer Religionen respektieren müsst —, beleidigt Mich niemals, indem Ihr euren christlichen Glauben zur Seite schiebt — auf den zweiten Platz. Es ist eine gefährliche Lehre, wenn ihr Toleranz fälschlicherweise für einen Ersatz für die Wahrheit haltet. Seid offen für andere Religionen und behandelt eure Brüder und Schwestern in gleicher Weise.

Fühlt euch allerdings nie dazu gedrängt, eure Überzeugungen beiseite zu schieben oder das Recht eurer Kinder auf eine christliche Erziehung zu verleugnen. Viele Schulen, die von christlichen Organisationen betrieben werden, beugen sich dem Druck, ihre Treue zu Mir aufzugeben. Viele Regierungen versuchen durch neue Gesetze, das Christentum und dessen Ausbreitung zu verbieten. Doch ihr werdet feststellen, dass andere nichtchristliche Religionen weniger unfreundlich behandelt werden. Stattdessen wird jede Religion wohlwollender toleriert werden als das Christentum.

Kämpft jetzt für euren Glauben. Betet um Bekehrung. Betet, dass diese Regime, die euer Recht, ein Christ zu sein, unterdrücken, mehr Toleranz zeigen. Es zu unterlassen, diesem Druck standzuhalten, wird eine ausgedörrte Welt zur Folge haben, wo weniger Christen ihren Glauben praktizieren werden.

Nehmt das Kreuz von heute auf und seid anderen Menschen ein Vorbild. Schämt euch niemals des Kreuzes.

Euer liebender Erlöser
Jesus Christus, Menschensohn

73. Gelobt eure Treue zu Meiner Göttlichen Barmherzigkeit.

Ostersonntag, 24. April 2011, 16:40 Uhr

Meine innig geliebte Tochter, mit Freude jubeln Meine Kinder jetzt in Gedenken an Meine Auferstehung. Dieses Jahr ist wichtig, denn es markiert den Anfang der neuen Ära der Erleuchtung, die in Kürze in der Welt beginnen soll.

Mein großes Geschenk der Barmherzigkeit wird enorme Erleichterung für die Gläubigen bringen und ein unermessliches Gefühl der Euphorie unter den Nichtgläubigen, die sich bekehren werden. Wenn sie die Wahrheit entdecken, werden sie erleichtert sein und sie werden erfüllt sein von Liebe für Gott, den Ewigen Vater, und für Mich, euren Göttlichen Erlöser. Sogar Nichtchristen werden die Wahrheit Meiner Existenz verstehen. Am Ende wird dies ein großes Gefühl der Freude und Liebe in der Welt hervorrufen.

Auf die „Warnung" muss das Gebet folgen

Es ist jedoch wichtig, eine wichtige Lehre hinsichtlich der „Warnung" nicht zu vergessen. Auf dieses große Ereignis, wenn ihr nicht nur eure Sünden sehen werdet, wie Ich sie sehe, sondern auch die Wahrheit über das nächste Leben verstehen werdet, muss Gebet folgen.

Leider werden viele danach wieder in Sünde fallen. Jetzt ist die Zeit, euch vorzubereiten, diese Situation zu vermeiden, indem ihr jeden Tag eures Lebens Meinen Barmherzigkeitsrosenkranz betet. Indem ihr euch angewöhnt, dieses mächtige Gebet zu beten, werdet ihr das Niveau der Umkehr und des Glaubens beibehalten, welches die Welt danach reinfegen wird.

Freuet euch, betet und dankt Mir, eurem Göttlichen Heiland, für diese große Gnade. Kniet nieder und preist Gott, den Vater, für das Geschenk Meines Opfers. Das Gebet wird helfen, die Auswirkungen der Verfolgung durch die globale Neue-Welt-Allianz, die folgen wird, zu mindern. Wenn genug von euch Mir, Meinen Lehren, treu bleiben und fortfahren zu beten sowie die Sakramente zu empfangen, könnt ihr den Verlauf der Ereignisse, die sonst folgen würden, ändern.

Wie mächtig doch Meine Göttliche Barmherzigkeit ist. So viele von euch verstehen noch immer nicht deren Bedeutung. Viele haben leider nie zuvor davon gehört.

Für diejenigen von euch, die Mir treu sind: Ich muss jetzt eine ganz besondere Bitte an euch richten. Ich will nicht irgendeines Meiner Kinder vernichtet sehen. Deshalb wird euch die „Warnung" gegeben. Diese wird jedem von euch, auch den Skeptikern unter euch, zeigen, was während des Jüngsten Gerichts tatsächlich geschehen wird. Um Mir zu helfen, jede Seele zu retten, möchte Ich daher, dass ihr euer eigenes Geschenk gelobt, und zwar, Mir zu helfen, Seelen zu gewinnen.

Bildet Gebetsgruppen von der Göttlichen Barmherzigkeit in der ganzen Welt und verwendet dieses Gebet für jede Person, von der ihr wisst, dass sie möglicherweise im Sterben liegt; denn Ich werde ihre Rettung garantieren, wenn ihr das tut.

Versammelt euch jetzt, Mein Volk. Folgt eurem Erlöser. Betet, wie ihr noch nie zuvor gebetet habt, und dann werden mehr Seelen gerettet werden. Dann werdet ihr alle an der neuen Welt Anteil haben, die Ich euch versprochen habe, wenn Himmel und Erde zu einer Einheit verschmelzen werden. Diese herrliche Zukunft ist für jeden von euch bestimmt.

Anstatt diese große Veränderung zu fürchten, öffnet euren Geist, euer Herz und eure Seele gegenüber der großen Freude, die bevorsteht. Durch das Verschmelzen zu einer großen, machtvollen Gruppe auf der ganzen Welt, in jedem Land, in jeder Familie, in jeder Kirche und in jeder Gemeinde, werdet ihr einen großen Unterschied machen.

Eure Gebete werden helfen, vieles von der Verfolgung zu verhindern, die, wie vorausgesagt, geschehen wird. Daher, aus Hochachtung vor Mir, euren jeden liebenden Heiland, folgt Mir jetzt.

Ich lebe in jedem Einzelnen von euch. Ich weiß, was in euren Herzen und Seelen enthalten ist. Indem ihr Mir euer Versprechen der Barmherzigkeit für eure Brüder und Schwestern gebt, werdet ihr besondere Gnaden erhalten.

Euer Göttlicher König der Barmherzigkeit und gerechter Richter

Jesus Christus

74. Bekehrt andere bei jeder Gelegenheit.

Ostersonntag, 24. April 2011, 20:30 Uhr

Meine innig geliebte Tochter, der heutige Tag ist insoweit bedeutungsvoll, dass Meine Auferstehung vom Tode Meine Verheißung an die Menschheit erfüllt hat. Dass Ich durch die Auferstehung helfen werde, euch alle zum Licht des Himmels emporzuheben. Erhebt euch jetzt alle und kommt zu Mir und zu eurer eigenen Rettung.

Meine Kinder, ihr müsst bei jeder Gelegenheit andere Menschen bekehren. Je mehr ihr erklärt und je mehr ihr diesen schwachen Seelen die Liebe in eurem Herzen zeigt, wird dann das letztendliche Resultat erreicht werden, wenn ihr eine andere Seele bekehrt. Ich werde euch mit großen Segnungen überhäufen. Dies ist ein ganz besonderes Geschenk von Mir und stellt eurerseits einen Akt großer Barmherzigkeit (für die von euch zu bekehrenden Seelen) dar.

Die Bekehrung, Meine Kinder, wird Seelen retten. Wenn eine Bekehrung stattfindet, so breitet sich diese dann auf die Freunde und Bekannten der Person aus, die bekehrt worden ist. Bekehrung verbreitet Bekehrung, egal ob ihr ausgelacht werdet oder behandelt werdet, als ob ihr Unsinn sprecht. Das erfordert viel Tapferkeit eurerseits, Meine lieben Getreuen. Aber jedes Mal, wenn ihr aufsteht und Meine Lehren anderen Menschen erklärt, werden sie zuhören. Obwohl einige euch vielleicht belächeln mögen und euch, wie es scheinen mag, nicht ernst nehmen, tief im Inneren werden viele auf das hören, was ihr zu sagen habt.

Wenn der Heilige Geist während eurer Arbeit durch euch wirkt, werden die Empfänger ein Ziehen in ihrem Herz fühlen. Doch sie werden nicht wissen, warum. Dann werdet ihr sie näher heranziehen.

Einige Menschen werden sich Zeit lassen, um zu antworten. Aber seid geduldig. Sie werden beginnen, allmählich nachzugeben. Zunächst werden sie euch eine Frage stellen. Diese wird sich in der Regel darauf beziehen, ob etwas richtig ist oder ob es falsch ist. Dann wird die Bekehrung Wurzeln schlagen. Gebt bei der Verbreitung der Wahrheit Meiner Lehre niemals auf. Diese muss nicht wie bei einem Prediger sein. Vielmehr kann es sehr unaufdringlich geschehen. Bekehrt andere Menschen in eurem Alltagsleben durch normales Gespräch. Auf diese Weise werden die Menschen aufnahmefähiger sein.

Meine Kinder, ihr werdet euch jedoch von der Reaktion anderer Menschen geschockt fühlen, vor allem derjenigen, die ihr Leben in Ablehnung und Finsternis leben. Ihre Antwort wird aggressiv und spöttisch im Ton sein. Ihr werdet gefragt werden, ob ihr wirklich an so einen Unsinn glaubt. Dann werdet ihr ausgeschimpft und beleidigt werden. Eure Intelligenz wird in Frage gestellt werden. Euch wird vorgeworfen werden, dass ihr euch wegen persönlicher Schwierigkeiten der Religion zuwendet. Ihr werdet euch von Zeit zu Zeit in Verlegenheit gebracht fühlen und stellt vielleicht fest, dass es schwer ist, sich zu verteidigen.

Schweigt in solchen Situationen. Dann stellt einfach von Zeit zu Zeit Fragen.

Fragt solche Seelen: „Warum fühlt ihr so?" Je mehr Fragen ihr ihnen stellt, desto mehr werden diese Menschen beginnen, ihre eigenen Antworten zu bewerten. Ihr werdet nicht alle von der Wahrheit überzeugen. Doch jeder Versuch eurerseits wird euch in Meinen Augen erheben.

Geht jetzt, Meine Kinder. Bekehrt in Meinem Namen, und ihr werdet mit vielen, vielen Gnaden beschenkt werden.

Euer geliebter Erlöser Jesus Christus

75. Der arabische Aufstand wird globale Unruhen entfachen - Italien wird negative Konsequenzen auslösen.

Dienstag, 26. April 2011, 20:10 Uhr

Meine geliebte Tochter, die Tränen, die Ich für alle Meine geliebten, gequälten Kinder in der Welt vergieße, die Opfer von Gewalt und Missbrauch sind, enden nie. Meine armen, kostbaren Kinder leiden überall auf der ganzen Welt und besonders in der arabischen Welt. Wie quälen Mich ihre Leiden. Diese armen hilflosen Seelen. Bitte, bete für sie, Meine Tochter, indem du dein eigenes Leiden für sie aufopferst.

Die Grausamkeiten, die in der arabischen Welt begangen werden, werden sich leider fortsetzen, da mehr arabische Staaten in eine Reihe von Konflikten verwickelt werden. Der Zeitpunkt für den ersten der Morde, von denen Ich zu dir im vergangenen Februar gesprochen habe, wird in Kürze eintreten. Der Aufstand der arabischen Welt wird indirekt in jeder Ecke der Welt Unruhe entfachen.

Italien wird an den Streitigkeiten maßgeblich beteiligt sein, was die Verstrickung von Weltmächten in einen Krieg einleiten wird — all diese Ereignisse sind unvermeidlich, aber das Gebet kann Leiden lindern. Bete, Meine Tochter, dass die Menschen sich Mir zuwenden und Mich um Hilfe und Führung durch diese Zeiten des Aufruhrs hindurch bitten.

Ich will nicht zusehen, wie Meine Kinder leiden. Aber leiden werden sie, bis bei der „Warnung" die Wahrheit enthüllt worden ist. Betet jetzt für jene fehlgeleiteten Diktatoren, die unschuldige Seelen töten.

Ich rufe Meine geistlichen Diener auf der ganzen Welt auf, zu akzeptieren, dass sich jetzt die Prophezeiungen entfalten, die im Buch der Offenbarung vorhergesagt sind. Verbreitet die Wahrheit Meiner Lehren und rettet eure Herde, bevor die Zeit abläuft. Geht jetzt. Tut eure Pflicht Mir gegenüber. Ich rufe diejenigen von euch auf, die Meine Lehren verwässert haben, jetzt damit aufzuhören. Schaut in eure Herzen und sagt Meinem Volk die Wahrheit, dass sie nicht gerettet werden können und nicht gerettet werden, solange sie sich nicht um die Vergebung ihrer Sünden bemühen. Sie müssen sich in Meinen Augen demütigen und Mich bitten, ihnen das Geschenk der Erlösung zu geben.

Ihr, Meine geistlichen Diener, müsst nun die Rolle ausüben, für die ihr ausgewählt wurdet. Seid mutig. Verkündet die Wahrheit.

Euer liebender Heiland Jesus Christus

76. Sag ihnen, dass Ich sie liebe, aber Ich möchte, dass sie mit Mir sprechen.

Dienstag, 31. Mai 2011, 10:00 Uhr

Meine innig geliebte Tochter, dies ist für dich eine ganz außergewöhnliche Reise in so kurzer Zeit gewesen. Ich sehe ein, dass du jetzt müde bist. Doch die Geschwindigkeit, mit der diese Botschaften von dir empfangen und in so vielen Sprachen veröffentlicht wurden, so schnell, zeigt die Dringlichkeit, die sie haben. Dies zeigt auch die göttliche Führung, die in ihrem vollkommensten Format am Werke ist.

Diese Botschaften sind, obwohl sie voll von Meinen Lehren sind, wirklich gegeben, um die Wichtigkeit der Vorbereitung eurer Seele in diesem Leben, während ihr es noch könnt, zu erklären. Viele Menschen, insbesondere solche mit wenig Glauben an Gott, den Ewigen Vater, werden, wenn sie diese Botschaften lesen, von ihnen beunruhigt werden. Viele werden sich bekehren. Einige werden Angst um ihre Zukunft auf dieser Erde und die ihrer Familien und Freunde haben.

Sag ihnen, dass Ich sie liebe

Wenn sie ihren Geist für die Tatsache öffnen, dass Gott wirklich existiert, dann werden sie für den zweiten Schritt bereit sein. Das ist, wenn sie sich zu fragen beginnen, warum eine solche Kommunikation überhaupt stattfindet. Warum Jesus Christus, der einzige Sohn Gottes, des Ewigen Vaters, solch außerordentliche Maßnahmen ergreifen würde. Und dann werden sie zu dem naheliegenden Schluss kommen: Es ist, weil Ich jeden Einzelnen von Euch liebe, dass ich euch noch einmal retten möchte. Ich möchte euch alle umsorgen und Ich werde bis zum Äußersten gehen, euch näher an Mein Herz zu bringen.

Ich möchte euch in euren Herzen so berühren, dass sich in euren Seelen ein Licht entfachen wird. Es gibt in dieser Welt nichts zu fürchten, wenn ihr Mir völlig vertraut. Ich habe für euch alle, die ihr näher an Mein Heiligstes Herz kommt, wunderbare Pläne. Die kostbarsten Geschenke warten auf euch. Habt keine Angst vor der weltlichen Unruhe. Denn Ich werde all diejenigen schützen, die an Mich glauben, und werde für ihre leiblichen Bedürfnisse vorsorgen. Vertraut Mir, dem Herrn der Menschheit, der Ich noch einmal gesandt bin, um euch vor der ewigen Finsternis zu retten.

Wendet euch Mir zu, wie es unschuldige Kinder tun würden. Es besteht keine Notwendigkeit, Gebete zu lernen, wenn ihr unwissend seid. Ja, sie sind sehr hilfreich und machtvoll, aber alles, um was Ich euch bitte zu tun, ist, mit Mir in der Art und Weise zu sprechen, wie ihr gewöhnlich mit einem Freund plaudern würdet. Entspannt euch. Vertraut euch Mir an. Bittet Mich um Meine Hilfe. Meine Barmherzigkeit ist voll und überfließend und wartet nur darauf, euch zu überströmen.

Wenn ihr nur wüsstet, welches Erbarmen Ich für alle Menschen auf Erden habe — sogar für die Sünder. Ihr seht, Meine Kinder sind Meine Kinder, selbst wenn Sünden ihre Seelen beflecken. Ich verabscheue die Sünde, aber liebe die Person. So viele von euch haben Angst, Mich regelmäßig um Vergebung zu bitten. Aber ihr dürft euch niemals Sorgen machen. Niemals. Wenn es euch wirklich leid tut, dann wird euch verziehen werden.

Meine Kinder, die Sünde wird ein ständiges Problem in eurem Leben sein. Sogar Meine treuesten Anhänger sündigen und sündigen immer und immer wieder. Das ist eine Tatsache. Sobald Satan in der Welt entfesselt worden war, wurde die Sünde weit verbreitet. Viele schämen sich, sich zu Mir hinzuwenden. Sie senken ihre Köpfe und schließen die Augen, wenn sie sich schlecht verhalten haben. Zu stolz und voller Scham setzten sie den Weg fort, als ob die Sünde in Vergessenheit geraten sei. Was sie nicht wissen, ist, dass Finsternis die Finsternis anzieht.

Also, wenn ihr sündigt, ist es viel leichter, erneut zu sündigen. Dadurch, dass ihr euer Gewissen betäubt, wird sich dieser Zyklus immer weiter fortsetzen. Dann wird der Sünder jede Ausrede gebrauchen, um das falsche Tun zu ignorieren. Sie werden in dieser Spirale dauernd weiter nach unten fallen. Das ist, weil sie nicht wissen, wie man um Vergebung bittet. Weil sie nicht die Bedeutung der Demut verstanden haben, glauben sie, dass es nicht möglich sei, sich an Mich zu wenden, um Mich zu bitten, ihnen zu vergeben.

Es ist nicht kompliziert, wisst ihr, Mich um Vergebung zu bitten. Habt niemals Angst vor Mir. Ich erwarte jeden von euch, der den Mut hat, seine eigenen Sünden zu verurteilen. Wenn ihr euch das zur Gewohnheit macht, werden euch außerordentliche Geschenke gegeben werden. Nachdem ihr eure Sünden gebeichtet habt, werdet ihr im Stande der Gnade sein. Dann, wenn ihr die Heilige Eucharistie empfangt, werdet ihr eine wogende Energie fühlen, die euch überraschen wird. Dann, und nur dann, werdet ihr den wahren Frieden finden.

Nichts wird euch aus der Fassung bringen. Ihr werdet stark sein, nicht nur in eurer Seele. Euer Geist wird ruhiger und beherrschter sein. Ihr werdet dem Leben mit einer anderen positiveren Einstellung begegnen. Wer würde sich nicht ein solches Leben wünschen?

Kommt zurück zu Mir, Kinder, während dieser Zeit der Betrübnis in der Welt. Lasst Mich euch die Freude zeigen, die euch zukommt, wenn ihr euch Mir zuwendet. Vergesst nicht: Ich gab dereinst Mein Leben für euch hin. Meine Liebe kennt keine Grenzen. Ich werde auf euer Rufen antworten. Alles, was ihr tun müsst, ist zu bitten.

Euer kostbarer liebender Erlöser

77. Demut ist notwendig, um in den Himmel einzugehen.

Freitag, 29. April 2011, 15:15 Uhr

Meine innig geliebte Tochter, Demut ist eine Lektion, die alle diejenigen, die in Mein Reich eingehen möchten, lernen müssen.

Demut verkündet eure Kleinheit in Meinen Augen, wobei ihr Mich verehrt, euren Erlöser, den menschgewordenen Sohn Gottes. Ohne sie kommt Stolz auf. Es hilft euch nichts, wenn ihr euch selbst für Mein Königreich als geeignet bezeichnen wollt.

In der heutigen Welt wird Demut nicht mehr akzeptiert, in einer Zeit, wo Durchsetzungsvermögen und das Verlangen, selbst erfolgreicher zu sein als andere, für eine bewundernswerte Eigenschaft gehalten wird. Jene, die sich nicht selbst erhöhen oder nicht mit Selbstvertrauen und Arroganz vorangehen, werden in der Welt ignoriert. Ihr Charakterzug der Demut und Großzügigkeit gegenüber anderen wird als eine Schwäche betrachtet — nicht der Mühe wert, in das Unternehmen einbezogen zu werden. Doch die dem Stolz entgegengesetzte Tugend ist der Schlüssel zum Eintritt in das Himmelreich. Also, was als eine erfolgreiche Herangehensweise gilt, den Schlüssel zu Wohlstand und Reichtum in diesem Leben zu entwickeln, ist genau die Formel, die euch nach dem Tode zur Finsternis führen wird.

Demut, wobei ihr akzeptiert, dass ihr eurem Urheber und Schöpfer zu allererst dienen müsst, ist das, was wirklich wichtig ist. Dadurch, dass ihr eure Nichtigkeit kundtut, verkündet ihr die Glorie Gottes.

Demut ist eine Tugend, die nicht nur in Meinen Augen kostbar ist, sondern die auch einen wichtigen Teil eurer spirituellen Entwicklung ausmacht. Sie bedeutet, anderen den Vorrang zu geben gegenüber euch selbst, zur Ehre Gottes. Doch es ist so leicht, so schnell in einen Zustand des Stolzes zu fallen.

Warnung an auserwählte Seelen

Nehmt jene, die hart gearbeitet haben, ihr spirituelles Leben zu entwickeln, um Mich zu erfreuen. Dann betrachtet jene glücklichen Seelen, denen Gaben gegeben worden sind, um durch die Kraft des Heiligen Geistes als Visionäre in der Welt zu wirken. Sehr oft beginnen sie, nachdem sie diese Gnaden erlangt haben, fast unmerklich, sich selber herausgehobener zu sehen als ihre Brüder oder Schwestern. Sie rühmen sich der Geschenke, die sie besitzen. Dann wählen sie aus, wie sie diese Gaben weitergeben. Ihr Selbstruhm wirkt sich dann auf ihre Fähigkeit aus, die Wahrheit zu vermitteln. Was sie vergessen haben, ist, dass alle Gaben, die ihnen gegeben wurden, von Mir kommen. Ich liebe jeden Einzelnen. Ihnen sind diese Gaben gegeben worden, um sie weiterzugeben. Ebenso, wie Ich diese Gaben solch auserwählten Seelen zum Wohl der anderen Menschen gebe, so kann Ich sie auch wegnehmen.

Eigenruhm hält euch davon ab, wahrhaft Meinen Schritten zu folgen. Lernt, demütig, geduldig und ohne Stolz zu sein. Wenn ihr auf die Demut hinarbeitet, wird euch ein besonderer Platz in Meinem Herzen gegeben werden.

Wenn Ich gewisse Menschen als auserwählte Seelen erwähle, sollten sie dies als ein Geschenk betrachten. Sie dürfen niemals denken, dass sie in Meinen Augen wichtiger sind, denn Ich liebe jeden Einzelnen. Doch Ich werde gute Arbeit belohnen, sobald Mir und euren Brüdern und Schwestern Demut gezeigt wird.

Euer liebender Erlöser Jesus Christus

78. Menschen auf der ganzen Welt teilen die gleichen Charakterzüge.

Samstag, 30. April 2011, 20:45 Uhr

Ich freue Mich heute Abend, Meine geliebte Tochter, aufgrund der Art und Weise, wie du Mir gehorchst. Dein Gehorsam, der täglichen Heiligen Messe beizuwohnen und die Heilige Eucharistie zu empfangen, erfreut Mich. Du wirst jetzt stärker an Geist und Seele, um schnell auf Meinen Heiligen Willen zu reagieren. Du hast noch immer viel Arbeit zu vollbringen, Meine Tochter, um deine Seele in Richtung Vollkommenheit vorzubereiten, die von dir verlangt wird. Hab keine Angst, denn Ich leite dich bei jedem Schritt des Weges.

Meine Tochter, wie liebe Ich doch die Sünder. Wie sehne Ich Mich nach ihrer Treue zu Mir. Ich beobachte und Ich sehe Menschen mit Freunden und Familie glücklich lachend in ihrem Zuhause und Ich bin mit Freude erfüllt, weil Mein Geist dort vertreten ist. Dann schaue Ich in andere Heime, und Ich sehe Verwirrung, Betrübnis, Zorn und in einigen Fällen Böses in Form von Missbrauch. Und Ich weine. Denn Ich weiß, dass Satan in diesem Hause anwesend ist. Dann beobachte und sehe Ich Gruppen von Freunden, die in ihrem täglichen Leben gemeinsam für das Wohl anderer Menschen arbeiten, und Ich freue Mich darüber.

Ich sehe dann auf andere Gruppen, die fieberhaft für das eigene Wohl arbeiten, mit nur einem Motiv, und zwar, enorme Mengen an Macht und Reichtum hervorzubringen. All ihre Aktionen haben ein einziges Ziel: sich um sich selbst zu sorgen, und das ist in der Regel auf Kosten anderer Menschen. Und Ich weine, denn Ich weiß, dass sie sich in der Finsternis befinden.

Und dann sehe Ich gebannt die intelligenten, gebildeten Gruppen, welche die Welt überzeugen wollen, dass Gott, Mein Ewiger Vater, nicht existiert. Sie schimpfen, präsentieren ausgeklügelte Argumente, wenn sie auch Mich arrogant leugnen. Dann Gläubige sehen zu müssen, die — lau im Glauben — in diese Höhle der Finsternis mitgezogen wurden, bricht Mir das Herz. Es gibt so viele, viele Gruppen mit unterschiedlichen Interessen, Zielen, Absichten. Leider investieren sehr wenige Zeit, um mit Gott, dem Ewigen Vater, zu kommunizieren.

Der Glaube hat viele Millionen Menschen in der Welt von heute verlassen. Das Ergebnis ist, dass sich viele Menschen ver-wirrt fühlen, dass sie nicht wissen, welche Ziele anzustreben sind, noch sich um Führung durch Meine geistlichen Diener bemühen.

Dieser Wirbel an Verwirrung wird anhalten, falls Meine Kinder Mich nicht anrufen, ihnen zu helfen. Betet für all Meine Kinder überall. Schaut euch um, und ihr werdet sehen, dass die Menschen auf der ganzen Welt die gleichen sind. Sie mögen verschiedener Nationalitäten sein, in verschiedenen Sprachen sprechen und verschiedene Hautfarben haben ... sie haben dennoch ähnliche Charakterzüge. Manche sind glücklich, einige leiden, andere sind voller Liebe, andere verärgert und gewalttätig. Die meisten Menschen haben einen Sinn für Humor und erleben diesen irgendwann in ihrem Leben. Daher werdet ihr, wenn ihr auf eure eigene Familie und eure Freunde schaut, genau die gleichen Gemeinsamkeiten sehen.

Wenn ihr daher das Bedürfnis verspürt, für jene Nächsten zu beten, dann bitte Ich euch dringend, eure Brüder und Schwestern in jedem Winkel der Welt zu betrachten. Ihr alle seid Meine Kinder. Indem ihr für alle Meine Kinder überall den Barmherzigkeitsrosenkranz betet, könnt ihr, Meine Anhänger, die Menschen vor der Finsternis der Hölle retten. Die Macht dieses Gebetes wird gewährleisten, dass Meine Barmherzigkeit jeden Menschen auf der ganzen Welt bedecken wird.

Erlaubt Mir, euch alle zu Meinem Paradies zu führen. Bewahrt Mich vor dem Schmerz, dass Ich auch nur irgendeinen von euch in den Händen Satans zurücklassen muss.

Betet, betet Meinen Barmherzigkeitsrosenkranz um 15 Uhr jeden Tag ... und ihr könnt die Welt retten.

Euer immer barmherziger Jesus Christus

79. Russland und China verursachen Störungen.

Sonntag, 1. Mai 2011, 21:00 Uhr

Meine innig geliebte Tochter, sage der Welt, dass die Vorbereitungen jetzt im Gange sind, Seelen für das neue Paradies auf Erden vorzubereiten, das Ich versprochen habe.

Das Datum für Meine Wiederkunft auf Erden entzieht sich eurer Kenntnis. Seid jedoch versichert, dass Meine Verheißungen immer erfüllt werden. Niemand kann Meinen großen Akt der Barmherzigkeit, die Menschheit zu retten, aufhalten. Satan hat diese Macht nicht. Er, der Betrüger, ist dabei, vernichtet zu werden, Meine Tochter, und er kann nicht überleben. Seine Zeit ist jetzt sehr kurz. Ich warne diejenigen, die ihm durch die Sünde folgen, dass ihnen nur wenige Möglichkeiten verbleiben, sich noch zu retten. Sie müssen sich jetzt von der Sünde abwenden, wenn sie gerettet werden wollen. Jene von euch, die ihr Mir folgt und die vielleicht einen Familienangehörigen oder einen besonderen Freund haben, der einem Weg der Sünde folgt, es ist dann eure Pflicht zu versuchen, seine Augen für die Wahrheit zu öffnen.

Bereitet euch jetzt vor, das Zeichen des Tieres zu vermeiden

Viele Ereignisse, welche den Lauf der Geschichte wenden werden, sind gerade dabei zu geschehen, sowohl auf der Erde als auch im Himmel. Bereitet euch alle während dieser Zeit darauf vor. Ich habe euch zuvor gesagt, dass das Geld euch Angst machen wird. Also versucht bitte, eure Familien auf das Überleben vorzubereiten, damit ihr nicht das Zeichen annehmen müsst. Bitte, ignoriert Meine Bitte nicht.

Gebetsgruppen sind jetzt lebensnotwendig, um euch zu schützen und die Welt vor der Verfolgung durch die weltweite Politik, das Bankenwesen und die sogenannten Menschenrechtsorganisationen zu bewahren. Ihr Ziel ist die Macht und die Kontrolle über euch, Meine Kinder, obwohl viele von euch dies nicht sehen können. Ihr werdet es jedoch mit der Zeit sehen. Und diese Zeit ist nahe. Beginnt jetzt die Vorbereitung auf euer zukünftiges Überleben und bleibt im Gebet; denn Ich werde euch allen Meine besonderen Gnaden für euren Schutz anbieten. Bitte, erschreckt nicht; denn alles, was wirklich von Bedeutung ist, wird eure Treue zu Mir sein.

Wenn die Eine-Welt-Ordnung die Kontrolle über den Nahen Osten übernimmt, werdet ihr erstaunt sein, wie viele Länder unter ihrer Kontrolle sein werden. Wie viele unschuldige Seelen werden glauben, dass diese neuen Regime ihnen die Freiheit bieten. Aber das wird nicht der Fall sein.

Russland und China verursachen Störungen

Seht jetzt, wie Russland und China die dritte Größe werden, um Störungen zu verursachen. Sehr bald werden jetzt diejenigen unter euch, welche die Kontrolle über eure Länder gesichtslosen Gruppen übergeben haben, die euch wie Marionetten behandeln, sehen, wie die finsteren Gruppen, diese politischen Kräfte — die nicht von Gott kommen —, versuchen werden, euch zu diktieren, wie ihr zu leben habt. Verteidigt euch durch das Gebet. Jeden Tag und jede Stunde werde Ich euer Leiden lindern. Empfangt Mich in der Heiligen Eucharistie, und ihr werdet eine Stärke erlangen, welche euch während dieser Verfolgung im außergewöhnlichen Grade aufrecht erhalten wird.

Ich, Jesus Christus, möchte keine Panik in eurem Leben verursachen. Aber Ich kann mich nicht zurückhalten, euch vor diesen Ereignissen zu warnen. Aus Meiner Barmherzigkeit heraus gebe Ich euch eine Chance, euch nicht nur für euer geistiges Wohl vorzubereiten, sondern auch für den Lebensunterhalt eurer Familien. Um das Zeichen zu vermeiden, bereitet euch bitte sorgfältig vor.

Die „Warnung" wird, ohne Frage, leicht zu solchen Verfolgungen führen, weil so viele bekehrt sein werden. Betet, betet jetzt für die weltweite Bekehrung und um Minderung jeder Qual, die sich während der Herrschaft des Antichristen und des falschen Propheten entwickelt.

Euer geliebter Erlöser

80. Satan richtet Chaos und Verwüstung in der Welt an, aber seine Tage sind jetzt kurz.
Mittwoch, 4. Mai 2011, 20:45 Uhr

Meine innig geliebte Tochter, es ist jetzt von großer Dringlichkeit, dass die Welt und alle, die hinsichtlich der Wahrheit Meiner Lehren schlafen, auf Mein Heiliges Wort hören müssen. Während die Turbulenzen auch weiterhin in der Welt eskalieren werden, müsst ihr jetzt innehalten und über die Schriften Betrachtungen anstellen. Was ist euch über die Veränderungen gesagt worden, die auf der Erde gesehen werden, wenn die Sünde nicht aufhört?

Selbst diejenigen unter euch, welche die Existenz Gottes, des Ewigen Vaters, oder die Existenz von Mir, eurem Göttlichen Erlöser, bezweifeln, werden sehen, dass die Sünde täglich vor ihren Augen begangen wird. Unabhängig davon, ob dies während eurer persönlichen Begegnungen im Alltag, in Zeitungen, im Rundfunk oder im Internet geschieht, es ist schwer zu ignorieren. Selbst diejenigen unter euch, die in ihrer Akzeptanz der Sünde tolerant sind, sind schockiert über das Ausmaß der Verdorbenheit, das ihr gezwungen seid zu sehen.

Was seht ihr? Was schockt euch am meisten? Ist es die böse Gewalt, zu der ihr Zugang habt, im Fernsehen, aus der Bequemlichkeit eures eigenen Heims heraus gesehen? Sind es die Morde, die verübt werden und von den Regierungen im Namen der Gerechtigkeit verziehen werden? Oder ist es die Verdorbenheit, gezeigt durch obszöne Pornographie, die als Kunst präsentiert wird? Sind es die Lügen, kundgetan durch hinterlistige Betrüger hinter der Rechtsordnung, wobei sie es sich leisten können, ihre Straffreiheit zu erkaufen? Könnte es der Hass sein, der von Menschen gegen Fremde gezeigt wird, denen sie auf der Straße begegnen? Ist es der Terror, der von gewöhnlichen Bürgern in den Händen ihrer eigenen Regierung empfunden wird? Es gibt so viele Missstände gegen die Gesetze des Moses, gegen die Zehn Gebote, so viele Missstände, die jetzt beschlossen werden, dass es unmöglich ist, alle zu begreifen, so viele auf einmal.

Recht und Ordnung sind verschwunden. Liebe und Großherzigkeit, die unter Nachbarn gezeigt werden, verschwinden schnell. Selbst jene treuen Diener von Mir, die im Namen Gottes handeln, führen nicht mehr ihre Herde.

Dieses Chaos ist vom König der Täuschung, Satan, dem Teufel, verursacht worden, der sich sehr bemüht, seine Identität vor der Menschheit zu verbergen. Ein Feigling ist er, er arbeitet, indem er seine Kräfte benutzt, um zu verführen. Täuscht euch nicht; denn er hat Kräfte, die er benutzt, um die Menschheit zu zerstören. Er bringt die Menschen gegeneinander auf. Bruder gegen Bruder, Nachbar gegen Nachbar. Und dies alles mit einem einzigen Ziel. Dieses ist, schnell Chaos und Verwüstung anzurichten, in einer so kurzen Zeit, wie er kann. Er wird nie aufhören, euch zu quälen, Meine Kinder. Findet euch mit seiner Realität ab. Akzeptiert seine Existenz. Den Nichtgläubigen sage Ich: Nur, wenn ihr endlich die Wahrheit der Existenz Satans versteht, wird die Wahrheit ins Bewusstsein dringen. Und diese ist, dass Gott, der Ewige Vater, existiert.

Vergesst nicht, dass Satans Tage gezählt sind. Lasst ihn nicht gewinnen. Betet für all diese in der Welt, dass sie nicht in die Falle des Hasses geraten, die er auslegt, um Gottes Kinder zu umgarnen. Er tut dies nicht nur aus Hass gegen euch, Meine Kinder, sondern auch wegen des Hasses, den er gegenüber Mir, Jesus Christus, und Meinen Ewigen Vater empfindet. Er wird nicht ruhen, bis er den größtmöglichen Schaden verursacht.

Betet, betet, betet, dass seine Kraft vermindert wird. Betet besonders den Heiligen Rosenkranz; denn das ist das Gebet, das Satan zerdrücken wird.

Wenn Ich zur Erde zurückkehre, dann vergesst nicht: Es gibt nur einen einzigen Weg zur Ewigkeit, und dieser ist der, den ihr entlang gehen müsst, Mir entgegen.

Euer geliebter Erlöser
Jesus Christus

81. Die Grausamkeiten Meiner Kreuzigung wurden dem Menschen nicht so offenbart, wie es hätte sein sollen.
Samstag, 7. Mai 2011, 9:50 Uhr

Meine geliebte Tochter, du musst jetzt Mein Kreuz aufnehmen und Mir helfen, es auf der Reise zu tragen, die Ich für dich geplant habe. Meine kostbare Tochter, wie hast du in diesen vergangenen Wochen gelitten. Ich ließ dies geschehen, weil es dich näher an Mein Heiligstes Herz gebracht hat.

Viele Seelen sind dazu berufen, Meine Botschaften an die Welt zu vermitteln. Nur die — seitens der Seele — freiwillige Reinigung wird den Grad des Urteilsvermögens bestimmen. Mit anderen Worten: Wenn die Seele, die Ich erwählt habe, mein Wort zu übermitteln, rein ist, dann werden die Botschaften stärkere Auswirkungen haben. Sie werden eine nachhaltigere Wirkung auf die Seele haben. Sie werden voller Barmherzigkeit sein, doch werden sie die Wahrheit Meiner Lehre im Rohformat offenbaren.

Ich habe keine Zeit für die Feinheiten, die von den Menschen erwartet werden, die darauf konditioniert sind, Mein Wort in einer bestimmten Weise zu hören — in einer vereinfachten Version. Sogar Meine Passion, das Kreuz und die Grausamkeiten, die bei Meiner Kreuzigung von Menschen begangen wurden, wurden der Welt nicht in der Art offenbart, wie es hätte sein sollen. Daher verstehen wenige von euch, Meine Kinder, wie entsetzlich Ich, euer Göttlicher Heiland, durch die Menschen behandelt wurde. So werde Ich heutzutage noch immer behandelt, da Ich verspottet, ausgelacht, verflucht, ignoriert und missbraucht werde.

Mein Tod ebnete den Weg, eure Seelen vor der ewigen Verdammnis zu retten. Dies ist noch immer der Fall. Werft das Geschenk der Erlösung nicht weg; denn ohne die Wahrheit zu akzeptieren, könnt ihr nicht gerettet werden.

Hört Folgendes: Ich bin die Wahrheit. Ich bin der Schlüssel zu eurem Heil. Auf eurem Totenbett — sogar wenn ihr Mich, Meine Lehre, ignoriert habt und Meine reale Existenz geleugnet habt — wendet euch an Mich und bittet um Erlösung. Es ist nie zu spät, sich an Mich zu wenden und Mich zu bitten, euch an die Hand zu nehmen und euch zum Himmelreich Meines Vaters zu führen. Aber ihr könnt dies nur tun, solange ihr in diesem Leben auf dieser Erde lebt. Dies ist eure einzige Chance, dass euch das ewige Leben angeboten wird. Danach wird es zu spät sein.

Euer geliebter Göttlicher Erlöser
Jesus Christus

82. Der Heilige Geist wurde nun über die ganze Welt ausgegossen.

Dienstag, 10. Mai 2011, 16:00 Uhr

Meine Tochter, sage der Welt, dass heute ein bedeutender Akt Meiner Barmherzigkeit stattgefunden hat, wobei der Heilige Geist, eines der größten Geschenke an Meine Kinder, über die ganze Welt ausgegossen worden ist. Dieses Geschenk ist unbedingt notwendig, um der Menschheit zu helfen, sich auf die „Warnung" vorzubereiten. Durchdrungen von der Kraft des Heiligen Geistes werden Meine geistlichen Diener und Anhänger in ihrer Liebe für Mich und Meinen Ewigen Vater erheblich gestärkt werden.

Dieses Geschenk des Lebens wird neue Impulse in eure abgestumpften, lauen Seelen bringen, die nach Erleuchtung schreien. Dies wurde vorausgesagt, und alle, einschließlich der verstocktesten Sünder, werden profitieren.

Meine Barmherzigkeit kennt, wie Ich gesagt habe, keine Grenzen. Jetzt mit dem Geist des Lichtes und der Heiligkeit erfüllt, müsst ihr, alle Meine Anhänger überall, mutig sein und jetzt Mein Wort an alle verkünden, mit denen ihr in Kontakt kommt. Kümmert euch nicht um die Verachtung, die ihr vielleicht erfahrt; denn es ist jetzt zu wichtig, Mein Bitten um Bekehrung nicht zu ignorieren.

Hört jetzt Mein Gebet, um euch die Ermutigung zu geben, die ihr braucht:

„Erfülle mich jetzt, o Herr, mit der Gabe des Heiligen Geistes, um Dein Heiligstes Wort zu den Sündern zu tragen, die ich in Deinem Namen retten helfen muss. Hilf mir, sie durch meine Gebete mit Deinem kostbaren Blut zu bedecken, damit sie zu Deinem Heiligsten Herzen hingezogen werden können. Gib mir die Gabe des Heiligen Geistes, damit diese armen Seelen in Deinem Neuen Paradies frohlocken können."

Sprecht dieses Gebet jeden Tag, nachdem ihr Meinen Barmherzigkeitsrosenkranz gebetet habt, und ihr werdet durch eure Treue zu Mir helfen, Meine Kinder zu retten.

Errettet Mich von der Qual, die Ich in Meinem Herzen erleide, wenn Ich mit so viel Kummer beobachte, wie heute Mein Heiliger Name in der Welt aufgenommen wird. Nicht damit zufrieden, Mich zu leugnen, reagieren viele, viele Seelen mit Zorn, wenn ihr, Meine Getreuen, überhaupt wagt, zu erwähnen, wofür Ich stehe. Sie sind sehr wütend, weil der Betrüger so geschickt ihr Denken verdreht, um sie von der Wahrheit zu entfernen. Helft diesen Seelen, ihr alle. Betet und bittet Mich jetzt um die Stärke, die ihr bei dieser Arbeit benötigt.

Besondere Gnaden für diejenigen, die Bekehrung verbreiten

Euch allen, die ihr Bekehrung verbreitet, werden besondere Gnaden gegeben werden und für euch wird ein ganz besonderer Platz im Reich Meines Vaters reserviert werden. Geht jetzt und erlaubt dem Heiligen Geist, sich auf eure Seele auszugießen, um Mir zu helfen, die Menschheit zu retten.

Ich liebe euch alle. Jeder von euch hat einen Platz in Meinem Heiligsten Herzen. Nicht einer von euch, Sünder inbegriffen, wird von Meinem Kampf, Seelen zu retten, ausgeschlossen werden.

Euer liebender Erlöser
Jesus Christus
König der Barmherzigkeit

Hinweis: Abschließende Erklärung unseres Herrn Jesus Christus an die Visionärin am Ende dieser Botschaft:

"Meine Tochter, dieses Geschehen ist sehr bedeutend. Es wird viele Seelen retten, bevor die „Warnung" erfolgt, und wird auch weiterhin, nach der „Warnung", in der Welt gegenwärtig sein, um zu verhindern, dass Sünder rückfällig werden.

Es wurde vorhergesagt, Meine Tochter, und stellt eine großartige Nachricht dar. Aber Meine Anhänger müssen jetzt hart arbeiten, um Mir zu helfen, die Schlacht um Seelen zu führen."

83. Botschaft der Jungfrau Maria über den Schutz der Heiligen.

Mittwoch, 11. Mai 2011, 22:30 Uhr

Mein Kind, du bist jetzt viel näher am Herz Meines kostbaren Sohnes. Deine Reise war schwierig, doch fand sie über einen so kurzen Zeitraum statt. Auf Anweisung Gottes, des Vaters, wurde Ich geschickt, um dir deine Berufung für dieses Werk mitzuteilen. Deine Antwort kam sofort. Du zögertest nie; denn das ist die Macht der Liebe, die du für Mich, deine Gesegnete Mutter, hast. Ich habe dich zu dieser besonderen Berufung geführt und dir gut zugeredet.

Bitte wende dich weiterhin jeden Tag an Mich, deine Geliebte Mutter, um die tägliche Führung. All die Heiligen gehen nach wie vor mit dir, aber du weißt es nicht. Du musst den Heiligen Benedikt, den Heiligen Josef, Johannes den Evangelisten, den Heiligen

Augustinus und den Erzengel Michael um die Hilfe anrufen, die du brauchst. Du bist jetzt so viel stärker, Mein Kind, sodass du dich wunderst, warum. Aufgrund deines Gehorsams gegenüber Meinem geliebten Sohn empfängst du jetzt die Gnaden, die du für diese besondere göttliche Mission benötigst, für welche du auserwählt worden bist.

Es ist wichtig, jeden Tag Meinen Höchstheiligen Rosenkranz zu beten; denn er wird dich vor dem Teufel schützen. Der Heilige Benedikt wurde dir für alle Zeit zugeteilt, um dich vor den Angriffen des Betrügers zu schützen. Deshalb wurden die schlimmsten Angriffe von Dir ferngehalten. Mein Kind, bete täglich zu ihm um diesen anhaltenden Schutz.

Nimm das Leiden hin, das Mein kostbarer Sohn, Jesus Christus, von dir verlangt hat; denn dies wird unzählige Seelen retten. Dein besonderes Geschenk deines freien Willens an Ihn wird Millionen von Seelen vor dem Feuer der Hölle bewahren. Vergiss nicht, was dein Leiden erreicht, und denk an die Freude, die dies dem Heiligsten Herzen Meines Sohnes bringen wird.

Du genießt jetzt das besondere Geschenk, mit Meinem Sohn vereint zu sein. Je mehr du dich Ihm völlig hingibst, Demut zeigst und weitere Opfer bringst, desto mehr wirst du Ihm bei dieser für Ihn so wichtigen Aufgabe helfen.

Mein Kind, sei dankbar dafür, dass du gebeten wurdest, dieses heilige Werk zu tun; denn ohne dieses Werk könnten Millionen von Seelen nicht gerettet werden.

Komm jetzt näher an Mein Herz und lass Mich dich inniger an Meinen Sohn halten. Ich werde dich allezeit beschützen und führen.

Deine geliebte Mutter
Königin des Friedens

84. Ein Erdbeben fand heute in Europa statt — wie vorhergesagt.

Mittwoch, 11. Mai 2011, 23:00 Uhr

Meine geliebte Tochter, das Erdbeben, über das Ich mit dir vor einigen Monaten sprach (*), fand heute in Europa, in Spanien statt. Andere ökologische Ereignisse, welche einen Vulkan, Überschwemmungen und eine Hitzewelle in Europa umfassen, werden folgen. Achtet auf diese Ereignisse; denn wenn sie stattfinden, wird dies beweisen, dass diese Botschaften von Mir, Jesus Christus, kommen.

Dies, Meine Tochter, ist die Hand Meines Vaters, der im Begriff ist, Strafen auf der Welt zu entfesseln, um zu helfen, die Sünde auszurotten. Betet und lasst nicht nach im Gebet um mehr Bekehrung, um diese Katastrophen abzuschwächen.

Meine geliebte Mutter hat dir heute Abend eine Reihe wichtiger Dinge erklärt. Du brauchst dringend tägliches Gebet und tägliche Anbetung — tue es, so oft du kannst; denn das, Meine Tochter, wird für dich enorme Ergebnisse in deiner Arbeit erbringen.

Ruhe jetzt. Du bist müde. Ich werde morgen mit dir sprechen. Gehe hin in Frieden.

Dein Göttlicher Erlöser
Jesus Christus

(*) siehe Botschaft: „ Erdbeben in Europa und Weltkrieg, Freitag, 18. März 2011"

85. Warum Gott, der Ewige Vater, neue Propheten in die Welt sendet?
Freitag, 13. Mai 2011, 22:45 Uhr

Meine geliebte Tochter, den Zweiflern, vor allem Meinen geistlichen Dienern, die Mein Wort, das durch diese Botschaften vermittelt wird, vielleicht ablehnen, möchte Ich Folgendes sagen: Vermehrt euren Glauben an Mich, indem ihr zur Kenntnis nehmt, dass Mein Wort der Welt nicht nur während Meiner Zeit auf Erden gegeben worden ist, sondern auch danach, und zwar durch die Kraft des Heiligen Geistes.

Seit Anbeginn der Zeit hat Gott, Mein Ewiger Vater, Sich der Menschheit durch die Propheten mitgeteilt. Auf diese Weise wurden die Lehren der Wahrheit den Menschen bekannt gemacht, um sicherzustellen, dass ihr Glaube stark bleibt. Andere Offenbarungen und Lektionen in der Wahrheit wurden der Menschheit auch durch die Apostel, durch andere fromme Jünger und durch Johannes den Evangelisten in seiner Eigenschaft als Prophet gegeben. Danach waren Mein Wort, Meine Lehren und alles, was der Mensch braucht, um ihm die Rettung zu bringen, deren er bedarf, vollständig. Jetzt, da die Welt der größten Veränderung in ihrer Geschichte entgegensieht, hat Gott, Mein Ewiger Vater, neue Propheten in die Welt gesandt. Diese Propheten, täuscht euch nicht, bringen euch keine neuen Lehren; denn das ist nicht notwendig. Vielmehr werden sie aus drei Gründen gesandt.

Der erste Grund ist, die Menschheit an die Wahrheit zu erinnern, die im Buch der Offenbarung enthalten ist. Der zweite Grund ist, den Menschen wachzurütteln gegenüber der Zeit, in der er lebt, damit er seinen Glauben neu entflammen kann. Der dritte Grund ist zu helfen, Umkehr zu verbreiten, damit Meine Anhänger die größte aller Armeen bilden können, um Seelen zu retten. Ich teile Mich durch diese Prophetin und durch andere Propheten mit, so dass Mein Wort in jedem Winkel der Welt gehört wird.

Denkt an Meine absolute Liebe und Mein Erbarmen

Hört sorgfältig auf alle diese Botschaften, die nicht nur Mein Wort verkünden, wie ihr es kennt, sondern die euch auch Meine absolute Liebe und Mein Erbarmen für jeden Einzelnen von euch offenbaren. Vergesst auch nicht Meine große Barmherzigkeit. Allen Sündern wird vergeben werden, sobald sie um Erlösung bitten.

Die Bedeutung des Heiligen Rosenkranzes und des Barmherzigkeitsrosenkranzes

Während Umweltkatastrophen auftreten werden, vergesst bitte nicht, dass das Gebet, insbesondere der Rosenkranz und der Barmherzigkeitsrosenkranz, helfen wird, viel von dem abzuwenden. Denkt daran, Meine geliebten Kinder, dass ihr, die ihr an Mich und Meinen Ewigen Vater glaubt und Meinen Anweisungen folgt, nichts zu fürchten habt. Auch möchte Ich euch daran erinnern, dass aufgrund der beiden großen Akte der Barmherzigkeit, die euch gegeben werden — die Gabe des Heiligen Geistes, die vor ein paar Tagen über die ganze Welt ausgegossen worden ist, und die Große Warnung —, Millionen zu der Wahrheit bekehrt werden. Dies wird ein großes Wunder sein und eines, das den Scharen Freude bringen wird.

Die Verfolgung durch den Roten Drachen und durch diejenigen, die nicht von Gott sind

Obwohl Satan sich durch seine armen irregeführten Anhänger erheben wird, die er von Mir — ihrer einzigen Hoffnung auf ewige Erlösung — wegzieht, wird das nur für eine kurze Periode sein. Es wird — Ich muss euch allerdings warnen — eine furchterregende Periode der Verfolgung sein, angeführt von dem Roten Drachen und jenen politischen Organen, die nicht von Gott sind. Durch Gebet und die Sakramente werdet ihr die Kraft finden, während dieser Prüfungen durchzuhalten. Alle diese Ereignisse sind vorausgesagt worden und müssen geschehen, damit das Böse letztendlich in der Welt ausgerottet werden kann. Es ist deshalb notwendig, dass diese Reinigung und diese Reihe von Züchtigungen stattfinden; denn nur dann wird die Welt für das Neue Paradies auf Erden bereit sein.

Ignoriert niemals Mein Rufen. Erst wenn ihr seht, dass die Vorhersagen, die euch durch Meine auserwählten Boten offenbart wurden, sich zu verwirklichen beginnen, werdet ihr die Gewissheit haben, dass Ich es bin, der mit euch spricht.

Euer Göttlicher Erlöser
Jesus Christus

86. Lehnt den New-Age-Spiritismus ab!
Sonntag, 15. Mai 2011, 17:00 Uhr

Meine innig geliebte Tochter, Ich fordere alle Meine Anhänger auf, das Wirken der New-Age-Bewegung, welche die Welt ergriffen hat, öffentlich zu verurteilen.

Das Christentum ist immer ein Hauptziel Satans gewesen. Weil er so gerissen ist, wird er ständig versuchen, diejenigen zu verführen, deren Seelen leer und geistig (spirituell) verloren sind. Er wird immer versuchen, seine Lügen unter der Maske dessen, was Liebe zu sein scheint, zu präsentieren. Dann wird er versuchen, das Denken Meiner Kinder zu beherrschen, indem er alte heidnische Taktiken anwendet, deren Ziel es ist, ihren Geist von den sogenannten Stresszuständen des modernen Lebens zu befreien.

Hütet euch, ihr, die ihr Praktiken anwendet, die im Namen der Meditation angeblich euren geistigen Zustand in ein Stadium des Vergessens bringen. Sobald ihr erlaubt, dass euer Geist auf diese Weise kontrolliert wird, können Satan und seine Dämonen sich so still einschleichen, dass ihr es nicht bemerkt, so glatt wird der Übergang sein.

Vermeidet die uralten spiritistischen Praktiken einschließlich des Gebrauches von Tarot-Karten

Viele, viele Seelen in der Welt hungern nach geistiger Führung. Auf ihrer Suche, Sinn in ihr Leben zu bringen, lassen sie es völlig ahnungslos zu, in Praktiken hineingezogen zu werden, die dem Heidentum gleichkommen. Jeder falsche Lehrsatz, der euch verleitet zu glauben, dass der Frieden in eurem Herzen und eurer Seele durch alte spirituelle Praktiken erreicht werden könne, muss zu jeder Zeit strikt gemieden werden. Lernt, sie als das zu erkennen, was sie wirklich sind.

Der Gebrauch von Kristallen, Meditation, Reiki, Joga, Tarot-Karten, der Glaube an Geistführer, Metaphysik und sogenannte Wunderheiler soll euch dazu verleiten, an eine alternative höhere Existenz zu glauben außerhalb der von Gott, dem Ewigen Vater, geschaffenen.

Warnung vor "Aufgestiegenen Meistern"

Viele von euch heute, die in ihrer Hinwendung zu den Engeln auf der ständigen Suche nach spirituellem Trost sind, müssen ebenso vor der Tatsache auf der Hut sein, dass, sobald der Begriff „Aufgestiegener Meister" erwähnt wird, sie sicher sein können, dass diese Engel nicht aus dem Himmel kommen. „ Aufgestiegene Meister", Meine Kinder, sind gefallene Engel und kommen aus der Dunkelheit. Doch wird euch gesagt werden — und ihr werdet später davon überzeugt sein —, dass sie aus dem Licht kommen.

All dieser heidnische Spiritismus wird euch, wenn ihr ihn von eurem Leben Besitz ergreifen lasst, schließlich abwärts in die Gruben der Finsternis ziehen, dann, wenn ihr es am wenigsten erwartet. Satan wird unglaublich vorsichtig sein, wenn es darum geht, wie er diese dunklen Lügen präsentiert; denn zu jeder Zeit wird euch gesagt werden — und ihr werdet es glauben —, dass diese Dinge alle gut sind.

Die meisten dieser Praktiken werden so dargestellt, dass sie gut für eure Selbstachtung, euer Selbstvertrauen, eure Kontrolle über euer Leben seien — all das ist eine Lüge. Diese Praktiken treiben euch nicht nur von der Wahrheit fort, sondern sie bringen auch unsägliches Elend, sobald die bösen Geister als ein direktes Ergebnis dieser Praktiken in eure Seele eingehen.

Die Bibel warnt vor den Gefahren der Magie

Die Wahrheit kann nicht abgeändert werden. Lehren, die dem Menschen in der Bibel überliefert wurden, warnen die Menschheit vor den Gefahren der Magie, der Wahrsagerei und der Verherrlichung falscher Götter. In der heutigen Welt werden diese Praktiken als harmlos, aber notwendig für euer geistiges Wohlbefinden präsentiert. Aufgrund der Natur sanfter Seelen werden viele von ihnen natürlich zu New-Age-Praktiken hingezogen, aufgrund der falschen Fassade der Liebe, die diese Praktiken demonstrieren. Nichts könnte von der Wahrheit weiter entfernt sein.

Warnung vor der fanatischen Hinwendung zu Engeln

Vergesst nicht, dass es Satan und seine gefallenen Engel sind, die euch vorsichtig und schlau in diese unverdächtigen Lügen gezogen haben. Jenen von euch, die eine fast fanatische Hingabe an die Engel fördern, habe Ich Folgendes zu sagen: Warum verkündet ihr nicht zuerst das Wort Gottes, Meines Ewigen Vaters? Ist nicht diese Manie mit den Engeln nur eine andere Form des Götzenkults? Ja, gewiss, betet auf jeden Fall um die Hilfe der Heiligen Engel, stellt euch jedoch immer diese Frage: Geht eure Hingabe an die Engel zu Lasten eurer Liebe zu Jesus Christus, dem Sohn Gottes, oder Gottes, des Ewigen Vaters? Wenn dem so ist, dann verletzt ihr Mich, euren Göttlichen Erlöser, Jesus Christus.

Macht euch die Lügen des sogenannten Spiritismus klar. Die Engel, die ihr anzieht, wenn ihr an solchen Praktiken teilnehmt, kommen nicht aus dem Himmel oder aus dem Licht. Es wird so erscheinen, als ob sie aus dem Licht kämen, aber das ist die Täuschung, die Satan und seine Dämonen benutzen, um ihre Handlungen schlau zu tarnen.

Beherzigt diese eine letzte Lehre: Verschleiert eure heidnischen Praktiken so viel, wie ihr mögt, damit es so erscheint, als ob ihr dem Göttlichen Licht des Himmels huldigt, und doch wird es eine Lüge sein. Die Lüge und jene, die ihr überzeugt, dieser bizarren Reise zu einem sogenannten geistigen Reich außerhalb dem Meines Vaters zu folgen, werden euch so nahe zu Satan bringen, dass es ab einem bestimmten Punkt keine Rückkehr mehr geben wird.

Das einzige Göttliche Reich der Liebe, das außerhalb dieser Erde existiert, ist der Himmel. Alles andere, was euch erzählt wird, ist nicht wahr. Satan will euch jedoch glauben lassen, dass es das gibt. Die Wirklichkeit ist, dass er alle jene ahnungslosen und abergläubigen Seelen in die Finsternis der Hölle hinabzieht, zu sich und allen gefallenen Engeln — alles im Namen der falschen Liebe.

Vergesst nicht, dass Liebe, wahre Liebe, nur von Gott, dem Ewigen Vater, kommen kann.

Euer liebender Erlöser Jesus Christus

87. Bedeutung des Fastens und der Entsagung.
Montag, 16. Mai 2011, 11:30 Uhr

Meine geliebte Tochter, du erkennst endlich, dass du ohne Mich gar nichts bist. Aufgrund Meiner Gnade erhältst du Leben im Reich Meines Vaters. Ohne Meine Gegenwart in deinem Leben ist es unfruchtbar und ohne eine wirkliche Bedeutung. O, wie Ich wünsche, all Meine Kinder würden das Leben verstehen, welches Ich ihnen vor allem durch das Sakrament der Heiligen Eucharistie bringen kann. Denn nur, wenn ihr Mich in euren schwachen Seelen durch das Göttliche Brot und den Göttlichen Wein empfangt, werdet ihr wirklich Meine Liebe fühlen. Diese Liebe wird euch stärken, nicht nur in eurer Seele, sondern auch in eurem Geist. Meine Gegenwart wird euch erheben, um wahre Anhänger von Mir zu werden.

Ein Anhänger von Mir, der Mich nicht regelmäßig durch dieses Heiligste Sakrament empfängt, wird wie ein Gefäß sein, das nur halb voll ist. Ihr braucht Meinen Leib und Mein Blut, das für euch alle vergossen wurde, um euch mit Meiner wahren Gegenwart zu erfüllen. Denn ohne das werdet ihr nicht fähig sein, die wahre Stärke zu finden, um Meine Herrlichkeit vollständig zu verkünden.

Kinder, ihr müsst verstehen, dass der Glaube an Meine Existenz nur ein Teil eurer geistlichen (spirituellen) Reise ist. Es gibt so viel mehr, was ihr begreifen müsst. Erst wenn ihr fleischlichen Gelüsten entsagt, werdet ihr wirklich erfüllt sein. Aufgrund der Tatsache, dass Satan den Menschen durch die Versuchung des Fleisches kontrolliert, solltet ihr ihm umso mehr den Zugang zu diesen Vergnügen, die ihr vielleicht sucht, verweigern.

Fasten ist eine der mächtigsten Möglichkeiten, eure Seele von Satan und seinen Dämonen zu befreien. Nur so wenige Menschen in der Welt können sich zu diesem Opfer verpflichten, obwohl es so einfach ist und eure Gesundheit nicht beeinträchtigt. Ein Fasttag pro Woche wird euch besondere Gnaden bringen. Indem ihr Mir, eurem Göttlichen Erlöser, zu Ehren kleine Opfer bringt, werdet ihr nicht nur Seelen retten, sondern ihr werdet Mir näher kommen. Andere Opfer, wo ihr weltlichen Gütern entsagt, werden euch auch näher zu Meinem Heiligsten Herzen bringen.

Das Leben, Meine Kinder, sollte sich nicht rundum mit materiellen Dingen beschäftigen, die über eure tatsächlichen Bedürfnisse hinausgehen. Indem ihr euer Leben in Einfachheit lebt und eure Zeit Mir widmet, werdet ihr wahre Zufriedenheit erfahren. Nicht nur das, sondern zum ersten Mal in eurem Leben werdet ihr die Bedeutung von wahrer Freiheit kennen. Vergesst nicht, Satan kontrolliert den Menschen durch die Begierden des Fleisches, wie z. B. Essen und Trinken, Kleidung, Sex, Häuser, Autos, Urlaub, Luxusleben, Musik, Alkohol und Vergötterung berühmter Leute. Indem ihr euch eingesteht, dass dies einfach Trugbilder sind, werdet ihr dann verstehen, dass eure Zeit auf Erden mit solch nutzlosen Beschäftigungen nicht vergeudet werden sollte.

Eure Zeit auf Erden, Kinder, ist nur ein Teil eurer Reise in die Ewigkeit. Das Leben wird sich für euch nach dem Tode in einer anderen Art fortsetzen. Unabhängig davon, ob Menschen an Gott, den Ewigen Vater, glauben oder nicht — ihre Seele wird nach dem Tode noch immer existieren. Sucht jetzt das Licht, damit eure Seele wahres Glück für die Ewigkeit und einen erhabenen Platz im Paradies erfahren wird. Um dieses Niveau spiritueller Heiligkeit zu erreichen, bringt bitte Opfer des Fleisches, während ihr noch auf Erden lebt. Opfert auch all eure Leiden in eurem Leben für verlorene Seelen auf und ihr werdet die Belohnungen ernten, die im nächsten Leben auf euch warten.

Euer liebender Erlöser Jesus Christus

88. Ehrt Meinen Vater.
Mittwoch, 18. Mai 2011, 17:00 Uhr

Meine geliebte Tochter, Ich habe die Zeit vermisst, die du Mir gestern versprochen hattest. Ich verstehe, dass du ein sehr beschäftigtes Leben führst, aber vergiss nicht, dass Ich das Leben bin, nach dem du suchen musst, vor all deinen alltäglichen Arbeiten.

Die Zeit für die Menschen, über ihr Leben ehrlich nachzudenken

Die Zeit ist für die Menschen gekommen, über ihr Leben auf eine wirklich ehrliche Weise nachzudenken. Alle Meine Kinder überall, in jedem Winkel der Welt, müssen sich diese Frage stellen: Glauben sie, dass Gott, der Vater, existiert, oder glauben sie es nicht? Während die vorausgesagte Endzeit näher und näher rückt, müssen eine Reihe von Entscheidungen getroffen werden: Anerkennt ihr, Meine Kinder, dass Gott, Mein Ewiger Vater, euch schuf? Wenn ja, dann beantwortet die folgende Frage: Wie viel Zeit verbringt ihr, Ihm für das Geschenk des Lebens, für das Geschenk eurer Familie und Freunde Dank zu sagen? Für das Zuhause, in dem ihr lebt? Für die Lebensmittel, die ihr esst? Wenn ihr das nicht tut, dann seid ihr kein Anhänger der Wahrheit.

Zeigt Meinem Vater Respekt

Diejenigen von euch, die an Gott, den Schöpfer aller Dinge, glauben, frage Ich: Wisst ihr nicht, dass das Gebet entscheidend ist, um in den Genuss des nächsten, glorreichen Lebens zu kommen, das Er für euch geplant hat? Sprecht täglich mit Ihm. Zeigt Ihm den Respekt, den Er verdient; denn wenn ihr ihm keine Aufmerksamkeit schenkt, verletzt ihr Mich.

All jenen ergebenen Anhängern von Mir sage Ich: Ich, euer göttlicher Erlöser, Jesus Christus, rufe euch jetzt auf, zu verstehen, wie wichtig es ist, Meinen Vater zu ehren. Ihm wird nicht die Aufmerksamkeit geschenkt, die Er verdient. Viele Menschen haben dieses Bild von Gott, dem Vater, dass er streng, furchterregend und zornig ist. Ihr fürchtet Ihn so sehr, dass ihr Ihn beiseite schiebt. Wenn ihr wüsstet, wie sehr Er eure Liebe ersehnt, ihr würdet in diesem Augenblick auf eure Knie niederfallen und Ihn bitten, euch zu verzeihen.

Bitte, betet zu Gott, dem Vater. Er braucht eure Liebe. Er braucht eure Hingabe. Gebet zu Meinem Vater bewirkt unglaublich großes Erbarmen. Wenn ihr Meinen Vater in Meinem Namen bittet, euch zu schützen und euch zu retten, lehnt er — in Übereinstimmung mit Seinem Heiligsten Willen — selten eure Bitte ab. Gott, Mein Ewiger Vater, ist sehr liebevoll, ist voller Liebe und Erbarmen, und die Treue zu Ihm wird der Welt große Gnaden und Heil bringen.

Betet zu Meinem Vater, um globale Katastrophen abzuwenden

Betet zu Meinem Vater, im Namen Seines geliebten Sohnes, um globale Katastrophen abzuwenden, und Er wird eure Gebete erhören. Nur noch so wenige Christen in der Welt rufen besonders Ihn um Hilfe an. Er, der so liebevoll den Menschen nach Seinem Bild geschaffen hat, ist in Vergessenheit geraten. Erweist Ihm die Ehre, was jetzt erforderlich ist, um zu helfen, die ökologischen Katastrophen zu mildern, die während der Großen Drangsal auf Erden auftreten werden.

Mein Vater hält die Welt in Seinen Händen. Seine Kinder jedoch ehren Ihn nicht mehr und beten Ihn nicht mehr an. Sie sind sich nicht der Tatsache bewusst, dass, obwohl Satan weiterhin Seelen stiehlt, es nur eine Macht gibt, die in Ewigkeit standhalten wird, und das ist die Macht Gottes. In Seiner Barmherzigkeit wird Er eure Hilfeschreie hören. Bitte ruft Ihn jetzt an, besonders in diesen Zeiten des großen Wandels.

Euer geliebter Erlöser

Der Sohn Gottes, des allmächtigen Vaters, Jesus Christus

89. Die Verantwortung der Eltern in der Welt von heute.

Donnerstag, 19. Mai 2011, 18:15 Uhr

Meine innig geliebte Tochter, die Welt erliegt jetzt den Tiefen äußerster Verzweiflung in ihrem Mangel an Glauben an die Existenz Gottes, des Allmächtigen Vaters. Sogar kleine Kinder lehnen jetzt fröhlich Seine Existenz ab. Jene leeren, verhärteten Seelen beleidigen nicht nur Meinen Ewigen Vater, sondern verursachen auch Mir tiefen Kummer.

So tief seid ihr gefallen, Kinder, dass ihr jedes angeborene Gespür für die Spiritualität völlig verworfen habt. Bis wie weit, denkt ihr, wird eure Liebe zur Welt und ihrem Materialismus euch ergreifen? An diejenigen von euch, die im Reichtum und in den Annehmlichkeiten aller weltlichen Reize versunken sind: Ihr solltet wissen, dass sie bald — als ein Teil der bevorstehenden Reinigung — von euch weggenommen werden.

Die Verantwortung der Eltern

Warum lehrt ihr euren Kindern die Wichtigkeit des menschengemachten Materialismus auf Kosten ihrer armen kleinen Seelen? Euer primäres Ziel ist, eure Kinder zu lehren, wie wichtig es ist, Reichtum zu schaffen und aufzubauen. Selten lehrt ihr sie die Sittlichkeit, die sie benötigen, um mit den Kompetenzen für das Erwachsenenalter gerüstet zu sein in Hinsicht darauf, wie sie anderen Menschen Respekt zeigen sollten, um zu verstehen, wie wichtig Ehrlich-

keit ist und wie notwendig es ist, ihren Brüder und Schwestern Verständnis zu zeigen.

Leider haben sich Meine Kinder auf dem geistigen Weg, der für sie nötig ist, um ihre endgültige Bestimmung zu erreichen, völlig verirrt. Schämt ihr euch nicht? Wann werdet ihr lernen, dass eure zwanghafte Liebe zum Geld und zu allem, was es bietet, in der Katastrophe enden wird? Nur wenn ihr von diesen Annehmlichkeiten, nach denen ihr hungert, völlig befreit sein werdet, werdet ihr begreifen, wie alleine ihr seid.

Hört jetzt auf Mich, solange ihr es noch könnt. Stellt die Bedürfnisse eurer Familie an die erste Stelle; denn das ist gut. Sorgt für sie. Aber bitte, ermutigt eure Kinder nicht, Sklaven des Reichtums zu werden und des Wunsches, berühmt zu werden; denn ihr werdet sie in die Arme Satans stoßen. Eure Kinder wurden geboren und ihnen wurde durch euch das leibliche Leben gegeben. Aber sie wurden von Gott, dem Ewigen Vater, erschaffen, als sie ihre Seele empfingen.

Zeigt auf jeden Fall elterliche Verantwortung, indem ihr für die leiblichen Bedürfnisse eurer Kinder sorgt. Aber vergesst nicht, dass ihre Seelen Nahrung brauchen. Lehrt sie die Wahrheit Meiner Lehren und lehrt sie die Wichtigkeit, sich um ihre Seelen zu kümmern. Erst dann werdet ihr euren Kindern die wahre Nahrung für Körper und Geist geben, die sie benötigen, damit sie das ewige Leben genießen können.

Euer liebender Göttlicher Erlöser

Jesus Christus

90. Verwirrung darüber, was Meine Wiederkunft bedeuten wird.

Freitag, 20. Mai 2011, 10:00 Uhr

Meine innig geliebte Tochter, viele Menschen fragen sich, was „Die Wiederkunft" wirklich bedeutet. Daher lass es Mich erklären.

Beim ersten Mal kam Ich in die Welt, um die Menschheit von der ewigen Finsternis zu erlösen. So konnte der Mensch aus dem Ewigen Leben Nutzen ziehen. Gott, der Allmächtige Vater, sandte Mich aus Seiner Barmherzigkeit, damit alle Seine Kinder Leben haben würden. Denn bis dahin wäre das wegen der Sünden von Adam und Eva nicht möglich gewesen. Ich komme dieses Mal wieder, um all diejenigen zu belohnen, die Mir folgen.

Es gibt viel Verwirrung in der Welt bezüglich dieses Ereignisses. Viele Menschen glauben, dass Meine Wiederkunft anzeigt, dass das Ende der Welt gekommen ist. Das ist nicht der Fall; denn stattdessen wird es die Endzeit bedeuten, wenn Satan und seine Anhänger, die unsägliches Elend in der Welt verursachen, für tausend Jahre von der Erde vertrieben werden.

Über das Neue Paradies auf Erden

Dieses Neue Paradies, das Ich versprochen habe, wird zustande kommen, wenn Himmel und Erde verschmelzen, um eine Einheit zu werden. Dieses neue Leben, das Ich allen Meinen ergebenen Anhängern

bringe, ist ein Leben der Liebe und der Herrlichkeit. Ihr, Meine Anhänger, werdet jedoch viel Leiden erdulden müssen, während dieser Übergang stattfindet. Um zu helfen, die Welt auf dieses große Ereignis vorzubereiten, bringe Ich vorher ein großes Geschenk Meiner Barmherzigkeit. „Die Große Warnung", die jedem Einzelnen von euch die Chance geben wird, eure Sünden zu schauen und zu sehen, wie sehr ihr Mich verletzen, wird es euch ermöglichen, die Wahrheit zu sehen. Erst dann, wenn ihr den Makel der Sünde begreift, der in euch existiert, werdet ihr wirklich den Kummer verstehen, den Ich fühle.

Ein kurzer Blick auf das, was beim Jüngsten Gericht geschehen wird

Indem Ich euch erlaube, diesen großen Akt Meiner Barmherzigkeit zu erfahren, wird euch ein wirklicher, flüchtiger Blick in das gegeben werden, was am Tage des Letzten Gerichts geschehen wird. Auf diese Weise wird euch noch einmal eine faire Chance gegeben, zu Mir umzukehren. Ihr seht, Ich liebe euch alle mit solch einer tiefen und beständigen Leidenschaft, dass Ich alles tun werde, was möglich ist, um euch aus dem Griff des Betrügers zu retten.

Seid jedoch gewarnt, dass Satan jetzt seine Aktivitäten durch eure Brüder und Schwestern vermehren wird, um euch dazu zu bringen, euch sogar, nachdem dieses große Ereignis stattgefunden hat, von Mir abzuwenden. Ihr müsst jetzt euren Geist öffnen und alle menschliche Logik beiseite lassen, um die Wahrheit eurer Existenz auf Erden akzeptieren. Jede Lüge, formuliert in wissenschaftlichen, menschlichen, logischen Gedankengängen, wird begangen werden, um euch davon abzuhalten, die Wahrheit zu akzeptieren.

Satan will nicht, dass ihr, Meine Kinder, zu Mir kommt. Sein eiserner Würgegriff muss gebrochen werden, aber das kann nur mit eurer Hilfe getan werden. Erlaubt ihm nicht, euer Urteilsvermögen mit seinen Lügen zu trüben. Es wird für euch sehr schwer sein, seine Argumente, seine Sticheleien und seinen Spott zu ignorieren; denn das ist die Art, wie er arbeitet.

Satan wird durch andere Leute wirken, um euch zu entmutigen

Viele von euch werden nicht wissen, dass Satan so arbeitet, nämlich durch andere Menschen, deren Ansichten ihr vielleicht respektiert. Aber ist es gerade, wie er arbeitet. Er wird durch jene armen Seelen kommunizieren, die zur Finsternis hingezogen worden sind. Er wird sicherstellen, dass ihr Geist gegenüber der Wahrheit Meiner Glorie und des Ewigen Lebens, das von Rechts wegen euch gehört, blockiert wird. Erlaubt nie und nimmer, dass sein Einfluss eure Liebe zu Mir beeinträchtigt. Und vergesst nicht: Weil er diesen Kampf nicht gewinnen wird, werden dann jene armen Seelen, die ihm folgen, mit ihm in die Hölle geworfen werden. Wenn ihr Ewiges Leben wünscht, dann nutzt diese Zeit auf Erden, um Satan zu verurteilen, solange ihr es könnt.

Ich werde für tausend Jahre über die Erde herrschen

Meine Tochter, Ich werde für tausend Jahre über die Erde herrschen. Täuscht euch nicht; denn Ich habe jetzt für Ereignisse in die Hand genommen, wie sie sich jetzt in der Welt entfalten. Ich habe jetzt den Weg für Mein neues Königreich auf Erden vorbereitet, und diese Zeit ist nahe, viel näher, als viele es wahrnehmen. Freut euch sehr; denn diese Nachricht wird von allen begrüßt werden. Sie wird allem Leid in der Welt ein Ende machen. Sie wird eine Quelle von Liebe und Herrlichkeit entzünden, woran alle Meine Kinder teilhaben sollen.

Dieses Neue Paradies wird euer Begreifen übersteigen, aber hört Folgendes: Dieses neue Leben wird euch allen, Meinen gläubigen Anhängern, ein Leben frei von Sorgen bieten. Ihr werdet nichts benötigen. Alles wird von Mir zur Verfügung gestellt werden. Jeder Einzelne von euch, der dieses Herrliche Königreich wählt, wird über den Kostbaren Juwel, der euch erwartet, überrascht sein. Betet jetzt, dass eure Brüder und Schwestern ihre Augen gegenüber der Wahrheit der Verheißungen öffnen, die Ich gemacht habe, damit auch sie in dieses neue Leben auf Erden eingehen können.

Euer liebender Erlöser Jesus Christus

91. Vergebung, der Weg zur Freiheit.

Samstag, 21. Mai 2011, 10:40 Uhr

Meine Tochter, Vergebung ist der Weg zur Freiheit. Wenn ihr denjenigen vergebt, die euch verletzt haben oder die euch Schmerz verursacht haben, werdet ihr geistig frei sein. Das ist dann, wenn Freude eure Seele erfüllt. Das bedeutet auch, dass Ich in euch anwesend bin. Wenn ihr anderen vergebt, ist das ein Zeichen von Liebe, nicht nur zu eurem Nächsten, sondern auch Liebe zu Mir, eurem Göttlichen Erlöser. Für diejenigen, die Mir nicht glauben: Wisst, dass, wenn auch sie anderen vergeben, Ich gegenwärtig bin und mit ihnen gehe. Doch haben sie keine Ahnung, dass dies der Fall ist.

Vergebung ist Liebe. Meine Liebe ist endlos. Aber Ich bitte euch inständig, Meine Kinder, erlaubt Mir, euch eure Sünden zu vergeben. Wenn ihr Mich doch nur bitten könntet, das zu tun, ihr würdet dann nicht nur frei sein, sondern die Liebe und die Freude, die ihr erfahren werdet, werden euch auch überraschen. Dieser Akt der Demut wird euch erlauben, euch anderen Menschen mit Liebe mitzuteilen. Euer Licht wird scheinen und wird andere auf eine besondere Weise beeinflussen, aber weder ihr noch sie werdet euch dessen bewusst sein. Meine Liebe wird eure Seele überströmen, nachdem der Akt des Reinwaschens stattgefunden hat. Eure reine Seele wird einem Magnet ähnlich sein, der andere zu euch zieht.

Anderen vergeben, ist nicht leicht, Meine Kinder. Stolz und ein Selbstwertgefühl verhindern, dass dieser große Akt der Barmherzigkeit stattfindet. Das ist das Werk Satans; denn er weiß, dass der Mangel an Vergebungsbereitschaft hin zu anderen ernsteren Sünden gegen Gott Vater führt. Wenn ihr anderen Menschen nicht vergeben könnt, baut ihr zuallererst eine Feindschaft auf, welche, wenn sie wuchert, zu Hass und sogar zu Mord führt. In vielen Fällen kann sie zu Krieg führen.

Wenn Menschen überall einander mit Nachsicht verzeihen würden, dann würde der Hass nicht existieren. Mord wäre weniger häufig und Liebe, Liebe zu Gott, dem Ewigen Vater, würde sich ausbreiten.

Lernt, einander zu vergeben. Schiebt euren Stolz beiseite und bittet um Meine Barmherzigkeit; denn wenn ihr gemäß Meinem Heiligen Willen um etwas bittet, wird eure Bitte erfüllt werden.

Euer liebender Erlöser
König der Barmherzigkeit
Jesus Christus

92. Neue Offenbarungen — Hochwasser in Frankreich diesen Sommer.

Sonntag, 22. Mai 2011, 14.30 Uhr

Meine innig geliebte Tochter, die Offenbarung, die dir am 18. März 2011 um Mitternacht gegeben wurde, dass der Vulkanausbruch in Island im Mai auftreten würde, ist jetzt eingetroffen. Du magst dich fragen, warum du so erschüttert warst, als das, wie vorausgesagt, geschah. Daher werde Ich es erklären.

Obwohl die meisten deiner Zweifel bezüglich der Echtheit Meiner Kommunikationen mit dir zerstreut worden sind, gab es noch immer eine Angst deinerseits, dass du diese Prophezeiungen nicht richtig wahrnehmen würdest. Du musst dich jetzt mit Vertrauen erheben und Mich deine Befürchtungen zerstreuen lassen. Handle jetzt und veröffentliche ohne Zögern andere Ereignisse, die Ich dir offenbart habe. Indem du das tust, werden mehr Menschen verstehen, dass Ich, Jesus Christus, es bin, der jetzt die Aufmerksamkeit verlangt, die erforderlich ist, um zu helfen, Seelen zu retten.

Wenn diese Prophezeiungen bestätigt werden, wird es in den Herzen Meiner Anhänger kaum Zweifel an ihrer Echtheit geben. Doch wird die verhärtete Seele, die sich weigert zu glauben, und die immer eine logische Antwort anbieten wird, wenn sie die Wahrheit sieht, noch immer nicht überzeugt sein.

Überschwemmungen in Frankreich, Hitzewelle in der Türkei

Höre Mich jetzt. Überschwemmungen werden in diesem Sommer im Süden Frankreichs vorkommen. Eine Hitzewelle wird in der Türkei stattfinden. Andere ökologische Ereignisse werden geschehen, die Verwirrung verursachen, einschließlich eines Erdbebens in England (aber nicht sofort). Einige dieser Ereignisse werden sich in anderen europäischen Staaten auswirken. Erwartet einen Anstieg des Meeresspiegels im Mittelmeer, der jeden schockieren wird. Erdbeben werden auch in Norwegen und in Südamerika gespürt werden.

Meine Tochter, Ich werde dir andere Ereignisse offenbaren, aber nur aus einen Beweggrund: Der ist, um Meine Kinder zu bekehren. Wenn und sobald sie akzeptieren, dass Ich durch dich zu ihnen spreche, wird Mir das Freude bereiten. Ich möchte Meine Kinder nicht erschrecken, aber diese Ereignisse werden weiterhin in der Welt eskalieren als ein Teil der großen Züchtigung, die bevorsteht. Sie sind ein notwendiger Teil im Kampf gegen den Betrüger.

Betet jetzt, Meine Kinder, um diese Ereignisse abzuschwächen und abzuwenden, denn Gebet ist äußerst machtvoll als ein Mittel der Vergebung.

Gehe jetzt in Frieden. Hab keine Angst, diese Prophezeiungen zu veröffentlichen; denn sie werden geschehen.

Euer Erlöser
Jesus Christus

93. Warum teile Ich Mich der Welt auf diese Weise mit.

Montag, 23. Mai 2011, 9:45 Uhr

Meine innig geliebte Tochter, es ist nun Zeit, Meine Heiligen Botschaften zu reflektieren und sicherzustellen, dass möglichst viele Sünder überall auf der Welt sie beherzigen.

Täuscht euch nicht, diese Botschaften werden der Welt als ein Geschenk gegeben, um zu helfen, euch alle zu retten, alle Meine Kinder, einschließlich derjenigen, die unterschiedlichen Wegen zu Gott, dem Ewigen Vater, folgen.

Menschen, besonders Katholiken, werden irritiert sein, wenn Ich sie nicht Meinen anderen Kindern, die eine abweichende Glaubensüberzeugung haben, vorziehe. Die Wahl Meiner Worte ist so angelegt, dass sie von allen gehört werden und nicht nur von den wenigen Auserwählten. Meine Liebe macht keine Unterschiede. Für diejenigen, welche die Art und Weise hinterfragen, wie Ich durch diese Botin zu der Menschheit spreche: Hört Mir jetzt zu. Obwohl ihr, Meine Anhänger, versteht, dass sich von der Zeit Meiner Kreuzigung an die Wahrheit nie geändert hat, wisst dann, dass Meine Liebe auf alle Kinder Gottes ausdehnen muss. Keiner ist besser als der andere.

Meine Tochter, du darfst nicht antworten oder versuchen, Mein Wort zu verteidigen, wenn du herausgefordert wirst zu erklären, warum Ich auf diese Weise spreche. Mein Wort ist göttlich. Es darf nicht geändert oder verbessert werden, damit es denjenigen passt, die sich selbst als Experten im theologischen Gesetz ansehen. Denn Mein Wort wird der Welt in einer Sprache gegeben, die von der Menschheit von heute klar verstanden wird. Viele werden fragen, warum diese Worte nicht dieselben Begriffe oder Ausdrücke benutzen, die von Meinen Propheten und Aposteln von einst verwendet wurden. Und Ich werde ihnen jetzt antworten:

Vergesst nicht, dass sich Meine Lehren nie ändern. Egal, welche Sprache Ich heute verwende, um Mich auf eine moderne Weise mitzuteilen, die Wahrheit bleibt dieselbe, bleibt unberührt.

Seid auf der Hut vor Visionären oder Sehern, die behaupten, dass sie Botschaften von Mir erhalten, und die eine alte Sprache oder Auszüge aus der Bibel verwenden. Denn das ist nicht die Art und Weise, wie Ich Mich der Menschheit von heute mitteilen würde. Warum sollte Ich das tun? Würde Ich nicht eine neue Generation befremden? Diejenige, welche die Sprache nicht kennt, die im Heiligen Buch Meines Vaters enthalten ist?

Einfachheit ist der Schlüssel, Meine Kinder, wenn Mein Heiligstes Wort mitgeteilt wird. Vergesst nicht, wenn ihr andere Menschen die Wahrheit Meiner Existenz lehrt, dass Einfachheit in eurer Herangehensweise unerlässlich ist. Wenn ihr das nicht tut, werdet ihr jene verlorenen Seelen nicht erreichen, denn sie werden ihre Ohren verschließen.

Meine Botschaft der Liebe

Die Botschaft Meiner Liebe ist sehr einfach. Ich bin das Leben, das Meine Kinder auf Erden ersehnen. Erklärt, dass Ich die Wahrheit bin. Macht dies deutlich. Ohne Mich gibt es kein ewiges Leben. Verwendet die Prophezeiungen, die Ich dieser Botin offenbare, um die Aufmerksamkeit von Nichtgläubigen zu gewinnen. Denn darum sind sie der Welt gegeben worden. Nicht um sie zu erschrecken, sondern um zu beweisen, dass Ich Mich jetzt heutzutage in einer Weise mitteile, dass Mein Heiligstes Wort nicht nur gehört, sondern auch geglaubt werden wird.

Euer liebender Erlöser und Lehrer
Jesus Christus
König der Barmherzigkeit

94. Der Himmel wird sich während der "Warnung" auftun.

Montag, 23. Mai 2011, 14.30 Uhr

Meine innig geliebte Tochter, du erleidest die Qual, die Ich für die Sünden der Menschen erleide. So ist dir zumute. Jetzt siehst du gerade mal kurz einen winzigen Bruchteil Meines Leidens, dem Ich jede Minute eures Tages begegne. Es gibt wegen der „Warnung" nichts zu fürchten, Meine Tochter.

Die „Warnung" wird ein dramatisches Ereignis sein

Sie wird viele Menschen in der Welt schockieren, da sie ein dramatisches Ereignis sein wird, wo sich der Himmel öffnen wird und die Flammen der Barmherzigkeit überall in der Welt emporschnellen werden. Denn viele Menschen werden nicht verstehen, was geschieht. So geschockt werden sie sein, dass sie irrtümlicherweise denken, sie würden das Ende der Welt sehen. Sag ihnen, sie sollen jubeln, wenn sie Meine Glorie sehen; denn dies wird, wenn ihr richtig dafür vorbereitet seid, das spektakulärste Beispiel Meiner Barmherzigkeit seit dem Tag Meiner Kreuzigung sein. Das, Meine

Kinder, wird eure rettende Gnade sein und wird verhindern, dass jene, die sonst verdammt wären, in die Tiefen der Hölle eingehen.

Alle Meine Kinder allerorten müssen die verlorenen Seelen hinsichtlich dessen, was sie zu erwarten haben, warnen. Ermahnt sie, Versöhnung zu suchen, indem sie jetzt ihre Sünden beichten. Es ist wichtig, dass möglichst viele Menschen vorher in einem Stand der Gnade sind, da sie dieses Ereignis aufgrund des Schocks vielleicht nicht überleben werden. Weit besser ist es, dieses Göttliche spektakuläre Ereignis vorab zu sehen, anstatt am Jüngsten Tag des Gerichts unvorbereitet zu sein.

Bleibt stark, ihr alle. Freut euch, wenn ihr ein gläubiger Anhänger seid; denn euch wird ein kurzer Anblick Meiner Göttlichen Gegenwart gezeigt werden, die eure Vorfahren zu ihren Lebzeiten nie sahen. Betet für den Rest Meiner Kinder. Sagt ihnen jetzt die Wahrheit, solange ihr es könnt. Ignoriert ihren Hohn; denn sollten sie jetzt handeln, indem sie um Vergebung ihrer Sünden beten, werden sie euch danken, nachdem dieses große Wunder stattgefunden hat.

Geht jetzt in Frieden. Seid nicht besorgt. Nur betet für jene Seelen ohne Glauben, damit sie nicht in der Todsünde sterben.

Dein Göttlicher Erlöser
Jesus Christus

95. Wenn ihr es schwer findet zu beten.

Dienstag, 24. Mai 2011, 18:00 Uhr

Meine innig geliebte Tochter, Ich bin heute glücklich, dass so viel Arbeit getan worden ist, um Mein Heiligstes Wort durch deine Arbeit der Welt zu vermitteln. Du darfst niemals wegen der Menge von Menschen, die diese Botschaften zurückweisen, empfinden, dass du nicht genug tust; denn diejenigen Meiner Kinder, die Mein Wort jetzt nicht annehmen, werden es mit der Zeit tun. Dann werden sie danach hungern, Meine Stimme zu hören.

Bleibe jetzt auf Mich ausgerichtet. Lass dich nicht von jenen irreführen, die Hohn auf diese Botschaften gießen. Sei niemals entmutigt; denn jene, die jetzt auf Mein Wort hören, verbreiten in der Tat aus ihrer Liebe zu Mir die Wahrheit an andere Menschen.

Bekehrung ist eine schwere Herausforderung in einer Welt, die so blind gegenüber der Wahrheit des ewigen Lebens ist. Ausdauer ist erforderlich; denn mit der Hilfe des Heiligen Geistes, dessen Macht jetzt überall rund um die Welt empfunden wird, werden Meine Kinder letztendlich zu Mir zurückkommen. Aber nicht alle. Für diejenigen, welche die künstlichen Annehmlichkeiten bevorzugen, die ihnen von dem Betrüger angeboten werden: Sie werden es sehr schwer finden, das Leben, das sie führen, aufzugeben.

Betet jetzt für eure ganze Familie und für all eure Freunde, so dass ihr euch alle während der „Warnung" in eurer Liebe zu Mir vereinigen könnt. Denn wenn ihr dieses Er-

eignis als euren Weg zur Freiheit akzeptieren werdet, werdet ihr mit Meiner Großen Barmherzigkeit belohnt werden.

Das Gebet ist nicht einfach

Gebet ist für viele Meiner Kinder, die das Sprechen von langen Gebeten als sich ständig wiederholend und ein wenig langweilig empfinden, nicht leicht. Wenn das die Art ist, wie ihr betet und wie ihr ringt, dann setzt euch einfach ruhig hin und kommuniziert mit Mir im Schweigen. Denkt einfach über Mein Leben auf Erden nach. Erinnert euch an die Zeit, die Ich dort verbracht habe, und an die Lehren der Liebe, die Ich euch allen gegeben habe. Das ist genug. Lasst euren Geist zur Ruhe kommen, und Ich werde Mich in Betrachtung zu euch setzen.

Ich wandle mit jedem. Ich bin jede Minute des Tages anwesend, egal, was ihr tut. Ich bin nie weit weg. Vergesst nicht, dass Ich eure Stütze im Leben bin. Stützt euch auf Mich. Erbittet mit Aufrichtigkeit Meine Hilfe, und Ich werde euren Ruf hören. Ich lehne niemals eure Bitte ab, wenn sie Meinem Heiligen Willen entspricht. Wenn ihr jedoch um Gunsterweise bittet, die darauf angelegt sind, euch weltlichen Überfluss zu vermachen, dann wisst, dass Ich diesen nie gewähren werde. Denn Ich kann euch niemals Geschenke geben, von denen Ich weiß, dass sie für eure Seele schlecht sind. Meine Geschenke werden gegeben, damit Ich euch Meinem Herzen näher bringen kann. Denn wenn das geschieht, werdet ihr nichts mehr verlangen.

Euer liebender und hingebungsvoller Erlöser Jesus Christus

96. Ich möchte Mich bei denjenigen bedanken, die bei der Verbreitung Meines Heiligen Wortes helfen.

Mittwoch, 25. Mai 2011, 16:00 Uhr

Ich komme jetzt, um all jenen Anhängern von Mir Mut zu machen, die, sobald sie Meine wahre Stimme erkannt haben, mit großzügigen Werken geantwortet haben. Euch, die ihr freigebig eure Zeit opfert, um Meine Botschaften bekannt zu machen und auszubreiten, möchte Ich danken. Ihr, Meine kostbaren Kinder, bringt in dieser Zeit in der Geschichte große Freude in Mein betrübtes Herz. Ihr, Meine Kinder, seid tapfer, mutig und von der Gabe des Heiligen Geistes durchdrungen. Eure Treue und die Zeit, die ihr Mir schenkt, und eure liebevolle Hingabe an die Wahrheit werden euch im Neuen Paradies, das Ich Meinen Kindern versprochen habe, große Gnaden einbringen.

Ich werde während dieser heiligen Arbeit eure Hand führen, und ihr fühlt Meine Liebe. Habt niemals Angst, Mein Wort öffentlich zu verkünden; denn jede kleinste Anstrengung, die jemand, der sich für diese Botschaften einsetzt, unternimmt, wird belohnt werden.

Geht jetzt, Meine wertvollen, treuen Anhänger. Verbreitet Mein Heiliges Wort und helft euren Brüdern und Schwestern, die Führung benötigen.

Euer liebender Erlöser

Jesus Christus

97. Warnbotschaft an die Führer der Welt.

Mittwoch, 25. Mai 2011, 22.00 Uhr

Meine Tochter, überall auf der Welt brodeln Länder unter der Oberfläche durch Unruhe, sowohl, was den Hass betrifft, den Menschen einander zeigen, als auch, was die bevorstehenden ökologischen Umbrüche betrifft. Dort wird Mutter Natur bald das Unerwartete entfesseln, um dem Menschen zu zeigen, dass er ungeachtet seiner arroganten Anmaßung nicht alles beherrscht.

Der Mensch hat viele Lektionen zu lernen. Ständige Anstrengungen jener mit Befehlsgewalt, auf höchster Ebene Macht zu gewinnen, haben eine Auswirkung auf den einfachen Menschen, der sich auf jene Führungskräfte in Regierungen und im Geschäftsleben in Hinsicht darauf, dass sie sich um seine Bedürfnisse kümmern, verlassen muss. Die Hilfe, die der Mensch braucht, wird sich nur dann zeigen, wenn jene Führer mit wahrer Liebe für ihre Mitmenschen in ihrem Herzen herrschen. Leider besagen Habsucht und Machtgier, dass das heute in Wirklichkeit nicht die Absicht von vielen Weltführern ist.

Gott, der Vater, wird eure sündigen Taten nicht mehr dulden

Meine Warnung an jene Führer überall auf der Welt, wer auch immer ihr seid, ist folgende: Wenn ihr euren Mitmenschen unlautere Handlungen und Nöte auferlegt, wird die Hand Meines Ewigen Vaters schnell auf jene Länder und Orte niederfallen, in welchen ihr wohnt. Er wird eure sündhaften Taten nicht länger dulden. Verbergt euch, wenn ihr wollt, aber es wird nutzlos sein. Eure Vernichtungswaffen werden zerstört werden. Eure Behandlung eurer Mitbürger wird eine Situation schaffen, ob ihr es mögt oder nicht, wo ihr Gott, dem Ewigen Vater, werdet antworten müssen. Eurer moralischen Verantwortung müsst ihr nachkommen; denn letztendlich werdet ihr aufgrund eurer Handlungen gerichtet werden.

Führt eure Mitmenschen mit Liebe, Würde und Respekt hinsichtlich ihres körperlichen und moralischen Wohlergehens. Wenn ihr euren Mitmenschen das Recht auf religiöse Freiheit verweigert oder ihnen Diktaturen jeglicher Art auferlegt, die sie zwingen, im Namen der politischen Einheit die Ausübung ihrer Religion einzustellen oder einzuschränken, dann seid ihr verloren. Ihr werdet nicht nur für eure Handlungen leiden, sondern auch das Urteil wird hart sein. Wer auch immer von euch eurem Volk im Namen Gottes, des Ewigen Vaters, Treue schwört und doch unlautere neue Gesetze inszeniert, die ihnen das Recht auf Nahrung, Unterkunft und religiöse Freiheit verweigern, wird mit dem Zorn und der Hand Gottes, des Vaters, konfrontiert werden.

Die Welt leidet jetzt in jedem Land aufgrund der Herrschaft von Diktaturen, wenn auch nicht gerade dort, wo ihr erwarten würdet, dass es der Fall ist. Die Welt leidet

auch unter finanziellen Schwierigkeiten, was den Verwundbaren noch schwächer macht. Ich sage jetzt jenen Führern, die noch irgendeinen Sinn für die christliche Pflicht haben: Kämpft für das Recht, dass meine Lehren auf eure Entscheidungen, die überall eine direkte Auswirkung auf Meine Kinder haben werden, Einfluss haben.

Für diejenigen von euch, welche an den Schalthebeln der Macht konspirieren, um eine Vielzahl von Ländern zu unterdrücken, in einer Art der Kontrolle, welche eine Nation nach der anderen betreffen wird und überall zu Not führen wird: Seid euch dessen bewusst, dass eure Handlungen bestraft werden. Denn Gott, der Ewige Vater, ist bis jetzt geduldig gewesen, in der Hoffnung, dass ihr die Sinnlosigkeit eurer Wege erkennt. Stattdessen seid ihr als eine elitäre Gruppe vorgestoßen, die sich selbst für wichtiger hält als den Rest der Menschheit. Eure Handlungen — seid gewarnt — werden in der Katastrophe enden. Eure Anhänglichkeit an Reichtum, Dominanz und Habgier wird euch nicht nur nackt und verwundbar zurücklassen, sondern auch in einem schlimmeren Zustand als den jener, die ihr durch den Missbrauch der Macht misshandelt habt.

Die Zeit für die Schlacht, die Welt vom Bösen und von der Herrschaft Satans zu befreien, ist gekommen. Gott, der Vater, ist jetzt im Begriff, viele Erdbeben, Tsunamis und Überschwemmungen zu entfesseln, um euch wach zu machen. Eure Komplotte, Staatsoberhäupter und jene Verantwortlichen religiöser Gruppen zu stürzen und Kontrollmaßnahmen einzuführen einschließlich einer Weltwährung, werden nicht unbeachtet bleiben.

Da ihr jetzt seht, dass sich diese Ereignisse entfalten, könnt ihr sie unmöglich ignorieren. Diese Ereignisse werden eure blinde Vermehrung der Macht erschüttern. Euch wird der Irrtum eurer Wege klar werden.

Und wenn dies geschieht, werde Ich dastehen und warten. Ihr werdet zu Mir laufen und Mich nicht nur um Vergebung bitten, sondern auch eure Liebe zu Mir verwenden, um Genugtuung zu leisten. Ihr, Meine Kinder, die ihr eine von Grund auf tiefe Liebe zu Mir habt, seid jetzt Meine größte Hoffnung beim Besiegen des Bösen und ungerechter politischer Verdorbenheit in der Welt. Betet um die Gnaden, euch zu helfen, zu Mir umzukehren.

Klimakatastrophen, wie sie seit den Tagen von Noah nicht gesehen wurden

Gebet wird, wie Ich früher gesagt habe, helfen, Katastrophen in der Welt abzuschwächen, da jetzt eine Reihe Katastrophen unterwegs sind, welche mit dem Klima zusammenhängen und die von den Menschen seit den Tagen von Noah nie gesehen wurden. Die Welt, wie ihr sie kennt, wird plötzlich so viele Ereignisse erleiden, dass Chaos und Verwirrung die Norm sein werden.

Warum solltet ihr erlauben, dass dies geschieht? Ich spreche zu jenen mit einem rie-

sigen politischen und finanziellen Einfluss, die darin eingeweiht sind, was hinter verschlossenen Türen geschieht. Dies ist eure letzte Chance, die euch aus einem Gefühl der Liebe und des Erbarmens mit den Menschen überall gegeben wird, jetzt umzukehren und eure bösen Wege zu beenden. Oder tragt die Konsequenzen.

Euer gerechter Richter

Jesus Christus

98. Mit der finanziellen Not fertig werden.

Freitag, 27. Mai 2011, 13.00 Uhr

Meine innig geliebte Tochter, es ist Mein Wunsch, dass du jetzt beginnst, mindestens einen Tag in der Woche zu fasten. Denn wenn du das tust, wirst du Mir eine außerordentliche Freude machen. Dieses Opfer wird deine Reinheit der Seele stärken und dich näher zu Meinem Heiligsten Herzen bringen.

Meine Kinder in der Welt begegnen in diesen Zeiten vielen Herausforderungen, Meine Tochter, Herausforderungen, mit denen sie sich vorher nie haben befassen müssen. Die größte Herausforderung ist jetzt, sich mit der Art zu befassen, wie das Geld knapp wird. Das ist für viele, die dieses brauchen, um ihre Häuser zu behalten und ihre Familien zu ernähren, sehr beängstigend.

Die zweite Schwierigkeit ist der Mangel an jeder sinnvollen spirituellen Führung in ihrem Leben, welche bisher als wichtig angesehen worden ist. Verliert euer Einkommen — und ihr verliert euer Streben nach weltlichen Luxusgütern. Wozu dient ein Luxusauto, wenn ihr eure Familie nicht ernähren könnt? Wozu ist ein schönes Kleid gut, wenn ihr ein Haus nicht warm halten könnt, weil ihr es euch nicht leisten könnt, richtig zu heizen? Erst wenn Meine Kinder feststellen, dass sie des Überflusses beraubt sind, an den sie gewöhnt waren, verstehen sie die Wirklichkeit, in welche sie jetzt eingetaucht sind.

Heute müssen eure grundlegenden Bedürfnisse für euch Vorrang haben. Anschließend müsst ihr euch fragen: Was ist jetzt wichtig? Sobald ihr genährt und bekleidet seid, was dann? Einem Menschen eine Nasenlänge voraus sein, ist nicht mehr wichtig, wenn ihr, um zu überleben, euch um die Grundelemente bemüht. Neid auf den Reichtum eures Nachbarn und Status zählen nicht mehr. Erst jetzt werdet ihr die spirituelle Geborgenheit zu finden suchen, die in eurem Leben so lange gefehlt hat.

Auf eurer Suche, geistigen Trost zu finden, wendet euch an Mich und Meinen Ewigen Vater, an Gott, den Schöpfer aller Dinge. Seid nicht versucht, Heilmittel von spirituellen Heilern zu suchen, wenn sie Mich nicht vertreten. Sucht keinen künstlichen Trost in Anregungsmitteln, um euren Schmerz und Kummer zu erleichtern. Die einzige Weise, frei von Sorge und Kummer zu werden, ist, wenn ihr euch Mir, Jesus Christus, eurem Erlöser, zuwendet.

Ich warte jetzt. Bittet Mich, euch zu helfen, und Ich werde euren grundlegenden Bedarf decken. Ich werde euch immer mit dem versorgen, was ihr wollt. Aber ihr müsst Mich zuerst bitten. Behaltet eure Sorgen niemals für euch selbst. Teilt sie mit Mir. Übergebt Mir all eure Anliegen. Ich werde sofort antworten. Denn es erfüllt Mich mit Freude, wenn ihr Mir völlig vertraut.

Ich liebe euch alle.

Euer hingebungsvoller Erlöser

Jesus Christus

König der Barmherzigkeit und des Erbarmens

99. Sünde wird immer Sünde bleiben, egal wie ihr sie rechtfertigt.

Sonntag, 29. Mai 2011, 17.30 Uhr

Meine innig geliebte Tochter, wie Ich um all Meine Kinder weine, die sündigen, weil sie Meine Lehren nicht verstehen. Viele von ihnen sind sich dessen nicht bewusst, dass sie Mich verletzen, weil sie entweder nie in der Wahrheit unterrichtet worden sind oder sie sich dafür entschieden haben, ihre Sünden zu verteidigen. Viele von jenen, die sündigen, versuchen, ihre Tat zu rechtfertigen; denn sie hören auf andere, die Toleranz als einen Vorwand verwenden, um Sünde zu rechtfertigen. Sünde wird in den Augen Meines Vaters immer Sünde bleiben, egal wie geringfügig die Sünde ist. Vielen von denjenigen, die eine schwere Sünde begehen, gelingt es immer, ihr sogenanntes ‚Recht auf Sünde' zu verteidigen, indem sie sich selbst an das Böse binden, das ihre Sünde repräsentiert.

Meine Kinder sind glücklich, dass Ich ihnen ihre Sünden verzeihe

Wenn doch nur Meine Kinder überall von Meinem Erbarmen wüssten, sie würden dann begreifen, wie glücklich sie sind, dass ihnen dieses große Geschenk der Vergebung, das Ich ihnen in diesem Leben anbiete, gegeben wird. Wenn sie nicht regelmäßig um Vergebung bitten, dann werden ihre Sünden sie dazu bringen, weiter zu sündigen, immer und immer wieder. Je mehr sie sündigen, desto weiter werden sie sich von Mir entfernen. Dann wird es umso schwerer sein, zu Mir zurückzukommen.

Hört Mir zu. Meine Barmherzigkeit ist für euch alle da, damit ihr daraus Nutzen zieht. Nehmt diese jetzt von Mir an. Erlaubt der Welt nicht, euch einzufangen, indem ihr zulasst, den Versuchungen der Sünde zum Opfer zu fallen. Sobald ihr sündigt, werdet ihr gefangen und wisst nicht, wohin ihr euch wenden sollt. Sünde lässt euch tief unten in eurem Inneren unbehaglich fühlen.

Toleranz ist heute modern

So viele Meiner Kinder schreien weiterhin laut, wie notwendig die ‚Toleranz in der Gesellschaft' sei. Toleranz in ihrem unscharfen Begriff ist heute modern. Dieser Begriff kann verwendet werden, um sogar die schwerste Sünde zu verdrehen. Toleranz wird schlau gestaltet, um jeden Typ Sünde, der dem Menschen in der Welt heute bekannt ist, zu verteidigen. Jeder fordert das Recht auf Toleranz. Um welche Sünde es sich auch handelt, sie wird in den meisten Fällen als ein Bürgerrecht gefördert. Egal wie diese Sünden als etwas, das ‚richtig ist', gefördert werden, sie werden immer verkehrt sein. Es ist Zeit, dass die Menschen der Wahrheit ins Gesicht schauen. Wieder verantwortungsbewusst werden. Sich eingestehen, dass die sündhaften Taten, an denen sie sich beteiligen, moralisch verkehrt sind. Ihre Mitmenschen, darunter jene Kinder im Mutterleib, unter allen Umständen als ebenbürtig behandeln.

Betet innig um die Gnaden, die Wahrheit als das zu sehen, was sie ist, und nicht die manipulierte Version, an die zu glauben ihr euch entscheidet, weil sie euren egoistischen Absichten behagt. Es gibt nur eine Wahrheit. In eurem Herzen kennt jeder Einzelne von euch den Unterschied zwischen richtig oder falsch. Akzeptiert das jetzt, wenn ihr wollt, dass Ich euch vor den Feuern der Hölle rette.

Euer Erlöser

Jesus Christus

100. Die Schwerter der Gerechtigkeit werden jetzt fallen.

Montag, 30. Mai 2011, 03.00 Uhr

Hört Mir jetzt zu, Meine Kinder überall. Die Schwerter der Gerechtigkeit werden auf jene niederfallen, die es unterlassen, sich entsprechend auf die „Warnung" vorzubereiten.

Meine Flammen der Göttlichen Barmherzigkeit, die der Welt präsentiert werden, um jedem von euch einen Vorgeschmack davon zu geben, wie der Tag des Jüngsten Gerichts sein wird, werden von so vielen von euch falsch interpretiert. Dieser große Tag der „Warnung" rückt monatlich näher heran. Daher müsst ihr jetzt Zeit für die Vorbereitung auf Meine Göttliche Barmherzigkeit erübrigen.

Viele, viele Seelen werden es schwer finden zu verstehen, was dieses Ereignis wirklich bedeutet. So viele werden infolgedessen am Schock sterben, was Mich betrübt. Denn der Grund, warum viele nicht überleben werden, wird der traurige Zustand ihrer Seele sein. Katholiken überall, sucht jetzt den Beichtstuhl auf, wenn ihr aus Meinem großen Akt der Liebe und Barmherzigkeit einen Nutzen ziehen wollt.

Christen und Angehörige anderer Religionen, sprecht im Stillen und sagt Gott, wie reumütig ihr seid, wie sehr ihr eure Verfehlungen bedauert, und bittet Ihn, euch eure Sünden zu vergeben. Nur diejenigen, die in ihrer Liebe zu Mir und Gott, dem Allmächtigen Vater, stark von Herzen sind, werden angemessen vorbereitet sein. Andere werden aufgrund ihrer Seelenstärke und Charakterstärke letztendlich die Wahrheit verstehen und Mich mit Liebe in ihrem Herzen annehmen.

Was die anderen Menschen angeht: So brutal wird der Schock sein, dass sie tot umfallen werden, wenn ihnen ihre Seele in ihrer Finsternis offenbart wird. Für sie wird es zu spät sein, Vergebung zu suchen. Es wird für sie keine Hoffnung mehr geben. Betet, betet ihr alle, damit so viele Seelen wie möglich den großen Akt der Barmherzigkeit überleben werden.

Euer liebender Erlöser

Jesus Christus

101. Warnung an jene, die in satanische Kulte hineingezogen sind.

Montag, 30. Mai 2011, 22.00 Uhr

Meine Tochter, du wirst jetzt viel stärker, und durch deinen Gehorsam gegenüber Meinem Heiligsten Willen kannst du jetzt die Welt in Hinsicht auf das Kommende warnen.

Wenn Ich über die Sünde spreche, dann habe Ich nicht die abscheulichen Sünden aufgedeckt, die begangen werden und die sogar ausgesprochene Sünder schwer begreifen können. Die abscheulichen Praktiken, die von sogenannten kultivierten westlichen Gesellschaften hinter verschlossenen Türen ausgeführt werden, würden euch bis ins Mark schockieren.

Die bösen Gräueltaten, wo Kinder in Ehrerbietung gegen Satan rituell ermordet werden, sind in der Welt von heute eine Wirklichkeit. Aber sie sind nur einige der äußerst bösen Handlungen, die von Menschen unter dem Einfluss Satans begangen werden. Wenn ihr es so weit treibt, Meine Kinder, werdet ihr glauben, dass es für euch nicht mehr möglich sei, zu Mir zurückzukommen. Andere Taten, die Mein Herz brechen, sind unter anderem der physische Missbrauch insbesondere junger, unschuldiger Kinder.

Lasst Mich euch die Art von Sünden verdeutlichen, die viele von euch außerordentlich bestürzen würden, würde Ich sie im Detail beschreiben. Satans Anhänger sind aufgrund ihres Kultes grausam in ihrer Behandlung des Menschseins, vor dem sie keinen Respekt haben. Opfer, einschließlich Menschenopfer, Gotteslästerungen, Fluchen und Akte der Entweihung von Mir, Meinem Ewigen Vater und Meiner geliebten Mutter sind regelmäßige Rituale. So wenig Scham haben diese Verehrer Satans, dass sie ihre Respektlosigkeit öffentlich durch Musik, durch Filme, Fernsehen und die Kunst offen zeigen. Jene, die solcher Sakrilegien schuldig sind, werden mit der ewigen Verdammnis konfrontiert werden, wo sie für die Ewigkeit in der Hölle brennen werden.

Dies ist eine der letzten Warnungen, die ihr von Mir, eurem Erlöser Jesus Christus, erhalten werdet. Es ist auch Meine letzte Bitte an euch, euch zu retten, solange ihr es könnt.

Ich, Jesus Christus, mache keine leeren Drohungen. Ich werde alles tun, um euch zu retten. Aber über einen bestimmten Punkt hinaus gibt es nichts, was Ich tun kann, um euch aufzuhalten, den falschen Trost zu suchen, der euch nach eurer Meinung vom Teufel angeboten werden wird. Löst euch jetzt aus den satanischen Fesseln, durch welche ihr gebunden seid, und flieht zu Mir. Ich werde euch retten, aber ihr müsst Mich bitten, euch zu vergeben, solange ihr in diesem Leben lebt.

Vergesst nicht, es ist eure Wahl: Himmel oder Hölle. Ihr wählt, solange ihr noch auf dieser Erde lebt. Denn ihr werdet nicht dazu in der Lage sein, wenn ihr in das nächste Leben hinübergeht.

Euer immer langmütiger und liebender Jesus Christus

102. Die Prophezeiung von Garabandal wird jetzt Wirklichkeit werden.

Dienstag, 31. Mai 2011, 15.30 Uhr

Meine innig geliebte Tochter, wir haben in solch einer kurzen Zeit einen langen Weg zurückgelegt. Das hatte seinen Grund. Denn es war die ganze Zeit notwendig, Mein höchstheiliges Wort einer Welt bekannt zu machen, die nach Meiner Liebe hungert. Sie hört noch immer nicht, weil sie es nicht wissen will. Während viele Meiner treuen Anhänger jetzt hinsichtlich der kommenden Veränderungen wachsam sind, haben so viele überhaupt kein Interesse an den Warnungen, die der Welt durch Meine geliebte Mutter bis jetzt gegeben werden. Die Prophezeiungen, die in Garabandal gegeben wurden, werden jetzt Wirklichkeit werden. Bereitet euch jetzt auf dieses Ereignis vor; denn es bleiben euch nur ein paar Monate, um eure Seelen vorzubereiten.

Bitte hab keine Angst, Meine Tochter; denn Ich weiß, dass diese Ereignisse dich traurig gemacht haben, weil du an die Zukunft deiner Kinder denkst. Die „Warnung" wird alles ändern. Aber sie wird einen Scheideweg darstellen. Der Mensch wird dann, wenn er für die Wahrheit der Existenz Gottes aufgerüttelt worden ist, durch seinen eigenen freien Willen einen von zwei Wegen wählen: den Weg der Erlösung — oder den Weg der Verdammung.

Die Züchtigung wird viele in der Welt hinwegfegen

Betet innig, dass der Mensch das Erstere wählt; denn wenn er das nicht tut, wird die Welt eine äußerst strenge Züchtigung erleiden, wobei viele in der Welt hinweggefegt werden. Warum sollten Meine Kinder das wünschen? Doch aufgrund der Sünde wird der Mensch sich leider dafür entscheiden, Mein Versprechen zu ignorieren und dem Weg des Betrügers zu folgen.

Ich habe dir gesagt, dass Ich dir nicht ein Datum für die „Warnung" geben werde; denn dies ist nur ein paar auserwählten Seelen bekannt; denn würde dieses Datum bekannt gegeben werden, würden die Menschen geneigt sein, aus einem Gefühl falscher Demut heraus Rettung zu suchen.

Vertraut Mir. Alles wird gut sein, Kinder. Ihr seid gesegnet, dass euch dieses wunderbare Geschenk der Offenbarung gegeben wird. Die Welt wird euch jetzt in den kommenden Monaten, die der „Warnung" vorausgehen, ruhiger und etwas fremd vor-

kommen. Denn wenn sie stattfindet — spektakulär und obwohl am Himmel sichtbar —, wird diese mystische Erfahrung so ruhig sein, dass ihr auf diese lautlose Begegnung mit eurem eigenen Gewissen besser vorbereitet sein werdet.

Vergesst nicht: Je mehr Menschen hinsichtlich dieses Ereignisses vorgewarnt sind, desto mehr Seelen werden gerettet werden. Betet, betet Meinen Barmherzigkeitsrosenkranz für jene Seelen, welche während der „Warnung" sterben werden. Sie brauchen eure Gebete.

Euer liebender Erlöser Jesus Christus

103. Die Tage von Papst Benedikt sind jetzt gezählt.

Donnerstag, 1. Juni 2011, 11.00 Uhr

Meine innig geliebte Tochter, du bist gerade einmal mehr in Meinem Heiligsten Namen geprüft worden, von der Wahrheit abzuweichen. Das wird regelmäßig vorkommen; denn nicht ein Tag wird vorübergehen, an dem der Betrüger nicht versuchen wird, dich von dieser Arbeit abzuhalten, indem er Zweifel in deinen Geist legt.

Du darfst nicht auf die Botschaften anderer Visionäre schauen oder auf irgendeine andere Person hören, die behauptet, in Meinem Namen zu kommen, wenn sie dir eine Botschaft gibt, die dem Wort, das du von Mir erhältst, entgegengesetzt ist.

Meine Prophezeiungen werden dir, Meine Tochter, präzise mitgeteilt. Satan wird dich weiterhin runtermachen und verletzen, dann, wenn du es am wenigsten erwartest. Also sei zu jeder Zeit auf der Hut. Die Tage Meines geliebten Stellvertreters sind jetzt gezählt. Er wird den Vatikan verlassen haben, bevor die „Warnung" stattfindet. Vertraue auf Mich. Gehorche Mir. Du machst jetzt gute Fortschritte. Aber wende deine Augen niemals von Mir ab.

Habe jedoch keine Angst, dein Leben zu leben, wie du es normalerweise tust, solange das Gebet und die Hingabe an Mich ein wesentlicher und wichtiger Bestandteil sind. Ich bin im Begriff sicherzustellen, dass du in dieser Arbeit von jetzt an nicht allein bist und dass nur diejenigen, die von Mir geleitet werden, irgendeinen Einfluss auf dein Urteilsvermögen haben werden.

Vertraue Mir, wenn Ich sage, dass Satan Meine Worte weder sabotieren noch diese Botschaften, die du von Mir erhältst, verseuchen wird. Das wird in diesem Falle nicht geschehen; denn diese Mission ist vorrangig, und dir wird jeglicher Schutz geboten, Meine Tochter. Wenn du schon einmal über irgendwelche Botschaften beunruhigt bist, bitte Mich einfach um die Antwort, und sie wird dir gegeben werden. Frage keine anderen Menschen um ihre Ansichten, denn sie sind nicht qualifiziert, sich über Mein Göttliches Wort zu äußern.

Lass dich nicht auf Botschaften anderer Seher ein. Das ist sehr wichtig; denn es wird deiner Arbeit schaden.

Inzwischen weißt du, dass Ich, dein Erlöser und König der Menschheit, verantwort-

lich bin. Kein Mensch soll Mein Wort besudeln. Niemals. Sei dankbar, dass dir die Gabe der Prophetie gewährt wurde, und gehorche Mir zu jeder Zeit. Verletze Mich nie, indem du zweifelst. Diese Zeiten sind nun vorbei. Tritt mit Demut in deinem Herzen und in deiner Seele an Mich heran. Bleib ruhig, wenn Mein Wort verspottet, angegriffen und abgelehnt wird, wenn ihm widersprochen und es hinterfragt wird; denn es liegt nicht in deinem Ermessen, an Meiner Stelle zu antworten. Du wirst noch so vieles mehr von Mir lernen, Meine Tochter, wenn du dich hinsetzen und Mir zuhören wirst. Ich erfülle deinen Geist mit der Gabe der Unterscheidung. Nimm dieses Geschenk an. Zweifle nicht. Freue dich mit Mir.

Dies ist eine sehr wichtige Mission, anders als alles, was Ich seit den frühen Propheten der Menschheit gesandt habe. Menschlich gesehen erfordert sie jetzt von dir Stärke. Gerade jetzt ist es wichtig, mit Mir auf einfache Weise zu kommunizieren, durch das Gebet, durch die Anbetung und durch die Heiligen Sakramente. Alles andere muss heraus gehalten werden. Deine Familie ist zu jeder Zeit sehr wichtig. Alles außerhalb dieser zwei Dinge fällt in eine viel niedrigere Kategorie. Versuche, dich zu entspannen und Meine Liebe zu fühlen. Vergeude keine wertvolle Zeit, indem du dir Sorgen machst. Verbinde dich einfach mit Mir in voller Vereinigung, und du wirst vor Schaden sicher sein. Ich liebe dich, Meine Tochter, und Ich vertraue dir.

Dein ergebener Erlöser und Lehrer Jesus Christus

104. Satan rekrutiert junge Leute durch die Popkultur.

Samstag, 4. Juni 2011, 17.00 Uhr

Meine innig geliebte Tochter, die Bekehrung — als ein direktes Ergebnis Meiner Botschaften, die dir gegeben werden — verbreitet sich in der ganzen Welt. Freue dich; denn Ich sagte dir, dass Mein Wort, wenn es gelesen wird, überall Seelen entzünden würde, darunter die Seelen dieser lauen Sünder. Als Ich vor Tausenden von Jahren Mein Wort an die Welt Meinen geliebten Aposteln gab, machten sie auf die Menschen einen tiefen Eindruck. Heute ist — ausgenommen die Anhänger Gottes, des Ewigen Vaters, und von Mir, Seinem Sohn, Jesus Christus, — viel von dem, was gelehrt wurde, traurigerweise vergessen worden.

Meine Kommunikationen durch dich, Meine Tochter, versuchen, Meine Lehren zu vereinfachen. Wichtiger noch, der Grund, warum Ich jetzt spreche, ist, zu ermahnen, zu lehren und Mein Heiligstes Wort in den Geist Meiner Kinder einzuflößen, damit sie aus der Umklammerung Satans gerettet werden können.

Meine Tochter, Ich habe deine Seele durch die Gabe des Heiligen Geistes mit dem Unterscheidungsvermögens erfüllt. Dieses Vermögen wurde dir nicht nur gegeben, damit du diese Botschaften verstehen kannst, sondern auch, um dir das Böse der Sünde zu offenbaren. Jetzt, wo du die Sünde siehst, fühlst du dich dermaßen angewidert, dass du dich aufgewühlt fühlst. Ich gebe dir damit jetzt einen Vorgeschmack dessen, was Ich ertrage, wenn Ich Meine Kinder mit der Sünde verseucht sehe.

Viele von denjenigen, die du in deinem Alltag siehst, durch die Medien, die Filme und im Fernsehen, verwirren dich. Die Sünde, wenn sie in Seelen gegenwärtig ist, zeigt sich in einer Weise, die durch bestimmte Zeichen klar zu erkennen ist. Du, Meine Tochter, kannst jetzt aufgrund Meiner Gnaden Sünden in jemandem sofort erkennen. Das erste Zeichen, das du sehen wirst, ist Arroganz und Stolz, wo ein Mensch sich selbst für wichtiger hält als andere. Andere Zeichen, die dir präsentiert werden, stammen von der Sünde des Stolzes und der Habgier.

Eine der am meisten um sich greifenden Sünden in der Welt von heute ist sexuelle Perversität. Wenn sie der Welt präsentiert wird, wird sie immer durch Humor getarnt sein. Das ist eine schlaue Art und Weise zu versuchen, andere davon zu überzeugen, dass sie ein natürlicher Teil eures menschlichen Wesens sei. Du siehst, Meine Tochter, jede Person in der Welt lacht gerne und braucht einen Sinn für Humor, der ein Geschenk Gottes ist. Daher, wenn sexuell abartiges Verhalten gefördert wird, wird es gewöhnlich präsentiert werden, um euch zum Lachen zu bringen. Das ist nicht nur dann der Fall, wenn es Frauen erniedrigt, sondern auch, wo es junge Kinder beeinflusst, damit sie böses, dekadentes Verhalten als normale Pop-Kultur aufnehmen.

Satan rekrutiert gerne junge Seelen. Daher nutzt er moderne Mittel, um diese Meine kostbaren kleinen Lämmer ins Visier zu nehmen. Sie, Meine kleinen Kinder, werden unwissentlich ihr widerliches Verhalten nachahmen, das durch Gruppenzwang sogar weiter angefacht werden wird.

Warnung an jene in der Musikindustrie

Ich warne jetzt alle jene in der Musik-, der Film- und der Kunstindustrie. Wenn ihr fortfahrt, Meine Kinder zu verseuchen, werdet ihr streng bestraft werden. Ihr, Meine irregeführten Kinder, seid Marionetten in Satans Arsenal. Er benutzt euch zuerst, indem er euch durch die Anziehungskraft des Reichtums, der Berühmtheit und des Wohlstands verführt. Dann dringt er in eure Seele ein. Danach wird er euch in die Tiefen der Verdorbenheit mitschleifen, wo seine Dämonen in eure Körper eingehen werden, damit sie ihre eigenen schrecklichen Begierden und sexuellen, verdorbenen Taten ausführen können.

Die ganze Zeit werdet ihr denken, dass das nur harmlose Unterhaltung sei. Wisst ihr nicht, dass eure Seelen dabei sind, gestohlen zu werden? Kümmert euch das nicht? Begreift ihr nicht, dass ihr, wenn ihr diese Taten obszöner sexueller Verderbtheit begeht, für immer verloren sein werdet? Während ihr euch wollüstig nach mehr Erregung sehnt, wenn der letzte Akt euch nicht mehr erregt, werdet ihr unersättlich werden. Danach werdet ihr euch selbst zerstören.

Warum, denkt ihr, gibt es so viele in der Scheinwelt von Berühmtheit, die Selbstmord begehen? Überdosen von Rauschgift nehmen? Sich depressiv fühlen? Verzweiflung durch eure Herzen zieht? Wisst ihr nicht, dass Satan eure Seele schnell haben möchte? Je eher ihr in Todsünde sterbt, desto schneller kann Satan eure Seele Gott, dem Allmächtigen Vater, eurem Schöpfer, stehlen.

Das ist für Meine Kinder, die in dieser Lüge gefangen sind, schwer zu verstehen. Aber stellt euch das folgendermaßen vor: Selbst wenn ihr euch in Sünde befindet, ist in euch noch immer das Licht Gottes gegenwärtig. Viele Sünder und Atheisten begreifen das nicht. Sie setzen den Abwärtsspirale der Sünde fort und bewegen sich dabei näher zur Hölle. Aber es ist nur das Licht Gottes, das sie geistig gesund hält. Ohne das Licht Gottes befände sich diese Erde in der Finsternis. Diese Finsternis, wenn ihr sie einmal erfahren habt, wird euch terrorisieren. Eure sündhaften Handlungen werden euch nicht nur zuwider sein, sondern ihr werdet auch wegrennen und euch verbergen wollen. Denn sogar dann, wenn das Licht Gottes plötzlich erscheinen würde, wäret ihr nicht im Stande, dessen Glanz oder dessen Stärke auszuhalten.

Ohne Gottes Licht gibt es totale Finsternis der Seele. Weil ihr, Meine Kinder, niemals auf dieses Licht verzichten musstet, wäret ihr nicht im Stande zu überleben, falls dieses Licht erlischt.

Nährt eure Seele. Sie ist alles, was ihr in das nächste Leben mit euch nehmen werdet.

Die „Warnung" wird euch einen Vorgeschmack dessen geben, was das für ein Gefühl sein wird. Solltet ihr euch während der „Warnung" in Todsünde befinden, dann habt keine Angst; denn es ist nur das: eine Warnung. Traurigerweise werden eure Sünden so schockierend sein, wenn ihr sie in ihrem rohen und hässlichen Zustand seht, dass euch das körperlich in einen Schock bringen könnte. Wartet nicht bis dahin. Tut jetzt etwas an eurem jetzigen geistigen Leben. Betrachtet die Erhabenheit eurer Seele. Nährt eure Seele, weil sie alles ist, was ihr in das nächste Leben mitnehmen werdet. Euer Körper ist von keiner Bedeutung. Wenn ihr jedoch euren Leib, der euch von Gott, dem Allmächtigen Vater, als ein Geschenk gegeben wurde, in einer sündhaften Weise benutzt, so dass ihr andere zu sündigen veranlasst, wird es euer Leib sein, der den Untergang eurer Seele verursachen wird.

Meine Kinder, denkt an eure künftige Glückseligkeit. Denn eure Zeit auf Erden ist nur ein Bruchteil der Zeit, die ihr in eurer Existenz erfahren werdet. Unterlasst ihr es, euch um eure Seele zu kümmern, dann wird euch eine isolierte Verlassenheit in der Hölle garantiert werden, in der kein Leben existiert außer ewige Qual und Folter.

Jeden Tag treiben Millionen schnell zu den Toren der Hölle

Jeden Tag treiben Millionen von Seelen im Moment des Todes schnell zu den Toren der Hölle. Mächtige Menschen, Führer, Reiche, Arme, Sänger, Schauspieler, Terroristen, Mörder, Vergewaltiger und diejenigen, die abgetrieben haben. Der gemeinsamer Nenner, den sie alle teilen, ist dieser: Keiner von ihnen glaubte, dass die Hölle existiert.

Euer liebender Erlöser und Lehrer
Jesus Christus

105. Zwei Kometen werden kollidieren, Mein Kreuz wird an einem roten Himmel erscheinen.
Sonntag, 5. Juni 2011, 16.30 Uhr

Meine innig geliebte Tochter, die Zeit ist nahe. Die „Warnung" ist jetzt nahe. Mit großem Kummer muss Ich euch sagen, dass viele Seelen diese Botschaften über die „Warnung" nicht beachten werden. Mein Wort stößt auf taube Ohren. Warum wollen sie nicht hören? Ich gebe ihnen nicht nur Mein großes Geschenk der Barmherzigkeit, wenn Ich Meine Gnaden über die ganze Welt ausschütten werde, sondern versuche auch, sie auf dieses Ereignis vorzubereiten. Viele Millionen Sünder werden jubeln, wenn ihnen Mein großes Erbarmen gezeigt wird. Andere werden keine Chance bekommen, sich rechtzeitig zu retten, weil sie vor Schreck sterben werden.

Meine Tochter, du musst alles tun, was du tun kannst, um die Welt zu warnen; denn dieses große Ereignis wird jeden schockieren. Sie werden große Zeichen am Himmel sehen, bevor die „Warnung" stattfindet. Sterne werden mit solch einer Auswirkung zusammenprallen, dass die Menschen in Verwirrung geraten werden, als ob das Schauspiel, das sie am Himmel sehen werden, eine Katastrophe sei. Wenn diese Kometen durchziehen, wird ein großer roter Himmel zurückbleiben und das Zeichen Meines Kreuzes wird überall auf der Welt von jedem gesehen werden. Viele werden Angst haben. Aber Ich sage euch: Jubelt, denn ihr werdet zum ersten Mal in eurem Leben ein wahrhaft Göttliches Zeichen sehen, das eine große Botschaft für die Sünder überall darstellt.

Schaut dann nach Meinem Kreuz und ihr werdet wissen, dass Meine große Barmherzigkeit jedem von euch, Meinen kostbaren Kindern, gegeben wird. Denn aufgrund der tiefen, beständigen Liebe, die Ich für euch hatte, starb Ich aus freien Stücken am Kreuz, um euch zu retten. Wenn ihr während der „Warnung" die Kreuze am Himmel seht, dann werdet ihr wissen, dass das ein Zeichen Meiner Liebe zu euch ist.

Betet, Meine geliebten Anhänger, dass eure Brüder und Schwestern sich freuen können, wenn auch ihnen der Beweis Meiner Existenz gezeigt wird. Betet, dass sie akzeptieren, dass das ihre Chance ist, sich in Meinen Augen zu retten. Dass dieser große Akt der Barmherzigkeit ihre Seelen retten wird, wenn sie Mir erlauben, ihnen zu helfen.

Euch wird gezeigt werden, wie es ist, in Todsünde zu sterben

Die „Warnung" wird eine reinigende Erfahrung für euch alle sein. Sie mag teilweise unangenehm sein, besonders für diejenigen in schwerer Sünde. Denn zum ersten Mal überhaupt wird euch gezeigt werden, wie man sich fühlt, wenn das Licht Gottes aus eurem Leben verschwindet. Eure Seelen werden die Verlassenheit empfinden, die von denjenigen gefühlt wird, die in Todsünde sterben. Diese armen Seelen, die zu lange gewartet haben, um Gott zu bitten, ihnen ihre Sünden zu vergeben.

Vergesst nicht, dass es wichtig ist, dass Ich euch allen erlaube, diese Leere der Seele zu fühlen. Denn erst dann werdet ihr endlich verstehen, dass ihr ohne das Licht Gottes in euren Seelen aufhört zu fühlen. Eure Seele und euer Körper wären nur leere Gefäße. Sogar Sünder fühlen das Licht Gottes, denn Er ist in jedem Seiner Kinder auf Erden gegenwärtig. Aber wenn ihr in Todsünde sterbt, existiert dieses Licht nicht mehr.

Bereitet euch jetzt auf dieses große Ereignis vor. Rettet eure Seelen, solange ihr könnt. Denn nur, wenn das Licht Gottes euch verlässt, werdet ihr letztendlich die Leere, die Öde und die Finsternis erkennen, die Satan anbietet und die voller Angst und Schrecken ist.

Füllt eure Seelen wieder auf. Freut euch jetzt; denn die „Warnung" wird euch retten und euch näher zu Meinem Heiligsten Herzen bringen.

Begrüßt die „Warnung". Denn dann wird euch der Beweis des Ewigen Lebens gegeben werden, und ihr werdet wissen, wie wichtig es ist.

Euer Geliebter Erlöser
Jesus Christus
König der Menschheit

106. Die Schlüssel Roms werden jetzt an Gott, den Allmächtigen Vater, zurückgegeben.

Montag, 6. Juni 2011, 10.30 Uhr

Meine innig geliebte Tochter, sei jetzt stark. Der Inhalt Meiner Botschaften an dich verursacht dir Angst, der du nicht erliegen darfst. Manchmal fühlst du dich so alleine in dieser Arbeit, doch Ich bin jeden Tag bei dir und bin nicht weit von deiner Seite. Meine Botschaften werden, wie Ich dir vorher gesagt habe, den Seelen nicht immer Freude bringen. Die Gläubigen jedoch werden verstehen, dass Züchtigung notwendig ist, um die Welt reinigen zu helfen.

Ich weiß, es ist manchmal schwer, den Inhalt zu verdauen, aber du musst dein ganzes Vertrauen auf Mich setzen. Ich weise dich noch einmal an, dich nicht mit jenen Leuten zu beschäftigen, mit Meinen Gläubigen, die herausfordern, analysieren oder an Meinem Heiligen Wort herumkritisieren;

denn weder du noch jene Seelen haben die Autorität, so zu tun. Du musst Mir jetzt gehorchen. Kümmere die nicht um jene, die fortfahren, Mein Wort zu verschmähen und zu verurteilen; denn das ist nicht mehr deine Sorge.

Ja, natürlich, du wirst kritisiert werden, wenn du Mein Wort öffentlich verkündest. Ignoriere jetzt diejenigen, die versuchen, dich anzugreifen. Die Zeit ist zu kurz, um sie mit solchen Ablenkungen zu verschwenden. Die Menschen, um die du dich jetzt kümmern musst, sind Meine armen Kinder, denen es an Glauben mangelt oder die Mich oder Meinen Ewigen Vater nicht kennen. Sie sind es, die Mir sehr am Herzen liegen.

Also, während diese gutgesinnten Christen, die immer versuchen werden, Mein Wort zu verstehen, ihre Zeit der Analyse widmen, statt einfach Meinen Lehren zu folgen und für ihre armen Brüder und Schwestern zu beten, wird wertvolle Zeit vergeudet.

Meine Tochter, sage der Welt, dass die vorausgesagten ökologischen Katastrophen jetzt die Erde treffen werden. Alles wird jetzt beginnen. So viele, so schnell. Und das alles, weil die Sünder, die in ihren Sündenpfuhls versunken sind, das Wort Gottes, des Vaters, ignorieren.

Gläubige, seid nicht ängstlich

Gläubige, betet jetzt. Seid nicht ängstlich. Ich werde euch zu jeder Zeit Meinen Göttlichen Schutz anbieten, sogar, wenn ihr in Meinem Namen verspottet werdet. Gebet wird euch Kraft und Mut geben, während der Teufel und seine Günstlinge jetzt ihr Gift auf Meine Kinder ausgießen. Während ihre abscheulichen Akte der Kriegsführung gegen die Menschheit zu eskalieren beginnen, durch den Terrorismus, das Monopol auf die Weltwährungen und die Vergiftung der Erde durch absichtliche Verseuchung, hört Mich jetzt an. Der Zorn Gottes, des Vaters, wird jetzt und schnell niederfallen. Überall auf der Welt muss in Gruppen gebetet werden, denn es wird helfen, einige dieser Ereignisse abzuwenden.

Betet für Meinen geliebten Papst Benedikt. Er ist von sehr mächtigen Feinden Gottes umgeben, die unersättlich sind nach Macht und Kontrolle über Meine Kirche. Gebet kann helfen, seine nahe bevorstehende Abreise — dann, wenn er gezwungen sein wird, den Vatikan, wie vorausgesagt, zu verlassen — zu verzögern. Betet, betet, betet für diese Zeitperiode; denn es wird die dunkelste Periode überhaupt sein, um Meine geistlichen Diener, Bischöfe, Kardinäle und alle wahren Anhänger von Mir heimzusuchen. Die Schlüssel Roms werden jetzt Gott, dem Allmächtigen Vater, zurückgegeben werden.

Die Zeit für die Schlacht gegen Satan und seine bösen Anhänger ist gekommen. Ihre Versuche, die Menschheit zu sabotieren, werden äußerst streng beurteilt werden; denn sie werden große Leiden für ihre bösen Taten ertragen.

Erhebt euch jetzt, Meine Kinder. Setzt all euren Glauben, euer Vertrauen und eure Hingabe an Mich an die erste Stelle. Tägliches Gebet, die Heilige Messe und die Eucharistie werden Mir und Meinem Vater helfen, dieses Böse auszumerzen. Folgt Mir. Nehmt Meinen Kelch auf; denn wenn ihr das tut, werdet ihr euch des ewigen Lebens erfreuen.

Euer liebender Erlöser
König der Menschheit
Jesus Christus

107. Botschaft der Jungfrau Maria bezüglich Ihrer verlorenen Kinder.

Dienstag, 7. Juni 2011, 14.45 Uhr

Mein Kind, diese letzten paar Tage sind nicht leicht gewesen. Alles, was zählt, ist, dass du Meinem Sohn gehorchst. Lass bitte nicht zu, dass in diesem Stadium Zweifel oder Ängste in deinem Herzen aufsteigen; denn wenn das geschieht, ist der Betrüger am Werk.

Öffne dein Herz, um die Gnaden deine Seele überströmen zu lassen, damit du näher zu Meinem Kostbaren Sohn gelangen kannst. Du bist jetzt nah bei deiner Gesegneten Mutter, die dir jederzeit hilft und dich führt. Dieser Teil deiner Mission ist schwer zu bewältigen, aber vergiss nicht, dass es niemals leicht ist, für Meinen Sohn zu arbeiten. Du wirst stärker werden, trotz deines Zögerns, weil du trotzdem Seinen Anweisungen folgst. Das ist gut so.

Bete jetzt für alle Meine verlorenen Kinder überall; denn sie sind ohne Liebe, die echte Liebe, die Mein Sohn ihnen anbietet. Diese Liebe ist ihre Erlösung. Daher opfere bitte all deine Gebete für diese armen verlorenen Seelen auf.

Gehe jetzt in Frieden und tue weiterhin jederzeit alles, um was Mein Sohn dich bittet.

Deine Gesegnete Mutter
Maria, Königin des Himmels

108. Botschaft an die Priester, Bischöfe und Kardinäle über den Falschen Propheten.

Dienstag, 7. Juni 2011, 15.15 Uhr

Meine innig geliebte Tochter, du hast gelitten, weil der Betrüger dich quält. Du musst innig beten, um seinen Angriffen auf dich zu widerstehen. Setze dein ganzes Vertrauen auf Mich, und dann lass Mich damit fertig werden, statt dass du dich aufregst, wenn du Mir dieses Leiden mit Freude in deinem Herzen aufopfern musst. Wenn du dir immer vor Augen hältst, dass sich dieses Leiden ergibt, weil du mit Mir vereint bist, und dass du als eine auserwählte Seele wahrlich gesegnet bist, dann fühlst du dich anders.

Viele Meiner Anhänger beginnen jetzt zu erkennen, was in der Welt geschieht, und aufgrund der Gnaden des Heiligen Geistes stellen sie sich der Hausforderung, Mein Wort zu verteidigen. Diese Armee der Getreuen wird jetzt stärker werden und wird furchtlos Sünder zur Erlösung führen.

Mein Heiliger Stellvertreter, Papst Benedikt, braucht eure Gebete. Betet täglich für ihn; denn er braucht auf jedem Gebiet Schutz, um ihn durch die Qualen zu führen, die noch kommen. Es ist wichtig, dass Meine Anhänger gegenüber jedem neuen Papst, der auftreten mag, auf der Hut sind, denn er wird nicht von Gott sein. Bitte alle Meine geistlichen Diener dringend, sich auf die schrecklichen Herausforderungen vorzubereiten, die beängstigendsten, denen sie jemals in ihrem geistlichen Amt begegnen müssen. Es wird großen Mut erfordern, für die Wahrheit Meiner Lehren einzutreten.

So viele Meiner geistlichen Diener sind blind gegenüber den Verheißungen, die Ich machte, als Ich sagte, Ich würde wiederkommen. Wann, dachten sie, würde das sein? So gewöhnt sind sie daran, Meine Lehren wiederzugeben, dass sie vergessen haben, dass sie möglicherweise diese Ereignisse zu irgendeiner Zeit sehen werden und vielleicht sogar zu ihrer eigenen Lebenszeit? Denn dies ist heute eine der größten Herausforderungen.

Wenn Ich vor Tausenden von Jahren Propheten sandte, werde Ich sie natürlich erneut senden — in dieser Zeitperiode —, um die Welt auf Mein Wiederkommen vorzubereiten.

Macht euch die Lektionen klar, die ihr eure Gemeinden lehrt. Erkennt, dass Ich es bin, der jetzt zu euch spricht. Viele werden in Meinem Namen kommen, aber wenige werden die Wahrheit sprechen. Diese Botschaft kommt von Mir, eurem Göttlichen Erlöser. Betet um das Urteilsvermögen, Meine wahre Stimme zu erkennen, wenn sie euch gegeben wird. Öffnet jetzt eure Herzen und hört zu, was Ich euch zu sagen habe. Die Zeit ist gekommen, euch zu informieren, dass die Prophezeiungen, die im Buch der Offenbarung enthalten sind, dabei sind, sich vor euren Augen zu entfalten.

Ihr, Meine geliebten Diener, müsst aus Liebe zu Mir tapfer gegen die Hindernisse kämpfen, die vom Betrüger aufgestellt sind, der euch bis an die Grenze eurer Geduld herausfordern wird. Ihr müsst euch eingestehen, dass der Falsche Prophet dabei ist, euch zu verführen, euch zu bezaubern, euch zu überzeugen, dass er die Wahrheit vertritt. Ihr müsst jetzt eure Treue zu Mir und zu Meinem Ewigen Vater zeigen. Verzweifelt bitte nicht; denn obwohl diese Ereignisse euch erschrecken und fassungslos machen werden, muss eure Treue und Loyalität Mir gehören.

Zum ersten Mal in eurem geistlichen Amt wird euer Glaube jetzt wirklich geprüft werden. Die Kirche Petri ist Meine Kirche. Aber wenn die Schlüssel an Gott, den Vater, zurückgegeben werden, was jetzt sein wird, wird die Kirche ein Teil Meines Königreichs. Ich bin die Wahrheit. Folgt der Wahrheit zu jeder Zeit.

Betet jetzt zu Mir um die Gnaden, die erforderlich sind, um sicherzustellen, dass ihr euch über die Täuschung Satans rechtzeitig erheben werdet. Sonst wird der Falsche

Prophet Meine geliebten Kinder aufgrund seiner charismatischen, charmanten Art und Weise umgarnen, die Art und Weise des Betrügers, Satans, mit dem er verstrickt ist. Satan wird Meine Kirche nicht erobern, wenn Meine Diener gegenüber der Täuschung auf der Hut sind und sie diese als das sehen, was sie ist: eine diabolische Lüge, von der es, wenn ihr hineingezogen werdet und dieser neuen Abscheulichkeit Treue schwört, kein Zurück mehr geben wird!

Hört Mich jetzt an. Wendet euch an Mich um Führung und um die besonderen Gnaden, die erforderlich sind, um Meine Herde zurück zu Mir und zu Meinem Himmlischen Vater zu führen. Denn wenn ihr das tut, werde Ich euch solche Gnaden schenken, dass es nicht lange dauern wird, bis ihr die Kraft finden werdet, Mein Wort um jeden Preis zu verteidigen.

Ich liebe euch alle und sehne Mich nach eurer Hilfe während dieser Endzeit.

Jesus Christus

109. Bereitet eure Familie vor, Mein Kreuz am Himmel zu sehen.

Mittwoch, 8. Juni 2011, 16.45 Uhr

Meine innig geliebte Tochter, Ich muss mit Dir die Gefühle teilen, die Ich jetzt ertrage. Das erste ist ein Glücksgefühl, weil Ich Meinen Kindern während der Erleuchtung des Gewissens, die nahe ist, so viel Barmherzigkeit bringen werde. Und dann gibt es Meine Tränen großer Traurigkeit für jene, die dieses Ereignis gar nicht wahrnehmen und die unvorbereitet sind.

Meine Kinder werden möglichst vielen ihrer Freunde und ihrer Familie von diesem großen Ereignis erzählen müssen, um deren Seelen zu retten, gleichgültig, ob sie lächeln und eure Behauptungen ins Lächerliche ziehen; denn später werden sie es euch danken. Sagt ihnen die Wahrheit. Bittet sie, aufgeschlossen zu sein. Sie sollten davon in Kenntnis gesetzt werden, wovon sie Zeugen sein werden, weil sie dann, wenn sie Mein Kreuz am Himmel sehen werden, darauf vorbereitet sein werden. Das ist alles, was sie verstehen müssen. Dann werden sie das Unbehagen akzeptieren, das sie erleiden werden, wenn sich ihr vergangenes Leben vor ihren Augen abspulen wird. Sagt ihnen, sie mögen ihr Leben überdenken und sich an das Leid erinnern, das sie möglicherweise ihren Brüdern und Schwestern, angetan haben.

Verbreitet nach der Warnung Mein Wort

Meine Kinder, sobald die „Warnung" geschieht und wenn Bekehrung stattfindet, dann beeilt euch, um Mein Höchstheiliges Wort auszubreiten. Dies ist dringend; denn dies wird eine entscheidende Zeitperiode sein. Durch die Arbeit Meiner geliebten Anhänger überall werden Meine Kinder auf dem richtigen Weg bleiben. Es wird die Zeit sein, wo Gebet und Umkehr die Auswirkung der Verwüstung, die durch die Herrschaft sowohl des Antichristen als auch des Fal-

schen Propheten entstehen wird, abschwächen können.

Akzeptiert die Wahrheit jetzt als das, was sie ist. Fürchtet die Wahrheit nicht. Nehmt sie an. Denn wenn ihr das tut, werdet ihr befreit werden und euer Vertrauen auf Mich wird euch befähigen, Mein Wort in der richtigen Art und Weise zu verteidigen. Angst wird euch zurückhalten, Meine kostbaren Kinder. Mut wird Seelen gewinnen. Euer Kampf in Meinem Namen wird Mein Leiden erleichtern und so viel mehr Seelen, die dringend eure Hilfe benötigen, ewiges Leben bringen.

Meine Liebe zu euch, Kinder, ist allumfassend und lässt in ihrer Intensität niemals nach. Mein Kreuz ist schwer, aber wenn ihr es mit Liebe in euren Herzen aufnehmt, wird eure Last leicht sein. Ihr, Meine geliebten Anhänger, geistliche Diener und Laien, seid Meine zukünftige Armee, um zu helfen, Satan zu überwältigen. Betet jetzt um die Stärke, mit den Herausforderungen hinsichtlich eures Glaubens klar zu kommen. Führung durch das Beispiel und die Gabe, die Ich jedem von euch gewähre, der Mir seine oder ihre Treue schwört, wird augenblicklich Umkehr hervorrufen, wenn ihr Mein Hochheiliges Wort sprecht.

Vergesst nicht: Ich bin jetzt die ganze Zeit bei euch. Viele von euch, die Mir für einige Zeit nah gewesen sind, werden jetzt eine stärkere Wahrnehmung des Heiligen Geistes und die Kraft des Urteilsvermögens erfahren, was euch in Erstaunen setzen wird. Akzeptiert dies als eine der größten Gaben, die den Menschen heute gegeben werden. Eine Vielzahl solcher Gnaden habe Ich nicht mehr gewährt, seitdem Meine Apostel die kostbaren Gaben durch den Heiligen Geist empfangen haben.

Ihr, Meine Anhänger, einschließlich Meiner geistlichen Diener, seid Meine wahre Kirche. Ich werde euch mit der Hilfe Gottes, des Ewigen Vaters, führen, damit ihr mit allen Meinen Kindern hin zum Neuen Paradies gehen könnt, das euch alle erwartet.

Euer liebender Erlöser Jesus Christus

110. Botschaft der Liebe an alle Meine Anhänger.

Mittwoch, 8. Juni 2011, 21.00 Uhr

Meine innig geliebte Tochter, heute freue Ich Mich sehr über den Glauben, der von Meinen geliebten Anhängern überall auf der Welt, die durch diese Botschaften Meinen Ruf hören, gezeigt wird. Ich bin hocherfreut über den tiefen Glauben, der Mir von Meinen geliebten Kindern gezeigt wird, in einer Welt, die Mich ablehnt. Meine kostbaren Kinder, jene, die an Mich glauben, bringen Mir Tränen der Freude in Zeiten der Traurigkeit. Wäre es nicht wegen jener mit einer großen Hingabe an Mich, Ich wäre nicht getröstet.

Meine Kinder, die Mich lieben, müssen Mir jetzt zuhören. Lasst Mich euch in Meine Arme nehmen und euch die Wichtigkeit eures Glaubens erklären. Euer Glaube ist wie eine Flamme in Meinem Herzen, die niemals erlischt. Sie mag vielleicht von Zeit zu Zeit flackern, aber Ich werde euch die Energie einflößen, diese Flamme am Glühen zu halten. Ihr, Meine Kinder des Lichtes, werdet die Finsternis verschlingen, aber ihr müsst als Einheit zusammenbleiben, um den Antichristen zu bekämpfen.

Satan kann nicht siegen; denn das ist unmöglich

Versteht immer diese wichtige Tatsache: Er, der Betrüger, kann nicht und wird nicht siegen; denn das ist unmöglich. Deshalb müsst ihr immer akzeptieren, dass Mein Licht und das Meines Ewigen Vaters niemals abnehmen wird. Denn nicht das Licht ist es, welches erlöschen wird, sondern es ist die Finsternis, die jene armen Seelen, die zu ihr hingezogen werden, anlocken wird.

Jene armen, irregeführten Kinder sind in Meinem Herzen und bedeuten Mir ebenso viel, wie ihr Mir bedeutet. Ihr, Meine Kinder, müsst euch wie in jeder Familie um eure eigensinnigen Brüder und Schwestern kümmern. Egal, wie schwer ihre Sünden sind, richtet niemals über sie. Bringt sie zu Mir zurück. Sprecht mit ihnen. Betet Meinen Barmherzigkeitsrosenkranz für sie; damit sie zur Zeit des Todes aus der Umklammerung des Teufels gerettet werden können.

Ruft jetzt laut von den Dächern. Erinnert jeden an die Wahrheit. Ignoriert diese Sticheleien. Aber wenn ihr Meinen Kindern erklärt, wie sehr Ich sie liebe, dann zwingt ihnen eure Ansichten nicht auf. Erklärt stattdessen einfach, dass sie von Gott, dem Vater, geschaffen wurden. Sagt ihnen, dass Er Mich, Seinen einzigen Sohn, sandte, um sie zu retten, um ihnen eine Chance zu geben, ein Ewiges Leben zu leben. Und sagt ihnen dann, dass Ich sie liebe und dass Ich mit jedem Einzelnen von ihnen jede Minute des Tages wandle.

Selbst wenn Ich ihre Ablehnung sehe und das Böse, das sie anderen antun, so bin Ich immer noch an ihrer Seite, in der Hoffnung, dass sie sich Mir zuwenden und um Meine Hilfe bitten. Denn wenn sie das tun, werde Ich sie mit Tränen der Freude und Erleichterung umarmen. Helft Mir, jene kostbaren Seelen zu retten. Lasst nicht zu, dass der Betrüger sie Mir wegnimmt. Sie sind eure Familie. Meine Familie. Wir sind eine Einheit. Auch nur eine verlorene Seele ist eine zu viel.

Danke, Meine geliebten Kinder überall. Wisset, dass Ich jetzt aufgrund des Heiligen Geistes viel stärker bei euch anwesend bin als zu jeder anderen Zeit in der Geschichte. Haltet Meine Hand fest und wandelt mit Mir hin zum Neuen Paradies auf Erden, welches in der Zukunft euer herrliches Zuhause sein wird.

Euer geliebter Erlöser, Jesus Christus, König der Barmherzigkeit

111. Meine geistige Leitung wird Satans Akte der Zerstörung blockieren.

Samstag, 11. Juni 2011, 15.30 Uhr

Meine geliebte Tochter, es ist eine weitere Woche der Prüfung gewesen, wobei Mein Wort auf der einen Seite von so vielen angenommen wurde, während es zur gleichen Zeit von anderen als völliger Betrug abgelehnt wurde. Haben jene, die Mein Wort ablehnen, nicht die Wahrheit gelesen, die Wahrheit, die in Meinem Heiligen Buch enthalten ist? Das Buch der Offenbarung (des Johannes) ist allen Meinen Kindern gegeben worden, um ihnen zu helfen, die Turbulenzen zu verstehen, die zur Endzeit hin durch das Ausbreiten von Lügen verursacht werden, die von Satan und seinen Dämonen in die Welt gesetzt werden. Wenn ihr die Wahrheit nicht versteht, die im Buch der Offenbarung enthalten ist, wie könnt ihr dann wohl die Botschaften verstehen, die Ich euch heute bringe?

Denkt ihr, dass Ich euch den Rücken kehren würde und euch der Willkür Satans und seiner bösen Armee überlassen würde? Habt ihr nicht begriffen, dass Ich versuche, euch zu warnen und euch dann zu helfen?

Meine große Barmherzigkeit wird den Einfluss zunichte machen, den Satan auf Meine Kinder hat. Ich komme einmal mehr, um euch aus seiner Umklammerung zu retten. Mein Geschenk der „Warnung" wird den Terror schwächen, der weiterhin an Schwung gewinnen würde, würde dies nicht geschehen.

Ich kommuniziere jetzt mit euch nicht nur, um euch auf diesen ganz großen Akt Meiner Barmherzigkeit vorzubereiten, sondern auch, um euch durch das Labyrinth der Zerstörung zu führen, die von der bösen Gruppe geplant wird, deren König der Teufel ist. Mein geistiger Einfluss wird Satans Akte der Zerstörung erheblich blockieren.

Hört Mein Wort. Folgt Meinen Anweisungen. Führt und unterstützt einander in eurem Glauben, und euch wird die Hilfe gegeben werden, die erforderlich ist, um schnell dem Weg hin zu den Verheißungen, die Ich euch gemacht habe, zu folgen.

Viele von euch, Meine kostbaren Kinder, werden verängstigt sein, aber lasst die Angst bitte nicht die Wahrheit blockieren. Satan wird die Angst verwenden, um euch daran zu hindern, Meine Botschaft der Liebe anzunehmen.

Vieles von dem, was Ich euch jetzt sage, ist für euch sehr schwer zu verstehen. Aber versteht dieses: Würde Ich jetzt nicht kommen und euch die Wahrheit zeigen, dann wäret ihr verloren. Ihr würdet es für eine sehr schwere Zeitperiode halten, um durchzukommen. Wie Ich euch früher durch Meine Propheten vorbereitet habe, so werde Ich euch nun heute durch diese Botin auf die Zeit Meiner Wiederkunft vorbereiten.

Das ist ein Geschenk, das aus Meiner tiefen Liebe zu allen Meinen Kindern hervorgeht, damit sie sich mit der bevorstehenden Herrschaft des Antichristen und seines Verbündeten, des hinterlistigen Falschen Propheten, der Meine Kirche auf Erden irreführen wird, befassen.

Hört mit euren Verteidigungen auf. Öffnet eure Augen gegenüber der Wahrheit. Mein Wort wird heute schlichtweg gegeben, um euch an die Wahrheit Meiner Lehren zu erinnern. Meine Heilige Schrift ist die Wahrheit. Die Wahrheit spiegelt sich in Meiner Heiligen Schrift wider. Wenn Ich euch heute an die Verheißungen erinnere, die euch früher gemacht wurden, und an den Weg zur Erlösung, dann ist das nur eine Wiederholung Meines Heiligen Wortes. Die Wahrheit wird immer dieselbe bleiben. Sie kann niemals geändert oder angepasst werden, um sie der Menschheit genehm zu machen. Sie wird immer dieselbe bleiben.

Lasst Mich euch helfen zu verstehen, was jetzt geschieht. Duckt euch nicht vor Angst weg. Ich liebe euch alle und will euch einfach an den Händen halten, Kinder, und euch schützen. Mein Ziel ist es sicherzustellen, dass jeder Einzelne von euch ein Leben mit Mir im Neuen Paradies auf Erden leben wird.

Euer immer liebender Retter
Jesus Christus

112. Die 'Befreier' im Nahen Osten wollen die Juden kontrollieren.

Samstag, 11. Juni 2011, 22.00 Uhr

Meine geliebte Tochter, voller Liebe spreche Ich heute Abend mit dir, denn jetzt werden sich sehr bald immer mehr Meiner geschätzten Anhänger vereinen, um gegen den Betrüger zu kämpfen. Gerade jetzt sinnen er und die wohlhabenden, einflussreichen Gruppen, hinter denen er sich verbirgt, darauf, möglichst viel Kontrolle über euch alle zu gewinnen, doch ihr könnt das nicht sehen. (Anmerkung: Vom 9. bis zum 12. Juni 2011 wurde das 59. Treffen der Bilderberger in St. Moritz, Schweiz, abgehalten. Siehe auch Zuschriften 81 und 87)

Sie werden früher gestoppt, als ihr denkt. Viele von ihnen werden sich während der „Warnung" bekehren. Das wird Satans Eine-Welt-Gruppe dermaßen schwächen, dass viele sich Gedanken machen werden, welcher Weg einzuschlagen ist, so verwirrt werden sie sein. Viele werden dann zu Mir zurückkommen, Kinder; denn sie werden Erlösung suchen.

Rache, Kontrolle, Macht und Hass in Kombination verursachen die größte Bedrohung für das Überleben des Menschen. Alle Kriege, die ihr im Nahen Osten und darüber hinaus ablaufen seht, sind inszeniert worden. Sie sind kein Zufall. Versteht, dass so viele Länder zugleich sich nicht von selbst erhoben haben. Ihnen wurde von der bösen Gruppe in allen Regierungen geholfen, in jenen Regierungen, welche die Welt kontrollieren.

Diese Führer im Nahen Osten werden jetzt entfernt, um für die Befreier Platz zu machen, für diejenigen, die Gerechtigkeit und friedliche Mittel, um Meinen Kindern zu helfen, verkünden werden. Aber das ist nicht ihre Absicht. Ihre Absicht ist es, Mein geliebtes Volk, die Juden, zu kontrollieren, die jetzt von allen Seiten bedroht werden.

All diese Ereignisse werden durch die „Warnung" unterbrochen werden. All jene, die in dieses weltweite Übel verstrickt sind, werden Mir gegenübertreten müssen, einer nach dem anderen, dann, wenn Ich ihnen zeigen werde, wie sie Mich verletzen. Viele werden auf ihre Knie niederfallen und um Tilgung ihrer Sünden flehen.

Das, Meine Kinder, ist sehr wichtig; denn je mehr Sünder überall zu Mir umkehren, und insbesondere diejenigen, die eure Lebensgrundlagen kontrollieren, desto größer wird Meine Barmherzigkeit sein. Betet, dass all diejenigen, welche die Wahrheit sehen, sich dann bekehren werden, wenn sie während der „Warnung" erkennen werden, dass Ich sie liebe.

Gebet, Meine Kinder, ist sehr mächtig. Wenn ihr zu Gott, dem Vater, in Meinem Namen um die Rettung dieser und anderer Seelen betet, wird Er euch nicht zurückweisen.

Eure Loyalität Mir gegenüber und euer tägliches Gebet sind dringend erforderlich, um den Griff zu lösen, den Satan auf Meine Kinder ausübt, welche rechtmäßig Mir gehören.

Euer allbarmherziger Erlöser
Jesus Christus

113. Liebe im Überfluss bei der Anbetung macht euch stärker und gleichmütiger.
Sonntag, 12. Juni 2011, 19.00 Uhr

Meine geliebte Tochter, die Gnaden, welche Meine Kinder bei der Eucharistischen Anbetung erhalten, sind machtvoll. Sie geben euch nicht nur die Gnaden, mit dem Leiden des Lebens fertig zu werden, sie machen euch auch stärker in eurer Liebe zu Mir, eurem aufopfernden und treuen Erlöser.

Die Liebe, die während der Anbetung über Seelen ausgegossen wird, wird in Fülle gegeben. Die Seelen fühlen diese Flut Meiner Gnaden auf so viele verschiedene Weisen. Das erste Geschenk ist ein Geschenk des Friedens in eurer Seele. Ihr werdet das sofort spüren, nachdem ihr eure Zeit in enger Vereinigung mit Mir vollendet habt.

So viele, viele Meiner Kinder verweigern sich selbst die vielen Geschenke, die Ich bei der Anbetung anzubieten habe, wo ihr eine Stunde eurer Zeit vor Meiner Gegenwart auf dem Altar verbringt. Obwohl die Katholiken sich der Macht der Eucharistie bewusst sind, anerkennen viele nicht die Bedeutung dieser äußerst wichtigen Zeit mit Mir in Betrachtung. Sie ignorieren dieses Geschenk einfach. Es langweilt sie, diese zusätzliche Zeit mit Mir verbringen zu müssen.

Oh, wenn ihr nur wüsstet, wie stark sie das machen würde. Ihre Ängste und Sorgen würden zerstreut werden, wenn sie Mir einfach in ruhiger, inniger Betrachtung Gesellschaft leisten würden. Wenn Meine Kinder das Licht sehen könnten, das ihre Seelen während dieser besonderen Heiligen Stunde umhüllt, wären sie überrascht.

Kinder, während dieser Stunde seid ihr Mir sehr, sehr nahe. Dies ist der Ort, wo eure Stimme, eure Bitten, eure Versprechen der Liebe zu Mir gehört werden. Viele wunderbare Gnaden werden euch Kindern in dieser Zeit gegeben. Also ignoriert bitte Meine Bitte nicht, diese Zeit in Meiner Gesellschaft zu verbringen.

Die Belohnungen werden euch frei von Sorge machen

Die Belohnungen werden euch frei von Sorge, leicht im Herzen, im Geist und in der Seele und gelassener in euch selbst machen. Wenn ihr Mich während der Eucharistiefeier empfangt, werde Ich eure Seele erfüllen. Aber wenn ihr in Anbetung zu Mir kommt, werde Ich euch derart umhüllen, dass die Schleusen Meiner barmherzigen Liebe euren Geist, euren Leib und eure Seele sättigen werden. Ihr werdet eine Kraft fühlen, die ein ruhiges Vertrauen hervorbringen wird, das ihr kaum ignorieren könnt.

Kommt jetzt zu Mir, Kinder. Ich brauche eure Gesellschaft. Ich brauche euch, damit ihr mit Mir sprecht, dann, wenn Meine Göttliche Gegenwart am stärksten ist. Ich liebe euch und will all Meine Gnaden über euch ausgießen, damit ihr eure Seele an Meinem Heiligsten Herzen durchdringen lassen könnt.

Euer liebender Erlöser
Jesus Christus

114. Übergebt Mir eure Schwierigkeiten, und Ich werde eure Last erleichtern.
Montag, 13. Juni 2011, 18.00 Uhr

Meine innig geliebte Tochter, das Gebet nimmt jetzt in einem stärkeren Tempo zu aufgrund der Gabe des Heiligen Geistes, der in die Seelen aller Meiner Anhänger auf der ganzen Welt eingedrungen ist. Ihre Ohren sind jetzt wachsam gegenüber Meinem Heiligsten Wort.

Betet für alle Meine armen, gequälten Kinder, die infolge des Gräuels der Handlungen, deren Opfer sie sind, große Not in der Welt ertragen — alles wegen der Sünden der Menschheit.

Lasst Mich alle Meine Kinder überall daran erinnern, jeden einzelnen Tag Meinen Barmherzigkeitsrosenkranz zu beten. Betet auch — und Ich schließe alle Christgläubigen ein — den Heiligen Rosenkranz zu Meiner geliebten Mutter; denn dieses machtvolle Gebet wird die Macht Satans über Meine Kinder schwächen.

Für alle von euch, die Kummer haben aufgrund von Prüfungen und Sorgen: Alles, um was Ich bitte, ist, dass ihr Mir jetzt alle diese Anliegen übergebt und Mir erlaubt, Mich darum zu kümmern. Vertraut auf Mich, und eure Last wird leichter sein. Lasst Mich euch in einen friedlicheren Zustand führen. Entspannt euch, Meine Kinder, und erlaubt, dass Mein Friede eure verwundbaren, hungernden Seelen überströmt. Die Finsternis, die ihr fühlt, rührt von der Angst her. Angst kommt aus dem Mangel an Vertrauen. Wenn ihr das Vertrauen auf Mich verliert, pflanzt Satan Zweifel in euren Geist.

Unterschätzt nie, was er tut, wenn er ständig sein Spiel mit euch treibt, um euch gegen euren Nächsten aufzubringen. Diese Irreführung ist immer in erster Linie an Meine gläubigsten Anhänger adressiert. Er hasst euch, wenn ihr Mich liebt. Er wird niemals ruhen, bis er euch verunsichert hat. Er lacht, wenn ihr strauchelt. Gebt ihm diese Macht nicht; denn wenn ihr das tut, nimmt euer Glauben an Mich ab.

Das Gebet zum Heiligen Michael und das Beten des Höchstheiligen Rosenkranzes sind eure stärksten Waffen gegen Satan.

Geht jetzt mit mehr Vertrauen und übergebt Mir eure Probleme und Sorgen; denn Ich warte hier zu jeder Zeit auf euch, um euch hinein in das Licht zu bringen.

Ich liebe euch alle, Kinder. Habt mehr Vertrauen zu Mir.

Euer liebender Erlöser
Jesus Christus

115. Meine Anhänger müssen Mut zeigen, andere auf die „Warnung" vorzubereiten.
Dienstag, 14. Juni 2011, 19.00 Uhr

Meine geliebte Tochter, viel Arbeit muss von Meinen Anhängern getan werden, um den Menschen zu sagen, womit sie während der „Warnung" rechnen müssen.

Gebt ihnen im Voraus Details, damit sie wissen, dass es keinen Grund gibt, sich zu fürchten, wenn sie den roten Himmel aufflammen sehen — eine Widerspiegelung Meiner Großen Barmherzigkeit. Stattdessen dürfen sie sich freuen; denn es wird ihr — endlich für viele Meiner Kinder rund um die Welt — der Beweis vorliegen, den sie ihr ganzes Leben lang gesucht haben.

Große Freude unter Meinen Kindern ist das, wonach Ich Mich sehne, nicht nach Tränen der Traurigkeit. Wenn ihr Mein Kreuz seht, dann werdet ihr alle die Leidenschaft Meiner Liebe zu euch allen erkennen.

Viele werden vor großer Freude weinen; denn sie werden erkennen, dass Ich gekommen bin, um ihre Seelen mit der Gnade der Erlösung zu überströmen. Andere, die Mich nicht kennen, werden angsterfüllt sein; denn dann werden sie sich der Schwere ihrer Sünden bewusst werden.

Meine Anhänger überall, Ich rufe euch auf, großen Mut zu zeigen, indem ihr Meinen Kindern sagt, dass sie keine Angst haben dürfen, wenn sie Zeugen dieser eindrucksvollen Göttlichen Darbietung Meiner Großen Barmherzigkeit für die Menschheit sind. Bringt sie zurück in Meine Herde, indem ihr sie vorbereitet. Wenn sie nicht hinhören wollen, dann betet für sie.

Euer Ewiger Heiland und Erlöser der Menschheit
Jesus Christus

116. Intellektuelle religiöse Aufgeblasenheit verletzt Mich.

Mittwoch, 15. Juni 2011, 10.00 Uhr

Meine Tochter, heute will Ich jene gläubigen Anhänger von Mir, die öffentlich in Meinem Namen verkünden, der Wahrheit Meiner Lehren zu folgen, ermahnen, mit Vorsicht vorzugehen.

Ich liebe alle Meine Anhänger und besonders diejenigen, die jederzeit Demut zeigen. Ich bin jedoch enttäuscht, wenn pathetische und ernste Christen, die Mein Wort sprechen, versuchen, Meine Lehren in einer lauten und diktatorischen Weise zu analysieren. Es reicht ihnen nicht, Mein Wort zu verbreiten, sie glauben, dass sie Meine Lehren in eine menschliche, intellektuelle Debatte bringen müssen, die nur einem Zweck dient: anderen zu beweisen, dass sie qualifizierter sind, Mein Heiligstes Wort zu verstehen. So versessen sind sie zu beweisen, dass sie in ihrem Urteilsvermögen Recht haben, dass sie Meine wahren Anhänger entzweien. Ihre ernste und innige Hingabe an Mich kann sie häufig unfähig machen in ihrer echten Liebe zu Mir, die immer aus der Demut hervorgehen sollte.

Sie müssen ihre lauten Stimmen, voll von intellektueller Kritik, zügeln. Sie müssen innehalten und auf Meine Stimme hören und dem Drang widerstehen, ihre Kenntnisse geistiger Dinge anderen zu beweisen. Wenn sie das tun, sind sie der Sünde des Stolzes schuldig. Sie kennen Mich überhaupt nicht; denn sie nehmen sich nicht die Zeit, ruhig und bescheiden zu bleiben in Meinen Augen, die alles sehen. Bevor diese pathetischen Anhänger von Mir nicht in Meinen Augen klein werden und sich vor Mir demütigen, werde Ich nicht im Stande sein, sie an Mich zu ziehen.

Verherrlicht Mich. Ehrt Mein Wort. Folgt Meinem Beispiel. Verfolgt niemals andere in Meinem Namen, besonders nicht eure Mitchristen.

Euer geliebter Lehrer und Erlöser
Jesus Christus

117. Kommunikation mit einer jungen, materialistischen und wankelmütigen Gesellschaft.

Mittwoch, 15. Juni 2011, 23.00 Uhr

Meine innig geliebte Tochter, die Prüfungen und die geistige Trockenheit, die du zurzeit erleidest, werden von Mir zugelassen, um dich noch näher in Vereinigung mit Mir zu bringen.

Manchmal, wenn du leidest, muss Ich Mich zur Seite wenden, so dass Ich deinen Kummer nicht ansehen muss. Doch wenn du jede Prüfung aushältst und dich zur nächsten Stufe vorwärts bewegst, wirst du stärker werden als zuvor. Je tiefer dein Leiden ist aufgrund der Grausamkeit und der Beleidigung durch andere Menschen, welche dich wegen dieser heiligen Arbeit verspotten, desto mehr Gnaden wirst du erhalten.

Wie man in Meinem Namen leidet

In Meinem Namen zu leiden ist jedoch nicht genug. Du darfst dich auch nicht offen über diese Qualen beklagen. Du musst, um Mich zufrieden zu stellen, schweigend leiden, Meine Tochter. Zur Außenwelt hin musst du voller Freude erscheinen. Nur dann wird deine Seele gekräftigt und zur Höhe der Heiligkeit gebracht werden, die Ich von dir für deine Mission verlange; denn wenn du dich auf diese Weise entwickelst, bedeuten die Früchte, die hervorgebracht werden, wenn du Mein Wort sprichst, dass Meine Botschaften in jeder Ecke der Welt wirkungsvoller gehört werden.

Dieses Mal, wenn Ich alle Meine Kinder auf die größte Herausforderung seit Meiner Kreuzigung vorbereite, ist es lebenswichtig, dass so viele Menschen wie möglich Mein Höchstheiliges Wort hören.

Die Wahrheit, die jetzt offenbart wird, wird nicht nur von Gläubigen gehört werden, sondern auch von denjenigen, die von Mir nichts wissen wollen oder die die Wahrheit der Existenz Gottes, des Ewigen Vaters, nicht akzeptieren wollen.

Kommunikation mit einer jungen, materialistischen und wankelmütigen Gesellschaft

Meine Tochter, du musst Methoden anwenden, die Mein Wort einer jungen, materialistischen und wankelmütigen Gesellschaft übermitteln werden. Stelle sicher, dass du in einer Art kommunizierst, dass sie verstehen werden, dass sie aufmerksam zuhören werden und dass sie darüber sprechen werden. Wozu ist diese Arbeit gut, wenn Mein Heiliges Wort einfach nur Gläubigen gegenüber bekräftigt wird? Ja, es ist wichtig, dass Meine Anhänger an die Verheißungen erinnert werden, die Ich gemacht habe, als Ich sagte, dass Ich wiederkommen würde, aber es sind jene Seelen, die Mein Erbarmen mit der Menschheit nicht kennen, es nicht verstehen oder kein Interesse daran haben, die Ich um jeden Preis erreichen muss.

Du, Meine Tochter, und Meine Anhänger, habt eine Pflicht, Agnostiker, Atheisten und eine ganze junge Generation jetzt über die Wahrheit zu informieren. Sprecht zu ihnen mit sanfter Stimme. Seid niemals aggressiv. Gebraucht Worte der Aufmunterung. Macht Mein Wort interessant.

Nicht das Ende der Welt

Sprecht mit ihnen über die Verheißung, die Ich wegen des Neuen Paradies auf Erden gemacht habe. Sie wird nicht bedeuten, dass die Welt zu Ende gehen wird, sondern vielmehr, dass sich jetzt ein neues Zeitalter des Friedens, der Freude und des Glücks entwickeln wird. Sie können und dürfen dieser Herrlichkeit nicht den Rücken kehren. Betet für sie. Bringt sie zu Mir, und ihr werdet besondere Führung und Gnaden erhalten.

Einfachheit und die Wahrheit sollten die Waffen eurer Wahl sein

Führt durch das Beispiel. Meine Tochter, jetzt musst du planen, andere und neue Methoden anzuwenden, um mein Wort zu übermitteln. Es wird dir Hilfe geschickt werden, um dir zu helfen, das zu erreichen.

Verbreitet mein Wort, indem ihr moderne Kommunikationsmethoden verwendet

Moderne Kommunikationsmethoden müssen genutzt werden, um sicherzustellen, dass Mein Wort schnell verbreitet wird. Betet jetzt. Bittet Verlage in so vielen Ländern wie möglich, die Bücher in so vielen Sprachen wie möglich herzustellen. Gebraucht Audio- und Video-Methoden und andere Methoden, mein Wort schnell zu verbreiten. Sprecht Freiwillige an, um Meine Botschaften an die Mengen zu übermitteln.

Denn dies, Meine Tochter, wird Seelen retten. Ich liebe dich. Deine Kraft und Entschlossenheit zum Erfolg in dieser Arbeit, die aus der reinen Liebe hervorgeht, die du für Mich und Meine geliebte Mutter hast, werden Seelen, die sonst in die Hölle kommen würden, zurück in Meine Arme und zur ewigen Erlösung bringen.

Ignoriere diejenigen, die gegenüber Meinem Namen keinen Respekt zeigen

Sei mutig. Ignoriere Beleidigungen. Antworte denjenigen nicht, die keinen Respekt vor Meinem Namen zeigen. Es werden Meine Anhänger sein, die dich am meisten verletzen werden; denn viele gutgesinnte wahre Jünger von Mir fallen von Zeit zu Zeit in Irrtum. Ihre Kenntnis Meiner Lehren kann ein Gefühl des Stolzes hervorrufen, der zu Arroganz führt. Dann schleicht sich intellektueller Stolz ein. Jene armen, liebevollen und ernsten Seelen von Mir, an deren Liebe zu Mir niemand zweifelt, dürfen niemals auf diejenigen herabsehen, die sich — nach ihrem Gefühl — auf dem falschen Weg befinden. Sie dürfen nicht in die Falle Satans tappen und eine Position der Überlegenheit und pathetischer Starrheit annehmen. Das wird dann ein geistiger Wettstreit sein, um zu sehen, wer, menschlich gesprochen, kenntnisreicher ist als der andere oder wer die Wahrheit Meiner Lehren besser versteht.

Vergesst nicht, was Ich euch allen lehrte. Die Wahrheit ist einfach. Die Wahrheit ist Liebe. Wenn ihr auf eurer Suche, eure Interpretation Meines Heiligen Wortes zu beweisen, weder Liebe noch Geduld zeigt, dann kommt eure Version der Wahrheit nicht von Mir.

Liebt einander. Ihr seid alle in Meinen Augen gleich. Aber denjenigen von euch, die auf ihre Weise hinausgehen, um zu helfen, Meine verlorenen Seelen zu Mir zurückzubringen, sage Ich: Ihr werdet dann in Meinen Augen gestiegen sein.

Euer Göttlicher Erlöser
König der ganzen Menschheit
Jesus Christus

118. Meine Kinder werden Mir während der „Warnung" zum ersten Mal ins Angesicht schauen.

Montag, 20. Juni 2011, 11.45 Uhr

Meine geliebte Tochter, bereite Meine Kinder jetzt vor; denn sehr bald werden sie vor Mein Angesicht, in all Meiner Glorie und Meinem Erbarmen, kommen. Ich werde Mich sehr bald jedem einzelnen Mann, jeder Frau und jedem Kind im Vernunftalter zeigen.

Dieser wunderbare Tag, an dem Ich ihnen Meine Barmherzigkeit — im Gegensatz zu Meiner Gerechtigkeit — zeigen werde, muss von allen begrüßt werden. Freut euch, denn ihr alle werdet Mir zum ersten Mal ins Angesicht schauen, jeder Einzelne von euch.

Viele werden deswegen voller Liebe und Glück sein; denn dies ist ein wunderbares Wiedersehen. Andere werden ängstlich sein. Aber es gibt nichts, um sich zu fürchten, denn Ich liebe euch alle. Die Sünde wird das einzig Trennende sein, aber wenn ihr bereut und die Wahrheit eurer Beleidigungen gegen Mich und Meinen Ewigen Vater akzeptiert, werdet ihr die wunderbare Barmherzigkeit erkennen, die euch gewährt wird. Für jene, die ängstlich sein werden, habe Ich Folgendes zu sagen. Angst kommt von der Sünde. Mit der Sünde in eurer Seele werdet ihr von Mir entfernt sein. Akzeptiert eure Sünden als das, was sie sind: eine menschliche Schwäche. Dann schaut auf Mich, und Ich werde euch zum Ewigen Leben und zu der Wahrheit führen.

Meine Große Barmherzigkeit bringt eine wunderbare Botschaft

Meine Große Barmherzigkeit bringt Meinen Kindern in der ganzen Welt eine wunderbare Botschaft. Denn wenn dies, die „Große Warnung", stattfindet, wird euch eine Chance gegeben werden, euer Leben zum Besseren zu ändern. Wenn die Wahrheit Meiner Existenz offenbart worden ist, dann wird die Bekehrung weit verbreitet werden.

Dann, und erst dann, nachdem die „Warnung" stattgefunden hat, wird der Welt eine Chance gegeben werden, die große Züchtigung zu überstehen, die folgt, wenn die Sünder nicht massenhaft bereuen. Denn dann wird die Hand Meines Vaters überall auf diejenigen niederfallen, die sich weigern, die Wahrheit zu hören. Auf jene, welche der Liebe den Rücken kehren, der Liebe für Mich und für eure Brüder und Schwestern. Denn eure sündhafte Lebensweise wird in diesem Stadium nicht länger hingenommen werden. Denn das brächte das Fass zum Überlaufen. Denn Satans mächtigem Einfluss wird nicht erlaubt, seinen eisernen Würgegriff auf die Menschheit beizubehalten. Diejenigen, die eigensinnig dem Weg des Bösen folgen, wobei sie Meine Kinder verfolgen, werden gestoppt werden.

Die Große Züchtigung

Eine große Züchtigung, solcher Art, wie sie seit der Zeit von Noah nicht gesehen worden ist, wird von Gott, dem Ewigen Vater, entfesselt werden. Meine Anhänger, die vielleicht sagen mögen, dass das nicht die Art ist, wie Jesus spricht, müssen sich jetzt folgende Frage stellen: Wenn Jesus voller Erbarmen ist, warum sollte Er oder Gott Vater Satans Armee erlauben, Meinen Kindern weiterhin Terror zuzufügen? Aus Liebe zu allen Kindern Gottes wird diese große Züchtigung stattfinden.

Bereut, ihr alle. Weist die leeren Versprechungen Satans zurück. Weist das falsche, leere Leben zurück, das er euch anbietet. Wenn ihr hört, dass Mein Namen in der Welt von heute abgelehnt wird, dann akzeptiert, dass dies direkt vom Einfluss Satans kommt. Solange sich Meine Kinder nicht von ihm abwenden, kann es keinen Frieden in dieser Welt geben.

Nehmt diese „Warnung" als eine Botschaft reiner Liebe an. Zu denjenigen an der Macht sage Ich Folgendes: Weist die Lügen zurück, denen ihr Treue erwiesen habt — oder erleidet die Konsequenzen.

Die Große Barmherzigkeit, die Ich euch während der „Warnung" zeigen werde, ist die Lösung für ein neues Zeitalter des Friedens. Nehmt ihr sie an, so wird die Züchtigung abgewendet werden. Weist ihr sie zurück, so können nur diese Meine Anhänger gerettet werden. Für den Rest von euch wird es zu spät sein.

Euer liebender Erlöser,
gerechter Richter
Jesus Christus

119. Botschaft der Jungfrau Maria über das Kommunizieren mit jungen Menschen.

Mittwoch, 22. Juni 2011, 18.00 Uhr

(Nach einer privaten Erscheinung, in der Sie der Seherin mehr als 30 Minuten erschien.)

Ich komme im Namen Jesu Christi. Ich bin die Mutter Gottes, eure geliebte Mutter, Königin aller Engel.

Mein Kind, du bist gerade wegen der Arbeit geprüft worden, die du für Meinen geliebten Sohn tust, und du bist dadurch stärker geworden. Du weißt jetzt, was getan werden muss, damit so viele junge Menschen wie möglich verstehen, wer Mein Sohn ist. Er, Mein sehr Kostbarer Sohn, Erlöser der Welt, wird alles tun, um all jene zu retten, die in Unkenntnis Seiner Barmherzigkeit auf Erden wandeln.

Jenen Kindern, die sich eigensinnig weigern zuzuhören, muss die Wahrheit gesagt werden, und das sehr bald. Bitte sagt den jungen Leuten überall auf der Welt, dass Jesus jede Sekunde des Tages mit ihnen wandelt. Er kümmert sich so viel um sie; sie haben keine Ahnung von der Tiefe Seiner Liebe. Er will sie in Seinem Heiligsten Herzen umarmen, damit sie das neue Zeitalter des Friedens auf Erden genießen werden. Wenn sie doch nur antworten würden.

Mein Kind, es ist so schwer für die Menschen, die Wahrheit der Existenz Gottes, des Vaters, zu verstehen. Sie von der Wahrheit des Opfers Seines geliebten Sohnes zu überzeugen, ist sehr schwer. Das, Mein Kind, muss dein Ziel sein.

Gehe hin in Frieden und Liebe.

Deine geliebte Mutter
Königin der Engel

120. Die Warnung wird beweisen, dass Gott existiert.

Mittwoch, 22. Juni 2011, 19.00 Uhr

Meine innig geliebte Tochter, du wirst — wo du jetzt stark bist, da du die bisher ärgste Prüfung ausgehalten hast — dich jetzt einsetzen, um der ganzen Welt Meine dringende Bitte zu vermitteln.

Sie, Meine geliebten Kinder, müssen wissen, dass Ich bald komme, dann, wenn sie Mir von Angesicht zu Angesicht gegenübertreten werden. Wie sehne Ich Mich danach, ihnen zu zeigen, dass Ich wirklich existiere, und wie sehr erwarte Ich die Freude in ihren Gesichtern, wenn sie Zeugen Meiner Liebe und Barmherzigkeit werden.

Denn viele Meiner Kinder werden niederfallen und Tränen der Erleichterung weinen. Tränen der Freude und des Glücks. Tränen der Verwunderung und der Liebe. Denn endlich wird es möglich sein, danach ein neues Leben zu leben, wo ein jeder der Wahrheit Meiner Lehren folgen wird.

Meine Kinder werden die Bedeutung dieses Großen Aktes der Barmherzigkeit nicht begreifen, das größte Geschenk, das der Menschheit seit Meiner Kreuzigung jemals zuteil geworden ist. Denn durch dieses Geschenk der „Warnung" werden die Augen der Menschen hinsichtlich der Wahrheit ihrer ganzen Existenz auf dieser Erde und darüber hinaus endlich geöffnet werden.

Diejenigen, die heutzutage in dieser Welt leben, müssen verstehen, wie bevorzugt sie sind, dass ihnen der Beweis für die Existenz Gottes, des Ewigen Vaters, und für die Existenz von Mir, Seinem geliebten Sohn, gegeben wird, obwohl dies außerhalb eurer Vorstellungskraft liegt.

Kehrt nach der „Warnung" nicht zu eurer alten Lebensweise zurück

Ich ermahne euch alle, dass ihr, wenn ihr Meine Gegenwart gesehen habt und euch gezeigt wurde, wie die Sünde nicht nur Mich verletzt, sondern euch auch den Weg hinab zur Hölle treibt, nicht zu eurer alten Lebensweise zurückkehren dürft.

Die Periode nach der „Warnung" ist entscheidend für den Weltfrieden und eure Rettung. Weist dieses Geschenk nicht zurück. Ergreift es mit beiden Armen. Möge die „Warnung" euch in Mir eins werden lassen. Wenn ihr das tut und um Führung betet, werdet ihr mit dem Neuen Paradies auf Erden belohnt werden, dort, wo es euch an nichts fehlen wird.

Freut euch. Hört auf Mich. Beherzigt Meine Botschaft und lasst Meine Liebe euch umhüllen hin zu Meinem herrlichen Königreich.

Ich liebe euch alle. Das nächste Mal, wenn ihr für einen anderen Mitmenschen einen Stich der Liebe in eurem Herzen fühlt, dann vergesst nicht, dass dieses Geschenk von Mir kommt. Ohne Liebe gibt es kein Leben.

Euer Göttlicher König der Barmherzigkeit
Jesus Christus
Sohn Gottes, des Ewigen Vaters

121. Normale Menschen, gute Menschen kehren Mir den Rücken zu.

Donnerstag, 23. Juni 2011, 22.10 Uhr

Meine innig geliebte Tochter, die Freude, die du heute empfindest, ist ein Ergebnis der Gnaden, die dir gestern während der Anbetung gewährt wurden. Jetzt weißt du, wie wichtig es ist, Mir zu erlauben, während dieser ganz besonderen Zeit in Meiner persönlichen Gesellschaft in die Seelen solche Gnaden auszugießen.

Wie kann man verlorene Seelen erkennen?

Heute will Ich mit dir über die verlorene Seelen in der Welt sprechen und darüber, wie man sie erkennt. Meine Anhänger glauben häufig irrtümlicherweise, dass verlorene Seelen diejenigen sind, die in der Todsünde leben. Das ist nicht unbedingt wahr. Eine verlorene Seele kann eine Person sein, die an Mich oder Meinen Ewigen Vater nicht glaubt. Verlorene Seelen können auch jene Kinder sein, die so in ihrer Alltagsbeschäftigung gefangen sind, Geld zu verdienen, Reichtum und Karrieren aufzubauen und sich nach materiellen Dingen zu sehnen, alles wegen der Freude, die, wie sie glauben, ihnen diese Dinge in ihrem zukünftigen Leben bringen werden. Dies sind normale Menschen, gute Menschen, aber Menschen, die Mir den Rücken kehren.

Viele dieser Meiner Kinder sind von Herzen gut. Sie können gegenüber ihren Mitmenschen, ihrer Familie und ihren Freunden voller Liebe sein. Sie mögen populär und beliebt sein — und doch können sie verlorene Seelen sein.

Wie ist das möglich, könntet ihr fragen? Weil sie nicht glauben, dass ihre Seele ebenso wichtig ist wie ihre leiblichen Bedürfnisse — und so vernachlässigen sie diese. Indem sie ihre Seele vernachlässigen, sind sie für Versuchungen anfällig, die jeden Tag auf ihren Weg geworfen werden. Sie finden es schwer, weltlichen Gütern zu widerstehen, ohne zu überlegen, dass die Zeit, die sie in ihre Bestrebungen investieren, dazu verbracht werden könnte, anderen durch die Kunst des Teilens Liebe zu erweisen. In ihrer Jagd nach Geld können sie stolz werden. Der Stolz macht es schwer, sich wie ein wahrer Anhänger von Mir zu verhalten.

Kinder, wenn ihr eure ganze Zeit damit verbringt, den Träumen nachzujagen, welche, wie ihr glaubt, diese Welt zu bieten hat — Reichtum, Besitztümer und Machtpositio-

nen —, dann bleibt wenig Zeit, zu beten oder eure Seele für das folgende Leben zu nähren. So viele Meiner Kinder können überhaupt nicht verstehen, warum weltliche Güter sie im Inneren leer zurücklassen. Sie hören nicht auf jene Anhänger von Mir, welche die Wahrheit kennen.

Indem sie es unterlassen, die Existenz Gottes, des Allmächtigen Vaters, anzuerkennen, kann es ihnen auch nicht gelingen, irgendjemand anderen zu erfreuen als sich selbst. Nach außen leben diese Menschen ein aktives, gesundes, spaßerfülltes Leben in der Welt, ohne Sorgen. Aber dieser Lebensstil kann nicht in der richtigen Weise erlangt werden, ohne an das Ewige Leben zu glauben. In ihrem Leben fehlt die Demut.

Ihr mögt vielleicht zu ihrer Verteidigung sagen: Aber sie müssen ihre Familien ernähren und sich um andere kümmern, die auf sie angewiesen sind, und so arbeiten sie doch in dieser Absicht? Meine Antwort ist: Nein, sie tun es nicht. Sie haben nicht zum Ziel, ihre Familien zu ernähren. In vielen Fällen zielen sie auf ein Übermaß ab, um ihre Lüste zu befriedigen. Je mehr sie das tun, umso mehr sind sie für Mich und für Meinen Ewigen Vater verloren.

Solange Meine Kinder nicht aufwachen und die Art und Weise erkennen, wie Satan alle die hochgejubelten Verlockungen der Welt verwendet, um euch in ein falsches Gefühl materieller Sicherheit zu ziehen, könnt ihr nicht zu Mir kommen. In diesem Leben muss Zeit dafür verwendet werden, euren Schöpfer zu loben und zu preisen. Euch durch karitative Werke um euren Nächsten zu kümmern. Die Bedürfnisse anderer über eure eigenen Bedürfnisse zu stellen. Indem ihr in Meine Fußstapfen tretet.

Wenn Meine Kinder nicht an Gott, den Vater, glauben oder zwar an Ihn glauben, aber sich bequem entscheiden, jede Ehrerbietung für Ihn beiseite zu schieben, weil sie mehr mit weltlichen Angelegenheiten beschäftigt sind, werden sie es schwer haben, durch die Tore des Himmels einzugehen, in das wahre Paradies, das sie ersehnen. Die Erde ist nur eine Übergangsphase in eurem ganzen Dasein. Der Himmel — sogar nur ein kurzer Blick auf das, was er bietet — kann in eurem Leben auf Erden nicht erfahren werden. Keine dieser weltlichen Verlockungen ist es wert, ihr nachzujagen, wenn das bedeutet, dass ihr dafür den Juwel, welcher der Himmel ist, verwirkt.

Die wesentlichen Eigenschaften, um in Mein Glorreiches Königreich einzugehen, sind Glaube, Liebe, Demut und ein Verlangen, Mir zu gefallen.

Euer geliebter Lehrer und Erlöser der ganzen Menschheit
Jesus Christus

122. Die Menschen wissen nicht, was ihre Seele ist — die Antwort ist einfach.

Samstag, 25. Juni 2011, 1.30 Uhr

Meine innig geliebte Tochter, deine Stimme — obwohl sie letztendlich von Meinen geistlichen Dienern überall auf der Welt gehört werden wird — bleibt in jenen Kreisen, wo man sich der Existenz Gottes, des Allmächtigen Vaters, nicht bewusst ist, stumm.

Du magst vielleicht sagen, dass sie nicht zuhören, aber sie können nicht zuhören, wenn sie nicht hören. Sei jetzt tapfer, sprich zu so vielen, wie du kannst. Bitte die Menschen, die Kunde von Meinem Wort zu veröffentlichen. Rufe sie. Frage sie. Erkläre ihnen, dass sie Meine Botschaften erst lesen müssen, bevor sie diese ablehnen. Denn erst, wenn sie die Stärke fühlen, die von Meinen Göttlichen Lippen kommt, wenn Mein Geist ihren Geist anziehen wird, werden sie endlich verstehen, dass Ich es bin, der mit der Welt kommuniziert.

Ich bin betrübt, Meine Tochter, wegen der hohen Barrikaden und der Spaltungen, welche heute jeden Versuch Meiner Mutter und von Mir, Ihrem kostbaren Sohn, abblocken, durch Visionäre mit der Welt zu sprechen. In früheren Zeiten war die Demut etwas mehr verbreitet. Heute ist dieser wichtige Charakterzug verschwunden. Stattdessen haben wir eine Welt, wo alles, was menschliche Intelligenz, Charme oder körperliche Anziehungskraft ausstrahlt, im Leben der Menschen als vorrangig gilt. Ihre Spiritualität ist tot. Meine Tochter, sie sind lediglich leere Hülsen — Hülsen, die, wenn sie gebrochen sind, nichts mehr wert sind. Die Substanz der Seele ist das, worum Meine Kinder sich bemühen müssen. Das ist für viele Menschen schwer, und besonders für diejenigen, deren Geist voll von menschlicher Weisheit ist, wo aber für spirituelle Weisheit wenig Raum bleibt.

Der Mangel an Spiritualität, der durch die Macht Satans geschürt wird, ist derart, dass die Menschen in die Falle gelaufen sind, ihre Seele für die Sünde zu öffnen. Ein Mangel an Spiritualität oder Glauben an Gott liefert eine Seele der Verseuchung durch den Betrüger aus. Der König der Täuschung bringt Seelen zu der Ansicht, dass nur Körper und Geist miteinander verwoben sind, um ein Ganzes zu werden. Leider könnt ihr ohne eure Seele kein Ganzes sein.

Was ist eure Seele?

Viele Menschen wissen nicht, was ihre Seele ist. Wie man sie fühlt oder erkennt. Ist sie euer Geist? Euer Gewissen? Die Antwort ist einfach. Eure Seele seid ihr. Sie ist, wer ihr seid. Euer Gewissen. Euer Glaube. Eure Überzeugung, ob diese nun der Wahrheit entspricht, wie sie ist, oder der Wahrheit, von der ihr glauben möchtet, dass sie es ist. Die Seele ist kein unabhängiger Teil von euch, liebe Kinder. Etwas, das zu einer anderen Welt gehört. Sie ist in jedem menschlichen Wesen gegenwärtig.

Ihr könnt euch um eure Seele kümmern, indem ihr Meinen Lehren folgt. Sie kann durch die Sünde, die sehr schwer zu vermeiden ist, vernachlässigt werden. Aber sie kann durch die Beichte und dadurch, dass ihr Reue zeigt und wieder einen neuen Anfang macht, erneut gestärkt werden — oder sie kann zerstört werden. Manche zerstören ihre Seele absichtlich, indem sie um der Vergnügen oder Laster dieser Welt willen sündigen, in der vollen Kenntnis dessen, was sie tun. Andere streiten ab, dass sie eine Seele haben. Ihre Arroganz lässt sie überzeugt sein, dass sie alles wissen. Dass dieses Leben auf dieser Erde beginnen und enden würde.

Und dann gibt es jene jungen Seelen, die — nicht durch eigene Schuld — von Eltern in Zeiten des Überflusses aufgezogen wurden, wo ihnen im materiellen Sinne nichts fehlt. Ihre Religion basiert auf materiellem Vorteil. Indem sie nach mehr Anreiz streben, nimmt ihr Streben weiter zu, bis es schließlich sonst nichts mehr gibt, nach dem sie streben können, bis sie der Tod holt. Dann sind sie verloren. Ratlos. Verwirrt. Aufgrund eines tiefen, abscheulichen Gefühls in ihrem Inneren wissen sie, dass etwas falsch ist. Die Seele spricht zu ihnen, aber sie wissen nicht, wie man antwortet. Sie sind es, die ihr retten müsst.

Ich rufe alle Meine Anhänger überall auf, Mir alle Meine armen Kinder retten zu helfen. Ich weiß, dass Ich um einen außergewöhnlichen Akt von Großmut eurerseits bitte. Es ist eine riesige Verantwortung. Aber indem ihr Meinem Heiligsten Willen gehorcht, werdet ihr Mir helfen, einen Großteil der Welt aus dem Griff Satans und des Terrors, den er ausübt, zu erretten.

Geht jetzt hinaus, Meine Anhänger, ihr alle, und verbreitet Mein Wort an eine stumpfsinnige, irregeführte und desillusionierte Welt. Meine Gnaden werden über jeden von euch ausgegossen werden, sogar für nur eine einzige Umkehr. Für eine einzige Seele, die dem Entsetzen der Hölle entrinnen kann.

Ich liebe euch alle. Ich umarme euch, Meine Anhänger, Meine kostbaren Kinder überall. Welch eine Ermutigung schenkt ihr Mir doch jeden Tag. Wie tröstet ihr Mich doch. Bringt Mir jetzt (noch) mehr Seelen.

Euer Göttlicher Retter
Erlöser der ganzen Menschheit
Jesus Christus

123. Jungfrau Maria: Satan verliert seine Macht, wenn Mein Rosenkranz gebetet wird.

Samstag, 25. Juni 2011, 15.00 Uhr

Mein Kind, konzentriere dich immer auf Meinen Sohn; denn Er braucht deine Aufmerksamkeit. Du musst dein ganzes Vertrauen auf Ihn setzen und du darfst niemals zulassen, dass dich irgendjemand von Ihm ablenkt.

Er, Mein Kind, hat dich als einen der wichtigen Boten für diese Zeit erwählt, damit verlorene Seelen gerettet werden. Sage

den Menschen, sie sollen Meinen Höchstheiligen Rosenkranz beten, sage es sogar den Nichtkatholiken; denn das ist die stärkste Waffe gegen den Einfluss des Betrügers, der vor Schmerz stöhnt, wenn er gebetet wird. Seine Macht wird geschwächt, wenn Meine Kinder dieses Gebet sprechen. Je mehr Meine Kinder den Heiligen Rosenkranz beten, desto mehr Seelen können gerettet werden.

Du, Mein Kind, hast eine sehr schwere Mission, viel härter als irgendein Prophet in der Geschichte. Das kommt aufgrund der Finsternis des Geistes in der Welt. Nie zuvor ist solch eine Finsternis herabgekommen, als Meine Kinder Meinem Sohn den Rücken gekehrt haben. Ihm, der einen schrecklichen Tod starb, um euch zu retten. Doch sie haben nicht nur das vergessen, sondern sie entscheiden sich auch, Seine wirkliche Existenz zu leugnen.

Das Gebet zu Mir, eurer gesegneten Mutter, verletzt den Teufel und lässt ihn zusammenzucken und seine Macht geht verloren, wenn Mein Rosenkranz gebetet wird. Das ist die Waffe, die Mir gegeben worden ist, damit Ich helfen kann, verlorene Seelen zu retten, bevor Ich den Kopf der Schlange endgültig zerschmettern werde. Unterschätze nie die Macht des Rosenkranzes; denn sogar nur eine einzige Gruppe von Menschen, die sich der regelmäßigen Andacht Meines Heiligen Rosenkranzes widmet, kann ihre Nation retten.

Sage Meinen Kindern, sie sollen vorsichtig sein, wenn sie dem Gebet den Rücken kehren, denn wenn sie das tun, dann setzen sie sich der Gefahr aus, dass der Betrüger sie mit seinen bezaubernden, aber gefährlichen Weg zur Finsternis umgarnt. Bringt Meine Kinder in das Licht hinein, indem ihr die Hingabe an Meinen Heiligen Rosenkranz verbreitet.

Eure geliebte Mutter
Maria, Königin des Friedens

124. Die erste Botschaft von Gott Vater: Die Zeit ist jetzt für Mich gekommen, Mein Glorreiches Königreich zurückzufordern — das Neue Paradies auf Erden wird tausend Jahre währen.

Samstag, 25. Juni 2011, 16.00 Uhr

Anmerkung der Seherin: Kurz bevor ich diese Botschaft erhielt, hatte Ich gerade den Barmherzigkeitsrosenkranz beendet, als plötzlich der Heilige Geist mir ankündigte, dass ich eine Botschaft von Gott Vater erhalten sollte. Ich zitterte aufgrund der Nervenanspannung. Ich stellte dann die Frage: "In wessen Namen kommst Du?" Dies war die Antwort:

Ich komme im Namen Meines geliebten Sohnes, Jesus Christus, des Erlösers der Menschheit. Ich bin Gott, der Vater, und Ich spreche zum ersten Mal zu dir. Meine auserwählte Tochter, Ich spreche heute zu dir, damit Ich die Menschheit über die Liebe informieren kann, die Ich für alle habe.

Viele kennen Mich nicht. Sie denken, dass sie Mich kennen, aber für Millionen Meiner Kinder bin Ich bloß ein gesichtsloses Wesen. So wenig wissen sie von Meinem Verlangen, ihnen zu erlauben, Mich so zu lieben, wie es immer Meine Absicht war.

Mein Name wird in der Welt von vielen nachlässig verwendet, die nicht anerkennen, dass die Welt und seine Geschöpfe von Meiner Hand gemacht wurden. Denn diejenigen, die das tun, sind verwirrt darüber, wer Ich bin, und haben etwas Angst vor Mir. Man braucht Mich nicht zu fürchten; denn Meine Liebe ist rein für alle Meine Kinder. So sehr liebe Ich euch, dass Ich das größte aller Opfer brachte, um euch in Meine Arme zurückzuholen und euch die Gelegenheit zu geben, aus der Umklammerung des Betrügers gerettet zu werden: Ich sandte Meinen geliebten Sohn, Jesus Christus, in die Welt, damit ihr die Wahrheit der Liebe verstehen konntet. Diese Liebe wird, wenn ihr sie entgegennehmt, euch alle retten.

Mein Herz ist gebrochen, weil so viele von euch sich Mir nicht zuwenden werden und Mir nicht ihre Liebe zeigen werden. Ich sehne Mich danach, dass ihr euch Mir einfach zuwendet und Mich um Hilfe bittet. Ihr braucht Meine Liebe nicht zu fürchten; denn durch Meine Liebe wurde euch der erste Atem gegeben. Ich schuf jeden von euch nach Meinem Abbild, damit Ich eine Familie haben kann. Ich schuf die Welt aus reiner Liebe, damit ihr, Meine Kinder, dieses Paradies mit Mir teilen könnt. So liebevoll war dieses erschaffen worden, dass jedes einzelne Detail so sorgfältig gestaltet wurde.

So glücklich war Ich, als das Paradies auf Erden geschaffen worden war, dass die Engel jubelten und der Himmel von den Flammen der Liebe erleuchtet war, die kein menschliches Wesen jemals wird ergründen können. Und dann wurde es zerstört, durch die Sünde, die von der Schlange verursacht wurde.

Meine Kinder, lasst es Mich erklären. Die Zeit ist für Mich gekommen, um das Paradies zurückzufordern, das Ich liebevoll erschaffen habe, damit wir wieder eine Familie werden können.

Eine innige Familie aufgrund der starken Bande der Liebe, die sie zusammenhalten werden.

Dieses Neue Paradies auf Erden ist jetzt für alle Meine Kinder geplant.

Es wird tausend Jahre auf Erden währen, und kein Einziger darf ausgeschlossen werden; denn das würde Mir das Herz brechen. Mein geliebter Sohn, Jesus Christus, und der Heilige Geist versuchen intensiv, euch in Meine liebevolle Herde zurückzubringen, damit das Paradies, das am Anfang geschaffen wurde, noch einmal als das größte aller Geschenk entstehen kann, damit Meine Kinder es genießen.

Dieses Paradies wird ein Ort der Liebe, der Schönheit und der Herrlichkeit sein und wird das Zuhause für alle sein, die an Herz und Seele rein sind. Es ist jeder einzelnen Seele auf Erden vorbehalten und es ist das

Ziel, das in jeder einzelnen Seele auf Erden enthalten ist, einschließlich derjenigen, die das nicht begreifen.

Mein Sohn spricht zu der Welt und bereitet sich vor, Seine große Barmherzigkeit während der „Warnung" zu zeigen, um allen Sündern eine Chance zu geben, das Neue Paradies auf Erden zu genießen.

Ihr müsst auf Meine Stimme hören. Ich rufe euch alle auf, acht zu geben. Kehrt zurück zu Mir. Akzeptiert, dass Ich existiere. Dass Ich der Ursprung von allem Leben bin, von der ganzen Schöpfung, von der ganzen Herrlichkeit. Wenn ihr das tut, dann werdet ihr in Meinem Paradies auf Erden begrüßt werden, das alles bietet, wovon ihr nur träumen könnt. Hört auf Meinen Sohn und die Botschaft, die Er der Welt gibt, um euch alle zu bekehren. Für jene, die sogar dann nicht darauf hören werden oder die den Weg der abscheulichen Sünde fortsetzen werden: Es wird keine Barmherzigkeit gezeigt werden.

Ich bin der Gott der ganzen Schöpfung. Ich bin der Gott der Liebe, des Erbarmens. Ich bin auch der Gott der Gerechtigkeit. Meine Hand wird auf die Menschheit niederfallen, die sich aufgrund der bösen Treue zum Teufel weigert, dem Weg der Liebe und Wahrheit zu folgen.

Denn jetzt ist für Mich die Zeit gekommen, Mein Glorreiches Königreich zurückzufordern, was kein Mensch durch die Sünde aufhalten wird. Sollten sie es versuchen, werden sie für immer verloren sein.

Ich bin euer Gott, euer Schöpfer. Meine Liebe stirbt niemals. Sie steht in Flammen und ist voll von tiefer Zärtlichkeit für euch, um euch zu Mir zurückzubringen, zu dem Erbe, das Ich so liebevoll geschaffen habe. Aufgrund der Sünde werden viele Meiner Kinder ihr Recht auf dieses Erbe verwirken und zurücktreten, um jene, die Mich wirklich lieben, ohne Hindernis durch das Tor eingehen zu lassen.

Bitte, Kinder, lehnt Meinen Appell an die Menschheit nicht ab. Nehmt die Barmherzigkeit an, die jetzt von Meinem geliebten Sohn angeboten wird.

Nehmt sie mit offenen Armen an.

Gott Vater

Schöpfer und Urheber aller Dinge

Anmerkung der Visionärin: „Während der Botschaft weinte ich ununterbrochen, während meine Hand schrieb und schrieb, ohne aufzuhören."

125. Die "Warnung" ist eine Manifestation Meiner Göttlichen Barmherzigkeit, die der Heiligen Schwester Faustina gegeben wurde.

Sonntag, 26. Juni 2011, 18.00 Uhr

Meine innig geliebte Tochter, die Zeit ist jetzt nah. Es gibt sehr wenig Zeit, all jene bedauernswerten Seelen zu warnen und vorzubereiten, die während der „Warnung" so geschockt sein werden, dass sie nicht begreifen werden, was sie sehen. Es muss ihnen gesagt werden, damit sie wissen, was zu erwarten ist. Wenn sie ihr Herz hinsicht-

lich dieses großen Augenblicks der Göttlichen Barmherzigkeit öffnen, wird ihnen die Chance auf ewiges Leben gegeben werden.

Diese große „Warnung" ist die Manifestation Meiner Göttlichen Barmherzigkeit, die der Schwester Faustina gegeben wurde. Dieser große Akt Meiner Barmherzigkeit ist vorausgesagt worden, und während der „Warnung" wird Meine Große Barmherzigkeit die ganze Welt umhüllen. Mein Blut und Wasser wird hervorströmen, so dass ihr alle letztendlich die Wahrheit kennen werdet. Sage denjenigen, die nicht an Mich oder Meinen Ewigen Vater glauben, dass dieses Ereignis stattfinden wird. Dann, wenn es geschieht, werden sie im Stande sein, den Schock Meiner Barmherzigkeit auszuhalten, die Millionen von Seelen während der Warnung aus der Umklammerung Satans retten wird. Die Wahrheit wird dann, wenn sie offenbart wird, so viele vor den Feuern der Hölle retten.

Der Heilige Geist, der danach in Meinen Kindern überall gegenwärtig ist, wird helfen, die Werke des Teufels zu vernichten. Ihr alle müsst das Wort darüber, wie die Menschen ihre Seelen im Voraus vorbereiten müssen, verbreiten; denn sogar Gläubige müssen verstehen, dass auch sie es emotional aufwühlend finden werden, ihr eigenes zurückliegendes sündiges Verhalten so zu sehen, wie es Mir erscheint.

Ich rufe euch alle auf, jetzt die Beichte zu begehren. Für jene anderen Christen: Ihr müsst niederknien und um Erlösung beten. Für diejenigen, die aufgrund dieser Prophezeiung verunsichert sind: Bitte haltet eure Herzen offen; denn wenn ihr dieses ökologische, aber übernatürliche Ereignis seht, ist es wichtig, dass ihr versteht, dass dies das größte Wunder ist, das ihr jemals sehen werdet, und dass es Mein großes Geschenk an euch alle ist.

Denkt darüber nach. So wird sich das Jüngste Gericht entfalten, nur dieses Mal werdet ihr nicht verdammt werden. Ihr werdet eine neue Chance des Lebens bekommen, wenn eure Seelen gerettet sind, damit ihr eure Seelen zurück auf das Niveau bringen könnt, das Ich verlange.

Gläubige, betet jetzt mit eurem ganzen Herzen für andere Menschen, dass sie gerettet werden.

Euer Erlöser

Jesus Christus

126. Fahre fort, Mein Wort auszubreiten — Ich sende dir viele Freiwillige.

Dienstag, 28. Juni 2011, 19 : 30 Uhr

Meine innig geliebte Tochter, die Hürden, über die du springen musst, werden höher, wenn du für Mich leidest. Die Versuche durch den Betrüger, dich von diesem Werk wegzuziehen, sind nie so stark gewesen. Du musst stark bleiben und solchen Angriffen standhalten. Wisse, dass er, der Betrüger, dich niemals von Mir wegnehmen wird, doch wird er es versuchen und weiterhin versuchen.

Das ist eine der schwersten Phasen in deiner Mission. Sie ist einsam, schwer und verursacht dir tiefen körperlichen Schmerz sowie seelischen Schmerz. Du musst auf Mich vertrauen, dass Ich dir helfe, mit diesen Angriffen umzugehen und sie als das zu erkennen, was sie sind.

Meine Tochter, höre Mir jetzt zu. Du musst fortfahren, Mein Wort schnell rund um die Welt zu verbreiten und dabei jede Hilfe verwenden, die dir gesandt wird. Ich sende dir viele Freiwillige, und ihre Arbeit trägt bereits Früchte.

Alles, was du jetzt tun musst, ist, Mein Wort weiterhin zu übermitteln, um Seelen zu retten. Gib niemals auf. Es ist verlockend, Ich weiß, und die Beleidigung, die du auszuhalten hast, ist für dich nicht leicht. Lass Mich dich fest an die Hand nehmen und dich jetzt zu der Stärke führen, die von dir verlangt wird.

Meine Segnungen sind um dich herum verstreut worden, um deine Waffenrüstung zu stärken, damit jetzt nichts im Wege stehen wird, um sicherzustellen, dass Meine Stimme auf der ganzen Welt gehört werden kann.

Dein liebender Erlöser Jesus Christus

127. Beichtet jetzt eure Sünden — habt keine Angst

Mittwoch, 29. Juni 2011, 19.00 Uhr

Meine innig geliebte Tochter, die Hilfe, die Ich dir gesandt habe, wird jetzt unter Verwendung moderner Kommunikationsmittel Mein Wort schnell rund um die Welt verbreiten. Mein Herz ist entflammt von Liebe zu Meinen besonderen Kindern, die sich auf Meinen Ruf hin erhoben haben. Denn sie sind die Armee, die Meine Kinder führen wird.

All Meine Segnungen umhüllen jeden von denjenigen, die helfen, Mein Kreuz zu tragen zum Wohle der Menschheit. Der Heilige Geist wird über jene ausgegossen, um sie in die Lage zu versetzen, diese Botschaften wie einen Virus und mit der richtigen Wirkung zu verbreiten.

Meine Kinder und alle Meine Anhänger, vergesst nur die eine Sache nicht, von der Ich will, dass ihr euch darauf konzentriert: Ermahnt die anderen Menschen, dass sie sich vor der „Warnung" um Tilgung ihrer Sündenschuld bemühen sollen. Sie müssen ihre Sünden jetzt beichten und dürfen keine Angst haben. Stattdessen sollen sie sich freuen. Es bleiben nur ein paar Monate für diesen großen Akt Meiner Barmherzigkeit. Vergeudet keine Zeit.

Geht hin in Liebe und Frieden. Weicht vor dieser Arbeit nicht zurück. Sie dient dem Wohl all Meiner Kinder. All jene, die arbeiten, um Meine Wahrheit zu verbreiten, werden für ihre Hingabe und ihren Glauben belohnt werden. Meine Segnungen werden jeden von ihnen und ihre Familien schützen.

Freut euch jetzt; denn die Zeit ist reif, dass die Welt endlich Meine Stimme in der Weise hört, wie sie es sollte.

Euer geliebter Erlöser

Heiland und König der ganzen Menschheit Jesus Christus

128. Lasst nicht zu, dass die menschlichen Mängel Meiner Kirche euch von Mir abbringen

Donnerstag, 30. Juni 2011, 20.00 Uhr

Meine innig geliebte Tochter, Ich lächle an diesem Abend mit Freude in Meinem Herzen; denn endlich hören jüngere Menschen Mein Wort durch das Internet, genau wie vorausgesagt.

Auf diese Weise werden mehr Menschen fähig sein, der Welt zu sagen, wie man sich auf die „Warnung" vorbereiten soll. Mein Herz zerspringt fast vor Freude, wenn Ich die Liebe sehe, die Meine Kinder in jedem Winkel der Erde für Mich haben. Meine Liebe stirbt niemals. Sie, Meine geliebten Anhänger, sind erfüllt von Meiner Liebe, die sie in ihren Herzen fühlen. Jetzt können sie der Welt, auch den Zynikern, sagen, wie sehr sie Mich verehren, indem sie allen gegenüber Meinen Ruhm preisen.

Denn diese Meine tapferen und liebevollen Geschöpfe werden diejenigen, die Mir widerstehen, zunächst zu der Wahrheit, warum sie auf dieser Erde sind, hinziehen. Der Himmel frohlockt zusammen mit jenen, die ihre Liebe für Mich offen im Internet verkünden. Meine Liebe für sie wogt hervor, sodass Meine Gnaden über jeden von ihnen ausgegossen werden, von einem Winkel des Erdballs zum anderen.

Ich komme jetzt, um euch zu retten, bevor der Tag des Gerichts kommt

Kinder, vergesst eine Lektion nicht: Die Wahrheit Meiner Lehren ändert sich niemals. Menschlicher Irrtum, die Sünden Meiner geistlichen Diener und jener, die die Wahrheit missbraucht haben, damit sie ihren eigenen Ambitionen dienen, mögen Meinen Namen beschmutzt haben, aber sie haben niemals geändert, wer Ich bin. Ich bin der Erlöser der Menschheit. Ich kam das erste Mal, um euch zu retten, um die Vergebung der Sünden zu ermöglichen. Ich komme jetzt erneut, um euch zu retten, bevor der Tag des Gerichts kommt.

Weil Meine Liebe so stark ist, wird sie sich jetzt durch die Macht des Heiligen Geistes weltweit ausbreiten, um euch zurück in den Schoß Meiner zarten Liebe zu ziehen. Fühlt jetzt Meine Liebe, Kinder. Lasst eure Enttäuschung über die menschlichen Schwächen Meiner Kirche euch nicht von Mir, Jesus Christus, oder von Meinem Ewigen Vater abbringen.

An diejenigen, die Mir wegen der Sünden der Kirche den Rücken kehren

Aufgrund der Sünde wart ihr geneigt, euch der Wahrheit zu versperren. Jene von euch, welche die Kirche für ihren Mangel an Glauben an Mich verantwortlich machen, sind nicht ehrlich mit sich selbst. Denn wenn ihr Mich aufrichtig lieben würdet, so würdet ihr keine Ausflüchte machen. Satan ist jetzt überall in der Welt, Kinder, und versucht, euch bei jeder Gelegenheit davon zu überzeugen, dass euer Glaube ohne Bedeutung

sei. Nicht wichtig. Dass er euch keinen Platz im Himmel garantieren wird. In manchen Fällen glaubt ihr, dass die Barmherzigkeit Gottes unendlich ist und dass ihr gerettet werden könnt, wenn ihr ein Leben lebt, wo ihr anderen Menschen kein Leid zufügt.

Ihr fordert Mich sehr häufig heraus, wenn ihr Mich für das Übel in der Welt verantwortlich macht. Das ist der Fall, wenn ihr mit Mir und Gott, dem Ewigen Vater, hadert: Wie kann Gott Sich zurückhalten und zulassen, dass sich solches Übel in der Welt zeigt? Wo es Mord, Vergewaltigung, Abtreibung, Folter, Habgier und Armut gibt? Ihr müsst jetzt damit aufhören und auf Mich hören.

Vergesst nicht, dass Sünde, die von Satan verursacht wird, von dem die meisten Menschen heute nicht glauben, dass er existiert, jeden einzelnen von euch befallen kann, und zwar aufgrund des Geschenks, welches euch von eurem Schöpfer, Gott, dem Vater, gegeben wurde: Dieses Geschenk des freien Willens ist jedem gegeben worden. Einige gebrauchen dieses Geschenk für gute Werke, wobei sie allen Liebe zeigen, während andere es missbrauchen, um andere auszunutzen. Wenn Satan jene aufgrund ihres schwachen freien Willens anzieht, dann werden sie dazu fähig, große Gräueltaten zu begehen.

Der freie Wille gehört euch, Kinder. Wenn er durch Sünde verseucht wird, dann ist Chaos in der Welt das Resultat. Gott, der Vater, kann euch nicht zwingen, damit aufzuhören, etwas zu tun, sei es richtig oder sei es falsch. Denn Er wird Sich nicht in euren freien Willen einmischen. Er wird euch immer ermuntern zu beten, um die notwendigen Gnaden zu erhalten, die Sünde zu vermeiden. Aufgrund eures freien Willens werdet ihr eine von zwei Entscheidungen treffen: euch Gott zuwenden oder zulassen, dass ihr durch die Lügen Satans verführt werdet, der euren Geist verdrehen wird, weg von der Wahrheit.

Vergesst nicht: Ich bin die Wahrheit. Satan möchte nicht, dass ihr die Wahrheit erkennt. Er wird eure Intelligenz gebrauchen, ausgeklügelte Argumente präsentieren und euch verführen. Er kann euch sogar überzeugen, dass etwas schlecht ist, obwohl es gut ist. Daher, wenn ihr glaubt, dass es aufgrund der Sünden der Kirche scheinheilig sei, euch dem Gebet zuzuwenden und Gott, den Vater, zu preisen, müsst ihr diese Täuschung als das erkennen, was sie ist: eine andere Weise, euch zu ermutigen, euch von Mir, von der Wahrheit, abzuwenden. Kinder, zeigt Mir jetzt eure Liebe, indem ihr aufsteht und in einer ungläubigen Welt Meinen Namen verteidigt.

Sehr bald werdet ihr andere dazu ermutigen, eure Ansichten zu hören. Ebenso, wie diejenigen, die behaupten, dass sie nicht an Mich glauben, laut schreien, wie sehr sie Mich hassen, müsst ihr jetzt der Welt sagen, dass ihr Mich liebt. Nur dann wird in der Welt gewaltige Umkehr angeregt werden. Lasst Mich euch jetzt aufwecken, damit ihr Meine Kinder vorbereiten könnt, in

Mein Neues Paradies auf Erden einzugehen. Vergesst nicht: Nur diejenigen, die an Mich und Meinen Ewigen Vater glauben, können in dieses Paradies eingehen.

Geht jetzt und bringt Mir die Mengen.

Euer geliebter Erlöser

129. Gebet kann Disharmonie in der Welt abwenden

Freitag, 1. Juli 2011, 23.00 Uhr

Meine innig geliebte Tochter, Gebet und Hingabe an Mich ist wie Wasser, das einem durstigen Menschen gegeben wird. Wenn ihr an Wasser Mangel habt, wird euer Durst andauern, so dass ihr schließlich ohne Wasser sterben werdet. Für diejenigen, die Mich kennen, Mich lieben und ihre Hingabe an Mich zeigen, Ihr müsst eines verstehen: Wenn ihr nicht weiterhin regelmäßig Meinen Leib empfangt und regelmäßig zu Mir betet, werdet ihr sehr schnell euer Verlangen nach Mir verlieren. Ohne dieses Verlangen werdet ihr von Mir Abstand nehmen, bis ihr aufgrund der Versuchung zur Sünde, die von Satan in euren Geist gepflanzt wird, euren Kopf werdet abgewendet haben. Ohne Mich in eurem Leben wirklich gegenwärtig zu haben, seid ihr nichts, Meine Kinder.

Seid zu jeder Zeit auf der Hut. Das Gebet schützt euch vor der Sünde. Eure Hingabe an Mich mag vielleicht den Betrüger anziehen, der euch häufiger verspotten wird. Jedoch ohne regelmäßige Hingabe an Mich werdet ihr in dieser Welt ziellos herumlaufen.

Gläubige, versteht, dass Gebet viel Disharmonie in der Welt abwenden kann. Jetzt schon haben Gebete, die durch diese Visionärin und andere Seher verrichtet wurden, die unmittelbaren Gefahren, denen Papst Benedikt ausgesetzt ist, verringert, aber nicht für allzu lange. Das Gebet zu Meiner gesegneten Mutter kann Berge versetzen, den Einfluss übler Gräueltaten mildern — einschließlich jener, die vorausgesagt wurden — und kann Sünder bekehren.

Merke dir diese Lektion, Meine Tochter: Gebete fungieren als deine Waffenrüstung gegen den Betrüger. Du musst vor allem die Notwendigkeit des regelmäßigen Gebets in deiner Mission lernen. Du musst mehr Zeit in stiller Betrachtung mit Mir verbringen. Denn wenn du das nicht tust, wird dein Urteilsvermögen für Meine Botschaften geschwächt und es können Fehler vorkommen.

Sei vorsichtig, Meine Tochter, wenn du dich bei den Prophezeiungen, die dir gegeben werden, auf Datumsangaben beziehst. Wenn ich von Monaten rede, so kann das (ein Zeitpunkt) jederzeit innerhalb eines Jahres sein. Lege die zeitlichen Vorgaben, die dir von Mir gegeben werden, niemals mittels menschlicher Interpretation aus. Ich habe dir keine konkreten Daten für zukünftige Geschehnisse gegeben, sondern nur Richtlinien.

Diese Prophetien werden stattfinden, aber nur durch die Hand Meines Ewigen Vaters. Vertraue mehr auf Mich. Deine Gebete und diejenigen Meiner Anhänger können helfen, Katastrophen aufzuschieben oder — in einigen Fällen — abzuwenden. Merke dir das immer.

Betet, Betet, Betet! Denn wenn ihr das von Herzen tut, werden eure Gebete erhört. Betet besonders für jene Führer der Welt, deren Leben bald durch hasserfüllte böse Taten beendet werden wird. Sie und diejenigen mit verhärteten Herzen, die des Verbrechens der Unmenschlichkeit schuldig sind, brauchen eure Gebete am allermeisten.

Betet immer für die Sünder, denn Ich liebe alle Meine Kinder und Ich brauche eure Gebete, um sie vor den Feuern der Hölle zu retten.

Euer immer barmherziger Jesus Christus

130. Der Kampf, den Satan inszeniert, um diese Botschaften in Verruf zu bringen, verstärkt sich

Samstag, 2. Juli 2011, 10.00 Uhr

Meine geliebte Tochter, dieser Zeitabschnitt wird für dich jetzt schwer, da die Botschaften die Welt durchdringen. Mehr Menschen werden diese Botschaften angreifen, und wenn sie es tun, dann ignoriere sie.

Mein Heiliges Wort wird verbreitet, wie Ich gesagt habe. Jetzt will Ich darüber hinaus die Schwerpunkte Meiner Botschaften verkünden. Du weißt bereits, wie man das macht, daher beginne heute. Um was Ich dich bitte, ist für dich eine Herausforderung, aber dir wird weitere Hilfe gegeben werden, um das zu tun.

Mittlerweile wirst du andere Menschen brauchen, damit sie für dich beten; denn der Kampf, den Satan inszeniert, um diese Botschaften in Verruf zu bringen, verstärkt sich. Du musst um Schutz gegen die Kränkungen beten, die er dir durch andere Menschen zufügen wird. Akzeptiere, dass diese Reihe von Prüfungen notwendig ist, um dich in einem Zustand der Demut zu halten. Sei dir bewusst, dass du Meine Stimme für die Welt bist. Wirb für Meine Stimme und tue es, so schnell du kannst.

Ich liebe dich, Meine Tochter. Verlass dich ganz auf Mich und Ich werde dich durch all dies hindurchtragen.

Dein liebender Erlöser
Jesus Christus

131. Atheisten und Wissenschaftler werden sagen, dass die "Warnung" eine Illusion gewesen sei.

Sonntag, 3. Juli 2011, 18:30 Uhr

Meine innig geliebte Tochter, du musst voranschreiten, geradeaus schauen und Meinen Anweisungen folgen. Wende dich nicht zur Seite, dann, wenn du jede Minute des Tages durch den Teufel angefallen wirst. Konzentriere dich nur auf Mich. Du musst verstehen lernen, dass die in Meiner Gesellschaft verbrachte Zeit, besonders die in Anbetung verbrachte Zeit, notwendig ist, um den Überblick über diese Mission zu bewahren.

Die Zeitdauer, die du für das Gebet verwendest, ist auch wichtig; denn je länger du in enger Kommunikation mit Mir verbringst, desto mehr Gnaden wirst du erhalten. Es zu unterlassen, so zu handeln, würde bedeuten, dass du den Angriffen des Betrügers Tür und Tor öffnest.

Mein Wort, Meine Tochter, wird von vielen, die zuhören wollen, ignoriert. Es gibt dafür viele Gründe. Viele Meiner Kinder von heute haben ihre Augen für die Wahrheit ihrer geistigen Existenz verschlossen. Sie umarmen die Welt und alles, was sie bietet, als einen Ersatz für das Brot des Lebens.

Viele sind auch auf der Hut vor falschen Propheten; denn dies ist die Epoche, in welcher überall falsche Propheten auftauchen werden. Dies ist die Verwirrung, die Satan verursachen will, damit diese Meine echten Boten unbeachtet bleiben. Aufgrund der Demut, die von Meinen auserwählten Visionären verlangt wird, können sie sich nicht in den Augen der Welt erhöhen; denn das liegt nicht in ihrer Natur.

Die falschen Visionäre werden sich selbst ins Rampenlicht setzen.

Ihr Hauptaugenmerk wird auf sich selbst gerichtet sein. Ihre Botschaften mögen vielleicht echt erscheinen und — voll von einer blumenreichen Sprache — Auszüge aus der Bibel bringen, wo es gelegen kommt, aber es wird zwei Schlüsselaspekte hinsichtlich ihrer Botschaften geben, die sie wegen der Unwahrheiten, die sie vermitteln, entlarven.

Der erste Aspekt ist: Sie werden bezüglich der Botschaften im Mittelpunkt stehen und all die Aufmerksamkeit, die sie erhalten, genießen.

Und dann sind es die Botschaften selbst. Sie werden verwirrend sein, schwer zu lesen sein und sie werden keinen nachhaltigen Eindruck auf die Seele hinterlassen.

Meine Tochter, traurigerweise neigt die Kirche dazu, die echten Seher zu ignorieren, weil sie in diesen Dingen Verantwortung zeigen muss.

Es ist deshalb für Meine Kirche viel leichter, jene Botschaften zu unterstützen, die Auszüge aus der Bibel einbeziehen, um diese für echt zu erklären. Nicht so leicht ist es für sie, die Einfachheit Meiner Lehren anzunehmen, besonders wo sich heute vieles von der Wahrheit hinter der Maske der Toleranz verbirgt. Auch an die Endzeit erinnert zu werden, wird nicht leicht akzeptiert, dann, wenn sich diese Meine geistlichen Diener aus Angst und Unwissenheit weigern, Meinen Kelch anzunehmen und verantwortlich zu handeln.

Dies ist die wichtigste Zeit in der Geschichte der Welt. Alle Zeichen sind Meinen Visionären im Laufe des letzten Jahrhunderts gegeben worden, doch sie werden ignoriert und beiseite geschoben, während man den Kopf in den Sand steckt. Gerade in dieser Zeit müssen Meine geistlichen Diener viel über die Wichtigkeit Meiner Wiederkunft auf Erden predigen. Sie müssen die Seelen vorbereiten, indem sie diese an die Konsequenzen erinnern, falls sie es unterlassen, sich zu retten, solange sie noch auf dieser Erde sind. Denn nach dem Tode können sie nicht mehr um Vergebung bitten.

Ich appelliere jetzt an Meine geistlichen Diener. Warum wollt ihr das gegenüber eurer Herde nicht betonen? Warum sprecht ihr nicht aktiv über die Auswirkungen für Meine Kinder während der großen Züchtigung? Wisst ihr nicht, dass viele Meiner Kinder ihre Seele an den Antichristen verlieren werden, der sich schon hier auf Erden befindet, sprungbereit, während er auf seine Chance lauert?

Meine Kinder müssen verstehen, dass die „Warnung", obwohl sie ein großer Akt der Barmherzigkeit ist, nur die erste Phase in einer sehr schweren und für alle Meine Kinder herausfordernden Zeit sein wird. Denn danach werden jene verhärteten Sünder und Anhänger Satans Meine Existenz bestreiten. Atheisten werden sagen, dass es eine weltweite Illusion gewesen sei. Wissenschaftler werden nach einer logischen Erklärung suchen, aber es wird keine geben.

Währenddessen werden Meine Anhänger hin und her gerissen werden. Viele Millionen werden sich bekehrt haben, aber sie werden durch die Lügen verwirrt, die von der bösen Gruppe verbreitet werden, von der todbringenden Eine-Welt-Organisation, deren Ziel es ist, die kleinen Leute um ihres eigenen finanziellen Gewinns willen zu vernichten.

Kinder, falls nicht genug Menschen auf dem Weg der Wahrheit bleiben können, dann wird es nicht möglich sein, die Auswirkung der Züchtigung abzuwenden. Denn dann wird Gott Vater eingreifen, um zu verhindern, dass die Sünder Seine Schöpfung und Seine Kinder zerstören. Er wird Erdbeben entfesseln von einer Stärke, wie sie niemals zuvor erfahren wurden, und Vulkanausbrüche an den unwahrscheinlichsten Orten, und die Erde wird wie ein Schiff in rauer See hin und her geschleudert werden, ohne Anker, um es an einem Ort festzuhalten.

Bitte, Kinder, erlaubt, dass die „Warnung" euch alle rettet. Akzeptiert, dass dieses Wunder helfen wird, Millionen zu retten, die sonst verloren wären. Aber für jene, die ihr Leben nicht ändern wollen: Sie werden das Haus Satans wählen. Ohne Gebet gibt es keine Hoffnung für sie; denn sie werden die Schlüssel des Neuen Paradieses auf Erden verwirken. Stattdessen werden sie in den Feuern der Hölle brennen.

Wenn sie wüssten, wo der böse Weg sie hinführt, denkt ihr, dass sie ihre Lebensweise dann ändern würden? Kinder, bitte helft ihnen, indem ihr ihnen die Wahrheit sagt. Wenn sie euch zuhören wollen, dann betet, um ihre Seelen zu retten. Denn das ist alles, was ihr tun könnt.

Euer geliebter Erlöser
Gerechter Richter und König der Barmherzigkeit

Jesus Christus

132. Für Meine Anhänger, die diese Botschaften verurteilen.

Dienstag, 5. Juli 2011, 14.30 Uhr

Meine innig geliebte Tochter, heute ist ein besonderer Tag; denn es freut Mich, dir zu sagen, dass diejenigen, deren Glaube durch Meine Botschaften gestärkt worden ist, sicher sein können, dass ihr tägliches Gebet des Barmherzigkeitsrosenkranzes Seelen rettet. Meine Kinder dürfen nie vergessen, dass Gebete immer erhört werden, wenn sie mit Aufrichtigkeit und von Herzen gesprochen werden. Gebeten wird immer Gehör geschenkt, und jedes besondere Anliegen wird erfüllt, wenn es Meinem Heiligsten Willen entspricht.

Kinder, bitte fahrt fort mit euren Gebeten; denn sie werden helfen, die Periode der großen Züchtigung zu mildern. Mein Vater ist jetzt bereit, sein Heiliges Königreich zu übernehmen und Seine Herrschaft noch einmal, wenn das neue Paradies auf Erden erscheint, zu beginnen. Das Böse in der Welt ist gerade jetzt noch nie so intensiv gewesen. Aufgrund der enormen Weltbevölkerung und der Werke des Teufels ist überall Krieg. Der Hass unter den Menschen ist spürbar. Ob sich dieser Hass als politische Gier oder in Form von Kontrolle eines Landes über das andere zeigt, er ist ganz derselbe. Satan hat viele Anhänger. Diese seine Anhänger sind sich in vielen Fällen dessen nicht bewusst, wie er jeden Gedanken und jede Handlung zu jeder Zeit während jedes beliebigen Tages beeinflusst.

Wenn Meine Kinder nur die Menge an Dämonen, die in solchen Menschen gegenwärtig sind, sehen könnten, würde ihnen übel werden. Viele Meiner Kinder sind von ihnen besessen. Die einzigen sichtbaren Zeichen davon sind ihre bösen Taten. Betet, betet jetzt, Meine Anhänger, dass jene armen verlorenen Seelen während der „Warnung" gerettet werden können.

Kinder, alles, was Ich zwischen jetzt und der „Warnung" von euch verlange, sind eure Gebete und besonders das Beten des Barmherzigkeitsrosenkranzes. Mein Vater wird Seelen retten, wenn ihr euch bemüht, diesen einmal täglich zu beten, vorzugsweise um 15 Uhr.

Für jene Meiner Anhänger, die diese Botschaften verurteilen: Ich bitte euch inständig, betet zum Heiligen Geist und bittet um die Gabe des Urteilsvermögens, bevor ihr Mein Heiliges Wort verwerft. An jene von euch, die Meine Visionärin und Empfängerin dieser Botschaften beleidigen: Ihr müsst euch folgende Frage stellen: Wenn es Satan ist, der nach eurer Meinung diese Botschaften beeinflusst, warum würde er euch dann bitten zu beten? Sich um Vergebung zu bemühen? Die Heilige Eucharistie zu empfangen? Dann werdet ihr wissen, dass das unmöglich ist.

Der Betrüger wird Meine Anhänger zunächst beeinflussen, um sie dazu zu ermuntern, Mein Wort abzulehnen, denn er weiß,

dass ihre Zurückweisung Meiner Heiligen Worte der Liebe Mich am meisten verletzen wird.

Weist Satan und seine verdorbenen Wege jetzt zurück. Wendet euch Mir zu. Ich bitte euch dringend; denn ihr dürft nicht zulassen, dass er euch auf diese Weise beeinflusst. Eure Gebete werden jetzt benötigt, um Meine armen Kinder, welche die „Warnung" nicht überleben werden, zu retten.

Euer liebender Erlöser
Jesus Christus

133. Die Bedeutung der Sakramente — Die Ehe und die Erste Heilige Kommunion.

Mittwoch, 6. Juli 2011, 15.30 Uhr

Meine innig geliebte Tochter, gib jetzt Acht, wie der Glaube Meiner Kinder zu wachsen und zu blühen beginnt. Obwohl es viel Finsternis in der Welt gibt, wird das Licht Meiner Anhänger mit jedem Tag heller aufgrund der Flamme des Heiligen Geistes, die sich über die ganze Welt herabgesenkt hat.

Heute, Meine Tochter, möchte Ich alle Meine Anhänger an die Bedeutung des Gebets erinnern, um Leiden in der Welt zu mildern. Eure Gebete helfen jetzt, viele vorausgesagte globale Katastrophen abzuwenden. Gebet ist das mächtigste Mittel, um etwas abzumildern, und wenn es zugunsten anderer gesprochen wird, wird eine Antwort erfolgen.

Obwohl Ich mit jenen, die einen starken Glauben haben, zufrieden bin, bin Ich doch immer noch um diejenigen besorgt, welche Mein Göttliches Licht ablehnen. Die Wahrheit ablehnen. Viele Menschen auf der ganzen Welt irren jetzt wie benommen umher. Nichts bringt ihnen Frieden. Nichts bringt ihnen Freude. Selbst ein Berg materieller Komfort lindert ihren Schmerz nicht. Ihre leeren Seelen sind verloren. Bitte, betet für sie.

Meine Tochter, bitte bete für Meinen Stellvertreter, Papst Benedikt; denn er ist von freimaurerischen Kräften umgeben, die sich jetzt alle Mühe geben, ihn zu entthronen. Diese bösen Kräfte haben Meine Kirche seit dem Zweiten Vatikanischen Konzil unterwandert und haben Meine Lehren verwässert. Viele Richtlinien wurden erlassen, die Mich verletzen, besonders die Darreichung Meiner Heiligen Eucharistie an Laien. Der Mangel an Respekt, der Mir und Meinem Ewigen Vater durch neue Verordnungen gezeigt wird, die eingeführt worden sind, um der modernen Gesellschaft entgegenzukommen, hat Mich vor Betrübnis weinen lassen.

Die Höchstheilige Eucharistie muss auf die Zunge empfangen werden und darf nicht durch Menschenhände beschmutzt werden. Doch genau das ist es, was Meine geistlichen Diener getan haben. Diese Regeln wurden nicht in Meinem Geist erlassen. Meine geistlichen Diener sind auf einem Weg entlang geführt worden, der nicht mit den Lehren Meiner Apostel übereinstimmt.

Heute werden Meine Sakramente nicht sehr ernst genommen, besonders von jenen nicht, die das Sakrament der Ehe und der ersten Heiligen Kommunion empfangen wollen.

Das Eheversprechen ist sehr ernst zu nehmen; denn vergesst nicht, dass es ein Sakrament ist und in Anwesenheit von Gott, dem Vater, eingegangen wird. Doch für viele kreist alles um das Materielle und das äußere Drum und Dran. Viele, die das Sakrament der Ehe empfangen, erkennen seine Wichtigkeit hinterher nicht an. Viele brechen ihre Versprechen so leicht. Warum tun sie das? Warum legen sie ein Lippenbekenntnis zu dieser sehr heiligen Vereinigung ab, nur um bald danach auseinander zu gehen?

Das ist eine Verspottung einer der wichtigsten Vereinigungen, die von der Hand Meines Ewigen Vaters gesegnet werden. Viele Menschen beachten nicht den Willen Meines Vaters, nämlich dass kein Mensch solch eine Vereinigung hernach auseinanderreißen soll. Doch viele Menschen lassen sich scheiden, was ein Gesetz ist, das von Meinem Vater nicht anerkannt ist. Die Scheidung ist ein leichter Weg, vor eurer Verantwortungen wegzulaufen. Alle Ehen werden im Himmel geschlossen. Kein Mensch kann eine Ehe zerstören, ohne Meinen Vater zu verletzen.

Die erste Heilige Kommunion

Der erstmalige Empfang Meines Leibes im Sakrament der Eucharistie ist ein anderes Beispiel dafür, wie Ich verspottet werde. So viele Eltern beachten nicht, welche Bedeutung es hat, wenn ihre Kinder das Brot des Lebens empfangen. Sie kümmern sich eher darum, wie gut ihre Kinder anzogen sind, als um das wunderbare Geschenk, das ihre Kinder empfangen. Dieses Geschenk wird sie zur Erlösung führen.

Doch der Materialismus, der das Ereignis umgibt, hat nichts mit ihren Seelen zu tun. Was Mich am meisten betrübt, ist, dass diesen kleinen Kindern nichts über Mich erzählt wird. Die Liebe, die Ich für die kleinen Kinder habe, ist allumfassend. Wenn sie die Heilige Eucharistie empfangen, in voller Kenntnis dessen, was sie empfangen, dann werden ihre Seelen rein. Je mehr sie Mich auf diese Weise empfangen, desto stärker wird ihr Glaube sein.

Vergesst nicht: Ohne die Sakramente wird euer Glaube schwach. Nach einer Zeit, wenn eure Seele Meiner besonderen Segnungen beraubt ist, wird sie schlummern. Der ganze Glaube an Mich und Meinen Ewigen Vater verschwindet mit der Zeit, nur ein winziges Flackern des Wiedererkennens bleibt, das von Zeit zu Zeit aufflammt.

Kehrt zurück zu Mir durch die Sakramente. Zeigt den Sakramenten in der Weise Respekt, wie es sein sollte, und ihr werdet wirklich Meine Gegenwart erneut fühlen.

Vergesst nicht: Die Sakramente sind nicht ohne Grund da; denn sie sind die Nährstoffe, die ihr für das ewige Leben der Seele braucht. Ohne sie wird eure Seele sterben.

Ich liebe euch alle. Bitte umarmt Mich auf die rechte Art und Weise, indem ihr den Sakramenten, die euch als ein Geschenk von Gott, dem Allmächtigen Vater, gegeben wurden, Achtung erweist.

Euer liebender Erlöser
König der Menschheit
Jesus Christus

134. Narzissmus, eine üble Seuche in der Welt von heute.

Donnerstag, 7. Juli 2011, 21.00 Uhr

Meine innig geliebte Tochter, Ich will, dass die Welt weiß, dass Meine Liebe zu den Menschen Mein ganzes Wesen durchdringt, während Ich auf die „Große Warnung" vorbereite. Ich bin voller Freude; denn Ich weiß, dass Meine Kinder, besonders jene, die Mich nicht kennen, während Meines Großen Aktes der Barmherzigkeit endlich anerkennen werden, dass Ich existiere.

Einer der beunruhigendsten Charakterzüge, die Meine Kinder heimgesucht haben, ist in dieser Welt der Narzissmus, die Eigenliebe. Diese üble Seuche herrscht in jeder Gesellschaftsschicht vor und ist eine von Satans bevorzugten Angriffen, während seine Dämonen überall in die Seelen Meiner Kinder eingehen. Man kann sehen, wie sie sich rausputzen und sich zur Schau stellen, damit andere Menschen sie verehren. Ihre erste Liebe gilt nur sich selbst, und dann, wenn das nicht genug ist, ersehnen sie die Aufmerksamkeit von denjenigen um sich herum, um sie dazu zu ermuntern, sie offen zu verehren.

Heute ist Satans Verseuchung so groß. In der Weise, wie sich diese bedauernswerten Seelen aufführen, ist das schwer zu ignorieren. Ihr zwanghaftes Verhalten in Hinsicht auf ihr Aussehen bedeutet, dass sie sogar soweit gehen werden, ihrem Körper Schaden zuzufügen, und sie tun, was immer getan werden muss, um ihre Selbstliebe zu befriedigen.

Wenn Satan in solchen Seelen anwesend ist, dann ist das leicht zu erkennen. Diese Menschen werden voller Eitelkeit sein und werden dazu neigen, in einflussreichen Positionen gesehen zu werden. Die Sünde des Narzissmus wird sich während der Endzeit intensivieren, wo viele dafür sorgen werden, dass ihr Aussehen, ihr Wohlbefinden und ihr Egoismus auf Kosten ihrer Freunde und sogar ihre eigenen Familie gehen wird.

Eigenliebe wird in der Welt von heute als eine bewundernswerte Eigenschaft betrachtet. Dieses Streben nach eigenem Vorteil kann niemals befriedigt werden, weil Satan dafür sorgen wird, dass diese Menschen nach mehr und mehr trachten werden.

Kinder, die Sünde des Stolzes ist eine, die sich jetzt in der Welt intensiviert. Lasst diese Verhaltensweise nicht ein Teil eures alltäglichen Lebens ausmachen. So viele junge Menschen gebrauchen diese Figuren sogenannter körperlicher Vollkommenheit als ein anzustrebendes Ziel. Doch ihr Auftreten ist, wenn ihr eure Augen öffnet und es als das seht, was es ist, zu bemitleiden. Es ist

ein Verstoß gegen das Erste Gebot, und wenn solche Menschen auf diesem Weg bleiben sollten, werden sie vom Betrüger in weitere Verwirrung gezogen werden.

Narzissmus kann man in allen Bereichen des Lebens sehen, einschließlich der Politik, der Mode, der Medien, des Films und sogar Meiner eigenen Kirche. Demut kann nicht erreicht werden, wenn ihr unter dem Narzissmus leidet. Ohne Demut könnt ihr nicht ins Reich Meines Vaters eingehen.

Euer liebender Erlöser
Jesus Christus

135. Der Ewige Vater wird die Neue Weltordnung von der letzten Verfolgung Seiner Kinder abhalten.

Freitag, 8. Juli 2011, 15.30 Uhr

Meine innig geliebte Tochter, Ich erkenne, dass diese Arbeit dich strapaziert und dass du dich für eine weitere Woche ausruhen musst, aber höre, was Ich zu sagen habe.

Sage Meinen Kindern, sie sollen jetzt aufwachen und die Unruhe in der Welt sehen, wo die Finanzkrisen zahlreich sind. Sage ihnen, dass — wenngleich die Habgier der Menschen teilweise dafür verantwortlich war, sie in Schulden zu stürzen — die Bankenkrise von der Eine-Welt-Ordnung absichtlich geplant wurde.

Viele, die diese Botschaft lesen, werden lächeln und diese Tatsache in Frage stellen, aber sie sollten auch wissen, dass sie, wenn sie nicht aufstehen und ihre Rechte verteidigen, gezwungen sein werden, das Zeichen des Tieres anzunehmen, um auf ihr Geld zugreifen zu können.

Die Neue Weltwährung wird einer ungläubigen Welt präsentiert werden

Die Neue Eine-Welt-Währung, die einer ungläubigen Gemeinschaft präsentiert werden wird, ist dazu bestimmt, euch zu kontrollieren. Dann, sobald das geschieht, werden sie versuchen, euch die Nahrungsmittel zu entziehen. Falls Meine Kinder diese Realität jetzt nicht akzeptieren, werden sie wehrlos sein, wenn sie unter der Kontrolle einer Neuen Weltordnung durch freimaurerische Kräfte stehen.

Meine Kinder, bereitet euch jetzt vor; denn, obwohl die „Warnung" Millionen bekehren wird, einschließlich jener, die der Eine-Welt-Ordnung loyal gegenüberstehen, wird es nicht genug sein, um diese bösen Sklaven Satans und des Antichristen aufzuhalten. Aufgrund der Kontrolle eures Geldes wird es euch schwer vorkommen, euer Recht auf Eigentum, Nahrung und Gesundheit zu verteidigen, die drei Dinge, über die sie das Sagen haben, wenn ihr jetzt nicht anfangt, euren Widerstand laut werden zu lassen. Gebietet euren Führern Einhalt. Lasst nicht zu, dass sie euch tyrannisieren. Wenn genug von euch vor diesem bösen, abscheulichen Plan auf der Hut sind, dann könnt ihr andere warnen.

Plant jetzt eure Vorräte an Nahrungsmitteln

Plant jetzt eure Vorräte an Nahrungsmitteln. Baut an und kauft Samen, der euch am Leben halten wird. Kauft Silbermünzen oder Gold, damit ihr kaufen könnt, was notwendig ist. Am wichtigsten ist: Findet Orte, wo ihr euch als eine Gruppe treffen könnt, um das Heilige Messopfer darzubringen. Denn mit der Zeit werden eure Kirchen bis auf die Grundmauern niedergebrannt sein.

Satans Günstlinge sind wie Ameisen. Sie vermehren sich zu Tausenden.

Nehmt niemals das Zeichen, den Chip des Tieres an. Betet, betet, dass eurem Haus die besonderen Segnungen gegeben werden, um euch vor der Armee zu schützen, die versuchen wird, euch aus eurem Haus zu setzen. Satans Günstlinge sind wie Ameisen. Sie vermehren sich jede Stunde zu Tausenden. Ihr, Meine Kinder, müsst jetzt beten und diese Serie von Gräueltaten bekämpfen, die von der Neuen-Welt-Ordnung geplant werden, die geifert, die Welt zu kontrollieren.

Sorgt vor, dass ihr geweihte Kerzen in eurem Haus habt. Legt euch jetzt einen Vorrat davon an; denn durch sie werdet ihr im Licht des Schutzes bleiben. Wenn ihr kein Sklave dieser abscheulichen Doktrin werden wollt, dann müsst ihr jetzt vorsorgen.

Kauft Gaskocher, Decken, getrocknete und konservierte Nahrung, Wasserreinigungstabletten, Kerzen samt religiösen Bildern, um euch und eure Familien während der großen Züchtigung, die der „Warnung" folgen wird, zu versorgen.

Gebete schwächen jetzt schon die Auswirkung der Großen Züchtigung, aber ihr, Meine Kinder, müsst zu jeder Zeit auf der Hut sein. Dadurch, dass ihr in euren Vorbereitungen umsichtig seid, werdet ihr im Stande sein, das große Bombardement zu überleben, das jetzt orchestriert wird und das schlimmer sein wird als das, was den Juden unter der Regierung von Satans Jünger Hitler widerfuhr.

Beherzigt diese Warnung besonnen. Denn indem ihr euch im Voraus vorbereitet, werdet ihr euch die Empörung ersparen, die durch die Neue Weltordnung geplant wird. Für jene von euch, die in die Neue Weltordnung verstrickt sind: Hört Mich jetzt an. Bereut. Nehmt euch die „Warnung" zu Herzen, als das, wofür sie euch angeboten wird: als Chance, euch von Satan und den Flammen der Hölle abzuwenden.

Ratschlag an die Diener der Kirche

Für Meine geistlichen Diener: Ich muss euch über Folgendes informieren: Richtet jetzt eure Augen auf Mich und betet zum Heiligen Geist, dass Er euch wachsam halten möge, damit ihr den Falschen Propheten erkennt, sobald er sich in eurer Mitte zeigt. Dann müsst ihr euch in Gruppen versammeln, um sicherzustellen, dass Meine Kinder im Stande sein werden, während der Verfolgung die Allerheiligste Eucharistie zu empfangen.

Die Hand Meines Vaters ist bereit, jetzt mit großer Kraft auf jene bösen, arroganten Führer der Banken, der West- und Ostmächte niederzufallen, die insgeheim planen, wie sie darauf hinarbeiten können, euch alle zu kontrollieren. Mein Ewiger Vater wird alles in ihrem Fahrwasser zerstören, um sie an der letzten Verfolgung, die sie gegen Seine Kinder planen, zu hindern.

Er wird Sich das nicht bieten lassen. Vergesst nicht, Kinder, Gott, der Ewige Vater, will euch alle schützen. Seine Geduld ist endgültig zu Ende. Er wird — bis zur allerletzten Minute — diejenigen, die sich Ihm zuwenden, um Vergebung zu erlangen, annehmen. Jedoch muss Er jetzt jene bösen Regime von dem Gräuel abhalten, das sie dem Rest Seiner Schöpfung zufügen.

Er tut das, weil Er Seine Kinder liebt. Für diejenigen, die sagen: „Gott, der Vater, kann nicht zornig sein, da Er alle liebt", ihr sollt Folgendes wissen: Ja, Er ist zornig, und Sein Zorn ist gerecht aufgrund des bösen Unrechts, das Seiner kostbaren Familie zugefügt wird. Noch einmal wird Er alle Seine Kinder vereinen, damit sie endlich für die ganze Ewigkeit in Frieden leben.

Kinder, denkt daran, die Zeichen um euch herum zu erkennen, die Menge an Kriegen, den Geldmangel, die Nahrungsmittelknappheit, die mangelnde Gesundheitsfürsorge, und seht ein, dass dieses das Werk des Teufels ist. Es ist nicht das Werk Gottes, des Ewigen Vaters.

Er wird dieses Verhalten nicht länger hinnehmen. Seid dankbar, dass Er handelt; denn täte Er es nicht, würde Seine Schöpfung zerstört werden. Und Er wird nicht erlauben, dass das geschieht.

Euer geliebter Jesus
Erlöser der Menschheit
Retter der Welt

136. Teile Meinen geistlichen Dienern den Inhalt davon mit — so können sie ihre Herde vorbereiten.

Samstag, 9. Juli 2011, 16.00 Uhr

Meine innig geliebte Tochter, sobald du Fortschritte machst, auf dein Urteilsvermögen hinsichtlich Meiner Botschaften vertrauend, hältst du inne und fühlst quälende Zweifel. Diese Zweifel in diesem Stadium Meiner Kommunikation mögen dich vielleicht verwirren. Denn jeder Schritt, den du rückwärts machst, ist eine Prüfung deines Glaubens, Meine Tochter. Denn niemand kann davon ausgehen, dass er immer Meiner würdig sein wird.

Nimm dieses Leiden an, Meine Tochter; denn diese Prüfungen werden in diesem Werk immer auf dich einstürmen. Vertraue auf Mich und übergib deinen freien Willen auf ein beständiges Fundament, um dir zu helfen, in dieser Arbeit stärker zu werden.

Meine Tochter, es gibt in dieser Zeit eine Reihe von Visionären, mit denen Ich mit Hilfe Meiner gesegneten Mutter, des Erzengels Michael und der Allerheiligsten Dreifaltigkeit kommuniziere, aber es sind weniger, als du denkst. Einige der Apostel werden verborgen sein, ihre Arbeit kennen nur die Heiligen im Himmel. Dann gibt es diejenigen, welche die Welt schließlich als Meine Boten erkennen wird. Du bist einer von diesen.

Es wird keine leichte Mission sein, Meine Tochter; daher lasse Ich zu, dass du Rückschläge, Prüfungen und Irrtümer erleidest. Erst wenn du dich an diese Episoden gewöhnt hast, wirst du fortfahren, stärker und stärker zu werden, bis du dir, endlich, keine Sorgen mehr machen wirst, was andere über dich denken — auf die eine oder andere Weise. Du wandelst jeden Schritt dieser Mission mit Mir, und du darfst das niemals vergessen.

Es ist wichtig, dass du dafür sorgst, dass möglichst vielen bedauernswerten Seelen die Wahrheit Meines Wortes vermittelt wird. Du musst Meine geistlichen Diener von dessen Inhalt in Kenntnis setzen, damit sie ihre Herde vorbereiten können, bevor die „Warnung" kommt.

Es ist nicht wichtig, ob die Kirche diese Botschaften anerkennt; denn die Zeit steht nicht auf ihrer Seite. Sie, Meine geistlichen Diener, werden viele, viele Jahre brauchen, um Meine Botschaften anzuerkennen. Also mach weiter.

Du, Meine Tochter, wirst dir in Meinem Namen viele Feinde machen. Das ist etwas, was du wirst hinnehmen müssen. Daher lass nicht zu, dass dir diese Hindernisse im Wege stehen. Meine Botschaften bekehren jetzt schon Tausende verlorener Seelen. Es ist somit entscheidend, dass du Mir jederzeit gehorchst, damit noch mehr Seelen gerettet werden können.

Ich erkenne, dass diese Arbeit für dich einsam und beängstigend ist, aber denke daran: Ich wähle nur diejenigen aus, die ein offenes Herz haben und die stark genug sind, um Mein Wort zu vermitteln. Die Stärke, die du im Gegenzug erfahren wirst, wird dir helfen, diese Botschaften schnell einem größeren Publikum bekanntzumachen.

Also fühle dich bitte niemals niedergeschlagen. Denn auch wenn du dich bemühst, Freude in deinem Herzen zu fühlen, wenn du Mein Kreuz trägst, ist das doch selten der Fall. Du wirst immer in Meinem Namen leiden und wirst feststellen, dass es Zeit brauchen wird, die volle Kraft der Freude zu erfahren. Dein Leiden rettet Millionen von Seelen. Daher musst du dafür dankbar sein.

All die Heiligen arbeiten an deiner Seite, um dich stark zu halten und dich vor Satan zu schützen, der alles tun wird, was er kann, um dich aufzuhalten. Aber er wird das niemals erreichen, weil die Hand Meines Vaters auf jene niederschlagen wird, die versuchen, Mein Werk, so viele Seelen, wie Ich kann, durch dich zu retten, zu sabotieren.

Verlasse dich auf Mich, und Ich werde dieses Werk vorwärts treiben, damit Meine Botschaften in jedem Winkel des Erdballs von Millionen gehört werden, von Gläubigen und von Nichtgläubigen.

Euer geliebter Lehrer
Erlöser der Menschheit
Jesus Christus

137. Seid nicht ängstlich, die Bekehrung wird ein großes Gefühl von Liebe und Frieden schaffen.

Sonntag, 10. Juli 2011, 12.10 Uhr

Meine innig geliebte Tochter, für viele Meiner Kinder, die durch Meine Botschaften verängstigt sind und die es schwer finden, sich damit auseinanderzusetzen: Dann hört Mir bitte jetzt zu. Das Böse, das in der Welt eskaliert, wird durch die Sünden der Menschheit verursacht. Das kann nicht so weitergehen. Bitte, habt keine Angst; denn das wird die Pläne nicht ändern, die jetzt durch die böse Eine-Welt-Gruppe im Gange sind. Euch, Meinen Kindern, muss bewusst gemacht werden, was geschieht. Es ist wichtig, dass jeder über die Aktionen dieser Gruppe und ihre unheilvollen Pläne, die sie geschaffen haben, um euch zu kontrollieren, gewarnt wird.

Bitte, heißt die "Warnung" willkommen

Meine „Warnung", der große Akt der Barmherzigkeit, ist ein derart großes Geschenk der Liebe. Daher heißt sie bitte willkommen, denn sie wird viele Bekehrungen zur Folge haben. Die Bekehrung wird so weit verbreitet sein, dass sie ein großes Empfinden von Liebe und Frieden schaffen wird, dann, wenn Meine Kinder durch dieses große Ereignis demütig geworden sind.

Dann werden sie zahlenmäßig stark sein. Je mehr Menschen an die Wahrheit glauben, desto schwächer wird dann der Einfluss der Neue-Welt-Gruppe sein. Gebet, viel Gebet, kann viel von dem Schaden abwenden, den sie versuchen werden zuzufügen. Daher vergesst bitte niemals, den Heiligen Rosenkranz und den Barmherzigkeitsrosenkranz zu beten; denn beide gemeinsam werden helfen, viel von dem bevorstehenden Übel zu vertreiben.

Geht jetzt, fürchtet euch nicht. Erwartet mit Begeisterung einen neuen Beginn, einen neuen Frieden, wo das Böse für immer ausgerottet sein wird.

Das ist Meine Verheißung an euch, Kinder.

Euer liebender Erlöser
Jesus Christus

138. Rufe prominente Persönlichkeiten auf, Mein Wort zu verbreiten.

Mittwoch, 13. Juli 2011, 16:15 Uhr

Meine innig geliebte Tochter, wenn du Mir den Rücken kehrst, wirst du es danach schwer finden, Mich erneut zu finden. Ich erkenne, dass du glaubst, dass Ich schwere Dinge von dir fordere, aber Mein Wort der Welt zu vermitteln, ist von solcher Dringlichkeit, dass du Mir gehorchen musst, wie Ich es von dir verlangt habe. Vergiss nicht, dass du Mir deinen freien Willen übergeben hast, Meine Tochter, was ein wunderbares Geschenk war. Dieses Geschenk in Ehren zu halten, ist für dich nicht leicht, denn du bist am Ende doch nur ein Mensch.

Ich rufe dich jetzt noch einmal auf, auf Meinen Ruf zu hören und mehr Zeit in Meiner Gesellschaft zu verbringen. Ich brauche dich, damit du Meine Liebe fühlst, nicht nur die Liebe, die Ich für dich habe, sondern auch die Liebe, die Ich für jedes einzelne Meiner Kinder auf dieser Erde habe.

Ich will, dass Meine Anhänger Mein Wort des Friedens und der Harmonie überall auf der Welt verbreiten. Sie müssen überall von sich aus ihre Hilfe anbieten, um jeden Einzelnen an die Notwendigkeit zu erinnern, für meine Botschaften der Liebe zu werben. Bitte ersucht Sänger, die Medien, Persönlichkeiten oder jeden Beliebigen, dessen Stimme gehört und beachtet wird, Meine Bitte zu hören. Ergreift Meinen Kelch der Liebe. Trinkt daraus, denn er wird euch die Erlösung bringen, die ihr ersehnt — und zwar nicht nur in dieser Welt, sondern auch im kommenden Leben. Teile das deinen eigenen Anhängern mit.

Wie ihr das tut, liegt ganz an euch; denn jenen, die auf Meinen Ruf reagieren, wird das Geschenk der Gnaden gegeben werden, diese hochheilige Arbeit zu tun. Kinder, haltet Euch das folgende vor Augen: Je mehr von euch sich jetzt erheben, um Mein Heiligstes Wort zu verbreiten, und jedermann die Wahrheit zu erzählen, desto leichter wird es für Meine Kinder werden, die große Züchtigung zu überstehen ebenso wie die Verfolgung, die von der Neuen Welt-Ordnung geplant wird.

Meine Botschaft an die Menschheit muss gehört und beurteilt werden, — und dann muss gehandelt werden, um alle daran zu erinnern, dass sie ihren Geist öffnen müssen, um die Existenz Gottes, des Allmächtigen Vaters, des Heiligen, Starken Gottes zu akzeptieren. Denn wenn sie das tun, wird wieder Frieden herrschen.

Um des Opfers willen, das Ich für euch alle durch Meinen Tod am Kreuz brachte, hört Meinen Aufruf und tut, was immer ihr könnt, um jedem, den ihr kennt, verständlich zu machen, dass Ich zu der Welt spreche, genau wie dies mein Vater durch die Propheten getan hat, vor Meiner Zeit auf Erden. Seid stark. Seid tapfer. Betet zu Mir um Führung während eures Kreuzzugs in Meinem Namen und im Namen Meines Ewigen Vaters.

Jesus Christus
König der Menschheit
Erlöser und Retter

139. Meine Botschaften werden Tränen der Bekehrung bringen.

Donnerstag, 14. Juli 2011, 14.30 Uhr

Meine innig geliebte Tochter, du darfst niemals vergessen, dass über diejenigen, die in Meinem Namen sprechen, gespottet werden wird, dass man sie auslachen wird und versuchen wird, sie als dumm darzustellen. Das ist das Kreuz, von dem Ich spreche. Sei niemals enttäuscht, wenn das geschieht.

Viele fordern jetzt Mein Heiliges Wort heraus. Einige stellen aufrichtige Fragen aus Liebe zu Mir, während andere darauf aus sind, Mein Wort als dumm und als einen Unsinn erscheinen zu lassen. Meine Kinder müssen akzeptieren, dass Ich Meine Kommunikation an euch alle jetzt aus Zeitmangel steigern werde. Es macht nichts, dass Mein Wort herausgefordert wird, freue dich stattdessen; denn du weißt, dass, wenn Ich mit Meinen Kindern auf diese Weise kommuniziere, Hindernisse auftauchen werden. Dann wirst du wissen, dass Ich es bin. Falls Meinen Kindern, wenn sie Meine Botschaften lesen, Tränen kommen, dann wissen sie, dass dies die Tränen der Bekehrung sind — ein Geschenk an jeden Einzelnen von euch durch die Macht des Heiligen Geistes.

Viele Meiner Kinder fühlen sich irritiert, denn wenn mein Wort auf diese Art und Weise der Welt vermittelt wird, dann kann Ich ihren normalen Tagesablauf umwerfen. Mein Wort wird nicht jeder Seele Freude bereiten, denn die Wahrheit kann manchmal beängstigend sein. Wenn sie sich zuerst hinsetzen und Meinen Frieden ihre Seele durchströmen lassen, indem sie sich Meinem Heiligen Willen fügen, werden sie wahre Zufriedenheit erfahren. Vertraut auf Mich, Kinder. Sperrt Mich nicht aus. Hört sorgsam auf das, was Ich sage, und Ich werde euch auf Meiner Reise zur ewigen Erlösung mitnehmen.

Vergesst nicht, Gott Vater hat jetzt die Leitung über Sein Königreich, das kein Mensch zu Fall bringen kann. Jeder Versuch, dies zu tun, wird scheitern. Da die Sünder weiterhin Mich und Meinen Ewigen Vater beleidigen, wird Seine Hand bereit sein, schnell herabzukommen. Wegen der „Warnung" wird Er sie zurückhalten, bis die Umkehr erreicht worden ist.

Mittlerweile müssen all jene, welche die Wahrheit nicht annehmen, wissen, dass sie nur noch wenig Zeit haben, ihre Seelen vorzubereiten.

Betet für jeden Einzelnen von euch, damit Seelen gerettet werden können.

Euer liebender Erlöser
Jesus Christus
König der Menschheit

140. Exekution, Euthanasie, Abtreibung und Selbstmord.

Freitag, 15. Juli 2011, 17.30 Uhr

Meine Tochter, wenn Meine Kinder Liebe in ihren Herzen fühlen, dann können sie sicher sein, dass Ich in ihren Seelen gegenwärtig bin. Meine Liebe wird Meine Kinder stark halten, wenn sie es am wenigsten erwarten. Das trifft auch auf verhärtete Sünder zu, hinter deren äußerer Schale sich sehr häufig ein zartes Herz verbirgt.

Jede einzelne Person auf Erden ist ein Kind, geschaffen von Gott Vater. Deswegen existiert innerhalb jeder Person das Licht, obwohl es sehr schwach sein kann, wenn Seelen zur Finsternis gezogen werden. Dennoch ist Mein Licht noch immer da. Denn ohne es würde komplette Finsternis herrschen, wo sie nicht funktionieren können.

Wenn Seelen einen schrecklichen Zustand der Finsternis erreichen, nehmen sie sehr häufig ihre Zuflucht zum Selbstmord. Aufgrund der Schwäche der Seele und des Geistes stiehlt Satan ihre Seelen, indem er sie überredet, ihr Leben zu beenden. Viele Meiner Anhänger verstehen nicht den Zustand, den solche Finsternis für eine Seele haben kann. Daher müssen sie innig für diese Kinder beten, die sich in diesem Zustand der Verzweiflung befinden.

Gott, Mein Ewiger Vater, ist stets barmherzig und wird immer diesen Seelen helfen, von denen viele dermaßen leiden, dass ihr Geist nicht bei vollem Verstand funktionieren kann. Eine Todsünde kann nur begangen werden, wenn eine Person im Vollbesitz ihrer geistigen Kräfte klare Absichten hat, wenn sie weiß, dass das, was sie tut, falsch ist. Nehmt daher bitte nicht an, dass solche Seelen völlig verloren sind; denn viele wissen nicht, was sie tun.

Seid euch dessen bewusst, dass Euthanasie von Meinem Vater missbilligt wird und nicht toleriert wird; denn kein Mensch darf vorsätzlich einem anderen Menschen das Leben nehmen. Kein Grund kann angeführt werden, dies im Namen Meines Vaters zu rechtfertigen. Das Argument Toleranz kann zusammen mit dem Argument der menschenwürdigen Behandlung vorgebracht werden, um diesen Akt zu rechtfertigen, aber kein Mensch, nur der Allmächtige Vater kann das Datum des Todes entscheiden; denn das ist nicht das Recht des Menschen. Ihm wird niemals die Befugnis gegeben werden, diese Todsünde zu begehen.

Jede Entschuldigung wird vom Menschen angeführt, um einem anderen Menschen das Leben zu nehmen, doch keine davon wird als gerechtfertigt akzeptiert werden, unter welchen Umständen auch immer. Das trifft auf Exekution, die Sünde der Abtreibung und Euthanasie zu.

Werdet jetzt wach, ihr alle, und denkt daran, dass ihr hart gerichtet werdet, solltet ihr gegen das heiligste aller Gebote Meines Vaters verstoßen: Du sollst nicht töten. Vergesst nicht: Es gibt nur einen Gott, und nur Er kann entscheiden, wann ein Leben genommen wird. Verstoßt ihr gegen dieses Gebot in voller Kenntnis dessen, was ihr tut, so werdet ihr für die Ewigkeit die Qual der Hölle erleiden.

Bitte, Ich beschwöre euch, gebt dem Druck Satans nicht nach, der ständig dazu ermutigt, Leben zu nehmen, damit er Seelen stehlen kann, die sonst für das Herrliche Reich Meines Vaters bestimmt wären.

Euer Göttlicher Erlöser
Lehrer und Retter
Jesus Christus

141. Vereint eure Familien, um euch des Neuen Paradieses auf Erden zu erfreuen.

Samstag, 16. Juli 2011, 23.00 Uhr

Meine innig geliebte Tochter, wenn Seelen verloren sind, kann es nach außen hin scheinen, dass sie voller Freude sind und das Leben in seiner Fülle leben. Und doch können sie für Mich verloren sein, und das macht Mich sehr traurig. So viele in der Welt nehmen ihr tägliches Leben in Angriff mit so vielen Dingen, die zu tun sind, so beschäftigt, dass sie vergessen, dass diese Erde aus Lehm gemacht ist. Dass die Zeit, die hier zugebracht wird, so kurz ist. Dass persönliches Eigentum sich letztendlich alles in nichts auflöst. Dass Menschen, wenn sie sterben, sich zu Lehm verwandeln. Doch bleiben ihre Seelen lebendig und werden nie sterben. Die Seele wird in Ewigkeit weiterexistieren.

Ich sage euch jetzt, Meine Kinder, vereint eure Familien und Freunde zu einer Einheit nahe an Meinem Herzen; denn wenn ihr das tut, werdet ihr für tausend Jahre das Neue Paradies auf Erden genießen, immer noch miteinander vereint. Das ist Mein Versprechen an euch alle. Lebt euer Leben verantwortlich. Setzt eure Familien immer an die erste Stelle, auch auf dieser Erde. Setzt immer euer Vertrauen auf Mich.

Bringt eure Familien zu Mir. Falls sie nicht bereitwillig kommen wollen, dann betet zu Mir, und Ich werde ihnen die Ermutigung geben, die sie brauchen. Ich werde immer auf Gebete um die Rettung von Seelen antworten.

Euer geliebter Erlöser
Jesus Christus

142. Jeder Mensch, der behauptet, er sei Ich, ist ein Lügner; denn Ich werde Mich Selbst nie im Menschen offenbaren.

Sonntag, 17. Juli 2011, 15.40 Uhr

Meine innig geliebte Tochter, in Kürze wird eine der verwirrendsten Zeiten kommen, in der nicht nur diejenigen, die behaupten, in Meinem Namen zu kommen, falsch sind, sondern es wird auch jene geben, die behaupten werden, Ich zu sein. Meine Kinder müssen Folgendes verstehen: Ich kam das erste Mal als Mensch, um die Menschheit aus der Sünde zu retten. Dieses Mal werde Ich kommen, um zu richten. Auch wenn Mir während der „Warnung" viele von Angesicht

zu Angesicht begegnen werden, werde Ich bis zum Jüngsten Tag nicht ein zweites Mal kommen.

Jeder Mensch, der behauptet, Ich zu sein, ist ein Lügner. Solche Seelen, und es gibt viele von ihnen, Meine Tochter, haben keine bösen Absichten. So getäuscht sind sie, dass der Betrüger solche Menschen überzeugt, dass sie nicht nur göttliche Kräfte haben, sondern dass sie auch leibhaftig der Sohn Gottes sind. Aber das ist nicht wahr. Denn Ich werde Mich niemals in einem anderen Menschen auf dieser Erde offenbaren. Das kann niemals geschehen. Kein Mensch ist solch einer Ehre würdig; denn dies ist nicht vorausgesagt worden.

Viele werden jetzt hervortreten und behaupten, dass sie Ich, Jesus Christus, der Sohn Gottes, seien. Jenen bedauernswerten Seelen sage Ich dieses: Fallt jetzt auf eure Knie nieder und bittet Gott, den Vater, euch vor dem Betrüger zu schützen. Er will euch verwirren, nicht nur, damit ihr selbst wiederum Meine Kinder, welche Meine Rückkehr auf Erden erwarten, verwirrt, sondern auch, um den Spott zu verschlimmern, der von den Atheisten zugefügt wird. Ihr macht nicht nur Meinem Namen Schande, sondern ihr wirkt auch unabsichtlich auf Menschen ein, zum Nachteil ihres Glaubens an Gott, den Allmächtigen Vater.

Ich möchte auch diejenigen warnen, die behaupten, Wunder zu vollbringen. Keiner, der derartige Behauptungen aufstellt, solche Kräfte zu haben, wird von Gott sein; denn es gibt nur einen Gott und nur Er, oder Ich, Sein geliebter Sohn, kann solche Dinge zu Stande bringen.

Satan andererseits besitzt ebenfalls Kräfte. Er kann Trugbilder hervorrufen. Im Fall von Wunderheilungen kann Satan durch jene sogenannten Gesundbeter, die ihre Fähigkeiten aus dem Okkultismus beziehen, vorübergehende Lösungen erzielen, wobei es so aussehen kann, als wären Wunder erwirkt worden. Aber sie werden nicht von langer Dauer sein. Satan wird ebenfalls sogenannte Wunder wirken, einschließlich Visionen, die von vielen am Himmel gesehen werden. Wiederum sind es Trugbilder und sie kommen nicht von Gott.

Kinder, ihr werdet, obwohl ihr versucht, eure Treue zu Mir zu zeigen, jeden einzelnen Tag durch die Kräfte des Bösen versucht. Ihr müsst euer Augenmerk nur auf Mich und Meinen Ewigen Vater richten. Und vergesst nicht: Ich wandle auf dieser Erde nicht als ein menschliches Wesen. Ich mag auf der Erde im Geist anwesend sein, aber Ich werde Mich niemals in irgendeinem Menschen offenbaren.

Betet jeden Tag um Führung und um das Urteilsvermögen, um fähig zu sein, Lügen von der Wahrheit zu unterscheiden.

Euer liebender Erlöser
Jesus Christus

143. Eure Waffe der Wahl ist eure Liebe zu Mir.

Dienstag, 19. Juli 2011, 23.45 Uhr

Meine innig geliebte Tochter, glücklicherweise kehrst du jetzt in eine Routine zurück, die eine kleine Unterbrechung erfahren hat. Du wirst stärker werden, als ein Resultat davon, aber vergiss bitte nicht, dass du dein Augenmerk noch immer jederzeit auf Mich richten musst.

Meine Liebe für alle Meine Kinder ist sehr stark und sie ist völlig verschieden von der Liebe, über die man in dieser Welt so leichtfertig spricht. Meine Kinder fühlen Meine Liebe dann, wenn sie Mir die Türe öffnen, wenn Ich anklopfe. Wenn Ich zu ihrer Türe komme, haben sie zwei Wahlmöglichkeiten. Sie können entweder die Tür öffnen und Mich hereinlassen oder sie können Mich aussperren. Wenn sie Mich in ihre Seele eintreten lassen, dann durchdringt Meine Liebe ihr Wesen. Es ist eine Liebe, bei der sie das Gefühl haben, dass sie bewirken kann, dass sie sich zu ihrer Überraschung schwach fühlen, so intensiv ist sie oder so freudebringend in dem Maße, dass sie nicht aufhören können, anderen ihre gute Nachricht zu erzählen.

Meine geliebten Anhänger, die ihr Mich liebt, ihr sollt wissen: Wegen eurer Liebe und eurer Hingabe an Mich erlaube Ich, dass ihr Meine Liebe ausstrahlt, damit sie ansteckend wird und sich ausbreitet, um andere Seelen zu umarmen. Sobald ihr Mir Einlass in Eure Herzen gewährt, werde Ich euch mit der Gnade des Heiligen Geistes erfüllen, damit ihr jedermann erzählen könnt, was es ist, das ich Euch jetzt mitteilen muss:

Erstens liebe Ich euch mit einer tiefen Zärtlichkeit in Meinem Herzen. Zweitens werde Ich aufgrund Meiner Liebe jetzt das Böse in der Welt ausrotten, damit Ich alle Meine Kinder in die Umarmung eures immer liebevollen Schöpfers, Gott Vaters, zurückbringen kann.

Bitte, keiner von euch, Meiner ergebenen Anhänger, darf zulassen, dass sein Herz von Furcht ergriffen wird, weil die „Warnung" wöchentlich näher rückt. Denn wenn dieser große Akt Meiner Barmherzigkeit stattfindet, werdet ihr jubeln. Denn Mein Geschenk an euch ist, dass ihr näher an Mein Herz kommen werdet als vorher. Das wird euch so stark machen, dass ihr ohne Zögern hin zum Neuen Paradies auf Erden segeln werdet, so sanft wird der Übergang sein.

Meine Liebe ist jetzt stärker denn je, da ihr, Meine geliebten Anhänger, alles tut, was ihr könnt, um Mein Wort zu verbreiten. Benutzt alle euch zur Verfügung stehenden Mittel, um den Menschen zu sagen, dass sie sich auf die „Warnung" vorbereiten sollen. Ihr seid tapfer, Meine Kinder, und ihr bringt Freude und Glück in Mein trauriges Herz, das sich jede Sekunde danach sehnt, alle Meine verlorenen Seelen zu retten.

Ich verlasse Mich jetzt auf euch, dass ihr so intensiv betet, wie ihr könnt, für die Sünder, welche der Prüfung nicht standhalten werden, die die „Warnung" ihnen präsentiert. Geht jetzt, Meine starke, liebende Armee. Eure Waffe der Wahl ist eure Liebe zu Mir. Ihr werdet in eurem Herzen wissen, dass Ich es bin, der spricht, und dass Ich es bin, der jetzt an eure Türe klopft. Ihr müsst jetzt an die Türen Meiner geistlichen Diener überall auf der Welt klopfen und dafür sorgen, dass sie Mein heiliges Wort lesen.

Euer geliebter Erlöser und Retter
Jesus Christus

144. Ihr befindet euch jetzt in der Mitte der Drangsal — die letzte Hälfte ist Ende 2012.

Mittwoch, 20. Juli 2011, 21:00 Uhr

Meine Tochter, du bist, wie du weißt, die unwahrscheinlichste Visionärin, da dir das Wissen um heilige Dinge fehlt. Und doch bist du die auserwählte Botin. Du musst verstehen, dass du außer Stande sein wirst, Meine Botschaften mit irgendeiner wirklichen Autorität zu verteidigen. Deshalb schweige, wenn du gebeten wirst, Meine Botschaften zu erklären.

Man wird dich provozieren und herausfordern, dich mit religiösen und eschatologischen Argumenten zu befassen, aber du darfst nicht mehr antworten oder deine eigene Interpretation in den Antworten anbieten. Denn aufgrund dieses Werkes wirst du unbeliebt sein. Spirituelle Eifersucht wird unter Meinen Anhängern aufkommen, besonders unter Theologen und unter denjenigen, die ihr ganzes Leben die Bibel studiert haben. Daher schweige, denn du hast weder die Kenntnisse noch, wie Ich dir zuvor gesagt habe, die Autorität zu antworten.

Befolge nur Meine Anweisungen und halte dich zurück. Reagiere jedoch auf jeden Fall auf Gebetsbitten und hilf dabei, Meine Nachfolger und Anhänger, die ihre Unterstützung für dieses Werk versprochen haben, zusammenzubringen.

Die Zeit ist jetzt kurz. Alles ist dabei, schnell zu geschehen. Die „Warnung" ist jetzt nah. Daher gibt es nicht viel Zeit, um für jene bedauernswerten Seelen zu beten, die verloren sein werden. Durch das Beten Meines Barmherzigkeitsrosenkranzes für diese speziellen Seelen werden viele Millionen von ihnen gerettet werden.

Ihr, Meine Kinder, befindet euch jetzt in der Mitte dessen, was die Drangsal genannt wird, wie sie in Meinem Heiligen Buch vorausgesagt wurde. Der zweite Teil, die Große Drangsal, wird, wie Ich gesagt habe, vor dem Ende von 2012 beginnen. Dies soll euch keine Angst einflößen, Meine Tochter, sondern es dient dazu, euch bewusst zu machen, wie dringend es ist, dass Meine Kinder um Meine Hilfe beten.

Durch die Gebete Meiner Visionäre überall auf der Welt beginnt sich die Macht der Neuen Weltordnung, welche durch freimaurerische Kräfte angetrieben wird, jetzt schon vor euren Augen zu enträtseln.

Viel mehr von diesen machthungrigen globalen Organisationen werden in Demut auf ihre Knie gebracht werden, wenn sie sich wegen ihrer Boshaftigkeit verantworten, nicht nur gegenüber Gott, dem Vater, sondern auch gegenüber denjenigen, für die sie auf dieser Erde eine Verantwortung tragen.

Beobachtet jetzt, wie die Ansammlungen der mächtigen Gruppen versuchen, sich gegenseitig darin zu übertrumpfen, ihre eigenen Sünden zu vertuschen und denjenigen, die sie in hohen Stellungen fürchten, die Wahrheit zu verbergen. Das Gebet, Meine Kinder, bewirkt dies. Gott, der Vater, holt jetzt aus, um diese Leute zu bestrafen, bevor sie den üblen Plan, den sie vorbereiten, um Meine Kinder zu kontrollieren, ausführen können.

Dies ist eine schmerzvolle Zeit, Kinder; denn Satans Einfluss ist noch nie so stark gewesen in diesen letzten Tagen seiner Herrschaft auf Erden. Bekämpft seine bösen Wege, Kinder, — ihr alle. Schaut nur auf das Chaos, das er verursacht, wenn er Bruder gegen Bruder, Land gegen Land aufbringt, Hass unter euch allen und mangelnde Achtung vor dem Leben des jeweils anderen entstehen lässt. Und dann gibt es den blanken Hass, den er Meinen Kindern gegen Mich, ihren geliebten Erlöser, einflößt. Der Hass, den er gegen Meinen Vater anheizt, hat Ausmaße einer Epidemie erreicht. Die stärkste Form von Hass, die Meinem Vater entgegengebracht wird, ist es, dass Menschen bestreiten, dass Er, Gott Vater, existiert.

Wie müsst ihr doch die Angst empfinden, Kinder, die ihr heute in der Welt ansehen müsst. Kein Mensch kann die tiefe, besorgniserregende Unruhe ignorieren, die von Satan und seinen Millionen von Dämonen angestachelt wird, die weltweit eingeschleust worden sind. Meine Liebe wird jetzt euch allen bewiesen werden. Durch Meine „Warnung" komme Ich noch einmal, um euch durch die Barmherzigkeit Gott Vaters zu retten. Glaubt an Mich und Meinen Ewigen Vater, und ihr werdet nichts zu fürchten haben. Ignoriert ihr aber, was geschieht, dann werdet ihr es nicht schaffen, euch entsprechend vorzubereiten.

Euer geliebter Erlöser
Jesus Christus

145. Jeder Mensch wird das Wort Meines Sohnes hören, bevor die Zeit für Seine Rückkehr kommt.

Samstag, 23. Juli 2011, 17:15 Uhr, Zweite Botschaft von Gott Vater

Ich komme im Namen Meines geliebten, kostbaren Sohnes Jesus Christus.

Meine auserwählte Tochter, obwohl du manchmal zauderst, dich dem Ruf Meines geliebten Sohnes zu öffnen und zu hören, was Er zu sagen hat, wurdest du doch aufgrund des Geschenkes, das du Ihm gegeben hast, in Meinen Augen erhöht. Dein Geschenk, eine Sühneseele zu werden, um Millionen von Seelen retten zu helfen, rührt Ihn zu Tränen der Freude und Erleichterung: Denn so viele Seelen gehen an das Feuer der Hölle verloren, jeden Tag, jede Sekunde und während jedes Atemzugs, den du machst.

Mein Sohn verlangt jetzt deine totale Unterwerfung, Meine Tochter. Zögere nicht, Seinen Befehlen zu gehorchen. Dein Herz ist voll von Liebe und Erbarmen nicht nur für Meinen kostbaren Sohn, sondern auch für alle Meine Kinder. Vom Heiligen Geist berührt, wirst du jetzt augenblicklich Liebe für Fremde fühlen, in denen du Mein Licht sehen wirst. Dir, Meine Tochter, sind die Gnaden gegeben worden, sowohl die Liebe als auch das Böse in allen zu sehen. Du wirst auch in der Lage sein, in armen, irregeleiteten Seelen schnell die Sünde zu erkennen.

Denn diese Arbeit bedeutet jetzt, dass du dich mit allem Schutz umgeben musst. Meine Tochter, Ich werde dich und deine Lieben schützen; denn jetzt wirst du vom Teufel viel stärker ins Visier genommen werden. Bete und bitte Mich jetzt jeden Tag um diesen Schutz, und du wirst von der Intensität der Verfolgung verschont werden. Du musst Mich jetzt anrufen, dir zu helfen, diese Botschaften zu verbreiten, damit die Stimme Meines Sohnes gehört und in der Art geehrt wird, wie es sein sollte.

Meine Botin, Meine Tochter, du verstehst bisher wenig bezüglich dessen, was von dir verlangt wird. Es kann dir nur so viel Information auf einmal gegeben werden. Du wirst jetzt von Mir inspiriert werden und du wirst unter Meiner Führung die vorhergesagten Prophezeiungen erfüllen, wenn das Wort Meines Sohnes unter den Menschen verbreitet wird, gleich wie das Evangelium. Jeder Mensch wird das Wort Meines Sohnes hören, bevor die Zeit für Seine Rückkehr kommt. Du wurdest mit dieser Aufgabe betraut und für dieses Geschenk musst du dein Haupt beugen in Anerkennung dieses glorreichen Ersuchens vom Himmel.

Meine Tochter, du wirst in jeder Weise unterstützt werden, aber du musst Meinem Sohn jederzeit gehorchen. Erhebe dich jetzt, Meine Tochter; denn der Mensch muss das Wort der Warnung hören, das Mein Sohn übermittelt, damit die Seelen nicht die Qualen der Hölle zu erleiden haben, sollten sie in Todsünde sterben, ohne dass ihnen vorher die Chance gegeben wird, durch die „Warnung" von Meinem Sohn gerettet zu werden.

Lass Meinen Frieden jetzt deine Seele durchströmen. Mein Herz umfängt jede Bewegung, die du machst. Habe niemals das Gefühl, dass du in dieser Arbeit alleine bist; denn du wirst jede Minute des Tages geführt.

Gott der Vater

146. August 2011, der Monat der Rettung der Seelen.

Samstag, 23. Juli 2011,
von 17:30 bis 17:40 Uhr

Meine geliebte Tochter, du machst Mich so glücklich. Deine totale Hingabe bedeutet jetzt, dass Ich überall mehr Seelen retten kann. Was eine Sühneseele ist, Meine Tochter, ist dir in seiner vollen Bedeutung nicht ganz klar, aber mit der Zeit wird es dir klar werden. Bis dahin wirst du so stark sein, dass für Mich zu leiden dir Freude bringen wird statt Betrübnis. Es wird nicht einfach sein, aber für Mich, deinen geliebten Heiland, zu arbeiten, kann nicht einfach sein.

Aufgrund der Inspiration Gottes, Meines Ewigen Vaters, wurdest du ermutigt, dieses letzte Opfer für Mich zu bringen. Dies ist eine ganz besondere Gnade, Meine Tochter, obwohl es aus menschlicher Sicht nicht so zu sein scheint; denn bei Meinen Gnaden handelt es sich nicht immer darum, Freude und Glück in euer Leben zu bringen. Sie können Leid bringen, aber gleichzeitig verschaffen sie euch einen wirklichen Einblick in Mein Herrliches Königreich.

Viele, viele Menschen in der Welt bilden Meine kostbare Armee. Sie werden durch Gebet, persönliches Leiden und die Verbreitung Meines Wortes Seelen retten. Je stärker Meine Armee beim Retten von Seelen ist, desto geringer wird die Auswirkung der Strafe sein.

Ich bitte alle Meine Kinder, den Monat August darauf zu verwenden, täglich den Barmherzigkeitsrosenkranz für die verlorenen Seelen zu beten, welche die „Warnung" nicht überleben werden. Ein Tag des Fastens in der Woche ist auch erforderlich ebenso wie die tägliche Heilige Messe und der Empfang Meiner Allerheiligsten Eucharistie.

Wenn das in dem Monat, den Ich den Monat der "Rettung der Seelen" nenne, genug von euch tun, dann werden Millionen von Seelen in der ganzen Welt gerettet werden. Tut dies für Mich, Kinder, und ihr werdet Teil Meines Glorreichen Königreichs werden. Eure Seelen werden sich an der Schwelle des Todes mit Mir im Paradies vereinen. Das ist Mein höchstfeierliches Versprechen.

Ich liebe euch, Kinder. Nun geht und bildet die mächtigste Armee der Welt. Die Armee der Liebe. Die Armee des Heils.

Euer liebender Erlöser
Retter der Menschheit
Jesus Christus

147. Gott Vater wird die Pläne zum Sturz der Währungen zerstören.

Sonntag, 24. Juli 2011, 23:00 Uhr

Meine innig geliebte Tochter, die Hingabe Meiner Anhänger und die Treue zu Mir und Meinem Ewigen Vater haben bereits viel bewirkt. Meine Kinder, ihr müsst wissen, dass eure Hingabe Flammen solchen Ausmaßes in Meinem Herzen auflodern lässt, dass es sich fühlt, als ob es vor lauter Liebe zu euch zerspringen möchte. Der Himmel jubelt jetzt über die Art und Weise, wie ihr, Meine geliebten Kinder, Mich mit einer solchen Leidenschaft und Hingabe verehrt. Ihr wisst in eurer Seele, dass Ich es bin, der spricht. Ich bin es, der ein Gefühl von so viel Liebe und Zärtlichkeit in euer Herz bringt.

Ich habe eine Botschaft für euch alle, Kinder, die ihr Meinem Höchstheiligen Göttlichen Wort auf dieser Webseite folgt. In einer modernen Welt ist dies die Art, wie Ich kommunizieren muss. Diese und andere Kommunikationswege werden genutzt, um sicherzustellen, dass Mein Wort gehört und gefühlt wird, von allen Gläubigen und Nichtgläubigen und von jenen, die Mich überhaupt nicht kennen.

Bitte wisst, dass jede Anstrengung, die ihr aus eurer Liebe zu Mir heraus unternehmt, eine Wirkung hat. Ich höre jeden Einzelnen von euch. Ich kenne die Freude, die Ich in eurer Seele gebracht habe. Ich begrüße die Art und Weise, wie eure Arbeit Mein Wort verbreitet. Ich werde jeden Einzelnen von euch mit besonderen Gnaden und Gunsterweisen belohnen. Bittet Mich, eure Gebete zu hören. Kommt zu Mir. Ich werde euer Rufen hören.

Schon jetzt beginnt das Werk der Neuen-Welt-Ordnung, aus allen Nähten zu gehen. Das liegt an den Gebeten — an euren Gebeten. Gott, der Ewige Vater, wird diejenigen vernichten, die weiter an ihrem abscheulichen Komplott schmieden, sowohl die Währungen in der Welt zu stürzen als auch jene politischen Führer, die sie abzusetzen versuchen. Seine Hand wird jetzt weiterhin ausholen, um euch, Kinder, zu schützen.

Bitte, Ich rufe euch alle auf, möglichst viele einflussreiche Stimmen, einschließlich der Medien, über diese Botschaften zu informieren. Viele werden euch für verrückt halten, wenn ihr von diesen Botschaften sprecht. Habt keine Angst; denn die Gnaden, die ihr für euer Tun empfangen werdet, übersteigen die anfänglichen Beleidigungen, die ihr erleiden werdet, bei weitem.

Schreitet nun vorwärts, Meine geliebten Kinder, mit Liebe und Freude in eurem Herzen. Denn Mein Wort ist zu begrüßen. Schließlich wisst ihr, dass Ich mit euch gehe, damit Ich die Bande der Liebe zu allen Meiner Anhänger stärken kann, die Ich erwählt habe, damit sie die Vertrauten Meines Heiligsten Herzens werden. Mein kostbares Blut, so bereitwillig für jeden von euch vergossen, damit ihr gerettet werden könnt, bedeckt euch jeden Tag.

Ihr seid Meine geliebte Armee, und gemeinsam werden wir uns erheben, um all eure Brüder und Schwestern wieder in ihre rechtmäßige, herrliche Heimat zu bringen.

Ich liebe und schätze jeden von euch, Kinder. Vergesst das niemals. Wenn ihr jeden Tag zu Mir betet, dann sprecht dieses Gebet:

"O mein kostbarer Herr Jesus Christus, birg mich in Deinen Armen und lass meinen Kopf an Deiner Schulter ruhen. Nimm mich, wenn die Zeit erfüllt ist, in Dein glorreiches Königreich auf. Lass Dein kostbares Blut über mein Herz strömen, auf dass wir ganz vereinigt werden. Amen."

Euer geliebter Erlöser
Jesus Christus

148. Satan ist gegen Meine hingebungsvollen Anhänger machtlos.

Montag, 25. Juli 2011, 09.00 Uhr

Meine geliebte Tochter, mit großer Freude spreche Ich noch einmal zu dir über die Umkehr, die jetzt in der Welt stattfindet. Je mehr Gräueltaten vom Menschen durch den Einfluss Satans begangen werden, desto mehr fangen Meine Kinder an, sich über den Umfang der mörderischen Absichten, die nun in eurer Welt vorherrschen, Fragen zu stellen. Je mehr Böses euch präsentiert wird, desto mehr kommt ihr auch zur Erkenntnis, dass Satan in der Tat existiert. Für jene, die nicht glauben, dass er existiert: Dann lasst Mich erklären, wie man seine bösen Werke erkennen kann.

Jedes Mal, wenn Meine Kinder Zeugen werden von Mord, Selbstmord, Krieg und Korruption in Regierungen und unter denen, die an der Macht sind, wenn sie Gier, Arroganz und Ungerechtigkeiten sehen, so wisst, dass diese Taten die Manifestation Satans sind. Der Teufel kämpft jetzt zunehmend verzweifelter, um den Geist Meiner Kinder zu vergiften. Er wird zu diesem Zeitpunkt in der Geschichte alles tun, was er tun kann, so groß ist seine Wut. Ihr, Meine Kinder, seid das Ziel seiner Bemühungen. Während er es einfach findet, Seelen zu infizieren, die sich seinem Einfluss weit öffnen — jene, die ständig nach Selbstverherrlichung auf Erden streben —, findet er es immer schwerer, den Geist Meiner hingebungsvollen Anhänger zu dämpfen. So gesegnet sind sie durch die Gabe des Heiligen Geistes, dass er, Satan, ihnen gegenüber machtlos ist.

Für all jene, die Meine Gebetsanweisung befolgen: Sie werden stärker an Geist und Seele werden. Dann werden sie sich nicht darum kümmern, ob Satan in Wut nach ihnen schlägt; denn ihr Schutzschild ist so stark. Dies bedeutet nicht, dass er nicht jede Methode anwenden wird, euch durch die Begierden des Fleisches zu verführen. Dies bedeutet nicht, dass er euch nicht verletzen wird, indem er in die Ohren jener in eurer Nähe flüstert und jener, die ihr liebt.

Steht fest, Meine Anhänger; denn durch eure Stärke wird er für immer zerdrückt werden. Meine Kinder, er wird machtlos werden, wenn sich Umkehr ausbreitet. Denn wie kann er euch dazu bringen, aus seinem bösen Becher des Hasses auf die Menschheit zu trinken, wenn ihr keinen Durst habt auf all seine leeren Versprechungen? Je stärker ihr seid, desto weniger kann er euch lästig werden.

Wisst jetzt, wenn ihr weltweite Unruhen seht, so ist der Betrüger am Werk. Meine Anhänger erkennen jetzt sofort die Boshaftigkeit Satans dann, wenn seine Werke so deutlich zu Tage treten. Betet, dass eure Brüder und Schwestern ebenfalls Zeugnis ablegen werden über seine bösen Taten und sie als das erkennen werden, was sie sind. Nur wenn die Nichtgläubigen endlich akzeptieren, dass Satan existiert, werden sie ihre Zuflucht zu Mir nehmen.

Betet jetzt um weltweite Umkehr. Die Umkehr, die nicht nur aufgrund der „Warnung" zu Stande kommt, sondern auch aufgrund der Wahrheit.

Euer geliebter Lehrer und Erlöser
Jesus Christus

149. Aufruf an die Priester und Nonnen in der römisch-katholischen Kirche.
Montag, 25. Juli 2011, 21.00 Uhr

Meine innig geliebte Tochter, Mein Wort bezüglich der „Warnung" verbreitet sich jetzt schnell, wie vorausgesagt.

Meine Tochter, Meine armen geistlichen Diener leiden. Sag bitte allen, die Meine Botschaften lesen, sie mögen inbrünstig für all jene geistlichen Diener, Priester, Nonnen und Pfarrer beten und für all jene überall auf der Welt, die christliche Kongregationen leiten.

Die katholische Kirche wird über alle Maßen verfolgt. Satan und seine Armee haben die römisch-katholische Kirche durch Verseuchung angegriffen. Es ist sein sehnliches Verlangen, Meine Kirche durch den Frevel des Missbrauchs durch Priester zu untergraben, der zu dieser schrecklichen Situation geführt hat.

Die armen Kinder, die sexuellen Missbrauch erlitten haben, wurden von den Günstlingen Satans angegriffen, der in jenen geistlichen Dienern, die sich vom Teufel verführen ließen, anwesend war.

Satan geistert in Meiner Kirche herum, weil er ihren Untergang herbeiführen will. Was Meine armen, unschuldigen Nonnen und Priester angeht, auch sie sind Opfer der vorgefassten Meinung jener, die ihnen die Sünden anderer vorwerfen.

Meine Bitten an Meine geliebten Priester, Nonnen und geistlichen Diener sind folgende: Gebt nicht auf. Haltet euch vor Augen: Durch eure Prüfungen steigt ihr in Meinen Augen, falls ihr diese Vorurteile ertragen könnt. Lasst Mich jetzt eure Tränen abwischen; denn ihr werdet in einer Weise verfolgt, wie sie nie zuvor von Meiner Kirche erfahren wurde.

Ihr, Meine geliebten Diener, seid Meine Apostel und dürft niemals diesem Druck von außen nachgeben. Ihr dürft eure Berufung, Mir zu folgen, niemals aufgeben. Denn vergesst nicht: Ich bin eure Kirche. Ich weine Tränen großer Betrübnis um euch. Ihr leidet jetzt für die Sünden eurer Brüder und Schwestern, die dem Teufel erlegen waren. Betet, betet, betet jetzt um Tapferkeit, mit Würde aufzustehen, um Mein Heiliges Wort weiterzugeben.

Ich brauche eure Hilfe, mehr als je zuvor. Ich brauche euch, um die Sakramente an eine verhungernde und desillusionierte Gemeinde zu spenden. Bitte, lasst Mich nicht im Stich, besonders in dieser Zeit, in der Satan die christliche Kirche mit seinen Anhängern durchsetzt hat.

Kehrt jetzt um und betet innig, um euch vor dem Falschen Propheten zu retten, der durch die Korridore der Macht innerhalb des Vatikans wandelt. Er wird in Kürze sichtbar werden. Wendet euch ihm nicht zu — oder ihr werdet für Mich ewig verloren sein. Dies ist Mein Versprechen. Kniet in Demut nieder und ruft den Heiligen Geist herbei, dass Er eure Seele erleuchte, damit ihr im Stande sein werdet, die Wahrheit von den Lügen zu unterscheiden, die ihr durch den Falschen Propheten schlucken müsst.

Seid niemals desillusioniert unter den Prüfungen, die ihr erduldet. Akzeptiert sie im Austausch für das, was sie euch bieten werden: Kraft an Geist und Seele. Dann werdet ihr Meine Kinder mit Demut, Würde und Stärke zu der Endzeit führen. Seid jetzt tapfer. Ich führe euch. Kehrt jetzt um und betet um zusätzliche Gnaden, um euch in eurer Göttlichen Mission stärker zu machen.

Euer liebender Erlöser
Jesus Christus

150. Botschaft der Jungfrau Maria an die ‚Sühneseele'.
Donnerstag, 28. Juli 2011, 14 : 25 Uhr

Mein Kind, Ich komme mit großer Freude, um dir zu helfen, dich in deiner Mission zu führen, Jesus Christus, Meinem geliebten Sohn, dabei zu helfen, sogar noch mehr Seelen zu retten. Dem Allerhöchsten, Gott, dem Vater, deine endgültige Hingabe aufzuopfern. Deine Zustimmung, eine Sühneseele zu werden, ist mit großer Freude im Himmel aufgenommen worden.

Du, Mein Kind, bist jetzt im Begriff, diejenigen Seelen zu retten, die sonst für die Gruben der Finsternis bestimmt wären. Dieses Opfer wird mit besonderen Gnaden belohnt werden, um dir die Stärke zu geben, Prüfungen mit größerer Leichtigkeit zu ertragen. Dein Geist, Mein Kind, wird jetzt so gestärkt werden, dass Angelegenheiten, die sich auf die materialistische Welt beziehen, in deinen Augen wenig bedeuten werden.

Rufe Mich, deine Mutter und Beraterin, immer an, dich in den Schoß Meines kostbaren, geliebten Sohnes, Jesus Christus, und Gottes, des Allerhöchsten, zu bringen. Bete jetzt, um dich angemessen darauf vorzubereiten, dich für diese wichtige Herausforderung zu weihen.

Ich werde dich immer mit Meinem Heiligen Mantel bedecken und du, Mein liebes Kind, wirst immer nah an Meinem Herzen sein.

Deine geliebte Mutter
Königin der Engel

151. Betet für die Seelen der sonst Verdammten, welche die „Warnung" nicht überleben werden.
Donnerstag, 28. Juli 2011, 15:30 Uhr

Meine Tochter, die geistige Trockenheit, durch die du in den letzten paar Tagen gegangen bist, als du feststelltest, dass es dir nicht möglich war zu beten, war der Versuch des Betrügers, dich von Mir wegzuziehen.

Nun, da du dein endgültiges Versprechen gegeben hast, eine Sühneseele zu werden, um Meinem Ewigen Vater zu helfen, Seelen zu retten, wird dir jetzt zusätzlicher Schutz geboten werden, um den Betrüger daran zu hindern, dich abzulenken.

Kinder, die Zeit ist jetzt reif für viele Gebete, in dieser eurer letzten Möglichkeit, zu helfen, jene Seelen retten, welche die „Warnung" nicht überleben werden. Bitte, beherzigt MEINEN Ruf, für jene armen, verlorenen Kinder zu beten, und zwar während des Monats August (2011), genannt der Monat der „Rettung der Seelen".

Verbreitet das Wort überall an Gebetsgruppen, damit sie Meinen Anweisungen folgen: tägliche Heilige Messe, tägliche Kommunion und ein Fasttag in der Woche für den gesamten Monat. Unterschätzt nicht die Macht, die eure Gebete haben werden, wenn es darum geht, Seelen zu retten.

Beginnt mit dem Beten für diejenigen Angehörigen in eurer eigenen Familie, die sich in Sünde befinden oder die nicht gläubig sind. Dazu gehören enge Freunde und Bekannte, die Meinen Lehren aus freien Stücken den Rücken gekehrt haben und die anderen Unrecht zufügen. Sie brauchen jetzt eure Gebete.

Jetzt ist die Zeit zur stillen Besinnung, da der Tag für die „Warnung" näher rückt. Schweigen, ununterbrochenes Gebet und Hingabe sind angesagt, und ich befehle, dass Meine geistlichen Diener überall Meine Kinder dazu anleiten, für die Seelen der sonst Verdammten zu beten. Nur das Gebet kann ihnen jetzt noch helfen, vor allem das Beten des Barmherzigkeitsrosenkranzes.

Vereint euch in Liebe zu Mir.

Euer geliebter Erlöser
Jesus Christus

152. Ihr gehört nicht dem Teufel, ihr gehört Mir und Meinem Ewigen Vater.

Samstag, 30. Juli 2011, 15:30 Uhr

Meine innig geliebte Tochter, es gibt Zeiten, wo du denkst, dass du nicht im Stande sein wirst, die Prüfungen auszuhalten, die du wegen Meiner Botschaften über dich ergehen lassen musst. Aber du darfst dich nicht fürchten. Du brauchst wirklich keine Angst zu haben. Wenn du kannst, dann lass Mich zuerst dir deine Ängste abnehmen, indem du vollkommen auf Mich vertraust, und du wirst frei sein.

O, wie Meine Kinder doch vergessen haben, welche Macht das Reich Gottes besitzt, Meine Tochter! Wenn sie doch nur für einen Moment ihren Schild niederlegen könnten, wären sie im Stande, deutlich Teile Meines Göttlichen Plans für die Menschheit sich entfalten zu sehen. Dieser Schild, der Schild der menschlichen Intelligenz, von der menschlichen Logik getrieben, welche wiederum durch die Fortschritte angeheizt wird, die der Mensch durch die Wissenschaft gemacht hat, ist nichts als Stroh. Er erscheint solide, aber er ist hohl. Doch glaubt der Mensch, dass er Schutz gegen die Wahrheit biete, die Wahrheit von Gottes göttlicher Gegenwart.

Euer Schild, Meine Kinder, welcher Mich und Meine Lehren aus eurem Leben aussperrt, wird euer Untergang sein. Er wird euch mit der Zeit keinen Schutz bieten und er wird brennen, so schnell, so augenblicklich, gerade wie Stroh, sodass ihr nackt sein werdet. Eure Nacktheit wird euch letztendlich die Täuschung Satans offenbaren und all seine leeren Versprechungen weltlicher Sicherheit, welche nicht wirklich besteht. Die Verstocktheit des Menschen, die Existenz Meines Ewigen Vaters anzuerkennen, wird die Ursache seiner Verbannung in die Finsternis sein.

Wenn ihr Mein Licht, die Flammen Meiner Liebe, bald am Himmel kurz auftauchen seht, lasst keine Zweifel aufkommen. Das wird kein Trugbild sein. Es wird Wirklichkeit sein, und ihr müsst euch dazu herablassen, eure Augen gegenüber der Wahrheit zu öffnen. Wendet eure Augen nicht ab noch versinkt in Angst. Meine Gegenwart muss als eure letzte Chance auf Rettung von euch begrüßt werden. Ich bin es, der kommt, um euch in Meine Arme zu nehmen. Ich bin es, euer Erlöser, der noch einmal kommt, um euch vom Rand der Finsternis und Verzweiflung zurückzubringen. Ich habe euch gesagt, dass Ich euch niemals im Stich lassen werde. Ich werde euch niemals auf Gedeih und Verderb Satan überlassen; denn ihr gehört nicht ihm. Ihr gehört Mir und Meinem Ewigen Vater, eurem Schöpfer.

Wenn ihr Meine Flammen der Glorie am Himmel seht, so seid voller Freude. Jegliche Zweifel, die ihr jemals über die Existenz Gottes, des Vater, hattet, werden verschwinden. Um aus den Gnaden, welche die „Warnung" eurer Seele bringen wird, einen Nutzen zu ziehen, so dass ihr gerettet werden könnt, müsst ihr in Meinen Augen klein werden und Mich bitten, euch eure Sünden zu vergeben. Meine Liebe wird dann eure Seele überströmen, und ihr werdet zu Mir und eurem rechtmäßigen Zuhause zurückkommen.

Widersteht Meiner Barmherzigkeit aus Arroganz oder durch intellektuelles Argumentieren — und ihr werdet verloren sein.

Erwartet jetzt Meine Gnade voll Freude und Begeisterung; denn ihr werdet wieder heil werden. Ihr werdet neugeboren sein.

Euer geliebter Erlöser
Jesus Christus

153. Seid jederzeit bereit.

Montag, 1. August 2011, 23.00 Uhr

Meine innig geliebte Tochter, endlich bist du jetzt wirklich in Vereinigung mit Mir. Jetzt wirst du sehen, warum es so dringend ist, den Menschen zu helfen, ihre Augen zu öffnen, damit sie umkehren können, um in das Reich Meines Vaters einzugehen.

So viele Menschen verspotten Mich heute. Wenn Mein Name von Gläubigen voll Ehrfurcht erwähnt wird, werden auch sie veralbert, verspottet und ausgelacht. Dann gibt es andere, die ärgerlich werden, wenn sie in Meinem Namen herausgefordert werden. Und es gibt noch andere, die Mich nicht nur ablehnen, sondern die Mich auch hassen. Nie zuvor gab es so viele Menschen in der Welt, die sich vom Glauben abgewandt haben.

So viele Seelen haben beschlossen, nicht einmal daran zu denken, dass Ich oder Mein Ewiger Vater existieren. Sie meinen, dass es keine Rolle spiele, ob sie glauben oder nicht, und dass es keine Auswirkung auf ihr Leben habe. Viele jener, die in ihrem Glauben lau sind, tun Meine Lehren beiläufig ab und zollen ihnen lediglich ein Lippenbekenntnis. Sie glauben, dass sie später im Leben noch genug Zeit haben werden, um die Zeit, die sie für ihren Glauben brauchen, aufzubringen. Das trifft besonders auf Menschen der jüngeren Generation zu, die denken, dass ihr Glaube nicht etwas sei, um das sie sich jetzt schon Gedanken machen müssen. Sie glauben, dass sie noch viele Jahre vor sich haben, um Mich, ihren geliebten Erlöser, und Meinen Ewigen Vater zu ehren. Das ist der Grund, warum ältere Menschen dazu neigen, ihren Glauben in einem späteren Lebensabschnitt wieder zu entfachen, wenn sie beginnen, über das Jenseits nachzudenken.

Der Mensch kann einfach nicht begreifen, dass er jeden Moment, jederzeit, in jedem Alter von seiner Geburt bis zum Greisenalter sterben kann. Das Alter spielt keine Rolle. Man muss zu jeder Zeit bereit sein.

Ich beschwöre alle Gläubigen, um Urteilsvermögen zu beten, um junge Leute überall über die dringende Notwendigkeit zu unterrichten, ihre Augen gegenüber der Liebe zu öffnen, die Ich und Mein Ewiger Vater für jeden von ihnen haben. Helft mit, ihre Augen für die Verheißung des Paradieses zu öffnen. Es ist jetzt eure Pflicht Mir gegenüber, damit Ich die jüngeren Meiner Kinder nicht durch die Lügen verliere, die Satan heute in der Welt verbreitet.

Helft Mir, alle jene zu retten, die glauben, dass für sie reichlich Zeit vorhanden sei, ihren Seelen Aufmerksamkeit zu schenken für eine Vorbereitung auf das Neue Paradies auf Erden, welches näher rückt und welches im Handumdrehen eine Wirklichkeit werden wird, wenn die meisten von euch es am wenigsten erwarten.

Euer geliebter Lehrer und Erlöser
Jesus Christus

154. Fragen an Jesus.

Montag, 1. August 2011, 23:30 Uhr

Nach Erhalt der Botschaft vom selben Tag, dem 1.August 2011, 23:00 Uhr mit dem Titel „Seid jederzeit bereit" sah die Visionärin ein Bild von Jesus, in dem Er traurig erschien. Dann stellte sie Ihm eine Reihe von Fragen, auf die Er antwortete.

Frage an Jesus: „Bist du traurig?"

Antwort: „Ja, und erschöpft. Die Sünden der Menschen reißen Mein Herz entzwei."

Frage an Jesus: „Was würde Dir helfen?"

Antwort: „Gebet, viel Gebet. Die Hingabe Meiner Anhänger durch das tägliche Beten des Barmherzigkeitsrosenkranzes und des Heiligen Rosenkranzes wird Meine Kinder retten. Sie, Meine Anhänger, müssen durchhalten, auch wenn dies schwer ist."

Frage an Jesus: „Was verletzt Dich am meisten?"

Antworten:

„Diejenigen, die Mich nicht nur hassen, sondern es sogar vorziehen, Satan in obszönen Ritualen zu verehren, wobei sie nicht sehen können, wie sie angelogen werden."

„Meine geistlichen Diener, die ihre Liebe zu Mir verloren haben."

„Diejenigen, die andere verfolgen."

„Die Mörder ohne Rücksicht auf das Leben Meiner Kinder."

„Abtreibung, die schlimmere Form von Völkermord. Ich vergieße jeden einzelnen Moment Tränen für Meine lieben, kleinen Seelen, die nie dazu kommen, ihren ersten Atemzug zu tun."

„Krieg und die Leichtigkeit, mit der er in der Regel von jenen begonnen wird, die, wenn sie in die Mitte eines Schlachtfeldes gestellt würden, vor Feigheit weglaufen würden. Viele dieser Menschen, die den Krieg erklären, tun das bloß, um Macht zu erlangen. Sie beleidigen Mich zutiefst."

Frage an Jesus: „Was macht Dich glücklich?"

Antwort: „Der Glaube Meiner Anhänger und jener, die entschlossen sind, Mir zu helfen, Seelen zu retten. Ich liebe sie mit so viel Zärtlichkeit und Mitgefühl. Sie werden im Reich Meines Vaters außerordentlich belohnt werden."

Ende

155. Gott Vater — Eine äußerst dringende Botschaft an die Menschheit

, 2. August 2011, 20:15 Uhr

Ich komme im Namen Meines Sohnes Jesus Christus. Ich bin Gott, der Vater, und möchte mit der ganzen Welt kommunizieren. Es ist Meine Absicht, die Härte der Züchtigung aufzuschieben, um den Menschen eine Chance zu geben, ihre Herzen gegenüber der Wahrheit Meiner Existenz zu öffnen. Sie, Meine kostbaren Kinder, müssen wissen, dass Ich zu allererst ein Gott der Barmherzigkeit bin und erst danach ein Gott der Gerechtigkeit.

Meine Barmherzigkeit wird jetzt über alle Maßen strapaziert. Ich werde aufgrund der Macht des Gebetes Meine Hand in Barmherzigkeit zurückhalten, damit der Mensch den Hass, der sich in vielen Seelen auf der ganzen Welt zeigt, abbauen kann.

Gebt Acht, Meine Kinder, wenn Ich euch warne, dass ein Scheitern der Bemühungen, eine (weitere) Ausbreitung der Sünde zu stoppen, eine Züchtigung zur Folge haben wird, die einen Großteil der Menschheit vernichten wird. Solch eine Strafe wird seit den Tagen der Flut, welche die Erde in der Zeit von Noah zerstörte, nicht gesehen worden sein.

Ich werde euch, Meinen undankbaren Kindern, nicht länger erlauben, diejenigen zu vernichten, die Mir treu ergeben sind. Auch werde Ich nicht tatenlos zusehen und erlauben, dass die Eine-Welt-Ordnung Meine Schöpfung vergiftet — Meine Kinder — Meine Erde!

Beherzigt jetzt dies als eine der letzten Warnungen, die an die Menschheit gegeben wird. Wendet euch jetzt vom Weg der Sünde ab und ihr werdet gerettet werden. Wendet euch ab von eurer blinden Hingabe an die Verlockungen Satans und seinem verführerischen Zauber, der euch anzieht über die Liebe zu euch selbst und zu materiellen Wunderwerken. Solltet ihr fortfahren, diese schöne Welt, die aus Liebe zu euch geschaffen wurde, in der Weise zu entheiligen, wie ihr es tut, dann wird sie für euch (einmal) nicht mehr da sein, damit ihr keinen weiteren Schaden anrichten könnt.

Ich bin der Gott der Liebe, nicht schnell im Zorn, aber Meine Geduld geht zu Ende. Ihr, die ihr fortfahrt, Meine Kinder zu verstümmeln und zu vernichten durch Krieg und die Kontrolle über die Finanzen der Welt, wisset, dass eure Tage gezählt sind. Diese Chance auf Rettung wird jetzt eure letzte sein. Solltet ihr während des großen Geschenks der Barmherzigkeit, das die Warnung ist, nicht angemessen reagieren, dann werdet ihr und eure Schergen vernichtet werden.

Meine Herrlichkeit wird jedem Mann, jeder Frau und jedem Kind bekannt werden. Jene, die sich für den Weg zu Meinem Königreich entschieden haben, werden das ewige Leben haben. Jene, welche diesen Weg nicht wählen werden, werden eine Finsternis von einer Art erleben, welche sie sich niemals vorstellen könnten noch wollten.

Ihr Anhänger Satans, die ihr wissentlich seine Bosheit vergöttert, hört jetzt Mein Versprechen: Euch, Meinen verlorenen Kindern, wird während der „Warnung" noch einmal die Hand der Liebe und des Friedens dargeboten werden. Ergreift sie fest; denn sie wird eure Rettungsleine zurück in den Schoß Meiner Liebe sein. Ignoriert Meinen Appell — und ihr werdet in alle Ewigkeit leiden und niemals in den Schoß Meiner geliebten Familie zurückkehren.

Dies, Meine Tochter, ist jetzt eine der wichtigsten Warnungen, um deine Brüder und Schwestern vor den qualvollen Feuern der ewigen Verdammnis zu retten.

Allerhöchster König
Gott, der Allmächtige Vater

156. Botschaft der Jungfrau Maria — Ich werde nur noch ein paar Mal in der Welt erscheinen.

Mittwoch, 3. August 2011, 09.45 Uhr

Mein Kind, du brauchst dich bei dieser Arbeit nicht zu fürchten; denn es ist vorausgesagt worden, dass Umkehr stattfinden wird. Traurigerweise werden oder können nicht alle Menschen gerettet werden. Sie, die Meinen kostbaren Sohn heute in der Welt verfolgen, sind schlimmer als jene, die ihn während bei Seiner Kreuzigung hinrichteten. Daraus, dass Mein Sohn gestorben ist, um die Menschheit von der Sünde zu retten, hat die ganze Welt gelernt, dass es notwendig ist, Meinen Sohn (gläubig) zu verehren. Viele, die die Wahrheit kennen, haben sich entschieden, das zu ignorieren.

Ich wurde so oft gesandt, um in der ganzen Welt zum Gebet zu ermutigen, und doch sind Meine Warnungen an die Kinder im Laufe der Zeit in Vergessenheit geraten. Heute, wenn Ich Mich durch Visionäre in verschiedenen Ländern bekannt mache, werden diese nicht nur ignoriert, sondern auch lächerlich gemacht. Meine Gegenwart und die Zeichen, die Ich am Himmel zeige, und andere Erscheinungen werden verworfen. Sogar Priester und Bischöfe ignorieren Meine Warnungen. Auch sie haben sich von einem Glauben an göttliches Eingreifen abgewendet. Wie blind sind sie doch, dass sie die Hilfe von Mir, ihrer geliebten Mutter, zurückweisen.

Mein Sohn leidet so sehr — es ist herzzerreißend, Ihn heute aufgrund des Übels der Sünde in großer Pein zu sehen. Meine Kinder haben keine Ahnung, wie Er (selbst) die Qualen erleidet, wenn Er Zeuge der Grausamkeit des Menschen wird.

Mein Kind, erinnere Meine Kinder daran, dass Ich nur noch ein paar Mal in der Welt erscheinen werde, weil die Zeit für die letzte Schlacht gekommen ist, wo Ich den Kopf der Schlange zermalmen werde.

Meine Kinder müssen wissen, wie sehr sie von Meinem geliebten Sohn geliebt und geschätzt werden. Ich bitte sie dringend, ihre Herzen zu öffnen und Ihm die Liebe und das Mitgefühl zu zeigen, das Er verdient. Er, euer Erlöser, der bereitwillig den Tod in seiner grausamsten Form hinnahm, um euch zu retten, will jetzt diese Generation vor den Fallstricken Satans retten.

Er, der Betrüger, lacht, Mein Kind, weil er weiß, dass es ihm gelungen ist, kostbare Seelen zu stehlen. Betet, betet, betet jetzt, dass Mein Sohn während der „Warnung" gehört wird und dass Sein Geschenk der Erlösung mit demütigen und offenen Armen angenommen wird.

Vergesst nicht, als eure Mutter werde Ich immer um Gnade für Meine Kinder bitten. Meine Tränen fließen schon lange für jene, welche die Wahrheit nicht hören wollen; denn nur durch ständiges Gebet können diese unglücklichen Seelen gerettet werden.

Eure geliebte Mutter
Unsere Liebe Frau der Sorgen

157. Mein Geburtstag ist ein ganz besonderer Festtag.

Donnerstag, 4. August 2011, 20:30 Uhr

Morgen, Mein Kind, ist ein ganz besonderes Fest für Mich, eure geliebte Mutter; denn es ist Mein Geburtstag. (*)

Mein Herz ist voller Kummer wegen der Beleidigungen, die Mein geliebter Sohn für die Sünden der Menschen erleidet. Ich lächle, wenn Ich sehe, wie Meine hingebungsvollen Kinder alles tun, um Seelen zu retten, aber Meine Tränen fließen noch immer, weil Ich nicht ertragen kann, das Leid in eurer Welt zu sehen.

Mein Kind, wende dich beim Verbreiten der Botschaften von Meinem Sohn Jesus Christus und Gott, dem Allerhöchsten, auch nicht für nur einen einzigen Augenblick ab — denn die Zeit geht zu Ende. Widme dieser Arbeit so viel Zeit, wie du kannst. Lass dich nicht unterkriegen, Mein Kind. Ich werde dich zu jeder Zeit mit Meinem heiligen Mantel bedecken.

Eure geliebte Mutter
Königin des Himmels

(*) Die Kirche feiert die Geburt Mariens am 8. September. Nach dieser Botschaft ist der wirkliche Geburtstag Mariens am 5. August.

158. Die Zeit des Wartens — Lasst die anderen wissen, womit sie zu rechnen haben.

Donnerstag, 4. August 2011, 21:40 Uhr

Meine innig geliebte Tochter, die Welt sinkt jeden Tag weiter in das Verderben. Unter Meinen Kindern herrscht wegen Krieg und Geldnot eine Mischung aus Hoffnung, Sorge, Wut und Verzweiflung darüber, wie sie ihre Familien angemessen ernähren und kleiden sollen. Aber beherzigt Folgendes: Ihr werdet euch nicht mehr lang selbst durchschlagen müssen, denn sehr bald nach der „Warnung" wird sich ein positiveres Gefühl von Licht und Liebe in der Welt ausbreiten. Es ist nicht alles verloren, Meine Tochter.

Betet für diejenigen, die sich während der „Warnung" bekehren, dass sie auf dem Weg der Wahrheit bleiben werden. Betet, dass unter den Anhängern, welche die Wahrheit schon kennen, die Liebe für Mich und Meinen Ewigen Vater stärker werden wird.

Solange Meine Kinder das Geschenk der „Warnung" annehmen, gibt es nichts zu fürchten.

Jenen, die nicht auf dem Weg bleiben und die sich wieder den sündhaften Wegen zuwenden, sage Ich: Sie haben viel zu befürchten. Mein Vater wird ihnen nicht erlauben, andere durch ihre eigensinnigen und bösen Wege zu verseuchen. Sie werden gestoppt werden. Leider werden sich viele von der Wahrheit abwenden und versuchen, weiterhin Macht und Kontrolle über den Rest Meiner Kinder auszuüben.

Betet, dass die Züchtigung gemildert werden wird. Eure Gebete werden helfen dergleichen Situationen umzuwandeln und abzuwenden. Dies ist jetzt die Zeit des Wartens — die Zeit des Betens — die Zeit, sich vorzubereiten und dafür zu sorgen, dass so viele Menschen wie möglich wissen, was ihnen bevorsteht.

Dieser Monat August, " der Seelenrettungsmonat ", ist so wichtig, Kinder. Bitte seid in diesem Monat beharrlich in eurer Andacht; denn die Seelen, die ihr retten werdet, werden sehr zahlreich sein. Der Himmel jubelt über die Liebe und den Edelmut der Herzen und der Seelen all Meiner Anhänger, die diesen persönlichen Einsatz — ein wertvolles Geschenk an Mich — auf sich nehmen, damit die Menschen während der „Warnung" gerettet werden.

Gehe jetzt, Meine Tochter, und verbreite Mein Wort. Gehe nun in Frieden und Liebe.

Euer geliebter Erlöser
Jesus Christus

159. Gott Vater — die Rolle des Leidens.
Sonntag, 7. August 2011, 14:45 Uhr

Ich bin das Alpha und das Omega. Ich bin Gott Vater, Schöpfer des Menschen und des Universums.

Meine kostbare Tochter, Ich habe jetzt dein Geschenk an Mich, bei der Rettung von Seelen zu helfen, endgültig angenommen. Dein Geschenk ist mit Liebe und Freude angenommen worden. Dies wird kein leichter Weg sein, aber du wirst beschützt werden, wenn du Mich an jedem einzelnen Tag um Meine Hilfe bitten wirst.

Deine Leiden werden geistiger Natur sein und sie werden eine Dunkelheit der Seele darstellen. Wenn sie (die Leiden) schlimmer werden, erinnere dich immer wieder an jene Geschöpfe, die aufgrund deines Leidens gerettet werden.

Gehe so oft wie möglich zur Anbetung, um die Kraft zu bekommen, die für diese Arbeit erforderlich ist. Die Botschaften von Meinem geliebten Sohn werden sich fortsetzen. Sie müssen nach wie vor veröffentlicht werden; denn Seine Botschaften an die Welt

werden mehr werden, nicht weniger. Dir wird von vielen Heiligen geholfen, die für dich Fürsprache einlegen.

Bete weiterhin zur Heiligsten Dreifaltigkeit um die Gnaden, die erforderlich sind, um stark zu bleiben. Fühle dich niemals im Stich gelassen; es wird dir so vorkommen, dass es Teil deines Leidens ist. Sei entspannt. Schweige und zeige dich nach außen voller Freude. Ignoriere jene, die dich verletzen werden. Denke vielmehr daran: Es ist aufgrund des göttlichen Lichtes, das durch deine Seele strahlen wird, dass die Dunkelheit in den anderen Seelen herausgefordert werden wird. Dann, und nur dann, wirst du den quälenden Schmerz erfassen, der im Herzen Meines Sohnes brennt, wenn Er die Sünde in der Welt sieht. Dein Leiden wird nur ein Bruchteil dessen sein, was Er in jeder Minute des Tages erleidet.

Nimm nun das Geschenk an, das auch dir gegeben wurde, indem du berufen wurdest, eine Opferseele zu werden.

Vergiss nicht, Meine Tochter, du bist zu jeder Zeit in Meinem Herzen. Ich wache über dich und beschütze dich. Lächle jetzt. Hab keine Angst, denn diese Arbeit wird dir und deiner Familie und deinen Lieben großen Lohn in Meinem glorreichen Königreich bringen.

Euer geliebter Vater
Gott, der Schöpfer aller Dinge

160. Kinder, lasst euch nicht entmutigen durch Geschichten über eine hoffnungslose Zukunft der Menschheit.
Montag, 8. August 2011, 19:45 Uhr

Meine innig geliebte Tochter, es ist Tage her, seit Ich mit dir kommuniziert habe. Damit wollte Ich dir die Gelegenheit geben, auf den Rat Meines geliebten Vaters, Gott des Allerhöchsten, zu hören, um dir zu helfen, die Rolle des Leidens bei der Rettung von Seelen zu verstehen.

Die Tage werden nun kürzer, da die Zeit für die „Warnung" näher rückt. Alles ist vorbereitet für die Flammen Meiner Liebe, die die ganze Welt auf einmal umhüllen werden. Die Engel, die Chöre im Himmel, erwarten jetzt den Tag der Herrlichkeit, wo Ich zurückkehre, um dem Menschen seine letzte Gelegenheit zu geben, Meine Existenz und die Meines Ewigen Vaters zu akzeptieren.

Kinder, lasst euch nicht entmutigen durch Gerüchte oder Geschichten über eine hoffnungslose Zukunft der Menschheit. Schaut stattdessen jetzt auf Mich und vertraut Mir eure Ängste an. Der Menschheit wird ein so wunderbares Geschenk gegeben werden. Die Menschen werden Mir nicht nur von Angesicht zu Angesicht begegnen, sondern sie werden auch überglücklich sein, die Wahrheit, die ihnen direkt vor Augen geführt werden wird, zu erfahren und zu sehen.

Dies wird ein großer Tag in der Geschichte sein, an dem euch allen die Hoffnung und Liebe gezeigt werden wird. Selbst verhärtete Sünder werden niederfallen und Tränen

der Reue weinen. Das sind gute Nachrichten, Kinder; denn alle können gerettet werden, wenn sie ihren Stolz und ihre Egozentrik aufgeben. Alle müssen — durch ihren eigenen freien Willen — vereinigt werden, um Mir zu erlauben, in ihre Herzen einzutreten, damit sie zum Licht geführt werden können.

Denn vielen Sündern in der Todsünde wird dieses Licht in ihren Augen und in ihrer Seele brennen. Es wird schmerzhaft sein. Wenn sie nur den Schrecken aushalten können, zu sehen, wie sie Mich beleidigen, werden sie stark werden und sich bekehren.

Also, Kinder Meiner Armee, Ich sage euch jetzt: Lächelt, denn dieses Ereignis wird das außergewöhnlichste in eurem Leben sein, und eure vorhandene Liebe für Mich und Meinen Ewigen Vater wird eure Seele durchdringen. So viel Liebe wird euren Geist, euren Leib und eure Seele durchströmen, dass für immer ihr im Geist erneuert sein werdet. Betet jetzt für euch alle, denn die Zeit ist knapp. Die Welt wird jetzt für die „Warnung" vorbereitet, damit alle für Mein großes Geschenk bereit sein werden.

Meine Kinder, setzt in diesem Monat der Rettung der Seelen eure Hingabe fort; denn bis Ende August werden Millionen von Seelen durch euren Eifer gerettet sein.

Denkt daran, Kinder, Ich bin in eurem Alltag gegenwärtig. Ich sehe euch zu. Ich führe euch. Ich liebe euch alle. Bleibt Meinen Wünschen treu, die gequälten Seelen zu retten.

Jesus Christus

161. Turbulenzen in der Welt aufgrund des Mangels an Liebe zu Mir.
Dienstag, 9. August 2011, 20:30 Uhr

Meine geliebte Tochter, die Zeit für Turbulenzen in der Welt ist gekommen, wo sich Mensch gegen Mensch erheben wird, Bruder gegen Bruder und Nachbar gegen Nachbar, wie vorhergesagt. Die Ereignisse werden sich jetzt überstürzen. Viele Länder werden dies erfahren. Es herrscht in der Welt unter Meinen Kindern viel Zorn, Enttäuschung und Angst. Sag ihnen, dass diese Ereignisse von Satan entfacht werden und dass weitere Turbulenzen ausbrechen und sich vor der „Warnung" intensivieren werden.

Dies, Meine Tochter, ist vorhergesagt worden, als nur eines der Zeichen, welche die Menschheit im Jahr 2011, dem Jahr der Reinigung, erfahren wird. Meine Kinder werden unter Schock das Böse sehen, das in der Welt existiert, in den Seelen jener, die getrieben sind von blankem Hass und Zorn aufeinander. Meine Tochter, es gibt keine Gewinner in dieser Schlacht, die weiterhin toben wird. Diese Gräueltaten kommen durch die Hand des Menschen zustande. Aufgrund ihres Mangels an Liebe zu Mir und zu Meinem Ewigen Vater werden sie bereitwillige Komplizen Satans.

Betet, Meine Kinder, für all jene, die wegen der Unruhen in der Welt leiden werden;

denn nur wenige Länder werden diesen Ausbrüchen von Wut und Zerstörung entgehen. Dieser Krieg des Hasses wird innerhalb verschiedener Länder und Völker zu sehen sein. Verwirrung, panische Angst und Kummer werden von vielen empfunden werden.

Bitte, Kinder, vertraut auf Meinen Vater, auf Gott, den Ewigen Vater; denn Seine Hand wird helfen, diese Katastrophen zu stoppen, Kinder. Bleibt stark, bleibt wachsam und Mir, eurem geliebten Heiland, treu. Alles wird sich in eurer Welt verbessern, wenn ihr die Bedeutung der Liebe in eurem Leben erkennt und die Bedeutung von Harmonie und Fürsorge für euren Nächsten. Gebet wird helfen, die Auswirkungen der bösen Unruhen zu verringern.

Vergesst nicht: Krieg, Gewalt und Mord kommen nicht von Gott. Sie werden von Satan geschaffen. Sein Zorn hat derzeit einen noch nie dagewesenen Grad erreicht, und seine Raserei wird an Meinen Kindern ausgelassen durch die Unterwanderung derer, die im Geiste schwach und in ihren Herzen ohne Liebe sind.

Hört jetzt auf Mich. Liebt einander, wie Ich euch liebe. Weist Satan, seine Gefolgsleute und seine Marionetten jetzt zurück. Betet zum Heiligen Erzengel Michael, dass er eure Gemeinschaft schützen möge. Betet zu Mir um Führung. Betet, um den Heiligen Geist herabzurufen, dass er über eure Länder komme.

Euer barmherziger Heiland
Jesus Christus

162. Ich will euch dazu ermutigen, keine Angst vor der „Warnung" zu haben.

Mittwoch, 10. August 2011, 23:00 Uhr

Meine innig geliebte Tochter, die Geschwindigkeit der globalen Ereignisse, die, wie vorhergesagt, zu der „Warnung" führen, eskaliert weiter. Gebet, Meine Kinder, ist jetzt unerlässlich, während Meine Anhänger auf der ganzen Welt — mit den Gnaden des Heiligen Geistes erfüllt — jetzt daran arbeiten, Meine Armee zu bilden. Diese Armee wird, obwohl sie (noch) ziemlich klein ist und in ihr viele Meiner Anhänger noch nicht verstehen, dass jeder Einzelne von ihnen — sogar jetzt schon — eine wichtige Rolle spielt, diese Armee wird wachsen und Meine Kinder bis zum Ende führen.

Alle Meine Kinder müssen jetzt auf Mich hören. Wegen jeder Gräueltat, die in diesen Zeiten von Mensch gegen Mensch begangen wird, müsst ihr in jedem einzelnen Fall für den Täter beten. Jetzt muss unbedingt für die Sünder gebetet werden. Durch Gebet könnt ihr den Heiligen Geist herabrufen, um Göttliches Licht in diese bedauernswerten Seelen zu bringen. Viele von ihnen sind so blind gegenüber der Wahrheit der Liebe Meines Vaters, dass sie ziellos umherirren und von einer Krise in die nächste fallen, so dass jeder, mit dem sie in Kontakt kommen, verletzt wird. Wenn mehr von euch um Meine Barmherzigkeit für diese Sünder bitten, dann werden die Auswirkungen der Werke des Teufels erheblich schwächer werden. Das ist das Geheimnis, Meine Kinder, wie Satans Hass abgeschwächt werden kann, wenn er (der Hass) wie Feuer aus dem Rachen eines Drachen gespieen wird, in einem Versuch, die Welt in diesem hasserfülltem Dampf zu verschlingen.

Er, der Betrüger, und seine Dämonen sind überall. Da der Glaube Meiner Kinder global gesehen so schwach ist, haben Satans böse Werke die Menschheit in einem eisernen Würgegriff gepackt, aus dem sie sich nur schwer befreien kann. Wenn Meine Kinder überall an die Existenz Gottes, des Allmächtigen Vaters, glauben würden, dann würde dies nicht geschehen. Dann wäre Satans Würgegriff schwächer, vor allem, wenn Meine Kinder um Hilfe beten und um die Barmherzigkeit Meines Vaters bitten würden.

Das Gebet ist nun eure Waffenrüstung, Kinder, zwischen jetzt und der Zeit der „Warnung". Verwendet das Gebet, um Seelen in der Finsternis zu retten. Nach der „Warnung" werden eure Gebete benötigt, um Meinen Kindern zu helfen, sich ihre Hingabe an Meinen Ewigen Vater zu bewahren und Seine Herrlichkeit zu preisen.

Die Kombination von Geduld, stillem täglichen Gebet, dem Bilden von Gebetsgruppen, täglichem Beten des Barmherzigkeitsrosenkranzes, Fasten und dem Heiligen Rosenkranz zu Meiner Geliebten Mutter ist das perfekte Rezept für die Rettung von Seelen.

Ich will euch dazu ermutigen, keine Angst vor der „Warnung" zu haben. Betet jetzt für eure eigene Seele und für die Seelen anderer durch einen Akt von Wiedergutmachung und vor eurer Begegnung mit Mir, eurem Erlöser, von Angesicht zu Angesicht.

Ich lächle vor Freude und Glück, wenn Ich an den Moment denke, wo dieses große Geschenk Meiner Barmherzigkeit Meinen Kindern offenbart wird. Es ist eine Heimkehr, wie sie mit Worten nicht beschrieben werden kann. Denn dies wird dann sein, wenn eure Herzen mit Meiner Göttlichen Liebe erfüllt werden. Eure Seelen werden schließlich zur Vorbereitung auf das neue Paradies auf Erden erleuchtet werden. Ich werde euch den Trost bringen, der bis jetzt in eurem Leben fehlt, dann, wenn ihr mit Mir vereint sein werdet.

Kinder, erinnert euch an den Grund, warum Ich jetzt mit der Welt kommuniziere. Es ist Mein innigster Wunsch sicherzustellen, dass alle Meine Kinder aus der Umklammerung Satans gerettet werden. Auch aufgrund Meiner tiefen unergründlichen Liebe für jeden Einzelnen von euch muss Ich euch Meine Hand hinstrecken, damit ihr euch Mir anschließen könnt, um euch vorzubereiten, wieder nach Hause zu kommen, zu eurem rechtmäßigen Zuhause.

Angst kommt nicht von Mir. Ich liebe euch, Kinder. Ich bringe euch dieses herrliche Geschenk aus Liebe. Jubelt, lächelt und begrüßt Mich, wenn das Zeichen am Himmel erscheint. Hebt eure Arme und singt Gott dem Vater Loblieder dafür, dass Er Mir diese letzte Möglichkeit schenkt, euch zu retten.

Euer geliebter Erlöser
Jesus Christus
König der Barmherzigkeit

163. Betet für jene, die nichts anderes als materiellen Gewinn im Sinn haben.

Donnerstag, 11. August 2011

Meine innig geliebte Tochter, du musst in diesem Leiden ausharren, weil du dadurch Seelen rettest. Dein Leiden offenbart jetzt die Qual, die Ich durch die Sünde des Menschen ertrug.

Die Gier der Menschen hat nun solche Ausmaße erreicht, dass in eurer Gesellschaft die Moral nichts mehr gilt. Die Sünde der Habgier des Menschen bedeutet, dass es ihn nicht kümmert, wer durch seine Hand leidet, solange seine Begierden befriedigt werden. Lasst Mich euch sagen, dass jene, die andere durch Gier und Habsucht quälen, Meinen Augen nicht entgehen. Ich beobachte. Ich sehe. Mich schaudert, wenn Ich den hässlichen Pfad sehe, den der Mensch zu gehen wählt, um auf Kosten anderer Reichtum zu erlangen.

Meine Tochter, sie werden der materiellen Güter beraubt werden, es sei denn, sie bitten um Meine Barmherzigkeit. Ihr Geld wird wertlos sein. Den Menschen, die sich dazu hinreißen lassen, Seelen zu quälen, um zu stehlen, was rechtmäßig ihren Brüdern und Schwestern gehört, sage Ich: Euch wird nichts als Asche bleiben. Betet für jene, die nichts anderes als materiellen Gewinn im Sinn haben; denn wenn sie sich nicht von diesen bösen Taten abwenden, werden sie verworfen werden und nicht ins Reich Meines Vaters eingehen.

Tut anderen in dieser Welt Böses an, und ihr werdet verworfen und in die Höhle Satans geworfen werden. Was nach eurem rechtmäßigen Anspruch auf Reichtum aussehen mag — wenn er auf Kosten anderer errungen wurde, wird er euch Qualen für alle Ewigkeit bringen.

Lasst eure Waffen der Gier und der Unersättlichkeit jetzt fallen. Sucht die Tilgung eurer Sünden; denn wenn ihr das tut, wird Frieden in die Gesellschaft zurückkehren.

Euer Erlöser
König der Gerechtigkeit
Jesus Christus

164. Meinen Anhängern ist jetzt die Gabe der Fürsprache gegeben worden.

Freitag, 12. August 2011, 23:45 Uhr

Meine geliebte Tochter, die Liebe Meiner Anhänger hält Mich aufrecht. Ich weine Tränen der Freude, wenn Ich die Liebe jener Meiner Anhänger sehe, die dich umgeben und dich in ihre Gebete einschließen.

Sie, Meine Tochter, sind durch die Gabe des Heiligen Geistes berufen, der Welt durch diese wichtigen Botschaften Mein hochheiliges Wort zu verkünden.

Wenn doch nur jene anderen Seelen, die Mir folgen und die wissen, dass Ich durch verschiedene Visionäre kommuniziere, ihre Augen öffnen würden und darauf hören würden, was Ich zu sagen habe, dann würden ihre Gebete jenen bedauernswerten Seelen, die sich nicht auf die „Warnung" vorbereitet haben, nützen.

Meine Liebe scheint auf der ganzen Welt durch Meine treuen Kinder. Das Licht Meiner Liebe, das aus ihnen strahlt, bewirkt gerade jetzt viel Bekehrung in der Welt. In diesem Monat werden jetzt, auch wenn sich Meine Kinder dessen vielleicht nicht bewusst sind, aufgrund der Hingabe Meiner geliebten Anhänger Millionen von Seelen gerettet. Sie, Meine kostbaren Kinder, befolgten Meine Order zum Gebet und zur Hingabe während dieses Augusts, des Seelenrettungsmonats. Sag Meinen Kindern, dass ihr Gebet und ihr Fasten im liebevollen Herzen Meines Vaters viel Glück hervorgerufen hat. Eine Fülle von Gnaden ergießt sich jetzt über diese lieben heiligen Seelen, sodass sie von jetzt an mit der Gabe der Fürsprache für verlorene Seelen ermächtigt sind.

Wie sehne Ich Mich danach, jeden von ihnen in Meine Arme zu schließen, eng an Mein Heiligstes Herz, damit Ich ihnen zeigen kann, wie sehr Ich sie alle liebe. So tapfer, so loyal und — trotz sündhafter Ablenkungen von Zeit zu Zeit — so gut. Ihre Herzen und Seelen sind nun von Meinem Erbarmen durchdrungen und der Heilige Geist wird Meine kostbare Armee auf ihrem Marsch zum Sieg führen, um Mir zu helfen, Meinen Anspruch auf mehr Seelen zu erheben.

Euer geliebter treuer Heiland
König der Menschheit
Jesus Christus

165. Gott schuf die Welt — kein anderer Planet kann von Menschen bewohnt werden.

Samstag, 13. August 2011, 17:00 Uhr

Meine Tochter, wenn Meine Kinder anderen von Meinen Botschaften an die Welt erzählen, muss ihr Hauptaugenmerk auf Bekehrung liegen. Auch nur eine einzige Seele pro Tag bereitet Mir große Freude, Meine Kinder, dann, wenn andere beginnen, ihre Augen für die Wahrheit zu öffnen.

Meine geliebte Tochter, wenn der Mensch jeden Tag so sehr beschäftigt ist, gibt es in seinem Leben wenig Zeit für das Gebet. Gebet, Meine Kinder, kann bedeuten: ein Augenblick, eine Stunde oder ein Wort oder jegliche Art von Kommunikation mit Mir. Es spielt keine Rolle, wo der Mensch Mich anruft. Es kann im Haus sein, im Garten, im Auto, am Arbeitsplatz genauso wie in Meiner Kirche. Wo ihr mit Mir redet, ist nicht wichtig, obwohl ihr Mir mehr Freude bereiten könnt, wenn ihr mit Mir in Meinem Hause redet.

Viele Menschen glauben fälschlicherweise, Ich könne ihre Gedanken nicht hören, ihren Schmerz, ihren Kummer, ihre Freude nicht fühlen. Erkennen sie nicht, dass sie von Meinem Vater, dem Allmächtigen, dem Schöpfer ALLER Dinge geschaffen wurden? Er, der alles weiß, ruft euch alle auf, für nur einen Moment am Tag innezuhalten. Bittet um Meine Hilfe, euch zu stärken. Nur ein Moment ist alles, worum Ich bitte, dieser eine kostbare Moment, wenn ihr zu Mir ruft, um es Mir zu ermöglichen, durch die Kraft des Heiligen Geistes in eure Seele einzutreten. Sogar nur ein Flüstern, wenn ihr um Meine Hilfe ruft, wird gehört werden. Wenn ihr Mich nicht ruft, kann Ich nicht antworten; denn Ich würde nie in euren freien Willen eingreifen.

Ich bin wie ein Vater, der auf eine Gruppe spielender Kinder blickt: Alle sind beschäftigt, laufen, unterhalten sich, einige lachen und in anderen Fällen raufen sie untereinander. Die meisten Kinder reagieren auf den Erwachsenen, wenn er ihnen etwas zu sagen hat. Aber manche sind eigensinnig, wenden sich ab und weigern sich zu tun, um was sie gebeten werden. Manche Kinder sind liebevoll. Manche nicht so. Wenige werden jedoch in einem so zarten Alter absoluten Hass zeigen.

Doch wenn Ich auf Meine Kinder in der Welt von heute schaue, sehe Ich Hass und — noch schlimmer — völlige Gleichgültigkeit hinsichtlich der Existenz von Mir, Jesus Christus, ihrem geliebten Heiland. Viele hassen sogar den Klang Meines Namens.

Die Zeiten, in denen ihr lebt, Kinder, sehen eine ungezogene Gruppe Meiner Kinder, mit wenig Disziplin, die glauben, dass die Welt ihnen gehört, um zu herrschen, zu kontrollieren, zu missbrauchen oder sogar zu schaden, wenn sie es für richtig halten. Wenig Ehrfurcht wird gegenüber dem Vater, dem Schöpfer aller Dinge, gezeigt.

So arrogant ist der Mensch von heute, dass er glaubt, der Mensch sei aus einer noch höheren Hierarchie hervorgegangen als der Meines Ewigen Vaters. So fährt er fort, mehr über seine Herkunft zu forschen, auch wenn die Wahrheit schon immer sichtbar vor seinen Augen gelegen hat. So viel Zeit wird mit wertlosen Beschäftigungen vergeudet — mit wertlosen Träumen, die allesamt vom Geist jener Wissenschaftler fabriziert worden sind, deren Stolz auf ihre eigene Intelligenz — ein Geschenk von Gott Vater — sie glauben lässt, dass sie neue Fakten über ihren Ursprung finden werden.

Warum können diese Kinder nicht erkennen, dass die Erde für den Menschen geschaffen wurde? Kein anderer Planet kann vom Menschen bewohnt werden; denn das gehört nicht zum Plan Meines Vaters. Wie töricht kann der Mensch sein, wenn er versucht, die geistige Leere in seiner Seele zu füllen. Alle (geistige) Nahrung und Erfüllung kann ihm gehören, wenn er sich hinsetzt und die Wahrheit akzeptiert — die Wahrheit der Existenz Gottes, des Ewigen Vaters, des Schöpfers des Universums.

Euer geliebter Heiland, Lehrer und gerechter Richter
Jesus Christus

166. Genießt das glorreiche Leben, das euch für 1000 Jahre erwartet.

Sonntag, 14. August 2011, 14:25 Uhr

Meine innig geliebte Tochter, du verteidigst weiterhin Mein Wort, obwohl es in der Tat keine Notwendigkeit dafür gibt.

Mein Wort wird die Herzen der Gläubigen wie ein Schwert durchbohren, wenn sie über Meine Botschaften, die dir für die Welt gegeben werden, nachdenken. Sie werden die Wahrheit wissen, wenn sie Mein Wort lesen; denn Mein Göttliches Licht wird auf sie in einer Weise einwirken, die sie nur schwer ignorieren können. Viele zweifeln und fahren fort zu zweifeln, ebenso wie sie es während der Zeit des Noah taten. Sie wurden gewarnt, aber sie wollten nicht hören. Sie blendeten die Stimme Meines Vaters aus, als Er durch Noah und die anderen Propheten Botschaften sandte. Nur jene, die zuhörten und gehorchten, wurden gerettet.

Hört jetzt Meine Botschaften. Kinder, öffnet eure Herzen und lasst Mein Wort zu euren Seelen sprechen. Ignoriert weltliche Ablenkungen. Konzentriert euch nur auf Meine Stimme. Indem ihr das tut, werdet ihr eure Seele retten.

Jene, die nicht hören wollen, weil sie Mir den Rücken kehren, werden, nachdem die „Warnung" stattgefunden hat, rechtzeitig mit hungrigen Mündern kommen, um Mein Hochheiliges Wort zu verschlingen. Denn dann werdet ihr bereit sein, Meiner Führung zu folgen, damit Ich euch in rechter Weise zu dem Neuen Paradies auf Erden hinlenken kann, wo ihr, eure Familie und eure Lieben euch des herrlichen Lebens erfreuen werdet, das euch für 1000 Jahre erwartet. Keine Krankheit. Kein Mangel an Nahrung.

Keine Sorgen. Nur die Liebe in ihrer reinsten Form. Ein wunderbares Dasein, das ist euer rechtmäßiges Erbe.

Bitte betet jetzt kräftig um das Urteilsvermögen, um Mein heiliges Wort anzunehmen, wenn es euch dargeboten wird, meine Kinder. Betrachtet es als eines der größten Geschenke in eurem Leben. Nehmt es mit Leib, Geist und Seele an. Denn nur dann werdet ihr wahren Frieden finden.

Euer geliebter Erlöser

Jesus Christus

167. Helft Mir, alle jungen Menschen zu retten — die am meisten Gefährdeten in eurer Gesellschaft.

Montag, 15. August 2011

Meine innig geliebte Tochter, während Mein Ewiger Vater, Gott, der Allerhöchste, die Welt für die anstehenden Veränderungen vorbereitet, ist Er mit Kummer über die Menschen beladen, die noch blind für die Wahrheit Seiner Existenz sind.

Wenn Sich Mein Vater jetzt daranmacht, die Veränderungen einzuläuten, um Meine Rückkehr zur Erde vorzubereiten, sieht Er so viel Sünde in der Welt, dass Er vor Kummer bitterlich weint, weil es nicht vermieden werden kann, dass Seelen eventuell für Ihn verloren gehen. Gebet, um diejenigen zu retten, die heute noch in der Welt leben und die sich aus reinem Trotz und freiwillig von Ihm abwenden, obwohl sie um Seine Existenz wissen und sie anerkennen, kann helfen, ihre Seelen zu retten. Fahrt fort zu beten und bringt persönliche Opfer für diese Seelen, Meine Tochter; denn ohne Gebet müsst ihr um ihre Zukunft fürchten.

Ich verlasse Mich auf Meine Anhänger, dass sie für die verlorenen Seelen beten. Die verbleibende Zeit, um die im Glauben Blinden zu überzeugen, ihre Augen für die Wahrheit der Existenz Gottes, des Vaters, zu öffnen, ist jetzt kurz.

Fasst euch an der Hand, Meine Kinder des Lichts, damit euer Kreis des Lichts und der Hingabe an Mich stark genug ist, um jene Seelen anzuziehen, die nicht an meine Existenz oder an die Meines geliebten Vaters glauben oder sie nicht anerkennen. Unterbrecht diese Kette des Glaubens nicht, wenn ihr eine helfende Hand reichen könnt, um eure Brüder und Schwestern zu retten, die nicht mehr dem Weg zur Wahrheit des Ewigen Lebens folgen. Stattdessen werden sie, weil sie aufgrund der Verführung durch weltliche Beschäftigungen geschwächt sind, eine starke Führung brauchen, damit ihnen geholfen werden kann.

Wirkt nicht aggressiv auf diejenigen ein, die nicht an Gott glauben. Redet ihnen auf eine sanfte Art gut zu, erzählt ihnen von Meiner Kreuzigung und wie Mein Ewiger Vater das äußerste Opfer brachte, um Seine Kinder zu erretten, indem Er ihnen das Gnadengeschenk der Erlösung durch die Vergebung der Sünde gab.

Mein Vater ruft jetzt all jene auf, die diese Botschaften zum ersten Mal lesen: Ihr müsst jede Botschaft sorgfältig lesen. Betet

dann zum Heiligen Geist um die Gnade, fähig zu sein zu erkennen, dass diese Botschaften Göttlichen Ursprungs sind. Öffnet euer Herz, um Mein Wort zu empfangen. Fühlt Mich in eurer Seele, indem ihr Mich wie folgt bittet:

„Jesus, wenn das wirklich Du bist, dann durchflute meine Seele mit dem Zeichen Deiner Liebe, damit ich Dich als den erkennen kann, der Du bist. Lass mich nicht von Lügen getäuscht werden. Zeige mir stattdessen Deine Barmherzigkeit, indem Du meine Augen für die Wahrheit und den Weg zu Deinem Neuen Paradies auf Erden öffnest."

Vergesst nicht, Kinder, nur aufgrund Meiner tiefen, zärtlichen Liebe wende Ich Mich an die Welt, indem Ich mit euch auf diese Weise kommuniziere. Es geschieht nicht, um euch zu schocken. Oder um euch zu beeindrucken. Oder um eine Auseinandersetzung oder eine Debatte hervorzurufen. Es hat den Zweck, zu helfen, alle Seelen zu retten, vor allem eine junge Generation, die kein Interesse an Religion hat — so beschäftigt sind sie mit ihrem Leben, in dem Gott wenig Platz hat. Indem Ich in einer Sprache zu ihnen spreche, die sie verstehen, hoffe Ich, sie auf die Ereignisse aufmerksam zu machen, die im Begriff sind, sich zu entfalten. Sie sind die am meisten Gefährdeten in eurer Gesellschaft, Kinder. Es ist lebenswichtig, dass Ich ihnen Meine helfende Hand reiche, so schnell, wie Ich kann.

Meine Kinder, versammelt euch jetzt mit Mir, um alle jungen Menschen in der Welt von heute zu retten. Helft Mir, sie zu umarmen und in Mein Königreich hineinzuführen, damit nicht eine einzige kostbare Seele für Mich verloren ist.

Euer geliebter Erlöser der ganzen Menschheit

Jesus Christus

168. Wie ihr Mich bitten sollt, damit Ich euch helfen kann, eure Sorgen und Nöte zu lösen -

Mittwoch, 17. August 2011, 23:00 Uhr

Meine innig geliebte Tochter, die Gnaden, die über dich ausgegossen wurden, wurden dir gegeben, um dich in dieser Arbeit noch stärker zu machen, indem dir zusätzliches Vertrauen gegeben wird.

Vertrauen auf Mich, Kinder, ist sehr wichtig. Ja, es bringt Meinem Heiligen Herzen viel Freude, wenn Ich eure Liebe zu Mir spüre. Allerdings könnt ihr nur dann ein Gefühl des wahren Friedens fühlen, wenn ihr wirklich auf Mich vertraut und all eure Sorgen loslasst, indem ihr sie Mir übergebt, damit Ich Mich darum kümmern kann.

So viele Meiner Kinder beten für besondere Anliegen. Ich höre jedem Einzelnen zu. Aber ihr müsst, wenn ihr zu Mir um etwas für euch sehr Wichtiges betet, eure Ängste loslassen. Angst kommt nicht von Mir. Sie wird euch von Satan eingeflößt, als ein Mittel, um euch zu quälen. Versteht ihr das nicht? Wenn ihr vor etwas Angst habt, von

dem ihr merkt/meint, dass es euer Leben beherrscht, dann wird das Problem immer schlimmer, je mehr ihr euch fürchtet.

Nur wenn ihr innehaltet und zu Mir sprecht:

"Jesus, ich übergebe Dir vertrauensvoll alle Meine Sorgen in dieser Angelegenheit, so dass das Problem jetzt das Deinige ist, so dass es jetzt an Dir liegt, dieses Problem Deinem heiligsten Willen entsprechend zu lösen."

kann euer Geist in Frieden sein. Das ist es, was Ich mit Vertrauen meine, Kinder.

Vertrauen auf Mich bedeutet, dass ihr ein großes Vertrauen zeigt. Vertraut auf Mich. Ich starb für eure Sünden — für jeden Einzelnen von euch, der heute lebt, sogar in diesem Zeitalter. Warum solltet ihr nicht auf Mich vertrauen?

Ich liebe euch wie kein anderes Geschöpf auf dieser Erde. Keiner wird oder kann euch so lieben, wie Ich es tue. Vergesst das niemals.

Geht jetzt in Liebe und Frieden. Ich bin an eurer Seite morgens, mittags und abends, und warte nur auf euren Ruf.

Euer geliebter Freund und Erlöser

König der Barmherzigkeit

Jesus Christus

169. Die Große Drangsal wird durch das Gebet gemildert.

Donnerstag, 18. August 2011, 20:45 Uhr

Meine Tochter, jene Meiner Anhänger, die auf dem Gebiet der Heiligen Schrift belesen sind, neigen dazu, sich durch ihre eigene menschliche Interpretation zu verrennen, so dass die Lehre, die Ich gepredigt habe, nämlich einander zu lieben, so leicht vergessen wird. Liebt einander. Ehrt eure Mutter und euren Vater. Ehrt euren Schöpfer, Gott Vater, und lebt, wie Ich euch gesagt habe, Meinen Vater liebend und fürchtend.

So viele gelehrte Menschen, die mit der Analyse Meiner Lehren beschäftigt sind, vergessen eine Sache, und zwar, dass Ich wiederkommen werde, um zu richten. Nicht für einen einzigen Moment denken sie daran, dass diese Zeit durchaus während ihrer eigenen Lebenszeit eintreffen kann und nicht in einer entfernten Zukunft. Warum suchen sie dann nach weiteren Erkenntnissen in der Heiligen Schrift und warum setzen sie diese Suche fort, wenn die Wahrheit so einfach ist? Warum erinnern sie sich nicht daran, dass Liebe alles ist, was Ich verlange? Liebe zu Mir, eurem Erlöser? Liebe zu Gott dem Vater und Liebe zueinander?

Jenen intellektuellen Experten, die öffentlich verkünden, dass sie im Stande seien, Meine Lehren zu analysieren, und dann soweit gehen, zu versuchen, ein Datum vorauszusagen, wann Ich wiederkommen werde, sage Ich dies: Wenn ihr versucht, euch anzumaßen, dass ihr im Stande gewesen seid, das Jahr für Meine Rückkehr herauszulesen, dann irrt ihr euch leider. Niemandem wird dieses Datum bekanntgegeben werden, nicht einmal den Engeln im Himmel oder Meiner geliebten Mutter. Aber das Folgende kann Ich enthüllen. Die Drangsal fing vor einiger Zeit an. Die Große Drangsal wird am Ende des Jahres 2012 beginnen. Diese schreckliche Periode wird durch die Gebete Meiner geliebten Anhänger gemildert. Sie wird auch durch die Umkehr abgeschwächt werden, die erreicht wird, nachdem die „Warnung" stattgefunden hat. Dieses Ereignis ist eine frohe Botschaft, Meine Kinder. Es soll helfen, die freiwillige Versklavung der Menschen unter der Macht des Teufels auszurotten.

Religiöse Fachleute zeigen eine Arroganz, die Ich abstoßend finde

Viele werden leider Meine Bitte, sich vorzubereiten, ignorieren, so verfangen sind sie in dieser sogenannten „intellektuellen" religiösen Debatte, die auf menschlicher Argumentation basiert. Einer versucht, den anderen zu übertrumpfen, um zu beweisen, dass er oder sie klüger ist. Diese Fachleute zeigen eine Arroganz, die Ich abstoßend finde. Sie sind nicht besser, als es die Pharisäer waren. Ihre Ignoranz macht sie blind für die Wahrheit, während sie ihnen direkt vor ihren Augen präsentiert wird.

Mein Wort wird von Meinen geistlichen Dienern ignoriert

Mein Wort ist auf taube Ohren gestoßen. Mein Wort wird von Meinen geistlichen Dienern ignoriert, während Ich zu diesem Zeitpunkt der Geschichte versuche, mit ihnen zu kommunizieren. Doch nach der „Warnung" wird es für sie keine Entschuldigung mehr geben, sich nicht aufzurichten und nicht auf Meine Anweisungen hören. Denn dann werden sie ihre Arme ausstrecken und Mich flehentlich bitten, sie durch die Große Züchtigung zu führen. Denn wenn diese Prophezeiung jenen enthüllt worden ist, die Mein durch diese Botin übermitteltes Wort anzweifeln, dann bitte Ich euch dringend, Meinen heiligen Kelch zu ergreifen, davon zu trinken und zu kämpfen, um Seelen zu retten.

Ich bitte euch alle, auch all jene selbsternannten Schriftexperten, dringend, sich in Demut hinzusetzen und sich diese Frage zu stellen: Warum sollte Ich schlichte Gläubige dazu ermuntern, sich in eine Diskussion über Meine Wiederkunft auf Erden verwickeln zu lassen? Alles, was jetzt zählt, ist, dass Ich zurückkehre. Seid zu jeder Zeit bereit. Verurteilt niemals andere in Meinem Namen. Bemüht euch mit aller Kraft um die Gabe der Demut; denn sie wird euer Passierschein in den Himmel sein.

Euer geliebter Erlöser Jesus Christus

170. Was ermuntert junge Leute dazu, sich Meiner so zu schämen?

Freitag, 19. August 2011, 23:00 Uhr

Meine innig geliebte Tochter, Meine Liebe zu jungen Menschen, besonders zu jenen im jugendlichen Alter und im beginnenden Erwachsenalter, ist sehr tief. Gleich wie ihre Eltern fühle Ich Liebe, Glück, Sorge und manchmal Ärger, während Ich sie aufwachsen sehe. Oh, wie bricht es Mir das Herz,

wenn Ich sie sagen höre, dass sie an Gott, Meinen Ewigen Vater, nicht glauben. Sie, Meine kleinen Kinder, werden so beeinflusst, dass sie Ihn verleugnen, um sicherzustellen, dass sie mit ihren Freunden zusammenpassen und ihren Freunden gegenüber nicht als anders(artig) erscheinen.

Tatsache ist, dass es für eine junge Person nicht mehr länger leicht ist, ihre Liebe für Mich zuzugeben, selbst wenn der/diejenige wirklich Meine Existenz akzeptiert. Dieses Eingeständnis kann dazu führen, dass sie in Verlegenheit gebracht werden, wenn der Glaube an Mich, Jesus Christus oder an Meinen ewigen Vater verhöhnt wird — zugunsten des Glaubens an eine sogenannte „höhere Wesenheit". Was veranlasst junge Leute dazu, sich Meiner so zu schämen? Warum meinen sie, sich einer Welt anpassen zu müssen, die ohne Geist ist oder die sich nicht um die Seele sorgt?

Musik und die Künste haben einen großen Einfluss auf diese wertvollen kleinen Seelen, denen man die Wahrheit (der Existenz) des Himmels oder der Hölle vorenthalten hat. Für Sie, wie für alle Meine sonstigen Kinder, die es beharrlich vermeiden, Mich, Meine Lehren oder die Existenz Meines Ewigen Vaters in irgendeiner Weise zu erwähnen, ist es ebenso wahrscheinlich, dass sie in der Wildnis verloren gehen.

Eltern, Ich fordere euch auf, euren Kindern die Wahrheit über ihre Existenz auf dieser Erde zu sagen. Wo sie herkamen und über das Schicksal, das sie nach diesem Leben erwartet. Es ist eure Aufgabe, ihnen zu helfen, ihre Herzen für Meine Liebe zu öffnen. Bringt sie auf sanfte Weise zu Mir, aber verwendet jedes mögliche Mittel, um dabei zu helfen, ihre Seelen zu retten. Tut dies aus Liebe zu ihnen. Ihr habt euch vielleicht im Laufe der Jahre vor euren Pflichten gedrückt, aber jetzt ist es Zeit für die Wiedergutmachung. Durch das Beten des Barmherzigkeitsrosenkranzes für ihre Seelen könnt ihr ihnen helfen. Es ist besser, wenn sie in diesem Leben aus freiem Willen mit offenen Armen zu Mir kommen.

Den jungen Leuten sage Ich Folgendes: Wenn ihr an Mich glaubt, so habt keine Angst, dies öffentlich zu bekennen. Verleugnet Mich nicht; denn Ich bin eure Rettungsleine und ohne Mich gibt es kein Leben. Wenn andere sehen, wie stark euer Glaube ist, werden sie eher geneigt sein, ihre eigenen Herzen Mir gegenüber zu öffnen. Das verlangt viel Mut eurerseits, aber die Gnaden, die ihr (dafür) von Mir erhalten werdet, werden eure Furcht weit überwiegen.

Sobald ihr den Menschen sagt, dass Ich wirklich existiere, sobald ihr ihnen Respekt und Liebe zeigt und sie an euch zieht, werden sie Respekt vor euch haben, weil ihr über Mich sprecht. Es mag seltsam erscheinen, in einem Atemzug über Mich und im nächsten Atemzug über weltliche Dinge zu reden, aber ihr werdet stärker in eurem Glauben werden, wenn ihr das tut. Ihr werdet in eurem Herzen nicht nur eine sehr große Liebe zu Mir erfahren, sondern ihr

werdet (so) auch die Seelen eurer Freunde retten.

Verwendet das Internet, um Meine Botschaften zu verbreiten. Sprecht über sie. Es spielt keine Rolle, wer euch verspottet. Denn wenn ihr das tut, werden viele, viele junge Menschen rund um die Welt das ewige Leben erlangen aufgrund der Bekehrung, die infolgedessen bewirkt wird.

Geht jetzt los, Meine wertvolle junge Armee. Es ist jetzt Zeit für euch, dass ihr den Mut fasst, Meine Botschaften zu verbreiten, welche dieser Generation in der Welt gegeben werden, um sie daran zu erinnern, wer Ich bin, warum Ich euch alle vor den Tiefen der Hölle rettete und warum Ich euch jetzt die Hand reiche, um euch noch einmal zu retten.

Das ist die Zeit für Mich, euch Meine Hand zu reichen, um eure Hände in die Meinen zu nehmen.

Ich liebe euch.

Euer geliebter Erlöser und Freund
Jesus Christus

171. Geld — und zu viel davon — verdirbt die Seele.

Sonntag, 21. August 2011, 23:00 Uhr

Meine innig geliebte Tochter, Ich besuche dich heute Abend, da die Welt beginnt, in einen Zustand anhaltender Gewalt auszubrechen, in welchem eine Nation nach der anderen sich gegenseitig bombardiert, um an Macht und Ruhm zu gelangen. Betet für all jene Seelen, welche durch diese Gewalt umkommen werden, damit sie im Reich Meines Vaters Gnade finden können.

Meine Tochter, die Welt wird jetzt die vorausgesagten Veränderungen durchmachen, um sie zu reinigen, damit die Menschen Meines Versprechens würdig gemacht werden können. Es wird weiterhin zugelassen werden, dass ihnen von jenen gierigen Menschen, die für ihren plötzlichen Niedergang verantwortlich sind, die materiellen Dinge genommen werden.

In dem Maße, wie sich diese Prüfungen verstärken, werden diese Kinder frei von den Fesseln sein, die sie an die leeren Versprechen Satans binden, er, der die Reichen verführt, indem er ihnen sogar mehr (als bisher schon) verspricht. Er (Satan) wird jetzt fortfahren, die Unanständigkeit pompöser Geschmacklosigkeiten für die ganze Welt sichtbar zur Schau zu stellen. Er wird das tun, damit Meine Kinder nicht nur die Reichen und Berühmten beneiden werden, sondern dass sie auch alles ihnen nur Mögliche tun werden, um sie nachzuahmen. Indem er Meine Kinder in diese Höhle zieht, in welcher die äußere Fassade bedeutenden Reichtums ihnen als ein wichtiges, erstrebenswertes Ziel an sich erscheinen wird, wird er erfolgreich darin sein, sie von der Wahrheit abzubringen.

Sobald ihr entblößt und nackt dasteht, werde Ich euch erneut bekleiden, Kinder, nur dieses Mal wird es eine gepanzerte Rüstung sein, die dafür entworfen ist, euch vor der Boshaftigkeit der bösen Menschen zu schützen. Sobald ihr mit der Rüstung ausgestattet seid, werdet ihr bereit sein, wieder in die Welt hineinzugehen, und zwar mit einer anderen Auffassung vom Leben, einem Leben, wo die Liebe zu eurem Nächsten als euer Hauptziel gilt. Wenn ihr einander Liebe zeigt, beweist ihr eure echte Liebe zu Mir.

Diese Fassade des Wohlstandes und der Reichtümer, zu denen sehr wenige Meiner Kinder in der Welt Zugang haben, ist nur das : e ine Fassade; denn es gibt dahinter keine Substanz. Ihr werdet angereizt, ähnlichen Reichtum zu suchen, sobald der Betrüger euch überzeugt (hat), dass ihr nach großen Reichtümern und nach Berühmtheit streben müsst. Die Wahrheit ist, dass ihr, während ihr damit beschäftigt seid, leeren und sinnlosen Wünschen nachzujagen, eure Pflicht Mir gegenüber vernachlässigen werdet.

Kinder. erlaubt niemals, dass die Zurschaustellung von Wohlstand und Berühmtheit euch verführt; denn seid euch darüber im Klaren, dass Geld — und zu viel davon — die Seele verdirbt. Diejenigen, die so viel Geld haben, dass sie kaum jemals im Stande sein werden, es in diesem Leben auszugeben, müssen es jenen unglücklichen Menschen geben, die wenig zum Essen haben. Tut dies, und ihr könnt eure Seele retten. Falls ihr nach mehr strebt, obwohl ihr bereits genug habt, um eine Nation zu ernähren und zu bekleiden, dann werdet ihr hungern. Das Brot des Lebens ist euer demütiges Anerkenntnis, dass Liebe füreinander das ist, was Ich euch lehrte. Euren Nächsten zu lieben bedeutet, sich um diejenigen zu kümmern, die nichts haben.

Wacht auf und akzeptiert die Wahrheit, bevor es für euch zu spät ist. Es ist für diejenigen, welche riesige materielle Reichtümer besitzen, schwerer, bei Meinem Vater Gunst zu finden, außer wenn ihr mit anderen teilt. Vergesst dies nicht. Jenen, die wenig haben und die diejenigen beneiden, die jede materielle Bequemlichkeit zu haben scheinen, welche sie auch für sich wünschen, sage Ich: Auch ihr müsst besorgt sein. Es gibt nur ein prachtvolles Haus, in das ihr versuchen solltet einzutreten, und das ist das prächtige Haus, das euch in Form des neuen Paradieses auf Erden erwartet. Nur jenen, die im Herzen, im Geist und in der Seele demütig sind, wird der Schlüssel gegeben werden.

Euer geliebter Erlöser Jesus Christus

172. Böses wird als gut und Gutes als böse dargestellt.
Montag, 22. August 2011, 20:00 Uhr

Wenn ein Mensch seinen Glauben in Frage stellt, muss er nachdenken. Wenn er Zweifel hat, muss er Mich bitten, seine Augen zu öffnen. Wenn er es schwer findet, zu beten, muss er Mich bitten, seinen Mund zu öffnen. Aber wenn er auf die Wahrheit nicht hören will, dann braucht er das Gebet von anderen.

Meine Kinder, Ich bin tief besorgt über die Art und Weise, wie das Böse als gut und das Gute als böse dargestellt wird. Alles in eurer Welt ist verkehrt herum. Jenen von euch, die keine tiefe Hingabe an Mich haben, sage Ich: Ihr werdet davon nicht klüger werden.

Jetzt werden in der Welt auf jeder Ebene von Regierung, Kirche und Staat in eurem Namen Handlungen begangen, von denen ihr keine Ahnung habt.

Schlechte Gesetze werden eingeführt und den Menschen als etwas präsentiert, das in ihrem besten Interesse sei. Das schließt neue Regime, (Gesetze über) Medikamente, Auslandshilfe, Impfung und das Predigen neuer religiöser und andere Lehren ein. Niemals (in der Geschichte) hat es so viel Verwirrung unter Meinen Kindern gegeben.

Oberflächlich betrachtet sieht alles so aus, als ob es unter Kontrolle sei, und gewissermaßen ist es das auch. Aber die einzige tatsächliche Ordnung, die besteht, stammt von der Hand jener, welche die Weltereignisse — ruhend in der Bequemlichkeit ihrer schlechten Wege — hinter verschlossenen Türen kontrollieren.

Lasst euch nicht täuschen, Kinder. Ihr müsst euch um Hilfe an Mich wenden, so dass die niederträchtigen Ereignisse, welche durch geheime globale Mächte geplant sind, abgeschwächt werden können. Euer einziger Weg zur echten Freiheit ist, wenn ihr euren Glauben an Mich wiederaufleben lasst. Das wird bald geschehen, Meine kostbaren Kinder, wenn Ich Mich der Welt während der „Warnung" präsentiere, die näher und näher rückt.

Ich bitte euch, für diejenigen zu beten, die zwar das Augenlicht haben, die aber Meinem Heiligsten Wort gegenüber blind sind. Betet für jene, die darin verharren, Meine Lehren zu verdrehen, und für Meine geistlichen Diener, welche aus Feigheit den Forderungen nachgeben, die durch Regierungen an sie gestellt werden.

Es gibt jetzt nur einen Herrscher, der für die Zukunft verantwortlich ist, und das ist Mein Ewiger Vater, Gott der Schöpfer und Baumeister aller Dinge. Erweist Ihm zuallererst Treue, und ihr werdet ein festes Fundament vorfinden, wenn ihr auf dem Weg der Wahrheit voranschreitet.

Euer geliebter Erlöser Jesus Christus

173. Keine Sünde ist so schwer, dass sie nicht vergeben werden kann.
Dienstag, 23. August 2011, 23:45 Uhr

Meine Tochter, du beginnst jetzt, die Wahrheit des Leids zu verstehen. Wenn Ich auserwählte Seelen bitte zu leiden, leiden sie so, wie Ich es während Meiner Marter bei Meiner Kreuzigung tat. Gerade so wie Mein Tod Menschen vor der Sünde rettete, kann auch dein Leiden Menschen vor der ewigen Verdammnis bewahren. Dadurch dass du deine Leiden aus freiem Willen aufopferst, bringst du ein Opfer, damit den Seelen der Menschheit Gottes Barmherzigkeit gezeigt wird.

Wenn Ich mehr Seelen bitten würde, dies zu tun, würden sie womöglich Angst zeigen und ablehnen. Doch viele Seelen leiden, die sich nicht bewusst sind, dass auch sie auserwählte Seelen sind. Viele Meiner Kinder mögen fragen: Warum leiden einige Menschen und andere nicht? Meine Antwort ist, dass Ich diejenigen auswählte, deren Herzen gut sind, diejenigen, die in diesem Leben Demut üben, diejenigen, welche die Bedürfnisse anderer vor ihre eigenen stellen. Die Seele, die ein weiches / zartes Herz hat, nimmt die Rolle des Leidens für Mich auf sich. Das ist ein Geschenk von Mir. Es mag nicht wie ein Geschenk aussehen, aber wenn euch dieses Geschenk gegeben wird, errettet ihr in Meinem Namen jeden Tag Tausende von Seelen.

Ich möchte daher jetzt Meine Anhänger bitten, jeden Tag ein Opfer zu bringen, das mit Leiden vergleichbar ist, um Mir zu helfen, Seelen, die sich zum Zeitpunkt ihres Todes während der Warnung in der Todsünde befinden, zu retten. Bittet Mich bitte um dieses Geschenk. Diejenigen, die demütigen Herzens sind, werde ich ebenso bitten, zu meiner Ehre ein persönliches Opfer zu bringen. Denjenigen, die das Gefühl haben, dass sie das nicht tun können, sage ich: Ich werde euch mit Meinen besonderen Gnaden segnen, weil Ich weiß, dass bereits eure vorhandene Liebe zu Mir und eure Gebete die Seelen eurer Brüder und Schwestern retten.

Meine Kinder, ihr sollt Folgendes wissen: Meine Armee von Anhängern wächst aufgrund dieser Botschaften täglich. Sie wird bald zu einer Armee von Millionen heranwachsen. Ich rufe nur diejenigen auf, die tapfer genug sind, Meinen Fehdehandschuh aufzunehmen. Tapferkeit kommt aus der Liebe. Die Auffassung eines Menschen über die Tapferkeit wird sich von der eines anderen unterscheiden. Ich bitte euch einfach, der Welt von Meiner Liebe zu erzählen. Erinnert sie an die Wahrheit, die in der Heiligen Schrift enthalten ist. Sagt ihnen, dass Ich zurückkehre, um bald das große Geschenk Meiner Barmherzigkeit anzubieten. Denn wenn Ich bereits jetzt kommen würde, um in eurer Welt zu richten, wäre der Himmel verwaist, so weit verbreitet ist heute die Sünde.

Verbreitet Meine Frohe Botschaft. Erinnert die Menschen daran, dass Ich anwesend bin, wenn sie Liebe zu jemandem fühlen — und zwar echte reine Liebe — selbst wenn dies nur einen Augenblick andauern sollte oder wenn es eine gute Tat sein sollte, die ihr beobachtet.

Sagt ihnen, dass sie ohne Liebe verkümmern werden und zu nichts werden.

Sagt ihnen, wenn Ich sie sehe, sind sie in Meinen Augen nackt und haben keine weltlichen Besitztümer. Ich sehe nur das Gute und das Böse in der Seele.

Sagt jenen armen verängstigten Seelen, die sich ihres bisherigen Lebens schämen, dass Ich nachsichtig und allbarmherzig bin und dass Ich sie in Meine geöffneten und liebenden Arme aufnehmen werde. Alles, was sie tun müssen, ist auf Mich zuzugehen und Mich um Meine Hilfe zu bitten. Ich werde Mich dem Flehen der Sünder niemals verschließen, egal wie schwerwiegend ihre Sünde ist. Ich verzeihe all jenen, die für wie auch immer geartete frühere Vergehen, das sie begangen haben, aufrichtige Reue empfinden.

Ihre Herzen werden leichter sein und Meine Liebe wird das Licht in ihr Leben zurückbringen. Ich werde wiederkommen in Herrlichkeit, Kinder, nicht um euch zu erschrecken, sondern um euch Meine Geschenke zu bringen, dieselben Geschenke, die Euch durch das Wirken Satans vorenthalten wurden.

Kommt. Senkt eure Häupter. Lasst Euren Scham links liegen und bittet Mich, euch jetzt zu vergeben. Nichts kann Mich schockieren, Kinder. Keine Sünde ist so schwer, dass sie von Mir nicht vergeben werden könnte, wenn wahrhaftige Reue gezeigt wird. Verschiebt dies nicht. Fragt jetzt um die Erlösung, bevor es zu spät ist.

Euer liebender Jesus Christus
Erlöser der Menschheit

174. Die Prophezeiungen, welche durch diese Prophetin vorausgesagt wurden, verwirklichen sich jetzt.

Mittwoch, 24. August 2011, 16:38 Uhr

Meine innig geliebte Tochter, jede Nation in der Welt wird danach streben, Meine Botschaften, die Ich dir gegeben habe, zu lesen. Denn dann, wenn sie die „Warnung" sehen, werden sie Meine Führung begehren, damit ihnen diese Kraft gibt.

Du bist jetzt müde, Meine Tochter, da das Leiden zunimmt, aber dir wird in ein paar Tagen eine Atempause gegeben werden. All dies wird von dir gefordert, weil Ich das Leiden brauche, um Mir dabei zu helfen, diejenigen Menschen, die in (einem Zustand) schrecklicher Sünde sind, zu retten. Versuche, den Nutzen zu sehen, den dies bringt; denn eines Tages wirst du dich mit Mir freuen, wenn du die Früchte dieser Arbeit siehst.

Meine Kinder, marschiert mit (aller) Kraft vorwärts; denn ebenso wie sich jetzt die Prophezeiungen, die durch diese Prophetin vorhergesagt wurden, erfüllen, so wird (auch) der Glaube an die Echtheit dieser Internetseite da sein.

Betet jetzt, Meine Kinder, dass ihr, Meine Armee, zahlenmäßig stärker werdet und dass ihr euch zu einer Einheit vereinigt, um die spirituelle Schlacht zu schlagen, die vor euch liegt.

Euer liebender Erlöser
Jesus Christus

175. Es wird jetzt in mehreren Ländern ein klimatisches Chaos geben. Mein Vater ist erzürnt.

Donnerstag, 25. August 2011, 20:00 Uhr

Meine innig Geliebte, rufe alle Meine Gebetskrieger auf, für die anderen zu beten, einschließlich für diejenigen, die nicht gläubig sind, und für diejenigen, die in Gewalt und Hass gefangen sind. Sie irren verzweifelt umher und versuchen, Liebe und Frieden in ihrem Leben zu finden und stellen fest, dass es nicht möglich ist. Ihr müsst (besonders) innig für diese beten, weil sie ohne eure Gebete in die Feuer der Hölle hinabstürzen werden. Lasst dies nicht geschehen. Wenn sie nur ermutigt werden können, ein wenig auf Mich zuzugehen und bereit zu sein, Meinen Worten zuzuhören, so werden ihnen die (notwendigen) Gnaden gegeben, damit Ich sie in Meine Arme nehmen kann.

Meine Tochter, die Welt muss jetzt zur Ruhe kommen und Mir ihre Aufmerksamkeit schenken. Sehr bald werden die Menschen eine Reihe von Erdbeben und Überschwemmungen sehen. In mehreren Ländern wird es durch klimatische Katastrophen (ein) Chaos geben. Dies sind die Strafen, die von Meinem Vater über die Menschheit verhängt werden. Die Sünde wird bestraft werden, Meine Tochter, und jene Länder, die schuldig sind, die Abtreibung zu fördern, werden der Hand Meines Vaters nicht entkommen, wenn sie herabfallen wird (bzw. sobald diese herabfallen wird). Das Gebet hat (schon) viele (solcher) Strafen abgewendet, doch die Menschen sündigen weiterhin und verletzen Meinen Vater mit abscheulichen und widerlichen Taten, die von Menschen gegen Menschen verübt werden — einschließlich (der Taten) gegen die unschuldigen Kinder im Mutterleib.

Ich bitte euch dringend, jetzt für Meine Kinder in den Ländern, die dieser Strafe nicht entkommen werden, zu beten. Mein Vater ist erzürnt. Er wird nicht mehr länger tatenlos zusehen, wie Menschen die Menschheit zerstören. Die Erde würde in sich zusammenfallen, wenn den Menschen nicht Einhalt geboten wird. Er, Mein Geliebter Vater, wird einen großen Teil von dieser Strafe bis nach der „Warnung" zurückhalten. Anschließend werden — trotz der Bekehrung vieler Menschen danach — die Menschen dennoch fortfahren sich der Sünde zuzuwenden. Die zugemessenen Strafen sollen den Menschen zeigen, wie streng Mein Vater sein kann. Er liebt alle Seine Kinder, aber Er erschuf diese Welt, und es wird dem Menschen ganz einfach nicht erlaubt werden, sie zu zerstören.

Betet jetzt, Meine Kinder, für alle eure Brüder und Schwestern.

Jesus Christus
König der Menschheit

176. Botschaft an den Klerus — erlaubt nicht, dass durch weltlich geprägte Gesellschaften Druck auf Euch ausgeübt wird.

Samstag, 27. August 2011

Meine Tochter, wenn doch nur mehr Priester und Mitglieder der Christlichen Kirche ihren Geist öffnen (würden) und akzeptieren würden, dass Ich jetzt durch diese Botschaften zur Welt spreche, dann wäre es Mir leichter ums Herz.

Es sind Meine gläubigen / eifrigen Anhänger, die das Licht (weiter)tragen, während sie sich auf ihrem Weg vorankämpfen, um meine Warnungen in der Welt bekanntzumachen, um meine Kinder zu ermutigen, sich vor Mir zu entschuldigen. Oh, wie es Mich betrübt zu sehen, wie verschlossen der Geist all jener geistlichen Diener ist, die erklären, der Welt Mein Wort, Meine Lehren mitzuteilen. Sie brechen Mir das Herz, weil ihre eigenen Herzen so verhärtet geworden sind.

Meine Lehren bekräftigen die Tatsache, dass göttliche Offenbarungen wirklich stattfinden und seit dem Anfang der Zeit stattgefunden haben. Dachten sie, dass Meine Mutter oder Ich im Laufe der Jahrhunderte nicht mit Meinen Kindern kommunizieren würden? Sie sind zufrieden damit, dem Wort der Heiligen aus alten Zeiten ihre Aufmerksamkeit zu schenken, lange nachdem ihre Botschaften der Welt gegeben wurden. Aber bald wird so etwas nicht mehr möglich sein. (Denn) der Unterschied in der heutigen Zeit ist, dass ihnen keine Zeit gewährt werden wird, die es ihnen ermöglicht, diese Botschaften nach dem Ereignis zu verarbeiten. Denn die Zeit wird nicht mehr so sein, wie ihr sie kanntet.

Ich fordere Meine geistlichen Diener und Meine Heiligen Stellvertreter auf, der Menschheit jetzt Meine Worte vorzutragen. Nie zuvor habt ihr Mein Eingreifen in weltliche Ereignisse so gebraucht wie heutzutage. Vergesst nicht, dass Ich von den Toten auferstand und versprach, dass Ich zurückkommen würde. Wie vorbereitet seid ihr jetzt? Wie oft habt ihr Meine Kinder daran erinnert, dass sie sich vor Mir entschuldigen müssen? Wie oft seid ihr willens, die Sünden Meiner Kinder zu hören, wenn ihr so beschäftigt seid?

Man nimmt sich nicht die Zeit, um die Beichte(n) zu hören. Ihr habt Mich im Stich gelassen, Meine geistlichen Diener, und dadurch habt ihr Mich sehr verletzt. Meinen Kindern das Recht auf die Sakramente zu verweigern, ist unverzeihlich. Wacht jetzt auf und folgt Meiner Leitung. Tut eure Pflicht gegenüber Meinen Kindern, wie ihr es Mir durch eure Heiligen Gelübde versprochen habt. Bitte wendet euch nicht von Meinen Lehren ab.

Der Glaube, und besonders der Glaube Meiner geliebten geistlichen Diener, lässt erheblich nach. Dies wird durch den Fluch Satans verursacht, der für einige Zeit in eurer Mitte wandelte und dabei Schaden innerhalb und außerhalb Meiner Kirche anrichtete. Merkt euch dies, Meine geistlichen Diener: Das ist Satan bei der Arbeit. Ihr dürft seinen Quälereien gegenüber niemals nachgeben, damit ihr nicht von eurer Pflicht Mir gegenüber weggezogen werdet.

Hört Mich jetzt an. Beherzigt Meine Warnungen und bereitet Meine Herde vor, damit sie jetzt um die Erlassung ihrer Sünden bitten kann. So handelt also jetzt, damit meine Kirche weiterhin für die Wahrheit meiner Lehren kämpft, und erlaubt es nicht, dass durch weltlich geprägte Gesellschaften Druck auf Euch ausgeübt wird, um euch in eine Ecke zu stoßen, in der ihr voller Furcht kauert. Denn wenn ihr das tut, werdet ihr den Verlockungen des Teufels erliegen, dessen Lügen bereits viel von Meiner Kirche zerstört haben.

Ihr, Meine geistlichen Diener, seid Meine Rettungsleine, und Ich brauche euch jetzt, damit ihr Mir helft, Meine kostbaren Kinder zu retten, die qualvollen Beeinflussungen ausgesetzt sind, welche ihren Geist hinsichtlich der Wahrheit Meiner Lehren und der Existenz Meines Ewigen Vaters verdrehen.

Ich fordere euch jetzt auf, Mir zuzuhören, wenn Ich euch rufe.

Euer Geliebter Lehrer
Jesus Christus

177. Viele Seelen landen in der Hölle wegen der Sünde der Pornografie.

Sonntag, 28. August 2011, 17:00 Uhr

Meine innig geliebte Tochter, höre Mein Höchstheiliges Wort: Ich ermahne die Menschen aufs Dringlichste, Meinen Vater um die Vergebung ihrer Sünden zu bitten.

Die Zeit ist jetzt kurz, da die „Warnung" unmittelbar bevorsteht. Verschiebt niemals auf morgen, was ihr heute tun müsst. Es ist äußerst wichtig, dass ihr eure Sünden bereut, bevor ihr um Vergebung eurer Sünden bittet. Denn ohne echte Reue bringt euch das nichts.

So viele schwarz gewordene Seelen sehe Ich in eurer Welt, Meine Tochter. Es gibt wenig Licht, und würdet ihr die Tiefen sehen, in welche die Menschen gesunken sind, wäret ihr geschockt. So viele Millionen Meiner Kinder stürzen täglich in einen Abgrund sündhafter Verderbnis, aus dem es für sie, wie sie merken werden, keinen Ausweg gibt, es sei denn, Ich bete für sie. Sie sind gegenüber der Wahrheit blind, und selbst wenn ihnen jetzt Mein Licht gezeigt werden sollte, würden sie sich winden und sich vor Mir verbergen. Betet für sie.

Meine Kinder, die abscheulicher Sünden schuldig sind, genießen die Tatsache, dass ihr übles Verhalten wegen seines Unterhal-

tungswertes mit Beifall aufgenommen wird. Pornografie sickert in so viele Häuser rund um die Welt durch Fernsehkanäle, welche diese bösen Gräueltaten als harmlosen humorvollen Spaß darstellen — in genau den Fernsehkanälen, die sich weigern, Meinen Namen auszusprechen. Auch Gewalt wird verherrlicht, nicht nur im Fernsehen, sondern auch in Spielen, indem ihr eine so breite Akzeptanz verliehen wird, dass die Menschen jetzt einen Akt der Gewalt als etwas vollkommen Natürliches ansehen.

Wenn Satans Dämonen in eine Seele eingehen, beginnen sie, sich im menschlichen Körper zu manifestieren, so dass ihre Taten deutlich sichtbar werden für Meine Anhänger, die vor Entsetzen erschaudern über das, was sie mitansehen müssen. Der von satanischen Dämonen verseuchte Körper wird sich grotesk benehmen. Die Körperbewegungen solcher Menschen werden verzerrt sein und werden satanische Botschaften nachahmen, die vom Teufel verlangt werden, um gleichgesinnte schwache Menschen zu verführen. Schwache Seelen ohne Liebe zu Gott werden zu ihnen hingezogen und sie werden ihnen schließlich nacheifern, so dass auch sie Satan und alles, wofür er steht, ehren werden, in der die Art und Weise, wie auch sie sich benehmen.

Kinder, könnt ihr nicht sehen, wie Satan arbeitet? Sagt es jenen, die es nicht verstehen, wie er im pornographischen Gewerbe arbeitet. Das ist der Fall, wenn Satan auszieht, um Seelen zu zerstören und die Beteiligten ins ewige Feuer zu ziehen. Jene, die eines sexuell abartigen Verhaltens schuldig sind, und jene, die ihre Körper auf eine obszöne unmoralische Weise zur Schau stellen, werden in alle Ewigkeit entsetzliche Qualen leiden müssen.

Helft jetzt, sie zu retten, Kinder; denn sie haben keine Ahnung, wie ihre unmoralische Unreinheit Mich anwidert. Sie sind von Finsternis bedeckt. Bringt sie zu Mir, damit Mein Licht sie umarmen und sie vor den Feuern der Hölle retten kann.

Sünden des Fleisches sind Mir ein Gräuel. Viele Seelen landen in der Hölle wegen der Sünde der Pornografie und sexuell abartiger Handlungen. Lasst sie wissen, was ihr Schicksal sein wird, wenn sie keine Reue zeigen.

Euer geliebter Heiland
Jesus Christus

178. Diejenigen, die Mein wahres Wort durch Visionäre öffentlich verkünden, werden verspottet werden.

Sonntag, 28. August 2011, 23:00 Uhr

Meine innig geliebte Tochter, Satan und seine Dämonen versuchen, dich jetzt zu quälen. Du musst diese Tatsache zur Kenntnis nehmen und ihm dann den Rücken zuwenden. Antworte nicht oder gehe nicht darauf ein; denn wenn du antwortest, gibst du dem Teufel mehr Macht über dich. Ignoriere seinen Spott und halte Meine

Hand, während Ich neben dir stehe, um dich vor solchem Unheil zu schützen.

Sage Meinen Anhängern, dass auch sie leiden werden, da sie Meinen Kelch aufnehmen und vorangehen, um die Wahrheit Meiner Rückkehr zur Erde zu verbreiten. Sie werden beleidigt, man wird über sie lachen und man wird versuchen, sie als Narren darzustellen, da sie in Meinem Namen sprechen. Sage ihnen, wenn das geschieht, werden jedwede Zweifel, welche sie in Bezug auf diese Botschaften gehabt haben mögen, verschwinden.

Meine Kinder, ihr sollt euch immer darüber bewusst sein, dass diejenigen, die Mein Wahres Wort durch echte Visionäre öffentlich verkünden, ebenso Spott ertragen werden wie die auserwählten Seelen, deren Rolle es ist, Meine göttlichen Botschaften der Welt zu vermitteln. Euch, Meiner Armee, wird es nicht anders ergehen. Das wird eine schwer zu verkraftende Aufgabe für euch sein.

Wisset, dass ihr in diesem Leben immer leiden werdet, wenn ihr mit Mir durchs Leben geht. Wisset auch, dass ihr nur dann begreift, dass ihr Mein Kreuz tragt. Denn nur dann werdet ihr geeignet sein, Mein Wort zu sprechen. Kein Prophet, keiner Meiner Apostel hat diesen Weg als leicht empfunden. Ihr müsst um die Kraft beten, diese Prüfungen zu ertragen, die euren Glauben bis zum Äußersten prüfen werden.

Wenn ihr mir helft, Mein Kreuz zu tragen, um Meine Last zu erleichtern, wird euch die Last auferlegt werden. Wenn ihr auf Mich völlig vertraut, legt eure Arme in die Meinen, (dann) werde Ich euch halten, um euch die Kraft zu geben, die ihr für diese Reise braucht — eine Reise, die so voller Dornen ist, dass eure Füße bluten könnten, doch euer Glauben wird so stark sein, dass ihr nicht im Stande sein werdet, euer Leben ohne Meine reine Liebe zu leben.

Ihr, Meine geliebten Kinder, seid Meine kostbare Armee. Eines Tages werdet ihr entlang der Wege im Himmel stehen und von glorreicher Verwunderung erfüllt sein, wo die Engel das Lob der Arbeit besingen werden, die ihr für Mich zu eurer Lebenszeit auf Erden ausgeführt habt. Ich belohne alle Meine hingebungsvollen Anhänger für ihre Ergebenheit und unbeugsame Liebe zu Mir. Ihr seid gesegnet, Meine auserwählten Seelen, dass euch das Geschenk gegeben worden ist, die Wahrheit zu sehen, während andere sich einfach abwenden.

Vergesst nicht, dass euch jetzt das Geschenk des Heiligen Geistes gegeben wird, und infolgedessen werdet ihr außer Stande sein, Mich zu verleugnen. Diese Straße wird jedoch voller Felsen sein, die eure Füße verletzen könnten, voll mit Steinen, die euch stolpern lassen werden, und voll mit denjenigen, die trotzig (im Weg) stehen werden, um euren Weg zu blockieren, indem sie euch einschüchtern und euch drohen, damit ihr auf dem Weg kehrt macht, von dem ihr kamt.

Hebt eure Hand in der Art einer sanften Ermahnung und sagt:

Ich werde den Weg des Herrn nie ablehnen, noch werde ich jemals die Existenz von Jesus Christus bestreiten, den die Menschheit nicht nur während Seines Leidens am Kreuz, sondern auch später zu vernichten versucht hat. Ich bin eins mit Jesus Christus. Ich spreche in Seinem Namen. Ich wandle mit Ihm. Er erhebt mich, so dass auch ich auf meine demütige Art und Weise helfen darf, dein Herz zur reinen Liebe hin zu öffnen, die Er in Seinem Herzen für dich und (nur) für dich alleine bereithält.

Meine kostbare Armee, erhebt euch jetzt, während Ich euch entlang dem holprigen, aber göttlichen Pfad zum Neuen Paradies auf Erden hinführe, das euch erwartet. Bitte tragt dafür Sorge, dass ihr entlang des Weges möglichst viele Meiner abseits gehenden Kinder mit euch nehmt, so dass wir als eine Familie vereint werden können.

Euer liebender Jesus

Erlöser und Führer der ganzen Menschheit

179. Gott der Vater: "Meine Hand wird machtvoll auf die Nationen herabfallen, welche die Abtreibung legalisieren".

Montag, 29. August 2011

Ich komme im Namen Meines Sohnes Jesus Christus. Ich bin das Alpha und das Omega, Gott, der Höchste. Ich möchte Meinen Kindern auf der ganzen Welt diese Botschaft geben.

Meine Hand wird durch die Macht des Gebets davon abgehalten, die Menschen für die Sünden, die sie begehen, zu bestrafen. Ich werde eine strenge Züchtigung herabsenden, wenn man sich nicht von der Sünde des Mords und der Abtreibung abwendet. Meine Kinder, ihr habt bereits Meinen Zorn durch Erdbeben, Überschwemmungen, Tsunamis und anderem ökologischen Chaos gesehen. Ich muss euch bestrafen, Kinder; denn es ist nicht möglich, dass ihr einer Bestrafung für eure Angriffe gegen eure Mitmenschen entgeht.

Die Sünden der Abtreibung werden bestraft werden, wenn Meine Hand machtvoll auf jene Nationen herabfallen wird, die diese Abscheulichkeit stillschweigend dulden. Euch ist der Mord an Meiner hilflosen Schöpfung nicht erlaubt, und sollten eure Regierungen weiterhin Gesetze beschließen, welche dieses feige Handeln dulden, werdet ihr Meinen Zorn mit solcher Gewalt (auf Erden) wüten sehen, dass ihr um Gnade für euer Leben bitten werdet. Und dennoch werdet ihr nie aufhören, darüber nachzudenken, das Leben der Ungeborenen zu beenden.

Mord wird von Mir nicht mehr geduldet. Euch wird Einhalt geboten werden, und zwar bald. Betet für die Seelen dieser hilflosen Wesen und bittet um Erlösung. Akzeptiert nicht, dass von euren Regierungen, die von Heiden geführt werden, die keine Ach-

tung vor dem Leben haben, solche Gesetze verabschiedet werden.

Meine Bestrafung der Länder, die sich der Legalisierung der Abtreibung schuldig gemacht haben, wird darin bestehen, dass ich (diese) Nationen auslöschen werde. Eure Länder werden in kleine Stücke zerfallen und in den Ozean abrutschen. Eure abscheulichen Kliniken und Krankenhäuser, wo ihr diese Handlungen ausführt, werden geschlossen werden, und ihr, die Schuldigen unter euch, werdet für eure abscheulichen Verbrechen in das Feuer der Hölle geworfen werden.

Ich komme, um euch jetzt diese Warnung zu geben. Duldet die Abtreibung niemals. Leistet in euren Ländern Widerstand und kämpft, um zu verhindern, dass dieser weltweite Völkermord weitergeht. Wenn eure Regierungen fortfahren, ihre Akte des Grauens meiner Schöpfung zuzufügen, wird euch eine schwere Ermahnung beigebracht werden.

Beherzigt jetzt eine Meiner dringendsten Warnungen an das Menschengeschlecht. Nehmt das Leben Meiner Ungeborenen und ich werde eures (d.h. euer Leben) nehmen. Kinder, betet innig um den Glauben aller Meiner Kinder, da sie fortfahren, die Lehren zu ignorieren, welche euch seit dem Anfang der Zeit gegeben wurden.

Gott der Vater

180. Wählt Menschen aus, die ihr kennt, und kommt vor den Thron Meines Vaters, um sie zu retten.

Dienstag, 30. August 2011, 14:30 Uhr

Meine innig geliebte Tochter, Mein Herz windet sich vor Sorgen, wenn Ich auf Meine kostbaren Kinder schaue, welche sich der Veränderungen nicht bewusst sind, die auf sie zukommen.

Ich liebe sie so sehr, dass Ich in tiefer Traurigkeit weine, wenn Ich sie umherirren sehe, um Mich aufzuspüren, sie aber nicht dazu im Stande sind. Sie wissen, dass es ein fehlendes Bindeglied in ihrem Leben gibt, aber sie können nicht ermitteln, was es ist. Dieses Bindeglied ist die Liebe. Ich bin die Liebe. Ich bin, wonach sie suchen, aber sie wissen nicht, wo sie suchen sollen. Doch Ich stehe da und warte und warte geduldig auf sie, dass sie sich Mir zuwenden.

So viel Zeit wird vergeudet, Meine Tochter. Meine Kinder suchen an allen möglichen falschen Orten, auf der Suche nach Zufriedenheit und dem ersehnten Frieden. Aber sie werden es nicht schaffen, dies (alles) zu finden, wenn sie nicht akzeptieren, dass das nur durch (die) Demut möglich sein wird.

Solange Meine Kinder nicht begreifen, dass sie ohne Liebe zu Meinem Vater, zu Gott, dem Allerhöchsten, nicht existieren können, werden sie ohne Liebe und Frieden in ihren Herzen sterben. Ich bin müde, Meine Tochter. Wenn doch nur jene, die Mich ausgeschlossen haben, sich Mir zuwenden würden. Wenn sie doch nur ihre Suche nach Macht, Geld und Ruhm nach irdischen

Besitztümern beenden würden, dann würden sie die Wahrheit kennen.

Ich brauche euch alle, Meine Anhänger, damit ihr weiterhin für die blinden Seelen betet, die sonst verloren sind. Gebt niemals auf; denn eure Gebete werden in dieser Woche vor den Thron Meines Vaters gebracht.

Bitte betet wie folgt:

Gott, Allerhöchster, ich komme in dieser Woche vor Deinen Thron, um flehentlich für die Seelen meiner Brüder und Schwestern zu bitten, die sich weigern, Deine Existenz anzuerkennen. Ich bitte Dich dringend, erfülle sie mit Deinen Gnaden, damit sie ihre Herzen öffnen, um auf Dein Heiligstes Wort zu hören.

Bitte wählt jene Seelen aus, die ihr kennt und die von Gott Vater nichts wissen wollen, und legt Meinem Vater ihre Namen zu Füßen. Euer Geschenk des Gebets wird mit ihrer Erlösung belohnt werden. Geht jetzt, Meine Armee, und bereitet euch für die nächste Phase in diesem geistigen Krieg gegen den Teufel vor.

Euer geliebter Erlöser

Jesus Christus

181. Meine Armee wird zu einer Gruppe von mehr als 20 Millionen anschwellen.

Mittwoch, 31. August 2011, 21:00 Uhr

Meine innig geliebte Tochter, die Liebe, die Ich für dich und Meine Anhänger habe, durchflutet Mich und bringt Mir solche Freude. Wie Ich euch alle liebe! Eure Hingabe, eure Demut, euer Vertrauen und eure reine Liebe für Mich werden jeden Tag stärker. Könnt ihr das nicht fühlen? Das ist Mein Geschenk an jeden Einzelnen von euch, Meine reinen Seelen, die ihr aus eurem täglichen Leben ausgeschert seid, um Mir auf dem Weg zum Paradies zu folgen.

Meine Kinder, ihr, die ihr durch den Heiligen Geist erweckt worden seid, der im Mai über die Welt ausgegossen wurde, werdet jetzt eine Hingabe zu Mir spüren, die vielen von euch zuvor unbekannt war. Ich sammle Meine Armee jetzt schnell, und diese wird bald zu einer Gruppe von mehr als 20 Millionen Seelen anschwellen. Je größer die Armee ist, desto stärker wird der Heilige Geist dabei sein, Meine Kinder wie zu einer Einheit zu verbinden, um den Betrüger zu bekämpfen. Meine göttliche Führung wird jetzt in eure Seelen eingehaucht, ob ihr das wahrnehmt oder nicht. Es ist so, als ob ihr einen inneren Schalter habt. Wenn Meine Liebe ruft, werdet ihr wie selbstverständlich reagieren, um andere zu bekehren. Das ist die Macht des Heiligen Geistes, und diese wird jetzt an jeder Ecke der Erde gefühlt.

Alle Religionen, alle Glaubensbekenntnisse, alle Rassen, alle Nationen werden jetzt auf das Licht der Wahrheit reagieren. Sie sind alle so kostbar in den Augen Meines Ewigen Vaters. Er versucht jetzt, jeden Mann, jede Frau und jedes Kind zu erreichen, damit sie Seinen Ruf hören. Satan wird außer Stande sein, den Gebeten zu widerstehen, die von Meinen Anhängern verrichtet werden. Sein Griff wird sich lockern, und zwar bald. Gebet und der Glaube Meiner Anhänger machen ihn wütend. Weil er machtlos ist in seinen Bemühungen, Zweifel im Denken Meiner Getreuen zu säen, richtet er nun seine Aufmerksamkeit auf schwache Sünder. Diese Kinder sind bereits so verwirrt und durch die Todsünde zersetzt, dass sie zu ihm gezogen werden. Wegen der Finsternis ihrer Seelen werden sie außer Stande sein, sich zu verteidigen. Betet innig, dass ihre Seelen gerettet werden können.

Dies ist ein Zeitalter, wo Meine Kirche — obwohl sie außergewöhnlichen Hindernissen gegenübersteht, die durch die Sünde verursacht werden — von Meinen Anhängern jetzt auf Erden wieder aufgebaut wird. Dies wird Zeit brauchen, aber wenn es geschieht, wird Meine Kirche zu ihrem ursprünglichen Ruhm zurückkehren und ihre Kraft wird erneuert werden.

Sie wird zusammen mit all Meinen auserwählten Menschen in das glorreiche Königreich Meines Vaters eingehen. Die Süße dieses Ereignisses, wenn die Welt vom Teufel und allem Bösen befreit wird, sollt ihr freudig erwarten, Kinder. Dies ist das neue Zeitalter des Friedens, dem ihr auf Erden entgegenblicken müsst. Die vor euch liegenden Zeiten mögen für euch schwer werden, Kinder. Konzentriert euch auf Mich, und ihr werdet überleben. Dann wird der Friede kommen, auf den ihr wartet.

Euer geliebter Erlöser
Jesus Christus

182. Wie schwer ist es, die Treppe zum Paradies hinaufzusteigen.

Samstag, 3. September 2011, 23:50 Uhr

Meine innig geliebte Tochter, mache dir keine Illusionen und sei dir darüber im Klaren, dass der Betrüger in diesen letzten Tagen deinen Kopf von Mir abgewandt hat. Du schreibst das der Tatsache zu, dass du beschäftigt warst, aber das ist nicht ganz wahr. So schlau ist er, dass er mit Absicht jede einzelne Minute deiner Zeit unterbrach. Während dieser Zeit war dir bewusst, dass du Mir keine Zeit widmetest, nicht wahr? Du fühltest dich abgelenkt und verloren, und dann erkanntest du, dass du ohne Mich im Inneren leer warst. Obwohl Ich die ganze Zeit bei dir war, ließ Ich es dennoch zu, dass du dich von Mir verlassen fühltest. Denn jetzt hast du die Verzweiflung erfahren, die von Seelen empfunden wird, welche Ich wegen der Sünde zurückweise.

All dieses ist für deine geistige Entwicklung wichtig. Obwohl es sinnlos scheinen mag, dass Ich das zulasse, ist es ein Teil deiner Ausbildung zur Heiligkeit, die Ich verlange und von dir einfordere. Du, Meine kostbare Tochter, wirst weiterhin von Zeit zu Zeit eine Form der Verlassenheit fühlen, wie viele Seelen, die sich auf demselben Weg befinden.

Die Treppe zur geistigen Vollkommenheit ist eine sehr lange. Die Seelen werden ein, zwei und mehr Schritte rückwärts gehen für jeden einzelnen Schritt, den sie auf Mich zugehen. Ich bitte dich, Meine Tochter, sage allen Meinen Anhängern, dass sie sich mit Sorgfalt auf diese Treppe vorbereiten sollen, denn bevor die oberste Stufe nicht erreicht ist, ist das notwendig. In Meiner Botschaft vom 24. November 2010, als Ich erstmals zu dir über diese Treppe sprach, erklärte Ich, wie manche Menschen diese Stufen zu schnell erklettern. Aber du weißt, dass das ein Fehler wäre. Sei dir bewusst, dass Ich es bin, der dich die ganze Zeit die Stufen entlang führt.

Meine Kinder, ihr müsst jetzt jede einzelne Stufe der geistigen Treppe hinaufsteigen, bevor ihr die oberste Stufe, die zur Tür des Paradieses führt, erreicht. Seid geduldig. Seid nicht enttäuscht, wenn ihr hinfallt. Steht einfach wieder auf und beginnt, den ganzen Weg hinaufzusteigen.

Kinder, Ich werde euch an der Hand halten und euch zur Spitze bringen, wenn ihr es Mir erlaubt.

Euer geliebter Erlöser
Jesus Christus

183. Botschaft der Jungfrau — Verlassenheit der Sühneseele.

Sonntag, 4. September 2011, 21.50-22.00 Uhr

(Diese Botschaft wurde empfangen, nachdem die Visionärin den Heiligen Rosenkranz gebetet hatte und nach einer Erscheinung, wo die Gottesmutter 20 Minuten lang in einem privaten Gebetszimmer erschien.)

Ich komme im Namen Meines geliebten Sohnes Jesus Christus. Ich bin die Heilige Mutter Gottes.

Mein Kind, du leidest für Meinen Sohn, und die letzte Woche ist nicht leicht gewesen, da du die Macht des Bösen bekämpfst, um Meinem kostbaren Sohn ergeben zu bleiben. Ich komme heute Abend zu dir, um zu versuchen dir zu erklären, was geschieht. Als eine Sühneseele wirst du Perioden der Verlassenheit erfahren, in welchen Gedanken an Meinen Sohn aus deinem Kopf verbannt (sein) werden. Wenn du dann versuchst, Zeit zum Beten aufzubringen, wirst du feststellen, dass du nicht beten kannst. Nach all dem wirst du verwirrt sein und dann wird dir die Einsamkeit, die nach der Gegenwart Meines Sohnes verlangt, Kummer verursachen. Mach dir darüber keine Sorgen, so schwer dies auch ist, es ist eine Form des Leidens, das du als eine Opferseele erfahren musst.

Bitte bete um Mut und um die Gnaden, diese neue Form des Leidens, die dich verwirren wird, anzunehmen. Besuche weiterhin täglich die Heilige Messe und empfange täglich die Kommunion, egal, was auf dich zukommt. Du wirst vom Betrüger beeinflusst, dich von dieser Arbeit abzuwenden. Du wirst bald erneut beginnen, es zuzulassen, dass Zweifel in deine Seele eindringen. Bitte alle, dass sie jetzt für dich beten. Denn dein Geschenk für Meinen Sohn rettet weiterhin Seelen, überall. Vergiss dies nie, egal wie schwer dein Leiden ist.

Mein Kind, Ich werde immer mit dir kommunizieren, wenn du deinen Orientierungssinn verlierst, denn Ich bin deine geliebte Mutter. Ich werde immer hier sein, um dich zu schützen und zu Meinem Sohn zu führen, damit Seinen Wünschen Rechnung getragen wird. Gehe in Liebe und in Frieden.

Eure Geliebte Mutter
Königin des Friedens

184. Euren Nächsten wie euch selbst zu lieben, ist viel schwerer, als ihr denkt.

Sonntag, 4. September 2011, 22.00 Uhr

Meine Tochter, die Zeit, auf Meine Anweisungen zu hören, ist jetzt — und zwar, um Meine Kinder auf die Notwendigkeit, dass alle Meine Anhänger in den kommenden Zeiten das tägliche Gebet verrichten, aufmerksam zu machen. Sie müssen auch Meinen Leib in Form der Heiligen Eucharistie empfangen und um die Rettung der Seelen beten.

Meine Kinder schenken Meinen Botschaften mehr Beachtung, wenn sie sich vereinen, um jeden Tag für alle Meine Kinder zu beten, bevor die „Warnung" stattfindet.

Betrachtet eure Brüder und Schwestern durch Meine Augen, welche sie als Wunder der Schöpfung sehen, geschenkt von Meinem Ewigen Vater als ein Geschenk an die Menschheit. Jede betreffende Seele wird gleichermaßen geliebt. In den Augen Meines Vaters gibt es (in dieser Hinsicht) keinen Unterschied.

Wenn ihr, Meine Anhänger, Mich liebt, dann liebt ihr Meinen Vater. Wenn ihr wiederum in eurer Liebe zu Meinem Vater wahrhaftig seid, so werdet ihr (auch) eure Brüder und Schwestern lieben. Ihr müsst besonders denjenigen Liebe zeigen, die euch durch ihr Verhalten vielleicht verletzen. Einige werden euch beleidigen, euch verspotten und euren Ruf beschädigen, was euch und eure Familie verletzen kann. Vielleicht sind sie euch persönlich bekannt oder vielleicht verletzen sie euch durch Handlungen, die eure Fähigkeit, eure Familien zu kleiden und zu ernähren, schwer beeinträchtigen können. Egal, wie sehr Menschen euch verletzen, Ich bitte euch in Meinem Namen, Meiner Führung zu folgen. Betet für sie, besonders für diejenigen, die euch verletzen. Denn wenn ihr für sie betet, schwächt ihr den Hass, der von Satan hervor gespieen wird. Ein Hass, der von Rachegedanken herrühren könnte.

Das ist von all Meinen Lehren eine der schwierigsten. Liebe deinen Nächsten wie dich selbst. Es ist viel schwerer, als ihr denkt. Wenn ihr es schafft, diesen Akt großen Edelmutes auszuführen, (dann) werdet ihr Mir helfen, Meinen Plan, mehr Seelen zu retten, zu erfüllen.

Euer geliebter Lehrer und Freund
Jesus Christus

185. Haltet jetzt Gebetsvigilien zur Göttlichen Barmherzigkeit — Die Warnung steht nahe bevor.

Montag, 5. September 2011, 21:00 Uhr

(Anmerkung: An diesem Abend wurden zwei Botschaften von Jesus Christus empfangen. In der ersten Botschaft, einer privaten Offenbarung, wurden der Seherin Einzelheiten gegeben über den Zeitbereich, in dem die „Warnung" stattfinden wird. Die Veröffentlichung von diesen unterliegt dem Ermessen der Seherin, die entschieden hat, sie zu diesem Zeitpunkt nicht zu veröffentlichen. Sie wurden stattdessen einem Priester zur sicheren Verwahrung übergeben. Diese Botschaft wird nach der „Warnung" veröffentlicht werden. Die zweite Botschaft ist eine Botschaft an die Welt zum jetzigen Zeitpunkt.)

Meine geliebte Tochter, die Zeit steht unmittelbar bevor. Gebet hat Meinem geliebten Stellvertreter Papst Benedikt geholfen, dem inner(kirchlich)en Kampf standzuhalten, dem er von bösen Kräften ausgesetzt ist. Seine Zeit im Vatikan wurde verlängert.

Ich bitte all Meine Anhänger dringend, Gebetstreffen sowie Vigilien zur Göttlichen Barmherzigkeit abzuhalten — für alle Meine armen Kinder, die von Mir und Meinem Ewigen Vater abgeirrt sind. Sie brauchen dringend eure Gebete. Gebet — und viel davon — ist jetzt nötig, um sie zu retten. Opfert für jene, die aufgrund ihres Seelenzustands während der „Warnung" körperlich vielleicht nicht überleben werden, Heilige Messen auf. Schließt euch zusammen. Haltet einander die Hände im Einklang mit Mir.

Euer Geliebter Jesus Christus

186. Jungfrau Maria: Höre immer auf dein Herz.

Dienstag, 6. September 2011, 20:20 Uhr

Ich komme im Namen Meines geliebten Sohnês Jesus Christus. Ich bin eure gesegnete Mutter.

Du, Mein Kind, wirst verfolgt. Jeder Versuch, dich aufs Glatteis zu führen, wird vom Betrüger unternommen. Du, Mein Kind, darfst nur einer Stimme folgen, und das ist die Stimme Meines kostbaren Sohnes Jesus Christus.

Rüste dich jetzt, Mein Kind; denn die Angriffe auf dich werden zunehmen, wie auch dein Leiden. Du wirst dies aufgrund der Gnaden, die Ich dir schenken werde, überstehen. Höre auf mit deinen ängstlichen Gedanken und schieb alle Zweifel beiseite.

Erlaube es nicht, dass du abgelenkt wirst; denn dies rührt vom Wirken des Betrügers her. Diese Ablenkungen kommen nicht von ^Meinem Sohn.

Höre immer auf dein Herz. Dann wirst du die Wahrheit wissen. Ich, deine geliebte Mutter, liebe dich, daher erlaube Mir bitte, dir all Meinen Schutz vor dem Teufel anzubieten.

Gehe hin in Frieden und Liebe.

Deine geliebte Mutter

(Eure) Mutter, (die) Königin des Friedens

187. In dem Maße, wie der Glaube Meiner Anhänger stärker wird, nehmen die Angriffe auf sie zu.

Dienstag, 6. September 2011, 20:30 Uhr

Meine innig geliebte Tochter, wie du für Mich leidest und wie stark du infolgedessen geworden bist.

Mein Schutz umgibt dich. Hab keine Furcht. So, wie diese Arbeit weiter Seelen bekehrt, so wird es auch die Angriffe durch Satan geben. Nimm das in Kauf. Lass dich dadurch nicht stören. Wachse über die Herausforderungen hinaus und halte deine Augen jederzeit auf Mich gerichtet. Denn wenn du das tust, wird nichts anderes von Bedeutung sein.

Dasselbe Leiden wird von allen Meinen Anhängern in dem Maße empfunden, wie der Heilige Geist unvermindert weitermacht, die Seelen aller Meiner Kinder überall anzuziehen. So wie ihr Glaube an Mich stärker wird, so nehmen auch die Angriffe auf sie zu. Sie, Meine Anhänger, werden bemerken, dass sie sich mit Streitigkeiten befassen müssen, dass sie mit ungewöhnlichen und beleidigenden Kommentaren und Reaktionen von Nichtgläubigen umgehen müssen und dass es für sie schwierig sein wird, mit all dem zurechtzukommen. Bitte sage ihnen, dass sie mit so etwas jetzt rechnen müssen, da sich die Zeit für die Warnung nähert.

Satan und seine Dämonen, die unsichtbar für das bloße menschliche Auge sind, versuchen, die Liebe in den Seelen Meiner Kinder zu zerstören. Er sät Misstrauen unter ihnen. Er verursacht Streitigkeiten und flößt (ihnen) Zweifel ein. Er ist voller Hass auf die Menschheit. Er wird Krieg zwischen Ländern und zwischen den Bürgern eines Landes verursachen und Spannungen innerhalb Familien hervorrufen. Dies alles sind seine bevorzugten Taktiken und diese sind immer ein Zeichen seines hinterhältigen Agierens.

Erkennt das als das, was es ist: Satan am Werke. Bekämpft ihn, Kinder, dadurch, dass ihr stark seid. Bittet Meine geliebte Mutter, euch zu schützen, da Sie sein größter Gegner ist. Satans Macht wird gemindert, wenn ihr Sie um Ihre Hilfe für euch anruft.

Diese Zeiten sind für alle Meine Anhänger auf der ganzen Welt herausfordernd. Der Täuscher wird von jeder nur denkbaren Seite aus — (z. B.) durch Freunde, durch die Familie oder durch Kollegen — jeglichen Versuch unternehmen, um euch, Meine Kinder, durch sein Wirken dazu zu bringen, euch von Mir abzuwenden.

Haltet ihn auf, wie Ich euch gesagt habe. Gebet und Hingabe an das Unbefleckte Herz Meiner Heiligen Mutter werden eure Rüstung sein.

Seid jetzt stark. Ich liebe euch alle.

Euer geliebter Erlöser

Jesus Christus

188. Seid nicht wegen der „Warnung" besorgt, sondern erwartet sie mit Freude.

Mittwoch, 7. September 2011, 23:45 Uhr

Meine innig geliebte Tochter, sag Meinen kostbaren Kindern, dass sie sich vor der „Warnung" nicht ängstigen dürfen. Viele werden sich verängstigt fühlen, und das kann Ich verstehen. Aber sie müssen Mir genau zuhören. Ich werde zu jedem von euch kommen. Ihr werdet Mich sehen und Mich in eurem Herzen und eurer Seele fühlen. Meine Gegenwart wird eure Seele mit der allerreinsten Liebe und mit Erbarmen überströmen; also solltet ihr voller Freude sein. Endlich werdet ihr Mich sehen, und eure Seele wird von Liebe und Begeisterung erfüllt sein.

Was Sünder und Ungläubige betrifft: Die meisten von ihnen werden einfach erleichtert sein, dass Ich existiere. Denn ihr Miterleben Meiner Heiligen Gegenwart wird das Blut sein, das erforderlich ist, um ihre Seelen mit der Nahrung im Überfluss zu versorgen, die ihnen so lange fehlte. Viele werden die Qualen erleiden, wie Ich sie ertrage, wenn sie sehen, wie ihnen ihre Sünden vor ihren Augen vorgeführt werden. Sie werden todunglücklich sein, wenn sie sehen, wie sie Mich verletzt haben, und werden Mich bitten, ihnen zu verzeihen.

Kinder, die das Alter, ab dem sie zu vernünftigen Gedanken fähig sind, überschritten haben, werden ebenfalls sehen, wie auch sie Mich durch die Sünde verletzen. In vielen Fällen werden jene Kinder, die Meine Existenz ablehnen, obwohl sie sich der Wahrheit bewusst sind, zu Mir hinlaufen. Sie werden Mich bitten, sie zu umarmen, und werden nicht wollen, dass Ich sie gehen lasse.

Sogar den am meisten verhärteten Sündern wird es nicht gelingen, durch dieses übernatürliche Ereignis nicht (innerlich) betroffen zu sein. Kinder, ihr müsst die Gerüchte ignorieren. Kümmert euch nicht um sensationelle Geschichten. Es gibt nichts, wovor ihr euch fürchten müsstet. Die Warnung muss mit einer reinen (Vor-)Freude in euren Herzen erwartet werden.

Ich erwarte diese Zeit mit so viel Liebe in Meinem Herzen, zu der Ich Meine Göttliche Barmherzigkeit über jeden von euch — überall auf der ganzen Welt — ausgießen werde. Dies ist der Moment, wenn ihr — später — begreifen werdet, welches Glück ihr — diese Generation — habt. Wie könnt ihr da nicht die Barmherzigkeit erkennen, die der Menschheit gezeigt wird? In der Vergangenheit starben so viele Seelen in schwerer Sünde. Jetzt werden alle Sünder letztendlich die Wahrheit verstehen.

Es ist für Meine Kinder nicht leicht, die Existenz von Mir oder Meinem Ewigen Vater einzusehen. Ohne einen materiell gearteten Beweis wollen Mich viele nicht kennen lernen. Viele haben kein Interesse am Reich Gottes oder glauben nicht daran. Dieses Ereignis wird sie — mit ihren eigenen Augen — die einfache Tatsache erkennen lassen, dass das Leben nicht auf der Erde endet. Es setzt sich bis in alle Ewigkeit fort. Aus diesem Grunde müssen sie ihre Seelen vorbereiten.

Die Warnung wird ihnen zeigen, was sie tun müssen, um diese in Ordnung zu bringen. Vergesst nicht, Kinder, Ich bin euer Erlöser. Ich liebe euch alle in einer Weise, die für euch unbegreiflich ist. Erwartet Meine Ankunft mit Liebe und Gelassenheit. Fürchtet nicht das dramatische Schauspiel am Himmel und die Farbe der Strahlen, die überall ausgebreitet werden, um Vorbote Meine Ankunft zu sein. Dies wird euch auf den Augenblick vorbereiten.

Bitte betet, dass alle Menschen Freude in ihren Herzen fühlen (werden); denn dieses Ereignis wird für die Menschheit die Rettung bedeuten in einer Größenordnung, bei der so viele Seelen gerettet werden und es ihnen ermöglichen wird, ins neue Paradies auf Erden hineinzukommen.

Euer geliebter Erlöser
Jesus Christus

189. Droht niemals anderen in Meinem Namen.

Samstag, 10. September 2011, 15:30 Uhr

Meine innig geliebte Tochter, Ich spreche heute mit dir über die Notwendigkeit, Mir in allen Dingen zu gehorchen. Meine Tochter, alle Meine Anhänger müssen, damit sie Meiner Liebe und Zuwendung würdig sind, die Gebote Meines Vaters einhalten. Obwohl sie von Zeit zu Zeit ins Wanken geraten können, müssen sie sich zu jeder Zeit bemühen, dem Gebot der Liebe zu folgen. Liebt einander und stellt die Bedürfnisse eures Nächsten über eure eigenen Bedürfnisse. Dann wird alles Andere in Ordnung kommen.

Diejenigen, die sich als Meine Anhänger bezeichnen wollen, müssen hinsichtlich der Art und Weise, wie sie Mein Heiligstes Wort verbreiten, sehr vorsichtig sein. Wenn sie in die Falle der Arroganz tappen, wenn sie selbstgefällig sind oder wenn sie andere in Meinem Namen verurteilen, verletzen sie Mich sehr. Droht niemals anderen mit den Strafen, die sie eurer Meinung nach von Mir erwarten können. Sagt nie jemand anderem, dass Ich ihn bestrafen werde, weil ihr aus welchem Grund auch immer böse auf ihn seid. Denn wenn ihr das tut, macht ihr euch schuldig, Mich verleugnet zu haben, weil ihr die Wahrheit verdreht habt, damit sie euren eigenen Vorstellungen entspricht. Fühlt euch nie anderen überlegen, nur weil ihr den Vorteil habt, die Wahrheit zu kennen.

Kinder, Ich liebe alle Meine Kinder, selbst, wenn sie sich verirren und vom Weg abkommen. Betet für diese Meine Kinder zu jeder Zeit, wenn ihr den Anspruch erhebt, wahre Anhänger von Mir zu sein. Predigt ihnen, aber unter allen Umständen die Wahrheit. Erzählt ihnen immer über Meine tiefe Liebe zu Meinen Kindern. Aber ihr dürft niemals über sie richten. Sagt niemals anderen, dass sie wegen ihrer Sünden oder we-

gen dem, was ihr für Sünden haltet, auf irgendeine bestimmte Art und Weise von Mir bestraft werden; denn dazu habt ihr kein Recht.

Meine heutige Botschaft ist einfach. Wenn ihr Mich liebt und in Meinem Namen sprecht, dann dürft ihr euch deswegen niemals selbst erhöhen. Ihr dürft euren Brüdern oder Schwestern niemals in Meinem Namen drohen oder in Meinem Namen abfällige Bemerkungen über sie machen.

Haltet euch vor Augen: Weil ihr Meine Anhänger seid, werdet ihr gerade wegen eures Glaubens vom Betrüger ins Visier genommen. Daher müsst ihr genau aufpassen, dass er euch nicht mit List und Tücke dazu bringt, gegen eure Brüder oder Schwestern zu sündigen.

Ihr müsst stark bleiben, Meine Kinder. Ich gebe euch diese Botschaft, um euch anzuleiten und euch auf dem richtigen Weg zu Mir zu halten.

Euer geliebter Jesus
König der Menschheit

190. Welche Religion ihr auch habt, es gibt nur einen Gott.

Sonntag, 11. September 2011, 19:15 Uhr

Meine innig geliebte Tochter, wenn Meine Kinder sich verzweifelt, verängstigt oder einsam fühlen, sage ihnen, dass sie sich Mir zuwenden müssen. Nie zuvor haben so viele Meiner Kinder auf der ganzen Welt eine solche Leere in ihrem Leben gefühlt. Ohne Anleitung werden sie immer verwirrter, wenn sie mit einer wertlosen Nahrung versorgt werden. Die tagtäglichen Nachrichten liefern ihnen Nachrichtenbeiträge, die das Böse in der Welt herausstellen und dass in so vielen Ländern Aufruhr herrscht. Dann gibt es den Mangel an geistiger Nahrung und an deren Stelle steht eine Nahrung, bestehend aus Lügen, (z. B.) wenn euch von den Verlockungen weltlicher Bestrebungen berichtet wird. Alles dies — (selbst) wenn ihr solche Dinge erlangt — wird euch enttäuschen. Dann, wenn ihr solche Ziele anstrebt, werdet ihr begierig sein, diese Höhen zu erreichen — und wiederum werdet ihr enttäuscht werden.

Vergesst nicht, Ich bin eure Nahrung, Kinder. Nur durch Mich werdet ihr wahren Frieden, wahre Zufriedenheit und reine Liebe in euren Herzen finden. Es ist nicht möglich, diese Art von Frieden irgendwo anders zu finden.

Wendet euch Mir jetzt zu, jeder von euch, der Kummer in seinem Herzen trägt. Lasst Mich euch halten und trösten. Denn ihr, Meine Kinder, seid Meine verloren gegangenen, aber kostbaren Seelen. Viele von euch sind davongezogen und viele von euch wissen den Weg zurück zu Meiner Herde nicht mehr. Einige von euch haben eine andere Herde gewählt — eine Herde, die nicht Mir (an)gehört.

Hört auf Meinen Ruf — wenn ihr Meine Stimme in euren Seelen hört, werdet ihr die Wahrheit kennen. Ich bin euer Weg zu Meinem Ewigen Vater. Vergesst nicht, dass

viele von euch, welche Gott, dem Allmächtigen Vater, verschiedene Namen geben, trotzdem denselben Gott verehren können — es gibt nur einen Gott. Die Zeit, in welcher der Welt Sein Ruhm offenbart wird, diese Zeit ist jetzt nah. Egal, wie ihr selbst darüber denkt: Gott der Vater ist (die) Liebe. Seine Barmherzigkeit umfasst alles. Kommt, wendet euch Ihm jetzt zu, wo auch immer ihr in der Welt seid. Er wartet auf euren Ruf.

Euer Geliebter Erlöser
Jesus Christus

191. Die Züchtigung kann durch das Gebet gelindert werden.

Montag, 12. September 2011, 12.00 Uhr Mittag

Meine innig geliebte Tochter, sehr bald wird die Welt jetzt zum Stillstand kommen und die Periode nach der Warnung wird die Art und Weise verändern, wie der Mensch die Welt betrachten wird. Materielle Vergnügungen und Ausschweifungen werden nicht mehr begeistern. Die Menschen werden die Idole, die sie aus den Berühmtheiten und aus dem Reichtum machen, nicht mehr wie Götter behandeln. Sie werden nicht mehr so schnell darin sein, ihren Nächsten zu verurteilen oder (ihn) grausam zu behandeln.

Die neue Welt — die Welt nach der „Warnung" — wird ein Ort sein, wo der Liebe zu Mir und zu Gott Vater mit Respekt begegnet werden wird. Viele Anführer in den Ländern nicht christlichen Glaubens werden Meinem Vater Ehrerbietung erweisen. Diejenigen an den Schaltstellen der Macht, welche die Finanzen der Menschen kontrollieren, werden in großen Scharen bereuen. Viele andere werden ihre Macht abgeben und mit ihren Brüdern und Schwestern das Brot teilen, das von Gott Vater kommt. Denn dieses Brot gehört allen und ist dazu gedacht, zu gleichen Teilen untereinander geteilt zu werden.

Viele gute Dinge werden sich infolge der Warnung entwickeln. Jedoch werden viele Seelen in ihrem Glauben nicht stark genug sein. Sie werden unglücklicherweise wieder zu ihren alten Wegen zurückkehren. Verführt durch die Versprechen der Macht, des Reichtums, der Kontrolle und der Eigenliebe werden sie Gott Vater zurückweisen. Sie werden die Wahrheit kennen, jedoch wird ihnen das noch immer nicht genug sein. Diese armen schwachen Sünder werden ein Dorn in eurer Seite sein, Kinder. Ohne eure Gebete werden ihre Sünden Chaos in einer Welt verursachen, die sich während ihrer neuen Reinigung erholt haben wird.

Gebet, Meine Kinder, ist so wichtig. Ihr müsst Gott Vater bitten, eurem Verlangen nachzukommen, die Verfolgung aufzuheben, die von diesen Leuten geplant wird. Genug Gebet kann — und wird — viel von dem Gräuel abwenden, das diese Sünder der Welt zuzufügen versuchen. So viele von euch sind gegenüber dem Plan blind, der hinter eurem Rücken ausgeheckt wird. Die Zeichen für diesen Plan werden kontinuierlich offengelegt, aber ihr versagt darin, sie zu erkennen.

Meine Kinder, ebenso wie euer Glaube wächst, betet, dass der Heilige Geist auf diese Sünder übertragen werden kann und dass er ihre Seelen einhüllen kann. Ich, euer kostbarer Jesus, schütze euch, Meine geliebten Anhänger. Unter Meinem Befehl beauftrage Ich euch, nicht nur für diese gefallenen Seelen zu beten, sondern auch dafür zu beten, dass die Verfolgung von ganz normalen Männern, Frauen und Kindern aufgehoben wird. Sollten diese Täter, die Meinem Vater die Stirn bieten werden, weiterhin unschuldige Menschen durch die neuen Kontrollen, die sie auf die Welt loslassen werden, terrorisieren, dann werden sie bestraft werden.

Diesen Sündern wird die größtmögliche Barmherzigkeit seit dem Zeitpunkt Meiner Kreuzigung gegeben. Sie sollten die „Warnung" begrüßen; denn dies ist das letzte Mal, dass ihnen die Chance der Wiedergutmachung angeboten wird. Ansonsten werden sie einer schrecklichen Strafe gegenüberstehen. Diese Strafe, die durch die Hand der Göttlichen Gerechtigkeit von Meinen Ewigen Vater herbeigeführt wird, ist nicht erstrebenswert. Obwohl diese große Züchtigung prophezeit worden ist, kann sie durch die Macht des Gebets gelindert werden.

Euer geliebter Erlöser
König der Barmherzigkeit
Jesus Christus

192. Es werden Veränderungen in der Kirche eingeführt werden, die dem Wort Gottes widersprechen.

Dienstag, 13. September 2011, 15:15 Uhr

Meine innig geliebte Tochter, Ich bin es, Jesus Christus, der im Fleisch kam.

Mein Heiligstes Wort muss jetzt von Meinen geistlichen Dienern überall (an)gehört werden. Alle Meine Anhänger müssen diese Botschaften mit Meinen geistlichen Dienern aller christlichen Konfessionen teilen. Es ist unabdingbar, dass sie ermutigt werden, Mein Wort in dieser entscheidenden Zeit zu hören, bevor sie auseinander gerissen und in zwei Lager gespalten werden.

Die Arbeit des Betrügers hat Meine Kirche auf jeder Ebene durchsetzt. Sehr bald werdet ihr jetzt — langsam aber sicher — sehen, dass die Heiligen Messen reduziert werden. Ihr werdet sehen, dass besondere Gebete entfernt werden, und einige der Sakramente wie die Beichte beginnen abzunehmen. Ich fordere Meine geistlichen Diener jetzt auf, Mir zuzuhören und um die Gabe der Unterscheidung zu beten. Ich bin es, der euch jetzt ruft, damit Ich eure Herde retten kann. Ich bin es, der eure Herzen öffnen will, damit ihr für diese Endzeiten vorausplanen könnt, welche einen ganz neuen Anfang für die Welt einläuten werden.

Ihr werdet sehr bald aufgefordert werden, dem Falschen Propheten euren Gehorsam zu zeigen. Seht ihn als das, was er ist, und beurteilt seine Werke, um zu sehen, ob sie

Früchte tragen. Denn die Früchte, die er und seine sklavischen Anhänger hervorbringen werden, werden bis in den Kern verdorben sein. Ein Bissen (davon) wird eure Treue zu Mir zerstören. Zwei oder mehr Bisse werden solch einen Keil zwischen euch und Meinem Heiligsten Herzen treiben, dass ihr es fast unmöglich finden werdet, ins Königreich Meines Vaters einzugehen.

Beobachtet jetzt genau die Veränderungen, wie sie sich innerhalb eures eigenen geistlichen Amtsbereiches einschleichen, wie ihr noch sehen werdet. Einige dieser Anpassungen werden am Anfang scheinbar kein Problem sein. Aber mit der Zeit werden euch bestimmte Änderungen aufgezwungen werden und man wird euch dazu bringen, Lügen zu schlucken. Die Lügen werden von Satan kommen und werden im Schafspelz gekleidet sein.

An diejenigen, die reinen Herzens sind... ihr werdet dies sofort erkennen und werdet die böse Hinterlist erfassen, die hier vorhanden ist und welche dazu ersonnen wurde, um Meine Kirche auf Erden aus dem Inneren heraus zu zerstören.

Meine Wahrheit wird weltweit ein gedemütigtes Nach-Luft-Ringen hervorrufen, wenn Meine Priester sagen werden, dass diese Prophezeiung sicherlich eine Lüge ist? Die einzige Lüge, von der sie Zeugen werden müssen, wird diejenige sein, welche sie gezwungen sein werden, anzuerkennen, (und) welche im direkten Gegensatz zu Meiner Heiligen Schrift stehen wird, die der Menschheit ganz zu Beginn gegeben worden ist. Erlaubt euch niemals, irgendeine andere Wahrheit anzunehmen außer derjenigen, die in der Bibel enthalten ist.

Viele Änderungen werden eingeführt werden, die dem Wort Meines Ewigen Vaters widersprechen werden. Diese Änderungen, Meine geistlichen Diener, werden nicht göttlichen Ursprungs sein, und ihr müsst diese Unwahrheiten zurückweisen, wenn ihr Mir gegenüber ergeben bleiben wollt.

Wacht auf. Erhebt euch gegen diese Lügen, denen ihr werdet begegnen müssen. Akzeptiert diese niemals. Das Wort Meines Ewigen Vaters wird sich niemals verändern. Es kann niemals durch die Menschheit verändert werden. Viele von euch werden so verzweifelt sein, dass ihr euch von euren Gefährten im geistlichen Amt isoliert vorfinden werdet. Fürchtet euch nicht; denn es gibt nur eine Seite, die ihr wählen könnt. Das wird die Seite sein, wo Ich stehe. Es gibt keine andere Seite.

Euer geliebter Erlöser
Jesus Christus

193. Bittet um das Geschenk des Leidens.

Mittwoch, 14. September 2011

Meine innig geliebte Tochter, dein Leiden ist gelindert worden und Ich möchte dir für dein Geschenk (des Leidens) danken. Es wird zurückkehren, aber du wirst im Stande sein, es mit viel mehr Freude in deinem Herzen anzunehmen. Ich brauche dein Leiden, weil es die Seelen von Sündern rettet, die sonst in der Hölle enden würden. Eines Tages wirst du in ihre Seelen blicken und wirst überwältigt sein von Liebe und Freude, wenn du sie bei Mir neben dem Throne Meines Vaters sitzen siehst.

Die Sünder werden, wenn sie bereuen, immer zuerst liebkost bzw. mit offenen Armen aufgenommen. Sie werden immer im Vordergrund stehen, sehr zur Überraschung Meiner Anhänger. (Anmerkung des Übersetzers: siehe Lukas 15, 11-32 Das Gleichnis vom verlorenen Sohn) Diese Seelen sind durch die Gebete und das Leiden Meiner Anhänger und Meiner auserwählten Seelen zu Mir gebracht worden. Meine Anhänger werden das verstehen, weil sie sich — aufgrund ihrer Einigkeit mit Mir — über die Erlösung solcher Seelen sehr freuen werden.

Es sind jetzt (noch) viel mehr Seelen zu retten, Meine Tochter. Bitte bete, dass du und andere auserwählte Seelen es lernen werden, wie das Leiden die Zahl derjenigen erhöhen kann, die ins Königreich Meines Vaters eingehen werden. Ich bitte sie, um die Gnaden zu bitten, die erforderlich sind, damit ihnen das Geschenk des Leidens gegeben wird. Vergesst nicht, wenn Ich Leiden gewähre, ist es eine besondere Gnade und eine, die viele weitere Seelen in den Schoß Meines Herzens bringen wird.

Euer geliebter Jesus
Erlöser der Menschheit

194. Mit der Wahrheit wird normalerweise mit größter Vorsicht und offener Ablehnung umgegangen.

Donnerstag, 15. September 2011, 23.50 Uhr

Meine innig geliebte Tochter, du erlebst jetzt mehr Einzelheiten der Schmerzen, die Ich während Meiner Kreuzigung ertrug: Verlassenheit. Ablehnung, Isolation, Abtun durch eine spöttische Handbewegung der Obrigkeit und besonders durch Meine gläubigen Anhänger. Sogar Meine eigenen Apostel lehnten Mich in Meiner Zeit der Not ab. So darfst du nicht überrascht sein, dass dies auch mit dir geschieht.

Dir wurde heute Abend auch eine Vision von Mir gezeigt, wo Ich vor Meinen Henkern stehe, denen Ich zuhören musste, als ihre gemeinen Lügen Mich und die Wahrheit Meiner Lehren verdammten. So wirst auch du und so werden auch Meine Anhänger durch diejenigen behandelt werden, welche die Wahrheit nicht akzeptieren können oder sie unangenehm finden.

Meine Tochter, mit der Wahrheit wird normalerweise mit größter Vorsicht und offener Ablehnung umgegangen und sie wird manchmal für gotteslästerlich gehalten. Fürchte dich niemals; denn die Worte, die Ich dir gebe, sind nichts als die Wahrheit. Du darfst niemals Angst haben, das, was Ich dir gebe, zu veröffentlichen. Warum sollte Ich dir Unwahrheiten geben? Warum sollte Ich versuchen, diese Botschaften zu untergraben, indem Ich erlaube, dass zu irgendeiner Zeit eine Unwahrheit in sie eingeht. Denn das stände im Widerspruch zum Willen Meines Vaters. Sogar Satan wird nicht erlaubt, auf diese Botschaften einzuwirken, egal wie heftig er es versucht.

In dem Maße, wie diese Botschaften intensiver werden, werden sie Stoff vieler Diskussionen und (zum Ziel von) Spott werden. Und doch werden viele zu ihnen hingezogen, weil sie trotz ihrem geistigen Widerstand es nicht verhindern werden können, durch den Heiligen Geist ergriffen zu werden, welcher ihre Seele bewegt.

Mit der Zeit werden sie, Meine Kinder, Mir danken, dass Ich ihnen geholfen habe, das Chaos aus dornigem Gestrüpp zu durchdringen, welches sie davon abhalten wird, das Tor zum Paradies zu erreichen, weil sie ohne Meine Führung jetzt, zu diesem Zeitpunkt, verloren wären. Sie würden nicht die Kraft finden, um sicher durch die Tore des neuen Paradieses — des neuen Zeitalters des Friedens auf Erden — geleitet zu werden, welches all diejenigen erwartet, die Mir und Meinen Lehren folgen.

Euer geliebter Erlöser und Lehrer
Jesus Christus

195. Die Zeiten des Friedens und der Glorie sind fast da.

Samstag, 17. September 2011, 18:50 Uhr

Meine innig geliebte Tochter, du begreifst jetzt endlich, dass, wenn du dich zurückgewiesen fühlst, das dann einfach ein Spiegelbild Meiner eigenen Qual ist. Wenn du mit Mir vereinigt bist, wie du es ja bist, wird das ab jetzt ein Teil deines Lebens werden. Wenn die Menschen die Botschaften zurückweisen, welche du veröffentlichst, weisen sie Mein Heiligstes Wort zurück. Wenn sie sie anzweifeln und sie fehlerhaft finden, kritisieren sie Mich. Wenn sie (von oben herab) auf dich herabsehen, verspotten sie Mich. Wenn sie über diese Botschaften lachen, kreuzigen sie Mich (erneut).

Was du fühlst, ist bloß ein Bruchteil Meines Leidens, wenn Ich mit Kummer auf die Blindheit der Menschen gegenüber der Wahrheit der Existenz Meines Ewigen Vaters schaue. Der Schmerz und der Kummer, den Ich fühle, wenn Ich die Sünden der Menschen sehen muss, einschließlich der Sünden von Gläubigen, ist sehr intensiv. Diese Qual hört kaum (jemals) auf, aber sie wird durch das Leiden von Sühneseelen leichter gemacht. Sie wird auch durch die Liebe gelindert, die Meine Anhänger Mir durch ihre Hingabe an Mich zeigen.

Meine Tochter, obwohl Ich das Leiden benötige, um andere arme unglückliche Seelen zu retten, ist es nicht etwas, das Mir Freude macht. Ich finde es schmerzhaft zuzusehen, aber fühle Mich dadurch getröstet. So viele Dinge musst du lernen, Meine Tochter, die für dich schwer zu verstehen sind. Die Wege des Göttlichen Reiches können von der Menschheit nicht verstanden werden. Eines Tages werden sie sie verstehen.

Wisset dies, Meine Kinder: Die schweren Zeiten, welche die Menschen seit Jahrhunderten haben erleiden müssen, kommen zu einem Ende. Das ist eine frohe Botschaft für den Menschen, der seinem Nächsten Liebe erweist und der insofern Mich liebt. Es wird letztendlich auch mein Leiden beenden, das Ich erleide, weil Ich euch alle liebe. Diese Liebe ist stark und strömt endlos (d.h. immerzu, ewig) aus Mir hervor und wird die Ursache eurer endgültigen Erlösung sein.

Gehe jetzt, Meine Tochter, und nimm das Leiden mit mehr Verständnis in deinem Herzen an. Freue dich; denn die Zeiten des Friedens und der Glorie sind fast da.

Euer liebender Freund und Erlöser
Jesus Christus
König der Menschheit

196. Ein typischer Fehler, der beim Versuch, Mir näher zu kommen, gemacht wird.

Sonntag, 18. September 2011, 18.15 Uhr

Ich komme im Namen Jesu Christi, des Sohnes von Gott, dem Allerhöchsten. Ich bin Er.

Meine innig geliebte Tochter, warum suchen die Menschen weiterhin durch die Wissenschaft nach Antworten betreffend ihrer Existenz. Sie suchen und suchen, aber die Antworten, die sie finden, sind unwahr und (deren Feststellungen sind) so weit weg von der wahren Existenz der geistigen Gefilde des Reiches Meines Vaters, dass ihr für diese Seelen beten müsst.

Ich weiß, dass es sehr schwer ist, die Wahrheit Meiner Existenz und (die Wahrheit) der Existenz Meines geliebten Vaters zu akzeptieren; denn jedes Mal, wenn eure Augen die Wahrheit kurz sehen, dreht Satan eure Aufmerksamkeit in die entgegengesetzte Richtung. Meistens wird er Logik anwenden, um Meine Kinder zu überzeugen, dass das Königreich Meines Vaters nur eine Erfindung der Phantasie der Leute ist. Er wird dann die Annehmlichkeiten der materiellen Welt benutzen, um euch zu überzeugen, dass diese (Annehmlichkeiten) für euch Vorrang haben müssen.

Dann gibt es die Seelen, welche die Wahrheit (wirklich) begreifen. Diese machen einen typischen Fehler, wenn sie versuchen, Mir näher zu kommen. Es ist leicht für sie, (sich selbst) zu versichern, dass sie sich, sobald ihre materiellen Güter abgesichert sind, dann auf ihrer eigenen spirituellen Reise vorwärts bewegen können.

Aber das ist nicht die Art und Weise, wie es funktioniert. Ihr müsst unter allen Um-

ständen eure Familien und eure Heime schützen. Ihr müsst diejenigen ernähren, die von euch abhängig sind. Aber danach müsst ihr Mich an die erste Stelle – (d.h.) vor alle weltlichen Güter — setzen. Das wird euer Reisepass zum Himmel sein.

Der Mensch ist nichts ohne Gott. Kein materieller Luxus wird — oder kann — die Liebe Gottes ersetzen. Ihr könnt ihn auch nicht (dauerhaft) behalten oder ihm, wenn ihr Mich in eurem Herzen wirklich lieben (bzw. erfassen) wollt, denselben Wert beimessen.

Vertraut auf Mich und für alles andere wird (dann) gesorgt werden. Wenn ihr versucht, alles selbst zu tun und wenn ihr am Reichtum festhaltet, damit ihr das Beste von beiden Welten haben könnt — (dann) werdet ihr enttäuscht werden.

Vergesst nicht: Meine Liebe zu euch wird eure Seele versorgen. Materieller Reichtum wird eure körperlichen Bedürfnisse erfüllen, aber er (der materielle Reichtum) wird im Laufe der Zeit zerfallen, und ihr werdet (dann) mittellos dastehen.

Bitte, Kinder, lasst Mich — egal, wie schwer es ist — euch auf den Weg der Wahrheit, der zum ewigen Glück führt, leiten. Bittet Mich einfach um Meine Hilfe, und Ich werde antworten.

Euer geliebter Lehrer und Erlöser
Jesus Christus

197. Das wichtigste Ereignis seit Meiner Auferstehung,

Montag, 19. September 2011, 20:15 Uhr

Meine innig geliebte Tochter, es ist Meine Absicht, jeden Mann, jede Frau und jedes Kind in Mein neues Paradies auf Erden zu führen; denn wenn auch nur eine Seele zurückgelassen wird, würde es Mein Herz brechen. Das ist der Grund, warum die Zahl der Boten, die Ich jetzt in die Welt sende, zugenommen hat. Das ist so, damit sie Mein Heiliges Wort verbreiten können, um zur Bekehrung zu ermutigen.

Ich sende keine Boten, um Meine Kinder zu ängstigen. Stattdessen ist die Rolle Meiner Boten, jede Person auf dieser Erde vorzubereiten, so dass alle bereit und würdig sind, in diesem Neuen Paradies zu leben.

Meine Kinder, die Zeiten, in denen ihr lebt, sind nicht angenehm. Recht und Ordnung sind zusammengebrochen. Habgier hat dazu geführt, dass euch eure finanzielle Stabilität gestohlen worden ist. Selbstherrlichkeit und das Besessensein vom Ehrgeiz haben bewirkt, dass euer Glaube immerzu von euch weggenommen worden ist.

Wie ein Haushalt, wo es keine elterliche Kontrolle gibt

Ihr, Meine Kinder, verhaltet euch wie in einem Haushalt, wo es keine elterliche Kontrolle gibt. Wie verwöhnte Kinder werdet ihr mit materiellen Annehmlichkeiten versorgt, die ihr begehrt, ohne sie verdienen zu müssen. Ihr werdet mit Nahrung versorgt, für die ihr euch nicht abmühen müsst. Alles, was euch nicht befriedigt, wird durch noch eine andere Neuheit, durch ein anderes Stimulans ersetzt. Doch nichts (davon) befriedigt (euch) lange. Dann findet unter den Kindern Streit statt, jedes versucht, den anderen zu kontrollieren, um seinen eigenen Willen durchzusetzen. Physischer (körperlicher) Krieg kann dann ausbrechen. Aber keines ist mit der Führung (der anderen) beauftragt, und so verletzen sie einander, manchmal mit ernsten Folgen.

So sehe Ich die Welt: Meine Kinder sind unglücklich, da ihnen geistiger Trost fehlt, aber sie weigern sich, von Meiner Kirche geführt zu werden. Meine heutige Kirche kann nicht auf solch eine widerspenstige Bevölkerung Einfluss nehmen, welche die Hingabe an Mich nicht so anregend findet wie die bequemen Annehmlichkeiten des Fleisches.

Krieg zerstört die Menschheit, und geistiger Niedergang hat in der Welt ein Vakuum geschaffen, dessen Wirkung die meisten von euch inzwischen in ihren Herzen fühlen. Nichts ist, wie es scheint. Die Pracht materieller Dinge glitzert an der Außenseite und zieht jene an, die sich nach Trost sehnen, aber dahinter ist nichts als Finsternis.

Ich bin das Licht, das in euren einsamen, verworrenen und etwas beängstigenden Leben vermisst wird. Deswegen ist die Zeit nahe, in der Ich eingreife und die Führung übernehme. Ihr, Meine Kinder, müsst dies begrüßen und euch auf Meine Große Barmherzigkeit vorbereiten.

Ihr müsst für eure Brüder und Schwestern beten und müsst Meinem Eingreifen mit offenen Armen freudig entgegensehen. Seid positiv (eingestellt). Seid voller Hoffnung. Seid zuversichtlich, dass sogar die verhärtetsten Sünder beim Beginn dieses großen Ereignisses, des wichtigsten seit Meiner Auferstehung, erleichtert sein werden.

Euer geliebter Erlöser
Jesus Christus

198. Zweifel
stärken eure Liebe zu Mir.
Mittwoch, 21. September 2011, 22:00 Uhr

Ich komme im Namen Jesu, der im Fleisch kam und Mensch geworden ist.

Meine innig geliebte Tochter, du bist jetzt Meinem Herzen so sehr nahe, doch es kommt vor, dass du dich so weit weg fühlst. Zuweilen denkst du, dass du von Mir getrennt worden bist, während du tatsächlich nur näher an die Einheit mit Mir heran gezogen wurdest.

Meine Tochter, so stark baue Ich jetzt dein Vertrauen auf, so dass du der Menschheit Mein Wort weiterhin verkünden kannst. Das ist eine sehr wichtige Mission. Weil die Dämonen in diesen Zeiten millionenfach durch den Teufel entfesselt wurden, greifen sie dich an jeder Ecke an. Die ersten Menschen, die sie benutzen werden, werden Gläubige sein, die Schlange stehen werden, um den ersten Stein auf dich zu werfen.

In dem Maße, wie Mein großer Akt der Barmherzigkeit für die Menschheit näher rückt, so versuchen auch die Dämonen, die Wahrheit nicht durchzulassen und hindern

die Menschen — gute Menschen — daran, die Zeit zu investieren, die Ich von ihnen benötige, um die Seelen (derjenigen) Meiner Kinder, welche überhaupt keinen Glauben haben, zu retten. Lass nicht zu, dass die grausame Verleumdung, die immer mehr aufkommt, dich von Meinem Werk ablenkt.

Beachtet jetzt Meine Prophezeiung: Für jeden Menschen, der in dieser Zeit bereut, können (pro (reuevollem) Mensch) drei weitere Seelen gerettet werden. Stellt euch dies etwa so vor: Die Segnungen, die einem Menschen gewährt werden, der Vergebung sucht, werden den Familien dieser Menschen gegeben werden. Jede Seele, die jetzt zu Mir betet und Mich bittet, ihre nächsten Familienangehörigen und ihre Freunde zu retten, wird Meine Gnade in Hülle und Fülle erhalten.

Gebet ist eure Erlösung, Meine Kinder. Je mehr ihr betet, desto mehr werde Ich eure Herzen öffnen und Meine Wahrheit offenbaren. Meine Gnadenbebeweise sind jetzt auf eine Weise verstärkt worden, wie man es auf dieser Erde vorher nicht gesehen hat. Jedoch kann Ich diese mächtigen Gnaden nicht (über euch) ausgießen, wenn ihr nicht darum bittet.

Meine Tochter, lass dir gesagt sein, dass jetzt eine Boshaftigkeit, die dich erschrecken wird, in einem sich aufbauenden Angriff auf diese göttlichen Botschaften zu sehen sein wird. Ignoriere dies. Schließe deine Augen. Versperre deine Ohren. Bete stattdessen, dass solche Seelen erleuchtet werden.

Zweifel, Meine Tochter, sind Prüfungen, die nicht nur von dir, sondern auch von Meinen geliebten Anhängern erfahren werden. Obwohl sie beunruhigend sein können, werden sie von Mir zugelassen, um euch alle stärker in eurer Liebe zu Mir zu machen.

Entspannt euch jetzt, Meine Kinder. Nehmt Mein Wort an. Lebt euer Leben, wie Ich es von euch erwarte. Setzt eure Familien an die erste Stelle vor allem anderen. Sie dürfen niemals Meinetwegen vernachlässigt werden. Betet jetzt mit ruhigem Vertrauen und seid versichert, dass sich Meine Prophezeiungen auf Anweisung Meines Ewigen Vaters verwirklichen werden. Sie werden gemäß dem von Meinem Vater festgelegten idealen Zeitablauf geschehen.

Vergesst niemals, Meine Kinder, meinen Sehern und Seherinnen wurden viele Geheimnisse, welche zukünftige Ereignisse voraussagten, gegeben, (doch diese Ereignisse) sind durch das Gebet gelindert worden. Viele, viele ökologische Katastrophen sind wegen der Hingabe, die Meiner Heiligen Mutter erwiesen wurde, abgewendet worden. Ihre Anhänger haben durch ihre Gebete viele Erdbeben, Überschwemmungen und Tsunamis abgewendet. Gebet kann sehr mächtig sein. Die Gebete und das Leiden einer Person können eine Nation retten. Vergesst das nicht.

Ich liebe alle Meine Kinder. Die Macht, euch gegenseitig zu retten, liegt in euren Händen, Kinder. Vergesst nicht, was Ich frü-

her gesagt habe. Gebet ist eure Rüstung gegen das Böse in dieser Welt. Gebet kann globale Katastrophen lindern. Betet weiterhin um Frieden in eurer Welt. Betet auch um einen leichten Übergang zum Neuen Paradies auf Erden, das alle Meine Kinder erwartet, die Erlösung suchen.

Euer Geliebter Jesus

199. Wahrsagerei
kommt nicht von Mir
21. September 2011, 23:30 Uhr

Meine Tochter, diese Reise nimmt in ihrem Umfang für dich zu. Du bist bereit, mehr, als du jemals wissen wirst. Sei nicht ängstlich; denn deine Mission wird helfen, einen großen Teil der Menschheit zu retten. Deine Aufgabe ist prophezeit worden und (sie) wird vom Himmel aus dirigiert. Du bist ein Instrument. Ich bin dein Meister.

Du wirst hinsichtlich dieser sehr heiligen Aufgabe Erfolg haben; denn sie kann nicht und wird nicht misslingen. Du magst dich zuweilen sehr niedergeschlagen, einsam und mutlos fühlen. Nimm das hin. Dein Leiden bringt Mir kostbare Seelen im Moment ihres Todes. Diese Seelen beten jetzt für dich. Juble; denn wenn du die Liebe sehen würdest, die sie für dich verströmen, so würdest du vor Freude weinen.

Meine Heiligen im Himmel führen dich und schützen dich vor dem Teufel, und dir werden deshalb viele Atempausen gewährt, die dich überraschen und erfreuen. Verzage niemals mit diesem Werk. Dies ist eine der größten Missionen meiner Arbeit auf Erden. Sei stark, tapfer und zuversichtlich, aber bleibe unbedingt demütig. Die Bühne ist jetzt (an)bereitet. Die Ereignisse, von denen Ich sprach, werden sich jetzt entfalten. Wenn dies geschieht, wird auch dein Vertrauen zurückkehren; denn du wirst den Beweis haben, den du brauchst. Ja, Satan hat diese Arbeit bei einigen Gelegenheiten unterbrochen. Ich habe dies zugelassen, weil dies gewährleistet, dass du jederzeit demütig bleibst.

Veröffentliche keine Datumsangaben. Frage nicht, wie sich die Zukunft für die Menschen gestaltet, die das nun zu wissen wollen. Wahrsagerei kommt nicht von Mir. Die einzige Zukunft, die Ich offenbare, hat mit dem geistigen Wohl Meiner Kinder zu tun. Sei dankbar, dass dir dieses ganz besondere Geschenk gegeben worden ist. Obwohl du es dir nie aus freien Stücken gewünscht hast, wurdest du von deinem allerersten Atemzug an für diese Arbeit geformt und du wirst Mein Heiligstes Wort bis zu deinem letzten Atemzug erfüllen.

Ziehe (nun) in Meinem Namen los und hilf Mir, die Seelen der ganzen Menschheit zu retten – (und zwar) mit Liebe und Freude in deinem Herzen.

Ich liebe dich, Meine kostbare Tochter. Ich bin voll Freude über deine innige Liebe zu Mir und zu Meiner geliebten Mutter.

Dein Jesus

200. Jungfrau Maria: Betet überall auf der Welt um Meinen Schutz.

Donnerstag, 22. September 2011, 21:00 Uhr

Mein Kind, du musst Meine Kinder bitten, zu Mir zu beten, so dass Ich sie in diesen Zeiten mit Meinem heiligsten Mantel bedecken kann. Die Arbeit des Betrügers nimmt zu und breitet sich in Windeseile aus. Die böse Kontrolle, die ihr rundum seht, wird von ihm und seiner Armee von Dämonen gelenkt. Sie verursachen viel Leid und Schmerz in der Welt. Das Beten Meines Heiligen Rosenkranzes wird ihn abhalten, den Schaden zu verursachen, den er dieser Welt zuzufügen beabsichtigt.

Betet, Meine Kinder, wo auch immer ihr seid, um Meinen besonderen Schutz gegen den Teufel.

Betet, um das Leiden Meines geliebten Sohnes zu erleichtern, Der eures Trostes so dringend bedarf. Er braucht eure Gebete, Kinder, da Er Sich daranmacht, die Menschheit einmal mehr aus ihrem sündhaften und widerspenstigen Leben zu erretten.

Betet jetzt, wie ihr noch nie zuvor gebetet habt.

Eure Heilige Mutter
Königin des Friedens

201. Der Kummer wegen des Verlustes Meiner Kinder, die mit Mir nichts zu tun haben wollen.

Donnerstag, 22. September 2011, 21:30 Uhr

Meine innig geliebte Tochter, bereite deine Familie auf die „Warnung" vor. Bitte Meine Kinder überall, Vergebung für ihre Sünden zu suchen. Ihr Verlangen (danach) muss aus dem Herzen kommen. Andernfalls werden sie während der Erhellung (ihrer Seelen) durch meine göttliche Barmherzigkeit den brennenden Schmerz des Fegefeuers ertragen, wenn Ich jedem — jedem Einzelnen von euch — begegnen werde.

Die kommende Reinigung wird in euren Seelen einen solch nachhaltigen und unvergesslichen Eindruck hinterlassen, dass ihr für ewig im Schoß Meines Herzens bleiben werdet.

Jenen von euch, die Mich kennen und lieben, sage Ich: Bitte bereitet euch jetzt auf Mein größtes Geschenk vor. Besorgt euch gesegnete Kerzen und Weihwasser und seid bereit, damit ihr euch den Gebeten der Heiligen im Himmel anschließen könnt, um zu helfen, die Seelen all Meiner Kindern rund um die Welt zu retten.

Zum ersten Mal in eurem Leben werdet ihr wahrhaft mit Mir (in Meiner Gesellschaft) allein sein. Ohne ein Geräusch zu vernehmen werdet ihr Meine Kreuzigung sehen, und was die Ungläubigen angeht, so werden diese dann endlich die Wahrheit Meines Leidens für die Menschheit verstehen.

Ihr, Meine Kinder, werdet Mein großes Geschenk der Barmherzigkeit verstehen und es willkommen heißen, und euch wird eine Kraft gegeben werden, die nur den Heiligen im Himmel bekannt ist. Diese Kraft wird später das Rückgrat Meiner neuen Armee auf Erden schmieden. Diese große Armee wird Millionen anderer Seelen aus den Klauen der vom Antichristen geführten Armee erretten. Gebet, zum jetzigen Zeitpunkt, wird während dieser entscheidendsten Zeit seit der Schöpfung der Menschheit Millionen (Seelen) retten und sie bekehren helfen.

Kinder, lasst euch von mir im Voraus liebkosen. Erlaubt Mir, euch den Mut und die Kraft zu geben, Mir mehr Seelen zu bringen. Ich brauche eure Liebe. Meine Wunden sind tief. Mein Kummer wegen des Verlustes von so vielen Meiner Kinder, die nichts mit Mir zu tun haben wollen, ist am Höhepunkt.

Ich fühle Mich trostlos und allein. Helft Mir, Kinder, sie rechtzeitig zu retten. Obwohl Mein großer Akt der Barmherzigkeit Göttliches Licht in die Welt bringen wird, in einem Umfang, der euch den Atem verschlagen wird, wird er auch eine Zeit des Schmerzes für diejenigen sein, die nicht im Stande sein werden, den Schock auszuhalten.

Bitte seid nicht beunruhigt. Ich komme mit großer Liebe und mit großem Erbarmen für euch alle. Weil Ich euch liebe, greife Ich jetzt ein, um euch von den abscheulichen Taten zu retten, die durch globale Mächte ausgeführt werden, welche die Bevölkerung der Welt dezimieren wollen. Sie wollen das durch Kontrolle tun. Ich werde ihnen nicht erlauben, das zu tun. Mein Vater wartet. Wenn die Menschen die Sünden einsehen, deren sie schuldig sind, dann wird die Welt zu einem Ort des Friedens und der Liebe werden. Wenn sie nicht imstande sind, die Lehre der „Warnung" zu beherzigen, werden sie nicht verschont werden. Das ist dann, wenn die Hand Meines Vaters niederfallen wird.

Ich bin Jesus Christus
König und Retter der ganzen Menschheit

202. Gott der Vater: Über den Antichrist(en) und eine neue Weltwährung.

Freitag, 23. September 2011, 21:30 Uhr

Meine Tochter, obwohl die Welt die „Warnung" fürchten mag, muss sie akzeptieren, dass die Prophezeiungen, die im Buch der Offenbarung enthalten sind, nun über sie kommen. Der Heilige Kirchenstaat (= der Vatikan) ist jetzt ebenso gefährdet, wie es auch der Staat Israel ist. Die Prophezeiungen werden sich verwirklichen, sobald die Welt vom Antichristen kontrolliert wird, der versuchen wird, euch durch eine neue Weltwährung zu kontrollieren. Sobald und wenn ihr auf diese Weise kontrolliert werdet, werdet ihr (auch) auf jede andere Weise kontrolliert werden.

Die „Warnung" wird diese und andere böse Abscheulichkeiten stoppen, die durch globale Kräfte geplant werden. Diese Abscheulichkeiten übersteigen die Verstandeskraft Meiner Kinder in der ganzen Welt. Als unschuldige Schachfiguren in einem Spiel, das nicht euer Werk ist, werdet ihr von Meiner Hand der Gerechtigkeit beschützt werden.

Erhebt euch, Meine Kinder, und bekämpft diesen Ablauf des Bösen durch das Gebet. Die globale Kontrolle und Verfolgung, die gerade in diesem Moment geplant wird, können durch das Gebet abgewendet werden. Nicht alle von euch können oder werden gerettet werden, derart ist der Griff des Antichrist(en), den er auf euch ausüben wird.

Meine Kinder, Satan wird niemals gewinnen. Ihm ist nicht die Macht gewährt worden, und ebenso, wie sich sein Griff jetzt zu lockern beginnt, wird er so viele Seelen, wie er nur kann, in den Abgrund der Hölle mit sich schleifen. Ich weine in tiefem Kummer um Meine schöne Schöpfung und jene kostbaren Seelen von Mir. Oh, wenn sie doch nur auf die Wahrheit hören würden.

Wissenschaftliche Beurteilung ist unsinnig; denn keine Wissenschaft wird die Wirklichkeit Meines Göttlichen Reichs ersetzen. Nicht eine Person auf Erden kann jemals die Schönheit und das Wunder ergründen, das euch alle erwartet; denn es ist mit menschlichen Begriffen nicht zu beschreiben.

Bald werdet ihr die Pläne verstehen, die Ich habe, um die Welt aus den Händen des Betrügers zu retten.

Ich liebe euch alle und werde Meine Anhänger zu jedem Zeitpunkt während jeder geplanten Verfolgung schützen.

Schaut auf Mich. Öffnet eure Arme und erlaubt Mir, euch alle festzuhalten und zu beschützen.

Meine Kinder, die an Mich glauben, haben nichts zu befürchten.

Euer geliebter Schöpfer
Gott, der Allerhöchste
Gott, der Vater

203. Erklärt das Entsetzen der Hölle denjenigen, die blind gegenüber der Existenz Satans sind.

Samstag, 24. September 2011, 22:15 Uhr

Meine innig geliebte Tochter, warum beharrt der Mensch darauf, die Existenz der Hölle zu bestreiten?

Viele Meiner Kinder, die sich selbst für modern in ihrer Einstellung halten, bestreiten in aller Öffentlichkeit die Existenz der Hölle, während sie gleichzeitig ihren Glauben an Gott, den Ewigen Vater, verkünden. Sie führen Meine Kinder in die Irre, wenn sie die Entschuldigung vorbringen, dass Gott immer barmherzig sei. Indem sie Meine Kinder davon überzeugen, dass alle in den Himmel kommen, werden sie unabsichtlich für jene verantwortlich, die ihrer falschen Lehre folgen.

Satan existiert, und daher gibt es folglich auch die Hölle. Die Hölle ist ein Ort, wohin Satan jene Seelen mitnimmt, welche ihm auf Erden Gefolgschaftstreue zeigen. Das sind die Seelen, welche alle Gedanken an Gott beiseiteschieben und die Akzeptanz böser Handlungen in der Welt fördern. In einigen Fällen können Menschen sogar ihre Seelen an Satan verkaufen für ein Leben in Reichtum, Berühmtheit und Macht. Viele in der Musikbranche haben das im Laufe der Jahre getan. Die Menschen machen sich wenig Gedanken darüber, wie sie ihren Treueschwur sehr oft durch Gemeinschaftsweihen bei okkulten Praktiken leisten.

Auf der anderen Seite gibt es diejenigen, die ihr Leben, wie sie meinen, spaßerfüllt und sorgenfrei leben, auf der ständigen Suche nach Befriedigung der eigenen Bedürfnisse. Gerade sie zählen zu den Seelen, welche bei der Ankunft an den Toren der Hölle geschockt sind und ungläubig ihren Kopf schütteln angesichts des Schicksals, das sie erwartet. Sie können nicht einsehen, dass dieser Schrecken, dem sie gegenüberstehen, von ihrem eigenen Tun kommt. Die ihnen auf Erden gegebene Freiheit war zu Gunsten von allem, was Gott verletzt, missbraucht worden.

Meine Kinder, bitte erklärt das Entsetzen der Hölle denjenigen, welche blind gegenüber der Existenz Satans sind. Kümmert euch nicht darum, ganz gleich, ob sie lachen und euch wüst beschimpfen. Es ist eure Pflicht, sie vor dem entsetzlichen Schicksal zu warnen, das jede bedauernswerte Seele erwartet, welche dort landet.

Atheisten, die auf ihrem Sterbebett glauben, dass ihr Leiden mit ihrem letzten Atemzug enden wird, hört Mir jetzt zu. Denjenigen von euch, welche die Existenz Gottes auf dieser Erde bestreiten, obwohl euch die Wahrheit während eurer Lebenszeit offenbart worden ist, sage Ich: Euer Leiden in den Feuern der Hölle wird nur der Anfang der ewigen Verdammnis sein. Ihr, Meine armen Seelen, die ihr durch euren eigenen freien Willen schwer sündigt, weist Mich zurück. Stattdessen wählt ihr Satan. Er erwartet euch nach dem Tod. Ich werde nirgends zu finden sein. Denn dann wird es zu spät sein, euch Meine Barmherzigkeit zu zeigen.

Betet, betet ihr alle, damit wir zusammen diese Seelen retten können. Satan darf nicht erlaubt werden, ihre Seelen zu stehlen. Helft Mir, sie zu retten, solange sie noch auf der Erde leben.

Euer geliebter Jesus

204. Ich habe jetzt Meine Propheten in die Welt gesandt.

Sonntag, 25. September 2011, 11:45 Uhr

Meine innig geliebte Tochter, wie man junge Leute überzeugt und diejenigen, die in einem geschäftigen, sinnlosen Lebensstil verfangen sind, ist die Herausforderung, die Ich dir darlege.

Dein Auftrag ist es, jede Art moderner Kommunikationsmittel zu verwenden, die verfügbar sind, um eine junge, moderne Gesellschaft von der Wahrheit Meiner Existenz zu überzeugen. Ich verspreche, dass alle jene jungen Kinder, denen durch solche Mittel die Wahrheit gegeben wird, Meine Gegenwart fühlen werden, sobald sie Meine Botschaften lesen. Verbreite und bekehre jetzt, Meine Tochter, in jeder Ecke der Welt.

Das ist die Aufgabe, für welche du erwählt worden bist. Dadurch, dass du Mein Wort wie ein Lauffeuer ausbreitest, können mehr Menschen erreicht werden. Verwende das Internet und die Medien. Meine Anhänger, die beteiligt sind, werden mit der Zeit die Wahrheit überall verbreiten.

Diese Mission hat gerade erst begonnen. Die Fundamente sind gelegt worden. Jetzt wird die Welt gemäß dem idealen Zeitplan Meines Vaters diesen Göttlichen Botschaften Aufmerksamkeit schenken.

Ich versprach, dass Ich zurückkehren würde. Um den Weg zu ebnen, habe Ich jetzt Meine Propheten, einschließlich dir, Meine Tochter, in die Welt gesandt. Viele reagieren jetzt auf Meinen Ruf in jedem Land in der Welt, obwohl ihre Stimmen schwach sind. Mit der Zeit werden auch sie gehört, damit sie Meinen Ruhm verkünden können, um Meine Rückkehr anzukündigen.

Es liegt noch einige Zeit voraus, bevor diese Glorreiche Rückkehr stattfindet. Bereitet bis dahin Meine Kinder vor. Die „Warnung" wird Millionen bekehren, aber das ist nur der Anfang. Die Periode danach wird und muss damit zugebracht werden, die Seelen zu versorgen, um sicherzustellen, dass sie hinreichend vorbereitet sind, so dass sie bereit sind, in das Neue Paradies Meines Vaters auf Erden einzugehen.

Ihr habt viel zu verkraften, Kinder, aber (auch) oh so viel zu erwarten, wenn euch Zugang zu diesem wunderbaren neuen Zeitalter des Friedens, der Freude und des Glücks auf Erden gegeben wird. Ausdauer ist jetzt angesagt. Mut und Durchhaltevermögen werden denjenigen gegeben, die den Heiligen Geist anrufen. Ihr, Meine Armee, werdet dann die Seelen jener aufheben, welche sich umherirrend in Meine Richtung bewegen. Lasst keine dieser Seelen davonziehen und in der Wildnis verloren gehen. Betet für sie. Zeigt ihnen Liebe und Verständnis. Sagt ihnen niemals, dass sie verloren sind, oder beschuldigt sie niemals der Sünde, weil das in Meinen Augen ein schweres Vergehen ist. Stattdessen seid unnachgiebig, aber freundlich. Sagt ihnen einfach die Wahrheit. Danach wird es an ihnen liegen.

Kinder, ihr könnt nicht alle Seelen gewinnen. Ihr könnt nur euer Bestes tun.

Euer geliebter Jesus

205. Einblick in Meine Kreuzigung.

Montag, 26. September 2011, 23:45 Uhr

Meine innig geliebte Tochter, heute Abend gab Ich dir — zum ersten Mal — einen Einblick in Meine Kreuzigung, welcher dich überraschte. Doch was Ich dir offenbarte, ist von sehr großer Wichtigkeit.

Viele laue Gläubige denken, dass Ich, als Ich gekreuzigt wurde, irgendwie, weil Ich der Sohn Meines Vaters bin, den körperlichen Schmerz nicht durchlitt, den ein (gewöhnlicher) Mensch erleiden würde. Sie sind auch der Meinung, dass Ich wegen Meiner Göttlichen Stellung keine Angst hatte oder (überhaupt auch nur) Angst gehabt

haben könnte, wegen der Kraft, die Ich von Meinem Vater erhielt.

Die Wahrheit ist ganz anders. Ich fühlte Mich sehr allein und hatte Angst. Meine Zeit im Garten (von Gethsemani) war aufgrund Meiner menschlichen Natur schrecklich. Vergiss nicht, dass Ich im Fleisch (als Mensch) kam. Ich hatte die gleichen Gefühle des Schmerzes und des Kummers, (genau) so wie jeder (andere) Mensch. Viele Menschen verstehen das nicht.

Ich fühlte Mich von Meinem Ewigen Vater verlassen und auf einige verschiedene Arten wurde Ich von Meinen Aposteln für selbstverständlich hingenommen, die nichts taten, um Mich während dieser schrecklichen Stunden zu trösten.

Als Ich Meinen Henkern gegenüberstand, zitterte Ich vor Angst und konnte auf ihre Anschuldigungen kaum antworten. Ich fühlte Mich, wie sich jeder Mensch fühlen würde, wenn er einer brutalen Hinrichtung gegenübersteht. Meine Würde blieb aufgrund des Opfers, von dem Ich wusste, dass Ich es für die Menschheit erbringen musste, erhalten. Paradoxerweise — Ich weiß — fühlte Ich aber während dieses Leidens auch Liebe und Freude in Meinem Herzen; denn Ich wusste, dass Mein Tod euch, Meine Kinder, für alle Ewigkeit retten würde. Doch jetzt möchte Ich, dass ihr euch jetzt selbst fragt, wie viele (von euch) durch Meinen Tod am Kreuz gerettet werden können. Wer (von euch) möchte gerettet werden und begreifen diese (Menschen) wirklich die Bedeutung?

Denn wegen Meines Todes können die Menschen jetzt in den Himmel eingehen. Wissen sie denn auch, dass das (nur) aufgrund ihrer eigenen Entscheidung und durch den freien Willen, der ihnen gegeben worden ist, so sein wird? Der Glaube an Gott den Vater muss für euch an erster Stelle stehen. Kommt zuerst zu Mir, und Ich werde euch zu Ihm bringen. Befolgt Meine Lehren, die euch durch die Heilige Bibel gegeben worden sind. Liebt euren Nächsten. Haltet euren Glauben einfach. Bleibt bei einer ausgewogenen Betrachtungsweise eures Glaubens. Liebt Mich. Betet zu Mir. Betet Mich an. Erlaubt Mir, euch mit Meinem zärtlichen Herzen zu lieben. So kann Meine Göttliche Gegenwart eure kostbaren kleinen Seelen durchfluten. Ich gehöre euch. Ihr seid Meine Kinder. Es ist so einfach.

Je mehr ihr betet, desto näher werdet ihr Mir kommen — (und) desto enger wird sich euer Herz mit Meinem verflechten.

Euer Jesus
Erlöser der Menschheit

206. Gott (der) Vater: Die Tage Satans auf dieser Erde sind fast zu Ende.

Donnerstag, 29. September 2011, 20:15 Uhr

Ich bin das Alpha und das Omega. Ich bin Gott der Vater.

Meine geliebte Tochter, für die Welt rückt die Zeit nahe heran, an der sie Zeuge der Barmherzigkeit werden wird, die der Menschheit durch Meinen kostbaren Sohn Jesus Christus gezeigt werden wird.

Viele Kräfte des Bösen scharen sich um diejenigen verlorenen Seelen, welche dem Betrüger, Satan, Gefolgschaftstreue erweisen. Auch sie (die verlorenen Seelen) sind auf die „Warnung" vorbereitet und glauben arrogant, dass die Macht, welche ihnen von Satan versprochen worden ist, sie zu einem neuen weltlichen Paradies ihrer eigenen „Bauart" führen wird. Das ist die größte von Satan angerichtete Lüge, der sie erlegen sind. Die Finsternis ihrer Seele bewirkt, dass ihre Herzen gegenüber jenen, die an Mich, Gott, den Schöpfer aller Dinge, glauben, kein Erbarmen zeigen werden. Allerdings ist die Macht, welche sie ausüben, jetzt schwächer geworden.

Satans Tage auf dieser Erde sind fast zu Ende. Aber er, Satan, wird nicht ruhen, bis er Millionen dieser irregeleiteten und in ihrem Wahn gefangenen Seelen in sein Netz eingesponnen hat. Bete für sie, Meine Tochter; denn sie sind ziellos. Sie sind zerrissen und durch ihre Panik werden sie alles, was sie können, versuchen, um Meine Kinder mithilfe ihrer weltlichen Besitztümer zu kontrollieren.

Beherzigt jetzt Mein Wort: Die Menschheit hat keine Macht. Die einzige Macht wird das Gebet sein, die Rüstung gegen diese bösen Leute. Sie, welche in Todsünde leben, haben Mich und Meine kostbare Schöpfung verletzt, und dafür werden sie leiden. So viele Ereignisse werden sich jetzt vor den Augen einer ungläubigen Welt entfalten. So viele Meiner Kinder werden fassungslos und geschockt sein, wenn sie das Leiden des Fegefeuers und der Hölle fühlen.

Alle Sünder werden während und nach der „Warnung" erfahren, was ihnen widerfahren würde, würden sie ihr Leben verlieren. Diejenigen, die mit Sünden beschwert sind, werden die gleiche brennende Reinigung erleiden wie jene Seelen im Fegefeuer, welche das Eingehen in Mein Glorreiches Königreich erwarten. Jene, die sich im Stande der Todsünde befinden, werden die tiefe Verzweiflung und die Dunkelheit der Feuer der Hölle erfahren. Dieses Leiden wird nicht zu lange dauern und dann werden sie wieder die Welt schmecken, die sie vor der „Warnung" erlebt haben.

Diese Welt wird gegenüber der Welt zuvor ganz anders sein; denn schlussendlich werden ihre Augen gegenüber der Wahrheit von Himmel, Hölle und Fegefeuer geöffnet sein. Sie werden dann entscheiden müssen, welchem Weg sie folgen möchten. Du, Meine Tochter, würdest glauben, dass sie dem Weg hin zu Meiner Göttlichen Liebe und Meinem Mitgefühl folgen werden, aber bei so vielen verhärteten Sündern wird das nicht der Fall sein. Sie werden so von den falschen und leeren Versprechungen, die ihnen der Betrüger gemacht hat, befallen sein, dass sie erneut dazu übergehen werden, ihm in seine Richtung zu folgen. Sie werden kämpfen und ringen — und durch den Einfluss der Dämonen, die von Satan entfesselt und aus den Tiefen der Hölle losgelassen sind, werden sie es zulassen, dass ihre Seelen in seinen bösen Plan für die globale Vorherrschaft gesaugt werden.

Dies ist ein dringender Ruf, um euch alle dringend zu bitten, von Herzen um Vergebung für eure missratenen (bzw. eigensinnigen) Leben zu fragen. Ihr habt die Zeit, um das zu tun, aber tut es bald.

Bereitet euch vor, um Barmherzigkeit zu bitten. Ich liebe alle Meine Kinder. Das große Ereignis dient zum Wohl aller Meiner Kinder. Also — anstatt Angst zu haben — erlaubt es Meiner Liebe, euch zu umhüllen (bzw. zu durchdringen), um euch zu stärken. Auf diese Weise werdet ihr dem Leiden standhalten, das euch bevorsteht.

Euer liebender Ewiger Vater
Gott, der Allerhöchste

207. Die Folgezeit nach der „Warnung".

Donnerstag, 29. September 2011, 20:45 Uhr

Meine innig geliebte Tochter, da die „Warnung" näher rückt, ersuche bitte Meine geliebten Anhänger, zu beten und sich dankbar über die große Gnade zu freuen, die Mein Ewiger Vater der Menschheit gewährt hat.

Aufgrund dieser glorreichen Handlung aus reiner Liebe kann ein größerer Teil der Menschheit gerettet werden, sodass diese das Zeitalter des Friedens auf Erden genießen können. Seid dankbar, dass ihr in diesen Zeiten lebt; denn Millionen von euch werden gerettet werden, die ansonsten niemals durch die Tore des Himmels gehen würden.

Die Vorbereitungen sind abgeschlossen. Bereitet eure Häuser mit geweihten Kerzen und einem Vorrat an Wasser und Nahrungsmitteln vor, ausreichend für ein paar Wochen. Die Folgezeit wird schwer sein, aber ihr dürft keine Angst haben. Seid stattdessen erleichtert; denn dieses Leiden soll in Danksagung für das ewige Leben aufgeopfert werden, das jetzt Meinen kostbaren Seelen gewährt wird, welche dieses große Geschenk annehmen.

Seid im Frieden. Vertraut Mir, denn vergesst nicht: Ich bin euer Erlöser und biete jenen treuen Seelen zu jedem Zeitpunkt Schutz. Ich gehe mit euch. Ich führe euch. Ich halte eure Hände mit zärtlicher Liebe. Ihr gehört zu Mir, und Ich werde euch niemals von Meinem Heiligsten Herzen fortziehen lassen. Ihr, Meine Anhänger, seid mit den Gnaden umgeben, die ihr braucht, um die „Warnung" zu überleben.

Euer geliebter Jesus
Erlöser und Retter der ganzen Menschheit

208. Verhärtete Seelen werden die „Warnung" nicht leicht finden.

Freitag, 30. September 2011, 21:15 Uhr

Meine innig geliebte Tochter, Meine Aufgabe, Seelen zu bekehren, nimmt jetzt an Intensität zu.

Bitte warne so viele, wie du kannst, damit sie ihre Seelen noch vor der „Warnung" bereit machen.

Informiere alle jene Priester, Nonnen, Bischöfe und die Vertreter anderer Konfessionen, die an Meinen Ewigen Vater glauben, dass sie auf Mein Wort hören sollen. So viele Meiner Kinder befinden sich in einer solchen Finsternis, dass das Licht Meiner Göttlichen Glorie ihre Seelen verletzen wird. Sie werden wirklichen Schmerz fühlen, weil sie nicht im Stande sein werden, diesen großen Akt Meiner Barmherzigkeit auszuhalten.

Einige Menschen lächeln belustigt über diese Heiligen Botschaften. Das macht Mich traurig. Nicht weil sie nicht glauben, dass Ich auf diese Weise mit ihnen spreche, sondern weil sie nicht an Mich glauben wollen. Euch allen, die ihr euch um eure Lieben Sorgen macht, sage Ich: Bitte betet, dass die Reinigung, der sie während der „Warnung" gegenüberstehen, sie letztendlich in Mein Herz bringen wird.

Ich bitte darum, dass alle Meine Anhänger sich jetzt selbst vor Satan schützen. Ihr müsst jede Ecke eures Hauses mit Weihwasser besprengen, ein Benediktuskreuz tragen und einen Rosenkranz nahe bei euch haben. Betet auch zum Heiligen Erzengel Michael. Satan und seine Armee von Anhängern werden alles tun, euch zu überzeugen, dass nicht Ich es bin, der spricht. Satan und seine Dämonen werden anfangen, euch zu quälen und schreckliche Zweifel in euren Geist zu legen. Ihr, Meine Kinder, könnt ihn stoppen, indem ihr Meinen Anweisungen folgt. Unglücklicherweise wird er den Geist schwacher Seelen so verdrehen, dass sie Mich vollkommen ablehnen.

Verhärtete Seelen werden die „Warnung" nicht als leicht empfinden. Sie werden Einwendungen hinsichtlich der Art und Weise haben, wie sie Mich verletzt haben. Sogar die brennenden Feuer der Hölle, die sie während der „Warnung" erfahren werden, werden nicht alle Zweifel an Meiner Existenz wegwischen.

Viele werden Lügen über die „Warnung" verbreiten, nachdem sie stattgefunden hat. Sie, die Heiden, welche Sklaven von Satan sind, werden eine Lüge entwerfen, die sie überall verbreiten werden. Wissenschaftliche Argumente werden angeführt werden, um das Ereignis „wegzuargumentieren". Sie wollen die Wahrheit nicht hören. Für sie muss gebetet werden. So stark hat Satan die Welt in seinen Griff genommen, dass Mein Name in der Öffentlichkeit nicht einmal gemurmelt werden wird. Auf Erden wird die Diskussion Meiner Existenz als ein peinliches Gesprächsthema angesehen.

Mein Name wird heutzutage hauptsächlich bei der Benutzung ordinärer Sprache ausgesprochen oder — schlimmer noch — durch „Ausrutscher der Zunge" wie z. B. beim Fluchen. Aber hört Mir jetzt zu. Man wird Meinen Namen nach der „Warnung" wiederum hören und er wird von denjenigen, die sich bekehren werden, nochmals anerkannt werden. Dann wird Mein Name verwendet werden, wenn sie, Meine Kinder, zu Mir beten.

Euer geliebter Jesus

209. Jungfrau Maria: Der Betrüger bereitet sich auch auf die „Warnung" vor.

Samstag, 1. Oktober 2011, 20:30 Uhr

Mein Kind, bete für alle jene Seelen, die Meinen Sohn zurückgewiesen haben und die stolz auf diese Tatsache sind.

Die Zeit nähert sich, da Mein Sohn noch einmal versucht, die Welt vor der Verdammung zu retten. Es ist wichtig, Mein Kind, dass du weiterhin in allen Dingen gehorsam bist, welche von Meinem kostbaren Sohn verlangt werden.

Er leidet und will euch alle aus dem Griff des Betrügers retten. Er, der Betrüger, bereitet sich auf die „Warnung" vor. Obwohl Mein Sohn aufgrund Seiner Barmherzigkeit es darauf anlegen wird, die Seelen aller zu retten, wird er, der Betrüger, versuchen, sie zu überzeugen, dass die „Warnung" eine Illusion war.

Satan muss daran gehindert werden, sich jene ahnungslosen Seelen zu schnappen. Behaltet sie in all euren Gebeten; denn sie sind diejenigen, welche eure Gebete am meisten brauchen.

Eure Heilige Mutter
Königin des Himmels

210. Freut euch, wenn der Himmel explodiert; denn ihr werdet wissen, dass Ich komme.

Sonntag, 2. Oktober 2011, 15.00 Uhr

Meine innig geliebte Tochter, die Wettermuster verändern sich, was ein weiteres Anzeichen dafür ist, dass die Zeiten im Begriff sind, sich zu ändern. Es werden auch andere Veränderungen eintreten. Die Sonne wird in der Vorlaufzeit der Warnung beginnen zu pulsieren und sich zu drehen, dies für die Welt, damit sie auf die Warnung vorbereitet wird.

Mein Kreuz wird zuerst erscheinen. Sie werden geschockt sein, aber das wird euch als ein Zeichen gegeben, damit ihr eure Seelen vorbereitet und ihr um den Nachlass der Sünden, die ihr begangen habt, bitten könnt. Dadurch, dass ihr dies tut, werdet ihr während der „Warnung" nicht leiden.

Betet, betet, betet, Meine Anhänger überall. Freut euch, wenn der Himmel explodiert; denn ihr werdet wissen, dass Ich wirklich in die Welt eintrete. Letztendlich wird die Menschheit nicht im Stande sein, Mich zu leugnen. Meine Liebe wird in jede Ecke der

Welt hineinstrahlen, während Ich versuche, überall alle Seelen an Mich zu ziehen.

So unerwartet wird dieses Ereignis sein, dass die Welt einen großen Schock durchmachen und stehenbleiben wird. Wenn sie sich langsam wieder erholen, werden viele noch über das, was überhaupt geschehen ist, unsicher sein. So wie Ich komme, werden auch Satan und die Dämonen aus der Hölle kommen, die versuchen werden, die Seelen Meiner Kinder zu verschlingen. Deshalb muss Ich euch alle dringend bitten, euer Zuhause mit Weihwasser zu besprengen und überall geweihte Kerzen zu haben. Ihr müsst euch auf diese Art auch selber schützen.

Im Vorfeld der Warnung bitte Ich euch: Betet für all diejenigen, die sich nicht durchringen können, die Wahrheit Meiner Lehren anzuerkennen. Betet besonders für jene, die enorme Anstrengungen unternehmen, Mich zu leugnen, obwohl sie sich Meiner Kreuzigung, um sie zu retten, bewusst sind.

Vergesst nicht: Ich starb für jeden Einzelnen von euch, um euch zu retten. Vergesst nicht, dass Ich dieses Mal erneut kam, um euch zu retten, jeden Einzelnen von euch. Auch nicht einen schließe Ich aus.

Jetzt ist eure Chance, Kinder, euch über einen Platz im Zeitalter des Friedens auf Erden sicher zu sein. Warum würdet ihr kein Teil davon sein wollen? Warum würde irgendjemand bewusst die Tiefen der Hölle wählen im Tausch für dieses große Geschenk?

Freut euch. Betet. Sagt Gott dem Vater für diese große „Warnung" danke. Nehmt dieses Geschenk mit Liebe und Freude in euren Herzen an.

Euer Erlöser
Jesus Christus

211. Ich werde euch niemals verlassen, Kinder. Das ist der Grund, warum Ich komme.

Montag, 3. Oktober 2011, 12:30 Uhr

Meine innig geliebte Tochter, Ich spreche heute mit dir über die Notwendigkeit zu verstehen, was die „Warnung" ist, und um jede Verwirrung um sie herum aufzulösen. Viele Menschen sind erschrocken und glauben, dass das der Tag des Gerichts sei. Aber er ist es nicht. Dies soll ein Tag der Glorreichen Göttlichen Barmherzigkeit sein, welche die ganze Welt einhüllen wird. Meine Gnadenstrahlen werden über jede einzelne Seele ausgegossen werden, über jeden Mann, jede Frau und jedes Kind. Niemand wird ausgeschlossen werden. Nicht einer.

Dies ist Meine Rückkehr, um euch noch einmal zu retten. Wusstet ihr nicht, dass Ich immer barmherzig sein würde? Dass Ich niemals bis zum Jüngsten Gericht warten würde, ohne dass Ich nicht noch einmal versuchen würde, euch alle zu retten?

Dies ist die Reinigung, über die Ich gesprochen habe. Im zeitlichen Vorlauf zu diesem großen Ereignis hat die Welt im Verlauf der letzten paar Jahre eine Reinigung durchgemacht. Ich ließ zu, dass die

Menschheit durch den globalen Zusammenbruch der Finanzmärkte Schaden erlitt und dadurch Bescheidenheit erlangte, obwohl Ich diesen Zusammenbruch nicht verursachte. Er wurde durch die böse Habgier von globalen Gruppen an den Orten der Macht einschließlich der Führungsetagen von Regierungen überall auf der Welt geplant. Doch aufgrund dieses Leidens werden Millionen von Menschen jetzt bereit sein, Mein Wort zu hören und Meine Barmherzigkeit anzunehmen. Sie wären sonst nicht bereit gewesen. Es gibt nichts zu fürchten, wenn ihr Mich liebt und nach den Geboten lebt, welche der Welt durch Moses aufgrund der Anweisungen Meines Ewigen Vaters gegeben worden sind.

Erwartet Meine Ankunft in Erwartung der Liebe und Freude und seid dankbar, dass ihr in der heutigen Welt am Leben seid, um Mein großes Geschenk der Erlösung zu erhalten. Ich werde euch niemals verlassen, Kinder. Das ist der Grund, warum Ich komme. Ich tue das, weil Ich euch so sehr liebe. Weil Ich euch vorbereiten und euch nahe an Mein Herz bringen möchte, habe Ich der Welt Meine Botschaften durch Meine geliebte Tochter gegeben.

Diese Botschaften werden auch nach der „Warnung" gegeben werden, um euch so viel Führung wie möglich hinsichtlich Meiner Lehren zu geben. Mein Wort, das in diesen Ausgaben enthalten ist, welche Ich als das Buch der Wahrheit bezeichne, wird eine neue Christliche Armee schaffen, die Meinen Namen verteidigen wird, bis das neue Zeitalter des Friedens beginnt.

Seid jetzt voller Freude, Meine Kinder. Lasst Mich euch trösten; denn dies wird das erste Mal sein, dass ihr Auge in Auge vor Mein Angesicht kommen werdet. Es wird für Meine Anhänger ein Moment großer Liebe, tiefen Friedens und höchsten Glücks sein. Erhebt euch jetzt und seid stark. Denn ihr seid bevorzugt und dafür müsst ihr Gott, den Allmächtigen Vater, preisen, der erlaubt hat, dass dies geschieht.

Euer geliebter Erlöser Jesus Christus

212. Das Zeitalter des Friedens ist nicht (mehr) weit entfernt.

Dienstag, 4. Oktober 2011, 15:30 Uhr

Meine innig geliebte Tochter, das neue Zeitalter ist im Begriff, in der nahen Zukunft Wirklichkeit zu werden.

Das Zeitalter des Friedens wird von allen Meinen Anhängern genossen werden. Es wird eine Periode von Liebe, Glück und Frieden sein. Es wird keine Krankheit, keinen Schmerz, keine finanziellen Sorgen geben, weil alles, was ihr brauchen werdet, von Mir zur Verfügung gestellt werden wird. Ihr, Meine Kinder, werdet keine offenen Wünsche mehr haben, da Ich euch in Meinem neuen Paradies in jeder Hinsicht versorgen und liebkosen werde, gerade so, wie ein Elternteil einen Säugling versorgen würde. Dies soll begrüßt werden. Es ist ein Ziel, nach dem ihr alle streben müsst.

Es bringt nichts zu warten, um sich vorzubereiten, in Mein neues Paradies des Friedens einzugehen. Denn ihr könntet mit dem Warten zu spät aufhören. Plant heute; denn ihr werdet nicht wissen, wann dies geschehen wird. In der Tat wird es so schnell und plötzlich geschehen, dass ihr, Meine Anhänger, euch geradezu wie nach einem einzigen Wimpernschlag dort vorfinden werdet. Deshalb müsst ihr jetzt damit beginnen, eure Seelen vorzubereiten; denn nur reine Seelen können dort eingehen.

Die Zeit drängt. Dies, Meine Kinder, ist einer der letzten Aufrufe an euch, euer Leben noch vor der „Warnung" zu bessern. Bereitet euch jeden Tag vor und vertraut auf Mein Göttliches Wort, wenn ihr jetzt aufgefordert werdet, Meinen Bitten für die Erlösung von Seelen zu folgen.

Das Zeitalter des Friedens ist jetzt nicht mehr weit weg, und Ich bitte euch dringend, eure Familien darauf vorzubereiten, so dass ihr vereint in Meinem Neuen Königreich sein könnt.

Euer Göttlicher Erlöser

Jesus Christus

213. Globale Gruppen unter dem Herrschaftsbereich des Antichristen.

Mittwoch, 5. Oktober 2011, 21:00 Uhr

Meine innig geliebte Tochter, Ich bin zufrieden über die Art und Weise, wie du die Anzahl der Stunden, in denen du Mich anbetest, gesteigert hast. Das ist gut, weil Meine Gnaden, welche dir während dieser besonderen Zeit gegeben werden, deinen Willen stärken werden, Meine Botschaften noch weiter zu verbreiten.

Jetzt, wo mehr Meiner Kinder erkennen, dass sich die Atmosphäre in der Welt — sowohl politisch als auch wirtschaftlich — auf für sie unbegreifliche Weise geändert hat, werden sie bald die Wahrheit sehen. Die Weltführer, von denen Ich spreche, welche sich aus Feigheit dort verbergen, wo ihr sie nicht sehen könnt, intensivieren ihre Pläne für die globale Herrschaft.

Sie stellen Armeen auf, bauen Waffen und entwickeln giftige Substanzen, all dies mit einem einzigen Ziel im Sinne: Meine Kinder zu vernichten. Wenn jene scharfen Beobachter die Wahrheit veröffentlichen, wird diese ständig als Verschwörungstheorie angeprangert. Denn ihr müsst verstehen, dass diese Gruppen so mächtig sind und dass sie alle unter einer gemeinsamen Fassade der Ehrbarkeit verbunden sind, dass sie die Wahrheit beeinflussen und vor dem Auge der Öffentlichkeit verbergen können.

Akzeptiert es, Kinder, dass sich diese böse Gruppe zum Kampf gegen Meine eigenen Anhänger und gegen die Führer in der Kirche erhebt. Sie haben es sogar geschafft, Meine Kirche von innen her zu unterwandern. Ihr Gift speit wie ein Strom hervor, der in alle Richtungen fließt und sich in alle Richtungen ausbreitet. Es gibt einen Plan, euch nicht nur zu täuschen, sondern euch auch für ihre Art des Denkens zu gewinnen. Nach außen hin wird es so erscheinen, als ob sie der Welt die Rettung anbieten würden unter dem Deckmantel humanitärer Anstrengungen. Ihre kreativen Lösungen, das Leben für euch leichter zu machen, werden sich in der Form darstellen, euer Geld, eure Nahrungsmittel, eure Gesundheit, eure Sozialfürsorge und eure Religion wie eine Einheit zu vereinigen — alles unter einem Zuständigkeitsbereich, unter dem Herrschaftsbereich des Antichristen.

Bitte lehnt die Versuche dieser bösen Leute, euch, Meine unschuldigen Kinder, in ihren boshaften Plan hineinzuziehen, ab. Sie wollen, dass ihr — durch eure eigene Einwilligung — Gott, Meinen Allmächtigen Vater, ablehnt. Sobald sie euch kontrollieren, seid ihr verloren. Sie werden kontrollieren, was ihr esst, an welchen religiösen Gebräuchen ihr teilnehmt, und sie werden die Medizin kontrollieren, die sie euch zur Verfügung stellen.

Betet, betet zu Gott dem Vater, dass Er ihre boshaften Gräueltaten jetzt stoppt, und bittet Ihn, dass Er ihre Seelen während der „Warnung" rettet. Unabhängig von ihren hinterhältigen Plänen benötigen sie eure Gebete am allermeisten. Sie sind die Marionetten Satans, die armen irregeführten Seelen, und wissen in vielen Fällen nicht, was sie tun, noch auf wessen Befehle sie reagieren.

Betet jeden Tag Meinen Barmherzigkeitsrosenkranz für diese Seelen, wenn es euch möglich ist, solange ihr könnt. Helft Mir, sie zu retten.

Euer Jesus

214. Euer Bankenzusammenbruch wurde vom Antichristen gelenkt.

Donnerstag, 6. Oktober 2011, 22.45 Uhr

Meine innig geliebte Tochter, bete viel, weil der Antichrist bereit ist, aus seinem Loch, das ihn verbirgt, hervorzuspringen. Und er wird auf die Welt losstürzen, um Meine Kinder zu verschlingen.

Sein gerissener Plan wird hinter einem gutaussehenden, charmanten und wortgewandten Äußeren verborgen sein. Aber wenn Meine Kinder in seine Augen blicken, werden sie Finsternis sehen; denn er hat keine Seele. Er wurde nicht von der Hand Gottes des Vaters geschaffen.

Betet jetzt, Meine Kinder, jeder von euch, um ihn davon abzuhalten, alle diejenigen zu vernichten, die er aus der Einen-Welt-Ordnung heraus kontrolliert.

Das Gebet kann viele seiner beabsichtigten abscheulichen Pläne gegen die Menschheit lindern. Traurigerweise werden viele von ihm getäuscht werden. Nie zuvor habe Ich Meine Kinder um so viel Gebet gedrängt, weil ohne eure Gebete die Pläne, die er verfolgt, sich so erfüllen werden, wie sie im Buch der Offenbarung vorausgesagt worden sind.

Seine Gegenwart auf Erden wird bereits auf der ganzen Welt gefühlt, aber seine Handlungen sind noch verborgen. Er ist einem Felsen ähnlich, der, wenn er ins Wasser geworfen wird, kleine Wellen erzeugt, die Meilen zurücklegen können. Er will euch vernichten, weil ihr Meine Kinder seid.

Meine Kinder, welche jede seiner Anordnungen auf eine sklavische Weise befolgen, sind blind. Die im Geheimen ausgeführten Gräueltaten, die von diesen Leuten begangen werden, rufen im Himmel enormen Kummer hervor.

Kinder, Ich muss euch bitten, zum Heiligen Erzengel Michael zu beten, damit er Satan während dieser unruhigen Zeiten zurückhält. Die Handlungen des Antichristen gehen schnell vor sich und sein Einfluss beschleunigt die globale Verschwörung, eure Währungen überall zu vereinheitlichen.

Euer Bankenzusammenbruch ist absichtlich durch den Antichristen herbeigeführt worden, damit er und seine bösen Günstlinge sich zur Rettung eurer Länder erheben können, wenn diese Hilfe benötigen.

Wacht auf, ihr alle, und seht, was vor euren Augen wirklich geschieht. Er wartet darauf zuzuschlagen, aber eure Gebete können seine Handlungen lindern und ihn zum Stehen bringen. Seine unsauberen Hände warten darauf, euch in einen Würgegriff zu nehmen, aus dem ihr es schwer findet werdet, euch zu befreien.

Vergesst nicht, Kinder, Satans verbleibende Zeit auf Erden ist kurz. Der Antichrist ist gesandt worden, um Meinem Vater Seelen zu stehlen. Diese Seelen kommen von Meinem Vater, von Gott, dem Schöpfer aller Dinge. Das Versprechen eines immerwährenden Universums durch den Antichristen ist ein Unsinn. Viele Seelen werden jetzt durch diese neue und finstere Lehre verführt. Ich sehe, wie sie in diese betrügerische Höhle der Finsternis fallen und bittere Tränen weinen; denn sobald diese Seelen diesem Pfad der Täuschung folgen, sind sie verseucht. Ihr Verhalten gegenüber anderen, einschließlich ihrer Familie, ändert sich, da ihre Herzen kalt werden.

Satans Macht ist stark, aber Gott der Vater wird eingreifen und seine Anhänger auf dieser Erde schwer bestrafen. Die Warnung ist ihre letzte Chance, sich vom Antichristen loszusagen.

Betet, dass Mein Licht während der Warnung jede einzelne Seele durchdringen wird, so dass besonders die verlorenen Seelen aus dieser schrecklichen Finsternis gerettet werden können.

Euer geliebter Jesus Christus

215. Das Fegefeuer ist kein Ort, in den ihr gleichgültig eingehen solltet.

Freitag, 7. Oktober 2011, 21.45 Uhr

Meine innig geliebte Tochter, der Grund, warum Ich so viele Botschaften an Meine Kinder sende, ist, um ihnen zu helfen, ihre Seelen in einer Art und Weise vorzubereiten, wie es bis jetzt noch nicht möglich war.

Viele Meiner Kinder haben die Heilige Bibel nicht gelesen und kennen auch nicht alle Meine Lehren.

Meine geistlichen Diener verwenden den größeren Teil der Zeit damit, den Teil Meiner Lehren hervorzuheben, in denen Ich euch alle bitte, euren Nächsten zu lieben, was ja gut ist. Es ist aber keine Rede von den Konsequenzen, welchen die Menschheit gegenübersteht, sollte sie den Vater ablehnen. Warum leugnen Meine geistlichen Diener die Existenz der Hölle und warum malen sie ein rosarotes Bild vom Fegefeuer?

Meinen Kindern sind viele gute Dinge von den Kirchen, welche die Glorie Gottes, des Allmächtigen Vaters, öffentlich verkünden, gelehrt worden. Traurigerweise aber wird die Existenz des Fegefeuers und der Hölle dermaßen heruntergespielt, dass Meine Kinder gleichgültig gegenüber der Existenz (von Himmel und Hölle) geworden sind.

Meine Kinder werden auch über die Existenz des Teufels irregeführt. Viele Meiner geistlichen Diener bestreiten sogar seine Existenz. Oh, wie töricht ist es von ihnen zu glauben, dass der Mensch seinen Glauben stärken kann, ohne die Wahrheit über die Macht des Teufels zu kennen oder zu verstehen.

Dieser Mangel an Führung durch Meine geistlichen Diener hat bewirkt, dass das Böse in der Welt in einer Weise gediehen ist, die durch das Gebet hätte verhindert werden können. Satan ist es aufgrund der Blindheit Meiner geistlichen Diener erlaubt worden, für einige Zeit auf dieser Erde frei herumzuwandern. Wenn Meinen Kindern die von Satan verursachte Verwüstung richtig bewusst gemacht worden wäre, dann wäre das Gebet, um seinen Einfluss abzuschwächen, viel stärker gewesen.

Die Existenz des Fegefeuers

Die Existenz des Fegefeuers wird missverstanden. Viele glauben, dass es einfach eine Wartezeit ist, bevor die Seelen in den Himmel eingehen können, eine Wartezeit der Reinigung für jene Seelen, welche zum Zeitpunkt des Todes vielleicht nicht im Stande der Gnade gewesen sind. Kinder, es gibt im Fegefeuer verschiedene Ebenen, und alle Seelen fühlen einen brennenden Schmerz der Finsternis, welcher sich verstärkt, je tiefer unten die Ebene liegt. Das bedeutet, dass Seelen, die mit knapper Not davor verschont blieben, in die Hölle geworfen zu werden, unter dem brennenden Schmerz am meisten zu leiden haben. Obwohl alle Seelen im Fegefeuer schließlich ins Reich Meines Vaters eingehen werden, ist es kein Ort, in den Meine Kinder gleichgültig eingehen sollten. Das ist der Grund, warum ihr die Sünde bekämpfen und so regelmäßig wie möglich Vergebung suchen müsst, um in einem Zustand der Gnade zu bleiben. Darum müsst ihr die Zehn Gebote jederzeit befolgen. Darum müsst ihr auch für jene Seelen beten, welche dort im Fegefeuer sind, weil sie ohne eure Gebete nicht vor dem Tag des Jüngsten Gerichts in das Königreich des Himmels eingehen können.

Es ist jetzt Zeit, euch der Wahrheit zu stellen, Kinder.

Betet um die Gnaden, die ihr braucht, um frei von Sünde zu sein, damit ihr in den Himmel eingehen könnt. Seid jeden Tag bereit; denn ihr kennt nicht die Pläne, die bereits bestehen und die euch erwarten. Ich gebe euch diese Botschaft, damit euch die Wahrheit klar ist. Diese wichtigen (hier erklärten) Dinge sind euch im Laufe der Jahrzehnte niemals klar dargelegt worden. Es ist wichtig, dass ihr gut vorbereitet seid.

Wenn ihr jeden Tag um 15 Uhr den Barmherzigkeitsrosenkranz betet, werde Ich im Moment eures Todes zu euren Gunsten eingreifen, egal welch großer Sünder ihr seid, und euch Meine Barmherzigkeit zeigen. Ich sage euch dies, weil Ich euch liebe, nicht um euch zu erschrecken, sondern um sicherzustellen, dass ihr eure Familien über die Wahrheit in Kenntnis setzt.

Mein heutiges Wort ist einfach eine Erinnerung an die Wahrheit, welche euch aufgrund einer Maske der Toleranz vorenthalten worden ist. Die Sache ähnelt ein wenig den Eltern eines Kindes, die das Kind verwöhnen, weil sie das Kind so sehr lieben. Wenn die Eltern das Kind übermäßig ernähren, dann leidet die Gesundheit des Kindes. Doch die Eltern fahren fort, dem Kind das gleiche Essen zu geben, an welches das Kind jetzt aufgrund ihrer irregeleiteten Liebe gewöhnt ist. Dies kann zur Verschlechterung der Gesundheit des Kindes führen. Dieses Kind wird in der Folge unwissend hinsichtlich dessen, welche gesunden Nahrungsmittel es essen sollte, weil es nichts über sie weiß. Es ist ihm nie gesagt worden.

Geht jetzt und sagt euren Brüdern und Schwestern die Wahrheit über die Hölle und das Fegefeuer, bevor es zu spät ist. Denn wenn ihr es nicht tut, wird es niemand anderes tun.

Euer Lehrer und Göttlicher Erlöser
Jesus Christus

216. Jungfrau Maria — Die Sünde der Gleichgültigkeit gegenüber Meinem Sohn ist weit verbreitet.
Samstag, 8. Oktober 2011, 14.20 Uhr

(Erhalten während einer privaten Erscheinung der Gottesmutter, die 30 Minuten andauerte.)

Mein Kind, es gibt so viele Seelen, deren Schicksal die ewige Verbannung ist, sollten sie nicht zu Meinem kostbaren Sohn umkehren.

Mein Sohn leidet außerordentlichen Kummer, wenn er diese Kinder von einem schlechten Weg zum anderen torkeln sieht.

Die Sünde der Gleichgültigkeit gegenüber Meinem Sohn ist weit verbreitet und so viele, die von Seiner Existenz wissen, entscheiden sich aufgrund ihres eigenen freien Willens trotzdem, Ihn zu verleugnen.

Jetzt ist die Zeit, in der sie verstehen werden, was auf sie zukommen wird, wenn sie während der Erleuchtung des Gewissens, welche sie bald erfahren werden, nicht bereuen.

Jenen von euch, die Meinen Sohn lieben, sage Ich: Nehmt Sein Kreuz auf und helft Ihm, jene Seelen zurückzubringen, welche Er so gerne in Seinen edlen, liebenden Armen halten will.

Kinder, so viele von euch, die Meinen Sohn nicht wirklich kennen, müssen die sanfte Zärtlichkeit Seines Herzens verstehen. So viel Liebe hat Er für euch alle, dass ihr, würdet ihr Sein Leiden aufgrund der Ablehnung sehen, auf dem Boden liegen würdet und um Vergebung für die Sünden der Menschheit schreien und bitten würdet.

Bitte, Ich fordere euch dringend auf, viel für die Bekehrung der Seelen während der „Warnung" zu beten, die Bekehrung, welche von Meinem Sohn so sehr gewünscht wird.

Eure Heilige Mutter
Königin der ganzen Menschheit

217. (Nun ist das) Zeitalter einer Vielzahl falscher Propheten, die von Satan gesandt wurden.
Samstag, 8. Oktober 2011, 16.20 Uhr

Meine innig geliebte Tochter, so wie Meine echten Visionäre in die Welt hinausgehen, so tun dies auch die falschen Visionäre. Ihr werdet sie erkennen, indem ihr ihre Botschaften an die Welt sorgfältig überprüft. Denn irgendwo in eurem Inneren werdet ihr merken, dass Meine Lehren und die Wahrheit, die in der Heiligen Bibel enthalten ist, verfälscht worden sind. So raffiniert sind diese Unwahrheiten, dass nur diejenigen mit wahrer Kenntnis der Heiligen Schriften im Stande sein werden, sie zu entdecken.

Achtet auf jede Form des Hasses, den solche Visionäre unter ihren Anhängern hervorrufen, wenn sie untereinander streiten, wenn sie trennen und wenn sie Familien und andere spalten. Die Sekten, die aus der Arbeit solcher Visionäre hervorgehen, werden jetzt in die Welt drängen, um Verwirrung und Angst unter den Gläubigen zu verursachen.

Wo auch immer Mein Heiliges Wort anwesend ist, werdet ihr Liebe vorfinden. Meine Botschaften bringen Liebe und Harmonie hervor und sie werden nicht darin versagen, eure Seelen zu beeinflussen. Meine Botschaften werden euch immer die Wahrheit übermitteln und, obwohl sie zuweilen hart und furchterregend sind, werden sie euch, Meinen Kindern, aus Liebe gegeben.

Falsche Visionäre werden Botschaften vermitteln, die nicht leicht zu lesen oder zu verstehen sind. Auf den ersten Blick werden sie einen gewissen Eindruck von Autorität ausstrahlen und ein Gefühl der Liebe schaffen. Sie werden eurer Seele jedoch keinen Frieden geben. Solche Visionäre, von denen viele nicht von Gott sind, verführen zuerst, kontrollieren euch dann und ziehen euch schließlich in ein Bett aus Lügen und Täuschungen.

Satan und seine Armee werden solche falschen Visionäre und Seher beeinflussen. Er kann sogar echte Visionäre angreifen, wenn er sie dazu bringt, verwirrt zu sein und von Mir wegzuwandern. Ich bitte euch dringend, Kinder, jederzeit auf der Hut zu sein.

Verurteilt Botschaften, die Meinen Lehren in irgendeiner Weise widersprechen; denn ihr könnt dann sicher sein, dass sie falsch sind.

Ich spreche in der heutigen Welt nur durch eine ausgesuchte Anzahl echter Visionäre und Seher. Es gibt weniger als zwanzig und (generell) weniger, als ihr denkt. Jedem von ihnen ist eine andere Rolle gegeben worden, aber Meine Stimme und Meine Anweisungen werden einen „vertrauten Ton" haben, den ihr wahrnehmen werdet. Es wird einen Zweck hinter ihren Botschaften geben, die allesamt so gestaltet sind, um euch zu ermutigen, selbst tätig zu werden, um eure Seelen vorzubereiten.

Wenn diejenigen, welche sich Visionäre und Seher nennen, euch zu irgendwelchen Handlungen ermutigen, die sonderbar erscheinen, oder wenn sie ihren Anhänger empfehlen, Dinge zu tun, welche nichts mit der Liebe zu eurem Nächsten zu tun haben, dann wendet euch von ihnen ab.

Nehmt euch dies alles jetzt zu Herzen; denn dies ist das Zeitalter des Falschen Propheten, der sich in der Welt bald öffentlich bekannt machen wird. Daher ist es auch das Zeitalter einer Vielzahl falscher Propheten, die vom Teufel in die Welt gesandt worden sind, um Verwirrung zu stiften und eine Finsternis der Seele zu verursachen.

Euer geliebter Jesus

218. Gott der Vater: Nehmt euch jetzt Meinen letzten Aufruf an die Menschheit zu Herzen.

Sonntag, 9. Oktober 2011, 15.30 Uhr

Meine Tochter, berichte der Welt von der Liebe, die Ich für alle Meine Geschöpfe überall habe. Informiere sie auch darüber, dass Ich jetzt den größten Akt des Göttlichen Eingreifens, den man seit der Auferstehung Meines Geliebten Sohnes Jesus Christus auf Erden gesehen hat, lenken werde.

Alles ist für diesen großen Akt der Barmherzigkeit bereit, dem Ich zugestimmt habe, um zu helfen, euch alle zu retten.

Meine Liebe zu euch bedeutet, dass Ich — obwohl Ich beabsichtige, den Betrüger bei seinen Versuchen, die Menschheit zu zerstören, zu bekämpfen — jetzt einen letzten Akt der Barmherzigkeit zulassen werde, um euch zu bekehren. Dieser letzte Akt, um euch in Meinen Augen zu retten, bedeutet, dass die Menschen noch einmal die Chance erhalten, die Wahrheit Meiner Existenz anzuerkennen.

Meine Kinder, bitte kniet euch jetzt hin und bittet um Gnade für eure Familie und eure Lieben. Wenn sie nicht in einem Zustand der Gnade sind, dann werden sie die Warnung schwer finden. Ihr müsst sie über die Notwendigkeit informieren, über die Wahrheit nachzudenken.

Es ist nicht mehr viel Zeit. Die Warnung ist schon fast bei euch. Sobald sie über euch kommt, werdet ihr Zeit haben, euch zu entscheiden, welchen Weg ihr wählen möchtet — den Weg des Göttlichen Lichtes oder

den Weg des Betrügers. Ihr werdet die Wahl haben.

Einige Zeit danach, wenn die Menschen sich nicht von ihren schlechten Wegen abwenden, werde Ich jene Länder zerstören, die dem Betrüger huldigen. Sie werden sich verbergen, wenn Meine Hand strafend niederfällt, aber sie werden keinen Ort haben, wohin sie gehen können.

Meine Geduld geht zu Ende, da Ich jetzt plane, alle diejenigen zu vereinen, die an Mich, den Schöpfer aller Dinge, glauben, und sie mit Mir in das neue Zeitalter des Friedens zu nehmen. Diejenigen, die beschließen, den anderen Weg zu gehen, werden in die Feuer der Hölle geworfen werden.

Nehmt euch jetzt diesen letzten Aufruf an die Menschheit zu Herzen, denn dies ist jetzt die Zeit für euch, um über eure Zukunft zu entscheiden. Betet für jene, die gegenüber Meiner Liebe blind sind; denn viele von ihnen werden, wenn ihnen die Wahrheit ein weiteres Mal offenbart wird, sich Mir widersetzen und sich von Mir abwenden.

Euer geliebter Schöpfer
Gott der Vater
Höchster König

219. Botschaft an Amerika: Schließt eure Brüder und Schwestern aller Konfessionen in die Arme.

Dienstag, 11. Oktober 2011, 15.30 Uhr

Meine innig geliebte Tochter, Ich möchte mit dem amerikanischen Volk kommunizieren. Meine Botschaft an sie ist die folgende:

Ihr, Meine kostbaren Kinder, leidet in diesen Zeiten sehr. Ihr erfahrt eine Reinigung, die zur Läuterung eurer Seelen notwendig ist.

Die großen Sünden in Amerika, die Mich quälen, sind die Sünden der Abtreibung und der Sittenlosigkeit des Leibes. Viele Meiner Kinder sind vom Betrüger infiziert, der — verborgen hinter verschlossenen Türen — über eure finanziellen und politischen Systeme herrscht. So viele von euch sind sich dieser Tatsache nicht bewusst. Ich bitte euch jetzt dringend, um die erforderliche Hilfe gegen ihre hinterhältigen Pläne, euer Land zu zerstören, zu beten.

Gebet, Meine Kinder, wird helfen, die Züchtigung zu lindern, die Mein Vater in der Welt gegen die Sünde der Abtreibung entfesseln wird. Betet, betet und schließt euch zusammen, um Meinem Vater Huldigung zu erweisen. Denn indem sich alle Gläubigen aller Konfessionen, die den Vater, Gott, den Schöpfer der Welt, ehren, zusammentun, könnt ihr eurem Land helfen.

Ihr müsst um Vergebung beten und vertrauen, dass Gott auf eure Gebete zu einem von Gott, Meinem Vater, bestimmten Zeitpunkt reagieren wird.

Schließt eure Brüder und Schwestern aller religiösen Konfessionen, die an Gott, den Vater, glauben, in die Arme und betet vereint, um die Sünden eures Landes zu tilgen. Meine Kinder, so riesengroß ist euer Land,

dass es wichtig ist, dass Ich so viele Seelen wie möglich retten kann. Ich kann dies nur durch die Bekehrung tun, die während der „Warnung" und durch eure Gebete und eure Hingabe geschehen wird.

Wendet euch jetzt Mir zu, ihr alle. Diskriminiert nicht die Religionen voneinander, sondern vertraut einfach Gott, dem Vater, und Er wird auf eure Gebete reagieren.

Ihr, Meine kostbaren Kinder, habt euch verirrt. Euch ist so viel Verwirrung gezeigt worden und euch sind so viele verdrehte Wahrheiten über die Existenz Gottes des Vaters dargeboten worden. Ihr verwendet die Religion als eine Fassade, um Gift auf jene zu speien, die weniger Glück hatten als ihr. Es ist Zeit, die Wahrheit zu akzeptieren, nämlich dass ihr als eine Nation nur aufgrund eurer Nächstenliebe in die Arme eures Schöpfers, Gottes des Vaters, zurückkehren könnt.

Ich liebe euch in Meinem ganzen Wesen mit herzzerreißender Barmherzigkeit. Ich strebe danach, euch zu retten, damit ihr ins neue und wunderbare Zeitalter des Friedens aufgenommen werden könnt, das euch auf dieser Erde erwartet. Um in dieses neue Paradies einzugehen, müssen eure Seelen frei von Sünde sein.

Betet um die Gnaden, um für eure eigenen Sünden und für die Sünden, die von euren Regierungen begangen werden, um Vergebung zu bitten.

Ich verlasse euch in Frieden und Liebe
Euer geliebter Erlöser Jesus Christus

220. Jungfrau Maria: Man wird dich einer genauen Prüfung unterziehen und du wirst heftig angegriffen werden.

Mittwoch, 12. Oktober 2011

Mein Kind, dies ist eine Zeit, in der du, wenn du für Meinen Sohn arbeitest, einer genauen Prüfung unterzogen und heftig angegriffen werden wirst. Du musst immer die Wünsche Meines Sohnes erfüllen und Ihm zu jeder Zeit folgen. Verteidige niemals Sein Heiligstes Wort; denn Er wünscht nicht, dass du das tust. Antworte jenen nicht oder beschäftige dich nicht mit jenen, die Sein Wort anzweifeln oder es falsch auslegen, was Debatten und Zweifel hervorrufen kann.

Du wirst jetzt vom Betrüger angegriffen werden, aber du musst um Meinen Schutz beten und darfst dieser Stichelei niemals nachgeben. Er, der Betrüger, arbeitet durch andere, um dich zu verletzen. Solltest du ihm erlauben, das zu tun, so beschäftigst du dich mit ihm und gibst ihm die Macht, die er will.

Bleibe in solchen Fällen standhaft, Mein Kind, und wende dich immer an Mich. Ich werde dich mit Meinem heiligsten Mantel bedecken, um dich vor ihm zu schützen, und alles wird gut sein.

Bleibe mutig und akzeptiere dies als ein Geschenk von Gott dem Allerhöchsten; denn ohne solche Stärke könntest du diese Arbeit nicht auf wirksame Art und Weise tun. Vergiss niemals: Du bist in dieser Arbeit nicht alleine, weil die Heiligen alle zu deinen Gunsten eingreifen; und dir wird jede Art Göttlichen Schutzes gewährt.

Fahre fort in deinem Gehorsam gegenüber Meinem Sohn und versuche, voller Freude zu sein, indem du das Leiden akzeptierst, das Er für die Rettung von Seelen zulässt. Du musst weiterhin jeden Tag den Heiligen Rosenkranz sprechen und mit Mir beten, damit Seelen gerettet werden können.

Ich segne dich, Mein Kind. Der Himmel freut sich sehr über diese sehr heilige Arbeit im Namen Meines kostbaren geliebten Sohnes, der die ganze Menschheit liebt, der aber vor Kummer um jene Seelen weint, welche Seine Hand der Barmherzigkeit nach der Warnung zurückweisen werden.

Deine geliebte Mutter

221. Verteidige Mich nie, weil es nicht nötig ist.
Donnerstag, 13. Oktober 2011

Meine innig geliebte Tochter, Ich muss dich über die Notwendigkeit informieren, darauf zu verzichten, Mein Heiligstes Wort zu verteidigen.

Diejenigen, die Mein Wort bezweifeln, müssen zu Mir um Führung beten. Ich weise dich jetzt an, niemals zu versuchen, die Botschaften von Meinen Göttlichen Lippen zu interpretieren.

Ich habe dir das oft gesagt, und dir ist nicht die Autorität gegeben worden, so zu handeln. Akzeptiere stattdessen Meine Botschaften so, wie sie sind. Bezweifle sie nicht. Versuche nicht, sie zu analysieren; denn die Menschen wissen sehr wenig über Göttliche Pläne oder über den Göttlichen Zeitplan. Auch wissen die Menschen nichts über den Antichristen, obwohl sie denken, dass sie etwas über ihn wissen. Das Wissen um diese Dinge von solcher Wichtigkeit bleibt alleine Meinem geliebten Vater vorbehalten.

Ich bitte dich, Mich niemals zu verteidigen, weil es nicht nötig ist. Der Wille Meines Vaters, durch dich und andere Propheten mit der Menschheit zu kommunizieren, ist alles, was von Bedeutung sein sollte. Wie Ich früher gesagt habe: Du bist der Schreiber. Ich bin der Autor. Du bist das Instrument. Ich bin der Meister.

Von dir wird zu jeder Zeit Gehorsam Mir gegenüber erwartet. So zu handeln, wie Ich sage, ist einfach. Deine Arbeit wird leichter sein, wenn du darauf verzichtest, dich in eine intellektuelle religiöse Debatte über Dinge aus der Heiligen Schrift, über welche Dinge du nichts weißt, verwickeln zu lassen.

Vergiss nicht die Wichtigkeit der Demut, Meine Tochter. Bleibe wie ein Kind, jederzeit klein in Meinen Augen, und du wirst Frieden finden. Während dieser Arbeit werden dir Prüfungen gesandt. Erwarte sie. Lehne sie nicht ab. Dein Geschenk deines freien Willens an Mich ist angenommen worden, aber du musst die Wichtigkeit lernen, nicht zu versuchen, das Leiden zurück-

zuweisen, weil das Leiden für die Rettung der Seelen wichtig ist.

Ich liebe dich, Meine Tochter, aber Ich fühle die Notwendigkeit, dich an Meine klaren Anweisungen zu erinnern. Ich brauche nicht verteidigt zu werden. Die Worte, die dir gegeben werden, sind nicht verunreinigt und widersprechen nicht der Wahrheit, wie sie der Menschheit seit Anbeginn der Zeiten gegeben wurde. Viele Versionen der Wahrheit, die in der Bibel enthaltenen ist, sind verdreht worden, um sie den eigenen Absichten der Menschen dienstbar zu machen. Ich bin die Wahrheit. Ich bin das Brot des Lebens. Ohne Mich gibt es kein Leben.

Schreite weiter voran mit einem klareren Verständnis darüber, was von dir erwartet wird. Du bist zu jedem Zeitpunkt geschützt. Danke, Meine Tochter, für die Stärke, die du jetzt zeigst, aber erlaube Mir immer, dich zu jedem Zeitpunkt zu führen. So wird diese Reise leichter sein.

Dein geliebter Jesus

222. Ich kann die Menschen nicht zwingen, sich zu bekehren oder (zu Mir) zurückzukehren.
Samstag, 15. Oktober 2011, 19.00 Uhr

Meine innig geliebte Tochter, sowie mehr Menschen Mein Wort hören, wird Meine Liebe in ihre Seelen eindringen, sobald sie Meine Botschaften lesen. Ich werde mit ihren Seelen sprechen und sie aus ihrem Schlummer aufwecken, um sie mit Mir zu vereinen, so dass Ich überall Seelen retten kann. Zahlenmäßige Stärke wird Mir helfen, die Erlösung von Seelen in einem so großen Umfang zu erreichen.

Aufgrund des freien Willens, welcher dem Menschen als ein Geschenk Meines Vaters gegeben worden ist, kann Ich die Menschen nicht zwingen, sich zu bekehren oder zum Glauben an Gott den Vater zurückzukehren. Es wird ihre eigene Entscheidung sein müssen. Das Gebet wird die Bekehrung ausbreiten. Das verspreche Ich euch. Denkt nur an das Geschenk, das die Seelen erwartet, wenn ihr, Meine Kinder, für sie betet.

Wisst ihr nicht um die Macht des Gebetes? Gebet, das von einer großen Zahl von Menschen verrichtet wird zur Danksagung an Meinen Vater und als Sühne für eure Sünden, kann die Welt retten. So groß ist die Macht, die es ausübt. Nie zuvor habe Ich euch so um eure Gebete gedrängt, die von euren eigenen Lippen und mit einem edelmütigen Herzen für die verhärteten Sünder an allen Orten kommen müssen. Ich brauche eure Gebete. Ohne eure Gebete könnten diese armen Seelen nicht gerettet werden, weil viele von ihnen sich in solcher Finsternis befinden, dass der Einfluss der „Warnung" wenig Wirkung haben wird. Ihr, Meine geschätzten und geliebten Kinder, ihr alle seid Sünder — von denen viele ihr Bestes tun, um Mir ihre Liebe zu zeigen —, begreift ihr nicht, dass Ich so sehr auf euch vertraue, dass Ich mit euch verkehre. Vereint euch mit Mir im Schoße Meines Heiligsten Herzens und bittet Mich um die Gnaden,

um eure Brüder und Schwestern zu retten. Ich werde Millionen von Seelen retten, wenn ihr eure Zeit dafür verwendet, den Barmherzigkeitsrosenkranz zu beten.

Dies jetzt ist die Zeit, in der das Beten des Barmherzigkeitsrosenkranzes am wirksamsten sein wird. Seid großzügig in Herz, Geist, Leib und Seele. Schiebt alle Zweifel beiseite. Erlaubt Mir, eurem Jesus, euch zu Mir emporzuziehen, um euch und alle diejenigen, für welche ihr betet, in Mein ewiges Leben zu bringen.

Euer geliebter Erlöser, Jesus Christus

223. Eure Zeit auf Erden ist an einem entscheidenden Punkt angelangt.
Sonntag, 16. Oktober 2011, 15.30 Uhr

Meine innig geliebte Tochter, wie kommt es, dass, wenn Mein Wort interpretiert wird, so viele Meiner Kinder es so anstößig finden. Obwohl Meine Kinder immer solche Botschaften unterscheiden müssen, die von jenen veröffentlicht werden, die behaupten, in Meinem Namen zu kommen, müssen sie auch lernen ihren Geist und ihr Herz zu jeder Zeit offen zu halten.

Oh, wie Ich wünsche, dass besonders Meine Anhänger ihre Augen öffnen und Mich in ihren Herzen begrüßen würden. Ich bin es, Jesus, der euch ruft, Meine Stimme zu hören, indem Ich euch dringend bitte, im Gebet zu Mir zu kommen.

Eure Zeit auf Erden ist an einem entscheidenden Punkt angelangt. Es ist nicht mehr viel Zeit, bevor Ich das neue Zeitalter des Friedens einläute, und deswegen ist es notwendig, dass ihr eure Seelen jetzt vorbereitet.

Erlaubt es nicht, dass Arroganz euch gegenüber der Wahrheit blind macht. Wisst ihr nicht, dass Ich euch niemals täuschen würde? Hört auf Meine Anweisungen, um den Teufel davon abzuhalten, euer Urteilsvermögen zu trüben. Erlaubt ihm nicht, euch fern von Mir zu halten; denn wenn ihr nur Mein heiligstes Wort hören würdet, würdet ihr wissen, dass Ich es bin, Jesus Christus, der euch ruft.

Kinder, wenn ihr wüsstet, in welchem Ausmaß Meine kostbaren Seelen in der ganzen Welt von ihm befallen worden sind, wäret ihr schockiert. Diese Finsternis bedeckt sogar Meine kostbaren Anhänger von Zeit zu Zeit. Der Schmerz, den Ich fühle, wenn Ich den Zweifel besonders jener Seelen, die regelmäßig beten und wahre Hingabe zeigen, wahrnehme, bereitet Mir Tränen großen Kummers.

Betet, betet, betet um Führung durch den Heiligen Geist. Wenn ihr eure verhärteten Herzen öffnet und um die Gabe der Unterscheidung bittet, werde Ich auf euren Ruf reagieren.

Wie traurig werdet ihr sein, wenn euch die Wahrheit während der „Warnung" offenbart wird. Es sind eure Gebete, um andere Seelen zu retten, um die Ich euch jetzt bitte. Ihr könnt doch sicherlich die Notwendigkeit, für verirrte Seelen zu beten, in euren Herzen empfinden, selbst wenn ihr Mein Wort, das durch diese Botschaften gegeben wird, bezweifelt.

Ich liebe euch und erwarte eure Reaktion auf Meine Bitten um Gebet.

Euer Jesus

224. Meine Rückkehr, um euch zu retten, wird an jeder Ecke der Welt gefühlt werden.

Montag, 17. Oktober 2011, 21.30 Uhr

Meine innig geliebte Tochter, rings um dich herum ändern sich die Zeiten. Die Welt ist in Aufruhr, was durch den Geist der Finsternis bewirkt wird. Ihr seid von all den Beweisen für das, was das Übel der Sünde der Menschheit zufügen kann, umgeben. In diesen Geist der Finsternis wird der Geist Meiner Göttlichen Gegenwart hineinscheinen, wenn Ich komme, um die Menschheit noch einmal zu retten.

Ihr, Meine kostbaren Kinder, die ihr die Wahrheit kennt, müsst den anderen sagen, wie glücklich sie sind, dass ihnen dieses wunderbare Göttliche Geschenk gegeben wird. Meine Liebe wird die Erde auf eine derartige Art und Weise „treffen", dass ihr in Demut niederfallen und auf gebeugten Knien vor Kummer weinen werdet wegen der Kränkung, die ihr verursacht habt und die Meinen Ewigen Vater verletzt hat.

Durch Gott, den Allerhöchsten, wird euch jetzt dieser große Akt der Barmherzigkeit dargeboten. Freut euch; denn jetzt gibt es Licht in der Welt, welches die Seelen hervorziehen und in die Arme Gottes des Vaters ziehen wird.

Ich komme wieder, um euch das Leben zu geben, das ihr braucht — und um euch noch einmal in den Stand zu versetzen, eure Augen in Anbetung und Lob für die Glorie Gottes des Vaters zu erheben und Ihm für die Gerechtigkeit zu danken, die Er jetzt Seinen kostbaren, aber verirrten Kindern zeigt.

Ich, Jesus Christus, bereite es jetzt vor, euch zu erlauben, die Wahrheit Meiner Barmherzigkeit für jede Seele an allen Orten zu sehen, verhärtete Sünder und Ungläubige eingeschlossen.

Der Beweis Meiner Existenz und der Existenz Gottes des Vaters wird in seiner ganzen himmlischen Glorie jedem Mann, jeder Frau und jedem Kind offenbart werden.

Meine Gegenwart wird auf eine Art und Weise offenbart werden, dass keiner sie ignorieren wird noch ignorieren kann; denn der Himmel wird sich öffnen, der Stern wird kollidieren, so dass Meine Rückkehr, um euch zu retten, in jeder Ecke der Welt zum gleichen Zeitpunkt gefühlt werden wird.

Oh, wie Meine Kinder jubeln werden, wenn sie Zeuge Meiner Göttlichen Gegenwart werden. Sogar diejenigen in der Finsternis werden fühlen, dass Meine Liebe ihre kalten Seelen berührt, welche sie erneut entzünden wird.

Bereitet euch vor. Erwartet Meine glorreiche Rückkehr. Betet für diejenigen, die Angst in ihren Herzen haben. Habt keine Furcht vor Mir. Erwartet dieses große Ereignis mit Liebe und Demut in euren Herzen.

Ich liebe euch, Kinder. Dieser große Akt Meiner Barmherzigkeit wird euch das beweisen.

Euer geliebter Erlöser
Jesus Christus
König der Menschheit

225. Gott der Vater: Bereite die Welt auf die Ankunft Meines geliebten Sohnes Jesus Christus vor.

Mittwoch, 19. Oktober 2011, 14:00 Uhr

Meine Tochter, bereite die Welt auf die Ankunft Meines geliebten Sohnes Jesus Christus vor; denn Er kommt jetzt, wie vorausgesagt, um die Menschheit noch einmal zu retten.

Seine Ankunft wird durch die Posaunen im Himmel und die Chöre der Engel verkündet werden, die Ihm Lobpreis singen werden, um dieses große Ereignis bekanntzugeben.

Mein großes Geschenk an die Menschheit wird euch in der Form Meines innig geliebten Sohnes dargeboten, der gesandt wird, um euch vor dem Eintreffen des Jüngsten Gerichtes zu retten.

Bereitet eure Seelen vor; denn wenn euch eure Sünden offenbart werden, gebiete Ich euch, in Demut zu Füßen Meines Sohnes zu fallen und um Barmherzigkeit zu flehen. Ihr müsst Ihn bitten, euch zu verzeihen, und ihr müsst die Strafe akzeptieren, die erforderlich ist, um eure Seelen zu reinigen.

Seine Barmherzigkeit ist so groß, dass keine Sünde, egal wie schwerwiegend, nicht verziehen werden kann, wenn wahre Reue gezeigt wird. Demut wird von euch allen verlangt, so dass ihr würdig sein werdet, ins neue Glorreiche Zeitalter des Friedens auf Erden einzugehen, dessen Zeit sehr nah ist. Nur jene Seelen, die aufrichtig bereuen und Meinem geliebten Sohn wahre Treue zeigen, werden fähig sein, in die Tore einzugehen. Denn ihr müsst frei von Sünde sein, um in dieses wunderbare Neue Paradies auf Erden einzugehen.

Meine innig geliebten Kinder, Ich habe dieses Paradies mit großer Liebe für jeden von euch vorbereitet. Dies ist das Erbe, auf das ihr gewartet habt. Dies ist die Art und Weise, auf welche Adam und Eva das Geschenk der Erde ursprünglich dargeboten wurde.

Jeder Mensch, der dieses Paradies auf Erden zurückweist, in dem es das Böse in irgendeiner Form nicht mehr geben wird, wendet sich von der Erlösung ab.

Dies ist eure letzte Chance, eure Seelen aus dem Griff Satans und des bösen Einflusses, den er auf euer Leben hat, zu befreien.

Nehmt dieses wunderbare Geschenk großer Barmherzigkeit begeistert an. Durch dieses Geschenk wird euch eine Chance zur wahren Erlösung angeboten und ein glorreiches Paradies, das ihr möglicherweise nicht begreifen könnt.

Jenen armen Sündern, welche die von Meinem Sohn angebotene Vergebung zurückweisen, sage Ich: Euch wird mehr Zeit gewährt werden, zu eurem Glauben zurückzukehren. Jedoch wird euch nicht mehr allzu viel Zeit gegeben werden; denn Meine Geduld nähert sich ihrem Ende.

Erwartet jetzt die Rückkehr Meines Sohnes, um euch noch einmal von der Sünde zu retten und um euch die ewige Erlösung zu bringen.

Gott der Vater

226. Der Tod Meines Sohnes Muammar al-Gaddafi.

Donnerstag, 20. Oktober 2011, 15:15 Uhr

Meine innig geliebte Tochter, jegliche restlichen Zweifel, die du von Zeit zu Zeit bezüglich Meiner heiligsten Worte gehabt haben magst, werden jetzt weniger geworden sein.

Ich offenbare Prophezeiungen, um der Welt zu beweisen, dass Ich es bin, Jesus Christus, der Retter der ganzen Menschheit, der in dieser Zeit überall mit Meinen Kindern kommuniziert.

Meine Absicht ist es nicht, Sensationen zu schaffen, sondern sicherzustellen, dass keiner davon ausgeschlossen wird, Meinen sehr dringenden Ruf an die Welt zu hören.

Der Tod Meines Sohnes Muammar al-Gaddafi, für dessen Seele du und diejenigen in deiner Nähe die letzten Monate gebetet habt, ist eine der ersten Prophezeiungen, welche der Welt die Echtheit dieser Botschaften beweisen werden. Dies ist Mein Zeichen für dich, Meine Tochter, um deinen Geist von den Zweifeln zu befreien, welche in deinem Kopf zurückgeblieben sind.

(Details über die nächsten beiden Führer, die ermordet werden, und der Zeitablauf dieser Gräueltaten wurden der Seherin noch einmal gegeben. Die ursprüngliche Botschaft wurde im Februar 2011 offenbart. 17. Februar 2011: Erhebung der arabischen Welt — Drei Führer der Welt werden ermordet)

Du, Meine Tochter, bist — auch wenn es dich überwältigt — erwählt worden, um die Menschheit auf Mein neues Zeitalter des Friedens vorzubereiten. Dies ist die Zeit, welche einige Zeit nach der „Warnung" folgen wird.

Gehe und bereite dich auf den nächsten Teil deiner heiligen Mission vor, um zu helfen, Seelen nach der „Warnung" zu retten. Dir werden die Gnaden gegeben, um dich stark zu halten. Meine Kinder überall hören zu guter Letzt Meinen Schrei nach Bekehrung.

Diejenigen, die Mich am meisten verletzen

Zeige niemals Furcht in dieser Arbeit; denn es gibt nichts, um sich zu fürchten. Komme niemals ins Stocken und lass niemals zu, dass Rückschläge oder verbale Sticheleien deine Arbeit für Mich bremsen. Meine Tochter, Ich bin immer an deiner Seite. Vergiss dies nicht. Falls und wenn du wegen Meines Heiligen Wortes angegriffen wirst, bleibe still. Mein Heiliges Wort wird immer angegriffen werden. Diejenigen, die Mich am meisten verletzen, sind die heiligen Seelen, welche — aus Angst und Vorsicht — betrüblicherweise die ersten sind, die Mich aufgrund dieser Botschaften beleidigen. Satan weiß, dass es Meine erwählten und gläubigen Anhänger sind, die, sobald sie sich von Mir abwenden, diejenigen sind, die Mich am meisten verletzen.

Du, Meine Tochter, beginnst jetzt, den physischen Schmerz Meines Leidens zu fühlen, aber du bist jetzt bereit, diesen in Vereinigung mit Mir anzunehmen. Diese Prüfungen werden nicht lange dauern, aber über die ganze Dauer wirst du genau die Qual fühlen, die Ich fühle, wenn Ich die Sünde sehe. Dies ist, wie Ich dir früher bereits gesagt habe, ein Geschenk, und nur sehr wenige auserwählte Seelen erhalten dieses. Auch wenn es dir zuweilen Angst einjagt, so musst du doch verstehen, dass dein Leiden dich nicht nur näher an Mein Heiligstes Herz bringt, sondern dass es auch Millionen von Seelen während der „Warnung" retten wird.

Dieses Leiden wird mit dem Heranrücken der „Warnung" stärker werden. Erdulde dies still; denn auf diese Weise wirst du Mir helfen, wertvolle Seelen zu retten, die sonst vom Betrüger gefangen werden würden.

Sage Meinen Kindern, dass Ich Mich über den starken Glauben, den sie zeigen, sehr freue. Sage ihnen, dass sie im Begriff sind, näher an Mein Heiliges Herz heranzurücken. Sage ihnen, dass Ich sie jetzt segne und ihnen große Gnaden schenke, um ihnen die Kraft zu geben, die sie brauchen, wenn sie Meiner Führung durch diese heiligen Botschaften folgen. Sie werden die Stärke brauchen, da es für Meine Kinder nicht leicht ist, das ungeheure Ausmaß der Änderungen zu verkraften, die sich jetzt in eurer Welt entwickeln werden.

Betet und schließt euch zu einer Einheit zusammen. Schaut zusammen auf den Himmel wie kleine Kinder mit einem einfachen Vertrauen auf Gott den Vater. Bittet Ihn in Meinem Heiligen Namen, euch in Seiner glorreichen Armee zu vereinigen – hin zum Sieg und zur ewigen Erlösung.

Ich segne euch, Kinder, mit Meiner ganzen göttlichen Liebe.

Euer Jesus

227. Die „Warnung" ist eine Art weltweiter Beichte.
Freitag, 21. Oktober 2011, 20:30 Uhr

Meine innig geliebte Tochter, schreibe Folgendes: Du erlebst jetzt intensives Leiden, um jene Seelen der Finsternis zu retten, die Mich und Meinen Vater ablehnen.

So verschlossen und verhärtet sind jene Seelen, dass sie nur durch die Gebete anderer und durch das Leiden von Sühneseelen gerettet werden können; denn sie weigern sich, Befreiung von ihren Sünden zu suchen. Ihr Starrsinn wird sie daran hindern, genügend Reue zu empfinden, um

ihre Sünden zu bekennen und um Vergebung zu bitten.

Die „Warnung" ist eine Art weltweiter Beichte. Es wird die Zeit sein, in der von jedermann erwartet wird, um Vergebung für seine Sünden zu bitten oder der Ablehnung gegenüberzustehen. So viele Seelen in der Finsternis werden Meine Hand der Barmherzigkeit zurückweisen. Sie werden sich von Mir abwenden. Du, Meine Tochter, kannst zusammen mit allen Meinen gläubigen Anhängern helfen, ihre Seelen vor der ewigen Verdammnis zu retten.

Ich würde Meine Kinder niemals unter Druck setzen, in Meinem Namen zu leiden. Aber für jene, die Mir ihre Hilfe durch Leiden — als ein Geschenk — anbieten, kann Ich einen großen Teil der Menschheit retten.

Das Leiden ergibt sich aus den Angriffen Satans, wenn er Seelen quält, die Mir nahe stehen, und wenn er diejenigen drangsaliert, die von Mir berufen sind, eine heilige Mission anzuführen, um Seelen zu bekehren. Ihr sollt wissen, dass ihr, wenn diese Angriffe kommen, euch in (einem Zustand der) Vereinigung mit Mir befindet. Ihr werdet Mich dann sehr gut kennen lernen. Ihr werdet wissen, wie Ich empfinde — Meine Freude, Meine Betrübnis, Meinen Kummer, Meinen Schmerz und den Schrecken, wenn Ich eine Seele an Satan verliere.

Sorgt euch nicht. Es sind bereits Millionen von Seelen durch diese Botschaften gerettet worden.

Die Gebete Meiner gläubigen Armee lindern bereits weltweite Katastrophen und schieben den Weggang Meines Heiligen Stellvertreters aus dem Vatikan auf. Ihr Gehorsam hinsichtlich des Betens Meines Barmherzigkeitsrosenkranzes rettet in diesem Augenblick Seelen.

Meine Tochter, stelle sicher, dass alle Meine Kinder verstehen, dass Ich durch diese Botschaften zu allen Religionen und Konfessionen spreche. Ich schließe niemanden aus; denn sie sind alle Kinder Gottes. Es gibt nur einen Gott, und das ist Mein Ewiger Vater, Gott der Allerhöchste.

Vereint euch mit Mir, Kinder, und lasst uns als eine Einheit arbeiten, um überall auf der Welt schnell Meine Seelen zu retten. Allein durch das Gebet könnt ihr Mir helfen, die Welt zu retten.

Euer Jesus
Retter der ganzen Menschheit

228. Ich möchte eine Armee von Gebetsgruppen bilden.
Sonntag, 23. Oktober 2011, 19:15 Uhr

Meine innig geliebte Tochter, es muss bekannt werden, dass Ich eine Armee von Gebetsgruppen rund um die Welt bilden möchte. Ich werde euch, Meiner Armee, Gebete zur Verfügung stellen, die gebetet werden müssen, um Seelen zu retten. Diese Gebetsgruppen werden sich ausbreiten und in ihren Reihen wird sich eine wahre Armee von ergebenen Anhängern erheben, um für alle die Wahrheit Meines Göttlichen Versprechens der Erlösung zu verkünden.

Diese Gruppen werden die Armee bilden — wie von Meinem geliebten Vater bestimmt —, welche die Finsternis des Bösen bekämpfen wird, die von Satan und von seinen an ihn Glaubenden und seinen Anhängern verursacht wird.

Ja, Meine Tochter, obwohl es schwer zu verstehen ist, aber es gibt viele Menschen, die Satan nicht nur anerkennen, sondern die ihm auch Gefolgschaft leisten. Es gibt viele Seelen in der Finsternis, welche dem König der Finsternis huldigen und ihn vergöttern. Viele Kirchen, welche vor den Augen Meiner Kinder des Lichtes verborgen sind, sind zu Ehren Satans gebaut worden. Sie verneigen sich vor ihm, halten schwarze Messen und beleidigen Mich mit jeder Art von Gotteslästerung und Kränkung, die euch erschüttern und anwidern würden. Ihre Zahl wächst und viele von Satans engagierten und ihm verbundenen Anhänger arbeiten in sehr achtbaren Führungspositionen in Geschäfts-, Bank- und Politikkreisen. In ihrem Widerstand gegen Gott, Meinen ewigen Vater, bilden sie eine Einheit, in voller Kenntnis dessen, was sie tun.

Ebenso wie Satan die Menschheit hasst, weil sie von Gott dem Vater, dem Schöpfer aller Dinge, geschaffen wurde, hassen diese satanischen Anhänger die Menschheit. Der Hass, den sie fühlen, ist so tief, dass sie versuchen werden, eine Elitearmee zu bilden, um Millionen von Leben auf Erden zu vernichten. In ihrem Streben nach Macht und Reichtum werden sie zum Ziel haben, den Weg für ihre eigenen Bedürfnisse frei zu machen, und sie wünschen, die Menschheit zu kontrollieren.

Diese sind unter den verhärteten Sündern zu finden, für welche Ich eure Hilfe suche, Kinder. Ich brauche eure Gebete, um ihre Herzen hinsichtlich des Erkennens der Lügen zu öffnen, an die zu glauben der Betrüger sie gebracht hat. Sie sind für Mich verloren, wenn sie nicht um Meine Barmherzigkeit bitten. Darum kann nur Gebet die Gnade sein, die sie retten kann.

Diese mächtige Armee, angeführt vom Betrüger, wird versuchen, schreckliche Vernichtung zu verursachen. Sie versuchen bereits, Meine Kinder auf die hinterlistigste Art und Weise durch euer Wasser, eure Medizin und eure Nahrung zu vergiften. Bitte bleibt zu jeder Zeit wachsam.

Die Hand Meines Vaters wird bald nach der „Warnung" auf diese boshaften Seelen niederfallen, wenn sie weiterhin Meine Barmherzigkeit zurückweisen. Unterdessen, Kinder, müsst ihr euch erheben und dürft nicht zulassen, dass eure Nationen schikaniert werden. Betet um Meinen Schutz und führt ein einfaches Leben. Betet und empfangt die Sakramente. Bittet in allen Angelegenheiten um Meine Hilfe, und Ich werde auf eure Bitten reagieren — gemäß Meinem heiligsten Willen.

Betet, betet, betet, um die bösen Pläne zu entschärfen, die Welt zu kontrollieren, welche diese verruchte Gruppe ersinnt. Sie gewinnen Macht im Nahen Osten und unternehmen Versuche, Europa zu kontrollieren, bevor sie andere Teile der Welt ins Visier nehmen. Die Feinde, die sie euch in den Nachrichtenmedien zeigen, sind nicht die wirklichen Feinde. Sie schaffen Feinde, um Vergeltungsmaßnahmen zu rechtfertigen, welche immer dieselben Ziele haben werden: zu kontrollieren, zu besitzen, Reichtum aufzubauen.

Betet dafür, dass sie sich bekehren; denn ohne Bekehrung werden ihre bösen Taten viel Kummer und Qual verursachen. Mein Ewiger Vater wird ihnen jedoch die von Ihm bestimmte Strafe zukommen lassen, aber sie können trotzdem noch Schaden anrichten, welcher unsägliches Leid unter Meinen Kindern verursachen wird.

Euer geliebter Erlöser

Jesus Christus

229. Meine Ankunft wird früher stattfinden, als ihr es erwartet.

Montag, 24. Oktober 2011, 19:09 Uhr

Meine Ankunft wird früher stattfinden, als ihr es erwartet.

Meine innig geliebte Tochter, du darfst dich nicht von denjenigen beunruhigen lassen, die fortfahren, Mein heiligstes Wort anzuzweifeln und ein Urteil darüber zu fällen. Ignoriere diese Befragungen. Schweige. Bete für sie und mache weiter; denn die Zeit ist jetzt knapp.

Ich ersuche euch alle, liebe Kinder, euch in aller Ruhe hinzusetzen und zu Mir um Barmherzigkeit zu beten. Bitte, ihr dürft nicht in Panik geraten; denn Ich komme nur, um euch zu retten, nicht um zu richten. Wisst ihr das nicht? Es gibt nichts zu fürchten, vertraut einfach völlig auf Mich.

Meine Ankunft wird früher stattfinden, als ihr es erwartet, also bereitet bitte eure Seelen vor. Betet für alle Seelen, welche Mich vielleicht ablehnen oder die Mein Geschenk der Göttlichen Barmherzigkeit zurückweisen mögen. Ihr, Meine geschätzten Seelen, bringt Mir solchen Trost und erleichtert die Qual und das Leiden, das Ich erdulde, wenn Ich überall in eurer Welt den Hass sehe.

Kommt näher zu Mir, Kinder, und lasst Mich euch umarmen, um euch die Kraft und das Vertrauen zu geben, das ihr braucht, um Mich zu begrüßen. Ihr, Meine besondere Armee, seid mit Mir vereinigt, und ob ihr es begreift oder nicht, ihr werdet durch den Heiligen Geist geführt, um zu kämpfen, um Seelen zu retten.

Sitzt ruhig, Meine Kleinen, und vergesst nicht: Ich bin zu jeder Zeit mit euch. Freut euch und erwartet Meine Ankunft, wenn Ich Meine Gnaden ausgieße, um alle Meine geliebten Anhänger überall auf der Welt damit zu bedecken.

Egal, wo ihr lebt, egal, aus welchem Teil der Welt ihr seid, ihr gehört zu Mir. Ich liebe euch. Schaut mit offenen Herzen und mit Vertrauen, während wir der „Warnung" näher kommen.

Euer Jesus

230. Gott der Vater: Ihr müsst die Finsternis zurückweisen und das Licht annehmen.

Dienstag, 25. Oktober 2011; 15.30 Uhr

Meine geliebte Tochter, sage der Welt, dass Ich alle Meine Kinder in Meine Arme nehme. Alles wird gut sein. Alles muss jetzt in Meinen Heiligen Händen bleiben, wie es bestimmt ist.

Ich verfüge, dass Mein Sohn noch einmal in die Welt gesandt wird, um die Menschen von den verheerenden Auswirkungen der Sünde zu retten. Dies ist Mein Göttlicher Akt der Gerechtigkeit für euch, Meine geschätzten Kinder, damit Ich Mein Königreich auf Erden zurückgewinnen kann.

Angst kommt nicht von Mir. Angst kommt von der Finsternis. Wenn ihr Mich fürchtet, so wisset, dass es die Finsternis ist, welche eure Seele umhüllt, und nicht Meine Göttliche Größe.

Um ein Teil Meines Königreichs zu sein, müsst ihr die Finsternis zurückweisen und das Licht annehmen. Dieses selbe Licht wird euch jetzt durch den Göttlichen Akt der Barmherzigkeit Meines Sohnes geschenkt.

Meine Liebe zu euch allen Kindern ist so groß, dass Ich Meine ganze Macht einsetzen werde, um überall Seelen zu retten. Meine Hand der Gerechtigkeit wird auf jene Seelen niederfallen, welche Mich zurückweisen, aber nicht bevor jede Anstrengung, alle Meine Kinder überall zu vereinigen, ausgeschöpft ist.

Das Königreich Meiner Großen Glorie wird der Welt binnen kurzer Zeit offenbart werden. Nicht eines von euch Kindern wird Mein Glorreiches Königreich zurückweisen wollen, das im neuen Zeitalter des Friedens auf Erden herrschen wird.

Betet für diejenigen, die es schwer finden werden, die Wahrheit anzunehmen.

Gott der Allmächtige Vater

231. Falsche Propheten versuchen, Mein Heiliges Wort zu schmälern.

Mittwoch, 26. Oktober 2011, 15:30 Uhr

Meine innig geliebte Tochter, bitte sage Meinen Kindern, dass sie auf der Hut sein sollen hinsichtlich falscher Seher, die in Meinem Namen sprechen, aber die sich für Worte einsetzen, die nicht von Meinen Lippen kommen.

Viele von diesen selbsternannten Sehern, die nach außen hin als Katholiken erscheinen und die mit all den Gepflogenheiten auftreten, welche mit diesen und anderen christlichen Lehren verbunden sind, sind in Wirklichkeit New-Age-Anhänger.

New-Age-Anhänger werden jetzt die Welt unterwandern, um Meine Kinder zu überzeugen, dass sie gesandt worden sind, um sich für Mein Heiliges Wort einzusetzen. Ihre Worte werden oberflächlich betrachtet als wahr erscheinen. Die Sprache, die sie verwenden, wird niveauvoll, liebevoll, wohl-

durchdacht sein, aber sie wird eine Lüge maskieren.

Dies ist das Zeitalter für das Auftreten der falschen Propheten, und viele Meiner Kinder werden es schwer finden, die Wahrheit von der Erdichtung zu unterscheiden.

Du, Meine Tochter, wirst jetzt von diesen Visionären ins Visier genommen, die sich vorgenommen haben, Mein Heiliges Wort zu schmälern. Lass dies nicht geschehen, oder Meine Kinder werden in eine Finsternis gesaugt, aus der sie es schwer finden werden sich zu lösen.

Vergiss nicht, diese falschen Propheten sind ebenfalls Meine geliebten Kinder, also bete bitte für sie. Bedauerlicherweise sind sie irregeführt worden, an eine erfundene Hierarchie und an ein Universum, das nicht existiert, zu glauben.

Nimm dich vor denjenigen in Acht, die auf aufgestiegene Meister Bezug nehmen oder die über ein neues Zeitalter des Lichtes sprechen, wo Gott der Vater lediglich als „eine andere Facette" angesehen wird. Diese Seelen empfangen ihre Weisungen nicht von Mir. Sie machen sich vom Betrüger eingegebene Glaubensvorstellungen zu Eigen. In vielen Fällen glauben diese getäuschten Seelen, dass sie göttliche Botschaften erhalten. So arbeitet Satan. Seine sanften, beruhigenden Worte werden eine krasse, kalte, aber überzeugende Litanei an Worten hervorbringen. Sie kommen nicht von Gott, dem Allerhöchsten.

Wie Ich dir früher gesagt habe: Ich spreche zur Welt auf eine einfache Weise. Ich sehe keinen Nutzen in einer aufgebauschten Sprache in Form einer kalten, überlegen anmutenden Stimme. Ich versuche nicht, Angst in euren Herzen zu erwecken. Ich versuche lediglich, euch zur Wahrheit hinzuführen und euch die Wichtigkeit nahezubringen, euren Nächsten zu lieben.

Wie schwer es doch für euch Kinder in diesen verwirrenden Zeiten ist.

Betet, betet, dass ihr nicht Opfer einer Reihe von Lügen werdet, welche von falschen Propheten verbreitet werden. Wenn ihre Botschaften ausgedacht erscheinen, schwer zu verstehen sind und eure Herzen mit Furcht erfüllen, sind sie nicht von Mir.

Kinder, behaltet nur Mich im Blick. Ich habe euch viel zu sagen. Lasst euch nicht eine Minute lang ablenken; denn dies wird euch davon abhalten, jene Seelen zu retten, die eure Gebete so dringend brauchen.

Euer Jesus

232. Erwartet jetzt unser glorreiches Zusammenkommen.

Mittwoch, 26. Oktober 2011, 22:00 Uhr

Meine geliebte Tochter, du darfst dich nicht über die anhaltenden Angriffe auf Meine Botschaften durch falsche Seher aufregen.

Du musst inzwischen wissen, dass, wenn Ich zu auserwählten Boten spreche, sie immer ein Ziel von Hass sein werden. Wenn du angegriffen wirst, vergiss nicht, dass auch Ich herausgefordert werde. Mein Heiliges Wort wird auseinander genommen, analysiert, angezweifelt, kritisiert und für nicht würdig erklärt, von Meinen Lippen zu kommen.

Oh, wie wenig Meine Kinder wissen. Furcht und Zweifel machen sie blind für die Wahrheit. Du wirst auch überrascht sein, wie Mein Wort so leicht zu Gunsten falscher Botschaften abgelehnt wird.

Da die „Warnung" fast in der Welt ist, wird die Wahrheit letztendlich allen Meinen Anhängern bekannt werden. In diesem Stadium werden sie Mein Wort annehmen, um ihre armen Seelen zu heiligen. Wie werde Ich sie begrüßen und sie nahe an Mich ziehen, während sich ihre Tränen in Liebe und Eintracht mit den Meinen vermischen. Vor der Warnung werden sie weiterhin zweifeln, aber sie werden Mich, nachdem sie vor Mein Angesicht gekommen sind, nicht mehr ablehnen. Denn sobald sie vor Mein Angesicht kommen und die Liebe sehen, die Ich für sie habe, werden sie Mich nicht für einen Moment verlassen wollen, so tief wird unsere Vereinigung sein.

Erwartet jetzt unser glorreiches Zusammenkommen.

Euer Jesus

233. Ihr, Meine Kinder, seid gesegnet, wenn ihr in Meinem Namen leidet.

Donnerstag, 27. Oktober 2011, 15:30 Uhr

Meine innig geliebte Tochter, die zunehmende Zahl an Prüfungen, die du jetzt um Meinetwegen erlebst, ist nicht zufällig. Während Satan fortfährt, dich zu quälen, denke nur an die Seelen, welche du durch dieses Leiden rettest. Versuche, dich über diese Schwierigkeiten zu erheben und habe Mich die ganze Zeit vor Augen. Bete zu Meiner geliebten Mutter um Schutz und sprich den Heiligen Rosenkranz so oft, wie du kannst.

Es ist wichtig, dass alle Meine Anhänger um Schutz gegen den Betrüger bitten, der auf jede Gelegenheit wartet, um Zweifel in eure Köpfe zu säen.

Er und seine Dämonen sind überall. Sie werden jede nur mögliche Taktik verwenden, um Chaos in euer Leben zu bringen. Wisset, dass ihr, wenn das geschieht, durch Meine Lehren berührt worden seid und dass ihr jetzt Mein Kreuz tragt.

Kinder, habt niemals Furcht; denn ihr alle seid imstande, euch aus dieser Wildnis zu erheben aufgrund der Widerstandskraft, die Ich jetzt jedem Einzelnen von euch, Meiner Armee, gewähre. Ihr werdet über den Teufel und seine Boshaftigkeit triumphieren. Je mehr ihr einmütig betet, desto größer wird die befestigte Mauer sein. Nicht eines Meiner Kinder, welches Verfolgung als direktes Ergebnis der Arbeit für Mich erleidet, kann vom Teufel angerührt werden.

Ihr, Meine Kinder, seid gesegnet, wenn ihr in Meinem Namen leidet, obwohl ihr es schwer finden werdet, das zu verstehen.

Ignoriert solchen Spott. Wendet euch ab. Reagiert nicht. Schweigt. Betet um Stärke. Ich bin mit euch.

Euer geliebter Jesus Christus

234. Der Größte Angriff auf Meine Kirche seit Meinem Tod am Kreuz.

Freitag, 28. Oktober 2011, 23:30 Uhr

Meine innig geliebte Tochter, die Treue Meiner Kirche — Mir, ihrem geliebten Erlöser, gegenüber — ist dabei, in Kürze über das Erträgliche hinaus geprüft zu werden. Meine Kirche hat geschlafen, und in ihrem Schlummer hat sie sich nicht für die Ankunft des Antichristen gerüstet. Schon längst sind er und seine Günstlinge in jede Spalte der Kirchen Meines Vaters in der ganzen Welt gekrochen.

Die katholische Kirche ist das Hauptangriffsziel des Antichristen und er wird nicht Halt machen, bevor er nicht die Oberhäupter von mindestens der Hälfte Meiner Kirche auf dieser Erde in seine Richtung umgebogen hat. So unvorbereitet sind Meine Kardinäle, Bischöfe und Priester, dass sie nicht fähig sind, die raffinierten Änderungen zu bemerken, die innerhalb ihrer eigenen Reihen stattfinden. Es wird nicht lange dauern, bis die Spaltung innerhalb Meiner Kirche wirklich offensichtlich wird.

Dies ist der größte Angriff auf Meine Kirche seit Meinem Tod am Kreuz. Meine armen geliebten Diener. Viele von ihnen sind unschuldige Schachfiguren und einer dunklen Macht ausgeliefert, die sorgsam darauf achtet, sich nicht zu offenbaren.

Ich bitte alle Meine Diener, intensiv zu beten, um der Abscheulichkeit zu widerstehen, die auf dem Wege ist. Sie müssen wie folgt zu Mir beten:

„O Mein Geliebter Jesus, Ich rufe Dich um Deinen Schutz an und bitte um Deine Gnade, Meine Brüder und Schwestern innerhalb Deiner Kirche davor zu bewahren, dem Antichristen zum Opfer zu fallen. Schenke mir die Gnaden und schütze mich mit Deiner Rüstung der Stärke, um mich gegen die bösen Taten zu erheben, die möglicherweise in Deinem Heiligen Namen begangen werden. Ich flehe um Deine Gnade und verspreche Dir, gegenüber Deinem Heiligen Namen zu jeder Zeit treu zu bleiben."

Erhebt euch, Meine gottgeweihten Diener, gegenüber diesem Übel und gegenüber der Bestie, aus deren Maul diese Obszönitäten und Lügen hervorkommen werden.

Achtet auf Änderungen in der Art und Weise, wie Mein Leib und Mein Blut konsekriert werden. Wenn sich die Worte ändern, so dass sie die Existenz Meines Leibes in der Heiligen Eucharistie leugnen, dann müsst ihr Mein Göttliches Versprechen verteidigen. Wer Meinen Leib isst und Mein Blut trinkt, wird ewiges Leben haben.

Seid tapfer, Meine gottgeweihten Diener. Betet um die Stärke, die ihr nötig haben werdet, da euer Glaube und euer Gehorsam über Euer Durchhaltevermögen hinaus geprüft werden wird.

Ich liebe euch und schütze euch zu jeder Zeit. Doch nur jenen von euch, deren Seelen sanft- und demütig sind, wird Mein heiliger Schutz zugutekommen.

Betet für alle Meine gottgeweihten Diener in der ganzen Welt, so dass sie das Licht der Wahrheit nicht zu Gunsten des Geistes der Finsternis zurückweisen werden, der im Begriff ist, innerhalb Meiner Kirche zum Vorschein zu kommen.

Euer Erlöser und Beschützer

Jesus Christus

235. Die Jungfrau Maria: Öffnet eure Herzen für die Wahrheit.

Samstag, 29. Oktober 2011, 16:49 Uhr

Mein Kind, du musst jederzeit um Meinen Schutz beten. Du wirst geführt, und du musst dein ganzes Vertrauen in Meinen geliebten Sohn setzen.

Betet um Bekehrung überall auf der Welt. So viele verirrte Seelen brauchen eure Gebete. Vergesst das niemals, egal wie schwer diese Reise für euch ist.

Der Geist des Teufels bedeckt einen großen Teil der Menschheit in einer Art und Weise, wie es vorher noch nicht geschehen ist. Die Handlungen des Betrügers verstärken sich und ersticken Meine Kinder an jedem Ort der Welt.

Sogar diejenigen, die Meinem geliebten Sohn ihre Treue erklären, stellen sich gegenüber Seinen Bitten, Seelen zu retten, taub. So arrogant sind sie infolge des Stolzes geworden, dass sie vergessen, dass das Heilige Wort Meines Sohnes das einzige Leben ist, das sie brauchen. Das Gebet ist in dieser Zeit lebenswichtig. Diejenigen, die sich durch das öffentliche Verkündigen des Wortes meines kostbaren Sohnes in den Augen anderer selbst erhöhen, die aber dennoch nicht auf Sein Rufen reagieren, haben ihre Herzen gegenüber der Wahrheit verhärtet.

Kinder, ihr müsst jetzt Meinen Sohn Jesus Christus anhören. Hört auf das, was Er euch sagt. Der Heilige Geist wird eure Herzen gegenüber der Wahrheit öffnen, wenn Er durch diese Heiligen Botschaften zu euch spricht — sofern ihr es Ihm erlaubt.

Ich weine vor Kummer, wenn Ich sehe, wie heute Sein Heiliges Wort zurückgewiesen wird. Denjenigen, die Ihn verurteilen, sage Ich: Ihr müsst begreifen, dass Er jetzt nicht nur deswegen kommt, um euch zu retten, sondern auch, um euch in diesen Tagen der Finsternis zu trösten. Wenn ihr wirklich glaubt, dass Er das Brot des Lebens ist, dann erlaubt Ihm, die Liebe in eurem Geist zu erwecken.

Betet um Bekehrung überall auf der Welt. Es ist nicht mehr viel Zeit übrig.

Eure geliebte Mutter

Maria, Königin des Himmels und der Erde

236. Es ist der Unglaube von denjenigen, die vorgeben, Mich zu kennen, der Mich am meisten verwundet.

Montag, 31. Oktober 2011, 3:30 Uhr

Meine innig geliebte Tochter, Mein Heiliges Wort, das einer Welt gegeben wird, die sich Meiner Existenz nicht bewusst ist, wird (die) Seelen entzünden, kurz nachdem die „Warnung" stattgefunden hat.

Endlich wird die Menschheit Mein Wort hören, um es Mir zu ermöglichen, sie zu Meinem neuen Zeitalter des Friedens auf der Erde zu führen. Ich fordere alle Meine Kinder überall auf der Welt auf: Legt den Fehdehandschuh nieder und hört euren Retter sprechen.

Obwohl Ich euch niemals das Datum Meines Wiederkommens zur Erde offenbaren werde, kann Ich euch sagen, dass Ich jetzt im Geist zurückkehren werde. Ich komme jetzt, um euch während der „Warnung" noch einmal zu retten, damit die Menschen sich bekehren werden. Bitte, erlaubt Mir, euch zu führen, und lasst zu, dass Meine heiligste Mission in der Welt verbreitet wird, um Meinen Kindern Trost zu bringen. Sperrt Mich nicht aus. Weist Meine Hand der Barmherzigkeit nicht zurück. Lasst nicht zu, dass euer Stolz euch im Weg steht.

Wacht auf und erkennt, dass Ich jetzt mit euch spreche, damit Ich euch in den Schoß Meiner großen Barmherzigkeit bringen kann. Endlich wird eure Seele mit den Feuern Meiner Göttlichen Gnaden erleuchtet, die über euch alle ausgegossen werden.

Alle Zweifel werden verschwunden sein. Satans Macht wird sich schnell mindern, obwohl er seinen Griff bis zum wirklichen Ende nicht lösen wird.

Während ihr Meine Bitten erwägt, müsst ihr euch Folgendes fragen: Wenn ihr an Mich glaubt, warum weist ihr Mich jetzt zurück? Warum zeigt ihr jenen gegenüber Zorn und Hass, die in Meinem Namen kommen? Warum erhöht ihr euch in Meiner Kirche auf Kosten Meiner Kinder? Vergesst nicht, dass ihr in Meinen Augen alle gleichwertig seid.

Kommt jetzt zu Mir mit demütigen Herzen. Denn solange ihr das nicht tut, könnt ihr von meiner Barmherzigkeit nicht profitieren oder die Gnaden erhalten, welche Ich euch so sehnsuchtsvoll zur Verfügung stellen will.

Meine Stimme ruft jetzt alle Ungläubigen auf, die Existenz Meines Ewigen Vaters anzuerkennen.

Erlaubt Mir nach der „Warnung", euch zu helfen, auf den Weg zum ewigen Leben zu gelangen. Mein Herz schmerzt, wenn Ich verirrte Seelen sehe. Aber wisst Folgendes: Es ist der Unglaube von denjenigen, die vorgeben, Mich zu kennen, der Mich am meisten verwundet.

Euer Liebender Erlöser Jesus

237. Die Jungfrau Maria: Die Zeit für Meinen Sohn nähert sich, Sein Geschenk der Göttlichen Barmherzigkeit zu überbringen.

Mittwoch, 2. November 2011, 10:40 Uhr

Mein Kind, die Zeit für Meinen Sohn, Sein Geschenk der Göttlichen Barmherzigkeit zu überbringen, nähert sich. Daher musst du dich auf deine Mission, Seelen zu retten, konzentrieren. Du darfst dir keine Ablenkungen erlauben, welche deinen Blick von der wichtigsten Aufgabe wegziehen, nämlich der, die Bekehrung auszubreiten.

Der Himmel jubelt, da dieses Göttliche Geschenk bald mit der reinen Liebe dargeboten wird, die Mein Sohn für alle Seelen in Seinem Herzen trägt. Mein Kind, in dem Maße, wie dieses Werk sich in seiner Intensität ausweitet, wird der Teufel fortfahren, dich durch verschiedene Leute bei jeder Gelegenheit zu quälen. Du bist beauftragt worden, zu schweigen und dich nur auf Meinen Sohn zu konzentrieren.

Du, Mein Kind, bist die eine Berufene, um den Wunsch Meines Sohnes, in diesen Zeiten zur Menschheit zu sprechen, sehr ausführlich zu vermitteln. Sei tapfer und mutig; denn diese Heilige Mission wird erfolgreich sein. Es ist vor so langer Zeit vorausgesagt worden, und dir ist vom Himmel jede Art von Führung gewährt worden. Alle Heiligen führen dich; denn sie sind in voller Stärke versammelt worden, um sicherzustellen, dass diese Mission nicht scheitern wird. Das ist auch gar nicht möglich. Du darfst dir keine Sorgen mehr machen, wenn die Dinge hoffnungslos zu sein scheinen; denn das ist die Täuschung, mit der du durch die Arbeit des Betrügers konfrontiert werden wirst.

Ich, deine geliebte Mutter, arbeite die ganze Zeit mit dir zusammen. Durch Mich warst du bereit, vor Meinem kostbaren Sohn zu kommen. Die gewährten Gnaden sollten es deiner Seele möglich machen, gereinigt zu sein, so dass du tauglich warst, für den Erlöser der Menschheit zu arbeiten.

Durch Meinen kostbaren Sohn bist du vor die Allerheiligste Dreifaltigkeit gebracht worden. Dies ist eine der wichtigsten Missionen, seit Mein Sohn gesandt wurde, um die Welt von der Sünde freizukaufen.

Lass dich weder von dieser Mission abbringen, noch darfst du der Versuchung erliegen, davonzugehen. Bete jederzeit zu Mir, deiner Mutter, um Schutz.

Deine geliebte Mutter
Königin des Himmels
Mutter der Barmherzigkeit

238. Das Wetter wird beginnen, merkwürdige Zeichen zu zeigen.

Mittwoch, 2. November 2011, 19:40 Uhr

Meine innig geliebte Tochter, das Wetter wird beginnen, merkwürdige Zeichen zu zeigen, während die Erde sich auf einen neuen Zustand hin bewegt in Vorbereitung auf Meinen Akt der Göttlichen Barmherzigkeit, wenn Ich komme, um euch alle noch einmal zu retten.

Der Hass verstärkt sich in jeder Nation. Man fühlt überall Unzufriedenheit. Die Liebe zueinander ist schwach, während die Selbstliebe nicht nur geduldet wird, sondern auch für notwendig gehalten wird, um in der heutigen Welt akzeptiert zu werden.

Ich werde den Hass wegwischen. Ich werde die Pläne der Menschen, seinen Bruder zu terrorisieren, zerstampfen. Ich werde die Arroganz in euren Seelen auslöschen. Jede Sünde wird euch offenbart werden, wie sie in ihrer rohen Hässlichkeit in Meinen Augen erscheint.

Warum müssen sich heute so viele gutherzige Seelen von Meinen Lehren von einst abwenden? Warum jetzt? Was ist es betreffend der Liebe von Gott dem Vater, was in ihren Augen beschämend wirkt? Ich werde es euch sagen: Dies verhält sich so, weil so viele Meiner Kinder durch die Vergnügen der Welt abgelenkt worden sind. Obwohl viele der materiellen Güter, nach denen sie streben, jetzt für sie unerreichbar geworden sind, weisen sie Mich dennoch zurück. Die Seelen der Menschheit sind mit einer so dicken Finsternis bedeckt worden, dass es für Mein Licht Zeit brauchen wird, hindurchzuscheinen und ihre Seelen zu durchdringen.

Wie Ich doch Tränen bitterer Traurigkeit weine um diese verirrten Seelen, die verzweifelt nach dem Frieden der Erlösung suchen, den sie ersehnen. Sie begreifen einfach nicht, dass nur Ich diesen Frieden in ihre ermatteten Herzen bringen kann.

Oh, wie ist Meine Liebe seit langem vergessen worden. Ich bin nur ein Fragment in ihren Köpfen, ohne eine wirkliche Bedeutung. Sie wollen den Frieden der Seele und des Herzens, aber sie wollen Mich nicht darum bitten. Doch nur, wenn sie darum bitten, kann Ich darauf reagieren. Wissen sie das denn nicht?

Jenen von euch, die Mich lieben, die aber ihren Bruder hassen oder ihm etwas übel nehmen, sage Ich: Auch ihr braucht Meine Hilfe. Ich will eure Treue nicht, wenn ihr andere nicht gut behandelt. Wenn ihr eure Brüder und Schwestern — aus welchem Grund auch immer — verletzt, so verletzt ihr Mich. Egal wie ihr eure Handlungen rechtfertigt, ihr sollt dies wissen. Ich fühle den Schmerz von denjenigen, die ihr misshandelt. Wenn ihr Mich auf diese Weise verletzt, könnt ihr Mir keine wahre Liebe, die aus dem Herzen kommt, zeigen.

Lernt aus diesen Erklärungen. Sucht Demut in allen Dingen, bevor ihr vor Mein Angesicht kommt, um Meinem Heiligen Willen die Treue zu schwören. Auf diese Weise werdet ihr rein in der Seele sein und ihr werdet geeignet sein, in Mein Königreich einzugehen.

Ihr, Meine Kinder, habt Glück, weil Millionen von euch ein Teil Meines Neuen Paradieses sein werden. Das liegt an der Zeit, in der ihr lebt. Kinder, so viele von euch in der Welt von heute können jetzt in einer Art und Weise gerettet werden, wie es bei vorherigen Generationen nicht möglich gewesen ist.

Freut euch über diese Neuigkeit und nutzt diese Gelegenheit, um Meine Göttliche Barmherzigkeit mit offenen und reuevollen Herzen anzunehmen, solange ihr das noch könnt.

Euer Retter Jesus Christus

239. Meine Boten sind jetzt bei euch, um zu helfen, eure Seelen vorzubereiten.

Donnerstag, 3. November 2011, 21:00 Uhr

Meine geliebte Tochter, es fängt nun an, dass die gegebenen Prophezeiungen bekannt gemacht und weltweit erlebt werden, so dass keiner im Stande sein wird, sie zu ignorieren.

So viele Meiner Kinder kennen nicht die Inhalte, die im Buch Meines Vaters, in der höchstheiligen Bibel, enthalten sind. Wenig Aufmerksamkeit wird dem Buch des Johannes (die Geheime Offenbarung) geschenkt, wo der ganzen Welt Details der Endzeit gegeben werden. Diese Zeit ist jetzt gekommen. Bereitet euch alle vor.

Die Wahrheit im Buch der Offenbarung (des Johannes) enthält genau das — die Wahrheit. Könnt ihr die Zeichen erkennen? Der Aufruhr in der Welt wird sich weiterhin in einem brutalen Tempo verstärken. Euer Währungssystem wird von einer globalen Gruppe bedroht, welche nicht nur euer Geld will, sondern welche auch eure Seelen stehlen will.

Die Boshaftigkeit des Menschen ist offensichtlich, aber vieles davon ist verborgen. Meine Boten sind jetzt bei euch, Kinder, euch um zu helfen, eure Seelen vorzubereiten. Ob ihr sie als die erkennt, die sie sind, oder nicht: Der Heilige Geist, der in ihren Seelen wohnt, wird Bekehrung ausbreiten.

Diejenigen, die Meine Versuche, mit euch zu kommunizieren, verurteilen, werden die Wahrheit sehr bald verstehen. Sobald dies geschehen ist werden sich Meine Kinder gegen diese böse Macht, die von Satan angeführt wird, vereinen. Sie werden nicht gewinnen. Es werden ihnen von der Hand Meines Ewigen Vaters alle möglichen Hindernisse in den Weg gestellt. Seine Barmherzigkeit ist so groß, dass Er Seine Macht verwenden wird, um Seine Kinder zu verteidigen, und Er wird diejenigen vernichten, die darauf bestehen, dem Weg des Betrügers zu folgen.

Was auch immer eure verschiedenen Ansichten sind betreffend der Frage, ob Ich jetzt mit euch spreche oder nicht, es wird nicht von Bedeutung sein. Es ist euer Glau-be an Mich und Meinen geliebten Vater, Gott dem Höchsten, der am Ende zählen wird.

Das Gebet ist jetzt äußerst dringend nötig, Kinder, wo auch immer ihr seid, was auch immer eure Religion ist, was auch immer eure Ansichten sind. Vereint euch und betet zum Heiligen Geist um Erleuchtung in dieser Zeit. Satan versucht, euch von Mir, eurem geliebten Erlöser, abzubringen. Hört nicht auf die Zweifel und die Furcht, die er in eure Herzen sät. Er wird Lügen verwenden, um Mich davon abzuhalten, eure Seelen mit Meinem Göttlichen Licht zu überschwemmen. Meine Liebe ist so stark für euch, Kinder, dass Ich — egal ob ihr Mich ignoriert oder euch von Mir abwendet — fortfahren werde, euch zu rufen. Ich werde das durch die Macht des Heiligen Geistes tun. Ihr müsst um dieses Geschenk beten, indem ihr sprecht:

„O Jesus, bedecke Mich mit Deinem kostbaren Blut und erfülle Mich mit dem Heiligen Geist, so dass Ich erkennen kann, ob diese Worte von Dir kommen. Mache mich im Geiste demütig. Nimm Mein Flehen barmherzig entgegen und öffne Mein Herz gegenüber der Wahrheit"

Ich werde den verhärtetsten Seelen antworten, wenn sie dieses Gebet sprechen.

Gebt Mir die Chance, euch zu Mir zu bringen, damit Ich möglichst viele Meiner Kinder vor der „Großen Warnung" vereinigen kann.

Haltet euch immer vor Augen, dass Meine Liebe zu euch nie erlöschen wird, egal wie taub ihr euch gegenüber Meinem dringenden Ruf nach Einigkeit stellt.

Euer geliebter Erlöser

Jesus Christus

240. Die Globale Gruppe, die euer Bankensystem zerstörte, wird auseinander fallen.

Freitag, 4. November 2011, 19:00 Uhr

Meine liebste Tochter, von Mir kommt wahres Leben, das einzige Leben, das der Mensch jemals von hier bis zur Ewigkeit benötigt.

Kinder, ihr müsst wissen, dass dieser schreckliche Aufruhr, den ihr überall um euch herum seht, nicht lange andauern wird.

Gott, Mein Ewiger Vater, wird es nicht erlauben, dass Seine kostbaren Kinder noch mehr erleiden. Ihr, Meine Kinder, seid die Opfer der Arbeit des Betrügers. Er, der die Globale Gruppe kontrolliert, verliert an Kraft. Seine Kräfte werden aufgrund der Macht Meines Vaters zum Scheitern gebracht. Diese Gruppe, die bewusst eure Bankensysteme zerstörte, um euch zu Bettlern zu machen, wird auseinanderfallen. Ihr dürft euch keine Sorgen machen; denn die Hand Meines Vaters wird auf ihre bösen Wege niederfallen.

Betet, dass alle jene getäuschten Seelen, die sklavisch an der Boshaftigkeit festhalten, die sich im inneren Kern dieser Gruppe befindet, sich während der „Warnung" bekehren werden.

Kinder, ihr dürft niemals die Hoffnung aufgeben. Aufgrund eurer Liebe zu Gott, dem Allerhöchsten, werdet ihr zum Schoß eurer Familie zurückkehren. Die Allerheiligste Dreifaltigkeit ist euer Zuhause, Kinder. Diejenigen von euch, die diese Tatsache aufgrund ihrer Bekehrung anerkennen, werden das ruhmvolle Zeitalter des Paradieses auf Erden erben.

Vertraut immer auf Mich. Opfert Mir eure Sorgen, Schwierigkeiten und Ängste auf. Erlaubt Mir, euren Schmerz und euer Leiden leichter zu machen. Es wird jetzt nicht mehr allzu lange dauern, bis die Welt von den schmerzhaften Geburtswehen, welche ihr in diesen Zeiten erleidet, befreit werden wird.

Verliert niemals die Hoffnung. Vertraut auf Mich. Betet um Meine Gnaden, um euch stärker zu machen. Legt euren Kopf auf Meine Schultern und lasst Meinen Frieden eure Seelen umhüllen. Nur dann werdet ihr die Wahrheit Meines Glorreichen Versprechens des ewigen Lebens verstehen.

Euer Jesus

Erlöser der Menschheit

241. Gott der Vater: Letzter Aufruf an die Atheisten.

Samstag, 5. November 2011, 13:00 Uhr

Meine Tochter, der Menschheit wird jetzt die Hand Meiner Barmherzigkeit gezeigt werden, da die Ankunft Meines Sohnes unmittelbar bevorsteht.

Allen jenen gefolterten Seelen, die verwirrt sind, sage Ich: Setzt euer Vertrauen in Mich, Gott den Vater. Ich, der Ich jeden von euch mit Liebe und Erbarmen schuf, will jedes Meiner kostbaren Kinder retten.

Ich möchte nicht einen von euch verlieren, einschließlich derjenigen, die über Mich spotten. Bereitet euch auf das größte Geschenk vor, das für euch bereitet wird. Ich werde Satan davon abhalten, euch zu schnappen, wenn ihr Mir das erlaubt. Ich kann euch nicht zwingen, diesen Akt der Barmherzigkeit anzunehmen. Was Mich traurig macht, ist, dass viele von euch diese Hand Meiner Barmherzigkeit zurückweisen werden. Ihr werdet nicht stark genug sein. Doch wenn ihr die Wahrheit seht, wie sie euch während der „Warnung" offenbart wird, werdet ihr versuchen, sie wie eine Rettungsleine zu ergreifen.

Ihr müsst Mich um die Kraft bitten, Mir zu erlauben, euch vor der ewigen Verdammnis zu bewahren. Ich wende Mich ein letztes Mal besonders an die Atheisten. Weist die Wahrheit nicht zurück, wenn sie euch bewiesen wird. Falls ihr das tut, seid ihr für Mich für immer verloren.

Gott der Vater

242. Dämonische Besessenheit und die Sünde des Hasses.

Sonntag, 6. November 2011, 18:30 Uhr

Meine innig geliebte Tochter, die Menschen verstehen nicht, dass Ich Meine Kreuzigung täglich erneut erlebe. Der Schmerz und das Leiden, das Ich durchmache, werden von den Sünden verursacht, welche die Menschen zu jeder Sekunde des Tages begehen. Ich erleide Momente tiefen Kummers, wenn Ich jene Seelen sehe, welche Mich durch die Sünde des Hasses in starkem Maße verletzen.

Hass ist in die Herzen vieler eingeflößt worden und entsteht infolge der Versuchung durch Satan. Viele Menschen sprechen über dämonische Besessenheit, als ob sie leicht aufzudecken wäre. So viele Meiner Kinder sind vom Teufel besessen. Man muss sie nicht um sich schlagen sehen, um zu sehen, dass eine dämonische Gegenwart vorhanden ist.

Er, der Feind der Menschheit, benützt seine Dämonen, um Meine Kinder anzugreifen. Denn diejenigen, die sich in der Finsternis befinden, werden leichte Beute, weil sie die böse Gegenwart anziehen.

Wenn ihr erst einmal besessen seid, Kinder, ist es sehr schwer, euch loszureißen. Diese unglücklichen Kinder werden dann aufgrund der gerissenen und manipulierenden Versuchung des Teufels andere Seelen anstecken. Und so setzt sich das fort.

Das Böse wird gewöhnlich so präsentiert, als ob es gut sei. Es wird schwer zu unterscheiden sein — außer in diesem Punkt: Das Verhalten und die Taten einer verseuchten Seele werden im Wesen nie demütig sein. Sie werden nie von Herzen kommend großzügig sein. Sie können großzügig erscheinen, aber es wird immer einen Haken geben. Bei diesem Haken wird es sich immer darum handeln, an euch Ansprüche zu stellen, die nicht leicht zu verkraften sind.

Haltet euch von solchen Seelen fern. Betet für sie. Erlaubt ihnen nicht, euch in die Sünde mit hineinzuziehen. Seid immer vor dem Betrüger auf der Hut, weil er in diesen Zeiten überall ist.

Betet immer, um euch solch böse Dinge vom Leib zu halten. Gebet wird sowohl seinen Griff als auch seine Kraft schwächen und euch ebenso beschützen.

Betrachtet Satan und seine bösen Werke wie eine ansteckende Krankheit. Ergreift jede Vorsichtsmaßnahme, um zu vermeiden, mit denjenigen in Kontakt zu kommen, welche die Krankheit in sich tragen. Solltet ihr wissen, dass ihr keine Alternative habt, dann bewaffnet euch mit Weihwasser, dem heiligen Kruzifix und einer Benediktusmedaille. Sie werden euch diese Dämonen vom Leibe halten.

Dies sind die Zeiten, Kinder, in denen ihr euch und euer Haus mit gesegneten Gegenständen umgeben müsst, die (von einem katholischen Priester, Anm. des Üb.) geweiht worden sind.

Vielen ist es peinlich, mit solchen Dingen gesehen zu werden, aus Angst, ausgelacht zu werden. Diese Dinge werden euch in eurem Haus Schutz bieten und sind ein großer Trost während des Gebets.

Vergesst nicht, dass der Dämon nicht nur in der Hölle lebt, sondern dass er jetzt auch seine Herrschaft auf Erden fest begründet hat. Gebet ist das Einzige, was ihn in Furcht versetzt und ihn machtlos macht.

Kinder, das Gebet wird euch in den Zeiten, die vor euch liegen, aufrecht halten.

Euer liebender Erlöser
Jesus Christus

243. Du wirst in vielen Kreisen gehasst und in anderen gefürchtet werden.

Montag, 7. November 2011, 20:50 Uhr

Meine geliebte Tochter, du musst zuhören. Während sich Meine Prophezeiungen entfalten und sobald Mein Heiliges Wort beginnt angenommen zu werden und ihm Gehör geschenkt wird, musst du vorsichtig sein. Du, Meine Tochter, wirst in vielen Kreisen gehasst und in anderen gefürchtet werden.

Meine Prophezeiungen, welche dir gegeben werden, sollen sicherstellen, dass es unter all Meinen Kindern keinen Zweifel darüber geben wird, dass das Versprechen der ewigen Erlösung schlussendlich verwirklicht werden wird.

Meine Tochter, du wirst dich isoliert, zurückgewiesen und gefürchtet fühlen und du wirst in Meinem Namen in grobem Maße leiden.

Ohne dein Opfer könnte Ich Mein Versprechen nicht erfüllen, die Menschheit zu retten, so dass jeder Seele die Chance gewährt wird, dass ihr ihr rechtmäßiges Erbe zugutekommt.

Ich fordere Meine gottgeweihten Diener auf, dich zu schützen, Meine Tochter; denn es wird ihre heilige Pflicht sein. Mit der Zeit werden sie verstehen, was ihre Rolle ist. In der Zwischenzeit fordere Ich all Meine kostbaren Anhänger auf, für deinen Schutz gegen die bösen Kräfte, die von Satan geführt werden und welche die Welt um ihres eigenen Profites willen zerstören wollen, zu beten.

Sei stark. Bete um Schutz und beziehe jederzeit die Hilfe Meiner heiligen Mutter mit ein.

Dein Jesus
Retter und Erlöser der Menschheit

244. Viele werden den Schmerz des Fegefeuers als eine Sühne erleiden.

Mittwoch, 9. November 2011, 15:32 Uhr

Kinder, hört Meine dringende Bitte und weiht euch in dieser Zeit dem Unbefleckten Herzen Meiner innig geliebten Mutter.

Sie, die Mittlerin aller Gnaden, ist damit beauftragt worden, euch zu Meinem Heiligen Herzen zu führen, um die Menschheit vor dem Ruin zu retten, der sie erwartet, wenn es ihr nicht gelingen sollte, sich von den Werken des Teufels loszumachen.

Es ist jetzt dringend, dass ihr alle intensiv um die Erlösung von Seelen betet. Alle Seelen werden vor Mein Angesicht kommen, und für viele wird das schwer sein. Viele werden den Schmerz des Fegefeuers erleiden, aber es wird ihr einziger Weg zur ewigen Erlösung sein. Es ist weit besser, während des Lebens auf dieser Erde zu verstehen, was dies bedeutet, als dies nach dem Tod zu erfahren. Wenn sie diese Sühne erleiden, werden diese Seelen gereinigt und werden bereit sein, in Mein Neues Paradies auf Erden einzugehen. Nur reine Seelen werden im Stande sein, einzutreten. Ich muss euch dringend bitten, dieses Geschenk anzunehmen und ihm mit starkem Geist, Leib und Seele gegenüberzutreten. Aber versteht und erkennt es als das, was es ist, nämlich ein Weg zum ewigen Leben. Eine Chance, Meine Göttliche Barmherzigkeit zu verstehen.

Es ist an der Zeit, eure Seelen jetzt vorzubereiten. Wenn ihr vor der „Warnung" Befreiung von euren Sünden gesucht habt, so müsst ihr für die anderen beten. Sie werden stark sein müssen.

Betet von jetzt an jeden einzelnen Tag Meinen Barmherzigkeitsrosenkranz, ihr alle. Er wird helfen, jene armen Seelen zu retten, welche vielleicht am Schock während dieses übernatürlichen Ereignisses sterben. Dieses Ereignis wird jetzt in Kürze der Welt gezeigt werden.

Verliert niemals die Hoffnung, Kinder. Glaubt Mir, wenn Ich euch sage, dass Ich euch liebe. Ich bringe euch dieses Geschenk wegen dieser Liebe.

Euer liebender Erlöser

245. Zwei Diebe am Kreuz.

Donnerstag, 10. November 2011, 15:30 Uhr

Meine innig geliebte Tochter, als Ich am Kreuze starb, waren zwei Diebe nahe bei Mir, welche zur gleichen Zeit gekreuzigt wurden.

Einer bat Mich, ihm seine Sünden zu vergeben — und er wurde gerettet. Der andere tat es nicht. Stattdessen verschloss er seine Ohren. Seine Sturheit und seine Weigerung, um Meine Barmherzigkeit zu bitten, bedeuteten, dass er nicht gerettet werden konnte.

Das gleiche wird während der „Warnung" geschehen. Einige Meiner Kinder werden ihre Sünden eingestehen und akzeptieren, dass sie Mich verletzt haben. Sie werden ihre Buße — in aller Demut — annehmen und werden gerettet werden. Sie werden im bevorstehenden Zeitalter des Friedens ins neue Paradies eingehen.

Dann wird es jene geben, die ihre Sünden nicht als das anerkennen werden, was sie sind, nämlich eine Scheußlichkeit in den Augen Gottes, des Ewigen Vaters.

Ich werde diesen Seelen viel Zeit geben, um zu bereuen, so tief ist Meine Barmherzigkeit. Betet, dass sie Erlösung suchen werden, damit auch sie gerettet werden können. Ich möchte, dass alle Meine Kinder Mein großes Geschenk der Barmherzigkeit annehmen. Ich möchte, dass ihr alle durch die Tore des Neuen Paradieses hineingeht.

Betet, dass die verhärteten Seelen erweicht werden und Meine Hand annehmen werden. Betet, dass sie lernen werden, wie man in Meinen Augen demütig wird.

Euer Jesus
Erlöser der Menschheit

246. Zuerst werden Zeichen am Himmel erscheinen — die Sonne wird (am Himmel) kreisen.

Freitag, 11. November 2011, 16:00 Uhr

Das Gebet und viel davon ist erforderlich, um zu helfen, jetzt Seelen zu retten. Du, Meine Tochter, musst deine Familie vorbereiten und musst denjenigen, die Meiner großen Barmherzigkeit bedürfen, sagen, dass sie bereit sein sollen.

Erneut werden zuerst die Zeichen erscheinen. Viele Menschen werden sich aufrichten und dem Beachtung schenken, wenn sie die Änderungen am Himmel sehen. Sie werden wie nie zuvor die Sonne am Himmel kreisen sehen. Dann werden sie das Kreuz sehen. Dies wird unmittelbar vor dem Zusammenstoß der Sterne am Himmel geschehen und dann, wenn Meine Strahlen der Göttlichen Barmherzigkeit die Erde bedecken werden.

Stille wird folgen, so dass jede Seele in einem Zustand der absoluten Ungestörtheit sein wird, wenn sie zu Mir kommt. Sage Meinen Kindern, auf was sie achtgeben müssen; denn sie dürfen keine Angst haben. Dies ist kein Ereignis, das man fürchten sollte. Stattdessen müsst ihr alle diese Begegnung begrüßen.

Alle Meine Kinder müssen anerkennen, dass Ich es bin, der jetzt zu ihnen kommt. Sie dürfen nicht denken, dass das das Ende der Welt ist. Denn das ist es nicht. Es ist der Anfang einer neuen Zeitperiode, in der alle Meine Kinder letztendlich die Wahrheit kennen werden.

Ich bin über jede einzelne Seele glücklich, die gerettet werden kann, wenn sie Mir erlaubt, ihr dieses Geschenk zu geben und Ich habe eine große Zärtlichkeit für jede einzelne Seele.

Beter, betet, betet jetzt für alle Seelen und ganz besonders für diejenigen, welche so angsterfüllt sein werden, dass sie möglicherweise nicht stark genug sein werden, um Meine barmherzige Hand anzunehmen.

Euer Erlöser

Jesus Christus

247. Euer Moment der Glorie vor Meinen Augen — euer Moment der Erlösung.

Samstag, 12. November 2011, 16:00 Uhr

Meine innig geliebte Tochter, Trennung von Mir ist schmerzhaft, besonders für jene, die Mich kennen.

Sobald die Seelen die Liebe, die Ich für sie habe, nur für kurze Zeit sehen, dann finden sie den Schmerz der Trennung als schwer zu ertragen. Dies ist noch ausgeprägter, wenn Seelen, welche erklären, Mich zu lieben, sich nach dem Tode aufgrund der Sünde im Fegefeuer wiederfinden.

Obwohl alle Seelen im Fegefeuer letztendlich in den Himmel eingehen, ist der Schmerz, von Mir getrennt zu sein, quälend und leidvoll.

Für viele Seelen, die an Gott glauben, ruft die bloße Erwähnung der Hölle Qual in ihren Herzen hervor. Dann gibt es diejenigen, die feststellen, dass ihre Seelen im Fegefeuer gereinigt werden müssen. Auch sie fühlen ein Elend, das von den in dieser Zeit Lebenden schwer zu verstehen ist.

Kinder, eure Zeit auf Erden ist so wichtig, weil ihr während dieser Periode danach streben sollt, eure Seelen durch Fasten und Buße zu reinigen. Nutzt diese Zeit, während der ihr eure Seelen retten könnt. Um dies zu tun, müsst ihr euch jederzeit um Demut bemühen, um sicherzustellen, dass ihr in Meinen Augen klein werdet. Nur die Kleinen (= Demütigen) können die enge Pforte des Paradieses durchschreiten.

Begrüßt deshalb das Geschenk des Fegefeuers, welches euch während der „Warnung" dargeboten wird, wenn ihr als Buße für eure Sünden gereinigt werden müsst. Kinder, ihr werdet nicht bis zu eurem Tod warten müssen, um dieser Reinigung gegenüberzustehen. Ihr seid gesegnet, Kinder; denn keine Narbe der Sünde wird auf euren Seelen zurückbleiben. Dann könnt ihr unverzüglich Zugang zum neuen Zeitalter des Friedens erhalten, über welches Ich spreche. Dies ist dort, wo alle Meine Kinder, welche während der „Warnung" um Vergebung für ihre Sünden bitten, gebracht werden.

Öffnet eure Herzen und heißt Mich willkommen, wenn Ich während der bevorstehenden „Warnung" zu euch komme und wenn es euch möglich sein wird, Mich zu umarmen. Erlaubt Mir, euch zu halten und euch eure Sünden zu vergeben, damit ihr letztendlich an Leib, Geist und Seele Mir angehört — und dies mit der völligen Hingabe, die Ich dazu von euch brauche.

Dies wird euer Moment der Glorie vor Meinen Augen sein. Dann werdet ihr für den zweiten Schritt bereit sein, bei dem ihr fähig sein werdet, euch euren Brüdern und Schwestern im Neuen Paradies auf Erden — wie es am Anfang von Gott, dem Schöpfer aller Dinge, geschaffen worden ist — anzuschließen.

Dieses Paradies wird für 1.000 Jahre euer neues und rechtmäßiges Zuhause werden. Erwartet Meine Ankunft mit Liebe, Hoffnung und Freude. Es gibt nichts zu fürchten. Freut euch. Ich komme noch einmal, um euch vor dem Feind der Menschheit zu retten. Dieses Mal ist seine Macht so schwach, dass es für ihn schwer sein wird, die Seelen jener zu schnappen, welche Mich während der „Warnung" mit offenen Armen willkommen heißen.

Euer Jesus
Erlöser der Menschheit

248. Betet, entspannt euch und freut euch; denn diese Zeit ist jetzt kurz.

Sonntag, 13. November 2011, 19:00 Uhr

Meine innig geliebte Tochter, manchmal verwirren Dich Meine Botschaften. Aber das macht nichts. Meine Wege und jene Göttlichen Pläne, die von Meinem Ewigen Vater ausgearbeitet wurden, sind nicht leicht zu verstehen.

Haltet eure Gedanken auf Mich gerichtet. Konzentriert euch nur auf das Gebet und besonders auf jene Gebete, die helfen werden, verhärtete Sünder vor den Feuern der Hölle zu retten.

Verbringt diese Zeit in stiller innerer Einkehr und in einfachem Gebet. Das ist alles, auf was sich jedes Meiner Kinder zu konzentrieren braucht. Ihr müsst zum Ziel haben, eure Familien und Freunde zur Vorbereitung auf Meine Ankunft zu Mir zu bringen.

Betet, betet, betet Meinen Barmherzigkeitsrosenkranz, um die Erlösung für jene Seelen zu sichern, welche durch das Böse so verseucht wurden, dass ihre Erlösung einzig durch eure Gebete bewirkt werden kann.

Versucht nicht, euren Kindern diese Zeiten zu erklären; denn sie werden es nicht verstehen. Vielen könnte es unnötige Angst bereiten.

Wiederum sage Ich allen Meinen kostbaren Kindern, dass Ich komme, um euch zu retten. Vergesst das Folgende nicht: Würde Ich nicht zu dieser Zeit kommen, würdet ihr Mir entgleiten aufgrund der Mächte der Kraft des Bösen, die in eurer Welt so verbreitet ist.

Ich bin eure Erlösung. Ich bin eure Fluchtmöglichkeit vor den schrecklichen Geschehnissen, welche ihr in eurer Welt — egal, wohin ihr blickt — seht und die durch satanischen Einfluss verursacht werden. Kinder, ihr müsst auf Meine Liebe zu euch vertrauen. Wisst ihr nicht, dass Ich es nicht zulassen würde, dass ihr alle weiterhin diese Boshaftigkeit ertragen müsst?

Euch allen, Meine Kinder, verspreche Ich das Folgende: Ihr werdet das neue Zeitalter des Paradieses als Meine auserwählten Kinder genießen. Aber es wird an jedem Mann, jeder Frau und jedem Kind im Vernunftalter liegen, sich zu entscheiden, ob sie sich zu einer Einheit zusammenschließen wollen, um dieses glorreiche Dasein zu genießen.

Betet, entspannt euch und freut euch; denn diese Zeit ist jetzt kurz.

Singt Loblieder für Meinen Ewigen Vater für die Glorie, die Er all jenen gewähren wird, welche Meine Hand der Barmherzigkeit annehmen.

Euer geliebter Jesus

249. Mein Wort wird nicht aus Furcht zurückgewiesen, sondern aufgrund der Sünde des Stolzes.

Montag, 14. November 2011, 20:15 Uhr

Meine innig geliebte Tochter, warum verkomplizieren die Menschen Meine Lehren? So viele Meiner Kinder missverstehen und unterschätzen Meine Große Barmherzigkeit. Obwohl Ich Meinen Kindern mehrfach Vergebung für ihre Sünden versprach, haben sie immer noch Angst, dass Ich nicht alle Sünden — egal, wie schwerwiegend die Sünde ist — verzeihen kann.

Das Böse in der Welt wird durch den Hass verursacht, den Satan auf die Menschheit hat. Jene armen, getäuschten Sünder, die sklavisch dem Pfad, der in die Irre führt, folgen, sind Meine geliebten Kinder. Ich liebe jeden von ihnen und Ich werde sie weiterhin lieben, trotz der Finsternis ihrer Seele. Meine Liebe währt ewiglich und wird niemals aufhören, wenn sie alle Seelen erreicht. Ich bin bereit, vollständig zu vergeben und alle in Meine Arme zu schließen. Ich bin bereit, alles zu tun, um alle Sünder zurück in Meinen Schoß zu bringen, egal wie sehr sie Mich verletzen.

Satan wird davon abgehalten werden, solche Seelen zu stehlen. Aber das wird nur dann möglich sein, wenn von den Sündern der Schild des Stolzes abgelegt wird, sodass sie sich Mir zuwenden und wieder ein Teil Meiner geschätzten Familie werden können. Versteht das nicht falsch. Ich kann Seelen nur näher an Mich heran bringen. Ich kann sie nicht zwingen, Mich zu lieben. Ich kann sie nicht zwingen, in Mein paradiesisches Reich eingehen zu wollen. Sie werden zuerst — durch ihren eigenen freien Willen — Meine Hand der Versöhnung annehmen müssen.

Ich bin, wie Ich dir, Meine Tochter, immer wieder gesagt habe, vor allem ein Gott der Barmherzigkeit. Meine Gerechtigkeit wird kommen, aber nur, wenn jede erdenkliche Maßnahme ausgeschöpft worden ist, um jede einzelne Seele auf der Erde zu retten.

Meine Tochter, diese Arbeit wird für dich niemals leicht sein. Weil Ich dir diese heilige Aufgabe einer derartigen Größenordnung gegeben habe, wird diese dir enorme Kraft abverlangen. Du wurdest von Mir so gemacht, dass du stark bist. Du wurdest für diese Arbeit trainiert, seitdem du aus dem Schoß deiner Mutter kamst. Alle deine Reaktionen auf Meine sehr Heiligen Anweisungen stimmten mit Meinem Göttlichen Plan für die Menschheit überein. Weil du mit Mir vereint bist — hast du das vergessen? —, wirst du dieselbe Zurückweisung erleiden, die Ich während Meiner Zeit auf Erden ertragen musste. Dieselbe Ablehnung durch diejenigen, die mit ihrem intellektuellen Wissen über Meine Lehren prahlen, um diese Meine Botschaften zurückzuweisen — und dieselbe Ablehnung, von welcher du in der heutigen Welt Zeuge wurdest. Jene Seelen sind voll mit Stolz und voll mit dem von ihnen selbst verkündeten Wissen über die Heilige Schrift — und dies verhindert, dass sie all diese Dinge verstehen.

Meine Lehren sind sehr einfach. Man kann so viel ausgeklügelte sprachliche Kunstfertigkeit oder Prosa einfügen, wie man will, die Wahrheit bleibt dieselbe, die sie immer gewesen ist: Liebt einander, wie Ich euch liebe. Nur dann, wenn ihr Respekt füreinander zeigt und einander liebt, seid ihr wahrhaft bereit, Mein Wort öffentlich zu verkünden.

Es gibt so viel Verwirrung, Meine Tochter. Es wurde Meinen Kindern so viel Schrecken und Furcht über ihre Zukunft eingeflößt. Wenn sich die Seelen nur beruhigen und um Barmherzigkeit beten würden, dann würden ihre Gebete beantwortet werden. Katastrophen werden und können gelindert werden. Haltet in euren Seelen die Hoffnung lebendig, Kinder. Lasst euch nie dazu bringen, über einander zu urteilen, und tut dies schon gar nicht in Meinem Namen.

Wer es wagt, einen anderen zu richten, indem er ihn im Namen des Christentums verhöhnt, wird es mit Mir zu tun kriegen. Wer gegen Meine Propheten sündigt, wird Mir ebenfalls Rede und Antwort stehen müssen. Mein Wort wird nicht aus Liebe zurückgewiesen. Mein Wort wird nicht aus Furcht zurückgewiesen. Nein, es wird aufgrund der Sünde des Stolzes zurückgewiesen.

Euer Erlöser
Jesus Christus

250. Gott der Vater bittet Seine Kinder, sich im Gebet zu vereinigen.

Dienstag, 15. November 2011, 11:00 Uhr

Ich komme heute zu dir, Meine Tochter, um Meine kostbaren Kinder und alle jene zu versammeln, die gemeinsam an Mich glauben, damit sie zusammen beten, um alle Seelen auf Erden zu retten.

Es ist Mein Wunsch, dass Ihr eure unendliche Liebe zur Allerheiligsten Dreifaltigkeit beweist, indem ihr Demut in Liebe zueinander zeigt, so dass die Sünde für die ganze Menschheit vergeben werden kann.

Ich bin der Gott der Gerechtigkeit, aber Ich bin vor allem und in erster Linie der Gott der Liebe und Barmherzigkeit. Meine väterliche, Göttliche Liebe zu euch spiegelt sich in Meiner barmherzigen Gutherzigkeit wider. Als solcher ist es Meine Absicht, alle Seelen zu retten, an diesem Ende der Zeiten, wie ihr sie auf Erden kennt. Fürchtet euch nicht, Kinder. Meine Absicht ist es nicht, euch in Angst zu versetzen, sondern euch mit Meiner umfassenden Liebe zu jedem Meiner Kinder in die Arme zu schließen.

Ich fordere alle Meine Kinder auf, besonders jene Seelen, die so voller Liebe zu Mir, ihrem Schöpfer, sind, sich mit ihren Brüdern und Schwestern zusammenzuschließen und sich gegen das Böse in der Welt zu erheben.

Satan und alle Dämonen in der Hölle durchstreifen jetzt aus Trotz Mir gegenüber die Erde während diesem Ende der Zeiten, Kinder. Sie sind über die ganze Welt verstreut und verfolgen die Seelen und treiben sie an den Rand des Wahnsinns.

Der böse Einfluss wird von fast jedem von euch in dieser Zeit gefühlt. Dies ist so, weil Meine Existenz und die Existenz Meines geliebten Sohnes bestritten, abgelehnt und beiseite geworfen worden sind, sodass jetzt Finsternis eure Welt bedeckt. Dadurch dass ihr die Wahrheit eurer Erschaffung auf dieser Erde nicht anerkennt, seid ihr, Meine geliebten Kinder, unwissentlich ein Ziel für Satan geworden.

Ihr werdet eine Reihe von Änderungen in eurem Leben bemerken, weil diese Plage eure Welt ergriffen hat: Mord, Hass, der Widerwille, Meine Herrlichkeit öffentlich zu verkünden oder Meine Existenz anzuerkennen, Krieg, Verfolgung, Habgier, Kontrolle und moralischer Verfall. All dies Böse ist in eurer Welt von Satan hervorgerufen und von Sündern verbreitet worden, welche gegenüber seinen falschen, leeren Versprechungen so aufgeschlossen sind.

Er, Satan, versucht zuerst jene machthungrigen Sünder und jene mit einem schwachen Glauben zu verführen. Hat er sie erst einmal verführt, dann besitzt er sie. Diese infizieren wiederum andere und bereiten ihren Brüdern und Schwestern schreckliche Schmerzen, indem sie diese misshandeln.

Ihr, Meine geliebten Gläubigen, werdet jetzt von Mir aufgefordert, euch zu erheben und Mein Heiliges Wort zu verteidigen, damit die Menschheit gerettet werden kann. Ihr werdet das auf zwei Weisen tun. Erstens durch ständiges Gebet und zweitens, indem ihr Mein sehr Heiliges Wort verbreitet. Gebet wird nicht nur helfen, die Menschheit vor der Hölle und vor der vollständigen Verlassenheit von Mir zu retten, sondern es wird auch Meine Hand der Züchtigung abmildern. Diese Hand der Züchtigung wird — und macht euch darüber keine Illusionen — auf jene bösen Sünder niederfallen, die dem Geist der Finsternis erlaubt haben, ihre Handlungen gegenüber jenen unschuldigen Abhängigen zu kontrollieren, über welche sie die Herrschaft ausüben.

Ich, Gott der Vater, fordere Meine Kinder vom Himmel her auf, Meinen Appell zu hören, wenn Ich euch dringend bitte, euch augenblicklich zu erheben. Schließt euch im Gebet zusammen, indem ihr wie folgt sprecht:

„Gott, Allerhöchster, im Namen Deines geliebten Sohnes Jesus Christus, den Du geopfert hast, um uns, Deine armen Kinder, vor den Feuern der Hölle zu retten, höre unser Gebet. Mögen wir unsere demütigen Opfer darbieten und unsere Prüfungen und Drangsale akzeptieren, als Mittel, die Erlösung aller Seelen während der „Warnung" zu erwirken.

Wir bitten Dich inständig, den Sündern zu vergeben, welche es schwer finden umzukehren und Deine barmherzige Güte anzunehmen, um die notwendigen Opfer nach Deinem Ermessen zu erbringen, um sie in Deinen Heiligen Augen zu retten."

Indem ihr zu Mir, eurem himmlischen Vater, zu Gott dem Allerhöchsten, dem Schöpfer des Universums und der Menschheit, betet, werde Ich euer Gebet erhören und all jenen Seelen, für welche ihr betet, Immunität gewähren.

Ich danke euch, Meinen geschätzten Kindern, dass ihr diesen Meinen Göttlichen Appell vom Himmel anerkennt. Ich danke euch für eure Demut im Herzen, Meine Stimme anzuerkennen, wenn Sie spricht.

Vergesst nicht, dass Ich ein Ozean der Barmherzigkeit bin und euch alle mit einer väterlichen Zärtlichkeit liebe. Ich strebe nur danach, jeden Einzelnen von euch aus dem Griff des Teufels zu retten, so dass wir uns als eine Heilige Familie vereinigen können.

Gott der Ewige Vater

251. Jungfrau Maria: Betet für Papst Benedikt.

Mittwoch, 16. November 2011, 8:00 Uhr

Mein Kind, es wird heftige Kämpfe geben, da die Schlacht um die Seelen beginnt. Betet für all jene armen Seelen, welche den Schutz durch die Barmherzigkeit Meines Sohnes benötigen.

Der Teufel wird alles tun, was er kann, um Kinder von der barmherzigen Hand Meines Sohnes wegzuziehen.

So viele Meiner armen verlorenen Seelen haben keine Ahnung von der Schlacht, welche bereits begonnen hat und welche vom Teufel angeführt wird. Seine Tage sind jetzt kurz, Mein Kind, aber ihr müsst alles tun, was ihr könnt, um Meinem kostbaren Sohn zu helfen, diese Menschen zu retten, bevor es zu spät ist.

Du, Mein Kind, musst Mich weiterhin um Schutz bitten, weil du jetzt zu einem echten Dorn in der Seite des Teufels wirst. Sei jeden Augenblick auf der Hut. Gebet ist wichtig, und du musst andere bitten, für dich zu beten.

Betet jetzt besonders für Papst Benedikt, denn auch er wird angegriffen. Schwanke niemals in deiner Arbeit für Meinen Sohn; denn du, Mein Kind, musst bis zum wirklichen Ende aushalten, um die Prophezeiungen zu erfüllen, die vor so langer Zeit vorausgesagt worden sind.

Vergiss nicht, dass Ich dich jederzeit mit Meinem heiligen Mantel bedecke.

Eure himmlische Mutter

Königin der Rosen

(Anmerkung: Diese Botschaft wurde nach einer vollständigen Erscheinung der Gottesmutter empfangen, die 20 Minuten dauerte und in welcher sie sehr betrübt wirkte.) „Maria von der Göttlichen Barmherzigkeit"

252. Die Vorbereitungen sind jetzt abgeschlossen.

Mittwoch, 16. November 2011, 20:30 Uhr

Meine innig geliebte Tochter, gib jetzt Acht. Bitte versichere allen Meinen Kindern, dass ihr Glaube ihre Erlösung bewirken wird. Das ist alles, was jetzt von Bedeutung ist.

Die Liebe zu Mir und zueinander wird euer Weg ins Paradies sein.

Wenn ihr einander auf die Art und Weise liebt, wie Ich euch liebe, muss sie bedingungslos sein. Ihr müsst die Fehler des jeweils anderen akzeptieren. Verzeiht einander, Kinder. Sich zu bekämpfen, stammt nicht vom Himmel. Es wird vom Betrüger verursacht, um euch untereinander zu spalten.

Erhebt euch jetzt und betet, betet, betet um Meine große Barmherzigkeit, da die Zeit fast da ist.

Die Vorbereitungen sind jetzt abgeschlossen.

Wartet jetzt einfach ab.

Bereitet eure Seelen vor und betet füreinander. Nimm einfach Meinen Heiligen Willen an, Meine Tochter.

Verlange keine Erklärungen. Folge Meinen Anweisungen und sei jederzeit gehorsam. Tappe nicht in die Fallen, die dir gestellt werden, um dich dazu zu bringen, zu fallen. Satan will, dass du fällst, damit er auf dir herumtreten kann. Aber Ich muss dich erneut daran erinnern, still zu sein. Ertrage jegliche Entrüstung mit gesenkten Augen in vollkommener Demut.

Tochter, ahme Mich in allem, was du tust, nach. Sobald du dies tust, kann dich Satan nicht erfolgreich angreifen.

Gehe jetzt und warte. Denn Ich komme bald.

Euer Liebender Jesus

Retter und Erlöser der ganzen Menschheit

253. Kreuzzug des Gebets (1) "Mein Geschenk an Jesus, um Seelen zu retten".

Donnerstag, 17. November 2011, 21:00 Uhr

Meine geliebte Tochter, bitte ersuche Meine Kinder, diese Gebete von jetzt an bis zur Warnung zu sprechen. Meine Anhänger werden gebeten, diese Gebete, welche Ich euch jeden Tag geben werde, zu beten, um Seelen zu retten. Dies ist das erste Gebet:

Mein Geschenk an Jesus, um Seelen zu retten

„Mein liebster Jesus, der Du uns so sehr liebst, erlaube mir, auf meine bescheidene Weise zu helfen, Deine kostbaren Seelen zu retten. Habe Erbarmen mit allen Sündern, auch wenn sie Dich noch so schmerzlich verletzen.

Erlaube mir, durch Gebet und Leiden jenen Seelen zu helfen, welche die Warnung vielleicht nicht überleben, damit auch sie

nach einem Platz neben Dir in Deinem Königreich streben.

Erhöre mein Gebet, O liebster Jesus, damit ich Dir helfen kann, jene Seelen zu bekehren, nach denen Du Dich sehnst.

O Heiligstes Herz Jesu, ich verspreche Dir, Deinem Heiligsten Willen allezeit treu zu sein. Amen. "

Euer Retter

Jesus Christus

254. Kreuzzug des Gebets (2) "Gebet für die auf der Welt Herrschenden".

Freitag, 18. November 2011 21:00 Uhr

Meine innig geliebte Tochter, heute bitte Ich Meine Anhänger dringend, dieses Gebet darzubieten, um jene armen Kinder zu retten, die von den Führern ihrer eigenen Länder gequält werden, welchen ihrerseits durch globale Kräfte, die nicht von Gott sind, Vorschriften gemacht werden.

„Mein Ewiger Vater, im Namen Deines geliebten Sohnes Jesus Christus bitte ich, dass Du Deine Kinder vor der Verfolgung schützt, die von globalen Mächten gegen unschuldige Nationen geplant wird.

Ich bete um die Vergebung der Sünden jener Seelen, welche die Ursache dieser Bedrängnis sind, so dass sie sich Dir mit demütigem und reuevollem Herzen zuwenden können.

Bitte gib Deinen gequälten Kindern die Kraft, solches Leiden zur Sühne für die Sünden der Welt durchzustehen, durch Christus unseren Herrn. Amen."

255. Kreuzzug des Gebets (3) "Befreie die Welt von der Angst".

Samstag, 19. November 2011, 19:00 Uhr

Meine innig geliebte Tochter, Ich stelle euch jetzt das Gebet zur Verfügung, um die Welt von der Angst zu befreien:

„O mein Herr Jesus Christus, ich bitte Dich flehentlich, befreie die Welt von der Angst, welche die Seelen von Deinem liebenden Herzen trennt.

Ich bete, dass die Seelen, welche während der „Warnung" wirkliche Angst erfahren, innehalten und es zulassen, dass Deine Barmherzigkeit ihre Seelen durchströmt, damit sie frei werden und Dich so lieben können, wie sie es sollten. Amen."

Euer liebender Erlöser

Jesus Christus

256. Der Kreuzzug des Gebets (4) "Vereinigt alle Familien".

Sonntag, 20. November 2011 18:00 Uhr

Meine Tochter, dieses Gebet ist wichtig; denn es wird helfen, Familien zusammenzuhalten, so dass sie als eine Einheit in Meinem Neuen Reich des Paradieses auf Erden verbleiben können.

"Jesus, vereinige alle Familien während der „Warnung", so dass sie ewige Erlösung erlangen können.

Ich bete, dass alle Familien in Vereinigung mit Dir, Jesus, beisammen bleiben, so dass sie Dein Neues Paradies auf Erden erben können."

Euer liebender Erlöser
Retter der Menschheit
Jesus Christus

257. Kreuzzug des Gebets (5) "Lob für Gott, den Allerhöchsten".

Montag, 21. November 2011, 19:00 Uhr

Meine Tochter, die Welt muss dieses besondere Gebet mit Lob und Dankbarkeit Gott dem Vater anbieten für die Barmherzigkeit, welche Er der ganzen Welt anbietet.

„O Ewiger Vater, wir bringen Dir in freudevollem Dank unsere Gebete für Dein kostbares Geschenk der Barmherzigkeit an die ganze Menschheit.

Wir jubeln und bringen Dir, dem glorreichsten König, unseren Lobpreis und Wir jubeln und bringen Dir, dem glorreichsten König, unseren Lobpreis und unsere Verehrung dar, für Deine liebevolle und zärtliche Barmherzigkeit.

Du, Gott, der Allerhöchste, bist unser König, und für Du, Gott, der Allerhöchste, bist unser König, und für dieses Geschenk, das Du uns jetzt bringst, liegen wir in demütiger Ergebung zu Deinen Füßen.

Bitte, Gott, habe Erbarmen mit all Deinen Kindern." Bitte, Gott, habe Erbarmen mit all Deinen Kindern."

Euer Jesus

258. Kreuzzug des Gebets (6) Gebet, um den Antichristen zu stoppen.

Dienstag, 22. November 2011, 11:00 Uhr

„O Jesus, ich bete, dass Gott in Seiner Barmherzigkeit den Antichristen und seine elende Armee davon abhält, Grauen zu verursachen und Deinen Kindern Drangsal zuzufügen.

Wir beten, dass er gestoppt wird und dass die Hand der Züchtigung durch die Bekehrung, welche während der „Warnung" erwirkt wird, abgewendet wird."

259. Kreuzzug des Gebets (7) Gebet für jene, welche die Barmherzigkeit zurückweisen.

Dienstag, 22. November 2011, 20:00 Uhr

Meine innig geliebte Tochter, Mein Kommen, um die Menschheit — bevor das Letzte Gericht eintrifft — noch einmal zu retten, ist so nahe. Meine Freude ist von tiefem Leiden getrübt aufgrund jener Seelen, welche Meine Barmherzigkeit zurückweisen werden.

Du, Meine Tochter, musst zusammen mit Meiner Armee aus jenen geliebten Kindern des Kreuzes kämpfen, um diese Seelen zu retten. Dies ist das Gebet, das sie sprechen müssen, um Barmherzigkeit für Seelen in der Finsternis zu erbitten.

„Jesus, ich bitte Dich eindringlich, vergib jenen Sündern, deren dunkle Seelen das Licht Deiner Barmherzigkeit zurückweisen.

Vergib ihnen, Jesus, ich flehe Dich an, damit sie von den Sünden rein werden, von denen sie sich selbst so schwer lösen können.

Überflute ihre Herzen mit Deinen Strahlen der Barmherzigkeit und gib ihnen die Gelegenheit, in Deinen Schoß zurückzukehren. Amen. "

Euer geliebter Jesus

260. Kreuzzug des Gebets (8) Die Beichte.

Dienstag, 22. November 2011, 22:30 Uhr

Ich, Jesus, euer König und Erlöser, schenke euch jetzt Mein Gebet für die Beichte.

Dieses Gebet soll gesprochen werden, um inständig um Gnade für die Vergebung der Sünde während und nach der „Warnung" zu bitten.

„Liebster Jesus, ich bitte Dich, vergib mir meine Sünden und den Schmerz und die Wunden, die ich anderen zugefügt habe.

Demütig bete ich um Deine Gnaden, damit ich Dich nicht erneut verletze und damit ich eine Deinem Heiligsten Willen entsprechende Buße aufopfern kann.

Ich bitte flehentlich um Vergebung für jedes zukünftige Vergehen, an dem ich vielleicht beteiligt bin und Dir dadurch Schmerz und Leid bereite.

Nimm mich mit in das neue Zeitalter des Friedens, auf dass ich in Ewigkeit ein Teil Deiner Familie sein möge.

Ich liebe Dich, Jesus.

Ich brauche Dich.

Ich ehre Dich und alles, wofür Du stehst.

Hilf mir, Jesus, auf dass ich würdig werde, in Dein Königreich einzugehen. Amen. auf dass ich würdig werde, in Dein Königreich einzugehen. Amen.

Euer Erlöser
Jesus Christus

261. Die Welt wird für immer verändert werden.

Donnerstag, 24. November 2011, 21:00 Uhr

Meine innig geliebte Tochter, fürchte dich nicht; denn die Zeit ist für dich und für die ganze Welt gekommen.

Diese Reise ist für dich, Meine Tochter — während dieser so kurzen Zeitspanne — anstrengend gewesen.

Du hast Meinem Heiligen Willen direkt von Anfang an gehorcht, obwohl du deine Zweifel hattest. Ungeachtet dessen, dass du in bestimmten Kreisen verspottet wirst, insbesondere von jenen, die erklären, heilige Jünger von Mir und Meiner geliebten Mutter zu sein, hast du nie gezögert, der Welt Mein heiliges Wort mitzuteilen. Ignoriere alle diese Schmerzen, denn sie sind jetzt vorüber.

Jetzt, wo Ich mit Meiner großen Barmherzigkeit komme, werden alle Meine Kinder, die wahren Glauben haben, in demütiges Danksagen versinken, um Mich zu begrüßen und Meine Barmherzigkeit anzunehmen. Die Wahrheit wird jetzt offenbart werden.

Erhebt euch alle und erwartet mit Freude Meine Ankunft.

Die Welt wird für immer verändert werden.

Vergesst nicht, es liegt an Meiner tiefen Liebe zu euch allen — einschließlich jener von euch, die Mein Heiliges Wort verspotten oder die Mich ablehnen —, dass Ich komme, um euch noch einmal zu retten.

Euer Erlöser und Retter
Jesus Christus

262. Ich offenbare kein Datum.

Sonntag, 27. November 2011, 15:00 Uhr

Meine innig geliebte Tochter, ihr müsst ruhig und gelassen bleiben und euer ganzes Vertrauen in Mich setzen.

Der Zeitpunkt für die „Warnung" ist fast gekommen und ihr müsst geduldig sein. Bete, Meine Tochter, dass die ganze Menschheit durch Mein Geschenk gerettet werden kann.

Bitte vermutet kein Datum; denn ich habe euch oft gesagt, dass ich kein Datum offenbare.

Es steht euch nicht zu, es zu kennen. Seid geduldig. Der Zeitpunkt für die „Warnung" wird durch Meinen Heiligen Willen bestimmt werden.

Setzt euer ganzes Vertrauen in Mich und überlasst alles Mir.

Euer geliebter Jesus

263. Geht an Meiner Seite und man wird auf euch spucken.

Montag, 28. November 2011, 20:00 Uhr

Meine innig geliebte Tochter, du darfst nicht vergessen, dass, wenn du Mir dienst, dein Leben immer ein Dornenbett sein wird.

Nichts wird leicht sein, aber du musst wissen, dass das Opfer dazugehört, wenn du eine erwählte Seele bist. Auf dieser Reise, die du an Meiner Seite gehend unternimmst, wird man auf dich spucken, dich zum Stolpern bringen, dich verspotten, dich treten und quälen, wenn du es am wenigsten erwartest. All jene, die Mein Wort in der Öffentlichkeit verkünden, werden ebenfalls dieselben Demütigungen erleiden.

Aber solange ihr diese Erniedrigungen und Prüfungen nicht als ein Teil des Kreuzes annehmt, das ihr tragt, wenn ihr euch entschieden habt, für Mich zu arbeiten, werdet ihr nicht zu der spirituellen Vollkommenheit, die von euch erwartet wird, heranreifen.

Meine Tochter, akzeptiere die Erniedrigungen, den Schmerz und das Leiden, das dir auf den Weg geworfen wird. Sicherlich dürftest du und dürften alle Meine geliebten Soldaten, die Meine heiligsten durch diese Botschaften gegebenen Anweisungen annehmen, inzwischen wissen, dass Ich es bin, der an eurer Seite geht.

Euer geliebter Retter

Jesus Christus

264. Kreuzzug des Gebets (9) Aufopferung des Leidens als ein Geschenk.

Montag, 28. November 2011, 20:30 Uhr

"O Heiligstes Herz Jesu,

lehre mich, es hinzunehmen, wenn ich in Deinem Heiligsten Namen beleidigt werde, weil ich Dein Wort mit demütigem Dank öffentlich verkünde.

Lehre mich zu verstehen, wie Demütigung, Schmerz und Leid mich Deinem Heiligsten Herzen näher bringen.

Lass mich solche Prüfungen mit Liebe und einem edelmütigen Geist annehmen, damit ich sie Dir als Geschenk überreichen kann, das für Dich so wertvoll ist, dass damit Seelen gerettet werden können. Amen."

265. Kreuzzug des Gebets (10) Das Tragen der Flamme Deiner Liebe.

Dienstag, 29. November 2011, 15:35 Uhr

„Hilf uns, lieber Jesus, uns in Deinem Namen furchtlos zu erheben, um die Flamme Deiner Liebe quer durch alle Nationen zu tragen.

Gib uns, Deinen Kindern, die Kraft, den Schmähungen ins Auge zu sehen, denen wir bei all jenen begegnen werden, deren Glaube an Deine Barmherzigkeit nicht echt ist. Amen. "

266. Jungfrau Maria: Mein Geschenk, um die Schlange zu besiegen und zu vernichten.

Dienstag, 29. November 2011, 21:00 Uhr

Mein Kind, sage all jenen Anhängern Meines geliebten Sohnes Jesus Christus, dass sie jederzeit Meinen Schutz suchen müssen. Satans Tage gehen schnell zu Ende und viele Kinder sind anfällig für seine Versuchungen.

Indem Meine Kinder Mich um Meinen Schutz und Meine besonderen Gnaden bitten, wird Satan ihnen nicht schaden oder sie von Meinem Sohn wegziehen können.

Jeder ist heutzutage ein Ziel Satans, da er überall umherstreift und den Ruin von Seelen anstrebt. Seine Angriffe sind besonders bösartig, wenn ihr fromme Anhänger Gottes seid und wenn ihr einen starken Glauben habt. Sein Hass auf solche Seelen wird bei diesen Seelen Schmerz und Verwirrung verursachen.

Er, der Betrüger, hat nur ein einziges Ziel, und zwar alle Seelen zu verführen, sodass sie ihm folgen werden, damit er ihre Chancen auf die ewige Erlösung zerstören kann.

Betet in jedem Augenblick, den ihr erübrigen könnt, um Meinen Schutz vor dem Teufel. Mir ist von Meinem Himmlischen Vater das große Geschenk gewährt worden, die Schlange zu besiegen und zu vernichten.

Wenn ihr euch an Mich um Hilfe wendet, werde Ich euch immer helfen, zu Meinem Sohn umzukehren, damit ihr den Trost habt, den ihr so verzweifelt sucht und welcher eure Seele beruhigen wird.

Betet, betet, betet und sprecht Meinen Heiligen Rosenkranz; denn er ist die stärkste Waffe, um Satan davon abzuhalten, euer Leben zu zerstören.

Danke, Mein Kind, dass du auf Meinen Ruf reagiert hast; denn Ich musste dich an die Dringlichkeit erinnern, Meine Hilfe zu suchen, weil du in dieser Phase deiner Sendung wilden Angriffen ausgesetzt bist.

Gehe hin in Frieden. Deine Himmlische Mutter

Maria, Königin des Himmels

267. Ich werde euch vor den Schrecken eurer Welt bewahren.

Mittwoch, 30. November 2011, 15:30 Uhr

Meine innig geliebte Tochter, diejenigen, die so sehr bemüht sind, ihre Liebe zu Mir unter Beweis zu stellen, finden sehr häufig Verzweiflung in ihren Seelen vor, was sie mit einem Gefühl des Mangels an Meiner Liebe zurücklässt. Das kann so unerwartet sein, dass dieses Phänomen die Seele in solch einem Zustand der Verlassenheit zurücklässt, dass sie sich so fühlt, als ob sie sich niemals mehr von dem Gefühl der Hilflosigkeit und des Mangels an Glauben erholen wird.

Fürchtet euch nicht, Kinder. Ein Gefühl der Verlassenheit ist etwas, was ihr empfinden werdet, wenn ihr Mir nahe seid. Ich fühlte

die gleiche Verlassenheit durch Meinen geliebten Vater während Meiner Zeit auf Erden. Ich fühlte Mich verloren und einsam, während Ich viele Male versuchte, mit Ihm zu sprechen. Dies ist eine harte Prüfung, die ihr erleiden werdet, wenn ihr tatsächlich an Gott glaubt. Es ist Satans Methode, um euch wegzuziehen, so dass ihr — so hofft er — nach einer Weile eure Suche nach Mir aufgeben und in einen weltlichen Lebenswandel zurückfallen werdet, der euch zwar erfreuen, aber nicht zufrieden stellen wird.

Wisst ihr nicht, dass das Gebet verhindert, dass dies geschieht? Begreift ihr nicht, dass Ich dies zu eurem eigenen Besten zulasse und als einen Teil eurer Schulung, damit ihr an geistiger Kraft gewinnt, was nur durch diese Verlassenheit erreicht werden kann?

Die Wege Meines Vaters sind für euch Kinder schwer zu verstehen. Vertraut einfach auf Mich, euren Jesus, und ruft Mich an, damit Ich euch die Gnaden gebe, welche ihr benötigt, um zusammen mit Mir eure Brüder und Schwestern zu retten. Sie müssen vor den bösen Plänen gerettet werden, welche in eurer Welt durch jene Mächte organisiert werden, die bemüht sind, euch durch die grundlegenden Dinge, die ihr zum Überleben benötigt, zu kontrollieren.

Kinder, vergesst nicht, Ich bin all Meinen Anhängern so nah, dass Meine Armee sich — sobald die „Warnung" stattfindet — sofort herausbilden wird und ein mächtiger Gegner des Teufels werden wird.

Die Hoffnung, Kinder, dürft ihr nie verlieren. Ich werde euch vor den Schrecken eurer Welt bewahren, die sich in völliger Auflösung befindet, was durch den mangelnden Glauben an Meinen Ewigen Vater verursacht wird.

All dies wird sich ändern, wenn die Welt den Beweis sehen wird, den sie braucht, um die Existenz Gott des Vaters anzuerkennen.

Euer Jesus

Retter der Menschheit

268. Kreuzzug des Gebets (11) Beende den Hass auf die Seher.

Mittwoch, 30. November 2011, 20:00 Uhr

„O Heiligstes Herz Jesu, bitte beende den Hass und den Neid, den in diesen Zeiten so manche Deiner Anhänger auf Deine echten Seher haben.

Ich bete, dass Du Mein Gebet erhören wirst und Deinen Sehern die Kraft geben wirst, die sie brauchen, um Dein Heiligstes Wort einer ungläubigen Welt zu verkünden. Amen. "

269. Ein schrecklicher Krieg wird vorbereitet.

Donnerstag, 1. Dezember 2011, 12:00 Uhr

Meine Tochter, eine große Züchtigung wird über die Welt kommen, um die Unschuldigen zu schützen.

Eine große böse Gräueltat, welche einen schrecklichen Weltkrieg hervorrufen könnte, wird vorbereitet.

Die Hand Meines Vaters wird herniederfallen und jene von Satan verführten Seelen bestrafen. Es wird ihnen nicht erlaubt werden, ihren niederträchtigen Plan zur Verwirklichung zu bringen.

Wenige von euch in der Welt befindlichen Kindern wissen, was wirklich geschieht.

So sorgsam gehen diese Gruppen vor, dass die Dinge, die ihr vor euch sich entfalten seht, wenn Nationen einander angreifen, nicht so sind, wie sie scheinen. Es gibt einen absichtlichen Versuch, der derzeit in der Absicht unternommen wird, einen Krieg hervorzurufen, um Millionen zu töten.

Mein Vater kann hierbei nicht tatenlos zusehen. Er muss eingreifen.

Betet, betet und betet, Kinder, um die Rettung von Seelen.

Euer geliebter Retter
Jesus Christus

270. Jungfrau Maria „Eine Züchtigung wird stattfinden".

Donnerstag, 1. Dezember 2011, 23:00 Uhr

(Diese Botschaft wurde nach einer Erscheinung empfangen, die 30 Minuten andauerte und während der die Heilige Jungfrau Maria andauernd weinte, sehr zum Kummer der Seherin Maria von der Göttlichen Barmherzigkeit, welche sagte, dass es herzzerreißend war, dies anzusehen.)

Mein Kind, Mein Kummer über die Boshaftigkeit, die in der Welt so offensichtlich ist, bricht Mir das Herz, wenn Ich sehe, wie jene verirrten Seelen noch tiefer in den Abgrund der Finsternis eintauchen, aus welchem es keine Rückkehr mehr gibt.

Satan verspottet jetzt meine Kinder, während er dabei ist, schnell die Seelen jener zu stehlen, die keine Liebe zu Gott in ihrem Herzen haben. Es ist furchterregend, Mein Kind, dass dieselben Seelen keine Ahnung haben, was ihnen nach dem Tod widerfährt.

Meine Tränen der Traurigkeit fließen in einem unaufhörlichen Fluss des Kummers, zumal Ich auch die äußerste Qual und das Leiden beobachte, das Mein Sohn in diesem Augenblick erduldet.

Die Hand Meines Himmlischen Vaters ist bereit, jetzt züchtigend in bestimmten Teilen der Welt niederzufallen. Jene Nationen, die eine schreckliche Gräueltat planen, um andere Nationen zu zerstören, werden streng bestraft werden. Ich kann die Hand Meines Vaters nicht mehr zurückhalten, so groß ist Sein Zorn.

Betet für jene, welche dieser strengen Bestrafung gegenüberstehen. Betet für ihre Seelen. Ihre Handlungen müssen gestoppt werden, oder sie werden die Leben von Millionen Meiner armen Kinder auslöschen. Ihre bösen Handlungen können nicht zugelassen werden, da sie zum Ziel haben werden, schreckliche Verwüstung bei jenen anderen Nationen, die sie als ihre Feinde ansehen, hervorzurufen.

Betet, betet, betet noch vor der Züchtigung, um das Leiden der Unschuldigen zu mildern.

Eure geliebte Mutter
Königin des Kummers

271. Meine Barmherzigkeit erstreckt sich auf alle Rassen, Hautfarben und Religionen.

Freitag, 2. Dezember 2011, 22:35 Uhr

Meine liebe Tochter, bleibe stark und denke an die gute Nachricht, die besagt, dass Meine Barmherzigkeit die meisten Meiner geschätzten Kinder in den Schoß Meines Heiligsten Herzens zurückbringen wird.

Jene armen, unglücklichen Seelen, die ihr Leben dem Bösen verschrieben haben, brauchen euer Leiden, damit sie gerettet werden können. Obwohl dies äußerst schwer zu verstehen ist und von einem menschlichen Gesichtspunkt her sehr schwer anzunehmen ist, müsst ihr Mir vertrauen. Euer eigenes Leiden und das Meiner ergebenen Anhänger zielt auf die Rettung der Seelen ab. Kein solches Leiden ist vergeblich. Dieses Opfer ist ein Geschenk an Mich. Vergesst nicht, das Leiden macht auch Meine Last leichter.

Erschöpft von Meinem eigenen Leiden, Meine Tochter, freue Ich Mich darauf, Meine untereinander vereinten Kinder schließlich zu umarmen, zusammen mit Meinem Ewigen Vater. Stellt es euch etwa so vor: Wenn irgendein geliebtes Mitglied einer Familie auswandert und nach vielen Jahren heimkehrt, wie groß ist dann die Aufregung! Wie groß die Freude! Denkt an die Sehnsucht, welche Eltern für einen Sohn oder eine Tochter haben, den sie viele Jahre lang nicht gesehen haben, und wie viel ihnen das Wiedersehen bedeutet.

Ich liebe jeden von euch, Kinder, mit einer unerschütterlichen Leidenschaft. Ich freue Mich sehr auf unser Wiedersehen, wenn Ich jeden von euch fest in Meine Arme nehmen und euch an Mein Herz drücken kann. Meine Familie ist bereit, sich endlich wieder zu vereinigen, zum ersten Mal, seit das Paradies für Adam und Eva geschaffen wurde.

Ich gieße Meine Liebe und Barmherzigkeit aus, so dass sie alle Meine Kinder in jedem Winkel der Welt erreicht, alle Rassen, alle Hautfarben, alle Religionen und alle Sünder.

Erwartet diesen großen geschichtlichen Moment. Endlich werden der elende Hass, das Leiden, die Unruhe, das Misstrauen, die Habgier, die Gewalttätigkeiten und andere schlechte Dinge endgültig verschwinden. Stellt euch vor, wie das sein wird, Kinder: ein neues, wunderbares Zeitalter der Liebe und des Friedens in der Welt.

Sorgt dafür, dass keiner dieses Leben der ewigen Glückseligkeit verfehlt. Ihr wünscht doch sicher, dass niemand eurer Brüder oder Schwestern ausgeschlossen sein möge? Denn wenn sie ausgeschlossen wären, würden sie bis in alle Ewigkeit in den Feuern der Hölle unaufhörliche Finsternis erleiden. Denkt daran, Kinder: für die Ewigkeit! Es kann danach kein Zurück mehr geben.

Betet, dass alle Seelen dieses Paradies erben können. Betet für jene Seelen, um welche ihr persönlich besorgt seid. Betet für alle Seelen.

Euer Jesus
Erlöser und Retter der ganzen Menschheit

272. Kreuzzug des Gebets (12) Gebet, um die Sünde des Stolzes zu vermeiden.

Samstag, 3. Dezember 2011, 19:40 Uhr

Meine Tochter, Ich brauche die Gebete aller Gläubigen, damit sie die Seelen der Bösen retten können.

Viele sind so voller Stolz aufgrund ihrer selbst behaupteten Kenntnisse Meiner Lehren, dass ihr Mangel an Demut Mich schmerzt. Sie müssen um die Gnaden beten, dass sie wieder klein werden können und auf Mich vertrauen können. Bitte sie, folgendes Gebet zu sprechen:

„O mein Jesus, hilf mir, die Sünde des Stolzes zu vermeiden, wenn ich in Deinem Namen spreche.

Vergib mir, wenn ich jemals irgendjemanden in Deinem heiligen Namen herabsetze.

Hilf mir zuzuhören, Jesus, wenn Deine Stimme spricht, und erfülle mich mit Deinem Heiligen Geist, so dass ich die Wahrheit Deines Wortes erkennen kann, wenn Du die Menschheit rufst. Amen."

273. Es werden jetzt Propheten gesandt, die euch auf Mein Zweites Kommen vorbereiten.

Samstag, 3. Dezember 2011, 20:45 Uhr

Meine innigst geliebte Tochter, mit großer Betroffenheit beobachte Ich jene Meiner Anhänger, die Mein heiligstes Wort durch diese Botschaften zurückweisen. Wie Mich das betrübt.

Ich bitte Meine Kinder überall, für diejenigen zu beten, die Gott in ihrem Leben zurückweisen. Jedoch bitte Ich auch dringend, für jene Meine Anhänger zu beten, die nicht zur Kenntnis genommen oder vergessen haben, dass Mein Zweites Kommen geschehen wird und dass es nicht gestoppt werden kann. Dies ist ein wichtiges Ereignis, und ihr alle müsst darauf vorbereitet sein.

Propheten wurden in die Welt gesandt, um Meine Geburt anzukündigen. Ebenso wurden Propheten von Meinem Vater gesandt, um Seelen gleich von Anfang an auf die Erlösung vorzubereiten. Es werden jetzt Propheten in die Welt gesandt, um die Menschheit auf Mein Zweites Kommen vorzubereiten.

Wacht auf, alle von euch, die erklären, Mich zu kennen. Wenn ihr Mich kennt, dann erkennt Meine Stimme, wenn Ich eure Herzen rufe. So viele weisen nicht nur diese Botschaften zurück, sondern sie weisen auch Mich zurück.

Gib jenen, die Mich — durch die Zurückweisung Meiner Bitten, welche der ganzen Welt durch diese Botschaften vermittelt werden — so schnell verurteilen, das Folgende zu verstehen:

Indem ihr euch hartnäckig von Meinem Wort abwendet, das euch jetzt gegeben wird, verweigert ihr Mir die Gebete, die Ich so dringend von euch in dieser Zeit brauche. Diejenigen unter allen Menschen, die erklären, Mich zu kennen, hört, was Ich euch zu sagen habe.

Eure Grausamkeit durchbohrt Mein Herz. Euer Mangel an Großzügigkeit bewirkt, dass eure Gebete nicht so angeboten werden, wie sie für die Erlösung von Seelen angeboten werden sollten.

Wo ist eure Demut, und warum verbergt ihr eure Abneigung für Mein Heiliges Wort mit einer falschen Demut? Ihr müsst Meinen Heiligen Geist anrufen, damit Er euch zu Mir führt, so dass ihr mit vollkommener Liebe in euren Herzen für Mich arbeiten werdet.

Seid niemals überheblich wegen eurer Kenntnisse der Schriften. Benutzt niemals eure Kenntnisse Meiner Lehren, um einen anderen zu demütigen. Verleumdet und beschimpft niemals andere und schaut nicht auf sie herab oder verspottet sie in Meinem Namen. Denn wenn ihr so handelt, verletzt ihr Mich außerordentlich.

Wacht auf, Kinder. Bereitet eure Seelen vor und seid großherzig; denn die Zeit ist jetzt kurz.

Euer geliebter Retter
Jesus Christus

274. Die Zeit für Mein Zweites Kommen ist fast da.

Montag, 5. Dezember 2011, 15:15 Uhr

Meine liebste Tochter, die Vorbereitungen für Meine „Warnung", um die Menschheit bereit zu machen, sind abgeschlossen.

Ich möchte Mich bei Meinen kostbaren Anhängern bedanken, die — durch ihre Liebe zu Mir — geholfen haben, so viele Millionen von Seelen zu retten.

Die Zeit für Mein Zweites Kommen für die Welt ist fast da. So viele sind jedoch noch immer nicht vorbereitet, aber Meine Barmherzigkeit wird sie schützen.

Meine Ankunft wird ein herrliches Ereignis sein, und Männer, Frauen und Kinder werden auf ihre Knie niederfallen, voller Freude, staunend und mit Liebe für Mich, ihren Göttlichen Retter, in ihren Herzen.

Viele werden geradezu schiere Erleichterung erfahren; denn die Menschen könnten die Qual, welche ihnen von Satan und seinen Millionen finsteren Engeln zugefügt wird — die in jedem Teil der Welt verborgen sind und die schrecklichen Schmerz verursachen — nicht überleben.

Sie, Satans Dämonen, die von vielen Meiner Kinder so sehr ignoriert werden, weil sie einfach nicht glauben, dass es sie gibt, verursachen extremes Unglück in der Welt.

Sie erzeugen Hass zwischen den Menschen, Neid, Eifersucht und ein Verlangen zu töten. Sie haben nicht mehr viel Zeit, weil Ich, euer Retter, wie versprochen, bald zurückkehren werde.

Betet, ihr alle, um alle Seelen in der Welt zu retten, damit auch sie für das Neue Paradies auf Erden vorbereitet sind.

Euer Retter
Jesus Christus

275. Appell an diejenigen, die nicht gläubig sind, umzukehren.

Mittwoch, 7. Dezember 2011, 4:00 Uhr

Meine innigst geliebte Tochter, heute möchte Ich an alle jene, die nicht glauben und jene, die nur einen schwachen Glauben haben, appellieren. Insbesondere rufe Ich all jene, welche so sehr im Materialismus versunken sind und jene, welche in einem Kokon aus Besitztümern leben und die keine Zeit für ihr geistiges Heil aufwenden.

Ihr, Meine Kinder, bereitet Mir die meisten Sorgen; denn ihr seid so weit entfernt von Mir. Und doch liebe Ich euch tief und hoffe, dass, wenn die „Warnung" stattfindet, ihr sofort auf Mein Rufen reagieren werdet.

Wie Ich Mich danach sehne, dass ihr Kinder Mich kennen lernt und dass ihr versteht, wie eure weltlichen Besitztümer einen panzerartigen Schleier gebildet haben, der euch vom Licht der Wahrheit abriegelt.

Ihr seid es, für die Meine Sühneseelen die größten Opfer durch ihr Leiden bringen werden.

Bitte öffnet euren Geist und nähert euch Mir, damit Ich euch und alle euch Nahestehenden — und den ganzen Rest der Menschheit — mit Mir ins Neue Paradies mitnehmen kann.

Euer geliebter Jesus
Erlöser und Retter der ganzen Menschheit

276. Jungfrau Maria: „Ich erfuhr das gleiche Leiden".

Donnerstag, 8. Dezember 2011, 21:10 Uhr

Mein Kind, als Ich Jesus Christus, den Erlöser der ganzen Menschheit, zur Welt brachte, empfand Ich gleich wie jede andere Mutter. Meine Liebe zu diesem Kind war so überwältigend, dass Ich, als Ich Sein schönes Gesicht zum ersten Mal sah, vor Glück Freudentränen weinte. Und doch wusste Ich, dass die Aufgabe, der Ich zugestimmt hatte, nicht leicht sein würde, obwohl Ich damals niemals begriff, wie schwer diese Reise werden würde.

Als Ich in das Mir teure Gesicht Meines geschätzten Kindes blickte, war nichts mehr von Bedeutung außer Mein Wunsch, Es jederzeit zu schützen, was es auch kosten möge.

Mein Herz war damals mit dem Herzen Meines Sohnes ebenso vereint, wie es noch heute ist. Dieses Mein Herz litt in jedem Moment Seines Lebens auf Erden zusammen mit Ihm.

Jede Freude, die Er fühlte, konnte auch Ich fühlen. Sein Lachen brachte ein Lächeln auf Mein Gesicht. Sein Kummer quälte Mich zutiefst.

Seine Marter während Seiner Kreuzigung war in jedem Knochen in Meinem Körper fühlbar. Jeder Nagel, der Sein Fleisch durchbohrte, durchbohrte auch das Meine. Denn jeden Schlag und jeden Stoß, die Ihm durch die Hände seiner Verfolger zugefügt wurden, fühlte auch Ich.

Ich erfuhr das gleiche Leiden, obwohl Ich bei vielen dieser Martern, welche Ihm zugefügt wurden, nicht anwesend war und diese Martern Meinen Augen und den Augen Seiner Jünger verborgen waren.

Heute leide Ich mit Meinem Sohn gerade so wie damals. Wenn Er in der Welt von heute verspottet wird und öffentlich — auf der Bühne und in den Medien — verhöhnt wird, besonders von Atheisten, weine Ich bittere Tränen.

Wenn Ich sehe, wie Mein kostbarer Sohn über die Sünden weint, deren Zeuge Er jeden Tag wird, weine auch Ich mit Ihm. Ich sehe, fühle und erlebe Sein andauerndes Leiden für die Menschheit.

Jesus Christus, der Retter der Menschheit, hat für euch alle gelitten, aber Er liebt euch alle sehr.

Ich werde alles tun, was Ich kann, um Seinen innigsten Wunsch zu erfüllen, jede einzelne Seele auf Erden aus den Klauen des Teufels zu retten.

Wenn diese Mission erfolgreich gewesen sein wird, dann, und nur dann, kann Ich Mich — letzten Endes in einem Zustand des Friedens — darüber freuen, dass sich Meine Kinder im Neuen Paradies zu einer Einheit wiedervereinen.

Bete, Mein Kind, dass all jene, die um die Erlösung von Seelen beten, darum beten, dass nicht eine Seele ausgeschlossen wird.

Gehe hin in Frieden und setze diese äußerst wichtige Mission für Meinen geliebten Sohn fort.

Ich werde dich zu jeder Zeit beschützen.

Deine geliebte Mutter
Königin des Himmels

277. Es gibt Versuche, eine Weltwährung in Europa einzuführen.

Freitag, 9. Dezember 2011, 23:28 Uhr

Meine innig geliebte Tochter, wie sehr Ich doch wünsche, dass Meine Kinder — besonders diejenigen, die in Europa unter der Unterdrückung leiden — sich doch einfach an Meinen Vater um Hilfe wenden würden.

Die böse Gruppe, auf die Ich Mich immer wieder bezogen habe, rückt jetzt in ihren Versuchen, alle Meine armen Kinder in diesem Teil der Welt zu kontrollieren, voran.

Sie sind unschuldige Schachfiguren in einem skrupellosen Plan zur Einführung einer Weltwährung, um ganz Europa zu kontrollieren, und müssen jetzt innig um Hilfe von Gott, dem Allmächtigen Vater, beten.

Gebt der Verfolgung, die hinter verschlossenen Türen verübt wird, niemals nach, Kinder. Betet, um diese Situation abzumildern. Ruft Gott den Vater in Meinem, Seines geliebten Sohnes Jesus Christus Namen, an, um diese Krise abzuwenden und sprecht:

„Gott Vater, im Namen Deines geliebten Sohnes Jesus Christus bitte Ich Dich, diesen Gräuel, um Deine Kinder zu kontrollieren, zu stoppen. Bitte beschütze alle Deine Kinder in diesen schrecklichen Zeiten, so dass wir Frieden finden mögen und Würde, um unser Leben frei vom Teufel zu leben."

Meine Tochter, Gebet kann und wird diese finsteren Pläne stoppen.

Gott, der Ewige Vater, wird, wie Ich gesagt habe, diejenigen züchtigen, die für diesen bösen Plan verantwortlich sind, sollten diese nicht zum Glauben an ihren Allmächtigen Schöpfer umkehren.

Vertraut auf Mich. Vertraut auf Meinen Ewigen Vater und betet, dass diese Verfolgung angehalten wird, bevor der eigentliche Plan, diese Seelen zu zerstören, zu kontrollieren und zu schädigen, schließlich offenbar wird.

Euer geliebter Retter
Jesus Christus

278. Der Übergang ins Neue Paradies wird schnell und ohne Leiden vor sich gehen.

Sonntag, 11. Dezember 2011, 23 :45 Uhr

Ich komme heute zu dir mit großer Freude in Meinem Heiligsten Herzen als dein Gemahl. Du, Meine Tochter, hast diese äußerst heilige Bitte akzeptiert, dich Mir anzuschließen, um Seelen zu retten.

Aufgrund deines demütigen Gehorsams wird jetzt viel von dir erwartet. Die Furcht wird ausgelöscht, während du dich infolge Meines besonderen Vermächtnisses vorwärts bewegst, um dein Leben Meinem sehnlichen Wunsch zu widmen, die Menschheit vor den Tiefen der Hölle zu retten.

Deine Arbeit, geführt durch Meine Göttliche Hand, ist jetzt vollkommen heilig und frei von jeder Art von Einmischung durch den Teufel.

Keine Zweifel werden dich mehr befallen, aber du sollst Folgendes wissen: Mein Wort an dich wird geschändet und auseinandergenommen werden. Es wird jetzt jedweder Versuch unternommen werden, diese Heiligen Botschaften zu beflecken, sogar von denjenigen, die erklären, Mich zu kennen.

Dein Leiden wird fortan von dir mit vollständiger Ergebenheit hingenommen und mit Freude in deiner Seele angenommen werden. Meine Kraft, welche dir durch die Macht des Heiligen Geistes gegeben wird, wird dich überraschen. Du wirst dich mit ganzer Überzeugung des Herzens und mit

einem ruhigen, aber entschlossenen Vertrauen erheben, um Mein Wort überall in der ganzen Welt zu übermitteln.

Kein Mensch wird oder kann dich bei dieser Arbeit aufhalten. Kein Mensch kann dich von dieser äußerst heiligen, echten Berufung durch den Himmel abhalten.

Du, Meine Tochter, bist bereit, eine Rettungsleine für jene Seelen zu werden, die verirrt in der Wildnis umherziehen. Sie werden auf den Ruf durch diese Botschaften reagieren, egal wie verhärtet ihre Herzen sind. Viele werden nicht wissen, warum das mit ihnen geschieht. Dies wird durch die Macht des Heiligen Geistes geschehen, der eine Flamme der Liebe und der Freude in ihren Seelen entzünden wird, welche sie zu Mir hinziehen wird aufgrund dieser, Meiner dringenden Bitten, um Meine Kinder zurück in Meine heiligen Arme zu bringen.

Ich danke dir, dass du auf diese besondere Bitte reagierst, Meine Gemahlin zu werden in endgültiger Vereinigung mit Mir. Dieser Vertrag, wenn du Mir deine Seele vollkommen überlässt, wird Mir die Freiheit erlauben, die Ich brauche, um diese Mission, für welche du erwählt worden bist, erfolgreich zu Ende zu führen.

Gehe jetzt, Meine kostbare Tochter, und hilf Mir, Mein Versprechen an die Menschheit zu erfüllen. Meine Rückkehr wird deswegen geschehen, um Meine kostbaren Kinder zurückzugewinnen und sie ins Neue Zeitalter des Friedens mitzunehmen. Dieser Übergang ins Neue Paradies wird schnell und ohne Leiden vor sich gehen, aufgrund deines Geschenks an Mich.

Sage Meinen Kindern, dass Mein Herz in dieser Zeit voller Freude ist, da die Zeit naht, zu der Meine Geburt gefeiert wird.

Ich liebe euch. Euer geliebter Retter und Erlöser
Jesus Christus

279. Gott der Vater: Versprechen der Immunität für jene, welche Jesus ablehnen.

Sonntag, 11. Dezember 2011, 15:30 Uhr

Meine kostbare Tochter, Ich danke dir, dass du auf diesen wichtigen Ruf aus dem Himmlischen Bereich reagiert hast, als Ich dich bat, die mystische Vereinigung mit Meinem kostbaren Sohn Jesus Christus anzunehmen.

Ich bin in Meinem Sohn Jesus gegenwärtig, so wie Er in Mir — zusammen mit der Liebe des Heiligen Geistes — vereint ist. Deine Seele wird deshalb jetzt mit der Meinen umschlungen, und alles wird dir viel klarer werden.

Mein Kind, du wirst zu dem Geschöpf geformt, das Ich Mir so wünsche, so dass du für diese Göttliche Mission vollständig würdig gemacht wirst. Aufgrund Göttlichen Eingreifens wurden dir Tränen eingegeben, damit du sofort diese neue und unerwartete Berufung erkennst. Jetzt, wo du deine Tränen vergossen hast, weine nicht mehr, denn künftig wird nur noch Glückseligkeit in deiner Seele herrschen.

Meine Tochter, es betrübt Mich, dass Mich in der Welt niemand mehr kennt. Viele haben Mich völlig vergessen. Ich bedeute so vielen Meiner Kinder nichts.

Du musst Mir helfen, Tochter, wenn Ich Meine Gegenwart offenkundig mache, so dass Ich durch das Gebet erkannt werde.

Bitte bete, dass die ganze Menschheit das Geschenk eines neuen Lebens annehmen wird, das ihr jetzt von Meinem geliebten Sohn Jesus Christus gegeben wird.

Keiner versteht wahrhaftig Meine Besorgnis für jene Seelen, welche Mich oder die Existenz des Retters zurückweisen, den Ich in die Welt sandte.

Diese armen Seelen, die so voll mit logischen Erklärungen sind, die von ihnen verwendet werden, um Meine Existenz auf arrogante Art und Weise abzulehnen, sind in dieser Zeit für Mich verloren. Ihre einzige Rettung wird das Gebet jener Kinder sein, die den Vater lieben.

So viele von denjenigen, die Mich nicht annehmen, wissen immer noch sehr wenig über Mich. Ich bin ein Gott Väterlicher Liebe, ein Himmlischer Vater, der über jedes Meiner Kinder wacht — über die starken, die schwachen, die kranken, die guten und die bösen Kinder. Keines Meiner Kinder wird von Meiner unendlichen Liebe ausgeschlossen, egal wie schwarz dessen Seele ist.

Ich bitte euch dringend, Kinder, im Namen Meines Sohnes zu Mir zu beten, zur Sühne für alle Sünden der Menschheit.

Mein Sohn wird jetzt die gesamte Menschheit umhüllen, und wenn die Erleuchtung des Gewissens vorüber ist, werden eure Gebete wirklich notwendig sein, d.h. in dieser Zeitphase danach. Eure Gebete, Kinder, werden helfen, jene Menschen zu retten, die trotzig fortfahren, die Barmherzigkeit, die Mein Sohn ihnen zeigen wird, zurückzuweisen.

Mein feierliches Versprechen, Kinder, ist es, dass all diejenigen von euch, die Mich im Namen Meines geliebten Sohnes Jesus Christus anrufen, um eure Brüder und Schwestern zu retten, es erlangen werden, dass diesen Brüdern und Schwestern sogleich Immunität gewährt wird. Besondere Gnaden werden jedem von euch gegeben werden, der sich zu einem vollen Monat des Gebets für ihre Seelen verpflichtet. Hier ist, was Ich euch mit den folgenden Worten zu beten bitte:

„O Himmlischer Vater,

durch die Liebe Deines geliebten Sohnes Jesus Christus, dessen Leiden am Kreuz uns von der Sünde rettete, bitte rette all jene, die Seine Hand der Barmherzigkeit noch zurückweisen.

Überflute ihre Seelen, lieber Vater, mit Deinen Liebesbeweisen.

Ich bitte Dich eindringlich, Himmlischer Vater, erhöre mein Gebet und rette diese Seelen vor der ewigen Verdammnis. Erlaube ihnen durch Deine Barmherzigkeit, als Erste in das Neue Zeitalter des Friedens auf Erden einzugehen. Amen."

Euer Himmlischer Vater

Gott der Allerhöchste

Anmerkung zur Erläuterung:

Die Immunität wird denjenigen gewährt werden, für welche wir beten.

280. Neid auf geistige Gaben ist etwas Schreckliches.

Montag, 12. Dezember 2011, 19:00 Uhr

Meine liebste Tochter, Neid auf geistige Gaben ist etwas Schreckliches und hiervon sind viele Meiner Seher betroffen.

Dieser Neid betrifft auch jene Meiner Anhänger, die sich isoliert und etwas enttäuscht fühlen, wenn Ich bestimmte Seelen erwähle, um Mir zu helfen, die Menschheit zu retten. Stattdessen müssen sie wissen, dass Ich sie alle in gleichem Maße liebe.

Wie bricht es Mir das Herz, wenn besonders die auserwählten Seelen sich durch andere auserwählte Seelen bedroht fühlen.

Jeder Seele, die Ich erwähle, wird eine andersartige Aufgabe gegeben und von jeder wird gefordert, einem unterschiedlichen Weg zu folgen. Die Gemeinsamkeit ist dabei immer dieselbe: Ich wünsche, dass alle Meine Visionäre, Seher und Propheten eine heilige Mission übernehmen, um Seelen zu retten.

Ich bediene Mich unterschiedlicher Seelen, Seelen demütigen Herzens, um Meine Ziele zu erreichen.

Satan wird immer versuchen, die Herzen Meiner auserwählten Seelen von Mir abzukehren, indem er sie verhöhnt. Er weiß, wie man einen empfindlichen Nerv in ihren Seelen trifft, indem er ihnen eingibt, dass andere auserwählte Seelen wichtiger sind als sie selbst.

Danach erzeugt er ein Gefühl des Gekränktseins in ihren Herzen und ruft Neid hervor. Dies bewirkt, dass sie, anstatt einander zu lieben und in einem Zustand der Gnade zu bleiben, versucht sind, aufeinander herabzusehen. In vielen Fällen gehen sie sofort aus dem Weg und erlauben der Sünde des Stolzes, in ihre Seelen einzufallen.

So viele Meiner Anhänger haben gegenüber Meinen auserwählten Visionären und Sehern nicht nur eine Abneigung, sondern sie können sie auch mit Geringschätzung behandeln — genau so, wie auch Ich von den selbstgerechten Pharisäern behandelt wurde.

Während Meiner Zeit auf Erden stellten sie jedes Wort, das von Meinen Lippen kam, wieder und wieder auf die Probe. Es wurde Mir jede Art von hinterlistiger Herausforderung unterbreitet, um Mich zu Fall zu bringen, damit sie beweisen könnten, dass Ich ein Lügner wäre. So werden auch Meine Propheten und Seher von heute behandelt werden.

Satan quält Meine Anhänger, indem er Zweifel an Meinen Boten in ihren Verstand legt, weil er Mein heiliges Wort in Verruf bringen will. Das ist sein Ziel.

Betet innig, dass jedem von euch die Gnaden gegeben werden mögen, um Mein durch die Feder Meiner kostbaren Seher vermitteltes Wort zu respektieren.

Seher, geratet niemals in die Falle, dem Neid auf geistige Gaben zu erliegen. Er steht euch nicht gut zu Gesicht und durchbohrt Mein Herz wie ein Schwert.

Liebt einander.

Zeigt füreinander Respekt und Achtung, in Meinem Namen.

Das ist in diesem Zusammenhang die wichtigste Lehre.

Wenn ihr es schwer findet, dies alles zu tun, dann werden alle anderen Arbeiten für Mich nutzlos sein.

Euer Lehrer und Retter

Jesus Christus

281. Ich kann es nicht ertragen, an jene Seelen zu denken, die von Satan in die Hölle geschleppt werden.

Dienstag, 13. Dezember 2011, 20:15 Uhr

Meine innig geliebte Tochter, Vorbereitungen sind für alle Meine Anhänger wichtig, da die „Warnung" näher rückt.

All jene Gläubigen müssen innig um die Vergebung ihrer Sünden beten, um den Schmerz des Fegefeuers zu vermeiden, welchen die meisten Menschen in der Welt sofort nach der „Warnung" für eine kurze Zeit erfahren werden.

Betet, betet für all jene, die traumatisiert sein werden, sobald sie die Verfassung ihrer Seele sehen, wenn ihnen während der „Warnung" ihre Sünden offenbart werden.

Sie müssen verstehen, dass ihnen ihre Sünden offenbart werden müssen, bevor sie von aller Sünde gereinigt werden können, damit sie in Mein Neues Paradies auf Erden — das Neue Zeitalter des Friedens, der Liebe und der Glückseligkeit — eintreten können, das jedes Meiner Kinder erben muss.

Mein Herz ist voll Freude, weil Ich der Menschheit dieses große Geschenk bringe. Doch besteht Meine Betrübnis fort wegen derjenigen, welche die Chance dieses neuen Lebens einfach zurückweisen werden.

Ich brauche so viele Gebete, Kinder, damit Satan gestoppt werden kann, ihre Seelen zu stehlen. Er wird fortfahren, dieses zu tun, bis hin zur letzten Minute.

Ich kann nicht ertragen, an jene Seelen zu denken, welche von Mir weggezogen werden, schreiend und aus Protest um sich tretend, wenn er und seine Günstlinge sie in die Tiefen der Hölle schleppen.

Helft Mir, Kinder, dies durch eure Gebete zu verhindern.

Kinder, diese Seelen müssen Satan und seine Wege gänzlich zurückweisen, wenn sie ins Neue Paradies eingehen sollen. Sie müssen sich Mir entweder aus freien Stücken zuwenden oder gar nicht.

Sie haben zwei Alternativen, entweder das Neue Paradies auf Erden oder die Tiefen

der ewigen Verdammnis in der Gesellschaft Satans.

Bezweifelt nie und nimmer die Existenz der Hölle, Kinder. Seid euch dessen bewusst, dass jede zur Zeit des Todes geschwärzte Seele von Satans Dämonen in die Hölle geschleppt und in Ewigkeit gequält wird. Trotz all seiner Versprechungen, hat Satan einen entsetzlichen Zustand der Qual für solche Seelen geschaffen. Wegen seines Hasses auf die Menschheit werden diese Seelen unerträglich leiden. Doch Sie müssen das bis in alle Ewigkeit aushalten.

Wissen diese Seelen nicht, was Satans Versprechungen bringen?

Wissen sie nicht, dass Wohlstand, Berühmtheit und verführerischer Materialismus einen eindeutigen Weg geradewegs in die Arme des Teufels schaffen werden?

Wacht auf, ihr alle, solange ihr könnt. Rettet euch und jene armen, irregeführten Sünder vor diesem schrecklichen Ende hinsichtlich eurer Existenz.

Ihr habt nicht viel Zeit.

Lasst das Gebet für diese Seelen heute beginnen.

Euer Retter

Jesus Christus

282. Das Zweite Kommen geschieht bald nach der „Warnung".

Mittwoch, 14. Dezember 2011, 19:15 Uhr

Meine liebste Tochter, du musst Mir immer vertrauen und wissen, dass nicht eine einzige Botschaft, die dir gegeben wird, jemals verfälscht sein wird.

Du wirst fest in Meinem Heiligsten Herzen gehalten, und deine Hand wird durch Meine Hand geführt.

Nur Mein heiliges Wort kann und wird immer von dir geschrieben werden, um Meine Botschaften für die ganze Menschheit zu übermitteln.

Du darfst nicht weiterhin versuchen, das Datum für die „Warnung" zu ermitteln. Ich kann dieses Datum nicht offenbaren; denn das entspricht nicht dem Willen Meines Ewigen Vaters. Die „Warnung" wird äußerst unerwartet geschehen und zu einem Zeitpunkt, wenn die Menschen es nicht erwarten.

Die Zeit ist sehr kurz. So verbringt möglichst viel Zeit im innigen Gebet, um Seelen zu retten. Alle Seelen.

Die Züchtigung, welche zurückgehalten worden ist, wird nur stattfinden, wenn die Menschen nach der „Warnung" in großer Zahl zu ihren bösen Wegen zurückkehren.

Mein Vater hat die Erlaubnis gegeben, Mein Zweites Kommen innerhalb einer sehr kurzen Frist auf Erden zu verkünden. Es wird bald nach der „Warnung" geschehen. Alle Seelen müssen darauf vollständig vorbereitet sein.

Der nächste Kreuzzug des Gebets, um Seelen zu retten, lautet wie folgt:

O Allmächtiger Vater, Gott der Allerhöchste,

bitte habe mit allen Sündern Erbarmen. Öffne ihre Herzen, damit sie die Rettung annehmen und eine Fülle von Gnaden erhalten.

Erhöre meine Bitte für meine eigene Familie und stelle sicher, dass jeder in Deinem liebenden Herzen Gnade finden wird.

O Göttlicher Himmlischer Vater, schütze all Deine Kinder auf Erden vor jedem Atomkrieg oder anderen Handlungen, die geplant werden, um Deine Kinder zu vernichten.

Halte alles Unheil von uns fern und schütze uns.

Erleuchte uns, damit wir unsere Augen öffnen können, um die Wahrheit unserer Erlösung ohne jede Angst in unseren Seelen zu hören und anzunehmen.

Gehe hin in Frieden. Dein liebender Retter Jesus Christus

283. Vielen Meiner Kinder wurden in diesem Jahr der Reinigung materielle Annehmlichkeiten genommen.

Donnerstag, 15. Dezember 2011, 20:55 Uhr

Meine liebste Tochter, das Jahr der Reinigung ist fast zu Ende und Meine Kinder sind aufgrund dessen jetzt überall auf die „Warnung" vorbereitet.

Viele Meiner Kinder haben im Jahr 2011 schrecklich gelitten. Kriege, Gewalt, Mord und Hass haben jene Meine wertvollen Seelen verstümmelt und getötet — dies alles wurde von der Armee Satans gesteuert. Diese bösen Mächte werden eine schreckliche Strafe erleiden, wenn sie, nachdem die „Warnung" stattgefunden hat, nicht bereuen.

Vielen Meiner Kinder wurden die materiellen Annehmlichkeiten genommen und sie haben harte Lebensumstände ertragen, die sie vorher nie hatten erleiden müssen.

Diese Prüfungen wurden von Satan hervorgerufen und der Menschheit zugefügt, sie wurden aber von Mir zugelassen, um Seelen zu reinigen. Grausam, magst du denken, Meine Tochter, aber es war notwendig, um die Menschheit vorzubereiten und sie in ihren Seelen demütig werden zu lassen.

Jetzt — wo sie in Meinen Augen reiner sind — sind ihre Herzen geöffnet worden, um die Wahrheit ihres ewigen Lebens anzunehmen. Das bedeutet, dass weniger Seelen während der „Warnung" leiden werden, weil sie diese Bedrängnis erlebt haben.

Meine Kinder sind jetzt bereit, Mein Geschenk der Barmherzigkeit zu empfangen. Die Zeit ist für die Welt fast gekommen. Sei geduldig, Meine Tochter. Erwarte niemals von Mir, dass Ich der Welt ein Datum gebe; denn es steht dir nicht zu, das zu wissen, wie Ich dir zuvor oft gesagt habe.

Vertrau vollkommen auf Mich und du wirst im Frieden sein.

Ich werde Mein Geschenk der „Warnung" bringen, wenn die Zeit reif ist, und wenn Meine Kinder es am wenigsten erwarten.

Euer geliebter Jesus

Erlöser der Menschheit

284. Jungfrau Maria: „Die Endzeitprophetin wird vom Himmel geführt".

Freitag, 16. Dezember 2011, 22:35 Uhr

Mein Kind, Ich komme zu dir, um deinem Herzen Trost zu bringen. Du, Mein starkes Kind, wirst künftig im Stande sein, das Leiden in einem solchen Ausmaß zu tragen, dass du es begrüßen wirst und deshalb dein Durchhaltevermögen beweisen wirst, während du kämpfst, um das Wort Meines kostbaren Sohnes Jesus Christus zu verkünden.

Du, Mein Kind, bist hin- und hergerissen. Jeder Tag präsentiert neue und weitere Herausforderungen in dieser Arbeit, von denen viele schwer sind.

Jetzt ist die Zeit, furchtlos deine Rüstung aufzunehmen. Marschiere vorwärts und kämpfe für den Sohn, um sicherzustellen, dass Sein heiliges Wort alsbald rund um die Welt gehört wird. Tue dies alles so schnell, wie du kannst. Lass keine Verzögerungen zu. Erlaube dir keine Ablenkungen.

Ich liebe dich, Mein Kind. Du bist vollständig vor schädlichen Einflüssen geschützt. Bemerkst du nicht, wie wenig du jetzt beeinflusst bist, wenn du von anderen wegen dieser Arbeit angegriffen wirst? Dies ist die Gnade, die durch die Rüstung bewirkt wird.

Schlage die Schlacht gegen Satan, zusammen mit deiner Armee von Kriegern, und hilf dabei, die ganze Menschheit zu retten.

Du bist die wahre Endzeitprophetin, und wirst vom Himmel geführt, um zu helfen, die Welt zu verwandeln. Es wird dir schnell Hilfe gesandt werden. Bereite dich vor. Freue dich, denn dies ist ein großes Geschenk.

Du wirst bei jedem Schritt, den du machst, geführt, also vertraue einfach auf Jesus und gehorche zu jedem Zeitpunkt Meinem Himmlischen Vater.

Sei tapfer, mutig und marschiere ohne Furcht in deiner Seele.

Deine himmlische Mutter
Königin der Engel

285. Die Hoffnung darf niemals zugunsten der Furcht aufgegeben werden.

Samstag, 17. Dezember 2011, 15:30 Uhr

Mein Kind, der Welt muss rasch über die Liebe und Barmherzigkeit berichtet werden, die Mein Sohn Jesus Christus für jede einzelne Person auf Erden hat.

Er liebt jeden, einschließlich jener, die laue Seelen haben, und jener, die Ihn nicht kennen.

Habe keinen Zweifel daran, dass dieselben Seelen, die in ihrem Geist Schwächen haben mögen, von Ihm sehr geliebt werden. Ihnen wird große Hoffnung geschenkt werden, wenn die Barmherzigkeit Meines Sohnes sie umhüllt.

Der Himmel wird jubeln, wenn diese Menschen während der „Warnung" ihre Augen

für die Wahrheit öffnen. Das geschieht, wenn sie die Liebe und Hoffnung annehmen werden, die ihnen gegeben werden. Es wird das größte Geschenk sein, das sie jemals in diesem Leben auf Erden erhalten werden.

Mein Kind, die Menschen dürfen niemals jene verurteilen, die Meinen Vater nicht ehren. Sie dürfen niemals für jene die Hoffnung aufgeben, die auch Meinen Sohn ablehnen. Diese Seelen werden alle von Meinem Sohn, der sie nur retten will, mit einer tiefen Zärtlichkeit geliebt.

Die Hoffnung, Mein Kind, ist ein Geschenk von Gott dem Vater. Sie darf niemals zugunsten der Furcht oder der Negativität aufgegeben werden. Die Barmherzigkeit Meines Sohnes kennt keine Grenzen. Sie wird jedem Einzelnen von euch bald gegeben werden.

Hoffnung und Freude müssen im Vordergrund eures Denkens stehen, Kinder; denn Mein Sohn ist im Begriff, Seinen Kindern ein derart großes Geschenk zu machen, um die Welt zu retten.

Er will, dass die ganze Menschheit Anteil hat an diesem großen, herrlichen Zeitalter des Friedens, das auf euch alle wartet.

Betet, betet, betet, dass alle Seelen auf Erden dieses Geschenk der Liebe mit offenen und demütigen Herzen begrüßen.

Es wird die „Warnung" sein, die der Menschheit schließlich die Barmherzigkeit Gottes zeigen wird.

Danach kann und wird es keine Zweifel mehr geben, wie sehr alle Seine Kinder von Ihm geliebt und geschätzt werden.

Eure geliebte Mutter
Königin des Himmels

286. Betet, wie ihr nie zuvor gebetet habt.

Sonntag, 18. Dezember 2011 15:10 Uhr

Meine liebste Tochter, jene Menschen, die von Mir so weit entfernt sind, bereiten mir die meisten Sorgen.

Jede Anstrengung muss von Meinen Anhängern unternommen werden, um Mein Gebet zu verbreiten, das euch gegeben wurde, um von Meinem Ewigen Vater die Immunität für ihre Seele zu erbitten.

(Kreuzzug des Gebets 13)

„O Himmlischer Vater,

durch die Liebe Deines geliebten Sohnes Jesus Christus, dessen Leiden am Kreuz uns von der Sünde rettete, bitte rette all jene, die Seine Hand der Barmherzigkeit noch zurückweisen.

Überflute ihre Seelen, lieber Vater, mit Deinen Liebesbeweisen.

Ich bitte Dich eindringlich, Himmlischer Vater, erhöre mein Gebet und rette diese Seelen vor der ewigen Verdammnis. Erlaube ihnen durch Deine Barmherzigkeit, als Erste in das Neue Zeitalter des Friedens auf Erden einzugehen. Amen."

Alle Gläubigen, welche diese Meine heiligen Botschaften lesen, welche der Welt gegeben wurden, bitte Ich dringend, zu beten, wie ihr nie zuvor gebetet habt.

Ich brauche eure Hingabe, um sicherzustellen, dass alle Meine Kinder Mein Geschenk mit Liebe und Freude in ihren Herzen annehmen.

Sie dürfen nicht angsterfüllt sein; denn Ich komme mit einem Geschenk der Liebe und Barmherzigkeit.

Euer Jesus
Retter und Erlöser der ganzen Menschheit

287. Meine Geburt muss als das geehrt werden, was sie bedeutet.

Montag, 19. Dezember 2011, 19.30 Uhr

Kreuzzug des Gebetes (15) Dank für das Geschenk der Göttlichen Barmherzigkeit

Meine liebste Tochter, wie sehr Ich Mir wünsche, dass die Christen überall — aus der Tiefe ihres Herzens — Meiner Geburt Ehrerbietung erweisen.

Ich wünsche innig, dass die ganze Menschheit Meinem Heiligen Geist in dieser Zeit erlaubt, dass Er ihre Herzen durchdringt.

Meine Geburt muss, wenn ihr Meine Geburt feiert, als das geehrt werden, was sie bedeutet. Vergesst nicht: Ihr ehrt Mein Geschenk der Erlösung.

Darum bin Ich zum ersten Mal von Meinem Vater gesandt worden. Darum werde Ich abermals zurückkehren, um der Menschheit eine zweite Chance der Erlösung anzubieten.

Ich will, dass Meine Kinder diese Weihnachten den folgenden Kreuzzug des Gebets aufopfern:

„O mein Himmlischer Vater,

wir ehren Dich mit einer tiefen Dankbarkeit für das Opfer, das Du gebracht hast, als Du einen Retter in die Welt sandtest.

In demütiger Dankbarkeit bringen wir Dir in Freude und Danksagung unser Gebet dar, für das Geschenk, das Du jetzt Deinen Kindern gibst, das Geschenk der Göttlichen Barmherzigkeit.

O Gott, Allerhöchster, mache uns würdig, diese große Barmherzigkeit mit Dankbarkeit anzunehmen. Amen.“

Euer geliebter Retter Jesus Christus

288. Sündern, die sich Mir zuwenden, erweise Ich sofort Meine Gunst.

Dienstag, 20. Dezember 2011, 20:30 Uhr

Meine innig geliebte Tochter, warum fühlen sich Meine Kinder gerade jetzt so verlassen in der Welt?

Warum verzweifeln sie vor Kummer und Einsamkeit, wenn sie doch nichts anderes tun müssen, als Mich, ihren Jesus, anzurufen, damit Ich ihnen Trost gebe?

Jeder von ihnen muss sich Mir zuwenden und Mich um Hilfe bitten. Ich werde auf jedes einzelne Gebet reagieren. Nicht eine Bitte wird unbeachtet bleiben, und ihre Gebete werden gemäß Meinem Heiligen Willen beantwortet werden.

So viele vergessen, dass Ich ihnen, wenn sie sich Mir zuwenden, ständig zur Seite stehe.

Jede Seele auf Erden ist für Mich kostbar.

Wenn sie doch nur begreifen würden, dass es Mir große Freude macht, wenn sie sich um Hilfe an Mich wenden.

Es macht Mir sogar mehr Freude und vermittelt Mir mehr Glück, wenn gerade Sünder Mich bitten, ihnen zu vergeben, und wenn sie Reue für ihre Sünden zeigen.

Diese sind die Seelen, welchen Ich sofort meine Gunst erweise. Sage ihnen, dass sie niemals Angst haben dürfen, sich Mir zuzuwenden; denn Ich bin immer barmherzig. Die Erleichterung, welche sie anschließend fühlen werden, ist eine Gnade, welche Ich denjenigen, die ein warmes und aufrichtiges Herz haben, gewähre.

Dies ist die Zeit des Jahres, zu der sich Meine Barmherzigkeit am stärksten über die ganze Welt ergießt. So wendet euch jetzt Mir zu, um die Stärke und die Gnaden zu erlangen, welche euch helfen sollen, eure Prüfungen in der Welt auszuhalten.

Euer Jesus
Retter und Erlöser der Menschheit

289. Sogar die Sünde des Mordes kann vergeben werden.

Mittwoch, 21. Dezember 2011, 20:10 Uhr

Meine innig geliebte Tochter, Ich bin es.

Heute Abend komme Ich, um den Sündern, die glauben, dass sie nicht würdig sind, vor Mir zu stehen, Trost anzubieten.

Ich wende Mich an jene von euch, an jene armen, gequälten Seelen, die glauben, dass ihre Sünden so abstoßend sind, dass Ich ihnen nicht vergeben könnte. Wie sehr irrt ihr euch.

Wisst ihr nicht, dass es keine Sünde gibt, die Ich nicht vergeben kann? Warum seid ihr so angsterfüllt?

Wisst ihr nicht, dass sogar die äußerst schwerwiegende Sünde des Mordes vergeben werden kann? Alle Sünden können und werden vergeben werden, wenn wahre, tief empfundene Reue gezeigt wird.

Ich warte. Öffnet Mir eure Herzen. Vertraut auf Mich. Ich bin vermutlich der einzig wahre Freund, den ihr habt, und als solchen könnt ihr Mir alles sagen und es wird Mich nicht schockieren.

Sünde ist eine Tatsache des Lebens. Sehr wenige Seelen — einschließlich der auserwählten Seelen — können beliebig lange in einem Zustand der Gnade bleiben.

Glaubt niemals, dass ihr eure Sünden nicht beichten könnt, wie schwer sie auch sein mögen.

Wenn ihr Mich fürchtet und euch weiterhin von Mir abwendet, werdet ihr euch sogar noch weiter von Mir entfernen.

Viele Meiner Kinder fühlen sich Meiner Liebe nicht würdig. Doch Ich liebe jeden, einschließlich der verhärteten Sünder. Ich billige die Sünde nicht. Ich könnte das niemals tun. Aber Ich liebe den Sünder.

Wegen der Sünde wurde Ich als Retter in eure Welt gesandt, so dass euch vergeben werden könnte.

Damit euch verziehen wird, müsst ihr um Vergebung bitten. Wenn ihr Vergebung sucht, müsst ihr zuerst demütig sein; denn ohne Demut gibt es keine wahre Reue.

Ich, euer Retter, flehe euch an: Haltet inne und denkt darüber nach, wie ihr euer Leben führt. Entweder liebt ihr Gott durch eure guten Taten und durch eure Nächstenliebe oder ihr tut es nicht.

Ihr müsst Mich nicht unbedingt kennen, um Mich zu lieben, Kinder. Durch eure Werke, durch eure Liebe zueinander, durch eure Freundlichkeit und durch eure Großzügigkeit, die ihr den anderen gegenüber erweist, beweist ihr eure Liebe zu Mir, ohne es zu merken.

Ebenfalls beweist ihr auch durch euer demütiges Herz — wenn ihr wahre Reue für alles falsche Tun in eurem Leben zeigt — eure Liebe zu Mir.

Wie sonst, glaubt ihr, könnt ihr Meinem Herzen nahe kommen?

Ihr dürft euch niemals fürchten, euch Mir zu nähern. Ich bin nie weit entfernt.

Kommt jetzt zu Mir, damit ich eure Seele pflegen und euch den Frieden geben kann, nach dem ihr euch sehnt.

Euer geliebter Jesus

290. Jungfrau Maria: Der Plan, die Menschheit für das Zweite Kommen zu reinigen, ist abgeschlossen.

Donnerstag, 22. Dezember 2011, 9:30 Uhr

Mein Kind, die Welt muss sich durch Gebet auf Meinen Sohn vorbereiten.

Der Plan Meines kostbaren Sohnes, die Menschheit für die Zweite Ankunft zu reinigen, ist abgeschlossen.

Es ist der Welt die notwendige Zeit gegeben worden, damit der Glaube durch diese und andere Göttliche Botschaften ausgebreitet wird.

Sogar nur eine kleine Gruppe von hingebungsvollen Christen, die für jene beten, die Meinen Sohn ablehnen, kann diese Seelen retten.

Du, Mein Kind, musst so viele Anhänger wie möglich bitten, dass sie um die Immunität für jene armen Seelen, die sich in der Sünde befinden, beten.

Ich bitte alle Anhänger Meines Sohnes dringend, niemals die Hoffnung für die ganze Menschheit aufzugeben.

Viele arme Seelen verstehen nicht, was sie tun, wenn sie die Existenz Gottes, des Himmlischen Vaters, bestreiten.

Ihre Denkweise wird durch die menschliche Logik bestimmt, wo alle Dinge darauf basieren, wie sie durch das bloße Auge erscheinen.

Sie verstehen nicht, dass die Erde einfach ein Planet ist, der von Gott für Seine Kinder geschaffen wurde. Sie ist nur ein zeitlich begrenzter Ort.

Das Neue Paradies ist ihr wahres Erbe.

Betet, betet, betet für diese Kinder, damit der Heilige Geist ihre Seelen berühren und Liebe für Meinen Sohn in ihren Herzen entfachen wird.

Vergesst niemals, dass Weihnachten ein Heiliges Fest ist, um den Erlöser zu feiern, der gesandt wurde, um euch, allen Meinen Kindern, das ewige Leben zu geben.

Eure gesegnete Mutter
Königin des Himmels

291. Gott der Vater: Mein Sohn wird gesandt, um Seinen rechtmäßigen Thron zu beanspruchen.

Samstag, 24. Dezember 2011, 18.00 Uhr

Meine Tochter, gerade so, wie Ich das erste Mal einen Retter in die Welt sandte, um die Menschheit zu retten, bin Ich jetzt bereit, Meinem Sohn, Jesus, den Erlöser der Menschheit, noch einmal zu senden, um jene Seelen zu retten, die ansonsten nicht gerettet werden könnten.

Meine Kinder müssen die Bedeutung des bittersüßen Opfers verstehen, das Ich für die Menschheit brachte, als Ich Meinen Sohn das erste Mal sandte.

Als Ich erkannte, dass die einzige Möglichkeit, die Menschheit zu retten, darin bestand, einen Retter zu senden, wusste Ich, dass Ich von keinem Propheten oder keiner auserwählten Seele erwarten konnte, solch ein Opfer zu erleiden. Ich beschloss durch die zweite Person Meiner Gottheit, dass Ich einen Sohn senden würde, um die Menschheit zu retten. Dies war der einzig wirkungsvolle Weg, um die Pläne Satans zu vereiteln, derart groß war Meine Liebe zu Meinen Kindern.

Meinen Sohn zu einem Mann heranwachsen zu sehen, war sowohl wunderbar als auch schmerzhaft, da ich wusste, was ihm bevorstand. Doch aufgrund der tiefen, zarten Liebe, die Ich für jedes Meiner Kinder habe, war dies ein Opfer, das bereitwillig erlitten wurde, um Meine Familie zu retten.

Jetzt, wo sich die „Warnung" nähert, bereite Ich ebenfalls die Welt durch diese Heiligen Botschaften vor, um Meinen Sohn zum Zweiten Mal zu begrüßen.

Das Zweite Kommen Meines geliebten Sohnes ist nahe, Kinder. Er wird gesandt, um Seinen rechtmäßigen Thron zu beanspruchen, wenn Er als König der Menschheit regieren wird.

Dieses herrliche Ereignis wird eindrucksvoll sein und es ist der letzte Teil des Plans, die menschliche Rasse vor dem Bösen zu retten, das in eurer Welt besteht. Satan wird in Kürze verbannt werden. Seine Anhänger und jene, die ein böses Herz haben, werden schockiert und bestürzt sein. Von ihnen wird zu diesem Zeitpunkt erwartet, dass sie eine Entscheidung treffen. Fallt auf die Knie und bittet inständig um Gnade, und ihr werdet gerettet werden — oder lehnt das große Geschenk ab, das euch dargeboten wird.

Meine Kinder, schließt euch alle wie eine Einheit zusammen und fürchtet keinen Spott. Ihr werdet alle durch den Heiligen Geist geführt und euch wird der Schutz durch die Engel und die Heiligen im Himmel gewährt. Es wird Eure Aufgabe sein, Meine Anhänger, der Welt das Wort und das Versprechen Meines Sohnes — der wünscht, dass diese Botschaften rund um die Welt verbreitet werden — öffentlich zu verkünden.

Es wird ebenso durch eure Gebete bewirkt werden, dass die verirrten Sünder aus den Armen des Teufels weggerissen werden können.

Kinder, ihr befindet euch in der Anfangsphase des letzten Kampfes. Eure zweite Chance auf die ewige Erlösung wird euch durch die Barmherzigkeit Meines innig geliebten Sohnes gegeben werden. Verpasst diese Gelegenheit nicht. Schließt euch wie eine Einheit zusammen — in Vereinigung mit eurer Familie im Himmel —, um eure Brüder und Schwestern auf Erden zu retten.

Freut euch an diesem Weihnachten; denn es wird eine besondere Feier sein, da ihr jetzt helfen müsst, die Seelen auf das Zweite Kommen Meines Sohnes vorzubereiten, nachdem die „Warnung" stattgefunden hat.

Ich liebe euch alle, Kinder. Nehmt Meine Liebe an. Nehmt Mich, euren Ewigen Vater, bereitwillig an, der ich alles nur Mögliche tun werde, um euch alle in das Neue Zeitalter des Friedens zu bringen.

Gott der Vater

292. Anerkennt die Wichtigkeit der Familie.

Sonntag, 25. Dezember 2011, 18:00 Uhr

Heute, Meine Tochter, wird Meine Geburt gefeiert. Das ist auch ein besonderer Tag für die Familien.

Vergesst nicht, dass auch die Heilige Familie an diesem Tag geboren wurde. Diese Heilige Familie hat einen Einfluss auf die Menschen überall auf der Welt.

Genau so, wie also alle Seelen auf Erden ein Teil der Familie Meines Ewigen Vaters sind, so sollten auch die Menschen überall auf der Welt die Wichtigkeit der Familie anerkennen.

Nur aufgrund der Familie entsteht wahre Liebe. Obwohl viele Familien in der Welt unter Zerrüttung, Wut und Trennung leiden, ist es wichtig, dies zu verstehen.

Gäbe es keine Familien auf der Erde, könnte es auch kein Leben geben. Die Familie verkörpert alles, was Mein Ewiger Vater für Seine Kinder auf Erden wünscht.

Familien schaffen, wenn sie zusammenhalten, eine innige Liebe, wie sie nur im Himmel bekannt ist. Beschädigt man die Familie, dann beschädigt man die reine Liebe, die innerhalb jeder Seele besteht, die ein Teil dieser Familie ist.

Satan liebt es, die Familien zu entzweien. Warum? Weil er weiß, dass der Kern der Liebe, der wesentlich für das geistige Wachstum der Menschheit ist, sterben wird, wenn die Familie gespalten wird.

Bitte betet, Kinder, dass die Familien sich zusammenschließen. Betet, dass die Familien zusammen beten. Betet, um Satan davon abzuhalten, in das Heim eurer Familie einzudringen.

Vergesst niemals, dass ihr alle ein Teil der Familie Meines Vaters seid, und ihr müsst diese Einheit auf Erden nachahmen, wann auch immer dies möglich ist. Das ist nicht immer der Fall, das weiß Ich, aber bemüht euch immer um die Einheit der Familie, um die Liebe füreinander aufrecht zu erhalten.

Wenn ihr keine Familie auf Erden habt, dann vergesst nicht, dass ihr ein Teil der Familie seid, die Mein Vater schuf. Seid bestrebt, euch der Familie Meines Vaters im Neuen Zeitalter des Friedens anzuschließen.

Betet um die Gnaden, die ihr benötigt, um euer rechtmäßiges Zuhause in diesem Neuen Paradies finden zu können, in das einzugehen ihr bei Meinem Zweiten Kommen eingeladen werdet.

Euer geliebter Jesus
Retter der Menschheit

293. Ich wurde, als Ich auf Erden wandelte, der Ketzerei und Gotteslästerung beschuldigt.

Montag, 26. Dezember 2011, 15:50 Uhr

Ich bin dein Jesus, der dich niemals verlässt, egal wie sehr du leidest. Ich bin das Alpha und das Omega, der Sohn Gottes, Mensch geworden und geboren durch die Unbefleckte Jungfrau Maria.

Meine innig geliebte Tochter, wachse über diese plötzliche Intensivierung des Leidens hinaus und vergiss niemals die Zahl an Seelen, die du dabei rettest.

Meine Kinder müssen die Läuterung ertragen, damit ihre Seelen in dieser Zeit gereinigt werden können. Daher müssen sie sich daran gewöhnen. Viele Meiner Kinder werden noch gereinigt, bevor die „Warnung" stattfindet. Sie werden verstehen, Meine Tochter, warum das zurzeit mit ihnen geschieht.

Die Engel sind die ganze Zeit in eurer unmittelbaren Nähe, wie niemals zuvor. Dir, Meine Tochter, sage Ich: Du wirst jetzt, aufgrund dieser Botschaften, die bisher größte Zahl von Angriffen auf dich ziehen.

Jedes Wort, das Ich ausspreche, wird jetzt zerrissen werden.

Jede Lehre und jede Wahrheit, die Ich jetzt der Welt zu vermitteln suche, wird in Frage gestellt und als Gotteslästerung angesehen werden.

Als Ich auf Erden wandelte, wurde Mein Heiliges Wort, wenn Ich es Meinen Anhängern lehrte, ebenso kritisiert.

Ich wurde, als Ich unter Meinem Volk wandelte, der Ketzerei und der Gotteslästerung beschuldigt und angeklagt, dass Ich die Sünder stillschweigend dulde. Mein Wort wurde damals in vielen Kreisen, besonders aber von den Priestern und Pharisäern, nicht angenommen.

Meine Tochter, jene Menschen und deren überhebliche Spötteleien aufgrund ihrer selbsterklärten Kenntnisse der Schrift werden die ärgsten Angreifer sein. Sie werden arrogant behaupten, dass ihre fehlerhafte Interpretation des Heiligen Evangeliums wichtiger ist als die Wahrheit.

Ihr Stolz hält sie davon ab, Meine Stimme zu erkennen, wenn sie der Welt heutzutage vermittelt wird.

Lass Dich niemals mit diesen armen Seelen ein, Meine Tochter; denn sie kommen nicht aus dem Licht. Leider glauben sie aber, dass sie es sind. Vergiss nicht, dass diejenigen, die auf andere herabsehen und in Meinem Namen über andere spotten, Mich nicht vertreten.

Sie zeigen weder Liebe, noch Verstehen oder Demut.

Diese Angriffe werden gestartet, um dich in dieser Arbeit zu stoppen und neue Zweifel in deinem Geist zu erzeugen. Bete für diese Leute. Ignoriere sie. Konzentriere dich allein auf Meine Stimme und lass nicht zu, dass dieses heilige Werk auf diese Weise beeinträchtigt wird.

Satan arbeitet aktiv in diesen Seelen und wird sich jedes erdenklichen hinterlistigen Argumentes bedienen, um diese Botschaften, die von meinen Lippen stammen, zu untergraben. Indem du dich mit diesen Angriffen beschäftigst oder auf sie eingehst, gibst du Satan die Macht, nach der er strebt.

Gehe jetzt hin in Frieden. Schaue weiterhin nach vorne und bleibe jederzeit Meinen Wünschen gegenüber gehorsam. Vergiss nicht, dass du Mir das Geschenk deines freien Willens gegeben hast. Erlaube Mir deshalb, dich zu führen. Setze dein ganzes Vertrauen in Mich.

Ich liebe dich.

Dein Jesus

294. Jungfrau Maria: Die Geburtswehen haben begonnen.
Dienstag, 27. Dezember 2011, 14:00 Uhr

Mein Kind, die Geburtswehen haben begonnen.

Die Zeit für die Geburt einer Neuen Welt, eines neuen Anfangs ist gekommen.

Viele Veränderungen werden jetzt auf Erden stattfinden, wie sie niemals zuvor gesehen wurden.

Mein Himmlischer Vater sendet Meinen geliebten Sohn Jesus Christus, um die Menschheit noch einmal von ihrer Sündhaftigkeit zu retten.

Du, Mein Kind, wirst eine Reihe von Ereignissen sehen, welche dir bereits offenbart worden sind.

Du darfst keine Angst haben; denn diese Reinigung ist unerlässlich, um die Menschheit wachzurütteln, wenn Seelen gerettet werden sollen.

Die Zeichen werden wie vorausgesagt beginnen. Meine Kinder müssen diese Veränderungen mit einem demütigen und reuevollen Herzen akzeptieren.

Betet, betet für die Seelen, dass sie die Sünde des Stolzes ablegen und nach Ver-

gebung für ihre Vergehen gegen Gott den Vater streben.

Der Unterlassung, sich selbst zu retten, wird eine strenge Züchtigung folgen.

Die Barmherzigkeit Meines Sohnes ist so groß, dass Er Meinen Kindern die Zeit geben wird, um zu bereuen.

Aber ihr müsst jetzt für alle Seelen beten, damit sie würdig sein mögen, ins Neue Zeitalter des Friedens einzutreten.

Eure geliebte Mutter
Maria, Königin des Himmels

295. Gott der Vater: Ergreift diese letzte Chance oder seht euch einer schrecklichen Züchtigung gegenüber.
Mittwoch, 28. Dezember 2011, 15:15 Uhr

Meine Tochter, du hast jetzt die Pflicht, Meine Kinder überall über die dringende Notwendigkeit zu informieren, nach der Tilgung ihrer Sünden zu streben.

Aufgrund Meiner großen Barmherzigkeit sende Ich jetzt Meinen Sohn, um der Menschheit eine letzte Chance anzubieten, zu Mir, ihrem Himmlischen Vater, umzukehren.

Ich kann offenbaren, dass die große Barmherzigkeit, die allen Meinen Kindern gezeigt wird, nur dieses eine Mal stattfinden wird.

Sie, Meine Kinder, müssen diese letzte Chance der Rettung ergreifen oder akzeptieren, dass die Welt von einer schrecklichen Züchtigung heimgesucht werden wird.

Jede einzelne Seele auf Erden wird in Kürze die Zeichen der Erleuchtung des Gewissens sehen.

Jede von ihnen wird vor Scham auf die Knie gebracht werden, wenn sie — wahrscheinlich zum ersten Mal — sehen, wie schmerzhaft ihre Sünden in Meinen Augen erscheinen.

Diejenigen mit einem gütigen und demütigen Herzen werden diese große Barmherzigkeit mit Dankbarkeit und Erleichterung akzeptieren.

Andere werden dies als eine sehr schwere Prüfung empfinden, und viele werden Meine Hand der Liebe und Freundschaft zurückweisen.

Bete vor allem für diese Seelen, Meine Tochter; denn ohne Gebete kann ihnen keine zweite Chance gegeben werden.

Die Welt wird schließlich die Macht ihres Himmlischen Vaters akzeptieren, wenn jedermann, an allen Orten der Erde, zum Zeugen des Wunders am Himmel werden wird.

Die Geburt der neuen Welt ist fast da. Ergreift jetzt Meine Barmherzigkeit, solange ihr es könnt. Zieht es nicht hinaus bis zur letzten Minute.

Vereinigt euch zusammen mit Mir zu einer Einheit, um das Neue Zeitalter des Friedens bereitwillig anzunehmen, welches all jene gütigen Seelen erwartet, die Mich lieben.

Meine Barmherzigkeit ist jedoch so groß, dass das Gebet, das Mein Sohn der Welt durch dich, Meine Tochter, zur Immunität für diese Seelen gegeben hat (siehe unten den Auszug vom Kreuzzug des Gebets Nummer 13), so kraftvoll sein wird, dass Seelen, die sich noch in der Finsternis befinden, gerettet werden können und gerettet werden.

„O Himmlischer Vater,

durch die Liebe Deines geliebten Sohnes Jesus Christus, dessen Leiden am Kreuz uns von der Sünde rettete, bitte rette all jene, die Seine Hand der Barmherzigkeit noch zurückweisen.

Überflute ihre Seelen, lieber Vater, mit Deinen Liebesbeweisen.

Ich bitte Dich eindringlich, Himmlischer Vater, erhöre mein Gebet und rette diese Seelen vor der ewigen Verdammnis. Erlaube ihnen durch Deine Barmherzigkeit, als Erste in das Neue Zeitalter des Friedens auf Erden einzugehen. Amen."

Kinder, vergesst nicht die Macht des Gebets und wie es die Züchtigung lindern kann.

Betet, betet, betet, dass die Welt gerettet werden kann und gerettet werden wird — und dass die Große Drangsal abgewendet werden kann.

Euer Himmlischer Vater
Gott, der Allerhöchste

296. Jungfrau Maria: Mein Rosenkranz kann Nationen retten.
Donnerstag, 29. Dezember 2011, 14:15 Uhr

Mein Kind, das Beten Meines Heiligen Rosenkranzes kann Nationen retten.

Meine Kinder dürfen die Macht Meines Heiligen Rosenkranzes niemals vergessen.

Er ist so machtvoll, dass er den Betrüger außer Gefecht setzt. Er kann dir oder deiner Familie nichts anhaben, wenn du diesen täglich betest.

Bitte fordere Meine Kinder auf, von diesem Tag an damit zu beginnen, Meinen Heiligen Rosenkranz zu beten, und damit fortzufahren, um nicht nur ihre Familien, sondern auch ihre Gemeinschaften zu schützen.

Der Rosenkranz ist die stärkste Waffe gegen die Pläne des Teufels, in diesen, seinen letzten Tagen auf Erden zu zerstören, was er nur kann.

Unterschätzt niemals die Lügen, die er in die Köpfe der Menschen einpflanzt, um Meine Kinder von der Wahrheit abzuwenden.

So viele, die unter seinem Einfluss stehen, werden gegen die Wahrheit der Großen Barmherzigkeit Meines Sohnes antreten und diese bekämpfen.

Indem ihr Meinen Heiligen Rosenkranz betet, könnt ihr diese Seelen vor seinen Lügen schützen.

Ihre Herzen können und werden geöffnet werden, wenn ihr euch die Zeit nehmt, um Meinen Rosenkranz zu beten.

Betet jetzt für Meine Kinder, damit sie ihre Herzen für die Wahrheit öffnen. Betet auch, dass alle Meine Kinder die Kraft finden werden, die Barmherzigkeit Meines Sohnes anzunehmen.

Eure geliebte Mutter
Königin der Engel

297. Jede Art von Barmherzigkeit wird denjenigen gezeigt werden, die Meinen Vater nicht lieben

Donnerstag, 29. Dezember 2011, 15:00 Uhr

Meine innig geliebte Tochter, Meine Kinder überall auf der Welt werden in Kürze aus einem tiefen, inhaltsleeren Schlummer aufgeweckt werden.

Wenn sie angesichts der „Warnung" erwachen, werden viele schreckliche Angst haben. Jenen, die voller Angst sein werden, habe Ich Folgendes zu sagen:

Seid dankbar, dass ihr aus der Finsternis aufgeweckt werdet.

Freut euch, dass euch Mein Licht der Barmherzigkeit gezeigt wird. Wenn ihr dieses als schmerzhaft empfindet, dann bitte Ich euch inständig, diese Reinigung mit Demut zu ertragen; denn ohne diese Reinigung werdet ihr kein ewiges Leben haben, auf das ihr ein Anrecht habt.

Betet zu Mir, dass Ich euch während dieser schwierigen Augenblicke helfe, und Ich werde euch aufheben und euch die Kraft geben, die ihr braucht.

Weist Meine Hand der Barmherzigkeit zurück und es wird euch nur eine sehr kurze Frist, in welcher ihr noch Reue zeigen könnt, gegeben werden.

Es wird denjenigen von euch, die Meinen Vater nicht lieben, jede mögliche Gnade erwiesen werden. Aber ihr sollt wissen, dass Seine Geduld sich dem Ende zuneigt.

Es wird euch ein großer Akt Meiner Barmherzigkeit erwiesen werden. Es liegt an euch, demütig zu werden und um Barmherzigkeit zu bitten. Ihr könnt nicht gezwungen werden, dies zu tun.

Wenn ihr es selbst nicht schafft, mit dieser Reinigung fertig zu werden, dann betet, dass andere für eure Seele beten werden.

Habt niemals Angst vor Mir. Weist niemals Meine Hand der Erlösung zurück. Denn ohne Mich seid ihr nichts. Wartet nicht damit, nach Meiner Liebe zu rufen, wenn es schon zu spät sein wird, euch zu helfen.

Euer Retter Jesus Christus

298. Ohne Meinen Akt der Barmherzigkeit würden sich die Nationen gegenseitig vernichten.

Samstag, 31. Dezember 2011, 12:00 Uhr

Auszug aus einer privaten Botschaft — die Maria von der Göttlichen Barmherzigkeit offenbart wurde —, welche die Botschaft des 16. Kreuzzuges des Gebets an die Menschen enthält, damit diese die Gnaden annehmen, die ihnen von Jesus während der „Warnung" gegeben werden und welche ein Gelöbnis enthält, der Welt Sein Heiligstes Wort zu verkünden.

Meine Tochter, die „Warnung" wird allen die Echtheit dieser Meiner heiligen Botschaften an die Welt beweisen. Du darfst sie niemals bezweifeln. Keine von ihnen ist in irgendeiner Form verunreinigt worden.

Bereite dich auf die „Warnung" vor und sage deiner Familie und deinen Kindern, ein kleines Gebet zu sprechen, um Vergebung für ihre Sünden zu suchen.

Ich werde dir jetzt ein besonderes „Kreuzzug-Gebet" für die Welt geben, um den Seelen zu helfen, während des Großen Aktes der Barmherzigkeit, den Ich jetzt der Welt schenke, stark zu bleiben:

„O mein Jesus, halte mich während dieser Prüfung Deiner Großen Barmherzigkeit stark.

Schenke mir die notwendigen Gnaden, um in Deinen Augen klein zu werden.

Öffne meine Augen für die Wahrheit Deines Versprechens der Ewigen Erlösung.

Vergib mir meine Sünden und zeige mir Deine Liebe und Deine Hand der Freundschaft.

Schließe mich in die Arme der Heiligen Familie, so dass wir alle wieder eins werden können.

Ich liebe Dich, Jesus, und verspreche von diesem Tag an, dass ich Dein Heiliges Wort ohne Furcht in meinem Herzen und mit einer reinen Seele für immer und ewig kundtue. Amen."

Fürchtet niemals diesen großen Akt Meiner Barmherzigkeit, der stattfinden muss, oder die Nationen würden sich gegenseitig vernichten.

Der größte Teil der Menschheit wird sich bekehren, aber der Kampf um die Seelen wird sich jetzt verstärken.

Euer geliebter Jesus
Retter der ganzen Menschheit

299. Jungfrau Maria: Vorläufiger Frieden in der Welt, falls sich die finsteren Seelen bekehren.

Sonntag, 1. Januar 2012, 15:00 Uhr

Mein Kind, die Zeit ist nah, aber Meine Kinder müssen Geduld zeigen. Alles wird gemäß dem Heiligen Willen Meines Vaters verlaufen.

Kinder, ihr müsst begreifen, dass die Kräfte des Bösen in eurer Welt euren Glauben an Gott den Vater gefährden. Diese bösen Kräfte werden nicht gewinnen; denn sie haben keine Macht über Meinen Himmlischen Vater. Doch sie werden ihre Mitbrüder und Mitschwestern durch Mord, Krieg und Kontrolle quälen.

Betet, dass diese finsteren Seelen bald das Licht Meines Sohnes sehen. Falls sie es wirklich bekehren und sich während der „Warnung" bekehren, dann gibt es einen vorläufigen Frieden auf Erden.

Mein Sohn, Jesus Christus, auf den alle Seelen hinsichtlich ihrer Erlösung vertrauen müssen, brennt darauf, der Menschheit Seine Große Barmherzigkeit zu bringen.

Meine Kinder, betet innig um die Erlösung dieser finsteren Seelen, welche die „Warnung" vielleicht nicht überleben werden.

Diese armen Seelen werden nicht nur in Panik versetzt werden, wenn sie ihre Sünden sehen, sondern auch dadurch, wenn sie die Finsternis sehen, in der sie sich befinden. Diese Finsternis hat ihre Seelen so sehr eingehüllt, dass das Licht der Barmherzigkeit Meines Sohnes dazu führen wird, dass sie sich schwach und kraftlos fühlen werden.

Viele werden zu schwach sein, um die Barmherzigkeit zu ergreifen, die Mein Sohn ihnen anbieten wird.

Betet für diese Seelen, Ich bitte euch dringend. Mein Sohn ist entschlossen, diese Seelen zuerst zu retten. Er braucht mehr Gebet, Kinder. Ihr müsst um Barmherzigkeit für diese verfinsterten Seelen bitten.

Mein Kind, bitte Meine Kinder, diesen Kreuzzug des Gebets Mir, der Mutter der Erlösung, zu widmen.

„O Unbeflecktes Herz Mariä, Mutter der Erlösung und Mittlerin aller Gnaden, die Du an der Erlösung der Menschheit von der Boshaftigkeit Satans beteiligt sein wirst, bitte für uns.

Mutter der Erlösung, bete, dass alle Seelen gerettet werden können und dass sie die Liebe und Barmherzigkeit annehmen können, die ihnen von Deinem Sohn, unserem Herrn Jesus Christus, erwiesen werden wird, der noch einmal kommt, um die Menschheit zu retten und um uns ewiges Heil zu ermöglichen. Amen. "

Eure geliebte Mutter
Mutter der Erlösung

300. Es gibt nur eine Wahrheit. Es gibt nur ein Licht. Alles andere ist eine Lüge.

Sonntag, 1. Januar 2012, 17:30 Uhr

Meine innig geliebte Tochter, du sollst wissen, dass Ich in der Lage sein werde, dich zu führen, egal wie schwer diese Mission ist.

Meine Stimme ermutigt dich zu jeder Zeit. Mein Geist bewegt dein Herz auf eine Art und Weise, so dass du machtlos dagegen bist. Meine Liebe umhüllt dich so, dass du außer Stande bist, dich von Mir abzuwenden oder Mich zu verleugnen. Dennoch stellst du fest, dass du unterwegs ins Stolpern gerätst.

Wenn du versuchst, Mein Wort zu analysieren, wirst du feststellen, dass du außer Stande bist, das mit Erfolg zu tun. Kein noch so großer "Analyse-Aufwand" kann die Wahrheit dessen verändern, was Ich sage.

Niemand — einschließlich dir, Meine Tochter — hat die Autorität, die Bedeutung Meines Heiligen Wortes so zu verbiegen, damit es in euren Augen annehmbarer wird.

Das gilt für Mein Wort, das in der Bibel enthalten ist, und gilt ebenso für Mein Wort, das in diesen Botschaften enthalten ist.

Vertraue mehr auf Mich, Meine Tochter. Bitte Meine Kinder und alle Meine geliebten Anhänger, völlig auf Mich zu vertrauen.

Ich werde die Menschheit niemals im Stich lassen. Ich werde Mich niemals den Bitten

Meiner geschätzten Kinder verschließen. Ich werde schwachen Seelen, die flehentlich um Meine Barmherzigkeit bitten, immer antworten.

Was Ich allerdings niemals tun werde, Meine Tochter, ist, zu Meinen Kindern zu sprechen, um Mich ihrem Verlangen anzupassen und um ihnen das zu vermitteln, was sie hören wollen.

Die Wahrheit muss gesagt werden. Mein heiliges Wort darf niemals abgeschwächt werden noch darf an der Wahrheit herummanipuliert werden.

Mein heiliges Wort darf niemals abgeändert, angepasst oder verdreht werden, so dass es eine Lüge wird.

Du sollst wissen, dass die Zeit für Meine Gerechtigkeit nahe ist. Verstehe, dass Meine Barmherzigkeit groß ist, aber dass die Bösartigkeit, die Ich in eurer Welt sehe, Mich anwidert.

Diese Bösartigkeit wird sogar von denjenigen gerechtfertigt, die sich zu Meinem Wort bekennen und die behaupten, Mich zu kennen.

Sie haben Meine Lehren seit Jahrhunderten verdreht, um sie ihrem Geiz, ihrer Lust, ihrem Stolz und ihrer Habgier anzupassen.

Wie bricht es Mir das Herz, Taten der Sittenlosigkeit zu sehen, die vor Mir zur Schau gestellt werden, und zu sehen, wie Meine Kinder so getäuscht werden, dass sie glauben, dass diese Akte in Meinen Augen hinnehmbar seien.

Wacht auf, um die Wahrheit zu erkennen. Meine große Barmherzigkeit steht jeder einzelnen Seele während der „Warnung" zur Verfügung.

Aber nehmt euch in Acht. Jene Christen, die glauben, dass die verdrehte Version Meiner Lehren in Meinen Augen hinnehmbar sei, werden während der „Warnung" einen Schock erleiden. Sie werden der Wahrheit Widerstand leisten, wenn Ich ihnen offenbare, wie schwer Mich ihre Sünden verletzen.

Ich bitte diese Menschen dringend zu akzeptieren, dass Ich die Wahrheit und das Licht bin. Es gibt nur eine Wahrheit. Es gibt nur ein Licht. Alles andere ist eine Lüge.

Kinder, prüft auf aufrichtige Art und Weise euer Gewissen, noch bevor die „Warnung" stattfindet. Lernt die Wahrheit zu erkennen, bevor ihr vor Mein Angesicht kommt; denn dann — und nur dann — wird euer Leiden geringer sein.

Euer Lehrer und Retter
Erlöser der ganzen Menschheit
Jesus Christus

301. Jungfrau Maria: Die Zeit für den Triumph Meines Unbefleckten Herzens ist nicht mehr fern.
Montag, 2. Januar 2012, 12:00 Uhr (Mittag)

Mein Kind, die Zeit für den Triumph Meines Unbefleckten Herzens ist nicht mehr fern.

Da Satans Macht abnimmt, wird er bei seiner Verfolgung der Seelen rücksichtsloser.

Sogar starke Seelen werden diese Zeitspanne als schwer empfinden, da ihr Glaube aufs Äußerste geprüft wird.

Mein Kind, wenn der Glaube Meiner Kinder auf diese grausame Weise geprüft wird, dürfen sie nicht schwanken, sondern müssen wachsam bleiben. Sie müssen zu jeder Zeit rein im Herzen bleiben.

Sie müssen auch still sein, wenn sie Eifersucht in ihren Seelen fühlen. Eifersucht und Neid führen zu Hass. Eifersucht auf auserwählte Seelen nimmt sogar unter denjenigen zu, die Meinen Sohn lieben.

Kinder, ihr dürft dieser Versuchung, die vom Teufel in eure Herzen gelegt wird, niemals erliegen.

Es wird jetzt zu einem Anwachsen einer weit verbreiteten Eifersucht auf alle Seher und gottgeweihten Boten in der Welt kommen. Das ist vorausgesagt worden, denn diese gehören zu den vielen Heiligen der Endzeit.

Ihr Schicksal ist hart, und sie werden aufgrund der ihnen erteilten Aufgabe schwer zu leiden haben.

Mein Kind, Ich rufe alle jene, die Mich, ihre Gesegnete Mutter, verehren, dazu auf, zu Mir um den Schutz der Seher und der Endzeitpropheten zu beten.

Sie brauchen eure Gebete. Wenn ihr Zweifel an diesen Seelen hegt, welche erwählt worden sind, um der Welt die Wahrheit zu vermitteln, dann betet trotzdem für sie.

Ihr alle seid die Schöpfung Gottes. Ihr müsst Liebe zueinander zeigen. Verkündet das heilige Wort Meines Sohnes, aber niemals um den Preis, dass ihr andere Kinder Gottes beleidigt.

Beleidigungen rühren nicht von der Liebe her. Sie kommen vom Betrüger, dessen Hass auf die Menschheit keine Grenzen kennt.

Wenn ihr Meinen Sohn liebt und ihr an einer anderen Seele etwas auszusetzen habt, dann müsst ihr eure Lippen versiegeln.

Verleumdet einander niemals im Namen Meines Sohnes.

Mein Herz wird wie von einem Schwert durchbohrt, wenn Ich jene Seelen, die Mir, der Heiligen Mutter Gottes, geweiht sind, jene Seher mit Hohn und Spott überschütten sehe, welche auserwählt sind zu helfen, Seelen zu retten.

Betet, betet, betet für die Seher, welche in der heutigen Welt von Gott dem Vater auserwählt worden sind.

Ihr könnt euch sicher sein, dass diejenigen, welche die größten Beleidigungen erleiden, diejenigen sind, die im Namen Meines Sohnes sprechen.

Denn normalerweise sind jene, deren Botschaften heftig angefochten, missbilligt und inhaltlich "zerlegt" werden, die auserwählten Seelen.

Sie sind die vorrangigen Ziele des Teufels, der — mithilfe anderer Seelen — die Gläubigen durch Spott dahingehend beeinflussen wird, damit sie diese Seher ablehnen.

Vergesst nicht, dass diese Boten Meinen Sohn und Sein Heiliges Wort vertreten.

Weist den echten Seher zurück und ihr weist das Wort Meines kostbaren Sohnes zurück.

Betet immer um das Unterscheidungsvermögen. Jedoch dürft ihr niemals jene Göttlichen Botschaften in aller Öffentlichkeit verspotten, welche der Menschheit gegeben wurden, um die Seelen vor dem Feuer der Hölle zu retten.

Wenn ihr die Arbeit dieser Seher hemmt, dann hemmt ihr die Erlösung der Seelen.

Eure geliebte Mutter
Königin des Himmels
Mutter der Erlösung

302. Gott der Vater: Zwei Milliarden Seelen werden sich aufgrund dieser Botschaften bekehren.
Dienstag, 3. Januar 2012, 15:30 Uhr

Meine Tochter, das Geschenk der heutigen Vision, wo Ich dir das Gesicht von Meinem Sohn und von Mir, deinem geliebten Himmlischen Vater, offenbarte, ist selten.

Du bist gesegnet, dass dir dieses außergewöhnliche Geschenk vom Himmel gegeben worden ist. Das war notwendig, um dich stärker zu machen. Dein Leiden wird jetzt nachlassen, und du wirst viel stärker werden als zuvor.

Fürchte niemals diese Arbeit; denn du musst inzwischen wissen, dass die ganze Macht auf Erden in Meinen Himmlischen Händen liegt. Niemand hat Macht über den Vater. Sogar der Betrüger kann sich nicht daran zu schaffen machen oder Meinen Himmlischen Plan für die Menschheit ändern.

Der Himmel freut sich sehr wegen der Bekehrung, die sich aus diesen Meinen Botschaften für die Welt entwickelt hat. Mehr als zwei Milliarden Seelen werden sich, als ein direktes Ergebnis dieser Göttlichen Botschaften, jetzt bekehren.

Kein Mensch wird diese Arbeit aufhalten. Sie mögen es versuchen, aber das wird nutzlos sein.

Mein Göttlicher Schutz bedeckt alle Seelen, welche die Wahrheit der ewigen Erlösung in der Öffentlichkeit verkünden.

Gebt niemals auf, Kinder, egal wie hart euer Leiden wird. Leiden — vergesst das niemals — bringt euch näher zu Meinem Himmlischen Königreich.

Ihr, Meine Kinder, werdet in Kürze jubeln, wenn ihr die Gnaden fühlt, die durch Meinen Sohn auf euch ausgegossen werden.

Bleibt wachsam. Betet auch weiterhin für alle Seelen und zweifelt niemals auch nur für eine Minute daran, dass Ich es bin, euer Ewiger Vater, der euch durch diese Botschaften Frieden im Geist und an Leib und Seele bringt.

Behandelt diese Botschaften als etwas Heiliges. Sie sind und werden immer in Übereinstimmung mit Meinem Wort sein, das den Menschen seit dem Anfang der Zeit gegeben wurde. Sie werden die Flamme in eurer Seele auf eine Art und Weise entzünden, dass ihr es schwer finden werdet, dies zu ignorieren.

Erlaubt Meinem Geist, euch zu erreichen, und entspannt euch. Nur dann kann Ich eure Seele berühren, so dass ein Funke der Erkenntnis euer Herz anzünden wird.

Ich rufe euch auf, zu Mir zu laufen, damit Ich euch auf die einzigartige Weise umarmen kann, wie es nur ein Vater kann.

Lasst Mich euch Meinen Schutz und Meine Gnaden anbieten, um euch stark genug zu machen, um in Meiner Armee gegen das Böse in eurer Welt zu kämpfen.

Meine Armee wird den Frieden herbeiführen, den ihr verlangt, und die Liebe, die ihr braucht, um euren Durst zu löschen.

Geht hin in Frieden, Kinder, im Wissen, dass die Wahrheit in diesen Botschaften enthalten ist, die Ich für die ganze Welt zugelassen habe.

Ihr werdet, wenn ihr reinen und demütigen Herzens seid, Meine Liebe erkennen. Werdet klein in Meinen Augen, wie ein Kind. Nur dann werde Ich euch wie einen Engel in Meiner Hierarchie erheben, wenn der richtige Zeitpunkt dafür gekommen ist.

Geht hin in Frieden. Ruht euren müden Kopf an Meiner Schulter aus, und Ich werde euch den Trost und die Aufmunterung bringen, die ihr euch wünscht.

Ich liebe euch, Kinder. Jeden Einzelnen von euch.

Ich freue Mich; denn wenn der Tag kommt, an dem sich unsere Heilige Familie wiedervereinigt, wird der ganze Himmel den Lob und den Ruhm dafür besingen in Ewigkeit.

Gott der Vater

Anmerkung bezüglich der 2 Milliarden Seelen:

Maria von der Göttlichen Barmherzigkeit möchte, dass bekannt ist, dass in einer früheren Botschaft, die sie von Gott Vater erhalten hat, ihr gesagt wurde, dass aufgrund dieser Botschaften „zwei Milliarden mehr Seelen gerettet werden, als es sonst der Fall wäre". Viele Menschen haben die oben stehende Botschaft so interpretiert, dass nur zwei Milliarden Menschen in der Welt gerettet werden, was nicht richtig ist. Es werden viel mehr sein. Diese zwei Milliarden sind zusätzlich.

303. Ich werde Mich sehr bald zu erkennen geben.

Mittwoch, 4. Januar 2012, 18:15 Uhr

Meine Tochter, Ich werde Mich sehr bald zu erkennen geben.

Die Vorbereitungen sind abgeschlossen, aber Ich brauche mehr Gebet für diejenigen, welche während der „Warnung" in einem Zustand der Todsünde einen elenden Tod sterben werden.

Ich bitte Meine Anhänger dringend, für ihre armen Seelen zu beten, zu beten, zu beten.

Ich liebe euch, Meine geliebten Anhänger. Wie freue Ich Mich über die Liebe und Rein-

heit des Herzens, welche Ich unter euch sehe. Ihr bringt Mir so viel Trost und erleichtert Mein Leiden. Eure Hingabe ist wie Balsam auf Meine offenen Wunden.

Ebenso wie es mich schmerzt, dass Ich in der Welt von so vielen abgelehnt und zurückgewiesen werde, bringt Mir die Loyalität von euch, Meinen geliebten Anhängern, große Freude.

Mein Leiden wird durch den Grad der Frömmigkeit in der Welt bestimmt. In dieser Welt, welche Ehrgeiz, Selbstverherrlichung und falsche Idole gutheißt.

Mein Name wird nicht für wichtig gehalten. Meine Stimme wird aufgrund des Lärms durch die Stimmen der selbstsüchtigen Menschen übertönt.

Wie laut sie schreien und mit ihren weltlichen Profiten prahlen. Aber es ist das Flüstern Meiner geliebten Anhänger, das es Mir erlaubt zu sprechen, sodass Meine Stimme gehört wird.

Ihr, Meine Anhänger, seid jetzt auf eine Art und Weise mit Mir vereinigt, dass euch dies überraschen wird.

Gehe, Meine Tochter, und sage Meinen geliebten Anhängern, dass Ich sie liebe und dass Meine Gnaden sie stark genug machen werden, um Mein heiliges Wort in der Öffentlichkeit an eine Welt zu verkünden, welche die Wahrheit hören muss, damit Seelen gerettet werden können.

Euer geliebter Jesus

304. Es gibt Bestrebungen, einen Atomkrieg im Osten herbeizuführen.

Mittwoch, 4. Januar 2012, 19:20 Uhr

(Auszug aus einer empfangenen Botschaft, von der vieles eine persönliche Botschaft an Maria von der Göttlichen Barmherzigkeit ist)

Meine innig geliebte Tochter, höre Mir jetzt zu, während Ich die Welt informiere, dass im Osten Nationen versuchen werden, damit zu beginnen, einander zu vernichten.

Viel Gebet ist erforderlich, um sicherzustellen, dass dieser Atomkrieg und andere Gräueltaten abgewendet werden. Vergesst niemals, dass Gebete machtvoll sind und diese viele schlimme Ereignisse abschwächen können.

Ich muss euch an Meinen Wunsch erinnern, dass ihr Gebete sprechen sollt, um Seelen zu retten.

Ich brauche mehr Seelen, Meine Tochter, besonders jene, deren Schicksal es ist, während der Warnung zu sterben.

Ihr müsst inzwischen wissen, dass dies Mein größter Wunsch ist, und es werden die Gebete Meiner Anhänger sein, welche die Erlösung dieser Seelen herbeiführen können.

Ich bitte die Gebetsgruppen überall dringend, jetzt innig für solche Seelen zu beten.

Gott, Mein Ewiger Vater, wird auf eure Bitten entsprechend antworten und diesen armen Seelen eine Rettungsleine anbieten.

Du bist jetzt müde, Meine Tochter. Gehe hin in Frieden. Ruhe dich aus.

Dein Jesus

305. Verurteilt (bzw. richtet) und verflucht andere in Meinem Namen und ihr spuckt in Mein Gesicht.

Samstag, 7. Januar 2012, 15:40 Uhr

Meine innig geliebte Tochter, während Meine Anhänger fortfahren, hinsichtlich der Echtheit dieser Meiner heiligen Botschaften an die Welt untereinander zu kämpfen, werden dadurch weiterhin immer mehr Seelen von Mir getrennt.

An jene von euch, die behaupten, Mich zu kennen: Seid versichert, dass eure Liebe zu Mir bewiesen werden muss.

Es genügt nicht zu sagen, dass ihr Mich liebt. Ihr müsst zuerst eure Nächsten lieben.

Wie liebt ihr eure Nächsten? Indem ihr sie mit Liebe und Respekt behandelt, egal wie sehr sie euch verletzen!

Wehe jenen von euch, die in Meinem Namen über einen anderen übel reden. Ihr seid von Mir getrennt. Wenn ihr andere in Meinem Namen verurteilt und verflucht, ohne Demut in euren Herzen, spuckt ihr in Mein Gesicht.

Vergesst nicht, dass ihr Mich nicht vertretet, wenn ihr andere verleumdet und öffentlich euren Hass auf andere vorzeigt.

Doch viele von jenen, die sich als heilige Apostel von Mir darstellen, tappen in diese Falle, die von Satan für sie aufgestellt wird, um sie zu Fall zu bringen.

Geht weg von mir, sage Ich. Betet um Vergebung. Weit besser ist es, dass ihr für die Rettung eurer Brüder und Schwestern mehr Zeit im Gebet verbringt.

Oh, wie sehr Ich wünschte, dass jene Anhänger, die sagen, dass sie in Meinem Namen wandeln, sich auch so benehmen würden, wie Ich es ihnen gelehrt habe. Wie doch jene armen Seelen verletzen, die ihr Äußerstes versuchen, um in Meinen Augen demütig zu bleiben. Es ist hinsichtlich dieser Heiligen Botschaften von Meinen göttlichen Lippen ein großes Unterscheidungsvermögen notwendig, den letzten solchen Botschaften ihrer Art in dieser Endzeit.

Bildet euch eure eigene Meinung niemals aufgrund eines fehlerhaften Verständnisses darüber, wer Ich bin, und Meiner Lehren.

Ich bin vor allen anderen Dingen ein Gott der Barmherzigkeit, zuerst, bevor Ich als Richter komme.

Ich liebe euch alle, aber Ich erleide heute denselben Schmerz, wie Ich ihn während Meiner Zeit im Garten von Gethsemane erfuhr. Ich werde niemals ruhen, solange bis Ich euch vor dem Teufel gerettet habe.

Jeder Mensch, der sagt, dass Ich nicht leide, kennt Mich nicht.

Jeder Mensch, der denkt, dass Ich ihm das Recht gegeben hätte, über andere in Meinem Namen zu richten, liebt Mich nicht wirklich. Stattdessen liebt er sich selbst und ist voller Stolz.

Jeder Mensch, der anderen mit seinem Finger droht, um sie im Glauben an Mich unter Druck zu setzen, hat ebenso Meine

131

Lehren der Liebe, der Demut und der Geduld missverstanden.

Viele es gut meinende Christen glauben, dass es ihre Rolle sei, Meine Lehren zu analysieren und erneut zu beurteilen. Doch ein Großteil ihrer Analyse beruht auf menschlichem und logischem Denken, das in Meinem Königreich nur wenig wesentlich ist.

Wenn Ich euch dringend bitte, in Meinen Augen klein zu werden, meine Ich, dass ihr wie ein Kind werden sollt, das nicht fragt. Ich meine wie ein Kind, das völlig auf seinen Vater vertraut, ohne Angst in seinem Herzen.

Solange ihr in Meinen Augen nicht klein werdet, seid ihr nicht befähigt, in Meinem Namen zu sprechen.

Nur dann, wenn ihr zu der Demut findet, die Ich von euch erwarte, könnt ihr Mir helfen, Seelen zu retten.

Euer Lehrer
Retter der Menschheit
Jesus Christus

306. Gott der Vater: Ihr, Meine geliebten Kinder, habt eine herrliche Zukunft vor euch.

Sonntag, 8. Januar 2012, 14:04 Uhr

Ich bin der König der ganzen Schöpfung. Ich bin das Alpha und das Omega. Die ganze Menschheit wird Mich anerkennen, Mich, Gott den Vater, den Schöpfer und den Allerhöchsten König.

Meine liebste Tochter, die Zeit für die Menschen, Mich, ihren himmlischen Vater, in all Meiner Herrlichkeit anzuerkennen, rückt letztendlich sehr nahe heran.

Die Gebete Meiner geliebten Kinder, jene Meiner demütigen Diener, bewahren Seelen und einen Großteil der Menschheit vor den Kräften der Finsternis, welche die Erde bedeckt.

Seht, Ich sage euch allen, Meinen demütigen Anhängern und jenen, die an Mich, den Schöpfer der ganzen Menschheit, glauben, vereinigt euch. Ihr müsst euch als eine Kraft zusammenschließen, um Mich, euren Vater, zu ehren.

Betet jetzt in Eintracht für die weltweite Bekehrung. Der Heilige Geist wurde am 10. Mai 2011 durch Mich auf die ganze Welt ausgegossen. Er hat so vielen guten Seelen schon ein Zeichen gegeben, Mein Wort öffentlich zu verkünden.

Jetzt, wo die Macht Satans abnimmt, wird er so viele Seelen angreifen wie nur möglich. Die schlimmsten Angriffe werden Meinen Kirchen und all jenen zugefügt werden, die Mich, ihren Himmlischen Vater, ehren.

Der Glaube Meiner Kirche wird weiterhin abnehmen, aber der Glaube von jenen, die vor Mir knien, wird das Denken guter Christen überall auf der Welt beeinflussen und sie Mir näher bringen.

Unter Meinen Kindern entsteht viel Verwirrung. All jene, die vom Beten zu Mir, Gott dem Allerhöchsten, abgelenkt werden, hört jetzt Meine Bitte an die Menschheit.

Erlaubt es niemals jemandem, Euch von der Wahrheit Meines Heiligen Wortes fortzuziehen, das der Menschheit gegeben wird, um Seelen zu retten.

Erlaubt es niemals jemandem, Euch daran zu hindern, für jene armen, gequälten Seelen zu beten, die von Satan befallen worden sind.

Schließt euch zu einer Einheit zusammen, Kinder, und betet ein letztes Mal um Barmherzigkeit. Eure Gebete liefern Mir die nötige Hilfe, die erforderlich ist, um den Großteil der Menschheit zu retten.

Du, Meine Tochter, bist die Endzeitprophetin, welche am meisten leiden wird. Wegen dieser Mission wirst du die letzten solchen Botschaften ihrer Art für die Welt erhalten und wirst das vorrangige Ziel Satans und seiner Diener sein.

Es gibt heutzutage viele Propheten, denen eine heilige Mission gegeben worden ist, die von Mir gutgeheißen wird, um zu helfen, die Menschheit zu führen.

Nach deiner Mission werde Ich niemand anderen mehr senden, um Meine Botschaften zu übermitteln, weil die Welt, wie ihr sie kennt, für immer verändert worden sein wird.

Als die Endzeitprophetin wird deine Stimme am meisten von den Gläubigen abgelehnt werden; denn sie werden diese göttlichen Botschaften aggressiv bekämpfen, auf eine Art und Weise, die dich, Meine Tochter, erschrecken und in Angst versetzen wird.

Satan wird jene armen, heiligen Seelen angreifen, um Mich damit zu verletzen. Er hat bereits die Herzen von Gläubigen im Hinblick auf die Wahrheit verblendet.

Er wird die Wahrheit in den Köpfen jener verdrehen, die Mir, ihrem Himmlischen Vater, und Meinem geliebten Sohn, Jesus Christus, Ehrerbietung erweisen.

Seid trotz alledem froh, weil bereits — mit der Hilfe anderer Seher und Propheten — viel Bekehrung in der Welt erreicht worden ist.

So viele katastrophale Ereignisse sind aufgrund ihrer Arbeit bereits abgewendet worden.

Dennoch wird die Menschheit auch weiterhin von einer bestimmten Anzahl von Züchtigungen heimgesucht werden, damit die Nationen geläutert werden.

Meine Tochter, die Macht der Schlange wird gebrochen werden, und zwar bald. Aus diesem Grunde dürfen Meine Kinder die Zukunft nicht fürchten. Ihr, Meine geliebten Kinder, habt eine herrliche Zukunft vor euch.

Alles, was ihr tun müsst, ist, für eure Brüder und Schwestern zu beten und völlig auf Mich zu vertrauen.

Obwohl die „Warnung", die bald und unerwartet stattfinden wird, Seelen retten wird, ist noch viel Gebet erforderlich.

Die Gebete, um welche Ich euch jetzt bitte, sind besonders für die jungen Menschen in jedem Teil der Welt bestimmt.

Dies sind die Kinder, die durch die bösen, von Satan hervorgerufenen Lügen (geistig) eingefangen worden sind. Dies sind die Kinder, die einen Großteil ihrer Zeit mit einem falschen Götzenkult verbrauchen und die ihre Zeit in einer Traumwelt lebend verbringen.

Sie brauchen eure Gebete am meisten.

Schließt euch (zu einer Einheit) zusammen, Kinder.

Legt eure Streitigkeiten bei.

Werft euren Schutzmantel aus Stolz ab.

Fallt in Liebe und Demut auf die Knie nieder und bittet Mich um die Gnaden, die ihr benötigt.

Diese Gnaden werden eure Seele mit dem Heiligen Geist überschwemmen. Nur dann werden eure Gebete gehört und beantwortet werden.

Euer geliebter Himmlischer Vater
Gott, der Allerhöchste

307. Jesus ruft die Kinder überall auf der Welt.

Sonntag, 8. Januar 2012, 15:30 Uhr

Meine innig geliebte Tochter, Ich rufe heute alle Kinder in der Welt, die über sieben Jahre alt sind, und jedes einzelne Kind von Mir.

Ihr, Meine kleinen Kinder, seid in Meinen Augen wie Juwelen.

Ihr bringt Mir solch zarte Liebe, und mir bereitet eure Gesellschaft große Freude.

Ihr sollt wissen, dass Ich euch sehr liebe. Einige von euch kennen Mich bereits, und das ist gut.

Ich lade euch ein, euch mehr mit Mir zu unterhalten, in euren eigenen Worten, als ein Freund.

Habt niemals das Gefühl, dass ihr Gebete lernen oder aufsagen müsst, was ihr möglicherweise als schwer empfindet.

Kommt stattdessen zu Mir und lasst Mich an all euren Gedanken, Ängsten, Neuigkeiten oder Problemen teilhaben.

Ich bin immer an eurer Seite, selbst wenn ihr Mich ignoriert. Ich bin immer zuversichtlich.

Jene armen jungen Leute, deren Leben voller Irrtümer ist oder die mit Alkohol und Drogen zu tun haben, ihr müsst Folgendes wissen:

Obwohl ihr in eurem Inneren eine Leere empfinden mögt, müsst ihr Mir eure Hand reichen, und Ich werde sie ergreifen. Ich werde euch davor retten, in einem Meer der Verwirrung zu ertrinken.

Viele von euch fühlen sich wertlos und als ob ihr ohne Bedeutung wäret. Ihr seid von denjenigen, die ihr in der Welt der Musik und der Stars anhimmelt, so überwältigt, dass ihr euch völlig unzulänglich fühlt.

Fühlt euch niemals so, Meine kleinen Kinder; denn in Meinen Augen seid ihr etwas ganz Besonderes.

Jeder von euch hat einen einzigartigen Platz in Meinem Herzen. Erlaubt Mir, euch auf eine Reise in eine wunderbare neue Zukunft mitzunehmen.

Ich werde, in Kürze, ein neues, wunderbares Zeitalter des Friedens und der Herrlichkeit auf Erden einleiten.

Ihr müsst stark bleiben. Gebt niemals auf, wenn ihr euch niedergeschlagen fühlt. Verzweifelt niemals, wenn ihr euch wertlos fühlt.

Ihr wurdet — haltet euch das immer vor Augen — aus einem bestimmten Grund geboren. Der Grund für eure Geburt ist — und zwar unabhängig von euren Lebensumständen — folgender: Ihr wurdet geboren, damit ihr euch Mir anschließt als ein Teil Meines neuen, herrlichen Königreichs.

Ich weiß, dass es für euch schwer ist, Meine Stimme zu hören, da es so viele falsche Götter gibt, die versuchen, eure Aufmerksamkeit zu erhalten.

Mein Versprechen an euch ist dieses: Lebt euer Leben in Hoffnung auf Mich und in Liebe zu Mir, eurem Jesus, und Ich werde euch das Geschenk des Paradieses geben. Dieses Paradies ist es, was auf euch wartet, wenn ihr Mich nur bitten würdet, euch auf eurer Reise zu Mir zu helfen.

Ich bin die Liebe, die in eurem Leben fehlt.

Ich bin der Friede, nach dem ihr euch sehnt.

Ich bin die Hilfe, die ihr braucht, damit ihr wieder Liebe in eurem Herzen fühlt.

Ich bin Liebe.

Ich bin das Licht.

Ohne Mich werdet ihr in der Finsternis bleiben.

Ich liebe euch, egal wie sehr ihr Mich möglicherweise kränkt oder verletzt.

Sprecht dieses kleine Gebet, und Ich werde auf der Stelle zu euch gelaufen kommen.

„Jesus, wenn Du mich hören kannst, dann höre meinen Hilferuf.

Bitte hilf mir, mit denjenigen zurecht zu kommen, die mir Schmerz verursachen.

Hilf mir, dass der Neid aufhört mein Leben zu beherrschen, und hilf mir, damit aufzuhören, Mir Dinge zu wünschen, die ich nicht haben kann.

Stattdessen öffne mein Herz für Dich, lieber Jesus.

Hilf mir, echte Liebe zu fühlen — Deine Liebe — und wahren Frieden in meinem Herzen zu spüren. Amen."

Freut euch, Meine Kinder, weil Ich jetzt vom Himmel aus mit euren Herzen spreche.

Ich bin wirklich vorhanden.

Ich existiere.

Ich liebe euch und Ich werde nie Meinen Kampf aufgeben, euch zu retten, damit Ich euch, eure Familie und eure Freunde in das Neue Paradies auf Erden mitnehmen kann.

Dieses Paradies wurde für Adam und Eva geschaffen und es wird jetzt auf die Erde zurückkehren.

Ich möchte, dass ihr ein Teil dieses neuen herrlichen Lebens seid, das eure (schönsten) Träume weit übertrifft.

Ich segne euch jetzt.

Euer geliebter Freund
Jesus

308. Nach der weltweiten Beichte werde Ich auf Mein Zweites Kommen vorbereiten.
Montag, 9. Januar 2012, 8:10 Uhr

Meine innigst geliebte Tochter, die Zeit schreitet schnell voran und die „Warnung" wird die Vorbereitung für Mein Zweites Kommen einläuten.

Nach der weltweiten Beichte, wenn dem Großteil der Menschheit besondere Gnaden und Segnungen gegeben worden sind, werde Ich den Weg für Mein Zweites Kommen bereiten.

Die Menschheit muss akzeptieren, dass die Zeit für dieses große Ereignis fast da ist.

Vergeudet keine Zeit bei der Vorbereitung eurer Seelen und jener eurer Familien auf Meine Ruhmvolle Rückkehr.

Mein Zweites Kommen wird ein Ende der Qualen bringen, die ihr seit Tausenden von Jahren auf Erden erlitten habt.

So großartig ist dieses herrliche Ereignis, dass es keinen Menschen geben wird, der nicht vor Überraschung und Staunen nach Luft ringen wird, wenn Ich am Himmel erscheine.

Ihr, die Menschen aus dieser Generation, seid auserwählt worden, von dieser Reise mit Mir in Mein Neues Paradies zu profitieren, und zwar während des Zeitalters des Friedens, in dem Ich regieren werde.

Keiner darf davon ausgeschlossen werden. Nicht einer Seele darf es erlaubt werden, durch das Netz zu fallen. Es ist Mein größter Wunsch, euch alle mit Mir in Mein Königreich mitzunehmen.

Dies ist die Herrlichkeit, auf welche die Menschheit seit Meinem Tod am Kreuz gewartet hat.

Diejenigen von euch, die Meine Bitten einfach ignorieren, bitte Ich dringend, jetzt damit zu beginnen, sich vorzubereiten.

Meine Zeit rückt nahe heran. Ich habe jetzt Meine letzte Botin in die Welt gesandt, um euch zu helfen, eure Seelen vorzubereiten. Dies ist prophezeit worden.

Ignoriert Meine Warnung nicht, denn wenn ihr das tut, seid ihr nicht wachsam und es wird euch nicht gelingen, euch entsprechend vorzubereiten.

Ich werde von nun an viele Botschaften übermitteln, damit die Welt bereit ist, Mich als ihren Gebieter zu akzeptieren.

Euer geliebter Jesus
Erlöser der ganzen Menschheit

309. Jungfrau Maria: So viele Seelen entschließen sich, die Zeichen zu ignorieren, die Ich gebe.
Dienstag, 10. Januar 2012, 20:30 Uhr

Mein Kind, du musst die Welt über die Wichtigkeit des Gebets in dieser Zeit informieren.

Meine Kinder leiden an allen Orten, in jedem Land.

Es ist wichtig, dass sich alle Kinder Gottes in dieser Zeit vereinen, damit die Finsternis letztendlich von der Erde genommen wird.

Wie Ich vor Kummer weine, wenn jene Seelen sich entschließen, Meine Besuche bei den Sehern auf der Erde zu ignorieren. So viele entschließen sich, die Zeichen zu ignorieren, die Ich ihnen gebe, um sicherzustellen, dass der Glaube wiederhergestellt werden kann.

So kalt sind ihre Herzen — einschließlich der Herzen von Priestern und Geistlichkeit, welche für die Wahrheit blind sind —, dass viel Zeit vergeudet worden ist.

Wenn sie doch nur ihre Herzen für die Botschaften geöffnet hätten, die Ich der Welt gegeben habe, dann wäre einer größeren Zahl von Seelen die Nahrung gegeben worden, die sie brauchten.

Dies sind die letzten Tage, wo Meine Worte der Ermutigung beherzigt werden müssen.

Betet, betet, betet, dass die Stimme Meines Sohnes so gehört wird, wie sie sollte.

Glaubtet ihr denn nicht, Kinder, dass Er die Menschheit auf Seine große Barmherzigkeit vorbereiten würde?

Er beginnt jetzt, dies durch die Bekehrung von so vielen Seelen wie möglich zu erreichen.

Seine Pläne sind, abgesehen von einer Ausnahme, abgeschlossen. Er braucht, mehr Gebete; denn ohne solche Gebete werden Seelen an den Betrüger verloren gehen.

Mein Kind, Mein Sohn wird Seinen geliebten Kindern bald die sehr dringend benötigte Erleichterung bringen.

In Seiner Barmherzigkeit wird Er jetzt die Welt auch auf Sein Zweites Kommen vorbereiten.

Betet, dass all jene, die an Meinen Sohn glauben, ihre Herzen für die Wahrheit Seiner heiligen Botschaften öffnen werden.

Wenn sie hören und Seinen Anweisungen folgen, wird alles gut werden.

Wenn sie die Warnung ignorieren, welche ihnen aus reiner Liebe gegeben wird, wird dies dazu führen, dass sie anderen die Chance auf die Erlösung vorenthalten.

Ich bitte dringend um den Edelmut der Seelen, sodass sie Meinem geliebten Sohn ihre Treue geloben, dadurch, dass sie mit Ihm auf die glorreiche Zeit im Neuen Paradies zugehen.

Die Boten wurden für eine gewisse Zeit in die Welt gesandt, um zu helfen, die Welt auf dieses große Ereignis vorzubereiten.

Die letzten Arbeitsschritte sind jetzt vorgenommen worden.

Hört jetzt die Stimme Meines Sohnes, wie Er mit euch spricht. Weist Ihn nicht zurück.

Eure liebende Mutter
Königin des Himmels
Mutter der Erlösung

310. Die größte Abscheulichkeit seit dem Holocaust wird gegen die Juden geplant.

Mittwoch, 11. Januar 2012, 15:00 Uhr

Meine innig geliebte Tochter, beobachte jetzt die Anstrengungen, die durch die Globale Macht, die nicht dem Licht angehört, in Angriff genommen werden, und welche versucht, eine Schlacht gegen Mein Volk zu entfachen.

Ich beziehe Mich auf die Christen und auf Mein auserwähltes Volk, die Juden.

Bösartige Pläne werden geschmiedet, um die Ausübung des Christentums auf eine heimtückische, aber kaum zu bemerkende Weise zu beseitigen. Dies wird mit einer Änderung in den Verfassungen der Länder überall in der westlichen Welt beginnen.

Es wird jeder nur mögliche Versuch unternommen werden, um die gemeinsten Vorwürfe gegen Meine Christlichen Kirchen zu erheben. Meine gottgeweihten Diener werden sich deswegen langsam zurückziehen und werden Meine Menschen mit wenig geistiger Unterstützung zurücklassen. Alle diese Gesetze werden von außen betrachtet den Anschein von Toleranz erwecken.

Euer Glaube, Meine Kinder, wird wie nie zuvor auf die Probe gestellt.

Das Christentum — und jegliche Versuche, Meinen Namen öffentlich zu verkünden — werden unterbunden werden. An dessen Stelle wird eine inhaltslose Doktrin erscheinen und die Menschen werden verwirrt werden. Sie werden denken, dass diese Doktrin ein guter und angemessener Ersatz für die Wahrheit ist, während sie in Wirklichkeit eine Lüge sein wird.

Diese böse Gruppe ist so mächtig, dass nur sehr wenige wissen, dass es sie gibt. Und doch ziehen sie überall die Fäden. Meine Kinder sind wie Marionetten.

Mein auserwähltes Volk, die Juden, steht wieder einmal einer schrecklichen Verfolgung gegenüber. Es sind Pläne, es niederzuwerfen, im Gange.

Jene, von denen sie (die Juden) glauben, dass es ihre Freunde seien, sind in Wirklichkeit ihre Feinde.

Sie werden ein solches Elend erleiden, dass Ich die ganze Menschheit rufe, um für Israel zu beten.

Die größte Abscheulichkeit seit dem Holocaust wird gegen Mein Volk geplant.

Betet, betet, dass die Gruppe, die dem Antichristen angehört, davon abgehalten wird, diese bösen Taten zu begehen.

Diese finsteren Seelen brauchen eure Gebete, damit sie — während der „Warnung" — ihre Vergehen erkennen werden. Betet, dass sie ihre Rüstung abnehmen (d.h. ihre uneinsichtige Haltung aufgeben) und um Meine Barmherzigkeit bitten.

Wenn sie dies tun, dann können die kommenden Kriege und die Unruhen in Israel abgeschwächt werden.

Viele Prophezeiungen werden sich jetzt vor euren Augen entfalten. Jenen, die ge-genüber Meinen Versprechungen blind sind, muss das Licht Meiner Barmherzigkeit gegeben werden, damit sie wieder sehen können.

Lasst euch nicht in die Irre führen, Kinder. Was nach außen hin gut zu sein scheint, ist nicht immer so, wie es erscheint. Die friedenerhaltenden Kräfte — viele von ihnen sind unschuldige Schachfiguren — werden belogen.

Habt niemals Angst; denn Meine Barmherzigkeit wird einen bedeutenden Einfluss auf diese Sekte haben, die seit Jahrhunderten Pläne gegen Meine Kirche schmiedet.

Sie kann und wird nicht gewinnen. Aber sie wird enormen Terror verursachen, außer wenn Gebet ihre böse Vorherrschaft abschwächen kann.

Betet den Neuen Kreuzzug des Gebets (Nummer 18), um zu helfen, den Antichristen und seine Gruppe, über die Ich hier spreche, zu stoppen.

„ O lieber Jesus, rette die Welt vor dem Antichristen. Schütze uns vor den bösen Fangarmen Satans. Rette die letzten Reste Deiner Kirche vor dem Bösen.

Gib all Deinen Kirchen die Kraft und die Gnaden, die wir brauchen, um uns gegen die Kriege und die Verfolgung zu verteidigen, die von Satan und seiner Armee des Terrors geplant sind. Amen. "

Euer geliebter Jesus
Retter und Erlöser der ganzen Menschheit

311. Betet für die Seelen in schwerer Sünde, die vielleicht nicht die Chance bekommen werden, sich noch mit Gott zu versöhnen

Donnerstag, 12. Januar 2012, 15:30 Uhr

Meine innigst geliebte Tochter, alle müssen jetzt mit ihrem ganzen Herzen innig für diejenigen Seelen beten, welche den Schock, wenn sie die „Warnung" und Meine Große Barmherzigkeit erleben, vielleicht nicht überleben.

Einige dieser armen Seelen in der Todsünde bekommen vielleicht nicht die Chance, die Erlösung zu suchen. Daher sorgt bitte dafür, dass eure Gebete für solche Seelen aufgeopfert werden.

Gebet ist dringend erforderlich, damit für jene Seelen in der Finsternis gebetet wird. So entschlossen sind sie in ihrer Boshaftigkeit, die Menschheit durch finanzielle und andere Kontrollmittel zu zerstören, dass sie die „Warnung" als einen schrecklichen Schock empfinden werden.

Es ist notwendig, dass ihnen die Chance gegeben wird, zu bereuen. Aber viele werden Mir widerstehen. Bitte betet für diese gefolterten Seelen.

Schließlich möchte Ich alle Meine Anhänger bitten, bei jeder sich bietenden Gelegenheit den Barmherzigkeitsrosenkranz zu beten, da die Zeit für Meine Große „Warnung" jetzt näher rückt.

All jene Gläubigen, die sich weigern, zu akzeptieren, dass Ich, Jesus Christus, ihr Retter, es bin, der durch diese Botschaften zu ihnen spricht, hört Mir jetzt zu:

Seid nicht wie jene armen Seelen, welche in der Zeit des Noah lebten, in der Zeit, in der er verspottet wurde.

Öffnet euren Geist und widmet eure Zeit großzügig dem Gebet. Das ist alles, was Ich in dieser jetzigen Zeit von euch verlange. Ihr, Meine Kinder, werdet Tränen der Reue weinen, wenn ihr euren Irrtum erkennt. Und ja, Ich werde euch verzeihen, auch wenn ihr Mich tief verletzt habt.

Eure Beleidigungen verwunden Mich.

Euer Spott gleicht einem Messer, das Mein Inneres nach außen wendet; denn ihr glaubt, Mich zu kennen, aber ihr kennt Mich nicht.

Ihr verschließt euren Geist gegenüber Meiner wahrhaftigen Stimme, die einem Ruf in der Wildnis gleicht.

Euer Hochmut verletzt Mich.

Ihr müsst akzeptieren, dass der Weg für Meine Zweite Ankunft jetzt bereitet wird.

Ihr mögt Mir jetzt nicht zuhören, wie Ich euch eindringlich bitte, für die Seelen zu beten, die für Mich sonst verloren sein werden. Aber ihr werdet zuhören, wenn euch dies alles nach diesem großen Ereignis bewiesen worden sein wird.

Denn dann erwarte Ich von euch, dass ihr Mir folgt und die Reste Meiner Kirche bildet. Dann werden wir uns alle vereinen, um die übrig gelassenen Stücke Meiner Kirche aufzuheben, während wir auf Mein Neues Paradies zugehen.

Euer geliebter Jesus Christus
Retter und Erlöser der ganzen Menschheit

312. Jungfrau Maria: Kreuzzug des Gebets (19) Gebet für junge Menschen.

Freitag, 13. Januar 2012, 8:00 Uhr

Mein Kind, Ich bin heute traurig; denn Ich leide sehr, da Ich an jene armen Seelen denke, die während der „Warnung" sterben werden.

Du musst um dringendes Gebet für diese Seelen bitten, die Meinen Vater erzürnen. Ihr Verhalten ist abscheulich in Seinen Augen.

Bitte betet, betet, betet für diese Kinder der Finsternis; denn viele von ihnen wissen nicht, was sie tun.

Ihre Boshaftigkeit bringt Meinen Sohn zum Weinen und öffnet Seine Wunden. Es ist wichtig, dass zum Zeitpunkt Seiner Göttlichen Barmherzigkeit so viele Seelen wie möglich durch die Arme Meines Sohnes (fest)gehalten werden. Bitte fordere dazu auf, dass dieser Kreuzzug des Gebets zu Mir, der Mutter der Erlösung, gebetet wird, um diese armen Kinder zu retten.

„Mutter der Erlösung, ich bitte Dich, bete um Barmherzigkeit für die jungen Seelen, welche sich in schrecklicher Finsternis befinden, damit sie Deinen geliebten Sohn erkennen, wenn Er kommt, um die ganze Menschheit zu retten. Lass nicht eine Seele auf der Strecke bleiben. Lass nicht eine

Seele Seine Große Barmherzigkeit zurückweisen.

Ich bete, Mutter, dass alle gerettet werden, und bitte Dich, diese Seelen mit Deinem Heiligen Mantel zu bedecken, um ihnen den Schutz zu bieten, den sie vor dem Betrüger brauchen."

Mein Kind, alle Seelen sind für Meinen Sohn wichtig. Aber es sind die jungen Seelen in der Todsünde, die Ihn am meisten schmerzen.

Betet, dass das Licht der Barmherzigkeit durch die Finsternis ihres Geistes und ihrer Seele hindurchscheint. Betet, dass sie ihr schreckliches Leben der Verdorbenheit und der Leere, das sie führen, aufgeben. Betet, dass sie ihre Arme erheben und um Barmherzigkeit bitten; sonst werden sie die Gnaden niemals erhalten, die sie brauchen, um ins Neue Paradies einzugehen.

Welch ein Verlust diese jungen Menschen für den Rest von euch sein werden, die ihr das Geschenk der „Warnung" annehmen und ins Neue Paradies auf Erden eingehen werdet. Es wird Meinem Sohn das Herz brechen, wenn sie nicht gerettet werden können.

Eure geliebte Mutter
Maria, Königin des Himmels
Mutter der Erlösung

313. Jungfrau Maria: Mein Kind, bald wird Frieden auf Erden herrschen.

Freitag, 13. Januar 2012, 20:15 Uhr

Mein Kind, bald wird Frieden auf Erden herrschen.

Es wird Unruhen und Konflikte geben, aber das ist notwendig, um die letzte Sündhaftigkeit auf Erden auszumerzen.

Die Hand Meines Vaters wird schnell auf diejenigen herabfallen, welche die Barmherzigkeit Meines Sohnes nicht beachten. Sobald ihnen die Wahrheit offenbart worden ist, wird Er ihren Ungehorsam nicht länger dulden.

Denjenigen, die Meinem Sohn — auch noch nach der Warnung — den Rücken zuwenden, wird eine bestimmte Zeitspanne gewährt werden, in welcher sie Reue für ihre Sünden zeigen können, aber diese Zeitspanne wird nicht von langer Dauer sein.

Betet für jene Seelen, deren Hartnäckigkeit ihr Untergang sein wird.

Mein Kind, die Veränderungen sind bereits im Gange und vieles wird schnell geschehen.

Beobachtet den Himmel, Kinder, um die ersten Anzeichen der Barmherzigkeit Meines Sohnes zu erkennen.

Diejenigen, die ein demütiges und reuevolles Herz haben, müssen keine Angst haben; denn dies ist die Zeit, auf die sie gewartet haben.

Diejenigen Seelen, welche die Existenz Meines Sohnes nicht anerkennen, werden überrascht und traurig sein, wenn ihnen die Wahrheit schließlich präsentiert wird.

Und jene gepeinigten Seelen, welche dem Teufel die Treue geschworen haben, werden von Gram überwältigt sein, während sich andere von ihnen vor der Wahrheit verstecken werden, weil sie nicht im Stande sein werden, dem Licht zu widerstehen.

Betet, dass alle diese Seelen, durch die Gebete anderer, in den Augen Meines kostbaren Sohnes gerettet werden können und gerettet werden.

Die Bekehrung wird die Züchtigung abwenden und die bösartigen Pläne entschärfen, die aufgrund des Antichristen im Gange sind und die den Zweck haben, die Menschheit zu zerstören.

Betet, dass der Kampf zwischen dem Himmel und dem Teufel das Endergebnis haben wird, dass alle Kinder Gottes gerettet werden und sie vom Feuer der Hölle verschont werden können.

Eure geliebte Mutter
Königin der Rosen
Mutter der Erlösung

314. Wissenschaftler werden öffentlich abstreiten, dass dieses Wunder stattgefunden hat.

Freitag, 13. Januar 2012, 21:35 Uhr

Meine innigst geliebte Tochter, Meine Göttliche Barmherzigkeit wird endlich eingesehen und letzten Endes verstanden werden.

Meine Strahlen der Barmherzigkeit, die mit dem rosa Himmel beginnen werden, werden die Erde überfluten, um die Menschheit zu retten.

Nicht ein Mensch wird ausgeschlossen werden. Präsidenten, Könige, Königinnen, Prinzen, Arme, Berühmtheiten, Bettler, Diebe, Mörder, Atheisten und diejenigen, die an Gott den Vater und an Mich, Seinen geliebten Sohn, glauben, alle werden von Meinem Geschenk berührt werden.

Die Hochmütigen werden in Demut auf die Knie niederfallen, wenn sie ihre schweren Sünden so sehen, wie sie vor Meinen Augen erscheinen.

Die Bösen werden das Licht Meiner Göttlichen Existenz sehen und werden eine Entscheidung treffen müssen. Sie werden entweder Meine Liebe und Barmherzigkeit annehmen oder sie werden Mich ins Gesicht schlagen. So oder so werden alle Kinder Gottes Meine Strahlen der Barmherzigkeit sehen und werden es als schwer empfinden, dieses Wunder zu ignorieren.

Ich bitte euch alle dringend zu beten, dass Meine Barmherzigkeit, begrüßt und angenommen wird — und zwar so angenommen wird, wie ein hungriger Mensch nach dem Brot des Lebens greift. Ohne dieses Brot wird er sterben.

Es gibt nur zwei Wege. Kommt mit Mir, eurem Göttlichen Erlöser, oder steht den Feuern der Hölle gegenüber.

Ich bin immerzu barmherzig, aber es wird nach der „Warnung" so wenig Zeit für euch zur Verfügung stehen, um Reue zu zeigen.

Viele Wissenschaftler und diejenigen in der Armee Satans werden benutzt werden, um öffentlich abzustreiten, dass dieses große Wunder stattgefunden hat. Betet für sie, damit diese Täuschung jene lauen Seelen nicht verführt, die dadurch vielleicht verleitet sein werden, sich erneut von Mir abzuwenden.

Bereitet euch vor, Kinder. Vergesst nicht, dass dieses Eingreifen von Seiten des Himmels der einzig mögliche Weg ist, durch den Ich den Großteil der Menschheit retten kann.

Würde Ich Meine Barmherzigkeit nicht über die ganze Welt ausgießen, dann könnten nur sehr wenige Seelen in Mein Neues Paradies auf Erden eingehen.

Ich liebe euch alle und begrüße euch im Schoß Meiner Liebe und Barmherzigkeit.

Habt keine Angst, eure Seelen werden von Meinem Heiligen Geist durchtränkt werden. An die Gläubigen: Dies wird euch sogar noch stärker in eurer Liebe zu Mir machen, und dann werdet ihr euch Meiner Armee anschließen, um diejenigen zu bekehren, die mehr Zeit brauchen, um sich Mir zuzuwenden.

Euer Erlöser und König der Barmherzigkeit

Jesus Christus

315. Gott der Vater: Die letzte Botin, um das Zweite Kommen anzukündigen.

Montag, 16. Januar 2012, 13:20 Uhr

Meine Tochter, wenn Ich Propheten in die Welt sende, dann werden es gewöhnlich diejenigen sein, von denen ihr es am wenigsten erwartet.

Ihr werdet diese niemals in den höchsten Rängen Meiner Kirche finden. Es werden auch nicht diejenigen Seelen sein, die nach außen hin als ganz besonders heilig erscheinen. In vielen Fällen werden sie dieses besonderen Geschenkes nicht würdig sein.

Und doch erwähle Ich solche unvollkommenen Seelen mit ungewöhnlichen, aber einfachen Lebensläufen, damit Ich sie zu den Geschöpfen umformen kann, wie Ich sie Mir wünsche.

Meine für die Endzeit bestimmten Propheten sind diesbezüglich nicht anders. Man wird sie nicht einfach so als Propheten anerkennen. Damals, ganz am Anfang, als Ich erstmals Meine Propheten sandte, um die Menschheit auf die Ankunft Meines geliebten Sohnes, Jesus Christus, den Messias, vorzubereiten, fanden sie, die Propheten es schwer, ihrer Stimme Gehör zu verschaffen.

Man wird auf die Stimmen Meiner echten Endzeitboten zu Beginn ihrer Sendung nicht hören. Doch mit der Zeit werden sie anerkannt werden. Dies wird an Meiner Stimme liegen, die man leicht wird erkennen können.

Du, Meine Tochter, bist der letzte Bote, der gesandt worden ist, um die Ankunft Meines geliebten Sohnes, Jesus Christus, d.h.

sein lange erwartetes Zweites Kommen anzukündigen.

Das ist für dich beängstigend und zuweilen sehr schwer zu verarbeiten. Und doch ist es die Wahrheit.

Diese Arbeit, bei der man dir Göttliche Botschaften geben wird, um die Überreste Meiner Kirche auf Erden für das Zweite Kommen vorzubereiten, wird schwer sein.

Und obwohl Ich bis jetzt viele auserwählte Seelen erkoren habe und mit diesen weiterhin zum Wohle der ganzen Menschheit kommunizieren werde, wird deren Los leichter sein.

Dein Los wird hingegen im höchsten Grade schwierig sein, und deswegen wirst du verfolgt werden.

Ich segne dich aus Meinem Himmlischen Königreich mit jeder möglichen Gnade.

Du wirst auf Deinem Weg — als das auserwählte Instrument, um der Welt Mein höchst Heiliges Wort zu vermitteln — weiter voranschreiten.

Diese deine Arbeit wird zu jeder Zeit geschützt werden.

Ja, du wirst fast täglich angegriffen werden, aber du sollst Folgendes wissen: Wenn diese Arbeit nicht so wichtig wäre, glaubst du, dass Satan und sein Herrschaftsbereich bestehend aus gefallenen Engeln dann davon Notiz nehmen würden?

Sie, Meine Tochter, haben die Erde unterwandert und sind in die Herzen und Seelen vieler Meiner Kinder gekrochen, ohne dass diese es ahnen.

Der heilige Weg, der von dir, dem letzten Boten, welcher zur Erde gesandt wurde, um zu helfen, die Menschheit vor dem endgültigen Zugriff Satans zu retten, bei dieser Arbeit gegangen werden wird, ist in der Bibel vorausgesagt worden.

Die Welt hat bis in die heutige Zeit auf diese Anweisungen, die euch durch Meine Heilige Führung gegeben werden, gewartet.

Viele falsche Propheten werden durch die Verbreitung von Lügen und Verwirrung versuchen, euch von diesem, Meinem heiligen Wort, fernzuhalten.

Diese Botschaften werden angezweifelt und von Meiner Kirche auf Irrtümer hin untersucht werden. Doch sie vermitteln euch nur die Wahrheit.

Große Teile der Wahrheit, die von Meinen Kirchen im Laufe der Jahrhunderte außer Acht gelassen wurden, werden wieder öffentlich bekannt werden.

Es werden euch hinsichtlich der Wahrheit eures ewigen Lebens weitere Offenbarungen enthüllt werden, Kinder.

Meine Tochter, diese Arbeit wird Empörung hervorrufen. Du wirst bespuckt und lächerlich gemacht werden, man wird auf dich herabsehen und du wirst auf jede erdenkliche Weise bei deiner Arbeit behindert werden.

An jene, die sich mit der Wahrheit, welche dir, der Endzeitprophetin, gegeben wird, schwer tun: Hört jetzt Meine Bitte:

Bevor ihr eure Ohren öffnen könnt, um Meine Stimme zu hören, müsst ihr Mich um das Geschenk des Heiligen Geistes bitten — damit ihr eure Ohren für die Wahrheit Meines heiligen Wortes und für die Anweisungen öffnen könnt, welche Ich euch allen geben werde, damit ihr das ewige Leben haben könnt.

Meine Worte werden schlicht und einfach gehalten sein, so dass jeder Mann, jede Frau und jedes Kind Meinem heiligen Wort folgen (und es verstehen) kann. Aber ihr müsst Folgendes wissen: Obwohl viel Liebe und Licht durch Mein Wort hindurch scheinen werden, wird es darin auch eine Brise von Göttlicher Autorität geben, von der ihr feststellen werdet, dass ihr sie unmöglich ignorieren könnt.

Diese ist es, woran ihr erkennen werdet, dass Ich es bin, euer Gott, euer Ewiger Vater, der spricht. Meine Liebe wird in eure Seelen eindringen und wird eure Herzen in Vereinigung mit dem Meinen erheben.

Alle Vorbereitungen sind abgeschlossen. Nach der Großen Barmherzigkeit Meines geliebten Sohnes wird die Zeit, die notwendig ist, um die Welt auf Sein Zweites Kommen vorzubereiten, bereitgestellt werden.

Ja, Kinder. Ich richte die Dinge jetzt entsprechend ein, um Meine Kinder vor der Finsternis zu retten. Ich verlange Meine Schöpfung zurück, Meine Kinder, und Ich bringe euch in euer rechtmäßiges Zuhause, in euer Erbe. In das Neue Paradies.

Seid geduldig, Kinder. Haltet euch einfach nur vor Augen, dass Ich euch liebe. Vertraut auf Mich und auf Mein Heiliges Wort, das euch durch Meine Endzeitprophetin Maria von der Göttlichen Barmherzigkeit gegeben wird.

Euer Ewiger Vater
Gott der Allerhöchste
Der Schöpfer aller Dinge

316. Gottgeweihte Diener, ihr werdet in Richtung des Falschen Propheten geführt werden.

Dienstag, 17. Januar 2012, 14:00 Uhr

Meine innigst geliebte Tochter, die Zeit ist gekommen, um den Menschen der Welt mitzuteilen, ihre Seelen auf Meine Rückkehr zur Erde — wie sie vorausgesagt wurde — vorzubereiten.

Meine Menschen werden sich erheben und Mich begrüßen, wenn Ich wiederkomme, dieses Mal, um Meinen rechtmäßigen Thron als der König der Menschheit zurückzufordern.

An diejenigen, die Meine Stimme erkennen: Ihr müsst völlig auf Mich vertrauen.

Ich werde euch auf den Weg der Wahrheit führen, so dass jeder von euch würdig gemacht wird, ins Neue Paradies auf Erden einzugehen.

Weist die Stimme der Finsternis zurück, welche euch bei jeder Gelegenheit blenden wird und versuchen wird, euch von Mir abzuwenden.

Ich bin euer geliebter Erlöser, der auf eine grausame Art und Weise am Kreuz starb. Doch Mein Leiden wird sich fortsetzen, bis Ich den Rest Meiner Kirche auf Erden geborgen habe.

Ich komme, um euch noch einmal zu retten. Erlaubt Mir, dies ungehindert zu tun.

So viele von euch schenken Meinen Bitten an die Menschheit, eure Seelen für dieses herrliche Zeitalter des Friedens vorzubereiten, kein Gehör. Wisst ihr denn nicht, dass Ich euch liebe?

Ich kehre wegen der mitfühlenden Liebe, die Ich für jeden von euch habe, zurück; nicht nur, um euch zu warnen, sondern auch, um euch zu helfen, euch für diesen großen Moment vorzubereiten.

Ich bin Mir bewusst, dass diejenigen von euch, die Mich lieben, besonders Meine gottgeweihten Diener, besonders wachsam nach falschen Propheten Ausschau halten, die möglicherweise auftauchen. Dies ist auch sehr wichtig. Kommt jetzt zu Mir und bittet Mich, euch mit dem Heiligen Geist zu erfüllen, so dass euch die Wahrheit offenbart werden kann und offenbart werden wird.

Wenn ihr euch Mir nicht zuwenden solltet, dann werdet ihr nicht in der Lage sein zu verstehen, was Ich von euch erwarte.

Kommt zu Mir. Hört Mich jetzt an. Euer Leiden wird schwer sein; denn Satan wird euch keinen Moment Ruhe geben.

Er weiß, dass Ich Mich nicht nur durch Meine Endzeitprophetin Maria bekannt mache, sondern auch durch viele andere Seelen. Diejenigen Meiner Seelen, die auserwählt wurden, um die Endzeitboten zu sein, werden jene sein, die von Meinen gottgeweihten Dienern am meisten behindert werden.

Ihr werdet, traurigerweise, vom Betrüger in die Richtung des Falschen Propheten und seiner Günstlinge geführt werden, die überall Lügen und Unwahrheiten speien.

Jene von euch, die schnell dabei sind, Meine Boten zu verurteilen, seid diesbezüglich sehr vorsichtig. Ihr, Meine gottgeweihten Diener, werdet das Hauptangriffsziel des Betrügers sein.

Es werden eure Seelen sein, die zuerst von Mir abgewendet werden. Denn wenn ihr euch von Mir, eurem Göttlichen Erlöser, abwendet, dann werdet ihr Meine Menschen in die falsche Richtung lenken.

Unabsichtlich werdet ihr es verhindern, dass sie die Wahrheit von Meinen göttlichen Lippen hören.

Ihr werdet Meine Kinder nach der Nahrung hungern lassen, welche für ihre geistige Entwicklung unerlässlich ist.

Ihr sollt jetzt wissen, dass die Endzeit da ist. Verschwendet nicht die Zeit, die ihr noch übrig habt, durch das Leben in einem Vakuum aus Lügen und Verwirrung.

Die Schlacht hat begonnen und der Rest Meiner Kirche wird gerettet werden, während sie mit Mir zu Meiner glorreichen Neuen Regentschaft wandelt.

Betet, dass nicht eine einzige Seele zurückgelassen wird.

Betet außerdem, dass ihr, Meine gottgeweihten Diener, nicht dafür die Verantwortung tragt, Meine Kinder wegzuziehen von der Wahrheit, vom Licht, von der Erlösung, die Meiner Kinder Recht sind.

Folgt Mir jetzt und helft Mir, Seelen zu retten.

Euer geliebter Retter
Jesus Christus

317. Jungfrau Maria: Innerhalb des Vatikans existiert ein böser Plan, um die katholische Kirche zu zerstören

Mittwoch, 18. Januar 2012, 9:50 Uhr

Mein Kind, während dieser Zeit der Apostasie (= Glaubensabfall) in der Welt ist es für alle Kinder Gottes erforderlich, dass sie Durchhaltevermögen zeigen.

Es glauben nur so wenige an ihren Göttlichen Schöpfer, Meinen Vater, Gott den Allerhöchsten.

Sie werden die Wahrheit in Kürze sehen, aber viele werden trotzdem behaupten, dass es keinen Gott gibt. Es ist jetzt viel Gebet notwendig, Kinder.

Es wird in den Korridoren des Vatikans ein Komplott gegen Papst Benedikt XVI. geschmiedet, und zwar durch eine böse Sekte.

Es ist bekannt, dass diese Sekte inmitten jener gottgeweihten Diener innerhalb des Vatikans existiert, aber diese sind machtlos gegen diese böse Gruppe, welche die katholische Kirche seit Jahrhunderten unterwandert hat.

Sie sind für die Verdrehung der Wahrheit in den Lehren Meines Sohnes verantwortlich. Man weiß so wenig über sie oder über ihre abscheulichen Werke.

Sie haben die wahre Lehre aus der katholischen Kirche hinausgedrängt und haben den Katholiken stattdessen im Laufe der letzten vierzig Jahre eine laue, verwässerte „Schmalspurversion" der katholischen Lehre aufgedrängt.

Es ist durch diese böse, aber verborgene Sekte so viel Verwirrung verbreitet worden, dass Meine Kinder von der wahren Kirche weggewandert sind.

Betet, dass es ihnen nicht gelingt, den Papst zu vertreiben.

Betet, dass der falsche Prophet nicht auf dem Stuhl des Heiligen Vaters Platz nehmen wird, damit er seine Lügen nicht verbreiten kann.

Betet, dass jene gottgeweihten Diener im Vatikan stark genug sind, diesem bösen Komplott — das darauf ausgelegt ist, die katholische Kirche zu zerstören — Widerstand entgegenzusetzen.

Sie planen, den Heiligen Stellvertreter Christi, Papst Benedikt XVI. durch einen „Diktator der Lügen" zu ersetzen. Er wird im Bunde mit dem Antichristen und seiner Gruppe eine neue Kirche erschaffen, um die Welt in die Irre zu führen.

Traurigerweise werden viele Meiner Kinder — aufgrund ihrer Treue zum katholischen Glauben — dieser neuen falschen Lehre blind folgen — wie Lämmer zur Schlachtbank.

Wacht auf, Kinder, und erkennt die Wahrheit. Dieser böse Plan hat die grundlegenden Wahrheiten der katholischen Lehre im Laufe der Jahre verändert.

Ihr beleidigt Meinen Sohn, wenn ihr die Heilige Eucharistie in die Hand empfangt.

Das war ihr Werk.

Ihr beleidigt Meinen Sohn, wenn ihr nicht nach dem Erhalt der regulären Sakramente strebt. Doch jene, auf die ihr hinsichtlich des Erhalts dieser Sakramente angewiesen seid, sorgen nicht für euer geistiges Heil, weil sie diese Sakramente nicht für alle bereitstellen.

Mein Kind, ein großes Übel, das seit Jahrhunderten im Inneren des Heiligen Stuhls verborgen gewesen ist, wird in Kürze in Erscheinung treten und für die ganze Welt sichtbar sein. Jene Meiner Kinder, die vom Heiligen Geist durchdrungen sind, werden die Wahrheit erkennen, wenn der Welt die böse Lüge präsentiert wird.

Andere werden blind sein und dieser Lüge wie in eine dunkle, in die Tiefe hinabführende Gasse folgen.

Es wird innerhalb der Reihen der Priester, Bischöfe, Erzbischöfe und Kardinäle zu einer großen Spaltung kommen. Eine Seite wird gegen die andere sein.

Jene wahren Jünger werden sich verstecken müssen und werden im Verborgenen predigen müssen — wenn sie das nicht tun, werden sie getötet.

So verborgen wird die wahre Kirche sein, dass die wahren Gläubigen sich zusammenschließen werden müssen, um ihre Treuepflicht gegenüber Meinem Ewigen Vater praktizieren zu können.

Die Erde wird — aufgrund des Zorns Meines Himmlischen Vaters gegen diese Verdrehung der Dinge — in jedem Winkel der Welt beben.

Mein Kind, sie können nicht gewinnen. Der Glaube und der Mut jener, die vom christlichen Glauben dann noch übrig sind, wird es bewirken, dass diese bösen Betrüger für immer vernichtet werden.

Wartet jetzt ab und bereitet euch darauf vor, dass die katholische Kirche diese Änderungen bekannt gibt.

Dann werdet ihr die Wahrheit dessen wissen, was Ich euch sage.

Betet, betet, betet für Papst Benedikt und für seine wahren Jünger.

Eure geliebte Mutter
Mutter der Erlösung

318. Der Antichrist, der — auf den richtigen Moment wartend — verborgen ist, wird bald in der Welt erscheinen.

Donnerstag, 19. Januar 2012, 20:30 Uhr

Meine innig geliebte Tochter, erhebe dich jetzt voller Kraft, um weiterhin Mein Heiligstes Wort öffentlich zu verkünden.

An jene, die Mir zuhören und die Mein heiligstes Wort glauben: Große Gnaden können durch das Beten Meiner Kreuzzug-Gebete erworben werden.

Das Fegefeuer auf Erden, das bald von denjenigen Seelen erfahren werden wird, die nach der „Warnung" echte Reue für ihre Sünden zeigen werden, wird schwer sein.

Aber diese Buße ist wichtig, Kinder.

Kämpft nicht gegen sie an, sondern akzeptiert sie.

An diejenigen, die an Mich glauben: Ihr müsst Mir jetzt zuhören. Nachdem der Welt Meine Große Barmherzigkeit gezeigt worden ist, wird Eure Anzahl zunehmen, und eure Stimmen werden aus der Wildnis erschallen.

Durch eure Stärke und euren Kampfgeist wird Meine Kirche im Stande sein, die Verfolgung zu überleben.

Ihr, Kinder, habt nichts zu fürchten, wenn ihr demütig an Meiner Seite geht.

Euer demütiger Gehorsam ist entscheidend, wenn euch die Gnaden gegeben werden sollen, die für euch nötig sind, um stark zu bleiben, um eure Nerven zu behalten und um in Meiner Armee gegen den Antichristen zu kämpfen.

Er, Meine Kinder, ist — auf den richtigen Moment wartend — verborgen, aber er wird bald vor den Augen der Welt erscheinen.

Er kennt keine Scham und wird mit seinen humanitären Leistungen prahlen. Viele werden auf seinen Charme hereinfallen, während er an ihre Herzensgüte appellieren wird.

Hier ist der Kreuzzug des Gebets (20), der dazu da ist, dabei zu helfen, den Antichristen davon abzuhalten, Meine Kinder zu vernichten.

„O Gott Vater, im Namen Deines kostbaren Sohnes rufe ich zu Dir: Halte den Antichristen davon ab, die Seelen Deiner Kinder zu umgarnen.

Ich bitte Dich inständig, Allmächtiger Vater, hindere ihn daran, Deine Kinder zu terrorisieren.

Ich bitte Dich inständig, hindere ihn daran, Deine Schöpfung zu versuchen.

Und ich bitte Dich, hab Erbarmen mit jenen bedauernswerten Seelen, die ihm gegenüber machtlos sein werden.

Höre mein Gebet, lieber Vater, und erlöse alle Deine Kinder von diesem schrecklichen Bösen. Amen."

Euer geliebter Jesus Christus

319. Das Versiegelte Buch der Wahrheit wird zur Vorbereitung auf Mein Zweiten Kommens geöffnet werden.

Freitag, 20. Januar 2012, 20:15 Uhr

Meine innig geliebte Tochter, es ist nicht notwendig, sich über die Meinungen der Menschen Sorgen zu machen.

Die Ansichten der Menschheit sind im Vergleich zu Meinen Heiligen Worten, die dir gegeben werden, völlig unwichtig.

Mein Wort steht an erster Stelle. Es sollten dich keine anderen, Meinem Wort entgegenstehenden Ansichten berühren.

Die Zeit, Meine Tochter, die Mir zur Rettung der Menschheit noch zur Verfügung steht, ist sehr kurz.

Meine Tochter, es wird von dir jetzt so schnell so viel erwartet werden, dass du keine Atempause mehr haben wirst.

Es gibt viele Offenbarungen, die dir jetzt vermittelt werden, damit Meine Kinder wissen, wie sie sich selbst richtig vorbereiten können.

Wenn du Ablenkungen zulassen solltest, indem du etwa deine Zeit für die Meinungen oder Ansichten von Leuten einsetzt — was nicht notwendig ist —, dann wird dich dies von der Arbeit, die wirklich wichtig ist, wegführen.

Erlaube es Mir, dich zu dieser Zeit mit Liebe und Trost zu erfüllen, Meine Tochter.

Die Warnung ist sehr nahe. Sobald Meine Strahlen der Barmherzigkeit die ganze Welt umhüllen, wird jeder, der an Mich glaubt, Reue empfinden.

Diejenigen, die Meine Botschaften, die dir gegeben werden, schlecht machen — und die Mich lieben —, werden sich Meinem Heiligsten Herzen mit Liebe und Freude in ihren Seelen wieder zuwenden.

Kaum dass die Warnung stattgefunden haben wird, wird eine Reihe von Ereignissen geschehen.

Der Antichrist und seine Gruppe werden — obwohl sie durch die weltweite Beichte geschwächt sein werden — damit beginnen, ihre Inbesitznahme Meiner Heiligen Kirche, von innen heraus, zu planen.

Meine Armee wird ihre Stellungen beziehen und wird zu kämpfen beginnen, um die Heilige Katholische Kirche vor dem Untergang zu bewahren. Sie, der falsche Prophet und seine Anhänger, werden nicht gewinnen, Meine Tochter, aber wie sehr weine Ich um jene Meiner gottgeweihten Diener, die am Rande des Weges liegen bleiben werden.

Sie werden so sehr irregeführt sein, dass sie denken werden, sie würden der rechtgläubigen katholischen Kirche folgen.

Aber in Wirklichkeit werden sie sich auf die Seite des falschen Propheten geschlagen haben, der — mit Stolz und Verachtung in seinem Herzen — über Meinen Heiligen Stuhl herrschen wird.

Du, Meine Tochter, musst Meine Kinder bitten, innig zu beten, um diesen Gräuel abzuschwächen.

Ich brauche Gebet, um die Seelen derjenigen Meiner armen, fehlgeleiteten Priester, Bischöfe und Kardinäle, die für die Wahrheit blind sind, zu retten.

Der Heilige Stuhl Petri wird von den gefallenen Engeln Satans zusammen mit dem Antichristen und seinen verschiedenen Organisationen entweiht werden.

Sie sind alle wie eine Einheit, Meine Tochter, von Satan hervorgebracht.

Ich weiß, dass dies furchterregend ist, aber dies alles wird nicht lange andauern. Gebet — und viel davon — wird diese Ereignisse abmildern und helfen, sie abzuwenden.

Bereitet eure Seelen jetzt vor, Kinder, indem ihr — falls ihr Katholiken seid —, sobald ihr könnt, zur Beichte geht. Falls nicht, bitte Ich euch dringend, mit einem reinen Herzen nach der Erlösung eurer Sünden zu streben.

Dies wird euer Bußleiden bei der „Warnung" mildern. Anschließend müsst ihr um den Frieden auf der Erde beten.

Die Vorbereitungen für Mein Zweites Kommen werden unmittelbar, nachdem die Warnung stattgefunden hat, beginnen.

Das versiegelte Buch der Wahrheit wird geöffnet werden und die darin enthaltenen Geheimnisse durch dich, Meine Tochter, offenbart werden, — damit die ganze Welt dies alles sehen kann.

Mein Buch der Wahrheit wird der Welt gegeben werden, damit eure Seelen in Vereinigung mit Mir gereinigt werden.

Nur dann werdet ihr bereit sein, mit Mir in das Zeitalter des Göttlichen Willens Meines Vaters hinein zu kommen, in das Zeitalter des Friedens, in Mein neues Paradies auf Erden.

Euer geliebter Jesus
Erlöser der Menschheit

320. Der Falsche Prophet wird wie ein lebender Heiliger betrachtet werden. Derjenige, der sich ihm entgegenstellt, wird als Ketzer angesehen werden.

Samstag, 21. Januar 2012, 13:15 Uhr

Meine innig geliebte Tochter, jedem Meiner Boten in der Welt, die bestimmt sind, Mein Heiliges Wort zu verbreiten, ist eine andere Rolle gegeben worden. Keine zwei von ihnen erfüllen dieselbe Rolle.

Das ist der Grund, warum Meine Boten sich von keiner der anderen Botschaften durcheinander bringen lassen dürfen, indem sie sie miteinander vergleichen.

Du, Meine Tochter, als der 7. Bote, bist auserwählt worden, um Meine Kinder über die Wahrheit zu informieren. Viel von Meiner Wahrheit ist dir bereits übermittelt worden, aber es ist jetzt noch viel mehr im Kommen.

Aufgrund der Geheimnisse, welche darin enthalten sind, wirst du, wenn diese Bot-

schaften offenbart werden, verlacht und verspottet werden, und man wird dich als Dummkopf hinstellen.

Diese Botschaften haben den Zweck, dabei zu helfen, Meine Menschen zu reinigen; einschließlich derjenigen, die den Ruf, Mir zu folgen, annehmen, als auch derjenigen Seelen, die ohne Liebe sind und die ein kaltes Herz haben.

Ohne diese Reinigung kann die Erde nicht gesäubert werden. Sie muss gereinigt werden, damit sie würdig gemacht wird, dass Ich wieder auf ihr wandle.

Meine Kinder sollen sich freuen. Angst kommt nicht von Mir.

Die Angst kommt vom Bösen. Doch wenn ihr euch um jene Seelen ängstigen würdet, die blind durch die Welt gehen — nicht, weil sie nicht sehen können, sondern weil sie nicht sehen wollen —, würde euch vergeben und ihr wäret gerechtfertigt.

Eure Pflicht Mir gegenüber, Meine geliebte Armee von Getreuen, ist es, Mir zu helfen, den Weg für Meine bevorstehende Göttliche Herrschaft auf Erden vorzubereiten.

Ich brauche eure Hilfe. Ich brauche eure Gebete. Eure Gebete werden die Arbeit des Antichristen sowie des falschen Propheten, der auf dem Heiligen Stuhl Roms Position beziehen wird, schwächen.

An alle Meine Kinder: Ihr müsst wissen, dass Ich fähig bin, alles zu vergeben. Sogar diejenigen, die mit satanischen Gruppen zu tun haben, über die Ich spreche, können davor bewahrt werden, noch weiter abwärts zu den Toren der Hölle hinabzusteigen.

Die Sünde kann durch das Gebet verringert werden. Ihr müsst nicht in die Schlacht ziehen und mit erhobenen Fäusten kämpfen; alles, was ihr tun müsst, ist beten.

Mein Neues Paradies ist herrlich, Kinder. So viele Vorbereitungen sind abgeschlossen worden, Vorbereitungen, welche dieselben Wunder vorsehen, wie sie Adam und Eva dargeboten worden sind und welche sie durch die Sünde zurückgewiesen haben. Alles ist bereit.

Euch, Meinen Anhängern, wird das schöne Neue Paradies auf der Erde, über das Ich regieren werde, zugutekommen.

Weil ihr, aus dieser Generation, ausgewählt worden seid, dieses Paradies zu genießen, dürft ihr nicht mit eurer Arbeit aufhören, Mir dabei zu helfen, alle Meine Kinder gemeinsam mit Mir in Mein herrliches Königreich zu bringen.

Meine Kinder, seid euch jedoch darüber im Klaren, dass der falsche Prophet euch glauben lassen wird, dass er euch ebenso auf einen ähnlich paradiesischen Ort vorbereitet.

Seine Lügen werden eine naive Gruppe von katholischen Anhängern begeistern. Er wird eine nach außen hin wunderbare und liebevolle Ausstrahlung darbieten und alle Meine Kinder in der katholischen Kirche werden verwirrt sein.

Ein Zeichen, auf das ihr aufpassen müsst, wird sein Stolz und seine Arroganz sein, verborgen hinter einer falschen, äußeren Fassade der Demut. So sehr werden Meine Kinder zum Narren gehalten werden, dass sie denken werden, dass er eine außergewöhnliche und reine Seele sei.

Er wird wie ein lebender Heiliger betrachtet werden. Es wird nicht ein einziges Wort aus seinem Mund bezweifelt werden.

Er wird auch so erscheinen, als ob er übernatürliche Gaben hätte, und die Menschen werden sofort glauben, dass er Wunder vollbringen kann.

Jeder, der sich ihm entgegenstellt, wird kritisiert und als ein Ketzer angesehen werden.

Alle solche Seelen, die beschuldigt werden, Ketzer zu sein, werden beiseitegeschoben und „an die Hunde verfüttert" werden (= rechtlos sein).

Alle Wahrheiten in Meinen Lehren werden verdreht werden. Jeder Teil davon wird dann eine Lüge sein. Zunächst wird die Verfolgung langsam und subtil vor sich gehen.

Meine wahren gottgeweihten Diener werden die Messe „privat" — und in vielen Fällen nicht in einer katholischen Kirche — feiern müssen.

Sie werden die Messen an Rückzugsorten feiern müssen. Kinder, wenn das geschieht, dürft ihr die Hoffnung nicht verlieren. All dies wird binnen einer kurzen Zeitspanne zu Ende gehen.

Nur betet für jene Seelen, welche — aufgrund ihres Gelöbnisses gegenüber dem Falschen Propheten — die Allerheiligsten Dreifaltigkeit vergessen werden, die das wirkliche Fundament ist, auf dem die katholische Kirche erbaut ist.

Viele Religionen folgen nur einer Wesenheit der Allerheiligsten Dreifaltigkeit. Einige ehren den Vater, andere den Sohn. Aber alle sind eine Einheit, Meine Tochter.

Es gibt nur einen wahren Gott. Das ist der Vater, der Sohn und der Heilige Geist, drei voneinander verschiedene Personen, alle verbunden in einer Göttlichen Wesenheit. Allen Religionen wird bald die Wahrheit gegeben werden, und viele werden dieses heilige Geheimnis annehmen.

Folgt Mir auf den Weg zu eurer Erlösung, denn ihr, Meine Anhänger, habt eine herrliche Zukunft vor euch. Aber ihr müsst stark bleiben.

Diese heutige Generation ist die auserwählte Generation für Mein Neues Paradies auf Erden.

Lehnt dieses herrliche Geschenk des Lebens, das in all seiner Herrlichkeit glitzert, nicht ab. Jede Seele wird wunschlos sein. Mein Neues Paradies auf der Erde wird ein Zeitalter des Friedens und der Glückseligkeit sein, und es wird darin keine Sünde mehr geben.

Dies ist der Göttliche Wille Meines Vaters und dies ist von Anbeginn an Sein Versprechen an die Menschheit gewesen.

Freut euch und seid glücklich; denn ihr habt sehr vieles zu erwarten, Kinder.

Die kommenden Prüfungen werden bis zur Bedeutungslosigkeit verblassen, wenn ihr das herrliche Königreich sehen werdet, das auf euch wartet.

Ich liebe euch, Kinder. Ich weiß, dass ihr Mich liebt. Aufgrund dessen bitte Ich euch, denjenigen Liebe zu zeigen, die für Meinen Heiligen Geist blind sind.

Betet für sie bei jeder Gelegenheit, damit sie wieder die Wahrheit Meines Versprechens erkennen können, das Ich der Menschheit gegeben habe — als Ich starb, um eure ewige Erlösung zu erwerben.

Euer geliebter Jesus
Erlöser der ganzen Menschheit

321. Hört Meine dringende Bitte und betet für die Seelen der Atheisten.
Montag, 23. Januar 2012, 15:20 Uhr

Meine innig geliebte Tochter, die Welt ist im Begriff, sich so sehr zu verändern, dass man sie nicht wiedererkennen wird.

Denn Meine Zeit ist jetzt fast da.

Ich bitte all jene, die an Mich, ihren Göttlichen Erlöser und an Meinen Ewigen Vater glauben, dringend, eure Tätigkeit zu unterbrechen und Mir zuzuhören.

Ob ihr an diese Meine Botschaften an die Welt für diese Zeiten glaubt oder nicht, hört jetzt Meine dringende Bitte:

Betet, betet und betet mit der ganzen Liebe, die ihr für Mich in eurem Herzen habt, für die Seelen der Atheisten.

Viele von ihnen werden während der „Warnung" sterben.

Viele werden keine Chance bekommen, rechtzeitig zu bereuen.

Ich bitte euch dringend, euer ganzes Leiden und eure Gebete für jene Seelen anzubieten, damit Ich sie vor den Feuern der Hölle retten kann.

Betet für diejenigen, die nicht zu Mir umkehren werden, selbst wenn ihnen die Wahrheit präsentiert wird.

Betet auch für diejenigen, die das Fegefeuer auf Erden — die Buße, welche von ihnen mit einem guten Herzen akzeptiert werden wird — als sehr schwer empfinden werden.

Vielen von ihnen werden dieses Fegefeuer als sehr schmerzhaft empfinden.

Betet, dass sie die Stärke empfangen, die sie brauchen, um dies alles durchzuhalten.

Geht, Kinder, und tut alles, um was Ich euch gebeten habe; denn es ist nur noch wenig Zeit.

Ich liebe euch. Denkt daran: Es gibt nichts zu befürchten, wenn ihr Mich liebt.

Betet gerade für diejenigen, die Mich jetzt — heute — zurückweisen, und für diejenigen, die sich von der Wahrheit abwenden werden.

Euer geliebter Erlöser
Jesus Christus

322. Eine Gute Nachricht: Gott, Mein Ewiger Vater, hat die Rettung eines Großteils der Menschheit gutgeheißen.
Dienstag, 24. Januar 2012, 16:55 Uhr

Meine innig geliebte Tochter, Ich bin es, dein Jesus, der heute zu dir kommt, um dir die gute Nachricht für die Welt zu geben.

Viel Gebet und Leiden, das von Meinen vielen auserwählten Seelen auf Erden angeboten worden ist, hat dazu geführt, dass jetzt viel mehr von Gottes Kindern gerettet werden können.

Wenn ihr die Macht des Opfers und des Gebets verstehen würdet, Kinder, würdet ihr niemals mehr aufhören zu beten.

Gott, Mein Ewiger Vater, hat die Erlösung eines Großteils der Menschheit gutgeheißen.

Das bedeutet, dass sich während der „Warnung" viele bekehren werden und diejenigen, die sich nicht bekehren werden, können möglicherweise — aufgrund der Macht des Gebets — gerettet werden.

Es bedeutet nicht, dass alle gerettet werden; denn bedauerlicherweise werden nicht alle gerettet werden.

Jene verhärteten Menschen, deren erste Treuepflicht Satan und den bösen Sekten gilt, die er in der Welt kontrolliert, werden nicht wollen, dass sie gerettet werden.

Stattdessen werden sie ein anderes Paradies wählen. Ein Paradies, das außerhalb des einen, von Meinem Vater der Menschheit versprochenen Paradieses existiert, wie man sie veranlasst hat zu glauben.

Dieses falsche Paradies, an das satanische Anhänger des Tieres glauben, existiert nicht.

Es ist von Satan in den Köpfen seiner Jünger geschaffen worden und es ist einfach nur eine Illusion. So vieles wird versprochen.

Finstere Seelen glauben an ein anders geartetes Weltall, an ein anderes Dasein, in dem Gott nicht existiert.

Sie glauben an andere Lebensformen, an andere Geschöpfe und an ein friedliches System, aber all das basiert auf einer Lüge.

Nichts davon ist real, Kinder. Es existiert nicht und kann auch nicht existieren, weil es nicht von Meinem Vater erschaffen wurde.

Gott, der Allmächtige Vater, erschuf das gesamte Weltall — die Sterne, die Planeten und die Erde sowie alle leeren Räume dazwischen.

Betet für jene, die solchen Kulten folgen.

Betet, dass nicht mehr von Meinen Kindern sich diese geistigen Auswege — die nicht von Gott kommen — zu Eigen machen. Sie suchen nur deswegen nach diesen Auswegen, weil sie Schmerzen haben.

Betet jetzt — als Danksagung für dieses besondere Geschenk, das jetzt der Menschheit von Meinem Vater angeboten wird, dieses Kreuzzug-Gebet Nummer 21:

"Wir loben Dich und danken Dir, O Heiliger Gott, Allmächtiger Schöpfer der

Menschheit, für die Liebe und die Barmherzigkeit, die Du für die Menschheit hast.

Wir danken Dir für das Geschenk der Rettung, das Du Deinen armen Kindern gewährst.

Wir bitten Dich, o Herr, rette jene, die dem Teufel folgen, und wir bitten Dich, dass ihre Herzen für die Wahrheit ihres ewigen Lebens geöffnet werden. Amen."

Freut euch, Kinder, für dieses große Geschenk.

Aber ihr habt nach wie vor viel Arbeit zu leisten, um den Seelen zu helfen, weil so viele eurer Brüder und Schwestern hartnäckig darauf beharren werden, sich der Wahrheit Meines Heiligen Wortes weiterhin zu widersetzen.

Euer geliebter Jesus
Retter der ganzen Menschheit

323. Jungfrau Maria: Ein Atomkrieg, der sich um den Iran dreht, wird insgeheim geplant.

Mittwoch, 25. Januar 2012, 13: 50 Uhr

Mein Kind, es geschehen zum jetzigen Zeitpunkt sehr viele Dinge in der Welt, da Satans Armee fortfährt, überall Chaos zu verbreiten.

Sie versuchen, die Kontrolle über alle Finanzeinrichtungen zu übernehmen, damit sie Meinen Kindern eine schreckliche Gewalttat antun können.

Sie, die böse Gruppe, getrieben durch Begierde und Macht, versucht auch, im Iran einen Atomkrieg zu verursachen.

Du, Mein Kind, musst beten, dass Gott der Vater, in Seiner großen Barmherzigkeit, ihre Herzen öffnen wird, um zu verhindern, dass diese Dinge geschehen.

Verliert niemals den Glauben, Kinder, denn eure Gebete sind wirkungsvoll.

Große Übel, einschließlich der Abtreibung, der Euthanasie, der Prostitution und der sexuellen Perversionen, beginnen jetzt, in der Welt abzunehmen.

Betet, betet, betet Meinen heiligsten Rosenkranz, Kinder, überall, wenn möglich in Gruppen.

Satan verliert schnell an Macht, da Meine Ferse beginnt, den Kopf der Schlange zu zerquetschen.

Es wird jetzt nicht mehr lange dauern bis zur Ankunft Meines Sohnes auf Erden.

Aber zuerst wird Er euch diese letzte Chance geben, euch zu bekehren.

Danach wird Er die Welt schnell auf Sein Zweites Kommen vorbereiten.

Die verbleibende Zeit ist jetzt nur noch sehr kurz.

Das Gebet ist die Waffe, Kinder, um Satans Armee von der letzten Verfolgung abzuhalten, die sie gegen die Menschheit planen.

Vergesst nicht, dass Mein Ewiger Vater aufgrund Seiner Liebe und Seines Erbarmens euch alle, die ihr an Ihn glaubt, schützen wird.

Was diejenigen betrifft, die Ihn weiterhin missachten und die Wahrheit der Existenz Meines geliebten Sohnes bestreiten: betet, betet, betet um ihre Rettung.

Die Zeit ist bereit. Öffnet eure Herzen für die Göttliche Barmherzigkeit Meines Sohnes.

Der Himmel wird jetzt beginnen, sich zu verändern, und dann werden alle sehen, wie sich dieses große Wunder vor ihren Augen entfaltet.

Seid bereit.

Bereitet eure Häuser vor und betet Meinen heiligen Rosenkranz bei jeder Gelegenheit, um den Griff des Teufels zu lösen.

Eure geliebte Mutter
Mutter der Erlösung

324. Das Letzte Geheimnis von Fatima offenbart die Wahrheit dessen, dass Satans böse Sekte in den Vatikan eingezogen ist.

Donnerstag, 26. Januar 2012, 21:40 Uhr

Meine innig geliebte Tochter, es ist Zeit, dass der Welt die volle Wahrheit über die Mysterien des Göttlichen Reiches offenbart wird.

Die Wahrheit ist für einige Zeit verborgen worden. Die Anerkennung Meines Göttlichen Eingreifens in der Welt — durch die Wunder, durch die Erscheinungen und durch die von Gott bewirkte Verständigung mit auserwählten Seelen — ist von Meiner Kirche viele Jahre lang in den Hintergrund gedrängt worden.

Warum Meine Kirche das Bedürfnis verspürte, die Wahrheit zu unterdrücken, als es erforderlich war, den Glauben Meiner Kinder — überall — zu stärken, ist nur ihnen (= den Verantwortlichen) selbst bekannt.

Jeder Meiner wahren Seher — und jeder Seher von Meiner Seligen Mutter — wurde anfangs von Meiner Kirche ignoriert und mit Geringschätzung behandelt.

Meine Tochter, selbst das Letzte Geheimnis von Fatima wurde der Welt nicht übermittelt, weil es die Wahrheit dessen enthüllte, dass Satans böse Sekte in den Vatikan eingezogen ist.

Der letzte Teil des Geheimnisses ist deswegen nicht enthüllt worden, um die böse Sekte zu schützen, welche seit der Erscheinung Meiner Mutter beim Heiligtum von Fatima in großer Zahl in den Vatikan eingezogen ist.

Meine Tochter Luzia wurde durch die Mächte, die einen Teil des Vatikans kontrollieren und über den Meine armen geliebten Päpste nur wenig Kontrolle haben, zum Schweigen gebracht.

Seht, wie sie die Wahrheit Meiner Lehren nicht nur verdreht haben, sondern wie sie auch neue Methoden der katholischen Gottesverehrung eingeführt haben, die Mich und Meinen Ewigen Vater beleidigen.

Die katholische Kirche ist die eine wahre Kirche, und als solche ist sie ein Hauptziel Satans und seiner bösen Sekte.

Die Wahrheit kommt von Mir.

Die Wahrheit ist für die Menschheit unbequem, weil sie ein persönliches Opfer bedingt.

Die Wahrheit löst in einigen Fällen Empörung aus und, in vielen Fällen, behandelt man sie wie eine Irrlehre.

Und doch kann nur die Wahrheit euch von den Lügen befreien. Die Lügen, welche von Satan kommen und die eine drückende Last auf eurer Seele verursachen.

Die Zeit ist gekommen, dass — in einer Welt, die voller Lügen ist — die Wahrheit enthüllt wird.

So viele Lügen, Meine Tochter, sind Meinen Kindern durch falsche Religionen, falsche Götter, falsche Kirchenführer, falsche politische Führer und falsche Organisationen sowie falsche Medien präsentiert worden.

So viel von der Wahrheit ist verborgen. Doch wenn die Wahrheit dessen, was in der Welt geschieht, heute offenbart werden würde, dann würden nur sehr wenige Menschen diese Wahrheit annehmen.

Dasselbe trifft auf die Zehn Gebote Meines Vaters zu. Diese sind die Regeln, welche von Meinem Ewigen Vater aufgestellt und Seinem Propheten Moses übergeben wurden.

Die Wahrheit ändert sich nie, egal wie sehr die Menschheit versucht, sie zu ändern.

Die Gebote Meines Vaters werden sogar inmitten Christlicher Kirchen nicht mehr akzeptiert.

"Du sollst nicht töten" bedeutet, du darfst keinen anderen Menschen töten. Das bezieht sich nicht auf die Selbstverteidigung; sondern auf alle anderen Umstände.

Kein Mensch kann Mord — Abtreibung, Hinrichtung oder Euthanasie — rechtfertigen. Keiner.

Dies ist eine Todsünde, und die Strafe dafür ist ein ewiges Leben in der Hölle.

Akzeptieren Meine Kinder dies, Meine Tochter? Nein, sie verabschieden sogar Gesetze, die es nicht nur zulässig, sondern auch in den Augen Gottes entschuldbar machen. Aber es ist nicht entschuldbar.

Jedes einzelne der Zehn Gebote Meines Vaters wird jeden Tag gebrochen.

Und dennoch predigt Meine Kirche niemals über die große Ernsthaftigkeit der Sünde. Sie sagen den Menschen niemals, dass sie in die Hölle kommen werden, wenn sie eine Todsünde begehen sollten und wenn sie dann keine Reue zeigen.

Mein Herz ist tief verwundet.

Sie, Meine Kirchen, überall auf der ganzen Welt, predigen nicht die Wahrheit.

Viele Meiner gottgeweihten Diener glauben nicht mehr länger an die Existenz der Hölle oder an das Fegefeuer.

Sie akzeptieren die Gebote Meines Vaters nicht. Sie entschuldigen jede Sünde.

Sie sprechen über die Barmherzigkeit Meines Vaters, aber sie unterlassen es, die Konsequenzen dessen zu erklären, wenn man in einem Zustand der Todsünde stirbt.

Und dadurch, dass sie ihre Aufgaben nicht erfüllen, für welche sie bestimmt worden sind, verletzen sie Mich außerordentlich.

Sie sind, in vielen Fällen, für den Verlust von so vielen Seelen verantwortlich.

Wacht auf und erkennt die Wahrheit, ihr alle, die ihr erklärt, an Gott, den Allmächtigen Vater, den Schöpfer aller Dinge, zu glauben, und nehmt das Folgende zur Kenntnis:

Es gibt nur eine Wahrheit.

Es kann nicht mehr als eine Wahrheit geben.

Alles andere außerhalb der Wahrheit ist eine Lüge und kommt nicht von Meinem Himmlischen Vater, von Gott, dem Allmächtigen Schöpfer aller Dinge.

Euer geliebter Retter
Jesus Christus

Anmerkung: In der Botschaft 289. vom 21.12.2011 heißt es: „...Wisst ihr nicht, dass sogar die äußerst schwerwiegende Sünde des Mordes vergeben werden kann? Alle Sünden können und werden vergeben werden, wenn wahre, tief empfundene Reue gezeigt wird....“

325. Aufruf an den Klerus: Bereitet Meine Herde auf Mein lange erwartetes Zweites Kommen auf Erden vor.

Freitag, 27. Januar 2012, 23:50 Uhr

Ich bin euer geliebter Jesus, Sohn Gottes des Allerhöchsten und geboren durch die Unbefleckte Jungfrau Maria.

Meine innig geliebte Tochter, vergiss niemals, dass du, wenn du für Mich arbeitest, verfolgt werden wirst; denn die Menschheit wird die Wahrheit, wie Ich sie dir in dieser Zeit, der Endzeit, offenbare, nicht hören wollen.

Mein Heiliges Wort ist für eine so lange Zeit unterdrückt worden, aber das wird nicht mehr länger der Fall sein.

Meine Stimme wird überall auf der Welt gehört werden. Meine Liebe wird in Meiner ganzen Herrlichkeit offenbart werden, und der Mensch wird, endlich, fähig sein, sich von den Fesseln des Bösen zu befreien, welche von Satan um seine Füße gelegt worden sind.

Obwohl die Wahrheit in die Seelen Meiner Kinder eindringen und ihnen die Freiheit bringen wird, auf welche sie eine so lange Zeit gewartet haben, wird dies leider auch eine Spaltung bewirken.

Meine geliebten gottgeweihten Diener, Priester und der ganze religiöse Klerus innerhalb der Heiligen Katholischen Kirche, ihr sollt wissen, dass Ich euch alle liebe.

So viele von euch haben Mir — mit einem edlen Herzen — ihr Leben übergeben. Ihr werdet euch jetzt auf Mich stützen müssen.

Ihr müsst um Führung beten, um zu jeder Zeit stark in eurem Glauben zu bleiben, und müsst um Unterscheidungsvermögen beten.

Wendet eure Augen niemals von Mir ab — auch nicht für einen einzigen Moment.

Ich brauche euch, um Meine Herde vorzubereiten, damit sie Mich während Meines lange erwarteten Zweiten Kommens auf Erden freudig willkommen heißt.

Ihr werdet durchhalten müssen, und lasst es nicht zu, dass ihr von eurer Liebe zu Mir abgebracht werdet, egal wie viel Druck auf euch ausgeübt wird.

Ihr seid Meine wahren Jünger, und Ich muss euch dringend bitten, zu euren Waffen zu greifen, um Meine Kirche zu retten. Diese wirkliche Kirche, welche mit Hilfe Meines geliebten Jüngers Petrus auf dem Felsen errichtet worden ist, wird niemals untergehen.

Der Feind mag glauben, dass sie zerstört wird, aber das wäre eine törichte Annahme.

Niemand wird oder kann Meine Kirche zerstören. Aus der Asche wird sie sich erheben, um Meinen Ruhm öffentlich zu verkünden, während Ich zurückkomme, um Mein Königreich auf Erden wiederzuerlangen.

Ihr dürft Mich, euren geliebten Erlöser, niemals verlassen.

Denn ohne Mich gibt es kein Licht. Und ohne Licht gibt es keine Zukunft.

Meine Tochter, Ich gebe der Welt diesen Kreuzzug des Gebets (22) (für den katholischen Klerus), damit er vom katholischen Klerus gebetet wird:

"O mein geliebter Jesus, halte mich stark und halte die Flamme meiner Liebe zu Dir jeden Moment meines Tages am Brennen.

Lass niemals zu, dass diese Flamme der Liebe zu Dir flackert oder stirbt.

Lass niemals zu, dass ich schwach werde, wenn die Versuchung da ist.

Schenke mir die Gnaden, die ich brauche, damit ich meiner Berufung treu bleiben kann, meiner Verbundenheit und meiner Loyalität, wie auch den Lehren der rechtgläubigen, katholischen Kirche.

Ich schenke Dir meine allzeitige Treue.

Ich verspreche Dir, mich für den Kampf in Deiner Armee persönlich einzusetzen, damit sich die katholische Kirche wieder in Herrlichkeit erheben kann, um Dich, lieber Jesus, freudig willkommen zu heißen, wenn Du wiederkommst. Amen. "

Euer geliebter Erlöser
Jesus Christus
König der ganzen Menschheit

326. Jungfrau Maria: Betet mit eurem ganzen Herzen für Papst Benedikt.

Samstag, 28. Januar 2012, 21:00 Uhr

Mein Kind, Satans Macht wird von Tag zu Tag schwächer, da der Heilige Geist fortfährt, Seine Flügel über alle Kinder Gottes auszubreiten.

Aufgrund des Gebets und der besonderen Gnaden, welche Meinen Kindern durch Meinen Vater, Gott den Allerhöchsten, gegeben werden, wachsen der Glaube und die Liebe zu Gott überall. Die Bekehrung nimmt zu. Viele Meiner Kinder mögen sich dessen nicht bewusst sein, aber ihr werdet dies sehen, wenn ihr eure Augen öffnet.

Bitte, Mein Kind, du musst mit deinem ganzen Herzen für Papst Benedikt beten. Er leidet so viel und in vielfältiger Weise ist er in seinem Kummer über den Glaubensabfall allein, den er sowohl außerhalb als auch innerhalb des Heiligen Vatikans sieht.

Seine Tage auf dem Heiligen Stuhl sind verlängert worden und aufgrund dessen ist viel von dem Chaos, das durch den Teufel verursacht wird, abgewendet worden.

Das Gebet, Meine Kinder, ist im Himmel wie ein Donnergrollen. Eure Gebete werden gehört und im Himmel beantwortet, Kinder.

Dies ist gut. Fahrt fort, die Kreuzzüge des Gebets zu beten, die euch gegeben wurden, Mein Kind.

Hier ist ein besonderes Gebet des Kreuzzugs des Gebets (23) für die Sicherheit Papst Benedikts.

„O mein Ewiger Vater, im Namen Deines geliebten Sohnes Jesus Christus und um der Leiden willen, die Er erlitt, um die Welt von der Sünde zu erretten, bete ich jetzt darum, dass Du Deinen Heiligen Stellvertreter, Papst Benedikt, das Haupt Deiner Kirche auf Erden, schützen mögest, so dass auch er helfen kann, Deine Kinder und alle Deine gottgeweihten Diener vor der Geißel Satans und der gefallenen Engel seines Reiches zu retten, welche auf der Erde umherziehen und Seelen stehlen.

O Vater, beschütze Deinen Papst, so dass Deine Kinder auf den wahren Weg zu Deinem Neuen Paradies auf Erden geführt werden können. Amen."

Eure himmlische Königin der Erde
Mutter der Erlösung

327. Meine Göttliche Barmherzigkeit ist im Begriff, zur Wirklichkeit zu werden, wie es Schwester Faustina offenbart wurde.

Sonntag, 29. Januar 2012, 21:18 Uhr

Ich, euer Jesus, wünsche, die Welt darüber zu informieren, dass Meine Göttliche Barmherzigkeit im Begriff ist, zur Wirklichkeit zu werden, wie es Meiner Tochter Helena, der Heiligen Faustina, offenbart worden ist.

Dieses Mysterium wird offenbart werden, während alle die letztendliche Sichtbarwerdung Meiner Strahlen der Barmherzigkeit für die Erlösung der Menschheit sehen werden.

An diejenigen, die dich, Meine Tochter, verspotten und sagen, dass dieses Mysterium bereits der Welt offenbart worden ist... ihr müsst das Folgende wissen:

Wie viele Menschen in der Welt wissen heute von Meinem Versprechen der Göttlichen Barmherzigkeit? Sehr wenige, einschließlich dir, Meine Tochter.

Wussten Meine Anhänger nicht, dass Ich zurückkommen würde, um die Welt auf dieses große Ereignis vorzubereiten?

Ich bereite Meine Kinder immer auf solche Ereignisse vor. Mein Ewiger Vater sendet Propheten aufgrund eines bestimmten Zweckes in die Welt, und zwar um euch eine entsprechende Warnung zukommen zu lassen, damit die Seelen nicht überrascht werden. Erfreut euch an diesem Geschenk der Prophetie. Weist es nicht zurück.

Denkt niemals, dass ihr alles über Meine Wege wisst. Obwohl ihr Mich vielleicht liebt, kennt ihr Mich nicht immer oder versteht ihr nicht immer Meine Wege.

An jeden von euch, der Meine Propheten verspottet, vergesst nicht, dass ihr nicht sie verspottet, sondern Mich. Sie sind nur die Instrumente.

Ihr, Meine Kinder, dürft nie annehmen, dass ihr Mich wirklich kennt; denn wenn ihr Mich kennen würdet, würdet ihr Mich nicht ablehnen. Und doch bestreitet ihr auch heute noch — gerade so, wie Meine Jünger es taten, als Ich unter ihnen wandelte —, dass Ich es bin, der euch hin zu Mir leitet.

Ihr streckt Mir eure linke Hand entgegen und schlagt Mich mit eurer Rechten.

Hört ihr nicht, dass Ich jetzt mit euch spreche? Wenn nicht, dann setzt euch ruhig hin und betet zu Mir, damit Ich euer erschöpftes Herz mit dem Feuer Meines Heiligen Geistes erfüllen kann.

Ich liebe euch, und wenn ihr Mir Zugang in euer Herz gewährt, ohne eure Rüstung aus Stahl, welche Mich zurückhält, so werde Ich euch befreien.

Wenn ihr eure Augen öffnet und seht, dass Ich es bin, euer Göttlicher Erlöser, der mit euch spricht, dann folgt Mir mit Liebe und Freude in eurem Herzen auf die Straße zum Neuen Paradies.

Erlaubt dem Teufel nicht, Zweifel in eure Köpfe zu pflanzen. Betet, dass ihr stark genug sein werdet und demütig an Seele und Geist, um in Meine Arme zu rennen.

Nur wenn ihr wie ein Kind zu Mir kommt, werdet ihr wahrhaft Frieden in eurer Seele finden. Das ist die einzige Art und Weise, Mich in euer Herz hineinzulassen.

Euer geliebter Jesus

328. Die Jungfrau Maria ruft zu einem Tag des Gebets und des Fastens auf, zur Vorbereitung auf die „Warnung".

Montag, 30. Januar 2012, 13:00 Uhr

Diese Botschaft wurde von Maria der Göttlichen Barmherzigkeit erhalten, nachdem zwei getrennten Erscheinungen der Jungfrau Maria stattfanden — eine, die um Mitternacht am 29. Januar 2012 stattfand, und die zweite, die um 13.00 Uhr (14:00 Uhr MEZ) am Montag, dem 30. Januar 2012 stattfand, während welcher (letzterer) die Jungfräuliche Mutter durchgehend sehr sorgenvoll zu sein schien.

Mein Kind, obwohl Mein Sohn jetzt kommt, um die ganze Welt mit Seinen Strahlen der Barmherzigkeit zu bedecken, muss Ich euch schweren Herzens sagen, dass viele Menschen während der „Warnung" sterben werden.

Betet, betet, betet für ihre Seelen.

Du, Mein Kind, musst alle Anhänger dieser Göttlichen Botschaften bitten, den morgigen Tag, Dienstag, den 31. Januar 2012, als einen besonderen Tag des Gebets zu reservieren.

An diesem Tag müsst ihr den Heiligsten Rosenkranz und den Barmherzigkeitsrosenkranz beten.

Wenn es möglich ist, sollte jeder während dieses Tages versuchen zu fasten. Auf diese Weise können mehr Seelen, besonders diejenigen, die sich zur Zeit ihres Todes in der Todsünde befinden, durch die Barmherzigkeit Meines geliebten Sohnes Jesus Christus gerettet werden.

Ich weine Tränen des Kummers um jene armen Menschen, die keine Ahnung haben, wie viel Schmerz und Leid ihre Sünden Meinem Sohn verursachen.

Die Freude über das Geschenk, dass Mein Sohn jetzt der Welt bringt, hat einen Beigeschmack von Traurigkeit wegen jener, die aufgrund ihrer eigenen Entscheidung nicht gerettet werden können.

Die Lügen — welche von den dunklen Seelen überall auf der Welt hervorgebracht und sich ausbreiten werden, nachdem die „Warnung" stattgefunden hat — müssen durch eure Gebete aufgehalten werden.

Betet, dass niemand die Göttliche Barmherzigkeit Meines Sohnes während oder nach der „Warnung" ablehnt. Denn jede Seele, die solchen Lügen verfällt, ist eine Seele, die vom Teufel in Besitz genommen wird.

Verbreitet überall die Bekehrung, Kinder. Akzeptiert, dass Ich die Miterlöserin und Mittlerin bin, die eng mit Meinem geliebten Sohn Jesus Christus zusammenarbeitet, um alle Seelen vor dem ewigen Ruin zu retten.

Meine Liebe zu euch, Kinder, ist sehr stark. Ich flehe für jede Seele — in jeder Sekunde des Tages — um Barmherzigkeit, indem Ich Meinen Vater um Milde bitte.

Aber, Kinder, ihr müsst helfen, indem ihr euch mit Mir im Gebet und im Opfer vereint, um allen Kindern Gottes zu helfen, in die Tore des Neuen Paradieses einzugehen.

Eure Himmlische Mutter
Mutter der Erlösung

329. Jesus offenbart den vollkommenen Ablass für eine totale Absolution.

Dienstag, 31. Januar 2012, 21:30 Uhr

Diese Botschaft wurde Maria von der Göttlichen Barmherzigkeit nach eineinhalb Stunden — während der Eucharistischen Anbetung — gegeben.

Meine innig geliebte Tochter, wie Ich Mich an der Liebe erfreue, die Mir von Meinen kostbaren Anhängern gezeigt wird, deren Liebe mit Meinem Heiligsten Herzen so eng umschlungen ist.

Ich habe an Meinen treu ergebenen Kindern Freude, deren Liebe für Mich Mir inmitten Meines Schmerzes solche Freude bringt.

Sie sind das Licht, das Mir die Stärke bringt, die Ich brauche, um Meine Armee zu führen.

Diese Meine auserwählten Kinder glauben, dass es ihr Glaube allein gewesen ist, der sie zu Mir gebracht hat.

Was sie nicht begreifen, ist, dass Mein Heiliger Geist auf sie herabstieg, besonders auf jene mit offenen Herzen, so dass sie sich Meiner Restkirche auf Erden anschließen konnten.

Sie, Meine geliebten Anhänger, die Gehorsam, einen entschlossenen Willen und reine Liebe in ihren Seelen zeigen, werden das Fundament sein, auf das Ich jetzt Meine Kirche auf Erden wiederaufbauen werde.

Meiner Armee werden — aufgrund ihrer Liebe zu Mir — jetzt ganz besondere Gnaden gegeben werden.

Ich gewähre ihnen diesen vollkommenen Ablass, um es ihnen zu ermöglichen, dass sie Meine Fackel des Feuers tragen, damit sie die Bekehrung ausbreiten können.

Dieses Geschenk von Mir wird es ihnen ermöglichen, die Wahrheit Meines Heiligen Wortes auszubreiten, so dass es überall, wohin sie gehen, Herzen berühren wird.

Sie müssen folgendes Gebet an sieben aufeinander folgenden Tagen sprechen, und ihnen wird das Geschenk der totalen Absolution und die Kraft des Heiligen Geistes gegeben werden.

„O Mein Jesus, Du bist das Licht der Erde, Du bist die Flamme, die alle Seelen berührt.

Deine Barmherzigkeit und Deine Liebe kennen keine Grenzen.

Wir sind des Opfers nicht würdig, das Du durch Deinen Tod am Kreuz gebracht hast.

Doch wissen wir, dass Deine Liebe zu uns größer ist als die Liebe, die wir für Dich haben.

Gewähre uns, O Herr, das Geschenk der Demut, so dass wir Deines Neuen Königreiches würdig werden.

Erfülle uns mit dem Heiligen Geist, damit wir voranschreiten und Deine Armee anführen können, um die Wahrheit Deines Heiligen Wortes öffentlich zu verkünden, und damit wir unsere Brüder und Schwestern auf die Herrlichkeit Deines Zweiten Kommens auf Erden vorbereiten können.

Wir ehren Dich.

Wir loben Dich.

Wir bieten uns selbst, unseren Kummer, unsere Leiden als ein Geschenk an Dich an, um Seelen zu retten.

Wir lieben Dich, Jesus.

Habe Erbarmen mit all Deinen Kindern, wo auch immer sie sein mögen. Amen."

Geht hin in Frieden, Meine geliebten Anhänger, und vergesst nicht, dass eure Liebe für Mich Mein Herz entflammt und Meinem Ewigen Vater, Meiner seligen Mutter, den Engeln und allen Heiligen im Himmel große Freude bringt.

Ich liebe euch alle. Ich erwarte den Moment, an dem Ich jeden Einzelnen von euch in Meine Arme schließen werde, so dass ihr den Frieden, die Liebe und die Freude finden werdet, wonach ihr euch euer ganzes Leben lang auf Erden gesehnt habt.

Euer geliebter Jesus Christus

Anmerkung des Übersetzers zum Begriff "totale Absolution"

Bevor einige, wo jetzt in der Botschaft 329 der Begriff "totale Absolution" ´gebraucht wird, alle Botschaften verwerfen, sollte man Folgendes überlegen:

Selbstverständliche ist nach einer Beichte die Lossprechung, die Absolution, immer total, uneingeschränkt, was die Sünden betrifft. Es gibt keine teilweise Vergebung.

Aber in dieser Botschaft ist das Wort "total" nicht auf die Sünden bezogen, sondern auf die Menschen.

Die Katholiken können theoretisch jeden Tag beichten und damit jeden Tag sakramental eine totale Absolution erwirken, wenn sie überhaupt noch einen Priester finden, der regelmäßig die Beichte hört.

(Die Katholiken haben übrigens auch die Möglichkeit, bei Einhaltung bestimmter Bedingungen täglich einen vollkommenen Ablass ihrer Sündenstrafen zu erwirken.)

Die Nichtkatholiken, aber auch die Katholiken in der Diaspora, die sich immer mehr ausbreitet, haben die Möglichkeit einer Beichte nicht. Gott möchte aber alle Menschen retten und daher bietet er jetzt - unter dem Gesichtspunkt, dass die Zeit kurz ist - allen Menschen, vor allen den Nichtkatholiken, die "totale Absolution" an, also nicht nur die auf einen Teil der Menschen beschränkte Absolution.

Somit ist dieses Angebot der "totalen Absolution" an die Nichtkatholiken gerichtet oder an jene Katholiken, denen es trotz Bemühen nicht gelingt, einen Priester zu finden, der ihnen die Beichte abnimmt.

Selbstverständlich ist jeder Katholik nach wie vor verpflichtet, das Sakrament der Beichte weiterhin in Anspruch zu nehmen, wenn er kann.

Anmerkung des Übersetzers zum Begriff "totale Absolution" in den Botschaften 329 und 331

330. Jungfrau Maria: Niemand wird verhindern, dass der Welt das Buch der Wahrheit offenbart wird.

Mittwoch, 1. Februar 2012, 20:15 Uhr

Mein Kind, wenn du für Meinen geliebten Sohn, Jesus Christus, arbeitest, musst du zu jeder Zeit Gehorsam zeigen.

Bezweifle niemals Sein Heiliges Wort; denn Er spricht die Wahrheit und nichts als die Wahrheit.

So viele Meiner Kinder bezweifeln jedes Wort, das Er seit dem Anbeginn sagt. Für jeden, der Sein Heiliges Wort befolgt, wie es im Buch Meines Vaters enthalten ist, gibt es immer einen anderen, der Sein Wort auf eine andere Weise interpretiert.

Du musst alles tun, was von dir unter der Führung Meines Sohnes verlangt wird. Erliege niemals jenen, die fordern, dass Seine Worte ihrer Interpretation angepasst werden.

Mach dich jetzt schnell auf, Mein Kind, und überbringe die Botschaften, die der Welt von Meinen Sohn gegeben werden, um die Sünder zu retten, die in die Irre gegangen sind.

Mein Sohn hat nur eine Absicht, und die ist, Seelen zu retten.

Habe keine Angst, Mein Kind, weil nichts, was Mein Sohn euch sagt, den Lehren Seiner höchst heiligen Kirche auf Erden widerspricht.

Seine Geschenke an Meine Kinder sind etwas ganz Besonderes und werden in dieser Zeit, der Endzeit, für alle Seelen gegeben.

So großzügig und barmherzig ist Mein Sohn, dass Er die Sünder mit besonderen Gnaden überschütten will, um ihre Erlösung zu sichern.

Jeder, der versucht, Meinen Sohn in Seiner Mission, die Welt auf Sein Zweites Kommen vorzubereiten, aufzuhalten, wird durch die Hand Meines Ewigen Vaters daran gehindert werden.

Diese Arbeit, um das Buch der Wahrheit — mit dem Brechen der Siegel — zu enthüllen, ist für Meinen Vater eine der wichtigsten Aufgaben auf Erden.

Der Welt ist die Wahrheit zu diesem Zeitpunkt versprochen worden.

Allen Seelen, den Gläubigen und den Ungläubigen, muss die Wahrheit gesagt werden; denn sie sind so weit von der Kirche entfernt, dass sie ihnen auf diese Weise vermittelt werden muss.

Alle Engel sind zur Erde gesandt worden, um die Menschheit gegen den Betrüger zu schützen und gegen die Lügen, die er über die Wahrheit der ewigen Erlösung ausbreitet.

Die Menschheit möchte die Wahrheit vielleicht nicht hören, und dir werden viele Hindernisse in den Weg gelegt werden, Mein Kind, aber das wird nutzlos sein.

Niemand wird verhindern, dass der Welt das Buch der Wahrheit offenbart wird; denn sollten sie versuchen, das zu tun, wird die Macht Meines Vaters entfesselt werden wie feurige Flammen, die sich vom Himmel ergießen.

Mein Kind, bezweifle niemals diese Botschaften, die dir gegeben werden.

Ändere niemals auch nur ein Wort, um denjenigen entgegenzukommen, die versuchen, dich dazu zu bringen, das Wort Gottes abzuändern.

Es kann nur einen Lehrmeister geben, und das ist Gott, im Namen des Vaters, des Sohnes und des Heiligen Geistes.

Gehe jetzt hin, mit der Gewissheit, die du brauchst.

Vergiss nicht, dass diese Botschaften von Meinem Sohn für alle Kinder Gottes sind und nicht nur für Seine katholische Kirche oder für Sein auserwähltes Volk, die Juden. Sie sind für jedermann.

Jede Seele wird von Meinem Vater gleichermaßen geliebt. Keine Seele wird für wichtiger erachtet als eine andere.

Eure Himmlische Mutter
Mutter der Erlösung

331. Dachtet ihr, dass Ich euch bis zum Jüngsten Tag unbeachtet lassen würde?

Donnerstag, 2. Februar 2012, 15:30 Uhr

Meine innig geliebte Tochter, wie erfreut bin Ich über die Antwort Meiner Anhänger auf Mein großes Geschenk eines vollkommenen Ablasses für eine totale Absolution.

Aber wie traurig bin Ich wegen jener undankbaren Herzen, die Mein Geschenk zurückweisen.

Diese Seelen verstehen nicht, dass nur Gott der Vater dieses Geschenk eines vollkommenen Ablasses bewilligen kann.

Ob es der Welt durch Meinen Heiligen Stellvertreter oder durch Mich, euren Göttlichen Erlöser, gegeben wird, ist nicht wichtig.

Was wichtig ist, ist, dass nur wenig Zeit verbleibt, die Seelen der Menschheit zu retten.

An jene, die Mein Wort bezweifeln: Ihr sollt wissen, dass Ich es bin, euer Göttlicher Erlöser, der aus dem Himmel mit euch spricht.

Akzeptiert ihr nicht, dass Ich existiere? Dass Ich euch in dieser Endzeit eine Botschaft senden möchte?

Dachtet ihr, dass Ich euch bis zum Jüngsten Tag unbeachtet lassen würde? Dass Ich eure Seelen nicht vorbereiten würde, indem Ich mit euch auf diese Weise kommuniziere?

Wenn ihr an Mich glaubt, dann müsst ihr auch an ein Göttliches Eingreifen glauben. Und wenn ihr nicht an Mich glaubt, dann habt ihr eure Herzen nicht geöffnet.

Woher wisst Ihr, dass Ich es bin?

Ich bitte euch, dass ihr euch jetzt hinsetzt und mit Mir vertraulich sprecht. Bittet Mich um die Gnade des Heiligen Geistes, und Ich werde offenen und reinen Seelen sofort antworten.

Legt eure Rüstung nieder und erlaubt Mir, euch dieses besondere Geschenk zu geben.

Ihr sollt wissen, dass ihr Mich verletzt, wenn ihr Meine Geschenke zurückweist. Bedeutet das auch, dass ihr Meine Barmherzigkeit zurückweisen werdet?

Beugt eure Häupter und bittet um Vergebung. Wenn ihr in demütiger Dankbarkeit zu Mir kommt, werde Ich euch über die Wahrheit aufklären.

Wenn ihr eure Augen für die Wahrheit öffnet, werden eure Tränen fließen — weil ihr dann versteht — und ihr werdet Mir schließlich für Mein großes Geschenk der Absolution danken.

Euer Göttlicher Erlöser
Jesus Christus

332. Jungfrau Maria: Hass ist Hass. Es gibt keine zwei Arten von Hass. Sie sind dasselbe.

Samstag, 4. Februar 2012, 10:09 Uhr

Mein Kind, das Böse breitet sich in bestimmten Gegenden der Welt schnell aus.

Während Kriege — mit Hass in den Seelen — organisiert werden, überflutet der Heilige Geist zur selben Zeit in verschiedenen Teilen der Welt die Seelen anderer Menschen.

Die Schlacht der Seelen hat begonnen. Gute Seelen gegen böse Seelen.

Mein Kind, vermute niemals, dass diejenigen, die eine verhärtete Seele haben, auch diejenigen sind, die keinen Glauben haben oder deren Glaube nur „lauwarm" ist.

Viele, die leidenschaftlich an Meinen Sohn Jesus Christus glauben, werden jetzt durch die Versuchung „gewendet" werden.

Ihr Geist wird mit Zweifeln erfüllt werden, was sie gegenüber dem Wort Meines geliebten Sohnes blind werden lässt, während Er durch dich, Mein Kind, zu der Welt spricht.

Ihr Hass, mit dem sie gegen Sein Heiliges Wort vorgehen, wird ebenso stark sein wie der Hass, der von Mördern gegenüber ihren Opfern gezeigt wird.

Der Hass kommt vom Betrüger.

Durch den Teufel werden Lügen verbreitet, der schwache Seelen dazu benutzt, die Wahrheit zu untergraben.

Hass ist Hass. Es gibt keine zwei Arten von Hass. Sie sind dasselbe.

Der Stolz jener loyalen Seelen wird jetzt aufgestachelt werden, da vom Teufel ein letzter Versuch unternommen wird zu verhindern, dass diese äußerst dringenden Botschaften für die Welt verbreitet werden.

Mein Sohn braucht die Unterstützung Seiner geliebten Anhänger, um Seine Armee auf Erden aufzubauen. Diese Armee wird aufgrund Seiner loyalen Anhänger gebildet werden.

Seid versichert, dass es diese Gruppe sein wird, deren Herzen zuerst verhärtet werden.

Man kann keine Seele verhärten, die sich bereits in der Dunkelheit befindet. Und so werden es die Seelen sein, die sich im Licht befinden, welche vom Betrüger in Versuchung geführt werden.

Sie werden dann Lügen ausbreiten, um Meinen Sohn zu verletzen und um diese Arbeit zu verzögern.

Sie werden nicht verstehen, dass dies mit ihnen geschieht, weil sie denken, dass es ihre Aufgabe sein wird, das wahre Wort Meines Sohnes zu verteidigen.

Dadurch dass sie an diesen Botschaften, die Er dir gibt, etwas zu bemängeln haben, Mein Kind, wird Mein Sohn gequält.

Das grundlegende Fundament Seiner Kirche wird Ihm bald den Rücken zuwenden. Sie werden Ihn verleugnen, und dann werden sie Ihn erneut kreuzigen.

Ihr Stolz hält sie davon ab, ihre Augen zu öffnen, wenn Er jetzt mit liebevoll geöffneten Armen vor ihnen steht.

Mein Kind, Ich bitte dringend darum, dass sich alle Kinder Gottes zu einer Einheit zusammenschließen und gemeinsam für die Rettung aller Seelen kämpfen.

Mein Kind, so viele Menschen hören in dieser jetzigen Zeit nicht auf diese Botschaften, aber nachdem die Warnung stattgefunden hat, werden sie auf die Botschaften hören.

Betet, betet, betet für diejenigen Seelen, welche euch Schmerz bereiten, euch verleumden und Lügen über euch verbreiten.

Ich werde euch jetzt ein Kreuzzug-Gebet (25) geben, um den Schutz für alle Meine Seher und für diejenigen zu erbitten, die von Gott dem Vater auserwählt worden sind, in diesen Zeiten Sein höchst heiliges Wort auf der Erde zu verbreiten.

„O Gott, Allerhöchster,
ich bitte Dich innig, all Deinen gottgeweihten Boten in der Welt Schutz zu gewähren.
Ich bete, dass sie vor dem Hass anderer geschützt werden mögen.
Ich bitte darum, dass Dein Höchstheiliges Wort überall auf der Welt schnell verbreitet wird.
Schütze Deine Boten vor Beschimpfungen und übler Nachrede, vor Misshandlungen, vor Lügen und vor jeder Art von Gefahr.
Schütze ihre Familien und bedecke sie zu jeder Zeit mit dem Heiligen Geist, damit die Botschaften, die sie der Welt geben, mit reuevollen und demütigen Herzen beherzigt werden. Amen. "

Mein Kind, Stolz ist ein Charakterzug, der den Augen Meines Vaters sehr missfällt. Es ist für Ihn noch schmerzvoller, wenn die Sünde des Stolzes in die Seelen von frommen und heiligen Seelen eindringt und wenn sie sich weigern, die Wahrheit Seines Heiligen Wortes anzunehmen, welches der Welt heute durch Seine Boten gegeben wird.

Sie müssen um das Geschenk des Unterscheidungsvermögens der Wahrheit bitten, welches durch die Kraft des Heiligen Geistes nur demütigen Seelen mit einem reinen Herzen ohne Stolz und Arroganz gewährt wird.

Eure geliebte Mutter
Mutter der Erlösung

333. Die Kriege, welche den Iran, Israel, Ägypten und Syrien umfassen, sind miteinander verbunden.

Samstag, 4. Februar 2012, 10.55 Uhr

Meine innigst geliebte Tochter, deine Loyalität Mir gegenüber wird jeden Tag geprüft. So viele versuchen, dich an deiner Arbeit für Mich zu hindern, doch wegen des Heiligen Schutzes, der dir vom Himmel gewährt wird, gelingt es ihnen nicht. Diejenigen, die versuchen, dir Schmerz, Leid und Beleidigungen zuzufügen, werden bestraft werden.

Ich werde solch eine Handlungsweise nicht dulden.

Vergiss nicht, dass es vorausgesagt worden ist, dass kein Mensch das Feuer des Heiligen Geistes aufhalten kann, das sich — ausgehend von Meinen höchst heiligen Botschaften — auf die ganze Menschheit ergießen wird.

Ich bitte dich deshalb, dass du weiterhin die dir in den Weg gelegten Hindernisse ignorierst und den Hass nicht beachtest; denn er kommt von Satan.

Wenn man sich vom Hass erfassen lässt, dann breitet er sich aus.

Ignoriere ihn, und er wird absterben, weil er nicht die Nahrung finden kann, die er braucht, um zu wachsen und sich wie ein Eitergeschwür zu entwickeln.

Nun möchte Ich euch, Meinen Kindern, mitteilen, dass sich die Ereignisse, welche im Buch der Offenbarung (= der Geheimen Offenbarung nach Johannes) vorausgesagt worden sind, jetzt in der Welt entfalten.

Meine Kinder dürfen sich nicht von Angst erfassen lassen, denn euer Glaube und eure Gebete werden helfen, die Auswirkungen des Krieges, des Völkermords, der Hungersnot und des Glaubensabfalls abzuschwächen.

Es werden Kriege entstehen, die den Iran, Israel, Ägypten und Syrien umfassen. Alle diese Kriege werden sich miteinander verbinden.

So wird auch Italien die negativen Auswirkungen erleiden, die mit dem Emporkommen des falschen Propheten und seines Partners, des Antichristen, zusammenhängen werden.

Betet innig, dass nicht alle Länder in eine weltweite Machtstruktur hineingezogen werden, die euer Geld kontrollieren wird. Denn sollten sie damit Erfolg haben, dann wird es sehr schwer werden.

Betet zu Gott dem Vater, damit Er diese schrecklichen Dinge abwenden kann.

Das Gebet für die Seelen anderer Menschen wird eure eigene Seele retten. Das ist alles, was Ich von euch verlange: Gebet.

Betet, ebenso, für die Bekehrung der Menschen.

Es dauert jetzt nicht mehr lange, bis alle diese Dinge einen Sinn ergeben, Meine Tochter. Alles wird gut werden, sobald sich — nach der Warnung — die Bekehrung ausbreitet.

Gehe jetzt und sage Meinen Kindern, sich niemals zu fürchten, wenn sie Mein Wort öffentlich verkünden. Ich werde an ihrer Seite stehen.

Wenn sie verspottet werden, können sie sich der Wahrheit dieses, Meines höchst heiligen Wortes, sicher sein.

Euer geliebter Jesus

334. Gott der Vater: Die Welt ist im Begriff, eine Strafe zu erleiden — Mein Eingreifen ist notwendig.

Samstag, 4. Februar 2012, 15:00 Uhr

Meine Tochter die Welt ist im Begriff, eine Strafe zu erleiden wegen der schrecklichen Sünde, die von der Menschheit begangen wird.

Obwohl viel von dieser Strafe bereits abgewendet worden ist, wird Meine Hand jetzt auf die Schlechtigkeit herabfallen, die an jeder Ecke der Welt verübt wird.

So viel Hass auf Mich, Gott den Vater, muss gestoppt werden, oder Meine Kinder werden noch schrecklichere Dinge erleiden.

Ich bereite die Welt jetzt auf die Veränderungen vor, die notwendig sind, um die Erde zu reinigen, damit alle Dinge Meinem Plan, die Menschheit zu retten, entsprechen.

So viele Seelen werden durch die Sünde gequält.

Ich bin der Gott der ganzen Schöpfung, und Ich werde Mich nicht zurücklehnen und zusehen, wie Meine Kinder sich gegenseitig vernichten.

Meine Tochter, es gibt einen bösartigen Plan, einen Großteil der Menschheit durch den Krieg zu vernichten.

Diese Kriege geschehen nicht zufällig.

Habt ihr wahrgenommen, wie viele Kriege — in so vielen Nationen, und überall auf der Welt — stattfinden?

Dies alles geschieht durch die Hand des Antichristen, der geduldig auf seinen Augenblick des Ruhmes auf Erden wartet.

Er wird, wenn die Nationen auf ihren Knien darniederliegen, in der Öffentlichkeit auftreten und einen falschen Frieden — seiner eigenen hinterhältigen Machart — schaffen. Dies wird aber nur eine Maske zur Täuschung der Menschen sein.

Meine Strafe wird über jene Nationen entfesselt werden, die an diesem großen Betrug teilnehmen, die Welt durch die Inbesitznahme der Nationen zu kontrollieren.

Sei stark, Meine Tochter; denn diese Zeitperiode — zu der die Erde schwanken wird — wird nicht lange andauern. Sie ist notwendig, um Meine Kinder wachzurütteln.

Sie, Meine Kinder, sind gewarnt worden, aber Meine Stimme ist verhasst.

Meine armen Kinder, die ein gutes Leben führen und die mit Bestürzung auf das Böse in ihrer Welt sehen, müssen verstehen, dass Mein Eingreifen notwendig ist.

Wenn Ich nicht das, was geschieht, aufhalte, dann wird ein Großteil der Menschheit vernichtet werden.

Betet, dass Meine Kinder um den Frieden in euren Ländern beten werden.

Habt niemals Angst, Mein Wort öffentlich zu verkünden, selbst wenn ihr verfolgt werdet. Denn nur eine einzige Seele, die ihren Glauben laut bekennt, reicht aus, um Hunderte von Bekehrungen zu bewirken.

Geht hin in Frieden. Die Zeit ist für Mich, Gott den Vater, gekommen, das Aufbrechen der Siegel gutzuheißen. Nur dann wird die Menschheit akzeptieren, dass sie machtlos ist.

Sie kontrollieren die Welt nicht; denn es kann nicht so sein.

Nur der Schöpfer der ganzen Menschheit hat die Macht über Satan, und jetzt werde Ich eine Strafe über jene kalten Herzen und über jene dunklen Seelen, die ihm ihre Treue geschworen haben, entfesseln.

Die Endphase der Reinigung wird jetzt beginnen.

Gott der Vater

335. Jungfrau Maria: Wenn ihr den Rosenkranz betet, könnt ihr helfen, eure Nation zu retten.

Sonntag, 5. Februar 2012, 13:15 Uhr

Mein Kind, Ich rufe alle Meine Kinder auf, in dieser Zeit um die Einigkeit der Menschen in der Welt zu beten.

Der Glaube an Meinen Sohn schwindet, und Meine Kinder werden mit ausgehungerten Seelen zurückgelassen.

Ich bin euer Unbeflecktes Herz, und aufgrund der Liebe, die Ich für Meinen kostbaren Sohn, Jesus Christus, habe, werde Ich mit Ihm eng zusammenarbeiten, um die Menschheit zu retten.

Dadurch dass ihr darum betet, dass Ich Fürsprache einlege, werde Ich Meinen Vater, Gott den Allerhöchsten, bitten, dass Er Seine Hand der Gerechtigkeit nicht zur strengen Bestrafung einsetzt, welche Er ansonsten auf die Erde herabgießen wird, und zwar um zu verhindern, das sich die Schlechtigkeit weiter ausbreitet.

Ich werde euch dabei helfen, Kinder, näher an das Herz Meines Sohnes zu kommen. Wenn wir zusammenarbeiten, Meine Kinder, können wir überall auf der Welt die Katastrophen abwenden.

Vergesst niemals die Wichtigkeit Meines äußerst heiligen Rosenkranzes; denn wenn ihr ihn jeden Tag betet, könnt ihr helfen, eure Nation zu retten.

Satans Macht wird geschwächt, wenn ihr Meinen Rosenkranz betet. Er läuft dann unter großen Schmerzen davon und wird machtlos. Es ist äußerst wichtig — egal zu welcher christlichen Konfession ihr gehört — dass ihr diesen mindestens einmal täglich betet.

So viele Menschen akzeptieren Mich, eure himmlische Mutter, nicht.

Wie Mein Sohn werde Ich zurückgewiesen, verachtet, beleidigt und erniedrigt. Doch indem ihr um Meine Hilfe bittet, kann Ich die Seelen direkt zum Heiligsten Herzen Meines Sohnes, Jesus Christus, bringen.

Mein Sohn, Jesus Christus, ist euer Erlöser, Kinder, und Er wird Sünder niemals zurückweisen, egal wie schwarz eure Seelen sind.

Wenn es euch Leid tut, Ihn verletzt zu haben, dann ruft einfach Mich, eure liebende Mutter, und Ich werde euch an der Hand nehmen und zu Ihm bringen.

Mein Sohn bereitet Sein Kommen vor, um alle Seine Kinder zusammenzuführen, damit ihr alle euch mit Ihm im Neuen Paradies auf Erden vereinen könnt. Nur reine und demütige Seelen können hineingehen.

Ihr müsst mit euren Vorbereitungen jetzt beginnen. Fangt mit dem Beten Meines Heiligen Rosenkranzes an.

So wichtig ist dieses Gebet, dass es jetzt selbst ein Kreuzzug-Gebet werden muss.

Kreuzzug-Gebet (26) „Der Heilige Rosenkranz zur Jungfrau Maria"

Empfindet den Frieden, Kinder, der euch einhüllt, wenn ihr Meinen Rosenkranz betrachtend betet.

Nachdem ihr ihn gebetet habt — und während die dadurch vermittelten Gnaden über euch ausgeschüttet werden —, werdet ihr erkennen, dass der Betrüger sich von euch entfernt hat und an seine Stelle Liebe getreten ist. Liebe kommt von Meinem Ewigen Vater.

Wenn ihr Liebe in euren Herzen spürt, dann werdet ihr wissen, dass ihr dabei seid, die Schlacht gegen den Teufel zu gewinnen und über ihn zu siegen.

Eure geliebte Königin der Engel
Mutter der Erlösung

336. Betet, dass ein Atomkrieg, der ein Drittel der Menschheit auslöschen würde, abgewendet werden kann.

Montag, 6. Februar 2012, 20:15 Uhr

Meine innig geliebte Tochter, Meine Anhänger müssen sich zu einer Familie zusammenschließen und stark bleiben.

Ich gewähre all Meinen geliebten und vertrauenden Anhängern die Gnaden, inmitten des Sturmes gelassen zu bleiben.

Obwohl die Erde weiterhin auf jede Art und Weise schwankt, sind eure Gebete während dieser Zeit tröstlich für Mich.

Wie bricht es Mir das Herz, wenn Ich die Unschuldigen sehe, die in den Kriegen im Nahen Osten getötet werden. Diese armen Seelen werden gegeißelt und leiden, gerade so, wie es Mir widerfuhr.

Die Boshaftigkeit, die Ich sehe, wird vermindert werden und die Hand Meines Vaters wird zögern, aber das wird diese Länder nicht daran hindern, einander zu vernichten.

Die Siegel sind aufgebrochen worden, Meine Tochter, und es werden sich schnell Kriege entwickeln.

Betet, dass der weltweite Schrecken eines Atomkriegs, der ein Drittel der Menschheit auslöschen würde, abgewendet werden kann.

Ich brauche mehr Gebet, Kinder. Mir ist klar, wie intensiv ihr betet, aber bitte, Ich flehe euch an, ladet möglichst viele Gebetsgruppen, Freunde und Familien dazu ein für den Frieden zu beten.

Ich gebe euch jetzt ein neues Kreuzzug-Gebet (27): Gebet um den Frieden in der Welt:

„O mein Jesus, ich flehe um Erbarmen für diejenigen, die unter schrecklichen Kriegen leiden.

Ich flehe um Frieden für jene gequälten Nationen, die für die Wahrheit Deiner Existenz blind sind.

Bitte bedecke diese Nationen mit der Kraft des Heiligen Geistes, damit sie ihr Streben nach Macht über unschuldige Seelen beenden.

Habe Erbarmen mit all Deinen Ländern, die machtlos gegen die bösen Gräuel sind, welche die ganze Welt bedecken. Amen."

Meine Tochter, Ich bitte dich dringend, geduldig zu sein; denn es wird nicht mehr lange bis zur „Beichte" dauern. Sobald sie stattfindet, wird alles ruhiger werden.

Geht hin in Frieden und Liebe. Setzt vor allem euer ganzes Vertrauen auf euren geliebten Jesus.

Euer Erlöser
Jesus Christus

337. Betreffend die Geheimnisse, die eine so lange Zeit in den Archiven des Göttlichen Reiches verborgen waren.

Dienstag, 7. Februar 2012, 20:00 Uhr

Ich bin euer geliebter Jesus, der Sohn Gottes, des Allerhöchsten, geboren aus dem Unbefleckten Herzen Mariens. Ich komme im Namen der Allerheiligsten Dreifaltigkeit.

Dies sind die Tage, Meine innig geliebte Tochter, die du am schwersten finden wirst. Dein Leiden, welches du Mir — mit Freude und Hingabe in deinem Herzen — übergabst, wird viele Seelen retten. Du musst tapfer sein, wenn du dies tust, und musst nicht um deine Gesundheit besorgt sein. Denn dies ist nur eine weitere Prüfung, die nicht allzu lange andauern wird, die aber viel dazu beitragen wird, Mir verirrte Seelen zuzuführen.

Mein Buch der Wahrheit wird gegeben, damit die Gläubigen zu Zeugen Meiner Bekanntmachung der Mysterien werden, die so lange in den Archiven des Göttlichen Reiches verborgen waren.

Jetzt, wo die Wahrheit enthüllt wird, muss die Menschheit akzeptieren, dass dieses Mein Heiligstes Wort, jetzt jedem Menschen dargeboten wird, damit er es erwägt.

Dies wird euren Seelen eine süße Erleichterung bieten, aber es wird für jene, die Mir ferne stehen, sehr schwer anzunehmen sein.

Die Bitterkeit der Wahrheit ist schwer zu verdauen, aber, wenn diese angenommen wird, wird sie denjenigen Trost bringen, die akzeptieren, dass tatsächlich Ich, euer kostbarer Jesus, es bin, der kommt, um euch in dieser Zeit zu umarmen.

Ich, das Lamm Gottes, komme jetzt, um euch hin zu eurer Erlösung zu führen.

Ohne Meine Hilfe wäre das nicht möglich.

Ich bringe euch jetzt das Licht, und ihr müsst hinter Mir her gehen, während Ich euch zum Neuen Paradies führe.

Ich rufe euch alle auf, tapfer, stark und furchtlos zu sein in der schrecklichen Wildnis, in der ihr euch jetzt wiederfindet.

Es wird nicht leicht sein, aber Ich verspreche euch, dass die Stärke, die Ich euch geben werde, diese Reise weniger schwer machen wird.

Akzeptiert das, was ihr in der Welt geschehen seht, da sich die Reinigung mit einer großen Stärke fortsetzt. Denn dies ist notwendig.

Betet, betet, betet um Geduld und um Ausdauer, denn ihr müsst euch über die Finsternis erheben und Mir helfen, die ganze Menschheit in das Licht zu bringen.

Verliert niemals die Hoffnung. Vergesst nur nicht, dass alles, worauf es ankommt, die Vereinigung der Menschheit ist.

Eure Gebete, euer Leid und eure Liebe zu Mir werden helfen, Meine heilige und kostbare Familie in Meinem Neuen Paradies auf Erden zu vereinen.

Seht freudig nach vorne, Kinder; denn dies ist das Leben, für das ihr bestimmt seid, wenn ihr Meinem Heiligen Willen folgt.

Ich liebe euch. Ich segne euch, liebe Kinder, für eure Liebe und euer Mitgefühl für Mich, euren geliebten Erlöser.

Euer Jesus

338. Jungfrau Maria: Der Teufel wird nicht ruhen, bis die katholische Kirche zu Boden gerungen worden ist.

Mittwoch, 8. Februar 2012, 20:30 Uhr

Ich bin die Unbefleckte Empfängnis. Ich bin die Jungfrau Maria, die Mutter Gottes.

Mein Kind, diese arme Welt ist in Aufruhr und in dem Maße, wie sich dies fortsetzt, wird auch der Zeitpunkt für die „Warnung" Tag für Tag näher heran rücken.

Es ist vorausgesagt worden, dass der Hass gegen Meinen Sohn bis in Seine Heilige Kirche auf Erden vordringen wird. Dies ist bereits geschehen.

Der Teufel wird nicht ruhen, bis die katholische Kirche zu Boden gerungen worden ist.

Wenn die Kirche zusammenbricht, werden zwei Parteien entstehen. Egal, wie viel die Kirche erleiden wird: Sie kann nicht untergehen und sie wird auch nicht untergehen. Denn das ist nicht möglich, Kinder.

Denn obwohl Gott der Vater möglicherweise zulässt, dass der Kirche auf Erden die gleiche Geißelung zugefügt wird, wie diejenige, die von Meinem geliebten Sohn, Jesus Christus, erlitten wurde, so wird sie dennoch, ebenso wie Mein kostbarer Sohn, in Herrlichkeit aufs Neue auferstehen.

Verlasst niemals die katholische Kirche.

Lehnt auch niemals die anderen Christlichen Kirchen Meines Sohnes ab. Denn ihr alle seid Anhänger von Christus.

Alle von euch, die Meinem Sohn gegenüber ergeben sind, müssen ihre Differenzen hintanstellen und müssen sich vereinen, um gegen den Antichristen zu kämpfen.

Betet um die Vereinigung aller Kinder Gottes durch dieses besondere Kreuzzug-Gebet (28)

"O Gott, Allerhöchster,

wir knien vor Dir und bitten Dich: Vereine alle Deine Kinder in diesem Kampf zur Verteidigung Deiner Christlichen Kirchen auf Erden.

Lass nicht zu, dass uns unsere Differenzen spalten — in dieser Zeit des großen Glaubensabfalls in der Welt.

In unserer Liebe zu Dir, lieber Vater, flehen wir Dich an: Schenk uns die Gnade, einander zu lieben im Namen Deines geliebten Sohnes, unseres Erlösers, Jesus Christus.

Wir beten Dich an.

Wir lieben Dich.

Wir schließen uns zusammen, um gemeinsam für die Stärke zu kämpfen, Deine Christlichen Kirchen auf Erden zu verteidigen, in allen Prüfungen, die in den kommenden Jahren vielleicht auf uns zukommen. Amen."

Vertraut auf Mich, Kinder, dass Ich euch zum Neuen Paradies führe und in die Zeit der Regentschaft Meines Sohnes auf Erden, so, wie es sein soll.

Eure liebende Mutter
Mutter der Erlösung

339. Sehr bald wird ein Mann in Erscheinung treten, der erklären wird, dass er Ich sei.

Mittwoch, 8. Februar 2012, 20:45 Uhr

Meine innig geliebte Tochter, es wird jetzt nicht mehr lange dauern, bis alle vorhergesagten Prophezeiungen vor den Augen einer ungläubigen Welt entschleiert werden.

Sogar jenen unreinen Seelen, die Mir, ihrem Göttlichen Erlöser, und Meinem Ewigen Vater aus dem Weg gehen, wird das nicht entgehen. Sie werden sich Gedanken machen, warum dies geschieht, und werden schließlich — zum ersten Mal — begreifen, dass sie ihr eigenes Schicksal nicht in der Hand haben.

Trotz all ihrer irrigen Auffassungen und trotz ihrer Vorstellungen, dass sie ein Recht auf einen persönlichen Vorteil hätten, werden sie bald die Wahrheit erkennen.

Meine Tochter, der Weg, der voran führt, ist es, zu beten, dass diese Seelen — wie sehr sie sich auch von Mir abgewendet haben — nicht der Anziehungskraft des Antichristen und des falschen Propheten erliegen.

Sehr bald wird ein Mann in Erscheinung treten, der erklären wird, dass er Ich sei. Aber natürlich kann das nicht sein; denn Ich werde bis zum wirklichen Ende nicht wiederkommen.

Und doch wird er alle Eigenschaften aufweisen, um schwache Seelen zu täuschen und um sie dazu zu bringen, zu glauben, dass Ich es bin.

Er wird Wunder wirken, große Friedenstaten vollbringen, humanitäre Anliegen verfolgen, und er wird Dinge tun, die der Öffentlichkeit seine Warmherzigkeit und Zuneigung für sie zeigen sollen.

Er wird verehrt werden und seine Kräfte werden von Satan, dem König der Finsternis, kommen.

So überzeugend wird er sein, dass — wenn er Zeichen zeigt, die man den großen Heiligen zuschreibt — viele Meiner gottgeweihten Diener in Demut zu seinen Füßen fallen werden.

Mein Wort, das dir, der wahren Endzeitprophetin, gegeben wird, wird zurückgewiesen und als eine Irrlehre abgelehnt werden.

Ich gebe dir, Meine Tochter, jetzt eine Fülle an Warnungen, damit möglichst vielen Meiner Kinder die Wahrheit übermittelt werden kann, bevor das geschieht.

Lasst euch nicht von denjenigen täuschen, die sich selbst erhöhen und sich vor euren Augen als „heilig" darstellen. Lasst euch nicht dahingehend täuschen, dass humanitäre Taten immer von Mir kommen würden.

Der Teufel ist ein Lügner. Er ist gerissen und er wird — zu bestimmten Zeiten — nach außen hin eine liebevolle und karitative Fassade präsentieren.

Hütet euch vor jenen Organisationen, die von sehr wohlhabenden Personen dirigiert werden, die sich ihrer Anstrengungen, die Menschheit zu retten, rühmen. Viele von ihnen arbeiten insgeheim daran, Mein Wort schlecht zu machen.

Diese Art des Betrugs wird vom Antichristen benutzt werden, um gutgesinnte, aber leicht zu täuschende Anhänger anzuwerben.

Sobald ihr verführt wurdet, werdet ihr in die Falle gehen. Dann werdet ihr so getäuscht werden, dass ihr das Zeichen des Tieres annehmt, was ihr um jeden Preis vermeiden müsst — oder ihr werdet für immer für Mich verloren sein.

Seid jederzeit auf der Hut.

Eure Aufgabe ist einfach. Vergesst nicht, dass es nur einen Gott gibt, drei Personen in der Allerheiligsten Dreifaltigkeit, Gott der Vater, der Sohn und der Heilige Geist.

Alles andere, was davon abweicht und euch präsentiert wird, existiert nicht.

Euer geliebter Erlöser
Jesus Christus

340. Unzucht, Pornografie und Prostitution sind alles Todsünden.

Donnerstag, 9. Februar 2012, 15:00 Uhr

Meine innig geliebte Tochter, der Mensch muss sich von der Sünde abwenden, und zwar bald. So viele Sünden werden heute nicht mehr als solche gesehen.

So viel Kummer wird Meinem Vater bereitet ohne jedes Schuldgefühl.

Kinder, ihr müsst innehalten. Ihr zerstört euer Leben. Satan verhöhnt Mich, da er mit jenen Seelen prahlt, die er Mir jede einzelne Sekunde stiehlt.

Wenn ihr die Seelen — Millionen von ihnen — in das Feuer der Ewigkeit stürzen sehen würdet, so würdet ihr vor Schreck sterben.

Wie bricht es Mir das Herz, den Schrecken zu sehen, den diese Seelen, welche auf Erden in schrecklicher Sünde lebten, ertragen müssen.

Die Sünden, deren sie schuldig waren, sind nicht immer diejenigen, von denen ihr annehmt, dass es Todsünden sind.

Ich spreche über die Unzucht, die in der Welt heute so leicht akzeptiert wird, das Teilnehmen an und Ansehen von Pornografie, Prostitution und sexuellen Missbrauch.

Ich verweise auf den Hass gegen andere sowie auf diejenigen, welche jenen, die weniger Glück haben als sie selbst, Schmerz und Elend verursachen.

So auch die Sünde der Abgötterei, wo ihr materielle Güter über alles andere verehrt, — doch sie sind nichts als Asche.

Versteht ihr nicht, dass ihr, sobald ihr auf diese Weise sündigt, jeden Tag von Mir weiter entfernt werdet? Dann wird es sehr schwer, euch aus dem Griff zu befreien, in dem euch der König der Finsternis gefangen hält.

Werdet wach, Kinder. Seid euch der Existenz der Hölle bewusst und seid sehr besorgt, nicht in die Tore der ewigen Verdammung einzugehen.

Ich sage euch das, nicht um euch zu erschrecken, sondern um sicherzustellen, dass ihr versteht, dass die Todsünde euch dorthin bringen wird, falls ihr jetzt nicht zu Mir umkehrt.

Gebet — und viel davon — wird erforderlich sein, um zu Mir umzukehren, aber hört. Zu jenen unter euch, die verzweifelt sind, unglücklich sind und sich hilflos fühlen wegen des Abgrunds der Sünde, in dem ihr euch befindet, sage Ich: Bittet einfach und Ich werde euch vergeben.

Ihr müsst jetzt wahre Reue zeigen und zur Beichte gehen. Wenn es euch nicht möglich ist, zur Beichte zu gehen, dann sprecht Mein Kreuzzug-Gebet für einen vollkommenen Ablass für die Absolution für die Dauer von sieben aufeinander folgenden Tagen.

O Mein Jesus, Du bist das Licht der Erde, Du bist die Flamme, die alle Seelen berührt.

Deine Barmherzigkeit und Deine Liebe kennen keine Grenzen.

Wir sind des Opfers nicht würdig, das Du durch Deinen Tod am Kreuz gebracht hast.

Doch wissen wir, dass Deine Liebe zu uns größer ist als die Liebe, die wir für Dich haben.

Gewähre uns, O Herr, das Geschenk der Demut, so dass wir Deines Neuen Königreiches würdig werden.

Erfülle uns mit dem Heiligen Geist, damit wir voranschreiten und Deine Armee anführen können, um die Wahrheit Deines Heiligen Wortes öffentlich zu verkünden, und damit wir unsere Brüder und Schwestern auf die Herrlichkeit Deines Zweiten Kommens auf Erden vorbereiten können.

Wir ehren Dich.

Wir loben Dich.

Wir bieten uns selbst, unseren Kummer, unsere Leiden als ein Geschenk an Dich an, um Seelen zu retten.

Wir lieben Dich, Jesus.

Habe Erbarmen mit all Deinen Kindern, wo auch immer sie sein mögen. Amen.

Ich gebe die Sünder niemals auf und fühle eine besondere Zuneigung zu ihnen.

Ich liebe sie auf eine ganz besondere Weise, aber Ich verabscheue ihre Sünden.

Helft Mir, euch zu retten, Kinder. Wartet nicht, bis es zu spät ist.

Euer geliebter Jesus

341. Gott der Vater: Man wird vor der „Warnung", als Bestandteil einer geringfügigen Strafe, Erdbeben spüren.

Freitag, 10. Februar 2012, 19:50 Uhr

Ich bin Gott der Vater, der Schöpfer aller Dinge. Ich komme im Namen der Allerheiligsten Dreifaltigkeit.

Meine geliebte Tochter, Ich gebe heute bekannt, dass jetzt alle Vorbereitungen für die große Barmherzigkeit Meines Sohnes vollendet worden sind.

Informiere bitte Meine Kinder über ihre Verpflichtung, für alle Seelen zu beten, die sich von Mir, ihrem Ewigen Vater, entfernt haben. Nur ihr, Kinder, könnt dabei helfen, diese Seelen zu retten.

Ich möchte euch auch informieren, dass man — da Ich eine geringfügige Strafe (vom Himmel) herabsende, um jene bösen Seelen zu bestrafen, die ihre Landsleute quälen — eine Reihe von Erdbeben spüren wird.

Meine Tochter, sobald diese Strafe vorüber ist, wird die Zeit für die „Warnung" da sein.

Die Menschheit wird Meinen Sohn ehren — wenn sie Vergebung sucht für die Art und Weise, wie sie Mich verletzt hat.

Viele werden sich bekehren. Viele werden sterben. Die Seelen derjenigen, die sterben werden, können durch eure Gebete gerettet werden. Danach wird sich die Welt ein wenig beruhigen, und es wird Zeit gewährt werden, um zu bereuen.

Haltet euch immer vor Augen, dass Ich alle Meine Kinder liebe —, aber wie jeder guter Vater muss Ich Meine Kinder strafen, damit sie den Unterschied zwischen richtig und falsch verstehen.

Diese Reinigung wird Meine Kinder aufwecken, und viel mehr von ihnen werden die Gnaden — mit Dankbarkeit — annehmen, wenn sie während der „Warnung" über die Menschheit ausgegossen werden.

Ich liebe euch, Kinder, und es ist Mein Wunsch, jeden von euch zu retten, einschließlich jener verhärteten Seelen, welche die Existenz der Allerheiligsten Dreifaltigkeit nicht akzeptieren werden.

Euer geliebter Vater
Gott der Allerhöchste

342. Mein armer Heiliger Stellvertreter, Papst Benedikt XVI. wird vom Heiligen Stuhl in Rom vertrieben werden.

Samstag, 11. Februar 2012, 11:30 Uhr

Meine innig geliebte Tochter, die Kriege eskalieren überall und sehr bald wird die Hand Meines Vaters dazwischenfahren, um dieses Übel zu einem Halt zu bringen.

Habe keine Angst; denn die Pläne, die Menschheit zu retten, sind vollendet, und es wird jetzt nicht mehr lange dauern bis zu Meiner Großen Barmherzigkeit, die jedem von euch gegeben werden wird.

Fürchtet niemals die Werke des Antichristen, denn ihr, liebe Kinder, habt die Macht in euch, seinen Klammergriff um die Welt durch eure Gebete zu schwächen.

Weitere Anführer der Welt werden bald getötet werden, und Mein armer Heiliger Stellvertreter, Papst Benedikt XVI. wird vom Heiligen Stuhl in Rom vertrieben werden.

Im letzten Jahr, Meine Tochter, sprach Ich zu dir von der Verschwörung innerhalb der Korridore des Vatikans.

Am 17. März 2011 wurde — in aller Stille — ein Plan, Meinen Heiligen Stellvertreter zu vernichten, ausgearbeitet, und dieser wird verwirklicht werden; denn es ist vorausgesagt worden.

Verbreitet Mein heiliges Wort jetzt bis in jeden Winkel der Welt und sorgt dafür, dass die gedruckten Versionen Meiner Botschaften in so vielen Ländern wie möglich verbreitet werden.

Du wirst geführt. Daher musst du tun, was am besten ist. Bitte Mich im Gebet, dir Hilfe zu senden, und es wird dafür gesorgt werden.

Euer Jesus

343. Andere Länder werden England folgen und das Gebet in der Öffentlichkeit verbieten.

Sonntag, 12. Februar 2012, 10:30 Uhr

Mein Kind, wie Ich weine, wenn Ich sehe, wie viele versuchen, die Ehrerbietung an Meinen geliebten Sohn auszumerzen.

Ich sagte dir bereits früher, dass die Schlacht begonnen hat. Die Pläne, in England das öffentliche Gebet zu Gott, dem Vater, und zu Seinem kostbaren Sohn, Jesus Christus, zu verbieten, haben bereits ihren Anfang genommen.

Dies ist nur der Anfang. Sehr bald wird das Gebetsverbot an Schulen und anderen öffentliche Orten gelten, bis es gesetzwidrig werden wird, in Kirchen, die Meinem Sohn, Jesus Christus, geweiht sind, zu beten.

Der Hass gegen Meinen Sohn — unter den Menschen und unter denjenigen, die sich in hohen Rängen befinden — bringt es mit sich, dass sie alles tun werden, was sie können, um die öffentliche Ausübung des christlichen Glaubens zu verbieten.

Diejenigen, die Meinen Sohn hassen, sagen, dass sie an Meinen Sohn nicht glauben. Aber wie können sie so viel Hass auf jemanden haben, an den sie nicht glauben?

Ihre Verachtung für Meinen Sohn wird klarer werden, sobald andere Länder England folgen, um die öffentliche Ausübung des christlichen Glaubens zu verbieten.

Es wird eine Straftat werden, Meinen Sohn zu ehren.

Andere Religionen, die Gott den Vater anerkennen, werden ebenfalls zu leiden haben.

Jedoch werden sie nicht in dem Maße zu leiden haben wie die römisch-katholische Kirche und andere Christen. Ihr Leiden wird intensiv werden.

Betet, Kinder, um einen großen Teil dieses Übels abzuwenden, das jetzt klarer hervortritt.

So lange Zeit sind diejenigen im Verborgenen geblieben, die behaupten, nicht an Meinen Sohn zu glauben.

Jetzt werden sie voll Selbstvertrauen hervortreten und Meinen Sohn durch das Leiden verfolgen, das sie Seinen Anhängern zufügen werden.

Betet intensiv, Kinder, um euren Glauben zu schützen und euer Recht zu bewahren, Meinen Sohn öffentlich zu ehren, ohne euch schämen zu müssen.

Bitte betet das folgende Kreuzzug-Gebet (29), um die Ausübung des christlichen Glaubens zu schützen:

"O mein Herr Jesus Christus,

ich flehe Dich an, gieße Deinen Heiligen Geist über alle Deine Kinder aus.

Ich bitte Dich, vergib denjenigen, die in ihren Seelen Hass auf Dich haben.

Ich bete, dass die Atheisten während Deiner Großen Barmherzigkeit ihre verhärteten Herzen öffnen und dass Deine Kinder, die Dich lieben, Dich mit Würde ehren können, um sich über alle Verfolgung zu erheben.

Bitte erfülle alle Deine Kinder mit dem Geschenk Deines Geistes, damit sie sich mutig erheben können und Deine Armee in den Endkampf gegen Satan führen können, gegen seine Dämonen und alle jene Seelen, die Sklaven seiner falschen Versprechungen sind. Amen."

Geh hin in Frieden, Mein Kind, und sage der Welt, dass sie sich auf diese große Ungerechtigkeit vorbereiten soll.

Ich danke dir, dass du heute Meinem Ruf gefolgt bist.

Maria, Königin aller Engel
Mutter der Erlösung

344. Die Heilige Bibel wird nicht zu Gunsten dieser Botschaften beiseite geschoben.

Sonntag, 12. Februar 2012, 15:00 Uhr

Meine innig geliebte Tochter, Ich habe dich gestern vermisst. Ich weckte dich während der Nacht, erinnerst du dich? Du warst zu müde, aber wie gern Ich doch da mit dir gesprochen hätte.

Heute muss Ich dich dringend bitten, der Welt zu sagen, dass der Krieg um sich greifen wird und dass, wenn nicht mehr von Meinen Anhängern beten, es einen Atomkrieg geben wird, der auferlegt wird.

Dieser ist nahe, und Gebet kann diesen abwenden — zusammen mit der Hand Meines Ewigen Vaters.

Es ist notwendig, dass mehr von Meinen Anhängern Mein Heiliges Wort verbreiten, welches der ganzen Menschheit zum Wohle eurer Seelen gegeben wird.

Du, Meine Tochter, wirst von denjenigen angegriffen, die sagen, dass das Heilige Buch Meines Vaters zu Gunsten dieser Botschaften beiseitegeschoben wird. Dem ist nicht so.

Meine Botschaften in dieser Zeit sollen die in der Bibel enthaltenen Lehren bekräftigen, weil so viele in der heutigen Welt nicht wissen, was darin enthalten ist.

Auch werden sie die Warnzeichen der Endzeit nicht erkennen, wenn Ich sie euch jetzt nicht offenbare.

Warum geschieht dies? Ich muss eure Seelen auf Mein Neues Paradies vorbereiten. Habt niemals das Gefühl, dass Ich versuche, euch auf einen anderen Weg zu bringen.

Denn es gibt nur einen Weg zum Paradies und Ich bin derjenige, der euch zu seinen Toren führen wird.

Nehmt euch Mein Wort zu Herzen.

Hört auf Meinen Ruf.

Geht mit Mir, hoch erhobenen Hauptes und ohne Angst in euren Herzen, da Ich Meine Armee so anführe, dass sie Mir hilft, Mein Königreich auf der Erde zurückzugewinnen.

Euer geliebter Jesus

345. Satans letzte Tage: Es ist wie bei einer Wespe. Wenn sie stirbt, wird ihr Stich am schmerzhaftesten sein.

Montag, 13. Februar 2012, 15:30 Uhr

Meine Tochter, bitte halte Dir vor Augen, dass die Menschen sich nur umzuschauen brauchen, um zu wissen, dass große Veränderungen in die Welt getreten sind.

Die gewöhnlichen Ereignisse des Tages erscheinen nicht mehr als dieselben. Die Freuden, die ihr, Kinder, aus dem materiellen Gewinn schöpft, haben ihren Glanz verloren. Sie wirken auf euch nicht mehr anziehend. Sie sind mit einem Beigeschmack der Nichtigkeit durchtränkt.

Warum ist das so? Wisst ihr nicht, dass das die Geißel des Antichristen und seine Anwesenheit auf Erden ist, welche diese Schatten wirft?

Er, die Brut Satans, infiziert jede Ebene eurer Gesellschaft einschließlich der Politik, der Streitkräfte, der Finanzeinrichtungen, der humanitären Organisationen und sogar eure Kirchen.

Nicht ein Bereich ist verschont geblieben, sodass er (Satan) der Menschheit — in diesen, seinen letzten Tagen auf Erden — Schmerz zufügen kann.

Denkt daran, dass Ich, euer Jesus, euch, Meinen Anhängern, die Kraft des Heiligen Geistes gegeben habe, um diese bösen Täter machtlos zu machen.

Je mehr ihr euch während des Kampfes durch die Kraft eures Glaubens erhebt, desto schwächer wird der Griff des Antichristen werden.

Das Gebet, und besonders die Kreuzzug-Gebete, welche dir, Meiner Botin, gegeben werden, werden helfen, dieses Böse zu vertreiben.

Alles Böse kann durch das Gebet vernichtet werden. Es ist so einfach.

Die Tage, die Satan und seine Armee noch überleben werden, sind gezählt. Es ist jedoch so wie bei einer Wespe. Wenn sie stirbt, wird ihr Stich am schmerzhaftesten sein.

Zeigt während dieser Prüfungen Geduld und Durchhaltevermögen und ihr, Meine Armee, werdet voller Hoffnung und Zuversicht gemeinsam und miteinander vereint zu den Toren Meines Neuen Paradieses auf Erden marschieren.

Euer Erlöser Jesus Christus

346. Gott der Vater: Europa wird das erste Ziel des Roten Drachen sein — gefolgt von den USA.

Dienstag, 14. Februar 2012, 18:00 Uhr

Meine Tochter, Meine zeitliche Planung in Bezug auf Meine Strafe und auf die „Warnung" ist euch nicht zu wissen bestimmt.

Es besteht keine Notwendigkeit, sich über Meinen Göttlichen Zeitablauf Sorgen zu machen; denn dieser wird sich allein nach Meinem Heiligen Willen richten.

Wisst jedoch, dass der Rote Drache, über den euch vor einiger Zeit berichtet wurde, jetzt seinen Kopf unsicher erhoben hat — dies aber mit der todbringenden Absicht, überall auf der Welt die Christen zu verschlingen.

Nachdem er so lange geduldig gewartet hat, wird er jetzt herabstoßen und — mit Feuer aus seinem Maul — alles zerstören, was für die Verehrung von Mir, Gott dem Allerhöchsten, und von Meinem geliebten Sohn, Jesus Christus, steht.

Europa wird sein erstes Ziel sein — und dann die Vereinigten Staaten von Amerika.

Der Kommunismus wird eingeführt werden und wehe denjenigen, die sich der Herrschaft des Roten Drachen widersetzen.

Meine Tochter, Ich bin Mir bewusst, dass die jüngsten Göttlichen Botschaften, die dir gegeben wurden, unangenehm sind, aber die Wahrheit muss offenbart werden.

Nur durch die bekannt gemachten Prophezeiungen wird es geschehen, dass der Glaube wiederhergestellt werden wird. Das ist der Grund, warum die Prophezeiungen zum jetzigen Zeitpunkt Meinen Kindern gegeben werden, nämlich damit sie die Wahrheit Meiner Lehren anerkennen werden.

Alle Prophezeiungen, die Meinen Propheten Daniel und Johannes gegeben wurden, werden sich Schritt für Schritt verwirklichen.

Es werden dir, Meine Tochter, Einzelheiten bekannt gegeben werden, die dabei helfen sollen, den Rest Meiner Kirche auf Erden aufzubauen.

Sie, Meine Kinder, werden es notwendig haben, durch Meine Botschaften der Liebe getröstet zu werden und Ich werde ihnen dies versichern.

Stützt euch auf Mich, euren geliebten Vater, Kinder, und Ich werde euch die Gnaden geben, die ihr braucht, um den Feind zu besiegen.

Sie können nicht gewinnen, und ihre Macht wird nicht nur kurzlebig sein, sondern der Rote Drache und seine blinden Verbündeten werden in das Feuer der ewigen Verdammnis geworfen werden.

Betet für ihre Seelen; denn durch eure Gebete, um sie zu retten, könnt ihr ihnen helfen.

Die „Warnung" wird Satan, den roten Drachen und seine Armeen nur wenig berühren.

So verhärtet sind ihre Herzen, dass sie sich mit voller Absicht auf die Seite des Teufels stellen werden. Ihre Gefolgschaftstreue gilt dem falschen Paradies, das er ihnen verspricht.

Ebenso wie auserwählten Seelen das Geschenk von Erscheinungen gegeben wird oder — wie in deinem Fall — das Geschenk, Mich und Meinen geliebten Sohn, Jesus Christus, zu sehen, werden bestimmten Seelen Visionen Satans und seiner gefallenen Engel gezeigt.

Ihre Bindung an den Teufel ist so eng, dass viele Anhänger Satans lieber sterben würden als Mich, ihren Allmächtigen Vater, anzuerkennen.

Mein Versprechen ist das Folgende, Kinder:

Ich werde alle Meine Kinder schützen, die das Siegel Meiner Liebe in ihren Seelen eingeprägt haben.

Ihr werdet von der Verfolgung verschont werden, damit ihr stark bleibt, um mit eurer ganzen Kraft für diese bösen Leute zu beten.

Dies wird helfen, den Terror zu mindern und wird helfen, den Krieg, die Hungersnot und die Glaubensverfolgung abzuwenden.

Das Gebet zu Mir, eurem Vater, muss jetzt in eure täglichen Gebete mit aufgenommen werden und zwar durch dieses besondere Kreuzzugs-Gebet (30):

„O mein Ewiger Vater, Gott, Schöpfer des Universums,

im Namen Deines kostbaren Sohnes bitte ich Dich, mach, dass wir Dich mehr lieben.

Hilf uns, im Angesicht von Widrigkeiten tapfer, furchtlos und stark zu sein.

Nimm unsere Opfer, unser Leiden und unsere Prüfungen als ein Geschenk — dargebracht vor Deinem Thron — an, um Deine Kinder auf Erden zu retten.

Erweiche die Herzen der unreinen Seelen.

Öffne ihre Augen für die Wahrheit Deiner Liebe, damit sie gemeinsam mit all Deinen Kindern im Paradies auf Erden sein können,

welches Du gemäß Deinem Göttlichen Willen liebevoll für uns erschaffen hast. Amen."

Bitte ignoriert nicht Mein himmlisches Eingreifen in euer heutiges Leben, Kinder.

Denn diejenigen von euch, die eine tiefe Liebe zu Mir, eurem Vater, haben, wissen, dass Ich euch auf diese wichtige Reise vorbereiten muss.

Ich würde Meine Fürsorgepflicht als euer liebender Schöpfer und Vater nicht erfüllen, wenn Ich während dieser Zeit — der Endzeit, die ihr auf der Erde so, wie sie jetzt ist, kennt — nicht mit euch kommunizieren würde.

An diejenigen, die wegen Meiner höchstheiligen Worte möglicherweise verängstigt sind: Lasst Mich euch trösten, indem Ich euch sage, dass dies nicht das Ende der Welt bedeutet. Denn das ist nicht der Fall.

Es ist lediglich das Ende der Herrschaft Satans auf Erden, was begrüßt werden sollte, Kinder.

Die Zeit für Meinen Sohn, Seinen rechtmäßigen Thron einzunehmen, rückt näher; wenn es so weit ist, wird Er — zum Zweiten Mal — kommen, um über das neue vollkommene Paradies auf Erden zu regieren.

Mein Herz strömt vor Freude über, wenn Ich euch, Kinder, von der neuen Erde erzähle, die Ich für euch vorbereitet habe.

Meine Kinder werden für tausend Jahre in dem Paradies leben, das Ich für Adam und Eva schuf.

Es wird Friede, Liebe und Harmonie herrschen und ihr werdet keine offenen Wünsche haben.

Die Menschen werden heiraten, Kinder haben, und die Blumen, Flüsse, Meere, Berge und Seen werden atemberaubend sein. Die Tiere werden in Harmonie miteinander leben und ihr werdet unter der liebevollen Fürsorge Meines Sohnes, Jesus Christus, regiert werden.

Nur dann wird Mein Heiliger Wille ebenso auf Erden geschehen wie im Himmel.

Euer liebender Vater
Gott, der Schöpfer der ganzen Menschheit
Gott der Allerhöchste

347. Die böse Gruppe setzt die größte Lüge um, um die Länder unter ihre Kontrolle zu bringen.

Donnerstag, 16. Februar 2012, 20:00 Uhr

Meine innig geliebte Tochter, du musst Meinen Kindern, all jenen Anhängern von Mir, sagen, dass sie sich zusammenschließen und durch das Gebet eine „Kette des Schutzes" bilden sollen.

Indem ihr euch als Brüder und Schwestern im Gebet für jene verirrten Kinder — die umherirren und die nach der Liebe zu Mir suchen, die aber in ihren Seelen keinen Frieden finden können — zusammenschließt, könnt ihr sie retten.

Sie benötigen euer Gebet, denn die „Warnung" wird diese armen Seelen nicht bekehren.

Ihr, Meine treuen Anhänger, bringt Mir den Trost, den Ich brauche, wenn Ich den schrecklichen Schmerz und die schweren Lebensumstände sehe, die jetzt von Meinen Kindern in fast jedem Winkel der Welt erlitten werden.

Diese böse Gruppe, die aus einigen der mächtigsten Menschen der Welt und aus Angehörigen der Elite besteht, setzt die größte Lüge um – und zwar mittels ihrer bewussten Verschwörung, um die Länder im Nahen Osten, in Europa und die Vereinigten Staaten unter ihre Kontrolle zu bringen.

Ihr Plan enthüllt sich vor euren Augen. Könnt ihr das nicht sehen? Diesen Plan zu entwickeln hat Jahrzehnte gedauert.

Jedes Meiner Kinder muss zu jeder Zeit wachsam bleiben.

Erlaubt ihnen nicht, eure Länder zu übernehmen. Leistet ihnen Widerstand.

Das Geld ist ihre Waffe der Täuschung. Der Zusammenbruch eurer Bankensysteme war beabsichtigt. Jetzt machen sie sich daran, die nächste Phase ihres Plans zu vollenden.

Ihr, Kinder, könnt diese Entwicklung durch eure Gebete aufhalten.

Mein Vater legt ihnen bereits Hindernisse in ihren Weg.

Meine Anhänger erstrecken sich über viele Länder. Jetzt müsst ihr euch im Gebet zusammenschließen, um die europäischen Führer zu stoppen, von denen einige eine entscheidende Rolle dabei spielen, auf ihre böse Weise schreckliches Elend über unschuldige Menschen zu bringen.

Ich bitte euch dringend, dieses Kreuzzug-Gebet (31) zu sprechen, um sie aufzuhalten.

„O mein Jesus,

lass mein Gebet Deinen Heiligen Geist herabrufen, damit Er auf jene Führer herabsteigt, die getrieben sind von Lust, Habgier, Geiz und Stolz, auf dass die Verfolgung Deiner unschuldigen Kinder beendet wird.

Ich bitte Dich, verhindere es, dass Armut, Hunger und Krieg Deine Kinder verschlingen. Und ich bete, dass die europäischen Führer ihre Herzen für die Wahrheit Deiner Liebe öffnen werden. Amen."

Meine Tochter, die „Kette des Gebets" wird sich in der Länge und in der Breite ausdehnen und die Macht des Heiligen Geistes wird helfen, jene Leute, welche die Macht haben, das Leid zu beenden, zu stoppen und wird sie dazu bringen, in ihren Handlungen einzuhalten.

Verbreitet Mein Wort, um die Bekehrung auszubreiten.

Die Zeit, zu der Ich Meine Regentschaft antrete, ist nahe. Daher wird nicht mehr genug Zeit sein, um alle Seelen zu retten.

Tut alles, was ihr könnt — für Mich, euren Jesus, der euch alle liebt und schätzt.

Kinder, wir müssen um der ganzen Menschheit willen zusammenarbeiten – und zwar in unserem Kampf, um den Antichristen und seinen grausamen Plan des Betrugs zu verhindern.

Hoffnung, Liebe und Gebete, Kinder — das ist es, was Ich von euch erwarte.

Ich danke euch für all eure Treue und euren Gehorsam.

Ihr habt nicht gesehen, und dennoch habt ihr geglaubt. Sobald ihr Meine Stimme durch diese Botschaften hörtet, habt ihr Mich erkannt.

Ihr ward dazu wegen des Heiligen Geistes, der in euren Seelen regiert, imstande.

Ihr müsst dieses große Geschenk miteinander teilen, damit ihr all eure Lieben mit euch in Mein Neues Paradies auf Erden bringen könnt.

Ich liebe jeden Einzelnen von euch. Ihr bringt Mir solch einen Trost und so eine Freude.

Euer geliebter Jesus

348. Jungfrau Maria:
Führt die Abtreibung in Irland ein und ihr zertrennt die Verbindung zu Meinem Herzen.
Freitag, 17. Februar 2012, 15:30 Uhr

Ich bin eure geliebte Mutter, Königin der Engel, die Jungfrau Maria, die Unbefleckte Empfängnis.

Oh, wie Ich heute weine, da Irland, das Land, das sich Mir, seiner geliebten Mutter, am meisten weihte, zu einem Opfer des Teufels wird.

Eine große Finsternis ist auf dieses Land herabgekommen. So viele haben ihren Glauben verloren, ebenso, wie viele ihr Herz von Meinem geliebten Sohn, Jesus Christus, abgewandt haben.

Meine Kinder in Irland haben dem Teufel erlaubt, ihre Herzen zu versteinern.

Diejenigen, die Meinen Sohn lieben, haben Schmerzen, wenn sie den Säkularismus (= die Weltlichkeit) sehen, der die Kontrolle über dieses einst heilige Land übernommen hat.

Es sind jetzt Versuche im Gange, die Abtreibung einzuführen, und wenn das geschehen sollte, wird es das Herz Meines kostbaren Sohnes tief verletzen.

Meine Kinder, wenn ihr die Abtreibung in Irland einführen solltet, dann werdet ihr die Verbindung zertrennen, die euch so nahe an Mein Herz gebracht hat.

So viele Menschen in Irland beleidigen jetzt Meinen Sohn durch die Respektlosigkeit, die sie Ihm zeigen. Auch Ich werde nicht mehr geduldet, und Mein Name wird herabgewürdigt.

Kinder Irlands, ihr, die ihr als besondere Seelen auserwählt seid, um das Wort Meines Vaters an die ganze Welt zu vermitteln, ihr müsst auf Mich hören:

Betet, betet, betet, dass diese Pläne zur Einführung der Abtreibungsgesetze nicht umgesetzt werden.

Sollte dies geschehen, wird Irland im Königreich Meines Vaters viel Wohlwollen verlieren.

Die Sünde der Abtreibung ist in den Augen Meines Vaters die schwerwiegendste von allen. Sie ist die schlimmste Art des Völkermordes.

Ihr müsst dieses Böse bekämpfen, Kinder. Ihr müsst das jetzt tun — oder die letzte Göttliche Verbindung, die gestärkt werden sollte, wird stattdessen geschwächt werden.

Ihr müsst euch erheben, Kinder, und euren katholischen Glauben und eure christlichen Glaubensbekenntnisse zurückfordern; denn diese werden euch gestohlen.

Erlaubt denjenigen, die an der Macht sind, nicht, über euch zu spotten, wenn ihr das heilige Wort Gottes öffentlich verkündet.

Dieser Geist der Finsternis hat jetzt nicht nur euer Land bedeckt, sondern auch die Heiligtümer, an denen Ich eigentlich verehrt werden sollte.

Ich weine vor Kummer, da Ich sehe, dass Mein geliebtes Irland vom Weg abkommt.

Und doch gibt es Hoffnung, Kinder. Aber ihr müsst euch jetzt zusammenschließen, mit großer Kraft, um euren Glauben zu schützen.

Bald werdet ihr gezwungen werden, nicht nur euren katholischen Glauben aufzugeben, sondern auch euren ganzen christlichen Glauben.

Bewahrt euer Land vor dem Sozialismus und vor weltlichen Diktaturen und fordert es zurück.

Sie werden sich auf die Bürgerrechte berufen, aber sie werden genau die grundlegenden Rechte, von denen sie behaupten, sie zu schützen, verweigern, einschließlich des Rechts, zu beten.

Sie werden euch — durch das Gesetz — dazu zwingen, das Recht, Kinder zu ermorden, die noch nicht geboren wurden, zu akzeptieren.

Haltet Euch vor Augen, dass jede einzelne Seele von Gott, dem Allmächtigen Vater, liebevoll erschaffen wurde.

Jedweder Mensch, der sich für die Abtreibung entscheidet oder bei der bösen Tat der Abtreibung hilft, begeht eine Todsünde.

Betet, betet, betet Mein Kreuzzug-Gebet für Irland (32):

„O Mutter der Erlösung,

bete für Deine Kinder in Irland, damit wir (sie) von dem bösen Akt der Abtreibung verschont bleiben.

Schütze diese heilige Nation vor einem Tiefersinken in die Verzweiflung wegen der Dunkelheit, die unser (ihr) Land bedeckt.

Befreie uns (sie) vom Bösen, der Deine Kinder noch vor ihrer Geburt vernichten will.

Bete, dass die (politischen) Führer den Mut haben werden, auf jene zu hören, die Deinen Sohn lieben, auf dass sie den Lehren unseres Herrn Jesus Christus folgen werden. Amen."

Gehe jetzt, Mein Kind, und sage Meinen Kindern in Irland, dass sie stark sein müssen. Sie müssen für das aufstehen, was richtig ist.

Sie dürfen niemals Angst haben, die Wahrheit, das Heilige Wort Gottes, öffentlich zu verkünden, egal wie schwer das sein mag.

Eure geliebte Königin des Himmels

349. Die europäischen Länder werden unter eine Diktatur geraten, die nicht besser sein wird als diejenige zur Zeit Hitlers.

Samstag, 18. Februar 2012, 13:24 Uhr

Meine innig geliebte Tochter, es ist Meine Absicht, beim Herabfallen der Hand Meines Vaters — was in Kürze eintreten wird, um die Menschheit für ihre Schlechtigkeit zu bestrafen — möglichst viele Meiner Anhänger zu schützen. Und zu verhindern, dass schreckliche Gräueltaten von Sündern, die viele Nationen zerstören wollen, begangen werden.

Ihr alle werdet beschützt werden, aber ihr tragt für die anderen eine Verantwortung.

Gebt jetzt Acht, wie die europäischen Länder unter eine Diktatur geraten, die nicht besser sein wird als diejenige zur Zeit Hitlers.

Die durch die Weltgruppe geschmiedeten Pläne, um jedes Land in Europa zu übernehmen, sind ausgearbeitet.

Babylon wird — wie vorausgesagt — stürzen.

Der Bär und der rote Drache werden einen Krieg beginnen, genauso wie es prophezeit wurde.

Rom wird zum Sitz einer bösen Macht und ihrer Herrschaftsausübung werden.

Italien wird zerfallen.

Griechenland wird der Katalysator (= Beschleuniger) sein, der den Vorwand liefern wird, um Babylon zu stürzen.

Alles wird der Welt jetzt offenbart werden.

Das Gebet kann die Qual Meiner armen Kinder lindern, die gezwungen sein werden, um das Essen, um ihre Münder zu versorgen, zu betteln.

Sie werden wie Kinder behandelt werden, aber man wird auf sie trampeln, da sie von der globalen Gruppe versklavt werden, die mit den europäischen Führern zusammenarbeitet.

Sie sind Verräter, sie alle, nicht nur jenen gegenüber, denen sie dienen, sondern auch Gott, Meinem Allmächtigen Vater, gegenüber.

Sein Name wird von dieser Gruppe, welche in ihren Ländern die Ehrerbietung Ihm gegenüber verboten haben, gehasst.

Dafür werden sie leiden. Sie werden bestraft werden und daran gehindert werden, ihre böse Mission zu erfüllen.

Der Zorn Meines geliebten Vaters hat jetzt eine noch nie dagewesene Stärke erreicht, da der Aufstieg des großen roten Drachen nahe bevorsteht.

So viel Zerstörung, Kinder, so viel Machtgier und Herrschsucht, so viel Hass auf Mich, ihren Göttlichen Retter.

Satans vier Boten sind herabgekommen und arbeiten jetzt innerhalb dieser Gruppen.

Jene bösen und mächtigen Führer werden vom Antichristen kontrolliert, der jetzt sehr aktiv ist. Der Antichrist betreibt eine sehr große Organisation.

So gerissen sind sie, dass nur wenige begreifen, was sie wirklich tun.

Meine Kinder, sie werden versuchen, die Macht an sich zu reißen, und es wird den Anschein haben, dass sich alle ihre Pläne entfalten.

Aber das ist der Zeitpunkt, an dem Mein Vater eingreifen wird.

Wehe denjenigen, die dem Zorn Meines Vaters gegenüberstehen werden.

Ihnen wird noch nicht einmal die Chance gegeben werden, vor Ihm zu zittern, wenn sie nicht sofort bereuen.

Nur sehr wenigen von euch, Kinder, wird die Wahrheit gegeben; denn viele dieser Leute kontrollieren die Nachrichten, von denen ihr glaubt, dass sie die Wahrheit sind.

Ihr habt keine anderen Mittel, um euch zu informieren, was in der Welt vor sich geht.

Denn diejenigen Organisationen, die ihr für verantwortungsvoll haltet und von denen ihr glaubt, dass sie sich um die Nationen kümmern, sind, in Wirklichkeit, genau diejenigen Gruppen, die vom Antichristen betrieben werden.

Die Nationen, welche ihr für böse haltet, werden zu Opfern gemacht und als Schachfiguren verwendet, damit sie — stattdessen — gegenüber der Außenwelt als böse erscheinen.

Ihr dürft nicht immer glauben, was euch im Namen der Gerechtigkeit präsentiert wird.

Betet innig für all eure Brüder und Schwestern, auf welche von diesen Leuten herumgetrampelt werden wird.

Betet, dass die „Warnung" ihr Handeln verzögern wird, und betet, dass die Auswirkungen des eingefädelten Planes zur Abschaffung Eurer Rechte auf euer Geld, auf euer Essen und auf euer Recht, den christlichen Glauben auszuüben und andere Religionen, die Meinen Vater ehren, zu praktizieren, abgeschwächt werden.

Euer geliebter Jesus Christus
Retter der Menschheit

350. Das Tier mit den zehn Hörnern ist die Europäische Union.

Sonntag, 19. Februar 2012, 3:00 Uhr

Meine innig geliebte Tochter, du darfst dich von diesen Botschaften nicht in Angst versetzen lassen.

Denn sie werden der Welt aus der Liebe heraus gegeben, die Ich für die ganze Menschheit habe.

Das Wissen um bevorstehende Ereignisse wird dabei helfen, Meine Kinder vorzubereiten, damit sie die Wahrheit verteidigen können.

Meine Warnungen können dabei helfen, die Bekehrung zu verbreiten, und sie werden es Meinen Kindern ermöglichen, die Wahrheit Meines Versprechens, dass Ich wieder zurückkomme, erneut anzuerkennen.

Mein Zweites Kommen wird noch zu euren Lebzeiten stattfinden, Kinder.

Euch, aus dieser auserwählten Generation, werden die Wunder Meiner herrlichen Regentschaft auf Erden zugutekommen.

Ich schließe diejenigen unter euch, Meine auserwählten Kinder, mit ein, die Mir den Rücken zugewandt haben und welche die Existenz Meines geliebten Vaters, Gott des Allerhöchsten, nicht anerkennen.

Meine Liebe wird diejenigen umhüllen, die Mich verachten. Sie werden sich zur rechten Zeit bekehren.

Das Anerkennen Meiner Botschaften — die dir gegeben werden, Meiner Endzeitprophetin, der die Verantwortung gegeben worden ist, die sieben Siegel zu öffnen — wird nicht genug sein.

Was wirklich wichtig ist, das ist das Seelenheil all eurer Brüder und Schwestern in der Welt.

Die zwei Verbündeten, Russland und China, werden ihre Kräfte bündeln. Das wird geschehen, wenn sich das Tier mit den zehn Hörnern erhebt, um sein schwer geprüftes, unschuldiges Volk zu beherrschen.

Das Tier mit den zehn Hörnern ist die Europäische Union, Meine Tochter, die im Buch der Offenbarung als Babylon bezeichnet wird. (= Die geheime Offenbarung des Evangelisten Johannes)

Babylon wird fallen und vom großen Roten Drachen, China, und von seinem Verbündeten, dem Bären, Russland, beherrscht werden.

Wenn dies geschieht, wird der Kommunismus herrschen, und wehe jedem, der dabei gesehen wird, wie er seine Religion in dessen Gegenwart ausübt.

Alle Religionen werden verboten sein, aber die Christen werden die größte Verfolgung erleiden.

Angehörige des römisch-katholischen Glaubens werden nicht im Geringsten geduldet werden, und sie werden die Heiligen Messen im Geheimen abhalten müssen.

Kinder, alle Meine Anhänger, die Zeit ist gekommen, um damit zu beginnen, eure Zukunft zu planen.

Ich werde euch zu jeder Zeit führen.

Fangt jetzt an, euch vorzubereiten, weil euch die Zeit gegeben werden wird, dies zu tun.

Wiederum weise Ich euch darauf hin: Das Gebet — und viel davon — wird die Macht des Tieres, des Bären und des Roten Drachen, schwächen.

Sie werden nur eine sehr kurze Zeit herrschen. Denn danach werden sie vernichtet werden.

Euer geliebter Erlöser
Retter der Menschheit
Jesus Christus

351. Gott der Vater: Erhebt euch nun und empfangt Mein Siegel, das Siegel des Lebendigen Gottes.

Montag, 20. Februar 2012; 12.20 Uhr

Meine geliebte Tochter, Mein Herz windet sich vor Trauer über die Sünden Meiner Kinder.

Ihr böser Hass aufeinander reißt Mein Herz entzwei — so, wie das bei jedem liebevollem Vater sein würde.

Es ist für Mich, als ob ein Schwert Mein Herz durchbohrt, das nicht mehr aus Meinem Herzen weichen will.

Ich bin Gott, der Allerhöchste, der aufgrund des freien Willens, den Ich allen Meinen Kindern gegeben habe, andauernden Schmerz wird ertragen müssen, solange, bis sich das Neue Paradies auf Erden gebildet hat.

Dann werdet ihr, Meine Kinder, euch zusammentun, im Einklang mit Meinem Heiligen Willen.

Solange bis das geschieht, kann es auf Erden keinen Frieden geben.

Nur dann, wenn der Teufel und diejenigen, die sklavisch den Lügen, die er verspricht, folgen, letztendlich vernichtet sein werden, kann die Welt zur Ruhe kommen.

Meine Tochter, sage Meinen Kindern, dass Ich den Gedanken an eine Bestrafung Meiner Kinder gar nicht gerne habe; denn Ich liebe sie.

Sie gehören zu Mir und sind Meine hochgeschätzte Schöpfung. Zu sehen, wie der Teufel ihre Seelen verdorben hat, ist eine ständige Qual für Mich, ihren geliebten Vater.

Ich habe das starke Bedürfnis, alle von euch liebevollen Kinder, die ihr über Meine Liebe zu euch Bescheid wisst und sie begreift, in Mein wunderschönes Neues Paradies auf Erden mitzunehmen.

Ich verspreche euch, dass die Verfolgung kurz sein wird und dass ihr geschützt werdet.

Denn Ich vermache euch jetzt das Siegel Meiner Liebe und Meines Schutzes.

Mit diesem Siegel werdet ihr der Wahrnehmung jener entkommen, die schwere Lebensumstände in euren Ländern verursachen werden.

Mein Siegel ist Mein Versprechen der Rettung. Aufgrund dieses Siegels wird euch Meine Kraft durchströmen und es wird euch kein Unheil widerfahren.

Dieses Siegel ist ein Wunder, Kinder, und nur diejenigen, die sich vor Mir, ihrem Herrn und dem Schöpfer aller Dinge, verneigen — wie kleine Kinder und mit Liebe für Mich in ihren Herzen — können mit diesem Göttlichen Geschenk gesegnet werden.

Erhebt euch nun und empfangt Mein Siegel, das Siegel des Lebendigen Gottes.

Betet dieses Kreuzzug-Gebet (33), um Mein Siegel zu würdigen, und empfangt es mit Liebe, Freude und Dankbarkeit.

„O mein Gott, mein liebender Vater, ich nehme Dein Göttliches Siegel des Schutzes mit Liebe und Dankbarkeit an.

Dein Göttliches Wesen umgibt meinen Leib und meine Seele bis in alle Ewigkeit.

Ich verneige mich in demütiger Danksagung und biete Dir meine tiefe Liebe und meine Treue zu Dir, meinem geliebten Vater, dar.

Ich bitte Dich, mich und meine Lieben mit diesem besonderen Siegel zu schützen, und ich gelobe Dir, mein Leben jetzt und immerdar in Deinem Dienst zu leben.

Ich liebe Dich, lieber Vater.

Ich tröste Dich in diesen Zeiten, lieber Vater.

Ich opfere Dir auf den Leib und das Blut, die Seele und die Gottheit Deines innig geliebten Sohnes zur Sühne für die Sünden der Welt und für die Rettung all Deiner Kinder. Amen."

Geht jetzt hin, Meine Kinder, und habt keine Furcht. Vertraut auf Mich, euren geliebten Vater, der jeden von euch liebevoll erschuf.

Ich kenne jede einzelne Seele, jeder Teil von euch ist Mir genau bekannt. Keiner von euch wird von Mir weniger geliebt als ein anderer.

Aus diesem Grund möchte Ich nicht eine Seele verlieren. Nicht eine einzige.

Bitte fahrt damit fort, jeden Tag Meinen Barmherzigkeitsrosenkranz zu beten.

Eines Tages werdet ihr verstehen, warum diese Reinigung erforderlich ist.

Euer liebender Vater im Himmel
Gott der Allerhöchste

352. Gott der Vater: Ihr seid entweder für Mich oder gegen Mich. Die Wahl ist die eure.

Dienstag, 21. Februar 2012, 0:30 Uhr

Dienstag, 21. Februar 2012, 0:30 Uhr

Ich bin Gott der Vater, der Schöpfer aller Dinge. Ich spreche heute Nacht mit dir im Namen der Heiligsten Dreifaltigkeit.

Meine Tochter, die Zeit ist gekommen, dass das erste von den Siegeln gebrochen wird — und wie sehr Mich dies traurig macht.

Ich habe versprochen, dass Ich, bevor das geschieht, denjenigen, die an Mich glauben, Mein Siegel des Schutzes — aufgebracht auf deren Stirne — anbieten werde.

Jetzt gebe Ich euch, Kinder, eine letzte Chance, aufzustehen und euch zu entscheiden.

Ihr seid entweder für Mich oder gegen Mich. Die Wahl ist die eure.

An diejenigen, die Mein Heiliges Wort — das dieser, der Endzeitprophetin, gegeben wird — zurückweisen: Ihr müsst Mir jetzt zuhören, wenn Ich spreche:

Ich gebe euch die Propheten, um euch zu führen.

Warum lehnt ihr Meine Liebe ab?

Warum erlaubt ihr es euren Zweifeln, euch blind für die Wahrheit zu machen?

So sehr Ich euch auch liebe, es ist nur noch wenig Zeit übrig, und euch werden nur Sekunden gegeben werden, um über euer eigenes Schicksal zu entscheiden; denn sehr bald wird Meine Geduld zu Ende sein.

Ignoriert Mein Rufen, und ihr werdet es schwer finden, Mich in der kommenden Wildnis zu finden.

Wenn ihr Mein Siegel der Liebe annehmt, werdet ihr zu jeder Zeit unter Meinem Schutz stehen.

Dieser Schutz wird ebenso eure Familien bedecken.

Dies ist Mein letzter Ruf, um euch Mein Siegel der Liebe anzubieten.

Nach diesem werdet ihr der Trostlosigkeit der Großen Drangsal gegenüberstehen — allein und ohne eine „Krücke", auf die ihr euch stützen könnt.

Kinder, Ich werde euch niemals zwingen, Mich zu lieben. Das ist eure eigene Entscheidung und — natürlich — kann Liebe nur aus dem Herzen kommen.

Ich strecke jetzt Meine Hand der Liebe aus. Wenn ihr Mich kennt, dann werdet ihr Mich erkennen.

Wenn ihr sagt, dass ihr Mich kennt, aber Meine Geste der Liebe und des Schutzes zurückweist, dann kennt ihr Mich in Wirklichkeit überhaupt nicht.

Meine Kinder, bleibt jetzt eng bei Mir; denn das erste Siegel ist schlussendlich geöffnet worden.

Die Erde wird überall in verschiedenen Teilen der Welt schwanken, und dann werdet ihr keine Zweifel mehr haben.

Weil Ich euch liebe, werde Ich anschließend auf eure Antwort warten.

Weist niemals Meine Propheten zurück; denn dann weist ihr Mich zurück.

Schadet Meinen Propheten oder verleumdet sie, und ihr macht dasselbe mit Mir; denn es ist Meine Stimme vom Himmel, die ihr beleidigt.

Viel besser ist es, wenn ihr überhaupt nicht sprecht und schweigt, falls ihr Zweifel habt.

Jetzt ist die Zeit, wo die Prophezeiungen bewiesen werden.

Viele werden vor Scham auf ihre Knie niederfallen und bereuen, wenn sie sehen, wie ihre Zurückweisung Meiner — durch Meine Endzeitprophetin vermittelten — Botschaften Mich entzwei gerissen hat.

Wie ihre Verurteilung und ihr Spott Mein heiliges Wort zum Gegenstand des Spottes gemacht haben.

Wie die Wahrheit zu bitter für sie war, um sie zu schlucken, und wie die Lügen von den falschen Propheten und von den Wahrsagern ihnen die seichte Bequemlichkeit gaben, die sie suchten.

Wie weit sind Meine Kinder von Mir abgefallen.

Wie undankbar sie sind.

An diejenigen, die Mich kennen und Mein Siegel annehmen: Wisst, dass ihr das ewige Leben haben werdet.

Ihr habt niemals Mein Wort angezweifelt, weil eure Demut und eure kindliche Liebe zu Mir bedeuteten, dass ihr es nicht zuließt, dass eure Ohren durch intellektuelle Gedankengänge gegenüber der Wahrheit verschlossen werden.

So viele Meiner wahren Propheten, welche im Laufe der letzten zwanzig Jahre zu euch gesandt wurden, wurden verspottet, misshandelt, gequält und in das Abseits gedrängt.

An diejenigen von euch, die Meine Botschaften verleumdet haben, ihr solltet euch schämen.

Und doch habt ihr die falschen Propheten umschwärmt und euch vor ihnen verneigt.

An euch stelle ich die Frage: Vor welchem Gott verbeugt ihr euch?

Ihr wisst, wer ihr seid. Für euch ist die Zeit gekommen, euch der Wahrheit zu stellen; denn entweder seid ihr für Mich oder gegen Mich. Wenn ihr Mich nicht erkennen könnt, dann seid ihr verloren.

An diejenigen, die Meine Stimme hören: Folgt Mir und helft Mir, die Überreste Meiner Kirche auf Erden wieder aufzubauen.

Ich werde euch durch das Chaos führen, das vom Antichristen verbreitet werden wird.

Ihr werdet nicht die Qualen erleiden, die denjenigen widerfahren werden, die sich weigern, falschen Idolen, der Habgier, dem Materialismus und dem Machthunger zu entsagen.

Ich fordere alle Meine Kinder auf, zuzuhören.

Ich bitte euch, eure Augen zu öffnen, bevor es zu spät ist.

Euer geliebter Vater
Gott der Allerhöchste

353. Warum weist ihr Meine Warnungen, um euch auf Mein Zweites Kommen vorzubereiten, zurück?

Dienstag, 21. Februar 2012, 19:45 Uhr

Meine innig geliebte Tochter, wie du doch in Meinem Namen und dem Meines geliebten Vaters leidest.

Du musst stark sein, denn diese Botschaften werden in einigen Kreisen Empörung hervorrufen, obwohl sie andere Seelen inspirieren und ihnen Kraft geben werden.

Während Meiner Zeit auf Erden wurde Mein Heiliges Wort von gelehrten Männern zurückgewiesen.

Ich wurde von den Priestern und von denjenigen, die behaupteten, heilige Männer zu sein, als ein Schwindler abgelehnt.

Diejenigen von euch, die sagen, dass die Behandlung, die Mir zuteil geworden ist, barbarisch war, haben Recht, — die sagen, dass die Menschen, die damals lebten, ungebildet, grob und böse waren, — die sagen, dass sie hinsichtlich ihrer Behandlung von Mir, ihrem geliebten Erlöser, grausam waren.

Einige mögen vielleicht sagen, dass diese unwissend waren und nichts von den Heiligen Schriften wussten. Aber das ist nicht wahr; denn diejenigen, die in der Welt von heute leben, sind — obwohl sie gebildeter und kenntnisreicher sind — nicht anders.

Diejenigen die sich vollständig in der heiligen Bibel auskennen und von denen ihr erwarten würdet, dass sie voller Aufmerksamkeit betreffend der darin enthaltenen Lehren sind, sind gegenüber der Wahrheit blind.

Denn bei ihrem ganzen Verstehen des Heiligen Buches Meines Vaters haben sie es dennoch versäumt, sich auf die Zeit, in der Ich wiederkommen werde, vorzubereiten.

Wann dachten sie, dass ihnen diese Zeit eingeräumt würde?

Die Zeit rückt sehr nahe an Mein Zweites Kommen auf Erden heran.

Und dennoch hat sich die Menschheit nicht auf Meine Ankunft vorbereitet.

Sogar Meine gottgeweihten Diener predigen nicht über die Bedeutung dieses äußerst glorreichen Ereignisses. Warum ist das so?

Habt ihr nichts gelernt? Was ist es, was Ich tun muss?

Wann dachtet ihr, dass Ich kommen würde — und warum denkt ihr, dass diese Zeit nicht nahe ist?

Was ist es, das euch blind macht und eure Ohren für den Klang Meiner Stimme verschließt?

Verwerft euren Mantel aus Gold, Silber und Reichtümern und akzeptiert, dass ihr nichts seid ohne Mich.

Ohne Meine Gnaden könnt ihr eure Seelen nicht auf Meine glorreiche Rückkehr vorbereiten.

Mein geliebter Vater sendet immerzu Seine Propheten, um Seine Kinder vorzubereiten. Er hat das seit dem Anfang der Zeit getan.

Warum weist ihr dann Meine Warnungen zurück, um euch auf Mein Zweites Kommen vorzubereiten?

Ich flehe euch an, auf Mich zu hören.

Ich kann euch nicht befehlen, Mir zuzuhören; denn euch ist das Geschenk des freien Willens gegeben worden.

Ich kann euch niemals zwingen oder euch den Befehl geben, zu handeln; denn das ist unmöglich.

Mein Vater wird niemals in euren freien Willen eingreifen.

Aber Er wird niemals zögern, euch zu warnen, euch zu führen und eure Seelen mit Gnaden zu überschwemmen, um euch stark zu machen.

Denjenigen mit geöffneten Herzen wird Er das Geschenk des Heiligen Geistes geben.

Diejenigen, die des Stolzes, der religiösen Aufgeblasenheit und der Arroganz schuldig sind, werden feststellen, dass es ihnen unmöglich ist, ihre Herzen zu öffnen — und zwar, weil es ihnen an der wichtigsten Eigenschaft von allen mangelt: der Demut.

Ohne Demut und Edelmut im Herzen könnt ihr nicht in die Nähe Meines Heiligsten Herzens kommen.

Kommt zu Mir, Kinder. Lasst Mich euch in Meine Herde eingliedern. So wie ein guter Hirte kann Ich euch in Sicherheit führen.

Euer Jesus
Erlöser der Menschheit

354. Das Fasten ist wichtig für eure Seelen.

Mittwoch, 22. Februar 2012, 19:00 Uhr

Diese Botschaft wurde von Maria von der Göttlichen Barmherzigkeit während der Anbetung der Heiligen Eucharistie empfangen.

Meine innig geliebte Tochter, sage Meinen Kindern, dass diese Fastenzeit eine Zeit der ruhigen Besinnung und des persönlichen Opfers ist und dass sie eine Gelegenheit ist, für die Linderung der Kriege in der Welt zu beten.

Ahmt Mein Fasten in der Wüste nach, indem ihr kleine Opfer bringt.

Das Fasten ist wichtig für eure Seelen. Es reinigt den Geist und ist eine große Tröstung für Mich.

Ihr könnt viele Seelen retten, wenn ihr nur einmal pro Woche fastet.

Dieses Fasten könnt ihr euren Vorstellungen entsprechend gestalten. Alles, worauf es ankommt, ist, dass ihr diesen Tag für die Seelen aufopfert.

Nutzt diese Zeit, um Mir in Meinem Kampf um die Seelen zu helfen.

Denkt über Mein Leben auf Erden nach und über das Geschenk, das Ich euch durch Meinen Tod am Kreuz gegeben habe, um all Meinen Kindern zum Ewigen Leben zu verhelfen.

Diese wenigen Wochen der Fastenzeit müssen verwendet werden, um eure Seelen und diejenigen eurer Brüder und Schwestern vorzubereiten.

Bitte bereitet euch auf die Karwoche und auf Ostern vor, indem ihr dieses Kreuzzug-Gebet (34), „Mein Geschenk des Fastens an Jesus" betet:

„O mein Jesus,

hilf mir, auf meine eigene kleine Weise Dein Leben des Opfers nachzuahmen, um die Menschheit zu retten.

Erlaube mir, Dir das Geschenk des Fastens an einem Tag in der Woche — während der ganzen Fastenzeit — anzubieten, um alle Menschen zu retten, damit sie die Tore des Neuen Paradieses auf Erden durchschreiten können.

Ich biete Dir, lieber Jesus, mein Opfer mit Liebe und Freude in meinem Herzen an, um Dir die Größe meiner Liebe zu zeigen.

Durch dieses Opfer bitte ich Dich um die Rettung aller Seelen, die vielleicht in Ungnade gefallen sein mögen. Amen."

Lasst nicht zu, dass eure Hoffnung auf die ewige Erlösung von Angst verdunkelt wird,

Kinder. Die Reinigung wird nur kurz andauern.

Ihr, Meine Anhänger, die das Siegel des Lebendigen Gottes annehmen, seid gesegnet.

Ihr dürft euch keine Sorgen machen.

Ihr müsst stark sein.

Ihr müsst voller Hoffnung sein und müsst eure Aufmerksamkeit zu jeder Zeit auf Mich richten.

Nur dann werdet ihr euch erheben und ohne zu zögern den dornigen Weg gehen.

Ich werde euch leiten und euch bei jedem Schritt auf eurer Reise führen.

Euer geliebter Jesus

355. Jungfrau Maria: Betet, damit ein Atomkrieg im Iran abgewendet werden kann.

Donnerstag, 23. Februar 2012, 16:00 Uhr

Mein Kind, es ist Zeit für Meine Kinder, sich — dem Wunsch Meines kostbaren Sohnes entsprechend — zu einer Einheit zusammenzuschließen, damit ein Atomkrieg im Iran abgewendet werden kann.

Dieser Krieg ist sehr nahe, und ihr müsst innig beten, um ihn zu stoppen; denn er wird Millionen von Gottes Kindern töten.

Satan und seine Dämonen arbeiten daran, schreckliche Vernichtung auszulösen.

Wenn sie Seelen töten, bevor ihnen eine Chance gegeben wird, sich in den Augen Meines Sohnes zu rehabilitieren, dann sind diese verloren.

Dies ist der Plan des Teufels.

Er sucht so viele Seelen heim, um sie davon abzuhalten, in das Königreich Meines Vaters einzugehen.

Mein Heiliger Rosenkranz kann, wenn alle Geheimnisse in einem einzigen Gebet gebetet werden, den Krieg verhindern, Kinder. (Anmerkung: Es handelt sich wohl um den sogenannten Psalter, der aus drei Rosenkränzen mit insgesamt 15 Geheimnissen (= Gesätzen) besteht, und zwar aus dem freudenreichen, dem schmerzhaften und dem glorreichen Rosenkranz. Vielleicht nimmt man sicherheitshalber den lichtreichen Rosenkranz mit weiteren 5 Gesätzen noch hinzu.)

Vereint euch jetzt für einen Tag und betet Meinen Heiligen Rosenkranz, um diesen Atomkrieg zu stoppen, der jetzt geplant wird.

Betet für jene armen Seelen, nicht nur im Iran, sondern auch in den Ländern, die unabsichtlich darin verwickelt werden.

Betet auch für jene armen Länder, welche als Schachfiguren in diesem bösen Spiel der Lügen — das von Gruppen geplant wird, nicht von Gott, Meinem Ewigen Vater — missbraucht werden.

Geht jetzt, Meine Kinder, und versammelt alle Meine Kinder, damit sie darum beten, dass dieser große Gräuel gegen die Menschheit abgemildert wird.

Eure geliebte Mutter
Mutter der Erlösung

356. Gott der Vater: Aufruf an die katholische Kirche, das Neue Zeitalter des Friedens auf Erden anzunehmen.

Donnerstag, 23. Februar 2012, 16:42 Uhr

Ich bin Gott, der Allmächtige Vater, der Schöpfer aller Dinge, Gott, der Allerhöchste.

Meine Tochter, es ist wichtig, dass diejenigen, die den Lehren der römisch-katholischen Kirche folgen, das Millennium, wie es all Meinen Kindern versprochen worden ist, annehmen.

Die Worte, die in Meinem Heiligen Buch, der Heiligen Bibel, enthalten sind, lügen nicht.

Mein Versprechen ist in der Apostelgeschichte enthalten. (Apg 1, 10-11)

Johannes, dem Evangelisten, wurde ebenso die glorreiche Rückkehr Meines geliebten Sohnes mitgeteilt, zu welcher Zeit Er im neuen Zeitalter des Friedens für 1.000 Jahre regieren wird. (Offb. 20, 1-10)

Warum weigern sich diejenigen, die erklären, dass sie Mein Heiliges Wort verstehen, einen Teil davon anzunehmen, aber nicht den anderen?

Jenen gottgeweihten Dienern von Mir sage Ich jetzt: Öffnet das Buch der Wahrheit.

Ihr habt eine Pflicht, die Wahrheit öffentlich zu verkünden.

Ihr dürft nicht auf diejenigen in euren Reihen hören, welche die Wahrheit in Bezug auf das Neue Zeitalter des Friedens auf Erden verdrehen.

Was motiviert eure Brüder innerhalb Meiner römisch-katholischen Kirche, welche die Wahrheit bestreiten?

Ihr habt Meine Kinder verwirrt.

Aufgrund ihrer Treue zu der allein seligmachenden Kirche, der römisch-katholischen Kirche, verweigert ihr ihnen die Chance, ihre Seelen auf die Regentschaft Meines Sohnes im Neuen Paradies auf Erden vorzubereiten.

Eure Pflicht ist es, Meine Kinder über die Wahrheit zu informieren.

An Meine Kinder: Ihr dürft die Wahrheit — enthalten in der Heiligen Bibel, die das wahre Wort enthält — niemals ablehnen.

Ihr, Meine Kinder, müsst das Versprechen annehmen, das von Meinem Sohn nach Seiner glorreichen Auferstehung von den Toten gemacht worden ist.

Er sagte, dass Er wiederkommen würde.

Diese Zeit für das Zweite Kommen Meines geliebten Sohnes auf Erden rückt nahe heran.

Wenn ihr an die Versprechen, die von Meinem Sohn gemacht worden sind, glaubt, dann werdet ihr wissen, dass Er meinte, was Er sagte.

Wenn Er wiederkommt, kommt Er, um zu regieren und um Seinen rechtmäßigen Thron im Neuen Paradies, das Ich für euch alle auf Erden geschaffen habe, einzunehmen.

Bezweifelt niemals die Worte, die von den göttlichen Lippen Meines geliebten Sohnes, Jesus Christus, kommen.

Wisst, dass Ich, euer geliebter Vater, es wünsche, dass ihr euch alle als eine Familie mit Meinem Sohn im Paradies zusammenschließt.

Nehmt die Wahrheit an. Verdreht sie nicht und korrigiert sie nicht, um sie eurer fehlerhaften Interpretation der Wahrheit anzupassen.

Ich bin die Wahrheit.

Ihr könnt Mich weder ändern noch könnt ihr ändern, wer Ich bin.

Die Wahrheit wird euch befreien.

Euer geliebter Vater
Gott der Allerhöchste

(*) Apg 1, 10-11: 10 Als sie unverwandt gen Himmel schauten, während er hinging, siehe, da standen zwei Männer in weißen Gewändern bei ihnen. 11 Diese sprachen: Ihr Männer von Galiläa, was steht ihr da und schaut zum Himmel hinauf? Dieser Jesus, der von euch weg in den Himmel aufgenommen worden ist, wird ebenso wiederkommen, wie ihr ihn habt auffahren sehen in den Himmel.

(**) Offb. 20, 1-10: 20 Das tausendjährige Reich. 1 Ich sah einen Engel vom Himmel herabkommen, der hielt den Schlüssel des Abgrundes und eine große Kette in seiner Hand. 2 Er ergriff den Drachen, die alte Schlange, das ist der Teufel und Satan, und band ihn fest auf tausend Jahre. 3 Dann stieß er ihn hinab in den Abgrund, verschloß und versiegelte ihn, damit er die Völker nicht mehr verführe, bis tausend Jahre vorüber sind. Danach muß er auf kurze Zeit wieder frei werden. 4 Und ich sah Throne, und Männer setzten sich darauf. Denen wurde das Gericht übertragen. Und ich sah die Seelen derer, die wegen des Zeugnisses für Jesus und wegen des Wortes Gottes enthauptet worden waren, die das Tier und sein Bild nicht angebetet hatten und sein Zeichen nicht angenommen hatten auf ihrer Stirn und Hand. Sie lebten und regierten mit Christus tausend Jahre. 5 Die übrigen Toten lebten nicht, bis die tausend Jahre vollendet sind. Dies ist die erste Auferstehung. 6 Selig und heilig, der teil hat an der ersten Auferstehung. Über sie hat der zweite Tod keine Gewalt. Sie werden Priester Gottes und Christi sein und mit ihm regieren tausend Jahre. 7 Und wenn die tausend Jahre vollendet sind, wird der Satan aus seinem Kerker befreit. 8 Er wird herauskommen und die Völker, die an den vier Enden der Erde wohnen, verführen, den Gog und den Magog. Er wird sie zum Kriege sammeln, und ihre Zahl ist wie der Sand am Meere. 9 Sie rückten herauf zur Hochebene der Erde und umzingelten das Lager der Heiligen, die geliebte Stadt. Dann fiel Feuer vom Himmel herab und verzehrte sie. 6-9: In dem Augenblick, wo die Gottesfeinde zum letzten Schlag gegen die Kirche ausholen, bricht das vernichtende Strafgericht über sie selbst herein. 10 Ihr Verführer, der

Teufel, wurde in den See von Feuer und Schwefel gestürzt, wo auch das Tier und der falsche Prophet sind, und sie werden gepeinigt werden Tag und Nacht in alle Ewigkeit. 7-10: Auf diese Stelle stützen sich die verschiedenen Lehren von einem „tausendjährigen Reiche", die aber durch allzu wörtliche, grobsinnliche Auslegungen zu manchen Verirrungen und Ausschreitungen führten. Denn die Zahl 1000 ist nicht wörtlich zu nehmen, sondern bezeichnet einen längeren Zeitraum, dessen Anfang und Ende wir nicht bestimmen können. Gog und Magog nach Ez 39,2, sind wohl die Bezeichnung für die ganze Schar der widerchristlichen Mächte, nicht für bestimmte Völker.

357. Im Neuen Paradies wird es keinen Tod, keine Krankheit, keine Sünde geben.

Freitag, 24. Februar 2012, 15:30 Uhr

Meine innig geliebte Tochter, du darfst niemals vergessen, dass Ich — trotz Meiner ernsten Warnungen an die Menschheit — für alle Meine Kinder eine ganz besondere Liebe in Meinem Herzen hege.

Es ist notwendig, die Erde jetzt zu reinigen; denn würde Ich jetzt wiederkommen, wäre sie nicht geeignet für Mich, um auf ihr zu wandeln.

Wenn die Menschheit gereinigt worden ist, dann werden nur diejenigen, die Liebe zu Mir und zu Meinem Ewigen Vater haben, zurückbleiben.

Meine auserwählte Generation wird bis in alle Ewigkeit bei Mir sein. Dieses Paradies wird 1000 Jahre des Friedens, der Liebe und der Harmonie bieten.

Nach dieser Periode wird die zweite Auferstehung von den Toten stattfinden.

Nur dann kann allen Seelen ewiges Leben angeboten werden, mit dem Licht Gottes, das sie durchstrahlt.

Warum zögerst du, Meine Tochter? Weißt du nicht, dass diese Prophezeiungen vorausgesagt worden sind?

Sorge dafür, dass kein Mensch dies falsch versteht. Euch, Kinder dieser Generation, wird das Geschenk des Lebens im Paradies — noch schöner als das, welches für Adam und Eva bereitet wurde — gegeben werden.

Das Alter wird es nicht mehr geben, während die Menschen in Frieden mit ihren Familien aus verschiedenen Generationen zusammenleben werden.

Täglich wird es so viel Liebe und Freude geben. Endlich wird euch ein wahrhaft dauerhafter Frieden in euren Seelen gewährt werden.

Warum sollte das nicht möglich sein? Dies ist die Erde, die von Meinem Vater geplant wurde, Dessen Göttlicher Wille letztendlich auf Erden verwirklicht werden wird, wie es im Himmel der Fall ist.

Freut euch, ihr alle. Das Neue Paradies soll mit Begeisterung und Vorfreude begrüßt werden.

Es wird keinen Tod geben — keine Krankheit — keine Sünde. Euch wird das Geschenk der ewigen Glückseligkeit gegeben werden.

Betet für diejenigen, die — aufgrund ihrer Sünde und ihrer Unfolgsamkeit — jeden Anspruch auf ihr rechtmäßiges Erbe, das von Meinem Ewigen Vater seit Anbeginn der Zeit geplant war, verwirken werden.

Euer geliebter Jesus

358. Weist niemals die Propheten des Herrn zurück.

Freitag, 24. Februar 2012, 21:45 Uhr

Meine Tochter, es ist unbedingt notwendig, dass du schweigst, wenn die Verfolgung beginnt.

Das Heilige Wort Meines Ewigen Vaters wird gerade von jenen Gott geweihten Dienern zurückgewiesen, die behaupten, die Wahrheit Seines Heiligsten Wortes öffentlich zu verkünden.

Die katholische Kirche ist die allein seligmachende (= einzig wahre) Kirche.

Alle Kirchen werden sich vereinen, um bei Meiner Zweiten Ankunft eine einzige Heilige und Apostolische Kirche zu werden.

Solange, bis das geschieht, wird jedes Wort Meines Vaters — das einer geistig ausgetrockneten Welt gegeben wird — entweder ignoriert, herausgefordert oder erbittert bekämpft werden.

Diejenigen, welche Meine Botschaften, die dir, dem 7. Boten der Endzeit, gegeben werden, erbittert bekämpfen werden, werden in zwei Lager gespalten werden.

Diejenigen, die Satan folgen durch die New-Age-Wahrsagerei und durch die Zauberei.

Die anderen werden diejenigen sein, die geistig blind sind, die aber glauben, dass sie mit der Gabe des Heiligen Geistes göttlich inspiriert werden.

Beide werden das Wort Gottes zurückweisen, das dir durch die Allerheiligste Dreifaltigkeit und durch Meine geliebte Mutter gegeben wird.

Sogar gute Priester, denen es verboten ist, diese Botschaften öffentlich zu befürworten, werden das Gefühl haben, dass es rechtens ist, Mein Heiliges Wort vor den Augen der ganzen Welt herabzuwürdigen.

Mit wenig wahrer Demut in ihren Herzen werden sie sich daranmachen, diesen Ruf vom Himmel — der gegeben wird, um der Menschheit zu helfen — zu untergraben.

Diese Priester, Angehörige des Klerus und andere selbst ernannte Apostel, welche behaupten, Mich zu kennen, werden versuchen, die Seelen dazu zu ermutigen, Mein Wort zurückzuweisen.

Sie haben keine Scham; denn sie werden arrogant Mein Buch der Wahrheit auseinander reißen, wie es der ganzen Menschheit offenbart wird.

Anschließend werden sie den Inhalt zerfetzen — mit Gift in ihrem Herzen.

Sie wollen die Wahrheit nicht hören; denn sie wird den Kokon aus falscher Sicherheit, in den sie sich selbst einhüllen, erschüttern und heftig ins Schwanken bringen.

Oh, wie sie Mich verletzen.

Was für großen Schaden sie verursachen werden und, trotzdem, sind sie sich dessen nicht bewusst.

Betet, dass diese Seelen, die aufgrund des Einflusses des Betrügers für die Wahrheit blind sind, ihre Herzen öffnen und das Wort Gottes so annehmen, wie es ihnen heute präsentiert wird.

Sie haben kein Recht, diese Botschaften öffentlich abzulehnen, ohne sie mit einer reinen Seele, die in allen Dingen demütig sein muss, zu unterscheiden.

Obwohl Gott das Leiden zulässt, das von Seinen Propheten auf Erden erfahren wird, um sicherzustellen, dass Seelen gerettet werden, wird Er die Verleumdung Seiner gesalbten Propheten nicht dulden.

Du, Meine Tochter, bist eine Prophetin.

Du nimmst das Leiden — als ein Geschenk an Mich — an.

Aber es geht hier nicht um dich; denn du bist nichts ohne Mich und du weißt und akzeptierst dies.

Gott, Mein Vater, spricht durch Seine Propheten zur Welt.

Es ist Sein Wort, das ihr zurückweist, wenn ihr öffentlich Seine Propheten verleumdet.

Denn das ist eine Sünde in Seinen Augen.

Weist niemals die Propheten des Herrn zurück.

Verletzt niemals Seine Propheten auf irgendeine Weise und fügt ihnen niemals auf irgendeine Weise Schaden zu.

Schweigt stets, wenn ihr im Zweifel seid, und betet für sie.

Greift den wahren Propheten an — und zur Strafe wird, durch die Hand Meines Vaters, Feuer vom Himmel auf euch ausgegossen werden.

Kein Mensch wird verhindern, dass das Wort des Herrn Seinen Kindern gegeben wird.

Dies ist das Versprechen, das seit Anbeginn der Zeit von Meinem Vater gegeben wurde.

Hört Seine Stimme.

Akzeptiert, dass ihr euch in der Endzeit befindet.

Betet, dass diese Botschaften gehört werden, damit alle Kinder Gottes ewiges Leben haben werden.

Euer Lehrer
Erlöser der ganzen Menschheit
Jesus Christus

359. Gott der Vater: Der Balsam den ihr so dringend braucht, um eure Seelen zu beruhigen.

Sonntag, 26. Februar 2012, 21:45 Uhr

Meine Tochter, jenen Meiner Kinder, die dazu aufgerufen sind, Mein Heiliges Wort zu verkünden, um die Erde auf das Kommen Meines geliebten Sohnes, Jesus Christus, vorzubereiten, habe Ich Folgendes zu sagen:

Ihr, Meine Kinder, die ihr Mich, euren geliebten Vater, kennt, müsst gegen die Versuchungen ankämpfen, die euch jede Minute des Tages in den Weg gelegt werden.

Ihr seid — durch einen besonderen Segen, welcher der Welt am 10. Mai 2011 von Meinem Sohn gespendet wurde — mit dem Heiligen Geist erfüllt worden.

Ihr müsst die Verantwortung verstehen, der ihr jetzt gegenübersteht.

Weil ihr euch als eine Armee zusammenschließt, die den Beginn Meiner restlichen Armee auf Erden darstellen wird, werdet ihr von allen Seiten angegriffen werden.

Euer Glaube und eure Treue zu Mir, eurem geliebten Vater, und zu Meinem kostbaren Sohn, Jesus Christus, werden über euer Durchhaltevermögen hinaus geprüft werden.

Ihr werdet, dadurch dass ihr Meinem Sohn folgt, das Gewicht Seines Kreuzes tragen müssen, und das wird nicht einfach sein.

Ihr werdet mit Zweifeln erfüllt sein, werdet im Inneren leiden und werdet Prüfungen ausgesetzt sein — und zuweilen werdet ihr Mir euren Rücken zudrehen wollen.

Viele Menschen, in die ihr euer Vertrauen setzt, versuchen vielleicht, euch zu entmutigen.

Euch wird gesagt werden, dass ihr euch Dinge einbildet, dass ihr unter Wahnvorstellungen leidet, und dann werdet ihr verspottet, verhöhnt und zurückgewiesen.

Ihr werdet vielleicht sogar das Gefühl haben, dass ihr den Lügen und Täuschungen, die darauf ausgelegt sein werden, euch zu überzeugen, diese Botschaften abzulehnen, nicht standhalten werdet.

Es wird enormen Glauben und Mut verlangen, euer Kreuz auf euch zu nehmen und Meinem Sohn zu folgen, um dabei zu helfen, die Menschheit auf Seine glorreiche Rückkehr zur Erde vorzubereiten.

Ihr werdet zum Stolpern gebracht werden, und man wird euch Fallen stellen.

Tappt niemals in die Falle, bei der man euch auffordert, über die Menschen — wenn sie diese Botschaften nicht annehmen — ein Urteil zu fällen.

Bekämpft niemals andere, wenn ihr Meinen Heiligen Willen verteidigt.

Liebt einander.

Habt Geduld mit jenen, die nicht nur über diese Botschaften spotten und an ihnen herumkritisieren, sondern die euch als Person auch mit Hohn und Spott überschütten.

Schweigt. Zeigt Geduld. Zeigt denjenigen, die erklären, in Meinem Namen zu sprechen, eure Liebe.

Richtet niemals andere in Meinem Namen; denn ihr habt nicht die Berechtigung dazu.

Verleumdet niemals andere in Meinem Namen. Denn wenn ihr das tut, brecht ihr Meine Gebote.

Betet für jene, die euch verletzen, selbst wenn dies in Meinem Namen geschieht.

Kinder, es ist notwendig und Ich benötige, dass ihr euch zu einer Einheit zusammenschließt.

Lasst all eure Differenzen beiseite.

Die armen Seelen, die eure Aufmerksamkeit brauchen, sind nicht diejenigen, die bereits bekehrt sind, sondern diejenigen, die Mich überhaupt nicht kennen.

Betet jetzt für all Meine Kinder, die nichts über Mich wissen.

Betet auch für diejenigen, die zwar über Mich Bescheid wissen, die sich aber dennoch weigern, Mich, ihren Schöpfer, ihren geliebten Vater, der sie zärtlich liebt, anzuerkennen.

Ich habe den Wunsch, alle Meine Kinder zu vereinen.

Ich bitte euch dringend, all eure Waffen der Angst, des Zornes und der Ungeduld fallen zu lassen und Mir zu erlauben, euch auf die Reise zum Paradies mitzunehmen.

Diese Reise wird qualvoll sein, aber die Liebe und der Friede, die ihr am Ende finden werdet, werden der Balsam sein, den ihr so dringend braucht, um eure Seelen zu beruhigen.

Gelassenheit, Kinder, ist wichtig.

Geduld ist erforderlich.

Die Liebe zueinander, einschließlich zu jenen, die euch kränken oder beleidigen, ist unbedingt notwendig, um in die Regierungszeit Meines geliebten Sohnes im Neuen Himmel und auf der Neuen Erde — im Paradies, das Ich euch vor so langer Zeit versprach — einzugehen.

Euer geliebter Vater
Gott der Allerhöchste

360. Die Welt ist im Begriff, die nächste Phase der Reinigung durchzumachen.

Montag, 27. Februar 2012, 15:30 Uhr

Meine innig geliebte Tochter, während die Ereignisse der Zerrüttung in der Welt weiterhin zunehmen, rückt die Zeit für Meine Göttliche Barmherzigkeit nahe heran.

Während die Kriege und die Unruhen sich in alle Richtungen ausbreiten, wird der Glaube Meiner Kirche weiterhin schwächer werden.

Das Schisma (= die Spaltung) in Meiner Heiligen Kirche ist im Begriff, sich schnell zu entwickeln.

Priester gegen Priester.

Bischof gegen Bischof.

Die Welt ist im Begriff, die nächste Phase der Reinigung durchzumachen.

Der Zorn gegen Meinen Vater wird in jedem Land in der Welt auftreten.

Meine Anhänger werden jetzt wegen ihres Glaubens Leid erfahren, auf eine Art und Weise, wie sie es zuvor noch nicht erfahren haben.

Der Schmerz, der von jenen armen Seelen empfunden werden wird, ist eine Widerspiegelung des Schmerzes, den Ich in diesem Augenblick erleide.

All diejenigen, die sich in Vereinigung mit Mir, ihrem geliebten Jesus, befinden, werden in ihren Seelen — ohne einen Zweifel darüber zu haben — wissen, dass Mein Heiliger Geist jetzt in ihnen ruht.

Sie werden sofort Bescheid wissen, wenn sie die Sünde um sich herum sehen, und sie werden sofort wissen, wie sie Mich schmerzt.

Wenn sie die Kriege sehen, die den Unschuldigen auferlegt werden, dann werden sie Meine Qual in jedem einzelnen Knochen ihres Körpers spüren.

Wenn sie die Sünde der Abtreibung — vor ihren Augen so zur Schau gestellt, als ob sie keine Konsequenzen hätte — sehen, werden sie von Meinem Schmerz durchdrungen werden.

Die Sünde weitet sich aus. Der Glaube Meiner Kirche löst sich auf.

Die Treue Meiner gottgeweihten Diener wird schwächer.

Der Glaube an Meine Lehren wird von Meinen gottgeweihten Dienern dort verworfen, wo sie Meiner Herde Lügen über den Ernst der Sünde erzählen.

Dann sind da Meine geliebten Priester, Nonnen und der Klerus aller gottgläubigen Konfessionen, die an Mich und Meinen Ewigen Vater glauben, welche den Schmerz erleiden, die Ausbreitung der Sünde wie verheerendes Feuer sehen zu müssen, das die Nationen überall (auf der Welt) mit einer heftigen Geschwindigkeit verschlingt.

Egal wie schwer das ist, ihr müsst stark bleiben und in Meinem Namen vereint bleiben.

Gebet ist jetzt erforderlich, und ihr müsst mindestens eine Stunde pro Tag im Gebet verbringen, um die Ereignisse zu lindern, die sich jetzt in der Welt entwickeln werden.

Die christlichen Kirchen werden von weltlichen Gruppen ins Visier genommen und schikaniert werden.

Sie werden sich bemühen, alle Dinge abzuschaffen, die Mich, ihren Göttlichen Erlöser, Jesus Christus, ehren.

Der Hass, der in ihre Seelen eingeträufelt wird, stammt aus der Hand Satans.

Betet, betet jetzt, dass jene Seelen, die Gottes Kindern Schmerz und Leid zufügen, gerettet werden können.

Euer Jesus

361. Wisst ihr nicht, dass der Heilige Geist nicht in die Seelen jener, die hartherzig sind, eingehen kann und nicht eingehen wird? Mittwoch, 29. Februar 2012, 17:30 Uhr

Meine innig geliebte Tochter, dir steht es nicht zu, den Zeitplan des Willens Meines Vaters zu kennen.

Meine Anhänger müssen geduldig sein, weil sich alles in der Welt so entwickeln wird, wie es im Buch Meines Vaters prophezeit wurde.

All diese Geschehnisse werden mit dem Zeitplan Meines Vaters übereinstimmen und von der Wirkung abhängig sein, die eure Gebete, um zum Abwenden weltweiter Kriege beizutragen, entfalten werden.

Es dauert nicht mehr lange, bis alle Meine Versprechen erfüllt werden.

Ihr, Meine Anhänger, müsst auf Mich, euren geliebten Jesus, vertrauen.

Betet für die Seelen und überlasst alles Meinen Händen.

Vergesst niemals, so oft ihr könnt, zu Meinem Vater um das Siegel des Lebendigen Gottes zu beten, um euch und eure Familien zu schützen.

Kreuzzug-Gebet (33), um das Siegel des Lebendigen Gottes zu erbitten und es mit Liebe, Freude und Dankbarkeit zu empfangen.

„O Mein Gott, Mein liebender Vater,

ich nehme Dein Göttliches Siegel des Schutzes mit Liebe und Dankbarkeit an.

Dein Göttliches Wesen umgibt meinen Leib und meine Seele bis in alle Ewigkeit.

Ich verneige mich in demütiger Danksagung und biete Dir meine tiefe Liebe und meine Treue zu Dir, Meinem geliebten Vater, dar.

Ich bitte Dich, mich und meine Lieben mit diesem besonderen Siegel zu schützen, und ich gelobe Dir, mein Leben jetzt und immerdar in Deinem Dienst zu leben.

Ich liebe Dich, lieber Vater.

Ich tröste Dich in diesen Zeiten, lieber Vater.

Ich opfere Dir auf den Leib und das Blut, die Seele und die Gottheit Deines innig geliebten Sohnes zur Sühne für die Sünden der Welt und für die Rettung all Deiner Kinder. Amen."

Stellt auch sicher, dass ihr andere dazu ermutigt, das siebentägige Kreuzzug-Gebet (24) zu beten, das dazu dient, die Tilgung eurer Sünden zu erbitten.

„O Mein Jesus, Du bist das Licht der Erde, Du bist die Flamme, die alle Seelen berührt.

Deine Barmherzigkeit und Deine Liebe kennen keine Grenzen.

Wir sind des Opfers nicht würdig, das Du durch Deinen Tod am Kreuz gebracht hast.

Doch wissen wir, dass Deine Liebe zu uns größer ist als die Liebe, die wir für Dich haben.

Gewähre uns, O Herr, das Geschenk der Demut, so dass wir Deines Neuen Königreiches würdig werden.

Erfülle uns mit dem Heiligen Geist, damit wir voranschreiten und Deine Armee anführen können, um die Wahrheit Deines Heiligen Wortes öffentlich zu verkünden, und damit wir unsere Brüder und Schwestern auf die Herrlichkeit Deines Zweiten Kommens auf Erden vorbereiten können.

Wir ehren Dich.

Wir loben Dich.

Wir bieten uns selbst, unseren Kummer, unsere Leiden als ein Geschenk an Dich an, um Seelen zu retten.

Wir lieben Dich, Jesus.

Habe Erbarmen mit all Deinen Kindern, wo auch immer sie sein mögen. Amen."

Jenen, die dieses besondere Geschenk des Gebets, in welchem Ich eine totale Absolution anbiete, in Frage stellen, sage Ich: Ihr müsst dies wissen:

Ich bin Jesus Christus, der Menschensohn, und Mir ist die Vollmacht gegeben worden, alle Sünden zu vergeben.

Meinen gottgeweihten Priestern ist ebenfalls die Macht gegeben worden, die Sünden durch das Heilige Sakrament der Beichte zu vergeben.

Ich fordere euch auf, Mein Geschenk der Absolution anzunehmen, dies zum Nutzen jener, die das Sakrament der Beichte nicht empfangen können, oder für diejenigen, die nicht Mitglieder der römisch-katholischen Kirche sind.

Oder würdet ihr diesen kostbaren Seelen das Recht auf Mein Geschenk verwehren?

Warum solltet ihr versuchen, jene Seelen, die Mein Göttliches Wort annehmen, zu entmutigen, die Absolution zu empfangen? Wäre es euch lieber, dass sie sich in Meinen Augen nicht retten?

Ihr müsst gegenüber euren Brüdern und Schwestern Liebe zeigen und froh sein, dass ihnen dieses besondere Geschenk von Mir, ihrem geliebten Jesu, gegeben wird.

Selbst wenn sie niemals Meine Botschaften lesen, welche Ich dir, Meiner Tochter, gegeben habe, haben alle Sünder das Recht, Mich zu bitten, ihnen zu vergeben, wenn sie wahre Reue in ihrer Seele zeigen.

Öffnet eure Herzen und betet um das Geschenk der Demut.

Wisst ihr nicht, dass der Heilige Geist nicht in die Seelen jener, die hartherzig sind, eingehen kann und nicht eingehen wird?

Euer Göttlicher Erlöser

Jesus Christus

362. Vereint euch, während wir auf die Tore des Neuen Paradieses zugehen.
Mittwoch, 1. März 2012, 19:55 Uhr

Meine innig geliebte Tochter, viele Meiner Kinder werden jetzt aufgrund der Gebete und des Leidens Meiner geschätzten Anhänger gerettet, deren Liebe zu Mir über das Maß hinausgeht, welches ein Großteil der Menschheit kennt.

In dieser intensiven Zeitphase halte Ich aus und verlasse Mich auf Meine Anhänger, dass sie Mir dabei helfen, Seelen zu retten.

Viele dieser Seelen werden den Akt Meiner Göttlichen Barmherzigkeit nicht überleben und werden in der Todsünde sterben.

So viele von euch haben auf Meinen Ruf mit einem so großen Gehorsam und einem so großzügigen Herzen reagiert.

Ihr bringt Mir großen Trost.

Ich segne euch, Meine lieben Anhänger, und bitte euch, weiterhin für die Seelen der anderen zu beten.

Der ganzen Menschheit wird in Kürze das Geschenk Meiner Barmherzigkeit gegeben werden.

Nicht einer wird die Wahrheit Meiner Existenz nicht erkennen. Aber nicht alle werden Mich umarmen wollen, selbst wenn ihnen die Wahrheit offenbart wird.

Sie sind die Seelen, nach denen Ich Mich sehne.

Diese sind die verlorenen Seelen, für welche Meine geliebte Mutter Tränen vergießt.

Diese sind die Sünder, die ihr Mir retten helfen müsst, weil Ich alle Kinder Gottes retten will.

Betet und schließt euch zusammen, um Mir zu helfen, jede einzelne Seele heranzuziehen, während wir auf die Tore des Neuen Paradieses zugehen.

Kreuzzug-Gebet (35): Gebet, dass die Seelen ins Paradies eingehen

„O mein Jesus,

hilf mir, Dir zu helfen, die verbleibenden Deiner Kinder auf Erden zu retten.

Ich bete, dass Du — durch Deine Barmherzigkeit — die Seelen vor dem Geist der Finsternis retten wirst.

Nimm meine Prüfungen, meine Leiden und meine Sorgen in diesem Leben an, um Seelen vor dem Feuer der Hölle zu retten.

Erfülle mich mit den Gnaden, um Dir diese Leiden mit Liebe und Freude in meinem Herzen aufzuopfern, damit wir alle eins werden können, in Liebe zur Heiligen Dreifaltigkeit, und damit wir mit Dir als Eine heilige Familie im Paradies leben werden. Amen. "

Kinder, ihr wisst, wie sehr Ich euch liebe.

Ihr, die ihr Mich kennt, werdet die Tiefen Meines Schmerzes und Meines Leidens — aufgrund der Zahl der Menschen, die Meine Hand der Barmherzigkeit zurückweisen — verstehen.

Nur ihr könnt diesen Seelen — durch eure Gebete — helfen und Mir so den Trost bringen, den Ich ersehne.

Bleibt jetzt in Meiner Nähe.

Es wird nicht mehr lange dauern.

Seid geduldig und betet.

Entspannt euch, fühlt Meine Liebe.

Alles wird gut werden.

Euer geliebter Jesus Christus

363. Gott der Vater: Warnung bezüglich satanischer Kulte und New-Age-Lehren.

Freitag, 2. März 2012; 0.20 Uhr

Meine Tochter, die Prüfungen der Menschheit werden sich während der endgültigen Reinigung, die vor dem Zweiten Kommen Meines geliebten Sohnes, Jesus Christus, erforderlich ist, verstärken.

Die Erde wird auf dieses wunderbare Ereignis, das als das größte Geschenk von Mir seit der Erschaffung des Paradieses versprochen worden ist, vorbereitet.

Erwartet dieses Ereignis mit großer Vorfreude; denn dieses neue Paradies ist etwas, wonach jeder Mann, jede Frau und jedes Kind trachten wird.

Bereitet euch vor, damit ihr, eure Familien und eure Freunde tauglich seid, auf dem Boden in Meinem Neuen Königreich zu wandeln, das unter der Regierung Meines innig geliebten Sohnes, Jesus Christus, stehen wird.

Ignoriert diese Bitte, Kinder, und ihr werdet euer rechtmäßiges Erbe verwirken.

Würden die Sünder auch nur eine Minute lang diese wundervolle Schöpfung kurz sehen, sie würden zu Boden niederfallen und um die Gnade bitten, durch diese Tore hineinzugehen.

Nur diejenigen, die eine schlichte und reine Liebe zu Mir, ihrem Himmlischen Vater, haben, und zu Meinem geliebten Sohn, Jesus Christus, werden imstande sein, diese neue friedliche und wunderbare Existenz zu genießen.

Leider hat Satan die Seelen vieler Meiner Kinder geschwärzt. So werden sie nicht in der Lage sein, die Wahrheit von der Illusion zu unterscheiden.

Meine Tochter, schreckliche Lügen werden durch die satanischen Kulte und die New-Age-Lehren in die Welt gesetzt.

Meine armen Kinder, die durch Lügen — die wie farbenfrohe Trugbilder formuliert sind — verführt wurden, glauben an einen neuen Planeten.

Ihnen wird eine andere Art von Paradies versprochen. Aber dieses gibt es nicht.

Wenn Satan verführt und die Herzen jener gewinnt, die an ihn glauben, dann quält er sie in Ewigkeit.

Wenn ihr den Schrecken in ihren Gesichtern sehen würdet, wenn sie sich — nach dem Tod — in den Klauen Satans wiederfinden, es würde euch das Herz entzweireißen.

In einem so erbärmlichen Zustand sind sie, dass es wichtig ist, dass ihr diese Seelen vor der Qual warnt, die ihnen bevorsteht.

Betet für sie. Hört niemals damit auf. In vielen Fällen kann nur das Leiden von Opferseelen sie vor der Hölle retten.

An jene, die an Mich, Gott den Vater, glauben: Ich ersuche euch jetzt, die falschen Götter, falschen Idole, falschen Lehren, die Wahrsager und die New-Age-Lehren, die allesamt in ein großes Nichts führen, zu verurteilen.

Allesamt sind sie vom König der Täuschung, von Satan, einem gerissenen Lügner, geschaffen worden.

Er wird vor nichts Halt machen, um euch, Meine kostbaren Kinder, von Mir wegzuziehen.

Ich bitte euch, Kinder, für diese Seelen zu beten, zum Trost für Mich, euren geliebten Vater.

Tröstet Mich. Zur rechten Zeit werdet ihr das Mysterium Meines Himmlischen Königreichs verstehen.

Zur rechten Zeit wird das Mysterium Meines Göttlichen Willens offenbart werden.

Mit der Zeit werdet ihr Mir helfen — durch eure Treue und eure Liebe zu Mir —, letztendlich Meine Familie zu vereinen, und zwar in dem Königreich, das für alle Meine Kinder seit Anbeginn geschaffen worden ist.

Danke, Meine Tochter, für dein Leiden. Danke, Meine Kinder, dass ihr auf Meinen Ruf vom Himmel antwortet.

Ich gebe jetzt all Meinen Segen, aber ihr müsst Mich darum bitten:

„Himmlischer Vater, hilf Mir, in Deinen Augen so klein wie ein Kind zu werden.

Ich bitte Dich, mir Deine Gnaden zu gewähren, die ich brauche, damit ich Deinem Ruf, alle Deine Kinder zu retten, entsprechend nachkommen kann. Amen."

Euer geliebter Himmlischer Vater
Gott der Allerhöchste

364. Jungfrau Maria: Wacht auf, Kinder. Ihr müsst die Wahrheit annehmen.

Samstag, 3. März 2012, 14:33 Uhr

Mein Kind, das Leiden Meines Sohnes in der heutigen Zeit gleicht Seinem Leiden, als Er auf Erden war.

Der Schmerz, den Er damals erlitt und der Ihm die größte Qual verursachte, war nicht Seine Kreuzigung, sondern die Art und Weise, auf welche Er abgelehnt wurde.

Sein Wort wird heute genauso abgelehnt, wie es damals war.

Er wird heute in einer Art und Weise verspottet, die Tränen und Leiden bewirkt, nicht nur bei Mir, Seiner geliebten Mutter, sondern auch bei Seinen ergebenen Anhängern auf Erden.

Wie schmerzlich es ist, zu sehen, wie viele Kinder Gottes sich von den heiligen Sakramenten und den Lehren der Kirche abgewandt haben.

So viele Seelen sind in die Irre gegangen. Ich flehe euch an, Kinder, das Kreuz Meines Sohnes aufzunehmen und mit gutem Beispiel voranzugehen.

Umarmt Meinen Sohn mit einem schlichten Herzen.

Meinen Sohn zu lieben und Meinen Ewigen Vater zu ehren, ist sehr einfach, Kinder.

Analysiert niemals das Wort Meines Sohnes.

Folgt einfach Seinen Lehren, die sich nie geändert haben.

Hört auf die Worte Meines Sohnes, wie Er jetzt vom Himmel aus zu euch spricht.

Er ruft euch auf, eure Seelen auf Sein Zweites Kommen vorzubereiten.

Wenn Er jetzt mit euch spricht, dann tut Er das aus Seiner Liebe zur Menschheit heraus.

Sein Heiliges Wort wird eure Seelen nähren und sie wieder stark machen.

Weist Seinen Ruf an euch jetzt nicht zurück.

Er will jede einzelne Seele retten. Aber um das zu tun, muss Er euch an den Unterschied zwischen richtig und falsch erinnern.

So viele von euch werden weder geführt noch über die Ernsthaftigkeit der Sünde informiert.

Die Toleranz in eurer Gesellschaft und innerhalb der Kirchen hat zur Folge, dass das, wovon viele von euch denken, dass es nicht ins Gewicht fällt, in den Augen Gottes durchaus eine schwere Sünde sein kann.

Die Kirche befindet sich in dieser Zeit in großer Finsternis und ist viele Jahre lang ein Ziel des Betrügers gewesen.

Mein Sohn muss eingreifen und euch jetzt führen, da das Schisma (= die Spaltung) innerhalb der Kirche bald ausbrechen wird.

Wacht auf, Kinder. Ihr müsst die Wahrheit annehmen.

Die Welt wird sich jetzt so verändern, dass sie nicht mehr wiederzuerkennen sein wird.

Euch sind in der Vergangenheit viele Boten gesandt worden, um euch auf dieses Ereignis vorzubereiten.

Dies sind die letzten Warnungen, die der Menschheit gegeben werden, um es den Menschen zu ermöglichen, sich auf die Große Barmherzigkeit Meines Sohnes vorzubereiten.

Im Anschluss an Seine Göttliche Barmherzigkeit — dann, wenn Er die Augen aller Menschen öffnen wird, damit sie ihre Sünden sehen — wird Er ihnen noch etwas mehr Zeit geben, um nach der Tilgung (ihrer Sünden) zu streben.

Danach wird euch die Führung gegeben werden, eure Seelen auf das Zweite Kommen von Christus, Meinem geliebten Sohn, vorzubereiten, der wiederkommen wird in Glorie, wie es vorausgesagt wurde.

Mutter der Erlösung

365. Die katholische Kirche und das Haus Israel werden verfolgt werden, Sonn tag, 4. März 2012, 15 : 30 Uhr

Meine innig geliebte Tochter, die Zeit für das Öffnen der Siegel ist für dich fast gekommen, was dazu führen wird, dass du auch das siebente Siegel öffnen wirst.

Aufgrund eurer Gebete wird viel Aufruhr abgewendet.

Ihr nehmt Mein Kreuz an, Meine Anhänger, und ihr werdet euch mit dem Unbefleckten Herzen Meiner Mutter vereinen, während ihr auf Mein glorreiches Königreich zugeht.

Ebenso, wie sich die Falschheit und die Verdorbenheit in der Welt ausbreiten, wird auch der Glaube jener, die Meine Armee anführen, stärker werden.

Die Kirchen werden verfolgt werden — und zwar die katholische Kirche und das Haus Israel.

Viele werden darüber erfreut sein. Diese zwei Religionen werden gequält werden und jede Anstrengung wird unternommen werden — sowohl von außerhalb als auch aus deren Innerem heraus — um jede Spur von beiden auszulöschen.

Es wird großen Jubel rund um die Welt geben, wenn sie (diese Religionen) gefallen sind.

Viele werden denken, dass sie zerstört worden sind. Die Menschen werden dann ihre „Leichname" (*) unbeachtet lassen.

Aber dies wäre töricht. Denn sie werden wieder aufstehen, um den Neuen Himmel und die Neue Erde zu bilden, wenn die Tore Meines Paradieses geöffnet werden.

Keiner kann und keiner wird Meine auserwählten Menschen auf Erden vernichten.

Sie können ihnen Schmerz, Folter und Tod zufügen und eben jene Gebäude und Tempel abreißen, die von ihnen errichtet wurden, um Meinen Vater zu ehren.

Doch dann werden sie wieder aufstehen und ihre rechtmäßigen Throne zurückfordern, dann, wenn sie mit Mir im Paradies regieren werden.

Weist Gott niemals ab.

Weist niemals Seine Kirchen ab.

Denn wenn ihr das tut, dann werdet ihr dem Weg der Irreführung hin zur ewigen Verdammung folgen.

Euer Erlöser
Jesus Christus

(*) Ihre „Leichname": Gemeint sind die zwei scheinbar „toten" Religionen.

366. Das Buch der Wahrheit wird dir, der siebenten Botin für die Endzeit, enthüllt.

Montag, 5. März 2012, 15:30 Uhr

Meine innig geliebte Tochter, Ich komme heute, um dich in dieser Zeit der Qual, die von jeder Seite auf dich einstürmt, zu trösten.

Wisse, dass Johannes dem Evangelist das unversiegelte Buch — das Buch der Wahrheit — gegeben wurde, damit die Welt es jetzt in dieser Zeit hört.

Dieses Buch wurde ihm nicht mehr versiegelt gegeben; denn die Siegel wurden bereits geöffnet. Sie wurden daraufhin geschlossen und bis zum Ende nicht offenbart.

Für Dich ist die Zeit gekommen, dass du das Buch der Wahrheit öffnest und den Inhalt darin für alle Kinder Gottes enthüllst, um ihre Seelen auf das ewige Leben vorzubereiten.

Das Buch der Wahrheit wird dir, der siebenten Botin für die Endzei t, enthüllt.

Durch den Klang deiner Stimme wird die Wahrheit schlussendlich offenbart werden und die Mysterien, die im Buch der Offenbarung enthalten sind, einer ungläubigen Welt präsentiert werden.

Aber nicht für lange. Ungeachtet des Glaubensabfalls, der nicht nur die Gläubigen betreffen wird, sondern auch jene gottgeweihten Diener innerhalb der Kirche, ist die Zeit für die große Beichte nahe.

Sobald diese stattfindet, wird sich weltweit eine große Bekehrung vollziehen.

Dann werden sie hungrig nach der Wahrheit sein, die im unversiegelten Buch enthalten ist, das der Welt für diese Zeit, für die Endzeit, versprochen wurde.

Du bist die Botin, der die Aufgabe gegeben worden ist, nicht nur die Welt auf die Rettung der Seelen vorzubereiten, sondern auch Meine Regentschaft bekannt zu geben.

Euer geliebter Jesus

367. Gebt jetzt Acht, wie der Mann des Friedens sich der Welt präsentieren wird!

Dienstag, 6. März 2012, 15:20 Uhr

Meine innig geliebte Tochter, du musst damit fortfahren, Meine heiligen Anweisungen auszuführen — und erlaube keinem Menschen, dich in dieser Mission aufzuhalten, obwohl du auch weiterhin von allen Seiten angegriffen werden wirst.

Bezweifle niemals Mein Wort, selbst wenn du nicht verstehst, was Meine Botschaften bedeuten.

Alles, was dir gegeben wird, damit die Welt es hört, ist vorausgesagt worden, Meine Tochter.

Es geht eben darum, dass die Menschheit verstehen muss, was im Buch des Johannes enthalten ist.

Alle Dinge, die vorausgesagt worden sind, müssen eintreten.

Gebt jetzt Acht, wie der Mann des Friedens sich der Welt präsentieren wird!

Man wird ihm zuschreiben, im Nahen Osten Frieden zu schaffen.

Dies wird ein falscher Frieden sein und er (dieser Friede) ist eine Verkleidung für die Lüge, die er präsentiert, um den echten Grund für diese Unwahrheit, die begangen wird, zu verbergen.

Betet für Meinen Heiligen Stellvertreter, Papst Benedikt XVI.; denn er wird einer schrecklichen Verfolgung gegenüberstehen. Diese Zeit ist jetzt nahe.

Betet, ihr alle, weil eure Gebete die Schwere dieser Zeiten — die abgeschwächt werden kann — lindern werden.

Über die Endzeit ist viel nicht bekannt, Meine Tochter.

Viele sind von Angst erfüllt, und sie sollten es auch sein — aber nur, wenn ihre Seelen unrein sind.

Jenen von euch, die sich im Licht Gottes befinden, sage Ich: Ihr habt viel, auf das ihr euch freuen könnt; denn das wird bedeuten, dass die Sünde von der Erde verbannt werden wird.

Letzten Endes wird die Welt in eine Zeit des Neubeginns eintreten, erfüllt mit Meinem Göttlichen Licht.

Es ist nicht mehr viel Zeit, bevor diese Dinge stattfinden.

Alles, worauf es ankommt, ist, dass alle Kinder Gottes rechtzeitig die Wahrheit sehen und sich bekehren werden.

Anderenfalls werden sie kein Teil des Neuen Himmels und der Neuen Erde sein, welche sich miteinander vereinigen werden, um zu einer Einheit zu werden.

Denn dann werde Ich kommen, um zu richten.

Daher werden nur diejenigen, die Mich, ihren Erlöser, Jesus Christus, und Meinen Ewigen Vater anerkennen, Leben haben.

Betet für alle eure Seelen. Das ist alles, auf das ihr euch in diesem Augenblick konzentrieren müsst, und vertraut Mir vollkommen.

Euer Jesus

368. Das erste Siegel ist der Glaubensabfall.

Mittwoch, 7. März 2012, 15:40 Uhr

Meine innigst geliebte Tochter, sage Meinen Kindern, dass kein Mensch die Kenntnisse oder die Befugnis hat, die im Buch der Offenbarung enthaltene Wahrheit zu enthüllen.

Egal, für wie kenntnisreich sie sich selber halten mögen, nur Ich, Jesus Christus, Erlöser und Retter der Menschheit, bin es, der die Vollmacht hat, der Welt zu offenbaren, was im Buch der Wahrheit enthalten ist.

Nur Ich, das Lamm Gottes, habe das Recht, der heutigen Welt die Wahrheit zu übermitteln, die Meinem Jünger Johannes dem Evangelisten, dem Instrument der Wahrheit, gegeben worden ist.

Das erste Siegel ist der Glaubensabfall (= Apostasie), den man nicht nur unter den

Nichtgläubigen sieht, sondern auch unter jenen, die behaupten, Mich zu kennen, und unter jenen, welche ihre Liebe zu Mir öffentlich verkünden. (Offb 6, 1-2)

Dies ist die Zeit, in welcher der wahre Glaube verdreht wird, dann, wenn euch, Meinen Kindern, eine verwässerte Glaubenslehre vorgelegt wird, die eine Beleidigung für Meine Lehren ist.

Ich sage euch, Kinder, dass ihr dann, wenn ihr neue, falsche Religionen und Glaubenslehren hervorkommen seht, wissen werdet, dass dies jetzt die Zeit dafür ist, dass das erste Siegel enthüllt wird.

Schaut euch um — und was seht ihr? Religionen, die neue Götter verehren, von denen ihr noch nie gehört habt. Religionen, die auf Science-Fiction basieren, die auf Unsinn hinauslaufen und die keine Substanz haben. Geistige Wesenheiten, die nicht von dieser Welt sind, aber von denen viele glauben, dass sie den himmlischen Bereich Meines Vaters vertreten.

Nehmt euch das jetzt zu Herzen; denn ihr lebt in einer Fantasiewelt.

Nicht eine einzige dieser metaphysischen Glaubensvorstellungen basiert auf der Wahrheit.

Jede Glaubenslehre, die euch die Wichtigkeit lehrt, euch selbst über alles andere zu stellen, ist eine Glaubenslehre, welche von Satan stammt.

Hört nicht auf so etwas. Wendet diesem gemeinen Betrug den Rücken zu.

Diejenigen, welche nach falschen Göttern suchen und ihr Leben dafür verwenden, falsche Götter zu verehren, sind für Mich verloren.

Wenn ihr damit nicht aufhört und zu Mir um Führung betet, kann Ich euch nicht retten.

Euch und all jenen, die sich jetzt in einer bewussten Entscheidung vom König der Finsternis zurückziehen, werde Ich das Geschenk des Unterscheidungsvermögens geben, wenn ihr Mich in diesem Kreuzzug-Gebet (36) „Hilf mir, den wahren Gott zu ehren" bittet.

„Jesus, hilf mir, denn ich habe mich verirrt und bin durcheinander. Ich kenne die Wahrheit über das Leben nach dem Tod nicht. Vergib mir, wenn ich Dich dadurch verletze, dass ich falsche Götter verehre, die nicht der wahre Gott sind. Rette mich und hilf mir, die Wahrheit klar zu sehen und rette mich vor der Finsternis meiner Seele. Hilf mir, ins Licht Deiner Barmherzigkeit zu kommen. Amen."

Es gibt nur einen Gott, den Vater, den Sohn und den Heiligen Geist, die in der Heiligen Dreifaltigkeit zu einem Einzigen vereint sind.

Jeder andere Gott stammt von Satan, egal wie anziehend dessen Erscheinung auch sein mag.

Bitte verwirkt nicht euer ewiges Leben, indem ihr ein Treuebekenntnis gegenüber jenen Glaubensrichtungen ablegt, die New-Age-Praktiken anerkennen und Reiki, Yoga, New-Age-Meditation, Tarot-Karten, Hellsehen, übersinnliches Lesen und überzogenes Verehren von Engeln verbunden mit aufgestiegenen Meistern mit einschließen.

Langsam, aber sicher werden diese Praktiken des Okkultismus nicht nur von eurer Gesellschaft akzeptiert, sondern auch von katholischen und christlichen Kirchen.

Diese falschen Glaubenslehren breiten sich so schnell aus, dass sie Milliarden von Gottes Kindern verschlungen haben, die jetzt so viel falschen Trost in ihrem Inneren gefunden haben, dass sie nicht mehr länger die Existenz des einen wahren Gottes anerkennen.

Euer Jesus

––––––––––––––––

(*) Offb 6, Die Öffnung der Siegel und die vier Reiter.

1 Und ich sah, wie das Lamm das erste der sieben Siegel öffnete. Und ich hörte das erste der vier Wesen reden wie Donnerschall: Komm [und sieh]! 2 Und ich sah, und siehe da, ein weißes Ross. Der darauf ritt, trug einen Bogen. Ein Kranz ward im gereicht, und als Sieger zog er aus und um zu siegen.

369. Mein Zweites Kommen kann nicht verhindert werden noch kann es gestoppt werden.
Mittwoch, 7. März 2012, 20:30 Uhr

Meine innig geliebte Tochter, Ich werde dich mithilfe der besonderen Gnaden schützen, die notwendig sind, um dir die Stärke zu geben, mit den Kräften des Bösen fertig zu werden, die daran arbeiten, diese heilige Mission zu stoppen.

Es ist wichtig zu verstehen, dass menschliche Meinungen nicht wichtig sind.

Alles, worauf es ankommt, ist Mein Höchstheiliges Wort.

Mein Wort ist die Wahrheit. Ich bin die Wahrheit. Jeder, der euch sagt, dass diese Botschaften nicht in Übereinstimmung mit Meinen Lehren stehen, ist ein Lügner.

Sie kennen Mich nicht. Sie mögen vielleicht denken, dass sie es tun, aber sie können Mich nur dann kennen, wenn sie von Herzen demütig bleiben.

Diejenigen, deren Meinungen Mein Wort bestreiten, sind der Sünde des Stolzes schuldig.

Stolz macht sogar Meine gottgeweihten Diener blind für die Wahrheit Meines Heiligen Wortes.

Meine Versprechungen an die Menschheit, nämlich dass Ich wiederkommen werde in Herrlichkeit, um die Lebenden und die Toten zu richten, müssen geschehen.

Diese, Meine Zweite Ankunft, kann nicht verhindert werden noch kann sie gestoppt werden.

Meine Warnungen an die Menschheit — die Ich dieser gebe, weil Ich jede Seele liebe — sind wichtig.

Ich muss alle Kinder Gottes angemessen auf dieses glorreiche Ereignis vorbereiten.

Viele werden versuchen, sich dir in den Weg zu stellen. Viele werden versuchen, Mein Heiliges Wort zu untergraben, und viele werden versuchen, dich zu verletzen, um zu verhindern, dass Mein Heiliges Wort gehört wird.

Alle diese Versuche werden nutzlos sein.

Nur Ich, Jesus Christus, habe die Macht, der ganzen Menschheit ewige Erlösung zu bieten.

Nur Ich habe die Macht, die Seelen der ganzen Menschheit auf ihr Erbe im Paradies vorzubereiten.

Nicht einer — nicht einmal Satan, der König der Finsternis, oder seine Günstlinge — kann verhindern, dass das geschieht.

Denkt immer daran: Ich werde all jene schützen, die sich an Mein Heiliges Wort halten.

Euch mögen vielleicht die weltweiten Ereignisse, d.h. wie die Kräfte der Finsternis eure Länder einwickeln, Angst machen.

Die Ereignisse werden euch zwar bedrängen, aber ihr dürft euch niemals fürchten; denn Ich werde euch mit Mir in Mein Neues Königreich auf Erden bringen.

Alles, was Ich dafür von euch verlange, ist, dass ihr auf Mich vertraut.

Lasst Mich euch führen.

Erlaubt Mir, euch den Weg zur Reinigung eurer Seelen durch den Kreuzzug der Gebete, die Ich euch gebe, zu zeigen.

Dann überlasst alles Mir.

Denkt daran: Meine Liebe zu euch allen ist so stark, dass kein Mensch diese reine Liebe und dieses Mitgefühl, das Ich für jedes der Kinder Gottes in Meinem Heiligsten Herzen habe, jemals abschwächen kann.

Euer geliebter Jesus
Retter der Menschheit

370. Mein Siegel des Schutzes ist vorausgesagt worden, sowie das zweite Siegel gebrochen ist.
Donnerstag, 8. März 2012, 19:52 Uhr

Meine liebste Tochter, die Welt hat seit zweitausend Jahren auf diesen Augenblick gewartet.

Einige mit Angst in ihren Herzen, andere in gespannter Erwartung und darüber nachsinnend, wann dieser Augenblick denn kommen würde — und jetzt ist er da.

Dies ist die Zeit, in der Ich Meine Endzeitprophetin, dich, Mary, sende, um endlich das Buch der Wahrheit zu übermitteln, das den Inhalt des Buches der Offenbarung enthüllt.

Ich bin der Gott, nach dem in diesen schrecklichen Zeiten alle Meine Kinder laut rufen.

Ich bin es, zu dem sie, Meine gepeinigten Kinder, jetzt laut rufen müssen.

Ich versammle in dieser Zeit Meine Familie, damit wir uns im Endkampf — um den Drachen zu erschlagen, der die Erde so lange gequält hat – vereinigen können.

Kinder, habt keine Angst. Kein Unheil wird denjenigen widerfahren, die Mein Siegel, das Siegel des Lebendigen Gottes, tragen.

Satan und seine gefallenen Engel, von denen in dieser Zeit die Welt befallen ist, haben keine Macht über diejenigen, die das Zeichen des Lebendigen Gottes tragen.

Ihr müsst auf Mich hören, Kinder, und Mein Siegel annehmen; denn es wird nicht nur euer Leben retten, sondern auch eure Seelen.

Sprecht das Gebet zum Erhalt Meines Siegels jeden Tag. (s. Botschaft 351)

Stellt sicher, dass jedes Mitglied eurer Familie und eurer Lieben die Bedeutung Meines Siegels versteht.

Eure Liebe zu Mir, eurem Himmlischen Vater, wird eure rettende Gnade sein, und sie wird euch die Kraft geben, die ihr braucht.

Mein Siegel des Schutzes ist vorausgesagt worden, sowie das zweite Siegel gebrochen ist.

Der Reiter des roten Pferdes ist der heimzahlende Racheengel, der Meine Kinder in den vielen Kriegen, die kommen werden, erschlagen wird. Aber er wird an jenen Meiner Kinder mit dem Siegel auf ihrer Stirn vorübergehen. (Offb 6,3-4)

Bereitet euch jetzt vor; denn diese Kriege finden bereits statt und weitere werden an jeder Ecke der Erde und besonders im Nahen Osten und in jenen Ländern geplant, auf denen Mein kostbarer Sohn, Jesus Christus, während Seiner Zeit auf Erden wandelte.

Euer geliebter Vater
Gott der Allerhöchste

(*) Das Gebet zu Gott Vater um das Siegel des Schutzes (Botschaft 351. Gott der Vater: Erhebt euch nun und empfangt Mein Siegel, das Siegel des Lebendigen Gottes, 20. Februar 2012)

Betet dieses Kreuzzug-Gebet (33), um Mein Siegel zu würdigen, und empfangt es mit Liebe, Freude und Dankbarkeit.

„O mein Gott, mein liebender Vater,

ich nehme Dein Göttliches Siegel des Schutzes mit Liebe und Dankbarkeit an.

Dein Göttliches Wesen umgibt meinen Leib und meine Seele bis in alle Ewigkeit.

Ich verneige mich in demütiger Danksagung und biete Dir meine tiefe Liebe und meine Treue zu Dir, meinem geliebten Vater, dar.

Ich bitte Dich, mich und meine Lieben mit diesem besonderen Siegel zu schützen, und ich gelobe Dir, mein Leben jetzt und immerdar in Deinem Dienst zu leben.

Ich liebe Dich, lieber Vater.

Ich tröste Dich in diesen Zeiten, lieber Vater.

Ich opfere Dir auf den Leib und das Blut, die Seele und die Gottheit Deines innig geliebten Sohnes zur Sühne für die Sünden der Welt und für die Rettung all Deiner Kinder. Amen."

(**) Offb 6,3-4 3 Und beim Öffnen des zweiten Siegels hörte ich das zweite Wesen sagen: Komm [und sieh]! 4 Und es kam ein zweites Ross zum Vorschein. Es war feuerrot. Seinem Reiter ward die Gewalt verliehen, den Frieden von der Erde zu nehmen und ein allgemeines Hinmorden zu veranlassen. Ihm ward ein großes Schwert gegeben.

371. Jungfrau Maria: Betet den Rosenkranz — quer durch alle Nationen — zwischen jetzt und dem Ostersonntag.
Freitag, 9. März 2012, 19:15 Uhr

Mein liebes Kind, wie Ich weine, da Ich sehe, wie der Hass nicht nur gegen dich, sondern auch gegen das Heilige Wort Meines geliebten Sohnes, Jesus Christus, anwächst.

Jetzt weißt du, wie Er im Garten von Gethsemane litt und wie Er heutzutage noch leidet, da jeder Versuch von Ihm, einzugreifen, um Seelen zu retten, vom Teufel durchkreuzt wird.

Da die Kriege jetzt geplant werden, ist es wichtig, dass Mein Heiliger Rosenkranz an jedem Tag vor Ostern gebetet wird.

Kinder, wenn ihr — zwischen jetzt und Ostern — jeden Tag dem Beten Meines Heiligen Rosenkranzes widmen könntet und ihr jeden Freitag die vier Rosenkranzgeheimnisse (*) beten würdet, dann kann und wird viel Verwüstung in der Welt gelindert werden.

Mein Sohn ist so glücklich über diejenigen, die Sein Heiliges Wort mit Liebe und mit einem reinen Herzen annehmen.

Große Gnaden werden jenen reinen Seelen geschenkt, die Ihm völlig vertrauen, ohne irgendwelche Zweifel in ihren Herzen.

Ihr, Meine Kinder, seid der Rest, das kleine Samenkorn von Gläubigen, das helfen wird, die Armee, welche jetzt erforderlich ist, um die Sünde in der Welt zu verringern, anschwellen zu lassen.

Eure Gebete — und besonders Mein sehr Heiliger Rosenkranz — sind die Waffen, die benötigt werden, um den Teufel zu vernichten und diejenigen, in denen er sich an jeder Ecke der Erde festsetzt.

Geht jetzt, Meine Kinder, und organisiert weltweit Gebete, damit Mein Rosenkranz quer durch alle Nationen — zwischen jetzt und dem Ostersonntag — gebetet wird.

Gehe hin in Frieden, Mein Kind. Die Gnaden, die dir jetzt gegeben werden, werden dir helfen, mit den täglichen Angriffen von Satan fertig zu werden, da seine Wut über dieses Werk zunimmt.

Eure himmlische Mutter
Mutter der Erlösung

(*) *Es handelt sich um die vier Rosenkränze mit insgesamt 20 Geheimnissen (= Gesätzen), und zwar aus dem freudenreichen, dem lichtreichen, dem schmerzhaften und dem glorreichen Rosenkranz.*

372. Es ist Zeit, dass das zweite Siegel sich öffnet, da die Kriege zunehmen werden.
Samstag, 10. März 2012, 15:30 Uhr

Meine innig geliebte Tochter, es ist Zeit, dass das zweite Siegel sich öffnet, da die Kriege zunehmen und sich ausbreiten werden.

Der heimsuchende Racheengel kommt aus einer einzigen Quelle, Meine Tochter, und diese Kriege hängen alle zusammen.

Sie geschahen nicht aufgrund regionaler Unruhen, sie wurden vom Westen geplant.

Diese Kriege sind — absichtlich — entfesselt worden, um Kontrolle auszuüben, und viele dieser Nationen werden als dämonisch dargestellt und Lügen über ihre politischen Führer verbreitet.

Kinder, diese Kriege sind schlau eingefädelt worden, alle auf einmal, in der Absicht, Führer um Führer zu entfernen.

Friedliche Lösungen werden präsentiert und beklatscht werden, aber sie sind falsch.

Ihr, Meine Kinder, werdet getäuscht.

Kriegsgerüchte sind genau das: Gerüchte. Wie fangen Gerüchte an? Wer setzt sie in die Welt und warum?

Warum, glaubt ihr, wurden so viele Länder zur gleichen Zeit in diesen Krieg verwickelt?

Dies war kein Zufall.

Es gibt einen Plan, der vom Antichristen durchgezogen wird, um diese Nationen, die reiche Rohstoffquellen besitzen, zu kontrollieren und zu unterwerfen.

Sobald sie diese Länder kontrollieren, werden sie sehr mächtig werden.

Sobald diese Kriege zunehmen und aufreibend werden, wird sich dann der Antichrist als der friedliche Vermittler bekannt machen.

Wenigen von euch wird die Wahrheit gesagt, aufgrund der Kontrolle, welche der Antichrist und seine Organisationen in der Welt der Kommunikation ausüben.

Betet jetzt — da die Kriege zunehmen werden —, um ihre Pläne unwirksam zu machen.

Wisset, dass Israel, das so unter dem Einfluss des Westens steht, von den Vereinigten Staaten dann, wenn man es am wenigsten erwarten wird, zurückgewiesen und verraten wird.

Es wird dann geschehen, dass der Holocaust, von dem Ich spreche, stattfinden wird.

Betet, betet, betet für das Israelische Volk, das weiterhin — bis zu Meinem Zweiten Kommen — für seine Sünden leiden wird.

Euer geliebter Jesus

373. Jungfrau Maria: Niemals zuvor gab es so viel Widerstand gegen göttliche Offenbarungen.

Montag, 12. März 2012, 19:00 Uhr

Mein Kind, es wird in dieser Zeit geschehen, dass alle Visionäre Gottes, alle Seher Gottes und alle auserwählten Seelen die größte Verfolgung erleiden werden.

Die Tage Satans sind fast zu Ende, und er wird jede Waffe benutzen, besonders einige gottgeweihte Priester, damit sie das Wort von Mir, eurer geliebten Mutter, und von Meinem kostbaren Sohn, Jesus Christus, prüfen und anzweifeln.

Niemals zuvor gab es so viel Widerstand gegen göttliche Offenbarungen wie heutzutage.

Die Finsternis fährt fort, in die Kirche einzudringen und viele innerhalb der Kirche tun alles, was sie können, um die Worte der Seher zu unterbinden.

Sie wollen nicht, dass die Wahrheit herauskommt und sie werden es verhindern, dass die Gebete, welche den Sehern gegeben werden, um die Seelen zu retten, öffentlich bekannt gemacht werden.

Betet, Kinder, dass ihre Anstrengungen nicht die Arbeit Meines Sohnes hemmen oder Gläubige gegenüber dem Geschenk des Heiligen Geistes blind machen, da Er weiterhin über die Seelen, welche diese Botschaften sehen, ausgegossen wird.

Eure Gebete und eure Treue gegenüber Meinem kostbaren Sohn sind niemals so wichtig gewesen, da sich diese Wolke der Finsternis weiterhin auf die Kirche Meines Sohnes hinabsenkt.

Betet, betet, betet, dass das Licht Meines Sohnes hindurchdringt, damit die verirrten Seelen durch Sein Höchstheiliges Wort erleuchtet werden können.

Danke, dass du Meinem Ruf antwortest, Mein Kind, besonders in dieser Zeit großer Traurigkeit in deiner Seele, die durch die Qual hervorgerufen wird, die du durch die Handlungen jener erleiden musstest, die erklärt, im Namen des Herrn zu sprechen.

Eure himmlische Mutter
Mutter der Erlösung

374. Jetzt wird von einem bestimmten Teil innerhalb Meiner Kirche ein abgesprochener Versuch unternommen, dich zum Schweigen zu bringen.

Dienstag, 13. März 2012, 18:30 Uhr

Meine innig geliebte Tochter, heute ist Dir endlich klar geworden, wie sehr Mein höchstheiliges Wort nicht nur bekämpft wird, sondern wie sehr es auch von bestimmten Mitgliedern Meiner Kirche verworfen wird.

Diejenigen, die nicht fähig sind, zu Meinen Füßen niederzufallen und um Barmherzigkeit zu bitten, erklären sich für fähig, über Meine heiligen Worte zu urteilen, die der Menschheit gegeben werden, um ihre Seelen zu retten.

Ich bin ein Gott voller Barmherzigkeit, voller Verlangen, alle Meine Kinder zu retten, und Ich bin nicht schnell zu erzürnen.

Heute wurde Meine Geduld auf die Probe gestellt, da ein weiterer Angriff zur Untergrabung dieser Botschaften durchgeführt wurde — dieses Mal durch einen Mann, der erklärt, in Meinem Namen zu sprechen.

Du, Meine Tochter, darfst dich von diesem Tage an nicht mehr mit irgendwelchen solchen Vertretern beschäftigen, ohne erst um Meine Erlaubnis zu bitten.

Jetzt wird von einem bestimmten Teil innerhalb Meiner Kirche ein abgesprochener Versuch unternommen, dich zum Schweigen zu bringen.

Meine Kinder, dies sind die Zeiten, wo der Glaube Meiner glühendsten Anhänger einschließlich von Angehörigen Meiner Kirche in einer Weise auf die Probe gestellt werden wird, wie man es seit Meiner Kreuzigung nicht mehr gesehen hat.

Gerade so, wie Ich bei Meinem ersten Kommen brutal behandelt und zum Tode verurteilt wurde, weil ich es wagte, die Wahrheit auszusprechen, so wird auch Meinen Propheten in der Zeit vor Meinem Zweiten Kommen dieselbe Behandlung zuteil werden.

Man wird über sie spotten, man wird sie lächerlich machen und man wird sie als Narren hinstellen, während sie Mein Wort verbreiten.

Sie werden von denjenigen, die Meine Lehren öffentlich verkünden, die aber nicht im Stande sind, Mein Wort, das der heutigen Welt gegeben wird, zu erkennen, der Verbreitung von Irrlehren beschuldigt werden.

An diejenigen von euch, die versuchen, den Weg zu versperren, den Ich jetzt vor euch ebne, um die Menschheit zu retten: Ihr solltet Angst haben.

Denn ihr werdet bestraft werden.

Ihr werdet euch Mir gegenüber für die Ungerechtigkeiten, die ihr denjenigen zufügt, die gesandt sind, das Wort Gottes in dieser Zeit — in der Endzeit — öffentlich zu verkünden, verantworten müssen.

Weist die Propheten des Herrn zurück und ihr weist das Wort des Herrn zurück.

Eure Arroganz macht euch für die Wahrheit blind, und ihr habt nicht das Recht, Mich zu vertreten.

Ihr verletzt Mich außerordentlich — und eure Zurückweisung Meines heiligen Wortes verwundet Mich tief.

Ich weine darüber, dass ihr Mich grausam zurückweist, während ihr — zur selben Zeit — eine hinsichtlich der Wahrheit verwässerte Version Meiner Lehren predigt.

Ihr müsst jetzt Zeit in der Eucharistischen Anbetung verbringen, bevor ihr mit Mir kommunizieren könnt, um es Mir zu ermöglichen, euch auf den Weg des Erkennens zu führen.

Überprüft eure Gründe, warum ihr Meine Worte zurückweist.

Ist es, weil ihr die Wahrheit des Schismas nicht hören wollt, das droht, die katholische Kirche zu treffen?

Ist es, weil ihr nicht annehmt, dass die Kirche vom Betrüger heimgesucht worden ist?

Begreift ihr nicht, dass das alles vorausgesagt worden ist?

Ihr müsst beten, damit ihr die Wahrheit sehen werdet, und müsst zu Mir kommen, damit Ich euch führe — bevor es zu spät ist.

Euer Jesus
Retter der ganzen Menschheit

375. Die Liebe ist stärker als der Hass.

Mittwoch, 14. März 2012, 15:30 Uhr

Meine innig geliebte Tochter, Ich halte dich fest in Meinem Herzen, da du diesen Schmerz in Vereinigung mit Mir erleidest.

Meine Kinder, und besonders Meine Anhänger, fühlen eine Sanftheit zueinander, die sie sich nicht erklären können.

Sie mögen Fremde sein und auf der gegenüberliegenden Seite der Welt leben — und doch ist die Liebe, die sie fühlen, Meine Liebe.

Sie lieben einander so, wie es gebürtige Brüder und Schwestern in jeder liebenden Familie tun.

Ich bin das Licht, das diese spontane Liebe, welche die Seelen einander näher bringt, hervorruft.

Es ist Mein Heiliger Geist, der alle Kinder Gottes zu einer einzigen Familie zusammenführt.

Ihr, Meine Kinder, seid Meine Familie.

Die Heilige Dreifaltigkeit leitet die Familie, und wenn eure Liebe rein und demütig ist, seid ihr automatisch ein Teil dieser Heiligen Familie.

Die Liebe des Vaters fließt durch Mich.

Wenn ihr Mich liebt, werde Ich euch in die Arme Meines Vaters bringen, der das Siegel des Schutzes um euch und eure Familie legen wird.

(siehe Kreuzzuggebet 33 „Das Siegel des Schutzes")

Mein Herz ist voll Zärtlichkeit, weil Ich mit Freude die Liebe wahrnehme, die ihr füreinander habt.

Ihr bringt Mir einen solchen Trost von der Qual, die Ich wegen der Verfolgung Meiner armen Kinder in den vom Krieg zerrissenen Ländern aushalten muss.

Vereinigt euch jetzt mit Mir, damit Meine Familie von ergebenen Anhängern sich zu einer Einheit zusammenschließen wird — egal wie sich ihre Herkunft darstellt oder aus welchem Land sie stammen — um den Hass in der Welt zu besiegen.

Die Liebe ist stärker als der Hass.

Der Hass wird schwächer, wenn mit Liebe auf ihn reagiert wird.

Wenn euch jemand ungerecht behandelt, dann müsst ihr dies mit Liebe beantworten — und Satan wird sich dann vor Schmerzen winden.

Wenn ihr euch versucht fühlt, euch an denjenigen zu rächen, die euch verletzt haben, dann müsst ihr stattdessen für sie beten, ihnen verzeihen und ihnen Liebe zeigen.

Liebe, die durch Meine Familie auf Erden dringt, ist eine sehr starke Kraft.

Ihr dürft niemals — auch nur einen Augenblick lang — glauben, dass der Hass die Liebe besiegen kann.

Die Macht, die der Hass innehat — obwohl diese Macht abstoßend und schmerzhaft mitzuerleben ist —, kann durch die Macht der Liebe besiegt werden.

Wie kann die Liebe den Hass in der Welt von heute schwächer machen? Das Gebet ist die Antwort.

Liebt Mich.

Hört auf Mich.

Antwortet auf die Bitten Meiner geliebten Mutter und auf die Bitten von Mir, Ihrem Sohn, durch das Beten der verschiedenen Gebete, die euch gegeben werden.

Hier ist ein besonderes Kreuzzuggebet für die Vereinigung der Kinder Gottes.

Es wird an jeder Ecke der Erde die Liebe verbreiten und den Hass, der jeden Tag anwächst, vertreiben.

Dieser Hass, welcher von Satan mithilfe der Schwächen der Menschheit hervorgerufen wird und der Schreckenstaten wie Folter, Mord, Abtreibung und Selbstmord hervorruft, kann durch dieses Kreuzzuggebet Nummer 37 zur Vereinigung aller Kinder Gottes abgewendet werden:

„O lieber Jesus,

vereinige alle Deine geliebten Anhänger durch die Liebe, damit wir die Wahrheit Deines Versprechens der ewigen Erlösung über die ganze Welt verbreiten können.

Wir beten, dass jene lauen Seelen, die Angst davor haben, sich Dir mit Geist, Leib und Seele anzubieten, ihre Rüstung des Stolzes ablegen und ihre Herzen Deiner Liebe öffnen, um ein Teil Deiner Heiligen Familie auf Erden zu werden.

Umarme all jene verlorenen Seelen, lieber Jesus, und erlaube unserer Liebe, als ihre Brüder und Schwestern, sie aus der Wildnis herauszuheben. Nimm sie mit uns in den Schoß, in die Liebe und in das Licht der Heiligen Dreifaltigkeit.

Wir legen all unsere Hoffnung, all unser Vertrauen und all unsere Liebe in Deine Heiligen Hände.

Wir bitten Dich, unsere Zuwendung zu Dir zu vertiefen, damit wir dabei helfen können, mehr Seelen zu retten.

Amen."

Ich liebe euch, Kinder.

Ihr dürft euch niemals entmutigt fühlen, wenn ihr die Boshaftigkeit um euch herum seht.

Eure Gebete können diese Boshaftigkeit abschwächen.

Eure Liebe wird sie besiegen.

Euer liebender Erlöser
Jesus Christus

376. Die gleichgeschlechtliche Ehe ist eine schwere Sünde.
Freitag, 16. März 2012, 22:20 Uhr

Meine innig geliebte Tochter, der Schmerz und das Leiden Meiner armen Anhänger — die hilflos zusehen müssen, wie neue Gesetze, die Meinen Lehren widersprechen, eingeführt werden — erreichen ein in der Welt noch nie da gewesenes Niveau.

Nicht nur müsst ihr die Sünde mit ansehen, Kinder, ihr müsst dann auch noch mit ansehen, dass euch die Sünde auf eine Weise dargestellt wird, dass ihr gezwungen seid, sie so zu akzeptieren, als ob sie menschlich sei.

Ich beziehe Mich insbesondere auf eine bestimmte Sünde, nämlich auf die gleichgeschlechtliche Ehe, die als ein natürliches Recht präsentiert wird.

Dann wird von euch erwartet, dass ihr diese Abscheulichkeit hinnehmt, da sie vor dem Thron Meines Vaters in einer Kirche stattgefunden hat. Es reicht diesen Leuten nicht, dass die gleichgeschlechtliche Ehe durch die weltlichen Gesetze gestattet wird, sie wollen Gott den Vater außerdem noch zwingen, ihnen Seinen Segen zu geben. Aber Er könnte dies niemals tun, weil es in Seinen Augen eine schwerwiegende Sünde ist.

Wie können diese Menschen es wagen, zu denken, dass es akzeptabel sei, diesen abscheulichen Akt in den Kirchen Meines Vaters vorzuführen?

Kinder, Ich liebe jede Seele.

Ich liebe die Sünder.

Ich verabscheue ihre Sünden, aber liebe den Sünder.

Gleichgeschlechtliche sexuelle Handlungen sind in den Augen Meines Vaters nicht akzeptabel.

Betet für diese Seelen, denn Ich liebe sie, aber Ich kann ihnen nicht die Gnaden gewähren, die sie sich wünschen.

Sie müssen wissen, dass sie — egal wie sehr sie versuchen, die gleichgeschlechtliche Ehe zu entschuldigen — nicht berechtigt sind, am heiligen Sakrament der Ehe teilzuhaben.

Ein Sakrament muss von Gott kommen. Die Regeln für den Empfang der Sakramente müssen aus den Lehren Meines Vaters hervorgehen.

Ihr könnt Meinen Vater, Gott den Allerhöchsten, nicht zwingen, euch Seinen Segen zu geben, oder Ihn zwingen, euch den Zugang zu Seinen heiligen Sakramenten zu gewähren, solange sie nicht auf die Art und Weise geachtet werden, wie sie geachtet werden sollten.

Die Sünde wird jetzt in der Welt als eine gute Sache präsentiert.

Wie Ich es früher bereits gesagt habe, steht die Welt auf dem Kopf.

Das Gute wird als böse dargestellt, und jene Menschen, die versuchen, nach den Gesetzen von Gott, dem Vater, zu leben, werden höhnisch belächelt.

Das Böse — egal in welche Verkleidung man es steckt — kann in den Augen Meines Vaters nicht in eine gute Tat umgewandelt werden.

Mein Vater wird diejenigen bestrafen, die damit fortfahren, ihre Sünden vor Ihm stolz zur Schau zu stellen.

Beherzigt diese Warnung; denn eure Sünden, die begangen werden, wenn ihr euch weigert, Gott zu gehorchen, werden nicht und können nicht vergeben werden.

Dies liegt daran, dass ihr euch weigert, die Sünde als das anzunehmen, was sie ist.

Euer Erlöser
Jesus Christus.

377. Ich werde in den Wolken kommen, umgeben von allen Engeln und von allen Heiligen aus dem Himmel.
Sonntag, 18. März 2012, 16:00 Uhr

Meine innig geliebte Tochter, Meine Kinder müssen wissen, dass der Grund, warum die Welt geistig betrachtet leer ist, darin besteht, dass sie nicht mehr den Unterschied zwischen richtig und falsch kennen.

Wenn es Mein Licht nicht geben würde, das jede Seele — einschließlich der Seelen der Sünder — erfüllt, würde die Welt aufhören zu existieren.

Es ist Mein Licht, das die Welt am Leben erhält.

Viele Meiner Anhänger, die sich weihen, um in Vereinigung mit Mir zu leiden, helfen ebenfalls, dieses Licht am Leben zu erhalten.

Unmittelbar bevor Ich zurückkehre, wird Mein Licht für drei Tage aus der Welt verschwinden.

Dies wird ganz am Ende geschehen und dies darf nicht mit der „Warnung" verwechselt werden.

Es wird — während dieser drei Tage — Heulen und Zähneknirschen geben und die Menschen werden alarmiert damit beginnen, nach Meinem Licht zu suchen, auch wenn sie Mich vorher noch abgelehnt haben.

Dies wird die Zeit für die Wahrheit sein.

Meine Anhänger dürfen sich vor diesen drei Tagen nicht fürchten; denn, obwohl ihr Meine Anwesenheit möglicherweise nicht wahrnehmt, werde Ich doch bei euch sein.

Dann — nach den drei Tagen — werde Ich auf die Erde zurückkehren, und zwar genau so, wie Ich in den Himmel aufgestiegen bin.

Ich werde in den Wolken kommen — umgeben von allen Engeln und von allen Heiligen aus dem Himmel — in großer Herrlichkeit.

Wie schön und glückselig wird dieser Tag sein, wenn Ich komme, um — dem Willen Meines Vaters entsprechend — über die Erde zu regieren.

Kein Mensch wird auch nur den geringsten Zweifel haben, dass Ich es bin.

Niemand wird den geringsten Zweifel über seine Zukunft haben.

Dies wird der Tag sein, an dem Ich komme, um zu richten.

Ich werde Meine Menschen scheiden in jene, die Mich lieben, und jene, die Mich hassen.

Diejenigen, die Mich abgelehnt haben und sich allen üblen Dingen verschrieben haben, werden in die ewigen Feuer der Hölle verbannt werden.

Der Rest wird mit Mir kommen und mit Mir im Paradies leben, gemeinsam mit den wiederauferstandenen Gerechten.

Dies ist das Ziel, dem alle Seelen freudig entgegensehen müssen, wenn Ich wiederkomme, wie Ich euch versprochen habe.

Den Christen sage Ich dies:

Wisst, dass dieses große und glorreiche Ereignis bald stattfinden wird.

Eure Generation wird Zeuge Meiner glorreichen Rückkehr werden.

Ich werde niemals den Tag offenbaren; denn nur Mein Vater kennt diesen — aber Ich kann euch versichern, dass die Zeit Meines Zweiten Kommens nahe ist.

Euch, Meinen gottgeweihten Dienern, sage Ich, dass es eure Pflicht ist, Meine Menschen darauf vorzubereiten, jene Seelen, für die ihr verantwortlich seid, damit sie in das Buch des Lebens aufgenommen werden.

Ich bitte euch eindringlich, zur Vorbereitung der Welt auf Mein Zweites Kommen hart zu arbeiten — und zwar durch die Macht der Kommunikation und des Gebets.

Euer liebender Erlöser
Jesus Christus
Retter der ganzen Menschheit

378. Jungfrau Maria: Betet für Papst Benedikt XVI. der in Gefahr ist, aus Rom verbannt zu werden.
Dienstag, 20. März 2012, 20:30 Uhr

Mein Kind, es gibt eine Stille, ähnlich der Ruhe vor dem Sturm, weil die katholische Kirche bald in die Krise gestürzt werden wird.

Ich rufe alle Meine Kinder überall auf, für Papst Benedikt XVI. zu beten, der in Gefahr schwebt, aus Rom verbannt zu werden.

Er, der höchstheilige Stellvertreter der katholischen Kirche, wird innerhalb des Vatikans in vielen Kreisen gehasst.

Man wird bald ein böses Komplott, das seit mehr als einem Jahr geplant ist, überall auf der Welt sehen.

Betet, betet, betet für alle heiligen Diener Gottes in der katholischen Kirche, die aufgrund der großen Spaltung innerhalb der Kirche, die bald eintreten wird, verfolgt werden.

Die ganze Welt wird Zeuge des großen Schismas (= der großen Spaltung) werden, aber man wird nicht sofort erkennen, dass das der Fall sein wird.

Der falsche Papst wartet darauf, sich der Welt zu offenbaren.

Kinder, lasst euch nicht täuschen, denn er wird nicht von Gott sein.

Die Schlüssel Roms sind zu Meinem Vater — zu Gott dem Allerhöchsten, der vom Himmel aus herrschen wird — zurückgebracht worden.

Eine große Verantwortung wird all jenen heiligen Priestern, Bischöfen und Kardinälen, die Meinen Sohn innig lieben, auferlegt werden.

Sie werden viel Mut und göttliche Stärke brauchen, um die Seelen zum Neuen Paradies zu führen.

Jede Anstrengung dieser heiligen Jünger, um Seelen auf das Zweite Kommen Meines innig geliebten Sohnes vorzubereiten, wird durch die andere, dunkle Seite bekämpft werden.

Ich bitte alle Meine Kinder dringend, um die notwendige Stärke zu beten, weil der Antichrist und sein Gefährte, der falsche Prophet, sich zu prominenten Berühmtheiten aufschwingen werden.

Ihr müsst Mich, die Mutter der Erlösung, um Meine Gebete bitten, um sicherzustellen, dass die katholische Kirche gerettet werden wird und dass das wahre Wort Meines Sohnes gerettet wird.

Man wird die Wahrheit des Versprechens Meines Sohnes, in großer Herrlichkeit zurückzukehren, manipulieren.

Euch, Meinen lieben Kindern, wird man eine Reihe von Unwahrheiten vorlegen und man wird von Euch verlangen, dass ihr sie im heiligen Namen Meines Sohnes anerkennen und akzeptieren sollt.

Mein Kreuzzug-Gebet (38) muss während des nächsten Monats an jedem einzelnen Tag gebetet werden, um sicherzustellen, dass die heiligen Priester Gottes nicht durch die böse Täuschung in die Irre geführt werden, die vom Falschen Propheten und seinen Anhängern geplant wird.

„O Heilige Mutter der Erlösung,

bitte bete für die katholische Kirche in diesen schweren Zeiten und für unseren geliebten Papst Benedikt XVI. um sein Leiden zu erleichtern.

Wir bitten Dich, Mutter der Erlösung, bedecke Gottes geweihte Diener mit Deinem heiligen Mantel, damit ihnen die Gnaden geschenkt werden, in den vor ihnen liegenden Prüfungen stark, treu und mutig zu sein.

Bete auch, dass sie ihre Herde hüten werden, wie es der wahren Lehre der katholischen Kirche entspricht.

O Heilige Mutter Gottes, schenke uns, Deiner restlichen Kirche auf Erden, die Gabe der Menschenführung, damit wir dabei helfen können, Seelen zum Königreich Deines Sohnes hinzuführen.

Wir bitten Dich, Mutter der Erlösung, halte den Betrüger fern von den Anhängern Deines Sohnes, die sich bemühen, ihre Seelen zu schützen, um gerüstet zu sein für den Eintritt durch die Tore des Neuen Paradieses auf Erden.

Amen."

Geht hin, Kinder, und betet für die Erneuerung der Kirche und für die Sicherheit jener gottgeweihten Diener, die unter der Herrschaft des Falschen Propheten wegen ihres Glaubens leiden werden.

Maria, Mutter der Erlösung

––––––––––––––––––––––

(*) Das Gebet soll also während des gesamten April 2012 gebetet werden!

379. Die Zeit für das Schisma innerhalb der Kirche ist fast da, und ihr müsst euch jetzt dafür bereit machen.
Dienstag, 20. März 2012, 21:20 Uhr

Meine innig geliebte Tochter, Ich möchte in diesem Augenblick alle Meine Jünger und Anhänger überall in Meine Arme schließen.

Ich brauche euren Trost, Kinder.

Ich brauche euren Trost in Meinem Leiden, da Ich für Meine Kirche auf Erden Tränen weine.

Einige Meiner geistlichen Diener sind in eine so große Entfernung zu Mir geraten, dass viele nicht an Mein Zweites Kommen glauben.

Diejenigen Priester, Bischöfe und Kardinäle, die wirklich glauben, werden zur Seite gedrängt und werden gezwungen, zu schweigen.

Wie Ich um diese armen, kostbaren Jünger von Mir weine, die gelobt haben, ihr Leben Mir und der Verbreitung Meiner Lehren an die Menschheit zu widmen.

Bald werden sie zusehen müssen, was sie über Mein Heiliges Wort sagen; denn sie werden gezwungen werden, öffentlich die Lehren eines Lügners zu verkünden, dessen Seele nicht aus dem Licht stammt.

Vereinigt euch, Meine Kinder, Meine geliebten Priester und all jene, die Mich jetzt lieben und Mir helfen, Seelen zu retten.

Um das zu tun, dürft ihr nicht einen Augenblick zuwarten. Ihr müsst anderen von der großen Herrlichkeit erzählen, die bei Meinem Zweiten Kommen auf jeden Einzelnen von euch zukommt.

Dieses große und glorreiche Ereignis wird der Augenblick sein, an dem ihr euch letztendlich mit Mir, eurem kostbaren Jesus, der euch alle so sehr liebt, vereinen werdet.

Ihr, Meine geliebten Anhänger, müsst zu jeder Zeit wachsam bleiben.

Ihr werdet versucht werden, Mich zu verlassen und Meine Lehren, die wahr sind, zu verurteilen... und ihr werdet gezwungen werden, den Wolf im Schafspelz zu verehren und ihm zu gehorchen.

So viele arme Seelen werden nicht nur unter den Bann des Falschen Papstes —des Falschen Propheten, der vor so langer Zeit vorausgesagt worden ist — geraten, sondern er wird euch auch dazu bringen, zu glauben, dass er göttliche Kräfte hat.

Kinder, die die Zeit für das Schisma (= die Glaubensspaltung) innerhalb der Kirche ist fast da und ihr müsst euch jetzt dafür bereit machen.

Schließt euch zu einer Einheit zusammen. Haltet euch gegenseitig fest.

Schützt einander und betet für diejenigen, die dem falschen Weg folgen werden und dem Falschen Propheten Ehrerbietung erweisen werden.

Viel Gebet ist erforderlich, aber wenn ihr tut, wie Ich euch sage, könnt ihr Seelen retten.

Ihr, Meine kostbaren Anhänger, werdet den Überrest der Kirche auf Erden bilden und ihr werdet von jenen tapferen heiligen Dienern geführt werden, die den Falschen Propheten als das erkennen werden, was er ist.

Fürchtet euch nicht, da Ich jedem von euch, der Mich mit diesem Gebet darum bittet, die Gnaden der Weisheit, der Gemütsruhe und der Unterscheidungsfähigkeit gewähre:

"O Jesus hilf mir, die Wahrheit Deines Heiligen Wortes zu jeder Zeit zu sehen und Deinen Lehren gegenüber treu zu bleiben, egal wie sehr ich gezwungen werde, Dich abzulehnen."

Erhebt euch jetzt und seid tapfer — ihr alle —; denn Ich werde euch niemals verlassen.

Ich werde die dornige Straße zusammen mit euch gehen und euch sicher zu den Toren des Neuen Paradieses führen.

Alles, was ihr dafür tun müsst, ist es, vollkommen auf Mich zu vertrauen.

Euer geliebter Erlöser
Jesus Christus

380. Sage der Menschheit, dass jetzt alles in Meinen Heiligsten Händen liegt.
Mittwoch, 21. März 2012, 20:30 Uhr

Ich komme an diesem Abend zu dir, Meine innig geliebte Tochter, um der Menschheit zu sagen, dass jetzt alles in Meinen Heiligsten Händen liegt.

Ich beziehe Mich auf die Pläne, die seitens der globalen Gruppe im Gange sind, welche eure Währung, eure Gesundheitsfürsorgesysteme und eure Souveränität kontrollieren wollen.

Ihnen wird nicht erlaubt werden, euch zu kontrollieren, und die Hand Meines Vaters wird rasch niederfallen, sollten sie versuchen, euch zu verletzen, Kinder.

Alle Gläubigen, die das Siegel des Schutzes Meines Ewigen Vaters haben, das Siegel des Lebendigen Gottes, wird kein Leid zugefügt werden.

Aus diesem Grunde musst du, Meine Tochter, sicherstellen, dass möglichst vielen Kindern Gottes in jeder Ecke der Erde unverzüglich Zugang dazu gegeben wird.

Eure Gebete, Kinder, sind sehr kraftvoll gewesen, und besonders die Gebete jener von euch, die Meine Kreuzzug-Gebete, Meinen Barmherzigkeitsrosenkranz und den Heiligen Rosenkranz täglich beten.

Sie haben bereits einen Atomkrieg aufgeschoben und verhindert, sie haben bereits Millionen von Seelen vor den Feuern der Hölle bewahrt sowie viele Erdbeben verhindert.

Vergesst niemals, dass es eure Gebete sind, die eure stärkste Waffe gegen das Böse sind.

Eure Liebe zu Mir, Jesus Christus, hat sich aufgrund eurer Treue zu Mir ausgebreitet.

Ihr, Kinder, seid Meine Jünger der heutigen Zeit, und euch ist jetzt die Autorität und das Geschenk des Heiligen Geistes gegeben worden, um Mein Höchstheiliges Wort auszubreiten.

Um die Kraft des Heiligen Geistes zu erhalten, müsst ihr Meine Hilfe erbitten, damit ihr zu jeder Zeit die Wahrheit sprechen werdet, wenn ihr Mein Heiliges Wort öffentlich verkündet.

Das Kreuzzug-Gebet 39 wird euch jetzt gegeben, damit ihr unter allen Kindern Gottes einhergehen könnt und ihnen helfen könnt, ihre Seelen auf das Neue Paradies und Mein Zweites Kommen vorzubereiten.

„ O Jesus, mein geliebter Erlöser,

ich bitte Dich, bedecke mich mit Deinem Heiligen Geist, damit ich mit Autorität Dein Heiligstes Wort verkünden kann, um alle Kinder Gottes auf Dein Zweites Kommen vorzubereiten.

Ich bitte Dich inständig, Herr Jesus, um alle Gnaden, die ich benötige, damit ich alle Glaubensrichtungen, Bekenntnisse und Nationalitäten erreichen kann, wohin ich auch gehe.

Hilf mir, mit Deiner Zunge zu sprechen, mit Deinen Lippen arme Seelen zu trösten sowie alle Seelen mit der besonderen göttlichen Liebe, die aus Deinem Heiligen Herzen strömt, zu lieben.

Hilf mir, die Seelen zu retten, die Dir so sehr am Herzen liegen, und erlaube mir, lieber Jesus, Dich zu trösten, wenn verirrte Seelen fortfahren Deine Barmherzigkeit abzulehnen.

Jesus, ohne Dich bin ich nichts, aber mit Deiner großzügigen Hilfe werde ich in Deinem Namen kämpfen, um zu helfen, die ganze Menschheit zu retten.

Amen."

Meine Armee, die aufgrund dieser Meiner heiligen Botschaften entstanden ist, hat bereits siebenhunderttausend Seelen erreicht.

Helft Mir, mehr von Gottes Kindern zu bekehren, damit zur Zeit des Gerichts nicht eine Seele an Satan verloren geht.

Ich werde euch bei all eurer Arbeit für Mich stark halten, Kinder.

Ich liebe euch, euch, Meine kostbare restliche Kirche.

Euer geliebter Jesus

381. Der Widerstand gegen Mein Zweites Kommen wird heftig sein.
Donnerstag, 22. März 2012, 23:00 Uhr

Meine innig geliebte Tochter, Mein Schmerz ist jetzt — da du in voller Vereinigung mit Mir bist — der Deine geworden. Obwohl dies für dich sehr schwer sein wird, wird es dir auch viel Freude und viele neue Gnaden bringen.

Ich gewähre dir jetzt die Gabe in den Seelen lesen zu können (= Gabe der Seelenschau). Ich vermache dir diese besondere Gabe aus zwei Gründen. Der erste ist, dir den Schutz zu bieten, den du benötigst, wenn du damit beginnen wirst, mit einigen Meiner Anhänger Umgang zu haben.

Der zweite Grund ist, jene Seelen zu bekehren, deren Herzen verhärtet sind und die dir entgegentreten, weil sie Mein Heiligstes Wort anzweifeln.

Du musst dieses neue Leiden, das du durchmachst, annehmen und wissen, dass es sich wegen der angewachsenen Boshaftigkeit in der Welt verstärkt.

Du, Meine Tochter, und viele Meiner anderen auserwählten Seelen erfahrt jetzt alle gleichzeitig sowohl das körperliche, als auch das innerliche Leiden.

Dies ist auf das Leiden zurückzuführen, das auch Mein höchstheiliger Stellvertreter in diesen Tagen — wenn er seiner größten Prüfung gegenüberstehen wird — erfährt.

Nimm Meinen Kelch an, Meine Tochter, — und denjenigen, die Mein Heiliges Wort durch diese Botschaften annehmen, sage Ich: Wisset, dass eure geistige Großzügigkeit jeden Tag Millionen von Seelen rettet.

Nicht eine Minute eures Leidens geht verloren.

Mir ist bewusst, Meine Kinder, dass ihr, wenn ihr Mein Kreuz aufnehmt und Mir nachfolgt, aufgrund dessen leiden werdet.

Aber wisst, dass ihr — dadurch, dass ihr das tut — Mir helft, den größten Teil der Menschheit zu retten. Ihr werdet Mir auch bei Meiner Herrschaft auf Erden helfen, wenn der Betrüger verbannt ist und während Mein Neues Paradies auf Erden entsteht.

Wisst auch, dass ihr, die ihr mit Mir leidet, dadurch, dass ihr Meinem Weg zum Paradies folgt, genau denselben Weg zum Kalvarienberg nehmen werdet wie Ich, als Ich das erste Mal kam.

Die Christen mögen heute vielleicht glauben, dass Ich, würde Ich ein zweites Mal erneut kommen, niemals wieder mit solcher Grausamkeit behandelt würde. Nun, sie irren sich.

Der Widerstand gegen Mein Zweites Kommen wird heftig sein.

Mein Heiliges Wort wird verspottet und bezweifelt werden — und das wird es bereits.

Meine Kinder, besonders diejenigen mit einem unbeugsamen und festen Glauben, können nicht verstehen, dass Meine Propheten von der Mehrheit augenscheinlich abgelehnt werden, genau so, wie es in der Vergangenheit war.

Mein Wort, das dir in dieser Zeit gegeben wird, wird in vielen Kreisen der Kirche bereits ignoriert und verworfen, gerade so, wie es während Meiner Zeit auf Erden durch die Pharisäer geschah.

Die Wahrheit Meiner Lehren, die sich nie geändert haben, werden für Lügen gehalten.

Warum ist das so? Ich sage euch, das ist so, weil so viele die Wahrheit Meiner Lehren in einem solchen Ausmaß verdreht haben, dass sie nicht mehr an die Todsünde glauben.

So viele haben sich entschlossen, die in der Bibel enthaltene Wahrheit zu ignorieren.

Warum zum Beispiel bestreitet ihr das Bestehen des Neuen Himmels und der Neuen Erde für tausend Jahre?

Diese Offenbarung ist sehr konkret, und die Wahrheit steht dort, für alle zu lesen.

Und doch widersetzt man sich Meinem Heiligen Wort.

Das Buch der Offenbarung ist euch nur teilweise gegeben worden, — ebenso wie die Prophezeiungen, die im Buch Daniel enthalten sind. Viele von euch sind verwirrt.

Aber das ist deswegen der Fall, weil die Inhalte, die diesen beiden Propheten offenbart worden sind, verschlossen und bis zum Ende der Zeiten verborgen wurden.

Nur Ich, Jesus Christus, das Lamm Gottes, habe die Autorität, der Menschheit die Inhalte zu offenbaren.

Wie könnt ihr behaupten, alles über Mein Zweites Kommen zu wissen, wenn ihr nur Teile davon kennt? Wenn sie noch nicht offenbart worden sind?

Ihr müsst Meinem Heiligen Wort genau zuhören; denn es wird euch gegeben, um eure Seelen zu retten.

Solltet ihr fortfahren, Mein Wort abzulehnen, nachdem die „Warnung" stattgefunden hat, obgleich diese Meine Botschaften an die Welt sich weiterhin entfalten werden, so werdet ihr schuldig sein, Meine Hand der Barmherzigkeit zurückzuweisen.

Egal wie sehr ihr an Mich glaubt oder behauptet, Mich zu kennen, ihr werdet die Sünde begehen, Mich zu leugnen. Als solche werdet ihr für Mich verloren sein und werdet nicht fähig sein, durch die Tore des Paradieses in dieses einzugehen.

Es ist Meine Pflicht, aus reiner Liebe und aus Mitgefühl mit euch, dass Ich jetzt versuche, euch für die Endzeit vorzubereiten.

Bitte, weist Mich — dieses zweite Mal — nicht ab, weil Ich komme, um die Menschheit von der ewigen Verdammung zu retten und um euch die Schlüssel für die ewige Erlösung anzubieten.

Weil Ich euch liebe, muss Ich standhaft sein und euch zur Wahrheit führen.

Wartet nicht bis zu Meinem Tag des Gerichts, um die Wahrheit zu entdecken.

Kommt jetzt mit Mir und helft Mir, die Seelen der ganzen Menschheit zu retten.

Euer Lehrer und Erlöser
Jesus Christus

382. Ihr habt nicht viel Zeit, bevor Ich komme, um zu richten.
Samstag, 24. März 2012, 11:45 Uhr

Ich komme heute zu dir, Meine innig geliebte Tochter, um die Welt über Meine große Barmherzigkeit zu informieren.

Ich möchte die Welt auch über Meine Gerechtigkeit informieren.

Kinder, ihr habt nicht viel Zeit, bevor Ich komme, um zu richten.

Die Zeitspanne zwischen heute und Meinem Tag des Gerichts — dem Tag des Gerichts, der bei Meinem Zweiten Kommen stattfinden wird — müsst ihr klug nützen, um eure Seelen darauf vorzubereiten.

Als euer Göttlicher Erlöser ist es Meine Aufgabe, euch zu führen, euch anzuleiten und euch die Wege zu offenbaren, durch die ihr sicherstellen könnt, dass ihr in der Lage seid, in Mein Paradies einzugehen.

Lehnt Meine Propheten nicht ab. Ich beziehe Mich dabei insbesondere auf Meine gottgeweihten Diener.

Ihr müsst Mich mit Demut und einer reinen Seele bitten, euch mit Meinem Heiligen Geist zu bedecken, damit ihr das Unterscheidungsvermögen erhaltet.

Wenn ihr das tut, werde Ich euch die Wahrheit Meines Höchstheiligen Wortes offenbaren, das euch jetzt durch diese Prophetin gegeben wird.

Danach wird es eure Pflicht sein sicherzustellen, dass all jenen Seelen, die nach euch um Führung ausschauen, geholfen wird, ihre Seelen auf Mein Zweites Kommen vorzubereiten.

Habt niemals Angst, den Ausdruck „Das Zweite Kommen von Christus" auszusprechen; denn viele aus Meiner Herde wissen nicht, was er bedeutet.

So wenige von ihnen sind über dieses große und glorreiche Ereignis unterrichtet worden oder über die Wichtigkeit dessen, ihre Seelen vorzubereiten, damit sie in einem Zustand der Gnade sind.

Habt niemals Angst, über die Existenz des Fegefeuers oder der Hölle zu predigen. Ihr tragt die Verantwortung dafür, Meinem Volk die Wahrheit zu sagen.

Wendet Euch durch dieses Gebet, das Kreuzzuggebet (40) „Gebet für den Klerus, um Seelen auf das Zweite Kommen vorzubereiten" an Mich, um Führung zu erhalten:

„O Mein Jesus,

ich bin nur ein demütiger Diener und brauche Dich, damit Du mich führst, sodass ich die Seelen auf Dein glorreiches Zweites Kommen vorbereiten kann.

Hilf mir, die Seelen zu bekehren und sie gemäß Deinem heiligen Willen vorzubereiten, damit sie in der Lage sind, in den Neuen Himmel und in die Neue Erde einzugehen, die Du der ganzen Menschheit durch Deinen Tod am Kreuz verheißen hast.

Gib mir die Gnaden, die ich benötige, damit ich Dein Wort an durstige Seelen vermit-teln kann und damit ich niemals meine Pflicht Dir gegenüber vernachlässige, lieber Jesus, dem ich durch meine heiligen Gelübde meine Treue gelobt habe.

Amen."

Gehe jetzt hin, Mein heiliger Diener, und nimm die Rolle an, für die du auserwählt wurdest.

Die Herausforderung, Seelen auf Mein Zweites Kommen vorzubereiten, ist in deinem Amt die größte überhaupt und du musst diese mit Liebe und Freude in deinem Herzen annehmen.

Nimm auch das Geschenk an, als ein gottgeweihter Diener in dieser Zeit, in der Endzeit, auserwählt zu sein, wenn der Neue Himmel und die Neue Erde als Mein Neues Paradies erscheinen.

Du bist gesegnet, in diesen Zeiten zu leben.

Aber du wirst, wenn du dabei hilfst, Meine Seelen auf Erden zu retten, durch den Betrüger gequält und auf jedem Teil deiner Reise behindert werden — und das auch durch all jene, die er dazu verführt, eure Herzen von Mir, eurem göttlichen Erlöser, abzuwenden.

Gib in deiner heiligen Mission niemals auf und wisse, dass Ich, dein Jesus, jeden Schritt des Weges mit dir gehen werde.

Euer geliebter Jesus

383. Sogar die „Warnung" wird nicht alle Nichtgläubigen bekehren.
Sonntag, 25. März 2012, 15.30 Uhr

Meine innig geliebte Tochter, heute bitte Ich alle Meine Anhänger dringend, ihre Zeit dazu zu verwenden, um für diejenigen zu beten, die nicht an Mich, Jesus Christus, oder an die ewige Erlösung glauben.

Diese Seelen liegen Mir am Herzen und sie sind diejenigen, die bekehrt werden müssen, damit sie als Erste gerettet werden können.

Diejenigen, die blind sind, können nicht erkennen, dass ihr Leben nicht auf der Erde endet.

Viele akzeptieren nicht, dass sie bis in alle Ewigkeit existieren werden.

Diese Seelen verwunden Mich tief, und Ich empfinde Schrecken, weil Ich sehe, dass sie in diesem Leben auf Erden das Leben in ihren Seelen zerstören.

Sogar die „Warnung" wird viele von diesen, die öffentlich verkünden, dass sie Atheisten seien, nicht bekehren.

Ihre einzige Rettung besteht in den Gebeten und dem Leiden von Opferseelen.

Ich bitte euch dringend, für diese Seelen durch dieses Kreuzzug-Gebet (41) „Für die Seelen von Nichtgläubigen" zu beten:

„O mein Jesus, hilf Deinen armen Kindern, die gegenüber Deinem Versprechen der Erlösung blind sind.

Ich bitte Dich flehentlich, öffne mit Hilfe meiner Gebete und meiner Leiden die Augen der Nichtgläubigen, damit sie Deine zärtliche Liebe sehen können und um

Schutz in Deine heiligen Arme eilen können.

Hilf ihnen, die Wahrheit zu erkennen und nach Vergebung für all ihre Sünden zu streben, damit sie gerettet werden können und als erste durch die Tore des Neuen Paradieses gehen können.

Ich bitte für diese armen Seelen, einschließlich Männer, Frauen und Kinder, und bitte Dich dringend, sie von ihren Sünden loszusprechen. Amen. "

Geht jetzt, Meine kostbare Armee, und konzentriert euch auf Meine armen, verlorenen Kinder. Helft Mir, eurem Jesus, ihre Seelen zu retten.

Euer geliebter Erlöser
Jesus Christus

384. Jungfrau Maria: Bitte Meine Kinder, am Karfreitag einen Fasttag zu halten, um die weltweite Einheitswährung zu verhindern.

Dienstag, 27. März 2012, 18:00 Uhr

Mein Kind, dein Leiden wird sich — ebenso wie bei anderen auserwählten Seelen — während der Karwoche verstärken.

Dies ist die Woche, in welcher der Betrüger so viele von Gottes Kindern verletzen wird, wie er nur kann — durch Kriege, Verfolgung und Gewalt.

In dieser Zeit fügt er ihnen großes Leid zu, gerade so, wie Mein kostbarer Sohn es während Seiner Passion am Kreuz durchgemacht hat.

Mein Kind, du musst all jenen, die überall Seelen dazu ermuntert haben, jeden Freitag bis hin zu Ostern Meinen Heiligen Rosenkranz zu beten, sagen, dass Ich darüber sehr erfreut bin.

All den Seelen, die sie retten — einhergehend mit dem Leiden ihrer eigenen Nationen —, wird durch diese andächtigen Gebete geholfen.

Die Liebe Meines Sohnes wird jetzt überall auf der Welt von mehr Menschen gefühlt — in einer Zeit des großen Leidens.

Er lindert ihren Schmerz mit Seinen besonderen Gnaden und tröstet ihre Seelen durch die Kraft des Heiligen Geistes.

Kinder, eure Gebete, die dem Himmel so liebevoll durch euch dargeboten werden, werden gehört.

Ihr müsst zu jeder Zeit um die Hilfe Meines Sohnes und Meines Ewigen Vaters bitten. Jedes einzelne Gebet, egal wie klein es ist, wird gehört und gemäß dem Willen Gottes, des Allerhöchsten, beantwortet.

Mein Kind, bitte Meine Kinder, am Karfreitag einen Fasttag abzuhalten, um zu verhindern, dass die weltweite Einheitswährung eingeführt wird.

Eure Gebete und das Fasten können dies bewirken.

Sobald während eures Fastens dieses Gebet gesprochen wird, wird Mein Ewiger Vater diese Leute davon abhalten, euch die Entbehrungen aufzuerlegen, die sie planen, damit sie euch kontrollieren können.

Diese selben Leute wollen das Christentum beseitigen. Daher ist es wichtig, dass ihr dies durch besondere Opfer verhindert.

Kreuzzug-Gebet (42) „Gebet des Fastens, um die weltweite Einheitswährung zu verhindern":

„O Gott, Allerhöchster, O Gott, Allerhöchster,

ich biete Dir mein Geschenk des Fastens an, damit Du den Griff des Bösen in der Welt stoppst, welcher geplant wird, um mein Land von der Nahrungsmittelversorgung, wie auch vom Brot des Lebens, abzuschneiden.

Nimm mein Opfer an und erhöre meine Bitten für andere Nationen, um sie vor dem Leiden zu bewahren, welches von dem Antichristen geplant wird.

Rette uns, lieber Herr, vor dieser Boshaftigkeit und schütze unseren Glauben, damit wir Dich in der Freiheit ehren können, die wir brauchen, um Dich für immer und ewig zu lieben und anzubeten. Amen. "

Mein Kind, ein Tag des Fastens am Karfreitag wird den Nationen eine große Freiheit bringen — vor dem Teufel und vor denjenigen, die seinen bösen Wünschen folgen, um die Kontrolle über die Finanzen aller Nationen zu erlangen.

Eure geliebte Mutter
Mutter der Erlösung
Mutter Gottes

385. Jesus offenbart Details Seiner Kreuzigung.

Donnerstag, 29. März 2012, 13:15 Uhr

Meine innig geliebte Tochter, für Mich wird eine Zeit verstärkten Leidens kommen, wenn Meiner Passion am Kreuz gedacht wird.

Kein Mensch versteht das Ausmaß Meines Leidens während Meiner Kreuzigung oder begreift die Art, auf die Ich gegeißelt wurde.

Meine Geißelung war am schlimmsten. Ich wurde von zehn Männern auf eine wilde und brutale Weise geschlagen und jede Stelle Meines Körpers wurde aufgeschlitzt.

Das Fleisch auf Meinem Rücken war zerrissen und Meine Schulterblätter waren sichtbar.

Ich konnte kaum stehen und ein Auge war blutunterlaufen und zerquetscht.

Ich konnte nur durch Mein linkes Auge sehen.

Zu dem Zeitpunkt, als sie Mich vor Pontius Pilatus brachten und die Dornenkrone auf Meinen Kopf setzten, konnte Ich kaum aufstehen.

Sie zogen Mich dann aus, streiften Mir danach ein kurzes, rotes Gewand über Meinen Kopf und legten dann einen Palmzweig in Meine rechte Hand.

Jeder Dorn war wie eine Nadel — so spitz war er. Einer dieser Dornen durchstieß auch Mein rechtes Auge, sodass Ich kaum fähig war, etwas zu sehen.

Ich verlor so viel Blut, dass Ich Mich erbrach und Mir so schwindelig war, dass Ich,

als Ich Meinen Aufstieg zum Kalvarienberg begann, das Kreuz nicht halten konnte.

Ich fiel so viele Male hin, dass es Stunden dauerte, bevor Ich die Spitze des Hügels erreichte.

Ich wurde jeden Schritt des Weges gegeißelt und gepeitscht.

Mein Körper war überall blutig und mit einer dicken Schweißschicht bedeckt, die durch eine sengende Sonne erzeugt wurde.

Ich wurde ein paar Male ohnmächtig.

So sehr dies alles auch schmerzhaft und quälend war, so war das Furchtbarste von allem doch der Mir entgegengebrachte Hass, nicht nur durch die Erwachsenen den Weg entlang, sondern auch durch kleine Kinder, die Mich traten, weil sie dem Beispiel ihrer Eltern folgten.

Die Schreie, die aus ihren Mündern kamen, und der Hass waren nichts im Vergleich mit der Angst, die sie vor Mir hatten.

Denn hinter all dem steckte, dass sie sich noch immer nicht sicher waren, ob Ich tatsächlich der Messias war oder nicht, auf den sie schon so lange warteten.

Deshalb war es leichter, Mich zu hassen und Mich zu verurteilen anstatt Mich anzunehmen; denn das Annehmen hätte bedeutet, dass sie ihr Leben hätten ändern müssen.

Mein qualvollster Moment war, als Ich auf dem Boden auf Meiner Seite lag – nachdem Mir erneut in den Rücken getreten wurde — und als Ich Meine geliebte Mutter sah, wie Sie auf Mich blickte.

Ihr Herz war gebrochen und Sie musste von zweien Meiner Jünger gehalten werden.

Ich konnte Sie nur durch das eine verbliebene Auge sehen und Ich konnte es nicht verkraften, Ihre Qual zu sehen.

Der Hohn, die Schreie und das Gebrüll, das aus der Menge von Hunderten kam, konnten vom Boden her, gefühlt werden und es waren sechshundert Soldaten nötig, um die Kreuzigung von Mir selbst und von sechs anderen zu organisieren und zu beaufsichtigen.

Ich stand im Zentrum ihrer Aufmerksamkeit, und die anderen litten nicht so wie Ich.

Als Meine Handgelenke an der Basis Meiner Daumen ans Kreuz genagelt wurden, konnte Ich nichts mehr fühlen. (*)

Mein Körper war so zerschlagen und von Verletzungen übersät, dass Ich einen Schock erlitt.

Meine Schultern waren ausgerenkt und Meine Arme waren aus ihren Gelenken gerissen.

Die schlimmsten körperlichen Verletzungen wurden Meinem Körper zugefügt, bevor Ich ans Kreuz genagelt wurde.

Aber Ich gab keinen Schrei von Mir.

Keinen Protest.

Nur ein Flüstern.

Dies machte Meine Henker rasend, die eine Reaktion hervorrufen wollten, um ihre Lüste zu befriedigen.

Ich beschäftigte Mich überhaupt nicht mit ihnen; denn das zu tun hätte bedeutet, dass Ich Mich mit Satan und seinen Dämonen hätte beschäftigen müssen, von denen ihre Seelen befallen waren.

Deswegen war ihre Bösartigkeit Mir gegenüber so intensiv.

Ich hing fünf Stunden lang am Kreuz.

Die Sonne brannte sengend herab und es gab keine Wolken, um dabei zu helfen, das Brennen Meiner Haut zu vermindern.

Als Ich Meinen letzten Atemzug tat, gebot Mein Vater das unverzügliche Aufkommen von schwarzen Wolken und Donner und Blitzen.

Der Sturm, der dann stattfand, war von einer derart furchterregenden Stärke und kam so plötzlich, dass Meine Zuschauer zu diesem Zeitpunkt keinen Zweifel mehr hatten, dass Ich tatsächlich der Erlöser war, der von Gott Vater gesandt worden war.

Ich offenbare dir dies, Meine Tochter, als ein Geschenk an dich als Dank für den sehr großen Akt des Leidens, den du Mir angeboten hast.

Sage Meinen Kindern, dass Ich Meine Passion am Kreuz nicht bereue.

Was Ich wirklich bedaure, ist, dass Mein Opfer vergessen worden ist, und dass so viele bestreiten, dass Meine Kreuzigung stattgefunden hat.

Viele haben keine Vorstellung über das, was Ich erleiden musste, da viele Meiner Apostel Meinen Aufstieg zum Kalvarienberg nicht miterlebten.

Was Mich heutzutage verletzt, ist, dass Mich immer noch so viele ablehnen.

Meine Bitte an euch, Meine Anhänger, ist: Lasst nicht zu, dass Meine Kreuzigung umsonst gewesen ist.

Ich starb für ALLE Sünden einschließlich derjenigen, die in der heutigen Zeit begangen worden sind.

Ich möchte und Ich habe ein starkes Verlangen danach, sogar diejenigen zu retten, die Mich selbst heute noch ablehnen.

Euer geliebter Erlöser
Jesus Christus

(*) Die Stelle, an welcher der Nagel eingedrungen ist, heißt "Tunnel of Destot". Es gibt dort kein Zerreißen der Hand, wie viele meinen. Diese Stelle ist nach ihrem Entdecker, Dr. Destot, benannt.

386. Ich bitte euch inständig: Kreuzigt Mich nicht erneut!
Freitag, 30. März 2012, 15:00 Uhr

Meine innig geliebte Tochter, es ist wichtig, dass alle Kinder Gottes verstehen, warum Ich starb, um die Welt von der ewigen Verdammung zu retten.

Satan, der seit dem Sündenfall von Adam und Eva in den Herzen der Menschen geherrscht hat, war der Meinung, dass er mit Erfolg Seelen gestohlen hat.

Der größte Teil der Menschheit würde das Wort Gottes nicht annehmen, besonders die

Gebote, die ihnen durch Moses gegeben worden sind.

Ich wurde dann gesandt, um sicherzustellen, dass der Menschheit die Wahrheit gegeben wurde, in der Hoffnung, dass die Welt diese annehmen und zum Vater umkehren würde.

Obwohl viele Mein Höchstheiliges Wort annahmen, weigerte sich die Mehrheit, Mich als den Messias anzunehmen.

Die Wahrheit ist, dass sie niemanden akzeptiert hätten, einschließlich der Propheten, weil sie damit zufrieden waren, in der Sünde, in der ihre Seelen gefangen waren, zu leben.

Wenn sie Mich angenommen hätten, hätte Ich auf Erden regiert und die ganze Menschheit hätte sich an der ewigen Erlösung erfreuen können.

Stattdessen wurde Ich abgelehnt.

Die Juden, Mein eigenes Volk, verachteten Mich.

Die Pharisäer sahen auf Mich herab, doch als sie Mein Heiliges Wort hörten, konnten sie Mich nicht einfach ignorieren.

Dies geschah, weil Meine Worte ein Licht in ihren Seelen aufflackern ließ, das sie nur schwer abtun konnten.

So kamen sie andauernd zu Mir — immer wieder —, um Mir Fragen zu stellen.

Das Gleiche gilt auch heute. Diejenigen von euch, die behaupten, Mein Wort abzulehnen, das durch Meine Prophetin gesprochen wurde, können nicht einfach weggehen.

Obwohl ihr behauptet, Meine Worte zurückzuweisen, kommt ihr andauernd zurück — immer wieder.

Mit der Zeit werdet ihr Mein Wort, das heute zu euch gesprochen wird, annehmen.

Ihr dürft nicht denselben Fehler machen, der von jenen gemacht wurde, die Mich nicht nur ablehnten, sondern die Mich auch kreuzigten.

Ich bitte euch inständig: Kreuzigt Mich nicht erneut!

Lasst Mich euch zur Erlösung führen, indem ihr Mir jetzt zuhört, wenn Ich euch vom Himmel her auffordere, euch auf die Erlösung und Mein Neues Paradies vorzubereiten.

Euer geliebter Jesus

387. Jungfrau Maria: Ich bin die Mittlerin. Durch Mich werde Ich eure Gebete vor Meinen kostbaren Sohn bringen.
Freitag, 30. März 2012, 23:45 Uhr

Mein Kind, du musst wissen, dass — so wie sich die Botschaften Meines Sohnes an dich ändern und so wie sie Ereignisse, sowohl vergangene als auch künftige, offenbaren — du stärker angegriffen werden wirst.

Das Heilige Wort Meines Sohnes wird immer von jenen verworfen werden, die sich weigern, Ihm zuzuhören.

Menschliche Meinungen sind nicht wichtig.

Die Mitteilungen Meines Sohnes an die Welt — in dieser Zeit — sind zu wichtig, um zuzulassen, dass diejenigen, welche diese Botschaften bekämpfen, dich aufhalten und von dieser Arbeit ablenken.

Jetzt ist die Zeit für demütiges Nachdenken über die Passion Meines Sohnes am Kreuz.

Meine Kinder müssen das Opfer, das Er für die ganze Menschheit brachte, achten und wertschätzen, indem sie während der Karwoche für Ihn ihr eigenes, persönliches Opfer bringen.

Betet, betet, betet, Kinder, um den Frieden in der Welt.

Betet auch für den Schutz des Papstes während diesen Zeiten des heftigen Widerstandes gegen die katholische Kirche.

Gebet, Demut und einfache Treue gegenüber Meinem Sohn sind für euch notwendig, um dem Herzen Meines Sohnes nahe zu kommen.

Ich bin die Mittlerin. Durch Mich werde Ich eure Gebete vor Meinen kostbaren Sohn bringen.

Ich werde euch — durch Mich — helfen, Ihn mehr zu lieben und Ihm den Trost zu geben, den Er in dieser Zeit, wenn die Welt Seines Todes am Kreuz gedenkt, benötigt.

Eure geliebte Mutter
Mutter der Erlösung

388. Meine neuen Wunder werden der Welt gezeigt werden.
Samstag, 31. März 2012, 11:00 Uhr

Meine innigst geliebte Tochter, du musst durch dein ganzes Leiden hindurch tapfer bleiben und darfst keine Angst in dein Herz dringen lassen.

In der Vereinigung — wahrhaftig mit Mir — überschneidet sich dein Leiden zeitlich mit der Woche, in man Meines Todes am Kreuz gedenkt.

Dies ist kein Zufall. Denn das Leiden, das du und andere solche auserwählten Seelen während dieser Woche durchmachen, wird Millionen von Seelen vor den Feuern der Hölle retten.

Ebenso wie Ich Schmerz, Folter und Tod ertrug, um die Menschheit vor der ewigen Verdammung zu retten, so retten ebenso auch Opferseelen andere Seelen, damit ihnen das Geschenk des ewigen Lebens gegeben werden kann.

Ganz egal wie schwer und furchterregend dieses Leiden ist, denkt immer an das Geschenk für die Menschheit, das es darstellt.

Kinder, denkt bitte über Meine Passion am Kreuz nach, sobald die Karwoche beginnt.

Nicht nur über das Leiden, sondern auch über das Geschenk der Freiheit, das es der ganzen Menschheit bietet.

Nicht eine einzige Seele — einschließlich der grausamen und verhärteten Sünder unter dem Einfluss Satans — wird von Meiner Barmherzigkeit ausgeschlossen werden, die Barmherzigkeit, die möglich gemacht worden ist aufgrund des Geschenks, das Mein geliebter Vater der Welt gab.

Als Er Mich, Seinen einen und einzigen Sohn, sandte, brachte Er das größte aller Opfer.

Dieses Opfer, als ein Beweis Seiner glühenden Liebe für all Seine Kinder, hat sagen wollen, dass es möglich ist, Satan ein für allemal zu vernichten.

Aufgrund des freien Willens, welcher der Menschheit von Meinem Vater gegeben wurde, wird jedem Menschen die Entscheidung freigestellt werden.

Ihr werdet entweder für Meinen Vater oder gegen Ihn sein.

Ihr werdet entweder das Paradies des Ewigen Lebens oder die Schrecken der Hölle wählen.

Satan wird sich, da seine Tage fast zu Ende sind, nicht zurücklehnen, während der Welt in dieser heutigen Zeit Meine neuen Wunder gezeigt werden.

Er wird nicht nur jene finsteren Seelen angreifen, um sie in weitere Finsternis und näher an seinen Herrschaftsbereich heranzulocken, er wird auch tiefgläubige Christen ins Visier nehmen.

Die Wunder, von denen Ich spreche, sind erst einmal Meine Mitteilungen durch dich, Meine Tochter. Meine Stimme wird gehört, und die Bekehrung vervielfacht sich.

Millionen von Seelen werden jetzt von Mir durch diese Botschaften beansprucht.

Die anderen Wunder schließen das große Geschenk Meiner Barmherzigkeit mit ein, das Ich bald in die Welt bringe, wenn die „Warnung" stattfindet.

Zum allerersten Mal wird jedem einzelnen Mann, jeder einzelnen Frau und jedem einzelnen Kind der Beweis gegeben werden, dass nicht nur Gott der Vater existiert, sondern dass auch Ich, Jesus Christus, Sein einziger Sohn, ebenso existiere.

Dies bedeutet, dass all jene Religionen — einschließlich des jüdischen Volkes, Mein auserwähltes Volk, aus dem Ich hervorging — die Wahrheit begreifen werden.

Das Wunder der weltweiten Bekehrung wird Satan, der sogar in diesem Stadium nicht aufgeben wird, rasend vor Wut machen. Jene armen Seelen, die sich bereits in schrecklicher Sünde befinden, werden es sehr schwer finden, sich von ihm loszureißen.

Andere Wunder werden weltweite Ereignisse — die ökologische Wunder umfassen — mit einschließen, die von Meinem Vater gegeben werden aufgrund Seiner Liebe zu Seinen beiden Zeugen, DEN Christen und DEN Juden.

Es wird diesen beiden Religionen, wenn sie verfolgt werden, Macht gegeben werden.

Ihre Feinde werden leiden, da sie ihnen schreckliche Strafe zufügen.

Und dann wird Mein Zweites Kommen stattfinden, das größte Wunder seit Meiner Auferstehung.

Das wird der Tag sein, an dem Ich komme, um die Lebenden und die Toten zu richten.

Das ist der Tag, an dem Ich komme, um Meine Familie zu sammeln, so dass wir eins werden.

Das wird der Beginn Meiner Regentschaft sein, da Himmel und Erde verschmelzen, um für tausend Jahre eins zu werden.

In dieser Zeit werden alle ihr Leben gemäß dem Göttlichen Willen Meines Vaters führen.

Euer geliebter Jesus

389. Sie sollen zu Mir um die Gabe der Unterscheidung beten.
Montag, 2. April 2012, 15:30 Uhr

Meine innigst geliebte Tochter, du musst dich jetzt ausruhen; denn die Angriffe von jenen, die Mein Wahres Wort nicht annehmen können, setzen sich fort.

Dir ist es nicht erlaubt, Mein Wort zu verteidigen, aber jetzt weise Ich dich an, dich nicht mit denjenigen zu beschäftigen, die Mein Wort bezweifeln; denn das ist nicht dein Verantwortungsbereich.

Meine Tochter, egal wie verlockend es ist zu beweisen, dass Mein Höchstheiliges Wort für die Menschheit in diesen Zeiten echt ist, darfst du dies nicht tun.

Niemals antwortete Ich Meinen Henkern während Meiner Kreuzigung. Du darfst nicht versuchen, denjenigen zu antworten, die Mich mittels Meiner Botschaften verfolgen wollen.

Nicht du bist es, Meine Tochter, auf die sie böse sind, nein, Ich bin es.

Ich kann der Welt nur sagen, wie man sich auf Mein Zweites Kommen vorbereitet, Ich kann sie nicht zwingen.

Ignoriere solche Beschimpfungen. Viele sind aufrichtige Seelen, die das Bedürfnis fühlen, Fragen zu stellen. Aber dir ist es nicht erlaubt, so zu handeln. Sie sollen zu Mir um die Gabe der Unterscheidung beten. Nur Ich trage Verantwortung für ihre Seelen. Selbst wenn du Leiden anbietest, um Seelen zu retten, ist das noch immer nicht deine Verantwortlichkeit.

Geh also und sage denjenigen, die Zweifel haben, dass Ich es war, der nach Meiner Auferstehung vor Meinem Apostel Thomas stand und ihn ansah. Nur dann, als er Meine Wunden berührte, glaubte er völlig.

Leider wird vielen Seelen in der Welt dieser Luxus nicht geboten.

Sie müssen wissen, dass die Zeit zur Vorbereitung ihrer Seelen nur noch kurz ist. Es ist ihre eigene freie Entscheidung, ob sie auf Meinen Ruf antworten oder nicht.

Euer Jesus

390. Nur durch Gebete der Fürbitte können jene Seelen, die sich in der Dunkelheit befinden, gerettet werden.
Dienstag, 3. April 2012; 20:00 Uhr

Meine innig geliebte Tochter, es gibt — zwischen jetzt und der „Warnung" — einen Zeitraum, von dem Ich möchte, dass Meine Anhänger ihn verstehen.

Eure intensiven Gebete sind notwendig, um Seelen zu retten, die nicht mehr dazu fähig sind, sich selbst zu helfen. Viele dieser Seelen werden die „Warnung" nicht überleben, daher ist es wichtig, dass sie und alle anderen, die sich alle in einem Zustand der Todsünde befinden, durch Göttliches Eingreifen gerettet werden.

Eure Gebete, durch die ihr um die Rettung ihrer Seelen bittet, werden jetzt gebraucht. Diese Gebete müssen jetzt, während der Karwoche, für euch die größte Dringlichkeit haben; denn wenn ihr Meinen geliebten Vater in Meinem Heiligen Namen bittet, solche Sünder zu retten, werden eure Gebete beantwortet werden.

Kreuzzug-Gebet 43 Rette Seelen während der „Warnung"

„O Gott, Allmächtiger Vater,

im Namen Deines geliebten Sohnes Jesus Christus und im Gedenken an Seinen Tod am Kreuz, um uns von unseren Sünden zu retten, bitte ich Dich inständig, rette die Seelen, die sich nicht selbst retten können und die möglicherweise während der „Warnung" in Todsünde sterben werden.

Als Wiedergutmachung für das Leiden Deines geliebten Sohnes bitte ich Dich inständig, jenen zu verzeihen, die nicht im Stande sind, sich um Vergebung zu bemühen, weil sie nicht lange genug leben werden, um Jesus, Deinen Sohn, um die Gnade zu bitten, sie von der Sünde zu befreien. Amen."

Betet für alle Sünder. Mein größter Wunsch ist es, die ganze Menschheit zu retten. Nur durch die Gebete der Fürbitte können jene Seelen, die sich in der Dunkelheit befinden, gerettet werden.

Euer geliebter Jesus Christus

391. Bitte betet Meinen Barmherzigkeitsrosenkranz und beginnt Meine Novene am Karfreitag.

Mittwoch, 4. April 2012, 1:00 Uhr

Meine innig geliebte Tochter, die Zeit ist für die Welt fast da, um über Meinen Tod am Kreuz nachzudenken.

Dies ist die Zeit während des Jahres 2012, zu welcher Ich dringend eure Gebete für diejenigen brauche, die Mich nicht anerkennen werden, und für diejenigen, die von Mir nichts wissen.

Es wird von euch, Meinen geliebten Anhängern, abhängen, Mir zu helfen, jene armen Seelen zu retten, die Ich nahe an Mein Herz bringen muss, so dass Ich sie auf Mein Neues Paradies vorbereiten kann.

Kinder, es ist notwendig, dass ihr Meinen Barmherzigkeitsrosenkranz betet und die neuntägige Novene zur Göttlichen Barmherzigkeit am Karfreitag beginnt.

Es ist wichtig, dass möglichst viele von euch diese Novene für andere Seelen vollenden. Sie werden große Gnaden erhalten, und Ich werde euch dafür nie verlassen. Ich werde eure Seele retten, wenn ihr am Tag des Gerichts vor Mir erscheint.

Ihr dürft niemals müde werden, für die Rettung anderer Seelen zu beten. Ihr seid Meine Armee, und durch die Gnaden, die Ich euch gebe, werdet ihr mit Mir daran arbeiten, die Erde vor Meinem Zweiten Kommen von der Sünde zu reinigen.

Das Beten fällt nicht allen von euch leicht. Die beste Weise ist, euch mit Meiner schmerzhaften Passion zu vereinen und über Mein Leiden nachzudenken, insbesondere über Meine Agonie im Garten von Gethsemane. Meine Große Barmherzigkeit ist dann am stärksten. Gerade wegen der Sünder — einschließlich jener Heiden, denen nie eine Chance gegeben wurde, Mich zu kennen — habe Ich die meisten Seelenqualen erlitten.

Denn diejenigen von euch, die Mich lieben, wissen das.

Je mehr ihr völlig auf Mich vertraut, desto stärker ist Meine Barmherzigkeit. Desto mehr kann Ich vergeben. Meine Barmherzigkeit ist so stark, dass sie die Sünden der ganzen Menschheit wegwischen kann.

Diejenigen, die an Mich glauben und Mir vertrauen, können große Heiligkeit erreichen, indem sie dabei helfen, an erster Stelle die Seelen ihrer Brüder und Schwestern zu retten. Sie tun dies aus ihrer Liebe zu Mir heraus; denn sie wissen, dass Mir dies viel Trost bringt.

Ihr, Meine reinen und gerechten Anhänger, die Mich so sehr lieben, wisst, dass Ich aufgrund eures edelmütigen Herzens Sünder retten kann.

Ihr müsst verstehen, dass es die Sünder sind, für welche Ich starb, und sie sind diejenigen, nach denen Ich am allermeisten dürste. Ich zeige für die Sünder großes Mitleid.

Aber ihr, Meine Anhänger, die ihr auch Sünder seid, müsst auf Mich völlig vertrauen. Indem ihr das tut, gewähre Ich euch eine Reihe von besonderen Gnaden.

Je mehr ihr Meine Hilfe erbittet, desto mehr Hilfe werdet ihr erhalten. Aufgrund dieses Bandes, das zwischen euch und Mir besteht, könnt ihr Mir helfen, weitere Seelen davor zu bewahren, in Verzweiflung und Hoffnungslosigkeit zu versinken.

Denkt an die Macht Meiner Novene zur Göttlichen Barmherzigkeit und an die Zahl von Seelen, die ihr in diesem Jahr für Mich retten werdet.

Euer geliebter Jesus

Gebete der Heiligen Schwester Faustina zur göttlichen Barmherzigkeit einschließlich der Novene Bitte hier klicken!

392. Der Karfreitag ist der Tag, den Ich, insbesondere in diesem Jahr, in Erinnerung gerufen sehen will in Hinsicht darauf, was er wirklich bedeutet.

Donnerstag, 5. April 2012, 8:00 Uhr

Der Karfreitag ist der Tag den Ich, insbesondere in diesem Jahr, in Erinnerung gerufen sehen will in Hinsicht darauf, was er wirklich bedeutet.

Mein Vater sandte Mich in die Welt und bot Mich als ein Lösegeld an, um die Welt vor den Feuern der Hölle zu retten.

Ich kam, um euch Kindern zu dienen, und nicht um euch zu verdammen. Mein Tod war eine besondere Gnade, frei von jeder Verpflichtung eurerseits, außer dass ihr die Hand der Barmherzigkeit annehmt, die euch von Meinem Ewigen Vater gegeben wurde.

Dieses Geschenk wurde angeboten, um der Menschheit zu ermöglichen, das Geschenk der Versöhnung zu empfangen, so dass sie fähig gemacht werden kann, in das Königreich Meines Vaters einzugehen.

Bevor Ich gekreuzigt wurde, nahm Ich an einem sehr wichtigen Paschamahl mit Meinen Aposteln teil, in der Nacht vor Meinem Tod am Kreuz.

Dieses Letzte Abendmahl stellt ein anderes besonderes Geschenk zur Verfügung. Das Geschenk, die Heilige Eucharistie zu feiern, ist ein Sakrament der Liebe, um euch ein einzigartiges Geschenk bereitzustellen, durch das ihr Mich in der Heiligen Kommunion wirklich empfangen könnt.

Meine wirkliche Gegenwart in der Heiligen Eucharistie, wenn sie während der Heiligen Messe gefeiert wird, stellt in der Welt heutzutage denjenigen ganz besondere Gnaden zur Verfügung, die sich in einem Zustand der Gnade befinden, die Mich lieben und die Mich empfangen.

Meine Anwesenheit kann in einer Weise gefühlt werden, die euren Glauben stärken wird, wenn ihr Meine wirkliche Gegenwart in der Heiligen Eucharistie anerkennt.

Wenn ihr Meine Gegenwart in der Heiligen Eucharistie ablehnt, so lehnt ihr eines der bedeutendsten Geschenke ab, die Ich zu-

rückließ, als Ich zur Erde kam, um für eure Sünden zu büßen.

Ich starb, um euch zu retten, und das ist in sich selbst schon ein großes Geschenk.

Aber Ich hinterließ euch ein ganz besonderes Geschenk, worin ihr Mich in Verstand, Körper und Geist empfangen könnt.

Nehmt Meine Gegenwart an, und eure Seele wird näher in die wirkliche Vereinigung mit Mir kommen.

Nehmt Mich an.

Verlasst Mich nicht.

Lehnt Mich nicht ab.

Glaubt, ohne irgendwelche Zweifel in eurem Herzen, dass euch aufgrund der Liebe Gottes des Vaters diese Gaben gewährt wurden.

Denkt jetzt über die tatsächliche Wahrheit Meiner Lehren nach.

Nehmt Meine Kreuzigung nicht an, ohne auch die Gaben anzunehmen, die euch ebenfalls bei Meinem Letzten Abendmahl angeboten wurden. Wenn ihr das tut, hungert ihr eure Seele durch den Mangel an der Nahrung des Lebens aus.

Euer geliebter Jesus
Erlöser der Menschheit

393. Ostern ist eine Zeit, in der über Meinen Tod am Kreuz in der richtigen Art und Weise nachgedacht wird.

Freitag, 6. April 2012, 22:20 Uhr

Meine innig geliebte Tochter, wie du Mich zu den Zeiten, in denen Ich Kummer empfinde, tröstest. Wie du Mir die Liebe und den Trost schenkst, die Ich Mir von den Seelen so ersehne. O würden alle Seelen ihre Herzen mit dem Meinigen vereinen und verbinden, dann würde Gottes Heilige Familie ganz und gar vollzählig sein. Nur wenn alle Seelen gerettet sind, wird der Göttliche Wille Meines Vaters getan sein.

Ostern ist eine Zeit, in der über Meinen Tod am Kreuz in der richtigen Art und Weise nachgedacht wird und Meine Auferstehung von den Toten vollkommen hinsichtlich der Freiheit, die sie der Menschheit bringt, anerkannt wird.

Meine Auferstehung bedeutet, dass ihr alle, die ihr Mich liebt und Mein Heiliges Wort öffentlich verkündet, ebenfalls von den Toten auferstehen könnt. All jene, die in einem Zustand der Gnade gestorben sind und die in der Gunst Meines Vaters stehen, werden ebenfalls in Glorie von den Toten auferstehen — an dem Tag, wenn Ich komme, um zu richten. Sie werden sich denjenigen anschließen, die nicht nur im Körper, sondern auch im Geist des Herrn lebendig sind, und sie werden belohnt werden mit ewigem Leben.

Viele Menschen begreifen Mein Versprechen nicht. All jene, deren Namen im Buch des Lebens verzeichnet sind, werden auferstehen mit Leib, Geist und Seele, frei von körperlicher Verwesung und in voller Vereinigung mit Mir. All jene, die auserwählt sind,

170

werden gemäß dem Göttlichen Willen Meines Vaters leben.

Ihr werdet während Meiner glorreichen Regentschaft auf Erden für 1000 Jahre in Liebe, Frieden und Harmonie leben.

Ihr werdet euch in der Herrlichkeit vereinen — bei der Auferstehung der Toten — mit jenen Seelen, die für bereit erachtet werden, in Mein Neues Paradies auf Erden einzugehen, einschließlich eurer geliebten Familie und eurer Freunde.

Das ist das Leben, das ihr alle anstreben müsst. Lasst darüber keine Zweifel aufkommen. Denn jene armen Seelen, welche die Wahrheit Meiner Existenz oder Meines Versprechens, die Lebenden und die Toten zu richten, nicht annehmen können, werden sich ihre Haare ausreißen, wenn sie mit dem schrecklichen Schicksal konfrontiert sein werden, das vor ihnen liegen wird, wenn die Wahrheit offenbart worden ist.

Jenen Gläubigen sage Ich: Ihr müsst ebenfalls vorsichtig sein. Viele von euch, die Mich nicht genügend lieben oder Mich als selbstverständlich betrachten, machen den Fehler anzunehmen, dass Meine Barmherzigkeit die Sünden dort ignoriert, wo keine Reue besteht. Meine Barmherzigkeit ist überreichlich. Ich will jeden Sünder mit Meinen Gnaden überschütten. Aber es gibt jene, die in der falschen Annahme, dass ihre Kenntnisse Meiner Lehren genügen, um gerettet zu werden, selbstgefällig sind. Sie sind Meiner Liebe gegenüber gleichgültig. Es fehlt ihnen an einem liebevollen Herzen, sie haben wenig Demut in ihrer Seele und glauben, dass bestimmte Sünden es nicht wert sind, bereut zu werden. Dieses Denken ist gefährlich und bewirkt nur, dass sich solche Seelen noch weiter von Mir entfernen.

Es gibt nicht eine einzige Sünde, die so geringfügig ist, dass sie ignoriert werden kann. Absolution kann nur gegeben werden, wenn ihr bereut. Ihr könnt nur bereuen, wenn ihr frei von Stolz und demütig von Herzen seid.

Freut euch, Meine Kinder, an diesem Ostern: Ebenso wie Mein Tod am Kreuz euch das Geschenk der Erlösung gab, war es Meine Auferstehung von den Toten, die euch ebenfalls das Ewige Leben geben wird, das von Meinem Ewigen Vater so lange geplant worden ist.

Ihr habt Vieles, auf das ihr euch freuen könnt; denn das Ewige Leben, das euch versprochen worden ist, bedeutet gerade das: ein Ewiges Leben im Leib, im Geist und in der Seele.

Es ist wichtig, dass ihr nach diesem neuen Leben strebt und dass ihr eure Seelen vorbereitet.

Satan und seine Dämonen werden sich alle Mühe geben, um euch davon zu überzeugen, dass das Ewige Leben in Meinem Neuen Paradies nicht existiert und dass Mein Zweites Kommen eine Lüge ist. Priester, Mitglieder des Klerus und gläubige Christen werden das erste Ziel sein. Betet, betet, betet zu Meinem Ewigen Vater, dass Er euch mit Meinem kostbaren Blut schützen möge, damit nicht einer von euch von der Wahrheit abweicht.

Euer geliebter Jesus Christus
Erlöser der Menschheit

394. Ich bin die Kirche. Die Kirche wurde von Mir gegründet und sie kann niemals untergehen.

Samstag, 7. April 2012, 10:00 Uhr

Meine innig geliebte Tochter, das Schisma, von dem Ich sprach, hat in der katholischen Kirche begonnen.

Meine Lehren, welche sich nie geändert haben, seitdem Meine Heilige Schrift mit dem Buch der Offenbarung abschloss, werden jetzt angefochten.

Es hat im Laufe der Jahrhunderte eine Reihe von Infragestellungen und theologischen Beurteilungen Meines Heiligen Wortes sowie eine Reihe von Meinungen darüber gegeben.

Viele vortreffliche Männer stellten die Anweisungen und die Lehren in Frage, die Ich der Menschheit gab.

Einige Meiner Lehren wurden abgesondert vom Rest und analysiert, und es wurde nach neuen Interpretationen gesucht — und diese nachher auch angenommen.

Doch ist das nicht nötig gewesen. Denn die Wahrheit ist dem Menschen gegeben worden durch die Propheten, die vor Mir kamen, und dann durch Mich während Meiner Zeit auf Erden.

Die Wahrheit hat sich nie geändert. Die Wahrheit ist einfach.

Weitere Informationen, die in der Heiligen Schrift nicht enthalten sind, wurden der Welt durch auserwählte Seelen als ein Geschenk gegeben, aber nur aus einem Grund: um euch zu helfen, über Mein Opfer für die Menschheit nachzudenken und um euch die Liebe zu zeigen, die Ich für alle Kinder Gottes in Meinem Herzen habe, und um euch an diese Liebe zu erinnern.

Jegliche Göttliche Offenbarungen, die der Welt heutzutage gegeben werden, sollen euch helfen, euch auf das Ewige Leben vorzubereiten.

Meine Lehren, die von der Heiligen Katholischen und Apostolischen Kirche in Ehren gehalten wurden, werden jetzt angegriffen als erste von vielen Herausforderungen, die auf die Spaltung der Kirche hinauslaufen werden.

Neue Verordnungen werden eingeführt werden, um modernen Ansichten entgegenzukommen, und zwar so, dass sie jenen genehm sind, die — mit Stolz in ihren Seelen — es für nötig halten, eher die Menschheit ruhig zu stellen, als gegenüber den Lehren der Kirche gehorsam zu sein.

Ich bin die Kirche. Die Kirche wurde von Mir gegründet, und sie kann niemals untergehen.

Viele — einschließlich derjenigen innerhalb der Kirche und ebenso jene außerhalb der Kirche — werden versuchen, ihre Struktur aufzulösen.

Betet, dass Mein Heiliger Stellvertreter Papst Benedikt XVI. stark bleiben wird, inmitten des Widerstandes, mit dem er jetzt zu tun hat.

Dies ist ein zielstrebiger Vorstoß jener, die mit dem Falschen Propheten verbunden sind, um eine neue Kirche zu Stande zu bringen.

Diese hinterlistigen Leute werden euch glauben machen, dass es dieselbe Kirche sein wird — aber das kann sie nicht sein.

Wie kann Meine Kirche, mit neuen Verordnungen und verdrehten Versionen von der Wahrheit, die Ich der Welt gab, Mich noch vertreten?

Sie kann es nicht. Aus diesem Grunde wird Mein Vater Seine Kirche, die wahren, treuen Gläubigen, Selbst führen, vom Himmel her.

Er wird die Schlüssel behalten bis zum Zweiten Kommen, wenn sich das Neue Jerusalem, die eine wahre katholische Kirche, aus der Asche erheben wird, um von allen Kindern Gottes, von allen Religionen und von allen Glaubensbekenntnissen gemeinsam zurückverlangt zu werden.

Dies ist die Art und Weise, wie es beabsichtigt war: in voller und endgültiger Vereinigung im Neuen Zeitalter des Friedens auf Erden.

Euer geliebter Jesus Christus

395. Himmel und Erde werden eins werden. Das Eine wird nicht ohne das Andere existieren.

Sonntag, 8. April 2012, 15:30 Uhr

Meine innig geliebte Tochter, die Zeit für Meine Regentschaft auf der Erde nähert sich und es bleibt für die Menschheit nur eine bestimmte Zeit, Meine Barmherzigkeit zu ergreifen und zu bereuen.

Es ist daher wichtig, dass Meine Kirche ihre Herde auf das ewige Leben vorbereitet und jede Gelegenheit nutzt, zum Sakrament der Versöhnung (= Sakrament der Beichte) anzuregen.

Dies ist eine wichtige Zeit des Jahres, und ihr müsst euch Mir, eurem Jesus, zuwenden und um die Gnaden beten, um sicherzustellen, dass ihr, Meine Anhänger, die Kraft der Überzeugung haben werdet, um die Wahrheit über Mein Zweites Kommen zu verbreiten.

Das Leiden der Menschheit und das Meines Ewigen Vaters und von Mir, Seinem geliebten Sohn, kommt endlich zu einem Ende.

Satans Herrschaft auf Erden wird aufhören, und Ich werde Meinen rechtmäßigen Thron einnehmen.

Obwohl Meine Regentschaft innerhalb Meiner Kirche bedeutete, dass Mein Geist gegenwärtig war — den würdigen Seelen große Gnaden anbietend —, wird der Wille Meines Vaters dennoch letztendlich nur in Erfüllung gehen können, wenn Satan verbannt ist.

Kein Mensch versteht wirklich, was Ewiges Leben ist.

Kein Mensch versteht völlig, was bei Meinem Zweiten Kommen geschehen wird.

Kein Mensch kann, wegen der Begrenztheit des menschlichen Verstandes, Meine Pläne zur Sammlung Meiner zwölf Nationen auf Erden kennen.

So viele glauben, dass Mein Zweites Kommen das Ende der Welt ist.

Es mag das Ende der Zeiten sein, wie ihr sie kennt, aber es ist nur der Anfang der herrlichen Zukunft, die von Meinem Ewigen Vater für alle Seine Kinder geplant ist.

Himmel und Erde werden eins werden.

Das Eine wird nicht ohne das Andere existieren. Die Gerechten werden in Meinem Neuen Paradies leben und es wird an allem großen Überfluss geben.

So viel Wunderbares kann durch menschliche Begriffe niemals beschrieben werden. Jede Seele, die das Recht erbt, ein Teil Meines Königreichs zu sein, wird großen Frieden und Freude fühlen.

Es bricht Mir das Herz, Kinder, wenn Ich die Angst in euren Augen sehe, wenn Ich die Endzeit erwähne.

Stattdessen bitte Ich euch, Vertrauen in Meine große Liebe zu euch allen zu haben und euch darüber im Klaren zu sein, dass es Mein Versprechen ist, dass ihr wahrhaft bei Mir zuhause sein werdet und dass eure Schmerzen auf ewig verbannt sein werden.

Das Neue Paradies, das Ich verspreche, soll der Menschheit sehr bald offenbart werden.

Vergeudet nicht einen einzigen Augenblick mit der Angst. Freut euch. Seht eurer Zukunft freudig entgegen.

Vertraut Mir vollkommen; denn Ich liebe euch zu sehr, um euch jemals zu enttäuschen.

Betet, damit alle Meine Kinder von Herzen demütig sein werden, um die Schlüssel zum Paradies anzunehmen.

Euer Jesus

396. Jungfrau Maria: Das Zeitalter des Friedens, über das Ich in Fatima sprach, ist in Vergessenheit geraten.
Montag, 9. April 2012, 10.00 Uhr

Mein Kind, die Welt ist im Begriff, die letzten Veränderungen durchzumachen, während sich der Kampf um die Seelen verstärkt.

Satan wird der katholischen Kirche Schaden zufügen, und Ich, die Mutter Gottes, werde in die Spaltung der Kirche hineingezogen.

Meine Rolle als Miterlöserin, Mittlerin und Fürsprecherin wird von Teilen in der katholischen Kirche nicht akzeptiert.

Ich werde in vielen Kreisen bezüglich der Rolle, die Ich bei der Erlösung der Seelen spielen muss, nicht anerkannt.

Mein armer Sohn ist so verletzt aufgrund der Art und Weise, wie Ich, die Mutter Gottes, abgelehnt worden bin.

Meine Rolle als die Vernichterin der Schlange wird nicht verstanden.

Ich bin mit den Gnaden und mit der Macht gesegnet worden, den Teufel zu besiegen und zu vernichten.

Er, der Teufel, hat viele Anhänger aus dem Inneren der katholischen Kirche, die sich der Macht entgegenstellen wollen, die Mir von Gott, dem Allerhöchsten, gegeben worden ist.

Das Zeitalter des Friedens, über das Ich in Fatima sprach, ist in Vergessenheit geraten.

Dieses Zeitalter des Friedens wird nach dem Zweiten Kommen Meines Sohnes stattfinden und wird tausend Jahre dauern.

Dies wird geschehen, wenn sich Himmel und Erde zu einem herrlichen Neuen Paradies vereinigen werden.

Aufgrund des Glaubens Meiner Kinder und ihrer Hingabe an Mich, ihre geliebte Mutter, werden viele Seelen ins Neue Paradies eingehen.

Satan arbeitet jetzt intensiv daran, die Mitglieder der katholischen Kirche davon zu überzeugen, dass dies nicht geschehen wird.

Meine Rolle als die Mutter der Erlösung und Miterlöserin, die an der Seite Meines geliebten Sohnes arbeitet, um das Zweite Kommen einzuläuten, wird bestritten.

Kinder, betet, dass diejenigen Seelen, die innerhalb der katholischen Kirche Opfer des Betrügers geworden sind, Meine Kinder nicht von ihrem Augenblick der Rettung wegführen.

Betet, dass Papst Benedikt verhindern kann, dass dieses Übel die gesamte katholische Kirche durchsetzt.

Kinder, gebt euren Kampf, für die Wahrheit einzutreten, niemals auf.

Das Versprechen Meines Sohnes, zurückzukehren, um die Menschheit zum ewigen Leben im Paradies zu führen, ist im Begriff, sich zu erfüllen. Aber Er wird auf jedem Schritt des Weges von jenen Seelen bekämpft werden, welche der Täuschung des Teufels erlaubt haben, ihr Denken zu verzerren.

Die Treue gegenüber Meinem Sohn wird — innerhalb der Kirche — abnehmen.

Meine Rolle als Miterlöserin, Mittlerin und Fürsprecherin wird nicht anerkannt werden.

Betet, dass die Priester Meines Sohnes stark bleiben werden und dass sie die Wahrheit verteidigen werden.

Eure geliebte Mutter
Mutter Gottes
Mutter der Erlösung

397. Jungfrau Maria: Die Zeit für Mich, die Schlange zu zertreten, rückt näher.
Dienstag, 10. April 2012, 20:45 Uhr

Ich bin eure geliebte Mutter, Königin der Erde. Ich bin die Unbefleckte Empfängnis, die Jungfrau Maria, Mutter Jesu, der Mensch wurde (wörtlich: der im Fleisch kam).

Mein Kind, die Zeit für den Triumph Meines Unbefleckten Herzens ist nah.

Die Zeit für Mich, die Schlange zu zertreten, rückt näher. Aber bis zu dem Tag, an dem Satan und seine Dämonen in die Wildnis verbannt werden, wird noch viel Verwirrung auf Erden ausbrechen.

Für die an Meinen Sohn Glaubenden wird es eine Zeit der Qual sein. Sie werden durch die katholische Kirche in zwei verschiedene Richtungen gezogen werden.

Die eine Hälfte wird — aus Pflichtgefühl heraus — glauben, dass es notwendig ist, dem Falschen Propheten zu folgen, dem Papst, welcher Papst Benedikt XVI. folgen wird.

Er, das Tier, ist wie ein Lamm gekleidet, aber er ist nicht von Meinem Vater, Gott dem Allerhöchsten, und er wird arme Seelen — einschließlich Priester, Bischöfe und Kardinäle — in die Irre führen.

Viele werden ihm folgen und glauben, dass er von Gott gesandt ist, um über Seine Kirche auf Erden zu herrschen.

Traurigerweise werden viele Seelen seinen Lehren — die für Meinen Vater kränkend sein werden — folgen.

Andere, die mit dem Heiligen Geist erfüllt sind und denen aufgrund ihrer demütigen Seele die Gnade des Unterscheidungsvermögens gegeben worden ist, werden auf der Stelle erkennen, dass in der Kirche in Rom ein Betrüger sitzt.

Der neue, falsche Papst schmiedet bereits Pläne — sogar noch bevor er den Thron des Stuhles Petri besteigt —, um die Lehren Meines Sohnes für ungültig zu erklären. Dann wird er Mich, die Heilige Mutter Gottes, verurteilen und Meine Rolle als Miterlöserin lächerlich machen.

Mein Kind, deine Rolle ist im Begriff, sogar noch schwerer zu werden als zuvor. Denn viele Meiner Kinder sind sehr verwirrt. Die Beleidigungen, mit denen du jeden Tag konfrontiert bist, und die Qualen, die du für Meinen Sohn im Namen Meines Sohnes durchmachst, werden zunehmen.

Fürchte dich niemals, der Welt die Wahrheit zu sagen, Mein Kind.

Du wirst — infolge der körperlichen und geistigen Leiden, die du im Namen Meines Sohnes annimmst, um Seelen zu retten — stärker gemacht.

Es wird jede nur erdenkliche Anstrengung unternommen werden — besonders durch einen bestimmten Kreis innerhalb der katholischen Kirche —, um Meine dir von Mir gegebenen Botschaften zu verwerfen.

Dein Gehorsam und deine Treue zu Mir und zu Meinem geliebten Sohn werden wie nie zuvor geprüft werden. Dies kann dich dazu bringen, vom Weg abzukommen, aber sollte das geschehen, so wird es nicht von langer Dauer sein.

Bete, Mein Kind, für alle Kinder Gottes, die — ohne eigene Schuld — in den letzten Kampf um Seelen mit hineingezogen werden.

Dies alles muss geschehen; denn es steht im Buch Meines Vaters geschrieben.

Alle Engel im Himmel schützen dich, Mein Kind, in dieser etwas einsamen Mission.

Denkt immer daran, wie wichtig das Gebet ist.

Betet, betet, betet; denn ohne Gebet, besonders ohne das Beten Meines Heiligen Rosenkranzes, kann Satan euch vom Heiligen Wort Meines kostbaren Sohnes wegziehen.

Vergesst auch nicht die Wichtigkeit des Fastens; denn es hält den Betrüger auf Abstand.

Ohne regelmäßiges Gebet werdet ihr es schwer finden, in der Nähe Meines Sohnes zu bleiben, Meine Kinder.

Habt niemals Angst vor der Zukunft, Kinder; denn wenn ihr nahe bei Meinem Sohn bleibt, werdet ihr geschützt und werden euch die notwendigen Gnaden gegeben, um eure Seelen und diejenigen eurer Familien auf das Neue Zeitalter des Friedens vorzubereiten, das vor so langer Zeit vorausgesagt worden ist.

Eure geliebte Mutter
Königin der Erde
Mutter der Erlösung

398. Der Hass gegen dich wird zunehmen. Es wird dir gesagt werden, dass dieses Werk von Satan stamme.

Mittwoch, 11. April 2012, 21:20 Uhr

Meine innig geliebte Tochter, wie kommt es, dass du — manchmal — die Gnaden, die Ich dir gegeben habe, anzweifelst?

Die Gabe, in den Seelen zu lesen, wurde dir gegeben, damit du die Absichten jener armen Seelen erkennen kannst, die versuchen werden, Mein Heiliges Wort zu untergraben.

Diese Gabe wird es dir ermöglichen, Mitgefühl für solche Seelen zu empfinden und ihnen zu helfen, den wahren Weg zum ewigen Leben zu finden und ihre Seelen von der Qual zu befreien, die sie durchmachen.

Diese Gabe wird es dir auch ermöglichen, falsche Propheten zu erkennen.

Du wirst auf der Stelle erkennen, wer in Meinem Namen kommt und wer nicht.

Zuerst wirst du ein schreckliches, dich herabziehendes Gefühl der Angst empfinden, weil du Satans Werk erkennen wirst. Du wirst auf der Stelle erkennen, wenn er in anderen anwesend ist.

Wenn er dich — durch andere — angreift, wirst du dich so fühlen, als ob dir jemand einen Schlag in die Magengrube versetzt hat.

Du wirst dich elend fühlen, wenn du mit jemandem Auge in Auge zusammentriffst, dessen Seele von Satan gestohlen worden ist, und du wirst zittern und dich schwindlig fühlen.

Du wirst jedoch zu solchen Seelen mit Meinen Worten sprechen und mit einer Kraft, die du nicht als deine eigene erkennen wirst.

Viele, die mit einer reinen Seele zu dir kommen, werden das Licht fühlen und werden fühlen, dass Meine Gegenwart ihren Leib durchströmt.

Nur wenige von denen, die ein demütiges Herz und eine tiefe Liebe zu Mir haben, werden es unterlassen, Meinem Heiligen Geist zu antworten, der deine Seele überflutet hat.

Meine Tochter, dies ist jetzt eine schwere Phase deiner Sendung.

Der Hass gegen dich wird zunehmen.

Es wird dir gesagt werden, dass dieses Werk von Satan stamme.

Weißt du nicht, wie Satan, der Betrüger, arbeitet? Er überzeugt gute Seelen davon, dass, wenn Mein Wort gesprochen wird, es nicht von Mir kommt.

Er versucht, andere davon zu überzeugen — durch ihre Angst vor ihm —, dass die Charakterzüge, die man mit ihm in Verbindung bringt, in anderen anwesend sind.

Er verursacht Zweifel und Beunruhigung in den Seelen, indem er sie in die Irre führt — indem er sie für die Wahrheit blind macht und sie davon abhält, die Gnaden zu erhalten, die von Mir bestimmt waren, ihre Seelen zu heilen.

Diejenigen, die er am meisten angreift, sind diejenigen, die Mir am nächsten stehen.

Dies schließt nicht nur Seher und Propheten ein, sondern auch genau die Seelen, deren Hilfe Ich zum Aufbau meiner Armee brauche.

Diese Armee wird Satan besiegen. Er weiß das und wird in seiner Jagd nach Seelen niemals aufgeben.

Vergiss jedoch das Folgende nicht: Satan hat nicht die Macht, die Ich habe. Er kann die Heilige Dreifaltigkeit nicht besiegen. Er ist machtlos gegenüber Meiner Mutter, der die Macht gegeben worden ist, ihn zu vernichten. Er fürchtet Sie.

An all jene, die Mein Wort bezweifeln, das durch diese Botschaften gegeben wird: Bitte, ersucht Meine geliebte Mutter, euch näher zu Meinem Heiligsten Herzen zu führen.

Bittet Sie, euch mit Ihrem heiligen Mantel zu umhüllen und euch den Schutz vor dem Teufel zu geben, den ihr braucht.

Vergesst nicht, dass der Teufel voller Hass ist.

Wenn ihr irgendeine Form von Hass in eurem Herzen empfindet, besonders gegen Meine heiligen Boten, dann wisst, dass Satan euch verführt hat zu sündigen.

Dann müsst ihr Mich um die Gnaden bitten, um euch stark zu machen.

Vergesst nicht, Ich werde Mich niemals von irgendeinem von euch abwenden, einschließlich von denjenigen von euch, die Meine Boten hassen, und von jenen Seelen, die Mich ablehnen.

Euer liebender Erlöser
Jesus Christus

399. Der nächste Papst mag von Mitgliedern innerhalb der katholischen Kirche gewählt sein, aber er wird der Falsche Prophet sein.

Donnerstag, 12. April 2012, 11:27 Uhr

Meine liebste Tochter, in der Welt lehnen Mich viele Menschen noch ab und das hat etwas mit der öffentlichen Meinung zu tun.

So viel Finsternis ist auf alle Kinder Gottes herabgekommen, dass sehr wenige den Mut haben, Mein Wort öffentlich zu verkünden.

Die Gläubigen haben vor den verbalen Beleidigungen und dem bösartigen Spott Angst, die sie zu erleiden hätten, wenn sie offen von Meinem Heiligen Wort sprechen würden.

Sogar gläubigen Anhängern fehlt es an Mut aufzustehen und gegen die bösen Gesetze, die in ihren Ländern eingeführt wurden und die sich über das Wort Meines Vaters hinwegsetzen, zu kämpfen.

Priester schämen sich dafür, dabei gesehen zu werden, wie sie für die Wahrheit Meiner Lehren eintreten, aus Angst davor, geächtet zu werden.

Heute halten sie es — mehr als jemals zuvor — für unmöglich, dass ihre Stimmen gehört werden, und zwar aufgrund der Schande, die sie wegen der schlimmen Sünden einiger ihrer eigenen Mitbrüder (wörtlich: Mitgeweihten) ertragen müssen.

Wenn sich ein tapferer, gottgeweihter Diener dafür entscheidet, aufzustehen und die Wahrheit Meiner Lehren zu verteidigen, dann hat dieser schwer zu leiden. Man wirft solchen Dienern mangelnde Toleranz, einen Mangel an Mitgefühl, einen Mangel an Liebe und fehlende Achtung vor den Menschenrechten vor.

Ihr seht, Kinder, dass die Wahrheit Meiner Lehren, ausgesprochen von Meinen gottgeweihten Dienern, wie eine Lüge behandelt wird.

Lügen — also jene verdrehten Versionen der Wahrheit, die in der Heiligen Schrift enthalten ist — werden stattdessen als die Wahrheit dargestellt.

Satan hat so viele Seelen bezwungen — einschließlich Führern innerhalb Meiner eigenen Kirche —, was es mit sich gebracht hat, dass viele unschuldige Menschen es nunmehr schwer finden, Meinem Heiligen Willen ihre Treue zu geloben.

Wie Ich doch verlassen und ins Abseits geschoben worden bin, um es zu ermöglichen, dass die Lügen, welche in die Köpfe Meiner gottgeweihten Diener eingepflanzt

173

wurden, von der Mehrheit akzeptiert werden.

Diese bösen Lügen erstrecken sich weit darüber hinaus.

Die Wahrheit Meiner Heiligen Schrift, die im Buch der Offenbarung des Johannes enthalten ist, ist von vielen Meiner Kirchen ausgelegt worden. Es gibt davon so viele Varianten, die alle auf menschlicher Interpretation beruhen.

Mein geliebter Papst Benedikt XVI. ist der letzte wahre Papst auf dieser Erde.

Petrus, der Römer, ist Mein Petrus, der ursprüngliche Apostel, der vom Himmel herab — unter der Führung Meines Ewigen Vaters — über Meine Kirche regieren wird. Dann, wenn Ich komme, um zu regieren, beim Zweiten Kommen, wird er über alle Kinder Gottes gebieten, wenn alle Religionen zu einer Heiligen Katholischen und Apostolischen Kirche werden.

Ich spreche nur die Wahrheit, Meine Tochter.

Ich muss euch warnen, dass jetzt viele neue selbsternannte Propheten auftreten werden, die Mein Heiliges Wort — das dir, der wahren Endzeitprophetin, gegeben wird — bestreiten werden.

Zuerst werden sie Gläubige davon überzeugen, dass ihre Worte von Mir kommen.

Ihre Worte werden sorgfältig ausgewählt sein und deren Aussagen werden ungenau und etwas verwirrend sein. Aber viele werden diese Schwäche ausblenden und ihre Botschaften annehmen, weil es scheint, dass sie mit der Heiligen Schrift in Übereinstimmung stehen.

Wenn viele Seelen verführt worden sind, dann wird der Angriff beginnen.

Sie, Meine Tochter, werden gesandt, um die Kinder Gottes darauf vorzubereiten, den nächsten Papst hinzunehmen, denjenigen, der nach Meinem geliebten Stellvertreter, Papst Benedikt, kommt. Dieser Papst mag von Mitgliedern innerhalb der katholischen Kirche gewählt sein, aber er wird der Falsche Prophet sein.

Seine Wähler sind Wölfe im Schafspelz und sind Mitglieder der geheimen und bösen Freimaurergruppe, die von Satan angeführt wird.

Dies ist die Art und Weise, wie Satan versuchen wird, Meine Kirche zu zerstören.

Traurigerweise wird er, dieser Falsche Prophet, eine große Anhängerschaft anziehen. Diejenigen, die sich ihm widersetzen, werden verfolgt werden.

Tut etwas, Kinder, solange ihr das noch könnt. Verurteilt die Lügen, die von denjenigen dargeboten werden, die versuchen, euch von der Wahrhaftigkeit des Falschen Propheten zu überzeugen.

Seid stark. Bleibt Mir, eurem Jesus, treu. Zweifelt niemals Mein Heiliges Wort an.

Das Buch der Offenbarung ist das wahre Wort Gottes. Es lügt nicht.

Nicht alle darin enthaltenen Geheimnisse sind euch bisher bekannt. Ich werde sie alle durch Maria von der Göttlichen Barmherzig-

keit enthüllen, obwohl die Wahrheit heftig angegriffen und als Irrlehre betrachtet werden wird.

Vergesst eine wichtige Lehre nicht: Mein Wort — als Ich auf Erden war, wurde, als Ich das erste Mal kam — als eine Irrlehre betrachtet.

Mein Wort, das euch jetzt gegeben wird, wird bei Meinem Zweiten Kommen von den Gläubigen — einschließlich Meiner gottgeweihten Diener, die Meine Kirche auf Erden vertreten — ebenso als eine solche Irrlehre betrachtet werden.

Satan wird viele Seelen opfern, um seine letzten Begierden — nämlich den größten Kummer zu verursachen — zu befriedigen.

Seid versichert, dass es die Katholische Kirche sein wird — die von Mir gegründet und unter den Befehl Meines geliebten Apostels Petrus gestellt worden ist —, welche in der Endzeit am meisten leiden wird.

Seid zu jeder Zeit auf der Hut. Bitte betet dieses Kreuzzug-Gebet (44) „Um die Stärke, meinen Glauben gegen den Falschen Propheten zu verteidigen"

„Lieber Jesus,

gib mir die Kraft, mich auf Deine Lehren zu konzentrieren und Dein Heiliges Wort zu allen Zeiten öffentlich zu verkünden.

Lass es niemals zu, dass ich in die Versuchung gerate, den Falschen Propheten zu verehren, der versuchen wird, aufzutreten wie Du.

Halte meine Liebe zu Dir stark.

Gib mir die Gnade des Unterscheidungsvermögens, damit ich niemals die in der Heiligen Bibel enthaltene Wahrheit leugnen werde, auch wenn mir noch so viele Lügen vorgesetzt werden, um mich dazu zu bewegen, mich von Deinem wahren Wort abzuwenden. Amen."

Die Wahrheit steht in der Heiligen Schrift.

Das Buch der Offenbarung enthüllt nicht alles, weil Ich, das Lamm Gottes, jetzt nur deswegen komme, um das Buch vor den Augen der ganzen Welt zu öffnen.

Jeglicher menschlichen Interpretation hinsichtlich der tausend Jahre sollt ihr nicht vertrauen.

Ihr dürft nur auf das Wort Gottes vertrauen.

Euer geliebter Jesus

400. So viele Lügen, in denen die Existenz der Hölle geleugnet wird, werden den Untergang von Christen bedeuten.

Samstag, 14. April 2012, 15:27 Uhr

Meine innigst geliebte Tochter, egal wie schwer dein körperliches Leiden ist, du musst begreifen, dass, während es weiterhin zunimmt, Ich es im selben Maße mitfühle.

Dein Leiden spiegelt nur einen Bruchteil Meines eigenen Leidens wider.

In Vereinigung mit Mir wirst du wissen, dass du für jeden Schmerz und für jede innere Finsternis der Seele, die du erfährst,

die Qual erkennen wirst, die Ich wegen der Sünden der Menschheit durchmache.

Viele Menschen glauben irrtümlicherweise, dass Mein Leiden am Kreuz begann und endete.

Mein Leiden wird nicht enden, bis alle Kinder Gottes in Liebe und Harmonie dort vereint sind, wo es keine Sünde geben wird, im Neuen Paradies Meines Vaters.

Egal wie viel der Menschheit über Meine Existenz mitgeteilt worden ist, Ich werde noch immer gehasst.

Meine Lehren werden unter den Gläubigen — obwohl Ich von ihnen angenommen werde — nur unter ihren eigenen Bedingungen geduldet.

Viele werden andere mit Liebe und Freundlichkeit behandeln, aber nur, wenn diejenigen, denen sie dieses Geschenk anbieten, ihrer eigenen Denkweise genügen.

Zum Beispiel werden viele Sünder verurteilen, obwohl sie ihnen Freundlichkeit zeigen und für sie beten sollten. Sie müssen sie — stattdessen — durch ihr Vorbild führen.

Einige werden andere mit Verachtung strafen, anstatt die Liebe zu zeigen, die von ihnen als Christen erwartet wird.

Verurteilt niemals andere, selbst dann nicht, wenn ihr mit ihnen nicht einer Meinung seid; denn ihr habt nicht das Recht dazu. Keiner ist befugt, über einen anderen zu urteilen, — nur Gott allein.

Obwohl viele Gläubige damit fortfahren, Mir Ehrerbietung zu erweisen, so wird dies doch nur zu ihren eigenen Bedingungen geschehen.

Einige werden das Bedürfnis verspüren, sich von ihren Brüdern und Schwestern abzuheben, um der Welt zu zeigen, wie gelehrt sie in geistigen Dingen sind. Sie bedienen sich dann ihrer eigenen Interpretationen über das, was Meine Barmherzigkeit wirklich bedeutet.

Wie viele Male habt ihr gehört, dass Gott immerzu barmherzig ist? Er ist so barmherzig, dass Er, weil Er jeden liebt, niemanden verdammen würde?

Dass Er niemals eine Seele zur Hölle schicken würde?

Nun, dies ist eine Lüge. So viele Lügen, in denen die Existenz der Hölle geleugnet wird, werden den Untergang von Christen bedeuten.

Die Menschen verdammen sich selbst zur Hölle. Ich werfe sie nicht dort hinein. Sie wählen sie selbst, indem sie sich weigern, sich von der Todsünde abzuwenden.

Auch werden sie nicht nach Vergebung streben oder gar Reue zeigen. Das dennoch zu denken, ist gefährlich, und es ist die Pflicht aller Christen, andere vor den Gefahren der Hölle zu warnen.

So viele, einschließlich derjenigen, die ihren Kindern das Sakrament der Taufe verweigern, reden über die Sünde so, als ob die Sünde nicht mehr länger von Bedeutung sei.

Sie glauben, dass jede Sünde vergeben wird. Aber das ist nicht der Fall.

Jede Sünde kann vergeben werden, egal wie schwarz die Sünde auch ist, aber nur dann, wenn der Sünder nach Vergebung strebt.

Soeben rede Ich aus dem Himmel zu euch, um alle Kinder Gottes auf Mein Zweites Kommen vorzubereiten, und was finde Ich vor?

Ich spreche zu euch wie über Gefängnismauern und wie aus einer Zelle heraus, in die ihr Mich geworfen habt, weil ihr euch weigert zu glauben, dass Ich auf diese Weise zu euch sprechen kann.

Oh, wie ihr Mich verletzt!

Zu denjenigen, die ihr Leben Mir gewidmet haben und die ein großes Wissen über Meine Heilige Schrift haben, die Mich aber jetzt ablehnen, sage Ich Folgendes:

Dass ihr Mich vielfach abgelehnt habt, wird euch gequält und von großem Kummer erfüllt zurücklassen, wenn euch die Wahrheit enthüllt wird.

Denn dann werden euch die Seelen bewusst werden, die ihr zur Seite geschoben habt, und zwar dann, als Ich eure Hilfe brauchte, um sie zu retten.

Wie ihr Mich vor Enttäuschung über eure Blindheit, die von eurem Mangel an Demut verursacht wird, zum Weinen bringt.

Ihr bezweifelt Mein Heiliges Wort, dann, wenn ihr es annehmen solltet, es ergreifen solltet, weil ihr Seelen seid, die unterzugehen drohen, und es euch im Herzen an Edelmut mangelt.

Ich bitte euch, auf Meinen Ruf zu reagieren.

Euer geliebter Jesus
Erlöser der Menschheit

401. Meine Rest-Kirche, die Zwei Zeugen, auf die im Buch der Offenbarung Bezug genommen wird.

Sonntag, 15. April 2012, 19:16 Uhr

Meine innig geliebte Tochter, Ich begreife, dass einige dieser Botschaften keinen Sinn für dich machen, aber du musst Mir vertrauen und wissen, dass Ich den Inhalt des Buches der Offenbarung enthüllen muss, damit die Seelen wissen, was sie in diesen Zeiten zu erwarten haben.

An diejenigen mit wenig Glauben, die aber dennoch Mein Wort annehmen, das euch durch diese Prophetin gegeben wird, wisst, dass eure Demut und euer Verlangen — geboren aus einer reinen Liebe zu Mir — euch näher an Mein Heiligstes Herz gebracht haben.

Ihr seid Meine Rest-Kirche. Ihr seid die Kirche, auf die das Buch der Offenbarung Bezug nimmt.

Ihr seid das Produkt der Frau, die einen Sohn gebar und die in die Wüste vertrieben wurde, wo ihr abgesondert sein werdet, aber doch wie eine Einheit vereinigt, um Mein Heiliges Wort öffentlich zu verkünden

und die wahren Evangelien zu predigen. (Offb. 12, 1-4)

Die Frau gebiert Meine wahre Kirche, Meine treue Herde, die vom Falschen Propheten nicht irregeführt werden wird.

Ihr, Meine Kirche, werdet für 1.260 Tage (= 3 ½ Jahre) ins Abseits in die Wüste verbannt werden, wo ihr eure Zuflucht nehmen werdet. Aber durch die Gabe des Heiligen Geistes werdet ihr mit den Früchten Meiner Liebe ernährt werden.

Es werden die treuen Mitglieder Meiner christlichen Kirchen sein — einschließlich Meiner geistlichen Diener und derjenigen Meiner Anhänger, die den Falschen Propheten ablehnen —, die Meine Kirche zusammenhalten werden müssen.

Ihr werdet Mich im Geheimen verehren müssen; denn die Heilige Messe wird unter der Herrschaftszeit des Falschen Propheten so sehr verändert werden, dass sie nicht mehr wiederzuerkennen sein wird.

Ihr seid Meine wahren Anhänger, und all die Gnaden des Himmels werden über eure kostbaren Seelen ausgegossen.

Wie Ich euch liebe, Kinder, und wie ihr Mein Leiden abmildert. Aber wie viel Schmerz ist in Meinem Herzen wegen derjenigen Meiner Anhänger, die sich weigern werden, Mir zuzuhören.

Sie werden von dem Falschen Propheten in ein Netz eingesponnen werden, in die Finsternis, und Ich kann sie nicht retten.

Durch ihren eigenen Willen werden sie Mir ins Gesicht schlagen.

Meine Rest-Kirche wird das Wort an Meine anderen Kinder verbreiten müssen, einschließlich an jene, die Mich noch gar nicht kennen.

Ihr, Meine Rest-Kirche, werdet Meine Prophezeiungen und Mein Heiliges Wort denjenigen verkünden müssen, die keine Christen sind oder die Zehn Gebote nicht kennen.

Es wird Eure Arbeit sein, dafür zu sorgen, dass die Heilige Bibel gelesen und begriffen wird.

Es wird an euch liegen, die Welt über die volle Bedeutung der im Buch der Offenbarung enthaltenen Siegel zu informieren, die Ich Maria von der Göttlichen Barmherzigkeit offenbaren werde.

Die Zwei Zeugen im Buch der Offenbarung:

Ihr, Meine Anhänger, seid einer von den Zwei Zeugen, auf die das Buch der Offenbarung Bezug nimmt und die vom Himmel aus geschützt werden. (Offb. 11, 1-3)

Mein Wort, das euch, Meiner Rest-Kirche, gegeben wird, mag wie eine Leiche ins Abseits verbannt werden, aber Mein Wort wird niemals sterben.

Die Juden werden der zweite von den Zwei Zeugen sein.

Die zwei Leuchter sind Meine christlichen Kirchen, die traditionelle wahre Kirche zusammen mit denjenigen Anhängern von Mir, die vom Falschen Propheten ins Abseits verbannt werden.

Die zwei Ölbäume sind das Alte Jerusalem-Israel und das Neue Israel. (Offb 11, 4-14)

Sie, die Juden, werden letztendlich wissen, dass Ich der Messias bin und ihr Predigen der Wahrheit wird ebenfalls von dem Falschen Propheten und dem Antichristen ins Abseits verbannt und hinausgeworfen werden, damit es sich wie eine Leiche auflöst. Und wiederum wird dieses auserwählte Geschlecht nicht sterben.

Beide werden sich besiegt fühlen, aber das wird nicht der Fall sein; denn ihr werdet, zusammen mit allen anderen Religionen, die eine wahre Kirche aufbauen — das Neue Jerusalem, das sich aus der Asche erheben wird.

Ihr werdet die schreckliche, böse Monarchie überleben, die sich unter der zweifachen Führerschaft des Falschen Propheten und des Antichristen erheben wird, von denen beide in den Feuersee geworfen werden, der die Hölle ist.

Diese Verfolgung wird nicht lange andauern, und euch wird große Stärke und großer Schutz gegeben werden.

Ihr werdet Hilfe empfangen, und viele Führer werden sich unter euch erheben, um euch durch diese Zeitperiode hindurch zu führen.

Viele von euch werden Heilige werden in Meinem Neuen Paradies und, da ihr Mir geholfen habt, Meine Rest-Kirche auf Erden aufzubauen, werdet ihr mit Mir im Neuen Himmel und auf der neuen Erde, die bei Meinem Zweiten Kommen erscheinen werden, regieren.

Denjenigen unter euch, die nicht mit Mir sind, wird eine sehr kurze Zeit gegeben werden, sich zu entscheiden.

Ihr werdet entweder für den Falschen Propheten und damit gegen Mich sein oder ihr werdet für Mich sein.

Entscheidet euch für den Ersteren, und eure Seele wird vom Betrüger gestohlen werden. So hart das auch klingt, so ist es doch die Wahrheit.

Den Beweis Meiner Gegenwart werden alle Kinder Gottes während der „Warnung" erhalten.

Betet, dass ihr dann die Wahrheit annehmen werdet, dass Ich es bin, euer geliebter Jesus, der euch aus dem Himmel heraus ruft, um eure Augen zu öffnen, damit ihr sehen könnt und damit ihr zuhören werdet — damit ihr hören könnt, bevor es zu spät ist.

Euer geliebter Jesus

(*) (Offb. 12 … Der Drache stellte sich hin vor das Weib, dessen Stunde bevorstand, um nach der Geburt ihr Kind zu verschlingen. 5 Es gebar einen Sohn, der alle Völker mit eisernem Zepter regieren sollte, und sein Kind wurde entrückt zu Gott und seinem Throne. 6 Das Weib aber floh in die Wüste, wo von Gott ein Ort für es bereitet war, um dort zwölfhundertsechzig Tage lang gepflegt zu werden.)

(**) (Offb. 11 Die zwei Zeugen. 1 Nun gab man mir ein Rohr gleich einem Maßstab und sprach: Stehe auf und miss den Tempel Gottes und den Altar und die darin anbeten. 2 Den Vorhof aber außerhalb des Tempels lass aus und miss ihn nicht, denn er ist den Heiden überlassen. Sie werden die heilige Stadt zertreten zweiundvierzig Monate lang. 3 Und ich werde meinen zwei Zeugen geben, in Bußgewändern zu prophezeien tausendzweihundertsechzig Tage lang.)

(***) Offb 11, 4 Diese sind zwei Ölbäume und die zwei Leuchter, die vor dem Herrn der Erde stehen. 5 Wenn ihnen jemand schaden will, so wird Feuer aus ihrem Munde gehen und ihre Feinde verzehren. Also muss jeder umkommen, der sie verletzen will. 6 Diese haben die Macht, den Himmel zu verschließen, dass es nicht regne zur Zeit ihrer Weissagung, und sie haben Macht über die Wasser, sie in Blut zu verwandeln und die Erde zu schlagen mit jeglicher Plage, sooft sie wollen. 7 Wenn sie aber ihr Zeugnis beendet haben, wird das Tier, das aus dem Abgrunde steigt, sie bekriegen, besiegen und töten. 8 Und ihre Leiber werden liegen auf den Straßen der großen Stadt, die bildlich Sodoma und Ägypten heißt, wo auch ihr Herr gekreuzigt wurde. 9 Drei und einen halben Tag lang werden die Leute aus den verschiedenen Stämmen, Ländern, Sprachen und Völkern ihre Leichname anschauen und nicht zugeben, dass sie in Gräbern beigesetzt werden. 10 Und die Bewohner der Erde werden sich über sie freuen und frohlocken und einander beschenken, weil diese zwei Propheten die Bewohner der Erde belästigt haben. 11 Allein nach drei und einem halben Tage kam Lebensgeist von Gott über sie. Sie stellten sich auf ihre Füße und große Furcht befiel alle, die sie sahen. 12 Und man hörte eine laute Stimme vom Himmel: Kommet hier herauf. Und sie fuhren in der Wolke gen Himmel vor den Augen ihrer Feinde. 13 In derselben Stunde entstand ein großes Erdbeben. Der zehnte Teil der Stadt stürzte zusammen, und bei dem Erdbeben kamen siebentausend Personen ums Leben. Die Überlebenden gerieten in Schrecken und gaben dem Gott des Himmels die Ehre. 14 Das zweite Wehe ist vorbei: siehe, das dritte Wehe kommt rasch.

402. Ich, euer geliebter Jesus, könnte niemals Meine eigene Kirche untergraben.

Montag, 16. April 2012, 18:00 Uhr

Meine innig geliebte Tochter, Ich rufe es allen Kindern Gottes zu und Ich versichere es euch, dass Ich, euer geliebter Jesus, niemals Meine eigene Kirche untergraben könnte.

Jedoch werde Ich nicht tatenlos zusehen und beobachten, wie Meine Kirche sich durch die Hand einer bestimmten Sekte, die kein Recht hat, eine Rolle am Heiligen Stuhl zu spielen, auflöst.

Denn das ist genau das, was der Falsche Prophet und die Betrüger, welche Satan verehren, zu tun versuchen. Sie wollen die katholische Kirche zu Fall bringen und sie in kleine Stücke zerbrechen.

Das ist die Art und Weise, Meine Kinder, wie sich Satan in seiner letzten Rebellion gegen Gott, den Schöpfer aller Dinge, aufstellen wird.

Dieser böse Plan, Meine Kirche zu zerstören, ist seit 100 Jahren im Gange, aber seit 1967 hat er sich verstärkt.

Viele Betrüger, die Mitglieder dieser bösartigen Sekte sind und die Satan anbeten, traten in die Priesterseminare ein, um im Vatikan Fuß zu fassen.

Ihre Kräfte wurden — obwohl sie von Gott dem Vater zugelassen wurden — bis jetzt eingeschränkt. Nun, da die Endzeit näher rückt, wird sich das ändern.

Diese böse Sekte wird jetzt jede Macht entfesseln, um sicherzustellen, dass sie einen neuen Nachfolger für Meinen Heiligen Stellvertreter Papst Benedikt XVI. wählen werden.

All diejenigen, die Meine Lehren kennen, werden Veränderungen im Ablauf der Heiligen Messe sehen.

Es werden neue weltliche Gesetze eingeführt werden, die hinsichtlich Meines Todes am Kreuz eine Schmähung darstellen werden.

Viele gläubige Anhänger von Mir werden das sehen und werden sich verletzt fühlen. Ihre Auffassungen werden abgelehnt werden und viele Sakramente werden nicht mehr angeboten werden.

Das ist der Grund, warum viel Vorbereitung erforderlich ist.

Denjenigen Katholiken, die verletzt und bestürzt sein werden, sage Ich: Bitte haltet euch vor Augen, dass Ich hier bin.

Ruft nach Mir, eurem geliebten Jesus, und wisst, dass ihr keine Angst haben dürft, die Wahrheit Meiner Lehren öffentlich zu verkünden.

Ihr dürft keine Angst haben, euch von den Irrlehren abzuwenden.

Ich werde euch auf eurer Reise führen und schützen, und ihr werdet durch die Kraft des Heiligen Geistes geführt werden.

Euer geliebter Retter
Jesus Christus

403. Meine Botschaften sind für alle Religionen und Glaubensüberzeugungen, einschließlich für diejenigen, die nicht glauben.

Dienstag, 17. April 2012, 18:30 Uhr

Meine innigst geliebte Tochter, du sollst wissen, dass Meine Botschaften, die dir gegeben werden, für die ganze Welt bestimmt sind.

Sie werden für alle Religionen und Glaubensüberzeugungen gegeben einschließlich denjenigen, die an die Existenz von Gott,

dem Ewigen Vater, dem Schöpfer der ganzen Welt, nicht glauben.

Kinder, ihr müsst wissen, dass ihr, weil euch die Wahrheit über den Dreieinigen Gott, die Heilige Dreifaltigkeit, die aus dem Vater, dem Sohn und dem Heiligen Geist besteht, gegeben worden ist, eine Verantwortung habt, der ganzen Welt Mein Heiliges Wort zu verkünden.

Ob ihr glaubt oder nicht, dass Ich durch diese Botschaften zu euch spreche: Ihr müsst jenen armen Seelen helfen, die Meinen Schutz brauchen, damit sie gerettet werden können.

Viele fragen, warum sich diese Botschaften so häufig auf Satan beziehen. Meine Antwort darauf ist folgende:

Satan und seine gefallenen Engel ziehen auf der Erde umher mit dem Ziel, sich in menschlichen Wesen festzusetzen.

Sie greifen sie hauptsächlich durch die Sinne an, um sie dazu anzuregen, Sünden des Fleisches zu begehen.

Sie pflanzen Gedanken in ihre Köpfe ein, damit sie Schreckenstaten begehen, die Meinen Vater verletzen.

Im Fall von Seelen, die sich bereits in Sünde befinden, können sie den Körper in Besitz nehmen. Wenn das geschieht, dann verursachen diese armen besessenen Seelen Chaos in ihrer Umgebung.

Wenn sie sich in Machtpositionen befinden, dann können sie denjenigen, über die sie herrschen, schreckliche Ungerechtigkeiten zufügen.

Sie werden Gesetze einführen, die sich über die Zehn Gebote, die von Gott dem Vater erlassen wurden, hinwegsetzen.

In anderen Fällen werden sie große Qualen im Leben von Menschen verursachen.

Negativität wird von Satan und seinen dämonischen Engeln verursacht. Diese kommt nicht von Gott.

Von Gott kann nur Frieden und Liebe kommen.

Alles, was für diejenigen, die ihr Leben von negativen Gedanken und Gefühlen befreien wollen, notwendig ist, ist die Hingabe an Mich, ihren geliebten Jesus Christus.

Gebet, einfache Zwiesprache, genügt. Bittet Mich mit euren eigenen Worten, euch zu helfen.

Wenn sie aus dem Herzen heraus gesprochen werden, werde Ich sofort reagieren und euch helfen, näher an Mein Heiligstes Herz zu kommen.

Bitte, Kinder, erlaubt es Mir, euch nahe bei Mir zu halten und euch den Trost zu geben, den ihr — in einer Welt voller Elend, Ungerechtigkeit, Grausamkeit und Hass — ersehnt.

Ich bin eure Rettungsleine. Nur Ich kann euch helfen. Bitte ruft zu Mir mit diesem Kreuzzug-Gebet (45):

"O Jesus, ich weiß nur sehr wenig über Dich.

Aber bitte hilf mir, mein Herz zu öffnen, damit Du in meine Seele eintreten kannst und damit Du mich heilen, trösten und mich mit Deinem Frieden erfüllen kannst.

Hilf mir, Freude zu empfinden. Hilf mir, alle meine negativen Gedanken zu besiegen. Und hilf mir zu lernen, es zu verstehen, wie ich Dir Freude bereite, damit ich in Dein Neues Paradies eingehen kann, wo ich für immer und ewig bei Dir ein Leben der Liebe, der Freude und des Staunens leben kann. Amen. "

Ich liebe alle von euch, liebe Kinder, egal welche Glaubensüberzeugungen ihr habt, egal wie sehr ihr gesündigt habt oder wie viel Schmerz oder Leid ihr anderen angetan habt.

Nur Ich alleine kann die Art, wie ihr euer Leben lebt, verändern.

Der einzige Weg, um euch von dem schweren Leben, das ihr führt, zu befreien, ist, nach Mir zu rufen, damit Ich euch helfen kann.

Euer geliebter Jesus

404. Übervorteilt niemals andere auf unfaire Weise, auch nicht im Geschäftsleben, in der Politik oder in irgendeinem Bereich des Lebens.
Donnerstag, 19. April 2012, 20:00 Uhr

Meine liebste Tochter, Ich möchte, dass du allen Meinen Anhängern sagst, dass ihre Gebete gehört werden und dass als deren Ergebnis viele schlimme Ereignisse gelindert werden.

Ich möchte auch, dass bekannt wird, dass Ich als Resultat deines Leidens, Meine Tochter, in der Lage war, vier Millionen Seelen zu retten.

Meine Barmherzigkeit ist über diese Kinder Gottes ausgegossen worden, die heute noch immer in der Welt leben.

Andere Opfer, die Mir von Meinen Anhängern durch Gebet und Fasten aufgeopfert werden, helfen Mir, Menschen vor einem schrecklichen Schicksal zu bewahren.

Eure Stärke, Liebe, Treue und Ausdauer bedeuten, dass die Macht Satans geschwächt wird.

Es bedeutet auch, dass die Macht der globalen Eine-Welt-Gruppe abnimmt.

Ihr müsst wissen, dass Gebet das Böse in der Welt schwächt.

Je mehr gebetet wird, desto weniger Macht bleibt Satan.

Unterschätzt niemals die Kraft des Gebets und des Leidens auch nur durch eine einzelne Person; denn es bewirkt eine große Gnadenfrist für diejenigen, die sonst den Feuern der Hölle gegenüberstehen würden.

Die Liebe, die ihr empfindet, Kinder, und die euch bei der Geburt als eine natürliche Gabe gegeben wurde, ist rein.

Selten dringt Hass in euer Leben ein, bevor ihr das Vernunftalter erreicht habt.

Kinder unter diesem Lebensalter sind unschuldig, rein und demütig in Meinen Augen und sie sehen die Dinge auf eine einfache, unkomplizierte Weise. Das ist die wahre Liebe, die ihr in eurem Leben versuchen müsst wiederzuerlangen.

Wenn ihr das Leben auf eine ganz einfache Art und Weise betrachtet, wenn ihr Gott, den Vater, den Schöpfer aller Dinge, ehrt und Seine Gebote befolgt, dann werdet ihr wieder wie ein Kind.

Ihr werdet rein, liebevoll und einfach von Herzen und ihr werdet frei von der Bosheit. Dann wird euch die Kraft des Heiligen Geistes gegeben werden, so dass euer Glaube unerschütterlich sein wird.

Ihr werdet wie ein Kind werden, aber euch wird die Waffenrüstung eines Kriegers gegeben werden, eines wahren und ehrenhaften Mitglieds der Armee Gottes.

Zur rechten Zeit werdet ihr mit Mir, an Meiner Seite, im Neuen Paradies regieren.

Haltet eure Liebe für andere einfach. Bietet niemals eure Liebe nur unter der Bedingung an, dass sie euch im Gegenzug etwas einbringt.

Stattdessen gebt eure Liebe ohne jegliche Bedingungen. Bietet anderen Liebe als ein Geschenk für Gott.

Seht jeden, der euch in eurem Leben begegnet, durch die Augen Gottes.

Jeder Mensch wurde von Gott erschaffen. Jeder Mensch wurde durch die Liebe Gottes in die Welt gebracht.

Obwohl bestimmte Seelen mit einem schweren Kreuz geboren werden, das sie zu tragen haben, so werden sie dennoch von Gott mit Liebe in die Welt gebracht.

Liebt einander — trotz eurer gegenseitigen Fehler — zu Ehren Meines Vaters.

Entdeckt jedes Gesicht und betrachtet es so, als ob ihr diese Person mit den Augen Gottes seht.

Nur dann werdet ihr es leichter finden, davon Abstand zu nehmen, über andere zu urteilen.

Versucht, das Beste und das Gute in jedermann zu finden. Zeigt füreinander Liebe und Freundlichkeit.

Übervorteilt niemals andere auf unfaire Weise, auch nicht im Geschäftsleben, in der Politik oder in irgendeinem Bereich des Lebens.

Wenn euch Böses begegnet, das in anderen anwesend ist, dann betet innig für diese Seelen und bietet Mir, eurem Jesus, als Buße für deren Sünden ein kleines, symbolisches Opfer an.

Ein wenig zu leiden, kleine Opfer für die Seelen anderer zu bringen und Gebet können die Stärke der für die Zukunft prophezeiten Verfolgung abmildern.

Wenn ihr das tut, dann kann die Barmherzigkeit Meines Vaters in einem Wolkenbruch an Gnaden über die Welt ausgegossen werden.

Betet, betet, betet, und zwar darum, dass eure Gebete dabei helfen werden, die Menschheit — noch bevor die „Warnung" stattfindet — ausreichend vorzubereiten, so dass nur wenige verloren gehen, noch bevor ihnen die Chance gegeben wird, zu sehen, wie Ich ihnen Meine große Gabe der Liebe, der Barmherzigkeit und der Versöhnung anbiete.

Euer liebender Jesus
Erlöser der Menschheit

405. Sogar diejenigen, die schreckliche Sünden begehen, werden von Gott Vater geliebt.
Freitag, 20. April 2012, 15 : 45 Uhr

Meine innigst geliebte Tochter, Meinen Kindern muss von der intensiven Liebe berichtet werden, die Ich für jedes Kind, das auf dieser Erde geboren wird, in Meinem Heiligsten Herzen habe.

Sogar diejenigen, die schreckliche Sünden begehen, werden von Gott Vater geliebt.

Jeder von euch ist ein Kind Gottes.

Aus diesem Grund werdet ihr von Satan und seinen Dämonen misshandelt, gequält und verletzt.

An jene verhärteten Sünder, Mitglieder von Satans Armee, die wissen, dass Gott existiert, die aber vorziehen, das Tier zu vergöttern, ihr sollt Folgendes wissen:

Egal, wie viel Ehrerbietung ihr Satan erweist, denkt daran: Er liebt euch nicht.

Er hasst euch und er wird euch vernichten.

Seine Versprechen, euch ein Paradies zu bieten, sowohl auf Erden als auch darüber hinaus, sind leere Lügen.

Sehr bald wird euch der Beweis Meiner Liebe für euch gegeben werden. Es wird in eurem Herzen keinen Zweifel mehr geben, dass Ich, euer geliebter Jesus, euch umarmen, euch vergeben will und dass Ich euch ewigen Frieden, Liebe, Freude und Glückseligkeit in Meinem Neuen Königreich, dem Neuen Paradies geben will.

Habt niemals Angst, euch von dem Leben abzuwenden, das ihr führt und in dem ihr all die vermeintlichen Gaben vergöttert, die euch von Satan — dessen Herrschaft auf dieser Erde bald zu Ende geht — angeboten werden, wie Reichtum, Sex und andere materielle Annehmlichkeiten.

Nur Ich, euer geliebter Jesus, kann euch retten.

Meine Barmherzigkeit ist so groß, dass Ich euch alles vergeben werde, wenn ihr Reue empfindet.

Beeilt euch und kommt jetzt zu Mir.

Vergeudet nicht eine Sekunde; denn eure zukünftige Glückseligkeit steht auf dem Spiel.

Ich verspreche euch ewiges Leben, Frieden, Liebe, Freude und ein wunderschönes Paradies, wo ihr geliebt und geschätzt werdet und wo ihr keine offenen Wünsche mehr haben werdet.

Wenn ihr Meine Hand der Barmherzigkeit jetzt nicht annehmen könnt, dann wird euch, wenn am letzten Tag die Zeit kommt, noch einmal eine Chance gegeben werden, Mich um Barmherzigkeit zu bitten.

Wenn dieser Tag kommt, werdet ihr — werden viele von euch — den Fehler erkennen, den ihr gemacht habt.

Und doch werde Ich euch immer noch umarmen wie ein seit langem verlorenes und viel geliebtes Kind Gottes, egal wie sehr ihr durch die Hand des Bösen gelitten habt.

Alles, was ihr dafür tun müsst, wird es sein, nach Mir zu rufen und um Meine Barmherzigkeit zu bitten.

Wenn ihr zurzeit in ein Netz der Täuschung und des Bösen verstrickt seid, aus dem ihr nicht fliehen könnt, dann bitte Ich euch, nach Mir zu rufen, indem ihr dieses Kreuzzug-Gebet (46) „Befreie mich von den Ketten Satans" betet:

„O Jesus, ich habe mich verirrt.

Ich bin verwirrt und fühle mich wie ein Gefangener, der in einem Netz gefangen ist, aus dem er nicht entkommen kann.

Ich vertraue auf Dich, Jesus, dass Du mir zu Hilfe kommst und mich aus den Ketten Satans und seiner Dämonen befreist.

Hilf mir, denn ich weiß nicht mehr weiter.

Ich brauche Deine Liebe, damit sie mir die Kraft gibt, an Dich zu glauben und auf Dich zu vertrauen, damit ich vor diesem Bösen gerettet werden und mir das Licht gezeigt werden kann... damit ich endlich Frieden, Liebe und Glückseligkeit finden kann.

Amen."

Euer geliebter Jesus

406. Milliarden von Seelen — nicht Millionen — werden sich bekehren.

Samstag, 21. April 2012, 16:00 Uhr

Meine innig geliebte Tochter, Ich muss all jenen Trost bringen, die sich womöglich vor diesen Botschaften fürchten.

Lasst Mich euch alle, Meine innig geliebten Anhänger, beruhigen, indem Ich euch Meiner Großen Barmherzigkeit für die ganze Menschheit versichere.

Aufgrund der Gebete Meiner geschätzten Anhänger, die alle gehört und gemäß dem Göttlichen Zeitplan Meines Ewigen Vaters beantwortet werden, beginnt viel Bekehrung aufzublühen.

Gebt niemals die Hoffnung auf. Ihr seid das Rückgrat Meiner Mission auf Erden, um Mir zu helfen, die ganze Menschheit zu retten. Als solches werdet ihr den Schmerz über die Sünden von anderen ertragen.

Vermutet niemals, dass die Sünden anderer das Licht Gottes des Allerhöchsten dermaßen verdunkeln können, dass alles verloren ist.

Sehr bald werden alle durch Meine Göttliche Barmherzigkeit, die während der „Warnung" offenbart wird, die Herrlichkeit Gottes sehen.

Milliarden von Seelen — nicht Millionen — werden sich bekehren. Das wird bedeuten, dass die Macht Satans dahinschwinden wird, während Gottes Armee an Kraft zulegen wird, um das Tier zu besiegen.

Die gesamte Menschheit wird bald die Wahrheit ihrer Existenz kennen. Das wird der Wendepunkt für die Kinder Gottes sein, die sich — in Vorbereitung auf das Neue Zeitalter des Friedens, wo keine Sünde mehr existieren wird — vereinigen werden.

Das Gebet ist wichtig, weil Gott, der Vater, jeder Person auf dieser Erde — zum Zeit-punkt ihrer Geburt — das Geschenk des freien Willens gab. Aus diesem Grund will Er — obwohl Er die Macht hat, alles zu tun, was Er wünscht —, dass Seine Kinder aus ihrem freien Willen heraus zu Ihm kommen.

Gott der Vater will Seine Kinder nicht zwingen, Ihn zu lieben.

Dies muss auf eine natürliche Art und Weise geschehen. Aber wie kann man jemanden lieben, den man nicht kennt?

Das ist in der heutigen Welt das Problem. Nur sehr wenige kennen Gott, den Vater. Nur sehr wenige kennen Mich, Seinen geliebten Sohn, Jesus Christus.

Ihr, Meine Anhänger, müsst das Gebet einsetzen, so dass Mein Vater denjenigen Seelen, die in der Finsternis sind, besondere Gaben gewähren kann.

Dann wird ihnen Sein wunderbares Licht gezeigt werden und sie werden gerettet werden.

Durch euer Geschenk des Gebets wird Gott der Vater vom Göttlichen Eingreifen Gebrauch machen, um diejenigen, die Ihn nicht kennen oder die nicht wissen, dass Er existiert, näher an Sein Herz zu bringen.

Viele Seelen jedoch, die Meinen Vater sehr wohl kennen und die sich dennoch bewusst von Ihm abwenden, werden sich schrecklichen Strafen gegenübersehen.

Ihnen wird jede erdenkliche Chance gegeben werden, aber sie werden Gott dennoch zurückweisen.

Für diese Seelen — die abscheuliche Handlungen, die in bestimmten Teilen der Welt häufig vorkommen, begehen — werden die Strafen in Form von Erdbeben kommen.

Jene globalen Gruppen, die fortfahren werden, die Länder, über die sie die Kontrolle haben, zu zerstören, werden gestoppt und durch die Hand Meines Vaters hart bestraft werden.

Wiederum sind eure Gebete notwendig, um solche Sünden und die darauf folgenden Strafen abzuschwächen.

Es ist — zur Vorbereitung auf Meine Göttliche Barmherzigkeit — ein wenig mehr Zeit erforderlich, um es mehr Seelen zu ermöglichen, auf dieses große Ereignis vorbereitet zu sein.

Es ist wichtig, dass der größte Teil der Menschheit gerettet werden kann und dass allen Seelen, einschließlich der verhärteten Sünder, eine Chance gegeben wird, sich mit Gott als eine Einheit wieder zu vereinen.

Es ist Mein größter Wunsch, dass Ich im Neuen Paradies über den größten Teil der Menschheit regieren werde.

Eure Gebete werden Mir helfen, Meinen großen Wunsch, nämlich, dass wir alle in Liebe und Eintracht für immer und ewig eine Familie werden können, zu erfüllen.

Euer geliebter Jesus

407. Jungfrau Maria: Wenn euch die Zeiten schwer oder schmerzhaft vorkommen, Kinder, dann wendet euch immer an Mich.

Sonntag, 22. April 2012, 10:00 Uhr

Mein Kind, Mein Sohn ist so glücklich über die Art und Weise, wie Seine geliebte Armee Seine Heiligen Wünsche, nämlich Seine Kreuzzug-Gebete zu beten, befolgt.

Diese Gebete sind für die modernen Zeiten gedacht, um allen Kindern Gottes zu helfen, den Schutz zu suchen, den sie benötigen, um mit den schweren Zeiten fertig zu werden, denen so viele Seelen gegenüberstehen.

Kinder, wenn euch die Zeiten schwer oder schmerzhaft vorkommen, dann wendet euch immer an Mich, eure geliebte Mutter, damit Ich bei Meinem kostbaren Sohn euretwegen Fürsprache einlege.

Vergesst niemals, dass eure persönlichen Opfer, die ihr Gott darbringt, helfen, so viele Seelen auf Erden zu retten.

Eure Gebete werden immer gehört.

Sie werden niemals ignoriert, sondern sie werden gemäß dem Willen Meines Vaters berücksichtigt.

Daher müsst ihr geduldig sein, Kinder. Setzt immer euer volles Vertrauen in Meinen Sohn.

Übergebt Ihm alle eure Ängste und euer Leiden und dann müsst ihr darauf vertrauen, dass Er Sich um alles kümmern wird.

Für diejenigen von euch Gläubigen, die es schwer finden, zu beten oder ihre Liebe zu Meinem Sohn lebendig zu halten, ist hier ein besonderes Kreuzzug-Gebet (47), um zu helfen, eure Liebe zu Jesus wieder neu zu entfachen.

Kreuzzug-Gebet (47) Entfacht eure Liebe zu Jesus aufs Neue

„O Heilige Mutter, Mutter der Erlösung für die ganze Welt, bete, dass meine Liebe zu Jesus erneut entfacht werden kann.

Hilf mir, die Flamme Seiner Liebe zu fühlen, damit sie meine Seele erfüllt.

Hilf mir, Jesus mehr zu lieben.

Bete, dass mein Glaube und meine Hingabe an Ihn und auch meine Liebe zu Ihm stärker werden.

Nimm mir jegliche Zweifel, die mich quälen, und hilf mir, das Göttliche Licht der Wahrheit klar zu sehen, das von Deinem geliebten Sohn, dem Erlöser der ganzen Menschheit, ausstrahlt. Amen."

Geht hin in Frieden, Kinder. Denkt daran, wenn ihr Mich von Herzen bittet, für euch zu beten, dann werde Ich, die Mutter der Erlösung, eure Bitten Meinem geliebten Sohn überreichen.

Ich werde niemals eine Bitte ignorieren, sobald sie mit den Wünschen Meines Sohnes im Einklang steht und mit dem Heiligen Willen des Vaters übereinstimmt.

Lernt, mehr zu vertrauen, Kinder. Wenn ihr Meinem kostbaren Sohn vertraut, beweist ihr eure Liebe zu Ihm.

Wenn eure Liebe schwach ist, dann wird euer Vertrauen auf Ihn auch schwach sein.

Nur diejenigen von euch, die sich vor Meinem Sohn demütigen, werden mit den Gnaden gesegnet werden, die gegeben werden, um euren Glauben zu stärken.

Gebt niemals auf, wenn ihr Verzweiflung empfindet.

Verzweiflung wird vom Teufel hervorgerufen.

Wendet euch einfach an Mich, und Ich werde darum beten, dass wieder Frieden in eure Seele einkehrt.

Wenn ihr das tut, werdet ihr im Stande sein, der Versuchung zu widerstehen, die vom Teufel erzeugt wird, und ihr werdet frei werden.

Eure Heilige Mutter
Königin der Engel
Mutter der Erlösung

408. Helft Mir, die Welt auf Mein Zweites Kommen vorzubereiten.

Sonntag, 22. April 2012, 15:30 Uhr

Meine innig geliebte Tochter, die Menschheit muss wissen, dass die Zeit, um Mich einer ungläubigen Welt zu zeigen, nicht mehr weit entfernt ist.

Alle Kinder Gottes, die ergebene Gläubige sind, müssen Mir jetzt — aus ihrer Treue zu Mir, ihrem geliebten Jesus heraus — helfen, die Welt auf Mein Zweites Kommen vorzubereiten.

So viel Zeit ist bereits gewährt worden, um Seelen dazu zu bewegen, zurück in Mein Heiligstes Herz zu kommen.

Diese Zeit war wichtig; denn ohne diese Zeit wären nur sehr wenige Seelen im Stande, in Mein Neues Paradies einzugehen.

Ich bitte all jene — in Meinem Heiligen Namen —, Mir zu erlauben, euch zu führen, um euch zu helfen, die Wahrheit Meiner Lehren in jedem Winkel der Welt zu verkünden.

Predigt zuerst Meine einfachen Lehren.

Liebe zum Nächsten wird von all denjenigen erwartet, die sagen, dass sie Meine Anhänger sind.

Sprecht nur von Meinem Zweiten Kommen.

Erinnert jeden, der euch öffentlich dafür verurteilt, daran, dass Mein Versprechen, nämlich wiederzukommen in Herrlichkeit, um die Lebenden und die Toten zu richten, während der Lebenszeit dieser Generation in Erfüllung gehen soll.

Mein Heiliger Geist wird die Seelen jener überfluten, denen ihr Mein Heiliges Wort vermittelt.

Aber zuerst müsst ihr Mich um diese besondere Gnade bitten. Bevor Ich es gutheiße, dass ihr diese höchstheilige Arbeit tut, rufe Ich euch auf, Mich um diese Gnade durch das Beten des folgenden Kreuzzug-Gebets (48) zu bitten:

Kreuzzug-Gebet (48) „Gebet um die Gnade, das Zweite Kommen Christi zu verkünden"

„O mein Jesus,

gewähre mir die Gnade, der ganzen Menschheit Dein Heiliges Wort zu verkünden, so dass Seelen gerettet werden können.

Gieße Deinen Heiligen Geist über mich, Deinen demütigen Diener, aus, damit Dein Heiliges Wort gehört und angenommen werden kann, insbesondere durch diejenigen Seelen, die Deiner Barmherzigkeit am meisten bedürfen.

Hilf mir, Deinem Heiligen Willen immer treu zu bleiben und niemals diejenigen zu beleidigen oder zu verurteilen, welche die Hand Deiner Barmherzigkeit zurückweisen. Amen. "

Geht jetzt, Meine Armee; denn euch ist die Waffenrüstung gegeben worden, die ihr braucht, um die Menschheit zu bekehren.

Ihr werdet während eurer Mission lächerlich gemacht und beleidigt werden und man wird euch herausfordern.

Wisst, dass ihr, wenn dies geschieht, wahrlich ein Kind Gottes sein werdet.

Fürchtet euch nicht; denn Ich werde euch die Kraft geben, solche Hindernisse zu überwinden.

Ich werde euch auf dem gesamten Weg führen. Gehet hin in Frieden und in Liebe.

Euer geliebter Jesus

409. Mehr Nationen schließen sich zusammen und mehr von Gottes Kindern werden durch eine einzige Institution beherrscht werden.

Montag, 23. April 2012, 20:00 Uhr

Meine innigst geliebte Tochter, die Zeit für die Veränderungen in der Art und Weise, wie die Regierungen überall auf der Welt über ihre Länder herrschen, ist im Begriff, einzutreten.

Mehr Nationen schließen sich zusammen und mehr von Gottes Kindern werden durch eine einzige Institution beherrscht werden.

Es ist Zeit für euch, eure Augen weit geöffnet zu halten und auf jedwede Veränderungen betreffend Gesetzen, die euch in die Armut stürzen werden, zu achten.

Kämpft gegen Gesetze an, die eure Nahrungsmittelversorgung kontrollieren.

Gott, Mein Ewiger Vater, wird jene bösartigen Gruppen bestrafen, sollten sie versuchen, Seine Kinder auszuhungern.

Dies, Meine Anhänger, ist die Zeit zur Enthüllung des Dritten Siegels.

Obwohl es noch eine gewisse Zeit lang nicht geöffnet werden wird, sage Ich euch dies, damit ihr versuchen könnt, eure eigenen Nahrungsmittel anzubauen und Nahrungsmittelvorräte so einzulagern, dass sie nicht verderben werden.

Zu einer bestimmten Zeit werden eure Nahrungsmittel eingeschränkt werden und ebenso der Zugang zu Trinkwasser.

Diese Gruppe beabsichtigt — obwohl sie aufgrund der Macht eurer Gebete schwächer wird —, viele unschuldige Menschen verhungern zu lassen und zu vergiften, in einem Versuch, die Weltbevölkerung zu dezimieren.

Sie werden hart kämpfen, um das zu erreichen.

Solange sie fortfahren, Gottes Kindern Schreckliches zuzufügen, wird Mein Ewiger Vater ökologische Strafen hervorbringen und Millionen dieser bösen Leute vom Erdboden hinwegfegen.

Eure Wetterverhältnisse werden sich weiterhin verändern. Mit der Zeit wird dies die Fähigkeit, Handel zu treiben, beeinflussen, so dass die Weltmächte an der Ausführung ihrer bösen Pläne gehindert werden.

Durch all diese Krisen hindurch müsst ihr, Meine Armee, zu Gott dem Vater beten, dass Er euch vor diesen Leuten beschützen möge und darum, dass sie ihre verhärteten Herzen für die Wahrheit der Göttlichen Barmherzigkeit öffnen werden.

Ich sage euch das, damit ihr euch vorbereiten könnt.

Diese Ereignisse werden nicht sofort stattfinden und ein großer Teil dieses Plans kann durch eure Gebete und Opfer abgewendet und gelindert werden.

Das Böse kommt nicht von Gott. Es entsteht aus Habgier, aus der Eigenliebe und aus der Gier nach Macht und Kontrolle. Alle diese Schwächen werden von Satan hervorgebracht und den Weltführern in den Weg gelegt, um sie zu verführen, damit sie den Kindern Gottes Schaden zufügen können.

Lasst nicht zu, dass Satans Kräfte eure Länder kontrollieren.

Betet, betet, betet, dass ihr die Kraft habt, euch den Maßnahmen zu widersetzen, die vorsätzlich darauf ausgelegt sind, euch verarmen zu lassen, euch abhängig zu machen und euch der Gnade derjenigen auszuliefern, die eure Länder kontrollieren. Sie regieren unter (dem Deckmantel von) weltweiten Mächten, bestehend aus dem Vereinigten Königreich (= Großbritannien bzw. UK), den Vereinigten Staaten (USA), der Europäischen Union (EU) sowie China und Russland.

Ich, euer Jesus, werde euch helfen, der Verfolgung zu entgehen, aber vergesst nicht: Das Gebet wird eure Hauptwaffe sein.

Das Gebet kann es verhindern, dass diese bösartigen Menschen euch die Fähigkeit nehmen, zu essen, zu trinken, euch zu kleiden und christliche Kirchen zu besuchen.

Kämpft in Meinem Namen, und Ich werde euch jederzeit zur Seite stehen.

Euer geliebter Jesus

410. Meinen gottgeweihten Dienern sage Ich dies: Macht nicht den Fehler eurer Vorfahren, die Mich abgelehnt haben, als Ich das erste Mal kam.

Dienstag, 24. April 2012, 19:45 Uhr

Meine innig geliebte Tochter, du sollst dies wissen: Wenn eine Mission derart wichtig ist, wie diejenige, die Ich jetzt an die Welt übermittle, dann werden viele Menschen versuchen, sie zu stoppen.

Sie werden versuchen, dich anzugreifen und werden versuchen, diejenigen, die Meine Stimme erkennen, herabzusetzen, weil Ich versuche, Meine Botschaften der ganzen Welt mitzuteilen.

Das Ausmaß des Hasses, der gegenüber diesen Botschaften gezeigt wird, welche du als Endzeitprophetin übermittelst, wird weiterhin eskalieren.

All diejenigen, die sagen, dass sie Mich kennen: Hört jetzt auf Mich. Ich bereite die Menschheit auf Mein Zweites Kommen vor.

Wenn ihr an Mich glaubt, an Meine Lehren, und sagt, dass ihr Mich kennt, dann sollt ihr wissen, dass Ich Meine Endzeitprophetin sende — zusammen mit weiteren, anderen Propheten —, um euch würdig zu machen, in Mein Königreich einzugehen.

Meinen gottgeweihten Dienern sage Ich dies: Macht nicht den Fehler eurer Vorfahren, die Mich abgelehnt haben, als Ich das erste Mal kam.

Gebt Acht und hört auf Meinen Ruf; denn Ich brauche euch, um Mir zu helfen, die Seelen Meiner Herde vorzubereiten, bevor das große Wunder stattfindet.

Dachtet ihr, dass Ich Meine Propheten nicht senden würde, um euch zu warnen?

Dachtet ihr, Ich würde nur Meine Rückkehr einläuten, ohne euch vorzubereiten, und zulassen, dass Seelen zugrunde gehen?

Diejenigen unter euch, die Mein Zweites Kommen herabwürdigen und dennoch behaupten, Mein Versprechen an die Menschheit zu verstehen, sollten sich schämen.

Euer Mangel an Demut bedeutet, dass ihr nicht mit dem Heiligen Geist gereinigt werden könnt.

Ihr müsst Mich um diese Gabe der Unterscheidung anrufen oder von Mir fortgehen.

Ihr habt Mich enttäuscht. Ihr bringt Mich zum Weinen vor Enttäuschung, denn ihr seid Meine Diener, denen die Verantwortung für die Rettung von Seelen übertragen wurde: Das ist euer geistliches Amt.

Jetzt, wo Ich euch vom Himmel aus rufe, bitte Ich euch, auf Meinen Aufruf zu reagieren.

Ich habe viele auserwählte Seelen, die mit Mir arbeiten, um Mir die Seelen zuzuführen, nach denen Ich Mich sehne.

Es ist eure Pflicht, aus eurem Schlummer zu erwachen und gegenüber Meinem Aufruf wachsam zu sein.

Nur diejenigen von euch, die Mich aufrichtig lieben, werden Meine Stimme erkennen.

So wie eine Mutter durch ihr eigenes Kind erkannt wird, so müsst auch ihr, Meine geliebten Diener, wie ein kleines Kind nach Mir rufen, um die Bestätigung zu erhalten, dass Ich es bin, euer geliebter Jesus, der euch ein Zeichen gibt, Meine Hand zu ergreifen. Ich werde euch durch einen Dschungel voller Dornen hindurchführen, über die ihr steigen müsst, um zu den Toren Meines Neuen Paradieses zu gelangen.

Sagte Ich euch nicht, dass Ich wiederkommen würde? Um die Lebenden und die Toten zu richten?

Nun, Ich werde bald kommen und Ich brauche euch, um Mir zu helfen, alle Kinder Gottes als Einheit zusammenzuführen.

Sehr wenige erkennen Mich jetzt aufgrund des Schleiers der Täuschung, der sich über die ganze Welt ausgebreitet hat. Viele glauben nicht an Gott den Vater.

Wenige akzeptieren, dass Ich, Jesus Christus, Sein einziger Sohn, starb, um sie zu retten. Und doch sind sie bereit, an falsche Götter, die nicht existieren, zu glauben und sie zu verehren.

Wie Ich voller schrecklicher Traurigkeit weine, wenn Ich das Lachen junger Menschen wahrnehme, wenn Mein Name erwähnt wird und wenn Ich sehe, wie sie über andere, die öffentlich zugeben, dass Ich existiere, spotten.

Wie ertrage Ich die Qual Meiner Kreuzigung, wenn Ich sehe, dass diejenigen, die behaupten, Christen zu sein, sich weigern, Meine Lehren öffentlich zu verkünden aus Angst davor, ausgelacht zu werden.

Die Welt ist vom König der Lügen getäuscht worden. Nur Ich kann jetzt noch Hoffnung bringen und Gottes Kinder vor dem schrecklichen Schicksal retten, das durch jene Armeen der globalen, mächtigen Gruppen — einschließlich derjenigen, die unter der Kontrolle des Falschen Propheten und des Antichristen stehen — geplant wird, um in allen Nationen Schrecken zu verbreiten.

Alle Meine Warnungen, die Meiner Endzeitprophetin Maria von der Göttlichen Barmherzigkeit gegeben werden, werden sich erfüllen.

Bis das geschieht, vergesst niemals, dass eure Treue Mir, eurem Retter Jesus Christus, gilt. Ohne Meine Liebe und Meine Führung werdet ihr es unmöglich finden, das Schiff, welches Meine Heilige Kirche auf Erden ist, zu lenken.

Wacht auf. Weist Gottes Propheten nicht ab.

Viele behaupten jetzt, in Meinem Namen zu kommen, wie es durch die Schriften vorausgesagt worden ist, aber sie bieten nicht die geistige Nahrung, die nur von Mir kommen kann.

Viele treten jetzt an die Öffentlichkeit, damit Meine wichtigste öffentliche Stimme, die in diesen Botschaften enthalten ist und die sich an die Welt richtet, in diesen Endzeiten abgelehnt werden wird.

Das Gebet ist euer Weg zurück in Meine Arme.

Betet, betet, betet um die Gnaden, um eure Augen zu öffnen, damit ihr Mich erkennen könnt, bevor es zu spät ist.

Ich brauche eure Hilfe, eure Liebe und eure Treue.

Vergesst nicht, ihr habt eure heiligen Gelübde um Meinetwillen abgelegt. Lehnt Mich jetzt, da Ich euch rufe, nicht ab.

Nehmt Mich mit offenen Armen an und erlaubt Mir, euch zu führen, damit ihr Meine Restkirche anführen und damit ihr Seelen retten könnt.

Ich gebe euch Meinen besonderen Segen und erwarte, dass ihr auf Meinen Aufruf durch das Kreuzzug-Gebet (49) „Treueversprechen, bestimmt für die Christliche Geistlichkeit", wie folgt antwortet:

„O Jesus, ich bin Dein demütiger Diener.

Ich verspreche Dir meine Liebe und Treue zu Dir.

Ich bitte Dich, gib mir hinsichtlich Deines Rufes ein Zeichen.

Hilf mir, meine Augen zu öffnen und Dein Versprechen zu bezeugen.

Segne mich mit der Gnade des Heiligen Geistes, damit ich nicht von denjenigen getäuscht werde, die behaupten, in Deinem Namen zu kommen, die aber nicht die Wahrheit sprechen.

Zeige mir die Wahrheit.

Erlaube mir, Deine Liebe zu fühlen, damit ich Deinen Allerheiligsten Willen erfüllen kann.

Ich bitte Dich mit einem demütigen Herzen: Zeige mir, wie ich Dir helfen kann, die Seelen der Menschheit zu retten. Amen. "

Ignoriert Meinen Ruf nicht. Weist Mich in der Zeit, in der Ich noch einmal komme, nicht ab.

Dieses Mal komme Ich nicht nur, um die Menschheit noch einmal zu retten, sondern auch, um den Göttlichen Willen Meines geliebten Vaters, Gott des Allerhöchsten, zu erfüllen.

Gehet hin in Frieden.

Euer geliebter Jesus

411. Die ganze Menschheit wird einen freien Willen haben, bis sich ihr Wille mit dem Göttlichen Willen des Vaters vereinigt.

Mittwoch, 25. April 2012, 15:50 Uhr

Meine innig geliebte Tochter, viele Seelen erkennen Mich nicht an, einfach, weil sie es nicht wollen. Sie wissen aber, wer Ich bin.

Sie wissen, dass sie von Gott dem Vater aus dem Nichts erschaffen wurden, und doch ziehen sie es vor, Gott zu ignorieren.

Sie gebrauchen Meinen Namen viele, viele Male auf eine sehr beiläufige Art und Weise, und Mein Name wird von denjenigen, die von Dämonen besessen sind, in den Flüchen gebraucht, die sie ausspeien.

Nur wenn die Menschen von einer Tragödie getroffen werden, halten sie ein und denken an den Tod und an irgendein zukünftiges Leben, von dem sie glauben, dass es vielleicht bevorsteht.

Das ist der Grund, warum Ich jene Seelen manchmal — aus Meiner Barmherzigkeit heraus — strafe, nämlich um sie zur Besinnung zu bringen, damit Ich sie retten kann.

Durch das Leiden werden all jene materiellen Reize, die von den Sinnen begehrt werden, bedeutungslos und sie werden als das erfahren, was sie sind: vergängliche neue Reize, die in kurzer Zeit wieder verschwinden werden.

Viele Seelen, geboren in diese Welt, sind vom Himmel gesendet. Sie wählen das Leiden — einschließlich jener abgetriebenen Kinder — als ein Mittel, um Rettung für die Sünder zu erstreben.

Es ist für den menschlichen Verstand schwer, das Göttliche Königreich zu begreifen; denn kein einziger Mensch ist mit dieser Gabe gesegnet.

Als die gefallenen Engel sich gegen Meinen Vater erhoben, hat Er — Mein Vater — niemals das Recht Seiner Kinder auf ihren freien Willen verfallen lassen; denn Er wird niemals das Geschenk wegnehmen, das Er der Menschheit schenkte.

Die ganze Menschheit wird ihren freien Willen behalten, bis sich ihr Wille mit dem Göttlichen Willen des Vaters vereinigt.

Satan zieht seinen Vorteil aus dem freien Willen. Wogegen er aber nicht kämpfen kann, ist, wenn jene erwählten Seelen ihren eigenen freien Willen aufgeben und ihn Gott aufopfern.

Indem sie dieses Opfer bringen, d. h. durch die Annahme des Leidens, wird Satans Einfluss geschwächt.

Dann können Sünder gerettet werden, auch wenn sie keine Buße getan haben. Das ist das Wunder des Leidens.

Euer geliebter Jesus

412. Diejenigen, die Mir gegenüber treu sind, werden in einem Augenblick, ohne zu leiden, in den Neuen Himmel und in die Neue Erde aufgenommen werden.

Donnerstag, 26. April 2012, 20:30 Uhr

Meine innig geliebte Tochter, wiederum muss Ich allen Kindern Gottes sagen: Seid nicht beunruhigt oder angsterfüllt wegen der Ereignisse, die kommen werden.

Die ganze Menschheit wird bald Meine Barmherzigkeit sehen, und viele werden — in Reue über ihre Sünden — keine Furcht vor Mir haben.

Stattdessen werden ihre Seelen mit Meiner Göttlichen Liebe überflutet werden. Mein Licht wird durch ihre Körper strahlen und sie werden von Freude erfüllt sein.

Die Zeit des Neuen Zeitalters des Friedens bringt überaus große Freude und Begeisterung für diejenigen mit sich, die Meine Hand der Barmherzigkeit anerkennen.

Jeder einzelne Sünder ist eingeladen, das ewige Leben zu leben, und er darf nicht weggehen, weil er verwirrt ist.

Mein Zeitalter des Friedens wird eine neue Erde sein, wo zwölf Nationen herrschen werden, unter Meiner Führung.

Sie werden in Frieden, Liebe und Harmonie leben. Die natürliche Umgebung, die ihr heute auf der Erde seht, wird — wenn man sie mit der Welt, die bevorsteht, vergleicht — in die Bedeutungslosigkeit versinken.

Denjenigen, die wegen ihrer Familie oder ihrer Lieben besorgt sind oder Angst um sie haben, sage Ich: Bringt sie zusammen mit euch in Mein wunderbares Neues Paradies.

Betet für sie, und Ich werde ihnen besondere Gnaden geben, damit ihnen die Gabe gegeben wird, Meine Liebe zu erkennen.

Dies ist der größte Wunsch Meines Vaters: das Staunen, die Freude und die Liebe durch jedes Seiner kostbaren Kinder scheinen zu sehen, wenn Er das Neue Paradies enthüllt.

Ihr werdet mit euren Lieben, die im Stande der Gnade starben und die von den Toten wieder auferstanden sein werden, wieder vereinigt werden.

Warum würdet ihr an solch ein Geschenk nicht glauben? Wenn ihr Meinem Versprechen, dass Ich wiederkomme, vertraut, werdet ihr Frieden fühlen.

Alles, um was Ich euch bitte, ist, dass ihr euch durch Gebet vorbereitet. Wenn ihr um Gnade und für andere betet, dann wird alles gut sein.

Meine Barmherzigkeit ist so groß, dass nur wenige daran scheitern werden, Mein Göttliches Versprechen anzuerkennen, nämlich alle Kinder Gottes zu sammeln und sie heimzuführen, weg aus dem eisernen Griff Satans und seiner dämonischen Engel.

Die Wahrheit von Meinem Königreich wird sogar von Atheisten erkannt werden, die geschockt sein werden. Doch in den meisten Fällen wird ihr Unglaube sich in demütige Liebe und Annahme verwandeln.

Obwohl auch viele schwere Zeiten voraus liegen, wird doch keine davon so hart sein, dass ihr sie nicht durch eure Liebe und Hingabe an Mich, euren Jesus, überstehen könnt.

Bitte, lasst nicht zu, dass Angst euch dabei behindert, das Geschenk Meines Neuen Paradieses — mit Freude — anzunehmen.

Diejenigen, die Mir treu sind, werden in einem Augenblick, ohne zu leiden, in den Neuen Himmel und in die Neue Erde aufgenommen werden.

Worüber ihr euch aber Sorgen machen solltet, sind jene verhärteten Sünder, die Mich nicht bitten werden, ihnen zu vergeben, und die Meine Hand ablehnen und stattdessen an ihren bösartigen Wegen festhalten werden.

Sie brauchen eure Gebete.

Betet fleißig um die Rettung ihrer Seelen.

Euer geliebter Jesus

413. Gott der Vater: Ich bin bereit, als der Vater der ganzen Menschheit, Meinen Sohn zu senden, um Seinen rechtmäßigen Thron zurückzufordern.

Samstag, 28. April 2012, 15:40 Uhr

Meine Tochter, diese Monate sind eine schwere Zeit gewesen, nicht nur für dich, sondern auch für alle Meine geliebten Kinder.

Ich bin der Vater der Schöpfung und der Liebe mit einer tiefen Leidenschaft für jedes Meiner Kinder, egal wie sehr sie Mich beleidigen.

Es ist so viel Vorbereitung nötig, um zu helfen, Seelen auf das Kommen Meines geliebten Sohnes Jesus Christus vorzubereiten.

Ein großer Teil der Menschheit leidet in dieser Zeit unter Verfolgung. Diese Verfolgung besteht nicht nur aus Armut und Mangel an Geld, sondern auch aus geistigem Hunger.

Als der Vater der ganzen Menschheit bin Ich bereit, Meinen Sohn zurückzusenden, um Seinen rechtmäßigen Thron zurückzufordern.

Ich alleine kenne diesen Zeitpunkt. Nicht einmal Mein Sohn kennt das Datum.

Ich kann euch allerdings sagen, dass das bald sein wird und dass der größte Teil dieser Generation, die heute in der Welt lebt, den Tag der Rückkehr Meines Sohnes in großer Herrlichkeit miterleben wird.

Ich treffe jetzt Vorbereitungen, um alle Meine Kinder zu sammeln, da Ich sie aus dem schrecklichen Abgrund der Leiden, die sie in der Wildnis zu ertragen hatten, herausnehme.

Diese Wildnis wurde durch die Hand Luzifers und durch all seine gefallenen Engel verursacht, welche die Erde — seit dem Sündenfall von Adam und Eva — durchstreift haben.

Heute finden es viele Meiner Kinder unmöglich, an Mich, Gott, ihren Schöpfer und Vater, zu glauben.

Ich habe Meine Kinder mit Intelligenz und einem unabhängigen freien Willen gesegnet, wodurch sie wählen können, auf welche Weise sie ihr Leben leben wollen.

Um sie zu Meinem Königreich zu führen, gab Ich ihnen die Zehn Gebote, die in Stein gehauen sind.

Sie haben sich niemals verändert; und doch glauben Meine Kinder, dass sie klüger wären, als sie (die zehn Gebote) es sind, und sie entwickelten neue Auslegungen, die für Mich unannehmbar sind.

Diese Zeit — die für das Ende der Herrschaft all der Dämonen bestimmt ist, die verbannt wurden und die die Erde überschwemmen — ist fast zu Ende.

Ich rufe alle Meine Kinder auf, zuzuhören. Eure Zeit auf Erden, wie ihr sie jetzt kennt, geht zu Ende.

Doch es gibt eine neue Erde, ein Neues Paradies, das euch erwartet.

Es wird alles, was ihr euch jemals vorstellen könnt, weit übertreffen und es ist bereits seit einiger Zeit für jeden einzelnen Mann, für jede Frau und für jedes Kind liebevoll vorbereitet worden.

Endlich werde Ich Meine ganze kostbare Familie vereinen, und wir werden alle in Harmonie, Frieden, Liebe und Freude in Ewigkeit leben.

An diejenigen, die es ablehnen, in das Neue Paradies einzugehen: Ich werde alles in Meiner Macht stehende tun, um euch davon abzuhalten, euer Erbe, das euch rechtmäßig zusteht, auszuschlagen.

Aufgrund der Gabe eures freien Willens, den Ich euch niemals wegnehmen werde, liegt die Wahl aber bei euch.

Alles, was dazu nötig ist, ist, eure Einstellung zu ändern und Mir euer Herz zu öffnen.

Dann müsst ihr in Meine Arme laufen, damit Ich euch mit nach Hause nehmen kann.

Dies ist Mein innigster und von Mir am meist ersehnter Wunsch, nämlich alle Meine geschätzten Kinder nach Hause mitzunehmen — zu dem rechtmäßigen Ort, wo sie hingehören.

Euer liebender Vater
Gott der Allerhöchste

414. Jungfrau Maria: Mein Kind, es wird für diejenigen, die Meinen Sohn lieben, keinen Tod geben.

Sonntag, 29. April 2012, 10:00 Uhr

Mein Kind, du darfst niemals denken, dass wegen der Einsamkeit dieser besonderen Berufung keine Bekehrung stattfindet.

Deine Mission, die von Meinem Ewigen Vater gutgeheißen wird, besteht darin, die Wahrheit vom Zweiten Kommen Meines Sohnes unter allen Kindern Gottes zu verbreiten.

Es ist wichtig, dass jenen Kindern, die keine Zeit zu Ehren Meines Sohnes und für die Zuwendung zu Ihm aufbringen, gesagt wird, was auf sie zukommt.

Alle Kinder Gottes sollen in all eure Gebete mit eingeschlossen werden; denn Er, Mein Vater, liebt jedes einzelne.

Sogar denjenigen, welche ihr Herz gegenüber Meinem Vater verhärtet haben und Meinen Sohn nicht anerkennen wollen, muss das ewige Leben gegeben werden.

Wenn das Geschenk der „Warnung" stattfindet, werden viele Sünder erleuchtet werden und werden sich Meinem Sohn zuwenden, um Seine Barmherzigkeit zu erflehen.

Nur dann wird die Menschheit auf die wichtigen Botschaften, welche Mein Sohn durch dich gibt, hören wollen.

Wenn sie die Wahrheit begreifen, dass die Zeit für Sein Neues Reich anbricht, dann werden sie ein großes Verlangen nach Seinem Heiligen Wort haben.

Viele von Gottes Kindern sind betreffend der Existenz von Himmel und Erde verwirrt. Viele sind zu ängstlich, um über das Leben nach dem Tod nachzudenken.

Mein Kind, es wird für diejenigen, die Meinen Sohn lieben, keinen Tod geben.

Stattdessen werden sie in das Neue Zeitalter des Friedens und in das Paradies, das von Meinem Vater für alle Seine Kinder verheißen worden ist, aufgenommen werden.

Ihr müsst darum beten, dass alle jene umherirrenden und verirrten Seelen ihren Weg zurück in die liebevollen Arme Meines kostbaren Sohnes finden mögen, denn sonst werden sie nicht fähig sein, in die Tore des Neuen Paradieses einzugehen.

Eure geliebte Mutter
Mutter der Rettung

415. Das erste Geheimnis im Buch der Wahrheit offenbart eine Verschwörung gegen die Kirche durch Freimaurerische Gruppen.

Sonntag, 29. April 2012, 15:33 Uhr

Meine innig geliebte Tochter, dir ist ein Geschenk gegeben worden, das viele aus Furcht ablehnen würden.

Aufgrund der dir gewährten Gnaden, der dir gegebenen Stärke und dem Feuer des Heiligen Geistes bist du vollkommen gerüstet, um die Prophezeiungen, welche der Welt vor so langer Zeit versprochen worden sind, öffentlich zu verkünden.

Die Prophezeiung, die Daniel zu dem Zeitpunkt gegeben wurde, als ihm aufgetragen wurde, das Buch der Wahrheit bis zur Endzeit — in welcher der Inhalt offenbart werden würde — zu versiegeln, ist inzwischen eingetreten. (Dan 12, 4 und Offb 10,4)

Die Offenbarungen, die ebenso Johannes dem Evangelisten gegeben wurden, wurden nur teilweise übermittelt, aber einige Geheimnisse wurden ihm gezeigt, in der Schriftrolle der Sieben Siegel. (Offb 5, 1-7)

Es wurde ihm nicht die Erlaubnis erteilt, den Inhalt bekanntzugeben. Stattdessen wurde er angewiesen, die Schriftrolle hinzulegen und sie dann aufzuessen, damit die Siegel weder gebrochen werden konnten noch der Inhalt enthüllt werden konnte — bis zu diesem Zeitalter. Durch das Schlucken der Schriftrollen wurde der Menschheit ein Hinweis gegeben. (Offb. 10,9-11)

Bitter zu essen — die Wahrheit verursacht Angst.

Sie kann auch diejenigen vor den Kopf stoßen, die behaupten, den ganzen Plan Gottes für die Menschheit zu kennen. Jedoch ist die Wahrheit — nämlich die starke Liebe, die Gott für jede einzelne Person auf dieser Erde hat — süß für diejenigen, welche die Wahrheit erkennen.

Die Wahrheit ist, dass nur Ich, Jesus Christus, die Geheimnisse enthüllen kann, welche Johannes dem Evangelisten gegeben worden sind. Die süße Wahrheit wird von denjenigen, die die Lehren Gottes befolgen, mit Liebe begrüßt werden.

Sie mag Furcht verursachen, aber Gottes Macht wird alles Böse und die ganze Verfolgung überwinden; denn Er kann alles bewirken.

Das erste Geheimnis besteht darin, dass sich die Freimaurerischen Gruppen, die im Mittelalter gegründet worden sind, gegen Gott und all Seine Werke verschworen haben.

Ihre Gefolgschaftstreue gilt dem Teufel. Er, Satan, ist ihr Gott, und sie sind stolz darauf, ihm durch Schwarze Messen ihre Ehrerbietung zu erweisen.

Dann gibt es den Heiligen Stuhl, der seit 1967 den erbitterten Angriffen dieser Gruppe ausgesetzt ist.

Langsam haben sie Meine Kirche unterwandert, nicht nur innerhalb des Vatikans, sondern auch innerhalb der sonstigen Ebenen in jedem Land.

Ihre vorsätzliche Verseuchung Meiner Kirche hatte böse Gräueltaten zur Folge, die unschuldigen Opfern zugefügt wurden.

Ihre Liebe zum Geld und zur Macht ist nichts im Vergleich zu der widerlichen Verehrung, die sie dem König der Lügen, Satan selbst, erweisen. Er wird innerhalb von Gruppen unverhohlen und im Geheimen verehrt. Priester und andere gottgeweihte Diener einschließlich Bischöfen und Kardinälen haben sich innerhalb bestimmter Kreise diesen Gruppen angeschlossen.

Die bösartigen Handlungen, an denen sie teilnehmen, sind zu ernst, um sie euch zu enthüllen; aber ihr sollt wissen, dass sie dem Teufel Menschenopfer darbringen, und zwar in Kirchen, die dazu bestimmt sind, die Heilige Eucharistie aus der Heiligen Messe aufzuopfern.

Diese Gruppe, die so sorgfältig darauf bedacht ist, ihre wahren Aktivitäten vor den aufrichtigen und heiligen Priestern, vor den heiligen Bischöfen, vor den heiligen Kardinälen und den anderen heiligen Dienern zu verbergen, begeht abscheuliche Handlungen.

Sie hassen Gott mit einer solchen Heftigkeit, die euch schockieren würde. Die Kräfte, die ihnen von Satan gegeben worden sind, haben dazu geführt, dass ihre Schlechtigkeit, ihre Habgier, ihre Lust und ihre sexuellen Abweichungen von ihren Anhängern in allen Ländern begrüßt werden.

Sie grüßen einander mit geheimen Zeichen, die dazu dienen, sich gegenseitig ihrer Verbundenheit zu versichern.

Eines ist sicher: Ihre bösen Handlungen werden zu einem Ende kommen und ihnen wird — wenn sie sich während der „Warnung" nicht Mir zuwenden — nur noch wenig Zeit bleiben, bevor sie in die Feuerseen geworfen werden, wo sie in Ewigkeit eine schreckliche Hetzjagd erleiden werden.

Sie haben den Glaubensabfall, der überall auf der Welt existiert, verursacht und geschürt.

Sie haben dies erreicht, indem sie Meine Kirche unterwanderten.

Euer geliebter Jesus
Das Lamm Gottes

Dan 12,4 Du, Daniel, halte diese Worte geheim und versiegle das Buch bis zur Zeit des Endes! Viele werden nachforschen und die Erkenntnis wird groß sein.

Offb 10,4 4 Und als die sieben Donner verklungen waren, wollte ich schreiben. Ich hörte aber eine Stimme vom Himmel sagen: Versiegle, was die sieben Donner sprachen und schreibe es nicht auf.

Offb. 5 Das Buch mit den sieben Siegeln. 1 Und ich sah in der rechten Hand dessen, der auf dem Throne saß, ein Buch, das war innen und außen beschrieben und mit sieben Siegeln versiegelt. 1: Das Buch ist siebenfach versiegelt, um anzudeuten, dass die darin enthaltenen Geheimnisse über die Schicksale des Reiches Gottes den Menschen vollständig verborgen sind. Es handelt sich um eine Buchrolle. An der darum gewickelten Schnur wurden die Siegel angebracht. 2 Auch sah ich einen mächtigen Engel, der mit lauter Stimme ausrief: Wer ist würdig, das Buch zu öffnen und seine Siegel zu lösen? 3 Doch keiner im Himmel oder auf Erden oder unter der Erde vermochte das Buch zu öffnen und hineinzusehen. 4 Da weinte ich sehr, dass niemand für würdig befunden wurde, das Buch zu öffnen und hineinzusehen. 5 Einer der Ältesten aber spricht zu mir: Weine nicht. Siehe, gesiegt hat der Löwe aus Judas Stamm, der Sprosse Davids. Der kann das Buch öffnen und seine sieben Siegel lösen. 6 Und ich sah inmitten des Thrones und der vier Wesen und inmitten der Ältesten ein Lamm stehen, wie geschlachtet. Es hatte sieben Hörner und sieben Augen, das sind die sieben in die ganze Welt ausgesandten Geister Gottes. 7 Es kam und nahm das Buch aus der Rechten dessen, der auf dem Throne saß. 5-7: Christus ist einziger Erlöser und Offenbarungskünder.

Offb. 10, 9 Ich ging zu dem Engel hin und sagte, er solle mir das Büchlein geben. Und er spricht zu mir: Nimm das Büchlein und verzehre es. Deinen Magen wird es bitter machen, in deinem Munde aber süß sein wie Honig. 9 Das Essen des Buches erinnert an Ezechiel (3,1). Es versinnbildet die vollkommene Aneignung des prophetischen Inhaltes. Es ist süß, Gottes Offenbarung zu empfangen, bitter aber, ein Bote seiner Strafgerichte zu sein. 10 Da nahm ich das Büchlein aus der Hand des Engels und verzehre es. Es war in meinem Munde süß wie Honig, und da ich es verzehrt hatte, wurde es mir im Magen bitter. 11 Man spricht zu mir: Du musst wieder prophezeien über viele Völker und Stämme und Sprachen und Könige.

416. Ich rufe alle von euch, die Mich nicht kennen

Montag, 30. April 2012, 17:45 Uhr

Meine innigst geliebte Tochter, Ich muss denjenigen Menschen, die an Gott glauben, die aber nicht zur Kirche gehen oder nicht beten, etwas erklären:

Viele wissen nicht, wie man betet. Ein wenig entspricht das der Art und Weise, wie auch du es schwer findest, Meine Tochter.

Gebet bedeutet bitten.

Gebet bedeutet kommunizieren.

Gebet bedeutet, Liebe zu zeigen und Dank zu sagen.

Viele gutgesinnte Menschen, die ein edelmütiges Herz haben, wissen heutzutage nicht, wie man betet. Einige werden es als schal empfinden und werden sich dabei unbehaglich fühlen.

Andere werden das Gefühl haben, dass ihre Gebete nicht zählen.

Oh, wie Ich diese besonderen Seelen liebe. So weit sind sie von Mir entfernt, und dennoch sehne ich mich derart danach, ihnen Meine tiefe Liebe zu zeigen.

Ich rufe alle von euch, die Mich nicht kennen. Es gibt keinen Grund, Mich zu fürchten. Alles, was ihr tun müsst, ist, Mich zu bitten, dass Ich euch (in Meine Arme) nehme und euch Trost spende.

Lasst Mich euch Meine Liebe beweisen. Sprecht zu Mir mit euren eigenen einfachen Worten. Nichts wird Mich schockieren.

Vertraut Mir eure Sorgen an, da Ich euer Herz trösten werde. Lasst Mich euch helfen, wahren Frieden zu empfinden.

Bittet Mich darum, dass Ich Mich um eure Sorgen kümmere. Ich werde euch die Wahrheit zeigen, so dass eure Sorgen nicht mehr länger als derart schlimm erscheinen werden.

Wie werdet ihr wissen, dass Ich euch höre? Wie werdet ihr sicher sein können, dass Ich euch antworten werde?

Setzt euch einfach ruhig hin und bittet Mich, euch mit diesem Gebet zu helfen — zu helfen, Mir euer Herz zu öffnen und um Meine Hilfe zu bitten:

Kreuzzug-Gebet (50) „Jesus, hilf mir zu erkennen, wer Du bist"

„O lieber Jesus, hilf mir zu erkennen, wer Du bist. Verzeih mir, dass ich nicht schon früher mit Dir gesprochen habe.

Hilf mir, in diesem Leben Frieden zu finden und über das ewige Leben die Wahrheit gezeigt zu bekommen.

Tröste mein Herz.

Lindere meine Sorgen.

Gib mir Frieden.

Öffne jetzt mein Herz, damit Du meine Seele mit Deiner Liebe erfüllen kannst. Amen. "

Viele von euch werden zu diesem Zeitpunkt noch nicht zu Mir kommen. Aber das ist in Ordnung.

In Zeiten der Not, der Verwirrung und der Angst werdet ihr jedoch kommen.

Ich stehe jeden Tag neben euch, obwohl ihr das noch nicht erkennt.

Aber sehr bald werdet ihr Mich sehen und ihr werdet die Wahrheit Meiner Verheißung, euch ewiges Leben — in Körper, Seele und Geist — zu gewähren, erkennen.

Ich erwarte euren Ruf. Dann kann Ich euch — zur richtigen Zeit — zu den Toren des Neuen Zeitalters des Friedens und zu den Toren Meines Neuen Paradieses auf Erden mitnehmen.

Euer Freund

Euer geliebter Jesus

417. Hört Meinen Ruf und bereitet euch auf das Ausgießen Meines Heiligen Geistes vor.

Dienstag, 1. Mai 2012, 20:00 Uhr

Meine innig geliebte Tochter, Meine Liebe zu euch allen bedeutet, dass Ich jetzt den Heiligen Geist noch einmal über die Menschheit ausgieße, um sie dazu zu bewegen, ihre Herzen zu öffnen.

Meine Seelen werden sehr bald spüren, wie die Kraft des Heiligen Geistes über ihren Geist, ihren Leib und ihre Seele ausgegossen wird.

Das ist notwendig, um alle Kinder Gottes für die Wahrheit wachzurütteln.

Einige Menschen werden die Welt jetzt auf eine andere Weise sehen.

Dann werden sie beginnen, alles zu hinterfragen. Sie werden nicht länger bereit sein, die Sklaven von Meistern zu bleiben, deren einziges Ziel es ist, sie um des persönlichen Vorteils willen zu kontrollieren.

Keiner wird im Stande sein, diese Sogkraft des Heiligen Geistes zu ignorieren.

Der ganze Himmel wartet darauf, dass der Augenblick der Erleuchtung eine neue Morgendämmerung, einen neuen Anfang bewirken wird.

Die Lügen, mit denen ihr konfrontiert seid, verbergen einen Hauptplan, der von einer weltweiten Allianz — die darauf ausgelegt ist, all eure Länder zu kontrollieren — geschaffen wurde.

Indem sie euer Land von Giganten abhängig machen, um deren Familien zu ernähren, werdet ihr zu Sklaven werden. Sie nehmen euch bereits jetzt alles weg, was ihr besitzt, aber ihr seid demgegenüber blind.

Jetzt werden — durch das Geschenk des Heiligen Geistes — Millionen durch diese Maske des Betruges hindurch sehen und diese bösartigen, freimaurerisch kontrollierten Gruppen bekämpfen.

Dieses Geschenk wird euch die Waffenrüstung geben, die ihr braucht, um diese Armee von dem Pfad, der zu eurer Vernichtung führt, abzubringen.

Hört Meinen Ruf und bereitet euch auf das Ausgießen Meines Heiligen Geistes vor.

Euer geliebter Jesus

418. Der Heilige Geist wird an diesem Sonntag hinabsteigen. Das zweite Ausgießen durch die Kraft des Heiligen Geistes.

Freitag, 4. Mai 2012, 21:05 Uhr

Meine innig geliebte Tochter, wenn du das Gefühl hast, dass diese Mission schwer ist — nämlich alle Kinder Gottes davon zu überzeugen, das Zweite Kommen anzuerkennen und zwar so, dass es als eine frohe Botschaft für alle Kinder Gottes angenommen wird, dann halte dir einfach das Folgende vor Augen:

Genauso wie jede einzelne Person nach dem Bilde Gottes, Meines Ewigen Vaters, erschaffen ist, so scheint ebenso auch das Licht Meines Vater in irgendeiner Art und Weise durch jede Seele hindurch.

Schaut in das Gesicht jedes einzelnen Menschen, den ihr trefft, und ihr werdet darin irgendeinen Abglanz von Gott, dem Vater, sehen.

Das mag nur ein Blick, ein Lächeln, eine Geste oder eine Zärtlichkeit sein, aber er (der Abglanz von Gott, dem Vater) ist da.

Es gibt in jedem Menschen Gutes, sogar in den verhärteten Sündern. Manche sind von dieser Güte ganz und gar durchdrungen und sie (die Güte) zieht die Menschen wie ein Magnet zu der Person hin, die mit diesem Geschenk gesegnet ist. In anderen ist sie (die Güte) nur wie ein Schimmer, aber dennoch genauso vorhanden.

Wenn ihr in die Augen von jemandem blickt, dessen Verhalten zu anderen grausam ist, so könnt ihr trotzdem noch — wegen der Anwesenheit des Lichtes Gottes — einen Lichtstrahl der Hoffnung sehen.

Es ist das Licht in den Seelen der Kinder Gottes, das durch Meine Botschaften der Liebe und der Hoffnung wieder angezündet werden muss. Je stärker das Licht ist, desto reiner ist die Person.

Je mehr Menschen durch das Licht Gottes gereinigt werden, desto reiner wird die Erde sein.

Wenn das Licht Gottes in den Seelen von Gläubigen stärker wird, dann wird das Wirken des Bösen dahinschwinden, weil die Finsternis das Licht nicht aushalten kann.

Das ist der Grund, warum der ganzen Welt jetzt noch ein weiteres Ausgießen des Heiligen Geistes gewährt wird.

Dies ist seit dem 10. Mai 2011 das zweite Ausgießen durch die Kraft des Heiligen Geistes.

Es (das Ausgießen des Heiligen Geistes) geht Meiner Großen Göttlichen Barmherzigkeit voraus und es wird sicherstellen, dass das Licht ein neues Verstehen in den Seelen der Gläubigen bewirkt.

Der Heilige Geist wird an diesem Sonntag, dem 6. Mai 2012, auf die ganze Welt hinabsteigen.

Viele werden Frieden und Liebe fühlen. Ich bitte dringend alle, dafür zu beten, dass dieses Geschenk ihre Seelen durchtränkt, damit sie die Liebe Gottes fühlen und auf Seinen Ruf reagieren.

Kreuzzug-Gebet (51) „Für das Geschenk des Heiligen Geistes"

„Komm, Heiliger Geist,

und gieße aus Dein Geschenk der Liebe, der Weisheit und der Erkenntnis über meine demütige Seele.

Erfülle mich mit dem Licht der Wahrheit, damit ich die Wahrheit Gottes unterscheiden kann von den Lügen, die von Satan und seinen Engeln verbreitet werden.

Hilf mir, die Fackel zu ergreifen und die Flamme des Erkennens auf all diejenigen zu übertragen, denen ich begegne, durch Christus, unseren Herrn. Amen. "

Gehet hin in Liebe, Licht und Frieden.

Ruht jetzt und erlaubt Meinem Heiligen Geist, auf euch hinabzusteigen.

Ich liebe euch.

Euer kostbarer Jesus

419. Gott der Vater: Empfangt Meinen Heiligen Geist mit Staunen und mit Dank.

Samstag, 5. Mai 2012, 12 : 00 Uhr

Meine Tochter, wie groß ist der Tag, an dem Sich der Heilige Geist, das Licht Meiner Liebe, über die Erde ergießen wird.

Das ist ein ganz besonderes Geschenk. Es wird die Herzen von vielen öffnen und viele Seelen auf die „Warnung" vorbereiten.

Meine Liebe hat keine Grenzen.

Es gibt keinen Mann, keine Frau und kein Kind, die Ich von Meinem Verlangen, jeden davon fest in Meinen Armen zu halten, ausschließe. Nicht ein einziger Sünder ist davon ausgeschlossen.

Meine Geschenke an die Menschheit sind großzügig, und Ich werde fortfahren, Meine Geschenke auszugießen als Antwort an diejenigen, welche die Kreuzzug-Gebete beten, die dir, Meiner Tochter, gegeben werden.

Diese Gebete sind vom Himmel und kommen nicht aus der Feder eines Menschen.

Sie sind für diese Zeiten bestimmt und sind eine starke Waffe gegen die Verfolgung.

Meine Kinder, diese Gebete werden jedes Mal gehört, wenn sie von euren Lippen kommen.

Sie werden euch großen Lohn einbringen.

Empfangt Meinen Heiligen Geist mit Staunen und mit Dank.

Es ist ein Wunder und es wird zu jedem von euch gesendet durch Meine Liebe für euch alle.

Geht jetzt in Frieden und in Liebe.

Euer Vater

Gott der Allerhöchste

420. Meinen Jüngern von heute wird eine enorme Mission anvertraut.

Sonntag, 6. Mai 2012, 10:00 Uhr

Meine liebste Tochter, viele Kinder Gottes glauben, dass diejenigen, die ein heiliges Leben führen, auch diejenigen sind, die von Meinem Vater bevorzugt werden.

Die Wahrheit ist aber, dass diese Seelen — so heilig und gottesfürchtig sie auch sind — an der Erlösung anderer Seelen mitarbeiten müssen.

Die anderen Seelen sind jene gewöhnlichen Männer, Frauen und Kinder, die ein geschäftiges Leben führen und die dabei wenig Zeit im Gebet verbringen.

Viele beten nicht oder kommunizieren nicht mit Mir. Manche glauben nicht an Gott. Andere schon. Viele dieser Seelen führen ein gutes Leben.

Sie behandeln andere Menschen mit Liebe und mit einem gütigen Herzen. Sie stellen die Bedürfnisse anderer über ihre eigenen. Sie geben Almosen. Sie lieben einander. Aber sie gehen nicht zur Kirche, empfangen keine Sakramente oder akzeptieren nicht, dass Ich, Jesus Christus, existiere.

Ihr würdet daher denken, dass sie verlorene Seelen sind. In Wahrheit sind sie es aber nicht.

Sie sind Gottes Kinder, und Sein Licht scheint durch sie hindurch. Sie sind nicht verloren. Sie sind geliebt.

Wenn ihnen der Beweis Meiner Existenz gezeigt wird, dann werden sie Mich — rechtzeitig — auf der Stelle begeistert annehmen.

Es sind nur jene Seelen, die sich des Kummers, den sie Meinem Vater verursacht haben, bewusst sind und welche die Lust an niederträchtigen und bösen Sünden auskosten, die verloren sind.

Jene, die nicht leben können, ohne Todsünden zu begehen, und deren Seelen — weil sie von Satan besessen sind — so eingeschwärzt sind, sind diejenigen, die es nötig haben, aus dieser schrecklichen Finsternis zu entkommen.

Aber sie werden nicht stark genug sein, um das zu tun.

Sie werden es fast unmöglich finden, Meine Hilfe zu suchen. Sie können nur durch die Gebete Meiner heiligen und gottesfürchtigen Anhänger gerettet werden.

Meinen Jüngern von heute wird eine enorme Mission anvertraut, die derjenigen, die Meinen Aposteln gegeben worden ist, als Ich in den Himmel aufstieg, ebenbürtig ist — aber sie ist noch dringender.

Eure Aufgabe, Meine Anhänger, ist es, diese Seelen durch eure Gebete auf Mein Neues Paradies vorzubereiten. Eure Gebete können sie bekehren.

Meine Barmherzigkeit ist so groß, dass Ich solchen Sündern durch den Edelmut Meiner anderen treuen Diener — durch ihre Leiden und Gebete — vergeben werde.

Seid euch immer der Macht eurer Gebete bewusst. Diese Macht ist ein Geschenk an euch, damit ihr die Seelen eurer Brüder und Schwestern retten könnt.

Denkt daran, dass Mein Ewiger Vater alle Sünder liebt. Aber es kommt eine große Freude auf und es werden Tränen der Freude geweint für jeden der finsteren und verlorenen Sünder, der vor den Feuern der Hölle gerettet wird.

Euer geliebter Jesus

421. Der Schmerz und die Verfolgung, welche Mir durch jene Sekten zugefügt werden, die im Geheimen daran arbeiten, den Heiligen Stuhl zu stürzen, sind schlimm.

Sonntag, 6. Mai 2012, 19:30 Uhr

Meine innig geliebte Tochter, Ich komme, um Meine Anhänger zu bitten, Mein Leiden zu erleichtern.

Der Schmerz und die Verfolgung, welche Mir durch jene Sekten zugefügt werden, die im Geheimen daran arbeiten, den Heiligen Stuhl zu stürzen, sind schlimm.

Wie sie Mich so verletzen.

Der Falschheit und die Grausamkeit ihrer Verschwörung gegen Mich sind schwer zu ertragen.

Ich erbebe, wenn Ich den absoluten Hass sehe, den sie auf Mich in ihrem Herzen haben.

Satan hat ihre Seelen, ihren Verstand, ihren Geist und ihre Körper gestohlen. Sie sind zwar immer noch Gottes Kinder, aber sie wollen mit Meinem Vater nichts zu tun haben.

Ihre Pläne vollziehen sich jetzt vor euren Augen — einschließlich den Augen Meiner geistlichen Diener, doch sie können das nicht sehen.

Die boshaften Mittel und Wege, durch die sie sich verbergen und es doch schaffen, Meine Kirche zu kontrollieren, bricht Mein Herz.

Ich werde alles tun, um sie zum Aufhören zu bringen, aber ihre Seelen sind so schwarz.

Dein Leiden, Meine Tochter, wird dazu verwendet werden, um dabei zu helfen, die Seelen jener zu retten, die vielleicht noch einen Funken Liebe in sich haben und die auf Meinen Ruf antworten werden.

Ich bitte euch dringend, für jene Seelen, die als eine entschlossene Armee vorgehen und die fast keine Liebe für Gott in ihren Herzen haben, zu beten.

Da gibt es immer noch ein Licht in ihren Seelen, das Göttliche Licht Meines Vaters, das in ihren Seelen gegenwärtig ist. Nur Gebet und Leiden können ihnen noch helfen.

Sie werden und können Meine Kirche nicht überwältigen; denn Ich bin die Kirche.

Ihr, Meine Anhänger, seid die Kirche. Sie können nicht gegen diejenigen kämpfen, die sich im Licht befinden; denn das würde sie blenden.

Sie werden bald erkennen, dass sie nur noch Sekunden haben, um die endgültige Entscheidung zu treffen.

Betet, dass sie die Hand Meiner Barmherzigkeit annehmen werden, anstatt es durch sich selbst zuzulassen, für die Ewigkeit in den See des Feuers hineingezogen zu werden.

Es liegt an diesen Seelen, die Meine Kirche schänden, dass Ich in jeder Sekunde des Tages die Geißelung an der Säule noch einmal wiedererlebe.

Ich werde niemals ruhen, solange Ich sie nicht retten kann.

Helft Mir. Ich bitte alle Meine Anhänger dringend, für solche Sünder zu beten.

Euer geliebter Jesus

422. Viele Päpste auf dem Heiligen Stuhl sind Gefangene gewesen, umringt von freimaurerischen Gruppen.

Montag, 7. Mai 2012, 18:19 Uhr

Meine innig geliebte Tochter, zu Meinen Kirchen auf der ganzen Welt sage Ich Folgendes:

Ihr sollt wissen, dass Ich, solange ihr Mein Höchstheiliges Wort öffentlich verkündet, immer an eurer Seite bei euch sein werde.

Zu Meiner katholischen Kirche sage Ich: Auch wenn ihr Qualen bewirkt habt, und zwar als Ergebnis schlimmer Sünden, wisst, dass Ich euch niemals verlassen werde, auch wenn ihr gesündigt habt. Aber das Folgende sollt ihr wissen:

Euer Glaube an Mich ist nicht so stark, wie er sein sollte. Ihr liebt Mich nicht mehr so, wie ihr es einst tatet.

All der Reichtum, den ihr angehäuft habt, hat einen Abstand zwischen euch und Mir, eurem Christus und Erlöser, und den gewöhnlichen Kindern Gottes geschaffen.

Ihr seid in derart vornehme Gefilde aufgestiegen, dass Ich dort nicht mehr zu euch hinaufreichen konnte, um euch Meine Hand anzubieten und um euch vor der Fäulnis in eurem Innersten zu retten.

Euch wurde von Petrus, auf dessen Felsen ihr gebaut wurdet, die Wahrheit gelehrt. Und was habt ihr getan?

Ihr bautet dicke Mauern aus Stein um euch herum.

Das verursachte einen Mangel an Kommunikation mit denjenigen, die ihr mit Meinem Leib und Blut speisen solltet, damit ihre Seelen genährt werden könnten.

Die von euch geforderte Ehrerbietung bei der Darreichung Meiner Allerheiligsten Eucharistie war zu dem Zeitpunkt verloren, als ihr Meine Gegenwart geringgeschätzt habt.

Als das Zweite Vatikanische Konzil neue Bestimmungen verkündete, waren sie jene bösartigen freimaurerischen Kräfte innerhalb eurer eigenen Wandelgänge eingeführt worden.

Sie regten auf eine listige Art und Weise dazu an, Meine Heilige Eucharistie auf neue Weisen auszuteilen, die für Mich beleidigend sind.

Eure sogenannten toleranten Lehren verkündeten öffentlich eine Reihe von Lügen, welche die Weigerung, die Macht des Heiligen Erzengels Michael anzuerkennen, mit einschlossen.

Er ist der Beschützer der Kirche gegen Satan. Jene (bösen) Kräfte unter euch wussten das. Das ist der Grund, warum ihr alle Gebete, die seine Hilfe vor Mir in der Heiligen Messe anrufen, gestrichen habt.

Und dann habt ihr die größte Unwahrheit überhaupt verbreitet, nämlich dass man die Hölle nicht zu fürchten braucht. Dass sie nur eine Metapher (= ein Gleichnis) sei. Denn diese Lüge, die von vielen Kindern Gottes als die Wahrheit angenommen wurde, hat den Verlust von Milliarden von Seelen zur Folge.

Wie ihr euch damit gegen Mich vergeht. An jene demütigen und heiligen Diener unter euch: Euch bitte Ich, zu Meinen Lehren zurückzukehren.

Erlaubt es niemals, dass sich in euren Reihen Reichtümer ansammeln und erlaubt es nicht, dass unter euch das Denken aufkommt, dass diese Reichtümer in Meinen Augen hinnehmbar seien.

Reichtümer, Gold und Macht — angehäuft in Meinem Namen — werden euer Untergang sein. Ihr könnt aus Meinem Heiligen Wort keinen Profit ziehen.

Ihr habt aufgrund der Art und Weise, wie ihr euch gegen Mich vergangen habt, gelitten.

Denkt niemals, dass Ich den vielen Heiligen Päpsten, die auf dem Stuhl Petri gesessen haben, die Schuld gebe. Ihre Sendung ist immer geschützt worden.

Viele Päpste auf dem Heiligen Stuhl sind Gefangene gewesen, umringt von Gruppen von Freimaurern, die Gott nicht vertreten.

Sie hassen Gott und haben fünfzig Jahre lang damit verbracht, Unwahrheiten über Gottes Barmherzigkeit zu verbreiten.

Ihre Taten haben zum Zusammenbruch der katholischen Kirche geführt.

Das war kein Zufall. Es wurde mit Absicht und listig so geplant, mit dem Ziel, den Glauben in der Kirche zu zerstören. Um die Verehrung der gewöhnlichen Katholiken für den einen wahren Gott zu zerstören.

Dafür werdet ihr jetzt in die Einöde gebracht werden. Nach Papst Benedikt werdet ihr von Mir vom Himmel aus geführt werden.

Oh, wie sehr ihr Mich zum Weinen gebracht habt.

Ich rufe alle Meine gottgeweihten Diener, welche die Wahrheit kennen, auf, sich zu erheben und Mir, eurem Jesus, zu folgen, um die Wahrheit Meiner Lehren in demütigem Dienst zu verbreiten.

Ihr müsst den Mut und die Stärke finden, um euch aus der Asche zu erheben.

Am wichtigsten von allem ist es, dass ihr die Lügen ablehnt, die euch in Kürze vom Falschen Propheten präsentiert werden.

Er wird die katholische Kirche mit anderen Kirchen — einschließlich mit heidnischen

Kirchen — verschmelzen, damit sie zu einer einzigen Abscheulichkeit werden.

Eine Eine-Welt-Kirche ohne eine Seele.

Euer Jesus

423. Jungfrau Maria: Gott der Allerhöchste kann das Schicksal der Welt verändern.

Dienstag, 8. Mai 2012, 12:30 Uhr

Mein Kind, diese Mission führt zur Bekehrung von Millionen von Seelen, die sonst verloren wären.

Du darfst niemals den Eindruck haben, dass die Hindernisse, die dir in den Weg gelegt werden, die Ausbreitung des Heiligen Geistes aufhalten können.

Mein Sohn ist so froh über all diejenigen, die das Wort befolgen, das Er in dieser Zeit der Welt mitteilt.

Das Opfer durch eure Gebete, Kinder, rettet so viele verlorene Seelen. Vergesst nie die Macht des Gebetes. So viel Böses ist aufgrund eurer Gebete vereitelt worden.

Die Arbeit der Eine-Welt-Gruppe wird jetzt gestört und ihre Pläne geraten in Unordnung.

Gottes Barmherzigkeit ist so groß, dass das Gebet jegliches Böse in der Welt abmildern kann.

Das Licht des Heiligen Geistes nimmt jetzt an Kraft zu, so dass immer mehr Seelen die Wahrheit des Herrn sehen werden, da diese überall aufs Neue wiederbelebt wird.

Kinder, ihr müsst fortfahren, mit Meinem Vater zu sprechen, und eure Hingabe an Ihn vergrößern.

Indem ihr euch an den Vater, an Gott den Allerhöchsten, im Namen Seines kostbaren Sohnes wendet, wird Er eure Gebete hören und darauf antworten.

Ihr solltet öfter zum Vater rufen; denn Er wird es sein, Gott der Allerhöchste, der das Schicksal der Welt verändern kann.

Nur durch Meinen Sohn, Jesus Christus, werdet ihr euch dem Vater nähern können. Dies ist daher, was ihr sagen müsst:

Kreuzzug-Gebet (52) „Gebet zum Vater"

„Mein liebster Vater,

im Namen Deines kostbaren Sohnes und im Gedenken an Sein Leiden am Kreuz im Namen Deines kostbaren Sohnes und im Gedenken an Sein Leiden am Kreuz rufe ich zu Dir:

Du, Gott der Allerhöchste, Schöpfer der Welt und von allem, was existiert, hältst unser Heil in Deinen Heiligen Händen. Schließe alle Deine Kinder in Deine Arme, einschließlich derjenigen, die Dich nicht kennen, und derjenigen, die Dich zwar kennen, die aber in die andere Richtung schauen.

Vergib uns unsere Sünden und bewahre uns vor der Verfolgung durch Satan und seine Streitmacht. Nimm uns in Deine Arme und erfülle uns mit der Hoffnung, die wir brauchen, um den Weg der Wahrheit zu sehen. Amen. "

Gehet hin in Frieden. Eure geliebte Mutter
Mutter der Erlösung

424. Meine Rest-Kirche, die vom Propheten Henoch inspiriert ist, wird überall, wo Mein Heiliges Wort gehört wird, Hass hervorrufen.

Dienstag, 8. Mai 2012, 19:00 Uhr

Meine innig geliebte Tochter, an diesem Abend komme Ich, um euch zu sagen, dass sich jetzt im Inneren der Herzen von Gläubigen überall auf der Welt ein großes Zeichen Meiner Liebe und Barmherzigkeit manifestieren wird.

Sie werden Meine Gegenwart im Inneren ihrer Herzen auf eine Weise fühlen, die sie nicht erklären können, und sie werden ihre Herzen mit dem Meinen vereinen.

Dieses Geschenk wird sie stark machen in Meinem Glauben, und sie werden täglich ein sehr starkes Verlangen nach Meiner Gegenwart verspüren.

Ich bitte alle Kinder Gottes, die fühlen, dass die Flammen Meiner Liebe ihre Seelen einhüllen, Meinen Leib und Mein Blut in der Heiligen Eucharistie so oft zu empfangen, wie sie können.

Ihr, Meine geliebten Jünger, werdet das Geschenk Meines euch durch die Heilige Eucharistie dargereichten Leibes brauchen, um euch Kraft zu geben.

Denn ihr werdet jedes Quäntchen Stärke brauchen, weil ihr Zeuge des Auseinanderfallens Meiner Heiligen und Apostolischen Katholischen Kirche werdet.

Meine Heilige Eucharistie wird entheiligt werden, wie Ich euch vor einiger Zeit vorausgesagt habe.

Man wird zu Ausreden greifen, um diese Allerheiligste Gabe als eine einfache Geste zur Erinnerung an Meine Kreuzigung hinzustellen.

Sehr bald wird Meine Realpräsenz (= Meine wirkliche Gegenwart) im Zuge einer neuen, modernen katholischen Kirche — die andere religiöse Kirchen einschließen wird — abgestritten werden.

Sobald das geschieht, werden die Liebe zur Heiligen Dreifaltigkeit und die Hingabe an Diese dahinschwinden und dann ganz wegfallen.

An ihre Stelle werden falsche Götter treten. Auch wenn dies schwer sein wird, müsst ihr euch daran erinnern, dass Ich Meine Kirche auf Erden niemals untergehen lassen werde.

Meine Treue gehört der Kirche, die von Mir gegründet wurde, bevor Ich in den Himmel aufstieg.

Die von Meinem geliebten Petrus auf dem Felsen gegründete Kirche kann und wird niemals untergehen.

Denn Ich Selbst werde jetzt in der Endzeit Meine Kirche leiten und werde die Prophezeiungen, die vor so langer Zeit vorausgesagt wurden, erneuern.

Meine Evangelien werden durch Meine Rest-Kirche in jedem Winkel der Erde gepredigt werden.

Meine Rest-Kirche wird vom Propheten Henoch inspiriert sein, und das wird überall, wo Mein Heiliges Wort gehört wird, Hass hervorrufen.

Der Heilige Geist wird den Glauben Meiner Rest-Kirche entfachen, und sie wird niemals aufgeben, die Wahrheit der Evangelien bis zu ihrem letzten Atemzug zu verkünden.

Geht jetzt und bereitet Meine Rest-Kirche vor, indem ihr Meine Anweisungen befolgt.

Vertraut immer auf Mich; denn alles wird gut sein.

Euer geliebter Jesus

425. Das Wirken der freimaurerischen Gruppen in eurer Welt wird bereits schwächer.

Mittwoch, 9. Mai 2012, 21:00 Uhr

Meine innig geliebte Tochter, immer mehr von jenen, die Meine Lehren kennen, akzeptieren schlussendlich, dass Ich jetzt durch diese Botschaften, die Ich dir gebe, mit der Welt kommuniziere.

Die Kraft des Heiligen Geistes wird jene, die tot sind in der Liebe zu Meinem Vater, erwecken, um das Wort Seines geliebten Sohnes zu kosten.

Ich, Jesus Christus, möchte euch hinsichtlich der Leiden und der Prüfungen, die ihr möglicherweise erfahrt, ermutigen.

Dieses Leiden wird nicht lange andauern.

Meine Liebe zu euch ist so stark und Meine Barmherzigkeit ist so groß, dass Ich nicht zulassen werde, dass ihr die Qualen erleidet, die euch diejenigen zufügen, die eure Nationen kontrollieren wollen.

Das Wirken der freimaurerischen Gruppen in eurer Welt wird bereits schwächer.

Eure Gebete haben ihre bösen Taten abgeschwächt und sie wirkungslos gemacht.

Sie werden versuchen, euren Glauben zu zerstören, aber ihr, Meine Rest-Kirche, werdet die Flamme der Wahrheit am Brennen halten.

Wenn ihr auf Mich vertraut, dann dürft Ihr keine Furcht haben.

Nur, indem ihr Mir, eurem Jesus, vertraut, könnt ihr inneren Frieden empfinden.

Bitte bleibt nahe bei Meinem Heiligsten Herzen und lasst nicht zu, dass Furcht euer Leben zerstört.

Sobald ihr Mich liebt und das Leben so lebt, wie Ich es von euch erwarte — was ihr dann wisst — müsst ihr euer Leben in Liebe, Gebet und Zufriedenheit leben.

Wenn ihr leidet, dann opfert Mir dies auf und geht weiter voran.

Lasst nicht zu, dass irgendetwas euer Herz von Mir abwendet.

Bleibt nahe bei Mir, und Ich werde euch schützen, euch leiten und euch in sichere Gefilde führen.

Euer geliebter Jesus
Erlöser der Menschheit

426. Jungfrau Maria: Ich weine Tränen der Traurigkeit für die Priester innerhalb der katholischen Kirche, die in dieser Zeit schrecklich leiden.

Donnerstag, 10. Mai 2012, 15.45 Uhr

Mein Kind, Mein Sohn Jesus Christus trifft jetzt Vorbereitungen, um vor dem Eintreffen der „Warnung" noch so viel Kinder Gottes wie möglich zu retten. Denn es wird, nach der „Warnung", nicht mehr viel Zeit bis zur glorreichen Wiederkunft Meines Sohnes bleiben.

Ich weine Tränen der Betrübnis um die Priester innerhalb der katholischen Kirche, die in dieser Zeit schrecklich leiden.

Diese reinen, verlorenen und umherirrenden Diener sind mitten in die Spaltung verstrickt und dieser schwierigen Lage können sie nicht entgehen.

Wegen der Sünden anderer erleiden sie die Qual zu sehen, wie die Treue gegenüber Meinem geliebten Sohn zur Seite geschoben wird.

Diese bösen Spaltungen, die von freimaurerischen Gruppen verursacht werden, werden absichtlich herbeigeführt. Die Sünden jener, die sich Verbrechen gegen unschuldige Seelen schuldig gemacht haben, werden als Ausrede benutzt, um die Gesetze, welche die Kirche leiten, zu verändern.

Viele werden durch einen falschen Begriff von Treue gegenüber Gottes Kindern irregeführt.

Wie sehr leide Ich, wenn Ich sehe, wie die Mauern der katholischen Kirche Stein um Stein auseinandergenommen werden, um Platz für eine neue Kirche zu schaffen.

Die neue Kirche, die bald aufkommen wird, wird für Meinen Sohn nicht annehmbar sein.

Vielmehr wird sie die Gegenwart der Heiligen Eucharistie abschaffen, und Mein Sohn wird den Schmerz Seiner Kreuzigung noch einmal ertragen.

Das Opfer, das Er gebracht hat, um der Welt dieses Geschenk zu übergeben, wird bald ignoriert und verworfen werden.

Stattdessen werden sie — die neue Kirche — Gottes Kindern nicht mehr sagen, dass die Eucharistie die wahre Gegenwart von Jesus, Meinem Sohn, ist.

Sie werden eine neue Interpretation der Heiligen Eucharistie schaffen und es wird ihnen nicht gelingen, die Gegenwart Meines Sohnes herabzurufen. Das Brot (wörtlich: die Nahrung) des Lebens wird sterben.

Gottes Kinder werden nicht mehr länger mit dem wahren Leib und Blut Meines Sohnes genährt werden.

Ihre Seelen werden ohne die Gegenwart Meines Sohnes und ohne die Gnaden, die Er denjenigen gewährt, die Ihn empfangen, ausgedörrt werden.

Es gibt seitens der Priester eine Pflicht, die Heilige Eucharistie zu verteidigen. Sie müssen stark sein und dürfen niemals die-

ses kostbare und Heilige Geschenk verwässern.

Mein Sohn liebt die katholische Kirche und weiß, wie sehr sie gerade jetzt leidet. Er fühlt ihren Schmerz.

Mein Unbeflecktes Herz wird schmerzvoll entzweigerissen, da Ich Zeuge werde, wie dieser Heilige Tempel absichtlich zerstört wird.

Betet, betet, betet zum Vater im Namen Seines geliebten Sohnes, dass Er denjenigen am Heiligen Stuhl Barmherzigkeit zeige, welche die Kirche in einen Abgrund der Trostlosigkeit tauchen wollen und Gottes Kinder darin zerstreuen wollen.

Bitte sprecht dieses Kreuzzug-Gebet (53), um für die katholische Kirche zu beten:

Kreuzzug-Gebet (53) „Gebet für die katholische Kirche"

„O Gott Vater,

im Namen Deines geliebten Sohnes bitte ich Dich, die Stärke und die Gnaden zu gewähren, die nötig sind, um den Priestern zu helfen, der Verfolgung zu widerstehen, die sie derzeit ertragen.

Hilf ihnen, an der Wahrheit der Lehren Deines Sohnes Jesus Christus festzuhalten und niemals den Unwahrheiten über die Existenz der Heiligen Eucharistie nachzugeben, schwach zu werden oder sich zu fügen. Amen."

Eure liebende Mutter, Königin der Erde
Mutter der Erlösung

427. Die Vorbereitungen für Mein Zweites Kommen sind im vollen Gange.

Freitag, 11. Mai 2012, 20:38 Uhr

Meine innig geliebte Tochter, die Vorbereitungen für Mein Zweites Kommen sind im vollen Gange.

Aufgrund der Gebete Meiner geliebten Anhänger und auserwählten Seelen können und werden jetzt viele Menschen in der Welt gerettet werden. So viele mehr, als es ohne die Opfer von denjenigen, die Mir nahe sind, der Fall gewesen wäre.

Ich sehne Mich danach, euch alle ins Neue Zeitalter des Friedens, in das Neue Paradies auf Erden mitzunehmen.

Wenn doch nur jene starrköpfigen Seelen, die Meinen Ruf der Barmherzigkeit ablehnen und die es notwendig haben, sich in Meinen Augen zu retten, Mir zuhören würden.

Viele Gläubige sind lau und sind noch nicht bereit, in Mein Neues Königreich einzugehen. Ihre verschlossenen und verhärteten Herzen weisen Mich jetzt, während Ich spreche, ab.

Sie legen Mir in den Kirchen nur ein Lippenbekenntnis ab, behaupten jedoch, Mir zu folgen.

Jetzt, wo Ich Meine Hand der Barmherzigkeit ausstrecke und ihnen reiche, um ihre Hand in die Meine zu nehmen, stoßen sie Mich von sich weg.

Obwohl sie so misstrauisch sind und einen solchen Mangel an Verständnis haben, wie

Ich vom Himmel aus mit der Welt kommuniziere, geben sie vor, an Mein göttliches Wesen zu glauben.

Und doch bringen sie es nicht fertig, zu akzeptieren, dass Ich die Macht habe, durch Göttliche Offenbarungen zur Welt zu sprechen.

Sie verpassen die Chance, die zusätzlichen Gnaden zu ergreifen, die Ich ihnen sehr gerne geben möchte, um sie zu Meinem Heiligsten Herzen zu bringen.

Es ist ein wenig wie ein Dorf, das unter einer Hungersnot leidet und nichts zu essen hat, während sie langsam verhungern.

Jedoch stehe Ich neben ihnen und kann ihnen all die Nahrung und alle Speise anbieten, um sie für das Ewige Leben zu versorgen. Aber sie können Mich nicht sehen.

Viele wollen Mich nicht sehen; denn sie bezweifeln, dass Ich jetzt mit ihnen sprechen könnte.

Hinsichtlich derjenigen in der Welt, die keinen Glauben haben oder die kein Interesse an einer anderen Welt außer dieser einen haben, müsst ihr, Meine Anhänger, Mir helfen, sie zu retten, sie zu beschützen.

Bald werden sie begreifen, dass sie eine Seele haben. Dann werde Ich euch alle bitten, Mein Wort öffentlich zu verkünden, damit die ganze Menschheit in Meinem Neuen Paradies leben kann.

Bitte verbreitet Mein Wort, Meine Gebete, Meine Botschaften und Meine Warnungen unter allen Seelen, besonders unter denjenigen, die keinen Glauben haben und die kein Vertrauen in Mein Versprechen haben, wiederzukommen, um zu richten die Lebenden und die Toten — oder die keine Kenntnisse darüber haben.

Sie haben nicht mehr viel Zeit; daher bitte Ich euch dringend, für ihre Seelen zu beten.

Euer Jesus

428. Jungfrau Maria: Geht und öffnet eure Augen, Kinder, und hört, hinterfragt und erwägt alles, was euch im Namen Gottes präsentiert wird.

Samstag, 12. Mai 2012, 10:00 Uhr

Mein Kind, weil das Gebrüll Satans und seiner Dämonen lauter wird und die Tonlagen ihrer Schreie im Himmel gehört werden, muss Ich Gottes Kinder warnen, damit sie ihre Augen öffnen.

Schaut euch um, und was seht ihr?

Unruhe, Auseinandersetzungen, Verzweiflung und Kämpfe. Dies alles ist durch die bösen Geister, welche die Menschheit umgeben, entfacht worden. Sie sind losgelassen aus der Hölle — und ihre Zahl ist groß.

Nicht für einen einzigen Augenblick werden sie ihre Quälerei vermindern, die sie durch den Hass ausspeien, den sie für alle Kinder Gottes haben.

Diese gefallenen Engel waren eifersüchtig, als Mein Vater, Gott der Allerhöchste, die Menschheit und das Universum schuf.

Ihr Stolz und ihre Empörung haben zu ihrem Fall geführt und sie wurden in die Hölle geworfen.

Geführt von Satan zeigte sich ihr Hass, als Ich den Menschensohn brachte, den Retter der Welt. Ihr Hass auf Mich übertrifft alles, was der Menschheit bekannt ist.

Als Königin aller Engel, brachte sie das in Aufruhr. Sie wussten, dass es für sie keine Rückkehr mehr in diese Göttliche Hierarchie geben würde.

Um Gott, Meinen geliebten Vater, zu verletzen, wollen sie dasjenige vernichten, was Ihm besonders am Herzen liegt, nämlich Seine kostbaren und geliebten Kinder.

Indem sie Seine Kinder verführen, durch die Verlockungen der Sünde, stehlen sie ihre Seelen.

Mein Vater wird diese Bosheit nicht zulassen, und die Zeit ist für diese gefallenen Engel nahe, um letztendlich in den Feuerofen geworfen zu werden. Sie wissen das.

Unter der Führung Satans verstärken sie jetzt ihre Pläne und sie verursachen in jeder Sekunde des Tages Verwüstung in der Welt.

Gottes Kinder müssen wissen, dass es ihr Plan ist, alles an sich zu reißen, was Gott, dem Allmächtigen Vater, kostbar ist.

Darum nehmen sie Seine Heiligen Kirchen auf der Erde zuerst ins Visier.

Wenn sie sich in Gottes Kirchen einschleichen, dann schleichen sie sich auch in Gottes Kinder ein.

Wacht auf, Kinder, hinsichtlich dessen, was vor euren Augen geschieht. Ihr müsst zu jeder Zeit auf der Hut bleiben.

Betet, betet, betet, dass ihr mit den Gnaden gesegnet sein möget, um das Böse zu erkennen, wenn es euch als ein Teil von Gottes Plan dargestellt wird, obwohl das nicht der Fall ist.

Es wird ein starker Glaube und das Annehmen der Wahrheit, die in diesen Botschaften vom Himmel enthalten ist, erforderlich sein, um auf dem Weg der Wahrheit, der zum ewigen Leben führt, zu bleiben.

Das Ewige Leben soll freudig angenommen werden, Kinder, und es darf niemals wegen falscher Versprechungen abgelehnt werden.

Diese falschen Versprechungen werden der Welt in diesen Zeiten durch diejenigen gemacht, die eure Nationen führen und die möglicherweise vom König der Lügen beeinflusst sind.

Geht und öffnet eure Augen, Kinder, und hört, hinterfragt und erwägt alles, was euch im Namen Gottes präsentiert wird.

Eure geliebte Königin des Friedens
Mutter der Erlösung

429. Mein Neues Königreich: Ihr werdet mit großem Überfluss überhäuft werden und keine offenen Wünsche mehr haben.

Sonntag, 13. Mai 2012, 16:00 Uhr

Meine innig geliebte Tochter, es ist Zeit zu begreifen, dass Meine Botschaften nicht da sind, um Angst einzujagen.

Sie sind da, um Liebe zu bringen. Sie werden auch gebraucht, um denjenigen, die Sünden oder Verbrechen begehen, zu sagen, dass sie sich in Meinen Augen retten müssen, oder dass sie sonst auf ewig für Mich verloren sind.

Wie könnte Ich der Menschheit nicht die Wahrheit sagen?

Ich verstehe, dass du, Meine Tochter, dich als die Empfängerin dieser Göttlichen Botschaften von Zeit zu Zeit mit einer Last beschwert fühlst. Du darfst jedoch niemals zulassen, dass Furcht in dein Herz eindringt; denn die Furcht kommt nicht von Mir.

Habe Ich euch nicht gesagt, dass ein wunderbares Neues Zeitalter des Friedens für all diejenigen, die Mich lieben, bevorsteht?

Was gibt es da zu fürchten?

Sind es die Sorgen um eure Zukunft, um eure Familie oder die Ungewissheit, was kommen wird? Wenn das der Fall ist, dann müsst ihr Folgendes wissen:

Ich liebe euch alle. Ich will, dass sich alle Kinder Gottes als eine Heilige Familie vereinen, miteinander verbunden in Liebe.

Darum spreche Ich jetzt mit euch — und nehme Mir dafür viel Zeit —, um euch alle näher an Mich heranzuziehen.

Um sicherzustellen, dass ihr alle umkehren und eure Herzen für die Liebe öffnen werdet, die Ich für jede einzelne Seele auf dieser Erde habe, muss Ich die Menschheit vor den Gefahren warnen, denen sie gegenübersteht.

Wenn Ich euch nicht so lieben würde, wie Ich es tue, dann würde Ich euch nicht warnen.

Meine Liebe ist so stark, dass es eine Liebe ist, die keinem menschlichen Wesen bekannt ist. Denn nicht einer unter euch wäre fähig, die Liebe zu empfinden, die Ich für euch habe.

Meine Liebe bringt es mit sich, dass Ich nicht will, dass Gottes Kinder leiden.

Ich werde euch alle, die nach der „Warnung" die Wahrheit einsehen werden, (bei der Hand) nehmen und euch die Liebe zeigen, die Ich habe.

Euch und all jenen, die in Geist, Leib und Seele zu Mir gehören, wird das herrlichste Geschenk — das weit über euer Fassungsvermögen hinausgeht — gegeben werden.

Das Neue Paradies erwartet euch und die Erde, nach der ihr euch möglicherweise in euren Gedanken sehnt, wird für euch keine Bedeutung mehr haben, wenn ihr das Königreich seht, das für euch vorbereitet worden ist.

Meine Kinder, es gibt viel, auf das ihr euch freuen könnt. Angst ist unnötig.

Bedenkt stattdessen, dass euch das ewige Leben gegeben werden wird.

Ihr werdet mit großem Überfluss überhäuft werden und werdet keine offenen Wünsche mehr haben.

Die Farben, die Düfte, die Liebe, die ihr für all diejenigen, die in eurer Umgebung sind, empfinden werdet, der Friede innerhalb eurer Familien, das Nichtvorhandensein von Angst, eure Seelen voller Liebe für Gott und eure vollkommenen Körper — wie könntet ihr euch nicht nach Meinem Königreich sehnen?

Mein Königreich wird euer neues Zuhause werden, wenn sich Himmel und Erde zu einer Einheit verschmelzen, und die Toten, die Mich als ihren Erlöser angenommen haben, werden wieder auferstehen, um sich mit ihren Familien zu vereinigen, mit ihren Brüdern und Schwestern, in Liebe und Glückseligkeit.

Die Erleichterung, die ihr fühlen werdet, wenn es die Welt der Sünde, in der ihr jetzt lebt, nicht mehr gibt, wird euch Freude, Gelassenheit und Zufriedenheit bringen.

Kein Kummer mehr, keine Ängste, keine Sorgen oder Sünden.

Ihr werdet noch immer den freien Willen haben, aber er wird anders sein. Ihr werdet in vollkommener Vereinigung mit Mir leben, in Übereinstimmung mit dem Heiligen Göttlichen Willen Meines Vaters. Er hat geduldig auf diesen Augenblick gewartet.

Geduldig bereite Ich alle Kinder Gottes vor, damit nicht eine Seele verloren gehen wird.

Deshalb fürchte dich nicht, Meine liebste Tochter.

Das Leiden wird nicht lange andauern. An seine Stelle wird die Heimat treten, in die jedes Kind Gottes gehört.

Das ist Mein Versprechen an euch alle. Fühlt euch nicht traurig, verängstigt oder besorgt; denn das ist vollkommen unnötig.

Lernt einfach nur, Mich mehr zu lieben. Je mehr ihr Mich liebt, desto mehr werdet ihr auf Mich vertrauen.

Nur dann wird die Furcht euch verlassen.

Nur dann werdet ihr wirklich frei sein.

Ich liebe euch alle. Vergesst dies niemals, vor allem dann nicht, wenn ihr euch vielleicht Sorgen über die Zukunft macht.

Euer geliebter Erlöser
Jesus Christus

430. Gebetsanliegen: Gehe jetzt und nenne dieses Anliegen „Mein Ruf zu Jesus".

Montag, 14. Mai 2012 18:00 Uhr

Geh jetzt und nenne dieses Anliegen "Mein Ruf zu Jesus".

Meine innigst geliebte Tochter, dein Geschenk an Mich ist angenommen worden und infolgedessen werden weitere 5 Millionen Seelen gerettet werden. (*)

Es ist Mein tiefster Wunsch, deinem Leiden ein Ende zu machen, aber dieses kostbare Geschenk, das du Mir machst, wird jetzt bedeuten, dass Ich noch mehr von Gottes Kindern retten kann.

Vergiss niemals, dass diese Mission dazu da ist, die Menschheit vor der Hölle zu retten. Ich brauche deine Hilfe und die Hilfe von anderen, um das zu tun.

Fühle dich niemals allein; denn Ich liebe dich und Ich bin die ganze Zeit bei dir. So viel mehr Kinder Gottes beginnen, Meine Stimme endlich zu hören.

Das Wirken des Heiligen Geistes wird Früchte hervorbringen, und sehr bald wird die Liebe Gottes in den Herzen sogar der verdorrtesten (Seelen) gefühlt werden.

Diese verlorenen, leeren und verdorrten Seelen werden eine Liebesflamme fühlen und werden ein vertrautes Verlangen danach empfinden, ein Teil Meines Neuen Königreichs auf Erden zu sein. Viele werden nicht verstehen, warum, aber sie werden nicht fähig sein, ihre Gefühle der Wärme, der Liebe und des Friedens abzustreiten.

So viele werden überrascht sein und werden mit Mir sprechen wollen. Du musst jetzt überall die Menschen dahingehend vereinen, dass sie das Geschenk Meiner Liebe erbitten. Sie müssen darum bitten, dass ihnen besondere Gnadenbeweise gewährt werden.

Du, Meine Tochter, musst einen Tag der Woche hierfür aussehen. Jede verlorene Seele muss Mich bitten, ihr zu helfen. Wenn ihre Bitte in Übereinstimmung mit Meinem Heiligen Willen ist, dann werde Ich auf ihr Gebet antworten. Dies wird in ihr eine stärkere Verbindung zu Meinem Heiligsten Herzen und zu Meiner Großen Barmherzigkeit herstellen.

Geh jetzt und nenne dieses Anliegen "Mein Ruf zu Jesus".

Meine Tochter, tu das, sobald du kannst, weil Ich sicherstellen will, dass diese Seelen — besonders diejenigen, die nicht annehmen, dass Ich jetzt spreche — letztendlich begreifen, wie nahe Ich jeder einzelnen Seele bin.

Sage ihnen, dass Ich jeden liebe und nicht einen einzigen Sünder ausschließe, egal wie schwer seine Sünde ist.

Alles, was Ich dafür von ihnen verlange, ist es, dass sie zu Mir kommen und Mich bitten, ihnen zu helfen.

Euer Jesus

(*) Die Seelen, auf die in der ersten Linie Bezug genommen wird, haben (*) Die Seelen, auf die in der ersten Linie Bezug genommen wird, haben mit dem persönlichen Leiden zu tun, das von Maria von der Göttlichen Barmherzigkeit aufgeopfert wird, und beziehen sich nicht auf die Welt als Ganze, weil zurzeit Milliarden durch das Gebet gerettet werden.

Gebetsanliegen

Jesus hat angewiesen, dass jedem ein besondere Gebetsanfrage angeboten werden soll und dass diese „Mein Ruf zu Jesus" genannt werden soll.

Er hat gesagt, dass auf alle gestellten Anliegen, wenn sie in Übereinstimmung mit Seinem Heiligen Willen sind, geantwortet wird.

Was müssen Sie tun:

Schicken Sie Ihr Gebetsanliegen per Email und verwenden Sie nicht mehr als 250 Wörter.

Es ist egal, wie viele Anliegen erbeten werden, jede wird von Jesus Christus gehört und gemäß Seinem Heiligen Willen beantwortet werden.

Nach jeder Woche, in der sie von Jesus empfangen und gehört worden sind, werden sie abgelegt.

Bitte verstehen Sie, dass von Maria von der Göttlichen Barmherzigkeit keine E-Mails beantwortet werden. Sie müssen einfach auf Jesus vertrauen, dass Er Ihr Gebet hört.

http://www.thewarningsecondcoming.com/prayer-request/

Auf Nachfrage teilte Maria noch mit:

Das ist, was Jesus mir sagte zu tun.

Das Internet ist die Art, wie diese Botschaften mitgeteilt werden, aber natürlich ist es nicht von Bedeutung, wie die Leute ihr Gebet Jesus präsentieren.

Sie können das in der Zurückgezogenheit ihres eigenen Hauses tun, wenn sie mögen.

431. Das zweite Siegel: Der Dritte Weltkrieg.

Mittwoch, 16. Mai 2012, 3:10 Uhr

Meine innigst geliebte Tochter, Ich muss dich informieren, dass ein Dritter Weltkrieg im Begriff ist, in der Welt auszubrechen.

Wie du sehen kannst, fließen an diesem Morgen Meine Tränen. (*)

Das Zweite Siegel ist im Begriff, sich zu entfalten, wie es im Buch der Offenbarung des Evangelisten Johannes vorausgesagt ist. (Offb 6 — 2. Siegel)

Es wird in Europa anfangen.

Euer Bankensystem wird die Ursache sein, und Deutschland wird — wieder einmal — an dieser Tragödie beteiligt sein, wie es die letzten beiden Male der Fall war.

Wenn es beginnt, wird es viel damit zu tun haben, die Wirtschaft zu retten, und die Katastrophe wird Griechenland treffen, mit erheblichen negativen Auswirkungen auf Frankreich.

Der Nahe Osten wird ebenfalls beteiligt sein... Israel und der Iran werden sich im Krieg befinden und Syrien wird eine ernste Rolle beim Untergang Ägyptens spielen.

Meine Tochter, Ich wecke dich auf, um dir dies zu sagen, nicht um dir Angst einzujagen, sondern um in dieser Zeit dringend um viel Gebet für Europa zu bitten.

Wegen des Krieges und aus Mangel an Geld wird ein großer Teil der Ernte verloren gehen, und dies wird zum Öffnen des Dritten Siegels führen, welches Hungersnot bedeutet. (Offb 6 — 3. Siegel)

Darum bitte Ich jetzt alle Kinder Gottes dringend, sich zu bemühen, einen Vorrat getrockneter und haltbarer Nahrungsmittel zu lagern, um eure Familien zu ernähren. Es ist wichtig, eure eigenen Lebensmittel anzubauen, wenn es möglich ist.

Denkt jedoch daran, dass das Gebet viel von diesem Leiden abmildern kann.

Dieser Krieg wird zur Folge haben, dass Meine katholische Kirche auf der Erde in eine Eine-Welt-Kirche hineingezogen werden wird, und zwar im Namen der Vereinheitlichung.

Diese Vereinigung — oder dieser falsche Friede — werden in der Zeit, nachdem der Antichrist auftritt, um einen falschen Frieden und ein sogenanntes Ende des Krieges zu schaffen, zur Wirklichkeit werden.

Dieser friedliche Pakt wird sich auf die westliche Welt erstrecken, und zwar solange, bis China und Russland in weltliche Angelegenheiten einbezogen werden.

Sie werden eine Bedrohung für das 'Tier mit den Zehn Hörnern', Europa, darstellen, und sie werden es besiegen, um den Kommunismus einzuführen.

Der 'Rote Drache', China, fasst bereits aufgrund seiner Kontrolle der Weltfinanzen in der Welt Fuß.

Der Rote Drache und 'Der Bär', der Russland ist, lieben Gott nicht.

Sie werden vom Antichristen angeführt, der aus dem Osten stammt und der sich hinter verschlossenen Türen verbirgt.

Wenn sich diese Prophezeiungen entfalten, wird die ganze Welt an diese Botschaften glauben. Es wird dann keine Zweifel mehr geben.

Bitte betet dieses Kreuzzug-Gebet, da es helfen wird, den Einfluss dieser Ereignisse abzuschwächen.

Kreuzzug-Gebet (54) „Gebet zum Vater, um die Auswirkungen des Dritten Weltkriegs abzuschwächen"

„O Himmlischer Vater,

im Namen Deines geliebten Sohnes, Jesus Christus, der wegen der Sünden der Menschheit so schwer gelitten hat, bitte hilf uns in diesen schwierigen Zeiten, die wir jetzt erleben.

Hilf uns, die Verfolgung zu überleben, die von den gierigen Herrschenden geplant wird und von denjenigen, die Deine Kirchen und Deine Kinder vernichten wollen.

Wir beschwören Dich, lieber Vater: Hilf uns dabei, unsere Familien zu ernähren!

Rette das Leben von denjenigen, die gegen ihren Willen in einen Krieg gezwungen werden!

Wir lieben Dich, lieber Vater.

Wir bitten Dich, hilf uns in unserer Zeit der Not.

Rette uns vor dem Griff des Antichristen.

Hilf uns, sein Zeichen, das Zeichen des Tieres, zu überleben, indem wir uns weigern, es anzunehmen.

Hilf denjenigen, die Dich lieben, Deinem Heiligen Wort allezeit treu zu bleiben, so dass Du uns die nötigen Gnaden gewähren kannst, um an Leib und Seele zu überleben. Amen. "

Meine Tochter, Ich weiß, dass diese Botschaften möglicherweise wie ein Schock rüberkommen, aber vergiss nicht, dass Gebet und das Siegel des Lebendigen Gottes (Kreuzzug-Gebet Nummer 33) Meine Anhänger schützen werden.

Meine Rest-Kirche, ihr, Meine Kinder, werdet überleben, obwohl es nicht leicht sein wird.

Ihr werdet wegen eures Christentums schikaniert werden, aber ihr werdet Mich niemals verleugnen oder Mich ablehnen.

Aus diesen Gründen werden euch Geschenke gegeben werden. Mein Geschenk des Siegels des Lebendigen Gottes wird euch gegenüber euren Feinden unsichtbar machen.

Betet es von jetzt an jeden Tag. Bewahrt es in eurer unmittelbaren Umgebung in euren Häusern auf und lasst es durch einen Priester segnen.

Beginnt bald mit euren Vorbereitungen; denn der Tag der negativen Auswirkung in Europa ist nicht mehr fern.

Euer Jesus

––––––––––––––––––––

(*) Anmerkung:

Als Maria (die Seherin) diese Botschaft niederschrieb, rollte eine nasse Träne vom Foto von Jesus herunter, das vor ihr stand.

(**) Offb 6 (2. Siegel)

3 Und beim Öffnen des zweiten Siegels hörte ich das zweite Wesen sagen: Komm [und sieh]! 4 Und es kam ein zweites Roß zum Vorschein. Es war feuerrot. Seinem Reiter ward die Gewalt verliehen, den Frieden von der Erde zu nehmen und ein allgemeines Hinmorden zu veranlassen. Ihm ward ein großes Schwert gegeben.

(***) Offb 6 (3. Siegel)

5 Beim Öffnen des dritten Siegels hörte ich das dritte Wesen sagen: Komm [und sieh]! Und ich sah, und siehe da, ein schwarzes Roß. Sein Reiter hielt in seiner Hand eine Waage. 6 Da hörte ich wie eine Stimme inmitten der vier Wesen rufen: Ein Maß Weizen um einen Denar und drei Maß Gerste um einen Denar. Den Wein und das Öl aber schädige nicht!

432. Jungfrau Maria: Meinen Propheten in der Welt wird aufgetragen werden zu beten, um die mit einem Weltkrieg verbundenen Gefahren abzuwenden.

Mittwoch, 16. Mai 2012, 9:00 Uhr

Mein Kind, bitte versuche, bei dieser Arbeit für Meinen Sohn stark zu bleiben.

Es ist wichtig, dass all diejenigen, die an die Wahrheit des Heiligen Wortes glauben, das der Welt in dieser Zeit gegeben wird, besonnen bleiben.

Eure Pflicht ist es, auf die Anweisungen Meines geliebten Sohnes zu reagieren. Gebet und Vertrauen in Meinen Sohn werden eure Rettung bewirken.

Das Geschenk des „Siegels des Lebendigen Gottes" wird in einer Zeit des Krieges oder des Konflikts euer größter Schutz sein.

Indem ihr Gott dem Vater eure Treue schwört, durch die Annahme dieses kostenlosen Geschenks, werdet ihr frei bleiben.

Vergesst niemals die Macht des Gebets und wie es die Auswirkung solcher Ereignisse abschwächen kann.

Leider müssen viele dieser Ereignisse eintreten; denn sie wurden prophezeit.

Kinder, Ich rufe all diejenigen, die Mich, eure Heilige Mutter, verehren, dazu auf zu begreifen, dass dies ein Aufruf aus dem Himmel heraus ist.

Allen Meinen Propheten in der Welt wird aufgetragen werden zu beten, um die mit einem Weltkrieg verbundenen Gefahren abzuwenden.

Ihr müsst in eurem Leiden durchhalten und es Gott dem Vater als ein Geschenk aufopfern.

Mein täglicher Rosenkranz ist in dieser Zeit wichtig, egal zu welcher christlichen Kirche ihr gehört.

Ihr müsst ihn beten, weil er jenen Nationen Schutz bietet, in denen er täglich und in großer Zahl gebetet wird.

Betet, betet, betet in dieser Zeit für Europa und wendet euch an Meinen Sohn und bittet Ihn um die Stärke, den Mut und um das Durchhaltevermögen, das erforderlich ist, um euer Vertrauen in Gott zu bewahren.

Eure geliebte Mutter

Königin des Himmels und der Erde

Mutter der Erlösung

433. Bildet Gebetsgruppen, die „Jesus an die Menschheit" geweiht sind.

Mittwoch, 16. Mai 2012, 17:38 Uhr

Meine innig geliebte Tochter, Ich muss all jene, die an Mich glauben, betont darauf hinweisen, dass es wichtig ist, für jede eurer Nationen zu beten.

Um das wirkungsvoll zu tun, müsst ihr Gebetsgruppen bilden, die "Jesus an die Menschheit" geweiht sind.

Benutzt diese Gruppe, um alle die Kreuzzug-Gebete zu beten, welche euch gegeben worden sind.

Meine Tochter, Maria, wird dafür sorgen, dass diese in einer Weise abgefasst werden, dass ihr sie wo auch immer in der Welt ausdrucken könnt.

Bitte verbreitet Mein Heiliges Wort unter allen Mitgliedern des Klerus.

Manche werden Meine Botschaften verwerfen.

Andere werden sie — mit Liebe in ihren Herzen — freudig annehmen.

Jedoch werdet ihr — in den meisten Fällen — lächerlich gemacht werden und in Meinem Heiligen Namen abgelehnt werden.

Ihr werdet leiden, wie Meine Apostel gelitten haben, und ihr werdet in manchen Kreisen Meiner Kirche auf Erden zum Objekt des Spotts gemacht werden.

Diese verbalen und ausfälligen Beleidigungen werden heftig sein, und ihr werdet dadurch verletzt sein. Aber Ich sage euch dieses:

Haltet euch vor Augen, dass der Hass, der euch gegenüber gezeigt wird, der Beweis sein wird, dass in der Tat Ich es bin, euer Jesus, der vom Himmel aus zu euch spricht.

Wegen dieses Leides werde Ich dafür sorgen, dass ihr jedes einzelne Mal, wenn ihr zu Boden gestoßen werdet, von Mir wieder aufgerichtet werdet.

Ich werde euch wieder aufrichten und euch stärker machen als zuvor.

Warum tue Ich das? Ich tue es, damit ihr fähig werdet — und stärker darin werdet — Mein Heiliges Wort zu verbreiten.

Denn nur dann werdet ihr größere Geschenke empfangen können, welche Ich euch dann durch Meinen Heiligen Geist gewähren werde.

Daher erhebt euch und setzt euch in Bewegung, um eure Nation vorzubereiten, damit sie die Waffenrüstung empfängt, die sie braucht, um dem Zeichen des Tieres zu entgehen.

Vergesst niemals die Wichtigkeit des „Siegels des Lebendigen Gottes".

Es wird euch und euren Familien Schutz bieten, nicht nur einen spirituellen, sondern auch einen leiblichen Schutz.

Ihr seid gesegnet, das Siegel zu empfangen, und es ist eure Pflicht, dafür zu sorgen, dass es — überall — so viele Kinder Gottes wie möglich empfangen.

Denkt daran, dass Ich — in jeder Minute — an der Seite all Meiner Anhänger stehe, und wenn sie Mein Werk ausführen, werden sie besondere Gnaden empfangen, um sie mutig, stark und entschlossen dazu zu machen, die Seelen jedes Mannes, jeder Frau und jedes Kindes in der Welt zu retten.

Euer geliebter Erlöser

434. Jungfrau Maria: Dieses Siegel wurde im Buch des Johannes vorausgesagt.

Donnerstag, 17. Mai 2012, 8:50 Uhr

Mein Kind, die Gotteskinder werden in der Lage sein, in jedem nur denkbaren Krieg ihren Glauben und ihren Mut zu bewahren und ihre Sicherheit zu gewährleisten — wenn sie fortfahren, das Kreuzzug-Gebet „Das Siegel des Lebendigen Gottes" zu beten.

Dies ist eines der letzten — und das größte — Siegel des Schutzes, und zwar von allen Gebeten, die der Menschheit gegeben und die vom Himmel herabgesandt wurden.

Es ist dazu bestimmt, allen Menschen während jeglicher zukünftiger Verfolgung dabei zu helfen, sich aufrechtzuerhalten, besonders in Zeiten der Unterdrückung und des Krieges.

Dieses Siegel wurde im Buch des Johannes vorausgesagt, und es sind viele Göttliche Kräfte mit ihm verbunden. (Offb 9, 1-12)

Schätzt seinen Wert und verwendet es, um nicht nur euch selbst, sondern auch eure Familien zu schützen.

Daran zu erinnern, ist in dieser Zeit notwendig.

Geht hin in Frieden.

Eure geliebte Mutter
Mutter der Rettung

(*) Offb 9, Die fünfte Posaune.

1 Und der fünfte Engel blies. Da sah ich einen Stern; der war vom Himmel auf die Erde gefallen, ihm wurde der Schlüssel zum Brunnen des Abgrundes gegeben. 2 Er schloß den Brunnen des Abgrundes auf, und Rauch stieg auf aus dem Brunnen wie der Rauch eines großen Ofens, und die Sonne und die Luft wurden verfinstert durch den Rauch aus dem Brunnen. 1-2: Der gefallene Stern bedeutet Satan, der Abgrund die Hölle, deren Mächte zu entfesseln ihm erlaubt wird. 3 Und aus dem Rauche [des Brunnens] gingen Heuschrecken aus über die Erde. Denen ward eine Kraft gegeben wie die Kraft der Skorpione der Erde. 4 Es wurde ihnen geboten, nicht das Gras des Landes, nichts Grünes und keinen Baum zu schädigen, sondern nur die Menschen, die das Siegel Gottes nicht auf ihrer Stirne tragen. 5 Und es wurde ihnen aufgegeben, sie nicht zu töten, sondern fünf Monate lang zu quälen. Und ihr Biß schmerzt wie der Stich eines Skorpions, wenn er einen Menschen sticht. 6 In jenen Tagen werden die Menschen den Tod suchen, aber ihn nicht finden. Sie werden sich sehnen zu sterben, doch der Tod flieht vor ihnen. 7 Die Heuschrecken glichen gerüsteten Schlachtrossen. Auf dem Kopfe trugen sie Kronen wie von Gold, ihr Gesicht war wie das Gesicht eines Menschen. 8 Sie hatten Haare wie Frauenhaare, Zähne wie Löwen 9 und Panzer wie von Eisen. Ihr Flügelschlag klirrte wie das Gerassel vieler in den Krieg eilenden Rosse und Wagen. 10 Sie haben Schwänze wie Skorpione und Stacheln, und in ihren Schwänzen ist ihre Kraft, die Menschen zu schädigen fünf Monate lang. 11 Über sich haben sie als König den Engel des Abgrunds, der auf hebräisch Abaddon und auf griechisch Apollyon, das ist der Verderber heißt. 12 Das erste Wehe ist vorüber, siehe, danach kommt ein zweifaches Wehe. 3-12: Auch der Prophet Joel schildert die furchtbare Heuschreckenplage als Gottes Strafgericht: Joel 1-2.

435. Die Eine Rest-Kirche, die weiter bestehen wird, unbesiegt, bis sich das Neue Jerusalem erhebt.

Freitag, 18. Mai 2012, 10:48 Uhr

Meine innig geliebte Tochter, du sollst jetzt wissen, dass die Ausbreitung Meines Heiligen Geistes im Begriff ist, stark zuzunehmen.

Die Flamme der Wahrheit wird die Welt begeistern und die Seelen vieler mit dem einfachen Staunen über Meine Große Barmherzigkeit erfüllen.

Es wird viel an Bekehrung stattfinden, und es wird dann geschehen, dass sich Meine Rest-Armee erheben wird, um eine starke Macht im Kampf gegen den Antichristen zu werden.

Meine Restliche Christliche Kirche wird das Heilige Evangelium in alle Winkel der Erde verbreiten.

Feuer wird auf diejenigen herniederkommen, die versuchen, Meiner Rest-Kirche zu schaden. Denn nur wenige werden im Stande sein, der Wahrheit Meines Heiligen Wortes zu widerstehen, wenn es ihnen gezeigt wird.

Es werden so viele sein (gemeint ist die "Rest-Armee"), dass sie sich auf mehr als 20 Millionen belaufen werden.

Es werden sich Führer in euren Reihen erheben, und ihr werdet in bestimmten Gegenden euren Glauben im Geheimen ausüben müssen.

Ihr werdet einen Kreuzzug Meiner Lehren führen, und Meine Kreuzzug-Gebete werden eure Waffe sein, um den Feind zu besiegen.

Fremde werden zueinander finden, Menschen aus verschiedenen Ländern werden sich zusammentun und Religionen, welche in der Vergangenheit aufgrund ihrer Differenzen auseinandergerissen waren, werden sich gemeinsam zu einer Einzigen vereinen:

Die Eine Rest-Kirche, die weiter bestehen wird, unbesiegt, bis sich das Neue Jerusalem erhebt.

Das ist, wenn Mein Zweites Kommen stattfinden wird.

Wenn sich Mein Neues Jerusalem aus der Asche erhebt, von dem Ort aus, von dem all diejenigen, die Mich bekämpft haben, dachten, dass Meine Kirche auf Erden dort bis auf die Grundmauern niedergebrannt worden wäre.

Und dann wird es soweit sein:

Der Neue Anfang.

Das Neue Zeitalter.

Der Neue Himmel und die Neue Erde.

Die Zeit, zu der sich der Göttliche Wille Meines Vaters endlich verwirklicht.

Erhebe dich nun, Meine Armee. Entfalte deine Flügel und breite sie aus. Weicht niemals von der Wahrheit, die in der Bibel enthalten ist, ab.

Bezweifelt niemals die in der Heiligen Schrift enthaltenen Worte.

Für diejenigen unter euch, die dies tun — einschließlich Mitglieder Meiner Kirche auf Erden: Ihr müsst euer Herz für die Wahrheit öffnen.

Die Bibel enthält das Heilige Wort Gottes. Die Bibel enthält die ganze Wahrheit.

Sie lügt nicht.

Wenn ihr die darin enthaltene Wahrheit leugnet, so leugnet ihr auch das Wort Gottes.

Euer Erlöser
Jesus Christus

436. Gott der Vater: Fürchtet nicht Meine Hand, sondern die Hand jener, die eure Feinde sind.

Freitag, 18. Mai 2012, 15:20 Uhr

Ich spreche heute mit dir, Meine liebste Tochter, um jenen Trost zu Ich spreche heute mit dir, Meine liebste Tochter, um jenen Trost zu bringen, die sich vor der Zukunft fürchten.

Die Zukunft, liebe Kinder, liegt in Meinen Heiligen Händen. Die Zukunft, liebe Kinder, liegt in Meinen Heiligen Händen.

Die Zeit für das neue Königreich, das Königreich, über das Mein geliebter Die Zeit für das neue Königreich, das Königreich, über das Mein geliebter Sohn regieren wird, ist gekommen.

Dies ist die Endphase, in der die Erde vorbereitet wird, die große Menge Dies ist die Endphase, in der die Erde vorbereitet wird, die große Menge hervorzubringen, die Meinen Sohn lieben und die — im Laufe der Zeit — auch Mich lieben.

fViel muss geschehen, damit Mein Göttlicher Wille getan wird, Viel muss geschehen, damit Mein Göttlicher Wille getan wird, und Gebet, Geduld und Mut sind erforderlich.

Fürchtet nicht Meine Hand, sondern die Hand jener, die eure Fürchtet nicht Meine Hand, sondern die Hand jener, die eure Feinde sind.

Viel Bosheit greift in der Welt schnell um sich, und für Mich Viel Bosheit greift in der Welt schnell um sich, und für Mich ist die Zeit gekommen, diejenigen Nationen zu bestrafen, die Meine Kinder auf Erden quälen.

Während der Kampf beginnt, werden die Häuser, die Mich, Gott Während der Kampf beginnt, werden die Häuser, die Mich, Gott den Vater ehren, erneuert werden.

Bald werden sie begreifen, wie sie den einen Wahren Messias Bald werden sie begreifen, wie sie den einen Wahren Messias abgelehnt haben, den Ich in Meinem Sohn Jesus Christus auf die Erde gesandt habe, um der Welt die Erlösung zu bringen.

Dann werden sich diejenigen, die an Mei-nen Dann werden sich diejenigen, die an Meinen Sohn und an Mich, Gott den Aller-höchsten, glauben, gemeinsam erheben, um den Boden vorzubereiten, so dass das Zweite Kommen von Meinem Sohn stattfin-den kann.

fNur dann, wenn die Reinigung vollständig Nur dann, wenn die Reinigung vollständig ist, wird Mein Sohn zurückkehren.

Die Reinigung, von der Ich spreche, ist Die Reinigung, von der Ich spreche, ist dann gegeben, wenn die Gutwilligen von denjenigen getrennt werden, die böse sind. Diejenigen, die ihr Leben — — ausgefüllt mit den Lügen, die durch Satan in ihre See-len gepflanzt worden sind — leben, haben noch immer Zeit, umzukehren.

Ich werde jeden Versuch unternehmen, um sie vor dem Tier zu Ich werde jeden Versuch unternehmen, um sie vor dem Tier zu retten; denn so leicht gebe Ich Meine Kinder nicht auf.

Um sie zu retten, werde Ich — durch ver-schiedene Göttliche Um sie zu retten, wer-de Ich — durch verschiedene Göttliche In-terventionen, die von Mir gestattet werden — versuchen, sie in Meine Barmherzigen Arme zu schließen.

Der Pfad zum Ewigen Leben sind das Ver-trauen in Mich und der Glaube an Der Pfad zum Ewigen Leben sind das Vertrauen in Mich und der Glaube an Mich.

Nur durch Meinen Sohn, den Erlöser der Welt, könnt ihr zu Nur durch Meinen Sohn, den Erlöser der Welt, könnt ihr zu Mir, dem Vater des Universums, kommen.

Denn um zu Mir zu kommen, müsst ihr von der Sünde gerettet sein. Denn um zu Mir zu kommen, müsst ihr von der Sünde gerettet sein.

Um von der Sünde gerettet zu sein, müsst ihr euch in den Um von der Sünde gerettet zu sein, müsst ihr euch in den Augen Mei-nes Sohnes selbst retten.

Gerade so, wie Ich Meinen Sohn das erste Mal sandte, um euch die Erlösung Gerade so, wie Ich Meinen Sohn das erste Mal sandte, um euch die Erlösung zu schenken, so sende Ich Ihn noch ein weiteres Mal, um euch ein letztes Mal zu retten, bevor der Neue Himmel und die Neue Erde sich verei-nigen, um eins zu werden.

Diejenigen, die sich weigern, die Große Barmherzigkeit Meines Sohnes Diejenigen, die sich weigern, die Große Barmherzigkeit Meines Sohnes anzunehmen, nach diesem letzten Kreuzzug, um alle Meine Kinder in das Paradies — in ihr rechtmäßiges Erbe — zu führen, werden für immer verloren sein.

Von dort ist danach keine Rückkehr mehr möglich. Von dort ist danach keine Rück-kehr mehr möglich.

Vergesst niemals, wer Ich Bin. Vergesst niemals, wer Ich Bin.

Ich Bin Gott der Vater, und Ich habe euch erschaffen. Ich Bin Gott der Vater, und Ich habe euch erschaffen.

Ich liebe euch. Ich liebe euch.

Ich wünsche Mir, euch alle nach Hause zu bringen, aber wie fließen doch Ich wünsche Mir, euch alle nach Hause zu bringen, aber wie fließen doch Meine Tränen.

Das ist so, weil es so viele geben wird, die Ich nicht werde retten Das ist so, weil es so viele geben wird, die Ich nicht werde retten können, wenn sie sich Mir nicht zuwenden und Mich bitten, ihnen zu helfen.

Dieser Aufruf vom Himmel ist vorausge-sagt worden.

Nur das Lamm Gottes, Mein Sohn, hat die Befugnis, euch die kommenden Ereignisse zu offenbaren.

Nur Er allein kann die Siegel öffnen.

Er tut das jetzt mit Hilfe des Siebten En-gels, der Siebten Botin.

Öffnet eure Augen und akzeptiert, dass jetzt, schlussendlich, das Buch der Wahr-heit — das prophezeit worden ist — Kapitel für Kapitel vor euren Augen geöffnet wird.

Nehmt es als ein Geschenk an, denn es bringt euch das ewige Leben.

Euer geliebter Vater im Himmel
Gott der Allerhöchste

437. Jungfrau Maria: Der Teufel greift diejenigen am meisten an, die Gott lieben.

Sonntag, 20. Mai 2012, 12:15 Uhr

Mein Kind, genauso wie mehr von Gottes Kindern diese Heiligen Botschaften freudig annehmen, so werden auch mehr Men-schen sie ablehnen.

All diejenigen, die Meinem Sohn beson-ders nahe stehen, werden durch den Teufel versucht werden, sich von Ihm abzuwen-den.

Sie werden am meisten leiden, und Zwei-fel werden ihren Verstand für die Wahrheit blockieren.

Der Teufel greift diejenigen am meisten an, die Gott lieben.

Wenn er sie für die Wahrheit blind macht, so gewinnt er.

Diejenigen, die Mich, die Mutter Gottes, verehren, werden ebenso ein Ziel sein, wo-bei der Teufel sie vom Buch der Wahrheit wegziehen wird.

Er, der Teufel, gibt niemals auf. Er fügt diesen liebenden Seelen schreckliche Qua-len zu, damit sie das Wort Gottes ablehnen werden.

Ich bitte all diejenigen, die Meinen Sohn lieben, auf Meinen Ruf zu hören. Ihr müsst zuhören, wenn Mein Sohn zu euch spricht.

Vertut nicht die Chance, euren Brüdern und Schwestern zu helfen, das ewige Le-ben zu erlangen, das ihnen versprochen worden ist.

Lasst es nicht zu, dass Zweifel, die euch vom Betrüger eingepflanzt wurden, es ver-hindern, dass Millionen von Seelen gerettet werden.

Dies ist der heftige Widerstand, der von diesem Tage an auf euch einstürmen wird.

Ihr müsst Mich, eure Mutter, anrufen, euch zu helfen, euch zu begleiten und euch auf den richtigen Weg zu führen.

Eure geliebte Mutter
Mutter der Erlösung

438. Betet, dass ihr die wahren Propheten von denjenigen unterscheiden könnt, die nicht in Meinem Heiligen Namen sprechen.

Sonntag, 20. Mai 2012, 18:10 Uhr

Meine innig geliebte Tochter, sage den Kindern Gottes, dass Meine Propheten in der Welt von heute genauso abgelehnt wer-den wie zu Anbeginn.

Diejenigen, die in der heutigen Zeit erklä-ren, in Meinem Namen zu kommen, die aber keine Botschaften von Gott empfan-gen, werden begeistert angenommen und akzeptiert werden.

Diejenigen, die Mein Heiliges Wort öffent-lich verkünden und die im Namen Meines Vaters Prophezeiungen machen, werden die größte Ablehnung erfahren.

Priester und Klerus werden Meine Prophe-ten von heute angreifen, weil Satan sie für Mein Heiliges Wort blind macht.

Lasst jeden, der versucht, die wahren Pro-pheten Gottes aufzuhalten, wissen, dass sie in Gottes Augen eine schwere Sünde bege-hen werden.

Gottgeweihte Diener und diejenigen, wel-che die Wahrheit Meiner Lehren öffentlich verkünden, werden bestraft werden, wenn sie versuchen sollten, diese Heilige Mission zu sabotieren.

Denjenigen, die an Mein Heiliges Wort, das der Welt in dieser Zeit gegeben wird, nicht glauben, sage Ich: Ihr müsst schwei-gen.

Denn wenn ihr nicht schweigt und Mich verurteilt, werdet ihr zur Verantwortung ge-zogen werden und ihr werdet weinen und werdet Mich anflehen, euch zu vergeben.

Bis dahin wird der Schaden, den ihr verur-sacht habt, dort gefühlt worden sein, wo Seelen verloren gegangen sein werden.

Lehnt niemals Mein Heiliges Wort ab, das euch durch die Propheten gegeben wird.

Nehmt es bereitwillig an und akzeptiert es; denn es ist viel Arbeit erforderlich, die gan-ze Menschheit auf Mein Neues Königreich vorzubereiten.

Merkt euch dieses:

Wenn der Mensch Mein Wort ablehnt, so ist das — wenn Satan auf der Erde herum-streift — zu erwarten.

Wenn jedoch ein treuer Diener Gottes Mich verwirft, dann ist das so, als ob Mich ein Schwert durchbohrt.

Das ist die schmerzlichste Ablehnung von allen.

Kommt zu Mir, ihr alle. Wenn ihr nicht glaubt, dann betet, dass euch die Wahrheit bald gezeigt wird.

Wenn ihr irgendwelche Zweifel habt, dann wendet euch an Mich und bittet Mich, euer Herz zu öffnen.

Lasst Mich euch mit Gnaden erfüllen, damit ihr Mir rechtzeitig helfen werdet, in jedem Teil der Welt Seelen zu sammeln.

Glaubt nicht, dass das Zweite Kommen ohne die Hilfe Meiner Propheten — die gesandt wurden, um euch vorzubereiten, damit ihr fähig seid, in Mein Königreich einzugehen — stattfinden kann oder stattfinden wird.

Betet, dass ihr die wahren Propheten von denjenigen unterscheiden könnt, die nicht in Meinem Heiligen Namen sprechen.

Wehe jenen, die über Meine Propheten herfallen; denn sie werden sich für ihre Vergehen gegenüber Meinem Heiligen Vater, Gott dem Allerhöchsten, verantworten müssen.

Geht und öffnet eure Augen.

Seht, wenn Ich euch die Wahrheit offenbare.

Wendet euren Kopf nicht ab.

Verschließt nicht eure Augen.

Die Zeit für euch ist gekommen, eine Entscheidung zu treffen.

Folgt Mir und helft, Meine Kinder zum Ewigen Leben zu führen.

Wendet euch ab und ihr verweigert damit diesen Seelen die Chance, sich selbst in Meinen Augen zu retten.

Euer Jesus

439. Der Zeitpunkt, an dem die „Warnung" stattfindet, rückt näher.

Montag, 21. Mai 2012, 20:15 Uhr

Meine innig geliebte Tochter, der Zeitpunkt, an dem die „Warnung" stattfindet, rückt näher.

Doch es ist noch so viel Arbeit zu tun, um die Seelen auf Meine Große Barmherzigkeit vorzubereiten.

Ich rufe all diejenigen, die Mich lieben, dazu auf, viel für die weltweite Bekehrung zu beten, die Ich ersehne.

So viele werden in Meine Arme gelaufen kommen, ihre Seelen von Erleichterung durchdrungen, weil sie wissen werden, dass Ich es bin, ihr geliebter Jesus, der ihnen zuwinkt.

So viele werden die Wahrheit bekämpfen, wenn ihnen diese angeboten wird. Der Beweis, den Ich offenbaren werde, wird für sie nicht ausreichen, um auch nur eine einzige Flamme der Liebe in ihren Seelen zu entzünden.

Sie sind Mir gestohlen worden, und doch wollen sie nicht von ihrem Überwältiger, dem Tier, das ihre Seelen verschlungen hat, freigelassen werden.

Meine Tochter, verbreite Mein Wort, so schnell du kannst.

Ignoriere die Sticheleien, den Spott und das Lächerlichmachen von denjenigen, die versuchen, dich zu stoppen.

Erhebe dich und verkünde Mein Heiligstes Wort um jeden Preis.

Diejenigen, die erklären, in Meinem Namen zu sprechen, und die versuchen, dich zu erniedrigen, kreuzigen Mich. Nicht du

bist es, welche sie peinigen, sondern sie quälen Mich, ihren geliebten Erlöser.

Menschliche Meinungen sind nicht wichtig. Alles, worauf es ankommt, sind diese Seelen, die zu retten Ich innig ersehne.

Betet dieses Kreuzzug-Gebet (55), als Vorbereitung auf die „Warnung":

„O mein lieber Jesus,

bitte öffne die Herzen aller Kinder Gottes für das Geschenk Deiner Großen Barmherzigkeit.

Hilf ihnen, Deine Göttliche Barmherzigkeit mit Liebe und Dankbarkeit anzunehmen.

Mache sie fähig, vor Dir demütig zu werden und um die Vergebung ihrer Sünden zu bitten, damit sie Teil Deines Herrlichen Königreichs werden können. Amen. "

Bald werden viele Millionen in der Welt Meinen Ruf hören, und mehr Seelen können und werden dann gerettet werden.

Vergesst niemals die Wichtigkeit des täglichen Betens Meines Barmherzigkeitsrosenkranzes, um Seelen zu retten.

Gehet in Frieden und in Liebe.

Euer geliebter Jesus

440. Mein Buch der Wahrheit wird sich so schnell wie eine Flamme über die ganze Welt ausbreiten.

Dienstag, 22. Mai 2012, 15:20 Uhr

Meine innig geliebte Tochter, die nächste Phase in dieser Heiligen Mission ist dabei sich zu entfalten.

Mein Buch der Wahrheit wird sich so schnell wie eine Flamme über die ganze Welt ausbreiten.

Die Bekehrung wird schnell erfolgen und Mein Heiliges Wort wird in allen Zungen (Sprachen) gehört werden.

Alle Kinder Gottes werden, als Folge davon, wiederum Meine Botschaften verbreiten, und sie werden mit dem Heiligen Geist erfüllt sein.

Ihre Lippen werden die Wahrheit vermitteln, und alle werden in Zungen Prophezeiungen machen, so dass die Wahrheit schnell gehört werden kann.

Der Durst der Kinder Gottes, die in einem verwirrten Zustand umherirren, weil ihre Seelen leer sind, wird gelöscht werden.

Die schmerzliche Sehnsucht nach Meiner Gegenwart wird befriedigt werden, wenn Ich diesen Seelen die Nahrung bringe, die sie so dringend brauchen.

Wenn das geschieht, werden nur sehr wenige Seelen in der Welt nicht von Meiner Großen Barmherzigkeit wissen.

Nehmt Mein Geschenk, Mein Heiliges Wort, Mein Buch der Wahrheit, und verinnerlicht es. Denn ohne es werdet ihr wie ein Körper ohne eine Seele sein.

Wenn ihr Meine Worte der Weisheit verinnerlicht, dann werdet ihr wieder heil werden.

Wenn ihr wieder heil geworden seid, dann werdet ihr bereit sein, zusammen mit Mir ins Neue Zeitalter des Friedens auf Erden zu kommen.

Wartet jetzt ab, Meine geliebten Anhänger, denn Mein Geschriebenes Wort wird bald mit euch sein und ihr werdet euch freuen mit Liebe und Friede in euren Seelen.

Geht nun voran, alle Meine Anhänger.

Lasst zu, dass ihr selbst, eure Lieben und alle Gläubigen in Meinem Namen prophezeien.

Wandelt mit Mir, während Ich euch zum Ewigen Leben führe.

Euer geliebter Jesus

Erlöser der ganzen Menschheit

441. Gott der Vater: Das Leiden in der Welt wurde in dieser Zeit mit dem Leiden Meines Sohnes, Jesus, vereinigt.

Mittwoch, 23. Mai 2012, 15:38 Uhr

Meine liebste Tochter, erzähle allen Meinen Kindern von der Liebe und dem Schutz, die Ich denjenigen anbiete, die Mich anrufen.

Mein Heiliges Wort auf Erden wird, letzten Endes, gehört, und viele Seelen sind bereit, den größten Sprung des Glaubens zu machen, um die Göttliche Barmherzigkeit Meines Sohnes, Jesus Christus, freudig anzunehmen.

Sie wissen kaum darüber Bescheid, dass das Eingehen in das Neue Paradies, in das Neue Zeitalter des Friedens, aber doch eine einfache Sache ist.

Schaut auf und akzeptiert zunächst, dass ihr Mein Kind seid.

Erkennt es an, dass Ich jeden von euch erschuf — nicht einer von euch existiert zufällig — und dass ihr Meine Kinder seid. Meine Familie. Meine Lieben.

Wegen der Zärtlichkeit Meines Herzens ist es voller Liebe für jeden von euch.

Viele denken, weil „Ich Bin", das Alpha und das Omega, der Anfang und das Ende, dass Meine Macht Mich überheblich macht.

Das kann — natürlich — niemals so sein.

Wie kann denn die echte Liebe von Eltern für ein Kind von Überheblichkeit überschattet sein?

Ich leide für jeden von euch. Ich weine für diejenigen, die für Mich nicht mehr zugänglich sind. Ich werde alle Macht aufwenden, Meine verlorenen Kinder zurück in Meine Familie, in Mein Königreich, zu bringen.

Stellt euch ein Elternteil vor, das von seinen Kindern abgelehnt wird. Den Schmerz, den Ich fühle, empfinde Ich nicht für Mich, ihren Vater, sondern für sie — und ebenso die Qual, die sie erleiden werden, wenn Ich sie nicht retten kann.

Das Leiden in der Welt wurde in dieser Zeit mit dem Leiden Meines Sohnes, Jesus, vereinigt.

Warum tue Ich das? Warum lasse Ich Leiden zu? Es ist wegen der Sünde.

Sünder, die nicht aus freiem Willen zu Mir kommen werden, können nur durch das Leiden anderer gerettet werden.

Diejenigen, die in diesem Leben leiden, werden im Leben, das danach kommt, mit Meinen Geschenken belohnt werden.

Die Hilfe, die Mir von denjenigen Kindern, die Mich lieben, aus ihrem freien Willen heraus angeboten wird, ist eine starke Waffe gegen die Satan eingeräumte Macht.

Diejenigen, die an der Seite Meines Sohnes kämpfen, um die Seelen anderer zu retten, können die ganze Menschheit retten.

Satan hat Macht, aber nur die Macht, die ihm gegeben wurde — eine Macht, die bis zum Jüngsten Tag nicht zurückgenommen werden kann.

Viele von euch, liebe Kinder, begreifen die Göttlichen Gesetze nicht, die diese Dinge zulassen. Aber vertraut auf Mich, wenn Ich euch dies offenbare.

Satan wird die Seelen jener Meiner Kinder stehlen, die nicht an Mich oder an die Güte glauben, mit der Ich Meine Kinder umsorge.

Er wird machtlos, wenn Sünder Opfer bringen — durch das Leiden —, um ihre Brüder und Schwestern vor der Hölle zu retten.

Er ist ohnmächtig, wenn Meine Kinder darum beten, dass diese Sünder gerettet werden.

Das Gebet ist die Waffenrüstung jener Meiner Kinder, die Mir helfen wollen, die ganze Menschheit zu retten.

Versammelt euch — gemeinsam mit Meinem Sohn —, Meine Kinder, und helft Mir, Meine Familie letzten Endes zu vereinen.

Helft Mir, euch alle in das neue wunderbare Zeitalter des Friedens zu bringen.

Nur dann kann Mein Wille auf Erden so geschehen wie im Himmel.

Geht, Kinder. Vereint euch im Gebet.

Arbeitet mit Mir, eurem Vater, zusammen, um zu helfen, Meine Familie zu retten.

Euer geliebter Vater
Gott der Allerhöchste

442. Während der „Warnung" werden diejenigen, die sich in Meinen Augen gerettet haben, die Qualen des Fegefeuers nicht erleiden.

Donnerstag, 24. Mai 2012, 18:30 Uhr

Meine innig geliebte Tochter, wenn die Zeit für die „Warnung" kommt, werden eine Reihe von Zeichen offenbart werden.

Ich sage euch das, um alle Kinder Gottes daran zu erinnern, dass sie sich im Vorhinein darauf vorbereiten müssen.

Die zwei Sterne werden kollidieren, und viele werden voll Angst sein.

Es gibt nichts zu befürchten, denn dies ist das größte Geschenk, das Ich mache, damit nicht eine Seele in den Feuern der Hölle verloren geht.

Dann wird Mein Kreuz am Himmel erscheinen und nicht ein einziger Mensch wird das nicht bemerken.

Viele werden voll Furcht niederfallen, und man wird ein großes Schütteln, ähnlich einem Erdbeben, fühlen.

Dann wird die Stille eintreten.

Bereitet euch immer auf diesen Tag vor, als ob er morgen wäre. Bemüht euch jetzt um die Tilgung eurer Sünden und bekennt Mir eure Sünden.

Die Katholiken müssen zur Beichte gehen.

Diejenigen, die keine Katholiken sind, müssen das Kreuzzug-Gebet (24) beten, das Ich dem Rest der Welt für Meinen vollkommenen Ablass gebe.

Dieses Geschenk Meines vollkommenen Ablasses ist für alle Kinder Gottes jeder Glaubensrichtung bestimmt und bietet eine große Reinigung an. Lehnt dieses Geschenk nicht ab. Nehmt es an.

Den Katholiken, die Mein Geschenk in Frage stellen und Mein Geschenk voller Missgunst kritisiert haben, sage Ich Folgendes:

Glaubt ihr, dass Ich dieses Sakrament nicht allen Kindern Gottes gewähren würde?

Ihr müsst ein großzügiges Herz haben und müsst darüber glücklich sein, dass Ich das tue. Meint ihr, dass ihnen solch ein Geschenk nicht gegeben werden sollte? Wenn ihr das denkt, dann liebt ihr Mich nicht wirklich.

Verneigt eure Häupter und preist Gott für dieses wunderbare Geschenk, das der Menschheit gegeben wird, um ihre Seelen zu retten.

Dann — während der „Warnung" — werden diejenigen, die sich in Meinen Augen gerettet haben, die Qualen des Fegefeuers nicht erleiden.

Diejenigen, die sehen, wie ihre Sünden — so wie sie durch Meine Augen gesehen werden — vor ihnen enthüllt werden, werden erschüttert sein.

Viele werden es schwer finden zu akzeptieren, wie verdunkelt ihre Seele ist.

Diejenigen, die es akzeptieren und Reue zeigen, werden Mich um Vergebung bitten. Und Ich werde ihnen vergeben.

Aber manche werden ihre Sünden nicht bedauern und sie werden, wenn sie vor Meinen Augen erscheinen, in ihrem Herzen die schlimmen Taten verteidigen, die sie begangen haben. Sie werden nicht bereuen und werden Mir dadurch ins Gesicht schlagen.

Auf die eine oder andere Art werden die Feuer der Reinigung und des Leidens von allen Sündern gefühlt werden.

Die Zeitdauer wird von der Schwere ihrer Sünden abhängen.

Diejenigen, die von Mir fortziehen, brauchen eure Gebete. Ihnen wird mehr Zeit gegeben werden, um zu Mir umzukehren und Mich zu bitten, ihnen zu vergeben.

Aber diese Zeit könnte so kurz sein wie ein Tag oder so lang wie ein paar Jahre.

Keiner, nur Mein Vater, kennt das Datum Meines Zweiten Kommens.

Die Zeit zwischen den zwei Ereignissen wird nicht so lange sein, wie ihr vielleicht denkt.

Meine Kinder werden, letztendlich, begreifen, in welcher Zeit sie leben, und die Wahrheit annehmen.

Denjenigen, welche die Wahrheit jetzt kennen und die an Mich glauben, sage Ich: Ihr habt eine Pflicht, für die Seelen zu beten, die Meine Barmherzigkeit nicht annehmen werden.

Meine Tochter, Mein größter Wunsch ist es, die ganze Welt zu retten, einschließlich derjenigen, die für Mich nicht mehr zugänglich sind.

All die Gebete Meiner Anhänger, die sich zu einer Stimme vereinen, können Mir helfen, das zu erreichen.

Geht in Liebe. Vertraut immer auf Mich; denn die Zeit ist kurz und die Pläne für die Rettung der Menschheit ruhen in den Händen Meines Ewigen Vaters.

Euer geliebter Jesus

443. Sie haben vor, Papst Benedikt XVI. durch hinterhältige Mittel vom Stuhl Petri zu vertreiben.

Samstag, 26. Mai 2012, 16:00 Uhr

Ich bin froh, dich wieder bei Mir zu haben. Es ist wichtig, dass du jetzt ganz in Meiner Nähe bleibst, Meine Tochter. Die Zeit drängt, und du hast viel Arbeit zu tun.

Heute bitte Ich Meine Anhänger, Meine liebste Tochter, innig für Meinen geliebten Stellvertreter, Papst Benedikt XVI. zu beten. Ihm, Meinem Heiligen Diener, wird — hinter verschlossenen Türen am Heiligen Stuhl — furchtbar nachgestellt.

Ich habe euch bereits früher gesagt, dass die freimaurerischen Gruppen, die innerhalb des Vatikans über einen schraubstockartigen Griff verfügen, Meinen geliebten Papst loswerden wollen.

Und sie beabsichtigen, ihn mit hinterhältigen Mitteln vom Stuhl Petri zu vertreiben.

Er wird, wie Ich euch in der Vergangenheit gesagt habe, fliehen müssen, denn er wird kaum eine andere Wahl haben.

Diese Zeit ist knapp. Ihr müsst tüchtig beten, dass er so lange wie möglich bleiben kann; denn sobald er geht, wird der Betrüger, der Falsche Prophet, seinen Platz einnehmen.

Wie Meine Tränen in dieser Zeit für Meine geliebte Kirche auf Erden fließen. All jene Meiner gottgeweihten Diener, die Mein Heiliges Wort annehmen, wie es euch in dieser Zeit gegeben wird, hört Mich jetzt an:

Ihr müsst der Heiligen Messe treu bleiben und die täglichen Opfer aufrechterhalten. Denn sehr bald werdet ihr gezwungen werden, eine Lüge zu schlucken.

Die täglichen Opfer zu Ehren Meiner Kreuzigung und die Wandlung des Weines in Mein Blut und des Brotes in Meinen Leib werden verändert werden — werden verdreht werden — und Ich werde durch neue Verordnungen, die der Falsche Prophet einführen wird, herabgewürdigt werden.

Ihr dürft niemals irgendetwas annehmen, was nicht die Wahrheit ist.

Ihr dürft niemals Irrlehren annehmen, die aus den Mauern Meines Heiligen Stuhls kommen. Wenn ihr das doch tut, dann werdet ihr euch von Mir entfernen.

Viele von euch werden die Heilige Messe im Geheimen aufopfern müssen und ihr werdet alle Tapferkeit benötigen, die ihr — indem ihr zu Mir betet und Mich bittet, euch stark zu machen — bekommen könnt.

Die Änderungen werden bei der Heiligen Eucharistie selbst beginnen. Euch wird bald gesagt werden, dass die Heilige Kommunion, Meine wirkliche Gegenwart, in Wahrheit etwas anderes ist.

Euch wird gesagt werden, dass sie andere Dinge bedeutet. Aber das ist eine schreckliche Lüge.

Die Heilige Eucharistie ist Mein Leib und Mein Blut, die euch dazu gegeben werden, um es Mir zu ermöglichen, euch mit Meinem Heiligen Geist zu erfüllen, und zwar, um euch die Nahrung zu geben, die ihr für eure Seelen benötigt.

Wenn die Zeit kommt und ihr, Meine geistlichen Diener, mit der neuen modernen Interpretation konfrontiert werdet, dann werdet ihr wissen, dass die Verseuchung bereits begonnen hat.

Das ist der Zeitpunkt, an dem ihr euch werdet vorbereiten müssen. Sammelt euch und verteidigt die Wahrheit Meiner Kreuzigung. Nehmt die Lügen, die Änderungen in der Heiligen Messe und bei der Heiligen Eucharistie nicht an. Denn wenn ihr das doch tut, dann wird Meine Gegenwart für alle Kinder Gottes verloren gehen.

Folgt Mir. Dies ist die größte Herausforderung, der ihr jemals gegenüberstehen werdet, aber Ich werde euch die Gnaden geben, um die Wahrheit von den frevlerischen Lügenmärchen zu unterscheiden, die anzunehmen man euch — in Meinem Heiligen Namen — auffordern wird.

Ihr müsst durch dieses Kreuzzug-Gebet (56) jetzt um Meine Hilfe bitten. Es ist für die Priester bestimmt, die Schutz für die Heilige Eucharistie anstreben:

„O lieber Vater, im Namen Deines kostbaren Sohnes, der Sich Selbst am Kreuz für die ganze Menschheit geopfert hat, hilf mir, der Wahrheit treu zu bleiben.

Bedecke mich mit dem Kostbaren Blut Deines Sohnes und schenke mir die Gnaden, um Dir weiterhin gläubig, vertrauensvoll und in Ehrerbietung für die restliche Zeit meines geistlichen Amtes zu dienen.

Lass mich niemals von der wahren Bedeutung des Heiligen Messopfers oder vom Darreichen der Heiligen Eucharistie an Deine Kinder abkommen.

Gib mir die Stärke, Dich zu vertreten und Deine Herde so zu nähren, wie sie genährt werden muss: mit dem Leib, dem Blut, der Seele und der Gottheit Deines Sohnes, Jesus Christus, des Erlösers der Menschheit.

Amen."

Bitte, haltet euch vor Augen, dass Ich jeden Tag mit jedem Einzelnen von euch, Meinen geliebten gottgeweihten Dienern, wandle.

Ich halte euch aufrecht. Stützt euch auf Mich, und Ich werde euch dicht an Meinem Heiligsten Herzen halten in diesen Zeiten der schrecklichen Bedrängnis innerhalb der katholischen Kirche.

Euer geliebter Jesus

444. Satan wird euch überzeugen, dass Meine Botschaften von ihm kommen..

Sonntag, 27. Mai 2012, 18:00 Uhr

Meine Tochter, so viele Meiner Anhänger fragen sich, warum viele dieser Prophezeiungen Angst in ihren Herzen verursachen.

Viele glauben, dass Ich Angst hervorrufe. Aber das ist nicht ganz wahr.

Die Furcht, die viele Seelen durchdringt, ist die Erkenntnis, dass das, was Ich euch sage, die Wahrheit ist.

Wie von jedem guten Elternteil wird ein Kind vor den Gefahren im Leben gewarnt.

Manchmal können die Gefahren, vor denen ein Elternteil warnt, Angst verursachen. Und doch bezieht sich die Angst auf das Böse, das noch zu erwarten ist und das vom Menschen verursacht wird.

Dasselbe trifft auf das Böse in der Welt zu. Es wird vom Menschen verursacht, der wiederum unter dem Einfluss des Betrügers, Satans, steht.

Die Prophezeiungen, welche der Menschheit seit Anbeginn der Zeit von Gott gegeben werden, haben in den Herzen einiger Angst ausgelöst.

Und doch riefen sie in anderen Kreisen viel Gelächter hervor. Dies ist das, was sich abspielte, bevor Noah begann, die Arche zu bauen. Während über ihn gelacht und gespottet wurde und er lächerlich gemacht wurde, taten jene, die Angst hatten, das, wozu sie aufgefordert wurden. Sie bauten die Arche, um sich zu retten.

Diejenigen, die über Noah lachten, ihn verhöhnten und ablehnten, wurden zunichte gemacht.

Alle Prophezeiungen, die von Gott kommen, schließen auch Warnungen mit ein, um die Menschheit dazu anzuregen, auf solche Ereignisse vorbereitet zu sein.

Nur durch die Vorbereitung eurer Seelen könnt ihr den durch die Sünden des Menschen verursachten Qualen, welche kommen werden, widerstehen.

Denjenigen Meiner Anhänger, die sich fragen, warum Meine Botschaften möglicherweise Angst verursachen, sage Ich Folgendes:

Glaubt den Lügen nicht, die Satan in eure Herzen gepflanzt hat, nämlich, dass Gott der Welt niemals Botschaften geben würde, welche die Herzen Seiner Kinder mit Angst erfüllen.

Viele von euch, besonders diejenigen, die Mich lieben, werden jetzt von Meinem Heiligen Wort weggezogen.

Eine von Satan besonders gerne benutzte Verhöhnung ist es, euch davon zu überzeugen, dass Göttliche Botschaften keine Prophezeiungen enthalten, die Angst verursachen.

Sicherlich können solche Botschaften nur vom Teufel sein?

Wie Satan über seine eigene schlaue Täuschung lacht.

Satan wird euch überzeugen, dass Meine Botschaften von ihm kommen, so verzweifelt ist er, euch davon zu überzeugen, Meinen Anweisungen nicht zu folgen.

Euch, Meinen Anhängern, muss die Wahrheit gesagt werden.

Ich muss euch vorbereiten, und das bedeutet, euch im Vorhinein vor kommenden Dingen zu warnen, und das nur, um euch zu schützen — um euch zu retten.

Hört niemals auf diese Lüge.

Meine Botschaften werden euch aufgrund Meiner Göttlichen Liebe für die ganze Schöpfung gegeben. Erlaubt Mir, euch zu führen — wie alle guten Eltern.

Dadurch, dass ihr auf Mich hört und Meine Anweisungen für das Gebet befolgt, werde Ich euch beschützen.

Die Angst kommt nicht von Mir. Wenn ihr an Mich glaubt und auf Mich vertraut, werdet ihr keine Angst haben, egal mit wie viel Bösem ihr aufgrund der Sünden der Menschheit konfrontiert werdet.

Eines aber, was ihr niemals tun dürft, ist, die Angst auszublenden und anzunehmen, dass alles schon gut sein wird.

Denn wenn ihr so handelt, blendet ihr die Existenz des Bösen in der Welt aus.

Akzeptiert, dass Satan existiert. Glaubt, dass Gebet seine Macht abschwächen kann und abschwächen wird.

Und dann erhebt euch und übernehmt — als ein Anhänger von Mir, Jesus Christus — Verantwortung.

Wenn ihr euch der Wahrheit stellt, erlaubt es Mir, euch zu führen — und keine Furcht wird in euer Herz eindringen.

Euer geliebter Jesus

445. Wisset, dass die tausend Jahre, auf welche im Buch der Offenbarung hingewiesen wird, genau das bedeuten.

Montag, 28. Mai 2012, 20:45 Uhr

Meine innig geliebte Tochter, wenn der Mensch die Lehren anzweifelt, die in der Heiligen Bibel enthalten sind, so liegt das an der normalen menschlichen Natur.

Wenn der Mensch die Lehren in der Heiligen Bibel verdreht, um sie seinen eigenen Absichten anzupassen, so verletzt Mich das.

Aber wenn Meine gottgeweihten Diener Teile der Bibel verurteilen und sie zur Seite schieben, so als ob sie belanglos seien, so verleugnen sie Mich, den Menschensohn.

Alles, was in der Heiligen Bibel steht, kommt von Meinem Ewigen Vater, der jedes einzelne Wort, das Seine Gesalbten ausgesprochen haben, gebilligt hat.

Glaubt daran, dass das Heilige Wort Gottes im Buch Meines Vaters enthalten ist und dass kein einziges Wort eine Lüge ist.

Warum stellen dann diejenigen, die erklären, Gelehrte und Experten hinsichtlich der Wahrheit zu sein, die in der Heiligen Bibel enthaltenen ist, Mein Heiliges Wort in Frage, wenn Ich es euch in diesen Botschaften darreiche?

Meine Wahrheit wird euch jetzt — noch einmal — gegeben, um euer Gedächtnis aufzufrischen, und zwar, um euch an die Lehren zu erinnern, die darin enthalten sind.

An Meine Kinder auf Erden: Wisset, dass die Prophezeiungen, die im Buch Daniel und im Buch der Offenbarung enthalten sind, noch stattfinden müssen.

Wisset, dass die tausend Jahre, auf welche im Buch der Offenbarung hingewiesen wird, genau das bedeuten.

Wenn etwas anders gemeint gewesen wäre, dann würde eine andere Zeit angegeben worden sein.

Meine Kirche, die katholische Kirche, hat ihre Glaubensüberzeugungen hierüber nicht erklärt, weil sie dies bislang noch nicht getan hat.

Meine Rest-Kirche, welche die restlichen Zweige (wörtlich: Ranke) Meiner katholischen Kirche auf Erden darstellt, wird die wahre Bedeutung Meines Zeitalters des Friedens auf Erden begreifen.

Ihr befindet euch in der Endzeit, aber die Erde wird erneuert werden.

Ich rufe euch alle, Meine gottgeweihten Diener. Meine Stimme ist heiser vom Bitten, dass ihr auf Meinen Heiligen Ruf vom Himmel reagiert.

Ich, euer geliebter Erlöser, habe bis jetzt viele Seher und Visionäre zu euch gesandt. Diese haben geholfen, euren Geist für jene Ereignisse zu öffnen, die noch kommen müssen.

Ich habe — bis jetzt — damit gewartet, der Welt die Letzten Offenbarungen öffentlich zu verkünden. Ich sende jetzt Meinen letzten Boten, Maria von der Göttlichen Barmherzigkeit, den siebenten Boten, um das letzte Kapitel vorzubereiten, so wie es euch enthüllt wird.

Meine Stimme ist wie der Donner. Sie wird weiterhin überall auf der Erde gehört werden. Sie wird nicht aufhören bis zu dem Tag, an dem Ich komme, um zu richten.

Es kann sein, dass ihr Mir jetzt nicht zuhört. Viele von euch werden Mein Wort mit einer Arroganz ablehnen, die Mich tief verwundet.

Andere werden Mich — aus Furcht — ignorieren, weil es auf diese Art und Weise für sie leichter ist. Aber bald werden die Veränderungen, über die Ich spreche, eintreten. Dann wird die Wahrheit beginnen, euch allmählich klar zu werden.

Ich rufe euch jetzt und sage euch dieses: Ich erwarte eure Antwort, ungeachtet dessen, ob das jetzt ist oder in der Zukunft sein wird.

Ich warte. Ich werde weiter warten, geduldig, bis zu dem Tag, an dem ihr zu Mir gelaufen kommt, um Meinen Schutz zu suchen.

Ich gebe niemals Meine auserwählten Diener auf, diejenigen, die Ich vor allem berief.

Erinnert ihr euch noch an das erste Mal, als Ich euch rief? Ihr wurdet Meiner Stimme gewahr, wie sie zu eurer Seele sprach und euch anspornte, euch mit Mir zu vereinen. Könnt ihr Mich jetzt hören?

Bittet Mich, euch jetzt zu enthüllen, dass Ich es Bin, euer Jesus, Der euch bittet, zu Mir zu kommen, euch zu erheben und Mir auf dieser letzten, mühsamen Reise zum Ewigen Leben zu folgen. Fürchtet Meinen Aufruf nicht. Vertraut auf Mich und sprecht dieses Gebet, um Mich zu bitten, euch Meinen Ruf hören zu lassen.

Kreuzzug-Gebet (57) Gebet für den Klerus — Jesus, lass mich Deinen Ruf hören:

„O mein lieber Jesus,

öffne meine Ohren für den Klang Deiner Stimme. Öffne mein Herz für Deinen liebevollen Ruf. Erfülle meine Seele mit dem Heiligen Geist, damit ich Dich in dieser Zeit erkennen kann.

Ich biete Dir meine demütige Gefolgschaftstreue an, in allem, was Du von mir verlangst. Hilf mir, die Wahrheit zu erkennen, mich zu erheben, Dir zu antworten und Deiner Stimme zu folgen, damit ich Dir helfen kann, die Seelen der ganzen Menschheit zu retten.

Dein Wille ist mir Befehl. Gib mir den Mut, mich von Dir führen zu lassen, damit ich die Waffenrüstung aufnehmen kann, die nötig ist, um Deine Kirche hin zu Deinem Neuen Königreich zu führen. Amen."

Behaltet dies im Gedächtnis: Ich, Jesus Christus, werde Meinen gottgeweihten Dienern niemals erlauben, vom Pfad der Wahrheit abzukommen. Ich werde an jeder Ecke und an jeder Straße stehen und werde euch die genaue Richtung zeigen.

Es kann sein, dass ihr dies zuweilen als frustrierend empfindet. Es kann sein, dass ihr verwirrt seid. Es kann sein, dass ihr die Wahrheit nicht hören wollt. Es kann sein, dass ihr Angst habt. Aber wisset dieses:

Ich werde euch immer lieben. Ich werde immer an eurer Seite sein. Ich werde euch niemals im Stich lassen.

Euer geliebter Jesus

446. Gebete können die Gräueltaten abwenden, die geplant werden und wobei auf den Einsatz von Atombomben gedrängt wird.

Dienstag, 29. Mai 2012, 17:42 Uhr

Meine innig geliebte Tochter, Meine Propheten, Meine Boten und all die wahren Visionäre in der Welt vereinigen sich im Geist, um in dieser Zeit Mein Heiliges Wort öffentlich zu verkünden.

Diejenigen, die für die schwere Mission auserwählt sind, um sicherzustellen, dass die Seelen der ganzen Menschheit auf Mein Zweites Kommen vorbereitet sind, werden beauftragt, laut in die Welt zu rufen.

Sie werden bald dringend zum dringenden Gebet auffordern, um denjenigen zu helfen, die in den kommenden Kriegen leiden werden.

Die Zeit des Ausbruches von Kriegen ist nahe, und viele unschuldige Seelen werden die Opfer dieses hasserfüllten Terrors gegen die Kinder Gottes sein.

Viele werden in diesen Kriegen in verschiedene Richtungen gerissen werden, und im Nahen Osten wird viel Verwirrung herrschen.

So viele kleine Kriege werden eskalieren.

So viele Kriegsparteien, die anfänglich in alle Richtungen zersplittert sein werden, werden sich zu einer nur kleinen Anzahl von Fronten vereinen.

Dann werden die größeren Armeen hineingezogen werden und viele Nationen werden mitmachen.

Wie sehr fließen Meine Tränen wegen dieses schrecklichen Bösen, das durch den Einfluss Satans, der so viele Menschen wie möglich — und das so schnell wie möglich — töten will, geleitet wird.

Betet, dass diese Kriege abgeschwächt werden.

Betet, dass Gottes Kinder — durch ihre Gebete — die Gräueltaten abwenden können, die geplant werden und wobei auf den Einsatz von Atombomben gedrängt wird.

Meine liebste Tochter, Satan wird in dieser Zeit alles in seiner Macht stehende tun, um die katholische Kirche dazu zu bringen, dich zu verurteilen und diese Botschaften als Irrlehre zu erklären.

Du musst diese Angriffe ignorieren. All diejenigen, die Meinen Lehren folgen, brauchen nur ihrem Herzen zu folgen; denn sie werden es leicht finden, die Wahrheit zu erkennen.

Wenn Meinen Propheten vom Himmel nicht die Gnaden gegeben würden, um einer derartigen Verfolgung zu widerstehen, dann würden Mein Heiliges Wort und Meine Anweisungen, um alle Kinder Gottes auf Mein Zweites Kommen vorzubereiten, nicht gehört werden.

Gäbe es nicht von Anbeginn der Zeit die hartnäckige Beharrlichkeit aller Propheten Gottes und aller Boten Gottes, dann würden die Kinder Gottes unwissend bleiben.

Wenn euch, Meinen kostbaren Anhängern, erst einmal das Wissen gegeben worden ist, dann dürft ihr niemals mehr Angst haben; denn ihr folgt dem Pfad zum Ewigen Leben. Jeder andere Pfad wird euch nicht zu Mir bringen — ihr dürft den prächtigen, aber wertlosen Versuchungen, die euch in die weltlichen Fallen ziehen, keine Beachtung schenken.

Denn falls — und wenn — die Lügen über Meine Heilige Eucharistie aufzukommen beginnen, müsst ihr mutig sein und weggehen.

Betet um die Stärke, die Entschlossenheit und den Mut, Mir auf dem letzten Stück Weg zur Erlösung zu folgen.

Euer geliebter Jesus

447. Ich erlebe nochmals Meine Todesangst im Garten (Gethsemani) und Meine Leidensqual ist doppelt so groß.

Mittwoch, 30. Mai 2012, 15:30 Uhr

Meine innig geliebte Tochter, die Qual, die dir von denjenigen zugefügt wird, denen es an wahrer Demut fehlt, die aber erklären, in Meinem Namen zu sprechen, wird sich jetzt verstärken.

Höre auf keine andere Stimme als auf die Meine. Beschäftige dich nicht mit denjenigen, die Mich beleidigen, oder antworte ihnen nicht.

Sie haben es ihrem menschlichen Stolz erlaubt, Mich auszusperren, und dann — als ob das nicht genug wäre — verfolgen sie Mich auch noch.

Mein Zweites Kommen wird mit Ereignissen, die während Meiner Zeit auf Erden zum ersten Mal stattfanden, vergleichbar sein.

Mein Heiliges Wort wird angezweifelt, kritisiert, verworfen und dann abgelehnt werden.

Die Ersten, die Mich ablehnen werden, werden die Meinen sein, diejenigen Seelen, die Mich am meisten lieben. Sie werden vorne in der Reihe stehen, um den ersten Stein zu werfen.

Ich erlebe nochmals Meine Todesangst im Garten (Gethsemani) und Meine Leidensqual ist doppelt so groß.

Ich fühlte Qual über die Sünden der Menschheit, nicht nur wegen der Sünden derjenigen, die in dieser damaligen Zeit lebten, sondern auch wegen der Sünden derjenigen, die Mich heutzutage ablehnen. Diejenigen, die Mich heute ablehnen, verletzen Mich stärker, weil Ich für ihre Sünden gestorben bin. Sie haben nichts dazugelernt.

Dann diejenigen, die Mich damals verspotteten und die Mein Auge mit dem Dorn, mit dem schärfsten Dorn in der Dornenkrone, zerrissen, diese sind die Vertreter Meiner Kirche auf Erden.

Sie werden Mein Zweites Kommen oder die Warnungen, die Ich ihnen jetzt offenbare, nicht akzeptieren.

Jedes Wort, das von Meinen Lippen geäußert wird, wird von den demütigen Seelen wie von Kindern, die unter einer Hungersnot leiden, verschlungen.

Doch diejenigen, die durch das Wissen über die Wahrheit Meiner Lehren genährt sind, wenden ihre Köpfe weg und schauen in die andere Richtung.

Die Demut ist in den Seelen vieler Meiner Anhänger nicht mehr länger vorhanden, so dass sie nicht in der Lage sein werden, von Meinen besonderen Gnaden zu profitieren.

Solange ihr in den Augen Gottes nicht klein werdet, könnt ihr Mich nicht hören.

Solange ihr den Stolz und die Arroganz nicht aufgebt, werdet ihr die Kraft des Heiligen Geistes nicht fühlen.

Wenn ihr Mich heute ablehnt, dann versenkt ihr den ersten Nagel in Mein Handgelenk.

Wenn ihr, Meine gottgeweihten Diener, Mein Heiliges Wort, das euch jetzt gegeben wird, abweist, treibt ihr den zweiten Nagel in Mein anderes Handgelenk.

Was die armen Seelen betrifft, die kein Interesse an Meinen Lehren oder an der Erlösung haben, die Ich der Welt durch Meinen Tod am Kreuz gab, sie haben niemanden, um sie zu führen.

Sie sind hier die Opfer. Sie werden nicht zu Mir hingeführt. Ihnen wird die Chance verweigert, sich auf Mein Zweites Kommen vorzubereiten.

Jetzt rufe Ich alle Meine Anhänger auf, sich vorzubereiten. Der Kampf unter den Gläubigen wird bald losbrechen. Die eine Hälfte der Gläubigen wird diese Botschaften nicht nur abweisen, sie werden auch versuchen, sie zu verbieten.

Die andere Hälfte wird sie dazu verwenden, um andere zu bekehren.

Jene einfachen, verirrten Seelen, die Mich überhaupt nicht kennen, werden Mich kennen, sobald Ich ihnen während der „Warnung" die Wahrheit offenbare.

Für sie wird es leichter sein, die Wahrheit zu sehen, als für diejenigen, die sagen, dass sie Mich lieben, die Mich aber jetzt ablehnen.

Das ist der Grund, warum ihr um die Gnaden, die es euch ermöglichen, Mich zu sehen und Mich zu hören, beten müsst und warum ihr Mich euch auf Mein Zweites Kommen vorbereiten lassen müsst.

Glaubt niemals, dass Mir wahrhaft zu folgen — besonders in dieser Endzeit — leicht sein wird.

Denn dieses Mal wird es nicht ausreichen, Meinem Heiligen Wort nur eine stille Ehrerbietung zu erweisen.

Ihr werdet so wie ein neuer Rekrut in irgendeiner Armee sein. Ihr werdet trainieren müssen, werdet eure Seelen erneuern müssen und werdet durch die Sakramente zu Mir kommen müssen, bevor ihr stark genug und mutig genug sein werdet, Mein Heiliges Wort zu verbreiten.

Die Verbreitung Meiner Kreuzzug-Gebete wird eure erste Aufgabe sein.

Ihr, Meine Armee, werdet für Meine Heilige Mission auf Erden den größten Kreuzzug überhaupt führen. Ihr werdet klein beginnen, aber auf 20 Millionen anschwellen.

Die Gebete und das Leiden Meiner Rest-Kirche können ausreichend sein, um die ganze Menschheit zu retten. Vergesst niemals, dass eure Gebete die Seelen der größten Sünder retten können — so machtvoll ist das Gebet. Also bereitet euch darauf vor, euch gemeinsam zu versammeln. Bereitet euch gut darauf vor; denn man wird Anstrengungen unternehmen, euch zu stoppen. Akzeptiert die beleidigenden Beschimpfungen, die man auf euch schleudern wird.

Ihr sollt wissen, dass euch allerlei Argumente präsentiert werden, um euch in eurer Mission zu stoppen. Aber wisset, dass Ich euch führe, euch lenke und euch stark mache.

Wisset auch, dass ihr, Meine Armee, für die Rettung von Millionen von Seelen verantwortlich sein werdet. Seelen, die sonst überhaupt keine Hoffnung mehr gehabt hätten.

Lasst Meine Liebe eure Seele berühren und euch zu einer Einheit verbinden, gemeinsam mit Mir, eurem Jesus.

Erlaubt Mir, euch mit Meinem kostbaren Blut zu bedecken und euch Meine Gaben zu gewähren, um euch zu helfen, Mir treu zu bleiben, damit ihr — egal wie stark die Versuchung ist — Meinen Ruf, den Ich jetzt an euch richte, niemals ablehnt.

Ich segne euch alle, Meine starke Armee.

Ich werde euch bei eurem Marsch in das Neue Zeitalter des Friedens auf jedem Schritt des Weges führen.

Euer geliebter Erlöser
Retter der Menschheit
Jesus Christus

448. Jungfrau Maria: Juni, der "Monat des Kreuzzugs der Bekehrung".

Donnerstag, 31. Mai 2012, 21:00 Uhr

Mein Kind, von Satan und von den Seelen, die er infiziert hat, wird jegliche Anstrengung unternommen, das Heiligste Wort Meines Sohnes zu untergraben.

Vergiss niemals, dass Satan die ersten Samen des Zweifels in die Herzen auserwählter Seelen pflanzt.

Die schlimmste Verurteilung wird von denjenigen, die mit Meinem kostbaren Sohn in Vertrautheit vereint sind, auf diese Heiligen Botschaften gegossen werden.

Wenn Satan das tut, gewinnt er Seelen.

Erlaube ihm nicht, das zu tun, Mein Kind. Geh weg und beschäftige dich nicht mit ihm.

Mein Sohn hat Sein Heiliges Wort niemals verteidigt, und auch du solltest dieser Versuchung nicht erliegen.

Das Ausmaß des satanischen Einflusses nimmt zu und breitet sich über die ganze Welt aus.

Meine armen Kinder leiden dermaßen — und Ich weine Tränen des Kummers, wenn Ich ihre Bestürzung und ihren Kummer sehe.

Betet, Meine Kinder, um den Frieden in dieser Zeit, damit Gottes Kinder überall auf der Welt sich Meinem Sohn zuwenden werden, um Stärke zu erhalten.

Nur Göttliches Eingreifen, das euch durch die Gnaden, die euch durch eure Gebete gewährt werden, gegeben wird, kann euren Schmerz und euer Leiden erleichtern.

Mein Sohn sehnt Sich nach Seelen, die sich Ihm zuwenden; denn nur Er kann ihnen den Trost geben, den sie so sehr brauchen. Nichts anderes wird euch hinsichtlich der

Qual, die ihr jetzt durchmacht, Erleichterung verschaffen.

Ich bitte euch dringend, Kinder, den Monat Juni (Anmerkung: gemeint ist der Juni 2012) der Bekehrung der Menschheit zu widmen und zu gewährleisten, dass sie nach Erlösung streben werden.

Nennt diesen Monat den „Monat des Kreuzzugs der Bekehrung" und betet vereint als eine Einheit in den Gebetsgruppen weltweit.

Hier ist das Kreuzzug-Gebet für den „Kreuzzug der Bekehrung"

Kreuzzug-Gebet (58) "Kreuzzug der Bekehrung"

„ O lieber Jesus, ich rufe zu Dir: Schließe alle Kinder Gottes in Deine Arme und bedecke sie mit Deinem Kostbaren Blu t. Mache, dass jeder Tropfen Deines Blutes jede Seele bedeckt, um sie vor dem Teufel zu schützen.

Öffne die Herzen aller Seelen, besonders aber der verhärteten Seelen und derjenigen, die Dich zwar kennen, die aber durch die Sünde des Stolzes verunreinigt sind, damit sie niederfallen und darum bitten, dass das Licht Deiner Liebe ihre Seelen durchströmen möge.

Öffne ihre Augen, damit sie die Wahrheit sehen und damit die Morgendämmerung Deines Göttlichen Erbarmens so auf sie herniederströmt, dass sie mit den Strahlen Deiner Barmherzigkeit bedeckt werden.

Bekehre alle Seelen aufgrund der Gnaden, um die ich Dich jetzt bitte, Lieber Jesus. (Hier das persönliche Anliegen einfügen.)

Ich bitte Dich um Dein Erbarmen und biete Dir als Geschenk an, einen Tag in jeder Woche (dieses Monats Juni) zu fasten — zur Sühne für alle Sünden. Amen. "

Kinder, ihr müsst in jeder Woche des Monats Juni (2012) einen Tag fasten.

Ihr müsst täglich Meinen Rosenkranz und den Barmherzigkeitsrosenkranz beten.

Indem ihr das tut, Kinder, werdet ihr dank der Barmherzigkeit Meines Sohnes Jesus Christus Millionen von Seelen retten.

Eure geliebte Mutter
Mutter der Erlösung

449. (Die Zahl) 666 wird — in Form versteckter Ziffern — in einen Chip eingebettet sein, den man euch zwingen wird anzunehmen... genau so, wie ihr irgendeine Impfung annehmen würdet.

Freitag, 1. Juni 2012, 20:15 Uhr

Meine innig geliebte Tochter, der Antichrist bereitet schon seinen Friedensplan vor, den er einführen wird, kurz nachdem die Kriege im Nahen Osten sich ausgebreitet haben und wenn die Qual und die schreckliche Angst deutlich machen, dass es kein Zeichen der Hoffnung mehr gibt.

Dann wird er plötzlich erscheinen und sich der Welt als ein Mann des Friedens bekanntmachen, als ein leuchtender Juwel, der in der Mitte der Finsternis funkeln wird.

Wenn er auftaucht, wird man ihn als einen der charismatischsten politischen Führer aller Zeiten ansehen.

Seine schicke, anziehende und fürsorgliche Persönlichkeit wird die Mehrheit der Menschen zum Narren halten.

Er wird Liebe und Mitgefühl ausstrahlen und man wird ihn für einen Christen halten. Mit der Zeit wird er viele Anhänger anziehen, deren Zahl zunehmen wird, so dass er Mir, dem Messias, gleichen wird.

Man wird ihn als jemanden sehen, der die Einheit unter allen Nationen fördert, und man wird ihn in fast jedem Land der Welt lieben.

Später wird es scheinen, als ob er übernatürliche Fähigkeiten hat. Viele werden glauben, dass er von Meinem Vater gesandt wurde und dass er Ich, Jesus Christus, der Retter der Welt, ist.

Sie werden zu ihm beten, ihn lieben und für ihn ihr Leben hingeben — und er wird dann, wenn sie ihn nicht sehen können, über sie lachen und sie verspotten.

Das wird der größte Betrug aller Zeiten sein, und der Plan ist, eure Seelen zu stehlen, euch von Mir wegzuziehen.

Er und der Falsche Prophet, der wie ein König auf dem Stuhle Petri sitzen wird, werden heimlich eine Eine-Welt-Religion planen.

Diese wird den Eindruck einer Art christlicher Religion erwecken, welche die Liebe fördert. Sie wird jedoch nicht die Liebe füreinander fördern, die von Gott kommt. Stattdessen wird sie die Liebe und Treue für den Antichristen und die Selbstliebe fördern.

Der Gräuel macht dort aber nicht Halt; denn wenn sie die Kinder Gottes verführt haben, dann wird der Angriff beginnen.

Plötzlich wird von allen verlangt werden, das Zeichen der Zugehörigkeit zur Einen-Welt anzunehmen. Eine vereinigte Welt, an der sich alle Menschen beteiligen werden müssen.

Es, das Zeichen, wird euer Geld kontrollieren, euren Zugang zu den Lebensmitteln und eure Art, wie ihr lebt.

Gesetze — und zwar eine große Zahl davon — werden dazu führen, dass ihr zu Gefangenen werdet. Der Schlüssel zu eurer Zelle — die euch unter ihrer Kontrolle hält — wird das Zeichen des Tieres sein.

Die Zahl 666 wird — in Form versteckter Ziffern — in einen Chip eingebettet sein, den man euch zwingen wird anzunehmen — genau so, wie ihr irgendeine Impfung annehmen würdet.

Sobald er eingebettet ist, wird er euch vergiften, und zwar nicht nur euren Geist und eure Seele, sondern auch euren Körper. Denn er wird eine Seuche hervorrufen, die dafür vorgesehen ist, einen Großteil der Weltbevölkerung auszulöschen.

Ihr dürft das Zeichen nicht annehmen. Stattdessen werde Ich euch anweisen, was zu tun ist.

Viele werden das Zeichen annehmen, weil sie sich hilflos fühlen werden.

Das Siegel des Lebendigen Gottes, Mein Kreuzzug-Gebet (33) ist eure Rettungsleine.

Wenn ihr Mein Siegel des Schutzes, das euch von Meinem Ewigen Vater gegeben wird, erhaltet, dann werdet ihr das Zeichen nicht annehmen müssen.

Ihr werdet nicht angerührt werden. Euer Haus wird nicht gesehen werden, es wird nicht gesucht werden noch wird es zu einem Ziel werden; denn es wird für die Augen von Satans Armee unsichtbar gemacht werden.

Ihr werdet Lebensmittel verstecken müssen, die für ein paar Jahre ausreichen werden (bzw. ein paar Jahre haltbar sind). Ihr werdet euer eigenes Getreide anbauen müssen, euer eigenes Wasser lagern müssen und alle Heiligen Gegenstände in Eurer Nähe halten müssen.

Meine Rest-Kirche wird wachsen und wird sich ausbreiten, und man wird euch Unterschlupf gewähren, wenn das erforderlich ist.

Es ist jetzt viel Planung erforderlich.

An jene, die über das, was ihr tut, lachen, oder die sagen: „Jesus wird euch doch sicher nicht dazu auffordern, etwas Derartiges zu tun? Versorgt Er nicht alle Seine Anhänger in ihrer Zeit der Not?"

Selbst nur ein Laib Brot und nur ein Fisch können vervielfacht werden. Darum ist es nicht von Bedeutung, wenn ihr nur einige wenige Lebensmittel habt, denn Ich werde euch beschützen und ihr werdet sicher sein.

Betet tüchtig für jene Seelen, die es nicht schaffen werden, das Zeichen zu vermeiden.

Jene unschuldigen Seelen, die zu dem Zeitpunkt, an dem sie gezwungen werden, den Chip anzunehmen, im Stande der Gnade sind, werden gerettet werden.

Der Rest von euch muss zum Schutz eurer Familie und zum Schutz eurer Treue zur Heiligen Eucharistie und zur Heiligen Messe vorausplanen.

Wenn der Antichrist alle Religionen verschlingt, dann sind die einzigen Waffen, gegen die er machtlos sein wird, die Heilige Messe und die Transsubstantiation (= die Wandlung) des Brotes in Meinen Leib und in Mein Blut in der Heiligen Eucharistie.

Meine Heiligen Messen müssen weitergehen. Diejenigen von euch, die das wissen, müssen sich jetzt in großer Zahl versammeln und mit den Vorbereitungen dafür beginnen.

Je frühzeitiger ihr euch vorbereitet, desto mehr Gnaden werden euch gegeben werden, um eure Reihen rund um die Welt aufzubauen.

Der Felsen wird mit einem neuen Gebäude beladen werden, von dem sie sagen werden, dass es Mein Neuer Tempel sein wird. Aber das ist nicht wahr.

Aber wenn die Verfolgung endet, werden Meine Rest-Kirche und Meine auserwählten Menschen den Tempel wiederaufbauen und

Mein Neues Jerusalem wird vom Himmel herniederkommen.

Es wird in Glorie herniedersteigen. Man wird die Posaunen im Himmel und auf der Erde zur gleichen Zeit hören.

Und dann werde Ich kommen. Du, Meine Tochter, wirst Meine Ankunft verkünden, und viele werden auf den Boden niederfallen und vor Erleichterung, Liebe und Freude in Verzückung weinen.

Denn endlich ist der Moment da, auf den sie gewartet haben. Der Himmel wird aufleuchten, der Donner wird erschallen und die Chöre der Engel werden im süßen Einklang singen, wenn alle Kinder Gottes den wahren Messias begrüßen werden.

Ich, Jesus Christus, werde kommen, um zu richten. Und der Himmel und die Erde werden eins werden.

Die Neue Herrliche Pracht, die erneuerte Erde, wird erscheinen, und das Neue Paradies wird all diejenigen umarmen, deren Namen im Buch des Lebens stehen, die sich wie zu einer Einheit vereinen werden.

Und obwohl die alte Erde — verschmutzt durch den Makel der Sünde — ihr Ende gefunden haben wird, ist das nur der Anfang des Neuen Zeitalters.

Das ist es, wonach ihr streben müsst. Das ist es, worauf ihr — als Teil eures natürlichen Erbes — ein Anrecht habt.

Konzentriert euch nur auf das Retten aller Seelen.

Aus diesem Grund müsst ihr die Hindernisse ignorieren, die euch in den Weg gelegt werden. Die Verfolgung. Den Schmerz. Das Grauen des Bösen, verübt durch die Hände anderer. Alles, worauf es ankommt, ist die Rettung der Seelen.

Euer Erlöser Jesus Christus

450. Jungfrau Maria: Ich habe diese Gräueltaten den kleinen Kindern Melanie und Maximin in La Salette offenbart.

Samstag, 2. Juni 2012, 11:00 Uhr

Mein Kind, es ist wichtig, dass all diejenigen, die Meinen Sohn lieben, in dieser Zeit um die Gnaden der Stärke und des Durchhaltevermögens beten.

Das Wissen, das euch durch diese Botschaften offenbart wird, Kinder, dient dazu, euch zu helfen, Vorbereitungen zu treffen.

Habt niemals das Gefühl, dass ihr — als Gottes Armee — nicht fähig sein werdet, dem bösen Regime zu widerstehen, das im Begriff ist, sich in Kürze der Welt zu zeigen.

Haltet euch immer die Macht Meines Heiligen Rosenkranzes vor Augen.

Seid euch immer dessen bewusst, dass die Macht Meines Vaters die größte Macht von allen ist.

Keine Macht ist so groß, dass sie die überaus Glorreiche Macht Gottes besiegen kann.

Wenn ihr ein wahres Kind Gottes seid, dann werdet ihr, wenn ihr durch Meinen Sohn zum Vater kommt, beschützt werden.

Angst wird durch das Unbekannte verursacht, aber sie kann auch hervorgerufen werden, wenn die Wahrheit enthüllt wird.

Lasst zu, dass die Gnaden, die euch durch die Kreuzzug-Gebete gegeben werden, euch die Seelenruhe und die Seelenstärke geben, um euch für die Rettung der Seelen einzusetzen.

Je mehr Seelen sich zur Liebe Meines Sohnes bekehren, desto stärker wird euer Kreuzzug sein.

Liebet einander und vereinigt euch im Gebet, um zu helfen, Gottes Kinder vor dem Antichristen zu retten.

Betet, betet, betet, dass jede Seele mutig genug sein wird, um sein giftiges Zeichen zu verweigern.

Ich habe diese Gräueltaten den kleinen Kindern Melanie und Maximin vor so langer Zeit in La Salette offenbart. Die Zeit, in der sich diese Prophezeiungen entfalten werden, ist nah.

Ich erzählte diesen Kindern von den bösen Plänen, und sie akzeptierten, was Ich ihnen sagte. Jetzt müsst ihr, Kinder, akzeptieren, dass diese Ereignisse stattfinden müssen.

Ihr müsst kräftig beten, um einen Großteil der Qualen, die von der Menschheit durchlitten werden müssen, abzuschwächen und zu lindern.

Seid tapfer, Kinder.

Vertraut auf Meinen Sohn und gebt Ihm die Freiheit, euch so zu führen, wie Er es muss, damit die Seelen aus der Umklammerung des Tieres gerettet werden können.

Eure geliebte Mutter
Mutter der Erlösung

451. Jesus: Geratet niemals ins Wanken. Zweifelt niemals an Meinem Schutz.

Samstag, 2. Juni 2012, 21:00 Uhr

Meine innig geliebte Tochter, wenn Meine Anhänger es Mir erlauben, ihre Seelen mit Meiner bedingungslosen Liebe zu durchströmen, werde Ich in ihnen eine Kraft entfachen, die sie aufrütteln wird.

Kommt zu Mir wie vertrauensselige Kinder mit einem einfachen und offenen Herzen, ohne Erwartungen, und Ich werde euch einen Frieden bringen, den ihr nirgendwo sonst finden werdet.

Obwohl Ich über die Art und Weise weine, auf welche das Böse und die Habgier die Welt ergriffen haben, bin Ich auch voll Freude wegen der reinen Liebe, welche Meine Anhänger Mir, ihrem Jesus, zeigen.

Wie sie Mir Trost und Linderung schenken und wie Ich Mir wünsche, sie in Meine Arme nehmen zu können.

Wie Ich Mir wünsche, dass sie Mich sagen hören könnten, wie sehr Ich sie liebe.

Wie sehne Ich Mich nach dem Tag, an dem Ich Meine Hand ausstrecke, ihre Hand in die Meine nehme und sie in Mein Neues Königreich ziehe, dann, wenn sie letztendlich zu Mir nach Hause kommen werden.

Dieser Tag ist nicht weit entfernt.

Alle Meine Anhänger, ihr müsst in dieser jetzigen Zeit auf Mich hören.

Ihr müsst stark sein und während der kommenden Prüfungen durchhalten — und ihr dürft niemals den Mut verlieren.

Das Gehen auf dem Pfad, der für euch zu Meinem Königreich vorgezeichnet ist, wird euch Schmerz bereiten. Viele von euch werden stolpern und straucheln.

Einige von euch werden den Weg zurücklaufen, auf dem sie kamen.

Andere werden sich setzen, werden aufgeben und zwischen dem Anfang ihrer Reise und den Toren zum Ewigen Leben stecken bleiben. So schwach wird ihr Glaube werden wegen der Hindernisse, denen sie gegenüberstehen werden.

Die Stärkeren werden ohne Furcht sein. Sie werden sich vorankämpfen wollen und werden mit jedem Funken Energie ins Neue Zeitalter des Friedens losstürmen.

Nichts wird ihnen im Weg stehen. Sie werden wissen, wie man dem bevorstehenden Leiden widersteht. Sie werden wissen, wie man den Feind bekämpfen muss. Mit wenig Furcht in ihren Herzen werden sie auf jede Anweisung hören, die Ich ihnen gebe.

Sie müssen sich immer bemühen, zurückzugehen und diejenigen, die schwächer sind, zu tragen. Diejenigen, die ängstlich sind. Sie müssen diejenigen auf ihren Schultern tragen, denen es an Willenskraft und an Mut mangelt, in Meinem Namen aufzustehen.

Diejenigen, die eure Hilfe ablehnen, werden zurückgelassen werden und werden ein Teil des Königreichs des Tieres werden, aus dem es kein Entkommen gibt.

Geratet niemals ins Wanken. Zweifelt niemals an Meinem Schutz.

Wenn ihr alles Meinem Heiligen Willen unterwerft, werde Ich für alles sorgen.

Vertraut Mir. Folgt Mir.

Die Zeit ist kurz, aber doch mehr als ausreichend, um euch auf den kommenden Kampf vorzubereiten.

Ich liebe euch alle. Vergesst niemals die Macht Meiner Liebe.

Euer geliebter Erlöser
König der Erlösung
Jesus Christus

452. Verbringt den Monat Juni in stiller Besinnung, wie Meine geliebte Mutter es euch aufgetragen hat.

Sonntag, 3. Juni 2012, 15:30 Uhr

Meine innig geliebte Tochter, Meine Anhänger müssen den Monat Juni in stiller Besinnung verbringen, wie es euch Meine geliebte Mutter aufgetragen hat.

Dieser Monat ist die Zeit, in der viele Menschen durch den Kreuzzug der Bekehrung die Gnade der sofortigen Bekehrung empfangen können, dank der Opfer, die von denjenigen von euch gebracht werden, die den Bitten Meiner Mutter, der Mutter der Erlösung, Folge leisten.

Ihr müsst diesen Monat in der Stille verbringen.

Bitte, Ich ersuche euch dringend, eure Kirchen aufzusuchen, so oft ihr es könnt, um — um 15 Uhr — Meinen Barmherzigkeitsrosenkranz zu beten.

Katholiken, bitte empfangt Meine Heilige Eucharistie, wenn möglich, an jedem Tag während dieses Monats.

Denn in diesem Monat werden die Pläne, die in aller Stille im Gange sind, um die Unruhen im Nahen Osten anzufachen, fertiggestellt.

Seid stark. Seid geduldig. Seid von Herzen demütig.

Unterwerft euren Willen unter den Meinen und bietet Mir eure Prüfungen und Opfer für die Bekehrung aller Sünder an.

Gehet hin in Frieden, Meine geliebten Anhänger.

Mein Heiliger Geist bedeckt euch alle in dieser Zeit, in der Ich euch Zeichen gebe, euch dieser besonderen Andacht zu widmen.

Euer geliebter Jesus

453. Ebenso wie Ich das erste Mal abgelehnt wurde, werde Ich das zweite Mal abgelehnt werden.

Montag, 4. Juni 2012, 15:20 Uhr

Meine innig geliebte Tochter, als Ich in die Welt kam und für die Sünden der Menschheit starb, erkannten Mich nur sehr wenige aus Meinem auserwählten Volke, den Juden, als den wahren Messias an.

Auch dieses Mal werden nur sehr wenige Christen begreifen, dass Ich es bin, der jetzt — bevor Ich das zweite Mal komme — zu ihnen spricht.

Sie werden den Lügen glauben, welche von den Lippen der Lügner ausgehen, der falschen Propheten, die sie lieben werden, während sie Mich mit einem Hass ablehnen werden, der nicht mit ihrer Liebe zu Gott übereinstimmt.

Ebenso wie Ich das erste Mal abgelehnt wurde, werde Ich auch das zweite Mal abgelehnt werden.

Ihr dürft wegen der Art und Weise, wie Ich verspottet, getreten und geschlagen werde und wie Meine Botschaften verspottet werden, nicht traurig sein. Denn ein solcher Hass gegen Mein Heiliges Wort kann nur von Satan kommen. Wenn Satans Wut heftig wird, wie das jetzt der Fall ist, dann könnt ihr sicher sein, dass er sich um die Seelen „Sorgen macht", die Ich vorhabe, aus seinen Klauen zu retten.

Schließt eure Ohren. Schaut geradeaus nach vorne und konzentriert euch nur auf Mich.

Jeder nur denkbare Angriff wird auf euch, Meine Anhänger, gemacht werden, um euch davon abzuhalten, Mir zu folgen.

Jedes Argument gegen Mein Wort durch diejenigen, die mit ihrer Kompetenz in heiligen geistigen Dingen prahlen, muss beiseite geschoben werden.

Sie haben den Heiligen Geist nicht in ihren Seelen, weil sie aufgrund der Sünde des Stolzes Seiner nicht würdig sind.

So wie Ich unter der Geißelung an der Säule litt, so werde Ich ebenso wieder aufs Neue leiden, da Mein Heiliges Wort jetzt von denjenigen, die dafür sorgen wollen, dass Mein Wort abgelehnt wird, hasserfüllt zerrissen wird.

Ich sage diesen Seelen jetzt Folgendes: Wenn ihr Meine Hand der Barmherzigkeit, die der Rettung der Menschheit dient, nicht annehmen wollt, warum habt ihr einen solchen Hass in euren Herzen?

Wisst ihr nicht, dass ihr vom Teufel versucht werdet, der euch blind für die Wahrheit machen will?

Der Hass, die Verleumdungen und die Beschimpfungen kommen nicht von Mir. Wenn ihr es zulasst, dass euch diese gemeinen Sünden überkommen, dann liebt ihr Mich nicht.

Ihr werdet, wenn ihr während der „Warnung" vor Mich treten werdet und wenn ihr die notwendige Demut habt, Mich zu bitten, euch zu vergeben, zu Mir zurückkommen.

Wenn ihr jetzt nicht schweigt, werdet ihr leiden und euer schlechtes Gewissen wird euch schwach und bebend vor Mir zurücklassen.

Wie sehr ihr Mich verwundet.

Wie sehr ihr Mir Leid zufügt.

Ihr geißelt Mich, genau so, wie Ich das erste Mal gegeißelt wurde. Und doch sagt ihr, dass ihr Meine Heiligen Jünger seid.

Ihr verursacht Mir großen Kummer.

Meinen Anhängern sage Ich: Kümmert euch nicht um diese Verspottungen.

Öffnet euren Mund nicht und lasst euch nicht mit denjenigen ein, die Wut und Hass zeigen und die — zur gleichen Zeit — behaupten, Mich zu lieben.

Wie könnt ihr Mich lieben, wenn ihr füreinander keine Liebe oder Geduld aufbringt?

Ihr seid Heuchler, wenn ihr einen anderen in Meinem Namen geißelt.

Die Zeit ist jetzt reif für die zweite Ablehnung, die sich nicht von der ersten unterscheiden wird.

Im Rahmen der Verhöhnungen werden diese selbsternannten „Heiligen Jünger" Meine Propheten verspotten, indem sie versuchen werden, sie — durch das Anzweifeln ihrer Kenntnisse der Heiligen Schrift — zum Stolpern zu bringen.

Meine Propheten haben kein Verständnis der Heiligen Schrift und sie werden Mein Wort nicht verteidigen.

Und doch werden diese sogenannten Heiligen Jünger versuchen, Meine Propheten als dumm und unwürdig erscheinen zu lassen — genau so, wie es während der Krönung Meines Hauptes mit den Dornen war.

Außerdem werden sie große Anstrengungen unternehmen, sie öffentlich abzustempeln und zu beschämen, indem sie — zur selben Zeit — erklären, wie gut doch ihre eigenen Kenntnisse Meiner Lehren sind.

Die Schikanen werden sich fortsetzen, bis es — nach der „Warnung" — nachlassen wird, dann, wenn diese Seelen die Fehler, die sie gemacht haben, erkennen werden.

Sie werden deswegen weinen und leiden, aber Ich werde ihnen vergeben, weil Ich sie liebe.

Aber andererseits wird es viele geben, die keine Reue zeigen werden. Sie werden Meinen Endzeitpropheten schweres Leid zufügen und sie in schwere Bedrängnis bringen. Sie werden nicht für einen Moment damit aufhören.

Jede nur denkbare Kränkung, jede nur denkbare Beleidigung und jeder nur denkbare Angriff wird ihnen in Meinem Namen, im Namen Jesu Christi, des Menschensohns, zugefügt werden.

Sie werden Mich — bis ganz zum Schluss — verleugnen, indem sie Mein Heiliges Wort ablehnen, das ihnen heute gegeben wird.

Dann wird ihnen noch einmal Zeit gewährt werden, um das Buch der Wahrheit anzunehmen. Sie werden Mich entweder annehmen oder sie werden Mich ablehnen.

Dann werde Ich alle jene demütigen Seelen, die Mich lieben, versammeln und der Neue Himmel und die Neue Erde werden sich vereinen.

Diejenigen, die Mich immer noch ablehnen, werden dann in das Feuer der Hölle geworfen werden.

Ich komme ein letztes Mal, um euch zu retten.

Öffnet eure Herzen und seht, dass Ich es bin, Jesus, der euch jetzt ruft.

Wenn ihr das nicht sehen könnt, dann braucht ihr viel Gebet, um es dem Heiligen Geist zu ermöglichen, wahrhaftig in eure Seelen einzudringen.

Haltet euch vor Augen, dass diejenigen, die mit dem Heiligen Geist gesegnet sind, andere nicht beleidigen, verleumden oder Hass gegen Gottes Kinder verbreiten.

Sie wollen Gottes Kinder nicht beherrschen.

Sie brechen die Zehn Gebote nicht.

Euer Jesus

454. Satan plant, den Geist einiger Meiner auserwählten Seelen im Hinblick auf diese Mission zu vergiften.

Dienstag, 5. Juni 2012, 22:00 Uhr

Meine Tochter, es ist für diejenigen, die Meinen Visionären überall auf der Welt folgen, nicht klug, dem neuen Plan des Teufels zu erliegen.

Er plant, den Geist einiger Meiner auserwählten Seelen im Hinblick auf diese Mission zu vergiften.

Er wird einen gegen den anderen aufbringen.

Er wird unter ihnen Zweifel über diese Heiligen Botschaften hervorrufen, und das wird dir viel Kummer und Sorge verursachen.

Die spirituelle Eifersucht wird so, wie sich ein wildes Tier aus dem Wasser des Ozeans erhebt, anwachsen und sie wird eine schreckliche Flut des Hasses nicht nur auf Meine Botschaften, sondern auch auf dich ergießen.

Du musst beten; denn es wird bald geschehen.

Erwarte diese Ereignisse im täglichen Gebet und lass dich durch diese Serie von Angriffen nicht entmutigen.

Meine Anhänger müssen diesbezüglich wachsam bleiben; denn wenn es innerhalb des nächsten Monats beginnt, dann werdet auch ihr versucht sein, Mein Heiliges Wort anzuzweifeln.

Diese Prophezeiung wird sich vor euch entfalten und es wird der bisher bösartigste und schmerzlichste Angriff auf diese Mission sein.

Die Angriffe werden nicht nur von denjenigen herrühren, welche die Botschaften jener fördern, von denen sie glauben, dass sie authentische Visionäre und Propheten von heute sind, sondern sie werden darüber hinaus auch von einigen Meiner gottgeweihten Diener unterstützt werden.

Das Gift wird viele Seelen vergiften, und viele werden Mich ablehnen.

Ignoriere diese Angriffe, Meine Tochter. Gehe weiter vorwärts und gib der Welt Meine Botschaften, so schnell du kannst.

Es ist wichtig, dass du Mein Heiliges Wort und Meine Gebete selbst unter denjenigen verbreitest, die Mir nicht zuhören wollen. Denn viele werden, wenn sie mit diesen Botschaften in Berührung kommen und sie dann abweisen, Gewissensbisse fühlen, und ihnen werden dann die Gnaden gegeben werden, die Wahrheit zu sehen.

Unterschätzt niemals die Macht von Satans Einfluss auf euch.

Er sucht sich — ganz besonders — die Seelen als Ziel aus, deren Hilfe Ich in Meiner Mission zur Rettung der Menschheit benötige.

Euer geliebter Erlöser
Jesus Christus

455. Jungfrau Maria: Kinder, wenn ihr in diesem Leben leidet, dann kommt ihr Meinem Sohn näher.

Mittwoch, 6. Juni 2012, 17:00 Uhr

Kinder, wenn ihr in diesem Leben leidet, dann kommt ihr Meinem Sohn näher.

Das Leiden — so hart es auch ist — bringt Gnaden, vor allem, wenn es bereitwillig angenommen wird für die Erlösung von Seelen.

Wenn ihr leidet, dann haltet euch immer vor Augen, wie Mein Sohn gelitten hat.

Seine körperlichen Qualen — vergesst das nicht — würden für Menschen nur sehr schwer auszuhalten sein. Und doch kann geistiges Leiden den gleichen Schmerz verursachen.

Für diejenigen, die gegen das Leiden ankämpfen: Ihr müsst Mich, eure geliebte Mutter der Erlösung, bitten, euch zu helfen, damit zurechtzukommen.

Ich werde eure Leiden entgegennehmen und sie — in eurem Namen — Meinem Kostbaren Sohn anbieten zur Rettung von Seelen.

Er wird nur das nehmen, was Er benötigt, und Er wird euch Trost schenken. Er wird danach eure Last leichter machen.

Das Leiden kann eine Form von Reinigung der Seele sein. Wenn ihr es ablehnt und dagegen ankämpft, dann wird das keine Erleichterung verschaffen. Es wird zu einer noch viel schwereren Last werden.

Wenn ihr es aber mit Liebe aufopfert, dann wird eure Last erleichtert werden und ihr werdet voll Freude sein.

Fürchtet niemals das Leiden, denn es bringt euch näher an das Heiligste Herz Meines Sohnes heran.

Eure geliebte Mutter
Mutter der Erlösung

456. 600.000 gefallene Engel wurden im letzten Jahr aus den Tiefen der Hölle losgelassen. Weitere fünf Millionen sind jetzt losgelassen worden.

Donnerstag, 7. Juni 2012. 20:00 Uhr

Meine innig geliebte Tochter, die Zeit ist gekommen, um in der erneut gegen Satan und seine gefallenen Engel tobenden Schlacht des Himmels die Waffen aufzunehmen.

Satans Armee von Engeln, die jetzt in jeder Nation losgelassen wurden, und ihre ergebenen Jünger auf Erden fallen in jeder denkbaren Weise über die Kinder Gottes her.

Es gibt die sichtbaren Anzeichen. Die Krise in Meiner Kirche, der katholischen Kirche, wurde durch die Kräfte des Bösen hervorgerufen, deren Hauptziel es war, sie in die Knie zu zwingen. Damit nicht zufrieden, wollen die Kräfte des Bösen die Heilige Eucharistie zerstören, indem sie diese schänden.

Es war der Plan Satans, den Glauben Meiner Anhänger durch die Demoralisierung Meiner Kirche auf Erden zu zerstören.

Viele Meiner Anhänger erweisen Mir, ihrem Erlöser, nicht mehr länger Ehrerbietung, und zwar aufgrund der Sünden derjenigen, die Mich in der Kirche vertreten. Wie sehr verwundet es Mich, wenn sie Mich so schnell im Stich lassen.

Der Glaubensabfall in der Welt von heute wurde ebenfalls von Satan geplant, indem er Gottes Kinder dazu verleitet, ihren Glauben zu verleugnen.

Stattdessen bedient er sich einer neuen Religion, allgemein bekannt als die New-Age-Religion. Statt Gott, den Ewigen Vater, zu ehren, verherrlichen sie den Menschen an sich als geistig höher stehend und als denjenigen, der die Dinge kontrolliert.

Wie Luzifer, der nicht nur wie Gott sein wollte, sondern der sogar selbst zu Gott werden wollte, will dieser sich schnell entwi-

ckelnde Kult die Kinder Gottes davon überzeugen, dass sie die Kontrolle über ihr eigenes Schicksal haben.

Dass alles durch einen falschen Glauben an eine metaphysische Welt kontrolliert werden kann, die aber nicht existiert.

Der Glaube an falsche Götter — wie beispielsweise Buddha — hat so vielen Menschen geschadet und sie in eine dunkle Welt geführt, die bei der ersten Betrachtung zu glänzen scheint, die es aber nicht schafft, die reine Liebe füreinander zu entzünden.

Stattdessen laufen alle diese New-Age-Religionen auf eine einzige Sache hinaus: auf die Selbstsucht und auf die Eigenliebe, zu Lasten anderer.

Die Kriege, die von Satans Freimaurerorden verursacht werden, werden immer mehr, und die größte Gruppe von allen wird die Kontrolle des Nahen Ostens — mittels Massakern — federführend planen.

In Europa werden sie die Einführung einer neuen Eine-Welt-Währung organisieren, um die Bevölkerung zu ihren Sklaven zu machen.

Satans Griff ist so stark, dass viel Gebet erforderlich sein wird, um die Macht, die er ausübt, zu stürzen. Dann wird es noch die Versuchung geben, um Gottes Kinder von der Wahrheit abzubringen.

Er, Satan, kann euren Geist völlig durcheinanderbringen. Aber obwohl er nicht die Macht hat zu erkennen, was ihr denkt, kann er doch Gedanken und Zweifel in euren Geist legen.

Wenn ihr zu Beginn Widerstand leistet, indem ihr um die Gnaden betet, um euch selbst zu schützen, dann verstärkt er seine Aktivitäten.

Satan sendet seine Engeldämonen zu Gläubigen und quält sie. Wenn ihr sie sehen könntet, dann würdet ihr geschockt sein. Zwei oder drei können euch umgeben und können euch aus der Fassung bringen, können euch dazu bringen, verwirrt und unglücklich zu werden, und können euren Geist mit lieblosen Gedanken gegen eine andere Person erfüllen.

Alles, was mit Gott zu tun hat, mit Seinen Kirchen, Seinen Kindern und mit denjenigen, die Ihn auf Erden vertreten, sind die ersten Zielscheiben.

Dann nimmt er diejenigen ins Visier, die sich in hohen Positionen befinden und die die Kontrolle über das Leben von Millionen haben. Er führt sie durch Korruption, durch Machtmanipulation und durch die Einführung von schlechten Gesetzen — die dazu gedacht sind, Schmerz und Elend zu verursachen — in Versuchung. Und dann sorgt er dafür, dass es zum Krieg kommt.

Kinder, nehmt diese Schlacht zur Kenntnis; denn sie ist Wirklichkeit.

600.000 gefallene Engel wurden im letzten Jahr aus den Tiefen der Hölle losgelassen.

Weitere fünf Millionen sind jetzt losgelassen worden. Die Zeit für Gottes Armee im Himmel, Satan zu vernichten, hat begonnen. Auch für Meine Armee auf Erden hat die Zeit begonnen, die Waffen aufzunehmen.

Die Zeit ist kurz. Wir haben viel Arbeit zu tun.

Das Gebet ist die Waffe. Die Bekehrung ist das Ziel. Ich kann die Rettung der Seelen nur erreichen, wenn Meine Stimme in dieser Zeit gehört wird.

Satan weiß das. Er hat einen Fluch auf diese Mission gelegt und wird viele von Gottes Kindern von ihr wegziehen. Und doch kann er nicht gewinnen. Denn keiner kann die Offenbarung des Buches der Wahrheit verhindern; denn Ich bin es, Jesus Christus, der dies tut.

Und doch werden viele arme Seelen davon überzeugt werden, wegzuschauen, wenn Ich — sichtbar für die ganze Welt, wie im Buch der Offenbarung (des Evangelisten Johannes) vorausgesagt — die Wahrheit verkünde.

Erlaubt ihm, Satan, niemals, sich mit euch einzulassen. Das könnt ihr erreichen, indem ihr euch weigert, auf die Beleidigungen oder den Spott durch andere einzugehen, wenn ihr Mein Heiliges Wort öffentlich verkündet. Denn euch mit ihm zu beschäftigen, bedeutet, ihm die Munition zu geben, die er braucht, um euch zu zermürben.

Euer geliebter Jesus
Retter der ganzen Menschheit

457. Der freie Wille kann euch nicht genommen werden. Ich kann nicht fordern, dass ihr Mir folgt.

Freitag, 8. Juni 2012, 19:05 Uhr

Meine innig geliebte Tochter, viele, die diese Meine Heiligen Worte lesen, die der Menschheit aus Liebe gegeben werden, missverstehen Meine Absichten.

Als der Menschensohn ist es Mein Versprechen, die ganze Menschheit zu retten.

Meine Kreuzigung am Kreuz war nicht einfach nur ein weiterer Moment in der Zeit, oder nur ein weiterer Moment in der Geschichte.

Sie war ein Opfer, das gebracht worden ist, um jedem Einzelnen von euch das Geschenk des Ewigen Lebens anzubieten — und zwar auch heute noch.

Dies ist ein feierliches Versprechen: Das Leben in der kommenden Welt, in Meinem Königreich auf Erden, ist für jeden bestimmt.

Ich komme jetzt, um euch darauf vorzubereiten.

Ich habe euch zu einem früheren Zeitpunkt bereits gesagt, dass Ich Gottes Kindern nicht befehlen oder von ihnen fordern kann, Mir zuzuhören — und das, obwohl Ich komme, um euch vor den Gefahren zu warnen, die in der Zurückweisung Meiner Lehren und in der Zurückweisung der Zehn Gebote, die von Meinem Ewigen Vater festgesetzt wurden, liegen. Denn der ganzen Menschheit wurde ein besonderes Geschenk gegeben, und ebenso den Engeln im Himmel, nämlich das Geschenk des freien Willens.

Der Freie Wille kann euch nicht genommen werden. Ich kann nicht fordern, dass ihr Mir folgt.

Ich kann euch zwar warnen und euch die Falschheit eurer Wege aufzeigen, aber Ich kann euch nicht gebieten, dass ihr auf Meinen Ruf reagiert.

Ich kann euch nur darum bitten.

Der Freie Wille kann — auch wenn er ein Geschenk ist — ein Hindernis sein, da er von Satan dazu benutzt werden wird, um Lügen in euren Geist einzupflanzen.

Er, Satan, kann Forderungen stellen, die einen sehr großen Zwang auf euch ausüben und gegen die ihr, wie ihr feststellen werdet, nur sehr schwer ankämpfen könnt, von solcher Art ist seine Macht.

Meine Geduld wird in dieser Zeit, in der Endzeit, wie niemals zuvor geprüft.

Trotz Meines Todes am Kreuz, bei dem Ich Mein Leben aus Liebe hingegeben habe, um jeden von euch zu retten, haben viele vergessen, was dieses Opfer wirklich bedeutet.

Wenn Ich schon Mein Leben für die Erlösung der Menschheit hingab, warum hören Mir Meine Kinder dann nicht zu?

Wenn sie Mir — in Form dieser Botschaften — jetzt nicht zuhören wollen, dann ist das die Entscheidung, die sie aus ihrem eigenen freien Willen heraus treffen. Aber warum fahren sie dann damit fort, die Heilige Bibel falsch auszulegen und die Inhalte der Bibel zu verdrehen?

Egal wie sehr Ich abgelehnt werde, Ich werde niemals Meine Pflicht vernachlässigen, euch vor den kommenden Gefahren zu warnen.

Die Gefahren, von denen Ich spreche, umfassen nicht nur das Elend, das durch Satans böse Jünger für Nationen geplant wird, die Kontrolle über euer Geld, über eure Lebensmittel oder über das Leben der Menschen.

Nein, die Gefahr, vor der ihr am allermeisten auf der Hut sein müsst, ist die Gefahr, eure Seele an Satan und seine gefallenen Engel zu verlieren.

Ob ihr Mein Wort jetzt beherzigt, steht jedem Einzelnen von euch völlig frei.

Alles, worum Ich euch bitte, ist, dass ihr Mir zuhört. Wenn ihr es unterlasst, Mir zuzuhören, und wenn ihr die besonderen Gnaden, die Ich euch jetzt gewähre, nicht annehmt, dann bedeutet das, dass ihr möglicherweise nicht gut genug gerüstet seid, um eure Seele vor dem Tier zu retten.

Ich segne euch alle. An diejenigen, die verwirrt sind: Ich bitte euch dringend, euch der Gebete zu bedienen, die euch durch diese Botschaften gegeben werden.

Sie werden euch helfen, auf Meinen Ruf aus dem Himmel zu antworten.

Euer Jesus

458. Gott der Vater: Ich werde die Schlacht von Armageddon zusammen mit der Hierarchie im Himmel schlagen.

Samstag, 9. Juni 2012, 15:45 Uhr

Meine liebe Tochter, vertraue darauf, dass Ich, euer Himmlischer Vater, alles in Meiner Macht Stehende tun werde, alle Meine Kinder auf Erden zu retten.

Obwohl Ich das Geschenk des freien Willens respektieren muss — das von Mir als eines der größten Geschenke gewährt wurde, um sicherzustellen, dass die Menschheit Mich aus sich selbst heraus lieben würde und nicht aus Zwang — werde Ich dennoch Wunder bewirken und übernatürliche Ereignisse hervorrufen, um Meine Kinder zu Mir nach Hause zu bringen.

Obwohl Ich als ein Gott der Gerechtigkeit niemals Böses billigen oder akzeptieren könnte, werde Ich dennoch all denjenigen vergeben, die — wenn ihnen der Inhalt des Buches der Wahrheit klar wird — zu Meinem Sohn umkehren und nach der Tilgung ihrer Sünden streben.

Ich werde die Schlacht von Armageddon (Offb 16, 1-16) zusammen mit der Hierarchie im Himmel schlagen und Ich werde — das verspreche Ich euch — den Feind und die Teufel, die durch das Wirken Luzifers hervorgebracht wurden, besiegen.

Für Satan rückt die Zeit, in der er tausend Jahre lang verbannt wird, näher, und wehe den Menschen, die sich nicht von ihm oder seiner Boshaftigkeit lossagen.

Allen wird die Wahrheit Meiner Göttlichen Liebe und Mein Verlangen, Mein herrliches Königreich, Mein Paradies, mit allen zu teilen, gezeigt werden.

Jeder Versuch wird — durch Meine Propheten — gemacht werden, um sie, die Seelen, in die Arme Meines Sohnes zu führen.

Meine Kinder, verlasst Mich, euren lieben Vater, nicht.

Kommt, hört auf Meinen Ruf.

Weist euer Erbe nicht zurück.

Ihr steht jetzt der größten Krise seit der Erschaffung der Menschheit gegenüber; denn die Zeit ist für euch gekommen, um die letzte Entscheidung zu treffen.

Seid euch darüber im Klaren, dass man jede Lüge und jede Versuchung aufbieten wird, um euch dazu zu bringen, in den Armen Satans und seiner Teufel Trost zu suchen, und zwar um eure Seelen zu stehlen.

Nur diejenigen, die Zeit dafür aufwenden, ihren Glauben — durch das Gebet und die Sakramente — zu schützen, werden stark genug sein, ihrer Macht zu widerstehen.

Haltet euch vor Augen, dass Satan nicht gewinnen kann; denn er hat nicht die Macht dazu. Er wird jetzt jeden angreifen, sogar heilige Seelen, damit sie Mich und Meinen geliebten Sohn ablehnen.

Dafür wird er euch in einen Abgrund der Finsternis und der Verwirrung ziehen, und ihr werdet in einem komplizierten Netz der

Täuschung — aus dem ihr euch nicht werdet losmachen können — gefangen werden.

Hört Mir jetzt zu. Die letzte Schlacht hat begonnen. Macht nicht den Fehler, diesen Aufruf des Himmels zurückzuweisen; denn das wird bedeuten, dass ihr bis in alle Ewigkeit verloren sein werdet.

O würdet ihr die Tragödie der Seelen sehen, welche den Kelch der Erlösung ablehnen werden.

Sie werden zusammen mit Satan hilflos in die Tiefen der Hölle hinabtaumeln, aus der es keine Rückkehr gibt.

Als euer Vater muss Ich euch auf die Gefahren hinweisen, denen ihr gegenübersteht.

Warum wollt ihr nicht zuhören?

Wenn ihr an Mich glaubt, dann solltet ihr wissen, dass Ich Meine Propheten senden würde, um euch zu warnen.

Habe Ich das nicht schon früher getan? Haben sie Mir damals zugehört? Nein, viele hörten nicht zu, und die Prophezeiung entwickelte sich dann vor ihren ungläubigen Augen.

Dieses Mal komme Ich, um zu verkünden, dass die Zeit für das Wiederkommen Meines Sohnes, des Wahren Messias, nahe ist.

Satan weiß das. Sein Hass auf Mich ist so stark, dass er alles tun wird, um Meine Kinder von Mir fortzureißen.

Ich bin euer Gott, der Anfang und das Ende.

Am Anfang schuf Ich die Welt, und durch Meine Hand wird es geschehen, dass die Welt, so wie ihr sie kennt, zu einem Ende kommen wird.

Aber für Meine geliebten Kinder, die sich von Satan lossagen: Auf euch wartet die neue Welt, das Neue Paradies auf Erden in all seiner Herrlichkeit.

Wendet euch nicht ab.

Lasst es nicht zu, dass das fehlerbehaftete menschliche Denken euch und eure Lieben daran hindert, in dieses herrliche Paradies einzugehen, wo ihr keine unerfüllten Wünsche mehr haben werdet.

Wählt Mein Paradies der Liebe, der Freude und der Schönheit, einen besonderen Ort, an dem ihr in vollkommener Harmonie in Geist, Leib und Seele leben werdet.

Keine Verdorbenheit, keine Sünde, nur Liebe, und dort werdet ihr im Gleichklang mit Meinem Göttlichen Willen leben.

Euer liebender himmlischer Vater

Gott der Allerhöchste

_____

(*) Offb 16, 1-16 (Harmagedon = Armageddon – siehe Vers 16)

16 Die Ausgießung der Schalen. 1 Ich hörte vom Tempel her eine laute Stimme zu den sieben Engeln sagen: Gehet, gießet aus die sieben Schalen des göttlichen Zornes über die Erde. 2 Da ging der erste hin und goß seine Schale auf die Erde. Und es entstanden bösartige Geschwüre an den Menschen, die das Zeichen des Tieres tru-gen, und an denen, die sein Bild angebetet hatten. 3 Und der zweite goß seine Schale in das Meer, und es wurde zu Blut wie von einem Toten, und alles, was im Meere lebte, mußte sterben. 4 Und der dritte goß seine Schale aus über die Flüsse und die Wasserquellen, und es entstand Blut. 5 Und ich hörte den Engel der Wasser sagen: Du bist gerecht, [o Herr,] der du bist und warst, du Heiliger, weil du also gerichtet hast. 6 Denn Blut von Heiligen und Propheten haben sie vergossen. Dafür gabst du ihnen Blut zu trinken. So haben sie es verdient. 7 Und ich hörte den Altar sprechen: Ja, Herr, allmächtiger Gott, wahrhaftig und gerecht sind deine Gerichte. 7: Es ist, als spräche der Altar selbst, indem die Märtyrerseelen unter dem Altare reden. Vgl. oben 6,9-11. 8 Und der vierte goß seine Schale aus auf die Sonne, und es ward ihr Gewalt gegeben, die Menschen mit feuriger Glut zu versengen. 9 Die Menschen litten sehr unter der schrecklichen Gluthitze und lästerten den Namen Gottes, der über diese Plagen gebietet, aber sie bekehrten sich nicht und gaben ihm nicht die Ehre. 10 Und der fünfte goß seine Schale aus auf den Thron des Tieres. Da ward dessen Reich voll Finsternis, und sie zerbissen ihre Zungen vor Schmerz 11 und lästerten den Gott des Himmels in ihren Schmerzen und Geschwüren, bekehrten sich aber nicht von ihren Werken. 12 Und der sechste goß seine Schale in den großen Fluß Euphrat. Dessen Wasser vertrocknete. So sollte der Weg bereitet werden für die Könige vom Osten. 13 Nun sah ich aus dem Maul des Drachen, dem Maul des Tieres und dem Maul des falschen Propheten drei unreine Geister in Gestalt von Fröschen ausfahren. 14 Es sind nämlich teuflische Geister, die Zeichen wirken und zu den Königen der ganzen Welt ziehen, sie zum Kriege zu versammeln auf den großen Tag des allmächtigen Gottes. — 13-14: Sumpfbewohner, aufgeblasen, großmäulig und doch ohnmächtig wie Frösche sind diese Gottesfeinde. 15 Siehe, ich komme wie ein Dieb (Mt 24,43). Selig, wer wacht und seine Kleider hütet, damit er nicht nackt herumgehen muß und seine Schande sichtbar wird. 15: Johannes unterbricht nach seiner Gewohnheit die Schilderung der furchtbaren Weltwehen durch eine eindringliche Mahnung an die Gläubigen. 16 Und er läßt sie zusammenkommen an dem Orte, der hebräisch Harmagedon heißt. 16: Der Name Harmagedon soll wohl an die Schlacht bei Megiddo erinnern, wo das Heer der Feinde Israels völlig vernichtet wurde. Vgl. Ri 4-5; 4 Kg 9,27; 23,29-30.

459. Der Falsche Prophet wird nicht nur die Führung über die katholische Kirche übernehmen, er wird auch über alle christlichen Kirchen bestimmen.

Sonntag, 10. Juni 2012, 15:30 Uhr

Meine innig geliebte Tochter, Ich rufe alle Meine Anhänger auf, in dieser Zeit Mut zu zeigen.

Das ist nicht die Zeit, niederzufallen und zu weinen. Es ist die Zeit, für eure Erlösung zu kämpfen.

Ich rufe alle christlichen Kirchen, Meinen Klerus und all diejenigen auf, die Mir, ihrem Jesus, ihr Leben gewidmet haben, auf Meine Bitten zu hören.

Lasst euch niemals von der Wahrheit Meiner Lehren abbringen.

Lasst Mich niemals im Stich.

Wendet euch niemals von Meiner Kirche ab; denn Ich bin die Kirche.

Wendet euch niemals von Meinem Leib ab; denn Ich bin das Brot des Lebens.

Akzeptiert niemals die Lügen, die bald unter euch verbreitet werden, um Meine Kirche auf Erden auszuschalten.

Es ist Zeit, Vorbereitungen zu treffen.

Bald wird man euch dazu bringen, eine neue Religion, die von Menschen erdacht sein wird, anzunehmen.

Bald wird man euch zwangsweise mit etwas ernähren, was wie die Heilige Eucharistie erscheinen wird, aber es wird nicht Mein Leib sein.

Dieser Ersatz wird leer und unfruchtbar sein und wird kein wahres Leben spenden.

Die einzige Heilige Eucharistie, die es gibt, ist die Art und Weise, wie Meine Gegenwart im Heiligen Messopfer, wie es jetzt ist, bekannt gemacht wird.

Weicht niemals davon ab, selbst wenn ihr durch die Heiden, die Meine christlichen Kirchen übernehmen werden, dazu gezwungen werdet.

Sie werden Meine Kirchen entweihen und sie zu nichts anderem machen als zu Orten der Unterhaltung und sozialer Kontakte.

Ihr müsst immer den Schritten folgen, die Ich Meine Apostel beim Letzten Abendmahl gelehrt habe.

Jetzt müsst ihr — bevor der Angriff beginnt — sicherstellen, dass alles bereit steht.

Denn bald werdet ihr es als unmöglich finden, einer falschen Lehre zu folgen, die euch durch den kommenden Gräuel aufgezwungen werden wird.

Der Falsche Prophet wird nicht nur die Führung über die katholische Kirche übernehmen, er wird auch über alle anderen christlichen Kirchen bestimmen, die er zu einer einzigen verschmelzen wird.

Aber es werde nicht Ich, Jesus Christus, sein, auf dem der Neue Tempel aufgebaut sein wird. Es wird ein Tempel sein, der dazu bestimmt ist, den Heiligen Stuhl zu ersetzen, und dazu, das Tier zu verehren.

Achtet jetzt gut auf Meine Worte; denn bald werdet ihr die Wahrheit sehen.

An diejenigen, die tapfer genug sind, sich dieser Verfolgung eures Glaubens zu widersetzen: Ihr müsst jetzt planen.

An diejenigen, die nicht die Stärke haben, gegen die Herrschaft des Antichristen und des falschen Propheten zu kämpfen: Fallt jetzt nieder auf eure Knie und bittet Mich, euch zu helfen.

Ich werde euch durch Meine neuen Führer, die unter euch aufkommen werden und die durch Meine Zwei Zeugen geführt werden, den Weg weisen. (Offb 11, 1-13)

Enoch und Elijah, die in Meinen christlichen Kirchen auf Erden und im Hause Israel gegenwärtig sind, werden bald das Predigen der Evangelien überall auf der Welt beeinflussen.

Nichts wird das Lehren der Wahrheit aufhalten.

Diese Zeit wird schwer sein, aber erhebt euch und schließt euch Meiner Armee auf Erden an — und mehr Seelen werden gerettet werden. Lasst die Herde, die Ich euch übergeben habe, damit ihr sie anführt, nicht im Stich.

Habt keine Angst; denn nur, indem ihr Meinem Pfad zum Ewigen Leben folgt, könnt ihr gerettet werden.

Wenn ihr dem Pfad des Falschen Propheten folgt, dann werdet ihr nicht nur für Mich verloren gehen, sondern ihr werdet auch unschuldige Seelen hin auf den Weg zur Hölle führen.

Seid tapfer, Meine geweihten Diener.

Akzeptiert, dass die Zeit für Meine Rückkehr nahe bevorsteht. Ihr habt keine Zeit zu verlieren.

Euer Jesus

(*) Offb 11, 1-13

11 Die zwei Zeugen. 1 Nun gab man mir ein Rohr gleich einem Maßstab und sprach: Stehe auf und miß den Tempel Gottes und den Altar und die darin anbeten. 2 Den Vorhof aber außerhalb des Tempels laß aus und miß ihn nicht, denn er ist den Heiden überlassen. Sie werden die heilige Stadt zertreten zweiundvierzig Monate lang. 3 Und ich werde meinen zwei Zeugen geben, in Bußgewändern zu prophezeien tausendzweihundertsechzig Tage lang. 3: Unter den zwei Zeugen versteht die kirchliche Überlieferung den Henoch und Elias. Ein halbes Sabbatjahr wirken sie. 4 Diese sind zwei Ölbäume und die zwei Leuchter, die vor dem Herrn der Erde stehen. 5 Wenn ihnen jemand schaden will, so wird Feuer aus ihrem Munde gehen und ihre Feinde verzehren. Also muß jeder umkommen, der sie verletzen will. 6 Diese haben die Macht, den Himmel zu verschließen, daß es nicht regne zur Zeit ihrer Weissagung, und sie haben Macht über die Wasser, sie in Blut zu verwandeln und die Erde zu schlagen mit jeglicher Plage, sooft sie wollen. 7 Wenn sie aber ihr Zeugnis beendet haben, wird das Tier, das aus dem Abgrunde steigt, sie

bekriegen, besiegen und töten. 8 Und ihre Leiber werden liegen auf den Straßen der großen Stadt, die bildlich Sodoma und Ägypten heißt, wo auch ihr Herr gekreuzigt wurde. 8: Jerusalem verdient seinen Namen nicht mehr, da sein Geist dem von Sodoma und Ägypten ähnlich geworden ist. 9 Drei und einen halben Tag lang werden die Leute aus den verschiedenen Stämmen, Ländern, Sprachen und Völkern ihre Leichname anschauen und nicht zugeben, daß sie in Gräbern beigesetzt werden. 10 Und die Bewohner der Erde werden sich über sie freuen und frohlocken und einander beschenken, weil diese zwei Propheten die Bewohner der Erde belästigt haben. 11 Allein nach drei und einem halben Tage kam Lebensgeist von Gott über sie. Sie stellten sich auf ihre Füße und große Furcht befiel alle, die sie sahen. 12 Und man hörte eine laute Stimme vom Himmel: Kommet hier herauf. Und sie fuhren in der Wolke gen Himmel vor den Augen ihrer Feinde. 13 In derselben Stunde entstand ein großes Erdbeben. Der zehnte Teil der Stadt stürzte zusammen, und bei dem Erdbeben kamen siebentausend Personen ums Leben. Die Überlebenden gerieten in Schrecken und gaben dem Gott des Himmels die Ehre. 9-13: Die Welt jubelt, weil sie glaubt, endlich die strengen Bußprediger losgeworden zu sein, aber ihr Jubel ist verfrüht. 14 Das zweite Wehe ist vorbei: siehe, das dritte Wehe kommt rasch.

460. Mutter der Erlösung: Betet für die christlichen Kirchen, damit ihnen die Gnaden gegeben werden, ihren Glauben zu verteidigen.
Montag, 11. Juni 2012, 12:02 Uhr

Alle Kinder Gottes sind weltweit aufgerufen, sich wie eine Einheit zusammenzutun, um in dieser Zeit flehentlich um die Barmherzigkeit Meines Ewigen Vaters zu bitten.

Kinder, schüttet Meinem Vater eure Herzen aus und bittet Ihn, euch zu schützen und euch mit dem kostbaren Blut Seines Sohnes zu bedecken.

Ihr müsst von jetzt an jeden Tag darauf achten, dass ihr — im Namen Jesu Christi, des Erlösers der Welt — zu Gott dem Vater um jeden erdenklichen Schutz vor den bösen Kräften, die sich jetzt in jeder Ecke ausbreiten, betet.

Betet, betet, betet für die christlichen Kirchen auf Erden, damit ihnen die Gnaden gegeben werden, ihren Glauben zu verteidigen.

Gebt niemals die Hoffnung auf, Kinder; denn wenn ihr Meinem Sohn Treue versprecht und um Kraft betet, dann werden eure Gebete beantwortet werden.

Heute bitte Ich euch, dass ihr mit den Kreuzzuggebeten der Bekehrung und mit dem Beten des sehr Heiligen Rosenkranzes und des Barmherzigkeitsrosenkranzes fortfahrt.

Dieser Monat ist zur Bekehrung von vielen Nationen bestimmt.

Das Fasten muss weitergehen, um Seelen zu retten, und es kann im Rahmen der Möglichkeiten jedes Einzelnen ausgeführt werden.

Fahrt damit fort, Kinder, für die Bekehrung zu beten, die in dieser Zeit so notwendig ist.

Danke, dass ihr auf Meinen Ruf reagiert.
Mutter der Erlösung

461. Denkt (immer) daran, dass dies ein Krieg ist, der durch Meine Rest-Kirche auf Erden gewonnen werden wird.
Montag, 11. Juni 2012, 16:30 Uhr

Meine innig geliebte Tochter, sehr bald werden sich jetzt jene Seelen, die — aufgrund dieser Botschaften — von der Kraft des Heiligen Geistes entflammt sind, in allen Nationen einmütig zusammentun.

Sie werden sich einträchtig vereinigen, um Mein Wort öffentlich zu verkünden, damit jede verirrte Seele den Klauen des Tieres entrissen werden kann.

Meine Rest-Kirche wird sich mit großer Geschwindigkeit zusammentun und wird auf der ganzen Welt zahlenmäßig anwachsen, und das Gebet wird sie zu einer einzigen, Heiligen Kirche zusammenschweißen.

Ich werde jeder Meiner zwei Kirchen, Meinen Zwei Zeugen auf Erden, Hilfe senden. Dann werden sie sich erheben und die Wahrheit mit großer Tapferkeit — in jeder Ecke der Welt — öffentlich verkünden.

Meine Stimme wird wie der Donner erschallen, und diejenigen, die Mich wahrhaftig lieben, werden Mich erkennen.

Die Gnaden des Heiligen Geistes werden die Seelen Meiner Soldaten entflammen, und sie werden vorwärts marschieren und Mir helfen, die Menschheit zu retten.

Freut euch, Meine Armee, denn ihr seid gesegnet, für diese glorreiche Aufgabe erwählt worden zu sein.

Durch eure Liebe zu Mir, eurem Göttlichen Erlöser, werdet ihr dabei helfen, eure armen Brüder und Schwestern davor zu retten, an den Teufel verloren zu gehen.

Kommt jetzt, Meine Anhänger, und erlaubt Mir, euch durch den dichten und dornigen Dschungel in das Licht Meines Neuen Königreiches auf Erden hineinzuführen.

Habt niemals Angst vor Meiner Hand, wenn Ich euch jetzt unerschrocken in die Schlacht gegen den Antichristen führe.

Denkt daran, dass dies ein Krieg ist, der durch Meine Rest-Kirche auf Erden gewonnen werden wird.

Denkt auch daran, dass die Zahl der Seelen, die gerettet werden können, von der Stärke eures Glaubens, von eurer Großherzigkeit und von eurer Bereitwilligkeit, in Meinem Heiligen Namen zu leiden, abhängen wird.

Ich liebe euch.

Ich segne euch.

Ich gebe euch die Gnaden, die ihr jetzt benötigt, um eure Waffenrüstung aufzunehmen und um zum Ewigen Leben zu marschieren.

Euer geliebter Jesus

462. Der Prüfstein eines echten Propheten liegt in den Gebeten, die ihm für die Menschheit gegeben werden.

Dienstag, 12. Juni 2012, 17:58 Uhr

Meine innig geliebte Tochter, wisse, dass Ich diejenigen, die sagen, dass sie in Meinem Namen kommen, obwohl das nicht der Fall ist, niemals verurteilen würde.

Ich liebe alle Kinder Gottes einschließlich der falschen Propheten, die gesandt sind, um in dieser Zeit die Menschheit in Verwirrung zu bringen.

Viele solcher Seelen sind voller Liebe zu Mir und verspüren ein Verlangen, Mir näher zu kommen. Sie können sich — ohne eigene Schuld — einbilden, dass sie Göttliche Botschaften empfangen. Ihr müsst für solche Seelen beten. Ihr dürft niemals über sie richten.

Dann gibt es diejenigen, die sagen, dass sie in Meinem Namen kommen, die aber das Kennzeichen des Tieres tragen. Sie sind Wölfe im Schafspelz und sie sind darauf aus, die reinen Seelen einzufangen und sie mit der Sünde der Irreführung zu beschmutzen.

Diese sind die gefährlichen falschen Propheten, deren Absicht es ist, die Wahrheit Meiner Lehren auf eine solche Art und Weise zu verdrehen, dass es kaum auffällt.

Sie werden dafür sorgen, dass ihr — durch eine äußerliche Fassade falscher Demut — in Meinem Namen eine Lüge glaubt. Sie werden eine Maske der Toleranz präsentieren, die aber eine Täuschung ist, und ihr werdet überzeugt sein, dass sie die Wahrheit verbreiten.

Der Prüfstein eines echten Propheten liegt in den Gebeten, die ihm für die Menschheit gegeben werden.

Durch die Kraft des Heiligen Geistes breitet sich die Bekehrung schnell aus, wenn Botschaften vom Himmel kommen und sie alle Religionen und alle Glaubensrichtungen einbeziehen, um sie zu eins zu vereinen.

Ich bitte in dieser Zeit dringend um Gebet für solche Seelen, die dahingehend getäuscht worden sind, dass sie glauben, dass sie mit der Stimme des Himmels sprechen. Betet für sie, damit sie die Kraft empfangen mögen, sich um Demut zu bemühen, damit es ihnen ermöglicht wird, die Wahrheit zu sehen.

Betet, dass sie nicht zulassen werden, dass der Betrüger ihre Seelen benutzt, um unter den Kindern Gottes Verwirrung zu stiften.

Betet auch für diejenigen, die nicht im Namen Gottes sprechen, sondern die mit der Zunge Satans sprechen und die sich dessen bewusst sind. Auch sie brauchen eure Gebete; denn sie werden von Satan gnadenlos benutzt als ein Mittel, um Lügen zu verbreiten.

Euer geliebter Jesus

463. Treuegelöbnis gegenüber dem Göttlichen Willen von Gott, dem Vater.

Mittwoch, 13. Juni 2012, 16:00 Uhr

Meine innig geliebte Tochter, so wie Mein Ewiger Vater der Menschheit das große Geschenk Seines Siegels vermachte, so müssen auch Seine Kinder ihre Treue gegenüber Seinem Göttlichen Willen versprechen.

Ich bitte alle Kinder Gottes, die in Seiner Armee voranmarschieren werden, um zu helfen, die Seelen aller Kinder Gottes einschließlich der verhärteten Sünder zu retten, das Folgende zu geloben:

Kreuzzug-Gebet (59) „Treuegelöbnis gegenüber dem Göttlichen Willen"

„O Gott, Allerhöchster, o Himmlischer Vater,

ich verspreche Dir meine beständige Treue, um Dich zu ehren und Dir in allen Dingen, die mit Deinem Göttlichen Willen auf Erden zu tun haben, zu gehorchen.

Ich opfere Dir durch das Heilige Blut Deines einzigen, geliebten Sohnes, des Wahren Messias, meinen Geist, meinen Leib und meine Seele im Namen aller Seelen auf, damit wir Eins werden können in Deinem Königreich, das kommt, und damit Dein Göttlicher Wille wie im Himmel so auf Erden geschehe. Amen."

Ihr müsst Meinem Himmlischen Vater als Beweis eures Glaubens und im Gedenken an Meinen Tod am Kreuz eure Seelen angeloben, damit jeder von euch aus dem Kelch der Erlösung trinken wird.

Euer Jesus

464. Obwohl die „Warnung" nicht gefürchtet werden soll, wird sie denjenigen, die nicht im Stande der Gnade sind, Schmerzen verursachen.

Donnerstag, 14. Juni 2012, 18:15 Uhr

Ich, euer geliebter Jesus, wünsche, dass du, Meine innig geliebte Tochter, alle Meine Anhänger bittest, Meine Anweisungen zu beherzigen.

Kümmert euch um jedes Mitglied eurer eigenen Familie, um diejenigen mitten unter euch, die Meinen Lehren nicht folgen.

Sucht unter euch nach jenen Seelen, die Ich nicht mehr erreichen kann, die Mich nach außen hin offen erkennbar ablehnen. Danach bitte Ich euch, dass ihr in dieser Zeit kräftig für sie betet.

Ihr müsst für ihre Seelen um Barmherzigkeit bitten. Eure Gebete und Opfer können sie vor einem schrecklichen Leiden während der bei der „Warnung" stattfindenden Reinigung bewahren.

Obwohl die „Warnung" nicht gefürchtet werden soll und als Mein besonderes Geschenk zu begrüßen ist, wird sie denjenigen, die nicht im Stande der Gnade sind, Schmerzen verursachen.

Bereitet eure Seelen im Voraus vor; denn gesunde Seelen werden die „Warnung" als ein freudiges Ereignis empfinden.

Sie werden nicht leiden, weil sie im Stande der Gnade sein werden, besonders, wenn sie regelmäßig das Sakrament der Beichte empfangen.

Ihre Stärke wird denjenigen helfen, die nach der „Warnung" durch die Qual des Fegefeuers hindurchgehen müssen.

Helft denjenigen, die nicht zuhören wollen, durch das tägliche Beten Meines Barmherzigkeitsrosenkranzes.

Bietet Mir, eurem Jesus, ein Opfer zur Wiedergutmachung der Sünden eurer Familien an.

Ich werde all denen, die den schwarzen Zustand ihrer Seelen einsehen, wenn ihnen während der „Warnung" ihre Sünden gezeigt werden, Barmherzigkeit erweisen.

Nur denjenigen, die ehrliche Demut zeigen und die ein reines Herz haben, wird vergeben werden.

All jene Seelen, einschließlich der Kinder, die Mich verleugnen, brauchen dringend eure Gebete.

Hier ist das Gebet, das ihr beten müsst, damit sie sich während der „Warnung" bekehren.

Kreuzzug-Gebet (60) Gebet für die Bekehrung der Familien während der „Warnung"

„O lieber guter Jesus,

ich bitte um Barmherzigkeit für die Seelen Meiner Familie.

(Hier bitte die Namen nennen.)

Ich opfere Dir meine Leiden, meine Prüfungen und meine Gebete auf, um ihre Seelen vor dem Geist der Finsternis zu retten.

Lass nicht eines dieser Deiner Kinder Dich verurteilen oder Deine Hand der Barmherzigkeit zurückweisen.

Öffne ihre Herzen für eine Vereinigung mit Deinem Heiligsten Herzen, damit sie um die Vergebung bitten können, die notwendig ist, um sich vor den Feuern der Hölle zu retten.

Gib ihnen Gelegenheit zur Wiedergutmachung, damit sie mit den Strahlen Deiner Göttlichen Barmherzigkeit bekehrt werden können. Amen."

Kinder Gottes, bereitet euch jeden Tag auf die „Warnung" vor; denn sie kann jederzeit geschehen.

Euer Jesus

465. Der Himmel wird zurückgezogen werden, so als ob sich ein Dach geöffnet hat.

Samstag, 16. Juni 2012, 19:40 Uhr

Meine innig geliebte Tochter, Mein Wort wird von Millionen Menschen auf der ganzen Welt gehört, während Ich alle Kinder Gottes auf Meine Göttliche Barmherzigkeit vorbereite.

Es gibt diejenigen, die mit dem Heiligen Geist gesegnet sind und die nach dem Lesen Meiner Botschaften sofort wissen werden, dass sie von Meinen Göttlichen Lippen kommen.

Diejenigen, die sagen, dass sie Mich kennen, die aber daran scheitern, Mich zu erkennen, können trotzdem nicht widerstehen, Mein Wort zu lesen, obwohl sie gegen Mich ankämpfen.

Sie lehnen Mich ab, und dennoch werden sie zu Meinen Botschaften hingezogen.

Begreifen sie denn nicht, dass dies der Heilige Geist ist, der, obwohl Er in ihren Seelen schlummert, sie dennoch zu Mir hinzieht?

Ich sage ihnen Folgendes. Die Zeit ist gekommen; denn bald werden euch — während der „Warnung" — eure Vergehen gezeigt werden.

Euer Hass auf Mein Wort wird euch offenbart werden, und dann werdet ihr die Wahrheit kennen.

Wenn das geschieht, dann müsst ihr euch euren Brüdern und Schwestern anschließen und um das Recht kämpfen, Meine Kirche auf Erden zu verteidigen.

Der Himmel wird zurückgezogen werden, so als ob sich ein Dach geöffnet hat, um die Feuer und die Flammen Meiner Göttlichen Barmherzigkeit zu offenbaren.

Die Erde wird mit einer solchen Kraft geschüttelt werden, dass kein Mensch Meinen Augen, Meinem Geist oder Meinem Geschenk entkommen wird.

Viele werden vor Angst zittern, weil es nur dann geschehen wird, dass viele sich zum allerersten Mal ihrer Seelen bewusst werden. Sie werden erkennen, dass ihre Liebe zu ihrem Körper und zu allen Sinnen, denen sie Nahrung zu geben bemüht sind, sinnlos ist.

Sie werden jeden Teil ihrer Seele sehen, aber sie werden sie nicht mit ihren eigenen Augen sehen. Sie werden ihre Seelen durch Meine Augen betrachten.

Sie werden sich schlecht und mit Ekel erfüllt fühlen, so wie Ich Mich fühle, wenn Ich die Hässlichkeit ihrer beklagenswerten, schlechten Taten sehe.

Sie werden sehen, wie niederträchtig ihr Verhalten gegenüber anderen war, und sie werden das Böse sehen, das sie ihren Mitmenschen, ihren Brüdern und Schwestern, antaten.

Dann werden sie ihre Eigenliebe, ihre Eitelkeit und ihre Liebe zu falschen Idolen erkennen und sie werden wissen, wie sehr Mich das verletzt.

Diejenigen, deren Sünden so schwarz sind: Sie werden sich sehr schlecht fühlen und sie werden von Schmerzen erfüllt sein — und sie werden nicht fähig sein, die schrecklichen Dinge auszuhalten, die sie sehen müssen. Sie werden all ihre Kraft brauchen, um die Reinigung auszuhalten, die nötig ist, um sie zu befähigen, zu überleben und dem Pfad der Wahrheit zu folgen.

Es ist wichtig zu verstehen, dass die „Warnung" genau Folgendes ist: Ich komme, um Gottes Kinder zu ermahnen, dass ihre Sünden vergeben werden können und vergeben werden.

Ich komme, um ihnen zu zeigen, wie der Tag des Jüngsten Gerichts sein wird. Das wird bedeuten, dass diejenigen, die zu diesem Zeitpunkt um die Tilgung ihrer Sünden bitten, gerettet werden.

Denjenigen, die Mich noch ablehnen, wird Zeit gegeben werden, um zu bereuen, aber nicht viel Zeit. Wenn sie Meine Hand der Barmherzigkeit dann immer noch ausschlagen, dann werde Ich gezwungen sein, sie zurückzuziehen.

Dann werde Ich die Gerechten von den Ungerechten scheiden — die einen auf die eine Seite, die anderen auf die andere Seite. Danach folgt noch eine letzte Chance, um sich um die Tilgung der eigenen Sünden zu bemühen — und diejenigen, die Meine Hand der Liebe und Barmherzigkeit dann ablehnen, werden in die Hölle geworfen werden.

Diese Prophezeiung wurde schon seit Anbeginn der Zeit vorausgesagt.

Schenkt „Der Warnung" Beachtung und rettet eure Seelen, solange ihr es könnt.

Euer Jesus

466. Ihre bösen Pläne beinhalten auch eine neue weltweite Impfung, die überall auf der Welt Krankheit hervorrufen wird.

Sonntag, 17. Juni 2012, 20:15 Uhr

Meine innig geliebte Tochter, die Pläne der Freimaurerischen Gruppen, die Weltwährungen zu übernehmen, nähern sich ihrem Abschluss.

Ihre bösen Pläne beinhalten auch eine neue weltweite Impfung, die überall auf der Welt Krankheit hervorrufen wird, um in einem Ausmaß wie niemals zuvor Leid zu verursachen.

Vermeidet jede derartige plötzlich angekündigte weltweite Impfung; denn sie wird euch töten.

Ihre bösen Pläne würden alle gutartigen Seelen schocken, die keine Ahnung davon haben, wie mächtig diese Leute sind.

Getrieben von einer Gier nach Macht und Reichtum und von einem Verlangen, in allem, was sie tun, so wie Gott zu sein, glauben sie, dass sie unbesiegbar sind.

Sie haben die Kontrolle über Banken und Regierungen und sind verantwortlich für das Verursachen von Terror im Nahen Osten.

Sie kontrollieren einen großen Teil der Weltmedien, und die Wahrheit ihrer Schlechtigkeit liegt hinter sogenannten humanitären Organisationen verborgen.

Leider wissen nur sehr wenige der Kinder Gottes über ihre Pläne Bescheid.

Ihr sollt wissen, dass die Hand Meines Vaters daher plötzlich und schnell auf jene Nationen, die solche bösartigen Führer beschützen, herabfallen wird.

Sie werden durch Tsunamis und Erdbeben von einem solchen Umfang getroffen werden, dass sie hinweggefegt werden.

Diejenigen, die glauben, dass sie derart mächtig seien, werden kurz vor Meinem Zweiten Kommen Feuer vom Himmel fallen sehen.

Die Meere werden zu Feuerseen werden, und sie werden feststellen, dass es ihnen schwer fällt, sich vor der Hand der Bestrafung zu verbergen, die auf jene bösen Seelen herabkommen wird, die Meinen Kelch ablehnen werden.

Aufsässig bis zum Ende, werden sie Meinen Ewigen Vater und die Macht des Himmels bekämpfen.

Da sie für den Antichristen Partei ergreifen und aus den Gruppen stammen, aus denen er zum Vorschein kommt, werden sie den Fehler ihrer Wege erst dann erkennen, wenn es für sie zu spät ist.

Viele dieser Gruppen — in denen sich auch die Führer von Banken, Regierungen und die Leiter großer Unternehmen befinden, die allesamt miteinander verbunden sind und die gemeinsam daran arbeiten, die gewöhnlichen Menschen zu Bettlern zu machen — werden sich nach der „Warnung" bekehren. Dies ist also gut.

Die Zeit, in der Ich jene Seelen, die Mich lieben, von denjenigen scheide, die sich auf die Seite des Teufels stellen, ist nicht mehr weit entfernt.

Seid gewarnt. Es wird nur eine bestimmte Zeitspanne zur Bekehrung gewährt werden. Die Seelen, die Meiner Barmherzigkeit am meisten bedürfen, gehören zu diesen bösen Gruppen, die keinen Respekt vor den Gesetzen Gottes haben.

Ihr müsst beten, dass sie die Wahrheit erkennen werden.

Ihr müsst darum beten, dass sie damit aufhören, den Menschen durch die schrecklichen Gesetze, die sie einführen wollen, schweres Leid zuzufügen.

Ihr müsst beten, um den Völkermord zu verhindern, den sie planen, der schlimmer ist als derjenige, den Hitler im Zweiten Weltkrieg ausführte.

Diese Gruppe, die zahlenmäßig größte seit der Entstehung im Mittelalter, ist Satans Armee. Sie wird vom Antichristen angeführt werden. Seit Jahrzehnten haben sie Pläne geschmiedet, um ihre Kontrolle über die Banken zu verwirklichen.

Fünfzehn Jahre lang (*) haben sie die Einführung des Zeichens des Tieres geplant, einem Chip, den sich in den Körper implantieren zu lassen man jeden Mann und jede Frau zwingen wird und der den Zugang zu Nahrungsmitteln ermöglicht.

Jetzt, da die Zeit für sie gekommen ist, ihre Neue Weltwährung zu enthüllen, sollt ihr wissen, dass Gebet, und zwar viel Gebet, dabei helfen kann, einen großen Teil ihres Planes abzuschwächen.

Hier ist ein Gebet, um die Eine-Welt-Kontrolle abzuwenden.

Kreuzzug-Gebet (61) „Wende die Eine-Welt-Kontrolle ab"

„O lieber Himmlischer Vater,

im Gedenken an die Kreuzigung Deines geliebten Sohnes Jesus Christus bitte ich Dich, uns — Deine Kinder — vor der Kreuzigung zu beschützen, die vom Antichristen und seinen Anhängern geplant ist, um Deine Kinder zu vernichten.

Gib uns die Gnaden, die wir nötig haben, um das Zeichen des Tieres zu verweigern, und gewähre uns die notwendige Hilfe, um das Böse in der Welt zu bekämpfen, das von denjenigen verbreitet wird, die dem Weg Satans folgen.

Wir flehen Dich an, lieber Vater, beschütze in diesen schrecklichen Zeiten alle Deine Kinder und mache uns stark genug, um aufzustehen und zu jeder Zeit Dein Heiliges Wort öffentlich zu verkünden. Amen."

Meine Tochter, Ich bin traurig darüber, dass Ich gezwungen bin, diese Dinge zu offenbaren. Aber es ist notwendig, dass Meine Anhänger begreifen, was geschieht.

Diejenigen, die nicht an diese Botschaften glauben, werden keine Zweifel mehr haben, wenn sich der Antichrist präsentiert, wie Ich es vorausgesagt habe.

Ihr müsst euch auf der ganzen Welt in Gruppen im Gebet vereinen.

Je mehr Meiner Anhänger dies tun, desto stärker wird der Heilige Geist anwesend sein und umso schwächer wird dann die Armee Satans sein.

Bemüht euch darum, keine Angst zu haben; denn einer derartigen Verfolgung kann man ohne Furcht entgegengetreten.

Sobald ihr euch gut vorbereitet habt, indem ihr Meine Anweisungen befolgt und am täglichen Gebet festhaltet, wird die Zeit schnell vorbeigehen.

Vertraut immerzu auf Mich.

Vergesst nicht, dass Ich für eure Sünden gestorben bin. Es ist daher nur angemessen, dass ihr Mir erlaubt, euch in dieser Zeit zum Neuen Königreich auf Erden zu führen.

Nur Ich, Jesus Christus, kann euch führen. Haltet euch vor Augen, dass ihr nichts seid ohne Mich.

Euer Jesus

(*) Dies bezieht sich auf die letzten 15 Jahre, in denen das geplant wurde.

467. Keinem Propheten sind von Meiner geliebten Mutter und der Heiligen Dreifaltigkeit Botschaften jemals in einer derartigen Fülle gegeben worden.

Montag, 18. Juni 2012, 20:36 Uhr

Meine innig geliebte Tochter, du darfst dich wegen der grausamen Ablehnung Meiner Heiligen Botschaften durch jene Anhänger von Mir, von denen du weißt, dass sie Meinem Heiligen Willen besonders ergeben sind, nicht unsicher machen lassen.

Rechne damit, dass diese Art der Ablehnung an Intensität zunimmt, weil Mein Wort in Fetzen gerissen und verworfen werden wird, so als ob es nichts ist.

Der Schmerz der Ablehnung, den du empfindest, ist Mein Schmerz. Die Erniedrigung und der Spott, die dir zugefügt werden, sind eine Verfolgung, die Mir zugefügt wird. An-

statt es zuzulassen, dass solche Ablehnung dich verletzt, musst du sie schweigend akzeptieren.

Sei inmitten deiner Tränen voller Freude; denn du weißt inzwischen, dass Ich immer abgelehnt worden bin, sogar von Meinen eigenen Jüngern.

Wenn du es zulassen solltest, dass die Ablehnung Meines Wortes die Verbreitung Meiner Botschaften durch dich verzögert, dann werden weniger Seelen gerettet werden.

Halte dir immer vor Augen, dass es Mein größter Wunsch ist, Seelen zu retten.

Meine Mission darf nicht durch menschliche Meinungen, die dazu bestimmt sind, dich zu demoralisieren, befleckt werden.

Die Worte, die Ich dir an diesem Abend gebe, sollen nicht Trost spenden, sondern die Dringlichkeit Meiner Warnungen an die Welt betonen.

Viele Boten Gottes sind vor dir, Meiner Tochter, gekommen, um die Menschheit auf Mein Zweites Kommen vorzubereiten.

Doch keinem Propheten sind von Meiner geliebten Mutter und der Heiligen Dreifaltigkeit Botschaften in einer solchen Fülle gegeben worden.

Allein diese Botschaften können die Geheimnisse der kommenden Zeit offenbaren und die Segnungen anbieten, die von allen Kindern Gottes bis zum letzten Tag benötigt werden.

Ergreift das Geschenk Meines Wortes, das der ganzen Menschheit gegeben wird, um euch Leben zu geben.

Ohne Meine Hilfe würdet ihr es sehr schwer finden, den Prüfungen standzuhalten, die vor euch liegen.

Alle Meine echten Boten bereiten Gottes Kinder auf das Zweite Kommen vor.

Ihr sollt wissen, dass dieses zu den Lebzeiten dieser Generation stattfinden wird.

Nehmt Meinen Kelch, trinkt daraus und lasst zu, dass er euch mit der Gabe der Unterscheidung erfüllt, damit ihr Mir dabei helfen könnt, Seelen zu retten.

Euer Jesus

468. Jungfrau Maria: Ich kann euch, zusammen mit Meinem Sohn, die Gnaden und den Schutzwall geben, den kein gefallener Engel durchdringen kann.

Mittwoch, 20. Juni 2012, 7.46 Uhr

Mein Kind, wie sehr leidet Mein Sohn in dieser Zeit und wie sehr ist Mein eigenes Leiden mit dem Seinen verbunden.

Diejenigen, die anderen Leid antun, kreuzigen Meinen Sohn.

Wenn sie schreckliche Dinge tun, die den Kindern Gottes Elend, Schmerz und Tod verursachen, dann bewirken sie, dass die Passion Meines Sohnes erneut geschieht.

Diejenigen, die dem Pfad des Betrügers folgen, werden in jeder Sekunde durch die gefallenen Engel, die von Satan angeführt werden, verführt.

Viele von ihnen wissen das nicht. Deshalb müsst ihr für sie beten.

Viele von ihnen begreifen nicht, dass sie vom Teufel benutzt werden, damit er die von ihm angestrebte Vernichtung der Menschheit erreichen kann.

Sehr bald werden sie von Satan „ausrangiert" werden, dann, wenn sie keinen weiteren Nutzen mehr für ihn haben.

Mein Sohn wird darauf warten, solche Sünder wieder in Seine Heiligen Arme zu schließen, so barmherzig ist Er.

Die bösen Pläne, die — vor den Augen aller verborgen — von Satan vorangetrieben werden, sollen Meinem Ewigen Vater Kummer bereiten. Dadurch dass sie ihre Brüder und Schwestern verletzen, verletzen jene verhärteten Sünder Gott.

Denkt niemals, dass sie alles erreichen, was sie sich zu erreichen vornehmen.

Mir, der Mutter Gottes, sind als Miterlöserin und Mittlerin die Gnaden gegeben worden, die Schlange zu vernichten.

Indem ihr Mich darum bittet, euch zu helfen, kann Ich euch, Kinder, Schutz gegen die Angst bieten.

Ich kann euch, zusammen mit Meinem Sohn, die Gnaden und den Schutzwall geben, den kein gefallener Engel durchdringen kann.

Satan kann all jenen, die jeden Tag Meinen Heiligen Rosenkranz beten, weder schaden noch sie angreifen.

Indem ihr drei oder mehr Rosenkränze betet, könnt ihr diesen Schutz auf andere ausdehnen. Wenn selbst nur einhundert Menschen das tun könnten, so könnten sie ihre Nation vor der Verseuchung bewahren, die vom Teufel verbreitet wird.

Ihr müsst euch versammeln, Kinder, und beten, um euch selbst zu schützen.

Ihr müsst großherzig sein und für eure Feinde beten; denn viele von ihnen begreifen nicht, was sie tun.

Indem ihr vollkommen auf Meinen Sohn vertraut und die Geschenke annehmt, die Er euch jetzt durch Seine Lehren und durch Seine Prophezeiungen bringt, könnt ihr euch aller eurer Ängste entledigen.

Satan macht sich die Angst zunutze und er weidet sich an ihr. Seht der Wahrheit ins Auge und nutzt das Gebet, um die bösen Pläne abzuschwächen, die durch jene bösen Gruppen, welche die Menschheit zerstören wollen, vorangetrieben werden.

Fühlt die Liebe Meines Sohnes, indem ihr eure Herzen öffnet. Übergebt Mir, der Mutter der Erlösung, eure Sorgen, und Ich werde sie zu Meinem Sohn bringen.

Danach werde Ich euch mit Meinem sehr heiligen Mantel bedecken, und ihr werdet eine Kraft fühlen, die nur aus dem Himmel kommen kann.

Nur dann werdet ihr mit dem Frieden, dem Mut und der Entschlossenheit erfüllt werden, die nötig sind, um ein Teil der Armee Gottes zu werden. Diese Armee, die sich bereits formiert, setzt sich aus der Masse der Menschen, stammend aus allen Nationen, zusammen.

Sie werden bis zum Ende marschieren und können nicht besiegt werden.

Danke, Mein Kind, dass du auf Meinen Ruf antwortest.

Eure geliebte Mutter
Mutter der Erlösung

469. Kommt zu Mir, ihr alle, die ihr euch unwürdig fühlt. Ich warte auf euch.

Donnerstag, 21. Juni 2012, 0:05 Uhr

Meine innig geliebte Tochter, Meine Anhänger müssen verstehen, dass Ich — wie jeder gute Elternteil — immer das Beste für sie will.

Ich werde ihnen niemals all das geben, um was sie bitten, außer wenn es mit Meinem höchstheiligen Willen übereinstimmt.

Ich werde sie niemals vom Pfad der Wahrheit abkommen lassen, ohne sie allmählich dazu zu bewegen, zu Mir zurückzukommen.

Ich werde immer versuchen, sie vor jeder Art von Schaden zu bewahren.

Ich werde sie aber auch für jede schlechte Tat bestrafen.

Ich werde und Ich kann zornig werden, wenn sie anderen Böses antun.

Ich werde ihnen, wenn sie schlechte Dinge tun, auch vergeben, wenn sie ihren schlechten Lebenswandel aufrichtig bedauern.

Ich bin geduldig. Ich bin nicht leicht zu schockieren und Ich bin niemals nachtragend — Letzteres könnte Ich auch niemals sein.

Das ist der Grund, warum gerade diejenigen, die vom Weg abgekommen sind, die sich verirrt haben und die sich innerlich leer fühlen, Mich bitten sollten, sie festzuhalten, sie zu lieben und ihnen die Göttliche Liebe zu geben, die ihnen den wahren Frieden geben wird.

So viele Menschen haben sich verirrt und haben Mich vergessen.

Viele wenden sich Mir — wegen des sündigen Lebens, das sie geführt haben — nur ungern zu. Sie fühlen sich dabei unbehaglich, sie wissen nicht, wie man betet, und sie glauben — zu Unrecht —, dass es für sie zu spät ist. Wie sehr sie sich irren. Sie dürfen niemals vergessen, dass Ich auf Erden Mein Leben für jeden Einzelnen von euch geopfert habe.

Ich gebe die Seelen nicht so leicht auf. Ich liebe all diejenigen, die — durch ihre Handlungen, Taten und Gedanken — die Gesetze Meines Vaters übertreten.

Ihr seid für Mich sehr kostbar. Ich liebe euch genau so sehr, wie Ich alle Kinder Gottes liebe.

Glaubt niemals, dass ihr weniger geliebt werdet, weil ihr sündigt. Die Sünde — obwohl sie Mir zuwider ist — ist der Makel, mit dem ihr geboren seid.

Es ist für jede Seele auf Erden nahezu unmöglich, nicht zu sündigen.

Habt niemals das Gefühl, das Ich euch niemals helfen könnte oder euch niemals in Meine Arme schließen könnte.

Wenn ihr euch Mir zuwendet, dann werdet Ihr diejenigen sein, die in der ersten Reihe stehen, um in Mein Neues Paradies auf Erden, das tausend Jahre bestehen wird, hineinzugehen,

Alles, um was Ich euch bitte, ist, dass ihr mit folgenden Worten mit Mir sprecht:

Kreuzzug-Gebet (62) „Für verlorene und hilflose Sünder"

„ O Jesus, hilf mir, denn ich bin ein Sünder, verloren, hilflos und in Finsternis.

Ich bin schwach und es fehlt mir der Mut, Dich zu suchen.

Gib mir die Kraft, jetzt nach Dir zu rufen, damit ich aus der Finsternis in meiner Seele ausbrechen kann.

Bring mich in Dein Licht, lieber Jesus. Vergib mir.

Hilf mir, wieder heil zu werden, und führe mich zu Deiner Liebe, zu Deinem Frieden und zum Ewigen Leben.

Ich vertraue Dir vollkommen und ich bitte Dich: Nimm mich an in Geist, Leib und Seele, denn ich überantworte mich Deiner Göttlichen Barmherzigkeit. Amen. "

Kommet zu Mir, ihr alle, die ihr euch nicht würdig fühlt. Ich warte auf euch. Alles, was ihr dafür tun müsst, ist, eure Hand auszustrecken und nach Mir zu greifen.

Ich höre. Ich sehe. Ich weine. Ich liebe euch.

Ich werde niemals aufgeben, bis ihr in Meinen Armen liegt und Meine Göttliche Barmherzigkeit eure Seele durchströmt.

Bald werdet ihr endlich die Wahrheit Meiner Großen Barmherzigkeit sehen.

Eure Zweifel werden wie eine äußere Schale wegfallen, um eure Seele zu enthüllen, die mit dem Licht erfüllt werden wird, und ihr werdet zu Mir laufen.

Diesen Tag erwarte Ich mit großer Hoffnung und Freude.

Nur dann, wenn jede arme, verirrte Seele weiß, dass nur Ich, Jesus Christus, sie retten kann, wird Mein Herz geheilt sein.

Haltet euch immer vor Augen, dass Ich zwar die Sünde verurteilen mag, dass Ich aber dennoch alle Sünder liebe, ganz egal, was sie getan haben.

Habt niemals Angst, zu Mir zu kommen, zu Mir zu sprechen; denn ich liebe euch zu sehr, um euch zurückzuweisen, wenn ihr aufrichtige Reue zeigt.

Euer geliebter Jesus

470. Der Mensch hat sich nicht aus Tieren entwickelt, aber das ist das, was diejenigen, die nicht an Gott glauben, euch glauben lassen wollen.

Donnerstag, 21. Juni 2012, 17:30 Uhr

Meine innig geliebte Tochter, seit Anbeginn der Zeit, als die Welt von Meinem Ewigen Vater geschaffen wurde, hat es viel Verwirrung über den Ursprung der Menschheit gegeben.

Als Mein Vater die Welt schuf, damit Er eine Familie haben konnte, wurden dafür viele Vorbereitungen getroffen.

Er schuf die Erde, die Meere, die Pflanzen, die Bäume, die Berge, die Flüsse, die Tiere — und dann, am zweitletzten Tag, als im Paradies alles vorhanden war, schuf Er den Menschen.

Der Mensch ist, obwohl er mit der Sünde befleckt ist, ein heiliges Geschöpf. Die Tiere sind da, um der Menschheit behilflich zu sein.

Der Mensch hat sich nicht aus Tieren entwickelt, aber das ist es, was diejenigen, die nicht an Gott glauben, euch glauben lassen wollen.

Die Evolutionstheorien, die behaupten, dass der Mensch von Tieren abstammt, sind Lügen. Sie können niemals bewiesen werden.

Satan, seine gefallenen Engel und jeder Teufel, der vom Feind Gottes stammt, haben den Menschen von dieser schrecklichen Lüge überzeugt.

Der Mensch ist ein Kind Gottes, aber um das menschliche Kind Gottes herabzuwürdigen, will Satan in den Herzen der Menschheit Verwirrung stiften.

Warum fördert er diese Lüge durch falsche Lehren? Damit er beweisen kann, dass sich der Mensch aus den Affen entwickelte, und damit er ihn danach davon überzeugen kann, dass er nicht durch die Hand Meines Ewigen Vaters geschaffen wurde.

Das ist eine der größten Lügen, die vom Teufel hervorgebracht worden sind, für deren Ausführung er die Seelen jener Menschen benutzt hat, die beanspruchen, intelligenter zu sein als der Rest ihrer Brüder und Schwestern.

Wissenschaftler erklären, dass sich der Mensch aus dem Tier entwickelte, aber sie werden getäuscht.

Die Wissenschaft geht fehl, wenn sie versucht, die Wahrheit über die Erschaffung des Weltalls zu erklären.

Kein Mensch versteht das Wunder der Göttlichen Schöpfung.

Wenn der Mensch glaubt, dass er alle Antworten über die Ursprünge der Menschheit kennt, und zwar aufgrund menschlicher Überlegungen, dann führt er nicht nur andere arme Seelen in die Irre, sondern er täuscht sich auch selbst.

Wenn in solchen Seelen, die an die Überlegenheit der menschlichen Intelligenz glauben, keine Liebe zu Gott vorhanden ist, dann breitet sich der Atheismus wie Unkraut aus.

Dieses Unkraut, das sich in alle Richtungen ausbreitet, verseucht und zerstört jede Ernte, die in Sicht ist, und ruft Krankheiten hervor.

Das einzige Heilmittel ist, Gott durch demütiges Gebet um Hilfe zu bitten und darum zu bitten, dass die Wahrheit offenbart werden möge.

So viele Unwahrheiten, die von Atheisten — die zu beweisen versuchen, dass Gott nicht existiert — verbreitet werden, haben Millionen von Seelen zerstört. Ihre Opfer brauchen eure Gebete.

Atheismus ist die größte Religion in der Welt — und diejenigen, die dieser Täuschung ihr Leben verschrieben haben, sind auf ewig verloren.

Sie werden den Feuern der Hölle gegenüberstehen.

Sofern sie sich Mir — während oder nach der „Warnung" — nicht zuwenden, werden sie eine schreckliche Bestrafung erleiden.

Betet für sie.

Euer Jesus

471. Jungfrau Maria: Die Welt ist durch das Heidentum auf den Kopf gestellt worden.

Samstag, 23. Juni 2012, 10:50 Uhr

Meine Kinder, Ich rufe euch alle auf, euch im Gebet für die Bekehrung der Sünder zusammenzuschließen und eure täglichen Gebete fortzusetzen.

Das Fasten wird so viele Seelen retten und ist ein großes Geschenk an Meinen geliebten Sohn.

So viele Menschen in der Welt haben sich von Meinem Sohn abgewandt.

Wie sehr weint Er in dieser Zeit. Er liebt sie so sehr, und es bricht einem das Herz, dabei zuzusehen, besonders die Untreue von denjenigen, die anerkennen, dass Er der wahre Sohn des Allerhöchsten Gottes ist.

Die Welt ist durch das Heidentum auf den Kopf gestellt worden. Sie ist zu einem Ort der Verwirrung, des Hasses, des Aufruhrs und der Unruhe geworden.

Dies ist ein Zustand wie in der Hölle, obwohl nicht so schrecklich und qualvoll. Doch die Macht des Teufels hat diesen Zustand hasserfüllter Spannung geschaffen, und dieser Zustand umgibt alle Kinder Gottes.

Nur wenige bleiben von dem Gift unberührt, das von den Mächten der Finsternis in jeder Nation ausgebreitet wird. So viele sind durch diese Finsternis geblendet und fühlen keine Hoffnung mehr. Viele davon sind diejenigen, die sich Gott nicht zuwenden und die daher auf einem Weg vorangehen, der ihnen viel Elend einbringt.

Diejenigen, die Gott lieben, die Ihm aber kaum Aufmerksamkeit durch das Gebet schenken, sind genauso hilflos.

Nur das Gebet, die Hingabe und das Opfer können euch nahe zu Gott bringen. Nichts anderes wird euch Frieden geben.

Betet, betet, betet für die Seelen, die falsche Götter verehren. Sie haben in dieser Zeit Gebete sehr nötig.

Betet für jene, die vom Teufel in Versuchung geführt werden und die daraufhin denjenigen, die unter ihrer Kontrolle stehen, schwere Lebensumstände bereiten.

Sie haben nur noch wenig Zeit vor „Der Beichte", nämlich vor „Der Warnung". Wenn dieser Tag kommt, dann müssen sie demütig sein, dann, wenn ihnen die Wahrheit offenbart wird.

Der große Plan Meines Sohnes, einen Großteil der Menschheit zu retten, ist im Begriff, der Welt offenbart zu werden.

Viele werden nicht gerettet werden.

Das ist der Grund, warum alle Seine liebenden Jünger jetzt eine solch große Verantwortung haben, für die Bekehrung zu beten, um möglichst viele Seelen zu retten.

Gehet hin in Frieden, Meine Kinder, und fühlt euch sicher in dem Wissen, dass Mein Sohn immer barmherzig ist.

Er will alle retten, und „Die Beichte" ist das Geschenk, das Er der Welt anbietet, um dies zu erreichen.

Die Warnung ist das größte Geschenk an die Menschheit seit Seinem Tod am Kreuz.

Freut euch; denn viele Seelen, die sonst auf ewig in der Hölle gequält worden wären, können nun gerettet werden und ihnen kann das Geschenk des Ewigen Lebens gegeben werden.

Ich danke euch, dass ihr auf diesen Ruf aus dem Himmel reagiert.

Eure geliebte Mutter Gottes
Mutter der Erlösung

472. Wenn ihr über die Propheten, die vom Himmel gesandt sind, Hass verbreitet, seid ihr einer Sünde schuldig, die enorme Folgen hat.

Sonntag, 24. Juni 2012, 17:30 Uhr

Meine innig geliebte Tochter, wie es Mir das Herz bricht, wenn Ich diejenigen sehe, die sagen, dass sie Anhänger Gottes sind, die aber mit Seinen Geboten auftrumpfen. Sie sind Heuchler.

Sie sind es, die sagen, dass sie die Gebote Meines Vaters befolgen, jedoch glauben, dass sie andere, die sündigen, verurteilen können.

Als Erstes ist es so: Wenn sie die Heilige Schrift als ein Mittel dazu benutzen, öffentlich eine Lüge zu verkünden, indem sie die sogenannte Toleranz anpreisen, dann verletzen sie Mich außerordentlich.

Dies sind die Leute, die sagen, dass es falsch ist, an die Göttliche Vorsehung zu glauben.

Dies sind die Leute, welche die Seher, die im Laufe der Jahrhunderte vom Himmel gesandt wurden, ausfragen und dann versuchen, ihre Worte unter Verwendung Meines Heiligen Wortes, wie es in der Heiligen Schrift aufgezeichnet ist, zu widerlegen.

Jeder Mensch, der Mein Wort ablehnt, ist Mir gegenüber untreu.

Jeder Mensch, der sich selbst als geistig und intellektuell höherstehend betrachtet und sich daher über seine Brüder und Schwestern erhebt, muss sehr vorsichtig sein.

Jeder Mensch, der die Heilige Schrift benutzt, um eine verdrehte Version der Wahrheit zu präsentieren, wird bestraft werden.

Jeder Mensch, der aufsteht und die Wahrheit öffentlich verkündet, der aber dennoch Mein Wort, das der Welt in dieser Zeit, in der Endzeit, gegeben wird, verwirft, wird von Mir ins Abseits geschoben werden.

Ihr seid der geistigen Eifersucht schuldig und dafür werdet ihr euch einer Bestrafung gegenübersehen.

Wenn ihr über die Propheten, die vom Himmel gesandt sind, Hass verbreitet, seid ihr einer Sünde schuldig, die enorme Folgen hat.

Denn indem ihr so handelt, verkündet ihr nicht nur öffentlich eine Lüge, sondern ihr stellt euch auch dem Wort Gottes in den Weg.

Ich bitte euch, jetzt mit eurer Kampagne des Drangsalierens und der Verleumdung aufzuhören. Ihr werdet niemals verhindern, dass Mein Wort gehört wird.

Warum versucht ihr weiterhin, diese Mission zu drangsalieren? Ist euch in der Zwischenzeit nicht klar geworden, dass sich das Feuer des Heiligen Geistes nicht in der Art und Weise hätte ausbreiten können, wie es sich ausgebreitet hat, wenn Meine Botschaften nicht vom Himmel kämen?

Ihr werdet vom Teufel benutzt, der vor nichts zurückschrecken wird, um zu verhindern, dass diese Meine Heiligen Botschaften der Welt vermittelt werden.

Botschaft für den Klerus:

Für diejenigen unter euch, die — als gottgeweihte Diener Meiner Kirche auf Erden — ein Gelübde abgelegt haben, hört Mir jetzt zu.

Wenn ihr Meine Botschaften öffentlich verurteilt und Mir, eurem Jesus, in dieser Mission, Seelen zu retten, im Wege steht, dann begeht ihr die größte aller Sünde.

Ihr werdet dafür leiden, und euer Fegefeuer wird auf Erden erfahren werden. Jeder Mann, jede Frau und jedes Kind wird zum Zeugen eures Vergehen gegen den Himmel werden.

Eure fehlerhafte Einschätzung Meiner Propheten wird euch geistig leer zurücklassen, und eure Seele wird eine Qual erleiden, die keiner anderen gleicht.

Wenn ihr ein gottgeweihter Diener von Mir seid und wenn ihr euch Meiner Stimme nicht sicher seid, während Ich jetzt mit euch spreche, dann müsst ihr schweigen. Ihr müsst um das Unterscheidungsvermögen beten, bevor ihr erwägt, Mein Heiliges Wort abzulehnen.

Tausende Meiner gottgeweihten Diener werden daran scheitern, Mein Wort, das durch diese Prophetin für die Endzeit gesandt wird, zu erkennen. Wie sehr bricht Mir dies das Herz.

Viele werden unter die Herrschaft des Antichristen geraten und Meine Kirche auf Erden verlassen.

Viele Meiner gottgeweihten Diener werden sich auf die Seite derjenigen stellen, die Meine Kirche verfolgen. Die Verführung hat bereits angefangen.

Ihr werdet vom Betrüger dazu bereit gemacht, Mich zurückzuweisen, und euer Stolz hält euch davon ab, das zu erkennen.

Viele Meiner gottgeweihten Diener werden nicht mutig genug sein, für Meine Kirche auf Erden einzutreten. Viele werden sich auf die Seite des Falschen Propheten stellen und werden Meine Herde zurückweisen, deren Glaube es ihnen ermöglichen wird, nach der Wahrheit zu streben.

Wisst ihr denn nicht, dass Ich die Kirche bin?

Wisst ihr denn nicht, dass die Kirche ihre eigene Kreuzigung erleiden wird, genauso wie Ich?

Sie wird gequält werden. Es wird so aussehen, als ob sie gekreuzigt worden wäre, und viele werden denken, dass sie tot ist. Aber — so wie bei Meiner Auferstehung — wird sie sich wieder zu neuem Leben erheben, daran seht ihr, dass sie nicht zerstört werden kann.

Ich warne alle Meine gottgeweihten Diener, die nicht die Zeit erkennen, in welcher ihr lebt, jetzt wachsam zu sein, da Meine Kirche auf Erden die größte Verfolgung seit ihrem Anfang erleidet.

Ihr müsst euch vorbereiten und eure Augen öffnen.

Wann, dachtet ihr, würde Ich kommen und euch warnen? Dachtet ihr, dass es irgendeine Zeit in einer fernen Zukunft sein würde? Dass es niemals zu euren Lebzeiten geschehen würde?

Die Zeit für Mein Zweites Kommen ist sehr nah.

Bald werde Ich die Guten von den Bösen scheiden, nachdem jeder nur mögliche Versuch unternommen worden ist, den Großteil der Menschheit zu bekehren.

Es ist eure Pflicht und eure Verantwortung, euch einen offenen Geist, ein offenes Herz und eine offene Seele zu erhalten.

Ich brauche euer Tätigwerden hinsichtlich Meiner Bitten, Mir zu helfen, so viele Seelen, wie Ich kann, zu retten.

Folgt Mir. Dies ist eure Berufung.

Das ist der Grund, warum ihr Mir, eurem Jesus, eure Treue gelobt habt.

Ihr habt eure Gelübde nicht nach euren eigenen Bedingungen abgelegt.

Ihr müsst Mir erlauben, euch zu führen, und ihr müsst dabei helfen, Meine Kirche auf Erden zu verteidigen.

Meiner Kirche ist großer Schaden zugefügt worden. Meine Kirche besteht aus all denjenigen, die Mich lieben, einschließlich all Meiner gottgeweihten Diener.

Ihr müsst stark, mutig und treu sein. Ihr dürft weder der Angst noch dem Tier erlauben, eure Seele zu verschlingen.

Hört auf Mein Wort, bevor ihr Meine Propheten verurteilt.

Verurteilt niemals irgendeine Meiner Botschaften, ohne um das Unterscheidungsvermögen zu beten. Und selbst dann müsst ihr vorsichtig sein, dass ihr den Kindern Gottes das Geschenk der Gnaden nicht verweigert, das Ich jetzt jenen armen Seelen gewähre, die nach der Wahrheit Meiner Lehren dürsten.

An diejenigen, die Mein Wort, das dieser Prophetin gegeben wird, offen ablehnen: Wisset, dass ihr Mich dann, wenn die Wahrheit offenbart wird, um Vergebung anflehen werdet.

Aber zu diesem Zeitpunkt wird es für diejenigen, die dafür verantwortlich sind, Seelen dazu gebracht zu haben, sich von Meinem Wort abzuwenden, zu spät sein.

Diejenigen Seelen, die Ich — wegen eurer bösen Zunge — nicht mehr erreichen kann, werden kein ewiges Leben haben.

Lehnt ihr Mein Wort jetzt ab oder lehnt ihr Meine Botschaft jetzt deswegen ab, weil sie Übertragungsfehler enthält, und ihr werdet ins Abseits geschoben werden. Dann seid ihr nicht geeignet, Meine Herde zu führen.

Euer Erlöser

Jesus Christus

473. Ich kenne die Meinen, und sie kennen Mich.

Montag, 25. Juni 2012, 11:50 Uhr

Meine innig geliebte Tochter, du darfst niemals die enorme Tragweite dieser Mission vergessen.

Oft wirst du in Fallen gezogen werden, die vom Betrüger aufgestellt werden, um dich zu Fall zu bringen.

Rücksichtslos werden er und all diejenigen, die leicht von ihm gesteuert werden, alles tun, was in ihrer Macht steht, um Mein Wort, das dir gegeben wird, zu diskreditieren.

Du musst dich erheben und solche Verhöhnung ignorieren.

Da du Mir deinen freien Willen übergeben hast, ist alles, worauf es jetzt ankommt, dein völliger Gehorsam Mir gegenüber.

Erlaube Mir, in Meiner Göttlichen Weisheit, vor dir Meinen vollkommenen Pfad zum Paradies auf Erden anzulegen.

Meine Anhänger müssen Meine Warnung ebenfalls beherzigen. Ihr werdet heftig angegriffen werden, jeder Einzelne von euch, und zwar deswegen, weil ihr Mein Wort öffentlich verkündet.

Dies ist eine Mission wie keine andere.

Ihr, Meine Armee, werdet die Herde Meiner Rest-Kirche zu den Toren des Paradieses führen.

Das wird dazu führen, dass ihr selbst große persönliche Verfolgung erleiden werdet, und es wird keine leichte Reise sein.

Ihr müsst euch zusammenschließen und euch gegenseitig Kraft geben; denn in großer Zahl werdet ihr in euch gegenseitig Trost finden.

In allen Ecken der Erde versammelt sich jetzt Meine Armee.

Alle Seher, denen durch Meine Mutter die Göttliche Wahrheit mitgeteilt wird, werden gemeinsam mit Meinen Propheten die Flamme des Heiligen Geistes entzünden, damit die Rest-Armee für die kommende Schlacht hinreichend gerüstet ist.

Zweifelt niemals an Meiner Liebe. Haltet euch vor Augen, dass nur diejenigen, die Mir folgen, ins Neue Paradies eingehen können.

Wenn diejenigen, die zu euch kommen, euch drangsalieren, dann vergesst nicht, dass es eure Pflicht ist, ihnen zu verzeihen und sodann für ihre Seelen zu beten.

Zeigt jenen eure Liebe, die euch in Meinem Namen drangsalieren. Auf diese Weise könnt ihr Satan besiegen, und er verliert seine Macht über euch.

Ich werde euch auf jedem Schritt eurer Reise anleiten.

Ich gehe immer gemeinsam mit euch.

Ich kenne die Meinen, und sie kennen Mich.

Euer Jesus

474. Das Neue Paradies: Ihr werdet einen reinen Leib besitzen, unverderblich, frei von Krankheit, ohne körperlichen Tod und ohne zu altern.

Dienstag, 26. Juni 2012, 20:00 Uhr

Meine innig geliebte Tochter, das Neue Paradies ist jetzt in seiner vollen Herrlichkeit vollendet worden, bereit für alle Kinder Gottes auf Erden.

Es wird in seiner ganzen Herrlichkeit dargeboten werden, gerade so, wie das Paradies, das zu Anbeginn von Meinem Ewigen Vater für Seine Kinder geschaffen wurde.

Wie singen und frohlocken die Engel; denn die Zeit, um einer ungläubigen Welt diese große Pracht zu enthüllen, ist sehr nah.

Sie wird von Mir dargeboten werden, wenn beim Läuten Meines Zweiten Kommens das Neue Jerusalem auf die Erde hinabsteigt.

Du, Meine Tochter, wirst — kurz bevor Ich Mich Selbst bekannt mache — beauftragt werden, dies zu verkünden.

Nur diejenigen, die Mich als den Messias anerkennen, werden im Stande sein, in seine prachtvollen Tore einzugehen.

Vom Himmel aus wird jeder mögliche Ruf erschallen, um all diejenigen zu erreichen, die noch immer Mein großes Geschenk zurückweisen werden — bis zum Verklingen des allerletzten Posaunenschalls.

Dann wird es für diese armen Seelen zu spät sein. Ihnen kann dann nicht mehr geholfen werden, da sie Mir Meine Barmherzigkeit in totaler Ablehnung in Mein Antlitz zurückgeschleudert haben werden.

Alles, worauf es jetzt ankommt, ist es, all diejenigen zu warnen, die sich in der Gefahr befinden, ihre Seelen an Satan zu verlieren.

Sammelt sie auf, Meine Anhänger. Treibt sie sanft in Meine Herde. Gebt niemals eure Gebete auf, um sie zu retten.

O Meine geliebten Anhänger, wenn ihr das Neue Paradies sehen könntet, wenn sich Himmel und Erde zu einer Einheit verschmelzen werden, dann würdet ihr auf eure Knie niederfallen und weinen vor Freude und Erleichterung.

Für diejenigen unter euch, die wegen der Endzeit voller Angst sind: Wenn sich die Erde, wie ihr sie jetzt kennt, verändern wird, dann müsst ihr Mir erlauben, eure Sorgen zu lindern.

Ihr werdet eure Familien mit euch mitnehmen, und alle werden voller Freude sein, in reiner, vollkommener Liebe und Harmonie.

Ihr werdet einen reinen Leib besitzen, unverderblich, frei von Krankheit, frei vom körperlichen Tod und frei vom Altern.

Ihr werdet alle eure eigene Wohnung haben, mit Gras, Bäumen, Bergen, Flüssen, Strömen und Blumen, die euch in all ihrer herrlichen Schönheit umgeben werden.

Die Tiere werden zahm sein und in Frieden und in Harmonie mit allen Kindern Gottes leben.

Ihr werdet eure Kinder heiraten sehen und werdet sehen, wie sie Kinder haben — und alle werden Zeuge des Wunders von Familien sein, die aus dem Tode auferstanden sind.

Diese Auferstehung wird mit keiner anderen denkbaren Freude zu vergleichen sein.

Ihr werdet mit euren Lieben, die in diesem Leben entschlafen sind und die in den Himmel eingingen, wiedervereint werden.

Ihr werdet Nationen haben, zwölf insgesamt — alle dargestellt durch die zwölf Sterne in der Krone auf dem makellosem Haupt Meiner Mutter —, welche alle von Mir und von Meinen Aposteln und Propheten regiert werden. (Offb 21, 9-14 und Mt. 19, 28)

Das ist Mein Königreich, das von Meinem Vater versprochen wurde, seitdem Er das Paradies auf Erden schuf. Jeder, der es ablehnt, wird zugrunde gehen.

Betet, dass alle Kinder Gottes die Reinheit der Seele haben werden, um es ihnen zu ermöglichen, nach Hause zu kommen, in das Königreich Meines Vaters auf Erden, so, wie es zu Anbeginn war, wie es jetzt ist und wie es immer sein wird, eine Welt ohne Ende, für alle Zeiten.

Euer Jesus

(*) Offb 21, 9- 14

Das neue Jerusalem. 9 Nun kam einer von den sieben Engeln, welche die sieben Schalen tragen, gefüllt mit den sieben letzten Plagen, und redete mit mir und sprach: Komm, ich will dir die Braut zeigen, die Gattin des Lammes. 10 Er führte mich im Geiste auf einen großen, hohen Berg und zeigte mir die heilige Stadt Jerusalem, die aus dem Himmel von Gott herniederkam, 11 in der Klarheit Gottes. Sie funkelte wie ein Edelstein wie Jaspisstein, wie ein Kristall. 12 Sie hatte eine große, hohe Mauer mit

zwölf Toren, und an den Toren zwölf Engel, und Namen sind darauf geschrieben, nämlich die Namen der zwölf Stämme Israels. 13 Nach Osten waren es drei Tore, nach Norden drei Tore, nach Süden drei Tore und nach Westen drei Tore. 14 Die Mauer der Stadt hatte zwölf Grundsteine, darauf standen die Namen der zwölf Apostel des Lammes.

Mt. 19, 28

28 Jesus sprach zu ihnen: Wahrlich, ich sage euch: Ihr, die ihr mir nachgefolgt seid, werdet bei der Welterneuerung, wenn der Menschensohn auf seinem herrlichen Throne sitzen wird, auch auf zwölf Thronen sitzen und die zwölf Stamme Israels richten.

475. Gott der Vater: Ich enthülle Meine Zukunftspläne für den Neuen Himmel und die Neue Erde.

Mittwoch, 27. Juni 2012, 20:00 Uhr

Meine liebste Tochter, heute enthülle Ich Meine Zukunftspläne für den Neuen Himmel und die Neue Erde.

Dann, wenn sie zu einem einzigen glorreichen Paradies verschmelzen, wird es zwölf Nationen geben.

Diese Nationen werden aus einigen Nationen in der Welt bestehen, die Mir, Gott dem Vater, Meinem Sohn Jesus Christus und der Mutter Gottes, Königin des Himmels, ihre Treue gezeigt haben.

Diejenigen, die verstreut sind, werden zusammengeführt werden, um sich jenen anderen Nationen als eine Einheit anzuschließen, vereint als eine Heilige Familie.

Mein Wille wird geehrt werden. Ihr werdet alle das Geschenk des freien Willens besitzen, aber er wird mit dem Meinigen verflochten sein. Nur dann wird die Wahrheit des Paradieses wirklich offenbart werden.

Meine Zwölf Nationen werden durch die zwölf Sterne auf der Frau im Buch der Offenbarung (des Johannes) dargestellt. (Offb. 12, 1-6)

Die Frau ist die Mutter Gottes, und sie trägt die zwölf Sterne, um auf zwei Dinge hinzuweisen.

Die zwölf Apostel halfen Meinem Sohn, Seine Kirche auf Erden aufzubauen.

Die zwölf besonders erwählten Nationen werden eine wahre apostolische Kirche auf der Neuen Erde bilden, wenn Himmel und Erde in Meinem Neuen Glorreichen Paradies zu einer Einheit verschmelzen.

Das ist der Moment, auf den Ich geduldig gewartet habe.

Mein Göttlicher Wille, der für Adam und Eva das Paradies schuf und der beiseite geworfen wurde infolge der Versuchung durch den Teufel, wird jetzt ausgeführt werden, und dieses Mal wird das Paradies vollkommen sein.

Mein Sohn, der König der Menschheit, der König des Universums, wird über Mein Neues Paradies auf Erden regieren.

Er wird in jeder Nation Führer einsetzen, die alle durch Meinen Göttlichen Willen vereinigt sein werden.

Die Menschen dieser Nationen werden Meinen Sohn so ehren, wie es sein muss, auf die einzig richtige Weise, in Frieden und in gegenseitiger Liebe.

Seine gesegnete Mutter, die Mutter der Erlösung, wurde zur Königin des Himmels gekrönt und wird auch als Königin des Neuen Paradieses regieren.

Ihre Krönung im Himmel war eine ganz besondere Göttliche Bekundung Ihrer zukünftigen Rolle bei der Erlösung der Welt.

Sie wurde mit großer Ehre und Pracht für die Rolle gekrönt, die Sie verkörperte, nicht nur als die Mutter Gottes und als Braut des Heiligen Geistes, sondern auch als die Mutter der Erlösung, der die Macht gegeben ist, Satan zu vernichten.

Während Ihrer Krönung war es Mein geliebter Sohn, der liebevoll die Krone von zwölf Sternen auf das Haupt der Mutter Gottes setzte.

Es wird Mein Sohn sein, der im Neuen Paradies die Krone auf Ihr Haupt setzen wird, als Königin aller Kinder Gottes.

Mein Göttlicher Plan, die Menschheit zu retten, hat bereits begonnen.

Es ist Mein Wunsch, dass diese Mission Mir helfen wird, verlorene Seelen in allen Ecken der Erde zu sammeln und sie vor dem Feind zu retten, bevor es zu spät ist.

Mein Göttliches Eingreifen wird Meine Liebe zu all Meinen Kindern beweisen.

Nichts ist unmöglich. Nichts ist hoffnungslos in Meinem Kampf gegen Satans Armee.

Ich werde euch eine neue Welt bringen, die euch in Erstaunen setzen wird in all ihrer prachtvollen Herrlichkeit. Sie steht bereit.

Ihre Schönheit und ihre Pracht gehen weit über das hinaus, was ihr euch vorstellen könnt.

Dann, wenn ihr sie seht, werdet ihr das ewige Leben haben.

Betet, dass diese Meine armen Kinder, die an Mich, Gott den Allerhöchsten, nicht glauben, die Meine Gebote nicht befolgen und die sich gegenseitig schreckliche Gräueltaten antun, Reue zeigen.

Ich will nicht ein einziges Meiner Kinder verlieren.

Helft Mir, ihnen dieses wunderbare, herrliche Erbe zu bringen. Leider muss es durch ihren eigenen freien Willen geschehen.

Ich liebe euch, Kinder, mit einer Leidenschaft, die der Menschheit unbekannt ist.

Kommt durch Meinen Sohn zu Mir, wie eine Einheit.

Die Zeit für das Neue Paradies auf Erden ist sehr nahe, aber euch ist die Zeit eingeräumt worden, um zu helfen, die Menschheit durch diese Mission des siebten Engels auf Erden zu bekehren, der mit Meinem Sohn zusammenarbeitet, um Meine Familie zu Mir zu bringen.

Euer liebender Vater

Schöpfer aller sichtbaren und unsichtbaren Dinge

Gott der Allerhöchste

(*) Offb. 12, 1-6

12 Die Kirche des Erlösers und der Drache. 1 Am Himmel erschien ein großes Zeichen: Ein Weib, bekleidet mit der Sonne, der Mond zu seinen Füßen und eine Krone von zwölf Sternen auf seinem Haupte. 2 Es ist gesegneten Leibes und schreit in seinen Wehen und Geburtsnöten. 3 Und ein anderes Zeichen erschien am Himmel: Siehe, ein großer, roter Drache mit sieben Häuptern, zehn Hörnern und sieben Kronen auf seinen Häuptern. 4 Sein Schwanz fegte den dritten Teil der Sterne des Himmels weg und warf sie zur Erde. Der Drache stellte sich hin vor das Weib, dessen Stunde bevorstand, um nach der Geburt ihr Kind zu verschlingen. 5 Es gebar einen Sohn, der alle Völker mit eisernem Zepter regieren sollte, und sein Kind wurde entrückt zu Gott und seinem Throne. 6 Das Weib aber floh in die Wüste, wo von Gott ein Ort für es bereitet war, um dort zwölfhundertsechzig Tage lang gepflegt zu werden.

476. Meine Kirche muss auf Mich vertrauen. Sie muss ihre Fesseln aus Furcht und Zweifel lösen und Mir erlauben, Mich bekannt zu machen.

Donnerstag, 28. Juni 2012, 15:00 Uhr

Meine innig geliebte Tochter, es muss bekannt sein, dass diejenigen, die erklären, als Propheten in Meinem Namen zu kommen, die aber nicht im Auftrag des Himmels (wörtlich: in den Zungen bzw. in der Sprache aus dem Himmel) sprechen, an Zahl zunehmen.

So viele dieser Seelen werden von gefallenen Engeln infiziert und sprechen in sorgfältig abgewogenen Worten, aber in einem liebevollen Ton, der demjenigen, von dem ihr erwarten würdet, dass er von Meiner Heiligen Stimme stammt, ähnlich ist.

O, wie Meine armen ergebenen Anhänger jetzt getäuscht werden und wie verwirrt sie sein werden. Wem sollen sie vertrauen? Wem sollen sie folgen? Wem sollen sie glauben?

Habe Ich nicht gesagt, dass viele in Meinem Namen kommen werden, aber nur wenige, die mit Meiner Stimme sprechen werden?

Es gibt weniger als zwanzig, welche die Erlaubnis haben, der Welt das Wort Gottes mitzuteilen, und dies schließt diejenigen mit ein, denen durch Meine geliebte Mutter Göttliche Botschaften vom Himmel gegeben werden.

Viele andere Seher sind ebenfalls in der Welt gegenwärtig, aber ihre Missionen sind eine andere.

Ihre Rolle kann darin bestehen, täglich zu beten, um zu helfen, die Menschheit zu retten, oder ihre Rolle kann eine des persönlichen Leidens sein, aufgeopfert als ein Geschenk an Mich, um Seelen vor Satan zu retten. Auf diese Art und Weise zu leiden, nämlich bereitwillig, hebt Satans Macht über viele Menschenseelen auf.

Meiner Propheten sind wenige, und ihr werdet sie an Meiner wahren Stimme erkennen, welche die Herzen und Seelen der Kinder Gottes auf eine Weise berühren wird, die zu ignorieren unmöglich ist.

Meine Botschaften an die Welt für diese Zeit werden detailliert sein und werden Wahrheiten enthüllen, die zuvor noch nicht offenbart wurden.

Vieles von dem, was Ich euch jetzt gebe, dient einfach nur dazu, euch an Meine Lehren zu erinnern.

Vieles von dem, was Ich euch jetzt darbiete, ist die Nahrung des Lebens, die euch durch Meine Kreuzzuggebete gegeben wird, um zu helfen, eure Seelen und die Seelen von anderen bei Meinem Zweiten Kommen zu retten.

Viele andere Botschaften, die anderen gegeben werden, werden ähnlich sein, aber nicht so sehr ins Detail gehen.

Ihre Missionen sind ebenso wichtig, weil sie Seelen bekehren werden.

Haltet euch auch das Folgende immer vor Augen: Ich versuche, euch zu zeigen, wie sehr Ich euch liebe und wie sehr Ich Mir wünsche, euch zu offenbaren, dass Meine Existenz die Wahrheit ist.

Der Beweis dafür wird allen Kindern Gottes letztendlich — in Kürze — offenbart werden.

Bitte, kämpft nicht untereinander, indem ihr versucht, einander in Bezug auf eure geistigen Kenntnisse zu übertreffen.

Die Wahrheit ist folgende:

Kein Mensch kennt die Wahrheit, die in den Siegeln enthalten ist, die im Buch der Offenbarung (des Johannes) verborgen sind.

Wie Ich euch zuvor gesagt habe, sie wurde versiegelt, im Buch der Wahrheit, bis jetzt, bis zur Endzeit.

Ich, Jesus Christus, das Lamm Gottes, öffne jetzt diese Siegel, um euch auf Mein Neues Königreich vorzubereiten.

Euch ist die Heilige Schrift gegeben worden, um euch vorzubereiten, und jetzt müsst ihr Mir, dem König der ganzen Menschheit, erlauben, euch die Wahrheit über das, was kommen wird, zu sagen.

Indem Ich das tue, wird es Mir möglich sein, euch durch das Kommende — was ein Minenfeld der Täuschung, der Verfolgung und des Hasses sein wird — hindurchzuführen.

Erlaubt Mir — ihr alle, einschließlich aller Mitglieder Meiner Kirche auf Erden —, euch über diese letzten Hürden hinweg zum Ewigen Leben zu bringen.

Meine Kirche muss auf Mich vertrauen. Sie muss ihre Fesseln aus Furcht und Zweifel lösen und Mir erlauben, Mich durch diese Botschaften bekannt zu machen.

Erkennt Meine Liebe in ihrer reinen und einfachen Form.

Meine Liebe ist nicht kompliziert und nicht in mystischen Worten verschleiert.

Sie steht ganz klar vor euren Augen, ist aber so voller Mitgefühl, dass es — wenn

ihr eure Waffenrüstung des Stolzes und der Angst fallen lasst — euch wie eine Flamme des Erkennens durchdringen wird.

Wenn ihr das tut, wird es euch leichter fallen, Mir, eurem Jesus, zu folgen.

Ich kam das erste Mal als Erlöser.

Ich komme noch einmal als Erlöser, dieses letzte Mal. Nur ist Meine Aufgabe dieses Mal noch schwerer.

Die Liebe zu Gott ist tot in der Welt. Sie ist nur noch ein Flackern.

Fände Mein Zweites Kommen jetzt statt, dann würden nur wenige in das Paradies eingehen.

Die „Warnung", Mein Geschenk Meiner Göttlichen Barmherzigkeit, wird helfen, den Großteil der Menschheit zu bekehren.

Helft Mir, Meine Herde vorzubereiten. Ich brauche Meine Kirche auf Erden, sowohl den Klerus als auch den Laienstand, um Mir zu helfen, alle Kinder Gottes zu retten.

Bitte, nehmt Meine Hand an, da Ich sie ausstrecke und Meinen Ruf auf alle Nationen ausweite.

Kommt mit Mir, eurem geliebten Jesus.

Folgt Mir dieses Mal.

Lehnt Mich nicht so ab, wie es die Pharisäer taten.

Dieses Mal solltet ihr Meine Stimme erkennen.

Ihr solltet inzwischen die Art und Weise, wie Ich spreche, erkennen; denn euch sind die Heiligen Schriften gegeben worden.

Euer Jesus

477. Jungfrau Maria: So viele falsche Religionen und falsche Lehren, die aus der Einbildungskraft der Menschheit hervorgegangen sind, suchen jetzt die Erde heim.

Freitag, 29. Juni 2012, 9:20 Uhr

Mein Kind, eine schreckliche Finsternis sinkt über die Welt hinab, da der Glaubensabfall, der die Welt ergreift, sich vertieft.

Die Liebe zu Gott ist beiseite geschoben worden.

Die Liebe zu Meinem Sohn ist dahingeschwunden und an ihrer Stelle steht die Eigenliebe.

Die Seelen sind überall von der Habgier und von einer Liebe zur Macht befallen, und das Streben nach der Eigenliebe ist geschätzt und als die richtige Weise, das Leben zu leben, akzeptiert worden.

Kinder, in dieser Zeit müsst ihr beten, um zu helfen, denjenigen Seelen, die in der Finsternis sind, das Licht zu bringen.

Sie kennen die Wahrheit über das Opfer Meines Sohnes nicht und wissen sie nicht, was Seine schreckliche Kreuzigung bedeutete.

Sein Geschenk der Erlösung ist beiseite geschoben worden, als ob es niemals geschehen ist. Dann haben diejenigen, die sich wohl bewusst sind, was Sein Tod am Kreuz bedeutete, sich dafür entschieden, den Blick auf andere, falsche Götter zu richten, dass sie ihnen Frieden bringen. Sie werden einen solchen Frieden so niemals erreichen.

Der Seelenfriede kann nur durch die Treue zu Meinem Sohn und durch das Gebet zu Ihm erreicht werden.

Nur die rein und von Herzen demütig sind und die ihr volles Vertrauen auf Ihn setzen, können das ewige Leben haben.

So viele falsche Religionen und falsche Lehren, die aus der Einbildungskraft der Menschheit hervorgegangen sind, suchen jetzt die Erde heim.

So viele lassen sich durch gefährliche, falsche Glaubensvorstellungen leiten, die bewirken, dass sie selbst wiederum verirrte Seelen zur Hölle führen werden.

Die gefallenen Engel sind überall anwesend, Kinder. Seid wachsam; denn sie werden vor allem all diejenigen ins Visier nehmen, die Mich, eure geliebte Mutter, verehren, um euch zu verwirren.

Sie werden euch davon abhalten zu beten. Sie werden ständige Zweifel an der Liebe Gottes in euren Geist säen. Sie werden euch ablenken, indem sie eure Sinne reizen. Es wird viel Gebet erfordern, um sie fernzuhalten. Mein Rosenkranz ist euer wichtigster Schutz.

Mein Sohn gewährt in dieser Zeit denjenigen viele Gnaden, die Seine Heiligen Botschaften an die Welt lesen, ihnen zuhören und sie annehmen.

Er tut dies, um euch — in dieser Mission zur Rettung der Menschheit vor der ewigen Verdammnis — Stärke und Durchhaltevermögen zu geben.

Nehmt diese Gnaden mit Liebe an, Kinder; denn ihr seid, weil ihr dazu auserwählt worden seid, Ihm in dieser Zeit zu folgen, etwas ganz Besonderes.

Als Seine Rest-Kirche auf Erden werdet ihr zu jeder Zeit das Brot des Lebens nötig haben; denn ihr werdet diese Reise nicht leicht finden.

Hier ist ein besonderes Kreuzzug-Gebet, um euch zu helfen, in eurer Mission stark zu bleiben.

Kreuzzug-Gebet (63) „Beschütze mich auf dieser Reise"

„ Meine geliebte Mutter der Erlösung,

ich bitte Dich, bete, dass mir die Nahrung des Lebens gegeben wird, damit ich auf dieser Reise beschützt sein möge, um zu helfen, alle Kinder Gottes zu retten.

Bitte hilf all jenen, die in die Irre geführt werden durch falsche Idole und falsche Götter, dass sie ihre Augen öffnen für die Wahrheit des Kreuzestodes Deines Sohnes, der am Kreuz starb, um jedes Einzelne von Gottes Kindern zu retten und jedem Einzelnen das ewige Leben zu bringen. Amen."

Eure geliebte Mutter
Mutter der Erlösung

478. Die Sakramente der Heiligen Beichte, der Taufe, der Ehe und der Heiligen Eucharistie müssen bewahrt werden.

Sonntag, 1. Juli 2012, 15:45 Uhr

Meine innig geliebte Tochter, wie sehr erdrückt Mich in diesem Moment die Sünde und wie sehr leide Ich unter der Qual der Zurückweisung.

Mein Haupt wird — ähnlich wie es durch die Dornen in Meiner Krone geschah — genau so zerquetscht, wie das Haupt Meiner Kirche, Mein Heiliger Stellvertreter auf Erden, Schmerzen durch die Verfolgung erleidet, die er durch die Hand seiner Feinde erduldet.

Meine Kirche auf Erden, Mein Leib auf Erden, sind Eins. Die Kreuzigung ist in Vorbereitung.

Die Lehren Meiner Kirche werden bald in Stücke gerissen werden — genau so wie Meine Lehren auf Erden durch diejenigen Pharisäer und diejenigen, die dachten, dass sie das Wort Meines Vaters besser kennen als Ich, zerrissen wurden.

Ihr müsst alle für Meine Kirche auf Erden beten. Ihr müsst euch immer vor Augen halten, dass keine andere (wahre) Lehre vorhanden ist als die, welche von Mir während Meiner Zeit auf Erden öffentlich verkündet wurde.

Alles, was die Wahrheit ist, wird niemals verändert werden; denn wenn das doch geschieht, dann werdet ihr gezwungen sein, Lügen zu schlucken.

Meine Tochter, erlaube es denjenigen, die zu diesem Zeitpunkt weiterhin Mein Wort ablehnen, niemals, dir — oder Meinen Anhängern — in dieser (heutigen) Zeit den Mut dafür zu nehmen, Mir zu helfen, Meine Kirche auf Erden zu retten.

Denn sobald der Feind Meine Kirche angreift, müsst ihr euch zusammenschließen und sicherstellen, dass die Evangelien bis zu den Enden der Erde verbreitet werden.

Die Sakramente der Heiligen Beichte, der Taufe, der Ehe und der Heiligen Eucharistie müssen bewahrt werden. Selbst der Zugang zu diesen (Sakramenten) wird schwer gemacht werden.

Meine heiligen Diener, die Mich lieben, müssen mit den Vorbereitungen jetzt beginnen. Sehr bald wird man euch verbieten, den Kindern Gottes solche Gaben anzubieten.

Die Vorbereitungszeit hat begonnen.

Erlaubt Mir, euch zu belehren, zu führen und euch zu helfen, Meine Rest-Kirche zu den Toren des Paradieses zu bringen.

Euer geliebter Jesus

479. Mein Wort ist Mein Wort. Kein Mensch kann Mein Wort anfechten; denn es ist in Stein gehauen.

Montag, 2. Juli 2012, 18:00 Uhr

Meine innig geliebte Tochter, es ist wichtig, dass Meine Anhänger geduldig bleiben.

Der Zukunft darf niemals vorgegriffen werden.

Die Pläne, die Mein Ewiger Vater festgelegt hat, werden sich auf natürliche Art und Weise durch die Göttliche Vorsehung entfalten.

Die Zeit, die euch gewährt wird, um Mir zu helfen, die Menschheit auf Meine Große Barmherzigkeit vorzubereiten, ist sehr kostbar. Es ist eine Zeit, in der viele durch eure Gebete gerettet werden.

Die Hoffnung, der Glaube und die Liebe zu Mir, eurem geliebten Jesus, werden euch bei eurer Mission stärken.

Wenn ihr Zeugen der Gräueltaten werdet — wenn alles zerstört wird, was zu Meiner Ehre besteht —, dann werdet ihr wissen, dass die Zeit näher rückt.

Ihr müsst euch vor Augen halten, dass diese Dinge eintreten müssen und dass es — als ein Teil Meiner Armee — eure Pflicht ist, den Feind zu bekämpfen und ihm Widerstand zu leisten.

Meine Armee wird mit Göttlichen Gaben ausgestattet werden und wird diejenigen, die sich in der Finsternis befinden, mit sich ziehen.

Die Vorbereitung erfordert Zeit. Das Gebet bringt euch Meinem Heiligsten Herzen näher und durchströmt eure Seele mit dem Sauerstoff, den sie braucht, um die kommende Schlacht zu überleben.

Da ihr dank der Gnaden, die Ich euch gebe, stärker werdet, wird es sehr leicht werden, eure Feinde — die alles hassen, wofür Ich stehe — zu erkennen. Das wird euch Schmerz bereiten, euch verletzen und euch erzürnen, aber ihr müsst in Meinem Namen zu jeder Zeit würdevoll bleiben.

Wenn ihr in Meinem Namen herausgefordert werdet, müsst ihr mit Liebe reagieren. Versucht niemals, Meine Botschaften zu analysieren; denn es ist nicht notwendig, dass ihr das tut.

Mein Wort ist Mein Wort. Kein Mensch kann Mein Wort anfechten; denn es ist in Stein gehauen.

Wer auch immer versucht, Mein Wort zu zerschlagen oder es zu verleumden, wird scheitern; denn sie sind gegen Mein Heiliges Wort machtlos.

Jetzt, da ihr Meine Stimme kennt, müsst ihr auch über den Schmerz Bescheid wissen, den zu ertragen ihr zu erwarten habt, wenn ihr in diesen Zeiten Mein Wort öffentlich verkündet.

Erwähnt in der heutigen Zeit Meinen Namen — und es tritt — sogar unter sogenannten Christen — ein betretenes Schweigen ein.

Sprecht offen über Gut und Böse — und ihr werdet verspottet.

Weist darauf hin, wie sehr die Sünde eure Kinder zerstören kann — und ihr werdet gefragt werden: Was ist das, Sünde?

Heute wissen viele nicht, was die Sünde ist. Viele akzeptieren die Sünde als einen normalen Teil ihres Lebens, als eine hinnehmbare Eigenschaft in ihrem Leben.

Sie sehen gerne über die Sünde hinweg, weil ihnen das die Freiheit gibt, anderen Vergnügungen nachzugehen, falsche Götter zu verehren und ihre Lüste zu befriedigen.

Nein, sie wollen nicht zuhören; denn das passt nicht zu ihnen.

Man wird denken, dass ihr, Meine geliebten Anhänger, von einer Liebe für die Religion und einer Liebe zu Gott besessen seid, alles Dinge, die heutzutage — in den Augen der Blinden — nur einen geringen Nutzen haben.

Das ist der Grund, warum ihr Vorbereitungen treffen müsst. Das ist der Grund, warum ihr stark sein müsst. Es werden genau diese Seelen sein, für die ihr werdet beten müssen und bei deren Rettung ihr Mir werdet helfen müssen.

Solchen Seelen zu erlauben, euch aus der Fassung zu bringen, euch zu verletzen oder euch zu beleidigen, ist eine Verschwendung von Zeit.

Reagiert mit Liebe und mit einem würdevollen Schweigen.

Habt niemals Angst, Mich öffentlich bekannt zu machen, aber drängt Mich den Seelen niemals auf eine Art und Weise auf, die dazu führt, dass sie von euch weglaufen werden. Bringt sie stattdessen durch eure Gebete und Leiden zu Mir.

Ich segne euch, Meine starke, mutige Armee.

Ich liebe euch.

Ich gehe jeden Schritt, den ihr geht, um Mir Seelen zu bringen, mit euch mit.

Euer geliebter Jesus Christus

480. Das schlimmste Leiden von allen ist die geistige Leere, in der ihr nicht einen Funken Liebe zu Mir, eurem Jesus, fühlen könnt.
Dienstag, 3. Juli 2012, 20:00 Uhr

Meine innig geliebte Tochter, wenn Ich dir Prüfungen schicke, solche wie geistige Trockenheit, dann musst du lernen, sie als solche zu erkennen.

Du musst auch akzeptieren, dass dies — wenn du solche Trockenheit der Seele durchleidest — nicht ohne Grund geschieht. Der Grund ist, durch solches Leiden Seelen zu retten. (*)

Viele Opferseelen glauben, dass das Leiden eines von zwei Dingen ist.

Erstens gibt es die äußerliche Verfolgung, die du wegen deiner Arbeit erleiden wirst.

Dann gibt es das körperliche Leiden, das Mir freiwillig aufgeopfert wird als ein Geschenk, um Millionen Seelen zu retten.

Dann gibt es — als das schlimmste Leiden von allen —- die geistige Leere, in der ihr nicht einen Funken Liebe zu Mir, eurem Jesus, fühlen könnt, in der euch kein beharrliches Beten aus dem Gefängnis der Verlassenheit befreit.

Egal, wie sehr ihr euch auch bemüht, das Gebet wird sehr mühselig werden.

Egal, wie sehr ihr euch auch bemüht, Liebe und Mitleid mit Mir zu fühlen, ihr werdet zu kämpfen haben.

Dies ist eine Form von geistiger Verlassenheit, wo Ich so weit weg zu sein scheine, dass ihr Mich nicht mehr länger erreichen könnt.

Was ihr nicht wisst, ist, dass dies ein Geschenk, eine Gnade von Mir ist. Es macht euch in Meinen Augen wertvoller — und die Prüfungen und Leiden, die ihr erduldet, werden von Mir wegen eurer edelmütigen und reinen Liebe zugelassen, um die verfinsterten Seelen zu retten.

Das mag ungerecht erscheinen, aber je näher ihr an Mein Heiligstes Herz kommt, desto mehr erleidet ihr wegen der Sünden der Menschheit Meine eigene Verfolgung.

Nur diejenigen mit einem reinen, demütigen Herzen, die keine Rücksicht auf sich selbst nehmen, wenn sie Mich über alles auf dieser Erde setzen, können Meinen Schmerz aushalten.

Solche Seelen werden von Mir sorgfältig ausgewählt, und sie werden durch ihr Geschenk des Leidens mit Mir zusammenarbeiten, um Mir bei Meinem Plan der Erlösung zu helfen.

Meine Tochter, fürchte niemals, dass Ich nicht da bin. Du magst Meine Gegenwart nicht fühlen, Mich nicht sehen oder keine tiefe Liebe zu Mir fühlen, wie du es normalerweise tun würdest, aber Ich bin an deiner Seite.

Vertraut immer auf Mich, Meine geliebten Anhänger, selbst wenn es euch schwer fällt zu beten.

Vertraut auf Mich, wenn ihr eine Sehnsucht nach Mir fühlt, die nicht befriedigt oder erfüllt werden kann, egal wie intensiv ihr versucht, mit Mir zu kommunizieren.

Wenn das geschieht, dann sollt ihr wissen, dass Ich viel näher bei euch bin, als ihr es wahrnehmt.

Wisst, dass es in diesen Zeiten geschehen wird, dass Ich euch erhebe, damit ihr zu wahren Soldaten werdet, zu echten Kämpfern in Meiner Schlacht zur Rettung von Seelen.

Ich liebe euch. Gebt niemals auf. Fühlt euch niemals enttäuscht; denn Ich wandle immer mit euch.

Der Tag wird kommen, an dem das Leiden vergessen sein wird. An seine Stelle wird eine Freude treten, die durch die Welt strömen wird und die nur aufgrund eurer Opfer für alle Kinder Gottes, die eure Hilfe brauchen, möglich sein wird.

Euer Jesus

(*) "Die dunkle Nacht mit ihrer Trockenheit und Leere ist das Mittel, um Gott und sich selbst kennenzulernen."

Heiliger Johannes von Kreuz, Mystiker, in "Die dunkle Nacht"

481. Jungfrau Maria: Was auch immer in der Welt geschieht, Kinder, ihr müsst wissen, dass Gott, der Allerhöchste, der Herr des Geschehens ist.
Mittwoch, 4. Juli 2012, 12:50 Uhr

Mein Kind, diejenigen, welche die Wunder Meines Erscheinens auf Erden gesehen haben, werden wissen, dass die Zeit für die Geheimnisse und die Prophezeiungen, die vorausgesagt wurden, bald eintreten wird.

Kinder, Ich habe Mich eine Zeit lang in der Welt bekannt gemacht, um zu helfen, euch auf die glorreiche Rückkehr Meines Sohnes vorzubereiten.

Mein Sohn bereitet euch alle durch die Seher und die Propheten vor, damit ihr würdig gemacht werdet, Sein Geschenk des ewigen Lebens zu erhalten.

Wenn ihr an Meinen Sohn glaubt, dann dürft Ihr niemals Angst vor der Zukunft haben; denn Er ist das Brot des Lebens und ihr werdet eine neue, herrliche Zukunft haben.

Was auch immer in der Welt geschieht, Kinder, ihr müsst wissen, dass Gott, der Allerhöchste, der Herr des Geschehens ist.

Die Schlange hat gegenüber Meinem Vater nur wenig Macht.

Die Macht der Schlange wird nur von denjenigen verstärkt, die der Sünde und den Verlockungen erliegen, die sie auf ihren Weg legt.

Der Mensch wird ein Gefangener, wenn er sündigt, weil dadurch seine Kraft nachlässt, anderen Sünden und Beleidigungen gegen Meinen Vater zu widerstehen.

Er fährt dann fort zu sündigen, bis er von einer derart dichten Finsternis umgeben ist, dass er dieser nicht mehr entkommen kann, egal, wie sehr er es auch versucht.

Kinder, ihr seid jetzt verpflichtet — aus eurer Liebe zu Meinem Sohn heraus —, diesen armen Seelen zu helfen.

Nur ihr könnt ihnen helfen und sie retten, weil viele von ihnen sich selbst nicht mehr werden helfen können.

Ihr seid die Soldaten, die Mein Sohn in dieser Zeit braucht. Es wird nur durch eure Liebe zu Ihm geschehen, dass Er — wenn ihr durch eure Gebete um Seine Hilfe ruft — den verlorenen Seelen Gnaden gewähren wird.

Hier ist das Kreuzzug-Gebet, um die Sünder zu retten.

Kreuzzug-Gebet (64) „Rette meine Brüder und Schwestern"

„O Mein liebster Erlöser Jesus Christus, nimm mein Geschenk des Gebets und meine Opfer an, zur Rettung meiner Brüder und Schwestern aus dem Gefängnis der Finsternis, in dem sie sich befinden.

Erlaube mir zu helfen, ihre Seelen in Sicherheit zu bringen.

Ich bitte Dich: Vergib ihnen ihre Sünden. Und ich bitte Dich, überflute ihre Seelen mit dem Heiligen Geist, damit sie in Deine Arme — in den Zufluchtsort, den sie so dringend nötig haben — laufen werden, ehe sie sonst für ewig verloren gehen.

Ich opfere Dir für solche Seelen mein Geschenk der Hingabe in demütiger Ergebenheit und Danksagung auf. Amen."

Kinder, ihr seid Eins mit Meinem Sohn.

Eure Liebe gibt Ihm großen Trost und eure Opfer und Gebete werden Ihm helfen, die ganze Menschheit in den sicheren Hafen Seines Neuen Paradieses auf Erden zu bringen.

Dann erst kann sich die Heilige Familie von Gott, dem Allerhöchsten, wieder vereinen und auf immer und ewig in Frieden leben.

Eure geliebte Mutter
Mutter der Erlösung

482. Gott der Vater: Kein Mensch kann erklären, wie Ich das Universum oder die Menschheit schuf, egal wie sehr man es auch versucht; denn es ist unmöglich.

Donnerstag, 5. Juli 2012, 15:30 Uhr

Meine liebste Tochter, hilf Mir in Meinem Kummer, da Ich um alle Meine Kinder weine, die sich weigern anzuerkennen, dass Ich existiere.

Wie sehr sehne Ich Mich nach ihnen.

Wie sehr weine Ich um ihre armen Seelen.

So intelligent und klug nach menschlichen Maßstäben, scheitern sie dennoch daran, die Wahrheit, wer Ich Bin, zu erfassen.

Ich Bin der Anfang.

Ich Bin der Schöpfer von allem, was existiert.

Ich bin ihr Vater, obwohl sie Mich ablehnen.

Wenn sie doch nur die Wahrheit sehen könnten.

Wenn sie Mir doch nur erlauben könnten, dass Ich ihre Herzen berühre, damit Ich ihnen Meine wunderbaren und herrlichen Pläne, die auf sie warten, zeigen könnte.

Viele dieser Seelen kennen Mich nicht — ohne eigene Schuld.

Diesen Seelen wird die Wahrheit gezeigt werden, so dass sie Meinen Weg wählen werden.

Diejenigen jedoch, denen die Wahrheit gegeben wurde, die aber zulassen, dass menschliches Denken und die Verherrlichung der menschlichen Intelligenz sie verblenden, sind für Mich jetzt nicht mehr zugänglich.

Viele solcher Seelen werden sich bekehren, aber viele werden auch den Kelch der Erlösung, der ihnen von Meinem geliebten Sohn überreicht wird, ablehnen.

Kinder Meines Herzens, Ich bitte euch: Helft Mir, Meine kostbaren Kinder zu retten.

Meine Tränen fließen zu diesem Zeitpunkt, und Ich bitte euch, bringt sie durch die Göttliche Barmherzigkeit Meines Sohnes zu Mir.

Viele dieser Seelen sind unter anderen auch kleine Kinder, die Mich trotzig und in aller Öffentlichkeit zurückweisen, um anderen zu zeigen, wie schlau sie sind.

Ein übertriebener Respekt vor der menschlichen Intelligenz ist eine Versuchung, die der Feind in die Seelen Meiner Kinder hineinlegt.

Das Tier verschlingt die Seelen Meiner Kinder, und sie haben keine Ahnung, was er, der Teufel, mit ihnen macht.

So viele gefallene Engel überzeugen die Menschheit, dass die menschliche Intelligenz fehlerfrei sei.

Wenn die Menschheit glaubt — oder sich selbst einredet —, dass sie das Göttliche Gesetz der Schöpfung kennt, dann ist sie in eine trügerische Falle geraten.

Kein Mensch kann erklären, wie Ich das Universum oder die Menschheit schuf, egal wie sehr man es auch versucht; denn es ist unmöglich.

Wann werden sie dazulernen?

Wann werden sie einsehen, dass diese Meine Kinder — die reinen, einfachen und demütigen Seelen, die Mich anerkennen — die einfache Wahrheit verstehen?

Sie brauchen keinen Beweis, weil sie Meine Liebe in ihren reinen Herzen fühlen, die sie offen lassen, so dass Ich ihre Seelen mit Göttlichen Gnaden durchströmen kann.

Ich Bin euer Gott, euer Schöpfer und euer natürlicher Vater.

Meine Kinder müssen durch Meinen geliebten Sohn und durch ihren eigenen freien Willen zu Mir kommen. Ich kann sie nicht dazu zwingen.

Euch, Meinen Kindern, ist die Macht gegeben worden, dabei zu helfen, ihre Seelen zu retten.

All denjenigen von euch, die auf Meine dringende Bitte, eure Brüder und Schwestern durch das Gebet und durch Opfer zu retten, reagieren, werden besondere Gnaden gewährt werden.

Meine Macht ist grenzenlos.

Meine Wunder, verbunden mit dem Leiden und den Gebeten Meiner Kinder, werden dazu verwendet werden, um verlorene Seelen vor dem ewigen Tod zu retten.

Ich liebe euch, Meine geliebten Kinder.

Kommt und helft Mir, Meine geliebte Familie zu vereinen, und helft Meinem Sohn, das Tier zu besiegen, bevor es noch mehr Meiner Kinder stiehlt.

Euer liebender Vater
Gott, der Allerhöchste

483. Ein Drittel der Erde wird zerstört werden, wenn die Engel von den vier Ecken des Himmels Feuer ausgießen werden.

Freitag, 6. Juli 2012, 16:15 Uhr

Meine innig geliebte Tochter, die notwendige Zeit, damit diese Meine Heiligen Botschaften an die Welt von jeder Seele gehört werden — von Jung und von Alt, überall in jeder Nation — ist bereitgestellt worden.

Viele von Gottes Kindern werden aufmerksam werden und Meinen Anweisungen Ge-

hör schenken, wenn ihnen Zugang zu diesen Botschaften gegeben wird.

Ihr sollt jetzt wissen, dass die Veränderungen bereits begonnen haben — so wie es prophezeit wurde: Die Nutzpflanzen werden nicht mehr wie bisher ihren Ertrag bringen und die Jahreszeiten werden nicht mehr dieselben sein wie bisher.

Diese Veränderungen kommen aus der Hand Meines Ewigen Vaters, wobei Er neue Gesetze auf die Erde bringt, die keinem Menschen unbemerkt bleiben werden.

Nichts, was in der Welt nach den Naturgesetzen geregelt wird, wird so bleiben, wie es einmal war.

Die Meere werden ansteigen, die Gewässer werden über die Ufer treten, die Erde wird wanken und der Ackerboden wird unfruchtbar werden.

Mein Vater wird eine große Strafe auferlegen, um die Ausbreitung der Sünde zu stoppen, die für Ihn eine Ursache großen Kummers ist.

Diejenigen Nationen, die sich über Seine Gesetze hinwegsetzen, werden viel leiden. Sie werden bald verstehen, dass ihre Sünden nicht mehr länger hingenommen werden und dass sie bestraft werden.

Ihre Strafe dient dazu, sie davon abzuhalten, weitere Seelen zu verseuchen, und sie werden — wenn sie sich von ihren bösen Wegen nicht abwenden — durch Göttliches Eingreifen dazu gezwungen werden.

Meine Tochter, du musst Mein Wort jetzt schnell verbreiten, da die „Warnung" näher rückt.

Vielen Nationen muss das Buch der Wahrheit gegeben werden, damit sie sich auf Mein Zweites Kommen vorbereiten können.

Die Zeit für Mein Zweites Kommen wird nach der „Warnung" sein.

Die Züchtigungen, die auf Anordnung Meines Vaters von den Engeln im Himmel herabgereicht werden, haben — in Stufen unterteilt — begonnen. Diese werden sich in dem Maße verstärken, in dem die Sünden weiter zunehmen.

Die Schlacht hat begonnen, und man kann die Anfangsphasen in vielen Ländern sehen.

Ihr alle werdet Zeugen von durch das Klima verursachten Zerstörungen werden, welche auf die Erde herniedergehen werden, während diese unter der durch die Sünde bewirkten Verschlechterung qualvoll stöhnt.

Die Erdbeben werden zunehmen und eine Nation nach der anderen wird leiden, je nach dem Ausmaß der Verunreinigung durch die Sünde, die ihr Innerstes verdirbt.

Die Führer, die dem Antichristen folgen, werden dem Auge Meines Vaters nicht entkommen und sie werden vernichtet werden.

Mein Vater bestraft jetzt diejenigen, die schlechte Regierungen anführen, um Seine Kinder aus ihrem bösen Griff zu retten.

Er wird nicht tatenlos bleiben und zusehen, wie diese Führer — die dem Antichristen folgen, der sich momentan verborgen hält — Seine Kinder vernichten.

Ein Drittel der Erde wird zerstört werden, wenn die Engel von den vier Ecken des Himmels Feuer ausgießen werden. (Offb 8, 7-13 und Offb 9, 13-21)

Dann werden viele wissen, dass etwas nicht stimmt und dass das infolge des Zornes Meines Vaters ausgelöst wird.

Und doch werden viele noch immer nichts dazulernen. Nach der „Warnung" werden sich viele bekehren. Doch viele werden das nicht tun, selbst dann nicht, wenn allen von ihnen der Beweis über den Zustand ihrer Seelen gegeben wird.

Sie werden noch immer den falschen Verlockungen huldigen, welche die Erde ihrer Meinung nach zu bieten hat. Nur dieses Mal werden ihre Lüste und diejenigen materiellen Idole, die sie verehren, sogar noch unzüchtiger und schlimmer werden. All ihre Sünden, die für all jene sichtbar sind, die diese Sünden als das erkennen können, was sie sind, werden so hässlich werden, dass nur wenige von Gottes Kindern überhaupt fähig sein werden, diese mit anzusehen.

Jede abscheuliche Sünde wird öffentlich — und unter Ausdruck der Verachtung für Gott — gezeigt werden.

Jede Handlung wird die Sünder in eine derartige Tiefe herabwürdigen, dass sie sich wie Tiere benehmen werden.

Jede Achtung vor dem menschlichen Körper wird verschwinden, und jede böse Lust wird der Welt offen zur Schau gestellt werden, ohne dass diese dabei irgendeine Scham in ihren Seelen empfinden.

Diese sind Satans Gefangene. Sie alle sind Kinder Gottes, aber sie werden ihre Seelen an das Tier verlieren.

Züchtigungen sind ein Teil von Gottes Plänen zur Reinigung der Erde, um sowohl die Sünder als auch den Boden, auf dem ihr wandelt, zu reinigen.

Nur dann, wenn die Erde gereinigt ist, kann Mein Zweites Kommen stattfinden.

Meine Anhänger, betet um Mut und innere Kraft, um mit den Züchtigungen zurechtzukommen.

Ihr dürft niemals vor ihnen Angst haben; denn ihr, Meine Armee, werdet für diejenigen (schlechten Menschen) und für diese Nationen beten und bei der Reinigung helfen, die für die Bekehrung der Menschheit notwendig ist.

Das Siegel des Lebendigen Gottes wird jeden Einzelnen von euch schützen.

Es ist wegen der Liebe, die Mein Vater für alle Seine Kinder hat, dass Er sie bestrafen muss; denn wenn Er das nicht tut, werden sie — ohne es zu wissen — weiterhin zu den Toren der Hölle marschieren.

Euer Jesus

_____

(*) (Offb 8) Die vier ersten Posaunen. 7 Und der erste blies die Posaune. Da entstand Hagel und Feuer, mit Blut gemischt. Es fiel zur Erde, und der dritte Teil der Erde verbrannte, und der dritte Teil der Bäume wurde versengt, und alles grüne Gras verbrannte. 8 Und der zweite Engel blies. Da fiel es wie ein großer brennender Feuerberg in das Meer, und der dritte Teil des Meeres ward zu Blut, 9 und der dritte Teil der lebenden Geschöpfe im Meere starb, und der dritte Teil der Schiffe ging zugrunde. 10 Und der dritte Engel blies. Da fiel vom Himmel ein großer Stern, gleich einer Fackel brennend. Er fiel in den dritten Teil der Flüsse und in die Wasserquellen. 11 Der Stern heißt Absinthium. Der dritte Teil der Wasser wurde zu Wermut, und viele Menschen starben an dem Wasser, weil es bitter geworden war. 12 Und der vierte Engel blies. Da wurde der dritte Teil der Sonne und der dritte Teil des Mondes und der dritte Teil der Sterne geschlagen, so daß ihr dritter Teil dunkler wurde und der Tag den dritten Teil seines Lichtes verlor und die Nacht desgleichen. 13 Und ich schaute, und ich hörte einen Adler, der hoch oben am Himmel dahinflog, mit lauter Stimme rufen: Wehe, wehe, wehe den Bewohnern der Erde wegen der übrigen Posaunenstöße der drei Engel, die noch die Posaune blasen sollen. 7-13: Die vier ersten Plagen wirken sich in der Natur aus. Es sind himmlische Warnungssignale an die Sünder auf Erden.

(Offb 9) Die sechste Posaune. 13 Und der sechste Engel blies. Da hörte ich eine Stimme von den vier Ecken des goldenen Altars her, der vor Gottes Angesicht steht. 14 Diese sprach zu dem sechsten Engel mit der Posaune: Mache los die vier Engel, die an dem großen Flusse Euphrat gebunden sind. 15 Da wurden die vier Engel losgemacht, die bereit waren, auf Stunde und Tag und Monat und Jahr den dritten Teil der Menschen zu töten. 16 Und die Zahl des Reiterheeres war zweihundert Millionen. Ich hörte ihre Zahl. 17 Ich schaute aber im Gesichte die Rosse und die Reiter also: Sie trugen feuerrote, tiefblaue und schwefelgelbe Panzer. Die Pferdeköpfe waren wie Löwenköpfe. Aus ihrem Rachen kam Feuer, Rauch und Schwefel. 18 Von diesen drei Plagen, Feuer, Rauch und Schwefel, die aus ihrem Rachen kamen, wurde der dritte Teil der Menschen getötet. 19 Die Kraft der Rosse liegt in ihrem Rachen und in ihren Schwänzen. Denn ihre Schwänze gleichen Schlangen mit Köpfen. Damit richten sie Schaden an. 20 Die übrigen Menschen, die nicht umkamen in diesen Plagen, bekehrten sich doch nicht von den Werken ihrer Hände und ließen nicht ab, die Teufel und Götzenbilder aus Gold und Silber, Erz, Stein und Holz anzubeten, die weder sehen können, noch hören, noch gehen. 21 Und sie bekehrten sich nicht von ihren Mordtaten, ihren Zaubereien, ihrer Unzucht und Diebérei. 14-21: Von Babylonien am Euphrat her waren schon oft gewaltige Heere nach Westen gerückt. Die Reiterei der Parther machte sogar dem mächtigen Römerreich viel zu schaffen.

484. Sie hören möglicherweise nicht zu, aber ihnen muss dennoch das Wort Gottes gegeben werden.

Samstag, 7. Juli 2012, 15:30 Uhr

Meine innig geliebte Tochter, wenn Ich die Menschheit bitte, Meiner Stimme Gehör zu schenken, verwundet es Mich, wenn diejenigen, die Mich lieben, sagen, dass Ich niemals auf diese Weise sprechen würde.

Wenn sie nur zuhören würden, dann würde das Mein Herz erheben und so viel mehr Seelen würden gerettet werden.

Die Vorbereitung auf Mein Zweites Kommen wird von Meinen Göttlichen Lippen durch diese Botschaften übermittelt.

Die Vorbereitung auf Meine Geburt wurde ebenfalls durch die Propheten im Voraus bekannt gemacht, um Gottes Kinder darauf aufmerksam zu machen, dass der Messias kommt.

Warum weigern sich Meine Jünger auf Erden anzuerkennen, dass Mein Vater Seine Propheten senden würde, um Mein Zweites Kommen anzukündigen?

Wie wenig wissen sie in Wirklichkeit über die Art und Weise, wie Mein Ewiger Vater die Menschheit auf große Ereignisse vorbereitet.

Mein Klerus, Meine gottgeweihten Diener müssen Meinen Ruf jetzt hören; denn Ich brauche ihre Hilfe. Und doch werden es viele nicht schaffen auf Meinen Ruf entsprechend zu reagieren. Sie werden Mich ablehnen, indem sie Meine Botschaften ablehnen.

Sie werden die Wahrheit erkennen, aber erst dann, wenn es zu spät ist.

Meine Tochter, habe niemals Angst, Meine Botschaften zu veröffentlichen, einschließlich derjenigen, welche du sonderbar oder furchterregend findest.

Sie hören möglicherweise nicht zu, aber ihnen muss dennoch das Wort Gottes gegeben werden.

Es ist nicht die Angelegenheit des Menschen, dir vorzuschreiben, die Vermittlung des Heiligen Wortes Gottes einzustellen.

Schließe deine Ohren und ignoriere verächtliche Meinungen; denn sie sind nicht wichtig.

An diejenigen unter euch, die sich Christen nennen und die Meine Botschaften mit Spott überschütten — euch sage Ich das Folgende:

Indem ihr Mein Wort zerreißt, indem ihr Meine Botschaften anstößig findet und indem ihr Mein Wort lächerlich macht, habt ihr das Band durchtrennt, das euch an Mein Herz bindet.

Ihr könnt Meine Botschaften nicht annehmen, weil ihr denkt, dass ihr Mich kennt und Meine Worte erkennt, wenn sie gesprochen werden. Stattdessen seid ihr dem Betrüger zum Opfer gefallen, der euch blind gegenüber der Wahrheit macht.

Ich rufe euch alle — noch einmal — auf, Mich, euren geliebten Jesus, anzurufen und Mir zu erlauben, eure Herzen zu öffnen.

Lasst Mich euch mit der Kraft des Heiligen Geistes erfüllen, damit ihr Mich erkennen werdet.

An die Priester: Ich bitte euch dringend zu begreifen, dass die Zeit gekommen ist, in der sich die Prophezeiungen des Daniel verwirklichen und in der die Siegel im Buch der Offenbarung des Johannes von Mir, dem Lamm Gottes, geöffnet werden.

Erinnert euch an Mein Versprechen.

Ich werde wiederkommen, um die Lebenden und die Toten zu richten.

Mein Versprechen, all denjenigen, die Mir gegenüber treu sind, das ewige Leben zu bringen, ist im Begriff, sich zu verwirklichen.

Ihr müsst sicherstellen, dass ihr euch auf dieses Glorreiche Ereignis ausreichend vorbereitet habt.

Euer Jesus

485. Seid gewarnt. Die Neue Weltreligion wird nach außen hin wie eine gute und heilige Organisation erscheinen, die voller Liebe und Mitgefühl ist.

Sonntag, 8. Juli 2012, 17:17 Uhr

Meine innig geliebte Tochter, der große Glaubensabfall, von dem Ich sprach, beschleunigt sich jetzt in der Welt.

Dieses Mal breitet er sich wie ein Schleier über Meine Heilige Kirche auf Erden aus und bewölkt ihren Blick wie ein dichter Nebel.

Dies ist die Zeit für die große Spaltung Meiner Kirche in zwei Lager.

Auf der einen Seite werdet ihr Meine geliebten treuen heiligen Diener vorfinden, die Meinen Lehren folgen und die niemals von diesen abweichen.

Auf der anderen Seite gibt es diejenigen Priester — und weitere Führer in Meinen christlichen Kirchen —, die unter dem Einfluss des modernen Lebens stehen und die Meine Gebote entheiligen werden.

Sie beugen sich dem Druck von denjenigen Menschen, die von ihnen verlangen, dass sie — indem sie Gottes Gesetze verändern, um sie menschlichen Interessen anzupassen — im Namen Gottes Toleranz zeigen.

Sie sind voller Stolz und Arroganz und ihr Streben gilt vor allem weltlichen Angelegenheiten. Ihnen wird es nichts ausmachen, wenn sie die Heiligen Sakramente verändern, um sie einer sündigen Agenda anzupassen.

Nein, sie werden es sogar ermöglichen, dass in den Kirchen Meines Vaters abscheuliche Handlungen begangen werden, und das alles im Namen der Grundrechte und der Toleranz.

Sie werden stillschweigend über die Sünde hinwegsehen und werden Mich beleidigen, indem sie solche Sünden vor Meinem Heiligen Tabernakel zur Schau stellen werden und dabei erwarten, dass Ich solche abscheulichen Taten schlucke.

Bald werden sie die Sakramente abschaffen, um allen entgegenzukommen.

An ihrer Stelle werden dort Feiern, Partys und andere Formen der Unterhaltung abgehalten werden.

Dies wird eine Neue-Welt-Kirche werden, die mit einem eindrucksvollen Gebäude in Rom prahlen wird, die aber Gott nicht ehren wird.

Es wird mit heimlichen satanischen Symbolen, die für alle sichtbar sind, gebaut werden und es wird das Tier verherrlichen.

Jede für Meinen geliebten Vater abstoßende Sünde wird öffentlich honoriert werden, und Millionen von Menschen werden ihre verdorbenen Gesetze als etwas, das in den Augen Gottes würdig sei, annehmen.

Meine heiligen Diener, die Mir gegenüber treu bleiben, werden die Heilige Messe im Geheimen abhalten müssen — oder sie werden einer Haftstrafe gegenüberstehen.

Sie werden große Stärke erlangen und werden — erfüllt vom Heiligen Geist — fortfahren, die Kinder Gottes mit der Speise des Lebens zu nähren.

Sie müssen sicherstellen, dass all denjenigen, die sie führen, der Schutz des Siegels des Lebendigen Gottes angeboten wird.

Die Zeit dafür, dass der Neue Tempel zu Ehren des Tieres gebaut wird, ist jetzt sehr nah.

Dieser wird unter der Diktatur des Antichristen gebaut werden, der die Weltbühne in Kürze als der Mann des Friedens betreten wird.

Versammelt euch, alle Meine Anhänger, so bald wie ihr könnt. Meine Priester, die Meine Stimme erkennen, ihr müsst mit euren Vorbereitungen beginnen, um sicherzustellen, dass Meine Kirche auf Erden die bevorstehende Verfolgung — mit Stärke — durchstehen kann.

Die Zufluchtsorte werden rechtzeitig zu eurer Verfügung bereitstehen; denn Ich habe Meine Anhänger seit einiger Zeit angewiesen, sicherzustellen, dass diese euren Erfordernissen genügen werden.

Diese Verfolgung wird kurz sein und ihr werdet sie überstehen — schmerzhaft wird sie allerdings sein.

Seid gewarnt. Die Neue Weltreligion wird nach außen hin wie eine gute und heilige Organisation erscheinen, die voller Liebe und Mitgefühl ist.

Sie wird einen großartigen Eindruck der Toleranz ausstrahlen und sie wird jede Sünde, die Gott kennt, preisen. Sie wird jede Sünde so verdrehen, dass der Eindruck entsteht, als ob sie in den Augen Gottes annehmbar sein würde.

Aber ihr müsst wissen, dass solch abscheuliche Dinge Mir Übelkeit bereiten — und Wehe denjenigen, die diesem gefährlichen Pfad zur ewigen Verdammnis folgen.

Die Sünde wird in Meinen Augen immer Sünde sein.

Die Zeit ändert nichts daran. Neue Regeln, um dem Verlangen des Menschen nach sündhaften Tätigkeiten entgegenzukommen, werden von Mir niemals akzeptiert werden.

Bereitet euch jetzt auf diese große Irreführung vor; denn sie wird sehr bald stattfinden.

Euer Jesus

486. Jeder auf Erden lebende Mensch wird seine Seele sehen und wird — in vielen Fällen zum ersten Mal — wissen, dass er eine hat.

Montag, 9. Juli 2012, 23:00 Uhr

Meine innig geliebte Tochter, Ich möchte alle Meine Anhänger jetzt auf eine Art und Weise auf die „Warnung" vorbereiten, die nicht nur ihnen, sondern auch all ihren Lieben helfen wird.

Es genügt nicht, aus Furcht zu bereuen. Eine Buße ist erforderlich.

Für alle von euch, Meine Anhänger: Hört jetzt auf Meine Anweisungen, um eure Seelen auf die „Warnung" vorzubereiten.

Ihr müsst damit beginnen, indem ihr über alle Verfehlungen nachdenkt, derer ihr euch schuldig gemacht habt, gegen euch selbst und gegen eure Nächsten.

Für die Katholiken unter euch: Ihr müsst alle zwei Wochen das Sakrament der Beichte empfangen, wenn ihr möchtet, dass ihr in einem Zustand der Gnade bleibt.

Auf diese Weise wird euer Schmerz während der „Warnung" milde sein, und ihr werdet die Kraft haben, euren Brüdern und Schwestern zu helfen, die eine schreckliche Qual erleiden und die unter entsetzlichen Schuldgefühlen leiden werden, während sie versuchen, mit der Erhellung ihres Gewissens zurecht zu kommen.

Für diejenigen unter euch, die Christen sind oder die andere Glaubensüberzeugungen haben und die an diese Botschaften glauben: Ihr müsst das Gebet beten, das euch durch das Kreuzzug-Gebet (24) „Vollkommener Ablass für die Absolution" gegeben wurde.

Ihr müsst das folgende Gebet an sieben aufeinander folgenden Tagen sprechen, und Ich, euer Jesus, werde euch Vergebung gewähren:

„O mein Jesus, Du bist das Licht der Erde, Du bist die Flamme, die alle Seelen berührt.

Deine Barmherzigkeit und Deine Liebe kennen keine Grenzen.

Wir sind des Opfers nicht würdig, das Du durch Deinen Tod am Kreuz gebracht hast.

Doch wissen wir, dass Deine Liebe zu uns größer ist als die Liebe, die wir für Dich haben.

Gewähre uns, O Herr, das Geschenk der Demut, so dass wir Deines Neuen Königreiches würdig werden.

Erfülle uns mit dem Heiligen Geist, damit wir voranschreiten und Deine Armee anführen können, um die Wahrheit Deines Heiligen Wortes öffentlich zu verkünden, und damit wir unsere Brüder und Schwestern auf die Herrlichkeit Deines Zweiten Kommens auf Erden vorbereiten können.

Wir ehren Dich.

Wir loben Dich.

Wir bieten uns selbst, unseren Kummer, unsere Leiden als ein Geschenk an Dich an, um Seelen zu retten.

Wir lieben Dich, Jesus.

Habe Erbarmen mit all Deinen Kindern, wo auch immer sie sein mögen. Amen."

Ich schenke euch jetzt noch ein besonderes Gebet, das ihr auch beten müsst, und zwar für jene armen Seelen, die während der „Warnung" möglicherweise aufgrund des Schocks sterben und die sich möglicherweise in einem Zustand der Todsünde befinden.

Kreuzzug-Gebet (65) „Für diejenigen, die sich in einem Zustand der Todsünde befinden"

„O lieber Jesus, Retter der Menschheit, durch Deine Göttliche Barmherzigkeit bitte ich flehentlich um Gnade für all jene armen Seelen, die sich in einem Zustand der Sünde befinden und die während der „Warnung" möglicherweise von dieser Erde fortgenommen werden.

Vergib ihnen ihre Sünden. Und im Gedenken an Deine Passion, zur Sühne für ihre Sünden, flehe ich Dich an, mir diese besondere Gunst zu gewähren.

Ich opfere mich Dir in Geist, Leib und Seele auf, als eine Buße, um ihre Seelen zu retten und um ihnen das ewige Leben zu bringen. Amen."

Meine Anhänger, die „Warnung" wird ein großes Ereignis der Erlösung sein, durch welches Ich der Welt Meine Göttliche Barmherzigkeit beweisen werde.

Jeder auf Erden lebende Mensch wird seine Seele sehen und wird — in vielen Fällen zum ersten Mal — wissen, dass er eine hat.

Es ist jetzt nur noch wenig Zeit, und ihr müsst damit anfangen, euch vorzubereiten.

Vergesst Meine Anweisungen nicht, Nahrungsmittel für (mindestens) zehn Tage, geweihte Kerzen und heilige Gegenstände in eurem Haus zu haben.

Vertraut auf Mich und freut euch; denn viele Seelen werden gerettet werden.

Ich werde kein Datum offenbaren, aber ihr wisst, was getan werden muss.

Wenn euch eure Sünden offenbart werden, müsst ihr Mich bitten, euch zu vergeben, und ihr müsst euch verbeugen in demütiger Danksagung für dieses Göttliche Geschenk, das euer Reisepass zum ewigen Leben im Neuen Paradies auf Erden ist.

Vergesst nicht: Es gibt nicht eine einzige Sünde, egal wie schwer diese ist, die nicht vergeben werden kann, wenn ihr wahre Reue zeigt.

Euer geliebter Erlöser
Jesus Christus

487. Sie werden Mich ablehnen, indem sie sagen, dass Mein Heiliges Wort dem Wort Gottes widerspricht.

Mittwoch, 11. Juli 2012, 19:30 Uhr

Meine innig geliebte Tochter, du erleidest in dieser Zeit Meinen Schmerz, da Ich wegen der Zahl der Kinder Gottes weine, die in einem Zustand der Todsünde sterben.

Das ist so schmerzhaft, dass Ich sogar noch einmal die schrecklichen Wunden ertrage, die Mir während Meiner Kreuzigung zugefügt wurden.

Meine Tochter, es ist wichtig, dass du begreifst, was mit dir geschieht; denn du musst dich darauf vorbereiten, wie du mit dieser Mission — dann, wenn sie dir solches Leiden verursacht — umzugehen hast.

Die Misshandlungen, die du in Meinem Namen erleidest, sind zu erwarten gewesen.

Immer wenn in der Vergangenheit auserwählte Seelen — egal welche — Mein Heiliges Wort der Welt übermittelten, dann ertrugen sie Kränkungen, gerade so, wie du es jetzt tust. Sie wurden lächerlich gemacht, misshandelt, als dumm hingestellt und — was noch schlimmer ist — sie wurden beschuldigt, Betrüger zu sein, so als ob sie Lügen erzählen würden.

Auch Ich wurde ein Lügner genannt. Auch Ich wurde verlacht. Sie sagten, Ich wäre ein Schwindler, ein Betrüger und Ich wäre gegen das Wort Gottes.

Sie fanden jeden Vorwand, um zu beweisen, dass Ich ein Schwindler wäre.

Sie benutzten sogar das Heilige Wort Gottes, Meines Ewigen Vaters, um zu versuchen zu beweisen, dass das, worüber Ich sprach, der Heiligen Schrift widersprach.

Jedermann kann sagen, dass er das Wort Gottes vertritt. Sehr wenige von denen, die sagen, dass sie das Wort Gottes empfangen, werden ernst genommen. Sie werden normalerweise nicht zur Kenntnis genommen.

Aber denjenigen, die sagen, dass sie in Meinem Namen sprechen — die das aber nicht tun und die absichtlich Lügen verbreiten —, wird für gewöhnlich Beifall gespendet und sie werden — aufgrund des betrügerischen Einflusses Satans — anerkannt.

Im Fall des echten Propheten aber ist die Macht Meiner Stimme von einer solchen Art, dass sie eine sehr starke Reaktion hervorrufen wird. In solchen Fällen werden die Menschen Mein Wort entweder mit einer Liebe für die Wahrheit annehmen oder sie werden Mich vollständig ablehnen.

Diejenigen, die Mich annehmen, werden fühlen, dass Meine Liebe ihre Seelen auf eine Art und Weise berührt, die ihre Herzen entflammen wird, so dass es kein Zurück mehr geben kann.

Diejenigen, die Mich zurückweisen, werden Mich nicht ignorieren. Stattdessen werden sie Mich lächerlich machen und Mein Heiliges Wort mit einer Boshaftigkeit schlechtmachen, die im Widerspruch zu den christlichen Tugenden steht, die sie behaupten zu besitzen.

Sie werden Mich ablehnen, indem sie sagen, dass Mein Heiliges Wort dem Wort Gottes widerspricht, genau so, wie sie es taten, als Ich auf Erden wandelte.

Sie versagen darin zu begreifen, warum Mein Wort eine so starke Reaktion hervorruft. Sie haben sich von Satan versuchen lassen und wissen es nicht. Sie haben ihre Wachsamkeit vernachlässigt und haben ihm erlaubt, ihre Liebe zu Mir zu trüben.

Keiner wird Mein Wort ignorieren. Sie können es nicht. Denn so oder so fordert es eine Reaktion heraus, egal ob es eine Reaktion der Liebe oder eine des Hasses ist.

Euer Jesus

488. Die „Warnung" wird für viele ein furchterregendes Ereignis sein, bei dem es den Anschein haben wird, dass die Welt zu einem Ende gekommen ist.

Donnerstag, 12. Juli 2012, 10:50 Uhr

Meine innig geliebte Tochter, lass keinen Menschen die Wirkung unterschätzen, welche die „Warnung" auf die ganze Menschheit haben wird.

Die „Warnung" wird für viele ein furchterregendes Ereignis sein, bei dem es den Anschein haben wird, dass die Welt zu einem Ende gekommen ist.

Viele werden Zeugen eines Ereignisses sein, bei dem zwei Kometen kollidieren und explodieren werden — dies scheinbar in einem geringen Abstand zur Erdoberfläche, was man für eine Katastrophe halten wird.

Die Feuerflammen werden so aussehen, als ob am Himmel ein Vulkan ausgebrochen ist, und viele werden voller Angst sein.

Die Strahlen aus rotem Feuer sind die Strahlen Meines Blutes, die Strahlen Meiner Barmherzigkeit, die euch allen als ein Geschenk von derartiger Größe gegeben werden, dass kein Mensch fähig sein wird zu erfassen, was da geschieht.

Viele werden ein Feuer durch ihren Leib brennen fühlen, so als ob die Hitze der Sonne sie mit übermächtiger Kraft trifft.

Im Inneren werden sie eine brennende Hitze fühlen, bis das Realitätsbewusstsein es ihnen ermöglicht, den Anblick ihrer Seelen wahrzunehmen.

Viele werden die Erde beben fühlen, als ob ein Erdbeben stattfindet.

Der Erdboden wird wanken und ächzen, und viele werden hinfallen und werden, um sich zu schützen, nach allem greifen, was sie erreichen können.

Doch der Erdboden wird sich nicht öffnen und sie verschlucken. Denn das ist kein physisches Erdbeben, sondern ein übernatürliches.

Bevor das geschieht, wird es zu Wetterausbrüchen kommen.

Mein Kreuz wird nach der Explosion am Himmel erscheinen.

Viele werden bittere Tränen der Reue und Betrübnis weinen und werden — wegen ihrer Sünden — die Qual der Scham durchleiden.

Andere werden schreien und fluchen, weil sie die Erhellung ihrer Seelen — die ein Göttliches Zeichen ist — wegen der Finsternis ihrer Seelen nicht verkraften können, und sie werden dem Licht Meiner Barmherzigkeit Widerstand leisten.

Sie werden aufgrund der Qual des Feuers der Hölle schreien, weil Mein Zeichen der Barmherzigkeit ihnen das Schicksal zeigen wird, das sie erwartet, wenn sie nicht bereuen und wenn sie die Art, wie sie ihr Leben leben, nicht ändern.

Jene guten Seelen, die Mich lieben, werden ebenfalls leiden; denn viele unter ihnen werden auch mit Sünden befleckt sein, aber sie werden augenblicklich die Absolution erhalten. Auch sie werden gedemütigt werden, wenn ihnen ihre Sünde des Stolzes gezeigt wird.

Viele werden danach für einige Tage in ihren Räumen bleiben, und viele werden wegen des Mangels an Hilfs- und Versorgungsdiensten auf sich selbst gestellt sein. Das ist der Grund, warum ihr euch vorbereiten müsst.

Es wird auch eine Zeit des Leidens sein, in der die Seelen — während ihre Reinigung stattfindet — den Schmerz des Fegefeuers erleiden werden. Auf diese Art und Weise werden viele eine Offenbarung des Zustandes ihrer Seelen erfahren und werden auf eine Weise demütig werden, wie sie es zuvor niemals erlebt haben.

So viele Menschen werden anerkennen, was geschehen ist, und werden wissen, dass ihnen ein großes Geschenk Meiner Gnaden und Meiner Göttlichen Barmherzigkeit gegeben worden ist.

Die Bekehrung wird weltweit sein und wird in einer Größenordnung geschehen, wie man es seit Meinem Tod am Kreuz nicht mehr gesehen hat.

Milliarden werden sich Gott zuwenden, weil die Wahrheit offensichtlich werden wird.

Sie werden genau wissen, was am Jüngsten Tag geschehen wird, und sie werden wissen, wie sie ihre Seelen retten können, weil Meine Liebe sie eingehüllt haben wird.

Sie können an Geist, Leib und Seele wieder heil werden.

Mein Kreuz wird der Beweis Meiner Sichtbarmachung Meiner Göttlichen Barmherzigkeit sein, welche der Menschheit so lange versprochen wurde. Es wird überall auf der Welt am Himmel gesehen werden.

Aufgrund dieses Aktes des Göttlichen Eingreifens — das Gottes Kindern gegeben wird, um sie aus ihrem Schlummer zu wecken — wird überall eine Stille auf die Erde herniedersteigen.

Aber die gefallenen Engel werden alle Kinder Gottes angreifen, durch ihre hartnäckige Armee, die Meinen Kelch der Erlösung ablehnen wird.

So verbittert, mit Herzen von Stein und verseucht durch den Makel Satans, werden sie diejenigen bekämpfen, die Gott lieben.

Ihre Zahl wird bei weitem nicht an diejenigen heranreichen, welche der Wahrheit folgen, und dennoch wird ihr Hass sie dazu bringen, böse Taten, die diesen Frieden und diese Ruhe zerstören werden, zu planen.

Sie werden einen Plan ausführen, der dazu dient, die Welt davon zu überzeugen, dass dieses Ereignis — mit Sicherheit — ein kosmisches Unglück war, von dem sie sagen werden, dass die Wissenschaftler es beweisen können. Dann werden viele — traurigerweise — glauben, dass das wirklich der Fall ist, und viele von Gottes Kindern werden in das alte sündige Leben zurückfallen, das sie einmal führten.

Dann wird die Schlacht um Seelen beginnen, und es wird einige Zeit dauern bis es zur letzten Konfrontation kommen wird, bei der Mein Zweites Kommen der Boshaftigkeit ein Ende setzen wird.

Meine lieben Anhänger, lasst nicht zu, dass diese Offenbarungen euch in Angst versetzen.

Bereitet euch stattdessen auf dieses herrliche Ereignis vor und erlaubt euren Seelen, es freudig anzunehmen.

Nehmt diesen wunderbaren Göttlichen Akt an, um eure Entschlossenheit zu stärken und Meine Liebe weiter unter euren Familien und unter euren Freunden zu verbreiten.

Seid stolz auf eure Bande zu Mir, eurem Jesus, und helft Mir, jene Seelen zu retten, die sich weigern werden, Meine Barmherzigkeit anzunehmen.

Gehet hin. Bereitet euch vor. Freut euch, denn die Zeit ist nahe.

Ich liebe euch.

Euer Jesus

489. Nach dem Weltkrieg wird die Hungersnot kommen, und danach kommen die Plagen. Doch das Gebet kann die Züchtigung abmildern.

Freitag, 13. Juli 2012, 16:25 Uhr

Meine innig geliebte Tochter, Meine Anhänger müssen die Reihenfolge der Ereignisse kennen; denn, indem sie diese verstehen, werden sie durch dieses Wissen gestärkt, damit sie helfen können, die Züchtigung zu lindern.

Die „Warnung" findet als ein letztes Rettungsmittel von Seiten Meines Ewigen Vater statt, um das Licht Gottes, das Licht der Wahrheit, in die Herzen der Menschheit hineinzusenken.

Ohne sie würde der größte Teil der Menschheit in die Hölle geworfen; denn sie würden nicht würdig für das Königreich Meines Vaters sein.

Dies ist ein Göttlicher Akt großer Barmherzigkeit, um alle Kinder Gottes aus dem Griff des Bösen zu ziehen und sie in ihr rechtmäßiges Erbe zu bringen.

Wegen der großen Finsternis, die in dieser Zeit die Erde bedeckt und in der das Licht Gottes nur ein Glimmen ist, ist dieser Akt Gottes notwendig.

Er wird die Guten von denjenigen scheiden, die in der Sünde versinken, die sich aber am Tier und an der ganzen Herrlichkeit, die es ihnen auf dieser Erde verspricht, hartnäckig festhalten werden. Solche armen Seelen verschwenden damit ihre Zeit; denn sie müssen wissen, dass ihre Zeit auf Erden kurz ist.

Die Erde wird durch ein Neues Paradies ersetzt werden, zu dem ihnen der Zutritt verweigert werden wird, wenn sie Meinen Akt der Liebe und Barmherzigkeit nicht annehmen.

Viele werden in der Dunkelheit bleiben. Viele werden sich auf der Stelle bekehren. Wenn der größte Teil der Menschheit Reue empfindet, umkehrt und Buße tut, dann wird die Große Drangsal nicht so schwer sein.

Der Weltkrieg wird nicht dieselbe Auswirkung haben, wenn die Mehrheit der Menschen nach der „Warnung" Reue empfindet und Buße tut.

Nach dem Weltkrieg wird die Hungersnot kommen, und danach kommen die Plagen. Doch das Gebet kann die Züchtigung abmildern.

Betet innig, damit der Krieg und die Züchtigung, die ihm folgen wird, abgeschwächt und abgewendet werden können. Allein der Glaube der Menschen und die Treue zu Mir, eurem Göttlichen Erlöser, können dies bewirken.

Meine Tochter, nicht Ich, euer Jesus, werde dieses schreckliche Leid verursachen. Es wird durch die schlimmen Sünden der Menschen hervorgerufen, deren Gier nach Macht, Geld und Kontrolle über die Welt — zu ihrem eigenen Vorteil — unersättlich ist.

Während viele Meiner Anhänger geduldig und sehnlich auf Mein Zweites Kommen warten werden, wird mehr Verwirrung eintreten.

Viele werden an die Öffentlichkeit treten und behaupten, dass sie Ich, der Messias, sind, und die Menschen werden hinters Licht geführt werden.

Vergesst nicht, was Ich euch gesagt habe: Ich werde zur Erde zurückkehren, gerade so, wie Ich sie, als Ich durch die Wolken zum Himmel aufgestiegen bin, verlassen habe.

Beachtet niemanden, der behauptet, dass er Ich — im Fleisch — sei; denn das wird nicht der Fall sein.

Meine Anhänger werden aufgrund ihrer Liebe zu Mir stark sein, und sie müssen sich auf das einzige Begehren konzentrieren, das Mir, wenn es erfüllt wird, Freude und Trost bringen wird. Das wird die Aufgabe sein, Seelen zu retten — alle Seelen zu retten —, bevor Ich wiederkomme.

Haltet euch immer vor Augen, dass die Treue zu Mir der Schlüssel zur Erlösung und zu der zukünftigen Welt sein wird, die kein Ende haben wird; denn sie wird das

Neue Paradies sein, das jedem von euch das ewige Leben bietet.

Euer geliebter Jesus

490. So solltest du jetzt verstehen, warum du dich von den Visionären unterscheidest. Es ist, weil du eine Prophetin bist, die Endzeitprophetin.

Freitag, 13. Juli 2012, 23:05 Uhr

Meine innig geliebte Tochter, du musst wissen, dass sich die Rolle des Propheten von der des Visionärs (= Sehers) unterscheidet.

Ein Prophet wird immer ein Ausgestoßener sein, er wird immer gehasst, gefürchtet und isoliert sein.

Ein Prophet wird immer allein arbeiten, als ob er in eine Wüste verbannt worden ist. Die einzige Frucht innerhalb der unfruchtbaren Wüste wird die Stimme Gottes sein.

Meine Tochter, wenn du dich allein und verlassen fühlst, wisse dann, dass sich auch die Propheten in früheren Zeiten so gefühlt haben. Viele Propheten fühlten die Schwere dieser Aufgabe, die ihnen aufgetragen worden war.

Die meisten von ihnen wussten, dass sie nicht würdig waren, das heilige Wort Gottes zu übermitteln, aber sie nahmen den Göttlichen Ruf vom Himmel an, weil sie gesandt waren.

Weil sie in die Welt gesandt wurden, kannten sie instinktiv die Verpflichtungen, die sie erfüllen mussten, obwohl das nicht leicht war.

Jedes Wort, das sie äußerten, wurde ihnen ins Gesicht zurückgeschleudert.

Jedes Wort wurde in den Synagogen und den Tempeln, die gebaut wurden, um Gott zu ehren, in Stücke gerissen. Viele wurden von ihrem eigenen Volk verbannt und konnten nicht in ihre Heimat zurückkehren.

Viele wurden zu Nomaden und fanden nie einen Ort, an dem man sie wie einen verlorenen Sohn willkommen heißen würde. Stattdessen arbeiteten und lebten sie alleine und blieben ohne jemanden, der sie begleitete und an den sie sich wenden konnten.

Doch in ihren Herzen wussten sie, dass sie von Gott geführt wurden, und sie empfanden keine Furcht, wenn sie mit Seiner Stimme sprachen.

Die Gnaden, die ihnen gegeben wurden, haben es ihnen ermöglicht, stark zu sein. Sie zögerten niemals, die Warnungen an Gottes Volk weiterzugeben und die Prophezeiungen und das Wort Gottes zu übermitteln.

Es machte ihnen nichts aus, ausgelacht zu werden, weil sie wussten, dass die Wahrheit von Gott die Nahrung des Lebens war.

Ohne die Wahrheit hätten die Kinder Gottes nicht die Möglichkeiten gehabt, die vorhergesagten Prophezeiungen zu erkennen. Ebensowenig wären sie im Stande gewesen, die Gebote anzunehmen, die Gott zum Wohle der Menschheit festgesetzt hat.

Obwohl sie abgelehnt, lächerlich gemacht, ins Abseits gedrängt und als exzentrische Außenseiter betrachtet wurden — ebenso wie es Mir während Meiner Zeit auf Erden erging —, übermittelten sie dennoch das Wort Gottes. Ihre Worte leben für immer. Sie werden niemals sterben, weil sie das Wort des Herrn, Gott des Allerhöchsten, sprachen.

Und so wird es mit dir sein. Du wirst allein bleiben wie eine Stimme in der Wildnis.

Du wirst in vielen Kreisen Meiner Kirche auf Erden ignoriert werden.

Der Unterschied ist dieses Mal, dass diese Prophezeiungen sich zu deinen Lebzeiten verwirklichen werden und dass deren Wahrheit dieser Generation bewiesen werden wird.

Dann, wenn der Beweis in Form der Warnung erbracht wird, werden sie glauben.

Die Prophezeiungen der Siegel, da Ich sie öffne und euch die Inhalte offenbare, werden ebenfalls beweisen, dass Ich durch dich, den siebten Engel, den siebten Boten, zur Welt spreche.

Man wird dir zuhören, aber Ich bitte dich dringend, schweigsam zu bleiben und dich gegenüber jenen, die dich befragen oder die dich herausfordern, nicht zu äußern.

Du verstehst die Bedeutung der Botschaften noch nicht. Mit der Zeit wirst du sie verstehen. In der Zwischenzeit hast du nicht die Befugnis, Mein Wort zu verteidigen.

Man wird jeden denkbaren Versuch unternehmen, dich durch gerissene List dazu zu bringen, eine Antwort zu geben, in der Hoffnung, dass du dich selbst aufgrund deiner Unwissenheit zu Fall bringen wirst. Darum musst du still, isoliert und anonym bleiben, bis Ich dir die Anweisung gebe.

So solltest du jetzt verstehen, warum du dich von den Visionären unterscheidest. Es ist, weil du eine Prophetin bist, die Endzeitprophetin.

Diese Mission wird durch den Himmel geschützt und kann nicht zerstört werden.

Gehe hin in Frieden und mit Einsicht, Meine Tochter.

Dein Jesus

491. Es genügt nicht, an den Vater zu glauben; denn diejenigen, die Seinen Sohn ablehnen, lehnen die Erlösung ab.

Samstag, 14. Juli 2012, 15:15 Uhr

Meine innig geliebte Tochter, so viele Religionen in der Welt folgen dem falschen Weg und machen es dadurch für Gottes Kinder schwer, Ewiges Leben zu erlangen.

Ewiges Leben wurde allein durch Meinen Tod am Kreuz möglich gemacht.

Mein Vater, der Mich, Seinen einzigen Sohn, als das Opferlamm gesandt hat, machte es für die ganze Menschheit möglich, Erlösung und das Ewige Leben zu erlangen.

Das Ewige Leben wurde Adam und Eva als ein Geschenk gegeben. Dann wurde es wegen des Makels der Sünde und des Ungehorsams hinweggenommen.

An seine Stelle wurde der Mensch sterblich, sein Körper unrein, sein Leben in der physischen Form unvollkommen, und die Erde wurde eine kümmerliche Nachbildung der reichen und herrlichen Erde, die für Adam und Eva im Garten Eden geschaffen worden war.

Gott, Mein Ewiger Vater, gewährte dann denjenigen die Erlösung, die Mich, Seinen eingeborenen Sohn, als den Weg in Sein Neues Paradies anerkannten.

Allein durch Mich könnt ihr von Meinem Vater angenommen werden.

Es genügt nicht, an den Vater zu glauben; denn diejenigen, die Seinen Sohn ablehnen, lehnen die Erlösung ab.

Haltet euch vor Augen, dass es so viele Kinder Gottes gibt, die Mich, den Erlöser der Menschheit, aus Unwissenheit nicht anerkennen. Aber aufgrund Meiner großen Barmherzigkeit wird ihnen — durch Göttliches Eingreifen — die Wahrheit offenbart werden.

In den Augen Meines Vaters sind sie alle gleich viel wert, und Er will alle solche Seelen in Seinem Schoß vereinen. Er liebt sie alle.

Wenn sie den Beweis sehen, werden sie anerkennen, dass ihnen Gott, der Allerhöchste, durch Mein Opfer am Kreuz das Geschenk des ewigen Lebens gab. Somit werden alle den einen Gott anbeten.

Denn es gibt nur einen einzigen Gott, der jeden von euch erschuf.

Gehe jetzt, Meine Tochter, und hilf dabei sicherzustellen, dass Meine Botschaften jeder Glaubensrichtung, jeder Nation und jedem von Gottes Kindern gegeben werden.

Ich meine auch die Heiden und diejenigen Menschen, die ein Herz aus Stein haben.

Es spielt keine Rolle, wenn sie auf dich spucken oder sich weigern, zuzuhören, du musst ihnen die Botschaften trotzdem geben.

Jeder Mensch oder jeder Anhänger von Mir, Jesus Christus, der nicht akzeptieren kann, dass ich das Heilige Wort Gottes allen Religionen vermitteln möchte, ist kein wahrer Christ.

So viele haben diese Botschaften, Meine Botschaften an die Welt, abgelehnt, weil ich die ganze Menschheit und jede andere Religion — einschließlich der Atheisten — bereitwillig in meine Arme schließe.

Ihr habt nicht das Recht vorauszusetzen, dass nur ihr, die wahren Christen, vom Gott, Meinem Ewigen Vater, geliebt seid.

Ihr seid gesegnet und geliebt, aber ohne die Bekehrung der ganzen Menschheit wird Mein Vater den Sieg nicht erlangen, den er erreichen will, um alle Seine Kinder zu vereinen.

Ihr, Meine Anhänger, habt wegen des Geschenks der Wahrheit, das euch gegeben wird, eine große Verantwortung.

Es ist eure Pflicht, Mein Heiliges Wort zu verbreiten, um so die armen Seelen — die über Meine Existenz nichts wissen — in das Reich Gottes zu bringen.

Euer Jesus

492. Jungfrau Maria: Die Kirche Meines Sohnes auf Erden wird dieses Mal nicht zuhören, dennoch wissen sie, wie Mein Sohn das erste Mal behandelt wurde.

Sonntag, 15. Juli 2012, 15:45 Uhr

Mein Kind der Schmerz, den Mein Sohn und Seine Jünger während der Zeit Seiner Mission auf Erden ertrugen, stimmt mit dem überein, was Seine Anhänger jetzt zu ertragen haben, während Er Seine Wiederkehr vorbereitet.

Während der Zeit, in der Mein Sohn auf Erden weilte, stand Er riesigen Hindernissen gegenüber. Nur sehr wenige in Seiner eigenen Gesellschaft waren darauf vorbereitet, Ihm zuzuhören.

Er wurde mit Geringschätzung behandelt, und jene, die für die Tempel und die Synagogen verantwortlich waren, schauten von oben auf ihn herab.

Doch den einfachen Menschen war Er willkommen, und sie nahmen Sein Wort an, weil sie erkennen konnten, dass Er die Wahrheit sprach.

Sein Wort rief in vielen Kreisen Furcht und Unsicherheit hervor, aber nur wenige konnten die Weisheit Seiner Lehren ignorieren.

Mein Sohn verursachte Spaltung, obwohl das nicht Seine Absicht war.

Sein schlichtes Auftreten bedeutete, dass nur wenige die Tatsache akzeptieren konnten, dass Er der Sohn Gottes war.

Viele fragten sich, wie der Menschensohn solch ein gewöhnlicher, einfacher Mann sein konnte.

Sie lehnten Ihn ab; denn sie dachten, dass der Messias majestätisch und stolz sein würde und in den höchsten Rängen der Religion (wörtlich church = Kirche) gebieterisch die Aufmerksamkeit einfordern würde.

Mein Sohn konnte diejenigen, die in dieser Zeit die Religion (wörtlich church = Kirche) leiteten, nicht dazu bringen, Ihm zuzuhören. Ihr Stolz hielt sie davon ab, die Wahrheit anzuhören.

Dasselbe wird jetzt geschehen, da Mein Sohn die Welt auf Sein Zweites Kommen vorbereitet.

Die Kirche Meines Sohnes auf Erden wird dieses Mal nicht zuhören, dennoch wissen sie, wie Mein Sohn das erste Mal behandelt wurde.

Dieses Mal wird Sein Heiliges Wort, das dir, der Endzeitprophetin, gegeben wird, in der Kirche Meines Sohnes auf Erden nicht anerkannt werden.

Die Kirche Meines Sohnes verschließt ihre Ohren gegenüber dem Geschenk der Prophetie. Sie lehnen die Prophetie ab, weil sie nicht zuhören wollen.

Die Jünger Meines Sohnes werden von denjenigen, welche die katholische Kirche auf Erden leiten, angegangen und der Betrügerei beschuldigt werden.

Obwohl die Lehren Meines Sohnes sich nie geändert haben, werden sie an Seinem Heiligen Wort, das ihnen jetzt gegeben wird, etwas auszusetzen haben.

Sie werden erklären, dass diese Botschaften im Widerspruch zum Wort Gottes stehen.

Kinder, ihr müsst euch immer vor Augen halten, dass Mein Sohn Seiner Kirche auf Erden niemals widersprechen könnte; denn Er ist die Kirche.

Die Wahrheit ist nach wie vor so, wie sie immer war.

Ihr müsst das Wort Gottes befolgen; denn die Stimme Meines Sohnes wird ins Abseits gedrängt und ignoriert, genau so, wie es das erste Mal war.

Lasst nicht zu, dass man euch das Geschenk Seiner Erlösung, den letzten Akt Seiner Barmherzigkeit auf Erden, vorenthält.

So geduldig ist Mein Sohn gewesen, für eine so lange Zeit. Die Wahrheit ist der Menschheit bei der Passion Meines Sohnes am Kreuz gegeben worden.

Sie wurde durch alle jene auserwählten Seelen bekräftigt, die im Laufe der Jahrhunderte durch die Kraft des Heiligen Geistes erleuchtet wurden.

Jetzt ist die Zeit da, dass Mein Sohn wiederkommt, und nur diejenigen, die Seine Stimme — wegen der Gabe des Heiligen Geistes — erkennen, werden Seine Anweisungen befolgen.

Die Kirche wird, genau so, wie sie es zum ersten Mal während der Zeit Meines Sohnes auf Erden tat, Sein Wort ablehnen, während Er (die Welt) auf Sein Zweites Kommen vorbereitet.

Sie werden daran scheitern, Ihn zu erkennen oder Ihn anzunehmen.

Sie haben nichts dazugelernt.

Betet, dass — in dieser entscheidenden Zeit in der Geschichte — jene tapferen Seelen innerhalb der Kirche, die Seine Stimme erkennen, den Mut haben werden, alle Kinder Gottes zum ewigen Leben zu führen.

Eure geliebte Mutter, Mutter der Erlösung

493. Gott der Vater: Ich werde ihre falschen Kirchen, ihre gottlosen Kulte, ihre falschen Idole, ihre Städte und ihre Nationen vernichten.

Sonntag, 15. Juli 2012, 17:45 Uhr

(Erhalten während der Anbetung der Heiligen Eucharistie)

Meine liebste Tochter, es ist schwer für Meine Kinder, frei von Sünde zu bleiben wegen des Fluchs, der durch die Schlange auf sie gelegt wurde.

Niemals erwarte Ich, dass Meine Kinder zu jeder Zeit vollkommen frei von Sünde sind; denn das ist unmöglich.

Es ist wichtig, dass jeder, der über die Lehren der Kirche Meines Sohnes auf Er-

den Bescheid weiß, so oft wie möglich nach Reue für seine Sünden strebt und sich um Umkehr und Buße bemüht.

Aufgrund der Reue und der Buße wird es leichter sein, in einem Zustand der Gnade zu bleiben, und dies wird eine Barriere gegenüber weiteren Versuchungen schaffen.

Meine Kinder, ihr seid jetzt im Begriff, Zeugen großer, dauerhafter Veränderungen in der Welt zu werden. Sie werden nach der "Warnung" erfolgen.

Obwohl viele diese Botschaften vom Himmel ignorieren werden, ist es doch wichtig, dass sich diejenigen, die sie als das Wort Gottes annehmen, vorbereiten.

Ihr seid die Kettenglieder in Meiner Rüstung gegen den Feind, und aufgrund eures Glaubens werde Ich euch erheben und euch gegen die Verfolgung schützen.

Es wird eure Liebe zu Meinem Sohn, Jesus Christus, dem Retter des Universums, sein, die es Mir ermöglicht, jene Kinder zu retten, die das Licht Gottes nicht ertragen können.

Eure Weihe der Liebe, des Leidens und der Gebete wird ihre Gnade der Rettung vor den Feuern der Hölle sein.

Habt keine Angst um euch selbst, sondern habt um diejenigen Angst, die nicht nur nicht sehen können, sondern die sich auch weigern, die Zeiten zu sehen, in denen ihr heute lebt.

Die Vorbereitungen sind abgeschlossen und die Zeit für den Beginn der Veränderungen ist reif; denn Ich werde dem Tier nicht erlauben, Seelen zu stehlen.

Dieses Eingreifen, das der Menschheit so lange versprochen worden ist, wird sehr bald stattfinden, und dann wird der Kampf um die Rettung Meiner Kinder beginnen.

Fürchtet Meine Hand nicht; denn wenn sie herniederfällt, wird sie nur dazu verwendet werden, um diejenigen zu bestrafen, die versuchen, Meine Kinder zu vernichten.

Ich werde sie davon abhalten, Seelen zu täuschen.

Ich werde die Ausführung ihrer mörderischen Absichten verhindern und Ich werde ihre falschen Kirchen, ihre gottlosen Kulte, ihre falschen Idole, ihre Städte und ihre Nationen vernichten, wenn sie weiterhin die Hand zurückstoßen, die sie nährt.

Sie wurden gewarnt. Ihr, Meine geliebten Kinder, werdet Meinem Sohn helfen, sie zu retten.

Fürchtet euch niemals; denn diejenigen mit dem Siegel des Lebendigen Gottes werden nicht nur geschützt, sondern ihnen werden auch die Gnaden gegeben, das Wort Gottes zu verteidigen, damit so vielen Seelen wie möglich das Geschenk des Lebens gegeben werden wird.

Euer geliebter Vater

Gott, der Allerhöchste

494. Die Zeit ist nahe, in der die Verfolgung Meines geliebten Stellvertreters, Papst Benedikt XVI. ihren Höhepunkt erreicht.

Montag, 16. Juli 2012, 15:15 Uhr

Meine innig geliebte Tochter, es ist Zeit, alle Priester Gottes, alle Bischöfe und all diejenigen, die Meine Heilige Katholische und Apostolische Kirche auf Erden führen, vorzubereiten.

Denn die Zeit ist nahe, in der die Verfolgung Meines geliebten Stellvertreters, Papst Benedikt XVI. ihren Höhepunkt erreicht.

Sehr bald wird er gezwungen werden, aus dem Vatikan zu fliehen. Dann wird die Zeit kommen, in der sich Meine Kirche spalten wird, eine Seite gegen die andere.

Ich fordere alle Meine gottgeweihten Diener auf: Vergesst eure höchstheiligen Gelübde nicht.

Gebt niemals eure Sendung auf. Lasst Mich niemals im Stich. Akzeptiert niemals Lügen an Stelle der Wahrheit.

Ihr müsst Mich bitten, euch in den kommenden schweren Zeiten zu helfen. Ihr müsst euch erheben, euch vereinen und Mir folgen.

Betet mit diesem besonderen Kreuzzug-Gebet um die Kraft, die ihr brauchen werdet.

Kreuzzug-Gebet (66) „Für den Klerus: Hilf mir, Deinem Heiligsten Wort treu zu bleiben"

"O lieber Jesus, hilf mir, jederzeit Deinem Heiligsten Wort treu zu bleiben.

Gib mir die Kraft, die Wahrheit Deiner Kirche im Angesicht aller Widrigkeiten hochzuhalten.

Erfülle mich mit der Gnade, die Heiligen Sakramente auf die Art und Weise zu spenden, wie Du es uns gelehrt hast.

Hilf mir, Deine Kirche mit dem Brot des Lebens zu nähren und Dir gegenüber treu zu bleiben, selbst wenn es mir verboten wird, dies zu tun.

Befreie mich von der Kette der Täuschung, der Ich mich möglicherweise gegenübersehe, damit ich das wahre Wort Gottes öffentlich verkünden kann.

Bedecke in dieser Zeit alle Deine gottgeweihten Diener mit Deinem kostbaren Blut, damit wir in unserer Gefolgschaft gegenüber Dir, unserem geliebten Erlöser Jesus Christus, mutig, treu und standhaft bleiben werden. Amen."

Lasst euch nicht entmutigen, Meine geliebten heiligen Diener; denn die Uneinigkeit ist prophezeit worden und sie muss in der letzten Schlacht um die Seelen eintreten.

Ich liebe euch, und Ich werde jetzt, da ihr mit Mir die dornige Straße zum Kalvarienberg hinaufgeht, mit euch sein, damit die Erlösung noch einmal für alle Seelen erlangt werden kann.

Euer geliebter Jesus

495. Die jungen Seelen liegen Mir sehr am Herzen, und Ich weine, dass vielen von ihnen nie die Wahrheit gelehrt worden ist.

Dienstag, 17. Juli 2012, 16:00 Uhr

Meine innig geliebte Tochter, deine Mission muss alle Kinder Gottes mit einschließen. Ich sehne Mich besonders nach den Seelen der Jugend und nach den Seelen von denjenigen, die zulassen, dass ihre menschliche Intelligenz ihre Ohren hinsichtlich der Wahrheit Meiner Existenz verschließt.

Die jungen Seelen liegen Mir sehr am Herzen, und Ich weine, dass vielen von ihnen nie die Wahrheit gelehrt worden ist.

Sie wurden von ihren Eltern — von denen viele nicht an Gott glauben — in einen Abgrund der Finsternis geführt.

Das Licht, nach dem sie streben, ist das falsche Licht, das ihnen durch alles, was glitzert, vermittelt wurde. Sie werden durch die Musik, durch die Kleidung und durch die Unterhaltung verführt. Alle diese Dinge zielen darauf ab, die Sinne zu stimulieren.

Sie kennen Mich nicht. Viele haben niemals von Mir gehört oder von der Hoffnung, die Ich bei ihrem Streben nach dem zukünftigen Glück für sie darstelle.

Luzifer, der gefallene Engel in der höheren Hierarchie der Seraphine Meines Vaters, war ein talentierter Musiker.

Als Satan in der Welt von heute führt er Meine jungen, zarten Seelen durch die Musik in Versuchung.

Die Musik ist seine Waffe der Zerstörung, und er verwendet jede Art von Musik, um kleine, unschuldige Seelen in sein Netz der Täuschung zu ziehen.

Die Musik ist ein großes Geschenk Gottes. Sie wird aber auch verwendet, um das bösartige Band mit dem Teufel zu verschleiern, und zwar durch Liedtexte, die das Tier verehren. Nur sehr wenige junge Seelen begreifen die Macht der Musik oder erkennen, wenn sie auf die falsche Art und Weise benutzt wird.

Bitte, ich ersuche euch dringend, Mir zu helfen, ihre kleinen Seelen zu retten.

Bringt sie zu Mir. Doch zwingt sie dabei niemals. Weiht Mir stattdessen die jungen Kinder durch dieses Gebet:

Kreuzzug-Gebet (67) „Bewahre meine Kinder vor dem König der Lügen"

„Bitte, lieber Jesus, ich bitte Dich, bewahre meine Kinder vor dem König der Lügen.

Ich weihe folgende Kinder (hier die Namen nennen) Deinem Heiligsten Herzen und ich bitte Dich, bedecke sie mit dem Mantel Deines Kostbaren Blutes und erleuchte ihre Seelen. Nimm sie sicher in Deine liebevollen Arme, damit sie vor allem Unheil bewahrt werden können.

Ich bitte Dich, öffne ihre Herzen und überflute ihre Seelen mit Deinem Heiligen Geist, während der Erleuchtung des Gewissens, damit sie von jeder Schuld gereinigt werden. Amen. "

Ein Gebet, das — während der „Warnung" — für die Atheisten bestimmt ist

An diejenigen von euch, die sagen, sie seien Atheisten, hört jetzt Mein Versprechen. Ich liebe euch und Ich werde niemals Meinen Kampf aufgeben, euch aus den Krallen des Betrügers, Satans, zu retten, der euch hinsichtlich der Wahrheit blind macht.

Wenn die Zeit kommt und wenn ihr während der „Warnung" eure Sünden vor euren Augen sehen werdet, dann sprecht bitte diese Worte:

„Jesus, zeige mir die Wahrheit und rette mich vor dem Bösen.

Meine Sünden tun mir sehr leid und ich bitte Dich, nimm mich jetzt in Deine Arme und zeige mir das Licht Deiner Barmherzigkeit. Amen."

Ihr werdet niemals wieder im Unklaren sein, wenn ihr dieses Gebet sprecht. Eine schwere Last wird von eurem Herzen weggenommen werden, und ihr werdet wahren Frieden finden.

Erinnert euch an diese Worte, wenn der Tag kommt:

Ich werde euch nicht im Stich lassen. Ich werde euch festhalten, und ihr werdet Meine Liebe durch euren Körper strömen fühlen, und dann werdet ihr den Beweis erhalten, nach dem ihr euch gesehnt habt.

Euer Jesus

496. Sobald die „Warnung" stattfindet, wird sich eine große Verwirrung ausbreiten.

Dienstag, 17. Juli 2012, 23:18 Uhr

Meine innig geliebte Tochter, die Zeit fließt jetzt schnell dahin. Ich habe euch alle jetzt eine gewisse Zeit lang vorbereitet.

Ihr, Meine Anhänger, wisst, was ihr tun müsst. Eure eigene Beichte ist wichtig, und ihr müsst von jetzt an versuchen, einmal pro Woche beichten zu gehen.

Seid im Frieden. Ich bin mit der Art und Weise, wie ihr Meinen Anweisungen folgt, zufrieden. Bitte fahrt weiterhin mit Meinen Kreuzzuggebeten fort und konzentriert euch auf diejenigen Gebete, die zur Rettung der Seelen anderer dienen.

Sobald die „Warnung" stattfindet, wird sich eine große Verwirrung ausbreiten.

Die Menschen — überall auf der Welt — werden in einer Weise demütig gemacht werden, die nicht im Rahmen des Gewöhnlichen liegt.

Viele werden zu erschüttert sein, um sofort an ihren Arbeitsplatz zurückzukehren. Menschen in Machtstellungen, in Regierungen, werden ihre Gesetze in Frage stellen.

Die Mörder und Verbrecher in euren Gesellschaften werden ihre Sünden schrecklich bedauern und furchtbare Verzweiflung empfinden, aber viele werden ihre Sünden wiedergutmachen.

Meine Priester und Meine anderen gottgeweihten Diener werden auf der Stelle wissen, dass diese Botschaften von Meinen Göttlichen Lippen kommen.

Dann werden sie sich erheben und Meinen treuen Anhängern folgen, um Mir zu helfen, die Welt auf Mein Zweites Kommen vorzubereiten.

Einige unter ihnen werden wissen, dass Ich es bin, der zu ihnen spricht, aber es wird ihnen an Mut fehlen, Mein Heiligstes Wort offen in der Öffentlichkeit zu verkünden.

Zur rechten Zeit werden ihnen die Gnaden gegeben werden, Meine Sakramente beizubehalten, dann, wenn sie begreifen, dass sie entheiligt werden sollen. Dann wird ihnen der Beweis gegeben werden, dass diese Prophezeiungen wahr sind.

Viele Eltern werden von da an ihren Kindern, die älter als 7 Jahre sind, die Wichtigkeit des Gebets und der Reue und Buße beibringen müssen. Ihr Eltern, ihr habt eine Pflicht, euren Kindern die Wahrheit zu lehren.

Nach der „Warnung" werden ihre Herzen für Meine Liebe offen stehen, und ihr müsst fortfahren, sie in geistigen Dingen anzuleiten.

Sorgt dafür, dass ihr von jetzt an Weihwasser in euren Häusern habt und dass ein Benediktuskreuz zusammen mit dem Siegel des Lebendigen Gottes in eurem Heim hängt. All dieses wird eure Familie schützen.

Folgt Meinen Anweisungen, und alles wird gut sein.

Meine Tochter, du musst jetzt gehen und sicherstellen, dass das Buch der Wahrheit so schnell wie möglich erscheinen wird. Es ist wichtig, dass die Seelen, die keinen Zugang zum Computer haben, dieses erhalten.

Hab keine Angst; denn Ich werde dich führen und Ich werde dir Hilfe senden, um sicherzustellen, dass es in die ganze Welt gesandt wird.

Gehe hin in Frieden. Gehe hin in Liebe. Ich bin allezeit mit dir.

Ich stehe in jedem Augenblick des Tages an deiner Seite und Ich führe dich, auch wenn du es nicht wahrnimmst. Ich bin in deinem Herzen.

Euer geliebter Jesus

497. Jungfrau Maria: Es wird von der heutigen sogenannten toleranten Gesellschaft nicht gerne gehört, wenn man sagt, dass man an Jesus Christus glaubt.

Mittwoch, 18. Juli 2012, 18:15 Uhr

Mein Kind, Ich weine in dieser Zeit darüber, dass Gottes Kinder Angst davor haben oder dass es ihnen peinlich ist, ihre Liebe zu Seinem Sohn Jesus Christus offen kundzutun.

In der heutigen Welt ist es so vielen, die Meinen Sohn lieben, peinlich, Seinen Namen in der Öffentlichkeit auszusprechen, aus Angst davor, verurteilt zu werden.

Es wird von der heutigen sogenannten toleranten Gesellschaft nicht gerne gehört, wenn man sagt, dass man an Jesus Christus, den Menschensohn, und an Seine Lehren glaubt.

Und doch zögern viele nicht, Seinen Heiligen Namen mehrmals am Tag zu benutzen, wenn sie fluchen und schimpfen.

Sein Name wird sehr häufig ausgesprochen, aber nicht in der Art und Weise, wie das getan werden sollte.

So viele haben — in einer Welt, in der das Christentum nicht gerne gesehen wird — Angst, ihre Liebe zu Meinem Sohn offen zu bekennen.

Das Christentum wird von zwei Dritteln der Welt verachtet.

Christen werden — wie keine anderen Angehörigen einer Religion auf der Welt — schikaniert, verachtet und häufig auch verfolgt.

Gottes auserwähltes Volk, die Juden, leiden ebenso und wurden auf die unmenschlichste Weise verfolgt, und das nur wegen dem, wer sie sind — eine auserwählte Rasse, die bald bekehrt werden wird und die den Messias — beim zweiten Mal — willkommen heißen wird, obwohl sie das erste Mal daran scheiterte, Ihn anzunehmen.

Kinder, ihr dürft niemals Angst haben, eure Liebe zu Meinem Sohn zum Ausdruck zu bringen. Wenn ihr eure Liebe zu Ihm offen und furchtlos äußert, werden euch viele Menschen zuhören. Ihr werdet dann umso selbstsicherer werden, je öfter ihr Sein Heiliges Wort öffentlich verkündet.

Dann werdet ihr mehr Gnaden erhalten, um euch die Kraft zu geben, den nächsten Schritt zu tun.

Nach einer Weile wird es euch nichts mehr ausmachen, was andere Leute über euch denken. Doch viele werden von eurer Offenheit beeindruckt sein, und viele werden mehr über Meinen Sohn wissen wollen.

Jetzt ist die Zeit da, zu so vielen Menschen, wie ihr könnt, über die Barmherzigkeit Meines Sohnes zu sprechen.

Ihr müsst ihnen über Seine Göttliche Barmherzigkeit erzählen, nämlich über das größte Geschenk, über die „Warnung", die überall auf der ganzen Welt gesehen werden wird. Danach werden sie die Wahrheit kennen, und viel mehr Menschen werden diese Botschaften vom Himmel hören wollen.

Danke, Mein Kind, dass du auf Meinen Ruf reagierst.

Eure geliebte Mutter im Himmel
Mutter der Erlösung

498. Meine Arme wurden während Meiner Kreuzigung aus ihren Gelenken gezogen, und die Abbildung auf dem Turiner Grabtuch zeigt das auch so.

Donnerstag, 19. Juli 2012, 7:00 Uhr

Meine innig geliebte Tochter, es wird ein großer Plan geschmiedet, um die Beweise, dass ich tatsächlich auf Erden lebte, zu zerstören und so Gottes Kinder in die Irre zu führen.

Bald werden viele auftreten und sich als heilige fromme Diener von Mir ausgeben, um zu versuchen, euren Glauben an Mich, euren geliebten Jesus, zu zerstören.

Sie werden zunächst damit anfangen, Meine Geburt, die Reinheit Meiner Mutter und Meine Auferstehung von den Toten in Frage zu stellen.

Sie werden alle diese Dinge als falsch verteufeln und werden das, was sie Beweise nennen, präsentieren, um sicherzustellen, dass so viele Christen wie möglich Zweifel über Mein Leben auf der Erde bekommen werden.

Sie werden Lügen über Meine Kreuzigung aufstellen und werden Behauptungen über Meinen moralischen Charakter in die Welt setzen.

Dann werden sie anfangen, die Glaubwürdigkeit von Reliquien anzugreifen, sie in Frage zu stellen und zu versuchen, sie als nichts anderes als einen Aberglauben, der nur in den Köpfen von Christen besteht, zu entlarven.

Dann gibt es das Turiner Grabtuch, das Tuch, das Meinen toten Leib in der Grabstätte bedeckte. Sie werden — letzten Endes — leugnen, dass das Grabtuch echt ist und die diesbezüglichen Lügen fördern.

„Meine Arme sind zu lang", werden sie sagen, und sie werden dies daher anzweifeln. Doch sie versagen darin, die Folter zu begreifen, die Mein Körper während Meiner Kreuzigung durchleiden musste. Meine Arme wurden während Meiner Kreuzigung aus ihren Gelenken (wörtlich: Gelenkspfannen) gezogen, und die Abbildung auf dem Turiner Grabtuch zeigt das auch so.

Dann werden sie zu beweisen versuchen, dass die Auferstehung nie stattgefunden hat. Das seien alles Lügen, werden sie sagen, so verzweifelt bemühen sie sich, alle Spuren von Mir zu beseitigen.

Dann werden sie versuchen, all denjenigen, die sich während der „Warnung" bekehren, die Heiligen Sakramente und die Heilige Bibel vorzuenthalten.

Sie werden die Bibel an den meisten Orten der Welt verbieten.

Dann werden sie ein neues Buch einführen, das nicht mehr die Wahrheit enthält, das — so werden sie behaupten — die Wichtigkeit verkündet, einander zu lieben.

Sie werden die Liebe, die die Christen in ihren Herzen haben und die eine Gabe Gottes ist, dazu benutzen, um sie so zu mani-

223

pulieren, dass sie eine Botschaft der sogenannten Liebe annehmen.

„Liebt einander", werden sie sagen. „So liebt jetzt die Religion des jeweils Anderen. Verbindet euch zu einer Religion und zeigt für eure Brüder und Schwestern wahre Liebe."

Die Liebe zu sich selbst wird die all dem zugrunde liegende Botschaft sein.

„Liebt zuerst euch selbst, und ihr werdet es dann leichter finden, euren Nächsten zu lieben", wird ihre Botschaft sein, und das wird die größte Lüge sein, die sie euch, Meine Anhänger, zwingen werden, zu schlucken.

Die Liebe zu sich selbst vor die Liebe zu anderen zu setzen, verletzt Gott.

Denn das ist selbstsüchtig. Hört nicht auf diese Lügen. Doch sie werden so überzeugend sein, dass viele glauben werden, was ihnen erzählt wird, und dass sie dem Führer dieser Eine-Welt-Religion wie Lämmer zur Schlachtbank folgen werden.

Dadurch dass die Eine-Welt-Religion in viele Nationen eindringt, wird sie von vielen Regierungen stillschweigend geduldet werden.

Sie werden christliche Gesetze schonungslos ausmerzen.

Sie werden dann Gesetze machen, um alle Religionen zu verbieten, insbesondere das Christentum.

Sie werden denjenigen Strafen auferlegen, die nicht auf ihre Forderungen eingehen.

Auf der Wegstrecke all dieses Bösen wird der Kommunismus liegen. Es ist nicht so, dass der Kommunismus den Atheismus fördert, aber er wird den Hass auf Gott fördern.

Russland und China werden in vielen Nationen an der Macht sein und sie werden mit Europa beginnen.

Die Europäische Union, das Tier mit den zehn Hörnern, wird vom zweiten Tier, das skrupelloser und mächtiger ist, verschlungen werden.

Dann wird der Kommunismus seinen Weg antreten, bevor er sich überall auf der Welt ausbreiten wird.

Diese Phase wird nicht lange andauern. Sie wird kurz sein.

Eure Gebete werden die Auswirkungen abschwächen. Doch all dies ist vorausgesagt worden und es wird auch geschehen.

Betet, betet, betet, dass sich die ganze Welt während der „Warnung" bekehrt.

Wenn die Mehrheit der Seelen sich bekehrt, dann kann und wird viel von der Großen Drangsal gelindert werden.

Euer Jesus

499. Der Welt wird bald die (die Menschen) am meisten täuschende Lüge präsentiert werden, welche die Menschheit zu diesem Zeitpunkt unmöglich (als solche) erkennen kann.

Freitag, 20. Juli 2012, 17:46 Uhr

Meine innig geliebte Tochter, die dreieinhalb Jahre, die von der Drangsal noch verbleiben, fangen im Dezember 2012 an.

Das ist die Zeitperiode, in welcher der Antichrist als ein militärischer Held hervortreten wird.

Seine Seele ist Satan übergeben worden, der jeden Teil von ihm besitzt.

Die Kräfte, über die er verfügen wird, bedeuten, dass er mit der Zeit nicht nur als der Mann des Friedens gesehen werden wird, sondern dass die Menschen auch denken werden, dass er Ich, Jesus Christus, der Retter der Menschheit, ist.

Sie werden mit der Zeit auch glauben, dass der Antichrist gesandt worden ist, um das Zweite Kommen zu verkünden.

So viele arme Seelen werden — deshalb — sein Zeichen, das Zeichen des Tieres, bereitwillig annehmen. Denn er ist das Tier in jeder Hinsicht, aufgrund der Art und Weise, wie sich Satan in seinem Körper manifestieren wird.

Er wird am Himmel Wunder bewirken.

Er wird Menschen heilen.

Er wird das Haupt der Neuen Welt-Religion sein. Er und der Falsche Prophet, der die „leere äußere Hülle" der katholischen Kirche auf Erden anführen wird, werden eng zusammenarbeiten, um alle Kinder Gottes in die Irre zu führen.

Der Welt wird bald die am meisten täuschende Lüge präsentiert werden, welche die Menschheit zu diesem Zeitpunkt unmöglich erkennen kann.

Für diejenigen von euch, denen das Buch der Wahrheit gegeben wird, diese Meine Heiligen Botschaften, um die Menschheit vor diesen Dingen zu warnen, ihr sollt Folgendes wissen:

Ihr Plan wird so hochentwickelt sein, dass viele durch das liebevolle, menschenfreundlich erscheinende Äußere, das sie von ihrem üblen Plan der Welt zeigen werden, getäuscht werden.

Der Antichrist und der Falsche Prophet haben ihre Planungen hinsichtlich ihrer bösen Herrschaft — Planungen, die sie gemeinsam miteinander erstellen — bereits fast abgeschlossen und das Erste, das sie herbeiführen werden, wird die Eskalation des Krieges im Nahen Osten sein.

Der Antichrist wird der entscheidende Mann sein, der im Hintergrund die Fäden zieht. Dann wird er in den Vordergrund treten, und man wird ihn einen Friedensplan vermitteln sehen.

Das wird der Zeitpunkt sein, an dem die Welt in seinen Bann geraten wird.

In der Zwischenzeit wird der Falsche Prophet die Macht innerhalb der katholischen Kirche ergreifen.

Sehr bald wird sie in die Neue-Welt-Religion — eine Fassade, hinter der die Verehrung des Satans betrieben wird — gesaugt werden. Der Kult um das eigene Ich wird die grundlegende Zielsetzung dieser abscheulichen Institution sein... und die Einführung von Gesetzen, die auf zwei Dinge hinauslaufen werden:

Die Abschaffung der Sakramente und die Abschaffung der Sünde.

Die Sakramente werden nur durch jene Priester und andere Angehörige des christlichen Klerus, die Mir treu bleiben, wahrhaftig erhältlich sein. Sie werden diese Sakramente in besonderen Zufluchtskirchen anbieten.

Die Abschaffung der Sünde wird durch die Einführung von Gesetzen, die man als eine Stärkung des Toleranzgedankens ansehen wird, eingeleitet werden.

Sie schließen Abtreibung, Euthanasie und gleichgeschlechtliche Ehen mit ein. Die Kirchen werden gezwungen werden, gleichgeschlechtliche Ehen zu erlauben, und die Priester werden gezwungen werden, sie vor Meinen Augen zu segnen.

Während dieser Zeit werden sie damit fortfahren, ihre eigene Version der Heiligen Messe zu sprechen. Ihre Darbringung der Heiligen Eucharistie — bei der sie die Hostie entwürdigen werden — wird in katholischen Kirchen vorgenommen werden.

Meine Gegenwart wird nicht nur in solchen Messen fehlen, sondern sie wird auch in genau den Kirchen fehlen, in denen sie Mich entehren.

Alle diese Dinge werden für Meine Anhänger sehr furchterregend sein. Es wird euch nicht mehr länger möglich sein, von den Sakramenten zu profitieren, außer wenn sie aus den Händen der Priester Meiner Rest-Kirche auf Erden kommen.

Das ist der Grund, warum Ich euch jetzt Geschenke — wie das Gebet für den Vollkommenen Ablass für die Absolution eurer Sünden — gebe. Dieses Gebet ist nicht dazu gedacht, bei Katholiken den Akt der Beichte zu ersetzen.

Dieses Gebet wird ein Weg sein, durch den ihr in einem Zustand der Gnade bleiben könnt.

Obwohl sich Milliarden von Menschen während der „Warnung" bekehren werden, werden diese Prophetien dennoch eintreffen. Aber viel von ihnen können durch das Gebet abgeschwächt werden, um das Leiden und die Verfolgung zu vermindern.

Ihr, Meine Anhänger, — vergesst das nicht — seid zu jeder Zeit durch das Siegel des Lebendigen Gottes geschützt.

Ihr müsst das Siegel verbreiten und es so vielen Menschen wie möglich zukommen lassen.

Versteht bitte, dass Ich euch diese Dinge mitteile, um euch vorzubereiten, damit ihr möglichst viele Seelen davon abhalten könnt, das Zeichen des Tieres anzunehmen.

Satan wird auf diejenigen Seelen, die das Zeichen annehmen, die Macht der Besessenheit ausüben, und es wird sehr schwer sein, sie zu retten.

Euch, Meinen Anhängern, werden während dieser ganzen Mission, auf jedem Schritt des Weges, Anweisungen gegeben werden. Ihr dürft es nicht zulassen, dass Angst in eure Herzen eindringt; denn Ich werde euch mit dem Mut, mit der Stärke, mit dem Durchhaltevermögen und mit dem Selbstvertrauen erfüllen, um euch mit hocherhobenem Haupt zu erheben, während ihr in Meiner Armee marschiert.

Haltet euch vor Augen, dass Satan diese Schlacht nicht gewinnen kann; denn das ist vollkommen unmöglich.

Nur diejenigen, die das Siegel des Lebendigen Gottes tragen und diejenigen, die treu und unerschütterlich an Gott festhalten, können den Sieg erlangen.

Euer Jesus.

500. Die Liebe Gottes wird auf all jene herabscheinen, die Meinen Vater bitten, den Antichristen daran zu hindern, der Menschheit schreckliches Leid zuzufügen.

Samstag, 21. Juli 2012; 15:15 Uhr

Meine innig geliebte Tochter, für diejenigen unter euch, für Meine Anhänger, die sich über die kommenden Zeiten Sorgen machen: Ihr müsst wissen, dass alle Macht in den Händen Meines Ewigen Vaters liegt.

Sein einziger Wunsch ist, alle Seine Kinder aus den Klauen des Tieres zu retten.

Bedauerlicherweise wird das Tier, Satan, von jenen Nichtgläubigen als ein Phantasiegebilde abgetan.

Er und seine Armee von Dämonen sind überall und sie veranlassen Gottes Kinder — in jeder Sekunde des Tages — dazu, in ihren Gedanken, Handlungen und Werken zu sündigen.

Mein Vater will nicht nur die Seele jedes einzelnen Seiner Kinder retten, Er will sie auch vor der Verfolgung durch den Antichristen schützen.

Die Macht, diese Prüfungen abzuwenden, abzuschwächen und zu lindern, liegt in euren Händen, Meine Anhänger.

Eure Gebete können viel von diesen Leiden, die für die kommenden Jahre von der Armee Satans geplant werden, abmildern.

Denjenigen, die sich wieder auf den Wegen des Herrn, Gott, des Allerhöchsten, begeben, werden die Gnaden gegeben werden, dabei zu helfen, viel von diesem hässlichen und bösen Plan aufzuhalten, der von dieser bösen Gruppe gegen ihre Brüder und Schwestern vorbereitet wird.

Die Liebe Gottes wird auf all jene herabscheinen, die Meinen Vater bitten, den Antichristen daran zu hindern, der Menschheit schreckliches Leid zuzufügen.

Ihr müsst innig beten, dass er — zusammen mit dem Falschen Propheten — schnell zu Fall gebracht wird.

Euch, Meinen Anhängern, werden besondere Kreuzzug-Litaneien gegeben werden, um seine Macht abzubauen und zu schwächen.

Diese müssen täglich nach der „Warnung" und — idealerweise — während der Anbetung der Heiligen Eucharistie gebetet werden.

Diese Litaneien, die dazu bestimmt sind, den Antichristen und seine Armee zu zerstören, werden eine große Macht haben, und wenn sich genug Seelen diesen Gebeten anschließen, dann werden sie eine sehr große Bedeutung dabei haben, viel von den Plänen, die durch den Antichristen und den Falschen Prophet ausgeführt werden, zu unterbinden.

Die erste Litanei wird euch bald gegeben werden.

Bleibt stark und vertraut auf Meine Liebe für euch; denn es ist nicht Mein Wunsch, euch leiden zu sehen.

Alles, was Ich wünsche, ist die Vereinigung der ganzen Menschheit im Neuen Zeitalter des Friedens, das vor euch liegt.

Das ist alles, auf was ihr euch konzentrieren müsst. Alles Leid wird fortgewischt und wird vergessen sein, zu der Zeit, in der dieses Neue Zeitalter eintritt.

Seid geduldig. Vertraut auf Mich und wisst, dass die Liebe, die Mein Ewiger Vater für Seine Kinder hat, unüberwindbar ist und euer Vorstellungsvermögen übersteigt.

Liebt und vertraut auf Seine große Liebe und wisst, dass die Macht Meiner Göttlichen Barmherzigkeit so stark ist, dass sich dann, wenn sie die ganze Menschheit umhüllt, Milliarden bekehren werden.

Das wird der Zeitpunkt sein, an dem die Kraft des Heiligen Geistes, die die Mehrheit der Seelen von Gottes Kindern durchwogen wird, für den Antichristen zu einer unerträglichen Belastung werden wird.

Er wird es schwer finden, den Panzer von Gottes Armee zu durchdringen.

Darum dürft ihr niemals die Hoffnung aufgeben. Die Schlacht um die Seelen könnte verkürzt und abgemildert werden, wenn sich genug Seelen bekehren und Meine Anweisungen in die Tat umsetzen.

Ich liebe euch alle, und Ich hoffe, dass ihr Mir immer vertraut.

Euer Jesus

501. Ihr werdet diese Schlacht um Seelen gewinnen, und es wird nicht lange dauern, bis die Neue Welt, die kein Ende hat, erscheinen wird.

Sonntag, 22. Juli 2012, 19:00 Uhr

Meine innig geliebte Tochter, viele auserwählte Seelen erdulden in dieser Zeit ein großes Leiden, da ihre Herzen und das Meinige einander umschlingen, und zwar aufgrund der Geißel der Sünde.

Diese Vereinigung des Leidens, die jetzt von vielen Visionären, Sehern und Opfer-

seelen erfahren wird, dient dazu, die Seelen jener zu retten, die während der „Warnung" in der Todsünde sterben werden.

Es ist ein Leiden wie kein anderes, und es wird helfen, den Feind während der „Warnung" zu besiegen.

Meine Tochter, du musst damit fortfahren, Meine Botschaften zu veröffentlichen, obwohl das in dieser Zeit für dich mühsam ist.

Die Unruhen in der Welt werden schnell eskalieren und es werden nicht nur Kriege ausbrechen, sondern die globale Bank wird versuchen, den Großteil der Weltwährungen unter ihre Kontrolle zu bringen.

Es wird das Chaos herrschen und die Umweltkatastrophen werden zunehmen, da die Hand Meines Vaters herabfällt, um die Menschheit für ihre Schwäche gegenüber der Sünde und ihre Versklavung an dieselbe zu bestrafen.

Meine Anhänger, eure Gebete haben viele Katastrophen abgewendet, die sonst Städte und Nationen zerstört hätten.

Ihr dürft das Gebet niemals einstellen. Durchhaltevermögen und Treue zu Mir, eurem Jesus, werden die Lage erträglicher machen.

Ihr müsst während dieser Zeit des Kampfes stark bleiben; denn sehr bald wird sich alles verändern.

Trotz der Boshaftigkeit von Satans Armee wird der zunehmende Glaube Meiner Armee vor ihnen standhalten und sie in ihren Versuchen, Meine Kirche zu zerstören, stoppen.

Fühlt euch niemals in dieser Arbeit enttäuscht, selbst wenn es manchmal hoffnungslos erscheint. Meine Barmherzigkeit ist groß. Meine Liebe umfasst alle Kinder Gottes.

Ihr werdet diese Schlacht um die Seelen gewinnen, und es wird nicht lange dauern, bis die Neue Welt, die kein Ende hat, kommen wird.

Das ist eure Zukunft, die Zukunft der Welt, nach der ihr streben müsst. Satans Tage sind fast zu Ende.

Freut euch; denn bald wird das Leid vergessen sein.

Euer Jesus

502. Jungfrau Maria: Als die Mutter der Erlösung, Mein letzter Titel vom Himmel, sage Ich euch: Lasst euch von Mir helfen.

Montag, 23. Juli 2012, 16:36 Uhr

Mein Kind, das Tränental, das jede Nation auf so viele Weisen überschwemmt, ist viele Male vorausgesagt worden.

Doch sie haben nicht auf die Warnungen gehört, die Ich im Laufe der Jahrhunderte den Visionären gab.

Einige unter denjenigen, die die Versprechen des Herrn kennen — der sagte, dass Er wiederkommen werde, um in einer Welt ohne Ende zu regieren —, können die Zeichen erkennen.

Die meisten Menschen werden das nicht können, weil sie die Evangelien nicht kennen.

Kinder, diese Zeiten sind sehr schwer und verwirrend. Ich, eure geliebte Mutter, biete euch Schutz gegen Satan, wenn ihr Mich nur fragen würdet.

Mir wurde die Macht verliehen, ihn zu zermalmen. Wenn ihr Meine Hilfe anruft, kann Ich eure Qual erleichtern.

Mein Kind, sein Einfluss wird vielen von euch, die ihre Augen öffnen, klar.

Seine Boshaftigkeit hat sich in vielen Kindern Gottes festgesetzt.

Morde, sinnloses Töten, Kriege, Habgier, Verfolgung, Sittenlosigkeit und um sich greifende Sünden, welche jedes der Gebote Gottes — die von Moses niedergeschrieben wurden — brechen, sind für euch alle sichtbar vorhanden.

Für diejenigen, die wenig Glauben haben und die sagen: „Was macht das schon aus?"... ihr müsst über den Schaden Bescheid wissen, den Satan in euren Seelen anrichtet.

Er ist wie eine Krankheit, die schwer zu heilen ist. Sobald sie euch in ihrem Griff hat, führt sie zu anderen Krankheiten, die noch schlimmer sind als die erste, so dass ein einzelnes Heilverfahren nicht mehr ausreicht.

Er vergiftet die Seele, den Geist und den Leib so schnell, dass es sehr schwer ist, euch selbst davon zu befreien.

Kinder, ihr begreift nicht, wie mächtig er ist und welches Bedürfnis nach Rache er hat. Sobald er eine Seele befallen hat, wird er sie nicht mehr in Ruhe lassen, so dass die betroffene Seele beinahe ihren Verstand verliert.

In manchen Fällen haben diese Seelen nicht mehr die Kontrolle über ihre eigenen Impulse.

Als die Mutter aller Kinder Gottes habe Ich die Macht, dabei zu helfen, eure Seelen zu retten.

Als die Mutter der Erlösung, Mein letzter Titel vom Himmel, sage Ich euch: Lasst euch von Mir helfen. (*)

Ihr müsst jeden Tag Meinen Heiligen Rosenkranz beten, um Schutz zu erhalten, und Satan wird euch und eure Lieben in Ruhe lassen.

Unterschätzt niemals dieses Gebet; denn Satans Macht schwindet dahin, sobald ihr ihn betet.

Kinder, die Kraft Gottes wird denjenigen gewährt, die Meinen Sohn Jesus darum anrufen, dass er ihnen die Kraft gibt, durch diese Zeiten zu kommen. Sie kann euch nicht gegeben werden, wenn ihr nicht darum bittet.

Hier ist das nächste Kreuzzuggebet, das ihr beten müsst, um Schutz vor Satan zu erbitten.

Kreuzzuggebet (68) „Schütze mich vor dem Einfluss Satans"

„Mutter Gottes, Mutter der Erlösung,

bedecke mich mit Deinem heiligsten Mantel und schütze meine Familie vor dem Einfluss Satans und seiner gefallenen Engel.

Hilf mir, zu allen Zeiten auf die Göttliche Barmherzigkeit Deines geliebten Sohnes, Jesus Christus, zu vertrauen.

Stärke mich in meiner Liebe zu Ihm und lass nicht zu, dass ich mich von der Wahrheit Seiner Lehren entferne, mögen auch noch so viele Versuchungen auf mich zukommen. Amen. "

Betet, betet, betet immerzu um Schutz vor dem Teufel; denn er verursacht schrecklichen Schmerz, schweren Schaden und furchtbares Elend in eurem Leben.

Wenn ihr nicht darum bittet, dann könnt ihr diese Gnaden nicht empfangen.

Vertraut Mir, eurer Mutter, zu jeder Zeit; denn Meine Rolle besteht darin, Meinem Sohn zu helfen, die Seelen aller Kinder Gottes zu retten.

Eure liebende Mutter
Königin der Erde
Mutter der Erlösung

(*) Der letzte Titel der Gottesmutter lautet: „Miterlöserin".

In den kirchlich anerkannten Botschaften der "Frau aller Völker", Amsterdam, wünscht die Gottesmutter an den Heiligen Vater gewandt: „Sorge für das letzte Dogma, die Krönung der Mutter des Herrn Jesus Christus, der Miterlöserin, Mittlerin und Fürsprecherin!" (11.10.1953)

503. Die Prophezeiungen, die Johannes gegeben wurden und die bis jetzt nicht enthüllt worden sind, werden in dieser Zeit präsentiert, um die Welt wachzurütteln.

Dienstag, 24. Juli 2012, 17:39 Uhr

Meine innig geliebte Tochter, die Zeit für die Enthüllung der letzten Mysterien Gottes, des Allerhöchsten — für die ganze Welt — ist nahe.

Deine Stimme, Meine Tochter, wird Gottes Plan zur Offenbarung der Wahrheit Meines Zweiten Kommens auf Erden letztendlich zum Abschluss bringen.

Du, Meine Tochter, bist der siebte Engel (Offb 10, 1-11), der gesandt ist, um Gottes Kinder vorzubereiten, ihren Glauben zu erneuern, damit sie gerettet werden können.

Weil du die Geheimnisse enthüllst, die in den sieben Siegeln — welche Ich, Jesus, das Lamm Gottes, jetzt öffne — enthalten sind, wirst du viele in Wut versetzen.

Die bösen Lügen, die von denjenigen in die Welt gesetzt werden, die vorgeben, Diener Meiner Kirche zu sein, werden durch den Klang deiner Stimme entlarvt werden.

Jede abscheuliche Handlung, die von den Anhängern Satans — die es wagen, sich als Anhänger von Mir zu bezeichnen — begangen wird, wird öffentlich aufgedeckt werden. Jede Lüge wird bloßgelegt, damit alle sie sehen können.

Die vom Antichristen erschaffene neue, falsche Kirche, wird als das enthüllt werden, was sie ist.

Jeder Versuch, der zur Täuschung der Kinder Gottes unternommen wird, wird auf seinen Urheber zurückfallen, da sich der Kampf, um die Menschheit zu retten, verstärkt.

Alle werden zu Zeugen der Gotteslästerungen werden, die von denjenigen ausgesprochen werden, die nicht in Meinem Heiligen Namen sprechen... obwohl viele die Wahrheit Gottes, wie sie jetzt der Welt gegeben wird, nicht annehmen werden.

Das Wort, das so lange verborgen war und bis zum Ende verschlossen war, strömt jetzt von Meinen Lippen.

Nicht ein Mensch wird von der Wahrheit ausgeschlossen werden. Allen wird — da Ich ein weiteres Mal Vorbereitungen treffe, um die Menschheit von der ewigen Verdammnis zu retten — das Wahre Wort gezeigt werden.

Die Prophezeiungen, die Johannes gegeben wurden und bis jetzt nicht enthüllt worden sind, werden in dieser Zeit präsentiert, um die Welt wachzurütteln.

Die Evangelien werden — nach so langer Zeit — noch einmal über die ganze Welt verbreitet werden.

Die Blinden werden wieder sehen.

Die Stummen werden die Wahrheit — wie Honig von ihren Lippen strömend — sprechen.

Die Tauben werden zuhören, und die Wahrheit wird ihnen den Trost schenken, den sie in ihrem Leben so lange entbehrt haben.

Der Glaubensabfall wird (wie eine Schale) aufbrechen und „rohe, unbearbeitete" Seelen, die nach der Wahrheit hungern, werden diese letztendlich mit offenen Armen annehmen.

Die Macht Gottes wird sich jetzt an jeder Ecke zeigen.

Seid versichert, dass die Brut Satans und seiner Anhänger alles in ihrer Macht Stehende tun wird, um zu verhindern, dass das Buch der Wahrheit — durch die Liebe Gottes — gegeben wird.

Sie werden dem machtlos gegenüberstehen, obwohl es den Anschein haben wird, als ob das nicht der Fall wäre.

Der Himmel wartet jetzt auf die Zeit, um die ganze Menschheit für Meine Glorreiche Wiederkunft zu vereinen.

Verlasst Mich niemals. Seid Mir gegenüber aufgeschlossen, während ihr euch auf Mein Glorreiches Zweites Kommen vorbereite.

Nehmt eure Familien mit euch und kommt — während Ich Vorbereitungen treffe, euch in den Schutz Meiner besonderen Gnaden aus dem Himmel zu hüllen — in Meine Arme.

Ich rufe euch allen zu, den letzten Ruf zu erkennen, den letzten Ruf durch meine siebte Botin, der die Vollmacht gegeben worden ist, die sieben Posaunen, die Inhalte des siebten Siegels, zu enthüllen, während sich der Chor der Engel darauf vorbereitet, dass sich die Prophezeiungen verwirklichen.

Euer Jesus

(*) Offb 10

10 Erstes Zwischengesicht: Das Prophetenbuch. 1 Nun sah ich einen andern starken Engel vom Himmel herniederkommen. Er war in eine Wolke gehüllt, über seinem Haupte stand der Regenbogen, sein Angesicht war wie die Sonne, und seine Füße glichen Feuersäulen. 2 In der Hand hielt er ein offenes Büchlein. Seinen rechten Fuß stellte er auf das Meer, seinen linken auf das Land. 3 Er rief mit lauter Stimme, wie wenn ein Löwe brüllt. Als er gerufen hatte, erhoben sieben Donner ihre Stimmen. 4 Und als die sieben Donner verklungen waren, wollte ich schreiben. Ich hörte aber eine Stimme vom Himmel sagen: Versiegle, was die sieben Donner sprachen und schreibe es nicht auf. 5 Und der Engel, den ich auf dem Meere und auf dem Lande stehen sah, erhob seine rechte Hand zum Himmel 6 und schwur bei dem, der da lebt von Ewigkeit zu Ewigkeit, der den Himmel schuf und was in ihm ist, und die Erde und was darauf ist, und das Meer und was darin sich befindet: Es wird keine Zeit mehr sein, 7 sondern in den Tagen der Stimme des siebten Engels, wenn er zu posaunen anhebt, ist auch das Geheimnis Gottes vollendet, wie er es seinen Knechten, den Propheten, als Frohbotschaft verkündet hat. 8 Da hörte ich die Stimme vom Himmel wieder mit mir reden. Sie sprach: Geh und nimm das offene Büchlein aus der Hand des Engels, der auf dem Meere und dem Lande steht. 9 Ich ging zu dem Engel hin und sagte, er solle mir das Büchlein geben. Und er spricht zu mir: Nimm das Büchlein und verzehre es. Deinen Magen wird es bitter machen, in deinem Munde aber süß sein wie Honig. 9 Das Essen des Buches erinnert an Ezechiel (3,1). Es versinnbildet die vollkommene Aneignung des prophetischen Inhaltes. Es ist süß, Gottes Offenbarung zu empfangen, bitter aber, ein Bote seiner Strafgerichte zu sein. 10 Da nahm ich das Büchlein aus der Hand des Engels und verzehre es. Es war in meinem Munde süß wie Honig, und da ich es verzehrt hatte, wurde es mir im Magen bitter. 11 Man spricht zu mir: Du mußt wieder prophezeien über viele Völker und Stämme und Sprachen und Könige.

504. Liebe ist ein Zeichen Gottes. Egal, welcher Religion oder Glaubensrichtung ihr angehört, Liebe kann nur von Gott kommen.

Mittwoch, 25. Juli 2012, 23:30 Uhr

Meine innig geliebte Tochter, Ich möchte über die Wichtigkeit der Liebe sprechen und darüber, wie die Welt ohne Liebe nicht überleben könnte.

Gott ist die Liebe. Die Liebe kommt von Gott.

Wo ihr Liebe findet, da fühlt ihr sofort die Gegenwart Gottes.

Fast jeder in der Welt fühlt zu irgendeinem Zeitpunkt Liebe. Die Liebe befreit die Seele, und ihre Reinheit gibt euch einen kurzen Eindruck von der Tiefe der Liebe, die Gott für jedes einzelne Seiner Kinder hat.

Die Liebe siegt über den Tod.

Die Liebe siegt über das Böse.

Die Liebe dauert ewig. Sie kann niemals sterben; denn sie kommt von Gott und wird bis in Ewigkeit dauern.

Wenn die Liebe — in diesem Erdenleben — vom Teufel, der durch andere Seelen handelt, angegriffen wird, dann leidet und verblüht sie und an ihre Stelle kann Gleichgültigkeit oder — manchmal — Hass treten.

Es ist nur durch die Liebe möglich, insbesondere durch die Liebe füreinander, dass sich Frieden in der Welt entwickeln kann.

Ohne Liebe würden die Menschen sterben und unfruchtbar werden.

Wenn ihr ein Kind liebt, dann fühlt ihr dieselbe Art Liebe, die Mein Vater für jedes Kind, das durch Seine Schöpfung in diese Welt geboren wird, in Seinem Herzen trägt.

Stellt euch die Qual eines Elternteils vor, wenn ein Kind vermisst wird.

Der Kummer, die Sorge und die Angst sind mit demjenigen identisch, was Mein Vater empfindet, wenn Seine Kinder umherirren und gegenüber der Wahrheit Seiner Existenz die Orientierung verlieren.

Stellt euch das Entsetzen vor, das ein Elternteil durchmachen muss, wenn sein Kind nicht gefunden werden kann.

Was, wenn es für immer verschwunden ist? Dies ist das Herzeleid, das Mein Vater durchleidet, wenn Er Seine Kinder verliert.

Nichts tröstet Ihn, bis Er sie wiederfinden kann oder bis sie umkehren und wieder zu Ihm nach Hause gelaufen kommen.

Die ganze Schöpfung gründet sich auf die Liebe Meines Vaters.

Seine Liebe durchflutet den Himmel und die Erde und sie ist äußerst kraftvoll.

Alles wurde durch Seine Göttliche Liebe und Seine Großherzigkeit geschaffen, damit Er alle Wunder der Schöpfung mit Seinen Kindern teilen könnte.

Die Liebe, die Er für Seine Kinder hat, wird niemals sterben.

Der Verrat, den Luzifer — dem Er alles gab — an Ihm beging, hat dazu geführt, dass Seine Liebe zur Menschheit vom Großteil der Menschheit nicht erwidert worden ist.

Aber als ein ewiglich liebender Vater ist Seine Liebe so stark, dass es nichts gibt, was Seine Liebe zu Seinen Kindern jemals auslöschen kann.

Seine Liebe bedeutet, dass jedem Menschen eine zweite Chance gegeben worden ist.

Die „Warnung" — ein großes Geschenk, das von Meinem Vater gestattet wurde — ist ein besonderer Ruf vom Himmel.

Dieser Ruf — ein großes, übernatürliches Wunder — wird jedem von euch die Chance geben, gerettet zu werden; die Chance, gerufen zu werden und den Schlüssel ausgehändigt zu bekommen, um die Tür zum Neuen Paradies auf Erden zu öffnen.

Für diejenigen von euch, die den Schlüssel zum Paradies annehmen: Ihr werdet das Tier in der Tat besiegen.

Die Welt wird endlich vom Bösen, von der Sünde, vom Leid und von allen Schmerzen befreit werden.

Es wird Friede herrschen.

Die Liebe zu Meinem Vater wird endlich gedeihen, und alle von euch werden in Übereinstimmung mit Seinem Göttlichen Willen leben.

Die Liebe ist ein Zeichen Gottes. Egal, welcher Religion oder Glaubensrichtung ihr angehört, Liebe kann nur von Gott kommen.

Sie ist das Licht, das in jeder Seele vorhanden ist, sogar in den Seelen jener, die verhärtete Sünder sind; denn Gott lässt Sein Licht niemals erlöschen.

Ergreift sie. Umarmt sie. Klammert euch an der Liebe fest; denn sie wird euch zu Ihm führen.

Die Liebe wird euch aus der Finsternis erretten.

Euer Jesus

505. Der Pakt mit Satan ist fast zu Ende, und zwei Ereignisse müssen bald stattfinden.

Donnerstag, 26. Juli 2012, 23:55 Uhr

Meine innig geliebte Tochter, viele Menschen verstehen das Mysterium Meines Zweiten Kommens nicht wirklich.

Mein Zweites Kommen ist die Vollziehung eines Neuen Bundes.

Er wird die Erschaffung des vollkommenen Paradieses sein, das von Meinem geliebten Vater liebevoll für Adam und Eva zur Blüte gebracht wurde. Damals waren alle Dinge auf Erden in vollkommener Harmonie und in Übereinstimmung mit dem Willen Gottes.

Die Zeit seit Meiner Kreuzigung auf Erden war für die Menschheit wegen der Herrschaft Satans, der während dieser Periode die Erde beherrscht hat, qualvoll.

Der Pakt mit Satan ist fast zu Ende, und zwei Ereignisse müssen bald stattfinden.

Die Tilgung der Sünden der Menschheit wird während der „Warnung" geschehen. Von da an werden die Menschen — einschließlich derjenigen, die von der Existenz Gottes nichts wissen — die Wahrheit mit Freude annehmen.

Andere, die auf dieses große Wunder — bei dem ihnen der Beweis vorgelegt wird — nur langsam reagieren werden, werden sich mit der Zeit bekehren. Auch sie werden dann nach Vergebung für ihr sündiges Leben streben.

Dann kommt die Endphase, die Heiligung — die abschließende Reinigung, damit die ganze Menschheit fähig ist, in das vollkommene Paradies einzugehen.

Dies ist das Paradies, das ursprünglich von Adam und Eva bewohnt war. Es wird nur dann so sein, dass der Göttliche Wille Meines Vaters schlussendlich erfüllt wird, wenn alle Menschen den Willen Meines Vaters lieben und achten werden.

Bevor dies alles eintrifft, wird es viel Widerstand gegenüber der schlussendlichen Ausführung des Willens Meines Vaters geben.

Gottes Kinder werden aus allen Richtungen unter Beschuss geraten. Obwohl während der „Warnung" der Heilige Geist über die ganze Welt ausgegossen werden wird, wird Satan mit allen Kräften darauf hinwirken, diese weltweite Beichte aufzuhalten.

Er und seine bösen Anhänger bereiten sich ebenfalls auf die „Warnung" vor. Ihr Ziel ist es, jedermann davon zu überzeugen, dass sie nicht stattgefunden hat.

So viele Menschen werden — solange Satan die Erde durchstreift — es schwer finden, die Liebe Gottes und die Existenz des Neuen Paradieses offen anzunehmen.

Die Freiheit wird nur dann eintreten, wenn er verbannt sein wird.

Unglücklicherweise werden diejenigen, die daran scheitern werden, die Wahrheit zu erkennen, und die sich hartnäckig weigern werden, Gott anzunehmen, das Paradies niemals sehen.

Bitte sprecht dieses Kreuzzuggebet, um den Göttlichen Willen Meines Vaters anzunehmen.

Kreuzzuggebet (69) „Gebet zu Gott Vater, um Seinen Göttlichen Willen anzunehmen"

„ Gott, Allmächtiger Vater, ich nehme Deinen Göttlichen Willen an.

Hilf Deinen Kindern, ihn anzunehmen.

Halte Satan davon ab, Deinen Kindern ihr Recht auf das Erbe ihres Vaters vorzuenthalten.

Lass uns niemals den Kampf um unser Erbteil im Paradies aufgeben.

Erhöre unsere Bitten und vertreibe Satan und seine gefallenen Engel.

Ich bitte Dich. lieber Vater, reinige die Erde mit Deiner Barmherzigkeit und bedecke uns mit Deinem Heiligen Geist.

Führe uns dabei, Deine höchstheilige Armee zu bilden, die mit der Macht ausgestattet ist, das Tier auf ewig zu verbannen. Amen. "

Gehet hin in Frieden.

Euer Jesus

506. Wenn die Zahl von 20 Millionen in Meiner Armee erreicht worden ist, dann werde Ich diese Zahl auf (mehrere) Milliarden vermehren.

Freitag, 27. Juli 2012, 18:30 Uhr

Meine innig geliebte Tochter, Mein Wunsch, Meine Anhänger zu einer Armee zu vereinen, trägt — durch diese Botschaften — bereits Früchte.

Meine Armee hat sich bereits gebildet und ist durch die Macht des Heiligen Geistes vereint, der sich wie ein Lauffeuer über die Welt ausbreitet.

Für diejenigen von euch, die jetzt Meine Anweisungen annehmen: Auch wenn ihr vielleicht denkt, dass ihr nur in kleinen Gruppen zusammenarbeitet, müsst ihr wissen, dass Meine Armee jetzt aus mehr als 25.000 engagierten Soldaten — die jeden Tag Meine Kreuzzuggebete in Empfang nehmen — besteht.

Eure Hingabe an Mich, euren geliebten Jesus, schenkt Mir so viel Trost und Freude; denn eure Gebete retten jede Sekunde jedes einzelnen Tages Millionen und Abermillionen Seelen.

Wenn ihr ihre Dankbarkeit sehen könntet, dann würdet ihr niemals zu beten aufhören, so groß ist die Macht des Gebets.

Satan wird durch diese Mission in Mitleidenschaft gezogen, und er wird alles, was nur möglich ist, tun, um sie zu sabotieren.

Darum dürft ihr euch nicht durch von außen kommende Einschüchterungsversuche durch diejenigen, die euch der Häresie beschuldigen, unter Druck setzen lassen... denn sie tun dies, um euch bei der Verbreitung Meiner Botschaften zu bremsen.

Wenn ihr es zulasst, dass euch andere verwirren — nämlich diejenigen, die versuchen, euch zu demütigen oder die über euren Glauben spotten — dann können weniger Seelen gerettet werden.

Stellt euch diese Mission so vor, als ob ihr im Ausland für eine Hilfsorganisation arbeiten würdet — diese Gruppen von Menschen, die in verwüstete Länder gehen, um die Leben von denjenigen zu retten, die unter einer Hungersnot leiden.

Es ist von größter Wichtigkeit, dass ihr alle Hindernisse überwindet, um die Hilfe zu den Opfern zu bringen. Eine Stunde Verzögerung kann den Unterschied zwischen Leben oder Tod ausmachen. Dasselbe trifft auf diese Mission zu.

Schaut geradeaus und ignoriert die Einmischungen jener, die versuchen werden, euch zurückzuhalten... und dann marschiert vorwärts.

Nehmt andere auf eurem Weg mit euch und führt sie zum Sieg ...dem Sieg der Erlösung.

Eure Armee wird jeden Tag größer. Haltet euch an Meiner Hand fest, bis wir die zahlenmäßige Stärke der Armee, die Ich Mir wünsche, erreichen... eine Armee von 20 Millionen, die in der Schlacht gegen den Antichristen an vorderster Front kämpfen wird.

Wenn die Zahl von 20 Millionen in Meiner Armee erreicht worden ist, dann werde Ich diese Zahl auf Milliarden vermehren. Und sobald das geschieht, wird das Tier endlich vernichtet werden.

Dies ist Mein Versprechen. Denn eine große Anzahl von — mit Seiner Göttlichen Liebe erfüllten — Kindern Gottes wird das Böse vernichten.

Die Liebe, vergesst das nicht, ist stärker als der Hass. Nur die überreichlich fließende Liebe kann das Böse auslöschen.

Euer Jesus

507. Es ist die Sünde der Abtreibung, die der Untergang vieler Nationen sein wird, und sie werden dafür streng bestraft werden.

Sonntag, 29. Juli 2012, 20:10 Uhr

Meine innig geliebte Tochter, der Glaubensabfall in der Welt hat Gottes Kinder bezüglich der Existenz der Sünde verwirrt.

Wenn sie an die Sünde denken, denken viele Seelen sofort an die schwersten Sünden, solche wie Mord.

Aber die Sünde nimmt viele Formen an. Leider wird die Sünde — weil man sie als persönliche Schwäche oder als eine Charaktereigenschaft abtut — heutzutage einfach als eine natürliche Schwäche betrachtet. Viele glauben nicht länger, dass es so etwas wie Sünde gibt.

Die Abtreibung ist — nach dem Mord am Nächsten — die größte Form des Völkermordes in der Welt. Doch sie wird nicht nur geduldet, sondern es werden von euren Nationen auch Gesetze erlassen, welche die Abtreibung als eine Notwendigkeit festschreiben.

Es ist die Sünde der Abtreibung, die der Untergang vieler Nationen sein wird, und dafür werden sie streng bestraft werden.

Die Abtreibung ist eine verabscheuungswürdige Handlung und sie löscht Generationen von Gottes Kindern aus, die sich nicht verteidigen können.

Niemand wird ein Kind Gottes töten und einer strengen Bestrafung entgehen.

Der Zorn Meines Vaters wird während der Züchtigung von jenen Nationen erlitten werden, welche die Abtreibung legalisiert haben.

Sie werden ausgelöscht werden und ihnen wird kein Mitleid gezeigt werden, genau so, wie sie selbst keine Reue für diese Todsünde — als sie das Töten von Gottes Kindern im Mutterleib billigten — zeigten.

Ich wende mich an diejenigen, die auf eine gerissene Art und Weise versuchen, die Abtreibung als etwas abzutun, das notwendig ist, um die Rechte einer Mutter zu schützen.

Es werden Lügen dazu benutzt, um die Schreckenstat der Abtreibung — die sich über das Gebot Gottes hinwegsetzt — zu verschleiern.

Jeder Gesetzgeber, jeder Arzt oder jede Person, die auf die eine oder andere Weise an dieser entsetzlichen Tat mitwirken, sind aufgrund dieser Sünde in den Augen Gottes schuldig und sie werden dafür die kommende Strafe erleiden.

Denjenigen, welche die Todesstrafe stillschweigend billigen, sage Ich Folgendes:

Ihr, die ihr einen Menschen dazu verurteilt, getötet zu werden, seid desselben Verbrechens schuldig, dessen er möglicherweise schuldig ist.

Ihr seid in diesem Fall des Mordes schuldig, und das ist eine Todsünde. Euch ist nicht das Recht gegeben worden, ein Leben zu nehmen ... oder zu richten. Nur Ich, Jesus Christus, habe das Recht, zu richten.

Jeder, der durch den Akt einer Hinrichtung zum Tod eines Mörders beiträgt, wird in Ewigkeit im Feuer der Hölle leiden, wenn er nicht bereut.

So viele von euch glauben an das Gesetz „Auge um Auge". Wie irregeführt ihr doch seid. Erkennt ihr die Gebote Meines Vaters nicht an? „Du sollst nicht töten."

Du sollst nicht töten gilt auch für diejenigen aggressiven Armeen, die in Länder, die ihnen nicht gehören, einmarschieren, um sie zu beherrschen.

Es gilt für Armeen, die unschuldige Seelen niederschießen und töten. All das ist Mord. Es verstößt gegen das Gebot Meines Vaters.

Andere Sünden wie Habgier, Wollust, über andere schlecht zu sprechen, Menschen um dasjenige zu betrügen, was ihnen rechtmäßig gehört, Rache und Verleumdung, alle diese Sünden führen zu allen anderen Sünden.

Sie werden in eurer heutigen Welt hinnehmbar, weil eure größte Liebe die Liebe zu euch selbst ist.

Die Lüge, die euch eure falschen Lehrer zu schlucken gezwungen haben, nämlich das ausschließliche Streben nach der Erfüllung der eigenen Wünsche, ist euer Weg zur Sünde.

Man sagt euch, dass ihr eure Zeit damit verbringen müsst, euren Hunger nach materiellem Wohlstand zu stillen.

Man sagt euch, dass ihr euch um euch selbst kümmern müsst —, dass ihr die wichtigste Person in eurem Leben seid. Dass Ihr euch bemühen müsst, nach allem zu streben, was alle eure Sinne befriedigt. Dass alles andere zweitrangig ist.

Dies führt zur Habgier, zur Selbstsucht und zur Begierde, und dann kann man euch dazu verleiten, Todsünden zu begehen.

Die Sünde wird jetzt durch eure Nationen wie niemals zuvor allgemein akzeptiert werden.

Es werden Gesetze eingeführt werden, die Todsünden legalisieren werden, und Wehe denjenigen von euch, die protestieren.

Diejenigen, die sich für derart schlimme Dinge einsetzen werden, werden euch erzählen, dass diese Gesetze die Schwachen schützen sollen, während in Wirklichkeit alles, was sie tun, darauf hinausläuft, Mord, die Abtreibung, die gleichgeschlechtliche Ehe und die Verehrung von falschen Göttern zu legalisieren.

Sie werden die Verfolgung der Armen stillschweigend dulden und werden sie hinaus auf die Straßen verbannen, um Bettler aus ihnen zu machen.

Sie werden Gesetze erlassen, um euch dazu zu zwingen, mit der Ausübung eurer Religion aufzuhören. Durch das Ausüben eurer Religion werdet ihr das Gesetz übertreten — was in ihren Augen eine Sünde ist.

Wie Ich euch zuvor bereits sagte, eure Welt ist so voller Unwahrheiten, dass das Gute als böse und das Böse als gut dargestellt wird.

Eure Welt steht auf dem Kopf, und als Folge davon gedeiht die Sünde.

Ich bitte euch dringend, umzukehren und die Zehn Gebote zu studieren. Befolgt sie und lebt so, wie es in den Augen Meines Vaters von euch erwartet wird.

Übertretet die Gebote ... und ihr sündigt. Argumentiert, dass bestimmte Sünden in Ordnung sind ... und ihr setzt euch über Meinen Vater hinweg.

Der Gehorsam gegenüber den Gesetzen Gottes ist in der heutigen Welt schwach und zerbrechlich. Vielen von Gottes Kindern sind die Folgen der Sünde von Meinen gottgeweihten Dienern nicht deutlich genug gesagt worden.

Das Tolerieren der Sünde ist die größte aller Sünden.

Die sogenannte Toleranz ist eine schlaue Lüge, die vom König der Lügen, Satan, in den Geist der Menschen eingepflanzt wurde.

Die Toleranz ist eine andere Methode, die Sünde zu rechtfertigen und der Schwäche des Menschen, der Versuchung Satans nachzugeben, entgegenzukommen.

Wacht auf und nehmt die Sünde als das an, was sie ist.

Argumentiert untereinander und verteidigt die Sünde soviel wie ihr wollt... aber in den Augen Meines Vaters wird sie niemals hinnehmbar sein.

Um in das Paradies einzugehen, müsst ihr frei von der Sünde sein.

Um frei von der Sünde zu werden, müsst ihr sie bereuen.

Um bereuen zu können, müsst ihr zuallererst die Zehn Gebote annehmen.

Dann müsst ihr wahrhaftige Reue zeigen.

Wahrhaftige Reue kann nur von denjenigen empfunden werden, die in Meinen Augen Demut zeigen.

Nur dann kann die Sünde vergeben werden.

Nur dann sind die Seelen geeignet, in das Königreich Meines Vaters einzugehen.

Euer Erlöser
Jesus Christus

508. Meine katholische Kirche ist in Stücke gerissen worden, doch die Seele Meiner Kirche wird von Satan niemals erobert oder verschlungen werden.

Montag, 30. Juli 2012, 1.00 Uhr

Meine innig geliebte Tochter, als Ich im Garten Gethsemane die Todesangst durchlitt, war die größte Abscheulichkeit, die Mir von Satan gezeigt wurde, die Treulosigkeit der Katholischen und Apostolischen Kirche in der Endzeit.

Dort zeigte Mir Satan — der Mich mit Visionen von der Zukunft quälte — die lauen Diener der Kirche in diesen, euren Zeiten.

Beherrscht von ihrer Toleranz gegenüber der Sünde, haben sie es zugelassen, dass Stolz und Scheinwahrheiten sie für die Wahrheit Gottes blind machen.

Ihre Bindung an das Streben nach weltlichen Dingen bringt es mit sich, dass viele Meiner gottgeweihten Diener weder das Mitgefühl noch die Demut in ihren Seelen haben, um Meine Anhänger zu der Heiligkeit zu führen, die erforderlich ist, um ihre Seelen zu retten.

So viele haben sich gegen Mich gewandt, obwohl sie sagen, dass sie Gottes Kinder lieben.

Dadurch, dass sie — im Namen Gottes — die sogenannte Toleranz fördern, bieten sie eine falsche Lehre an, welche die Wahrheit verschleiert.

Jene Andersdenkenden in Meiner Kirche auf Erden, die behaupten, im Namen der katholischen Kirche eine neue Art der Nachfolge zu schaffen, die aber Meine Lehren leugnen, werden von Satan, der Meine Kirche zerstören will, dazu verleitet.

Er, der Teufel, hat bereits schreckliche Sünden verursacht, um Meine Kirche zu verderben, und jetzt will er die letzten Nägel einhämmern, und zwar dann, wenn er Meine Kirche kreuzigen wird und, in der Folge, diejenigen gottgeweihten Diener von Mir nacheinander in die Hölle werfen wird, die das Wort Gottes entheiligen, indem sie die Akzeptanz der Sünde unter Gottes Kindern fördern.

Ihre Sünde, Mir ins Gesicht zu schlagen, und zwar dadurch, dass sie vor Mir Obszönitäten zur Schau stellen, von denen sie behaupten, dass sie annehmbar sind und dass sie von Gott geduldet werden, wird streng bestraft werden.

Sie wagen es — aufgrund der Sünde des Stolzes und des Betruges — die Seelen in die Irre zu führen und sie in eine Höhle der Finsternis zu führen, ohne zu begreifen, wie sie die Seelen in den Feuersee verdammen.

Viele Meiner gottgeweihten Diener werden irregeführt und sind sich dessen nicht bewusst. Doch sind viele solche Diener — wenn sie sich selbst gegenüber ehrlich sind — verwirrt.

Dann gibt es diejenigen, die sich als Meine heiligen Diener ausgeben, die aber der anderen Seite angehören. Als Sklaven des

229

Tieres stellen sie sich bewusst als Meine gesalbten Priester dar.

Sie bereiten Mir eine solch schreckliche Qual. Sie verderben nicht nur die Seelen, sondern sie haben auch bewusst einen Pakt mit Satan — der sie verschlingen wird — geschlossen.

Sie führen auf Meinen Altären, vor der Heiligen Eucharistie, abscheuliche Handlungen aus, aber nur wenige wissen, dass sie derartige Handlungen begehen. Und doch sehne Ich Mich nach ihren Seelen.

Meine katholische Kirche ist in Stücke gerissen worden, doch die Seele Meiner Kirche wird von Satan niemals erobert oder verschlungen werden. Aber die Diener Meiner Kirche können vom Tier verführt und vernichtet werden.

Dies ist die Zeit, dass Ich einschreite und ihnen helfe, sich über diese schrecklichen Peinigungen zu erheben.

Ich benötige eure Mithilfe, Meine Anhänger, und die Mithilfe von denjenigen heiligen Dienern unter euch, die begreifen, was unter euch im Gange ist, indem ihr dieses Kreuzzuggebet (70) betet: „Gebet für den Klerus, um dem Heiligen Wort Gottes gegenüber standhaft und treu zu bleiben."

" O lieber Jesus, hilf Deinen geistlichen Dienern, die Spaltung zu erkennen, während sie sich innerhalb Deiner Kirche entfaltet.

Hilf Deinen gottgeweihten Dienern, Deinem Heiligen Wort gegenüber standhaft und treu zu bleiben.

Lass weltlichen Ehrgeiz niemals ihre reine Liebe zu Dir trüben.

Gib ihnen die Gnaden, vor Dir rein und demütig zu bleiben und Deine Allerheiligste Gegenwart in der Eucharistie zu verehren.

Hilf all denjenigen gottgeweihten Dienern, die in ihrer Liebe zu Dir lau sind, und führe sie... und entfache in ihren Seelen das Feuer des Heiligen Geistes neu.

Hilf ihnen, die Versuchungen zu erkennen, die ihnen in den Weg gelegt werden, um sie abzulenken.

Öffne ihre Augen, damit sie jederzeit die Wahrheit sehen können.

Segne sie, lieber Jesus, in dieser Zeit und bedecke sie mit Deinem kostbaren Blut, um sie vor Unheil zu bewahren.

Gib ihnen die Kraft, der Verführung durch Satan zu widerstehen, sollten sie (in ihrer Wachsamkeit) abgelenkt sein durch die Faszination einer Verneinung der Existenz von Sünde. Amen."

Meine heiligen Diener sind das Rückgrat Meiner Kirche.

Sie stehen an vorderster Front, um in dieser Zeit dem schrecklichen Ansturm der durch Satan bewirkten Angriffe die Stirn zu bieten.

Helft Mir, sie auf den Weg zu führen, auf welchem sie die Reste meiner Kirche bergen helfen, da sie auf das Schisma Kurs nimmt, welches in Kürze vom Falschen Propheten hervorgerufen werden wird.

Versammelt euch und betet um die Vereinigung Meiner heiligen Diener, die gebraucht werden, um Meine Kirche in den kommenden Tagen stark zu erhalten.

Euer Jesus

509. Jungfrau Maria: Es zu unterlassen, die Wahrheit der Lehren Meines Sohnes öffentlich zu verkünden, hat zur Folge, dass Gott vergessen wird.

Dienstag, 31. Juli 2012, 18:10 Uhr

Mein Kind, die Verfolgung, die du durchmachst, geschieht wegen der Veröffentlichung des Buches der Wahrheit.

Der Teufel legt Hindernisse auf deinen Weg und wird vor nichts zurückschrecken, dich zu zermürben.

Es ist wichtig, die ständigen gemeinen Lügen zu ignorieren, die dir von denjenigen präsentiert werden, die behaupten, sich im Wort Gottes auszukennen.

Ihre Ablehnung dieser Botschaften ist nicht wichtig. Allein auf das Wort Meines Sohnes musst du reagieren, und sonst nichts.

Du musst auf Meinen Sohn vertrauen und schweigen, wenn jene, die durch Lügen verblendet sind, versuchen, sich an dich zu wenden, um dich zu Fall zu bringen. Höre ihnen nicht zu. Antworte ihnen nicht. Verkünde stattdessen einfach das Wort Gottes.

Mein Kind, so viele Anhänger von Christus leiden in dieser Zeit. Ihre Stimmen sind nur ein Flüstern in einer Welt, in der man die Großartigkeit irdischer Errungenschaften laut hinausbrüllt.

Das wahre Wort Gottes wird nicht mehr offen verkündet, nicht einmal von den Dienern Gottes in der Kirche.

Es ist ihnen peinlich, die Wahrheit vor den Augen der Öffentlichkeit zu verkünden... sie irren hoffnungslos umher und versuchen, inmitten der Verwirrung, die durch den Säkularismus verursacht wurde, ihren Weg zu finden.

Die Verärgerung, die ausgelöst wird, wenn Gott oder Mein geliebter Sohn, Jesus Christus, erwähnt werden, ist sehr weit verbreitet. Nur sehr wenige Seelen sind mutig genug, aufzustehen und sich selbst als Soldaten von Christus zu erkennen zu geben.

Sogar heilige Seelen haben Angst davor, dies zu tun, und zwar weil sie fürchten, bei den Nichtgläubigen Empörung auszulösen.

Es zu unterlassen, die Wahrheit der Lehren Meines Sohnes öffentlich zu verkünden, hat zur Folge, dass Gott vergessen wird.

Wie sehr weine Ich, wenn Ich arme kleine Kinder sehe, die von ihren Erziehern hinsichtlich der Entwicklung ihrer Seelen vernachlässigt werden.

Sie entbehren die Nahrung des Heiligen Geistes, weil man ihnen nicht beigebracht hat, wie sie ihre Liebe zu Gott ausdrücken sollen. Viele glauben nicht an Gott den Vater. Das betrübt Ihn.

Dir, Mein Kind, wurde eine schwere Aufgabe gegeben. Wenn du der Welt den In-halt dieser himmlischen Botschaften mitteilst, wirst du von drei Seiten angegriffen:

- von denjenigen, die zwar an Gott glauben, die sich aber weigern, das Wort Gottes — so, wie es jetzt der Welt gegeben wird — anzuhören;

- von denjenigen, die erklären, die Anführer in der Kirche Meines Sohnes auf Erden zu sein und die sich weigern zuzuhören, weil sie generell keine Prophezeiungen annehmen;

- und dann von denjenigen, die überhaupt nicht an Gott glauben.

Deine Stimme wird weiterhin auf taube Ohren stoßen, aber du darfst dich davon nicht entmutigen lassen.

Alles, was du tun musst, ist, Meinem Sohn in allen Dingen zu gehorchen und alles Seinen Heiligen Händen zu überlassen.

Mit der Zeit werden sie zuhören. Wenn sie das tun, dann werden sich viele Seelen Meinem Sohn mit Liebe und Freude in ihren Herzen zuwenden.

Du darfst bei deinem Reagieren auf die Bitten Meines Sohnes niemals zögern oder zaudern, um sicherzustellen, dass in dieser Zeit jedem in der Welt das Wort Gottes gegeben wird.

Ich bitte alle Kinder Gottes, auf Meinen Ruf zu reagieren, um jetzt eure Treue gegenüber dem Heiligen Wort Meines Sohnes zu zeigen. Er liebt alle Kinder Gottes und möchte jede Seele auf Sein lang erwartetes Zweites Kommen vorbereiten.

Lehnt Ihn nicht ab. Nehmt Seine Hand der Barmherzigkeit an, bevor es zu spät ist.

Eure liebende Mutter

Königin der Erde

Mutter der Erlösung

510. Erlaubt es Mir, euch nach oben, weg von allem Unheil, zu heben, in Sicherheit, weg vom Antichristen.

Dienstag, 31. Juli 2012, 20:00 Uhr

Meine innig geliebte Tochter, höre Mir jetzt zu, da Ich dich darüber in Kenntnis setze, dass Meine Zeit für die Welt fast gekommen ist.

Es bleibt euch nur noch wenig Zeit, weil die Tage der Finsternis schwinden und eine neue Morgendämmerung, ein neuer Anfang anbrechen wird.

Das Vergießen all eurer Tränen der Angst und des Leids ist fast vorüber... denn nur noch wenig Zeit verbleibt, bis das Glorreiche Zeitalter des Friedens entsteht.

Die Erneuerung des Königreichs der Erde wird in Kürze stattfinden, und Meine Regentschaft über alle Kinder Gottes wird den Platz, den Satan bisher innehatte, ersetzen.

Meine Anhänger, eure Verwirrung über die Echtheit des Rufes, den ich jetzt an euch richte, wird verschwinden.

Alles wird so klar werden, wie kristallklares Quellwasser, das aus Meinen Himmlischen Gefilden kommt... und zwar, weil es jetzt hervorströmt, um die Herzen aller Kinder Gottes zu durchtränken.

Das Licht der Wahrheit wird die Welt entflammen — und dies trotz der immer weiter anwachsenden Finsternis, die sich wie eine schwärende Krankheit über jede Ecke der Erde ausgebreitet hat.

Bald wird euch die Wahrheit frei machen, wird all eure Zweifel und eure Ängste vertreiben und sie wird in euch eine Klarheit des Geistes und der Seele bewirken. Dann wird eine von Meinem Heiligen Geist erfüllte, weltweite Bekehrung stattfinden.

Diejenigen, deren Glaube schwach ist, werden erneuert werden, und die Wahrheit einer neuen christlichen Armee wird ins Dasein treten.

Die Hoffnung, die Liebe und das Gebet werden euch aufrecht erhalten, während Ich die Welt hin zum Neuen Erbe führe, das euch so lange versprochen wurde.

An diejenigen von euch, die sich vor Meinen Botschaften fürchten: Haltet euch einfach das Folgende vor Augen:

Die Welt, die euch erwartet, ist ein großes Geschenk für euch und eure Familien. Sie ist ein Paradies, nach dem ihr innig verlangen solltet, da nichts auf der Erde, so wie ihr sie kennt, damit verglichen werden kann.

Wenn ihr Mich liebt, dann vertraut auf meine Gutherzigkeit, auf Meine Liebe und auf Mein Versprechen, euch in das Glorreiche Erbe mitzunehmen, für das ihr geboren worden seid.

Übergebt Mir jetzt all eure Sorgen und Ängste.

Erlaubt es Mir, euch nach oben, weg von allem Unheil, zu heben, in Sicherheit, weg vom Antichristen.

Betet dieses Kreuzzuggebet (71) „Gebet, um uns vor der Verfolgung zu retten"

„ O Jesus, rette Gottes Kinder vor dem Antichristen.

Beschütze uns vor den Plänen, die Erde unter seine Kontrolle zu bringen.

Herr, rette uns vor der Verfolgung.

Schütze dunkle Seelen vor dem Antichristen, damit sie in Deinen Augen gerettet werden können.

Hilf uns in unserer Schwachheit.

Stärke uns im Geist, damit wir uns erheben und gegenseitig leiten, während wir in Deiner Armee zu den Toren des Paradieses marschieren.

Ich brauche Dich, lieber Jesus.

Ich liebe Dich, lieber Jesus.

Ich preise Deine Gegenwart auf Erden.

Ich meide die Finsternis.

Ich bete Dich an und ich übergebe mich Dir mit Leib und Seele, damit Du mir die Wahrheit Deiner Gegenwart offenbaren kannst, damit ich immer und zu jeder Zeit auf Deine Barmherzigkeit vertrauen werde. Amen. "

Geht nun hin und bereitet eure Seelen vor, damit ihr stark bleibt und ihr Mir treu bleibt, während Ich euch zum Ewigen Leben führe.

Euer Jesus

511. Ich bitte alle Kinder Gottes, widmet den Monat August — noch einmal — der Rettung der Seelen.

Mittwoch, 1. August 2012, 16:45 Uhr

Mein Kind, es gehen viele Veränderungen vor sich — von denen viele euch bereits in der Vergangenheit enthüllt worden sind —, die jetzt im Begriff sind, sich in der Welt zu zeigen.

Es wird viel Zerstörung, viele Unruhen und viele Züchtigungen geben, die allesamt durch die Sünden der Menschheit herbeigeführt werden.

Ich bitte alle Kinder Gottes, den Monat August — noch einmal — der Rettung der Seelen zu widmen.

Folgendes müsst ihr tun: Geht jeden Tag zur Heiligen Messe und empfangt die Heilige Eucharistie.

Betet außerdem jeden Tag um 15 Uhr den Barmherzigkeitsrosenkranz.

Diejenigen von euch, die das können, sollten einen Tag in der Woche fasten.

Meine Kinder werden, sobald diese Veränderungen eintreten werden, geschockt sein... aber ihr dürft die Hand Meines Vaters — wenn ihr gegenüber den Lehren Seines geliebten Sohnes, Jesus Christus, treu seid — niemals fürchten.

Bitte bewahrt das Siegel des Lebendigen Gottes in den kommenden Monaten in euren Häusern in eurer Nähe auf; denn viele Dinge werden jetzt eintreten.

Der Leib Meines Sohnes, Jesus Christus, der in Seiner Kirche auf Erden gegenwärtig ist, wird derzeit geschändet und wird schrecklich zu leiden haben.

Viele Pläne, die Kirche Meines Sohnes zu Fall zu bringen, sind bereits im Gange, und sehr bald wird sie zusammenbrechen.

Andere Ereignisse, die vorausgesagt wurden, werden jetzt in Form ökologischer Katastrophen sichtbar werden, da die Hand Meines Vaters strafend auf jene Nationen herabfallen wird, deren sündhafte Gesetze nicht mehr länger geduldet werden.

Betet, betet, betet in dieser Zeit für die Seelen, die während dieser Ereignisse möglicherweise leiden werden.

Nutzt diesen Monat, um für alle Seelen zu beten, die in Kriegen, bei Erdbeben oder bei der bevorstehenden Beichte, nämlich bei der „Warnung", umkommen werden.

Mein Herz ist mit euch Kindern eng verschlungen und wir müssen — gemeinsam — hart daran arbeiten, die Seelen zu retten.

Dadurch dass wir um die Rettung von Seelen beten, führen wir den Heiligen Willen Meines Vaters aus.

Eure geliebte Mutter
Mutter der Erlösung

512. Gott der Vater: Ebenso wie Mein Sohn gekreuzigt wurde, so wird auch Seine Kirche auf Erden gekreuzigt werden.

Donnerstag, 2. August 2012, 22:06 Uhr

Meine liebste Tochter, die Prüfung der Kirche Meines Sohnes auf Erden hat bereits begonnen.

Das Geißeln und die Verfolgung sind im Begriff zu beginnen.

Ebenso wie Mein Sohn gekreuzigt wurde, so wird auch Seine Kirche auf Erden gekreuzigt werden.

Die Prüfung findet jetzt statt.

Mein Sohn wurde gesandt, um die Menschheit vor dem Feuer der Hölle zu retten.

Sein Tod am Kreuz — eine furchtbare, grausame Schreckenstat — wurde von Mir zugelassen, als ein Mittel, um Meinen Kindern eine Zukunft zu bieten.

Der Leib Meines Sohnes wurde Seine Kirche auf Erden. Seine Priester und gottgeweihten Diener nahmen die Stelle Seiner Apostel ein.

Jetzt, da Er noch einmal wiederkommt, um die Menschheit zu retten und um Anspruch auf Meine kostbaren Kinder zu erheben, damit sie in Mein Paradies eingehen können, wird sich die Geschichte wiederholen.

Mein Sohn predigte die Wahrheit, und Er sammelte viele Menschen, die Seinen Lehren folgten und die an Seinem Wort nicht zweifelten.

Dann wurde Er von denjenigen verraten, die Ihm in Seinen eigenen Reihen nahe waren und Ihm ergeben waren.

Seine Kirche, die katholische Kirche, wurde ebenfalls aus ihren eigenen Reihen heraus (wörtlich: innerhalb ihrer eigenen Korridore) verraten.

Die Versuchung durch Satan hat das verursacht ... und ein großes Übel war für den Tod Meines Sohnes verantwortlich.

Betreffend Seiner heutigen Kirche... ihr Sterben begann vor einiger Zeit... so wie es bei Meinem Sohn geschah, haben viele Anhänger, die gegenüber dem Heiligen Wort — das von Mir festgelegt wurde — treu waren, Ihn verlassen.

Dann begann der Prozess, in dem Mein Sohn der Ketzerei angeklagt wurde ... so hat auch die Kirche Meines Sohnes auf Erden das gleiche Schicksal erlitten.

Wegen der Gottlosen unter ihnen, die schwere Verbrechen gegen die Menschheit begingen, haben viele treue Anhänger die Kirche verlassen.

In der Folge ließen sie Meinen Sohn im Stich und verwarfen Seine Lehren.

Die öffentliche Behandlung der Kirche Meines Sohnes auf Erden hat ihre Priester — wenn es darum geht, die Lehren Meines Sohnes zu verteidigen — zum Schweigen gebracht.

Wegen der Sünden in ihren eigenen Reihen fürchten sie, diejenigen (gegen sich) aufzubringen, die Meinen Sohn ablehnen.

Die Kirche Meines Sohnes steht jetzt der größten aller Prüfungen gegenüber, wie es seit der Kreuzigung Meines geliebten Sohnes nicht gesehen wurde.

Seine Kirche wird auf eine unbarmherzige Art und Weise verspottet, nicht nur von ihren äußeren Feinden, sondern auch von ihren Feinden in ihren eigenen Reihen.

Die Dornenkrone wird jetzt auf das Haupt der Kirche Meines Sohnes gelegt werden, und nur wenige ihrer Anhänger werden ihr beistehen.

Genau so, wie die Apostel Meines Sohnes — mit Ausnahme von Johannes — Ihn während Seines Prozesses und Seiner Hinrichtung im Stich ließen, so werden auch diejenigen, die innerhalb des Vatikans hohe Stellungen bekleiden, Meinen Heiligen Stellvertreter im Stich lassen.

Er wird —— als das Haupt der katholischen Kirche — gezwungen werden, unter Schimpf und Schande einen schrecklichen Weg zu gehen, ohne eine eigene Schuld dafür zu tragen.

Während er geschlagen, verspottet und als dumm dargestellt wird, wird nicht er derjenige sein, an dem sie ihre Wut auslassen. Sie wird sich gegen die Wahrheit der Kirche richten, der Christlichen Kirche, die aufgrund des Opfers Meines Sohnes gebildet wurde... auf sie werden sie ihren Hass loslassen.

Das Christentum wird in jedem Winkel, in jeder Nation und an jeder Stätte, an der Gott verehrt wird, gegeißelt werden, bis es schwach vor Erschöpfung ist.

Während es die Straße zum Kalvarienberg hinaufgeführt wird — genau so, wie Mein Sohn dort hinaufgeführt wurde —, wird es festgebunden und mit Seilen festgemacht werden, um es ihm unmöglich zu machen, der Peinigung zu entkommen.

Dann, während es den Hügel erklimmt, wird es den ganzen Weg zum Gipfel mit Steinen beworfen, bespuckt und johlend verhöhnt werden.

Dann wird es ans Kreuz genagelt werden.

Ihm wird von denjenigen, welche die Kirche für ihre Sünden gegen die Unschuldigen verantwortlich machen, nur wenig Mitgefühl gezeigt werden, dann, wenn sie das Haupt der Kirche, Meinen Sohn, verdammen werden.

Die Schuld für die Sünden anderer — die durch die Versuchung Satans verursacht wurden — werden sie Ihm zur Last legen.

Wenn sie die Kirche Meines Sohnes ans Kreuz genagelt haben, werden sie Hunderte Bewacher schicken — so wie die sechshundert Soldaten, die auf dem Kalvarienberg standen —, um sicherzustellen, dass nicht das kleinste Stückchen Fleisch ohne seine Strafe entkommt.

Keinem einzigen Diener Seiner Kirche, der ihr öffentlich seine Treue erklärt, wird erlaubt werden zu flüchten.

Wenn die Kirche gekreuzigt worden ist, werden sie dafür sorgen, dass ihr die Nah-

rung und das Wasser vorenthalten werden, bis zu ihrem letzten Atemzug.

Keiner ihrer Jünger wird — genau so, wie es sich mit den Aposteln Meines Sohnes verhielt — irgendwo zu sehen sein.

Sie werden aus Angst vor Repressalien untertauchen.

Wenn das, was man als ihren letzten Atemzug ansehen wird, geschieht, werden alle still werden, bis der Jubel von denen, welche die Kirche gekreuzigt haben, die ganze Welt mit ihrer falschen Lehre betäuben wird.

Die Stimme des neuen Hauptes der Kirche, des Betrügers, des Falschen Propheten, wird laut erschallen.

Alle werden erleichtert vor Mir, Gott, dem Allerhöchsten, in Dankbarkeit niederfallen; denn dies scheint einen neuen Beginn einzuläuten.

Dann wird die Gegenwart Meines Sohnes nicht mehr die Altäre innerhalb dieser Kirche begnaden; denn das kann nicht sein.

Es wird dann, zu diesem Zeitpunkt, sein, zu welchem Meine Hand der Züchtigung strafend herabfallen wird.

Das ist der Zeitpunkt, an dem die Schlacht von Armageddon beginnen wird.

Das ist der Zeitpunkt, an dem Ich — durch Meinen Sohn — kommen werde, um die Seelen zu retten.

Lehnt diese Prophezeiung nicht ab.

Versteckt euch nicht hinter falschen Sicherheiten; denn dieser Tag muss kommen.

Die Kreuzigung der Kirche Meines Sohnes muss wegen des Letzten Bundes stattfinden.

Aber dann wird die Glorreiche Auferstehung der Kirche, das Neue Jerusalem, alle Tränen und all das Leid wegwischen und dann wird das Neue Zeitalter anbrechen.

Vertraut zu jedem Zeitpunkt auf Meinen Sohn.

Habt niemals Angst; denn Ich bin euer Vater und Ich werde kommen, um die Erde zu erneuern und um alle Meine Kinder zu sammeln ... in diesem letzten Wunder, das im Buch Daniel vorausgesagt wird.

Das Buch der Wahrheit wird euch, Kinder, jetzt — wie versprochen — offenbart.

Nehmt Mein Göttliches Eingreifen an, denn Ich spreche die Wahrheit.

Gott, der Allerhöchste

(*) Daniel 7, 27

Aber die Herrschaft, die Gewalt und die Macht über die Königreiche unter dem ganzen Himmel wird dem heiligen Volk des Allerhöchsten gegeben werden; sein Reich ist ein ewiges Reich, und alle Mächte werden ihm dienen und gehorchen!

513. An die Andersdenkenden in der katholischen Kirche: Entweiht die Gesetze Meiner Kirche ... und ihr werdet bestraft werden.

Freitag, 3. August 2012, 16:45 Uhr

Meine innig geliebte Tochter, die Erde ist im Begriff zu beben, weil sich der Zorn Meines Vaters über jene Nationen ergießen wird, die sich den Geboten Meines Vaters widersetzen.

Es wird kein Erbarmen gezeigt werden, da Seine Geduld bis an die Grenzen geprüft worden ist.

Ihre Sünden schließen Abtreibung, Mord, Gesetze, die dazu dienen, das Christentum zu untergraben, die gleichgeschlechtliche Ehe und die Anbetung falscher Götter mit ein.

Dann gibt es jene Andersdenkenden innerhalb Meiner Kirche, die drohen, Mich abzulehnen.

Wenn sie versuchen, sich von Meiner Kirche zu distanzieren, und versuchen, neue Vorschriften einzuführen unter Missachtung Meines Heiligen Willens, dann lehnen sie Mich ab.

Ich verstoße sie jetzt wegen ihrer Untreue. Ihre Versuche, Vorschriften einzuführen, welche auf der Sünde des Stolzes, der Begierde und weltlicher Zielsetzungen basieren, werden nicht geduldet werden.

Dachten sie, dass es ihnen erlaubt würde, die Kinder Gottes von Meiner Kirche auf Erden weiter zu entfernen ... und der Hand Meines Vaters zu entgehen?

Dachten sie, dass sie über den Geboten Gottes stehen würden?

Sie lieben nicht Gott, sie lieben sich selbst.

Ihnen fehlt es an Demut und Ihre öffentliche Ablehnung der Gesetze der katholischen Kirche empört Mich.

Ihre beschämenden Forderungen, mittels denen sie versuchen, Meine Kirche zu zwingen, Gesetze anzunehmen, die Mich verletzen, bedeuten, dass sie sich selbst in die Finsternis verbannt haben.

Ihre religiösen Gelübde sind bedeutungslos.

Ihr Versprechen, Meine Kirche zu ehren und ihr zu gehorchen, ist gebrochen worden.

Sofern sie nicht bereuen und zu Meinem Leib, zu Meiner Kirche auf Erden zurückkehren, haben sie kein Recht, sich als Diener in Meiner Kirche zu bezeichnen.

Ihr seid gewarnt worden. Ich werde euch in die Einöde verbannen.

Entweiht die Gesetze Meiner Kirche ... und ihr werdet bestraft werden.

Euer Jesus

514. Als die Pharisäer absichtlich Lügner bestachen, um Meine Auferstehung zu leugnen, verweigerten sie Generationen von Juden das Recht auf die Wahrheit.

Samstag, 4. August 2012, 10:35 Uhr

Meine innig geliebte Tochter, die Menschheit muss die Schwachheit der menschlichen Natur begreifen, bevor sie sich wirklich den Armen Gottes anvertrauen kann.

An jene Gläubigen unter euch: Euer Glaube und eure Liebe zu Mir, eurem Erlöser, bereiten Mir große Freude.

Aber wenn ihr sagt, dass ihr Mich liebt, dann bedeutet das eine große Verantwortung.

Vergesst niemals die Schwachheit in eurer Natur, obwohl diese nicht eure eigene Schuld ist, weil ihr mit der Erbsünde geboren worden seid und weil sie bewirken kann, dass ihr dann, wenn ihr es am wenigsten erwartet, sündigt.

Wenn die Seelen jener, die sagen, dass sie Mich lieben, ein Niveau erreicht haben, auf dem sie eine sehr starke Liebe zu Mir fühlen, dann ist das der Zeitpunkt, an dem sie vorsichtig sein müssen. Manchmal führt das dazu, dass sie sich vor Meinen Augen erhöht fühlen, was ja auch wahr ist; denn das sind sie.

Aber dann kommt die Versuchung, die darin besteht, andere in einem Licht zu sehen, das weniger als schmeichelhaft ist,

Sie können dann dazu versucht sein, mit jenen armen Seelen, die sich in der Finsternis befinden oder die verwirrt sind, nicht nur Mitgefühl zu empfinden, sondern auch von oben auf sie herabzusehen.

Manchmal vermitteln ihnen ihr starker Glaube und ihre Kenntnisse der Bibel ein falsches Gefühl der Sicherheit.

Sie glauben, dass sie hinsichtlich der Lehren der Kirche, Meiner Kirche, Meines Leibes auf Erden alles wissen.

Das ist es, was den Pharisäern passierte.

Sie dachten, dass sie alles über die Gebote Gottes, über die Liebe Gottes wissen.

Sie scheiterten daran, die Prophezeiungen über das Kommen des Messias — die so deutlich vorausgesagt worden waren — zu begreifen, Das bedeutete, dass sie den Christus, den Sohn des Lebendigen Gottes, ablehnten, als Er — wie versprochen — kam.

Die Grausamkeit, die sie Mir, Jesus Christus, dem Menschensohn zeigten, stand im völligen Widerspruch zur Liebe, die sie behaupteten, für Gott zu haben.

Wenn sie Gott wirklich geliebt hätten, dann hätten sie niemals irgendein Kind Gottes so behandelt, wie sie es taten.

Ihr Geist war für die Prophezeiungen nicht zugänglich, die der Welt durch die Propheten, welche die Wahrheit öffentlich verkündeten, gegeben wurden.

Die Wahrheit ist, dass alle Prophezeiungen sich verwirklichen werden, so wie es Gott verheißen hat.

Sie lehnten den Messias ab, der versprach, der ganzen Menschheit die zukünftige Erlösung zu ermöglichen.

In der Folge haben die Pharisäer durch ihre Lügen — als sie absichtlich Lügner bestachen, um Meine Auferstehung zu leugnen — Generationen von Juden das Recht auf die Wahrheit vorenthalten.

Mein Tod am Kreuz genügte ihnen nicht. Sie wollten sicher sein, dass danach von Mir, dem Erlöser der Welt, keine Spur mehr existiert.

Sie kehrten dann zurück und führten die Kinder Gottes in einen falschen Glauben, in dem die Wahrheit eine Lüge wurde.

Haltet euch vor Augen, dass sich die Prophezeiungen, die von Gott kommen, immer erfüllen werden.

Mein Zweites Kommen ist jetzt im Begriff, stattzufinden. Dieses Mal werden es die Führer in den christlichen Kirchen sein, die Mich ablehnen werden, so wie das die Pharisäer taten.

Sie werden Mich, Meine Propheten, Mein Volk und jeden, der es wagt, die Wahrheit Meines Kommens zu verbreiten, quälen.

Lehnt Mich dieses Mal nicht ab.

Öffnet eure Herzen.

Hört Mir gut zu, weil Ich euch auf das letzte Kapitel in der Erlösung der Welt vorbereite.

Euer Jesus

515. Wenn ihr an die Existenz Satans glaubt, dann wisst, dass alles, was in der Welt ungerecht und böse ist, von ihm verursacht wird.

Sonntag, 5. August 2012, 17:40 Uhr

Meine innig geliebte Tochter, Mein Aufruf geht an alle, an Jung und Alt, die wegen ihres Glaubens an Gott unsicher sind.

Ich appelliere an diejenigen unter euch, die wirklich an Mich glauben, die aber nicht mit Mir sprechen oder von den Sakramente Gebrauch machen oder die ihre Kirchen nicht besuchen, um Mir Ehre zu erweisen.

Ich liebe euch. Ich werde euch nie verlassen, und euch wird in Kürze ein besonderes Geschenk gegeben werden.

Ihr werdet erfahren, wie es ist, wenn ihr am Tag des Gerichts vor Mir erscheinen werdet. Dann werdet ihr eure Zweifel vergessen.

Viele von euch ehren Mich — trotz eures Mangels an Glauben — auf so viele Arten, aber ihr erkennt das nicht.

Ihr fühlt, in eurem täglichen Leben, Liebe, Anteilnahme und Zuneigung für andere.

Ihr fühlt einen Drang, gegen Ungerechtigkeiten zu kämpfen, und ihr fühlt euch abgestoßen, wenn ihr Zeugen böser Handlungen seid, die von anderen an jenen begangen werden, die im Leben weniger bevorzugt sind als sie selbst.

Ihr zeigt Liebe für andere und kümmert euch um diejenigen, die eure Hilfe benötigen.

Ihr hasst es, andere auszunutzen, und habt ein Gespür für die Bedürfnisse jener, die in diesem Leben leiden.

Ihr fühlt Liebe für eure Familie.

Ihr lacht und seid froh, wenn ihr mit euren Freunden zusammen seid, und ihr fühlt eine enorme Liebe und Freundschaft für diejenigen, die eurem Herzen nahe sind.

Wenn ihr heiratet, fühlt ihr eine überwältigende Liebe zu eurem Gatten. Danach, wenn ihr Kinder habt, dann übertrifft die Liebe, die ihr fühlt, alles, was ihr euch jemals hättet vorstellen können.

Ihr vergießt Tränen der Reue, falls und wenn ihr jemanden verletzt. Ihr verzeiht anderen, wenn sie euch verletzen, euch beleidigen oder euch Schaden zufügen.

Woher, meint ihr, kommen diese Liebe und diese Gefühle? Wisst ihr nicht, dass sie nur von Gott kommen können?

Liebe ist schwer zu erklären, schwer zu analysieren und sie kann niemals wissenschaftlich bewiesen werden; denn sie ist eine Gabe von Gott.

Der Hass hingegen kommt von der dunklen Seite.

Satan mag vielen Menschen nicht als real erscheinen, aber er existiert.

Viele von euch glauben nicht an das Böse oder an die Existenz von bösen Geistern; denn diese achten sorgfältig darauf, sich nicht selbst zu erkennen zu geben.

Wenn ihr an die Existenz Satans glaubt, dann wisst, dass alles, was in der Welt ungerecht und böse ist, von ihm verursacht wird.

Er ist der König der Lügen und er hat die Macht, euch für die Wahrheit über eure Existenz blind zu machen.

Wegen eurer Blindheit ist Meine Barmherzigkeit jetzt im Begriff, die Welt zu bedecken, um euch zu beweisen, dass Ich existiere.

Seid auf diesen Tag vorbereitet; denn es wird bald geschehen.

Wenn euch die Zeichen am Himmel gezeigt werden und wenn ihr Zeugen von der Kollision, dem Lärm und dem Schwanken des Bodens werdet, dann wisst, dass Ich gekommen bin, um euch aufzuwecken.

Wenn das geschieht, dann bitte Ich euch, dass ihr euch Mir dann zuwendet; denn Ich will euch mit Meiner Liebe erfüllen, damit Ich Liebe und Freude in eure Herzen bringen kann.

Wenn Meine Barmherzigkeit über euch kommt, dann werdet ihr endlich Frieden fühlen.

Ich liebe euch und Ich werde euch niemals im Stich lassen.

Ich erwarte eure Antwort, wenn dieser große Tag kommt.

Euer Jesus

516. Wenn solche Seelen Mein Heiliges Wort mit einer derartigen Bosheit angreifen, ist das ein Zeichen der Bestätigung durch Satan, dass diese Botschaften authentisch sind.

Montag, 6. August 2012, 18:06 Uhr

Meine innig geliebte Tochter, es gibt viele Meiner ergebenen Anhänger, die eine Kampagne planen, um diese Mission zu zerstören.

Zu denjenigen, die glauben, dass es die Nichtchristen und die Atheisten sein werden, die Mein Wort in diesen Botschaften verurteilen werden, ihr sollt das Folgende wissen:

Es werden diejenigen sein, die offen ihren Glauben an Mich, ihren Jesus, verkünden, die Mich am meisten verletzen werden.

Sie werden durch die Täuschung des Königs der Lügen eingenebelt, der viele gefallene Engel zu solchen Seelen gesandt hat. Nicht zufrieden damit, Meine Heiligen Botschaften nur abzuleugnen, werden sie sich daranmachen, unter Meinen Priestern soviel Unterstützung zu sammeln, wie sie können, um zu versuchen, diese Mission zu sabotieren.

Solche Seelen halten niemals inne, um sich zu fragen, warum sie das tun. Oder warum fühlen sie einen solchen Hass auf dich, Meine Tochter? Oder warum stört sie Mein Heiliges Wort so sehr?

Wenn solche Seelen Mein Heiliges Wort mit einer derartigen Bosheit angreifen, ist das ein Zeichen der Bestätigung durch Satan, dass diese Botschaften authentisch sind.

Denn wenn ein derartig starker Widerstand gezeigt wird und wenn gottgeweihte Menschen dazu provoziert werden, Göttliche Botschaften wie diese anzugreifen, dann könnt ihr sicher sein, dass sie von Gott kommen.

Wenn sie Mein Wort ablehnen, tut Mir das in der Seele weh, so dass Ich vor Traurigkeit weine, wenn sie Mich nicht erkennen. Aber das ist okay. Mit der Zeit werden sie die Wahrheit wissen.

Wenn sie sich aber daran machen, Seelen absichtlich von Meiner Barmherzigkeit fortzutreiben, dann verletzen sie Mich außerordentlich.

Wenn sie dafür Verantwortung tragen, dass Seelen die Rettung verweigert wird, dann werden sie dafür bestraft werden.

Ihre Strafe wird eine Strafe des Elends sein, wenn sie versuchen, ihre Handlungen zu verteidigen, sei es auch nur wegen einer verlorenen Seele.

Ihre Handlungen können dazu führen, dass eine Seele, die sich sonst bekehrt hätte, möglicherweise die letzte Verfolgung im Feuer der Hölle erleidet.

Wenn sie versuchen, das Wort Gottes zu sabotieren, dann geschieht es, dass ihre früheren, guten Werke wertlos gemacht werden. Denn wozu sind diese dann noch gut, wenn sie solche wertvollen Werke mit Taten des Hasses für Gott zunichte machen?

Ich sage ihnen: Der Tag, an dem ihr vor Mir erscheint, um euch für solche — in eurem Geist das Schlechte wollende — Handlungen zu verantworten, wird für euch sehr hart sein.

Ihr werdet nicht nur für euch selbst Rede und Antwort stehen müssen, sondern ihr werdet euch auch wegen der Lügen verantworten müssen, die ihr an andere über Mich, über Mein Heiliges Wort, weiterverbreitet.

Ist es eure Furcht vor Meinem Heiligen Wort, die euch zu solcher Boshaftigkeit treibt? Furcht kommt von Satan. Hochmut kommt auch von Satan. Wisst ihr nicht, dass genau deshalb, weil ihr glaubt, dass ihr über Meine Heilige Schrift so gut Bescheid wisst, dies euch dazu veranlasst, davon auszugehen, dass ihr mehr wisst als es eigentlich der Fall ist?

Ihr kritisiert Mein Heiliges Wort, genauso wie die Pharisäer es taten. Dadurch dass ihr das tut, erklärt ihr, dass ihr mehr über die Wahrheit wisst als Gott.

Haltet euch vor Augen, dass ihr — je mehr ihr Lügen über Mein Heiliges Wort verbreitet — ihr desto mehr gegen das Wort Gottes sündigt.

Diese Sünde gegen die Prophetin des Herrn ist eine von denen, die von Meinem Vater am meisten missbilligt werden.

Alle diejenigen, die gegen die Propheten des Herrn gesündigt haben, wurden bestraft. Denn wenn sie versuchen, das Wort Gottes aufzuhalten, das der Welt gegeben wird, um Seelen zu retten, dann verhindern sie die Rettung von Seelen.

Dafür werden sie niedergestreckt werden; denn nichts wird verhindern, dass das Wort Gottes an Seine kostbaren Kinder übermittelt wird.

Euer Jesus

Siehe hierzu auch die Botschaft:

454. Satan plant, den Geist einiger Meiner auserwählten Seelen im Hinblick auf diese Mission zu vergiften Dienstag, 5. Juni 2012, 22:00 Uhr

517. Dies ist Meine letzte Mission auf Erden, durch die der Welt Botschaften der Heiligsten Dreifaltigkeit gegeben werden.

Dienstag, 7. August 2012, 15:50 Uhr

Meine innig geliebte Tochter, Meine Liebe zu dir ist ebenso stark, wie sie innig ist, obwohl es dir in dieser Zeit nicht so vorkommt.

Es ist notwendig, dass du mehr Zeit in Meiner Gesellschaft verbringst; denn nur, indem du das tust, wirst du in dieser Mission Frieden finden.

Meine Gnaden erfüllen jetzt deine Seele, damit du Meine Botschaften der Welt in der schnellstmöglichen Zeit mitteilen kannst.

Wie müde bin Ich doch und wie allein in Meinem Herzen, gerade jetzt, Meine Tochter.

Ich mache Mir Sorgen um jene unschuldigen Seelen, die keine Kenntnis von Meiner Existenz haben. Sie sind im Herzen gut und in der Art und Weise, wie sie andere behandeln, Christen, doch sie glauben nicht an Meine Existenz.

Ich sehe jeden Tag dabei zu, wie sie ihr tägliches Leben leben, ohne Glauben an die Existenz Gottes oder an ihr zukünftiges Leben im Neuen Paradies.

Bitte helft Mir, ihnen zu sagen, dass Ich sie liebe.

Verbreitet Mein Wort, und Ich werde in ihren Seelen ein Gefühl des Erkennens auslösen.

Es macht nichts, wenn sie dich, Meine Tochter, oder euch, Meine geliebten Anhänger, zurückweisen... denn alles, was erforderlich ist, ist es ihnen zu ermöglichen, Meine Botschaften zu lesen.

Ich werde ihnen den Heiligen Geist senden, damit ein Funke — wenn auch nur ein winziger — eine Flamme Meiner Liebe in ihren Seelen entzünden wird.

Dies ist Meine letzte Mission auf Erden, durch die der Welt Botschaften der Heiligsten Dreifaltigkeit gegeben werden.

Der Heilige Geist ist in diesen Worten Göttlichen Ursprungs gegenwärtig. Sie sind eure Speise zur Ernährung eurer Seelen, um euch zu helfen, euch für die Schlacht vorzubereiten.

Hört auf das Heilige Wort Gottes. Nehmt es an, gebt es weiter und vereinigt alle Kinder Gottes, die zum Kampf bereit sind.

Bringt all eure Brüder und Schwestern, besonders diejenigen, die Mühe haben, an Gott zu glauben, hin zu Meiner Großen Barmherzigkeit.

Mein Herz springt vor Liebe zu ihnen. Sie, jeder Einzelne von ihnen, sind Gottes Kinder.

Ich brauche ihre Seelen, damit Ich mich um ihre Zukunft kümmern kann, damit sie das ewiges Leben und das Glück haben werden.

Ich kann es nicht ertragen, daran zu denken, was mit ihnen geschehen wird, wenn Ich sie nicht retten kann.

Meine Tochter, obwohl Meine Göttliche Barmherzigkeit den Großteil der Menschheit retten wird, brauche Ich dich und Meine Anhänger, Meine gottgeweihten Diener und gewöhnliche Menschen, um das Netz auszubreiten und um all jene armen, unglücklichen und verwirrten Menschen, die die Liebe Gottes brauchen, zu finden.

Breitet das Netz Meiner Liebe — wie die Fischer — in großer Breite und Länge aus und ganz besonders an den Orten, wo Gott völlig abgelehnt, verachtet und gehasst wird.

Dann geht und findet die kostbaren jungen Kinder Gottes, die überhaupt nichts über das Christentum wissen, doch in sogenannten christlichen Ländern leben.

Geht bis nach Russland, bis nach China und in die Länder, wo Gott nicht verehrt wird, und zieht aus und sammelt die Seelen.

Nährt sie mit Meinen Botschaften. Es ist nicht wichtig, auf welche Art und Weise ihr mit ihnen kommuniziert, aber tut es so, dass nicht der Eindruck erweckt wird, als ob ihr eine Predigt halten würdet.

Lockt sie durch das an, was sie möglicherweise interessiert. Verwendet jede Art moderner Kommunikationsmittel, um das zu bewerkstelligen. Ich brauche sie schnell. Ich verlasse Mich auf das Verbreiten Meines Wortes durch alle Meine Anhänger.

Ich werde euch führen.

Ihr werdet in euren Herzen wissen, was zu tun ist. Bittet Mich, euch zu helfen, und zwar mit diesem besonderen Kreuzzuggebet, um euch stark zu machen.

Kreuzzuggebet (72) „Das Gebet des Jüngers"

„Lieber Jesus, ich bin bereit, Dein Heiliges Wort zu verbreiten.

Gib mir den Mut, die Kraft und das Wissen, um die Wahrheit zu vermitteln, damit möglichst viele Seelen zu Dir gebracht werden können.

Nimm mich auf in Dein Heiligstes Herz und bedecke mich mit Deinem kostbaren Blut, damit ich mit den Gnaden erfüllt werde, um in jedem Winkel der Welt Bekehrung zu verbreiten, um alle Kinder Gottes — unabhängig von ihrem Glaubensbekenntnis — zu retten.

Ich vertraue immer auf Dich.

Dein geliebter Jünger.

Amen."

Euer Jesus

518. Dadurch, dass ihr erklärt, dass die Stimme des Heiligen Geistes böse sei, seid ihr einer Gotteslästerung von derart großen Ausmaßen schuldig, dass dies als eine Sünde gilt, die nicht vergeben werden kann.

Mittwoch, 8. August 2012, 23:20 Uhr

Meine innig geliebte Tochter, wenn die Menschen fragen, was Ich durch das Wort Gottes sagen will, dann lass es Mich erklären:

Das Wort Gottes, wie es in der Bibel enthalten ist, sowohl im Alten als auch im Neuen Testament, das Wort Gottes, die Wahrheit, wird der Welt aufgrund dieser Botschaften als ein Geschenk des Heiligen Geistes gegeben.

Diese Botschaften werden durch die Heiligste Dreifaltigkeit dargeboten und sind die einzigen ihrer Art, die jemals durch einen Propheten an die Menschheit übermittelt wurden.

Der Grund dafür ist, dass dies die letzte Mission ist, die letzte Form der Göttlichen Kommunikation und des Göttlichen Eingreifens, die der Welt — aufgrund Meines Zweiten Kommens — dargeboten wird.

Stellt euch niemals der Kraft des Heiligen Geistes in den Weg; denn das ist eine sehr schwere Sünde.

In diesen Botschaften wird die Stimme des Heiligen Geistes ausgegossen, um die Menschheit vor der ewigen Verdammnis zu retten.

Ihr könnt Mich, euren Jesus, oder die Göttlichen Botschaften, die durch Meine geliebte Mutter gegeben werden, ablehnen, und euch wird vergeben werden.

Denn ihr alle habt wegen des euch gegebenen freien Willens das Recht, solche Heiligen Botschaften zu beurteilen.

Aber wenn ihr den Heiligen Geist zurückweist und öffentlich gegen ihn lästert, ist dies eine ewige Sünde, und nur ein von Gott dem Vater gebilligtes Wunder kann eure Seele noch retten.

Ihr müsst schweigen, wenn ihr über irgendeine Göttliche Botschaft, die der Welt gegeben wird, Zweifel habt, und ihr müsst für den Seher beten. Betet und folgt eurem Glauben und fahrt damit fort, auf eure Art und Weise Gott zu ehren. Es ist sehr wichtig, dass ihr das tut.

Dadurch dass ihr erklärt, dass die Stimme des Heiligen Geistes böse sei, seid ihr einer Gotteslästerung von derart großen Ausmaßen schuldig, dass dies als eine Sünde gilt, die nicht vergeben werden kann. (Matthäus 12, 31-32)

Ihr müsst Gott jetzt darum bitten, euch zu verzeihen; denn solltet ihr damit fortfahren, absichtliche Kampagnen in Gang zu bringen, die den Zweck haben, die Stimme des Heiligen Geistes, die Stimme der Heiligsten Dreifaltigkeit zu blockieren, und die erklären, dass sie ein böser Geist sei, wird euch nicht vergeben werden und kann euch auch nicht vergeben werden; denn das ist eine sehr schwere Sünde.

Viele gutmeinende Christen reißen dieses Werk auseinander. Die Botschaften, sagen sie, stimmen nicht mit der Heiligen Schrift überein.

Wenn sie das sagen, kennen sie die Wahrheit nicht, die in der Heiligen Bibel enthalten ist.

Entweder greifen sie diese Botschaften aufgrund der Beeinflussung (wörtlich: des Hörensagens) durch andere an, die behaupten, die Wahrheit zu kennen, oder aber sie erklären aufgrund ihrer fehlerhaften Interpretation der Wahrheit, dass sie unwahr sind.

Was noch schlimmer ist: Sie verdrehen die Wahrheit und vergleichen diese Botschaften mit neuen und grotesken Interpretationen der Heiligen Bibel.

Hört Mir, eurem Jesus, jetzt zu, wenn Ich euch das Folgende sage:

Die Hohepriester zu Meiner Zeit auf Erden versuchten, die in den Geboten Gottes enthaltene Wahrheit zu verdrehen, um ihre Ablehnung Meiner Person zu rechtfertigen.

Sie verwendeten Lügen, um die Menschen daran zu hindern, auf Meine Stimme zu hören.

Sie erklärten, dass Ich ein Lügner sei, ein falscher Prophet, und sie beschuldigten Mich der Häresie.

Ich würde gegen die Gesetze der Religion (wörtlich: church = Kirche) lästern, sagten sie, und Ich würde den Sabbat verletzen, dadurch dass Ich das Paschamahl an einem anderen Tag durchführte, als an demjenigen, den sie für den richtigen hielten.

Sie verstanden Mich nicht nur falsch, sie lehnten Mich auch offen und ganz und gar ab, weil sie nicht darauf vorbereitet waren, den Wahren Messias zu diesem Zeitpunkt willkommen zu heißen.

Sie waren dazu nicht bereit.

Sie dachten niemals an die Möglichkeit, dass sie zu ihren Lebzeiten die Ankunft des wahren Messias miterleben würden.

Sie waren so sehr eingebunden in ihre Zeremonien und in ihre hierarchischen Bestimmungen — welche zur damaligen Zeit ihre Anführer verherrlichten und sie als die wahren Könige ihrer Religion (wörtlich: church = Kirche) auf Podeste setzten —, dass sie in ihren Herzen keinen Platz für Mich, den Erlöser der Menschheit, hatten.

Das Gleiche wird erneut geschehen, während Ich die Welt auf Mein Zweites Kommen vorbereite.

Die Pharisäer konnten nicht die Wichtigkeit der Demut verstehen.

Sie konnten nicht akzeptieren, wie Gott die Dinge angeht, nämlich so, dass Er nicht die mächtigen oder die erfahrensten religiösen Führer in Seiner Religion (wörtlich: church = Kirche) auserkor, um Seine Pläne zu enthüllen oder Seine Kinder zu warnen.

Gott erwählte die Einfältigen (wörtlich: die Unwissenden), die Demütigen und diejenigen, die großherzig waren, um Seine Warnungen an die Menschheit zu übermitteln.

Er erhob die Schwachen und erhöhte sie durch das Leiden, damit sie im Herzen rein werden, damit Er regeln kann, wie Er mit ihnen kommuniziert. Durch diese Vorgehensweise ist es unwahrscheinlich, dass der menschliche Stolz — seitens des Propheten — die Wahrheit beeinträchtigt.

Sie lehnten Johannes den Täufer ab und ermordeten ihn. Sie ermordeten die Propheten aus alter Zeit. Sie quälten die auserwählten Seelen, durch welche Gott sich mitteilte.

Denkt ihr etwa, dass es heutzutage in eurer Welt in irgendeiner Weise anders sein wird?

Werdet ihr, Meine hingebungsvollen Anhänger und diejenigen, die behaupten, Experten zu sein in Meinen christlichen Kirchen oder in anderen Kirchen, und die behaupten, an Meinen Ewigen Vater zu glauben, werdet ihr das Wort Gottes heute annehmen?

Nein. Ihr werdet die Propheten, die wahren Propheten, genau so behandeln, wie sie von Anfang an behandelt worden sind. Ihr werdet sie im Namen Meines Vaters verleumden.

Aber haltet euch Folgendes vor Augen: Wenn euch die Wahrheit letztendlich offenbart wird, dann wird es kein Zurück mehr geben, falls ihr der einen ewigen Sünde für schuldig befunden werdet. Das heißt, falls ihr gegen den Heiligen Geist lästert.

Wenn ihr gegen Mich, Jesus Christus, lästert, wird euch vergeben werden.

Wenn ihr das Geschenk der Prophetie ablehnt, wird euch auch vergeben werden.

Aber wenn ihr den letzten Plan der Rettung blockiert, indem ihr euch offen lustig macht und die Gläubigen Meiner Kirche zu dem Zweck versammelt, um immer wieder zu verkünden, dass die Stimme des Heiligen Geistes falsch und böse sei, werdet ihr die ewige Verdammnis erleiden.

Euer Jesus

(*) Mathäus 12, 31-32

Darum sage ich euch: Jede Sünde und Lästerung wird den Menschen vergeben, aber die Lästerung wider den Geist wird nicht vergeben werden. Wer ein Wort redet wider den Menschensohn, dem wird vergeben werden, wer aber wider den Heiligen Geist redet, dem wird weder in dieser noch in der künftigen Welt vergeben werden.

519. Weißt du nicht, dass du ohne Mich nichts bist? Ohne Mich bist du ein leeres Gefäß, das durch nichts zufriedengestellt werden kann.

Freitag, 10. August 2012, 12: 45 Uhr

Meine innig geliebte Tochter, wisse, dass du, wenn du das Gebet zu Mir, Deinem Göttlichen Jesus, zurückstellst, schwach wirst und dich von Mir entfernst.

Du darfst niemals das Gebet zurückstellen oder die Zeit hinauszögern, die du Mir jeden Tag widmen musst.

Wenn du das Gebet hinausschiebst, lenkt dich der Teufel ab und füllt deinen Geist mit weltlichen Angelegenheiten, die keinen wahren Wert haben.

Dann wirst du eine Leere fühlen, und ein Ringen, das in deiner Seele vor sich geht, wird offensichtlich sein.

Weißt du nicht, dass du ohne Mich nichts bist? Ein leeres Gefäß, das durch nichts zufriedengestellt werden kann, egal wie mächtig dir die Verlockung materieller Wunder vorkommt.

Wenn Ich eine Seele erhebe, verbindet sie sich mit Meinem Heiligsten Herzen.

Um aber mit Mir fest verbunden zu bleiben, muss die Seele mit Mir kommunizieren und ständig ihre Liebe erklären und Dank sagen. Sonst kann sie von Mir getrennt werden, gerade so, wie ein Baby bei der Geburt von seiner Mutter getrennt ist, wenn die Nabelschnur durchtrennt wird.

Wende Deine Augen nicht eine Minute von Mir ab; denn der Teufel wartet darauf.

Dann — in dem Moment, in dem du es am wenigsten erwartest — holt er zum entscheidenden Schlag aus und schnappt dich weg.

Er benutzt die Sinne, um zu verführen, und benutzt andere Seelen, um seine Opfer zu quälen. Er hat es besonders auf Meine Soldaten abgesehen, und sie leiden am meisten.

Meine Tochter, als du mit Meinem Werk beschäftigt warst, wandtest du deine Augen von Mir ab, und dies bewirkte, dass du littest. Du verlorst die Orientierung und kamst durcheinander. Deine Unruhe nahm zu, da jede Störung, die vom Teufel verursacht wurde, es mit sich brachte, dass du deine festgesetzte Zeit mit Mir, deinem Jesus, verschobst.

Wenn das geschieht, musst du zur Beichte gehen, Meinen Leib empfangen und Zeit im Gebet verbringen.

Du darfst niemals vergessen, den Heiligen Rosenkranz Meiner geliebten Mutter zu beten; denn er bietet einen Ring des Schutzes gegen Satan.

Gehe jetzt. Komme heute im Gebet zu Mir. Dann — während deines Tages — sprich mit Mir wie mit einem Freund, und lass Mich an all deinen Anliegen teilhaben. Dann übergib sie Mir und überlass Mir all deine Sorgen.

Dein Jesus

520. Die Regenfälle, die Überschwemmungen und die Vernichtung von Ernten, die allesamt kommen werden, werden die Folge einer Züchtigung des Himmels sein.

Samstag, 11. August 2012, 20:10 Uhr

Meine innig geliebte Tochter, die Regenfälle, die überall auf die Welt niederfallen werden, verkörpern die Flut der Tränen, die von Meinen Augen herabfallen, wenn Ich sehe, dass die Kinder Gottes so weit weg vom Weg der ewigen Erlösung abirren.

Die Regenfälle, die Überschwemmungen und die Vernichtung von Ernten, die allesamt kommen werden, werden die Folge einer Züchtigung des Himmels sein.

Die Täler der Tränen werden plötzlich überall entstehen, und man wird den Klimawandel und die Erderwärmung dafür verantwortlich machen. Aber es liegt nicht daran.

So viele Menschen in der Welt glauben nicht an Gott. Sie ehren Mich, Seinen geliebten Sohn, nicht. Stattdessen sind sie von einer zwanghaften Leidenschaft für falsche Götter erfüllt.

Was meine Ich damit?

Diese Menschen schaffen sich Helden und Idole in der Welt des Fernsehens, der Mode, der Musik und des Sports.

Sie erhöhen diese dann zu menschlichen Göttern und huldigen ihnen.

Sie vergöttern sie dann auf eine Art und Weise, die nicht nur ihnen selbst schadet, sondern auch der Person, die sie erhöht haben.

Sie glauben, dass diese Idole heilig sind, und sie tun alles, was sie können, um ihren Lebensstil, ihre Weise, sich zu kleiden, ihre

Persönlichkeit und sogar ihr körperliches Erscheinungsbild zu kopieren.

Dies alles läuft auf eine Art von heidnischem Kult hinaus.

All dieses ist vorausgesagt worden, Meine Tochter.

Die Welt wird falsche Götter anbeten.

Diese Menschen sind voller Liebe für ihre Körper und für sich selbst und sie haben in ihren verhärteten Herzen nur wenig Barmherzigkeit oder Liebe für ihren Nächsten.

Ihre Herzen sind zu Stein geworden.

Sie lieben Gott nicht. Stattdessen sind sie unter den Bann Satans geraten, der diese Überzeugungen und diese Gedanken in ihren Geist gelegt hat.

Es gibt keine Achtung vor dem menschlichen Körper.

Der Körper ist von Gott geschaffen worden und als solcher ist er als ein Tempel gedacht, in dem die Gegenwart Gottes wohnen sollte.

Wenn Satan die Menschheit verführt, dann konzentriert er sich auf den Körper und auf das Vergnügen, das der Mensch durch die Sinne anstrebt.

Das ist der Grund, warum der Mensch jetzt seinen eigenen Körper dermaßen liebt und ihn auf einen Sockel stellt.

Niemals zufrieden mit der Art und Weise, wie der Körper von Gott gemacht worden ist, bemüht er sich ständig, den menschlichen Körper zu vervollkommnen, zu verändern und zu korrigieren, um ihn seiner Interpretation der Vollkommenheit anzupassen.

Die Art und Weise, auf welche insbesondere die Frauen ihren Körper verändern und ihn der Welt auf eine unmoralische Art und Weise präsentieren, ekelt Mich an.

Jene Frauen, die keine Scham dabei empfinden, wenn sie ihren Körper zur Schau stellen, begehen eine Sünde, doch sie erkennen das möglicherweise nicht. Sie denken, dass es akzeptabel ist, den Körper, mit dem sie geboren wurden, zu missbrauchen und sich auf eine Art und Weise, welche die Ursache von Sünde sein kann, zur Schau zu stellen.

Ihre Eigenliebe ist eine der größten Sünden, die aus dem Stolz resultiert. Sie überzeugen dann junge Mädchen, dass es akzeptabel ist, ihre Körper auf diese Weise öffentlich zu präsentieren.

So viele Sünden des Fleisches werden in der Welt zur Schau gestellt und gelten als akzeptabel.

Doch sie sind nach dem Tod alle strafwürdig. Es werden nicht nur Sünden begangen, sondern sie werden auch so dargestellt, als ob sie etwas Gutes seien.

Ehebruch ist heute annehmbar und findet Zuspruch.

Ein Mord erschüttert die Menschen nicht mehr, und es gibt keine Achtung mehr vor dem menschlichen Leben.

Die sexuelle Unmoral ist zügellos und wird gerechtfertigt.

Die Tage solch sündigen Verhaltens nähern sich ihrem Ende.

Solange, bis die Menschheit akzeptiert, dass Sünde immer Sünde sein wird, verwirkt sie das Recht, in die Tore des Paradieses einzugehen.

Für jede Sünde, deren ihr schuldig seid, wird der Körperteil, der verwendet wurde, als ihr die Sünde begangen habt, im Fegefeuer brennen und gereinigt werden.

Wenn ihr euch in der Todsünde befindet, werdet ihr in alle Ewigkeit die Qual des Feuers durch denjenigen Teil eures Körpers hindurch fühlen, der benutzt wurde, um die Sünde zu begehen. Diese Qual wird kein Ende haben.

Warum, warum hören sie nicht auf ihr Herz. So viele Menschen wissen, dass das, was sie tun, falsch ist, aber sie sündigen trotzdem weiter, weil das in den Augen der Welt akzeptiert wird.

Die Unterhaltungs- und die Medienindustrie haben eine falsche Akzeptanz eines solchen Verhaltens geschaffen, so dass viele unschuldige Seelen durch Lügen verdorben worden sind.

Nur die Wahrheit kann sie jetzt noch retten. Ihnen wird das Buch der Wahrheit gegeben, aber werden sie hören? Satan und seine gefallenen Engel werden alles tun, um sicherzustellen, dass sie nicht hören.

Nur dann, wenn die Züchtigungen aus dem Himmel herab gezeigt werden, nur dann werden sie ihre leeren, nutzlosen und widerlichen Gewohnheiten ablegen müssen. Dann werden sie so sehr mit dem Versuch, zu überleben und Brot in ihre Münder zu stecken, beschäftigt sein.

Auf dieser Erde kann die Menschheit bedauerlicherweise nur durch solche Züchtigungen gereinigt werden.

Indem ihnen noch zu ihren Lebzeiten das Geschenk der Reinigung gegeben wird, wird ihnen eine Chance gegeben, den Feuerseen zu entgehen.

Euer geliebter Erlöser
Jesus Christus

521. Der Antichrist wird behaupten, dass er Ich, Jesus Christus, sei.

Sonntag, 12. August 2012, 18:00 Uhr

Meine innig geliebte Tochter, wisse, dass genau so, wie Ich dich anleite, die Menschheit auf die Rettung, die ihr rechtmäßig zusteht, vorzubereiten, so bereitet auch der Teufel die Seelen vor.

Er bereitet falsche Propheten vor, um Gottes Kinder zu täuschen, damit sie den Antichristen als ihren Jesus akzeptieren werden.

Diese Boshaftigkeit ist für dich schwer zu begreifen, aber mit der Gabe der Seelenschau, die Ich dir gegeben habe, wirst du sofort wissen, wer diese falschen Propheten sind.

Sie werden immer dich, Meine Tochter, ins Visier nehmen, auf die hinterhältigsten Weisen; denn du wirst ihr Gegner Nummer eins sein. Doch ihre Lügen — abgefasst in Worten, die den Eindruck machen werden, den Heiligen Worten Gottes ähnlich zu sein — verbergen in sich die größte aller Lügen.

Sie werden erklären, dass der falsche Prophet der wahre Papst sein wird.

Sie werden — am Anfang fast unmerklich — erklären, dass der Antichrist Christus, der König, sein wird.

Wenn sie arme Seelen zu der Annahme verführen, dass ihre Botschaften von Gott kommen, dann werden solche Seelen keine neuen Erkenntnisse gewinnen.

Ich muss alle Kinder Gottes warnen. Ich werde beim zweiten Mal auf keinen Fall im Fleisch kommen.

Ich werde in der Welt nicht als ein Führer erscheinen. Auch werde Ich — dieses Mal — keine Wunder vollbringen, um euch zu beweisen, wer Ich bin, außer dem Wunder der „Warnung" und dem Wunder am Himmel, das man einige Zeit, nachdem die „Warnung" stattgefunden hat, sehen wird.

Der Antichrist wird behaupten, dass er Ich, Jesus Christus, sei. Diese Scheußlichkeit ist vorausgesagt worden.

Wem man glauben soll, Kinder, ist nicht einfach zu erkennen; denn viele werden in Meinem Namen kommen. Aber ihr sollt Folgendes wissen:

Der Teufel wird euch — durch seine falschen Propheten — niemals sagen, dass ihr zum Heiligen Geist beten sollt oder das Sakrament der Heiligen Eucharistie empfangen sollt.

Er wird niemals zugeben, dass Ich, Jesus, der Menschensohn, als der Messias im Fleisch kam, um die Menschen von der Sünde loszukaufen.

Er wird euch niemals darum bitten oder euch dazu ermuntern, den Heiligen Rosenkranz zu beten oder Meiner geliebten Mutter Treue zu zeigen.

Seid auf der Hut. Bleibt wachsam und folgt nur Meinen Anweisungen.

Der Teufel versucht, unter Meinen Anhängern eine Armee zu bilden. Obwohl seine andere Armee auf Erden gut ausgerüstet ist, nimmt er jetzt diejenigen ins Visier, die an Mich, ihren Jesus, glauben, weil er seine bösen Taten hinter heiligen Menschen verbergen will.

Er wird ihre Liebe zu Mir als einen Schild verwenden, um die Lügen zu verbergen, die er beabsichtigt, der Welt zuzufügen.

Vertraut auf Meine Worte und geht nicht von der Wahrheit ab, wie sie euch in dieser Zeit durch diese Meine Heiligen Botschaften an die Welt gegeben wird.

Euer Jesus

522. Jungfrau Maria: Mein Kind, bald werden viele der Propheten, Visionäre und Seher auf der Welt keine Botschaften mehr erhalten.

Montag, 13. August 2012, 19:45 Uhr

Mein Kind, bald werden viele der Propheten, Visionäre und Seher auf der Welt keine Botschaften mehr erhalten, um für diese wichtigsten Botschaften den Weg frei zu machen.

Vieles von Meiner Arbeit durch Visionäre wird bald aufhören, um Raum zu lassen für die Stimme des Heiligen Geistes, die dir, der Endzeitprophetin, gegeben wird.

Viele falsche Propheten, die nach vorne getreten sind, werden weiterhin so laut rufen, wie es ihre Stimmen zulassen... und diese werden die einzigen anderen Stimmen sein, die mit diesen wahren Letzten Botschaften vom Himmel um die Aufmerksamkeit konkurrieren.

Hab keine Angst, Mein Kind; denn du und diese Mission werden beschützt.

Nicht nur du alleine arbeitest für diese Mission. Der ganze Himmel und alle Engel und Heiligen arbeiten mit dir. Darum darfst du dich niemals allein fühlen, selbst dann nicht, wenn du leidest.

Du wirst jeden Tag von den Feinden Gottes behindert.

Es sind Pläne im Gange gewesen, um die Veröffentlichung des Buches der Wahrheit zu durchkreuzen, aber diese Verfolgung ist fast an ihrem Ende angelangt.

Bleibe jederzeit nahe bei Mir, bei deiner Mutter, damit Ich Meinen Heiligen Mantel um dich legen kann, um dich vor dem Teufel zu beschützen.

Du wirst stärker und tapferer, doch du fühlst dich müde. Das wird vorübergehen, und die Welt wird das Buch der Wahrheit begrüßen, das ihr so lange versprochen wurde.

Gehe jetzt und danke Gott für diese große Mission.

Der ganze Himmel segnet dich.

Wir halten jeden Tag deine Hand und all die Heiligen beschützen dich.

Die Schlacht beginnt in dem Augenblick, in dem das erste Buch verkauft worden ist. Sie wird sich überall auf der Welt ausbreiten, daher musst du dich entsprechend vorbereiten.

Rufe um Hilfe und du wirst sie erhalten.

Gehe hin in Frieden und in Liebe.

Deine geliebte Mutter
Mutter der Erlösung

523. Dies ist Mein Buch. Mein Wort. Mein Versprechen.

Mittwoch, 15. August 2012 (Fest Mariä Himmelfahrt), 1:00 Uhr

Meine innig geliebte Tochter, Ich spreche mit dir über diesen Tag, über den wichtigsten Tag, den Tag, den Ich erwählte, um Mein Buch für die Welt herauszubringen.

Dies ist der Tag der Himmelfahrt Meiner geliebten Mutter, der Königin des Himmels, der Königin der Erde, der Mutter der Erlösung.

Es ist kein Zufall, dass das Buch der Wahrheit zu diesem Tag verfügbar gemacht wird; denn Meine Mutter ist die Mutter der Erlösung. Das Buch soll helfen, die Seelen der ganzen Menschheit zu retten.

Meine Mutter spielt eine wichtige Rolle bei der Rettung der Seelen.

Sie ist die Miterlöserin, die Mittlerin der Gnaden und die Fürsprecherin. Das bedeutet, dass Meine Gesegnete Mutter von Gott erwählt worden ist, Mir, Ihrem Sohn, beim letzten Plan der Erlösung zu helfen.

Ihre Rolle in dieser bedeutenden Zeitspanne wird nicht verstanden.

Sie gebar den Erlöser der Menschheit und brachte das Geschenk der Erlösung in die Welt, aufgrund ihrer Einwilligung, Meine Mutter zu werden.

Sie ist jetzt die Mutter von allen Kindern Gottes, und Ihr ist die Macht gegeben worden, Satan zu zerquetschen, während Ich Vorbereitungen treffe, das Menschengeschlecht vor seinem bösen Plan, die Kinder Gottes zu täuschen, zu retten.

Das Buch der Wahrheit ist nicht bloß ein Buch. Es ist Mein Heiliges Wort, der erste Teil von vielen Offenbarungen, um die Welt zu bekehren.

Obwohl es vielleicht — bei so vielen Hindernissen, die dir in den Weg gelegt wurden, Meine Tochter — sehr schwer zu sein schien, es zu machen, versichere ich Dir, dass diese Arbeit doch vom Himmel aus geschützt ist.

Dies ist Mein Buch. Mein Wort. Mein Versprechen.

Als Ich sagte, dass Ich wiederkommen würde, da meinte Ich auch, dass Ich wiederkommen würde.

Gerade in der Zeit, in der Ich das erste Mal in die Welt kam, hat Gott, Mein Ewiger Vater, Seine Kinder durch die Propheten im Voraus darauf vorbereitet.

Viele hörten zu. Viele taten es nicht.

So oder so war die Welt — danach — fähig, die Wahrheit zu begreifen. Sie erkannte und verstand die Bedeutung Meiner Passion am Kreuz und erkannte die Freiheit, die diese Passion der Welt schenkte, indem sie der Welt das Geschenk der ewigen Erlösung gab.

Das Gleiche geschieht jetzt. Die Welt wird auf Mein Zweites Kommen vorbereitet. Jetzt.

Das Heilige Wort Gottes wird der Menschheit — durch diese Botschaften — als ein großes Geschenk gegeben.

Viele werden zuhören. Viele werden es nicht tun.

Eines ist klar. Nur sehr wenige werden vom Wort Gottes nichts gehört haben.

Entweder werden sie Mein Wort so, wie es ihnen jetzt gegeben wird, annehmen oder sie werden es nicht annehmen.

Ich habe das Versprechen Meines Vaters erfüllt.

Mein Vater versprach der Welt, dass ihr in dieser Zeit das Buch der Wahrheit gegeben wird.

Viele werden die Wahrheit aufnehmen und sie annehmen. Andere werden finden, dass die Wahrheit zu bitter schmeckt, und sie werden sie für eine Lüge halten.

Lasst sie wissen, dass der Bund erfüllt werden wird, so wie sich auch diese Prophezeiungen erfüllen werden.

Kein Mensch, egal wie sehr oder auf welche Art er gegen Mein Heiliges Wort argumentiert, wird verhindern, dass der Welt die Wahrheit offenbart wird.

Die Prophetien, die im Buch der Offenbarung enthalten sind, entfalten sich vor euren Augen.

Kein Mensch versteht die volle Bedeutung des Buches der Offenbarung; denn seine Inhalte wurden der Welt nicht klar enthüllt, da sie nur Richtlinien waren.

Jetzt, da Ich, das Lamm Gottes, — wie versprochen — komme, um die Siegel zu öffnen, werden das nur wenige akzeptieren.

Warum? Wenn ihr an Mich, an diese Botschaften, glaubt, warum lehnt ihr die Wahrheit ab, wenn sie euch jetzt gegeben wird?

An der Annahme der Wahrheit — die euch über den Falschen Propheten, den Antichristen und in Bezug auf andere Prophezeiungen gegeben wird — zu scheitern, wird zur Folge haben, dass ihr Mir nicht erlauben werdet, euch bei der Rettung der Seelen anzuleiten.

Nur indem ihr der Wahrheit folgt, könnt ihr sicher sein.

Vergesst nicht, dass nur die Wahrheit euch von den Lügen, von denen die Menschheit wegen Satan befallen ist, befreien wird.

Ihr müsst fortwährend Meine Mutter darum anrufen, dass Sie dabei hilft, euch zu Mir zu bringen, damit ihr vor den Lügen geschützt seid, die Satan verwenden wird, um euch von der Wahrheit Meiner abschließenden Heiligen Worte fernzuhalten, welche der Welt vor Meinem Zweiten Kommen gegeben werden.

Gehet hin in Frieden und in Liebe. Ich vereinige euch alle in dieser Zeit im Schutz Meines kostbaren Blutes.

Ich freue Mich über euer Tätigwerden, Meine geliebten Jünger, und Ich rechne mit eurem Glauben, um Mir in dieser besonderen Mission zu helfen.

Euer Jesus

524. Das Heidentum greift um sich — und es wird eine Faszination für das Okkulte gefördert.

Donnerstag, 16. August 2012, 3:15 Uhr

Meine innig geliebte Tochter, Ich liebe alle Kinder Gottes, aber in dieser Zeit hat das Ausmaß der Finsternis, welche die Welt heimsucht, zur Folge, dass Ich vor Sorge über den Zustand ihrer Seelen weine.

So wenige begreifen die Wahrheit ihres zukünftigen Lebens, das sie im Neuen Zeitalter des Friedens erwartet, in der kommenden Welt — in der Welt ohne Ende.

Wenn sie es nur sehen, es berühren, es genießen könnten und wenn sie nur die Liebe und den kommenden Frieden erfahren könnten, dann würden sie in jeder Sekunde des Tages zu Mir beten und Mich um das Recht bitten, in diese Neue Welt, in das Neue Zeitalter, in den Neuen Anfang einzugehen.

Es ist der vollkommene Zustand der Einheit für ihre Familien und für all ihre Brüder und Schwestern. Es ist kein leeres Versprechen. Es ist das Paradies, das für alle Kinder Gottes geschaffen wurde.

Die gefallenen Engel, welche die Welt durchstreifen, machen überall Seelen ausfindig, um sie zu verführen.

Sie benutzen Gewalt, Hass und andere Versuchungen, um der weit verbreiteten Sünde, die überall so offensichtlich ist, Vorschub zu leisten.

Die Pornografie wird jetzt auf höchst raffinierte Weisen verbreitet, um zu verführen und zur Sünde zu ermutigen.

In dieser Zeit werden Gesetze erlassen, um sicherzustellen, dass die Sünde überall akzeptiert wird.

Sogar Meine Kirche befürwortet Gesetze, die Gott verletzen.

Es wird so weitergehen, bis die Menschheit sich wie Tiere benehmen wird, ohne jegliches Empfinden für die Göttlichkeit.

Das Heidentum greift um sich — und es wird eine Faszination für das Okkulte gefördert, damit es durch die Welt der Unterhaltung bei jungen Seelen Anklang finden wird.

Wacht jetzt auf, bevor es zu spät ist, eure Seelen zu retten.

Die Eltern müssen sich gemeinsam erheben, in Übereinstimmung mit dem Wunsch Meines Herzens, die Jugend zu schützen, deren Seelen das Ziel Nummer Eins des Teufels sind.

Er weiß, wie kostbar junge Seelen für Mich sind, und er wird sie unbarmherzig aufsuchen.

Ich bitte euch, dieses Kreuzzug-Gebet (73) für junge Seelen, für junge Kinder zu beten.

„O Jesus, hilf mir, die Seelen von jungen Menschen überall auf der Welt zu retten.

Hilf ihnen durch Deine Gnade, die Wahrheit Deiner Existenz zu erkennen.

Bring sie zu Deinem Heiligsten Herzen und öffne ihre Augen für Deine Liebe und für Deine Barmherzigkeit.

Rette sie vor dem Feuer der Hölle — auch durch meine Gebete — und habe Erbarmen mit ihren Seelen. Amen."

Euer Jesus

525. Diese Zeit ist vergleichbar mit der Ruhe vor dem Sturm. Nutzt sie, um so viele Menschen wie möglich vorzubereiten.

Sonntag, 19. August 2012, 22:56 Uhr

Meine innig geliebte Tochter, wenn du Meinetwegen leidest und wenn du dich isoliert und fern von Mir fühlst, so wisse, dass du dann Meinem Heiligsten Herzen am nächsten bist.

Obwohl dieses Buch, Mein Buch der Wahrheit, ein Geschenk von Mir an die Welt ist und vom Himmel aus geschützt wird, heißt das nicht, dass diese Reise für dich nicht schmerzhaft sein wird.

Du wirst Kritik erfahren und eine neue Art von Angriff, jetzt, wo Mein Heiliges Wort gedruckt ist, um es an die Welt weiterzugeben.

Du darfst niemals denjenigen antworten, die fordern, dass du erklärst, warum dieses Buch notwendig war. Schweige und setze Mein Werk fort.

Lasst niemanden die Verbreitung Meines Buches aufhalten oder verzögern; denn jeder Tag zählt, weil den Seelen nur eine begrenzte Zeit zugestanden wird, um sich in Meinen Augen selbst zu retten

Lass Mich dir, Meine Tochter, und allen Meinen Anhängern versichern, dass ihr euch jetzt auf eine Reise, auf eine Pilgerfahrt, wie keine andere begebt.

Diese Zeit ist vergleichbar mit der Ruhe vor dem Sturm.

Nutzt sie, um so viele Menschen wie möglich vorzubereiten. Verbreitet Meine Botschaften und Meine Kreuzzug-Gebete und betet für eure Brüder und Schwestern, damit sie nach der „Warnung" Meine Barmherzigkeit annehmen werden.

Bringt Meine Kirche zusammen und betet um Stärke; denn der Falsche Prophet bereitet sich vor und ist bereits im Vatikan anwesend. Aber er verbirgt sein wahres Gesicht sehr sorgfältig. Mein geliebter Stellvertreter wird isoliert, und es bleibt wenig Zeit.

Ich will, dass ihr alle mit einer neuen Litanei von Gebeten beginnt zum Schutz gegen den Falschen Propheten und diese von jetzt an einmal pro Tag betet.

Die Kreuzzug-Gebete können in verschiedenen Partien ausgewählt und gebetet werden, so wie ihr es könnt.

Hier ist die erste Litanei „Jesus zur Menschheit" (1) „Schutz gegen den Falschen Propheten"

„Liebster Jesus, rette uns vor der Täuschung des Falschen Propheten.

Jesus, erbarme Dich unser.

Jesus, rette uns vor der Verfolgung.

Jesus, bewahre uns vor dem Antichristen.

Herr, erbarme Dich.

Christus, erbarme Dich.

Liebster Jesus, bedecke uns mit Deinem Kostbaren Blut.

Liebster Jesus, öffne unsere Augen gegenüber den Lügen des Falschen Propheten.

Liebster Jesus, vereinige Deine Kirche.

Jesus, schütze unsere Sakramente.

Jesus, erlaube nicht, dass der Falsche Prophet Deine Kirche spaltet.

Liebster Jesus, hilf uns, Lügen, die uns als die Wahrheit präsentiert werden, zurückzuweisen.

Jesus, gib uns Kraft.

Jesus, gib uns Hoffnung.

Jesus, durchströme unsere Seelen mit dem Heiligen Geist.

Jesus, schütze uns vor dem Tier.

Jesus, gib uns die Gabe der Unterscheidung, damit wir dem Weg Deiner wahren Kirche folgen können, zu jeder Zeit, für immer und ewig.

Amen."

Meine Tochter, fühle dich bitte mit dieser Mission nicht überlastet; denn Ich werde dir bald Hilfe schicken. Du musst alles akzeptieren, was Ich dir zumute, und stark bleiben im Vertrauen darauf, dass alles gut geht.

Die Bekehrung ist durch diese Botschaften bereits erwirkt und beläuft sich schon auf Hunderttausende von Seelen. Fühle dich also nicht hilflos oder besorgt. Ich bin erfreut über die Treue und die Hingabe jener, die Mich bedingungslos lieben.

Ich sende dir diejenigen der Meinen, die ein reines Herz haben, damit sie dir Schutz bieten.

Sie werden dich aufrichten und dir helfen, Meine Anhänger auf der gesamten Reise zu den Toren des Neuen Paradieses zu führen.

Ich liebe euch, Meine geliebten Anhänger. Haltet durch — gemeinsam mit Mir — auf diesem dornigen Pfad. Akzeptiert den Spott, dem ihr werdet gegenüberstehen müssen, wenn ihr fortfahrt, Mein Heiliges Wort zu verbreiten.

Wisst, dass Ich immer an der Seite von jedem von euch bin. Ich kenne die Meinen, und sie kennen Mich. Nichts kann uns trennen.

Euer Jesus

526. Ich bin wie ein Sturm, der heraufzieht. Meine Stimme ist wie der Donner in der Ferne.
Montag, 20. August 2012, 3:30 Uhr

Meine innig geliebte Tochter, du darfst niemals vergessen — in der Qual, die du in Meinem Namen erleidest —, dass die Macht Gottes nicht übertroffen werden kann.

Ich bin wie ein Sturm, der heraufzieht. Meine Stimme ist wie der Donner in der Ferne.

Während Mein Heiliges Wort jetzt die Erde wie eine Decke überdecken wird, wird man in der Ferne donnernde Geräusche hören.

In dem Maße wie sich Mein Wort von Mensch zu Mensch verbreitet, wird der Sturm beginnen, heftiger zu werden, und das Donnergrollen wird zunehmen.

Bald wird der Donner rollen, und nur wenige werden die Stimme Gottes nicht hören.

Während der Sturm an Stärke zunimmt, werden viele Seelen, die versuchen, die Luken zu schließen, außer Stande sein, den Sturm Meiner Stimme oder die Kraft Meiner Barmherzigkeit daran zu hindern, ihre Seelen zu berühren.

Die Zeit für das Himmlische Eingreifen hat begonnen, um sich über eine heidnische Welt voller Finsternis auszugießen.

Mein Licht wird sogar die verhärtetsten Herzen erheben, wenn die Wahrheit in sie einzudringen beginnen wird.

An alle Kinder Gottes, die diese Botschaft lesen: Bitte erinnert euch jetzt an Mein Versprechen an euch.

Ich mache Mich euch in diesen Botschaften bekannt, durch Mein Heiliges Wort.

Mein Geist wird während der „Warnung" in eure Seelen eindringen.

Dann werde Ich, euer Jesus, beim Zweiten Kommen aus den Wolken hinabsteigen.

Dann werde Ich das Neue Jerusalem erheben, so dass letztendlich Frieden erreicht werden kann — im Neuen Zeitalter, die Neue Welt ohne Ende.

Meine Macht ist allmächtig.

Satan mag über gewisse Kräfte verfügen, aber sie stellen nichts dar. Seine Macht kann angsteinjagend sein, aber er duckt sich in Furcht vor Mir und in Panik.

Ihr dürft ihm nicht mehr Macht geben, indem ihr dieser Versuchung nachgebt. Auch solltet ihr nicht zulassen, dass Furcht vor ihm eure Liebe zu Mir blockiert.

Wenn ihr Satan fürchtet, dann nährt ihr seine Macht und dann kann er eure Sinne beherrschen.

Nur Gebet, viel Gebet, kann seine Macht und seinen Würgegriff über euch schwächen.

Jetzt, wo Mein Wort gedruckt wird, wird Satan seine Armee aufstellen, in Vorbereitung auf eine schreckliche Schlacht.

Ihr alle, Meine Anhänger, müsst Mir euren Willen übergeben und völlig auf Mich vertrauen, während Ich euch durch dieses blutige Schlachtfeld hindurchführe.

Täuscht euch nicht, Satan und seine Dämonen sind rasend wegen dieses Planes, des letzten Planes der Rettung.

Er wird diesem Werk schweren Schaden zufügen.

Er wird Diskussionen in Gang setzen, er wird dieses Werk verleumden und er wird alles tun, was er kann, um die Verbreitung Meines Buches der Wahrheit, Meiner Heiligen Botschaften, aufzuhalten.

Euch erwartet möglicherweise auch die Missbilligung von Elementen innerhalb Meiner Kirche auf Erden und eine wütende Auseinandersetzung unter Christen betreffs der Echtheit Meines Heiligen Wortes.

Wenn der kommende Sturm an Dynamik zunimmt, weil Mein Wort in allen Zungen und Sprachen vervielfacht wird, dann wird der Klang Meiner Stimme ohrenbetäubend sein.

Die Macht Gottes darf niemals unterschätzt werden; denn Ich bin der König der Menschheit.

Ich komme jetzt im Auftrag Meines Ewigen Vaters, um all Seine Kinder in der letzten Schlacht zu versammeln, wenn Ich Satan in den Feuersee verbannen werde.

Es wird eine schreckliche Schlacht sein, und viele Seelen werden Mich ablehnen.

Egal wie sehr Ich es versuchen werde — und trotz Meiner Macht —, es wird durch ihren eigenen freien Willen sein, dass sie den Teufel wählen werden.

Vertraut auf Mich und erlaubt Mir jetzt, eure Seelen zu reinigen, damit ihr Meines Neuen Paradieses auf Erden würdig sein werdet.

Hakt euch ein, Meine Anhänger, um zusammen Mein Heiliges Wort zu schützen, damit diejenigen, die Mich nicht kennen, zu Mir kommen können.

Ich liebe euch.

Ich segne euch alle.

Euer geliebter Erlöser

Jesus Christus

527. Das vorausgesagte Buch des Lebens enthält die Namen von all denjenigen, die gerettet werden.

Montag, 20. August 2012, 15:45 Uhr

Meine innig geliebte Tochter, das vorausgesagte Buch des Lebens enthält die Namen von all denjenigen, die gerettet werden.

Jedoch werden infolge Meiner Großen Barmherzigkeit durch die „Warnung" mehr Seelen gerettet werden.

Sogar noch mehr Seelen können auch durch eure Leiden gerettet werden und durch die Leiden von allen auserwählten Seelen, die heute in der Welt leben.

Die Gebete Meiner Anhänger — einschließlich des Betens Meiner Kreuzzuggebete, um Seelen zu retten — werden ein mächtiges Mittel der Rettung sein, sogar der Rettung der am meisten verhärteten Seelen.

Seelen, die Meine Barmherzigkeit ablehnen werden, können jetzt aufgrund des edelmütigen Eingreifens von denjenigen unter euch gerettet werden, die Opfer anbieten, darunter das Gebet, das Fasten und die Annahme des Leidens in Meinem Heiligen Namen.

Das ist Mein Versprechen, so ist Meine Große Barmherzigkeit.

Ich bringe in dieser Zeit viele Geschenke wegen eurer Liebe zu Mir.

Nehmt sie mit Liebe und Dankbarkeit an.

Ich segne euch. Mein Versprechen, mehr Geschenke zu gewähren, aufgrund eurer Antwort auf diese Mission, Meine geliebten Jünger, wird und kann jetzt wegen eurer Treue zu Mir erfüllt werden.

Euer geliebter Jesus

528. Gott der Vater: Nur wenn Ich zufrieden bin, werde Ich vor den Augen der Welt die höchst spektakulären Wunder vollbringen.

Dienstag, 21. August 2012, 18:00 Uhr

Meine liebste Tochter, niemand unterschätze die Gewalt Meines Zornes, da die Menschheit weiter in den Tiefen der Sünde versinkt.

Ich habe euch die Propheten gesandt. Dann sandte Ich Meinen geliebten Sohn, den Ich geopfert habe, um euch zu retten, und dann sandte Ich noch weitere Boten — alles hat wenig genutzt.

Nur wenige Seelen sahen sich solche Botschaften von den Propheten an oder nahmen die Zeichen an, welche der Welt durch die Gesegnete Mutter Meines geliebten Sohnes gegeben wurden.

Wegen Meiner großen Liebe für euch, als ein Vater, gebe Ich all Meinen Kindern nochmals das Geschenk der Erlösung. Ihr dürft Meine Propheten nicht ignorieren; denn das könnte euch euren Platz im Erbe kosten, das Ich für euch geplant habe.

Kinder, viele unter euch, die an Mich, euren Ewigen Vater, glauben, schaffen es nicht, das Geheimnis der Erlösung zu verstehen.

Dieser Weg zur geistigen Vollkommenheit liegt in eurem Können, die notwendige Reinigung anzunehmen, um sicherzustellen, dass ihr gut genug seid, vor Mir zu stehen.

Viele Seelen müssen von allen weltlichen Attraktionen, allen Ablenkungen und aller Verderbtheit der Seele befreit werden.

Für diejenigen von euch, die das Glück hatten, solch eine Reinigung durchgestanden zu haben: Ihr werdet wissen, dass ihr, solange ihr nicht in Meinen Augen klein wie ein Baby werdet, außer Stande sein werdet, euch Meinem Heiligen Willen zu ergeben.

Sträubt euch gegen eine solche Reinigung … und ihr werdet es schwer finden, euch in Meinen Augen selbst zu retten.

Wenn ihr frei von allem seid, was die Welt zu bieten hat, und ihr nur auf Meinen Sohn ausgerichtet seid, dann werdet ihr begreifen, dass die einzig echte Liebe und Freude, die existiert, von Gott kommt. Wenn ihr dies erst einmal erfahren habt, dann kann euch nichts anderes nochmals Zufriedenheit geben.

Ihr mögt von Zeit zu Zeit straucheln, aber das ist zu erwarten. Denn ihr könnt nicht von der Sünde befreit sein, bis dass die Neue Welt beginnt und euer Wille mit dem Meinen übereinstimmt.

Mein Plan der Erlösung, welche auf Erden nur durch eure Treue zu Meinem kostbaren Sohn erreicht werden kann, hat bereits begonnen. Die weltweite Bekehrung wird nicht mehr ausbleiben. Diese wird durch Meine Endzeitprophetin und als Folge der „Großen Warnung" erreicht werden.

Kinder, fühlt Meinen Heiligen Geist in eure Seele eindringen, während Er sich sehr schnell über die Erde verbreitet.

Ich ziehe Meine Kinder in jedem Teil der Welt aus ihrer geistigen Finsternis.

Ich brauche eure Opfer und eure Gebete, um bei der Rettung von Seelen zu helfen.

Nur wenn Ich zufrieden bin, werde Ich vor den Augen der Welt die höchst spektakulären Wunder vollbringen.

Wenn diese Wunder angeboten werden, dann werden sie die Bekehrung vervielfachen, die Ich brauche, um Meine Kinder in Sicherheit und ins Neue Paradies zu bringen.

Nur dann können wir wieder eine echte Familie werden.

Ich liebe euch, Kinder.

Ich bin zufrieden mit denjenigen von euch, die mit edelmütigem Herzen und reiner Seele diesen Göttlichen Aufruf vom Himmel erkennen.

Ich segne euch alle.

Gott der Allerhöchste

529. Jungfrau Maria: Als Ich zusammen mit den Aposteln im Zönakel auf die Herabkunft des Heiligen Geistes wartete, brauchte es zehn Tage der Vorbereitung.

Mittwoch, 22. August 2012, 21:18 Uhr

Mein Kind, die Wildnis, in der sich Meine Kinder in der Welt heutzutage befinden, besteht deshalb, weil sie nicht wissen, wie man die Gabe des Heiligen Geistes bekommt.

Ebenso wie Ich dich unterrichtete, dauert es eine lange Zeit, um die Gabe zu bekommen.

Sie erfordert eine sehr schwere Reise, bevor irgendeines von Gottes Kindern würdig gemacht werden kann, diese besondere Gabe zu erhalten.

Als Ich zusammen mit den Aposteln im Zönakel auf die Herabkunft des Heiligen Geistes wartete, brauchte es zehn Tage der Vorbereitung.

Obwohl diesen heiligen, frommen und treuen Dienern Meines geliebten Sohnes die Gabe versprochen war, waren sie geistig nicht vollständig vorbereitet, die Gabe zu bekommen.

Ich, ihre geliebte Mutter, musste ihnen helfen, ihre Seelen vorzubereiten.

Das bedeutete, ihnen die Wichtigkeit der vollen Übergabe ihres freien Willens zu lehren. Um würdig zu werden, mussten sie die Tiefe der Demut verstehen, in die sie versinken mussten, bevor sie bereit waren.

Einige von ihnen dachten, dass sie von Meinem Sohn bereits alles gelernt hatten.

Das war jedoch ein Zeichen des Hochmuts, und wenn in euch Hochmut besteht, dann könnt ihr die Heilige Gabe des Heiligen Geistes nicht erhalten.

Um die Gabe des Heiligen Geistes zu erhalten, müsst ihr vor Meinem Sohn klein werden wie ein kleines Kind.

Es kann keinen Platz geben für Hochmut oder Arroganz. Doch die Menschen von heute, die behaupten, die Autorität zu haben, um beurteilen zu können, wie Mein Sohn spricht, geraten in eine Falle.

Sie sprechen — wenn sie behaupten, sich in geistigen Dingen gut auszukennen — mit einer Arroganz, welche nicht die Gnaden widerspiegelt, die denjenigen gegeben werden, die wirklich diese große Gabe vom Himmel besitzen.

Diejenigen, die mit der Gabe des Heiligen Geistes beschenkt worden sind, sind gegenüber den Wünschen Meines Sohnes gehorsam.

Sie sind nicht prahlerisch.

Sie sind nicht aggressiv.

Sie kritisieren nicht andere, indem sie den Namen Meines Sohnes gebrauchen, um so zu handeln.

Sie verspotten andere nicht, wenn sie ihre Interpretation Seines Heiligen Wortes öffentlich verkünden.

Sie predigen keinen Hass.

Als die Jünger Meines Sohnes von Mir vorbereitet wurden, gab es viele Diskussionen.

Es dauerte eine Zeit, bevor sie schließlich akzeptierten, was von ihnen erwartet wurde.

Dann erst, als sie verstanden, dass nur die Demut der Seele dem Heiligen Geist erlauben kann, in sie einzugehen, waren sie schließlich bereit dafür.

Ich bitte dringend alle Kinder Gottes, besonders diejenigen, die an Meinen Sohn glauben, Mich, ihre Mutter, zu bitten, Mir zu erlauben, sie auf diese große Gabe vorzubereiten.

Mein Kind, Ich brauchte ein volles Jahr, um dich vorzubereiten, und das war keine einfache Sache. Erinnerst du dich, wie schwer du es fandest, Meinen Heiligen Rosenkranz zu beten? Wie schwer du es fandest, deinen Willen zu übergeben und deine Demut zu beweisen?

Jetzt, wo du die Gabe erhalten hast, bedeutet das nicht, dass du sie als selbstverständlich betrachten kannst.

Du musst mit dem Beten fortfahren, du musst demütig von Herzen bleiben und jeden einzelnen Tag die Tilgung deiner Sünden anstreben. Denn ebenso wie etwas gegeben wird, kann es auch wieder genommen werden.

Ich bitte all diejenigen, die diesen Botschaften folgen, um die Gabe des Heiligen Geistes zu beten.

Es ist nicht genug, nur dieses eine Mal zu beten und zu sagen, dass ihr das Unterscheidungsvermögen erhalten habt, um das ihr gebetet habt, ... und dann diese Göttlichen Botschaften zu verleumden. Wenn ihr das tut, dann habt ihr die Gabe nicht bekommen.

Bitte ruft Mich, eure Gesegnete Mutter, an zu helfen, euch durch dieses Kreuzzuggebet vorzubereiten.

Kreuzzuggebet (74) „Um die Gabe der Unterscheidung"

„O Mutter Gottes, hilf mir, meine Seele auf die Gabe des Heiligen Geistes vorzubereiten.

Nimm mich wie ein Kind an der Hand und führe mich auf der Straße hin zu der Gabe der Unterscheidung durch die Kraft des Heiligen Geistes.

Öffne mein Herz und lehre mich, mich mit Körper, Geist und Seele hinzugeben.

Befreie mich von der Sünde des Stolzes und bete, dass mir alle früheren Sünden vergeben werden, damit meine Seele gereinigt wird und dass Ich heil gemacht werde, damit Ich die Gabe des Heiligen Geistes empfangen kann.

Ich danke Dir, Mutter der Erlösung, für Deine Fürsprache und ich erwarte mit Liebe in meinem Herzen diese Gabe, nach der ich mich mit Freude sehne. Amen."

Kinder, vergesst nicht, zu Mir, eurer Mutter, zu kommen, damit Ich euch helfe, eure Seele zu öffnen, um diese wunderbare Gabe zu empfangen.

Wenn ihr diese Gabe empfangt, werde Ich euch vor Meinen Sohn bringen.

Denn nur dann werdet ihr für die nächste Stufe auf der Treppe zur geistigen Vollkommenheit wirklich bereit sein.

Mutter der Erlösung

530. Ebenso wie der Soldat, der Meine Seite durchbohrt hat, auf der Stelle bekehrt war, so werden Millionen von Seelen es auch sein.

Mittwoch, 22. August 2012, 20:10 Uhr

Meine innig geliebte Tochter, du darfst dich nicht von Mir isoliert fühlen wegen der enormen Tragweite dieser Arbeit.

Denn obwohl sie dir möglicherweise so umfangreich zu sein scheint, dass du das Gefühl hast, nicht im Stande zu sein, sie zu meistern, wisse, dass Ich von dir nur das verlange, wozu du fähig bist.

Freue dich, dass Mein Wort überall auf der Welt gesucht wird, denn das ist Mein Herzenswunsch.

Ich wünsche, dass alle Meine Jünger sofort auf Meinen Aufruf antworten; denn Ich brauche sie, damit sie Mir in Meiner Mission, die Menschheit zu retten, helfen.

Das ist nur der Anfang einer rasanten Bekehrung, wenn das Blut und das Wasser hervorströmen werden über jede einzelne menschliche Seele.

Mein Blut und Wasser werden sogar schwarz gewordene Seelen bekehren.

Ebenso wie der Soldat, der Meine Seite durchbohrte, auf der Stelle bekehrt war, so werden Millionen von Seelen, die zu diesem Zeitpunkt nicht glauben, dass Ich existiere, es auch sein.

Habe Ich euch nicht gesagt, dass Meine Barmherzigkeit ohne Ende ist?

Habe Ich nicht versprochen, dass Wunder, die von Meinem Vater gutgeheißen sind, stattfinden werden, um die Welt und alle Seelen zu ihrem rechtmäßigen Erbe zusammenzubringen?

So viele Seelen antworten jetzt auf Meinen Ruf. Ihre Gebete allein werden vervielfacht, und Millionen mehr werden gerettet werden. Alle Seelen sollen in eure Anstrengungen, die ganze Menschheit zu retten, einbezogen werden.

Euer Ziel, Meine innig geliebten Jünger, muss es sein, keiner einzigen Seele zu erlauben, durch das Netz zu gleiten.

Dieses Netz wird ausgeworfen und ins Wasser geworfen werden, um Seelen zu fangen und sie zu retten.

Ihr, Meine Jünger, seid die Fischer. Ich gebe euch das Netz durch die Gnaden, die Ich euch jetzt schenke.

Ihr werdet Mir helfen, alle lebenden Seelen zu retten, und nicht eine einzige Anstrengung wird unterbleiben — nichts wird unversucht gelassen —, wenn Ich Mich hinauswage, um die Menschheit noch einmal zu retten.

Also, statt sich ängstlich zu ducken, beunruhigt wegen der enormen Reaktion auf Meinen Ruf, Meine Tochter, musst du dich freuen. Denn letztendlich wird Mein Heiliger Wille erfüllt. Doch wir haben noch einen langen Weg zu gehen.

Euer Jesus

531. Jungfrau Maria: Die Bekehrung kann den Einfluss des Antichristen schwächen.

Donnerstag, 23. August 2012, 12:40 Uhr

Mein Kind, teile allen Kindern Gottes mit, dass, je mehr Opposition es in dieser Zeit gegen das Heilige Wort Meines Sohnes gibt, desto mehr Gnaden auf die Jünger Meines geliebten Sohnes ausgegossen werden.

All die vorausgesagten Prophezeiungen können auf viele Weisen gelindert werden, würden alle Kinder Gottes die Gnade der Bekehrung annehmen.

Die Bekehrung kann den Einfluss des Antichristen schwächen. Eure täglichen Gebete, einschließlich des Betens der Kreuzzuggebete, werden helfen, das zu bewirken.

Was diejenigen betrifft, die die Mission Meines Sohnes auf Erden bekämpfen, so bitte Ich euch, für ihre Seelen zu beten.

Dieser Kampf um Seelen ist intensiv, und ihr müsst über die Qual und die Geißelung erhaben sein, um Mich zu bitten, für die armen, irregeführten Seelen zu beten, die glauben, dass sie im Namen Meines Sohnes sprechen, die aber stattdessen vom Teufel getäuscht werden.

Mein Sohn wird niemals Sein Verlangen nach Seelen aufgeben, besonders nach denjenigen, die Ihn ablehnen, Sein Heiliges Wort verspotten und deren Seelen durch die Sünde schwarz geworden sind.

Ihr müsst stark bleiben, Kinder, ihr alle, und fest bleiben in eurer Entschlossenheit, den Heiligen Willen Meines Sohnes zu tun.

Das wird nicht leicht sein, aber Zugang zum Neuen Paradies zu erlangen, ist nicht leicht.

Es verlangt viel Geduld, viel Gebet, viel Liebe zueinander und die Fähigkeit, all denjenigen zu vergeben, die euch Kummer verursachen und die das Wort Meines Sohnes entweihen.

Danke, dass ihr Meinem Ruf gefolgt seid.

Mutter der Erlösung

532. Wichtige Botschaft von Gott Vater: Ich werde jenen Seelen, für welche ihr betet, Bewahrung vor den Toren der Hölle gewähren.

Donnerstag, 23. August 2012, 15:15 Uhr

Meine liebste Tochter, es ist selten gewesen, dass die Heilige Dreifaltigkeit Sich der Menschheit auf diese Weise mitgeteilt hat, und es ist das erste Mal, dass Ich, euer Vater, zu einer Mission dieser Art meine Zustimmung gegeben habe.

Meine Kinder, von denen viele die Bedeutung dieses Göttlichen Eingreifens nicht erfassen, werden bald verstehen, warum es notwendig ist.

Wenn das Zweite Kommen Meines geliebten Sohnes ohne eine Vorwarnung eintreten würde, dann würden Meine kostbaren Kinder niemals in die Tore Meines Neuen Paradieses eintreten.

Sie würden niemals im Stande sein, ihre Seelen vorzubereiten, und wären nicht rein genug, zum Neuen Zeitalter des Friedens zugelassen zu werden.

Dies ist eine Kommunikation, auf welche die Welt es schwer finden wird zu antworten.

So dunkel ist die Wolke, welche die Herzen der Menschen bedeckt, dass nur wenige Seelen fähig sein werden, das Licht Meines Göttlichen Versprechens zu erkennen.

Die Kräfte des Bösen, die in der Welt immer gegenwärtig sind, halten Meine Kinder davon ab, die Hände nach mir auszustrecken.

Mein Entschluss, Meine Familie Meinem Herzen nahe zu bringen und sie dort zu vereinen, ist unerschütterlich.

Jeder Mensch soll verstehen, dass Ich die rasche Bekehrung der Menschheit ermöglichen werde, koste es was es wolle.

Ohne den freien Willen all Meiner Kinder anzutasten, werden die Wunder, die Ich gebieten werde, ihre Herzen von innen nach außen kehren.

Dies ist Mein Versprechen, wie Ich es jedem von euch, Meine geliebten kleinen Kinder, zurufe.

Ich, euer geliebter Vater, sehne Mich danach, euch an der Hand zu nehmen, euch zu Mir herzuholen und euch nahe an Meinem Herzen zu halten und euch in Sicherheit zu bringen.

So wenige von euch kennen die Tiefen Meiner Liebe. Wenn ihr einmal Liebe zu Mir, euren Ewigen Vater, empfunden habt, könnt ihr eure Verbindung zu Mir nie wieder trennen.

Ich will euch Trost geben.

Ich möchte euch mitteilen, dass Meine Liebe zu euch bedeutet, dass euch durch Meinen Sohn Jesus Christus große Barmherzigkeit zuteilwird, sogar denjenigen mit einem Herzen aus Stein und denjenigen mit Seelen, die so schwarz sind, dass nur ein Wunder sie retten kann.

Denjenigen, die Mich lieben, sage Ich: Eure Liebe zu Mir, eurem Vater, wird euch in Überfülle erwidert werden.

Eure Liebe zu Meinem Kostbaren Sohn wird in der Art belohnt werden, dass Ich jenen Seelen, für welche ihr betet, Bewahrung vor den Toren der Hölle gewähren werde.

Nichts ist unmöglich.

Meine Liebe ist unendlich groß.

Vertraut auf Mich.

Vertraut auf Meinen Sohn.

Wenn ihr das tut, werde Ich große Gnaden für die Rettung der Menschheit gewähren.

Euer geliebter Vater
Gott, der Allerhöchste

533. Dankt Meinem Vater für das Geschenk Seiner Gnade der Immunität.

Freitag, 24. August 2012, 3:15 Uhr

Meine innig geliebte Tochter, Ich möchte, dass du Meine Jünger bittest, damit zu beginnen, von jetzt an täglich Meine Jesus-an-die-Menschheit-Litaneien zu beten.

Diese Gebete werden große Gnaden bringen und werden all diejenigen retten, die ihr in eure besonderen Anliegen für die Rettung ihrer Seelen aufnehmt.

Diese zweite Litanei ist zu Ehren Meines Ewigen Vaters, der jedes einzelne Seiner Ihm so teuren Kinder liebt.

Jeden Tag halte ich Ihn in Meinen Armen und lege Mein Haupt an Seine Schulter, um Ihm Trost zu schenken in Seinem Kummer über all die armen Seelen, die für Ihn verloren sind.

Kommt zu Ihm, Meine geliebten Jünger, und dankt Meinem Vater für das Geschenk Seiner Gnade der Immunität vor den Feuern der Hölle an diejenigen, die auf Seinen Ruf antworten. (das heißt: ... der Gnade, Seelen vor den Feuern der Hölle zu bewahren)

Jesus-an-die-Menschheit-Litanei (2) „Um die Gnade der Immunität"

„O Allerhöchster Himmlischer Vater,
ich liebe Dich.
Ich ehre Dich.
Herr, erbarme Dich.
Herr, vergib uns unsere Schuld.
Ich bete Dich an.
Ich lobe Dich.
Ich danke Dir für all Deine besonderen Gnaden.
Ich bitte Dich um die Gnade, meine Lieben vor dem Feuer der Hölle zu bewahren.
(Hier die Namen derjenigen nennen, die ihr auf eurer Liste für die Rettung von Seelen habt.)
Ich biete Dir jederzeit meine Treue dar.
O, Du Höchster, Himmlischer Vater,
Schöpfer aller Dinge,
Schöpfer des Universums,
Schöpfer der Menschheit.
Du bist der Ursprung aller Dinge.
Du bist die Quelle der Liebe.

Du bist die Liebe.
Ich liebe Dich.
Ich ehre Dich.
Ich gebe mich Dir ganz hin.
Ich bitte um Barmherzigkeit für alle Seelen, die Dich nicht kennen,
die Dich nicht ehren,
die Deine Hand der Barmherzigkeit zurückweisen.
Ich gebe mich Dir hin mit Geist, Leib und Seele,
damit Du diese Seelen in Deine Arme nehmen kannst, geschützt vor dem Bösen.
Ich bitte Dich, das Tor des Paradieses zu öffnen, damit alle Deine Kinder sich endlich vereinigen können in dem Erbe, das Du für uns alle geschaffen hast.
Amen."

Ich will, dass ihr alle Folgendes wisst:

Die Liebe, die Mein Ewiger Vater für jedes Seiner Kinder hat, übersteigt euer Erkenntnisvermögen.

Sie ist hundertmal — oder noch mehr — stärker als die Liebe, die Eltern für ihr eigenes Kind auf Erden in ihren Herzen haben.

So stark ist die Liebe, die Mein Vater für Seine Kinder hat, dass Er viele Opfer gebracht hat, deren ihr euch nicht bewusst seid.

Seine Hand wurde von der Verhängung vieler Züchtigungen, die Er geplant hatte, um Seine Kinder zu bestrafen, abgehalten.

Seine Geduld ist über Gebühr strapaziert worden.

Die Beleidigungen, die Ihm an den Kopf geworfen wurden, sind von Ihm ignoriert worden.

Stattdessen will Er Seine Kinder zu Sich zurückbringen, nicht durch Angst, sondern durch die Liebe jener Seiner Kinder, die Ihn am meisten lieben.

Er verlässt sich auf diejenigen von euch, die eine tiefe, beständige Liebe zu Ihm und zu Mir, Seinem Sohn, haben, dass sie Ihm helfen, Seine verlorenen Kinder zu sammeln, damit Er sie zu Sich nehmen kann.

Bringt alle diese Seelen nahe an euer Herz und legt sie jetzt vor den Thron Meines Vaters ... und — in Seiner Barmherzigkeit — wird Er euch das größte aller Geschenke geben:

Er wird ihnen Rettung gewähren.

Bringt die Namen der dunklen Seelen — auch diejenigen aufgelistet, die euch nicht (persönlich) bekannt sind — und bittet um Barmherzigkeit für ihre Seelen.

Mein Vater wartet mit Liebe in Seinem Herzen auf eure großzügige Antwort.

Kommt. Zögert nicht; denn dies ist das außergewöhnlichste himmlische Geschenk seiner Art.

Ihr von dieser Generation seid in der Tat gesegnet.

Euer Jesus

534. Jungfrau Maria: Nehmt für das Geschenk der Gnade der Immunität an, Kinder. Schätzt es hoch, denn es ist ein seltenes Geschenk des Himmels.

Samstag, 25. August 2012, 12:00 Uhr

Meine Kinder, der Himmel jubelt. Die Chöre der Engel singen mit lauter Stimme zum Lobe Meines Vaters.

Seine glorreiche Barmherzigkeit, die von Ihm durch die besondere Gnade der Immunität (d. h. der Gnade, Seelen vor der Hölle zu bewahren) gewährt wird, wird von allen Engeln und Heiligen im Himmel mit großer Liebe und Freude gefeiert.

Meine Kinder verstehen — bis jetzt — nicht die Bedeutung dieses großen Geschenks der Barmherzigkeit durch den Vater, Gott den Allerhöchsten.

Ihr, Meine Kinder, habt jetzt die Macht, die anderen, die verlorenen Seelen, zu retten.

Das bedeutet, dass die Macht des Teufels in einer Art und Weise überwunden werden kann, wie es bis jetzt nicht möglich war.

Die Lügen, die Täuschung und der Hass, die der Teufel in die Köpfe der Kinder Gottes pflanzt, können nutzlos gemacht werden, wenn die Gebete, die denen gegeben werden, die Meinen Sohn lieben, vor dem Thron Meines Vaters dargeboten werden.

Nehmt das Geschenk der Gnade der Immunität an, Kinder.

Schätzt es hoch, denn es ist ein seltenes Geschenk des Himmels.

Es beweist euch die Liebe eures Vaters für jedes Seiner geliebten Kinder.

Es ist eines der großen Wunder, das allen Kindern Gottes in der Endzeit dargeboten wird.

Danke, dass ihr Meinem Ruf gefolgt seid.

Maria, Königin des Himmels.

Mutter der Erlösung

535. Hass ist die Ursache des ganzen Übels in der Welt und er nimmt viele Formen an.

Sonntag, 26. August 2012, 18:30 Uhr

Meine innig geliebte Tochter, Hass ist die Ursache des ganzen Übels in der Welt, und er nimmt viele Formen an.

Die Feindschaft gegenüber einer anderen Person hat ihren Ursprung in der Furcht, der Furcht, dass diese Person euch in irgendeiner Weise verletzen könnte.

Unstimmigkeiten mit einer anderen Person können von der Sünde des Stolzes ausgehen. Das ist der Fall, wenn ihr findet, dass ihr um jeden Preis zur Geltung kommen müsst — selbst wenn ihr im Irrtum seid.

Neid schlägt sehr bald in Hass um, auch wenn er zu Beginn klein sein kann.

Ihr beginnt, euch selbst nicht zu mögen, weil ihr euer Leben mit dem Leben anderer vergleicht, die es nach eurem Empfinden besser haben als ihr.

Sehr bald entwickelt sich dieses Sich-nicht-Mögen in Hass gegen euch selbst und gegen euren Körper. Das führt dann zu den Sünden des Fleisches.

Hass kann auch aufgrund der Sünde, den Besitz eines anderen zu begehren, aufkommen.

Das kann dann zum Krieg führen, wenn ein Land die Reichtümer eines anderen begehrt.

Oder es kann dazu führen, dass ihr der Habgier erlaubt, eure Seele aufzufressen, dann, wenn ihr die gleichen weltlichen Reichtümer ersehnt, wie euer Nächster sie besitzt.

Neid verwandelt sich ebenfalls in eine Form des Hasses, besonders dann, wenn es euch — egal wie sehr ihr es versucht, mit einem anderen zu wetteifern — nicht gelingt, das zu erreichen, was ihr euch zu tun vorgenommen habt.

Alle Sünden können euch — wenn ihr zulasst, dass sie weiter wuchern — zum Hass führen.

Wenn ihr Hass fühlt, dann müsst ihr wissen, dass Satan es geschafft hat, in euren Geist einzudringen.

Wenn das geschieht, dann wird er euch in einem eisernen Würgegriff halten und euch nicht mehr in Ruhe lassen.

Egal wie sehr ihr versucht, seinen Griff zu lösen, er wird sich verzweifelt an euch festklammern. Eure einzige Waffe ist das Gebet.

Betet, betet, betet, wenn Hass in euch aufsteigt. Denn solange er euch nicht verlässt, werdet ihr niemals wieder Friede, Liebe oder Freude empfinden können.

Wenn Hass euer Herz und eure Seele ergreift, werdet ihr einen Schritt weiter von Mir, eurem Jesus, entfernt.

Ihr leidet schrecklich und fühlt eine Wut und eine Hilflosigkeit, der ihr nicht Herr werden könnt.

Glaubt niemals die letzte Lüge, die Satan dann in eure Seele pflanzt, nachdem er einen Mantel des Hasses über euch geworfen hat.

Die Lüge ist folgende: Euer Hass könne nur verfliegen, indem ihr an dem Zielobjekt eures Hasses endgültige Rache nehmt.

Was ist zu tun, wenn euch Hass umhüllt? Die Macht der Liebe kann Hass sofort verdampfen lassen.

Wenn ihr betet und Mich bittet, euch zu helfen, wird Meine Antwort sein:

Vergebt euren Feinden und denjenigen, von denen ihr glaubt, dass sie die Ursache eures Hasses sind.

Aber um zu vergeben, müsst ihr euch vor Mir demütig zeigen und Mich erst selbst um Vergebung bitten.

Wenn ihr denjenigen erst einmal vergeben habt, die ihr hasst, müsst ihr danach für eure Sünde Wiedergutmachung leisten.

Zeigt euren Feinden Liebe. Bekämpft den Hass — eine böse und gefährliche Krankheit der Seele — mit der Liebe.

Die Liebe ist das Heilmittel, um eure Seele von dieser Seuche zu befreien.

Wenn ihr das tun könnt, werdet ihr Satan besiegt haben, und er wird euch in Ruhe lassen.

Habt niemals Angst, den Hass in eurer Seele zu bekämpfen, auch wenn es euch sehr schwer fallen wird.

Wenn der Hass auf diese Weise vermindert werden könnte, durch die Demut des Sünders, würde in der Welt Frieden herrschen.

Euer Jesus

536. Das ist die Verantwortung, die Ich euch, Meinen Jüngern, übertrage: die Seelen, nach denen Ich Mich am meisten sehne, zu bekehren.

Montag, 27. August 2012, 19:20 Uhr

Meine innig geliebte Tochter, Meine Liebe zu Meinen Jüngern, die auf Meine Botschaften geantwortet haben, hat Mein Heiligstes Herz in einem solchen Maße anschwellen lassen, dass daraus nun eine Fülle von Gnaden hervorbrechen wird.

Meine Gnaden ergießen sich in dieser Zeit über euch, Meine geliebten Anhänger.

Sie werden euch gegeben, um eure Entschlossenheit zu stärken, Mein Heiliges Wort auszubreiten.

Meine Botschaften vom Himmel werden die Seelen — auch die schwärzesten — mit dem Sauerstoff nähren, den sie benötigen, um die Finsternis zu überleben, die von Satan über die Welt ausgegossen worden ist.

Sein unsichtbarer, aber starker Einfluss schwächt sogar die stärksten unter den Gläubigen, die beginnen, an ihrem Glauben zu zweifeln.

Wenn Ich euch diese Gnaden gebe, tue Ich das mit einem Grund.

Ihr, Meine Jünger, seid der Anker, zu dem alle Seelen, die ziellos umherirren, hingezogen werden. Selbst wenn sie am Anfang nicht zuhören werden, müsst ihr beharrlich weitermachen.

Gebt ihnen Meine Botschaften und Meine Kreuzzuggebete zu lesen und geht schweigend weg.

Sie werden irgendwie von Meinem Heiligen Geist berührt werden. Wenn sie diese nicht annehmen, werden sie es schwer finden, lediglich wegzugehen und sie einfach zu vergessen. Nein, sie werden zu Mir zurückkehren.

Einige werden widerstrebend zurückkommen. Die Neugierde wird aber stärker sein.

Einige werden mit der Absicht zurückkommen, zu versuchen, diese Botschaften abzulehnen, und zu versuchen, euch zu überreden, dasselbe zu tun.

Andere werden zurückkommen, um mit euch zu streiten, euch auszulachen und euch herauszufordern.

Andere werden euch sagen, dass diese Worte nicht von Mir kommen — und das wird euch das Herz brechen.

Aber dann wird es die Bekehrten geben — diejenigen, die zu euch gelaufen kommen,

243

mit reiner Freude in ihren Herzen, und um mehr Informationen bitten.

Es werden diese Seelen sein, die all dies lohnenswert machen werden.

Jedoch sind es die dunklen Seelen, für die ihr am meisten beten müsst, und ihretwegen ist es, dass Ich Meine Gnaden über euch ausgieße, damit ihr helfen werdet, ihre Seelen zu retten. Denn ohne eure Hilfe gibt es keine Hoffnung für sie.

Das ist die Verantwortung, die Ich euch, Meinen Jünger, übertrage: die Seelen, nach denen Ich Mich am meisten sehne, zu bekehren.

Euer Jesus

537. Wenn ihr falsche Götter preist und um großen Wohlstand, um Reichtümer und um andere Geschenke bittet, nur um eure Begierden zu befriedigen, dann werdet ihr den Fürsten der Finsternis anlocken.

Dienstag, 28. August 2012, 19:30 Uhr

Meine innig geliebte Tochter, die Welt und die Menschen, die darin leben, befinden sich in der Verleugnung (Gottes).

Sie glauben nicht an den Wahren Gott, an Meinen Ewigen Vater.

Zu Milliarden laufen sie in Verwirrung umher und jagen Sackgassen entlang, wobei sie nach einem Gott suchen, dem sie ihre Treue zeigen können.

Das Problem mit den Göttern, den falschen Göttern, die sie auf ein Podest stellen, besteht darin, dass diese Idole von ihnen selbst gemacht sind, ihre eigene Kreation sind, geschaffen, um zu dem Bild zu passen, das sie sich davon gemacht haben, wie Gott sein sollte.

Diese Götter — und sie haben Hunderte davon geschaffen, Meine Tochter — entstammen ihrer eigenen Phantasie.

Diese gleichen Götter dienen nur einem Zweck, der darin besteht, den aus der Eigenliebe entstandenen Erwartungen in Hinsicht darauf, wie ihr idealer Gott sein sollte, zu entsprechen.

Die Götter, die sie schaffen, sind fein ausgeklügelt. Sie appellieren an ihr Empfinden des göttlichen Rechts ihrer Seelen. Diese Seelen glauben, dass ihre selbstgemachten Götter ihre Rechte auf wundersame Dinge unterstützen.

An diejenigen unter euch, die die Wahrheit, die Existenz des einen Wahren Gottes, nicht annehmen, ihr sollt Folgendes wissen:

Nur der Wahre Schöpfer der Menschheit kann euch einen freien Willen geben.

Mein Vater wird euch niemals zwingen oder euch befehlen, irgendetwas zu tun; denn das ist unmöglich.

Wenn ihr falsche Götter bittet, euch Reichtümer zu geben, euch erfolgreich zu machen, oder wenn ihr euren eigenen Vorteil sucht, seid ihr egoistisch.

Nur wenn ihr Gott bittet, euch Geschenke zu gewähren, die mit Seinem Heiligen Wil-

len übereinstimmen, könnt ihr wirklich mit dem einen Wahren Gott kommunizieren.

Wenn ihr falsche Götter preist und um großen Wohlstand, um Reichtümer und um andere Geschenke bittet, nur um eure Begierden zu befriedigen, dann werdet ihr den Fürsten der Finsternis anlocken.

Er wartet auf den Augenblick, wo er euch solche Gefälligkeiten erweisen wird. Öffnet dem König der Lügen nicht die Türe; denn das wird euch teuer zu stehen kommen.

Er wird solche weltlichen Geschenke im Gegenzug für eure Seele eintauschen.

Euer Jesus

538. "Gut gegen Böse" ist eine Schlacht zwischen Gott, Meinem Ewigen Vater, und Satan. So einfach ist das.

Mittwoch, 29. August 2012, 23:00 Uhr

Meine innig geliebte Tochter, die Schlacht beginnt jetzt.

Für jedes betrübliche Gesetz, das von den Nationen erlassen wird und das den Geboten Gottes widerspricht, werden — durch die Hand Meines Vaters — die strafenden (Natur-)Gewalten auf sie niederprasseln.

Jedes böse Vergehen, das unter Missachtung der Gebote Gottes ausgeführt wird, wird angegriffen werden, und Nationen werden für ihre Sünden leiden.

Genauso wie die Barmherzigkeit Gottes groß ist und so flächendeckend wie möglich sein wird, um Seelen zu retten, so wird auch die Strafe Gottes entfesselt werden, um die Ausbreitung des Bösen zu stoppen.

„Gut gegen Böse" ist eine Schlacht zwischen Gott, Meinem Ewigen Vater, und Satan. So einfach ist das.

Diejenigen, die nach den Geboten Gottes leben, werden unterstützt werden.

Diejenigen, für welche sie beten und persönliche Opfer zur Sühne für deren Sünden anbieten, werden mit Nachsicht behandelt werden.

Diejenigen, die sich weigern, Gott zu folgen, obwohl sie die Wahrheit kennen, und die andere Seelen durch die gottlosen Gesetze und Bestimmungen verseuchen, die sie innerhalb ihrer Nation festlegen, werden bestraft werden.

Es wird viele Stürme, Überschwemmungen und Erdbeben geben.

Denn jede Beleidigung gegen Gott wird auf erbitterten Widerstand stoßen, so dass sich mit der Zeit die Reinigung erfüllen wird und sich erfüllen kann.

Vergesst niemals: Die Liebe zu Gott muss aus dem Herzen kommen.

Lehnt das Wort Gottes ab … und ihr werdet dafür leiden.

Die Liebe zu Gott muss rein sein. Die Gottesfurcht ist ein natürlicher Teil der Verbundenheit mit der Erhabenheit des Schöpfers aller Dinge und ist ein Teil dieser Liebe.

Es muss Respekt vor den Geboten Gottes gezeigt werden.

Wenn der Respekt fehlt und wenn der Mensch die Gebote Gottes verspottet, was die Menschlichkeit moralisch zersetzt, wird der Zorn Meines Vaters entfesselt werden.

Euer Jesus

539. Mein Kind, die Erneuerung der Seelen hat bereits begonnen und das Zeitalter des Friedens ist nicht mehr allzu fern.

Donnerstag, 30. August 2012, 18:15 Uhr

Jungfrau Maria: Das Erwachen kommt bald.

Mein Kind, die Erneuerung der Seelen hat bereits begonnen und das Zeitalter des Friedens ist nicht mehr allzu fern.

Während alle Kinder Gottes durch das Geschenk des Wortes Meines geliebten und kostbaren Sohnes gesegnet werden, breitet sich der Heilige Geist weiterhin über alle Nationen aus.

Das Wort Meines Sohnes kann nicht aufgehalten werden — aufgrund des Befehls Meines Vaters.

Bekehrung wird die Herzen der Menschen entzünden, und viele werden fühlen, wie die Liebe Gottes, ihres natürlichen Vaters, sie auf solch eine Art und Weise ergreift, dass es sie überraschen und erschüttern wird.

Sobald diese Göttliche Liebe sie durchwogt, werden sie sich gedrängt fühlen, vor Freude laut zu jauchzen; denn diese Liebe gleicht keiner anderen Liebe, die der Mensch kennt.

Das Erwachen kommt bald.

Während der Geist Gottes fortfährt, sich in Flammen der Glorie auszubreiten, wird das Böse geschwächt werden und die Armee Satans wird — ihrer Soldaten beraubt — zurückbleiben.

Sie wird wehrlos zurückbleiben, weil viele seiner Anhänger durch Gottes Barmherzigkeit bekehrt sein werden und Satan nur mit der Hälfte seiner Armee dastehen wird.

Enttäuscht über seine leeren Versprechungen, werden sie auf das Licht der Göttlichen Barmherzigkeit Meines Sohnes antworten.

Die Schlacht hat nicht nur begonnen, sondern die Seelen folgen jetzt auch Meinem Sohn in Scharen, weil sie die Wahrheit des Ewigen Lebens herausfinden.

Ich segne dich, Mein Kind.

Der Himmel jubelt wegen der Bekehrung der Seelen und der Erlösung dunkler Seelen, die durch die Gebete derjenigen erreicht wird, die Meinen Sohn lieben.

Eure geliebte Mutter

Mutter der Erlösung

540. Kein Mensch kennt die Wahrheit der wirklichen Inhalte des Buchs der Offenbarung. Nur Gott kennt sie.

Freitag, 31. August 2012, 23:20 Uhr

Meine innig geliebte Tochter, ihr steht kurz vor einer Explosion, in der Meine Barmherzigkeit über die Welt ausgegossen werden wird, in einem Ereignis, das das Angesicht der Erde verändern wird.

Diese Mission ist schnell gewesen.

Du wurdest plötzlich und mit Eile berufen, da Ich handelte, um sicherzustellen, dass der Welt die Wahrheit gegeben würde.

So wenige Menschen verstehen, dass Gott so die Propheten beruft: unerwartet, ohne dem Propheten Zeit zu lassen, sich vorzubereiten.

Das bedeutet, dass die Worte ohne Zögern fließen.

Kein Mensch hat die Fähigkeit, solche Botschaften wie diese zu schreiben. Zu sagen, dass das der Fall ist, ist eine Beleidigung für Meinen Vater und den Heiligen Geist.

Kein Mensch könnte — durch menschliche Worte — die Flamme von Gottes Liebe in den Seelen Seiner Kinder entzünden, wie es diese Botschaften können.

Nur Gott konnte solch ein Ergebnis erwirken.

Kein Mensch kennt die Wahrheit der wirklichen Inhalte des Buchs der Offenbarung. Nur Gott kennt sie.

Nur Ich, das Lamm Gottes, habe die Autorität zu enthüllen, was sie enthalten. Ich tue das jetzt durch Meine Botin Maria von der Göttlichen Barmherzigkeit, die Meine Worte — nicht ihre Worte — an eine ungläubige Welt übermitteln wird.

Nehmt euch jetzt Mein Wort zu Herzen; denn es wird euch gegeben, um euch zu retten — um euch zu warnen — um euch vorzubereiten — und um euch zu reinigen.

Seid bereit, wenn die Zeit kommt.

Ich komme — durch die Botschaften —, um euch vorzubereiten. Ihr kennt weder den Tag noch die Stunde; deshalb also müsst ihr eure Seele so vorbereiten, als ob die Zeit, zu der Ich komme, am nächsten Tag sei.

Seid immer bereit. Ich bitte euch, einen klaren und offenen Geist zu bewahren, wenn ihr Meine Botschaften zum ersten Mal lest; denn das wird wahrscheinlich das einzige Mal sein, dass ihr Zeugen Meiner Stimme vom Himmel sein werdet, bis der Tag, auf den ihr alle gewartet habt, kommt.

Ich segne euch alle.

Ich winke euch, zu Mir zu kommen.

Wenn Ich euch bitte zu beten, bitte Ich euch einfach, euch Mir mit euren eigenen, einfachen Worten anzuvertrauen.

Auf eure eigene Art und Weise. Mit euren persönlichen Gedanken. Ich höre alles. Ich sehe alles. Ich fühle, was ihr fühlt. Ich bin bei jedem von euch und stehe jedem zur Seite und warte nur auf den Tag, an dem ihr euch schließlich Meinem Rufen ergeben werdet.

Ihr habt von Mir nichts zu befürchten; denn Meine Liebe zu euch wird jede Finsternis, welche euch von Mir fernhält, überwinden.

Wendet euch Mir zu, und Ich werde Mein Licht über euch ausgießen.

Dann werde Ich euch den Frieden geben, nach dem ihr euch sehnt. Ich warte. Ich habe Geduld.

Kommt zu Mir, wenn ihr bereit seid.

Ich liebe euch. Ich segne euch.

Euer Erlöser

Jesus Christus

541. Diese Mission ist das letzte Geschenk an Prophetie, von Meinem Vater gutgeheißen, um Seelen zu retten.

Samstag, 1. September 2012, 10:25 Uhr

Meine innig geliebte Tochter, die Geschwindigkeit, mit der Meine Botschaften der Menschheit gegeben werden, ist bezeichnend für die Dringlichkeit dieser Mission.

So viele Menschen in der Welt sind verloren.

So viele arme Seelen wissen nicht, wer Gott, Mein Vater, ist.

So viele erkennen Mich, Seinen geliebten Sohn, nicht als den wahren Messias an.

Diese Mission ist das letzte Geschenk an Prophetie, von Meinem Vater gutgeheißen, um Seelen zu retten.

Diese Botschaften sind bestimmt für Christen, Juden, Moslems, Atheisten, Agnostiker und für all diejenigen, die Trost in menschengemachten Religionen suchen.

Alle Menschen, alle Seelen, haben denselben Wunsch: Sinn in ihrem Leben zu finden.

Den meisten bricht es das Herz, wenn sie nicht an Gott glauben, weil sie glauben, dass alles aus ist, wenn ihr Leben auf Erden abläuft.

Oh, wenn sie doch nur sehen könnten, was geschieht, wenn ihre Seelen vor Mir erscheinen. Sie sehen Mich und sie sind sprachlos; denn sie können nicht glauben, dass Ich real bin. Die Freude in vielen solcher Seelen ist nur dann mit Erleichterung gepaart, wenn sie im Stande der Gnade sterben.

Die Freude jener — sich in Finsternis befindenden — Seelen, wird jedoch, wenn sie Mich sehen, jäh abgebrochen, und sie treiben weg von Mir, in die Tiefen der Hölle in einen Zustand des Schocks und der Verzweiflung.

Jene Seelen, die Bescheid wissen über die Lehren Gottes durch Seine Propheten und infolge Meiner eigenen Mission auf Erden und die Mich dennoch ablehnen, sollen Folgendes wissen:

Ihr habt beschlossen, der Wahrheit euren Rücken zuzukehren. Aufgrund Meiner Liebe zu euch werde Ich alles tun, was Ich kann, um eure Augen zu öffnen.

Ich werde Geschenke bringen und Ich werde euch aufgrund Meiner großen Barmherzigkeit retten. Ich rufe euch alle auf — unabhängig davon, welcher Religion ihr angehört —, jetzt auf folgende Worte zu hören:

Ihr alle wisst, wie es ist, Teil einer Familie zu sein.

Einige von euch haben das große Glück, in eine liebevolle Familie geboren worden zu sein.

Andere sind nicht so gesegnet und mögen durch Schwierigkeiten und Finsternis innerhalb der Familiengemeinschaft gelitten haben. Andere sind untergegangen, verletzt, wütend und können keine wahre Liebe zu ihren Familien fühlen.

Einige werden in die Wildnis hinausgetrieben und müssen sich selbst durchschlagen, ohne jemanden zu haben, an den sie sich wenden könnten.

Viele brauchen einfach irgendeine Stütze, an die sie sich anlehnen können, um Hoffnung zu fühlen. Aus diesem Grund versuchen viele arme Seelen, Religionen zu finden, die ihnen diese fehlende Bindung anbieten.

Leider führt sie das nur hinein in weitere Verzweiflung. Denn diese Religionen basieren auf einer Lüge.

Lügen verletzen euch, Kinder. Sie geben euch ein falsches Gefühl der Sicherheit. Diese Religionen haben keine Substanz, weil sie nicht der Wahrheit, dem Weg des Herrn, folgen.

Ihr sollt einfach wissen, dass Wir, die Heilige Dreifaltigkeit, eure Familie sind. Der Neue Himmel und die Neue Erde werden euer wahres Zuhause sein.

Folgt Mir auf dem Weg der Wahrheit, so kann Ich euch in euer rechtmäßiges Zuhause bringen.

Ein Zuhause so voller Liebe und Freude, dass es alles ist, worum ihr euch bemühen müsst.

Bitte öffnet eure Augen; denn die Zeit ist für die Welt gekommen, dass ihr endlich der Bund der Wahrheit dargeboten wird.

Mein Tod am Kreuz war ein Bund, um euch Erlösung zu bringen.

Mein Zweites Kommen ist auch ein Bund, der Letzte Bund, um euch nach Hause zu bringen, zu Gott, dem Schöpfer aller Dinge.

Mein Vater, Gott, der Allerhöchste, sendet Mich jetzt bald, um allen Seinen Kindern Rettung zu bringen.

Ich kann das nur tun und das Versprechen Meines Vaters nur dann erfüllen, wenn Ich jede Seele retten kann.

Blockiert Meinen Weg nicht aufgrund von Zweifeln.

Weist Meine Versuche, jeder Seele Rettung zu bringen, nicht zurück.

Verwirkt nicht die Chance, ein erfülltes Leben zu führen, voller Liebe, Freude und Staunen, in Frieden und Harmonie im Neuen Zeitalter des Friedens.

Euer Jesus

542. Ich rufe alle von euch auf, Zentren einzurichten, wo ihr sicherstellen könnt, dass Meine Botschaften verbreitet werden.

Montag, 3. September 2012, 10:08 Uhr

Meine innig geliebte Tochter, die Armee ist formiert, und ihre Reihen werden sich über christliche Länder ausbreiten wie auch über Länder, die von Kommunisten regiert werden.

Kein Land wird von Meiner Armee, von Meiner Rest-Armee, unberührt bleiben.

Es wird innerhalb Meiner Armee Reihen geben mit Rängen jeder Art, die dafür bestimmt sind sicherzustellen, dass Meine Mission, Seelen zu bekehren, erfolgreich ist.

All jene in Meiner Armee werden — ungeachtet der Rolle, die sie spielen — Folgendes gemein haben:

Sie werden Mir demütig dienen, und ihre Liebe zu Mir, Ihrem Jesus, wird während dieser ganzen Mission über lodern.

Die vom Heiligen Geist entzündete Flammenfackel wird nicht flackern; denn dies ist ein besonderes Geschenk, um Meine Soldaten zu stärken.

Haltet euch vor Augen, dass das ein Krieg sein wird, ein Krieg, um die Menschheit zu retten. Ein Krieg, der — wie Mein Vater sicherstellen wird — im Namen Gottes gewonnen wird.

Ich rufe euch alle auf, Zentren einzurichten, wo ihr sicherstellen könnt, dass Meine Botschaften verbreitet werden, auf welche Weise ihr auch immer könnt.

Gebet ist ein wichtiger Teil solcher Zentren, weil ihr, wenn ihr Gebetsgruppen einrichtet, die Macht Meiner Armee stärken werdet.

Ich werde mehr Bekehrung schenken, je mehr Gebetsgruppen in Meinem Heiligen Namen gegründet werden.

Nennt diese Gebetsgruppen „Jesus an die Menschheit" (englisch: „Jesus to Mankind") und überlasst Mir den Rest.

Mein Heiliger Geist wird euch in solchen Gruppen bedecken und euch jeden Schritt des Weges führen. Ich werde euch bald weitere Anweisungen erteilen.

Seid im Frieden. Ich bin glücklich, dass ihr, Meine geliebten Jünger, auf Meinen Ruf mit solcher Liebe und solchem Vertrauen reagiert habt.

Euer Jesus

543. Mein Name wird nicht mehr verehrt. Mein Name wird verflucht.

Dienstag, 4. September 2012, 23:05 Uhr

Meine innig geliebte Tochter, der Schmerz der Ablehnung und des Hasses der Menschheit wird von Mir jeden Moment jeden Tages gefühlt.

Er lässt nie nach. Meine Kreuzigung war nur der Anfang.

Sie mag die Erlösung der Menschheit eingeläutet haben, aber Mein Schmerz wird weitergehen, bis Satan verbannt ist.

Solange er anwesend ist und über die Erde herrscht, was er in dieser Zeit noch immer tut, enden Mein Schmerz und Meine Qual niemals.

Die einzige Erleichterung ist die Freude, die Ich fühle, wenn Ich echte, zwischenmenschliche Liebe sehe, die es in der Welt der reinen Seelen gibt.

Es ist diese Liebe, die das Licht zwischen Nacht und Tag möglich sein lässt. Denn ohne Mein Licht würde vierundzwanzig Stunden am Tag die Finsternis vorherrschen.

Wenn ihr wollt, dann stellt euch Meinen Schmerz vor.

Für diejenigen unter euch, die Schmerz ertragen und die durch die Hände derjenigen verletzt werden, die sie lieben, — ihr werdet genau wissen, welcher Art Mein Schmerz ist.

Wenn ihr grausam gequält werdet — sowohl geistig als auch körperlich — von jemandem, den ihr liebt, so ist der Schmerz schwerer auszuhalten.

Selbst wenn ihr wisst, dass sich die Person, die euch verfolgt, in schrecklicher Finsternis befindet, erleichtert das euren Schmerz nicht. Im Gegenteil, es vergrößert die Intensität und die Schwere eures Leidens.

Das ist, weil ihr eure Peiniger noch immer gerne habt, doch wisst, dass sie leiden und dass sie ihr Verhalten nicht ändern können.

So groß ist die Finsternis, in der sie sich befinden, dass, wenn ihr versucht, ihnen zu erklären, was sie tun müssen, um ihre Finsternis loszuwerden, sie nicht zuhören werden.

Sie wollen nicht zuhören.

Noch wollen sie ihren Geist erneuern, um das Licht, die Liebe und die Freude zu sehen, die sie fühlen würden, wenn sie euch nur zuhören würden, der einzigen Person, die sie trotz ihrer Fehler aufrichtig liebt, ihre einzige Chance, diese gefährliche dunkle Wolke, die ihren ganzen Geist bedeckt, von sich zu weisen, um frei zu werden.

Der Schmerz der Ablehnung ist schlimm für Mich, euren Erlöser, den Menschensohn.

Ich ertrug ein schreckliches körperliches Leiden, von dem vieles der Welt nicht in jedem Detail bekannt gemacht wurde; so schrecklich war die Qual; denn Ich wollte nicht diese Art von Mitgefühl.

Nein, Ich suchte nur eure Treue, euren Glauben sowie die Freude und Erleichterung aufgrund eures Wissens, dass ihr vor der ewigen Verdammnis gerettet wurdet.

Aber erkennen die Menschen wirklich das Geschenk, das Ich ihnen wirklich gegeben habe?

Viele gehen zur (Heiligen) Messe oder empfangen den Wein in anderen christlichen Kirchen, um Mein Geschenk zu ehren, aber sie verstehen nicht, was das bedeutet.

Ich gab Mich Selbst vollkommen hin mit Leib, Geist und Seele. Wenn ihr die Kommunion empfangt, müsst Ihr Meinen Leib völlig verzehren und nicht nur sagen, dass ihr Mich ehrt.

Denn ohne Meinen Leib, Meine Realpräsenz, kann Ich eure Seelen nicht gewinnen. Wisst ihr das nicht?

Warum weist ihr Mein echtes Geschenk zurück, Mein Geschenk, wie es Meinen Aposteln erklärt wurde, nämlich dass die Eucharistie tatsächlich Mein Leib ist?

Ihr könnt euch nicht die Gnaden vorstellen, die euch, euren Familien und Generationen verloren gegangen sind, weil ihr die Macht eines solchen Geschenks abgelehnt habt.

Mein Schmerz verlässt mich nicht. Ich weine. Ich leide. Ich weine bittere Tränen, wenn Ich in der Welt die Sünde so um sich greifen sehe, dass Mein Name nicht mehr geehrt wird. Mein Name wird verflucht. Ich fühle intensiven Schmerz.

Dir, Meine Tochter, ist während der letzten paar Monate dieser gleiche Schmerz gegeben worden. Ich erlaubte diesen Infiltrationsangriff auf dich durch den Teufel. Dieses Opfer, das du Mir angeboten hast, als eine Opferseele, war schwierig, aber du hast dadurch eine einfache Lektion gelernt:

Wenn du Opfer eines solch grausamen Leidens aus den Händen anderer und dazu in Meinem Namen bist, fühlst du genau den Schmerz, den Ich zur gleichen Zeit fühle.

Unser Schmerz, Meine Tochter, ist in dieser mystischen Vereinigung eng umschlungen. Um Seelen zu retten, nahmst du Meinen Ruf, eine Opferseele zu werden, bereitwillig an, wobei du dir der Konsequenzen, so beängstigend sie auch waren, voll bewusst warst.

Jetzt, wo du Bekehrung bringst, weißt du, dass dann, wenn Leiden erforderlich ist, es Meinem eigenen Leiden entsprechen soll, welches sehr traumatisch und schmerzlich ist und sein kann.

Wegen deiner menschlichen Natur wirst du von Zeit zu Zeit dazu neigen, zu ringen und gegen den Horror, der dir zugefügt wird, anzukämpfen, besonders dann, wenn sogar der Schmerz, den du ertragen müsstest, würden Nägel in deine Handgelenke eingehämmert, der Qual vorzuziehen sein würde, die du gebeten worden bist, in Meinem Namen zu erdulden.

Meine Gnaden halfen dir dabei, dich diesen Bitten, Leid auf dich zu nehmen, zu unterwerfen. Sie gewährten dir eine Stärke, die dir erlaubte, dich zu erheben, hoch oben zu stehen und Gott zu preisen. Denn das sind Gnaden, um dir zu helfen, das Leiden anzunehmen als Geschenk an Gott, um Seelen in der Todsünde zu retten.

Das nächste Mal, wenn euch jemand quält, euch grausam behandelt und euch psychisch missbraucht, Meine Kinder, werdet ihr, wenn ihr euch an meine Erläuterungen erinnert, euren Schmerz überwinden.

Sprecht zu Mir dieses Kreuzzuggebet (75) „Ich übergebe Dir, lieber Jesus, meinen Schmerz"

„Jesus, ich vereinige meinen Schmerz und mein Leiden mit Deinem Leiden, das Du während Deines Todeskampfes am Kalvarienberg erlitten hast.

Für jede Beschimpfung und jeden verbalen Angriff, den ich erleide, opfere ich es Dir auf zu Ehren Deiner Dornenkrönung.

Für jede ungerechtfertigte Kritik an mir opfere ich es Dir auf zu Ehren Deiner Demütigung vor Pilatus.

Für jede körperliche Qual, die ich von den Händen anderer ertrage, opfere ich es Dir auf zu Ehren Deiner Geißelung an der Säule.

Für jede Beleidigung, die ich erleide, opfere ich es Dir auf zu Ehren der schrecklichen körperlichen Folter, die Du während der Dornenkrönung erlitten hast, als sie Dir Dein Auge zerrissen.

Für jedes Mal, wenn ich Dich nachahme, wenn ich Deine Lehren weitergebe und wenn ich in Deinem Namen verspottet werde, lass mich helfen, Dir bei Deinem Gang zum Kalvarienberg beizustehen.

Hilf mir, frei von Stolz zu sein und niemals Angst zu haben zuzugeben, dass ich Dich, lieber Jesus, liebe.

Dann, wenn in meinem Leben alles hoffnungslos erscheint, hilf mir, lieber Jesus, tapfer zu sein, indem ich daran denke, wie Du Dich bereitwillig auf solch abscheuliche und grausame Weise kreuzigen ließest.

Hilf mir, aufzustehen und als echter Christ gezählt zu werden, als ein treuer Soldat in Deiner Armee, demütig und mit reuevollem Herzen eingedenk des Opfers, das Du für mich gebracht hast.

Halte meine Hand, lieber Jesus, und zeige mir, wie mein eigenes Leiden andere inspirieren kann, sich Deiner Armee gleichgesinnter Seelen, die Dich lieben, anzuschließen.

Hilf mir, das Leiden anzunehmen und es Dir als ein Geschenk aufzuopfern, um Seelen in der Letzten Schlacht gegen die Tyrannei des Teufels zu retten. Amen."

Das Leiden, Meine Tochter, — so schwer es auch ist — ist ein Geschenk, das Ich verwende, indem Ich es denjenigen überreiche, denen Ich in Meinem Herzen vertraue, damit Ich Seelen retten kann.

Du, Meine Tochter hast Mein Leiden durch deine Antwort außerordentlich erleichtert. Es wird noch einige Zeit dauern, bis Ich vom Kreuz frei sein werde.

Das kann nur geschehen, wenn Ich alle möglichen Seelen, die heute auf der Erde leben, rette.

Euer Jesus

544. Ein großer Konflikt wird zutage treten, und die Menschen werden sich entzweien. Bruder gegen Bruder.

Mittwoch, 5. September 2012 14:30 Uhr

Meine innig geliebte Tochter, eine Nation nach der anderen befindet sich in diesem Augenblick in einem Übergangsstadium.

Es ist unmöglich, dass es eine Nation nicht bemerken würde, dass viel Veränderung in der Luft liegt.

Nicht nur die Gesetze, die ihre Länder regeln, beginnen sich zu ändern, sondern auch der Glaube, den sie einmal hatten, scheint verdunstet zu sein.

Immer weniger Priester, immer weniger Diener in Meiner christlichen Kirche, treten nach vorn, um die Gebote Gottes zu verteidigen.

Auch ihre Treue zu Mir rufen sie nicht lautstark heraus. Stattdessen sind ihre Stimmen nur ein Flüstern inmitten des Lärms von Stimmen, welche herumschimpfen und die Eigenliebe in den Vordergrund stellen.

Das Wort Gottes wird durch die Stimmen der Atheisten verschlungen, die ihre Stimmen hinter dem Deckmantel von Regierungsgesetzen verstecken, die im Namen der sogenannten Gerechtigkeit und Toleranz angeblich zum Wohle aller abgeändert werden.

Die Lügen, die euch vorgesetzt werden, sind dazu bestimmt, nicht nur das Wort Meines Vaters zu vernichten, sondern auch das Christentum in der ganzen Welt.

Der Glaubensabfall hat sich wie ein Lauffeuer ausgebreitet und hat fast seinen Höhepunkt erreicht.

Das ist die Zeit für das Eingreifen Gottes. Genug der Lügen. Der König der Lügen täuscht die Kinder Gottes überall. Folgt nicht euren Regierungen, die erklären, dass das Wort Gottes eine Lüge sei.

Akzeptiert keine neuen Gesetze, welche stillschweigend die Todsünde billigen. Kämpft — ihr alle. Tretet für das ein, was richtig ist.

Lasst keine Gesetze zu, die vom König der Lügen vorangetrieben werden, um euch und eure Familien zu packen und in eine bodenlose Grube hineinzuziehen.

Solltet ihr Gesetze zulassen, welche die Ausübung eures Glaubens verbieten, dann werdet ihr leiden. Euren Seelen wird es an Nahrung fehlen, und ihr werdet euch von mir entfernen.

Aber solltet ihr Mord und Abtreibung akzeptieren und nicht gegen solches Übel eintreten, dann wird euer Land durch die Hand Gottes bestraft werden.

Während sich der Glaubensabfall einerseits weiterhin überall ausbreitet, nimmt andererseits die Bekehrung zu, und bald werden die beiden frontal zusammenstoßen.

Ein großer Konflikt wird zutage treten, und die Menschen werden sich entzweien. Bruder gegen Bruder. Nachbar gegen Nachbar. (*)

Es wird zwei Lager geben. Diejenigen, die Gott lieben, und diejenigen, die Ihn nicht lieben.

Ich werde allen Seelen die Chance geben, selbst zu entscheiden, welchem Lager sie angehören möchten, in der Hoffnung, dass sie Mich, ihren geliebten Erlöser, wählen werden.

Ihr, Meine Jünger, könnt durch eure Gebete, besonders durch das Beten der Litanei um die Gnade der Immunität, mehr Seelen zu Mir bringen. (Anmerkung: Litanei Nummer 2)

Dann werde ich — wie vorausgesagt — die Guten in Meinen Schoß ziehen, und innerhalb eines Augenblicks werden sie in Sicherheit gebracht sein. (**)

Mein Versprechen ist es, die Menschheit zu retten.

Aber die letzte Entscheidung wird bei jeder einzelnen Seele liegen — aufgrund ihres eigenen freien Willens.

Euer Jesus

(*) Mt 10,16 – 23

Voraussage der Verfolgung. 16 Sehet, ich sende euch wie Schafe mitten unter Wölfe. Seid daher klug wie die Schlangen und arglos wie die Tauben! 17 Nehmet euch in acht vor den Menschen. Denn sie werden euch den Gerichten ausliefern und in ihren Synagogen euch geißeln. 18 Und vor Statthalter und Könige werdet ihr geführt werden um meinetwillen, um vor ihnen und den Heiden Zeugnis zu geben. 19 Wenn sie euch ausliefern, so macht euch keine Sorge, wie oder was ihr reden sollt; denn es wird euch in jener Stunde gegeben werden, was ihr reden sollt. 20 Denn nicht ihr seid es, die da reden, sondern der Geist eures Vaters redet durch euch. 19-20: Vgl. Mk 13 11, Lk 12, 11-12. 21 Es wird aber der Bruder den Bruder in den Tod liefern und der Vater das Kind; und Kinder werden sich auflehnen gegen die Eltern und sie in den Tod bringen. 22 Ihr werdet gehaßt sein von allen um meines Namens willen. Wer aber ausharrt bis ans Ende, der wird gerettet werden. 23 Wenn man euch verfolgt in dieser Stadt, fliehet in eine andere. Wahrlich, ich sage euch: Ihr werdet noch nicht fertig sein mit den Städten Israels, bis der Menschensohn kommt.

(**) (1. Thess 4,17)

Dann werden wir, die noch leben und übrig sind, zugleich mit ihnen entrückt werden auf Wolken, dem Herrn entgegen in die Luft. Und dann werden wir bei dem Herrn sein allezeit.

(Mt 24,37 – 42)

Mahnworte. 37 Denn wie in den Tagen des Noe, so wird es auch bei der Ankunft des Menschen Sohnes sein. 38 Wie sie nämlich in den Tagen vor der Sintflut aßen und tranken, heirateten und verheirateten, bis zu dem Tage, da Noe in die Arche ging, 39 und nichts merkten, bis die Sintflut kam und alles wegraffte, also wird es auch bei der Ankunft des Menschen Sohnes sein. 40 Sind dann zwei auf dem Felde, so wird der eine aufgenommen, der andere zurückgelassen werden. 41 Mahlen zwei auf einer Mühle, so wird die eine aufgenommen, die andere zurückgelassen werden. 42 Darum wachet! Denn ihr wißt nicht, an welchem Tag euer Herr kommt.

(1. Kor 15,51-52)

51 Sehet, ich sage euch ein Geheimnis: Wir werden zwar nicht alle entschlafen, wohl aber werden wir alle verwandelt werden. 52 Plötzlich, in einem Augenblick, auf den Schall der letzten Posaune; diese wird ertönen, und die Toten werden unverweslich auferstehen, und wir werden verwandelt werden.

545. Mein Wort wird in aller Stille von Meinen führenden Dienern "verdaut".

Donnerstag, 6. September 2012, 18:30 Uhr

Meine innig geliebte Tochter, Meine Kirche auf Erden erkennt endlich, dass Ich jetzt durch dich, den siebenten Boten, mit der Welt kommuniziere.

Mein Wort wird von Meinen führenden Dienern in aller Stille „verdaut", die jedoch nicht öffentlich verkünden werden, dass diese Worte von Meinen Heiligen Lippen kommen.

Sie wissen, dass sie von Mir kommen, und Ich habe ihre Herzen berührt und ihre Seelen erhoben, so dass sie jetzt Meiner Leitung folgen werden.

So viele Meiner geistlichen Diener haben jetzt Meine Worte an die Menschheit zu dieser Zeit gesucht.

Sie brauchen jetzt Meine besonderen Gnaden, da sie ohne diese außer Stande wären, Meine Herde mit echtem Vertrauen zu führen.

Mein Heiliger Geist wird über Meine geistlichen Diener vor Ort gegossen, damit sie die Kraft finden werden, Meine Kirche durch den dornigen, dichten Dschungel zu führen, der vor euch liegt.

Fürchtet euch niemals, Mein geliebter Klerus; denn Ich werde euch niemals verlassen.

Ihr werdet Meine Gegenwart in den euch bevorstehenden Zeiten spüren, dann, wenn Mein Leib, Meine Kirche, verfolgt wird.

Diese Heilige Gegenwart wird eure Hauptstütze sein, da ihr Meine ganze Hilfe brauchen werdet, um euch darin zu unterstützen, Gottes Kinder zu ihrem rechtmäßigen Erbe zu führen.

Ich akzeptiere, dass viele von euch sich nicht äußern werden. Ich verstehe, wie schwer es für euch sein wird, Mein Wort, das euch durch Meine Endzeitprophetin gegeben wird, öffentlich zu verkünden. Aber nehmt Folgendes zur Kenntnis:

Ihr habt eine Verantwortung gegenüber Gottes Kindern, sie zu führen und ihnen den Weg zur Wahrheit zu weisen.

Ihr dürft niemals Lügen akzeptieren an Stelle der Wahrheit.

Ihr wisst, dass die Wahrheit Meiner Lehren in Stein gemeißelt ist.

Meine Lehren haben sich niemals geändert und werden sich auch niemals ändern.

Meine Neuen Offenbarungen, die hinter den Siegeln im Buch der Offenbarung (des Johannes) enthalten sind, werden euch in Kürze bekannt gemacht werden.

Vertraut auf Mich.

Akzeptiert, dass Ich jetzt mit euch spreche; denn Ich würde euch in dieser Zeit niemals im Stich lassen.

Meine Pflicht gegenüber Meinem Vater ist es sicherzustellen, dass die Welt angemessen auf Meine Rückkehr vorbereitet ist, um jedes einzelne Kind Gottes zu retten.

Euer Jesus

546. Diese Mission kann mit der Rettung eines riesigen Überseedampfers verglichen werden.

Freitag, 7. September 2012, 20:35 Uhr

Meine innig geliebte Tochter, du darfst niemals das Gefühl haben, dass du in dieser Mission alleine arbeitest, auch wenn du es so empfindest.

Du musst wissen, dass viele Menschen in der ganzen Welt Meinem Heiligen Wort zuhören und dass Meine Botschaften Seelen retten.

Diese Mission kann mit der Rettung eines riesigen Überseedampfers verglichen werden.

Viele Seelen werden vor der Gefahr gewarnt und im Voraus in den Rettungsplan eingewiesen.

Wenn sie zuhören, werden sie nicht nur sich selbst, sondern auch das Leben ihrer Familien und Freunde retten.

Viele werden nicht zuhören, sondern sagen: „Welche Gefahr?" Sie werden von den Rettungsflößen nichts wissen wollen, weil sie nicht glauben, dass das Schiff sinken wird.

Nein, sagen sie, das ist eine falsche Warnung, ein falscher Alarm. Wenn die Zeit näher rücken wird und die letzten Tage dann erkennbar werden, werden sie sich drängeln und überall nach einem sicheren Zufluchtsort suchen.

Sie werden rennen und sich vor der Explosion verbergen, wenn die Berge in die Meere sinken werden und der Himmel blutrot werden wird, aber sie werden nicht entkommen.

Jene Sünder, die gegenüber Meinem Vater entsetzliche Sünden begangen haben und die wissen, wie schwarz ihre Seelen sind, werden verloren sein.

Sie, die auf der Seite des Tieres sind, werden in dieser Phase versuchen, seiner Umklammerung zu entkommen. Denn erst

dann wird ihnen letztendlich die Wahrheit dämmern, und sie werden kein Recht auf das Licht haben.

Nur die Finsternis wird ihre Qual erleichtern, sie wird ihnen aber auch erbarmungslose, panische Angst und Leiden bringen.

Verweigert niemals die Hilfe, die ihr benötigt, um eure Seelen vorzubereiten. Ihr müsst akzeptieren, dass die Boshaftigkeit in der Welt ausgerottet werden muss.

Jene Sünder, die sich weigern, sich zu ändern, sogar, nachdem sie die Wahrheit von Gottes Wort empfangen haben, werden die letzte Schlacht nicht überleben.

Sie werden zusammen mit dem Tier in den Feuersee geworfen werden, und das wird nicht das Ende ihres Leidens sein. Es wird nur der Beginn sein.

Denjenigen, die über Meine Versuche, ihre Seelen vorzubereiten, spotten, sage ich: Ihr werdet jede Chance erhalten, zu Mir zu kommen.

Alles wird versucht werden, um euch zu retten. Wenn ihr Meine Hand nicht ergreift, das Rettungsfloß, das ihr braucht, um euch über Wasser zu halten, werdet ihr im Leid ertrinken.

Nur die Gebete der anderen können euch noch retten.

Die Erde sieht aus, wie sie jahrhundertelang ausgesehen hat.

Der Himmel sieht noch immer gleich aus.

Die Sonne scheint, wie sie es immer getan hat.

Der Mond erhellt die klare Nacht, und der Mensch hält vor Staunen über Gottes Schöpfung noch immer den Atem an.

Aber die Veränderungen haben bereits begonnen, und denjenigen, die wachsam sind, sage Ich Folgendes.

Ihr erkennt und ihr spürt die Veränderung. Tut eure Pflicht und benutzt das Gebet, damit die Augen der Menschen gegenüber der Wahrheit aufgetan werden und damit sich die Herzen aller gegenüber der Liebe Gottes öffnen werden.

Es wird die Liebe Gottes für all Seine Kinder und die Antwort Seiner Kinder auf Seinen Ruf sein, die die Rettung der Menschheit möglich macht.

Euer Jesus

547. Jungfrau Maria: Allen Kindern Gottes steht eine wunderbare Zukunft bevor.

Samstag, 8. September 2012, 15:30 Uhr

Mein Kind, alle Kinder Gottes sollen sich ruhig hinsetzen und zulassen, dass Sein Licht durch ihre Seelen strahlt.

Es ist wichtig, sich eine gewisse Zeit freizuhalten — in vollkommener Stille —, um über die Liebe Gottes und den Plan Meines Sohnes, die Menschheit zu retten, nachzudenken.

Allen Kindern Gottes steht eine wunderbare Zukunft bevor, und dieses Neue Zeitalter des Friedens wird von all denjenigen begrüßt werden, die das Glück haben werden, durch seine Tore einzutreten.

Bis dieser Tag kommt, wird der Teufel jede Anstrengung unternehmen, um Störung und Hass in der Welt zu verursachen.

Er und seine Dämonen rufen unter Gottes Kindern Spaltung hervor.

In jedem Teil der Welt regen sie die Menschen an zu Mord, Abtreibung, Hass, Gewalt, Verfolgung und Krieg.

Sie werden nicht ruhen, bis sie jede schwache Seele umgarnt haben, die der Versuchung erliegt, die ihr von Satan und seinen Dämonen in den Weg gelegt wird, gegen den Herrgott, Gott, den Allerhöchsten, zu sündigen.

So viele Seelen haben zugestimmt — ohne sich dessen bewusst zu sein — in ihr dunkles Gefängnis mitgenommen zu werden, aus dem es kaum ein Entrinnen gibt, wenn man einmal dort ist.

Sobald der Teufel eine Seele für sich gewonnen hat, hört er nicht mehr auf, bis er die arme Seele vollständig verseucht hat.

Deshalb muss die Sünde gemieden werden; denn es gibt keine Sünde, die nur geringfügige Konsequenzen hätte. Es reicht nur eine einzige Versuchung, und die Seele wird schwach und wehrlos.

Betet, betet, betet gegen den Krieg, der vom Teufel gegen Gottes Kinder geführt wird.

Wenn sich jemand gegen euch versündigt, selbst wenn ihr ein unschuldiges Opfer seid, dann dürft ihr es euch nicht erlauben, dem Zwang nachzugeben, euch — wiederum durch eine Sünde — zu rächen; denn genau das ist es, was der Teufel will.

Er spielt die eine Seele gegen die andere aus, in der Hoffnung, dass zwischen den beiden Hass aufkeimt.

Seid auf der Hut, jeden Tag, und vergesst niemals den Schutz, den Mein Heiliger Rosenkranz gegen Satan bietet.

Ich ermutige alle Seelen, alle Religionen, jeden Tag Meinen Heiligen Rosenkranz zu beten. Wenn ihr das tut, dann wird der Teufel euch meiden und euch in Ruhe lassen; denn er kann die Qual nicht aushalten, die er erleidet, wenn Mein Rosenkranz gebetet wird, besonders dann, wenn er laut gebetet wird.

Gehe in Frieden. Denke daran, dass Ich die Mutter der ganzen Menschheit bin.

Ich bin die Mutter der Erlösung. Bei mir müssen Gottes Kinder Schutz suchen.

Indem ihr um Meine Hilfe bittet und betet, werden euch viele Gnaden gewährt werden.

Mutter Gottes
Mutter der Erlösung

548. Wahre Liebe kommt von Gott. Wer Gott nicht genug liebt, ist nicht fähig, einen anderen Menschen in der Fülle der wahren Liebe zu lieben.

Sonntag, 9. September 2012, 10:00 Uhr

Meine innig geliebte Tochter, wenn du an der Liebe Gottes zweifelst, dann zweifelst du an der Existenz der wahren Liebe. Alles, was dir dann bleibt, ist eine mangelhafte Liebe.

Wahre Liebe kommt von Gott. Wer Gott nicht genug liebt, ist nicht fähig, einen anderen Menschen in der Fülle der wahren Liebe zu lieben.

Nur diejenigen, die das Feuer von Gottes Liebe in ihren Herzen tragen, können die wahre Bedeutung von Liebe in eine andere Person tatsächlich erfassen.

Dasselbe gilt für diejenigen, die mit dem Segen Meiner Kirche getraut sind.

Die Liebe Gottes, die auf die Ehe eines Mannes und einer Frau, die einander lieben, niederscheinen wird, wird ihre Seelen durchdringen, dann, wenn sie Gott hingebungsvoll lieben, was notwendig ist, um Frieden zu fühlen.

Wahre Liebe bedeutet Friede. Ohne Liebe gibt es keinen Frieden, egal wie sehr ihr versucht, ihn zu finden. Friede kann nur durch die Liebe einer Person für eine andere zustande kommen.

Wenn die Liebe in eurem Leben fehlt, ist nichts im Gleichgewicht und an ihre Stelle tritt ein Gefühl von Benommenheit.

Um Liebe zu finden, müsst ihr in euren Herzen Platz für Gott finden.

Um Gott zu finden, müsst ihr Mich, euren Jesus, annehmen als Seinen geliebten Sohn.

Denn wenn ihr es Mir erlaubt, dann werde Ich euch zu Ihm bringen.

Wenn Ich das tue und wenn Sein Licht in eure Seele eindringt, dann werdet ihr es leicht finden, eine andere Person zu lieben.

Die Liebe Gottes, die in einer Seele gegenwärtig ist, wird das Herz des anderen öffnen.

Die Liebe scheint hindurch durch das Herzeleid, durch die Unruhe und durch die Zerrüttung in der Welt. Sie ist der einzige Weg, um Frieden zu erreichen, nicht nur in eurem persönlichen Leben, sondern auch in der Welt um euch herum.

Liebe bringt Friede, aber sie muss aus einer wahren Liebe für Gott, euren Schöpfer, hervorkommen.

Friede bringt Harmonie.

Die Liebe ist die Rettungsleine der Menschheit, und ohne sie seid ihr verloren, einsam und hungrig, und ihr werdet niemals Frieden finden.

Euer Jesus

549. Wie ihr doch hinter eurem Abzeichen des Atheismus leidet.

Montag, 10. September 2012, 18:00 Uhr

Meine innig geliebte Tochter, die Zeit, dass die Welt endlich erkennt, dass Gott existiert, ist nah.

All denjenigen, die mit ihrem Atheismus prahlen, den sie wie ein stolzes Ehrenabzeichen tragen, sage Ich:

Wenn die Zeit kommt, und wenn ihr die Wahrheit sehen könnt, wenn Ich sie euch gebe, werdet ihr immer noch mit Zweifeln vollgetankt sein.

Wisst, dass eure Zweifel, die in dieser Zeit nicht da sind, weil ihr meint, die Wahrheit zu kennen, ein Fluch sind.

Es ist Satan, der euch zuerst verführt und euch dann verflucht.

Ihr seid ein Kind Gottes, und ihr seid gegenüber der Wahrheit blind gemacht geworden, um euch davon abzuhalten, ins Neue Paradies auf Erden einzugehen, das der Menschheit von Meinen Vater versprochen wurde.

Wenn euch die Wahrheit präsentiert wird und wenn euch die Zweifel dann noch immer quälen, bittet Mich bitte, euch zu helfen. Nur ein Wort, nur ein Ruf von euch ist alles, was nötig ist.

Ich möchte, dass ihr zu Mir das folgende Gebet sprecht:

Ich möchte, dass ihr zu Mir wie folgt sprecht:

Kreuzzuggebet (76) „Das Gebet des Atheisten"

„ Jesus, hilf mir, die Liebe Gottes, da sie mir jetzt gezeigt wird, anzunehmen.

Öffne meine Augen, meinen Geist, mein Herz und meine Seele, damit ich gerettet werden kann.

Hilf mir zu glauben, indem Du mein Herz mit Deiner Liebe füllst.

Dann halte mich fest und bewahre mich vor den quälenden Zweifeln. Amen."

Meine armen Seelen, wie ihr doch hinter eurem Abzeichen des Atheismus leidet.

Wie ihr euch doch ständig bemüht, eure Herzen gegenüber der Wahrheit, der Wahrheit der Existenz Gottes, zu verhärten.

Wie ihr doch ständig versucht, andere Seelen anzuwerben, damit sie euren Glauben annehmen. Warum, meint ihr, ist das so?

Warum, meint ihr, steckt ihr soviel Energie und Anstrengung in das Hinausschreien eures Glaubens? Es soll beweisen, dass die Existenz Gottes eine Lüge ist.

Erkennt ihr denn nicht, dass eure Anstrengungen dann, wenn ihr das tut, voller Leidenschaft sind? Woran liegt es denn, dass solche Leidenschaft auf solch einen Hass gegen Gott hinauslaufen kann?

Wenn Gott nicht existiert, warum hasst ihr Ihn dann?

Wie könnt ihr jemanden hassen, der — in euren Augen — gar nicht existiert?

Satan ist euer Gott, obwohl ihr wahrscheinlich überhaupt nicht daran glaubt, dass er existiert.

Was ihr aber nicht wisst: Er kontrolliert euren Geist, indem er ihn mit einer Lüge füllt.

Wie Ich um euch weine.

Wie Ich euch noch immer liebe.

Wie sehr Ich Mich danach sehne, euch zu retten, bevor es zu spät ist.

Euer Jesus

550. Mein Zweites Kommen kündigt den Beginn des Neuen Zeitalters an. Es bleibt nur noch wenig Zeit.

Dienstag, 11. September 2012, 19:30 Uhr

Meine innig geliebte Tochter, du hast endlich die Freude des Leidens, wenn es mit Mut und freiem Willen aufgeopfert wird, begriffen.

Die geretteten Seelen bringen dir Tränen der Freude, genau so, wie sie auch selbst voller Tränen sein werden, wenn sie erst einmal vor dem Sturz in die erste Hölle gerettet sind.

Wisse, dass es Meine Mission ist, alle Seelen zu retten.

Vergiss niemals, dass Mein Vater der Menschheit die Waffenrüstung gegeben hat, die sie benötigt, um Seelen mit der Gnade der Immunität zu retten (d.h. mit der Gnade, Seelen vor dem Feuer der Hölle zu bewahren; siehe Botschaft 533; 534 und 544).

Ergreift sie feste; denn dadurch können alle Seelen gerettet werden. Denkt nur an die wunderbare Welt, die vor euch liegt.

Niemand wird um irgendeinen Familienangehörigen trauern müssen, der an das Feuer der Hölle verloren gegangen ist.

Ihr, Meine Anhänger, habt die Macht, die Tore der Hölle zu verschließen — durch eure Gebete zur Rettung von Seelen.

Lasst nicht zu, dass irgendjemand Meine Worte verwirft.

Nehmt keinem Menschen den Mut, die Gnade der Immunität (vor der Hölle) anzunehmen; denn Ich weiß, dass manche Meiner geistlichen Diener versuchen, das zu tun.

Einige tun das aus einem fehlgeleiteten Pflichtgefühl heraus, aber sie irren sich. Diese Gnade der Immunität ist ein Geschenk von Gott Vater.

Ihr habt eine Pflicht, Meine geistlichen Diener, es den Kindern Gottes zu geben, um Seelen retten zu helfen.

Es gibt so viel Arbeit, die getan werden muss, um Mein Wort zu verbreiten, aber es ist nicht genügend Zeit vorhanden.

Geht, macht es zu eurer Mission, Meine Jünger, Meine Litaneien zu verbreiten, besonders das Gebet um die Gnade der Immunität. (siehe Litanei 2)

Geht auch und erzählt den Menschen über das Siegel des Lebendigen Gottes und den vollkommenen Ablass zur Vergebung der Sünden. (siehe Botschaft 329, 331 und 340)

Ihr seid vorbereitet, ergreift jetzt im Namen Gottes eure Waffen und helft Mir, eurem Jesus, die Menschheit zu retten.

Mein Zweites Kommen kündigt den Beginn des Neuen Zeitalters an. Es bleibt nur noch wenig Zeit.

Vergesst nicht: Vertraut vollkommen auf Mich, und Ich werde euch von eurer Besorgnis und eurer Angst befreien.

Alles, was ihr tun müsst, ist, euch im Gebet Mir hinzugeben.

Opfert eure Gebete für die Seelen auf, und alles wird gut sein.

Euer Jesus

551. Der Kommunismus, der so lange in der westlichen Welt gefürchtet wurde, formiert sich jetzt im Geheimen durch ein weltweites Bündnis.

Mittwoch, 12. September 2012, 18:55 Uhr

Meine innig geliebte Tochter, es ist Meine Absicht, die christlichen Länder, die — aufgrund des auf sie ausgeübten Drucks, Mich abzulehnen — leiden, in Meine Heiligen Arme zu schließen, um ihnen Kraft zu geben.

Ihr Christentum wird in einer Art und Weise erbittert herausgefordert werden, wie keine andere Religion es ertragen muss.

Andere Religionen werden nicht in der Weise verfolgt werden, wie Meine Anhänger es werden erleiden müssen.

Die Wahrheit des Christentums mag in Frage gestellt werden. Sie mag angegriffen werden und sie wird zensuriert werden, aber eines wird sich niemals ändern:

Es gibt nur einen Weg zum Haus Meines Vaters. Dieser Weg bin Ich, Jesus Christus, der Erlöser der Menschheit.

Ihr könnt nicht zu Meinem Vater gelangen, ohne Meine Existenz zu akzeptieren.

Die Wahrheit kann nicht geändert werden, egal wie ihr versucht, sie abzulehnen.

Die Lügen werden bald als das gesehen werden, was sie sind. Alle Religionen werden eins werden, wenn sie die Wahrheit sehen.

Der Bund Meines Vaters, Mich, Seinen einzigen Sohn, noch einmal zu senden, um die ganze Menschheit ins Königreich Meines Vaters zu bringen, wird jetzt erfüllt werden.

Ausgerechnet dann, wenn die Wahrheit offensichtlich werden wird, werden all diejenigen, die noch immer zweifeln, versucht sein, sich abzuwenden.

Ich bitte euch, Meine Jünger, sagt ihnen jetzt die Wahrheit.

Sie mögen vielleicht nicht zuhören, aber nach der „Warnung" werden sie es tun.

Der Kampf beginnt jetzt gegen das Christentum zu wüten.

Ich rufe alle Christen auf, euer Recht zu verteidigen, Mir, eurem Jesus, die Treue zu zeigen. Wenn ihr das nicht tut, werdet ihr erstickt werden und gezwungen werden, die Lüge des Kommunismus zu schlucken.

Der Kommunismus, der so lange in der westlichen Welt gefürchtet wurde, formiert sich jetzt überall im Geheimen durch ein weltweites Bündnis unter Regierungen.

Diejenigen, die inmitten eurer Nationen ihre Opposition gegen das, was sie ein Regime des Bösen nannten, hinausgeschrieen haben, werden jetzt den Kommunismus mit offenen Armen begrüßen.

Inzwischen werden sie alles kontrollieren, was ihr tut, was ihr esst, was ihr verdient, ob ihr ein Haus habt, um darin zu wohnen, oder nicht, und ob ihr eure Religion ausüben könnt oder nicht.

Gebt niemals auf. Gebt niemals die Hoffnung auf. Eure Stärke wird während dieser Periode der Unterdrückung wichtig sein. Das Gebet wird eure Waffenrüstung sein und wird euch helfen durchzuhalten.

Meine Jünger müssen auf Mich vertrauen. Ich werde euch nicht lange leiden lassen. Ich werde euch festhalten, und die schwere Zeit wird schnell vorüber sein.

Euer Jesus

552. Das Geschenk Meines Ewigen Vaters ist es, jedem Seiner Kinder das vollkommenste Leben in der vollkommensten Welt zu geben.

Donnerstag, 13. September 2012, 10:45 Uhr

Meine innig geliebte Tochter, ein Meilenstein ist überwunden worden in Meiner Mission, Mein Heiliges Wort schnell auszubreiten — dank der Gebete anderer.

Diese Gebete, die von Meinen kostbaren und so sehr geliebten Anhängern eifrig gebetet werden, sind so kräftig, weil sie mit dem Herzen gebetet werden.

Ich gewähre all Meinen Jüngern große Gnaden, um es ihnen zu ermöglichen, voranzukommen und sämtliche Hindernisse, die sie in ihrem Elan bei der Rettung von Seelen durch diese Mission bremsen könnten, aus dem Weg zu räumen.

Meine innig geliebten Jünger, wisst, dass die Engel im Himmel euch führen, euch schützen und euch Meinem Ziel entgegenführen, die Welt zu bekehren.

Viele von euch, die im Bezug auf Meine Botschaften Neulinge sind, werden sich fragen, ob diese Worte bloß dazu da sind, die Menschen zu führen, oder auch, um sie zu bekehren.

Sie werden gegeben, um beides zu tun, aber — noch wichtiger —, um alle zu retten, damit jeder im Neuen Zeitalter des Friedens auf der Welt leben kann. Denn das ist Mein Versprechen. Das ist das große Geschenk.

Das Geschenk Meines Ewigen Vaters ist es, jedem Seiner Kinder das vollkommenste Leben in der vollkommensten Welt, wie es seit Anbeginn sein sollte, zu geben.

Nichts kann noch wird es verhindern, dass dieses Neue Paradies auf Erden kommen wird.

Es wird sich aus der grauen, düsteren Welt, in der ihr lebt, erheben, einer Welt, die durch eine von Satan geschaffene Fäulnis besudelt worden ist. So scheußlich ist die Verseuchung, dass die meisten Menschen die Wahrheit nicht kennen.

Sie kennen den Unterschied zwischen Gut und Böse nicht. Viele verwechseln das eine mit dem anderen.

Wenn Menschen das Böse als einen Teil ihres Leben akzeptieren und seine Anwesenheit rechtfertigen, dann lehnen sie das Wort Gottes ab. Aber nur dadurch, dass die Wahrheit von Gottes Wort angenommen wird, kann der Bund, der Letzte Bund, erfüllt werden.

Der Plan für die letzte Rettung der Menschheit hat Erfolg, aber es gibt noch einiges zu tun, bevor Ich all jene Seelen retten kann, die sich noch immer außerhalb Meiner Reichweite befinden.

Nur die Wahrheit wird ihre Augen öffnen.

Nur die Wahrheit, wenn sie von ihnen angenommen wird, wird sie frei machen, damit sie durch die Tore des Neuen Paradieses eingehen können.

Euer Jesus

553. Überall auf der Welt bricht in dieser Zeit Hass zwischen den Nationen aus, und das alles im Namen Gottes.

Sonntag, 16. September 2012, 13:45 Uhr

Meine innig geliebte Tochter, überall auf der Welt bricht in dieser Zeit Hass zwischen den Nationen aus, und das alles im Namen Gottes.

Wie wenig kennt die Menschheit Gottes Wege, welche so weit entfernt sind vom Hass.

Hass kann nicht von Gott kommen. Hass wird von Satan benutzt, um das Wort Gottes zu beleidigen.

Satan verwendet die Religion als ein Mittel, um Hass zu billigen.

Hass hat viele Gesichter und wird auf unterschiedliche Weisen präsentiert, die von Satan schlau ausgebrütet und in die Köpfe der Menschen eingepflanzt werden.

Hass kann verwendet werden, um Menschen zu überzeugen, Lügen über eine andere Person Glauben zu schenken, um so Hass und Spannungen herbeizuführen.

Hass kann verwendet werden, um religiöse Spaltung hervorzurufen und Gewalt zu entfachen durch das Lästern gegen Gottes Wort.

Wenn Menschen den Hass benutzen, um ihren Glauben an Gott zu rechtfertigen, sündigen sie auf die übelste Weise gegen Gott.

Jemand anderen im Namen Gottes zu hassen, ist ein Widerspruch; denn von Gott kann nur Liebe kommen.

Hass kommt nur von Satan.

Die Wahl ist einfach. Entweder ihr wählt Gott und lebt euer Leben nach Seinen Regeln oder ihr wählt Satan und die Lügen, die er verwendet, um die Menschheit zu verderben und Seelen zu stehlen.

Euer Jesus

554. Warnung an jene elitären, globalen Gruppen, die in ihrer mächtigen Allianz ein Komplott schmieden, um alle Nationen zu kontrollieren.

Sonntag, 16. September 2012, 22:50 Uhr

Meine innig geliebte Tochter, dies ist eine Warnung an jene elitären, globalen Gruppen, die in ihrer mächtigen Allianz ein Komplott schmieden, um alle Nationen zu kontrollieren.

Ihr, die ihr Satan zum Gott habt, wisst, dass eure Seelen geschwärzt sind mit der Rauchwolke des Bösen, mit dem euch der Teufel verseucht hat.

Ihr seid in großer Gefahr, trotzdem beschließt ihr, den Teufel anzubeten, der eure Seelen stehlen und euch in alle Ewigkeit quälen will.

Eure Pläne, zu diktieren, zu herrschen, zu kontrollieren und einen Völkermord gegen Gottes Kinder einzufädeln, werden nicht nur durch die Hand Meines Vaters vereitelt werden, sondern dieses Übel wird sich auch gegen euch selbst richten.

Ihr werdet für eure Boshaftigkeit streng bestraft werden.

Die Sünden, deren ihr schuldig seid, sind Mir zutiefst zuwider, und euer Hass und eure Verachtung gegenüber den Menschen — denjenigen, welchen ihr, wie ihr behauptet, in euren Regierungen dient — werden euch für die Ewigkeit vernichten.

Die kurze Zeitspanne, deren ihr euch erfreuen könnt, wenn ihr die Zügel der Macht über ganze Nationen ergreift und ein gottloses diktatorisches Regime einführt, wird euch ein ewiges Leben in der Hölle einbringen.

Euch werden viele Chancen gegeben werden, den bösen Gruppen elitärer Macht den Rücken zu kehren. Aber seid vorsichtig, denn euch wird nur eine begrenzte Zeit gegeben werden.

Unterschätzt niemals die Macht Gottes. Unterschätzt nicht Seinen Zorn. Denn obwohl Er ein Gott großer Barmherzigkeit ist, Er, Gott, Mein Ewiger Vater, so ist Er auch ein Gott, den man fürchten muss.

Er ist allmächtig. Seine Macht über Satan wird in Kürze darin gipfeln, dass Er das Tier und seine Kohorten in den Feuersee werfen wird.

Auch ihr werdet in die Hölle geworfen werden, solltet ihr fortfahren, Gottes Schöpfung, Gottes Kinder zu zerstören.

Mein Vater wird euch niemals vergeben, wenn ihr die Grenzen Seiner großen Barmherzigkeit überschreitet.

An dem Tag, an dem Ich komme, um zu richten, werdet ihr zittern in so großer Furcht, wie sie die Menschheit noch nie gesehen hat.

An diesem Tag werdet ihr die Strafe empfangen, entsprechend der Art, wie ihr eure Brüder und Schwestern, Gottes Kinder, behandelt habt.

Seid gewarnt. Denn der Zorn Gottes muss gefürchtet werden.

Euer Jesus

555. Eine protestantische Nation, Großbritannien, wird sich bald zu Meinen Wegen bekehren.

Montag, 17. September 2012, 21:15 Uhr

Meine innig geliebte Tochter, Ich möchte dir ein Wunder offenbaren, das Ich geplant habe.

Eine protestantische Nation, Großbritannien, wird sich bald zu Meinen Wegen bekehren, zu Meinen Lehren und zur Wahrheit.

So lange hat dieses christliche Land die Gebote Gottes abgeändert und an seine eigenen, stolzen Wege angepasst.

Einst ein großes christliches Land, haben sie jahrhundertelang gegen die Gebote Gottes gesündigt und sich selbst eingeredet, dass sie den Geboten folgen würden, die von Meiner Kirche auf Erden aufgestellt wurden.

Die Gebete der Gläubigen unter ihnen und die Liebe und Treue, die von christlichen Führern in Großbritannien angesichts der Not gezeigt wurden, haben sie näher an Mein Heiligstes Herz gebracht.

Dieses Land wird bekehrt werden, und die Wahrheit wird Millionen retten.

Der Antichrist und seine vielen Anhänger haben viele Menschen in Machtpositionen in diesem Land beeinflusst, aber es wird ihnen nicht gelingen, die Kinder Gottes zu stehlen.

Meine Anhänger werden sich — über alle Kirchen hin — in ganz Großbritannien vereinen, und Ich werde sie in Meine Heiligen Arme schließen.

Sie werden eine mächtige Kraft in Meiner Armee werden, und der Plan, um sie zu vereinen, hat begonnen.

Hier ist ein besonderes Kreuzzuggebet für Gottes Kinder in Großbritannien:

Kreuzzuggebet (77) „Für Großbritannien"

„O Höchster Himmlischer Vater, Gott, der Schöpfer der Menschen, höre bitte mein Gebet.

Ich bitte Dich, Großbritannien aus der Umklammerung des Bösen und der Diktatur zu retten.

Ich bitte Dich, dass Du uns alle — aus allen Religionen, Glaubensrichtungen und Hautfarben — als eine in Deinen Augen einzige Familie vereinst.

Gib uns die Kraft, uns zu vereinen, ungeachtet sämtlicher Gesetze, die eingeführt sind, um Deine Lehren zu verbieten.

Gib uns die Kraft und den Mut, Dich niemals zu verlassen und zu helfen, alle Deine Kinder durch unsere Gebete zu retten.

Schließe all meine Brüder und Schwestern in Einheit zusammen, um Deinem Versprechen, uns ewiges Leben und Zugang zu Deinem Paradies zu bringen, Ehrerbietung zu erweisen. Amen."

An die Kinder Großbritanniens: Wisst, dass — in Bälde schon — die Bekehrung, die euer Land umhüllen wird, euch große Gnaden bringen wird.

Dann werdet ihr helfen, zusammen mit anderen Nationen Meine Armee zu Meinem Glorreichen Königreich zu führen.

Euer Jesus

556. Ich bin nicht jener Menschensohn, wie es die Menschen von Mir erwarten. Ich bin unkonventionell.

Dienstag, 18. September 2012, 17:40 Uhr

Meine innig geliebte Tochter, es ist für diejenigen Meiner Anhänger, die dieser Mission folgen, ein sehr schwerer Weg gewesen.

Sie werden von denjenigen verlacht, deren Meinung ihnen wichtig ist.

Sie werden von denjenigen verspottet, die von sich behaupten, dass sie geistig reif seien, und sie werden von denjenigen angespuckt, die Mich, Jesus Christus, ablehnen.

Sie müssen die Dornenkrone annehmen und die Demut, die erforderlich ist, um in Meinem Heiligen Namen den Schmerz des Leidens zu ertragen.

Kein Mensch soll den dornigen Pfad zur ewigen Erlösung unterschätzen.

Wenn ihr Qual erleidet, werdet ihr schnell gereinigt werden, und dann werdet ihr im Stande sein, den anderen zu helfen, deren Reinigung erst nach der „Warnung" stattfinden wird.

Es wird Zeiten geben, Meine geliebten Jünger, in denen Lügen in euren Geist eingepflanzt werden, von Menschen, die wollen, dass ihr Meine Mission aufgebt.

Ihr müsst einfach nur standhaft und höflich bleiben. Und bleibt dann ruhig, wenn ihr dieser Verfolgung gegenübersteht.

Diskutiert niemals oder versucht niemals, die Echtheit Meines Heiligen Wortes zu beweisen; denn ihr werdet stolpern und dann werdet ihr stürzen. Dann wird es geschehen, dass ihr getreten werdet, und ihr werdet es schwer finden weiterzugehen, um euch für Mein Heiliges Wort einzusetzen. Mit anderen Worten, ihr werdet gebremst sein. Dann werdet ihr anfangen, in Verwirrung zu geraten, und — in einigen Fällen — werdet ihr Mir den Rücken kehren.

Viele Meiner Anhänger, die ihr Kreuz aufnahmen, um Mir auf dieser Mission zur Rettung von Seelen zu folgen, konnten dann ihren anstrengenden Weg nicht fortsetzen.

Manche ließen andere Menschen den Samen des Zweifels in ihren Geist pflanzen.

Andere glaubten die Lügen, die ihnen erzählt wurden, um das hier zu leugnen, nämlich Meine letzte Heilige Mission auf Erden, um die Menschheit auf Mein Zweites Kommen vorzubereiten.

Nur diejenigen mit einer einfachen Liebe zu Mir und mit einer tiefen Treue Mir gegenüber, welche die Rolle des Leidens bei der Rettung von Seelen verstehen, hatten die Ausdauer weiterzumachen.

Es ist nicht leicht, Mir, eurem Jesus zu folgen. Obwohl es euch näher an Mein Hei-ligstes Herz bringt, wenn ihr Meinen Lehren folgt, könnt ihr euch nur dann wirklich als Meine Jünger bezeichnen, wenn ihr euch der Wirklichkeit ausliefert, nämlich dem Kreuz.

Viele bedauernswerte Seelen glauben, dass sie große Macht, großen Ruhm und Anerkennung in der Welt erhalten werden, wenn sie auf Meinen Ruf antworten. Das ist nicht der Fall.

Ich bin ein leidendes Opfer, und darin liegt Meine Macht über Satan.

Ich bin nicht jener Menschensohn, wie die Menschen von Mir erwarten. Ich bin unkonventionell. Ich habe unwürdige Seelen erwählt, um Meine Botschaften zu überbringen.

Ich berufe die ärmsten, die sanftmütigsten und die größten Sünder, weil Ich euch zeigen muss, dass ihr in Meinen Augen alle gleich seid. Aber es werden nur diejenigen sein, die akzeptieren, dass allein jene mit einem demütigen Geist und mit einer einfachen Seele von Mir umarmt werden können, und die schnell in Richtung geistiger Vollkommenheit vorankommen werden.

Leidet in Meinem Namen ... und Ich werde euch glorreich in das Neue Paradies erheben.

Akzeptiert die Wahrheit Meiner Göttlichkeit, darin, dass ich Mich selbst niemals durch Meine echten Propheten erhöhen werde, noch werden diese (jemals) in Meinem Namen Ruhm suchen.

Komm jetzt zu Mir, mit Vertrauen und Hingabe, damit Ich euch zu den Meinen machen kann.

Euer Jesus

557. Zuerst findet die Bekehrung statt. Dann die Verfolgung. Dann die Rettung. In dieser Reihenfolge.

Mittwoch, 19. September 2012, 20:45 Uhr

Meine innig geliebte Tochter, in der Welt vollzieht sich jetzt ein großer Wandel und das Licht Meiner Barmherzigkeit naht.

Kein Mensch soll glauben, dass das, von dem Ich sage, dass es eintreffen wird, nicht stattfinden wird.

Ich spreche nur die Wahrheit, daher müsst ihr auf Mich vertrauen.

Mein Heiliger Geist kommt jetzt schnell auf die Menschheit herab, um sie auf Meine Große Barmherzigkeit vorzubereiten.

Kein Mensch soll es versäumen, sich vorzubereiten oder Mein Wort zu verbreiten, damit Seelen gerettet werden können.

Alles ist jetzt gut, Meine Tochter, alles steht bereit, damit sich Mein Wort ausbreiten kann wie eine Feldblume, die in jeder Nation Wurzeln schlagen wird.

Der süße Duft Meines Geschenks der Liebe wird sogar von denjenigen mit einem kleinen Glauben wahrgenommen. Denn sie bemerken eine Änderung und einen Wandel, verstehen aber nicht, was geschieht.

Sag ihnen, dass sich der Herrgott, der König der Barmherzigkeit, vorbereitet, ein zweites Mal wiederzukommen, um sie zu retten.

Mein Bund nähert sich dem Stadium, in dem zuerst die Bekehrung stattfindet. Dann die Verfolgung. Dann die Erlösung. In dieser Reihenfolge.

Vertraut auf Mich und bereitet euch vor; denn die Zeit der Bekehrung eines Großteils der Menschheit ist nah.

Viele Hindernisse werden euch, Meinen Jüngern, in den Weg gelegt. Ihr müsst Folgendes tun:

Geht geradeaus. Geht in Richtung auf Mich zu und bewahrt eure Würde, ganz gleich welche Beleidigungen euch an den Kopf geworfen werden. Dadurch und indem ihr euch nicht mit dem Tier beschäftigt, das durch andere arbeitet, um euch an eurem Glauben zweifeln zu lassen, besiegt ihr es.

Das ist der Grund, warum Ich geschwiegen habe und Meinen Anklägern, den Vollstreckern meiner Todesstrafe, kaum geantwortet habe. Denn sonst hätte Ich Satan Macht gegeben.

Mein Tod zerstörte die Macht, die er über Gottes Kinder hatte. Er verlor damals seine Macht, alle Seelen zu stehlen. Jetzt, da Ich sehr bald wiederkomme, wird er alle Macht verlieren. Aber bis dahin wird er fortfahren, Seelen zu stehlen.

Seid stark. Seid ruhig. Seid mutig. Ich bin bei euch. Wenn ihr Mir euren Willen völlig übergebt und Mir vollkommen vertraut, dann werdet ihr sicher sein.

Euer Jesus

558. Gott der Vater: Die Zeit Meines Sohnes verschmilzt mit eurer Zeit, Kinder, und bald werden alle eins werden.

Donnerstag, 20. September 2012, 18:25 Uhr

Meine liebste Tochter, wie gerne möchte Ich doch Meine lieben Kinder in Meiner Nähe haben, damit Ich ihnen zeigen kann, wie sehr sie geliebt werden.

Es gibt so viele Kinder von Mir — verstreut über die ganze Welt —, doch so wenige kennen ihren Vater. Ihren Schöpfer.

Für diejenigen, die Mich nicht kennen: Ihnen muss gesagt werden, dass Ich sie nicht im Stich lassen werde.

Ich werde Mich gegen die bösen Kräfte erheben und gegen den König der Lügen, das Tier, und werde diese schreckliche Geißel völlig ausradieren.

Nur wenn das Ausmaß des Bösen zurückgedrängt worden ist, können Meine Kinder die Wahrheit erkennen.

Kinder, macht euch keine Sorgen, denn eure Gebete berühren Mein Herz, und aufgrund eurer Bitten werde Ich viele Meiner Kinder, die sich in der Finsternis befinden, retten.

Meine Mission, nämlich Meinen geliebten Sohn zu senden, damit Er Mein Königreich einfordert, steht jetzt auf festen Füßen, obwohl sich viele dessen nicht bewusst sein mögen.

Die Zeit Meines Sohnes verschmilzt mit eurer Zeit, Kinder, und bald werden alle eins werden.

Die Zeit für das Neue Paradies steht fest, und alles ist für das neue Zuhause Meiner Kinder, für die neue Welt, festgelegt.

Ich rufe euch vom Himmel aus zu, um euch dringend zu bitten, auf Meinen Sohn zu vertrauen, auf Seine große Barmherzigkeit und Seine Versprechen, diesen Bund zu erfüllen.

Gebt alle Zweifel ab, die vielleicht noch bestehen mögen, da sie euch davon abhalten, den wahren Frieden zu suchen.

Sie blockieren Meine Gnaden, die Ich über euch ausgießen will, um euch in der letzten verbleibenden Zeitperiode zu schützen, wenn Satan die Erde kontrolliert. Seine Zeit geht dem Ende zu. Dann wird sich der neue Anfang herausbilden.

Ich warte mit Liebe auf die Rückkehr Meiner Kinder in Mein Königreich, in das Königreich des Neuen Paradieses. Wie es (immer) gedacht war.

Ich liebe euch. Vertraut auf Meinen Sohn und wartet auf Meinen Ruf.

Euer Vater

Gott der Allerhöchste

559. Sie werden sagen, dass Ich verheiratet gewesen sei. Sie werden sagen, dass Ich bloß ein Prophet gewesen sei.

Donnerstag, 20. September 2012, 15:16 Uhr

Ich bin dein mystischer Gemahl und deshalb wirst du weiterhin leiden, um Seelen zu retten.

Meine innig geliebte Tochter, die Zeit, in der überall auf der Welt über Mich Lügen verbreitet werden, hat begonnen.

Wie Ich euch früher bereits gesagt habe, werden sie über Mich, Jesus Christus, Lügen erfinden und Unwahrheiten konstruieren, damit sie Meine Gottheit leugnen können.

Meine Gottheit ist allmächtig.

Ich kam im Fleisch und demütigte Mich in einer Weise, welche die Menschen nicht erwartet haben.

Ich kam nicht gekleidet wie ein König.

Ich brüllte nicht und Ich prahlte nicht wie ein König, um andere zu zwingen, Mir zu Füßen zu fallen.

Ich befahl nicht anderen Menschen, Mich zu bedienen.

Stattdessen kam Ich, um zu dienen.

Ich kam, um für eure Erlösung zu bitten. Um das zu tun, musste Ich Mich dazu erniedrigen, ein Mensch zu werden, ein armer Mensch niedriger Herkunft.

Obwohl Ich als ein Mensch kam, bedeutete das nicht, dass Meine Gottheit in irgendeiner Weise beeinträchtigt worden wäre. Ich wurde ohne Sünde geboren. Es war Mir nicht möglich zu sündigen. Ich mag vielleicht die gleichen Begierden des Fleisches wie alle Menschen gehabt haben, aber Ich beging nie eine Sünde; denn das konnte

nicht sein. Ich war rein in Geist, Leib und Seele.

Ich war in so vielfältiger Weise wie ein Mensch. Aber Ich stand von den Toten auf.

Die Lügen, die auftauchen werden, wo man die Wahrheit Meiner Existenz durch eine Reihe von Unwahrheiten leugnen wird, werden beginnen, die Erde zu überfluten.

Sie werden sagen, dass Mein Leib noch immer gefunden werden könnte. Sie werden sagen, dass Ich verheiratet gewesen sei. Sie werden sagen, dass Ich bloß ein Prophet gewesen sei.

Sie werden dann — noch einmal — versuchen zu beweisen, dass Ich ein Ketzer gewesen sei. Dass Ich gegen Gott gelästert hätte. Sie werden Meine Worte, wie sie jetzt der Welt gegeben werden, ins Lächerliche ziehen und Mich dann ablehnen.

Sie tun das aus zwei Gründen. Der erste Grund ist, Meine Gottheit zu schänden und Mich als einen bloßen Menschen hinzustellen. Der zweite Grund ist, Zweifel betreffs Meiner Rolle als der Messias zu säen.

Wie sehr beleidigen sie Meinen Namen.

Wie sehr verwirren sie Meine Anhänger.

Hört nicht auf Lügen.

Hört nicht zu, wenn sie versuchen, euch zu überzeugen, dass nicht Gott das Weltall geschaffen hätte.

Denn all diese Ablenkungen sind darauf angelegt, euren Glauben zu schwächen und eure Seelen zu stehlen.

Verschließt eure Ohren gegenüber solcher Boshaftigkeit. Schließt eure Augen gegenüber den Unwahrheiten, da jede Anstrengung unternommen werden wird, um euch zu überzeugen, dass Ich nicht der Messias, der Retter und Erlöser der Menschheit sei.

Wie blind sind sie doch.

Wie wenig haben sie dazugelernt.

Euer Jesus

560. Mutter Gottes: Es ist vorausgesagt worden, Mein Kind, dass in dieser Zeit, in der du jetzt lebst, die Herzen der Menschen verhärtet sein werden.

Freitag, 21. September 2012, 15:05 Uhr

Mein Kind, wie schnell sind die Menschen dabei, falsche Könige, falsche Götter anzubeten.

Viele Menschen in der Welt von heute denken sich nichts dabei, falschen Idolen anzuhängen, und empfinden dann, wenn sie den einen, wahren Gott ablehnen, kein Schuldgefühl in ihrem Herzen.

Es ist vorausgesagt worden, Mein Kind, dass in dieser Zeit, in der du jetzt lebst, die Herzen der Menschen verhärtet sein werden.

Sie werden in ihrem Streben nach Vergnügen und Unterhaltung sogar ihre eigene Familie zurückstellen.

Sie werden diejenigen, die in Armut leben, und diejenigen, die hungern, zurückweisen, weil sie in jeder Hinsicht ihren eigenen In-

teressen nachgehen und der Maßlosigkeit verfallen sind.

Das ist die Zeit, in der ihr lebt, Kinder. Während die Menschen hilflos und in Verwirrung umherirren und sie nichts befriedigt, werden sie nach allem greifen, von dem sie annehmen, dass es ihre Leere füllen wird. Diese Leere ist vorhanden, weil sie nicht der Wahrheit folgen oder/und nicht Meinem geliebten Sohn treu sind.

Sie vergöttern nicht nur falsche Idole, sie begeistern sich auch für diese bedauernswerten Seelen, die für die Sünde werben, als ob sie keine Konsequenzen hätte.

Dann, wenn ihnen in der Welt von heute Lügen über Meinen Sohn präsentiert werden, sind sie schnell dabei, solche Unwahrheiten zu akzeptieren.

Es wird akzeptiert, dass Mein Sohn lächerlich gemacht wird, doch wenn andere Lehren, welche nicht die Wahrheit enthalten, kritisiert werden, ducken sich die Menschen vor Angst. Meinen Sohn aber fürchten sie nicht.

Sie fürchten nicht den einen Wahren Gott, weil sie Ihn nicht lieben. Ihre Herzen sind verschlossen.

Sie setzen ihren Weg weiter fort, der ihnen aber keinen Trost bringt. Ganz im Gegenteil, dieser Weg lässt sie unzufrieden und leer bleiben.

Wie weine Ich, wenn Ich ihre Verwirrung sehe. Wie weine Ich um Meinen Sohn, den sie mit ihrer Geringschätzung so sehr verletzen. Er, der so viel für sie gelitten hat und der auf die qualvollste Weise starb. Doch sie verstehen noch immer nicht die Bedeutung Seines Todes am Kreuz.

Nur wenn ein Mensch Jesus, den Christus, den wahren Messias akzeptiert, wird er Frieden finden.

Bald wird Mein Sohn ihnen den Beweis präsentieren, den sie fordern. Wenn ihnen der Beweis gezeigt wird, werden sie ihre endgültige Wahl treffen müssen.

Entweder werden sie Meinen Sohn und die Wahrheit wählen oder sie werden die Lügen annehmen, die ihnen vom Betrüger verabreicht werden.

Betet, Kinder, dass die Herzen geöffnet werden und dass die Liebe Meines Sohnes es allen Kindern Gottes ermöglichen wird, Seine Hand der Barmherzigkeit zu ergreifen.

Eure geliebte Mutter

Mutter der Erlösung

561. Die falschen Propheten stehen jetzt bereit und werden sich auf diese Mission stürzen. Samstag, 22. September 2012, 15:30 Uhr

Meine innig geliebte Tochter, Ich muss dich vor falschen Propheten warnen, die versuchen, diese Mission zu stören.

So viele bedauernswerte, getäuschte Seelen, die glauben, dass sie Göttliche Botschaften erhalten, werden vom Teufel in die Irre geführt.

Er tut das, indem er sich ihre Liebe zu Mir zunutze macht, und nimmt, besonders heilige, fromme Seelen ins Visier.

Jede Person, die dir sagt, dass sie eine Botschaft vom Himmel habe, die dich anweist, eine Botschaft von Mir zu ändern oder zu berichtigen, ist ein Lügner.

Das ist nicht die Art und Weise, wie Ich Mitteilungen vom Himmel autorisiere. Die einzigen Botschaften, die Ich von einem Visionär an einen anderen mitteilen lasse, sind Botschaften der Unterstützung und der Liebe, aber nur, wenn das notwendig ist.

Botschaften, die echte Propheten oder auserwählte Seelen empfangen, sind entweder wahr oder falsch.

Es gibt nichts dazwischen. Der Himmel würde niemals eine Botschaft senden, um einer anderen Botschaft, die eine auserwählte Seele vom Himmel erhalten hat, zu widersprechen.

Hüte dich vor den falschen Propheten. Diejenigen, die nicht erkennen, dass sie falsch sind, können schrecklichen Schaden verursachen, wenn sie störend auf Mein Heiliges Wort einwirken. Du, Meine Tochter, darfst dich nicht mit denjenigen beschäftigen, die sagen, dass sie in Meinem Namen kommen, außer wenn Ich dir eine andere Anweisung gebe.

Die falschen Propheten stehen jetzt bereit und werden sich auf diese Mission stürzen. Du darfst dich nicht mit ihnen beschäftigen.

Sei wachsam gegenüber diesen Gefahren; denn am gefährlichsten von allen wird der Mann sein, der kommen und behaupten wird, Ich zu sein.

Wenn ihr, Meine Jünger, es erlaubt, dass ihr zu den falschen Propheten hingezogen werdet, dann werdet ihr leichte Beute sein für den Antichristen und seinen falschen Propheten.

Vertraut auf Mein Heiliges Wort. Viele von euch können noch immer nicht die Wahrheit akzeptieren, und ihr werdet mit Mir streiten, aber es wird nichts bringen. Denn, was ihr an Mir am meisten kritisiert, ist, dass Ich alle Kinder Gottes liebe, besonders die Sünder.

Ich liebe alle gleich. An diejenigen von euch, die Mir vorwerfen, dass Ich die Sünder bevorzuge, ihr sollt wissen:

Versucht niemals, andere zu verwirren, indem ihr sagt, dass Jesus stillschweigend über die Sünde hinwegsehen würde. Ihr wisst, dass das eine Lüge ist. Ich verabscheue die Sünde, aber liebe den Sünder.

Euer Jesus

562. So viele Menschen suchen nach der Wahrheit und können sie nicht finden.

Sonntag, 23. September 2012, 9:00 Uhr

Meine innig geliebte Tochter, für jeden Menschen kommt die Zeit, wo er sich selbst fragen muss: Wer bin ich und warum lebe ich?

Die einzige Antwort, die ihm Frieden bringt, ist, wenn er versteht, dass er ein Kind Gottes ist.

Besser als die Wahrheit abzulehnen, aufgrund des Drucks, der von denjenigen ausgeübt wird, die über jene spotten, die an Gott glauben, ist es, ehrlich zu sich selbst zu sein.

Der Mensch weiß, dass die Liebe, die er fühlt, von Gott kommt.

Er weiß in seinem Herzen, dass das erbärmliche Gefühl, das er spürt, wenn er sich in Finsternis und Verzweiflung befindet, von der anderen Seite kommt. Der dunklen Seite.

So viele Menschen suchen nach der Wahrheit und können sie nicht finden.

Obwohl die Wahrheit im Heiligen Buch aufgezeichnet worden ist, können viele nicht akzeptieren, dass die Heilige Schrift alle Antworten enthält, die sie suchen.

Ihr müsst die Wahrheit annehmen und — koste es, was es wolle — an ihr festhalten; denn sie ist euer Weg zur Erlösung.

Viele Menschen werden alles tun, was möglich ist, um die Wahrheit zu leugnen. Vorwiegend werden sie die menschliche Intelligenz einsetzen, um die Wahrheit zu zerreißen und euch eine Lüge glauben zu lassen.

Jedes Argument wird vorgebracht werden, um die Wahrheit Gottes zu leugnen. So überzeugend werden diese Argumente sein, dass viele Gläubige es schwer finden werden, die Wahrheit zu verteidigen.

Euer Glaube wird die Zeit überdauern, aber nur, wenn ihr Mir erlaubt, euch Tag und Nacht zu führen.

Damit Ich euch führen kann, dürft ihr eure Augen niemals von Mir abwenden und müsst euch auf Meine Hilfe verlassen.

Sprecht mit Mir. Redet zu jeder Tageszeit mit Mir — im Auto, bei der Arbeit, in der Schule oder in eurer Kirche. Es ist nicht von Bedeutung, wo; denn ihr könnt Mich jederzeit rufen und Ich werde antworten.

Dieser Weg, der Weg zum Kalvarienberg, ist das Los Meiner Anhänger. Das ist ein sehr schwer zu besteigender Berg. Ihr müsst die Rückschläge und den Schmerz der Ablehnung durch diejenigen, die euer Recht, eure Religion auszuüben, nicht akzeptieren werden, aushalten. Der Gipfel des Berges sollte euer Ziel sein. Nur wenn ihr den Gipfel erreicht, werdet ihr Frieden finden.

Haltet durch, Meine geliebten Anhänger, und ihr werdet Meine Liebe in einer solchen Weise fühlen, dass sie euch eine Kraft ge-

ben wird, die ihr nicht für möglich halten würdet.

Ich liebe euch. Ich gehe mit euch. Ich werde euch nie verlassen. Ich segne euch alle.

Euer Jesus

563. Bereitet euch vor, Zeuge der Zeichen zu werden, die bald vom Himmel offenbart werden.

Sonntag, 23. September 2012, 20:00 Uhr

Meine innig geliebte Tochter, mit Liebe bitte Ich alle Kinder Gottes, sich darauf vorzubereiten, Zeuge der Zeichen zu werden, die bald vom Himmel offenbart werden.

Auf unterschiedliche Weise werden der Welt Zeichen präsentiert werden, um Gottes Kinder wachzurütteln. Viele werden versuchen, diese Zeichen zu leugnen und sie als abergläubisch und Phantasiegebilde der Gläubigen abzutun.

Für diejenigen, die die Zeichen sehen werden: Ihr müsst wissen, dass sie euch helfen werden, eure Seelen vorzubereiten. Denn wenn ihr eure Seelen genährt und um die Vergebung eurer Sünden gebeten habt, wird euer Leiden nach der „Warnung" minimal sein.

Nehmt diese Zeichen, diese Wunder, als ein Geschenk vom Himmel an.

Bekämpft oder ignoriert sie nicht, denn sie sind der Beweis Meines Versprechens, euch alle auf Mein Zweites Kommen vorzubereiten.

Geht jetzt und habt Glauben.

Vertrauen ist der wichtigste Akt der Treue zu Mir, eurem Jesus.

Vertraut auf Mich ... und alles wird gut werden.

Euer Jesus

564. Jedermann, der andere wegen ihrer Religion hasst, liebt Gott nicht wirklich.

Montag, 24. September 2012, 15:55 Uhr

Meine innig geliebte Tochter, jedermann, der andere wegen ihrer Religion hasst, liebt Gott nicht wirklich.

Wie es Mich anwidert, die Scheinheiligkeit derjenigen zu sehen, die behaupten, fromme Anhänger Gottes zu sein.

Diese Menschen drohen, diejenigen zu töten, die eine andere Meinung haben, und diejenigen zu ermorden, die ihre Götter beleidigen.

Es ist eine Sünde, jemanden zu hassen. Es ist eine Todsünde, wenn ihr jemanden ermordet oder versucht, eine andere Seele im Namen der Religion tödlich zu verwunden.

Wisst ihr denn nicht, dass, wenn ihr schnell dabei seid, andere zum Tode zu verurteilen, weil sie Gott beleidigen, ihr nicht den Geboten Gottes folgt?

Allen Religionen und allen Glaubensrichtungen, die sagen, dass sie an Gott glauben, rufe Ich laut zu: Wenn ihr an Gott glaubt, dann müsst ihr anderen Liebe zeigen, sogar wenn sie euch quälen oder euch beleidigen.

Viele Wege führen zu Meinem Vater, aber es gibt nur einen Gott. Der wahre Gott ist der Schöpfer der Welt, und ihr könnt nur dann in Sein Königreich aufgenommen werden, wenn ihr euren Nächsten liebt, was auch eure Feinde mit einschließt.

Es geschieht sehr leicht, dass man andere hasst; denn jede Sekunde fallen Dämonen (böse Geister) über Gottes Kinder her und quälen sie. Wie der Teufel sich freut, wenn ein religiöser Mensch, der offen erklärt, Gott zu lieben, andere zum Hass aufhetzt und nicht lange zögert, diejenigen zu ermorden, die er für seine Feinde hält.

Kein Mensch wird der Züchtigung entkommen, wenn er einen anderen tötet. Kein Mensch wird in das Neue Paradies aufgenommen werden, wenn er einen anderen im Namen Meines Vaters ermordet.

Es mag vielleicht schwer sein und kann euch durchaus verletzen, wenn ein Mensch euren Glauben beleidigt, aber ihr müsst für ihn beten und dürft niemals das Gebot vergessen „Du sollst nicht töten".

Die Gebote Meines Vaters sind sehr einfach. Sie sind klar. Sie brauchen keine (zusätzliche) Erklärung; aber Wehe dem Menschen, der die Gebote Meines Vaters übertritt.

Euer Jesus

565. Es gibt nur drei Wege, sich vor dem Teufel zu schützen.

Dienstag, 25. September 2012, 12:50 Uhr

Meine innig geliebte Tochter, du darfst niemals selbstzufrieden werden und meinen, dass diese Arbeit, wenn sie gut zu laufen scheint, auch nur für einen Moment der Geißel des Teufels entgehen könnte. Er ist rasend vor Wut. Er hackt auf jeder Aufgabe, die du anpackst, herum und schafft Probleme und Hindernisse, die dich frustriert und hilflos zurücklassen.

So viele Menschen sind blind gegenüber der Geißel, die er der Menschheit auferlegt. Weil sie ihn nicht sehen können, glauben sie nicht, dass er existiert. Diejenigen, die ihm durch die Sünde den Weg öffnen und ihn in ihre Seelen hineinlassen, werden es unmöglich finden, sich von dem schrecklichen Schmerz und dem Unbehagen zu befreien, das er in ihr Leben bringen wird.

Es gibt nur drei Wege, sich vor dem Teufel zu schützen.

Der erste Weg ist das Sakrament der Beichte, das eure Seele reinigt, wenn eure Reue aufrichtig ist. Für die Nichtkatholiken: Bitte nehmt das Geschenk der totalen Absolution an, im Kreuzzuggebet (24), das der Welt durch diese Mission gegeben worden ist.

Der zweite Weg ist die tägliche Hingabe an Meine Mutter, der die Macht gegeben worden ist, Satan zu zermalmen. Ihr Heiliger Rosenkranz ist ein wichtiger Schild, der euch und eure Familie vor seinem bösen Blick verbergen wird.

Der letzte Weg ist der Stand der Gnade, den ihr durch die regelmäßige Kommunikation mit Mir erreichen könnt, indem ihr Mich in der Heiligen Eucharistie empfangt.

So viele Menschen, die der Umklammerung Satans entkommen wollen, und die in ihrem Herzen wissen, dass sie in einen Strudel des Bösen gesaugt worden sind, müssen sich Mir zuwenden und Mich bitten, ihnen zu helfen, und zwar durch dieses besondere Kreuzzuggebet (78), „Rette mich vor dem Bösen".

„O Jesus, schütze mich vor der Macht Satans.

Nimm mich in Dein Herz, während ich mich von meiner ganzen Anhänglichkeit an ihn und von seinen bösen Wegen losmache.

Ich übergebe Dir meinen Willen und komme auf meinen Knien und mit einem demütigen und reuevollen Herzen vor Dein Angesicht.

Ich lege mein Leben in Deine Heiligen Hände.

Rette mich vor dem Bösen. Befreie mich und nimm mich mit in Deinen sicheren Hafen des Schutzes, jetzt und in Ewigkeit. Amen."

Euer Jesus

566. Jungfrau Maria: Sehr bald werden in der Welt große Veränderungen beginnen.

Mittwoch, 26. September 2012, 16:40 Uhr

Mein Kind, sehr bald werden in der Welt große Veränderungen ihren Anfang nehmen.

Es ist Zeit, dass der Plan der Erlösung in allen Völkern in die Herzen der Menschen eingeführt wird.

So viele Menschen werden erschüttert sein von der Wahrheit dessen, woher sie kommen und wie sie sich in den Augen Gottes retten müssen.

So unvorbereitet sind Gottes Kinder für diese großen Ereignisse. Es geschieht aufgrund der Liebe Gottes für alle Seine Kinder, dass ihr jetzt gewarnt werdet.

Ignoriert diese Warnzeichen ... auf eigene Gefahr. Lacht oder spottet über dieses Göttliche Eingreifen, welches stattfinden wird, um die Herzen der Menschen in das Herz Gottes zu führen, ... und ihr werdet leiden.

Kinder, ihr müsst jederzeit wachsam bleiben. Die Zeichen vom Himmel und das Wunder des Göttlichen Eingreifens rücken näher mit jeden Tag.

Betet, dass euch die Gnaden gegeben werden, eure Herzen für die große Barmherzigkeit Meines geliebten Sohnes, Jesus Christus, zu öffnen.

Alle Wege öffnen sich, um Gottes Kinder zurück zum Zufluchtsort Seines Heiligsten Herzens zu rufen.

Eure geliebte Mutter
Mutter der Erlösung

567. Die Sünde kann vergeben werden, solange ihr noch am Leben seid, aber nicht mehr nach dem Tod.

Mittwoch, 26. September 2012, 22:12 Uhr

Meine innig geliebte Tochter, Ich erlaube dir heute dieses intensive körperliche Leiden, um mehr Seelen zu retten. Opfere diesen Schmerz für jene auserwählten Seelen auf, die du Mir retten helfen musst. Dieser Schmerz wird nicht lange andauern, aber wenn du davon befreit bist, dann wisse, dass viele Seelen vor den Feuern der Hölle gerettet wurden und jetzt im Fegefeuer sind und ihre Reinigung erwarten.

Als eine Opferseele musst du akzeptieren, dass Ich dir Momente des Leidens erlauben kann, um Seelen von Gottes Kindern retten zu helfen. Du wirst eines Tages diese Seelen treffen, und dann wirst du verstehen, wie viel Glückseligkeit das Meinem Vater bringt. Wisse, dass, wenn du leidest, Ich mit dir leide, um deinen Schmerz zu lindern. Du bist nicht allein. Wenn du fühlst, dass du nicht atmen kannst, dann ist dies das gleiche Gefühl des Erstickens, das von den Seelen empfunden wird, die — nach dem Tod — dem Rauch des Feuers der Hölle gegenüberstehen.

Wenn die Menschen doch nur die Wahrheit des Lebens nach dem Tod kennen würden. Nachdem die Seele den Körper verlassen hat — ob im Stande der Gnade oder nicht —, quält Satan sie durch die Macht der Verführung. Er versucht sogar dann noch, die Seelen an sich zu ziehen. Das Gebet für solche Seelen ist sehr wichtig.

Ich ziehe die Seelen hin zu Meinem Licht. Aber nur diejenigen, die in einem Zustand der Gnade sind, können die Macht Meines Lichtes der Barmherzigkeit aushalten. Wenn ihre Seelen nicht rein sind, dann müssen sie im Fegefeuer gereinigt werden.

Meine Tochter, es gibt im Fegefeuer viele Stufen, und je nach den Sünden, welche die Seele begangen hat, wird sie mit dem reinigenden Feuer des Heiligen Geistes erfüllt.

Das Fegefeuer ist für die Seele schmerzhaft, und diejenigen, die dort eine Zeit verbringen müssen, fühlen es wie einen körperlichen Schmerz, als ob sie noch lebendig wären.

Kein Mensch soll die Opfer unterschätzen, die notwendig sind, um seine Seele in einem Zustand zu halten, der des Königreichs Meines Vaters würdig ist.

Mein Vater liebt alle Seine Kinder, aber die Seelen müssen das Recht verdienen, geeignet zu sein, in das Königreich Meines Vaters einzugehen. Um würdig zu sein, müssen sie sich in Meinen Augen selbst retten, solange sie noch am Leben sind. Sie müssen mit einem lauteren Herzen für ihre Sünden Buße tun.

Sogar zum Zeitpunkt des Todes kann ein Sünder von Meiner Großen Barmherzigkeit Gebrauch machen, indem er Mich bittet, ihm seine Sünden zu vergeben. Ich werde ihn ergreifen und ihn in Meine Arme nehmen. Ich werde dann Mein Erbarmen über ihn ausgießen und ihn danach an die Hand nehmen und zu den Toren des Paradieses führen.

Die Sünde kann vergeben werden, solange ihr noch am Leben seid, aber nicht mehr nach dem Tod.

Euer Jesus

568. Zwei Milliarden Seelen, die Meine Hand der Barmherzigkeit zurückweisen werden.

Donnerstag, 27. September 2012, 9:00 Uhr

Meine innig geliebte Tochter, die Mission, jene zwei Milliarden Seelen zu retten, die Meine Hand der Barmherzigkeit zurückweisen werden, muss Teil des täglichen Gebets all jener werden, die sich Kreuzfahrer Gottes nennen.

So viele Wunder werden dazu führen, dass einem Großteil der Menschheit das Geschenk der Erlösung und der Zugang in das Neue Paradies gegeben wird.

Der Schmerz in Meinem Heiligsten Herzen wegen dieser verlorenen Seelen ist qualvoll. Darum müssen Meine Jünger tüchtig beten, damit sie alle im Neuen Zeitalter als eine Familie vereint werden können; denn wenn Meine Familie zerrissen wird, dann wird Mir das schreckliche Qual verursachen.

Ich rufe euch alle auf, jene Seelen zu retten, welche hartnäckig ablehnen werden, Gott anzunehmen, indem ihr dieses Kreuzzuggebet (79) „Für 2 Milliarden verlorene Seelen" betet.

„O lieber Jesus, ich bitte Dich, gieße Deine Barmherzigkeit über die verlorenen Seelen aus.

Vergib ihnen, dass sie Dich ablehnen, und verwende mein Gebet und mein Leiden, damit Du aufgrund Deiner Barmherzigkeit die Gnaden über sie ausgießen kannst, die sie benötigen, um ihre Seelen zu heiligen.

Ich bitte Dich um das Geschenk der Milde für ihre Seelen.

Ich bitte Dich, ihre Herzen zu öffnen, damit sie zu Dir gehen werden und Dich bitten werden, sie mit dem Heiligen Geist zu erfüllen, so dass sie die Wahrheit Deiner Liebe annehmen können und für immer mit Dir und der ganzen Familie Gottes leben können. Amen."

Es ist für viele Menschen schwer, die Barmherzigkeit Gottes anzunehmen. Das ist so wegen der Macht, welche Satan über sie hat; nur wissen sie das in vielen Fällen nicht.

In einigen Fällen jedoch haben sie keinerlei Zweifel an der Existenz Gottes, dennoch wählen sie Satan, in voller Kenntnis dessen, dass Gott existiert und dass Er sie geschaffen hat. Sie kehren dem Königreich Gottes den Rücken.

Das Königreich, das sie wählen, ist dasjenige, das ihnen von Satan versprochen worden ist. Sie glauben, dass dieses Königreich am Ende der Zeit großen Reichtum und große Wunder anbietet und dass es eine Welt sein wird, die funkelt, aber das ist nicht der Fall. Alles, was sie finden werden, wird ein großer Feuersee sein, wo sie durch die Hand des Teufels leiden werden. Er wird sie bis in alle Ewigkeit quälen, und sie werden jede Sekunde dieses Schmerzes leiden; denn er kann niemals enden.

Jetzt wisst ihr, warum Ich solche Qual leide; denn allein der Gedanke an das Leiden, das auf solche Seelen zukommt, ist zu viel, um es ertragen zu können.

Nur eure Gebete, Meine Anhänger, und Meine Barmherzigkeit können ihnen überhaupt etwas Hoffnung bieten.

Helft Mir, sie zu retten.

Euer Jesus

569. Dieser Mann wird der Welt sagen, dass er der Messias sei, und er wird von vielen der weltweit führenden Galionsfiguren Beifall ernten.

Freitag, 28. September 2012, 22:15 Uhr

Meine innig geliebte Tochter, die großen Änderungen in der Welt, die im Vorfeld Meines Zweiten Kommens vorausgesagt worden sind, entfalten sich jetzt Schicht um Schicht.

Die Zeit für die Betrüger, die behaupten werden, in Meinem Namen zu kommen, und dass sie sich der Welt präsentieren werden, ist sehr nah.

So viele Menschen werden sich dazu hinreißen lassen, diesen falschen Propheten zu glauben, denn diese werden mit großem Pomp in die Öffentlichkeit treten.

Aber einer unter ihnen wird viele täuschen, denn er wird sich — auf eine bescheidene Weise — als der König präsentieren, um die Menschen davon zu überzeugen, dass er Ich, Jesus Christus, sei.

Dieser Mann wird der Welt sagen, dass er der Messias sei, und er wird durch viele weltweit führende Galionsfiguren Beifall ernten.

Sie werden ihn — zuerst — als einen außergewöhnlichen und mitfühlenden politischen Führer präsentieren.

Er wird als ein talentierter Friedensstifter gesehen werden, wie Ich euch gesagt habe. Sein Gehabe wird ein mystisches Profil zeigen, das göttlichen Ursprungs zu sein scheint.

Sein attraktives Äußeres und seine betörende Persönlichkeit werden auf die Massen Eindruck machen.

Er wird der Welt bald offenbart werden, und sein Auftauchen wird plötzlich und unerwartet stattfinden.

Jene Führer, die ihn als einen Retter präsentieren werden, als den Mann, der den Krieg im Nahen Osten beenden wird, genießen in vielen Teilen der Welt Ansehen. Das ist der Grund, warum dieser falsche Messias so leicht akzeptiert werden wird.

Nach einiger Zeit wird sich seine Anziehung ausbreiten. Die Medien werden seine diplomatischen Fähigkeiten preisen, und seine Anhängerschaft wird groß sein.

Dies ist der Mann, der sagen wird, dass er der Messias sei. Er wird jedem sagen, dass er Jesus Christus sei, der zurückgekommen ist, um sein zweites Kommen bekanntzugeben.

Er ist der Antichrist.

Lasst euch nicht einen Moment täuschen. Ich, Jesus Christus, kam das erste Mal im Fleisch, um die Menschheit zu retten. Aber ihr sollt wissen: Ich werde dieses Mal nicht im Fleisch kommen. Ich werde kommen wie ein Dieb in der Nacht. Ich werde die Welt vorbereiten, und zwar durch diese Botschaften, aber Ich werde euch nicht den Tag oder die Stunde nennen, denn Ich kenne sie nicht. Nur Mein Vater kennt die Zeit.

Ich werde Mein Zweites Kommen vor dem Zeichen Meiner Ankunft, das überall auf der Welt am Himmel erscheinen wird, verkünden.

Jeder Mann, der behauptet, Jesus Christus zu sein, und der als ein Mensch auf der Erde wandelt, ist ein Lügner.

Rennt weg, denn er wird unsägliches Elend und Leid bringen. Seine Täuschung wird Seelen in falscher Gottesliebe wiegen. Er wird die Wahrheit verdrehen. Diejenigen, die ihm folgen, sind in großer Gefahr.

Euer Jesus

570. Die Gläubigen dürfen niemals blind auf ihr Wissen vertrauen, dass sie die Wahrheit kennen.

Samstag, 29. September 2012, 19:15 Uhr

Meine innig geliebte Tochter, Ich muss all denjenigen, die an Mich, Jesus Christus, glauben, sagen, dass sie aufwachen sollen und jetzt ihr Leben in Mir leben sollen.

Diese Botschaften werden nicht nur gegeben, um diejenigen zu warnen, die nicht an Christus, den Erlöser der Menschheit, glauben, sie sind auch für diejenigen bestimmt, die an Gott glauben.

Die Gläubigen dürfen niemals blind auf ihr Wissen vertrauen, dass sie die Wahrheit kennen.

An diejenigen von euch, die sagen, dass sie die Wahrheit Meiner Lehren kennen: Ihr dürft niemals von euch selbst eingenommen sein. Wenn ihr das seid, dann kann das bedeuten, dass ihr die Arbeit vernachlässigen werdet, die notwendig ist, um eure Seelen zu heiligen.

Die Gläubigen können über Meine Lehren verwirrt sein. So viele verstehen nicht die Bedeutung Meines Zweiten Kommens.

Viele Meiner Anhänger denken, dass Mein Zweites Kommen bedeutet, dass es soundso von der gesamten Menschheit bemerkt werden wird, und dass — durch Meine Barmherzigkeit — sie (alle) gerettet werden würden. O, wie Ich wünsche, dass das wahr wäre. Welche endgültige Erleichterung Mir das bringen würde. Leider werden viele nicht vorbereitet sein. Viele werden sich weigern, Meinen Warnungen und Anweisungen zuzuhören. So wird es ihnen nicht gelingen, sich entsprechend vorzubereiten.

Mein Zweites Kommen wird stattfinden. Jene Gläubigen, die sagen, dass sie an die in der Bibel enthaltene Wahrheit glauben, ihr sollt Folgendes wissen: Es ist für euch leicht, das anzunehmen, was in der Bibel prophezeit wurde und bereits eingetroffen ist. Es ist nicht so leicht, die Prophezeiungen anzunehmen, die sich auf zukünftige Ereignisse beziehen, die der Menschheit noch bevorstehen.

Akzeptiert ebenfalls die Tatsache, dass Göttliche Botschaften gesandt werden, um euch vorzubereiten. Akzeptiert, dass diese Vorbereitung gerade jetzt stattfindet.

Seid zu jeder Zeit wachsam. Weist Mich in dieser Zeit nicht zurück, denn dies ist die Zeit der Vorbereitungen.

Seid dankbar, dass euch dieses große Geschenk gegeben wird.

Euer geliebter Jesus

571. So viele Menschen sind heute besessen vom Streben nach Berühmtheit und Selbstruhm.

Samstag, 29. September 2012, 23:00 Uhr

Meine innig geliebte Tochter, warum glauben in der Welt so viele Menschen, dass sie niemals sterben müssten?

So viele Menschen sind heute besessen vom Streben nach Berühmtheit und Selbstruhm. So viele von denjenigen, die große Anerkennung und viel Erfolg suchen und erlangen, werden von denjenigen vergöttert, die glauben, dass dies der Ruhm ist, nach dem sie streben müssten und der sie befriedigen würde.

Sehr wenig ihrer Zeit wird auf das verwendet, was wirklich von Bedeutung ist. Sie trampeln auf anderen herum, um das zu bekommen, was sie wollen, aufgrund ihres unersättlichen Verlangens, vor der Welt im Ruhm zu glänzen.

Ihre Eitelkeit wird durch die Welt des Entertainments, der Medien, genährt, und ihre Jagd nach Selbstperfektion wird mit Beifall begrüßt.

Das ist es, wonach gewöhnliche Menschen von heute streben. Sie bewundern offen solchen Ehrgeiz, und das kommt einer Religion gleich. Sie vergöttern diejenigen, die solche Höhen erreichen, und dann machen sie sich daran, deren Leben nachzuahmen.

Nicht ein einziges Mal bedenken sie, dass solche Dinge von keiner wirklichen Bedeutung sind. Sie halten nie inne, um sich zu fragen: „Ist es das, woraus Mein Leben bestehen soll?"

Sie glauben nicht an Gott — in den meisten Fällen nicht —; denn wenn sie das täten, wüssten sie, wie sehr es Gott missfällt, dass sie auf diese Weise Bewunderung suchen.

Wenn eine Person ständig Aufmerksamkeit und Bewunderung sucht und besessen ist von dem Bild, das sie der Welt gegenüber verkörpert, dann versteht sie nicht, wie kurz dieser Weg ist. Dieses Bild wird mit der Zeit verschwinden, und sie wird feststellen, dass sie leer ist und keine Liebe da ist, die sie mit anderen teilen könnte.

Diese Menschen verbringen so viel Zeit damit, sich selbst zu lieben, dass sie keinen Platz für irgendeine andere Liebe haben werden. Sie stellen ihre eigenen Bedürfnisse über die Bedürfnisse anderer. Sie werden alles tun, sogar Handlungen setzen, die Gott verletzen, um Selbstruhm zu erlangen.

Dieser Generation sind so viele Lügen erzählt worden über die Art und Weise, wie man sein Leben leben soll. Die Menschen werden angespornt von einer Welt, die glaubt, dass materieller Gewinn, Berühmtheit, Kultur und ein Verhalten, das auf die Erlangung von größtmöglicher Bewunderung abzielt, die wichtigsten anzustrebenden Dinge seien.

Wie wenig sie doch wissen. Wie erschüttert sie sein werden, wenn sie dahinter kommen, wie sehr sie sich geirrt haben.

Menschen, die solch ein Leben führen, werden enttäuscht sein, wenn ihre Begierden nicht befriedigt werden. Kein Akt, der ihnen durch selbstbesessenen Ehrgeiz mehr Vergnügen bringen soll, wird ihnen Frieden bringen.

Betet, dass die Menschen bald begreifen werden, dass das Streben nach Berühmtheit und Selbstruhm nur für eine kurze Zeit befriedigt. Es gibt nur ein Ziel, nach dem ihr streben solltet, und das ist, den Lehren des Herrn zu folgen.

Wenn ihr das tut, werdet ihr im Frieden sein.

Ihr könnt immer noch viele der Vergnügungen in der Welt genießen, aber ihr werdet verstehen, was wirklich von Bedeutung ist.

So viele junge Menschen legen solch einen Wert darauf, wie sie auf andere wirken. Der Druck, der auf ihnen lastet, ihr Leben zu führen, indem sie dieselben Ziele verfolgen wie jene Berühmtheiten, die sie bewundern, schadet ihrer Seele.

Ihr Verhalten versperrt ihnen den Zugang zur Realität dessen, was Gott Freude macht.

Es versperrt den Zugang zur Wahrheit.

Nur die Wahrheit wird ihnen ein Gefühl der Zufriedenheit geben und ihnen Friede, Liebe, Freude und Glückseligkeit bringen.

Ich Bin das Leben, das sie suchen.

In Mir werden sie ein Leben der Herrlichkeit finden.

Das ist der Ruhm, den sie suchen müssen.

Denn sie werden im Neuen Paradies ein Leben großer Herrlichkeit leben, wenn sie sich Mir zuwenden.

Das ist der einzige Ruhm, der ihnen unbeschreibliche Freude bringen wird.

Euer Jesus

572. Gottes Liebe ist, wenn man sie einmal gefühlt hat, etwas, ohne das man nicht mehr leben kann.

Montag, 1. Oktober 2012, 16:30 Uhr

Meine innig geliebte Tochter, ihr müsst akzeptieren, dass, wenn Meine Anhänger an diese Botschaften glauben, ihnen dies von Zeit zu Zeit Seelenqual bereiten wird.

Viele werden hocherfreut sein, wenn sie Mein Heiliges Wort lesen, und werden es gleich einem Wunder annehmen.

Andere werden ebenfalls Meine Botschaften annehmen, aber an manchen Tagen werden sie von quälenden Zweifeln, die sie befallen werden, fast entzwei gerissen werden. Diese Zweifel sind normal.

Manche werden fragen und fragen, ob diese Botschaften wirklich vom Himmel kommen. Dann werden sie voller Qual sein, weil sie wissen, dass ihr Leben dabei ist, sich zu verändern, und dass sie Zeugen des Zweiten Kommens sein werden.

Das bedeutet, dass das Leben, wie sie es bis jetzt geführt haben, sich bis zur Unkenntlichkeit verändern wird.

Das ist für viele beängstigend, weil sie an ihrem alten, selbstgefälligen Leben festhalten wollen, wie unglücklich sie auch waren.

Die Angst vor der Zukunft, die Angst vor der Hand Gottes und die Angst vor der Armee Satans quält sie. Dennoch, obwohl Meine Botschaften ihren Herzen zuweilen Angst einjagen können, bringen sie auch Trost.

Denn eines ist gewiss: Sie werden Meinen Heiligen Geist in ihren Seelen fühlen, und sobald das geschieht, werden sie mit der Liebe Gottes vertraut werden.

Gottes Liebe ist, wenn man sie einmal gefühlt hat, etwas, ohne das man nicht mehr leben kann. Sie bringt Frieden. Also, egal wie ängstlich ihr, Meine Anhänger, sein mögt, ihr dürft nicht vergessen, dass Ich, euer Jesus, euch niemals verlassen werde.

Ihr gehört Mir.

Ich bin das Leben in euren Seelen. Durch Mich werdet ihr gerettet werden. Ich bin voller Barmherzigkeit gegenüber Seelen, die sich um Hilfe bittend an Mich wenden. Ich werde euch nicht durch die Hand der Anhänger Satans leiden lassen. Ich werde euch mit Meinem Kostbaren Blut bedecken. Ihr habt nichts zu fürchten.

Stattdessen werden euch die Gnaden gegeben, um euch vorzubereiten. Jetzt müsst ihr tapfer sein, lasst nicht zu, dass Zweifel eure Liebe zu Mir trüben oder euch gegenüber der Wahrheit dieser Botschaften blind machen.

Sie sind Mein Geschenk an euch. Sie werden euch gegeben, damit ihr beschützt werdet und vor Leid bewahrt bleibt.

Bittet Mich immer, euch eure Ängste zu nehmen, denn sie sind vom Teufel als Samen der Unzufriedenheit in euren Geist gepflanzt, um euch abzulenken.

Ich segne euch. Ich gebe euch Frieden. Ich gebe euch Meinen Schutz. Vertraut immer auf Mich.

Euer Jesus

573. Jungfrau Maria: Viele in der Leitung der Kirche Meines Sohnes schweigen. Sie verteidigen in der Öffentlichkeit den Heiligen Namen Meines Sohnes nicht mehr.

Dienstag, 2. Oktober 2012, 15:30 Uhr

Mein Kind, die Kampagnen, den Namen Meines geliebten Sohnes, Jesus Christus, zu beschmutzen, mehren sich.

Nicht genug damit, dass sie Ihn leugnen, wollen viele auch noch Sein Bild im Denken derer, die an Ihn glauben, verhöhnen.

Die Kreuzigung des Leibes Meines Sohnes, die Kreuzigung Seiner Kirche, eskaliert.

Viele in der Leitung der Kirche Meines Sohnes schweigen. Sie verteidigen in der Öffentlichkeit den Heiligen Namen Meines Sohnes nicht mehr. Ihnen fehlt es an Mut, den Leib Meines Sohnes, Seine Kirche auf Erden, zu verteidigen.

Viele wollen wegen der Sünden von Priestern in der Vergangenheit keine unerwünschte Aufmerksamkeit auf sich ziehen. Viele haben einfach nicht den starken Glauben, den man braucht, um ein echter Zeuge für die Wahrheit der Lehren Meines Sohnes zu sein.

So viele in der Welt glauben nicht an die Existenz Meines Sohnes, und das bringt Ihn zum Weinen.

So viele, die aber die Wahrheit kennen, glauben, dass es akzeptabel sei, Respektlosigkeit zu zeigen, indem sie der Gotteslästerung lauschen. Und sie machen nicht den Mund auf.

Kinder, ihr müsst die Wahrheit der Kreuzigung Meines Sohnes offen und ohne Angst bekennen. Die Menschen werden zuhören. Ihr werdet gehört werden. Wenn jeder Diener Meines Sohnes schweigen würde, wer wird dann von Meinem Sohn sprechen?

Wer wird in dieser Zeit Sein Heiliges Wort verbreiten, während so viele von Gottes Kindern die Existenz Gottes bestreiten?

Sehr bald werden sie keine Entschuldigung mehr haben. Wenn sie den Zustand ihrer Seelen sehen, werden sie zum ersten Mal verstehen, dass sie eine Seele haben.

Betet, dass sie danach stärker werden und dass sie wahre Soldaten Christi werden.

Eure geliebte Mutter

574. Der Hauptgrund, warum das Christentum angegriffen wird.

Mittwoch, 3. Oktober 2012, 13:30 Uhr

Ich bin dein geliebter, mystischer Gatte, der Menschensohn, geboren aus der Unbefleckten Jungfrau Maria.

Meine innig geliebte Tochter, alles Entsetzen, das Ich im Garten von Gethsemane gesehen habe, während Ich vom Teufel verhöhnt wurde, entfaltet sich jetzt in der Welt, direkt vor Meinen Augen.

Die Menschen haben überall ihren Glauben verloren. Sie wandeln in einem Meer der Verwirrung umher und in einem Zustand des Glaubensabfalls, wie er in der Welt in einem solch großen Ausmaß nie zuvor gesehen wurde.

Die Liebe zueinander ist gestorben.

Rücksichtnahme auf die Bedürfnisse eines anderen wird nicht mehr als ein bewundernswerter Charakterzug angesehen.

Habgier, Lust und Neid kontrollieren heute in der Welt den Geist von vielen. Kalt in ihren Herzen, schätzen sie nicht mehr das Leben an sich und denken sich nichts bei Mord. Das Leben wird als selbstverständlich hingenommen.

Der Hauptgrund, warum das Christentum angegriffen wird, ist folgender: Es geht darum, dass die Gesetze, welche die Sünde billigen, in euren Ländern leichter eingeführt werden können.

Die Besessenheit mit falschen Religionen und falschen Idolen (Götzen) nimmt überhand.

Meine Kirche bricht zusammen, und in den meisten Fällen betonen Meine geistlichen Diener weder die Gefahr der Sünde noch die Wahrheit des ewigen Lebens.

Hass, Krieg, Habgier, Lust, Neid und Eigenliebe werden alle zu einem einzigen verlogenen Zustand verbunden; einem Zustand, der keine Ähnlichkeit mit der Wahrheit Meiner Lehren hat.

Ich wusste damals im Garten von Gethsemane, dass Mein Tod am Kreuz von dieser heutigen Generation nicht als das gesehen werden würde, was er war. Dies war der Schmerz, der wie ein Schwert Mein Herz durchbohrte.

Das Opfer, das Ich für die Menschen brachte, um sie in den Augen Meines Vaters zu erlösen, wird heute nicht erkannt. Wie viel haben sie vergessen. Wie viel ist ihnen nicht gesagt worden. All das hat mit der Sünde der Toleranz zu tun, die der Welt als etwas Gutes präsentiert wird.

Die Kriege und der Hass breiten sich wie ein Virus aus, da sie vom Teufel geplant werden. Der Schmerz Meiner Anhänger wird sich mit Meinem Schmerz vereinen, wenn ich die Obszönitäten sehen muss, die von jenen Regierungschefs ausgespien werden, die den Lügen folgen, die von Satan in ihre Seelen eingebettet worden sind.

Satan und seine Dämonen sind sehr mächtig. Glaubt nicht eine Minute lang, dass es leicht sei, die Umklammerung zu lösen, mit der sie eine Person umfangen hal- ten, welche ihnen erlaubt hat, ihre Seele zu durchdringen. Sie werden nicht so leicht aufgeben und sie werden Seelen, die sich Mir, ihrem Jesus, um Hilfe zuwenden wollen, daran hindern, indem sie diese hilflos machen.

Diese Seelen werden es quälend finden zu beten. Die Worte werden nicht aus ihrem Mund kommen. Sie werden eine totale Abneigung gegen Gedanken an Mich empfinden. So sehr sie es auch versuchen mögen, es wird eine mühsame Aufgabe sein.

Diejenigen, die sagen, dass sie gute Menschen seien, die keinem anderen einen Schaden zufügen, die aber Mich, Jesus, in ihrem Leben nicht annehmen, ihr sollt Folgendes wissen: Ihr seid keine Anhänger von Christus. Wenn ihr nicht zu Mir kommt, könnt ihr nicht in das Königreich Meines Vaters aufgenommen werden.

Um in das Königreich Meines Vaters einzugehen, braucht es Vorbereitung. Satan ist so flink, wenn es darum geht, Seelen abzulenken, dass viele von ihm einfach überrascht werden.

Diese Zeiten großer Unruhe in der Welt und das fehlende Bewusstsein für Meinen Vater, Gott, den Schöpfer aller Dinge kann nur auf eins hinauslaufen: auf die Katastrophe. Züchtigungen werden über die Welt ausgegossen werden, um die Menschheit zu retten, die Menschheit zu reinigen.

Wenn sich Menschen weigern zuzuhören, werden sie nicht die Wahrheit hören.

Die Wahrheit wird nicht nur ihr Leben auf Erden retten, sondern wird ihnen auch Ewiges Leben geben.

Ein Nichtannehmen der Wahrheit resultiert im Tod – sowohl des Körpers als auch der Seele.

Die Zeit ist für die Menschen gekommen, sich zu entscheiden. Ich kann sie nicht zwingen, Mir zu folgen. Trotz all der Geschenke, der Gnaden und der Wunder, die ihnen gegeben werden, werden sie Mir immer noch den Rücken zuwenden.

Trotz all Meiner Großen Barmherzigkeit werden einige immer noch den Tod dem Leben vorziehen.

Euer Jesus

575. Gott der Vater: Meine Hand der Gerechtigkeit wartet, um jene Regierungen zu züchtigen, die sich verschwören, um Meinen Kindern Schaden zuzufügen.

Donnerstag, 4. Oktober 2012, 14:55 Uhr

Meine liebste Tochter, Ich möchte, dass ihr wisst, dass — während die Welt möglicherweise eine große Reinigung ertragen muss, die nicht angenehm sein mag — Meine Barmherzigkeit groß ist.

Ich bin ein Ozean der Barmherzigkeit und werde große Veränderungen durchführen, um sicherzustellen, dass alle Meine Kinder vor der Katastrophe gerettet werden. Die Katastrophe, von der Ich zu euch spreche, beinhaltet das Werk einer geheimen, bösen Macht in der Welt, die versucht, jede Nation zu kontrollieren, zu ihrem eigenen bösen Vorteil.

So viele solche Seelen weisen die Barmherzigkeit Meines geliebten Sohnes zurück. So viele werden Ihn nicht anerkennen. Sie fahren fort, denjenigen rücksichtsloses Leiden zuzufügen, die sie kontrollieren, und sie machen den Fehler zu glauben, dass ihre Sünden unbemerkt blieben. Sie können gegen die Macht Meiner Hand ankämpfen, aber Meine Hand wird auf sie herabstoßen und sie vernichten.

Sie werden die Macht Gottes mit der Zeit erkennen, aber für viele von ihnen wird es zu spät sein.

Jede Handlung von Mir, einschließlich großer Wunder, wird in Kürze von der ganzen Menschheit gesehen werden. Ich werde alles nur Mögliche tun, in Meiner Großen Barmherzigkeit, die sich wie ein großer Ozean über die Menschheit ergießen wird, um die Menschheit zu retten. Kein Mensch wird von Meinen Geschenken unberührt bleiben.

Wenn das geschieht, werde Ich dann jene Menschen jagen, die Mich beiseite schieben werden, obwohl sie wissen werden, wer Ich Bin.

Dann werden jene Führer in der Welt, die darin versagen, Meine Göttlichen Gesetze einzuführen, und welche die Erde mit ihrer Grausamkeit gegenüber Meinen Kindern geißeln, niedergestreckt werden. Zu der Zeit werde ich ihnen nicht zugestehen, Meiner Göttlichen Gerechtigkeit zu entgehen.

Sie werden in dieser Botschaft gewarnt, jetzt innezuhalten. Sie müssen um Führung beten, wenn sie sich unbehaglich oder unter Druck fühlen, den Nationen Gesetze aufzuerlegen, die Not verursachen werden.

Ich gebe ihnen diese Zeit, damit sie jetzt mit dem, was sie tun, aufhören und damit sie Mich bitten, ihnen dabei zu helfen, sich gegen die gottlosen Regime zu behaupten, die nun gegen ihre Landsleute geplant werden.

Sie wissen, worüber Ich spreche.

Ich bin der Schöpfer der Menschheit. Ich kenne jedes Meiner Kinder. Was sie sehen. Was sie fühlen. Wie sie denken. Ich kenne auch diejenigen unter ihnen, die Loyalität geschworen haben in Hinsicht auf Aktionen, die überall auf der ganzen Welt den Menschen enorme Leiden verursachen.

Meine Hand der Barmherzigkeit wartet, um euch in den Zufluchtsort Meines Königreichs zurückzubringen.

Meine Hand der Gerechtigkeit wartet, um jene Regierungen zu züchtigen, die sich verschwören, um Meinen Kindern Schaden zuzufügen. Ihnen wird nicht erlaubt werden, dieses Leiden zu verursachen.

Denn sobald ihr Gesetze einführt, die dazu bestimmt sind, diejenigen zu kontrollieren, denen ihr dient, und die Mir ein Abscheu sind, werde Ich solch eine Züchtigung senden, dass keinem Menschen irgendwelche Zweifel bleiben werden hinsichtlich dessen, was solch eine Strafe verursacht hat.

Ihr seid Meine Kinder und ihr müsst euch schutzsuchend an Mich wenden. Ohne Meinen Schutz werdet ihr auf Gedeih und Verderb Satan ausgeliefert sein.

Damit ihr es nicht vergesst: Er, Satan hasst euch alle. Doch wegen seiner machtvollen und subtilen Wege der Verführung folgt ihr wie Sklaven seiner Jagd nach Macht.

Wählt die Macht auf dieser Erde, die euch erhöhen mag und eure Anerkennung über die Wege des Herrn stellen mag, ... und ihr werdet verworfen werden.

Diese Warnung wird euch gegeben, um sicherzustellen, dass ihr versteht, dass es nur einen Schöpfer gibt. Nur einen, der die Menschheit schuf. Nur einen, der die Macht hat, alles, was auf der Erde existiert, zu einem Ende zu bringen.

Gott, der Allerhöchste
Der Schöpfer von allem Sichtbaren und Unsichtbaren

576. Das Licht Gottes ist in jedem Einzelnen von euch gegenwärtig.
Samstag, 6. Oktober 2012, 23:05 Uhr

Meine innig geliebte Tochter, um Mich aufrichtig zu lieben, müsst ihr andere durch Meine Augen sehen.

Wenn ihr auf eine andere Person schaut, dann schaut genau hin und versucht, Meine Anwesenheit zu sehen, denn Ich bin in allen Seelen gegenwärtig, sogar in den geschwärzten Seelen.

Ich bin dort. Schaut und ihr werdet Mich sehen. Das ist eine der außergewöhnlichsten Gnaden, die von Meinem Ewigen Vater jedem Seiner Kinder gegeben ist.

Das Licht Gottes ist in jedem Einzelnen von euch gegenwärtig.

Dieses ist die Liebe, und jede Seele hat die Fähigkeit zur Liebe.

Wenn ihr andere durch Meine Augen seht, dann werdet ihr Liebe fühlen, und diese wird eure Seele in einer Art und Weise berühren, die ihr nicht leugnen könnt. Diese Liebe ist real, doch ihr könnt sie weder sehen noch berühren. Ihr werdet es auch schwer finden, sie anderen zu erklären. Und doch ist sie da.

Wenn alle Kinder Gottes die Göttliche Gegenwart Meines Vaters in der Welt, in Seinen Kindern, ehren könnten, dann würde auf der Erde Friede herrschen. Sucht die Liebe und ihr werdet sie finden.

Nehmt euch Zeit, um darüber nachzudenken, was Ich euch jetzt sage: Das Licht der Liebe Gottes ist wie ein leuchtender Stern, der in jeder Seele gegenwärtig ist. In einigen scheint er hell, und ihr könnt fühlen, wie die Liebe aus dieser Person euch umhüllt. In anderen ist sie — da nur ein schwacher Schimmer — schwer zu finden, aber sie ist trotzdem da.

Wenn ihr euch einander anschaut, dann denkt so: Gott schuf jeden von euch. Ihr seid in Seinen Augen Brüder und Schwestern. Es bereitet Ihm so viel Freude, wenn Er sieht, dass Seine Kinder Liebe und Respekt füreinander zeigen.

Wenn sie untereinander kämpfen und anderen Not und Leid verursachen, fühlt Er einen schrecklichen Schmerz. Wie bei allen Eltern verletzt es Ihn, wenn Seine Kinder Seine Liebe nicht mit anderen teilen, die Liebe, durch welche sie geschaffen wurden.

Denkt auch daran, wenn ihr einander verletzt, dann verletzt ihr Meinen Vater. Er fühlt den Schmerz, den ihr Seinen Kindern zufügt.

Überlegt es euch das nächste Mal gut, wenn ihr über einen anderen hart urteilt oder einem anderen Hass zeigt. Wenn ihr dieses tut, dann missfällt das Meinem Vater.

Wenn euch jemand verletzt, dann betet für ihn. Denn wenn es zwischen zwei Menschen Spannungen gibt und es an Liebe mangelt, dann haben das böse Geister verursacht.

Erhebt euch über diese Versuchung. Liebt einander. Behandelt die anderen mit Rücksicht. Schaut auf sie wie durch die Augen Gottes. Wenn ihr das tut, werdet ihr die Liebe finden. Ihr werdet es leichter finden, miteinander zu leben und die Fehler der anderen zu akzeptieren.

Euer Jesus

577. Jungfrau Maria: Ich weine Blutränen um euch, und Mein Herz ist schwer.
Sonntag, 7. Oktober 2012, 11:00 Uhr

Mein Kind, bitte, bete für Meine verlorenen Kinder, die jeden Tag zahlreicher werden. Sie können nicht noch wollen sie an Meinen Sohn glauben und schlagen einen anderen Weg ein.

Ich weine Blutränen um sie, und Mein Herz ist schwer. Wie verloren sie sind und wie leer sie sich fühlen.

Ich bete, dass Gott in Seiner Barmherzigkeit bald ihre verhärteten Herzen öffnen wird.

Die „Warnung" ist nah, Mein Kind. Meine Kinder müssen sich vorbereiten. Diejenigen, die diesen Heiligen Botschaften — von Meinem Sohn und von Meinem Ewigen Vater — aus dem Weg gehen, werden sich Gott gegenüber verantworten müssen.

Viele haben dieser Mission geschadet und haben Seelen dazu ermuntert sich abzuwenden. Viele dieser Seelen sind seitdem gestorben — und zwar in Todsünde. Wären die Gebete, die der Menschheit durch die Kreuzzugebete gegeben wurden, angenommen worden, hätten diese Seelen gerettet werden können.

Diejenigen, die diese Botschaften nicht annehmen werden, dürfen nicht mit dem Teufel zusammenarbeiten, um das Wort Gottes zu untergraben. Ihr müsst um die Hilfe beten, die ihr braucht, um Frieden in eurem Inneren zu finden.

Es ist prophezeit worden, dass der Endzeitprophet nicht akzeptiert würde, obwohl durch die Ausbreitung von Gottes Wort viel Bekehrung erreicht werden wird.

Ihr tut es auf eure eigene Gefahr, wenn ihr die Hilfe zurückweist, die in dieser Zeit vom Himmel gesandt wird, um euch zu helfen, eure Seelen zu retten.

Beleidigt Meinen Sohn nicht, indem ihr nicht zuhört. Ihr mögt eure Ohren verschließen, nachdem ihr diese Botschaften vom Himmel gelesen habt, aber zuerst müsst ihr zuhören.

Euer freier Wille bedeutet, dass ihr wählen könnt, welchen Weg ihr gehen möchtet.

Euer freier Wille bedeutet nicht, dass ihr das Recht habt, absichtlich gegen den Heiligen Geist zu lästern.

Wenn die „Warnung" stattfindet, werdet ihr mit dem Licht der Wahrheit erfüllt sein.

Eure Seele wird erleuchtet werden, und ihr werdet sehen, welche guten Taten und welche schlechten Handlungen ihr in eurem ganzen Leben ausgeführt habt. Zu diesem Zeitpunkt werden viele von euch die Liebe Gottes mit offenen Armen begrüßen. Unglücklicherweise werden viele zu eigensinnig sein, um ihr Fehlverhalten zu akzeptieren. Sie werden verworfen werden und werden schrecklich leiden.

Seid jederzeit bereit. Die Zeit ist knapp.

Eure geliebte Mutter

Mutter Gottes

Mutter der Erlösung

578. Die Ankündigung Meines Zweiten Kommens wird plötzlich und unerwartet geschehen.

Montag, 8. Oktober 2012, 19:00 Uhr

Meine innig geliebte Tochter, Ich bitte alle Meine Anhänger dringend, in dieser Zeit stark zu sein.

Mein Heiliges Wort, Mein Geschenk an die Menschheit, das euch durch diese Botschaften gegeben wird, wird zur Zielscheibe großer Kritik werden.

Ihr müsst stark bleiben, wenn Mein Wort auseinandergerissen und heruntergemacht wird. Das wird sehr schwer sein, aber ihr müsst diese Qual aushalten, denn das ist nur der Anfang.

Der Feind wird sich erheben und Meine Botschaften niederreißen, die jedem von euch allen gegeben werden, damit Seelen gerettet werden können.

Er zählt jede Seele, die er verführt, und bringt sie dann von Meinen Botschaften ab. Er tut das, indem er zuerst die Gläubigen verführt, damit sie nicht mit Mir arbeiten, um ihre Brüder und Schwestern zu retten. Er will nicht, dass ihr betet, um ihre Seelen zu retten.

Alle Diener Meiner Kirche, die euch verbieten, Meine Kreuzzuggebete zu beten, brauchen eure Gebete. Sie können nicht verhindern, dass Meine Gebete verbreitet werden. Wenn sie das tun, dann brauchen sie eure Hilfe. Leider werden viele Seelen von Meiner Mission, der letzten ihrer Art auf Erden, abgebracht werden.

Diese Zeit wird es erleben, dass die Spaltung Meiner Kirche größer wird. Während die eine Seite leidet, um Mein Evangelium zu schützen, versucht die andere, Meine Kirche neu zu erfinden, Meine Lehren zu modernisieren und obszöne Gesetze in Meine Kirche einzuführen.

Steht mutig auf und vereint euch, denn diese Zeit ist fast gekommen, und ihr werdet von diesen neuen Praktiken hören, von denen sich keine an Mein wahres Evangelium, Meine Lehren oder die Wahrheit hält.

Diese Widrigkeiten werden sich vor euch wie riesige Barrikaden auftürmen. Ihr, Meine Jünger, werdet euch wie in einer Falle gefangen fühlen. Ihr werdet euch hilflos fühlen, und eure Tränen werden fließen.

Eure Schwäche wird eure Kraft sein. Gerade durch euer Leiden, wenn ihr diese schreckliche Geißelung erlebt, werdet ihr stark werden.

Für jede Prüfung, die ihr in Meinem Namen erduldet, werde Ich euch noch stärker machen. Haltet durch, und Ich werde euch mit der Gnade der Stärke, des Mutes und der Überzeugung segnen.

Jeder nur mögliche Versuch wird unternommen werden, um dieses Licht auszulöschen, aber das wird (vollkommen) zwecklos sein.

Der Strahl eures Lichtes, eure Liebe zu Mir, wird so sehr erhellt werden, dass er gleichsam ein Leuchtfeuer von Licht und dann ein großes Feuer werden wird. Dieses Feuer des Heiligen Geistes, das jeden von euch erfassen wird, wird seine Flammen zu jeder Ecke der Welt ausbreiten.

Ihr, Meine kostbare Armee, werdet es sein, die das tun werden. Ihr werdet vom Himmel geführt werden. Ihr werdet vorwärts marschieren. Ihr werdet über die böse Armee bedauernswerter Seelen, die von Satan diktiert werden, hinwegmarschieren, und sie werden gegen euch machtlos sein.

Bald danach wird die Glorie, mit der Ich angekündigt werde, in der Welt offenbar werden.

Die Ankündigung Meines Zweiten Kommens wird plötzlich geschehen. Sie wird ebenfalls unerwartet sein, obwohl ihr gut vorbereitet worden seid. Zu der Zeit wird euch das große Geschenk des Ewigen Lebens vermacht werden.

Euer Jesus

579. Diese neue Eine-Welt-Religion wird dem Tier huldigen.

Dienstag, 9. Oktober 2012, 21:31 Uhr

Meine innig geliebte Tochter, viele Seelen sind in dieser Zeit wachsam, da sie sehen, dass die schnellen Veränderungen in Meiner katholischen Kirche sich nun zu manifestieren beginnen.

Die Zeichen beginnen, alles das zu zeigen, was Ich durch dich prophezeit habe. Man kann den Mangel an verfügbaren Heiligen Messen sehen. Die Heilige Eucharistie ist nicht mehr leicht zugänglich. Das Sakra-

ment der Beichte steht in vielen Meiner Kirchen nur begrenzt zur Verfügung.

Viele Meiner Kirchen haben keine Priester, die dort ihren Dienst tun würden. Es gibt so viele, die in dieser Zeit der Drangsal Meine Kirchen verlassen, so dass diese Kirchen bald kommerziellen Eigentümern übergeben werden.

Da der Glaube der Christen geprüft wird, ist es also wichtig, mit dem Beten Meiner Kreuzzuggebete fortzufahren. Bald werden neue Diener in die katholische Kirche und in andere christliche Kirchen eingeführt werden.

Religiöse Unterschiede werden zunächst im Randbereich verwischt werden. Dann, innerhalb kurzer Zeit, werdet ihr Meine Lehren nicht mehr wiedererkennen, denn sie werden stillheimlich verschwunden sein. An ihrer Stelle wird es eine Reihe unklarer, aber poetischer Äußerungen geben, die für eine Toleranz der Sünde werben.

Die Lügen, die ahnungslosen Kirchgängern aufgetischt werden, werden zuerst unbemerkt bleiben. Dann aber werden Meine Anhänger von einem tief beunruhigenden Gefühl beschlichen werden, dass irgendetwas nicht in Ordnung ist.

Der endgültige Betrug wird dann stattfinden, wenn die Heiligen Sakramente gegen heidnische Ersatzhandlungen ausgetauscht sein werden.

Alles wird unter Leitung des falschen Propheten geschehen, der den Anspruch darauf erheben wird, der Hohepriester über alle Religionen — zusammengeschlossen zu einer einzigen Religion — zu sein. Diese neue Eine-Welt-Religion wird dem Tier huldigen.

All diejenigen, die blind folgen, werden vom Tier verschlungen werden und für Mich für immer verloren sein.

Die Geschwindigkeit, mit der das geschehen wird, wird Meine Anhänger in Erstaunen versetzen. Der Plan wird geschickt und umsichtig ausgeführt. Die Kampagne, um die ablehnende Haltung der Christen in eine Annahme der säkularen Gesetze umzuwandeln, wird professionell gelenkt.

Diese Kampagne wird unter vielen Nationen geplant, von einer Gruppe, welche Persönlichkeiten, Berühmtheiten und Galionsfiguren, die bei der Mehrheit als Respektspersonen gelten, gezielt einsetzt, um Unterstützung für ihre bösen Lügen zu erhalten.

Seid gewarnt. Akzeptiert keine Lügen. Lasst euch nicht in den Plan, Meinen Heiligen Namen zu entweihen, verwickeln.

Euer Jesus

König und Erlöser der ganzen Menschheit

580. Das Heidentum wird allen Kirchen Gottes aufgezwungen werden.

Mittwoch, 10. Oktober 2012, 21:50 Uhr

Meine innig geliebte Tochter, sage der Welt, dass sie aus ihrem Schlummer erwachen muss. Wenn sie das nicht tut, wird es ihr nicht gelingen zu erkennen, wie sich die bösen Pläne entwickeln, die Ich schon vor geraumer Zeit vorausgesagt habe.

Ich spreche über die Weltherrschaft, die eingefädelt wird, um das Christentum zu zerstören.

Meine Kirche wird Stein für Stein niedergerissen. Meine geistlichen Diener werden mit voller Absicht über ihre Grenzen hinaus belastet.

Meine Kirche wird ebenfalls von denjenigen entweiht, welche die Anbetung des Tieres praktizieren.

Diese falschen Betrüger sind keine Christen. Sie praktizieren den Okkultismus und unterwandern alle Organisationen, einschließlich verschiedener Kirchen und verschiedener Religionen. Sie nehmen insbesondere die katholische Kirche ins Visier.

Das ist die Kirche, die sie am meisten hassen. Ihre Lügen sollten dazu führen, dass die Katholiken sich schämen, sich zu erheben und ihre Kirche zu verteidigen.

Ihre Lügen haben es für alle christlichen Kirchen sehr schwer gemacht, die Heiligen Sakramente als von Gott eingesetzt zu verteidigen.

Das Heidentum wird allen Kirchen Gottes aufgezwungen werden und Wehe dem Menschen, der aufsteht, um die Wahrheit Gottes zu verteidigen.

Die Zeit für die Trennung der Menschen ist gekommen. Ich werde kommen und die (Bewohner der) Erde voneinander scheiden.

Jene, die gegenüber Meinen Lehren treu sind, werden in Mein Herz aufgenommen werden. Jene, die sich Gott widersetzen und gegen die Wahrheit lästern, werden verworfen werden.

Der Kampf hat bereits begonnen. Die Beweise liegen vor.

Es ist immer noch Zeit, zu wählen, und zwar zwischen den Lügen dieser satanischen Gruppe, die als Lämmer verkleidet daherkommt, oder der Wahrheit, die euch als Lüge verkauft werden wird.

Ihr müsst jederzeit auf der Hut sein. Haltet eure Augen offen. Wendet euch ab, wenn gegen Meinen Namen, Meinen Leib, Mein Wort gelästert wird.

Euer Jesus

581. Viele von euch werden Mich verleugnen, indem sie diese bösen neuen Gesetze akzeptieren werden.

Donnerstag, 11. Oktober 2012, 10:03 Uhr

Meine innig geliebte Tochter, die Schwierigkeiten, denen Meine Jünger in dieser Zeit gegenüberstehen, sind zweifach.

Erstens müsst ihr die Lügen mit ansehen, die euch von weltlichen Regierungen vorexerziert und euch aufgezwungen werden. Diese Lügen in Form von neuen Gesetzesvorschlägen, neuen Ideen und neuen Vorschriften bewirken gerade nur eines: Sie verstoßen gegen die Gebote Gottes. Es sind die Gesetze der Toleranz, welche großzügig erlauben, dass die Akte der Sünde in euren Verfassungen und Kirchen verankert werden.

Die zweite Marter wird in den Repressalien bestehen, denen ihr ausgesetzt sein werdet, solltet ihr es wagen, die Wahrheit, das Wort Gottes, auszusprechen. Wenn ihr es wagt, die Wahrheit auszusprechen, werdet ihr heftig angegriffen werden. Euch wird dann vorgeworfen werden, ihr wäret unchristlich und es fehle euch an Toleranz.

Versteht ihr, wie Satan arbeitet? Er täuscht jene schwachen Seelen dahingehend, dass sie die Lügen glauben und die Sünde akzeptieren, indem er die Sünde so hinstellt, als ob es sie überhaupt nicht gäbe.

Diese Menschen, die Seite an Seite stehen, über alle Nationen hinweg, verstärken den Druck, um Meine christlichen Kirchen zu zerstören und die Sünde akzeptabel zu machen. Sie haben zum Ziel, Meine Anhänger zum Schweigen zu bringen und sie der Fähigkeit zu berauben, die Wahrheit Meines Heiligen Wortes offen zum Ausdruck zu bringen.

Ihr werdet wegen dieser Abscheulichkeiten leiden. Wenn das der Fall ist, dann wisst, dass Ich Mich eng mit eurem Herz verbinde.

Bitte seid stark — um Meinetwillen. Ihr müsst für diese bedauernswerten, verblendeten Seelen beten, denn sie sind Schachfiguren in einem bösen Spiel, das von denjenigen arrangiert wird, die Satan verehren.

Lasst euch nicht täuschen, denn sobald ihr denkt, ihre Boshaftigkeit, verkleidet als Toleranz und Liebe für die Rechte der anderen, habe die Menschheit bezwungen, wird sich die Schlacht zuspitzen.

Die Hand Meines Vaters wird mit solcher Kraft zuschlagen, dass die Übeltäter hinweggefegt werden. Ihr dürft niemals verzweifeln und denken, dass diese Gruppe Meine Jünger überwältigen wird. Sie werden niemals dazu im Stande sein, obwohl es zuweilen so aussehen mag.

Wacht auf, Meine geistlichen Diener. Ihr dürft euch nicht schikanieren lassen oder euch in diesen listigen Plan, der darauf angelegt ist, das Wort Gottes zu entweihen, hineinziehen lassen.

Ihr müsst die Lehren von Mir, eurem Erlöser, hochhalten und dürft Mich niemals verleugnen. Und doch werdet ihr versucht sein,

das zu tun. Viele von euch werden Mich verleugnen, indem sie diese bösen neuen Gesetze akzeptieren werden.

Wenn ihr das tut, werde Ich auf euch warten, denn, wenn ihr Mich anruft, werde Ich euch aufrechterhalten. Mit Meinem Göttlichen Eingreifen werde Ich euch stützen.

Bitte betet diese Litanei (3) „Verteidigt das Wort Gottes"

„O lieber Jesus, schütze uns vor den Lügen, die Gott verletzen.

Schütze uns vor Satan und seiner Armee.

Hilf uns, Dich mehr zu lieben.

Halte uns in unserem Kampf aufrecht.

Verteidige uns in unserem Glauben.

Führe uns zu Deinem sicheren Zufluchtsort.

Hilf uns, aufzustehen und Deinen Heiligen Willen zu verteidigen.

Stärke unsere Entschlossenheit, Deine wahren Jünger zu sein.

Gib uns Mut.

Gib uns Vertrauen.

Führe uns auf dem Weg der Wahrheit.

Verteidige uns gegen den Feind.

Gieße Deine schützenden Gnaden über uns aus.

Hilf uns, die Versuchung zu meiden.

Bring uns näher an Dein Heiligstes Herz.

Hilf uns, Dir gegenüber jederzeit treu zu bleiben.

Amen."

Geht nun, Meine Armee, mit Gelassenheit und in Frieden, im Wissen, dass Ich in dieser furchterregenden Zeit euren Herzen nahe bin. Wenn ihr einsam seid, euch verloren oder verlassen fühlt, so sollt ihr wissen: Das ist die Zeit, wo Ich euch am nächsten sein werde. Das ist die Zeit, wo sich eure Schwäche in große Stärke wandeln wird, ebenso wie die vermeintliche Stärke eures Feindes sich in Nichts auflösen wird.

Euer Jesus

582. Im Neuen Paradies von 12 Nationen wird es verschiedene Ebenen geben.

Freitag, 12. Oktober 2012, 23:15 Uhr

Meine innig geliebte Tochter, Meine Liebe ist so stark, dass sie jetzt von denjenigen gefühlt wird, die Gott nicht kennen.

Trotz des Bösen, das in der Welt gegenwärtig ist, empfinden die Menschen jetzt in ihren Herzen eine Liebe für andere Menschen, die im Widerspruch zu der in den Seelen vorhandenen Verdorbenheit steht und die sie überraschen wird.

So unerwartet wird diese Liebe durch ihre Seelen wogen, dass viele in Tränen aufgelöst sein werden. Diese Tränen der Liebe, so rein in ihren Herzen, werden sie entzweireißen. Sie werden nicht wissen, warum sie gegenüber ihren Brüdern und Schwestern so empfinden. Sie werden diese echte und einzigartige Liebe auch für ihren Schöpfer, Gott, den Vater, empfinden. Und doch werden sie nicht zugeben, dass Er existiert.

Stattdessen werden viele umherirren und sich fragen:

Was ist das für eine unglaubliche, aber starke Liebe, die ich in meinem Herzen fühle? Wie kann das sein, wenn es keinen Gott gibt? Wie kann ich diese Liebe fühlen, wenn ich bloß ein Produkt der Evolution bin; ein Produkt von aus der Erde genommenen Partikeln?

Die Wahrheit, Meine Kinder, ist: Ihr seid nicht ein Partikel der Erde, ein Überbleibsel der Zeit. Ihr seid ein Lebewesen, eine lebendige Seele, welche die Fähigkeit hat, ewig, ohne Ende, zu leben.

Ihr leidet wegen der Sünden von Adam und Eva, euren Stammeltern. Ihr mögt das belächeln, darüber spotten und euch lustig machen über das, was ihr für ein Märchen haltet, aber die Wahrheit ist, dass ihr ein Leben der Unvollkommenheit lebt. Dieses Leben des Leidens ist die Folge der Sünden eurer Stammeltern. Mit deren Sünde befleckt, werdet ihr von derselben Schlange, die auch sie getäuscht hat, gegenüber der Wahrheit Gottes blind gemacht.

Ihr glaubt, dass ihr in einer wirklichen Welt lebt, einer Welt der Materie, deren Lebensdauer begrenzt ist. Euer Leben auf Erden ist kurz. Eure Körper altern. Eure Gesundheit verschlechtert sich. Mit der Zeit stirbt euer Körper. Vernachlässigt euren Geist, eure Seele — und ihr seid ein Nichts.

Akzeptiert, dass ihr ein Kind Gottes seid, und euer Leben auf Erden wird, wenn ihr ein Leben nach den Geboten Gottes lebt, an Bedeutung gewinnen. Euer Leben wird umfassender werden, und euch wird ein großes Geschenk gegeben werden: Ewiges Leben.

Würde euch auch nur ein flüchtiger Einblick in dieses Leben gewährt werden — für nur eine Stunde —, ihr würdet Meinen Vater niemals mehr verletzen. Ihr müsst wissen, dass ihr folgende Geschenke erhalten werdet:

Ihr werdet mit eurer gesamten Familie, mit denjenigen, die in einem Zustand der Gnade gestorben sind, und mit denjenigen, die Meine Restarmee auf Erden bilden werden, zusammenleben.

Eure Körper werden gereinigt und neu geschaffen werden in einen Zustand der Vollkommenheit, basierend auf dem Alter, in dem ihr die Liebe Gottes angenommen habt.

Ihr werdet mit euren Lieben und euren Nächsten in Liebe und Frieden leben. Keiner von euch wird irgendwelche unerfüllten Wünsche haben.

Im Neuen Paradies von 12 Nationen wird es verschiedene Ebenen geben. Auf der untersten Ebene wird es Städte und Dörfer geben, die alle in einer reichen Quelle des Friedens, der Liebe, der Glückseligkeit und der Zufriedenheit wirken werden. Keiner wird noch unerfüllte Wünsche haben. Ich werde ihr König, ihr Meister sein, und Ich werde unter ihnen — in Mystischer Vereinigung — regieren.

Dann wird es die höheren Ebenen geben. Sie werden alle Nationen zusammenhalten, in Einheit mit Meinen Lehren, und alle Menschen werden in vollkommener Harmonie zusammenleben — miteinander, wie auch mit den Tieren der Erde, den großen und den kleinen.

Alle werden leben, indem sie vom Baum des Lebens essen werden. Keinem wird es an Nahrung mangeln.

Dann wird es die Regierungen der Nationen geben. Sie werden sicherstellen, dass alles gemäß Meinen Lehren sein wird. Meine Regierungen werden aus Meinen Heiligen und Meinen Aposteln bestehen.

Dies wird sich fortsetzen bis zum wirklichen Ende, wenn die zweite Auferstehung der Toten für die letzte Gegenüberstellung stattfinden wird.

Satan wird zusammen mit seinen Dämonen für eine kurze Zeitspanne losgelassen werden. Danach wird alles Böse zerstört werden. Meine Barmherzigkeit wird der Welt endgültig gezeigt werden im Neuen Himmel und in der Neuen Erde, die miteinander vereint sein werden.

Dann wird alles offenbar werden, da das Mysterium Gottes allen in seiner vollen und endgültigen Glorie gezeigt werden wird.

Euer Jesus

583. Außerdem wird eine weltweite Impfaktion gestartet werden, die euch töten wird, solltet ihr sie akzeptieren.
Samstag, 13. Oktober 2012, 16:10 Uhr

Meine innig geliebte Tochter, die Prophezeiungen, die in Fatima vorausgesagt wurden, beginnen jetzt, sich in der Welt zu manifestieren.

Die Eine-Welt-Regierungen, die in jenen Nationen geschaffen wurden, welche unermüdlich zusammenarbeiten, haben fast ihr Werk vollendet, und dieses soll bald der Welt präsentiert werden.

Es wird in seinem Fahrwasser die neue Eine-Welt-Religion mit sich bringen, eine Abscheulichkeit in den Augen Meines Vaters.

Meine Kirche ist von ihren Feinden, die Wölfe im Schafspelz sind, in ihrem Inneren verseucht worden. Sie täuschen alle, mit denen sie in Kontakt kommen.

Außerdem wird eine weltweite Impfaktion gestartet werden, die euch töten wird, solltet ihr diese akzeptieren.

Das ist eine Zeit, wo nur Gebet, und zwar viel Gebet, die Auswirkung dieser schrecklichen Bösartigkeit abschwächen kann, die von einer Elitegruppe von Menschen an der Macht hervorgebracht wird.

Sie arbeiten in jedem Bereich eurer Regierungen, und diejenigen, die jeden Tag Seite an Seite mit ihnen zusammenarbeiten, wissen, was diese tun.

So gerissen sind sie, dass sie jede böse Tat hinstellen werden, als sei sie eine große Errungenschaft, ein großer Dienst an der Menschheit. Sie werden alles nur Mögliche

unternehmen, um alles zu entweihen, was mit Gott zu tun hat.

Sie werden das Heidentum ausbreiten und fördern. Gottes Kinder, die ihre Gesetze und ihre Lehren annehmen, werden mit ihrer Gottlosigkeit verseucht werden.

Ihr müsst um Schutz beten, aber vor allem müsst ihr für diese Seelen beten. Denn Mein Vater beabsichtigt, sie zu bestrafen. Er wird jeden Einzelnen von ihnen herausgreifen und Er wird sie vernichten. Ohne eure Gebete werden sie verloren sein, und sie werden in den Feuersee geworfen werden.

Euer Jesus

584. Diejenigen, die kaltblütig einen Mord verüben, können durch eure Gebete gerettet werden.
Sonntag, 14. Oktober 2012, 18:10 Uhr

Meine innig geliebte Tochter, glaubt niemals auch nur einen Moment, dass diejenigen, die schreckliche Sünden begehen und deren böse Taten in der Welt Abscheulichkeiten verursachen, nicht gerettet werden können.

Diejenigen, die kaltblütig morden, ihre Landsleute hinrichten oder ihre eigenen Kinder, die sich noch im Mutterleib befinden, töten, können durch eure Gebete gerettet werden.

Viele solcher Seelen werden sich nicht darum bemühen, sich in Meinen Augen reinzuwaschen, denn sie sehen in dem, was sie tun, nichts Falsches. Ihre Rettung hängt von euren Gebeten ab.

Dies sind die Seelen, nach denen Ich Mich am meisten sehne.

Diese verlorenen Seelen sind so weit von Mir entfernt, dass sie nur durch das Leiden von Opferseelen und die Gebete Meiner Jünger gerettet werden können.

Sogar diejenigen, die bewusst Satan anbeten und die wissen, dass Ich existiere, aber fortfahren, Mich zu verspotten, können ebenfalls vor der ewigen Verdammnis gerettet werden.

Ich bitte euch alle dringend, Mich durch dieses Kreuzzuggebet anzurufen, um Erlösung für jene Seelen zu erlangen, die morden und sich in Todsünde befinden.

Kreuzzuggebet (80) „Für die Seelen von jenen, die morden"

"O lieber Jesus,

ich bitte um Barmherzigkeit für jene, die morden.

Ich flehe um Milde für jene, die sich in Todsünde befinden.

Ich opfere Dir mein eigenes Leiden und meine Schwierigkeiten auf, damit Du Dein Herz öffnen und ihnen ihre Sünden vergeben kannst.

Ich bitte Dich, bedecke all jene mit bösen Absichten in ihren Seelen mit Deinem Kostbaren Blut, damit sie von ihrer Schuld reingewaschen werden können.

Amen."

Vergesst nicht, dass diese Seelen eure Hilfe brauchen, auch wenn ihre Sünden euch, Meine Anhänger, vielleicht anwidern mögen.

Sie sind vom Teufel verseucht worden, und viele von ihnen kennen den Unterschied zwischen Gut und Böse nicht.

Dies sind die Seelen, die Mir den größten Kummer und Schmerz bereiten. Das Ausmaß Meines Leidens wird erweitert, damit jeder von ihnen gerettet werden kann.

Geht nun, Meine Jünger, und lasst Meine Liebe und Meine Demut eure Herzen überströmen, damit ihr — durch euren Großmut im Leiden — helfen könnt, diese armen, verlorenen Kinder Gottes zu retten.

Euer Jesus

585. Diejenigen, die in der Endzeit überleben, werden keinen physischen Tod sterben.

Montag, 15. Oktober 2012, 23:30 Uhr

Meine innig geliebte Tochter, es ist wichtig, das Geheimnis hinsichtlich der Auferstehung der Toten zu verstehen.

Als Ich starb — als ein Mensch im Fleisch —, vernichtete Ich eure Sterblichkeit. Mein Tod befreite euch nicht nur vom (ewigen) Tod, sondern auch von der Sünde, nach dem (irdischen) Tod. Mein Tod am Kreuz gab euch das Geschenk der Unsterblichkeit in Meinem Neuen Königreich.

Weil Ich als ein Mensch starb, starb Ich einen Tod als sterblicher Mensch. Wenn jemand stirbt, wird er unsterblich werden, falls er in einem Zustand der Gnade ist.

Als Ich von den Toten auferstand, hinterließ Ich dieses Geschenk denjenigen, die jetzt im Himmel sind und die in einem Zustand der Gnade starben. In Meinem Neuen Paradies werden sie vollkommene, unsterbliche Körper werden. Jene, die auf der Erde leben, werden bei Meinem Zweiten Kommen innerhalb eines Augenblicks unsterblich werden.

Wenn die Posaune Meines Boten erschallt, werden sowohl die Toten auferstehen als auch diejenigen, deren Namen im Buch des Lebens verzeichnet sind, um in den tausend Jahren Meines Neuen Königreichs, das Mir von Meinen Vater versprochen wurde, Ewiges Leben zu genießen. Es wird das Neue Paradies genannt und alles, was bis zum Ende hin noch sterblich ist, wird es nicht mehr sein.

Ihr werdet mit Mir, eurem Jesus, vereinigt sein.

Der Tod wird keine Rolle mehr spielen, weil er nicht mehr existieren wird.

Jetzt, wo Ich euch das Geschenk Meiner endgültigen Erlösung bringe, müsst ihr Mir zuhören.

Gebt Acht und ermutigt diejenigen, die heute — gerade wie in den Tagen des Noah — ganz in Beschlag genommen sind von ihrem Verlangen nach einem Leben voller Vergnügen, doch nicht so dumm zu sein, die Zeichen zu ignorieren. Die das in den Tagen des Noah taten, wurden in panischer Angst von der Flut weggerissen, als

sie dann kam. Lasst nicht zu, dass das (auch) dieses Mal geschieht.

Meine Anhänger haben ausgiebig Warnungen bekommen, aber es nützt nichts. Das Problem besteht darin, dass diejenigen, die die Wahrheit annehmen, mit denjenigen Bekanntschaft pflegen, die die Wahrheit nicht annehmen, und das beeinflusst sie.

Ihr müsst euch von denjenigen fernhalten, die Heiden sind, und für sie beten. Wenn ihr euch nicht fernhaltet, werdet ihr durch Lügen und unreine Geister verführt werden.

Diejenigen, die sich Mir widersetzen, werden sich Meinem Schutz entziehen. Sie werden bald empfinden, dass ihr Leben voller Entartung sie überwältigt — zunächst langsam. Dann werden sie Mich ausschließen und ein Sklave von Lügen werden. Wenn ihr in ihrer Gesellschaft bleibt, werdet auch ihr angegriffen werden.

Dann werdet ihr feststellen, dass ihr euch entschuldigt, die Wahrheit, das Wort Gottes, zu sprechen. In dieser Phase werdet ihr deutlich die Zerrissenheit in eurer Welt sehen. Das Geschenk, das ihr vom Heiligen Geist erhalten habt, wird bedeuten, dass ihr sofort die Gefahr erkennen werdet, in der sie sich befinden.

Würden sie doch nur die Wahrheit kennen, dann würden sie zu euch laufen. Wegen all der falschen Götter, die sie anbeten und die aus materiellen, von Gott geschaffenen Dingen gemacht sind, machen sie denselben klassischen Fehler. Sie beten das Wunder von materiellen Dingen an, ignorieren aber ihren Schöpfer.

Im Neuen Zeitalter des Friedens werden sie so viel mehr haben, so viel Vollkommenheit. Doch sie wenden sich ab.

Ich werde sie immer lieben, aber ihr Mangel an Liebe für Mich bringt es mit sich, dass sie nicht in das neue Leben, das Ich für sie geschaffen habe, eingehen werden.

Dieses neue Leben wurde aus zwei Gründen geschaffen und möglich gemacht:

Als Ich im Fleisch starb, vernichtete Ich den Tod. Als Ich vom Tode auferstand, gab Ich euch Ewiges Leben, in dem der Körper keine Macht mehr über euch hat.

Das ist Mein Versprechen an alle Kinder Gottes. Diejenigen, die in der Endzeit überleben, werden keinen physischen Tod sterben. Sie sind gesegnet. Sie werden augenblicklich in einen vollkommenen physischen Körper verwandelt werden, in mystischer Vereinigung mit Meinem Glorreichen Leib.

Dann werden sie diejenigen treffen, die in Meinem Wohlgefallen starben und die von den Toten auferstanden sein werden. Sie werden alle in Meinem Neuen Paradies leben.

Euer Jesus

586. Es ist eine schwere und einsame Zeit für die zahlreichen Seher und Propheten, weil jeder von ihnen allein arbeitet.

Dienstag, 16. Oktober 2012, 16:20 Uhr

Meine innig geliebte Tochter, wenn Ich sage, dass Ich Meine Propheten in die Welt gesandt habe, heißt das, dass jedem von ihnen eine besondere Mission gegeben worden ist. Keine zwei Missionen überkreuzen sich.

Du, Meine Tochter, bist, wie Ich dir gesagt habe, der letzte Prophet. Keiner, der jetzt neu auftritt und behauptet, Mein Wort zu verkünden, wo du schon deine Botschaften erhältst, handelt in Meinem Auftrag.

Viele bedauernswerte Seelen haben sich entschieden, Aufmerksamkeit zu erregen und — in einigen Fällen — von diesen Heiligen Botschaften abzulenken, die der Welt gegeben werden, um zu helfen, Meine Seelen zu retten.

Ich komme, um Gottes Kinder eindringlich zu bitten zuzuhören, was Ich zu sagen habe, aber Ich kann sie nicht zwingen, Mich zu hören.

Ich kann niemals Gottes Kindern befehlen, etwas zu tun; denn das ist nicht möglich, weil ihnen das Geschenk des freien Willens gegeben worden ist.

Alles, um was Ich bitte, ist, dass ihr eure Herzen öffnet und Meiner Liebe erlaubt, eure Seelen zu erfüllen. Ich will, dass ihr alle — einschließlich derjenigen, die böse Taten begehen — wisst, dass Ich euch liebe. Von daher hat eure Erlösung für Mich Vorrang. Ungeachtet dessen haben die Prophezeiungen, die im Buch der Offenbarung (des Johannes) vorausgesagt werden, ihren Anfang genommen.

Diejenigen, die Meinen Anweisungen lauschen und auf Meinen Aufruf antworten, können viele Seelen retten.

Es ist Mein sehnlichster Wunsch, dass jeder von euch zu Mir kommt und am Königreich des Neuen Paradieses teilhat.

Ich verdamme keine verhärteten Sünder noch bitte Ich euch, sie zu verdammen, denn dazu habt ihr kein Recht. Wenn ihr einen anderen verurteilt, sprecht ihr nicht im Namen Gottes. Wenn ihr andere dazu ermuntert, über andere Menschen zu richten, indem ihr diese verurteilt, weist ihr Mich, euren Jesus, zurück.

Ich rufe euch alle auf, in dieser Zeit nur einer Stimme Gehör zu schenken. Meine Stimme ist es, worauf ihr euch alle konzentrieren müsst, wenn ihr euch, eure Familien, Freunde und Nachbarn retten möchtet. Alle Gebete sind jetzt gefragt, um euch und euren Lieben zu helfen, sich auf Meine „Beichte", auf die „Warnung", vorzubereiten.

Die Zeit ist jetzt nah.

Euer Jesus

587. Der Umbruch wird sehr bald seinen Lauf nehmen.

Mittwoch, 17. Oktober 2012, 12:30 Uhr

Meine innig geliebte Tochter, der Umbruch wird sehr bald seinen Lauf nehmen.

So viele Menschen in der Welt werden endlich den Sinn ihres Lebens verstehen und erkennen, was wichtig und was unwichtig ist.

Diese kommende Zeit muss als die Periode der Vorbereitung auf das Neue Paradies auf Erden betrachtet werden. Ihr dürft euch davor nicht fürchten.

Für diejenigen, die Mich kennen: Ich habe euch gesagt, dass ihr ganz und gar auf Mich vertrauen müsst. Für diejenigen, die Mich nicht kennen: Die Wahrheit wird ihnen zum ersten Mal offenbart werden.

Meine Jünger müssen jetzt beginnen, Meine Kreuzzuggebete zu beten, einschließlich Nummer (43), um während der Warnung Seelen zu retten, damit die Erneuerung der Erde Meinem Heiligsten Willen gemäß erreicht werden wird.

Sobald die Wahrheit offenbart ist, müssen Meine Heiligen Botschaften überall verbreitet werden. Wenn das geschieht, werden viele vor den gezielten Irreführungen gewarnt sein, die in ihren Ländern auf sie zukommen werden. Sie werden lernen, den Antichrist zu erkennen, und sie werden im Stande sein, sich selbst gegen seine quälenden Angriffe zu wappnen.

Jetzt ist es Zeit, euch mit Meinem Heiligsten Herzen zu vereinen.

Wenn ihr mit Mir verbunden seid, dann werdet ihr zu jeder Zeit geschützt sein.

Euer Jesus

588. Gott der Vater: Bald wird Mein Sohn gesandt werden, um die Wahrheit der Schöpfung der Menschheit zu enthüllen.

Donnerstag, 18. Oktober 2012, 18:00 Uhr

Meine liebste Tochter, die Zeit, dass Ich Meinen eingeborenen Sohn, Jesus Christus, erneut sende, um all Meine Kinder in Meinem Herzen zusammenzuführen, ist nah.

Mein Herz, der Ursprung allen Lebens, wird sich öffnen, um alle Meine Kinder geschlossen zu versammeln.

Mein Versprechen, alle Meine lieben Kleinen zu retten, ist kurz davor erfüllt zu werden.

Mein größter Wunsch ist, Mich jedem einzelnen Menschen zu offenbaren, einschließlich derjenigen, die nicht verstehen, warum oder wie sie durch Meine Hand erschaffen wurden.

Bald wird Mein Sohn gesandt werden, um die Wahrheit der Erschaffung der Menschheit zu enthüllen.

Dieser Tag ist so viele Jahrzehnte lang vorbereitet worden. Er hätte nicht früher stattfinden können, denn der Verlust von so vielen Meiner Kinder wäre zu groß gewesen.

Bald wird Meinen Kindern die Wahrheit ihrer Erschaffung, ihrer Existenz und der Unsterblichkeit ihrer Seelen gezeigt werden.

Während dieses Ereignis große Hoffnung und Freude in vielen Seelen hervorrufen wird, wird es für andere eine Qual sein, die sie nicht werden ertragen können.

Meine Ströme der Liebe und Barmherzigkeit sollen über die ganze Menschheit ausgegossen werden, durch Meinen Sohn, Jesus Christus.

Danach wird es zur großen Teilung (in zwei Gruppen) kommen, wenn die Seelen, die auf Seine Barmherzigkeit eingehen werden, beiseite genommen werden (entrückt werden).

Den übrig gebliebenen Seelen wird jede Gelegenheit gegeben werden, Meinen Aufruf vom Himmel zu hören.

Ich, ihr Vater, werde Mich durch die Macht des Klimas bekannt machen. Meine Hand wird gesehen werden, wenn ich sie nach jedem Meiner Kinder ausstrecke, um diese vom Tod zu retten.

Mein Ruf wird gehört werden, aber nicht von allen. Diesen Seelen wird durch Meine Propheten Meine Liebe gezeigt werden, in einem letzten Versuch, sie in Mein Herz zu ziehen.

Der Himmel wird sich entfalten und wird zurückgezogen werden. Er wird sich wie eine Schriftrolle aufrollen, bis die Zeichen des Himmels sichtbar werden. Die Klänge Meiner Engel werden diese Meine bedauernswerten kleinen Seelen locken — bis ganz zum Ende.

Ich verspreche jetzt, dass Meine Ströme der Liebe die ganze Erde bedecken werden, wenn Ich Mein Herz mit den Herzen all Meiner Kinder vereine.

Mein Göttliches Eingreifen wird von Milliarden Menschen gesehen werden, und viele werden erleichtert in Meine Heiligen Arme eilen. Die Wahrheit Meines Göttlichen Planes und das Geheimnis des Lebens auf Erden werden für alle sichtbar offen gelegt werden. Nur dann werden die Menschen die Wahrheit der Existenz des Ewigen Lebens akzeptieren.

Das Ende des Leidens auf Erden ist nahe. Die letzte Verfolgung, wobei der Teufel über Meine Kinder regiert, ist beendet. (*)

Dann wird die Freiheit, nach der Ich Mich für Meine Kinder seit Anbeginn gesehnt habe, schließlich ihnen gehören.

Kinder, schaut auf Mich, euren geliebten Vater, denn Ich halte euch in Meinen Händen. Ich komme durch Meinen Sohn, um euch in Mein Neues Königreich auf Erden zu bringen.

Das ist das Erbe, das Ich Meinem Sohn versprochen habe. Das ist Mein Versprechen an all Meine Kinder.

Die Zeit für dieses große Wunder ist schon sehr nahe.

Ich segne jeden Einzelnen von euch, Meine Kinder.

Ich liebe euch.

Ich bedecke euch und vereinige euch in Meinem Herzen.

Euer Vater

Gott der Allerhöchste

_____

(*) „Diejenigen, die Satan folgen, werden jetzt nicht gewinnen. Ihre Verfolgung über andere ist gestoppt worden, aber sie werden bestraft werden. Die Züchtigung von Seiten Gottes wird beginnen, und sie werden für das bestraft werden, was sie anderen angetan haben."

589. Jungfrau Maria: Die Gnaden, die euch gewährt werden, wenn ihr den Leib Meines Sohnes empfangt.

Freitag, 19. Oktober 2012, 9:06 Uhr

(Erhalten während einer Erscheinung der Heiligen Jungfrau Maria, die 20 Minuten andauerte und während welcher ein Bild der Heiligen Eucharistie auf Ihrer Stirn erschien.)

Mein Kind, die Hostie, die du auf Meiner Stirn siehst, ist ein Symbol, um allen Kindern Gottes die Realpräsenz Meines Sohnes in der Heiligen Eucharistie zu beweisen.

Mein Sohn ist in der Welt anwesend und Er steht jeden Tag neben jedem Kind Gottes, in der Hoffnung, dass es Seine Gegenwart fühlen wird.

Kinder, nur durch den Empfang des wahren Leibes Meines Sohnes Jesus Christus, des Erlösers der Menschheit, werdet ihr mit besonderen Gnaden gesegnet werden.

Als Mein Sohn für eure Sünden starb, damit jedes Kind Gottes im Stande sein würde, dem Tod zu trotzen, hinterließ er ein wichtiges Vermächtnis.

Die Gegenwart Christi in der Heiligen Eucharistie ist real, und durch den Verzehr (der Hostie) bringt sie euch besonderen Schutz. Sie bringt euch näher in Vereinigung mit Ihm.

Er ist das Brot des Lebens. Dieses Geschenk an euch Kinder darf niemals bezweifelt oder zurückgewiesen werden.

Die Gnaden, die jenen gewährt werden, die Seinen Leib und Sein Blut empfangen, schließen die Bewahrung vor dem Fegefeuer ein, insofern ihr sie jeden Tag empfangt. Mein Sohn wird euch zum Zeitpunkt des Todes in Seine Arme nehmen, weg von den Feuern der Reinigung.

Die Heilige Messe, in der der Wahre Leib Meines Sohnes zu Ehren Meines Vaters aufgeopfert wird, bringt auch großen Nutzen mit sich.

Je mehr täglichen Messen ihr beiwohnt und je öfter ihr den Leib und das Blut Meines Sohnes in der Heiligen Eucharistie empfangt, desto mehr werdet ihr der Reinigung im Fegefeuer gegenüber immun gemacht werden.

Diejenigen von euch, die die Existenz Meines Sohnes in der Heiligen Eucharistie ablehnen, verweigern sich selbst ein großes Geschenk. Ihr werdet nicht dafür verurteilt werden, dass ihr Seinen Leib in der Heiligen

Messe ablehnt, aber ihr werdet nicht die Gnaden erhalten, die Er allen Kindern Gottes gewähren möchte.

Die Heilige Kommunion, die ihr empfangt, muss richtig konsekriert sein. Wenn ihr Seinen Leib empfangt, wird Er euch mit einer tiefen und demütigen Liebe erfüllen, die euren Glauben stärken und euch Ewiges Leben bringen wird.

Die Heilige Eucharistie ist das Geschenk, das euch Ewiges Leben gewähren wird. Vergesst das niemals.

Mein Sohn litt außerordentlich, um der Welt dieses große Geschenk, den Passierschein zum Himmel, zu geben. Weist es nicht zurück. Fordert Seine Freizügigkeit nicht heraus. Unterschätzt die Macht der Heiligen Hostie nicht.

Bitte betet dieses Kreuzzuggebet (81) „Um das Geschenk der Heiligen Kommunion"

„O Himmlische Hostie, erfülle meinen Leib mit der Nahrung, die er braucht.

Erfülle meine Seele mit der Göttlichen Gegenwart Jesu Christi.

Gib mir die Gnaden, um den Heiligen Willen Gottes zu erfüllen.

Erfülle mich mit dem Frieden und der Ruhe, die aus Deiner Heiligen Gegenwart kommen.

Lass mich niemals Deine Gegenwart bezweifeln.

Hilf mir, Dich in meinem Leib und in meiner Seele zu empfangen und dass die Gnaden, die mir durch die Heilige Eucharistie geschenkt werden, mir helfen werden, die Herrlichkeit Unseres Herrn Jesus Christus zu verkünden.

Reinige mein Herz.

Öffne meine Seele und heilige mich, wenn ich das große Geschenk der Heiligen Eucharistie empfange.

Gewähre mir die Fülle der Gnaden, die es allen Kindern Gottes verleiht, und bewahre mich vor dem Fegefeuer. Amen."

Meine Kinder, ihr müsst beten, dass alle Christen die Macht der Heiligen Eucharistie akzeptieren und verstehen werden. Sie ist die Waffenrüstung, die erforderlich ist, um die Seelen all Meiner Kinder zu retten.

Empfangt sie würdig und mit großmütigem Herzen.

Eure Selige Mutter
Mutter der Erlösung

590. Für die Juden: Sie werden letztendlich akzeptieren, dass der Wahre Messias gekommen ist.

Samstag, 20. Oktober 2012, 22:30 Uhr

Meine innig geliebte Tochter, Mein Zweites Kommen wird das letzte Kapitel in der Erfüllung Meines Bundes sein. Dieser Bund wird die Geburt des Neuen Jerusalems sehen.

Dieses Neue Jerusalem wird die Vereinigung aller Kinder Gottes, die das Wort des Herrn annehmen, bedeuten.

Für die Juden: Sie werden letztendlich akzeptieren, dass der Wahre Messias gekommen ist, um ihnen die Erlösung zu bringen, die sie ersehnen.

Ich, Jesus Christus, aus dem Hause David, werde als Erlöser kommen, gemäß dem Heiligen Willen des Einen, Wahren Gottes.

Sie lehnen Mich ab, den Sohn Gottes, Der beim ersten Mal im Fleische kam. Dieses Mal werde Ich aus dem Himmel herab kommen und Meine Auserwählten mit dem Geschenk Meines Neuen Königreichs umhüllen.

Sie werden endlich Frieden haben; denn die Wahrheit wird von ihnen erkannt werden, und sie werden die Existenz des Dreieinen Gottes akzeptieren. Es gibt nur Einen Gott. Es kann nicht mehrere (Götter) geben. Doch Ich Bin Eins mit Meinem Vater. Ich Bin Gott. Ich kam im Fleisch, um der Menschheit Meine Barmherzigkeit zu zeigen und um sie vor der endgültigen Verdammnis zu retten. Mein Heiliger Geist ist auch (dann) Eins mit dem Einem Gott, wenn Er sich in den Seelen der Propheten offenbart und die Seelen der Kinder Gottes entflammt.

So viele Menschen werden heftig gegen Mein Zweites Kommen ankämpfen, einschließlich derjenigen, die an den Einen, Wahren Gott glauben. Sie werden — genauso wie es auch in der Vergangenheit geschehen ist — das Wort Gottes, wie es durch die Propheten offenbart wird, nicht annehmen.

Viele gute und fromme Christen werden bis zum Ende fortfahren, Mein Wort abzulehnen.

Mein Wort wird herausgefordert und zerrissen werden, insbesondere durch die katholische Kirche. Aber wisst dies: Die Zeit für Mein Zweites Kommen ist nahe, und diejenigen, die fortfahren, Mich abzulehnen und das Versprechen zurückzuweisen, das Ich Meinem Vater gegeben habe, nämlich Sein Königreich auf Erden zu schaffen, diese werden übergangen werden.

Nachdem Meine Große Barmherzigkeit offenbart ist und (wenn) all jenen, welche die Wahrheit nicht annehmen wollen, jede Möglichkeit, das doch zu tun, gegeben worden ist — dann wird Meine Geduld erschöpft sein.

Euer Jesus

591. Die Milliarden von Seelen, die sich bereits in der Hölle befinden, sind diejenigen, die Mich während ihres Lebens schamlos abgelehnt haben.

Samstag, 20. Oktober 2012, 23:20 Uhr

Meine innig geliebte Tochter, die Vision, die Ich dich gestern Abend sehen ließ, sollte deine Spiritualität stärken und dir die Wahrheit des Lebens nach dem Tod zeigen.

Während der ersten Stunden nach dem Tod sendet Satan seine Dämonen, um die Seelen in Versuchung zu führen — sogar noch in diesem Stadium.

Er will sie dazu verführen, den Zustand des Fegefeuers abzulehnen. Er macht dasselbe mit denjenigen, die in einem Zustand der Gnade gestorben sind und die für den Himmel bestimmt sind.

Ich zeigte dir die Geschwindigkeit, mit der die Seelen in die Hölle stürzen, und die entsetzliche Verfolgung, der sie gegenüberstehen, und Ich will damit diejenigen warnen, die nicht glauben, dass es die Hölle gibt.

Milliarden von Seelen sind bereits dort, und es gibt so viele, die jede Sekunde hineinkommen, dass es dir vorkam, als würde es — wie in einem Hagelsturm — gefallene Sterne regnen, die in den Feuersee hineinfallen.

Ich zeigte dir auch den Schock und die Freude in den Gesichtern jener Seelen, wenn sie in letzter Minute (der drohenden Hölle) entrissen und gerettet worden sind. Dies geschieht aufgrund des Leidens, welches Opferseelen auf sich nehmen, um solche Seelen vor der Hölle zu retten.

Du sahst zuerst das Entsetzen und dann die Angst in ihren Gesichtern, als ihnen die Wahrheit über ihre letzte Bleibe dämmerte. Dann wurde dir die Freude auf ihren Gesichtern gezeigt, als sie begriffen, dass sie verschont worden waren.

Die Milliarden von Seelen, die sich bereits in der Hölle befinden, sind diejenigen, die Mich während ihres Lebens schamlos abgelehnt haben. Viele waren elegante, intelligente Leute in einflussreichen Positionen in der Welt, die große Anstrengungen unternahmen, um sicherzustellen, dass das Wort Gottes nicht gehört wurde. Viele waren dafür verantwortlich, den Mord an Tausenden unschuldiger Menschen anzuordnen. Sie richteten die Kinder Gottes hin, ohne die geringste Reue in ihren Herzen. Sie führten widerliche Taten aus, einschließlich sexueller Perversitäten, die Gott beleidigen und von Ihm verabscheut werden.

Viele lösten durch weltliche Aktivitäten Verfolgungen gegen Gottes Kirchen aus, und in einigen Fällen schlossen sie sich dem Feind an, in schwarzen Messen, wo sie das Tier anbeteten.

Dies sind die Seelen, die du, Meine Tochter, rettest. Jene mit geschwärzten Seelen und Herzen aus Stein.

Es gibt zehnmal mehr Seelen in der Hölle als im Fegefeuer. Die Milliarden Seelen in der Hölle, alle in verschiedenen Stufen, übertreffen zahlenmäßig jene im Himmel. Auf jede Seele im Himmel kommen dreiunddreißig Seelen in der Hölle.

Es ist nicht leicht, zum Himmel zu kommen, und es braucht viel persönlichen Einsatz, um eure Seelen darauf vorzubereiten, die himmlischen Tore zu durchschreiten.

Dies ist die Zeit der Wahrheit. Die Wahrheit ist nicht immer angenehm, aber es ist für alle Kinder Gottes notwendig, dass sie diese verstehen.

Meine Barmherzigkeit ist jedoch groß. Wenn ihr um sie bittet, für euch selbst, dann werden eure Gebete beantwortet werden. Wenn ihr für eine andere Seele bittet, dass sie gerettet werden möge, besonders zum Zeitpunkt ihres Todes, dann wird euer Anruf gehört werden. Wenn ihr nicht um Meine Barmherzigkeit bittet, dann kann sie nicht gegeben werden.

Zum Zeitpunkt der „Warnung" wird Meine Barmherzigkeit auf der ganzen Erde ausgegossen werden. Dann müsst ihr Mich um Meine Große Barmherzigkeit bitten, um euch zu schützen.

Zu denjenigen, die Meine Barmherzigkeit zurückweisen: Das wird ihre eigene freie Willensentscheidung sein.

Meine Barmherzigkeit ist im Überfluss vorhanden, doch so wenige bitten darum.

Euer Jesus

592. Wenn sie versuchen, in Meinen Kirchen ein abscheuliches Laster zu einem Sakrament zu machen, dann werden sie sagen, dass es wegen der Rechte gleichgeschlechtlicher Paare sei.

Sonntag, 21. Oktober 2012, 10:05 Uhr

Meine innig geliebte Tochter, die Visionen, die Ich dich schauen ließ, von Seelen, die in die Hölle stürzen, sollten dich nicht erschrecken. Stattdessen sollten sie dir die Realität zeigen. Auf diese Weise wirst du jetzt verstehen, wie sehr Ich jeden Tag leide, wenn Ich Seelen in die Tiefen der Hölle stürzen sehe.

Oh, wenn die Menschen doch nur den Schrecken der Hölle kennen würden und die Art und Weise, wie das Tier solche Seelen verschlingt, dann würden sie die Sünde um jeden Preis meiden.

Diese selben Seelen können noch immer gerettet werden, Meine Tochter, und zwar durch das Gebet „Um die Gnade der Immunität". (Litanei 2) Indem ihr dieses Gebet verrichtet, Meine Jünger, bringt ihr Mir Erleichterung von dieser schrecklichen, herzzerreißenden Geißel.

Diejenigen, die in Todsünde sterben, sind für die Feuer der Hölle bestimmt. Viele begehen diese Sünden im Glauben, dass, wenn es wirklich einen Gott gibt, Er dann auf jeden Fall barmherzig ist. Und so fahren sie fort zu sündigen, bis sie ihre Sünden rechtfertigen, so dass sie schließlich der Meinung sind, ihre Sünden hätten keine Konsequenzen.

Sie werden sagen, dass sie keine andere Wahl hatten, weil ihre Sünde notwendig war, um anderen Nutzen zu bringen.

Die Sünde des Mordes werden sie damit entschuldigen, dass sie dazu diente, den Tod eines anderen zu rächen.

Die Sünde der Prostitution werden sie damit entschuldigen, dass sie helfen sollte, ihrer Familie Essen auf den Tisch zu bringen.

Die Sünde der Abtreibung werden sie damit entschuldigen, dass sie dem Leben der Mutter nützen sollte und ihr das Leben leichter machen sollte. Im Falle sexueller Abartigkeit werden sie sagen, dass das einfach natürlich sei.

Im Falle derjenigen, die sich an okkulten Handlungen beteiligen, werden sie sagen, dass es ein harmloser Spaß sei; doch sie verehren das Tier, wenn sie das tun.

Wenn sie andere verfolgen und nicht nur deren guten Ruf zerstören, sondern auch ihre Lebensgrundlage, werden sie sagen, dass dies eine notwendige Strafe für die Sünden der anderen war.

Wenn sie einen Anderen durch eine Diktatur über Geist, Leib und Seele vernichten, werden sie sagen, dass es zu dessen eigenen Nutzen war.

Wenn sie versuchen, in Meinen Kirchen ein abscheuliches Laster zu einem Sakrament zu machen, dann werden sie sagen, dass es wegen der Rechte gleichgeschlechtlicher Paare sei, welche dieselben Rechte wie die anderen hätten.

Wenn sie Meine Kirche zerstören — von innen heraus —, dann werden sie sagen, dass alle Kirchen gleich seien. Sie werden die Entschuldigung verwenden, dass es nur einen Gott gäbe, damit sie eine heidnische Kirche einführen können.

Diese Sünder sind die verlorenen Seelen, von denen Ich spreche.

Um ihnen zu helfen, müsst ihr zuallererst in ihre Augen schauen. Stellt euch vor, dass sie eure Kinder oder eure Brüder oder eure Schwestern sind. Seht sie mit den Augen Gottes. Dann werdet ihr Liebe empfinden. Aber Entsetzen wird euch erfassen, weil ihr in eurem Herzen um das Entsetzen wisst, das ihnen bevorsteht. Wie sehr müsst ihr beten, damit sie bald die Wahrheit erkennen werden.

Wie sehr müsst ihr um die Erlösung dieser Seelen beten.

Jedes Kind Gottes, einschließlich derjenigen, deren Seelen schwarz sind, ist geliebt.

Ihre Sünden müssen zerstört werden, bevor alle Kinder Gottes sich als eine Familie in Meinem Neuen Königreich vereinen können.

Dir, Meine Tochter, sind alle Gnaden gegeben worden so wie auch die Munition, um die Sünde zu zerstören und nicht nur deine eigene Seele zu retten, sondern auch die Seelen der anderen.

Ich danke dir, Meine Tochter, dass du auf Meinen Ruf geantwortet hast.

Du hast viel Arbeit vor dir.

Euer Jesus

593. Ihr dürft nicht zulassen, dass euch die Angst vor der Zukunft überwältigt, denn das ist nicht Meine Absicht.

Sonntag, 21. Oktober 2012. 17:50 Uhr

Meine innig geliebte Tochter, so viele Menschen, die Meine Botschaften annehmen, machen sich unnötigerweise Sorgen um die Zukunft der Welt. Das ist verständlich.

Sie dürfen niemals glauben, dass sie alles aufgeben müssen und sich nicht mehr um ihr tag-tägliches Leben kümmern sollen, dass sie ihre Arbeit, ihre Familie oder ihre Lieben vernachlässigen müssen, um Seelen zu retten.

Ich, euer Jesus, werde Mich immer um die Meinen kümmern. Ihr habt nichts von Mir zu befürchten. Alles, worum Ich euch bitte, sind eure Gebete, um Seelen zu retten.

Ihr dürft nicht zulassen, dass euch die Angst vor der Zukunft überwältigt, denn das ist nicht Meine Absicht.

Ich erwarte jedoch von Euch Zeit zum Gebet und Opfer, wie Ich euch in diesen Botschaften unterwiesen habe. Setzt euren Alltag fort, obwohl Mein Heiliges Wort für immer eure Sicht auf das Leben ändern wird.

Ihr werdet niemals mehr weltliche Güter mit den gleichen Augen sehen wie früher. Obwohl sie weiterhin ein Teil eures Lebens sein werden, so werden sie dennoch nicht mehr die Herren über euer Leben sein.

Ihr müsst daran denken, dass ihr nicht zwei Herren dienen könnt, denn es gibt nur einen Herrn, und das ist Gott.

Ich erwarte nicht von Meinen Jüngern, dass sie auf alles verzichten, um Mir nachzufolgen. Ich erwarte nicht von Meinen Anhängern, dass sie ihre täglichen Pflichten vernachlässigen, um Meinen Botschaften zu folgen. Nein, alles, um was Ich bitte, ist eure Liebe. Ihr müsst den Geboten Gottes folgen. Lebt euer Leben gemäß Meinen Lehren. Ehrt die Sakramente. Zeigt einander Liebe und betet für die Seelen jener, die sich nicht selbst helfen werden.

Geht in Frieden, in dem Bewusstsein, dass Meine Barmherzigkeit groß ist. Meine Liebe zur Menschheit wird die Taten des Tieres und das schreckliche Leiden, mit dem er (Satan) diese Welt überzieht, überwinden.

Seid im Frieden. Ich segne euch.

Euer Jesus

594. Ich möchte alle Kinder Gottes in den Vereinigten Staaten von Amerika aufrufen.

Dienstag, 23. Oktober 2012, 20:30 Uhr

Meine innig geliebte Tochter, Ich möchte alle Kinder Gottes in den Vereinigten Staaten von Amerika aufrufen, für ihren Glauben zu beten.

Ebenso wie es in anderen christlichen Ländern der Fall sein wird, wird euer Glaube angegriffen werden, und jeder Versuch wird unternommen werden, um alle Spuren von Mir, eurem Jesus, zu beseitigen.

Ihr müsst so viele Gebetsgruppen wie möglich bilden, damit euch — durch Mein Heiligstes Herz vereint — die Gnaden gegeben werden, solcher Verfolgung standzuhalten.

Der christliche Glaube wird mit der Zeit verboten werden, zusammen mit anderen Religionen, die Meinen Vater ehren.

Ihr, Meine geliebten Anhänger, werdet vom Himmel aus geschützt werden, denn ein Wandel in der Demokratie ist dabei, diese umzudrehen und auf den Kopf zu stellen.

Euch, der größten Nation in der Welt, die die Freiheit proklamiert, und zwar durch Demokratie, wird bald das Recht abgesprochen werden, ein Christ zu sein.

Dieses Recht — obwohl es euch verweigert wird — wird als ein demokratischer Fortschritt gesehen werden. Diese neuen Gesetze, die bald in eurer Nation eingeführt werden sollen, werden als inklusive Gesetze gesehen werden, damit jeder unter einer Eine-Welt-Religion geschützt sei.

Diese Gesetze werden Meinen Heiligen Namen entweihen, aber ich werde euch nicht im Stich lassen. Ich werde euch alle Hilfe geben, die ihr braucht. Alles, was ihr tun müsst, ist, Mich darum zu bitten.

Ich wache über euch und beschütze euch, da die Zeit nah ist, wo die christlichen Kirchen gestürzt werden sollen.

Sie mögen sie vielleicht schließen, Meine Kinder — sie mögen Meine Sakramente manipulieren, so dass sie nutzlos sein werden — sie mögen Meine geistlichen Diener entmutigen und euch schikanieren, aber es wird nichts bringen. Ihre Macht wird eurer Einfachheit des Glaubens, eurer Demut der Seele und eurer Liebe für Mich, euren Jesus, nicht gewachsen sein.

Euer geliebter Retter
Jesus Christus

595. Ihr dürft niemals Privatoffenbarungen zurückweisen, ohne die nötige Qualifikation oder die nötige Demut dazu zu haben.

Mittwoch, 24. Oktober 2012, 21:11 Uhr

Meine innig geliebte Tochter, es ist wichtig, dass du denjenigen kein Gehör schenkst, die Mein Heiliges Wort angreifen.

Verschließe deine Ohren gegenüber Bestrebungen, die jetzt unternommen werden, Meine Höchstheiligen Botschaften zurückzuweisen, besonders gegenüber den Bestrebungen derjenigen, die behaupten, katholische Theologen zu sein.

Wie Ich dir gesagt habe, die stärksten Angriffe werden von denjenigen in der katholischen Kirche kommen, die behaupten, Mich zu kennen, die aber weder das Buch der Offenbarung (des Johannes) noch die darin enthaltenen Geheimnisse verstehen.

Sie können diese nicht kennen; denn Ich, das Lamm Gottes, habe sie noch nicht alle enthüllt.

Wie sie Mich doch enttäuschen. Wie sie Mich doch verletzen. Für jeden grausamen Spott, den sie Meinen Botschaften zufügen, senken sie einen weiteren Nagel in Meinen Leib.

Für jede Anweisung, die Ich zum Nutzen aller Seelen gebe und die sie heftig zurückweisen, kreuzigen sie Mich erneut.

Doch es ist nicht von Bedeutung, wie sie Mich verletzen, denn Ich würde, tausend Tode sterben, wäre es nur darum, eine weitere Seele zu retten.

Sie mögen Meine Botschaften ablehnen, dich, Meine Tochter, verspotten und Mich zurückweisen, aber sie werden nicht verhindern, dass letztendlich der Wille Meines Vaters geschieht.

Diese bedauernswerten Seelen glauben zuweilen, dass es ihre Pflicht wäre, den Menschen zu sagen, meine Botschaften nicht anzunehmen.

Durch dieses Verhalten erreichen sie, dass das Wort Gottes den Kindern Gottes vorenthalten wird. Sollten sie damit fortfahren, werden sie durch die Hand Meines Vaters zum Schweigen gebracht werden.

Kein Mensch wird Mich bei Meinem Bemühen, Seelen zu retten, aufhalten.

An jene geistlichen Diener, die sich Meinem Wort hartnäckig entgegenstellen, damit es nicht gehört wird, ihr sollt Folgendes wissen:

Eure ständigen Einwände und eure blasphemischen Anschuldigungen werden euch der Gnaden berauben, die ihr mit eurer Berufung erhalten habt. Wenn ihr Mich nicht durch Gebet anruft, die Antworten zu bekommen, die ihr braucht, kann Ich euch nicht helfen.

Ihr dürft niemals Privatoffenbarungen zurückweisen, ohne die nötige Qualifikation oder die nötige Demut dazu zu haben. Selbst dann könnt ihr niemals über solche Aussagen urteilen. Schweigt.

Betet zu jeder Zeit um das Geschenk des Unterscheidungsvermögens. Andernfalls werdet ihr des — in den Augen Meines Vaters — schlimmsten Verbrechens für schuldig befunden werden: des Verbrechens, Ihn dabei zu hindern, durch das Heilige Wort Seines Sohnes Seelen zu retten.

Euer Jesus

596. Jungfrau Maria: Der starke Auftrieb der Rest-Kirche Meines Sohnes wird sich fortsetzen.

Donnerstag, 25. Oktober 2012, 13:14 Uhr

Mein Kind, mehr und mehr Menschen als jemals zuvor werden zu diesen Heiligen Botschaften für die ganze Welt hingezogen.

Viele verstehen nicht die wirkliche Absicht der Botschaften. Was sie wissen müssen, ist, dass sie ein Geschenk an die Menschheit sind, um Bekehrung herbeizuführen.

Sie werden der Welt gegeben, damit die Seelen sich ans Beten gewöhnen und damit sie an den Heiligen Sakramenten teilnehmen.

Vor allem bieten diese Botschaften eine Form der Ruhe und des Friedens der Seele, damit mehr von Gottes Kindern würdig gemacht werden, ins Neue Paradies einzugehen.

Aufgrund der Früchte dieser Botschaften wird man den Glauben der Kinder Gottes sehen.

Der starke Auftrieb der Rest-Kirche Meines Sohnes wird sich fortsetzen, aufgrund dieser und anderer heiliger Botschaften, die echten Visionären überall auf der Welt gegeben werden.

Gott liebt Seine Kinder so sehr, dass alles getan wird, um sicherzustellen, dass die Erlösung aller Seelen erreicht wird.

Mein Sohn hat alles gut vorbereitet und all Seine Pläne, die Er durch diese Botschaften umsetzen möchte, werden verwirklicht werden.

Deshalb dürft ihr euch niemals verzweifelt fühlen.

Hoffnung ist alles, was wichtig ist.

Vertrauen auf Meinen Sohn, wobei ihr euch Ihm vollkommen übergebt, wird bedeuten, dass Er Seine Pläne, jeden einzelnen Sünder zu retten, zu Ende führen kann, durch eure Hingabe an Ihn.

Kinder, ihr müsst Ihm fest versprechen, Seine Anweisungen zu akzeptieren, und Seine Liebe wird euch umhüllen, um euch stark zu machen.

Eure Mutter
Mutter der Erlösung

597. Ich wünsche, dass Meine Armee dieses Kreuzzuggebet für den Sieg der Rest-Kirche betet.

Donnerstag, 25. Oktober 2012, 21:50 Uhr

Meine innig geliebte Tochter, du musst alle Meine Anhänger dazu ermuntern, damit fortzufahren, überall Gebetsgruppen zu bilden.

Die Zeit ist für Mich gekommen, laut zu rufen und euch alle zu sammeln, um Meine Armee aufzustellen, damit noch heute der Marsch zum ewigen Sieg beginnen kann.

Am 9. November 2012, dem zweiten Jahrestag Meines ersten Rufs an dich, Meine Tochter, wünsche Ich, dass Meine Armee dieses Kreuzzuggebet für den Sieg der Rest-Kirche betet.

Kreuzzuggebet (82) „Für den Sieg der Rest-Kirche"

„Jesus, König und Retter der Welt, Dir geloben wir, dass es unsere Ehre sein wird, Dir treu zu sein und Taten zu setzen, um Deine Herrlichkeit allen Menschen bekannt zu machen.

Hilf uns, die Stärke und das Vertrauen zu erlangen, um aufzustehen und jederzeit die Wahrheit kundzutun.

Lass nicht zu, dass wir wanken oder Zeit verlieren in unserem Marsch zum Sieg und in unserem Plan, Seelen zu retten.

Wir geloben, Dir alles zu übergeben, unsere Herzen und alles, was wir besitzen, damit wir frei und ungehindert sind, wenn wir den dornigen Weg zum Paradies weitergehen.

Wir lieben Dich, liebster Jesus, unser geliebter Erlöser und Retter.

Wir vereinigen uns mit Leib, Seele und Geist in Deinem Heiligsten Herzen.

Gieße Deine Gnade des Schutzes über uns aus.

Bedecke uns mit Deinem Kostbaren Blut, damit wir mit Mut und Liebe erfüllt werden, um aufzustehen und die Wahrheit Deines Neuen Königreichs zu verkünden. Amen."

Ich bitte euch, Meine lieben Anhänger, euch zu sammeln, zu wachsen und Mein Heiliges Wort in jeder Nation zu verbreiten. Ich bitte, dass ihr Mich — immer — in den Mittelpunkt stellt und mit Mir zum letzten Sieg der Erlösung hinarbeitet.

Euer Jesus

598. Sie werden Mein Wort hinterfragen und es analysieren, aus Furcht, einen schrecklichen Fehler zu begehen.

Freitag, 26. Oktober 2012, 11:06 Uhr

Meine innig geliebte Tochter, Meine Anhänger haben noch so viel Arbeit zu leisten, um die Erde von der Verseuchung zu reinigen, die sich wie eine Decke über viele Menschen ausbreitet, die nicht an Gott glauben.

So viele irren in der Welt umher, ohne irgendein Gefühl für die Richtung zu haben. Sie sind innerlich leer, ohne geistige Gefühle, und haben keine Ahnung von der Liebe Gottes. Das sind die Seelen, nach denen Ich Mich sehne und die Ich mit der Wahrheit umarmen möchte.

Ihr, Meine Anhänger, müsst zu ihnen gehen und ihnen sagen, dass Ich, Jesus Christus, der Menschensohn, der Messias, bald kommen werde. Sie müssen wissen, dass sie nicht aufgegeben werden; denn es ist euretwegen, wegen dieser Generation, dass Ich in dieser Zeit komme.

Viele andere, die sich der Existenz Gottes geistig bewusst sind, werden neugierig sein, aber zaudern, Meine Botschaften anzunehmen.

Andere, die Mein Wort verkünden und die fromme Christen sind, werden misstrauisch sein und alles, was Ich sage, nur langsam annehmen.

Sie werden Mein Wort hinterfragen und es analysieren, aus Furcht, einen schrecklichen Fehler zu begehen. Sie haben Angst, eine Lüge vorgesetzt zu bekommen.

Dann wird es die Geistlichen in den christlichen Kirchen geben, die sich erheben und auf Meinen Aufruf antworten werden. Einige werden schnell reagieren, denn sie werden Meine Liebe durch ihre Adern strömen fühlen, wenn sie Meine Botschaften lesen.

Andere werden ein unmittelbares Rufen gewahr werden, durch Mein Geschenk des Heiligen Geistes, das in Meinem Heiligen Wort enthalten ist. Einige werden vorsichtiger sein als andere, aber mit der Zeit wird ihre Zahl auf Millionen anwachsen.

Darum müsst ihr, Meine Anhänger, durchhalten. Während viele euch anfangs in Meinem Namen ablehnen werden, wird sich das bald ändern. Wenn die Wahrheit weithin bekannt und angenommen ist, wird man euch aufsuchen. Mein Wort wird mit Liebe und Ehrerbietung behandelt werden, auch wenn diese Seelen dabei leiden werden.

Es spielt keine Rolle, wie viel Widerspruch es gegen Mich geben wird; denn Meine Mission wird nicht scheitern.

Ertragt solchen Widerspruch. Akzeptiert die Beleidigungen, die euch um dieser Botschaften willen zugefügt werden.

Dies ist zu erwarten, wenn das Wort Gottes über die Erde ausgegossen wird. Diejenigen, die in der Finsternis leben, werden Mein Wort nicht annehmen, da es ihr Leben stören wird.

Es wird sie zwingen, ihren Glauben, mit dem sie sich nicht beschäftigen wollen, neu zu bewerten.

Mein Wort anzunehmen, würde bedeuten, dass sie Ihr Leben ändern müssen. Traurigerweise haben sie kein Verlangen danach, ihr Leben zu ändern. Das gefällt ihnen überhaupt nicht.

Ich werde nicht ruhen, bis Ich ihre Augen für die Wahrheit geöffnet habe. Ebenso wenig erwarte Ich von euch, Meinen Jüngern, dass ihr aufhört, bevor so viele Menschen wie möglich vereint sind, wie eine Einheit in den Augen Gottes.

Euer Jesus

599. Jene, die Mein Wort herabsetzen, das dir, Meine Tochter, gegeben wird, durchschneiden Mich im qualvollen Schmerz bis auf die Knochen.

Freitag, 26. Oktober 2012, 18:00 Uhr

Meine innig geliebte Tochter, Mein Königreich auf Erden ist dabei, Realität zu werden.

So lange von Meinem geliebten Ewigen Vater versprochen, ist das Neue Königreich, das Neue Paradies, das größte Geschenk.

Der Schlüssel zum Verständnis Meines Neuen Königreiches, liegt im Mysterium Meines Leidens im Garten von Gethsemane. Als ich vor meinen Vater niederfiel, weinend vor Kummer, war das wegen der Seelen, die in Zukunft verlorengehen und in den Feuern der Hölle brennen würden —trotz Meines Opfers am Kreuz.

Meine Erniedrigung unter der Hand des Pontius Pilatus war für Mich nicht wegen der öffentlichen Verachtung schmerzhaft, sondern weil Ich wusste, dass diese selben Seelen für Mich verloren sein würden. Und so weinte ich bittere Tränen, wie Ich sie von Satan getäuscht sah, von einer bösen Macht, die sie nicht sehen konnten, die aber jede Faser ihres Wesens verseuchte.

Wenn du Mich besorgt siehst, Meine Tochter, dann ist das aus einem guten Grund. Um jene Seelen, die diese Botschaften verächtlich abtun, weine Ich ebenfalls. Sie befinden sich nicht in voller Vereinigung mit Mir. Wegen ihrer Sünde des Stolzes, der Arroganz und ihres Mangels an Wissen und Demut beleidigen sie Mein Wort.

Sie versuchen noch dazu, die Herzen derjenigen, die Ich erreichen möchte, daran zu hindern, Mein Heiliges Wort anzunehmen.

Um sie weine Ich ebenfalls, denn sie kennen nicht die ernsten Folgen ihres Handelns, wenn sie Mein Wahres Wort verraten, das jedem einzelnen der Kinder Gottes in dieser Zeit dargeboten wird.

So viele Seelen, denen Mein Wort vorenthalten wird, wegen des Handelns jener, die sagen, dass sie Mich in der Welt vertreten, werden verloren gehen.

Genau so, wie Ich eine schreckliche Qual erlitt, als Ich dem Hohn jener gegenüberstand, die neben dem goldenen Thron des Pontius Pilatus standen, so leide Ich heute. Der Schmerz, den ich erleide, dadurch, dass sie dich verhöhnen, Meine Tochter, ist heute nicht anders, als er damals war.

Jene, die Mein Wort herabsetzen, das dir, Meiner Tochter, gegeben wird, schneiden Mich bis auf die Knochen. Ich leide qualvollen Schmerz.

Sie haben die letzten Nägel durch Meine leidende Seele getrieben, während Ich noch einmal versuche, die Menschheit vor der Vernichtung zu bewahren.

Betet, dass Mein Vater durch Seine Barmherzigkeit Nachsicht gegenüber solchen Seelen üben wird, die, geführt von der Hand des Betrügers, sich anstrengen, das Wort Gottes machtlos zu machen.

Meine Kinder, seht euch vor denjenigen vor, die Mein Wort, das durch diese Botschaften zu euch gesprochen wird, heftig bekämpfen. Ihr müsst für ihre Seelen beten.

Euer Jesus

600. Aufgrund ihres Tuns werden Blitz, Erdbeben und Tsunamis die Erde schlagen.

Samstag, 27. Oktober 2012, 21:35 Uhr

Meine innig geliebte Tochter, es gibt einen Plan, eine Welle weltweiten Predigens in Gang zu setzen.

Dieses Predigen wird nicht von Gott sein. Stattdessen wird man eine Lüge predigen, die aussagen wird, dass Gott nicht existiert und nicht existieren kann.

Sie werden sagen — und dabei die menschliche Vernunft und wissenschaftliche Studien anführen —, dass Gott nur eine Erfindung der menschlichen Phantasie sei.

Dieses Predigen ist kein Zufall; denn es ist eine gut geplante und koordinierte Kampagne, angezettelt von jenen Atheisten, welche dem Teufel loyal sind.

Ihre Herzen, ihr Geist und ihre Seelen sind von Satan gestohlen worden, der ihren Stolz auf den menschlichen Intellekt benutzt, um arrogant Lügen zu verkünden, mit dem Ziel, die Wahrheit zu blockieren.

Dies ist ein Plan, um die Herzen der Menschen überall in Stein zu verwandeln — gerade so, wie ihre eigenen Herzen kalt und ohne Liebe sind. Dann wird die Ankündigung kommen, dass eine neue Ersatz-Religion gesetzlich verankert werden wird.

Die Eine-Welt-Religion wird dem Tier huldigen; denn diese Abscheulichkeit wird durch das Wirken der Sklaven des Königs der Finsternis entstehen.

Die Atheisten, welche die Drahtzieher dieses Planes sein werden, sind treue Anhänger Satans.

Täuscht euch nicht, sie beten das Tier an und denken sich nichts bei dem Schmerz und der Qual, die ihre Handlungen verursachen werden.

Ihre Mission ist, die Treue zu dem einen Wahren Gott abzuschaffen. Dem Gott, der jedes einzelne der Kinder liebt, die Er schuf. Sie werden die Anstrengungen zurückweisen, die jetzt vom Himmel gemacht werden, um die Menschheit vor der endgültigen Vernichtung zu retten.

Aufgrund ihres Tuns werden Blitz, Erdbeben und Tsunamis die Erde schlagen.

Sie werden gestoppt werden.

Sie werden schrecklich leiden, und ihr qualvolles Ende ist vorausgesagt worden.

Die Schlacht von Armagedon wird erbittert sein; denn Gott wird sich nicht länger zurücklehnen und eine solche Verseuchung zulassen.

Schreckliche Züchtigungen in einem solchen Ausmaß werden jene Heiden auslöschen, die das Wort Gottes ablehnen.

Gebet um Gottes Barmherzigkeit ist der einzige Weg, solche Züchtigungen zu lindern.

Eure Gebete, Eure Bitten um Vergebung für ihre Seelen, sind die einzige Möglichkeit, wie solche Seelen gerettet werden können.

Meine Tochter, viel Zerstörung wird aus den bösen Werken resultieren, die diese atheistischen Gruppen der Erde aufzwingen wollen.

Viele erkennen nicht den Ernst ihrer Handlungen.

Viele wissen jedoch genau, was sie tun; denn sie sind Lügner.

Sie glauben sehr wohl an Gott, denn sie haben Seine Nemesis (*), Satan, als ihren Gott erwählt, durch ihre eigene freie Entscheidung.

Alles, was sie wollen, ist: Seelen stehlen.

Gott, Mein Vater, wird durch Seine Macht eingreifen, nicht allein, um sie zu bestrafen, sondern auch, um Seelen zu retten, bevor sie Ihm gestohlen werden.

Euer Jesus

(*) Nemesis = Name der griechischen Göttin der Vergeltung und Rache; englisch auch Erzfeind

601. Gott der Vater: Um die unschuldigen Seelen, die von Lügnern infiziert werden, zu retten, bestrafe Ich die Bösen.

Sonntag, 28. Oktober 2012, 18:00 Uhr

Meine liebste Tochter, Göttliches Wissen wird von nur wenigen Meiner Kinder begriffen und sogar dann nur so viel, wie Ich ihnen erlaube zu wissen.

Mein Heiliges Wort zu verstehen, ist für viele schwer und doch ist es sehr einfach.

Ich liebe Meine Kinder, aber sie wurden Mir entrissen, als Adam und Eva ihr Recht auf Mein Göttliches Reich verwirkten. Versucht von einer eifersüchtigen Schlange — von ihm (Satan), dem jede Ehre und Bevorzugung gegeben worden war — kehrten Meine Kinder einem Herrlichen Königreich auf Erden den Rücken.

Sie kehrten dem ewigen Leben den Rücken, und aufgrund dessen litten (und leiden) alle ihre Kinder, Generation um Generation.

Mein Sohn wurde dann gesandt, um Meine Kinder vor der ewigen Hölle zu retten, indem er sie von der Sünde befreite. Jetzt wird Er kommen, um das ursprüngliche Paradies, wie es hätte sein sollen, auf Erden einzurichten.

Meine Tochter, jetzt werden Vorbereitungen getroffen, damit die Schlacht um die Seelen beginnen kann.

Sag Meinen Kindern, dass Ich ihnen besondere Gnaden schenke.

Diese Gnaden werden ihnen außerordentliche Macht geben, wenn sie beten, um die Züchtigungen zu lindern. Durch die Gebete und Bitten Meiner Kinder können sie nicht nur die Seelen der Heiden retten, die Mich verletzen, sondern sie können auch Meine Hand zurückhalten, die niederfallen wird, um jene zu stoppen, die im Auftrag des Tieres sprechen.

Ich bestrafe Meine Kinder schweren Herzens. Ich tue das nicht nur, um diejenigen zu bestrafen, die schreckliches Übel verursachen, sondern auch, um sie daran zu hindern, durch ihre Lügen Seelen zu stehlen.

Um die unschuldigen Seelen, die von Lügnern infiziert werden, zu retten, bestrafe Ich die Bösen.

Meine Kinder müssen zum Wohle aller stark sein.

Gebet wird die Waffe sein, die das Tier erschlagen wird. Es wird nicht durch den Krieg sein, nicht durch die Macht jener, die in hohe Stellungen gewählt sind, oder durch diejenigen, die Meine Kirchen auf Erden führen, dass die Verseuchung aufgehalten wird. Es wird durch den Glauben jener sein, die gegenüber Mir, Gott, dem Allerhöchsten, treu sind, und durch jene, die Meinen Sohn Jesus Christus als Erlöser annehmen, dass die Welt gerettet wird.

Ihr, Meine treuen Kinder, werdet der Schlüssel zur Erlösung all Meiner Kinder sein. Eure Gebete werden gehört werden. Eure Bitten, Sünder zu retten, werden eine Antwort erfahren.

Ich liebe euch. Ich danke euch für die Liebe, die ihr Meinem Sohn zeigt, und Ich segne euch.

Euer liebender Vater
Gott der Allerhöchste

602. Seine großen Züchtigungen von einem nie zuvor in der Welt gesehen Ausmaß können gelindert werden.

Montag, 29. Oktober 2012, 15:30 Uhr

Meine innig geliebte Tochter, wie Ich gesagt habe, beginnen die Veränderungen ihren Lauf zu nehmen, während jetzt die Hand Meines Vaters bei der Züchtigung niederfällt, nicht nur in den USA, sondern auch in anderen Ländern.

Alle diese ökologischen Umbrüche werden sich überall fortsetzen, bis die Menschheit gereinigt worden ist.

Ihr müsst beten, dass jene Seelen, die Gott ablehnen, von den Feuern der Hölle gerettet werden können, durch die Großherzigkeit anderer Menschen, durch ihre Gebete.

Diese Zeichen sollen die Menschheit erkennen lassen, dass sich die Zeiten tatsächlich geändert haben. Nichts wird dasselbe bleiben noch kann es dasselbe bleiben, bis die Erde gereinigt ist, damit das Zweite Kommen stattfinden kann.

In diesem Moment, wo die Sünde die Erde verwüstet, ist sie nicht würdig, den Messias zu empfangen.

Diese Zeichen sind die Zeichen der Endzeit, Meine Anhänger, und ihr müsst eure Seelen vorbereiten.

Sehr bald wird es nur noch wenige geben, einschließlich jener Atheisten mit Herzen aus Stein, die im Stande sein werden, die Hand Meines Vaters zu ignorieren.

Jedoch können Seine großen Züchtigungen von einem nie zuvor in der Welt dagewesenen Ausmaß durch eure Gebete gelindert und abgeschwächt werden.

Dennoch werden sie sich fortsetzen, bis die Menschheit die Wahrheit akzeptiert.

Der Tag des Herrn, der Tag des Zweiten Kommens, steht nahe bevor, obwohl viele Ereignisse zuerst stattfinden müssen.

Das wird eine schwere Zeit für alle Kinder Gottes sein, einschließlich derjenigen, die einen starken Glauben haben. Doch für diejenigen, die Liebe und Treue zu Mir, ihrem Jesus, zeigen: Viele werden im Frieden sein, denn sie wissen, dass Ich komme, um sie in Mein Neues Paradies zu bringen.

Der Reichtum dieses Neuen Königreichs muss begehrt werden, und ihr müsst dieses große Geschenk herbeisehnen.

Bleibt stark und vertraut auf Mich. Ihr müsst verstehen, dass Mein Vater diejenigen bestrafen muss, die schreckliche Handlungen planen. Er hat versprochen, ihre Aktivitäten zu beenden, und sie werden hinweggefegt werden.

Die Zeichen werden jetzt in jedem Winkel der Erde zu sehen sein, um sicherzustellen, dass die Menschheit keinerlei Zweifel mehr daran haben kann, wessen Macht am Werk ist.

Nur Gott befiehlt solchen elementaren Kräften. Jede andere Gewalt wird kurzlebig sein. Die Macht Gottes ist allmächtig, und kein Mensch wird jemals den Schöpfer und Urheber von allem Sichtbaren und Unsichtbaren überwinden.

Euer Jesus

Anmerkung: Am 30. Oktober 2012 traf der Hurrikan "Sandy" die Ostküste der USA mit New York in einem nie zuvor in der Welt dagewesenen Ausmaß.

603. In dieser Zeit ruft in der Welt die bloße Erwähnung eines Glaubens an Mich, euren Jesus, Betretenheit hervor.

Dienstag, 30. Oktober 2012, 19:10 Uhr

Meine innig geliebte Tochter, du musst inzwischen wissen, dass das Leiden, das du in Meinem Namen erträgst, bis zum allerletzten Tag dieser Mission andauern wird.

Dies ist für dich hart zu hören, aber du sollst Folgendes wissen. Diese Mission ist von allen Missionen, die vor dir kamen, die schwerste. Du wirst in die Wüste geworfen werden und du wirst dich isoliert und einsam fühlen. Deine Stimme wird ignoriert werden, aber Mein Heiliges Wort wird die Herzen von Millionen berühren.

Mein Heiliger Wille wird von dir zu jeder Zeit beachtet werden, obwohl du häufig das Gefühl hast, dass du nicht stark genug sein wirst.

Deine Schwäche ist deine Stärke wegen deines Vertrauens auf Mich. Aufgrund dessen werde Ich dich nie verlassen und dich nie ohne Hilfe anderer Menschen lassen. Doch wirst du in dieser Mission allein gehen. Dein einziger Begleiter werde Ich sein. Ich verbinde unsere Leiden zu einem.

Du, Meine Tochter, wirst immer Meine Gnaden der Ausdauer benötigen. Diese Mission durchzustehen und Mein Heiliges Wort an eine undankbare Welt zu verkünden, wird nicht leicht sein. Es wird eine große Entschlossenheit und viel Mut verlangen.

Das gilt für alle Meine Jünger, einschließlich derjenigen, die Mich lieben, die aber diese Botschaften nicht akzeptieren.

Die Hindernisse, denen ihr in dieser Etappe der Mission gegenüberstehen werdet, werden für alle von euch, Meine ergebene Armee, zunehmen.

Ihr müsst mit Würde akzeptieren, dass ihr, wenn ihr Mir folgt, leiden werdet. Sehr wenige Seelen können mit dem Leiden umgehen, das jeden betrifft, der sich nach Meinen Lehren ausrichtet.

In dieser Zeit ruft in der Welt die bloße Erwähnung eines Glaubens an Mich, euren Jesus, Betretenheit hervor.

Nicht nur, dass ihr euch unbehaglich fühlt, wenn eure Treue zu Mir öffentlich bekannt ist, ihr werdet auch um Meinetwegen leiden.

Vergesst nicht, zu leiden ist eine besondere Gnade. Es ist sehr schwer, Leiden zu ertragen, und viele Seelen wenden sich von Mir ab. Aber ihr dürft eines nicht vergessen: Wenn ihr deswegen in Meinem Namen leidet, werde Ich euch festhalten und Meine Gnaden über euch ausgießen. Trotz eures Leidens wird euch das Seelenfrieden bringen.

Bitte, Meine Tochter, gib niemals auf. Fühle dich niemals im Stich gelassen, denn Ich bin dir sogar noch näher, wenn du dich allein fühlst. Ich bin dir während dieser Zeiten der Qual sogar noch näher. Du musst ständig um all die Hilfe bitten, die du bekommen kannst, indem du Meine geliebte Mutter und alle Heiligen bittest, dir zu Hilfe zu kommen.

Sehr bald wirst du akzeptieren, dass die Zunahme des Leidens ein direktes Ergebnis der Opposition gegen diese Mission durch den Teufel ist. Er hat extreme Angst, weil sein Kampf zu Ende ist. Er hasst dich wegen der Seelen, die durch diese Seelenrettungsmission gerettet werden.

Euer Jesus

604. Euch ist die Waffenrüstung gegeben worden. Verwendet sie.

Donnerstag, 1. November 2012, 18:00 Uhr

Meine innig geliebte Tochter, ihr müsst euch jetzt erheben und euch in Liebe vereint zusammenfinden, um euch auf die schweren Zeiten vorzubereiten, die vor euch liegen.

Ihr, Meine starke Armee, seid gesegnet und ihr seid mit dem Siegel Meines Vaters, dem Siegel des Lebendigen Gottes, geschützt.

Bei allem, was euch an den Kopf geworfen werden wird, von welcher Seite auch immer, denkt daran, dass Ich mit euch bin.

Viele Ereignisse, einschließlich ökologischer Umbrüche, Kriege, das Schisma in Meiner Kirche auf Erden, die Diktaturen in

jeder eurer Nationen — in ihrem Kern zu einer einzigen verbunden — werden alle gleichzeitig stattfinden.

So viele Zusammenbrüche werden viele Tränen und Zähneknirschen verursachen, aber eines wird intakt bleiben: Das wird die Macht Gottes und Seine Liebe zu allen Seinen Kindern sein.

Dieser Kampf wird sich vor der Welt entfalten, und ihr, Meine Armee, dürft nicht vor Angst zittern. Alles ist gut in Meinem Königreich, und euer Platz ist dort gesichert. Es sind die anderen Menschen, um die ihr euch jetzt kümmern müsst.

Euch ist die Waffenrüstung gegeben worden. Verwendet sie. Meine Kreuzzuggebete werden helfen, vieles von dem Schrecken, der durch die Sünden der Menschheit verursacht wird, zu lindern. Betet bitte folgendes Gebet für die Milderung der Züchtigungen:

Kreuzzuggebet (83) „Für die Milderung der Züchtigungen"

„O lieber Vater, Gott der Allerhöchste, wir, Deine armen Kinder, werfen uns vor Deinem Glorreichen Thron im Himmel nieder.

Wir flehen Dich an: Befreie die Welt von dem Bösen.

Wir flehen um Deine Barmherzigkeit für die Seelen jener, die Deinen Kindern auf Erden schreckliches Elend zufügen.

Bitte vergib ihnen.

Bitte entferne den Antichristen, sobald er sich bekannt macht.

Wir bitten Dich, o Herr, zügle Deine Hand der Züchtigung.

Nimm stattdessen — wir bitten Dich — unsere Gebete und unser Leiden an, um das Leiden Deiner Kinder in dieser Zeit zu lindern.

Wir vertrauen auf Dich.

Wir ehren Dich.

Wir danken Dir für das große Opfer, das Du gebracht hast, als Du Deinen einzigen Sohn, Jesus Christus, sandtest, um uns von der Sünde zu retten.

Wir begrüßen Deinen Sohn — noch einmal — als den Erlöser der Menschheit.

Bitte schütze uns. Bewahre uns vor Schaden. Hilf unseren Familien. Habe Erbarmen mit uns. Amen."

Ihr, Meine Armee, seid in jeder Weise vorbereitet. Alles, was ihr tun müsst, ist, auf Mich zu vertrauen. Wenn ihr auf Mich vollkommen vertraut, werdet ihr im Stande sein, eure ganze Liebe, euer Leiden, eure Sorgen und euren Schmerz Mir, eurem Jesus, zu übergeben.

Wenn das geschieht, so müsst ihr dann alles in Meinen Heiligen und Erbarmungsvollen Händen belassen.

Danke, dass ihr Meinem Ruf folgt.

Euer Jesus

605. Jungfrau Maria: Kehrt um und bittet Meinen Sohn, euch zu Seiner Großen Barmherzigkeit zu führen.

Freitag, 2. November 2012, 14:00 Uhr

Mein Kind, die Finsternis, die über die Welt fällt, wird man auf vielerlei Weisen sehen.

Gesetze, die eingeführt sind und welche die Einheit der Familie spalten, werden den Einfluss des Teufels in euren Regierungen belegen.

Die Gesetze, die die Abtreibung legalisieren, brechen das Herz Meines Vaters. Keiner hat das Recht, die Schöpfung Gottes zu stören, doch das ist es, was die Menschheit tut, Tag für Tag, ohne jedes Scham- oder Schuldgefühl.

Mein Kind, ihr müsst innig um die Rettung der Menschheit beten, denn sehr bald wird sie in zwei Hälften gespalten werden: in jene, die an Gott glauben, und jene, die Ihn zurückweisen. Bruder wird vom Bruder getrennt werden, Nachbarschaften werden voneinander getrennt werden und Familien werden in zwei Hälften gespalten werden. Diese Zeit ist vorausgesagt worden.

Um sicherzustellen, dass Gott so viele Seelen wie möglich retten kann, wird Er ihnen viele Gelegenheiten geben, zu Ihm umzukehren.

Betet jetzt, für eure Familien, für eure Freunde und Nachbarn, noch bevor die letzte Teilung passiert. Dann wird der Tag des Zweiten Kommens Meines Sohnes nahe sein.

Ihr, Meine Kinder, seid so verwirrt. Diese Verwirrung und diese Leere der Seele sind durch einen Mangel an Glauben an Gott verursacht. Keine Seele kann ohne die Liebe Gottes in ihrem Herzen überleben.

Sie sind leeren Schiffen ähnlich, die im Meer schwimmen, ohne Ahnung von ihrem endgültigen Bestimmungsort. Sie schwimmen ziellos in einer weiten Leere, wo nichts befriedigt; wo nichts in der Welt ihnen wahren Frieden bringen kann.

Kehrt um und bittet Meinen Sohn, euch zu Seiner Großen Barmherzigkeit zu führen, und Er wird euch den Frieden bringen, nach dem ihr euch sehnt. Alles, was ihr tun müsst, ist zu bitten.

Bittet Mich, eure geliebte Mutter, euch zu Meinem Sohn zu bringen. Ich werde euch führen und euch immer beschützen, jeden Schritt des Weges.

Eure geliebte Mutter
Königin des Friedens
Mutter der Erlösung

606. Bald wird die Sünde nicht mehr sein. Die Geißel der Sünde wird ein Ding der Vergangenheit sein.

Samstag, 3. November 2012, 19:00 Uhr

Meine innig geliebte Tochter, wenn Seelen von Mir abfallen und wenn sie der Sünde erliegen, dürfen sie niemals Angst haben vor Mir.

Sobald ihr, Meine geliebten Anhänger, sündigt, müsst ihr euch sofort an Mich wenden.

Schämt euch nicht (vor Mir) und seid niemals zu verlegen, um zu Mir gelaufen zu kommen, nachdem ihr eine Sünde begangen habt. Dies ist die einzige Weise, wie ihr die Stärke erlangen könnt, um von Neuem mit Mir zu gehen.

Wenn ihr euch Mir nicht zuwendet und Mich stattdessen meidet, werdet ihr noch weiter geschwächt werden, und ihr werdet euch selbst ungeschützt den Versuchungen aussetzen, die euch jeden Tag vom Teufel vorgesetzt werden.

Die Sünde ist etwas, womit jedes Kind geboren wird. Die Erbsünde muss ausgerottet werden — durch das Sakrament der Taufe. Sogar dann werden die Seelen immer noch versucht werden, solange die Menschheit unter der Herrschaft Satans bleibt.

Sich von der Sünde zu befreien, ist einfach. Als Erstes werdet ihr in eurem Herzen wissen, wenn ihr eine Sünde begangen habt. Viele Menschen in der Welt blenden heute die Sünde aus, als ob sie keine Konsequenzen hätte. Doch wenn die Menschen offen zugeben würden, wie sie sich fühlen, nachdem sie gesündigt haben, würdet ihr feststellen, dass ihr innerer Friede entzweigerissen worden ist.

Die Sünde wird von den meisten Seelen gefühlt, bis die Seelen so befleckt geworden sind, dass allein Sünde ihre Lust befriedigen wird. Darum müsst ihr jedes Mal, wenn ihr sündigt, die Vergebung Gottes suchen. Wenn ihr das nicht tut, dann wird die Sünde wie zu einem eitrigen Geschwür in eurem Inneren, und ihr werdet es schwerer finden, der Versuchung zu widerstehen.

Wenn ihr Gewissensbisse in eurem Herzen fühlt, dann ruft Mich, euren geliebten Jesus, an, euch zu helfen.

Jede Sünde kann vergeben werden, außer der Sünde der Gotteslästerung gegen den Heiligen Geist. Ruft mich immer zu Hilfe, ganz gleich, wie beschämt ihr seid wegen der Sünden, die ihr begeht

Ich fühle mit allen Kindern Gottes mit. Ihr seid Seine kostbare Schöpfung und Er liebt euch alle trotz eurer Sünden. Bekämpft die Sünde, indem ihr Erlösung sucht — jedes einzelne Mal, wo ihr sündigt.

Bald wird die Sünde nicht mehr sein. Die Geißel der Sünde wird ein Ding der Vergangenheit sein.

Euer Jesus

607. Die Straße zu Meinem ewigen Königreich ist mit spitzen Steinen und Felsblöcken übersät.

Sonntag, 4. November 2012, 17:45 Uhr

Meine innig geliebte Tochter, niemand soll denken, dass er stark in seinem Glauben bleiben kann, ohne sich sein Recht erkämpfen zu müssen.

Es gibt viele Hindernisse, die sich eurem Glauben an Gott in den Weg stellen, und nur diejenigen, die im Gebet ausharren, können die Flamme ihrer Liebe für Gott in ihren Seelen am Brennen halten.

Die Straße zu Meinem ewigen Königreich ist mit spitzen Steinen und Felsblöcken übersät. Es ist, als ob ihr barfuß geht, meilenweit, wobei ihr jeden Schnitt, jeden scharfen Schmerz fühlt und wobei ihr bei jedem Schritt, den ihr macht, stolpert. Darum stürzen viele wohlgesinnte Seelen am Straßenrand hin, weil die Reise so mühsam ist.

Wenn ihr Mir folgt, wird eure Reise immer schmerzhaft sein. Es wird niemals leicht sein, bis ihr sagt: „Jesus, nimm meinen Schmerz, heile mich und nimm mein Kreuz."

Erst dann werdet ihr es leichter finden, Meiner Reise zu Meinem herrlichen Königreich zu folgen.

Die Kreuzigung — jede einzelne Phase — wird jetzt von allen, die Gott lieben, erfahren werden, — bis hin zum letzten Tag.

In der Meinem Zweiten Kommen vorausgehenden Phase werden die Christen und all jene, die Meinen Vater, Gott, den Allerhöchsten, lieben, das Leiden Meiner Passion erfahren müssen.

Es wird mit den Beschuldigungen beginnen, dass Gott nicht existiere. Ich wurde denunziert — Ich, der Sohn Gottes. Dieses Mal wird Gott, der Allerhöchste, abgelehnt werden. Alle Gläubigen werden gegeißelt und verfolgt werden, wenn die heidnischen Gesetze aus vergangenen Zeiten eingeführt werden. Doch werden viele Menschen, welche die Wege des Herrn nicht kennen, solche Boshaftigkeit nicht beachten, so verfangen sind sie in ihrer Jagd nach dem persönlichen Vergnügen.

Danach wird es Strafen geben für jene, die es wagen, dem einen Wahren Gott in der Öffentlichkeit ihre Treue zu zeigen. Ihnen wird keine Toleranz gezeigt werden und sie werden sich verbergen müssen, um Meinen Vater zu ehren.

Die täglichen Opfer, die Messen, werden schließlich — wie vorausgesagt (*) — aufhören, weil der falsche Prophet erklären wird, dass eine neue Form der Messe zu halten sei und die alte Form nicht mehr relevant sei, wie er sagen wird.

Meine Gegenwart in der Heiligen Eucharistie wird verbannt werden, und die Speise des Lebens wird die Kinder Gottes nicht mehr nähren. Und dann wird die Hand Gottes auf die Heiden niederfallen, die zu sagen wagen, dass sie im Namen Gottes sprächen. Ihre Treue zum Tier wird viele beeinflussen, und sie werden diejenigen, die irregeführt sind, in das Gefängnis der Finsternis führen.

Die Spaltungen werden zunehmen, bis schließlich alle Kinder Gottes ihre Entscheidung werden treffen müssen. Sie werden entweder dem falschen Trugbild folgen, präsentiert vom falschen Propheten, der sagen wird, dass er im Namen Gottes spreche, oder sie werden der Wahrheit folgen.

Glaubt niemals, dass ihr stark genug sein werdet, dem Druck dieser falschen Priester, die das Tier repräsentieren werden, zu widerstehen. Ihr Einfluss wird groß sein. Ohne Meine Hilfe werdet ihr versucht sein, Meinen Lehren den Rücken zu kehren.

Wacht auf, bevor diese Zeiten eintreffen. Ruft Mich jeden Tag um Meine Hilfe an.

Euer Jesus

(*) Daniel 8,11-14; 11,31-33; 12,10-13!

608. Die Erde wird vor Schmerz stöhnen, während der Antichrist sein sein Erscheinen in der Öffentlichkeit vorbereitet.

Montag, 5. November 2012, 18:50 Uhr

Meine innig geliebte Tochter, die Welt muss sich jetzt auf die großen Veränderungen vorbereiten, die Ich zugelassen habe, um die Menschheit auf das Zweite Kommen vorzubereiten.

Viel Arbeit ist durch Meine geliebten Anhänger geleistet worden, um Millionen von Seelen zu retten, durch die Gebete, die Ich euch gegeben habe.

Eure Treue zu Mir, eurem Jesus, Meine geliebten Anhänger, heißt, dass ihr Mir Seelen übergeben habt, die jetzt sicher sind und die sonst in die Hölle geworfen worden wären.

So mächtig sind eure Gebete, dass — rechtzeitig — wenn Millionen mehr Meine Botschaften der Liebe und Hoffnung annehmen, dass Milliarden von Seelen gerettet werden.

Mein Werk durch euch, Meine Jünger, rettet Tausende und Tausende von Menschen täglich. Ihr dürft deshalb niemals Zweifel zulassen, die euch von Zeit zu Zeit natürlich befallen werden, die euch aber vom Beten abhalten könnten.

Jetzt müsst ihr zuhören.

Viel wird jetzt geschehen. Die Stürme werden überall auf der Welt zunehmen, und die Erde wird vor Schmerz stöhnen, während der Antichrist sein Erscheinen in der Öffentlichkeit vorbereitet. Es dauert nicht mehr lange, bis er sich präsentieren wird.

Meine Tochter, konzentriere dich weiterhin auf das Verbreiten Meines Wortes, auch wenn vielleicht viele Hindernisse vor dir auftauchen werden. Lass nicht zu, dass irgendetwas die Weitergabe Meiner für alle bestimmten Botschaften verzögert.

Es wird nicht die Zahl der Menschen sein, die „Das Buch der Wahrheit" oder Meine Botschaften erhalten werden, sondern es wird die Zahl der Menschen sein, die Meine Kreuzzuggebete beten, was den Unterschied ausmachen wird.

Die Gebete werden die Macht des Antichristen schwächen.

Es werden die Züchtigungen sein, die von Meinen Vater zur Erde gesandt werden, welche jene Führer und Gruppen erschlagen werden, die es wagen, Seine Kinder zu verletzen.

Die Macht Gottes wird diejenigen bedecken, die Ihn lieben.

Die Macht Gottes wird diejenigen beschützen, die sich bekehren.

Gott, Mein Ewiger Vater, wird fortfahren, Seine Gnaden auszugießen, bis Seine Macht alle Seine Kinder auf Erden bedeckt und beschützt.

Geht nun hin in Frieden, Hoffnung und Liebe. Vertraut auf Mich, und alles wird gut sein.

Euer Jesus

609. Gott der Vater: Die Hierarchie aller Engel im Himmel versammelt sich in dieser Zeit an den vier Ecken der Erde.

Dienstag, 6. November 2012, 22:45 Uhr

Meine liebste Tochter, die Hierarchie aller Engel im Himmel versammelt sich in dieser Zeit an den vier Ecken der Erde. Sie bereiten jetzt den Angriff der Züchtigungen vor, die auf die Menschheit losgelassen werden.

Alle diese Dinge müssen geschehen — Stürme, Kriege, Hungersnot und Diktaturen werden die Erde heimsuchen, wenn die Schlacht, wie vorausgesagt, beginnt.

Die Erde wird an den vier Ecken des Erdballs beben, und viele werden geschockt sein, denn solch ein Chaos werden sie noch nie sich vor ihren Augen entfalten gesehen haben.

Ihr, Meine Kinder, seid in der Endzeit, und die Zeitperiode, die vor euch liegt, wird schwer sein. Diejenigen von euch, die Mir treu sind und die ihr ganzes Vertrauen auf Mich setzen, werden diesen Umbrüchen standhalten.

Viele Veränderungen werden in der Welt jetzt losbrechen — und diejenigen von euch, die die Wahrheit kennen, seid dankbar. Ihr werdet begreifen, dass — obwohl es das Ende der Zeit bedeuten wird, wie ihr sie bis jetzt gekannt habt — es auch die Zeit sein wird, die (euch) — wie vorausgesagt — einen neuen Anfang ankündigt. Einen Neubeginn. Ein Neues Paradies auf Erden.

Dies wird Freiheit bedeuten, Kinder. Ihr werdet schnell in Meine Arme genommen werden, um die neue Wohnung zu erhalten, die Ich für alle von euch sorgsam geschaffen habe.

Die Zeit wird für viele hart sein, aber nur diejenigen, welche die Wahrheit annehmen, werden durchhalten und gedeihen; denn sie werden beschützt sein.

Mein Siegel muss weitergegeben werden. Meine Liebe muss jedem Meiner Kinder bekannt gemacht werden, jeder Religion, jeder Glaubensüberzeugung und besonders denjenigen, die Mich nicht kennen, sowie denjenigen, die Meine Existenz ablehnen.

Ich bereite Meine Armee im Himmel vor, ebenso wie Ich Meine Armee auf Erden vorbereite.

Gemeinsam werden wir die Boshaftigkeit bekämpfen, die jetzt alle Nationen im Begriff sind, ihrem eigenen hilflosen Volk aufzuzwingen.

Wenn ihr aufsteht und euch weigert, das Zeichen des Tieres anzunehmen, werde Ich euch beschützen.

Zentren, die von Meinen Propheten im Laufe der Jahre organisiert wurden, werden aus dem Boden schießen, jedes wie eine Oase in der Wüste. Hier wird es euch möglich sein, eure Treue zu Mir, eurem Vater, zu geloben. Hier könnt ihr euch versammeln, um für die Seelen jener zu beten, die unter der Macht des Antichristen verloren sein werden.

Betet, betet, betet. Eure Zeit ist bemessen, und das Zweite Kommen Meines Sohnes wird bald stattfinden.

Nur Ich, euer geliebter Vater, kenne dieses Datum. Sogar Mein kostbarer Sohn, Jesus Christus, kennt es nicht. Aber ihr sollt eines wissen:

Auch wenn ihr durch diese und andere Missionen vorbereitet werdet, dass es (dennoch) plötzlich und unerwartet angekündigt werden wird, dann, wenn es für viele zu spät sein wird, um umzukehren. Stattdessen werden sie davonlaufen.

Seid stark, Meine Kinder. Mein Plan ist, das Tier zu vernichten und jedes Meiner Kinder zu retten. Eure Gebete können Mir helfen, jede kostbare Seele zu retten.

Gott, der Allerhöchste

610. Ein Großteil der Menschheit wird gereinigt sein und wird dann für das lang erwartete Zeitalter des Friedens bereit sein.

Mittwoch, 7. November 2012, 21:28 Uhr

Meine innig geliebte Tochter, die ganze Welt wird die Veränderungen spüren, da jedes Land eine Ruhe und ein Gefühl der Erwartung erfahren wird. Doch viele werden nicht verstehen, warum dies geschieht.

Das Leben wird sich verändern, und für diejenigen, die auf Mich vertrauen: Es wird in der Zukunft vieles geben, worauf ihr euch freuen könnt.

Stellt euch die Welt vor, als sei sie eine lebendige Person, die unter einer schrecklichen Krankheit leidet. Sie muss leiden, Schmerzen fühlen und die Zeit durchstehen, während welcher von ihrem Arzt die Krankheit behandelt wird.

Viele Menschen sprechen auf die Behandlung schnell an. Andere langsamer. Andere überhaupt nicht. Manche Patienten haben Hoffnung und akzeptieren, dass ihr Körper eine mitunter schmerzhafte Behandlung wird ertragen müssen, bevor er sich wieder wohl und gesund fühlen wird.

Die Welt leidet unter einer Verseuchung, die durch den Einfluss Satans verursacht wird, weil er und seine Dämonen Gottes Kindern einreden, sie verleiten und überzeugen, dass die Sünde nicht existiere.

Sie stürzen von einer spirituellen (geistigen) Krise in die nächste. Wie sehr sie doch Meinem geliebten Vater missfallen. Wie viel Schmerz werden sie ertragen müssen, bevor sie das Leben auf die Weise leben können, wie die Gebote Gottes es vorschreiben.

Sobald diese Krankheit jedoch behandelt worden ist und nachdem der Schmerz vergangen ist, wird ein Großteil der Menschheit gereinigt sein und wird dann für das lange erwartete Zeitalter des Friedens bereit sein. Das Zeitalter des Friedens, das all jenen versprochen worden ist, welche den Lehren Gottes folgen, erwartet diejenigen, die sich in Meinen Augen erlöst haben.

Jedem von euch wird die Wahrheit gezeigt werden. Dann werdet ihr im Stande sein, zwischen der Hässlichkeit der Sünde und dem, was Reinheit ist und die erforderlich ist, um in Mein Glorreiches Königreich einzugehen, zu unterscheiden.

Wenn jedem die Wahrheit gezeigt worden ist, wird sie niemand von ihnen bezweifeln, aber nicht alle werden sie annehmen.

Es ist an der Zeit, dass die Menschheit erkennt, was aufgrund von Habgier, Egoismus und Eigenliebe mit der Welt geschehen ist. Auf das Wohl jener, die im Leben kein Glück haben, wird keine Rücksicht genommen. Es gibt nur noch wenig Respekt für das menschliche Leben.

Ihr müsst eure Arroganz ablegen, denn wenn ihr das nicht tut, wird euch alles, was ihr besitzt, genommen werden.

Die verschiedenen Führer in verschiedenen Nationen werden bald gemeinsam Vorbereitungen treffen, das Christentum weltweit zu zerstören.

Aufgrund dessen werden die Schalen von Feuer und Blitz über die Welt ausgegossen werden, um die Bösen zu bestrafen.

Ihr müsst jedoch verstehen, dass viele der von Meinem Vater geplanten Züchtigungen aufgrund eurer Gebete gelindert worden sind.

Bleibt stark. Fahrt fort mit Meinen Kreuzzuggebeten und gebt die Hoffnung niemals auf.

Euer Jesus

611. Ich brauche eure Hilfe — ebenso wie Ich Meine Apostel und Jünger brauchte, als Ich auf Erden wandelte.

Donnerstag, 8. November 2012, 15:50 Uhr

Meine innig geliebte Tochter,

Meine Jünger, geistlichen Diener und Angehörige des Klerus sammeln sich jetzt auf der ganzen Welt, als Reaktion auf diesen Aufruf vom Himmel.

Ich, ihr geliebter Jesus Christus, bin mit Meinen besonderen Gnaden in ihren Herzen anwesend. Sie erkennen dieses Göttli-

che Rufen; denn der Heilige Geist schenkt ihnen die Erkenntnis, dass tatsächlich Ich es bin, Jesus Christus, der Menschensohn, Der mit ihnen kommuniziert.

Ihr, Meine geliebte und geschätzte Gemeinde, werdet in dieser Zeit mit Meinem Heiligsten Herzen umschlungen. Ich führe euch in Richtung des Weges, so dass ihr den verlorenen Seelen, die Meiner großen Barmherzigkeit bedürfen, die Wahrheit mitteilen könnt. Mein Geschenk an euch ist dieses: Ich werde eure Herzen in einer Weise berühren, dass ihr sofort erkennen werdet, dass es sich um Göttliche Inspiration handelt. Wisst ihr nicht, wie sehr Ich euch liebe? Wie sehr ihr unter der Macht eures Göttlichen Erlösers, welcher der Welt Erlösung versprochen hat, beschützt seid?

Mein Zweites Kommen ist nahe, und Ich will alle Sünder retten, ungeachtet dessen, wie geschwärzt ihre Seelen sind.

Denkt daran, dass euer Engagement es Mir ermöglicht, euch zu führen, damit solche bedauernswerten Seelen aus dem Griff des Teufels befreit werden können.

Zögert nicht, auf Meinen Ruf zu antworten, aber wisst, dass ihr vorsichtig sein müsst in Hinsicht darauf, wie ihr das tut. Ich muss Meine Armee so aufbauen, dass sie (die Menschen) sich privat versammeln können, um sich zu einer Einheit zusammenzuschließen, so dass sie ihre Gebete vor Mir darbringen können. Ihr müsst schnell handeln, und jene Seelen werden, sobald Meine Kreuzzuggebete gebetet werden, zu euch gezogen werden.

Ich brauche eure Hilfe — ebenso wie Ich Meine Apostel und Jünger brauchte, als Ich auf Erden wandelte. Kommt jetzt. Habt keine Angst.

Hört nicht auf diejenigen, die euch herausfordern, die sich über euch lustig machen werden oder Mein Heiliges Wort verunglimpfen werden. Eure Zeit, um Mir zu dienen, ist gekommen.

Steht mutig auf und folgt Mir. Ich werde euch mit Liebe und Freude in euren Herzen erfüllen. Bald werdet ihr keine Zweifel mehr haben in Hinsicht darauf, wer dieses von euch erbittet. Ich danke euch, dass ihr auf Meinen Ruf antwortet. Ich segne euch und führe euch zu jeder Zeit.

Euer Jesus

612. Diese Impfung wird ein Gift sein und wird unter einem weltweiten Gesundheitsfürsorge-Plan präsentiert werden.

Freitag, 9. November 2012, 21:00 Uhr

Meine innig geliebte Tochter, in nur zwei Jahren sind jetzt aufgrund dieser Mission Millionen von Seelen bekehrt und gerettet worden. Dein Leiden allein hat zehn Millionen Seelen gerettet, wie Ich dir versprochen habe. Also, obwohl es so aussehen mag, dass die Nöte in der Welt zunehmen, werden viele Seelen durch eure Gebete gerettet.

Das Leiden in Meinem Namen wird immer schlimmer und wird so schmerzhaft, dass

es schwer zu ertragen ist. Es ist dann am stärksten, wenn Satan wütend ist. Seine Wut steigert sich zurzeit immer mehr, und darum sind die Angriffe auf euch so quälend. Er und seine Dämonen umgeben euch, können euch aber physisch nicht verletzen; denn die Hand Meines Vaters schützt euch. Das vermindert nicht die Geißelung, die ihr in dieser Zeit, dem zweiten Jahrestag dieser Mission, ertragt. Aber ihr sollt Folgendes wissen:

Das Leiden ist dann am stärksten, wenn eine Mission oder das Wirken der (leidenden) Sühneseele erfolgreich sind. Je mehr Seelen gerettet werden, desto brutaler wird der Angriff durch den Teufel. Seine Aktionen sind in der Welt immer offensichtlicher geworden. Er, der immer sehr bemüht ist, seine Existenz zu verbergen, arbeitet sich in den Geist jener armen Menschen hinein, die ihm freien Zugang gewähren aufgrund ihrer Lust nach weltlichen Vergnügen und ihrer Liebe zur Macht.

Satans Stärke liegt in seiner Fähigkeit, die Menschheit zu täuschen, indem er sie glauben lässt, dass er nur ein Symbol sei, das von Christen verwendet wird, um den Unterschied zwischen Gut und Böse zu erklären.

Satan weiß, wie gefährlich es für ihn ist, seine Gegenwart zu zeigen. Wenn er das tun würde, dann würden mehr Menschen akzeptieren, dass Gott existiert.

Er will das nicht tun, also schafft er ein Bewusstsein seiner Existenz (nur) unter denjenigen, die ihn verehren. Diese Leute, welche die Existenz Satans akzeptieren, beten ihn an, genauso wie Menschen Heilige Messen in katholischen Kirchen feiern oder Gottesdienste in Kirchen halten, um Gott zu loben.

So viele Seelen sind gestohlen worden. Gott, Mein Ewiger Vater, beabsichtigt, sie durch Seine „Warnung" und die Züchtigungen zurückzugewinnen, Züchtigungen, welche diesen dann zugefügt werden, wenn sie sich versammeln, um das Tier zu ehren.

Mein Vater wird die Anhänger Satans, die Seine Kirchen schänden, entlarven.

Sie sind das Ziel für Seine Züchtigungen, und wenn sie nicht mit dem aufhören, was sie — aus eigenem freien Willen — tun, werden sie durch die Hand Gottes niedergestreckt werden.

Die Zunahme satanischer Gruppen, die sich der Welt durch geschäftliche und vernetzte Organisationen präsentieren, nimmt überhand.

Sie sind überall; sie spinnen Intrigen, halten Versammlungen ab, verschwören sich und schmieden boshafte Pläne, um Millionen von unschuldigen Menschen zu vernichten.

Sie werden eine Form des Völkermords einführen, durch verpflichtende Impfungen gegen eure Kinder, mit oder ohne eure Erlaubnis.

Diese Impfung wird ein Gift sein und wird unter einem weltweiten Gesundheitsfürsorge-Plan präsentiert werden.

Ihre Pläne liegen jetzt bereit, und sie haben bereits begonnen, sie einzuführen. Einige ihrer Pläne in einem europäischen Land wurden aufgrund der Gebete von Opferseelen von Meinem Vater gestoppt.

Schaut vor euch und hinter euch. Schaut sorgsam auf scheinbar harmlose neue Gesetze, die in euren Ländern eingeführt werden, die darauf angelegt sind, euch das Gefühl zu geben, als ob sie euer Leben verbessern würden. Viele von ihnen sollen euch einfach versklaven, indem sie euch so weit bringen, dass ihr — unter dem, was nach demokratischen Gesetzen aussieht — auf eure Rechte verzichtet.

Die Demokratie wird durch Diktaturen ersetzt werden, doch sie werden den Nationen nicht als solche präsentiert werden. Wenn Millionen auf all ihre Rechte verzichtet haben im Namen neuer toleranter Gesetze, dann wird es zu spät sein. Ihr werdet Gefangene werden.

Die wichtigsten Führer in der Welt arbeiten zusammen, um ihre neuen Pläne zu realisieren. Sie sind ein Teil der Elite, deren Ziel Habgier, Reichtum, Kontrolle und Macht ist. Sie akzeptieren nicht die Macht Gottes. Sie glauben nicht daran, dass Mein Tod am Kreuz sie von den Feuern der Hölle retten sollte.

Ich muss ihnen zeigen, wie sehr sie sich irren. Es ist für Mich die Zeit gekommen, ihnen Meine Barmherzigkeit, Meine Liebe zu ihnen zu beweisen.

Bitte betet dieses Kreuzzuggebet (84), um die Seelen der Eliten, die die Welt regieren, zu erleuchten.

„O lieber Jesus, ich bitte Dich, erleuchte die Seelen der Eliten, die die Welt regieren.

Zeige ihnen den Beweis Deiner Barmherzigkeit. Hilf ihnen, ihre Herzen zu öffnen und wahre Demut zu zeigen, zu Ehren Deines großen Opfers durch Deinen Tod am Kreuz, als Du für ihre Sünden starbst.

Hilf ihnen zu erkennen, wer ihr wahrer Urheber ist, wer ihr Schöpfer ist, und erfülle sie mit den Gnaden, die Wahrheit zu erkennen.

Bitte verhindere, dass sich ihre Pläne verwirklichen, Millionen von Menschen Leid anzutun durch Impfungen, Nahrungsmittelknappheit, Zwangsadoptionen von unschuldigen Kindern und Auflösen von Familien.

Heile sie. Bedecke sie mit Deinem Licht und nimm sie in den Schoß Deines Herzens, um sie aus den Fallstricken des Teufels zu retten. Amen."

Euer Jesus

613. Die weltweite Impfung: Eine der boshaftesten Formen des Völkermordes, die seit dem Massenmord an den Juden unter Hitler je gesehen wurden.

Samstag, 10. November 2012, 23:45 Uhr

Meine innig geliebte Tochter, wie die Wahrheit euch doch erschüttern kann. Obwohl ihr Mein Heiliges Wort annehmt, versteht ihr den Ernst dieser Mission zur Rettung der Menschheit erst dann, wenn die Prophezeiungen, die Ich euch offenbare, Gestalt annehmen.

Die weltweite Einführung eines Impfstoffes, der für Säuglinge und kleine Kinder bestimmt ist, wird eine der boshaftesten Formen des Völkermordes sein, die seit dem Massenmord an den Juden unter Hitler je gesehen wurden.

Dieser böse Plan wird möglich sein, weil viele eurer Regierungen ihr Volk gezwungen haben, Änderungen in ihren Gesetzen zu akzeptieren, die ihren Regierungen Macht geben, Gesetze gegen eure unschuldigen Kinder umzusetzen.

Vergesst nicht, dass allein die Liebe jener treuen Diener unter euch Meinen Vater davon abgehalten hat, der Welt ein Ende zu setzen.

Mein Vater hat aufgrund Seiner Liebe zu jedem Kind und zu Seiner ganzen Schöpfung Seine Hand zurückgehalten. Jetzt ist die Zeit für Ihn gekommen, um endlich die Zeiten aufzulösen, so dass die Welt, die Er aus Liebe und gemäß Seinem Göttlichen Willen geschaffen hat, in Frieden andauern kann.

Er wird jetzt diejenigen vernichten, die diese Boshaftigkeit gegen Seine Kinder verüben. Er wird dieses Böse nicht länger dulden, und jetzt wird Seine Hand strafend niederfallen.

Sein Zorn wird sich jetzt in einer Welt zeigen, die in Hinsicht auf das Ausmaß der Strafe, die der Erde widerfahren wird, entsetzt sein wird.

Diejenigen unter euch, die dafür verantwortlich sind, dass euren Landsleuten und Mitbürgern schreckliche Leiden zugefügt werden, sollen wissen:

Ihr werdet letztendlich durch die Geißel der Krankheit niedergestreckt werden, und ihr und diejenigen, welche der Eine-Welt-Gruppe huldigen, werdet ausgelöscht sein, bevor die Schlacht von Armageddon beginnt.

Ihr werdet von Meinem Vater nicht toleriert werden, und euch wird nicht mehr länger erlaubt werden, Seine Kinder zu verseuchen. Wehe euch und Wehe denjenigen unter euch, die in dieser Zeit Seinen Zorn herausfordern.

Die Zeit, in der Mein Vater euch zeigt, wessen Macht ewig bleiben wird, wird euch jetzt vor Augen geführt werden. Eure fehlerhaften Theorien über eure Erschaffung werden euch endlich als das gezeigt werden, was sie sind. Die Wahrheit, wie sie euch im — dem Propheten Daniel vorausgesagten — „Buch der Wahrheit" versprochen wird, wird endlich gezeigt werden.

So viele Menschen nehmen keine Notiz von der Wahrheit Gottes. Viele gutgesinnte Seelen suchen in ihrem Leben nichts anderes als Spannung und Spaß. Viele vergeuden die Zeit, die ihnen in ihrem Leben auf Erden gewährt worden ist, da sie die Wahrheit von der Existenz Gottes nicht kennen.

Jetzt wird die Wahrheit präsentiert. Die Zeit der Abrechnung ist gekommen.

Mein Vater wird die Welt endlich gegenüber der Wahrheit aufwecken. Diejenigen, welche die Wahrheit ignorieren, werden sich selbst den Zugang zu Meinem Neuen Königreich auf Erden verweigern.

Anstatt ein ewiges herrliches Leben zu leben, voller Staunen, Freude, Liebe und Wohlergehen, werden sie weggeworfen werden, um in den Tiefen der Hölle zu verfaulen.

Ich dringe darauf, dass sich alle Kinder Gottes diese Warnung zu Herzen nehmen.

Es mag brutal sein. Viele, die sagen: „Das kommt nicht von Gott, weil Er barmherzig ist", beachtet Folgendes:

Die Zeit ist gekommen, um die Spreu vom Weizen zu trennen. Dieser Tag ist sehr nahe. Welche Entscheidung der Mensch auch immer trifft, es wird seine letzte, endgültige Entscheidung sein.

Der freie Wille wird von Meinem Vater immer akzeptiert werden, bis zum letzten Tag. Dem Tag des Gerichts.

Euer Jesus

614. Ich verspreche euch feierlich, dass der Übergang schnell gehen wird.

Sonntag, 11. November 2012, 18:00 Uhr

Meine innig geliebte Tochter, es ist für dich immer wichtig, daran zu denken, dass, wenn du leidest, es nicht nur dein Schmerz ist, den du fühlst. Es ist Mein Schmerz, den du erleidest. Der Schmerz, von dem Ich spreche, ist nicht derjenige, den Ich während Meiner Kreuzigung erlitt, sondern der, dem Ich heute ausgesetzt bin, wenn Ich den Schmerz der Menschheit sehe und fühle.

Die Menschen leiden in der Welt aufgrund ihrer Finsternis der Seele. Selbst diejenigen, die ein einfaches Leben führen und die versuchen, Meinen Lehren zu folgen, leiden. Sie können sich elend fühlen in ihrem Bemühen, einander zu lieben. Sie leiden auch aufgrund der Zweifel, die sie in ihrem Glauben erfahren.

So viele verstehen nicht die Bedeutung des ewigen Lebens oder die Tatsache, dass das Leben nicht endet, wenn eine Person auf dieser Erde stirbt. Aus diesem Grund bereiten so viele sich nicht auf das nächste Leben vor.

Viele Menschen haben sich in der Vergangenheit nicht hinreichend vorbereitet und sind entweder in der Hölle oder im Fegefeuer.

Dieser Generation wird ein Geschenk gegeben, welches keiner anderen Generation zugute gekommen ist. Viele werden innerhalb eines Augenblickes einfach aus diesem Leben hinübergehen, ohne den Tod, wie ihr ihn kennt, erfahren zu müssen.

Mein Zweites Kommen wird dieses außergewöhnliche Geschenk mit sich bringen. Also habt keine Angst. Jubelt, denn Ich komme zu euch, um euch eine glückliche Zukunft zu bringen.

Seht das Ganze folgendermaßen: Obwohl ihr einige Schwierigkeiten erleiden werdet und obwohl ihr werdet ansehen müssen, wie Meine Existenz verraten wird, wird das nicht lange dauern.

Ich sehe, dass viele von euch verunsichert sind, aber Ich verspreche euch feierlich, dass der Übergang schnell gehen wird. Dann, wenn ihr das Neue Jerusalem seht, wie es auf die Neue Erde, das Neue Paradies, niedersteigt, werdet ihr vor Freude völlig außer euch sein.

Keine Worte können diese schöne Schöpfung beschreiben. Mein Herz zerspringt fast vor Liebe, wenn Ich daran denke, wie ihr und eure Lieben euch wundern werdet. Das wird sein, wenn euch das Mysterium des Letzten Bundes klar werden wird.

Die Klarheit Meines Versprechens wiederzukommen, wird endlich wirklich verstanden werden.

Die Welt wird eine einzige heilige Familie werden und wird eine Existenz in Übereinstimmung mit und in Vereinigung mit dem Göttlichen Willen Meines Vaters leben.

Dies wird eine Zeit der Wiedervereinigung sein, da die erste Auferstehung für die Toten stattfinden wird. Diejenigen, die auf dieser Erde gereinigt worden sind, durch die Läuterung, werden sich denjenigen anschließen, die ebenfalls gereinigt worden sind, im Fegefeuer, um im Neuen Paradies zu leben.

Viel wird sich ändern, aber alle diejenigen, die Mir folgen und sich Mir in Meinem Neuen Zeitalter des Friedens anschließen, über das Ich durch Meine spirituelle Führung regieren werde, werden den Seelenfrieden finden.

Endlich wird das Leiden, das unter der Herrschaft Satans auf dieser Erde erfahren wird, nicht mehr sein.

Jeder Schmerz, jedes Leiden, jedes Gebet und jede Anstrengung, die ihr auf euch nehmt, um die Seelen zu sammeln, denen es (selbst) an Kraft fehlt und die den ganzen Weg über strampeln und zappeln, wird es wert sein.

Das Neue Paradies steht bereit. Alles, was ihr tun müsst, ist, eure Seelen vorzubereiten und in Richtung der Tore zu gehen. Denjenigen von euch, die sich in Meinen Augen reinwaschen, werden die Schlüssel gegeben werden, die Tore zu öffnen.

Haltet während dieser kommenden Drangsal durch; denn sie ist etwas, was geschehen muss, wie es im Buch Meines Vaters vorausgesagt worden ist.

Eure Gebete werden viel davon lindern, und Mein Vater wird in allen möglichen Phasen eingreifen, um zu verhindern, dass Seinen kostbaren Kindern Böses zugefügt wird.

Euer Jesus

615. Angehörige der römisch-katholischen Kirche werden die Messen in Zufluchtsorten oder in sicheren Kirchen feiern müssen.

Sonntag, 11. November 2012, 22:00 Uhr

Meine innig geliebte Tochter, ihr müsst euch versammeln und jene Seelen ausfindig machen, welche die Wahrheit nicht kennen.

Breitet eure Arme aus. Winkt sie herbei, damit sie die Wahrheit hören. Ihr Leben und ihre Seelen können verloren gehen, wenn nicht ihr ihnen helft, zu Mir zu kommen.

Der Kreuzzug, die Mission der Rest-Kirche auf Erden, wird die gleiche Herausforderung darstellen, wie jene Kreuzzüge im Mittelalter. Er wird keine physische Kriegsführung bedeuten, wie wenn eine Armee im normalen Krieg eine Schlacht schlägt.

Der Krieg wird auf geistiger Ebene stattfinden, obwohl einige Kriege ein Auslöser dafür sein werden, dass Millionen von Gebetsgruppen gebildet werden, um die Macht des Antichristen zu schwächen.

Diese Gebete wurden im Himmel geschrieben und verheißen außergewöhnliche Gnaden.

Sie haben nur einen Zweck, und zwar, die Seelen aller zu retten: jedes Kindes, jeder Glaubensüberzeugung, jeden Geschlechts, jeder Religionsgemeinschaft und aller Atheisten. Das ist Mein innigster Wunsch.

Ihr, Meine Jünger, seid unter Meiner Führung. Die Gnaden, die Ich über euch ausgieße, tragen bereits Früchte. Bald werden die Kräfte, die Ich aufgrund der Gnaden der Kreuzzuggebete schenken werde, Tausende neuer Seelen anziehen.

Ihr mögt vielleicht denken: Wie kann eine kleine Gebetsgruppe solche Bekehrungen erwirken? Die Antwort ist einfach. Weil ihr von Meinem Vater geschützt werdet und von Mir unmittelbar geführt werdet, werdet ihr Erfolg haben. Ihr könnt nicht scheitern. Obwohl ihr viele Ablenkungen und Auseinandersetzungen erfahren werdet ebenso wie innere Kämpfe, was bei dieser Arbeit zu erwarten ist, werde Ich immer an eurer Seite sein.

Denkt daran: Wir bereiten uns jetzt auf den Abfall Meiner armen geistlichen Diener vor, welcher als ein Resultat des kommenden Schismas (= Kirchenspaltung) geschehen wird, das bald in den christlichen Kirchen ausbrechen muss.

Also, obwohl die Restarmee von Priestern und anderem christlichen Klerus geführt werden wird, werden viele Diener aus dem Laienstand sein, weil das eine Zeit sein wird, wo es einen Priestermangel geben wird.

Ihr, Meine Jünger, werdet euch versammeln müssen und Hostien für die Kommunion einlagern müssen, denn sie werden schwer zu bekommen sein. Diejenigen unter euch, die der römisch-katholischen Kirche angehören, werden die Messen in Zufluchtsorten oder sicheren Kirchen feiern müssen.

Eine Bewegung, ähnlich der deutschen Verfolgung durch die Nazis, wo die Juden gejagt wurden, wird geschaffen werden, um sogenannte Verräter der Neuen Weltkirche, die, wie euch gesagt werden wird, für alle Religionen gilt, auszurotten.

Ihr werdet beschuldigt werden, die Messe zu entweihen und ihre neu geschaffene Messordnung zu schänden, wo Ich nicht in der Heiligen Eucharistie gegenwärtig sein werde; denn diese (neue „Messe") wird in den Augen Meines Vaters ein Gräuel sein.

Mein Leib und Mein Blut werden in den Messen, die in jenen Zentren und Zufluchtsorten gefeiert werden, gegenwärtig sein, wo ihr der Transubstantiation (= der Heiligen Wandlung) Treue gelobt, um zu erwirken, dass das Sakrament des Heiligen Messopfers echt ist und von Meinem Vater akzeptiert wird.

Ich werde fortfahren, euch zu belehren, während ihr weiterhin die „Jesus an die Menschheit"-Gebetsgruppen rund um die Welt bildet.

Täglich werden viele neue gegründet. Ich danke denjenigen, die Meine Anweisungen befolgt haben und die Gehorsam zeigen.

Der Friede sei mit euch. Ihr müsst zuversichtlicher sein. Legt eure Angst ab, denn sie kommt nicht von Mir. Wir wachsen jetzt und breiten uns in jeden Winkel der Erde aus. Bald werden alle folgen, und wenn das geschieht, werden die Gebete Umkehr bewirken und dadurch die Welt verändern.

Ich liebe euch alle. Ich bin dankbar und bewegt, dass ihr Mir sofort geantwortet habt durch diese wichtige Mission, die größte, die in die Wege geleitet wurde, um alle Sünder heim zum Vater zu bringen, in Sicherheit vor dem Einfluss und den Versuchungen des Tieres.

Euer Jesus

616. Die Dornenkrönung während Meiner Kreuzigung ist symbolhaft für die Endzeit.

Dienstag, 13. November 2012, 17:00 Uhr

Meine innig geliebte Tochter, die Dornenkrönung während Meiner Kreuzigung ist symbolhaft für die Endzeit.

Ebenso wie die Kirche Mein Leib auf Erden ist, so wird sie auch mit den Dornen der Geißelung gekrönt werden, wie es während Meines Weges zum Kalvarienberg war. Die Dornenkrone bedeutet das Haupt Meiner Heiligen Kirche auf Erden. Papst Benedikt wird viel leiden, da er dafür verfolgt werden wird, dass er die Wahrheit spricht.

Er wird zerdrückt werden, als Haupt Meiner Kirche, und ihm wird keine Gnade gezeigt werden. Der Widerstand wird schnell zunehmen, wobei er für nicht mehr zuständig erklärt werden wird.

Diejenigen, die behaupten werden, in ihrer Auffassung von apostolischen Wegen moderner zu sein, werden auf ihn einschlagen und seine Worte lächerlich machen. Dann wird das Haupt Meiner Kirche durch den Kopf der Schlange ersetzt werden.

Die Geißelung, die Ich während Meiner Kreuzigung erlitten habe, wird jetzt in Meiner katholischen Kirche wiederholt werden. Die Schlange bewegt sich jetzt schnell, da sie versuchen wird, Meinen Leib — Meine Kirche auf Erden — zu verschlingen. Danach werden alle christlichen Kirchen verschlungen werden und gezwungen werden, den falschen Propheten als die rechte Hand des Tieres zu verehren.

Obwohl viele von euch vielleicht ängstlich sein mögen, vergesst nicht, dass eure Gebete diese Dinge verzögern und in vielen Fällen solche Verhältnisse abmildern.

Gebete, genug Gebete, werden das Wirken des Teufels auf Erden verzögern und abschwächen.

Gebet ist das Gegenmittel zur Verfolgung, die von der bösen Gruppe, die von Satan beherrscht wird, geplant ist. Durch Umkehr und eure Gebete, Meine Jünger, kann vieles umgeworfen werden. Gebet kann diese Boshaftigkeit zerstören. Gebet kann und wird die Menschheit bekehren. Dann, wenn genug Seelen Mir folgen, wird alles leicht sein. Dann wird der Übergang in Mein Neues Paradies leichter sein.

Euer Jesus

617. Eine Reihe von Ereignissen, jene Kirchen betreffend, die Mich verehren, wird sich in der Welt abzuzeichnen beginnen.

Mittwoch, 14. November 2012, 20:30 Uhr

Meine liebe mystische Gemahlin, Meine innig geliebte Tochter, deine Prüfungen haben dir eine neue Stärke gegeben und die Leidenschaft, die notwendig ist, um die Herzen vieler zu berühren.

Dies ist eine der Möglichkeiten, wie Ich die Seelen jener, die Meine Gnaden benötigen, berühren werde. Ich werde das durch deine Arbeit für Mich tun, so dass sich die Bekehrung schnell ausbreiten kann.

Jetzt wird eine Reihe von Ereignissen, jene Kirchen betreffend, die Mich verehren, sich in der Welt abzuzeichnen beginnen. Das Schisma (= Kirchenspaltung) in Meiner katholischen Kirche wird bald öffentlich verkündet werden. Wenn das getan wird, wird es unter dem lauten Applaus derjenigen passieren, die die Wahrheit Meiner Lehren von den Geboten getrennt haben, die von Meinem Vater grundgelegt worden sind.

Die Planung und Koordination dieser großen Intrige hat einige Zeit in Anspruch genommen, aber bald werden sie das Schisma vor den Medien der Welt bekanntgeben.

Viele präsentieren lauthals schreiend Lügen, nicht nur gegen die Gebote, die durch Meine Lehren festgelegt worden sind. Was sie wirklich wollen, ist, einen neuen Gott zu schaffen. Die neue Galionsfigur Meiner Kirche wird genauso beworben werden wie die hochrangigen Politiker vor wichtigen Wahlen.

Sie werden euch glauben lassen wollen, dass die Worte von einst falsch seien. Dann werden sie euch sagen, dass ihr nicht mehr sie glauben sollt. Sie werden die Art ändern, wie sie Meine Lehren gelebt haben, und sie werden die Art ändern, wie sie Mich verehren.

Sie werden jetzt Meine Gebote zur Seite schieben und werden Geboten huldigen, die sie selbst geschaffen haben.

Sie werden ihre feierlichen Gelübde ändern, um ihre Teilnahme am Bau eines neuen Tempels zu rechtfertigen — des neuen Tempels, welcher der Herrschaft des falschen Propheten geweiht ist. Dann werden sie nicht mehr Meine Diener sein, denn sie werden ins andere Lager wechseln und den falschen Propheten verehren.

Dann werden sie einen falschen Gott anbeten, ein völlig neues Konzept, das erlauben wird, dass bestimmte Gebote Gottes aufgehoben werden und durch Obszönitäten vor Meinen Augen ersetzt werden.

Dies ist Meine Warnung an jene Priester unter euch, die aus der katholischen Kirche ausziehen werden.

Wenn ihr aufhört, Mir vollkommen zu vertrauen, dann wird euer Geist so verdreht werden, dass ihr an Lügen glaubt. Wenn ihr betrügerischen Leitfiguren vertraut, werdet ihr in schreckliche Sünde fallen. Ihr werdet das Tier verehren, das Meine Kirche schänden wird, indem es die Dornenkrone auf das Haupt Meiner Kirche, Meinen wahren Heiligen Stellvertreter, Papst Benedikt, drücken wird.

Ihr werdet schrecklich leiden, wenn ihr dem Tier dient, denn ihr werdet Gott Seiner Kinder berauben. Kehrt zurück zu euren wahren Wurzeln. Lasst nicht zu, dass Meine Kirche durch die Sünden entweiht wird, die von Leuten geplant werden, die das Christentum und andere Religionen, die Meinen Vater verehren, zerstören wollen.

Ihr, Meine geistlichen Diener, die ihr ungehorsam seid, was eure Heiligen Weihen betrifft, ihr schneidet eure Herzen von Mir ab, während diese Betrüger eure Seelen stehlen werden.

Die größte Sünde, die zu begehen ihr im Begriff seid, ist, einen falschen Gott zu verehren. In Juwelen gekleidet wird er charmant sein, schlau und scheinbar sattelfest in den Lehren des Buches Meines Vaters. Ihr werdet in seinen Bann geraten. Er wird Meine Lehren verdrehen, so dass sie zur Häresie (= Irrlehre) werden.

Diese Religion, eine Alternative zur Wahrheit Gottes, ist wertlos. Doch wird sie ein Äußeres von Charme, Liebe und Wunder haben, und — mit neuem Gold und Edelsteinen bekleidet — wird sie als die neue Eine-Welt-Religion auf allen Altären agieren.

Jenen treuen Priestern sage Ich: Ich werde euch mit den Gnaden segnen, dass ihr zu jeder Zeit die Wahrheit verstehen werdet.

Solche Abgötter, die euch als die Wahrheit präsentiert werden, sind nur Staub. Sie sind aus Holz gefertigt. Sie sind nichts. Sie haben keinerlei Bedeutung. Sie spenden keine Gnaden. Gott, der Eine Wahre Gott, wird in diesen Kirchen einfach nicht anwesend sein. Allein der Lebendige Gott kann nur in Meinen Kirchen anwesend sein. Wenn Gott der Vater Zeuge dieser letzten Beleidigung wird, wird Er diejenigen vertreiben, die diese heidnischen Praktiken lebendig werden lassen. Dann wird Er von denjenigen eine Erklärung fordern, die das Schisma in Seiner Heiligen Kirche auf Erden verursachen — von diesen selben Dienern, die so arrogant sind, dass sie sich völlig zwanglos vom Wort Gottes verabschieden.

Wenn sie während der „Warnung" vor Meinem Angesicht stehen werden, dann werden sie wissen, wie sehr sie Meinen Vater verletzt haben. Keine lebende Person oder kein geistlicher Diener hat die Kontrolle, denn es gibt nur einen Meister. Nur einen Gott. Sie führen einen von Menschen gemachten Gott ein. Er existiert nicht, doch sie werden Mir Meine Herde stehlen. Ihnen wird jede Gnade gegeben werden und ihnen wird große Geduld gezeigt werden. Wenn sie nicht bereuen, werden sie vernichtet werden.

Jeder von euch wird für jede Seele zu zahlen haben, die er für Mich verloren hat.

Euer Jesus

618. Ich habe eine Botschaft, die Ich für das amerikanische Volk übermitteln muss.

Samstag, 17. November 2012, 19:00 Uhr

Meine innig geliebte Tochter, Ich habe eine Botschaft, die Ich für das amerikanische Volk übermitteln muss.

Meine innig geliebten Anhänger, ihr müsst euch jetzt Mein Heiliges Wort zu Herzen nehmen und auf Mich hören.

Ihr seid aufgrund der Sünden eurer Landsleute und der Sünden derjenigen, welche eure Abtreibungsgesetze steuern, großer Verfolgung ausgesetzt. Diese größte Sünde, deren ihr millionenfach schuldig seid, hat Mir ins Herz geschnitten, wie wenn ein Schwert es mehrfach durchbohrt hätte.

Eure Sünden der Unmoral und eure Liebe zum materiellen Reichtum verletzen Mich tief. Ihr seid Mir nicht in der Weise treu, wie es von euch erwartet wird. Diejenigen von euch, die von der Wahrheit abgefallen sind, müssen Mich anrufen, damit Ich euch die Augen öffnen kann.

Ich liebe alle Kinder Gottes in den Vereinigten Staaten von Amerika, aber Ich fürchte, dass die Sünde einen so breiten Keil getrieben hat, dass viele von euch in einen Abgrund der Verzweiflung stürzen werden, es sei denn, ihr akzeptiert die Existenz Gottes.

Es ist wichtig, dass ihr inbrünstig betet, da die Macht Satans in viele eurer Gesetze eingedrungen ist. Die Gesetze, von denen durch diese Atheisten unter euch (noch) mehr eingeführt werden sollen, werden in den Augen Meines Vaters Abscheu erregend sein.

Wie Ich weine aufgrund der Täuschung, der ihr ausgesetzt seid. Meine armen geistigen Diener unter euch werden unter den

276

Füßen jener Führer, die Mich, euren Jesus, ablehnen, wie Insekten zerdrückt werden.

Dies ist eine Zeit, in der das Gebet euer tägliches Ziel sein muss, damit eure Nation gerettet werden und in die Reihe Meiner zwölf Nationen im Neuen Paradies einbezogen werden kann.

Hier ist ein Kreuzzug-Gebet (85), um die Vereinigten Staaten von Amerika aus der Hand des Betrügers zu retten

„O lieber Jesus, bedecke unsere Nation mit Deinem wertvollsten Schutz. Vergib uns unsere Sünden gegen die Gebote Gottes. Hilf dem amerikanischen Volk, zu Gott umzukehren. Öffne ihren Geist für den wahren Weg des Herrn.

Schließe ihre verhärteten Herzen auf, damit sie Deine Hand der Barmherzigkeit annehmen werden. Hilf dieser Nation, gegen die Gotteslästerungen aufzustehen, die uns möglicherweise auferlegt werden, um uns zu zwingen, Deine Gegenwart zu leugnen.

Wir flehen Dich an, Jesus, rette uns, behüte uns vor allem Schaden und birg unser Volk in Deinem Heiligsten Herzen. Amen."

Geht, Mein Volk, und habt niemals Angst davor, eure Liebe zu Mir offen zu zeigen … oder ihr verleugnet euer Christentum.

Euer Jesus

619. Aufruhr wird an jeder Ecke der Erde offensichtlich sein, und man muss blind sein, um die Veränderungen nicht zu sehen.
Montag, 19. November 2012, 9:00 Uhr

Meine innig geliebte Tochter, es gibt nur einen Weg zum Ewigen Leben, und das ist der Weg durch Mich, Jesus Christus. Es gibt jedoch viele Wege, die zu Mir führen.

Viele, die Meiner Wahrheit folgen, werden den Weg leichter finden als diejenigen, welche die Wahrheit zwar kennen, die aber Gott keine Ehrerbietung erweisen.

Meine Anhänger, ihr müsst verstehen, dass diejenigen unter euch, welche die Wahrheit kennen, sich aber zurücklehnen und zulassen, dass das Wort Gottes für eine Lüge gehalten wird, sich Mir, eurem Jesus gegenüber zu verantworten haben.

Akzeptiert niemals Gesetze, die Satan ehren. Ihr werdet in eurem Herzen wissen, welche Gesetze Ich meine, wenn sie vor euch zur Schau gestellt werden. Denn dann werden sie euch anwidern, ebenso wie sie Mich anwidern.

Lasst es bekannt werden, dass der Kampf gegen das Wort Gottes begonnen hat. Die Art und Weise, wie das geschehen wird, wird euch deutlich werden.

Viele Änderungen in Meinen Kirchen auf Erden, viele Prüfungen unter Meinen geistlichen Dienern, Auseinandersetzungen zwischen Nationen und der Konflikt in Israel werden alle in ihrer Intensität zunehmen, alle zur gleichen Zeit.

Aufruhr wird an jeder Ecke der Erde offensichtlich sein, und man muss blind sein, um die Veränderungen nicht zu sehen. Jeder von euch wird irgendwie davon betroffen sein, aber ihr sollt Folgendes wissen:

Ich habe euch versprochen, dass Ich mit euch sein werde, euch auf Schritt und Tritt führen werde und euren Schmerz für jeden Stein, auf den ihr in eurer Suche nach Frieden, Liebe und Harmonie tretet, lindern werde.

Bleibt an Meiner Seite. Bleibt dicht an Meinem Heiligsten Herzen und erlaubt Mir, euch stark zu halten.

Geht durch diesen Dschungel von Schmerz und Verwirrung mit Glauben in eurem Herz und Vertrauen auf Mich, euren Jesus, … und ihr werdet überleben.

Lasst niemals zu, dass euer Gewissen oder euer Einsatz für die Wahrheit Gottes negativ beeinflusst werden, durch niemanden, egal wie überzeugend er klingt. Egal wie viele sogenannte tolerante Gesetze sie euch aufzwingen werden, damit ihr sie akzeptiert.

Ihr werdet in eurem Herzen den Unterschied zwischen Wahrheit und Erfindung erkennen.

Euer Jesus

620. Diese Gruppe der Zwölf, die mächtige Nationen verkörpert, ist ein Affront gegenüber der Existenz Meiner 12 Apostel.
Dienstag, 20. November 2012, 23:50 Uhr

Meine innig geliebte Tochter, viele Beleidigungen werden gegen Mich, den Erlöser der Menschen, geschleudert, und sie sind unter einem Schleier der Täuschung versteckt.

Satan hat in dieser Zeit vor allem Christen überall auf der Welt heimgesucht. Er tut das auf die raffinierteste Weise. Er überzeugt sie, dass sie ihren Brüdern und Schwestern ihre Verbundenheit zeigen müssen, indem sie diese dazu bringt, an Lügen zu glauben.

Menschen haben von Natur aus eine fürsorgliche Seite, die aus einer natürlichen Liebe für andere hervorgeht. Dies ist ein Geschenk von Gott. Satan nutzt diese Gefühlsregung, um die Menschen in ein Netz der Täuschung zu ziehen, über das sie wenig Kontrolle haben. Er schafft es, sie an Gesetze glauben zu lassen, die schwere Sünden gegen Gott darstellen.

Wenn sie andere unterstützen in ihrem Einsatz für Gesetze, die Mord, Krieg und Gotteslästerung stillschweigend dulden, glauben viele Menschen, dass sie genau das Richtige tun.

Wenn ihr glaubt, dass die Sünde akzeptierbar sei und dass sie gerechtfertigt sei, weil sie dem Wohle anderer Menschen diene, seid ihr in eine sorgfältig gestellte Falle geraten.

Es ist kein Zufall, dass Entschuldigungen für die Spaltung in christlichen Kirchen zunehmen. Es ist kein Zufall, dass euch gerade jetzt alle möglichen Entschuldigungen für die Abtreibung präsentiert werden.

Jede Nation ist mit einbezogen und jeder öffentliche Aufschrei, die Abtreibung einzu-

führen, Krieg gutzuheißen und Veränderungen in christlichen Kirchen herbeizuführen, wird von einer einzigen Organisation geplant. Diese Gruppe hat diese Ereignisse viele Jahre lang geplant. Sie wissen genau, wer sie sind, und was sie tun. Sie sind sehr mächtig und gefährlich.

Haltet inne, beobachtet und hört, denn mittlerweile müsst ihr akzeptieren, dass das, was Ich euch mitteile, im Namen Gottes ist. Alle diese monströsen und abstoßenden Handlungen, die euch als einleuchtende und fürsorgliche Veränderungen in eurer Gesellschaft präsentiert werden, sind von der Gruppe der Zwölf auf globaler Ebene geplant und koordiniert worden.

Diese Gruppe der Zwölf, die mächtige Nationen verkörpert, ist ein Affront gegen die Existenz Meiner zwölf Apostel.

Sie werden den Antichristen in die Welt einführen und unterstützen, ebenso wie Meine zwölf Apostel Mich während Meiner Zeit auf Erden in der Öffentlichkeit eingeführt haben.

Ihre Macht bedeutet, dass jede mächtige Nation jede andere darin unterstützt, sündhafte Gesetze herbeizuführen, um sicherzustellen, dass sie angenommen werden.

Wie werdet ihr, Meine geliebten Jünger, leiden aufgrund eures Zugangs zur Wahrheit. Die Wahrheit wird eure Augen gegenüber dem Bösen um euch herum öffnen. Ihr dürft die Wahrheit niemals fürchten. Nur wenn ihr sie annehmt, kann sie euch vor diesen bösen Gesetzen, Taten und Handlungen schützen.

Wisst, dass jene Nationen, die sich an der Einführung böser Gesetze beteiligen, während der letzten Reinigung am meisten leiden werden.

Sie mögen glauben, dass sie über jeden Vorwurf erhaben sind, aber es wird ihnen nur eines gelingen: Nämlich eine Strafe zu erhalten, die so streng sein wird, dass sie nicht im Stande sein werden, sich zu verbergen oder ihre Gesichter zu bedecken, um ihr zu entweichen. Sie werden als erstes Mir antworten müssen. Viele werden — sogar dann — in Mein Antlitz spucken. Und dann werden sie sich dem Antichristen, dem Tier und all jenen gefallenen Engeln anschließen, für eine Ewigkeit der Qual.

Ich warne euch jetzt. An diejenigen von euch, die versuchen, die Abtreibung in eure Nationen einzuführen, an diejenigen, die Meine christlichen Kirchen entweihen, und an diejenigen, die das Tier verehren: Eure Tage sind gezählt.

Für euch wird es keine Zukunft geben, kein ewiges Leben, keinen Zugang zu Meinem Königreich.

Euer Jesus

621. Jungfrau Maria: Ihr müsst beten, dass jene bedauernswerten Seelen, die fortfahren, Meinen Sohn zu kreuzigen, sich von der Sünde abwenden.

Mittwoch, 21. November 2012, 18:45 Uhr

Mein Kind, alle Meine Kinder, die Meinen Sohn lieben, müssen sich in dieser Zeit des Unfriedens in der Welt im Gebet vereinen.

Ihr müsst beten, dass jene bedauernswerten Seelen, die fortfahren, Meinen Sohn zu kreuzigen, sich von der Sünde abwenden, und Meinen Sohn anflehen, ihnen zu vergeben.

Die Zeit ist knapp, und nur diejenigen in einem Zustand der Gnade können ins Königreich Meines Sohnes eingehen.

Während es vorher viele Jahre des Gebets und des Opfers und der Hingabe an Mich, eure Selige Mutter, brauchte, so wird euch jetzt nur eine sehr kurze Zeit bleiben, um die Tilgung eurer Sünden anzustreben.

Meine geliebten Kleinen, betet innig für diejenigen, die Meinen Sohn beleidigen und die Meinen Vater, Gott, den Allerhöchsten, entehren.

So viele haben Gott den Rücken gekehrt. Dem Teufel ist es gelungen, ihre Herzen in Stein zu verwandeln.

Sehr wenige ehren das Leben, das den Kindern Gottes gegeben wurde. Euer Leben liegt in Gottes Händen. Wer auch immer in die Schöpfung Gottes eingreift, wird bestraft werden.

Mein Kind, du musst all diejenigen, denen das Buch der Wahrheit gegeben worden ist, auffordern, zu Mir, der Mutter der Erlösung, zu beten. Ich wurde mit der Aufgabe betraut, Meinem Sohn bei der Rettung der Menschheit zu helfen.

Kinder, erlaubt mir, euch zu helfen, den Weg zu Meinem Sohn mit Klarheit und Liebe in eurem Herzen zu erkennen.

Ich werde euch helfen, jedes Hindernis zu überwinden, das eure Reise zur Barmherzigkeit Meines Sohnes blockiert.

Vergesst bitte nicht, dass Mein Sohn allverzeihend ist. Er liebt alle Kinder Gottes, egal wie sehr sie Ihn quälen.

Alles, was ihr tun müsst, ist, euch Ihm zuzuwenden und Ihn um Seine Barmherzigkeit zu bitten, damit sie euch Ihm nahe bringt.

Betet, betet, betet für all diejenigen, die Meinen Sohn verletzt haben und die Seine Kirchen entweiht haben, denn sie benötigen eure Hilfe.

Sie sind verlorene Seelen und müssen in den Schoß Meines Sohnes zurückgebracht werden. Sonst würde Ihm dies Sein Herz brechen.

Danke, dass ihr diesem Ruf vom Himmel gefolgt seid.

Eure geliebte Mutter
Mutter der Erlösung

622. Eine Hälfte wird von der Wahrheit nicht abweichen. Die andere Hälfte wird die Wahrheit verdrehen.

Mittwoch, 21. November 2012, 23:30 Uhr

Meine innig geliebte Tochter, bei jeder strengen Botschaft, die Ich allen Kindern Gottes gebe, haltet euch stets vor Augen, dass Meine Liebe immer barmherzig ist.

Meine Geduld ist unermesslich groß, und ich werde jeden einzelnen Menschen retten, der an Meine Barmherzigkeit appelliert, wie schwer seine Sünden auch sein mögen.

Wie Ich Mich doch danach sehne, alle aus der Umklammerung des Betrügers zu befreien, der alle Seelen, die er verführt hat, mit noch festerem Griff packt, so dass viele gegen seine Stärke machtlos sind.

Jeder Mensch muss unbedingt Folgendes verstehen: Wenn ihr eure Seele bereitwillig an Satan verkauft habt, dann wird er euch nicht frei ziehen lassen. Nur Ich kann euch befreien.

Wenn jene Seelen, die aufgrund des sündigen Lebens, das sie führen, für Mich verloren sind, versuchen, ihre Lebensweise zu ändern, dann werden auch sie gegen das Tier kämpfen. Denn es ist ein Tier, das verwundet ist, und es ist heimtückisch.

Für viele, sogar für diejenigen, die Mir, ihrem Jesus, ergeben sind, wird es (das Tier) von Zeit zu Zeit wie ein Dorn im Auge sein. Es wird durch nichts zufriedenzustellen sein, bis ihr der Versuchung erliegt, die von Mensch zu Mensch anders ist.

Da jeder Einzelne von euch ein Sünder ist und weiterhin einer sein wird, bis ihr von der Sünde gereinigt seid, akzeptiert die Sünde als eine Tatsache, aber bekämpft sie.

An diejenigen von euch, die Mir aufs Engste vertraut sind: Ihr wisst, dass ihr immer auf Meine Barmherzigkeit vertrauen könnt.

Ihr wisst, wie wichtig es ist, täglich in Kommunikation mit Mir zu bleiben. Das kann so einfach gestaltet sein, dass ihr während eures Arbeitstages einfach mit Mir plaudert. Das ist eine ideale Zeit, um Mir kleine Opfer darzubringen.

Wenn euch jemand verletzt, dann opfert Mir diese Prüfung auf, so dass Ich aufgrund dessen Seelen retten kann.

Wenn ihr beunruhigt seid wegen der Schwierigkeiten, denen ihr gegenübersteht und über die ihr keine Kontrolle habt, müsst ihr Mir erlauben, euch eure Last abzunehmen.

Viele Menschen arbeiten lange harte Stunden sowohl zu Hause, als auch auswärts. Alles, um was Ich bitte, ist, euch Mir in euren Gedanken zuzuwenden, wenn ihr Unterstützung und Hilfe benötigt, denn Ich werde auf euer Gebet antworten.

Macht niemals den Fehler zu denken, dass ihr nur während eurer Zeit in der Kirche mit Mir kommunizieren könnt, oder vor und nach dem Empfang der Heiligen Sakramente. Ich bin zu jedem Augenblick des Tages da. Ich antworte auf jede Bitte, wenn sie Meinem Heiligen Willen entspricht.

Meine geliebten Jünger, ihr seid alle Kinder Gottes. Ich vereine euch, Nation mit Nation, damit Ich Frieden und Einheit inmitten des Chaos bringen kann, das kommen wird.

Lasst Mich euch in Meine Heilige Familie bringen, und ihr werdet gestärkt werden.

Dann werdet ihr euch erheben und vorpreschen, erneuert und mit frischem Elan, um Meine Armee zu führen, die in vielen Ländern noch nicht gebildet worden ist.

Bleibt Meinen Anweisungen treu.

Bitte verbreitet das Siegel des Lebendigen Gottes überall. Es darf nicht verkauft werden. Es muss für jedermann verfügbar sein. Gebt Kopien an all diejenigen weiter, die geschützt werden müssen.

Die Spaltung zwischen den treuen Anhängern, denjenigen, die das Buch Meines Vaters, die Höchstheilige Bibel, annehmen, und denjenigen, welche die Wahrheit ändern wollen, ist dabei, größer zu werden.

Eine Hälfte wird von der Wahrheit nicht abweichen.

Die andere Hälfte wird die Wahrheit verdrehen.

Sie werden das tun, aus ihren eigenen politischen und persönlichen Beweggründen, die hinter sprachlichen Formulierungen verborgen sein werden.

Die Wahrheit wird bald für eine Lüge erklärt werden, und man wird Gott die Schuld geben.

Sie werden respektlos erklären, dass die von Meinem Heiligen Stellvertreter aufgestellten Regeln altmodisch seien und nicht zu einer modernen Gesellschaft passen würden.

Jede listige Beweisführung wird im direkten Konflikt mit den Geboten Gottes stehen, was Folgendes bedeuten wird:

Diese Leute wollen Gesetze einführen, welche die Sünde legalisieren. Sie lieben Gott nicht. Sie behaupten zwar, dass sie Gott lieben, doch viele von denjenigen, die solche Gesetze fördern, sind Atheisten, aber sie geben ihren wahren Glauben nicht zu erkennen.

Viele ihrer Pläne beinhalten die Abschaffung christlicher Gesetze.

Einerseits dulden sie die Gesetze, die Frauen erlauben, aufgrund der Wahl ihres Lebensstils Kinder abzutreiben. Sie benutzen die Argumente der Entscheidungsfreiheit, aber diese Entscheidungsfreiheit gilt für die Bedürfnisse der Mutter, nicht für die des Kindes.

Viele Frauen werden fürchterliche Qualen leiden, nachdem sie auf diese Weise Leben zerstört haben. Viele werden ein Verlustgefühl empfinden, denn sie werden in ihrem Herzen wissen, dass das Leben, das sie zerstört haben, von Gott geschaffen wurde.

Jedes starke und überzeugende Argument wird vorgebracht werden, um die Legalisierung der Abtreibung zu erreichen. Jeder Trick wird verwendet werden, um Unterstützung zu gewinnen, was darauf hinausläuft, dass die Abtreibung für alle eingeführt wird.

Für diese Sünde werde Ich ihre Länder niederreißen.

Die Sünde der Abtreibung verursacht Meinem Vater großen Schmerz, und Er wird nicht zulassen, dass das so weitergeht.

Die Nationen, die ständig versuchen, mehr Frauen die Abtreibung zu ermöglichen, und auch noch für sie werben, als sei sie eine gute Sache, werden beseitigt werden und werden eine Strafe erhalten, von der es keine Erholung geben kann.

Sie werden der Sünde des Mordes schuldig sein und werden eine der ersten Gruppen sein, die während der „Warnung" Qualen ertragen werden.

Gott wird euch nicht erlauben, die Leben, die Er schuf, anzutasten.

Seine Strafe wird euch in Form von Erdbeben zuteil werden, und viele Nationen werden weiterhin Strafe um Strafe erhalten, bis zum Tag des Herrn.

Abtreibung und Mord werden die zwei Sünden sein, deretwegen Mein Vater eine strenge Züchtigung auf die Welt hinabschleudern wird.

Sünde, Meine Jünger, ist etwas wie ein Makel, der eure Seele jeden Tag verdirbt. Aber wenn ihr in einem Zustand der Gnade seid, vermindert sich diese Sünde. Je mehr ihr die Sakramente der Heiligen Kommunion und der Beichte empfangt, desto größer werden die Gnaden sein, die ihr erhaltet.

An diejenigen von euch, die täglich zur Messe gehen: Euch werden ganz besondere Gnaden gegeben. Denn ihr, Meine frommen Anhänger, werdet schnell durch die Tore Meines Paradieses gehen.

Geht jetzt und verbringt ein wenig mehr Zeit mit Mir. Unterhaltet euch mit Mir. Ich mag ungezwungenes Plaudern, und es bringt Mich euch näher. Ich sehne Mich nach euch. Ich sehne Mich nach der persönlichen Nähe, um die Ich inständig bitte, damit Ich euch näher zu Mir bringen kann.

Ihr könnt eine wunderbare Beziehung zu Mir aufbauen, einfach, indem ihr zuerst ein Freund werdet. Dann wird unsere Liebe wachsen bis euer Herz vor Liebe zu Mir und Meines vor Liebe zu euch (fast) zerspringen wird.

Es ist nicht kompliziert, einen neuen, frischen Anfang zu machen und euch auf Mein Königreich vorzubereiten. Fangt gleich damit an. Wendet euch an Mich.

Wenn ihr Mich liebt, werdet ihr bald auf Mich vertrauen, und das wird euch dahin führen, eure Seele zu reinigen. Ihr werdet glücklicher sein, im Frieden sein, und nichts von der Außenwelt wird euch irgendetwas bedeuten, abgesehen vom Schmerz der Sünde, die ihr mitansehen werdet.

Ich bin da. Ich warte auf euch. Ich will, dass die Menschheit Mich richtig kennen lernen kann.

Ich liebe euch.

Euer Jesus

623. Gott der Vater: Ich biete euch die vollkommenste Zukunft an.

Donnerstag, 22. November 2012, 19:00 Uhr

Meine liebste Tochter, das Licht Meiner Liebe sinkt heute auf die Erde nieder, in der Hoffnung, dass die Herzen Meiner Kinder gerührt werden können.

Für diejenigen, die Mich nicht kennen — und es gibt viele, die Angst haben, sich Mir zu nähern: Ihr solltet wissen, wie Ich ersehne, euch ins Königreich Meines Sohnes mitzunehmen.

Ich Bin der Gott der Liebe und der Gott, der euch das Geschenk der Erlösung vermachte.

Ihr dürft dieses Geschenk nicht wegwerfen, denn es wurde der Menschheit gegeben, damit sie sich wieder vereinen kann, um das Paradies zu genießen, das Ich an erster Stelle für sie schuf.

Jetzt ist die Zeit für den Tag des Herrn, und ihr, Meine Kinder, werdet für diesen großen Tag vorbereitet.

Die Zeit für Mein Göttliches Eingreifen, damit ihr gerettet werden könnt, um in die Tore des Königreichs Meines Sohnes einzugehen, wird bald stattfinden.

Wenn die Prophezeiungen, die in Meinem Heiligen Buch vorausgesagt werden, einzutreffen beginnen, werdet ihr schließlich die Wahrheit annehmen.

Die Wahrheit, die Ich der Menschheit — für diese Zeit — versprochen habe, wird euch jetzt vermittelt.

Warum, mögt ihr vielleicht fragen, muss Ich Meinen Kindern die Wahrheit erneut vermitteln?

Es ist, weil in der Welt von heute so wenige an Meine Existenz glauben. Sie beachten nicht mehr Meine Zehn Gebote.

Die Arroganz ist bei Meinen Kindern an die Stelle der Demut getreten — auch bei vielen geistlichen Dienern, die berufen wurden, um die Wahrheit zu vermitteln. Viele missachten die Wahrheit Meines Wortes, und sogar noch größer ist die Anzahl derer, denen nie der Sinn ihrer Existenz (ihres Lebens) auf Erden gelehrt worden ist.

So viele Seelen können jetzt aufgrund Meiner Liebe gerettet werden, und Ich habe euch deshalb Anweisungen erteilt, durch Meinen geliebten Sohn, bezüglich dessen, was von euch erwartet wird.

Nehmt die Wahrheit an. Erinnert die euch Nahestehenden an Meine große Liebe für Meine Kinder.

Wie jeder gute Vater werde Ich Meine Kinder vor den Gefahren warnen, denen sie gegenüberstehen.

Ich werde ihnen niemals erlauben, blind ins Netz der Täuschung zu gehen, das auf die Menschheit gefallen ist wie das Netz eines Fischers über einen ahnungslosen Schwarm Fische.

Ich werde denjenigen, die zu verhindern versuchen, dass Mein Heiliges Wort gehört wird, oder denjenigen, die versuchen, das Wort Meines Sohnes zu Falle zu bringen,

dies nicht erlauben. Auch werde Ich nicht Meine Pflicht vernachlässigen, Meine Kinder vor den Strafen zu warnen, die ihnen bevorstehen, wenn sie fortfahren, Mich durch die Art, wie sie mit anderen Menschen umgehen, zu verletzen.

Ich Bin euer Vater. Ich Bin dafür verantwortlich, Meine Kinder erneut zu sammeln, und Ich werde alle notwendigen Mittel einsetzen, um Meine Kinder vor Schaden zu bewahren.

Jede Taktik, jeder Trick wird von Satan und seinen engagierten Anhängern angewandt werden, um zu verhindern, dass ihr die Wahrheit hört.

Dies verspreche Ich feierlich. Ihr werdet schnell in Meine Arme genommen werden und in den Schutz der Großen Barmherzigkeit Meines Sohnes.

Der Kampf um Seelen hat begonnen, obwohl das für viele von euch vielleicht nicht ersichtlich sein mag.

Um Mein Neues Paradies auf Erden zu genießen, müsst ihr Meine Hand ergreifen, solange sie euch dargeboten wird. Habt keine Angst, denn Ich schütze alle, die Mich, ihren Ewigen Vater und Meinen kostbaren Sohn verehren, mit Meinem Siegel.

Nehmt euch Meinen Ruf zu Herzen. Seid stark. Verschließt eure Ohren vor dem Flüstern des Tieres, wenn es diejenigen Seelen benutzt, die mit der Sünde des Stolzes beschmutzt sind, um euch Mir wegzunehmen.

Ich biete euch die vollkommenste Zukunft an. Ihr dürft dieses Paradies nicht zurückweisen; denn es ist euer Erbteil. Wie viele von euch würden auf ihr Erbteil eines weltlichen, großen Vermögens verzichten? Sehr wenige. Macht nicht den Fehler, diesem Geschenk den Rücken zu kehren.

Wer auch immer versucht, euch zu stoppen, benötigt eure Gebete, denn Ich liebe alle Meine Kinder.

Ich, euer Vater, werde sicherstellen, dass Mein großer Plan, das Zweite Kommen Meines Sohnes im Vorfeld anzukündigen, nicht verzögert wird.

Kommt zu Mir, durch Meinen Sohn, und euch wird es an nichts fehlen. Ich liebe euch. Ich weine um viele von euch, die zu eigensinnig sind zu erkennen, dass dies tatsächlich der Ruf vom Himmel ist, verheißen, um euch auf das Neue Zeitalter des Friedens vorzubereiten.

Euer geliebter Vater

Gott, der Allerhöchste

624. Meine geliebten Priester und geistlichen Diener, fürchtet nicht Mein Wort.

Freitag, 23. November 2012, 21:45 Uhr

Meine innig geliebte Tochter, die Verfolgung gegen Meine Propheten und Seher verstärkt sich jetzt, während die Opposition gegen die Botschaften zunimmt.

Ich sage jenen von euch, besonders Meinen geliebten Priestern und geistlichen Dienern, fürchtet nicht Mein Wort. Die Furcht und Ungewissheit, die ihr erfahrt, kommt nicht von Mir. Wenn sie nicht von Mir kommt, dann müsst ihr euch fragen: Woher kommt sie dann?

Mein Heiliges Wort stößt immer auf Widerstand.

Während Meiner Zeit auf Erden taten die Priester jener Zeit, die Pharisäer, alles, was sie konnten, um mit Mir zu streiten. Sie versuchten bei jeder Gelegenheit, Mich zu Fall zu bringen und Mir Fragen zu stellen, mit der Absicht, dem Wort Gottes zu widersprechen, aber es gelang ihnen nicht.

Ich schwieg, wenn sie versuchten, Mich dazu zu veranlassen, auf Fragen zu antworten, von denen sie wussten, dass Ich nicht bereit war, ihnen darauf zu antworten.

Du siehst, obwohl sie ihre Religion praktizierten, viele aufwendige Zeremonien abhielten, in teuren Roben geschmückt, mangelte es ihnen an einem: Sie besaßen nicht ein bisschen Demut, denn sie glaubten irrtümlicherweise, dass sie — aufgrund ihrer Rolle als geistliche Diener — über ihren Brüdern ständen.

Sie sprachen, predigten und präsentierten auf offenen Plätzen, wie Propheten, das Heilige Wort Meines Vaters. Und doch verstanden sie die Verheißung, die Mein Vater gemacht hatte, nicht wirklich noch die Lehren, die Er ihnen durch die Propheten gab. Sie konnten nicht akzeptieren, dass die Zeit für das Kommen des verheißenen Messias zu ihrer eigenen Zeit stattfand.

Sie glaubten, dass dieses Ereignis in der Zukunft stattfinden würde.

Sie fühlten sich durch Meine Antworten, Meine Lehren und das einfache Leben, das Ich führte, verwirrt. Und doch fühlten sie sich zu Mir hingezogen und kamen immer und immer wieder zurück, um Mich herauszufordern.

Dann fühlten sie sich gefährdet wegen Meiner Kenntnisse von geistigen Dingen, eine Tatsache, die sie nicht bestreiten konnten.

Sie quälten Mich. Ich antwortete auf ihre Fragen gemäß dem Heiligen Willen Meines Vaters. Dann schwieg Ich, wenn sie tobend vor Zorn mit dem Finger auf Mich zeigten.

Trotz all ihrem öffentlich verkündeten Wissen vom Wort Gottes tappten sie in die vom Betrüger aufgestellten Falle. Sie glaubten, dass ihr Wissen dem Meinen überlegen sei.

Die gestufte Hierarchie der Kirche, die sie schufen, war einer königlichen Monarchie ähnlich. Der König, den sie verehrten, war nicht Gott, sondern ihr eigener, von ihnen selbst ernannter, König. Die Höhergestellten unterhielten kaum Beziehungen zu den einfachen Dienern, die ihre Stämme verwalteten. Was den armen, einfachen Mann angeht, für ihn hatten sie wenig Zeit.

Wie sehr sie doch Meinen Vater verletzten. Wie sehr sie Mich doch quälten. Sie hatten das Blut vieler Menschen an ihren Händen, doch sie schafften es, sie in den Augen der Öffentlichkeit sauber zu halten.

Aufgrund ihrer Ausbildung glaubten sie, dass nur sie die Heilige Schrift richtig interpretieren konnten. Mein Wort wurde als Häresie (= Irrlehre) behandelt.

Dasselbe gilt auch für heute. So wenige Meiner geistlichen Diener sind auf Mein Zweites Kommen vorbereitet. Ihre Zulassung als geweihte Geistliche in Meiner Kirche kann Spaltung hervorrufen, was Ich nicht erlaubt habe.

Diese gelehrten Männer der Theologie mit vielen Jahren Ausbildung schaffen es nicht, Meine Lehren, die Prophezeiungen oder die Art, wie Ich spreche, zu verstehen.

An diejenigen von euch, die Mein Wort in Frage stellen oder versuchen nachzuweisen, dass es von der Schrift abweicht, indem sie es mit ihren eigenen fehlerhaften Kenntnissen der Heiligen Schrift vergleichen: Ihr müsst jetzt damit aufhören.

Habt ihr nichts dazugelernt? Akzeptiert ihr nicht, dass die Zeit nah ist, und dass Ich euch vorbereite?

Die Feinde dieser Meiner Heiligen Mission, in der ihr auf Mein Zweites Kommen vorbereitet werden sollt, sind zahlreich. Jede Abbiegung, jede Ecke, um die Ich gehe und jeder Schritt, den Ich durch diese Botschaften unternehme, stößt auf Hindernisse.

Wenn ihr Meine Verheißung, dass Ich wiederkomme, nicht annehmt, dann müsst ihr euch diese Frage stellen: Was ist meine Rolle im Namen Gottes? Ist sie die, einfach die Heiligen Sakramente zu spenden. Nein, das allein ist nicht die Rolle, für die ihr berufen worden seid.

Wenn ihr Meine Botschaften in der Art angreift, wie ihr das tut, bringt ihr Mich vor Betrübnis und Enttäuschung zum Weinen.

Seid ihr nicht gewarnt worden, wachsam zu bleiben, denn ihr kennt weder den Tag noch die Stunde, wann Ich zurückkehren werde. Es ist für euch an der Zeit, euren Geist wachzurütteln, lest die Worte, die im Buch Meines Vaters geschrieben stehen, und dann betet, dass Ich euch mit der Gabe der Unterscheidung segnen werde.

Diejenigen von euch, die Mich zurückweisen, weil sie vorsichtig sind und besorgt sind, dass nicht Ich, euer Jesus, es bin, der spricht — euch vergebe ich. Ich verstehe, wie schwer das ist, aber mit der Zeit werdet ihr spüren, dass Meine Liebe euch umhüllt.

Diejenigen von euch, die sich weigern, Mir zuzuhören — ihr macht euch dadurch der Sünde des Stolzes schuldig.

Diejenigen von euch, die öffentlich Mein Wort verurteilen, es zerreißen und behaupten, dass Meine Botschaften vom Teufel kommen — ihr seid dadurch für Mich verloren. So weit entfernt seid ihr, trotz eures arroganten Glaubens, dass euer Wissen über geistige Dinge aus Büchern euch würdiger macht, in Meinem Namen zu sprechen, dass ihr Folgendes wissen müsst:

Bringt Mir eine einfache Seele, mit einem reinen Herzen, die Mich um Meiner Selbst willen liebt — und sie wird Mir ins Paradies folgen.

Bringt Mir eine Seele, von Stolz erfüllt, die aus vollem Hals das Wort Gottes hinausschreit — und Ich werde sie verwerfen.

Vertraut auf Mich mit einem demütigen Herzen — und Ich werde Meine Gnaden über euch ausgießen.

Liebt Mich bedingungslos — und ihr werdet Meine Stimme in dieser Zeit erkennen. Ihr seid die glücklichen Seelen. Denn es sind die Seelen, die sich von Mir entfernt haben, nach denen Ich Mich am meisten und am innigsten sehne.

O kommt zu Mir, Meine geistlichen Diener. Ich gebe euch die Wahrheit, denn Ich will, dass ihr eure Treue zu Mir erneuert. Der Ungehorsam gegen Meine Lehren und euer Nichteingestehen eurer Schwäche treibt einen Keil zwischen uns.

An jene geistlichen Diener, die schwere Sünden des Fleisches begangen haben: Ihr müsst zu Mir kommen, damit Ich euch Halt geben kann. Bekennt eure Sünden, und Ich werde eure Seele neu machen, damit ihr in der Lage seid, andere Seelen retten zu helfen, bevor Ich wiederkomme.

Ihr müsst auf Mich hören. Wenn ihr Zweifel habt, dann akzeptiere Ich das. Wenn ihr jedoch versucht, Meine Propheten zu verletzen, dann werdet ihr dafür leiden. Weit besser ist es für euch zu schweigen. Ihr müsst bereit sein, zu hören und euch in Meinen Augen klein zu machen. Erst dann werdet ihr geeignet sein, Meinen Leib auf Erden zu repräsentieren.

Euer Jesus

625. Eine Krone von Smaragden oder Edelsteinen werden sie Mir nicht aufsetzen.

Sonntag, 25. November 2012 (Christkönig-Sonntag), 17:25 Uhr

Meine innig geliebte Tochter, Ich Bin Christus, der Erlöser der Menschheit, und Ich werde bald Meine Krone aufnehmen und endlich über die Erde regieren.

Die Dornenkrone bleibt jedoch noch auf Meinem Heiligen Haupt, bis der große Tag kommt, an dem Ich Mich endlich auf den Thron setzen werde, der Mir von Meinem Vater versprochen ist.

Ich Bin der einzig Wahre König, der einzig Wahre Gott, und doch trage Ich eine Dornenkrone, die Mir von den Händen der undankbaren Menschen so grausam aufgesetzt worden ist.

Eine Krone von Smaragden oder Edelsteinen werden sie Mir nicht aufsetzen. Sogar heute nicht. Nein, stattdessen verletzen sie Mich noch immer, indem sie die Erlösung grausam zurückweisen, die Ich für sie errang, als sie Mich kreuzigten.

Ich habe gewartet und gewartet, dass die Menschheit ihren Blick empor richtet und die Augen öffnet, um die Wahrheit zu erkennen.

Doch so wenige Christen folgen Meinen Lehren. Sie werden durch Druck von außen geschwächt und schweigen, wenn die Welt sich der Sünde öffnet, als sei sie etwas Gutes.

Meine Krone liegt bereit, und Ich werde kommen in Herrlichkeit. Alle Menschen werden es sehen, wenn Ich vom Himmel komme.

Dieses Ereignis wird mehrere Stunden dauern, und man wird einen starken Glauben brauchen, um in der Lage zu sein, laut zu rufen und zu jubeln.

So viele werden beschämt und erschrocken sein, wenn sie Mich sehen. Aber sogar dann werde Ich — wenn sie Mich bitten, ihnen zu vergeben — es tun, bis zur allerletzten Sekunde.

Hütet euch vor denjenigen, die behaupten, Ich zu sein. Dies ist sehr wichtig, denn Ich werde nur an diesem einen Tag kommen.

Ich werde nicht als Mensch auf Erden wandeln; denn das ist von Meinem Vater nicht erlaubt worden. Lasst euch von keinem Menschen (der derartiges von sich behauptet) täuschen.

Meine Herrschaft naht. Lasst all diejenigen, die es verabsäumen, Mich, Meine Existenz oder die im Buch Meines Vaters enthaltenen Prophetien anzuerkennen, wissen, dass sie nicht gestoppt werden kann.

Satan und diejenigen, die ihm folgen, haben keine Macht über Mich. Die einzige Macht, die von Belang ist, ist die Macht Gottes, der alle Seine Kinder liebt.

Bereitet euch auf Mein Neues Königreich vor und seid froh. Freut euch auf den Tag, denn dies wird der Tag sein, an dem das ganze menschliche Leiden für immer vorbei sein wird.

Nur diejenigen, die Meinen Lehren folgen, werden Mein Neues Paradies erfahren.

Meine Jünger müssen eine Kette des Gebets bilden, um die Seelen von denjenigen zu retten, die nicht zu Mir kommen werden, sogar am letzten Tag nicht.

Bitte betet das Kreuzzuggebet um die Gnade der Immunität (Litanei 2) für diejenigen, die nicht die Kraft haben, sich selbst zu helfen.

Euer Jesus

626. Diejenigen, die den Gesetzen Gottes folgen, werden dämonisiert und ausgeforscht werden.

Sonntag, 25. November 2012, 18:45 Uhr

Meine innig geliebte Tochter, Meine Jünger müssen verstehen, dass die Prüfungen, die sie in Meinem Namen erleiden, sie nur stärker machen werden.

An all jene Anhänger dieser Heiligen Botschaften: Ihr dürft euch niemals von den Attacken anderer Menschen umwerfen lassen.

Selbst wenn das passiert, wenn sie auf euch rumtrampeln und auf euch dann auch noch eintreten, während ihr schutzlos daliegt, so sollt ihr wissen, dass Ich euch dann aufheben werde. Ihr werdet jedes Mal stärker werden, und dann wird eure Angst kleiner werden.

Betet für diese Menschen, denn es ist nicht ihre Schuld. Sie werden vom Betrüger benutzt, um euch von dieser Mission abzubringen.

Jetzt müsst ihr wissen, dass sich Meine Barmherzigkeit bald über die Menschheit ausgießen wird, einem Feuermeer gleich, in dem die Seele jedes Menschen überflutet wird. Wenn das geschieht, dann wird die Welt in einen ruhigeren Ort gesteuert werden. So viele werden umkehren, und das ist gut so. Aber wie ein Sturm in der Nacht wird der Antichrist ankommen und diesen Frieden zerstören.

Er wird das Leben der Menschen stören, obwohl sie es zuerst nicht bemerken werden. Er wird ein sehr mächtiger Weltenlenker werden, und ihr dürft ihm niemals in die Augen sehen. Senkt euren Blick. Setzt euer Vertrauen auf Mich und betet, dass diejenigen, die er heimsucht, gerettet werden können.

Genauso wie bei jedem Sturm, von dem ihr wisst, dass er sich auf euch zubewegt, müsst ihr unbedingt eure Vorbereitungen treffen. Lasst keinen Teil eures Hauses ungeschützt. Macht die Türen und Fenster dicht. Schützt euch und eure Familie vor Schaden. Diesem Mann sind vom Tier viele Fähigkeiten gegeben worden, daher müsst ihr euch vor ihm schützen. Sonst wird es ihm gelingen, euch dazu zu bringen, eure Seele zu beschmutzen.

Seine Boshaftigkeit wird sorgfältig vor euch verborgen werden und ihr könntet, wenn ihr nicht vorbereitet seid, in seine Falle tappen.

Der Kampf zwischen Gut und Böse wird sowohl auf der Erde als auch außerhalb der Erde stattfinden, alles zur gleichen Zeit.

Das Problem bei diesem Krieg besteht darin, dass diejenigen, die auf der Seite des Antichristen und des falschen Propheten stehen, als solche gesehen werden, die in der Welt viel Gutes tun.

Diejenigen, die den Gesetzen Gottes folgen, werden dämonisiert und ausgeforscht werden.

Mein Zufluchtsort ist es, wohin ihr fliehen müsst: Das ist Mein Heiligstes Herz. Jeder Tropfen Meines Blutes wird über euch ausgegossen werden, um euch zu schützen.

Fühlt euch niemals desillusioniert. Fühlt euch niemals allein. Ich habe euch alle durch diese und andere Missionen vereint. Mit der Zeit werden all jene, die den Anweisungen folgen, die Ich durch alle echten Propheten und Seher gebe, helfen, die Seelen von Milliarden Menschen zu retten.

Sogar 20 Millionen von euch können durch ihre Beharrlichkeit, ihre Prüfungen, ihre Leiden und ihre Gebete den Großteil der Menschheit retten.

Dies ist Mein Versprechen an euch.

Betet, betet, betet für alle eure Brüder und Schwestern. Denn vereint werden wir alle Teil Meines Neuen Königreichs werden, und alles wird gut sein.

Es steht jedoch außer Zweifel, dass noch viel Arbeit ansteht, um die Menschheit zu bekehren.

Es wird keine leichte Aufgabe sein, aber die Macht und die Gnaden, mit denen Ich diese Mission ausstatten werde, werden sicherstellen, dass der Heilige Wille Meines Vaters in der Art vollzogen werden kann, wie es sein muss.

Euer Jesus

627. Meine Priester, Ihr dürft Mich nicht verletzen, indem ihr Mich als einen Lügner hinstellt.

Dienstag, 27. November 2012, 20:08 Uhr

Meine innig geliebte Tochter, Ich muss es erklären, dass viele von euch, die hart arbeiten, um für Mein Heiliges Wort zu werben und es zu verbreiten, mehr denn je von selbst ernannten Experten angegriffen werden, die diese Botschaften ablehnen, als ob sie ohne Bedeutung seien.

Andere, die euch angreifen, werden sagen, dass ihr kein Recht hättet, Mein Wort öffentlich zu verkünden oder zu versichern, dass es die Wahrheit sei.

Schließlich werdet ihr von bestimmten geistlichen Dienern innerhalb Meiner Kirche bedroht werden und ihr werdet aufgefordert werden, mit dem, was ihr tut, aufzuhören, da sie sich durch eure Arbeit angegriffen fühlen.

Sie werden sagen, dass diese Botschaften nicht von Gott seien.

Sie hegen den Verdacht, dass sie von einer bösen Macht kämen. Sie werden sagen, dass diese Botschaften im Widerspruch zu den Lehren Meiner Kirche ständen. Ich sage ihnen Folgendes:

Welcher Teil der Botschaften wühlt euch so auf? Warum sprecht ihr nicht die Wahrheit, wenn ihr Mein Wort kritisiert?

Warum prahlt ihr mit euren Kenntnissen in geistigen Dingen, welche, wie ihr sagt, die Meinigen weit übertreffen?

Sprecht ihr im Auftrag Meines Leibes auf Erden, Meiner Kirche? Wenn das so ist, dann habe Ich dies nicht — durch Meinen Heiligen Stellvertreter — erlaubt.

Beruht eure Kampagne, diese Botschaften so intensiv zurückzuweisen, auf euren eigenen Ansichten und persönlichen Meinungen?

Ihr sucht Fehler und dann droht ihr eurer Herde, dass sie, wenn sie Mein Wort lesen, irregeführt würden.

Mein Heiliges Wort, sagt ihr, müsse zurückgewiesen werden, und dann sagt ihr Meinen Anhängern, dass es ihre Pflicht sei, das zu tun.

Warum habt ihr Angst vor dem König, dem ihr euer Leben versprochen habt?

Vor Mir braucht ihr keine Angst zu haben, doch Mein Wort ist euch unbequem.

Es gibt viele selbst ernannte Propheten in der Welt, die nicht echt sind und die die Gebete vieler benötigen. Jene jedoch, die echt sind, sind diejenigen, die ihr immer am meisten ins Visier nehmen werdet. Es sind Meine echten Propheten, die sich den Zorn der Priester zuziehen, die sich über das Ziel dieser Meiner Heiligen Mission noch nicht sicher sind.

Überlegt euch gut, wen ihr herausfordert, über wen ihr Gift versprüht, Unwahrheiten verbreitet und euch abfällig äußert, denn Ich habe euch oder Meiner Kirche nicht die Autorität gegeben, das zu tun. Meine Priester, ihr dürft Mich nicht verletzen, indem ihr Mich als einen Lügner hinstellt.

An dem Tag, an dem die Wahrheit offenbar wird, werdet ihr große Scham empfinden.

Ihr müsst eure Waffen niederlegen und all den Hass und all den Zorn, der euch in diesem Augenblick quält, beseitigen. Dann schaut darauf, was mit euch geschehen ist. Satan hat euch in einer Weise getäuscht, dass eure verbalen und schriftlichen Angriffe auf dieses Werk über das hinausgehen, was von euch als Priester erwartet wird.

Warum ist das geschehen? Es soll diese Mission verzögern und die Menschen abbringen von Meinen Gebeten, die vom Himmel gesandt worden sind, um Seelen zu retten.

Was ihr tut, ist, dass ihr versucht, Mich, euren Jesus, in Meinem Plan für die Rettung der Menschheit zu stoppen.

Das ist eine sehr schwerwiegende Sünde gegen Gott.

Hier ist ein Kreuzzuggebet, um euch zu helfen, auf Meinen Ruf zu antworten und euch von der Qual des Zweifels zu befreien.

Kreuzzuggebet (86) Befreie mich von der Qual des Zweifels

„Ich komme vor Dein Angesicht, verwirrt, unsicher und frustriert, lieber Jesus. Denn ich bin beunruhigt über die Wahrheit, die Du in Deinen Botschaften öffentlich verkündest.

Vergib mir, wenn ich Dir Unrecht getan habe.

Vergib mir, wenn ich Dich nicht hören kann.

Öffne meine Augen, damit mir gezeigt werden kann, wo es mir noch am nötigen Verständnis mangelt.

Ich flehe Dich an, gib mir die Kraft des Heiligen Geistes, um mir die Wahrheit zu zeigen.

Ich liebe Dich, lieber Jesus, und ich bitte Dich, mich von der Qual des Zweifels zu befreien.

Hilf mir, Deinem Ruf zu folgen.

Vergib mir, wenn ich Dich verletzt habe, und bring mich näher zu Deinem Herzen.

Führe mich zu Deinem Neuen Königreich und gewähre mir die Gunst, dass ich — durch meine eigenen Gebete und mein Leiden — Dir helfen kann, Seelen zu retten, die Deinem Heiligsten Herzen so viel wert sind."

Euer Jesus

628. Wie wichtig euch euer Besitz auf dieser Erde auch sein mag — er ist vollkommen wertlos.

Mittwoch, 28. November 2012, 19:40 Uhr

Meine innig geliebte Tochter, während der Veränderungen, die sehr bald in der Welt ausbrechen werden, darf kein Mensch jemals vergessen, dass es Gott war, der die Welt schuf, und dass es allein durch Seine Hand geschehen wird und allein durch Seine Macht, dass die Welt zu einem Ende kommen wird, auf die Art, die euch bekannt ist.

Keine Regierung, kein Führer und kein Mensch kann die Existenz der Menschheit kontrollieren oder den Tod, über den nur Gott bestimmen kann, wann Seelen den Körper verlassen dürfen.

Wie wichtig euch euer Besitz auf dieser Erde auch sein mag — er ist vollkommen wertlos. Und doch vergeuden viele Menschen den Großteil ihres Lebens damit, einem Traum von Berühmtheit, von Reichtum und vom Anhäufen materieller Dinge nachzujagen, die ihnen jeden Augenblick genommen werden können.

Aus diesem Grund leiden diese Seelen, mit denen Ich ein tiefes Erbarmen habe, unter dem Verlust ihres Reichtums. Ich lasse zu, dass ihnen alles genommen wird, damit Ich sie reinigen kann.

Viele Menschen in der Welt haben durch Korruption und gierige Organisationen viel verloren. Und doch — obwohl sie zwar zu essen und ein Dach über dem Kopf haben müssen — lasse Ich dieses Leiden zu.

Denn nur dann werden sich solche Seelen hilfesuchend an Mich wenden. Dies ist eine Form der Reinigung, damit ein Mensch danach in Demut — einer Eigenschaft, die eine Grundvoraussetzung für den Eintritt in Mein Königreich ist — vor Mein Angesicht kommen kann.

Habt keine Angst, wenn ihr euch in dieser Lage befindet. Sie wird nur eine Weile andauern und ist von euch selbst verschuldet worden. Mit der Zeit wird alles wieder gut werden. Dies wird eine Zeit sein, um über eure Zukunft nachzudenken und über den Platz, den Ich in Meinem Neuen Paradies für euch bereithalte.

Ihr müsst euch das Recht verdienen, mit Mir zu kommen. Ihr seid nur vorübergehend auf dieser Erde. Viele Seelen, die die Welt als einen Ort materieller Wunder sehen,

müssen verstehen, dass diese nur ein kurzer Blick auf die überschwänglichen und herrlichen Geschenke sind, die all diejenigen von euch erwarten, die im Neuen Herrlichen Zeitalter leben werden.

Eure Zeit hier ist durchdrungen von Leiden, Unzufriedenheit, Hass und Verzweiflung, aufgrund der Anwesenheit Satans.

Ihr könnt ihn nicht sehen, aber er und seine gefallenen Engel sind überall und sie stoßen, bedrängen und verführen die Menschen den ganzen Tag.

Viele Menschen können die Tatsache seiner Existenz nicht akzeptieren, und das ist sehr besorgniserregend. Und doch werden viele den Hass nicht abstreiten, den sie fühlen können, wenn sie ein Opfer der Wut einer anderen Person sind. Hass kann immer nur aus einer Quelle entspringen. Er kann nicht für sich selbst existieren. Er strömt aus dem Maul des Tieres.

Für Seelen, die sich selbst offen und ungeschützt lassen, weil sie die Existenz der Sünde bestreiten: Sie werden ein leichtes Spiel für den Teufel sein. Sie werden in die Versuchungen hineingezogen werden, mit denen er sie konfrontiert. Für gewöhnlich durch die Sünden des Fleisches. Diese Seelen sind eine leichte Beute und werden nicht leiden wie die Seelen, die ihm Widerstand leisten. Seelen, die Mich, ihren Jesus, lieben, und die Meinen Lehren mit einem demütigen Herzen folgen, sind diejenigen, auf die sich der Teufel am meisten konzentriert.

Das sind die Seelen, bei denen Satan es extrem schwer hat, um sie zu erobern. Das sind dieselben Seelen, die ihn durch ihre Gebete und ihre Leiden für Mich zusammenschrecken lassen und ihn qualvoll aufheulen lassen.

An diejenigen von euch, die Mich lieben: Nur durch eure Beharrlichkeit und eure Ausdauer könnt ihr seine Umklammerung lösen, die euch bis zur jetzigen Stunde wegen dieser Mission schwächt.

Wann immer ihr verbal angegriffen werdet, aus einem unersichtlichen Grund, oder wenn ihr in Meinem Namen verleumdet werdet, dann wisst, dass eure Gebete Seelen retten.

Bitte schweigt während dieser Angriffe, denn, wenn ihr euch auf eure Angreifer einlasst, gebt ihr dem Teufel viel Macht.

Bleibt stark, Meine geliebten Jünger, um Meinetwillen. Ich werde euch festhalten, und bald wird euer Leiden zu Ende sein.

Euer geliebter Jesus

629. Jungfrau Maria: Ein liebender Gott würde keinen Konflikt hervorrufen oder ein Zerwürfnis verursachen.

Donnerstag, 29. November 2012, 15:20 Uhr

Meine lieben Kinder, ihr müsst in dieser Zeit für alle Visionäre Gottes in der Welt beten. Sie leiden viel, und innerhalb und außerhalb ihrer Mission ist es zu Zwietracht gekommen.

Viele Menschen lehnen sie ab. Noch mehr Menschen weisen jene Visionäre und Propheten zurück, die ihre Missionen der Welt bekannt gemacht haben.

Ihr müsst euch zu einer Einheit vereinen, wenn ihr Meinen Sohn aufrichtig liebt. Es darf keinen Raum für Eifersucht, Verleumdung oder Hass unter euch geben. Wenn das geschieht, hat der Teufel euch verleitet, nicht den Propheten, sondern das Heilige Wort Meines Sohnes abzulehnen.

Dies ist eine Zeit, in der keine Spaltung zwischen denjenigen, die den Lehren Meines Sohnes folgen, Barrieren schaffen darf.

Wenn es Spaltung gibt, dann gibt es Ablenkung. Das stoppt den Gebetsfluss und hält euch auf bei eurer Mitarbeit bei der Rettung von Seelen.

Ein liebender Gott würde keinen Konflikt hervorrufen oder ein Zerwürfnis verursachen. Einen anderen im Namen Gottes zu verleumden, ist eine Sünde in den Augen Meines Vaters.

Wenn ihr das tut, dann verletzt ihr Meinen Sohn, der immer gesagt hat, dass ihr einander wie Bruder und Schwester lieben müsst.

Wenn ihr den Namen Meines Sohnes verwendet, um den Ruf anderer Menschen zu schädigen, müsst ihr Meinen Sohn bitten, euch zu vergeben.

Es ist Zeit, Kinder, stark zu sein und Meinem Sohn die Ehre zu geben, indem ihr euch an alles haltet, was Er euch gelehrt hat.

Viele vorausgesagte Ereignisse stehen jetzt in der Welt kurz vor ihrem Eintreffen.

Für Spaltung unter denjenigen, die Meinen Sohn verehren, ist (jetzt) keine Zeit.

Bald werden den Christen Spaltungen aufgezwungen werden. Das ist der Grund, warum ihr nur vereint eine starke Armee sein werdet, die würdig ist, das Wort Gottes öffentlich zu verkünden.

Wenn ihr gespalten seid, dann werdet ihr in ein Vakuum gesaugt werden, wo eurer Kirche heidnische Gesetze aufgezwungen werden.

Wenn ihr Spaltung verursacht, kann es keine Einheit geben.

Nur jene mit einem starken Glauben, vereint im Herzen Meines Sohnes, werden in der Armee Meines Sohnes vorankommen.

Eure geliebte Mutter
Mutter der Erlösung

630. Sobald die Redefreiheit genommen ist, bleibt die Wahrheit verborgen.

Freitag, 30. November 2012, 15:55 Uhr

Meine innig geliebte Tochter, die Prophezeiungen, wonach die Freiheit der Nationen, die ihnen erlaubt, ohne Fesseln zu sprechen, endet, erfüllen sich jetzt.

In Meiner Botschaft vom 1. Januar 2011 (*) an euch sagte Ich euch, dass die Stimme der Menschen über die Medien vor der Menschheit verborgen und ihr weggenommen würde.

Wenn die freie Stimme der Medien zum Schweigen gebracht ist, dann wisst, dass ihr in einer Diktatur lebt.

Viele Änderungen werden den Nationen durch die Kontrolle der Medien aufgezwungen. Sobald die Redefreiheit genommen ist, bleibt die Wahrheit verborgen. Dann wird eine Nation nach der anderen mit von Heiden diktierten Lügen gefüttert.

Das Buch der Wahrheit wird der Welt gegeben, damit die Menschheit die Liebe Gottes fühlen und zur Wahrheit geführt werden kann, so dass die Menschen die Freiheit finden werden.

Die Freiheit, eure eigenen Entscheidungen zu treffen, wird euch jetzt von der Elitegruppe weggenommen. Ihr seid wie Lämmer, die zur Schlachtbank geführt werden, und viele von euch werden irregeführt werden und gegenüber der Wahrheit blind werden.

Die Freiheit ist ein Geschenk, jedem Menschen gegeben von Gott, der den freien Willen Seiner Kinder respektiert.

Aufgrund eures freien Willens werdet ihr viele Entscheidungen treffen. Einige dieser Entscheidungen werden von Meinem Vater missbilligt, und dennoch greift Er niemals in euren freien Willen ein, denn Er kann nicht und wird ihn euch auch niemals wegnehmen.

Die Sklaven Satans werden euren freien Willen immer angreifen. Sie tun das, indem sie die Nationen verleiten, denjenigen, über die sie herrschen, die Freiheit zu nehmen. Sie tun das aus vielerlei Gründen.

Ein Grund ist, euch zu Sklaven zu machen um ihres eigenen egoistischen Vorteils willen. Der zweite ist, das Bevölkerungswachstum zu kontrollieren. Der dritte Grund ist, alle Spuren Gottes zu verwischen.

Seit Meinem Tod am Kreuz ist dieser Plan in vielen Ländern beobachtet worden. Und doch schaffte es die westliche Welt, so frei wie möglich von der Diktatur zu bleiben. Das wird sich jetzt alles ändern.

Jede Nation wird von einer anderen übernommen werden. Sie werden untereinander um die Macht kämpfen. Viele Nationen werden beginnen, Gesetze einzuführen, die auf den Kommunismus hinauslaufen.

Dann wird eine Zeit kommen, wo der Rote Drache und der Bär alles kontrollieren werden, aber viele Menschen werden das nicht erkennen, weil vieles von dieser Diktatur den Augen der Öffentlichkeit verborgen sein wird.

Ihr sollt wissen: Wenn Versuche, den Namen Gottes wegzuwischen, Wurzeln schlagen und ihr Sklaven der Lügen werdet, dann wird die Hand Meines Vaters zuschlagen.

Ein Drittel der Welt wird weggewischt werden, und das Göttliche Eingreifen wird sich bis zum letzten Tag fortsetzen.

Um die bösen Gesetze abzuschwächen, die in euren Ländern, wo die Wahrheit vor euch verborgen wird, eingeführt werden, müsst ihr dieses Kreuzzuggebet (87) beten, um die Nationen vor dem Bösen zu schützen.

Kreuzzuggebet (87) Schütze unsere Nation vor dem Bösen

„O Vater, im Namen Deines Sohnes — rette uns vor dem Kommunismus.

Rette uns vor der Diktatur.

Schütze unsere Nation vor dem Heidentum.

Bewahre unsere Kinder vor Schaden.

Hilf uns, das Licht Gottes zu sehen.

Öffne unsere Herzen für die Lehren Deines Sohnes.

Hilf allen Kirchen, dem Wort Gottes treu zu bleiben.

Wir bitten Dich, bewahre unsere Nationen vor der Verfolgung.

Liebster Herr, schau auf uns voll Erbarmen, auch wenn wir Dich noch so sehr verletzen.

Jesus, Menschensohn, bedecke uns mit Deinem Kostbaren Blut.

Rette uns vor den Schlingen des Teufels.

Wir flehen Dich an, lieber Gott, schreite ein und halte das Böse davon ab, in dieser Zeit die Welt zu verschlingen. Amen."

Betet, betet, betet, denn das Herz Meines Vaters ist gebrochen angesichts der Geschwindigkeit, mit der zu dieser Zeit auf Erden sündhafte Gesetze vor jede Nation auf Erden gebracht werden.

Hofft. Betet und vertraut auf Mich, so dass diese Verwüstung abgeschwächt werden kann.

Betet, dass möglichst viele von Gottes Kindern ihre Augen jederzeit offen halten werden und dass sie der Wahrheit Meiner Lehren treu bleiben.

Euer Jesus

(*) 36. Die Zensur der Medien und andere Zensuren kommen, Samstag, 1. Januar 2011, 2 Uhr morgens

631. Die Feinde der Juden in allen Nationen werden sich zu einer Einheit zusammenschließen, um Israel zu zermalmen.

Freitag, 30. November 2012, 22:20 Uhr

Meine innig geliebte Tochter, die Zeit für die im Alten Testament vorausgesagten Prophezeiungen bezüglich des Schicksals der Juden wird in Kürze offensichtlich werden.

Meine auserwählte Rasse wird leiden

Die Juden, die den von Moses aufgezeichneten Bund mit Gott zurückgewiesen haben, werden leiden, wie sie es seit Jahrhunderten schon getan haben. Ihre Macht über das Land ihrer Vorfahren wird ihnen genommen werden, und die einzige Lösung wird sein, einen Vertrag zu unterzeichnen, wo sie Sklaven für den Antichristen werden. Meine auserwählte Rasse wird leiden, ebenso wie Ich gelitten habe, und sie werden wenig Gnade erfahren.

Die Juden werden noch schlechter behandelt werden als während des Genozids an ihnen zur Zeit des Zweiten Weltkrieges.

Es wird Israel sein, wo die Drangsal, wie vorausgesagt, deutlich gesehen werden wird.

Wegen Israel werden die Kriege eskalieren, wenn es schwer werden wird zu erkennen, wer der wirkliche Feind sein wird.

Der Friedensvertrag wird bald danach unterzeichnet werden, und der Mann des Friedens wird die Weltbühne betreten.

Die Europäische Union wird alle Spuren Gottes zertrampeln

Das Tier mit den zehn Hörnern, das die Europäische Union ist, wird alle Spuren Gottes zertrampeln.

Jetzt ist die Zeit, dringend Vorbereitungen zu treffen für die Grausamkeit, die beispiellos sein wird, wenn es zur Abschaffung des Christentums kommen wird.

Wie stolz sie sein werden, wenn der Kleine, der sich unter ihnen verbirgt, sich erheben wird und mit seiner Macht prahlen wird. Sie werden den bestellten Führer einer neuen Kirche über alles loben, und seine Macht wird sich über die Welt ausbreiten.

Das wird schnell vor sich gehen. Und zu jenen Meiner geweihten Diener, die die Wahrheit dieser Prophetie nicht akzeptieren: Ihr müsst Folgendes wissen:

Wenn ihr euch den neuen Gesetzen Roms anpassen werdet, einer Stadt, deren sich der Lügner und Diener des Antichristen bemächtigen wird, dann werdet ihr ein Gefangener dieses neuen Regimes werden. Wenn ihr seht, dass das Sakrament der Heiligen Eucharistie verändert und bis zu Unkenntlichkeit entstellt werden wird, dann wisst, dass das eure Chance sein wird, diesem bösen Regime den Rücken zu kehren.

Meine Kirche ist unfehlbar. Sie wird unfehlbar bleiben. Wenn jedoch irgendjemand innerhalb Meiner Kirche gegen Meine Lehren rebelliert und die Heiligen Sakramente abändert, dann wird er aus Meiner Kirche hinausgeworfen werden. Das neue Regime, das nicht von Gott kommt, wird fehlbar sein, denn es wird nicht die Wahrheit repräsentieren. Für Christen können einzig und allein Meine Lehren Gültigkeit haben.

Wenn ihr einer menschengemachten Religion folgt, dann könnt ihr euch nicht Christen nennen. Jeder, der sagt, dass Meine Kirche unfehlbar sei, hat Recht.

Jeder, der behauptet, einer neuen Kirche anzugehören, wo an Meinen Lehren manipuliert worden ist und wo Meine Sakramente abgeschafft worden sind, wird eine Lüge leben.

Das wird für Meine geweihten Diener eine sehr schwere Zeit sein, denn sie müssen den Gesetzen, die von Meiner Kirche aufgestellt worden sind, gehorsam sein. Ich sage euch jetzt, dass ihr das immer noch tun müsst. Aber sobald Meine Sakramente entweiht worden sind, folgt nur mehr Meiner wahren Kirche. Ab diesem Zeitpunkt können nur noch jene Diener, die der Wahrheit folgen, behaupten, dass sie Mein Volk gemäß den Richtlinien führen, die von Mir während Meiner Zeit auf Erden festgelegt wurden.

Aufschwung des Heidentums

Der Aufschwung des Heidentums wird über die Erde fegen, und in seinem Kielwasser wird ein falsches Gefühl von Frieden erzeugt. Dann werdet ihr sehen, dass man die Berühmtheiten zunehmend verherrlicht und sich immer mehr fanatisch dem New-Age-Spiritismus hingibt wie auch der Anbetung Satans, versteckt als moderne psychologische Therapie. Das ist die Zeit, wo die Anbetung seiner selbst der wichtigste anzustrebende Charakterzug sein wird.

Die sexuelle Unmoral wird zunehmen, während die Schlacht von Armageddon immer erbitterter wird.

Abtreibung und Mord werden so alltäglich sein, dass viele immun werden für jedes Gefühl des Erbarmens mit denjenigen, die verwundbar sind.

Während dieser Zeit wird Meine Armee unerschrocken ihre Mission, Seelen zu retten, fortsetzen. Nichts wird sie stoppen, und für jede Stunde ihrer Gebete werde Ich viel von diesem Leiden in der Welt lindern.

Den Juden sage Ich Folgendes: Ihr habt gelitten, weil ihr dabei versagt habt, auf das Wort Gottes aus dem Mund der Propheten zu hören. Bald werdet ihr jedoch letztendlich den wahren Messias annehmen. Dann werdet auch ihr euch Meiner Armee anschließen, wenn sie zum Sieg gegen den Antichristen marschiert.

Ihr werdet leiden, ebenso wie Ich gelitten habe, denn das ist vorausgesagt worden. Das Haus David wird seinen Tag des Sieges haben, an dem Tag, an dem Ich das Neue Jerusalem aus der Asche erheben werde. Während Mein Neues Königreich erscheint, werden der König der heidnischen Welt und seine Diener in Asche verwandelt werden.

Meine Verheißung zu kommen, um euch zum Königreich Meines Vaters zu bringen, ist nahe. Euch verspreche Ich Meine Liebe und Meine Treue, als euer verheißener Messias, der euch vor so langer Zeit verheißen worden ist.

Das ist euer Erbe. Ihr habt nicht Mich, euren Jesus, abgelehnt, als Ich gekreuzigt wurde. Ihr habt Gott abgelehnt.

Ich Bin Gott. Ich Bin der Weg für euch, um ins Neue Paradies einzugehen. Nehmt Meine Hand, denn Ich liebe euch, Ich vergebe euch. Ihr seid Mein Volk und Ich komme euretwegen.

Euer Jesus

(*) Sacharja 12, 3: Alle Völker der Erde werden sich gegen Jerusalem verbünden.

Sacharja 14,2: Denn ich versammle alle Völker zum Krieg gegen Jerusalem. Die Stadt wird erobert, die Häuser werden geplündert, die Frauen geschändet. Die Hälfte der Stadt zieht in die Verbannung; aber der Rest des Volkes wird nicht aus der Stadt vertrieben.

632. Alle Nationen der Welt sind als eine Einheit mit Gott vereint. Alle sind Teil derselben Familie.

Samstag, 1. Dezember 2012, 19:45 Uhr

Meine innig geliebte Tochter, wenn Ich die Herzen eurer Eltern mit Liebe fülle, gibt euch das eine leise Vorahnung von der Liebe, die Ich für euch in Meinem Herzen habe.

Ein Kind, das von seinen Eltern in Liebe erzogen wird, ist gesegnet; denn dies ist ein Vorgeschmack der Liebe, die Gott für alle Seine Kinder hat.

Meine Liebe ist besonders im Herzen der in sich vereinten Familie gegenwärtig; denn die Liebe, welche diese Familie formt, erinnert an die Heilige Familie.

Alle Nationen der Welt sind als eine Einheit mit Gott vereint. Alle sind ein Teil derselben Familie. In manchen Familien gibt es viel Liebe, und alle Kinder leben in Harmonie mit ihren Eltern.

In anderen Familien gibt es Spaltung, wo Kinder die Familie verlassen und in Verzweiflung fallen.

Wenn ein Kind vom Weg der Wahrheit abirrt und sich im Netz seiner eigensinnigen Handlungen verstrickt sieht, verursacht es in seiner Familie viel Störung.

Wenn es Qualen leidet und süchtig ist nach sündhaften Vergnügen des Fleisches, bereitet es seinen Eltern schrecklichen Kummer.

Wenn es sich weigert, sich von ihnen helfen zu lassen, werden sie nicht nur betrübt und frustriert, sondern sie werden auch krank vor Sorgen.

Wenn es seinen Brüdern und Schwestern den Rücken kehrt, ihnen Schmerz und Kummer bereitet und sie zurückweist, so weist es die ganze Familie zurück.

Diese zerbrochene Familie kann, obwohl sie bis auf den verlorenen Sohn vereint ist, keinen Frieden finden.

Sie würden alles geben, nur um ihr armes, verwirrtes Kind davor zu bewahren, seine Chance auf ein glückliches Leben zu zerstören.

Dasselbe trifft auf die Kinder Gottes zu, die Seine Hand der Liebe und Barmherzigkeit zurückweisen. Wie Ihn das doch vor Kummer weinen lässt.

Für jene Meiner Anhänger, die diese verlorenen Seelen sehen, welche durch die Welt irren und Trost in Dingen suchen, die nichts mit Gott zu tun haben: Sie fühlen ebenso Kummer in ihrem Herzen. Auch sie haben Angst, weil sie wissen, dass, wenn diese bedauernswerten Seelen Mich, ihren Jesus, nicht bitten, sie zu retten, sie dann für immer verloren sein werden.

Meine Lebendige Kirche auf Erden, die aus all Meinen Anhängern besteht, muss Mir helfen, jede einzelne Seele zu retten.

Wenn die Familie Gottes nicht komplett ist, wird es eine schmerzhafte Wiedervereinigung sein, würde auch nur eine Seele für Mich verloren sein.

Wir sind eins, alle Kinder Gottes. Bringt Mir durch eure Gebete die Seelen jener unter euch, einschließlich derjenigen, die die Existenz Gottes nicht akzeptieren wollen, und derjenigen, die in ein solch sündhaftes Leben verstrickt sind, dass sie kein leichtes Entrinnen finden können.

Dann bringt Mir die Seelen jener getäuschten Sünder, die in jede Falle tappen, die vom Teufel vor ihnen aufgestellt wird.

Wo es seitens Meiner Jünger einen Willen gibt zu helfen, Seelen zu retten, werde Ich die Zahl der (geretteten) Seelen tausendmal vervielfachen. Das verspreche Ich euch. Eure Anstrengungen werden nicht nutzlos sein. Jedes Bisschen eures Leidens, das ihr in Meinem Namen ertragt und Mir bereitwillig aufopfert, wird verwendet werden, um den größten Teil der Menschheit zu retten.

Liebt eure Familie, wie Ich euch liebe. Liebt eure Brüder und Schwestern, wie ihr es in eurer eigenen Familie tun würdet, und Ich werde euch mit Gnaden überschütten.

Liebt eure Feinde und beweist es, indem ihr für sie betet, und Ich werde ihre Seelen retten.

Euer Jesus

633. Die Flamme der Liebe löscht das Feuer des Hasses.
Sonntag, 2. Dezember 2012, 17:40 Uhr

Meine innig geliebte Tochter, erst wenn du das Ziel von Hass bist, kannst du wirklich die Macht verstehen, die der Teufel über die Menschheit hat.

Hass wird von Satan hervorgerufen, der ihn verwendet, um die Menschen in Versuchung zu führen, auf ihre Brüder und Schwestern loszugehen.

Hass bringt Hass hervor, wenn ein Mensch einen anderen hasst. Und er wird gewöhnlich durch Zorn ausgelöst.

Zorn kann infolge einer Meinungsverschiedenheit aufkommen. Wenn er nicht unter Kontrolle gehalten wird, kann er sehr schnell in Hass umschlagen.

Wenn jemand einen anderen Menschen, eine Organisation oder eine Nation wegen einer Meinungsverschiedenheit angreift, dann kann das innerhalb kurzer Zeit eine Sturzflut von Hass auslösen.

Aus diesem Grund bitte Ich dringend all diejenigen, die sich solchem Zorn ausgesetzt sehen, zu jeder Zeit Würde zu bewahren. Selbst wenn euch jemand beleidigt, von Angesicht zu Angesicht oder hinter eurem Rücken, müsst ihr euch davor hüten, euch mit ihnen anzulegen. Denn sonst werdet ihr versucht sein zu sündigen.

Satan ermuntert die Menschen dazu, zornig zu werden. Er benutzt dann den Zorn, um in dem anderen Menschen Zorn hervorzurufen, und so setzt sich das fort, bis beide Seiten voll von Hass (aufeinander) sind.

Er, der Teufel, inspiriert zu Hass, damit er Spaltung hervorrufen kann.

Spaltung ist das Gegenteil von Einheit. Einheit ist eine von Gott gegebene Gnade. Wenn Menschen als Einheit vereint sind und einander respektieren, ist Liebe anwesend. Liebe ist Gott (*), daher ist das eine von Gott inspirierte Einheit.

Satan verwendet den Hass, um zu verursachen, dass Nationen sich spalten, Ehen zerbrechen, Morde geschehen und bösartige Verbrechen gedeihen. Nachdem Satan besiegt worden sein wird, wird der Hass schließlich verbannt sein und es wird ihn auf der Welt nie mehr geben.

Liebe kann Hass verringern. Wenn ein Mensch auf euch böse ist, müsst ihr versuchen, mit Liebe zu antworten. Das zu tun, mag für euch vielleicht sehr schwer sein, aber mit Meiner Hilfe — so werdet ihr feststellen — wird der Hass schnell abgeschwächt sein.

Die Flamme der Liebe löscht das Feuer des Hasses. Sie beendet ihn. Liebe ist Gott, und weil Gott große Macht über das Tier hat, ist dies dann die Lösung, um das Tier aus eurem Leben zu vertreiben.

Es erfordert großen Mut, als Opfer gegen den Hass aufzustehen. Wenn ihr tut, um was Ich euch bitte, und Mich anruft, euch den Mut zu geben, dann könnt ihr den Hass besiegen.

Euer Jesus

(*) 1. Joh 4, 8: Gott ist die Liebe.

634. Ich rufe die Menschheit auf, sich auf Meine Große Barmherzigkeit vorzubereiten.
Montag, 3. Dezember 2012, 19:05 Uhr

Meine innig geliebte Tochter, mit all deiner Stärke und all deinem Mut rufe Ich die Menschheit auf, sich auf Meine Große Barmherzigkeit vorzubereiten.

Diejenigen von euch mit einem demütigen Herzen und einer reinen Seele: Ich rufe euch auf, für die Seelen jener zu beten, die während der „Warnung" sterben werden.

Wie sie doch eurer Gebete bedürfen! Wie Ich doch euer Leiden brauche! Beide Geschenke werden, wenn ihr sie Mir darbietet, diejenigen retten helfen, die durch ihren eigenen freien Willen nicht gerettet werden können.

Wenn Meine Flamme der Barmherzigkeit über die ganze Erde ausgegossen werden wird, werden viele jubeln, aber es wird eine schmerzvolle Zeit sein für die Sünder, die aufgrund ihres Stolzes außer Stande sein werden, Mich um Vergebung zu bitten. Ihre Reinigung wird schmerzhaft sein, und es wird viel Leiden ihrerseits brauchen, bis sie in Meinen Augen reingewaschen sein werden.

Wie sehr die bösen Herzen der Menschen doch aufgewühlt sein werden, und mit blankem Entsetzen in ihren Seelen werden viele vor Mir in Todesqual niedersinken. Sagt ihnen, dass, obwohl sie großen Schmerz erleiden werden, Milliarden Menschen rein werden an Herz und Seele. Dann werden sie für den großen Tag Meines Kommens vollkommen vorbereitet sein.

Meine Tochter, die Prüfungen Meiner Anhänger werden vor der „Warnung" zunehmen und intensiver werden.

Wenn ihr Mir solches Leiden aufopfert, werde Ich die Seelen von Millionen Menschen retten. Ich bitte euch, Mir diese eure Qualen nicht vorzuenthalten; denn große Wunder werden geschenkt werden trotz jener undankbaren Menschen, die keine Scham in ihrem Herzen haben wegen der Boshaftigkeit, deren sie schuldig sind.

Nicht ein einziger Mensch wird davor verschont bleiben, den Zustand seiner Seele zu sehen, wie sie in Meinen Augen erscheint.

Wenn sie den traurigen Zustand ihrer Seele sehen, werden sie sich zutiefst schämen. Denjenigen, die es aufrichtig bedauern, Gott beleidigt zu haben, wird vergeben. Sie werden sich einer Reinigung zu unterziehen haben, die sie mit Demut annehmen müssen.

Viele, viele Seelen werden Meine Hand der Barmherzigkeit annehmen. Doch für die Seelen, die eine Todsünde begangen haben: Sie werden so verhärtet sein, dass sie Meiner Barmherzigkeit ausweichen werden.

Dieses Kreuzzuggebet muss für die Seelen für die Zeit nach der „Warnung" gebetet werden.

Kreuzzuggebet (88) für die Seelen nach der „Warnung"

285

"O Heiligstes Herz Jesu, habe Erbarmen mit jedem von uns armen Sündern.

Erleuchte jene Herzen aus Stein, die so verzweifelt sind in ihrer Suche nach Führung.

Vergib ihnen ihre Gräueltaten.

Hilf ihnen, durch Deine Liebe und Barmherzigkeit, dass sie den Mut finden werden, Dein großes Geschenk der Erlösung zu ergreifen.

Ich bitte Dich inständig, allen Seelen zu vergeben, die die Wahrheit Gottes ablehnen.

Umgib sie mit Deinem Licht, lieber Jesus, so dass sie dieses blenden wird gegenüber der Boshaftigkeit und den Fallstricken Satans, der versuchen wird, sie für alle Ewigkeit von Dir zu trennen.

Ich bitte Dich, gib allen Kindern Gottes die Stärke, für Deine Große Barmherzigkeit dankbar zu sein.

Bitte öffne das Tor zu Deinem Königreich für alle verlorenen Seelen, die auf der Erde umherirren in einem Zustand der Hilflosigkeit und der Hoffnungslosigkeit. Amen."

Geht, Meine Jünger, und haltet euch an Meine Anweisungen, um eure Seelen auf Meine Göttliche Barmherzigkeit vorzubereiten.

Euer Jesus

635. Jungfrau Maria: Als die Mutter der Erlösung werde Ich euch und euren Familien helfen, Meinem Sohn geweiht zu werden.

Mittwoch, 5. Dezember 2012, 20:40 Uhr

Mein Kind, bitte sage Meinen Kindern, dass sie Mich, ihre geliebte Mutter anrufen sollen, damit Ich sie in dieser Zeit der Verwirrung und der Bedrängnis beschützen kann.

Mein Unbeflecktes Herz ist der Zufluchtsort, zu dem ihr euch hinwenden müsst, damit ihr durch Meine Fürsprache euren Glauben und euer Vertrauen auf Meinen Sohn erneuern könnt.

Ich werde euch zu Hilfe kommen, und Meine Tränen der Liebe und des Erbarmens mit jedem von euch werden fließen, und dann werdet ihr in eurem Herzen Frieden finden.

Mit Meiner Hilfe, an die ihr euch nach Möglichkeit täglich wenden sollt, wird Mein Sohn euch die notwendigen Gnaden geben, damit ihr Seiner Großen Barmherzigkeit würdig gemacht werdet.

Zögert niemals, Mich anzurufen, da Mir von Meinem Sohn ein besonderes Geschenk gegeben worden ist.

Ich werde euch helfen, eure Seele vorzubereiten, damit sie Meinem Sohn Freude bereitet.

Meine Hilfe wird euch stärker machen, und ihr werdet eine Nähe zu Meinem Sohn fühlen, die ihr als so trostreich empfinden werdet, dass ihr wieder zu Mir zurückkommen werdet, damit Ich euch behüten kann.

Als die Mutter der Erlösung werde Ich euch und euren Familien helfen, Meinem Sohn, Jesus Christus, geweiht zu werden.

Ihr dürft Meinen Sohn niemals fürchten, wie sehr ihr auch gesündigt habt, denn Er hofft und wartet immer, dass ihr Ihn anruft. Seine Barmherzigkeit übersteigt eure Vorstellungskraft.

Meine süßen Kinder, ihr dürft euer Gebet niemals verkomplizieren. Alles, was ihr tun müsst, ist, mit Meinem Sohn zu sprechen und Mich anzurufen, um Mir zu helfen, euch zu Ihm zu bringen.

Eure Himmlische Mutter
Mutter der Erlösung

636. Der Falsche Prophet hat bereits geplant, wie er die Amtsbereiche innerhalb der katholischen Kirche übernehmen wird.

Freitag, 7. Dezember 2012, 18:45 Uhr

Meine innig geliebte Tochter, da für den falschen Propheten die Zeit seines Auftretens naht, wurden von ihm und seinen Kohorten bereits Vorbereitungen getroffen, um diese Botschaften zu denunzieren.

Zahlreiche falsche Propheten dringen jetzt an jeder Ecke auf Meine Anhänger ein. Das wird nicht nur Verwirrung stiften, sondern sie werden auch die Kinder Gottes von Mir abwenden.

Während du weiterhin von verschiedenen Gruppen innerhalb Meiner Kirche abgelehnt werden wirst, werden sie sich Mir widersetzen, indem sie erklären werden, dass andere, selbsternannte Propheten, stattdessen der Menschheit die Wahrheit bringen.

Einer Meiner geistlichen Diener hat Mich verraten, ähnlich wie Judas vor ihm. Er wird wie ein Dorn in deiner Seite sein.

Während die Kreuzigung Meiner Kirche in ihren letzten Tagen beginnt, wird sich alles, was während Meiner Passion geschah, jetzt auf Erden wiederholen.

Zum Ersten wird Mein Heiliges Wort abgelehnt werden.

Dann wird Mein letzter Prophet in Gegenwart Meiner Heiligen Eucharistie verraten werden. Man wird dich, Meine Tochter, als eine Betrügerin hinstellen, durch einen dieser falschen Propheten, der das in einer katholischen Kirche vor Meinem Tabernakel tun wird.

Ihre blasphemischen Worte werden beklatscht werden von diesen Feinden Gottes, die in heilige Gewänder gekleidet sind.

Während dieser Zeit werden sich viele falsche Propheten bekannt machen, so dass ihre Stimmen die Meinige übertönen. Dann wird einer unter ihnen versuchen, dich zu vernichten.

Die Hand Meines Vaters wird auf diejenigen niederschlagen, die Seinen Propheten, die gesandt sind, um die Welt auf Mein Zweites Kommen vorzubereiten, etwas zuleide tun.

Unglücklicherweise werden sich viele bedauernswerte Seelen verleiten lassen. Nicht, dass sie dich, Meine Tochter, ableh-

nen werden, ist das Problem, sondern dass sie Seelen davon abhalten werden, gerettet zu werden.

Ich rufe diejenigen von euch, die Mich lieben, auf, genau auf die Worte der falschen Propheten zu achten. Beobachtet, wie sie von Priestern nicht in Frage gestellt werden, wie sie von ihnen gefördert werden und wie ihnen erlaubt werden wird, von den Kanzeln im Hause Meines Vaters Lügen zu predigen.

Diese Ereignisse werden weit verbreitet sein und sie werden, wie vorausgesagt, den Weg ebnen für den falschen Propheten, der bald kommen wird, um seinen Thron zu beanspruchen.

Die Abscheulichkeit, die der katholischen Kirche angetan werden wird, wird dann durch das Werk des Antichristen noch zusätzlich verschlimmert werden.

Diesen Menschen, der von Satan gesteuert wird, wird man als einen Freund Israels sehen. Dann wird er den Anschein erwecken, als würde er es mit der Unterstützung Babylons, das die Europäische Union ist, verteidigen.

Alle Kriege, die im Nahen Osten absichtlich angestiftet wurden, werden sich auf Europa ausdehnen.

Der Antichrist wird den Atheismus ausbreiten, hinter der Maske der Neuen Weltreligion, an deren Spitze der falsche Prophet stehen wird.

Meine Tochter, die Geheimnisse, die Ich dir betreffs der Identität des falschen Propheten und anderer Angelegenheiten offenbart habe, dürfen noch nicht enthüllt werden. Ihr sollt jedoch Folgendes wissen:

Der falsche Prophet, der erklären wird, ein Mann Gottes zu sein, hat bereits geplant, wie er die Ministerien innerhalb der katholischen Kirche übernehmen wird.

Er und der Antichrist arbeiten bereits gemeinsam, um auf der Welt Verwüstung zu verursachen, welche die Folge sein wird, nachdem der Gräuel in der katholischen Kirche ausgeführt worden ist.

Meine Anhänger, ihr dürft nicht auf diejenigen hören, die versuchen, eure Gebete zu stoppen. Ihr müsst euch fragen, welcher Mann Gottes würde das Sprechen von Gebeten, das Beten Meines Barmherzigkeitsrosenkranzes oder das Beten des Heiligen Rosenkranzes verhindern? Die Antwort ist: Ihr dürft keinem Menschen vertrauen, der versucht, euch vom Beten abzuhalten, selbst wenn er mit dem Ornat eines geweihten Dieners bekleidet ist.

Dies sind gefährliche Zeiten für Meine wahren Propheten, die immer abgelehnt werden. So könnt ihr erkennen, wer die wahren Propheten sind:

Ebenso wie Ich von den Priestern Meiner Tage abgelehnt, gequält, gegeißelt und schlecht gemacht worden bin, so werden auch Meine Propheten leiden.

Weist niemals die wahren Propheten zurück. Horcht auf die Gebete, die sie der Menschheit als ein Geschenk vom Himmel bringen werden. Wenn sie euch keine Gebete bringen, dann sind sie nicht von Mir gesandt worden.

Wenn sie von Priestern, Bischöfen und anderen geweihten Dienern mit offenen Armen willkommen geheißen werden, öffentlich in ihren Kirchen, dann sind sie nicht von Mir gesandt worden.

Erkennt Mich. Erkennt Meine Propheten. Sie werden das gleiche Leiden ertragen, das Ich ertragen habe. Sie werden von den Mitgliedern in Meiner Kirche, von Meinen Anhängern und anderen, die behaupten, in Meinem Namen zu sprechen, abgelehnt werden.

Ihr Los wird nicht leicht sein. Doch gerade aufgrund ihrer öffentlichen Ablehnung und der über sie verbreiteten bösartigen Verleumdungen, die sie werden erleiden müssen, werdet ihr Mich erkennen.

Geht jetzt und lasst nicht zu, dass eure Herzen von Lügnern getäuscht werden.

Euer Jesus

637. Die „Warnung" wird Gottes Kinder reinigen, in Vorbereitung auf Mein Zweites Kommen.
Samstag, 8. Dezember 2012, 11:40 Uhr

Meine innig geliebte Tochter, genauso wie Mein Vater die Welt auf Mein Erstes Kommen vorbereitet hat, so bereitet Er auch jetzt Seine Kinder auf Mein Zweites Kommen vor.

Der ganze Himmel jubelte, als Ich geboren wurde, denn sie wussten, dass Ich gesandt worden bin, um die Menschheit von der ewigen Verdammnis zu retten. Jetzt jubelt die Hierarchie aller Engel und aller Heiligen; denn jetzt sind die Vorbereitungen im Gange, um die Welt darauf vorzubereiten, Mich, Jesus Christus, den Menschensohn, noch einmal willkommen zu heißen.

Nur Mein Vater kennt die Daten, aber Ich kann euch sagen, dass es nicht allzu lange nach dem Eintreffen der „Warnung" stattfinden wird.

Das ist die Zeit, auf die Mein Vater geduldig gewartet hat. Endlich kann Er das Tier und seine Dämonen, welche die Erde durchstreifen und Seine Kinder quälen, in den Abgrund werfen.

Die „Warnung" wird Gottes Kinder reinigen, in Vorbereitung auf Mein Zweites Kommen.

Das ist notwendig, denn es wird bedeuten, dass sich viele Menschen jetzt um die Vergebung ihrer Sünden bemühen werden, Menschen, die das sonst nicht getan hätten.

Die Erdbeben, die Stürme, die Überschwemmungen und das für die Jahreszeit untypische Wetter werden zusammenwirken, um die Erde vom Gift zu reinigen. Das Land, das Meer und die Luft werden auch gereinigt werden, um für das Neue Paradies bereit zu sein, wenn Himmel und Erde als eine Einheit verschmelzen werden.

Alles wird gemäß den Göttlichen Plänen Meines Vaters sorgfältig organisiert. Sehr wenig ist bei den Menschen über die Göttlichen Gesetze bekannt, die das Königreich Meines Vaters auf Erden und im Himmel regeln.

Vieles ist euch durch die Propheten und durch Meine Lehren gelehrt worden. Doch vieles bleibt euch ein Mysterium. Wenn euch die Mysterien mit der Zeit offenbart sein werden, dann werdet ihr den Grund für das menschliche Leiden verstehen.

Viele von euch mit einem angelernten Wissen über Gott halten, so gut wie möglich, an den Geboten fest, die von Mir festgelegt worden sind.

Wisset, dass die Liebe, die Gott für Seine Kinder hat, alles theologische Denken übersteigt.

Dasselbe gilt für die einfache Seele, die echte Liebe für Mich, ihren geliebten Jesus, empfindet, ohne zu analysieren warum.

Indem ihr Mir vertraut und akzeptiert, dass Meine Liebe barmherzig und geduldig ist, wisst ihr auch, dass Ich die von Meinem Vater gemachten Verheißungen erfüllen werde.

Sein Göttlicher Wille wird letztendlich geschehen. Nur Sein Wille kann Frieden unter Seinen Kindern gewährleisten. Daran wird alles deutlich werden, so dass Seine ganze Schöpfung Ihn lieben wird und Seine Liebe und die Geschenke, mit denen Er Seine Kinder überschütten möchte, annehmen wird.

Die Welt hat gerade mal einen Bruchteil der von Meinem Vater geschaffenen Wunder flüchtig gesehen.

Seine Kinder haben noch nicht die wahre Herrlichkeit des Königreichs gesehen, die auf sie wartet.

Nach so viel Schmerz und Leid, das der Erde von den — von Satan angeführten — gefallenen Engeln mit Hilfe des Hasses zugefügt worden ist, wird jetzt alles gut werden.

Die letzte Schlacht wird die Vernichtung des Bösen endlich zum Abschluss bringen.

Die „Warnung" ist ein Wunder, das von Meinem Vater zugelassen wird, um sicherzustellen, dass so viele Seiner Kinder wie möglich in Mein Neues Königreich eingehen können.

Aufgrund des Glaubensabfalls und der Irrtümer in der Lehre, die von irregeführten geistlichen Dienern im Laufe der letzten vier Jahrzehnte verbreitet wurden, ist das der einzige Weg, um die Menschheit schnell zu vereinen.

Die Größe der Weltbevölkerung in dieser Zeit bedeutet, dass Milliarden durch dieses Wunder der Erleuchtung des Gewissens gerettet werden können.

Während sich die Zeit jetzt in die Große Drangsal hinein bewegt, werde Ich, das Lamm Gottes, der Welt die wahre Bedeutung des Inhalts der Siegel offenbaren, die Johannes gegeben wurden.

Das Buch der Wahrheit ist das Wort Gottes, das der Menschheit jetzt schon — bis heute — durch das Buch Meines Vaters gegeben ist. Es erinnert die Kinder Gottes an die Wahrheit, da so viele sie vergessen haben.

Es wird auch einige der Mysterien der Endzeit offenbaren, wie sie Daniel gegeben wurden, damit ihr alle vorbereitet seid, um mit eurem eigenen freien Willen ins Neue Paradies einzugehen.

Lehnt die Wahrheit, wie sie euch jetzt gegeben wird, nicht ab; denn das wäre so, wie wenn ein kranker Mensch die Behandlung seiner Krankheit ablehnen würde. Ohne die Wahrheit werdet ihr schlecht vorbereitet sein, um in Mein Neues Paradies einzugehen.

Euer Jesus

638. Das Feuer des Heiligen Geistes wird jeder in seinem Herzen fühlen.
Sonntag, 9. Dezember 2012, 19:00 Uhr

Meine innig geliebte Tochter, Ich will Meine Anhänger nicht erschrecken, sondern Ich möchte vielmehr euch allen die Liebe und das Erbarmen zeigen, das Ich für jeden Mann, jede Frau und jedes Kind in Meinem Herzen habe.

Aus Meiner Liebe für jedes einzelne der Kinder Gottes, einschließlich derjenigen, die sich dem Wort Gottes widersetzen, möchte Ich sie alle mit Meiner Flamme der Barmherzigkeit umgeben.

Seid bereit, denn bald werdet ihr Zeuge werden der Macht Gottes, Seines Göttlichen Eingreifens in der Welt, wenn Er alles, was existiert, zu einem fünfzehn Minuten lang dauernden Stillstand bringen wird.

Das Feuer des Heiligen Geistes wird jeder in seinem Herzen fühlen. Für diejenigen, die in einem Zustand der Gnade sind, wird es ein Gefühl der Freude, der Liebe und des Mitfühlens mit Mir, eurem Jesus, sein.

Für diejenigen in einem Zustand der lässlichen Sünde: Ihr werdet den Schmerz des Fegefeuers fühlen, aber ihr werdet bald gereinigt sein, und dann werdet ihr in eurem Herzen einen tiefen Frieden spüren und eine innige Liebe für Mich empfinden.

Für diejenigen von euch, die sich in Todsünde befinden: Ihr werdet das Elend und die Qual erleben, als ob ihr in die Feuer der Hölle getaucht worden wäret. Einige von euch, die sich in diesem Zustand der Sünde befinden, werden um Meine Vergebung und Mein Wohlwollen flehen, um ihr inneres Leiden zu beenden. Das werde Ich euch gewähren, wenn ihr in eurem Herzen wirkliche Reue empfinden könnt und akzeptieren könnt, dass eure Sünden Mir schmerzhafte Wunden und Qual bereiten, denn sie beleidigen Gott.

Dann wird es jene bedauernswerten, unglücklichen Seelen geben, die Mich anspucken werden, mit Mir kämpfen werden und Mir dann den Rücken kehren werden. Die panische Angst, die sie empfinden werden, kommt davon, dass ihre Seelen von Satan verseucht worden sind.

Sie werden nicht im Stande sein, den Schmerz auszuhalten, wenn ihre Augen Mein Licht sehen, und sie werden in die

Arme des Teufels laufen, in dessen Finsternis sie sich wohler fühlen.

Schließlich wird es diejenigen geben, die augenblicklich sterben werden, wegen des Schocks, den sie erfahren werden. Bitte, betet jeden Tag für diese Seelen, denn eure Gebete werden für sie den Zugang zu Meinem Königreich erlangen.

Das ist eines der größten Wunder, die den Kindern Gottes jemals gewährt wurden.

Mein Offenbarwerden für euch, während dieses Ereignisses, wird euch wachrütteln für die Tatsache, dass Meine Verheißung bald wahr werden wird, dass Ich wiederkommen werde, um die Menschheit zu retten, damit sie das herrliche Leben, das vor ihr liegt, erben kann.

Euer Jesus

639. Ich werde Gericht halten über Lebende und Tote, und nur diejenigen, die dessen würdig sind, können in Mein Königreich eingehen.

Montag, 10. Dezember 2012, 22:22 Uhr

Meine innig geliebte Tochter, bitte sage all denjenigen, die Meinen Lehren folgen, sie mögen sich Meine Verheißung vor Augen halten.

Ich habe deutlich gemacht, dass Ich wiederkommen werde, um Mein Königreich zu retten.

Mein Zweites Kommen wird erwartet, und diejenigen, die sich zur Kenntnis der Wahrheit, die im Buch Meines Vaters enthalten ist, bekennen, werden wissen, dass dieses Buch keine Unwahrheiten enthält.

Ich werde wiederkommen, wie vorausgesagt, und diese Zeit ist fast da.

Ich werde Gericht halten über Lebende und Tote, und nur diejenigen, die dessen würdig sind, können in Mein Königreich eingehen.

Es ist auch vorausgesagt worden, dass der Teufel einen Krieg auf Erden vorbereiten wird, um mit Meinem Vater um Seelen zu kämpfen.

Das ist ein Krieg, den er nicht gewinnen kann, und doch glauben viele von denjenigen, die ein Leben leben, das auf falschen Versprechungen beruht, dass euer irdisches Leben alles ist, worauf es ankommt. Die Täuschung, der viele Menschen erliegen, wird ihr Untergang sein.

Oh, wie Ich Mich danach sehne, dass diese Seelen ihre Augen rechtzeitig für die Wahrheit öffnen, bevor es für sie zu spät ist.

Mein Schmerz und Mein Kummer, wenn Ich Mir jene armen, getäuschten Seelen, die für Mich verloren sein werden, vor Augen halte, ist noch nie so intensiv gewesen wie jetzt. Das ist der Grund, warum Sühneseelen, auserwählte Seelen und diejenigen, die Meinem Heiligsten Herzen nahe sind, in diesem Augenblick solchen Schmerz fühlen. Ich leide durch sie, während die Zeit herannaht.

Alle Pläne Meines Vaters, Seine Kinder mit Seinem Siegel des Schutzes zu umhüllen und zu bedecken, sind an Ort und Stelle.

Er geht jeder Seele nach. Der Heilige Geist bedeckt in diesem Moment in der Geschichte so viele Seelen, um sie in Meine Heiligen Arme zu rufen.

Bitte, lehnt Meine Verheißung nicht ab. Akzeptiert, dass ihr, diese Generation, Zeugen Meines Zweiten Kommens sein werdet.

Das ist eine gute Nachricht. Meine Wiederkunft wird der Moment Meiner Verherrlichung sein, die all diejenigen erneuern wird, die Mich lieben. Und sie werden ein neues Leben beginnen, eine Zeit großer Herrlichkeit, wo sie in Licht und Liebe frohlocken werden.

Bitte fürchtet euch nicht.

Ich komme mit Großer Liebe.

Ich komme mit einem Großen Geschenk.

Ihr werdet in euer wahres Zuhause aufgenommen werden, und ihr werdet mit eurer eigenen Familie vereint sein.

Alle Kinder Gottes, die das Glück haben, in diese neue herrliche Existenz einzugehen, werden eins werden.

Überall wird Liebe sein. Kein Augenblick wird ohne Frieden, Freude, Lachen, Gemeinschaft, Staunen und ohne Anbetung Gottes sein.

Den Tod wird es nicht mehr geben. Der Hass wird tot sein.

Das Böse wird verbannt sein.

Die ganze Menschheit wird nicht mehr leiden, noch Schmerz noch Unvollkommenheit irgendeiner Art erfahren. Das ist Mein Neues Paradies. Die Zeit der Tränen wird vorüber sein.

Vertraut auf Mich, Meine Anhänger, denn der Schmerz und die Leiden, die ihr erfahrt, sind fast zu Ende. Ich weiß, wie sehr ihr wegen der ungerechten Regime leidet, unter denen ihr leben müsst. Das ist die Endphase, denn die Hand Meines Vaters wird jetzt dazwischenfahren.

Die Welt wird sich ändern. Das Alte wird weggeworfen werden, und eine Neue Morgendämmerung wird in Gottes ganzer Herrlichkeit heraufziehen, wenn Seine Macht regieren wird, wie es seit der Erschaffung der Welt hätte sein sollen.

Euer geliebter Jesus

640. Jungfrau Maria: Er, der so demütig ist, wird in großer Herrlichkeit und Pracht kommen, und Seine Große Barmherzigkeit wird die Erde überfluten.

Dienstag, 11. Dezember 2012, 21:00 Uhr

Meine lieben Kleinen, Mein Herz frohlockt, weil die Regentschaft Meines Sohnes sehr nahe ist.

Trotz all Seinem Leiden, Seiner Ablehnung durch undankbare Menschen und trotz des Glaubensabfalls, welcher die Erde bedeckt, wird Er der Menschheit große Herrlichkeit bringen.

Er wird auf einer großen Wolke kommen, und Seine Erhabenheit wird jede einzelne Seele überwältigen, die in Verzückung zu Seinen Füßen niederfallen wird.

Er, der so demütig ist, wird in großer Herrlichkeit und Pracht kommen, und Seine Große Barmherzigkeit wird die Erde überfluten.

Kinder, ihr müsst euch vorbereiten, denn ihr werdet große Stärke benötigen, um euch Ihm hinzugeben. Ihr müsst Demut zeigen und Ihn bitten, eure Seelen zu retten, damit ihr das Licht der Wahrheit sehen könnt.

Seine Große Barmherzigkeit wird von vielen von euch ergriffen werden. Andere werden jedoch Seine Gegenwart und das Große Geschenk, das Er bringen wird, ignorieren.

Betet, betet, betet für diejenigen, die sich weigern, die Existenz des ewigen Lebens zu akzeptieren, denn diese Menschen brauchen eure Hilfe. Es wird euch große Freude bereiten, wenn ihr Meinen Sohn von Herzen bitten könnt, diese Seelen zu retten.

Ihr, Meine Kinder, werdet bald das Ende eures Leidens erleben, denn Mein Sohn hat in Seiner Barmherzigkeit große Pläne mit jedem Menschen, der heute auf der Erde lebt.

Seid dankbar für das Geschenk des Lebens, das euch mit eurer Geburt gegeben worden ist.

Seid dankbar wegen des Geschenks des Ewigen Lebens, das Mein Sohn der Welt bald darbieten wird. Dieses Geschenk ist für jeden einzelnen Sünder bestimmt. Es wird von eurem freien Willen abhängen, ob ihr es annehmen werdet oder nicht.

Kommt zu Mir, Kinder, da Ich euch in den Zufluchtsort Meines Unbefleckten Herzens bringen werde und euch vorbereiten werde, damit Ich euch — für Sein Zweites Kommen bereit— zu Meinem Sohn hinbringen kann.

Eure geliebte Mutter

Mutter der Erlösung

641. Menschliches Denken ist sinnlos, wenn ihr versucht, das Ewige Leben zu definieren.

Dienstag, 11. Dezember 2012, 21:16 Uhr

Meine innig geliebte Tochter, während Advent gefeiert wird, rufe Ich Meine treuen Jünger auf, andere Menschen an die Wichtigkeit Meiner Geburt auf Erden zu erinnern.

Meine Geburt demonstrierte die unergründliche Liebe, die Mein Vater für Seine Kinder hat. Er opferte Mich, das Lamm Gottes, bereitwillig auf, damit jeder von euch ewiges Leben haben kann. Dieses Geschenk, das all denjenigen, die Mir nahe standen, schrecklichen Schmerz und Leiden verursachte, wurde der Menschheit mit Freude gegeben.

Das war die einzige Möglichkeit, die Menschheit von der Trostlosigkeit zu erlösen, der sie ausgeliefert war. Mein Name, Meine Gegenwart ist allen bekannt, aber nur wenige Menschen in der Welt glauben wirklich an Meine Existenz. Mein Tod am Kreuz, eine brutale und grausame Kreuzigung — sogar nach den in der damaligen

Zeit für Verbrecher geltenden Maßstäben —, bringt euch Frieden — sogar heute.

Jedem von euch ist aufgrund eurer Geburt der Schlüssel zur Freiheit, der Schlüssel zum Ewigen Leben in Meinem herrlichen Paradies gegeben worden. Viele von euch begreifen nicht, was das bedeutet. Das ist so, weil auf euch der Druck lastet, Mich öffentlich zu verleugnen. Wie viele von euch haben Angst zu sagen, dass sie an Mich glauben? Wenn ihr gebeten würdet, euren Glauben offen zu bekennen, würdet ihr dann zu Mir stehen und eure Treue zu Mir bekunden?

Viele von euch sagen, dass sie Mich nicht kennen würden, aber dass sie glauben würden, dass es Mich gibt. Ihr glaubt, dass es ein Leben nach der Zeit auf Erden gibt, die euch von Meinem Vater gewährt worden ist. Wisst ihr denn nicht, dass ihr, wenn ihr Mir den Rücken gekehrt habt, euch das Recht auf Mein Königreich selbst aberkennt?

Menschliches Denken ist sinnlos, wenn ihr versucht, das Ewige Leben zu definieren, denn euch ist nicht das notwendige Wissen gegeben worden, um die Mysterien der Schöpfung Meines Vaters zu verstehen. Doch euch ist durch Meine Lehren Mein Wort gegeben worden, das ist alles, und mehr braucht ihr nicht, um von Mir in ein Leben des ewigen Friedens, der Liebe und der Glückseligkeit aufgenommen zu werden. Dieses neue Leben gehört euch, und aufgrund der Liebe Gottes erwartet es euch, wenn ihr nur auf Meinen Ruf antworten würdet.

Ich, euer geliebter Jesus, euer Erlöser und König, bereite Mich jetzt darauf vor, Mich euch zu präsentieren, dann, wenn Ich komme, um euch alle zurückzuholen.

Meine Liebe ist in jedem von euch gegenwärtig. Schaut in euer Inneres und bittet Mich, das Feuer der Liebe zu entzünden, das für euch lebensnotwendig ist — genauso wie Sauerstoff — für ein Leben in diesem Neuen Paradies. Ihr braucht keine Angst davor zu haben. Freut euch doch auf Mich, denn Ich komme, um euch ewige Glückseligkeit zu bringen. Ich rufe euch auf, Mein Zweites Kommen mit Freude in eurem Herzen anzunehmen.

Euer Jesus

642. Diejenigen, die Mein Heiliges, durch die Propheten Gottes gesandte Wort, verraten, werden — und das verspreche Ich euch feierlich — den Zorn Gottes ernten.

Mittwoch, 12. Dezember 2012, 23:54 Uhr

Meine innig geliebte Tochter, wie es Mich doch betrübt, so viel Spaltung zu sehen, die Mein Heiliges Wort, das durch diese Botschaften vermittelt wird, verursacht hat.

Wenn Mein Wort, das an Visionäre und echte Propheten gegeben wird, der Welt bekannt gemacht wird, zieht es augenblicklich Kritik auf sich. Warum ist das so? Der Grund ist, dass Ich es bin, euer Jesus, Dessen Heiliges Wort immer angezweifelt und kritisiert werden wird, bevor es von Sündern als Irrlehre verurteilt wird.

Das menschliche Denken, obwohl es in der Rolle der Unterscheidung wichtig ist, hat beim Erkennen Meines Wortes eine nur sehr geringe Bedeutung.

Die Liebe, die Mein Wort in einer Seele entfacht, die ohne Bosheit, rein und demütig ist, wird nicht und kann nicht geleugnet werden. Durch diese Seelen gewähre Ich euch das Geschenk, dass ihr Mich erkennen könnt. Diese Seelen werden — zusammen mit dem Propheten, den Ich auserwählt habe, um Mein Wort zu vermitteln — Meinen Kelch des Leidens annehmen müssen.

Ich bitte euch, euch von den Verlockungen der Welt zu lösen und euch Mir zu weihen, denn dies ist ein sehr rauer und einsamer Weg, wenn ihr Mir folgt.

Wenn ihr in Meinem Namen herausgefordert werdet oder wenn die Stimmen Meiner wahren Propheten verspottet werden und man erklären wird, dass sie nicht von Gott kämen, dann sage Ich euch:

Würdigt solche Angriffe keinerlei Antwort. Schweigt in eurem Leiden.

Die Stimme Gottes wird jetzt über die Welt regieren und wird es nicht zulassen, dass irgendjemand euch von der Wahrheit abbringen wird, was sehr wichtig ist, damit Ich euch arme, hilflose Sünder in Meine Heiligen Arme bringen kann, um euch zu trösten.

Ich bringe euch Frieden. Streit, Kritik und öffentliches Autoritätsgehabe durch diejenigen, die Mein Wort einerseits öffentlich verkünden und auf der anderen Seite andere Menschen in Meinem Namen verurteilen, dürfen nicht akzeptiert werden. Diese Art von Verhalten kommt nicht von Gott. Es kommt aus dem Geist des Bösen.

Vergesst nicht, dass es nicht Meine Propheten sind, die ihr verletzt. Ich bin es, den ihr beleidigt.

Ihr macht euch der Zeitvergeudung und der Beeinträchtigung des Werkes des Heiligen Geistes schuldig. Euch wird nicht erlaubt werden, die Seelen jener zu opfern, die ihr euch erdreistet, in Meinem Namen in die Irre zu führen.

Ihr, die ihr gegen Mich sündigt, indem ihr verhindert, dass das Wort Gottes in diesen Zeiten gehört wird, werdet verworfen werden. Meine Geduld ist erschöpft. Meine Sorgen groß. Mein Schmerz unerträglich. Ihr versucht, Meine Anhänger zu täuschen, die eine höchst wichtige Rolle beim Anführen Meiner Restarmee spielen. Dafür werdet ihr bestraft werden.

Ich ersuche euch eindringlich, Mich zu bitten, zu euch zu kommen, damit Ich euch Trost geben kann; denn — täuscht euch nicht — ihr seid aufgewühlte Seelen und eure Sünden sind Mir bekannt.

Eure Arroganz verletzt und beleidigt Meinen Vater. Eure Bereitwilligkeit, eure eigene Seele zu opfern wegen eures Ehrgeizes, als Mein intelligenter und Respekt einflößender Sprecher gesehen zu werden, ist in Meinen Augen widerlich.

Diejenigen, die Mein Heiliges, durch die Propheten Gottes gesandte Wort, verraten, werden — und das verspreche Ich euch feierlich — den Zorn Gottes ernten. Eure Strafe wird schnell erfolgen. Eure Zeit ist begrenzt. Ihr habt nur noch wenig Zeit, um zu entscheiden, welchem Herrn ihr nun tatsächlich dient.

Euer Jesus

643. Demut ist mehr als nur die Annahme des Leidens. Sie ist ein machtvolles Mittel, um das Böse zu besiegen.

Donnerstag, 13. Dezember 2012, 18:11 Uhr

Meine innig geliebte Tochter, das Geschenk der Demut muss man sich verdienen. Es darf niemals mit Feigheit verwechselt werden.

Aufgrund Meiner eigenen Demut wurde Satan überwunden und somit verlor er das Recht, alle Seelen zu gewinnen und sie mit der ewigen Verdammnis zu verfluchen.

Satan ist arrogant, prahlerisch, betrügerisch und voller Eigenliebe und Hass. Die Schlacht um Seelen wurde durch den Akt der Demut gewonnen, als Ich, der König der Menschheit, zuließ, dass Ich herabgesetzt, gefoltert, verachtet, verspottet und von — mit dem Hass Satans verseuchten — Sündern gequält wurde.

Es ist für das Tier unmöglich, Demut zu fühlen. Er, Satan, wusste um die Macht Gottes und wie hart sein Kampf gegen Seine Kinder sein würde. Er erwartete, dass Ich nicht nur das Wort Gottes öffentlich verkünden, sondern auch Meine Autorität unter den Menschen demonstrieren würde, indem Ich Mich vor ihnen in einer majestätischen Erhabenheit bekannt machen würde. Sogar für diesen Fall war er von seinem Sieg über Meine Mission überzeugt.

Was er aber nicht erwartet hatte, war, dass Ich es ablehnte, Meine Henker zu verurteilen, oder die Demut, die Ich zeigte. Die Tatsache, dass Ich es unterließ, Mich mit Meinen Peinigern zu beschäftigen, bedeutete, dass sie keine Macht über Mich hatten. Indem Ich die Geißelung, den Spott und die Verfolgung erduldete, wurde die Macht des Teufels nur weiter geschwächt. Er hatte das niemals erwartet und versuchte alles, einschließlich physischer Folter, um Mich dazu zu veranlassen, Mich von der Menschheit loszusagen.

Dadurch, dass Ich Meinen Tod annahm, und aufgrund des von Meinem Vater gebrachten Opfers, Meine Kreuzigung zuzulassen, wurden die Menschen von der Sünde befreit.

Dies war die erste Schlacht, die gefochten und gewonnen wurde. So wird auch die zweite Schlacht gefochten werden, um die Menschheit zurück in Mein Königreich zu bringen, damit sie sich des ewigen Lebens erfreuen kann.

Er, das Tier, und alle seine gefallenen Engel führen viele Seelen in Versuchung, so dass viele getäuscht werden und Meine Existenz nicht akzeptieren. Viele der Menschen, die Meine Existenz akzeptieren, kämpfen hart, aufgrund der Versuchungen, denen sie ausgesetzt sind, Meinen Ruf vom Himmel in dieser Zeit zu ignorieren.

Dann gibt es diejenigen, die sich als Diener in Meiner Kirche ausgeben und die — zusammen mit der elitären Gruppe — planen, Millionen von Menschen zu vernichten. Sie werden das tun, indem sie Mein Wort blockieren, und danach durch physische Verfolgung. Ihren endgültigen Verrat an den Kindern Gottes werden alle sehen.

Die Seelen, um die Ich Mich am meisten sorge, sind jene Atheisten und junge Menschen, denen die Wahrheit nicht gelehrt worden ist. Ich bitte euch alle dringend, ihr, die ihr Mich, euren Jesus, anerkennt: Bringt sie zu Mir. Ich umgebe sie mit Meinem Licht und Meinem Schutz und Ich werde mit dem Teufel um diese Seelen kämpfen, bis hin zur letzten Sekunde.

Ihr müsst vorwärts marschieren, Meine tapferen Jünger, und versuchen, das Böse, das euch umgibt, nicht durchzulassen. Wenn ihr euch mit denjenigen beschäftigt, die unbedingt diese Mission stoppen wollen, dann werdet ihr Mich im Stich lassen.

Warum, mögt ihr euch fragen, wollen sich diese Leute unbedingt Meinem Wort in den Weg stellen? Die Antwort ist: So ist es immer gewesen, dort, wo Ich wandle, wo Ich spreche und wo Ich anwesend Bin.

Werdet aktiv und bleibt in Meiner Nähe. Meine Macht wird euch bedecken, und ihr werdet geschützt sein. Aber wendet eure Augen nicht von Mir ab, denn es gibt viele, die euch drohen werden, euch beleidigen werden und die versuchen werden, euch zu Fall zu bringen. Wenn ihr die arroganten, aber ungezügelten, verbalen Schimpftiraden hört, die sie euch entgegenschmettern, dann werdet ihr wissen, was zu tun ist.

Je entschlossener eure Gegner versuchen, euch zu überzeugen, dass nicht Ich es bin, Jesus Christus, der König der Menschheit, der jetzt mit euch spricht, desto klarer werdet ihr dann wissen, dass Ich wirklich unter euch anwesend Bin.

Ich gehe mit euch, wenn ihr in Meiner Nähe bleibt. Wenn ihr schweigt und auf diesen Hohn nicht eingeht, werdet ihr stark bleiben. Lasst jene, die laut schimpfen und Mein Heiliges Wort verspotten, tun, was sie tun. Betet für sie so innig, denn sie bedürfen eurer Hilfe. Seht es folgendermaßen:

Schaut auf alle diese Menschen so, als ob sie in einem Raum versammelt wären und nur kleine Kinder wären. Wenn ihr auf kleine Kinder schaut, fühlt ihr eine tiefe Liebe wegen ihrer Verwundbarkeit. Ihr seht das Vertrauen, das sie für ihre Eltern und ihre Betreuer haben, und ihr fühlt euch aufgrund der Liebe, die ihr in eurem Herzen für sie habt, überwältigt.

Einige Kinder werden sich so benehmen, wie man es ihnen beigebracht hat, dass man sich benimmt. Andere zeigen sich den anderen Kindern gegenüber grausam. Und obwohl ihr über ihr Verhalten vielleicht entsetzt sein mögt, wisst ihr, dass ihr sie zu-

rechtweisen müsst und sie dann, wenn sie sich weiterhin weigern, sich richtig zu benehmen, bestrafen müsst. Vor allem aber liebt ihr sie noch immer, was sie auch tun, da sie die kostbaren Kinder liebevoller Eltern sind.

Das ist die Art, wie Mein Vater für all Seine Kinder fühlt. Es spielt keine Rolle, was sie tun, denn Er liebt sie noch immer. Aber Er wird es nicht erlauben, dass einige Seiner Kinder Seine anderen Kinder vernichten, und Er wird sie bestrafen, aber nur, damit Er Seine Familie wieder vereinen kann.

Wenn ihr für diejenigen, die Gott beleidigen und die Seine Kinder verletzen, betet, dann bereitet ihr Satan schreckliches Leid, denn er muss die Umklammerung lockern, in der er den Menschen, für den ihr betet, hält.

Demut ist mehr als nur die Annahme des Leidens. Sie ist ein machtvolles Mittel, um das Böse zu besiegen. Indem ihr für diejenigen betet, die euch quälen, bringt ihr Mir ein großes Geschenk wahrer Liebe. Eine besondere Liebe zu Mir, eurem Jesus.

Ich werde euch weiterhin unterweisen, Meine Jünger, damit ihr stark und Meinen Lehren treu bleiben werdet. In diesen Zeiten des großen Glaubensabfalls müssen Mein Heiliges Evangelium und Meine Botschaften, die jetzt gegeben werden, um euch vorzubereiten, weltweit verbreitet werden, in Meinem Kampf zur Rettung von Seelen.

Euer Jesus

644. Ich Bin ein allvergebender Gott, der gern bereit ist, euch die Freiheit von den Sünden zu schenken, die euch gefangen halten.

Samstag, 15. Dezember 2012, 21:45 Uhr

Meine innig geliebte Tochter, Ich habe den Wunsch, Meine Hand denjenigen hinzustrecken, die in dieser Zeit in ihrem Leben bekümmert sind.

Ich rufe diejenigen von euch auf, die tief in der Sünde sind und die in Verzweiflung sind, weil sie nicht daran glauben, jemals Trost zu finden aufgrund der Qualen, die sie durchmachen. Ihr mögt vielleicht einer schweren Sünde schuldig sein, einschließlich Mord, Abtreibung, Gewalt, sexueller Verdorbenheit, oder ihr mögt euch vielleicht auch mal mit dem Okkultismus befasst haben, aber wisst ihr denn nicht, dass ihr nichts anderes tun müsst, als euch Mir zuzuwenden und Mich zu bitten, euch zu helfen?

Ich Bin ein allvergebender Gott, der gern bereit ist, euch die Freiheit von den Sünden zu schenken, die euch gefangen halten. Diese Sünden können aus eurem Leben verbannt werden. Alles, was ihr dazu braucht, ist Mut. Vergesst nicht, dass es nicht eine einzige Sünde gibt, außer der Sünde der Gotteslästerung gegen den Heiligen Geist, von der Ich euch nicht lossprechen werde.

Nicht die Tatsache, dass Sünder keine lange Zeit in einem Zustand der Gnade bleiben können, ist es, was euch davon abhält,

Meine Vergebung zu suchen. Es ist vielmehr der Gedanke, dass Ich euch das nie verzeihen könnte, der euch von Mir fern hält.

Meine Barmherzigkeit ist so groß, dass sie denjenigen geschenkt werden wird, die darum bitten.

Ich rufe euch alle, die ihr euch Meiner Existenz unsicher seid. Ich bitte euch, Mir zu vertrauen. Indem ihr euch Mir anvertraut, mit Mir kommuniziert und Mich bittet, euch zu vergeben, werdet ihr die Antwort erhalten, die ihr ersehnt.

Ich werde antworten, und ihr werdet dies in eurem Herzen fühlen, wenn ihr das Kreuzzuggebet um die Gnade Meiner Barmherzigkeit für elende Sünder betet.

Kreuzzuggebet (89) „Für elende Sünder"

„Lieber Jesus, hilf mir armen, elenden Sünder, zu Dir zu kommen, mit Reue in meiner Seele.

Reinige mich von den Sünden, die mein Leben zerstört haben.

Gib mir das Geschenk eines neuen Lebens, frei von den Fesseln der Sünde, und gib mir die Freiheit, die meine Sünden mir verweigern.

Erneuere mich im Licht Deiner Barmherzigkeit.

Birg mich in Deinem Herzen.

Lass mich Deine Liebe fühlen, damit ich mit Dir vertraut werden kann und damit meine Liebe zu Dir entzündet wird.

Hab Erbarmen mit mir, Jesus, und bewahre mich frei von Sünde.

Mach mich würdig, in Dein Neues Paradies einzugehen. Amen."

Denkt daran: Nicht deshalb, weil Seelen würdig sind, in Mein Königreich einzugehen, erhalten sie Versöhnung, sondern vielmehr, weil Meine Barmherzigkeit so groß ist, dass Ich jeden einzelnen Sünder retten kann, wenn sie nur den erforderlichen Mut fassen würden, Mich um Hilfe zu bitten.

Ich liebe euch alle mit unvergänglicher Leidenschaft. Lehnt niemals Meine Liebe ab noch Meine Barmherzigkeit, denn ohne sie werdet ihr tiefer in die Sünde sinken, und ihr bleibt für Mich verloren.

Wenn ihr dieses Gebet sprecht, werde Ich auf eine solche Weise antworten, dass es euch schwer fallen wird, euch wieder von Mir abzuwenden.

Euer geliebter Jesus

645. Ich bringe Hoffnung. Ich bringe Barmherzigkeit. Ich bringe Erlösung.

Sonntag, 16. Dezember 2012, 23:20 Uhr

Meine innig geliebte Tochter, es ist wichtig, dass Meine Jünger wegen Meiner Botschaften an euch in dieser Zeit die Herzen ihrer Freunde und Angehörigen nicht in Angst versetzen.

Ich komme in dieser Zeit zu euch allen, um mit euch vom Himmel aus zu sprechen, um euch vorzubereiten. Ich tue das mit Liebe und Freude in Meinem Herzen.

Ich komme, um denjenigen zu helfen, die an Mich glauben, damit sie bereit sein werden, Mich in dem Stande der Gnade anzunehmen, der notwendig ist, um mit Mir in Meinem Königreich zu regieren.

Ich komme auch, um diejenigen eindringlich zu bitten, die die Bedeutung von Gottes Schöpfung nicht verstehen können, besonders jene Seelen, die sich alles in ihrem Leben mithilfe von menschlichem Denken erklären. Sie glauben nur an das, was sie sehen oder berühren können. Diese selben Seelen werden die Lügen derjenigen akzeptieren, von denen sie glauben, dass sie in ihren Gesellschaften und Nationen respektiert werden müssen. Wie leicht sie doch den Lügen von Menschen aufsitzen und wie schwach sie doch sind, indem sie die Wahrheit ihrer Schöpfung ablehnen.

Meine Aufgabe ist, euch allen zu helfen. Nicht zu drohen, sondern euch näher an Mich zu ziehen, damit ihr Trost erhalten werdet.

Mein Königreich ist euer Zuhause. Ihr dürft euch nicht unter Druck gesetzt fühlen, eure Familie abzulehnen, um euer Herz mit dem Meinigen vereinen zu können. Bringt stattdessen eure Familie durch eure Gebete zu Mir. Viele werden euch verletzen, wenn ihr die Wahrheit Meines Wortes öffentlich verkündet. Aber das ist in Ordnung. Fordert sie nicht heraus und versucht nicht, sie gegen ihren Willen zu zwingen. Ich werde sie in Mein Licht des Schutzes nehmen, wenn ihr Mein Kreuzzuggebet „Um die Gnade der Immunität" betet (Litanei 2).

Ich Bin voller Liebe zu euch. Diejenigen, die an Mich glauben, werden durch Mein Zweites Kommen außerordentlich getröstet werden. Jene anderen Seelen können durch eure Gebete gerettet werden. Das ist der Grund, warum Ich euch jetzt vorbereite. Nämlich, um euch alle zu retten, damit ihr den Neuen Himmel und die Neue Erde genießen könnt.

Ich bringe Hoffnung. Ich bringe Barmherzigkeit. Ich bringe Erlösung. Ich bringe den Letzten Bund, das Letzte Zeitalter zum Abschluss, was die Erfüllung des Willens Meines Vaters sein wird.

Fürchtet Mich niemals, denn Ich Bin eure Familie, die durch Mein Fleisch und Mein Blut, durch Mein Menschsein ebenso wie durch Meine Gottheit verbunden ist.

Seid in Frieden, Meine geliebten Anhänger. Ruht an Meiner Schulter, denn Meine Liebe und Barmherzigkeit ist größer, als irgendjemand von euch weiß. Dies ist eine Zeit, um zu frohlocken, nicht um bekümmert zu sein, denn Ich habe euch das Geschenk der Erlösung gegeben. Dieses Geschenk gilt euch ebenso wie denjenigen, die verloren sind. Es gilt für jeden.

Euer geliebter Jesus

646. Die Macht des Todes über die Menschheit wird endgültig gebrochen sein.

Montag, 17. Dezember 2012, 12:15 Uhr

Meine innig geliebte Tochter, der Tag, an dem Ich komme, um Mein Erbe einzufordern, das Mir von Meinem Vater versprochen ist, wird plötzlich und unerwartet da sein.

Obwohl Ich die ganze Menschheit auf dieses große Ereignis vorbereite, wird der Tag unerwartet kommen. Die Zeit, wo das Tier in den Abgrund geworfen werden wird, ist nahe, und dann werden die zwölf Nationen Frieden und Einheit genießen.

Während dieser Zeit werden die Heiligen im Himmel und all jene, die in Meinem Wohlgefallen gestorben sind, mit den Gerechten, welche die Drangsal überleben werden, erhoben werden. Alle werden auferstehen und ihnen wird das Geschenk eines vollkommenen Leibes gegeben werden, dem der Tod, wie er der Menschheit seit der Sünde Adams bekannt ist, nichts anhaben kann. Sie werden Frieden und Wohlergehen genießen unter Meiner spirituellen Herrschaft, bis Mein Königreich Meinem Vater übergeben wird.

Das wird die Erste Auferstehung sein und ihr wird eine tausendjährige Herrschaft vollkommener Harmonie folgen, dem Göttlichen Willen Meines Vaters entsprechend.

Während dieser Zeit werden die Sünder, die Mich abgelehnt haben, leiden. Die Zweite Auferstehung ist der Menschheit nicht bekannt noch sind irgendjemandem außer dem Propheten Daniel und Johannes dem Evangelisten die Details offenbart worden.

Diese Geheimnisse werden euch rechtzeitig offenbart werden, aber jetzt sollt ihr noch keine Kenntnis davon haben.

Die Macht Gottes wird sich zeigen, wenn die Schlacht zur Rettung von Seelen Erfolg haben wird. Die Macht des Todes über die Menschheit wird endgültig gebrochen sein. Das ist Mein Versprechen. Ich werde die Prophetien erfüllen, die von Meinem Vater gegeben worden sind.

Diejenigen unter euch, die verwirrt sind, habt keine Angst. Alles liegt jetzt in Meinen Heiligen Händen, aber seid versichert, alles, was zählt, ist die Vergebung der Sünden. Das wird sein, wenn ihr Mich alle um das Geschenk der Tilgung eurer Sünden bittet. So einfach ist das.

Eure Liebe zu Mir wird als Frucht das Geschenk des Lebens hervorbringen. Der Tod, wie ihr ihn kennt, wird über euch keine Kontrolle oder Macht mehr haben. Begrüßt doch eure Zukunft mit Freude in eurem Herzen, denn es ist das größte Geschenk Gottes, und nur jenen Seelen, die es verdienen, wird ein solcher Reichtum vermacht werden. Seid im Frieden. Vertraut auf Mich. Liebt Mich. Das ist alles, was zählt.

Euer Jesus

647. Jungfrau Maria: All diejenigen, die die Abtreibung fördern und die für deren Einführung verantwortlich sind, machen sich einer Todsünde schuldig.

Dienstag, 18. Dezember 2012, 18:45 Uhr

Mein liebes Kind, die höchstheilige Schöpfung Meines geliebten Vaters, das Leben jener Babys im Mutterleib, soll überall auf der Welt millionenfach zerstört werden.

Der Teufel hat die Regierungen in allen Teilen der Welt beeinflusst, um sicherzustellen, dass die Abtreibung nicht nur akzeptiert wird, sondern dass sie auch noch als etwas Gutes angesehen wird.

Wie viele Tränen werden doch jetzt im Himmel vergossen! Alle Engel und Heiligen senken voll Kummer ihr Haupt.

Gottes Kinder werden in großer Zahl umgebracht werden, während die Zeit der Großen Drangsal beginnt.

Kriege, Hungersnöte, Morde und Selbstmorde werden zunehmen. Aber gerade die Sünde der Abtreibung ist es, mit der ihr mehr als durch fast alle anderen Sünden den Zorn Meines Vaters auf euch zieht.

Länder, welche die Abtreibung stillschweigend gutheißen, werden durch die Hand Gottes außerordentlich leiden. Ihre Länder werden weinen angesichts ihrer Strafe. All diejenigen, die für die Einführung solch einer abscheulichen Tat verantwortlich sind, werden viel Gebet brauchen.

Mein Kind, es ist wichtig, dass jeder an jedem Freitag bis zur letzten Woche im Januar 2013 Meinen Heiligen Rosenkranz betet, um die Ausbreitung der Abtreibung zu stoppen.

Jedes Kind, das im Mutterleib ermordet wird, wird im Königreich Meines Vaters ein Engel. Sie beten jeden Tag für jede Mutter, die bewusst und ohne Zögern eingriff, um das Leben des Kindes in ihrem Leib zu beenden. Ihre Gebete werden verwendet, um die Seelen ihrer Mütter zu retten.

All diejenigen, die die Abtreibung fördern und die für deren Einführung verantwortlich sind, machen sich einer Todsünde schuldig.

Betet, betet, betet für diese Sünder, da sie der Barmherzigkeit Gottes dringend bedürfen.

Eure geliebte Mutter
Mutter der Erlösung

648. Meine Flammen der Barmherzigkeit werden bald — Feuerzungen gleich — auf jede Seele herabkommen.

Dienstag, 18. Dezember 2012, 19:30 Uhr

Meine innig geliebte Tochter, es ist für jeden Meiner Anhänger an der Zeit zu verstehen, dass Meine Barmherzigkeit nicht mit Angst angenommen werden muss.

Ich komme nicht, um Gottes Kindern während der „Warnung" etwas zuleide zu tun oder über sie Gericht zu halten. Ich komme einzig und allein, um sie vorzubereiten, indem Ich ihnen in ihrem Herzen die Wahrheit offenbare.

Nur wenn ihr auf Meine Liebe und Meine Gottheit vertraut, könnt ihr echte Freude und wahren Frieden fühlen. Wenn ihr Angst in eurem Herz aufkommen lasst, dann werdet ihr nicht im Stande sein, Mein Geschenk anzunehmen. Freut euch, denn Ich liebe euch alle.

Die Zeit, Meine Geburt zu feiern, ist wichtig, da immer weniger Nationen Meinen Namen dulden. Wenn ihr Meine Geburt feiert, anerkennt ihr eure eigene Erlösung.

Ich habe euch das Geschenk der Freiheit gegeben. Teilt jetzt die Wahrheit mit anderen Menschen ohne Angst in eurem Herzen.

Wenn für die ganze Welt die Zeit kommt, das in aller Öffentlichkeit vor sich gehende Ereignis Meines Zweiten Kommens mit eigenen Augen zu sehen, werdet ihr es bereuen, Mein Wort nicht unter den verlorenen Seelen verbreitet zu haben.

Bitte bereitet eure Herzen und eure Seelen vor, damit sie in Erwartung Meiner Verheißung, dass Ich wiederkommen werde, gereinigt werden können.

Nutzt diese Zeit für das Gebet. Verbringt Zeit mit eurer Familie und mit denjenigen, die euch nahe stehen. Helft denjenigen, die an Körper und Geist leiden.

Meine Flammen der Barmherzigkeit werden bald — Feuerzungen gleich — auf jede Seele herabkommen. Ihr dürft nicht in Furcht stehen bleiben oder euch Sorgen machen. Alles, um was Ich bitte, ist, dass ihr zu jeder Zeit bereit seid.

Euer Jesus

649. Satan wird während Meiner Regentschaft gebunden sein und wird Gottes Kinder nicht länger täuschen.

Mittwoch, 19. Dezember 2012, 12:30 Uhr

Meine innig geliebte Tochter, die Welt muss wissen, dass das Zeitalter des Friedens der Höhepunkt Meiner Verheißung sein wird, wo Ich über den Neuen Himmel und die Neue Erde regieren werde. Dies wird eine geistige Regentschaft sein, und Meine Kirche, das Neue Jerusalem, wird im Frieden sein, und Mein Wort wird unter allen Nationen gehört werden.

Satan wird während Meiner Regentschaft gefesselt sein und wird Gottes Kinder nicht

länger täuschen. Diese Regentschaft wird nicht symbolisch sein, sondern eine Regentschaft, wo der Baum des Lebens Liebe und Frieden atmen wird, so dass all jene, die gesegnet sind, Mein Neues Paradies zu genießen, den Tod nicht erleiden werden. Selbst dann nicht wenn Satan freigelassen werden wird, wenn auch nur für eine kurze Zeit am Ende dieser Periode.

Mein Plan stimmt mit dem Willen Meines Vaters überein, und kein Mensch hat das Recht, den Willen Gottes abzulehnen.

Macht keinen Fehler; ihr müsst das Wort Gottes, das im Buch Meines Vaters enthalten ist, annehmen, denn, wenn ihr das nicht tut, dann werdet ihr hinsichtlich der Prophetien, die den Menschen seit Anbeginn der Zeit gegeben werden, getäuscht werden.

Folgt einzig und allein Meinem Weg. Nehmt Meine Verheißung an. Zweifelt nicht an Mir, denn damit würdet ihr Mich beleidigen. Entweder ihr nehmt Mich als euren Erlöser an und vertraut voll und ganz auf Mich — oder ihr lasst es überhaupt bleiben.

Mein Wort ist die Wahrheit. Die Wahrheit wird, wenn sie von jeder auf Erden lebenden Seele angenommen wird, der Schlüssel zur Freiheit und zu den Toren Meines Neuen Paradieses sein.

Euer Jesus

650. Ich starb für euch. Darum müsst ihr Mir jetzt vertrauen.

Mittwoch, 19. Dezember 2012, 21:00 Uhr

Meine innig geliebte Tochter, Ich muss dich warnen, dass die Kritik an dir und an Meinem Wort, das dir in dieser Zeit gegeben wird, zunehmen wird.

Du darfst dich nicht ablenken lassen oder Zweifel aufkommen lassen, die dich davon abhalten, jedes einzelne Wort, das Ich dir gebe, weiterzugeben. Die Menschen dürfen niemals die Prophetien bezweifeln, die seit der Zeit des Moses überliefert werden. Nicht eine einzige Prophetie enthält Lügen.

Jetzt, wo Ich der Welt die Geheimnisse und Meine Pläne für die Menschheit offenbare, die euch bis heute nicht zugänglich waren, wendet euch nicht ab. Denn Ich präsentiere euch jetzt viele Dinge, die euch noch bevorstehen, über die ihr, Meine Jünger, informiert werden müsst, damit ihr es nicht verabsäumt, euch auf Meine Wiederkunft in Herrlichkeit vorzubereiten.

Lasst nicht zu, dass sich irgendjemand das Geschenk des ewigen Lebens, das Ich bringe, selbst verweigert. Diejenigen unter euch, die das Glück haben, in das Neue Zeitalter einzugehen, wo Himmel und Erde eins werden, müssen dem Weg der Wahrheit folgen.

Jetzt ist die Zeit, dass euer Glaube an Mich, euren Erlöser, wahrlich herausgefordert und geprüft werden wird. Ihr werdet bald stark unter Druck gesetzt werden, Meine Botschaften abzulehnen. Jede Anstrengung wird unternommen werden, um euch zu zwingen, Mein Wort abzulehnen und zu erklären, dass die Wahrheit eine Häresie (Irrlehre) sei.

Richtet eure Gedanken jetzt auf Meine Geburt. Auf die Lehren, die Ich der Menschheit gegeben habe, damit sie lernen kann, wie man seine Seele vorbereitet. Auf das Opfer, das Ich durch Meinen Tod am Kreuz gebracht habe, um die Seelen zu retten.

Ich starb für euch. Darum müsst ihr Mir jetzt vertrauen.

Ich Bin das Licht, das auf den Weg niederscheint, den ihr gehen müsst. Auf beiden Seiten dieses Weges werden Dämonen an euch zerren, euch quälen und versuchen, euch zu veranlassen, denselben Weg, den ihr gekommen seid, zurückzugehen, hinein in die Finsternis. Sie werden das durch den Spott anderer Menschen tun, die euch wegen eurer Treue zu diesen Botschaften zerreißen werden.

Ihr müsst in stiller Meditation bleiben, Mein Wort lesen und Meine Gegenwart fühlen. Erlaubt Meinem Heiligen Geist, euer Herz zu beruhigen und fühlt, wie Meine Liebe euch einhüllt. Wenn sich euer Schmerz aufgrund dieser Mission verstärkt, dann wisst, dass ihr in der vollen Vereinigung mit Mir, eurem Jesus, seid.

Gebt niemals auf. Weist Meine Hand der Barmherzigkeit nicht zurück. Erlaubt Mir, euch zu umarmen, damit Ich euch den Mut geben kann, den ihr braucht, um diese Reise mit Mir fortzusetzen, bis hin zu dem Tag, an dem Ich komme, um euch zu belohnen.

Euer geliebter Jesus

651. Gott der Vater: Die Zeit für den großen Umbruch — zum Wohle aller — ist gekommen.

Donnerstag, 20. Dezember 2012, 19:15 Uhr

Meine liebste Tochter, Ich rufe alle Meine Kinder auf, den Namen Meines eingeborenen Sohnes, Jesus Christus, hochzuhalten und Ihm die Ehre zu erweisen, die Ihm unter der Menschheit gebührt.

Meine Engel in Meinem Heiligen Königreich singen laut schallend Jubellieder aufgrund der Barmherzigkeit, die allen durch Meinen Sohn gewährt werden soll.

Dieses große Göttliche Geschenk wird dazu verwendet werden, die Finsternis zu überwinden, welche die Welt bedeckt. Durch Mein Göttliches Eingreifen werde Ich im Stande sein, die meisten Meiner Kinder zu retten.

Dieses Weihnachtsfest, eine Zeit großer Freude, da ihr die Geburt des Erlösers feiert, den Ich der Welt geschenkt habe, ist ein Wendepunkt in der Geschichte der Menschheit.

Als euer Vater segne Ich euch alle und schenke euch mit einem tiefen Erbarmen dieses große Geschenk der Barmherzigkeit. Ich sammle euch, Meine ganze Schöpfung, damit Ich euch von jedem Zweifel, jeder Sünde und jeder Gotteslästerung gegen die Gesetze Meines Königreichs reinigen kann.

Diese große Reinigung der Erde wird einige Zeit brauchen, aber Ich werde diese Zeiten der Verfolgung beschleunigen. Euer Leiden durch die Hände korrupter Regierungen, die Meine Gebote nicht akzeptieren, wird schwer sein, aber es wird nicht allzu lange andauern.

Ich werde all Meinen Feinden Zeit geben, ihre Augen für die Wahrheit des herrlichen Paradieses zu öffnen, das Ich euch erwartungsfroh enthüllen will.

Freut euch. Preist Meinen Sohn, denn Seinetwegen präsentiere Ich das Neue Paradies, wo sich die Regentschaft, die Ich Ihm versprochen habe, verwirklichen wird.

Die Zeit für den großen Umbruch — zum Wohle aller — ist gekommen. Meine Macht wird in ihrer ganzen Stärke und Glorie gezeigt werden, damit die Welt sie bezeugen kann.

Ich Bin der Anfang. Ich Bin das Ende. Mein Neues Königreich, das Neue Paradies, wird endgültig das Alte ersetzen. Die Erde hatte durch die Sünde von Adam und Eva an Glanz verloren. Die vollkommene Schöpfung des Menschen wurde zerstört, als die Sünde dem Geschenk der Unsterblichkeit ein Ende setzte. Bald werde Ich alles wenden, was durch das Gift von Satan und seinen Dämonen besudelt worden ist. Sie werden nicht länger die Herren der Versuchung sein. Ich werde jetzt Meinen Sohn senden, damit Er den Thron zurückfordert, der für Ihn geschaffen worden ist.

Die Schlacht um diesen Thron ist erbittert, aber Meine Macht wird siegen und jedes Wunder wird angewandt werden, um Meine Familie sicher zurück in das Göttliche Heiligste Herz Meines Sohnes zu bringen.

Ihr, Meine Kinder, seid verloren gegangen und voll Schmerz. Jetzt sende Ich Meinen Sohn, um den Prozess ins Rollen zu bringen, euch in euer rechtmäßiges Zuhause zu bringen.

Ich liebe euch, Meine liebsten Kinder. Ich habe euch niemals im Stich gelassen, auch wenn es verzeihlich wäre, wenn ihr so gedacht hättet.

Ihr seid jetzt aufgerufen. Kein Mensch wird von dieser Ankündigung aus dem Himmel ausgeschlossen werden.

Betet, Kinder, dass alle auf die Barmherzigkeit Meines Sohnes antworten werden.

Euer geliebter Vater
Gott, der Allerhöchste

652. Meine Liebe zur Menschheit wird von vielen gefühlt. Traurigerweise werden diejenigen, die nicht nach ihr suchen, sie auch nicht finden.
Freitag, 21. Dezember 2012, 22:20 Uhr

Meine innig geliebte Tochter, Mich zu lieben, ist einfach. Ihr müsst nicht die Heilige Schrift wissenschaftlich studiert haben. Alles, was ihr tun müsst, ist Folgendes:

Ruft Mich an, selbst wenn ihr über Meine Existenz im Zweifel seid. Ich werde euch unvermutet mit Meiner Gegenwart erfüllen. Ihr werdet eine Liebe fühlen, die ihr noch nie zuvor gefühlt habt. Und dann werdet ihr Die Wahrheit kennen.

Ich Bin real. Ich Bin da und Ich liebe jeden von euch. Echte Liebe durchbohrt euer Herz mit einem kraftvollen Empfinden von Verbundenheit. Es ist ein wechselseitiges Geschenk. Ihr werdet Mich lieben und ihr werdet euch fragen: Wie kann das sein?

Meine Liebe zur Menschheit wird von vielen gefühlt. Traurigerweise werden diejenigen, die nicht nach ihr suchen, sie auch nicht finden. An diejenigen, die merken, dass sie sich noch immer von Mir entfernen: Alles, was ihr tun müsst, ist, Mich anzurufen, damit Ich eure Seele erleuchten kann.

Meine Geburt verkündete den Beweis der Liebe Meines Vaters zur Menschheit. Er sandte Mich, euren Erlöser, aufgrund Seiner Liebe zu euch.

Die Liebe ist nicht etwas, das ihr jemals als selbstverständlich betrachten solltet, denn sie ist das größte Geschenk aus Gottes Händen. Sie übertrifft jedes andere Gefühl und kann Böses besiegen, wenn ihr sie nur mit beiden Händen ergreifen würdet.

Mein Geist der Liebe, Mein Schutz, bedeckt euch in dieser besonderen Zeit. Ihr gehört Mir. Ich bin in eurem Herzen. Alles, was ihr tun müsst, ist zuzulassen, dass Meine Liebe euch erfüllt: denn wenn ihr das tut, werdet ihr wirklichen Frieden empfinden.

Ich segne euch alle.

Euer Jesus

653. Mein Wort wird wie ein Schwert sein, das durch Verwirrung und Lügen schneiden wird.
Freitag, 21. Dezember 2012, 22:50 Uhr

Meine innig geliebte Tochter, jetzt ist die Zeit gekommen, Meine Lehren und Meine Heiligen Botschaften in jeden Winkel der Welt hinein zu verbreiten.

Ich werde sicherstellen, dass das der Welt versprochene Buch der Wahrheit in jeder Nation und jeder Sprache bereit stehen wird.

Meine Jünger und Meine geweihten Diener werden aus allen vier Ecken der Erde predigen.

Milliarden werden Meinem Wort folgen, und viele werden endlich das Heilige Evangelium lesen.

Dem Buch Meines Vaters wird man sich wieder zuwenden, und Mein Wort wird wieder gelesen werden.

Jetzt werden Meine Botschaften von heute, die im Buch der Wahrheit enthalten sind, die Nahrung sein, welche die Kinder Gottes dann nähren wird, wenn es in Zukunft als ungesetzlich gelten wird, das Heilige Wort Gottes zu lesen.

Ihr, Meine Jünger, müsst diejenigen bekehren, die Mich nicht kennen. Wenn sie nicht wissen, wer Ich Bin, dann können sie sich nicht richtig auf Mein Neues Königreich vorbereiten.

Mein Wort wird wie ein Schwert sein, das durch Verwirrung und Lügen schneiden wird. Es wird das Denken, die Herzen und die Seelen aller berühren.

Einige werden Zeit brauchen, um Mein Wort zu verdauen, aber der Großteil der Weltbevölkerung wird die Wahrheit annehmen, sobald sie ihnen gegeben wird.

Bitte betet um den Mut, die Stärke und den Willen, um das zu tun, was Ich von euch erbitte. Erinnert sie daran, dass Ich für sie starb. Sagt ihnen, dass die Zeit, wo Ich wiederkommen werde, bald da ist. Ermutigt sie, indem ihr sie über das große Geschenk des Neuen Paradieses aufklärt, das Ich im Begriff bin zu offenbaren.

Sagt ihnen, dass Ich jetzt komme, um sie zu retten und um ihr Leiden zu beenden.

Euer Jesus

654. Ich überflute euch heute mit diesem besonderen Segen.
Samstag, 22. Dezember 2012, 20:36 Uhr

Meine innig geliebte Tochter, Weihnachten ist Mein Geschenk an die Menschheit. Dank dieses Tages wurde für die sterblichen Menschen ewiges Leben möglich.

Ich, Jesus Christus, der Erlöser der Welt, begrüße euch alle, ihr Kinder Gottes, herzlich im Königreich, das Mir von Meinen Vater versprochen worden ist.

Ich kam in die Welt, und nur wenige erkannten Mich. Meine Geburt veränderte die Zukunft. Meine Verheißung wurde von Meinen Anhängern akzeptiert. Sie wussten, dass Ich wiederkommen würde, hatten aber keine Ahnung wann. Sie hörten auf Meine Lehren, obwohl viele von ihnen Menschen ohne Bildung waren. Sie waren arm und lebten ein einfaches Leben. Und doch waren sie diejenigen, die Mich willkommen hießen.

Das gleiche gilt für heute, wo Ich euch auf Mein Zweites Kommen vorbereite. Es werden jene Seelen mit einer schlichten Liebe zu Mir sein, die ihre Herzen für Mein Rufen öffnen werden. Und es werden unter euch diejenigen mit einem demütigen Herzen und einer reinen Seele sein, die Meine Jünger von heute sein werden. Durch euch wird — ebenso wie es damals war, als Ich auf Erden wandelte — Mein Wort gehört und geglaubt werden.

Ich überflute euch heute mit diesem besonderen Segen. Ich wünsche sehr, dass ihr durch dieses Kreuzzuggebet Meinen Segen des Schutzes annehmt, um Mich, den Messias, zu begrüßen, wenn Ich Mein Neues Königreich offenbaren werde.

Kreuzzuggebet (90) „Mein Dank für Dein Glorreiches Zweites Kommen"

„O mein Jesus, ich bringe Dir Preis und Dank für Dein Glorreiches Zweites Kommen.

Du, mein Erlöser, wurdest geboren, um mir Ewiges Leben zu geben und mich von der Sünde zu erlösen.

Ich opfere Dir meine Liebe, meinen Dank und meine Anbetung auf, da ich meine Seele auf den großen Tag Deiner Ankunft vorbereite. Amen."

Geht jetzt und bereitet euch vor. Denn die Zeit ist kurz, und vieles muss getan werden, um alle Seelen zu retten.

Ich bringe euch an diesem besonderen Tag Frieden, Liebe und Freude.

Euer Jesus

655. Die Familieneinheit und deren Zerstörung sind die Wurzel von allem.

Sonntag, 23. Dezember 2012, 15:30 Uhr

Meine innig geliebte Tochter, viele Meiner geweihten Diener werden jetzt einer schrecklichen Herausforderung gegenüberstehen. Es wird eine Herausforderung sein, die sie überzeugen wird, einen von zwei unterschiedlichen Wegen einzuschlagen. Es wird Sache jedes Einzelnen sein — aufgrund seines eigenen freien Willens —, für welchen Weg er sich entscheiden muss. Denn der Gräuel wird sich in Kürze zeigen.

Viele Meiner geweihten Diener werden sich nicht sofort dessen bewusst sein, was geschieht. Erst wenn sie die Briefe lesen, die ihnen von denjenigen in hohen Stellungen gegeben werden, werden sie ihre Schwierigkeiten haben.

Diejenigen, die Mein Heiliges Wort hochhalten, das den Menschen durch das Geschenk der Bibel gegeben worden ist, werden herausgefordert und genötigt sein, Änderungen zu akzeptieren. Diese Änderungen werden ihnen vorgesetzt werden, und man wird von ihnen erwarten, dass sie diese schlucken und sie als Die Wahrheit akzeptieren. Diese Änderungen laufen auf eines hinaus:

Sie werden diese Meine heiligen, gottgeweihten Diener dazu drängen, zu akzeptieren, dass die Sünde toleriert werden soll.

Ihnen wird gesagt werden, dass Gott ein immer barmherziger Gott sei und dass Er jeden liebe. Ja, dieser Teil des Gesagten ist wahr. Aber dann werden sie angewiesen werden, Gesetze gutzuheißen, die in Meinen Augen ein Gräuel sind. Die Familieneinheit und deren Zerstörung sind die Wurzel von allem.

Von anderen wird verlangt werden, eine neue Art der Zeremonie zu akzeptieren, welche die Messe und die Gegenwart Meiner Heiligen Eucharistie ersetzen wird.

Sie wird als ein alles umfassender Schritt gelten, um alle Christen und andere Religionen zu einer einzigen Religion zu verbinden. Dies wird der Anfang vom Ende sein.

An dem Tag, an dem die täglichen Messopfer unterbunden werden, werden alle Ereignisse ihren Lauf nehmen, wie sie Johannes dem Evangelisten vorausgesagt worden sind. Es wird die Zeit sein, wo sich das Tier erheben wird, und sein Einfluss wird groß sein. Er (Satan) wird die Herzen und Seelen vieler Priester erobern. Sein Ziel ist es, alle Messen abzuschaffen und die Heilige Eucharistie zu entweihen.

Er tut dies bereits durch schwarze Messen, die in vielen katholischen Kirchen gehalten werden. Der Kern abtrünniger Diener verschwört sich gegen Meine Kirche, und er wird viele verführen.

Seid auf der Hut. Öffnet eure Augen und bittet Mich um die Stärke, die ihr jetzt brauchen werdet, um euch gegen diesen abscheulichen und niederträchtigen Plan zu erheben.

Dieser Kampf innerhalb Meiner Kirche auf Erden wird brutal sein. Priester gegen Priester. Bischof gegen Bischof. Kardinal gegen Kardinal.

Macht es bekannt, dass solche unter euch sind, Meine heiligen Diener, die ihr Mich kennt und Mich liebt. Ich werde euch lenken. Ich werde euch führen. Ich werde euch die Stärke geben, euch mit diesen Feinden Gottes auseinanderzusetzen. Ihr seid nicht allein.

Ihr dürft niemals auf Lügen hören, die euch in Meinem Heiligen Namen vermittelt oder präsentiert werden. Nur noch in eurem Herzen werdet ihr die Wahrheit erkennen. Hört auf euer Herz. Bleibt all dem gegenüber treu, was euch als Gebot Gottes gelehrt worden ist.

Wenn euch irgendetwas präsentiert wird, was anscheinend im Widerspruch zu Meinen Lehren steht, dann müsst ihr euch abwenden.

Euer Jesus

656. Jungfrau Maria: Der Tag, an dem Ich der Welt einen Erlöser brachte, änderte das Schicksal der Menschheit.

Montag, 24. Dezember 2012, 18:00 Uhr

Mein Kind, der Tag, an dem Ich der Welt einen Erlöser brachte, änderte das Schicksal der Menschheit.

Wie jede andere Mutter auch liebte Ich dieses kleine Kind leidenschaftlich. Aber es gab eine besondere Gnade, die Mir von Meinem Vater gegeben worden war. Das war die Gnade des Schutzes. Ich schützte Meinen Sohn — von Beginn an — in einer Art und Weise, die anders war. Ich wusste, dass Er der verheißene Messias war, und deshalb war Mir eine ganz besondere Verantwortung übertragen worden, obwohl Ich keine Ahnung hatte, welche Größe diese Verantwortung beinhalten würde.

Ich durfte nicht von Anfang an erkennen, dass Mein Sohn, der Erlöser, der von Gott gesandt worden war, um die Menschheit vor den Feuern der Hölle zu retten, getötet werden würde. Dieser Teil Meiner Mission kam wie ein schrecklicher Schock und Mein Schmerz kann nicht beschrieben werden, so intensiv war er.

Ich litt durch Meinen Sohn, in Ihm und mit Ihm. Sogar heute fühle Ich Seinen Schmerz und Seinen Kummer darüber, dass in der Welt von heute an der Existenz Meines Sohnes gezweifelt wird. Als die Mutter der Erlösung ist es Meine Pflicht, Meinem Sohn beizustehen bei Seinem Plan, Seelen zu retten.

Dies ist die Zeit der Flut; dies ist die Zeit für schnelle und plötzliche Veränderungen. Während Kriege ausbrechen werden und aus der Asche ein großer Krieg entstehen wird, wird Gottes Plan an Geschwindigkeit zunehmen, um Seine Gegenwart unter allen Nationen und allen Rassen wachzurufen.

Mein Kind, Ich bitte dich dringend, den Hochheiligen Rosenkranz zu beten, während Ich heute weine. Meine Tränen, die du gerade gesehen hast, sind für jene Seelen, die Meinen Sohn nicht anerkennen werden. Gerade jene Christen, die sagen, dass sie Jesus Christus als Erlöser akzeptieren, und die Ihn beleidigen, indem sie nicht zu Ihm beten, machen Ihn am meisten traurig.

Die Ausbreitung des Atheismus ist wie eine schreckliche Epidemie, die über die Erde fegt. Gott ist nicht vergessen worden, vielmehr wird Seine Existenz absichtlich ignoriert. Seine Gebote werden aus euren Ländern verbannt. Seine Kirchen werden nicht geehrt. Seine geweihten Diener sind zu ängstlich und nicht mutig genug, Sein Heiliges Wort öffentlich zu verkünden.

Die Erde wird sich jetzt verändern, sowohl physisch als auch im Geiste. Die Reinigung hat begonnen. Die Schlacht wird zwischen denjenigen, die dem Teufel folgen, und der Rest-Kirche Gottes ausgetragen werden.

Diejenigen, die Meinem Sohn treu sind, müssen Mich, eure geliebte Mutter der Erlösung, immer anrufen, damit Ich euch Meinem geliebten Sohn weihen kann und euch somit viele, dringend benötigte Gnaden gewährt werden können. Ihr müsst wie ein Soldat Jesu Christi vorbereitet sein. Eure Waffenrüstung muss stärker gemacht werden, denn eure Rolle ist die eines Kreuzfahrers und ihr werdet gegen große Grausamkeit und Ungerechtigkeit marschieren müssen.

Geht in Frieden, Kinder, und bleibt im täglichen Gebet, da die Veränderungen beginnen, damit die Erlösung der Menschheit erlangt werden kann.

Alles wird gemäß dem Heiligen Willen Meines Vaters getan werden, durch Seinen eingeborenen Sohn, Jesus Christus. Euch, Meinen Kindern, die ihr um Meine Hilfe bittet, wird großer Schutz für eure Nationen gewährt werden.

Eure geliebte Mutter
Mutter der Erlösung

657. Es wird eine große Flut geben. Ihr werdet auch kleinere Fluten in anderen Ländern sehen.

Dienstag, 25. Dezember 2012, 19:20 Uhr

Meine innig geliebte Tochter, Mein Plan zur Erlösung der Welt begann in Meiner Zeit, und zwar am 22. Dezember 2012.

Diese Zeit in der Welt ist Meine Zeit, da Ich alle Kinder Gottes sammle, als eine Einheit, da die große Schlacht beginnt.

Diese Periode der großen Drangsal wird einige Zeit dauern. Die Kriege werden eskalieren, bis der große Krieg erklärt sein wird, und die Welt wird sich verändern.

Alle Nationen werden die Änderungen sehen. Ihr müsst darauf vorbereitet sein und es akzeptieren, denn all diese Dinge müssen vor Meinem Zweiten Kommen geschehen.

Es wird eine große Flut geben. Ihr werdet auch kleinere Fluten in anderen Ländern sehen.

Weltweit wird sich das Klima zu verändern beginnen, und euer Wetter wird anders sein, in einer Art, die euch sonderbar vorkommen mag.

Dies ist für all diejenigen, die ihre Augen für die Wahrheit geöffnet haben, eine Zeit, um den Weg für Mich zu ebnen, damit Ich alle in Meinen Heiligen Armen willkommen heißen kann.

Habt keine Angst, denn Meine Liebe wird vieles abschwächen und eure Gebete können und werden viele dieser Dinge sowie die von dem Tier geplanten Gräueltaten abmildern.

Euer Jesus

658. Gott der Vater: Bald wird ein neues Licht, eine neue Sonne, gesehen werden.

Donnerstag, 27. Dezember 2012, 18:20 Uhr

Meine liebste Tochter, dies ist eine Botschaft von großer Hoffnung für alle Meine Kinder.

Die Zeit für die Veränderungen, wie sie vorausgesagt worden sind, wenn die Erde kippen wird und die Pole sich verschieben werden (englisch: when the earth will turn = wörtlich: wenn sich die Erde drehen wird), wenn die Planeten sich ändern werden und das Klima nicht länger vorhersagbar sein wird, ist gekommen.

Meine Große Macht zeigt sich jetzt im Himmel wie auch auf Erden, da Ich die Schlacht gegen Meine Feinde führe. Satan und seine Dämonen werden besiegt, aber sie stellen eine schreckliche Verteidigungsfront auf. Damit drängen sie Meine armen Kinder, deren Herzen mit politischem und weltlichem Ehrgeiz erfüllt sind, in eine bestimmte Rolle, während sie versuchen, Meine Kinder zu kreuzigen.

Der Mensch ist schwach. Der Mensch ist leicht verführbar. Aufgrund seiner Blindheit gegenüber der Wahrheit, die von Mir vom Anbeginn der Schöpfung festgelegt worden ist, glaubt der Mensch an Lügen. Er glaubt die Lügen, die vom Teufel ausgespieen werden, denn er lässt sich durch die Versprechen von Macht und Vergnügen anziehen.

Meine Kinder müssen das herrliche und prächtige Licht Meines Königreichs anerkennen. Du, Meine Tochter, hast dieses Licht gesehen, und du weißt um Seine Macht. Du kennst die Macht Gottes und wie sie dich umhüllt. Kannst du dir vorstellen, wie es sein wird, wenn Mein Neues Paradies offenbart wird? Du Meine Tochter, hast gerade mal einen kurzen Blick auf einen kleinen Bruchteil dieses herrlichen und funkelnden Lichtes geworfen.

Es ist wichtig, das Licht Meines Sohnes in eurem Herzen willkommen zu heißen. Wenn ihr Ihn einladet, euch zu retten und euch in Sein Heiligstes Herz zu nehmen, werdet ihr dieses Licht fühlen.

Das Licht der Neuen Morgendämmerung — des Neuen Zeitalters — wird langsam, aber sicher die Welt erhellen. Bald wird ein neues Licht, eine neue Sonne, gesehen werden. Sie wird größer sein und wird die Ursache großen Staunens sein.

Dies ist ein Zeichen Meiner Macht und Meiner Erhabenheit. Es wird ein Wunder sein und wird beweisen, dass der Mensch das Geheimnis der Schöpfung nicht vollständig versteht.

Allein Ich, Gott, der Schöpfer des Universums, befehle allem, was ist. Allem, was sein wird. Allem, was sein kann. Kein Mensch, kein Wissenschaftler, kann diese äußerst heiligen Geheimnisse entschlüsseln, denn es steht dem Menschen in dieser Zeit nicht zu, sie zu verstehen.

Die Wunder Meiner Schöpfung und die Stärke Meiner Macht werden der Welt gezeigt werden. Kein Mensch mache den Fehler zu glauben, dass Satan und seine bösen Anhänger irgendeine Macht hätten, euch die Wunder zu bringen, die Ich für jede einzelne Kreatur geschaffen habe. Ich habe versprochen, die Wahrheit zu offenbaren, damit ihr, Meine Kinder, die Spinnweben wegwischen könnt, die eure Augen bedecken.

Wenn der Tag kommt, an dem ihr letztendlich die Wahrheit annehmen werdet, werde Ich euch die herrlichsten Reichtümer, Gnaden und ein Leben gewähren, das ihr euch niemals vorstellen könntet, denn es übersteigt eure Vorstellungskraft bei Weitem.

Ich bin glücklich, euch heute diese Botschaft der Hoffnung zu vermitteln. Ich hoffe, sie bringt euch große Glückseligkeit und Frieden.

Meine Verheißung, euch zu eurem endgültigen Erbe zu bringen, wird bald eine Wirklichkeit werden.

Euer liebender Vater
Gott, der Allerhöchste

659. Wissen kann euch sehr häufig für die Wahrheit blind machen.

Freitag, 28. Dezember 2012, 6:05 Uhr

Meine innig geliebte Tochter, nur wenn euer Herz Mir gegenüber offen ist, könnt ihr Mein Licht erfahren und die Wahrheit anerkennen.

Viele sagen, dass sie um die Gabe der Unterscheidung gebeten hätten und dass sie zum Heiligen Geist gebetet hätten, um diese zu erhalten. Nicht allen, die darum bitten, wird die Erkenntnis gegeben, welche sie jedoch benötigen, um diese kostbare Gabe zu empfangen. Doch werden sie sagen, dass sie diese hätten. Dann beleidigen sie Mich, indem sie behaupten, dass Mein Heiliges Wort ihnen ein ungutes Gefühl verursache. Sie behaupten, dass die Bedenken zwangsläufig bedeuten würden, dass Meine Heiligen Botschaften vom bösen Geist kämen.

Denjenigen von euch, die stolz verkünden, ihre verdrehte Interpretation Meines Heiligen Wortes, das euch durch diese Bot-

schaften gegeben wird, sei falsch, habe Ich Folgendes zu sagen:

Wann kamt ihr zuletzt nackt und unbedeckt vor Mein Angesicht? Ohne hinter dem Schutzschirm des Stolzes zu sein? Wann kamt ihr auf euren Knien vor Mein Angesicht und habt Mich angerufen, dass Ich euch wirklich führen möge, ohne dass ihr zuerst mit den Händen eure Ohren zugehalten hättet, weil ihr nicht hören wollt? Wisst ihr nicht, dass Ich euch nur dann mit der Gabe der Unterscheidung erleuchten werde, wenn ihr ohne irgendeine eigene, vorgefasste Meinung vor Mein Angesicht kommt? Ihr könnt nicht von den Ketten des intellektuellen Stolzes befreit werden, die euch blind machen für die Wahrheit geistigen Wissens, solange ihr nicht frei von allem menschlichen Stolz seid.

Zu denjenigen unter euch, die Jahre mit dem Studium der Heiligen Schrift verbringen und die von sich denken, dass sie darin gut bewandert seien — und dass sie deshalb würdiger seien, Mein Wort zu definieren —, ihr müsst noch einmal nachdenken:

Kenntnisse des Buches Meines Vaters qualifizieren euch in keiner Weise mehr als den Bettler von der Straße ohne Ausbildung in geistigen Dingen. Wissen kann euch sehr häufig für die Wahrheit blind machen. Wissen, das auf eurer eigenen menschlichen Interpretation des Buches Meines Vaters beruht, bedeutet nichts, wenn es darum geht, das Wort Gottes zu verstehen.

Diejenigen von euch, die sich damit brüsten, den Heiligen Schriften Gottes in der Weise eines Gelehrten zu folgen, und dies dann verwenden, um Mein Wort, das heute der Welt gegeben wird, zu bestreiten, machen sich einer Sünde schuldig. Eure Sünde ist die Sünde des Stolzes. Ihr verletzt Mich, denn euer Stolz ist euch mehr wert als die Liebe zu Mir in ihrer einfachsten Form.

Die Liebe zu Mir, eurem Jesus, kommt aus dem Herzen. Seelen, die Meines Königreiches würdig sind, erkennen Meine Stimme schnell. Seelen, die sich Meinem Wort widersetzen und andere dazu ermuntern, Mich nach außen hin abzulehnen, stehen unter dem Einfluss des bösen Geistes. Ihr widert Mich an. Eure abscheulichen Stimmen, mit denen ihr lauthals ruft und stolz eure Würdigkeit erklärt, die auf eurer Kenntnis der Heiligen Schrift beruhe, werden zum Schweigen gebracht werden.

Meine Geduld ist endlos, aber für diejenigen von euch, die vor Mir stehen und Meinen Plan der Erlösung vorsätzlich beeinträchtigen, ihr werdet innerhalb eines Augenblicks in die Wildnis geworfen werden.

Euer Jesus

660. Habt niemals Angst vor Mir, denn Ich komme in Frieden.

Samstag, 29. Dezember 2012, 19:36 Uhr

Meine innig geliebte Tochter, wiederum sage Ich euch allen, Meine lieben Jünger, habt keine Angst. Auch wenn es für euch erschütternd sein mag, die bevorstehenden Ereignisse mitanzusehen, vergesst nicht diese Meine Heiligen Worte, die euch jetzt gegeben werden.

Meine Liebe zur Menschheit ist so groß, dass Ich leicht jede Sünde vergebe, wie beleidigend sie auch sein möge, sobald der Sünder echte Reue zeigt. Habt niemals Angst vor Mir, wenn ihr Mich aufrichtig liebt, denn Ich beschütze euch zu jeder Zeit. Ja, ihr werdet in Meinem Namen leiden, wenn ihr Mir nachfolgt. Aber dies ist etwas, was ihr akzeptieren müsst. Dies ist ein solch kleiner Preis, den ihr für die Herrlichkeit zahlen müsst, die vor euch liegt.

Diejenigen jedoch, die vor Mir hergehen, in ihrem irrigen Glauben, dass sie der Gegenwart Gottes in ihrem Leben nicht bedürfen, haben sich sehr wohl zu fürchten. Diese Sünder, die niemals Reue zeigen werden — denn sie glauben, dass sie ihr eigenes Schicksal selbst im Griff haben —, werden in den Abgrund fallen. Dies, nämlich die Falle, die der Teufel für sie aufgestellt hat, kann mit einer tickenden Zeitbombe verglichen werden. Mit jeder weiteren Minute, in der sie sich nicht um Mich kümmern, verkürzt sich ihre Zeit. Ihre Zeit, sich in Meinen Augen zu retten, ist knapp.

Wisst, dass sich jetzt die beiden Armeen für die Schlacht um Seelen aufgestellt haben, um sich auf den Krieg vorzubereiten. Die Zeit schreitet voran; seid daher bitte zu jeder Zeit bereit.

Habt niemals Angst vor Mir, denn Ich komme in Frieden. Fürchtet jedoch das Tier, das scheinbar in Frieden kommt, aber tatsächlich kommt, um euch zu vernichten. Er, der Teufel, und seine Anhänger auf Erden sind diejenigen, vor denen ihr euch fürchten solltet. Nicht vor Mir.

Euer Jesus

661. Er wird — durch die Macht des Okkultismus — etwas bewirken, was wie eine Heilung von unheilbar kranken Menschen aussehen wird.

Sonntag, 30. Dezember 2012, 17:50 Uhr

Meine innig geliebte Tochter, Ich möchte dir sagen, dass die Veränderungen, welche die Welt auf Mein Zweites Kommen vorbereiten werden, jetzt bald von der ganzen Welt gesehen werden.

Die Kriege im Nahen Osten werden sich beschleunigen und sich ausbreiten. Sie werden den Westen ebenso wie den Osten einbeziehen. Der Aufruhr wird von dem „Mann des Friedens", dem Tier, dem Antichristen unterbrochen werden. Viele werden — mit der Zeit — glauben, dass er Gott, der Messias sei; so viel Macht wird er scheinbar besitzen. Seine Fähigkeiten sind ihm vom Vater des Bösen, von Satan, verliehen worden.

Er wird — durch die Macht des Okkultismus — etwas bewirken, was wie eine Heilung von unheilbar kranken Menschen aussehen wird. Sie werden von ihren Krankheiten vorübergehend geheilt werden, und die Menschen werden glauben, dass seine Fähigkeiten vom Himmel kommen würden. Dass er Ich, Jesus Christus, sei. Sie werden glauben, dass er gerade jetzt komme, um die Welt für das Neue Zeitalter vorzubereiten, und dass das Zweite Kommen vor ihren Augen stattfinde.

Er wird weitere Wunder vollbringen, aber diese werden einfach eine Illusion sein. Einige Meiner geweihten Diener werden vor ihm niederfallen und ihn anbeten. Politische Führer werden ihm öffentlich applaudieren. Er wird als der gute und demütige Messias gesehen werden und er wird all Meine Charakterzüge imitieren. Leider wird er viele täuschen.

Ich bitte euch, Meine Jünger, die Menschen zu warnen, dass Ich, Jesus Christus, nicht im Fleische kommen werde. Dies kann nicht sein. Ich bin bereits im Fleische zur Erde gekommen, und das kann nicht ein zweites Mal geschehen. Wenn Ich wiederkomme, dann wird es auf die Weise sein, wie Ich die Erde verlassen habe, und dann wird das Böse verbannt werden und Mein Neues Paradies wird die Erde ersetzen.

Lasst euch nicht täuschen. Seid auf der Hut. Ich werde euch weiterhin vor dem Antichristen warnen und vor den Lügen, die er der Welt präsentieren wird. Auf diese Weise könnt ihr Mir helfen, jene bedauernswerten Seelen zu retten, die ihm sklavenhaft in die Tiefen der Hölle folgen werden.

Euer Jesus

662. Du wirst zur Zielscheibe für geballten Hass werden.

Montag, 31. Dezember 2012, 19:25 Uhr

Meine innig geliebte Tochter, die Last, die du trägst, Meine Botin, die gesandt ist, um den Weg für Mein Zweites Kommen zu ebnen, wird jetzt schwerer werden.

Du wirst zur Zielscheibe für geballten Hass werden, und viele, einschließlich Priester mitten aus Meiner Kirche, werden versuchen, dich zu vernichten.

Das Gleiche wird auch für diejenigen gelten, die Meine Botschaften verbreiten. Als die Boten der Wahrheit werden auch sie verbal angegriffen werden.

Das ist die Zeit, in der ihr unter euch bleiben müsst und einfach mit dem weitermachen müsst, was notwendig ist, um sicherzustellen, dass so viele Menschen wie möglich Zugang zu diesen Botschaften haben.

Wenn Mein Heiliges Wort beginnt, viele Winkel der Welt zu erreichen, wird der Zorn diesem Meinem Wort gegenüber größer werden. Wenn die Botschaften zerrissen werden und — in einigen Fällen — offen als Irrlehren erklärt werden, müsst ihr weiter aktiv bleiben. Bleibt zusammen und hört nicht auf die giftigen Schimpftiraden, die euch an den Kopf geschleudert werden.

Bleibt stark und mutig. Bleibt an Meiner Seite, wenn Wir diesen Weg zum Kalvarienberg gehen. Denn täuscht euch nicht, diese schwere Mission ist vorausgesagt worden und sie wird für viele von euch sehr schwer sein.

Ich segne euch alle. Ebenso ermahne Ich euch, dass ihr euch nicht beunruhigen dürft, wenn die Angriffe heftiger werden. Es ist, weil das Mein Heiliges Wort ist, dass so viel Hass dagegen hervorbricht. Das ist der Preis, der für die Rettung von Seelen gezahlt werden muss, einschließlich der Rettung der Seelen, die euch am meisten quälen.

Euer Jesus

663. Der Tempel Gottes wird bis zur Unkenntlichkeit entweiht werden.

Dienstag, 1. Januar 2013, 19:20 Uhr

Meine innig geliebte Tochter, die neue Morgendämmerung ist angebrochen, und die Veränderungen in Vorbereitung auf Mein Zweites Kommen haben begonnen.

Die Kriege im Nahen Osten werden jetzt eskalieren, und viele werden durch die Hände der bösen Gruppe sterben. Diese böse Gruppe wird jedoch durch die Hand Meines Vaters gestoppt werden. Jeder Einzelne von ihnen wird zur Strecke gebracht werden, weil sie für die Kinder Gottes eine größere Gefahr darstellen.

Meine Pläne treten jetzt zutage und diejenigen unter euch, die von Mir erwählt sind, die Rest-Kirche zu führen, werden schnell weltweit Stützpunkte errichten. Dies werden die Orte sein, wohin ihr gehen werdet, um Mich zu verehren, ohne dafür angegriffen zu werden, wenn eure Kirchen euch nicht in der Art willkommen heißen werden, wie es sein sollte.

Eure Kirchen werden nichts weiter als Orte der Unterhaltung werden, wo heidnische Rituale und heidnische Musik in aufwendigen Zeremonien inszeniert werden. Man wird den Anschein erwecken, dass diese Zeremonien zur Ehre Gottes veranstaltet würden. Stattdessen werden sie sündhafte Handlungen hochjubeln und sie werden deren Übereinstimmung mit Meinen Lehren verkünden.

Viele werden sich bald als die neuen Diener Gottes vorstellen. Viele werden niemals in einer christlichen Kirche vorbereitet worden sein und werden deshalb nicht fähig sein, den Kindern Gottes die Heiligen Sakramente zu spenden. Sie werden Betrüger sein. Sie werden allen die Wahrheit dessen diktieren, was, wie sie sagen, die Lehren Gottes in der heutigen Welt seien. Ihre Lügen werden überall auf der ganzen Welt die Ohren der Menschen erreichen.

Viele werden sich von dem angezogen fühlen, was sie als eine frische, neue Herangehensweise an Meine Lehren und an die Liebe Gottes wahrnehmen werden. Alles wird eine schreckliche Lüge sein. Viele werden dazu verführt werden, die neue Eine-Welt-Religion anzunehmen.

Während die falsche Kirche wächst und viele Berühmtheiten, die Medien und politische Führer anzieht, wird auch Meine Rest-Kirche anwachsen. Viele Meiner geweihten Diener werden Mir untreu werden und sich der neuen Eine-Welt-Religion anschließen, wo man sie mit offenen Armen aufnehmen wird.

Diese Betrüger werden den Christen auf der ganzen Welt schreckliche Not verursachen, wenn sie (die Christen) diese neue, politisch bestätigte kulturelle Organisation nicht akzeptieren, die sich eine Kirche Gottes nennen wird.

Obwohl die Christen das Hauptziel des Hasses sein werden, wird auch das Haus Israel verfolgt werden, und die Juden werden in diesem Krieg um Seelen zu Sündenböcken gemacht werden.

In der ersten Zeit wird euch nichts von dem, was ihr seht, nach Außen hin anders vorkommen. Bald wird man beobachten können, wie ein reiches und imposantes Gebäude in Rom zu einem Treffpunkt wird. Alle Religionen werden hier willkommen geheißen werden, bis sie gezwungen sein werden, die Lügen zu schlucken, die ihnen durch die Neue-Welt-Ordnung präsentiert werden.

Mit der Zeit wird es inakzeptabel werden, bestimmte christliche Bräuche öffentlich zu praktizieren.

Dies wird auch für das Sakrament der Taufe und das Sakrament der Heiligen Kommunion gelten. Sie werden in einer modernen und säkularen Welt für unzumutbar erachtet werden, und ihr werdet feststellen, dass es unmöglich sein wird, sie zu empfangen. Das Sakrament der Ehe wird geändert werden, und die Ehe wird in einer anderen Form verfügbar sein. Die einzige Möglichkeit, zu diesem Zeitpunkt die Wahren Sakramente zu empfangen, wird durch die Rest-Kirche sein.

Meine geweihten Diener, die ihr in Meinem Namen leiden werdet, wenn ihr dafür kämpfen werdet, an den Sakramenten und an der Heiligen Messe festzuhalten, ihr sollt Folgendes wissen: Ihr seid Mir verpflichtet, aufgrund eurer Heiligen Gelübde, und ihr dürft niemals versucht sein, von der Wahrheit abzuweichen. Es wird auf euch Druck ausgeübt werden, damit ihr die Wege des Herrn verlasst. Eure Stimme wird wie ein leises Flüstern sein, während der Feind versucht, das Wahre Wort Gottes niederzuschreien.

Versammelt euch. Vereint euch. Schon sehr bald wird der Tempel Gottes bis zur Unkenntlichkeit entweiht werden. Alles, was ihr tun müsst, ist, Mir zu folgen und auf euer Herz und auf euer Gewissen zu hören. Seid jederzeit bereit für diese schwere Reise, die vor euch liegt. Ihr werdet all euren Mut, eure ganze Kraft und euer ganzes Durchhaltevermögen benötigen.

Wisst, dass Ich am Ende eurer Reise auf euch warten werde, um euch schnellstens in Meine Heiligen Arme zu schließen und in den sicheren Hafen des Neuen Paradieses zu bringen.

Euer Jesus

664. Jungfrau Maria: Nicht alle werden die Freiheit annehmen. Viele werden auf der Seite des Teufels stehen und Meinen Sohn ablehnen.

Mittwoch, 2. Januar 2013, 6:29 Uhr

Mein Kind, vieles wird sich jetzt in der Welt entfalten, und viele Ereignisse sind notwendig, um Gottes Kinder zu reinigen.

Es ist wichtig, dass die Herzen aller für die Wahrheit, für das Heilige Wort Gottes, geöffnet werden. Wenn die Menschen ihre Herzen nicht öffnen, werden sie nicht im Stande sein, die Wahrheit der Verheißung Meines Sohnes an die Menschheit anzunehmen.

Er wird wiederkommen, und zwar bald, um das Versprechen Seines Königreiches auf Erden einzulösen. Sie (die Erde) wird aus der bösen Umklammerung Satans herausgerissen werden. Allen Kindern Gottes wird die Freiheit angeboten werden, die sie brauchen, um mit Meinem Sohn eins zu werden.

Nicht alle werden die Freiheit annehmen. Viele werden auf der Seite des Teufels stehen und Meinen Sohn ablehnen. Sie werden so schwach sein, dass sie Seine Verheißung nicht annehmen werden und fortfahren werden, weltliche Ziele zu verfolgen.

Ich bitte euch, Kinder, seid zu diesen Seelen großzügig. Sie werden nicht nur die Barmherzigkeit Meines Sohnes zurückweisen, sie werden auch all jene tapferen Seelen, die aufstehen und die Wahrheit Gottes öffentlich verkünden werden, schikanieren und über sie spotten.

Bleibt im täglichen Gebet, Kinder, und übergebt dann sämtliche Ängste, die ihr vielleicht haben mögt, Meinem Sohn. Er liebt euch und möchte euch solche Sorgen und solchen Schmerz abnehmen. Kommt zu Mir, eurer geliebten Mutter, und Ich werde Ihn bitten, euch stärker zu machen in eurer Treue zu Ihm.

Eure geliebte Mutter
Mutter der Erlösung

665. Liebt all jene, die euch in Meinem Namen verfolgen. Und betet für sie.

Mittwoch, 2. Januar 2013, 20:00 Uhr

Meine innig geliebte Tochter, du musst all Meine Anhänger informieren, dass ihre Gebete helfen werden, vieles von dem, was vorausgesagt worden ist, abzumildern.

Das Gebet ist so mächtig, dass, wenn genug von den Gebeten, die Ich der Welt durch die Kreuzzuggebete gebe, gebetet werden, vieles von der schweren Drangsal verkürzt werden kann.

Ich muss auch auf die Macht der Vergebung hinweisen. Wenn ihr in Meinem Namen verfolgt werdet, müsst ihr für jene Seelen beten, die euch quälen. Wenn ihr für sie von Herzen betet, werde Ich sie mit eurer Liebe bedecken. Wenn ihr für eure Feinde betet, dann bremst ihr Satan bei seinem Unterfangen, Mir Seelen wegzunehmen.

Meine Tochter, Ich muss dich und Meine Anhänger jetzt anweisen, ruhig zu bleiben angesichts des großen Widerspruchs gegen diese Botschaften. Ihr dürft niemals das Wort Gottes fürchten, selbst wenn es euch viel Schmerz von der Außenwelt einbringt.

Glaubt nicht, dass es leicht sei, in Mein Königreich einzugehen. Für jeden von euch, der Mich aufrichtig liebt, wird es ein oder zwei weitere Menschen geben, die versucht sind, euch von eurer Treue zu Mir abzubringen. Das ist seit Meinem Tod am Kreuze schon so. Und es wird bis zu Meinem Zweiten Kommen so bleiben.

Meine Jünger werden jene Seelen anziehen, die Mich suchen. Meine Jünger werden diese Seelen dann umarmen, so dass Meine Anhänger an Zahl und Kraft wachsen werden, um eins zu werden, in Vereinigung mit Mir. Er wird niemals ohne Leiden sein, dieser einsame Weg zu Meinem Königreich.

Wenn sie euch Anschuldigungen entgegenschleudern, dann denkt an Meine eigene Reise zum Kalvarienberg. Denkt bei jeder Sekunde, in der in Meinem Namen Spott erleidet, an Mein Schweigen und die Würde, mit der Ich Mich einfach nur auf Mein alleiniges Ziel, Seelen zu retten, konzentriert habe.

Das wird eure Reise erträglicher machen. Lasst eure Kritiker schreien und euch beleidigen; lasst sie euch einen Narren schimpfen; lasst sie Meine Botschaften als Irrlehren bezeichnen. Denn wenn ihr das tut, werden ihre bösen Zungen keine Macht über euch haben.

Liebt all jene, die euch in Meinem Namen verfolgen. Und betet für sie. Und wenn ihr ihnen vergebt, dann werdet ihr die Macht zerstören, welche Satan über sie hat.

Dies ist das Geheimnis der Demut.

Euer Jesus

666. Jungfrau Maria: Der Grund, warum so viele Menschen in Schmerz und Finsternis leben, liegt darin, dass sie nicht an Gott glauben.

Donnerstag, 3. Januar 2013, 21:00 Uhr

Mein Kind, der Grund, warum so viele Menschen in Schmerz und Finsternis leben, liegt darin, dass sie nicht an Gott glauben.

Der Glaube, der durch die dazu Berufenen jeder Seele hätte nahe gebracht werden sollen, ist erloschen. So viele Menschen haben sich von Gott abgewandt und stellen jetzt fest, dass ihr Leben leer und ohne Sinn ist. Wenn eine Seele Gott den Rücken kehrt, wird sie ruhelos. Sie füllt dieses Vakuum mit einer Liebe zu falschen Dingen, die ihre Sehnsucht nach Frieden niemals befriedigen werden.

Wahrer Friede kann nur durch das Heiligste Herz Meines Sohnes gefunden werden. Wenn ihr Jesus Christus als euren Retter annehmt, dann werdet ihr niemals sterben.

Auch werdet ihr nicht in geistiger Dürre bleiben. Mein Sohn bringt euch Erlösung, und sogar die Schwächsten unter euch werden zu innerer Stärke finden, wenn ihr Ihn anruft.

Denjenigen, welchen die Wahrheit nie gelehrt worden ist, weil sie ihnen vorenthalten worden ist, wird von Meinem Sohn die Hand der Barmherzigkeit angeboten werden. Er wird sie erleuchten, weil sie diejenigen sind, die Er in Sein Herrliches Königreich ziehen möchte.

Die Glorie Gottes wird euch retten, dann, wenn ihr bereit seid, die Wahrheit mit einem offenen Herzen entgegenzunehmen. Wenn ihr Gottes Güte erkennt, werdet ihr nichts und niemanden mehr Ihm vorziehen wollen.

Bitte, betet, dass das Licht der Wahrheit bei jedem Einzelnen von euch während der „Warnung" Geist, Herz, Leib und Seele öffnen wird. Dies ist der Grund, weshalb Gott solch ein Geschenk der Barmherzigkeit sendet. Bitte antwortet auf Seinen Ruf.

Eure geliebte Mutter
Mutter der Erlösung

667. Ich wende Mich an all jene, die sich unsicher sind, ob Ich existiere oder nicht.

Donnerstag, 3. Januar 2013, 21:10 Uhr

Meine innig geliebte Tochter, Ich wende Mich an all jene, die sich unsicher sind, ob Ich existiere oder nicht.

Es ist Mir bewusst, wie schwer es für euch ist, an ein Leben zu glauben, das anders ist als dasjenige, das ihr jetzt lebt. Ich weiß, dass ihr Meine Göttliche Gegenwart nur schwer akzeptieren könnt. Doch wisst, dass, wenn ihr jemanden liebt, die Gegenwart Gottes in eurer Seele es ist, die dieses Geschenk zulässt. Nutzt diese Liebe, um Mich anzurufen, und Ich werde zu eurem Herzen sprechen.

Dies ist eine Epoche, in der ihr — sehr bald — instinktiv wissen werdet, dass viele Ereignisse in der Welt verursacht werden durch das Böse, das in den Herzen von Menschen wohnt, deren Seelen voll Grausamkeit sind.

Dies ist die Zeit, in der Ich Meiner Stimme unter euch Gehör verschaffen werde. Ich spreche durch Meine Propheten, um euch zu erleuchten, damit Ich euch die Liebe zeigen kann, die Ich für euch habe. Zieht euch nicht von Mir zurück. Es gibt in euren Seelen einen Funken des Erkennens für Mich. Jetzt ist es für euch an der Zeit, über eure Zukunft nachzudenken, denn ihr müsst Folgendes wissen: Ohne Mich, ohne Meine Liebe und Meine Barmherzigkeit, werdet ihr niemals Frieden finden.

Ich Bin die Wahrheit. Ich bringe Botschaften, die euch vielleicht nicht gefallen mögen, aber Ich spreche die Wahrheit. Die Wahrheit ist — anfangs — schwer anzunehmen, denn sie offenbart das Schlechte ebenso wie das Gute. Die Menschen wollen nur die angenehme Seite sehen, aber sehr häufig verdecken die nach außen gezeigten herzlichen Freundlichkeiten einfach die

Wahrheit. Viele Menschen können die Wahrheit — die Existenz Gottes, des Schöpfers aller Dinge — nicht ertragen, doch sind sie bereit, Unwahrheiten, die ihnen präsentiert werden, zu akzeptieren.

Diese sind nur flüchtige Versuche, die Stimmung zu heben, und haben keinen Sinn. Sie lenken euch erfolgreich ab und geben euch ein falsches Gefühl der Sicherheit. Aber sie haben keine Substanz.

Vergesst nicht, eure Zeit auf Erden ist einfach eine Form von Exil, verursacht durch die Sünde.

Als Ich das erste Mal kam, kam Ich, um die Menschheit von der Sünde zu erlösen. Leider war Ich nicht willkommen. Ich wurde ermordet und starb am Kreuz, bevor Ich Anspruch auf Mein Königreich erheben konnte. Jetzt werde Ich erneut kommen, wie vorausgesagt, um auf das Königreich, das Mir von Meinen geliebten Vater versprochen worden ist, Anspruch zu erheben. Dieses Mal werde Ich euch alle auf dieses Ereignis vorbereiten, auf das — und das verspreche ich euch jetzt — größte aller Geschenke.

Ihr seid Kinder Gottes, ungeachtet dessen, ob ihr diese Tatsache akzeptiert oder nicht. Ihr seid sehr, sehr geliebt. Ich werde euch erleuchten, wenn ihr zu Mir kommt und Mich bittet, euch zu helfen. Es gibt nichts zu fürchten, denn Ich bin euer geliebter Jesus, und für euch starb Ich einen äußerst qualvollen Tod. Euer eigenes Leiden, wo ihr verloren und konfus umherirrt und wo ihr keinen Frieden finden könnt, ist fast zu Ende.

Kommt, folgt Mir. Ich habe große Pläne, und Meine Gottheit wird allen bewiesen werden. Sogar jenen, die Mich weiterhin ablehnen, wird die Wahrheit präsentiert werden, wenn Mein Glorreiches Zweites Kommen von mehr als sieben Milliarden Menschen gesehen werden wird.

Keiner wird dann bestreiten, dass Ich existiere. Sie werden es nicht können, doch werden viele sich weigern, das Neue Königreich anzunehmen, das Ich allen Kindern Gottes zeigen werde.

Wendet euch nicht ab, denn Ich möchte euch retten und euch — und die ganze Menschheit — in das Erbe bringen, für das ihr alle geboren wurdet.

Euer geliebter Jesus

668. Jungfrau Maria: Die kommenden Zeiten werden für alle Christen eine Herausforderung werden.

Freitag, 4. Januar 2013, 12:30 Uhr

Meine lieben Kinder, ihr müsst dafür beten, dass die christlichen Kirchen für die Wahrheit dieser Botschaften wach werden. Es wird durch die Macht ihrer großen Zahl sein, dass sie weiterhin die Lehren Meines Sohnes hochhalten werden.

Er, Mein kostbarer Sohn, verlangt die Treue all Seiner Anhänger. Ihr müsst dafür beten, dass diejenigen in Seinen Kirchen, die für die tägliche Verkündigung Seines

Heiligen Wortes verantwortlich sind, Ihm gegenüber jederzeit treu bleiben.

Ich muss euch dringend ermahnen, auf keine neue Lehre zu hören, die im Namen Meines Sohnes, Jesus Christus, präsentiert werden wird und die nicht in Seinem Heiligen Namen kommt.

Die kommenden Zeiten werden für alle Christen eine Herausforderung werden. Ihr werdet viel Ausdauer benötigen, wenn ihr Gott treu bleiben möchtet.

Wenn ihr herausgefordert, schikaniert und durch andere Christen verfolgt werdet, damit ihr neue Gesetze akzeptiert, von denen ihr in eurem Herzen wissen werdet, dass sie nicht von Gott sind, dann müsst ihr dieses Kreuzzuggebet beten, um eurem Glauben treu bleiben zu können.

Kreuzzuggebet (91) „Lass Mich Meinem Glauben treu bleiben"

„O Selige Mutter der Erlösung, schütze mich in meiner Stunde der Not, wenn ich mit dem Bösen konfrontiert bin.

Hilf mir, das Wort Gottes mit Stärke und Mut zu verteidigen, ohne jede Angst in meiner Seele.

Bete, dass ich treu bleibe gegenüber den Lehren Christi und dass ich Ihm meine Ängste, meine Sorgen und meine Traurigkeit voll und ganz übergeben kann.

Hilf mir, damit ich furchtlos vorwärts schreiten kann auf diesem einsamen Weg, um die Wahrheit des Heiligen Wortes Gottes öffentlich zu verkünden, selbst wenn die Feinde Gottes diese Aufgabe fast unmöglich machen.

O Selige Mutter, ich bitte, dass durch Deine Fürbitte der Glaube aller Christen während der Verfolgung jederzeit stark bleiben möge. Amen."

Kinder, ihr dürft nicht vergessen, dass, wenn euer Glaube ständig herausgefordert, beleidigt und verspottet wird, Mein Sohn mit euch leidet. Dieses Leiden und diese Verfolgung sind genauso wie während Seines grausamen Prozesses, in dessen Verlauf Er der Irrlehre beschuldigt wurde, dafür, dass Er einfach die Wahrheit gesagt hat.

Die Wahrheit, wenn sie ausgesprochen wird, führt zu Streit, Zorn und manchmal auch zu Gewalt. Wisst, dass Mein Sohn euch die Stärke geben wird, die ihr brauchen werdet, um diese Zeit der großen Bedrängnis durchzustehen.

Kinder, hört auf Meinen Ruf. Ich werde für euch Fürsprache einlegen, um euch stark zu halten, und Mein Sohn wird euch mit besonderen Gnaden überhäufen, um euch zu befähigen, sich dem Druck zu widersetzen, blasphemische Gesetze zu akzeptieren, die eine große Spaltung in den christlichen Kirchen verursachen werden, insbesondere in der katholischen Kirche.

Ich liebe euch und biete euch in jeder Etappe eurer Reise auf dem Weg der Wahrheit Meine Gebete an.

Eure geliebte Mutter
Mutter der Erlösung

669. Bitte betet dieses Kreuzzuggebet (92) „Um die Gnade der Beharrlichkeit".

Sonntag, 6. Januar 2013, 17:50 Uhr

Meine innig geliebte Tochter, es ist durch den Heiligen Geist, dass jetzt Menschen aus aller Welt, die einander überhaupt nicht kennen, auf diesen Ruf vom Himmel antworten.

Nur die Macht des Heiligen Geistes kann es bewirken, dass sich so viele Tausende Seelen mit Liebe in ihrem Herzen zusammenfinden, um sich Meinen Kreuzzuggebet-Gruppen anzuschließen.

Ihr werdet sofort wissen, wann eine Mission von Gott kommt und echt ist, nämlich aufgrund der vielen Menschen, die gerufen werden und die sich als eine Einheit in Meinem Heiligen Namen vereinen. Es werden keine Fragen gestellt. Man ist nicht auf Geld aus. Es wird nicht argumentiert. Alle vereinen sich einfach, aus ihrer Liebe zu Mir. Aufgrund der Reaktion so vieler Seelen — in so vielen Nationen — auf Meine Kreuzzuggebete gebe Ich ihnen jetzt dieses himmlische Geschenk:

Meine geliebten Jünger, ihr bringt Mir große Freude und großen Trost. Wegen der Treue und der Beharrlichkeit, die ihr gezeigt habt, segne Ich euch mit der Gabe des Heiligen Geistes. Von diesem Tag an werde Ich euch für jede Aufgabe, die ihr übernehmt, um Mir zu helfen, vor Meinem Zweiten Kommen Seelen zu retten, eine besondere Gnade schenken, die ihr unmittelbar erkennen werdet. Es ist die Gnade der Beharrlichkeit angesichts von Widrigkeiten.

Bitte betet dieses Kreuzzuggebet (92) „Um die Gnade der Beharrlichkeit".

„O lieber Jesus, ich bitte Dich um die Gabe der Beharrlichkeit.

Ich bitte Dich, schenke mir die Gnaden, die ich brauche, um Dein Heiligstes Wort hochzuhalten.

Ich bitte Dich, befreie mich von allen noch bestehenden Zweifeln.

Ich bitte Dich, durchflute meine Seele mit Güte, Geduld und Beharrlichkeit.

Hilf mir, meine Würde zu bewahren, wenn ich in Deinem Heiligen Namen beleidigt werde.

Mache mich stark und bedecke mich mit Deiner Gnade, damit ich weitermachen kann, auch dann, wenn ich müde bin und es mir an Kraft fehlt und wenn ich all der Drangsal gegenüberstehe, die auf mich zukommt, wenn ich mich unermüdlich dafür einsetze, Dir bei der Rettung der Menschheit zu helfen. Amen."

Geht nun, Meine kostbaren Anhänger, und wisst, dass Mein Herz fast zerspringt vor Liebe und Freude, da Ich eure Liebe sehe, wenn ihr auf Meinen Ruf antwortet.

Ich liebe euch. Ich bedecke euch mit Meinem Kostbaren Blut.

Euer Jesus

670. Einzig und allein durch die Macht Gottes existiert ihr. Einzig und allein durch die Liebe Gottes werdet ihr ewig leben.

Montag, 7. Januar 2013, 22:15 Uhr

Meine innig geliebte Tochter, du magst dich vielleicht wundern, warum es dir, wenn Ich mit dir kommuniziere, wie die natürlichste Sache der Welt vorkommt.

Manchmal fragst du, warum du nicht das Gefühl hast, dass Meine Gegenwart deine Kräfte übersteigt. Ich erlaube das; denn du könntest Meine Gegenwart nicht ertragen, da du aufgrund der Stärke Meines Lichtes in Ohnmacht fallen würdest. Doch Ich erlaube dir — als ein besonderes Geschenk —, kurz ein bisschen von diesem Göttlichen Licht zu sehen. Denn nur dann kannst du begreifen, wie stark Mein Licht, Meine Liebe und Mein Geist sind.

Wenn der Mensch bloß einen Bruchteil Meiner Göttlichen Gegenwart für einen Moment sehen würde, er wäre so überwältigt, dass er das Licht nicht ertragen könnte, weil es ihn blenden würde.

Dies ist die Distanz, welche die Sünde zwischen dem Menschen und seinen Schöpfer aufbaut. Wenn den Seelen Mein Licht gezeigt wird, können sie von Mir erst dann in Meinem Königreich in die Arme genommen werden, nachdem sie gereinigt worden sind. Nur diejenigen von euch, die demütig sind vor Meinem Angesicht, können in das Licht Meiner Barmherzigkeit gehüllt werden. Es spielt keine Rolle, wie sehr ihr behauptet, Mich zu lieben, ihr müsst euch ständig vor Mir von euren Sünden reinwaschen, wenn euch dieses Geschenk Meiner Barmherzigkeit gegeben werden soll.

Jedem Sünder sage Ich Folgendes: Nicht eine Stunde geht vorüber, ohne dass ihr in euren Gedanken, durch eure Lippen und durch eure Handlungen sündigt. Aber wenn ihr ruhig eure Schwäche akzeptiert und voller Liebe zu Mir seid und Ich eure Reue sehen kann, dann werde Ich augenblicklich eure Sündenschuld vergessen.

Wenn Ich komme, um euch vor Meinem Zweiten Kommen mit Meiner Göttlichen Barmherzigkeit zu bedecken, dann wird das geschehen, um euch die Reinigung anzubieten, die ihr benötigt, damit ihr von Mir in die Arme genommen und in die Sicherheit und Geborgenheit Meines Göttlichen Lichtes gebracht werden könnt. Mein Licht wird — an diesem Tag — die Erde bedecken. Viele werden, obwohl sie von dem Licht Meiner Großen Barmherzigkeit geblendet sein werden, sofort Meine Hand der Erlösung annehmen.

Um in das Licht Meiner Barmherzigkeit aufgenommen zu werden, müsst ihr akzeptieren, dass Gottes Macht ewig ist. Einzig und allein durch die Macht Gottes existiert ihr. Einzig und allein durch die Liebe Gottes werdet ihr ewig leben. Diejenigen, die das Licht ablehnen, können nur Finsternis finden. Finsternis kann nur das Eine bedeuten, nämlich dass ihr das Leben ewigen Leidens akzeptiert, das euch vom Teufel angeboten wird.

Lasst Mein Licht auf euch hinabscheinen — aber zuerst müsst ihr euch das Recht verdienen, an diesem starken Licht teilzuhaben, das euch für alle Ewigkeit einen Platz in Meinem Königreich anbietet.

Ich segne euch. Ich rufe euch. Kommt zu Mir, ohne Angst, denn Ich warte geduldig auf euch. Wenn ihr doch nur zu Mir kommen würdet, dann würdet ihr die Wahrheit Meiner Verheißung verstehen.

Euer Jesus

671. Schenkt den übertriebenen Behauptungen über die Endzeit, die euch vielleicht unterkommen, kein Gehör.

Dienstag, 8. Januar 2013, 21:00 Uhr

Meine innig geliebte Tochter, wenn Ich die Welt auf Mein Zweites Kommen vorbereiten möchte, dann muss Ich darum bitten, dass alle Meine Anhänger Mir vollkommen vertrauen. Ich liebe euch. Ich werde immer reagieren, wenn ihr darum betet, dass die bösen Taten abgemildert werden, die in der Welt von den Feinden Gottes geplant werden.

Ich beschütze euch, Meine geliebten Anhänger. Während Ich die Wahrheit niemals vor euch verbergen könnte, muss Ich euch vor den falschen Prophezeiungen warnen, die zu diesem Zeitpunkt von falschen Propheten in die Welt gesetzt werden und die Schrecken in den Herzen der Seelen hervorrufen.

Die Hand Meines Vaters wird, wie Ich euch zuvor gesagt habe, auf diese boshaften Leute niederfallen, wenn sie versuchen, Gottes Kinder von der Erde hinweg zu nehmen, bevor sie gut genug vorbereitet sind, um in Mein Königreich einzugehen.

Ihr dürft niemals zulassen, dass die Angst euch die Hoffnung nimmt oder dass der Schrecken eure Liebe auslöscht. Die Liebe wird das Böse auslöschen. Die Liebe wird in der Welt zunehmen und sich aufgrund der Gnade Gottes ausbreiten, als Antwort auf die Gebete Seiner Kinder.

Schenkt den übertriebenen Behauptungen über die Endzeit, die euch vielleicht unterkommen, kein Gehör. Lasst euch von solchen Märchen, von denen viele auf Science-fiction hinauslaufen, weder beunruhigen, noch erschrecken.

Ich, Jesus Christus, werde in Meiner Barmherzigkeit das Böse vernichten, weil Ich die Seelen niemals aufgeben werde. Gott ist die Liebe. Gottes Macht ist allmächtig.

Gott ist barmherzig. Vergesst das niemals.

Betet, betet, betet, denn ihr dürft nicht zulassen, dass eure Herzen in Unruhe versetzt werden, wo doch das Gebet vieles von dem Bösen in der Welt lindern kann. Gebt euch Mir hin in Liebe, Hoffnung und Freude, und Ich werde euch all eure Ängste und unnötigen Sorgen nehmen.

Wenn ihr ein großes Fest vorbereitet, werdet ihr dabei immer voller Vorfreude und ganz aufgeregt sein. Und auch wenn viele Störungen und schwierige Rückschläge vor dem großen Tag passieren können, wird das alles vergessen sein, sobald die Sonne im Morgengrauen des lang erwarteten Tages aufgeht.

Genau so müsst ihr auch Mein Zweites Kommen sehen. Obwohl das Böse, das ihr im Vorfeld sehen werdet, euch erschrecken und anwidern wird, wird es kurzlebig sein, denn bald wird es ganz vergessen sein.

Seid im Frieden. Verliert niemals eure Hoffnung auf Meine Große Barmherzigkeit. Ich werde diejenigen, die Mich lieben, niemals verlassen.

Euer Jesus

672. Wenn ihr die Wahrheit entfernt oder sie manipuliert, dann ist sie nicht mehr die Wahrheit. Alles, was übrig bleibt, ist eine leere Hülle.

Mittwoch, 9. Januar 2013, 10:45 Uhr

Meine innig geliebte Tochter, wie geläufig ist doch Mein Name den Menschen, wenn sie sprechen, jeden einzelnen Tag, und doch Bin Ich so weit von ihnen entfernt.

Viele rufen instinktiv Meinen Namen aus, als Redewendung, ohne wirklich zu bemerken, wie sie Meinen Namen verwenden. Nicht nur, dass Ich nicht geehrt werde, dass Mir keinerlei Respekt gezollt wird. Mein Name wird verwendet, um andere bei einem heftigen Streit zu verfluchen! Wie es Mich doch verletzt und erschüttert, dass Ich auf diese Weise missbraucht werde.

Viele gebrauchen Meinen Namen im täglichen Gespräch, aber nicht so, dass Meine Rolle als der Erlöser der Menschheit angesprochen wird.

Wie Ich doch wünschte, dass Ich jene Atheisten und Agnostiker aufrufen könnte, damit sie selbst hören könnten, wie sie Meinen Namen in ihren täglichen Gesprächen verwenden. Wenn es eine Gewohnheit ist, warum verwendet ihr dann keinen anderen Ausdruck? Warum bezieht ihr Mich ein, wenn ihr Mich doch gar nicht akzeptiert? Warum benutzt ihr Mich als eine Form der Gotteslästerung, wenn ihr nicht glaubt, dass Ich existiere?

So viele Menschen tun Mich als nicht wichtig für ihr Leben ab. Ich werde zur Seite gestoßen, als ob Ich ohne Bedeutung wäre.

Viele Seelen, die an Mich glauben, praktizieren ihren Glauben nicht. Daher gelingt es ihnen nicht, ihre Seelen vorzubereiten. So viele wissen nicht, wann sie von dieser Erde weg und in das nächste Leben hinein genommen werden, und haben einen schrecklichen Fehler gemacht. Denn sie sind nicht gut genug vorbereitet, um in Mein Königreich einzugehen.

An dem Tag, wo sich die Seelen in zwei Gruppen getrennt finden, wird ihnen letztendlich die Wahrheit über die Zukunft offenbart werden. Wehe dem Menschen, der sich auf diesen großen Tag nicht vorbereitet hat und der seine Zeit vergeudet hat, die ihm auf Erden gewährt worden ist.

Was die anderen Menschen betrifft, die sich geweigert haben, der Wahrheit zuzuhören, und die Mich öffentlich erniedrigt und abgelehnt haben, — ihr Schrecken wird unmöglich zu beschreiben sein. An diesem Tag wird man Zeuge werden vom Weinen, von der Hysterie und vom Schock dieser Seelen, wenn sie erkennen, dass der Weg, den sie gewählt haben, sie nur in die Feuer des Abgrundes geführt hat.

Jetzt ist die Zeit der geistigen Erneuerung für die Seelen, die mit dem Geschenk gesegnet sind zu erkennen, wie die alten Prophezeiungen jetzt in der Welt — wie vorausgesagt — vonstatten gehen.

Ich schaue auf die Welt und Ich sehe schreckliche Verwirrung, weil die Menschen hineingezogen werden in Lügen darüber, wie die Welt erschaffen wurde, — diese Lügen, die darauf ausgelegt sind, die Menschen von der Wahrheit abzubringen.

Ich sehe, wie guten Menschen gesagt wird, sie sollen ihr Verständnis Meiner Lehren aufgeben, diese verwerfen und stattdessen die Sünde akzeptieren. Dann werden sie ermutigt, die Sünde zu loben, bis sie selbst davon überzeugt sind, dass Ich, Jesus Christus, ein Auge zudrücken werde.

Die Wahrheit Meiner Lehren liegt genau im Kern des Christentums. Wenn ihr die Wahrheit entfernt oder sie manipuliert, dann ist sie nicht mehr die Wahrheit. Alles, was übrig bleibt, ist eine leere Hülle.

Es ist Zeit, dass ihr für euch selber erkennt, ob ihr bereit seid, euch durch die moderne New-Age-Spiritualität täuschen zu lassen oder nicht, bzw. ob ihr bereit seid, standhaft zu sein und das Heilige Wort Gottes zu verteidigen oder nicht. Es mag euch jetzt nicht wichtig erscheinen, aber wenn der Tag kommt, an dem Ich komme, um zu richten, wird einzig und allein die Wahrheit (Anm. Wer in der Wahrheit ist.) Zutritt zu Meinem Königreich haben.

Wenn ihr Lügen akzeptiert, dann seid ihr nicht aufrichtig. Dann seid ihr nicht in der Wahrheit. Aus diesem Grund werdet ihr keine Gnaden erhalten. Ihr werdet wie ein leeres Schiff sein, das auf den Meeren segelt und mit seiner Ladung prahlt, die nur in euren Köpfen existiert. Es wird niemandem von Nutzen sein, dieses falsche Gefühl von Sicherheit. Es wird euch keinen Zugang zu den Schlüsseln Meines Neuen Paradieses geben.

Betet jeden Tag, als ob morgen euer letzter Tag wäre, denn ihr kennt nicht die Zeit Meines Zweiten Kommens. Es wird unerwartet geschehen. Dann, wenn dieser Tag anbricht, wird es wenig Zeit zur Umkehr geben. Ihr werdet entweder Mich und Meine Verheißung, euch in Mein Königreich zu bringen, annehmen oder ihr werdet zu dem Ort geschickt werden, von dem es keine Rückkehr gibt.

Euer Jesus

673. Ich gewähre ihnen jetzt die Gnade der Tränen der Liebe und Umkehr.

Freitag, 11. Januar 2013, 11:25 Uhr

Meine innig geliebte Tochter, bitte schenke Mir Gehör und höre genau hin, da Ich Meinen Schmerz offenbare. Mein Haupt — voll Dornen — wird schmerzvoll gemartert, da Ich zweitausend Jahre nach Meiner Zeit auf Erden den Schmerz Meiner Kreuzigung erleide.

Die Zeit für Mein Zweites Kommen ist sehr nahe. Niemand soll Meine Verheißung, dass Ich wiederkomme, anzweifeln. Niemand soll daran zweifeln, dass es jederzeit sein kann. Bereitet eure Seelen vor, denn die Zeit ist nahe. Weit besser ist es, wenn ihr euch darauf konzentriert, wie es um eure Seele steht, als darauf, wie es um euren zukünftigen materiellen Reichtum steht.

Der Schmerz der Dornen wird jetzt von den Oberhäuptern in der katholischen Kirche und in den anderen christlichen Kirchen gefühlt. Sie leiden so, weil ihnen Lehren aufgezwungen werden, die ihnen von politischen Führern diktiert werden und die aus dem Mund des Tieres hervorquellen.

An alle, die Mein Wort, das durch diese Botschaften gegeben wird, angreifen: Ich muss euch warnen, dass der Kampf zwischen Gott und Satan in der Endzeit jetzt stattfindet. Möge Mein Vater euch eure Vergehen verzeihen. Möge Er Seine Barmherzigkeit auf eure irrigen und eigensinnigen Wege gießen, von denen alle die Sünde stillschweigend tolerieren.

Der Schmerz der Dornenkrone, die im Todeskampfe auf Meine christlichen Kirchen auf Erden niedergedrückt wird, wiederholt sich in dieser Zeit — wie vorausgesagt. Der Schmerz der Ablehnung — der Ablehnung Meines Wortes, Meiner Existenz und Meiner Lehren — wird nicht allein von Mir gefühlt, sondern auch von all jenen kleinen Seelen, die Mich ehren, die Mein Heiliges Wort öffentlich verkünden und die Mich lieben.

Mein Herz ist eng mit ihnen verschlungen — in Liebe und Leid. Sie werden das augenblicklich erkennen, denn Ich gewähre ihnen jetzt die Gnade der Tränen der Liebe und Umkehr, wenn sie dieses Kreuzzuggebet beten:

Kreuzzuggebet (93) „Um die Tränen der Umkehr"

„O mein geliebter Jesus, Du bist meinem Herzen nahe.

Ich bin eins mit Dir.

Ich liebe Dich.

Ich habe Dich so lieb.

Lass mich Deine Liebe fühlen.

Lass mich Deinen Schmerz fühlen.

Lass mich Deine Gegenwart fühlen.

Gewähre mir die Gnade der Demut und mache mich würdig für Dein Königreich auf Erden, wie im Himmel.

Gewähre mir die Tränen der Umkehr, damit ich mich Dir als wahrer Jünger aufrichtig schenken kann, um Dir bei Deiner Mission zu helfen, jede einzelne Seele auf Erden zu retten, bevor Du wiederkommst, um die Lebenden und die Toten zu richten. Amen."

Geht nun, Meine geliebten Anhänger. Ich verspreche, dass Ich euch die Gnade der Tränen der Umkehr gewähren werde, so dass ihr in Meinem Heiligsten Herzen wirklich vereint sein werdet, wenn ihr dieses Gebet sprecht.

Mein Herz umarmt euch, Meine so geliebten und treuen Jünger. Ich liebe euch. Ich Bin jetzt mit euch, in einer Weise, die ihr nur schwer leugnen könnt.

Euer geliebter Jesus

674. Der Plan, die katholische Kirche aus ihren eigenen Reihen heraus zu zerstören, ist bereits im Gange.

Samstag, 12. Januar 2013, 15:10 Uhr

Meine innig geliebte Tochter, dies ist die Zeit für die nächste Phase in Meinem Plan, die Welt vorzubereiten auf das Neue Zeitalter, das Neue Paradies, das Königreich, das Ich, der Menschensohn, euch verheißen habe.

Meine Armee muss sich jetzt sammeln und sich im Gebet zu einer Einheit verbinden, denn die Schlacht um die Seelen hat sich jetzt verschärft. Die Pläne der bösen Gruppe — auf globaler Ebene — Kriege und Mord durch Euthanasie und Abtreibung zu legitimieren, laufen voll an.

Der Plan, die katholische Kirche aus ihren eigenen Reihen heraus zu zerstören, ist bereits im Gange. Diejenigen Seelen in Machtpositionen, und besonders diejenigen innerhalb der christlichen Kirchen, welche die Sünde stillschweigend billigen und versuchen, dafür Gesetze zu erlassen, wisst Folgendes: Ihr werdet schrecklich leiden. Die Hand Meines Vaters wird eingreifen und euren Plan zerstören.

Für jeden Mann und jede Frau, die versuchen, Gesetze gegen den Willen Gottes einzuführen — sie werden eine schreckliche Züchtigung erfahren. Nicht nur sie werden niedergestreckt werden, auch ihre eigenen Nationen werden gezüchtigt werden.

Es reicht. Mein Vater hat genug erduldet. Er wird eine solche Einmischung in Seine Schöpfung nicht länger tolerieren. Die Erde wird erbeben, und alle Menschen werden es bemerken.

Was für eine Boshaftigkeit es doch gibt! Und was für eine Hinterlist steckt dahinter, wenn Menschen schreckliche Gräuel, die Gott beleidigen, einführen! Wegen dieser Handlungen wird der Zorn Meines Vaters über die Menschen kommen. Gebet, viel Gebet, kann diese Boshaftigkeit aufhalten. Und es ist aufgrund eurer Gebete, dass das Göttliche Eingreifen, um die Menschheit zu bestrafen, verzögert worden ist. Jetzt werden jene Nationen, deren Herrschende durch den Geist des Bösen getrieben werden, ausgelöscht werden.

Meine geliebten Anhänger, ihr werdet außerordentlich leiden, wenn ihr Zeugen der Akte des Ungehorsams gegen die Gebote Gottes sein werdet. Ihr müsst weiterhin beten, um die Strafen durch Meinen Vater zu lindern.

Jetzt müsst ihr in jeder Nation so viele Gebetsgruppen wie nur möglich für Meinen Kreuzzug des Gebets gründen. Indem ihr das tut, werdet ihr das Wirken der bösen Gruppe schwächen.

Meine Geduld endet nie, aber der Mensch wird vor Meinem Zweiten Kommen für seine bösen Taten bestraft werden. Diese Strafe ist für eine Zeit lang verzögert worden, doch Mein Vater wird ökologische Umbrüche zulassen, um Seelen zu reinigen.

Hier ist eine wichtige Litanei, um zu helfen, die Strafe durch Meinen Vater zu lindern.

Litanei (4), um die Strafe durch Gott den Vater zu lindern

"O Gott, der Allerhöchste,

wir bitten Dich, hab Erbarmen mit uns, trotz der Sünden Deiner Kinder.

Wir danken Dir für das Geschenk der Erde.

Wir danken Dir für das Geschenk des menschlichen Lebens.

Wir schätzen das Geschenk des Lebens.

Wir ehren das Geschenk des Lebens.

Wir danken Dir für das Geschenk Deines Sohnes, Jesus Christus.

Wir danken Dir für das Geschenk der Erlösung.

Wir preisen Deine Gottheit.

Wir geben uns Dir vollkommen hin, damit Dein Heiliger Wille geschehen kann wie im Himmel so auf Erden.

Wir danken Dir für das Geschenk der Erleuchtung des Gewissens.

Wir danken Dir für die Verheißung des ewigen Lebens.

Wir begrüßen das Neue Paradies.

Wir bitten Dich, rette alle Seelen, einschließlich derjenigen, die Dich quälen, und derjenigen, die für Dich verloren sind.

Wir danken Dir für die Liebe, die Du all Deinen Kindern zeigst.

Wir danken Dir für das Geschenk der Prophetie.

Wir danken Dir für das Geschenk des Gebetes.

Wir bitten Dich, gewähre uns Frieden und Heil. Amen."

Meine Tochter, diese Mission wird sogar noch schwerer werden, da sich der Hass der Menschen gegeneinander verstärkt und sie entzweit.

Die treuen Jünger Gottes werden versucht sein, den Sünden nachzugeben, die als die Gesetze der Toleranz verschleiert werden. Ihr müsst jedem Versuch widerstehen, der Wahrheit Meiner Lehren den Rücken zu kehren. Wenn ihr all eure Prüfungen Meinen Heiligen Händen überlasst, dann werdet ihr diese Mission, Seelen zu retten, viel leichter finden.

Euer Jesus

675. Ignoriere es, wenn man dich bittet oder von dir verlangt, Meine Worte zu ändern.

Sonntag, 13. Januar 2013, 12:10 Uhr

Meine innig geliebte Tochter, du darfst nie vergessen, Wer dein Meister ist. Wenn man dich von allen Seiten zu beeinflussen versucht und wenn Meine Jünger enorme Lasten auf deine Schultern legen, dann musst du standhaft bleiben. Begib dich in Meine Heiligen Hände, bleib für dich allein und bitte Mich, Mich um alles zu kümmern.

Du bist einzig und allein Meiner Stimme verpflichtet. Keiner anderen Stimme, die dir befiehlt, Meine Heilige Arbeit auf deren Weise zu tun, gemäß deren Interpretationen, darfst du Beachtung schenken.

Viele, die dieser Mission folgen, müssen verstehen, dass Mein Heiliges Wort nicht zerpflückt, geändert oder angepasst werden darf, damit es anderen Menschen passt. Mein Wort ist heilig. Nehmt das, was Ich sage, im Glauben an und seid zufrieden. Indem ihr versucht, verborgene Bedeutungen, eine Sensation oder Wahrsagerei zu finden, beleidigt ihr Mich.

Lernt, hinzuhören auf Meine Stimme. Lasst sie eure Seele berühren und seid dankbar, dass Ich euch dieses Geschenk Meiner intimen Lehren und Wünsche gebe. Ich tue dies aus Erbarmen mit euch und, weil Ich euch liebe. Zu zweifeln und zu fordern, dass Ich euch genau die Antworten geben soll, die ihr hören wollt, ist für Mich beleidigend.

Meine Tochter, bitte ignoriere es, wenn man dich bittet oder von dir verlangt, Meine Worte zu ändern oder den Sinn dessen, was Ich zu dir sage. Du hast nicht, wie Ich dir schon früher gesagt habe, die Befugnis, das zu tun. Sogar wenn jene hinterhältigen Seelen schwierige Fragen stellen, auf welche du keine Antwort hast, schweige!

Zu denjenigen von euch, die fortfahren, Mich auf die Probe zu stellen und Mir eine Falle zu stellen, indem sie Mein Wort herausfordern und kritisieren: Wisst, dass ihr nichts anderes seid, als ein armer, schwacher Sünder. Das, was Mir missfällt, ist nicht, dass ihr Fragen zum Nutzen eurer Seele stellt, sondern es ist eure Weigerung zu akzeptieren, dass Ich, Jesus Christus, jemals mit der Welt kommunizieren könnte, wie Ich es jetzt tue.

Wenn ihr Mein Wort nehmt und es so verdreht, dass es euren Zielen dient, wird es inhaltsleer werden. Wenn ihr es dann zerreißt, um dieser Meiner Heiligen Mission, diese letzte Generation zu retten, zu trotzen, dann werdet ihr zur Seite geworfen werden.

Mein Plan ist machtvoll, jetzt, da Ich die Menschheit schnell vorwärts führe, entlang dem Pfad der Wahrheit. Diejenigen, die ziellos umherirren und vom Weg abweichen, werden zurückgelassen werden. Es bleibt gerade mal so viel Zeit, jeden von euch zu retten. Warum vergeudet ihr sie? Jede Minute ist kostbar.

Gebt Mir die Chance, euch zu führen, euch zu lehren und euch zu retten. Gehorsam Mir, eurem Jesus, gegenüber ist nötig, wenn Ich euch helfen soll. Ihr könnt Mir nur gehorchen, wenn ihr Mir euren Willen übergebt. Wenn ihr das tut, wird in eurer Seele keine Verwirrung mehr sein.

Euer Jesus

676. Trotz Meiner Gottheit verursachen Mir die Sünden der Menschen Übelkeit und sie widern Mich an.

Montag, 14. Januar 2013, 18:12 Uhr

Meine innig geliebte Tochter, die Zeit zur Vorbereitung auf die „Warnung" ist knapp. Jetzt ist die Zeit, wo ihr, so schmerzhaft die Verfolgung auch sein mag, alles — mit Ausnahme Meines Heiligen Wortes — außer Acht lassen müsst.

Da die Vorbereitungen anlaufen, lasst euch von niemandem stoppen, Meine geliebten Anhänger, während ihr eure Seelen vorbereitet, und betet für diejenigen, die während der „Warnung" in Todsünde sterben werden.

Ihr, Meine Anhänger und Meine gottgeweihten Diener, werdet jetzt den Schmerz erleiden, den Ich fühle, wenn Ich auf die elenden Sünder schaue. Trotz Meiner Gottheit verursachen Mir die Sünden der Menschen, wie sie vor Meinen Augen zur Schau gestellt werden, Übelkeit, und sie widern Mich an.

Ihre Arroganz, die Unverschämtheit und der Stolz, die von diesen Sündern an den Tag gelegt werden, haben ihr exaktes Vorbild in den Charakterzügen von Satan und seinen Dämonen. Eben diese bösen Geister haben die Seelen der Kinder Gottes verschlungen, so dass sie nicht mehr den Kindern ähnlich sind, die sie einmal waren, als sie ihren ersten Atemzug taten.

So voller Stolz und so überzeugt von ihrer eigenen Unbesiegbarkeit sind sie, dass sie nicht mehr dazu fähig sind, ihre Seelen vom Geiste Gottes berühren zu lassen. Das ist der Grund, warum sie eure Gebete benötigen.

Ich segne euch mit der Gnade, diese Seelen zu retten, und ihr müsst — aus Liebe zu Mir — Mir helfen, ihnen zu helfen.

Es ist dem Menschen nicht genug, seine eigenen Lüste zu befriedigen, um seine körperlichen Begierden zu nähren, er glaubt darüber hinaus auch, dass er in Meine Schöpfung eingreifen muss. Er unternimmt dann Schritte, wo er versucht, nicht nur mit der Macht Gottes zu wetteifern, wenn es um das Schaffen des menschlichen Lebens und das Nehmen des menschlichen Lebens geht. Er denkt auch, dass er die Macht hat, die Existenz Gottes zu ersetzen. Er glaubt jetzt an sein eigenes Gottsein, das aber nichts als eine Lüge ist, die ihm von Satan, dem er seine Treue geschworen hat, in seine Seele gelegt wird.

Diese Schritte, die der Mensch jetzt unternimmt, überschreiten die von Gott erlaubten Grenzen. Jetzt, wo die Kirchen Gottes durch den Geist des Bösen von Feinden und Betrügern belagert werden sollen, wird die Strafe endgültig auf die Erde herabkommen.

Man wird die Macht Meines Vaters sehen, und Seine Strafe wird streng sein. Diese wird sogar den arrogantesten Sünder schockieren, und er wird keinen Zweifel daran haben, wessen Hand auf die Erde niedergefallen ist. Mein Vater wird das tun, um die Erde von der Boshaftigkeit zu befreien, während Er gleichzeitig das Anwachsen Seiner Armee von treuen Anhängern ermöglichen wird, die bei der Rettung von Seelen helfen werden.

Die Sünde hat die Erde, auf welcher ihr wandelt, verdorben, und dies kann man erkennen an den Krankheiten, der Verschmutzung und der Korruption in euren Regierungen. Der Makel der Sünde bedeckt die Welt, so dass die Welt in den Augen Meines Vaters etwas Widerliches und Abscheuliches geworden ist. Ihm, der die Welt erschuf, als einen Ort, wo Er für das Gedeihen Seiner Familie sorgen könnte, bricht darüber das Herz.

Mein Vater ist darüber hinaus zornig, und die Waage der Gerechtigkeit hat sich jetzt geneigt. Seine Strafe kann nicht gestoppt werden, weil sie notwendig geworden ist.

Helft euren Brüdern und Schwestern, besonders denjenigen, die Gesetze geschaffen haben, die in die Gebote eingreifen, die von Gott, dem Allerhöchsten, geschaffen sind. Ihr müsst das durch die Kreuzzuggebete tun. Seid stark. Seid tapfer. Seid voller Hoffnung und fürchtet nichts, wenn ihr Mich liebt.

Euer Jesus

677. Bitte nehmt dieses Geschenk der Heilung in Empfang, das Ich euch jetzt gebe.

Dienstag, 15. Januar 2013, 22:50 Uhr

Meine innig geliebte Tochter, während diese Mission weiterhin wächst und sich rund um die Welt ausbreitet, wird sie mit neuen Wundern kommen, welche — in Meiner Liebe und Barmherzigkeit — denjenigen geschenkt werden, die schrecklich leiden. Als Ich das erste Mal kam, ist Meine Barmherzigkeit auf jene Seelen ausgedehnt worden, die Meiner Hilfe bedurften.

Es wird Menschen geben, denen es durch und durch an Glauben fehlen wird und die von schrecklichen körperlichen Leiden gequält werden. Denjenigen, die zu Mir kommen, werde Ich ihre Leiden erleichtern. Ich werde das tun, um den Glauben ihrer Seele zu entzünden, aber einzig und allein die Macht des Heiligen Geistes wird es sein, durch die sie geheilt werden können.

Bringt Mir eure Leiden. Bringt Mir eure Sorgen. Bringt Mir euren Schmerz. Kommt zu Mir durch eure Gebete, und Ich werde euch zuhören. Ich möchte euch alle in Meine Heiligen Arme schließen und euch beschützen.

Bitte nehmt dieses Geschenk der Heilung in Empfang, das Ich euch jetzt gebe. Es besteht aus einem Kreuzzuggebet und es wird euch an Geist, Leib und Seele heilen.

Durch dieses Gebet vermache Ich euch das kostbare Geschenk der Heilung. Indem ihr es betet, werdet ihr erkennen, dass diese Bitte um Hilfe euch und denjenigen, die ihr in dieses Gebet mit einschließt, große Geschenke aus dem Himmel bringen wird. Daher geht es einher mit einem besonderen Schutz für die Erneuerung jener, die verloren sind, die ihres Glaubens unsicher sind und die sich erschöpft fühlen. Sie mögen unter Zweifeln leiden. Sie mögen unter körperlichen Krankheiten leiden, die ihnen die Fähigkeit nehmen zuzulassen, dass Ich ihnen Frieden, Liebe und Trost bringe.

Um diese Gnade der Heilung zu empfangen, betet bitte dieses Kreuzzuggebet:

Kreuzzuggebet (94), um den Geist, den Leib und die Seele zu heilen

„O lieber Jesus, ich sinke vor Deinem Angesichte nieder, müde, krank, in Schmerzen, und ich sehne mich danach, Deine Stimme zu hören.

Lass mich berührt werden durch Deine Göttliche Gegenwart, auf dass ich von Deinem Göttlichen Lichte ganz durchflutet werde, in meinem Geist, in meinem Leib und in meiner Seele.

Ich vertraue auf Deine Barmherzigkeit.

Ich übergebe Dir zur Gänze meinen Schmerz und meine Leiden und ich bitte Dich, verleihe mir die Gnade, auf Dich vertrauen zu können, sodass Du mich von diesem Schmerz und dieser Dunkelheit heilen kannst, damit ich wieder heil und gesund werden und dem Weg der Wahrheit folgen kann und damit ich mich von Dir zum Leben im Neuen Paradies führen lassen kann. Amen."

Zu allererst müsst ihr euch um euren Glauben kümmern. Danach werde Ich — durch die Gnade Meiner Barmherzigkeit — auf eure Bitte um Heilung antworten, gemäß Meinem Heiligen Willen.

Euer geliebter Jesus

678. Es wird alles unternommen werden, um eure Gebetsgruppen zu sabotieren.

Donnerstag, 17. Januar 2013, 23:17 Uhr

Meine innig geliebte Tochter, das Feuer des Heiligen Geistes hat sich unter Meinen Gebetsgruppen verstärkt, und diese werden sich jetzt über die ganze Welt ausbreiten und sich um das Eintausendfache vermehren. Die Gnade, die diesen Gruppen zuteil wird, wird es ihnen ermöglichen, sich schnell aufzubauen und zu wachsen, gerade so, wie Ich es wollte.

Wie das Feuer der Wahrheit die Erde überflutet, so wird sich auch die Finsternis wie ein großer dichter Nebel niedersenken. Der Teufel und seine Dämonen werden so viele Menschen wie nur möglich quälen, um sie Mir wegzunehmen. Ich kann ihm das nicht erlauben.

Der Schmerz, von diesen armen Seelen getrennt zu werden, die bereitwillig auf die

Lügen eingehen, die Satan ihnen vorsetzt, ist für Mich sehr schwer zu ertragen. Nichts kann jedoch das Wort Gottes stoppen, obwohl es vielen von euch nicht so vorkommen mag.

Aufgrund Meiner Macht werde Ich mit Hilfe jener Seelen, die auf Meinen Gebetsaufruf reagieren, Liebe verbreiten. Wenn sie Mir ihren freien Willen übergeben, dann kann Ich tun, was notwendig ist, um sie hin zur Liebe Gottes zu ziehen. Diese Liebe hat ihrem Leben für längere Zeit gefehlt. Wenn Ich ihnen dann den Trost bringe, werden sie erkennen, welche Leere sie zuvor in ihren Seelen gefühlt haben. Der Trost, der ihnen gefehlt hat, ist der Seelenfrieden, der nur von Mir kommen kann.

Kommt zu Mir, und Ich werde euch helfen zu erkennen, was wirklich wichtig ist. Schenkt Meiner Stimme Gehör, jetzt, wo Ich alle Nationen sammle und Meine Familie zusammenführe, damit Ich euch auf euer neues Leben vorbereiten kann, wo es keinen Tod mehr geben wird. Weder der Tod des Leibes noch der Tod der Seele kann in Meinem Neuen Paradies Bestand haben. Der Tod wird sein Ende finden. Mein Neues Paradies steht bereit, aber es muss mit jeder einzelnen Seele, die heute in der Welt lebt, gefüllt werden. Dies ist Mein großer Wunsch.

Meine Anhänger, ihr müsst euch jetzt auf die schrecklichen Prüfungen vorbereiten, die wegen eurer Antwort auf Meinen Aufruf auf euch zukommen werden. Es wird alles unternommen werden, um eure Gebetsgruppen zu sabotieren. Viele Priester zum Beispiel werden versuchen, sie zu unterbinden. Man wird euch sagen, dass ihr nicht an ihnen teilnehmen dürft. Man wird euch sagen, dass sie nicht erlaubt seien. Man wird euch sagen, dass Meine Gebete vom Geist des Bösen kämen. Man wird alle nur möglichen Ausreden vorbringen — die allesamt aber nur darauf abzielen, Mein Werk zu verhindern.

Ich bitte euch dringend, arbeitet in Frieden und Harmonie zusammen. Lasst nicht zu, dass Meinungsverschiedenheiten dieses Werk zum Stillstand bringen. Dies ist der Zeitpunkt, wo Satan versuchen wird, einen Keil zwischen euch alle zu treiben, damit die Kreuzzuggebete nicht weltweit verbreitet werden, wie es von Mir angeordnet ist.

Die „Jesus an die Menschheit"-Gebetsgruppen müssen überall gegründet werden. Sie werden ein wesentlicher Bestandteil der Formierung und Koordination Meiner Rest-Armee auf Erden sein. Ihr müsst eng zusammenarbeiten, in Liebe und Harmonie — und bleibt mit Meiner Tochter Maria (Anm. der Prophetin Maria von der Göttlichen Barmherzigkeit) in Verbindung. Ich habe sie beauftragt, dort, wo es möglich ist, zu helfen, euch zu führen. Ich habe ihr eine Gruppe von Menschen gesandt, die diese Gruppen in verschiedenen Regionen in der Welt koordinieren werden. Ihr müsst euch jeweils auf eure eigene Region konzentrieren und euch miteinander verbinden. Maria wird von

Mir darüber angewiesen werden, wie Ich diese Gruppen geführt haben will und welche Form sie haben sollen.

Ich werde jede einzelne Gebetsgruppe segnen, wenn sie Meiner Führung zustimmt. Ich brauche Mitglieder des Klerus, die beteiligt sind, und Gebetbücher, die verwendet werden. Maria wird euch bald wissen lassen, was erwartet wird.

Bereitet euch auf diese weltweite Mission vor wie auf keine andere. Es ist die Letzte Mission, um Seelen zu retten, und jeder Schritt des Weges wird von Mir, Jesus Christus, vorgeschrieben. Daher bitte Ich euch, setzt all euer Vertrauen auf Mich. Jubelt, denn ihr seid gesegnet, dass euch in der wichtigsten Zeit in der Weltgeschichte diese Rolle anvertraut wird. Hierfür werdet ihr viele Gaben von Mir erhalten, da Ich eure Hilfe benötige, um Seelen zu retten.

Erlaubt Mir, euch den Segen des Schutzes für die Kreuzzug-Gebetsgruppen „Jesus an die Menschheit" zu geben, an jedem einzelnen Ort, wo sie gegründet werden.

Meine Liebe und Mein Segen sind mit euch, Meine geliebten Jünger. Ihr bringt Mir Frieden, Liebe und Trost in dieser Zeit.

Euer geliebter Jesus

679. Die Abschaffung aller Zeichen Meines Sohnes wird der Anfang vom Ende sein.

Freitag, 18. Januar 2013, 19:30 Uhr

Meine Kinder, das Blatt hat sich gewendet, da sich die Sünde weiterhin überall ausbreitet. Während die Sünde in den Herzen der Menschen akzeptabel wird, wird die Erde unter dem Gewicht der Finsternis im Todeskampf ächzen.

Der Weltkrieg wird gerade inszeniert und bald wird er die Hässlichkeit offenbaren, die in den Herzen der Weltenlenker wohnt, die wie durch eine Nabelschnur vereint sind. Der eine nährt den anderen, aber bald wird keiner von ihnen Führer in der eigenen Nation bleiben, weil sie nur einem Meister, dem Antichristen, gehorchen werden.

Vielen mag die Welt so vorkommen, wie sie immer war, aber sie ist es nicht. Als Folge des Bösen, das von den leibhaftigen Dämonen verursacht wird, welche in den Korridoren der Macht wandeln, wird die ganze Menschheit leiden. Die Macht, die von diesen Sklaven der bösen Führer in Händen gehalten wird, wird bedeuten, dass die Bürgerrechte verschwinden werden. Die Anzeichen kann man bereits erkennen. Bald werden sie alle abgeschafft sein, und ihr werdet auf Meinen Sohn vertrauen müssen und euch Ihm übergeben müssen, damit ihr dem Unrecht standhalten könnt, von dem ihr werdet Zeuge sein müssen.

Die Abschaffung aller Zeichen Meines Sohnes wird der Anfang vom Ende sein. Sobald das geschieht, werdet ihr wissen, dass die Zeit für das Zweite Kommen nahe ist.

Ihr müsst im Gebet bleiben, Kinder, und fortfahren, die Kreuzzuggebete zu beten, denn sie sind sehr machtvoll und sie wer-

den helfen, das Leiden zu lindern, das von der bösen Gruppe gerade geplant wird.

Die Erde wird jetzt dort beben, wo diese dämonisch beeinflussten Führer ihren Sitz haben. Die Hand Gottes, des Allerhöchsten, wird die Erde schlagen, doch viele von denjenigen, die ein sündiges Leben führen, können durch eure Gebete gerettet werden.

Der Einfluss des Teufels ist jetzt in den Kirchen zu spüren und unter denjenigen, die das Heilige Wort Gottes öffentlich verkünden. Sie sind das vorrangige Angriffsziel des Teufels, und der Antichrist wird in seinem Streben, alle christlichen Kirchen zu zerstören, nicht nachgeben.

Betet, betet, betet, dass die Armee Christi ruhig und im Frieden bleibt. Wenn ihr vollkommen auf Meinen Sohn vertraut und Ihm euren freien Willen übergebt, werdet ihr stark werden. Dann werdet ihr im Stande sein, diese Prüfungen zu überstehen.

Eure geliebte Mutter
Mutter der Erlösung

680. Ihr verschlingt so leicht diese verlogenen Worte, die euch von Lügnern präsentiert werden.

Freitag, 18. Januar 2013, 20:15 Uhr

Meine innig geliebte Tochter, wie leicht wird Meine Stimme durch das Geschrei der falschen Propheten, die heutzutage die Welt unterwandern, übertönt.

Wie töricht sind diejenigen unter euch, einschließlich auch Meiner treuen Anhänger, die so sehr nach Meiner Liebe hungern, dass sie diese verlogenen Worte, die euch von Lügnern präsentiert werden, so leicht verschlingen.

Wisst ihr denn nicht, dass Ich Mein Wort nur an sehr wenige Seelen übermittle? Habe Ich euch nicht gesagt, dass Meine Worte, die euch jetzt gegeben werden, die letzten ihrer Art sind? Warum forscht ihr dann so eifrig nach den Worten frisch ernannter Propheten, die behaupten, in Meinem Namen zu sprechen? Deren Anliegen ist es, Ruhm und Aufmerksamkeit zu erlangen. Was sie tun, ist, Meine Herde mit einer schwachen Alternative zu nähren, voller Worte ohne Substanz. Denn viele jener armen Seelen meinen es nicht böse, da viele durch ihre Hingabe an Mich dazu veranlasst werden, die Liebe Gottes zu vermitteln. Und doch beauftrage Ich sie nicht, so zu handeln, denn Ich offenbare ihnen nicht Mein Heiliges Wort oder Details Meines Heiligen Planes. Andere stehen leider unter dem Einfluss des Geistes des Bösen mit dem Ziel, von Meinem Heiligen Wort abzulenken.

Während so viele Stimmen aus den Mündern falscher Propheten die Aufmerksamkeit vieler Menschen auf sich ziehen, wird Meine Wahre Stimme beiseite geworfen. An diejenigen von euch, die nach Meiner Stimme suchen und die die Worte vieler selbsternannter Propheten erlebt haben: Ihr müsst Mir jetzt gut zuhören.

Es gibt auserwählte Seelen, durch welche Ich schon jahrzehntelang kommuniziere. Ich kommuniziere noch mit ihnen. Seit dem Beginn dieser Mission habe Ich keiner weiteren Seele die Erlaubnis gegeben, in dieser Zeit Mein Wort öffentlich zu verkünden, mit Ausnahme jener geliebten, auserwählten Seelen, die seit Jahren für Mich gearbeitet haben.

Wie sehr erhebe Ich doch Meine Stimme, damit ihr Mich hören könnt? Was ist es, was ihr sucht? Ist es die Wahrheit? Ist es Sensation? Ist es Poesie – die euch daran erinnert, wie Mein Wort auf Papier erscheinen sollte? Warum lehnt ihr dann unter allen Propheten, die sagen, dass sie in Meinem Namen sprechen, gerade Mich ab, der Ich durch diese Botschaften hier spreche?!

Oh, wie sehr ihr doch getäuscht werdet. Wie sehr ihr doch aus Meinen liebevollen Armen weggezogen werdet. Wie ihr doch dazu verführt werdet, süßlichen Klängen Gehör zu schenken, die mit Meinem Wahren Wort keine Ähnlichkeit haben.

Die Zeit wird kommen, wo ihr euch schämen werdet: eurer Grausamkeit, eurer erbitterten Zurückweisung Meines Heiligen Wortes, eurer – aus der Sünde des Stolzes geborenen – hartnäckigen Ablehnung, Mein Heiliges Wort aufzunehmen, – in dieser Zeit. Denn das ist jetzt die Zeit, in der die Wahrheit den Menschen offenbart wird, um eurer Seelen willen und um der Seele jedes Mannes, jeder Frau und jedes Kindes willen.

Ich habe der Welt verheißen, dass ihr während dieser Zeit die Wahrheit offenbart würde, doch so viele von euch sind blind und taub für das Wort Gottes. Ich bitte euch, denkt über euer Bemühen um Meine Barmherzigkeit, um Mein Wort und um Meine Verheißung nach. Alsdann müsst ihr Mich darum bitten, euch zu führen und euch die Klarheit des Geistes zu geben, damit ihr Mich sehen, Mich hören, auf Mich vertrauen könnt und damit ihr euch schließlich vollständig Meinem Verlangen, eure Seele zu retten, überlassen könnt. Ihr dürft eure Zeit nicht mit Grübeln vergeuden noch euch irreführen lassen, denn Ich brauche euch.

Euer Jesus

681. Jungfrau Maria: Ihr müsst jedes Gesetz und jedes Argument, das die Abtreibung fördert, bekämpfen.

Samstag, 19. Januar 2013, 20:45 Uhr

Mein Kind, wenn böse Akte eskalieren, wie z.B. Nationen versuchen, die Abtreibung einzuführen, dann senkt sich der Heilige Geist auf die Kinder Gottes hernieder, so dass sie den Mut fassen können, sich zur Wehr zu setzen.

Die Abtreibung ist in den Augen Meines Vaters die schwerste Sünde. Kein Grund kann Ihm vorgelegt werden, der diese abscheuliche Tat gegen die Schöpfung Gottes rechtfertigen könnte. Die Abtreibung ist ein Affront gegen die Heilige Schöpfung der Menschheit und zieht somit eine schreckliche Strafe nach sich.

Alle nur erdenklichen Argumente werden vorgebracht werden, um sie unter euren Nationen zu rechtfertigen, aber nichts kann sie jemals für Gott annehmbar machen. Kein Mensch hat das Recht, einzugreifen in das Geschenk des Lebens, welches von Gott, dem Schöpfer von allem Seienden, geschaffen ist.

Viele bedauernswerte Seelen glauben, dass sie Mitgefühl zeigen, wenn sie die Abtreibung billigen. Aber das einzige, was sie damit tun, ist, dass sie Mord – eine schwere Sünde! – stillschweigend gutheißen. Ihr müsst jedes Gesetz und jedes Argument, das die Abtreibung fördert, bekämpfen, und ihr müsst das Leben von Gottes Kindern im Schoß ihrer Mütter schützen. Ihr dürft niemals Angst haben, wenn ihr in der Öffentlichkeit über die Heiligkeit des Lebens sprecht.

Betet, betet, betet für jene Seelen, welche die Wichtigkeit des Lebens und den Heiligen Akt von Gottes Schöpfung nicht akzeptieren können. Diese Seelen benötigen eure Gebete und eure Geduld. Zeigt ihnen, dass ihr ihren Forderungen nach eurer Billigung des Mordes an einem ungeborenen Kind Gottes nicht nachgeben werdet.

Eure geliebte Mutter
Mutter der Erlösung

682. Es sind die Missionen der wahren Propheten, die Empörung verursachen.

Sonntag, 20. Januar 2013, 10:10 Uhr

Meine innig geliebte Tochter, Mein größter Wunsch ist es zu sehen, dass Ungläubige Mein Heiliges Wort lesen. Auch wenn es nur für einige Minuten wäre, sie würden versucht sein, immer wieder auf Meine Schrift zurückzukommen.

Weil Satan die Welt täuscht, indem er sie glauben lässt, dass er nicht existiere oder dass seine Dämonen, die gefallenen Engel, nicht die Welt durchstreiften und auch nicht unbehindert Unterschlupf in den Herzen und Leibern der Menschen suchten, ist er den Nichtgläubigen unbekannt. Nur wenn der Mensch die Existenz des Bösen in der Welt akzeptiert, wird er seinen Geist aufrichtig öffnen, um die Existenz Gottes zu akzeptieren.

Wenn die bösen Geister umherschweifen, dann forschen sie nach Orten, wo sie leicht in eine Seele eindringen können. Sobald sie einmal in der Seele sind, ist es sehr schwer, sie loszuwerden. Sie klammern sich an jenen bedauernswerten Seelen fest, die keinen Glauben oder kein Gottvertrauen haben. Sie greifen Meine Anhänger auf ähnliche Weisen an, und diese können sich nur durch ihre Gebete schützen. Wenn ein Prophet in die Welt gesandt worden ist, werden Satan und seine Dämonen außergewöhnliche Anstrengungen unternehmen, um das Geschenk der Prophetie zu bekämpfen.

Du, Meine Tochter, bist von den Angriffen Satans umgeben. Diese nehmen viele Formen an. Menschen, die auf Meine Botschaften reagieren, werden ebenfalls gequält werden. Zunächst werden in ihre Herzen Zweifel gepflanzt werden durch den Geist des Bösen, der dann Angst in der Seele hervorrufen wird. Das wird sie dazu bringen, Meine Botschaften zu bezweifeln und anzufechten, bis ihre Zweifel in Hass umschlagen.

Viele Seelen, mit denen du verbunden bist, werden — ohne es selbst zu merken — ständig versucht sein, dich zu verraten. Einige Fremde werden auftauchen und dir sagen, dass sie ebenfalls Propheten seien. Einige jener Seelen, die seit dem Beginn dieser Mission zu dir gekommen sind und vorgetäuscht haben, dass sie ebenfalls Meine Propheten wären, mit besonderen Gaben von Mir, und die dich belogen haben, sind deine ärgsten Feinde. Sie werden von bösen Geistern heimgesucht, und viele erkennen das leider nicht. Jene gottgeweihten Diener von Mir, denen du vertraut hast und die dich verraten haben, werden ebenfalls — aus Eifersucht und Neid — daran gehindert, Mir gegenüber ihre Pflicht zu tun.

Es gibt nur sehr wenige, denen man vertrauen kann, dass sie mit Meinen Propheten zusammenarbeiten, weshalb die echten Propheten alleine arbeiten müssen, mit nur einer Handvoll von Leuten, denen sie vertrauen können. Ihr, Meine Anhänger, dürft euch niemals verletzt oder beleidigt fühlen, wenn Ich Meiner Prophetin nicht erlauben werde, euch zu treffen oder an öffentlichen Veranstaltungen teilzunehmen.

Als die Endzeitprophetin kann Ich ihr keine Ablenkungen erlauben. Ich brauche Marias ganze Zeit und ihre ganze Hingabe. Ich, Jesus Christus, werde es sein, Der eure Führung übernehmen wird, in euren Gebeten und durch Meine Gebetsgruppen. Unterschätzt niemals den Geist des Bösen, der Zweifel und Auseinandersetzungen unter euch hervorruft bis hin zur Versuchung, euch abzuwenden.

Erkennt die Gründe dafür. Es ist, weil Satans größter Krieg in dieser Zeit geführt wird. Es sind die Missionen der wahren Propheten, die Empörung verursachen. Ich, Jesus, bin es, Der die Schlacht gegen den Teufel führt, und Ich bin es, Der sie gewinnen wird.

Euer geliebter Jesus

683. Diese Leute werden Meine Kirchen zerstören, und nur wenige werden noch die Erlaubnis haben, das tägliche Opfer darzubringen.

Sonntag, 20. Januar 2013, 17:50 Uhr

Meine innig geliebte Tochter, Ich wünsche, dass Meine Jünger die Veränderungen, die auf sie zukommen, ohne Angst aufnehmen werden. Es geschieht aufgrund dieser Veränderungen, dass der Mensch gereinigt werden kann.

Die bösen Kriegshandlungen und die Abschaffung eurer Rechte, was alles arrangiert wird, um die Kontrolle darüber zu erlangen, wie eure Länder regiert werden, werden bald stattfinden. Wenn diese letzte Schlacht zwischen dem Königreich Meines Vaters und dem Teufel und seinen bösen Geistern nicht stattfinden würde, dann könnte das Böse nicht vernichtet werden.

Es werden ständig Versuche unternommen werden, die Kontrolle über eure Währungen und euren persönlichen Zugang zum Geld zu übernehmen. Aber eure Gebete können diese bösen Führer in ihrem Versuch, euch zu versklaven, stoppen. Diese Leute werden Meine Kirchen zerstören, und nur wenige werden noch die Erlaubnis haben, das tägliche Opfer darzubringen. Doch wird es diejenigen unter ihnen geben, die durch die Gnade Gottes standhaft bleiben werden.

Man wird die Kirche verfolgen und eine große Spaltung unter den Führern in den christlichen Kirchen verursachen — und doch wird es Priester und (andere) Geistliche geben, die standhalten werden, weil sie sich weigern werden, diesem Druck nachzugeben.

Man wird versuchen, die Sakramente der Taufe, der Heiligen Kommunion und der Beichte zu unterbinden — und doch werden diese gläubigen und mutigen gottgeweihten Diener nicht aufhören, Mir zu dienen.

Denkt daran, dass eure Gebete die Auswirkungen und die Härte dieser Prüfungen abmildern werden. Wenn Meine auserwählten Seelen um diese Akte der Barmherzigkeit besonders beten, werde Ich auf ihre Rufe antworten.

Euer Jesus

684. Meine Zeit, die mit dem Göttlichen Willen Meines Vaters verflochten ist, ist fast da.
Montag, 21. Januar 2013, 15:50 Uhr

Meine innig geliebte Tochter, es mag so scheinen, dass Meine Zeit auf Erden mit Meiner Kreuzigung beendet war, aber dies war nur der Anfang.

Meine Zeit, die mit dem Göttlichen Willen Meines Vaters verflochten ist, ist fast da, und endlich werde Ich noch einmal kommen, um die Menschheit in Mein Heiligstes Herz zu schließen.

Vieles ist erreicht worden, nicht nur durch euch, Meine innig geliebten Jünger, sondern auch durch den Glauben Meiner Kirche, wenn sie der Verfolgung Widerstand leistet, die Meinem Leib auf Erden von weltlichen Regierungen zugefügt wird.

Wie sehr Ich doch Meine treuen Anhänger liebe. Wie viel Trost sie Mir doch schenken aufgrund ihrer unerschütterlichen und ergebenen Treue. Der Heilige Geist ist in diesen Zeiten nicht aufzuhalten und wurde wie ein Netz über die Menschheit geworfen als ein Gegenmittel zum Geist des Bösen, der in den Herzen der Menschen gegenwärtig ist.

Würdet ihr, Meine Anhänger, die Dämonen so sehen, wie Ich sie sehe, wie sie die Erde durchstreifen und ein Zuhause suchen, würdet ihr vor Entsetzen sterben. Sie suchen Unterschlupf in der menschlichen Seele und dem Haus, das sie bewohnen. Seelen, die Mich nicht lieben, die Gott ablehnen und den falschen Lehren folgen, die von Satan verbreitet werden, einschließlich New-Age-Organisationen — die sich als religiöse und spirituelle Organisationen darstellen —, öffnen diesen Geistern Tür und Tor. Viele dieser Seelen wären beleidigt, wenn man ihnen sagen würde, dass sie Träger solcher bösen Geister seien. Sie würden es nicht glauben, selbst wenn sie Zeichen tiefer emotionaler Bedrängnis an den Tag legen.

Diese bösen Geister — und es gibt viele davon — zeigen sich Mir, wobei sie sich in der Finsternis vor Mir krümmen. Ich kann sehen, wie sie höhnisch grinsen und aus ihren abscheulichen Mündern auf Mich spucken. Wenn sie in Gottes Kindern anwesend sind, dann verändern sie die Person, in die sie eingedrungen sind, wenn auch zunächst langsam. Mit der Zeit werden diese bedauernswerten Seelen Obszönitäten gegen Gott und die von Ihm festgelegten Gebote ausspeien. Sie werden niederträchtige Handlungen jeder Art fördern und werden ständig bemüht sein, andere Seelen zur Sünde zu verleiten. Während sie die Geschwindigkeit ihrer Heimsuchung erhöhen, wird der Heilige Geist, der in den Herzen Meiner Anhänger gegenwärtig ist, einen mächtigen Kampf führen, um dieses Übel ausrotten zu helfen. Darum ist das Gebet so wichtig. Eure Gebete, die ihr aufopfert, um die Ausbreitung der bösen Gesetze, die Gott verletzen, zu stoppen, werden gehört und erhört werden.

Bitte, fahrt fort, das Kreuzzug-Gebet (87) zu beten, damit eure Nationen vor dem Bösen geschützt und die bösen Taten der Verfolgung abgeschwächt werden können.

Euer Jesus

685. Mit der Gabe des Heiligen Geistes werdet ihr überall auf der ganzen Welt in Meinem Heiligen Namen prophetisch reden.
Dienstag, 22. Januar 2013, 10:24 Uhr

Meine innig geliebte Tochter, Mein Licht wird jetzt über denjenigen Nationen scheinen, welchen die Wahrheit nicht gelehrt worden ist.

Dort, wo Gott nicht erwähnt wird, wird Meine Göttliche Gegenwart jetzt jeden Winkel derjenigen Nationen erfüllen, die Mir keine Ehre erweisen, obwohl sie sich dessen bewusst sind, Wer Ich Bin. Der Schleier der Finsternis wird gehoben werden und — endlich — werden diese verhungerten Seelen Meinen Heiligen Geist trinken und Mein Heiliges Wort verschlingen. Nach all dieser Zeit wird ihnen — durch die Ausbreitung Meiner Gebetsgruppen — die Wahrheit gegeben werden.

Ich beziehe Mich auf jene Nationen, wo eure Kirchen leer stehen, wo die Sakramente selten empfangen werden können und wo keine täglichen Messen mehr gefeiert werden. Es liegt an euch, Meine geliebten Jünger, Mein Heiliges Wort zu verbreiten, damit dunkle Seelen und diejenigen, die nichts über Mich wissen, erleuchtet werden und — behutsam — ermutigt werden, zu Mir zu kommen.

Ich segne euch, und durch die Macht Meiner tiefen Liebe zu jedem Einzelnen von euch werde Ich eure Zahl außerordentlich anwachsen lassen. Meine Gebetsgruppen werden in jedem Land gegründet werden, und mit der Gabe des Heiligen Geistes werdet ihr überall auf der ganzen Welt in Meinem Heiligen Namen prophetisch reden.

Erinnert alle an Meine Lehren. Erinnert die Seelen daran, die Heilige Bibel zu lesen, eines der größten Geschenke, das euch von Meinem Vater gegeben worden ist. Betet Meine Gebete; lest Meine Segensreichen Botschaften und betet, damit ihr sogar die verhärtetsten Herzen erreichen könnt.

Ich werde euch viele Geschenke gewähren und Ich werde euch bei jedem Schritt, den ihr auf dem Weg der Wahrheit tut, Anweisungen geben.

Euer Jesus

686. Jungfrau Maria: Es ist durch die Macht des Gebetes, dass die Barmherzigkeit Meines Sohnes über die ganze Welt ausgebreitet werden kann.
Mittwoch, 23. Januar 2013, 16:05 Uhr

Meine Kinder, ihr müsst euch bemühen, mindestens fünfzehn Minuten am Tag den Kreuzzuggebeten zu widmen, weil das sehr wichtig ist.

Ihr müsst die Zeit finden, diese Gebete zu sprechen, da sie bereits viele Tragödien in der Welt lindern, die von jenen bösen Leuten verursacht werden, die Handlungen des Bösen ausführen.

Ihr dürft niemals die Macht des Gebetes vergessen oder die Tatsache, dass Ich durch Meine Fürsprache euch in eurem Ringen mit eurem Glauben helfen kann.

Viele von euch haben mit anderen Dingen in ihrem Leben alle Hände voll zu tun, aber ihr müsst euch alle Mühe geben, um Meinem Sohn Ehrerbietung zu erweisen. Für viele kann es schwierig sein zu beten.

Es kann schwer sein, privat zu beten, und für diejenigen, die das vollkommenste und schöne Antlitz Meines Sohnes, Jesus Christus, nicht sehen können — sie werden leicht abgelenkt.

Hier ist ein kleines Kreuzzuggebet (95) „Um zu helfen, Zeit für das Gebet zu finden".

„O Mutter der Erlösung, komme mir zu Hilfe, denn ich kämpfe darum, Zeit fürs Gebet zu finden.

Hilf mir, Deinem geliebten Sohn, Jesus Christus, die Zeit zu schenken, die Ihm gebührt, um Ihm zu zeigen, wie sehr ich Ihn liebe.

Ich bitte Dich, meine gebenedeite Mutter der Erlösung, erlange mir die Gnaden, die ich brauche, und bitte Deinen lieben Sohn um jede Gnade und Gunst, damit Er mich in Seinem Heiligsten Herzen bergen kann. Amen."

Kinder, um dem Weg der Wahrheit zu folgen, ist alles, was ihr tun müsst, dem Gebet die nötige Zeit zu widmen. Es ist durch die Macht des Gebetes, dass die Barmherzigkeit Meines Sohnes über die ganze Welt ausgebreitet werden kann. Es wird durch euer Beten der Kreuzzuggebete sein, dass der Bund Meines Sohnes erfüllt werden kann, um die Welt zu retten.

Eure geliebte Mutter
Mutter der Erlösung

687. Ich bitte Meine Anhänger dringend, die Menschen daran zu erinnern, wie wichtig es ist, die Heilige Bibel zu lesen.

Mittwoch, 23. Januar 2013, 16:40 Uhr

Meine innig geliebte Tochter, Ich Bin voll Freude und Mir gefällt die Liebe, die Meine Jünger in ihren Herzen für Mich haben.

Der Himmel jubelt über die Geschwindigkeit, in der sich Meine Göttlichen Botschaften und Gebete über die ganze Welt ausbreiten. Das ist jetzt die Zeit, die vor so langer Zeit vorausgesagt worden ist, wo Mein Heiliges Evangelium überall auf der ganzen Welt gepredigt werden wird.

Ich bitte Meine Anhänger dringend, die Menschen daran zu erinnern, wie wichtig es ist, die Heilige Bibel zu lesen, das Wort, dargelegt gemäß dem Willen Meines Vaters.

Heute wird Mein Wort immer wieder gesprochen, um dem Geist der Menschen von heute die Wichtigkeit Meiner Lehren beizubringen. Das Wort Gottes nicht anzunehmen, bedeutet den Tod der Seele.

Jeder Mensch auf Erden wurde geboren mit einem freien Willen. Für jeden Menschen, dem Mein Vater das Leben geschenkt hat, ist das Sakrament der Taufe bereitgestellt worden, aber nicht jedem Kind Gottes wurde Zugang gewährt zu diesem wichtigen Geschenk, das die Seele reinigt und sie von Dämonen befreit.

Jedem Menschen ist das Anrecht auf die Wahrheit Meiner Lehren gegeben worden, doch nicht jedem Menschen wurde die Wahrheit gegeben. Stattdessen wurden die Seelen Unschuldiger mit falschen Religionen genährt. Das führte zu Hass aufeinander, da die Lügen, die durch solche falschen Religionen in die Welt gesetzt und ausgebreitet werden, die Herzen der Menschen verseuchten.

Die Wahrheit ist, dass Mein Heiliges Wort die Nahrung der Seele ist. Ohne dieses verkümmert die Seele. Wenn in ihr nicht der Friede ist, den Meine Liebe ihr bringt, dann sucht die Seele Trost in den Armen weltlicher Dinge, die ihr letztendlich jede Ruhe rauben.

Jetzt, wo Mein Heiliges Wort in den Herzen abgestumpfter Menschen entzündet wird, wird sich Meine Liebe ausbreiten, sobald der Menschheit die Wahrheit gegeben wird. Diese Liebe wird hungrige Seelen anziehen, und so wird sich Mein Erlösungsplan fortsetzen. Ich werde alle Möglichkeiten ausschöpfen und Mich dabei der Herzen demütiger Seelen bedienen — die Mich aufrichtig lieben —, um die ganze Menschheit zu retten. Es ist nicht von Bedeutung, welchen Gott sie anbeten, denn sehr bald wird ihnen die Wahrheit offenbart werden.

Dann werden sie nichts anderes mehr wollen als Meine Herrliche Gegenwart.

Euer Jesus

688. Ich werde durch die Macht Meiner Kreuzzuggebetsgruppen vieles von dem vorausgesagten Leiden lindern.

Freitag, 25. Januar 2013, 20:00 Uhr

Meine innig geliebte Tochter, Ich möchte Meine Kreuzzuggebetsgruppen anweisen, wachsam zu sein, wenn sie sich in ihren Nationen formieren. Die Gebetsgruppen müssen Weihwasser nahebei haben sowie auch ein Kruzifix von Mir (*) — und sie müssen dieses besondere Kreuzzuggebet sprechen, um ihre Kreuzzuggebetsgruppe zu segnen und zu schützen.

Kreuzzuggebet (96), um unsere Kreuzzuggebetsgruppe zu segnen und zu schützen:

„O mein liebster Jesus, bitte segne und beschütze uns, Deine Kreuzzuggebetsgruppe, damit wir immun werden gegen die boshaften Angriffe des Teufels und gegen alle anderen bösen Geister, die uns in dieser Heiligen Mission zur Rettung von Seelen vielleicht quälen mögen.

Lass uns treu und stark bleiben, während wir auch weiterhin vor der Welt Deinen Heiligen Namen bewahren und uns niemals abbringen lassen von unserem Kampf, die Wahrheit Deines Heiligen Wortes zu verbreiten. Amen."

Bitte betet dieses Gebet vor und nach jedem Gebetstreffen.

Außerdem muss Ich euch, Meine geliebten Jünger, auffordern, dafür Sorge zu tragen, dass das Hauptaugenmerk bei jedem Gebetstreffen auf dem Gebet liegt. Ich wünsche nicht, dass ihr dabei negative Gedanken betrachtet oder unter euch Ängste schürt; denn alles, was Ich bringe, sind Liebe und Barmherzigkeit.

Meine Botschaften sind voller Hoffnung, und Ich werde durch die Macht Meiner Kreuzzuggebetsgruppen vieles von dem vorausgesagten Leiden lindern. Das Ziel dieser Mission ist es, Seelen zu retten. Es ging niemals um irgendetwas anderes. Meine Botschaften werden gegeben, um euch zu erleuchten, um euch wachsam zu machen gegenüber den Gefahren, die euren Glauben betreffen, und um euch auf Mein Neues Paradies vorzubereiten.

Geht jetzt hin in Frieden. Ich werde jede Kreuzzuggebetsgruppe mit der Fülle Meiner Gnaden bedecken einschließlich der Gabe des Unterscheidungsvermögens.

Euer Jesus

(*) Im Unterschied zum einfachen christlichen Kreuz trägt das Kruzifix den Leib des Gekreuzigten (= Korpus). Das Kruzifix sollte immer von einem gültig geweihten Priester geweiht sein.

689. Sie werden vor Erleichterung schluchzen, wenn sie begreifen, dass sie eine Zukunft haben, wo der Tod nicht existiert.

Freitag, 25. Januar 2013, 23:20 Uhr

Meine innig geliebte Tochter, Meine Macht drängt in dieser Zeit durch die Kraft des Heiligen Geistes in die Herzen der Menschen. Sogar kalte und fernstehende Seelen werden umgewandelt durch die Geschenke, die Ich über die Menschheit ausschütte wegen eurer großzügigen Antwort auf Meinen Aufruf vom Himmel.

Nicht eine Nation wird die Macht des Heiligen Geistes nicht akzeptieren; nicht eine Möglichkeit wird nicht ausgeschöpft werden; nicht ein Priester wird Meiner Botschaften nicht gewahr sein; nicht ein geliebter Jünger von Mir wird unberührt bleiben durch die frohe Kunde, die Ich bringe. Sogar diejenigen, die Mich ablehnen, werden ein zweites Mal zurückkommen, um Mein Wort zu hören, weil Mein Geist ihre Herzen berührt.

Jubelt, denn es sind nur zwei Jahre, seitdem diese Mission begann, und Mein Wort wird in mehr als zweihundert Ländern und in fast vierzig Sprachen gelesen. Ich werde fortfahren, Meine Botschaften zu verbreiten — in jeder Sprache — unter den Reichen gleichwie unter den Armen; unter Atheisten gleichwie unter Meinen gottgeweihten Dienern.

Ich mache keinen Unterschied zwischen der Person, die nicht an Gott glaubt, und denjenigen, die Mir, ihrem Jesus, ihr Leben widmen. Jede einzelne Seele ist Mir gleich und genauso wichtig, wie jene, die Mich verletzen; jene, die Mich verraten; die Mich zum Weinen bringen; jene, die Mich angreifen, die Mich kreuzigen und Mich hassen — Ich liebe sie alle. Deshalb Bin Ich geduldig. Ich weiß, wenn die Wahrheit in sie einzieht, werden sie zu Mir kommen. Dann werden sie vor Erleichterung schluchzen, wenn sie begreifen, dass sie eine Zukunft haben, wo der Tod nicht existiert.

Das ist Meine Verheißung — und wenn ihr bekümmert seid, gegeißelt und misshandelt werdet und als Dummköpfe hingestellt werdet, braucht ihr nur darauf (auf Meine Verheißung) zu konzentrieren. Dieses Neue Paradies ist für euch alle da. Wenn ihr kämpft, um Seelen zu retten, dann bewahrt diese Verheißung in euren Herzen.

Euer geliebter Jesus

690. Gott der Vater: Das ist der Grund, warum nur ein Wunder die Menschheit retten kann.

Samstag, 26. Januar 2013, 19:22 Uhr

Meine liebste Tochter, Mein kostbarer Sohn, der um Meiner Kinder willen solch einen grausamen Tod erlitten hat, bereitet sich auf Seine Große Barmherzigkeit vor.

Ich habe Ihm, bis jetzt, die Zeit gewährt, die erforderlich ist, um so viele Seelen wie möglich unter Seine Göttliche Barmherzigkeit zu bringen, ohne auf eine einzige verirrte Seele verzichten zu müssen. Die Zeit für Mein Geschenk an die Menschheit ist sehr nahe.

Die Zeit, als Mein Sohn, der Messias, kam, um auf Erden zu leben, wurde von der Menschheit vertan. Sie lehnten Ihn ab. Das zweite Mal, wo Ich Ihm erlaube wiederzukommen, wird nicht anders sein. Er wird abgelehnt werden.

Das ist der Grund, warum nur ein Wunder die Menschheit retten kann. Aber dieses Wunder kann nur geschehen, wenn Ich, Gott, der Schöpfer von allem Seienden, sicherstellen kann, dass der freie Willen des Menschen unangetastet bleibt. In dieses Geschenk des freien Willens kann nicht (von außen) eingegriffen werden. Wenn ein Mensch seinen freien Willen als ein Geschenk Mir aufopfert, dann ist dies das kostbarste und vollkommenste aller Geschenke. (*)

Dadurch, dass Mein Sohn ihnen den Beweis ihrer Sünden vor Augen hält, kann Er die Seelen dazu ermutigen, auf Seinen Ruf zu reagieren. Dann, wenn Reue gezeigt wird, wird Seine Barmherzigkeit Milliarden von Seelen umspannen, die sonst niemals hätten gerettet werden können.

Ich bitte euch dringend, liebe Kinder: Bereitet euch gut vor!

Euer lieber Vater
Gott der Allerhöchste

(*) "Unsere ganze Vollkommenheit besteht darin, unseren über alles liebenswerten Gott zu lieben: Die Liebe "ist das Band der Vollkommenheit" (Kol 3, 14). Nun, unseren Willen mit dem allheiligen Willen Gottes zu vereinigen: Das ist die ganze Vollkommenheit der göttlichen Liebe." Hl. Alfons Maria von Liguori, Kirchenlehrer (1696-1787)

691. Die im Buch der Offenbarung enthaltenen Prophetien sind nur zum Teil bekannt.

Sonntag, 27. Januar 2013, 20:30 Uhr

Meine innig geliebte Tochter, Ich muss Meine Anhänger darüber in Kenntnis setzen, dass euch Sanktionen bevorstehen, die von gewissen Meiner gottgeweihten Diener gegen euch verhängt werden. Ihr werdet bald von einigen von ihnen aufgefordert werden, euch von diesem Werk zu entfernen.

Ihr werdet genau so behandelt werden, wie Meine Jünger von den Priestern ihrer Zeit behandelt wurden. Auch ihnen wurde gesagt, dass sie sich von Mir entfernen sollen, und vielen wurde nicht erlaubt, die Tempel zu betreten, um Gott, Meinem Ewigen Vater, Ehrerbietung zu erweisen.

Vieles, was von Meinen Verheißungen an die Menschheit falsch verstanden wird, werden sie dazu verwenden, um andere dazu zu ermuntern, Mich abzulehnen, während Ich der ganzen Welt in dieser Zeit Mein Heiliges Wort mitteile.

Ihr, Meine Jünger, werdet der Ketzerei beschuldigt werden, und man wird euch sagen, dass ihr nicht der Heiligen Lehre folgen würdet.

Meine gottgeweihten Diener werden schreckliche Fehler machen, wenn sie auf dem Weg zu Meinem Königreich die falsche Abzweigung nehmen. Sie werden das aufgrund ihrer Ignoranz tun, denn viele von ihnen gehen davon aus, dass sie bereits die Prophetien kennen, die Ich der Welt — vor Meinem Zweiten Kommen — erst enthüllen werde.

O, wie verwirrt sie sein werden, wenn sie angewiesen werden, das Falsche zu tun, dadurch dass sie jetzt Meine Warnungen zurückweisen, die allen Menschen für die Rettung der Seelen gegeben werden. Die im Buch der Offenbarung enthaltenen Prophetien sind nur zum Teil bekannt.

Kein gottgeweihter Diener in Meiner Kirche versteht bereits das Buch der Offenbarung. Sie werden informiert werden. Und das werde Ich nach und nach tun. Ihr sollt davon erst Kenntnis haben, wenn Ich entscheide, dass die Zeit dafür reif ist.

Bitte öffnet eure Herzen für die Wahrheit. Seid vorsichtig, wenn ihr über das Wort Gottes, das Seinen auserwählten Propheten gegeben wird, urteilt. Richtet über sie hart — und ihr werdet entsprechend gerichtet werden. Weist sie grausam zurück — und auch ihr werdet durch Meine Hand der Gerechtigkeit zurückgewiesen werden. Nehmt sie mit Liebe an — und Ich werde euch in Meine Heiligen Arme nehmen.

Nichts von dem, was Ich euch jetzt gebe, widerspricht dem Buch Meines Vaters, denn das ist nicht möglich. Ich komme jetzt, um die Lehren, die von Mir während Meiner Zeit auf Erden dargelegt wurden, abzuschließen. Wenn Mein Werk vollendet ist, dann wird Mein Bund endlich erfüllt sein. Dann

bringe Ich das Herrlichste aller Geschenke: das Geschenk des Ewigen Lebens.

Euer Jesus

692. Bald wird man ein Gesetz erlassen, das den Begriff „Gotteslästerung" aus dem geltenden Recht streichen wird.

Montag, 28. Januar 2013, 21:15 Uhr

Meine innig geliebte Tochter, sag Meinen Jüngern, dass sie ihre Hingabe an Mein Heiliges Wort niemals aufgeben dürfen.

Die Zunahme des Atheismus bedeutet, dass die bloße Erwähnung Gottes oder der von Ihm angewiesenen Gebote Empörung hervorruft. Es ist jetzt so, als ob es eine Gotteslästerung sei, die Rolle Gottes in eurem Leben zu erwähnen.

Bald wird man ein Gesetz erlassen, das den Begriff „Gotteslästerung" aus dem geltenden Recht streichen wird, um jede öffentliche Treue zu Gott auszumerzen.

Ihr, Meine armen Anhänger, werdet kaum eure Stimme in Meinem Namen erheben können. Man wird euch beleidigen und schreckliche Dinge über Mich verkünden, doch ihr werdet außer Stande sein, Mich zu verteidigen.

Jenen christlichen Ländern, deren Volk Mich ehrt, wird es nicht erlaubt sein, ihr Christentum zu bekennen, aufgrund der Schaffung dieser Gesetze, die sich gegen Meine Lehren stellen werden.

So viele wollen von Mir nichts wissen. Diejenigen von euch, die sehr wohl etwas von Mir wissen wollen, werden verfolgt werden. Damit Meine Ich, dass ihr jedes Mal, wenn ihr versucht, zu Mir zu beten, in eurer Ruhe gestört werdet. Jedes Mal, wenn ihr versucht, die Sakramente zu empfangen, werden sie für euch schwer zugänglich (geworden) sein.

Sodann wird man, wenn ihr Gebetsgruppen aufstellt, von euch verlangen, damit aufzuhören. Jede Gruppe wird nicht nur innerhalb bestimmter Kreise auf Widerstand stoßen, sondern sie wird auch die Erfahrung machen, dass Betrüger versuchen werden, sich einzuschleichen, um die Früchte zu verderben, die als ein positives Ergebnis hervorgebracht werden. Wie nie zuvor werdet ihr in eurer Hingabe an Mich, in eurer Hinwendung zu Meinen Kreuzzuggebetsgruppen oder zu Meinen Botschaften einen derartigen Widerstand erfahren.

Viele Priester und Geistliche reagieren schnell auf Meinen Ruf, weil sie Mich kennen und Meine Stimme erkennen. So viele werden weiterhin gerufen werden, da Meiner Bitte entsprochen werden wird, die Seelen vorzubereiten, die ihnen anvertraut worden sind.

Aber während ihre Zahl zunimmt, werden sich andere inmitten ihrer Herde mit Empörung und Ablehnung erheben. Sie (die Ersteren) werden aufgrund ihrer Liebe zu Mir leiden. Ihre Feinde werden aus denjenigen bestehen, die Mich zwar lieben, die aber von anderen fehlgeleitet werden, denen sie Loyalität geloben. Andere werden durch den Geist des Bösen versucht werden, Mich zu denunzieren. Sie werden das tun, um Meinen Plan zu verhindern, den Willen Meines Vaters zu erfüllen, um die Seelen zu retten und alle Kinder Gottes in Seinem Neuen Paradies zu umarmen.

Ihr müsst solchen Bestrebungen widerstehen, aber bleibt zu jeder Zeit voller Würde. Betet weiterhin für jene Meine gottgeweihten Diener, die Mich — wie Judas vor ihnen — auf die eine Wange küssen werden, während sie Mich mit der anderen verraten.

Ich werde während dieser Qual bei euch bleiben, denn sogar ihr werdet durch das Gift geschockt sein, das sich aus den Mündern derjenigen ergießen wird, die behaupten, Meine Jünger zu sein.

Euer Jesus

693. Das Zunehmen von Hass, Mord und der Mangel an Nächstenliebe sind intensiv, und die Sünde hat die Erde befallen wie ein Lauffeuer.

Dienstag, 29. Januar 2013, 4:15 Uhr

Meine innig geliebte Tochter, die Wut Satans ergießt sich über die Erde, während der Heilige Geist Seine Göttliche Gegenwart in den Seelen so vieler Menschen steigert, durch diese und andere Missionen, die von Mir zugelassen werden.

Das Zunehmen von Hass, Mord und der Mangel an Nächstenliebe sind intensiv, und die Sünde hat die Erde befallen wie ein Lauffeuer.

Die Zeit für die Vorbereitung auf den Großen Tag Meiner Wiederkunft muss jetzt mit großer Sorgfalt beginnen. Da ihr, Meine geliebten Anhänger, auf Meinen Ruf reagiert, werde Ich euren Glauben wachsen lassen, und ihr werdet zahlenmäßig mehr werden.

Diese Mission ist der Höhepunkt aller Anweisungen, die durch Meinen Vater den Menschen gegeben werden und wurden, auch all jenen, die vor euch waren. Begreift ihr nicht, dass die Propheten — von Anfang an — wenn sie den Tag des Herrn beschrieben haben, dass sich das auf Meine Zeit bezieht, die Zeit, in welcher Ich den Letzten Bund erfüllen werde?

Mein Plan ist es, zu kommen und euch das ewige Leben zu geben, das Ich verheißen habe, als Ich euch durch Meinen Tod am Kreuze von den Ketten der Sünde befreit habe. Zu denjenigen von euch, die Mir misstrauen, wisset, dass Ich euch in solch einer Mission wie dieser niemals täuschen könnte. Ich würde euch nicht bitten, Mir zu helfen, Seelen zu retten und den Teufel zu bekämpfen, oder euch dazu ermuntern zu beten, wäre nicht Ich es, euer Jesus, Der euch jetzt aufruft.

Meine armen Kleinen, ihr lebt in einer Wildnis, die nicht ihr verschuldet habt. Ich Bin euer einziger Weg da heraus. Wenn ihr Mir jetzt nicht folgt, werdet ihr Zeit vergeuden, indem ihr umherirrt, in die Irre geht und abgelenkt werdet. Euer Glaube kann nur durch die Heiligen Sakramente stark bleiben. Behaltet euren Glauben und folgt Mir

nach. Das ist alles, um was Ich euch bitte. Alsdann betet für die Rettung von Seelen.

Ich werde euch niemals verurteilen, wenn ihr diese Meine Heiligen Botschaften nicht annehmt. Aber Ich werde es euch niemals verzeihen, wenn ihr gegen das Wort Gottes, das euch durch die Macht des Heiligen Geistes gegeben wird, lästert. Wenn ihr nicht an Meine Botschaften glaubt, dann geht weg und setzt eure Hingabe an Mich fort.

Meine lieben Jünger, ihr werdet schnell eine große Armee bilden und eine starke Verteidigung gegen die Feinde Gottes. Während diese an Stärke zunimmt, ermutigt bitte so viele Meiner gottgeweihten Diener wie möglich, euch zu helfen.

Es ist wichtig, dass sie — unabhängig davon, auf wie viel Widerstand sie stoßen — jenen in der Bedrängnis immer noch die tägliche Messe und das Sakrament der Heiligen Kommunion zur Verfügung stellen müssen.

Euer Jesus

694. Das Eingreifen Meines Vaters hat bereits begonnen, und Sein Zorn wird die Erde durchschütteln.

Mittwoch, 30. Januar 2013, 23:10 Uhr

Meine innig geliebte Tochter, die Vernichtung von menschlichem Leben durch die Hände jener, welche die Bedeutung dieses Gottesgeschenkes nicht ehren, eskaliert. Der Zorn Meines Vaters ist aufgrund dieser abscheulichen Sünde schon so groß, dass Sein Brüllen (*) im ganzen Himmel vernommen werden kann.

Die Hand Seines Zornes wird dieses Übel austreiben, denn Er wird jene bösen Menschen herausgreifen und vernichten. Für jeden Menschen, der wie ein Tier abgeschlachtet wird, wird Mein Vater den Täter in das Feuer der Hölle werfen.

Bitte wisst, dass, während die Kriege eskalieren, die Bösen unter jenen Diktatoren herausgefordert werden. Sie werden wie Unkraut ausgejätet werden, und ihnen wird die Gerechtigkeit zuteil werden, die sie auf sich selbst herabziehen werden.

Die Menschen können nicht sehen, was Ich sehe. Sie kennen nicht das Ausmaß des Bösen, welches hinführt zur Vernichtung des Lebens, zur Zerstörung der Erde und der Verfolgung der Menschen durch ihre Brüder und Schwestern.

Das Eingreifen Meines Vaters hat bereits begonnen, und Sein Zorn wird die Erde durchschütteln. Es reicht! Die Leugnung der Wahrheit der Existenz Gottes durch den Menschen ist die Wurzel dieses Übels. Der Mensch spielt mit dem Leben, als ob er alles kontrollieren würde, was auf der Erde ist, über das er aber keine Autorität besitzt. Es kann nicht zugelassen werden, dass sich dieses Übel fortsetzt. Es wird eingegriffen werden, und es wird jene, die Seine Gebote nicht akzeptieren, Furcht vor Gott überkommen.

Euer Jesus

(*) Joel 4, 16: Und der Herr wird brüllen von Sion her, und Seine Stimme erschallen lassen aus Jerusalem, sodass Himmel und Erde erbeben; der Herr aber ist die Hoffnung Seines Volkes, und der Hort der Söhne Israel.

Hosea 11, 10: Dem Herrn werden sie folgen, Er wird gleich einem Löwen brüllen; ja, Er wird brüllen, und es werden sich die Söhne der Meeresgegend fürchten.

Amos 1,2: Und Er sprach: Der Herr wird von Sion her brüllen und von Jerusalem Seine Stimme erschallen lassen, da werden die schönen Auen der Hirten trauern, und des Karmels Gipfel verdorren.

Amos 3,6-8: Stößt man in einer Stadt in die Posaune, ohne dass das Volk erbebt? Kommt ein Unglück über eine Stadt, ohne dass der Herr es verhängt hat? Ja, Gott der Herr tut nichts, Er habe denn Sein Geheimnis Seinen Dienern, den Propheten, offenbart. Brüllt der Löwe, wer sollte sich nicht fürchten? Hat der Herr, Gott, geredet, wer sollte nicht weissagen?

695. Muttergottes: Die Restarmee Christi wird triumphieren.

Donnerstag, 31. Januar 2013, 15:30 Uhr

Meine geliebten Kinder Gottes, Ich bin eure himmlische Mutter, die Mutter der Barmherzigkeit, die Mutter der Erlösung. Ihr seid Meine kostbaren Kinder, und Ich bedecke euch alle mit Meinem Schleier der Erlösung, während eure erschöpften Seelen unter Qualen kämpfen.

Betet zu Meinem Sohn, Meine Kinder, mit absolutem Glauben und Vertrauen auf Seine Barmherzigkeit. Er wird euch niemals im Stich lassen. Auch wenn ihr Schmerz und Traurigkeit erleidet, weil ihr die Wahrheit kennt, und obwohl euch erbärmlich zumute ist aufgrund der Boshaftigkeit, die ihr um euch herum seht, müsst ihr im Frieden bleiben. Denn ihr seid von der Liebe Gottes, Meines Vaters, umgeben und seid mit den Gnaden gesegnet, die Mein Sohn euch gewährt, — und das bereichert eure Seelen.

Ihr dürft euch nicht durch Furcht und Sorge von der Rolle ablenken lassen, die Mein Sohn für euch gestaltet hat. Die Restarmee Christi wird triumphieren und wird in ihrem Schlepptau Milliarden von Seelen mitführen, die sie vor dem Thron Gottes präsentieren wird.

Welch ein Segen ist euch doch gegeben worden! Diejenigen unter euch, die die Kreuzzuggebetsgruppen Meines Sohnes leiten und unterstützen werden, retten Milliarden von Seelen. Diese Gebete sind mit keinen anderen Gebeten vergleichbar, da sie den Menschen als ein Geschenk gegeben worden sind, denen besondere Gnaden beigefügt sind. Ohne dass ihr davon das Geringste merken würdet, sind die Seelen, die ihr retten helft, dreißig Mal mehr, wenn ihr diese Gebete sprecht. Sie ermöglichen es euch, das Herz Meines Sohnes zu trösten, dadurch dass die Seelen, die Er braucht, um Seinen Plan der Erlösung zu erfüllen, zahlenmäßig anwachsen und stark werden.

Ich danke euch, dass ihr auf die Bitte Meines Sohnes aus dem Himmel antwortet. In den letzten zwei Wochen sind euch viele Gnaden geschenkt worden. Die Früchte dieser Gnaden werden euch klarer werden, da ihr auf dem Weg der Wahrheit hin zum ewigen Leben Fortschritte macht.

Eure geliebte Mutter

Mutter der Erlösung

696. Gott der Vater: Ich werde jene Nationen ausradieren, die Mir ins Gesicht spucken.

Freitag, 1. Februar 2013, 16:20 Uhr

Meine liebste Tochter, wie sehr bricht es Mir in dieser Zeit das Herz, da der Mensch durch die Boshaftigkeit seiner Sünden Meine Geduld endgültig überstrapaziert hat. Mein Verletztsein und Mein Schmerz wird noch verschlimmert durch Meinen Zorn, da Ich nicht zulassen kann, dass sich die Verseuchung fortsetzt, welche in solch einem Grad über die Menschheit hereingebrochen ist.

Meine Hand der Gerechtigkeit fällt jetzt auf die Nationen nieder, die sich unverfroren Meinen Geboten widersetzen. Der Hass, den der Mensch auf seine Mitbrüder und Mitschwestern hat, ist überall auf der Erde greifbar und nimmt viele Formen an. Meine Botschaft an die sterblichen Menschen lautet: „Hört jetzt auf mit eurem bösen Tun — oder Meine Strafe wird alles, was ihr macht, ausradieren, und ihr werdet ewige Qual erleiden."

Ihr habt nicht die Befugnis, Leben zu nehmen, denn Ich Bin der Urheber des Lebens. Nur Ich gebe Leben. Es kommt aus keiner anderen Quelle. Nur Ich kann es hinwegnehmen. Wenn ihr Meinen Göttlichen Plan stört, werdet ihr gestoppt werden. Dieser Plan ist von euch geschmäht worden, von einer Kreatur, für die Ich so viel gegeben habe. Er ist angegriffen und zerrissen worden, als ob das keine Konsequenzen hätte.

Eure Kriege werden eskalieren, denn Ich werde euren bösen Führern den Tod bringen. Ich werde euch finden, euch ergreifen und euch in den Abgrund werfen, wo das Tier euer ewiger Begleiter sein wird. Ihr werdet euch die Augen herausreißen in eurem Leid wegen der Gräueltaten, die ihr gegen Meine Kinder begangen habt.

Aufgrund eurer Sünden gegen die Unschuldigen, deren Leben ihr zerstört habt, wird Meine Züchtigung auf euch niederkommen. Keine Nation wird dieser Strafe entkommen, und der Grad Meiner Strafe wird der Schwere der Sünden entsprechen, zu denen ihr euch habt herabgelassen.

Ihr mögt vielleicht denken, dass Meine Züchtigung hart sei, aber ohne sie würdet ihr euch gegenseitig vernichten. Würde Ich nicht eingreifen, würde die Welt aufhören zu existieren; denn ihr würdet sie mit den schlimmen Technologien, die ihr geschaffen habt, entzweibrechen.

Ich werde nicht zulassen, dass ihr das tut. Meine Macht ist Allmächtig, und ihr werdet jetzt Zeuge Meiner Strafen sein, wie sie der Menschheit widerfahren.

Bereut. Betet für eure Mitsünder und besonders für diejenigen, die von der Finsternis des Teufels heimgesucht worden sind. Ich werde jene Nationen ausradieren, die Mir ins Gesicht spucken und die die Kontrolle verloren haben. Diejenigen, die andere verfolgen, werden den Schmerz erleiden, den sie anderen zufügen.

Euer Vater

Gott der Allerhöchste

697. Die Zeichen, die Ich senden werde, werden augenblicklich erkennbar sein.

Samstag, 2. Februar 2013, 15:30 Uhr

Meine innig geliebte Tochter, Ich liebe dich und Ich Bin bei dir, jede Sekunde dieses Heiligen Werkes. Ich Bin anwesend und Ich führe dich bei jeder Aufgabe, die du übernimmst, um sicherzustellen, dass Mein Wort jedes Einzelne von Gottes Kindern erreicht.

Lass niemals Störaktionen — oder Rückschläge — zu, um dich zu stoppen und um das zu verzögern, was jetzt eine dringende Mission zur Rettung der Menschheit ist.

Da sich Meine Anhänger in Gebetsgruppen versammeln, werden sie ebenfalls Meine Göttliche Gegenwart fühlen, und Ich werde Mich ihnen auf verschiedene Weisen zu erkennen geben. Die Zeichen, die Ich senden werde, werden augenblicklich erkennbar sein.

Ich werde Meine Liebe, Meine Heilung, Meine Gnaden und Meine Segnungen herabgießen. Dies ist eine Zeit, in der nichts unmöglich ist, wenn es zum Wohle aller ist und dem Willen Gottes entspricht.

Jetzt, wo sich Meine Gebetsgruppen verbinden, wird Meine Restarmee blühen und wachsen. Genauso, wie die Samen am Anfang nur in ganz wenige Herzen gepflanzt wurden, sind sie gewachsen und haben vielfach Frucht getragen in über 200 Ländern, von denen euch, Meine liebsten Anhänger, viele nicht (einmal) bekannt sind.

Baut weiter — Schritt für Schritt — an diesem Fundament. Jeder Stein, der umgedreht wird, ist wichtig, weil er letztendlich die Treppe zum Himmel bilden wird.

Euer Jesus

698. Es wird nicht mehr lange dauern, bis die letzte Phase der Reinigung der Menschheit beginnt.

Sonntag, 3. Februar 2013, 22:50 Uhr

Meine innig geliebte Tochter, heute ist ein besonderer Tag, an dem Meine Liebe zu einem großen Ozean anschwillt, als ein letzter Versuch, Meine Gnaden über ihre Seelen auszugießen.

Jeden Mann, jede Frau und jedes Kind ziehe und zupfe Ich am Herzen, auf verschiedene Art und Weise, damit sie sich der Gegenwart von Liebe und Wohlwollen ge-

wahr werden. Viele antworten, viele tun es nicht. Doch gibt es — tief in ihren Herzen verwurzelt — ein Gefühl der Liebe, dieser Göttlichen Gegenwart Gottes. Die Menschen sind mit Meinem Heiligsten Herz verbunden, obwohl sie das nicht verstehen können. Mein Blut fließt — wie durch eine Arterie — in das Leben von jedem Kind Gottes. Das ist die Verbindung, die alle zu einer Familie vereint. Diese heilige Familie wird die Wurzeln des Baums bilden, aus dem in Meinem Neuen Paradies viele Zweige hervorsprießen werden.

Viele jener Menschen, deren Seele verhärtet ist, werden mit der Zeit weicher werden und Mir erlauben, sie zu umarmen. Ich bereite euch jetzt alle auf Meine Große Barmherzigkeit vor. Einige jener verhärteten Seelen werden abfallen und verdorren, und dann werden sie weggekehrt werden, ohne dass irgendein Leben übrig bleibt. Aber die meisten Kinder Gottes werden instinktiv wissen, wann die Zeit reif ist. Sie werden wissen, dass sie alle aus derselben Familie stammen, und werden akzeptieren, dass sie von Meinem Vater gezeugt worden sind.

Er, der liebevollste aller Väter, leidet in diesem Moment große Pein. Und die Finsternis, die Er in den Seelen vieler Seiner Kinder sieht, schmerzt Ihn zutiefst. Es wird nicht mehr lange dauern, bis die letzte Phase der Reinigung der Menschheit beginnt. Das wird die Trennung der Guten von den Bösen bedeuten. Wie dies doch das Herz Meines Vaters brechen wird ... aber es muss getan werden! Es ist so, als ob Er Seinen Garten bestellt, damit er gesund und vollkommen ist. Das Unkraut muss vernichtet werden, oder es wird sich ausbreiten und das gesunde Getreide befallen.

Seid jederzeit bereit.

Euer Jesus

699. Die Menschen müssen sich jederzeit bemühen, Mir ähnlich zu sein.

Montag, 4. Februar 2013, 22 :45 Uhr

Meine innig geliebte Tochter, während die Katastrophen auf der ganzen Erde zunehmen, müssen sich die Menschen jederzeit bemühen, Mir ähnlich zu sein — auf einer einfachen Stufe.

In eurem täglichen Leben ist es wichtig, andere Menschen so zu behandeln, In eurem täglichen Leben ist es wichtig, andere Menschen so zu behandeln, wie Ich es euch während Meiner Zeit auf Erden gelehrt habe. Ihr müsst immer zuerst nachdenken, bevor ihr irgendeine Handlung vornehmt, die eine andere Person auf eine Art und Weise betreffen wird, dass dies einen Konflikt verursachen könnte. Wenn ihr um Hilfe gebeten werdet, dann helft. Wenn ihr um Hilfe gebeten werdet, dann helft. Wenn jemand Streit mit euch sucht, und ihr wisst, dass dieser Streit anderen Menschen Schmerz verursachen wird, müsst ihr das verhindern. Die Art und Weise, wie ihr mit anderen Menschen umgeht, wird eine direkte Auswirkung auf euren Seelenfrieden haben. Wenn ihr andere Menschen unfair behandelt, schlecht über sie sprecht oder versucht, sie reinzulegen — dann tut ihr euch das alles selbst an. Denn Ich werde euch dementsprechend richten, wie ihr andere behandelt. Alles in eurem Herzen, was gut ist, kann genährt werden, um es euch zu ermöglichen, zu einem Gefäß zu werden, damit ihr andere Menschen so behandeln könnt, wie Ich sie behandeln würde. Denn jede Handlung, die ihr vornehmt, um Mir eine Freude zu machen, erweist Gott große Ehre.

Sucht in eurem täglichen Leben immer nach der Wahrheit, da sie euch helfen wird in eurem Kampf gegen das Böse, dem ihr, wie ihr feststellen werdet, auf jeder Etappe dieser Reise mit Mir gegenüberstehen werdet.

Euer Jesus

700. Mutter Gottes: Viele werden auf ihrer Suche, Gebetsgruppen zu bilden, allein sein.
Dienstag, 5. Februar 2013, 19:45 Uhr

Meine Kinder, ihr müsst den gegenseitigen Trost suchen, wenn ihr euch sammelt, an jeder Ecke der Erde, um die Restarmee Meines Sohnes zu bilden.

Viele werden auf ihrer Suche, Gebetsgruppen zu bilden, allein sein und mögen vielleicht zuweilen empfinden, dass das nutzlos sei. Für jede Gebetsgruppe, die gebildet wird, um die Kreuzzuggebete zu beten, wird euch von Meinem kostbaren Sohne eine besondere Gnade geschenkt werden.

Er ist in jeder Gruppe anwesend, und Er wird euch das bewusst werden lassen. Ihr werdet Seine Liebe fühlen, und dann werdet ihr die Früchte sehen, wenn sie hervorströmen und Sein Heiligstes Wort verbreiten werden.

Kinder, ihr seid gesegnet, weil euch die Gabe der Demut gegeben wird, denn nur diejenigen von euch, die das Wort Meines Sohnes ohne irgendwelche Zweifel annehmen, werden Frucht bringen in Form von vielen Bekehrungen aufgrund eurer Gebetsgruppen.

Der Heilige Geist bewegt sich jetzt schnell unter euch, liebste Kinder, und es bereitet Mir so viel Freude zu sehen, wie tief Er eure Seelen berührt.

Ihr müsst vereint bleiben, Meine kleinen Kinder, denn Mein Sohn braucht eure Liebe und eure Hingabe, damit Er die Menschheit retten kann. Ihr werdet jedoch ein Ziel für den Teufel werden, der jeden Dämon unter seinem Flügel hervorziehen wird, um euch zu unterwandern und Spaltung zu verursachen. Erkennt diese Versuche als das, was sie sind, und vertraut vollkommen auf Meinen Sohn. Ruft Mich, eure geliebte Mutter, an, damit Ich eure Kreuzzuggebetsgruppen zusammenhalte.

Kreuzzuggebet (97) „um Kreuzzuggebetsgruppen zu vereinen"

„O geliebte Mutter der Erlösung, ich flehe Dich an, durch Deine Gebete die ganze Restarmee Gottes weltweit zu vereinen.

Bedecke alle Kreuzzuggebetsgruppen mit der Gnade der Erlösung, die durch die Barmherzigkeit Deines Sohnes, Jesus Christus, über uns ausgegossen wird.

Sende Deine Engel, um jeden von uns zu bedecken, und besonders jene Priester, welche die Kreuzzuggebetsgruppen führen.

Hilf uns, die Ablenkungen zu vermeiden, die unter uns Spaltung verursachen, und schütze uns mit Deinem Geschenk der Waffenrüstung, damit wir gegen die Angriffe immun werden, die wir werden erleiden müssen aufgrund unserer Liebe zu Jesus Christus, in dieser Heiligen Mission zur Rettung von Seelen. Amen."

Geht jetzt in Frieden, Meine geliebten Kinder, und wisst, dass Gottes Restarmee — durch Meines Sohnes Gnade — Ihm helfen wird, Milliarden von Seelen zu retten.

Eure geliebte Mutter
Mutter der Erlösung

701. Mutter Gottes: Ihr müsst für all diejenigen beten, die in hohen Positionen sind und Macht über eure Nationen haben.
Mittwoch, 6. Februar 2013, 14:55 Uhr

Mein Kind, ihr müsst all eure Gebete jetzt jenen verlorenen Seelen widmen, welche die Existenz Gottes nicht anerkennen werden.

Über die ganze Welt verstreut, durchleben jene armen Seelen eine Zeit, in der sie mit Lügen gequält werden. Diese Lügen werden vom Betrüger in ihre Herzen gepflanzt. Ohne das Licht Gottes in ihren Herzen haben sie nichts, auf das sie sich freuen können. Sie ehren Gott nicht, stattdessen versuchen sie daher, einen Ersatz zu finden. Der Ersatz nimmt gewöhnlich die Form von Vergötterung anderer Menschen oder materieller Dinge an. Alles, was sie am Ende ihrer Suche nach dem Frieden erhalten, ist Unruhe und Verwirrung. Ohne Liebe zu Gott werden sie niemals Frieden finden.

Mein geliebter Vater gießt durch die Barmherzigkeit Seines Sohnes, Jesus Christus, Sein Licht und Seine Liebe über solche Seelen aus. Sie nehmen diese Gnaden nicht an und kehren dem einzigen Weg, auf dem sie ewigen Frieden und Glückseligkeit erlangen könnten, den Rücken.

Ihr müsst für all diejenigen beten, die in hohen Positionen sind und Macht über eure Nationen haben, da sie außerordentlich leiden. Sie werden tagtäglich vom Teufel ins Visier genommen, damit er sie als Werkzeug verwenden kann, um Gottes Kindern Not zuzufügen. Ihr Plan, alle Spuren von Gott aus dem Leben der Nationen, die sie kontrollieren, auszulöschen, ist bereits vorhanden. Indem sie ihre wahre Absicht offenbaren, werden auch sie Opfer werden, ebenso wie jene Seelen, die unter ihrem Regime leiden werden.

Hier ist ein Kreuzzuggebet, das ihr beten müsst, um die Regierungen zu erleuchten, damit die Gnade Gottes die Weltführer bedecken kann.

Kreuzzuggebet (98) „Damit die Gnade Gottes die Weltführer bedecke"

„O meine Heilige Mutter der Erlösung, ich bitte Dich, bitte Deinen Sohn, Er möge Seine Gnaden und Seine Liebe über jene Führer ausgießen, welche die Welt kontrollieren.

Bete, das Licht Gottes möge sie von der Blindheit heilen und ihre Herzen von Stein aufschließen.

Verhindere, dass sie unschuldige Menschen der Verfolgung aussetzen.

Bitte bete, Jesus möge sie führen und Er möge nicht zulassen, dass sie eine Verbreitung der Wahrheit Seiner Lehren in den Nationen, auf der ganzen Welt, verhindern. Amen."

Eure geliebte Mutter
Mutter der Erlösung

702. Gott der Vater: Kommt, folgt Meinem Sohn auf dem Weg der Wahrheit.
Donnerstag, 7. Februar 2013, 23:30 Uhr

Meine liebste Tochter, ist es schlimm, dass Meine Kinder die Güter, die Ich auf Erden zur Verfügung stelle, so lieben?

Ist es schlimm, dass die schöne Welt, die Ich geschaffen habe, von Meinen Kindern so geliebt und bewundert wird?

Ist es schlimm, dass Meine Kinder einander lieben und Freude aneinander finden?

Dies sind alles Geschenke von Mir, eurem geliebten Vater. Ihr dürft diese wunderbaren Geschenke niemals fürchten noch solltet ihr euch schuldig fühlen, wenn sie euch Freude bringen.

Das wichtigste Geschenk jedoch, das Ich euch bringe, ist Meine Liebe zu jedem Einzelnen von euch. Dies ist eine einzigartige Liebe, und die Liebe, die ihr in eurem Herzen für andere habt, ähnelt Meiner Allmächtigen Liebe nur ein bisschen.

Nur dann, wenn ihr eure Liebe für diese besonderen Geschenke vor eure Liebe zu Gott setzt, werdet ihr keinen Frieden empfinden können. Also, obwohl ihr Freude an den Geschenken finden werdet, die Ich euch gegeben habe, könnt ihr diese nur dann in richtiger Art und Weise genießen, wenn ihr sie mit einer reinen Liebe des Herzens für euren Schöpfer verbindet.

Mein Liebesbeweis an euch, über Meine Liebe, die euch ewig umarmen wird, war, als Ich euch Meinen eingeborenen Sohn sandte, um euch von der Sünde zu befreien. Er war Mein größtes Geschenk, und durch Ihn werdet ihr ewiges Leben in Meinem Neuen Paradies finden.

Der Weg ist für euch gebahnt worden, und er wird — durch diese letzte Mission vom Himmel — mit Sorgfalt ausgestaltet werden, bis hin zu den Toren des Paradieses.

Kommt, folgt Meinem Sohn auf dem Weg der Wahrheit, und erlaubt Ihm, euch durch

Seine Große Barmherzigkeit in einen Kokon von Sicherheit zu sammeln.

Ich breite Meine Heiligen Arme aus und schließe euch in Meine Arme, hinein in den Bund Meines Sohnes, während Er die letzten Etappen vorbereitet, alle Meine Kinder zu Mir nach Hause zu bringen.

Euer Haus wird mit dem Meinigen umschlungen sein. Geduld, Beharrlichkeit, Leiden, Tränen und Liebe zu Meinem Sohn werden sich alle zueinander gesellen, wenn ihr diesen beschwerlichen Weg hin zu Mir geht. Nur diejenigen, die stark genug sein werden, werden die letzten Stufen erreichen.

Euer geliebter Vater
Gott, der Allerhöchste

703. Ich Bin euer Lehrer, und durch Mich werdet ihr die Mysterien Meines Letzten Göttlichen Planes verstehen.

Freitag, 8. Februar 2013, 23:45 Uhr

Meine innig geliebte Tochter, wenn die Menschen das Geschenk realisieren würden, das Ich der Menschheit bald gewähre, wo Ich die Toten und die Heiligen zum Leben erheben werde, die sich denjenigen von euch anschließen werden, denen das Geschenk des Ewigen Lebens in Meinem Königreich versprochen ist, dann würdet Ihr diese ganz besondere Segnung wirklich verstehen.

Einen geliebten Menschen auf Erden durch den Tod zu verlieren, kann sehr traurig sein und tief empfundenen Schmerz verursachen. Aber Meine Verheißung, euch eins zu machen mit denjenigen, die im Stande der Gnade verstorben sind, wird alle Kinder Gottes in einer wahrlich herrlichen Weise vereinen.

Familien werden eins werden. Geliebte werden zueinander kommen. Das wird ein großes Fest werden. Alle diejenigen, die gesegnet sind, um in Mein Neues Paradies genommen zu werden, welches ewiges Leben bietet, werden von der (wahren) Größe Meines Großen Geschenkes überrascht sein.

Bereitet euch auf den Tod vor. Fürchtet ihn nicht. Aber wisst, dass man nicht leicht in den Himmel kommt. Viel geistige Vorbereitung ist erforderlich. Wenn ihr in aller Klarheit das wunderbare Leben versteht, das euch bei Meinem Zweiten Kommen erwartet, dann werdet ihr verstehen, was von euch erwartet wird.

Ihr müsst in dieser Zeit nicht nur Meinen Anweisungen folgen, ihr müsst auch die Verantwortung übernehmen, Mir zu helfen, die Seelen derjenigen zu retten, die kein Interesse an Mir haben und die kein Verlangen haben, ihre Seelen zu retten und sich vor Mir reinzuwaschen oder die Sakramente zu empfangen. Das ist, weil sie eine bewusste Entscheidung getroffen haben, Meine Existenz getrennt von ihrem täglichen Leben zu halten. Ich Bin etwas, von dem sie vielleicht eine vage Vorstellung haben mögen — irgendeine geistige Vorstellung, die

sie nicht verstehen können. Der Grund ist, dass sie nicht daran interessiert sind, die Änderungen vorzunehmen, die notwendig sind, um Meines Königreiches würdig zu werden.

Diese verlorenen lauen Seelen sind Meine größte Sorge, weil ihre Zahl groß ist, und langsam treiben sie weiter und weiter weg von Mir. Ich sehne Mich nach ihren Seelen. Die einzige Art, wie Ich ihre Aufmerksamkeit erreichen kann, ist durch moderne Kommunikationsmittel. Kein Stein wird unberührt bleiben. Alles, was in Meiner Macht steht, wird getan werden, um sie zu Mir zu bringen.

Dann, schließlich, gibt es die Seelen, die — ohne eigene Schuld — niemals von Mir gehört haben. Die niemals etwas von Meinem Tod am Kreuz wussten oder von den Konsequenzen, die dies für ihre zukünftige Existenz hat. Ich muss ihnen die Wahrheit zeigen. Ich muss sie lehren. Ich muss Meine Botschaften einfach halten. Ich muss ihnen den Beweis der Existenz ihrer Seelen zeigen, und ihr, Meine Armee, werdet Mir helfen, das zu tun.

Es wird viele Aufgaben geben, die ihr bei der Rettung aller Seelen übernehmen müsst, und Ich, euer Jesus, werde euch zeigen, wie diese bewerkstelligt werden sollen. Ich werde euch detaillierter anweisen, und Ich hoffe, dass ihr auf Meinen Ruf folgen werdet, wie unmöglich euch die Aufgabe auch immer erscheinen mag.

Liebt Mich und vertraut auf Mich, denn Ich Bin euer Lehrer, und durch Mich werdet ihr die Mysterien Meines Letzten Göttlichen Planes verstehen. Dann wird alles getan werden, und die Welt wird bereit sein für Meine Glorreiche Wiederkunft.

Euer geliebter Lehrer
Jesus Christus

704. Vergiss niemals, dass du nur der Schreiber bist. Ich Bin der Autor.

Samstag, 9. Februar 2013, 15:50 Uhr

Meine innig geliebte Tochter, in dem Maße, wie sich Meine Botschaften schnell ausbreiten, bist du in dieser Zeit das Opfer einer grausamen Attacke durch Satan und seine Armee von Dämonen. Überall tanzen sie um dich herum, um dich abzulenken, sie tun dir weh und quälen dich — alles mit einem einzigen Ziel: dem Ziel, dieses Werk zu stoppen.

Ich sage dir das, um dich zu warnen: Je mehr Mein Heiliges Wort gehört wird und je hungriger die Menschen werden, Meine Gnaden in Anspruch zu nehmen, desto mehr Niedertracht wird man dir aufladen. Jeder, der mit dieser Mission zu tun hat, wird jetzt die Auswirkungen solcher Angriffe spüren. Daran wirst du erkennen, dass sie vom Teufel kommen.

Du wirst mit der Versuchung gequält werden, die Zeit zu verkürzen, die du Mir durch deine Gebete schenkst. Du wirst jede Sekunde unterbrochen werden, wenn du versuchst, die Aufgaben auszuführen, die von

dir verlangt werden, um Meinen Heiligen Willen zu tun.

Indem du bei jeder Gelegenheit durch andere Menschen herausgefordert wirst, die versuchen, die Veröffentlichung Meiner Bücher zu blockieren, wirst du frustriert und unfähig werden, den nächsten Schritt vorwärts zu tun. Dann wird es dich wie ein harter Schlag in die Magengegend treffen — was ein untrügliches Zeichen für einen satanischen Angriff ist — wenn dich all diejenigen enttäuschen werden, die in diesem Werk wichtige Kontaktpersonen sind. Und sobald du denkst, dass diese Mission unmöglich ist, werde Ich eine Tür öffnen, dann eine andere, und Ich werde fortfahren, alle Barrieren auszuräumen, bis Meine Wünsche befolgt worden sind.

Dies ist ein Wendepunkt in Meinem Göttlichen Plan der Erlösung. Von diesem Tag an wird Mein Wort lauter werden, und nur wenige werden in der Lage sein, es zu ignorieren. Dann werden alle Nationen, in allen Sprachen, die Wahrheit verkosten. Einige werden das Wort Gottes schlucken. Andere werden es ausspeien. Und dann wird es diejenigen geben, die daran ersticken werden — so hart ließen sie ihre Herzen werden.

Jedes Mal, wenn du das Gefühl hast, dass es unmöglich geworden sei, diese Mission zu erfüllen, wisse, dass nicht du es bist, die Meinem Wort in allen Nationen Gehör verschafft, es ist Meine Hand, Meine Stimme und Meine Macht — durch den Heiligen Geist —, die diese Mission leitet.

Vergiss niemals, dass du nur der Schreiber bist. Ich Bin der Autor. Meine Macht wogt durch dich. Mein Leiden geißelt deinen Geist und deinen Leib. Wenn du Schmerz empfindest, dann ist es Mein Schmerz, den du fühlst. Wenn du gequält wirst, durch Hindernisse, die dir Satan in den Weg legt, dann bin Ich es, Jesus Christus, den er damit verhöhnt. Du bist einfach das Instrument. Vergiss das niemals, und freue dich, dass du mit solch einem Geschenk gesegnet worden bist.

Inzwischen solltest du sehr wohl im Stande sein, Mir diese Probleme zu übergeben und fortzufahren, das zu tun, was Ich von dir verlange, Meine Tochter. Mein Plan ist es, jede Seele, die heute auf der Welt lebt, zu retten, und Satan wird einen schrecklichen Krieg führen, um Mich zu stoppen. Jeder, der mit Mir arbeitet, wird ein Angriffsziel sein, und allein eure Liebe zu Mir und euer Vertrauen auf Mich werden euch in diesen unruhigen Zeiten Kraft geben.

Euer Jesus

705. Mein Wort wird sich in Australien und Neuseeland ausbreiten.

Sonntag, 10. Februar 2013, 2:18 Uhr

Meine geliebten Jünger, wie viele Tränen der Erleichterung ihr doch in Meine Augen steigen lasst.

Eure schönen Nationen, voll von überreichlichen Bodenschätzen, spirituell sind sie aber leer. Die Nationen Australiens und Neuseelands sind einerseits üppig, wegen des Geschenks, das Mein Vater euch hinterlassen hat, und andererseits aber sind sie unfruchtbares Ödland.

Ich rufe eure Nationen jetzt auf, Mir zu helfen, euren Glauben zu entzünden und Mein Heiliges Wort zu verbreiten, damit es die Seelen aller Kinder Gottes in euren Ländern nähren wird.

Mein Wort wird in Australien ausgebreitet werden, durch diese Meine letzte Mission zur Rettung von Seelen auf Erden.

Dir, Meine Tochter, wird das Geschenk des Heiligen Geistes gegeben werden, um Mir die Seelen zu bringen, nach denen Ich Mich sehne. Ihr, Meine Jünger, habt eine schwere Last zu tragen, weil das Wort Gottes Millionen in eurer Nation unbekannt ist. Sehr wenige Kirchen innerhalb der christlichen Gemeinschaft werden in der Art verwendet, wie es sein sollte. Sie sind leere Hülsen, und der schwache Glaube, der unter euch existiert, missfällt Mir. Ihr habt viel zu lernen und viel zu gewinnen, wenn ihr Mir — aus eigenem freien Willen — auf dem Weg der Wahrheit folgt.

Mein Plan, um eure Seelen vorzubereiten und um eure Hilfe zu bitten, jene Seelen zu retten, die nicht an Gott glauben, ist groß. Meine Mission ist es, nach den Atheisten zu rufen und sie mit Meinem Heiligen Geist zu bedecken, damit Meine Stimme schnell gehört wird. Hier ist ein besonderes Kreuzzuggebet für die Rettung Australiens und Neuseelands.

Kreuzzuggebet (99) „Für die Rettung Australiens und Neuseelands"

„O Gott, Allmächtiger Vater, im Namen Deines geliebten Sohnes, Jesus Christus, habe Erbarmen mit all Deinen Kindern in Australien und Neuseeland.

Vergib uns (ihnen), dass wir (sie) Dein Heiliges Wort abgelehnt haben.

Vergib uns (ihnen) die Sünde der Gleichgültigkeit.

Befreie uns (sie) von unserer (ihrer) heidnischen Kultur und bedecke uns (sie) mit den Gnaden, die wir (sie) brauchen, um Hoffnung, Glaube und Liebe unter unseren (ihren) Brüdern und Schwestern zu erwecken.

Wir bitten Dich um das Geschenk des Unterscheidungsvermögens und wir bitten Dich, gewähre uns allen die Segnungen, die wir brauchen, um sicherzustellen, dass nur die Wahrheit Deines Heiligen Wortes gehört werden kann und dass allen Seelen die Schlüssel zum ewigen Leben geschenkt werden. Amen."

Sehr bald wird Mein Heiliger Geist eure Seelen (aus reiner Liebe) verschlingen, und ihr werdet mit einem ruhigen Vertrauen voranmarschieren, während ihr all denjenigen, die mit euch in Kontakt kommen, die Wahrheit verkündet.

Seid dankbar für diesen Segen, mit dem Ich jetzt eure Nationen bedecke. Ich liebe euch, und Ich vertraue darauf, dass ihr auf Meinen Ruf antworten werdet.

Euer Jesus

706. Viele glauben, die Hölle sei lediglich ein Volksmärchen.

Montag, 11. Februar 2013, 12:30 Uhr

Meine innig geliebte Tochter, Mein Herzenswunsch ist es, jene Menschen, die schreckliche Sünden begehen, vor den Qualen der Hölle zu retten.

Für jede begangene Todsünde wird der (brennende) Schmerz des Feuers die Seele zerfleischen, als ob sie tatsächlich aus Fleisch bestehen würde. Die Schmerzens- und Schreckensschreie solcher Seelen, wenn sie in die Tiefen der Hölle gezogen werden, brechen Mir das Heiligste Herz.

Mir schneidet das ins Herz, und der schreckliche Schmerz, den Ich fühle, ist wegen dieser armen Seelen. Viele Menschen, die in dieser Zeit auf Erden leben, befinden sich in schrecklicher Gefahr. Und zwar, weil so viele glauben, die Todsünde bloß ein wenig bedeutsamer Fehler sei, und infolgedessen diese Todsünde rechtfertigen. Und dann gehen sie weiter auf einem Weg der Selbstzerstörung. Wenn sie nicht erkennen können, welche schweren Fehler sie begehen, werden sie die Verdammnis erleiden, wo sie in Ewigkeit in Todesqual brennen werden.

So wenige Menschen glauben an die Existenz der Hölle. Viele glauben, die Hölle sei lediglich ein Volksmärchen. So viele glauben, Gott würde es nicht zulassen, dass solch ein Ort existiere, und alle Sünden — ganz gleich wie schwer — seien (bereits) vergeben. Ich schreibe das den Fehlern jener gottgeweihter Diener zu, die im Laufe der Jahrzehnte dem Druck einer säkularen Welt nachgegeben haben. Diese Täuschung hat zum Verlust von Milliarden und Abermilliarden von Seelen geführt. Auch wenn es für diese Seelen zu spät ist, so ist noch immer Zeit für diejenigen Seelen, die heute den Makel der Todsünde an sich tragen, gerettet zu werden.

Ihr müsst beten, dass diese Menschen vor den bösen Verlockungen Satans geschützt werden können, der ob des Schicksals, das sie erwartet, jubelt. Mein Licht wird und kann nur über sie ausgegossen werden, wenn sie ihre Augen für die Wahrheit der Sünde öffnen. Obwohl sie Mich mit ihrer Boshaftigkeit quälen, so gibt es doch nicht einen Einzigen unter ihnen, der kein Unbehagen oder keine Verzweiflung fühlt aufgrund seiner Sünden. Obwohl viele die Ursache solcher Unruhe kennen, werden sie nichts dagegen unternehmen, da sie fortfahren, über ihre Sünden hinwegzusehen und sie zu rechtfertigen. Einige tun das, weil sie mit der Finsternis von Lügen umgeben sind, die in ihrer Kultur eingebettet sind. Solche Lügen fördern die Akzeptanz der Sünde.

Helft Mir mit dieser Litanei, sie zu retten.

„Jesus an die Menschheit"-Litanei (5) Für die Rettung jener, die sich in der Todsünde befinden

„Jesus, rette alle Sünder vor den Feuern der Hölle.

Vergib den geschwärzten Seelen.

Hilf ihnen, Dich zu erkennen.

Hole sie heraus aus der Finsternis.

Öffne ihre Augen.

Öffne ihre Herzen.

Zeige ihnen die Wahrheit.

Rette sie.

Hilf ihnen zu hören.

Befreie sie vom Stolz, von der Lust und vom Neid.

Schütze sie vor dem Bösen.

Höre ihre Hilferufe.

Ergreife ihre Hände.

Ziehe sie zu Dir hin.

Rette sie vor der Täuschung Satans. Amen."

Helft ihnen, Meine Anhänger, indem ihr Mich — täglich — für sie um Verzeihung bittet, für die schrecklichen Beleidigungen, die sie Mir an den Kopf werfen.

Euer Jesus

707. Dieses Leben wird innerhalb eines Augenblickes in ein Neues Leben, ein Neues, Erneuertes Paradies übergehen.

Dienstag, 12. Februar 2013, 2:19 Uhr

Meine innig geliebte Tochter, so viele Menschen in der Welt sind sich dessen nicht bewusst, dass sie auch Geist sind. So verstrickt sind sie in die Sorgen, die ihr tägliches Leben betreffen, ihre Arbeit, ihre Rolle als Eltern, in den Kampf, ihre Ausbildung zu absolvieren und sich zu bilden, dass sie darüber vergessen, dass dieses Leben nach ihrer Zeit auf Erden zu einem Ende kommt.

Es ist nur richtig, dass sie ihr Bestmögliches geben, dort, wo sie Verantwortung tragen, (auch) um sich zu ernähren und zu kleiden, aber wenn sie ihr geistiges Wohlergehen vernachlässigen, verweigern sie sich selbst die größten Geschenke, die auf sie warten.

Viele vergessen, dass Mein Vater jederzeit das Leben nehmen kann. Wenn die Seelen nicht vorbereitet sind, werden sie es sehr bereuen und gehen möglicherweise nicht in den Himmel ein, dann, wenn sie von diesem Leben hinübergehen in das nächste.

Es ist für diejenigen, die ein beschäftigtes Leben führen, schwer, sich zu überlegen, was geschieht, wenn diese Zeit, die ihnen von Gott gewährt wird, zu einem Ende kommt. Denn viele sehen den Tod als etwas Furchterregendes an und nicht als etwas, über das sie nachdenken möchten. Und so lehnen sie Mich ab, ihren Jesus, ihren Weg zum Königreich Meines Vaters. Ich, Jesus Christus, Bin der einzige Weg, um in den Genuss des ewigen Lebens zu kommen, eines Lebens, das euch unbekannt ist.

Ich möchte euch sagen, dass es für alle Kinder Gottes ein wunderbares Leben gibt, das auf sie wartet. Dieses jetzige Leben ist wichtig, denn die Art und Weise, wie ihr das Leben lebt, das euch auf Erden gegeben ist, wird eure Zukunft bestimmen.

Ihr dürft niemals denken, dass der Tod das Ende sei. Denkt stattdessen daran, dass er der Beginn eines neuen und wunderbaren Lebens ist. Die Zeit, die ihr auf Erden verbringt, ist eine Prüfung. Sie ist ein Test und auf vielerlei Weise ein Exil. Als Sünder geboren werdet ihr auch als Sünder sterben. Aber es werden diejenigen Sünder sein, die einander lieben, die andere mit Liebe und Respekt behandeln und die ihr Leben als Mein Ebenbild leben, die sich auf vieles freuen können.

Aufgrund Meines großen Erbarmens mit allen Kindern Gottes mache Ich große Ausnahmen für die Seelen, die verloren und verwirrt umherirren. Ich gehe den Seelen nach, die nichts mit Mir zu tun haben wollen, und Ich rühre ihre Herzen, so dass sie Mitgefühl für andere empfinden.

Viele erkennen nicht, wie Ich in ihren Herzen arbeite, aber Ich tue das, um sie zu Mir zu locken. Zu jeder Seele, die zu Mir ruft, selbst wenn sie sich Meiner Existenz unsicher ist, komme Ich gelaufen. Ich antworte sofort und höre alle Anliegen. Ich Bin ein Liebender Gott. Ich Bin nicht leicht zu erzürnen. Ich Bin geduldig. Ich Bin erwartungsvoll. Ich Bin treu. Ich Bin allbarmherzig. Ich warte darauf, dass alle Seelen Meinen Ruf erkennen, denn bald werden sie kaum noch Zweifel haben, Wessen Stimme sie hören, Wer sie (da) herbeiwinkt, um Gottes Liebe zu fühlen.

Dieses Leben wird innerhalb eines Augenblickes in ein Neues Leben, ein Neues, Erneuertes Paradies übergehen. Während diese Zeit auf Erden voll von Prüfungen, Druck, Stress, Höhen und Tiefen sein kann, kann sie nicht verglichen werden mit dem Frieden und der Herrlichkeit des Lebens, das all diejenigen erwartet, die Mich lieben.

Euer Jesus

708. Die Freimaurerei hat Meine Kirche auf Erden unterwandert, und bald wird das Schisma — wie vorausgesagt — Spaltung und Unruhe unter Meinen treuen Dienern schaffen.

Mittwoch, 13. Februar 2013, 11:20 Uhr

Meine innig geliebte Tochter, der Himmel ist in dieser Zeit voll Zorn, da die Dornenkrone sich hinabsenkt, um Meinen Leib, die katholische Kirche auf Erden, zu zerdrücken.

Diese Prophezeiung, die dir im Laufe der letzten zwei Jahre in vielen Einzelheiten gegeben wurde, hat sich jetzt bewahrheitet. Jetzt, wo sich Meine anderen Offenbarungen bald verwirklichen werden, werden nur sehr wenige Meiner gottgeweihten Diener Meinen Appell an die Menschheit ignorieren können in dieser gottlosen Stunde in eurer Zeit.

Sie, die böse Gruppe, hat ihre Kampagne begonnen, die Erde von der Wahrheit Meiner Lehren zu säubern. Mein Heiliger Stellvertreter ist zu dieser Handlung gezwungen worden und wird infolgedessen außerordentlich leiden. Die Freimaurerei hat Meine Kirche auf Erden unterwandert, und bald wird das Schisma — wie vorausgesagt — Spaltung und Unruhe unter Meinen treuen Dienern schaffen.

Viele haben keine Ahnung davon, welche Täuschung ihnen hier präsentiert wird. Auch wissen sie nicht, dass das Fundament Meiner Kirche, der katholischen Kirche, zu Staub zermalmt worden ist. An seiner Statt wird sich der Gräuel erheben, und Ich werde einschreiten und Zeichen senden, um jede Seele zu ermahnen, wie wichtig es ist zu beten, damit sie die Wahrheit von dem, was frei erfunden ist, unterscheiden kann.

Es ist nicht der Zusammenbruch der katholischen Kirche, der bald offenkundig werden wird, der die Welt spalten wird. Es wird ihre Involvierung in die Schaffung einer Neue-Welt-Kirche sein, einer Eine-Welt-Religion, die das Heidentum und den Götzenkult einführen wird.

Der falsche Prophet hat sich gut vorbereitet, und seine Zeit kommt nun. In Zusammenarbeit mit dem Antichristen werden sie die Welt auf die Knie zwingen. Nicht Gott werden sie die Ehre erweisen, sondern dem Tier.

Ich bitte alle Meine Jünger, alle Meine christlichen Anhänger auf der ganzen Welt, dringend, ruhig zu bleiben. Betet um den Frieden und erlaubt Mir, eurem Jesus, euch in dieser Zeit zu führen.

Ich rufe alle Meine Kardinäle, Meine Bischöfe und Meine gottgeweihten Diener auf, ihre Herde zu vereinen und Meinen Lehren gegenüber treu zu bleiben. Achtet aufmerksam auf das, was man von euch zu predigen verlangen wird, denn es wird sich ändern. Eure Predigten werden für eine säkulare Welt erdacht und geschrieben sein, und sie werden keine Substanz haben.

Bei dem, was (nach außen hin) aussehen soll wie eine Modernisierung der katholischen Kirche, wird euch folgendes präsentiert werden: die Förderung von All-inclusive-Pfarrgemeinden, alle Religionen (zusammengemischt und) eingerollt in eine einzige Religion, die sogenannte Christliche Einheits-Kirche (Christian Unified Church). Alle äußeren Zeichen mögen zuerst scheinbar dieselben sein, aber das ist es, was ihr sehen sollt. Allmählich werdet ihr Meine Heilige Schrift nicht mehr wiedererkennen, da neue Worte, neue Formulierungen und neue Formen der Darbietung der Sakramente euch vorgelegt werden.

Es wird eine Panik unter jenen wahrhaft treuen konservativen Priestern geben, die alarmiert sein werden bei den neuen modernen Formen, welche sich die Kirche zu eigen machen wird, wenn sie einen neuen Typ einer modernen alternativen Kirche neu einführen wird.

Mittels des Netzwerkes der Freimaurerei, welche in jede Ecke der katholischen Kirche, der Regierungen und der Medien eingedrungen ist, wird es geschehen, dass dieser Gräuel als eine große Neuerung präsentiert werden wird.

Das ist der Anfang vom Ende. Meine Gegenwart wird diskret verbannt werden zugunsten der neuen Zeremonie der Messen.

All der Prunk und all die Zeremonie werden einen leeren Tabernakel kaschieren, denn Meine Göttliche Gegenwart wird (dann) von Meinem Vater nicht mehr länger erlaubt sein.

Ihr müsst vereint bleiben und, wenn ihr katholisch seid, weiterhin an den täglichen Messen und an der Heiligen Kommunion teilnehmen. Für alle Christen: Ihr müsst wissen, dass man auch euch in die (Falle der) Neue-Welt-Religion locken wird, die von denjenigen Nationen geplant wird, die mit den Verrätern Meiner katholischen Kirche im Bunde sind. Sie möchten eine säkulare, humanistische Fassade schaffen — eine Fassade, die geschickt das Böse, für das sie Reklame macht, unter einer Maske verbirgt.

Die Schlacht hat begonnen, aber ihr, Meine geliebten Anhänger, seid stärker, als ihr denkt. Ich Bin immer da. Ich habe euch gut vorbereitet. Ihr müsst, um zu überleben, dieses Kreuzzuggebet sprechen:

Kreuzzuggebet (100) „Um das Überleben des Christentums"

„O lieber Jesus, wir bitten Dich, rüste uns aus, damit wir die Prüfungen überleben, denen wir jetzt gegenüberstehen, da der letzte Wahre Papst seine Mission für Dich beendet.

Hilf uns, dem schrecklichen Gräuel standzuhalten, mit dem wir jetzt konfrontiert sein werden, aufgrund des Zusammenbruchs der Kirche, die wir einst gekannt haben.

Lass uns niemals von der Wahrheit Deines Göttlichen Wortes abweichen.

Hilf uns, ruhig zu bleiben, wenn uns (die Lasten der) Angriffe auf die Schultern geladen werden, um uns dazu zu bringen, Dir und den Sakramenten, die Du der Welt gabst, den Rücken zu kehren.

Bedecke Deine Streitmacht mit der machtvollen Liebe, die wir brauchen, damit sie uns wie ein Schutzschild gegen den falschen Propheten und den Antichristen abschirmt.

Hilf Deiner Kirche auf Erden sich auszubreiten und zu wachsen, damit sie an der Wahrheit festhalten kann und Dir helfen kann, unsere Brüder und Schwestern auf dem Weg der Wahrheit zu führen, damit wir uns entsprechend auf Dein Zweites Kommen vorbereiten. Amen."

Habt keine Sorge, Meine Anhänger. Alles liegt in Meinen Heiligen Händen. Habt Geduld. Rechtfertigt keine eurer Handlungen in Meinem Namen, denn wenn ihr das tut, dann verteidigt ihr Mein Wort, während alles, was ihr tun müsst, ist, Mein Wort öffentlich zu verkünden.

Euer Jesus

709. Jungfrau Maria: Die Arroganz und der Stolz der Menschheit sind eine Beleidigung für die Gegenwart Gottes.

Mittwoch, 13. Februar 2013, 20:10 Uhr

Mein Heiliger Mantel bedeckt all diejenigen von euch, die Mich, eure Himmlische Mutter, während dieser Zeiten der Züchtigung anrufen. Da der Zorn Meines Ewigen Vaters zunimmt, müsst ihr, Meine lieben Kinder, innig beten, um das Leiden zu mindern, das wie eine Flut die Erde überschwemmen wird.

Ihr müsst auf das konzentriert bleiben, was Mein Sohn euch sagt, und im Gebet vereint bleiben, damit die Sünde vergeben werden kann. Die genusssüchtige Wolke, die über dem westlichen Teil der Welt hängt, woraus Mein Sohn verstoßen wurde, wird jeden Tag dichter.

Die Arroganz und der Stolz der Menschheit sind eine Beleidigung für die Gegenwart Gottes. Ihre leeren Seelen sind wie leere Gefäße, und sie sind mit wertlosen Reichtümern gefüllt, die von der Hand des Menschen geschaffen sind. Keinen Platz haben sie in ihren gierigen Herzen für die Wahre Liebe, für die Gottesliebe. Ohne die Gottesliebe sind sie außer Stande, irgendjemand anderen zu lieben als sich selbst. Dies bedeutet, dass die Menschheit leidet, mehr, als sie es sollte, weil die Liebe nicht geteilt wird.

Wenn ihr euch nur um euch selbst kümmert, könnt ihr keinen Trost geben oder das Leiden derjenigen erleichtern, die auf andere angewiesen sind.

Wacht auf, Kinder. Nur wenn ihr eure Herzen für die Wahrheit öffnet, werdet ihr im Stande sein, die Barmherzigkeit Meines geliebten Sohnes zu erobern.

Eure geliebte Mutter
Mutter der Erlösung

710. Dies ist die letzte Schlacht. Mein Stellvertreter ist gefallen. Meine Kirche wird fallen, aber bald wird sie sich wieder erheben.

Donnerstag, 14. Februar 2013, 18:00 Uhr

Meine innig geliebte Tochter, die Schlacht zwischen dem Königreich Meines Vaters und dem Reich Satans ist endgültig in ihre letzte Phase eingetreten.

Wie der Teufel doch die Kinder Meines Vaters zum Narren hält, einschließlich derjenigen, die der Wahrheit Meiner Lehren folgen. Nichts ist, wie es scheint. Die Macht der Freimaurerei ist größer geworden, und sie fallen nicht nur über die politische Welt her, sondern auch über das Haus Gottes, über Meinen Leib auf Erden.

Die katholische Kirche wird verhöhnt — mehr als jede andere Kirche auf Erden, welche Mein Heiliges Wort öffentlich verkündet. Das ist, weil sie von Mir geführt worden ist und an Meinen Weisungen festgehalten hat, die der Menschheit gegeben werden, seitdem Ich erklärt habe, dass Mein Apostel Petrus Meine Kirche auf Erden aufbauen solle.

Meine Kirche auf Erden hat im Fokus des Teufels gestanden, der die Jahrhunderte hindurch Meine Kirche gespalten hat und all diejenigen gegeißelt hat, die Meine überaus Heiligen Sakramente praktizieren.

Nicht ein einziges Mal ließ er, der Teufel, nach in seinem Plan, Meine Kirche zu verfolgen. Gerissen, hinterlistig, arrogant, überheblich und voller Aufgeblasenheit glaubt er, der Betrüger, dass seine Macht allmächtig sei. Er nimmt immer diejenigen ins Visier, denen die Verantwortung übertragen worden ist, die Kinder Gottes zum ewigen Leben zu führen.

Meine katholische Kirche hat seit längerer Zeit schrecklich durch die Hand Satans gelitten. Nicht ein einziges Mal hat man sie in Frieden ihre heilige Pflicht Mir gegenüber erfüllen lassen. U m sicherzustellen, dass er, der Teufel, sogar noch mehr Schaden verursachen konnte, unterwanderte er dann diese Meine gottgeweihten Diener, indem er seine eigenen Diener sandte, um sich unter sie zu mischen. Genau in dem Moment ging der Gräuel des Bösen in Meine Kirche ein.

Als durch diejenigen, die dazu eingesetzt sind, Seelen zu nähren, gesündigt wurde, war Ich es, Jesus Christus, Der beschuldigt wurde und auf die Anklagebank gesetzt wurde.

Die größte Täuschung von allen war, als der Teufel die Menschen davon überzeugte, dass Ich es gewesen sei, Jesus, das Haupt der Kirche auf Erden, Der die Menschheit verraten habe. Die Menschen sind mit der Sünde geboren worden. Sie werden sündigen bis zur Zeit Meines Zweiten Kommens. Mich als den Erlöser der Welt zu verwerfen, aufgrund der Sünden von Menschen, einschließlich jener, die für die irregeführten Seelen verantwortlich waren, wird euer Untergang sein.

Statt der Wahrheit zu folgen, werdet ihr zulassen, dass die Lügen des Tieres euer Herz verderben. Ihr seid jetzt unter der Kontrolle des Bösen in Meiner Kirche, und viele werden den Lügen zum Opfer fallen, die euch jetzt als die Wahrheit präsentiert werden.

Die Wahrheit Meiner Lehren wird bald für belanglos und unwahr erklärt werden. Der Zorn Meines Vaters über diese Verseuchung in Meiner Kirche auf Erden wird bald unter Seinen Dienern in Meiner Kirche in Rom gefühlt werden. Dies ist die letzte Schlacht. Mein Stellvertreter ist gefallen. Meine Kirche wird fallen, aber bald wird sie sich wieder erheben.

Euer Jesus

711. Eine Trauung von zwei Menschen gleichen Geschlechts ist vor Meinem Altar nicht zulässig.

Freitag, 15. Februar 2013, 22:10 Uhr

Meine innig geliebte Tochter, diese Mission muss jetzt weitergehen, um jene anzulocken und in die Arme zu schließen, die nicht an Meine Lehren glauben, und jene, die sich selbst für Christen halten, die Mich aber nur geringfügig anerkennen.

Ihre Gleichgültigkeit ist verletzend. Ihre Auslegung Meiner Lehren, die dann verdreht wurden, damit sie zu ihrer säkularen Lebensweise passen, ist die schlimmste Form des Verrats an Mir, ihrem Jesus.

Junge Menschen, Menschen mittleren Alters und alte Menschen, alle sogenannte Anhänger des Christentums, verletzen Mich mit ihrer eigenen verwässerten Version, die nach ihrer Ansicht für Gott annehmbar sei. Sie haben eine neue, selbstgemachte Lehre geschaffen, die ihrer Lebensweise entgegenkommt. Dann glauben sie, dass sie Gott noch immer Freude bereiten könnten und dass ihre Lehre für Ihn annehmbar sei.

Wisst: Nur die Wahrheit ist für Gott annehmbar. Versuche, Ihn zu beschwichtigen, werden bei Ihm auf taube Ohren stoßen. Gott wird niemals Lügen akzeptieren. Nichts von dem, was für neue Auffassungen im Christentum wirbt und die Akzeptanz und die Toleranz der Sünde fördert — und mag es auch noch so gut aufgemacht sein und in noch so schöner Sprache formuliert sein —, wird in den Augen des Allsehenden Gottes akzeptiert werden. Er wird niemals neue Gesetze akzeptieren, welche die Sakramente entwerten, die von Mir, Jesus Christus, dem Erlöser der Welt, an euch weitergegeben wurden.

Ich habe euch erlöst, um euch zu helfen, euch aus dem Griff zu befreien, mit dem Satan die Herzen der Menschen hält. Ich gab bereitwillig Mein Leben hin, um euch zu retten und aus den Ketten zu befreien, woran ihr von Satan und den Feuern der Hölle gebunden worden seid. Das bedeutete, dass die Hölle nicht länger Macht über euch hatte, da euch die Freiheit gegeben worden war, euch zu entscheiden — für ein Leben in Meinem Königreich — oder für den Tod im Abgrund der Hölle.

Aber was tun die Menschen in der heutigen Welt, um Mir dieses außergewöhnliche Geschenk zu vergelten? Sie versuchen, die Sünde in Meinen Augen zu rechtfertigen. Sie präsentieren Mir beleidigende Sünden und bitten Mich, Lügen und Unwahrheiten gutzuheißen. Schlimmer noch — sie wollen Meine Heiligen Sakramente auf verschiedene Weisen an ihre Bedürfnisse anpassen und Mir dann ein Gräuel schenken. Eine Trauung von zwei Menschen gleichen Geschlechts ist vor Meinem Altar nicht zulässig. Und doch tun sie das und beleidigen Mich. Sie bitten Mich, die Sünde zu akzeptieren, indem sie Übertretungen der Gebote Meines Vaters rechtfertigen. Sie versuchen, sich selbst einzureden, dass das vor Gott vertretbar sei, während dies niemals sein kann.

All die Gebote Gottes werden im Himmel gemacht. Sünde bleibt in Gottes Augen Sünde und kann niemals durch menschliche Interpretation gerechtfertigt werden.

Es ist die verblendete Geisteshaltung dieser Befürworter eines modernen „Christentums", die sich auf Schritt und Tritt bemühen, die Lehren des Christentums zu verändern und anzupassen, es ist diese Geisteshaltung, welche Meiner Kirche Schaden zufügt. Diese Haltung verursacht eine schreckliche Verwirrung.

Sie machen Gott und Meinen Tod am Kreuz lächerlich.

Auf diese Art fallen Christen ins Heidentum zurück — und das kann sehr schnell gehen. Falsche Götter, falsche Tempel, falsche Religionen, alle haben Eines gemeinsam: Ihre Anhänger ehren einen Gott, der von Menschenhand geschaffen ist. Solche Religionen sind für Gott eine Beleidigung — und in einer Kirche, in den freimaurerischen Tempeln, erweisen sie ganz und gar nicht Gott die Ehre, sondern dem Tier.

Dies ist der Preis für die Freiheit, welche der Welt durch Meinen Tod am Kreuz gegeben worden ist. Das ist der Grund, warum die Welt die Wahrheit annehmen muss und nicht der Täuschung zum Opfer fallen darf, die im Laufe der Zeit vom Tier unter euch gesät werden wird.

Euer Jesus

712. Der falsche Prophet wird jetzt den Stuhl in Rom übernehmen.

Sonntag, 17. Februar 2013, 19:00 Uhr

Meine innig geliebte Tochter, das Schisma innerhalb der katholischen Kirche wird — wie vorausgesagt — jetzt zu beobachten sein, für die ganze Welt sichtbar. Der Weggang Meines innig geliebten Heiligen Stellvertreters, Papst Benedikts XVI. kennzeichnet den Anfang vom Ende. Ich habe durch dich, Meine auserwählte Prophetin, im Laufe der letzten zwei Jahre versucht, Meine Kirche auf Erden auf dieses traurige Ereignis vorzubereiten.

Die freimaurerische Elite hat die Kontrolle über Meine Kirche an sich gerissen, und sie werden die Katholiken auf die niederträchtigste Art und Weise täuschen. Die Schlüs-

sel Roms befinden sich jetzt in Meinen Händen. Sie sind von Meinen Vater an Mich weitergegeben worden. Ich werde alle Meine Anhänger führen, damit die Wahrheit aufrechterhalten werden kann und Mein Heiliges Wort unversehrt erhalten bleibt.

Der falsche Prophet wird jetzt den Stuhl in Rom übernehmen, und Mein Wort wird — genau so wie es zu Meiner Zeit auf Erden war — als Irrlehre behandelt werden.

Gib dich keiner Illusion hin, denn während der Welt die Täuschung vorgesetzt wird, als ob die neue Regierung die Wahrheit repräsentiere, wirst du, Meine Tochter, in Meinem Heiligen Namen schrecklich leiden, genauso wie die Propheten, die vor dir kamen.

Meine Anhänger müssen ruhig bleiben und um die Rettung all Meiner gottgeweihten Diener beten, die in diesem Gräuel werden verfangen sein. Ich rufe sie auf, folgendermaßen zu reagieren:

Folgt weiterhin Meinen Lehren. Gebt niemals das Wort Gottes auf. Bleibt euren heiligen Pflichten treu und spendet die Heiligen Sakramente, so wie Ich es euch aufgetragen habe.

Die Lehren der katholischen Kirche, die auf Meinen Apostel Petrus gegründet ist, bleiben unfehlbar. Jetzt wird sich das (*) ändern, sobald das Fundament durch die kommenden Änderungen erschüttert wird.

In Kürze werdet ihr Meine Kirche nicht mehr wiedererkennen, und ihr werdet euch sehr unbehaglich fühlen, wenn ihr seht, wie an Meinem Heiligen Wort herummanipuliert werden wird.

Euer Jesus

(*) Mit „das" ist gemeint, dass die jetzt kommende Kirche sich nicht mehr auf Petrus berufen kann.

713. Sie werden Gottes Kinder unter die Herrschaft des kleinen Hornes bringen, das in aufgeblasener Pracht auf dem Stuhl Petri sitzen wird.

Montag, 18. Februar 2013, 18:00 Uhr

Meine innig geliebte Tochter, während sich die Veränderungen innerhalb Meiner Kirche auf Erden intensivieren, so werden sich auch die Stimmen der falschen Propheten — einstimmig — erheben, um dem Gräuel in Meiner Kirche beizupflichten. Während Ich dir, der wahren Endzeitprophetin, die Wahrheit offenbare — wovon der größte Teil bereits bekannt ist —, werden Lügen ausgebreitet werden, um all diejenigen zu verwirren, die Mir folgen.

Für jede Anweisung, die Ich dir für die Welt gebe, wird aus den Mündern der falschen Propheten das genaue Gegenteil erklärt werden. Sie werden tröstende Worte Meinen Anhängern verkünden, die die Wahrheit zu schrecklich finden werden, um sie ertragen zu können. Durch ihre bösen Lügen werden sie Gottes Kinder unter die Herrschaft des kleinen Hornes (*) bringen,

das in aufgeblasener Pracht auf dem Stuhl Petri sitzen wird.

Als Ich zu dir von der großen Spaltung in Meiner Kirche sprach, sagte Ich dir nicht, wie das geschehen würde. So höre Mir jetzt zu. Genauso wie die Priester während Meiner Zeit auf Erden Mein Heiliges Wort abgelehnt haben, so werden Mich auch die Priester ausgerechnet vor Meinem Zweiten Kommen ablehnen. Sie werden nicht nur Mein Wort ablehnen, das dir, Meiner Tochter, gegeben wird, sondern sie werden auch die Änderungen annehmen, die ihnen aufgezwungen werden. Ihre heiligen Gaben werden nutzlos gemacht werden, sobald sie die Gotteslästerungen und die neuen Gesetze, die ihnen vorgelegt werden, annehmen.

Meine treuen Anhänger werden ebenfalls in ihrer Treue zu Meiner Kirche auf Erden gespalten werden. Alles, was ihr tun müsst, ist, Meinen Lehren zu folgen, die euch im Buch Meines Vaters gegeben sind. Ihr müsst nirgendwohin laufen, da Ich ja unter euch gegenwärtig bin.

Ihr kennt die Wahrheit. Ihr seid als Christen damit genährt worden. Wenn ihr also seht, dass die Gebote Gottes und Meine Lehren umgeschrieben werden und Meine Heiligen Sakramente geändert werden, dann müsst ihr euch abwenden. Lasst euch nicht durch Lügen einschüchtern, habt eher Angst um diejenigen, die diese neuen bösen Handlungen und Gesetze akzeptieren, die dargestellt werden, als seien sie von Mir, und die die Wahrheit nicht verstehen können.

Euer Jesus

(*) Daniel Kapitel 7 und 8 und Offb 13, 1-18

714. Sie werden sagen, dass er sich eines Verbrechens schuldig gemacht hätte, an dem er aber vollkommen unschuldig ist.

Dienstag, 19. Februar 2013, 14:30 Uhr

Meine innig geliebte Tochter, bitte informiere Meine Jünger, dass Meine Regentschaft nahe ist.

Sie dürfen sich keine Sorgen machen — obwohl sich die Dornenkrone niedergesenkt hat auf Meinen Stellvertreter, der von Mir, Jesus Christus dazu ernannt ist, um über Meine Heilige Katholische und Apostolische Kirche zu regieren, — und weil er brutal vertrieben worden ist — jetzt, endlich, komme Ich, um euch Frieden zu bringen.

Das nächste Jahr wird für euch, Meine geliebten Jünger, und für Meinen letzten Wahren Papst sehr grausam und sehr leidvoll sein. Er, gegen den böswillig und bewusst ein Komplott geschmiedet worden ist, wurde und wird gerade so behandelt, wie Ich, Jesus Christus, geschlagen und gegeißelt wurde. Sie werden versuchen, ihn zu töten, gerade wie sie Mich getötet haben. Sie werden sagen, dass er sich eines Verbrechens schuldig gemacht hätte, an dem er aber vollkommen unschuldig ist.

Ich, euer geliebter Erlöser, werde euch alle vor der Boshaftigkeit retten, die viele so auffassen werden, als wäre sie von Mir, durch die Hand Meines Befehls gekommen.

Ich unterweise Meine Kirche wie bisher, aber allein durch die Kraft des Heiligen Geistes. Die Schlüssel Roms befinden sich unter dem Kommando Meines geliebten Vaters. Ich, Jesus Christus, bin bereit, wieder hinabzusteigen, bei Meinem Zweiten Kommen, und Ich möchte euch davon in Kenntnis setzen, dass ihr, Meine Jünger, leiden werdet, geradeso wie Meine eigenen Jünger während Meiner Zeit auf Erden gelitten haben. Ihr, Meine Geliebten, seid bei Mir und ihr seid in Mein Heiligstes Herz geschlossen, damit ihr euch mit Mir im Kummer vereinen könnt. Ich weine Tränen um Meinen Unschuldigen, Geliebten letzten Papst auf Erden, um Benedikt XVI. der von Mir erwählt wurde, um während der letzten Tage Meine Kirche zu führen.

Sie werden enormen Mut brauchen, jene bereitwilligen Opfer, die auch weiterhin Mein Heiliges Wort verkünden, denn sie werden voller schrecklicher Zweifel sein. In ihrem Herzen wissen sie, dass Ich jetzt zu ihnen spreche, und doch werden sie von Zweifeln geplagt sein, die von denjenigen verursacht werden, die sich weigern werden, Meine Botschaften an die Menschheit anzunehmen, und die Mich aber dennoch auch lieben.

Ich hinterlasse euch jetzt dieses besondere, kurze Kreuzzuggebet. Es ist ein Wunder-Gebet, um es all denjenigen, die es beten, zu ermöglichen, Meine Gegenwart in ihren Seelen zu fühlen. Es wird ihnen auch helfen, die Wahrheit zu erkennen, die Ich ihnen versprochen habe und die ihnen während der Endzeit immer gegeben werden wird.

Kreuzzug des Gebetes (101) „Wunder-Gebet, um die Gegenwart Jesu zu fühlen"

„O Lieber Allmächtiger Vater, Schöpfer von allem, was ist und was sein wird, hilf uns allen, die wir die Gegenwart Deines geliebten Sohnes in der Kirche von heute erkennen können, sehr stark zu werden.

Hilf mir, meine Angst, meine Einsamkeit und die Ablehnung zu überwinden, die ich seitens meiner Lieben erleide, während Ich Deinem Sohn, Jesus Christus, meinem Retter folge.

Bitte bewahre meine Lieben davor, in die Falle zu tappen und an Lügen zu glauben, die Satan ausgedacht hat, um zu zerstören, zu spalten und unter allen Kindern Gottes Chaos zu verursachen.

Bitte hilf all denjenigen, die dem Gräuel in Deiner Kirche folgen, vor den ewigen Feuern der Hölle gerettet zu werden. Amen."

Meine geliebten Anhänger, ihr kennt Mich inzwischen. Was ihr jetzt in der Hülse sehen werdet, die einst Meine Kirche auf Erden war, wird in euch Übelkeit hervorrufen. Ihr werdet weinen und weinen, bis ihr gar nichts mehr fühlt. Und dann, wenn ihr Mich anruft und sprecht,

„Jesus, rette mich vor den Lügen Satans, damit ich die Wahrheit Deiner Restkirche davon unterscheiden kann.",

werde Ich euch mit Folgendem beruhigen. Ich werde euch mit dem Heiligen Geist erfüllen. Ich werde euch mit den Tränen des Kummers erfüllen, und dann werde Ich diese Tränen durch Meine Stärke ersetzen. Dann werdet ihr euch keine Sorgen mehr machen, denn Ich werde von euch Besitz ergreifen und euch jeden Schritt des Weges führen.

Ihr werdet inspiriert sein, wenn ihr verspottet werdet. Ihr werdet mit Meinem Geist der Liebe erfüllt sein, wenn sie über euch lachen, weil ihr an Meine Heilige Lehre glaubt. Dann werdet ihr alle Angst verlieren, und an deren Stelle wird ein solch mächtiges Gefühl Meiner Liebe zu euch treten, dass ihr dann erst eine totale Erleichterung und Frieden fühlen werdet.

Euer Jesus

715. Diese Große Erleuchtung des Gewissens wird stattfinden, nachdem Mein Heiliger Stellvertreter Rom verlassen haben wird.

Mittwoch, 20. Februar 2013, 19:30 Uhr

Meine innig geliebte Tochter, obwohl es ungerecht erscheinen mag, dass Gottes Kinder unter der Herrschaft des falschen Propheten und des Antichristen leiden müssen, sollt ihr doch Folgendes wissen: Alle Seelen in der Welt müssen, um gereinigt zu werden, in gewissem Maße den Schmerz der Ablehnung und das Leid ertragen, das Ich ertragen habe.

Ich werde aufgrund Meiner großen Barmherzigkeit sicherstellen, dass diese Reinigung rasch erfolgt. Dann werden Meine Anhänger in ihrer Anzahl expandieren und für Mein Zweites Kommen bereit sein. Mein Vater wird mit großer Zärtlichkeit im Herzen über alle Prüfungen wachen, die von all Seinen Kindern gefühlt werden. Er wird eingreifen, wenn die bösen Handlungen der Verfolgung, die den Christen zugefügt werden, über das hinausgehen, was erlaubt ist, und Er wird solche bösen Menschen vernichten.

Ihr müsst nun Meinem Göttlichen Akt der Barmherzigkeit entgegensehen, denn er wird die Guten von den Bösen trennen. Diese Große Erleuchtung des Gewissens wird stattfinden, nachdem Mein Heiliger Stellvertreter Rom verlassen haben wird.

Bereitet euch darauf vor, eure Seelen zu retten. An die störrischen Seelen unter euch: Euch wird nur eine sehr kurze Zeit gegeben werden, um in Demut auf die Knie zu sinken und um Mein Erbarmen zu bitten. Und dann werden die Posaunen (*) hervorgezogen werden, und die Prophezeiungen, die zum Ende hinführen, werden, wie vorhergesagt, enthüllt werden.

Euer Jesus

(*) Die sieben Posaunen: Offb 8, 7-13; Offb 9, 1-21; Offb 11, 15-19

Offb 8, 7-13

Die vier ersten Posaunen. 7 Und der erste blies die Posaune. Da entstand Hagel und Feuer, mit Blut gemischt. Es fiel zur Erde, und der dritte Teil der Erde verbrannte, und der dritte Teil der Bäume wurde versengt, und alles grüne Gras verbrannte. 8 Und der zweite Engel blies. Da fiel es wie ein großer brennender Feuerberg in das Meer, und der dritte Teil des Meeres ward zu Blut, 9 und der dritte Teil der lebenden Geschöpfe im Meere starb, und der dritte Teil der Schiffe ging zugrunde. 10 Und der dritte Engel blies. Da fiel vom Himmel ein großer Stern, gleich einer Fackel brennend. Er fiel in den dritten Teil der Flüsse und in die Wasserquellen. 11 Der Stern heißt Absinthium. Der dritte Teil der Wasser wurde zu Wermut, und viele Menschen starben an dem Wasser, weil es bitter geworden war. 12 Und der vierte Engel blies. Da wurde der dritte Teil der Sonne und der dritte Teil des Mondes und der dritte Teil der Sterne geschlagen, so daß ihr dritter Teil dunkler wurde und der Tag den dritten Teil seines Lichtes verlor und die Nacht desgleichen. 13 Und ich schaute, und ich hörte einen Adler, der hoch oben am Himmel dahinflog, mit lauter Stimme rufen: Wehe, wehe, wehe den Bewohnern der Erde wegen der übrigen Posaunenstöße der drei Engel, die noch die Posaune blasen sollen. 7-13: Die vier ersten Plagen wirken sich in der Natur aus. Es sind himmlische Warnungssignale an die Sünder auf Erden.

Offb 9, 1-21

9 Die fünfte Posaune. 1 Und der fünfte Engel blies. Da sah ich einen Stern; der war vom Himmel auf die Erde gefallen, ihm wurde der Schlüssel zum Brunnen des Abgrundes gegeben. 2 Er schloß den Brunnen des Abgrundes auf, und Rauch stieg auf aus dem Brunnen wie der Rauch eines großen Ofens, und die Sonne und die Luft wurden verfinstert durch den Rauch aus dem Brunnen. 1-2: Der gefallene Stern bedeutet Satan, der Abgrund die Hölle, deren Mächte zu entfesseln ihm erlaubt wird. 3 Und aus dem Rauche [des Brunnens] gingen Heuschrecken aus über die Erde. Denen ward eine Kraft gegeben wie die Kraft der Skorpione der Erde. 4 Es wurde ihnen geboten, nicht das Gras des Landes, nichts Grünes und keinen Baum zu schädigen, sondern nur die Menschen, die das Siegel Gottes nicht auf ihrer Stirne tragen. 5 Und es wurde ihnen aufgegeben, sie nicht zu töten, sondern fünf Monate lang zu quälen. Und ihr Biß schmerzt wie der Stich eines Skorpions, wenn er einen Menschen sticht. 6 In jenen Tagen werden die Menschen den Tod suchen, aber ihn nicht finden. Sie werden sich sehnen zu sterben, doch der Tod flieht vor ihnen. 7 Die Heuschrecken glichen gerüsteten Schlachtrossen. Auf dem Kopfe trugen sie Kronen wie von Gold, ihr Gesicht war wie das Gesicht eines Menschen. 8 Sie hatten Haare wie Frauenhaare, Zähne wie Löwen 9 und Panzer wie von Eisen. Ihr Flügelschlag klirrte wie das Gerassel vieler in den Krieg eilender Rosse und Wa-

gen. 10 Sie haben Schwänze wie Skorpione und Stacheln, und in ihren Schwänzen ist ihre Kraft, die Menschen zu schädigen fünf Monate lang. 11 Über sich haben sie als König den Engel des Abgrunds, der auf hebräisch Abaddon und auf griechisch Apollyon, das ist der Verderber heißt. 12 Das erste Wehe ist vorüber, siehe, danach kommt ein zweifaches Wehe. 3-12: Auch der Prophet Joel schildert die furchtbare Heuschreckenplage als Gottes Strafgericht: Joel 1-2.

Die sechste Posaune. 13 Und der sechste Engel blies. Da hörte ich eine Stimme von den vier Ecken des goldenen Altars her, der vor Gottes Angesicht steht. 14 Diese sprach zu dem sechsten Engel mit der Posaune: Mache los die vier Engel, die an dem großen Flusse Euphrat gebunden sind. 15 Da wurden die vier Engel losgemacht, die bereit waren, auf Stunde und Tag und Monat und Jahr den dritten Teil der Menschen zu töten. 16 Und die Zahl des Reiterheeres war zweihundert Millionen. Ich hörte ihre Zahl. 17 Ich schaute aber im Gesichte die Rosse und die Reiter also: Sie trugen feuerrote, tiefblaue und schwefelgelbe Panzer. Die Pferdeköpfe waren wie Löwenköpfe. Aus ihrem Rachen kam Feuer, Rauch und Schwefel. 18 Von diesen drei Plagen, Feuer, Rauch und Schwefel, die aus ihrem Rachen kamen, wurde der dritte Teil der Menschen getötet. 19 Die Kraft der Rosse liegt in ihrem Rachen und in ihren Schwänzen. Denn ihre Schwänze gleichen Schlangen mit Köpfen. Damit richten sie Schaden an. 20 Die übrigen Menschen, die nicht umkamen in diesen Plagen, bekehrten sich doch nicht von den Werken ihrer Hände und ließen nicht ab, die Teufel und Götzenbilder aus Gold und Silber, Erz, Stein und Holz anzubeten, die weder sehen können, noch hören, noch gehen. 21 Und sie bekehrten sich nicht von ihren Mordtaten, ihren Zaubereien, ihrer Unzucht und Dieberei. 14-21: Von Babylonien am Euphrat her waren schon oft gewaltige Heere nach Westen gerückt. Die Reiterei der Parther machte sogar dem mächtigen Römerreich viel zu schaffen.

Offb 11, 15-19

Die siebente Posaune. 15 Und der siebente Engel blies. Da hörte man vom Himmel laute Stimmen also rufen: Die Herrschaft über die Welt ist unserm Herrn und seinem Gesalbten zuteil geworden. Er wird regieren von Ewigkeit zu Ewigkeit. [Amen.] 16 Und die vierundzwanzig Ältesten, die vor Gott auf ihren Thronen sitzen, fielen auf ihr Angesicht, beteten Gott an 17 und sprachen: Wir danken dir, Herr, allmächtiger Gott, der du bist und warst [und kommen wirst], daß du deine große Gewalt und die Herrschaft übernommen hast. 18 Die Heiden ergrimmten. Da kam der Zorn und die Zeit zum Gerichte für die Toten, zum Lohne für deine Diener, die Propheten und Heiligen und die, die deinen Namen fürchten, die Kleinen und die Großen, und zum Verderben für die, welche die Erde verdarben. 19 Da öffnete sich der Tempel Gottes im Himmel, und man sah seine Bundeslade in seinem Tempel, und es kamen Blitze und Stimmen, Donner und Erdbeben und ein gewaltiger Hagel. 15-19: Die Sicherheit des Endsieges Christi ist so groß, daß der Himmel schon im voraus das Triumphlied anstimmt.

716. Ihr lebt in der Zeit, wo viele der Kinder Gottes Heiden geworden sind.

Freitag, 22. Februar 2013, 23:00 Uhr

Meine innig geliebte Tochter, ihr lebt in der Zeit, wo viele der Kinder Gottes Heiden geworden sind. Selbst diejenigen, die als Juden und Christen geboren sind, haben sich jetzt verschiedenen Arten des Götzendienstes zugewandt, wie es vorausgesagt worden ist.

Wie es Mich doch beleidigt, mit ansehen zu müssen, wie viel Hochachtung sie in ihrem Herzen dafür haben, dass sie ihrer selbst genug sind, und dass sie an falsche Götter glauben, die nur in ihren Köpfen existieren.

Die eklatante Zunahme des New-Age-Spiritismus und eine Leidenschaft für alle Dinge, die mit der Ruhigstellung des Geistes zu tun haben, laufen auf Eines hinaus: Diese Menschen befinden sich in der Finsternis, weil sie sich weigern, Mich, Jesus Christus, anzuerkennen. Indem sie bewusst das Licht Gottes aussperren, öffnen sie sich der Finsternis des Geistes des Bösen. Satan und seine Dämonen machen leichte Beute an solchen Seelen und verursachen in deren Innerem eine schreckliche, völlige Leere. Und unabhängig davon, bei welchen Mitteln des New-Age-Spiritismus diese Seelen Heilung suchen, sie werden niemals Trost finden, denn dies ist nicht der natürliche Lebensraum, in den sie hineingeboren wurden.

Das Heidentum, das die Menschheit gegenwärtig ergriffen hat, befindet sich an seinem höchsten Punkt seit der Zeit, bevor Ich, Jesus Christus, auf Erden geboren wurde. Obwohl der Welt die Wahrheit der Existenz Gottes geschenkt worden ist und obwohl Ich die Menschen durch Meinen Tod am Kreuz vor der Verdammnis gerettet habe, kehren sie Mir noch immer den Rücken zu.

Selbstbesessenheit, Selbstverherrlichung und Liebe zu weltlichen Ausschweifungen ist die Geißel der Menschheit, und sie rührt her von einem verzweifelten Gefühl des Unbehagens, der Unruhe und geistiger Dürre. Götzenverehrung — eine Liebe zu berühmten Menschen, falsche Götter und das Zur-Schau-Stellen heidnischer Objekte — bringt eine Wolke der Finsternis auf all diejenigen, die eine Leidenschaft für solche Beschäftigungen haben. Christen erleiden von solchen Menschen Spott und Hohn, aber durch ihr Leiden und ihre Gebete können sie helfen, ihre Mitmenschen vor dem Feuer der Hölle zu retten.

Wenn ihr mit diesen falschen Göttern liebäugelt, dann spielt ihr mit den Dämonen aus der Hölle, die gesandt sind, um euch für die Ewigkeit in den Abgrund zu ziehen. Glaubt ja nicht, dass solche heidnische Praktiken harmlos sind, denn sie sind es nicht. Wenn ihr eure Zeit und euren Geist mit solchen Ablenkungen verschwendet, dann verschließt ihr euch selbst für Gott und das ewige Leben.

Wacht auf für die Wahrheit. Ich Bin die Wahrheit. Es gibt keinen anderen Weg zur ewigen Glückseligkeit außer allein durch Mich, Jesus Christus, den Menschensohn. Ich komme jetzt, um die Wahrheit zu offenbaren, damit Ich euch erneut retten kann und euch das ewige Leben bringen kann, indem Ich euch helfe, eure Seele zu retten.

Euer Jesus

717. Ja, Mein Wort ist für alle da, aber damit, wie Meine Botschaften auf den Markt gebracht werden, ist eine riesige Verantwortung verbunden.

Samstag, 23. Februar 2013, 11:50 Uhr

Meine innig geliebte Tochter, Ich gebe der Welt das Buch der Wahrheit, für jede Seele, in jeder Nation. Es ist ein Geschenk für die Menschheit, aber wisse dieses:

Ich gebe dir, Meiner Tochter, die alleinige Vollmacht zu entscheiden, wie es übersetzt, verteilt und veröffentlicht werden soll, um dieses Werk zu schützen. Alles bezüglich der Veröffentlichung dieser Botschaften kann nur mit deiner persönlichen Genehmigung getan werden. Das ist Mein Wunsch, und jeder Mensch, der Meinen Anweisungen an dich nicht folgt und Meine Botschaften veröffentlicht, um damit Geld zu verdienen, hat nicht Meinen Segen.

Ja, Mein Wort ist für alle da, aber damit, wie Meine Botschaften auf den Markt gebracht werden und wie das Buch der Wahrheit veröffentlicht wird, ist eine riesige Verantwortung verbunden. Spenden sind nicht erforderlich, da die Einnahmen aus den Büchern verwendet werden müssen, um die Produktion anderer Bücher und die Veröffentlichung in allen Sprachen zu finanzieren.

Du, Meine Tochter, wirst dafür ständig angegriffen werden, dass du Mir in dieser Angelegenheit gehorchst. Du wirst beschuldigt werden zu versuchen, aus diesem Werk Profit zu schlagen, und doch wirst du wissen, dass das unwahr und nicht möglich ist.

Diejenigen, die dich am meisten in dieser Sache angreifen werden, werden diejenigen sein, die aus Meinem Wort Gewinn ziehen wollen oder die in irgendeiner Weise daran profitieren wollen, und sie werden böse werden, wenn du ihnen nicht erlauben wirst, dieses Werk zu kontrollieren.

Deshalb erkläre Ich (jetzt offiziell), dass niemand befugt worden ist, Mein Heiliges Wort in Buchform zu verbreiten — nur du, Meine Tochter. Du darfst jedoch — unter Meiner Führung — denjenigen die Erlaubnis erteilen, die darum bitten, dir durch Webseiten und Druckerzeugnisse zu helfen. Aber sie dürfen das nur tun, wenn sie dich um Erlaubnis bitten und von dir auch die Erlaubnis erhalten, das zu tun.

Mein Wort ist Heilig und Meinem Wunsche und Meinen Anweisungen an die Menschheit muss aller Respekt gezollt werden. Ihr, Meine Anhänger, müsst tun, wie Meine Prophetin Maria es von euch verlangt, und ihr müsst ihre Wünsche in Bezug auf die Veröffentlichung Meiner Botschaften respektieren. Greift ihr sie aufgrund dieses Werkes an ... und ihr beleidigt Mich, euren Jesus.

Von euch, Meine Anhänger, wird verlangt werden, Meinen Heiligen Willen jederzeit zu tun, unabhängig von der Situation. Ich führe Meine Tochter Maria. Sie ist als die Endzeitprophetin auserwählt worden. Ich spreche durch sie. Ihre Stimme ist die Meine. Ihr Leid und ihr Schmerz sind der Meine. Ihre Liebe für andere ist Meine Liebe. Ihre Freude kommt aus Meinem Heiligsten Herzen. Ihre Hand wird von der Meinen geführt. Ihr Verständnis in Hinsicht darauf, wie Ich möchte, dass Mein Wort gehört wird, kommt von Mir.

Meiner Tochter wurden nicht ohne Grund diese Geschenke vom Himmel gegeben. Hört darauf, was sie euch sagt, denn ihr könnt sicher sein, dass es von Mir gekommen sein wird.

Euer Jesus

718. Der größte Fehler, den ihr machen könnt, ist anzunehmen, dass nur die verhärteten Sünder in die Feuer der Hölle geworfen werden.

Sonntag, 24. Februar 2013, 22:00 Uhr

Meine innig geliebte Tochter, wenn die Welt die „Warnung" erfährt, dann wird sie sich in zwei Teile spalten.

Der erste Teil wird aus denjenigen bestehen, welche die Beichte angenommen haben werden und deren Seelen in den Heiligen Geist eingetaucht sein werden. Von diesem Tag an werden sie vollständig bekehrt sein, und aus diesem Grunde werden sie durch die Hand derer leiden, die Meine Hand der Barmherzigkeit zurückweisen.

Der zweite Teil wird sich aus diesen verhärteten Seelen zusammensetzen, deren Treue dem Tier gilt und die ihr Herz und ihre Seele Satan verpfändet haben, wissentlich und im vollen Bewusstsein dessen, was sie tun. Denn sie glauben an das sogenannte Paradies, das er ihnen versprochen hat, das aber natürlich nicht existiert. Ihr Schicksal ist ewiges Leiden in den Feuern der Hölle.

Es gibt außerdem diejenigen Seelen, die nicht an Gott oder an Mich, ihren Erlöser, Jesus Christus, glauben. Viele von ihnen werden Meine Barmherzigkeit nicht annehmen. Sie werden sich nicht um den Zustand ihrer Seele kümmern, da sie annehmen, dass das nicht von Bedeutung sei. Dies sind die Atheisten — viele von ihnen sind herzensgute Menschen, die aber glauben, dass sie ihr eigenes Leben kontrollieren und dass ihr Streben nach weltlichen Freuden sie in diesem Leben aufrechterhalten wird,

die meinen, dass dies genug sei, um ihnen Frieden und Zufriedenheit zu bringen, was natürlich nicht sein kann; denn das ist unmöglich, solange nicht die Sünde ausgerottet ist.

Ihre Verbohrtheit bedeutet, dass, falls sie sich nicht ändern und Mich, Jesus Christus, annehmen, sie nicht zu Meinem Vater gehen können. Ihnen kann kein Zugang zum Paradies geschenkt werden, das Er für alle Seine Kinder geschaffen hat.

Der größte Fehler, den ihr machen könnt, ist anzunehmen, dass nur die verhärteten Sünder in die Feuer der Hölle geworfen werden. Traurigerweise können all jene, die Gott ablehnen, Gott nicht nahe sein, noch können sie gezwungen werden, Ihn anzunehmen. Ihr freier Wille ist das große Geschenk, das Gott ihnen gegeben hat. Es gibt keine wie auch immer geartete Gewalt, durch die ihnen dieser freie Wille genommen werden kann. Es wird ihr eigener freier Wille sein, der ihr Schicksal bestimmen wird. Sie werden sich entweder für Meine Hand entscheiden und ins Paradies eingehen oder sie werden die von Satan in ihre Köpfe gesäten Lügen annehmen, welche ihr Schicksal besiegeln werden.

Euer Jesus

719. Er wird ein sehr enger Verbündeter des falschen Propheten sein und macht sich keine Illusion darüber, wer er ist — der Sohn Satans.

Montag, 25. Februar 2013, 23:00 Uhr

Meine innig geliebte Tochter, die kommenden Zeiten werden die Welt aus ihrem Schlummer rütteln, und zwar unabhängig davon, welcher Religion — wenn überhaupt — die Menschen folgen, denn die Stimme des kleinen Hornes wird aus der ganzen Welt für sich Aufmerksamkeit beanspruchen. Auf dem Stuhl Petri sitzend, wird dieser Betrüger mit lauter Stimme und stolz seine Lösung verkünden, alle Kirchen zu einer einzigen zu vereinen. Gefeiert als ein moderner Erneuerer, wird er den Beifall der säkularen Welt bekommen, weil er die Sünde billigen wird.

Er wird neue Gesetze einbringen, die nicht nur im Widerspruch zu den Lehren der katholischen Kirche stehen werden, sondern die auch allen christlichen Gesetzen zuwiderlaufen werden. Die Priester, die diese Botschaften ablehnen, werden — wenn die schreckliche Wahrheit enthüllt sein wird — gezwungen sein, diese Botschaften nochmals zu überdenken. Die Wahrheit Meines Wortes, das dir, Meiner Tochter, gegeben wird, wird ihnen letztendlich langsam bewusst werden. Wie werden sie doch voller Schmerz weinen, wenn sie realisieren, dass Ich es bin, Jesus Christus, Der — mit dem Segen Meines Vaters — euch die Endzeit-Prophezeiungen in jedem Detail enthüllt.

Dann werden sie jedes Wort von Meinen Heiligen Lippen verschlingen, wenn Ich mehr kommende Ereignisse offenbaren werde, um die Menschheit vorzubereiten.

Es ist unerlässlich, dass die Menschen zuhören und auf Meinen Ruf reagieren, damit Ich jeden aus dem Griff des Tieres retten kann.

Während der falsche Prophet damit beschäftigt sein wird, mit seinen hochfliegenden Ambitionen die Katholiken der Welt zu beeindrucken, wird er für eine Weile zur Seite geschoben werden, denn der Antichrist wird jetzt — wie vorhergesagt — die Weltbühne betreten. Wenn ihr die Medienberichte über den neuen, vielversprechenden, qualifizierten Friedensvermittler hören werdet, dann werdet ihr wissen, wer er ist. Er wird ein sehr enger Verbündeter des falschen Propheten sein und macht sich keine Illusion darüber, wer er ist — der Sohn Satans.

Denkt daran, dass — unabhängig davon, wie furchterregend dies alles sein mag — dass Ich, Jesus Christus, der König Bin. Kein Mensch, kein Feind hat mehr Macht als Gott. Aber die Schlacht um die Seelen muss — wie vorhergesagt — gefochten werden. Durch die Verbreitung Meines Wortes, Meiner Botschaften und Meiner Gebete werdet ihr Mir helfen, die Seelen zu retten, die Ich brauche, damit Mein Neues Paradies gefüllt werden kann mit allen Kindern Gottes.

Vertraut immer auf Mich, euren Jesus, denn Ich werde euch während dieser Gräuel auf Erden begleiten und beschützen. Ich verspreche, dass diese Zeit kurz sein wird.

Euer Jesus

720. Einer der anderen politischen Führer, von denen Ich vor einiger Zeit sprach, wird bald ermordet werden.

Dienstag, 26. Februar 2013, 22:00 Uhr

Meine innig geliebte Tochter, einer der anderen politischen Führer, von denen Ich vor einiger Zeit sprach, wird bald ermordet werden. (*)

Ich will, dass du allen enthüllst, wer diese Person ist, und zwar hinterher, durch den Beweis, der dir und anderen gegeben ist, damit mehr Menschen die Wahrheit der Botschaften annehmen werden. Diese arme Seele ist vor einiger Zeit dem Tode entronnen, aber seine neue Popularität bringt ihn in Gefahr. Er ist ein Feind der freimaurerischen Kräfte, und sie werden seine Führung nicht lange tolerieren.

Wenn ihr, Meine Anhänger, seht, dass die Prophezeiungen eintreffen, die einer auserwählten Seele gegeben werden, dann werdet ihr wissen, dass diese die Wahrheit sprechen und dass sie dieser Seele vom Himmel gegeben worden sind, denn sie wäre nicht in der Lage, sich diese auszudenken.

Es ist Mein Wunsch, denjenigen, die Meine Botschaften verachten, zu beweisen, dass Ich es bin, euer geliebter Jesus Christus, Der durch diese Prophetin zur Welt spricht. Obwohl es Mir eine große Freude bereitet zu sehen, wie sehr ihr Mich liebt und den Gebeten folgt, die euch vom Himmel übergeben werden, so sind es doch die Skeptiker, die Ich umarmen muss.

Sehr bald wird es in Europa zu einer Spaltung kommen, die ganz (und gar) mit der EU zu tun hat und dem Land, in dem sich der Stuhl Petri befindet. Dies wird zu einem Krieg führen, der sich von anderen Kriegen unterscheiden wird. Aber er wird brutal sein. Die Menschen werden sich in Deutschland, Italien und Frankreich gegeneinander erheben. Ihr müsst beten, dass Meine Anhänger stark bleiben, und ihr müsst sicherstellen, dass in diesen Ländern rasch „Jesus-an-die-Menschheit"-Gebetsgruppen gebildet werden.

Die Zeit ist für Mich, Jesus Christus, dem Lamm Gottes, gekommen, um weitere Informationen, die in den Siegeln (**) enthalten sind, zu offenbaren. Ich werde dies sorgsam tun, da ihr sowohl geistig als auch physisch vorbereitet sein müsst. Als ein Gott der Gerechtigkeit werde Ich dafür sorgen, dass Ich euch alle führe und euch mit Meiner Stärke segne, während sich nacheinander — Schicht für Schicht — alles entfaltet.

Euer geliebter Jesus

(*) Botschaft 48. „Erhebung der arabischen Welt — Drei Führer der Welt werden ermordet." 17. Februar 2011

Botschaft 226. „ Der Tod Meines Sohnes Muammar al-Gaddafi " 20. Oktober 2011

(**) Die Siegel aus der Geheimen Offenbarung des Johannes

721. Meine Heilige Eucharistie muss von euch weiterhin empfangen werden. Ihr dürft mit eurem täglichen Messopfer nicht aufhören, da es nicht ihr sein werdet, die gezwungen sein werden, diese Entscheidung zu treffen.

Mittwoch, 27. Februar 2013, 15:30 Uhr

Meine innig geliebte Tochter, die täglichen Messen werden für einige Zeit weitergehen, und Ich bitte alle Meine Anhänger dringend, weiterhin daran teilzunehmen — wie zuvor.

Meine Heilige Eucharistie muss von euch weiterhin empfangen werden. Ihr dürft mit eurem täglichen Messopfer nicht aufhören, da es nicht ihr sein werdet, die gezwungen sein werden, diese Entscheidung zu treffen. Man wird verkünden, dass es eine andere Art von Gottesdienst geben werde, und ihr werdet sofort erkennen, wann das geschehen wird, denn die Praxis der Heiligen Messe wird durch den falschen Propheten beendet werden. An die Stelle der Heiligen Messe wird ein heidnisches Eine-Welt-Ritual treten, und ihr, Meine geliebten Anhänger, die ihr mit der Gabe des Heiligen Geistes gesegnet seid, werdet erkennen, was dahinter steckt.

Niemals dürft ihr die Kirche im Stich lassen, die Ich der Welt gegeben habe, die auf Meinen Lehren gründet, und das Opfer Meines Todes am Kreuz, das euch mit den Heiligsten Gaben geschenkt worden ist.

Ihr, Meine geliebten Anhänger, seid Meine Kirche. Meine geliebten Priester und Geistlichen, die mit der Gabe des Heiligen Geistes gesegnet sind, werden Mich niemals verlassen. Auch werden sie euch nicht im Stich lassen. Und deshalb wird meine Kirche weiterleben, da sie niemals sterben kann. Die Kirche ist Mein Leib auf Erden und kann deshalb niemals zerstört werden. Doch wird sie mit Füßen getreten, gequält und verworfen werden und dann in der Wildnis zurückgelassen werden, um zu sterben. Obwohl Meine Feinde alles versuchen werden, jedes letzte bisschen Leben zu zerstören, wird sich Meine Kirche erneut erheben. Doch denkt daran, sie wird niemals sterben, auch wenn es so aussehen mag.

Meine Kirche auf Erden wird kleiner gemacht werden und wird — ohne eigenes Verschulden — zur Rest-Armee werden.

Mein Wahrer Stellvertreter, der verworfen worden ist, wird kämpfen, um die Kinder Gottes — so gut er kann — zu führen. Ich, Jesus Christus, werde es sein, der euch führen wird, der euch aufheben wird und euch von dem Bösen befreien wird, das euch aufgezwungen werden wird, ein Übel, das zu einem abrupten und schrecklichen Ende kommen wird, für alle diejenigen, die auf der Seite des Antichristen und seiner Sklaven stehen werden.

Euer Jesus

722. Es werden nur die Tapferen und Mutigen von euch sein, die ihr Mich am meisten liebt, die Meine Armee zum Heil führen werden.

Donnerstag, 28. Februar 2013, 23:50 Uhr

Meine innig geliebte Tochter, diese Tage, die fast da sind, bringen eine schreckliche Finsternis und Verzweiflung mit sich, wie ihr sie in eurem ganzen Leben noch nie erlebt habt.

Dies wird eine Finsternis des Geistes sein, und sie wird durch die innere Leere jener Seelen verursacht werden, die dem Antichristen und dem falschen Propheten folgen. Der spirituelle Schmerz, den sie denjenigen Christen zufügen werden, die sich weigern, auf Irrlehren zu hören, wird schwer auszuhalten sein.

Ich sage euch das nur, damit ihr in eurem Herzen wisst, dass der Schmerz der Ablehnung, den ihr fühlt, auftreten wird, weil ihr, indem ihr euch an Mein Heiliges Wort haltet, in Meinem Namen leiden werdet.

Ihr dürft niemals die hohen Anforderungen, die an euch gestellt werden, in Frage stellen oder das Vertrauen verlieren, denn Ich bin es, euer König, der die Macht hat sicherzustellen, dass ihr das aushalten könnt. Auch dürft ihr niemals bezweifeln, dass diese Rest-Armee vorhergesagt worden ist, von der ihr jetzt ein Teil sein werdet, um Mir, Jesus Christus, treu zu bleiben.

Hört nicht auf diejenigen, die versuchen werden, euch einzureden, dass ihr nicht an diese Meine Heiligen Botschaften für die Welt glauben dürft, denn sie werden getäuscht. Ihr müsst für diejenigen beten, die

nicht die Stärke oder den Geist der Unterscheidung haben und die die falsche Weggabelung wählen werden. Viele, die dem falschen Propheten folgen werden, werden versuchen, euch auch auf diesen Weg zu ziehen.

Bruder wird gegen Bruder und Schwester kämpfen, Vater gegen Sohn, Mutter gegen Tochter — alles in ihrem Bemühen, der Wahrheit zu folgen. Aber so viele werden daran scheitern, die Irrtümer der Lehren des falschen Propheten zu erkennen, und sie werden für Mich verloren sein.

Es werden nur die Tapferen und Mutigen von euch sein, die ihr Mich am meisten liebt, die Meine Armee zum Heil führen werden. Sie werden — unter Meiner Führung — Milliarden von Seelen mit sich in Sicherheit bringen. Daher dürft ihr niemals aufgeben.

Euer Jesus

723. Ich bitte alle Meine heiligen Diener, Mich, ihren geliebten Jesus, anzurufen, dass Ich sie mit Meinem Kostbaren Blut bedecken möge.

Donnerstag, 28. Februar 2013, 23:55 Uhr

Meine innig geliebte Tochter, Ich habe Meinen Heiligen Geist gesandt, um in dieser Zeit alle Kinder Gottes zu bedecken im Bemühen, die Finsternis des Bösen in der Welt zu lichten.

Ihr müsst für alle Meine heiligen Diener innig beten, zum jetzigen Zeitpunkt, in dem schrecklichen Zustand der Verwirrung, in welchem sie sich befinden. So traurig werden sie in den nächsten Wochen sein wegen des Rücktritts Meines Heiligen Stellvertreters, dass sie nicht wissen, wohin sie sich wenden sollen.

Ich bitte alle Meine heiligen Diener, Mich, ihren geliebten Jesus, anzurufen, dass Ich sie mit Meinem Kostbaren Blut bedecken möge. Ich werde ihnen die Gnaden schenken, die sie zur Unterscheidung der Wahrheit Meiner Lehre brauchen. Dann werden sie den Betrug erkennen, der ihnen präsentiert werden soll.

Sie dürfen niemals an Mir zweifeln. Sie müssen ihr ganzes Vertrauen auf Mich setzen. Sie dürfen niemals Meinen Namen aufgeben und sie müssen allezeit wachsam bleiben.

Sag ihnen, dass Ich sie zärtlich liebe und dass ihnen besondere Geschenke vom Himmel gegeben werden. Diese Geschenke werden ihnen Frieden, Hoffnung und Mut bringen in den turbulenten Zeiten, die in Meiner Heiligen Kirche auf Erden bevorstehen.

Euer Jesus

724. Meine Kirche auf Erden steht unter Beschuss, und das bedeutet, dass Mein Leib erneut gekreuzigt werden wird, wie vorausgesagt.

Sonntag, 3. März 2013, 11:45 Uhr

Meine innig geliebte Tochter, fürchte nicht die Angriffe, die gegen dich gestartet werden, denn Ich bin jede Sekunde bei dir, um dich stärker zu machen. Es macht Mich traurig, dir zu sagen, dass du viele verbale Beschimpfungen erleiden wirst, weil dafür jetzt der Zeitpunkt ist, in Meinem Plan der Erlösung.

Denn dies ist die Zeit, in der nicht nur glühende Katholiken in ihrem Glauben und in ihrer Treue zu Mir geprüft werden, es wird auch die größte Prüfung für alle Christen in allen Teilen der Welt sein.

Denjenigen, die dir Irrlehren vorwerfen, sage Ich Folgendes: Ich, Jesus Christus, würde niemals lügen, denn Ich Bin die Wahrheit. Ich könnte euch niemals täuschen, denn das wäre nicht möglich. Denkt daran: Mein Leib ist es, der die Kirche ist. Meine Kirche auf Erden steht unter Beschuss, und das bedeutet, dass Mein Leib — wie vorausgesagt — erneut gekreuzigt werden wird. Damit meine Ich, dass Mein Leib nicht mehr gegenwärtig sein wird, ab dem Augenblick, in dem die Heilige Eucharistie von Amtsinhabern am Heiligen Stuhl von Rom verworfen werden wird. Dies wird eine Realität werden, und ihr müsst euch dann abwenden.

Ich bitte euch, betet für alle Kinder Gottes — für all Meine gottgeweihten Diener, einschließlich der fehlgeleiteten falschen Propheten. Allerdings werde Ich euch niemals bitten, für den Antichristen zu beten, denn das ist nicht möglich.

Wacht auf, ihr alle, und hört, was Ich euch sagen muss. Ihr dürft nicht in Panik geraten, verzweifeln oder die Hoffnung verlieren, denn dieser Gräuel wird die letzte Marter sein, die alle Kinder Gottes werden erleben und durchmachen müssen, bevor Ich wiederkomme.

Das wird der Tag Großer Herrlichkeit und Großer Freude sein, und Mein Kommen wird dem Bösen, das die Erde verdirbt, ein Ende setzen.

Statt euch zu fürchten seid froh. Ihr müsst nach vorne schauen auf Mein Zweites Kommen, denn Ich bringe das Neue Paradies mit Mir, das euch versprochen worden ist.

Wenn ihr Mein Kreuz tragt, dann wird es immer schwer sein. Die Zeiten, in denen ihr jetzt lebt, bringen eine Form der Kreuzigung mit sich, die zu ertragen die meisten Christen sehr schwer finden werden — so groß wird ihr Leiden sein.

Diese armen Seelen, die nicht glauben, dass Ich durch diese Botschaften die Wahrheit spreche, müssen sich Folgendes fragen: Glaubt ihr an die Heilige Bibel und die Prophezeiungen, die in ihr verkündet werden? Glaubt ihr an den Antichristen und die Offenbarungen über den verlogenen Betrüger, der den Stuhl Petri auf arglistige Weise

einnehmen wird? Wenn ihr das tut, dann akzeptiert, dass dies die Zeit ist, wo sich diese Ereignisse vor euren Augen abspielen. Diese Zeit liegt nicht in der Zukunft — das findet jetzt statt. Akzeptiert dies mit Mut und kommt voll Vertrauen zu Mir, denn Ich liebe euch. Ich bitte euch, eure Augen weit geöffnet zu halten. Ihr dürft die Wahrheit nicht scheuen.

Der Gräuel hat jetzt begonnen. Wenn ihr Meinen Kelch ablehnt, hindert ihr Mich daran, die Seelen zu retten, die Ich brauche, um den Bund, der Meinem Vater versprochen worden ist, zu vollenden.

Ich segne euch. Ich sehne Mich danach, dass sich eure Herzen öffnen, damit Ich euch in Mein Herrliches Königreich mitnehmen kann.

Euer Jesus

725. Die Zeichen werden euch allen gegeben werden und es werden Wunder stattfinden.

Dienstag, 5. März 2013, 15:30 Uhr

Meine innig geliebte Tochter, kein Mensch darf es versäumen, die Veränderungen zu erkennen, die auf der ganzen Welt auftreten werden, denn alles, was im Buch der Offenbarung vorhergesagt ist, wird stattfinden. Viele dieser Ereignisse werden sich von der üblichen menschlichen Interpretation der Geheimnisse unterscheiden, die dem Evangelisten Johannes offenbart worden sind. Doch sie werden einen Sinn ergeben, wenn ihr sie als das seht, was sie sind.

Der — sehr sorgfältig — ausgeklügelte, komplexe Plan des Antichristen wurde mit vielen Menschen klug ausformuliert, einschließlich weltbekannter Politiker, die diesen bösen Plan bis heute nicht durchschauen können.

Viele Zentren sind in verschiedenen Nationen eingerichtet worden, wo sie die Machtübernahme über viele Länder planen. Ihre Aktivitäten sind allerdings gebremst worden aufgrund der Gebete von auserwählten Seelen und von denjenigen von euch, die Meine Kreuzzuggebete beten.

Eure Gebete werden im Himmel immer gehört werden, daher müsst ihr weiterhin inbrünstig beten, um die bösen Aktionen des Tieres abzumildern, das niemals diese Schlacht um Seelen gewinnen wird, da seine Tage gezählt sind.

Mein Wunsch ist es nicht, euch zu erschrecken, sondern euch vorzubereiten. Ich verleihe jetzt besondere Kräfte und Gnaden all jenen von euch, die Meinem Wunsch Folge leisten und die Kreuzzuggebete beten. Die Zeichen werden euch allen gegeben werden, und es werden Wunder stattfinden.

Meine Macht wird eure Adern durchströmen, während Ich euch auf Meinem Weg, die Menschheit zu retten, trage.

Euer Jesus

726. Viele von euch werden aus Angst diesen Aufruf vom Himmel ablehnen.

Mittwoch, 6. März 2013, 9:45 Uhr

Meine innig geliebte Tochter, Ich rufe all jenen in der Welt zu, die an Mich, Jesus Christus, glauben, zuzuhören.

So viele von euch werden es schwer finden, das Leid anzunehmen, mit dem ihr in Meinem Namen konfrontiert sein werdet. Bis jetzt war euer Leiden begrenzt auf den Kummer, den ihr in eurer Seele für die Sünden der Menschen gefühlt habt und für das Opfer, das Ich gebracht habe, um die Menschheit von ihrer Bosheit zu retten. Jetzt werdet ihr wegen eures Glaubens verspottet werden, und ihr werdet beschämt dastehen, wenn ihr an Meinen Lehren und den Geboten Gottes festhaltet.

Viele von euch werden aus Angst diesen Aufruf vom Himmel ablehnen. Es ist nicht einfach für die Menschen zu akzeptieren, dass Ich jetzt mit der Welt kommuniziere, um die Welt auf Mein Zweites Kommen vorzubereiten. Denn wer ist Meine Prophetin? Und wer sind diejenigen, die vor ihr in Meinem Namen kamen? Woher wisst ihr, dass sie die Wahrheit spricht bei so vielen falschen Propheten und Betrügern, die euch verwirren? Noch nie hat es einen vom Himmel gesandten Propheten gegeben, der nicht verspottet, beleidigt, gequält oder grausam behandelt worden wäre. Viele von ihnen wurden ermordet. Ihr könnt sicher sein, dass diese Propheten von Gott in die Welt gesandt worden sind, um Seine Kinder vorzubereiten, damit sie zu Ihm zurückkommen, wenn die Früchte Meines Werkes, das solchen Propheten anvertraut wird, Gebet und Bekehrung sind.

Seid euch dessen bewusst, dass Meine wahren Propheten den Prüfungen der Zeit standhalten. Und für diejenigen, die die Botschaften ignorieren, die diese der Menschheit bringen: Es wird bei euch Heulen und Zähneknirschen geben. Wenn ihr Mein heiliges Wort, das einem wahren Propheten gegeben wird, attackiert, dann stört ihr den Willen Gottes. Ihr mögt jetzt vielleicht keine Scham empfinden. Ihr mögt vielleicht glauben, dass ihr Mein Wort verteidigt, wenn ihr Meine Propheten angreift, aber mit der Zeit wird euch der Schaden, den ihr dieser Meiner letzten Mission auf Erden zufügt, nachdem sie euch offenbart worden ist, furchtbare Angst und Schmerzen bringen.

Wenn ihr Mich liebt, müsst ihr die Augen offen halten und Meine Anweisungen aufmerksam lesen. Falls ihr darin scheitert, Meine Warnungen, die euch aufgrund der Liebe Gottes gegeben werden, zu beherzigen, werdet ihr die Wahrheit ablehnen. Nur die Wahrheit kann euch retten. Die Wahrheit ist der Sauerstoff, den ihr benötigt, um das Leben eurer Seele zu erhalten. Ohne die Wahrheit werdet ihr Mich nicht klar sehen, noch werdet ihr in der Lage sein, die richtigen Entscheidungen zu treffen. Denkt daran: Ich Bin die Wahrheit. Ohne Mich habt ihr kein Leben.

Euer Jesus

727. Das Gebet wird — und kann — die Menschheit retten.

Donnerstag, 7. März 2013, 11:05 Uhr

Meine innig geliebte Tochter, es ist wichtig, dass Meine Jünger auf Erden verstehen, wie das Gebet die Menschheit retten wird und auch zu retten vermag. Die Macht des Gebets — und vor allem das Beten des Heiligen Rosenkranzes, der das Tier machtlos macht, — kann nicht hoch genug eingeschätzt werden. Um noch mehr Seelen zu retten, müsst ihr auch den Barmherzigkeitsrosenkranz beten.

Trefft aus den Kreuzzuggebeten, die Ich euch gebe, eine Auswahl und betet sie so, dass ihr euch bei jedem Treffen der Gebetsgruppe auf andere Anliegen konzentrieren könnt. Wenn ihr zum Beispiel das Kreuzzuggebet um die Gnade der Immunität betet, so tut dies auf eine Weise, dass die Gebetsgruppe sich an diesem Tag auf eine Auswahl von Kreuzzuggebeten konzentrieren kann, die Gottes Schutz für die Seelen anrufen. Konzentriert euch dann — an einem anderen Tag — auf eine Auswahl von Gebeten, die euch für den Schutz von Priestern und Geistlichen gegeben sind.

Diese Kreuzzugsgebetsgruppen werden, wenn sie auf der ganzen Welt gebildet sind, die Waffenrüstung sein, die notwendig ist, um den Feind zu besiegen, und zwar auf umfassendere Weise, als ihr es für möglich halten könnt.

Ich werde euch weiterhin die Geschenke neuer Gebete geben, die mit der Verheißung von bestimmten Wundern versehen sind. Ohne ein solches Eingreifen könnte Ich nicht die Seelen retten, nach denen Ich so verlange.

Geht und plant eure Kreuzzugsgebetstreffen basierend auf der Struktur, die euch gegeben ist, aber unterteilt sie, damit ihr euch auf besondere Anliegen konzentrieren könnt. Es ist nicht nötig, alle Gebete zusammen zu beten, obwohl Ich euch dringend bitte, dass ihr im Laufe jeder Woche so viele Gebete wie möglich betet.

Ihr schenkt Mir so viel Freude und Trost, Meine kostbaren Anhänger. Ich segne euch mit Stärke und Mut, da ihr euch weiterhin dafür einsetzt, Seelen zu retten. Ich liebe euch.

Euer Jesus

728. Er ist gesandt worden, um Meine Kirche zu demontieren und in kleine Stücke zu zerreißen.

Freitag, 8. März 2013, 14:05 Uhr

Meine innig geliebte Tochter, Satan wütet gegen Meine Kirche auf Erden, und seine Verseuchung breitet sich weiterhin innerhalb ihrer Mauern aus.

Der listige Betrüger, der geduldig in den Kulissen gewartet hat, wird bald seine Herrschaft über Meine armen, ahnungslosen heiligen Diener verkünden. Der Schmerz, den er auslösen wird, ist zu schwer für Mich zu ertragen, und doch wird seine Herrschaft gipfeln in der letzten Reinigung vom Bösen im Kern Meiner Kirche.

Er hat seine Position sorgfältig manipuliert, und bald wird man sein pompöses Auftreten inmitten seines herrlichen Hofes sehen. Sein Stolz, seine Arroganz und seine Selbstbesessenheit werden anfangs sorgfältig vor der Welt versteckt werden. Nach außen hin wird ein Seufzer der Erleichterung zu hören sein, wenn die Trompeten erschallen, um seine Amtszeit als Haupt Meiner Kirche zu verkünden.

Mein Leib ist Meine Kirche, aber nicht Mir, Jesus Christus, wird er Treue schwören, denn er hat keinerlei Liebe für Mich. Seine Treue gilt dem Tier, und wie er lachen und spotten wird über Meine heiligen Diener, die ihn unterstützen.

Er, der es wagt, in Meinem Tempel zu sitzen, und der vom Teufel gesandt worden ist, kann nicht die Wahrheit sprechen, denn er kommt nicht von Mir. Er ist gesandt worden, um Meine Kirche zu demontieren und in kleine Stücke zu zerreißen, bevor er sie aus seinem abscheulichen Maul ausspeien wird.

Mein Leib ist Meine Kirche. Meine Kirche ist immer noch am Leben, aber nur diejenigen, die die Wahrheit sprechen und am Heiligen Wort Gottes festhalten, können Teil Meiner Kirche auf Erden sein. Jetzt, wo die endgültige Beleidigung gegen Mich, Jesus Christus, manifestiert werden soll, und zwar durch den Stuhl Petri, werdet ihr endlich die Wahrheit verstehen.

Das Buch der Wahrheit, welches Daniel für die Endzeit prophezeit worden ist, wird von den Mitgliedern Meiner Kirche nicht leicht hingenommen werden, denn dessen Inhalt wird Meine geliebten heiligen Diener krank machen, wenn sie realisieren, dass Ich die Wahrheit spreche.

Der falsche Prophet — er, der sich als Führer Meiner Kirche ausgibt — ist bereit, die Gewänder zu tragen, die nicht für ihn gemacht wurden.

Er wird Meine Heilige Eucharistie entweihen und Meine Kirche in zwei Hälften spalten und dann noch einmal teilen.

Er wird sich bemühen, jene treuen Anhänger Meines geliebten Heiligen Stellvertreters Papst Benedikt XVI. die von Mir bestellt worden sind, zu entlassen.

Er wird all diejenigen aufspüren, die Meinen Lehren treu sind, und sie den Wölfen zum Fraß vorwerfen.

Seine Handlungen werden nicht sofort augenscheinlich sein, aber bald werden die Zeichen gesehen werden, da er sich daranmachen wird, die Unterstützung einflussreicher Führer der Welt und jener in hohen Positionen zu suchen.

Wenn der Gräuel Wurzeln schlägt, dann werden die Änderungen abrupt geschehen. Die Ankündigungen von ihm, eine vereinte katholische Kirche zu schaffen durch die Verknüpfung mit allen Glaubensrichtungen und Religionen, werden bald danach kommen.

Er wird die neue Eine-Welt-Religion leiten und wird über heidnische Religionen herrschen. Er wird den Atheismus in die Arme schließen, indem er — im Sinne der sogenannten Menschenrechte — das Stigma, das dem Atheismus seinen Worten nach anhaftet, entfernt. Alles, was in den Augen Gottes Sünde ist, wird durch diese neue Inklusiv-Kirche als akzeptabel erachtet werden.

Jeder, der es wagt, ihn herauszufordern, wird ausgeforscht und bestraft werden. Jene Priester, Bischöfe und Kardinäle, die sich ihm widersetzen, werden exkommuniziert werden und ihnen werden ihre Titel aberkannt werden. Andere werden schikaniert und verfolgt werden. Viele Priester werden untertauchen müssen.

An diejenigen armen heiligen Diener von Mir, die Meine Stimme jetzt erkennen: Bitte hört Mich, da Ich Mich nach euch ausstrecke, um euch Trost zu bringen. Ich würde euch niemals auffordern, Meine Kirche auf Erden abzulehnen, denn Ich, euer geliebter Erlöser, war es, der sie geschaffen hat. Ich habe Meinen Leib als das Lebendige Opfer aufgeopfert, um euch zu retten. Euch ist die Verantwortung übertragen worden, in Meinem Namen Zeugnis abzulegen, um die Seelen jener, die ihr unterweist und führt, zu retten.

Alles, was ihr tun könnt, ist, auf Mich zu vertrauen und Mir weiterhin zu dienen. Was ihr nicht tun dürft, ist, irgendeine Lehre zu akzeptieren, die man euch präsentiert und die, wie ihr sofort wissen werdet, nicht im Einklang mit Meinen Lehren ist. Ihr müsst das tun, was euch euer Herz sagt, aber wisst Folgendes:

Diese Zeit wird euch tiefen Schmerz verursachen, und der blanke Kummer, den ihr erfahren werdet, wenn ihr seht, wie Meine Kirche entweiht werden wird, wird euch zum Weinen bringen. Aber ihr müsst die Lügen, die euch jetzt bald präsentiert werden, als das erkennen, was sie sind — ein Affront gegen Meinen Tod am Kreuz.

Diese Zerstörung kann zum Zusammenbruch der Struktur Meiner Kirche führen. Die baulichen Veränderungen und die Adaptierungsarbeiten, gemeinsam mit dem neuen Tempel, der für die Eine-Welt-Kirche geschaffen wird, werden in Rom erfolgen und (diese Bauten werden) sich in Rom befinden.

Ich versichere euch, dass, sobald Mein Tempel entweiht ist, Ich, Jesus Christus, der Erlöser der ganzen Menschheit, ausrangiert werde und in den Rinnstein geworfen werde.

Euer Jesus

729. Bis der Karfreitag kommt, werden viele Seelen zu realisieren beginnen, dass Meine Warnung an die Menschheit über der Welt ist.

Samstag, 9. März 2013, 21:45 Uhr

Meine innig geliebte Tochter, bis der Karfreitag kommt, werden viele Seelen zu realisieren beginnen, dass Meine Warnung an die Menschheit über der Welt ist.

Kaum dass der Gräuel mit eigenen Augen gesehen werden kann, wird man die Wahrheit dieser Botschaften wirklich verstehen.

Versammelt die Euren, vereint euch im Gebet, denn eine dunkle Wolke wird die Erde bedecken. Die Strafen werden über die Menschheit kommen, da sie in einen Abgrund der Gleichgültigkeit und Apathie gegenüber dem Wort Gottes stürzt.

Diejenigen, die den Geschenken, die der Menschheit durch Meinen Tod am Kreuz erlangt wurden, den Rücken gekehrt haben, werden wachgerüttelt werden und sie werden sehen, wie grotesk ihre Seelen vor Meinen Augen erscheinen. Bald werden sie erkennen, dass ihnen nur eine kurze Zeit zum Bereuen gewährt wurde. Denn Meine Geduld ist groß, aber Meine Traurigkeit ist tief. So verbittert sind ihre Herzen, dass sie nicht nur Mich, ihren geliebten Jesus, meiden, sondern sich selbst sogar die Geschenke verweigern, die Ich ihnen frei zur Verfügung stelle.

Wie sehr sind sie doch getäuscht worden, an ihre eigenen falschen Illusionen zu glauben, dass die Welt ihnen gehöre, um darin zu leben, wie auch immer sie möchten, ohne sich darum zu kümmern, sich zu bremsen in ihrer Sucht nach Befriedigung. Diese Welt wird ihnen nicht mehr länger wie selbstverständlich gehören, denn sie ist nur ein vorübergehender Zustand. Bald werden sie sich in einem neuen Zustand finden, und für viele von ihnen wird dieser nicht in Meinem neuen Paradies sein.

Mein Eingreifen ist nahe und Mein Plan, die Welt zu retten, wird bald vollständig bekannt gemacht werden. Stolz ist euer größter Feind und ist Satans größter Fehler. Wenn jemand einen anderen brandmarkt, einen anderen tadelt und anklagend mit dem Finger auf ihn zeigt, und das in Meinem Namen, dann ist er der Sünde Satans zum Opfer gefallen.

Es wird die Sünde des Stolzes sein, die der Untergang der Menschheit sein wird und die viele Seelen in die Feuer der Hölle stürzen wird.

Fallt nicht diesem Fluch des Teufels zum Opfer und schweigt, wenn ihr mit anderen nicht einverstanden seid, die laut gegen Mich schreien mit Lügen, die nur so aus ihren Mündern fließen, auch wenn ihr wisst, dass sie nicht die Wahrheit sprechen. Ihr müsst euren Blick senken und einfach Mein Wort verkünden.

Verteidigt Mich nur, indem ihr der Welt verkündet, was ihr von Meinem Plan zur Rettung von Seelen wisst. Und selbst wenn jene Seelen, die glauben, dass ihnen ihr Wissen über Mich das Recht gibt, andere zu rügen, von euch Antworten verlangen, dürft ihr Mich niemals durch Argumente verteidigen.

Viele Ereignisse in der Welt werden in Kürze den Großteil der Menschheit schockieren. Selbst die desinteressiertesten Menschen, die ihr Leben in einem Vakuum von weltlichem Ehrgeiz leben, mit wenig Zeit für spirituelle Fragen, werden zu realisieren beginnen, dass es große Veränderungen gibt. Sie werden erkennen, dass diese Veränderungen ihnen unbegreiflich sind, und dies wird zur Folge haben, dass sie sich dem Wort Gottes mehr öffnen werden.

Euer Jesus

730. Mutter der Erlösung: Die Kreuzzuggebetsgruppen werden Milliarden von Seelen retten.

Sonntag, 10. März 2013, 18:00 Uhr

Mein liebes Kind, in dieser Zeit wirst du dich sogar noch mehr allein und isoliert fühlen, während das Heilige Wort Gottes laut brüllt, um die Menschen dringend darauf aufmerksam zu machen, dass ihre Seelen der Vorbereitung bedürfen.

Kinder, jetzt ist die Zeit, dass ihr Meinen geliebten Sohn bitten müsst, euch den Mut während der dunklen Tage, Monate und Jahre, die vor euch liegen, zu erhalten. Ihr habt allen Grund zu jubeln, weil so viele Seelen — durch den Heiligen Geist inspiriert — dem Ruf Meines Sohnes, Jesus Christus, geantwortet haben. Er liebt euch alle so sehr, dass Mir, Seiner geliebten Mutter, Tränen der Freude kommen. Wie Er Seine Barmherzigkeit ausbreitet, ist für euch unbegreiflich, und Er wird selbst diejenigen, die Ihn verachten, nahe an Sein Herz ziehen.

Es wird nicht mehr lange dauern, bis zu Seinem Großen Zweiten Kommen. Daher müsst ihr Gott die Ehre geben. Zur Vorbereitung müsst ihr so oft wie möglich das Sakrament der Beichte empfangen und weiterhin für die Seelen beten.

Obwohl Gott allmächtig ist und Seine Herrlichkeit jetzt vollständig verstanden werden wird, wenn ihr von Seinem Zweiten Kommen Zeugnis gebt, müsst ihr, Seine Restarmee, Ihm in Seinem Plan zur Rettung der Menschheit helfen.

Die Kreuzzuggebetsgruppen werden Milliarden von Seelen retten, und daher müsst ihr euch ausbreiten und vervielfachen. Gottes Gnaden werden jetzt über alle Seine Kinder, die an diesen Gebetsgruppen teilnehmen, ausgegossen. Sie werden die Waffenrüstung sein, welche die Menschheit von der vom Antichristen geplanten Verfolgung abschirmen wird.

Gebt niemals auf, Kinder. Bleibt jederzeit im Stande der Gnade und befolgt weiterhin die Anweisungen Meines Sohnes. Er wird euch niemals im Stich lassen, so groß ist Seine Liebe zu euch.

Eure geliebte Mutter
Mutter der Erlösung

731. Gott der Vater: Die Schlacht tobt jetzt zwischen Meiner Hierarchie und der Domäne des Tieres.

Dienstag, 12. März 2013, 14:38 Uhr

Meine innig geliebte Tochter, der Himmel weint vor Kummer über diesen schrecklichen Tag, der vor so langer Zeit vorausgesagt worden ist.

Die ganze Menschheit wird jetzt dem größten Betrug von allen ausgesetzt sein, und einem Betrug, der vom Tier ausgeführt wird.

Die Tränen Meines Sohnes, dessen Tod am Kreuz Meinen Kindern die Freiheit gegeben hat, fließen jetzt in dieser Zeit in Agonie über die ganze Welt.

Mein Groll wird jetzt noch in Schranken gehalten, aber Mein Zorn ist groß. Sehr bald wird all jenen, die von Meinem Sohn bestellt sind, Seine Herde auf Erden zu führen, die Täuschung klar werden.

Die Schlacht tobt jetzt zwischen Meiner Hierarchie und der Domäne des Tieres. Es wird schmerzhaft sein, aber bald wird die Züchtigung, welche auf die bösartige — vom Feind und seinen Kohorten angezettelte — Verfolgung folgen wird, die Fäulnis hinwegwischen.

Ich appelliere an all Meine Kinder: Wendet euch Meinem Sohn zu und setzt zu dieser Zeit all euer Vertrauen auf Ihn.

Seid tapfer, Meine Kleinen, denn diese Qual wird von kurzer Dauer sein. Denjenigen, die dem Tier und dem falschen Propheten folgen werden, wird durch die Macht Meiner Hand Erkenntnis gegeben werden, um sie zurück in das Herz Meines Sohnes zu bringen. Wenn sie dieses Geschenk ablehnen, dann sind sie verloren und werden die gleiche Qual erleiden, welche den Betrüger erwartet, der für die Ewigkeit in den Abgrund geworfen werden wird.

Die Krönung des falschen Propheten wird von freimaurerischen Gruppen, welche die letzte Phase der Verfolgung all Meiner Kinder planen, in allen Ecken (der Welt) gefeiert werden.

Diejenigen, die mit ihm feiern werden und die es nicht besser wissen, werden mit der Zeit sogar noch mehr Qual empfinden als diejenigen, die die Wahrheit bereits kennen.

Erwartet jetzt, was kommt, mit Mut und Hoffnung, denn all dies muss geschehen, bevor sich die Glorreiche Regentschaft Meines Sohnes manifestiert.

Ihr müsst Meinem geliebten Sohn zu jeder Zeit eure Treue geloben und euch weigern, Lügen zu akzeptieren. Falls und sobald ihr aufgefordert werdet, an einer neuen Messe teilzunehmen, dann wisst, dass dies der größte Fluch sein wird, den Satan jemals gegen Meine Kinder losgelassen hat.

Wisst, dass euch der Himmel führen wird und dass — indem ihr den Schmerz mit Würde annehmt — ihr Meinem Sohn helfen werdet, den endgültigen Bund zu erfüllen.

Euer geliebter Vater

Gott der Allerhöchste

732. Sein Thron ist gestohlen worden. Aber nicht seine Macht.

Mittwoch, 13. März 2013, 21:20 Uhr

Meine innig geliebte Tochter, Ich bin zum zweiten Mal zum Tode verurteilt worden. Die Beleidigung der Entscheidung in Rom, die ihr heute erlebt habt, schneidet Mich entzwei.

Als Ich vor Meinen Henkern stand und angeklagt war der Ketzerei und dessen, dass Ich es gewagt hatte, die Wahrheit zu sprechen, liefen Meine Apostel weg und waren nirgends zu finden. Diejenigen, die Mir nachgefolgt waren und Meine Lehren angenommen hatten, haben Mich verraten, als Mein Wort von der Obrigkeit angefochten wurde. Sie begannen, ihr Vertrauen in Mich zu verlieren, und sie fingen an, an Mir zu zweifeln.

Einige Meiner Anhänger glaubten die Verbrechen der Ketzerei, deren Ich angeklagt war, und meinten, dass diese Anklage gerechtfertigt wäre. So mächtig waren Meine Ankläger — Männer in hohen Positionen, gekleidet in exotischen Gewändern, die mit einem Sinn für echte Autorität einhergingen und redeten —, dass nur wenige sie in Frage stellten.

Ich wurde verhört, herausgefordert, belächelt, herabgesetzt, verspottet und verhöhnt, dafür, dass Ich die Wahrheit sprach. Die Menschen fielen auf die Knie nieder vor diesen Herrschern — Männern mit mächtigen Stimmen und mit einer Autorität, die nie in Frage gestellt wurde. Meine Stimme wurde wie zu einem Flüstern in der Mitte des Gebrülls Meiner Ankläger.

„Ketzer!" riefen sie. Sie sagten, Ich würde mit einer bösen Zunge reden, sie sagten, dass Ich gegen Gott gelästert habe und dass Ich ihre Kirche zerstören wolle. Und so ermordeten sie Mich kaltblütig.

Es wird nicht anders sein, wenn Ich jetzt versuche, Meine Stimme bekannt zu machen: Wenn Ich versuche, alle Kinder Gottes vor den Ereignissen zu warnen, über die Ich zu dir, Meine Tochter, während der letzten paar Jahre gesprochen habe. Mein Wort wird mit Verachtung behandelt werden. Mein Wort wird in Frage gestellt werden. Zweifel werden sich einschleichen und wieder werden Meine Apostel weglaufen und Mich den Wölfen überlassen.

Macht keinen Fehler, die Wahrheit ist euch offenbart worden. Ich habe es euch gesagt, Meine Anhänger, wie man euch täuschen wird. Dies wird für euch sehr schwer sein, weil ihr diesen Betrüger, der im Haus Meines Vaters sitzt, in Frage stellen werdet.

Mein geliebter Papst Benedikt XVI. wurde verfolgt und floh, wie vorhergesagt. Ich habe diese Person nicht eingesetzt, die behauptet, in Meinem Namen zu kommen.

Er, Papst Benedikt, wird Meine Anhänger zur Wahrheit führen. Ich habe ihn nicht verlassen, und Ich werde ihn eng an Meinem

Herzen halten und ihm den Trost schenken, den er in dieser schrecklichen Zeit braucht.

Sein Thron ist gestohlen worden. Aber nicht seine Macht.

Euer Jesus

(*) Mittwoch, 13. März 2013: Ende des Konklaves, Franziskus I. stellt sich vor.

733. Diese böse Geste in der Karwoche wird von denjenigen gesehen werden, die ihre Augen offen halten.

Donnerstag, 14. März 2013, 18:00 Uhr

Meine innig geliebte Tochter, wie sehr leiden Meine geliebten heiligen Diener, die nahe an Meinem Herzen sind und die die Wahrheit kennen und die Zeuge des Gräuels in Meiner Kirche auf Erden sein müssen.

Es wird eine besondere Beleidigung geben, die Meinem Heiligen Namen in der Karwoche zugefügt werden wird, in dem Bemühen, Mich zu entheiligen. Diese böse Geste in der Karwoche, wird von denen, die ihre Augen offen halten, gesehen werden, und dies wird eines der Zeichen sein, an dem ihr erkennen werdet, dass der Betrüger, der auf dem Thron in Meiner Kirche auf Erden sitzt, nicht von Mir kommt.

Meine Anhänger, ihr müsst wissen, dass die der Welt geschenkten Prophetien — welche vor der Zeit warnen, in der die Macht innerhalb Meiner Kirche von denen ergriffen werden wird, die dem Tier treu sind, — jetzt Realität werden. Diese Zeit ist jetzt.

Denkt daran, dass diejenigen, die stolz das Abzeichen der Demut zeigen, des Stolzes schuldig sind. Stolz ist eine Sünde.

Diejenigen, die sagen, dass Meine Kirche ihr Image erneuern müsse und dass die Lehre Meiner Kirche auf den neuen Stand gebracht werden müsse, und die sagen, dass dadurch, dass sie modernisiert würde, diese von mehr Menschen akzeptiert werden würde, wisst dann dieses:

Denjenigen von euch, die sagen, dass sie Meinen Lehren folgen, die aber wollen, dass die Gebote geändert werden, damit Handlungen, die in Meinen Augen sündhaft sind, stillschweigend geduldet werden, sage Ich: Hinaus mit euch aus Meiner Kirche! Ihr gehört nicht zu Mir. Ihr habt Mir den Rücken zugewandt und seid es nicht wert, Mein Haus zu betreten. Passieren wird jedoch Folgendes: Ihr und all diejenigen von euch, die Veränderungen verlangen, die von der säkularen Welt mit offenen Armen begrüßt werden, werdet zufrieden sein; denn der falsche Prophet wird euch zu seinen Gunsten locken, und ihr werdet ihm jeden Moment seiner kurzlebigen Regentschaft applaudieren. Aber es werde nicht Ich, Jesus Christus, sein, Dem ihr folgen werdet. Ihr werdet einer falschen Lehre folgen, die nicht von Gott ist.

So viele werden die Herrschaft des falschen Propheten mit offenen Armen begrüßen und Mich mit Freude in ihren Herzen

zur Seite schieben. Dann, wenn die Irrtümer seiner Wege sichtbar werden, werden Meine armen gottgeweihten Diener sich nirgendwo hinwenden können. Ihr Kummer wird zur Angst werden, und ihre Angst wird zur Verzweiflung werden. Sie werden nicht wissen, wem sie trauen können, aber sie müssen Folgendes verstehen: Mein Leib, Meine Kirche, mag gegeißelt und geschändet werden, aber Mein Geist kann niemals angerührt werden, denn Er kann niemals sterben.

An diejenigen von euch, die jetzt Mein Wort zurückweisen und die die Wahrheit ablehnen, die euch als ein besonderes Geschenk vom Himmel gegeben wird: Ich segne euch. Ich werde damit fortfahren, Meine Gnaden über euch auszugießen, bis ihr zu Mir zurückkommt. Ich werde niemals aufgeben, bis Ich eure armseligen Seelen retten kann.

Meine Kirche, in der Meine Lehren und Meine Sakramente unberührt bleiben, wird niemals sterben. Sie braucht keine Ziegel und keinen Mörtel, um zu überleben, denn Ich bin es, Jesus Christus, dessen Leib die Kirche ist. Ihr, Meine treuen geliebten Priester, Meine heiligen Diener und Meine Anhänger seid ein Teil von Mir. Ihr seid mit Meinem Leib vereint, um Meine Kirche auf Erden zu bilden. Daher müsst ihr lernen, stark, mutig und treu Meinem Heiligen Wort gegenüber zu sein, unabhängig davon, welche gegenteiligen Argumente euch präsentiert werden.

Die Zeit, dass das Schisma offen zu Tage tritt, ist nahe, und schon wird eine schreckliche Unruhe in Rom verspürt. Wenn der Heilige Geist und der Geist des Bösen aufeinander prallen, dann geht eine Bruchlinie quer durch die Mitte, so dass zwei Seiten entstehen. Die große Spaltung wird schnell herabkommen. Dann werden viele von denen, die vom Lügner getäuscht worden sind, in Meine Heiligsten Arme zurückeilen, um Schutz zu finden.

Ich führe euch während dieser traurigen Zeiten und bitte, dass ihr alle Mir eure Tränen übergebt, und Ich werde euren Geist trösten.

Ich segne euch. Ich bringe euch Frieden im Herzen. Ich beschütze euch.

Euer geliebter Jesus

734. Mutter der Erlösung: Betet Meinen Rosenkranz für alle jene, die in Rom regieren.

Freitag, 15. März 2013, 22:30 Uhr

Mein liebes Kind, dies ist eine Zeit großen Kummers, nicht nur für dich, sondern auch für all jene, die Meinen Sohn lieben.

Ich muss euch, liebe Kinder, dringend bitten, stark zu bleiben und treu zu bleiben gegenüber dem Heiligen Wort Gottes, um Meines Sohnes willen. Er, Mein geliebter Sohn, lässt in Agonie Sein Haupt auf die Brust fallen, da Er den Horror beobachtet, wie Seine Kirche vor Ihm zerfällt.

Bitte betet um Hoffnung und betet jeden Tag Meinen Rosenkranz für all jene, die in

Rom regieren. Ihr müsst für all diejenigen beten, die die katholische Kirche verwalten. Bitte bezieht den Mann mit ein, der auf dem Stuhl Petri sitzt, denn er bedarf eurer Gebete sehr.

Betet, dass er die Wahrheit des Todes Meines Sohnes am Kreuz annehmen möge und dass er sein Herz für die Bitten Meines Sohnes um Barmherzigkeit für alle Kinder Gottes öffnen möge.

Unabhängig davon, wie hart diese Zeiten in der römisch-katholischen Kirche auch sind, das Böse kann nicht — und wird sich nicht — gegen die Macht Gottes durchsetzen.

Meine Rolle als Mittlerin aller Gnaden wird bald realisiert werden, und als die Frau, die auserwählt ist, mit den Strahlen der Sonne bekleidet zu sein (*), ist Meine Zeit gekommen, um Meinem Sohn in Seinem abschließenden Plan der Erlösung zu helfen.

Ich liebe alle Kinder Gottes, einschließlich jener, die Ihm große Schande und Schmerz zufügen. Betet, dass Meine Gebete, die Ich Meinem Sohn in eurem Namen vortrage und darbringe, dazu beitragen können, die Leiden zu mildern, die innerhalb der katholischen Kirche bevorstehen.

Meine Liebe als Mutter aller Kinder Gottes ist allumfassend, und Ich werde niemals aufhören, danach zu streben, euch, liebe Kinder, Hoffnung zu bringen.

Eure Gebete werden im Himmel gehört werden und ihr dürft niemals die Hoffnung aufgeben, da die Barmherzigkeit Meines Sohnes größer ist, als ihr es wissen könntet.

Gottes Liebe ist allmächtig. Bittet und ihr werdet großen Segen empfangen, da die Vorbereitungen abgeschlossen sind und alles bereit ist für den Großen Tag des Herrn.

Harret aus in Geduld, Liebe und Vertrauen; denn all diese Prüfungen werden bald vorüber sein, und dann werden der Neue Himmel und die Neue Erde zu einer Einheit verschmelzen. Dies ist alles, worum ihr euch sorgen sollt: die Vorbereitung eurer Seele und derjenigen, die eurer Gebete am meisten bedürfen. Nur dann werdet ihr in der Lage sein, das Licht Gottes anzunehmen und in das neue Paradies auf Erden einzugehen.

Seid in Frieden und konzentriert euch ausschließlich auf Meinen Sohn und Seinen alleinigen Wunsch, die Seelen aller lebenden Geschöpfe zu retten.

Eure geliebte Mutter
Mutter der Erlösung

(*) Offb 12, 1-2 Am Himmel erschien ein großes Zeichen: Ein Frau, bekleidet mit der Sonne, der Mond zu ihren Füßen und eine Krone von zwölf Sternen auf ihrem Haupte. Sie ist gesegneten Leibes und schreit in ihren Wehen und Geburtsnöten.

735. Meine Agonie wird von allen Engeln und Heiligen im Himmel gefühlt, denn die Zeit der Apokalypse ist nahe.
Samstag, 16. März 2013, 12:40 Uhr

Meine innig geliebte Tochter, welche Wut, welcher Zorn und welche Angst wird jetzt von denjenigen empfunden, die es in dieser Zeit ablehnen, Meinen Kelch des Leidens anzunehmen.

Die Wut Satans gegen diese Botschaften wird schnell zunehmen, und jede Anstrengung wird unternommen werden, um dich, Meine Tochter, zu denunzieren.

Das Leiden muss von dir angenommen werden, weil du dich aus freien Stücken Meinem Heiligen Willen übergeben hast. Daher musst du, Meine Tochter, schweigen, während die Schreie des Tieres und jener armseligen Seelen, die er benutzt, um dich anzugreifen, weitergehen. Ich sage dies all Meinen geliebten treuen Jüngern: Bleibt fest. Haltet eure Häupter gesenkt in demütiger Dienstbarkeit und opfert euer Leiden für jene Seelen auf, die das Geschenk der Wahrheit nicht annehmen werden.

Die für die Unterwanderung Meiner Kirche auf Erden Verantwortlichen wählten bewusst die Fastenzeit, um Mich zu beleidigen, ihren Jesus, der im Todeskampf gestorben ist, um ihre Seelen zu retten.

So verseucht sind sie, diejenigen, die die Korridore von Rom durchstreifen, dass das größte Zeichen gesehen werden wird im Chaos, das dadurch entstehen wird, dass sie die Anordnungen des Betrügers befolgen. Chaos, Durcheinander, Spaltung und Widersprüchlichkeit werden überall in Rom zu sehen sein. Dieses Durcheinander kommt von Satan, denn es kann nicht von Gott kommen.

Wut kommt vom Teufel, und sein Rasen wird dann offensichtlich, wenn Mein Licht sich unter den Kindern Gottes ausbreitet. Mach es bekannt, dass dann, wenn Angriffe solch bösartiger Natur in Meinem Namen einem Menschen zugefügt werden, dass es dann Meine Gegenwart ist, die eine solche Reaktion provoziert.

Nur Ich, Jesus Christus, und Meine Anhänger können das Ziel einer solchen Beleidigung sein. Daher, wenn ihr feststellt, dass euch dies unerträglich wird, sprecht bitte dieses kurze Gebet:

„Ich teile diesen Schmerz mit Dir, Lieber Jesus, und ich bitte Dich, segne meine Feinde und diejenigen, die Dich geißeln, mit dem Geschenk des Heiligen Geistes. Amen."

Die Disharmonie wird sich fortsetzen und Meine Agonie wird von allen Engeln und Heiligen im Himmel gefühlt, denn die Zeit der Apokalypse ist nahe.

Klammert euch an Mich, eurem Jesus, und setzt all euer Vertrauen auf Mich, während Ich Meine Restarmee aufbaue, in Vorbereitung auf die kommende hässliche Schlacht um Seelen.

Euer Jesus

736. Das Dritte Siegel wird offenbar werden, wenn sich die Menschen ums Essen raufen werden, da Hungersnöte nach der Menschheit greifen.
Samstag, 16. März 2013, 15:25 Uhr

Meine innig geliebte Tochter, die Meere werden sich entfesseln und die Zerstörung, die durch viele Kriege verursacht werden wird, wird — wie vorausgesagt — ihren Anfang nehmen.

Der Zeitplan für die Ankunft des falschen Propheten wird sich decken mit der Erklärung von Kriegen überall auf der Welt. Diese Kriege werden augenblicklich ausgelöst werden, und die Menschen werden sich in Angst ducken, da klar wird, was das mit sich bringen wird. Kriege werden Wurzeln schlagen und sich rasch zusammenbrauen wie Stürme in der Wüste, wo sie an Dynamik gewinnen werden und all diejenigen, die meinen, dass ihr Friede garantiert sei, überraschen werden — wie ein Dieb in der Nacht.

So viele Länder werden involviert sein, dass jeder überrumpelt sein wird. Bald, mitten im Gemetzel, wird sich der Antichrist bekannt machen. Verwirrung, Angst und Ernteverluste werden das Problem verschärfen. Nicht lange danach wird das Dritte Siegel offenbar werden, wenn sich die Menschen ums Essen raufen werden, da Hungersnöte nach der Menschheit greifen. Körperlich und geistig ausgehungert und akut hilfsbedürftig wird der Mensch nach allem und jedem greifen, was ihm eine Atempause bietet.

Die Bühne wird bereit sein für die Ankunft des Antichristen und dafür, dass er sich der Welt bekannt macht. Zu dieser Zeit wird die Menschheit so erleichtert sein, wegen des Mannes des Friedens, der so viel Hoffnung bietet, dass sie seine willigen Sklaven sein werden. Sie werden hereinfallen auf seinen ausgeklügelten Plan, die Welt neu zu strukturieren und alle Nationen zusammenzubringen. Der Plan solle — wie man ihnen sagen wird — zum Wohle aller sein und diene dazu, die Welt vom Terrorismus zu befreien. Die Feinde, die er angeblich bekämpft und die er unter seine Kontrolle bringen wird, das sind unschuldige Opfer, die von ihm benutzt werden in dem Betrug, den er der Welt präsentieren wird.

Wenn der Friede — oder das, was wie eine Waffenruhe aussehen wird —, wiederhergestellt sein wird, dann wird die nächste Phase kommen, die Vereinigung aller Nationen, aller Religionen und aller Länder zu der „Einen-Welt". Dies ist der Zeitpunkt, wo die Verbindung zwischen dem falschen Propheten und dem Antichristen deutlich werden wird.

Diejenigen, denen die Wahrheit gegeben sein wird und deren Namen im Buch des Lebens stehen, werden wissen, was passiert. Andere Menschen, die für die Wahrheit Meiner Lehren blind sind, werden nicht so viel Glück haben. Dann wird es eine Frage des Ausharrens sein. Meine Geduld wird bedeuten, dass Ich Mich bemühen werde, diejenigen zu retten und zu schützen, die nicht in der Lage sein werden, die Wahrheit zu erkennen.

Meine Geduld und Meine Barmherzigkeit werden münden in ein Göttliches Eingreifen im großen Stil, um alle Kinder Gottes aus dem Griff des Tieres zu retten, dessen einziges Ziel es ist, die Sünde zu etablieren. Denn es gibt eine Sache, die ihr wissen müsst: Hinter dem anziehenden Charme des Antichristen wird der Plan stecken, die Sünde zu fördern, damit die Menschheit die endgültige Entscheidung treffen wird, und zwar, sich auf die Seite des Tieres zu schlagen, Gott zum Trotze. Wenn diese Zeit kommt und nachdem von Mir jeder Versuch gemacht sein wird, Seelen zu retten, wird es vorbei sein.

Nur die Auserwählten werden in Mein Reich mitgenommen werden.

Euer Jesus

737. Eine Botschaft für Priester und all jene heiligen Diener von Mir, die ihr Leben für Meinen Heiligen Dienst geschenkt haben.

Sonntag, 17. März 2013, 18:50 Uhr

Meine innig geliebte Tochter, dies ist eine Botschaft für die Priester und all jene heiligen Diener von Mir, die ihr Leben für Meinen Heiligen Dienst geschenkt haben.

Meine geliebten Diener, Ich wünsche, dass ihr den Geboten der Kirche gehorcht und denjenigen, denen ihr in Meinem Heiligen Namen Gehorsam zeigen müsst.

Ihr dürft niemals eure Pflichten gegenüber der Kirche aufgeben und ihr müsst damit fortfahren, Mir — wie immer — zu dienen. Bitte spendet alle Sakramente wie zuvor, sogar mit noch mehr Eifer. Widmet euren heiligen Pflichten — wie immer — eure Aufmerksamkeit. Eure Pflicht gilt den Kindern Gottes, und ihr müsst eure Herde führen. Bleibt zu allen Zeiten Meinen Lehren treu.

Nicht ihr werdet es sein, Meine kostbaren Diener, die Meine Kirche auf Erden verlassen werden. Es wird nicht durch euer Hinzutun sein, dass die Gebote in Meiner Kirche verändert werden, um neue Lehren anzunehmen.

Ihr werdet weiterhin dem Dienst Meiner Kirche treu bleiben und eure Pflichten erfüllen — bis zu dem schrecklichen Tag. Das wird der Tag sein, an dem Meine Heilige Messe bis zur Unkenntlichkeit verändert werden wird. Es werden die Feinde Gottes sein, die Meine Kirche auf Erden unterwandert haben, die euch von Mir wegstoßen werden.

Wenn sie die neue Messe präsentieren, dann wird euch keine Wahl bleiben, denn ihr werdet wissen, dass sie nicht mehr die Höchstheilige Eucharistie aufgeopfert. Dann wird euch endlich die Wahrheit enthüllt werden, obwohl ihr schon vor diesem Zeitpunkt die Zeichen wahrnehmen werdet.

Diese Zeichen werden beinhalten, dass Gebete auf seltsame, neue Arten angepasst werden, dass Satan nicht mehr verurteilt werden wird und dass die Sakramente manipuliert werden, um andere Konfessionen einzubeziehen. Ihr werdet beunruhigt sein, doch ihr werdet eine Verpflichtung fühlen, Meiner Kirche treu zu bleiben.

Dann wird es sein, dass die Existenz Meiner Kirche auf Erden eure einzige Überlebensmöglichkeit sein wird, wenn ihr Meinen Lehren treu bleiben wollt. Wenn Meine Lehren, Meine Sakramente und Meine Heilige Messe verändert werden, dürft ihr euch nicht täuschen lassen. Wenn ihr nicht an Meinen Geboten festhaltet, dann werdet ihr Mich verraten.

Für die anderen christlichen Kirchen: Ich warne euch, dass diese Verseuchung sich auch auf eure Kirchen übertragen wird. Im Laufe der Zeit wird es für euch schwer werden, Meine Lehren so zu ehren, wie sie der Welt gegeben worden sind. Alle Christen werden leiden unter dem Regime des falschen Propheten und seines Komplizen, dem Antichristen, dessen Gesicht bald über die ganze Welt ausgestrahlt werden wird, als der einflussreichste Führer aller Zeiten.

Euer Jesus

738. Mutter Gottes: Die Teilung in der Welt, die von Gog und Magog herbeigeführt werden wird, wird die Familien in zwei Teile spalten.

Montag, 18. März 2013, 19:35 Uhr

Mein Kind, du darfst niemals an der Bedeutung dieser Mission zweifeln oder zulassen, dass Angriffe auf dich deine Aufmerksamkeit von Meinem geliebten Sohn ablenken.

Es geschieht aufgrund der Liebe und der Barmherzigkeit Meines Sohnes, dass Er der Welt die Pläne des Teufels enthüllt, wie dieser vor der Zeit des Endes Seelen an sich reißen will. An der Entwicklung dieses hinterhältigen Planes wurde sehr lange Zeit gearbeitet und er wird Gottes Kindern durch freimaurerische Kräfte auferlegt werden, deren Gefolgschaftstreue dem Teufel gilt.

Niemand soll auch nur die geringsten Zweifel haben bezüglich der Prophetien, die von Mir, eurer Mutter, im Laufe der Jahrhunderte Visionären und Sehern offenbart worden sind. Kinder, ihr dürft keine Angst haben. Stattdessen solltet ihr zuversichtlich sein und jubeln; denn die Zeit für den Neuen Himmel und die Neue Erde steht kurz bevor, und Gottes Kinder werden endlich vom Bösen befreit sein, das jeder von euch sein ganzes Leben hindurch miterlebt hat.

Diese Zeit ist im Buch Meines Vaters vorausgesagt worden, und aus diesem Grunde müsst ihr die Wahrheit des Inhalts des Buches der Offenbarung annehmen. Wenn ihr das Buch der Offenbarung, das Johannes gegeben worden ist, nicht annehmt, dann könnt ihr nicht sagen, dass ihr den Rest des Buches — die Höchstheilige Bibel — annehmt.

Vieles, was noch kommen muss, wird schwer und schmerzlich sein, denn die Teilung in der Welt, die durch Gog und Magog (*) herbeigeführt werden wird, wird die Familien in zwei Teile spalten. Die bösen Intrigen und die vom falschen Propheten und dem Antichristen entwickelten betrügerischen Pläne werden die größte Täuschung sein, seitdem die Pharisäer Meinen Sohn abgelehnt haben. Als sie, die Pharisäer, Meinen Sohn ablehnten, verhinderten sie, dass die Wahrheit den Kindern Gottes gegeben werden konnte. Das drückte die Zahl und schwächte die Anhänger Meines Sohnes während Seiner Zeit auf Erden und hinderte sie daran, Christen zu werden. Das Gleiche wird auf diese Beiden zutreffen, die das Image der Gütigkeit tragen werden, die aber viele von Gottes Kindern in die Irre führen werden. Sie werden viele für die Wahrheit blind machen, da die tiefgreifenden Veränderungen, die sie während ihrer Regentschaft herbeiführen werden, die Menschen von den Geboten Gottes loslösen werden.

Gottes Kindern wird gesagt werden, dass das Böse akzeptabel sei und dass bestimmte Sünden für Gott nicht beleidigend seien. Die Menschen werden ihnen glauben, und — infolgedessen — werden sie Gott den Rücken kehren.

Betet, betet, betet, dass ihre Regentschaft kurz sein möge und dass sich die Wahrheit durchsetzen möge, damit die Kirche Meines Sohnes auf Erden unversehrt bleiben kann.

Eure geliebte Mutter
Mutter der Erlösung

_____

(*) Offb 20, 7-9 und Ez 38 und 39

739. Schicht um Schicht werden ihre bösen Absichten klar werden, da sie sich selbst zum Stolpern bringen werden.

Dienstag, 19. März 2013, 20:45 Uhr

Meine innig geliebte Tochter, durch diese Botschaften breitet sich zu dieser Zeit Mein Heiliges Wort wie ein mächtiger Wind über die ganze Welt aus.

Viele werden Meine Stimme hören, ob sie es wollen oder nicht, denn sie wird wie ein Donnern vor dem Sturm ertönen. Einige werden den Heiligen Geist erkennen, wenn Er ihre Seelen überflutet — andere unglücklicherweise nicht, aber Ich sage ihnen Folgendes. Ihr habt Meine Stimme gehört. Sie hat eure Seele bewegt und doch verschließt ihr euch Mir. Dennoch wendet ihr euch ab. Ihr mögt vielleicht Meine Stimme fürchten, da sie überwältigend sein kann, aber das Einzige, was ihr nicht tun könnt, ist, Mich zu ignorieren.

So mächtig ist Mein Heiliger Geist, dass Er eure Seele berühren wird, ob ihr es wollt oder nicht. Für diejenigen von euch, die weglaufen, sich verstecken und so tun, als ob Ich nicht gegenwärtig sei: Ihr solltet wissen, dass ihr nicht in der Lage sein werdet, Meine Gegenwart zu leugnen, wie sehr ihr es auch versucht.

Einige von euch werden sich der Wahrheit widersetzen, da ihnen der Glaube an Meine Verheißung, ihnen ewiges Leben zu bieten, fehlt. Viele von euch finden diese Verheißung erschreckend und würden lieber denken, dass der Große Tag des Herrn nicht zu ihren Lebzeiten stattfinden werde. Und daher verschließen sie ihre Augen, halten sich die Ohren zu und suchen Trost in anderen Dingen.

Die Sicherheit, die ihr empfindet bei dem Versuch, dort Frieden zu finden, wo er gefunden werden kann, wird von kurzer Dauer sein. Schon bald wird euch das Wort Gottes verweigert werden. Worte, die zu hören ihr gewohnt gewesen seid, werden aus den Predigten verschwinden, genauso wie aus den Briefen eurer Bischöfe und Kardinäle, die euch und all jenen ahnungslosen Anhängern von Mir übermittelt werden.

Freimaurerische Sekten unterwandern die Kirche in Rom. Lasst euch nicht täuschen: Es kann nur einen Papst zu Lebzeiten geben.

Viele Meiner Anhänger werden jetzt Mein Heiliges Wort, die Wahrheit, ablehnen, gerade so, wie sie es während Meines Prozesses auf Erden getan haben. Du, Meine Tochter, wirst als Ketzerin abgelehnt werden, wirst verhöhnt und verspottet werden. Du wirst zum Stachel in der Seite des falschen Propheten werden. Aber schon bald werden alle die raffinierten Handlungen und die hinterhältigen Gesten dieser falschen Betrüger sehen, die Meinem Thron in Rom vorsitzen; denn sie laufen auf ein Sakrileg hinaus.

Schicht um Schicht werden ihre bösen Absichten klar werden, da sie sich selbst zum Stolpern bringen werden, und diejenigen, die mit der von Mir verliehenen Einsicht gesegnet sind, werden den Gräuel, der sich entpuppt, erkennen.

Das Tier ist jetzt bereit und baut einen säkularen Kreis auf, der sich aus einigen der Weltführer zusammensetzt, die sich untereinander einig sind wie auch mit allem, was in Opposition zum Königreich Gottes steht. Dämonische Geister, die in diese armen Seelen eindringen, werden sich — aufgrund deren Stolzes und derer Arroganz — zeigen, für alle sichtbar durch deren Gesten, die genau untersucht und hinterfragt werden, bis jenen, die mit der Gabe der Unterscheidung gesegnet sind, die endgültigen Antworten dämmern werden.

Vertraut auf Mich. Vertraut auf dieses Geschenk des Vertrauens. Lasst euch von Mir halten und euch durch den Dschungel böser Kreaturen geleiten, die eure Seelen verschlingen wollen.

Euer Jesus

740. Ebenso wie der Blinde nicht sehen kann, wird es inmitten der Kirche in Rom jene geben, die zwar sehen können, die sich aber weigern werden, die Wahrheit einzugestehen.

Mittwoch, 20. März 2013, 19:15 Uhr

Meine innig geliebte Tochter, Meine Kreuzigung wird jetzt noch einmal in allen Details durchlebt und jeder Teil steht in Verbindung mit der Zeit der Anbahnung Meines Zweiten Kommens.

Jetzt, nachdem Mein Leib — Meine Kirche — die Geißelung erlitten hat, so viele Jahre hindurch, aufgrund des Geistes des Bösen, wird nun der Führung in Meiner Kirche die Dornenkrönung auferlegt.

Als der dritte Dorn Mein rechtes Auge durchbohrt hatte, konnte Ich durch dieses nicht mehr sehen. Nur durch Mein anderes Auge konnte Ich den schrecklichen Schmerz sehen, der von Meiner Mutter erlebt wurde. Jetzt, da die Dornenkrone das Haupt Meiner Kirche in Rom durchbohrt, wird nur eine Hälfte von der Wahrheit der vorausgesagten Prophezeiungen Zeugnis ablegen. Die andere Hälfte wird blind sein und wird nicht den Schaden erkennen, der jedem Teil Meines Leibes — Meiner Kirche — in jeder Nation in der Welt zugefügt werden wird.

Ebenso wie der Blinde nicht sehen kann, wird es inmitten der Kirche in Rom jene geben, die zwar sehen können, die sich aber weigern werden, die Wahrheit einzugestehen. So schmerzhaft wird die Wahrheit sein, dass es für diese heiligen Diener von Mir leichter sein wird, den einfachen Weg zu nehmen. Feiglinge, sie werden lieber den Weg der Entheiligung wählen, anstatt für Mich ihr Kreuz auf sich zu nehmen.

Dann wird es jene geben, die Mich lieben, — und diese Spaltung wird sie nicht davon abhalten in dem Plan, Mir zu helfen, Seelen vor dem sicheren Tod zu retten. Diese tapferen Seelen, die mit der Gnade des Geistes des Feuers erfüllt sind, werden kämpfen, um Meine Höchstheiligen Sakramente zu bewahren. Dies sind die Geistlichen, die Meine Herde während der Verfolgung nähren werden. Jede Gnade wird solch reinen Seelen gewährt werden, und sie werden ihrerseits Meine Restarmee zu den Toren des Neuen Himmels und der Neuen Erde führen.

Es braucht viel Mut, das Wort der Propheten Gottes anzunehmen. Es ist niemals leicht, die Worte der Propheten zu hören, deren Worte bis ins tiefste Innere der Seele schneiden, wie ein zweischneidiges Schwert. Ihre Warnungen sind schmerzhaft zu hören, aber süß aufgrund der Früchte, die sie tragen, denn wenn das Wort Gottes als ein Geschenk gegeben wird, bietet es Erlösung an. Ergreift Mein Heiliges Wort, denn es ist euer Rettungsanker. Ihr, Meine geliebten Anhänger, seid durch das Siegel des Lebendigen Gottes geschützt, und somit müsst ihr euch niemals fürchten.

Eure Feinde werden euch beschimpfen, euch beleidigen und mögen euch vielleicht verfolgen, aber Ich, Jesus Christus, werde es sein, der mit euch gehen wird. Ihr, Meine wenigen Auserwählten, die ihr auf Meinen Ruf antwortet, durch euer Leiden, werdet in Meinen Augen einen Großteil der Menschheit retten.

Ich segne euch. Ich gebe euch Frieden und Kraft, damit ihr Mir ohne Furcht in eurem Herzen folgen könnt.

Euer Jesus

741. Die Zeit für die Spaltung ist schon bald, und ihr müsst euch vorbereiten.

Donnerstag, 21. März 2013, 20:00 Uhr

Meine innig geliebte Tochter, wie Mir das Herz bricht wegen des Kummers, der von Seelen empfunden wird, die ganz aufgelöst sind aufgrund der Flucht Meines letzten Papstes, Meines geliebten Benedikt.

Ihr, Meine so geliebten Seelen, fühlt euch so durcheinander und irgendwie alleine. Ich fühle euren Schmerz, und ihr müsst innig um Meine Hand der Barmherzigkeit beten, so dass Ich sie ausstrecken kann, um eure traurigen Herzen zu trösten.

Dies wird für dich, Meine Tochter, eine Zeit des Verrats sein, da viele von denen, die auf der Seite dieser Heiligen Mission gestanden haben, weggehen werden. Du musst die Zeit, die du in Eucharistischer Anbetung verbringst, auf sieben Tage in der Woche ausdehnen — und nur dann wirst du in der Lage sein, allein und ohne Angst zu gehen, um die Aufgaben zu Ende zu führen, die Ich dir geben werde und von denen viele äußerst schwierig sein werden.

Ihr müsst zu dieser Zeit stark bleiben, ihr alle. Ihr dürft nicht auf diese Stimmen der Verurteilung hören, die euch auf die Nerven gehen und die um ein Vielfaches zunehmen werden, da die Karwoche kommt.

Jede Verleumdung, jede Lüge, jeder böse Einwand gegen diese, Meine Heiligen Botschaften für die Welt wird euer Kreuz sein, das ihr die nächsten 10 Tage zu tragen habt. Nicht für einen Moment wird euch, Meinen Anhängern, erlaubt werden, zur Ruhe zu kommen, zu beten oder Mein Heiligstes Wort zu betrachten.

Seid euch dessen bewusst, dass ihr euch ohne den Schutz des Heiligen Rosenkranzes, den ihr täglich beten müsst, offen lasst für die Zweifel, die nicht von Mir kommen.

Die Zeit für die Spaltung ist schon bald, und ihr müsst euch vorbereiten. Ich möchte euch eine besondere Gnade schenken, um euch zu helfen, der Verfolgung und dem Druck zu widerstehen, der auf euch ausgeübt werden wird, um euch dazu zu bringen, von Meinen Botschaften Abstand zu nehmen. Es wird großen Glauben, Vertrauen und Nerven aus Stahl erfordern, um sich auf Mein Heiliges Wort zu konzentrieren, und daher müsst ihr von nun an einmal pro Tag dieses Kreuzzuggebet beten:

Kreuzzuggebet (102) „Um das Vertrauen und den Glauben an Gottes Botschaft für die Welt aufrechtzuerhalten"

„Liebster Jesus,

wenn ich niedergeschlagen bin — hebe mich auf.

Wenn ich zweifle — erleuchte mich.

Wenn ich traurig bin — zeige mir Deine Liebe.

Wenn ich kritisiere — hilf mir zu schweigen.

Wenn ich über jemanden öffentlich richte — versiegle meine Lippen.

Wenn ich Gotteslästerungen von mir gebe, sogar in Deinem Namen, — rette mich und bring mich zurück unter Deinen Schutz.

Wenn es mir an Mut fehlt — gib mir das Schwert, das ich brauche, um zu kämpfen und die Seelen zu retten, nach denen Du Dich sehnst.

Wenn ich Deiner Liebe Widerstand leiste — hilf mir, mich Dir hinzugeben und mich voll und ganz Deiner liebenden Obhut zu überlassen.

Wenn ich mich entferne — hilf mir, den Weg der Wahrheit zu finden.

Wenn ich Dein Wort in Frage stelle — gib mir die Antworten, die ich suche.

Hilf mir, geduldig, liebevoll und freundlich zu sein, auch zu denen, die Dir fluchen.

Hilf mir, jenen zu vergeben, die mich beleidigen, und gib mir die Gnade, die ich brauche, um Dir bis ans Ende der Welt zu folgen. Amen."

Gehet hin, Meine kostbaren Anhänger, und denkt daran, dass eure Pflicht, Mir, eurer Kirche und Meinen Lehren gilt. Nehmt das Schwert der Erlösung und kämpft damit zusammen mit Mir, um jede einzelne Seele in Mein Reich mitzunehmen, einschließlich derjenigen, die gegen Mich sündigen.

Euer Jesus

742. Ich wünsche, dass alle Meine Anhänger eine Zeit des Fastens halten, und zwar ab dem kommenden Montag bis um 15:30 Uhr am Karfreitag.

Freitag, 22. März 2013, 21:45 Uhr

Meine innig geliebte Tochter, Ich wünsche, dass alle Meine Anhänger eine Zeit des Fastens halten, und zwar ab dem kommenden Montag bis um 15:30 Uhr am Karfreitag.

Selbst ein kleines Zeichen des Fastens wird — euch allen — einen Einblick erkennen lassen in Meinen Heilsplan und wie ihr Mir helfen könnt, die Seelen aller Sünder zu retten.

Gerade durch das Fasten werdet ihr wieder heil werden. Durch die Reinigung eures Leibes wird euer Geist erneuert werden. Ich wünsche auch, dass ihr das Sakrament der Beichte empfangt, oder welche Form der Versöhnung euch zur Verfügung steht. Bitte, wenn ihr dieses Sakrament nicht empfangen könnt, dann nehmt das Geschenk

Meines vollkommenen Ablasses an, das Ich euch vor einiger Zeit gegeben habe.

(Dienstag, 31. Januar 2012, 21:30 Uhr: Ihr müsst folgendes Gebet (K 24) an sieben aufeinander folgenden Tagen sprechen, damit euch das Geschenk der totalen Absolution und die Kraft des Heiligen Geistes gegeben werden.

„O mein Jesus, Du bist das Licht der Erde, Du bist die Flamme, die alle Seelen berührt. Deine Barmherzigkeit und Deine Liebe kennen keine Grenzen. Wir sind des Opfers nicht würdig, das Du durch Deinen Tod am Kreuz gebracht hast. Doch wissen wir, dass Deine Liebe zu uns größer ist als die Liebe, die wir für Dich haben. Gewähre uns, o Herr, das Geschenk der Demut, so dass wir Deines Neuen Königreiches würdig werden. Erfülle uns mit dem Heiligen Geist, damit wir voranschreiten und Deine Armee anführen können, um die Wahrheit Deines Heiligen Wortes öffentlich zu verkünden, und damit wir unsere Brüder und Schwestern auf die Herrlichkeit Deines Zweiten Kommens auf Erden vorbereiten können. Wir ehren Dich. Wir loben Dich. Wir bieten uns selbst, unseren Kummer, unsere Leiden als ein Geschenk an Dich an, um Seelen zu retten. Wir lieben Dich, Jesus. Habe Erbarmen mit all Deinen Kindern, wo auch immer sie sein mögen. Amen.")

Dann wünsche Ich, dass ihr euch Mir im Geiste anschließt, als ob ihr mit Meinen Aposteln bei Meinem Letzten Abendmahl anwesend wäret. Ihr werdet mit Mir das ungesäuerte Brot teilen und mit Mir an Meinem Tisch speisen. Ihr, Meine Anhänger, könnt mit Mir Meinen Kelch des Leidens teilen, aus eurem eigenen freien Willen, solltet ihr Mein Angebot annehmen.

Wenn ihr dieses annehmen könnt, werdet ihr — als Sühne für die Sünden der sterblichen Menschen — Millionen von Seelen retten. Ich werde den verhärtetsten Sündern Barmherzigkeit gewähren, als Dank für euer Geschenk des Leidens.

Hier ist das Kreuzzug Gebet für euch, wenn ihr es wünscht, an Meinem Kelch des Leidens teilzuhaben. Betet dieses drei Mal, wann ihr könnt, aber vorzugsweise während irgendeiner Zeit des Fastens.

Kreuzzuggebet (103) „Um den Kelch des Leidens mit Christus zu teilen"

„Ich liege auf meinem Angesicht vor Dir, lieber Jesus, und zu Deinen Füßen, um zu tun, was Du mit mir willst, zum Wohle aller.

Lass mich teilhaben an Deinem Kelch des Leidens.

Nimm von mir dieses Geschenk an, damit Du jene Seelen retten kannst, die verloren und ohne Hoffnung sind.

Nimm mich an, ganz und gar, damit ich teilhaben kann an Deinem Schmerz.

Halte mein Herz in Deinen Heiligen Händen und vereinige meine Seele mit Dir.

Durch mein Geschenk des Leidens erlaube ich Deiner göttlichen Gegenwart, meine Seele zu umarmen, damit Du alle Sünder erlösen und alle Kinder Gottes von Ewigkeit zu Ewigkeit vereinen kannst. Amen."

Dieses Opfer eurerseits, dargebracht für Mich, Jesus Christus, den Erlöser der ganzen Menschheit, wird es Mir ermöglichen, Meine Große Barmherzigkeit über die ganze Welt auszuießen.

Noch wichtiger ist: Ich werde sogar diejenigen retten, die Mich hassen. Eure Gebete und euer Opfer sind ihre einzige Rettung, denn ohne diese würden sie vom Teufel vernichtet werden.

Wenn ihr euch entscheidet, dieses Leiden nicht zu ertragen, werde Ich euch auch große Gnaden gewähren, und Ich bitte euch, dass ihr mit Mir Meine Reise fortsetzt, um die Welt aus ihrem Schlummer zu wecken, und Ich so den Schleier der Täuschung lüften kann, der sie bedeckt.

Euer Jesus

743. Mutter Gottes: Der Leib Meines Sohnes wurde in Fetzen gerissen.

Samstag, 23. März 2013, 23:45 Uhr

Mein Kind, viele verstehen Meine Rolle als Miterlöserin nicht. Auch wissen sie nicht, warum dem so ist.

Als Ich die Berufung annahm, die Mutter Gottes zu werden, wurde Ich in den Bund von Gottes Erlösung für die Menschheit voll eingebunden.

Als Ich Meinen Sohn gebar, fühlte Ich die gleiche Liebe, die jede Mutter für ihr Kind haben würde. Dieser reine, schöne kleine Junge war Teil von Mir, Mein eigen Fleisch und Blut. Doch Ich war Mir auch dessen bewusst, dass Er nicht irgendein Kind war. Sein Geist drang in Meine Seele ein, sobald Ich Ihn das erste Mal erblickte. Er und Ich wurden wie Eins verflochten, wobei Ich jede Emotion, jede Freude, jeden Schmerz und die Liebe, die Ihn durchströmte, fühlte. Ich wusste auch, dass Er Göttlich war und dass Ich, im eigentlichen Sinne, nur Seine Dienerin war, obwohl Er Mich das niemals fühlen ließ.

Als Baby legte Er Sein Göttliches Haupt eng an Meine Brust und murmelte Worte der Liebe mit solcher Innigkeit, dass es Mein Herz erfüllte, und Ich fühlte Mich, als würde es vor Glückseligkeit zerspringen. Er, dieses Mein kleines Kind, wurde Mein ganzer Lebensinhalt. Jede Berührung erfüllte Mich mit solch unglaublicher Zärtlichkeit und Freude. All diejenigen, die Ihn sahen, sogar als Baby, sagten Mir, dass Er etwas ganz Besonderes wäre. Seine durchdringenden Augen rührten ihre Seelen, und viele wussten nicht warum.

Diese besondere Bindung zwischen Mir und Meinem geliebten Sohn konnte und könnte niemals zerbrochen werden. Ich wusste, dass Ich nur geboren worden war, um Seine Mutter zu werden. Diese Rolle war der einzige Grund für Mein Dasein.

Und so antwortete Ich immer auf alles, dessen Er bedurfte, und Er stellte mit einer solchen Liebe und Mitgefühl alle Meine Bedürfnisse vor die Seinen. Seine Wünsche wurden immer von Mir, Seiner Mutter, Seiner demütigen Dienerin, erfüllt.

Als man nicht glaubte, dass Er der Menschensohn sei, während Er die Wahrheit verkündete und handelte, wie Sein Vater es wünschte, weinte Ich bittere Tränen. Wie es Mich zerriss, als Ich Seine Verfolgung mit ansehen musste.

Ich ertrug Seinen Schmerz, nicht nur, wie alle Mütter es tun würden — wenn sie den Schmerz sehen, der ihrem Kind zugefügt wird —, Sein Schmerz wurde auch der Meine, und Mein Schmerz der Seine.

Sie zwangen Ihn zu gehen, die Hände vorne gebunden, mit Stricken um Seine Taille, was bedeutete, dass Er nur schlurfend und mit kleinen Schritten gehen konnte. Während das Kreuz auf Seinen zerrissenen und zerschlagenen Körper geworfen wurde, war Mein Schmerz so unerträglich, dass Ich ständig ohnmächtig wurde.

Mein Schmerz war nicht nur körperlich; Mein Kummer durchbohrte Mein Herz und riss es entzwei. Bis zum heutigen Tag ist Mein Herz mit dem Herzen Meines Sohnes verschlungen, und so erlebe Ich — während der Karwoche — zusammen mit Meinem Sohn erneut den Schmerz, die Qual und die Verfolgung.

Kinder, die Brutalität zu erklären, mit der Mein Sohn behandelt wurde, wäre für euch unmöglich zu begreifen; so bösartig war die Geißelung. Der Leib Meines Sohnes wurde in Fetzen gerissen.

Vergesst niemals, dass Er der Menschensohn war, gesandt, um alle Seelen auf Erden zu erlösen, einschließlich derjenigen, die in der Welt von heute leben. Er starb in einem schrecklichen Todeskampf, um jeden Einzelnen von euch, die ihr heute lebt, zu retten. Sein Leiden war auf dem Kalvarienberg nicht zu Ende. Er wird es weiter ertragen, bis zum Großen Tag Seines Zweiten Kommens.

Diejenigen, die diese Warnungen vom Himmel ignorieren, sind frei, dies zu tun. Sie werden wegen dieser Ablehnung nicht gerichtet werden. Aber während sie sich weiter von der Wahrheit dieser Offenbarungen aus dem Himmel wegbewegen, werden sie zur Sünde versucht werden. Die Sünden, zu denen sie dann versucht werden, werden diejenigen Sünden sein, von denen jene Feinde in der Kirche Meines Sohnes auf Erden verkünden werden, dass es keine Sünden mehr seien.

Ich danke euch, Kinder, dass ihr euren Geist, eure Herzen und eure Seelen für diesen Ruf vom Himmel öffnet, der euch aufgrund der Liebe, die Gott für alle Seine Kinder hat, gesendet wird.

Eure geliebte Mutter
Mutter der Erlösung

744. Meine Mission dient nicht dazu, euch eine neue Bibel zu geben, denn das könnte niemals sein, da das Buch Meines Vaters die ganze Wahrheit enthält.

Sonntag, 24. März 2013, 18:06 Uhr

Meine innig geliebte Tochter, wenn du von denen, die Mich lieben, gefragt wirst, was der Zweck deiner Mission sei, muss deine Antwort sein: Eure Seelen zu retten. Wenn man dich verhöhnt, über dich spottet und dich fragt, was dir das Recht gibt, das Wort Gottes zu verkünden, — die Antwort ist: Damit Jesus eure Seelen retten kann. Dann, wenn diejenigen, die Mein heiliges Wort bereits verkünden und die Meinen Lehren folgen, dich der Ketzerei beschuldigen — dann ist die Antwort für sie folgende: Ihr, die ihr Christus treu seid, glaubt ihr nicht, dass auch ihr Sünder seid in den Augen Gottes? Wollt nicht auch ihr eure Seelen retten?

Die Sünde wird immer zwischen euch und Gott stehen. Keine Seele, vom verhärtetsten Sünder bis zu denjenigen unter euch, die auserwählte Seelen sind, wird jemals frei von Sünde sein, bis Ich wiederkomme. Ihr mögt erlöst sein, jedes Mal, wenn ihr eure Sünden beichtet, aber eure Seele wird nur für eine kurze Zeit gereinigt bleiben.

Habt niemals das Gefühl, dass ihr die Speise des Lebens nicht nötig habt. Mein Licht zieht euch jetzt zu Mir hin, durch diese ganz besondere Mission. Ich schenke euch große Segnungen und besondere Gnaden, wenn ihr auf Meinen Ruf antwortet, während Ich euch hin zu Meinem Neuen Königreich winke — zu Meinem Neuen Paradies.

Ihr mögt vielleicht glauben, dass Gott es nicht nötig hätte, einen weiteren Propheten zu senden, — dass die Menschheit nach Meinem Tod am Kreuz aus dem Würgegriff Satans befreit worden sei, dass euch durch Meine Lehren bereits die Wahrheit gegeben worden sei und dass die Wahrheit im Buch Meines Vaters, der Bibel, enthalten sei. Und ihr hättet Recht, aber nur, was dies angeht. Es gibt noch mehr, was ihr wissen müsst, da die Prophezeiungen, die im Buch der Offenbarung enthalten sind, euch nicht bekannt sind. Euch ist die Zusammenfassung gegeben worden — und doch weigern sich viele von euch, deren Inhalt anzuerkennen. Ihr weist das Buch der Offenbarung verächtlich ab und habt keine Lust, es zu verstehen.

Meine Mission dient nicht dazu, euch eine neue Bibel zu geben, denn das könnte niemals sein, da das Buch Meines Vaters die ganze Wahrheit enthält. Meine Aufgabe in einer Welt, die ins Heidentum abgetaucht ist, ist es, euch einerseits an die Wahrheit zu erinnern, und andererseits ist es Mein Wunsch, eure Seelen auf die Zeit Meines Zweiten Kommens vorzubereiten.

Viele von euch sagen, sie würden Mich ehren, aber viele sind von der Wahrheit abgefallen. Viele glauben nicht an die Existenz Satans oder der Hölle, und von daher nehmen sie die Sünde nicht ernst. Ihr seid durch eure Toleranz für die Sünde in einen großen Irrtum geführt worden. Und jetzt werden die schwerwiegendsten Irrtümer auftauchen — in allen christlichen Kirchen —, wenn die Sünde über Bord geworfen werden wird. Ihr werdet hinein in eine Lehre der Täuschung geführt werden. Dies ist die vom Teufel geplante List, um euch Mir wegzunehmen.

Aufgrund Meiner Göttlichen Gegenwart — weil Mein Leib und Mein Blut in jedem Tabernakel auf der Welt enthalten ist — konntet ihr die Sünde bekämpfen. Aber jetzt, wo der Plan, die Heilige Eucharistie zu entfernen, vor der Tür steht, werdet ihr hilflos sein.

Dies ist der Grund, warum Ich euch die Wahrheit dessen enthülle, was bevorsteht, nämlich, damit Ich euch vorbereiten kann. Es geschieht aus reiner Liebe zu euch, dass Ich euch jetzt rufe.

Sobald die Irrtümer offen daliegen, werdet ihr realisieren, wie viel ihr lernen müsst und wie euer Stolz euch daran gehindert hat, Meine Hand der Barmherzigkeit anzunehmen, und wie ihr doch ohne Mich nichts seid.

Euer Jesus

745. Der größte Schrecken, den Ich zu Meiner Zeit auf dem Ölberg erlebt habe, war die Geißel der Sünde in der Endzeit.

Montag, 25. März 2013, 14:50 Uhr

Meine innig geliebte Tochter, der größte Schrecken, den Ich zu Meiner Zeit auf dem Ölberg erlebt habe, war die Geißel der Sünde in der Endzeit. Während der Vision, die Satan Mir zeigte, sah Ich den Abfall der sterblichen Menschen von Gottes Geboten. Er, der Teufel, zeigte Mir schreckliche Bilder; er versuchte Mich mit jedem nur möglichen Argument, warum Ich Mich vom Willen Meines Vaters abkehren sollte. Er wollte Mich quälen, und daher zeigte er Mir die Macht, die er immer noch haben würde, trotz Meines Todes am Kreuz.

Mir wurde die endgültige Zerstörung Meiner Kirche auf Erden gezeigt; die Machtergreifung in ihr durch freimaurerische Sekten; die Unmoral der Menschen; das mangelnde Schamgefühl seitens der Kinder Gottes, da sie sich mit abscheulichen Sünden des Fleisches beschäftigen; der Mord an Unschuldigen und der Absturz in den Irrtum von jenen, die überzeugt sind, in Meinem Namen zu sprechen.

So mächtig ist Satan, dass er Zweifel in Meinen Geist legte, ob Ich der Menschensohn sei. Ich, in Meiner Göttlichkeit, konnte nicht der Sünde erliegen, aber Ich sage euch dies, damit die Menschheit verstehen kann, wie das Böse euch dazu verleiten kann, euch von Mir abzuwenden.

Satan präsentiert das Böse nicht auf die augenscheinlichste Art und Weise. Stattdessen verschleiert er Böses als etwas Gutes. Er ist gerissen und kann sogar die Heiligsten unter euch so hereinlegen, dass sie eine Lüge für die Wahrheit halten.

Da die Menschen von Meinen Lehren abfallen, werden sie sehr gerne und von Herzen begierig die Sünde annehmen. Ohne Führung werden sie immer in Sünde fallen. Wenn Mein Name vom Angesicht der Erde weggewischt wird, wird der Mensch nicht in der Lage sein, Gott zu finden.

Welcher Religion ihr auch folgt, es spielt keine Rolle, denn euer einziger Weg zu Gott ist durch Mich, Seinen eingeborenen Sohn. Durch Meinen Tod am Kreuz habe Ich euch vor dem Feuer der Hölle gerettet — einschließlich jedes Mannes, jeder Frau und jedes Kindes, das in der heutigen Welt lebt. Wenn ihr dies nicht akzeptiert, dann könnt ihr nicht in die Tore des Paradieses eingehen. Nur durch den Sohn könnt ihr zum Vater kommen. Lehnt Mich, Jesus Christus, ab — und ihr lehnt eure Rettung ab.

Wie wenig habt ihr über die Sünde gelernt und über die Art und Weise, wie sie euch von Gott trennt. Die Ausbreitung der Sünde war noch niemals, seit Gott die Welt erschaffen hat, so ungezügelt. Ihr Sünder habt neue Tiefpunkte erreicht, die Mich anekeln. Ihr habt sogar die Kleinen, die eurer Obhut anvertraut waren, herabgewürdigt, sich wie Dämonen zu verhalten. Euch fehlt es an Barmherzigkeit, Liebe und Mitgefühl füreinander, und dennoch stellen viele von euch ihre Akte des Glaubens zur Schau, damit die Welt sie sieht und bewundert. Genau wie die Pharisäer die Gebote Gottes diktiert, aber nicht praktiziert haben noch Demut gezeigt haben, so werden auch diejenigen von euch, die sagen, dass sie in Meinem Namen kämen, in die Sünde des Stolzes einsinken.

So viel habt ihr noch zu lernen über Meine Stimme und Meine Lehren, die immer noch auf taube Ohren stoßen. Dann gibt es noch jene, die all ihre Zeit damit verbringen, ihr Wissen über Gott zu verkünden, die sagen, sie würden die Prophezeiungen, die noch enthüllt werden müssen, kennen, die aber nichts wissen. Gäbe es nicht Meine große Barmherzigkeit, wäret ihr untauglich, in Mein Königreich einzugehen.

Für all diejenigen, die beanspruchen, Gottes Kinder auf den Pfaden des Herrn zu führen, ist die Zeit gekommen, Mich, Jesus Christus, um die Gabe der Demut zu bitten. Es ist Zeit, dass ihr der Wahrheit Gehör schenkt, da sie euch gegeben worden ist, denn ihr habt nicht viel Zeit, euch in Meinen Augen reinzuwaschen.

Euer Jesus

746. Ihr müsst eure Augen offen halten gegenüber allem, was Meine Göttlichkeit beleidigt.

Dienstag, 26. März 2013, 21:17 Uhr

Meine innig geliebte Tochter, diese Botschaft ist für die Welt. Sie ist für Christen aller Konfessionen, für Juden und für all jene Religionen, die Meinen Allmächtigen Vater, Gott, den Allerhöchsten, bekennen.

Diese Botschaft ist auch für jene, die nicht an Gott den Vater glauben oder an Mich, Seinen eingeborenen Sohn. Sie ist auch für diejenigen, die sich nicht im Geringsten um das kommende Leben scheren und deren Gleichgültigkeit bedeutet, dass sie die Existenz Gottes nicht akzeptieren können.

Durch diese Botschaften werdet ihr gewarnt vor der Gefahr für euer zukünftiges Leben und euer Wohlergehen, damit Ich euch alle in das Neue Paradies bringen kann, das für euch erschaffen wurde, wenn Himmel und Erde zu Eins verschmelzen werden. Dieses Königreich ist vollendet und die Tore werden für jeden von euch offen sein. Dieses schöne Geschenk, wo ihr in körperlicher, geistiger und seelischer Vollkommenheit leben werdet, kommt von dem Einen Gott, dem Allmächtigen, der die Welt erschaffen hat.

Die Zeit für euer Exil auf Erden ist fast vorüber. Ihr werdet nicht länger den Schmerz der Sünde ertragen müssen, die in jedem Teil der Welt Chaos verursacht. Hass, der durch die Versuchung Satans in der Welt am Leben erhalten wird, wird nicht mehr existieren. Wenn der Hass verbannt sein wird, wird das Böse nicht mehr die vollkommene Schöpfung Gottes besudeln. Sein Planet, Seine Geschenke der Natur, Sein Schutz und Seine Liebe werden erneuert werden, um euch ein Leben in Ewigkeit zu schenken, wo es den Tod nicht geben kann.

Das Leben auf Erden, wie es jetzt ist, wird euch niemals zufrieden stellen, während Satan regiert. Seine Herrschaft ist bereits am Ende, aber jene, die er heimsucht, werden fortfahren, die Sünde zu verbreiten, indem sie die unschuldigen — und die nicht so unschuldigen — Seelen hinein in die Tiefen der Verzweiflung saugen. Diese Verseuchung wird sich fortsetzen, bis so viele Seelen wie möglich ergriffen und dem Tier präsentiert worden sind, das sie verschlingen wird.

Ich werde bald, endlich, das zweite Mal kommen — wie prophezeit —, um euch die endgültige Erlösung zu bringen und um euch den Schlüssel zu Meinem versprochenen Königreich zu schenken. Mein Königreich wird — für die Welt sichtbar — vom Himmel herabkommen, bevor die letzte Posaune ertönt. Wenn die Posaunen erschallen, werden nur jene, die Mir erlaubt haben, sie zu retten, und jene, die dem Wort Gottes treu gewesen sind, mitgenommen werden. Dies ist der Grund, warum ihr euch nicht durch Stolz blind machen lassen dürft für den Ruf Gottes zu dieser Zeit. Diese Mission ist durch die allerersten Prophezeiungen, die der Menschheit von Gott gegeben worden sind, vorbereitet worden. Seid dankbar, dass euch — durch die Barmherzigkeit Gottes — dieses Große Geschenk gegeben wurde. Lasst niemals zu, dass Stolz euch für Meine Göttliche Gegenwart blind macht, denn das ist es, was euch von Meiner Barmherzigkeit trennen wird.

Ich bereite euch jetzt vor, einzig damit Ich die gesamte Menschheit retten kann — und nicht nur die Auserwählten, die Mir mit großer Demut dienen. Ich will euch alle, unabhängig davon, was ihr glaubt. Mein Vater hat diese Mission geplant, um eure Herzen zu öffnen, damit euch rechtzeitig die Wahrheit gezeigt werden kann, vor dem Großen Tag, an dem Ich komme, um zu richten.

Die Gabe des Heiligen Geistes wird weiterhin auf diese Mission gegossen und bedeckt weiterhin alle Seelen — insbesondere jene, die Mir hartnäckig den Rücken kehren. Die Schlacht um Seelen findet zwischen Meinem Königreich und dem schrecklichen Abgrund statt, über den das Tier herrscht. Ihr müsst eure Augen offen halten gegenüber allem, was Meine Göttlichkeit beleidigt. Es spielt keine Rolle, von wo die Beleidigungen herrühren, doch dürft ihr sie niemals in Meinem Heiligen Namen akzeptieren.

Jetzt ist die Zeit der großen Täuschung, und Ich bitte euch dringend, betet zu Gott um die Weisheit, um zu verstehen, was wirklich von Mir kommt und was nicht.

Euer Jesus

747. Euer Übergang von dieser Erde in Mein Neues Königreich wird ohne Schmerz geschehen, augenblicklich und so unerwartet, dass ihr kaum einen Atemzug werdet nehmen können.

Mittwoch, 27. März 2013, 23:15 Uhr

Meine innig geliebte Tochter, kommt, ihr alle, und vereint euch mit Mir im Gedenken an den Tag, wo euch das große Geschenk der Erlösung gegeben worden ist.

Des Karfreitags müsst ihr gedenken als den Tag, an dem die Tore des Paradieses endlich geöffnet wurden, um Gottes Kinder aus ihrem Exil, wo sie Ihm fern sind, willkommen zu heißen. Mein Tod hat für euch eine Zukunft gesichert, die ihr niemals haben würdet, hätte Mein Vater Mich nicht als den Messias gesandt.

Mein Leib wurde gekreuzigt, aber Mein Tod hat euch das Leben gebracht. In dieser Zeit, der Zeit für Mein Zweites Kommen, wird Mein Leib die gleiche Kreuzigung erfahren — nur dieses Mal wird es Meine Kirche sein, Mein Mystischer Leib, welcher leiden wird. Ihr sollt wissen, dass Ich niemals erlauben würde, dass die Kreuzigung Meiner Kirche den Glauben von Gottes Kindern zerstört. So rufe Ich jetzt jeden Menschen jeden Glaubens, jeder Hautfarbe und jeder Rasse auf, Mir zuzuhören.

Ihr werdet bald all die Zeichen auf Erden erfahren, die euch beweisen werden, dass ihr die Schöpfung Gottes seid. Ihr werdet bald wissen, dass ihr niemals sterben werdet, wenn ihr Gottes Barmherzigkeit anruft. Die Zukunft für alle von euch, die akzeptieren, dass sie ein geliebtes Kind Gottes sind, ist hell. Ich lade euch, eure Familie und eure Freunde ein, euch in Meinem Königreich zu vereinen und von Meinem Tisch zu speisen.

Euer Übergang von dieser Erde in Mein Neues Königreich wird ohne Schmerz geschehen, augenblicklich und so unerwartet, dass ihr kaum einen Atemzug werdet nehmen können, bevor euch seine Schönheit offenbart wird. Bitte fürchtet Mein Zweites Kommen nicht, wenn ihr Gott liebt. Gott liebt euch. Ich liebe euch. Die Heiligste Dreifaltigkeit wird die Erde umarmen — und all jene, die Meine Hand der Barmherzigkeit annehmen und die Reue für ihr sündiges Leben zeigen, werden sicher sein.

Diejenigen unter euch, die stark im Glauben sind, werden rasch mitgenommen werden. Die Zeit für diejenigen, die nachhinken, denen es an Glauben mangelt und denen es unmöglich zu sein scheint, ihre Hände nach Mir auszustrecken, wird länger dauern.

Ihr, Meine treuen Anhänger, werdet den Schwachen helfen müssen und denjenigen, die verloren sind. Meine Barmherzigkeit ist so groß, dass Ich all diesen Seelen die Zeit geben werde, die erforderlich ist, um sie in das ewige Leben mitzunehmen, das Ich allen versprochen habe. Fühlt euch niemals niedergeschlagen, dann, wenn alles hoffnungslos erscheint, da die Sünde weiterhin die Seelen der Schwachen verschlingt. Wir müssen vereint daran arbeiten, diejenigen zu retten, die so weit von Mir entfernt sind, dass kaum etwas sie in Meine Arme locken wird. Aufgrund eurer Liebe füreinander werden Wunder verwendet werden, um diese verlorenen Seelen zu bekehren. Das ist Mein Versprechen an euch. Gebet, und zwar viel Gebet, wird ein Teil eurer Pflicht Mir gegenüber sein, um jene Seelen vor dem schrecklichen Ende zu bewahren, das Satan gegen die von ihm gehassten Kinder Gottes plant. Ihm dürfen diese Seelen nicht überlassen werden.

Mein Appell gilt für jedermann. Diese Botschaften schließen keine Religion aus. Vielmehr werden sie für jedes Kind Gottes gegeben — mit großer Liebe, da ihr alle in Seinen Augen gleich seid.

Seid in Frieden und vertraut auf die Liebe Gottes.

Euer Jesus

748. Die Gefahr für die Existenz der Heiligen Eucharistie wird euch gezeigt werden.

Donnerstag, 28. März 2013, 21:30 Uhr

Meine innig geliebte Tochter, du verstehst jetzt, wie sehr diese Mission vom Teufel gehasst wird. Du musst jedoch erhaben sein über die grausamen Hindernisse, die dir vorgesetzt werden, um Mein Werk zu bremsen.

Die Gefahr für die Existenz der Heiligen Eucharistie wird euch durch die Arroganz jener inmitten Meiner Kirche gezeigt werden, deren Plan, die Wahrheit zu verändern, jetzt Ernst geworden ist.

Es spielt keine Rolle, dass viele unter euch Meine Mission, eure Seelen für den Großen Tag vorzubereiten, verhöhnen. Mit der Zeit werdet ihr erkennen, dass es tatsächlich Ich, Jesus Christus, bin, der zu euch kommt, um euch zu dienen.

Ich bin euer Meister und euer Diener. Ihr, Meine heiligen Diener, müsst daran denken, was eure Rolle ist, und dürft sie niemals vergessen. Als Diener könnt ihr nicht auch noch Meister sein. Denn wenn ihr ein Meister seid, könnt ihr Mir nicht dienen. Viele von euch inmitten Meiner Kirche haben vergessen, was ihnen gelehrt wurde. Ihr habt das Wort Gottes vergessen.

Mein Versprechen ist es, euch mit der Speise des Lebens zu versorgen — mit Meinem Leib und Meinem Blut — und doch werdet ihr Mich wieder einmal verleugnen. Ihr werdet dies tun, indem ihr die Heilige Eucharistie aus dem Tempel Gottes entfernen werdet. Und ihr werdet Sie durch einen Leichnam ersetzen. Der Ersatz wird raffiniert sein, und es wird eine Weile dauern, ehe ihr die böse Aktion erkennen könnt, die euch untergeschoben werden wird.

Da Mein Leib euch aufrechterhält — durch die Heilige Eucharistie —, wird der Tod Meines Leibes, Meiner Kirche, den Seelen derer, die Mich wegwerfen, den Tod bringen.

Die Zeit für den Gräuel ist sehr nahe. Die Zeit für die Wahl zwischen Meinem Pfad oder dem Pfad des falschen Propheten ist fast da. Beobachtet jetzt, wie die Wahrheit durch den Betrüger verdreht werden wird. Schaut, wie er sich an Meiner Stelle erhöhen wird, aber sich weigern wird, als ein Diener Gottes den Weg der Wahrheit zu gehen.

Euer Jesus

749. Heute wird Meine Kirche auf Erden gekreuzigt werden. Der heutige Tag markiert den Beginn der Veränderungen.

Freitag, 29. März 2013, 0:15 Uhr, 1. Karfreita gsbotschaft

Erste Botschaft für den Karfreitag

Meine innig geliebte Tochter, heute wird Meine Kirche auf Erden gekreuzigt werden.

Der heutige Tag markiert den Beginn der Veränderungen, die schnell erfolgen werden und die geschehen werden, um das Gesicht der katholischen Kirche in der Welt zu verändern.

In ihrem Fahrwasser wird die Vermischung aller Lehren kommen, die in jedem öffentlichen Zeichen gesehen werden wird und die bewusst demonstriert werden wird um des öffentlichen Zeugnisses willen.

Beobachtet jetzt, wie alles, was Ich euch gesagt habe, ans Licht kommen wird. Jene unter euch, lehnt doch die schreckliche Wahrheit ab, wenn ihr gezwungen werdet, eine Lüge zu schlucken, — wenn ihr könnt.

Ihr, Meine Anhänger, müsst Meine Sakramente schützen und wachsam sein. Ihr, Meine heiligen Diener, werdet bald auf die Probe gestellt werden, da Meine Göttlichkeit angefochten werden wird. Gottes Gesetze werden angepasst werden, und sobald an Meiner Heiligen Eucharistie manipuliert wird, wird die Hand Gottes mit solch einer Kraft hernieder fahren, dass ihr sofort wissen werdet, dass diese Botschaften vom Himmel kommen.

Mein Kummer wird euer Kummer werden. Eure Betrübnis, aufgrund dessen, dass ihr die Wahrheit kennt, wird es euch unmöglich machen, die Sakrilegien zu akzeptieren, die anzunehmen ihr angewiesen werdet.

Selbst dann, wenn ihr Meine Prophetin und die Worte, die Ich ihr gebe, nicht annehmt, werde Ich euch immer noch Zeit einräumen. Denn sehr bald werdet ihr von diesen Führern unter euch aufgefordert werden, euer Gelübde zu erneuern. Ihr werdet aufgefordert werden, euer Leben anzugeloben, indem ihr einen Eid auf die Gesetze des Heidentums schwört. Wenn ihr dies tut, werdet ihr unter dem Einfluss des Teufels stehen und euch im Kampf mit Gott befinden.

Ihr müsst durchhalten und Mir treu bleiben, und ihr müsst Mich um Führung bitten zu einer Zeit, wo der Mann, der auf dem Stuhl Petri sitzt und der sich weigert, in seine Fußstapfen zu treten oder seine Schuhe zu tragen, eure Treue zu Gott zerstören will.

Da ihr jetzt die Kreuzigung Meiner Kirche auf Erden seht, werde Ich euch aufrufen, die Wahrheit Gottes zu verkünden. Ich werde euch weiterhin rufen, um euch zu schützen. Ich werde sicherstellen, dass Meine Kirche — nämlich diejenigen, die an Meinen Lehren, Meinen Sakramenten und am Wort Gottes festhalten — weiterlebt, durch den Rest, der Mich niemals im Stich lassen wird.

Es wird diejenigen unter euch geben, die Mich heute verraten werden. Andere unter euch werden bald Meine Sakramente aufkündigen, da ihr zu schwach sein werdet, um das Wort Gottes zu verteidigen. Diejenigen von euch, die bereits die Wahrheit ahnen und die versuchen, Mein Wort zu verbreiten, werden leiden, weil ihr nicht den Mut haben werdet, für die Wahrheit aufzustehen. Und doch werdet ihr weiterhin loyal zu Mir bleiben, da ihr wisst, dass ihr ohne Meine Liebe nicht leben könnt.

Hört auf Meine Stimme. Lehnt euren müden Kopf an Meine Schulter und lasst euch in dieser Zeit von Mir in die Arme nehmen. Ich werde euch immer beschützen.

Euer Jesus

750. Bald wird Mein geliebter Papst Benedikt Gottes Kinder von seinem Exil aus leiten.

Freitag, 29. März 2013, 8:45 Uhr, 2. Karfreitagsbotschaft

Zweite Botschaft für den Karfreitag

Meine innig geliebte Tochter, heute wird Geschichte geschrieben. Während Meiner Passion gedacht wird, wird diese in Wahrheit die Kreuzigung der katholischen Kirche darstellen.

In den Tagen im Vorfeld des Verrates an Mir zu Meiner Zeit auf Erden, kämpften die Priester jener Tage auf jede ihnen nur mögliche Art und Weise, um zu versuchen, den Beweis zu erbringen, dass Ich der Ketzerei schuldig sei.

Sie nahmen das, was Ich gelehrt hatte — das Wort Gottes — und verdrehten es. Die Gerüchte, die sie dann verbreiteten, enthielten Lügen, und sie sagten, dass Ich versuchen würde, die Menschen von den wahren Lehren der Kirche wegzuziehen. Sie predigten in den Tempeln, um die Menschen zu ermahnen, sich von Mir fernzuhalten, aus Furcht, die hohen Priester zu beleidigen. Man hatte sie gewarnt, dass, wenn sie fortfahren würden, Meine Botschaften zu verbreiten, sie — wie Aussätzige — aus dem Heiligen Tempel hinausgeworfen würden. In einigen Fällen wurde Meinen Jüngern gesagt, dass sie eine körperliche Bestrafung erleiden würden und dass sie in Haft genommen werden würden.

Während sie gegen den Heiligen Geist lästerten — sie leugneten, dass Ich die Wahrheit spreche, und sie sagten, Mein Wort käme von Satan —, fuhren sie fort, Gott im Tempel zu verehren. In Gewändern von Königen gekleidet, kämpften sie um ihren Platz am Altar im Tempel. Alle niederen Bediensteten mussten stundenlang stehen, während sie selber auf den Stühlen saßen, die entworfen waren für Könige. Der Altar war so voll von den Führern in der Kirche, dass die einfachen Leute verwirrt waren. Sie waren verpflichtet, Gott die Ehre zu erweisen, indem sie gezwungen waren, den ranghöchsten Diener Gottes zu ehren. Die Hohepriester verlangten von jenen, die den Tempel besuchten, Respekt. Sie zeigten alle äußeren Zeichen der Liebe und Demut, was von ihnen erwartet wurde, und doch kleideten sie sich und verhielten sie sich im Haus Meines Vaters wie Meister statt wie Diener, die sie hätten sein sollen.

Die Leute hatten Angst, die Pharisäer zu beleidigen, wenn sie Mir folgen würden. Die Priester wurden schikaniert und gewarnt, dass ihnen ihre Titel aberkannt würden, falls sie nicht aufhören würden, Mein Wort zu verbreiten. Die gewöhnlichen Menschen wussten, dass in dem Falle, dass sie beim Verbreiten Meiner Lehren erwischt würden, ihr eigenes Schicksal viel schlimmer sein würde.

Die Kreuzigung Meines Leibes auf Erden vollendete den ersten Teil des Bundes mit Meinem Vater, die Menschheit zu retten.

Die Kreuzigung Meines mystischen Leibes — Meiner Kirche auf Erden — beginnt heute, der Anfang der letzten Verfolgung, während der freimaurerische Plan, Mein Haus zu entweihen, allen, die die Wahrheit kennen, klar werden wird.

Die Geschichte wird sich jetzt wiederholen, aber die Wahrheit wird nicht verleugnet werden. Diejenigen, die Mich verleugnen werden, werden sich schließlich mit der Zeit an Mich wenden. Diejenigen, die wissen, dass die Prophetien, die vorhergesagt worden sind — dass Meine Kirche das letzte Ziel sein würde, bei der Säuberung der Welt von allen Spuren von Mir, Jesus Christus —, dass diese jetzt stattfinden, werden Mir in Meiner Restarmee folgen. Sie werden Meinen Lehren bis zum Ende der Zeit treu bleiben.

Niemand kann das Wahre Wort Gottes davon abhalten, sich zu verbreiten. Nie-

mand. Die Regentschaft im Hause Petri wird kurz sein und bald wird Mein geliebter Papst Benedikt Gottes Kinder von seinem Exil aus leiten. Petrus, Mein Apostel, der Gründer Meiner Kirche auf Erden, wird ihn in den letzten schweren Tagen, da Meine Kirche um ihr Leben kämpft, führen.

Euer Jesus

751. Nicht zu Meinen Füßen werden sie niederfallen. Es werden nicht Meine Füße sein, die sie küssen werden, sondern jene Meiner Diener, Meiner Anhänger, Meiner Sünder.

Freitag, 29. März 2013, 19:00 Uhr, 3. Karfreitagsbotschaft

Dritte Botschaft für den Karfreitag

Meine innig geliebte Tochter, als Judas Iskariot Mich verriet, hielt er Mein Haupt und küsste Mich auf die Wange. Wenn jene, die Meine Kirche führen, behaupten, sie würden Mich lieben, und Mich dann verraten, werdet ihr klar ihren Verräterkuss sehen.

Nicht zu Meinen Füßen werden sie niederfallen. Es werden nicht Meine Füße sein, die sie küssen werden, sondern jene Meiner Diener, Meiner Anhänger, Meiner Sünder.

Sorge um die Bedürfnisse der Mitmenschen zu zeigen, ist bewundernswert. Aber wenn ihr euch für die physische Befriedigung der Bedürfnisse der Menschen mehr einsetzt als für ihre spirituellen Bedürfnisse, dann bin nicht Ich, Jesus Christus, es, dem ihr folgt.

Humanismus ist nicht Christentum. Christ zu sein bedeutet, Mir alles zu übergeben, euch Mir in vollkommener Demut zu Meinen Füßen hinzugeben. Es bedeutet, Mir zu erlauben, euch zu führen. Es bedeutet Gehorsam gegenüber Meinen Geboten und alles zu tun, was ihr könnt, um das Beispiel Meiner Liebe für euch alle abzugeben. Heute wurde Ich verraten.

Nicht mehr lange könnt noch werdet ihr getäuscht werden, denn sobald das Haus Gottes von innen angegriffen wird, kann nichts anderes als Unordnung folgen. Ihr müsst euer Kreuz aufnehmen und Mir folgen, denn bald werden euch die Augen verbunden sein, und ihr werdet stolpern und in der Dunkelheit fallen.

Ohne das Licht Gottes werdet ihr nicht in der Lage sein zu sehen.

Euer Jesus

752. Die Auferstehung Meines geliebten Sohnes ist das wichtigste Geschenk, da es bedeutet, dass das ewige Leben allen Kindern Gottes gegeben werden kann.

Samstag, 3. März 2013, 20 : 40 Uhr

Meine Kinder, die Auferstehung Meines geliebten Sohnes ist das wichtigste Geschenk, da es bedeutet, dass das ewige Leben allen Kindern Gottes gegeben werden kann.

Durch Seine Auferstehung von den Toten hat Mein Sohn den Tod zunichte gemacht.

Der Tod hat keine Macht mehr über euch, wenn ihr dies wünscht. Das Leben, das euch gegeben worden ist, wird sich bald ändern, da es einzig und allein nur ein Leben in Gott geben wird.

Wenn der Neue Himmel und die Neue Erde verschmelzen, dann wird es nur ewiges Leben geben. Der Tod des Leibes, des Geistes und der Seele wird nicht mehr sein. Ihr dürft dieses neue Leben niemals fürchten, da es euch frei machen wird. Viel Liebe wird die Erde überfluten, schon bald, ausgegossen durch die Barmherzigkeit Meines Sohnes. Diese große, große Gnade wird der nächste Schritt sein, der von Gott gemacht werden wird, um Seine Kinder vor dem Tod der Seele zu bewahren. Den Tod des Leibes wird es nicht mehr geben, wenn Mein Sohn mit dem Neuen Jerusalem herabsteigt.

Ihr müsst in diesen bösen Zeiten viel Mut zeigen, denn diese Prüfungen werden bald vorüber sein. Konzentriert euch ausschließlich auf das große Leben, das auf euch wartet, und betet, dass alle Seelen dieses wunderbare Geschenk annehmen werden.

Jene Seelen, welche es ablehnen, die Wahrheit des ewigen Lebens anzunehmen, werden stattdessen die ewige Verdammnis wählen. Es gibt nur zwei Möglichkeiten — und doch glauben viele dieser Seelen, dass es eine dritte gäbe. Diejenigen, die den Sekten folgen, die durch die Macht des Teufels geschaffen wurden, glauben irrigerweise an ein anderes mystisches Leben, wo ihnen große Macht gegeben werde. Sie glauben an falsche Engel. Sie vergöttern falsche Engel, und leider existieren viele von ihnen, aber es sind Engel, die nicht von Gott sind. Sie schmachten in Ketten im Abgrund der Hölle — und doch gelingt es ihnen, Gottes Kinder, die glauben, es seien Engel des Lichts, zu täuschen. Das einzige Licht, dem ihr folgen müsst, ist das Licht Gottes — die Wahrheit.

Das Königreich, das Neue Paradies, das auf euch wartet, ist das eine, das euch von Gott verheißene Königreich, über das Mein Sohn herrschen wird.

Nehmt die Hand Meines Sohnes an und ihr werdet in das Paradies eingehen.

Eure geliebte Mutter
Mutter Gottes
Mutter der Erlösung

753. Heute bringe Ich der Welt große Gnaden.

Sonntag, 31. März 2013, 18:40 Uhr

Meine innig geliebte Tochter, heute bringe Ich der Welt große Gnaden, weil Ich Mich sehr über den Glauben freue, der existiert, trotz der Prüfungen und Drangsale, die Gottes Kinder in dieser Zeit in der Welt ertragen müssen.

Ich erneuere heute das Angesicht der Erde und erfülle die Seelen derer, die an Mich, ihren geliebten Jesus Christus, den Erlöser der ganzen Menschheit, glauben, mit Meinem Heiligen Geist. Freut euch und ignoriert die Qual, die von Satan entfesselt wird. Stattdessen seid demütig vor Meinem Angesicht und legt all euer Vertrauen in Meine Barmherzigkeit, und Ich werde euch vor Schaden schützen.

Ihr müsst wissen, dass alle Macht in Meinen Händen ist. Der Teufel und diejenigen, die er versklavt, haben keine Macht über Mich. Aber ihr Einfluss wird viele von denen, die sich für die Täuschung des Tieres offen lassen, zugrunde richten.

Mein Königreich erwartet euch in all seiner Herrlichen Pracht, und diese Zeit ist fast da.

Breitet euch aus, Meine Anhänger, vervielfacht euch gruppenweise und verkündet das Wort Gottes, die Wahrheit, die in der Heiligen Bibel enthalten ist. Ihr müsst jetzt auf die Evangelien zurückgreifen und die Menschen an deren Inhalt erinnern, denn darin liegt das Wort Gottes.

Viele neue Gesetze werden in eure Nationen eingeführt werden, wo das Buch Meines Vaters nicht mehr zu bekommen sein wird. Ihr dürft diese Gesetze niemals akzeptieren, weil sie Mich verleugnen. Wenn ihr keinen Zugang zu Meinen Lehren habt, werden eure Kinder Mich nicht kennen. Wenn Meine Lehren, die Gebote Gottes, illegal werden, dann werdet ihr wissen, dass es die Hand Satans ist, die eure Regierungen leitet.

Ihr dürft es nicht zulassen, dass aus euch Sklaven gemacht werden. Ihr dürft euch nicht absurden Gesetzen beugen, die euren freien Willen leugnen. Vergesst niemals, dass ihr mit dem Geschenk des freien Willens geboren worden seid — einem Geschenk Gottes.

Jedermann, der euch euren freien Willen wegnimmt, leugnet Gott. Jede Regierung oder Nation, die euch euren freien Willen verweigert, für Gott Zeugnis abzulegen, wird von Satan geführt. Ihr, Meine geliebten Anhänger, seid aufgrund satanischer Einflüsse betrogen worden durch jene Nationen, die eure Banken, eure Regierungen und euren Zugang zu den Nahrungsmitteln kontrollieren.

Die Zeit wird kommen, wo sie euch noch mehr werden leiden lassen, als ihr es heute schon tut, aber plötzlich und unerwartet wird eine schwere Züchtigung kommen, die jene Regierungen samt ihrer Macht wirkungslos werden lässt. Gottes Eingreifen wird schnell erfolgen und sie, diese bösen Sekten, werden auf allen Vieren kriechen und vor Entsetzen schreien bei der Bestrafung, die ihnen für ihre bösen Taten widerfahren wird.

Ihr, Meine so geliebten Anhänger, müsst Mir vertrauen und stark bleiben. Heute segne Ich euch mit einem besonderen Geschenk — der Gabe der Beharrlichkeit. Ihr werdet erkennen, dass euch dieses Geschenk gegeben wurde, denn eure Geduld wird unerschütterlich sein. Eure Entschlossenheit, Meinen Heiligen Willen zu tun, wird sogar euch überraschen, und wenn für euch die Zeit kommt, euch offen zu Meinem Zweiten Kommen zu bekennen, werdet ihr keine Angst mehr haben. Stattdessen wird sich eure Liebe für Mich als eine besondere Liebe für eure Brüder und Schwestern zeigen. Ihr werdet sie jetzt so sehen, wie sie in den Augen Meines Vaters erscheinen, nämlich wie kleine Kinder. Euer Herz wird in der Liebe wachsen, und das wird euch tief bewegen, denn ihr werdet in eurem Herzen Liebe fühlen, sogar für jene Feinde, die auf Befehl des Tieres über eure Völker regieren.

Diese Liebe wird die Seelen jener zur Umkehr bewegen, die in ihren Seelen hasserfüllt sind. Eure Gebete für solche Seelen werden ihnen Immunität gegen die Strafe gewähren, mit der sie sonst am Tag der Bestrafung konfrontiert gewesen wären, wenn Ich komme, um zu richten.

Diese Gabe der Beharrlichkeit, die Ich euch heute gebe, wird Seelen retten, denn jedes Geschenk, das Ich bringe, hat nur ein einziges Ziel und das ist, alle Seelen zu retten, damit wir uns vereinen können, als eine einzige heilige Familie im Neuen Paradies auf Erden.

Euer Jesus

754. Gott der Vater: Ich, euer geliebter Vater, habe den Tag für die Warnung endlich festgesetzt. Nur Ich kenne diesen Tag.
Montag, 1. April 2013, 17:22 Uhr

Meine liebste Tochter, die Opfer, die Ich, euer geliebter Vater, um der Menschheit willen gebracht habe, neigen sich dem Ende zu.

Alles habe Ich versucht — aus Meiner reinen Liebe für Meine Kinder —, um sie vor dem Übel der Sünde zu bewahren. In diesen Zeiten ist die letzte Schlacht zur Rettung all Meiner Kinder — jeder Glaubensrichtung und Rasse — nun in der Endphase.

Wer von euch wird für die Wahrheit aufstehen, wo sie euch doch so lange Zeit hindurch gegeben worden ist? Wer von euch wird Mein Heiliges Wort annehmen, wie es euch in Meinem Buch der Wahrheit heute geschenkt wird? Diejenigen von euch, die Meine Prophetin anbrüllen, werden zum Schweigen gebracht werden, damit Meine Kinder in der Lage sein werden, die süße Stimme Meines geliebten Sohnes zu hören, da diese die Seelen in den sicheren Hafen zieht, um sie für das Neue Paradies auf Erden vorzubereiten.

Ich appelliere an alle Meine Kinder, die Starken, die Schwachen, die Verwundbaren, die Unwissenden und diejenigen, die voller Stolz sind, die denken, dass sie die Wahrheit der Prophetien kennen, die von Mir im Laufe der Jahrhunderte verheißen wurden, Ich appelliere an sie alle, auf diesen Aufruf aus Meinem Himmlischen Königreich zu antworten.

Ich, euer geliebter Vater, habe den Tag für die Warnung endlich festgesetzt. Nur Ich weiß um dieses Datum. Nur Ich kenne das Datum des Großen Tages, an dem Mein Sohn zurückkehren wird, um Seinen Anspruch auf das Königreich, das Ich Ihm versprochen habe, geltend zu machen.

Der Tag der Warnung, die euch als ein großes Geschenk gegeben werden wird, wird die Menschheit in zwei Hälften teilen. Die erste Hälfte wird die große Barmherzigkeit Meines Sohnes annehmen. Die andere Hälfte wird sich verstecken und weglaufen. Sie werden glauben, dass sie die Macht haben, dem Eingreifen Gottes zu ihrer Rettung trotzen zu können. Was sie nicht wissen, ist, dass Ich ihnen bis zum Jüngsten Tag nachgehen werde, um sie vor dem endgültigen Horror zu retten, aus dem es keine Rückkehr mehr gibt.

Meine Kinder, habt keine Angst vor Mir. Es ist aus Meiner Liebe zu euch heraus, dass Ich die letzte Verfolgung erlaubt habe, wo sich das Böse in einer Weise bekannt machen wird wie nie zuvor.

Alle christlichen Kirchen werden geistig gesehen niedergeschlagen werden. Einige werden vernichtet werden. Die katholische Kirche wird — vor allen anderen — am meisten leiden, da sie jetzt aus ihrem innersten Kern heraus verseucht werden wird.

Diese Krankheit wird bösartig sein, aber die Kirche, die von Meinem Sohn auf Erden gegründet worden ist, wird dieses Böse überleben, auch wenn sie sich zum großen Teil außerhalb von Rom befinden wird, weil der Stuhl Petri geschändet worden ist.

Steht auf, ihr alle, die ihr Meinem Sohn Treue schwört. Bleibt zusammen und betet, dass die Verseuchung nicht jene Seelen verschlingen wird, die ihr Leben Meinem Sohn geschenkt haben. Oh, wie werden sie doch versucht werden durch die neuen Gesetze vom Stuhl Roms, von denen sie glauben werden, sie wären vom Himmel diktiert. Wie ihre Herzen doch schwer sein werden vor Kummer, wenn das Durcheinander ausbricht. Wie sie doch weinen werden, wenn diese heiligen Diener zu Hunderttausenden exkommuniziert sein werden. Dann erst werden sie ihre Arme ausstrecken und Meinen Sohn anrufen, sie zu führen.

Meine Göttlichkeit wird die Welt bedecken und alle Meine Kinder in das Königreich Meines Sohnes zusammenführen. Ihr müsst auf diesen Ruf warten und mit dankbarem Herzen diese Geschenke an euch annehmen, die euch als die Waffen gegeben werden, die ihr braucht, um gegen die Bosheit zu kämpfen, welche die Erde mit Finsternis bedecken wird.

Die von Herzen Sanftmütigen und Demütigen, die Mich, ihren Vater, lieben, und diejenigen, welche die Göttlichkeit Meines eingeborenen Sohnes, Jesus Christus, akzeptieren, werden als erste versammelt werden. Sie, deren Namen im Buch des Lebens stehen, werden gerufen werden und werden als Anführer regieren, zusammen mit den Heiligen, unter den zwölf Stämmen Israels.

Diejenigen von euch mit lauen Seelen werden dann erleuchtet werden und eure Bürde wird schwerer sein. Es wird durch euer Gebet sein, dass die anderen — diejenigen, die sich vor Mir verstecken — mit unter das Dach Meines Schutzes genommen werden.

Das Tier, das sich vor Mir duckt, wird die Seelen dieser Meiner Kinder nicht so leicht erringen. Jeder Akt von Barmherzigkeit, jedes Wunder und jedes Eingreifen wird von Mir um Meiner Kinder willen gewährt werden.

Diejenigen, die vor Mir und Meinen Kindern stehen, werden eine schreckliche Strafe erleiden. Obwohl Ich alle Meine Kinder liebe, werde Ich nicht zögern, diejenigen unter ihnen zu stoppen, die Mir, wenn Ich es ihnen erlauben würde, Mein Königreich wegnehmen würden, das Ich mit Meiner ganzen Familie füllen werde.

Hütet euch vor Meinem Zorn. Denn auch wenn er in Zaum gehalten wird und Meine Geduld groß ist, werde Ich eine große Bedrängnis auf die Erde werfen, sogar wenn das bedeutet, dass ein Großteil von der Erde zerstört werden wird. Gleich einer Krankheit, die den menschlichen Körper auffrisst, so werden auch die bösen Taten der Menschen gegen ihre Brüder die gesunden Zellen zerstören. Wenn diese Krankheit nicht aufgehalten wird, und wenn Ich nicht das kranke Fleisch herausschneide und wegwerfe, kann Ich den Leib nicht wieder gesund machen.

Es wird nur der ganze, gesunde Leib der Kirche Meines Sohnes auf Erden sein, der zu der Tür Meines Neuen Königreiches auf Erden kommen kann. Diejenigen, die sich von der Versuchung, Meinen Sohn abzulehnen, ferngehalten haben, werden es einfacher haben, würdig gemacht zu werden, dabei zu sein als Ein Leib in Einheit mit Meinem Sohn. Ihnen wird ewiges Leben gegeben werden und es wird keinen Schmerz mehr geben.

Euer geliebter Vater
Gott der Allerhöchste

755. Mein Wunsch ist es, über 7 Milliarden von Gottes Kindern — endlich — nach Hause führen, zu ihrem ewigen Paradies.
Dienstag, 2. April 2013, 15:30 Uhr

Meine innig geliebte Tochter, der Druck, der auf Meine Anhänger ausgeübt wird, diese Heiligen Botschaften abzulehnen, wird sich erhöhen. Viele fehlgeleitete Anhänger von Mir werden sich weigern, diese Botschaften als von Mir stammend anzunehmen. Wohlmeinend in ihren Absichten, werden sie außergewöhnliche Anstrengungen unternehmen, um die Menschen von Mir abzubringen, in dem Glauben, Hüter Meiner Kirche zu sein.

Ich Bin die Kirche, und solange Meine heiligen Diener Meine Unterweisungen, Meine Lehre, Meine Sakramente und Meine Allerheiligste Eucharistie schützen, werden wir wie Eins sein. Jene aber, einschließlich der Führer in Meiner Kirche, die diese Gesetze ändern, sind nicht Teil Meiner Kirche. Diese Änderungen sind noch nicht präsentiert worden, und sobald sie aber präsentiert sind, wird es viel Bedrängnis geben.

An diejenigen von euch, die zweifeln: Bitte lehnt Mich nicht ab. Während ihr Mich auf die eine Weise umarmt, bringt ihr Mir auch Tränen in die Augen. Ihr mögt Mich jetzt nicht sehen, aber bald werdet ihr Meine Göttliche Gegenwart spüren.

Ich appelliere an euch alle, bereitet euch jetzt auf die große glänzende Zukunft vor, die Ich für euch bereit halte. Der Himmel jubelt, da der Heilige Geist bald herabkommen wird und eure Herzen mit Liebe und Erkenntnis durchbohren wird. So viele Seelen werden gerettet werden, so groß ist Meine Liebe. Ich werde niemals aufgeben. Ihr werdet in Meinem Namen leiden, aber das wird vergessen sein, wenn ihr an den Toren Meines Neuen Königreiches stehen werdet. Ihr alle werdet euch wie eine einzige Familie zusammenschließen.

Ich spreche jetzt von jenen, die für Mich verloren sind, — doch Ich habe die feste Absicht, Meine Barmherzigkeit auf so viele Menschen wie nur möglich auszudehnen. Kommt zu Mir und lasst euch die Größe Meiner absoluten Liebe und Meines Erbarmens für jeden einzelnen von euch versichern. Diejenigen, die Mich ablehnen und in einigen Fällen Mich sogar hassen, werden in Meine Arme genommen werden, da Ich ihre Herzen tröste und ihre armen Seelen erleuchte. Ich werde ihre einzige Hoffnung werden, wenn sie endlich realisieren, dass der dunkle Pfad, den sie gewählt haben, nichts bietet, als Elend und Angst.

Ich werde über die ganze Welt Meine Strahlen der Göttlichkeit ausgießen, voll von Barmherzigkeit, und bald werde Ich die ganze Menschheit, alle Menschen reinigen, so dass sie schnell in Mein Königreich mitgenommen werden können. Meine Zeit ist fast da, und Ich erwarte den Tag, wo Mein Vater Mir die Schlüssel zu Meinem Reich übergibt.

Da der letzte Bund abgeschlossen ist, möchte Ich über 7 Milliarden von Gottes Kindern — endlich — nach Hause führen, zu ihrem ewigen Paradies. Das ist euer endgültiges Erbe, das euch verheißen worden ist. Lehnt es nicht ab, denn das Leid, das ihr über euch bringen werdet, ist zu fürchten, und solltet ihr Mir den Rücken kehren, wird es eine Zeit geben, wo Ich nichts mehr tun kann, um euch zu retten.

Euer Jesus

756. Ich werde am letzten Tag wiederkommen. Doch vorher werde Ich nicht auf der Erde wandeln.
Mittwoch, 3. April 2013, 18:00 Uhr

Meine innig geliebte Tochter, die Kraft Meiner Stimme durch diese Botschaften hat in nur zwei Jahren so viele Nationen erreicht, dass Millionen von Seelen jetzt dazu beitragen werden, die Seelen ihrer Brüder und Schwestern zu retten.

Das Wort Gottes, durch diesen Aufruf vom Himmel entzündet, wird durch all eure Söhne, Töchter, Brüder und Schwestern auf der ganzen Welt verbreitet werden. Die Geschwindigkeit dieser Mission, die die Welt im Sturm erobert hat, wird durch die Kraft des Heiligen Geistes angetrieben.

So viele Sprachen, so viele Nationen, so viele Seelen haben Meine Hand der Barmherzigkeit ergriffen und folgen Mir jetzt, da Ich sie zum Ewigen Leben führe.

Mein Vater versprach der Welt das Buch der Wahrheit für die Endzeit. Er erfüllt Sein Versprechen immer. Kein Mensch kann den Inhalt des Buches der Wahrheit kennen, denn das zu wissen, stand euch nicht zu. Nur dem Propheten Daniel wurde dessen Inhalt gegeben, aber er wurde von Meinem Vater angewiesen, dessen Geheimnisse nicht preiszugeben.

Jetzt werden dir, Meiner Tochter, als der letzten Prophetin, seine Inhalte gegeben und durch das Wort Gottes werden sie viel Frucht tragen. Das Buch der Wahrheit wird der Welt gegeben, um die Menschheit vor dem sicheren Tod zu retten. Es ist ein lebensrettendes Geschenk für die Seele. Es bringt außerordentliche Gnaden mit sich. Es bringt euch die Wahrheit, nicht nur, um euch an Meine Lehren zu erinnern, sondern auch, um euch für die Angriffe auf Meine Kirche zu wappnen, die auf die Zerstörung von Seelen hinauslaufen werden.

Das Buch der Wahrheit wird euch, Meine geliebten Anhänger, auch den Plan Meines Vaters enthüllen, um euch zu helfen, die richtigen Vorbereitungen zu treffen, die notwendig sind, um in das Neue und Herrliche Paradies auf Erden eingehen zu können. Ohne das Buch der Wahrheit wäret ihr, Meine Jünger, wie Lämmer, die zur Schlachtbank geführt werden; denn ihr müsst wissen, dass euer Glaube an Gott herausgefordert werden wird, und es werden viele Anstrengungen unternommen werden, um auf dem Angesicht der Erde alle Spuren von Mir, Jesus Christus, zu verwischen.

Sobald den Menschen die Wahrheit Gottes vorenthalten wird, werden sie sich in eine andere Richtung wenden, um Trost zu suchen. Nicht ein Mensch auf dieser Erde kann überleben ohne einen Glauben an etwas, was Leben verspricht. Leider jagen viele Menschen falschen Lehren nach, die ihre Schwäche ansprechen. Eigenliebe bedeutet, dass Religionen und sogenannte spirituell erleuchtete Sekten die Gier der menschlichen Herzen ansprechen. Selbsterlösung führt nicht zu Gott oder zur Wahrheit. Dann gehen diese bedauernswerten Seelen, die nicht an irgendein Leben nach dem einen Leben auf Erden glauben, in Trübsal dahin, ohne Hoffnung in ihren Herzen.

Die Kraft Meines Heiligen Geistes, der Donner Meiner Stimme, die Wunder, die Ich enthüllen werde, und der Beweis der Echtheit dieser Botschaften wird die Seelen von Millionen erobern.

Meine Gegenwart bedeckt die Erde, und das hat viel Hass hervorgerufen, da Satan den Geist Meiner Anhänger vergiftet. Meine Gegenwart ist in den Tabernakeln der Welt, in Meinen Kirchen, in den Worten aller auserwählten Visionäre. Aber Meine Gegenwart in diesen Meinen letzten Botschaften an die Menschheit wird zu weltweiter Bekehrung führen.

Ihr dürft niemals Meine Verheißung vergessen. Ich werde am letzten Tag wiederkommen. Doch vorher werde Ich nicht auf der Erde wandeln. Meine Mahnung an euch lautet jetzt: Hört auf die Prophetien. Jeder Mensch, der behauptet, er sei Ich, oder jeder Mensch, der euch sagt, Jesus wandle leibhaftig als Mensch auf der Erde, ist ein Lügner.

Meine Zeit wird kommen, wo Ich aus dem Himmel hinabsteige, auf genau die Weise, wie Ich an Meinem letzten Tag auf Erden in den Himmel aufgefahren bin.

Euer Jesus

757. Nur jene mit dem Siegel des Lebendigen Gottes werden dieser Form des Seelen-Genozids entrinnen.

Donnerstag, 4. April 2013, 19:45 Uhr

Meine innig geliebte Tochter, ihr dürft nicht auf diejenigen hören, die Meine Botschaft anzweifeln, die sie anfechten und darüber spotten. Es ist nicht notwendig, Mein Heiliges Wort zu verteidigen. Mein Wort ist endgültig, und kein Mensch hat das Recht, es in Frage zu stellen. Entweder nehmt ihr Mich an — oder ihr nehmt Mich nicht an.

Während Christen einander bekämpfen wegen dieser Botschaften, die vor so langer Zeit prophezeit worden sind, behandeln sie einander wie Feinde. Ihr könnt nicht eurem Bruder oder eurer Schwester Feind sein und euch gleichzeitig Mein Jünger nennen. Während ihr euch damit beschäftigt seid, aufeinander loszugehen, plant der größte Feind, die Heerscharen Satans, die bösesten Gräueltaten, die je von der Menschheit seit der Erschaffung von Adam und Eva erlebt wurden.

Die Kriege, von denen Ich sprach, sind dabei anzufangen, und der Plan wird es sein, ganze Bevölkerungen auszulöschen. Ihr mögt vielleicht denken, dass diese Kriege zwischen einer Nation und einer anderen stattfinden, aber da würdet ihr euch irren. Die Waffen werden nur aus einer einzigen Quelle kommen.

Meine armen Kinder Gottes, wie wenig wisst ihr von den schrecklichen Aktionen, die von Freimaurersekten auf höchster Ebene gegen Gottes Kinder geplant werden. Ihre Bosheit könntet ihr euch nicht einmal vorstellen, aber erkennt diese Zeichen: Sobald Banken euch eure Freiheit, eure Häuser und eure Fähigkeit, eure Familien zu ernähren, wegnehmen, wird dies nur ein Teil ihres Plans gegen die Menschheit sein. Ihr werdet Sklaven werden, aber diejenigen, die an Mir und Meinen Lehren festhalten und die Mir treu bleiben, dürfen niemals Meine Barmherzigkeit vergessen.

Auch wenn diese Offenbarungen vielleicht beängstigend sein mögen, sind sie die Wahrheit. Indem ihr euch auf diese Aktionen gegen Gottes Schöpfung vorbereitet, werdet ihr durch eure Gebete helfen, vieles von dem Leid zu mildern, das diese bösen Sekten euch zufügen werden. Während eure Gebete die Auswirkungen solcher Gräueltaten abschwächen werden, werden sie — wenn ihr sie Mir mit Liebe in euren Herzen übergebt — dazu verwendet werden, diejenigen zu retten, die sich solch schrecklicher Taten schuldig gemacht haben. Und während diese fehlgeleiteten und kaltherzigen Seelen sich Mir auch weiterhin widersetzen, indem sie versuchen, die Völker der Welt auszurotten, werde Ich versuchen, ihre Herzen zu erleuchten, damit sie dieser schrecklichen Bindung an Satan entsagen. Viele sind völlig vom Teufel besessen, und für einige gibt es wenig Hoffnung. Nur ein Wunder, das aufgrund Meiner Barmherzigkeit gewährt wird, in Vereinigung mit denen, die Mir ihr Geschenk des Leidens aufopfern, kann sie retten.

Diejenigen von euch, die Mich verfluchen, dadurch dass sie Mich grausam ablehnen, werden Mich um Gnade anflehen, wenn diese Ereignisse eintreten. Sobald ihr gezwungen seid, zu leiden und das Zeichen des Tieres anzunehmen — oder zu sterben, werdet ihr nach Mir schreien. Dann werdet ihr euch darum raufen, das Siegel des Lebendigen Gottes zu finden, das Ich der Welt durch Meinen Vater in diesen Botschaften gebe — aber dann wird es zu spät sein. Nur diejenigen, die das Siegel annehmen, es in ihren Häusern haben oder es bei sich tragen, werden geschützt sein. Nur jene mit dem Siegel des Lebendigen Gottes werden dieser Form des Seelen-Genozids entrinnen.

Zweifelt Meine Botschaften, die Ich euch jetzt gebe, nicht an, nicht eine Minute lang. Akzeptiert Mein Göttliches Eingreifen, denn Ich will euch doch nur retten. Die Schlacht um Seelen hat ein solches Ausmaß, dass, wenn Ich nicht durch die Propheten eingreifen würde, viele von euch Partei ergreifen würden für das Tier und alle seine Anhänger, die vor euch wie Wölfe im Schafspelz erscheinen.

Satan ist äußerst gerissen, und er würde seine bösen Taten niemals als das präsentieren, was sie sind. Nein, stattdessen wird er sie hinstellen, als seien sie gut, inspirierend und ganz in eurem Interesse. Dies ist die Falle, die er stellt. Dies ist, wie er wohlgesinnte, unschuldige Seelen in seine Behausung lockt. Die Art, wie Satan sich offenbaren wird, in diesen armen Seelen, die er für sich erobern kann, wird durch die Sünde des Stolzes sein. Die Sünde wird bei jenen hochgestellten Persönlichkeiten in ihrer übelsten Form zu sehen sein, die um ihres eigenen, egoistischen Vorteils willen über Leichen gehen werden. Am unteren Ende der Skala wird man die Sünde des Stolzes unter euch sehen, wenn ihr über andere urteilt, schlecht redet und dann versucht, ihren Charakter zu verderben sowie in Meinem Namen ihren Ruf zu schädigen.

Ich sage euch diese traurigen Tatsachen, damit Ich euch vorbereiten kann, euch mit Meinem liebenden Schutz ausrüsten kann, und damit Ich helfen kann, sogar diejenigen zu retten, die über die Erde marschieren werden, um sie zu verschlingen.

Euer Jesus

758. Keinem Einzigen von euch würde jemals das Recht gegeben, einen anderen Menschen in Meinem Namen zu richten, denn das ist nicht möglich.

Freitag, 5. April 2013, 12:50 Uhr

Meine innig geliebte Tochter, zu deinem Gelübde des Gehorsams Mir gegenüber gehört, dass du Meine Botschaften niemals verteidigen darfst. Auch hast du nicht das Recht, irgendeinen anderen Visionär oder selbsternannten Propheten, ob nun echt oder falsch, in Meinem Namen zu verurteilen oder zu kritisieren.

An diejenigen, die behaupten, in Meinem Namen zu sprechen, und die diese Botschaften für die Welt verurteilen: Wisst Folgendes: Ihr habt nicht Meine Erlaubnis — noch habt ihr um diese gebeten —, irgend jemanden in der Öffentlichkeit abzulehnen, der für sich beansprucht, eine auserwählte Seele zu sein. Wenn ihr erklärt, dass diese Botschaften unwahr seien, dann sagt ihr damit, sie seien Lügen. Lügen können nur von Satan kommen. Diese Meine Heiligen Botschaften an die Welt warnen euch vor den schrecklichen Lügen, mit denen er, Satan, die Seelen aller Kinder Gottes speist. Wie sehr seid ihr doch in die Irre geführt worden, Mich, euren geliebten Jesus, abzulehnen, der Ich bittere Tränen der Betrübnis weine über die Art und Weise, wie Ich abgelehnt werde.

Wer sagt, dass jeder beliebige Mensch diese Botschaften vom Himmel schreiben könne, der beleidigt Mich. Wie kann ein Mensch die Worte aus Meinem Munde schreiben, wenn sie doch von Mir kommen? Glaubt ihr, dass solch Heilige Worte von der Hand eines sterblichen Menschen geschaffen werden könnten? Glaubt ihr, dass irgendein Mensch, der den Makel der Sünde trägt, Mein Heiliges Wort produzieren könnte, ohne dass er aus Meinem Himmlischen Königreich gestoppt würde? Wenn ihr das glaubt, dann glaubt ihr, dass der Mensch fähig sei, auf diese Weise einen Weg der Umkehr zu bahnen. Der Mensch ist nichts ohne Gott. Ihr seid nicht würdig, mit Autorität zu sprechen, wenn ihr das Wort Gottes verkündet. Wenn ihr das aus eurem eigenen Munde stammende Wort Gottes verkündet, ohne einen Auftrag von Mir, dann macht ihr euch eines schweren Irrtums schuldig.

Meine Tochter, Ich muss dich daran erinnern — und all die anderen auserwählten Seelen —, dass keinem Einzigen von euch jemals das Recht gegeben würde, einen anderen Menschen in Meinem Namen zu richten, denn das ist nicht möglich.

Ich appelliere jetzt an alle Meine auserwählten Seelen. Denkt an Meine Verheißung an euch, dass Ich wiederkommen werde. Wisst jetzt, dass euch allen eine Mission gegeben wurde, um die Herzen der Menschen für Mein Zweites Kommen vorzubereiten. Wisst jetzt, dass dies die allerletzte Mission ist, die von der Heiligsten Dreifaltigkeit angeordnet worden ist. Keiner von euch hat Meine Erlaubnis, diese Mission — oder irgendeine andere Mission — zu verurteilen. Tut das — und ihr werdet verworfen werden, abseits von Mir.

O, wie doch die Sünden auserwählter Seelen Mir viel tiefer ins Herz schneiden als alle anderen. Diejenigen, die Mir nahe sind, die Mich dann aber verraten, sind diejenigen, die Mich am meisten verletzen. Wenn sie sich gegen Mich richten, dann rufen sie eine schreckliche Spaltung hervor und hindern die Seelen daran, dem Weg zum ewigen Heil zu folgen.

Euer Jesus

759. Mutter Gottes: Du bist gesandt, um den Weg für Sein Zweites Kommen zu bereiten.

Samstag, 6. April 2013, 16:30 Uhr

Mein Kind, es spielt keine Rolle, wie einsam oder schwierig diese Mission ist, du musst auch weiterhin immer Meinem Sohn gehorchen. Alles, worum Er dich bittet, musst du respektieren. Jeder Aufgabe, die von dir erwartet wird, musst du Folge leisten, selbst wenn das bedeutet, dass du dir damit den Zorn anderer Menschen zuziehst.

Jeder Einzelne von Gottes Visionären, dem Ich erschienen bin, hat gelitten von der Hand derer, die ihn grausam zurückgewiesen haben. Obwohl man vielen von ihnen letztendlich glaubte, wirst du, Mein Kind, am meisten leiden, weil du eine Prophetin Gottes bist. Gottes Propheten haben unter Seinen Kindern immer Hass erregt, weil Satan denjenigen, die das Wort Gottes sprechen, seine schrecklichste Geißelung zufügt.

Da du die Endzeitprophetin bist, werden zu deinen Feinden nicht nur diejenigen gehören, die Meinen Sohn ablehnen und hassen, sondern auch diejenigen, die Ihn lieben. Deine Feinde werden an Zahl all diejenigen übertreffen, die vor dir waren. Darum musst du Meinem Sohn jederzeit gehorchen und schnell auf Ihn reagieren, denn Er handelt und bittet dich, Seinen Anweisungen zu folgen, um dich zu schützen.

Du bist gesandt, um den Weg für Sein Zweites Kommen zu bereiten, und diese Verantwortung bringt viel Kummer mit sich. Während sich die Lügen, der Hass und der heftige Widerstand gegen diese Botschaften fortsetzen, musst du guten Mutes sein, denn ohne diese Mission würde eine viel größere Zahl von Seelen die Barmherzigkeit Meines Sohnes nicht annehmen.

Bete für jede einzelne Person, die dir mit Gehässigkeiten zusetzt, denn wenn du für diese Leute betest, dann wird Mein Sohn sie erleuchten und bald werden sie ihre Augen für die Wahrheit öffnen.

Ich, deine geliebte Mutter, bedecke dich mit Meinem Heiligsten Mantel und Ich zertrete den Kopf der Schlange jedes einzelne Mal, wenn sie versucht, dir zu schaden. So gehe jetzt in Frieden, Mein Kind. Vertraue jederzeit auf Mich, die Mutter der Erlösung,

denn Ich schütze diese besondere Mission. Vertraue auf Meinen Sohn, denn Er weiß, was Er tut. Überlass alles Seinen Heiligen Händen.

Eure geliebte Mutter
Mutter Gottes
Mutter der Erlösung

760. Die Zeit, dass der Komet erscheint, von dem Ich sprach, — dann, wenn die Menschen glauben werden, es gäbe zwei Sonnen — ist nahe.

Samstag, 6. April 2013, 17:00 Uhr

Meine innig geliebte Tochter, die Sterne werden sich bald verändern und die Zeit, dass der Komet erscheint, von dem Ich sprach, — dann, wenn die Menschen glauben werden, es gäbe zwei Sonnen — ist nahe. Bald wird das erstaunliche Schauspiel von der Menschheit gesehen werden, und ein lautes Donnern wird gehört werden, und es wird so aussehen, als ob die zwei Sonnen kollidieren werden.

Meine Strahlen der Barmherzigkeit werden auf jede menschliche Seele niederfallen, einschließlich derer, die durch das Licht geblendet sein werden, so dunkel sind ihre Seelen. Sobald das laute Donnern vernommen ward, wird sich eine absolute Ruhe über die Erde senken und die Stille wird betäubend sein. Kein Ton wird zu hören sein — nur der Klang Meiner Stimme, eingeprägt in die Seelen der Elenden.

Ich werde wie ein Sonnenstrahl sein, der jeden einzelnen Fehler, jede Sünde und jeden Schrei der Verzweiflung für die Augen des Sünders deutlich sichtbar werden lässt.

Ein Wehklagen und ein tiefes Gefühl der Reue werden die Menschen in ihren Herzen fühlen, da sie den Zustand ihrer Seelen klar vor Augen haben. Alles wird fünfzehn Minuten lang ruhig bleiben, und dann wird das Leben wie vorher werden, als ob dieses Wunder nicht geschehen sei. In jenen, deren Seelen von der Wahrheit berührt worden sind, kann das Leben niemals wieder das gleiche sein — und wird es auch nicht sein. Sie werden dann Mir, Meinen Lehren, folgen und sie werden sich zu Milliarden bekehren.

Meine Botschaften werden ihre tägliche Nahrung werden, und zusammen mit Meiner Allerheiligsten Eucharistie werden sie nichts anderes mehr brauchen. So stark werden sie werden, dass ihnen nichts im Wege stehen wird, nichts sie einschüchtern oder sie bremsen wird, während sie in Meiner Restarmee auf Mein Neues Paradies zumarschieren.

Den anderen Menschen wird gesagt werden, dass die „Warnung" durch eine Störung in der Erdatmosphäre verursacht worden sei, und sie wird ganz einfach wegdiskutiert werden. Aber es wird eine Lüge sein, denn sie wollen nicht die Existenz Gottes anerkennen. Wenn sie dies tun würden, wären sie nicht in der Lage, ihren Plan zu Ende zu führen, die Welt zu täuschen und

sie dazu zu bringen, die leeren Versprechungen des Antichristen zu akzeptieren.

Wenn ihr die Wunder Gottes in solchem Maßstab erlebt, dann wisst, dass sich Mein Plan, die Menschheit in das Reich der Erlösung zu bringen, in der Endphase befindet.

Geht, Meine treuen Anhänger, und vertraut immer auf Mein Versprechen, alle Seelen zu retten. Meine Barmherzigkeit ist groß und Meine Macht allmächtig.

Euer Jesus

761. Dieser neue Tempel — so wird man ihnen erklären — sei eine Kirche, die alle Menschen vereine, weil Gott doch alle Seine Kinder liebt.

Sonntag, 7. April 2013, 18:40 Uhr

Meine innig geliebte Tochter, jede einzelne von Gottes Kirchen auf Erden, die Mich, den Menschensohn, ehren, und diejenigen, die Meinem Vater Treue erweisen, werden bald gespalten werden. Viele Menschen innerhalb jeder Kirche werden rebellieren und große Spaltungen werden entstehen, während mehr Irregeführte aus ihren Reihen versuchen werden, Gesetze einzuführen, welche die Sünde stillschweigend dulden.

Die moralischen Verpflichtungen, die von jenen gespürt werden, die Gottes Heiliges Wort lieben und kennen, werden scharf kritisiert werden, und sie werden beschuldigt werden, grausam und herzlos zu sein. Ihr Verbrechen wird darin bestehen, dass sie in Opposition zu sündhaften Gesetzen gehen, die aufkommen werden, während sich (ganze) Kirchen während der Verfolgung durch den Antichristen auflösen. Dann, wenn sie sich spalten und zersplittern, werden ihre Fundamente erschüttert werden. Sie werden dann nicht mehr in der Lage sein standzuhalten angesichts der Boshaftigkeit und Ungerechtigkeit. Die Zeit wird dann reif sein, dass viele fassungslose Seelen, die sehr in Verwirrung gebracht sein werden, einen alternativen Tempel Gottes erleben.

Dieser neue Tempel — so wird man ihnen erklären — sei eine Kirche, die alle Menschen vereine, weil Gott doch alle Seine Kinder liebt. Und wenn Gott alle Seine Kinder liebt, dann würde Er wollen, dass sie sich zu einer Einheit zusammenschließen; dass sie einander umarmen, unabhängig von ihrem Bekenntnis, ihrer Religion, ihrer Hautfarbe, ihrer Rasse, ihrer Gesetze. Alle würden — so wird man ihnen erklären — im Angesichte Gottes vereint werden, und sie werden alle aufgefordert werden, Vertreter zu entsenden, zu dem neuen Tempel, der sich in Rom befinden wird. Man wird ihnen erklären, dass dies das Neue Jerusalem sei, das in der Bibel prophezeit worden ist und das geschützt werde von Gottes erwähltem Führer — dem falschen Propheten.

So viele Menschen werden hereinfallen auf diese große Lüge, eine Karikatur des Heiligen Wortes Gottes — das dem Evangelisten Johannes gegeben worden ist. Jedes Wort, das diesem Propheten für die

335

Endzeit gegeben worden ist, wird genommen, angepasst und verdreht werden, damit es zum Programm des Antichristen passt.

Diejenigen, die diese neue, sogenannte Inclusiv-Kirche ablehnen, werden als unchristlich gelten. Sie werden schikaniert werden und sie werden als Narren hingestellt werden. Wäre da nicht der Heilige Geist, der sie leitet, sie würden in den falschen und obszönen Tempel hineingesaugt werden, der die hässliche Wahrheit, die unter seiner Oberfläche liegt, verschleiert.

Der Antichrist ist im Begriff, seinen großen Auftritt auf der Bühne der Welt zu veranstalten, und er wird es sein, der nicht nur über diese Kirchen herrschen wird, sondern er wird es auch sein, der den Menschen weismachen wird, dass er besondere göttliche Gaben besitze. Er wird für seine großen Verdienste um humanitäre Angelegenheiten geehrt werden. Er, der Antichrist, wird für seine Wohltätigkeitsarbeit internationale Auszeichnungen erhalten. Und dann werden sie sagen, er besitze das Charisma, das mit heiligen Menschen assoziiert wird. Nicht lange danach wird man ihm Wunder zuschreiben, bis er schließlich sagen wird, er sei ein Prophet auf einer Mission Gottes.

Viele werden auf diese schreckliche Täuschung hereinfallen, weil er von den Weltkirchen unterstützt werden wird, und weil ihm vom falschen Propheten die offizielle Zustimmung gegeben werden wird.

Schließlich wird die Welt glauben, dass er Ich, Jesus Christus, sei. Mein Wort wird auf taube Ohren stoßen, da seine Gegenwart die ganze Menschheit verschlingen wird, deren Applaus die Stimmen, die das Wahre Wort Gottes verkünden, zum Schweigen bringen wird. Aber aufgrund Meiner großen Barmherzigkeit werde Ich zusammen mit der Hand Meines Vaters eingreifen, jeden einzelnen Schritt des Weges.

Meine Botschaften werden niemals aufhören, bis zum allerletzten Tag nicht. Meine Stimme wird niemals sterben. Gottes Kinder, die Seinem Heiligen Wort treu bleiben, werden niemals sterben.

Euer Jesus

762. So viele gute und heilige Priester gibt es, die zusammenarbeiten, um diese Botschaften zu zerreißen.

Dienstag, 9. April 2013, 23:00 Uhr

Meine innig geliebte Tochter, es gibt so viele gute und heilige Priester, die zusammenarbeiten, um diese Botschaften zu zerreißen, aber sie haben nicht die Qualifikation oder das Wissen, um dies zu tun. Ihr Weg ist, Gott zu dienen. Sie dürfen es sich nicht erlauben, dass sie auf diese Weise verunreinigt werden, denn dies stellt für jene Seelen, die Meine Stimme in diesen Botschaften erkennen, eine Gefahr dar.

Während sie New-Age-Praktiken des Geistes öffentlich vorführen, glauben viele Priester, ihr Wissen über Spiritualität bedeute, dass sie das Talent haben, einen wahren Propheten Gottes zu erkennen. So weit

entfernt sind sie von Mir, dass sie Mein Heiliges Wort nicht erkennen können. Ich habe ihnen nicht solche Gnaden (Anmerkung: der Unterscheidung) gegeben, denn ihr Stolz steht ihnen im Wege.

An jene von euch, Meine heiligen Diener, die ihr euch verschwört, Ränke schmiedet und die Autorität eures heiligen Amtes im Dienste Gottes dazu einsetzt, um eure Gemeindemitglieder von Meinem Wort abzubringen: Wisst, dass ihr bestraft werdet. Ihr kennt Mich nicht wirklich. Ihr seid Mir nicht treu. Euch fehlt spirituelles Wissen und ihr habt nicht das Recht, andere Menschen öffentlich zu demütigen, sie mit Hohn und Spott zu überschütten oder irgendjemanden in Meinem Namen herabzusetzen.

Jeder von euch wird sich vor Mir verantworten müssen. Ich werde euch bestrafen, nicht für euren Unglauben, sondern für die Sünde des Stolzes, die euch glauben lässt, dass ihr mehr spirituelle Dinge wisst als Ich, Jesus Christus, euer Meister. Welche Wunden ihr Mir doch zufügt. Wie ihr Mich doch enttäuscht, weil euer Verrat Meiner Mission, der letzten ihrer Art, geschadet hat. Für jeden Sünder, den ihr von Mir wegzieht, werdet ihr die Verantwortung für seine Seele übernehmen müssen. Und dann werdet ihr schweren Herzens folgende Fragen zu beantworten haben, wenn euch die Wahrheit kundgetan worden ist.

Warum habt ihr Meinen Kelch abgelehnt, als euch die Wahrheit — in Liebe und Vertrauen — gegeben wurde und ihr in eurem Herzen wusstet, das dies von Mir war? Warum habt ihr dann versucht, Meine Botschaften zu vernichten? Habt ihr irgendeine Ahnung, wie ernst die Heiligen Gelübde sind, die ihr in Meinem Namen abgelegt habt? Ihr müsst euch jetzt zu Exerzitien zurückziehen und Meine Kreuzzuggebete lesen. Wenn ihr das tut, dann werde Ich euch Meinen Segen schenken und die Kraft der Unterscheidung. Aber nur jene mit einem demütigen Herzen können zu Mir kommen.

Geht zurück. Und kommt dann unbedeckt und mit offenem Herzen zu Mir. Lasst all eure zynischen Ansichten, eure voreingenommene Meinung und eure Beurteilung dieser Botschaften, die auf Hörensagen, Geschwätz und Anspielungen basiert, hinter euch. Wenn dieser Tag kommt, werde Ich euch aufs neue taufen, und ihr werdet wieder rein werden. Eure Seelen werden wie die von kleinen Kindern werden, und sie werden einen unbändigen Hunger nach Meiner Gegenwart haben.

Ich erwarte eure Antwort. Ich Bin der Allliebende. Ich Bin der Allbarmherzige. Kommt zu Mir. Ich Bin alles, was ihr braucht.

Euer Jesus

763. Gott der Vater: Gebet um den Schlüssel zum Neuen Paradies.

Mittwoch, 10. April 2013, 16:45 Uhr

Meine geliebte Tochter, wie die Flamme des Heiligen Geistes jene demütigen Seelen verschlingt, die diese Botschaften lesen, genauso wird auch die Verbreitung der weltweiten Umkehr sein. Das Heilige Wort Gottes ist wie ein starker Windstoß, welcher mit sich — und all jenen Seelen in seinem Sog — die Früchte eines Lebens in Fülle bringt.

Aus den ersten Samenkörnern, die gepflanzt worden sind, ist eine Vielzahl von Früchten gewachsen, welche jede Nation bedecken, einschließlich derjenigen unter kommunistischer Herrschaft.

Meine Tochter, da Mein Heiliges Wort den Geist und die Seelen jeder Glaubensrichtung ergreift, wird es wie ein Schwert durch jene Nationen schneiden, die Mir, eurem geliebten Vater, den Rücken kehren. Wenn also der Hass gegen euch zunimmt, dann wisst, dass Mein Heiliges Wort — das helfen soll, Seelen zu retten — Erfolg hat.

Du, Meine Botin, bist nichts anderes als ein Instrument. Bei dieser Mission geht es nicht um dich. Es geht nicht um die Erleuchtung deiner Seele; denn das ist nicht Mein Ziel, auch wenn Mir dies Freude bereitet. Du, Meine Tochter, als die letzte Botin, darfst nur diese Botschaften, die dir zum Wohle der Menschheit gegeben werden, an die Welt übermitteln. Deine persönliche Meinung dazu und deine Ratschläge an andere sind nicht wichtig, und du bist nicht befugt, irgendwelche menschliche Ansichten mit anderen auszutauschen.

Wenn die Stimme Gottes die Herzen der Menschen erreicht, vervielfacht sie sich in den Seelen vieler. Es ist Meine Güte, als der liebende Vater der gesamten Menschheit, die diese großen Segnungen ermöglicht.

Wie vorhergesagt, werden jene, denen durch diese Mission die Gabe des Heiligen Geistes gegeben worden ist, große Wunder sehen. Ich segne alle, die Meine Botschaften verteilen und verbreiten, denn ihre Bemühungen werden als Frucht Mein Wort hervorbringen, das — wie ein Nebelschleier — die Erde einhüllen wird.

An diejenigen in Erwartung des Geschenkes der Umkehr — diese Meine armen leeren Seelen —, Ich sage euch jetzt: Ich, euer Liebender Vater, verspreche euch, dass Ich euch umarmen und eure Herzen öffnen werde, wenn ihr dieses Gebet sprecht:

Gott der Vater: Gebet um den Schlüssel zum Neuen Paradies

„ Lieber Vater, ich bin's, Dein verlorenes Kind, so verwirrt und blind, dass ich ohne Deine Hilfe, Deine Liebe, nichts bin.

Rette mich durch die Liebe Deines Sohnes, Jesus Christus, und schenke mir den Schlüssel zu Deinem neuen Paradies auf Erden. Amen. "

Kinder, Ich werde euch segnen und euch beschützen. Ihr gehört Mir — ihr alle. Während Ich Mich nach euch sehne und um diejenigen von euch weine, die Mich hassen, werde Ich Meine Allmacht gebrauchen, um eure verhärteten Herzen aufzuschließen, damit Ich euch die Erbschaft vermachen kann, die Ich liebevoll erschaffen habe.

Mein Eingreifen — indem Ich euch kommende Ereignisse offenbare — wird euch verstehen helfen, wie sehr Ich euch liebe. Wenn sich diese Ereignisse vor euren Augen entfalten, werde Ich auf euch warten, dass ihr mit Liebe und Vertrauen in euren Seelen zu Mir kommt.

Euer geliebter Vater
Gott der Allerhöchste

764. Für jede Seele, die ihr Meiner Barmherzigkeit weiht, werde Ich hundert weitere Seelen retten.

Donnerstag, 11. April 2013, 21:20 Uhr

Meine innig geliebte Tochter, du musst dich vorwärts bewegen und dich auf jene bedauernswerten Seelen konzentrieren, die überhaupt nicht an Gott glauben. Ich beziehe Mich auf diejenigen, denen noch nie zuvor die Wahrheit über die Existenz Gottes, ihres Schöpfers, geschenkt worden ist.

Es gibt Milliarden von Menschen, die keine Ahnung von der Heiligen Dreifaltigkeit haben, weil dieses Wissen vor ihnen verborgen worden ist. Dies sind die Seelen, denen Ich große Barmherzigkeit gewähren werde, und sie müssen auf diese Meine Botschaften an die Welt aufmerksam gemacht werden.

Die anderen Seelen, die Mir Sorge bereiten, sind diejenigen, die in ihrem Glauben lau gewesen sind und sich nun weigern, die Wahrheit des Ewigen Lebens zu akzeptieren. Vielen Menschen, die entweder hinsichtlich ihrer Erschaffung oder hinsichtlich der Existenz Gottes unsicher sind, wird bald die Wahrheit gezeigt werden. Wiederum werde Ich ihnen große Barmherzigkeit zeigen und Meine Liebe wird ihre Herzen berühren und sie werden gerettet werden.

Aber dann gibt es diejenigen, die sich weiterhin Meinem Eingreifen widersetzen. Sie werden jeden Versuch, ihnen die Wahrheit zu vermitteln, bekämpfen, und den Beweis Meiner Barmherzigkeit, der ihnen gegeben werden wird, werden sie in Mein Antlitz zurückwerfen. Wiederum werde Ich eingreifen und damit fortfahren, für ihre Seelen zu kämpfen.

Schließlich gibt es noch diejenigen, die alles über Mich wissen und die genau wissen, dass Ich der Messias Bin. Kein Wunder und kein Akt der Liebe wird sie zu Mir hinziehen, weil sie sich Satan verschrieben haben. Diese Seelen werden vom Tier verschlungen werden, und er (Satan) wird sie nicht frei gehen lassen, weil sie Mich nicht als ihren Erlöser erkennen. Sie kennen noch immer nicht die Wahrheit über den Plan des Tieres. Um sie zu retten, müsst ihr, Meine geliebten Anhänger, Mir eure Treue schenken, indem ihr Mir während eurer Gebete und, wenn ihr die Heilige Eucharistie empfangt, ihre Seelen anvertraut. Ihr müsst sie Mir jeden Tag aufopfern — und für jede

Seele, die ihr Meiner Barmherzigkeit weiht, werde Ich hundert weitere Seelen retten.

Tut dies jeden einzelnen Tag. Am Ende eines jeden Monats werdet ihr voller Freude sein, weil ihr wisst, wie vielen solcher Seelen diese Große Barmherzigkeit geschenkt worden ist. Dies ist nur ein weiteres Geschenk, mit dem Ich euch segne, — und die Gnaden, die ihr erhalten werdet, wenn ihr dieses Kreuzzuggebet betet, werden im Überfluss strömen.

Kreuzzuggebet (104)
Befreie diese Seele aus der Sklaverei

„Liebster Jesus, ich bringe Dir die Seele meines Bruders, meiner Schwester — eine Seele, die sich Satan hingegeben hat.

Nimm diese Seele und erlöse sie in Deinen Heiligen Augen.

Befreie diese Seele von ihrer Abhängigkeit vom Tier und bringe ihr das ewige Heil. Amen."

Die Menschheit wird weiterhin mit Meiner Barmherzigkeit beschenkt werden, und vor allem jede einzelne Seele, die das Wort Gottes ablehnt.

Ich segne euch, Meine treuen Jünger, und Ich höre nicht auf, die Gabe des Heiligen Geistes auf euch auszugießen.

Euer Jesus

765. Selig sind die von Herzen Sanftmütigen, die durch die Gnade Gottes von ihrem Stolz befreit sind.

Freitag, 12. April 2013, 23:55 Uhr

Meine innig geliebte Tochter, wer von euch, die ihr Mich wahrhaft liebt, kann vor Mein Angesicht kommen und sich in vollkommener Hingabe zu Meinen Füßen niederwerfen?

Wer von euch, der Mich wahrhaft ehrt und Meine Lehren befolgt, kann vor Mir demütig sein ohne Rücksicht auf sich selbst? Wenn ihr euch in Meine Barmherzigkeit stürzen könnt, in demütiger Dienstbarkeit, werde Ich euch aufheben und erhöhen. Aber wenn ihr euch selbst erhöht, in Meinem Namen, und sagt, dass ihr Mich besser kennt als andere Menschen es tun, dann werde Ich euch zu Boden werfen — unter Meine Füße.

Warum missverstehen so viele, denen die Wahrheit geschenkt worden ist, noch immer die Wahrheit Meiner Lehren? Der Mensch ist aufgrund des Makels der Sünde nicht würdig, vor Mir zu stehen. Aber diejenigen, welche die Schwachheit der menschlichen Seele verstehen, müssen wissen, dass diejenigen sehr vorsichtig sein müssen, die sich bemüßigt fühlen, ihr „überlegenes" Wissen von geistlichen Dingen, die durch die Lehren Gottes, durch die Propheten, festgelegt sind, kundzutun. Wenn solche Seelen ihr sogenanntes Wissen verkünden, indem sie mit ihrer intellektuellen Beurteilung der Heiligen Lehre prahlen, statt sich auf die Wichtigkeit der Demut zu konzentrieren, dann beleidigen sie Mich. Wenn sie ihr Wissen ausnutzen, um die Wahrheit zu verdrehen, mit dem Ziel, sie ihren Absichten anzupassen, um die Seelen in eine men-

schengemachte Version Meiner Lehren hineinzuziehen, dann bin Ich zutiefst beleidigt und Ich werde die Seelen, die dieses Verbrechens gegen Gott schuldig sind, bestrafen.

Diejenigen unter euch, die einen neuen Kult bzw. spirituelle Bewegungen kreieren, die alle rundum selbstgemacht sind, wisst, dass ihr, wenn ihr das Wort Gottes manipuliert, einer schweren Sünde schuldig seid. Eure Stimmen, die auf der einen Seite das Wort Gottes und all Seinen Ruhm verkünden, werden gehört, weil sie die Wahrheit enthalten. Aber wenn ihr dem Wort Gottes eure eigenen Interpretationen hinzufügt und wenn ihr dies dann verwendet, um andere Menschen in Meinem Heiligen Namen anzugreifen, indem ihr sie des Fehlverhaltens beschuldigt, dann begeht ihr eine Sünde.

Selig sind die von Herzen Sanftmütigen, die durch die Gnade Gottes von ihrem Stolz befreit sind, denn sie werden als Könige im Neuen Paradies herrschen.

Selig sind die, deren volles Vertrauen auf Mich bedeutet, dass sie predigen und Mein Heiliges Wort verbreiten, ohne irgendeine Absicht, sich selbst zu glorifizieren und Aufmerksamkeit für ihre eigene Person zu erregen; auch sie werden in Meinem Reich Zuflucht finden.

Jene, die für sich beanspruchen, hingebungsvolle Anhänger von Mir zu sein, die aber glauben, dass sie qualifiziert seien, über andere Menschen zu urteilen und den Glauben anderer Menschen zu analysieren, deren Glaube an Gott Anstoß erweckt, und die heiligen Seelen, die in Meinem Namen kommen, offen verurteilen, diese sind nicht Teil Meines Königreiches. Ihr gehört zum Teufel, denn ihr seid nicht Mir, Jesus Christus, unterstellt. Ich habe euch nicht berufen noch habe Ich euch die Erlaubnis gegeben, euch für irgendeine wie auch immer geartete Sondergruppe einzusetzen, die sich formiert hat, um eine andere Gruppe lächerlich zu machen.

An alle, die stolz prahlen mit ihren geistigen Fähigkeiten in Bezug auf Meine Lehren, um ein anderes Kind Gottes — besonders die auserwählten Seelen — herabzusetzen: Wisst, dass eure Tage gezählt sind. Früher hätte Mich Meine Geduld davon abgehalten, solch fehlgeleitete Missionen zu unterbinden. Jetzt, in der Endzeit, werde Ich die Art und Weise, wie sie versucht, Meinem Zweiten Kommen im Wege zu stehen, nicht dulden.

So wenige von euch werden Meinen Plan akzeptieren, euch auf Mein Zweites Kommen vorzubereiten — wenn Ich wiederkomme, um euch in die Neue Ära des Friedens zu führen. Ihr kennt bereits die Wahrheit. Ihr wisst, dass Ich wiederkommen werde, aber — genau so, wie es früher war — werdet ihr nicht akzeptieren, dass Ich es Bin, der König von allem Seienden, Der euch aufruft, eure Seelen vorzubereiten.

Zweitausend Jahre sind für Mich wie nichts. Es ist, als wäre es gestern gewesen. Und heute rufe Ich euch allen zu. Was Mich traurig macht, ist, dass diejenigen, die behaupten, dass sie Mich lieben, und die Mich öffentlich bekennen, Mich nicht wirklich kennen. Sie haben es zugelassen, dass das Drumherum von organisierten Religionen, die internationale Politik, die Übertreibung von Prunk und Zeremonien den Blick auf Mich verstellt haben.

Ich Bin unkompliziert in Geist, Leib und Seele, und daher umarme Ich zuerst jene, die auf diese Weise vor Mein Antlitz kommen. Wenn ein Vater ein Kind zuhause willkommen heißt, das schon seit einiger Zeit im Ausland gewesen ist, nimmt er keine Notiz von seiner Kleidung, seinen Schuhen, seinem Schmuck oder seinem Koffer. Er sieht nur seinen Sohn, sein Gesicht und die Liebe, die in seinem Herzen existiert seit dem ersten Atemzug, den er getan hat, als er aus dem Schoß seiner Mutter kam. Er ist nicht an seinem Reichtum, seinen Ansichten, seiner Meinung oder seinem Klatsch über andere Menschen interessiert — für ihn existiert einzig und allein die Liebe, die er für sein Kind fühlt, und die Liebe, die sein Kind für ihn fühlt.

Die Liebe ist einfach. Sie ist unkompliziert. Sie stammt nicht vom Hass. Ihr könnt nicht jemanden lieben, wenn eure Seele voller Groll oder Hass ist. Wenn ihr Mich liebt, dann müsst ihr alle Menschen lieben, die Mir folgen, unabhängig davon, welche Schwächen sie haben. Ihr müsst sogar diejenigen lieben, die schrecklicher Sünden schuldig sind, denn Ich kann die schlimmsten aller Sünden vergeben. Eines dürft ihr niemals vergessen: Ihr habt nicht das Recht, einen anderen Menschen in Meinem Namen zu verurteilen. Dieses Recht habe nur Ich.

Wisst dieses: Wenn es darum geht, die Welt vor Sündern zu warnen, die Feinde Gottes sind, dann habe allein Ich das Recht dazu. Aber in jedem Fall werde Ich um Gebete für ihre Seelen bitten. Es wird nur eine einzige Ausnahme geben. Ich kann euch niemals darum bitten, für den Antichristen zu beten, denn er kommt nicht von Gott.

Euer Jesus

766. Die katholische Kirche ist jetzt dabei, in die schlimmste Verfolgung in ihrer Geschichte einzutreten.

Samstag, 13. April 2013, 23:50 Uhr

Meine innig geliebte Tochter, Ich möchte euch alle anspornen, die ihr an Mich und an Meine Botschaften glaubt, die in diesem Buch — dem Buch der Wahrheit — enthalten sind.

Wenn der Mensch Mir nachfolgt und sich Mir aufopfert, muss er alle Meine Eigenschaften nachahmen. Dies bedeutet, dass er alle Menschen in Meinem Namen lieben muss und jeden Menschen so behandeln muss, wie er erwarten würde, selbst behandelt zu werden. Allerdings, wenn ihr euch wahrlich in Meine Obhut begebt, dann werdet ihr dafür leiden. Ihr werdet mit Grausamkeit behandelt werden und es wird jeder Versuch unternommen werden, euch mit Spott zu überschütten.

Ich sage dies allen Kindern Gottes und vor allem den Christen; denn eure Bürde ist die schwerste. Mein Ruf gilt allen in der Welt, die an Mich glauben, und zwar unabhängig davon, ob sie es glauben, dass Ich mit ihnen durch diese Botschaften spreche, oder ob sie es nicht tun.

Christen werden immer von denjenigen anvisiert werden, die Gottes Gesetze ändern wollen, um sie ihrem sündhaften Streben nach Vergnügen und ihren selbstsüchtigen Wünschen anzupassen. Die katholische Kirche ist jetzt dabei, in die schlimmste Verfolgung in ihrer Geschichte einzutreten, und sie wird auf den Kopf gestellt werden und umgekrempelt werden. Der Angriff ist seit Jahrzehnten geplant und sorgfältig aufgebaut worden. Wie die Heiligen im Himmel doch über die katastrophalen Ereignisse weinen, die sich jetzt mit einer Geschwindigkeit entfalten werden, die sogar diejenigen schockieren werden, die nicht an diese Botschaften glauben.

Verwirrung wird eintreten, während viele heilige Diener machtlos sein werden, da alles, was für sie lieb und teuer war, in Frage gestellt und dann umgeworfen werden wird. Sie werden in Meinem Namen angegangen und schikaniert werden — aus ihren eigenen Reihen heraus.

An diejenigen von euch, die Meiner Kirche auf Erden treu sind: Ich bitte euch dringend, seid wachsam und bewahrt Meine Lehren, wenn ihr Mir treu bleiben wollt. Ihr dürft niemals irgendetwas anderes akzeptieren als die Wahrheit, die euch gelehrt worden ist. Bald werdet ihr euch sehr allein fühlen und Meine armen heiligen Diener werden verzweifelt sein; denn ihre Treue zu Mir und der Kirche, die von Petrus festgelegt worden ist, wird ihnen unter den Füßen weggezogen werden.

An all diejenigen, die traditionelle, treue Christen sind, ihr müsst standhaft bleiben und ihr dürft keinerlei Versuch nachgeben, der euch zur Aufgabe eures Glaubens ermutigen soll. Ihr werdet zur Seite geschoben werden und gezwungen werden zuzustimmen, eure Kinder in einer falschen Lehre, die nicht von Gott kommt, zu erziehen.

Diese Ereignisse werden jetzt beginnen und Ich warne euch vor, um euch zu führen. Jeder, der Mich beschuldigt, dass Ich durch diese Mission Seelen ermutigen würde, Meine Kirche auf Erden zu verlassen, versteht nicht Meine Anweisungen. Ich bitte euch einfach nur, Meinen Lehren treu zu bleiben, wenn ihr feststellt, dass ihr gezwungen werdet, eine neue Version von Kirche zu akzeptieren. Diese neue Version wird in den Augen Gottes niemals akzeptiert werden.

Euer Jesus

767. Mutter Gottes: Wenn Gottes Kinder durch Lügen in die Irre geführt werden, dann werden sie getrennt von Ihm sein.

Sonntag, 14. April 2013, 14:00 Uhr

Mein geliebtes Kind, erlaube Mir, dir zu dieser Zeit Trost zu schenken. Erlaube Mir, dich eng an Mich geschmiegt zu halten, damit Ich dir Kraft geben kann, während du in diesen schwierigen Zeiten weiterhin das Heilige Wort Gottes verbreitest.

Als diejenigen, die Meinen Sohn verfolgten und Ihn dann ermordeten, gefragt wurden: „Warum habt ihr das getan?", antworteten sie: „Um das Wort Gottes zu bewahren." Als sie gefragt wurden, ob Gott die Tötung eines anderen Menschen dulden würde, argumentierten sie, dass dies in Übereinstimmung mit den Lehren der Kirche wäre. Und so wird es auch in der Endzeit sein. Die Menschen werden die Lehren Gottes verdrehen, um ihre Ablehnung Seines Heiligen Wortes zu rechtfertigen.

Mein Sohn gibt der Welt diese Botschaften, damit ihr Seine Lehren bewahrt. Er tut dies, damit kein Mensch Sein Heiliges Wort irrtümlicherweise ablehnen wird, dann, wenn an den Lehren der Heiligen Kirche auf Erden manipuliert wird und sie unheilig gemacht werden. Das Wort Gottes darf sich niemals ändern, doch haben die Prophetien eben jene Tage vorausgesagt, wenn dies geschehen wird, wenn dies getan werden wird — von der Kirche, die auf dem Felsen Petri gegründet ist.

Mein Sohn ist das Wort. Das Wort Gottes muss von jedem Kind Gottes geehrt werden. Wenn Gottes Kinder durch Lügen in die Irre geführt werden, dann werden sie getrennt von Ihm sein. Wenn ihr irgendetwas anderes als die Wahrheit Gottes akzeptiert, wenn ihr die Sünde akzeptiert und euch dann aktiv an ihr beteiligt, werdet ihr einen Keil zwischen euch und Meinen Sohn treiben.

Denkt daran, dass Ich, die Mutter Gottes, all diejenigen schütze, die Mich anrufen. Mein Schutz gilt allen Menschen, allen Religionen. Wenn ihr täglich Meinen Rosenkranz betet, dann wird euch jede Art von Schutz gewährt, und ihr werdet in der Lage sein, die Wahrheit, das Heilige Wort Gottes, zu bewahren.

Jeder in der Kirche Meines Sohnes auf Erden, der die Menschen führt, der aber vor seiner Gemeinde den Rosenkranz nicht beten kann, kommt nicht von Gott.

Eure Mutter
Mutter Gottes
Mutter der Erlösung

768. Viele werden nicht stark genug sein, um gegen Abtreibung, Euthanasie und gleichgeschlechtliche Ehe zu kämpfen.

Montag, 15. April 2013, 18:20 Uhr

Meine innig geliebte Tochter, die Feinde Gottes erheben sich jetzt in großer Zahl, in jeder Nation, um die Gebote Gottes aufzukündigen.

Es werden viele neue Gesetze in jedem Land und jeder Kirche eingeführt werden. Die meisten der Gesetze werden gegen die Lehren sein, die in der Heiligen Bibel festgelegt sind. Jede Art von Sünde wird legalisiert werden — und die Finsternis des Tieres wird die Welt bedecken. Diejenigen, die diese Gesetze ablehnen, werden als Spinner abgetan und dämonisiert werden. Ihre Stimmen werden übertönt werden von jenen, die den Säkularismus begrüßen, als ob er eine echte Religion wäre. Sie werden jedes intellektuelle Argument anbringen, um ihre abscheulichen Gesetze durchzusetzen, und sie werden viele verführen, weil sie die Menschenrechte als das Instrument einsetzen werden, um andere Menschen zu kontrollieren.

Viele werden nicht stark genug sein, um gegen Abtreibung, Euthanasie und gleichgeschlechtliche Ehe zu kämpfen. Kaum dass die entsprechenden Gesetze dann eingeführt sind, wird die katholische Kirche ihre Reformen ankündigen und alle Menschenrechte und alle Religionen anerkennen. Im Anschluss daran wird eine schreckliche Spaltung erfolgen zwischen denen, die mit der Gabe der Einsicht gesegnet sind, die ihnen vom Heiligen Geist geschenkt ist, und solchen, deren einziges Verlangen die Liebe zu sich selbst ist und die Gott ablehnen. Sie sehen in Gott und in Meinen Lehren ein Hindernis für ihre Lebensweise, von der sie glauben, dass es ein freier Lebensstil sei.

Die mächtige globale Elite-Organisation, die in jede Ecke der Welt eingedrungen ist, wird neue kirchliche Gesetze planen und Komplotte schmieden, um die Oberhäupter zu stürzen, während sie zur gleichen Zeit Kriege ausarbeiten werden, die Zerstörung bringen werden. So stolz sind sie und so stark ist ihre treue Verbundenheit zum Satansdienst, dass sie glauben, sie seien unentbehrlich. Wie sie doch für ihre bösen Taten werden leiden müssen! Gerade in dem Moment, wo sie glauben, dass sie andere Menschen kontrollieren und ihre hinterhältigen Pläne an anderen Menschen zur Anwendung bringen können, werden sie von der Hand Meines Vaters niedergestreckt werden. Ihnen wird gerade mal so viel Zeit gegeben werden, um sich von ihrem Treiben abzuwenden. Ist diese Zeit verstrichen, dann werden sie sich gegeneinander wenden und sich gegenseitig vernichten. So groß wird ihr Leiden sein, dass sogar gegen Ende es nichts bringen wird, ihnen vor Augen zu führen, was vor ihnen liegt, sollten sie auch weiterhin an den Teufel gebunden sein.

Was die vielen, nicht-gottesfürchtigen, Menschen angeht: Sie werden von diesen Ereignissen zunächst kaum etwas bemerken. Erst dann, wenn ihre Freiheit eingeschränkt sein wird, werden sie offen gegen die Ungerechtigkeiten in ihren Nationen aufbegehren. Sie werden dann den Horror erkennen, der geschaffen sein wird, weil das Licht Gottes ausgelöscht sein wird. An seine Stelle wird Finsternis, Leere, Hunger und Mangel an Liebe treten. Erst dann wird der Mensch nach der Barmherzigkeit Gottes schreien. Ich werde da sein und warten, um ihnen Trost zu spenden und um ihre armen, verängstigten Seelen zu retten.

Euer Jesus

769. Das Wort, das sich an Gott hält, wird zerrissen werden, während das Heidentum über die Erde fegt.

Dienstag, 16. April 2013, 20:45 Uhr

Meine innig geliebte Tochter, der Aufstieg zum Kalvarienberg, den Meine Kirche auf Erden erleiden muss, hat begonnen, wie vorausgesagt. All diejenigen, die in Meinem Namen sprechen, die Mich lieben und die Meine Lehren ehren, werden jetzt diesen qualvollen Gang antreten müssen, um Mein Heiliges Wort zu bewahren.

Das Wort, das sich an Gott hält, wird zerrissen werden, während das Heidentum über die Erde fegt. All jenen, die Mir nachfolgen, sage Ich: Geht diesen Weg erhobenen Hauptes. Steht immer zur Wahrheit, wenn jene — einschließlich eurer Familie und Freunde — euch nachdrücklich ersuchen, euch von Meinem Heiligen Wort abzuwenden, das euch während Meiner Zeit auf Erden geschenkt worden ist. Ihr dürft nicht nachlassen in eurer Entschlossenheit, Mir treu zu bleiben. Einige von euch werden unterwegs, während der Verfolgung, stark sein. Andere werden fallen. Einige werden aufgeben. Andere werden sich entscheiden, die Lügen, die ihnen als Heilige Lehre präsentiert werden, zu akzeptieren, — und sie werden von Mir getrennt sein.

Ich werde all jene, die vollkommen auf Mich vertrauen, auf Meinen Schultern tragen. Ich werde all jenen Schutz gewähren, die mutig genug sind, auch weiterhin die Heilige Messe so aufzuopfern, dass sie gültig ist. Ich werde die Sakramente schützen, die von diesen Meinen heiligen gottgeweihten Dienern dargeboten werden, die sich weigern, nachzugeben bzw. Meinen Gottesdienst einzustellen. Diejenigen, die sich Meiner Fürsorge anheimgeben, haben nichts zu befürchten. Diejenigen, denen ihr ganzes Leben lang die Wahrheit geschenkt worden ist und die Meine Lehren ablehnen, zu Gunsten von Lügen, werden verworfen werden, weg von Mir. Meine Gerechtigkeit muss gefürchtet werden, denn kein Mensch soll glauben, dass er sich in einen Abgrund der Täuschung versenken kann — ohne Reue in seiner Seele —, ohne die Konsequenzen zu erleiden.

Meine Liebe wird stark genug sein, diejenigen zu umarmen, die in diesen Zeiten verwirrt sein werden. Ich werde allen Kindern Gottes, die Mich suchen, Meine Hand hinstrecken, unabhängig davon, wie geschwärzt ihre Seelen sind. Mitten im Durcheinander werde Ich Mich schließlich kundtun, und Mein Geist wird sich über die Erde breiten, gerade dann, wenn die Menschen glauben, dass sie am Ende ihrer Kräfte sind.

Denkt daran, dass Ich der Erste und der Letzte Bin. Nichts kann Mich besiegen. Ich Bin Allmächtig, und wenn ihr meint, dass die Bosheit, die der Welt von den Feinden Gottes zugefügt wird, überwältigend ist, seid euch gewiss, dass Ich hier bin. Ich lasse dieses Leiden zu, diese letzte Verfolgung, weil sie die endgültige Waffe gegen das Tier ist. Ohne diese Verfolgung würde er (Satan) die Seelen der Mehrheit der Weltbevölkerung stehlen.

Diese Schlacht um Seelen wird diejenigen schockieren, die Mich wahrhaftig kennen, denn die Bosheit, von der ihr Zeugen sein müsst, werdet ihr bei Menschen sehen, die ihr für gut haltet. Satan wird nichts unversucht lassen, und er wird jede Seele missbrauchen, vor allem diejenigen, die Mir nahe sind, um sie von Meinen Lehren abzubringen. Während die Schlacht eine Zeit lang wüten wird, werde Ich — durch Umkehr — durch diese Mission Milliarden von Seelen retten.

Euer Jesus

770. Dieses Zeichen — das nicht mit dem Zeichen des Tieres verwechselt werden darf — wird das Symbol der neuen Eine-Welt-Religion sein.

Mittwoch, 17. April 2013, 20:00 Uhr

Meine innig geliebte Tochter, Mein Herz bebt, da Ich das Elend und das Leid ertragen muss, das die ganze Menschheit zu ertragen haben wird. Es ist nicht Meine Hand, die dies verursachen wird, sondern der Fluch Satans, da sein Geist umherstreift und auf seinem Weg Seelen verschlingt. So nichtsahnend sind die Menschen, was diesen Einfluss des Bösen betrifft, dass sie alles andere für ihr Leiden verantwortlich machen. Sie geben anderen die Schuld an ihrer Not und verstehen nicht, dass es ihr fehlender Glaube an Gott ist, der in ihrem Leben solch ein Chaos hervorruft.

Während der Geist des Teufels die Menschheit packt, wird das Licht Gottes mit ihm kollidieren, auf eine Weise, die in einer Reihe von Umständen sichtbar wird.

Stürme werden sich häufen, und in so vielen Ländern wird Aufruhr zu spüren sein. Man wird in den Nationen Unruhen sehen, da die Macht von Regierungen den Menschen, über die sie regieren, die Freiheit nimmt. Dann werden die Kirchen — darunter all jene, die Gott, den Dreieinen Gott lieben — beginnen, ihre Gottesdienste einzustellen und ihre Türen zu schließen.

Die Zahl der Kirchen, die schließen werden, wird man in allen westlichen Ländern sehen. Bald wird man das Zeichen des Kommunismus erkennen durch ein besonderes Symbol, das in Kirchen, die offen bleiben, in den Medien, auf Kleidungsstücken, in Filmen auftauchen wird — und dieses Zeichen wird von jenen in hohen Stellungen stolz getragen werden. Man wird es als ein Ehrenzeichen ansehen, und es wird von Mitgliedern der Hierarchien in allen Hauptkirchen und -konfessionen offen zur Schau gestellt werden. Man wird dieses Symbol an öffentlichen Plätzen sehen, auf Altären, auf Flughäfen und an den Gewändern, die von den Oberhäuptern in den Kirchen getragen werden.

Dieses Zeichen — das nicht mit dem Zeichen des Tieres verwechselt werden darf — wird das Symbol der neuen Eine-Welt-Religion sein. Jene, die dafür verantwortlich sind, werden keine Angst mehr haben, ihr Zeichen offen sichtbar zu machen, welches ein Symbol ist für die Kontrolle und für ihre Gefolgschaftstreue gegenüber dem Tier.

Der Tag, an dem das tägliche Messopfer — in der Form, wie es in Meinem Heiligen Namen dargebracht werden muss — eingestellt wird, wird der Tag sein, an dem dieses Symbol auf den Altären und vor allen Tabernakeln in der Welt erscheinen wird.

Betet, Meine geliebten Anhänger, dass ihr bei diesen Meinen heiligen Dienern, die Mir treu bleiben werden, Zuspruch finden werdet, denn ihr werdet während dieser Prüfungen dringend des Trostes bedürfen. Ich werde euch immer aufheben und euch tragen. Ich werde euch niemals verlassen, aber ihr dürft niemals von Meinen Lehren abweichen bzw. heidnische Praktiken als Ersatz für die Wahrheit akzeptieren.

Euer Jesus

771. Ich bitte diejenigen, die aufgrund dieser Botschaften verängstigt und verwirrt sind, Mich jetzt anzuhören.
Freitag, 19. April 2013, 17:00 Uhr

Meine innig geliebte Tochter, wie einsam diese Mission doch ist, trotz Hunderttausender Seelen, die dich umgeben mit ihrer Liebe und ihren Gebeten.

Wenn du für Mich arbeitest und dich selbst aufgibst — in völliger Hingabe zu Meinen Füßen —, wirst du dich sehr allein fühlen. Du wirst dem Zorn Meiner Feinde ausgesetzt sein, die dich nicht einen Moment lang in Frieden lassen werden. Du, Meine Tochter, musst jetzt zuhören, wie Ich all jenen, die Mich in diesen Worten — die Ich Gottes Kindern schenke — ablehnen, ein besonderes Geschenk anbiete.

Ich bitte diejenigen, die aufgrund dieser Botschaften verängstigt und verwirrt sind, Mich jetzt anzuhören. Wisst ihr nicht, wie sehr Ich euch doch liebe, selbst wenn euch das ärgert? Wisst ihr nicht, dass Ich euch niemals dafür bestrafen würde, dass ihr diese Botschaften nicht annehmt, die euch nur deshalb gegeben werden, damit Ich euch für die Prüfungen, die vor euch liegen, vorbereiten und stärken kann? Erkennt ihr

Mich, euren geliebten Jesus, denn nicht, wenn Ich jetzt nach euch rufe?

Ich Bin euer Heiland und Ich würde euch niemals beiseite werfen, wenn ihr in eurem Geist Zweifel hegt. Wie könnte Ich euch böse sein, wenn ihr Mich liebt und ihr euch nur um die Wahrheit bemüht? Ich bereite euch jetzt auf die Herausforderungen vor, denen ihr jetzt gegenüberstehen werdet, da sich die vorausgesagten Prophezeiungen von der Verfolgung Meiner Kirche auf Erden entfalten.

Damit Ich euch also in die Barmherzigkeit Meiner Liebe ziehen und eure Herzen erleuchten kann, gebe Ich euch dieses Geschenk. Ich verspreche euch, dass, wenn ihr Mich auf diese Weise anruft — durch dieses Gebet —, dass eure Zweifel darüber, Wer Ich Bin, der jetzt mit euch spricht, verschwinden werden. Ich biete euch dieses Geschenk an, damit ihr durch die Gebete, die Ich der Welt in dieser Zeit gebe, die gesamte Menschheit retten könnt.

Wenn ihr zu Mir kommt, ohne Stolz und mit einem offenen und reinen Gewissen, werdet ihr sofort wissen, dass euch dieses Geschenk gegeben wurde. Es ist das Geschenk der Bekehrung für andere Menschen.

Kreuzzuggebet (105) „Geschenk der Bekehrung für andere Menschen"

„O mein liebster Jesus, in meiner Liebe zu Dir bitte ich Dich: Lass meine Seele mit Dir vereint sein..

Nimm meine Seele, bedecke sie mit Deinem Heiligen Geist und hilf mir — durch dieses Gebet —, all diejenigen zu retten, mit denen ich in Kontakt komme.

Hülle jede Seele, der ich begegne, in Deine Heilige Barmherzigkeit und biete ihnen die Rettung an, die notwendig ist, um in Dein Königreich einzugehen.

Höre meine Gebete. Höre meine Bitten — und durch Deine Barmherzigkeit rette die Seelen der gesamten Menschheit. Amen."

Diejenigen von euch, die über diese Botschaften abfällige Bemerkungen machen und die sie ablehnen, bitte Ich: Kommt zu Mir. Ich werde euch die Wahrheit zeigen. Ich werde euch annehmen und euch Trost schenken. Ich werde euch immer lieben, wie sehr ihr Mich auch beleidigt.

Euer Jesus

772. Wenn der Mensch nicht an Gott glaubt, dann akzeptiert er nicht den Unterschied zwischen richtig und falsch.
Samstag, 20. April 2013, 16:45 Uhr

Meine innig geliebte Tochter, der Himmel ist voller Kummer wegen des Schmerzes, den Meine geliebten Anhänger auf Erden zu ertragen haben. All die Engel und die Heiligen vereinen sich wie Eins, um für die Menschheit zu beten, da diese einen solch bösen Angriff durch Satan und all seine bösen Geister erträgt. Während ihre Gebete von Mir angenommen werden und Gebetserhörungen stattfinden, bitte Ich all jene, die

sich Christen nennen, zu beten wie nie zuvor.

Gebete, die täglich aufgeopfert werden zum Schutz vor dämonischen Kräften, welche die Erde unterwandern, werden dazu beitragen, die Erde von bösen Geistern zu reinigen. Ihr müsst hoffnungsvoll bleiben, und wenn ihr Mir treu bleibt, werdet ihr sogar noch stärker werden.

Die Stärke der Christen, die vereint sind in der Wahrheit Gottes, wird eine mächtige Abwehrmauer gegen das Tier darstellen, dessen Pläne, Gottes Kinder zu verletzen, in dieser Zeit realisiert werden. Ihr müsst vor Mir stehen und eure unsterbliche Liebe zu Mir erklären — und Ich werde euch in Meiner Streitmacht führen, die niemals besiegt werden wird. Da Meine Armee an Größe zunimmt und da Milliarden mehr Seelen sich bekehren und Mich annehmen, wird dies dazu beitragen, das Tier zu töten.

Eure Pflicht, Meine geliebten Anhänger, ist es, euch auf diejenigen zu konzentrieren, die Meine Hand der Barmherzigkeit zurückweisen werden. Lasst euch dadurch nicht abbringen, dass man euch in Meinem Namen lächerlich macht, alles, was ihr tun müsst, ist, innig um die Rettung der Seelen zu bitten. Wisst, dass der Armee Gottes auf Erden besondere Gnaden gewährt werden, damit sie auch die Seelen derer, die Mein Heiliges Wort anzweifeln, mitnehmen kann.

Zweifel, wenn man sie weiternagen lässt, trennen den Menschen von Gott. Zweifel werden von Satan in die Herzen der Menschen gelegt, um die Kinder Gottes zu täuschen und sie glauben zu lassen, dass Er, Gott, nicht existiere.

Wenn der Mensch nicht an Gott glaubt, dann akzeptiert er nicht den Unterschied zwischen richtig und falsch. Ohne Führung vonseiten Gottes wird er in jede Falle tappen, die ihm von Satan gestellt wird. So viel Hass zeigt sich dann in den Herzen der Menschen, denn sobald sie sich dem Teufel öffnen, füllen sich ihre Herzen mit Wut. Ihre schlimmste Wut wird sich dann gegen die Christen richten, und doch werden diese Menschen nicht wissen, warum sie so fühlen. Dies ist der Grund, warum diejenigen, die behaupten, nicht an Gott zu glauben, mehr Zeit damit verbringen, diejenigen zu verurteilen, die an Ihn glauben.

Betet, betet, betet für ihre Seelen.

Euer Jesus

773. Der Turm von Babel wird noch einmal errichtet und als ein Tempel Gottes präsentiert werden.

Sonntag, 21. April 2013, 14:45 Uhr

Meine innig geliebte Tochter, wer kann Meinen Tod am Kreuz leugnen? Wer kann leugnen, dass Ich Mein Leben hingegeben habe, damit die Wahrheit überall Sünder retten werde? Wer von euch wird dann also, wenn die Zeit kommt, die Wahrheit Meiner Kirche auf Erden leugnen, wenn sie Stein für Stein auseinander genommen sein wird?

Euch wurde die Wahrheit gegeben. Ihr kennt Meine Lehren. Also werdet ihr Meine Kirche an Meinen Lehren erkennen. Meine Kirche auf Erden ist die Wahrheit. Meine Kirche auf Erden ist Mein Leib. Wenn also ein Mensch aus eurer Mitte Meinen Leib geißelt, dann Meine Lehren neu erfindet und euch dann Lügen präsentiert, werdet ihr Mich dann verleugnen?

Ich, Jesus Christus, sage euch das nicht, um euch zu spalten. Ich sage euch diese Dinge, damit ihr Meine Lehren ehrt, die Heiligen Sakramente bewahrt und fest in der Wahrheit steht. Kein Mensch auf Erden kann die Lehren Meiner Kirche ändern. Kein Mensch. Nicht einer von euch wurde befugt, neue Lehren zu verkünden und sie als die Meinen auszugeben. Dennoch werden Mich viele von euch verleugnen, indem sie die Wahrheit leugnen, die ihnen vor zweitausend Jahren geschenkt worden ist. So mangelhaft ist euer Wissen von heiligen Dingen, dass euch an den neuen Gesetzen — die eine Gotteslästerung Mir gegenüber sein werden — nichts auffallen wird, wenn sie in Meine Kirche auf Erden eingeführt werden.

Genau wie früher schon wird der Turm von Babel — noch einmal — errichtet werden und als ein Tempel Gottes präsentiert werden. Er wird sich in Rom befinden und wird das neue Symbol der neuen Eine-Welt-Religion zeigen. Dieses Symbol wird auf dem Dach zu sehen sein, beim Eingang, und es wird auf dem Hochaltar eine vorrangige Stellung haben. Mein kostbarer Tabernakel in Gold — geschändet in all seiner Herrlichkeit — wird in der Mitte des Altars stehen und für alle sichtbar sein. Diese Beleidigung wird bedeuten, dass dem Tier die Türe offen stehen wird, um in Meinen Tabernakel einzudringen. Meine Gegenwart wird zu dieser Zeit verschwinden.

Millionen von Menschen — vielen von ihnen wird die Bedeutung dieses Gräuels nicht bewusst sein — werden alles tun, was von ihnen verlangt werden wird, und sie werden vor dem Tier beten. Neue Gewänder, die mit Gold-Emblemen bestückt sein werden und das Aussehen bescheidener Talare haben werden, werden von denen getragen werden, die in diesem sogenannten Tempel dienen werden. Das Gold-Emblem, das in einer dreisten Art und Weise gezeigt werden wird, wird das Symbol der Neuen-Welt-Religion sein.

Die Kreuze werden verschwinden. Mein Kruzifix wird nirgendwo mehr zu sehen sein.

Dann werden dort, wo man noch Kruzifixe findet, auf einigen öffentlichen Plätzen, die Menschen per Gesetz gezwungen werden, sie zu entfernen.

Der neue Turm, der Satan ehren wird, wird in vielen Ländern nachgebildet werden — und dann wird der zweite Teil der Täuschung bekannt gemacht werden: Die Existenz der Hölle wird von der Kirche öffentlich als Unsinn erklärt werden. Die Menschen werden in einem falschen Gefühl von Sicherheit gewiegt werden, wenn diese blanke Lüge von allen Kirchen akzeptiert werden wird. Es wird argumentiert werden, dass Gott niemals erlauben würde, dass ein solcher Ort existiere. Dass Er alle Menschen liebe und dass die Existenz der Hölle im Laufe der Jahrhunderte von religiösen Fanatikern verbreitet worden sei. Und so werden die Menschen sogar über die Existenz der Todsünde hinwegsehen. Die Sünde wird eine so weitgehende Akzeptanz erreichen, dass die Menschen nicht mehr beten oder um Barmherzigkeit bitten werden, denn es wird nicht Gott sein, den sie anerkennen werden. Es wird das Tier sein, dem sie ihre Seelen übergeben werden, und jeder Schritt ihres Weges wird von den Feinden Gottes sorgfältig arrangiert werden.

Euer Jesus

774. Mutter Gottes: Um Seines Reiches würdig gemacht zu werden, müssen sie von weltlichen Einflüssen frei gemacht werden.

Montag, 22. April 2013, 16:00 Uhr

Mein Kind, damit Gottes Kinder gerettet werden können, müssen sie dem Weg Meines Sohnes folgen. Sie müssen akzeptieren, dass sie, um Seines Reiches würdig gemacht zu werden, von weltlichen Einflüssen, die sie von Gott trennen, frei gemacht werden müssen.

Diejenigen, die sich zu Meinem Sohn hinwenden, während sie nach der Wahrheit auslangen, werden erkennen, dass in ihrem Leben eine Reihe von Veränderungen stattfinden wird. Diejenigen, die Ihn nicht kennen und Ihm zum ersten Mal ihr Herz öffnen, werden Tränen weinen. Diese Tränen werden die Folge der Liebe sein, die Er in ihren Herzen erwecken wird, — und sie werden überwältigt sein. Dies sind die Tränen der Bekehrung. Ihre Herzen und Seelen werden von einer Liebe erfüllt werden, die sie niemals zuvor gekannt haben. Dies ist die Liebe Gottes, und sie ist ein Geschenk vom Himmel.

Erfüllt mit dem Licht Gottes, werden sie — bald danach — die Finsternis des Teufels anziehen, der Seelen aufspürt, die mit diesem Licht erfüllt sind. Dies ist dann, wenn sie durch andere Menschen leiden werden, die vom Teufel benutzt werden, um ihren Glauben und ihre Treue zu Gott anzugreifen.

Diejenigen mit einer einfachen Liebe zu Meinem Sohn, frei von aller menschlichen Arroganz und allem Stolz — die dem Druck jener, die Meinen Sohn denunzieren, nicht

erliegen —, werden genauso leiden, wie Er litt. Es wird ihnen wehtun, wenn sie die Sünde mitansehen müssen, denn sie fühlen den gleichen Schmerz wie Mein Sohn. Sie werden fallen und stolpern, genau so, wie Mein Sohn auf der Straße zum Kalvarienberg fiel und stolperte. Denn solange sie leben, werden sie den Schmerz von Meines Sohnes Leiden fühlen. So wird das bleiben, bis die endgültige Reinigung der Welt abgeschlossen sein wird.

Habt niemals das Gefühl, dass diese Treue zu Meinem Sohn immer nur den Beigeschmack von Schmerz hat, denn sie bringt auch Freude, Frieden und Hoffnung, was seinerseits ewiges Leben bringt. Ihr dürft niemals zulassen, dass eure Liebe zu Meinem Sohn euch von den ganzen Kindern Gottes trennt. Stattdessen müsst ihr jede Seele zu erreichen suchen, vor allem diejenigen, die Meinem Sohn niemals ihre Herzen geöffnet haben. Sie brauchen eure Hilfe. Durch das Geschenk der Bekehrung sind euch die Gnaden gegeben worden, die ihr braucht, um diese Seelen zu Meinem Sohn zu bringen. Ihr müsst dies tun, indem ihr den Schmerz annehmt, den ihr — als Soldat Christi — ertragen müsst, und ihr müsst dies tun durch eure Gebete und Opfer für andere.

Eure geliebte Mutter
Mutter der Erlösung

775. Alle falschen Propheten werden von Mir vertrieben und schwer bestraft werden.

Dienstag, 23. April 2013, 16:55 Uhr

Meine innig geliebte Tochter, Meine Visionäre auf der ganzen Welt machen in dieser Zeit großes Leiden durch, da sie den Schmerz ertragen, der erforderlich ist, um die Seelen der Menschheit zu retten. Sie, die sich ganz in Meinen Dienst gestellt haben, werden alleine gehen, wie Ich es tat, als Ich den Kalvarienberg erklomm, mit nur ganz wenigen, die ihnen zu Hilfe kommen werden.

Während diese Meine aufrichtigen Seelen Schmerz, Spott und Ablehnung erleiden, so werden die falschen Propheten und Visionäre verherrlicht werden, und sie werden viele täuschen. Die falschen Propheten werden sich unter euch erheben und Lob und Ruhm ernten. Hinter ihrer Fassade der Demut und süßer Worte wird eine Leere sein, die vom Geist des Bösen abstammt.

Ich warne die Welt davor, diesen falschen Propheten zu folgen, die in Meinem Heiligen Namen Ruhm, Schmeichelei und Lob für sich selbst suchen. Kein Mensch, der von Mir, Jesus Christus, gesandt ist, wird sich selbst erhöhen, um euch dazu zu bringen, zu seinen Füßen niederzufallen. Kein Prophet von Mir wird auf einem Podest stehen und sagen, er sei größer als ihr. Er muss es nicht unbedingt aussprechen, dass er größer als seine Brüder und Schwestern sei, um dies auszusagen. Alles, was er tun muss, ist, Worte sogenannter „Weisheit" in einer Weise zu predigen, die euch dazu bringen zu glauben, dass er gepriesen werden sollte für seine eigene vermeintliche Treue zu Gott. Statt zum Gebet anzuspornen und euch näher zu Gott zu bringen, wird er zu allererst Respekt gebieten und von euch Respekt einfordern. Er wird dies tun, indem er euch Merkmale solcher Art demonstrieren wird, die ihr mit frommen Menschen in Verbindung bringen würdet. Diese falschen Propheten werden Seelen anziehen — und zwar durch die Sünde des Stolzes. Der Stolz in einem falschen Propheten wird den Stolz in anderen Seelen anziehen. Einer lobpreist den anderen, indem sie den Namen Gottes benutzen, um ihre Großartigkeit zu verkünden.

Seid auf der Hut vor jenen, die euch bitten werden, euch mit dem zu bedecken, was sie als besondere Gaben bezeichnen, welche die Geistwelt anziehen. Ihr müsst diejenigen meiden, die euch in Meinem Namen dazu einladen, euch mit Geistern zu befassen, von welchen sie sagen, dass sie euch großen Frieden und Trost bringen werden, wo aber Gott nicht erwähnt wird. Wenn ihr nicht eingeladen werdet, euch in Demut vor Gott zu beugen, ihr stattdessen gebeten werdet, euch selbst und euer eigenes Wohlbefinden an die erste Stelle, vor die Bedürfnisse anderer Menschen zu stellen, dann müsst ihr wissen, dass dies niemals von Gott kommen kann. Ihr dürft niemals eure eigenen Interessen oder die Interessen anderer Menschen Gott vorziehen. Alles, worum ihr bittet, muss dem Heiligen Willen Gottes entsprechen.

Viele der falschen Propheten auf dieser Welt arbeiten mit Geistern, die nicht von Mir kommen. Sie werden für die Wichtigkeit von innerer Heilung, positivem Denken und Metaphysik werben, die alle auf eines hinauslaufen: Der Mensch wird ermutigt werden, sich selbst vor Gott zu erhöhen.

Alle falschen Propheten werden von Mir vertrieben und schwer bestraft werden. Ihre Strafen werden über die Bestrafung des gewöhnlichen Sterblichen hinausgehen, weil sie für den Verlust so vieler Seelen verantwortlich sein werden.

Euer Jesus

776. Mutter Gottes: Dieses Mal wird Er nicht im Fleisch, nicht als Mensch kommen.

Mittwoch, 24. April 2013, 14:15 Uhr

Meine geliebten Kinder, aus Seiner großen Liebe für die Menschheit heraus bereitet Mein Sohn euch jetzt auf Sein Zweites Kommen vor. Weil Er euch liebt, spricht Er jetzt zu euch, durch Seine Propheten, um sicherzustellen, dass niemand Seiner Barmherzigkeit entgeht. Genau wie Gott Johannes den Täufer sandte, damit er die Welt vorbereite für Meinen Sohn — den eingeborenen Sohn Gottes, den Messias —, so offenbart Mein Sohn euch jetzt den letzten Plan. Dieser letzte Rettungsplan wird ähnlich sein wie Sein erstes Kommen, aber mit einem Unterschied: Dieses Mal wird Er nicht im Fleisch, nicht als Mensch kommen.

Jetzt, wo euch erneut die Wahrheit offenbart wird, erinnert Mein Sohn euch durch Sein Heiliges Wort an alles, was von Gott kommt, während Er die letzten Phasen vorbereitet. Als Mein Sohn auf Erden wandelte, wurde Gottes Kindern die Wahrheit geschenkt. Jetzt wird euch die volle Wahrheit gegeben werden, die auch Offenbarungen über die Arbeit der Feinde Gottes beinhaltet — in eurem eigenen Interesse, damit ihr nicht getäuscht werdet. Ihr müsst von Herzen großzügig sein, wenn Mein Sohn euch diese Geschenke bringt, die eure Seelen nähren werden.

Wann immer Ich Gottes auserwählten Visionären erschienen bin, im Laufe der Jahre, war es, um die Seelen auf diese Zeiten vorzubereiten. Jetzt, wo ihr euch auf die Verfolgung vorbereitet, die den Christen zugefügt werden wird und extrem schwierig werden, weil es eine Schändung des Geistes sein wird, und das wird den größten Schaden anrichten. Wenn ihr die Wahrheit von Gottes Wort kennt und wenn ihr wisst, wie man die Arbeit des Betrügers erkennt, dann werdet ihr stärker werden. Es ist weit wichtiger, dem Wort Gottes treu zu bleiben, als Lügen zu akzeptieren, die euch künftig von denjenigen, die nicht von Gott kommen, präsentiert werden.

Mein Sohn wird euch zu großer Herrlichkeit erheben, wenn ihr Seinem Heiligen Wort gehorcht und Seine Lehren bewahrt. Ich bitte euch, zeigt Meinem Sohn den Respekt, den Er verdient. Diejenigen, die Ihn abgelehnt haben, als Er auf Erden wandelte, nahmen letztendlich — als Er am Kreuze starb — die Wahrheit dessen, Wer Er war, an. Jene, die heute Sein Wort ablehnen, werden an dem Tag, an dem Er kommt, um zu richten, letztendlich die Wahrheit realisieren. Für viele wird das zu spät sein.

Betet, dass alle Seelen dem Vermächtnis Meines geliebten Sohnes, Jesus Christus, treu bleiben werden, denn nur diejenigen, die Ihn annehmen, können in Sein Reich aufgenommen werden.

Eure geliebte Mutter
Mutter der Erlösung

777. Diese abscheulichen Handlungen müssen geschehen, da die Erde jetzt gereinigt wird.

Mittwoch, 24. April 2013, 14:40 Uhr

Meine innig geliebte Tochter, da Ich fortfahre, die Welt mit Meinem Geschenk des Heiligen Geistes zu reinigen, ist größerer Hass auf Mich, Jesus Christus, die Folge daraus.

Während Meine Gegenwart in den Herzen der Menschen zunimmt, wird die Dimension des Hasses durch die Handlungen derer sichtbar werden, die Meinem Höchstheiligen Wort widersprechen.

Diejenigen, die fortfahren, Gesetze zu erlassen, die gegen Gott lästern, werden verstärkt alles tun, um das Wort Gottes zu verunreinigen. Diese abscheulichen Handlungen müssen geschehen, da die Erde jetzt gereinigt wird. In dem Maße, wie sich die

Reinigung intensiviert, wird euch auch das Böse der Sünde bloßgelegt werden. Ihr werdet feststellen, dass jede nur denkbare Handlung, die Gott entgegen ist, durch diese Meine Feinde aktiv unterstützt werden wird. Viele werden ihre Unschuld beteuern, aber diese Handlungen werden von den Meinen, die die Wahrheit kennen, nicht akzeptiert werden. Die Gabe der Unterscheidung, die Ich vielen Seelen vermache, bedeutet, dass diese bösen Handlungen, die von jenen verübt werden, die sich in Machtpositionen befinden und Nationen kontrollieren, als das erkannt werden, was sie sind: das Werk Satans.

Satans böse Geister haben ihre Präsenz in den Seelen derer, die nicht an Gott glauben, erhöht. Nicht zufrieden damit, dass solche Seelen Gott den Rücken kehren, treiben diese bösen Geister diese Menschen auch noch dazu an, sich für die übelsten Sünden einzusetzen. Mit der Zeit werden diese Seelen so verdorben und so voller Hass auf Gott sein, dass sie in eine Finsternis stürzen werden, die niemals das Licht Gottes wird tolerieren können.

Denkt daran: Meine Barmherzigkeit ist groß. Es wird nur durch Meine Barmherzigkeit sein, dass diese Menschen gerettet werden können. Es gibt keine andere Hoffnung für sie, denn viele dieser gequälten Seelen sind nicht fähig, aus ihrem eigenen freien Willen heraus um Meine Hand der Barmherzigkeit zu bitten — so verseucht sind sie. Jene von euch, die Mich kennen und die Mich lieben, müssen diesen armen Menschen helfen, indem sie um die Rettung ihrer Seelen flehen. Ihr müsst bitten, dass sie sich Mir jetzt zuwenden, damit Ich eingreifen kann, um die Verfolgung zu stoppen, die sie der Welt zufügen wollen. Ihr müsst Mich bitten — durch persönliche Opfer —, dass sie von dem Genozid, den sie planen, abgehalten werden. Die schlimmste Form von Genozid wird sich zeigen durch ungerechte Kriege und durch die Ermordung Unschuldiger im Mutterleib.

Euer Jesus

778. Sie werden fortwährend lügen, und ihre öffentlichen Predigten werden in den Augen Gottes ein sinnloses Geschwätz sein.

Donnerstag, 25. April 2013, 10:30 Uhr

Meine innig geliebte Tochter, es wird nicht lange dauern, bis die Kritiker innerhalb der katholischen Kirche, die ihren Gehorsam gegenüber Gott aufgegeben haben, sich versammeln werden, um einen bösartigen Angriff auf jene heiligen Diener zu starten, die der Wahrheit treu sind.

Diejenigen, die Meinem Leib gegenüber untreu sind, werden viele Gesetze ändern und werden neue Interpretationen der Bedeutung der Heiligen Eucharistie hervorbringen. Viele heilige Diener Gottes und Laien in allen christlichen Konfessionen werden beobachten, wie der Heilige Geist angegriffen werden wird. Viele werden schockiert sein über die Art und Weise, in der Mein

Name und Meine Lehren neu interpretiert werden, so dass der Schwerpunkt auf der Pflicht des Menschen gegenüber dem Menschen liegen wird. Die Menschen werden ermutigt werden, einander zu lieben und ihre Bedürfnisse vor den Altar Gottes zu legen.

Von außen betrachtet wird dieser Zugang zum Christentum als eine gute Sache angesehen werden. Er wird für die Bedeutung der Liebe werben, aber nicht in der von Gott geforderten Weise. Man wird beobachten können, wie sich Menschen in hohen Positionen gegenseitig lobpreisen, während sie religiöse Zeremonien ausüben. Sie werden sich — voll Ehrerbietung — voreinander verbeugen und sie werden sich — voll Lobhudelei — den Feinden Gottes zu Füßen werfen.

All diese grandiosen Riten werden die Welt täuschen, und viele werden die Absicht dieser Zeremonien nicht durchschauen. Diese Handlungen, diese neuen Predigten und neuen Zeremonien — angeblich, um Mich, Jesus Christus, zu ehren — werden stattdessen schwarz von Natur sein, denn sie werden das Tier verherrlichen.

Der König der Finsternis bewegt sich jetzt flink mit seinen bösen Geistern in den Herzen von vielen, die für die Führung Meiner Anhänger Verantwortung tragen. Einige dieser Diener erkennen nicht, dass sie durch den Teufel versucht werden. Ich sage ihnen: Kommt jetzt. Kommt zu Mir durch das Sakrament der Versöhnung. Wenn ihr um euren Glauben bangt, werde Ich euch erleuchten, aber ihr müsst eure Seele vom Stolz befreien. Es ist der Stolz, der euch weismacht, dass euer Intellekt dem Intellekt Gottes überlegen sei.

Andere — gleich Wölfen im Schafspelz — haben ihre Seelen an Satan verkauft. Und ebenso, wie er agiert, werden auch sie gerissen sein in der Art, wie sie Gottes Kinder täuschen werden. Sie werden andere verführen, indem sie ihre Diener loben, dass sie heilig seien, und dies wird diejenigen Diener anziehen, die voller Eigenliebe und Stolz sind — und die wie Schafe folgen werden. Sie werden fortwährend lügen, und ihre Predigten in der Öffentlichkeit werden in den Augen Gottes ein sinnloses Geschwätz sein. Kein Fünkchen wahrer Demut wird man in irgendeinem ihrer Worte finden, obwohl sie sich sehr bemühen werden sicherzustellen, dass sie sich in der Öffentlichkeit wie demütige Diener Gottes benehmen. Die Kraft des Heiligen Geistes wird in ihrer Gegenwart nicht vorhanden sein, und die Meinen, die Mich wahrlich kennen, werden dieses bezeugen.

So viele Meiner armen gottgeweihten Diener werden in diese Lügen hineingesaugt werden, was zur Entweihung Meines Leibes führen wird, und viele von denen, die sich ihrer Liebe zu Mir rühmen, werden die Ersten sein, die den nächsten Nagel einschlagen, da sie Mich von Neuem kreuzigen.

Meine Tochter, der Hass, den man dir entgegenbringen wird, wird von zwei Seiten kommen, als eine direkte Folge des Zerfalls Meiner Kirche auf Erden: einerseits von denen, die sagen, sie würden Meine Kirche auf Erden repräsentieren, die aber alles andere sind, nur nicht das, denn sie repräsentieren eine andere Lehre — andererseits von denen, die Meine treuen Diener sind, die dir nicht glauben werden.

Ihr müsst wissen, dass die Wahrheit Angst und Wut verursacht. Die Wahrheit, die den wahren Propheten Gottes gegeben wird, ruft nicht nur Wut hervor — aufgrund der Angst —, sie verursacht auch Empörung. Empörung und Wut kommen aus dem Geist des Bösen. Der Teufel wird alles nur Erdenkliche tun — durch die Herzen der Menschen —, um das Wort Gottes aufzuhalten.

Wut auf die Propheten ist ein Hass auf Gott.

Euer Jesus

779. Der Antichrist wird aus dem Osten sein, nicht aus dem Westen.
Freitag, 26. April 2013, 12.30 Uhr

Meine innig geliebte Tochter, die Welt wird jetzt auf das Auftreten des Antichristen vorbereitet. Er ist von einer Reihe mächtiger politischer Kräfte aufgebaut worden, um seinen großen Auftritt zu machen.

Der Antichrist wird aus dem Osten sein, nicht aus dem Westen, aber er wird von beiden, von Ost und West, und in jedem Winkel der Erde geliebt, geehrt und verehrt werden. Es wird wie folgt beginnen:

Der Antichrist wird — mit Hilfe der Feinde Gottes — schnell einen Krieg zwischen zwei Nationen herbeiführen, durch zwei eigensinnige und mächtige Führer. Diese Kriege werden eskalieren und dann auf andere Länder übergreifen. Wenn die Bedrohung so ernst wird, dass sie sich auf die mächtigsten Nationen auszuwirken beginnt, dann werden Friedensverhandlungen einsetzen.

Wie aus dem Nichts wird das Tier hervortreten. Und mit einem Geschick, das die Welt beeindrucken wird, wird er die Kriege zu einem Ende bringen. Er wird eine machtvolle Stimme haben. Er wird hochintelligent sein und ein beeindruckendes charismatisches Bild abgeben. Sein attraktives, gutes Aussehen, sein Charme und sein Sinn für Humor werden wie ein mächtiger hypnotisierender Magnet sein. Er wird großes Lob von namhaften Führern der Welt und den Medien auf sich ziehen und er wird eine gefeierte Berühmtheit werden. Sein Auftreten wird auf die Spitzenkräfte des Business Eindruck machen, die ihn als den Motor der Vermögensbeschaffung sehen werden, da die Volkswirtschaften zu wachsen beginnen werden.

Der Auftritt des Antichristen wird so außergewöhnlich sein, dass die Nationen sich lauthals überbieten werden, ihn dazu zu bewegen, ihre Länder zu besuchen. Er wird beliebt sein und wird bis ins letzte Detail jeden Augenblick Meiner Mission, als Ich auf Erden wandelte, kopieren. Während er über die Bedeutung der Liebe und des Friedens predigen wird und über die Wichtigkeit der Einheit unter den Nationen, wird man ihn große Wunder tun sehen, wo auch immer er hingeht. Dies ist kein Mensch wie jeder andere. Dies ist kein Mensch wie jede andere charismatische Galionsfigur. Sein Stern wird leuchten und funkeln wie kein anderer vor ihm. Man wird ihn als eine Galionsfigur der humanitären Eine-Welt-Religion sehen. Der sogenannte „Erfolg" dieser Abscheulichkeit wird ihm zugeschrieben werden. Jeder wird zu seinen Füßen niederfallen. Überall werden seine Porträts sein. Man wird ihn zusammen mit den Oberhäuptern vieler Religionsgemeinschaften sehen. Man wird bald sagen, dass in seiner Gegenwart Menschen spontan geheilt würden. Durch die Macht Satans wird er in der Lage sein, Dinge zu vollbringen, die viele schockieren werden, und diese werden für Wunder gehalten werden.

Spätestens dann wird er von denen, die keine Ahnung haben, als der Messias gesehen werden. Er wird dann andeuten, dass er von Gott gesandt worden sei, um die Welt zu retten. Viele — sogar diejenigen in der Welt, die Meine Existenz nicht akzeptieren — werden davon überzeugt sein, dass dieser Mann der Menschensohn, Jesus Christus, sei. Diejenigen, die ihn verehren, die tun, was er von ihnen verlangt, und die ihn anbeten, werden mit derart Bösem verseucht sein, dass ihre Seelen in ein Vakuum gesaugt werden, aus dem sie aus eigener Kraft keinen Ausweg mehr finden können.

Diejenigen, die die Wahrheit Meiner Lehren kennen, werden die Täuschung erkennen, die der Menschheit vorgesetzt wird, und sie werden diesem Gräuel standhalten. Diejenigen, die nur sagen, sie würden Gott kennen, und die praktizierende Christen sind, werden die Verheißung Meiner Wiederkunft nicht verstehen können. Wenn Ich wiederkomme, wird es sein, um zu richten. Ich werde niemals ein zweites Mal auf der Erde wandeln. Trotz all ihrer Kenntnisse von Meinen Lehren verstehen sie nicht, was Ich gesagt habe. Ich erinnere sie jetzt daran: Ich werde nicht im Fleisch wandeln. Jeder Mann, der sagt, er sei Ich, ist ein Lügner.

Euer Jesus

780. Jeden Tag müsst ihr euch fragen: Würde Gott meine heutigen Handlungen gutheißen?
Samstag, 27. April 2013, 13:20 Uhr

Meine innig geliebte Tochter, Ich muss jedem einzelnen Menschen, der heute auf dieser Erde lebt, deutlich machen, wie wichtig die Zeit ist, die ihm gegeben ist. Ich habe niemals in den Willen des Menschen eingegriffen, denn dieser ist eines der größten Geschenke an die Menschheit und er kann dem Menschen niemals genommen werden. Satan auf der anderen Seite greift in den freien Willen des Menschen ein und hat von Anfang an unerbittlich versucht, den

Geist des Menschen zu versklaven und seine Seele zu stehlen.

Daher ist es der dem Menschen gegebene freie Wille, wonach die bösen Geister trachten. Aber es geschieht auch durch den freien Willen des Menschen, dass das Tor zu Meinem Königreich aufgeschlossen werden kann. Weil ihr Fleisch seid und daher sterblich seid, ist die einzige Zeit, die ihr habt, um euch auf das ewige Leben vorzubereiten, jetzt. Dies dürft ihr niemals vergessen. Ihr müsst jederzeit bereit sein, denn ebenso, wie Mein Vater euch das Leben gab, so kann Er es euch jeden Moment an jedem x-beliebigen Tag wieder nehmen.

Wenn ihr jetzt — heute — sterben würdet, wäret ihr dann gerüstet, um vor Mein Angesicht zu kommen? Wisst ihr, welche Fehler ihr gemacht und welche Handlungen ihr begangen habt und mit welchem Hass ihr eurem Nächsten begegnet seid, was vor Mir alles offengelegt werden wird? Ihr müsst, um das ewige Leben erhalten zu können, wissen, was ihr jetzt — heute — tun müsst, um euch in Meinen Augen rein zu waschen.

An diejenigen, die auf der einen Seite stillschweigend über die Sünde hinweg sehen und andere Menschen verletzen, und auf der anderen Seite beten und ein Leben führen, von dem sie sagen, dass es Mir geweiht sei: Ich sage euch Folgendes: Stunde um Stunde verletzt ihr Mich mit eurer Heuchelei. Tag für Tag entfernt sich eure Seele weiter von Mir. Ihr müsst die Zehn Gebote befolgen, und zwar genau so, wie sie von Meinem Vater gegeben wurden, sonst könnt ihr nicht sagen, dass ihr zu Mir gehört.

So viele Seelen kommen nicht in den Himmel und viele müssen die Reinigung erleiden, die erforderlich ist, um sie für den Eintritt in Mein Königreich tauglich zu machen. Aber weit mehr Seelen werden in die ewige Finsternis geworfen. So viele Menschen realisieren wenige Minuten nach ihrem Tod auf Erden, wie sehr sie Gott beleidigt haben. Wie erschrocken und traurig sind sie dann! Sie erkennen, dass ihre Zeit, um zu bereuen, verstrichen ist und dass es zu diesem Zeitpunkt zu spät für sie ist.

Warum versteht ihr nicht, dass der Tod jederzeit eintreten kann? Dass ihr wissen müsst, dass, wenn ihr Gott beleidigt, ihr euch bemühen müsst, euer Verhalten zu ändern, um Frieden zu finden. Wenn ihr die Sünde meidet und beständig versucht, die Art und Weise, wie ihr mit anderen Menschen umgeht, zu verbessern, dass ihr dann erst wahren Frieden finden werdet. Wenn ihr in eurer Seele Frieden habt — der nur dann zustande kommen kann, wenn ihr die Sünde bekämpft und euer böses Tun bereut — dann werdet ihr Gott näher sein.

Jeden Tag müsst ihr euch fragen: Würde Gott meine heutigen Handlungen gutheißen? Ihr werdet in eurem Herzen die Antwort kennen.

Euer Jesus

781. Meine heutigen Worte werdet ihr am Jüngsten Tag wieder hören. Prägt sie euch ein.
Sonntag, 28. April 2013, 17:40 Uhr

Meine innig geliebte Tochter, Ich komme dieses Mal, um dich vor dem Verrat jener zu warnen, die dich in dieser Mission umgeben. Viele werden gezwungen werden, diesem Werk den Rücken zu kehren, und du darfst ihnen niemals nachlaufen. Ich lief niemals jenen nach, die Mich verfolgten. Stattdessen opferte Ich Mich als Lamm zum Schlachten, um Seelen zu retten.

Beobachte jetzt, wie diese nicht (von Gott) berufenen falschen Propheten, von Satan vorbereitet, bald in den Schoß jener genommen werden, die sagen, sie seien Diener Gottes. Ihre Prophezeiungen, von denen alle die Wahrheit leugnen, werden verwendet werden, um dich zu blamieren. Niemand darf glauben, auch nicht eine Sekunde lang, dass Meine Botschaften, die der Welt gegeben werden, um die Menschheit auf Meine Wiederkunft vorzubereiten, nicht in Stücke gerissen werden würden.

Meine Tochter, diese Hindernisse müssen von dir ignoriert werden. Durch deinen Gehorsam werde Ich dich stärker machen, denn dir läuft die Zeit davon, um sicherzustellen, dass die Gnaden, die Ich auf die Menschheit ausgieße, von allen erhalten werden.

Meine wahren Propheten kennen zum größten Teil die Heilige Schrift nicht, auch nicht die Prophezeiungen, die der Welt aufgrund Meiner Barmherzigkeit geschenkt werden. Sie brauchen keine Auszüge aus der Bibel zitieren, weil Ich nicht von ihnen verlange, dies zu tun. Mein Wort wird gegeben, wie es ist. Meine Heilige Bibel ist Heilig. Es gibt keinen Auftrag dazu, Textstellen aus ihr zu zitieren, um irgendeine göttliche Offenbarung zu bekräftigen. Wenn von Mir eine Botschaft gegeben wird, dann schreibt der Prophet das, was Ich diktiere. Niemals wird von ihm verlangt, Auszüge zu wiederholen, die der Welt durch Meine Apostel gegeben worden sind.

Ich Bin größer als alle, die Mir dienen. Mein Wort ist Heilig. Meine Geschenke an euch sind euch gegeben worden, um eure Seelen vorzubereiten, und das ist der Grund, warum allen echten Propheten Gebete gegeben werden, die das Verlangen entzünden, euch mit Meinem Herzen zu vereinen.

Die Verfolgung, die du zu ertragen hast, wird sich fortsetzen und noch schlimmer werden. Aber genau dann, wenn du glaubst am Ende deiner Kräfte zu sein, werde Ich der Welt Meine Göttliche Gegenwart beweisen. Leide mit Würde, Meine Kleine. Verteidige Mein Wort nicht, wie verlockend das auch sein mag, selbst dann nicht, wenn man dir üble Lügen präsentiert.

Diejenigen, die Mich kennen, werden ebenfalls wissen, wann Worte nicht von Mir kommen, denn Ich wohne in ihren Herzen. Trotzdem, Satan ist so gerissen, dass er Mich imitieren kann — mit einer Ausnahme: Er kann niemals anerkennen, dass Ich im Fleisch, als Mensch, kam oder dass Mein Leib in der Heiligen Eucharistie gegenwärtig ist.

Mein Geist legt jetzt zu und wird fortfahren, sich gegen die Kräfte des Bösen zu erheben. Jeder Dämon wird von Meinen Engeln erschlagen werden, bis am letzten Tag keiner mehr übrig ist.

Meine heutigen Worte werdet ihr am Jüngsten Tag wieder hören. Prägt sie euch ein.

Ich Bin der Anfang und das Ende. Ich komme, wie verheißen, um euch das ewige Leben zu bringen. Steht auf, ihr alle, die ihr an Mich glaubt, und empfangt die Wahrheit. Kommt zu Mir. Der Wille Meines Vaters herrsche im Neuen Himmel wie auf der Neuen Erde. Jubelt, denn Ich bringe allen, deren Namen im Buch des Lebens verzeichnet sind, Frieden und Einheit. Mein letzter Bund ist erfüllt. Meine Herrschaft ist gekommen. Steht auf und nehmt die Hand Gottes an.

Der Tag, an dem ihr diese Worte hören werdet, wird der Tag sein, an dem ihr die Wahrheit kennen werdet.

Lasst euch nicht täuschen, denn allein Gott — und die Geschenke der göttlichen Offenbarung — können euch die Liebe, den Frieden, die Freude und die Bekehrung bringen, welche die Welt durch diese Botschaften überfluten. Sie sind ein Geschenk. Sie sollen euch den richtigen Weg zu eurem rechtmäßigen Erbe zeigen. Nehmt sie an mit Wohlwollen und Dankbarkeit in eurer Seele.

Euer geliebter Jesus

782. Eine neue Form des Kreuzes wird eingeführt werden.
Dienstag, 30. April 2013, 15:40 Uhr

Meine innig geliebte Tochter, Meine Autorität wird niemals geringer werden. Sie wird wie ein Licht sein, das den dichten Nebel nicht voll durchdringt, aber dieses Licht wird immer sichtbar sein, auch wenn es bis zu einem schwachen Schimmer reduziert sein mag.

Wenn die Welt sich wieder wandelt, da der Geist des Bösen Spaltung um Spaltung hervorruft, wird es nur das Licht Gottes sein, das euch aufrechterhalten wird. Meine Gegenwart wird von denen gefühlt werden, die sich um Hilfe an Mich wenden; denn Ich werde euch niemals im Stich lassen, vor allem dann nicht, wenn ihr das Gefühl habt, dass alles hoffnungslos sei. Nichts als die Wahrheit wird euch helfen, mit eurer Situation zurecht zu kommen, dann, wenn der Mangel an Nächstenliebe zunimmt, der in der heutigen Welt offensichtlich ist, da sich die Herzen der Menschen zu Stein verwandeln.

Die Wahrheit ist in der Heiligen Bibel enthalten. Sie ist die Nahrung, durch die der Mensch jetzt und künftig leben kann. Sehr bald wird es unmöglich werden, eine Bibel zu kaufen, da viele Nationen — vor allem in

Europa — sich an die neuen Gesetze halten werden, die alle Bücher, die für das Wort Gottes werben, verbieten werden.

Gerade wird das Schreiben aufgesetzt, um alle, die im Dienst der Katholischen Kirche stehen, herbeizuwinken. Bald werden alle Meine gottgeweihten Diener über die Änderungen, die angeblich dem Wohle der Kirche dienen sollen, informiert werden.

Die neuen Regeln, die an Messgebeten vorgenommene Änderungen beinhalten werden, werden harmlos erscheinen. Viele werden die Tragweite der Änderungen nicht bemerken, doch sie werden im Zusammenhang mit der Heiligen Eucharistie stehen und mit Meiner Gegenwart in ihr. Das Wort 'gedenken' (englisch: commemorate) wird verwendet werden, und alle Kirchen werden bald von ihren Schätzen entrümpelt werden. Das Abziehen von Kirchenschätzen, darunter goldene Tabernakel — die durch solche aus Holz und Stein ersetzt werden —, wird eines der Zeichen dafür sein, dass sie für die Neue-Welt-Religion zusammengetragen werden.

Die Kirchen werden innerhalb ihrer Mauern verändert werden, und das wird die Entweihung der Altäre mit sich bringen. Die Monstranz, das Behältnis der Heiligen Eucharistie, wird zu verschwinden beginnen und die Tage, wo Meine Heilige Hostie (das Allerheiligste) ausgesetzt wird, werden zu Ende gehen.

Spottet jetzt über Mein Wort — und ihr werdet Tränen weinen, wenn diese Dinge sich vor euren Augen abspielen werden. Bald — nicht lange danach — werden die Gewänder, die von Meinen gottgeweihten Dienern getragen werden, abgeändert werden, und es wird eine neue Form des Kreuzes eingeführt werden. Diese neuerliche Abscheulichkeit wird nicht auf dem einfachen Kreuz basieren. Stattdessen wird es (das Kreuz) — auf diskrete Weise — den Kopf des Tieres zeigen.

Ich bitte euch, jetzt Meine heiligen Kreuze zu sammeln und sie in euren Häusern aufzubewahren, zusammen mit Weihwasser. Ich bitte euch alle dringend, an der Wahrheit festzuhalten, wie Ich es euch gesagt habe. Außerdem möchte Ich, dass ihr Mir vollkommen vertraut. Glaubt niemals, dass Ich euch der Gewalt des Teufels überlasse. Ich werde euch jederzeit nahe bleiben. Ich werde besondere Segnungen auf die Häupter Meiner geliebten, treuen heiligen Diener ausgießen, um sie mit Meinem Heiligsten Herzen aufs Engste verbunden zu halten.

Haltet eure Herzen nahe bei Mir und beieinander. Tröstet und stärkt euch gegenseitig, denn ihr müsst einander lieben, mehr denn je — vor und während der kommenden Zeiten. Ich Bin eure Familie. Ihr gehört Mir. Wir werden vereint bleiben, bis die Posaunen erschallen und die Ankündigung erfolgt, dass Ich Mich — endlich — offenbare, in Meinem Zweiten Kommen. Dann werdet ihr die Freude und den Frieden fühlen, die Ich euch versprochen habe. Dann wird alles Leid ein Ende haben.

Euer Jesus

783. Die Sünde der Abtreibung ist eine Todsünde, und die Verantwortlichen werden in Ewigkeit in den Feuern der Hölle brennen.

Mittwoch, 1. Mai 2013, 20 : 25 Uhr

Meine innig geliebte Tochter, dieses Eingreifen durch Mich, das Lamm Gottes, dadurch, dass Ich der Welt diese Botschaften offenbare, ist vorausgesagt worden.

Diejenigen von euch, die dem Wort Gottes folgen, müssen in Frieden sein, da Ich nicht will, dass ihr euch distanziert, denn Ich liebe euch. Ihr dürft niemals Meine Liebe fürchten, selbst dann nicht, wenn die Sünde euch von Mir trennt. Ich öffne die Augen aller, die sehen wollen, und Mein Heiliges Wort wird die Augen jener schließen, die es ablehnen, Meine Hand anzunehmen. Ich strecke Meine Hand nach euch aus, Meine geliebten Kinder, damit Ich euch in Sicherheit ziehen kann, weg von den Geiern, die eure Seelen verschlingen wollen.

Jeden Tag — von diesem Tag an — werdet ihr viele Stimmen rufen hören, die eure Aufmerksamkeit verlangen. Sie werden euch diabolische Lügen und Argumente präsentieren, getarnt mit der Süße des Honigs. Sie werden auf euch einreden und euch unaufhörlich mit Argumenten bombardieren, damit ihr ihre Argumentation wahrnehmt. Im Namen von humanitären Gründen — die die Sünde billigen — werden sie nicht damit aufhören, bis ihr akzeptiert, was sie euch zu schlucken zwingen wollen.

Die Abtreibung — Mord in den Augen Gottes — wird allen Völkern als Zeichen des Trotzes gegen den Allmächtigen Vater, Gott den Allerhöchsten, aufgezwungen. Wenn ihr über diese böse Abscheulichkeit stillschweigend hinwegseht, seid ihr einer schrecklichen Sünde schuldig. Die Sünde der Abtreibung ist eine Todsünde, und die Verantwortlichen werden in Ewigkeit in den Feuern der Hölle brennen.

An diejenigen von euch, die sich weigern, diesen schwerwiegenden Fehler (des Hinwegsehens über die Sünde) einzusehen, ihr habt wenig Zeit, um euer Heil zu sichern. Denn wenn der große Tag kommt, ohne dass ihr euch von diesem bösen Akt abgewendet habt, werdet ihr niemals das Antlitz Gottes sehen.

Mord ist eine der schlimmsten Trotzhandlungen gegen Gott und wird mit Kastration bestraft werden. Die große Spaltung zwischen der Menschheit hat begonnen. Diejenigen, die auf der Seite des Tieres stehen und all das, was dem Worte Gottes trotzt, billigen, werden von ihren Brüdern und Schwestern getrennt werden. Unterschätzt Meine Warnung nicht. Akzeptiert die Abtreibung — und ihr akzeptiert die vorsätzliche Tötung eines Kindes Gottes. Wenn ihr in eurer Seele keine Reue empfinden könnt, dann werdet ihr Mich niemals sehen. Ich werde euch in die Wildnis werfen.

Meine Liebe und Barmherzigkeit mag groß sein. Ich werde den schwärzesten Seelen vergeben, aber ohne Reue steht am Ende Meine Gerechtigkeit. Meine Strafe ist ewig. Liebt Mich — und Ich werde euch liebevoll umsorgen. Zerstört das Leben eines anderen Menschen, das von der Liebe Meines Vaters erschaffen ist, — und auch ihr werdet euer Leben verlieren.

Euer Jesus

784. Sie werden der Verbrechen gegen den Stuhl Petri beschuldigt werden, und sie werden in Meinem Namen öffentlich gedemütigt werden.

Donnerstag, 2. Mai 2013, 20:07 Uhr

Meine innig geliebte Tochter, die Kirche wird von vielen in den höchsten Rängen verlassen werden, weil viele die neuen, falschen Lehren übernehmen werden, die sie in das Reich der Finsternis führen werden.

Diejenigen, die Mir treu bleiben, und diejenigen, die den Gräuel zurückweisen, werden vom Apostel Petrus geführt werden, der auf dem ersten Stuhl von Rom saß. Er wird Meinen geliebten Benedikt führen, der, wie vorausgesagt, ihnen helfen wird, die Wahrheit zu erkennen. Er wird den Horror mitansehen müssen, aber er wird von denen unterstützt werden, die dem Einen Wahren Wort Gottes Treue geschworen haben.

Und so wird das Schisma beginnen. Diejenigen, die den falschen Lehren folgen, wo Ich, Jesus Christus, nicht verehrt werde, werden von dem Tier und seinen Dämonen in Fetzen gerissen werden. Sie, Meine unschuldigen Diener, die diese Botschaften bisher nicht angenommen haben, werden jetzt zu Mir gelaufen kommen, um Trost zu finden. Meine Prophezeiungen lügen nicht, und sehr bald werden viele dieser unglücklichen Seelen vom Heiligen Stuhl verworfen werden. Sie werden der Verbrechen gegen den Stuhl Petri beschuldigt werden und sie werden in Meinem Namen öffentlich gedemütigt werden.

Ich sage ihnen: Bleibt ruhig und seid im Frieden, denn wenn ihr der Wahrheit folgt, dann werdet ihr gerettet werden. Ihr dürft niemals eine verwässerte Lehre akzeptieren, die Meiner Autorität entbehrt. An diejenigen, die Lügen akzeptieren, im Glauben, dass sie ihre Pflicht tun: Ihr müsst verstehen, dass ein schwieriger Weg vor euch liegt. Ihr habt die Wahl zwischen zwei Möglichkeiten: entweder im Licht Gottes zu bleiben oder euch von Meinen Heiligen Sakramenten abzuwenden.

Bald werden viele von euch klar erkennen, wovor Ich euch gewarnt habe. Die Spaltung wird brutal sein und es wird ein Krieg zwischen Wahrheit und Lüge folgen. Dadurch wird die katholische Kirche so weit herunterkommen, bis sie einem Haufen Steine gleicht, aber die Eine Wahre Kirche wird aufrecht stehen bleiben, da Meine treuen Diener Meine Rest-Armee aufbauen. Sie werden bis zum bitteren Ende kämpfen, um das Heilige Wort Gottes zu bewahren.

Euer Jesus

785. Die scheinbar authentischen Ansichten, die sie präsentieren werden, werden als eine neue Form des Katholizismus gesehen werden.

Freitag, 3. Mai 2013

Meine innig geliebte Tochter, der diabolische Plan, die katholische Kirche von innen heraus zu zerstören, ist bereits im Gange. Alles, was Gott heilig ist, wird beiseite geworfen werden, und jene Oberhäupter der frisch erneuerten, modernen Kirche, die bald vorgestellt werden wird, damit sie alle sehen können, werden in ihren Ansichten liberal sein, aber sie werden Feinde der Wahrheit sein.

Die scheinbar authentischen Ansichten, die sie präsentieren werden, werden als eine neue Form des Katholizismus gesehen werden. Viele Christen werden sagen: Was hat das mit mir zu tun? Wenn Meine Kirche, die von Meinem Apostel Petrus gegründet worden ist, auf diese Weise demontiert wird, wird es Auswirkungen auf all diejenigen haben, die Mir folgen. Wenn Mein Wort und Meine Lehren auseinandergenommen werden und dann für die egoistischen Bedürfnisse des Menschen annehmbar gemacht werden, dann wird es — obwohl es sich dabei um Lügen handelt — mit der Zeit so aussehen, als ob das die Wahrheit wäre.

Die Lügen, die der Welt aufgrund der diabolischen Verseuchung präsentiert werden, werden von allen christlichen Kirchen als in ihren Augen vertretbar erachtet werden. Nicht eine christliche Kirche wird diesem Angriff entkommen — einem Angriff, der bewusst und sorgfältig über ein Jahrhundert hin geplant worden ist.

Täuscht euch nicht: Wenn Mein Wort manipuliert wird, wird die Wahrheit auseinandergerissen werden. Lügen verseuchen die Seele. Wenn dies geschieht, werden die Menschen — ohne es zu ahnen — einem Weg folgen, der in der Verzweiflung enden wird. Ich bitte alle, die jetzt auf Mich hören, eindringlich: Bleibt allezeit auf die Wahrheit fokussiert. Ihr dürft keinerlei Änderungen akzeptieren, die man von euch zu akzeptieren verlangen wird als Teil einer neuen Kirche, die nicht von Mir kommt.

Euer Jesus

786. Es war die Sünde des Stolzes, die dazu führte, dass Luzifer fiel und abgeschnitten wurde und in den Abgrund geworfen wurde.

Samstag, 4. Mai 2013, 23.35 Uhr

Meine innig geliebte Tochter, während Mein Wort viele Ohren erreicht, komme Ich, diejenigen unter euch zu warnen, die nicht auf Mich hören werden. Wovor fürchtet ihr euch? Ist es Mein Wort oder sind es die Veränderungen, die ihr erleben müsst, während die Reinigung fortschreitet? Wisst ihr nicht, dass Ich euch keine neuen Lehren bringe, denn das ist nicht notwendig? Ich kommuniziere mit euch allein deswegen, um euch an die Wahrheit zu erinnern.

So viele von euch glauben, sie wüssten so viel über Mich, aber ihr habt nichts dazugelernt. Wer seid ihr, um sagen zu können, ihr wäret in den Augen Gottes besser als andere, wenn es darum geht, Mein Heiliges Wort zu interpretieren? Wer seid ihr zu glauben, das Recht zu haben, gegen Mich zu lästern, und dann zu sagen, dass ihr Mich liebt? Es wird euch nicht gelingen, Mich — in den Propheten — davon abzuhalten, Mich nach Gottes Kindern auszustrecken. Ihr müsst euch fragen, wie es kommt, dass ihr Meine Stimme hasst. Wie könnt ihr Mich lieben, wenn ihr Meine Worte zerreißt, wenn doch alles, was Ich tue, dazu dient, euch zu helfen, euch auf Meinen Großen Tag vorzubereiten?

Der Mensch ist sehr schwach. Selbst die frommen Seelen sind schwach, auch wenn ihre Liebe zu Mir stark ist. Kein Mensch soll glauben, dass er jemals vor Mich hintreten kann, ohne die Schande der Sünde auf seiner Seele. Nicht einer von euch ist würdig, vor Mir zu stehen, doch Ich gewähre euch die Barmherzigkeit Meiner Liebe. Nicht dass ihr das verdienen würdet, der Grund ist einfach der, dass Ich Mich entschieden habe, euch dieses Geschenk zu gewähren.

An diejenigen unter euch, die behaupten, mit großartigem Wissen über Mich zu sprechen, und dann mit einer verfluchten Zunge auf Meine Propheten spucken — ihr sollt Folgendes wissen: Euer Glaube wird euch nicht retten, wenn ihr das Wort Gottes verflucht. Eure von euch selbst verkündete Liebe zu Gott ist bedeutungslos, wenn ihr eines Seiner Kinder vor Ihm richtet. Ihr durchtrennt die Nabelschnur, die euch mit Meinem Vater verbindet, wenn ihr Mir gegenüber Nichtachtung, Zorn und Hass zeigt. Wenn ihr auf Mich spuckt, werdet ihr blind werden und werdet nie wieder sehen. Wenn ihr Worte des Hasses ausstoßt, wird eure Zunge herausgeschnitten werden. Wenn ihr aufsteht und allen euer von euch selbst proklamiertes Wissen über Gott verkündet, werdet ihr fallen, mit euren Beinen, die unter euch abgeschnitten sind. Wenn ihr Meine Propheten für böse erachtet, dann werdet ihr kein Leben haben.

Mein Wort wird niemals sterben, es wird in Ewigkeit leben. Es wird diejenigen Sünder zusammentreten, die versuchen, der Barmherzigkeit Gottes in diesen Botschaften zu trotzen. Lehnt Mich dieses Mal ab — und ihr lehnt die Freiheit ab, die Ich bringe, wenn Ich komme, um euch endlich in Meinem Königreich zu versammeln. Ihr habt nicht viel Zeit, um euch in Meinen Augen zu retten — vor dem Großen Tag. Vergeudet sie nicht aufgrund der Sünde des Stolzes. Es war die Sünde des Stolzes, die dazu führte, dass Luzifer fiel und abgeschnitten wurde und in den Abgrund geworfen wurde. All diejenigen, die ihm folgen, durch die Sünde des Stolzes — die Sünde, die so viel Trennung von Gott verursacht —, werden fallen und niemals in die Gegenwart Gottes auferstehen.

Euer Jesus

787. Versucht nicht, mit dem Verstand zu argumentieren, wenn ihr versucht, Meine Existenz zu begründen, denn Ich bin nicht von dieser Welt.

Sonntag, 5. Mai 2013, 16:15 Uhr

Meine innig geliebte Tochter, der Schmerz der Trennung von Mir, Jesus Christus, dem Menschensohn, ist vielen unbekannt, aber wenn der Tag kommt, wenn Mein Licht gegen Ende sterben wird, wird es klar werden, wie elendiglich die Todesqual ist.

Diejenigen, die Mich kennen und die Mich lieben, wissen, wohin der Schmerz führt, wenn die Sünde eine Barriere bildet zwischen dem Sünder und Gott.

Diejenigen, die Mich nicht kennen, und jene, die Mich ablehnen, werden diese Trennung während der letzten drei Tage der Finsternis erleben, wenn die Gegenwart Gottes nirgends zu finden sein wird.

Erst dann, wenn das Licht Gottes verschwindet, wird der Mensch endlich begreifen, dass es kein Leben ohne Gott gibt. Alles, was bleibt, ist eine Leere, eine Wüste und Dunkelheit.

Ich Bin das Licht, das der Mensch sucht — ohne dass er es ahnt —, jede Sekunde an jedem Tag.

Da der Mensch bestrebt ist, Frieden und Glück zu finden, wird er versuchen, dieses überall dort zu finden, wo er meint, es finden zu können. Er wird das Streben nach weltlichem, materiellem Gewinn und Fleischeslust einsetzen, um Bedürfnisse zu befriedigen, die niemals Erfüllung finden können, und er wird falschen Religionen folgen, die große persönliche Befriedigung versprechen. Keines dieser Dinge wird ihn in das Licht Gottes führen.

Selbst diejenigen, die durch intellektuelle Mittel und Wissen Antworten suchen, werden niemals den Frieden oder die Antworten, nach denen sie suchen, finden, wenn sie nicht ihre Herzen für die wahre Liebe Gottes öffnen.

Ich komme zu jedem Einzelnen von denen, die Mich suchen. Ich finde Meine Freude an Seelen, deren eifrige Schlichtheit einzig und allein Meine Liebe sucht. Ich überschütte solche Menschen mit der Gabe des Heiligen Geistes. Um Mir näher zu kommen, müsst ihr Mir vollkommen vertrauen. Nur wenn ihr euren Willen dem Meinen überlasst, kann Meine Gegenwart gefühlt werden. Jenen Menschen, die versuchen, Mich zu finden, die das aber schwierig finden, sage Ich Folgendes:

Versucht nicht, mit dem Verstand zu argumentieren, wenn ihr versucht, Meine Existenz zu begründen, denn Ich bin nicht von dieser Welt. Macht euch nicht selbst blind für die Existenz des ewigen Lebens. Dieses erwartet euch, wenn ihr Mir nur vertrauen könntet und Mich in euer Herz und eure Seele kommen ließet. Ich werde Mich euch bekannt machen. Alles, was ihr tun müsst, ist, Mich anzurufen. Ihr müsst bald nach Mir rufen, denn wenn Meine Präsenz auf Erden schwindet, wird es für euch unmöglich sein, Mich ausfindig zu machen, und ihr werdet in hilfloser Verzweiflung versuchen, Mich zu finden.

Diejenigen, die denken, dass sie in ihrem Glauben stark seien, und die glauben, sie seien Mir nahe, müssen wissen, wie schnell sie fallen werden, wenn Ich nirgendwo in den Tabernakeln der Zukunft zu finden sein werde. Sobald dieser schreckliche Tag der Trostlosigkeit kommt, wird es Schreie der Verzweiflung geben, und die Macht des Tieres wird derart sein, dass viele Seelen zu schwach sein werden, um Mein Heiliges Wort zu bewahren.

Ihr müsst um Meine Hilfe bitten, und sie wird euch gegeben werden. Ruft Mich mit einem demütigen Geist, und Ich werde euch antworten. Bittet Mich, euch zu schützen, und Ich werde euch mit Meinem Kostbaren Blut bedecken, so dass euch nichts aufhalten wird auf dem Weg der Wahrheit, der zum ewigen Heil führt.

Dient Mir so, wie Mir eurer eigenen Interpretation nach gedient werden sollte, — und ihr müsst euch in Acht nehmen. Tut, wie Ich euch gesagt habe. Lebt euer Leben Meinem Wort entsprechend — und Ich werde euch tragen. Entehrt Mich, dadurch, dass ihr Mein Heiliges Wort in einer Weise gebraucht, die anderen Menschen Leid verursacht, — und ihr werdet den größten Schmerz der Trennung von Mir erleiden.

Euer Jesus

788. Wenn euch die Wahrheit gegeben wurde, dann ist es wichtig, dass ihr fortfahrt, das Wort Gottes zu verbreiten.
Montag, 6. Mai 2013, 18:42 Uhr

Meine innig geliebte Tochter, denjenigen, die Mich ohne eigene Schuld, weil sie Mein Wort nicht kennen, absichtlich beleidigen, werden bald die Führung erhalten, die sie benötigen.

Für all diejenigen, die die Wahrheit Meines Wortes kennen, das den Menschen vor 2.000 Jahren gegeben worden ist: Ihr müsst wissen, dass, während ihr untereinander herumstreitet, Millionen von Seelen verloren gehen. So viele, der Todsünde schuldig, begehen diese Taten, weil sie vom Teufel heimgesucht werden. Wenn sie die Wahrheit Meiner Verheißung des ewigen Lebens kennen würden, dann würden viele bei solchen Handlungen nicht mitmachen.

Wenn euch die Wahrheit gegeben wurde, dann ist es wichtig, dass ihr fortfahrt, das Wort Gottes zu verbreiten. Ihr müsst dies tun, indem ihr Liebe und Respekt für das Leben der anderen zeigt. So haltet ihr das Gebot Meines Vaters: „Du sollst nicht töten." Außerdem ist es eure Pflicht sicherzustellen, dass das menschliche Leben mit Respekt zum Ruhme Gottes behandelt wird.

Ihr müsst andere Menschen an dieses Geschenk des ewigen Lebens erinnern, und zwar immer dann, wenn ihr wisst, dass jene, die Gott leugnen, eure Hilfe brauchen.

Eure Hilfe — durch Gebet und Beratung — kann diese Seelen retten. Ich brauche so viel von eurer Zeit, Meine geliebten Anhänger. Ihr müsst mit eurer Zeit für die Rettung von Seelen freigiebig sein. Bitte fahrt fort, Meine Kreuzzuggebete zu beten, denn Ich verspreche Millionen von verlorenen Seelen die Bekehrung, wenn ihr diese Gebete sprecht.

Lasst euch nicht durch die Angriffe des Teufels ablenken, der fortfahren wird, diese Botschaften außen herum zu vernebeln. Seht diese Angriffe als das, was sie sind: Ein Versuch Satans und all der bösen Geister, die die Erde durchstreifen, Gottes Kinder daran zu hindern, das herrliche Erbe, das sie erwartet, zu erlangen.

Ich bitte euch auch, seid großherzig und betet für diejenigen, die sich gegen Mich gewandt haben, in dieser Meiner letzten Mission auf Erden vor dem Großen Tag.

Euer Jesus

789. Mutter Gottes: Die Mission, die dir anvertraut worden ist, ist das letzte Glied im letzten Bund.
Dienstag, 7. Mai 2013, 17:00 Uhr

Mein liebes Kind, Ich habe dir — während dieser ganz besonderen Erscheinung heute — das Geheimnis Meines Herzens offenbart und, wie es mit dem Heiligsten Herzen Meines geliebten Sohnes verflochten ist. Mein Herz schlägt in Vereinigung mit dem Seinen und es schlägt als Miterlöserin. Ich werde am Werk sein, um so viele Kinder Gottes wie möglich in die neue Ära des Friedens zu führen.

Als Mutter Gottes ist Mir Macht über das Tier verliehen worden, und all jenen, die Meine Hilfe anrufen, wird großer Schutz vor ihm gewährt werden. Aufgrund dieser besonderen Macht, die Mir von Meinem Sohn gegeben ist, wird während der Herrschaft des Tieres jeder Versuch unternommen werden, Meinen Namen zu entehren. Öffentliche Veranstaltungen werden organisiert werden, um Meinen Wunsch zu honorieren, alle Kinder Gottes zu vereinen. Leider werden nicht alle dieser Veranstaltungen die Wahrheit respektieren.

Ich habe die Wahrheit in La Salette in Frankreich offenbart und in Fatima in Portugal, aber viele verstehen nicht, worum es bei dem, was Ich erklärt habe, geht. Bald werden die Prophezeiungen — die vorausgesagt wurden — Wirklichkeit werden, und dann wird sich der Hass zeigen, den der Teufel auf Mich hat, und zwar in besonderen Zeremonien, die eine Beleidigung für Gott sein werden.

Mein Sohn hat einen ganz besonderen Plan erstellt, der bis ins kleinste Detail ausgefeilt ist, um sicherzustellen, dass die Welt die Wahrheit über die Feinde Gottes erfährt. Er tut dies, weil nur die Wahrheit die Menschheit retten kann. Sollten Gottes Kinder Lügen folgen und sich an der Täuschung beteiligen, die eine Ausgeburt des Planes des Antichristen ist, dann werden

sie Meinem Sohn — und damit ihrem eigenen Heil — den Rücken kehren.

Die Mission, die dir anvertraut worden ist, ist das letzte Glied im letzten Bund, den Mein Sohn im Gehorsam gegenüber Meinem Vater, Gott dem Allerhöchsten, erfüllen muss. Diese Mission wird das Mittel sein, durch das die Seelen aus dem Griff Satans und seiner bösen Armee auf Erden gerettet werden. Aus diesem Grunde wird der Hass, der dir durch die Worte, die Taten und Aktionen anderer Menschen gezeigt wird, grausam und heftig sein. Die Wut, die gegen dich zutage treten wird, wird unvergleichlich sein, und du musst dir darüber im Klaren sein, dass dies zu erwarten ist. Das Werk Meines Sohnes in diesen Zeiten wird erbittert bekämpft werden und Er und Seine Kirche auf Erden werden eine letzte Kreuzigung zu erleiden haben, bevor die Auferstehung, die all jenen verheißen wurde, die an Meinen Sohn glauben, stattfindet.

Der Hass ist real, und der Teufel wird die Gemüter sogar dieser auserwählten Seelen und Visionäre gegen dich, Mein Kind, wenden. Sei niemals traurig um deiner selbst oder um jene Seelen, denn das Leiden Meines Sohnes ist zehnmal schlimmer. Es ist Mein Sohn, der Heiland und Erlöser der Menschheit, Der für die Sünden der Menschen gestorben ist, Der noch immer mit einer Leidenschaft gehasst wird, die aus der Wut entstammt und von Satan arrangiert wird. Es ist Mein Sohn, der Gegenstand solcher Angriffe ist, und wenn sie Beleidigungen auf dich schleudern, Mein Kind, geißeln sie Ihn von Neuem.

Ihr müsst euch erheben, ihr alle, und tun, was Mein Sohn euch sagt, da ihr auserwählt seid, Seine Restarmee zu bilden. Wenn ihr in Seinem Namen leidet, ist es zur Ehre Gottes und zum Heil der Menschheit. Wenn der Neue Himmel und die Neue Erde eins werden, dann wird solches Leiden zu Ende sein, und alle werden Gott lobsingen.

Eure geliebte Mutter
Mutter Gottes
Mutter der Erlösung

790. Die Seuche wird weiter verbreitet sein als AIDS.
Dienstag, 7. Mai 2013, 20:35 Uhr

Meine innig geliebte Tochter, wie bist du doch während der letzten zwei Tage abgelenkt worden und wie hast du dich doch Meinem Blick entziehen lassen. Weißt du nicht, was die Ursache dieser Ablenkung war? Dadurch, dass du nur einen Tag die Eucharistische Anbetung versäumt hast, wurdest du ergriffen und in Meinem Namen geschmäht, ohne dass du dich geschützt hast, wie Ich dich angewiesen habe. Meine Anweisung ist, dass du weiterhin täglich vor Mein Antlitz kommst und den Hochheiligen Rosenkranz betest, damit Meine Mutter dich mit dem Schutz bedecken kann, den du bei dieser Arbeit brauchst.

So viele, die Mir nahe sind, gewinnen eine Zuversicht, die sie glauben lässt, dass keine Leiden, und seien es noch so viele, sie aufhalten könnten, Meine Mission auszuführen. Aber dies wird euch nur ermöglicht, wenn ihr Mich um Führung anruft.

Meine Tochter, bald wird der Ausbruch einer Seuche sichtbar werden, da Mein Vater eine Strafe auf die Erde werfen wird — auf diejenigen Nationen, die Ihn beleidigen und die erlauben, dass armen, unschuldigen Menschen Bosheit und Ungerechtigkeit zugefügt wird. Diese Seuche wird auf dem Gesicht sichtbar sein und die Wunden werden nicht heilen, bis die Große Züchtigung vorüber ist. Die Seuche wird weiter verbreitet sein als AIDS und wird eines der ersten Anzeichen der kommenden Züchtigung sein. Diese Seuche wird dann von einer Hungersnot in einem Drittel der Erde gefolgt werden und wird während der Herrschaft des Antichristen miterlebt werden.

In dem Maße, wie sich die Herrschaft des Antichristen wie ein Spinnennetz ausbreitet, wird sie mit einer Reihe von Züchtigungen einhergehen, die durch die Hand Meines Vaters über die vier Ecken der Welt ausgegossen werden. Göttliches Eingreifen wird dazu beitragen zu verhindern, dass Seelen durch das Tier geschnappt werden — aufgrund der Macht des Antichristen. Seine Anhänger werden eine qualvolle Strafe erleiden, und diese wird durch die Seuche auf ihren Gesichtern zu sehen sein. Sie werden dieser schweren Strafe nicht entgehen — ebenso wenig wie diejenigen, die den bösen Betrug an Meiner Kirche auf Erden vollziehen.

Diese Warnung wird gegeben, damit diejenigen, die Meine Hand der Gerechtigkeit anzweifeln, letztendlich verstehen, dass die Menschen leiden werden, wie sie es in der Zeit des Noah taten, sollten sie Gott den Rücken kehren.

Die endgültige Beleidigung gegen Meinen Vater — durch die Sünde des Krieges und der Abtreibung — wird Seine größte Strafe auf die Menschheit herabziehen. Das Leben des ungeborenen Kindes, so grausam und ohne Reue weggenommen, wird zur Bestrafung durch den Tod des Körpers und den Tod der Seele führen.

Euer Jesus

791. Mein sehnlichster Wunsch ist es, dass ihr euch um die Seelen der Jugendlichen bemüht. Donnerstag, 9. Mai 201 3, 22:45 Uhr

Meine innig geliebte Tochter, Meine Liebe zu jenen jungen Menschen aller Nationen, Hautfarben und Glaubensbekenntnisse, die Mich nicht zur Kenntnis nehmen, ist unvergänglich. Mein Kummer um diese Meine kleinen Seelen ist tief. Für sie muss gebetet werden, besonders jetzt. Ich werde sie — ohne zu zögern — in Meine Barmherzigkeit einschließen, wenn ihr Mich durch dieses Kreuzzuggebet darum bittet.

Kreuzzuggebet (106) „Um Barmherzigkeit für die Jugendlichen, die Gott nicht zur Kenntnis nehmen"

„Lieber Jesus, bring die Seelen jener Kinder Gottes unter Deinen Schutz, die Dich nicht kennen, die Deine Liebe nicht zur Kenntnis nehmen und die Deine Verheißung nicht annehmen.

Gieße Deine Gnade der Bekehrung aus und gib ihnen das ewige Leben.

Hab Erbarmen mit all jenen, die nicht an Deine Gegenwart glauben und die keine Reue für ihre Sünden anstreben werden. Amen."

Meine geliebte Restarmee, Mein sehnlichster Wunsch ist es, dass ihr euch um die Seelen der Jugendlichen, der Agnostiker und jener, die nicht an Gott glauben, bemüht. Sie haben für euch Priorität. Ich bitte euch, alle Nationen, Glaubensbekenntnisse, Hautfarben und Religionen unter Meinen Schutz zu ziehen. Wenn ihr Mir solche Seelen zuführt, dann werde Ich ihnen große Geschenke geben und Ich verspreche ihre Rettung.

Es ist wichtig, dass ihr diejenigen nicht ignoriert, die kein Interesse am eigenen Heil haben. Sie sind die verlorenen Seelen, nach denen Ich Mich sehne, und Ich werde ihnen in jede Ecke, jede Ritze und jedes Land folgen, solange, bis Ich sie in Mein Königreich ziehen kann.

Vergesst diese Bitte nicht. Denkt daran, Mein Wunsch ist es, diejenigen zu erreichen, die Mich nicht kennen, und jene, die Mich nicht kennenlernen wollen.

Euer Jesus

792. Das einzige Wasser, das für das Überleben von Gottes Kindern notwendig ist, wird aus dem Baum des Lebens kommen.
Freitag, 10. Mai 2013, 16:40 Uhr

Meine innig geliebte Tochter, selig sind die, die dem Wahren Wort Gottes folgen, denn sie werden als Erste auferstehen und in Mein Neues Königreich eingehen.

Diejenigen, denen Mein Heiliges Wort nicht geschenkt worden ist, einschließlich der Länder, wo Ich verdammt Bin, sind die ersten Seelen, die Ich erreichen muss. Ohne eigene Schuld sind sie von Geburt an dazu erzogen worden, Gott, den Ursprung und Schöpfer von allem, was ist, abzulehnen. Mein Streben ist es, sie durch diese Mission zu bekehren, und Ich verspreche, dass sie, sobald ihnen die Wahrheit gezeigt worden ist — während der „Warnung" —, schnell in Meine Barmherzigkeit gezogen werden. Ich werde niemals diejenigen im Stich lassen, die getäuscht worden sind — durch falsche Lehren —, denn sie sind hilflos und bedürfen Meiner Liebe und Barmherzigkeit.

Mein Wunsch ist es, dass Meine Anhänger sich jetzt darauf vorbereiten, die Leiter hochzusteigen — ein Aufstieg, der lang und schwierig ist — hin zur spirituellen Vollkommenheit. Diejenigen von euch, die mit der Gabe der Unterscheidung gesegnet sind, durch Meine Stimme, die im Buch der Wahrheit enthalten ist, haben Mir gegenüber eine Pflicht. Folgendes ist es, was ihr tun müsst: Nutzt das Geschenk, das Ich euch gegeben habe, um euch auf die geistige Vollkommenheit vorzubereiten, die von euch verlangt wird, jetzt, da Ich Meine Restarmee auf Erden aufbaue. Ihr seid dafür verantwortlich, denjenigen, die zu schwach, zu stolz und zu widerspenstig sind, zu helfen, Meine Hand der Barmherzigkeit anzunehmen. Es wird durch euch sein, dass Ich in der Lage sein werde, allen Seelen, einschließlich derer, die Meiner Barmherzigkeit nicht würdig sind, die Rettung zu gewähren, deren sie bedürfen, um für immer in Meiner Herrlichkeit zu leben.

Oh, wie wunderbar ist doch Mein herrliches Neues Königreich! Wenn ihr es nur sehen könntet, nicht ein Einziger von euch würde jemals einen Mucks wider Mich von sich geben. Dies wird eure neue Heimat sein, der Ort, wo ihr und eure Familie ewige Verzückung, Frieden, Liebe und Freude genießen werdet, während ihr Umgang habt mit allem, was von Meinem Vater für eure Glückseligkeit geschaffen ist. Betrachtet es als eine neue Wohnstätte, ähnlich der Art, wie die Erde erschaffen war, allerdings wird in diesem Neuen Himmel und dieser Neuen Erde kein Meer sein. Das einzige Wasser, das für das Überleben von Gottes Kindern notwendig ist, wird aus dem Baum des Lebens kommen, wo alles Leben aufrechterhalten werden wird.

Für jeden Wunsch ist vorgesorgt, und Liebe wird so überreichlich vorhanden sein, dass es keinerlei Unzufriedenheit geben wird. Lachen, Liebe, Freude, Farbe und schöne Dinge, die kein Mensch während seiner Zeit auf Erden jemals gesehen hat, werden im Überfluss vorhanden sein. Eine Glückseligkeit, von der euch auf Erden jede Vorstellung fehlt, wird jedem von euch geschenkt werden, dem der Schlüssel zu Meinem Reich gegeben ist.

Das Leben, das vor euch liegt, ist mit großen Geschenken ausgeschmückt, und ihr werdet in einem ständigen Zustand des Friedens bleiben in Liebe zu Mir. Ich werde in Vereinigung mit allen Kindern Gottes regieren, und für nicht einen Einzigen von euch werden Wünsche offen bleiben, so groß ist Meine Liebe. Dies ist das einzige Leben, nach dem ihr streben müsst, da es nach dem Großen Tag, an dem Ich euch abholen komme, kein anderes Leben mehr geben wird.

Euer Jesus

793. Die Wunder, die Ich der Welt versprochen habe, durch Meine Kreuzzuggebete, werden mehr werden.
Samstag, 11. Mai 2013, 20:20 Uhr

Meine innig geliebte Tochter, es spielt keine Rolle, ob ihr Schmerzen ertragen müsst aufgrund dessen, wie ihr Meinetwegen abgelehnt werdet, denn Mein Wort wird niemals sterben. Es wird sich erheben und lauter werden, bis es — wie ein mächtiger Wind — an Intensität zunehmen wird, bis das Brüllen Meiner Stimme wie Donner über die Erde schallen wird. Es wird nur sehr wenige geben, die Meine Stimme nicht hören werden, und sogar diejenigen, die Mich ablehnen, werden fortfahren, von Mir zu sprechen. Sie werden es unmöglich ignorieren können.

Wie jedes Kind, das aus seiner Mutter hervorgegangen ist, werden Gottes Kinder — einschließlich derer, die sich weigern, Ihn anzuerkennen — zu Ihm hingezogen werden, denn sie können nicht anders. Wie bei der Aneinanderbindung von Neugeborenem und Mutter (durch körperliche und emotionale Nähe), wird jedes Kind Gottes erkennen, was (zu) ihm gehört — daran, wie es sich anfühlt, wie es klingt und wie es riecht. Gottes Kinder werden spüren, wenn die Gegenwart Gottes ihre Seelen berührt. Genau wie Ich die Meinen kenne, so werden auch jene, die Mich lieben, auf Meinen Ruf antworten.

Meine Tochter, der Heilige Wille Gottes ist mächtig und wird all diejenigen besiegen, die sich dem Wort Gottes entgegenstellen. Wenn ihr fühlt, dass es so viel Widerstand und so viel Hass gegenüber dieser Mission gibt, dann müsst ihr immer durch Mein feierliches Versprechen getröstet sein, und zwar, dass Ich alle Seelen rette, damit Mein Neues Paradies der Menschheit geschenkt werden kann, und das mit so wenig Leiden wie möglich. Das Leiden kann durch die Gebete Meiner Restarmee reduziert werden, weil Ich ihnen besondere Gnaden vermache.

Die Wunder, die Ich der Welt versprochen habe, durch Meine Kreuzzuggebete, werden mehr werden, und viele werden Zeugen von Heilungen und Bekehrungen werden. Es wird durch diese Wunder sein, dass Ich Mich bekannt mache, sogar den härtesten Skeptikern. Es wird durch die Kreuzzuggebete sein, dass Dienern Meiner Christlichen Kirchen Meine Barmherzigkeit gezeigt werden wird, und bald wird vielen von ihnen der Beweis der Echtheit dieser Botschaften gegeben werden.

Mein Wille wird geschehen, und niemand wird ihn aufhalten. Viele werden sich Meinem Willen widersetzen, werden Mein Wort mit Schimpf und Schande anspucken und dich, Meine Tochter, aber ihr Hass wird ausgelöscht werden, und bald werden sie ihre Herzen öffnen, denn sie werden keinen Zweifel haben, dass es ihr Meister ist, Der sie ruft. Ich Bin das Gefäß, durch das sie gereinigt werden. Es wird durch Mich sein, dass ihnen der einzig mögliche Schutz vor dem Antichristen gegeben werden wird. Bei Mir müsst ihr Schutz suchen, und das Siegel des Lebendigen Gottes muss so vielen Seelen wie möglich gegeben werden.

Hört auf Meine Anweisungen — und alles wird gut sein. Ignoriert Meine Warnungen und versucht, auf eigene Faust die Ungerechtigkeiten zu bekämpfen, die weit verbreitet sein werden, wenn die Welt durch die Hand des Tieres geführt wird, — und ihr werdet nicht stark genug sein. Nehmt Meine Geschenke an — und ihr werdet standhalten, in der sicheren Gewissheit, dass Ich

euch und eure Familie und eure Freunde schütze.

Euer Jesus

794. Mein Wort ist das Ende. Es ist endgültig. Es kann kein anderes Wort geben.
Montag, 13. Mai 2013, 16 : 38 Uhr

Meine innig geliebte Tochter, Meine Restarmee wird in dieser Zeit sehr schnell anwachsen und wird sich über achtundfünfzig Nationen hin ausbreiten. Es wird unter euch solche geben, die euch leiten, und ihr müsst euch zusammentun, wo immer ihr seid, durch die Bildung von Jesus-an-die-Menschheit-Gebetsgruppen.

Bringt zuerst all jene, die Mir folgen, in eure Herde und macht euch dann daran, all jene anzuziehen, die verschiedensten Arten von Lehren folgen. Ich könnte niemals eine Seele einer anderen vorziehen. Ich wünsche, dass ihr all jenen, die nicht an Mich glauben, berichtet, und Ich verspreche ihnen, dass ihnen während der Warnung die Wahrheit gezeigt werden wird. Sie werden es schwer finden, Mich zu verleugnen, denn Ich werde ihre Seelen in einer Weise vereinnahmen, die sie überraschen und schockieren wird. Mein Heiliger Geist wird auf jene Nationen herabfallen, wo Meine Gebetsgruppen eingerichtet sind.

Ich werde die Zahl der Wunder vervielfachen, von denen ihr bereits Zeugen geworden seid, wo Ich die Psyche, den Geist und den Körper der Elenden und Kranken unter euch geheilt habe. Ihr werdet Mich an Meiner Gegenwart erkennen, mit der Ich jene erfüllen werde, die einen Gefallen von Mir erbitten. Ihr seid in der Tat gesegnet — ihr, die Kinder dieser Generation, die in solchen Scharen erwählt worden sind, um das ewige Leben in Meinem Reich zu genießen, das kein Ende hat. Der Tod wird von euch besiegt werden. Das Böse wird durch eure Stärke an Beharrlichkeit verschlungen werden und die Sünde wird nicht länger eure Seelen verderben.

Meine Kinder, es gibt noch viel zu tun. Erlaubt Mir, euch durch Meine Kreuzzuggebete zu führen, da sie eure Augen für die Wahrheit öffnen werden. Sobald ihr die Wahrheit erkennen könnt, werdet ihr in eurem Herzen wissen, was zu tun ist. Eines rate Ich euch: Wenn ihr dafür, dass ihr die Wahrheit sprecht, zurückgewiesen werdet, dann müsst ihr schweigen. Betet für diese Seelen, dass ihnen ebenfalls die Gnade gegeben werden wird, das Buch der Wahrheit anzunehmen.

Mein Wort ist das Ende. Es ist endgültig. Es kann kein anderes Wort geben. Alle, die verkünden, in Meinem Namen zu sprechen, seit dem Beginn dieser Mission im November 2010, sind nicht berechtigt, dies zu tun, denn sie kommen nicht von Mir. Jene Propheten, die davor kamen und die auch in Meinem Namen sprechen, sind gesegnet, und Ich werde fortfahren, sie zu schützen. Meine Stimme spricht durch diese Botschaften zur Welt. Meine Geliebte Mutter, die Un-

befleckte Jungfrau Maria, spricht ebenfalls zu Ihren Visionären, und auch Ihre Mission ist von Mir gesegnet.

Wisst, dass Satans Armee eine Reihe falscher Propheten enthält, die mit einer süßen Stimme sprechen. Beruhigend, liebevoll und mit leeren Versprechungen getarnt, werden sie das genaue Gegenteil von dem sagen, was Ich dir sage. Wisst, dass nur Meine Stimme euch die Wahrheit sagen wird. Nur Meine Stimme wird euch von den kommenden Ereignissen berichten, die wirklich stattfinden werden. Niemandem sonst kann noch wird das Recht gegeben werden, für Mich, Jesus Christus, oder für Meinen geliebten Vater zu sprechen.

Tröstet euch mit dieser Offenbarung und wisst, dass nur die Heilige Dreifaltigkeit auf diese Weise kommuniziert, mit einem Feuer, das alle Seelen verschlingt, die frei von Stolz und voll demütiger Liebe zu Mir sind.

Euer Jesus

795. Diejenigen, die das Wort Gottes befolgten, das von den Propheten vor Meiner Geburt auf Erden etabliert worden war, waren die Ersten, die auf Mich spuckten.
Dienstag, 14. Mai 2013, 21:00 Uhr

Meine innig geliebte Tochter, denjenigen unter Meinen Jüngern, die leiden, weil sie an diese Botschaften vom Himmel glauben, habe Ich Folgendes zu sagen:

So schwer euer Leiden auch ist, ihr müsst wissen, dass ihr mit Meiner Gabe gesegnet seid, die euch geschenkt ist, um zu helfen, eure Augen für die Wahrheit zu öffnen. Die Schmähung, die ihr in Meinem Namen werdet erdulden müssen, aufgrund eurer Treue zu diesen Botschaften, wird von denjenigen kommen, die euch nahe sind. Insbesondere viele gottgeweihte Diener von Mir, die sich weigern, Mich durch dieses, Mein Heiliges Wort, zu suchen, werden euch den meisten Ärger verursachen. Ihr werdet diffamiert, heruntergemacht, angefochten, kritisiert und verspottet werden, und doch behaupten diese Menschen, dass sie in Meinem Heiligen Namen sprächen.

Ihr müsst diesen Schmerz ertragen, genau so wie Meine Apostel und Jünger ihn zu ertragen hatten. Während Meiner Zeit auf Erden wurde Ich aus den Synagogen Gottes hinausgeworfen. Meine Jünger wurden gewarnt, sich von Mir fernzuhalten oder aus der Kirche ausgeschlossen zu werden, wenn sie mit Mir zusammen gesehen würden. Wenn sie Mein Heiliges Wort sprachen und Meine Lehren verbreiteten, wurden sie bedroht und in einigen Fällen ausgepeitscht. Sie wurden zum Gaudium für die anderen gemacht. Diejenigen, die das Wort Gottes befolgten, das von den Propheten vor Meiner Geburt auf Erden etabliert worden war, waren die Ersten, die auf Mich spuckten. Ihre Wut wurde ausgelöst durch die Tatsache, dass Ich die Wahrheit sprach, denn sie wollten die Wahrheit nicht hören. Sie machte ihnen Angst und war ihnen unbequem.

Erfüllt mit der Kraft des Heiligen Geistes, wurden Meine Apostel nach Meiner Himmelfahrt von vielen gehasst, die in den Tempeln anbeteten. Und, obwohl ihr Leid groß war und die Stimmen der Gegenseite in ihrer Gegenwart laut schrien, konnte das nichts ausmachen.

Nichts kann Mein Wort daran hindern, sich auszubreiten. Keine Stimme wird laut genug sein. Kein Argument wird glaubwürdig genug sein. Kein Gift wird stark genug sein. Meine Macht ist unbesiegbar. Mein Heiliger Geist wird Milliarden von Seelen in die Sicherheit Meines Neuen Paradieses ziehen. Alle Stimmen des Unmuts werden zum Schweigen gebracht werden und aller Widerstand wird gebrochen werden, denn das Eingreifen Meines Vaters wird sicherstellen, dass das Gestrüpp und das Geröll, das den Weg der Wahrheit übersät, eliminiert werden wird.

Nur Meine Stimme wird bleiben. Sie wird die einzige Stimme mit Autorität sein, die standhält — und dann wird der Große Tag kommen.

Euer Jesus

796. Gott der Vater: Mein Großes Eingreifen zur Rettung der Menschheit hat begonnen, und die Geschwindigkeit Meiner Aktionen wird für alle offensichtlich sein.

Mittwoch, 15. Mai 2013, 16:40 Uhr

Meine liebste Tochter, der Geist Gottes wird zurzeit in einer Art und Weise auf die Erde ausgegossen wie nie zuvor.

Um Meine lieben Kinder auf das Neue Paradies, das auf sie wartet, vorzubereiten, umhülle Ich sie mit dem Geist der Wahrheit. Einige werden ihn annehmen, mit offenen Armen, und dankbar sein für solche Segnungen. Andere werden ihn ablehnen, weil sie ihre Herzen nicht öffnen werden.

Mein Großes Eingreifen zur Rettung der Menschheit hat begonnen, und die Geschwindigkeit Meiner Aktionen wird für alle offensichtlich sein. Die von Mir, eurem Allmächtigen Vater, erlaubten Wunder, werden weit verbreitet und vieldiskutiert sein. Sie werden zu mehr Bekehrung führen. Dann werden — in dem gleichen Maße, wie sich der Geist Meiner Liebe ausbreitet — die Aktionen des Teufels und seiner Kohorten zunehmen.

Meine Hand wird die bösen Handlungen derer stoppen, die versuchen, Meinen Kindern Krieg, Krankheit, Mord und Abtreibung aufzuerlegen. Meine Hand wird auch auf diejenigen niederfallen, welche die getreuen Anhänger Meines geliebten Sohnes quälen, und auf diejenigen, die versuchen, Seine Gegenwart in der Eucharistie abzuschaffen.

Hört jetzt Meinen Ruf. Alle Meine Kinder werden hin zu Meiner Barmherzigkeit gezogen werden. Diejenigen, die Meinen Sohn ablehnen, lehnen Mich ab. Diejenigen, die Meinen Sohn beleidigen, können nicht zu Mir kommen. Diejenigen, die Seine Lehren denunzieren und die Wahrheit verdrehen, lehnen Meine Existenz ab. Ihr könnt nicht

eure eigenen Gebote schaffen — und gleichzeitig Mir gehorchen. Genauso wenig könnt ihr über die Sünde stillschweigend hinwegsehen — und gleichzeitig erwarten, Mein Antlitz zu sehen.

Wenn die Sünde nicht weniger wird, werde Ich jene Nationen bestrafen, die für Sünden verantwortlich sind, die Mich beleidigen. Ebenso, wie Mein Heiliger Geist nicht nachlässt, wird auch Mein Eingreifen, um zu verhindern, dass die Sünde sich ausbreitet, nicht nachlassen.

All diese Veränderungen werden zur gleichen Zeit zu sehen sein. Bald danach, wenn Mein Sohn — durch Seine Kirche und Seine Jünger — jeden Versuch unternommen haben wird, die Wahrheit zu verbreiten, wird der Tag kommen, an dem die Große Barmherzigkeit Meines Sohnes auf die Menschheit niederfallen wird. Dann, nicht lange danach, wird der Tag des Gerichts kommen.

Bereitet euch jetzt vor, Meine Kinder, denn der Tag kann jederzeit kommen. Nur jene, die Meine Gebote befolgen und Reue für ihre Sünden zeigen, können und werden gerettet werden.

Euer geliebter Vater
Gott, der Allerhöchste

797. Die Liebe kommt allein von Mir. Der Hass kommt nicht von Mir.

Donnerstag, 16. Mai 2013, 15 : 30 Uhr

Meine innig geliebte Tochter, es wird durch die Macht der Liebe sein, dass die Menschheit gerettet werden kann und wird. Die Liebe, von der Ich spreche, ist Gottes Liebe, die in die Herzen der Menschen fließt. Gottes Liebe ist in den Herzen all Seiner Kinder gegenwärtig, einschließlich jener, die Ihn ablehnen. Es wird eure Liebe füreinander sein, die euch während der kommenden Prüfungen aufrechterhalten wird. Zeigt euren Nächsten Liebe und Barmherzigkeit und seid gütig zu den Armen, den Schwachen und den Hilflosen — und Ich werde euch für alle Ewigkeit zu den Meinigen machen.

An diejenigen von euch, die andere hart behandeln, die denjenigen, die ihnen unterstellt sind, Schmerz zufügen, und die hinter vorgehaltener Hand über andere Boshaftigkeiten verbreiten, ihr werdet wie leere Gefäße sein, in denen nichts ist, was man Mir anbieten könnte. Ihr müsst immer Meinen Lehren folgen. Die Liebe kommt allein von Mir. Der Hass kommt nicht von Mir. Diejenigen, die sagen, sie würden Mich ehren, und über andere böse reden, obwohl sie behaupten, Mein Wort hochzuhalten und Meinen Namen zu schützen — sie ehren Mich nicht. Sie beleidigen Mich, und ihre Schande wird am Großen Tag offenkundig werden. Glaubt niemals, nicht einmal einen Augenblick lang, dass ihr leben könnt ohne Liebe für andere in eurem Herzen, denn wenn ihr keine Liebe für andere habt, dann lehnt ihr das Geschenk ab, das allen Kindern Gottes großzügig gegeben ist. Wenn ihr Mich wirklich liebt, dann werdet ihr ande-

re mit Liebe und Respekt behandeln. Wenn ihr zu anderen grausam seid, schlecht über sie sprecht oder sie ungerecht kritisiert, dann weist ihr die Liebe zurück, die Ich euch schenke. An ihre Stelle tritt der Hass. Hass auf einen anderen Menschen kommt von Satan. Wenn ihr zulasst, dass Hass eure Seele verhärtet, dann distanziert ihr euch von Mir und ihr werdet in eurer Seele zutiefst erregt sein.

Wenn ihr einen anderen Menschen in Meinem Namen liebt, dann werdet ihr es durch eure Worte, eure Taten und eure Akte der Nächstenliebe tun. Die Gottesliebe — von Seinen Kindern in Übereinstimmung mit Seinen Wünschen gelebt — kann die Menschheit retten. Die Liebe besiegt das Böse. Satans Macht ist augenblicklich zerstört, wenn ihr anderen Menschen, die euch schlecht behandeln, Liebe zeigt. Ihr müsst hart daran arbeiten, um euch von der Liebe umhüllen zu lassen, so dass ihr diese große Gnade auf andere ausstrahlen könnt.

Die Liebe lässt in anderen Liebe wachsen. Die Liebe bringt Leben. Die Liebe bringt Vergebung. Die Liebe zerstört das Böse. Ohne die Liebe wird das Böse gedeihen.

Euer Jesus

798. Die Welt wird jubeln, denn — zusammen mit Meiner Kirche in Rom — werden die jüdischen Nationen gefällt werden.

Freitag, 17. Mai 2013, 14 : 02 Uhr

Meine innigst geliebte Tochter, Ich offenbare dir in enger Vertrautheit Meinen Schmerz und Meinen Kummer, da Ich die ganze Agonie, die Ich im Olivengarten durchlitten habe, komplett noch einmal erlebe.

Damals war die Ursache Meines Schmerzes, den der Teufel ausgelöst hatte, indem er Mir Zukunftsvisionen zeigte, das Heidentum, das zu eurer Zeit auf der Erde um sich greift. Ich erkannte damals — genauso, wie man es heute sehen kann — den Hass in der Welt, wie er Mir, Jesus Christus, gegenüber existiert.

Mein Leiden wird noch verschlimmert durch die Tatsache, dass die Menschheit das Opfer, das Ich für ihre Seelen erbracht habe, noch immer nicht voll versteht. Meine Kreuzigung diente dazu, jede Generation zu retten, einschließlich der Generation in der Welt von heute. Mein Schmerz ist groß in dieser Zeit und Mein Leiden zeigt sich in dir, Meine Tochter, und in anderen Sühneseelen, damit Ich diejenigen von euch retten kann, die am verheerendsten mitgenommen sind.

Ich weine bittere Tränen und Mein Herz bebt, da die Sünde ausgebreitet wird, durch die Gesetze in euren Ländern, die unschuldige Seelen in die Versuchung drängen werden. Nicht nur, dass sie meinen werden, die Sünde könne nun gerechtfertigt werden, da die Gesetze in ihren Ländern die Sünde gutheißen, sie werden auch beschuldigt werden, die Gesetze ihres Landes zu brechen, wenn sie an Meinem Heiligen Wort festhalten.

Oh, wie ihr doch getäuscht werdet! Wie weit seid ihr doch von Mir weggelaufen! Wie sehr beleidigt ihr Mich doch! Diejenigen, die Verantwortung tragen, Mein Wort zu verkünden, hört Mich jetzt an. Es ist eure Pflicht, zu allen Zeiten Mein Heiliges Wort zu behüten. Ihr habt das Gelübde abgelegt, Meinem Wort und Meinen Lehren gehorsam zu sein, so wie sie waren, damals bei der Erschaffung Meiner Kirche auf Erden. Bereitet eure Seelen vor, denn bald werdet ihr gegen euren Willen gezwungen werden, Mich durch die Sakramente zu verleugnen. Ihr müsst jederzeit wachsam bleiben im Hinblick auf die großen Änderungen, die bevorstehen.

An die ganze Menschheit: Ich rufe euch auf, antwortet auf Meine Stimme, die Stimme der Wahrheit, die Stimme der Liebe, die Stimme eures Meisters. Bald werdet ihr Mich sehen. Dann werden die Spinnweben aus euren Augen weggewischt werden, und ihr werdet die Wahrheit klar sehen können. Wenn der Tag Meiner Barmherzigkeit anbricht, dann müsst ihr wissen, dass sehr bald danach Mein Zweites Kommen stattfinden wird. Und während Ich Mich danach sehne, dass ihr alle euch Mir zuwendet, weine Ich vor Kummer um die Seelen, die für Mich verloren sind.

Ich muss diejenigen warnen, die versuchen, Mich bei der Rettung der Seelen aufzuhalten: Ich werde euch bestrafen, solltet ihr euch weiterhin dem Wort Gottes widersetzen. Ich beziehe Mich damit nicht auf diese Botschaften, obwohl Ich traurig bin, dass ihr nicht auf Mich hören werdet, sondern auf die Abschaffung Meines Heiligen Wortes in euren Nationen.

Das Licht wird die Finsternis bekämpfen. Das Licht Gottes hält euch am Leben. Die Finsternis zerstört euch. Mein Licht wird heller und heller werden, bis Meine Heilige Eucharistie verbannt sein wird. Dann wird es verblassen. Dann wird Meine Kirche zerfallen und scheinbar sterben. Die Welt wird jubeln, denn — zusammen mit Meiner Kirche in Rom — werden die jüdischen Nationen gefällt werden. Dies wird die größte Täuschung sein, die der Menschheit widerfährt, und jene, die diese böse Form des Heidentums akzeptieren, werden mit der Flut fortgerissen werden. Und dann, nach den Feuern, die sich auf der Erde ausbreiten werden, wird Meine Kirche sich erneut erheben, in ihrer vollen herrlichen Form. Das wird das Ende sein für die Sünder, die Meine Hand ablehnen, aber der Beginn des ewigen Lebens für diejenigen, die Mich lieben.

Euer Jesus

799. Ihnen wird sofort vergeben werden, wenn sie sich ein Herz fassen und Mich anrufen, ihnen aus ihrem Elend herauszuhelfen.

Freitag, 17. Mai 2013, 23:50 Uhr

Meine innig geliebte Tochter, ihr müsst wissen, dass alle Sünder, vor allem diejenigen, die schreckliche Dinge getan haben, zu Mir kommen müssen. Ich bitte dringend um ihre Aufmerksamkeit und Ich möchte sie in Mein Herz bringen, denn Ich liebe sie. Ihnen wird sofort vergeben werden, wenn sie sich ein Herz fassen und Mich anrufen, ihnen aus ihrem Elend herauszuhelfen. Sie dürfen Mich niemals fürchten, denn Ich Bin Immer-Barmherzig. Sie sind Mir näher als diejenigen, die behaupten, Mich auf Erden zu repräsentieren, die aber Heuchler sind, ebenso, wie die Pharisäer es waren.

Gebt Mir eure Hand. Was auch immer ihr getan habt, Ich werde auf euch hinabsteigen. Mein Gebet, das Ich euch jetzt schenke, wird euch in Mein Herz bringen, und Ich werde in euch wohnen — und ihr werdet gerettet werden.

Kreuzzuggebet (107) Rette mich vor dem Feuer der Hölle

„Ich bin ein schrecklicher Sünder, Jesus.

Durch das, was ich getan habe, habe ich anderen extremes Leid zugefügt.

Deshalb bin ich jetzt ausgestoßen.

Ich werde nirgendwo auf Erden mehr geduldet.

Rette mich aus dieser Wildnis und schütze mich vor dem Griff des Bösen.

Lass mich bereuen.

Nimm meine Reue an.

Erfülle mich mit Deiner Kraft und hilf mir, mich aus den Tiefen der Verzweiflung zu erheben.

Ich übergebe Dir, lieber Jesus, meinen freien Willen, mach mit mir, was Dir gefällt, damit ich vor dem Feuer der Hölle gerettet werden kann. Amen."

Gehe hin, Mein Kind, in Frieden, denn Ich werde niemals jene im Stich lassen, die Mich um Barmherzigkeit anflehen.

Euer Jesus

800. Wenn der Heilige Geist gegenwärtig ist, wird Er sich wie Feuer ausbreiten und Er wird das Wort Gottes in vielen Sprachen wiederholen.

Samstag, 18. Mai 2013, 13:16 Uhr

Meine innig geliebte Tochter, die Gabe des Heiligen Geistes wird sehr oft missverstanden. Sie ist ein kostbares Geschenk und wird durch die Großzügigkeit Gottes über die Menschheit ausgegossen. Sie ist allen mit großer Liebe gegeben, aber nicht jeder nimmt sie an. Nicht jeder ist fähig, dieses Geschenk zu empfangen. Jene, die glauben, dass sie dieses Geschenk verdienen, weil sie sagen, dass sie Mich kennen, und die in allen Aspekten der Theologie ausgebildet sind, sind nicht zwangsläufig darauf vorbereitet, dieses Höchstheilige Geschenk zu empfangen.

Während der zehn Tage im Coenaculum (= Abendmahlssaal) musste Meine geliebte Mutter Meinen Aposteln geduldig die Bedeutung der Demut erklären. Ohne Demut könnt ihr nicht mit diesem Geschenk vom Himmel erfüllt werden. Einige Meiner Apostel dachten, dass sie als auserwählte Jünger besser wären als gewöhnliche Menschen, weil sie Mir näher waren und dass andere automatisch zu ihren Füßen niederfallen sollten. Aber natürlich ist dies nicht das, was Ich sie gelehrt habe. Meine Mutter verbrachte viele lange Stunden damit, ihnen zu erklären, wie der Stolz den Heiligen Geist daran hindern kann, in ihre Seelen einzugehen.

Wenn der Heilige Geist in eine Seele eintritt, bringt Er viele Gaben mit Sich. Es kann die Gabe der Erkenntnis sein, die Gabe, in Zungen zu reden, die Gabe der Weisheit, die Gabe der Liebe, die Gabe der Heilung oder die Gabe der Prophetie. Im Falle Meiner Apostel erkannten diese bald, dass sie, sobald sie diese Gabe empfangen hatten, niemals zulassen durften, dass die Sünde des Stolzes danach ihre Mission besudelt. Denn sobald Stolz in eine Person eindringt, welche die Gabe des Heiligen Geistes empfangen hat, verschwindet der Geist Gottes und an Seiner Stelle wird der Geist der Finsternis wohnen.

Eine finstere Seele kann nicht das Licht des Heiligen Geistes über andere Seelen ausgießen. Sie kann nur Finsternis verbreiten. Die Finsternis des Geistes täuscht andere Seelen. Sie ist besonders trügerisch, wenn sie von jemandem kommt, der als ein heiliger Jünger oder als ein Experte Meiner Lehren angesehen wird. Alles, was daraus resultiert, ist Hass, Unbehagen und ein Gefühl der Hoffnungslosigkeit.

Um die Gabe des Heiligen Geistes zu empfangen, müssen eure Seelen gereinigt sein und frei von der Sünde des Stolzes sein, andernfalls wird euch diese Gabe niemals gewährt werden. Wenn der Heilige Geist gegenwärtig ist, wird Er sich wie Feuer ausbreiten und das Wort Gottes in vielen Sprachen wiederholen. Er wird die Heilung von Geist, Körper und Seele bewirken und wird die Weisheit mit Sich bringen, die nur von Gott kommen kann. Er wird weltweit Umkehr ausbreiten.

Dies werden dann die Früchte sein, an denen ihr erkennen werdet, wo der Heilige Geist gegenwärtig ist. Der Überfluss an jeder nur möglichen Gabe, einschließlich Wunder vom Himmel, ist jetzt im „Buch der Wahrheit" zum Wohle aller offenbar geworden — Das Buch, das der ganzen Menschheit für diese Zeit versprochen worden ist. Nehmt es gütigen Herzens an und dankt Gott für eines der letzten Geschenke vom Himmel vor dem Großen Tag.

Euer Jesus

801. Und dann, genau dann, wenn sie Mich vergessen haben werden, wird Meine Kirche von den Toten auferstehen, genauso, wie Ich es tat.

Sonntag, 19. Mai 2013, 20 :08 Uhr

Meine innig geliebte Tochter, in Meinem Neuen Paradies wird der Tod keine Macht mehr haben über Gottes Kinder, die Ihn lieben.

Diese Botschaften werden leider zu unnötiger Angst führen, und zwar bei denen, die glauben, dass sie, wenn diese Erde zugunsten des Neuen Himmels und der Neuen Erde verworfen wird, dem Tod gegenüber stehen werden. Doch das stimmt nicht. Jenen, die Mein Wohlwollen finden und die Meine Hand der Barmherzigkeit annehmen, wird das Geschenk des Lebens gegeben werden. Selbst Atheisten, Nicht-Gläubige, Nicht-Christen und Anhänger sämtlicher Glaubensrichtungen werden sich — nachdem die Warnung erfolgt ist — Mir zuwenden und Mein Geschenk annehmen. Dies ist dann, wenn Ich das Tier besiegen werde, denn Ich werde Milliarden von Seelen, die in der Welt leben, das Ewige Leben geben.

Die Sünde, mit der Adam und Eva durch das Tier bekannt gemacht worden ist, wird aufhören zu existieren. Meine Barmherzigkeit wird sie besiegen. Und, so wie die Sünde den Leib zerstört, wird Mein Licht der Menschheit das Ewige Leben bringen. Tod, Krankheit und Alter werden in Meinem Neuen Paradies nicht mehr existieren. Meine auserwählten Kinder — Milliarden von ihnen — werden einen vollkommenen Leib und eine vollkommene Seele haben, in Einheit mit dem Göttlichen Willen Meines Vaters.

Er, Mein Vater, hat Adam und Eva das Ewige Leben geschenkt, und sie haben es abgelehnt. Und daher war ihnen und all ihren Nachkommen der Zugang zum Geschenk des Paradieses und des Ewigen Lebens verwehrt. Jetzt endlich wird sich dies ändern. Mein Leben, Mein Tod und Meine Auferstehung müssen nun in diesem, dem letzten Teil Meines Bundes, noch einmal vollzogen werden. Meine Kirche wird — genauso wie Ich damals — verfolgt, und sie wird nun brutale Schläge, einen schmerzhaften Angriff und eine scheinbar vernichtende Niederlage erleiden. Und wenn sie gekreuzigt und zur Seite geworfen sein wird, wird es so aussehen, als ob sie verbrannt und vergessen sei.

Das Heidentum wird blühen und gedeihen. Aber weil es vom Teufel beeinflusst und geleitet werden wird, wird es darauf bedacht sein, nicht sein wahres Gesicht zu zeigen. Es wird der Welt als eine neue Form sozialer Gerechtigkeit — einer neuen Form von Humanismus — präsentiert werden, wo für alle Bedürfnisse des Menschen gesorgt ist. Diese Bedürfnisse werden auch das Recht zu sündigen mit umfassen, aber diese Sünden werden — unter Missachtung Gottes — als die moralischen Menschenrechte angesehen werden.

Wie abstoßend wird doch diese niederträchtige Eine-Welt-Religion für Mich, Jesus Christus, sein! Sie werden Mir nicht nur den Rücken kehren, sondern sie werden auch dort, wo Mein Kreuz gezeigt sein wird, satanische Symbole beifügen, in äußerst grotesker Weise. Meine Hostie wird ausrangiert werden. Eine andere Art von Opfer wird auf den Altären der Kirchen vollzogen werden. Es wird das Tier sein, das sie offen verehren werden, und im Gegenzug wird er (Satan) ihnen viele Kräfte geben. Aus diesem Grunde werden viele glauben, dass diejenigen, die über diese Gräuel regieren werden, Wunderkräfte besäßen. Und während es den Anschein hat, dass sie einer guten und gerechten Kirche folgen, wird sie doch nichts als Finsternis hervorbringen.

Festivitäten und obszönes Verhalten wird man in diesen Kirchen beobachten, die zu Meiner, Jesu Christi, Ehre erbaut worden sind, aber Ich werde nicht gegenwärtig sein. Und dann, genau dann, wenn sie Mich vergessen haben werden, wird Meine Kirche von den Toten auferstehen, genauso, wie Ich es tat. Sie wird wieder an öffentlichen Plätzen lebendig werden. Dann werde Ich alle Meine Kinder, die Meinem Wort treu geblieben sind, sammeln, und auch diejenigen, deren Augen für die Wahrheit offen waren. Dann werden Wir in das Neue Paradies auffahren, zusammen mit denen, die den Großen Tag erwartet haben, die aber tot sind.

Wer Mich ablehnt, nachdem von Mir jeder Versuch unternommen worden ist, seine Seele zu retten, wird verworfen werden. Dann wird Meine Regentschaft beginnen, und das Mir vom Vater versprochene Königreich wird gebildet werden.

Habt niemals Angst vor der Zukunft, denn allein Mein Neues Königreich wird eure armen, bekümmerten Herzen zufrieden stellen. Allein Mein Neues Königreich wird euch das Ewige Leben schenken.

Ihr müsst für jeden Einzelnen von euch beten, damit ihr würdig gemacht werdet, dieses große Geschenk zu erhalten.

Euer Jesus

802. All jene, die zu den christlichen Kirchen gehören, werden zuerst zu Mir kommen. Danach werden die Juden rechtzeitig umkehren und endlich Mich akzeptieren.

Montag, 20. Mai 2013, 20:52 Uhr

Meine innig geliebte Tochter, indem diese Mission sich mehr und mehr ausbreitet, wird Mein Wort in vielen Sprachen gesprochen werden. Meine Botschaften, die euch heute gegeben werden, entflammen Mein Heiliges Wort im Neuen Testament. Meine Botschaften erinnern die Welt auch an das Wort Gottes, das in der Höchstheiligen Bibel enthalten ist.

Ich schreibe das Wort nicht neu, Ich erinnere euch lediglich daran, was es heutzutage bedeutet. Ich spreche auch zur Welt, um die Menschen auf Mein Zweites Kommen vorzubereiten, denn Ich will nicht, dass sie

verloren gehen. Mit großer Liebe und Freude beobachte Ich, wie Meine Getreuen Mich annehmen als den, der Ich Bin. Jene, die sofort wussten, dass Ich, Jesus Christus, es war, Der durch diese Botschaften zu ihnen sprach, sind gesegnet. Sie sind diejenigen, die nie gezweifelt haben. Sie konnten Meine Gegenwart fühlen. Mein Wort durchbohrte ihr Herz wie ein Schwert. Mein Geist berührte ihre Seelen. Sie erkannten es ganz klar. Sie erkannten Mich — und was sie dafür leiden!

Ihr, Meine kostbaren Kinder, wisst, dass Ich euch, als ihr auf Meinen Ruf geantwortet habt, ein besonderes Geschenk gegeben habe, eine Segnung, die euch helfen wird, diesen Weg zum Ewigen Leben durchzustehen. Ihr werdet diese Geschenke brauchen, weil ihr das Rückgrat Meiner Restarmee sein werdet und ihr die anderen führen werdet, die euch letztendlich folgen werden.

Menschen aller Nationen werden euch folgen, dann, wenn sie sich nirgendwohin wenden können, und ihr werdet Meine Lehren mit ihnen teilen. All jenen, die Mir, Jesus Christus, treu sind, werden neue Gaben geschenkt werden, um ihnen zu helfen, sich in der ganzen Welt zusammenzuschließen in Einheit mit Mir. All jene, die zu den christlichen Kirchen gehören, werden zuerst zu Mir kommen. Danach werden die Juden rechtzeitig umkehren und endlich Mich akzeptieren. Alle anderen Religionen werden die Wahrheit Meiner Lehren erkennen, und auch sie werden Mir folgen. Aber nicht alle nehmen die Wahrheit an, selbst dann nicht, wenn sie ihnen direkt vor ihren Augen präsentiert wird.

Dann gibt es die Nicht-Gläubigen, von denen viele gute Menschen sind. Sie nutzen den menschlichen Intellekt, um alle Gründe vorzubringen, warum Gott nicht existiere. Doch sie — darunter auch viele ihrer christlichen Ebenbilder, die in ihrem Glauben lau sind — werden als Erste zu Mir gelaufen kommen. Ihre Herzen werden aufgeschlossen sein — und weil sie nur sehen werden, welches Zeugnis Ich zur Wirkung bringe, werden sie wissen, dass Ich sie rufe. Sie werden sich Mir nicht widersetzen, im Gegensatz zu jenen störrischen Seelen, die denken, sie wüssten mehr als Ich über die von Mir geschenkte Verheißung Meiner Wiederkunft, um den Letzten Bund anzubieten.

Jede Aufgabe, die Ich euch gebe, wird dazu führen, dass mehr und mehr Nationen Mein Kreuz aufnehmen, um den einen Weg hin zu Mir zu bilden. Zögert niemals, an Meiner Seite zu gehen, wenn Ich euch rufe, denn wenn ihr Mir antwortet, dann werdet ihr die Macht des Bösen zerstören. Das Böse mag euch Schmerz verursachen, aber wenn ihr euch von Mir führen lasst, dann könnt ihr jedes Hindernis auf eurem Weg überwinden.

Ich liebe euch und Ich führe euch, genauso wie Ich Meine Gebetsgruppen auf der ganzen Welt schütze.

Euer Jesus

803. Wenn für das Tier die Zeit kommt, den Antichristen zu offenbaren, werden große Zeichen gesehen werden.

Dienstag, 21. Mai 2013, 16 : 30 Uhr

Meine innig geliebte Tochter, wenn für das Tier die Zeit kommt, den Antichristen zu offenbaren, werden große Zeichen gesehen werden. Donnergrollen, wie es noch nie zuvor gehört worden ist, wird in vielen Teilen der Welt spürbar sein, besonders aber in dem Teil der Welt, wo der Antichrist geboren wurde.

Inzwischen wird Mein Heiliger Geist — ausgegossen über Meine Anhänger in allen Meinen christlichen Kirchen — sicherstellen, dass sie bereit sind. Sie werden — zusammen mit Meinen Jüngern aus dieser Mission — die Restkirche bilden. Ihre Macht wird groß sein, und jene mit dem Siegel des Lebendigen Gottes wird kein Schaden ereilen. Ihre Macht wird von den Gebeten herrühren, die ihnen von Meiner Mutter und in den Kreuzzuggebeten geschenkt sind.

Der Antichrist wird seine Herrschaft behutsam beginnen. Niemand wird seine Absichten vermuten, weil scheinbarer Friede über die Erde herabsteigen wird. Diese Zeit wird für euch, Meine Restarmee, sehr wichtig sein, um euch in Gebetsgruppen zu versammeln. Ich verspreche es euch feierlich, dass diese Gebete einen Großteil der Gräueltaten abschwächen werden, die der Antichrist den Nationen zufügen wird, die die vier Ecken der Erde bevölkern.

Ich werde all jenen Nationen, in denen Gebetsgruppen gebildet sind, Gnadenfristen gewähren. Es wird durch eure Hingabe an Mich, euren geliebten Jesus, sein, dass Ich Seelen retten und mehr Gnadengaben auf die Menschheit ausgießen werde, um Gottes Kinder vor dem Leid zu schützen, welches das Tier insgeheim plant.

Vertraut auf Mich. Seid in Frieden, im Bewusstsein, dass ihr geführt und beschützt werdet.

Euer Jesus

804. Meine Christlichen Soldaten werden die größte Armee gegen den Antichristen bilden.

Donnerstag, 23. Mai 2013, 22:30 Uhr

Meine innig geliebte Tochter, Meine geliebten Anhänger auf der ganzen Welt werden bald Meine Gegenwart spüren, denn Ich werde Mich in ihren Herzen so bemerkbar machen, wie es zuvor noch nicht erlebt haben. Auf diese Weise werde Ich die Christen darauf vorbereiten, in Meinem Namen zu kämpfen, um die Seelen aller zu retten.

Meine Christlichen Soldaten werden die größte Armee gegen den Antichristen bilden. Ich spreche von all jenen, die Mich kennen und die Meinen Heiligen Lehren treu bleiben, die in der Höchstheiligen Bibel enthalten sind. Ich spreche auch von jenen, die ihren Glauben praktizieren, von denen, die an Mich glauben, die Mich aber nicht besuchen, und von all jenen, die der Wahrheit treu bleiben. Ihr werdet euch in jeder Ecke der Welt sammeln und, obwohl ihr viele unterschiedliche Sprachen sprecht, werdet ihr, wenn ihr euch Meiner Restarmee anschließt, in Mir als Eins vereint sein.

Diejenigen, die diesen Botschaften folgen, werden den Kern bilden, und aus diesem werden die Triebe wachsen, und danach auf der ganzen Welt die Zweige Meiner Restarmee. Durch das Buch der Wahrheit wird nicht ein einziges Land von Meinem Heiligen Geist unberührt bleiben.

Das Buch der Wahrheit wird euch vereinen, wenn euer Glaube geprüft werden wird. Wenn die Treue zu Mir manipuliert wird und wenn Ich aus euren Kirchen hinausgeworfen, zertreten und dann außer Sichtweite begraben sein werde, werdet ihr aufstehen und Mein Wort lebendig erhalten. Die Flamme des Heiligen Geistes wird euch auf jedem Schritt des Weges führen. Ihr werdet eine Kraft und einen Mut fühlen, die selbst die Sanftmütigsten unter euch überraschen werden. Die Schwachen werden stark werden. Die Ängstlichen werden unerschrocken werden und die Unterdrückten werden vorwärts marschieren als Krieger der Wahrheit. Und die ganze Zeit über, während Meine Restarmee wachsen und millionenfach zunehmen wird, werden ihr viele Hindernisse in den Weg gelegt werden.

Beleidigungen, Vorwürfe der Häresie, Lügen, Wut und Hass werden ihr Los sein. Verwirrung wird überall unter den Gegnern zu sehen sein, deren Argumente voller Ungenauigkeiten, Widersprüche und unverstehbarer Beweisführung sein werden. Satans Einfluss wird immer Verwirrung, Unordnung und unlogisches und raffiniertes Argumentieren hervorrufen — immer gewürzt mit Hass auf Gottes Kinder. Diejenigen, die mit dem Licht Gottes und dem Licht der Wahrheit gesegnet sind, werden schreckliche und hasserfüllte Angriffe auf sich ziehen. Denn wo Ich gegenwärtig Bin — da könnt ihr sicher sein — die Verfolgung jener, die Mein Heiliges Wort verkünden, groß sein. Je schlimmer die Verfolgung gegen irgendeine Mission Gottes ist, desto sicherer könnt ihr sein, dass Satan schrecklich wütend ist.

Wenn ihr — was der Fall sein wird — unter dem Hass leidet, der euch entgegengebracht wird, weil ihr Mein Kreuz aufnehmt, um Mir zu folgen, umso beunruhigter wird das Tier sein und umso härter wird es daran arbeiten — durch die Seelen jener, die mit der Sünde des Stolzes beschmutzt sind —, euch zu zerstören. Ihr müsst diese Angriffe ignorieren. Beunruhigt euch nicht, denn, sowie sie mit einem tiefen Hass auf euch intensiver werden, werdet ihr ganz genau wissen, dass ihr in wahrer Einheit mit Mir, eurem Jesus, seid.

Geht in Liebe und Frieden und wisst, dass Ich in euren Herzen wohne.

Euer Jesus

805. Diejenigen, die wütend gegen Mein Wort schreien und erklären, dass es von Satan käme, werden in Ewigkeit bei dem Tier wohnen.

Freitag, 24. Mai 2013, 21:50 Uhr

Meine innig geliebte Tochter, wo auch immer Meine Stimme gehört wird, an jedem Ort — und in jedem Tempel, der der Anbetung Gottes geweiht ist — wird es Störungen geben. Während viele Mich, Meine Lehren und Meine Kirche ehren werden, werden diese sich, wenn sie Meine Stimme hören, die jetzt ihre Aufmerksamkeit verlangt, die Ohren zuhalten.

Meine Stimme wird auf taube Ohren und widerspenstige Seelen stoßen. Meine Stimme, Mein Wort und Mein Rufen werden wütend abgelehnt und ausgespuckt werden, während Ich das letzte Mal auf Erden verfolgt werde. Dies ist der letzte Aufruf, um Gottes Kinder in Mein Herz zu ziehen, vor Meinem Zweiten Kommen, und doch werden viele Menschen — verwirrt von den Lügen, die von Dämonen verbreitet werden, — sich abwenden und Meine Barmherzigkeit zurückweisen.

Ich werde abermals von jenen abgelehnt werden, die im Hause Gottes residieren, von den Priestern und all jenen, die die Wahrheit nicht annehmen. In Kürze werdet ihr alle die ultimative Beleidigung Meines Namens sehen. Diejenigen von euch, die sich ihre Augen zuhalten und mit Augenbinden auf ihren Augen umhergehen, werden letztendlich die Wahrheit, wie sie euch in dieser Zeit geschenkt wird, erkennen.

Ich kann keine Spaltung innerhalb Meiner Kirche hervorrufen, denn dann würde Ich Mich Selbst verleugnen. Mein Leib ist die Kirche, und Er kann niemals sterben, aber es werden die Mitglieder Meiner Kirche sein, die Mich ablehnen werden. Genauso, wie Ich das erste Mal abgelehnt wurde, werden sie dieses Mal versuchen, Mich zu vernichten, bevor Ich komme, um die endgültige Erlösung zu bringen, die den Menschen verheißen ist.

Der Mensch ist schwach. Der Mensch ist unwissend und ist Meiner Barmherzigkeit nicht würdig. Der Mensch ist eigensinnig. Dem Menschen ist während Meiner Zeit auf Erden die Wahrheit geschenkt worden, aber er versteht noch immer nicht Meine Verheißung. Meine Rückkehr — in Meinem Zweiten Kommen — wird durch die Ablehnung Meiner Letzten Prophetin beschleunigt werden. Die Prophetin, die gesendet worden ist, um euch das letzte Wort Gottes zu übermitteln zur Vorbereitung eurer Seelen, wird schwer leiden. Ich Bin es, Jesus Christus, Den ihr lästert, wenn ihr Mein Heiliges Wort verspottet, das Gottes Prophetin gegeben wird. Es ist das Wort Gottes, das gegeben wird, um euch auf den Kampf mit dem Antichristen vorzubereiten, das ihr ablehnt. Indem ihr das tut, vernichtet ihr Seelen. Ihr hindert diese Seelen daran, in Mein Paradies einzugehen.

Diejenigen, die böse Dinge über Meine Botschaften sagen, können ihre Feindseligkeiten, ihre Wut oder ihre Logik nicht rechtfertigen, denn sie sind voll des Irrtums, der der Sünde des Stolzes entspringt. Bald wird die Wahrheit schwer zu unterscheiden sein von den Lügen der Neue-Welt-Organisation, welche die heidnische Neue-Welt-Religion präsentieren wird.

Wenn ihr Mir jetzt nicht zuhört, werdet ihr unter Druck gesetzt werden, diesen bösen Ersatz zu akzeptieren. Er wird in ein glitzerndes, goldenes Äußeres gekleidet sein. Er wird auch die Frömmsten unter euch beeindrucken und er wird eure Treue zu Mir verdrehen und wird von allen bewundert werden. Dies ist die Religion, welche die Atheisten dazu bringen wird, an eine große Lüge zu glauben. Keinen Frieden werden die finden, die dieser heidnischen Abscheulichkeit folgen. Angst und Abscheu voreinander werden sich zeigen, wo Bruder gegen Bruder kämpfen wird und wo die Menschheit in zwei Teile gespalten werden wird. Die eine Hälfte wird die verdrehte Wahrheit dieser Neue-Welt-Religion akzeptieren, deren Vorsitz viele Kirchen, viele Religionen sowie ein großer Teil der katholischen Kirche übernehmen werden. Die andere Hälfte wird aus jenen bestehen, die Mich wirklich lieben und die der Wahrheit treu bleiben werden.

Wenn ihr die Wahrheit nicht annehmt — die Wahrheit, die in der Heiligen Schrift enthalten ist —, dann werdet ihr eine Lüge leben. Ihr werdet keine Liebe für Mich in eurer Seele übrig haben, wenn ihr die Lügen akzeptiert, mit denen man euch vollstopfen wird.

Und wenn auch Mein Wort heute wie Ketzerei erscheinen mag, wie es zu Meiner Zeit auf Erden war, so werden viele von euch diese Botschaften verschlingen, wenn ihr ausgehungert sein werdet nach der Wahrheit, wenn der Antichrist eure Nationen kontrollieren wird. Ihr werdet auf eurem Bauch kriechen und nach Mir schreien. Ihr, die ihr gegen Mich gelästert habt, werdet eure Zunge herausschneiden wollen, denn euch wird dann klar werden, wie sehr eure Worte Mich beleidigt haben. Ich warte geduldig auf diesen Tag, aber solltet ihr vor Mir stehen und Mich daran hindern, die Seelen zu erreichen, werde Ich euch niedermähen. Wenn ihr nicht aufhört, gegen Mich zu lästern, indem ihr erklärt, Meine Botschaften seien das Werk Satans, dann wird euch niemals verziehen werden. Denn das ist die größte Sünde gegen Gott.

Denkt daran, dass Ich dieses letzte Mal zu den Kindern Gottes komme, um den Bund Meines Vaters zu erfüllen. Sein Wille kann jetzt auf Erden so geschehen, wie er im Himmel geschieht. Nicht einer von euch kann verhindern, dass dies passiert. Nicht einer von euch kann — auch wenn Mich einige von euch hassen — Mein Zweites Kommen verhindern. Diejenigen, die wütend gegen Mein Wort schreien und erklären, dass es von Satan käme, werden in Ewigkeit bei dem Tier wohnen.

Euer Jesus

806. Diese Botschaften werden die letzten sein, die euch vor dem Großen Tag gegeben werden, an dem Ich kommen werde, um zu richten.

Samstag, 25. Mai 2013, 21:49 Uhr

Meine innig geliebte Tochter, der Schmerz der Propheten, die vor dir kamen, ist niemals wirklich bekannt geworden. Aber ihre Bürde war schwer. Im Unterschied zu den Visionären arbeiteten sie alleine, und jede Form von Akzeptanz war ihnen verweigert.

Die Propheten wurden gehasst, weil sie im Namen Gottes prophetisch redeten und weil sie von künftigen Tragödien kündeten, die der Menschheit aufgrund des Makels der Sünde bevorstanden. Sie führten ein einsames und furchteinflößendes Leben und fielen oft dadurch, dass ihre Mission so schwierig war. Es war schwer für sie, die Prophezeiungen zu verstehen, und viele von ihnen kannten die Bedeutung der Worte nicht, die ihnen diktiert wurden. Viele waren sich nicht sicher, ob sie tatsächlich überhaupt Propheten wären, aber durch die Früchte ihrer Mission — als sie sehen konnten, wie sich das Wort Gottes verbreitete und wie schnell Bekehrungen zu beobachten waren — verstanden sie.

Die meisten von Gottes Propheten wurden verachtet, verspottet und als Ketzer angesehen. Viele wurden ausgestoßen und gequält, alles nur weil sie von Gott gesandte Boten waren.

Propheten werden einzig und allein aus Gottes Liebe gesandt, um Seine Kinder auf Ereignisse vorzubereiten, die einen Einfluss auf das Heil ihrer Seelen haben werden. Die Propheten sind mit unterschiedlichen Missionen betraut worden. In einigen Fällen waren sie gesandt, um die Menschheit vor der Gefahr des Ungehorsams gegenüber dem Vater zu warnen. Andere waren gesandt, um vor den Konsequenzen zu warnen, die auf die Menschen zukämen, würden sie in schwere Sünde fallen. In anderen Fällen war es, um die Menschheit vor denen zu warnen, die sie der Verfolgung aussetzen würden und versuchen würden zu verhindern, dass das Wort Gottes Seine Kinder nährt. Und es gab Johannes den Täufer, gesandt, um Gottes Kinder auf das Kommen des Messias vorzubereiten, des eingeborenen Sohnes Gottes, Der gesandt war, um in den Augen Gottes zu erlösen. Aber sie wollten nicht auf ihn hören. Die Geringsten unter den Juden hörten zu und nahmen Mich, Jesus Christus, den Menschensohn, an, aber die heiligsten und ranghöchsten Diener innerhalb der Kirche jener Zeit weigerten sich, die Wahrheit anzunehmen.

Und nun bist du, Meine Tochter, gesandt, um den Weg für Mein Zweites Kommen zu bereiten, damit Ich der Welt Erlösung bringen kann und damit Mein Neues Paradies verwirklicht werden kann. Dies wurde vorhergesagt, aber werden sie hören? Leider

nein. Sie weigern sich zu glauben, dass Mein Vater womöglich in ihrer Zeit Seinen letzten Propheten in die Welt schicken könnte. Durch dieses Verhalten leugnen sie das Heilige Evangelium Gottes. Sie glauben, dass Mein Zweites Kommen bis weit in die Zukunft nicht stattfinden werde. Dieser Irrtum beruht nicht auf ihrer Kenntnis der Heiligen Schrift, sondern ist auf ihre mangelhafte menschliche Vernunft zurückzuführen, auf deren Grundlage nichts von Meiner Verheißung — dass Ich wiederkommen werde — verstanden werden kann.

Die Herrliche Erbschaft eurer Zukunft, die euch erwartet, gehört euch. Dieses Erbe steht jedem Einzelnen von euch zu, unabhängig davon, wie geschwärzt oder rein eure Seele ist, aber ihr müsst euch vorbereiten und wachsam sein, denn alle Dämonen aus der Hölle durchstreifen in dieser Zeit die Erde und durch andere Seelen werden sie versuchen, euch aufzuhalten. Satan will nicht, dass Mein Vater Seine Kinder nach Hause bringt in ihr rechtmäßiges Erbe. Er wird Lügen verbreiten, Verwirrung stiften und euch ablenken. Seine Gerissenheit und seine betrügerischen Wege werden so subtil sein, und er wird durch andere Seelen arbeiten, die ihr Offensein für derartige Versuchung selbst zulassen. Die Menschen werden daher nicht glauben, dass Gott jemals einen weiteren Propheten auf diese Weise in die Welt senden würde. Es sei nicht notwendig, werden sie sagen. Sie werden stattdessen dazu verleitet werden, den falschen Propheten zu glauben, und da es so viele von ihnen gibt — Wölfe im Schafspelz — werden sie zu denen hingezogen werden, die all die Dinge sagen werden, die sie hören wollen. Phantasiegeschichten. Geschickt getarnt im heiligen Jargon, der schreckliche Lügen verbergen wird, die Mein Heiliges Wort schänden werden.

Du, Meine Tochter, wirst die Einzige sein, die in dieser Zeit das Wahre Wort Gottes sprechen wird, hörbar für die ganze Welt. Es gibt auch noch andere Propheten Gottes, aber ihre Missionen sind anders. Von dir wird verlangt werden, die Wahrheit zu sagen, aber die Wahrheit wird schockieren, genauso wie sie Seelen retten wird.

Glauben jene unter euch, die verkünden, Mich zu kennen, nicht, dass Mein Vater einen letzten Propheten senden würde, um euch durch die Kraft des Heiligen Geistes vor Meinem Zweiten Kommen vorzubereiten? Kennt ihr Ihn denn nicht? Wisst ihr denn nicht, wie groß Seine Liebe ist? Kennt ihr denn nicht das Ausmaß Seines großen Erbarmens? Wenn ja, dann werdet ihr auf diese Botschaften vom Himmel hören. Diese Botschaften werden die letzten sein, die euch vor dem Großen Tag gegeben werden, an dem Ich kommen werde, um zu richten.

Diejenigen, die ihr Leben im Einklang mit dem Wort Gottes leben und die nichts von diesen Botschaften wissen, haben nichts zu befürchten. Diejenigen, die diese Botschaften und Warnungen annehmen, keine anderen Lehren zu akzeptieren, die sich von der

Lehre, die von Mir, Jesus Christus, der Welt gegeben ist, unterscheiden, haben nichts zu fürchten, denn ihnen wird das Königreich Meines Neuen Paradieses gehören.

Denjenigen, die Meine Hand der Barmherzigkeit zurückweisen werden, die sich von Mir entfernen und die ihre Seele zerstören, indem sie Satan und alle seine leeren Versprechungen ehren, anstelle ihres Gottes und Schöpfers, diesen wird das ewige Leben verweigert werden, es sei denn, sie flehen um Meine Barmherzigkeit.

Es ist noch Zeit, euer Leben neu auszurichten. Es ist sehr einfach. Kommt zu Mir, und Ich werde euch beschützen. Diese Prophezeiungen beziehen sich auf die Zukunft, und sie werden realisiert werden. Lehnt sie als Unsinn ab — und ihr werdet den Tag bereuen, an dem ihr der Wahrheit den Rücken gekehrt habt, der Wahrheit, die euch als den geliebten Kindern Gottes verheißen ist.

Euer Jesus

807. Ich, die Mutter Gottes, werde die Macht des Teufels in den Herzen derer, die Mich anrufen, vernichten.
Sonntag, 26. Mai 2013, 14:10 Uhr

Mein Kind, du darfst niemals auf diejenigen hören, die versuchen, dich in dieser heiligen Mission zu stoppen. Es ist wichtig, dass du mit Meinem geliebten Sohn vereint bleibst und dass du weißt, dass diese Stimmen, die gegen Meinen Sohn lästern, sich auch weiterhin vervielfachen werden. Der Hass, der sich aus ihren Mündern ergießt, gilt nicht dir, sondern dem Heiligen Wort Meines Sohnes. Jetzt weißt du, wie viele Feinde Mein Sohn in der Welt hat. Diejenigen, die Ihn am meisten verletzen, sind diejenigen, die sagen, sie würden Ihn lieben, die Ihn jetzt aber ablehnen, während Er durch die auserwählten Propheten Gottes spricht.

Diejenigen, die Mich, die Heilige und Unbefleckte Mutter Gottes, missbrauchen, um sich dahinter zu verstecken, während sie Obszönitäten schreien, erfüllen Mich mit Tränen großer Traurigkeit. So verhärtet sind ihre Herzen und so voller Wut, dass ihr Hass auf diese Botschaften viele schockieren wird. Diejenigen, die glauben, sie das Wort Gottes verteidigen, und die jene ablehnen, die in Seinem Namen kommen, dürfen niemals diejenigen billigen, die anderen in Seinem Namen Hass zeigen oder sie in Seinem Namen verleumden. Wenn dies geschieht und wenn diejenigen, die behaupten, Propheten zu sein, dies tun, dann seid euch gewiss, dass diese erbitterten Angriffe nicht von Gott kommen, da dies unmöglich wäre.

Ich, die Mutter Gottes, werde die Macht des Teufels in den Herzen derer, die Mich anrufen, vernichten. Wenn sie Mich nicht anrufen, dann kann Ich ihnen nicht helfen. Ich, als Miterlöserin, könnte niemals die Wahrheit leugnen, die Mein Sohn der Welt offenbaren möchte. Meine Pflicht gilt Meinem Sohn. Ich würde euch niemals sagen,

dass ihr den Teufel ablehnen oder verurteilen sollt, und euch andererseits dann täuschen, indem Ich Mich darauf berufe, die Mutter Gottes zu sein. (*)

Diejenigen, die behaupten, dass sie Mich durch Meinen Heiligen Rosenkranz ehren, und dann böse Dinge über Meinen Sohn sagen, indem sie erklären, Seine Botschaften seien Lügen, beleidigen Meinen Sohn und entehren Mich. Mein Höchstheiliger Rosenkranz wird, wenn er langsam und aus dem Herzen gebetet wird, eure Herzen für die Wahrheit dieser Mission öffnen. Ihr dürft niemals die Hoffnung aufgeben, auch wenn euch die Gabe der Unterscheidung nicht gegeben ist. Sie wird euch gegeben werden, wenn ihr Mich bittet, eure Seele der Obhut Meines Sohnes zu weihen. Wenn dies mit einem einfachen und demütigen Geist geschieht, wird Mein Sohn euch mit der Gabe des Heiligen Geistes belohnen.

Kinder, ihr dürft niemals die Propheten Meines Sohnes beleidigen, auch wenn ihr ihnen nicht glaubt. Ihr müsst schweigen und für sie beten. Solltet ihr die Propheten Meines Sohnes ablehnen, wird Er euch dies nicht anlasten. Aber wenn ihr erklärt, dass Sein Heiliges Wort, das den wahren Propheten gegeben wird, das des Teufels sei, dann werdet ihr furchtbar leiden.

Bleibt ruhig, Kinder, und setzt euer Vertrauen ganz auf Meinen Sohn. Überlasst euch ganz Seiner Barmherzigkeit — und Er wird euch führen, und der Friede wird mit euch sein. Geht, Meine lieben Kinder, in der Gewissheit, dass Mein Sohn euch liebt. Er vergibt allen Seelen, Er vergibt alle Sünden, ausgenommen die ewige Sünde: die Lästerung gegen den Heiligen Geist.

Eure geliebte Mutter
Mutter der Erlösung

(*) Anmerkung: Eine Botschaft, die sagt, dass wir den Teufel ablehnen oder verurteilen sollen, kann nur vom Himmel kommen und nicht von unten! Die Mutter Gottes würde uns niemals täuschen und nie den Botschaften ihres Sohnes widersprechen. Also ist es ein Zeichen der Echtheit eines Propheten, wenn in den Botschaften verlangt wird, den Teufel abzulehnen und zu verurteilen.

808. Gott der Vater: Ich habe der Welt „Das Buch der Wahrheit" verheißen und Ich nehme Mein Heiliges Wort niemals zurück.
Sonntag, 26. Mai 2013, 14:45 Uhr

Meine liebste Tochter, Meine geliebten Kinder sind in dieser Zeit durcheinander. Ich will ihnen sagen — vor allem denjenigen, die diese Göttlichen Botschaften anzweifeln, die dir gegeben werden, weil Ich sie liebe —, dass sie keine Angst haben dürfen.

Angst verursacht Zweifel. Zweifel verursacht Verwirrtheit. Verwirrtheit kann zu Unbehagen führen, und letzten Endes werdet ihr für die Wahrheit blind sein. Die Wahrheit wird niemals leicht zu akzeptieren sein, denn die Wahrheit offenbart das Gute und

das Schlechte. Niemand will das Schlechte hören — und anstatt die Führung anzunehmen, die der Welt durch Meinen Willen gegeben wird, duckt sich die Menschheit lieber vor Furcht.

Ich sende Meine Propheten, um euch an Meine unendliche Liebe für jedes einzelne Meiner kostbaren Kinder zu erinnern. Ich sende sie auch, um euch vor den Hindernissen zu warnen, die euch vom Teufel in den Weg gelegt werden, um euch von Mir weg zu bringen. Wenn Ich diese Dinge offenbare, geschieht das nicht, um euch in Aufregung zu versetzen, sondern um euch zu retten und vor Schaden zu bewahren.

Die Wahrheit, die euch in Meinem Heiligen Buch, der Bibel, gegeben ist, ist dort vor euer aller Augen. Nehmt sie nicht, um euch eure eigene Version zu schaffen, denn es ist nicht Mein Wille, dass ihr die Wahrheit verdreht. Ich habe der Welt „Das Buch der Wahrheit" verheißen und Ich nehme Mein Heiliges Wort niemals zurück. Dieses Buch gebe Ich euch jetzt, damit Ich Meine Kinder aus den vier Ecken der Erde sammeln kann. Meine Feinde werden versuchen, die Verbreitung des Inhalts des Buches der Wahrheit zu stoppen. Lasst euch nicht durch sie ablenken, da — wenn dies passiert — Mir Seelen verloren gehen.

Seid dankbar, dass Ich, euer geliebter Vater, euch dieses große Geschenk gebe, da ihr Meine Führung brauchen werdet, vor allem jetzt, da der Antichrist nun präsentiert werden wird, damit die Welt ihn sieht. Euch wird — durch „Das Buch der Wahrheit" — gezeigt werden, wie ihr eure Seele vor der Versuchung schützen könnt, mit der er die Welt zu vergiften geplant hat. Jeder nur mögliche Schutz wird euch gegeben, um euch zu helfen, nicht nur eure eigene Seele zu retten, sondern auch die Seelen von Milliarden von Menschen.

Der Restarmee wird die größte Macht gegeben werden, um das Tier zu besiegen. Sie wird stark genug sein, um dies zu tun; daher fühlt euch niemals entmutigt, wenn Meine Feinde euch am Wachstum über alle Nationen hinweg zu hindern versuchen. Ihre Macht wird zunichte gemacht werden, und diejenigen, die schwach sind und die Lügen annehmen, die man ihnen bald im Namen Meines Sohnes präsentieren wird, werden für Mich verloren sein. Einzig durch eure Liebe zu Mir und zu Meinem geliebten Sohn, Jesus Christus, und durch die Kraft des Heiligen Geistes können alle Meine Kinder gerettet werden.

Ich werde euch jederzeit beschützen und über euch wachen. Erhebt eure Seelen zu Mir durch eure Treue zu Meinem Sohn — und euch wird das Herrlichste der Geschenke, Mein Neues Paradies, gegeben werden.

Lasst euch von niemandem daran hindern, den Anspruch auf euer rechtmäßiges Erbe zu erheben. Lasst euch von niemandem daran hindern, um die Seelen all Meiner Kinder zu kämpfen, denn euch sind die Gnaden gegeben, die man braucht, um sogar die Seelen derer zu retten, die Mich am meisten beleidigen. Ich liebe euch, Kinder. Ich erwarte eure Antwort auf diesen Aufruf aus dem Himmel.

Euer geliebter Vater
Gott, der Allerhöchste

809. Meine Stimme wird, indem sie laut erschallt, in der nächsten Phase Millionen an Mich ziehen und dann in den Endphasen Milliarden.

Dienstag, 28. Mai 2013, 20 :30 Uhr

Meine innig geliebte Tochter, Ich bin jetzt gerade dabei, jeden Teil der Welt auf Mein Zweites Kommen vorzubereiten. Ich werde jetzt ausnahmslos jede Nation in Meine Arme der Barmherzigkeit hineinfegen, damit Ich sie in Mein Königreich bringen kann.

Mein Plan ist sehr detailliert, und doch ist er einfach. Meine Stimme wird, indem sie laut erschallt, in der nächsten Phase Millionen an Mich ziehen und dann in den Endphasen Milliarden. Jetzt werden viel mehr Menschen die Wahrheit hören, aber sie werden sie nicht annehmen, bis das, was Ich dir gesagt habe, eintritt. Meine Mission wird sich schnell ausweiten, und dann, wenn jeder weiß, dass Ich, Jesus Christus, es Bin, Der diesen Aufruf vom Himmel tut, werden sie sich Mir anschließen. Meine Mission wird beantwortet werden, sogar von denjenigen, die sich von diesen Botschaften distanzieren.

Ihr, Meine Anhänger, mögt vielleicht entmutigt sein, wegen der Schmach, die ihr werdet zu ertragen haben, aber das wird nicht lange dauern. Meine Liebe zu Gottes Kindern ist so groß, dass sie verglichen werden kann mit der Liebe von Eltern, die mehrere Kinder haben. Einige Kinder werden ihre Mutter und ihren Vater ehren und auf die Liebe antworten, die ihnen gezeigt wird. Andere Kinder werden ihre Eltern zur Seite schieben, ihre Brüder und Schwestern schlecht behandeln, bevor sie schließlich alle Beziehungen abbrechen. Aufgrund der Bande des Blutes und der Liebe werden alle Anstrengungen unternommen werden, nicht nur von den Eltern, sondern auch von den Geschwistern, um diese verlorenen Kinder in den Schoß ihrer Familie zurückzuholen. Und wenn das geschieht, werden alle Sünden, jede Wut und Ablehnung, vergessen sein.

Meine Anhänger, während ihr mit dem Zorn der anderen konfrontiert sein werdet, müsst ihr ruhig und geduldig bleiben. Eure Ausdauer wird geprüft werden — und einige von euch werden abfallen. Wenn das geschieht, wird alles von Meinen treuen Anhängern getan werden, um euch zurückzubringen, damit ihr auf Meinen Ruf antworten könnt.

Euer geliebter Jesus

810. Gott der Vater: Ich werde jede Nation schlagen entsprechend der Zahl der Unschuldigen, die sie ermordet haben.

Mittwoch, 29. Mai 2013, 22 : 50 Uhr

Meine geliebte Tochter, Ich Bin der Anfang und das Ende. Ich Bin der Schöpfer von allem, was ist und sein wird. Ich Bin der Herr des Lebens und des Todes. Niemand hat das Recht, in Leben oder Tod einzugreifen, da in beides nur Ich, euer Allmächtiger Vater, eingreifen darf.

Wenn der Mensch zu glauben beginnt, dass er ebenso gut — wenn nicht gar mächtiger — sei als Ich, wird er versuchen, Mich nachzuahmen. Sobald der Mensch die Kontrolle über Meine Schöpfung übernehmen will, wird er von Satan zur Sünde verführt. Wenn die Sünde des Stolzes die Seele in einem solchen Ausmaß befällt, wird der Mensch Mir trotzen, indem er das Leben auf Erden zerstört.

Warum würde der Mensch das tun wollen? Er will Macht erlangen über das, was von Mir großzügig geschenkt wurde, wenn er das Leben eines Kindes im Mutterleib nimmt. Wenn er die Bevölkerungszahlen kontrollieren will, wird er das Leben vor der Geburt zerstören und jene töten, von denen er glaubt, dass sie nicht länger am Leben bleiben dürfen.

Es gibt einen Plan, Meine Tochter, mit dem eine (bestimmte) Gruppe das Wachstum der Weltbevölkerung zerstören will, und zwar durch das schreckliche Übel, das durch Abtreibung gesetzlich verankert wird. Der Anstieg der Abtreibung und die rasche Einführung derselben auf der ganzen Welt sind kein Zufall. Sie wird über alle Nationen verbreitet. Diejenigen Nationen, die die Abtreibung ablehnen, werden von dem Tier mit den zehn Hörnern (*) zur Seite gestoßen werden und gezwungen werden, diese Abscheulichkeit einzuführen.

Durch Meine Hand werde Ich auf jene Nationen, die die Abtreibung eingeführt haben, eine schwere Züchtigung werfen. Ihr werdet sehen, wie dies, sobald solche Gesetze eingeführt sind, geschieht, und ihr werdet es erkennen anhand der Strafe, die Ich vollstrecken werde. Ihr werdet wissen, dass es Meine Hand ist, die sich auf solche Bosheit gesenkt hat. An diejenigen von euch, die denken, dass sie das Recht hätten, ein Leben zu nehmen: Wisset, dass dieses Recht nicht existiert. Nehmt ein Leben — und ihr werdet kein Leben haben. Ihr werdet kein Ewiges Leben haben, wenn ihr an irgendeiner Handlung beteiligt seid, die solch böse Gesetze ins Dasein ruft. Die gleiche Strafe wird denjenigen von euch auferlegt werden, die es wagen, die Euthanasie zu rechtfertigen.

Meine Barmherzigkeit ist im Überfluss vorhanden, und Ich werde denjenigen vergeben, die nicht den Unterschied zwischen Richtig und Falsch verstehen. Aber wenn ihr bewusst an dem globalen Plan, Leben zu zerstören, mitarbeitet, als Teil einer sata-

nischen Gruppe, dann seid ihr verloren. Eure Zukunft ist besiegelt durch das Versprechen, das ihr dem Tier gemacht habt, und in Kürze durch eure Allianz mit dem Antichristen.

Indem ihr das Leben der Unschuldigen nehmt und die Einführung solcher Gesetze erzwingt, dann widersetzt ihr euch unverhohlen einem Meiner wichtigsten Gebote: Du sollst nicht töten. Wenn ihr einen solchen Genozid auf einer solchen globalen Ebene plant, dann führt ihr das Werk Satans aus — und dafür werde Ich euch vernichten.

Ich gebe euch zuerst Warnungen, und dann, wenn diese bösen Gesetze nicht eingeschränkt werden, lasst ihr Mir keine andere Wahl. Die Erde wird mit solcher Gewalt erschüttert werden, dass sie euch verschlucken wird. Ich werde jede Nation schlagen entsprechend der Zahl der Unschuldigen, die sie ermordet haben. Wenn Ich nicht einschreite, werden eure Nationen sehr bald von dem Tier verschlungen sein, und niemand wird übrig bleiben. Ihr müsst wissen, dass die Sünde die Erde in einem solchen Ausmaß befallen hat, dass nur noch ein Schimmer von Licht zurückbleibt. Dieses Licht ist das Licht Gottes, und es ist gegenwärtig in Meinem Sohn und in Seinem Mystischen Leib. Eure Sünden geißeln Ihn weiterhin, und dies wird sich steigern, bis zu dem Zeitpunkt, wo Seine Kirche gekreuzigt werden wird. Wenn dies geschieht, wird die Finsternis hinabsteigen, und dann wird das Ende kommen.

Mein Zorn hat sein Limit erreicht. Eure Gebete werden dazu beitragen, einen Teil der Strafe zu mildern, die Ich auf diese undankbare Welt hinabwerfen werde und auf derart böse Sünder, aber nicht die ganze Strafe; denn diese Züchtigungen müssen erfolgen, damit Ich diese Pläne, euch zu vernichten, vereiteln kann. Wenn Ich nicht versuchen würde, die Verbreitung solcher Gräuel aufzuhalten, dann gäbe es keine Reue. Keine Scham. Kein Bewusstsein für die Tatsache, dass Ich, Gott der Allerhöchste, das Leben erschaffe und es nehme, gemäß Meinem Willen. Niemand sonst hat das Recht, dies ebenfalls zu tun.

Mein Zorn hat sich Meinen Kindern durch die Jahrhunderte hindurch gezeigt, aber bisher habt ihr den Züchtigungen getrotzt, die Ich jetzt auf diejenigen ausgießen werde, die schuldig sind, den Akt der Abtreibung eingeführt zu haben.

Euer Vater
Gott der Allerhöchste

(*) Botschaft 350 vom 19.02.2012: „... Das Tier mit den zehn Hörnern ist die Europäische Union, Meine Tochter, die im Buch der Offenbarung als Babylon bezeichnet wird. (= Die geheime Offenbarung des Evangelisten Johannes) ...“

811. Gott ist nicht prahlerisch. Gott ist nicht stolz. Gott ist sanft, liebevoll und doch fest in Seinen Weisungen an die Menschheit.

Freitag, 31. Mai 2013, 16:40 Uhr

Meine innig geliebte Tochter, die Weise, wie I ch Mich den Kindern Gottes auf dieser Erde zeige, geht über eine einzige Quelle, und diese ist der Heilige Geist. Ich kann Mich ihnen auf keinem anderen Weg kundtun.

Ohne die Gegenwart des Heiligen Geistes kann Meine Stimme nicht gehört werden. Wenn also der Heilige Geist auf eine auserwählte Seele niedersteigt, kann sich Meine Stimme kundtun. Aber gebt Acht. Der Heilige Geist kann nur in Seelen wohnen, die zuhören und die einfach das übermitteln, was ihnen gegeben wird.

Der Heilige Geist kann Menschen dazu inspirieren, das Wort Gottes zu sprechen, aber solche Seelen können nicht von diesem Wort abweichen. Wer auch immer schreibt, übermittelt, redet und sagt, dass er das Wort Gottes repräsentiere, das ihm kraft des Heiligen Geistes geschenkt sei, darf niemals seine eigene Interpretation Meines Höchstheiligen Wortes abgeben.

Wer auch immer das Wort Gottes verkündet und durch den Heiligen Geist dazu ermächtigt ist, wird sich dieser Tatsache niemals rühmen. Er wird andere niemals in Meinem Namen verurteilen, schlecht über andere reden oder sie verleumden. Wenn ihr seht, dass dies geschieht, dann werdet ihr wissen, dass hier der Heilige Geist nicht gegenwärtig ist.

So viele falsche Propheten rühmen sich lauthals der Tatsache, dass ihnen die Gabe des Heiligen Geistes gegeben sei, aber dies ist eine Lüge. Erkennt den Lügner dann, wenn er sagt, er sei kompetent, habe eine tolle Ausbildung in Theologie — und er wisse somit mehr über Mich als andere — und der dann behauptet, ihm sei das Recht gegeben, andere zu verurteilen, die sagen, dass sie in Meinem Namen sprechen. Diese Arroganz könnte niemals von Gott kommen.

Gott ist nicht prahlerisch. Gott ist nicht stolz. Gott ist sanft, liebevoll und doch fest in Seinen Weisungen an die Menschheit. Er würde niemals irgendeinem echten Propheten, wahren Jünger oder gottgeweihten Diener die Erlaubnis geben, andere in Meinem Namen zu verletzen oder zu beleidigen.

Hütet euch vor den falschen Propheten, die nicht die Gabe des Heiligen Geistes besitzen, denn sie werden euch in die Irre führen. Sie werden euch in die entgegengesetzte Richtung führen von dem Weg, den Ich für jeden von euch ausgewählt habe.

Euer Jesus

812. Ich Bin in der Heiligen Eucharistie gegenwärtig durch den Akt der Transsubstantiation.

Sonntag, 2. Juni 2013, 22 : 1 5 Uhr

Meine innig geliebte Tochter, Ich muss alle Kinder Gottes erinnern an die Wahrheit Meines Versprechens, der Menschheit das Geschenk der Heiligen Eucharistie zu geben.

Ich muss euch an die Kraft der Allerheiligsten Eucharistie erinnern und an die Tatsache, dass Ich es Bin, euer geliebter Jesus, Der wirklich gegenwärtig ist. Ich gab Meinen Leib hin, um euch vor der ewigen Verdammnis zu retten. Ich gab euch Meinen Leib, damit Ich in eurer Seele bleiben kann.

Ich Bin in der Heiligen Eucharistie gegenwärtig durch den Akt der Transsubstantiation. Ich habe dies Meinen Aposteln beim Letzten Abendmahl sehr deutlich erklärt. Warum also nehmen so viele von euch dieses große Geschenk nicht an, das euch um einen hohen Preis gegeben ist? Dies ist Mein Geschenk an euch. Mein Leib und Mein Blut werden eure Seele stärken. Meine Göttliche Gegenwart hält eure Seele aufrecht und versorgt all jene, die Meine Heilige Eucharistie annehmen, mit einer besonderen Gnade, die euch näher zu Mir bringen wird.

Wenn ihr Mir während der Eucharistischen Anbetung Gesellschaft leistet, dann werde Ich die größten Gaben über euch ausgießen. Bald wird es euch schwer fallen, euch von Mir zurückzuziehen, und Ich werde euch vertrauter werden. Euer Herz wird mit Meinem Heiligsten Herzen verflochten werden.

Ihr dürft niemals die Kraft Meiner Heiligen Eucharistie vergessen, denn Sie bewahrt das Licht Meiner Gegenwart in der Welt. Ohne Meine Wahre Gegenwart in der Heiligen Eucharistie wäret ihr verloren und ihr wäret nicht in der Lage, im Stande der Gnade zu bleiben.

Wenn ihr Meines Leibes beraubt seid, dann werdet ihr beginnen, euch leer zu fühlen. Ihr werdet von Mir getrennt sein, und auch wenn ihr Mich wohl noch immer lieben werdet, werdet ihr kämpfen, um in Gemeinschaft mit Mir zu bleiben.

Euer Jesus

813. Eure heidnischen Praktiken werden euch in die Hölle bringen.

Montag, 3. Juni 2013, 21:50 Uhr

Meine innig geliebte Tochter, die Geißelung, die Ich in dieser Zeit erleide, ist nicht nur wegen des bevorstehenden Verrates an Mir in Meiner eigenen Kirche, sondern sie hat auch mit den falschen, heidnischen Götzen zu tun, die Mich in der heutigen Welt ersetzen.

Das Heidentum breitet sich sehr schnell aus und wird als eine neue Volkskultur mit offenen Armen begrüßt, als eine Alternative zum Glauben an den Einen Wahren Gott. Es nimmt viele Formen an. Am wichtigsten dabei ist: Es wird dargestellt werden als harmloses Vergnügen für diejenigen, die sich in New-Age-Praktiken versuchen, und als wichtiger Bestandteil der persönlichen Entwicklung — eine Form von Humanismus und Selbstliebe.

Dieses weltweite Heidentum ist für die Endzeit vorausgesagt worden, und viele Menschen können es nicht als das erkennen, was es ist. Es ist eine Liebe zu sich selbst und zu falschen Göttern, in die viele ihr Vertrauen setzen, wegen der sogenannten magischen Kräfte, die diese — so glauben sie — zu bieten haben.

Viele, die nach Abwechslung suchen, um die Leere in ihrer Seele zu füllen, tun dies durch die Vergötterung von Buddha-Statuen, welche für ihr Leben, ihr Zuhause und ihren Arbeitsplatz von zentraler Bedeutung werden. Sie werden in ein Gefühl von spiritueller Ruhe eingelullt, wenn sie das New-Age-Heidentum praktizieren, wie Yoga, Reiki und sogenannte Meditation. Bald danach werden sie zu einer tiefen Sehnsucht hingezogen werden und sie werden fortfahren, an all die falschen Versprechungen zu glauben, die jene machen, die diese Abscheulichkeit praktizieren. Denn darum handelt es sich hier: um eine Form des Okkultismus, die viele Millionen von Seelen für die Wahrheit Gottes blind macht.

Welche Lehre auch immer — ob New Age oder eine andere Lehre — euch großen spirituellen Trost verspricht und darauf ausgerichtet ist, euch für egoistische Zwecke Kraft zu geben, wisst, dass dies niemals von Gott kommen kann. Jede Lehre, die diktiert, dass ihr solche Standbilder ehren sollt, die nicht von Gott sind, oder wo von euch verlangt wird, an Praktiken teilzunehmen, die ins Okkulte gehen, muss unter allen Umständen gemieden werden. Wisst ihr nicht, was diese mit eurer Seele, eurem Geist und eurem Leib machen? Sie zerstören sie.

So viele Seelen werden von diesen Praktiken befallen, welche die Türe zu eurer Seele öffnen und Satan und seinen Dämonen erlauben, euch zu verschlingen. Diese — täuscht euch da nicht — sind machtvolle Praktiken, insofern als sie böse Geister anziehen. Der Gebrauch von Tarot-Karten, Yoga, Reiki und bestimmte Arten von Meditationen, die heidnische Praktiken umfassen, wird euch vergiften. Mit der Zeit könnt ihr krank werden und von dumpfer Verzweiflung erfüllt werden, wenn die Geister des Bösen in euer Leben eintreten, dem ihr kaum entrinnen werdet.

Dies sind die Zeichen satanischer Einflüsse in der Welt, und viele Dämonen kommen als Engel des Lichts verkleidet. Dies ist der Grund, warum diejenigen, die von Engelkarten besessen sind und die sogenannte aufgestiegene Meister anerkennen, innerhalb dieser Engelkultur, den Geist des Bösen annehmen, der als harmloser Spaß präsentiert wird.

Die andere Form des Heidentums liegt in der Praxis des Atheismus. Diejenigen von euch, die stolz auf ihren Atheismus sind und die vielleicht ein gutes Leben führen mögen, wo sie zu anderen freundlich und liebevoll sind und ihren Nächsten mit Respekt behandeln, ihr sollt wissen, dass das Himmelreich nicht das Eure sein wird. Ich kann euch niemals in Mein Königreich aufnehmen, dann, wenn ihr euren letzten Atemzug tut, wie sehr Mir dies auch das Herz brechen wird. Wenn ihr Mich nicht bittet, euch anzunehmen, und zwar vor eurem Tod, kann Ich euch nicht helfen, denn Ich kann nicht in euren freien Willen eingreifen. Wer auch immer euch sagt, Atheismus spiele keine Rolle, der ist ein Lügner. Die Wahrheit ist, dass nur diejenigen, die Mich annehmen und die Gott anerkennen, in Mein Königreich eingehen können.

So viele von euch, die solch ein verwirrtes Leben führen und glauben, dass alles gut gehen werde, haben viel zu lernen. Das ist der Grund, warum Mein Vater erlaubt hat, dass die Warnung stattfindet, denn ohne sie würden viele Seelen geradewegs in die Feuer der Hölle stürzen.

Seid dankbar, dass euch die Wahrheit gegeben wird, denn sehr wenige Meiner berufenen Diener predigen von den Gefahren des sündhaften Lebens, das ihr heute lebt, und von den schrecklichen Konsequenzen, die solch ein Leben mit sich bringen wird.

Eure heidnischen Praktiken werden euch in die Hölle bringen. Euer Atheismus wird euch von Mir trennen. Nur Umkehr und Reue können euch retten. Hört die Wahrheit und nehmt sie an, so unangenehm sie euch auch sein mag, — und euch wird das Geschenk des Ewigen Lebens gegeben werden — ein Leben, nach dem ihr euch gerade jetzt sehnt, das aber niemals das Eure sein wird, wenn ihr fortfahrt, falsche Götter anzubeten und Mich, Jesus Christus, abzulehnen. Die Wahl liegt allein bei euch. Niemand sonst kann diese Entscheidung treffen, denn Gott hat euch den freien Willen geschenkt, um zwischen Gut und Böse zu wählen, und Er wird euch diesen freien Willen niemals wegnehmen, selbst wenn ihr den falschen Weg wählt.

Euer Jesus

814. Mein Weg ist sehr einfach. Ihr könnt Mir folgen, wie immer ihr wollt, aber ihr müsst Mich in Meinen Christlichen Kirchen ehren.

Dienstag, 4. Juni 2013, 23:30 Uhr

Meine innig geliebte Tochter, viele werden mit Begeisterung diesen schweren Weg der Wahrheit hinaufsteigen, genauso wie es auf dem Weg zum Kalvarienberg war.

Dieser Weg ist voll von Herausforderungen und einer Vielzahl von Hindernissen. Die meisten Menschen werden diesen Aufstieg als schmerzvoll empfinden, da ihr viele Erkenntnisse gewinnen werdet, einschließlich der Tatsache, dass man euch verachten wird dafür, dass ihr Mir folgt. Andere werden versuchen, euch zu stoppen, und werden jedes Argument verwenden, um euch zurückzuziehen, damit ihr euch von Mir entfernt. Andere werden schreckliche

Dinge schreien und werden euch vorwerfen, kein Soldat Christi, sondern ein Werkzeug Satans zu sein.

Dann wird euch — den Priestern und Dienern unter euch — befohlen werden, Mich bei diesem letzten Aufstieg nach oben zu verlassen. Dieser Aufstieg ist symbolisch für den Kreuzweg.

Alle, die Mir folgen, um zu helfen, dass die Wahrheit Meiner Lehren in der Welt von heute neu entdeckt wird — wo Menschen Augenbinden tragen und nicht zwischen Realität und Fiktion unterscheiden können —, werden eine andere Art von Grausamkeit erleiden. Diese Meine geliebten Anhänger werden mit Vorwürfen gequält werden, sie würden einer Sekte angehören. Vor allem diese Beleidigung deutet an, dass sie verblendet wären und nicht klar denken könnten. Ihr müsst erkennen, dass diese Art Anklage dazu gedacht ist, Zweifel in eurem Verstand aufkommen zu lassen.

Mein Weg ist sehr einfach. Ihr könnt Mir folgen, wie immer ihr wollt. Aber ihr müsst Mich in Meinen christlichen Kirchen ehren, überall, denn Ich habe keine anderen Häuser auf Erden. Sekten verwenden andere Häuser außerhalb Meiner Kirche. Wenn ihr aufgefordert werdet, Meine Kirche zu verlassen, wird es nicht anders sein, als zu der Zeit, als Meine Apostel, während Meiner Zeit auf Erden, aufgefordert wurden, das Gleiche zu tun.

Ignoriert die Sticheleien, den Spott und jene, die Meine Lehren benutzen und die sie dann verdrehen, damit sie Meine Botschaften, die euch heute geschenkt werden, denunzieren können.

Geht aufrecht und marschiert mit Zuversicht voran, denn diese Schlacht wird das Böse und die vom Betrüger gepflanzten Lügen besiegen, die eine schreckliche Finsternis über unschuldige Menschen werfen, die nicht erkennen können, was geschieht.

Diejenigen, die meinen, dass sie nicht die Kraft oder den Mut haben, weiterzumachen, bitte habt keine Angst, denn Ich werde euch besondere Gnaden schenken, wenn ihr dieses Kreuzzuggebet (108) sprecht: „Hinauf auf den Kalvarienberg"

„Jesus, hilf mir, den Mut, die Tapferkeit und die starken Nerven zu finden, um aufzustehen und mitgezählt zu werden, damit ich in Deiner Restarmee Mitglied sein kann und den gleichen Kalvarienberg erklimmen kann, den Du wegen meiner Sünden aushalten musstest.

Gib mir die Kraft, Dein Kreuz und Deine Last zu tragen, damit ich Dir helfen kann, Seelen zu retten.

Nimm meine Schwachheit von mir.

Vertreibe meine Ängste.

Zermalme all meine Zweifel.

Öffne meine Augen für die Wahrheit.

Hilf mir und all denjenigen, die auf den Ruf antworten, Dein Kreuz zu tragen, Dir mit einem inbrünstigen und demütigen Herzen zu folgen, und dass durch mein Beispiel ande-

re den Mut fassen werden, dies ebenfalls zu tun. Amen."

Euer geliebter Jesus

815. Der Rest Meiner gottgeweihten Diener wird einen Treueschwur auf die neue Eine-Welt-Religion unterzeichnen.

Mittwoch, 5. Juni 2013, 17:45 Uhr

Meine innig geliebte Tochter, mehr Meiner gottgeweihten Diener antworten endlich auf Meinen Ruf, obwohl dies, wenn sie das tun, für sie einen sehr einsamen Weg bedeutet.

Sie sind ihren Vorgesetzten zum Gehorsam verpflichtet, denn Ich habe Meiner Kirche auf Erden die Autorität gegeben, um sich über alle Kinder Gottes zu behaupten. Sie, Meine gottgeweihten Diener, müssen allen Weisungen folgen, die ihnen von Meiner Kirche gegeben werden, bis zu dem Tag, an dem Meine Sakramente verändert werden. Dann werden sie nur noch Mir zum Gehorsam verpflichtet sein.

Für diejenigen Meiner gottgeweihten Diener, die nicht an die vorausgesagten Prophetien glauben, wonach Meine Kirche auf Erden von innen zerstört werden wird: Ihr müsst beten, damit Ich euch stark und gegenüber Meinen Lehren treu sein lasse, bis der Tag der Finsternis jede Gegenwart von Mir in den Heiligen Tabernakeln auf der ganzen Welt auslöscht. Denn wenn das geschieht, dann seid ihr nur noch Mir, Jesus Christus, zum Gehorsam verpflichtet.

Euer Herz erschrecke nicht, denn wenn ihr einzig die Wahrheit Meiner Lehre verkündet und die Sakramente so spendet, wie es euch gelehrt worden ist, dann wird das eure rettende Gnade sein. Falls und wenn ihr aufgefordert werdet, die Wahrheit Meiner Kirche auf Erden abzulehnen, dann ist dies der Zeitpunkt, wo ihr unterscheiden müsst.

Dieser Tag ist noch nicht gekommen, aber wenn jene in euren höchsten Rängen von euch verlangen, die Heilige Eucharistie auszurangieren, dann werdet ihr wissen, dass euch die Wahrheit gegeben wurde.

Wenn von euch verlangt wird — bevor dieser Tag kommt —, bestimmte Lehren zu akzeptieren, von denen ihr in eurem Herzen wissen werdet, dass sie niemals von Mir gutgeheißen werden können, dann werdet ihr die schreckliche Realität der Zerstörung erkennen, der die Kirche ausgesetzt ist.

Es werden nur die Mutigen und die Tapferen unter euch sein, die für die Wahrheit aufstehen werden, die Mir treu bleiben werden, wenn man versucht, euch dazu zu bringen, heidnische Lügen zu akzeptieren. Ihr werdet es sein, die weiterhin die Sakramente der Taufe, der Heiligen Kommunion, der Beichte, der Firmung, der Ehe und der letzten Ölung spenden.

Der Rest Meiner gottgeweihten Diener wird einen Treueschwur auf die neue Eine-Welt-Religion unterzeichnen. Dann wird es geschehen, dass ihr in zwei Lager geteilt sein werdet: diejenigen, die der Wahrheit folgen, und diejenigen, die Gesetze akzeptieren, welche nur auf eine Sache hinauslaufen: die Verherrlichung falscher Götter und die Billigung der Sünde.

Viele von euch werden Mich dann nicht mehr ehren. Wenn ihr Mir nicht treu bleibt und Meine Schafe mit Lügen füttert, werden viele für Mich verloren sein. Doch wenn diese Seelen erkennen, dass sie getäuscht worden sind, werde Ich ihnen große Barmherzigkeit zeigen. Ihr jedoch, die ihr ausgebildet seid, Meine Lehren zu verstehen, Mein Heiliges Wort zu ehren und die Höchstheiligen Sakramente zu spenden, ihr werdet Mich verraten.

Euer Jesus

816. Lügen kommen sehr oft als gute Dinge verkleidet.
Donnerstag, 6. Juni 2013, 16:00 Uhr

Meine innig geliebte Tochter, wie sehr Ich Mir doch wünsche, dass die Liebe in der Welt wachsen würde, denn dann würde der Mensch wirklich seinen Nächsten lieben, so wie Mein Vater es verlangt, und es würde keine Kriege geben.

Kriege sind das Ergebnis eines Mangels an Glauben an den Einen Wahren Gott. Sie werden ausgelöst durch Angst, Hass und Stolz, was alles von der Macht Satans entzündet wird. Da mehr Menschen sich von Gott abwenden und die Notwendigkeit ablehnen, ihre Seelen für ein Leben in einer herrlichen Ewigkeit vorzubereiten, werden sie in großen Irrtum verfallen. Wenn sie die Wahrheit nicht sehen können, dann werden sie dafür anfällig sein, an Lügen zu glauben. Lügen kommen sehr oft als gute Dinge verkleidet. Sie tarnen sich als anstrebenswerte Leistungen, gerechte Handlungen, Spaß und als Alternativen zu dem, was natürlich ist.

Das Böse wird nur selten als solches erkannt werden, denn das ist nicht die Art, wie Satan seine Täuschung an der Menschheit plant. Er, der Teufel, dessen Werke in den Worten, Taten und Handlungen schwacher Seelen zu erkennen sind, ist sorgfältig darauf bedacht, sich niemals selber zu verraten. Er wird — durch die bedauernswerten Seelen, die er befällt, — als fürsorglich und sympathisch daherkommen und wird immer eine attraktive Fassade präsentieren. Raffiniert wird er die Menschen durch Versuchungen dazu bringen, Akte des Bösen zu begehen, und er wird dies tun, indem er ihre am meisten verwundbaren Schwächen anvisiert. Obwohl er normalerweise durch die Sinne verführt, wird er auch auf diejenigen abzielen, die die Wahrheit in ihrem Glauben suchen. Dies ist der Fall, wenn er, Satan, Seelen in eine Falle ziehen wird, wo sie das Böse akzeptieren werden, als ob es gut sei.

Es wird erst zu einem späteren Zeitpunkt sein, dann, wenn sie sich unwohl und unruhig fühlen, dass sie spüren werden, dass etwas nicht stimmt. Bis dahin werden sich Hass und Missachtung für ihren Nächsten in ihren Seelen manifestiert haben. Dann werden sie glauben, dass diese Aktionen, auf die sie sich — im Namen Gottes — ein-

lassen, die aber Gott beleidigen, zur Ehre Gottes geschehen würden.

Wenn im Namen Gottes Krieg angezettelt wird, dann ist es für gewöhnlich nicht Gott, dem die Armeen der Welt huldigen. Wenn sie Völker morden und sagen, dass sie Gott ehren, distanzieren sie sich von Gott und stehen auf der Seite des Tieres.

Das Tier plant zu diesem Zeitpunkt die Vernichtung der Menschheit auf zweierlei Weise. Erstens zerstört er (Satan) Leben durch Abtreibung, Mord und Krieg. Zweitens greift er Meine Kirche auf Erden an, damit alle Kirchen, die Mich, Jesus Christus, und Meinen geliebten Vater ehren, zerstört werden. Auf beiderlei Weise wird er Seelen stehlen und sie daran hindern, der Wahrheit zu folgen und Mein Königreich zu erben.

Euer Jesus

817. Ich werde auf der ganzen Welt Wunder bewirken, um den Skeptikern zu beweisen, dass Ich, Jesus Christus, es Bin, Der Meine Prophetin gesandt hat, um euch alle auf Mein Zweites Kommen vorzubereiten.
Freitag, 7. Juni 2013, 23 : 45 Uhr

Meine innig geliebte Tochter, all jene, die die Wahrheit kennen und die im Buch Meines Vaters enthaltenen Prophetien annehmen, müssen anerkennen, dass Er der Welt die größte Barmherzigkeit gewährt hat.

Jetzt, da die Zeit für Mein Zweites Kommen näher rückt, müssen diejenigen, die Meine Stimme erkennen und die auf Mich hören, ihre Zeit dazu verwenden sicherzustellen, dass sie Mein Wort verbreiten und für das Heil all ihrer Brüder und Schwestern beten.

Meine geliebten Jünger, Meine Gnaden werden zurzeit über euch ausgegossen, und ihr müsst zuversichtlich bleiben, wenn ihr helft, andere auf Mein Zweites Kommen vorzubereiten. Selbst wenn sie euch Obszönitäten an den Kopf werfen, müsst ihr ruhig bleiben. Diese Mission wird die am meisten verleumdete Mission seit Meiner Kreuzigung sein, aber wisst, dass es die Mission ist, die Milliarden von Seelen retten wird.

Dies ist Meine Zeit. Es ist die Zeit, die Mir von Meinem geliebten Vater zugewiesen worden ist, wie zugesagt. Es ist die Zeit für Meine Regentschaft, wo der Neue Himmel und die Neue Erde Eins werden. Genauso, wie der Wille Meines Vaters im Himmel geschieht, so wird er auch auf Erden geschehen. Alle werden Eins werden. Hass, Leid und die Macht des Bösen wird es nicht mehr geben. Jede Anstrengung, die ihr jetzt macht, um eure eigene Seele zu retten, und eure Gebete, um andere zu retten, sind es wert, und sei es noch so schwer. Lasst sie euch anbrüllen, euch geißeln, euch beschimpfen, euch Lügner nennen und euch grausam behandeln. Je mehr ihr leiden werdet, desto mehr Seelen werdet ihr Mir zuführen.

Ich habe diesen Weg gestaltet, und er wird von allen Engeln im Himmel bewacht. Jeglicher böse Geist wird Störungen verursachen, Hindernisse schaffen und versuchen, euch dabei aufzuhalten, auf Mich zuzugehen, aber es wird nutzlos sein. Sie können Mich nicht davon abhalten, Mich nach euch auszustrecken oder euch näher herzuziehen. Es werden Milliarden von euch sein. Diejenigen, die sich jetzt weigern sich vorzubereiten, werden es mit der Zeit tun. Ihr dürft euch von ihnen nicht bremsen lassen, denn die Zeit ist knapp.

Jedem von euch in Meiner Restarmee werden besondere Gnaden gegeben werden, Ich werde auf der ganzen Welt Wunder bewirken, um den Skeptikern zu beweisen, dass Ich, Jesus Christus, es Bin, Der Meine Prophetin gesandt hat, um euch alle auf Mein Zweites Kommen vorzubereiten.

Euer Jesus

818. Die Besessenheit Meiner Kinder von weltlichen Gütern und die Vergötterung persönlichen Reichtums trennen sie von Gott.
Samstag, 8. Juni 2013, 23 : 00 Uhr

Meine innig geliebte Tochter, während die Menschheit tiefer in die Sünde versinkt, fährt sie fort, nach materiellen Dingen zu streben, die, wie sie glauben, den blanken Schmerz, den sie in ihrem Inneren fühlen, stillen, denn nichts kann ihnen Trost bringen, wenn sie so weit von Mir entfernt sind. Nicht einen Moment denken sie an Mich, so gefangen sind sie in ihrer Jagd nach weltlichen Gütern — nach unnützen Dingen —, die nichts bringen, nur eine Sehnsucht nach mehr und mehr.

Dann gibt es diejenigen, deren Liebe für weltliche Attraktionen bedeutet, dass sie unersättlich werden. Sie streben nach größeren und, wie sie glauben, wertvolleren Besitztümern. Am Ende erbauen sie zu Ehren ihrer selbst ein Heiligtum. Dies ist der Zeitpunkt, wo sie in Verzweiflung stürzen, denn je mehr Reichtum und Luxus sie erwerben, desto verwirrter und abgelenkter werden sie. Sie werden das Interesse an anderen Menschen verlieren und bald werden sie alleine dastehen, da sie in einem Spinnennetz gefangen sind, gesponnen durch den Geist des Bösen, um sie in die Falle zu locken und ihre Seele zu zerstören.

Die Besessenheit Meiner Kinder von weltlichen Gütern und die Vergötterung persönlichen Reichtums trennen sie von Gott. Eure selbstsüchtige Liebe zum Besitz zerstört eure Liebe zu eurem Nächsten. Ihr werdet egoistisch sein bis zu dem Punkt, dass euch das Unglück anderer nicht kümmert. Dies ist die Art, wie ihr das Wort Gottes übertretet.

Ihr müsst mit eurem Streben nach Reichtum aufhören. Dann werdet ihr reineren Herzens sein. Lasst ihr aber zu, dass diese hinterhältige Sünde euren Geist trübt, dann werdet ihr niemals eine reine Seele haben, und somit nicht fähig sein, vor Mein Antlitz zu kommen. Diejenigen, die arm sind, haben weniger, was sie dazu verleiten könnte, sich von Mir zu trennen. Diejenigen, die reich sind, sind arm insofern, als sie viel zu lernen haben, bevor sie sich in Meinen Augen demütig machen können.

Wann werdet ihr lernen, dass der Mensch, wenn er weltliche Annehmlichkeiten Mir vorzieht, nicht in der Lage sein wird, seine Seele vorzubereiten, um in Mein Neues Paradies einzugehen?

Euer Jesus

819. Wenn das Neue Jerusalem auf die Welt hernieder kommt, unter Posaunenschall, werden die Lichter den Himmel erfüllen, und alles wird schweigen.

Sonntag, 9. Juni 2013, 23:15 Uhr

Meine geliebte Tochter, der körperliche Schmerz, den du zurzeit erträgst, dient dazu, Seelen zu retten, die so weit von Mir entfernt sind, dass, wenn du Mir diesen Schmerz nicht als Sühneseele aufopfern würdest, diese Seelen auf immer für Mich verloren wären. Denk immer daran, wie sehr es Mich schmerzt und Mir das Herz bricht, wenn Ich auch nur eine einzige Seele verliere.

Meine Liebe zur Menschheit bleibt unverändert bestehen, denn nichts könnte Mich jemals davon abhalten, jede kostbare Seele zu lieben. Ich liebe sie so sehr, dass die Gaben, die Ich dir, Meine Tochter, geschenkt habe, nämlich alle Kinder Gottes so zu sehen, wie Er sie sieht — mit einem reinen Herzen —, niemals ein Ende nehmen werden. Das ist der Grund, warum du so viel leidest, Meine Kleine. Nicht wegen derjenigen, deren Wut dich beleidigt, sondern wegen jener Seelen, die sich in schrecklicher Finsternis befinden und deren Schicksal dich in Angst und Schrecken versetzt, erleidest du diese neuen körperlichen Beschwerden.

Bitte verstehe, dass, wenn du ungeduldig und aufgeregt bist wegen dieser schmerzhaften Prüfungen, dass sie nichts sind im Vergleich zu dem intensiven Leiden, dem jene Seelen ausgesetzt sein werden, die von dem Tier ergriffen werden. Es wird belanglos im Vergleich zu Seelen, die den Schmerz des Leidens im Fegefeuer ertragen müssen. Wie wenig wird dir dein Leiden ausmachen, wenn du siehst, wie Ich jene Seelen, die sonst nicht in der Lage wären, sich zu retten, dem bösen Zugriff des Tieres entreiße.

Meine Tochter, so schmerzhaft dieses Leiden auch ist, der Schmerz wird vergessen sein, wenn Ich Gottes Kinder vereinige, dann, wenn an dem Großen Tag das Allerherrlichste Paradies herabkommen wird. Wenn das Neue Jerusalem auf die Welt hernieder kommt, unter Posaunenschall, werden die Lichter den Himmel erfüllen, und alles wird schweigen, bevor dann die Stimmen der Engel erklingen, deren Gesang jede Seele vor dem letzten Augenblick erreichen wird. Dies wird die letzte Stunde sein, wo Ich komme, um zu richten die Lebenden und die Toten.

Euer Jesus

820. Ihr dürft keine Angst haben, denn das, was Ich verspreche, gehört euch und es ist euer Erbe.

Montag, 10. Juni 2013, 2 3 :00 Uhr

Meine innig geliebte Tochter, der Welt muss gesagt werden, dass die Zeit Meiner Wiederkehr nahe ist. Meine Zeit hat bereits begonnen, da Ich bestrebt bin, die Menschheit zu Mir hinzuwenden, vor Meinem Großen Tag.

Ich bereite euch alle jetzt vor, obwohl sich viele taub stellen werden. Ich tue dies mit Liebe, für jeden Einzelnen von euch, weil Ich ihn liebe, für jeden Einzelnen von euch, für den Ich Mein Leben hingegeben habe. Ihr werdet Zeuge Meines Eingreifens sein, wo Ich die Augen der Menschheit öffnen werde und welches klar zu sehen sein wird.

Wunder werden stattfinden, wenn Meine Mission angenommen wird. Meine Gegenwart wird spürbar werden, und Ich werde Mich durch Akte Großer Barmherzigkeit zu erkennen geben. Dieser Plan dient dazu, euch zur Rückkehr zu bewegen, um diejenigen, die nicht mehr an Meine Existenz glauben, zur Umkehr zu bewegen — hin zu Meiner Glorreichen Erlösung.

Ich Bin der König, Der über das Neue Paradies regieren wird, das Mir von Meinem Vater verheißen worden ist. An diejenigen, die Mich nicht kennen: Hört Mir jetzt zu. Ihr gehört Mir. Ich bringe euch Leben — nicht wie ihr es auf dieser Erde kennt, sondern Ewiges Leben.

Ihr dürft keine Angst haben, denn das, was Ich verspreche, gehört euch und es ist euer Erbe.

Dieses Reich ist es, für das ihr geboren seid, so dass Gott, Mein geliebter Vater, die Welt neu erschaffen konnte, so wie sie am Anfang war. Er ist der Anfang, denn Er hat sie geschaffen. Er ist das Ende, denn wenn der Große Tag kommt, wird es kein Leiden mehr geben, denn der Neue Anfang — Ewiges Leben — wird denjenigen geschenkt werden, die Gottes Liebe annehmen. Ihr müsst mehr Vertrauen haben, weniger zynisch sein und das Große Geschenk des Lebens annehmen, das nur von einem vollkommenen Gott kommen kann.

Nur Gott konnte ein solches Wunder schaffen: das Geschenk des Lebens.

Nur Gott kann euch das Ewige Leben geben, wo der Tod besiegt sein wird, und mit ihm alles Böse.

Ihr müsst in freudiger Erwartung auf die Zukunft schauen. Ihr müsst versuchen, auf diese Botschaften zu hören, denn sie werden die Rettungsleine sein, die ihr benötigen werdet, da die vor euch liegenden Tage dunkler werden.

Es ist Mein Wunsch, dass keiner von euch sich Sorgen macht, sich beunruhigt, ängstlich und traurig ist, denn Mein Glorreicher Tag wird bedeuten, dass Ich jede Träne, jeden Schmerz, jede Betrübnis und jedes Leid von euch abwischen werde und euch mit Meiner Großen Herrlichkeit reinigen werde.

Ihr werdet endlich pure, immerwährende Glückseligkeit erfahren. Alles, was ihr euch jemals als himmlische Zustände vorgestellt habt, wird euch gehören.

Wenn ihr Mir jetzt nicht antworten könnt, weil es euch an Vertrauen mangelt, werde Ich euch helfen, wenn ihr Mich anruft. Bittet Mich um das Geschenk des Vertrauens durch dieses Kreuzzuggebet.

Kreuzzuggebet (109) „Um das Geschenk des Vertrauens"

"O mein liebster Jesus,

Hilf mir, Dir zu vertrauen.

Zu vertrauen auf Deine Verheißung wiederzukommen.

Die Wahrheit Deines Zweiten Kommens anzunehmen.

Zu vertrauen auf die Verheißung Gottes, des Vaters, als Er sagte, dass Er Dir Dein Königreich geben werde.

Hilf mir, auf Deine Lehren zu vertrauen, auf Deinen Plan zur Rettung der Welt.

Hilf mir, mit Deiner Gnade Deine Geschenke anzunehmen.

Hilf mir, auf Dich zu vertrauen, damit ich meine Angst verliere und zulassen kann, dass Deine Liebe mein Herz und meine Seele durchflutet.

Amen."

Oh, wie sehne Ich Mich doch danach, euch zu trösten und eure Ängste, Sorgen und Bedenken zu zerstreuen. Wie sehr wünsche Ich doch, euch den Übergang so schmerzfrei wie möglich zu machen, damit ihr nicht durch die Hand des Tieres leiden müsst, dessen Wirken durch die (Taten der) Feinde Gottes gesehen werden wird.

Wenn ihr ganz und gar auf Mich vertraut und euch Meiner Barmherzigkeit überlasst, verspreche Ich euch hoch und heilig, dass Meine Barmherzigkeit die Zeit verkürzen wird, wo menschliches Leid eskalieren wird, wegen der Bosheit derer, die euch Leid zufügen wollen.

Ich verspreche, dass Mein Eingreifen — durch Wunder — jene, die der Hilfe am meisten bedürfen, wachrütteln wird — ein Bewusstsein für die Wahrheit wecken wird. Wenn die Wahrheit Gottes von denen angenommen wird, die die Verheißung Meiner Wiederkunft nicht wirklich verstehen, sie aber in ihrem Herzen annehmen, dann wird das Leiden verringert werden, und Ich werde Milliarden von Seelen Barmherzigkeit zeigen.

Euer Vertrauen auf Mich jedoch wird euch helfen, die Wahrheit zu erkennen. Wenn ihr die Wahrheit annehmt, dann nehmt ihr die Schlüssel zu Meinem Neuen Reich an.

Euer Jesus

821. Tut dies niemals, denn dies ist die eine Sünde, die Mich durch ihre Scheinheiligkeit anwidert.

Mittwoch, 12. Juni 2013, 23:50 Uhr

Meine innig geliebte Tochter, während Ich mit all Meiner Macht versuche, allen voran die Seelen der Gläubigen zu entzünden, in diesen Meinen Heiligen Botschaften für die Welt, muss Ich diejenigen noch einmal warnen, die schlecht über Mein Heiliges Wort sprechen. Während Ich an die Seelen jener herantrete, die in ihrem Glauben lau sind, warum müssen dann diejenigen von euch, die behaupten, in Meinem Namen zu sprechen, die Wahrheit denunzieren, wenn sie euch vom Lamm Gottes durch diese Botschaften gegeben wird?

Welcher Mensch würde auf diese Weise zu euch sprechen, in Meinem Heiligen Namen, und es wagen, vor euch zu stehen? Keiner. Einzig durch die Macht Gottes kann euch Mein Wort in unmissverständlicher Sprache kundgetan werden.

Der Mensch wird weiter sündigen, unabhängig davon, ob er Sünden begeht, die unter euch allen in der Welt die gleichen sind, oder ob sie gravierender Art sind. Ihr alle seid Sünder.

Kein Sünder kann einen anderen in Meinem Namen lossprechen, es sei denn aufgrund Meiner Autorität, durch den Akt der Beichte, die euch von der Sünde befreit, für eine kurze Weile. Kein Sünder kann einen anderen in Meinem Namen verurteilen, denn dieses Recht hat er nicht. Wenn ihr einen anderen Sünder verurteilt, selbst wenn er sogar des schwersten Aktes gegen Gott schuldig ist, werdet ihr eine ebenso geschwärzte Seele werden wie diese Person, die ihr in Meinem Namen offen verurteilt.

Wisst ihr nicht, wie sehr ihr Mir Schmerz und Kummer bereitet, wenn ihr einander verletzt? Habt ihr Mich denn überhaupt nicht verstanden? Habt ihr nicht gelernt, warum Ich für euch gestorben bin? An diejenigen von euch, die die Wahrheit noch immer nicht verstehen: Ihr müsst jetzt zuhören. Ich verurteile euch nicht wegen eurer Sünden, denn Ich liebe euch und werde euch jede Sünde vergeben, wie schrecklich sie auch sein mag. Aber wenn ihr euch selbst, in Meinem Namen, dazu ernennt, Mir gleich zu sein, und über einen anderen Sünder urteilt und dabei Meinen Namen missbraucht, dann werde Ich euch ebenfalls verurteilen.

Keiner von euch, unabhängig davon, wie sehr Ich euch liebe, kann einen anderen richten. Nur Mir, Jesus Christus, ist von Meinem Vater die Autorität gegeben worden, die Menschheit zu richten — niemandem sonst. Wenn ihr diese Sünde begeht, dann werdet ihr euch Meinem Gericht stellen müssen. Tut dies niemals, denn dies ist die eine Sünde, die Mich durch ihre Scheinheiligkeit anwidert.

Die Zeit ist fast gekommen, dass die Menschheit Zeuge der Wahrheit sein wird. Nicht viele, darunter auch diejenigen, die

Mir ihre Treue bekennen, werden auf Meinen Ruf antworten, bis Mein Vater viele Strafen herabwerfen wird. So blind seid ihr für die Wahrheit des Ewigen Lebens, so resistent seid ihr gegenüber dem Hören von Gottes Wort, dass ihr einzig und allein nur dann auf Sein Wort hören werdet, wenn ihr Züchtigungen ausgesetzt seid.

Wenn die ersten von vielen Züchtigungen über euch hereinbrechen, werden viele sagen, dass sie Naturkatastrophen seien. Aber wenn sie so schnell auf euch herabregnen und wenn ihr nirgendwohin weglaufen könnt, dann erst werdet ihr wissen, dass es die Hand Gottes ist, die euch heimsucht.

Mein Vater wird die ganze Welt schütteln. Diejenigen von euch, die bezweifeln, dass Er existiert, werden wissen, dass diese Ereignisse nicht der Natur allein zugeschrieben werden können. Jene von euch, die an Mich glauben, die aber diese Göttlichen Botschaften verspotten, werden ihre Worte zurücknehmen und werden ihre Zungen herausschneiden wollen, weil ihr bald erkennen werdet, wie eure abscheulichen Worte Mich beleidigen. Nicht nur lästert ihr Gott, sondern ihr verhindert auch, dass diese göttliche Mission Seelen rettet.

Für jede Seele, die ihr Mir verweigert, werdet ihr eine Ewigkeit leiden. Wenn ihr trotzig vor Gott steht, dann wird euch das nicht erlaubt werden. Denkt daran: Wie sehr Ich euch auch liebe, Ich werde eingreifen, solltet ihr versuchen, das Werk Gottes in dieser Letzten Mission zur Rettung der Menschheit zu sabotieren.

Die Zeit, dass der Welt das Buch der Wahrheit gegeben wird, ist nun angebrochen. Wenn ihr Mir folgt, Mich aber jetzt, da Ich euch rufe, nicht annehmt, dann macht euch keine Sorgen, denn Ich werde euch nicht verurteilen. Aber wenn ihr versucht, Mich davon abzuhalten, Gottes Kinder zu retten, werde Ich euch niederstrecken.

Euer Jesus
Retter der Menschheit

822. Gott erwartet nicht von euch, dass ihr eure Zeit verbringt, indem ihr die Dinge eures täglichen Lebens vernachlässigt oder die Zeit, die ihr mit Familie und Freunden verbringt.

Freitag, 14. Juni 2013, 23:50 Uhr

Meine innig geliebte Tochter, wenn ein Mensch an seine Unbesiegbarkeit zu glauben beginnt, dann ist er verloren.

So viele Menschen, die nicht akzeptieren, dass das Leben auf Erden bloß ein kleiner Teil ihres spirituellen Weges hin zu Meinem Königreich ist, verschwenden so viel kostbare Zeit. Die Zeit, auf die Ich Mich hier beziehe, ist die Zeit, die euch von Gott gegeben ist und in der ihr nach Seinen Geboten leben müsst, wenn ihr das ewige Leben erlangen wollt. Wenn ihr Gott nicht annehmt, dann schneidet ihr euch selbst von Ihm ab. Wenn ihr das tut, wird euer Leben vorzeitig abgebrochen werden, denn anstatt das Ewige Leben geschenkt zu bekommen, wird

euer Leben mit eurem Sterben in diesem Leben enden. Ihr dürft die euch in diesem Leben gegebene Zeit nicht verschwenden, indem ihr sie damit verbringt, nutzlosen Dingen nachzujagen, die mit der Zeit nur Staub sein werden.

Gott erwartet nicht von euch, dass ihr eure Zeit verbringt, indem ihr die Dinge eures täglichen Lebens vernachlässigt oder die Zeit, die ihr mit Familie und Freunden verbringt. Das heißt nicht, dass ihr, wenn ihr die Früchte des Lebens auf Erden genießt, nicht an den Wegen des Herrn festhalten könnt. Ihr könnt es.

Meine Tochter, ihr sollt wissen, dass eine große Verwirrung herrscht, was Meine Wünsche an die Menschen betrifft, wenn Ich von ihnen verlange, dass sie Meinen Lehren folgen.

Lachen ist gut. Gemeinschaft ist wichtig. Ein erfülltes Leben genießen ist gut, wenn ihr Demut und Lobpreis für Gott zeigt und Ihm dann Dank sagt, selbst für die kleinsten Freuden. Alle Gaben, die ihr in diesem Leben zum Wohle anderer erhaltet, können nur von Gott kommen. Wie ihr mit diesen Gaben umgeht, wird wichtig sein für die Rettung eurer Seele, sofern die von Gott zur Verfügung gestellten Gaben mit anderen geteilt werden. Manchen Menschen sind große Talente gegeben, aber alle Seelen werden mit Gaben geboren. Diese sollen euch helfen, anderen zu helfen. Diejenigen, die mit einem Talent fürs Geschäft geboren sind, haben eine Pflicht sicherzustellen, dass dieses Talent für einen guten Zweck eingesetzt wird, zum Wohle der anderen. Andere werden ihre Gaben dazu nutzen, sich um ihren Nächsten zu kümmern und in das Leben anderer Menschen Freude zu bringen. Und dann gibt es die Seelen, die leiden. Ihr Leiden ist auch eine Gabe, denn sie werden helfen, die Seelen anderer Menschen zu retten, und indem sie das tun, werden sie das größte aller Geschenke erlangen: das Ewige Leben.

Das Leben ist von Gott nicht ohne Grund gegeben. Es dient dazu, Gott die Ehre zu erweisen und Seine Kinder zu ermutigen, sich letztendlich mit Ihm zu vereinen, dann, wenn das Leben sich ändern wird. Gottes Kinder werden jetzt auf diese Änderung vorbereitet, wenn das Adam und Eva verheißene herrliche Ewige Leben endlich euch gehören wird.

Es ist wichtig, dass ihr versucht, einander Liebe und Mitgefühl zu zeigen, genauso wie ihr erwarten würdet, von Mir behandelt zu werden, wenn Ich komme, um zu richten. Jeden Tag müsst ihr euch fragen, für jede Tat, die ihr ausführt: Würde sie Gott gefallen? Tue ich genug, um die Gebote Gottes zu befolgen? Verstoße ich gegen die Gebote Gottes, und wenn ja, was werden die Konsequenzen sein?

Vernachlässigt die Bedürfnisse anderer — und eure Bedürfnisse werden vernachlässigt werden. Verletzt irgendeines von Gottes Kindern mit voller Absicht — und ihr werdet leiden. Tötet irgendeines von Gottes

Kindern — und ihr werdet kein Leben haben. Das irdische Leben — auch wenn es viel Liebe, Freude und Hoffnung bringen kann — ist voller Prüfungen. Jeder Prüfung müsst ihr euch stellen, und ihr müsst akzeptieren, dass sie ein Teil von Gottes Plan für die Reinigung Seiner Kinder ist.

Wenn ihr euer Leben lebt, ohne Gott anzuerkennen, dann lebt ihr euer Leben, um euren eigenen Wünschen Genüge zu tun. Wenn ihr keine Maßstäbe setzt, die von Gott festgeschrieben sind, dann werdet ihr euch verirren. Wenn ihr so weit vom Weg abkommt, dass ihr nicht mehr zurückfinden könnt, dann müsst ihr darum beten, dass Gottes Gnade euch helfen möge.

Jede einzelne Bitte, die ihr Gott vorbringt, wird, wenn sie dem Wohle eurer Seele und den Bedürfnissen derer, die ihr liebt, dient, immer beantwortet werden.

Euer Jesus

823. Es wird innerhalb des Römischen Imperiums sein, dass sich der große Gräuel gegen Mich erheben wird.

Samstag, 15. Juni 2013, 16:48 Uhr

Meine innig geliebte Tochter, genauso wie Ich während des langsamen und schmerzvollen Ganges auf den Gipfel des Kalvarienberges allein ging, so wird es auch Meiner Restarmee gehen.

Als Ich diesen qualvollen Hügel bestieg, war Ich von Hunderten römischer Soldaten umgeben, die entlang des Weges diejenigen abriegelten, die Mir Trost spenden wollten. Während es nicht notwendig gewesen wäre, dass solch eine große Menge an Soldaten nur einen einzigen Mann bewachte, sollte ihre Anwesenheit eine Reihe von Dingen demonstrieren. Sie wollten Meinen Anhängern und allen, die versuchten, die Wahrheit Meiner Lehren zu verbreiten, zeigen, wer hier das Sagen hat. Dieser Akt der Aggression sollte jene einschüchtern und schikanieren, die es wagten, Treue zu Mir zu zeigen.

Die Juden haben Mich abgelehnt und Mich dann verraten. Die Römer haben Mich gekreuzigt, und es war in Rom, dass Mein geliebter Apostel Petrus angewiesen wurde, Meine Kirche auf Erden aufzubauen, denn es war Mein Wille, dass Meine Kirche mitten unter denen aufgebaut würde, die Mich verfolgten.

Jetzt, wo Mein Zweites Kommen kurz bevorsteht und wo Meine Letzte Mission, nämlich wiederzukommen, um der Menschheit die von Mir verheißene endgültige Erlösung zu bringen, enthüllt wird, wird sich die Geschichte wiederholen. Die Juden werden Mich immer noch ablehnen, bis die Warnung erfolgt. Die Feinde Gottes werden sich überall gegen Mich erheben. Diejenigen, die Mich lieben, und diejenigen, die sagen, sie würden Mich repräsentieren, werden Mich verraten.

Es wird innerhalb des Römischen Imperiums sein, dass sich der große Gräuel gegen Mich erheben wird. Babylon, die Heimat des Römischen Imperiums und wo sich die Völker befinden, die Gott verlassen und sich falschen Göttern zugewandt haben, wird der Sitz sein, von dem aus sich alle Lügen ergießen werden.

Das Tier mit den zehn Hörnern ist Europa, und in Rom wird sich eine Armee gegen Mich erheben. Sie werden — wieder einmal — verantwortlich sein für die Kreuzigung vor dem Großen Tag. Sie werden die letzte Beleidigung bewirken, dann, wenn sie Meinen Mystischen Leib auf Erden kreuzigen und zerstören. Mein Leib ist Meine Kirche. Diejenigen, die sich von Meinem Leib trennen, indem sie sich dafür entscheiden, einer neuen Lehre zu folgen, werden Mich verraten — und doch werden sie die Dreistigkeit besitzen, aufzustehen und zu sagen, dass sie von Mir kämen.

An jenem Tag, an dem die Neue Eine-Welt-Religion bekannt gemacht wird, die von ganzen Gruppen innerhalb der katholischen Kirche — wie vorausgesagt — befürwortet werden wird, wird sich der Himmel verdunkeln und ein mächtiges Donnern wird über die Erde hereinbrechen. Es wird so sein wie in der Sekunde, wo Ich Meinen letzten Atemzug am Kreuze tat, als der Zorn Meines Vaters auf den Hügel von Golgatha niederschlug. Wenn das geschieht und das Zeichen stattfindet, dass Meine Eine Wahre Kirche weggenommen worden und eine falsche heidnische Abscheulichkeit an ihre Stelle getreten ist, dann müsst ihr Folgendes wissen: Dies ist dann, wenn die Züchtigungen überall auf die Menschheit herniederregnen werden.

Jedes erdenkliche Zeichen wird vom Himmel gegeben werden, um diejenigen, die auf der Seite des falschen Propheten und seines künftigen Komplizen, des Antichristen, stehen, zu warnen, dass ihre Tage gezählt sein werden. Ihnen wird gezeigt werden, was es heißen wird, den Zorn Meines Vaters zu erleben. Viele Bischöfe und Priester werden in diesem Stadium die Wahrheit erkennen und werden gegen diese Boshaftigkeit ankämpfen. Sie werden Mich nicht verlassen und werden auch weiterhin Meine Wahre Kirche auf Erden leiten. Leider werden viele nicht den Mut haben, dies zu tun, und sie werden sein wie Lämmer, die zum Schlachten geführt werden, aber sie werden getröstet sein zu wissen, dass Ich sie niemals im Stich lassen werde. Ich werde ihnen viel Hilfe schicken, und Meine Restarmee wird sich erheben und das Evangelium verbreiten, wenn es überall zur Seite gedrängt worden ist. Sie werden in jeder Ecke der Welt predigen und sie werden furchtlos sein. Ihre Liebe zu Mir wird das Werk des Antichristen besiegen. Ihr Gehorsam zu Mir und ihre Antwort auf Meine Kreuzzuggebete werden Milliarden von Seelen retten.

Und dann wird Mein Plan vollendet sein.

Euer Jesus

824. Gott existiert in jeder einzelnen Person, die in dieser Welt geboren ist, unabhängig von ihrem Glauben oder dem Glauben ihrer Eltern.

Samstag, 15. Juni 2013, 23:44 Uhr

Ich Bin dein geliebter Jesus, Der durch deine Seele wirkt. Selbst wenn du Mich ignorierst, Ich Bin hier. Ich wirke durch deine Seele, denn du hast sie Mir gegeben, und von daher wirst du immer für Mich und mit Mir leiden.

Heute, Meine Tochter, wende Ich Mich an all diejenigen, die sagen, sie würden nicht an Gott glauben. Wenn ihr nicht an Gott glaubt, dann muss Ich jetzt erklären, wie ihr erkennt, dass Gott tatsächlich existiert. Gott existiert in jeder einzelnen Person, die in dieser Welt geboren ist, unabhängig von ihrem Glauben oder dem Glauben ihrer Eltern. Gott bewirkt mit jeder Form des Lebens ein Gefühl von Ehrfurcht und Staunen, was in einer Seele immer ein Gefühl intensiver Liebe für ein anderes von Gottes Geschöpfen hervorrufen wird.

Jeder von euch ist eine Schöpfung Gottes. Dies ist eine Tatsache. Einige von euch sind mit großer Schönheit geboren. Einige sind mit Defekten geboren. Andere sind mit schrecklichen Unvollkommenheiten geboren. Doch alle werden geboren, weil Gott es zulässt.

Viele von euch werden die Verhinderung von Leben bei Gottes Kindern, die unvollkommen sind, rechtfertigen. Einige von euch werden Gottes Kinder im Mutterleib ermorden und das dann rechtfertigen, meist mit egoistischen Beweggründen. Dafür werdet ihr verdammt werden, es sei denn, ihr bittet Mich, euch zu vergeben. Euch wird vergeben werden, aber nur dann, wenn ihr aufrichtig bereut, was ihr getan habt, und wie ihr Meinen Vater damit gelästert habt.

Einige von euch sind mit Unvollkommenheiten geboren, die Traumata in eurem Leben hervorrufen. Wie hart das auch sein mag, euch ist dieses Leiden gegeben, um andere zu retten, die sonst aufhören würden zu existieren. Jene Seelen nämlich, die Meinen Vater entehren und die niemals um Vergebung ihrer Sünden bitten werden, werden in den Feuern der Hölle landen, für alle Ewigkeit. Euer Leiden wird sie retten helfen, denn sie können und werden sich nicht selbst retten. Ihr wählt dieses Leiden vor eurer Geburt. Ihr könnt das jetzt oder vielleicht später akzeptieren, aber ihr seid in Sicherheit in Meinem Königreich, denn die Herrlichkeit wird euch gehören für die Ewigkeit.

Euer Jesus

825. Ich Bin die Liebe. Ich Bin Gott. Das ist ein und dasselbe.

Mittwoch, 19. Juni 2013, 03:00 Uhr

Meine innig geliebte Tochter, Mein Wunsch, den Kern Meiner Armee auf Erden zu bilden, wird zu diesem Zeitpunkt erfüllt. Wie kleine Eicheln werden sie ausgestreut werden, und sie werden wachsen und sich überall ausbreiten.

Meine Tochter, das Fundament ist der wichtige Teil. Genau wie bei einem Baby, das im Mutterleib gebildet wird: Es erfordert Zeit und sorgfältige Zuwendung, damit das Wohl des Kindes sichergestellt ist, das Nahrung aus der Plazenta erhält. Es wird langsam, aber perfekt, wachsen, bis es schließlich aus dem Mutterleib ausgestoßen wird und bereit sein wird, das Leben zu leben, das Mein Vater für dieses Kind festgelegt hat.

Die Geburt Meiner Restarmee wird genauso sein. Große Vorbereitungen werden nötig sein, bevor sie bereit ist, ihren Platz in der Welt einzunehmen, aber ihr Fundament ist solide, und die Seelen, die die Bausteine sind, werden miteinander wie Eins verwachsen, um eine gewaltige Armee zu bilden. Dann wird sich diese Armee ausbreiten und auf einmal überall wachsen, und zwar mit solcher Kraft, dass es schwer werden wird, es zu übersehen. Diejenigen, die zu Meiner Restarmee gehören, werde frei sein von Ego und Stolz und sie werden es nicht nötig haben, sich auf die wissenschaftliche Einschätzung Meines Wortes zu stützen, die von ihnen verlangt werden wird, um die Wahrheit Gottes zu beweisen.

Die Wissenschaft ist ein Geschenk von Gott, aber die Wissenschaft kann das Mysterium Gottes nicht erklären. Daher werden diejenigen, die dafür, wie Ich in dieser Zeit mit den Kindern Gottes kommuniziere, den Komfort von logischen Erklärungen haben müssen, enttäuscht sein. Es gibt keine Antwort, die sie zufriedenstellen wird.

Eines der größten Geschenke, das dem Menschen gegeben ist, ist die Liebe. Liebe kann nicht wissenschaftlich erklärt oder bewiesen werden, denn sie kommt aus dem Geist Gottes. Sie ist in euch allen gegenwärtig. Ihr fühlt sie. Sie ist das Bindeglied, das die Menschheit zusammenhält und das durch die Macht des Bösen nicht unterminiert werden kann.

Ich B in die Liebe. Ich Bin Gott. Das ist ein und dasselbe. Ohne Liebe könntet ihr kein Leben haben. Die Liebe wird euch einen, wird euch stark erhalten, wird euch zusammenhalten. Die Liebe wird euch helfen, Mir Seelen zu bringen.

Euer Jesus

826. Die größte Lüge ist, dass Satan die Zukunft voraussagen könne, aber dies kann niemals sein.

Freitag, 21. Juni 2013, 11:50 Uhr

Meine innig geliebte Tochter, während sich das Heidentum weiterhin wie ein Virus über die ganze Welt verbreitet, beginnt der Mensch, sich als Gott aufzuspielen. Viele Sekten, die nicht die Existenz des Wahren Gottes akzeptieren, ehren stattdessen in ihren Tempeln das Tier. Diese bedauernswerten Seelen haben in ihrer Eigenliebe, der ein glühender Ehrgeiz zugrunde liegt, Tempel aufgebaut, die Satan schamlos ehren. Für viele Außenstehende erscheinen diese Tempel wie Kirchen, die Gott ehren, aber lasst euch nicht täuschen. Ihr einziger Zweck ist es, das Tier anzubeten, das ihnen ewiges Leben verspricht. Er (Satan) verspricht ihnen, dass sie, indem sie ihrer Eigenliebe huldigen, welche die Stelle der Gottesliebe einnimmt, ein ewiges Paradies der Lust gewinnen werden.

Die Versprechungen, die ihnen das Tier macht, welches mit ihnen ganz klar kommuniziert, sind darauf ausgelegt, sie so zu manipulieren, dass sie an eine Lüge glauben. Dass ihre Bitten um weltliche Freuden und Selbsterfüllung belohnt werden, wenn sie sich vor dem Altar des Tieres platzieren — vor dem Altar des falschen Gottes, den sie anstatt Meines geliebten Vaters verehren. Wenn sie ihre Bedürfnisse an die erste Stelle setzen, vor die Bedürfnisse anderer, glauben sie, dass sie mit großem Reichtum, Kontrolle und Freiheit ausgestattet würden.

Diese Menschen werden ermutigt, sich selbst vor Gott zu setzen und solche Kräfte zu suchen, dass sie in der Lage sein werden, das Göttliche Königreich Gottes zu vereiteln. Leider werden sie ausnahmslos alles dafür tun, um ihr ehrgeiziges Ziel im Streben nach Reichtum und Kontrolle über andere zu erreichen — aus purer Habgier. Sie werden das Leben anderer zerstören. Sie werden töten, um ihre Ziele zu erreichen, und sie fluchen Gott jeden Tag.

Wenn sie Gott fluchen, halten sie schwarze Messen, von denen viele im Geheimen gehalten werden und von mächtigen Menschen besucht werden, einschließlich solcher, die sagen, sie würden Gott in Seinen Kirchen dienen. Ihre satanischen Zeremonien sind an der Tagesordnung, und sie sind stolz auf ihre Handlungen. Sie verkünden stolz, dass ihre Gebäude Tempel seien, denn sie haben in ihrer Seele keine Scham. Diese Tempel sind errichtet worden, um Satan zu verehren, nicht Gott, doch wollen sie euch etwas anderes glauben machen.

Sie werden von Mir für ihre Verbrechen gegen die Menschheit bestraft werden und für die Lästerungen gegen Gott, deren sie schuldig sind. Viele von ihnen lästern Meinen Vater, indem sie die Begriffe missbrauchen, die einzig und allein Ihn betreffen. Mein Vater sagte: „Ich Bin der Anfang." „Ich bin" wird missbraucht, um ihre Liebe zu sich selbst zu bezeichnen, und sie werden jede heilige Handlung, jede heilige Tat nachah-

men und Worte, die der Welt von Gott gegeben wurden, wiederholen, um Ihn zu entehren.

Ihre Tempel werden — während der Großen Züchtigung — von Gott auseinandergerissen werden und diese Menschen werden ausgedörrt, fruchtlos und leer werden, ohne jegliche Macht über Gottes Kinder. Ihnen wird jedoch — wie allen Kindern Gottes — die Möglichkeit gegeben werden, Satan vor dem Großen Tag abzulehnen. Einige werden Meine Hand der Barmherzigkeit annehmen, aber viele werden sie zurückweisen, denn sie glauben an die teuflischen Lügen, die ihren Seelen durch das Tier eingeprägt werden.

Sie glauben, dass sie, wenn sie die Welt kontrollieren, ihr Wissen vom Universum erweitern, das Leben kontrollieren, indem sie menschliches Leben verlängern und die Weltbevölkerung dezimieren, dass sie wie Gott werden würden.

Satan ist sehr vorsichtig hinsichtlich dessen, wie er ihre Seelen fängt. Er zeigt ihnen große Visionen von der Zukunft, die, wie er ihnen sagt, ihnen gehöre. Er erzählt ihnen von großen Ereignissen, die in der Zukunft stattfinden würden, welche für sie leicht zu gewinnen sei. Alles sind Lügen. Nichts von dem, was er ihnen erzählt, ist wahr. Satan hat viele Kräfte, die ihm von Gott gegeben wurden, als Luzifer, einem der mächtigsten Engel in der Hierarchie Meines Vaters. Er zeigt seinen Anhängern schöne Bilder einer herrlichen Zukunft, die, wie er sagt, ihnen gehören werde, wenn sie ihre Seelen in seine Hände geben. Sie glauben an seine Versprechen von der Zukunft.

Die größte Lüge ist, dass Satan die Zukunft voraussagen könne, aber dies kann niemals sein. Prophetie kann nur von Gott kommen. Niemandem wurde diese Gabe vermacht, die nur von den Lippen Gottes fließen kann. Satan kann keine zukünftigen Ereignisse voraussagen, Einzelheiten davon können nur den Propheten Gottes gegeben werden. Wenn ihr an Satans Versprechungen glaubt, wird euer Leben eine Lüge werden, und das Ewige Leben kann nicht das Eure sein, es sei denn, ihr nehmt die Wahrheit an.

Gott hat euch das Ewige Leben versprochen. Mein Versprechen, wiederzukommen und euch zum Paradies mitzunehmen, ist wahr. Beleidigt Gott nicht, indem ihr die Wahrheit ablehnt.

Euer Jesus

827. Gott der Vater: Wenn Mein Sohn für einen Sünder gehalten wird, dann wisset, dass dies die größte Blasphemie ist.

Sonntag, 23. Juni 2013, 18:18 Uhr

Meine liebste Tochter, wie würden Eltern reagieren, wenn sie wüssten, dass ihre Kinder dem Tode gegenüberstehen? Würden sie nicht bis aufs Blut kämpfen, um sie vor allem Schaden zu bewahren? Das ist genau der Grund, warum Ich jetzt in der Welt eingreife, indem Ich Meinen Sohn beauftrage, die Wahrheit zu sagen, um das Leben Meiner Kinder zu retten.

Es sind die kleinen Dinge im Leben, die einen Einfluss von globalem Maßstab haben. Eine Biene, die ihr Verhalten ändert und wo kein Blütenstaub mehr gebildet werden kann, wird einen direkten Einfluss auf das Leben haben, das auf Erden existiert. Es ist durch die Kirche Meines Sohnes auf Erden, dass das Leben der Seele aufrechterhalten werden kann. Ohne die Wahrheit kann die Kirche Meines Sohnes kein Leben aufrechterhalten. Wenn sich also innerhalb der Mauern der Kirche Lügen ausbreiten, würde sich das, ohne Mein Eingreifen, auf das Leben der Seele auswirken.

Wenn die Kirche sich gegen Ihn wendet, Der sie gegründet hat, dann wird Leben zerstört werden. Diese Verseuchung wird einen direkten Einfluss auf die ganze Welt haben, auch auf jene, die nicht an das Leben im Jenseits glauben. Es wird sich sogar auf diejenigen auswirken, die anderen Religionen, die nicht von Mir kommen, angehören. Wenn die Lügen den Mystischen Leib Meines Sohnes, Jesus Christus, auf Erden befallen, dann werden sie Krankheit verursachen. Krankheit wird, wenn nichts gegen sie unternommen wird, zum Tode führen. Daher werde Ich als Gott, der Vater aller Schöpfung, nicht tatenlos zusehen und zulassen, dass Meine Feinde die Seelen Meiner Kinder zerstören.

Wenn ihr mit Lügen konfrontiert seid, werden sie aus den Mündern von Betrügern herausgepurzelt kommen, in einem konfusen Durcheinander von Unsinn. Die Lügen, die bereits begonnen haben, sind in einer demütig erscheinenden Sprache formuliert, verschleiern aber die größten Lügen gegen die wahre Lehre der Kirche. Erkennt sie als das, was sie sind: gesandt, um euch dazu zu bringen zu sündigen. Wenn Mein Sohn für einen Sünder gehalten wird, dann wisset, dass dies die größte Blasphemie ist, denn das ist unmöglich.

Ich sandte Meinen Sohn als Mensch im Fleische und euch allen gleich, mit einer Ausnahme: Er war ohne Sünde geboren und daher nicht fähig zu sündigen. Wer auch immer die Wahrheit missbraucht und sie dann verdreht, um der Kreuzigung Meines geliebten Sohnes eine neue Bedeutung beizumessen, der ist ein Lügner. Er kommt nicht von Mir und ist ein Feind Meines Sohnes.

Schaut nun, Meine Kinder, wie das Tier und die Dämonen, die er (Satan) geschickt hat, um euch Mir wegzunehmen, unter euch umherstreunen. Ihr müsst stark sein. Ihr dürft jetzt niemals vergessen, dass Mein Sohn euch die Wahrheit gegeben hat, als Er auf Erden wandelte und als Er für eure Sünden gestorben ist. Er opferte Seinen Leib, um euch zu erlösen, aber Er wurde nie ein Sünder, denn Er ist nicht einer von euch.

Ihr müsst Meinem Wort und den Lehren Meines Sohnes treu bleiben. Wenn ihr das nicht tut, dann werdet ihr versucht sein, Lügen zu akzeptieren, die euch nichts anderes bringen werden als ewiges Leiden.

Euer geliebter Vater

Gott der Allerhöchste

828. Die Wahrheit wird euch befreien. Lügen werden euch zerstören.

Sonntag, 23. Juni 2013, 18:37 Uhr

Meine innig geliebte Tochter, wie es Mir das Herz bricht wegen des Leids Meiner armen geliebten Diener, die nun die Verwirrung zu sehen beginnen, die jetzt innerhalb Meiner Kirche geboten wird. Zu ihnen sage Ich Folgendes: Bleibt und tut, was ihr tun müsst, um Mir zu dienen, unter dem Dach Meiner Kirche. Steht fest zu Meinen Lehren. Akzeptiert keine neuen und sogenannte theologischen Erklärungen in Hinsicht darauf, Wer Ich Bin, was Ich für die Menschheit getan habe oder wie Ich zurückkehren werde, um alle Kinder Gottes, die Meine Barmherzigkeit annehmen, einzufordern. Vertraut allein auf Mein Heiliges Wort, das euch durch Meine Apostel und in der Heiligsten Bibel gegeben ist. Alles, was von den Heiligen Sakramenten abweicht oder von dem, was euch über die Notwendigkeit der Erlösung gesagt wurde, — akzeptiert es nicht!

Ich Bin die Wahrheit. Euch ist die Wahrheit gegeben. Nur die Wahrheit kann eure Seelen vor der Verdammnis retten. Die Wahrheit wird euch befreien. Lügen werden euch zerstören. Ich verspreche euch, Meine kostbaren gottgeweihten Diener, hoch und heilig außergewöhnliche Gnaden, wenn ihr folgendes Gebet sprecht, damit ihr angesichts der Verfolgung durchhalten könnt, wo euer Glaube bis an die Grenzen geprüft werden wird:

Kreuzzuggebet (110) „Für Priester, um Deinem Heiligen Wort treu zu bleiben"

„O mein liebster Jesus, ich bitte Dich, mach mich stark und mutig, damit ich die Wahrheit in Deinem Allerheiligsten Namen verteidigen kann.

Ich flehe Dich an, gib mir die Gnade, die ich brauche, damit ich Dein Heiliges Wort allezeit bezeugen kann.

Mach mich widerstandsfähig gegen den Druck, Unwahrheiten zu fördern, wenn ich in meinem Herzen weiß, dass sie Dich beleidigen.

Hilf mir, Deinem Heiligen Wort bis ans Ende meiner Tage treu zu bleiben. Amen."

Zu Meinen gottgeweihten Dienern: Ich muss euch noch mit einem Wort zur Vorsicht mahnen:

Ihr müsst das Geschenk der Versöhnung (Beichte) verteidigen und anerkennen, dass nur diejenigen, die sich um Reue für ihre Sünden bemühen und Mich, Jesus Christus, als den Schlüssel zu ihrer Erlösung annehmen, zu Mir ins Paradies kommen werden.

Euer Jesus

829. Mutter Gottes: Ihr müsst dem treu bleiben, was Mein Sohn euch gelehrt hat. Er war euch in allem gleich außer der Sünde.

Montag, 24. Juni 2013, 14:18 Uhr

Ich bin eure geliebte Mutter, Königin aller Engel, Mutter Gottes. Ich bin die Unbefleckte Empfängnis.

Meine Kinder, wisst ihr denn nicht, dass Mein Sohn in dieser Zeit euch alle, die ihr mit einem offenen Herzen zu Ihm kommt, führt?

Um Zeugnis zu geben vom Herrn, von Gott, in Seinem einzigen Sohn, müsst ihr Seinen Lehren treu bleiben. Sie sind in Stein gemeißelt und als solche können sie sich niemals ändern. Die Wahrheit kann sich niemals ändern. Allen Kindern Gottes wurde die Wahrheit gegeben, aber nicht alle erkennen an, Wer Er ist oder woher Er kommt. Diejenigen, die die Wahrheit annehmen, die der Menschheit durch die Kreuzigung Meines geliebten Sohnes, Jesus Christus, gegeben worden ist, dürfen niemals vergessen, was Er euch gesagt hat.

Er hat euch alles erklärt. Nichts hat sich geändert. Ihr müsst allzeit wachsam bleiben, denn schon werdet ihr in die Irre geführt und bald werden viele von euch dem Irrtum verfallen.

Sünde ist und bleibt Sünde. Sie missfällt Gott, wird aber vergeben, wenn Reue gezeigt wird und wenn ihr um Nachlass der Schuld bittet. Die Gnaden des Ewigen Lebens gehören allen Kindern Gottes, die darum bitten. Jedem Kind Gottes wird aufgrund der Barmherzigkeit Meines Sohnes Zeit gewährt werden und dann ein großes Geschenk gegeben werden, um sie an die Wahrheit zu erinnern. Auf diese Weise wird und kann der Großteil der Weltbevölkerung gerettet werden, und dann wird ihnen das Geschenk des Lebens im Neuen Paradies gegeben werden.

Als ein Sünder müsst ihr weiterhin durch Meinen Sohn um Vergebung bitten, um im Stande der Gnade zu bleiben. Euch können eure Sünden nicht vergeben werden, solange ihr nicht Meinen Sohn um das Geschenk der Versöhnung (Beichte) bittet.

Ihr müsst dem treu bleiben, was Mein Sohn euch gelehrt hat. Er war euch in allem gleich außer der Sünde. Gott ist Allmächtig. Gott ist die Liebe. Gott ist vollkommen. Gott — in Gestalt Seines Sohnes — könnte niemals dazu verleitet werden, eine Sünde zu begehen.

Geht in Frieden, liebe Kinder, und sobald ihr fest und treu bleibt gegenüber der Wahrheit, die nur von Gott kommen kann, werdet ihr — in Leib und Seele — ein erfülltes und herrliches Leben haben, in vollkommener Harmonie mit Meinem Sohn.

Eure Mutter
Mutter der Erlösung

830. Nur sehr Wenige finden Trost in Mir. Ich warte geduldig, und doch werden sie nicht zu Mir kommen.

Dienstag, 25. Juni 2013, 20:45 Uhr

Meine innig geliebte Tochter, Meine Tränen fließen heute, da die Widerlichkeit des Bösen, das sich in den Herzen der Menschen manifestiert hat, zunimmt. So verhärtet sind sie geworden, dass ihre Herzen aus Stein keinen Raum für Mich, Jesus Christus, lassen, um darin Trost zu finden.

Mein Herz bebt jetzt vor Betrübnis um Christen, die von der Wahrheit und von allem, was Ich sie gelehrt habe, abgefallen sind. Nur sehr Wenige finden Trost in Mir. Ich warte geduldig, und doch werden sie nicht zu Mir kommen. Sie haben eine Mauer errichtet, die sie von Mir trennt, und hinsichtlich Meiner Verheißung, dass Ich wiederkommen werde, legen sie nur Lippenbekenntnisse ab. Wie sehr sie doch vergessen haben, was Ich gesagt habe, was Ich getan habe, um sie zu retten, was Ich ihnen gesagt habe, durch das Buch Meines Vaters, wie sie die Zeit erwarten sollen, wenn sie nahe ist.

Meine armen, armen Kinder. Ich muss in ihren Herzen zuerst Liebe zu Mir wecken, wenn sie Trost und Linderung des Schmerzes in ihren leidvollen und schweren Prüfungen in diesem Leben erhalten sollen. Sie müssen jetzt, in dieser Zeit, ihre Arme ausbreiten und Mich anrufen, wenn Ich den Übergang für sie schmerzlos machen soll.

Ich habe kein Verlangen danach, Gottes Kindern Leid zuzufügen. Indem sie aber die Wahrheit Meiner Lehren und die Gebote, die von Meinem Vater festgelegt sind, ablehnen, werden sie in einen schrecklichen Kampf mit dem Geist des Bösen gezogen werden, bevor Meine Barmherzigkeit sie in Meine Arme ziehen kann, dann, wenn Ich sie retten werde.

Wie wenig Vertrauen auf den Einen Wahren Gott sie doch in ihren Herzen haben! Wie gedankenlos sie doch sind und wie schnell sie Unwahrheiten umarmen, um ihre Lust auf Sünde zu befriedigen! Wie leichtgläubig sie doch sind, wenn sie Lügen akzeptieren, die ihrem Lebensstil entgegenkommen, um die Sünde damit zu rechtfertigen!

Alles, was plausibel klingt, was durch menschlichen Intellekt die Sünde rechtfertigt, ist der einzige Weg, den sie wählen, damit sie ihr Leben so leben können, wie sie es wollen. Die Wahrheit ist so schwer zu schlucken und sie ist schwer zu verdauen, in Anbetracht dessen, dass Opfer des Fleisches gebracht werden müssen, um sie anzunehmen. Die Wahrheit, falls und wenn sie

angenommen wird, erfordert großen Mut, und nur diejenigen, die die Gabe der Demut haben, können sie mit Leichtigkeit wirklich umarmen.

Diejenigen, die ernsthaft die Wahrheit Gottes suchen, werden oft von denen irregeführt, die sagen, sie würden das Wort Gottes verkünden. Der einzige Ort, wo ihr die Wahrheit finden werdet, ist in der Höchstheiligen Bibel und in Meinem Heiligen Wort, das euch durch diese Botschaften gegeben wird. Meine Botschaften halten das Heilige Wort Gottes, wie es im Buch Meines Vaters festgelegt ist, hoch.

Mich zu lieben ist nicht einfach, denn ihr könnt nur als ein einfaches Kind zu Mir kommen. Euer Gehabe und Getue, das ihr der Welt in eurem täglichen Leben demonstriert, muss abgelegt werden. Ihr könnt nur zu Mir kommen als ein einfaches, vertrauensvolles Kind. Ihr müsst euch Mir zu Füßen legen und Mich bitten, euch zu nehmen, euch zu formen, euch zu helfen, den richtigen Weg zur Heiligkeit zu gehen, und Mir dann völlig zu vertrauen.

Wenn ihr einmal Mir alles übergeben habt, werde Ich euch emporheben, werde Ich euch eure Angst nehmen und Ich werde euch hin zu Meinem Königreich tragen. Selbst dann — mit der Liebe Gottes in eurer Seele — wird euch dieser Weg schwierig vorkommen. Aber es wird so sein, als ob die Spinnweben entfernt sind, denn sobald die Wahrheit klar wird, wird es keinen anderen Weg mehr geben, den ihr gehen möchtet. Denn dies ist die einzige Straße, die euch zum Paradies führen wird, und dies ist die Route, die ihr nehmen müsst, um zu Mir, Jesus Christus, zu kommen. Denn Ich Bin der Weg.

Euer Jesus

831. Mutter der Erlösung: Bringt Mir eure Kinder, damit Ich wie eine richtige Mutter aller Kinder Gottes sie Meinem Sohn weihen kann.

Mittwoch, 26. Juni 2013, 16:50 Uhr

Meine lieben Kinder, als eure Mutter rufe Ich euch auf: Bringt Mir eure Kinder, damit Ich wie eine richtige Mutter aller Kinder Gottes sie Meinem Sohn, Jesus Christus, weihen kann.

Wenn ihr eure Kinder Meinem Sohn weiht, durch Mich, die Mutter der Erlösung, werde Ich sie Meinem Sohn vorstellen, damit Er ihren Seelen große Gnaden schenken kann.

Ihr dürft niemals vergessen, welche Liebe Mein Sohn für Gottes Kinder hat. Wie alt sie auch sein mögen, wenn ihr sie Meinem Sohn aufopfert, durch Mich, Seine Gebenedeite Mutter, damit Er ihre Seelen heilige, dann wird euren Gebeten entsprochen werden. Hier ist ein Kreuzzuggebet für eure Kinder. Wenn ihr es jeden Tag betet, dann wird es eure Kinder dem Barmherzigen Herzen Jesu nahe bringen.

Kreuzzuggebet (111), „Um eure Kinder Jesus Christus zu weihen"

„O liebe Mutter der Erlösung,

Ich weihe meine Kinder (Namen des Kindes / der Kinder hier nennen) Deinem Sohn, damit Er ihnen den Frieden des Geistes und die Liebe des Herzens bringen kann.

Bitte bete, dass meine Kinder in die Barmherzigen Arme Deines Sohnes aufgenommen werden mögen, und bewahre sie vor Schaden.

Hilf ihnen, dem Heiligen Wort Gottes treu zu bleiben, vor allem in Zeiten, wo sie versucht sind, sich von Ihm abzuwenden. Amen."

Meine Bitte — in eurem Namen, für eure geliebten Kinder — wird von Meinem Sohn angenommen werden, als ein besonderes Geschenk an Mich, Seine Mutter, da Ich Mich erhebe, um Mein Versprechen an Meinen Sohn zu erfüllen, weil Meine Mission, die Seelen von Gottes verlorenen Kindern retten zu helfen, in dieser Zeit beginnt. Meine Rolle als Mutter der Erlösung hat ernsthaft begonnen, und besondere Geschenke werden durch Meine Fürsprache, um den Sündern Gottes Barmherzigkeit zu gewähren, all jenen, die Mich anrufen, im Überfluss geschenkt werden.

Geht in Frieden, Kinder. Ich, eure geliebte Mutter der Erlösung, werde immer auf euren Ruf reagieren, wenn ihr um die Rettung von Seelen bittet.

Eure geliebte Mutter
Mutter der Erlösung

832. Meine Gerechtigkeit wird all jenen widerfahren, die verhindern, dass das Heilige Wort Gottes in der Welt bekannt gemacht wird.

Donnerstag, 27. Juni 2013, 23:20 Uhr

Meine innig geliebte Tochter, lass nicht zu, dass Meine Offenbarungen dir Kummer oder Angst machen. Du wirst geführt, und selbst wenn das Leiden unerträglich wird, denke bitte an Meine Worte.

Mein Vater hat von alters her durch die Propheten verheißen, dass Er den letzten Propheten, den letzten Boten senden würde. Wie beängstigend das für dich auch sein mag und wie sehr dich das auch in Schrecken versetzt, wisse, dass genau durch diesen Akt der letzte Bund Gottes verwirklicht werden kann.

Ich sage euch jetzt, Ihr habt euch zu fürchten, jene von euch, die das Wort Gottes beleidigen. Senkt eure Augen und bedeckt sie mit euren Händen, vor allem jene von euch, die in dieser Zeit in Mein Gesicht spucken, wegen dieser Meiner Botschaften der Versöhnung. Ihr seid nicht würdig, in Meiner Gegenwart zu sein. Ihr, die ihr Mich jetzt verspottet, werdet in Sorge sein, und ihr werdet keine Ruhe haben bis zu dem Großen Tag, denn wegen euch werden die Seelen verloren gegangen sein, nach denen es Mich so sehr verlangt.

Zu Meinen gottgeweihten Dienern, die über Mein Eingreifen — durch diese Botschaften — spotten, euer Tag wird kommen, an dem Ich euch Folgendes fragen werde: Während ihr so viel eurer Zeit damit verbracht habt, Meine wahre Stimme zu leugnen, wie viele Seelen habt ihr Mir da geschickt? Und wie viele Seelen habt ihr von Mir abgebracht durch diese Handlungen, aufgrund derer Ich euch richten werde?

Diejenigen unter euch, die lauthals gegen den Heiligen Geist lästern, wisst, dass ihr vor dem Großen Tag — und das als ein Zeichen für alle — niedergestreckt werdet. Nicht ein Wort wird euren Lippen entweichen, und durch diesen Akt wird eure Herde euch erkennen — dieselbe Herde, der ihr gesagt habt, sie solle diese Botschaften ignorieren, denn sie kämen nicht von Gott. An diesem Tag werden eure Anhänger die Wahrheit kennen, und ihr werdet vor Mir hinfallen. Ich entschuldige Mich nicht für diese Warnung: Wenn ihr das Wort des Heiligen Geistes verunreinigt, dann werde Ich euch von Mir abschneiden, und es wird schreckliches Geschrei geben von euch und von all denen, die ihr in die Wildnis mitbringen werdet.

Meine Gerechtigkeit wird all jenen widerfahren, die verhindern, dass das Heilige Wort Gottes in der Welt bekannt gemacht wird. Ihnen wird die schlimmste Strafe zuteil werden, denn die Qual, die sie erfahren werden, wird schlimmer sein als die Qual jener, die sich in der untersten Ebene des Fegefeuers befinden. Eure Bosheit schockiert viele gute, unschuldige Seelen, die Meiner Kirche auf Erden treu sind. Eure Grausamkeit, die zu ihrer Zeit aufgedeckt werden wird, wird von vielen erkannt werden, und dann wird letztendlich eure Treue gegenüber dem Wort Gottes geprüft werden. Dann werdet ihr vor Mir stehen, an dem Großen Tag, an dem Ich komme, um Mir alle Kinder Gottes zurückzuholen — an dem Ich komme, um sie aus dem Exil zu befreien und sie zu ihrer endgültigen Heimat der Liebe und des Friedens mitzunehmen, in die Neue Ära Meines Neuen Paradieses. Dies geschieht, wenn Himmel und Erde Eins werden.

Euer Erlöser

Jesus Christus

833. Die Abänderung in der Form der Heiligen Messe wird bald in Meiner Kirche vorgestellt werden.

Samstag, 29. Juni 2013, 21:13 Uhr

Meine innig geliebte Tochter, du musst den Hass ignorieren, der sich aus den Mündern derer ergießt, die behaupten, dass sie heilige Menschen und treue Anhänger Meiner innig geliebten Mutter seien. Wisse, dass der Hass, der dir gezeigt werden wird, schlimmer sein wird als der Hass gegenüber allen anderen Propheten, die vor dir kamen. Ich sage dir das nicht, um dich zu erschrecken, sondern nur, damit du diese Tatsache akzeptieren und dann die Boshaftigkeit ignorieren wirst. Wann auch immer die Gegenwart Gottes unter den Menschen bekannt gemacht wird, es wird immer eine bösartige Reaktion von Seiten des Tieres hervorrufen, das durch Menschen arbeitet, um das Wort Gottes zu leugnen.

Meine Tochter, die Abänderung in der Form der Heiligen Messe wird bald in Meiner Kirche vorgestellt werden. Sie wird sehr verwirrend sein, und viele werden die Lügen nicht erkennen können, die in den neuen Gebeten dargeboten werden. Meine Gegenwart wird auf die subtilste Weise aufgekündigt werden, aber diejenigen, die der neuen Form folgen, in der Meine Wahre Gegenwart abgelehnt werden wird, werden außerstande sein, Gott das Opfer in der Art und Weise darzubringen, wie es sein muss. Meine Tochter, diese Offenbarung wird dazu führen, dass du verachtet werden wirst, aber du musst wissen, dass dies vorausgesagt worden ist. Meinen Anhängern wird gesagt werden, dass es bei der Heiligen Kommunion darum gehe, dass alle Menschen — überall auf der Welt — Eins werden, um einander Liebe zu zeigen. Langsam, aber sicher, wird es sich bei der Heiligen Messe nicht mehr um Mein Heiliges Opfer handeln. Stattdessen wird die Zeremonie kreiert werden, um dem Menschen Ehre zu erweisen, und ihr werdet in die Irre geführt werden und eine Auseinandersetzung vor Meinen Heiligen Altären und allen Tabernakeln auf der Welt erleben.

Der Tag, an dem das tägliche Opfer aufhören wird, ist nicht ferne. Wisst, dass Ich komme, um euch jetzt darauf aufmerksam zu machen, damit ihr nicht verhungern werdet. Wenn ihr Meiner Gegenwart beraubt seid, werdet ihr Meines Geistes leer sein, und es wird für euch schwer sein, Mir nahe zu bleiben.

Die Worte, die verwendet werden, um euch zu täuschen, werden die Wendung enthalten „zum Wohle aller — zur Vereinigung aller Kinder Gottes". Die Messe wird eine neue Bedeutung bekommen. Vergessen wird Mein Tod am Kreuze sein, und all die Gründe dafür werden neu definiert werden. Erinnert euch an diesem Tag an Meine Worte, die Ich euch jetzt gebe. Nehmt den Ersatz an — und Meine Gegenwart wird verschwinden. Ich werde bei euch sein, aber es wird nicht Mein Leib sein, an dem ihr teilhaben werdet.

Denjenigen, die nicht an den bösen Plan glauben, der bereits erstellt worden ist, um alle Spuren von Mir zu verwischen, sage Ich jetzt Folgendes: Wenn Ich gegangen sein werde, werdet ihr dann nach Mir suchen? Wenn Meine Heilige Eucharistie verunreinigt sein wird, werdet ihr dann die Verantwortlichen entschuldigen? Oder werdet ihr Mir folgen und auf die Wahrheit hören, wenn ihr dann von Lügen umgeben seid?

Die Wahl wird bei euch liegen.

Euer Jesus

834. Ihr werdet der Verschwörung gegen Meine Eigene Kirche beschuldigt werden, doch euer einziges Verbrechen wird es sein, die Wahrheit hochzuhalten.

Sonntag, 30. Juni 2013, 23:10 Uhr

Meine innig geliebte Tochter, nicht einen Augenblick wird der Teufel damit aufhören, diejenigen zu verfolgen, die Mich lieben. Wenn Seelen Mir nahe sind und wenn ihre Liebe zu Mir zunimmt, dann wird er immer da sein und versuchen, sie von Mir wegzuziehen.

Wenn ihr durch eure Gebete Seelen rettet, dann wird der Teufel all seine Wut an euch auslassen, und ihr werdet euch verletzt fühlen, weil ihr zur Zielscheibe für Kritik werdet, vor allem seitens derer, die ihr liebt. Ihr müsst euch an diesen Schmerz und dieses Leid gewöhnen, wenn ihr Mir nachfolgt und wenn ihr Mein Eingreifen, durch diese Botschaften, akzeptiert. Diese Botschaften werden eine schreckliche Geißelung mit sich bringen, denn sie werden der Grund für die Rettung von mehr als sieben Milliarden Menschen sein.

Wenn der Teufel merkt, dass er Seelen an Mich verliert, wird er alle Mittel, die es braucht, um in den Köpfen derer, die Mir treu sind, Zweifel aufkommen zu lassen, zur Anwendung bringen, und dann wird er schreckliche Spannungen unter Meinen Anhängern hervorrufen. Ihr müsst das Wirken des Teufels als das erkennen, was es ist, und wissen, dass ihr, je mehr ihr dafür verfolgt werdet, dass ihr Meine Hand der Barmherzigkeit annehmt, dass ihr dem Weg der Wahrheit folgt. Einzig und allein gegen das Wort Gottes, wenn es auf Seine machtvollste Weise gegenwärtig ist — wenn der Heilige Geist in Gruppen von Gottes Kindern offensichtlich wird — wird der Teufel bis aufs Härteste kämpfen. Er, Satan, ist aufgrund dieser Mission rasend. Und jene von euch, die Mein Wort, das euch in dieser Zeit gegeben wird, anzweifeln, ihr sollt Folgendes wissen:

Einzig und allein Mein Wort kann solche Empörung provozieren, sogar unter denen, die an Mich glauben und die Meinen Lehren folgen. Nicht einer von euch ist immun gegen Angriffe. Ihr, Meine kostbaren Anhänger, werdet diejenigen sein, die es abkriegen, wenn böse Zungen auf Mich losgehen. Ihr werdet bespuckt, ausgelacht und verspottet werden. Ihr werdet der Verschwörung gegen Meine Eigene Kirche beschuldigt werden, doch euer einziges Verbrechen wird es sein, die Wahrheit hochzuhalten. Diejenigen, die das Wort Gottes hochhalten und sich weigern, von der Wahrheit abzuweichen, haben immer durch die Hand derer gelitten, die sich als die „Erwähltesten von Gottes Vertretern" über jene bescheidenen Seelen gestellt haben, die Mich aufrichtig lieben.

Es gibt einen Unterschied zwischen denen, die sagen, sie seien besser informiert und daher würdiger, in Meinem Namen über andere zu urteilen, als diejenigen, die Mich einfach nur lieben. Ihr könnt nur aufstehen und erklären, dass ihr Mich liebt, indem ihr Meinem Beispiel folgt. Ich würde niemals sagen, dass ein Mensch besser sei als ein anderer — denn ihr alle seid Sünder. Doch Ich würde niemals diejenigen akzeptieren, die vielleicht alles wissen mögen, was es über Mich zu wissen gibt, und die ihre Überlegenheit über andere kundtun. Diejenigen, die sagen, sie würden Mich kennen, und die andere in Meinem Namen beleidigen, kennen Mich in Wirklichkeit überhaupt nicht.

Der Teufel füllt Seelen mit Ego, Stolz und Wut. Dies sind die drei Eigenschaften, aufgrund derer ihr erkennen werdet, dass er in einer Seele gegenwärtig ist, wenn er versucht, andere Seelen zum Schweigen zu bringen, die die Wahrheit Gottes verkünden. Wie sehr solche Seelen doch leiden werden, vor allem jetzt, da diese, die am meisten ersehnte Mission, unter euch gelebt wird! Jeder von euch, der auf Meinen Ruf antwortet, wird Beleidigungen und öffentlichem Spott ausgesetzt sein, der euch den Atem rauben wird — so bösartig wird die Ausgießung des Hasses sein. Ich möchte, dass ihr versteht: Nicht ihr seid es, auf die der Hass abzielt, sondern Ich Bin es. Satan will Meine Stimme zum Schweigen bringen, da sie euch erfasst, um euch vor seinem bösen Plan zu retten, der sorgfältig arrangiert und seit so langer Zeit geplant worden ist. Es kann für das Tier keinen Sieg geben, aber er (Satan) weiß, wie sehr Ich leide, wenn er Mir Seelen entreißt. Erlaubt nicht, dass Störungen euch für die Wahrheit blind machen.

Die Wahrheit wird eure Seele retten, und wenn ihr die Wahrheit verbreitet, wird sie Mir mehr Seelen bringen. Auf diese Weise werde Ich das Tier besiegen. Ihr werdet vor allem Schaden geschützt werden, aber ihr werdet die Demütigung erleiden, als ausgesprochene Narren dazustehen. Und alles nur, weil ihr Mich liebt.

Euer Jesus

835. Mutter der Erlösung: Was Ich miterlebt habe, könnte niemals zu Papier gebracht werden, so abscheulich sind die Grausamkeiten gewesen, die Seinem Göttlichen Leib zugefügt worden sind.

Montag, 1. Juli 2013, 16:43 Uhr

Mein Kind, wenn du für Meinen Sohn leidest, dann ist nichts Falsches daran, in Schmerzen aufzuschreien, weil du schließlich doch nur ein Mensch bist. Als Ich die Geißelung Meines Sohnes miterlebte und Seine entsetzliche Kreuzigung, war Ich außer Mir vor Kummer. Und als Ich Seinen erbarmungswürdigen Leib das erleiden sah, was kein Tier in einem Schlachthof auszuhalten in der Lage wäre, bin Ich vor Schock so viele Male ohnmächtig geworden, dass Ich Mich kaum auf den Beinen halten konnte.

Wie Er gelitten hat, wird niemand jemals erfahren, weil das, was Ich miterlebt habe, niemals zu Papier gebracht werden könnte,

so abscheulich sind die Grausamkeiten gewesen, die Seinem Göttlichen Leib zugefügt worden sind. Dies ist der Grund, warum es so wenig Beschreibungen der erniedrigenden Beleidigungen gibt, die sie Ihm zugefügt haben, denn es wäre so schockierend, dass es Seinen Heiligen Namen verunreinigen würde, wenn es niedergeschrieben werden würde.

Du, Mein Kind, leidest, aber es ist ein solch kleiner Bruchteil Seines Schmerzes. Du musst wissen, dass — während du körperlichen Schmerz erleidest — Mein Sohn nur erlaubt, dass Sein Leiden sich in denjenigen manifestiert, die Er auserwählt. Wenn Er dies tut, dann hilft Ihm das, sich der Macht des Bösen entgegen zu stellen, sie zu besiegen und zu zerstören, durch das Geschenk deines freien Willens an Meinen kostbaren Sohn. Damit weihst du deine Seele ebenso wie deinen Leib, und dies ist ein ganz besonderes Geschenk an Ihn — ein Geschenk, das Ihn in die Lage versetzt, andere Seelen zu retten.

Daher verstehe bitte, dass, wenn Mein Sohn dein Leiden vergrößert und wenn Er wirklich in dir leidet, dies eine Gnade ist, die du nicht ablehnen darfst. Umarme sie. Du wirst bald verstehen, welche Kraft darin steckt. Wenn Mein Sohn Seine Wundmale im Körper einer auserwählten Seele manifestiert, bringt das eine schreckliche Verfolgung mit sich, und zwar, wenn der Teufel in massiver und rasender Wut angreift. Du wirst zunächst Angst haben, aber jetzt, wo du verstehst, wirst du dies annehmen und dich lediglich schützen, indem du — mindestens drei Mal am Tag — Meinen Höchstheiligen Rosenkranz betest.

Mein Kind, bitte stelle sicher, dass du dich nicht aus Furcht von diesem Werk abhalten lässt, denn das ist es, was der Teufel will. Du musst aufstehen, erdulden und schweigen, wenn der Hass gegen dich zunimmt.

Diese Prüfungen sind bei einer Mission diesen Ausmaßes zu erwarten gewesen. Sei in Frieden und sei dir gewiss, dass alle Engel und Heiligen mit dir sind und dich begleiten.

Deine geliebte Mutter
Mutter Gottes
Mutter der Erlösung

836. Mutter der Erlösung: Nicht eine Tür wurde geöffnet, um Meinem Sohn zu erlauben, in Würde in die Welt zu kommen.

Mittwoch, 3. Juli 2013, 12:57 Uhr

Mein liebes Kind, wenn du ausgestoßen wirst und wegen dieser Mission isoliert bist, dann ist es wichtig zu wissen warum. Denn wenn du das weißt, wird es für dich einfacher sein, solche Grausamkeit hinzunehmen.

Als Ich vor der Niederkunft stand, wurde nicht eine Tür geöffnet, um Meinem Sohn zu erlauben, in Würde in die Welt zu kommen. So wie Gott (dem Vater), Der Seinen einzigen Sohn gesandt hat, um den Menschen von der Sünde zu erlösen, jede Tür

vor der Nase zugeschlagen worden ist, so wird es ganz gleich sein, wenn Gott nun den Weg für die Wiederkunft Seines Sohnes bereitet.

Während Gott die Welt auf diesen großen Tag vorbereitet, werden wiederum die Türen geschlossen werden, im Trotz gegen das Wort Gottes. Du, als die Botin, wirst weiterhin auf heftigen Widerstand stoßen. Viele werden nicht nur ihre Türen geschlossen halten — das wird lediglich eine der Beleidigungen sein —, sie werden auch schreckliche Obszönitäten schreien und dich, Mein Kind, verletzen, weil sie das Wort Gottes nicht hören wollen.

Der Geist des Bösen dominiert in dieser entscheidenden Zeit in der Geschichte der Menschheit und wird sogar die heiligsten unter Gottes Kindern zermalmen. Nur die Mutigsten werden dem Geist des Bösen widerstehen, der Millionen befallen wird, so dass sie die Barmherzigkeit Meines Sohnes ablehnen werden.

Es sind nicht die Botschaften allein, die man hassen wird; aber es ist die Angst (des Bösen), dass durch die Barmherzigkeit Meines Sohnes mehr Seelen aus dem Griff des Teufels gerettet werden. Der Teufel arbeitet und schlängelt sich in die Herzen vieler Seelen, und insbesondere derjenigen, die Meinem Sohne nahe sind. Es sind die frommen Anhänger innerhalb der Kirche Meines Sohnes, die die primären Zielscheiben des Teufels sind, der die meisten von ihnen in dieser Zeit gegen Sein Wort wenden wird.

Das Wahre Wort Meines Sohnes, Jesus Christus, ist im Laufe der Jahrhunderte verwässert worden und die Inhalte der Heiligen Bibel werden jetzt von vielen, die sagen, sie würden Meinen Sohn kennen, abgelehnt. Denk daran, nun wird die Schlacht um Seelen von den Engeln und Heiligen im Königreich Meines Vaters gefochten, gegen den Betrüger. Du, Mein Kind, steckst mittendrin und somit wirst du zu einem leichten Ziel.

Es ist wegen der enormen Tragweite dieser Mission und weil du eine Prophetin bist — und nicht eine Visionärin —, dass du in Isolation arbeiten und bei den Menschen verhasst sein wirst. Lass dich durch diese Verfolgung nicht betrüben und denke nicht, du würdest nicht stark genug sein. Du bist gesandt und du bist geschützt und du wirst aufstehen und fortfahren, das Wort Gottes zu verkünden, bis zum letzten Tag. Dies ist vorausgesagt, und wenn die Seelen der Welt gerettet sind und wenn das Neue Königreich — das Neue Paradies — beginnt, wird keines dieser Leiden irgendwelche Nachwirkungen haben.

Freue dich und hab keine Angst. Ich, deine geliebte Mutter, werde dich geleiten und schützen, selbst in deiner dunkelsten Stunde, so dass das Licht Gottes deinen Geist, deinen Leib und deine Seele erfüllen wird, jeden Tag.

Ich liebe dich, Mein Kind, und du musst wissen, dass du mit der Gabe der Beharrlichkeit gesegnet worden bist. Alles ist jetzt in Gottes Händen. Du musst auf Ihn vertrauen, zu jeder Zeit.

Deine geliebte Mutter
Mutter Gottes
Mutter der Erlösung

837. Es wird bald in Russland und China mächtige Erdbeben geben, eines nach dem anderen werden sie stattfinden.

Mittwoch, 3. Juli 2013, 13:30 Uhr

Meine innig geliebte Tochter, wie sehr habe Ich deine Zeit (mit Mir) vermisst und wie sehr freue Ich Mich, dass sich nun die geistige Finsternis gelichtet hat, die dich seit Tagen bedeckt hat. Du musst weiterhin den Hochheiligen Rosenkranz beten, um dich zu schützen, und alles wird gut sein.

Die Erde wird beben, wie vorausgesagt, und ein Drittel von ihr wird verbrannt werden, als eine direkte Folge der Sünde des Menschen. Gebet kann vieles von diesen Flammen mildern, die auf Teile der Welt ausgegossen werden, wo böse Gesetze Meinen Vater erzürnen lassen.

Die Sünde gegen die Gebote Gottes wird so lange toleriert werden, wie diejenigen, welche die Wahrheit kennen und das Wort Gottes annehmen, Ihn ehren. Aber jetzt haben diejenigen, mit denen ihr die Machtpositionen besetzt habt, Gott den Rücken gekehrt. Dafür werden sie durch ökologische Tumulte bestraft werden. Die Reinigung ist das einzige Mittel, um die Menschheit wachzurütteln, damit sich die Menschen um Reue für ihre Seelen bemühen. Andere Mittel, obwohl sie Bekehrung bewirken, haben nicht ausgereicht. Die Menschen werden eine große Serie von Züchtigungen erleiden, da sie fortfahren, das Heidentum zu umarmen und sich gegenseitig zu ermorden.

Gottes Eingreifen ist notwendig. Ohne dieses wäret ihr verloren.

Es wird bald in Russland und China mächtige Erdbeben geben, eines nach dem anderen werden sie stattfinden.

Wetterextreme und plötzliche Temperaturschwankungen von kalt bis sehr heiß werden auftreten. Die Jahreszeiten werden nicht mehr in der Art und Weise erlebt werden, wie es in der Vergangenheit der Fall war.

Überschwemmungen und Sturmfluten werden in Gebieten zu sehen sein, die sie bisher noch nie erlebt haben. In den Staaten, die böse Gesetze gegen Gott erlassen, werden Erdbeben ihre Länder erschüttern, und diejenigen, die Mich kennen, werden wissen, warum sie stattfinden.

Wenn die Züchtigungen stattfinden, wird eine zweite schreckliche Strafe kommen, welche falsche Kirchen treffen wird, die die Wahrheit absichtlich blockieren. Denn sie werden am meisten leiden, wegen der Seelen, die sie Mir gestohlen haben.

Während Ich mehr über die Prophezeiungen offenbare, die in den Siegeln (*) enthalten sind, wird der Mensch schließlich die Wahrheit erkennen. Und während Gott die Liebe ist und während Er gerecht ist, werden Seine Strafen auf die Menschheit herabregnen, um sie von ihrer Eitelkeit, ihrem Ego und ihrer Eigenliebe zu befreien, damit der Mensch würdig werden kann, in Gottes Neues Paradies einzugehen. Nur jenen mit einem reinen und demütigen Herzen wird dieses Geschenk gegeben werden.

Euer Jesus

(*) Die Siegel aus der Offenbarung des Johannes

838. Während Verbitterung Nationen spaltet, werden Misstrauen und Angst weiterhin zivile Unruhen hervorrufen.

Mittwoch, 3. Juli 2013, 23:15 Uhr

Meine innig geliebte Tochter, die Kriege und Unruhen breiten sich, wie vorhergesagt, wie Lauffeuer über die ganze Erde aus. Nur sehr wenige Gegenden in der Welt werden nicht von Kriegen und zwieträchtigen Gerüchten beeinflusst werden.

Während Verbitterung Nationen spaltet, werden Misstrauen und Angst weiterhin zivile Unruhen hervorrufen, werden unchristliche Gesetze weiter zunehmen, so dass Mord und Abtreibung sowie Handlungen gegen die Heiligen Sakramente in euren Ländern gesetzlich verankert werden. Viele werden aufgrund solcher Gesetze in die Sünde geführt werden, und sehr bald wird der Schmerz der Finsternis der Seele präsent sein, und nur wenige werden dies ignorieren können.

Warum, werden sie fragen, gibt es solch eine seltsame Atmosphäre, in der das gegenseitige Vertrauen verschwunden ist? Warum ist es schwer, einen Leben so, wie Christus es uns geboten hat, zu leben, aus Angst, als Narr abgestempelt zu werden? Die Antwort liegt in der Tatsache, dass eure Länder, eines nach dem anderen, Mich nicht nur erneut verurteilt haben, sondern auch die Sünde legitimieren. Wenn dies geschieht, dann laufen Satan und seine Armee Amok.

Sie sind sehr mächtig geworden, und durch all die liberalen Gesetze, welche die Sünde gutheißen, werden sie wirklich akzeptiert, und dann wird es in den Herzen der Menschen — als Ergebnis dessen — keinen Frieden geben. Es wird so sein, wie wenn man Kindern, die ihren Eltern gestohlen und gefangen genommen worden sind, lauter Nasch- und Spielzeug vorsetzt, zum Ausgleich für die Tatsache, dass sie sich in Gefangenschaft befinden. Denn all die Vergnügen, die ihnen angeboten werden, werden ihnen keinen Trost bringen. Stattdessen werden sich diese Kinder unruhig und leer fühlen, und sie werden sich danach sehnen, wahre Liebe zu fühlen, die nur durch die Anwesenheit der Eltern herbeigeführt werden kann.

Gottes Gegenwart ist in euren Nationen noch immer da, aber da Ich, der Menschensohn, jetzt schnell entlassen werde, durch die Einführung böser Gesetze in euren Ländern und bald durch eure Kirchen, werdet ihr wie herumirrende Waisen sein, die ihren Kopf nirgendwohin legen können.

Ohne Gott gibt es keinen Frieden. Ohne Mich, Jesus Christus, gegenwärtig durch Meine Lehren, werdet ihr langsam ausgehungert. Lasst nicht zu, dass solche Gesetze eure Hingabe an Mich beenden, denn in dieser Zeit werde Ich mehr als zu jeder anderen Zeit zu euch kommen und euch den von euch ersehnten Trost schenken.

Ich liebe euch. Ich weine wegen eurer Verlassenheit und Ich verspreche, dass diese Verfolgung von kurzer Dauer sein wird.

Euer Jesus

839. Gott der Vater: Ich weiß, dass der Plan der Abtreibung auf der ganzen Welt gesteuert wird.

Donnerstag, 4. Juli 2013, 18:40 Uhr

Meine liebste Tochter, Meine Zeit ist gekommen, um gewaltsam in die Welt einzugreifen, in einer Zeit großer Sünde gegen Mich.

Meine Geduld ist auf die Probe gestellt und Mein Zorn ist entfacht worden, während Ich die größten Beleidigungen mit ansehe, die Mir jetzt zugefügt werden.

Als der Schöpfer von allem, was lebt, Bin Ich der Urheber des Lebens. Ich erschaffe es, wie Ich es wünsche, und Ich beende es nach Meinem Heiligen Willen. Wenn der Mensch versucht, sich in Meinen Willen störend einzumischen, dann werde Ich zurückschlagen, denn Ich werde solche Bosheit nicht tolerieren.

Für diejenigen, die irgendeines Meiner Kinder töten: Euer Leben wird beendet werden. Ich werde euer Leben nehmen, nicht nur im Körper, sondern auch im Geist. Kein ewiges Leben wird noch kann euch gewährt werden. Das Leben, das ihr wegnehmt, wird euer Untergang sein. Auge um Auge wird eure Strafe sein.

Gebt Acht, jene von euch, die fortfahren, Leben in all seinen Formen zu zerstören! Ich weiß, was ihr tut. Ich weiß, dass der Plan der Abtreibung auf der ganzen Welt durch eine Gruppe unter euch gesteuert wird. Ich weiß, dass jene Länder, die sich durch eine obszöne Gesetzgebung beeilen, die Abtreibung zu rechtfertigen, nur Marionetten sind. Sie hängen an Fäden, während sie nach der Melodie der Eine-Welt-Gruppe tanzen, die nur einem Herrn gehorcht. Ihre Treue gilt dem Tier, dessen größter Plan, Hunderte Millionen Menschenleben zu zerstören, (schon einige Zeit) erfolgreich ist, durch die Sünde der Abtreibung. Die Ungeborenen sind ein leichtes Ziel in ihren Augen. Sie benutzen die Abtreibung, um störend einzuwirken auf Meine Gebote und auf das große Geschenk, das Ich dem Menschen vermacht habe — das Geschenk des Lebens.

Die Arroganz des Menschen, die unzertrennlich verbunden ist mit dem Tier und denjenigen unter euch, die er (Satan) zum Narren hält, widert Mich an. Meine Liebe ist machtvoll, aber eure böse Absicht, zu zerstören, was Mein ist, wird zu einem solch abrupten Stillstand gebracht werden, dass ihr um euer Leben schreien werdet. Wenn ihr Mich jetzt nicht anruft, durch das Geschenk der Versöhnung (die Beichte), wird euch wenig Barmherzigkeit gezeigt werden. Für jeden von euch, der stillschweigend gutheißt, dass das Leben der Ungeborenen genommen wird, der dies unterstützt oder sich in irgendeiner Form daran beteiligt: Ihr werdet die gleiche Strafe erleiden. Zerstört diese unschuldigen Leben und euer eigenes Leben wird genommen werden. Ich habe – in furchtbarem Schmerz – so lange Zeit zugesehen, wie ihr Mich beleidigt habt. Eure Zeit ist vorbei, denn ihr werdet jetzt schwer bestraft werden für diesen schwerwiegenden Akt gegen Meine Göttlichkeit.

Denkt daran, euch bleibt wenig Zeit, um eure Akzeptanz der Abtreibung aufzugeben. Mein Zorn wird sich bald über die vier Ecken der Erde ergießen. Es ist wegen der Sünde der Abtreibung, dass der Mensch die schlimmste Züchtigung erleiden wird. Nicht ein Land wird von diesen Strafen ausgenommen sein. Nur diejenigen, die die Abtreibung nicht erlauben, werden von dem furchtbaren Leiden verschont bleiben, das Ich der Welt zufüge.

Ich Bin der Urheber des Lebens, und kein Mensch hat das Recht, gegen Mich vorzugehen. Niemand. Wer es wagt, Mir die Stirn zu bieten, indem er Mich darin nachahmt, Leben zu nehmen, wird allen Lebens beraubt werden.

Euer Vater
Gott der Allerhöchste

840. Die Eine-Welt-Ordnung ist der größte Hohn auf den Wahren Dreifaltigen Gott.

Freitag, 5. Juli 2013, 14:10 Uhr

Meine innig geliebte Tochter, es gibt eine Religion, die Mir das größte Leid verursacht, und das ist die falsche Religion, die das Tier anbetet. Die Eine-Welt-Ordnung ist die größte Farce gegen den Wahren Dreifaltigen Gott, und diejenigen, die zum Hause Satans gehören, brauchen so viel Gebet. Sie werden dahingehend getäuscht, zu glauben, dass es einen anderen Gott gäbe, der sie liebe. Ihnen wird erzählt, dass die Heilige Dreifaltigkeit ein Irrtum sei und dass Mein geliebter Vater etwas Böses sei. Sie erkennen nicht an, dass Er sie geschaffen hat, und ihre Köpfe sind mit so vielen Lügen vollgestopft, dass sie niemals ihren Geist für die Wahrheit öffnen werden. Aufgrund ihrer Hingabe an das Okkulte sind sie in satanische Kräfte verwickelt, die ihre Seelen verschlungen haben, die von Hass erfüllt sind, nicht nur auf Gott, sondern auch auf alle Kinder Gottes.

Sie lieben nur sich selbst, und ihre Vergnügungssucht füllt sie mit einer unstillbaren Sehnsucht nach mehr. Es gibt keine weltlichen Freuden, die groß genug wären, um sie zu befriedigen, darum gieren sie dann nach anderen Obszönitäten. Sie haben ihre Freude daran, Leben zu nehmen, und haben keinerlei Reue in ihren Seelen wegen der brutalen Morde, deren sie schuldig sind. Ihr Einfluss erstreckt sich über die Erde in jeder Nation, und die Anhänger des Teufels mischen sich unter die Reichen, unter die Führungskräfte der Wirtschaft, unter die Regierungen, unter die Königshäuser, unter die Organisationen einschließlich der Medien und der Exekutive, der Justiz und der Kirche.

Bitte unterschätzt nicht ihre Macht. Obwohl sie zahlenmäßig klein sind und nicht jeden Teil eurer Gesellschaften infiltrieren, werden sie trotzdem schrecklichen Schaden anrichten. Nicht nur, dass sie ihre Seelen an den Teufel verkauft haben, sondern sie werden mit dem Tier und seinen Dämonen auch andere unschuldige Seelen in den Abgrund ziehen.

Ich gebe jetzt all denen, die Mich lieben, die Gnaden, diese finstere und mächtige Gruppe, die Mich jede Sekunde des Tages verflucht, zu besiegen, wenn ihr dieses kurze Kreuzzuggebet sprecht.

Kreuzzuggebet (112) „Um die Gnade der Erlösung"

„Liebster Jesu, ich rufe zu Dir, bedecke die Seelen derer, die von Satan befallen sind, mit Deiner besonderen Gnade der Erlösung.

Befreie ihre armen Seelen aus der bösen Gefangenschaft, aus der sie nicht entfliehen können. Amen."

Diese armen Seelen werden die Ersten sein, die das Tier für sich beanspruchen werden, und sie werden flach auf ihr Gesicht niederfallen, um den Antichristen anzubeten. Ihr müsst intensiv beten, ihr alle, damit die Macht, die Satan über sie hat, gebrochen werden kann und dass ihre Herzen für Meine große Barmherzigkeit geöffnet werden.

Euer Jesus

841. Er wird die Wahrheit Gottes dazu missbrauchen, sich hinter ihr zu verstecken, bis der richtige Augenblick gekommen ist.

Sonntag, 7. Juli 2013, 17:35 Uhr

Meine innig geliebte Gemahlin, was macht das schon, wenn sie dich anschreien oder dich in Meinem Namen verfluchen? Was macht das schon, wenn all diejenigen, die Mein Höchstheiliges Wort verkünden und die standhaft bleiben in Einheit mit Mir, gefesselt und geschlagen werden? Weißt du nicht, dass Meine Macht Allmächtig ist und dass Ich nicht gebrochen werden kann, auch wenn sie Mir vielleicht die Knochen brechen?

Wenn ein Arzt kämpft, um das Leben eines Menschen um jeden Preis zu retten, wird er alles, was in seiner Macht steht, tun, um diesen Kampf zu gewinnen. Wenn er durch andere, die versuchen, ihn aufzuhalten, unterbrochen wird, dann wird er – wenn er mit Leib und Seele Arzt ist – alle Proteste und Versuche, ihm in die Quere zu kommen, ignorieren, wenn er in seinem Herzen weiß, dass er dies Leben retten kann und retten wird. Und so macht er weiter, bis alle die Früchte seiner Arbeit sehen können. Er bemüht sich beharrlich weiter, bis dieses Leben gerettet ist, und dann, wenn alles getan ist, wird er mit Liebe von den gleichen Leuten begrüßt werden, die – aus welchem Grund auch immer – versucht haben, sich in seine Bemühungen, das Leben zu erhalten, störend einzumischen. Und so werden alle Spannungen vergessen sein.

Das gleiche trifft auf diese Heilige Mission zu, die von Meinem Vater versprochen worden ist, um das Leben Seiner Kinder in dieser letzten Zeit vor Meinem Zweiten Kommen zu retten. Seid darauf gefasst, dass diese Mission behindert wird, denn würde sie nicht einen solchen Widerstand auf sich ziehen, dann würdet ihr mit Sicherheit wissen, dass Meine Botschaften an euch jetzt nicht von eurem geliebten Jesus kommen könnten.

Wenn die Wahrheit verkündet wird, wird sie nicht problemlos angenommen, obwohl sie das Wort Gottes ist. Doch wenn Lügen vorgelegt werden, verkleidet als die Wahrheit, dann werden diese bereitwilliger angenommen, und in den meisten Fällen herzlich und mit offenen Armen begrüßt. Seid gewarnt vor den Lügen, die Meine Feinde, die sich selbst zu Meinen Sprechern erklären, darbieten werden. Sie werden euch in vielfältiger Weise irreführen, aus Angst, dass ihr sie bei ihrem Betrug ertappt. Sie werden ihre Zeit aufwenden, um sich mit jenen in Assoziation zu bringen, die der Welt als gute und heilige, reine Diener bekannt sind, von denen viele jetzt bei Mir im Himmel sind. Durch diese Verbindung werden sie als treue Jünger solcher Heiligen gesehen werden. Dann werden sie die Wahrheit Meiner Lehren wiederholen, und dies wird euch verwirren. Ihr werdet sagen: „Aber wie kann das sein?" „Dieser Mann spricht die Wahrheit."

Die Durchtriebenheit des Tieres übersteigt euer Vorstellungsvermögen, Meine geliebten Anhänger. Er (Satan) ist sorgsam darauf bedacht, sich niemals zu offenbaren, und so versteckt er sich hinter der Wahrheit. Wenn er in armen, getäuschten Seelen präsent ist, wird er die Wahrheit Gottes dazu missbrauchen, sich hinter ihr zu verstecken, bis der richtige Augenblick gekommen ist. Doch dann werden Obszönitäten gegen das Wort Gottes ausgegossen werden, aber für viele wird das nicht klar ersichtlich sein. Schaut hinter die Worte, die sorgfältig gebildet sein werden, und ihr werdet die Lüge entdecken. Dies ist die Art von Macht, mit welcher Gottes Kinder zu kämpfen haben werden.

Der Geist des Bösen gleicht einer dunklen Wolke, und wenn sie sich vollständig über die Menschheit niedergesenkt hat, wird es schwierig werden, zwischen Gut und Böse zu unterscheiden. Aber Ich verspreche euch, dass diese Wolke sich lichten wird, und wenn das Licht Gottes durchscheint, werdet ihr die Bosheit in ihrer ganzen Hässlichkeit sehen, wie sie in den Augen Gottes gesehen wird.

Das Kämpfen inmitten der Menschen, die dem Einen Wahren Gott die Treue halten, wird weitergehen und der Teufel wird unter ihnen Chaos und Verwüstung anrichten. Während sich diese Gruppe in zwei Teile spaltet, gibt es andere, für die ihr beten müsst. Das sind jene Seelen, die Gott so fern sind, dass sie Ihn nicht anerkennen, zu keinem Zeitpunkt. Sie sind Meine verlorenen Seelen, denen Ich diese Heilige Mission widme. Wenn Ich diejenigen rette, die vollkommen verloren sind, wird Mein Eingreifen auch die anderen retten, die einfach nur verwirrt sind.

Kommt, sammelt euch vor Meinem Angesicht, ihr alle, denn Meine Zeit ist sehr nahe. Lasst nicht einen von euch es hinausschieben, für die Seelen jener zu beten, die eurer Hilfe am meisten bedürfen.

Euer Jesus

842. Die Zehn Gebote, die der Welt von Meinem Vater durch den Propheten Moses gegeben worden sind, werden jetzt vom Menschen umgeschrieben.

Montag, 8. Juli 2013, 17:00 Uhr

Meine innig geliebte Tochter, wann immer du das Gefühl hast, dass es wenig Hoffnung für die Sünder gibt, dann denke bitte daran, dass Meine Große Barmherzigkeit immerwährend ist. Es gibt nicht eine einzige Seele in der Welt, die Ich nicht umarmen und der Ich nicht das Geschenk der Erlösung bringen möchte. Ich liebe euch alle. Ich vergebe allen, die Mich um das Geschenk der Erlösung anflehen, aber dies bedeutet nicht, dass Ich nicht diejenigen bestrafen werde, die eine schwere Sünde begehen.

Die Zehn Gebote, die der Welt von Meinem Vater durch den Propheten Moses gegeben worden sind, werden jetzt vom Menschen umgeschrieben. Man hat sie auseinandergenommen, verdreht und mit einer neuen Bedeutung versehen, so dass der Mensch die Sünde stillschweigend billigen kann.

Ihr vergöttert falsche Götter und rechtfertigt dies. Ihr lebt in einer schrecklichen Lüge, wenn ihr Meinen Vater auf diese Weise beleidigt, und dennoch, wenn die Wahrheit den Heiden gezeigt wird, werden sie umkehren, und Ich werde warten, um sie zu umarmen.

Ihr tötet einander und sagt, ihr würdet einfach aus Barmherzigkeit handeln, wenn ihr das tut. Ihr legalisiert Mord, Hinrichtung, Euthanasie und Abtreibung und sagt, dass dies gute Dinge seien. Dies ist Sünde in ihrer schlimmsten Form, wenn ihr den Urheber allen Lebens herausfordert — den Schöpfer des Himmels und der Erde — durch Manipulation der Göttlichen Gebote Gottes. Doch wenn ihr aufrichtige Reue zeigt, dann werde Ich auch warten, um euch in Meine Arme zu schließen.

Ihr plündert, was nicht euch gehört, und ihr bestehlt den Armen, um eure Gier nach mehr zu befriedigen. Ihr begeht schreckliche Sünden des Fleisches, die unter der Würde des Menschen liegen, und ihr verhaltet euch wie wilde Tiere, die in einer Grube losgelassen werden. Eure Niedertracht ist in den Augen Gottes widerlich, doch wenn ihr zu Mir ruft und Mich um Barmherzigkeit bittet, werde Ich da sein und geduldig warten. Wenn ihr Gott entweiht, indem ihr euch weigert zu akzeptieren, dass Er existiert, und dann versucht, Seine Kinder mit in den Abgrund zu nehmen zusammen mit dem Tier, werde Ich immer noch warten, bis ihr umkehrt und Mich bittet, Mich euch bekannt zu machen.

Diejenigen von euch, die die Wahrheit annehmen, nehmen sich nicht mehr die Zeit, Mich am Sabbat zu ehren, weil ihr eure eigenen Bedürfnisse Mir vorzieht. Ihr verletzt Mich so sehr, weil ihr bereits wisst, dass ihr Kinder Gottes seid. Ihr habt das Haus eures Vaters verlassen und ihr werdet erst zurückkommen, wenn ihr kein Dach über eurem Kopf habt. Und Ich werde warten, um euch zu Hause willkommen zu heißen.

Eure Liebe zu Gott hat abgenommen, ebenso wie eure Liebe zu euren Eltern und euer Respekt vor ihnen. Eure Herzen haben sich so sehr verhärtet, dass ihr ihnen keine Liebe zeigt oder nicht in der Art und Weise für sie sorgt, wie ihr es eigentlich solltet.

Täglich lästert ihr Gott und flucht, indem ihr Meinen Namen in höchst respektloser Weise missbraucht, aber ihr wollt nicht in der Art mit Mir sprechen, wie Ich es wünsche. Wenn ihr andere verleumdet, dann verleumdet ihr Mich. Wenn ihr den Ruf einer anderen Person schädigt, dann zerstört ihr Meine Liebe. Und doch werde Ich euch vergeben, wenn ihr Reue zeigt.

Ihr zeigt Respektlosigkeit gegenüber der Institution der Ehe und macht euch nichts aus dem Missbrauch dieses Höchstheiligen Sakramentes. Ihr beleidigt Gott außerdem, wenn ihr fortfahrt, Seinen Segen für Vermählungen erlangen zu wollen, wenn Er diese nicht anerkennt noch sie anerkennen kann. Doch ihr fahrt fort, Ihn zu beleidigen.

So besessen seid ihr davon, nach weltlichen Gütern zu streben, und so verseucht seid ihr mit ungesundem Ehrgeiz, dass ihr jene Menschen vernichtet, die euch in die Quere kommen. Trotzdem werde Ich euch Barmherzigkeit zeigen, wenn ihr zu Mir zurückkommt.

Keine Sünde — mit Ausnahme der Lästerung gegen den Heiligen Geist — ist so schlimm, dass sie nicht vergeben werden könnte. Ich bitte euch alle eindringlich, prüft euer Gewissen und versöhnt euch mit Mir aufs Neue.

Ich Bin geduldig. Ich Bin die Liebe. Ich Bin euer Heil. Ich warte. Bitte kommt bald zu Mir, denn Ich liebe euch mit einer unermesslichen Leidenschaft. Ich werde nicht ruhen, bis Ich euch alle gerettet habe.

Euer Jesus

843. Mutter der Erlösung: So leichthin akzeptieren die Menschen neue Gesetze, die den Anspruch darauf erheben, gut zu sein.

Mittwoch, 10. Juli 2013, 15:26 Uhr

Mein Kind, deine Gebete werden gehört und Mein Sohn wird wegen deiner besonderen Intention eingreifen. Du musst für all diejenigen in der Welt beten, die dazu irregeführt werden zu glauben, dass das Böse gut sei. Das Netz des Betruges hat die Menschheit in einem solchen Ausmaß bedeckt, dass viele nicht mehr zwischen den Geboten Gottes und der Bosheit des Teufels unterscheiden können, wenn er unter euch offenbar wird.

So leichthin akzeptieren die Menschen neue Gesetze, die den Anspruch darauf erheben, gut zu sein — dem Wohle aller zu dienen —, während diese Gesetze in Wirklichkeit das verschleiern, was in den Augen Gottes Todsünde ist.

Die Schlacht tobt zwischen denen, die die Gebote Gottes hochhalten, und denjenigen, die sie entweihen. Wer die Gebote Gottes öffentlich hochhält, wird dämonisiert und grausam und böse genannt. Der Betrug und die Lügen, deren diejenigen voll sind, die sagen, sie würden die Menschheit lieben, sind deutlich zu erkennen, wenn sie die Todsünde öffentlich rechtfertigen. Wie gerissen der Teufel doch ist. So wenige verstehen seinen Einfluss in ihrem Leben oder wie er ihr Denken verdreht.

Seid getrost, liebe Kinder, in dem Wissen, dass Ich, die Mutter der Erlösung, den Teufel in eurer Mitte besiegen kann. Ihr müsst Mich anrufen, jedes Mal, wenn ihr euch überwältigt fühlt von der Macht, die er in euren Nationen ausübt. Ich werde seinen Einfluss vernichten, wenn ihr eure Bitte Mir vorlegt.

Bitte betet dieses Kreuzzuggebet (113) „Um das Böse in unserem Land zu besiegen"

„O Mutter der Erlösung, komm in unsere Mitte und bedecke unser Land mit Deinem Schutz.

Zertritt den Kopf des Tieres und merze seinen bösen Einfluss unter uns aus.

Hilf Deinen armen verlorenen Kindern, aufzustehen und die Wahrheit zu sagen, wenn wir von Lügen umgeben sind.

Bitte, o Mutter Gottes, schütze unser Land und halte uns stark, damit wir in unserer Zeit der Verfolgung Deinem Sohn treu bleiben können. Amen."

Ihr dürft niemals Argumente akzeptieren, die erlauben, dass böse Gesetze ins Leben gerufen werden, die euch diktieren, wie ihr euer Leben zu leben habt, und die nicht dem Wort Gottes entsprechen. Wenn diese Gesetze euer Land unterwandern, zerstören sie Seelen.

Vertraut auf Mich, die Mutter der Erlösung, dass Ich die Seelen jener rette helfe, die ihr liebt, und inmitten derer ihr arbeitet. Ruft Mich an, und Ich verspreche, dass Ich eure Nation mit Meinem Allerheiligsten Mantel bedecken werde.

Eure geliebte Mutter
Mutter der Erlösung

844. Gott der Vater: Die Lügen, die euch über eure Wirtschaft vorgesetzt werden, sind darauf ausgelegt, euch zum Narren zu halten.

Mittwoch, 10. Juli 2013, 15:41 Uhr

Meine liebste Tochter, Kriege werden über den ganzen Nahen Osten ausbrechen, und bald wird Mein geliebtes Israel einen schrecklichen Gräuel erleiden. Leben werden in diesem Teil der Welt in sehr großem Maßstab verloren gehen, da der Geist des Bösen das Leben und in vielen Fällen die Seele Meiner Kinder verschlingt.

Der Hass Meiner Kinder aufeinander wird auf andere Länder überschwappen, während die Schlacht von Armageddon an Intensität zunimmt und sich ausbreitet, bis er die ganze Welt überall verschlingen wird. Der Hass, verursacht als Folge der Heimsuchung Satans und seiner Dämonen, wird zu einem so offensichtlichen Zeichen, dass nur sehr wenige Seelen — und zwar unabhängig davon, welchen Glauben sie von Mir, dem Schöpfer von allem, was ist, haben — nicht den Geist des Bösen bemerken werden, der sich wie ein tödlicher Virus ausbreitet.

Kriege, ihrer viele, darunter Kämpfe innerhalb der Regierungen aller Nationen, werden alle zur gleichen Zeit ausbrechen. Obgleich Meine Hände bereits mit milden Strafen niederkamen, wisst, dass Ich diejenigen zermalmen werde, die Meine Kinder verletzen. Das ist, wenn die Schlacht um Seelen zunehmen wird und sie wird sich auf vielerlei Weise ausbreiten.

Die Lügen, die euch über eure Wirtschaft vorgesetzt werden, sind darauf ausgelegt, euch zum Narren zu halten und euch das zu nehmen, was ihr besitzt. Betet, betet, betet, dass Ich diejenigen, die eure Währungen kontrollieren, davon abhalten werde, euch alles, was ihr besitzt, wegzunehmen. Wisst, dass, während Meine Rechte Hand Züchtigungen gegen die Bösen hinabschleudert, Meine Linke Hand euch aufheben und unter Meinen Schutz nehmen wird, und Ich werde für euch sorgen.

Die Veränderungen, die in Meinem Heiligen Buch vorausgesagt sind, werden jetzt der ganzen Welt präsentiert. Es werden Kämpfe wüten, Leben werden verloren gehen, Länder werden ökologische Turbulenzen erleiden, es wird Missernten geben und viele von euch werden durch eure Regierungen verfolgt werden. Die schlimmste Schlacht wird spiritueller Natur sein, in der jede Anstrengung unternommen werden wird, um euch gegen Mich aufzubringen.

Euer Vater
Gott, der Allerhöchste

845. Es wird durch euer Beten Meiner Kreuzzuggebete sein, dass Ich sie retten kann.

Donnerstag, 11. Juli 2013, 13:57 Uhr

Meine innig geliebte Tochter, lass Mich dich nahe an Mein Heiligstes Herz ziehen, denn wenn du Mir erlaubst, dies zu tun, werde Ich in deine Seele besondere Gnaden eingießen. Dann wird Mein Werk mehr Früchte tragen, die reifen und auf der ganzen Erde im Überfluss hervorbrechen werden.

Die Frucht, die aus Mir kommt, bewirkt Umkehr und erweicht die Herzen der Hartgesottensten, wenn sie von ihr kosten. Wenn sie diese Frucht essen, dann wird sie sie mit Mir vereinen, in einer Weise, die ihnen großen Frieden bringen wird. Der Friede, den Ich allen von euch verspreche, die Mir jetzt zuhören, während Ich mit euch rede, wird eure Rüstung gegen den Hass sein.

Diejenigen von euch, einschließlich jener Seelen, die noch nie von diesen Botschaften gehört haben und die Mich aufrichtig lieben, werden von diesem Frieden erfüllt werden, und ihr werdet dadurch immun werden gegen die Stimmen derer, die euch anbrüllen, weil ihr zu Mir gehört.

Wenn ihr mit Mir eins seid, dann verspreche Ich, dass Ich für jede Beleidigung und Verletzung, die ihr zu ertragen habt, weil ihr Mein Heiliges Wort verkündet, euch aufheben, über euch wachen und euch schützen werde. Ihr werdet ein herrliches Leben in Meinem Neuen Paradies genießen, wo alle vereint singen werden zum Lobe der Liebe und der Glorie Gottes.

Ihr habt von Mir nichts zu befürchten, aber Ich bitte euch, Zeit im Gebet zu verbringen für die Seelen derer, die verwirrt und in einigen Fällen verloren sind. Diejenigen, die von Mir getrennt sind, müssen zu Mir zurückkommen, und es wird durch euer Beten Meiner Kreuzzuggebete sein, dass Ich sie retten kann.

Geht, Meine geliebten Anhänger, und wisst, dass ihr in Meinem Herzen seid und Ich in dem Euren Bin.

Euer Jesus

846. Ich sehne Mich nach ihnen. Ohne sie fehlt Mir etwas.

Sonntag, 14. Juli 2013, 23:50 Uhr

Meine innig geliebte Tochter, wenn Ich dir das Geschenk gebe, überall, wohin du gehst, Gottes Kinder mit den Augen Gottes zu sehen, dann hat das einen Grund.

Jedes Mal, wenn du ein kleines Kind siehst und Meine Liebe durch deine Adern wogen fühlst, ist dies Meine Liebe für diese Kinder. Wenn du einen Teenager mit seinen Freunden gehen und lachen siehst, und wenn du ein Wogen mütterlicher Liebe für diesen Teenager fühlst, dann wisse, dass dies die Liebe Gottes ist, die du fühlst. Wenn du ältere Menschen siehst und immer noch diese Liebe fühlst, ist dies wiederum Meine Liebe, die du fühlst.

Wenn du auf jene Seelen schaust, die anderen durch ihre Bosheit schrecklichen Kummer bereiten, und du Mitleid mit ihnen empfindest, wisse auch dann, dass dies Meine Liebe ist, die dich durchströmt. Wisse, dass diejenigen, die sich Mir in jeder Hinsicht widersetzen, Mich immer noch mit Liebe für sie erfüllen, denn wie könnte Ich sie ablehnen? Sie sind Mein. Ich liebe sie. Ich weine um sie. Ich verzehre Mich nach ihnen. Ich Bin krank vor Sorge um sie. Wie sie Mir doch so schrecklichen Schmerz bereiten, aber Ich werde für diese unglücklichen Seelen gegen den Teufel kämpfen bis zum allerletzten Atemzug, den sie auf dieser Erde tun.

Was von Meinem Vater an Leben gegeben ist, ist Seines. Was Sein ist, ist Mein. Ich starb für sie, obwohl sie Mich verflucht haben. Sie tun es immer noch. Ich sehne Mich nach ihnen. Ohne sie fehlt Mir etwas. Aus diesem Grunde würde Ich mit Freude wieder und wieder durch Meine Kreuzigung gehen, wenn Ich sie dafür in Meine Arme ziehen könnte.

Wie kann Ich ruhen, Meine Tochter, ohne die Süße ihrer Bekehrung? Aber sie müssen aus ihrem eigenen freien Willen zu Mir kommen. Ich kann sie mit Meiner Liebe und Meinen Gnaden bedecken. Ich kann ihre Seelen mit jeder Gnade überfluten, aber um solche Geschenke anzunehmen, müssen sie sich Meinem Heiligen Willen beugen und sich Mir hingeben. Ich kann Meine Göttlichkeit nicht dazu gebrauchen, um ihnen Meinen Willen aufzuzwingen, aber was Ich — aufgrund der Großzügigkeit Meines Vaters — tun kann, ist, dass Ich Meine auserwählten Seelen nehme und sie bitte, Meinen Schmerz zu übernehmen, als Ausgleich für diese Seelen. Dieses wunderbare Eingreifen wird eine der Möglichkeiten sein, womit Ich den Großteil der Menschheit retten werde.

Bete, Meine geliebte Tochter, zu Mir, deinem Jesus, um die Stärke, Mir mehr Leiden zu geben. Wenn du dieser besonderen Bitte entsprichst, verspreche Ich dir hoch und heilig, dass Ich zehn Millionen Seelen mehr retten werde. Hab keine Angst. Du wirst stark sein und du wirst dies dieses Mal mit Freude in deinem Herzen tun.

Gehe, Meine Tochter, entsprich Meiner Bitte. Fürchte dich nicht davor, denn du wirst Mir die größte Freude bringen, wenn du Mir diese neuen Prüfungen übergibst. Ich werde es sein, Der den Schmerz ertragen wird, nicht du. Dein Schmerz wird kurz sein, aber dadurch dass du ihn annimmst, kann Ich Meinem sehnlichen Wunsch nachkommen, Meine armen Kinder, die von Mir getrennt sind, zu retten.

Danke, dass du Meinem Ruf folgst. Öffne dein Herz für Meine Bitte und Ich werde dir jeden Schritt des Weges helfen. Für dich wird dies lediglich eine weitere Prüfung sein und bald problemlos vergessen sein. Für Mich bedeutet es, dass Seelen, die sonst in die Hölle gegangen wären, in Meinem Königreich Mein sein werden.

Euer Jesus

847. An die Priester: Der Tag, an dem ihr aufgefordert werdet, Meine Gottheit zu leugnen, ist nicht fern.

Montag, 15. Juli 2013, 17:52 Uhr

Meine innig geliebte Tochter, Ich muss Meine Hände nach Meinen Priestern ausstrecken, die jetzt zu erkennen beginnen, dass Ich in dieser Zeit durch diese Botschaften zur Welt spreche.

Ihr müsst vorsichtig sein. Ihr müsst an den Regeln Meiner Kirche auf Erden festhalten, denn die bleiben so, wie sie immer waren, und ändern sich nicht. Fühlt euch nicht entmutigt, denn ihr seid mit der Gabe des Heiligen Geistes bereichert worden. Wenn ihr aufgefordert werdet, Mich zu verleugnen, wird es in einer subtilen, aber todbringenden Weise erfolgen. Ihr werdet aufgefordert werden, euch die Lehren aller Religionen außerhalb des Christentums zu eigen zu machen. Euch wird erzählt werden, dass dies zum Wohle aller sei und dass dieser neue Ansatz, in dem alles inbegriffen ist, ein Mittel zum Zweck sei, wo die Menschheit endlich — mit friedlichen Mitteln — vereint werden könne.

Alle anderen Religionen, Glaubensrichtungen, religiösen Überzeugungen und Lehren, die Meinen Vater ehren, die aber Mich, Jesus Christus, nicht anerkennen, werden unter die Fittiche des Gegenpapstes genommen werden. Man wird euch durch die Macht des Tieres — ganz so, wie es seine Art ist — nahe legen, eure Mitbrüder und Mitschwestern zu umarmen. Alle Religionen, die Gott ehren, — so wird man euch erzählen — seien in den Augen Gottes als ein Ganzes vereint. Wenn ihr widersprecht, dann werdet ihr ausgeschimpft werden. Wenn ihr erklärt, dass der einzige Weg zu Gott, Meinem geliebten Vater, durch Jesus Christus führe, so wird euch Folgendes gesagt werden:

„Du verstehst nicht, dass Gott alle Seine Kinder liebt, und deshalb, weil du keine Liebe und kein Erbarmen für Seine Kirche zeigst, indem du diese deine Brüder und Schwestern — mitsamt ihren Religionen — nicht umarmst, bist du ein Heuchler."

Wisst jetzt Folgendes: Wenn ihr akzeptiert, dass alle Religionen als eine einzige Religion angenommen werden müssen — dass ihr zur Seite treten müsst, um diesen Glaubensbekenntnissen, die den Menschensohn nicht anerkennen, Respekt zu zeigen —, wenn ihr das akzeptiert, dann macht ihr euch einer schrecklichen Sünde schuldig. Ihr werdet dabei Mich verleugnen.

An diejenigen, die möglicherweise auf diesen Betrug hereinfallen, wisst, dass andere Zeichen auftauchen werden, die auf eine Sache hinweisen: Meine Gottheit wird nicht mehr verkündet werden.

Eure Kirchen werden neue Kreuze auftauchen sehen, in denen der Kopf des Tieres eingebettet sein wird; eure Altäre werden verändert werden und werden Mir zum Hohn gereichen. Jedes Mal, wenn ihr neue und ungewöhnliche Symbole in Meiner Kirche seht, schaut genau hin, denn das Tier ist arrogant und er (Satan) stellt offen seine Bosheit zu Schau, indem er offen Zeichen zeigt, die ihn ehren.

Diejenigen von euch, die diesem Betrug gegenüber nicht wachsam sind, werden sich in Praktiken hineingezogen finden, die nicht Mich ehren. Diese werden die wahre Absicht verschleiern, nämlich Satan und seinen bösen Geistern Ehre zu erweisen.

Die Zeichen haben begonnen. Die Aktionen, von denen Ich spreche, stehen noch bevor, aber der Tag, an dem ihr aufgefordert werdet, Meine Gottheit zu leugnen, ist nicht fern. Ihr müsst eure Augen offen halten, denn diejenigen, die sagen, sie kämen in Meinem Namen, die aber stattdessen das Tier ehren, die haben bereits ihre Flügel ausgebreitet. Sie herrschen in eurer Mitte, aber so viele von euch können den Gräuel noch nicht erkennen. Wenn ihr Mich aber liebt, werde Ich euch die Gnaden gewähren, die Wahrheit zu erkennen, denn Ich werde euch niemals im Stich lassen. Die Zeit ist nahe, und ihr müsst euch vorbereiten, denn die Finsternis wird sich bald herabsenken. Diejenigen von euch, die mit dem Licht Gottes gesegnet sind, werden durch die Hände Meiner Feinde leiden.

Prägt euch folgende Worte ein, betet sie, und Ich werde euch — durch die Gabe des Heiligen Geistes — die Wahrheit offenbaren:

Kreuzzuggebet (114) „Für Priester, um das Geschenk der Wahrheit zu empfangen"

„Mein Herr, öffne mir die Augen.

Erlaube mir, den Feind zu erkennen, und verschließe mein Herz gegen Betrug.

Ich übergebe alles Dir, lieber Jesus.

Ich vertraue auf Deine Barmherzigkeit. Amen."

Euer Jesus

848. Ihr könnt Mir nicht wirklich nachfolgen, ohne den Schmerz des Kreuzes zu tragen. Mittwoch 17. Juli 2013, 11:40 Uhr

Meine innig geliebte Tochter, wie erheben Mich doch in dieser Zeit die Gebete aller Meiner geliebten Anhänger. Ich Bin gegenwärtig in ihren Herzen und ihren Seelen, und ihre Seelen sind begünstigt. Ich muss sie bitten, den Spott zu erdulden, auf den sie stoßen werden, weil sie Meinem Weg folgen und wegen Meines Kreuzes, das sie tragen, denn zu gegebener Zeit werden sie verstehen, warum das so sein muss.

Ihr könnt Mir nicht wirklich folgen, ohne den Schmerz des Kreuzes zu tragen. Wenn ihr Mich liebt, dann ist in eurer Seele ein Licht anwesend. Dieses reine Licht ist wie ein Magnet, weil es das Schlechteste in anderen Menschen anzieht. Seelen, die es gut meinen, werden oft vom Geist des Bösen angefallen, um jemanden anderen, der der Wahrheit Meiner Lehren folgt, zu verletzen.

Wenn ihr euch öffentlich für die Wahrheit Gottes ausssprecht, dann werdet ihr von denen gehasst werden, die Gott nicht lieben. Wenn ihr Mir folgt, selbst im Stillen, dann ertragt ihr den gleichen Schmerz. Dieser Schmerz wird verursacht von Menschen — für gewöhnlich von solchen, die ihr mögt und respektiert —, die euch angreifen, weil ihr Mich liebt und Meinen Lehren treu seid.

Die Zeit ist für euch gekommen, hinauszugehen und von Meinen Botschaften zu sprechen. Priester allerdings werden dies schwer finden, da sie gegenüber ihren Vorgesetzten gehorsam bleiben müssen. Viele in Meiner Kirche werden Angst haben, von Meinen Botschaften Zeugnis abzulegen, aber dies bedeutet nicht, dass sie die Wahrheit Meines Heiligen Wortes nicht verteidigen können. Das Wort, das Meinen Aposteln gegeben wurde, lebt fort, obwohl viele versuchen, es abzuwürgen. Ihr werdet bemerken, wie wenig Ich in der Öffentlichkeit verehrt werde — so gut wie gar nicht.

Meine Lehren spielen in eurer Gesellschaft keine wichtige Rolle mehr. Ihr müsst darauf bestehen — welcher Christlichen Kirche auch immer ihr angehört —, dass Meine Diener nicht vergessen, Meinen Namen zu nennen, wenn sie auf das Gute verweisen, denn das Gute kann nicht von einem Stein kommen. Das Gute kann nur von Gott kommen.

Euer Jesus

849. Mutter der Erlösung: Die Medaille der Erlösung bietet das Geschenk der Bekehrung.

Donnerstag, 18. Juli 2013, 19:14 Uhr

Mein Kind, Ich wünsche, dass es bekannt gemacht wird, dass Ich von nun an mit dem letzten Titel, der Mir von Meinem Sohn verliehen worden ist, auf Erden anzusprechen bin. In dieser Letzten Mission bin Ich jederzeit als die Mutter der Erlösung zu bezeichnen.

Ein Bildnis von Mir muss geschaffen werden und eine Medaille geprägt werden, wo auf der einen Seite Ich abgebildet bin mit der Sonne hinter Meinem Kopf und mit zwölf Sternen — eingewoben in eine Dornenkrone — auf Meinem Kopf. Auf der Rückseite der Medaille wünsche Ich die Darstellung des Heiligsten Herzens Meines Sohnes mit den Zwei Schwertern der Erlösung, unbedingt gekreuzt, auf jeder Seite.

Die Schwerter der Erlösung werden einen doppelten Zweck haben. Das erste Schwert wird das Tier erschlagen — und Mir ist die Macht gegeben, dies am Letzten Tag zu tun. Das andere Schwert wird die Herzen der verhärtetsten Sünder durchbohren und wird das Schwert sein, wodurch deren Seelen gerettet werden.

Diese Medaillen müssen in großer Menge zur Verfügung gestellt werden, und dann, wenn sie sich in den Händen derjenigen befinden, die sie haben wollen, müssen sie von einem Priester gesegnet werden und anschließend kostenlos an andere weitergegeben werden. Die Medaille der Erlösung bietet das Geschenk der Bekehrung und Erlösung.

All diejenigen, die die Medaille der Erlösung empfangen, müssen dieses Kreuzzuggebet (115) „Um das Geschenk der Bekehrung" beten:

„O Mutter der Erlösung, bedecke meine Seele mit Deinen Tränen der Erlösung.

Befreie mich von Zweifeln.

Erhebe mein Herz, sodass ich die Gegenwart Deines Sohnes fühlen werde.

Bring mir Frieden und Trost.

Bete, auf dass ich wahrhaft bekehrt werde.

Hilf mir, die Wahrheit anzunehmen, und öffne mein Herz für den Empfang der Barmherzigkeit Deines Sohnes, Jesus Christus.

Amen."

Mein Kind, bitte lass diese Medaille entwerfen und prägen. Ich werde dich jeden Schritt des Weges begleiten, und dann musst du sicherstellen, dass sie weltweit zu bekommen sein wird.

Geh in Frieden, um Meinem Sohn zu dienen.

Eure Mutter

Mutter der Erlösung

850. Der letzte Prophet ist jetzt gesandt, daher lehnt bitte dieses Geschenk nicht ab.

Freitag, 19. Juli 2013, 15:00 Uhr

Meine innig geliebte Tochter, wenn du dir aufgrund dieser Mission Sorgen machst und dich ungeliebt fühlst, dann musst du wissen, dass der Heilige Geist dich immer stark halten wird. Du wirst niemals Irrtümer verkünden können, da dies von Meinem geliebten Vater nicht erlaubt wird. Du bist die Prophetin der Endzeit, und da Ich weiß, dass dich dies ängstigt, wisse Folgendes:

Ich gewähre der Welt — durch die Liebe Meines Vaters — große Barmherzigkeit. Der letzte Prophet ist jetzt gesandt, daher lehnt bitte dieses Geschenk nicht ab, denn es ist der Wunsch Meines Vaters, alle Seine Kinder zu ergreifen und sie vor dem Bösen in der Welt zu schützen. Dies ist das Geschenk, um euch endgültig Erlösung von einer schrecklichen Strafe zu bringen.

Lehnt dieses Geschenk der Prophetie nicht ab, das letzte Einschreiten vonseiten des Himmels, um euch vor Unheil zu bewahren.

Diejenigen, die Meinen Vater nicht ehren und die heidnische Götter anbeten: Eure Länder werden vom Angesicht der Erde ausradiert werden, wenn ihr euch nicht dem Einen Wahren Gott zuwendet. Ihr, die ihr falsche Götter anbetet, die euch eine glanzvolle Zukunft versprechen und die an eure Eitelkeit appellieren, ihr werdet vertrieben werden, weg von Mir, und ihr werdet in einem endlosen Vakuum ertrinken — einem Abgrund, aus dem ihr niemals mehr zurückkehren werdet.

Hört jetzt zu, ihr alle. Vom Himmel her rufe Ich zur Menschheit. Meine Prophetin wird einfach tun, was Ich ihr sage. Sie gehorcht Mir, dem Sohn Gottes, dem Menschensohn, wie vorausgesagt. Sie hat keine (eigene) Stimme. Ihre Worte sind Meine Worte. Ihr Gehorsam — dem Befehl Gottes Folge leistend — ist entscheidend. Ihr Gehorsam bedeutet, dass es ihr nicht erlaubt ist, ihren Mund zu öffnen, um das Wort Gottes zu verteidigen.

Alle vorhergesagten Geschehnisse werden schnell eintreffen. Ignoriert diese Warnung vom Himmel — und ihr werdet mehr leiden als notwendig ist. Diffamiert diese Worte aus dem Himmel — und ihr werdet in all eurer Schande der ganzen Welt vorgeführt werden, dafür, dass ihr Mich verfolgt.

Mein Wort ist wahr. Mein Wort ist konkret. Mein Wort wird gegeben, um euch zu beschützen und vor dem Tier (Satan) zu retten, der mit seiner Verseuchung euer Leben vernichtet. Bitte seid stark und lauft weg von den bösen Lügen, die er euch erzählt. Wenn euer Herz schwer ist, kommt zu Mir, und Ich werde es leicht machen. Wenn euer Herz traurig ist, Ich werde euch umhüllen und euch Frieden bringen, so dass der Tod euch nie wieder Angst machen wird.

Wenn ihr voller Wut seid, die übergeht in Hass gegen diese Botschaften, dann wisst, dass ihr vom König der Lügen attackiert seid. Ihr werdet in eurem Herzen wissen, dass, wenn diese Botschaften euch Schmerz und Leid bereiten, dass diese von Mir kommen.

Euer Jesus

851. Sein Plan ist es, Seelen in ein Netz von Täuschung zu locken, indem er an ihren Herzen zerrt.

Freitag, 19. Juli 2013, 20:54 Uhr

Meine innig geliebte Tochter, Ich möchte euch über die Restarmee informieren. Die Restarmee ist in dieser Zeit auf der ganzen Welt am Wachsen. Viele, die von diesen Botschaften nichts wissen, sammeln sich bereits, da der Kern Meiner Kirche auf Erden in Gefahr ist, zerfressen zu werden.

Viele kennen die Wahrheit und können die Versuche erkennen, die gemacht werden, Mein Höchstheiliges Wort zu verwässern. All jene, die durch das Licht des Heiligen Geistes auserwählt sind, werden den Geist des Bösen erkennen, wie er Meine Kirche verschlingt. Der Geist des Bösen kommt gekleidet mit einer Fassade der Demut. Sein Plan ist es, Seelen in ein Netz von Täuschung zu locken, indem er an ihren Herzen zerrt.

Denkt daran, der Plan Satans ist es, Seelen zu stehlen. Wisst daher, an welche Seelen er sich zuerst ranmacht, um sie zu umgarnen. Er wird immer versuchen, diejenigen zu vernichten, die Mich lieben. Er wird jene nicht beachten, die er bereits verseucht hat, denn die hat er bereits vernichtet.

Glaubt niemals, dass sich das Böse auf die offensichtlichste Weise zeigt. Dieser Geist des Bösen wird Seelen locken, indem er eine bescheidene, sanfte und fürsorgliche Fassade zeigt, denn wie sonst könnten gute Seelen von Lügen überzeugt werden?

Ich Bin der Erlöser der Menschheit und Ich greife jetzt ein, um euch die Wahrheit zu bringen. Nichts wird Mich aufhalten, aber jeder erdenkliche böse Akt wird dieser Mission zur Rettung der Welt vor der Trostlosigkeit zugefügt werden.

Genauso, wie ihr, Meine geliebten Anhänger, vorwärts schreitet, werdet ihr von denen zurückgezogen werden, die glauben, dass ihr gegen das Wort Gottes lästert. Dann, wenn ihr euch schweigend zurückzieht und nicht in die dämonischen Fallen tappt, die sie aufstellen werden, um euch anzuspornen, Mein Wort zu verteidigen, werden sie euch verspotten.

Die Meiner Restarmee gegebenen Gnaden werden unaufdringlich, aber machtvoll sein, und mit der Hilfe der Mutter der Erlösung werden sie das Tier und seine Kohorten erledigen.

Die Schlacht um Seelen wird nicht angenehm sein, denn täuscht euch nicht, das wahre Gesicht der Feinde Gottes, die sagen, sie kämen in Seinem Namen, wird sich mit der Zeit, als das, was es ist, entpuppen.

Betrüblicherweise für viele werden sie für die Wahrheit blind gemacht sein, und dann werden sie schon an satanischen Ritualen teilnehmen, von denen sie keine Kenntnis haben werden, so sorgfältig getarnt werden diese sein.

Meine Stimme wird brüllen und brüllen mitten unter euch, denn Ich werde niemals in Meinem Plan, euch das Ewige Leben zu bringen, Halt machen. Kein — und sei es noch so viel — menschliches Argumentieren, das in der Verurteilung Meines Heiligen Wortes durch diese Botschaften resultiert, kann die Macht Gottes mindern.

Euer Hass auf Mich wird zunehmen, und die Wut, die eure Seelen verschlingen wird, kommt von Satan, aber ihr werdet glauben, dass sie von Gott käme. Wie könnt ihr so blind sein? Von welcher Fäulnis seid ihr befallen, die euch dazu bringt, andere zu verletzen zu versuchen? Betet, dass ihr euren Nächsten Mir nicht entfremdet. Betet, dass ihr die Wahrheit sucht, bevor der Teufel eure Seelen besitzt. Er ist sehr mächtig, und diejenigen, deren Seelen durch die Sünde des Stolzes geschwächt sind, werden bereitwillige Gefäße werden, in welchen Satan und seine gefallenen Engel residieren werden.

Wacht auf, ihr alle. Die Zeit, das Buch der Wahrheit zu öffnen, ist gekommen. Ihr müsst nicht nur die Seiten aufschlagen, ihr müsst auch eure Herzen öffnen.

Euer Jesus

852. Mutter der Erlösung: Die Entwicklungen in Rom werden dazu führen, dass viele irregeleitet werden.

Samstag, 20. Juli 2013, 12:45 Uhr

Mein Kind, während das Chaos innerhalb des christlichen Glaubens zunimmt, wird es immer noch diejenigen geben, die Meinem Sohn treu sein werden und die aufgrund ihrer Glaubensstärke über das Heilige Wort Gottes wachen und es beschützen werden.

Die Entwicklungen in Rom werden dazu führen, dass viele irregeleitet werden und viele sich ohne eigene Absicht von Meinem Sohn, Jesus Christus, abwenden werden. Sie werden dem Irrtum verfallen, weil sie neue Lehren akzeptieren werden, die nicht von Gott kommen. Betet, betet, betet für jene innerhalb der christlichen Kirchen, die in die Falle tappen werden, Lügen zu akzeptieren, die ihnen im Deckmantel jener vermittelt werden, die behaupten, von Meinem Sohn dazu auserwählt worden zu sein, Sein Wort zu verkünden.

All diese Dinge sind seit Jahrhunderten Visionären vorausgesagt worden, und doch weigern sich viele von euch, diese Prophezeiungen anzunehmen. Ich habe die Menschheit vor diesen kommenden dunklen Tagen gewarnt, weil Mein Sohn möchte, dass ihr auf der Hut seid vor den gefallenen Engeln, die Seine Kirche auf Erden heimsuchen werden. Meine Tränen fallen in großen Strömen, weil so viele gottgeweihte Diener innerhalb der Kirche Meine Erscheinungen leugnen. Diese Erscheinungen sind von Gott zugelassen worden, um die Menschheit auf die Gefahren hinzuweisen, die den Seelen drohen, wenn ihnen nicht die Wahrheit im Voraus mitgeteilt würde.

Die Prophetien, die euch in La Salette und Fatima gegeben wurden, sind von großer Bedeutung. Warum ignorieren so viele, die behaupten, Mich, ihre Mutter, zu lieben, das, was Ich der Welt gesagt habe? Ihr habt nicht zugehört und ihr habt euch täuschen lassen.

Es ist Zeit, sich daran zu erinnern, dass die Finsternis, die die Kirche Meines Sohnes auf Erden umhüllt, vom Teufel verursacht ist, der viele irregeführt hat. Diese Finsternis kann nicht von Meinem Sohn kommen, und von daher bleibt Sein Mystischer Leib — Seine Kirche — intakt. Diejenigen, die Seinem Mystischen Leib treu bleiben, werden nicht von der Wahrheit abweichen. Diejenigen, die die Kirche Meines Sohnes verraten und Seine Lehren ablehnen, indem sie neue Praktiken annehmen, die für Jesus Christus eine Beleidigung sind, schneiden sich selbst von Seiner Barmherzigkeit ab.

Ihr müsst wissen, dass ihr dann, wenn das Kreuz Meines Sohnes abgeändert wird, damit es ein anderes Aussehen bekommt, und dann, wenn die Art und Weise, in der das Messopfer im Namen des Modernseins angepasst wird, dass ihr dann die Respektlosigkeit gegenüber Meinem Sohn erkennen

werdet, in der Art und Weise, wie diese Dinge präsentiert werden.

Ihr dürft Meinen Sohn niemals verraten. Er hat so viel gelitten, und immer noch werden einige von jenen in Seiner eigenen Kirche dem Irrtum verfallen und Ihn von neuem kreuzigen. Wenn ihr diese Geschehnisse seht, dann werdet ihr wissen, dass sich die Zeiten ändern und dass die letzte Schlacht zwischen Gott und dem Tier im Gange ist.

Eure geliebte Mutter
Mutter der Erlösung

853. Sie bereiten den Antichristen jetzt für seinen großen Auftritt vor.

Sonntag, 21. Juli 2013, 18:05 Uhr

Meine innig geliebte Tochter, Ich habe eine wichtige Botschaft für die Welt, einschließlich derjenigen, die an Mich glauben, derjenigen, die dies nicht tun, derjenigen, die vielleicht nicht an Meinen Vater glauben, sowie derjenigen, die nicht akzeptieren, dass alle Dinge von Mir kommen.

Als sich das Tier gegen Mich verschwor, schuf er (Satan) einen diabolischen Plan für die Endzeit, darauf ausgelegt, die Welt mit der größten Lüge zum Narren zu halten, um die Menschen dann in die Feuer der Hölle mitnehmen zu können.

Wisst, dass Ich der Welt diesen Plan bereits enthüllt habe, aber es gibt ein einziges Geheimnis, das enthüllt werden muss, damit ihr die Wahrheit versteht. Wie bei jeder Schlacht bringt sich der Feind in Stellung, und dies wird in der Regel mit großer Sorgfalt geplant, so dass es im Verborgenen geschieht, damit das Angriffsziel nicht weiß, wo seine Feinde stehen.

In dieser letzten Schlacht um Seelen haben Satan und seine Kohorten Stellung bezogen gegen die zwei Zeugen Gottes. Dies hat viele Jahre gedauert, um es zu arrangieren, aber Gottes Kinder müssen erst mal wissen, wer die beiden Zeugen sind, bevor sie verstehen, wie der Plan konzipiert ist. (*)

Der Feind hat jetzt in Meiner Kirche Stellung bezogen. Er tut dies so, wie der Feind, der im Inneren eines Trojanischen Pferdes versteckt ist. Der Feind — und, haltet euch das vor Augen, es gibt deren viele, und sie alle huldigen dem Tier — hat auch im Nahen Osten Fuß gefasst. Das eigentliche Ziel ist Israel, die Heimat des zweiten Zeugen.

Die zwei Zeugen sind die Christen und das Haus Israel. Das Christentum ist das erste Angriffsziel, weil es von Mir kam. Israel ist das zweite Ziel, weil Ich als Jude geboren wurde und es das Land des auserwählten Volkes Gottes ist — die Heimat Jerusalems.

Es ist kein Zufall, dass Satan diese beiden zerstören will, denn er hasst sie, und dadurch, dass er alle Spuren von ihnen ausradiert, setzt er sein größtes Zeichen: dass er über Gott stehe. Wie diese beiden Zeugen doch im Namen Gottes leiden werden! Sie werden nicht sterben, aber es wird so scheinen, als ob sie allen Lebens beraubt seien.

Die Sakramente werden als erstes zerstört werden — dann die Messe — dann die Bi-

bel und alle Spuren von Gottes Wort. Während dieser Zeit werden viele kämpfen, um das Wort Gottes zu verkünden. Es wird in diesen Zeiten sein, dass Meine Gnaden überall ausgegossen werden, durch die Kraft des Heiligen Geistes, so dass Gott niemals vergessen wird.

Der Antichrist

Sehr bald wird sich der Antichrist bekannt machen, als Mann des Friedens, der den allerehrgeizigsten Friedensplan im Nahen Osten hervorbringen wird.

Sie bereiten den Antichristen jetzt für seinen großen Auftritt vor. Währenddessen geht der teuflische Plan weiter, nämlich die Unschuldigen zu täuschen, indem ihnen in Meinem Namen Lügen gelehrt werden. Für diejenigen von euch, die die Wahrheit nicht annehmen werden: Wisst, dass ihr in diesen Zeiten lebt. Wenn ihr die Wahrheit jetzt nicht annehmen könnt und wenn ihr Mich aber wirklich liebt, dann werde Ich euch die Gnaden der Unterscheidung geben.

So viele können diesen bösen Plan nicht erkennen, der so sorgfältig geheim gehalten ist, der sich aber jetzt vor euren Augen entfaltet, wie vorausgesagt. Die Heilige Schrift lügt niemals. Mein Wort ist die Wahrheit. Die Wahrheit ist eure Rettungsleine zum Heil. Wenn ihr die Lügen annehmt, die euch in Meiner Kirche von denen vermittelt werden, die nicht in Meinem Namen kommen, dann werdet ihr in große Finsternis fallen und ihr werdet von einer solchen Bosheit verschlungen werden, dass ihr — solltet ihr an solchen okkulten Praktiken teilnehmen, die euch in Meinem Namen präsentiert werden — für Mich verloren sein werdet.

Sehr bald, wenn der falsche Friede geschaffen worden sein wird, werden Pläne beginnen, die Juden zu vernichten. Während das Tier über Israel herfällt, wird der falsche Prophet Meine Gegenwart ausrangieren und nicht nur Katholiken täuschen, sondern alle Christen, alle Religionen, um das Tier unter dem Deckmantel der Eine-Welt-Religion zu vergöttern.

Wenn diese Botschaft eure Seelen in Angst und Schrecken versetzt, dann wisst, dass es Meine Absicht ist, nichts vor euch zu verheimlichen, was euch vernichten könnte. Alles, was zählt, ist, dass ihr Meinen Lehren treu bleibt und um Meinen Schutz betet. Wenn ihr euch Mir, eurem Jesus, hingebt und Mich bittet, euch zu führen, wird alles gut sein.

Ich werde euch beschützen — all diejenigen von euch, die nicht von der Wahrheit abweichen.

Euer Jesus

(*) (Offb. 11, 1-14 Die zwei Zeugen.)

1 Nun gab man mir ein Rohr gleich einem Maßstab und sprach: Stehe auf und miss den Tempel Gottes und den Altar und die darin anbeten. 2 Den Vorhof aber außerhalb des Tempels lass aus und miss ihn nicht, denn er ist den Heiden überlassen. Sie werden die heilige Stadt zertreten zweiundvierzig Monate lang. 3 Und ich werde

meinen zwei Zeugen geben, in Bußgewändern zu prophezeien tausendzweihundertsechzig Tage lang. ...

Siehe auch Botschaften 401, 459 und 461

854. Vertraut Mir, und Ich werde euch die Augen öffnen für die Wahrheit eurer herrlichen Zukunft.

Montag, 22. Juli 2013, 19:09 Uhr

Meine innig geliebte Tochter, Ich wende Mich an all die jungen Menschen auf der ganzen Welt, aller Glaubensbekenntnisse und aller Glaubensrichtungen.

Ich Bin Jesus Christus, der Erlöser der Welt, und Ich werde Mich euch bald selbst bekannt machen. Sobald dies geschieht, während eines übernatürlichen Ereignisses, das auf der ganzen Welt zur gleichen Zeit erlebt werden wird, werdet ihr die Wahrheit wissen.

Ihr mögt vielleicht Meinen Ruf an euch jetzt nicht annehmen. Ihr mögt Mich vielleicht in eurem täglichen Leben nicht willkommen heißen, aber wenn ihr Meine Liebe fühlt, dann wird euch nichts anderes mehr wichtig sein. Die Zeit für das Zweite Kommen ist nahe. Dieses Ereignis, wenn Ich komme, um den Frieden zu bringen, und Ich den Beginn des Neuen Paradieses ankündige, wird euch mit einer Freude überwältigen, die ihr noch nie zuvor erlebt habt. Ich werde euch ein Leben bringen, das eure Träume übersteigt, — ein Leben, das, wenn ihr es flüchtig erblickt, alles sein wird, was ihr ersehnt.

Vor dem Zweiten Kommen braucht man keine Angst zu haben, denn es wird das allermächtigste freudvolle Ereignis sein. Dies ist Mein Versprechen. Ihr dürft euch niemals Sorgen machen oder das Gefühl haben, dass das Leben vorbei sei — dass man euch die Zeit vorenthält, die ihr in der Welt als garantiert erachtet — denn das Leben wird dann erst beginnen. Dieses Mal wird es weder Qual, Schmerz, Wut, Hass noch Trennung geben. Nur Liebe wird erblühen, und mit ihr ein Leben in Herrlichkeit, wo ihr in großer Eintracht leben werdet, in Liebe und Frieden mit euren Lieben.

Ich bereite die Welt jetzt auf dieses große Ereignis vor, das prophezeit worden ist. Um euch vorzubereiten — damit die Welt sich innerhalb eines Augenblickes für immer verändern wird —, müsst ihr zu Mir kommen. Damit euch dieses Leben im Neuen Paradies geschenkt wird, wo ihr einen vollkommenen Körper und eine makellose Seele erhalten werdet, müsst ihr Mich bitten, eure Seele zu reinigen. Damit Ich dies tue, müsst ihr Mich bitten, euch eure Sünden zu vergeben. So einfach ist das. Ich weiß, dass ihr Sünder seid. Ihr wisst, dass ihr Sünder seid, aber dies darf euch niemals von Mir trennen.

Wenn ihr Sorgen habt oder voller Angst seid, dann erzählt Mir, was euch bedrückt, und Ich werde euren Schmerz lindern. Vertraut Mir, und Ich werde euch die Augen öffnen für die Wahrheit eurer herrlichen Zukunft. Wenn die Erde erneuert ist und das Zweite Kommen angekündigt ist, dann werde Ich warten, um euch zu begrüßen. Ich werde euch immer lieben, denn für euch gab Ich Meinen Leib hin, als Ich zuließ, dass sie Mich kreuzigten. Wenn Ich euch so sehr liebe, dann sollte euch nichts im Wege stehen, Mich heute noch anzurufen.

Ich warte auf euren Ruf.

Euer Jesus

855. Mutter der Erlösung: Das letzte Geheimnis von Fatima ist nicht offenbart worden, so beängstigend war es.

Montag, 22. Juli 2013, 20:17 Uhr

Mein Kind, die Täuschung, welcher die Welt ausgesetzt sein wird, wird so schwer zu erkennen sein, dass nur diejenigen, die sich Gott hingeben und all ihr Vertrauen auf Meinen Sohn setzen, in der Lage sein werden, die vor euch liegenden Prüfungen zu ertragen.

Ich gab der Welt die Prophezeiungen im Jahre 1917, aber das letzte Geheimnis von Fatima wurde nicht enthüllt, so beängstigend war es für jene in der katholischen Kirche.

Das letzte Geheimnis von Fatima bleibt Gottes Kindern noch immer unbekannt, obwohl euch ein Teil davon am 26. Januar 2012 offenbart worden ist. (*) Nur sehr wenige in der Kirche sind darin eingeweiht. Jetzt muss der nächste Teil des letzten Geheimnisses von Fatima enthüllt werden, damit Ich die Menschheit vor den Konsequenzen warnen kann, wenn sie Mein Eingreifen, um Seelen retten zu helfen, ignorieren.

Die Kirche ist von Feinden Gottes — aus ihrem Inneren heraus — verseucht worden. Sie — und es gibt zwanzig von ihnen, die von innen heraus steuern — haben die größte Täuschung geschaffen. Sie haben einen Mann gewählt, der nicht von Gott ist, während der Heilige Vater, dem die Krone des Petrus verliehen ist, sorgsam entfernt worden ist.

Die Details, die Ich offenbart habe, sind, dass es zwei Männer geben werde, die in der Endzeit die Krone des Petrus tragen. Einer wird leiden wegen der Lügen, die in Umlauf gebracht worden sind, um ihn zu diskreditieren, und die aus ihm praktisch einen Gefangenen machen werden. Der Andere, der gewählt wurde, wird die Zerstörung herbeiführen, nicht nur der katholischen Kirche, sondern aller Kirchen, die Meinen Vater ehren und die die Lehren Meines Sohnes, Jesu Christi, des Erlösers der Welt, anerkennen.

Es kann nur ein einziges Oberhaupt der Kirche auf Erden geben, einen Papst, autorisiert von Meinem Sohn, der bis zu seinem Tode Papst bleiben muss. Jeder andere, der darauf Anspruch erhebt, auf dem Stuhl Petri zu sitzen, ist ein Betrüger. Diese Täuschung hat ein bestimmtes Ziel, nämlich Seelen dem Luzifer zu übergeben, und es gibt wenig Zeit für solche Seelen, die nichts von dieser Täuschung mitbekommen, gerettet zu werden.

Kinder, ihr müsst jetzt eine Warnung dringend beherzigen: Weicht nicht von den Lehren Meines Sohnes ab. Stellt jede neue Lehre in Frage, die euch möglicherweise präsentiert wird und die angeblich von der Kirche Meines Sohnes kommt. Die Wahrheit ist einfach. Sie ändert sich nie. Das Vermächtnis Meines Sohnes ist sehr klar. Lasst euch von niemandem euer Urteilsvermögen vernebeln.

Bald werden die Prophezeiungen von Fatima Sinn machen. Alles trifft jetzt vor den Augen einer ungläubigen Welt ein, aber leider werden nur sehr wenige verstehen, bis es zu spät sein wird. Betet, betet, betet Meinen Hochheiligen Rosenkranz, so oft wie möglich jeden einzelnen Tag, um die Auswirkung des Bösen, das euch umgibt, abzuschwächen.

Eure geliebte Mutter
Mutter der Erlösung

(*) 324. Das Letzte Geheimnis von Fatima offenbart die Wahrheit dessen, dass Satans böse Sekte in den Vatikan eingezogen ist. Donnerstag, 26. Januar 2012, 21:40 Uhr

856. Ich enthülle die im Buch der Offenbarung enthaltenen Geheimnisse, und diese werden nicht angenehm sein.

Dienstag, 23. Juli 2013, 15:30 Uhr

Meine innig geliebte Tochter, die Prüfungen, die auf dich zukommen, kommen zustande, weil Ich die im Buch der Offenbarung enthaltenen Geheimnisse enthülle, und diese werden nicht angenehm sein. Die Wahrheit kann für viele so empörend und erschütternd sein. Die Wahrheit wird Tränen der Bestürzung hervorrufen, Tränen der Traurigkeit und großer Verzweiflung.

Lügen andererseits können euch in einem Gefühl falscher Sicherheit wiegen. Selbst wenn die euch präsentierten Lügen, aufgemacht in liebevoller Sprache und edlen Gesten, sich in euren Herzen als nicht richtig anfühlen, können sie von Menschen leichter angenommen werden als die Wahrheit.

Wenn jemandem gesagt wird, dass die Menschen sich mit einer tödlichen Krankheit infiziert hätten, dann haben sie zwei Möglichkeiten. Sie können die Wahrheit annehmen, ihre Seelen vorbereiten, Zeit in nächster Nähe ihrer Familien verbringen, Meine Vergebung suchen und dann auf den Tag warten. Wenn sie dies tun, obwohl es beängstigend sein mag, werden sie — weil sie die Wahrheit akzeptiert haben — in ihren Seelen wahren Frieden finden. Diese Seelen werden von Mir nichts zu befürchten haben. Wenn sie andererseits die Wahrheit ablehnen und an Zaubertränke und falsche Götter glauben, von denen sie meinen, dass sie angewendet werden können, um auf wundersame Weise geheilt zu werden, dann werden sie sehr enttäuscht sein. Diese Seelen, vom sogenannten positiven Denken verblendet, glauben, dass dann, wenn sie eine Besserung durch eigene Willenskraft erzwingen, alles in Ordnung sein werde. Was sie nicht verstehen können, ist, dass sie Mich, Jesus, anrufen müssen, wenn sie geheilt werden wollen. Ich werde Gebete erhören, aber nur, wenn das Anliegen dem Wohle ihrer Seelen dient. Diese Seelen, die sich weigern, die Wahrheit über ihre Krankheit anzuerkennen und sich Mir nicht zuwenden, werden verloren sein. Sie werden die Zeit vergeudet haben, die ihnen auf Erden geschenkt ist, um dafür zu sorgen, dass ihr Haus in Ordnung ist.

Das gleiche gilt für Mein Wort, das euch jetzt geschenkt wird, die Wahrheit. Ich schenkte der Welt die Wahrheit, während Meiner Zeit auf Erden, und Ich wurde abgelehnt. Viele sind Mir gefolgt, aber die Wahrheit, die ihnen zur damaligen Zeit geschenkt wurde, wird jetzt von den Feinden Gottes angefochten werden, und sie werden einem Betrug zum Opfer fallen. Sie werden bald die Wahrheit ablehnen und werden nicht in der Lage sein, Meine Warnung, die der Welt in dieser Zeit gegeben wird, anzunehmen.

Ich rufe euch jetzt auf, keine neuen Lehren für euch auszumachen, denn dies ist nicht notwendig. Euch wurde die Wahrheit gegeben, aber jetzt greife Ich ein, um euch an die Wahrheit zu erinnern. Ich komme auch, um euch vor den bösen Abscheulichkeiten zu warnen, die man euch aufgrund eurer Liebe zu Mir zufügen wird.

Kehrt Mir, Jesus Christus, nicht den Rücken, während Ich euch in dieser Zeit zu erreichen versuche, einzig, um euch zu schützen. Ich möchte euch nicht befremden, aber Ich werde nicht aufhören, euch an die Wahrheit zu erinnern, immer und immer wieder. Wenn ihr feststellt, dass eure Seele aufgewühlt wird, infolge der neuen Regeln, die jene, die behaupten, von Mir zu sein, präsentieren werden, dann müsst ihr Mich durch dieses Kreuzzuggebet anrufen.

Kreuzzuggebet (116) „Rette mich vor dem Übel der Lügen":

„Lieber Jesus, hilf mir!

Ich bin tränenüberströmt vor Kummer.

Mein Herz ist verwirrt.

Ich weiß nicht, wem ich vertrauen kann.

Bitte erfülle mich mit Deinem Heiligen Geist, damit ich den richtigen Weg zu Deinem Königreich wählen kann.

Hilf mir, lieber Jesus, Deinem Wort, das der Welt von Petrus gegeben worden ist, immer treu zu bleiben und nie von dem abzuweichen, was Du uns gelehrt hast, oder Deinen Tod am Kreuz zu leugnen.

Jesus, Du bist der Weg.

Zeige mir den Weg.

Halte mich fest und trage mich auf Deinem Weg der Großen Barmherzigkeit. Amen."

Euer Jesus

857. Mutter der Erlösung: Wie wenn ein Wunder stattgefunden hätte, wird der falsche Prophet scheinbar vom Tode auferstehen. Donnerstag 25. Juli 2013, 18:52 Uhr

Mein Kind, es ist wichtig, dass Meine Kinder nicht den Mut verlieren, wenn sie mit dem Schmerz konfrontiert sind, dem sie ausgesetzt sein werden, wenn Meine Kirche in die Wildnis der Wüste geworfen werden wird.

Ich bin die Frau im Buch der Offenbarung (des Johannes), mit der Sonne bekleidet, die das Kind gebar. Das Kind ist Jesus. Der mystische Leib Meines Sohnes, Jesus, ist Seine Kirche auf Erden. Die Kirche Meines Sohnes wird zurzeit gestohlen, und bald wird Sein Leib nicht mehr darin gegenwärtig sein. Diese Trostlosigkeit wird die Herzen jener, die den Lehren Meines Sohnes folgen, entzweireißen. Diejenigen, die sich nirgendwo werden hinwenden können, werden sich aus den Gebäuden hinausgeworfen finden, die — bis jetzt — die Heilige Eucharistie beherbergt haben. Während sie jedoch hinausgeworfen worden sein werden, ohne dass ihnen viel Erbarmen gezeigt worden wäre, werden sie mit dem Heiligen Geist erfüllt werden. Dies bedeutet, dass sie geführt sein werden und mit glühendem Eifer die Restarmee anführen werden, die sich aus denen zusammensetzt, die Gott treu sind.

Andere, blind für die Wahrheit, werden dem falschen Propheten in die Verwirrung folgen. Ihre Herzen werden getäuscht sein, und bald, wenn es so aussehen wird, als ob der falsche Prophet an der Schwelle des Todes stünde, werden sie schluchzen. Aber dann, wie wenn ein Wunder stattgefunden hätte, wird der falsche Prophet scheinbar vom Tode auferstehen. Sie werden sagen, dass er vom Himmel mit großen, übernatürlichen Kräften gesegnet sei, und sie werden vor ihm flach auf ihr Angesicht niederfallen und ihn anbeten. Er wird von denen, die nicht sehen können, geliebt und verehrt werden.

Bald wird der Antichrist erscheinen, und sein Aufstieg zum Ruhm wird in Jerusalem beginnen. Sobald er in der Öffentlichkeit auftritt, wird sich in der Kirche Meines Sohnes alles ändern, und zwar schnell. Die neuen Regeln werden eingeführt werden. Neue Reliquien, Änderungen an den Gewändern, die von Priestern getragen werden, und viele neue Vorschriften werden durchgesetzt werden. Zunächst werden die Leute sagen, dass all diese Veränderungen aus dem Bedürfnis, demütig zu sein, herrühren. Und, während diese Abscheulichkeiten in die christlichen Kirchen eingehen, wird die Verfolgung beginnen. Wagt es, diesen satanischen Ritualen zu widersprechen, und ihr werdet als Ketzer — als Unruhestifter — angesehen werden.

Viele Kardinäle, Bischöfe, Priester, Nonnen und gewöhnliche Menschen werden exkommuniziert werden, wenn sie die neuen Regeln nicht befolgen oder den falschen Propheten nicht verehren. In dieser Phase

müsst ihr Zufluchtsorte ausfindig machen, die geschaffen worden sein werden, damit ihr Meinen Sohn, Jesus Christus, in Ruhe anbeten könnt. Priester müssen weiterhin die Sakramente spenden und Meine Kinder mit der Allerheiligsten Eucharistie versorgen.

Ihr dürft niemals der Täuschung erliegen, an der mitzumachen von euch verlangt werden wird. Diejenigen, die mitmachen, werden ihre Seelen an den Teufel verlieren.

Eure geliebte Mutter
Mutter der Erlösung

858. Obwohl sie Angst auslösen werden, sind sie nichts im Vergleich zu der Großen Züchtigung, die kommen wird. Donnerstag 25. Juli 2013, 20:40 Uhr

Meine innig geliebte Tochter, die Hand Meines Vaters hat jetzt in der Welt eingegriffen, als Strafe für die Sünde des Menschen. Die Sünde ist in der Welt eskaliert, weil der Mensch nicht mehr zwischen richtig und falsch unterscheidet. Ihr könnt dem Zorn Meines Vaters nicht entgehen, wenn eure Länder — durch ihre Gesetze — der bösen Sünde applaudieren.

Diese Strafen werden rasant quer durch die Welt geschehen. Obwohl sie Angst auslösen werden, sind sie nichts im Vergleich zu der Großen Züchtigung, die kommen wird. Der Mensch ist eigensinnig. Er lehnt Hilfe ab, wenn sie von Gott angeboten wird. Die Menschheit hat sich entschieden, Gott abzulehnen, und jeder Einzelne von euch hat gelitten, wegen der Heiden unter euch.

Mein Ruf vom Himmel soll an erster Stelle alle Seelen retten, aber er dient auch dazu, dass Ich euch helfen kann, die Strafen, die über die Menschheit hereinbrechen werden, zu mildern. Wie groß ist doch Meine Barmherzigkeit! Wie groß ist doch Meine Geduld! Aber diejenigen, die sich selbst abschneiden von Meinem Vater, ihrem Schöpfer, werden bald die Konsequenzen kennen.

Ich rufe es allen Religionen zu und bitte euch, ob ihr diese Botschaften annehmt oder nicht: Betet um Gnade. Die Gebete sind notwendig, um die Katastrophen zu mildern, die bereits begonnen haben. Betet, betet, betet um euer Leben und für das Heil eurer Seelen.

Euer Jesus

859. Schaut hinter die Maske des Humanismus und ihr werdet keine Spur von Gott finden. Samstag 27. Juli 2013, 19:22 Uhr

Meine innig geliebte Tochter, es ist Mein Wunsch, dass alle Meine teuren Anhänger innig beten, um den Schaden für die Seelen abzuwenden, der entsteht durch die Zunahme des Atheismus. Atheismus deklariert sich nicht immer als solcher. Sehr häufig schaffen sich Menschen, die sich — aus welchem Grund auch immer — entschieden haben, nicht mehr an Gott zu glauben, einen Ersatz.

Aufgrund seines Wesens muss der Mensch nach einem Grund suchen, um seine Existenz zu rechtfertigen. Der Fluch des Humanismus ist es, dass er den Menschen in den Augen der Menschen erhöht. Alles, was getan werden muss, nach Ansicht des Humanisten, ist, es sicherzustellen, dass die Bedürfnisse des Menschen an erster Stelle kommen. Viele Menschen verwechseln Humanismus mit dem Christentum. Wenn man verkündet, wie wichtig die weltlichen Güter im Leben des Menschen seien, koste es was es wolle, um Leid oder Armut zu vermeiden, ist es leicht anzunehmen, dass dies eine Form der Nächstenliebe sei.

Wenn ihr sagt, dass ihr der Armut, der Arbeitslosigkeit und anderem Elend ein Ende machen wollt, werden viele denken, dass ihr im Namen Gottes sprecht. Schaut hinter die Maske des Humanismus und ihr werdet keine Spur von Gott finden noch werdet ihr Seinen Namen erwähnt hören. Diejenigen, die ihr Leben als Humanisten leben, lieben Gott nicht. Sie lieben nur sich selbst. Sie glauben auch, alles, was zähle, sei das Wohlbefinden der Menschheit — in der Regel in Form von weltlichen Dingen — als ein Mittel zum Zweck.

Auch wenn es karitativ aussehen mag, wenn man dabei gesehen wird, wie man sich um die Bedürfnisse der Menschen kümmert, könnt ihr niemals Gott austauschen, indem ihr die Bedürfnisse des Menschen an die erste Stelle setzt. Wenn ihr dies tut, dann beleidigt ihr Gott. Der Humanismus ist, obwohl er alle äußeren Zeichen der Liebe zu Gott hat, nicht das, was er zu sein scheint. Hinter der Maske der Liebe lauert eine Eigenliebe. Der Mensch wird sterben, sein Körper wird zu Staub werden, seine Seele wird weiterleben, dennoch möchte der Humanismus euch glauben lassen, dass der Mensch unvergänglich sei.

Nehmt euch in Acht, wenn ihr euch den Humanismus zu eigen macht, denn wenn ihr das tut, schneidet ihr euch selbst von Mir ab.

Euer Jesus

860. An die anderen Unschuldigen, die dem Tier und dem falschen Propheten blind folgen: Sie werden in eine brutale Bindung eingesperrt sein.

Sonntag, 28. Juli 2013, 21:40 Uhr

Meine innig geliebte Tochter, du darfst niemals an Meinem Wort zweifeln. Du musst, wenn du Mir wirklich vertraust, das tun, was Ich von dir verlange, damit Ich die Menschen in der Welt zu dieser Zeit erleuchten und auf den Neubeginn vorbereiten kann.

Vieles von dem, was mit Meiner Kirche zurzeit passiert, wurde vorhergesagt, aber ihr müsst akzeptieren, dass Mein Vater einen Grund hat, warum er diese Gräuel erlaubt. Dies ist das endgültige Ende der Herrschaft Satans. Er hat, in seinem Namen, ein Tier großgezogen, und dieser Antichrist ist der Geist von Satan persönlich. Ihm und seinen Anhängern ist nur sehr wenig Zeit gegeben in der großen Schlacht um Seelen.

Satans Rache ist es, so viele Seelen zu stehlen, wie er kann, bevor er angekettet und in den Abgrund geworfen ist. Diejenigen aus seinen Kohorten, die die Schlange vergöttern, folgen seinen Anweisungen einzig aufgrund der Macht, die sie, wie er ihnen erzählt, bekommen würden, wenn sie ihm helfen, seinen teuflischen Plan zu vollenden. Wie diese armen Seelen doch in alle Ewigkeit leiden werden und wie sie um Meine Barmherzigkeit schreien werden, wenn ihnen die schreckliche Erkenntnis ihres Schicksals klar wird!

An die anderen Unschuldigen, die dem Tier und dem falschen Propheten blind folgen: Sie werden in eine brutale Bindung eingesperrt sein, aus der sie nicht ausbrechen können. Sie brauchen dringend eure Hilfe. Ihr müsst innig für ihre Seelen beten, damit sie freigelassen und Mir zurückgegeben werden. Nach außen hin werden sie zunächst nicht viel Alarmierendes sehen. Die Kriege im Nahen Osten und der anschließende Friede werden unter Beifall begrüßt werden.

Der Mann des Friedens wird viele Auszeichnungen erhalten in Anerkennung seiner humanitären Werke. Den falschen Propheten wird man die Kirchen der Welt vereinigen sehen und bei jeder Gelegenheit all jene Eigenschaften demonstrieren sehen, die ihr mit einem Heiligen assoziiert.

Alles wird gut sein, bis diese beiden sich (um 180°) drehen und mit aller Macht all diejenigen niederschlagen werden, die sich ihrem Plan, die Welt zu kontrollieren, widersetzen. Sie werden Meine Kirche auf Erden mit dem Nest des Tieres verflechten, bis Finsternis die Erde bedeckt.

Alle werden ein Unbehagen fühlen. Ihr alle werdet das Böse fühlen, während Satan, durch den Antichristen, alles kontrolliert. Aber dann, gerade wenn die Dinge hoffnungslos erscheinen werden, werde Ich hinabsteigen, durch Meine große Barmherzig-keit, um alle zu umhüllen und um der Welt die Wahrheit zu beweisen.

So groß ist Meine Barmherzigkeit, dass Ich die dunkelsten der Seelen erleuchten werde, und sie werden mit Erleichterung in ihren Herzen zu Mir kommen. Zu diesem Zeitpunkt werden all ihre Zweifel aus ihren Seelen vertrieben sein, durch die Kraft des Heiligen Geistes. Bald darauf, wenn Gottes Kinder die Wahrheit kennen, wird die Letzte Posaune erschallen und die Erde wird erneuert werden. Alles Böse wird verschwinden. Die Sonne wird euch alle mit einem großartigen Licht erfüllen und das Neue Paradies wird mit großer Liebe als das größte Geschenk, das ihr euch jemals vorstellen könntet, an jeden Einzelnen von euch übergeben werden.

Alles, was ihr tun müsst, ist, auf die Wahrheit, die Ich offenbare, zu vertrauen, damit ihr den Fallen, die aufgestellt werden sollen, um eure Seelen zu stehlen, ausweichen könnt. Diejenigen von euch, die sehen können, die Mir vertrauen, die Mich anrufen, werden Mir die Seelen jener retten helfen, die zwar sehen können, die es aber ablehnen, die Wahrheit zu sehen.

Euer Jesus

861. Das Zeichen des Tieres wird den Tod mit sich bringen — den Tod der Seele und den Tod durch eine schreckliche Krankheit.

Montag, 29. Juli 2013, 11:23 Uhr

Meine innig geliebte Tochter, Mein Name wird selten im selben Atemzug genannt, während jene, die behaupten Mich zu repräsentieren, Lästerungen gegen Gott schreien. Nicht nur, dass sie sich von Meinem Tod am Kreuz verabschieden und nicht mehr darüber sprechen werden, sondern sie werden auch Bilder von Dämonen als Ersatz für Meinen Corpus am Kreuz verwenden. Wenn nicht Ich es bin, den sie am Kreuz getötet haben, wer ist es dann? Wer sind sie, die der Welt Mein Wort verkünden, die aber Gotteslästerungen ausstoßen, die sich aus ihren Mündern ergießen?

Hütet euch vor den Wundern, die die Männer in weißen Gewändern zu vollbringen behaupten werden, als ob sie aus Meinem Fleisch gemacht und mit Meinem Geist gesegnet seien. Wenn ihr erstaunliche und scheinbar übernatürliche Geschehnisse stattfinden seht, wisst dann, dass sie nichts dergleichen sind.

Euch wird erzählt werden, dass durch die Hand des falschen Propheten Wunder zustande gebracht worden seien. Von euch wird dann großer Respekt erwartet werden, und euch wird zuerst erzählt, dass er ein lebender Heiliger sei. Er wird verehrt, geliebt und bewundert werden, und alle werden sagen, dass er in Gottes besonderer Gunst stehe. Mit der Zeit werden sie glauben, dass diese Wunder stattfinden würden, um Meine Wiederkunft einzuläuten.

Und dann wird das Tier erscheinen. Und es wird dem ersten Tier Ehre erweisen. Und die Menschen werden in schrecklicher Verwirrung verfangen sein. Sie werden in der Falle sitzen. Auf der einen Seite wird der falsche Prophet alle Religionen auf der Welt kontrollieren und Jagd machen auf die Liebe derer, die die Wahrheit kennen. Diejenigen, die die Wahrheit kennen, werden Mich nicht ablehnen, denn ihnen gehört das Königreich Gottes. Der Antichrist wird dem falschen Propheten große Ehrerbietung zeigen. Aber weil seine Rolle von politischer Natur sein wird, wird ihre gegenseitige Verbundenheit viele Menschen vereinen, die diese Allianz mit Beifall aufnehmen werden.

Bald werden diese Ereignisse anfangen Sinn zu machen. Diejenigen, die versuchen, euch mit sich zu ziehen hinein in einen falschen Glauben, der nicht von Gott ist, werden sehr überzeugend sein. Sie werden niemals ihre wahre Absicht preisgeben, bis sie glauben, dass sie dabei sind, diese Schlacht zu gewinnen. Aber dann werden sie viele vernichten, die sich weigern, das Zeichen des Tieres anzunehmen. Sie werden sagen, dass dies ein Zeichen des wahren Weltfriedens, der Liebe und der Einheit sei, aber verborgen in seinem abscheulichen Kern wird die Zahl 666, das Zeichen des Tieres, stehen.

Genauso wie heilige Medaillen himmlischen Schutz bieten mit Macht von Gott, wird das Zeichen des Tieres den Tod mit sich bringen — den Tod der Seele und den Tod durch eine schreckliche Krankheit. Diejenigen, die das Zeichen ablehnen, werden sich verbergen und vorbereiten müssen. Ich weiß, dass dies beängstigend ist, aber es ist wahr. Ich werde mit Hilfe eurer Gebete eingreifen, um der Verfolgung ein Ende zu setzen.

Ihr, Meine geliebten Anhänger, die ihr die Wahrheit kennt, werdet zurzeit vorbereitet, um denjenigen zu helfen, die sich mit diesem Wissen schwer tun werden. Wenn dies dann eintrifft, wird Meine Restarmee schon eine ernstzunehmende Kraft geworden sein. Ihre Stärke wird in ihrer Fähigkeit liegen, diejenigen zu retten, die unter diesem teuflischen Akt der Rache an Gottes Kindern leiden werden.

Euer Jesus

862. Mutter der Erlösung: Ihr müsst an den traditionellen Kreuzen festhalten, denn bald werden sie verschwinden.

Montag, 29. Juli 2013, 19:05 Uhr

Meine Kinder, haltet euch immer vor Augen, dass Ich durch die Macht Gottes und durch die Gnade Meines Sohnes das Tier zertreten werde, und wenn alles hoffnungslos erscheint, wird die Herrschaft des Teufels zu einem abrupten Ende kommen.

Mein Schutzmantel bedeckt all diejenigen, die während dieser schweren Zeiten Meine Hilfe anrufen. Erinnert euch, dass Ich, wie Ich damals Meinen Sohn verloren hatte, als Er zwölf Jahre alt war, Ihn im Tempel gefunden habe. Betet, Meine Kinder, und geht jetzt in eure Kirchen hinein, um die Opfer darzubringen, die zum Erbitten der Stand-

haftigkeit während dieser schrecklichen geistigen Schlacht um Seelen erforderlich ist.

Mein Sohn hat durch Seinen Tod am Kreuz so viel gelitten, aber das war nur die eine Bürde. Das größte Leid, das Er heute erduldet, ist wegen derjenigen, die für Ihn bereits verloren sind. Und nun, wo der Geist des Bösen darum kämpft, Ihm all jene wegzunehmen, die Ihn lieben, trifft Ihn der Schmerz zutiefst wie ein Schwert, das Ihn in zwei Teile schneidet.

Sühneseelen werden jetzt den größten Schmerz erleiden, da die gegen Gottes Kinder gerichtete Verfolgung stärker wird. Durch das Kreuz Meines Sohnes seid ihr erlöst worden. Durch Sein Kreuz werdet ihr das Böse bekämpfen, und Sein Kreuz wird, wenn es gesegnet ist, euch schützen. Aber wenn dieses Kreuz sich ändert oder anders in Erscheinung tritt, ist es eine Verhöhnung des Todes Meines Sohnes zur Rettung von Sündern. Ihr müsst an den traditionellen Kreuzen festhalten, denn bald werden sie verschwinden.

Eure geliebte Mutter
Mutter der Erlösung

863. Akzeptiert niemals ein Kreuz, das nicht dem Kreuz ähnelt, auf dem Ich gekreuzigt worden bin.

Dienstag, 30. Juli 2013, 20:06 Uhr

Meine innig geliebte Tochter, wie süß sind die Stimmen derer, die Mich lieben und die Mich in dieser Zeit großen Kummers trösten. Ihr, Meine geliebten Anhänger, die ihr Mich niemals verlassen werdet, seid wie Honig, süß in Meinem Mund, wohltuend für Meinen Leib und erhebend für Meinen Geist.

Viele werden den Irrtümern folgen, weil sie Angst haben werden, aufzustehen und hartnäckig das Wort Gottes zu verteidigen. Zunächst werden sie verwirrt sein durch die neuen Praktiken, die neuen Symbole, die neuen Gewänder, die neuen Altarformen und die neuen Kreuze. Dann werden sie all diese neuen Dinge akzeptieren, als Zeichen der Zeit. Dieser neue, moderne, sogenannte einheitliche Ansatz, Gott zu ehren, wird dann von diesen bedauernswerten Seelen begeistert begrüßt werden. Aber die Meinen werden Meinem Wort treu bleiben, für alle Zeiten. Sie sind das Rückgrat Meiner Kirche auf Erden und sie werden nicht zu brechen sein.

Mein Wunsch ist es, dass ihr, Meine treuen Christen — Christen aller Konfessionen —, euch zusammentut, um die Dämonen zu bekämpfen, die aus der Hölle losgelassen sind und die unter euch umherziehen. Entschuldigt euch niemals dafür, dass ihr Mich liebt. Akzeptiert niemals ein Kreuz, das nicht dem Kreuz ähnelt, auf dem Ich gekreuzigt worden Bin. Wenn Ich fehle oder nicht erwähnt werde, dann werdet ihr wissen, dass die Versuchung, hinter der Meine Feinde stecken, diese Kirchen durch und durch erfasst. Wenn ihr ihre satanischen Ri-

tuale und Symbole akzeptiert, liefert ihr euch selbst ungeschützt dem Bösen aus.

Bleibt Mir treu. Haltet eure täglichen Gebete einfach. Bewahrt Weihwasser und Mein Kreuz in euren Häusern. Beschützt euch gegenseitig. Bleibt gegenüber jenen Meinen heiligen Dienern gehorsam, die Mir glühend treu bleiben werden und die sich weigern, Mich zu verraten. Verbringt dann den Rest eurer Zeit im Gebet für die Seelen der Atheisten, derjenigen, die an heidnische Götter glauben, und derjenigen, die den Feinden Meiner Kirche blind in die Wildnis folgen werden.

Bleibt in enger Verbindung mit Mir und ruft Mich jeden Tag an um Stärke. Ich werde an eurer Seite sein während dieser kommenden bitteren Prüfungen und Ich werde jene, die zu Mir kommen, niemals im Stich lassen.

Euer Jesus

864. Mutter der Erlösung: Genauso wie das Heilige Wort Gottes Seelen vereinen kann, so kann es auch große Spaltung verursachen.

Mittwoch, 31. Juli 2013, 18:31 Uhr

Mein Kind, wenn ihr Meinen Sohn, Jesus Christus liebt, dann wird das all diejenigen, die Ihn wirklich lieben, eng zusammenbringen. Wenn diejenigen, die Meinen Sohn lieben, es schwer finden, andere zu lieben, müssen sie Mich, die Mutter der Erlösung, anrufen, auf dass Ich ihre Herzen öffnen möge.

Die Liebe Meines Sohnes ist so mächtig, dass sie sich mit der Kraft des Heiligen Geistes derart schnell von einer Ecke der Welt bis zu jedem Ort ausbreiten kann. Wenn das Heilige Wort Meines Sohnes allen Kindern Gottes gegeben ist, durch diese Mission, dann wird es mitten durch die Herzen der demütigen Seelen fahren, die den Heiland erkennen, wenn Er spricht. Die Liebe, die aus Seinem Wort strahlt, das euch zu dieser Zeit in der Geschichte der Menschheit gegeben wird, wird Millionen von Seelen augenblicklich vereinen, als ob ihr euer ganzes Leben lang einander gekannt hättet. So machtvoll ist es, dass es sich — durch die Macht der Zungen — schnell von Nation zu Nation in allen Sprachen verbreiten kann. Daran erkennt ihr, dass diese Worte — durch diese Botschaften — von Meinem Sohn kommen.

Genauso wie das Heilige Wort Gottes Seelen vereinen kann, so kann es auch große Spaltung verursachen. Der Hass, der darauf folgt, wenn das Wort Gottes Seelen verzehrt, ist abgrundtief. Wenn diese Botschaften solchen Hass und solch böse Aktionen auf sich ziehen, von Seiten derer, die sich wahre Jünger Meines Sohnes nennen, dann wisst, dass es der Teufel ist, der dies verursacht. Meine bedauernswerten Seelen, Meine armen verwirrten Kinder, ihr dürft niemals den Rücken kehren, wenn ihr euch der Worte Meines Sohnes nicht sicher seid. Ihr müsst einen offenen Geist bewahren und dem treu bleiben, was Er euch gelehrt hat. Richtet niemanden in Seinem Namen. Liebt einander. Wenn ihr nicht glaubt, dass Gott Seinen letzten Propheten gesandt hat, dann ist das nicht schlimm. Jedoch vergesst bitte nicht eure Verpflichtung — indem ihr euren Pflichten gegenüber Meinem Sohn nachkommt, dadurch dass ihr strikt an Seinen Lehren festhaltet.

Ihr dürft es niemals glauben, dass Er einer neuen Lehre, die Er der Welt nicht gegeben hat, als Er auf Erden wandelte, Seinen Segen geben würde. Er würde niemals irgendetwas gutheißen, was auf den Altären der Welt als Ersatz für Seinen Tod am Kreuz fungieren soll.

Eure geliebte Mutter
Mutter der Erlösung

865. Sie werden Meine Anhänger vom Anpassen der Gesetze Meiner Kirche überzeugen, indem sie ein Referendum (eine Volksabstimmung) abhalten.

Mittwoch, 31. Juli 2013, 18:56 Uhr

Meine innig geliebte Tochter, haltet euch immer vor Augen, wie der Teufel arbeitet. Er ist sehr vorsichtig darauf bedacht, sich nicht selbst zu offenbaren. Er vermischt daher Wahrheiten und Lügen miteinander, um Verwirrung zu stiften. Dies ist seine bevorzugte Art, Seelen zu täuschen. Er würde niemals die Wahrheit sagen, indem er anderen erlaubt zu sehen, wie er wirklich ist, aber weil er stolz ist, wird seine Arroganz und sein Hass auf Mich immer durchsickern. Diejenigen, deren Augen offen sind, werden sofort die Beleidigungen erkennen, die in Mein Antlitz und vor Meine Altäre geworfen werden.

Satan — vergesst das nicht — ist stolz, arrogant, überheblich und sehr, sehr gerissen. Wenn er in Seelen gegenwärtig ist, hat er ein Selbstvertrauen, das von Stolz und Arroganz herrührt und von einer Überzeugung, dass er über Gott stehe. Er wird immer Zeichen geben, die Gott beleidigen, aber nur diejenigen, die wissen, wonach sie Ausschau halten müssen, werden sie erkennen. Diejenigen, die Satan ehren und die viel von ihrer Zeit in Gruppen verbringen, die Rituale organisieren, um ihm Ehre zu erweisen, werden hocherfreut sein, diese Zeichen zu sehen. Alle, die ihre Seelen an Satan verkauft haben, werden durch solche Zeichen kommunizieren — als eine arrogante und trotzige Geste gegen Mich, Jesus Christus.

Diejenigen, die euch in Meinem Namen täuschen, werden Meine Anhänger vom Anpassen der Gesetze Meiner Kirche überzeugen, indem sie ein Referendum (eine Volksabstimmung) abhalten. Alle werden aufgefordert werden, neue Praktiken zu billigen, die auf zwei Dinge werden hinauslaufen. Erstens: Meine Gegenwart in der Heiligen Eucharistie auszulöschen. Zweitens: Sünde zu billigen, indem sie die Menschen ermutigen, Sympathie für die Menschenrechte jener zu zeigen, die nicht an Jesus Christus glauben.

Dieses Referendum wird gefälscht werden und Lügen werden als Wahrheit präsentiert werden. Wenn die neue Eine-Welt-Religion eingeführt ist, wird Meine Kirche auf Erden — die wahre Kirche — in den Untergrund gehen, um Mir Ehre zu erweisen.

Ich Bin das Angriffsziel des Tieres. Ich Bin es, Den er (Satan) verletzen will. Er weiß, dass er Mich nicht vernichten kann, so wird er stattdessen versuchen, die Menschheit zu vernichten, die er jede Sekunde verflucht. Seine Diener werden nicht damit aufhören, nur Meine Gegenwart in den Tabernakeln der Welt zu beleidigen. Sie werden sich nicht damit begnügen, nur die Sakramente zu zerstören, damit sie gegen Mich lästern können. Sie werden erst zufrieden sein, wenn sie Seelen stehlen, indem sie die größte aller Blasphemien erzeugen. Dies ist, wenn sie Mein Erstes Kommen nachmachen werden, indem sie den Eindruck erwecken, dass Johannes der Täufer gesendet worden sei. Der Mann, der sagen wird, er sei der Prophet des Herrn, wird lügen und solches Staunen erwecken, wenn er erklärt, dass der Antichrist Ich, Jesus Christus, sei.

Der Antichrist wird, durch die Macht Satans, den Anspruch erheben, Ich, Jesus Christus, zu sein. Wehe jenen Seelen, die ihn mit offenen Armen empfangen, denn sie werden gegen ihn machtlos sein. Erlaubt diesen beiden, euch in ihr Vakuum von Lügen zu saugen, und ihr werdet so weit von Mir entfernt werden, dass einzig und allein durch das Eingreifen Meines Vaters ihr in Meine Große Barmherzigkeit gebracht werden könnt.

Wenn irgendjemand in der Zukunft kommt und behauptet, Ich, Jesus Christus, zu sein, dann wisst, dass er ein Lügner ist. Ich werde nicht ein zweites Mal im Fleisch kommen. Satan kann folgende Worte nicht aussprechen:

„Jesus Christus, Der im Fleisch kam."

Was er sagen wird, durch den Mund des Tieres, des Antichristen, wird das Folgende sein:

„Ich bin Jesus Christus, Ich bin jetzt im Fleisch gekommen, um euch Erlösung zu bringen."

Wenn dies geschieht, wird Mein Göttliches Eingreifen schnell sein, aber bis dahin werden der falsche Prophet und der Antichrist viele Seelen gestohlen haben.

Betet, betet, betet, dass all diejenigen, die sagen, sie seien Mein, auch Mein bleiben.

Betet, dass ihr alle die Kraft und den Mut haben werdet, Mein Kreuz zu tragen, in dieser Zeit, während der größten Verfolgung Meines Leibes — Meines mystischen Leibes — Meiner Kirche auf Erden.

Euer Jesus

866. Die Bosheit in der Welt hat ein Ausmaß erreicht, wie es seit den Tagen des Noah nicht gesehen wurde.

Donnerstag, 1. August 2013, 15:00 Uhr

Meine innig geliebte Tochter, wie sehne Ich Mich danach, euch alle, Meine lieben Anhänger, zu umarmen und euch in Meinen Zufluchtsort des Friedens und der Sicherheit zu bringen. Wie wünschte Ich doch, Ich könnte euch alle nehmen und vor der Bosheit verstecken, die gegen alle Christen geplant ist.

Die Bosheit in der Welt hat ein Ausmaß erreicht, wie es seit den Tagen des Noah nicht gesehen wurde, und sie ist wie ein unsichtbares Netz, das die Erde bedeckt. So tödlich ist sie, dass nur sehr wenige den Grad der komplexen Raffiniertheit, um die es geht, wirklich erfassen. Aber seid euch dessen bewusst, dieser Plan — dessen Details werden der Welt gegeben werden, und zwar von denen, die sagen, dass sie Meine Kirchen auf Erden repräsentieren — wird euch unterbreitet werden, und es wird von euch erwartet werden, dass ihr ihn akzeptiert. Dann wird von euch verlangt werden, ihn zu schlucken, und ihr werdet keine andere Wahl haben. Was von euch zu tun verlangt werden wird, hinter all der Entstellung, ist, Mich, Jesus Christus, abzulehnen.

Ich warne die Welt: Wenn ihr versucht, Meine Göttlichkeit aufzukündigen — ihr und alle, die in diesen hinterhältigen Plan verwickelt sind —, werdet ihr als Feind Gottes gekennzeichnet werden. Wenn ihr auf Seiten der blasphemischen Gesetze steht, seid ihr der Sünde gegen Gott schuldig.

Ich werde fortfahren, euch zu ermahnen, eure Augen für die Wahrheit zu öffnen, aber Ich kann euch nicht zwingen, Mir treu zu bleiben. Ich kann euch nicht zwingen, Mich zu lieben. Euer freier Wille gehört euch, aber wenn ihr umkehrt und Mich bittet, euch zu führen, werde Ich euch die Augen für die Wahrheit öffnen. Wenn ihr die Wahrheit annehmt, werde Ich euch retten.

Meine armen Anhänger, wisst, dass, sobald sich die Welt gegen Gott wendet, die Allmächtige Macht Meines Vaters eingreifen und Seine Feinde vernichten wird, einen nach dem anderen.

Euer Jesus

379

867. Mutter der Erlösung: Bald wird von euch verlangt werden, statt der Heiligen Eucharistie einen Ersatz für Sie auszuteilen, der nicht der Leib Meines Sohnes sein wird.

Freitag, 2. August 2013, 15:10 Uhr

Mein Kind, Ich stehe in dieser Zeit vor Meinem Sohn und falle in großem Kummer auf Mein Antlitz zu Seinen Füßen. Gerade so wie Ich Seinen Todeskampf am Fuße Seines Kreuzes miterleben musste, während Seiner schrecklichen Kreuzigung, so habe Ich jetzt Seinen Schmerz noch einmal zu ertragen.

Die Kreuzigung Meines Sohnes findet erneut statt, da Sein Leib, Sein Mystischer Leib, der Seine Kirche auf Erden ist, eine Geißelung durch die, die Ihm angehören, durchzustehen hat. Sie, die Feinde innerhalb Seiner Kirche, werden Seinen Leib geißeln, Ihn zerreißen, Ihn grausam verspotten und Ihn entweihen, bevor sie Ihn beiseite werfen. Die Kirche Meines Sohnes steht nun vor ihrer Geißelung, wobei das die erste Phase Seiner Kreuzigung auf Erden in diesen Zeiten sein wird. Sie werden Seinen Leib nehmen — in Gestalt der Heiligen Eucharistie — und sie werden Ihn beleidigen und Ihn herabwürdigen. Viele Anzeichen davon werden gesehen werden, da jede (erdenkliche) respektlose und hinterhältige Geste gemacht werden wird, um Ihn zu verfluchen. Nachdem sie Seine Allerheiligste Eucharistie geschmäht haben werden, werden sie Diese dann wegwerfen, und bald wird es sehr schwer sein, Sie zu empfangen. Dies ist nur einer der vielen Pläne, die im Gange sind, um die Gegenwart Meines Sohnes in der Heiligen Messe auszulöschen.

Viele werden diese bösen Gesten erkennen und wissen, dass sie eine Beleidigung für Meinen Sohn sind. Viele werden protestieren, aber ihre Stimmen werden nicht gehört werden. An diese armen Priester, die wegen dieser Schändung leiden werden: Ihr müsst Mich, eure Mutter, bitten, euch zu helfen, solchen Schmerz zu ertragen. Ihr dürft auf gar keinen Fall an der Heiligen Eucharistie manipulieren, denn Sie ist eure einzige Nahrung der Erlösung. Ohne Sie werdet ihr verhungern. Immer muss jedes einzelne der Kinder Gottes Zugang zu Ihr haben. Ihr dürft niemals akzeptieren, dass irgendeine andere Art Brot die Nahrung des Lebens sein soll.

Bald wird von euch verlangt werden, statt der Heiligen Eucharistie einen Ersatz für Sie auszuteilen, der nicht der Leib Meines Sohnes sein wird. Ihr müsst dem Geschenk der Heiligen Eucharistie treu bleiben, selbst wenn euch erzählt wird, dass Sie nun nicht mehr relevant sei — in der neuen Weltreligion nicht mehr vertretbar sei.

Eure Mutter in Christus
Mutter der Erlösung

868. Gott der Vater: Die Namen derer, die im Buch des Lebens verzeichnet sind, sind das primäre Angriffsziel des Tieres.

Samstag, 3. August 2013, 13:17 Uhr

Meine liebste Tochter, Ich appelliere an die Menschheit, vom Höchsten und Heiligsten Königreich aus.

Meine armen kleinen Kinder, wie leidet ihr doch wegen der Sünde Luzifers, aber ihr müsst wissen, dass Ich ihn und alle gefallenen Engel durch Meine Allmächtige Macht vom Antlitz der Erde wegwischen werde. Diese Zeit ist nahe, daher müsst ihr euch vorbereiten.

Wisst, dass die gefallenen Engel und Dämonen für die meisten von euch unbekannt und unsichtbar sind, aber sie wandeln unter euch und führen euch jeden Tag in Versuchung, um euch zu Fall zu bringen. Wenn ihr in dieses Netz der Täuschung gezogen werdet, dann werdet ihr bald feststellen, dass ihr keine Ruhe mehr haben und keinen wahren Frieden in euren Seelen mehr finden könnt.

Ich tue jetzt kund, dass diejenigen, die durch den falschen Propheten in die Irre geführt sind, sich verloren und verwirrt fühlen werden, da sie die große Täuschung akzeptieren, deren bereitwillige Opfer sie dann werden. Wenn ihr euch gegen Mich und Meinen geliebten Sohn, Jesus Christus wendet, dann wird es für euch gar nicht den Anschein haben, dass dem so ist. Ihr werdet glauben, dass die Sakramente dieselben seien, obwohl man sie euch anders darbieten wird. Sie werden leere Gefäße werden und für Mich nicht mehr annehmbar sein.

Die Welt gehört Mir, aber Meine Kinder wollen Mich nicht, ihren geliebten Vater, ihren Schöpfer. Ihre Köpfe wurden blockiert und der Teufel hat Mein Geschenk der Intelligenz dazu benutzt, um sie zu dem Glauben zu verleiten, dass Ich unmöglich existieren könne. Diejenigen, die nicht an Mich glauben, werden in ihrem Leben keine wirkliche Liebe, keine Freude und keinen Frieden haben. Auch werden sie nicht das ewige Leben akzeptieren. Stattdessen werden sie nur Freuden des Fleisches suchen, obwohl sie wissen, dass ihr Leben auf Erden kurz ist.

Ich werde — als ein Vater, der jeden von ihnen liebt — sie durch die Große Barmherzigkeit Meines Sohnes an Mich ziehen. Meine Macht ist allumfassend, und Satan, Mein Luzifer, der sich selbst von Meiner Hüfte abgeschnitten hat, aufgrund seines Stolzes, wird Mich niemals besiegen. Diejenigen, die ihm folgen, haben daher denselben Keil zwischen sich und Mir getrieben. Sie werden aufgrund der Zeichen, die Ich jetzt offenbare, erkennen, dass es nur Einen Gott, Einen Schöpfer, ein Paradies gibt. All die Paradiese, von denen ihnen die falschen Propheten in der Welt erzählen, die Meine Kinder von Mir wegführen, existieren nicht und können niemals existieren. Ich Bin alles, was ist. Ich Bin es, Der alles erschaffen hat. Ich Bin es, Der alles beenden wird. Alles muss Meinem Heiligen Willen entsprechen. Bekämpft Meinen Willen und ihr werdet ein Nichts werden. Akzeptiert Meinen Willen und ihr bleibt Mein Kind.

An diejenigen, die an Mich glauben: Ihr dürft Meinen Sohn, Jesus Christus, niemals ablehnen. Ich kam durch Meinen Sohn in die Welt, um euch zurück in Meine Barmherzigkeit zu bringen, aber ihr habt Ihn abgelehnt. Ihr habt Ihn getötet, doch Meine Liebe zu euch habt ihr trotzdem nicht getötet. Darum habe Ich Seine Kreuzigung erlaubt, um euch Heil zu bringen. Dieser Tod Meines Sohnes am Kreuz wurde euer Weg zum Heil. Sein Tod war nicht das, wonach es den Anschein hatte: ein Scheitern in den Augen des Teufels. Gerade durch diesen Akt großen Leidens, ertragen mit der größten Demut, wurde Satan besiegt. Und gerade durch den Tod Meines Sohnes am Kreuz ist Satans Macht über die Menschheit gescheitert. Auch wenn er nicht alle Meine Kinder mit sich in den Abgrund nehmen kann, werden dennoch viele durch seine Lügen verführt werden. Aus diesem Grunde müsst ihr kämpfen, Kinder, nicht nur für eure eigenen Seelen. Wenn ihr Mich liebt, werdet ihr Meinen Sohn lieben. Wenn ihr Meinen Sohn liebt, dann müsst ihr Ihm helfen, alle Sünder zu retten.

Ich wende Mich an euch, um euch zu sagen, dass, wenn Ich Seelen rufe, vor allem diejenigen, die Mich nicht kennen, sowie diejenigen, die Mich sehr wohl kennen, die sich aber weigern, Meine Gebote anzuerkennen, dass sie nur so viel Zeit haben, um sich selbst vor den ewigen Höllenqualen zu retten.

Die Namen derer, die im Buch des Lebens verzeichnet sind, sind das primäre Angriffsziel des Tieres. Viele dieser Seelen sind Anhänger Meines Sohnes und sind der Kirche gegenüber treu. Sie werden sich gegen Meinen Sohn wenden, indem sie neue Gesetze akzeptieren, die nicht von Meinem Sohn sind, die man sie als eine neue Religion zu schlucken zwingen wird. Diese neue Religion ist über viele Jahre hin sorgfältig geplant worden. Sie folgt satanischen Ritualen, aber viele werden das nicht verstehen. Wenn ihr diese Rituale übernehmt, werdet ihr Satan Macht geben. Wenn ihr ihm diese Macht gebt, werdet ihr viel Gebet brauchen, denn er wird euch mit Leib und Seele verschlingen.

Meine Kinder, Ich greife jetzt durch Strafen auf der Erde ein. Diese armen Seelen, die durch diese Züchtigungen ihr Leben verlieren, helfen, diejenigen von euch zu retten, die für Mich verloren sind.

Wenn ihr Angst habt aufgrund der Bosheit Satans und seines Einflusses in eurem Leben, dann denkt daran, dass Ich seine Vertreter auf Erden vernichten werde. Ich werde euer Leiden abkürzen, weil Ich Seelen retten möchte. Wenn Ich erlauben würde, dass sich dieses Böse fortsetzt, wäre Ich nicht in der Lage, all jene Seelen zu retten, deren Namen im Buch des Lebens verzeichnet sind.

Euer geliebter Vater
Gott der Allerhöchste

869. Meine Prophezeiungen, die die Ankunft des Antichristen offenbaren, werden in Kürze Wirklichkeit werden.

Sonntag, 4. August 2013, 23:16 Uhr

Meine innig geliebte Tochter, Meine Prophezeiungen, die die Ankunft des Antichristen offenbaren, werden in Kürze Wirklichkeit werden.

Für euch alle ist der Tag gekommen, eure Häuser und euer Gebetsprogramm vorzubereiten, und alle, die Mir folgen, müssen bereit sein, Opfer zu bringen, um Mir zu helfen, die Augen der Kinder Gottes überall auf der Welt für diese Bosheit zu öffnen, die die Welt auf den Kopf stellen wird.

Ebenso wie jeder wahre Prophet verachtet und als ein Ärgernis behandelt wird, werdet ihr, Meine lieben Anhänger, als eine Belästigung gesehen werden, wenn ihr die Wahrheit offenbart. Erwartet Spott, Hohn und Verachtung, an jeder Ecke, um die ihr biegt. Menschen, die euch umgeben, werden euch schikanieren, euch kritisieren und an euch herumnörgeln, selbst wenn ihr gar nicht mit ihnen über Mein Wort sprecht.

Jeder gefallene Engel und Dämon, der die Erde in dieser Zeit unterwandert, wird mittels schwacher Seelen sofort zu euch hingezogen werden, um euch von diesem Werk abzuhalten.

Akzeptiert diesen Kummer in Meinem Namen, denn wenn ihr das tut, erweist ihr Gott große Ehre, und es ist eines der größten Geschenke, die ihr Mir geben könnt. Ich benutze dann diese eure Prüfungen, um Satan zu besiegen, indem Ich auf Seelen Anspruch erhebe, die schon dazu bestimmt sind, sein Eigen zu werden.

Nur sehr wenige verstehen die Göttlichen Gesetze des Himmels und die Rolle des Kreuzes in eurem Leben. Eines Tages werden alle Kinder Gottes verstehen, warum diese grausamen Aktionen ertragen werden müssen. Fahrt fort mit der Aufgabe, die Wahrheit zu verbreiten, ignoriert den Hass, den ihr erleben werdet, und lasst euch nicht die Richtung vorgeben von denen, die Mich ablehnen — niemals.

Euer Marsch in Richtung des Neuen Paradieses wird schwer sein. Aber selbst mit einer kleinen Armee könnt ihr die Schwere der Strafen besiegen, die durch den Antichristen über die Welt verhängt werden. Eure Aufgabe ist es, andere vor den Gefahren zu warnen, die Gesetze Satans als Ersatz anstelle der Gesetze Gottes anzunehmen.

Nur auf Befehl Meines Vaters kann Ich all jene mitnehmen, deren Namen im Buch des Lebens verzeichnet sind, die aber dem falschen Propheten Gefolgschaft leisten und — mit fügsamer Zustimmung — auf das ansprechende Auftreten des Antichristen hereinfallen werden.

Euer Jesus

870. Wenn sie das Sakrament der Taufe ändern, dann werden sie alle Versprechen, Satan zu widersagen, entfernen, denn sie werden erklären, diese Bezüge seien altmodisch.

Montag, 5. August 2013, 04:05 Uhr

Meine innig geliebte Tochter, niemand soll während der Verfolgung, die Meine geliebten heiligen Diener — die Mir treu bleiben — zu ertragen haben werden, glauben, dass Meine Kirche jemals sterben kann. Denn dies ist nicht möglich. Meine Kirche — Mein mystischer Leib — hat Ewiges Leben.

Wenn Meine Feinde die Sakramente ändern und neue Reliquien, neue Kreuze und neue Praktiken einführen — und dann behaupten, dass Meine Kirche damit so bleibe, wie sie immer gewesen sei —, dann lügen sie. Meine Kirche kann niemals anders werden.

So viele Argumente werden in jeder Nation vorgebracht werden, um das Sakrament der Ehe zu verunreinigen. Sie, die Feinde Gottes, wollen, dass Christen die Ehe zwischen gleichgeschlechtlichen Paaren akzeptieren, aber sie dürfen dies niemals akzeptieren, da es Meinen Vater beleidigt. Dies ist in Seinen Augen nicht annehmbar. Wenn sie das Sakrament der Taufe ändern, dann werden sie alle Versprechen, Satan zu widersagen, entfernen, denn sie werden erklären, diese Bezüge seien altmodisch und zu erschreckend. Sie werden sagen, dies (Versprechen) sei unwichtig.

Dann werden sie, Stück für Stück, neue Versionen Meiner Lehren einführen. Ihr — ihr alle, die ihr an Meine Kirche glaubt — dürft Mich niemals verraten. Ihr dürft niemals irgendeinen Ersatz für die Sakramente, wie Ich sie euch gegeben habe, akzeptieren. Ich Bin die Wahrheit. Meine Kirche repräsentiert die Wahrheit. Aber ihr könnt nur dann beanspruchen, Teil Meiner Kirche zu sein, wenn ihr an all Meinen Lehren, Meinen Sakramenten, festhaltet und anerkennt, dass Mein Tod am Kreuz das größte Opfer war, um euer Heil zu sichern.

Alles, was von der Wahrheit abweicht, aus Angst, Heiden zu beleidigen, ist sehr gefährlich. Wenn ihr die Lehren Gottes leugnet und einer neuen, alternativen Kirche, folgt, dann werdet ihr nicht mehr Teil Meiner Kirche auf Erden bleiben. Und wenn ihr den neuen heidnischen Praktiken widersprecht, die durch den falschen Propheten eingeführt werden, dann werdet ihr als ein Ketzer gelten. Dann werden sie versuchen, euch in Meinem Namen zu exkommunizieren. Wenn ihr Mir treu bleibt und euch weigert, an diesem bösen Betrug teilzunehmen, dann werdet ihr Teil Meiner Kirche bleiben.

Die Wahl mag schmerzhaft sein, wenn all diese Dinge kommen, aber sie ist sehr einfach. Ihr seid entweder für Mich oder gegen Mich.

Euer Jesus

871. Mutter der Erlösung: Dieser Krieg, um am Wort Gottes festzuhalten, wird bedeuten, dass jene Priester, die Ihm treu bleiben, Zuflucht werden suchen müssen.

Montag, 5. August 2013, 13:05 Uhr

Meine lieben Kinder, dies wird eine Zeit großer Prüfungen in eurem Glauben werden. Die Katholische Kirche wird die Kirche sein, in der die große Spaltung beginnen wird. Diese Kirche wird es sein, in der die Priester Meines Sohnes am meisten leiden werden, während des großen Abfalls vom Glauben, den sie sehr bald aus ihrem Inneren her wird durchmachen müssen.

An jene treuen Priester Meines Sohnes, die entzweigerissen werden durch ihre Unentschlossenheit: Ihr müsst euch bewusst sein, dass es notwenig ist, in Gemeinschaft mit dem Barmherzigen Christus zu bleiben. Ihr dürft euch niemals versucht fühlen, Seine Kirche zu verlassen, indem ihr Unwahrheiten von denjenigen unter euch akzeptiert, die in schweren Irrtum gefallen sind. Ihr müsst Meinen Sohn um jeden Preis verehren und Sein Volk auf dem Weg zur Heiligkeit führen, wie schwer dies für euch auch immer sein wird.

Diejenigen von euch, die fortfahren werden, die traditionelle Messe zu lesen, werden gequält werden, bis ihr zustimmt, sie ganz aufzugeben. Viele innerhalb eurer Ordensgemeinschaften werden euch hinter eurem Rücken an den Feind verraten. Ihr werdet, genau wie Mein Sohn vor euch, vor jene gebracht werden, die behaupten, euresgleichen zu sein, und ihr werdet der Ketzerei beschuldigt werden, weil ihr weiterhin darauf beharrt, dem Höchstheiligen Messopfer Respekt zu zeigen.

Die neuen Worte, welche die abscheulichste Schändung des Leibes Meines Sohnes bedeuten werden, werden jenen gottgeweihten Dienern aufgezwungen werden, die zu widersprechen wagen.

Es wird innerhalb der Katholischen Kirche sein, dass Bruder gegen Bruder, Schwester gegen Schwester, Vater gegen Sohn, Kinder gegen Eltern kämpfen werden, bis es zwei Seiten gibt.

Dieser Krieg, um am Wort Gottes festzuhalten, wird bedeuten, dass jene Priester, die Ihm treu bleiben, Zuflucht werden suchen müssen. Um dies zu tun, müsst ihr mit den Vorbereitungen beginnen und solche Orte finden, wo ihr die Heilige Messe aufopfern und Gottes Kindern die Sakramente spenden könnt.

Ich, die Mutter der Erlösung, werde solche Zufluchtsorte schützen, und durch das Anbringen des Siegels des Lebendigen Gottes, das der Welt von Meinem Vater gegeben worden ist, an den Innenwänden, werden sie für die Feinde Gottes unsichtbar bleiben.

Scheut euch nicht vor diesen Dingen, denn wenn ihr euch gut vorbereitet, könnt ihr die Kinder Gottes zur Erlösung führen. Solltet ihr diese Mahnung nicht ernst nehmen, werdet ihr von den Feinden Meines Sohnes in Geist, Leib und Seele gefangen genommen werden und Heil werdet ihr keines haben.

Diejenigen, die das Geheiß des falschen Propheten ausführen, werden viel Gebet brauchen, denn einige von ihnen sind für die Wahrheit blind. Andere wiederum, die die Wahrheit zwar kennen werden, die aber für jene Partei ergreifen werden, die den Tod Meines Sohnes am Kreuz ablehnen werden, sind zu fürchten. Sie werden den unschuldigen Anhängern Christi schreckliches Leid zufügen.

Indem ihr der Wahrheit treu bleibt, werdet ihr die Restarmee Meines Sohnes anführen, so dass sie eine beeindruckende Macht wird gegen den Teufel und gegen jene, die er in seinem Kampf gegen die wahren Diener Meines Sohnes auf Erden steuert.

Ihr müsst, wenn die Zeit kommt, euch weigern, Weisungen von denen anzunehmen, die das Wort Gottes entweihen und durch ihre Lügen und neue obszöne Lehren viele irreführen werden. Diejenigen, die eine Entstellung der Messe oder der Sakramente akzeptieren, werden sich Meinem Sohn gegenüber verantworten müssen. Denn ihr werdet, unwissentlich, Diener des Teufels geworden sein, und viele, viele Seelen werden verloren sein, denn sie werden in Rituale gezogen werden, die Satan Ehre erweisen. Diese Rituale werden den falschen Propheten und den Antichristen ehren, die Feinde Gottes sind.

Betet, betet, betet, dass man die Wahrheit sehen wird und dass Lügen als das entlarvt werden, was sie sind: eine Beleidigung der qualvollen Kreuzigung Meines Sohnes.

Eure geliebte Mutter
Mutter der Erlösung

872. Wenn ihr Mein Wort verteidigt, werdet ihr als grausam gelten, als unfreundlich und wenig entgegenkommend zu denjenigen, die nicht an Gott glauben.

Montag, 5. August 2013, 18:33 Uhr

Meine innig geliebte Tochter, wie Ich vor Kummer weine, wenn Ich die schreckliche Spaltung sehe, die sich innerhalb Meiner Kirche auf Erden abzeichnet. Die Bitterkeit Meiner Agonie wird jedoch von denjenigen gelindert, die Mich wirklich lieben und die bereits wegen der Art und Weise, wie Mein Leib behandelt wird, Betroffenheit empfinden.

Ihr dürft euch niemals gedrängt fühlen, irgendeine beliebige Handlung, irgendeine Aktion oder irgendwelche Worte, die gegen Mich gerichtet sind, zu akzeptieren. Wenn ihr euch unwohl fühlt bei dem, was ihr in Meiner Kirche seht, ausgeführt von jenen, die schwören, dass sie in Einheit mit Mir seien, wenn sie Meinen Leib schänden, dann müsst ihr eurem Herzen folgen. Ich Bin mit euch, jede Sekunde dieses großen Abfalls vom Glauben, und denjenigen, die fortfahren, Mich anzurufen, sage Ich: Ich werde eure Augen für die Wahrheit öffnen, damit ihr Mir treu bleibt.

Die Zeit ist für euch jetzt fast gekommen. Die Türen Meiner Kirche werden bald für diejenigen geschlossen sein, die darauf bestehen werden, den traditionellen Praktiken des Christentums treu zu bleiben. Diese Türen werden vor eurer Nase zugeschlagen werden, wenn ihr von Mir Zeugnis ablegt. Euer Glaube wird lächerlich gemacht werden, auf die listigste Weise, so dass, wenn ihr Mein Wort verteidigt, ihr als grausam gelten werdet, als unfreundlich und wenig entgegenkommend zu denjenigen, die nicht an Gott glauben.

Ihr werdet beschimpft werden, wenn ihr ein heiliger Diener von Mir seid, und ihr werdet wegen eurer Treue zu Mir zur Verantwortung gezogen werden. Schließt euch jetzt zusammen, ihr alle. Ich verlange, dass ihr Mich nicht verleugnet. Ich werde euch beschützen, damit ihr Mir dienen könnt. Ich werde euch helfen, indem Ich eure Bürde hebe. All die Gnaden des Himmels werden auf euch herab gegossen werden.

Warnung an die Priester:

Ich werde all diejenigen unter euch niedermähen, die der falschen Kirche folgen — der Kirche des Tieres —, wenn sie euch präsentiert wird. Folgt dieser neuen Kirche und ihr werdet eure Seelen dem Tier verkaufen. Statt in Meinem Namen Seelen zu retten, werdet ihr dafür verantwortlich sein, diese Seelen der ewigen Hölle ausgeliefert zu haben.

Ich sage euch jetzt die Wahrheit, damit euch genügend Zeit gegeben ist, euch auf diesen Tag vorzubereiten, denn er ist nicht ferne.

Euer Jesus

873. Mutter der Erlösung: Akzeptiert keine Toleranz gegenüber Heiden, die die Macht in den Kirchen Gottes übernehmen wollen.

Dienstag, 6. August 2013, 19:37 Uhr

Mein Kind, du darfst niemals auf diejenigen hören, die diese Botschaften von der Heiligsten Dreifaltigkeit angreifen, denn sie werden dich von diesem Werk ablenken. Vergiss nicht, diese Mission wird mehr als jede andere angegriffen werden, wegen ihres Ernstes. Der Hohn, der Spott und die Kritik werden weitergehen, bis zum letzten Tag, wenn du die Schlussbotschaft erhältst.

Der Plan, diese Botschaften zu diskreditieren, wird sich intensivieren und der Hass wird sich steigern, daher sei bitte vorbereitet. Diese Botschaften können nicht ignoriert werden, weder von Gläubigen noch von Ungläubigen, denn das Wort Gottes wird niemals unbeachtet bleiben. Der Hass gegen Gott ist gerade jetzt überall in der Welt, und diejenigen, die in diesen Zeiten Sein Wort verkünden, werden leiden.

Die Wahrheit wurde schon immer abgelehnt, von Anbeginn, seit Gott Seine Propheten sandte, um Seine Kinder vor den Gefahren des Heidentums zu warnen. Heidentum ist das Gegenteil von der Wahrheit — vom Wort Gottes. Die bedauernswerten Seelen, die falsche Götter ehren, erzürnen Meinen Vater außerordentlich. Er ist ein eifersüchtiger Gott, denn durch Ihn war es, dass alle Dinge begannen. Er ist Allmächtig. Er ist ein liebender Gott, aber Sein Zorn ist zu fürchten, wenn jene, die Ihn lieben, von Heiden verseucht werden.

Wenn Gottes Kinder — diejenigen, die an Ihn glauben und die Ihn anbeten, durch Seinen geliebten Sohn, Jesus Christus — versuchen, sich mit allen Seelen, allen Religionen zu vereinen, dann müssen sie sehr vorsichtig sein. Gott will, dass alle Seine Kinder einander lieben, unabhängig von Rasse, Religion oder Nation. Was Er nicht zulassen wird, ist, dass Christen in ihrer Kirche Heiden (das Heidentum) mit offenen Armen aufnehmen. Wenn dies geschieht, werden die Heiden alle Spuren des Christentums auslöschen. Es ist eine Beleidigung für Gott, die Wahrheit — das Wort Gottes — zu nehmen und Raum dafür zu lassen, dass Lügen Es verunreinigen.

Gottes Propheten haben die Menschheit vor den Gefahren gewarnt, das Heidentum zu umarmen, denn dies führt zur völligen Zerstörung. Wenn dies geschieht, werden die Nationen, die diesen Gräuel in ihren Kirchen erlauben, ausgelöscht werden und ihnen wird wenig Barmherzigkeit gezeigt werden.

Akzeptiert keine Toleranz gegenüber Heiden, die die Macht in den Kirchen Gottes übernehmen wollen. Ihr dürft niemals das große Opfer vergessen, das von Gott gebracht worden ist, als Er Seinen einzigen Sohn sandte, um euch Heil zu bringen. Der Tag, an dem ihr die Praktiken anderer Kirchen, die nicht von Gott sind, akzeptiert oder wenn ihr dem Heidentum Achtung zollt, ist der Tag, an dem ihr der Wahrheit den Rücken kehren werdet.

Haltet eure Augen offen und betet, dass eure Kirchen euch nicht zwingen werden, eure Treue zu Jesus Christus aufzugeben.

Eure geliebte Mutter
Mutter der Erlösung

874. Gott der Vater: Der Antichrist ist nun bereit, sich zu offenbaren.

Mittwoch, 7. August 2013, 18:50 Uhr

Meine liebste Tochter, die Welt muss sich vorbereiten auf die Ankunft des größten Feindes der Menschheit, seit Meine Kinder auf diese Erde gesetzt wurden.

Der Antichrist ist nun bereit, sich zu offenbaren, und sein Plan ist folgender: Er wird warten, bis überall Kriege wüten. Dann wird er einschreiten und einen falschen Frieden schaffen im Staat Israel, indem er Israel mit Palästina verbinden wird in einer merkwürdigen Allianz. Jedermann wird ihn überschwänglich mit Lob überschütten. Er wird da nicht halt machen, denn er wird mit einem Tempo vorangehen, das viele erstaunen wird, und er wird Friedensabkommen in vielen vom Krieg zerrissenen Ländern aushandeln. Und wiederum wird er gelobt und dann bewundert werden, mit einer außergewöhnlichen Zuneigung von Milliarden von Menschen auf der ganzen Welt.

Dann wird alles bestens scheinen. Sehr bald wird er ein Menschenfreund werden und er wird sich mit den wichtigsten Banken der Welt zusammenschließen, um eine neue, leistungsstarke Finanzinstitution zu schaffen. Viele Unternehmen und Politiker werden in seine vielen Pläne verwickelt sein. Bald wird ein neues Monstrum geschaffen werden, im Namen einer Ankurbelung der Weltwirtschaft. Dies wird das neue Babylon sein, das Zentrum aller Macht, aus dem heraus die Weltelite und die Reichen Handel treiben werden. Man wird darin den Auslöser für großartige Nachrichten sehen, dass die Menschen in jeder Hinsicht profitieren würden, angefangen bei Arbeitsplätzen bis hin zu den Häusern, in denen sie leben, und den Lebensmitteln, mit denen sie ihre Familien ernähren.

Aller Ruhm wird den Antichristen umgeben. Dann wird er zusammen mit dem falschen Propheten eine globale Partnerschaft schaffen, die als die größte humanitäre Initiative präsentiert werden wird. Die Welt wird diesem neuen Babylon applaudieren, und jeder wird lautstark versuchen, in seiner Mitte auch nur ein wenig Fuß zu fassen.

Das neue Babylon, so wird allen erzählt werden, sei da zum Ruhme der großen Eins, um sich für die Umwelt einzusetzen, um Mutter Erde zu umarmen und die Welt von der Armut zu befreien aufgrund der Reichtümer, die sich aus ihrem abscheulichen Mund ergießen werden.

Wenn dies stattfindet, wird die Hand Meines Eingreifens die Welt an ihrer Achse drehen. Ich werde nicht (zum Eingreifen) bereitstehen, ohne Meine Kinder vor den Konsequenzen zu warnen, wenn sie dieses in den Tiefen der Hölle geschaffene und der Menschheit zugefügte Gräuel mit offenen Armen annehmen sollten. Meine großen Zeichen werden gegeben werden als Zeichen für all jene, die diese Beleidigung in Meinem Heiligen Namen mit offenen Armen annehmen und akzeptieren werden.

Ich werde die Welt (mit Meiner Hand) schütteln, und sie wird kippen. Kein Mensch wird in der Lage sein, Mein Eingreifen zu ignorieren. Dann werde Ich Feuer auf ein Drittel der Erde werfen. Bald wird eine Hungersnot ausbrechen, aber nicht durch Meine Hand — es wird durch die absichtliche Verseuchung der Erde durch den Antichristen sein. Während er und seine Kohorten ahnungslosen Menschen in vielen Ländern Boshaftigkeiten zufügen, werde Ich zurückschlagen.

Obwohl dieses Leiden schwer zu ertragen sein wird, habt keine Angst, Kinder, denn es wird kurz sein. Meine Liebe zu euch allen ist groß, aber Meine Gerechtigkeit ist schnell und Meine Strafe gewaltig.

Ihr dürft nicht akzeptieren, was man euch unterbreitet. Wenn ihr den Mann des Friedens, den Antichristen, Auszeichnungen und Preise für seine großartigen Leistungen in kriegserschütterten Ländern erhalten

seht, dann wisst, dass Mein Eingreifen nahe ist.

Ihr müsst jederzeit in Gemeinschaft mit Meinem Sohn, Jesus Christus, bleiben und dafür beten, dass euch treue Priester und Geistliche den Empfang der Sakramente möglich machen werden.

Mein Wille wird geschehen.

Nichts kann noch wird verhindern, dass der Letzte Bund, wo Mein Sohn in Frieden herrschen wird, erfüllt wird.

Euer geliebter Vater
Gott der Allerhöchste

875. Eine Seele kann nicht wieder heil werden, solange sie nicht die Größe Gottes erkennt.

Freitag, 9. August 2013, 16 : 50 Uhr

Meine innig geliebte Tochter, die Menschen verstehen nicht ganz, was es heißt, in Vereinigung mit Meinem Herzen zu sein. Ich, Jesus Christus, kam, um die Menschheit von der Sklaverei der Sünde zu befreien. Die Sünde war geschaffen worden als Luzifer glaubte, er sei größer als Gott. Aufgrund seiner bösen Eifersucht hat er die Menschen — Gottes erste Kinder Adam und Eva — in Versuchung geführt, sich von Ihm (Gott) abzuwenden.

Mein Tod hat allen Kindern Gottes das Geschenk der Erlösung gegeben. Viele Menschen in der Welt — Menschen aller Glaubensbekenntnisse, einschließlich derer, die nicht an Gott glauben, oder derer, die Gott leugnen und falsche Idole Ihm vorziehen —, allen wird das Geschenk der Erlösung angeboten. Nicht alle werden dieses Geschenk annehmen. Ich komme zu jedem von euch als Erlöser. Ich werde vor jedem von euch erscheinen, um euch die Wahrheit zu beweisen, vor dem letzten Tag. Ich werde kommen, um euch das Geschenk des Ewigen Lebens anzubieten, selbst denjenigen, die in den Augen Gottes schwer gesündigt haben.

Die Herrlichkeit Gottes ist euer Weg in die Zukunft, und alles, was ihr tun müsst, um dieses Geschenk in Empfang zu nehmen, ist, Meine Barmherzigkeit anzunehmen. Gott ist Allmächtig, Gewaltig und ist in jeder Hinsicht Vollkommen. Er wird von allen Engeln und Heiligen im Himmel sehr, sehr geliebt. Er wird von vielen Seelen, die heute in der Welt leben, sehr, sehr geliebt. Alle werden Zeugen werden Seiner Großen Herrlichkeit im Neuen Himmel und der Neuen Erde.

Gott bedarf nicht des Menschen. Es ist nur wegen Seiner Liebe zu den Menschen, dass Er Mich, Seinen geliebten Sohn, noch einmal sendet, um ihnen das ewige Leben zu bringen, das Er verheißen hat. Deshalb ist Er geduldig. Deshalb drückt Er bei der Sünde ein Auge zu, in der Hoffnung, dass Seine Kinder sich Ihm zuwenden und Seine Liebe annehmen werden.

Die Liebe ist mächtig, wenn sie rein ist und von Gott kommt. Wenn die Seele rein ist, wird sie leicht in die Liebe Gottes hineingezogen werden. Seelen, die der Reinigung

bedürfen, werden die Liebe Gottes annehmen, insofern sie das Leid annehmen, das notwendig ist, um sie wieder heil zu machen. Eine Seele kann nicht wieder heil werden, solange sie nicht die Größe Gottes erkennt und sich in demütiger Ergebenheit vor Ihm beugt.

Der Tag, an dem euch allen der Weg zur Erlösung gezeigt werden wird, ist nahe. Jedem einzelnem Sünder wird die Chance gegeben werden, die Hand nach Gott auszustrecken. Diejenigen, die das tun, werden mit Meiner Barmherzigkeit überschüttet werden.

Euer Jesus

876. Mutter der Erlösung: Welcher Mensch könnte jemals diese neue vollkommene Existenz ablehnen?!

Freitag, 9. August 2013, 18 : 38 Uhr

Mein Kind, jede Anstrengung wird vom Teufel unternommen werden, um alle Seelen, einschließlich derer, die dem Herzen Meines Sohnes am nächsten sind, so weit zu bringen, Sein Zweites Kommen zurückzuweisen.

Genau wie in der Zeit, die der Geburt Jesu vorausging, der Geist des Bösen Mich, die Mutter Gottes bekämpft hat, so wird jetzt die gleiche Opposition erlebt werden, da Sein Zweites Kommen näher rückt.

Viele Menschen sind blind für die Verheißung, die Mein Sohn gegeben hat, als Er sagte, dass Er wiederkommen werde. Viele, die nicht akzeptieren, dass Sein Zweites Kommen bald eintreffen wird, sind unvorbereitet, weil sie nicht akzeptieren können, dass es zu ihren Lebzeiten geschehen wird. Wohingegen in den Tagen kurz nach dem Tod Meines Sohnes am Kreuz Seine Apostel dachten, dass sie Sein Zweites Kommen miterleben würden. Dieser Glaube war auch viele Jahrhunderte später in den Köpfen vieler Christen vorherrschend. Aber heute ist das nicht der Fall. Einige glauben, dass das Zweite Kommen sich auf einen alten Teil der Heiligen Schrift beziehe und dass es ein Ereignis sei, das Teil der Zukunft sei. Sie glauben nicht, dass das Zweite Kommen für sie in der heutigen modernen Welt auch nur irgendwie relevant wäre. Alles in der Welt von heute basiert auf Materialismus, auf moderner menschlicher Intelligenz und auf den großen Wundern, die dem wissenschaftlichen Fortschritt entspringen.

Kinder, ihr müsst euch vorbereiten. Ihr dürft keine Angst haben. Es ist, weil ihr von Meinem Sohn sehr, sehr geliebt werdet, dass Er bald zurückkommt, um euch einen großen Frieden zu bringen, ein großes Freisein von Traurigkeit und Verzweiflung — die direkt kausal bedingt sind als das Ergebnis der Sünde in der Welt.

Die Wiederkunft Christi ist das, was die Menschheit braucht, um zu überleben. Würde Jesus nicht bald kommen, wie vorhergesagt, dann würde die Welt zerstört werden und der Mensch wäre verlassen. Dieses Geschenk wird euch ein neues Leben bringen, einen neuen wunderbaren und herrlichen Anfang im Neuen Paradies. Es wird die größte Erneuerung der Erde sein, und mit ihr wird das Ewige Leben kommen. Welcher Mensch könnte jemals diese neue vollkommene Existenz ablehnen?! Niemand, hätte er die volle Erkenntnis dieser Neuen Ära des Friedens, in der das Paradies wiederhergestellt sein wird, würde dem seinen Rücken kehren. Kein einziger Sünder würde ausgeschlossen sein wollen, aber leider werden die Köpfe vieler für die Wahrheit blind sein. Stattdessen werden sie glauben, dass sie Frieden haben werden, wenn sie die Lügen schlucken, die ihnen bald präsentiert werden, im falschen Glauben, dass sie von Gott kämen.

Betet, betet, Kinder, damit ihr mit der Gabe des Sehens gesegnet werdet, die jenen von euch gegeben wird, die würdig sind, mit der Gabe des Heiligen Geistes beschenkt zu werden. Nur jene, die die Hand der Barmherzigkeit annehmen, durch die Hand Gottes, werden mitgenommen werden in ein Leben in Ewigkeit.

Eure geliebte Mutter
Mutter der Erlösung

877. Wisst, dass der Schmerz der Ablehnung haargenau so sein wird, wie Ich und Meine Apostel ihn während Meiner Zeit auf Erden zu erleiden hatten.

Samstag, 10. August 2013, 12:49 Uhr

Meine innig geliebte Tochter, nicht ein Einziger von euch ist so rein in seiner Seele, dass er in Meinem Namen über andere urteilen kann. Aber wisst, jene von euch, die Mir treu sind und Meinen Lehren folgen: Ihr werdet viel Kummer zu ertragen haben, wenn ihr Zeuge der größten bösen Abscheulichkeit sein werdet, die der Welt bevorsteht.

Im Namen sozialer Gerechtigkeit und sozialen Mitgefühls wird der falsche Prophet das darlegen, von dem die Welt glauben wird, dass es dazu diene, zu evangelisieren und eine moderne Kirche zu schaffen. Diese Kirche wird man die Hand nach allen Sündern ausstrecken und jene Sünder umarmen sehen, deren Sünden von Mir nicht hinnehmbar sind.

Ihr, Meine geliebten Anhänger, werdet als eine häretische Sekte angesehen werden, weil ihr fortfahren werdet, die Wahrheit zu verkünden. Alle Versuche, Mir treu zu bleiben, werden heftig attackiert werden. Ihr werdet ausgestoßen sein und als rechtsextreme Dissidenten bezeichnet werden. Jeder Versuch, an den Traditionen der Heiligen Zeremonien festzuhalten, wird ignoriert werden.

Die Macht derer, die Meine Kirchen auf Erden irreführen werden, darf nicht unterschätzt werden, da Millionen von gottgeweihten Dienern die neue falsche Lehre mit offenen Armen annehmen werden. Sie werden irrtümlicherweise glauben, dass diese neue Lehre eine Form von Evangelisation sei. Ihre Unterstützung (dieser Lehre) — als

bereitwillige Diener des Gräuels — wird es für jene Christen, die die Wahrheit kennen, sehr schwer machen. Ihre Stimmen werden wie ein Flüstern sein inmitten der Schreie derer, die zu Sklaven von Lügen werden, die man in Meinem Namen aufbringen wird.

Wisst, dass der Schmerz der Ablehnung haargenau so sein wird, wie Ich und Meine Apostel ihn während Meiner Zeit auf Erden zu erleiden hatten. Die Priester jener Tage, die für sich in Anspruch nahmen, Gott zu lieben, hatten keine Bedenken, die Stimmen Meiner Jünger zum Schweigen zu bringen, die ihnen die Nachricht von dem brachten, Wer Ich Bin. Dieses Mal, da Ich Meine Wiederkunft ankündige, werden Meine Propheten und Meine Jünger es erschütternd finden, wenn ihre Stimmen abgewiesen werden und sie der Blasphemie beschuldigt werden.

Während Meine Anhänger sich ausbreiten und wachsen, werden sie wie in Armut sein, und sie werden den Kalvarienberg besteigen — nackt, mit nichts außer ihrem Glauben. Während sie die Flamme Meines Lichtes in Meiner Kirche — in Meiner Wahren Kirche — am Leben halten werden, werden sie niemals von der Wahrheit abweichen, und sie werden auf ihrem Rücken ein schweres Kreuz tragen. Dies ist das Kreuz der Erlösung, denn auf ihren armen, müden Rücken werden sie die Sünden derer tragen, die Mich verlassen haben. Ihr Los wird hart sein. Aufgrund ihrer Liebe zu Mir werden sie anderer Menschen wegen leiden, um deren erbärmliche Seelen zu retten.

Diese Seelen verdienen es nicht, gerettet zu werden. Sie werden nur gerettet werden, weil Ich Mich entscheide, sie zu retten. Sie werden Mich beleidigt haben, Meinen treuen Anhängern schreckliches Leid bereitet haben und Meine Restarmee schikaniert haben. Dennoch werde Ich sie retten aufgrund des Glaubens jener in Meiner Restarmee.

Jene anderen Menschen, die ihre Seelen dem Tier verkauft haben, wisst Folgendes: Ihr mögt nicht an die Hölle glauben, aber Ich werde euch offenbaren, welches Leiden sie euch bringen wird. An dem Tag, an dem Ich euch die verschiedenen Stufen der Qual in der Hölle zeigen werde, wird euch dies in panische Angst versetzen, und viele von euch werden nach Meiner Barmherzigkeit schreien. Und Ich werde euch retten, wenn ihr Mich bittet, euch zu vergeben. Ich werde dies während des Tages der Großen Warnung tun. Diejenigen von euch, die Zeugen der brennenden Feuer der Hölle sein werden, die sich Mir aber nicht zuwenden werden — Ihr werdet die Warnung nicht überleben, und dieser Moment, wo ihr Mich zurückweisen werdet, wird euer letzter sein.

All diejenigen, die Mir treu bleiben und an Meinem Wort festhalten: Obwohl ihr leiden werdet — die Zukunft, die vor euch liegt, ist eine Zukunft von großer Herrlichkeit.

Diejenigen, die Meine Warnung nicht beherzigen oder kein Ohr für die Wahrheit haben werden, werden in großer Gefahr sein.

Jene von euch, die das Tier anbeten und die dem falschen Propheten in die Neue-Welt-Religion folgen werden, werden in die brennenden Feuer der Hölle geworfen werden, lebendig, zusammen mit diesen beiden.

Die Wahrheit schmeckt bitter, aber wenn ihr sie annehmt, wird sie euch Ewiges Leben bringen, wo ihr für immer mit euren Lieben Mein Königreich genießen werdet. Durchtrennt nicht die Nabelschnur zum Ewigen Leben, denn ihr werdet sonst derart schreckliche Qual erleiden und niemals wird euch eine Atempause gegeben werden.

Euer Jesus

878. Hochwasser werden an der Tagesordnung sein, und ihr werdet wissen, welche Teile der Welt Meinen Vater am meisten erzürnen.

Montag, 12. August 2013, 03 : 00 Uhr

Meine innig geliebte Tochter, Meine Anhänger überall, auch diejenigen, die nichts von diesen Botschaften wissen, werden in dieser Zeit in Meine Kirchen gezogen werden auf der Suche nach Mir. Aufgrund Meines Geschenks des Heiligen Geistes an sie werden sie in den Zufluchtsort Meines Herzens hineingefegt werden. Sie werden Unbehagen in der Welt verspüren und sie werden wissen, dass sie Meiner Hilfe bedürfen, um an Meinen Lehren festhalten zu können.

Viele werden spüren, dass Veränderungen in der Luft liegen, da die Feinde Gottes beginnen, ihren Plan des Hasses zur Täuschung der Welt bekannt zu machen, während ihre abscheulichen Aktionen, um die Sünde in all ihren Facetten gutzuheißen, bekannt gemacht werden. Die Welt wird in eine Flut von schmerzvoller Bestürzung gerissen werden, und viele werden schockiert sein durch die überall zutage tretenden Versuche, die Sünde in allen Formen zu vergöttern.

Sünden des Fleisches werden Beifall ernten. Eitelkeit und eine zwanghafte Liebe zu sich selbst wird auf der ganzen Welt zu sehen sein. Selbstbesessenheit wird, wie nie zuvor, ein lebenswichtiger Charakterzug zu sein scheinen. Diejenigen, die derartige Vergnügen nicht suchen, werden verworfen werden, und man wird ihnen das Gefühl vermitteln, ein Außenseiter zu sein. Die Sünden des Teufels werden verherrlicht werden, und während die Menschen sich in diesen Wahnsinn hineingesaugt finden, werden der Welt die Fluten des Zorns gezeigt werden, wenn Mein Vater viele Teile vieler Länder hinwegreißen wird. Hochwasser werden an der Tagesordnung sein, und ihr werdet wissen, welche Teile der Welt Meinen Vater am meisten erzürnen, wenn sich die Wasserströme in Wut auf Nationen ergießen.

All eure bösen Nationen werden aus erster Hand erfahren, wie Sünden des Fleisches bestraft werden. Mein Vater wird den Teufel davon abhalten, die Seelen jener zu übernehmen, die dieser Sünde schuldig sind, um zu verhindern, dass sie andere verseuchen. Ihnen wird Einhalt geboten werden. Ihnen wird nicht mehr erlaubt werden, mit ihrem Verseuchen weiterzumachen. Gegen dieses Übel wird nun vorgegangen und Göttliches Eingreifen durch die Hand Gottes wird jetzt überall erlebt werden.

Betet um Barmherzigkeit, jene von euch, die ihr vielleicht von diesen Züchtigungen betroffen sein werdet. Ich werde jene beschützen, die sich um Schutz an Mich wenden.

Euer Jesus

879. Sie werden in Kürze Kirchen als Orte verwenden, um darin Handel zu treiben und Profit zu machen.

Dienstag, 13. August 2013, 15:00 Uhr

Meine innig geliebte Tochter, welcher Kummer wird von Katholiken und Christen auf der ganzen Welt empfunden werden, wenn sie sehen, wie ihre Kirchen und Gebetsstätten in Entertainmentstätten umgewandelt werden.

Viele Events (= Veranstaltungen) werden in Kirchen veranstaltet werden, die eigentlich Mir die Ehre geben sollten, die aber eine Beleidigung Meines Namens darstellen werden. Sie werden in Kürze Kirchen als Orte verwenden, um darin Handel zu treiben und Profit zu machen. All diese Dinge sind unausweichlich, und diejenigen, die Mich lieben, werden darüber in großem Kummer weinen. Wie diese bedauernswerten Seelen leiden werden, da sie sich mit solchen Gotteslästerungen werden herumschlagen müssen! Die Häresien, die man ihnen aufzwingen wird, werden bedeuten, dass auf solche Seelen kaum Rücksicht genommen werden wird während der vielen Praktiken und Zeremonien, die Gott beleidigen. Da wird es Singen, Lachen und laute Stimmen geben, und man wird Geschichten vortragen, die nichts mit Mir zu tun haben werden. Doch all diese abscheulichen Aktionen werden in Meinen Kirchen und vor Meinem Angesicht begangen werden.

Meine Tochter, beachte jetzt Mein Versprechen. Ich werde bis zu den Enden der Erde gehen, um jeden Sünder zu retten. Aber so verseucht werden Seelen werden, dass sie, unabhängig davon, was Ich für sie tue, niemals Meine Barmherzigkeit annehmen werden, selbst zum Zeitpunkt des Todes nicht, obwohl sie wissen werden, dass die Hölle auf sie wartet.

Daher müsst ihr hinnehmen, dass Seelen für Mich verloren sein werden, denn ihre Bosheit ist so tief eingewurzelt in ihren Seelen, dass kein Eingreifen sie von dem Tier trennen wird.

Was Ich euch sagen muss, ist Folgendes: Lasst nicht zu, dass jene, die vom Teufel verseucht sind, euch Mir wegnehmen durch ihre Lügen. Wenn ihr Lügen akzeptiert, die euch von denjenigen diktiert werden, die nicht Mich ehren, dann werdet ihr euren Glauben schwächen — selbst dann, wenn es nur eine einzige Lüge ist, in einem einzi-

gen Aspekt in Bezug auf Meine Lehren. Wenn ihr auch nur einer einzigen Forderung nachgebt, welche darauf ausgelegt ist, dass ihr eure Interpretation von dem, was Ich euch gesagt habe, ändern sollt, dann wird dies bedeuten, dass ihr damit dem Teufel mehr Macht über euch geben werdet, euch dazu zu verführen, euch von Mir abzuwenden.

Haltet euch die Ohren zu, wenn die Gotteslästerungen aus dem Maul des Tieres hervorsprudeln. Akzeptiert rein gar nichts, was die Sakramente oder Meine Lehren verraten wird. Wendet euch ab und folgt Mir, denn wenn all diese Dinge eintreten, wird es nur einen einzigen Weg geben, den ihr gehen könnt. Dies ist Mein Weg — der Weg der Wahrheit. Nur die ganze Wahrheit ist annehmbar. Eine halbe Wahrheit bedeutet, dass sie zur Lüge wird.

Euer Jesus

880. Wenn ihr Meine Mutter ehrt, dann müsst ihr Ihre Heiligtümer besuchen und Ihr dort Ehre erweisen.

Mittwoch, 14. August 2013, 15:15 Uhr

Meine innig geliebte Tochter, kein lebender Mensch kann jemals vollkommen verstehen, wie listig Satan ist. Wisst, dass diejenigen, die er befällt, niemals auf euch den Eindruck des Bösen machen werden. Im Gegenteil, sie werden sehr anziehend, humorvoll, respekteinflößend und überzeugend sein, wenn sie euch ihre sündhaften Wege offenbaren, damit ihr ihre Täuschung akzeptieren werdet.

Diejenigen innerhalb Meiner Kirche, die dem Teufel Ehre erweisen und die sklavisch seinen Anweisungen folgen, werden euch durch ihr heiliges Auftreten erheblich verwirren. Sie werden viele von euch für ihre Wege gewinnen, da es euch so vorkommen wird, dass sie Mich und Meine Mutter aufrichtig ehren. Aber wisst, dass jede Geste und jede scheinbar heilige Handlung die Verschleierung einer Beleidigung sein wird vor den Altären, die zur Ehre Meines Namens erbaut sind. Ihr müsst wissen, dass, wenn sie das Tier ehren, sie vor euch etwas präsentieren werden, was wie heilige Handlungen aussehen wird, aber diese Handlungen werden verkehrt herum sein. Ihre Absichten werden besonders heilig und respektvoll erscheinen, aber lasst euch nicht täuschen.

Wenn ihr Meine Mutter ehrt, dann müsst ihr Ihre Heiligtümer besuchen und Ihr dort Ehre erweisen. Diejenigen, die Mich lieben, werden zu Ihr gehen. Sie dürfen niemals akzeptieren, dass Meine Mutter an den Hof der Feinde Meiner Kirche befohlen werden kann.

Die anderen Zeichen, die man von der Welt verlangen wird zu akzeptieren, die den Dreifaltigen Gott, Meine Mutter und alle Heiligen zu ehren scheinen, werden dem Anschein nach gut sein. Aber sie werden euch durch die Feinde Gottes immer auf eine abweichende Weise gezeigt werden. Wenn

das Unerwartete präsentiert wird, wisst, dass dies ein großes Zeichen des Tieres (Satans) ist, der die Welt verleiten wird zu glauben, dass er und seine Kohorten Heilige seien.

Euer Jesus

881. Das Erste Gericht ist nahe, und Ich werde die Bösen beiseite werfen.

Donnerstag, 15. August 2013, 21 : 57 Uhr

Meine innig geliebte Tochter, Ich appelliere an all Meine Jünger, die die Wahrheit kennen, Mut zu zeigen in diesen schweren Zeiten für die Menschheit.

Die Zeit, wo in vielen Ländern gleichzeitig Kriege ausbrechen werden, ist sehr nahe. Wenn ihr von all diesen Kriegen hört und Zeuge der schieren Grausamkeit jener Unterdrücker werdet, die alle unzertrennlich Seite an Seite vorgehen und diese Kriege verursachen, dann werdet ihr wissen: Die Zeit für Mein Zweites Kommen ist nahe.

Mehr von euch werden die Wahrheit, die in dem Buch des Johannes — in der Offenbarung — enthalten ist, erkennen, da sie euch zurzeit offenbart wird. Habt keine Angst, denn all diese Dinge müssen geschehen. Viele, die diese Botschaften nicht annehmen, machen einen schweren Fehler, denn das Buch der Wahrheit hat schlicht und einfach die Details und die Geheimnisse zum Inhalt, die im Buch der Offenbarung enthalten sind. Ich, das Lamm Gottes, Bin die einzige Autorität — nur Ich habe die Erlaubnis von Meinem Vater —, die Siegel, die darin enthalten sind, zu öffnen.

Wenn ihr nicht an das Buch der Wahrheit glaubt, dann glaubt ihr nicht an das Buch der Offenbarung. Seid gewarnt! Diejenigen, die das Buch der Offenbarung ablehnen, entsagen Meiner Barmherzigkeit. Aber die Wahrheit wird ihnen während Meiner Großen Warnung durch Göttliches Eingreifen gezeigt werden, denn sonst würden viele Mich niemals kennen oder die Große Barmherzigkeit verstehen, die Ich der Welt bringe. Ihr dürft niemals dem Buch der Offenbarung irgendetwas hinzufügen, dürft niemals versuchen, es so zu interpretieren oder irgendetwas aus ihm herauszunehmen, um es euren eigenen Wünschen anzupassen, denn dafür werdet ihr leiden. Wenn ihr diese Dinge tut, dann manipuliert ihr am Wort Gottes herum. Dieses Buch wurde euch verheißen. Gott hat Seinen siebenten Boten geschickt, um die Wahrheit zu enthüllen. Akzeptiert dies im Vertrauen auf Mich — oder ihr werdet alleine gehen, in Unkenntnis des schrecklichen Betruges, der über diejenigen hereinbrechen wird, die das Wort Gottes ablehnen.

Viele, viele Veränderungen werden jetzt in der Welt stattfinden, die kein Mensch wird übersehen können. Religionen werden zum Nonsens werden, da Millionen einen heidnischen Glauben annehmen werden, der, wie man ihnen erzählen wird, dazu diene, Gott zu ehren. Demut und Liebe zu den Armen werden — wie euch erzählt werden wird — die Gründe dafür sein, dass die erneuerte und erleuchtete Kirche einen Neubeginn einläuten wird. Wie Lämmer zur Schlachtbank werdet ihr hinein in den Feuersee geführt werden. Wenn ihr den schrecklichen Gräuel, in den ihr hineingezogen sein werdet, erkennt, dann kann es vielleicht zu spät sein. Wenn ihr dem Tier (Satan) Ehre erweist, dann wird er euch verseuchen, und viele werden mit der Zeit Sklaven werden.

Große Veränderungen in den politischen Systemen und in den Medien-Systemen der Welt werden zu einer großen Spaltung führen. Diejenigen, die Gott treu sind, in allem, was der Welt durch Mich, Jesus Christus, gegeben worden ist, werden leben. Diejenigen, die Mich ablehnen, werden kein Leben haben, denn sie werden unfähig werden, Meine Barmherzigkeit anzunehmen. Mein Herz, obwohl es deswegen mittendurch geschnitten sein wird, wird verhärtet werden und Meine Gerechtigkeit wird sich durchsetzen.

Das Erste Gericht ist nahe, und Ich werde die Bösen beiseite werfen, weil der Neue Himmel und die Neue Erde nur diejenigen aufnehmen wird, die Meine Barmherzigkeit angenommen haben. Viele werden sagen: „Gott ist barmherzig. Er würde niemals so grausam handeln." Meine Antwort ist: Die Erde, wie ihr sie kennt, wird nicht mehr sein. Stattdessen wird eine neue Erde auftauchen — viel größer und großartiger als zuvor, wo zwölf Nationen wohnen werden, Seite an Seite, in liebender Harmonie. Nur diejenigen, die Mir treu bleiben, und diejenigen, die Mich nicht kennen, die aber Meine Hand ergreifen, wenn Ich ihnen bei der Warnung die Wahrheit beweise, werden durch die Tore eintreten. Danach werde Ich die Tore schließen. Kein weiterer Mensch wird dann mehr eintreten, denn Mein Urteil wird gefällt sein. Aller Kummer wird vergessen sein, und die Bösen werden in die Hölle geworfen sein, wo sie in Ewigkeit leiden werden. Der Mensch darf Meine Große Liebe, Meine Barmherzigkeit und Mein Erbarmen niemals unterschätzen. Aber er sollte auch Meine Strafe fürchten; denn sie wird endgültig sein, wenn die letzte Posaune ertönt am Großen Tag des Herrn.

Und dann wird es vorbei sein.

Euer Jesus

882. Sie müssen das Heilige Missale (= Messbuch) beibehalten, die Gewänder, die Heilige Bibel und die Heiligen Kreuze. Diese werden alle ersetzt werden.

Samstag, 17. August 2013, 11:50 Uhr

Meine innig geliebte Tochter, viele von denen, die mit einem starken Glauben und mit Liebe zu Mir, Jesus Christus, gesegnet sind, beginnen endlich, Meine Stimme zu erkennen, während Ich durch diese Botschaften zur Welt spreche.

Diejenigen, die ihr Leben damit verbringen, der Schlange sklavisch zu dienen, wissen ebenfalls, dass Ich es Bin, Der spricht.

Und so nimmt die Schlacht, Meinen Heiligen Willen zu tun, auf der einen Seite, und der Wunsch der Feinde Gottes, Mich zu bekämpfen, ihren Anfang.

Jene, die planen, der Menschheit Leid zuzufügen, als Teil eines Bundes mit dem Tier, werden sich in Acht nehmen, dass man sie nicht diese Botschaften öffentlich anprangern sieht, denn wenn sie das tun, werden sie diesen Botschaften Glauben schenken. Stattdessen werden sie auf andere Weise Hass gegen Mich verbreiten, indem sie damit anfangen, den Glauben jener innerhalb Meiner Kirche zu zerstören. Sie werden die Herzen derer, die Mich lieben, gegen ihre Mitchristen kehren. Sie werden Heiden, New-Age-Hexen und Anbeter des Tieres eher umarmen als Christen, die an den abscheulichen heidnischen Ritualen Anstoß nehmen werden, die man in katholischen Kirchen und bald auch in anderen christlichen Kirchen vollziehen wird.

Diese Ereignisse stehen noch bevor. Bitte denkt nicht, dass die aktuellen Heiligen Messen oder Sakramente sich schon geändert hätten, obwohl sie sich sehr bald ändern werden. Wenn das geschieht, dann müsst ihr euch abwenden und Mich verteidigen.

Große Änderungen sind in den letzten paar Jahren von dem Übel der Freimaurerei in Meiner Kirche auf Erden geplant worden. Jetzt sind ihre Pläne, die bereits in den höchsten Rängen in den Kirchen bekannt gemacht worden sind, dabei, veröffentlicht zu werden. Sie werden enthüllt werden mit der Ankündigung, dass die Katholische Kirche jetzt modernisiert werde, damit diese in der heutigen neuen, aufgeschlossenen, liberalen Gesellschaft relevant werden könne. In dieser Ankündigung wird es heißen, dass unter die Vergangenheit ein Schlussstrich gezogen werde, und dann wird es heißen, dass das Motto (der Kirche) es sei, alle Glaubensbekenntnisse zu umarmen, um zu zeigen, dass sie nicht engstirnig sei. Diese Ankündigung wird in der ganzen Welt gefeiert werden, und die Medien werden über diese gute Nachricht auf ihren Titelseiten berichten, während sie zuvor die Katholische Kirche mit Abscheu betrachtet haben.

Die Saat Satans wird ausgegeben werden, und die neuen Zeremonien, wo die Form der Heiligen Messen verkehrt herum präsentiert werden wird, aber all die richtigen Sätze über Meine Passion durch Nonsens — durch leere Worte — durch leere Gefäße — durch leere Tabernakel — ersetzt sein werden. All Meine Kreuze werden durch die geheimen Symbole des Okkulten ersetzt werden.

Dies ist die Verwüstung, über die zum Propheten Daniel gesprochen wurde. (*) Dies ist — vielerorts — das Ende Meiner Heiligen Eucharistie und das Ende der Messe, wie ihr sie kennt. Aber Meine geliebten treuen Diener werden jetzt sich und die Erzeugung der Heiligen Hostien vorbereiten. Sie müssen das Heilige Missale (= Messbuch) beibehalten, die Gewänder, die Heili-

ge Bibel und die Heiligen Kreuze. Diese werden alle ersetzt werden.

Ihr müsst euch schnell sammeln und planen, denn euch wird es nicht erlaubt sein, die Messe nach Meinem Willen zu lesen.

Ich werde euch führen, Meine heiligen Diener, wenn die Zeit kommt. An jene Christen, die glauben, dass dieser Gräuel nur in der Katholischen Kirche zu sehen sein wird: Wisst dann, dass alle christlichen Kirchen betroffen sein werden, bis sie alles, was Mich erwähnt, und alle Zeichen von Mir verbannen. Mit der Zeit werdet ihr dafür streng bestraft werden, wenn ihr Meinen Namen erwähnt.

Ihr werdet schockiert sein, wie schnell die scheinbar unschuldige, erneuerte, aber verunreinigte Kirche hinein in einen bösen Kult abfallen wird. Sie werden außergewöhnliche Anstrengungen unternehmen, um diejenigen zu bestrafen, die sich ihrer menschengemachten, heidnischen Neue-Welt-Religion widersetzen.

Christen und Juden werden das Hauptziel des Hasses sein, und sie werden wegen ihrer Religion verfolgt werden.

Statt ängstlich zu sein, rufe Ich euch auf: Seid vorbereitet, für Meinen Namen zu kämpfen. Vergesst niemals, wie sehr Ich noch immer gehasst werde. Wisst, dass, wenn ihr Mir in diesen bevorstehenden Zeiten folgt, euer Kreuz viel schwerer sein wird als das jener, die vor euch kamen.

Euer Jesus

(*) z. B. Daniel 11, 31
Es werden auch von seinen Truppen zurückbleiben und das Heiligtum, die Festung, entweihen und das beständige Opfer abtun und den Greuel der Verwüstung aufstellen.
oder z. B. Daniel 9, 27
Und man wird vielen den Bund schwer machen eine Woche lang und mitten in der Woche Schlacht und Speisopfer aufhören lassen, und auf der Zinne werden Greuel des Verwüsters aufgestellt, bis daß sich die bestimmte Vertilgung über die Verwüstung ergossen hat.

883. Mutter der Erlösung: Sie werden Zufluchtsorte finden müssen, damit sie tägliche Messen und die Heilige Eucharistie anbieten können.

Samstag, 17. August 2013, 16:45 Uhr

O, Meine lieben Kinder, wie betrübt ist Mein Herz wegen des Leides, das den Priestern in der Katholischen Kirche schon bald bevorsteht.

So viele kostbare Diener Meines Sohnes, deren einziger Wunsch es ist, Gott zu dienen und Seelen auf den richtigen Weg zum Heil zu bringen, werden solchen Prüfungen ausgesetzt sein, dass viele aus Angst abfallen werden. Viele werden blind für die Wahrheit sein und werden große Veränderungen in der Kirche akzeptieren und diese begrüßen, in dem irrigen Glauben, dass sie dem Wohle aller dienen würden. Diejenigen, die die Täuschung, die den Katholiken präsentiert werden wird, erkennen werden, werden wegrennen. So voller Furcht über ihr Schicksal werden sie die Kirche verlassen, denn sie werden zu schwach sein, um sich gegen solche Bosheit zu erheben.

Jene Priester, die sich weigern werden, die falsche Lehre anzunehmen, werden der Ketzerei bezichtigt werden, und viele werden öffentlich zurechtgewiesen werden, wegen fehlendem Gehorsam ihren Vorgesetzten gegenüber. Viele werden exkommuniziert werden. Andere werden ein Martyrium erleiden. Dann wird es diejenigen geben, die die Kirche — und zwar die Kirche, die der Welt von Meinem Sohn gegeben ist — im Geheimen führen werden.

Sie werden Zufluchtsorte finden müssen, damit sie tägliche Messen und die Heilige Eucharistie anbieten können. Sie werden durch den Heiligen Geist geführt werden, und die Restarmee Meines Sohnes, die Seinen Lehren und Sakramenten bis zum letzten Tag treu ergeben bleiben wird, wird ihnen folgen.

Ihr müsst verstehen, dass, wenn ihr Zweifel an der Echtheit dieser Warnung habt, dass Ich, die geliebte Mutter Christi, dazu missbraucht werden werde, um die wahre Absicht jener Kräfte, die in die Kirche Meines Sohnes auf Erden eingedrungen sind, zu verbergen. Ich werde als Aushängeschild der Kirche benutzt werden, um die Menschen von den wahren Absichten dieser bösen Gruppe abzulenken. Um Gottes Kinder zu überzeugen, dass sie dem wahren Wort Gottes und den Traditionen der katholischen Kirche treu blieben, werden sie Zeremonien schaffen, die, wie sie sagen werden, Mich ehren würden. Sie werden die Prophezeiungen von Fatima benutzen, um Mein Bildnis zu entweihen, indem sie der Welt eine große Täuschung präsentieren. Sie werden Mich benutzen, um die Kirche Meines Sohnes zu entweihen, und alles, was sie tun werden, wird verkehrt herum sein, in Übereinstimmung mit den Interessen des Teufels.

Indem sie den Eindruck erwecken, dass sie die Mutter Gottes ehren, wird bei vielen Katholiken ein falsches Gefühl der Sicherheit erzeugt werden. Dies wird bedeuten, dass alle Zweifel, die sie sonst hätten, wenn sie die seltsamen neuen Änderungen hinsichtlich der Messe und der Sakramente sehen, sofort vergessen sein werden. Wie traurig Mich das doch macht! Mein Bildnis wird bewusst eingesetzt werden, um Meinen Sohn zu beleidigen.

Satan verachtet Mich. Er fürchtet Mich aber auch. Um Meinen Sohn zu verletzen, wird er durch jene Seelen unter seinem Einfluss große Mühe darauf verwenden, um Mein Bildnis durch viele geheime Rituale und schwarze Messen zu verunreinigen. Mein Standbild wird mit satanischen Symbolen geschmückt werden, und Ich werde an vielen Orten von freimaurerischen Gruppen, welche dort die Leitung übernommen haben, geschändet werden.

Betet, betet, betet, Kinder, jeden Tag, um die Kraft, dieser Bosheit mit Mut zu begegnen. Fürchtet euch nicht vor ihr. Akzeptiert, dass Satans Armee jetzt viele Nationen kontrolliert, in jedem Teil der Welt. Wenn ihr das akzeptiert, dann kann euch die Stärke und Entschlossenheit gegeben werden, die ihr benötigt. Wenn ihr um diese Gnaden bittet, durch die Kreuzzuggebete, dann könnt und werdet ihr helfen, diese Bosheit zu mildern.

Eure geliebte Mutter
Mutter der Erlösung

884. Von ihnen wird verlangt werden, ihre Loyalität zu geloben, durch einen neuen Eid, um der Kirche treu zu bleiben.
Sonntag, 18. August 2013, 17:45 Uhr

Meine innig geliebte Tochter, die Umsetzung des Planes, durch den falschen Propheten den Klerus weltweit zu täuschen, hat begonnen.

Unter dem Deckmantel einer Erneuerung und Neubelebung der Katholischen Kirche wird der ganze Klerus innerhalb dieser Kirche zu Besinnungstagen geschickt werden, um sie zu ermutigen, das neue Apostolat zu akzeptieren. Diese werden eine weite Verbreitung erlangen, und vielen wird gesagt werden, dass es das Ziel sei, alle in der Welt zu vereinen, im Namen der Gerechtigkeit. Diese neue Mission wird, so wird ihnen erzählt werden, die Armen der Welt umarmen, und danach streben, die Einheit herbeizuführen. Von ihnen wird verlangt werden, ihre Loyalität zu geloben, durch einen neuen Eid, um der Kirche treu zu bleiben. Von ihnen wird nicht verlangt werden, ihr Vertrauen auf Mich oder auf Mein Heiliges Wort zu setzen. Stattdessen werden sie den neuen selbsternannten Führern, die sich den Stuhl Petri genommen haben, Treue schwören.

Zweifelt nicht daran: Von denjenigen, die das Geschenk Heiliger Weihen empfangen haben, wird verlangt werden, an einer Falschheit mitzumachen, wo Ich, Jesus Christus, nicht im Vordergrund stehen werde, obwohl es den Anschein haben wird, dass dies der Fall sei. Geld wird eine treibende Kraft sein, und eine neue Finanzorganisation wird eingerichtet werden, um die Erschließung von Geldmitteln zu kontrollieren, um sicherzustellen, dass die Armen der Welt davon profitieren werden.

Wenn ihr eure Heiligen Weihen in irgendeiner Form abändert und euer Leben jemandem angelobt, der alle Bande mit Mir durchtrennt, dann werdet ihr nicht mehr fähig sein, Mir zu dienen. Alles wird den Anschein haben, als wäre es in den Augen Gottes vereinfacht. Der Plan wird es sein, diese Meine gottgeweihten Diener zu überzeugen, freiwillig an der Abscheulichkeit mitzuwirken, welche die Gesellschaft und eine säkulare Welt mit der Kirche verbinden wird, die von Mir, Jesus Christus, gegründet worden ist.

So, auf diese Art, werde Ich beleidigt werden. Jede Anstrengung, den Säkularismus zu umarmen, wird von Nichtgläubigen Beifall erhalten, und man wird das für eine gute Sache halten, im Sinne der neuen, sogenannten modernen Gesellschaft von heute.

Es wird den Christen bald seltsam erscheinen, wenn sie sehen, wie Mitglieder der säkularen Welt die katholische Kirche voll Enthusiasmus umarmen. Aber viele werden ihre Zweifel beiseite wischen und ihre Bedenken aufgeben, denn sie werden wegen der großen Täuschung zu Fall kommen. Das Kernstück dieses Planes zur Revolutionierung der Kirche ist ein Hass auf Mich und auf alles, was Ich Meiner Kirche gegeben habe. Ihr müsst in den kommenden Tagen alles in Frage stellen. Verlangt Antworten, wenn sie Meine Lehren abändern und sie verdrehen, damit sie den Heiden behagen. Keinem von Mir bestellten Jünger würde jemals die Autorität gegeben werden, dies zu tun, denn das kommt einer Gotteslästerung gleich.

Wehe jenen, die zulassen, dass Mein Heiliges Wort manipuliert wird, und die zulassen, dass Spielräume geschaffen werden, um jenen, die Mich ablehnen, Respekt zu zollen.

Euer Jesus

885. Mutter der Erlösung: Meine Kinder überall — ihr müsst in dieser Zeit des Kummers auf Mich, eure geliebte Mutter, hören. Montag 19. August 2013, 18:28 Uhr

Meine Kinder überall — ihr müsst in dieser Zeit des Kummers auf Mich, eure geliebte Mutter, hören. Ich appelliere vor allem an diejenigen von euch, die Mich, die Mutter Gottes, innig verehren, denn Ich tröste euch in dieser Zeit des großen Glaubensabfalls. Ihr müsst dieses Eingreifen aus dem Himmel gerne annehmen und dankbar sein, dass euch wegen der großen Liebe Meines geliebten Vaters dieses große Geschenk gegeben worden ist.

Wenn ihr glaubt, dass die bedrohliche Woge des Heidentums, die bald die Kirche Meines Sohnes auf der ganzen Welt verschlingen wird, für euch nicht auszuhalten ist, dann müsst ihr um Meine Fürsprache bitten. Was auch immer geschehen mag, wenn ihr Meinem Sohn treu bleibt, obwohl jeder Versuch gemacht werden wird, euch abzulenken, dann wird alles gut sein. Denkt niemals, dass es hoffnungslos sei, denn die große Glorie Meines Sohnes und der Wille Gottes werden in Kürze offenbart werden.

Mögen auch noch so viele in der Kirche in schweren Irrtum geführt werden, das Wort Gottes wird sich wie ein Lauffeuer verbreiten. Die zwei Zeugen vom Wort Gottes — die wahre christliche Kirche und das Haus Israel — werden die Zeit überdauern. Feuer wird aus ihrem Mund kommen in Form des Heiligen Geistes. (*)

Mit der Zeit, nachdem der Gräuel der Verwüstung offenbart worden ist, werden diejenigen, die treu zur Wahrheit stehen, auferstehen und das Königreich Christi wird ihnen gehören. Lügen werden immer aufgedeckt werden, obwohl zu Beginn diejenigen von euch, die mit der Gabe des Heiligen Geistes erfüllt wurden, so viel leiden werden, wenn ihr die schreckliche Entheiligung in der Kirche Meines Sohnes seht. Die Wahrheit wird gesehen werden, und all jene, die anfangs irregeführt wurden, werden schließlich das Böse verstehen, das man vor euch statuiert haben wird.

Ihr müsst nur auf Meinen Sohn vertrauen während dieser qualvollen Reise, wo man euch wie einen Verbrecher behandeln wird dafür, dass ihr darauf beharrt, dem Wort Gottes treu zu bleiben. Bitte denkt an den eigenen Weg Meines Sohnes zum Kalvarienberg. Nehmt dieses Kreuz an, mit Liebe und Würde, da ihr Meinem Sohn große Freude bereitet, wenn ihr Seine Last tragt. Durch eure Opfer und Leiden wird Er die unwürdigsten Seelen retten — und dann wird Er in der Lage sein, alle Kinder Gottes zu vereinen.

Eure geliebte Mutter
Mutter der Erlösung

(*) Offb. 11,5
Wenn ihnen jemand schaden will, so wird Feuer aus ihrem Munde gehen und ihre Feinde verzehren. Also muß jeder umkommen, der sie verletzen will.

886. Ich werde dafür sorgen, dass noch zusätzliche Millionen Meine Worte hören.
Dienstag, 20. August 2013, 19:20 Uhr

Meine innig geliebte Tochter, Meine Liebe und Mein Erbarmen für alle Sünder hat dazu geführt, dass Ich Milliarden Seelen große Barmherzigkeit gewähre. Von heute an werde Ich ihnen die Augen öffnen für Meine Botschaften an die Menschheit. Ich werde dafür sorgen, dass noch zusätzliche Millionen Meine Worte hören, damit Ich viel mehr verlorene Seelen in das Neue Paradies mitnehmen kann. All diese Seelen, die aufgrund ihrer Starrköpfigkeit diese Botschaften niemals annehmen würden, werden sie jetzt als das erkennen, was sie sind: ein Akt der Barmherzigkeit von Mir, damit Ich ihre Seelen retten kann.

Priester, die Meine Botschaften denunziert und für Worte des Teufels erklärt hatten, werden inzwischen den schrecklichen Fehler erkennen, den sie gemacht haben, indem sie Seelen die Möglichkeit verweigert haben, auf Meine Himmlische Stimme zu hören.

Nichtgläubige, die darum gerungen haben, Frieden zu finden, werden jetzt zu Meinen Botschaften hingezogen werden, und bald werden sie Trost bei Mir suchen. Ich warte auf sie, und sobald sie auf Mich zugehen, werde Ich sie mit einer Sehnsucht nach Meiner Liebe erfüllen, dass sie außerstande sein werden, Mich zu ignorieren.

Gläubige, die an Gott, den Allmächtigen Vater glauben, die aber Mich, Seinen geliebten Sohn, nicht akzeptieren, werden eine Rührung in ihren Seelen verspüren. Sie werden nach der Wahrheit schreien, da sie sehen, wie sich die Welt bis zur Unkenntlichkeit verändert haben wird.

Dann werden diejenigen, die Mich lieben und die unerschütterlich bleiben in ihrem Glauben, die aber darin versagen, Mich zu erkennen, wenn Ich ihren Seelen zurufe, dann werden diese von der schlussendlichen Erkenntnis überwältigt sein, wenn Meine Göttliche Gegenwart ihnen bekannt gemacht werden wird. Ich werde vor Freude jubeln, wenn diese, Meine Anhänger, Mir erlauben, sie auf diesem abschließenden Weg in rechter Weise zu führen.

Ich gebe der Welt diese Geschenke, weil Ich euch alle liebe. Erwartet dieses Geschenk mit Liebe und Dankbarkeit.

Euer Jesus

887. Mein Zweites Kommen kann nicht stattfinden, solange die Kontaminierung durch die Sünde nicht beseitigt worden ist.
Mittwoch, 21. August 2013, 18:05 Uhr

Meine innig geliebte Tochter, die Erneuerung und Reinigung der Erde hat jetzt begonnen, da Meine Zeit naht. Mein Zweites Kommen kann nicht stattfinden, solange die Kontaminierung durch die Sünde nicht beseitigt worden ist, durch die Reinigung, die auf dieser Erde notwendig ist.

Während die Erde gereinigt werden wird, werden Seelen jeder Glaubensüberzeugung in eine Erneuerung des Geistes getaucht werden, und viele werden einen schrecklichen geistigen Kampf durchmachen. Sie werden nicht verstehen, was sie durchleiden, aber Ich werde dies aufgrund Meiner Barmherzigkeit erlauben. Damit Seelen fähig sind, vor Mir zu stehen und Ewiges Leben im Neuen Paradies zu empfangen, müssen sie zuerst gereinigt werden. Diese Reinigung wird auf Erden stattfinden, sowohl für diejenigen, die die Verfolgung durch den Antichristen erleben werden, als auch für diejenigen, die den Übergang in das Neue Paradies erleben werden. Die Erde wird zur gleichen Zeit ihre eigene Erneuerung beginnen, und alles Böse wird wie Unkraut ausgejätet werden, Schritt für Schritt.

Seid dankbar, dass Mein Vater nicht Seine Geduld verloren hat und dass Er Seine Kinder nicht so bestraft, wie es der Schwere ihrer Sünden angemessen wäre. Seid auch dankbar, dass Er Sich jetzt nicht einfach abwendet und lediglich jene Seelen, die Ihn aufrichtig lieben, von dieser Erde wegnimmt, welche Ihn aufgrund ihres Verdorbenseins anekelt.

Mein Vater gibt nicht auf, weil Seine Kinder Seine Schöpfung sind, und Er wird nicht erlauben, dass sie Satan in die Hände fallen. So eifersüchtig war Luzifer, dass er, als Mein Vater den Menschen nach Seinem Bilde schuf, schwor, bis zum letzten Tag zu kämpfen, um den Menschen gegen seinen Schöpfer aufzubringen.

Mein Vater wird eingreifen, aus Liebe, um die Stärke Satans machtlos werden zu lassen. Jeder Ansatz von Satans Version des Dreifaltigen Gottes, bestehend aus dem falschen Propheten, dem Antichristen und dem Geist des Bösen, wird vereitelt werden. Dieser Kampf wird hässlich sein, unfair gegenüber vielen Seelen, die zu schwach sein werden, sich aus dem Griff des Bösen freizukämpfen, aber er wird vom Allmächtigen Gott gewonnen werden.

Ihr, ihr alle, müsst euch Meinem Vater zuwenden und Ihn bitten, eure Seelen zu retten und euch davor zu bewahren, dem Tier auf dem Weg ins Verderben zu folgen.

Euer Jesus

888. Ich muss die Welt vor der großen Zahl von falschen Propheten warnen, die in dieser Zeit versuchen, Meine Stimme zu übertönen.
Donnerstag, 22. August 2013, 23:05 Uhr

Meine innig geliebte Tochter, Ich muss die Welt vor der großen Zahl von falschen Propheten warnen, die in dieser Zeit versuchen, Meine Stimme zu übertönen.

Ich habe eine Reihe von Propheten gesandt, alle mit verschiedenen Missionen, um die Kinder Gottes vorzubereiten. Diese Botschaften über die Endzeit sind die einzig authentischen Botschaften ihrer Art, genau zu dieser Zeit, denn Ich würde Gottes Kinder niemals verwirren.

Diese Botschaften dürfen niemals mit anderen verglichen werden, die zurzeit überall verbreitet werden, gerade jetzt, um Meinem Heiligen Wort zu widersprechen. Es kann nur ein Buch der Wahrheit geben — nur Ich, Jesus Christus, das Lamm Gottes, kann den Inhalt offenbaren. Jene von euch, die an Mich glauben, können so leicht getäuscht werden. Ihr müsst wissen, dass Botschaften, die diesen Botschaften widersprechen und wo behauptet wird, dass sie von Gott kämen, dass dies unmöglich ist.

Vertraut ihr Mir nur ganz wenig? Oder umarmt ihr Mich, wie Ich es von euch wünsche: von ganzem Herzen und mit einem offenen Herzen? Mit Liebe und Sorge rufe Ich euch. Ich versuche nicht, an eure Intelligenz zu appellieren. Ich rufe euch durch euer Herz und Ich ziehe eure Seele hin zu Mir. Wenn ihr Meine Gegenwart in diesen Botschaften spürt, dann müsst ihr nicht bei jemandem anderen noch nach einer Bestätigung oder Zustimmung suchen.

Ich Bin wie Ich Bin. Ich stehe jetzt vor euch, wie es vorgesehen war. Mein Vater würde Mir niemals erlauben, den Inhalt des Buches der Offenbarung jemandem anderen zu enthüllen als dem siebenten Boten, denn dieser Tag ist gekommen.

Viele echte Visionäre haben in der Vergangenheit der Welt das Wort Gottes gegeben und sie haben deswegen schrecklich gelitten. Viele erhalten noch immer Trost von Mir, und Ich werde weiterhin mit ihnen kommunizieren, denn Ich brauche ihre Leiden und ihre Gebete. Sie sind Meine auserwählten Seelen, und jeder hat seine eigene Rolle, die er bei der Rettung anderer Seelen spielt.

Diese Mission ist die letzte. Ich trage euch auf, Mein Wort jetzt, in der Gegenwart, zu beherzigen. Nur Mein euch durch diese Botschaften gegebene Wort wird euch durch die Verfolgung hindurchführen. Mit diesen Botschaften bringe Ich euch große Gnaden. Ihr dürft Mich niemals beleidigen, indem ihr sie kontaminiert, nämlich dann, wenn ihr Mein Wort in Frage stellt, wenn ihr Meine Botschaften mit den Fiktionen vergleicht, die von falschen Propheten produziert werden.

Ihr habt niemanden nötig, der euch zu Meiner Großen Barmherzigkeit hinführt. Euer Fokus soll einzig auf diese Botschaften gerichtet sein, und ihr müsst jetzt Meinen von alters her gültigen Lehren treu bleiben, denn sie sind eure rettende Gnade.

Euer Jesus

889. Mutter der Erlösung: Der Antichrist wird bei seiner Ankündigung erklären, dass er ein gläubiger Christ sei.

Freitag, 23. August 2013, 14:09 Uhr

Mein Kind, wie werden die Christen doch leiden, da die Krankheit der Sünde die Welt überall in vielfältiger Form verschlingt.

Es gibt ein organisiertes Vorhaben, das unternommen wird, um das Christentum auszulöschen, und dieses nimmt viele Formen an. Ihr werdet das daran erkennen, wenn Christen das Recht verweigert wird, ihre Treue zu Gott öffentlich kundzutun, dass aber jeder anderen Glaubensrichtung, die nicht von Gott ist, sehr wohl gestattet wird, dies zu tun. Diese Angehörigen anderer Glaubensbekenntnisse werden große Unterstützung erfahren, wenn sie im Namen ihrer Bürgerrechte für Gerechtigkeit plädieren. Was dies bewirken wird, ist, dass die Sünden, die Meinem Vater ein Gräuel sind, noch weiter verbreitet werden.

Die Menschen werden gezwungen sein, die Sünde in ihren Ländern zu akzeptieren, und es wird für Christen bei Strafe verboten sein, diesen Gesetzen zu widersprechen. Christen werden als unbarmherzig und rechtsextrem angesehen werden, als jemand, den die Menschenrechte anderer vollkommen unberührt lassen. Jeder Wesenszug, der in den Seelen wünschenswert ist, da er von Meinem Vater angelegt worden ist, wird vorgeschoben werden in ihren Bemühungen, solche Bosheit in euren Nationen zu rechtfertigen.

Wenn eine körperliche Erkrankung die Bevölkerung befällt, dann tötet sie viele. Aber nach einer Zeit großer Trauer und vieler Todesfälle wird die restliche Bevölkerung immun gegen die Krankheit. Die Sünde wird in vielen Nationen die Ursache körperlicher Krankheit sein, denn die Strafgerichte der Siegel sind durch den Erlöser der Menschheit verkündet und von den Engeln des Herrn ausgegossen worden. Viele werden zur Sühne für die Bosheit der Menschen ge-

tötet werden. Diese Reinigung wird sich fortsetzen, bis nur noch diejenigen übrig bleiben werden, die gegen den Tod immun sind aufgrund ihrer Liebe zu Gott.

Christen werden auf mehrere Weisen außerordentlich leiden. Ihr Glaube wird ihnen weggenommen werden und an seiner Stelle wird man einen Gräuel sehen. Der Schmerz, der bereits begonnen hat, ist der gleiche Schmerz, wie er in dieser Zeit von Meinem Sohn erfahren wird. Dann werden sie Zeuge eines erstaunlichen Bildes sein, wenn der Antichrist bei seiner Ankündigung erklären wird, dass er ein gläubiger Christ sei. Er wird in seinen Reden an die Welt oft die Bibel zitieren. Ermattete Christen, die bisher gelitten haben, werden plötzlich erleichtert sein. Endlich — so werden sie glauben — ist hier ein Mann, der vom Himmel gesandt ist als Antwort auf ihre Gebete. Aus seinem Mund werden sich viele süße und tröstende Worte ergießen, und es wird aussehen, als ob er ein Geschenk des Himmels wäre, insofern als man ihn das Unrecht gegen Christen wird korrigieren sehen. Er wird sorgfältig darauf bedacht sein, wie er von Christen wahrgenommen wird, vor allem von denen, die Römisch-Katholisch sind, denn diese werden seine Hauptzielgruppe sein.

Alle werden den Antichristen bewundern. Und seine sogenannten christlichen Handlungen und Gesten und seine vermeintliche Liebe zur Heiligen Schrift werden ihm bei vielen eine sofortige Akzeptanz bringen. Er wird alle Nationen zusammenziehen und wird damit beginnen, Zeremonien für andere Religionen, insbesondere für heidnische Organisationen, abzuhalten, damit sie zusammen daran arbeiten können, den Weltfrieden herbeizuführen. Er wird darin Erfolg haben, Länder zusammenzuführen, die bis dahin Feinde gewesen waren. Stille wird in vom Krieg zerrissenen Ländern zu hören sein und sein Bild wird überall erscheinen. Sein letzter, großer Triumph wird sein, wenn er all jene Nationen, die er zusammenführt, in die Domäne der katholischen Kirche und aller anderen christlichen Konfessionen bringt. Diese Vereinigung wird die neue Eine-Welt-Religion bilden. Von diesem Tag an wird auf Erden die Hölle losbrechen, und der Einfluss der Dämonen wird das höchste Niveau seit der Zeit vor der großen Flut erreichen. Man wird die Menschen in der neuen Eine-Welt-Ordnung-Kirche Gott verehren sehen und sie werden in jeder Weise fromm erscheinen. Dann — außerhalb der Kirchen — werden sie sich öffentlich in Sünde ergehen, denn für keine Sünde werden sie sich schämen. Unter der hypnotischen Regie der falschen Dreifaltigkeit — der Trinität, die von Satan geschaffen wurde — werden sie nach jeder Art Sünde lechzen als ein Mittel, um ihrem neu gewonnenen Verlangen nachzukommen.

Zu dieser Bosheit werden Sünden des Fleisches gehören, wo Nacktheit akzeptabel sein wird, wenn Menschen an öffentlichen Orten in obszöne Sünden des Fleisches verwickelt werden. Morde werden häufig

vorkommen und von vielen, auch von Kindern, begangen werden.

Satanische Anbetung und schwarze Messen werden in vielen katholischen Kirchen stattfinden. Abtreibung wird als Lösung für jede Art von Problem gesehen werden und wird bis zum Tag der Geburt erlaubt sein.

Es wird bald eine strafbare Handlung werden, Jesus Christus auf irgendeine Art die Treue zu zeigen. Wenn ihr mit einem echten Kreuz gesehen werdet, dann werdet ihr feststellen, dass ihr eine Straftat begangen habt, weil ihr damit gegen das Gesetz verstoßen haben werdet. Das Gesetz in euren Ländern wird ein doppeltes Gesetz werden: wo Politik und Religion in der Neuen-Welt-Ordnung eng miteinander verschlungen sein werden.

Diese Verfolgung wird bedeuten, dass viele, ohne es zu wissen, das Tier anbeten werden und verseucht werden. So verseucht werden sie werden, dass sie Bruder, Schwester, Mutter und Vater an die Behörden verraten werden, sollten diese dem Christentum treu bleiben. Kinder, eure einzige Hoffnung, euch während dieser Zeit aufrechtzuerhalten, ist das Gebet.

Ich bitte euch dringend, bewahrt alle heiligen Gegenstände auf, Rosenkränze, gesegnete Kerzen, Weihwasser, eine Bibel und das heilige tägliche Missale (Messbuch) zusammen mit dem Kreuzzugebetbuch. Ihr müsst das Siegel des Lebendigen Gottes in eurem Hause aufbewahren und, wenn möglich, am Körper tragen. Meine Medaille der Erlösung wird diejenigen bekehren, die sie tragen, und ihnen wird von Meinem Sohn Barmherzigkeit gezeigt werden. Ich bitte dich jetzt, Kind, du musst die Medaille der Erlösung jetzt produzieren und ein Skapulier des Siegels des Lebendigen Gottes machen lassen.

Diese Botschaft ist eine Warnung aus dem Himmel vor Dingen, die da kommen werden. Ihr müsst auf Mich, die Mutter der Erlösung, hören, denn Ich muss euch zur Wahrheit führen, damit ihr Meinem Sohn allzeit aufrichtig treu bleiben werdet.

Geht in Frieden, Kinder, und bewahrt Ruhe, denn diese Prüfung wird aufgrund der Barmherzigkeit Gottes kurz sein. Vertraut auf Mich, eure Mutter, denn Ich werde während eurer Prüfungen immer bei euch sein. Ihr werdet nie allein sein.

Eure Mutter
Mutter der Erlösung

890. Gott der Vater: Kinder, wir sind nur eine kurze Zeit entfernt von dem Großen Tag.

Freitag, 23. August 2013, 15:00 Uhr

Meine liebste Tochter, während die Welt sich abmüht, der Verzweiflung, die sie erlebt, Sinn abzugewinnen, wisst, dass all dieser Aufruhr stattfinden muss, bevor Ich alle, die Mich lieben, hinein in Meinen Zufluchtsort bringe.

Ihr werdet bald wissen, Wer Ich Bin, Kinder. Diejenigen von euch, die sich im Bezug auf Mich nicht sicher sind, werden endlich die Wahrheit erkennen, und dies wird euch großen Frieden bringen. Das Böse in der Welt nimmt jetzt zu und die Täuschung bricht herein. Ihr müsst stark sein, Ich flehe euch an, da Ich jetzt den Tag erwarte, an dem die Erneuerung beginnen wird und alle Meine Kinder Trost finden werden, an dem Tag, wo Mein geliebter Sohn Sich Selbst kundtun wird.

Wovon ihr jetzt Zeuge seid, ist eine Schlacht zwischen Meiner Himmlischen Hierarchie und Satan und all seinen Dämonen. Sie ist furchterregend und sehr erschütternd für viele von euch, aber ihr sollt wissen, dass Ich eingreifen werde, um euren Schmerz zu lindern. Wisst, dass ihr Mir gehört und dass Ich der Welt Frieden bringen werde, wenn Ich sie von der Verseuchung befreit habe.

Kinder, wir sind nur eine kurze Zeit entfernt von dem Großen Tag, und obwohl immer noch viel geschehen muss, wo der Heilige Name Meines Sohnes zerrissen werden wird, wird es schnell gehen. Ihr müsst jetzt auf die Zukunft blicken, da sie ein funkelndes Juwel ist von solcher Größe, dass ihr an dem Tag, wenn ihr in die neue Ära des Friedens eingeht, die Verfolgung vergessen haben werdet, die der Welt vom Teufel zugefügt wird. Ihr müsst tun, was Mein Sohn euch sagt. Ihr müsst Ruhe bewahren, wenn euch die Siegel offenbart werden, die alle zu eurem eigenen Besten sind und zum Besten jener, für deren Seelen um Meine Barmherzigkeit zu flehen Ich euch bitte.

Wenn ihr Meinen Geboten treu bleibt und euer Leben in Einheit mit Meinem Sohn lebt, werdet ihr schon halb dort sein. Wenn ihr an den Sakramenten festhaltet und euch weigert, an heidnischen Ritualen teilzunehmen, die das Tier ehren, dann werdet ihr bei Mir großes Wohlwollen finden.

Geht und denkt daran, dass Ich der Allmächtige Bin und dass alle Macht Mein ist. Bald werde Ich die Frevler vernichten und euch Mein Neues Paradies offenbaren. Seid geduldig. Vertraut auf Mich. Folgt Meinem Sohn und nehmt die Geschenke an, die Er und Seine geliebte Mutter, die Unbefleckte Jungfrau Maria, euch bringen, in der Gestalt der Kreuzzuggebete und der Medaille der Erlösung.

Und nehmt schließlich Mein Siegel an als eines der größten Geschenke, die Ich den Menschen gegeben habe, seit Ich ihnen das Leben schenkte. Ich gebe wiederum Leben, durch Meine Besonderen Gnaden, wenn ihr das Siegel des Lebendigen Gottes nahe bei euch habt. All jenen mit dem Siegel ist ein Platz im Neuen Paradies gewährt.

Ich liebe euch, Kinder, aber Ich Bin euer Vater und Ich muss diese Prüfungen erlauben, da sie Mir helfen werden, jene auszujäten, die niemals von der Seite des Tieres weichen werden. Die Zeit, die Ich aufwende, um zu versuchen, ihre Herzen zu gewinnen, löst einen schrecklichen und hasserfüllten Kampf aus, gegen Millionen von gefallenen Engeln und Dämonen, selbst wenn es nur um eine einzige Seele gehen sollte.

Bleibt getröstet in dem Wissen, dass Ich euch alle, die ihr rein und demütig von Herzen seid, segne. Ich liebe euch alle, daher dürft ihr niemals aufgeben, wenn alles aussichtslos zu sein scheint, denn Meine Macht bedeutet, dass die Vernichtung des Bösen Meiner Kontrolle unterliegt. Ihr müsst all euer Vertrauen auf Mich setzen, vor allem in dieser Zeit, wenn ihr das Gefühl habt, dass Meine Gerechtigkeit hart ist.

Euer geliebter Vater
Gott der Allerhöchste

891. Dieses Feuer wird auch auf die Feinde der Erde hinabgeworfen werden und auf jene, die diese Zwei Zeugen verfolgen.

Samstag, 24. August 2013, 23:15 Uhr

Meine innig geliebte Tochter, du und all jene, die mit der Wahrheit gesegnet sind, müsst wissen, dass die Wut Satans gegen diese Mission jetzt zunimmt. Seine frechen Störaktionen gehen so weit, dass er dir jetzt schon das dritte Mal physisch erschienen ist. Er stöhnt vor Schmerzen, kann aber Mein Licht nicht aushalten, das in dir gegenwärtig ist. Du musst die Stärke gewinnen, die du benötigst, durch das Beten des Heiligen Rosenkranzes, um ihn daran zu hindern, dich zu attackieren. Oh, wenn die Seelen sehen könnten, was Ich dich um dieser Mission willen durchleiden lasse, sie würden vor Schreck in Ohnmacht fallen.

Diejenigen, die Mich beleidigen, während Meiner Vorbereitung, um Seelen zu retten, werden zur Seite geworfen werden, während sich dieser Kampf intensiviert, bevor der Antichrist der Welt präsentiert wird. Wenn ihr gehorsam werdet und nichts, was Ich von euch verlange, in Frage stellt, dann kann Ich mehr von euch retten und euch dem Griff der Täuschung entreißen, die vom Teufel in eure Köpfe gepflanzt werden wird.

Traut ihr Mir nicht zu, dass Ich euch beschütze? Wisst ihr nicht, dass, wenn ihr die Gnaden annehmt, die Ich schenke, um euch zu helfen, den Schmerz der Ablehnung auszuhalten, dass diese Gnaden sinnlos sind, wenn die empfangende Seele Vorbehalte oder Zweifel hat? Ich kann euch nicht mit der Stärke, dem Mut und der Gabe des Heiligen Geistes erfüllen, wenn ihr euch duckt und versteckt. Ihr müsst offen sein für Meinen Ruf, Meine Liebe, Meine Geschenke.

Die im Buch der Offenbarung enthaltenen Siegel sind bereits geöffnet. Jetzt, wo sie geöffnet sind, wird Feuer mit Feuer kämpfen. Während das Feuer des Hasses ausbricht, wenn das Tier sich bereit macht, wird von Meinem Vater Feuer über die Erde gegossen werden. Dieser Krieg wird nicht nur ein geistiger Krieg sein. Die Erde wird erschüttert und gespalten werden und das Feuer wird sie verbrennen, da Mein Vater Strafen verhängt, damit Er die Aktionen der bösen Gruppe verzögern kann.

Die Macht Meines Vaters muss von denen gefürchtet werden, die den Lügen blind folgen, die der Welt vom Teufel auferlegt werden. Er wird Vergeltung üben für jeden einzelnen bösen Akt, den jemand von euch — wissentlich oder unwissentlich — ausgeführt hat, wenn ihr dem Feind Gottes Ehre erweist. Die Macht, die Meinen Zwei Zeugen — der Christlichen Kirche und dem Haus Israel — gegeben ist, wird bedeuten, dass sich Feuer aus ihren Mündern ergießen wird, da sie die Flammen des Heiligen Geistes verbreiten. Dieses Feuer wird auch auf die Feinde der Erde hinabgeworfen werden und auf jene, die diese Zwei Zeugen verfolgen. Unterschätzt nicht den Kampf um die Seelen, denn es wird ein entsetzlicher Kampf sein für diejenigen, die das Wort Gottes ablehnen. Diejenigen, die es bewahren, werden beschützt werden, damit ihre Verkündigung der Wahrheit jenen gegeben werden kann, die keine Ahnung haben, was der Menschheit widerfahren ist.

Daher müsst ihr Meine Gnaden annehmen, damit ihr die Stärke bekommt, die ihr braucht, um in Meiner Armee zu kämpfen, damit Ich der Bosheit ein Ende setzen kann.

Euer Jesus.

892. Gott der Vater: Fürchtet euch, ihr, die ihr euch erhebt und Meinen Sohn verflucht!

Sonntag, 25. August 2013, 18:00 Uhr

Meine liebste Tochter, Ich vermache jetzt der Welt ein großes Geschenk aufgrund dieser Meiner Höchstheiligen Mission. Ich werde 200 Millionen Seelen retten, ohne zu zögern, unabhängig davon, wie sehr sie Mich beleidigen, und Ich werde dies nächste Woche tun, aufgrund der Leiden, die mit dieser Mission verbunden sind.

Mein Akt des Eingreifens geschieht aufgrund deiner Bitte, Meine Tochter, und Ich werde — im weiteren Verlauf dieser Mission — fortfahren, große Geschenke zu gewähren. Diejenigen, die Mich lieben, werden die Verfolgung, der sie ausgesetzt sind, mit Geduld ertragen und werden diese auch weiterhin aushalten, denn dies ist Mein Wunsch.

Diejenigen, die dich verfolgen, Meine liebe Kleine, weil du weiterhin das Heilige Wort Meines Sohnes verkündest, müssen Folgendes wissen: Wenn ihr Meinen Sohn verteufelt, werde Ich euch bestrafen. Wenn ihr Sein Höchstheiliges Wort verteufelt und dann sagt, dass ihr ein Kind Gottes seid, werde Ich euch in die Wildnis werfen. Nichts wird Meine Prophetin daran hindern, diese Mission auszuführen. Nichts. Was auch immer ihr versuchen werdet, ihr werdet scheitern, denn ihr werdet einen Krieg führen, den ihr niemals gewinnen werdet. Meine Allmacht kann nicht angetastet, manipuliert oder angefochten werden. Fordert Mein Göttliches Eingreifen, um die Welt zu retten, heraus — und ihr werdet Meinen Zorn spüren. Ihr werdet vernichtet werden. Fürchtet euch, ihr, die ihr euch erhebt und Meinen Sohn verflucht! Euer Stolz und euer Ungehorsam werden euer Untergang sein. Ich habe durch die Propheten von alters her vor den Konsequenzen eines Ignorierens Meiner Stimme gewarnt.

Ich schreite jetzt voran, um den Beginn des letzten Angriffs auf die Menschheit zum Abschluss zu bringen. Ich habe zugelassen, dass die letzte Schlacht stattfinden darf. Ich habe dem Teufel die letzte Chance gegeben, diejenigen, die zu ihm hingezogen werden, heimzusuchen. Ich tue dies, damit durch die Barmherzigkeit Meines Sohnes Seelen dem Tier trotzen werden. Sie werden dies aufgrund ihrer Treue zu Meinem Sohn tun. Denjenigen, die Mich oder Meinen Sohn nicht kennen, werden große Gnaden geschenkt werden, so dass sie die Erlösung annehmen werden. Alle Erlösung erfolgt durch die Macht Meiner Barmherzigkeit. Nur bockige, verhärtete Herzen werden dem Tier treu bleiben. Ich werde all die anderen an Mich ziehen. Ich werde dafür sorgen, dass jeder Seele jede Möglichkeit gegeben werden wird, damit sie sich vor Meinem Sohn reinwaschen kann, vor dem letzten Tag.

Diese Letzte Mission ist im Himmel geschaffen worden, schon seit Anbeginn. All die Engel und Heiligen arbeiten vereint, um all Meine Kinder zu Mir, ihrem geliebten Vater, zurückzubringen. Die letzte Reise findet jetzt statt. Alle, die ihr mit Meinem Sohn geht, bleibt in dieser Zeit ganz in Seiner Nähe. Ihr werdet nicht in der Lage sein, diese schmerzhafte Reise zu ertragen, wenn ihr nicht auf das hört, was Er euch sagt. Lasst euch nicht von denen beeinflussen, die Tag und Nacht daran arbeiten werden, um euch zu zwingen, euch abzuwenden. Wenn ihr das geschehen lasst, werdet ihr es sehr schwer finden, wieder aufzustehen.

Ihr seid nichts ohne Meinen Sohn. Ihr seid nichts ohne Mich. Solange ihr nicht alles aufgebt und der Wahrheit folgt, werdet ihr sie niemals finden.

Versucht zu verhindern, dass Ich, euer Schöpfer, der Welt die Wahrheit gebe, — und Ich werde euch niederstrecken und ihr werdet weinen, ohne Trost zu finden. Ich werde die Stolzen und Arroganten, die glauben, dass sie mehr wissen als Ich, in die Wildnis werfen. Ihr werdet keinen Erfolg haben, wenn ihr euch Meinem Wort widersetzt und Meine Gegenwart leugnet, wenn Ich versuche, euch zu retten.

Ihr undankbaren Menschen, euch bleibt nur wenig Zeit. Indem ihr auf Mich hört, könnt ihr zu Mir kommen, aber ihr könnt dies nur tun, wenn ihr auf eurem Angesicht kriecht und in Demut vor Meinem Sohn niederfallt. Meine Mission hat eine sehr gefährliche Phase erreicht, da von jenen, die Meine Feinde sind, jede Anstrengung unternommen werden wird, sie zu zerreißen. Es mag so aussehen, als ob ihnen das gelingen würde, aber wisst, dass diese Meine Feinde sehr wenig Zeit haben und bald, wenn Meine Geduld zu Ende ist, werden sie nicht mehr sein, denn sie werden niemals Mein Angesicht sehen.

Euer Vater

Gott der Allerhöchste

893. Die Pharisäer haben viele gegeißelt und ermordet, bevor sie schließlich Mich kreuzigten.
Montag, 26. August 2013, 20:20 Uhr

Meine innig geliebte Tochter, bevor Ich gekreuzigt wurde, wurden viele hasserfüllte Lügen über Mich durch Meine Feinde aufgebracht. Es gab Versammlungen von den Pharisäern, viele Male, um zu entscheiden, was mit Mir zu tun sei. Sie wollten nicht eine Minute akzeptieren, dass Ich von Gott gesandt worden Bin, um die Menschheit zu retten. Wie sie Mich gehasst haben. Wie sie schrien und diejenigen Meiner Jünger gequält haben, die von ihnen gefangen wurden.

Die Pharisäer haben viele gegeißelt und ermordet, bevor sie schließlich Mich kreuzigten. Ihre brutale Härte und ihre Bosheit waren gegen Gottes Lehre und die Höchstheilige Bibel gerichtet. Das hinderte sie nicht, als sie unerbitterlich auf Mich Jagd machten. Sie pflegten das Wort Gottes zu predigen und sich gleichzeitig dem Wort Gottes zu widersetzen — alles zur gleichen Zeit. Nicht nur, dass sie Mich verurteilten, sie erklären auch, dass Gott niemals einen Messias dieses Typs senden würde. Sie blickten herab auf demütige und arme Menschen und auf solche, die sie für theologisch unwissend hielten. Ihr Hass auf Mich erschreckte viele bedauernswerte Seelen, die den Tempel besuchten. Diejenigen, die sie fragten, warum sie, die Pharisäer, Mich verdammten, wurden selbst verdammt, weil sie es gewagt hatten, ihre Gründe, warum sie Mich ablehnten, zu hinterfragen.

Es gab viele falsche Propheten, die predigten, während Ich auf Erden wandelte, und Mich hielt man für einen Verrückten, der auf keinen Fall toleriert werden dürfte. Viele dieser falschen Propheten zitierten aus dem Buch Genesis und stellten lächerliche Behauptungen auf, die für Gott beleidigend waren, doch sie wurden geduldet und die Pharisäer schenkten ihnen wenig Aufmerksamkeit.

Obwohl sie Zeugen der Wunder waren, die Ich vollbrachte, wollten sie noch immer nicht ihre Augen für die Wahrheit öffnen, denn sie wollten nicht sehen. Die damaligen Priester hielten viele öffentliche Reden,

worin sie Mich als den Sohn Satans verdammten und diejenigen, die dabei gesehen wurden, dass sie sich Mir anschließen, warnten, dass sie aus dem Tempel hinaus geworfen würden. Sie lehnten Mich ab, weil sie Meine bescheidene Herkunft nicht akzeptieren konnten und weil Ich nicht die Bildung hatte, die ihre hohen Erwartungen voraussetzten. Daraus schlossen sie, dass Ich unmöglich der Messias sein könne. Sie dachten, dass der Messias aus ihren eigenen Reihen kommen würde. Und daher verabscheuten sie alles, was mit Mir zu tun hatte. Sie fühlten sich durch Meine Worte bedroht, die sie, obwohl sie Mich ablehnten, doch in irgendeiner Weise berührten, die sie sich aber nicht erklären konnten.

Sie waren nicht auf Mein Erstes Kommen vorbereitet. Sie sind garantiert nicht auf Mein Zweites Kommen, heute, vorbereitet. Jeder beliebige, der behauptet, dass er ein Prophet sei, gesandt, um Gottes Kinder vor dem Zweiten Kommen zu warnen, wird toleriert werden, sofern er nicht die Wahrheit offenbart. Wenn aber ein wahrer Prophet sich zu erkennen gibt und das Wort Gottes spricht, wird er oder sie gehasst und öffentlich verurteilt werden. Wenn ihr offene Verachtung seht, die auf Unkenntnis der von Mir gemachten Verheißungen basiert, nämlich dass Ich wiederkommen werde, und wenn der Hass so bösartig ist, dass die Täter das Wort Gottes verletzen, dann werdet ihr wissen, dass Ich es Bin, Den sie hassen. Nur Ich kann unter Sündern solchen Hass auf Mich ziehen. Nur Meine Stimme schürt solchen Widerstand.

Würde Ich zu dieser Zeit auf der Erde wandeln, sie würden Mich erneut kreuzigen. Diejenigen, die behaupten, Mich zu lieben, und die Meine Jünger in der christlichen Kirche führen, wären — traurigerweise — die Ersten, die den ersten Nagel in Mein Fleisch treiben würden.

Denkt daran, keiner von euch ist würdig, sich selbst über Mich zu stellen. Keiner von euch hat das Recht, Mein Wort öffentlich zu verurteilen, wenn ihr Mich nicht kennt. Ihr, die ihr Mich verdammt, wenn Ich den Letzten Bund Meines Vaters zu erfüllen versuche, habt keine Scham. Euer Stolz widert Mich an. Ihr habt eure eigenen Seelen in Meinen Augen verdammt. Ihr habt nichts über Mich gelernt. Ihr glaubt nicht an die Heilige Schrift, weil ihr leugnet, dass Mein Zweites Kommen stattfinden wird.

Ihr werdet am letzten Tag aufgefordert werden, die Seelen zu zählen, die ihr Mir verloren habt. An diesem Tag, wo ihr um Meine Barmherzigkeit schreien werdet, werdet ihr nicht fähig sein, Mir in die Augen zu schauen.

Euer Jesus

894. Für jede böse kriegerische Handlung und für jeden Terrorakt wird Gott sie vertreiben und ihnen den Garaus machen.

Dienstag, 27. August 2013, 23:45 Uhr

Meine innig geliebte Tochter, die Welt steht kurz davor, schreckliche Kriege zu erleiden, und Hass wird sich ausbreiten und viele Nationen infizieren. Unruhen und Spaltungen werden in den meisten Ländern stattfinden, und die Menschen werden dann wissen, dass sich die Zeiten unglaublich verändert haben.

Eine tief beunruhigende Angst wird empfunden werden, und die Menschen werden sich schwer tun zu erkennen, wem sie vertrauen können. Das ist es, wie Satan Gottes Kinder heimsucht, nämlich indem er einen gegen den anderen ausspielt. Nur diejenigen, die an den Wahren Gott glauben, werden Trost finden, denn sie werden wissen, dass ihr Glaube und ihre Liebe zu Mir sie auch weiterhin stark bleiben lassen.

Ihr müsst innig beten, damit die hereingebrochene Täuschung, welche die Ursache vieler Kriege ist, als das bloßgelegt wird, was sie ist: ein Versuch, tiefe Spaltung und Hass zu verursachen, um Kontrolle auszuüben. Mein Vater wird die Unterdrücker bestrafen, da sie den Unschuldigen Chaos und Schmerz bereiten. Sie mögen viele töten und zum Krüppel machen, aber sie werden von Meinem Vater niedergestreckt werden wegen ihrer Bosheit.

Denjenigen, die glauben, dass sie Kriege anzetteln und die Welt täuschen können, wird wenig Zeit eingeräumt werden, sich ihres bösen Treibens zu rühmen. Ihr Schicksal ist besiegelt. Ein Eingreifen durch die Hand Gottes wird in jedem Teil der Welt gesehen werden. Für jede böse kriegerische Handlung und für jeden Terrorakt wird Gott sie vertreiben und ihnen den Garaus machen.

Kriege, die durch die Hand des Menschen angezettelt werden, zerstören physisches Leben. Die Strafe durch Meinen Vater streicht für das Leben der Seele den Erhalt des Geschenkes der Erlösung.

Euer Jesus

895. Mutter der Erlösung: Am letzten Tag, wenn die Morgendämmerung herauf bricht, wird auf der ganzen Welt ein lauter Posaunenschall zu hören sein.

Mittwoch 28. August 2013, 20:00 Uhr

Meine Kinder, lasst Mich euch umarmen, da ihr weiterhin die gegen Meinen Sohn gerichteten Beleidigungen, die ihr miterlebt, aushaltet.

Wenn ihr auf diese Heiligen Botschaften hört und lernt, sie zu verstehen, dann werden viele von euch mit großem Mut voranschreiten, um die Welt vor der kommenden Zeit zu warnen, damit Gott Seine Kinder auf das Neue Paradies vorbereiten kann.

Was ihr verstehen müsst, ist, dass ihr gehasst sein werdet für eure Arbeit für Meinen Sohn. Ihr werdet von vielen nicht akzeptiert werden, und ihr werdet infolgedessen Schmerz und Demütigung ertragen. Bei jedem Schritt, den ihr tut, werdet ihr auf ein Hindernis stoßen, denn ihr geht in den Fußstapfen Meines Sohnes.

Für keinen von euch wird dies einfach sein, solange ihr nicht mit ruhiger Gelassenheit akzeptiert, dass dies zu erwarten ist. Selbst diejenigen, die Meinem Sohn folgen, die aber diese Botschaften nicht annehmen werden, werden euch bekämpfen und euch in Seinem Namen verfolgen. Sie verstehen nicht, dass sie dadurch, dass sie mit solch einem Hass auftreten, Meinen Sohn beleidigen.

Ihr müsst akzeptieren, dass, wenn Mein Sohn sich bekannt macht, dass Seine Worte angegriffen werden und zu großer Spaltung führen werden. Wenn ihr versteht, warum ihr solchen Attacken ausgesetzt seid und warum ihr dafür, dass ihr in Seinem Anliegen zur Welt sprecht, bestraft werdet, dann wird euch diese Arbeit leichter fallen.

Diese Verfolgung wird sich leider fortsetzen, bis zum Tag Seiner Wiederkunft. Bitte, um Seinetwillen, akzeptiert diese Prüfungen aus Liebe zu Ihm — und ihr werdet aufgrund dieses Leidens Gott großen Ruhm schenken. Nichts von diesem Leiden ist umsonst, denn wenn es mit Liebe zu Jesus angenommen wird, besiegt es den Teufel, da es seinen Plan, die Menschheit zu vernichten, schwächt.

Verzeiht jenen bedauernswerten Seelen, die diese Mission bekämpfen. Ignoriert die Grausamkeit, die ihr im Namen Meines Sohnes auszuhalten habt. Seht ein, dass, wenn sie euch aufgrund eurer Liebe zu Meinem Sohn hassen, dass ihr zu den Auserwählten Gottes gehört.

Vergebt jenen gottgeweihten Dienern, die es euch verwehren, über das Buch der Wahrheit zu sprechen. Sie verstehen nicht die Größe von Gottes Plan, um die Menschheit auf den Neuen Anfang vorzubereiten, denn sie, sie selbst, sind nicht vorbereitet. Viele von ihnen tun, was sie tun, lediglich aufgrund ihrer Liebe zu Meinem Sohn. Sie meinen es nicht böse. Sie sehen einfach nicht, weil sie nicht sehen können.

Betet, betet, betet, dass Mir, eurer Mutter, die Macht gegeben wird, euch zu helfen, auf dieser Reise durchzuhalten, ohne aufzugeben, bis der letzte Tag nahe ist. An diesem Tag, wenn die Morgendämmerung anbricht, wird auf der ganzen Welt ein lauter Posaunenschall zu hören sein. Es wird sich genau so anhören, wie ihr erwarten würdet, dass es sich anhört, und im Anschluss daran wird der Gesang des Engelchores folgen. Dies wird in jedem einzelnen Land, jeder Großstadt, jeder Kleinstadt, jedem Dorf, einfach überall, zu hören sein. Dann wirst du, Mein Kind, als der siebente Engel, verkünden, dass Mein Sohn gekommen ist. Der Himmel wird sich in Gold verwandeln, und bald darauf wird ein Wunder gesehen werden, von jedem Mann, von jeder Frau und jedem Kind — und von jedem Sünder.

Mein Sohn wird sich auf den Wolken zu erkennen geben, gerade so, wie Er (einst) hinging. Dann wird aus dem Himmel das Neue Jerusalem herabkommen — der Neue Anfang für all diejenigen, die die Barmherzigkeit Gottes annehmen.

Eure geliebte Mutter
Mutter der Erlösung

896. Ihr müsst für ihre Seelen beten, da sie diese verkauft haben.

Donnerstag, 29. August 2013, 23:53 Uhr

Meine innig geliebte Tochter, diejenigen von euch, die Meine Kreuzzuggebete eifrig beten, wissen, dass Ich der Welt Entlastung von den Fallstricken des Teufels bringe.

Die alte Schlange fällt und stolpert und verliert dabei viel Macht, wenn ihr euch bemüht, Meine Kreuzzuggebete täglich zu beten. Und obwohl die Zeit der großen Prüfungen weitergeht, werden eure Gebete viele Rückschläge erzeugen in den Plänen, die von freimaurerischen Kräften in der Welt entworfen sind, um Chaos zu stiften, mit dem Ziel die Schwachen und Verwundbaren unter ihre Kontrolle zu bringen. Nur ein einziges Kreuzzuggebet, aus ganzem Herzen gebetet, ist genug für Mich, um die Macht von arroganten politischen Führern, die kein Gewissen haben, zu zerstören.

Egoismus ist ein Fluch und eine Belastung für die Fähigkeit der Menschheit, in Harmonie und Frieden zu leben. Die Besessenheit von persönlichem Ehrgeiz bringt nichts als Spaltung, da der Mensch danach strebt, jene zu beherrschen, von denen er glaubt, sie beherrschen zu müssen, um davon viel zu profitieren.

Diejenigen von euch, die blind den Anordnungen Folge leisten, die vorgeschrieben werden von denen, die Machtpositionen inne haben und die euch in Handlungen hinein dirigieren, von denen ihr wisst, dass sie in den Augen Gottes abscheuerregend sind, — auch ihr werdet dann für genauso schuldig befunden werden wie diejenigen, die euch dazu verleiten, solche Bosheit auszuführen. Die Männer und Frauen, deren Macht über andere Menschen aufgrund korrupter Handlungen und anderer Mittel geschaffen worden ist, werden noch viel zu tun haben, wenn sie Mein Herrliches Königreich genießen möchten.

Ich werde die Egoisten und Stolzen unter euch zu Fall bringen. Ich werde euch zu Boden werfen, bis ihr so demütig werdet wie diejenigen, auf denen ihr herumtrampelt.

Ich werde die Herzen jener verhärteten und verstockten Seelen herausschneiden, die die Bedürfnisse anderer vollkommen kalt lassen, für die nur die eigenen Bedürfnisse zählen. Sie werden die Lektion erhalten, dass, wenn sie nicht lieben können, sie dann auch kein Herz haben werden. Statt Liebe, suchen sie nur Vergötterung. Diese bedauernswerten Seelen, die vor euren Augen in der Welt emporgehoben worden sind, in jeglicher Form, sind Opfer Satans. Statt ihrer Prahlerei zu applaudieren und ihr unersättliches Bedürfnis an öffentlicher Verehrung zu akzeptieren, müsst ihr für ihre Seelen beten, da viele sie verkauft haben.

Viele Seelen in Positionen mit Einfluss auf andere, einschließlich derjenigen in der Politik, in der Welt der Musik, in den Medien, in der Unterhaltungsindustrie und jener in der Hochfinanz, müssen in euren Herzen bewahrt werden, da viele Sklaven ihrer selbst geworden sind und Sklaven ihrer Bedürfnisse, die nur ihren eigenen Lüsten und Begierden dienen. Sie verderben die Unschuldigen, die sie nachahmen und ihren Lebensstil kopieren, der sie von Gott getrennt hat.

Ich, Jesus, verdamme die Welt falscher Idole, von jenen geschaffen, die nichts anderes wollen als Macht, Reichtum und die Fähigkeit, auf andere Einfluss zu nehmen.

Die Verbreitung des Atheismus ist durch den Stolz des Menschen auf seine eigenen Fähigkeiten verursacht worden. Dieser ist ausgelöst worden durch den Glauben des Menschen, dass der sterbliche Mensch, aufgrund der Gabe menschlicher Intelligenz, alle Antworten auf die Fragen nach dem Sinn eures Lebens auf Erden habe.

Junge Seelen sind Mir verloren gegangen, weil sie falsche Idole vergöttern in der Form von weltlichen Gütern, Mode, Musik und der Welt der Unterhaltung. Das heißt nicht, dass sie das Leben nicht genießen dürfen — denn das macht Mich glücklich —, es ist ihr Mangel an Liebe zu Mir und zu ihrem eigenen Körper, der Mich betrübt. Sie wurden rein und vollkommen geboren. Ihre Körper sind ein Geschenk vom Himmel. Sie entweihen ihren Körper und haben keine Scham, obszöne Handlungen auszuführen, um unschuldige Seelen zu sich hinzuziehen. Viele von jenen mit solcher Macht haben ihre Seelen verkauft für ihre teuflisch inspirierten Begabungen. Der einzige Grund, warum ihnen diese Begabungen gegeben wurden, war, um der Welt Freude zu schenken, als ein Talent, das ihnen von Gott gegeben ist. Aber Satan hat viele in Versuchung geführt und ihnen, im Gegenzug für ihre Seelen, ein herrliches und glanzvolles Leben von Reichtum, Bewunderung, Ruhm und Spaß versprochen. Als sie diese Begabungen erhalten haben, gebrauchten sie diese dann, um andere Seelen zu verderben. Und so setzt sich das fort, bis Millionen andere Seelen zu Sklaven Satans werden. Viele Seelen, die falschen Idolen folgen, werden in die Drogenabhängigkeit gezogen. Sie haben keine Scham, keinen Anstand noch echte Liebe füreinander, da jeder versucht, um die größte Aufmerksamkeit zu wetteifern.

So viel Zeit wird in den Kampf um Selbstverherrlichung investiert, der durch eine zwanghafte Eigenliebe verursacht wird, dass Gott in ihrem Leben überhaupt keine Rolle spielt. Viele von ihnen lehnen Gott öffentlich ab durch die Entweihung des Heiligen Kruzifixes — so wenig Scham haben sie. Wisst, dass sie ein schreckliches Schicksal erleiden würden, würde Ich nicht eingreifen. Diese sind nur eine Gruppe von verlorenen Seelen, die Ich einsammeln werde und die Ich dann mit dem Geschenk der Erlösung ausstatten werde, aufgrund eurer Gebete, Meine geliebten Anhänger. Ich werde sie durch dieses besondere Gebet in Meinen Zufluchtsort hinein nehmen.

Kreuzzuggebet (117) „Für diejenigen, die ihre Seelen verkauft haben"

„Liebster Jesus, ich weihe die Seelen von (hier sie aufzählen) und von all denjenigen, die ihre Seelen im Tausch für den Preis des Ruhmes hergegeben haben.

Befreie sie von ihrer Versuchung. Bringe sie ab von der Bedrohung durch die Illuminati, die sie verschlingen.

Gib ihnen den Mut, ohne Furcht von dieser bösen Knechtschaft wegzugehen. Nimm sie in Deine barmherzigen Arme und pflege sie gesund, zurück in den Zustand der Gnade, damit sie tauglich sind, vor Dir zu stehen.

Bei Deiner Gottheit, hilf mir durch dieses Gebet für Satans adoptierte Seelen, sie von der Freimaurerei loszueisen. Befreie sie von den Ketten, die sie fesseln und die zu schrecklichen Qualen in den Kammern der Hölle führen.

Hilf ihnen, durch das Leiden auserwählter Seelen, durch meine Gebete und durch Deine Barmherzigkeit, an vorderster Front zu stehen, bereit, in die Tore der Neuen Ära des Friedens — in das Neue Paradies — einzutreten. Ich bitte Dich, befreie sie aus der Gefangenschaft. Amen."

Euer Jesus

897. Großer Jubel wird überall herrschen. Hundert Tage lang wird er dauern.

Freitag, 30. August 2013, 20:24 Uhr

Meine innig geliebte Tochter, stelle bitte sicher, dass jede Nation Meine Prophezeiungen hört, damit sie sich auf die wunderbare, neugemachte Erde — das Neue Paradies — vorbereiten können. Jedes Kind Gottes ist anspruchsberechtigt auf seine oder ihre Erbschaft, und daher — genau so als würden sie für eine große Hochzeit Vorbereitungen treffen — müssen sie anfangen, für diesen Großen Tag zu planen.

Ich rufe den Juden, Muslimen und Christen sowie jedem Anhänger einer anderen Religion zu: Hört jetzt auf Mich! Keiner von euch wird von der Boshaftigkeit des Antichristen unberührt bleiben. Aber wenn ihr euch jetzt vorbereitet, werdet ihr immun gegen die Leiden sein, die er der ganzen Welt zufügen wird, wenn ihr euch vorbereitet, indem ihr das Siegel des Lebendigen Gottes annehmt und es in eurem Zuhause aufbewahrt.

Wenn das Wort Gottes, das Wahre Wort, euch bekannt gemacht wird, dann müsst ihr innehalten und zuhören, denn es wird euch zu den Toren des Neuen Himmels und der Neuen Erde führen. Dieses Neue Paradies wartet und wird Heimat für Milliarden von Seelen werden, einschließlich derer, die im Zustand des Fegefeuers warten, und derer, die im Himmel warten. Ich werde all diejenigen vereinen, deren Herzen offen sind für die Herrschaft Gottes und die die Liebe Meiner Barmherzigkeit fühlen.

Bitte habt keine Angst vor diesem Tag, denn er wird euch viel Glückseligkeit, Frieden und Freude bringen. Mein Königreich wird euch in Staunen versetzen wegen seiner erstaunlichen Schönheit. Viele von euch fürchten Meine Botschaften, weil sie glauben, dass das Zweite Kommen Tod — das Ende — bedeute. Aber diese Vermutung ist unzutreffend.

Diejenigen von euch, die aus freien Stücken zu Mir kommen, ohne jegliche Bedingungen, mit Demut und Liebe, werden nicht den Schmerz des physischen Todes erleben. Stattdessen werdet ihr euch von einem Augenblick zum anderen in eurer neuen Umgebung befinden. Dies wird euch zuerst einen Schock versetzen, und ihr werdet euch schnell umschauen, um eure Lieben zu finden. Ich werde so viele Seelen retten, dass ihr bei euren Familien sein werdet, einschließlich derer, die ihr liebt, die bereits bei Mir im Himmel sind, und derer, die Ich aus dem Feuer des Fegefeuers entlassen werde.

Großer Jubel wird überall herrschen. Hundert Tage lang wird er dauern. Mein Neues Paradies wird nur eine Religion haben: das Neue Jerusalem, wo man Mich anbeten wird, jeden Tag. Alles wird im Einklang mit dem Heiligen Willen Meines Vaters sein. Es wird zwölf Nationen geben, aber nur eine einzige Sprache, denn Ich werde keine Spaltung zulassen.

Ich werde Führer einsetzen und in keiner Nation wird es Mangel an Nahrung, Wasser, Häuser oder Leben geben. Es wird keinen Tod geben, denn Ich werde all jenen, die in dies Paradies eingehen, Ewiges Leben geben. Alle Nationen werden zusammenarbeiten, um das Wort Gottes zu verbreiten, und Glückseligkeit, die auf Erden heute unmöglich zu erlangen ist, wird eines der größten Geschenke sein, das Ich euch schenken werde. Ihr werdet sehr viel Liebe bekommen und ihr werdet Mich lieben, ebenso wie Ich euch liebe.

Viele von euch werden Generationen von euren Familien treffen, die Jahrhunderte zurückgehen. Generationen werden sich fortsetzen und ihr werdet eure Söhne und Töchter heiraten und vollkommene Kinder Gottes bekommen sehen — jedes mit großen Gnaden gesegnet. Es wird ein Oberhaupt Meiner Kirche eingesetzt werden, und sein Name ist Petrus, denn Ich habe versprochen, dass er Meine Kirche auf Erden gründen werde. Und daher wird er in dem Neuen Paradies Meiner Kirche vorstehen.

Oh, wenn Ich euch doch nur zeigen könnte, was vor euch liegt, ihr würdet Tränen der Freude weinen und ihr würdet euch zu den Toren durchkämpfen. Also bitte, ihr alle, ignoriert Versuche, euch in eurem Streben nach dem Ewigen Leben aufzuhalten. Ignoriert diejenigen, die euch erzählen, Ich würde nicht existieren. Schenkt denjenigen keinen Glauben, die Mein Heiliges Wort benutzen, um euch zu überzeugen, dass Ich nicht zu euch sprechen würde, jetzt durch diese Botschaften.

Ihr müsst kämpfen, dass euch allen dieses herrliche Erbe gegeben wird, denn kein Mensch hat das Recht, einem anderen dieses große Erbe vorzuenthalten, das für jeden Einzelnen da ist, unabhängig davon, wie geschwärzt ihre Seelen sein mögen. Ich gebe euch das Werkzeug in die Hand, um Mir Seelen zu bringen, überall, so dass wir gemeinsam das Werk Satans zerstören können und rasch in die Neue Welt einziehen können.

Mein Friede sei mit euch.

Euer Jesus

898. Viele von euch, die behaupten, sie würden Mir dienen, taugen nicht dazu, aufzustehen und sich selbst als Diener Gottes zu deklarieren.

Samstag, 31. August 2013, 09:45 Uhr

Meine innig geliebte Tochter, Ich habe euch allen vor einiger Zeit gesagt, dass ihr Saatgut ausbringen sollt, um euch und eure Familien zu ernähren, während der Verfolgung. Ich sage dies aus einem bestimmten Grunde. Ihr müsst — wenn auch nur ein paar — Samenkörner pflanzen — reines Saatgut, das nicht durch menschliche Eingriffe manipuliert worden ist. Ich werde dann die Frucht, die es hervorbringt, vervielfachen, und alle werden genug zu essen haben, wenn die Welt großen Hunger durchmachen wird. Diese Tage sind nicht weit entfernt und sie werden aus einer Reihe von Gründen kommen:

Die Feldfrüchte werden durch das Eingreifen gieriger Landwirte kontaminiert werden. Das, was davon geerntet wird, wird für euch zum Essen nicht geeignet sein. Dann werden aufgrund von Krieg nur wenige Menschen in der Lage sein, die Äcker zu bestellen. Dann wird das Feuer kommen, das über die vier Ecken der Erde gegossen werden wird, und alles wird unfruchtbar werden. Diese schrecklichen Prüfungen werden durch die Ausbreitung des Bösen verursacht werden, aber viele Menschen werden überleben, wenn sie auf Mich vertrauen. Ihr müsst euch jetzt vorbereiten, wie wenn ein Krieg kommt und wie ihr es machen würdet, wenn Nahrungsmittel rationiert sind. Habt viel Wasser, denn alles, was ihr lagert, wird von Mir vervielfacht werden.

Bitte, glaubt nicht, dass Ich euch auffordere, eure Häuser zu verlassen; denn das ist nicht notwendig. Ein wenig Vorbereitung, wo ihr euch gegenseitig Hilfe anbietet, ist alles, was erforderlich ist. Mein Kostbares Blut wird all diejenigen bedecken, die an Meine Warnung an die Menschheit glauben, denn der Zeit, wo das Dritte Siegel geöffnet wird, wird eine Zeit des Krieges folgen.

So viele werden das Wort Gottes ignorieren, das in dem Buch der Offenbarung enthalten ist. So viele Führer und gottgeweihte Diener in Meinen Kirchen scheitern darin, auf Meine Propheten zu reagieren, gerade so wie es vor der Flut war.

Ich rufe Meinen gottgeweihten Dienern jetzt zu: An wen glaubt ihr? An Mich, euren Jesus, oder an das Geschwafel derer, die behaupten, Experten in der Theologie zu sein, die aber von der Wahrheit nichts wissen? Wacht auf! Die Siegel werden jetzt geöffnet. Eure Aufgabe ist es, Mir zu helfen, Seelen zu retten, aber ihr seid nicht wachsam geblieben gegenüber dem Klang Meines Rufes. Ich habe euch gesagt, dass Ich wie ein Dieb in der Nacht kommen werde. Wenn dieser Tag kommt, wird es für die Seelen, die sich nicht vorbereitet haben, zu spät sein.

Die Zeit, dass die Posaunen ihre Strafgerichte entfesseln, wird schnell kommen, kaum, dass die Siegel offen gelegt worden sind. Was dann? Werdet ihr aufwachen und Mir in dieser Phase folgen, oder werdet ihr Mir noch mehr Seelen verlieren, während ihr zögert? Während ihr darauf wartet, dass andere den Weg weisen?

Ich muss euch daran erinnern, dass es eure Aufgabe ist, Seelen zu retten. Ihr tut dies durch ein Leben, wo ihr Mir dienen sollt, und nicht durch ein Leben, wo ihr den Stolz und das Ego derer befriedigt, die versuchen, Meine Lehren zu verdrehen. Viele von euch in Meinen Kirchen verstehen nicht, was Mein Neues Paradies bedeutet; und haben es verabsäumt, die Kinder Gottes an Meine Verheißung zu erinnern. Ihr müsst sie an die Wahrheit erinnern — an die Zeit, vor dem letzten Tag.

So viele von euch, obwohl freundlich, gut, liebevoll und mit einer aufrichtigen Hingabe an Meine Kirche auf Erden, vergessen Mein Zweites Kommen. Was denkt ihr, was dieses ist, und was habt ihr gelernt? Wie viele Propheten würde es brauchen, um euch davon zu überzeugen, dass die Zeit für euch fast da ist?

Wann habt ihr gehört, dass Gott nicht Seine Propheten sendet, um Seine Kinder vorzubereiten in dem Kampf gegen die Bosheit, die die menschliche Seele verdirbt?! Und was gibt euch das Recht anzunehmen, dass das Buch der Offenbarung Lügen enthalte? Ihr leugnet viel von dem, was es enthält, und ihr diskutiert es nicht. Warum? Wisst ihr nicht, dass das bedeutet, dass ihr das Wort Gottes leugnet?

Meine Geduld wird auf die Probe gestellt. Mein Zorn ist groß. Eure hartnäckige Weigerung, das Geschenk Meines Eingreifens, um euch vorzubereiten, anzunehmen, beleidigt Mich. Indem ihr jene gottgeweihten Diener verfolgt, die Mich erkennen, durch diese Botschaften, versagt ihr anderen das Geschenk der Erlösung. Ihr seid blind, und eure Ignoranz gegenüber Meinen Lehren und dem Wort Gottes, das im Heiligen Buch Meines Vaters — in der Bibel — enthalten ist, ist erstaunlich. Ihr behauptet, ihr würdet Mir dienen, aber ihr kennt Mich nicht — und daher seht ihr nicht.

Wenn euer Glaube schwach ist, könnt ihr Mir euer Herz nicht öffnen. Wenn ihr Mir euer Herz öffnen würdet, wäret ihr in der Lage, Mich klar zu hören, denn ihr würdet

mit dem Heiligen Geist erfüllt werden. Leider taugen viele von euch, die behaupten, sie würden Mir dienen, nicht dazu, aufzustehen und sich selbst als Diener Gottes zu deklarieren. Ihr macht Mir und Meinem Namen Schande, wenn ihr eure Herde in Meinem Namen öffentlich demütigt. Ihr brecht alle Regeln Gottes, wenn ihr diejenigen verdammt, die diesen Botschaften folgen, denn euch ist nicht das Recht gegeben, dies zu tun. Eure Eigenliebe hat für euch Vorrang vor eurer Liebe zu Mir, Jesus Christus, und aus diesem Grunde seid ihr nicht mehr tauglich, Mir zu dienen. Ihr seid zu stolz, um vor Meinem Thron zu stehen.

Euer Erlöser

Jesus Christus

899. Ich wählte zwölf einfache Männer, ungebildet und unkundig der Heiligen Schrift, arme Fischer.

Sonntag, 1. September 2013, 11:08 Uhr

Meine innig geliebte Tochter, als Ich auf Erden wandelte und den Tempel Gottes betrat, um die Wahrheit zu enthüllen, wurde Ich anfangs mit Geduld behandelt. Viele Priester waren erstaunt über das, was Ich wusste, und über Mich, den geringen Sohn eines Zimmermanns. So hörten sie aufmerksam zu, während Ich mehr von dem erklärte, was von ihnen erwartet wurde, wie es im Buch Meines Vaters festgelegt ist.

Ich wusste ab dem Alter von zwölf Jahren, was Meine Mission war, und Ich begann langsam, ohne zu viel zu offenbaren, bevor die Zeit reif war. Ich wusste, dass Ich die Welt auf das Kommen des Messias noch vorbereiten musste. Ich wusste auch, innerhalb kurzer Zeit, dass die Kirche Meines Vaters auf Erden Mich ablehnen würde und sagen würde, dass Ich ein Betrüger sei.

Ich wählte zwölf einfache Männer, ungebildet und unkundig der Heiligen Schrift, arme Fischer. Warum habe Ich das getan? Ich wusste, dass das Wissen, das Ich ihnen geben würde, so angenommen würde, wie es war. Ohne jegliche Vorkenntnisse der Heiligen Schrift würden sie daher nicht Meine Lehren mit der Heiligen Schrift vergleichen und versuchen, Fehler zu finden, indem sie Meine Lehren einer genauen Untersuchung unterziehen. Das hätte bedeutet, dass viele von ihnen sich nicht getraut hätten, die Wahrheit zu verbreiten. Sie wurden verhöhnt von jenen in hohen Positionen in der Kirche, die behaupteten, dass unwissende Menschen nicht würdig wären, von Gott auserwählt und ihnen gegenüber vorgezogen zu werden, um Sein Heiliges Wort zu verbreiten. Ja, dass mit ihrer Ausbildung in Fragen der Spiritualität und ihrer Stellung in der Kirche Gottes Gott doch sicher nur Seine Kirche wählen würde, um das Gute Wort zu prophezeien. Sie verstanden nicht, dass Gott nur die Demütigen und die Unwissenden auf diese Weise wählt, weil sie nicht debattieren. Sie hinterfragen nicht und sie haben keine Angst, abgelehnt zu werden, denn sie wissen es nicht besser. Gott, vergesst das nicht, wählt nicht diejenigen, die sich selbst über andere stellen. Dies könnte niemals sein.

Das ist der Grund, warum du, Meine Tochter, inmitten Meiner Kirche auf Erden verhasst bist. Das ist der Grund, warum sie Meine Botschaften zerreißen und lächerlich machen. Das ist der Grund, warum sie dich verspotten, weil du nicht für würdig erachtet wirst, Mein Heiliges Wort zu verbreiten. Wie sie Mich doch betrüben! Der Hass, den du sehen wirst, wird vor allem von der katholischen Kirche beeinflusst sein. Sie werden niemals akzeptieren, dass ein Prophet, der keine Kenntnis von der Höchstheiligen Bibel oder von Meinen Lehren hat, gesendet werden kann. Sie werden sagen, dass du Ketzerei verbreitest. Sie sagen das, weil sie so weit entfernt sind von Meinen Lehren, dass sie begonnen haben, an ihre eigenen Lügen zu glauben. Wisst, dass Mein Prophet der Endzeit gesendet worden ist und nicht gewählt wurde, denn das könnte nicht sein, da diese Mission, die Letzte Mission, von Meinem Vater geschaffen worden ist, Der nur die Seinen sendet.

Ich warne diejenigen, die Mich verspotten, indem sie diese Botschaften — Mein Heiliges Wort — geringschätzen, ihr müsst zu Mir kommen, jetzt, in Heiliger Anbetung, sofort, jeden einzelnen Tag, bis ihr Meine Stimme hört. Nur dann kann Ich euch aufnehmen und euch zeigen, was Ich von euch haben will in dieser entscheidenden Zeit in eurem Dienst an Gott.

Euer Jesus

900. Glauben diejenigen von euch, die Mich jetzt verspotten, weil ihr Meine Botschaften ablehnt, wirklich, Ich würde Meine Kirche spalten?

Sonntag, 1. September 2013, 17:05 Uhr

Meine innig geliebte Tochter, endlich dankst du Mir für diese sehr schwere Mission. Ich weiß, wie viel Schmerz es dir verursacht, das Wort Gottes zu verkünden, weil es viel Ärger bei denen schafft, die glauben, sie seien die Elite.

Meine Tochter, wisse, dass du, obwohl Ich dir (so manche) Gunst erweise, immer alleine gehen wirst und in der Wildnis enden wirst, wie die Propheten vor dir. Ich werde dir einige Helfer senden, doch du wirst immer isoliert bleiben. Aber Ich werde dir immer Gesellschaft leisten, während die Wölfe auf dich Jagd machen werden.

Sage jenen, die sich Meine wahren Jünger, Meine Priester und Meine gottgeweihten Diener unter euch nennen, Folgendes: Ich werde immer die Stimmen der Kleinen hören, der Schwachen, der Demütigen und derer, die ein reines Herz haben. Selbst wenn sie vor Meinen Botschaften Angst haben, werde Ich denen immer Meine Gunst schenken, die Mich wirklich lieben. Wer sind diese, von denen Ich jetzt spreche? Ich beziehe Mich auf diejenigen, die nie vergessen haben, was Ich ihnen gesagt habe. Traget Mein Kreuz und folget Mir nach, aber seid gefasst, denn ihr werdet, wenn ihr, ohne Bosheit, das Wort Gottes verkündet,

Meinen Schmerz erleiden. Ganz gleich, für wie zivilisiert ihr die Welt in dieser Zeit haltet, ihr werdet verhasst sein, wenn ihr aufmüpfig aufsteht gegen diejenigen, die Mich hassen. Wenn sie Mich hassen, dann werden sie euch kreuzigen.

Ich höre die Sanftmütigen. Ich segne diejenigen, die Meine klaren Anweisungen an euch ausführen, nämlich einander zu lieben, ungeachtet dessen, wie sie euch auch quälen. Diejenigen von euch, die Mich ablehnen, durch diese Botschaften: Ihr dürft niemals — aufgrund eurer Zweifel — gegen irgendjemanden in Meinem Namen Hass verbreiten. Ich, Jesus Christus, sage euch jetzt, dass der Teufel gekommen ist, um zu diesem letzten Sturmangriff auf alle Kinder Gottes zu blasen. Diejenigen von euch, die sich weigern, auf Mich zu hören, werden fallen, aufgrund des Charmes seiner ergebenen Diener.

Wisst ihr nicht, dass Meine Kirche von Satan angegriffen werden wird und dass dies vorausgesagt worden ist? Meine Feinde werden mitten unter euch wandeln, und dennoch akzeptiert ihr es nicht, dass Ich dies zulassen würde. Wisst, dass die Schlacht von Armageddon zwei Seiten umfasst: diejenigen, die an Gott glauben und dem Wort Gottes folgen, und den Teufel, seine Armee und all jene, die er täuscht. Satan wird viele in Meiner Kirche täuschen, und nur diejenigen, die wachsam bleiben und die achtsam sind für Fehler in der Lehre, werden in der Lage sein, der Verführung zu widerstehen. Die Verführung ist das mächtigste Werkzeug, das der Betrüger benutzt. Er täuscht, indem er den Anschein erweckt, die Wahrheit zu verkünden.

Ich bitte dringend jene bedrängten Seelen, jene, die Mich lieben und die Meiner Kirche auf Erden treu bleiben, zuzuhören: Ihr müsst Meiner Kirche treu bleiben und Disziplin annehmen, wenn eure Vorgesetzten dem treu bleiben, was Ich der Welt durch Meinen Tod am Kreuz gegeben habe. Die Zeit für die Wahl ist nahe. Der Gräuel hat noch nicht stattgefunden, aber wenn ihr das seht, was falsch ist, was gegen Meine Lehren und Mein Geschenk der Sakramente verstößt, dann geht hinweg. Dieser Tag ist nahe. Dann müsst ihr euch zusammentun und weiterhin den Regeln Meiner Kirche folgen, wie sie vor eurer Zeit von Petrus festgelegt worden sind.

Glauben diejenigen von euch, die Mich jetzt verspotten, weil ihr Meine Botschaften ablehnt, wirklich, Ich würde Meine Kirche spalten und von euch verlangen, Meine Lehren zu leugnen? Wartet bis zu dem Tag, an dem von euch verlangt werden wird, Lügen die Treue zu schwören, im Namen Meiner Heiligen Kirche auf Erden, bevor ihr Meine Prophetin zurückweist. Nur weil Meine Liebe zu euch so stark ist, werfe Ich euch nicht beiseite und lasse Ich nicht zu, dass ihr von Dämonen verschlungen werdet.

Euer Jesus

901. Wisst ihr nicht, dass eine ganze Generation junger Menschen zu dieser Zeit von Mir entfernt wird?

Montag, 2. September 2013, 18:45 Uhr

Meine innig geliebte Tochter, da der Zorn zunimmt gegen diese Meine Prophezeiungen, die der Welt gegeben werden, um euch alle auf Mein Zweites Kommen vorzubereiten, wisst dies: Diese Mission hat ein Ziel. Das Ziel ist es, alle Seelen zu retten — jeden Einzelnen, der in der heutigen Welt lebt. Es spielt keine Rolle, wie hart die Kritik ist, die gegen dich erhoben wird, Meine Tochter, denn Ich schreite voran, unerbittlich, bis Meine Arbeit erledigt ist. Kein Mensch wird Mich aufhalten, Seelen zu retten, denn Ich werde die niedertreten, die es wagen, Mir im Weg zu stehen, damit Ich jene Seelen retten kann, die aus Meiner Gnade gefallen sind.

Wisst ihr nicht, dass aufgrund des Heidentums, das über die Erde hinfegt, und wegen der Glaubensschwäche, die unter den Gläubigen existiert, eine ganze Generation junger Menschen zu dieser Zeit von Mir entfernt wird? Meine Mission konzentriert sich auf die davon betroffenen jungen Seelen, denen in den meisten Fällen jegliche Kenntnis von Mir, Jesus Christus, vorenthalten wurde. Weil es so viele sind, in jeder Nation, muss Ich auf jede nur mögliche Weise, auf die Ich am ehesten ihre Aufmerksamkeit erlangen kann, sie zu erreichen versuchen.

Denkt daran, jene Christen unter euch, die von Kindheit an mit dem Wort Gottes genährt wurden, ihr seid gesegnet. Aus diesem Grunde habt ihr die Pflicht, für die verlorene Generation zu beten. Bitte, Ich ersuche euch, betet für diese jungen Seelen mit diesem Kreuzzuggebet:

Kreuzzuggebet (118) „Für die verlorene Generation von jungen Seelen"

„Lieber Jesus, ich rufe Deine Barmherzigkeit an für die verlorene Generation junger Seelen.

Für diejenigen, die Dich nicht kennen: Bedecke sie mit der Gabe der Erkenntnis!

Für diejenigen, die Dich kennen, Dich aber ignorieren: Ziehe sie zurück in Deine Barmherzigkeit!

Bitte, gib ihnen bald den Beweis Deiner Existenz und führe sie denjenigen zu, die ihnen helfen können und sie zu der Wahrheit hinführen können.

Erfülle ihren Geist und ihre Seele mit der Sehnsucht nach Dir.

Hilf ihnen, die Leere zu erkennen, die in ihnen existiert, weil sie Deine Gegenwart nicht spüren. Ich bitte Dich, Lieber Herr, lasse sie nicht im Stich und gewähre ihnen in Deiner Barmherzigkeit das Ewige Leben. Amen."

Wie Ich Mich doch danach sehne, diese jungen Kinder zu erreichen und Meine Heiligen Arme um sie zu schlingen, damit Ich Worte des Trostes in ihre Ohren flüstern und ihnen Seelenfrieden schenken kann. Sie gehören Mir, und ohne sie wäre das Neue Paradies leer an jenen, nach denen

Ich Mich am meisten verzehre. Helft Mir, sie zu retten!

Euer Jesus

902. Euer Leben ist nicht mehr als ein flüchtiger Augenblick in eurer ganzen Lebenszeit. Ihr befindet euch im Exil.

Dienstag, 3. September 2013, 18:45 Uhr

Meine innig geliebte Tochter, es ist Mein größter Wunsch, den Menschen auf der ganzen Welt, die Mich aus ihrem Leben gestrichen haben, zuzurufen: Kommt zurück zu Mir! Viele Seelen, von der Vorstellung geleitet, dass es Gott in Wirklichkeit nicht gäbe, haben beschlossen, Mich, ihren geliebten Jesus, zu vergessen. Ich Bin in Sorge um diese armen, verwirrten Menschen, weil Ich sie von ganzem Herzen liebe und ihre Gesellschaft vermisse.

Wenn ihr von Mir abgeirrt seid und es euch schwer fällt, eure Sicht einer modernen schnelllebigen Welt mit einem einfachen Glauben an Mich, Jesus Christus, in Einklang zu bringen, dann lasst Mich euch helfen, es zu verstehen. Ihr seid von Mir getrennt aufgrund der Sünde. Wenn die Sünde eure Seele verdirbt, senkt sich eine Finsternis auf sie herab, und das macht es schwer, das Licht Gottes anzunehmen. Wenn dies geschieht, verhärtet sich euer Herz. Und dann kommt euer Verstand ins Spiel, und das ist dann, wenn ihr fälschlich glauben werdet, dass Gott nicht existieren könne, weil die Logik diktiere, dass es Ihn nicht geben könne.

Euer Leben ist nicht mehr als ein flüchtiger Augenblick in eurer ganzen Lebenszeit. Ihr befindet euch im Exil. Die Wahrheit liegt in der Zukunft, wenn ihr endlich nach Hause kommt zu Gott in euren natürlichen Zustand. Ich verstehe, wie schwer es für den Menschen ist, in Meiner Nähe zu bleiben, da er so vielen Ablenkungen, Versuchungen und der Finsternis auf Erden ausgesetzt ist.

Wenn ihr merkt, dass ihr Meine Gegenwart oder Meine Liebe nicht fühlen könnt, möchte Ich, dass ihr dieses Kreuzzuggebet (119) betet: Um die Liebe Jesu zu fühlen

„Jesus hilf mir, ich bin so verwirrt.

Mein Herz will sich Dir nicht öffnen.

Meine Augen können Dich nicht sehen.

Mein Verstand sperrt sich gegen Dich.

Mein Mund kann keine Worte aussprechen, die Dir ein Trost wären.

Meine Seele ist trüb vor Finsternis.

Bitte hab Erbarmen mit Mir armen Sünder.

Ich bin hilflos ohne Deine Gegenwart.

Erfülle mich mit Deinen Gnaden, damit ich den Mut habe, meine Hände nach Dir auszustrecken, um Dich um Barmherzigkeit zu bitten.

Hilf mir, Deinem verlorenen Jünger, der ich Dich liebe, der ich aber keine Liebesregung mehr in Meinem Herzen empfinde, die Wahrheit zu erkennen und anzunehmen. Amen."

Es ist nicht leicht, in Einheit mit Mir zu sein. Ihr müsst beharrlich dran bleiben, bis ihr Meine Gegenwart in eurer Seele fühlt. Ruft Mich an, und Ich werde laufen, um eure arme elende Seele zu umarmen, euch zu nehmen, zu führen und euch zu eurem ewigen Heil zu bringen. Was auch immer ihr getan habt, ihr dürft niemals Angst haben, Mich anzurufen. Ich antworte jedem Sünder, wer er auch sei. Keiner von euch ist ohne den Makel der Sünde. Ich warte auf euren Ruf.

Euer Jesus

903. Ich bringe Geschenke schrittweise, je nach Reinheit der Seele.

Mittwoch, 4. September 2013, 18:00 Uhr

Meine innig geliebte Tochter, der Lebendige Gott, gegenwärtig in demütigen Seelen, wird mehr verkündet werden, wenn Mein Neues Geschenk jetzt über jeden, der in dieser Zeit in der Welt lebt, ausgegossen wird.

Ich bringe Geschenke schrittweise, je nach der Reinheit der Seele. Meine Anhänger — in jeder Kirche auf der ganzen Welt — werden ein Wiederaufflammen ihrer Liebe zu Mir fühlen, da Ich sie mit einem größeren Verständnis in Bezug auf Meine Verheißung Meiner Wiederkunft umhülle. Mein Geschenk wird bedeuten, dass sie in der Lage sein werden, durch die Spinnweben der Finsternis zu sehen, wie die Wahrheit beginnt, Sinn zu machen. Sie werden jetzt wissen, dass Ich zu ihnen spreche, weil sie Meine Gegenwart in ihren Herzen fühlen werden. Sie werden mit einem Wissen gesegnet sein, das ihnen durch die Kraft des Heiligen Geistes gegeben wird, damit sie sich angemessen auf Mein Zweites Kommen vorbereiten können.

Meine Anhänger werden vom Heiligen Geist geführt werden und sie werden weder Mich verraten noch werden sie Gotteslästerungen akzeptieren, die ihnen in Meinem Namen präsentiert werden. Das ist der Grund, warum sich Mein Wort jetzt schneller verbreiten wird, und bald wird der Heilige Geist in ihren Seelen eine Sehnsucht hervorrufen nach dem Großen Tag, an dem die letzte Posaune erschallen wird, um Mein Kommen anzukündigen.

Fürchtet euch nicht, Meine geliebten Anhänger, Ich Bin bei euch, obwohl ihr leidet. Bald werdet ihr zahlenmäßig stark anwachsen, und dies wird euch die Zuversicht geben, Mir treu zu bleiben.

Euer Jesus

904. Mutter der Erlösung: Jedes einzelne Sakrament wird bis zur Unkenntlichkeit verändert werden.

Donnerstag, 5. September 2013, 09:35 Uhr

Mein Kind, als sie die Dornenkrone auf das Haupt Meines Sohnes gesetzt haben, geschah das nicht nur, um Ihm schreckliche körperliche Qualen zuzufügen, es geschah auch, um damit etwas Bestimmtes auszusagen. Es wurde als eine symbolische Geste getan. Als sie Ihn verspotteten, sagten sie damit aus, dass dieser Mann, der sagt, er sei das Haupt der Kirche, und der sich „der Messias" nennt, keine Toleranz erfahren wird. Sie schändeten das Haupt der Kirche, als sie Ihn krönten, und sie werden Ihn während dieser heutigen Zeit wiederum schänden.

Es wird ihnen nicht genügen, dass sie, die Feinde Christi, die Kirche Meines Sohnes von innen heraus übernehmen — sie werden Ihn auf vielerlei andere Weise entheiligen. Sie werden die Hostien für die Heilige Kommunion verändern und den Sinn von dem, was Heilige Eucharistie ist. Sie werden sagen, dass sie, die Heilige Eucharistie, die Menschheit verkörpere und dass sie ein Zeichen für eine neue Communio, eine neue Gemeinschaft sei — ein Zusammensein aller Menschen als Eins in den Augen Gottes. Euch, Meinen Kindern, wird gesagt werden, dass ihr alle miteinander in Gemeinschaft stehen würdet und dass dies ein Grund zum Feiern sei.

Die Heilige Kommunion ist der Leib Christi und ist Seine reale Gegenwart. Sie kann nicht zwei verschiedene Dinge sein. Doch sie werden die Bedeutung verdrehen — alles, was euch letztendlich bleiben wird, wird ein Stück Brot sein, denn wenn sie die Altäre und die Allerheiligste Hostie entweihen, wird Meines Sohnes Gegenwart beendet sein.

Jedes einzelne Sakrament wird bis zur Unkenntlichkeit verändert werden. So raffiniert werden die Feinde Meines Sohnes sein, dass die heiligen Zeremonien als nur leicht verändert angesehen werden. Das Sakrament der Beichte wird abgeschafft werden, denn das Tier will nicht, dass Seelen reingewaschen werden, weil dies ein Sieg für Meinen Sohn wäre.

Kinder, ihr müsst Mich weiterhin bitten, Fürsprache einzulegen, damit der Schmerz dieser künftigen Ereignisse gelindert und die Zeit abgekürzt werden kann.

Eure geliebte Mutter
Mutter der Erlösung

905. Keiner Meiner gottgeweihten Diener kann irgendjemanden in Meinem Namen verurteilen.

Donnerstag, 5. September 2013, 14:30 Uhr

Meine innig geliebte Tochter, wie wenige von denen, die an Gott glauben oder die Mich als den Menschensohn annehmen, Mich doch aufrichtig lieben! Sie sagen, dass sie es tun, aber viele leben nicht nach Meinen Lehren. Ihr könnt nicht sagen, dass ihr Mich liebt, und dann andere verurteilen. Ihr könnt nicht eine andere Person durch harte Worte verletzen, und dann gleichzeitig sagen, ihr würdet Mich lieben.

Wer von euch ist frei von Sünde? Wer von euch erhöht euch über Mich und spricht dann grausam gegen einen Anderen? Ihr werdet niemals in der Lage sein zu behaupten, ihr sprächet in Meinem Namen, wenn ihr über einen anderen Menschen übel nachredet. Dies ist ein Affront gegen Gott, und diejenigen von euch, die sich so verhalten, beleidigen Mich. Diejenigen von euch, die schlecht über einen Anderen reden, während ihr sagt, ihr würdet Mich verteidigen, trennen damit nur euch selbst von Mir. Doch ihr meint, dass euer Tun gerechtfertigt sei. Wann dachtet ihr, Ich würde ein solches Verhalten unterstützen, und warum glaubt ihr, dass ihr das Recht hättet, solche Sachen zu machen?

Wenn ihr euch Meinem Dienst verpflichtet habt und ihr dann grausame Worte gegen irgendeines der Kinder Gottes sprecht, begeht ihr eine schwere Sünde. Keiner Meiner gottgeweihten Diener kann irgendjemanden in Meinem Namen verurteilen. Ihr mögt vielleicht mit Meinen Lehren vertraut sein — ihr mögt vielleicht sachkundig sein über alles, was im Buch Meines Vaters enthalten ist, aber wenn ihr einen anderen Menschen verleumdet, in Meinem Namen, dann werde Ich euch beiseite werfen. Viel Buße zur Wiedererlangung Meines Wohlgefallens werdet ihr tun müssen, und selbst dann — solange ihr Mich nicht bittet, euch zu vergeben — wird es eine lange Zeit dauern, bevor ihr tauglich seid, erneut vor Mich hinzutreten.

Euer Jesus

906. Mutter der Erlösung: Ein neuer, bitterer Weltkrieg wird erklärt werden.

Freitag, 6. September 2013, 18:46 Uhr

Mein liebes Kind, Ich muss euch auf Weisung Meines Sohnes, Jesus Christus, offenbaren, dass die Kriege, die sich jetzt im Nahen Osten entfalten werden, die große Schlacht einläuten werden, da ein neuer, bitterer Weltkrieg erklärt werden wird.

Wie dies das Heiligste Herz Meines armen, leidenden Sohnes bricht. Der Hass, der die Herzen jener Führer durchdringt, denen von einfachen Menschen die Verantwortung für ihre Länder anvertraut worden ist, wird sich ausbreiten. Sie werden ihre eigenen Nationen verraten. Millionen werden getötet werden und viele Nationen werden beteiligt sein. Ihr müsst wissen, dass die Seelen derer, die umgebracht werden und die keines Verbrechens schuldig sind, von Meinem Sohn gerettet werden.

Die Geschwindigkeit dieser Kriege wird eskalieren, und kaum dass vier Teile der Welt darin verwickelt sein werden, da wird der Große Krieg verkündet werden. Leider werden Atomwaffen eingesetzt werden, und viele werden leiden. Es wird ein furchtbarer Krieg sein, aber er wird nicht lange dauern.

Betet, betet, betet für all die unschuldigen Seelen und fahrt fort, Meinen Höchstheiligen Rosenkranz zu beten, drei Mal am Tag, um das Leid zu lindern, das durch den Dritten Weltkrieg entstehen wird.

Danke, Mein Kind, für die Antwort auf Meinen Ruf. Wisse, dass es in dieser Zeit große Traurigkeit im Himmel gibt, und nur schweren Herzens bringe Ich euch diese harte Botschaft.

Eure Mutter
Mutter der Erlösung

907. Mutter der Erlösung: Der einzige Weg zum Ewigen Leben führt durch Meinen Sohn, Jesus Christus.

Freitag, 06. September 2013, 20:15 Uhr

Mein Kind, keiner von euch darf jemals vergessen, dass Mein Sohn gestorben ist, um die Menschheit zu retten. Er befreite alle Seelen aus der Knechtschaft des Tieres. Er gab euch allen das Geschenk der Erlösung, und um das Ewige Leben zu empfangen, müsst ihr zu Meinem Sohn kommen und Ihn um dieses große Geschenk bitten.

Der einzige Weg zum Ewigen Leben führt durch Meinen Sohn, Jesus Christus. Weil Er so barmherzig ist, gibt Er allen die Gelegenheit, aus ihrem eigenen freien Willen heraus zu Ihm zu kommen. Er gab der Welt die Wahrheit, und durch Sein Geschenk Seines Todes am Kreuze öffnete Er für alle den Weg, im ewigen Frieden und in Seinem Paradies zu leben.

Viele nehmen Meinen Sohn nicht an und glauben auch nicht an Gott. Wenn ihr nicht an Gott glaubt oder das Geschenk der Erlösung nicht annehmt, dann trennt ihr euch selbst von Gott. Aufgrund dieser Letzten Mission, Seelen zu retten, darunter die Seelen aller Sünder, sowie derjenigen, die sich weigern, die Existenz Gottes anzuerkennen, wird Mein Sohn ein Großes Wunder wirken. Während der „Warnung" werden alle den Beweis sehen, dass sie eine Seele haben, und viele werden sich bekehren. Denjenigen, die sich nicht bekehren werden und die Atheisten bleiben, kann das Geschenk der Erlösung nicht gegeben werden, denn sie werden Seine Hand der Barmherzigkeit zurückweisen. Diese Seelen werden Ihn auf die trotzigste Weise ablehnen, und nichts, außer eure Gebete, kann sie retten.

Diejenigen, die jeden Versuch, jedes Eingreifen und jede Barmherzigkeit, um sie in das Neue Paradies zu bringen, ablehnen, werden weggeworfen werden. Denn ihnen wird das Königreich Meines Sohnes nicht gehören, denn Mein Vater, Der der Menschheit das Geschenk des freien Willens vermacht hat, wird niemals irgendeinem Seiner Kinder Seinen Willen aufzwingen.

Betet, betet, betet, dass Atheisten die Hand der Barmherzigkeit annehmen werden, die Mein Sohn jedem einzelnen von ihnen reichen wird. Vergesst nicht, die Kreuzzuggebete zu beten, um diese armen kleinen Seelen zu retten.

Eure geliebte Mutter
Mutter der Erlösung

908. Mein Heiliges Wort darf nicht verändert oder angepasst werden, damit es etwas anderes wird.

Samstag, 7. September 2013, 18:25 Uhr

Meine innig geliebte Tochter, während Ich fortfahre, alle Anstrengungen zu unternehmen, um die Welt durch diese Botschaften zu erreichen, schaffen es viele Meiner treuen Anhänger noch immer nicht, Meine Hand zu ergreifen. Diese Meine kostbaren Seelen sind wehrlos, weil viele darin scheitern werden, die Art und Weise zu erkennen, auf die ihr Glaube benutzt werden wird, um die neue, baldige Liturgie zu befürworten, welche darin versagen wird, Mich, Jesus Christus, den Menschensohn, zu ehren.

Viele werden den Fehler machen, davon auszugehen, dass die neue Liturgie und die neue Messe — obwohl stark verändert — keinen Schaden anrichten könne. So viele werden leise einige der Inhalte hinterfragen — ebenso wie die Form — und diese Dinge seltsam finden. Doch nur sehr wenige werden dies alles in Frage stellen, da sie glauben werden, dass dies den Segen der Kirche habe und daher nicht falsch sein könne. Was sie nicht verstehen, ist, dass Mein Heiliges Wort nicht verändert oder angepasst werden darf, damit es etwas anderes wird. Meine Kirche ist unfehlbar, aber sollte irgendein sogenannter Diener oder Führer in Meiner Kirche das Wort Gottes verdrehen oder die Bedeutung der Heiligen Eucharistie neu schreiben, dann lästern sie gegen Gott.

Ich wurde von der Menschheit abgelehnt und gekreuzigt, als sie — auch die Führer im Tempel Gottes — die Wahrheit ablehnten. Wenn irgendwelche — ungeachtet dessen, wie hoch ihre Stellung unter euch auch sein möge — die Wahrheit leugnen, dann machen sich diese der Ketzerei schuldig und kommen nicht von Mir. Doch werden sie euch glauben lassen, dass die Wahrheit eine Lüge sei. Sie werden all das leugnen, was von Mir gelehrt worden ist, wie ihr ein erfülltes christliches Leben führt. Sie werden auf Mich spucken, aber euch einen Pfad entlang führen, der — so werden sie sagen — zu Mir führe, was dieser Pfad aber nicht tun wird.

Diese Dinge, die vorausgesagt sind, werden bald in Erfüllung gehen. Seid bereit. Wenn ihr die Zeichen seht, dann wisst, dass diese Prophezeiungen nur von Gott kommen können.

Euer Jesus

909. Es ist Zeit, dass die Kreuzzuggebetsgruppen aufgebaut und auf der ganzen Welt verbreitet werden müssen.

Sonntag, 8. September 2013, 21:10 Uhr

Meine innig geliebte Tochter, es ist Zeit, dass die Kreuzzuggebetsgruppen aufgebaut und auf der ganzen Welt verbreitet werden müssen. Diese Gebete sind durch die Kraft Gottes gegeben, und große Wunder sind an sie geknüpft.

Diese Gebete werden Bekehrung ausbreiten, körperliche Heilung bieten und die Auswirkungen von Krieg, Hunger und Armut abschwächen. Heute vermache Ich euch ein neues Gebet, das euch helfen wird, das schreckliche Leid, das durch Krieg verursacht werden wird, zu mindern.

Kreuzzuggebet (120): Stoppe die Ausbreitung von Krieg

„O Mein süßer Jesus, nimm hinweg die Kriege, welche die Menschheit vernichten.

Bewahre die Unschuldigen vor dem Leiden.

Behüte die Seelen, die versuchen, wahren Frieden zu bringen.

Öffne die Herzen derer, die vom Schmerz des Krieges betroffen sind.

Beschütze die Jungen und Wehrlosen.

Rette alle Seelen, deren Leben durch den Krieg zerstört wird.

Stärke alle von uns, lieber Jesus, die für die Seelen aller Kinder Gottes beten, und gewähre uns die Gnade, dem Leid standzuhalten, das uns in Zeiten des Unfriedens möglicherweise anvertraut wird.

Wir bitten Dich, beende die Ausweitung von Krieg und bringe Seelen in den Heiligen Zufluchtsort Deines Herzens.

Amen."

Geht nun, ihr alle, die ihr Mich hört, und bittet Mich um die Gnaden, die ihr brauchen werdet, um in dieser Zeit Meinen Schmerz zu ertragen.

Euer Jesus

910. Je mehr man euch hasst, Meine Jünger, desto mehr werdet ihr von Gott geliebt.

Dienstag, 10. September 2013, 13:45 Uhr

Meine innig geliebte Tochter, wisst ihr nicht, dass, während mehr von euch Meinen Botschaften folgen, ihr von jenen gequält werden werdet, die Meine Stimme zum Schweigen bringen wollen?

Während sich diese Mission — auf Befehl Meines geliebten Vaters — fortsetzt, wird von jenen, die sich gegen diese Heiligen Botschaften stellen, vor allem in Meiner Kirche auf Erden, jede Anstrengung unternommen werden, um euch zu zwingen aufzuhören, diesen Heiligen Botschaften zu folgen. Diese Einwände werden zunehmen, und jede Art von verdrehter Logik, arroganter Leugnung der Wahrheit und verfälschter Theologie wird angewandt werden, um die Stimme Gottes zu übertönen.

Je mehr man euch hasst, Meine Jünger, desto mehr werdet ihr von Gott geliebt, weil allein diejenigen, die Mir folgen und ihr Leben Meinen Lehren entsprechend leben, auf diese Weise leiden werden. Wenn ihr hochgejubelt, bevorzugt und von der Welt zum lebenden Heiligen gewählt werdet, an dem kein Fehler gefunden wird, oder der Irrtum eurer Wege nicht öffentlich gebrandmarkt wird, dann seid ihr nicht von Gott erwählt, denn ihr trotzt dem, was von Gottes Dienern erwartet wird. Wenn ihr es unterlasst, die Wahrheit klar zum Ausdruck zu bringen, und wenn ihr Meine Wahrheit verdreht, um euch in den Augen der Welt hervorzutun, werdet ihr zur Seite geworfen werden, während Ich Meine wahren Diener ausfindig mache.

Meine wahren Diener lieben Mich und werden von Meinem Heiligen Geist geführt. Ihre Trauer, die in ihren Augen zum Ausdruck kommt, weil sie mit Mir leiden, kann deutlich von jenen gesehen werden, denen selbst die Gabe des Heiligen Geistes geschenkt worden ist. Niemals verdammen diese reinen Seelen andere oder versuchen sie, sich dem Wort Gottes in den Weg zu stellen, denn sie sind unfähig, dies zu tun.

Ihr müsst in dieser Zeit intensiv beten — ihr alle —, denn diese Meine heiligen Diener werden Meinetwegen angegriffen. Ich Bin bei ihnen, aber viele werden fallen und zusammenbrechen, unter dem Druck zu schweigen, wenn sie gezwungen werden, ihrer Herde die kommende Lügenlehre zu präsentieren.

Euer Jesus

911. Mutter der Erlösung: Ihr werdet verspottet werden, unfähig zu sein, die neue Interpretation von Katholizismus zu begreifen.

Mittwoch, 11. September 2013, 16:30 Uhr

Mein Kind, Mein Herz ist eng mit dem Herzen Meines geliebten Sohnes, Jesus Christus, verflochten in dieser Zeit der großen Trauer, wo die Verfolgung aller Kinder Gottes zunimmt.

Jeder Mensch auf der Welt, vor allem diejenigen ohne Geld, Einfluss oder Besitzungen, wird aufgrund der Gier derer leiden, die viele Nationen kontrollieren. Mein Einsatz, Meinem Sohn zu helfen, den letzten Teil Seines Bundes zur Rettung der Menschheit umzusetzen, hat begonnen, in vielfältiger Weise sichtbar zu werden. Ich werde durch die Macht Gottes all jene, die aufgrund des Leides in ihrem Leben verzweifelt sind, in die Zufluchtsstätte des Schutzes Meines Sohnes führen. Diejenigen, die solche Armut, solchen Hunger, solche Angst, solche Ungerechtigkeit — was es auch immer sein mag — ertragen müssen, werden getröstet werden, wenn ihr Mich bittet, für euch zu beten.

Jenen von euch, die zu leiden haben, weil ihr Jesus Christus, den Erlöser der Menschheit, bezeugt, wird zu dieser Zeit zusätzliche Stärke gegeben werden, wenn ihr Mich bittet, euch zu helfen. Die größte Ungerech-

tigkeit innerhalb der Kirche Meines Sohnes wird bald zu sehen sein, wo sowohl einfache Gläubige als auch gottgeweihte Diener gleichermaßen des Ungehorsams gegen die Lehren Jesu Christi beschuldigt werden.

Ihr werdet aufgefordert werden, einen Eid zu schwören — der wie das Apostolische Glaubensbekenntnis gebetet werden muss —, um eure Treue zu einer veränderten Form der Verehrung Gottes zu erklären. Indem ihr schwört, durch diesen Eid, wie es in der Höchstheiligen Bibel nicht anerkannt ist, werdet ihr eure Seele großer Gefahr aussetzen. Die Liturgie wird verändert werden und neue Ergänzungen werden bekannt gegeben werden, während andere Teile, die seit vielen Jahren gebetet werden, dann nicht mehr bekannt gemacht werden. Dieser böse Plan wird gerechtfertigt werden, denn sie werden alle Attribute, die mit Meinem Sohn verbunden sind, nehmen und erklären, dass diese der Grund für diese Veränderungen seien.

Dies ist der Grund, warum diejenigen von euch, die Meinem Sohn treu sind, dies zutiefst beunruhigend finden werden, und eure Seelen werden sehr leiden. Und während ihr weiterhin Meinem Sohn Ehre erweisen werdet, werdet ihr verspottet werden, unfähig zu sein, die neue Interpretation von Katholizismus und Christentum zu begreifen. Ihr dürft niemals den Mut verlieren, während dieser Prüfungen, denn ihr, liebe Kinder, seid von Gott begünstigt, und Er wird bis ganz zum Schluss bei euch bleiben.

Wendet euch niemals von der Wahrheit ab. Glaubt niemals irgendetwas, was nicht von Gott gekommen ist.

Eure geliebte Mutter
Mutter der Erlösung

912. Jene unter euch, die sehr leiden und die möglicherweise alle Hoffnung im Leben verloren haben, wisset, dass ihr in Meinem Herzen seid.

Freitag, 13. September 2013, 23:15 Uhr

Meine innig geliebte Tochter, Mein Herz sehnt sich nach der Welt und jedem, der in ihr wohnt, und Ich verspreche euch, dass Ich alles tun werde, um euch alle, Gottes Kinder, in Meinem Herzen zu vereinen.

Ich liebe jeden Mann, jede Frau und jedes Kind, ganz gleich, wer sie sind — ob sie nun mächtig sind, reich, einflussreich, demütig, arm oder schlicht nur einfache Menschen sind, die ein ganz normales Leben führen. Ihr alle seid von Meinem Vater, der euch erschuf, auserwählt worden, geboren zu werden. Jede Seele hat einen Lebenszweck und ein jeder von euch ist ein geliebtes Kind Gottes.

Jene unter euch, die sehr leiden und die möglicherweise alle Hoffnung im Leben verloren haben, wisset, dass ihr in Meinem Herzen seid und dass Ich euren Schmerz tief fühle. Ich leide in euch. Ihr dürft die Hoffnung niemals aufgeben, denn Ich habe einen Platz für euch in Meinem Paradies. Wenn ihr die Hoffnung aufgebt, dann kehrt ihr eurer Zukunft, die von Meinem Licht erfüllt ist, den Rücken. Diese Zukunft ist Mein Geschenk an euch, und alles gehört Mir. Ich werde eure Sorgen hinweg nehmen. Ruft einfach Mich an und sprecht: „Jesus, nimm meinen schrecklichen Schmerz und Mein Leid von mir und lass mich Deine Liebe fühlen." Und Ich werde eure schwere Last sofort hochheben.

Wenn ihr euch leer fühlt und glaubt, dass euch niemand wirklich liebt, dann müsst ihr wissen, dass Ich an eurer Seite Bin, weil Ich euch immer lieben werde, ganz gleich, wie weit weg ihr euch verlaufen habt. Wenn ihr glaubt, dass ihr nichts habt, wofür es sich zu leben lohnt, dann wisset, dass Mein Neues Paradies euch das Ewige Leben geben wird. Aber ihr müsst zuerst mit eurem Leiden in diesem Leben durchhalten. Doch Ich werde euer Leiden lindern, und alles, was ihr tun müsst, ist, Mich zu bitten.

Viele von euch fühlen sich wertlos, ungeliebt, erfolglos, unerfüllt und von geringem Nutzen. Ihr fühlt euch so, weil die Welt vom sogenannten Erfolg und Ehrgeiz besessen ist. Nur die Wenigen, die Elite, scheinen solche Höhen zu erreichen. Der durch die Medien der Welt geschaffene Druck, Reichtum und Schönheit zu feiern, dient nur dazu, das Vertrauen des einfachen Menschen zu zerstören. Es ist nicht nötig, andere zu beeindrucken. Es ist nicht nötig oder erstrebenswert, Mich mit eurem sogenannten Erfolg zu beeindrucken. Arbeitet hart, mit allen Mitteln. Nutzt die Talente, die euch von Gott gegeben sind, aber setzt sie ein, um anderen zu dienen und zum Wohle aller. Aber wisst: Es sind die Schwachen, die demütigen Geistes sind und jene mit einer einfachen Liebe zu Mir, Jesus Christus, die Ich zur größten Herrlichkeit in Meinem Reiche aufrichten werde. Jene, die jetzt leiden, werden in Meinem Neuen Paradiese nie wieder leiden.

Meine Verheißung zu kommen, um euch alle zusammenzuführen, wird während Meines Zweiten Kommens erfüllt werden. Schaut auf diesen Tag mit Sehnsucht und Freude, denn er ist nicht weit weg, und dann werde Ich euch die Geschenke der Liebe, der Freude, der Glückseligkeit und des Ewigen Lebens mitbringen. Haltet durch und kommt nahe zu Mir. Ich Bin bei euch. Ich werde euch niemals verlassen, aber ihr dürft euch nicht selbst von Mir trennen, denn wenn ihr das tut, dann werdet ihr für Mich verloren sein. Kommt, legt euren Kopf an Meine Schulter. Lasst Mich euch trösten. Lasst Mich eurem Leid ein Ende setzen. Lasst Mich eure Tränen abwischen. Lasst Mich euch Meinen Frieden schenken.

Ich gebe euch jetzt einen besonderen Segen. Nehmt ihn. Ergreift Meine Hand, und alles wird gut sein. Ich liebe euch.

Euer Jesus

913. Die Lehre der Finsternis — der große Glaubensabfall, der in Meiner Kirche gezeugt werden wird — wird sich wie ein großer dichter Nebel niedersenken.

Samstag, 14. September 2013, 03:00 Uhr

Meine innig geliebte Tochter, Ich Bin die Stimme in eurer Mitte, die versucht, Mir Gehör zu verschaffen unter jenen Führern, welche Apostasie (Abfall vom Glauben) verbreiten und welche in den vier Ecken der Erde die Führung innehaben.

Die Lehre der Finsternis — der große Glaubensabfall, der in Meiner Kirche gezeugt werden wird — wird sich sehr bald wie ein großer dichter Nebel auf alle ahnungslosen Christen niedersenken. Der Plan, die Wahrheit zu unterdrücken, hat begonnen, und bald werden verdrehte Versionen Meiner Heiligen Lehren von vielen von euch klar erkannt werden. Doch während sie die Wahrheit gegen Lügen eintauschen werden, wird der Heilige Geist sich gegen Meine Feinde erheben. Mein Licht wird immer noch sichtbar sein inmitten all der Verwirrung, welche die Führer des größten Glaubensabfalls aller Zeiten der Welt auferlegen werden. Sie werden nicht ruhen, bis die Welt heidnisch geworden ist, ohne Liebe zu Mir, Jesus Christus.

Die säkulare Welt wird als die gerechte Welt gelten, die Welt, wo jeder Mensch ermutigt werden wird, seinen eigenen Lüsten und Begierden zu folgen. Jeder Versuch wird unternommen werden, die Gegenwart des Heiligen Geistes zu ersticken. Sie werden Mein Leiden am Kreuz leugnen wie auch die entscheidende Bedeutung dessen, dass es notwendig ist, sich die Rettung zu verdienen, wenngleich sie jedem gewährt ist, der sich selbst in Meinen Augen reinwäscht und der um Meine Barmherzigkeit bittet. Sie werden nicht nur Gottes Kinder mit Lügen über Mich und Meine Lehren zwangsernähren, sie werden auch jene verfolgen, die solche Lügen hinterfragen.

Diejenigen, die die Führer Meiner Kirche von innen heraus in Frage stellen, werden schonungslos abgefertigt werden und ihnen wird nicht ein Funken Barmherzigkeit gezeigt werden. Jene von euch, ihr, die ihr falsche Lehren akzeptiert, von denen, die behaupten, sie würden Meine Kirche vertreten, und die ihr in eurem Herzen wisst, dass sie nicht von Mir kommen können: Ich werde euch dann helfen. Ich werde euch trösten, während Ich euch führe. Ihr dürft niemals die Wahrheit leugnen oder denjenigen nachgeben, deren Gier nach Macht bedeutet, dass sie in Meinem Namen lügen werden, wenn sie damit mit Meinen Feinden weiterhin günstige Beziehungen unterhalten können. Euer Glaube wird ernstlich geprüft werden.

Ich komme jetzt, euch die Wahrheit zu bringen, einzig und allein, weil man euch die Wahrheit verweigern wird. Wenn dies geschieht, wird es euch nicht gestattet sein, die Wahrheit anderer Seelen zu verkünden, die ohne sie nicht überleben können.

Betet um die Barmherzigkeit für eure eigene Seele und für diejenigen, die von Meinen Feinden in großen Irrtum geführt werden.

Euer Jesus

914. Mutter der Erlösung: Diese Medaillen werden alle Seelen bekehren, die offen sind für die Barmherzigkeit Meines Sohnes, Jesus Christus.

Samstag, 14. September 2013, 16:10 Uhr

O Mein Kind, genau so wie Ich Meinen Sohn geliebt habe, vom ersten Moment an, wo Ich in Sein schönes Antlitz geblickt habe, genau so liebe Ich alle Kinder Gottes wie Meine eigenen Kinder.

Ich bin die Mutter Gottes, aber Ich bin ebenso die Mutter aller Kinder Gottes, da Ich versprochen habe, ihnen im Augenblick ihrer endgültigen Erlösung zu helfen. Mein Sohn gab Mir, als Er Mich im Himmel gekrönt hat, die Autorität, die Mutter der zwölf Stämme zu werden – der zwölf Nationen im Neuen Jerusalem. Bevor an diesem Tag der Morgen dämmert, werde Ich, als die Mutter der Erlösung, überall Seelen ausfindig machen und sie hin zu Meinem Sohn ziehen. Ich helfe Ihm bei dieser mühsamen Aufgabe, und ebenso wie Mein Herz (fest) in Sein Herz eingeflochten ist, so ist es auch eingeflochten in den Herzen jener, die Meinen Sohn aufrichtig lieben.

Als eure Mutter liebe Ich alle Kinder Gottes. Ich fühle die gleiche Liebe für jeden von euch, wie jede Mutter sie für ihre Kinder empfindet. Ich sehe Gottes Kinder, als ob sie alle nur kleine Kinder wären. Ich fühle ihren Schmerz. Ich leide mit Meinem Sohn, wenn Er auf Sünder schaut, welche die Liebe zurückweisen, die Er für sie hat. Welche Qualen Er ihretwegen leidet und wie viele Tränen Ich jetzt weine, wenn Ich sehe, wie das Elend der Menschen wegen der Ausbreitung der Sünde zunimmt. Und doch ist in der Welt noch immer viel Liebe lebendig. Diese Liebe wird, wenn sie rein ist, der Finsternis standhalten und wird, wie ein Leuchtfeuer, Seelen zu sich hinziehen. Dies ist die Weise, auf die Gott wirken wird, um die Menschheit zu erleuchten. Er wird die Liebe derer, die Ihn lieben, verwenden, um Ihm die Seelen der Restlichen zu bringen.

Meine Aufgabe ist es, so vielen Sündern wie möglich die Möglichkeit zu bieten, ihre Seelen zu retten. Ich tue dies durch die Erscheinungen, die zu sehen sind, wenn Ich erscheine, um den Glauben der Sünder überall zu entfachen. Ich tue dies jetzt, indem Ich die Medaille der Erlösung zur Verfügung stelle. Mein Kind, wie Ich gesagt habe, muss diese Medaille durch dich der Welt zur Verfügung gestellt werden und auf Meinen Anweisungen an dich basieren. Diese Anweisungen sind nur dir bekannt gemacht worden. Diese Medaillen werden alle Seelen bekehren, die offen sind für die Barmherzigkeit Meines Sohnes, Jesus Christus. Dies wird dann zur Rettung von Millionen führen.

Ich danke euch, Kinder, dass ihr Mir, eurer Mutter, euer Herz öffnet und Meinem geliebten Sohn, Jesus Christus, dem Retter der Menschheit Gehorsam zeigt.

Eure Mutter
Mutter der Erlösung

915. Meine Pläne zur Rettung der Welt werden jetzt zum Fruchten gebracht. Alles ist nun an Ort und Stelle.

Sonntag, 15. September 2013, 23:50 Uhr

Meine innig geliebte Tochter, Meine Pläne zur Rettung der Welt werden jetzt zum Fruchten gebracht. Alles ist an Ort und Stelle. Meine Armee ist gebildet. Sie wird nun wachsen und sich überall ausbreiten und die vielen Seelen dabei mitbringen, nach denen Ich Mich sehne. Dieser Armee sind von Mir große Gnaden gegeben worden, und durch die Kraft des Heiligen Geistes werden sie die Flamme des Christentums am Brennen halten und sie werden die Fackel der Wahrheit bis zum letzten Tag tragen. Sie werden das Licht Gottes in die finsterste Ecke bringen und sie werden die Augen von Millionen für das wahre Wort Gottes öffnen, während der Glaubensabfall Meine Kirche auf Erden verschlingt. Ich gewähre ihnen dieses Kreuzzuggebet, um ihnen zu helfen, Mir ihre Treue zu geloben.

Kreuzzuggebet (121) „Treueschwur auf die Armee Jesu Christi"

„Wir stehen geschlossen bereit, vereinigt mit Deinem Heiligsten Herzen, lieber Jesus.

Wir sprechen mit Autorität das Wahre Wort Gottes.

Wir werden bis zu den Enden der Erde gehen, um die Wahrheit zu verbreiten.

Wir werden niemals irgendeine in Deinem Namen verkündete neue, falsche Lehre akzeptieren, die sich von dem unterscheidet, was Du Selbst uns gelehrt hast.

Wir bleiben wahr, treu und standhaft in unserem Glauben.

Wir werden jene, die Dich verraten, mit Liebe und Barmherzigkeit behandeln, in der Hoffnung, dass sie zu Dir zurückkommen werden.

Wir werden unerschütterlich sein, aber geduldig mit jenen, die uns in Deinem Namen verfolgen.

Wir werden siegesbewusst schreiten, auf dem ganzen Weg zu Deinem Neuen Paradies.

Wir versprechen, dass wir Dir durch unseren Schmerz und unser Leiden all jene verlorenen Seelen bringen werden, die nach Deiner Liebe hungern.

Bitte, nimm an unsere Gebete für alle Sünder auf der Welt, damit wir eine einzige Familie werden können, vereint in der Liebe zu Dir, in der Neuen Ära des Friedens. Amen."

Geht nun, Meine Restarmee, in dem Wissen, dass euch all die Hilfe und Gnaden gegeben werden, um in dieser letzten Heiligen Mission auf Erden Erfolg zu haben, damit Ich alle Kinder Gottes vom Antlitz der Erde einsammeln und sie in Mein Neues Paradies bringen kann.

Euer Jesus

916. Gott der Vater: Denjenigen, die in heidnische Familien hineingeboren worden sind und selbst nichts dafür können, sage Ich: Ich werde euch Barmherzigkeit gewähren.

Montag, 16. September 2013, 16:20 Uhr

Meine liebste Tochter, die Menschheit ist großteils unbeeindruckt durch Meine Existenz. So viele wissen wenig über Mich, ihren Vater, ihren Schöpfer. Meine gottgeweihten Diener, einschließlich aller, die an Mich, den Schöpfer von allem, was ist, glauben, haben darin versagt, die Menschheit auf die Strafe vorzubereiten, die ihnen bevorsteht, wenn sie nicht den Fehler ihrer Lebensweise einsehen.

Ein Wunschdenken, dass „alles gut sein werde", hat dazu geführt, dass viele Meiner Kinder nicht an die Existenz der Hölle glauben. Diese ist ein Ort, wohin Menschen gehen, die Meine Barmherzigkeit, Mein Eingreifen, Seelen zu retten, zurückweisen. Eine Todsünde wird, wenn sie nicht durch Versöhnung (Beichte) getilgt worden ist, Seelen in den Abgrund der Hölle führen. Diejenigen, die vielleicht zwar keiner Todsünde schuldig sind, die aber nicht an Mich glauben und stattdessen an eine Existenz glauben, die von falschen Idolen in ihren Köpfen geschaffen und erfunden worden ist, haben viel zu befürchten.

Lehnt Mich, euren Schöpfer, ab – und ihr werdet euch gegen Mich wenden. Ihr werdet euch selbst abschneiden. Viele von euch werden sich Mir heftig widersetzen, wenn euch die Wahrheit Meiner Göttlichkeit offenbart wird, – und nichts von dem, was Ich tue, wird euch vor dem Feuer der Hölle retten. Ich kann jede Göttliche Kraft anwenden, aber Ich kann euch niemals zwingen, Meine Barmherzigkeit anzunehmen. Nichts wird euch helfen, nur die Gebete auserwählter Seelen. Dies bedeutet, dass ihr niemals Mein Angesicht sehen werdet. Wer euch auch immer euch sagt, es keine Rolle, wenn ihr Meine Existenz nicht anerkennt, der lügt. Nur diejenigen, die Mich annehmen, können durch die Barmherzigkeit Meines einzigen Sohnes in Mein Königreich eingehen. Wenn ihr eine liebe und herzensgute Seele seid, Mich aber immer noch ablehnt – selbst wenn euch die Wahrheit bekannt gemacht worden ist –, dann werdet auch ihr ebenfalls weit weg von Mir geworfen werden. Ihr werdet kein Ewiges Leben haben.

Ich gewähre das Geschenk der Reinigung jetzt euch allen, aber ganz besonders den Atheisten und Heiden. Diese Reinigung wird schmerzvoll sein, aber in vielen Fällen wird sie ihre Augen für die Wahrheit öffnen. Denjenigen, die in heidnische Familien hineingeboren worden sind, und selbst nichts dafür können, sage Ich: Ich werde euch Barmherzigkeit gewähren. Aber denjenigen von euch, denen die Evangelien geschenkt worden sind und die über die Existenz des Dreifaltigen Gottes Bescheid wissen und die Mich jetzt ablehnen, sage Ich: Es gibt wenig Hoffnung für euch, solange ihr nicht umkehrt und für eure Sünden Sühne tut. Danach müsst ihr um die Rettung eurer Seele bitten.

Euer Vater
Gott der Allerhöchste

917. Ich komme euretwegen, um euch mitzunehmen zu Meinem Vater. Ich komme, um Seinen Göttlichen Willen zu erfüllen und den Bund zu vollenden.

Dienstag, 17. September 2013, 22:45 Uhr

Meine innig geliebte Tochter, wenn du diese Arbeit schwer findest und wenn du zögerst, der Welt schlechte Nachrichten zu geben, dann musst du verstehen, dass du nur der Überbringer bist. Du bist ein Instrument des Heiligen Gottes, des Allerhöchsten, und es ist deine Pflicht, auf Seinen Ruf zu antworten. Dein Gehorsam ist von wesentlicher Bedeutung, und du darfst keine Angst haben vor den Nachwirkungen, die dir als Prophetin des Herrn widerfahren könnten.

Alle vorausgesagten Geschehnisse sind am Anfang festgelegt worden und bilden einen Teil von Gottes Plan, um den Bund zu vollenden, um Seine Kinder endlich zu sammeln, damit sie in Harmonie in Seinem Göttlichen Willen leben können. Die letzte Schlacht zwischen der Hierarchie Meines Vaters und dem Teufel bedeutet, dass viele Menschen, die sich nicht schützen, von der Sünde befallen werden und sich gegen ihre Brüder, die Gott treu bleiben, wenden werden.

Während die Schlacht geschlagen wird, werden durch die Feinde Gottes viele böse Gräueltaten gegen Gottes geliebte Kinder ausgeführt werden. Aber ihnen sind — wie Ich es euch früher gesagt habe — Grenzen gesetzt, denn sie haben nicht die Macht, die Menschheit zu vernichten, obwohl sie glauben, dass sie diese haben.

Tröstet euch, ihr alle, denn Mein Vater wird in die bösen Handlungen derer eingreifen, die alle Nationen kontrollieren wollen, und Er wird sie totschlagen — jene, die es wagen, Seinen Kindern etwas zuleide zu tun. Viele bedauernswerte Seelen werden während solcher Verfolgungen leiden, aber Mein Vater ist immer barmherzig. Seine Macht kann nicht angetastet werden. Seine Hand ist Allmächtig. Er kann jederzeit Seine Feinde hinwegwerfen. Aber die vorausgesagten Prophezeiungen, die sich vor Meinem Zweiten Kommen ereignen müssen, sind eine Realität. Sie werden sich in einer Weise entfalten, die möglicherweise nicht für euch alle offensichtlich sein mag, aber wisset: Das Gebet ist eure Waffe. Gebet wird euch mit der Waffenrüstung ausstatten, die ihr braucht, um den Teufel zu besiegen. Gebet wird die Auswirkungen von Krieg, Leid und jede Art von Verfolgung, die der

Menschheit von den Feinden Gottes zugefügt werden wird, mindern. Gebet wird euch retten, und all diejenigen, für die ihr betet. Eure Gebete werden das Böse vernichten, und wenn der große Tag kommt, werdet ihr Freudentränen weinen, wenn ihr die Neue Generation seht, diese Milliarden von Menschen, die gerettet worden sind, weil ihr auf Meinen Ruf geantwortet habt.

Während Meine Botschaften eine Mischung aus Traurigkeit, Angst und Frustration bringen — bringen sie auch Hoffnung, weil sie viel Umkehr bewirken. Der Plan Meines Vaters ist den meisten von euch unbekannt. Was ihr verstehen müsst, ist Folgendes: Sein Plan wird all Seine Feinde vernichten. Indem Er zulässt, dass alle diese Prüfungen stattfinden, wird Er die Menschheit endlich aus der Knechtschaft der Sünde befreien. Seid geduldig. Seid ruhig. Denn bald werden euch endlich Freude, Liebe und Frieden gehören in Ewigkeit.

Ich komme nur, weil wir Eins sind – eine einzige, heilige Familie in Gottes Reich. Ich komme euretwegen, um euch zu Meinem Vater zu bringen. Ich komme, um Seinen göttlichen Willen zu erfüllen und den Bund zu vollenden. Ich komme, um euch die Wahrheit zu bringen.

Euer euch liebender Erlöser
Jesus Christus

918. Bei Meinem Zweiten Kommen werde Ich jede Person, die zu diesem Zeitpunkt auf Erden noch am Leben ist, nach dem richten, was sie zur Ehre Gottes getan hat.

Mittwoch, 18. September 2013, 17:08 Uhr

Meine innig geliebte Tochter, als Ich sagte, Ich würde wiederkommen, um die Lebenden und die Toten zu richten, meinte Ich das auch genau so. Das Erste Gericht muss erfüllt werden, und damit meine Ich, dass Ich bei Meinem Zweiten Kommen jede Person, die zu diesem Zeitpunkt auf Erden noch am Leben ist, nach dem richten werde, was sie zur Ehre Gottes getan hat. Mein Gericht wird streng sein, denn Meine Barmherzigkeit wird zu diesem Zeitpunkt bereits über die Erde ausgegossen sein.

Diejenigen von euch, die bis zum Ende trotzig bleiben, indem ihr Mich zurückweist — obwohl euch die Wahrheit bekannt gemacht worden sein wird —, werden weggeworfen werden, fern ab von Mir. Ihr werdet niemals Meine Barmherzigkeit annehmen, so sehr Ich auch um eure Rettung bitte. Eure Ablehnung und euer Hass auf Mich werden euch ewiges Leiden bringen und Ich werde bittere Tränen voll Trauer um euch vergießen. Oh, wie werdet ihr euch sehnen nach den Annehmlichkeiten der Erde, obwohl ihr dort eure Zeit verschwendet habt mit der niederträchtigen Jagd nach sündhaftem Vergnügen und Macht und wo ihr andere unterdrückt habt. Die Erde wird euch vorkommen wie ein schon lange verlorenes Paradies, während ihr in den Tiefen der Finsternis um Meine Hilfe schreit.

Diejenigen von euch, die Mich lieben, deren Seele aber von der Sünde verdorben worden ist, brauchen keine Angst haben, denn Ich werde euch mit Meiner Barmherzigkeit verzehren, wenn ihr darum bittet. Alle Sünder werden von Mir gerettet werden, wenn sie sich in Meinen Augen reinwaschen, wie schwer ihre Sünden auch sein mögen.

Die Lebenden, die Mein Wohlwollen finden, werden in Mein Herrliches Paradies hochgehoben werden. Dazu gehören alle Sünder, jede Glaubensrichtung, jede Rasse, alle, die nach Mir, ihrem Heiland, dem Menschensohn, gerufen haben, und all diejenigen, die Mich bitten, sie zu retten.

Ich werde Tote auferwecken, jene, die in den Tiefen des Fegefeuers gereinigt worden sind, sowie jene, die im Himmel geduldig auf das Kommen dieses Großen Tages warten. Der Rest wird verbannt werden.

Eure Zeit auf Erden ist von Meinem Vater festgesetzt worden, und dieser Tag ist Mir noch unbekannt, aber Ich sage euch dieses: Ihr, diese Generation, werdet eingesammelt werden und in Mein Neues Paradies gebracht werden, wenn Himmel und Erde Eins werden. Euch ist die Zeit zur Vorbereitung gegeben worden, so nutzt diese Zeit sicherheitshalber, da ihr das Ewige Leben haben könnt und es mit euren Lieben teilen könnt. Ich bitte euch jetzt, weiht all eure Lieben, eure Familie, eure Freunde und eure Nationen an Mich, damit Ich sie mit dem Schutz Meines Kostbaren Blutes bedecken kann.

Euer Jesus

919. Betet dieses besondere Kreuzzuggebet, um all jene, die euch nahe stehen, zu weihen, damit Ich sie mit Meinem Kostbaren Blut bedecken kann.

Mittwoch, 18. September 2013, 23:30 Uhr

Meine innig geliebte Tochter, Ich bitte euch alle, betet dieses besondere Kreuzzuggebet, um all jene, die euch nahe stehen, zu weihen, damit Ich sie mit Meinem Kostbaren Blut bedecken kann.

Kreuzzuggebet (122) „Weihe an das Kostbare Blut Jesu Christi"

„Lieber Jesus, ich bitte Dich, weihe mich, meine Familie, meine Freunde und mein Volk dem Schutz Deines Kostbaren Blutes.

Du bist für mich gestorben und Deine Wunden sind meine Wunden, da ich das Leiden, das ich auf dem Weg zu Deinem Zweiten Kommen erdulden werde, in Würde annehme.

Ich leide mit Dir, Lieber Jesus, da Du versuchst, alle Kinder Gottes in Dein Herz einzusammeln, damit wir ewiges Leben haben werden.

Bedecke mich und all jene, die Deines Schutzes bedürfen, mit Deinem Kostbaren Blut. Amen."

Alles, was ihr tun müsst, ist, auf Mich zu vertrauen, und Ich werde diejenigen beschützen, die Mich anrufen, um ihre eigene Seele und andere Seelen zu retten.

Geht und bereitet euch auf den Tag des Gerichts vor. Ich segne euch alle und Ich gebe euch die Kraft weiterzumachen mit eurer Hingabe an Meine Kreuzzuggebete.

Euer Jesus

920. Kein Mensch, kein Priester, kein Bischof, kein Kardinal, kein Papst hat das Recht, das Wort Gottes umzuschreiben.

Donnerstag, 19. September 2013, 19:26 Uhr

Meine innig geliebte Tochter, Meine armen heiligen Diener werden, nachdem die Liturgie direkt vor Mir manipuliert und geschändet worden sein wird, in großer Trauer zu Mir gelaufen kommen. Erst wenn das geschieht, werden sie erkennen, dass das Wort Gottes durch Gottes Prophetin bekannt gemacht wird und dass es die Wahrheit ist. Das Wort Gottes ist die Wahrheit. Es kann, wenn die Prophezeiungen, die Gottes Kindern gegeben werden, von Ihm sind, nur die volle Wahrheit sein — oder überhaupt keine Wahrheit.

Viele werden sich sammeln und sich zusammentun, um sich darauf vorzubereiten, Mir Ehre zu erweisen, auf die Art und Weise, die Mich ehrt, denn nichts wird ihnen im Wege stehen, Mein Heiliges Wort, Meine Heiligen Sakramente, Meine Heilige Messe und die Allerheiligste Eucharistie zu bewahren. Aber selbst dann werden viele die Irrtümer nicht sehen, die ahnungslosen Seelen in Zukunft präsentiert werden.

Nur wenn erklärt werden wird, die Kirche Gottes sei in Union mit Heiden und deren grotesken Praktiken, werden mehr von Meinen gottgeweihten Dienern wirklich verstehen, was geschieht. Erst wenn die heidnischen Symbole und satanischen Zeichen im Inneren von Christlichen Kirchen, auf ihnen sowie an den äußeren Eingängen zu Christlichen Kirchen auftauchen werden, werden sie um ihr Leben rennen. Es wird große Angst in ihren Herzen sein, weil viele von ihnen zu diesem Zeitpunkt keinen Ort haben werden, wohin sie gehen können, weil sie darin versagt haben, sich auf diesen Tag vorzubereiten. Diese werden diejenigen sein, auf die unerbittlich Jagd gemacht werden wird, weil sie nicht auf Meinen Ruf geantwortet haben. Ihr Stolz und ihr Egoismus haben sie daran gehindert, Meine Stimme zu erkennen. So viele Meiner gottgeweihten Diener werden überrumpelt werden, und viele werden machtlos sein gegen die Herrschaft des falschen Propheten und seines Gesinnungsgenossen, des Antichristen. Diese beiden werden rücksichtslos sein in ihrem Streben nach der Kontrolle über alle Völker, und alle, die es wagen, ihnen im Weg zu stehen, werden vernichtet werden.

Während jene gottgeweihten Diener im Inneren Meiner Kirche auf Erden in der Falle sitzen werden, sofern sie nicht vorbereitet sind, sind es die Seelen der Gläubigen, der treuen Anhänger von Mir, Jesus Christus, die massiv irregeführt sein werden, welche Mir so bitteren Kummer bereiten. Viele werden Angst haben, sich der Kirche gegenüber nicht loyal zu erweisen, selbst wenn Meine Lehren, Meine Heilige Lehre und alle Sakramente verändert worden sind. Sie sollen jetzt wissen, dass kein Mensch, kein Priester, kein Bischof, kein Kardinal, kein Papst das Recht hat, das Wort Gottes umzuschreiben. Wenn sie das tun, haben sie das Gesetz Gottes gebrochen. Nur die Kirche Gottes, die Meinen Lehren treu bleibt, ist unfehlbar. Sobald dieses Band durchtrennt ist — das Band, wo in Meinem Namen nur die Wahrheit verkündet wird —, werden sie von Mir abgetrennt sein. Ich Bin die Kirche. Ihr, Meine Anhänger, Meine gottgeweihten Diener, gehört zu Mir, wenn ihr an Meiner Heiligen Lehre festhaltet.

Die Kirche — Meine Kirche — wird intakt bleiben, denn die Wahrheit kann sich niemals ändern. Diejenigen, die sich von Mir trennen, können nicht Teil Meiner Kirche auf Erden sein.

Euer Jesus

921. Vier mächtige Imperien werden entstehen als die Hauptquelle, aus der dann Kriege überwunden werden.

Samstag, 21. September 2013, 00:22 Uhr

Meine innig geliebte Tochter, vieles wird in der Welt geschehen, da die Macht des falschen Propheten zunimmt, und jeder, der es wagt, ihn in Frage zu stellen, wird ignoriert werden, selbst in den höchsten Rängen in Meiner Kirche.

Politische Meinungsverschiedenheiten werden zu einer Vierteilung der Erde führen. Vier mächtige Imperien werden entstehen, als die Hauptquelle, aus der dann Kriege überwunden werden. Während diese Imperien an Macht zunehmen, werden sie viele Teile der Welt kontrollieren, aber nicht alle, da dies von Meinem Vater nicht zugelassen werden wird.

Zwischen allen diesen Nationen wird es Kämpfe untereinander geben, obwohl sie behaupten werden, sie würden zusammenarbeiten. Da das Misstrauen wächst, werden sie versuchen, den jeweils anderen auszustechen, und dann kommt es zum Kampf. Sie werden viele Teile ihrer armen Nationen zerstören. Das Volk, über das sie regieren werden, wird nur mehr wenig Macht haben, wo die Demokratie wie an einem seidenen Faden hängen wird. Es sind diese unschuldigen und leidenden Menschen, denen der Schutz Gottes gegeben werden wird, wenn sie das Siegel des lebendigen Gottes haben.

Unterschätzt niemals dieses Geschenk Gottes. Das Siegel des Lebendigen Gottes wird euch in Zeiten von Krieg vor körperlichem und spirituellem Tod bewahren. Bitte sorgt dafür, dass dieses so vielen Menschen wie möglich in jeder Nation gegeben wird.

Ägypten und Syrien werden in einen Machtkampf verwickelt werden, der auf Israel Auswirkungen haben wird. Die Feinde der Juden sind viele. Alle Kriege, die auf diese beiden Länder abzielen und sie einbeziehen, werden zu einer Endschlacht führen, die Israel involvieren wird, und die Juden werden den schlimmsten Völkermord seit dem Zweiten Weltkrieg erleiden.

Ende und Aufstieg Jerusalems sind vorhergesagt worden, und diese Kämpfe müssen stattfinden, bevor die Prophezeiungen erfüllt sind.

Euer Jesus

922. Viele werden Mich verraten, indem sie das, was falsch ist, annehmen.

Samstag, 21. September 2013, 13:45 Uhr

Meine innig geliebte Tochter, Meine Stärke wird in den Herzen der Gläubigen wogen, jetzt wo sie — durch die Kraft des Heiligen Geistes — ein Gefühl von Gelassenheit empfinden werden, trotz des großen Glaubensabfalls, den sie nun anfangen, in Meiner Kirche zu sehen.

Ich werde euch, Meinen geliebten Jüngern, durch die Macht und die Herrlichkeit Meines geliebten Vaters große Stärke und großen Mut geben während dieser Prüfungen. Euch werden diese Geschenke durch die Kreuzzuggebete gegeben, denn ohne diese wäre es euch unmöglich, der bevorstehenden religiösen Verfolgung standzuhalten. Euch werden diese Geschenke gegeben, damit ihr die anderen retten könnt, die Meinen Ruf aus dem Himmel zurückweisen werden und die unabsichtlich in die Höhle des Löwen hineinspazieren werden, wo die ganze Hölle losbrechen wird. Sind sie einmal in der Höhle der Finsternis, werden sie in heidnische Rituale hineingezogen werden. Ihre Seelen werden für den Geist des Bösen geöffnet werden, und innerhalb einer sehr kurzen Zeit werden sie blind werden für die Wahrheit — für das Heilige Wort Gottes, das von Anbeginn festgelegt ist.

Viele werden Mich verraten, indem sie das, was falsch ist, annehmen. Und doch ist ihnen die Wahrheit durch Meinen Tod am Kreuz gegeben worden. Als Ich auf Erden wandelte, haben Mich an den Tagen, die Meiner Kreuzigung vorausgingen, viele Meiner Jünger verraten. Die Pharisäer nachahmend, schrien sie diese Worte: „Verschwinde! Du verkündest Ketzereien. Du machst Dich über die Pharisäer lustig, die im Namen Gottes sprechen. Du bist ein Lügner und Du redest böse. Du bist der Sohn Satans."

Jetzt, da Ich euch alle auf Mein Zweites Kommen vorbereite, werdet ihr erneut eben diese Vorwürfe ausspeien. Ich komme jetzt — durch diese Göttlichen Botschaften vom Himmel —, um euch die Wahrheit zu bringen, obwohl ihr (schon) alles über Mich wisst. Ich tue dies, weil die Wahrheit in Meiner Kirche abgeschafft werden wird. Ihr werdet bald Lügen in Meinem Namen annehmen, und die Wahrheit wird nirgends zu finden sein.

Denkt an diese Worte. Ich komme nur, um Mein Versprechen an Meinen Vater zu erfüllen. Ich komme, um euch das endgültige Heil zu bringen, das euch verheißen worden ist. Satan will nicht, dass dies geschieht, aber er kann Mich nicht aufhalten. Was er aber tun wird, ist, dass er viele von Gottes Kindern daran hindern wird, Meine letzte Barmherzigkeit anzunehmen. Er wird dies durch die Hilfe Meiner Feinde tun, die er jetzt im Inneren Meiner Kirche auf Erden verführt hat.

Wacht auf, diejenigen von euch, die schlafen. Ich werde wie ein Dieb in der Nacht kommen. Nur diejenigen, die dann bereitet sind, werden gerettet werden.

Euer Jesus

923. Mutter der Erlösung für Priester: Um der Kirche Meines Sohnes auf Erden treu zu bleiben, müsst ihr bereit sein, Seine Herde zu nähren.

Montag, 23. September 2013, 13:30 Uhr

Mein Kind, viele Zeichen vom Himmel werden auf den Dächern der Kirchen Meines Sohnes bekannt gemacht werden, wenn die endgültigen Änderungen in der Liturgie der Heiligen Messe vorgenommen werden. All jene, die Augen und Ohren offen halten und wachsam sind, werden den Zorn Meines Sohnes auf eine Weise miterleben, die sie einfach nicht übersehen können.

Mein Sohn hat versprochen, dass Er Seinen Zorn bekannt machen werde, wenn sie Ihn inmitten Seiner Kirche auf Erden erneut kreuzigen, indem sie Seinen Leib und Sein Blut schänden, während des Heiligen Messopfers. Blitz und Donner, gefolgt von gewaltigen Stürmen, werden die Menschen von den Beinen reißen. Mehr Überschwemmungen werden stattfinden, wenn die Sünden der Menschen hinweggespült werden, während sie beginnen, die Strafen Gottes zu sehen, die sich über die Menschheit ergießen werden.

Sklaven der Sünde sind sie — selbst diejenigen, die Meinen Sohn lieben und der Heiligen Messe treu bleiben —, und so werden sie den Unterschied nicht kennen, wenn der Gräuel präsentiert werden wird. Denkt daran: Es ist, um des Todes Meines Sohnes zu gedenken, dass die Heilige Messe gelesen wird und wo die Wahre Gegenwart Meines Sohnes bekannt gemacht wird. Bald werden sie die Wahrheit nicht mehr anerkennen, und die neue Messe wird eine heidnische Zeremonie werden. Dieser Tag steht noch aus, und es wird plötzlich und unerwartet geschehen — so schnell wird der falsche Prophet aktiv werden. Jetzt ist es Zeit, sich vorzubereiten. All jene heiligen Diener, die der Allerheiligsten Eucharistie treu bleiben wollen und die an dem Heiligen Wort Gottes festhalten werden, müssen jetzt mit ihren Vorbereitungen beginnen.

Um der Kirche Meines Sohnes auf Erden treu zu bleiben, müsst ihr bereit sein, Seine Herde mit der Speise des Lebens, die Seine

Heilige Eucharistie ist, zu nähren. Dies ist das Gelübde, das ihr Jesus Christus gemacht habt, als ihr sagtet, ihr würdet Ihm dienen und all jenen, die das Heil suchen, Seinen Leib und Sein Blut zur Verfügung stellen, durch die Heilige Messe. Dieses Gelübde muss geehrt werden, bis zum letzten Tag.

Fürchtet nicht die vor euch liegenden Zeiten, wenn die Feinde Gottes versuchen werden, Seinen Heiligen Namen zu missbrauchen, um Sünde zu billigen und für alle annehmbar zu machen und wenn sie Seinen Leib und Sein Blut allen vorenthalten werden. Das wird nicht ins Gewicht fallen, solange ihr Meinem Sohn weiterhin dient, auf welche Weise auch immer ihr könnt.

Geht jetzt in Frieden, in der Hoffnung, dass alle von euch, die Meinen Sohn lieben, mit der Gabe des Heiligen Geistes gesegnet werden, damit ihr in der Lage sein werdet, die Wahrheit zu unterscheiden.

Eure Gebenedeite Mutter
Mutter der Erlösung

924. Die vier Teile der Welt, auf die Ich Mich beziehe, sind die vier großen Imperien — die USA, Russland, Europa und China.

Dienstag, 24. September 2013, 11:18 Uhr

Meine innig geliebte Tochter, die vier Teile der Welt, auf die Ich Mich beziehe, sind die vier großen Imperien — die USA, Russland, Europa und China. Alle Prophezeiungen, die vorausgesagt sind, werden diese Mächte einbeziehen, um die herum alle Umbrüche in religiösen und politischen Strukturen geschehen werden.

Syrien und Ägypten werden aufgrund der Unruhen in ihren Ländern die Auslöser werden für einen größeren Krieg, in welchen die vier Großmächte verstrickt sein werden. Jede dieser Mächte wird verwickelt sein, um ein geeintes Regime zu schaffen, das benutzt werden wird, um den globalen Reichtum und die Weltbevölkerung zu kontrollieren.

Der religiöse Krieg wird von zentraler Bedeutung sein für diese Kontrolle, und die ernannten Führer in Meinen christlichen Kirchen werden bezwungen und vernichtet werden zur Vorbereitung auf das Tier, das alle vier Imperien kontrollieren wird. Keinem der Machthaber, die sich dem Wort Gottes widersetzen oder die versuchen, Seine Kinder zu vernichten, wird von Gott das Recht gegeben werden, sich jene mit Gewalt zu nehmen, deren Namen im Buch des Lebens verzeichnet sind. Und obwohl Ich von Christen spreche und davon, wie notwendig es ist, dass sie Mir treu bleiben, beziehe Ich Mich auch auf die Juden, denn ihr Beschützer, der Erzengel Michael, wird über sie wachen und ihnen helfen, die Verfolgung zu überstehen, welche sie als Gottes auserwähltes Volk ebenfalls erleiden werden müssen.

Gottes Plan ist erstellt, und alle Engel und Heiligen im Himmel machen sich jetzt bereit, Mir bei Meiner Mission zu helfen, alle

zu vereinen und jene, die Mich lieben, vor der großen Täuschung zu schützen, die geschaffen wurde, um die Welt zum Narren zu halten. Nie zuvor ist die Bosheit gegen Gott vom Menschen so koordiniert gewesen wie heute. Nie zuvor ist der sterbliche Mensch in der Lage gewesen, so viel Leid zu verursachen, indem er Macht an sich reißt, um Kontrolle auszuüben, wie in diesem Moment der Geschichte. Die große Verfolgung der Kinder Gottes, von Satan hervorgerufen mit der bereitwilligen Unterstützung von bösen, machthungrigen Männern und Frauen in hohen Machtpositionen, entfaltet sich vor euren Augen. Doch viele von euch können es nicht sehen, weil man euch bewusst getäuscht hat.

Euer Jesus

925. So viele haben Mich vergessen und nehmen Mich vielfach als selbstverständlich hin.

Dienstag, 24. September 2013, 18:00 Uhr

Meine innig geliebte Tochter, wie einsam Ich Mich fühle, wenn so viele — darunter auch diejenigen, die Meinem Heiligen Wort treu sind — so wenig ihrer Zeit in Meiner Gesellschaft verbringen. Wie Ich Mich nach ihrer Zuwendung sehne, sei es nur für einen kurzen Augenblick am Tag. So viele haben Mich vergessen und nehmen Mich vielfach als selbstverständlich hin. Wisst ihr nicht, dass Ich, schon allein dadurch, dass ihr mit Mir redet, wenn auch nur kurze Zeit, Meine Gnaden über euch ausgießen werde? Diejenigen, die Mir Trost spenden, indem sie mit Mir reden — auf welche Weise auch immer es für sie am einfachsten ist —, erlangen einen inneren Frieden, der nirgendwo anders in der Welt gefunden werden kann.

In eurer Jagd nach Vergnügen und Komfort, nach Spannung und Spaß sind eure Momente explosiver Befriedigung von kurzer Dauer. Nichts, auch nicht die größten weltlichen Schätze, werden euch erfüllen. Es ist durch Mich, aufgrund Meiner Großen Barmherzigkeit, dass euch der größte Schatz gewährt wurde: das Geschenk eines Lebens, erfüllt mit großer Herrlichkeit, einer wunderbaren Umgebung, einem perfekten, schönen Körper und der Fähigkeit, eine beständige Liebe zu fühlen, die euch überwältigen, aber unermessliche Glückseligkeit bringen wird. Das ist das Ewige Leben — und die Zeit, dass Ich euch in Mein Neues Königreich auf Erden hinüber bringen werde, ist nahe.

Wenn ihr mit Mir sprecht und Mich bittet, euch auf diesen großen Tag vorzubereiten, werdet ihr bereit sein, aber es braucht Zeit, um die Änderungen vorzunehmen, die von euch für den Großen Tag des Herrn verlangt werden.

Wie Braut und Bräutigam müsst ihr alles fertig vorbereitet haben vor dem großen Glückstag. Ihr müsst eure Familie, eure Freunde, eure Verwandten im Voraus gut vorbereiten. Dann, am Tag, an dem Ich komme, um diesen herrlichen Übergang zu sehen, müsst ihr sowohl an Leib als auch

an Seele bereit sein, damit ihr würdig gemacht seid, in das Neue Paradies einzugehen.

Jeden Tag, den ihr mit den Bedürfnissen anderer ausgelastet verbringt, müsst ihr zumindest zehn Minuten dieses Tages aufsparen, um für eure Sünden Sühne zu leisten. Dies ist sehr wichtig, denn Ich liebe euch und ihr seid Mir willkommen. Um mit Mir richtig zu kommunizieren, müsst ihr zuerst immer als demütiger Diener vor Mein Angesicht kommen. Wenn ihr vor Mir kniet oder euch einfach in eurem Herzen mit Mir unterhaltet, beginnt immer mit den Worten:

„Jesus, vergib mir, denn ich habe gesündigt."

Danach werdet ihr Meine Gegenwart fühlen, und Ich werde in eurer Seele leben. Je öfter ihr euch Mir zuwendet, desto vertrauter werdet ihr mit Mir werden. Bald werde Ich wie ein Freund sein, ohne den ihr nicht leben könnt. Dann werdet ihr euch auch in allen kleinen Dingen an Mich wenden — und Ich werde da sein. Ich werde immer dafür sorgen, dass diejenigen von euch, die Zeit in Meiner Gesellschaft verbringen, große Gunst erwiesen werden wird, und Mein Segen wird der Seele Ruhe und Frieden verschaffen. Denkt daran, dass Ich jenen, die Mich suchen, umgehend antworte.

Euer Jesus

926. Wehe jenen Christen, die Mich verlassen haben zugunsten eines New-Age-Heidentums.

Dienstag, 24. September 2013, 22:44 Uhr

Meine innig geliebte Tochter, jede auf Erden lebende Seele hat einen sehr starken Instinkt, Gott in ihrem Leben zu suchen. Diejenigen, die Gottes Liebe in ihrer allerreinsten Form finden, erhalten dieses Geschenk, weil sie demütig sind und die Tatsache akzeptiert haben, dass alle Ehre Gott gehört.

Wohingegen Heiden in ihrem Streben nach spirituellem Frieden mehr nach der Schöpfung des Wahren Gottes suchen als nach ihrem Schöpfer. Statt sich vor Gott, Meinem Vater, dem Allmächtigen, dem Schöpfer aller Dinge, niederzuwerfen, liegen sie flach auf ihrem Angesicht vor falschen Göttern, unter anderem auch vor den Wundern, die Gott für die Welt geschaffen hat: Erde, Sonne, Mond und Sterne. Sie vergöttern diese großen Wunder und glauben dann, dass ihnen dieses Tun große Kräfte verleihen werde. Was sie suchen, ist eine Form spiritueller Erleuchtung, die ihnen, so hoffen sie, Freude und Frieden bringen werde. Viele öffnen dann — durch Meditation und Yoga — ihren Geist und ihre Seele, um dem Geist des Bösen zu erlauben, dass er sie verdirbt. Sie glauben fälschlicherweise, dass irgendeine andere Kraft, die sich von der Kraft unterscheidet, die von Gott, dem Allerhöchsten, kommt, ihnen den Frieden bringen kann, nach dem sie sich sehnen.

Wisset jetzt: Es gibt nur einen Gott. Jede andere Form von Verherrlichung läuft auf das Heidentum hinaus. Ganz gleich, was sie sagen oder wie sie ihre Handlungen rechtfertigen, sie laden Satan ein, in ihre Seele einzudringen, und sobald er Zugang erhält, werden er und die Dämonen, die er schickt, diese Seele nicht mehr in Ruhe lassen. Sie werden diese Seelen quälen, sie mit Lügen erfüllen und sie glauben lassen, dass sie eine besondere Begabung besitzen. Einige glauben, sie könnten andere heilen, durch solche Praktiken wie Reiki, während das, was sie tun, aber stattdessen andere verdirbt, einschließlich der Unschuldigen. Wenn Heiden singen, um spirituelle Begabungen an sich zu ziehen, sagen sie, dass dieser Gesang ihnen Frieden bringe. Obwohl dies viele glauben, wisset, dass innerhalb kurzer Zeit — sobald der Geist des Bösen einmal in ihren Geist Eingang gefunden hat — sie aufgewühlt werden und keine Atempause mehr finden werden. Sie sind auf der ständigen Suche nach sämtlichen Vergnügen der Sinne, und alles, was sie im Gegenzug empfangen werden, wird eine Finsternis der Seele sein.

Heidentum bringt eine schreckliche Unruhe, und in Ländern, wo die Heiden zu den falschen Göttern schreien, ziehen sie den Zorn Meines Vaters auf sich. Viele solcher Seelen verstehen nicht, was sie tun, aber erkennt sie an der Art ihres Körperschmucks, wobei sie sich selbst als heilige Gefäße betrachten in den Augen der falschen Götter, die sie vorgeben zu verehren. Liebe, Demut oder persönliche Opfer zum Wohl anderer werden fehlen, denn sie verehren nur die Sinne. Sie verstehen nicht, dass ihre Seele ein Geschenk Gottes ist, und so geben sie diese weg in der Jagd nach Vollkommenheit, die sie niemals erlangen können.

Während der „Warnung" werde Ich in diesen Seelen die Wahrheit bezüglich dessen, Wem sie gehören, wachrufen. Betet, dass sie Meine Hand der Barmherzigkeit annehmen werden. Wehe jenen Christen, die Mich verlassen haben zugunsten eines New-Age-Heidentums. Sie sind diejenigen, die Meine Barmherzigkeit nicht wollen, und die es lieber vorziehen, sich im Unsinn zu versuchen, weil es ihr Ego nährt, wenn sie glauben, dass sie die Macht haben, spirituelle Dinge zu kontrollieren. Während sie auf diese Weise persönliche Vollkommenheit suchen, schneiden sie sich selbst vollständig von Gott ab. Damit öffnen sie dem Teufel die Türe, der sie verführen und hypnotisieren wird durch den Anreiz abergläubischer Versprechungen, die dazu führen, dass ihre Seelen öd und unfruchtbar werden, wo die Liebe Gottes nicht gedeihen kann.

Euer Jesu s

927. Mutter der Erlösung: Nur wenige werden mutig genug sein, während der Kreuzigung der Kirche Meines Sohnes auf Erden das Wort Gottes offen zu verkünden.

Mittwoch, 25. September 2013, 12:15 Uhr

Mein Kind, die Kreuzigung der Kirche Meines Sohnes auf Erden hat nun vollends begonnen und all die Zeichen haben angefangen sichtbar zu werden. Genau wie damals, als Mein Sohn ans Kreuz geschlagen wurde, nur einer Seiner Apostel bis zum Ende bei Ihm geblieben ist, so werden auch jetzt wenige Seiner Jünger auf Erden es wagen, dabei gesehen zu werden, wie sie Seinen Mystischen Leib auf Erden verteidigen, während er ausgeplündert, verfolgt und dann aufgerieben werden wird.

Sehr wenige von denen, die Meinem Sohn Treue geschworen haben, sahen Seine Geißelung oder gingen an Seiner Seite beim Aufstieg zum Kalvarienberg. Ich hatte nur vier treue Jünger — Meine Cousine Maria, Martha, Maria Magdalena und Johannes —, die da waren, um Mich zu stützen und Mir zu helfen in Meiner Qual, als Ich die schreckliche Folter Meines Sohnes miterleben musste. Viele werden den Anweisungen Meines Sohnes durch diese heiligen Botschaften für die Welt folgen, aber nur wenige werden mutig genug sein, während der Kreuzigung der Kirche Meines Sohnes auf Erden das Wort Gottes offen zu verkünden.

Mein Kummer in dieser Zeit ist groß, da alles, was von Mir vorausgesagt wurde — während der Erscheinungen in La Salette und Fatima —, sich nun vor euch allen entfaltet, aber viele von euch sind blind. Diejenigen von euch, die in Meinen Heiligtümern vor Mir ganze Stunden aufgeopfert haben, müssen kommen und Mich, eure Mutter, bitten, eure Augen für die Wahrheit zu öffnen. Ihr müsst Mich bitten, dass Ich Meinem Sohn eure Herzen und Seelen weihe, sonst werdet auch ihr Ihn verleugnen.

Eure geliebte Mutter
Mutter der Erlösung

928. Gott, der Vater: Sollte Ich Städte zerstören müssen, um zu verhindern, dass das Böse sich ausbreitet, dann werde Ich dies tun.

Donnerstag, 26. September 2013, 17:55 Uhr

Meine liebste Tochter, Meine Hand der Gerechtigkeit ist auf die Welt niedergefallen und Ich werde diejenigen bestrafen, die Meine Kinder an Leib und Seele verletzen. Ihr müsst sowohl Meinen Zorn fürchten als auch Meine Barmherzigkeit annehmen.

Ich werde in eure Nationen eingreifen, um zu verhindern, dass Kriege eskalieren, und sollte Ich Städte zerstören müssen, um zu verhindern, dass das Böse sich ausbreitet, dann werde Ich dies tun. Da sich die Schlechtigkeit der Menschen ausbreitet wie ein Virus, werde Ich diese Seelen entzweischlagen und vernichten. Wie Mich doch die bösen Sünden der Abtreibung, des Krieges, des Mordes und des Betruges jener, die bei der Ausbreitung der Sünde mithelfen, anwidern! Sie werden jetzt den Preis dafür zahlen.

Diejenigen in politischen Positionen, die den Zugang zur Abtreibung steuern, werden die Ersten sein, die bestraft werden. Erwartet jetzt, dass ihr sehen werdet, wie sie für die Gräueltaten leiden werden, die sie vor Meinem Angesicht gutheißen. Jene Gruppen, die das Hinwegraffen der Weltbevölkerung durch Abtreibung planen, werden durch Meine Hand qualvoll sterben. Gerechtigkeit wird ihnen endlich widerfahren, denn Ich werde ihnen nicht mehr erlauben, Meinen Kindern solche Boshaftigkeit anzutun. Ihre arroganten Behauptungen, dass sie im Interesse des Menschen handelten, werden zum Schweigen gebracht werden; denn sie haben sich selbst von Mir abgeschnitten und jetzt werden sie wenig Zeit haben, ihre Seelen reinzuwaschen.

Diejenigen, denen die Verantwortung übertragen wurde, Meinen Kindern die Wahrheit der Evangelien zu lehren, werden diesem Versprechen nachkommen müssen. Ich werde euch erheben, wenn ihr die Wahrheit sprecht, aber Ich werde euch in den Abgrund werfen, falls und wenn ihr die Heilige Eucharistie entweiht. Und obwohl die Lügner euch von der Notwendigkeit überzeugen werden, die Wahrheit zu verändern, und euch verfolgen werden, wird es lange nicht so sein wie die Finsternis, die Ich über die gesamte Erde werfen werde. Dann wird es ein Heulen und Zähneknirschen geben, aber niemand wird euch hören. Ihr werdet nichts mehr sehen, noch irgendetwas hören können, aber dafür werdet ihr den Schmerz jener Seelen fühlen, die ihr zerstört habt wegen des Glaubensabfalls, den ihr geholfen habt, soweit zu schüren, bis er die Seelen jener gottgeweihten Diener eingehüllt hat, die eure Schüler sind.

Fürchtet Meinen Zorn, denn er wird plötzlich über euch herabkommen und dann wird es für euch zu spät sein. Ihr werdet Mein Angesicht niemals sehen. Ich warne diejenigen, die die Führung über all jene innehaben, die Meine Kirchen auf Erden lenken, jetzt zum letzten Mal.

Das Scheitern, das Wort Gottes zu verteidigen oder die Heilige Eucharistie zu bewahren, wird in Tod und Verzweiflung enden. Ich werde euch nicht die Zeit lassen, jene Seelen zu vernichten, die von Meinen Feinden dazu bestimmt sind.

Euer Vater
Gott der Allerhöchste

929. Meine Wahre Kirche wird aus Rom hinausgeworfen werden und wird einige Jahre der Verwüstung ertragen müssen.

Samstag, 28. September 2013, 15:23 Uhr

Meine innig geliebte Tochter, erinnere diejenigen, die an Mich glauben, die aber keine Ahnung haben, dass Mein Zweites Kommen naht, immer daran, dass sie allzeit wachsam sein müssen hinsichtlich der Zeichen, die im Buch Meines Vaters prophezeit worden sind für die Zeit, die dem Großen Tag vorausgeht.

Der große Glaubensabfall ist das erste Zeichen. Dies ist, wenn der Glaube an die Wahrheit — an das Wort Gottes — verschwindet und wenn die Sünde in jedem Teil der Welt verherrlicht wird. Das Zeichen für die Zeit, wo Mein Zweites Kommen knapp bevorsteht, ist, wenn der große Glaubensabfall Meine Kirche auf Erden von innen heraus erfasst. Wenn ihr seht, dass diejenigen, die sagen, dass sie von Mir ernannt wurden, um Meine Kirche auf Erden zu führen, sich in der säkularen Welt engagieren, um sich das Wohlwollen der Welt zu sichern, dann werdet ihr wissen, dass die Veränderungen begonnen haben. Wenn ihr seht, dass Mein Großes Opfer — Meine Kreuzigung — diskutiert wird und Meiner Eucharistie neue Bedeutungen beigefügt werden, dann werdet ihr wissen, dass Meine Kirche in die Wüste geworfen werden wird.

Mit „Meiner Kirche" beziehe Ich Mich auf diejenigen, die von der Wahrheit nicht abweichen und die fortfahren — wie bisher —, das Wort Gottes anzunehmen. Meine Wahre Kirche wird aus Rom hinausgeworfen werden und wird einige Jahre der Verwüstung ertragen müssen. Sie wird von den Heiden zertreten werden und wird leiden, aber durch Meine Gnade wird sie intakt bleiben, und jenen tapferen Seelen, die sich weigern, Mich zu verlassen, werden von Mir außerordentliche Gaben geschenkt werden. Während die abscheulichen sogenannten „Wunder", Heilungen und Gesten falscher Demut und Liebe für die Menschheit in der Hülle Meiner Kirche gesehen werden, wird man das wahre übernatürliche Eingreifen durch Mich erkennen. Ich werde durch Meine Kreuzzug-Gebetsgruppen denjenigen, die sie verspotten und verhöhnen, die Gegenwart des Heiligen Geistes bekannt machen. Viele Wunder werden Meinen Gebetsgruppen und denjenigen, die die Gebete beten, geschenkt werden, als ein Geschenk, um Meinen geliebten Jüngern zu helfen, mit religiöser Verfolgung zu Rande zu kommen.

Die Verfolgung, von der Ich spreche, ist vor allem spiritueller Natur. Meine wahren Jünger — und Ich meine alle Christen aller Konfessionen, überall — werden es mit großem Kummer beobachten, wenn sie von dem großen Betrug Zeuge sein müssen, der sich auf die katholische Kirche senken wird. Die katholische Kirche wird die säkula-re Welt umarmen und wird erklären, dass es keine Todsünde mehr gäbe. Sünde wird nicht als solche anerkannt werden, und um die Unschuldigen zu täuschen, wird ihnen gesagt werden, dass es nicht schwer sei, in Mein Königreich einzugehen. Beichten in der derzeitigen Form werden aufhören. Den Menschen wird gesagt werden, sie sollen auf ihre eigene Weise um Erlösung bitten, und daher werden viele sich nicht die Mühe machen, Mich um Vergebung zu bitten. Sie werden dies nicht tun, weil sie nicht länger akzeptieren werden, dass die Sünde absichtlich verursacht wird und dass aufgrund dessen Gott alles verzeihen werde. Dies ist der Irrtum, der vorausgesagt wurde und der Millionen in die Feuer der Hölle führen wird, und sie werden dorthin geführt werden durch den Falschen Propheten und den Antichristen.

Bald werden alle heidnischen Feste und Festspiele überall in die katholischen Kirchen integriert werden. Heiden und jene, die Gott hassen, werden zu den Altären hinauf vor die Tabernakel eingeladen werden. Es wird erklärt werden, dass dieses Fest die neue Form von Kommunion sei: alle Kinder Gottes vereint, um gegenseitig ihre Glaubensvorstellungen und ihre Menschenrechte zu respektieren. Ihr, Meine Anhänger, werdet gebeten werden, jenen Respekt zu erweisen, die Meine Gegenwart in der Heiligen Eucharistie zerstören wollen. Euch wird vorgeworfen werden, ihr wäret antichristlich, wenn ihr das Heidentum nicht umarmen würdet. Dies ist die Art und Weise, wie ihr alle werdet getäuscht werden. Dies ist die Art und Weise, wie Ich, Jesus Christus, werde geschändet werden. Sie werden das gleiche in den Schulen tun, um das Christentum zu verbannen. Sie werden das gleiche in politischen Kreisen tun, wenn alles, was mit Mir zu tun hat, ausgelöscht werden wird. Keine andere Religion wird mit solchem Hass ins Visier genommen werden. Das Christentum wird, weil es die Wahrheit ist, zerstört werden.

Was ihr nicht erkennt, ist, dass dadurch, dass ihr bereitwillig bei dieser bösen Schändung mitmacht, eure Seelen verfinstert werden und ihr mit der Zeit eure eigene Rettung aufgeben werdet.

Verratet Mich — und Ich werde euch vergeben. Verleugnet Mich — und Ich werde euch vergeben. Aber wenn ihr Mich schändet und dem Tier Treue schwört, dann werdet ihr vollständig von Mir abgetrennt und es wird euch unmöglich werden, Meine Barmherzigkeit anzunehmen.

Euer Jesus

930. Die Kirchliche Freimaurerei hat jetzt den Höchststand der Macht innerhalb Meiner Höchstheiligen Kirche auf Erden erreicht.

Montag, 30. September 2013, 15:45 Uhr

Meine innig geliebte Tochter, Ich muss all Meine gottgeweihten Diener bitten, vorsichtig zu sein bei der Einladung zu Exerzitien. Diese werden eingeführt werden, um sie zu überzeugen, einem neuen Treueschwur zuzustimmen. Dieser Treueschwur wird — sollten sie zustimmen, ihn abzulegen — ihre höchstheiligen Gelübde, die sie Mir, Jesus Christus, gemacht haben, unbrauchbar machen.

Die Kirchliche Freimaurerei hat jetzt den Höchststand der Macht innerhalb Meiner Höchstheiligen Kirche auf Erden erreicht und sie wird bald ihre neue Liturgie diktieren, die Meinem Höchstheiligen Willen widersprechen wird. Geschaffen durch die Feinde Gottes und getarnt als eine neue Anpassung an politische Kräfte, die das Christentum verbieten wollen, wird sie so schnell vorgestellt werden, dass viele innerhalb Meiner Kirche erstaunt sein werden. Einen solchen Gräuel zu sehen, wird sie mit Schmerz erfüllen, aber die Stimmen Meiner treuen Diener werden in der Öffentlichkeit nicht gehört werden, denn sie, die Freimaurer, steuern in jeder Hinsicht, wie diese neue Liturgie wahrgenommen werden wird. Jeder Einwand, der in den Diözesen auf der ganzen Welt erhoben werden wird, wird abgewiesen und beiseite geworfen werden. Die Ausrede wird sein, dass die Kirche um neue, junge Seelen, die sich von ihr entfernt haben, werben müsse. Indem die Kirche die säkulare Welt anspreche, werden sie sagen, dass dies durch eine neue Liturgie mehr Menschen bekehren werde.

Oh, wie trügerisch wird dieser Gräuel sein und wie viele werden fallen wegen der Lügen, die so viele von der Wahrheit wegführen werden. Das Buch der Wahrheit ist dem Propheten Daniel prophezeit worden, damit Gottes Kinder niemals die Wahrheit vergessen werden, wenn sie in den Lügen ertrinken, die Meine Kirche auf Erden verschlingen werden.

Akzeptiert die von Meiner Kirche auf Erden festgelegte Wahrheit. Nehmt nicht die neuen Gesetze an, die man euch in Meinem Heiligen Namen zwingen wird zu akzeptieren, welche einen Frevel darstellen werden.

Euer Jesus

931. Es gibt ein großes Missverständnis hinsichtlich dessen, was einen Mann oder eine Frau in Meinen Augen heilig macht.

Mittwoch, 2. Oktober 2013, 22:15 Uhr

Meine innig geliebte Tochter, es gibt ein großes Missverständnis hinsichtlich dessen, was einen Mann oder eine Frau in Meinen Augen heilig macht.

Viele Menschen in der Welt finden es schwer, den christlichen Glauben freudig zu praktizieren, wenn es um das Gebet geht. So viele gute und wohlgesinnte Menschen finden es schwer, ruhig dazusitzen, in stiller Betrachtung Meiner Großen Lehren, die der Welt geschenkt worden sind, um den Menschen verständlich zu machen, was von ihnen erwartet wird. Ich stelle keine hohen Anforderungen. Ich zwinge Seelen nicht, Stunden und Stunden vor Mir zu verbringen, und doch Bin Ich so glücklich, wenn demütige Seelen dies tun — aber das ist etwas Seltenes.

Dies ist die Art und Weise, auf die Ich eine intime Beziehung mit allen Kindern Gottes entstehen lassen möchte: Ich brauche nur eure kleine Stimme nach Mir rufen hören, wenn ihr Mir eure vertraulichen Gedanken anvertrauen möchtet; eure Sorgen; eure Freude; eure Kümmernisse, euer Versagen und eure Sehnsucht nach Mir, damit Ich Mich euch vergegenwärtigen kann und Ich von euch wahrgenommen werden kann.

Wie nie zuvor in der Geschichte der Welt erlaubt es Gott, jetzt in den Seelen derer, die Ihn suchen werden, gefühlt zu werden — durch Mich, Seinen eingeborenen Sohn. Durch die Macht Gottes, des Vaters, des Allerhöchsten komme Ich sogar zu den Niedrigsten, den Unwürdigsten, den Verwirrtesten, den spirituell am meisten Gequälten, um euch das Geschenk zu machen, Meine Gegenwart zu erleben. Wie mache Ich das? Wie werdet ihr wissen, dass Ich mit euch kommuniziere? Ich werde euch zunächst mit den Tränen der Bekehrung erfüllen. Ihr werdet beginnen, tiefe Traurigkeit zu fühlen, da Ihr Meine Kreuzigung noch einmal durchleben werdet. Ihr werdet beginnen, das Leben — sogar in alltäglichen Situationen — durch Meine Augen zu sehen. Ihr werdet zu anderen hingezogen werden, die bereits mit dem Geschenk des Heiligen Geistes erfüllt worden sind.

Ich erwähle nicht diejenigen, von denen ihr glaubt, sie wären würdiger, heiliger, gesegneter, disziplinierter als ihr. Ich erwähle nur diejenigen, die in absoluter Demut zu Mir kommen, wobei ihr eigener freier Wille von ihnen aus freien Stücken aufgegeben worden ist, damit er Mein Wille werden kann.

Wenn ihr Mich aufrichtig liebt, dann werdet ihr den wahren Frieden kennen. Wenn ihr Mich aufrichtig liebt, dann werdet ihr zu Mir sagen:

„Jesus, Dein Wille ist alles, was zählt. Mein freier Wille gehört Dir. Mach damit, was Du willst."

Wenn Seelen Mir dies sagen, dann sind sie Meine wahren Diener, und sie sind der Grund, warum Ich den Rest von denjenigen retten kann, die zu störrisch sind, um zu erkennen, was es heißt, mit Mir vereint zu sein.

Ich kann viele Dinge tun und viele Wunder wirken, wenn der freie Wille, der von Meinem Vater jeder Person geschenkt ist, Mir, Seinem Sohn, zurück aufgeopfert wird. Dies ist die größte Macht, welche die Macht des Tieres eliminieren wird, dann, wenn er (Satan) an die Macht kommt. Kommt zu Mir und schenkt Meinem Vater euren freien Willen, um der Menschheit Freiheit zu bringen. Bitte betet dieses besondere Kreuzzuggebet:

Kreuzzuggebet (123) Geschenk des freien Willens an Gott

„Mein liebster Jesus, höre dieses Gebet von mir, einer höchst unwürdigen Seele, und hilf mir, Dich mehr zu lieben. Aus meinem freien Willen heraus lege ich dieses Geschenk zurück in Deine Hände, lieber Jesus, damit ich Dein demütiger Diener werden und dem Willen Gottes gehorsam bleiben kann.

Mein Wille ist Dein Wille. Deine Führungsgewalt bedeutet, dass ich jedem Deiner Wünsche gehorsam bin.

Mein freier Wille gehört Dir, damit Du mit ihm das tust, was notwendig ist, um alle Menschen auf der ganzen Welt, die von Dir getrennt sind, zu retten.

Ich stelle dieses Geschenk, das mir bei der Geburt gegeben worden ist, in Deinen Allerheiligsten Dienst. Amen."

Je mehr ihr beginnt, Mich kennenzulernen, desto mehr werdet ihr zwei Dinge verstehen: Meine Lehren haben sich niemals geändert. Ich liebe alle Seelen.

Euer Jesus

932. Da die Kreuzigung Meiner Kirche auf Erden beginnt, müsst ihr auf all die Zeichen achten, die vorausgesagt worden sind.

Donnerstag, 3. Oktober 2013, 22:35 Uhr

Meine innig geliebte Tochter, da die Kreuzigung Meiner Kirche auf Erden beginnt, müsst ihr auf all die Zeichen achten, die vorausgesagt worden sind.

Die Feinde Gottes werden jeden Aspekt Meiner Eigenen Kreuzigung nachahmen, angefangen von der Schändung Meines Leibes. Als Ich vor Meine Henker gezerrt wurde, zogen sie Mich nackt aus, um sich über Mich lustig zu machen und Mich zu beschämen. Dann kleideten sie Mich in Rot — in die mit dem Tier assoziierte Farbe. Dann rauften sie sich darum, wer den ersten Nagel in Meinen Leib treiben dürfte. Dann rissen sie — wie die Wilden — an Meinen Gliedern und streckten Meine Arme so weit, dass sie Mir diese aus den Gelenken rissen, um Mir noch zusätzliche Schmerzen zu verursachen. Um Mich mehr leiden zu lassen, schlugen sie die Nägel schräg in Meine Handflächen, so dass sie durch Meine Handgelenke austraten. Meine beiden Arme wurden in zwei unangenehme Winkel gezogen und Ich hing in einem schmerzhaften, unnatürlichen Winkel, damit Mir der größtmögliche Schmerz und die größtmögliche Demütigung verursacht werden konnte.

Sie losten aus, welche acht Männer die blutige Folter leiten durften, die sie Meinem Leib zufügten. Sie skandierten Obszönitäten, ohrfeigten und schlugen Mich, traten Mich in den Magen und brüllten wie wild. Sie schändeten Mich in jeder Weise, um all jenen, die Zeugen Meines Todes am Kreuz waren, zu zeigen, dass Ich für Meine sogenannten bösen Lügen bestraft würde. Sie ermordeten Mich, um Mich zum Schweigen zu bringen und um das Wort Gottes davon abzuhalten, die Seelen zu erreichen.

Bald wird (wieder) das gleiche geschehen. Es wird Meinen Feinden nicht genug sein, die Präsentation Meiner Eucharistie zu ändern — sie werden Meinen Leib abermals schänden. Sie werden Mich in ähnlicher Weise entweihen. Die Farbe Rot wird verwendet werden; sie werden vor Meinem Kreuz ihre Gesten machen und Mich durch ihre neuen Rituale beleidigen. Nur wer die Zeichen erkennt, wird ein Auge dafür haben, wie der Welt diese Sakrilegien voll Enthusiasmus präsentiert werden, inmitten des großen und prächtigen Pomps.

Die neuen Predigten werden ein Unsinn sein und vieles in der neuen Liturgie wird keinen Sinn machen. Denjenigen, die Meine Lehren kennen, sage Ich: Achtet auf die verwirrenden, unlogischen und komplizierten Aussagen, welche die Einführung der neuen, überarbeiteten Lehren und Glaubensbekenntnisse von einst begleiten werden. Sie werden nicht nur verwirren und in eurer Seele großes Unbehagen hervorrufen, sie werden auch voller Widersprüche und Lügen sein, die niemals von Mir, Jesus Christus, kommen könnten.

Seit der Zeit, als Ich auf Erden wandelte, ist euch die Wahrheit gegeben worden. Jetzt werden euch die Lügen gegeben werden, die dazu konzipiert sind, euch von Gott abzubringen. Sorgt dafür, dass ihr wachsam seid; denn ihr werdet verschluckt werden und in die falsche Lehre hineingezogen werden. Die Lehre der Finsternis, über viele Jahre mit besonderer Sorgfalt geplant, wird bald über euch kommen. Ihr dürft niemals Verheißungen akzeptieren, die Meinem Wort widersprechen. Wenn ihr diese Dinge geschehen seht, dann werdet ihr wissen, dass sie euch durch den Geist des Bösen gebracht worden sind, um eure Chance auf das ewige Heil zunichte zu machen.

Euer Jesus

933. Leugnet die Sünde — und ihr leugnet Mich.

Freitag, 4. Oktober 2013, 23:44 Uhr

Meine innig geliebte Tochter, niemand kann Mich bekämpfen und erwarten, das ewige Heil zu erlangen, es sei denn, er gibt sich Mir vollkommen hin. Alle Kinder Gottes müssen wissen, dass die Zeit naht, wo die Welt wissen muss, dass Mein Letzter Ruf knapp bevorsteht.

Habt niemals Angst vor Meinem Ruf. Freut euch auf ihn, denn Ich bringe euch Liebe, Frieden und Heil. Ignoriert Mich auf eigene Gefahr, denn Ich gebe nur euch so viel Zeit, um auf Meinen Ruf vom Himmel zu antworten.

Ihr, Meine geliebten Anhänger — ohne Unterschied, wer ihr seid — werdet euch bald isoliert finden und abgeschnitten von Meiner Wahren Gegenwart. Meine Gegenwart, Mein Wort und die Wahre Lehre Gottes sind dabei, verbannt zu werden, und ihr werdet euch in einem sehr einsamen Zustand befinden. Diejenigen von euch, die Meine Heiligen Botschaften der Liebe an die Welt verspotten und verhöhnen, werden sich — wenn ihr dem Pfad der Täuschung folgt — wundern, warum dem so ist. Je weiter ihr auf diesem Weg geht, desto größer wird die Distanz, die ihr zwischen eurer Seele und Meine Barmherzigkeit bringen werdet.

Wenn ihr Mich liebt, dann werdet ihr an Meine Lehren glauben. Wenn ihr Mich kennt, werdet ihr Mein Heiliges Wort in der Heiligen Schrift erkennen. Wenn ihr Mich kennt und (dennoch) akzeptiert, dass Ich jemals erlauben würde, dass Mein Heiliges Wort in etwas verdreht wird, was es nicht ist, ohne dass Ich eingreife, dann könnt ihr nicht sagen, dass ihr Mich kennt. Wenn ihr glaubt, dass Ich, der Menschensohn, Der euretwegen einen brutalen Tod starb, um euch aus der Sünde zu retten, sich zurücklehnen könnte und eine solche Situation stillschweigend billigen könnte, dann leugnet ihr das Wort Gottes.

Leugnet die Sünde — und ihr leugnet Mich. Akzeptiert die Sünde als eine gute Sache oder glaubt auch nur für eine Minute, dass Ich sie ohne Versöhnung entschuldigen würde, — dann könnt ihr nicht mehr auf einen Platz in Meinem Königreich Anspruch erheben. Ich warne euch, dass dieser Zeitabschnitt, der vor euch liegt, euch auf den extrem gefährlichen Weg der Zerstörung führen wird — es sei denn, ihr bleibt Meinem Heiligen Wort treu.

Mein Wort ist Ewig. Mein Königreich gehört euch, wenn ihr Mein Wort akzeptiert, wie es euch gegeben worden ist. Wagt es, es zu manipulieren oder irgendeine Form von neuer Anpassung zu akzeptieren — und ihr werdet dafür leiden. Mein Zorn wächst jetzt, da Ich sehe, wie wenig Respekt viele von euch gegenüber der Wahrheit zeigen, wie sie im Buch Meines Vaters niedergeschrieben ist. Es kann keine andere Wahrheit geben. Jegliche Form von Ab-

weichung kann niemals von Gott akzeptiert werden. Keine Argumente. Kein menschliches Denken. Keine Ausnahmen. Die Wahrheit wird leben in Ewigkeit. Lügen werden euch in die Arme des Tieres treiben.

Euer Jesus

934. Euch wird bald gesagt werden, dass ihr euren Glauben einsetzen sollt, um eine weltweite politische Kampagne zur Rettung der Armen zu organisieren.

Sonntag, 6. Oktober 2013, 23:20 Uhr

Meine innig geliebte Tochter, die Stimme des Falschen Propheten brüllt gegen alles, was in Meiner Kirche heilig ist. Wenig jedoch wird über die Wichtigkeit geredet werden, Gottes Lehren, Gottes Sakramente und die Verkündigung der Wahrheit zu bewahren. Stattdessen werdet ihr Ablenkungen erleben, zum Beispiel, das Sich-Kümmern um die Armen und Hungernden der Welt, und dies wird als eure erstrangige Aufgabe als Diener Gottes erachtet werden.

Als Diener und Anhänger Gottes in der Kirche hat eure Treue an erster Stelle der Wahrheit dessen zu gelten, was Ich euch gesagt habe. Die Armen und die Hungernden zu lieben und ihnen zu helfen, ist eine gute Sache, aber Meine Kirche auf Erden spielt eine viel größere Rolle, worauf ihr Mir die Treue geschworen habt. Dazu gehört auch, die Wahrheit zu lehren, in allem, was Ich euch gelehrt habe, und ihr werdet das tun, wenn ihr Mich aufrichtig liebt.

Die Kirche hat eine Mission, und zwar die Wahrheit Meiner Lehren zu lehren. Einen Aspekt Meines Wortes herauszugreifen, nämlich den Armen zu helfen, ist lobenswert, aber irreführend, da Meine Lehren deutlich aussagen, dass ihr den in der Seele Armen helfen müsst. Helft ihnen, ihre Seele zu heilen, bevor ihr ihnen helft, von den Nöten des Lebens frei zu werden. Wenn Ich euch einen armen Menschen zuführe und euch bitte, ihm zu helfen, wie würdet ihr das tun? Ihm Kleidung geben? Geld, um seine Familie zu ernähren? Oder würdet ihr zuerst wollen, dass Ich seine Seele rette?

Euch wird bald gesagt werden, dass ihr all eure Aufmerksamkeit auf die Armen der Welt konzentrieren sollt. Ihr werdet um Geld gebeten werden — und dieses wird aus verschiedenen Quellen genommen werden, um den Armen, den Arbeitslosen und den Obdachlosen der Welt zu helfen. Euch wird gesagt werden, dass Ich, Jesus Christus, immer die Armen geliebt habe. Das Problem ist aber: Ich komme zuerst zu den spirituell Armen — um sie aus ihrem verpfuschten Leben zu befreien. Die in der Seele Armen — jene, die kaum ein spirituelles Gefühl für Gott haben — sind diejenigen, nach denen Ich Mich sehne. Selig sind jene, die in diesem Leben arm sind, die wenig vorzuweisen haben, die Mich aber lieben, denn diese Menschen sind ganz und gar nicht arm. Der reiche Mann, der keine Liebe für Mich hat, bedarf Meiner Liebe,

Meiner Barmherzigkeit, Meines Erbarmens mehr als diejenigen, die gezwungen sind, Nahrung, Kleidung und Obdach zu suchen. Wie ihr Mich liebt und wie ihr Mich bittet, euch zu retten, das ist es, worauf ihr achten müsst. Die Sakramente werden die rettende Kraft jener sein, die reich und arm sind, die aber für Mich keine Liebe haben.

Euch wird von den Oberhäuptern in Meinen Kirchen überall bald gesagt werden, dass ihr euren Glauben einsetzen sollt, um eine weltweite politische Kampagne zur Rettung der Armen zu organisieren. Nichts wird gesagt werden, um euch anzuspornen, euch auf Mein Zweites Kommen vorzubereiten, denn sie werden es nicht wagen, euch auf diesen Großen Tag vorzubereiten. Sie werden euch lieber von Mir ablenken, indem sie von euch verlangen, mehr Zeit damit zu verbringen, alles, was der falsche Prophet tut und sagt, zu honorieren.

Binnen kurzem werden Statuen, Reliquien, Poster, Tassen und große Auftragsgemälde des Falschen Propheten hergestellt werden, damit sie in Kirchen überall platziert werden. Sein Bild wird — mit der Zeit zusammen mit dem des Antichristen — viele öffentliche Plätze, viele Kirchen und politische Zentren schmücken, auch in Ländern, in denen die Parlamente, wie sich zeigen wird, die katholische Kirche in einem ‚neuen Licht' freudig aufnehmen. Diese wird eine neue Form falscher Evangelisation schaffen, und weil sie eine moderne säkulare Gesellschaft ansprechen wird, wird sie Bewunderer aus der ganzen Welt anziehen.

Nicht ein einziges Wort wird über die Wichtigkeit der Heiligen Sakramente verloren werden, wie sie der Welt gegeben worden sind, oder die wichtigen Gnaden, die sie hervorbringen. Stattdessen wird jedes Sakrament heruntergespielt werden — und zusätzliche Bedeutungen hinzugefügt bekommen, um denjenigen zu gefallen, die die Sakramente leugnen, wie sie sind. Dies wird in der Hoffnung geschehen, dass der Gräuel der Entweihung Meiner Sakramente so vielen Menschen wie möglich dargeboten werden kann, um sie von Gott abzubringen, damit die Feinde Gottes ihren Pakt mit dem Teufel vollenden können.

Der Teufel wird in dieser Zeit in der Geschichte viele, die zu Meiner Kirche gehören, verführen. Er wird dies auf die charmanteste und überzeugendste Art und Weise tun und er wird Lügen rechtfertigen, indem seine Diener sagen werden, dass Ich diese Änderungen gutheißen würde. Ich, Jesus Christus, werde (bewusst) falsch zitiert werden, mit dem Ziel, Seelen zu erobern. Meine Lehren werden verdreht werden, um Meine Kirche zu zerstören und um jene Seelen, die Mir am nächsten sind, zu stehlen. Millionen werden die Lügen unbekümmert annehmen. Ihr müsst für sie beten, in der Hoffnung, dass sie mit der Zeit erkennen werden, dass etwas nicht stimmt.

Wenn Ich Führer einsetze und wenn eine auserwählte Seele berufen ist, Mein Heiliges Wort zu verbreiten, in Meiner Kirche auf

Erden, ist die Wahrheit immer einfach, klar, prägnant und auf den Punkt gebracht. Wenn ihr belogen werdet, durch den Einfluss des Geistes des Bösen, werdet ihr verwirrt werden. Phrasen werden keinen Sinn machen. Sogenannte Verbesserungen, von Feinden innerhalb Meiner Kirche präsentiert, bedeuten, dass die Wahrheit nicht ‚gut genug' sei.

Mein Wort, Meine Sakramente, Meine Lehren müssen nicht verbessert werden, denn sie kamen von Mir. Ich Bin Gott. Ich Bin Vollkommen. Mein Wort bleibt in Ewigkeit. Jeder Mensch, der Mein Höchstheiliges Wort manipuliert, ist ein Feind Gottes. Mein Zorn ist zu dieser Zeit groß, und jeder Mensch, der Meinen Leib, die Allerheiligste Eucharistie, mit Respektlosigkeit behandelt und sagt, er führe Mein Volk, wisset, dass dies nicht wahr ist. Ich würde niemals von einem Führer in Meiner Kirche verlangen, das Wort Gottes zu ändern, durch die Einführung neuer Bedeutungen oder neuer Interpretationen. Dies könnte niemals sein.

Euer Jesus

935. Gott der Vater: Satan und seine Dämonen haben eine sehr große Armee rekrutiert.

Dienstag, 8. Oktober 2013, 15:40 Uhr

Meine liebste Tochter, Meine Göttlichen Gaben und Gnaden werden all Meinen Kindern, die sich — durch Meinen Sohn — an Mich wenden, geschenkt, um sie in diesen Zeiten der großen Prüfungen auf Erden aufrechtzuerhalten.

Die Sünde wuchert so ungehemmt, dass Mein Sohn jetzt die gleiche Agonie erleidet, die Er für jeden von euch am Kreuz ertragen hat. Die Sünde ist so weit verbreitet, dass ihr alle immun geworden seid gegen die Sünde und gegen den Geruch des Bösen, den sie verströmt. Meine Kinder, ihr müsst zu Mir kommen, und dürft niemals euer Streben nach Frieden und Liebe aufgeben. Denkt niemals, dass Ich eure Stimme nicht hören würde, wenn sie nach Mir ruft, wie klein ihr auch sein mögt.

Das Zweite Kommen Meines Sohnes wird großes Chaos schaffen, Spaltung, Misstrauen, Hass und Traurigkeit, da die Wahrheit Meines Heiligen Wortes zur Seite geworfen werden wird. Satan und seine Dämonen haben eine sehr große Armee rekrutiert — eine Armee, so groß und stark, dass es für euch unfassbar wäre, könntet ihr sehen, wie sie gebildet worden ist. Diese Armee kontrolliert, was euch, Meinen Kindern, in der Öffentlichkeit erzählt wird. Sehr selten wird euch von jetzt an die Wahrheit gesagt werden. Damit meine Ich die Wahrheit, die Meinem Höchstheiligen Bund entspricht.

Alle Angelegenheiten, die sich auf die Welt beziehen, in der ihr lebt, werden euch nicht wirklich offengelegt werden, während Kriege, die absichtlich gemacht werden, um Mein Volk zu vernichten, bald gesehen werden können. Keiner dieser Kriege wird zum Wohle der Menschen sein noch werden sie gerecht sein. Mein Wort, der Welt gegeben,

seit der erste Prophet Meine Wünsche offenbarte, wird nicht mehr ernst genommen werden. Das Wort, wie es Mein Sohn, Jesus Christus, gesprochen hat, wird missbraucht und geschändet werden, um Lügen zu rechtfertigen.

Es ist Zeit für all jene, die zum Dienst für Meinen Sohn berufen sind, wachsam zu bleiben. Ihr könnt diesen Meinen Ruf an die Menschheit nicht ignorieren. Ich bitte euch durch Meinen Sohn, bleibt allzeit zusammen, in Einheit mit Ihm. Ihr, Meine Kinder, seid Satans vorrangiges Ziel, denn er wird nicht ruhen, bis er nicht vorher die Kirche Meines Sohnes auf Erden an sich gerissen hat. Ohne die Kirche Meines Sohnes wird es ihm nicht gelingen, die Seelen, nach denen er das größte Verlangen hat, anzulocken. Ihr, Meine Kinder, werdet verletzt und gequält werden durch das Tier — den Antichristen —, solltet ihr dem Druck nachgeben, der auf euch ausgeübt wird, damit ihr die neue, falsche Lehre annehmt, die jetzt sorgfältig und rücksichtslos vorbereitet wird.

Ich, der Vater von euch allen, Gott der Allerhöchste, will euch davon in Kenntnis setzen, dass der Antichrist schon sehr bald von Meinen Feinden in geheimen Ritualen in die Arme geschlossen werden wird. Er wird vereidigt werden, hinter versteckten Mauern, an Orten, die für die Anbetung Meines Sohnes bestimmt sind. Die kirchliche Freimaurerei, von der ihr nun Zeuge sein werdet, spielt eine wichtige Rolle in diesem Gräuel. Leider muss all dies stattfinden, bevor Mein Bund, alle Meine Kinder in das Paradies, das Ich für sie geschaffen habe, zurückzuholen, fürs erste vollendet ist.

Es wird ganz von jenen von euch abhängen, die von Mir auserwählt sind, die Wahrheit immer anzuerkennen, so dass ihr Meinem Sohn helfen könnt, die anderen Seelen zu retten, die einen Eid schwören werden, dem Tier zu folgen.

Das Bildnis Meines Sohnes, bekannt auf der ganzen Welt, wird bald gegen das Bild des falschen Propheten ausgetauscht werden. Sein Bild wird an erster Stelle angebetet werden, statt dem Bilde Meines Sohnes. Danach werden großformatige Bilder des Tieres folgen — in jeder Größe —, dessen Zeichen 666 eingebettet sein wird in jedem einzelnen Zeichen, mit dem er eine ahnungslose Welt markieren wird. Ihr werdet dieses Zeichen in solch gottlosen Objekten versteckt sehen, die man gerade so verwenden wird, als ob man heilige Gegenstände bei sich haben würde. Eine Art Rosenkranz wird geschaffen werden, um die neue Einheit der Kirchen der Welt, die bald erklärt werden wird, zu vergöttern. Die Neue-Welt-Religion wird dadurch gefeiert werden, dass man die heiligen Gebetbücher, Medaillen, Skapuliere, Rosenkränze, Kreuze nimmt und entweiht, indem man sie zu (reinen) Glücksbringern macht.

Jeder wird den Antichristen lieben, da er auf der einen Seite die Welt außerhalb der Religion repräsentieren wird, aber weil er durch den falschen Betrüger in der Kirche

Meines Sohnes auf Erden freudig in die Arme geschlossen werden wird, wird man in ihm den Repräsentanten sehen von allem, was in der Welt heilig ist.

Meine Kinder, lasst euch von Nachrichten über diese Ereignisse nicht erschüttern, denn wenn ihr auf Mich hört und dem Weg Meines Sohnes folgt, werde Ich euch viel (von) der geistigen Verfolgung, die auf euch zukommen wird, ersparen. Euer Festhalten an diesen Botschaften wird von Zeit zu Zeit geschwächt werden durch Angriffe, die von Satan eingeschleust werden. Einige von euch werden weggehen. Einige von euch werden Zweifel haben. Die überwiegende Mehrheit von euch wird Mir treu bleiben und Ich werde euch große Gaben und Gnaden für euren Gehorsam gewähren.

Ich liebe euch, Kinder. Ich werde gütig sein, und wenn ihr Mich bittet, durch Meinen Sohn, eure Herzen zu beruhigen und euch zu helfen, in Frieden zu bleiben und mit Vertrauen in Richtung der Tore Meines Neuen Paradieses zu gehen, werde Ich auf euer Rufen antworten.

Euer euch liebender Vater
Gott der Allerhöchste

936. Bewahrt die Ruhe, ihr alle, und wisst, dass Gott der allzeit Mächtige ist und dass kein Tun, und wäre es noch so böse, nicht von Ihm zertreten werden kann.

Freitag, 11. Oktober 2013, 22:30 Uhr

Meine innig geliebte Tochter, wisse, dass Ich an deiner Seite gehe, jeden Tag, jede Minute, und auf deine Antwort warte. Es gibt Zeiten, wo du zu viel zu tun hast für diese Mission, aber du musst dir auch immer die angemessene Zeit für Mich, deinen Jesus, nehmen. Denke daran: Ich Bin immer gegenwärtig und antworte immer jenen, die Mich anrufen. Nichts darf dich jemals von Meiner Gesellschaft trennen, denn die Zeit, die du Mir widmest, bringt Dir große Gnaden.

Heute bitte Ich, dass all diejenigen, die akzeptieren, dass Ich jetzt zur ganzen Welt spreche, durch das Buch der Wahrheit, sich vorbereiten. Lasst niemals zu, dass Meine Botschaften euch Sorge, Angst oder Panik verursachen. Glaubt niemals, dass Ich euch jemals auffordern würde, eure Häuser zu verlassen und in Zufluchtsorte zu laufen, denn dieser Befehl kommt nicht von Mir. Die Zufluchtsorte, von denen Ich spreche, sind jene Orte, zu denen ihr hingehen müsst, um die Heilige Messe zu bekommen und die Sakramente zu empfangen.

Meine treuen Diener bereiten sich jetzt auf der ganzen Welt vor auf diesen anstehenden Tag, wo das tägliche Messopfer nicht mehr sein wird.

Ihr müsst immer das Gesegnete Siegel des Lebendigen Gottes in euren Häusern haben und ihr müsst es — in welchem Format auch immer es euch möglich ist — haben, um es auch (immer) mit zu haben. Dies wird euch vor jeder Art von Verfolgung schützen, und ihr werdet die notwendige

Kraft bekommen, um Gott treu zu bleiben und allem, was in der Höchstheiligen Bibel klar niedergelegt ist.

Bewahrt die Ruhe, ihr alle, und wisst, dass Gott der allzeit Mächtige ist und dass kein Tun, und wäre es noch so böse, nicht von Ihm zertreten werden kann.

Diejenigen von euch, die sich entschließen, auf Meinen Ruf zu antworten, sind gesegnet. Ihr eurerseits werdet durch euren Akt der Liebe für euren Nächsten überall, wohin ihr kommt, das Siegel des Lebendigen Gottes verbreiten. Jetzt müsst ihr dies tun. Vertraut auf Mich. Fühlt euch niemals beunruhigt, denn Ich verbreite keine Angst. Ich verbreitete die Wahrheit, die für einige überwältigend sein kann. Ich Bin euer Beschützer, euer Heiland, und Ich werde bald kommen, um euch die endgültige Erlösung zu bringen und die künftige Welt, in der das Böse nicht sein wird. Seid in Frieden. Ich werde euch alle führen und beschützen und euch die Gabe der Beharrlichkeit geben in allen bevorstehenden Prüfungen.

Euer Jesus

937. Sobald Himmel und Erde eins werden, wird es kein Fegefeuer mehr geben.

Samstag, 12. Oktober 2013, 17:10 Uhr

Meine innig geliebte Tochter, Mein Thron wird auf die erneuerte Erde gestellt werden, und bald werden alle in Frieden und Harmonie leben, in Übereinstimmung mit dem Willen Meines Vaters.

Die Welt wird werden, wie sie im Anfang war, und keine Zwietracht wird empfunden werden. Alle Kinder Gottes, die auserwählt sind, sich den Engeln und Heiligen anzuschließen, werden eine vollkommene Existenz leben. Aber ihr sollt wissen: Denjenigen, die die Wirklichkeit des Neuen Paradieses nicht annehmen, nachdem ihnen alle Chancen gegeben worden sind zu entscheiden, welchen Weg sie wählen wollen, wird keine zweite Chance gegeben werden. Sobald Himmel und Erde eins werden, wird es kein Fegefeuer mehr geben. Der einzige Weg, den Seelen nehmen werden, die sich weigern, Meine Barmherzigkeit anzunehmen, wenn sie ihnen großzügig gereicht wird, wird der eine sein, der in die Hölle führt. Viele werden so eigensinnig sein, weil sie fast vollständig auf ihre intellektuelle Argumentation bauen, dass sie sich — ohne sich dessen bewusst zu sein — dafür entscheiden werden, die Ewigkeit in den Feuern der Hölle zu verbringen.

Diejenigen, die nicht an Gott glauben oder die die Wahrheit nicht annehmen, glauben nicht an die Existenz Satans. Er, der Betrüger, wird ihre Köpfe mit Lügen vernebeln, um sie in die Folterkammern zu locken. Einmal dort angekommen, wird er sie aufgrund seines Hasses auf die Menschen ununterbrochen leiden lassen in alle Ewigkeit. Ich kann diesen Seelen dann nicht mehr helfen. Wie Ich doch in bitterem Schmerz weine um die Seelen der Arroganten, der Ignoranten und derer mit verhärteten Herzen. Sie sind

so voller Stolz, dass sie Mich niemals sehen werden, weil sie das nicht können. Es ist für einen Menschen nicht möglich, Mich zu sehen oder mit Meinem Wahren Wort erfüllt zu werden, wenn er von der Sünde des Stolzes ergriffen ist. Diejenigen von euch andererseits, die Mich kennen, die Mich aber zu euren eigenen Bedingungen annehmen: Auch ihr distanziert euch von Mir.

Warum sagt ihr, ihr würdet Mich kennen, und verdreht dann, was Ich euch darüber gesagt habe, wie man Mir nachfolgt? Wie könnt ihr euch Christen nennen und bereit sein, eine falsche Theologie und Lügen zu akzeptieren, die ihr zurechtgedreht habt, damit sie zu eurem eigenen Lebensstil passen? Wer seid ihr, wenn ihr Mir nicht nachfolgt und nicht die volle Wahrheit Meiner Lehren annehmt? Ihr seid ein Verräter! Ihr verratet Mich! Wenn ihr Mich einmal verraten habt, dann werdet ihr versucht sein, es immer und immer wieder zu tun, bis ihr schließlich in Meinen Augen kein Christ mehr sein werdet.

Ich muss Mich an all jene wenden, die an Mein Wort glauben, und euch fragen: Wann habe Ich jemals die Sünde gebilligt? Ich vergebe die Sünde, aber Ich dulde sie niemals. Wenn ihr glaubt, dass Ich die Sünde dulde, dann rechtfertigt ihr die Sünde. Ihr werdet wegen des Irrtums eurer Wege leiden, und ihr seid um nichts besser als jene, die Mich verraten haben, die mich verspottet, über Mich gelacht und Mich gekreuzigt haben.

Denkt daran: Ich habe euch die Wahrheit gelehrt. Nichts als die Wahrheit wird euch dazu bringen, das Heil anzunehmen. Und Ich komme jetzt, um der Welt das Heil zu bringen, in dieser letzten Phase Meines Bundes, um die Menschheit zu retten.

Vergesst niemals: Ich Bin die Wahrheit. Nur die Wahrheit kommt von Mir.

Euer Jesus

938. Ihr kennt Mich nicht, weil Ihr Mich nicht erkennt.

Sonntag, 13. Oktober 2013, 18:00 Uhr

Meine innig geliebte Tochter, wenn sich jemand von euch verlassen und ob Meiner Liebe für die Welt unsicher fühlt, dürft ihr niemals aufgeben, Mich anzurufen, um euch zu helfen. Ihr werdet von Zeit zu Zeit ein Gefühl der Hoffnungslosigkeit erleben, ein Gefühl der Angst und ein Gefühl der Einsamkeit, wenn ihr an Meinem Heiligen Wort festhaltet, das der Welt durch das Heilige Evangelium gegeben ist. Selbst jetzt, da euch Mein Heiliges Evangelium noch immer dargeboten wird, werdet ihr euch sehr isoliert fühlen, weil nur wenige Menschen in die Praxis umsetzen, was Ich ihnen durch Mein Heiliges Wort gelehrt habe.

Wenn ihr sagt, ihr würdet euren Nächsten lieben, und ihn dann verleumdet, werdet ihr immer noch zu Mir gehören. Wenn ihr sagt, ihr würdet an die Zehn Gebote glauben, sie aber eurem Lebensstil anpasst, dann seid ihr blind für die Wahrheit. Wenn ihr die Sakramente, die euch durch Mich gegeben

sind, annehmt, diese aber brecht, dann beleidigt ihr Mich. Wenn ihr anderen Mein Heiliges Wort predigt und euch dann über andere stellt, indem ihr sagt, ihr wäret in den Augen Gottes würdiger als sie, dann beleidigt ihr Mich. Wenn ihr erklärt, das Wort Gottes spiele in einer modernen Welt keine Rolle mehr und es müsse angepasst werden, um für eine säkulare Welt ansprechend zu sein, dann spuckt ihr in das Antlitz Gottes. Wenn ihr glaubt, dass euer Wissen über Mich Meinem Heiligen Wort, wie Ich es euch jetzt durch diese Botschaften gebe, überlegen sei, und dass Meine Botschaften Fehler beinhalten, dann kennt ihr die Wahrheit nicht. Ihr kennt Mich nicht, weil ihr Mich nicht erkennt.

Also, selbst diejenigen von euch, die ihr mit eurem Wissen über Mein Heiliges Wort zufrieden seid und Mich nun in dieser Mission ablehnt: Ihr habt Mich im Stich gelassen. Ihr ganz besonders müsst Mich um Meine Hilfe anrufen, denn ihr seid nichts ohne Mich.

Euer Jesus

939. Mutter der Erlösung: An die Priester in der Katholischen Kirche: Ich bitte euch dringend, tragt Meinen Höchstheiligen Rosenkranz bei euch.

Montag, 14. Oktober 2013, 15:30 Uhr

Mein liebes Kind, glaube nicht einen Augenblick lang, dass irgendjemand von euch stark genug sei, aus eigener Kraft den Versuchungen zu widerstehen, mit denen ihr konfrontiert sein werdet, nämlich der Wahrheit — dem Wahren Wort Gottes — den Rücken zu kehren. Ohne kontinuierliches Gebet werdet ihr feststellen, dass ihr nicht in der Lage sein werdet, aufzustehen und die Wahrheit kundzutun, wenn euch Lügen kredenzt werden.

Ihr alle müsst die Kreuzzuggebete beten, da die Finsternis bereits begonnen hat, sich über die Kirche Meines Sohnes auf Erden herabzusenken, und darauf müsst ihr jede Sekunde vorbereitet sein.

An die Priester in der Katholischen Kirche: Ich bitte euch dringend, tragt jederzeit Meinen Höchstheiligen Rosenkranz und ein Benediktus-Kreuz bei euch. Ihr müsst Meinen Heiligen Rosenkranz jeden Tag beten, und auf jene in den höheren Rängen innerhalb der Kirche achten, um zu sehen, wer von ihnen in der Öffentlichkeit Meinen Heiligen Rosenkranz betet. Wenn Ich verehrt werde, muss Mein Rosenkranz von allen, die vor Mir anwesend sind, gebetet werden. Wenn jene, die sagen, sie würden die Gläubigen dahin leiten, Meine Hilfe vor dem Throne Gottes zu suchen, Meinen Rosenkranz nicht beten können, dann brauchen sie eure Gebete. Vor Mich hinzutreten und Meine Hilfe zu suchen, ohne Meinen Rosenkranz zu beten, ist ohne Substanz, da das einem Soldaten gleicht, der ohne Rüstung in die Schlacht zieht.

Mein Rosenkranz ist das mächtigste Gebet und er wird, wenn er täglich gebetet wird, die Macht des Bösen zunichte machen. Denjenigen, deren Seelen von Satan verfinstert worden sind, wird es zu unangenehm sein, dieses Gebet zu beten. An ihrem Verhalten werdet ihr erkennen, wer sie sind, und ihr müsst Gott bitten, durch die Barmherzigkeit Meines Sohnes, Jesus Christus, ihnen zu helfen, zum Licht Gottes zu kommen.

Eure geliebte Mutter
Mutter der Erlösung

940. Die Pläne sind von der bösen Trinität entworfen worden, wo alles, was Wahr ist, verbannt werden wird.

Dienstag, 15. Oktober 2013, 15:45 Uhr

Meine innig geliebte Tochter, es ist Mein Wunsch, dass alle Meine Priester in jeder christlichen Konfession beginnen, die Höchstheiligen Sakramente zu wahren. Jene in der Katholischen Kirche werden die Ersten sein, die die Zerstörung und Schändung der Sakramente miterleben werden. Diejenigen, die Mir, Jesus Christus, treu sind, werden eifrig Vorbereitungen treffen für diese schreckliche Wüste, in die Meine Kirche gestürzt werden wird. Ihr müsst vorsorgen, denn es wird durch eure Treue sein, dass alle Kinder Gottes in der Lage sein werden, die Sakramente in ihrem heiligen Zustand empfangen zu können.

Allen anderen Christlichen Kirchen sage Ich: Denkt an Mein Versprechen, dass Ich am Großen und Glorreichen Tag Meines Zweiten Kommens wiederkommen werde. Wisst auch, dass in den Jahren bis dahin all diejenigen, die Mir folgen werden, schrecklichen Prüfungen ausgesetzt sein werden. Diejenigen, die in all euren Konfessionen neue Machtpositionen einnehmen werden, werden vom falschen Propheten geführt werden, und alle werden seine Worte auf den Lippen haben und werden seine Handlungen kopieren.

Wehe denen, die auf der Seite des Falschen Propheten stehen, denn er ist das Gegenteil von Johannes dem Täufer und er wird der Vorläufer des Antichristen sein, der über euch alle herrschen wird.

Ihr werdet von Mir geschützt werden, denn bald werde Ich eure einzige Führung sein. Nur Mir könnt ihr vertrauen, dass Ich euch die Wahrheit sage, wenn ihr unter dem Einfluss der Irrlehren steht, die man euch als neue Form moderner christlicher Theologie präsentieren wird. Wie gerissen Satan doch ist! Denn er wird euch niemals schockieren — stattdessen wird er euch durch diejenigen, die ihm dienen, zu einer neuen Interpretation Meines Höchstheiligen Wortes ziehen, die verdreht und verkehrt herum ist.

Die Pläne sind von der bösen Trinität entworfen worden, wo alles, was Wahr ist, verbannt werden wird. Alles, was auf die säkulare Welt anziehend wirkt, wenn menschliche Gier und der Wunsch nach einem Ignorieren der Sünde herrschen, wird den Gläubigen durch alle christlichen Kirchen präsentiert werden. Dieser Tag ist in Stein gemeißelt worden und wird die letzte Beleidigung sein, die Gott zulässt, bevor Er Mich, Seinen eingeborenen Sohn, sendet, um all jene zu sammeln, die dem Wort Gottes treu bleiben. Wenn euch die Lügen präsentiert werden, werden sie den Anschein erwecken, als ob sie etwas Gutes seien. Das Aushängeschild der Demut wird in all euren Kirchen gang und gäbe sein, da es von jenen in diesen Kirchen, die euch täuschen werden, aufgenommen werden wird.

Jede Eigenschaft, die mit Mir in Verbindung gebracht wird — Meine Liebe für die Armen, Meine Liebe für die Schwachen und Geringen, Meine Missbilligung von Gier, Habsucht und Lust — wird als Teil der Argumente verwendet werden, die benutzt werden, um euch zu zwingen, diese neue Lehre anzunehmen — diese neue Eine-Welt-Religion, um die Welt auf die Herrschaft des Antichristen vorzubereiten.

Als liebender Gott gebe Ich euch diese Warnungen, um euch zu retten. Hört jetzt auf Mich! Alles, um was Ich bitte, ist Eines: Bleibt Meinem Heiligen Wort treu. Mein Heiliges Wort ist euch in der Heiligen Bibel gegeben worden. Es kann sich niemals ändern. Aber die Feinde Gottes werden seine Bedeutungen verdrehen. Wenn dies geschieht, dann weist diejenigen zurück, die euch sagen, dass Gott solche Änderungen gutheißen würde. Nichts könnte von der Wahrheit weiter entfernt sein.

Euer Jesus

941. Die Schlange gibt dem Antichristen besondere Botschaften, die er sorgfältig dokumentiert.

Mittwoch, 16. Oktober 2013, 23:27 Uhr

Meine innig geliebte Tochter, die allerböseste Trinität, die aus Meinen drei Feinden besteht, aus dem Falschen Propheten, dem Antichristen und dem Drachen — das ist Satan —, wird sich nun erheben, um der Allerheiligsten Trinität zu trotzen. Wisset, dass sie viele Tausende und Abertausende ergebener Jünger haben, und da die Zeit naht, werden viele geheime und abscheuliche Zeremonien stattfinden, um die Schlange zu ehren.

So sorgsam ist die Schlange darauf bedacht, ihr wahres Selbst nicht zu offenbaren. Ihre tatsächlichen bösen Absichten gegen jedes Kind Gottes sind getarnt, und er (Satan) präsentiert sich der erwählten Elite seiner Auserwählten als charmanter, schöner Prinz, wobei er sich ihnen auf die verführerischste Art und Weise zeigt. Genau so, wie mit Meinen eigenen auserwählten Propheten kommuniziert wird, so gibt auch die Schlange dem Antichristen besondere Botschaften, die er sorgfältig dokumentiert und dann seiner Hierarchie auf Erden mitteilt. Diese Botschaften enthalten Anweisungen, um Meine Kirche zu entweihen, in Vorbereitung darauf, dass der Antichrist seinen Thron einnimmt und um die Welt glauben zu machen, dass er der Messias sei, der Retter der Welt.

Gebt jetzt Acht, ihr alle, die ihr diese Warnung ablehnt. Bald werden viele Meiner Jünger, die Mich lieben, die aber nicht an diese Botschaften glauben, großer Gefahr ausgesetzt sein. Der Plan, euch Mir wegzunehmen, hat begonnen, und wenn ihr nicht vorsichtig und wachsam bleibt, werdet ihr in die Höhle der Finsternis gelockt werden. Er, der Antichrist, wird jeden Aspekt Meiner Göttlichkeit, der ihm von der Schlange bekannt gemacht wird, nachahmen. Die (alte) Schlange, der Teufel, hat Meine Kreuzigung beobachtet, und nur er hat das Wissen über die Details rund um dieses schreckliche Ereignis. Er wird Mich verspotten, indem er seine ergebenen Diener in Meiner Kirche instruiert, wie rekonstruierende Rituale zu halten sind, die verkehrt herum sind. Mein Wort wird genommen werden und Meinem Wort werden neue, obszöne Details hinzugefügt werden, um das Tier zu ehren, und viele werden nicht verstehen, was das bedeutet.

Wenn ihr euch nur ein bisschen mit dem Teufel einlasst und euch ihm zur Verfügung stellt, dann wird dies harte Prüfungen zur Folge haben. Wiederholt die abscheulichen Worte, die er unter euch einschleust — und ihr werdet ihm eure Seele öffnen. Verehrt ihn, indem ihr den Antichristen liebt, wenn er arrogant vor euch einherstolziert, — und ihr werdet ihm einen Platz in eurem Herzen geben — anstatt Mir. Alles, was ich euch gelehrt habe, wird verkehrt herum sein, auf dem Kopf stehen und von Innen nach Außen gekehrt sein. Weil so viele Menschen Meine Lehren nicht wirklich verstehen und weil so wenige von euch den Evangelien aufmerksam zugehört haben in Bezug auf die Ereignisse im Vorfeld Meines Zweiten Kommens, werdet ihr nichts dazugelernt haben.

Oh, wie es Mir doch das Herz bricht, euch diese Nachrichten offenbaren zu müssen! Wie wünschte Ich doch, dass ihr nicht so leiden müsstet! Aber Ich verspreche euch, Ich werde euren Schmerz lindern, und seine Herrschaft wird, wenn sie kommt, schnell vorüber sein.

Den Seelen, die unschuldig in dieser Karikatur Meiner Göttlichkeit verfangen sind, wird Barmherzigkeit gezeigt werden. Bedauerlicherweise werden sich diejenigen, die glauben, sie würden in einem Paradies herrschen, das ihnen vom Betrüger versprochen ist, in den Feuersee geworfen finden, wo sie in alle Ewigkeit leiden werden. Es wird niemanden geben, der ihnen zu Hilfe kommt, denn sie werden die Lügen geschluckt haben, die darauf angelegt sind, ihr Vertrauen zu gewinnen, was den Verlust vieler Seelen, die ihren falschen Lehren blind ergeben folgen, zur Folge haben wird.

Betet um Barmherzigkeit für diejenigen, die vom König der Finsternis getäuscht sein werden.

Euer Jesus

942. Jedes neue Gesetz, das bald von Feinden innerhalb Meiner Kirche eingeführt werden wird, wird die von Meinem Vater niedergeschriebene Wahrheit verspotten.

Donnerstag, 17. Oktober 2013, 20:38 Uhr

Meine innig geliebte Tochter, wenn doch nur mehr Menschen wirklich an Mich, ihren Jesus, glauben würden, dann würden sie in ihrem Herzen Frieden finden. Wo es kein Vertrauen gibt, da herrscht Angst. Angst verhindert, dass die Liebe Gottes eure Seele durchdringt, und dann werdet ihr zu einem Gefangenen. Nichts, außer Mein Licht, wird die Last von euren Schultern nehmen.

Wenn Ich euch die Wahrheit mitteile, dann nur, weil Ich euch liebe und Mich nach dem Tag sehne, an dem wir endlich vereint sein werden. Habt keine Angst vor der Wahrheit. Meine Liebe wird euch mit dem Mut und der Kraft erfüllen, um standhaft zu sein und Mir in allem treu zu bleiben. Ich beschütze all diejenigen von euch, die Mich darum bitten, aber ohne Angst werden nur die Seelen sein, die sich Mir voll und ganz hingeben.

Die Bosheit des Tieres wird als charmant und modern getarnt werden und es wird für alle hinter der Fassade der Humanität, der Nächstenliebe und der ‚Fürsorge für die Armen' erkennbar sein. Glaubt nicht einen Moment, dass Satans Anhänger euch jemals ihr wahres Gesicht zeigen werden. Jede Lüge, die präsentiert wird, um die Wahrheit zu ersetzen, wird logisch erscheinen und scheinbar dem Wohl aller dienen. Jedes neue Gesetz, das bald von Feinden innerhalb Meiner Kirche eingeführt wird, wird die Wahrheit verspotten, die von Meinem Vater in den Zehn Geboten festgeschrieben ist, welche Moses übergeben wurden. Jede Geste, und sei sie noch so subtil, wird darauf angelegt sein, Mich, Jesus Christus, den Menschensohn zu beleidigen. Der Betrüger kann nicht widerstehen, Mich — durch seine Diener zu verspotten, weil er Mich hasst. Er wird jedes Gefäß in Meiner Kirche entheiligen durch Handlungen, durch Worte und durch das Hinzufügen satanischer Symbole. Nur diejenigen, die die Wahrheit wissen, werden diesen Gräuel erkennen und genau verstehen, was solche Gesten wirklich bedeuten.

Die Macht Satans kann Meine Jünger verwirren, ablenken und quälen. Er, Satan, wird euch niemals in Ruhe lassen, vor allem, wenn ihr Zeugen der Wahrheit seid. Aber wisst: Er kann bezwungen werden, wenn ihr auf Mich vollkommen vertraut. Wenn ihr euch Mir ganz hingebt, wird er nicht die Macht haben, euren Glauben an Mich zu beeinflussen. Er, Satan, ist am Ende. Seine Herrschaft, so schmerzhaft sie für die Menschheit war, ist am Ende. Seine letzte Beleidigung Mir gegenüber wird durch den Antichristen erfolgen, indem er Mich nachahmen und die Welt glauben lassen wird, dass er Ich, Jesus Christus, sei und dass er gekommen sei, um die Welt zu retten.

Wenn ihr die Wahrheit kennt, dann werdet ihr in der Lage sein, dieser Versuchung zu widerstehen. Wenn ihr strikt bei der Wahrheit bleibt, die in der Allerheiligsten Bibel enthalten ist, so werdet ihr gerettet werden.

Der letzte Angriff wird schnell erfolgen, und dann werde Ich der Welt die Wahrheit zeigen, und nur diejenigen, die Mir gegenüber voller Hass sind, werden sie ablehnen. Fürchtet euch nicht, denn Ich Bin der einzige Erlöser der Menschheit. Nur Meine Liebe wird euch aufrechterhalten. Fürchtet nur um diese unglücklichen Seelen, die am Ende auf Mich spucken werden, obwohl Ich Ihnen Meine Hand reiche, um sie in das Neue Paradies zu führen.

Euer Jesus

943. Ich mag ihr einzig wahrer Freund sein, ihre einzige Rettung sein, aber viele von ihnen werden Meine Warnungen ignorieren.

Freitag, 18. Oktober 2013, 12:38 Uhr

Meine innig geliebte Tochter, Meine größte Betrübnis ist, dass diejenigen, die Mich am meisten lieben, in sehr großer Schar sich weigern werden, Meine Stimme zu hören, jetzt, da Ich zu ihnen rufe.

Ich mag ihr einzig wahrer Freund sein, ihre einzige Rettung sein, aber viele von ihnen werden Meine Warnungen ignorieren. Selbst diejenigen, die Meine Stimme hören, werden Mich ignorieren und Meine Worte als Häresie ablehnen. Sie werden nicht die Zeiten erkennen, in denen sie leben, und werden die Wahrheit erst während der Warnung realisieren. Bis dahin werden Mich viele von ihnen verflucht haben und sich so weit von Mir entfernt haben, dass Ich nicht in der Lage sein werde, in ihre Herzen vorzudringen oder ihre Seelen zu retten.

Unterschätzt nicht den Hass, den der Teufel auf Mich hat. Er hat Meinen Vater auf schreckliche Art und Weise verraten, aber Mich verabscheut er. Dies bedeutet, dass er Meine Kirche hasst, und es wird Meine Kirche auf Erden sein, die die letzte Schlacht mit den von Satan geschickten Dämonen ausfechten muss. Diese Schlacht hat begonnen und bereits Meine geliebten Seelen gestohlen, von denen viele nicht erkennen konnten, wie sehr sie doch Gott beleidigen.

Wenn Meine Gegenwart bald unter all jenen gefühlt wird, die Mich lieben, — unabhängig davon, ob sie an diese Botschaften glauben oder nicht —, dann werde Ich ihre Seelen mit Erkenntnis durchfluten, durch die Kraft des Heiligen Geistes. Das ist Mein Versprechen an die Welt. Ich werde euch niemals aufgeben und der Macht des Bösen überlassen, denn Ich liebe euch alle so sehr. Ihr seid wie ein Glied von Meinem Leib. Ihr seid Teil Meines Leibes. Ihr seid ein Teil von Mir.

Ob ihr es wollt oder nicht, Ich werde euch folgen, bis zum Großen Tag, und Ich werde kämpfen, um eure Seele zu retten. Ihr mögt Mir den Rücken zuwenden, doch Ich werde euch nicht aufgeben, denn Ich Bin geduldig. Meine Beharrlichkeit und Meine Göttlichkeit übersteigen euer Fassungsvermögen. Ihr dürft Mich, euren Jesus, niemals vergessen, denn Ich Bin bei euch alle Tage und warte darauf, dass ihr zu Mir kommt.

Euer geliebter Heiland
Erlöser der Menschheit
Jesus Christus

944. Der Antichrist wird Fördergelder einführen, um Unternehmen, Organisationen sowie karitative Vereinigungen zu locken, für sein neues Eine-Welt-Handels-Zentrum zu arbeiten.

Samstag, 19. Oktober 2013, 20:00 Uhr

Meine innig geliebte Tochter, Ich appelliere an all Meine Jünger, die Mich gehört haben und die Mich in diesen Botschaften erkennen, Mir jetzt gut zuzuhören.

Dieses Werk, das euch geschenkt wurde, ist Heilig. Welche Qual, welche Beschimpfung, welches Leid und welchen Spott ihr wegen dieser Mission auch ertragen möget, denkt daran, dass dieses Werk Mein Werk ist. Meine letzte Mission, der Welt durch Gottes Prophetin gegeben, ist ein großes Geschenk an die Menschheit. Erhebt euch über den Spott, den ihr erfahren werdet, und wisset, dass dieser durch den Teufel hervorgerufen wird, der sich anstrengt, die Wahrheit aufzuhalten. Die Wahrheit, Mein Heiliges Wort, wird mit Füßen getreten werden, und jeder aus den Tiefen der Hölle losgelassene Dämon wird alles nur Mögliche tun, um Meine Stimme zum Schweigen zu bringen.

Indem sie durch jene Seelen, die sich der Verseuchung öffnen, arbeiten, werden die bösen Werke Satans bald getarnt und der Welt als die Heilige Schrift präsentiert werden. Die neue Lehre, so werden sie sagen, wäre von Mir, Jesus Christus, göttlich inspiriert worden. Der ganzen Welt wird sie bekannt gemacht, während sie Schicht für Schicht enthüllt wird und vor allem von der säkularen Welt Beifall erhält. Diejenigen, von denen ihr es niemals erwarten würdet, dass sie Gott die Ehre erweisen, werden als Erste anstehen, um die Serien von Irrlehren — Lügen gegen Mich — zu umarmen, wenn sie enthüllt werden.

Wie nie zuvor wird die Katholische Kirche solche öffentliche Ehre erhalten durch die Medien der Welt und die politische Elite. Wie nie zuvor werden Atheisten und alle Religionen, darunter diejenigen, die Mich nicht ehren, ihre Arme öffnen und auf ihre Knie fallen zu Ehren derer, die von sich sagen, sie seien von Gott.

Wenn Mein Bild verschwindet und nicht mehr zu sehen sein wird und wenn Meine Kreuze, die Heiligen Bibeln, die Gebet- und Gesangbücher für die Heilige Messe, die Rosenkränze, Medaillen, Skapuliere und Benediktuskreuze nicht mehr zu finden sein werden, dann werdet ihr wissen, dass die Herrschaft des Tieres begonnen hat.

Die Welt wird den Lobpreis des Antichristen singen. Kaum, dass er Frieden geschaffen hat — einen falschen Frieden —, geschaffen aufgrund von Kriegen, die er geholfen hat anzuzetteln —, da wird er erstaunliche Aussagen machen. Er, der Antichrist, wird erklären, dass er Botschaften von Gott dem Vater empfangen habe, und diese werden echt aussehen. Dann wird man sehen, wie er, indem er sich der Macht des Okkulten bedient, viele heilt und es wird den Anschein haben, als ob er große Geistesgaben besäße. Viele werden in Erstaunen versetzt werden aufgrund der „sogenannten" Wunder, die er zu wirken scheint, und die Welt wird ihn verehren und ausgestreckt zu seinen Füßen liegen. Dann wird er, der Antichrist, erklären, er selbst sei Jesus Christus, der Menschensohn, und er wird sagen, dass für ihn die Zeit gekommen sei, die Welt zurückzufordern und die ganze Menschheit zu retten. Jeder, der es wagt, die Abscheulichkeiten und die Obszönitäten, die sich aus dem Maul des Tieres ergießen, anzufechten, wird streng bestraft werden.

Zu dieser Zeit wird — aufgrund der Verseuchung durch Satan in der Welt — die Sünde so weit verbreitet sein, dass die Würde des Menschen das tiefste Niveau erreichen wird, wo Unreinheit, Lust, Gier und jede andere in den Augen Gottes abscheuliche Sünde an jedem öffentlichen Ort zu sehen sein wird. Weil die Sünde als eine natürliche menschliche Schwäche dargestellt werden wird und man euch sagen wird, dass Gott euch nicht aufgrund eines schwachen, menschlichen Wesenszuges richten werde, werden viele die Sünde umarmen und keine Scham in ihren Seelen haben.

Die Prominenten der Welt, die Entertainer, die Medien, die Filmstars werden sich alle darum reißen, mit dem Antichristen gesehen zu werden, und sein Bild wird häufiger zu sehen sein als von allen, die vor ihm kamen. Er wird viele Sprachen fließend sprechen, er wird gutaussehend sein, einen großen Sinn für Humor haben und außerordentliche kommunikative Fähigkeiten besitzen. Er wird sehr vorsichtig sein hinsichtlich dessen, was er über Gott sagt, und er wird sich niemals auf die Mutter Gottes beziehen, denn sie wird gesehen werden als jemand, der keine Rolle mehr zu spielen hat.

Die Interviews des Antichristen im Fernsehen werden zum Alltag gehören und die Menschen werden an jedem Wort hängen, das aus seinem Munde kommt. Er wird Politiker in jedem Land beeinflussen, und diejenigen, mit denen er gesehen wird, werden wie Könige behandelt werden. Damit nicht genug: Er wird in den Predigten von den Kanzeln aller Kirchen zitiert werden. Ihm wird große Ehre erwiesen und ein hoher Stellenwert in allen Kirchen eingeräumt werden, bis er schließlich auf dem neuen Thron im neuen Tempel Babylons sitzen wird. Sein Einfluss wird sich auf alle Banken, Handelsgesetze und die Weltwirtschaft ausdehnen. Der Antichrist wird Fördergelder einführen, um Unternehmen, Organisationen sowie karitative Vereinigungen zu locken, für sein neues Eine-Welt-Handels-

zentrum zu arbeiten. Großer Reichtum wird durch diejenigen angehäuft werden, die Teil des Imperiums des Antichristen sein wollen. Jeder, der ihm Treue schwört, entweder durch religiöse Zeremonien oder durch Geschäfts- oder Handelsabkommen, wird ein Zeichen annehmen müssen. Diejenigen, die das Zeichen annehmen, das die Form einer Scheckkarte und eines speziellen Chips haben wird, der in ihrer Hand eingebettet sein wird, werden ihre Seelen an ihn verlieren. All diejenigen, die das Siegel des Lebendigen Gottes tragen, werden den Fängen des Antichristen entkommen und gegen das Gräuel immun sein. Ignoriert diese Warnung nicht. Fürchtet sie aber auch nicht, denn wenn ihr Meinen Anweisungen folgt, werdet ihr geschützt sein.

Ich habe viele Tränen vergossen, während Ich euch diese Botschaft gegeben habe, und das ist auch der Grund, warum Mein Schmerz in dir, Meiner Tochter, zurzeit so groß ist. Tröstet Mich, indem ihr Meine Barmherzigkeit anruft und um Meinen Schutz bittet.

Euer Jesus

945. Ihr müsst die Ruhe bewahren und in Frieden bleiben, aber mit einer festen Entschlossenheit damit fortfahren, das in den Evangelien enthaltene Heilige Wort zu verkünden.

Sonntag, 20. Oktober 2013, 12:07 Uhr

Meine innig geliebte Tochter, Mich verlangt es danach, euch allen, Meinen geliebten Aposteln — jenen, die auf Erden wandeln und die Mein Heiliges Wort verkünden —, zu offenbaren, dass ihr euch an Mich, euren Jesus, klammern müsst wie nie zuvor. Vor euch liegen schwere Zeiten und all jenen, die in Mir, mit Mir und bei Mir bleiben, sage Ich: Ihr werdet dafür verantwortlich sein, die Flamme Meines Lichtes in den kommenden finsteren Tagen am Glühen zu halten.

Meine kostbaren Kinder, Ihr müsst die Ruhe bewahren und in Frieden bleiben, aber mit einer festen Entschlossenheit damit fortfahren, das in den Evangelien enthaltene Heilige Wort in jeder Ecke der Welt zu verkünden. Ihr, Meine Restarmee, werdet alle Kinder Gottes zu Mir bringen und helfen, sie aus dem Dunst des Bösen zu retten, der Millionen von Seelen einhüllen wird. Ihr seid Mein und ihr wandelt im Lichte Gottes und ebnet den Weg dafür, dass die Welt gerettet wird.

Ihr werdet jetzt mit Meinen Gnaden überschüttet, Meine geliebten Apostel, und sobald ihr erkannt habt, dass ihr von Mir geführt werdet, und voll und ganz auf Mich vertraut, kann euch nichts schaden. Aber solltet ihr zulassen, dass ihr willige Diener des Betruges werdet, dann wird euch Mein Schutz nicht abschirmen. Jene von euch, die auf der Seite des falschen Propheten und des Antichristen stehen, werden von Satan umgarnt werden, und er wird euch nicht mehr loslassen. Jene von euch, die

Seite an Seite mit Meinen Feinden wandeln und den Kelch der Schlange annehmen, werden von ihm (Satan) vernichtet werden, solltet ihr es wagen, ihn herauszufordern.

Nehmt euch jetzt Meine Warnung zu Herzen: Wenn ihr auf Seiten des Tieres seid und einen unheiligen Eid schwört, Häresie zu ehren, dann werdet ihr es sehr schwer finden, euch aus seinem abscheulichen Griff zu befreien. Betet darum, dass ihr die Weisheit haben werdet, die Wahrheit zu erkennen.

Euer Jesus

946. Das Schisma in Meiner Kirche wird in verschiedenen Phasen vonstatten gehen.

Sonntag, 20. Oktober 2013, 17:48 Uhr

Meine innig geliebte Tochter, geht in die Welt hinaus, ihr alle, und verbreitet das Evangelium, denn ihr werdet dies tun müssen, bevor die Verfolgung Meiner Kirche ernsthaft beginnt.

Ihr müsst all euer Vertrauen auf Mich setzen und getröstet sein in dem Wissen, dass, wenn der Große Tag kommt, ihr innerhalb des Bruchteils einer Sekunde mit Leib und Seele in Meine Arme gehoben werdet. Dies ist der Grund, warum ihr die Welt mit Liebe und Geduld an Meine Lehren erinnern müsst. Erinnere die Menschen daran, dass die Sünde existiert und vergeben werden wird, aber sie müssen Mich zuerst um Vergebung bitten. Selbst wenn ihnen gesagt wird, dass die Sünde die zweite Natur des Menschen sei, sie als Kinder Gottes müssen wissen, dass sie jedes Mal um Versöhnung bitten müssen, ungeachtet dessen, wie unbedeutend ihre Sünden auch erscheinen mögen. Sünde ist das, was euch von Gott trennt. Je mehr ihr sündigt, desto finsterer werdet ihr in eurer Seele werden, desto tieferen Schmerz werdet ihr empfinden, und ihr werdet so ruhelos sein, dass nur Meine Gnade euren Schmerz lindern oder euch wirklichen Frieden bringen wird.

Wisset, dass, wenn die Herrschaft der Häresie beginnt, diejenigen, die darin verwickelt sein werden, eine schreckliche Einsamkeit erfahren und sich zutiefst elend fühlen werden. Doch für Außenstehende wird alles als für die Kirche akzeptabel aussehen. Während ihr im Inneren kämpfen werdet, wird euch bei allen äußeren Ritualen, die im Namen einer weltweit vereinten Kirche ausgeführt werden, nicht wohl sein. Innerhalb von sechs Monaten der Häresie, die in Meine Kirche eingeführt wird, werden viele, die Meinen Ruf ignoriert haben, fliehen und jene suchen, die Meinem Heiligen Wort treu geblieben sind. Dann wird Meine Armee anschwellen, wachsen und die Überreste aus allen christlichen Kirchen sammeln, um den Geist des Bösen zu bekämpfen.

Das Schisma in Meiner Kirche wird in verschiedenen Phasen vonstatten gehen. Die erste Phase wird sein, wenn nur diejenigen, die Mich wirklich kennen und die Wahrheit der Heiligen Evangelien verstehen, sich entschließen werden, dass sie Lügen in Meinem Namen nicht akzeptieren können. Die zweite Phase wird eintreten, wenn den Menschen die Heiligen Sakramente in der Art und Weise, wie sie sein sollten, verweigert werden. Die dritte Phase wird sein, wenn Meine Kirchen entheiligt worden sein werden, und das wird sein, wenn dann Meine Heiligen Diener endlich die im Buch der Offenbarung enthaltene Wahrheit verstehen werden.

Meine Propheten lügen nicht, aber Sie tun das, was von ihnen verlangt wird, nicht gerne. Sie offenbaren nur Mein Heiliges Wort und das, was sie durch den Heiligen Willen Meines Vaters zu tun angewiesen werden. Die Zeichen dafür, dass der letzte Prophet gekommen ist, um die Welt auf das Zweite Kommen vorzubereiten — der einzige Prophet, der vom Himmel heute zugelassen ist —, sind jetzt da. Wenn ihr versteht, dass die Prophezeiungen, die der Welt vom Himmel gegeben werden, darauf hinauslaufen, euren Glauben zu vergrößern und sicherzustellen, dass ihr Meinem Heiligen Wort treu bleibt, dann werdet ihr sie annehmen. Wenn sie stattfinden, wie offenbart, dann werdet ihr die Wahrheit wissen.

Seid bereit. Seid in Frieden, denn Ich werde an der Seite von euch allen schreiten, die ihr euch jetzt sammelt, um Meine Restarmee auf Erden zu bilden.

Euer Jesus

947. Wie Lämmer zur Schlachtbank werden sie dem Weg in Richtung Zerstörung folgen.

Montag, 21. Oktober 2013, 10:56 Uhr

Meine innig geliebte Tochter, der größte Verrat an Meinen geliebten, treuen Jüngern — an jenen, die immer an der Wahrheit festhalten werden —, wird von denjenigen Anhängern in Meiner Kirche verübt werden, die der großen Täuschung zum Opfer fallen werden.

So viele Menschen werden aufgrund ihrer falsch verstandenen Loyalität vom Betrüger getäuscht werden, der in Meinen Kirchen überall die Zügel in die Hand nehmen wird. Obwohl sie sich bisweilen unbehaglich fühlen mögen, wenn sie seltsame Wiedergaben Meines Heiligen Wortes hören, die nicht im richtigen Kontext vorgebracht werden, werden sie wie Lämmer zur Schlachtbank dem Weg in Richtung Zerstörung folgen. Sie werden den Falschen Propheten mit Lob überschütten und ihn wie einen großen Diktator begrüßen, und sie werden Eins werden, um eine große Armee zu schaffen. Diese Armee wird ihre Mitchristen der größten Verfolgung aussetzen. Bruder wird gegen Bruder kämpfen in dieser schrecklichen Schlacht um die Wahrheit. Die Zahl jener, die der unheiligen Trinität — bestehend aus dem Falschen Propheten, dem Antichristen und Satan — folgen werden, wird viel größer sein als die Zahl derjenigen, die dem Heiligen Wort Gottes, wie es vom Anfang an festgelegt worden ist, treu bleiben.

Ihr, Meine Auserwählten, die nicht von der Wahrheit abweichen, werdet es auf dieser Reise schwer haben. Niemals, nicht einen Augenblick in eurem Leben, hättet ihr euch die schreckliche Täuschung vorstellen können, von der ihr jetzt Zeuge sein werdet. Meine Feinde sind gut vorbereitet, haben großen Einfluss und sind gut finanziert. Sie haben viele Vorteile, aber die Macht Gottes haben sie nicht auf ihrer Seite. Nicht nur, dass sie nicht die Macht Gottes, Meines Vaters, des Allmächtigen, besitzen, sondern sie können auch jederzeit von Seinem Willen niedergestreckt werden. Traurigerweise werden sie viele Seelen von Mir wegziehen, und Ich werde dies erlauben, als Teil der abschließenden Reinigung der Menschheit. Dieser Zeitabschnitt auf Erden wird dazu dienen, die Guten von den Bösen zu scheiden.

Was meine Ich damit? Sicherlich werdet ihr sagen, dass die Guten getäuscht werden würden und dass dies nicht ihre Schuld sei. Dies ist wahr. Aber wenn diejenigen, die sagen, sie seien wahre Christen, Häresien annehmen anstelle Meines Heiligen Wortes, lästern sie gegen Mich. Sie kennen die Wahrheit ganz genau und sie müssen jede Sekunde wachsam sein in Hinsicht auf Mein Wort. So viele von euch schlafen. So viele kennen Mich nicht wirklich, weil ihr in eurer Seele keine Demut habt, so stolz seid ihr auf eure Kenntnisse der Heiligen Schrift. Viele von euch haben es versäumt, die Evangelien zu lesen oder zu verstehen, was vor Meinem Zweiten Kommen geschehen wird. Ihr wisst bis jetzt immer noch nicht, dass euch — in der Höchstheiligen Bibel — die Wahrheit gegeben worden ist. Warum fahrt ihr fort, dem Wort Gottes zu trotzen, zu widersprechen, die Hand, die euch erschaffen hat, abzulehnen und zu bekämpfen? Ihr seid nicht mehr informiert als diejenigen, die Mich gekreuzigt haben. Ihr besitzt nicht mehr Wissen als die Pharisäer, die glaubten, ihre Interpretation des Heiligen Wortes Gottes sei der Interpretation des Menschensohnes überlegen. Weil ihr euch weigert, die letzten Prophezeiungen anzunehmen, werdet ihr Mich verleugnen. All eure Dienste an Mir werden wertlos sein, denn ihr werdet dem folgen, der von Satan geschickt ist, um euch euer rechtmäßiges Erbe in Meinem Paradies vorzuenthalten.

Wie ihr Mich doch zum Weinen bringt! Wie ihr Mich verraten werdet, wird sich in der Verfolgung widerspiegeln, die ihr in Meinem Namen all jenen, die ihr eure Brüder und Schwestern nennt, zufügen werdet! Ihr werdet mit Lügen indoktriniert werden, wie andere euch durch böse Führer und Diktatoren der Vergangenheit. Aufgrund eures Mangels an echter Liebe zu Mir, die große Opfer erfordert, werdet ihr Mir großen Kummer und viel Leid bringen. Während die Feinde Meiner Kirche euch in ein Netz aus Betrug ziehen werden, werdet ihr deren Lob singen, sie verehren und jene lieben, die Mich hassen, und Ich werde vergessen sein.

Denkt an diese Worte: Wenn ihr falsche Götter vor Mich platziert, werdet ihr euch den Zorn Gottes zuziehen.

Euer Jesus

948. All jene, die das Dreieck tragen, das Zeichen der allerbösesten Trinität, werden in die Unterstützung solcher Wohltätigkeits-organisationen involviert sein.

Dienstag, 22. Oktober 2013, 00:20 Uhr

Meine innig geliebte Tochter, jede Ecke Meiner Kirche wird jetzt für die neuen Rituale vorbereitet. Öffentliche Erklärungen über die Notwendigkeit, bescheiden und fürsorglich zu sein, werden die Rahmenbedingungen schaffen für die säkulare Philanthropie (Anm. d.h. weltliche Menschenliebe), die vom Antichristen eingeführt werden wird. All diese Diener Satans versammeln sich in nichtöffentlichen Feiern, und ihr weltweites Netzwerk wird globale Wohltätigkeitsorganisationen schaffen, gegründet, um euch zu überzeugen, dass sie göttlich inspiriert seien.

All jene, die das Dreieck tragen, das Zeichen der allerbösesten Trinität, werden in die Unterstützung solcher Wohltätigkeitsorganisationen involviert sein, so dass dies sie in den Augen der Welt im Ansehen steigen lässt. Auf einmal wird über eine neue, starke und sogenannte evangelikale Bewegung gesprochen werden, und die Menschen werden ihr Geld hergeben, um deren Bemühungen zu unterstützen, den Armen der Welt zu helfen. Jeder wird glauben, dass zum Gemeinwohl gehandelt werde, und einige Führungskräfte in Meinen Kirchen werden in allen Ecken der Erde bewundert werden. Sehr wenige werden über ihre Absichten streiten, aber wenn ihr seht, dass die größten Banken der Welt sich ihren Bemühungen anschließen, dann werdet ihr wissen, dass dies eine Aktion ist, die darauf angelegt ist, euch zu täuschen. Wie gerissen das Tier doch ist! Wie klug seine Aktionen doch zu sein scheinen, weil sie mit einer Form von Betrug kandiert sein werden, die nur diejenigen, die mit der Gabe des Heiligen Geistes gesegnet sind, in der Lage sein werden zu erkennen! Und während all dem Gerede über das Gemeinwohl des Menschen, dem Wunsch, alle Religionen zusammenzuführen, um eine große Gemeinde zu bilden, wird nicht ein Wort verloren werden über Meine Lehre, dass Gottes Kinder an Meinem Heiligen Wort festhalten müssen.

Die Zeiten ändern sich schnell und inmitten dieser scheinbar wohlgeordneten und sorgfältig abgestimmten Propaganda werden die Risse beginnen, sichtbar zu werden. Wenn Satan am Werk ist, breitet sich Verwirrung aus, wird Spaltung hervorgerufen, nehmen Widersprüche überhand und nichts wird jemals geordnet sein. Bestimmte Ehrerbietungen, die Mir vor Meinen Tabernakeln erwiesen werden, werden verschwinden. Die ewige Anbetung wird eingestellt werden und bald werden die Heiligen-statuen aus den Kirchen entfernt werden. All ihre Aktionen werden im Namen einer Ausmerzung der Kirche vergangener Zeiten stillschweigend gutgeheißen werden, und sie werden gebilligt, um sie relevanter, at-traktiver und ansprechender für Nichtgläubi-ge zu machen.

Diejenigen, die Mich kennen, müssen al-les tun, was sie können, indem sie das Evangelium verbreiten, denn — seid euch dessen sicher — ihr werdet kein Wort über die Heilige Bibel hören. Die einzigen Bibel-zitate, die ihr hören werdet, werden jene sein, die verdreht sind, um Lügen zu unter-stützen. Da sie die Kirche ihrer Würde be-rauben, werden die Strafen anfangen, sich vom Himmel herab auf sie zu ergießen. Ih-nen wird zur rechten Zeit Einhalt geboten werden, aber diese Prüfungen müssen zu-erst stattfinden, wie vorausgesagt.

Euer Jesus

949. Ihr seid die Generation, die von der letzten Kreuzigung Meiner Kirche wird Zeugnis geben müssen.

Dienstag, 22. Oktober 2013, 13:30 Uhr

Meine innig geliebte Tochter, Meine ge-liebten Diener werden sich vereinigen in der Einheit mit Mir — weniger als die Hälfte von ihnen —, aber ihre Treue zu Mir wird Meiner Armee helfen zu überleben und zu wach-sen, um das Evangelium zu verbreiten wäh-rend der weltweiten Finsternis, die fühlbar sein wird während dieses größten Glau-bensabfalls aller Zeiten.

Der Mangel an Respekt Mir, Jesus Chris-tus, gegenüber, wird in allen Ländern offen-sichtlich werden — auf öffentlichen Plätzen und in Meinen Kirchen. Mein Verlangen ist es nun, Meine Armee richtig vorzubereiten. Meine geliebten Anhänger, lasst euch durch diese Dinge nicht beunruhigen, denn sie werden euch nur ablenken, während Ich euch doch stark in eurem Glauben brauche. Genau so wie Türen direkt vor Meiner Mut-ter zugeschlagen wurden, als sie kurz vor Meiner Geburt versuchte, Zuflucht zu fin-den, so werden auch euch Türen vor der Nase zugemacht werden. Wisst, dass, wenn diese Türen euch durch jene fehlge-leiteten Diener in Meiner Kirche vor der Nase zugeschlagen werden, ihr euch dann nur an Mich wenden müsst. Wisst auch, dass diejenigen, die für sich in Anspruch nehmen, heilige Menschen zu sein, kennt-nisreich in der Heiligen Schrift und in den Lehren Meiner Kirche, darauf warten und die ersten sein werden, euch zu verdam-men, weil ihr der Wahrheit folgt. Ich beziehe Mich dabei auf alle Seelen auf der Welt, die Mich lieben und die die Wahrheit kennen, und nicht unbedingt nur jene, die diesen Meinen Botschaften für die ganze Welt fol-gen.

Die Gabe des Heiligen Geistes wird sich nur auf jene herabsenken, die würdig sind, dieses kostbare Geschenk von Gott zu empfangen. Diejenigen, die leer des Heili-gen Geistes sind, werden euch lautstark be-schimpfen und versuchen, euch zu über-zeugen, den Häresien zu folgen, die bald in allen christlichen Kirchen wuchern werden. Je mehr sie ihre Angst vor diesen Botschaf-ten zeigen, desto mehr werden sie auf euch einschlagen. Ihr müsst ihr hasserfülltes Gift ignorieren und schweigen. Diese Tage sind fast da. Einige von euch werden bereits ei-nen Vorgeschmack des heftigen Widerstan-des erfahren haben, den ihr Meinetwegen werdet erdulden müssen.

Ihr seid die Generation, die von der letzten Kreuzigung Meiner Kirche wird Zeugnis ge-ben müssen, aber ihr sollt Folgendes wis-sen: Aus der Asche wird Mein Glorreicher Leib, das Neue Jerusalem, sich erheben, und ihr werdet auserwählt sein, inmitten der zwölf Nationen zu herrschen. Wenn ihr Mir treu bleibt, dann werde Ich euch erheben in Herrlichkeit und Himmel und Erde werden euer sein in der kommenden Welt. Ihr müsst weiter nur an Mir festhalten während der Trostlosigkeit der Gräuel, denn es wird nicht lange dauern. Und dann wird euch nie wieder etwas von Mir trennen.

Euer Jesus

950. Mutter der Erlösung: Mein Sohn plant eine große Erneuerung auf Erden, in dieser Zeit, und sie wird viel Schmerz verursachen.

Mittwoch, 23. Oktober 2013, 15:34 Uhr

Mein Kind, Ich umhülle alle Meine Kinder in dieser Zeit mit Meinem Schutz, damit sie ruhig, in Frieden und stark bleiben werden in diesen Zeiten großer Prüfungen.

Liebe Kinder, Ihr müsst die Tatsache ak-zeptieren, dass ihr immer Schmerz empfin-den werdet, verursacht durch die Ausgren-zung, die Zurückweisung und die Ableh-nung durch jene, die das Wort Gottes ver-achten. Licht zieht diejenigen an, die sich in der Finsternis befinden, und sie werden euch immer angreifen und auf euch losge-hen, wenn ihr in völliger Einheit mit Meinem Sohn, Jesus Christus, seid.

Mein Sohn plant eine große Erneuerung auf Erden, in dieser Zeit, und sie wird viel Schmerz verursachen, weil sie die Gestalt einer Reinigung annimmt. Dies bedeutet, dass viele jetzt für ihre Sünden leiden wer-den und dass die Erde für Jesus Christus vorbereitet wird, damit dann, wenn die Rei-nigung abgeschlossen ist, die Ankündigung erfolgen wird. Die Feinde Gottes werden in-zwischen Lügen und Irrlehren verbreiten, um Sünder und all jene, die Meinen Sohn lieben, für sich zu gewinnen, mit dem Ziel, sie zu kontrollieren. All diese traurigen Er-eignisse müssen vor dem Zweiten Kommen Meines Sohnes, Jesus Christus, stattfinden.

Ich bitte euch, liebe Kinder, seid geduldig und ertragt diese Schwierigkeiten um Mei-nes Sohnes willen, Der euch innig liebt. Seid nicht ängstlich besorgt, denn ihr wer-det bald Sein Neues Paradies sehen, wo keine Traurigkeit, kein Schmerz noch das Böse existieren werden. Es ist doch solch eine Kleinigkeit, wenn ihr für Meinen Sohn leidet, und es ist so geringfügig verglichen mit dem, was Er für jeden Einzelnen von euch ertrug, als Er am Kreuze starb, um euch zu retten.

So setzt bitte all euer Vertrauen auf Mei-nen Sohn und seid dankbar, dass euch Führung vom Himmel geschickt wird. Freuet euch, denn euch wurde genau richtig viel Zeit gegeben, um euch angemessen auf den Großen Tag des Herrn vorzubereiten.

Seid in Frieden.

Eure geliebte Mutter
Mutter der Erlösung

951. Gott der Vater: Dies ist ein Aufruf für die Rettung von jenen von euch, die die Häresien, die bald verkündet werden, nicht in Frage stellen werden.

Donnerstag, 24. Oktober 2013, 19:45 Uhr

Meine liebste Tochter, Ich komme, um der Welt zu sagen, dass die Feinde, die die Erde durchstreifen, verkleidet als jene, die angeblich das Wort Meines Sohnes zu den Massen bringen, sich jetzt zu einer Einheit zusammengeschlossen haben. Vereint zu einer Einheit bringen sie all ihre Kräfte zu-sammen und werden die Erde mit ihrem bö-sen Betrug entstellen.

Ich Bin bereit. In Wartestellung. Sobald sie ihre abscheulichen Gesetze einführen, wer-de Ich losschlagen, und die Welt wird Meine Strafen erfahren. Meine Warnungen sind auf taube Ohren gestoßen und jene sind zu stolz, die Hand der Barmherzigkeit anzu-nehmen, die euch durch Meine Botschaften gegeben werden. Die Anführer jener, die euch im Namen der Menschenrechte verfol-gen werden, werden durch Meine Hand lei-den. Sie glauben, dass ihre Macht unbe-grenzt sei und dass sie unbesiegbar seien, aber sie werden bald wissen, dass sie nichts sind ohne die Macht ihres Schöpfers.

Ich Bin der Urheber des Lebens, und soll-ten jene beschließen, ihre Macht dazu zu missbrauchen, das Leben Meiner Kinder des Leibes wie auch der Seele wegzuneh-men, dann werden sie alles verlieren. Wenn ihr Meine Kinder bekämpft und Meinen Sohn, Jesus Christus, verratet, dann gibt es kaum Hoffnung für euch. Es fällt Mir nicht leicht, euch Meine Barmherzigkeit zu ge-währen, denn ihr seid der Grund großen Zornes für Mich. Doch Ich sehne Mich nach eurer Treue, warne euch aber vor den Ge-fahren, wenn ihr leichtfertig mit dem Teufel spielt. Ich werde euch jede Chance geben, dass ihr euch von den Fesseln abwendet, die euch an die böse Trinität binden. Ihr müsst euch von den Ketten Satans lösen. Eure Zeit ist knapp.

Ich bitte euch, nehmt Meine Heilige Bibel zur Hand, die Evangelien, und forscht nach den Zeichen, die euch über die große vor-ausgesagte Apostasie (= Glaubensabfall) gegeben wurden, denn diese hat die Welt verschlungen und breitet sich wie ein tödli-cher Virus aus und befällt jeden denkbaren Teil eurer Gesellschaft. Ihr seid verseucht worden, und jetzt komme Ich, euer Vater, um euch von dieser schrecklichen Seuche zu reinigen. Ihr müsst Mich um Hilfe bitten, bevor es für euch zu spät ist.

Ihr müsst jetzt dieses Kreuzzuggebet beten. Bittet Mich um Hilfe.

Kreuzzuggebet (124) „Höre Meine Bitte um Freiheit"

„O Gott, mein Barmherziger Vater, Schöpfer von allem, was ist, höre mein Bitten um Freiheit. Befreie mich von den Ketten der Sklaverei und schütze mich vor Verfolgung durch das Böse. Hilf mir, die Wahrheit zu erkennen, und komme mir zu Hilfe, auch wenn ich verwirrt bin und vielleicht an Deinem Wort zweifle. Vergib mir, wenn ich Dich beleidige, und bring mich in den Zufluchtsort Deines Neuen Paradieses auf Erden. Amen."

Meine Zeit, das Zweite Kommen Meines Sohnes zu verkünden, ist nahe. Die Zeit wird schnell vergehen und die Herrschaft Meiner Feinde, so kurz sie auch sein mag, wird wie eine Ewigkeit erscheinen wegen der Grausamkeit, die sie (= die Feinde) Meinen Kindern zeigen werden. Sie werden jenen törichten Menschen, die dem Tier Treue schwören werden, keine — nicht die geringste — Loyalität zeigen. Ebenso wie der Teufel Mich hasst, so hasst er auch alle Meine Kinder, sowohl die Guten wie auch die Bösen. Dies ist ein Aufruf für die Rettung von jenen von euch, die die Häresien, die bald verkündet werden, nicht in Frage stellen werden. Ihr müsst sämtliche Zweifel, die in eure Seele dringen, immer und immer wieder hinterfragen, wenn ihr mit irgendeiner neuen Form von Lehre, die sich in eurem Herzen nicht richtig anfühlt, unglücklich seid.

Ich habe keine Befugnis erteilt, irgendein neues Gesetz oder neues Sakrament in Meinem Allerheiligsten Namen einzuführen.

Euer geliebter Vater
Gott der Allerhöchste

952. Nur sehr wenige Menschen in der Welt von heute vertrauen auf Gott oder glauben an Ihn.

Freitag, 25. Oktober 2013, 23:55 Uhr

Meine innig geliebte Tochter, wenn die Menschen euch vorwerfen, ihr würdet durch diese Botschaften Angst verbreiten, dann müssen sie Meine wahre Absicht verstehen. Angst kommt von der Bosheit jener, denen eine Finsternis der Seele eingeflößt ist und die unter euch wandeln. Eure Feinde sind Meine Feinde. Sie werden eine derart falsche Spiritualität in jeder Nation schaffen, und diese wird nicht von Mir kommen. Sie werden sehr große Anziehungskraft haben, sie werden eingeschleust werden inmitten von jenen, die hohes Ansehen besitzen, um die falsche Lehre von New Age satanischen Ursprungs zu verbreiten. Viele werden diese schrecklichen Aktionen als harmlosen Spaß betrachten, aber hinter der scheinbar harmlosen Fassade verbirgt sich ein schlauer Plan, um die Welt von ihrem Glauben an die Heilige Dreifaltigkeit abzubringen.

Nur sehr wenige Menschen in der Welt von heute vertrauen auf Gott oder glauben an Ihn. Wenn sie dann von den Dienern Satans falsche Werte, eine falsche Spiritualität und das Heidentum vermittelt bekommen, werden sich viele verführen lassen. Sie werden sich angezogen fühlen von den falschen, zur Wohltätigkeit anregenden Aufrufen für die Rechte derer, die Akzeptanz für ihr eigenes Leben suchen, das sich über die Gebote hinwegsetzt, die von Meinem Vater festgelegt worden sind. Weil ihr Glaube an Gott schwach ist, werden sie für Lügen offen sein. Sie werden einen falschen Gott, den Antichristen, verehren, an Seiner statt.

Ich sage euch diese Dinge, denn sie sind die Wahrheit. Warum sollte Ich euch vor diesen Dingen nicht warnen? Ich Bin euer Heiland und Ich bereite Mich jetzt vor, euch endlich alle zu retten nach dieser langen und schmerzvollen Zeit. Die Menschen haben unsägliches Elend durchlitten, wegen Satan. So viele Menschen verstehen nicht, wie sehr er Leben zerstört. Er ruiniert eure Beziehungen zu anderen Menschen, zieht euch hin zu Lastern, die euch zerstören, er verändert euch und verführt euch. Was auch immer er euch gibt, ihr werdet euch immer leer fühlen. Ihr werdet fallen und fallen, bis ihr in verdorbene und widernatürliche Handlungen verwickelt sein werdet, und ihr werdet keine Befriedigung finden. Nur Ich, Jesus Christus, kann euch wahren Frieden, Liebe und Rettung bringen. Deswegen, weil durch den Antichristen euer Leben auf Erden für euch unvorstellbar verändert werden wird, muss Ich euch warnen. Ich tue dies nicht, um euch Angst zu machen, sondern um euch auf die Wahrheit vorzubereiten. Nur die Wahrheit wird euch von der Bosheit derer frei machen, die leben, atmen und die sterben werden wegen ihrer Treue zu Satan und seinen Dämonen.

Nur Ich, Jesus, Bin euer Weg, auf dem ihr Hilfe erfahren werdet bei der Verfolgung, die diese bösen, gerissenen und betrügerischen Menschen der Welt zufügen werden.

Euer Jesus

953. Der Große Tag wird anbrechen und bald wird die „ Welt ohne Ende" beginnen.

Samstag, 26. Oktober 2013, 11:15 Uhr

Meine innig geliebte Tochter, der Glaube aller Kinder Gottes, unabhängig davon, welcher Konfession sie angehören, ist so schwach, dass es für viele von denen, die die Wahrheit kennen, sehr schwer sein wird, ihre Religion offen zu praktizieren, ohne Kritik zu erfahren.

So viele in der Welt lehnen Mich, Jesus Christus, in dieser Zeit in der Geschichte ab, dass es in den meisten Ländern nicht mehr ohne Weiteres hingenommen wird, wenn in der Öffentlichkeit von Mir gesprochen wird. Sehr selten wird man hören, dass in den Medien über Meinen Namen gesprochen wird, es sei denn, um Meine Existenz in Frage zu stellen. Selten werdet ihr hören, wie Menschen in der Öffentlichkeit über ihre Liebe zu Mir sprechen, denn sie würden das zu peinlich finden. Selbst jene Meine gottgeweihten Diener sind nicht mehr bereit, die Wahrheit zu verkünden, aus Angst, verspottet zu werden. Diejenigen, die Mir folgen, werden es zunehmend schwerer haben, Mein Heiliges Wort zu verkünden. So viele, die Mich einst geliebt haben, lieben Mich nicht mehr. Ich bin zu Tode betrübt, und Meine Traurigkeit schneidet Mir ins Herz, wie wenn Mir ein Schwert in Mein Herz gestoßen würde.

Warum, o warum, habt ihr Mich verlassen? Warum verletzen diejenigen von euch, die an Mich glauben und die Mich kennen, so viele eurer Brüder und Schwestern? Warum gedeiht in euren Herzen Hass? Warum müsst ihr jetzt die Evangelien in Frage stellen, wo es sie doch schon so lange gibt? Wer hat euch das Recht gegeben, Mein Wort, das Ich Meinen Aposteln gegeben habe, falsch auszulegen? Warum verdreht ihr Meine Worte und warum glaubt ihr nicht, was Ich gesagt habe? Mein Wort ist sehr klar. Wenn Ich spreche, dann meine Ich auch das, was Ich sage. Wenn Ich eine Sache sage, meine Ich nicht eine andere. Warum sollte Ich zum Beispiel Mir Selbst widersprechen, und besonders jetzt in dieser Mission?

Was Gottes Propheten gegeben wird, ist die Wahrheit. Alles, was diesen Botschaften widerspricht, aus dem Munde derer, die behaupten, Ich würde mit ihnen sprechen, muss von euch abgelehnt werden. Ich würde niemals mit Meiner Eigenen Stimme wetteifern, weil Ich sicherstellen muss, dass euch die Wahrheit gegeben wird.

Was muss Ich tun, damit ihr auf Mich hört? Was muss Ich tun, damit ihr (endlich) aufhört, euer Glück ununterbrochen anderswo zu suchen? Warum wollt ihr Mir nicht vertrauen? Ihr verschwendet so viel kostbare Zeit damit, nach Wahrsagerei zu suchen, die wie Gift aus den Mündern sogenannter Mystiker und Sensationssuchender strömt, dass ihr Mich beleidigt, indem ihr euch von Mir abwendet. Ich bin hier. Dies sind Meine Worte. Was sucht ihr sonst noch, denn die Wahrheit werdet ihr nur aus Meinem Munde erfahren? Ich sprach die Wahrheit, als Ich auf der Erde wandelte. Ich hinterließ ein Vermächtnis großer Hoffnung und großen Heils. Ich spreche jetzt die Wahrheit, wenn Ich euch zu dieser Zeit Meine Letzten Worte bringe, denn der Große Tag wird anbrechen und bald wird die „ Welt ohne Ende" beginnen.

Wenn Ich spreche, dann wünsche Ich, dass ihr zuhört. Ich kann euch nicht zwingen. Ihr mögt euch vielleicht überall umschauen und versuchen, (anderswo) Meine Botschaften zu finden, die gegeben werden, um die Welt zu dieser Zeit auf Mein Zweites Kommen vorzubereiten, aber ihr werdet sie nicht finden. Meine öffentlichen Botschaften, die euch auf diese letzte Phase vorbereiten sollen, bevor Mein Bund erfüllt ist, können nur im Buch der Wahrheit gefunden werden.

Das Wort ist Mein. Meine Worte werden in jeder Nation gehört werden. Niemand wird

Mich aufhalten, denn Meine Macht ist Allmächtig.

Euer Jesus

954. Ich werde nicht tatenlos zusehen, während ihr euer Leben zerstört, das euch gehören kann in Ewigkeit.

Samstag, 26. Oktober 2013, 17:52 Uhr

Meine innig geliebte Tochter, wenn die Menschen festzustellen versuchen, welchen von Gottes Kindern Ich Meine Barmherzigkeit bringen möchte, ist die Antwort: allen von ihnen. Ich mache keinen Unterschied, da Ich jede geborene Seele liebe, jede von ihnen ist von Meinem Vater erschaffen worden. Keine Seele kann von dieser Meiner letzten Mission, die Menschheit zu retten, ausgeschlossen werden. Ich komme, um allen Rettung zu bringen.

Fragt irgendwelche gute Eltern, ob sie ein Kind zugunsten eines anderen opfern würden, und sie würden euch dieses sagen: „Auch wenn sie sich noch so schlecht benehmen und mich noch so sehr verletzen, ich kann sie niemals verwerfen, weil sie mein eigen Fleisch und Blut sind." Das gleiche gilt für die Feinde Gottes. Sie beleidigen Ihn, und sie verursachen Ihm großen Kummer, aber Er liebt sie immer noch; denn sie stammen von Ihm, obwohl sie ausgehungert sind, wegen der Sünde der Menschheit.

Wie geht das, mögt ihr fragen, dass Ich denen vergeben kann, die Mich am meisten verletzen? Die andere „geißeln" und ihnen Schmerz und Leid zufügen? Es ist, weil Ich sie liebe. Ich werde die Sünder immer lieben. Ihre Sünden ekeln Mich an, aber Ich werde immer darauf warten, sie in Meine Arme zu schließen.

Bei dieser Mission geht es um Vergebung. Es dreht sich alles darum, eure Seelen zu retten. So hart aber Meine Worte manchmal sein mögen, sie werden euch gegeben, weil Ich euch liebe und Ich den Gedanken, euch zu verlieren, nicht ertragen kann. Diejenigen, die Mich verraten haben, wegen ehrgeiziger Ziele in ihrem Leben, dürfen niemals Angst haben, zu Mir zu kommen und Mich um Hilfe zu bitten. Ich vermisse euch. Ich bin traurig, aber Ich werde auf jede mögliche Art eingreifen, ohne den Bund Meines Vaters zu brechen, euch den Freien Willen zu lassen, der euch immer bleiben wird bis zum Neubeginn. Nichts, was ihr tut, wird euch von Mir trennen, wenn ihr Mich bittet, euch zu vergeben.

Ich werde die Welt in Meine Barmherzigkeit eintauchen und für jede böse Handlung, die von Meinen Feinden ausgeführt wird, um euch in die Irre zu ziehen, verspreche Ich, dass Ich eingreifen werde. Ich werde euch nicht den Wölfen vorwerfen, die euch verschlingen wollen. Ich werde nicht tatenlos zusehen, während ihr euer Leben zerstört, das euch in Ewigkeit gehören kann. Ich werde euch stützen bis zu dem Zeitpunkt, wo ihr die endgültige Entscheidung werdet treffen müssen. Ich werde eure See-le nicht so leicht loslassen. Ich starb einen grausamen Tod, um euch zu retten. Dieses Mal werdet ihr Zeuge eines im höchsten Maße machtvollen göttlichen Eingreifens sein, um euch zurückzugewinnen. Ihr gehört Mir. Ich gehöre Euch. Das Tier wird die Seelen nicht so leicht für sich gewinnen, denn Ich Bin Gott, eine gewaltige Kraft. Ich Bin Allmächtig. Satan hat nichts, aber seine List wird die Schwachen unter euch anziehen. Ich bitte alle von euch, die Mich lieben, eindringlich: Betet, dass die Schwachen mein Göttliches Eingreifen mit Liebe in ihren Herzen annehmen werden.

Euer Jesus

955. Meine Kirche wurde auf der Wahrheit aufgebaut, und nichts als die Wahrheit sollte von ihren Lippen fließen.

Sonntag, 27. Oktober 2013, 23:30 Uhr

Meine innig geliebte Tochter, wenn Meine Kirche von einer stolzen und säkularen Welt offen Beifall erhält, dann wisst, dass diese beiden verschiedenen Wesen kurz davor stehen, sich in Eins zu vereinen. Wenn Meine Kirche die säkulare Welt umarmt, sich von der säkularen Welt politisch motivieren lässt und Anerkennung in der Welt der Politik und Wirtschaft sucht, dann wisst, dass Ich ein solches Vorgehen niemals gutheißen würde.

Meine Kirche wurde auf Meinem Wort aufgebaut. Meine Kirche wurde auf der Wahrheit aufgebaut, und nichts als die Wahrheit sollte von ihren Lippen fließen. Wenn Meine Kirche mit Meiner Autorität gegen die Sünde spricht, dann wird sie immer Kritik erleiden, denn der Mensch wird die Sünde immer verteidigen. Die Sünde macht sein Leben für ihn und die Anderen akzeptabler, und er wird alles tun, um zu verkünden, dass die Hölle Unsinn sei. Wenn Meine Kirche nur von dieser Welt spricht, vom Leid der Welt und ihren Problemen, vom Leid der Menschen, und nicht das Wort Gottes predigt, dann trennt sie sich von Mir. Nur diejenigen in der Kirche, die dem, was Ich sie gelehrt habe, treu bleiben, können wirklich von sich sagen, dass sie zu Meiner Kirche gehören. Meine Kirche besteht nur aus denen, die die Wahrheit sprechen.

Wenn jene innerhalb Meiner Kirche Mich, Jesus Christus, ablehnen, dann hat der Geist des Bösen das Terrain der Kirche betreten. Ich werde zurzeit aus Meiner Kirche hinausgedrängt. Ich werde nicht mehr so verehrt, wie Ich einst verehrt wurde. Meine eigenen Worte werden nicht mehr verwendet, um die Wahrheit zu verkünden. Sie werden verdreht, um Worte, Taten und Handlungen gutzuheißen, die nicht von Mir kommen, noch jemals von Mir kommen werden. Mein Wort kann niemals geändert werden, und jeder Mensch, der Mein Wort nimmt und es verunreinigt, wird seine ewige Strafe erleiden.

Euer Jesus

956. Mutter der Erlösung: Die Kirche Meines Sohnes wird der Sitz des Antichristen werden.

Dienstag, 29. Oktober 2013, 19:30 Uhr

Mein süßes Kind, der ganze Himmel vereinigt sich in Einheit mit Meinem Sohn, um denjenigen heiligen Priestern zu Hilfe zu kommen, die sich inmitten einer großen Schlacht wiederfinden werden. So viele dieser kostbaren Seelen werden schrecklichen Schmerz und entsetzliches Leid zu erdulden haben, wenn sie die Häresien werden erleben müssen, die aus dem Inneren der Kirche heraus entspringen werden. Sie werden verwirrt und verängstigt sein, und viele werden das Gefühl haben, sich nirgendwo mehr hinwenden zu können. Dies ist der Zeitpunkt, wo sie sich an Mich wenden und Mich bitten müssen, sie Meinem Sohn zu weihen, damit Er über sie jeden Tropfen Seines Kostbaren Blutes ausgießen kann. Wenn sie mit diesem Geschenk bedeckt sind, werden sie wissen, was zu tun ist. Sie müssen wissen, dass Ich Meine Kinder im Laufe aller Jahrhunderte gewarnt habe vor diesem bösen Glaubensabfall, für den der Teufel die Pläne schmiedet.

Die Kirche Meines Sohnes wird der Sitz des Antichristen werden, und jetzt, wo die Wahrheit offenbart worden ist, werden sich viele verängstigt fühlen und den Schmerz der Geißelung Meines Sohnes erleiden. Die Kirche Meines Sohnes wird verfolgt, zerstört und entheiligt werden — bis sie schließlich zur Behausung des Thrones werden wird, auf dem der Antichrist sitzen wird. Es wird von hier aus sein, dass er, der Antichrist, verkünden wird, dass er der Christus sei und dass die Welt durch ihn gerettet werde.

Indem ihr Lügen akzeptiert, lehnt ihr die Wahrheit ab. Indem ihr die Wahrheit ignoriert, werdet ihr an ein frei erfundenes, vom Teufel gesponnenes Netz aus Betrug glauben, und in diesem Netz werdet ihr gefangen sein. Einmal gefangen, werdet ihr in jeder Nation versucht sein, den Massen zu folgen, die dem Antichristen großen Respekt zollen werden. Bitte, Kinder, betet dieses Kreuzzuggebet, um die Häresie zu bekämpfen, welche die Kirche Meines Sohnes auf Erden einhüllen wird.

Kreuzzuggebet (125) „Um das Allerheiligste Wort Gottes zu verteidigen"

„O Mutter der Erlösung, hilf mir, einem demütigen Diener Gottes, in Zeiten der Qual Sein Allerheiligstes Wort zu verteidigen. Weihe mich Deinem Sohn, liebe Mutter, damit Er mich mit Seinem Kostbaren Blut bedecken kann. Erlange mir durch die Vermittlung Deines Sohnes Jesus Christus die Gnade, die Stärke und den Willen, den Lehren Christi treu zu bleiben in den Zeiten der Drangsal, die Seine Heiligste Kirche auf Erden verschlingen wird. Amen."

Geht zu Meinem Sohn, liebe Diener Christi. Ihr gehört Ihm. Er wird euch während der Verfolgung helfen. Er wird euch niemals im Stich lassen in eurer Zeit der Not.

Eure geliebte Mutter

957. Wenn erst einmal eine Seele ganz in den Heiligen Geist eingetaucht wird, wird sie emporsteigen, sofort zum Willen Meines Vaters hingezogen werden und mit totaler Hingabe antworten.

Mittwoch, 30. Oktober 2013, 18:00 Uhr

Meine innig geliebte Tochter, wenn Mein Heiliger Geist auf eine Person herabsteigt, dann geschieht eine Reihe von Dingen. Das erste ist ein Gefühl der Verblüffung und Skepsis. Das zweite ist das Gefühl des Überwältigtseins von etwas so Mächtigem, dass es die Person vom Heiligen Willen Gottes völlig abhängig macht. Vorbei ist der Glaube an den eigenen überlegenen menschlichen Intellekt, denn der Intellekt spielt dann keine Rolle mehr, die von Bedeutung wäre. Stattdessen wird die Seele mit Wissen, Erkenntnis und Verständnis durchdrungen werden, das außerhalb eurer eigenen gebrechlichen menschlichen Interpretation liegt.

Wenn erst einmal eine Seele ganz in den Heiligen Geist eingetaucht wird, dann wird sie emporsteigen, sofort zum Willen Meines Vaters hingezogen werden und mit totaler Hingabe antworten. Sobald die anfängliche Angst sich gelegt hat, wird ein tiefer Friede empfunden werden, und die Angst der Person, dabei gesehen zu werden, das Wort Gottes zu verkünden, wird verschwinden. Sie werden sich nicht darum kümmern, was die Menschen denken, denn aus ihrem Mund wird die Wahrheit fließen. Die Persönlichkeit der Seele, ob kontaktfreudig, zaghaft oder schüchtern, wird in den Hintergrund treten und wird zweitrangig werden in Bezug auf die Art und Weise, wie sie das Wort Gottes verkünden.

Alle Seelen, die die Gabe des Heiligen Geistes empfangen, werden — ohne eine einzige Ausnahme — ihren eigenen Freien Willen dem Willen Meines Vaters übergeben. Was Seelen angeht, die wirklich mit der Gabe des Heiligen Geistes gesegnet sind: Ihre Rolle wird sein, das Wort Gottes zu verbreiten, und dafür werden sie leiden. Der Schutz der Liebe Gottes umgibt jedoch solche Seelen, während sie ohne Angst und mit Mut voranschreiten, um die Wahrheit zu verkünden. Denjenigen, die die Wahrheit Meiner Lehren verkünden, in diesen Zeiten des Heidentums und wenn Meine Kirche vom Wahren Glauben abfallen wird, wird zusätzliche Stärke gegeben werden, um sicherzustellen, dass Meine Stimme gehört wird. Diese Stärke wird von Gott, Meinem geliebten Vater, kommen. Es wird durch die Macht der Stärke Gottes sein, dass sich viele von Satans Armee bekehren werden, während der Rest vernichtet werden wird.

Der Heilige Geist wird - brennenden Flammenschwertern gleich - durch die Herzen all derer schneiden, die auf die Wahrheit hören und sie annehmen.

Euer Jesus

958. Wenn es euch an Demut mangelt, wird Stolz eure Seelen überfluten, und ihr werdet gegen Mich sündigen.

Donnerstag, 31. Oktober 2013, 23:30 Uhr

Meine innig geliebte Tochter, so viele werden nicht auf Meine Stimme hören, weil sie nicht wissen, Wer Ich Bin. Viele behaupten, Mich zu kennen, aber nur ihre fehlerhafte menschliche Interpretation ist es, die sie glauben lässt, sie würden verstehen, Wer Ich bin und was Ich getan habe, um sie vor dem Abgrund zu bewahren, dem alle Kinder Gottes gegenüberstehen, die Mich nicht bitten werden, ihnen zu vergeben.

Der Freie Wille ist ein Geschenk von Meinem Vater. Der Freie Wille kann jedoch in Konflikt geraten mit dem Streben des Menschen, die Liebe Gottes zu suchen. Doch Mein Vater gab Seinen Kindern dieses Geschenk. So großzügig ist Er. So sehr liebt Er Seine Kinder. Dies ist das Geschenk, das ihnen die Freiheit gab, sich auf der Erde frei zu bewegen, ihre Früchte zu genießen und ihre Schönheit zu umarmen. Aber der Mensch, von Satan versucht, hat das Vertrauen Meines Vaters missbraucht. Er wurde dann von Satan zum Sklaven gemacht und schmiedete einen Pakt mit ihm, wo die Sünde auch weiterhin alle Kinder Gottes von Gott trennen wird.

Das Geschenk Meines Todes am Kreuz bedeutete, dass Ich diese unnatürliche Bindung zwischen Mensch und Satan zerbreche. So habe Ich durch Meinen Tod am Kreuz es dem Menschen ermöglicht, durch die Vergebung der Sünde Erlösung zu suchen. Dies bedeutet, dass der Mensch fähig ist, dem Griff Satans zu entkommen, aber nur diejenigen, die Mir folgen, in voller, demütiger Unterwerfung, können wirklich Erlösung erlangen. Wenn ihr nicht fähig seid, Mir, Jesus Christus, eure Schwächen, eure Sünden und euren Hass aufeinander durch die Versöhnung (Beichte) offen auszusprechen, werdet ihr nicht rein bleiben. Ohne Reinheit der Seele seid ihr nicht in der Lage, in Meinen Augen demütig zu werden. Wenn es euch an Demut mangelt, wird Stolz eure Seele überfluten, und ihr werdet gegen Mich sündigen. Wenn ihr gegen Mich sündigt, tut ihr dies auf mehrere Weisen.

Ihr werdet zuerst eure Lüste, eure Gier und euren Stolz nähren. Dann werdet ihr euch so verhalten, als ob ihr alles wissen würdet, gescheiter und besser als andere wäret. Dann werdet ihr über andere urteilen. Dann geht ihr zur nächsten Stufe über. Ihr werdet jene verspotten, die in wahrer Vereinigung mit Mir sind, indem ihr erklärt, sie seien unvollkommen. Danach werdet ihr Verleumdungen aufbringen gegen all jene, die Mir treu bleiben. Ihr selbst jedoch werdet euch einreden, ihr wäret mit dem Heiligen Geist erfüllt. Aber es wird nicht der Heilige Geist sein, der euch inspiriert. Stattdessen wird es der Geist des Bösen sein, der in eure Seele eindringen wird, und ihr werdet glauben, dass ihr vom Himmel geführt würdet.

Wenn ihr sagt, ihr würdet Mich repräsentieren und dass ihr besser dasteht als andere, um Teil Meines Königreiches zu sein und dann über Mich lügt, dann bedürft ihr der Gebete der anderen. In diesem Stadium seid ihr auf halbem Weg in die Tiefen der Hölle, und ohne Mein Eingreifen werdet ihr verloren sein.

Nehmt Meine Botschaft. Drückt sie fest an euer Herz und fragt: „Jesus, bist Du das? Bedarf ich wirklich Deiner Hilfe?" und Ich werde euch die Antwort geben.

Euer Jesus

959. Meine treuen Jünger, darunter Priester und heilige Diener aller christlichen Konfessionen, werden eng an Meiner Seite bleiben.

Freitag, 1. November 2013, 23:17 Uhr

Meine innig geliebte Tochter, der Geist des Bösen breitet sich jetzt aus und er beeinflusst all diejenigen, die gehässig und brutal gegen diese Botschaften vorgehen. Dies wird zu mehr Boshaftigkeit, Lügen und ausgeklügelten Plänen führen, die es zum Ziel haben, diese Mission zu stoppen. Ihr müsst jene mit bösen Zungen ignorieren und jene, die sich vor spiritueller Eifersucht verzehren und die alles tun würden, um diese Meine Mission, allen Rettung zu bringen, auf die Probe zu stellen und zu zerstören.

Ich sage euch allen, die ihr Mir folgt: Diese Botschaften sind für euch zu wichtig, um denjenigen, die euch in Meinem Namen hassen, auch nur die geringste Aufmerksamkeit zu schenken. Denn Ich bin es, Jesus Christus, auf den sie abzielen. Vergesst das nicht. Allerdings will ihr Stolz ihnen weismachen, sie würden so handeln, weil sie Mich lieben. Sie müssen wissen, dass Ich niemals irgendjemandem erlauben würde, in Meinem Namen solche Lügen von sich zu geben oder niederträchtige Gerüchte über eine andere Seele zu verbreiten.

Ich alleine, Jesus Christus, das Lamm Gottes, habe die Autorität, euch in diesen Zeiten die Wahrheit zu offenbaren. Die Wahrheit wird viele in Aufregung versetzen und die Wahrheit wird bitter zu schlucken sein, denn sie ist von einer solchen Größe, dass nur diejenigen, die stark sind in ihrer Liebe zu Mir, in der Lage sein werden, sie anzunehmen. Die Wahrheit – wie schwer es auch für euch sein mag, sie zu verdauen – wird euch befreien. Sie wird euch die Augen öffnen in Bezug auf das Böse, wenn es sich als gut ausgibt; sie wird euch die Augen öffnen in Bezug auf böse Menschen, die Gotteslästerung verbreiten, wenn sie vorgeben, Mein Wort zu sprechen, und in Bezug auf Meine Feinde, die die Kinder Gottes vernichten wollen.

Viele falsche Propheten, verbreitet in jeder Nation, werden aufstehen, um zu verkünden, dass die Lügen, die aus dem Mund des Antichristen strömen, die Wahrheit seien. Sie werden auch sagen, dass der Antichrist Ich sei. Sie werden alles über die Evangelien sagen, was treffend zu sein scheint, und sie werden Auszüge aus der

Bibel verwenden, mit Zitaten von Mir, um ihre abscheulichen Missionen zu rechtfertigen. Aber denjenigen, die Mich kennen, sage Ich: Ihr werdet die in ihren sogenannten prophetischen Worten verborgene Lüge und Häresie immer finden. Sie werden diesen Botschaften widersprechen und erklären, Mein Wort sei Häresie. Jetzt ist die Zeit, euch all jenen Stimmen zu verschließen, die euch drängen, auf sie zu hören statt auf Mich. Ihr müsst die Erinnerung an die Wahrheit, die in den Heiligen Evangelien enthalten ist, in euch wach halten. Ihr müsst auf Mich hören, (und tun) wie Ich euch anweise.

Bald werden alle diejenigen, die in der Vergangenheit Meine Kirche geführt haben, all diejenigen, die Gottes Kinder in Meiner Kirche mit dem Wahren Wort Gottes versorgt haben, und all diejenigen, die der Wahrheit treu bleiben werden, zur Seite gedrängt werden. Die Katholische Kirche wird eine Reihe alarmierender Aussagen machen, in Hinsicht darauf, warum sie jeden Teil ihrer Struktur ändern und verbessern müsse. Sie werden die Sünden jener in Meiner Kirche und jener, die Mich verraten haben, als Rechtfertigung dafür verwenden, Meine Kirche von innen nach außen zu kehren. Viele Meiner heiligen Diener werden aussortiert und zu Sündenböcken gemacht werden. Viele werden ausgesucht werden und Unwahrheiten sowie andere Behauptungen werden gegen ihren guten Namen hervorgebracht werden, bevor sie entlassen werden. Dies ist die Art und Weise, wie viele heilige Diener von Meiner Kirche abgewiesen werden, damit die Feinde Gottes die volle Kontrolle vom Inneren der Kirche heraus übernehmen können. Jede von den Feinden Gottes gegen Meine heiligen Diener hervorgebrachte Schmähung wird öffentlichen Applaus ernten und als eine gute Sache dargestellt werden, damit der gute Name der Kirche intakt bleibe.

Oh, wie man euch alle täuschen wird und wie die Wahrheit abgedeckt, versteckt und dann ignoriert werden wird. Alle diese Änderungen werden schnell zustande kommen, in der Zukunft, und die Verbreitung dieser Dinge wird viele erstaunen. Inmitten all dem wird es Verwirrung, Angst, Traurigkeit und große Not geben. Meine Kirche wird so auseinanderbrechen, dass alles Vertrauen innerhalb ihrer Mauern zerstört sein wird. Dies wird eine große Angst erzeugen, und dann wird die Katholische Kirche in einer Weise, die zunächst nicht ganz klar sein wird, eine führende Kraft in der neuen Eine-Welt-Religion werden. Dieser neue Gräuel wird eine große Liebe zu den Armen und Hungernden der Welt verkünden. Aber er wird nicht Mein Wort predigen noch wird er Meiner Kirche treu bleiben. Meine Kirche jedoch wird weiterleben.

Meine treuen Jünger, darunter Priester und heilige Diener aller christlichen Konfessionen, werden eng an Meiner Seite bleiben. Meine Restkirche wird die Prüfungen überdauern und sie kann niemals sterben, denn Ich Bin die Kirche. Ich kann niemals zerstört werden.

Euer Jesus

960. Die größte Verfolgung wird Christen durch Christen zugefügt werden.

Samstag, 2. November 2013, 20:30 Uhr

Meine innig geliebte Tochter, Ich muss alle Kinder Gottes dringend bitten, sich zu einer Einheit zusammenzuschließen und für Meine Kirche auf Erden zu beten.

Mein Herz bebt in dieser Zeit, denn großer Hass wird nun denjenigen entgegengebracht, die praktizierende Christen sind. Die Verfolgung von Christen wird in allen Ländern weitergehen und dies schließt all diejenigen ein, die zu dieser Zeit die Freiheit haben, ihre Ehrerbietung an Mich zu praktizieren. Die größte Verfolgung wird Christen durch Christen zugefügt werden. Die Geißelung Meines Leibes auf Erden wird am Schlimmsten aus dem Inneren der Kirche heraus sein, wo sich Bruder gegen Bruder und Schwester gegen Schwester wenden wird. Ihr werdet bald die Ankündigung der neuen Gebete erleben, die durch die neue Liturgie eingeführt werden.

Die wichtigsten Änderungen werden sich auf die Heilige Kommunion beziehen, wo sie als etwas präsentiert werden wird, was wenig Ähnlichkeit mit Meinem Tod am Kreuz aufweist, als Ich Meinen Leib für alle Sünder hingab. Durch die Erklärung, dass die Heilige Kommunion ein Sichvereinen der ganzen Menschheit als eine Einheit vor Gott bedeuten würde, werdet ihr Mich beleidigen, weil dies der Wahrheit widerspricht. Die Wahrheit bedeutet nicht mehr die Wahrheit, weil so viele Menschen Lügen verbreiten, übertreiben und nicht verstehen, wie leicht die Wahrheit manipuliert werden kann. Wenn sie auf subtile Weise verdreht wird, werden viele die Veränderungen nicht bemerken, dann, wenn man nicht an der Wahrheit festhält. Lügen werden an die Stelle der Wahrheit treten, die Menschheit spalten und die Trennung von Gott bewirken, was zur Zerstörung führen wird.

Haltet immer an der Wahrheit fest, denn ohne sie wird sich die Sonne verdunkeln, der Mond wird kein Licht mehr spenden, wenn die Nacht anbricht, und die Sterne werden nicht mehr leuchten in diesen Tagen, die die endgültige Finsternis signalisieren werden, bevor Ich komme, um Mein Königreich zurückzufordern.

Bis dahin wird nur die Wahrheit euch retten.

Euer Jesus

961. Ich gebe keinem Menschen das Recht, einen anderen zu richten, schlecht über einen anderen zu reden oder abfällige Bemerkungen zu machen über die Spiritualität einer anderen Seele.

Sonntag, 3. November 2013, 19:07 Uhr

Meine innig geliebte Tochter, der Weg, einen satanischen Angriff zu identifizieren, ist, die Art und Weise zu betrachten, wie sich Seelen verhalten, die vom Bösen befallen sind. Sie werden keine innere Ruhe haben. Stattdessen werden sie mit einer leidenschaftlichen Rastlosigkeit Obszönitäten schreien, lügen und die Personen, die sie im Visier haben, voll Wut anbrüllen. Satan und seine Dämonen befinden sich gerade jetzt in einer schrecklichen Wut, und sie werden in dieser Zeit alle und jeden angreifen, der ihnen im Weg steht und der das Wort Gottes verkündet.

Seelen, die voll von den Eigenschaften sind, die mit dem Teufel in Verbindung gebracht werden, wie zum Beispiel Stolz, Arroganz und übertriebene Hochachtung vor der eigenen fehlerhaften menschlichen Intelligenz, werden an vorderster Front stehen, um diejenigen anzugreifen, die Meine Restarmee führen. Jede Taktik, jede Tat und jeder verbale Angriff wird gewürzt sein mit einem tiefen und beständigen Hass auf die Seelen, die sie attackieren werden. Ihre Angriffe werden immer darauf hinauslaufen, als ob ihr, die Opfer, in den Magen getreten worden wäret — ein klassischer satanischer Angriff.

Wenn ihr Schmähungen, falsche Anschuldigungen und Verleumdungen gegen euch, Meine geliebten Anhänger, erlebt, dann werdet ihr wissen, dass dies niemals von Mir, eurem Jesus, kommen könnte. Ich gebe keinem Menschen das Recht, in den Augen Gottes einen anderen zu richten, schlecht über einen anderen zu reden oder abfällige Bemerkungen zu machen über die Spiritualität einer anderen Seele. Nur Ich, Jesus Christus, kann den Menschen wegen seiner Sünden richten. Niemandem sonst ist dieses Recht gegeben worden, denn dieses steht nur Mir zu.

Wenn Ihr einen anderen in Meinem Heiligen Namen richtet, mit Hass in eurem Herzen, dann werdet auch ihr von Mir entsprechend eurer Werke gerichtet werden. Wenn ihr ein anderes Kind Gottes verletzt und es als böse bezeichnet, dann werdet auch ihr als in Meinen Augen böse gerichtet werden. Auge um Auge - das wird eure Strafe sein. Ihr mögt vielleicht denken, ihr wäret gerechtfertigt, wenn ihr eine andere Seele in Meinem Namen diffamiert, aber stattdessen seid ihr ein Feind in Meinen Augen. Diejenigen, die sich vor Mir selbst erhöhen, indem sie behaupten, dass ihr menschliches Wissen über geistliche Dinge sie überlegener mache, müssen dann wissen, dass sie ein Nichts sein werden. Wenn ihr Mich ablehnt und erklärt, dass Mein Heiliges Wort aus dem Munde des Teufels käme, dann habt ihr euer Schicksal besiegelt und ihr werdet niemals Mein Angesicht sehen. Ihr könnt keine Barmherzigkeit erfahren, denn ihr habt gegen Mich eine Gotteslästerung begangen.

Meine Warnung an diejenigen, die mich verraten, ist: Bekämpft Mich, und ihr werdet niemals gewinnen. Meine Macht ist Allmächtig. Kein Mensch wird Mich jemals besiegen. Doch viele werden Mir das Herz brechen, wenn sie versuchen, sich mit Mir zu messen, wenn sie erklären, sie seien größer als Ich, und sagen, dass ihr Wissen dem Meinem überlegen sei. Weg von Mir, ihr undankbaren Männer und Frauen — eure Sünden der Blasphemie werden niemals vergessen sein.

Jesus Christus
Retter der Menschheit

962. Der Zorn Meines Vaters wird zunehmen, je mehr Seine undankbaren Kinder sich gegen Seinen Allmächtigen Bund erheben

Montag, 4. November 2013, 16:00 Uhr

Meine innig geliebte Tochter, Gottes Kinder müssen verstehen, welch gigantische Ausmaße die große Schlacht annimmt, die jetzt zwischen Meinem geliebten Vater und dem Teufel stattfindet. So wenige von euch könnten jemals die Intensität dieser großen Schlacht, die bereits begonnen hat, verstehen.

Die Engel im Himmel haben die letzte Schlacht begonnen, um die Feinde Meines Vaters auf Erden zu vernichten. Während die Schlacht tobt, wird sie überall Seelen mitreißen. Insbesondere wird sie die Seelen derer, die sich in Finsternis befinden und die Mich nicht wirklich kennen, dazu verleiten, gegen diejenigen zu kämpfen, deren Namen im Buch des Lebens verzeichnet sind. Diejenigen, die Mich nicht kennen, die nicht an Mich glauben, die nicht an Meinen Vater glauben und die nicht glauben, dass Satan existiert, werden als unbeteiligte Außenstehende beobachten, wie die beiden christlichen Heere auf Erden aufeinanderprallen. Beide dieser Seiten werden den Christlichen Kirchen angehören. Christen auf beiden Seiten werden die größte Verfolgung erleiden, und sie werden in alle Richtungen gezogen werden, um sie zu ermutigen, Mich zu verlassen.

Unschuldige Seelen werden verletzt werden durch den Hass, der ihnen durch die Feinde Gottes entgegengebracht wird, und Satan wird beide Seiten wie Schachfiguren benutzen in einer hasserfüllten Agenda, die zu einer schrecklichen Verwüstung auf Erden führen wird. Die Verwüstung wird durch die Sünden der Menschen und ihren Verrat an Mir verursacht werden. Ihre Ablehnung von Gott, Meinem Vater, wird offensichtlich sein, wenn sie beschließen, die Gesetze (Anm. Gebote), die auf Seine Anweisung festgelegt sind, so zu ändern, dass sie diese in ihrem sündigen Leben (für sich) annehmbar machen können. Wisst, dass dies zu einer schrecklichen Strafe führen wird.

Der Zorn Meines Vaters wird zunehmen, je mehr Seine undankbaren Kinder sich gegen Seinen Allmächtigen Bund erheben. Diejenigen, die sich auf Mein Zweites Kommen vorbereiten, werden in eine Art Gefängnis verbarrikadiert werden, wenn man sie zwingen wird, Lügen zu schlucken. Sollten sie sich weigern, die Häresien anzunehmen, die zu schlucken sie gezwungen werden, dann werden sie aus ihren Kirchen hinausgeworfen werden. Mein Wort wird bald vergessen sein. Alles, wovor Ich euch gewarnt habe, wird exakt so eintreten, wie Ich es euch gesagt habe. Diejenigen, die für die Wahrheit blind sind, würden lieber eine Lüge leben, weil es einfacher sein wird, Lügen zu akzeptieren, da sie sehr ansprechend sein werden in der Art und Weise, wie sie ihnen präsentiert werden.

Häresie wird den Massen vorgestellt werden als Teil eines neuen Aufbaus in Meiner Kirche, die nichts mit Mir zu tun hat. Alle werden lautstark fordern, diese anzunehmen, denn sie sind nicht wachsam geblieben in Bezug auf die Zeit, vor der sie gewarnt worden sind, die Zeit vor dem Großen Tag. Jetzt müsst ihr euch auf diesen Tag vorbereiten. Ihr müsst weggehen, wenn Meine Göttlichkeit in Frage gestellt wird, wie es in Meiner Kirche auf Erden in vielerlei Hinsicht sein wird. Greift ihr Meine Feinde an, werdet ihr nicht gewinnen. Ignoriert sie. Betet für ihre Seelen und bereitet eure eigene vor, denn bald wird alles vorüber sein.

Euer Jesus

963. Das Licht Gottes wird auf euch hernieder scheinen, und Ich verspreche, dass ihr euch nicht alleine fühlen werdet.

Dienstag, 5. November 2013, 11:00 Uhr

Meine innig geliebte Tochter, Gott hat bereits die letzten Vorbereitungen begonnen, um sicherzustellen, dass all Seinen Kindern Rettung gebracht wird. So viele von euch sind sich dessen nicht bewusst, was genau das Zweite Kommen bedeutet, und deshalb bereitet ihr euch nicht vor. Viele von euch glauben, dass es eine sehr lange Zeit noch nicht geschehen werde. So werden nur diejenigen, die wirklich vorbereitet sind, bereit sein, Mich, ihren Bräutigam, zu begrüßen, dem Anlass gemäß gekleidet und Mir vorgestellt, so wie es sich gehört. Andere werden schlafen, unvorbereitet und verwirrt sein. Einige werden nicht an Mich glauben, bis Ich in jedem Teil der Welt zu sehen bin. Einige werden vor Schock sterben, aber die meisten werden mit Freude und Staunen erfüllt sein. Denjenigen, die sich haben täuschen lassen, wird vergeben werden, wenn sie Mich bitten, ihnen Immunität zu gewähren. Leider werden viele Meine Große Barmherzigkeit ablehnen, weil sich ihre Herzen in Stein verwandelt haben werden und durch nichts zu öffnen sein werden.

Die kommende Zeit wird voller großer Offenbarungen und besonderer Gnaden sein, die über euch ausgegossen werden. Ich tue das, um euch stärker und stärker zu machen, damit ihr nicht eure Seele verkaufen werdet im Gegenzug für weltliche Attraktionen. Mehr und mehr von euch werden Mir vertrauter werden, und da Ich zu eurer Seele spreche, werdet ihr im Frieden sein inmitten des Horrors des großen Glaubensabfalls. Wenn ihr dann diesen Horror erlebt, werdet ihr besser gerüstet sein, um dem standzuhalten und anderen zu helfen.

Das Licht Gottes wird auf euch hernieder scheinen, und Ich verspreche, dass ihr euch nicht alleine fühlen werdet, selbst wenn ihr von denen abgelehnt werdet, die es nicht besser wissen. Als Ich auf Erden wandelte, wandten sich so viele der Pharisäer von Mir ab. Das gleiche wird jetzt geschehen. Viele von euch werden ermutigt werden, nicht nur Meinen Ruf vom Himmel zu dieser Zeit abzulehnen, sondern auch Meine Lehren. Meine Lehren können niemals geändert werden, weil sie die Wahrheit sind, und nur die Wahrheit kann euch retten.

Euer Jesus

964. All die Umbrüche, die ihr im Begriff seid zu erleben, werden Beweis für die Wahrheit der Prophezeiungen sein, die Meinem geliebten Johannes im Buch der Offenbarung gegeben worden sind.

Donnerstag, 7. November 2013, 18:35 Uhr

Meine innig geliebte Tochter, die Zeit für den Neuanfang ist nahe. Während die Große Drangsal weiterhin zu spüren ist, werden viele Dinge geschehen.

Die Feinde in Meiner Kirche werden ohne irgendein Schamgefühl versuchen zu sagen, dass eine neue Eine-Welt-Säkularkirche, die alle Sünder und alle Religionen willkommen heißt, von Gott anerkannt sei. Wenn jene in Meiner Kirche die säkulare Welt willkommen heißen, dann wird diese Kirche nicht mehr der Wahrheit folgen. Wenn ihr ein wahrer Anhänger von Mir seid, wird euer Glaube in euren Taten und Werken sichtbar werden. Wenn ihr Mein seid, dann werdet ihr dem Wort Gottes treu bleiben. Wenn ihr an Meinem Wort festhaltet, dann seid ihr gehorsam in Hinsicht auf alles, was Ich euch gelehrt habe. Wenn ihr nicht von Mir seid, dann werdet ihr auf eure Brüder und Schwestern fluchen. Wenn ihr nicht von Mir seid, dann hasst ihr diejenigen, die von Mir sind. Wenn ihr glaubt, dass ihr ewiges Leben haben werdet, ohne es verdienen zu müssen, dann irrt ihr euch gewaltig.

Wenn ihr sagt, dass die Sünde natürlich sei und dass nur ein gerechter und fairer Gott jede Sünde vergeben würde, dann ist dies wahr. Aber wenn ihr glaubt, dass ewiges Leben euer natürliches Recht sei und dass ihr nicht zuerst bereuen müsst, dann leugnet ihr die Wahrheit. Ich liebe jeden Einzelnen von euch. Ich würde niemals grausam, unfreundlich, bösartig und beleidigend sein oder irgendeines der Kinder Gottes verletzen. Aber Ich werde niemals die Tür zu Meinem Königreich auch nur irgendeinem Sünder öffnen, wenn er keine echte

Reue für sein Fehlverhalten zeigt. Wenn Ich euch zum Heil führe, dann öffne Ich jede Türe, damit Ich euch am letzten Tag begrüßen kann. Viele Türen öffnen sich jetzt, aber nur wenige treten durch sie ein. Nicht einer von euch wird Mein Königreich betreten, wenn er nicht Meinem Wort gehorsam ist, das euch in den Heiligen Evangelien gegeben ist. Euer Glaube muss rein sein. Eure Liebe zueinander muss echt sein und euer Gehorsam gegenüber Meinem Wort wird für euch das Geschenk des ewigen Lebens erlangen.

Viele, die sich Christen nennen, sind Meiner Kirche untreu. Ihr empfangt Mich in der Heiligen Kommunion mit geschwärzten Seelen. Ihr ignoriert Meine Lehren und seht über Sünden hinweg, die ihr in euren Augen für unbedeutend erachtet. Ihr verbreitet mit einer bösen Zunge Lügen über andere und ihr verurteilt viele in Meinem Heiligen Namen. Euch ist die Wahrheit in den Heiligen Evangelien gegeben worden, und doch praktiziert ihr nicht, was euch die Heiligen Evangelien lehren. Meine Liebe zu euch bedeutet, dass — obwohl viele von euch die Erlösung nicht verdienen werden, die Ich der Welt durch Meinen Tod am Kreuze gab, — dass Ich euch allen immer noch die Chance geben werde, die Wahrheit zu sehen, während Ich im Moment Meiner Göttlichen Barmherzigkeit vor euch erscheine, um euch zu helfen, die Entscheidung zu treffen, ob ihr Mein Geschenk annehmen werdet oder nicht.

All die Umbrüche, die ihr im Begriff seid zu erleben, werden Beweis für die Wahrheit der Prophezeiungen sein, die Meinem geliebten Johannes im Buch der Offenbarung gegeben worden sind. Wenn ihr die Kirche sich mit der säkularen Welt vereinen seht, dann werdet ihr wissen, dass für Meine Mission die Zeit gekommen ist, auf der ganzen Welt Seelen zu sammeln.

Euer Jesus

965. Mutter der Erlösung: Wenn eine Mission, die erklärt, das Wort Gottes zu sprechen, falsch ist, wird ihr kein Hass entgegengebracht werden.

Freitag, 8. November 2013, 00:09 Uhr

Meine lieben Kinder, als Gottes geliebte Kinder dürft ihr niemals zulassen, dass Meinungsverschiedenheiten sich in Hass auf einander wandeln. Der Teufel schafft schreckliches Leid unter euch durch die Ausbreitung seiner bösen Verseuchung und vor allem gegen Gottes auserwählte Visionäre und Propheten.

Wenn Gott in einer Mission präsent ist, die auf Erden von Ihm zugelassen ist, mit dem Ziel Seelen zu retten, wird Satan immer angreifen. Ihr werdet Gottes wahre Propheten erkennen anhand der Verfolgung und des Hasses, der ihnen gezeigt wird. Ihr werdet sie erkennen anhand der öffentlichen Ablehnung ihrer Missionen und der bösen Aktionen, die von anderen Menschen gegen sie unternommen werden.

Wenn eine Mission, die erklärt, das Wort Gottes zu sprechen, falsch ist, wird ihr kein Hass entgegengebracht werden, denn Satan wird niemals jene, die er täuscht, öffentlich angreifen. Wenn Mein Sohn sich selbst bekannt macht, wird es immer Übergriffe auf Ihn geben, da die Sünde des Menschen ihn, den Menschen, von Gott trennt. Als Mein Sohn auf Erden wandelte, schrien sie Ihn an, wo auch immer Er unterwegs war. Sie fluchten auf Ihn und warfen mit Steinen nach Ihm und all jenen, die Ihm folgten. Und während sie erklärten, Er sei ein Betrüger, liebäugelten sie mit vielen falschen Propheten, die versuchten, sich mit Ihm zu messen. Das gleiche gilt auch jetzt, wenn Er Seine letzte Reise macht, um all diejenigen zu sammeln, die in Ihm und mit Ihm bleiben. Er wird all jene vereinen, die Seine Lehren leben und die wahre und demütige Diener bleiben. Dann wird Er mit der Hilfe Seiner Restkirche bis zum bitteren Ende kämpfen, um so viele Seelen wie möglich zu retten, einschließlich der Seelen all Seiner Feinde und all jener, die es ablehnen, Ihn anzunehmen.

Wenn ihr Meinen Sohn liebt, dürft ihr Ihn niemals verletzen, indem ihr einander hasst. Mein Sohn hat euch gesagt, dass ihr nicht in Einheit mit Ihm bleiben könnt, wenn es Hass in eurem Herzen gibt.

Betet, betet, betet, dass alle von euch, die von sich sagen, sie seien Christen dem Beispiel, das euch Mein Sohn gegeben hat, folgen werden.

Eure geliebte Mutter
Mutter der Erlösung

966. Viele werden bald beginnen, ihre Kenntnisse aus der Wissenschaft heranzuziehen, um die Höchstheiligen Evangelien zu beurteilen.

Samstag, 9. November 2013, 11:48 Uhr

Meine innig geliebte Tochter, viele werden bald beginnen, ihre Kenntnisse aus der Wissenschaft heranzuziehen, um die Höchstheiligen Evangelien zu beurteilen. Statt die Wahrheit Meines Wortes zu verkünden, das aus der Weisheit Gottes kommt, werden sie anfangen, es zu verdrehen, um ihm ein moderneres Image zu geben.

All Meine Worte, die im Heiligen Evangelium enthalten sind, werden anders ausgelegt werden. Sie werden sagen, Mein Wort bedeute etwas Neues, das heute in der Welt zutreffender sein werde. Sie werden versuchen, Beispiele dafür anzuführen, wie Ich euch belehren würde, wenn Ich in der heutigen Zeit auf Erden wandeln würde. Vorbei wird es sein mit der Einfachheit des Wortes Gottes, das jedermann verstehen kann. Diejenigen, die intelligent und sachkundig sind und die auf den Fortschritt des Menschen in der Welt der Wissenschaft stolz sind, werden dann beginnen, beleidigende Aussagen zu machen.

Die Kirche wird sogenannte neue wissenschaftliche Entdeckungen begrüßen, die das in Misskredit bringen, was in der Heiligen Bibel enthalten ist. Sie werden Dinge zu Tage fördern, von denen sie sagen werden, dass sie ein neuer Beweis wären, der Zweifel darüber, wie die Welt erschaffen wurde, aufwirft. Sie werden dann sagen, dass vieles von dem, was in der Bibel steht, einfach Metaphern seien, dazu bestimmt, Frieden unter den Menschen zu schaffen. Sie werden die Botschaft des Humanismus — die Liebe zueinander — benutzen in Bezug auf eure Fähigkeit, euch um die Armen, Ungebildeten und Notleidenden zu kümmern, als Ersatz für die Wahrheit, die euch in den Evangelien gegeben ist. Dann werden die neuen falschen Lehren, die der Wahrheit scheinbar ähnlich sein werden, von den Priestern begrüßt werden, und nur diejenigen, die in Hinsicht auf Mein Wort fest bleiben, werden die Wahrheit am Leben halten.

Meine geliebten Anhänger, wenn ihr feststellt, dass nur noch sehr wenige auf die Wahrheit — das Wort Gottes — hören, dann müsst ihr euch gegenseitig trösten. Ihr müsst damit fortfahren, jene in Meinen Kirchen, die den Häresien, die man einführen wird, applaudieren werden, an die Wahrheit zu erinnern, denn sie werden nichts dazugelernt haben. So weit werden sie von Mir abfallen, dass sie solche Änderungen bereitwillig akzeptieren werden. Es wird für diejenigen mit wenig Glauben viel einfacher sein, das Wort jener anzunehmen, die Erneuerung verlangen, als dem Wort Gottes treu zu bleiben.

Der Aufruf für die ersten Änderungen wird bald erfolgen. Mit einer Süße, die beruhigen wird, und einer leidenschaftlichen Rede über die Notwendigkeit, sich — als eine geeinte Welt — zu erheben, um Liebe und Toleranz für alle zu zeigen, werdet ihr in den größten Irrtum geführt werden. Viele werden schockiert sein, wie schnell Meine Kirche die säkulare Welt zu umarmen scheinen wird. Viele werden begeistert sein darüber, wie verschiedene Religionen, Heiden und Häretiker sich drängeln werden, um dieser neuen Eine-Welt-Wohltätigkeitskirche beizutreten. Sie werden sagen: „Endlich öffnet sich eine Kirche, die tolerant ist, für alle." Sie werden sich nicht länger schämen, Gott Ungehorsam zu zeigen. Stattdessen werden sie stolz verkünden, dass ihre elenden Sünden nicht nur in den Augen Gottes vertretbar seien, sondern dass sie nicht länger mehr als Sünden gelten würden. Dies wird überall große Freude hervorrufen.

Zum ersten Mal in der Geschichte werden diejenigen, die Meine Kirche in die Irre führen, geliebt und verehrt werden und so gut wie keine Kritik erfahren.

Die größte Häresie, wie seit Meinem Tod am Kreuz noch keine gesehen wurde, wird jetzt Meine Kirche auf Erden verschlingen. Sie werden Meine Kirchen mit beleidigenden, heidnischen Symbolen füllen, und Ich werde nirgends zu sehen sein. Und während sie die Gebäude füllen, die sie geschaffen haben, um Mich anzubeten, wird Meine wahre Kirche, bestehend aus denen, die der Wahrheit treu bleiben, der einzig Wahre Tempel Gottes werden, denn sie werden niemals die Schändung Meines Leibes hinnehmen. Ihr Glaube wird sie befähigen, die Evangelien zu verbreiten und die Flamme des Heiligen Geistes am Brennen zu halten.

Euer Jesus

967. Gott der Vater: Keine wissenschaftliche Beurteilung wird Sinn ergeben, wenn zwei Sonnen zu sehen sein werden.

Sonntag, 10. November 2013, 15:00 Uhr

Meine liebste Tochter, Mein Wunsch ist, alle Meine Kinder – sehr bald schon – zu scharen, damit sie Zeuge Meiner Verheißung werden. Mein großes Geschenk wird inmitten der schrecklichen geistigen Verfolgung kommen, wenn all das, was Ich Bin, geleugnet werden wird. Neue Götter, von denen keiner existiert, werden der Welt präsentiert werden. Überzogen mit einer glänzenden Fassade werden diese dazu bestimmt sein, jeglichen Glauben an Meine Existenz zu beenden. All diese Häresie wird das Licht Gottes auslöschen.

Bald werden die Sterne nicht mehr mit ihrer großen Intensität leuchten. Bald werden neue, unerwartete Zeichen, die jeglichem menschlichen wissenschaftlichen Verständnis trotzen werden, von Mir einer ungläubigen Welt gezeigt werden, da der Beginn Meines Eingreifens offenbart ist. Keine wissenschaftliche Beurteilung wird Sinn ergeben, wenn zwei Sonnen zu sehen sein werden. Keine Definition anhand des begrenzten menschlichen Wissens wird Sinn machen. Doch werden sie jedes Zeichen, das der Welt vom Himmel gegeben wird, nehmen und sagen, dass anderes menschliches Leben im Universum existiere.

Ich Bin der Schöpfer allen Lebens. Ich schuf den Menschen. Ich schuf die Welt. Leugnet dies niemals, denn wenn ihr das tut, werdet ihr einer falschen Lehre folgen. Alle Interventionen vom Himmel – und es werden derer viele sein – werden wegerklärt werden. Wenn ihr diese Zeichen seht, dann wisst, dass der Tag des Zweiten Kommens Christi nahe ist.

Ich bitte euch, liebe Kinder, lehnt Mich niemals ab und weist Mein Versprechen nicht zurück, dass Ich der Welt den endgültigen Frieden und die Versöhnung bringen werde, die eure sein werden, wenn ihr sie zu Meinen Bedingungen annehmt und nicht zu euren. Mein Wille steht kurz davor, endlich erfüllt zu werden. Um euch vorzubereiten, werde Ich der Welt viele Wunder am Himmel, im Universum und im Planetensystem zeigen. Wenn ihr diese Geschehnisse seht, dann möchte Ich, dass ihr voller Freude seid, denn ihr werdet dann wissen, dass Ich die Rückkehr Meines Sohnes, um Sein Versprechen des ewigen Heils einzulösen, eingeläutet habe.

Wischt euch die Tränen aus den Augen. Ich weiß, wie schwer eure Prüfungen sein werden. Ich wende Mich (hiermit) an alle Meine Kinder, sowohl die Gläubigen und die Ungläubigen als auch diejenigen, die schrecklicher Sünden schuldig sind — keiner von euch ist ausgeschlossen. Wenn ihr mit Meinem Sohn versöhnt werdet, dann werdet ihr ein Teil von Ihm werden, und ihr werdet für immer mit Ihm im Paradies herrschen.

Euer geliebter Vater
Gott der Allerhöchste

968. Mutter der Erlösung: Ihr habt Erlösung – aber nur durch Versöhnung mit Gott.

Sonntag, 10. November 2013, 15:20 Uhr

Mein liebes Kind, Meine Rolle als Mutter der Erlösung ist es, euch an alles zu erinnern, was Ich euch im Laufe der Jahrhunderte gesagt habe. Liebt einander, wie Mein Sohn euch liebt. Habt Erbarmen mit jedermann, vor allem aber mit jenen, die euch verfolgen. Hört auf das, was Ich den Sehern in La Salette und Fatima offenbart habe, und studiert dies sehr ausführlich. Sehr wenig von den Anweisungen, die Ich gegeben habe, wurde von euch ausgeführt. Meine Warnungen wurden in den Wind geschlagen und die Folgen davon, dass ihr ignoriert habt, was euch gegeben worden ist, werden jetzt Wirklichkeit werden.

Wenn der Himmel Botschaften an die Menschheit offenbart, dann ist das, wie ein Sprechen zu einer großen, steinernen Festung. Einige Meiner Offenbarungen sind durchgesickert und wurden befolgt. Viele wurden von jenen mit geringem Glauben einfach verworfen, und die Festung wurde undurchdringlich für ein Eingreifen vom Himmel her, das euch gegeben wird, um euren Glauben zu vermehren und um euch in Gottes Armen sicher zu bewahren.

Meine Rolle als Miterlöserin bedeutet, dass Meine Macht gegen den Teufel gestärkt worden ist, in einer Art, die Mir früher von Gott nicht gewährt war. Daher ist jetzt die Zeit, wo – durch die Feinde Meines Sohnes – alle Hingabe an Mich sorgfältig entfernt werden wird. Wenn Meine Verehrung hastig erledigt wird und wenn die Bitte, Länder gegen den Kommunismus zu schützen, verdreht wird, dann werden Meine Wünsche nicht ausgeführt worden sein. Ich werde von jetzt an eine Seltenheit sein als offizielle Schutzpatronin, als man Mich, die Mutter Gottes, in den Kirchen Meines Sohnes auf Erden normalerweise erwählt hat. Meiner Macht gegen das Tier wird aus dem Weg gegangen werden, indem man Mein Bild, Meinen Heiligen Rosenkranz und andere Andachten zu Mir aus vielen katholischen Kirchen entfernen wird.

Dann werden die Tempel Gottes alle Spuren von Meinem Sohn, Jesus Christus, entfernen, in Vorbereitung auf das Tier, das kommen wird und auf dem Throne im höchsten Tempel Gottes sitzen wird. Dann wird die wahre Bedeutung der Versöhnung mit Jesus Christus entsprechend geändert werden, wenn sie sagen werden, dass es nicht mehr notwendig sei, Gott zu bitten, euch eure Sünden zu vergeben, wenn ihr ein gutes Leben führt. Die Menschen werden an ihre eigenen Ansichten darüber, was sie in den Augen Gottes zu guten Menschen macht, zu glauben beginnen. Aber ihr dürft auf gar keinen Fall jemals vergessen, dass Erlösung – ein Geschenk an jeden einzelnen Sünder in der Welt – ein Sünder niemals erhalten wird, wenn er nicht vorher Gott um Vergebung gebeten hat. Dies ist der Kern des Bundes, der der Menschheit durch den Tod Meines Sohnes am Kreuz errungen worden ist. Jesus Christus gewann für die Welt die Erlösung von der Sünde und das Geschenk des Ewigen Lebens. Um dieses Geschenk zu erhalten, müsst ihr Gott bitten, euch eure Sünden zu vergeben.

Ihr habt Erlösung – aber nur durch Versöhnung mit Gott.

Eure geliebte Mutter
Mutter der Erlösung

969. Die Strafen Meines Vaters haben begonnen, und die Welt wird noch viele weitere ökologische Umbrüche erleben.

Dienstag, 12. November 2013, 15:52 Uhr

Meine geliebte Tochter, es ist ein Irrtum zu glauben, dass Gott in dieser Zeit in der Welt Seine Gerechtigkeit nicht walten lassen würde. Die Strafen Meines Vaters haben begonnen, und die Welt wird noch viele weitere ökologische Umbrüche erleben, da die Reinigung der Erde beginnt.

Die Vorbereitungen sind jetzt im Gange, und bald werden die Feinde Gottes ausgemerzt und bestraft werden, denn sie werden niemals umkehren und um Meine Barmherzigkeit bitten. Der Zorn Meines Vaters ist groß, und wehe denen, die dem Worte Gottes trotzen, denn sie werden niedergestreckt und mit Füßen zertreten werden, wenn die letzte Reinigung der Erde mit der Verseuchung des Teufels kollidieren wird — alles zur gleichen Zeit.

Wenn ihr die Elemente der Natur ungebändigt reagieren seht, dann werdet ihr wissen, dass die Hand der Gerechtigkeit herniedergefallen ist. Der Stolz des Menschen, seine Selbstbesessenheit und sein Glaube an seine eigene mangelhafte Intelligenz in geistlichen Dingen hat die Ausgießung des Feuers aus den vier Schalen auf die vier Ecken der Erde über die menschliche Rasse gebracht.

Ihr habt die Warnungen ignoriert, und so hat die Schlacht, um die Sünde zu vernichten, endgültig begonnen.

Jesus Christus
Menschensohn

970. Das erste Zeichen wird sein, dass sich die Erde schneller drehen wird. Das zweite Zeichen betrifft die Sonne, die bedrohlich größer und heller erscheinen wird und beginnen wird, sich zu drehen.

Dienstag, 12. November 2013, 20:30 Uhr

Meine innig geliebte Tochter, während Meine Zeit naht, werden viele schlafen, aber jene, die mit offenen Augen für Mein Licht gesegnet sind, werden die Zeichen erkennen. Ihnen werden auch die Gnaden gegeben werden sich vorzubereiten, und allein diejenigen, die sich an Mir festhalten, werden in der Lage sein, die Veränderungen zu ertragen.

Je näher der Tag Meines Großen Kommens rückt, desto mehr Menschen, die sagen, sie würden Gott lieben, werden sich von Mir zurückziehen. Selbst diejenigen, die sagen, sie seien heilig, und die sich innerhalb der Hierarchie Meiner Kirche auf Erden selbst erhöhen, werden nicht in der Lage sein, die Wahrheit zu sehen. Sie werden die Wahrheit nicht erkennen, weil sie so damit beschäftigt sein werden, sich um Angelegenheiten und Zeremonien zu kümmern, die eine Beleidigung für Mich darstellen werden.

Das erste Zeichen wird sein, dass sich die Erde schneller drehen wird. Das zweite Zeichen betrifft die Sonne, die bedrohlich größer und heller erscheinen wird und beginnen wird, sich zu drehen. Daneben werdet ihr eine zweite Sonne sehen. Dann wird das Wetter eine Erschütterung der Welt verursachen und die Veränderungen werden bedeuten, dass viele Teile der Erde zerstört sein werden. Diese Strafen — und es werden ihrer viele sein — werden die Menschheit von ihrer Arroganz befreien, so dass Seelen um die Barmherzigkeit Gottes betteln werden. Nichts anderes wird die versteinerten Herzen jener rühren, die die Liebe Gottes aus ihrem Leben ausgesperrt haben.

Die Sünde der Menschheit wird schnell eskalieren und die Sünde des Götzendienstes wird sich dreifach um die Erde wickeln. Das Heidentum, gekleidet wie eine königliche Monarchie, wird in Meine Kirche auf Erden eindringen. Wenn die Heiden Meine Kirche umarmen, werden sie es nicht tun, um Gott anzubeten. Wenn Heiden, Atheisten und andere Nichtgläubige, die nach außen hin die Existenz Gottes ablehnen, Meine Kirche umarmen, werden sie ihre Knie nicht vor Mir, Jesus Christus, beugen. Wenn Meine Kirche erklärt, dass sie alle willkommen heißt, dann lasst euch nicht täuschen. Es wird nicht bedeuten, dass sie Heiden in Meine Kirche einladen, damit sie sich vor Meinem Tabernakel verbeugen können. Nein, es wird sein, um vor Mir einen Götzendienst aufzuführen, aufgrund der Sünde des Stolzes, um die Heiligen und Geweihten Tabernakel zu entweihen. Sie werden heidnische Symbole auf Meinen Altären platzieren und verlangen, dass ah-

nungslose Gemeinden sich verneigen und ihre Brüder und Schwestern gnädig und großzügig aufnehmen. Von allen wird verlangt werden, die Wahrheit zu leugnen, um so falsche Anbeter, die auf Meinen Altären herumtrampeln werden, willkommen zu heißen. Dann wird die Hand Gottes herniederfallen.

Kriege werden sich ausbreiten, Erdbeben werden die vier Ecken der Erde erschüttern und Hungersnöte nach der Menschheit greifen und jede böse Geste und Beleidigung, die vor Gott gemacht wird, wird zu einer schrecklichen Strafe führen. Wenn diejenigen, die Meine Barmherzigkeit annehmen, Meine Kirche leiten, dann wird jeder Dämon diese Kinder Gottes verfluchen. Um sie zu schützen, wird Gott eingreifen, und wehe denen, die in das Antlitz ihres Schöpfers spucken.

Die Zeit ist gekommen. Diejenigen, die Mir fluchen, werden leiden. Diejenigen, die Mir folgen, werden diese Verfolgung überleben, bis hin zu dem Tag, an dem Ich komme, um sie schnell in Meine Barmherzigen Arme zu nehmen. Und dann werden nur diejenigen, die zurückbleiben, weil sie Meine Hand der Barmherzigkeit verweigert haben, dem Tier übergeben werden, das sie vergöttert haben, und dem, bei dem sie ihr Vergnügen gesucht haben und dessen Verlockungen sie gesucht haben.

So viele Menschen werden Mich bis zum Ende ablehnen. Zwei Drittel werden Mich anspucken, Mein Eingreifen bekämpfen und jede Art von Obszönität lauthals gegen Mich schreien. Während der Tag näher und näher rückt, wird der Hass gegen Mich für alle offensichtlich werden. Selbst diejenigen, die der Welt den Eindruck vermitteln, dass sie Gott ehren, werden leise auf Mich fluchen.

Der Tag, an dem der Betrug des Tieres allen offen sichtbar vor Augen geführt werden wird, wird ein Tag sein, den niemand vergessen wird. Denn dieser Tag, an dem die Welt sehen wird, wie der Betrüger, der Antichrist, sich mit Meiner Krone auf dem Kopf erheben wird — gekleidet in rotem Ornat — wird der Tag sein, an dem Feuer aus seinem Mund kommen wird. Während das Grauen endlich begriffen wird, wird Feuer ihn umhüllen, und er und all jene, die ihm Treue gelobt haben, werden in den Abgrund geworfen werden. Und dann werde Ich kommen, wie Ich es euch gesagt habe. Ich werde Meine Kirche aufrichten und die Welt zusammenführen in Einheit mit dem Heiligen Willen Meines Vaters, und endlich wird Frieden herrschen.

Alles, was Ich euch gesagt habe, ist wahr. Alles, was geschehen wird, wird so geschehen, wie Ich es euch gesagt habe. Es wird schnell geschehen, denn trotz Meines Zornes, verursacht durch die Scheinheiligkeit und Undankbarkeit des Menschen, komme Ich nur, um dieses Leid endlich zu einem Ende zu bringen. Ich komme, um alle Sünder zu retten, aber viele werden nicht gerettet werden wollen.

Seid stark, Meine geliebten Anhänger, denn Ich werde alle Sünder schützen, die während der Warnung Meine Hand der Barmherzigkeit annehmen. Also wird jedes Kind Gottes, Gläubige und Nichtgläubige, in dieses große Eingreifen von Seiten des Himmels einbezogen werden. Aber nach dieser Zeit wird der Engel Gottes die Guten von den Bösen scheiden. Die Zeit ist knapp.

Euer Jesus

971. Nie zuvor wird ihr Glaube auf solch eine Probe gestellt worden sein.

Donnerstag, 14. November 2013, 00:00 Uhr

Meine innig geliebte Tochter, das Licht Gottes scheint auf alle Seine Kinder hernieder, die sich in dieser Zeit in Vereinigung mit Mir, Jesus Christus, befinden. All jene Christen in der Welt, die von Meinem Wort leben, die Meinen Leib essen und Mein Blut trinken, werden ein unvergleichliches geistiges Leid erfahren, aufgrund ihres Glaubens an Mich. Ich beziehe Mich auf alle Christen, die von der Wahrheit leben, die sich verhalten, wie Ich es sie gelehrt habe, und die Meinen Lehren Wort für Wort folgen.

All jene, einschließlich derer, die noch nie von diesen Meinen Botschaften für die Welt gehört haben, werden bald verstehen, was es heißt, in Mir und mit Mir zu leben. Nie zuvor wird ihr Glaube auf solch eine Probe gestellt worden sein, und leider werden viele nicht in der Lage sein, dem Druck standzuhalten, mit dem sie zu tun haben werden aufgrund des Hasses, der ihnen gezeigt werden wird. Sie werden alles tun, was sie können, um dem Heiligen Evangelium treu zu bleiben, aber sie werden damit schrecklichen Hass auf sich ziehen und sie werden als Lügner bezeichnet werden. Es wird nicht lange dauern, bis allen Christen, die aufmüpfig Mein Wort verkünden werden, vorgeworfen werden wird, sie seien rechtsextreme Tyrannen, während die wahren Übeltäter diejenigen sein werden, die ihnen die Beleidigungen ins Gesicht schleudern.

Ich bitte euch alle dringend, zu schweigen und den Tyrannen niemals zu antworten, die versuchen, euren Glauben und eure Liebe zu Mir zu zerstören. Jene, die Gift auf euch speien und euch anbrüllen werden, bedürfen eurer Gebete und eures Verzeihens. Indem ihr für solche Seelen betet, werdet ihr Satans Einfluss zerstören, und es wird ihm schwer fallen, seiner Wut auf euch Luft zu machen.

Betet, betet, betet für all jene, die als Schachfiguren benutzt werden im bitteren Kampf darum, Meine Kirche auf Erden zu demontieren. Betet bitte dieses Kreuzzuggebet, um religiöser Verfolgung standzuhalten.

Kreuzzuggebet (126) „Um religiöser Verfolgung standzuhalten":

„Lieber Jesus, hilf mir, jeder Art von Verfolgung in Deinem Heiligen Namen standzuhalten.

Hilf jenen, die in Irrtum fallen, im Glauben, sie würden Zeugnis ablegen von Deinem Werk.

Öffne die Augen all jener, die vielleicht versucht sein mögen, andere zu vernichten, durch böse Akte, Taten oder Gesten.

Schütze mich gegen die Feinde Gottes, die sich erheben werden, um Dein Wort herauszufordern und Es zum Schweigen zu bringen, und die versuchen werden, Dich zu verbannen.

Hilf mir, jenen zu vergeben, die Dich verraten, und schenke mir die Gnade, standhaft zu bleiben in meiner Liebe zu Dir.

Hilf mir, die Wahrheit zu leben, die Du uns gelehrt hast, und für immer unter Deinem Schutz zu bleiben. Amen."

Geht, ihr alle, die ihr Mich wirklich liebt, und seid folgsam in allem, was Ich euch gelehrt habe. Liebt einander, wie Ich es euch gesagt habe. Zeigt niemals Hass auf andere. Betet stattdessen für jene, die euch verfolgen. Zeigt Liebe, wenn euch Hass gezeigt wird, denn das wird eure Waffe sein gegen die Macht des Bösen.

Euer Jesus

972. Ihr werdet alleine vor Mir stehen — ohne irgendjemanden neben euch.

Freitag, 15. November 2013, 20:00 Uhr

Meine innig geliebte Tochter, ermächtigt von Meinem Vater, Gott dem Allerhöchsten, möchte Ich all diejenigen, die in Meinem Namen leiden, darüber informieren, dass die Zeit nahe ist, dass die Warnung stattfindet.

Diejenigen von euch, denen von diesem Meinem Großen Tag der Barmherzigkeit Kenntnis gegeben worden ist, werden die Zeichen in Kürze erkennen. Ihr müsst eure Verfehlungen vor Mir bekennen, damit ihr hinreichend vorbereitet sein werdet auf dieses Ereignis, das die Welt schockieren wird.

Ich tue dies bald, damit Ich die Menschen, die die Nabelschnur durchtrennt haben, die sie mit Mir verbindet, retten kann, bevor es zu spät ist. Ihr müsst Mir vertrauen und euch im Gebet versammeln, damit die Seelen, die in der Finsternis sind, nicht umkommen, bevor Ich ihnen Immunität für ihre Sünden gewähre. Schaut jetzt in euer Herz und in eure Seele und seht sie so, wie Ich euch sehe. Was seht ihr? Werdet ihr in der Lage sein, vor Mir zu stehen und zu sagen: „Jesus, ich tue alles, was Du von mir verlangst, um das Leben zu leben, das Du von mir erwartest."? Werdet ihr sagen: „Jesus, ich beleidige Dich, denn ich kann nicht anders, habe daher Erbarmen mit meiner Seele."? Oder werdet ihr sagen: „Jesus, ich habe gesündigt, aber nur, weil ich mich verteidigen muss."?

Ihr werdet alleine vor Mir stehen — ohne irgendjemanden neben euch. Ich werde euch eure Seele zeigen. Ihr werdet jeden Fleck auf ihr sehen. Ihr werdet die Sünde (im Geiste) noch einmal erleben, und dann werde Ich euch die Zeit geben, Mich zu bitten, euch Meine Barmherzigkeit zu zeigen.

Nicht, weil ihr auf Meine Barmherzigkeit ein Recht hättet, sondern einzig und alleine, weil Ich Mich entscheide, euch dieses Geschenk zu geben.

Unerwartet wird Mein Tag anbrechen, durch die Zeichen, die euch im Voraus angezeigt werden.

Ich habe drei Jahre lang versucht, eure Augen für die Wahrheit zu öffnen. Einige von euch haben die Wahrheit angenommen. Andere haben sie in Mein Antlitz zurückgeworfen. Jetzt ist die Zeit Meiner Göttlichen Barmherzigkeit, und nur denjenigen, die Mir ihr Herz öffnen und die Mich annehmen, wird die Gelegenheit gegeben werden, sich selbst zu retten.

Seid dankbar für Meine bedingungslose Liebe.

Euer Jesus

973. Milliarden Menschen werden sich bekehren und Gott, den Dreifaltigen Gott, zum ersten Mal erkennen.

Samstag, 16. November 2013, 22:17 Uhr

Meine innig geliebte Tochter, wenn Ich in Meiner Göttlichen Barmherzigkeit zu der Welt komme, wird den Menschen die Chance gegeben werden, sich um Meine Barmherzigkeit zu bemühen, denn dies wird die erste echte Beichte sein, an der viele von ihnen teilgenommen haben werden.

Jeder, ohne Unterschied, wer er ist, wird diese einzigartige Offenbarung von Mir erfahren, die durch die Autorität Meines Vaters gesegnet ist. Die Erleuchtung des Gewissens wird großen Schmerz mit sich bringen, denn das Bedauern, das verlorene Seelen erfahren werden, wird so groß sein, dass sie nicht in der Lage sein werden, den Schock auszuhalten. Viele werden ohnmächtig werden und zusammenbrechen, vom Kummer überwältigt. Aber sie werden erkennen, wie sehr ihre Seele zuerst gereinigt werden muss, bevor sie bereit sind, Mein Ewiges Paradies zu betreten. Diese Menschen werden dann wissen, was von ihnen erwartet wird, und sie werden eine Zeit lang – nach dem Großen Ereignis – büßen. Viele Menschen werden denken, dass sie träumen. Einige werden denken, dass es das Ende der Welt sei, aber das wird es nicht sein. Es wird jedoch die letzte Warnung sein, die den Menschen gegeben wird, um ihnen zu helfen, sich vor Gott reinzuwaschen.

Milliarden Menschen werden sich bekehren und Gott, den Dreifaltigen Gott, zum ersten Mal erkennen, und sie werden dankbar sein für den Beweis, der ihnen in Bezug auf die Existenz ihres Schöpfers gegeben werden wird. Einige werden sich einfach nur vor Meinem Licht ducken, und das wird ihnen unglaubliche Qual bringen, und sie werden sich verbergen und abwenden, ohne eine Spur von Reue in ihrer Seele. Sie werden Mein Eingreifen leugnen. Der Rest schließlich – wird jubeln, wenn sie Meine Strahlen der Barmherzigkeit erfahren, denn diese Seelen werden so dankbar sein, Mei-

ne Gegenwart zu erleben, dass sie von Meinem Licht mit einer Leichtigkeit angezogen werden und mit einer Sehnsucht nach Meiner Gegenwart, die über ihren Verstand hinausgeht, weil dies nicht die Zeit sein wird, dass die Tore zu Meinem Neuen Paradies geöffnet werden. Und folglich werden sie dann Buße tun müssen als Meine Jünger, stellvertretend für jene Seelen, die Meine Hand der Barmherzigkeit zurückweisen werden.

Nach dem Großen Eingreifen durch Gott, um der Menschheit die Chance zu geben, sich auf Mein Zweites Kommen vorzubereiten, wird die Welt viele Fragen stellen. Einige werden in ihrer Seele so verändert sein, dass sie viel Zeit darauf verwenden zu helfen, jene zu bekehren, die sie vor dem Betrug retten helfen wollen. Andere werden reumütig sein, und es wird einige Zeit dauern, bis sie die Bedeutung dessen, Mir vorgestellt worden zu sein, ganz verstehen und sie werden viel Aufmerksamkeit darauf verwenden, sich mit Mir zu versöhnen.

Dann werden die Feinde Gottes leugnen, dass die „Warnung" jemals stattgefunden habe, und sie werden Millionen Menschen dazu bringen, ihnen abzunehmen, dass es ein kosmisches Ereignis gewesen sei, bei dem das Licht der Sonne die ganze Erde erreicht hätte durch ein einmaliges Ereignis, verursacht durch eine axiale Bewegung der Erde. Nichts könnte weiter von der Wahrheit entfernt sein. Und während sie all diese „Ursachen" in Umlauf bringen werden, werden sie leugnen, dass Gott existiert, und werden viele von Mir wegführen. Leider werden viele nicht zu Mir zurückkommen, und nur mit Gottes Eingreifen, wenn Er gezwungen sein wird, Seine Feinde zu bestrafen, um sie wieder zur Vernunft zu bringen, können Seelen gereinigt werden.

Seid dankbar für diese Gnaden, denn ohne dieses Geschenk Gottes würden nur sehr wenige Menschen in der Lage sein, in die Tore des Paradieses einzutreten.

Euer Jesus

974. Ich komme, um die Erde zu erneuern, um den Menschen von seinem Elend, seinem Kummer und seiner Sünde zu befreien.

Sonntag, 17. November 2013, 14:00 Uhr

Meine innig geliebte Tochter, Ich will, dass die Welt Mich, ihren geliebten Erlöser, den Menschensohn, in Meiner ganzen Herrlichkeit sieht, damit die Menschen auf Meine Göttliche Barmherzigkeit zugehen.

Ich will, dass all jene, vor allem diejenigen, die nicht an Gott glauben, Mich sehen und als Erste zu Mir gelaufen kommen. Sie sind Meine erste Sorge, und Ich sage ihnen Folgendes: Ihr kennt Mich nicht. Ihr seht Mich nicht. Ihr wollt nicht an Mich glauben, aber Ich liebe euch. Ich will, dass ihr Teil Meines Königreiches seid, so kann Ich euch mit allen Geschenken Meines Neuen Paradieses, Meiner Neuen Welt, Meines Neubeginns überhäufen. Ich will, dass ihr, eure Familie, eure Verwandten und Freunde Eins seid, mit Mir und der gesamten Menschheit. Ihr müsst warten bis zum großen Ereignis, bis zu dem Tag, an dem die Welt durch Meine Strahlen leuchten wird und an dem sie fünfzehn Minuten still stehen wird. Wenn ihr dies seht und es erlebt, dürft ihr keine Angst haben. Wisst dann, dass Meine Liebe Göttlich ist und dass die Welt ab diesem Tag nicht mehr wiederzuerkennen sein wird.

Versucht nicht, vor Mir wegzulaufen, denn Ich komme mit einer guten Nachricht. Ich komme, um die Erde zu erneuern, um den Menschen von seinem Elend, seinem Kummer und seiner Sünde zu befreien. Ich komme, um alles Böse in der Welt zu vernichten, indem Ich jedem Einzelnen den Beweis Meiner Existenz erbringe. Wenn euch dieser Beweis gegeben wird, müsst ihr Mir erlauben, euch auf das von Mir verheißene Ewige Leben vorzubereiten. Ewiges Leben ist ein Leben, wo ihr für immer mit Leib und Seele bei Mir leben werdet. Ich werde euch aus eurem Elend herausholen und den Schmerz beseitigen, den ihr aufgrund der Existenz Satans zu ertragen habt, und er (Satan) wird auf ewig verbannt sein.

Lehnt Mich nicht ab, denn Ich will euch nicht verlieren. Ich Bin eure Rettung. Ich Bin die Wahrheit. Ich Bin euer geliebter Jesus Christus und endlich werde Ich Mich bald der Welt bekannt machen und besonders denjenigen, die nicht an Mich glauben.

Euer Jesus

975. Ich komme ausschließlich als ein Gott der Barmherzigkeit. Ich komme nicht, um euch zu erschrecken, denn Ich liebe jeden von euch aufrichtig.

Montag, 18. November 2013, 20:10 Uhr

Meine innig geliebte Tochter, alle müssen sich vorbereiten, damit sie tauglich sind, vor Mir zu erscheinen, denn Ich werde wie ein Dieb in der Nacht kommen, und viele werden nicht wissen, was geschieht. Daher ist es wichtig, dass jeder Einzelne von euch Mir jetzt seine Sünden bekennt.

Die Wahrheit Meines Höchstheiligen Wortes wird – während verdrehte Versionen es ersetzen werden – hervorgehoben werden, von Meinen Feinden, die dreist sein werden, in ihrem Bestreben, euch zu täuschen. Jetzt ist die Zeit, euch auf eure eigenen Seelen zu konzentrieren und auf den Zustand, in dem sie sich befinden. Zu dem Menschen, der nicht an Mich glaubt, sage Ich: Wenn Ich vor dir erscheine, wirst du dann erleichtert sein zu wissen, wer Ich Bin? Wirst du dann mit Mir kommen? Ich werde dich nehmen und deine Tränen abwischen, und du wirst ein herrliches Leben leben, wenn du Mir deine Sünden bekennst und Mich bittest, dich in Meine Barmherzigkeit aufzunehmen.

Zu dem Menschen, der an Mich glaubt, sage Ich: Wirst du in der Lage sein, ohne Scham vor Mir zu stehen? Wenn du alles weißt, was du gegen das, was Ich euch gelehrt habe, tust, wirst du dann mit einer reinen Seele vor Mich hintreten? Wie auch im-

mer. Wenn du zu Mir sagst: „Jesus, verzeih mir, ich will Dir folgen", wirst du gerettet werden.

Zu dem Menschen, der an Mich glaubt, der aber glaubt, er sei vorbildlich und habe es nicht nötig, seine Sünden zu bekennen, sage Ich: Bist du auch tauglich, vor Mich hinzutreten? Wenn Ich dir den Zustand deiner Seele zeige, wirst du dann mit Mir streiten und sagen, du seiest tauglich, vor Mich hinzutreten, obgleich du es nicht bist? Wenn du Mein Geschenk der Barmherzigkeit nicht annehmen und dein Fehlverhalten nicht zugeben kannst, dann wirst du getrennt von Mir bleiben, und Ich werde dir nur eine einzige Chance noch zur Begnadigung geben.

Zur ganzen Menschheit sage Ich: Ich bitte euch, bereitet erstrangig eure Seele vor. Ihr müsst jeden Teil eurer Seele in Ordnung bringen, bevor ihr bereit seid, während der Warnung in Meiner Gegenwart ordentlich dazustehen. Wenn ihr das nicht tut, müsst ihr eine schmerzhafte Reinigung ertragen, und euer Fegefeuer wird auf Erden erlitten werden, vor dem Tag, an dem Mein Zweites Kommen anbricht. Ich bitte euch dringend, dieses Kreuzzuggebet zu beten, jeder für seine eigene Seele und für die Seelen eurer Lieben.

Kreuzzuggebet (127): Um Meine Seele und die Seelen Meiner Lieben zu retten:

„O Jesus, bereite mich vor, damit ich ohne Scham vor Dich hintreten kann. Hilf mir und meinen Lieben (hier die Namen nennen....), uns bereit zu machen, all unser Fehlverhalten zu bekennen. Unsere Unzulänglichkeiten zuzugeben. Um die Vergebung aller Sünden zu bitten. Jenen Liebe zu zeigen, denen wir Unrecht getan haben. Um zu unserer Rettung um Barmherzigkeit zu bitten. Uns selbst vor Dir zu erniedrigen, damit am Tage der Großen Erleuchtung mein Gewissen und das Gewissen von (hier die Namen nennen....) rein sei und damit Du meine Seele mit Deiner Göttlichen Barmherzigkeit durchfluten wirst. Amen."

Jetzt ist die Zeit, euch an alles zu erinnern, was Ich euch gelehrt habe. Jetzt ist die Zeit, die Zehn Gebote durchzugehen und euch zu fragen, ob ihr euer Leben getreulich danach gelebt habt.

Seid ehrlich zu euch selbst, denn wenn ihr das nicht seid, dann wird euch – so oder so – gezeigt werden, wie sehr ihr Mich in eurem Leben betrübt habt. Aber lasst Mich euch Trost schenken.

Ich komme ausschließlich als ein Gott der Barmherzigkeit. Ich komme nicht, um euch zu erschrecken, denn Ich liebe jeden von euch aufrichtig, was auch immer ihr getan habt, — aber Meine Geduld ist begrenzt. Nur diejenigen, die den Schmerz als das Wesen ihrer Sünden gegen Gott akzeptieren, können in Meine Barmherzigkeit gehüllt werden. Diejenigen, die Mich ablehnen, werden wenig Zeit haben, sich selbst zu reinigen, denn Ich werde die Schafe von den Böcken trennen. Eine Seite wird mit Mir kommen. Die andere Seite wird zurückge-

lassen werden, und dann wird jedem Geschöpf der Neubeginn bekannt gemacht werden. Nur denjenigen, die Mich lieben, wird das Ewige Leben gegeben werden.

Beherzigt jetzt Meinen Ruf, denn Ich tue dies, um sicherzustellen, dass vor dem Tag der „Warnung" so viele von euch wie möglich gut vorbereitet sind.

Euer Jesus

976. An diesem Tag werde Ich die Lebenden sammeln.

Dienstag, 19. November 2013, 20:00 Uhr

Meine innig geliebte Tochter, im Leben vieler Christen bin Ich wie ein peinlicher Verwandter geworden, dem man ab und zu einmal etwas zum Essen zukommen lassen muss, der aber allzeit außer Sichtweite gehalten werden muss. Dies ist die Art und Weise, wie viele von denen, die als Christen geboren wurden und die von Mir abgefallen sind, Mich jetzt sehen. Ich Bin ihnen nicht wichtig, und doch werden sie, wenn sie in Schwierigkeiten sind, zu Mir rufen, unbeabsichtigt, weil es ihre zweite Natur ist.

Warum, o warum nur können sie Mich nicht annehmen? Was hat den Menschen von Mir getrennt? Warum ist es Meinen gottgeweihten Dienern nicht gelungen, sie zu Mir zu bringen? Mein Leiden ist heute das gleiche, wie es während Meiner Passion war, und nun werden diejenigen, die Mir treu geblieben sind, Mich in Kürze verlassen. Sie werden dies tun, weil sie beginnen werden, ihr Verständnis von dem neu zu bewerten, Wer Ich genau Bin und was Mein Bund wirklich bedeutet, — alles aufgrund der bevorstehenden Häresien.

Jede Ehrerbietung an Mich, in Meinen Kirchen, wird bald auf ein bloßes Kopfnicken in Meine Richtung reduziert werden. Sie werden vor Meinen Tabernakeln nicht mehr ihre Knie beugen. Sie werden sich nicht vor Mir verneigen oder vor Mir knien noch werden sie vor Meinem Korpus am Kreuz beten, denn es wird nicht Mein Bild sein, das zu verehren von ihnen verlangt werden wird. Ich werde gegeißelt und lächerlich gemacht werden. Meine Worte werden in das sonderbarste Geschwafel verdreht werden und die Wahrheit über Meinen Tod am Kreuz wird über Bord geworfen werden.

Meine Gegenwart auf Erden ist zum jetzigen Zeitpunkt noch immer gegeben. Ihr dürft Mich nicht verlassen, denn wenn ihr das tut, wird Mein Licht ausgelöscht werden, und dann werdet ihr von Finsternis überschwemmt werden. Nur diejenigen, die Mir treu bleiben, können Meine Flamme bewahren, und wenn das Licht Meiner Kirche auf Erden gedrosselt ist auf nicht mehr als einen schwachen Schimmer — dann wird der letzte Ruf vom Himmel gehört werden. An diesem Tag werde Ich die Lebenden sammeln. Der Rest wird bei den Feinden Gottes zurückgelassen werden, denen sie ihre Treue geschworen haben. Freude werden sie danach keine erfahren.

Euer Jesus

977. Wenn Ich als der König der Barmherzigkeit komme, dann wird keine einzige Seele darüber in Zweifel gelassen sein, wer Ich Bin und was Ich Bin.

Mittwoch, 20. November 2013, 14:15 Uhr

Meine innig geliebte Tochter, sage all Meinen Anhängern — all denjenigen, die an Mich, Jesus Christus, glauben —, dass sie jeden Tag Zeit für das Gebet aufbringen müssen, um die Seelen jener, die für Mich verloren sind, zu retten. Bei den Gnaden, die Ich euch schenke, erwarte Ich Mir im Gegenzug von euch, dass ihr helfen werdet, Mir die Seelen jener zu bringen, die Mir das Herz brechen.

Ich muss euch bitten, den Schmerz zu ertragen, den ihr wegen der Trennung der Menschheit von Mir, Jesus Christus, fühlen werdet. Dieser wird durch die Spaltung in Meiner Kirche auf Erden verursacht werden. Indem ihr in vollkommenem Gehorsam dieses Leiden annehmt, kann Ich den Griff vollends lösen, den der Böse auf diejenigen ausübt, die zu schwach sind, um das Wahre Wort Gottes zu verkünden. Ihr dürft niemals Angst vor dieser Mission haben; denn sie ist der Welt geschenkt worden aufgrund der Großzügigkeit Meines Geliebten Vaters. Er will Seine Schöpfung einfach intakt zurückfordern, um nicht ein einziges Seiner Kinder zu verlieren.

Wer auch immer euch geißelt, euch verspottet oder euch verfolgt, denkt einfach nur an die Strafe, die allen widerfährt, die in Mein Antlitz spucken. Dann müsst ihr den Spott ignorieren und inbrünstig für jede dieser bedauernswerten Seelen beten. Seid großherzig — und ihr werdet mit dem Heiligen Geist erfüllt werden, so dass ihr dann an der Seite Meines himmlischen Heeres kämpfen werdet, um die Welt vor dem Bösen zu retten. Seid daher erwartungsvoll, mit Liebe und Vertrauen, und Ich werde euch große Gnaden bringen.

Die Hoffnung darf niemals aus Angst aufgegeben werden. Die Angst darf euch nicht blind machen für die Aufgabe, die von euch verlangt wird, so dass dann, wenn Ich als der König der Barmherzigkeit komme, keine einzige Seele darüber in Zweifel gelassen sein wird, wer Ich Bin und was Ich Bin. Sammelt euch. Schließt euch zusammen. Bringt alle Seelen in Meine Barmherzigen Arme. Um Mir zu helfen, dies zu tun, müsst ihr dieses besondere Kreuzzuggebet beten, um Mir zu helfen, alle Seelen zu sammeln und zu vereinen.

Kreuzzuggebet (128) Um alle Seelen zu sammeln und zu vereinen.

„Liebster Jesus, hilf uns, Deinen geliebten Jüngern, die Welt in Deine Arme einzusammeln und Dir die Seelen vorzustellen, die Deiner Großen Barmherzigkeit am meisten bedürfen.

Stärke uns mit der Gabe des Heiligen Geistes, um sicherzustellen, dass die Flamme der Wahrheit all jene verzehrt, die nicht mehr in Dir sind.

Vereine alle Sünder, damit jedem jede Chance zur Versöhnung gegeben wird.

Gib uns allen die Stärke, unerschütterlich bei Deinem Heiligen Wort zu bleiben, wenn man uns zur Ablehnung der Wahrheit zwingt, die der Welt durch das Höchstheilige Evangelium verkündet worden ist.

Wir bleiben in Dir, mit Dir und für Dich, jeden einzelnen Schritt dieses unseres Weges zur Erlösung. Amen."

Seid in Frieden. Vertraut auf Mich. Lasst all eure Gebete zu Meinen Füßen zurück, und Ich werde auf jede einzelne Bitte eingehen, die Mir vorgebracht wird, um jede beliebige Seele, die Mir mit Namen vorgestellt wird, zu retten.

Euer Jesus

978. Die Liebe gedeiht, denn sie ist ein Geschenk Gottes und hat die Macht, das Böse zu zerstören.

Samstag, 23. November 2013, 17:00 Uhr

Meine innig geliebte Tochter, Ich möchte euch die Bedeutung der Liebe erklären und wie ihr mit ihr das Böse besiegen könnt und wie ohne sie das Böse sich ausbreitet.

Satan ist unfähig zu lieben, stattdessen ist er selbstbesessen von dem, was er für seine Macht und Größe hält. Wenn er Seelen befällt, ist das Erste, was er tut, dass er die Liebe in der Seele zerstört. Wenn er dies erreicht, wird er dieser Seele einen schrecklichen Hass einflößen, und es ist dieser Hass, der Spaltung verursacht. Spaltung und Meinungsverschiedenheiten, vom Hass inspiriert, können zu verzweifelten Taten führen, ausgeführt von einer Seele gegen eine andere. Diese hasserfüllten Taten können sehr oft zu schrecklicher Grausamkeit und sogar zu Mord führen. Die Sünde des Stolzes wird in Seelen eingeflößt, die sich dem Teufel öffnen, und das führt zu rücksichtslosem Ehrgeiz und Gier. Wo aber die Liebe ist, da ist die Gegenwart Gottes.

Die Liebe gedeiht, denn sie ist ein Geschenk Gottes und hat die Macht, das Böse zu zerstören. Die Liebe sucht nicht ihren Vorteil. Die Liebe ist freigiebig, sie ist nicht nachtragend und ist nicht befleckt von der Sünde des Stolzes. Ihr müsst Gott jeden Tag um das Geschenk der Liebe bitten, und wenn es euch gegeben wird, dann verwendet es als eure Waffenrüstung gegen den Hass. Die Liebe zieht, wenn sie in einer reinen Seele vorhanden ist, den Hass von jenen Seelen an, die Gott aus ihrem Leben verbannt haben. Sie können das Licht Gottes nicht ertragen, das aus den Seelen jener scheint, die von Gottes Liebe erfüllt sind.

Geht jetzt, im Wissen, dass die Liebe eingesetzt werden muss, um den Seelen all derer zu helfen, die Meiner Hilfe sehr bedürfen. Bitte betet dieses Kreuzzuggebet um das Geschenk der Liebe.

Kreuzzuggebet (129) um das Geschenk der Liebe:

„O Gott, bitte erfülle mich mit Deiner Liebe.

Hilf mir, das Geschenk der Liebe mit all jenen zu teilen, die Deiner Barmherzigkeit bedürfen.

Hilf mir, Dich mehr zu lieben.

Hilf mir, all jene zu lieben, die Deiner Liebe bedürfen.

Hilf mir, Deine Feinde zu lieben.

Lass zu, dass die Liebe, mit der Du mich segnest, dafür verwendet wird, die Herzen all jener, mit denen ich in Kontakt komme, zu überfluten.

Mit der Liebe, die Du in meine Seele eingießt, hilf mir, alles Böse zu besiegen, Seelen zu bekehren und den Teufel zu bezwingen samt all jenen Bösen, die für ihn arbeiten und die versuchen, die Wahrheit Deines Heiligen Wortes zu zerstören. Amen."

Ich Bin die Liebe. Wenn ihr Mich aufrichtig liebt, werde Ich eure Seele mit mehr Liebe durchfluten, und mit dieser Liebe werdet ihr Mir helfen, die Welt zu retten.

Euer Jesus

979. Milliarden von Menschen werden ein Leben der ewigen Herrlichkeit in der Gegenwart Gottes genießen.

Sonntag, 24. November 2013, 16:45 Uhr

Meine innig geliebte Tochter, wenn Ich komme, um für die Menschen Befreiung vom Schmerz zu bringen, den sie erlitten haben aufgrund ihrer Trennung von Gott, müssen sie alle für diese Große Gnade dankbar sein. Durch diese Große Gnade werden Milliarden von Menschen ein Leben in ewiger Herrlichkeit in der Gegenwart Gottes genießen.

Mit diesem großen Akt der Barmherzigkeit bringe Ich die gute Botschaft von der glorreichen Verheißung, wenn Mein Zweites Kommen — bald nach der „Warnung" — Gottes Plan für Seine Kinder vollenden wird. Allen Seelen wird das Geschenk Meiner Barmherzigkeit gegeben werden, aber nicht alle werden es annehmen. Denjenigen, die es nicht annehmen, wird nur eine kurze Zeit gegeben werden, um zu entscheiden, welche Art von Leben sie haben wollen. Sie können ein Leben wählen, wo sie ein an Leib und Seele angefülltes und vollkommenes Leben in Meinem Neuen Paradies leben werden oder ein Leben ohne Gott. Diejenigen, die verstehen, was es ist, was Ich anbiete, dürfen niemals solch ein Geschenk zurückweisen. Diejenigen, jedoch, die Mich ablehnen werden, werden sich damit zufrieden geben, sich in Finsternis zu suhlen, in der Meinung, dass dies keinen Unterschied mache. Was sie nicht wissen ist, dass sie einen schrecklichen Schmerz fühlen werden, wenn sie endgültig von Mir getrennt sind. Sie werden sich in einem pechschwarzen Abgrund wiederfinden, wo sie nichts sehen werden. Sie werden nichts haben. Alles, was sie fühlen werden, wird ein tobendes Feuer sein, das sie wie ein Schwert zerfleischen wird, das sie für die Ewigkeit werden ertragen müssen.

Die Trennung von Gott geschah, als Luzifer Adam und Eva durch die Sünde des

Stolzes versuchte. Die Sünde des Stolzes ist die Wurzel aller Sünden und eine Sünde, die den Menschen an Satan bindet. Wenn Ich komme, um Meinen Thron zurückzufordern, wird diese Trennung nicht mehr sein. Diejenigen, die für Mich, mit Mir und in Mir sind, werden sich zu Eins verbinden. Aber an dem Tag, an dem Ich endgültig komme und an dem Ich die Welt richten werde, werden diejenigen, die sich von Mir getrennt haben und die Mich weiterhin ablehnen werden, das endgültige Ende erleben, wo Ich nicht mehr gegenwärtig sein werde. Wo Ich nicht in der Lage sein werde, ihnen Trost zu bieten. Um sie zurückzuziehen. Dann werden sie in den Feuern der Hölle bei dem Tier und allen seinen Dämonen ewige Qual und ewiges Leid erfahren.

Ich will euch nicht erschrecken, schockieren oder Leid verursachen, aber damit ihr die Konsequenzen versteht, muss Ich euch die Wahrheit sagen. So viele von euch glauben nicht an die Hölle. Ihr glaubt nicht daran, weil ihr so lange in die Irre geführt worden seid. Himmel, Hölle und Fegefeuer existieren. Am letzten Tag werden nur zwei Orte existieren: das Neue Paradies, wenn Himmel und Erde eins werden, und der Abgrund, d.h. die Hölle.

Die Wahrheit ist schwer zu akzeptieren, aber ohne die Wahrheit zu kennen, könnt ihr nicht euer Schicksal wählen.

Euer Jesus

980. Mutter der Erlösung: Die Feinde Gottes werden schreckliche Sakrilegien begehen, bis sie die Tabernakel entheiligt haben.

Montag, 25. November 2013, 17:25 Uhr

Mein Kind, wenn die Kirche Meines Sohnes ergriffen wird, dann wird die Abfolge der Ereignisse, die sich entfalten werden, genau die gleiche sein wie die, die sich während Seiner Kreuzigung ereignete.

Der Lärm wird ohrenbetäubend sein, wenn Gottes Feinde sich Seines Leibes bemächtigen und Ihn entweihen. Sie werden jubeln und laut große Erklärungen von sich geben, inmitten des großen Applauses für die Betrüger, die man überall hören wird, denn dies wird eine Gelegenheit sein, die viele hartnäckige Gegner und ehemalige Feinde der Kirche Meines Sohnes für sich gewinnen wird. Bei dieser Gelegenheit wird keine Art von neuer Erklärung, wie das Heilige Wort Meines Sohnes zu verstehen sei, ausgelassen werden. Jede Lüge, geschickt getarnt, so dass sie aussieht, als würde sie Sinn machen, wird verwendet werden, um Gottes Kinder in diese neu gestaltete Kirche zu locken; jede Sünde wird gerechtfertigt werden, so dass mehr Außenstehende in Gottes Tempel aufgenommen werden, bis schließlich die totale Verwirrung innerhalb ihrer Mauern gesehen werden kann.

Während sie die Kirche Meines Sohnes abreißen, Stein für Stein, wird die Restkirche Meines Sohnes gezwungen sein, aus ihr zu fliehen. Jedes Argument, jede Geste und jede Verteidigung, die diejenigen, die

der Kirche Meines Sohnes treu bleiben, vorbringen, wird abgewiesen werden. Dies wird eine stille Kreuzigung sein, gerade so, wie Mein Sohn sie ertrug, als Er litt mit kaum mehr als einem Wimmern. Über die Stimmen derer, die weiterhin die Wahrheit verkünden werden, wird in den Medien nicht berichtet werden. Keine Meldung. Selbst wenn es ihnen gelingt, sich Gehör zu verschaffen, werden sie dafür dämonisiert werden.

Ich bitte eindringlich alle, die Meinen Sohn lieben und die verstehen, dass diese Zeichen prophezeit wurden, dass sie unbedingt fortfahren müssen, Meinem Sohn zu dienen. Viele Priester werden, statt für ihren Glauben zu kämpfen und Meinem Sohn treu zu bleiben, weggehen. Andere werden nicht aufgeben und sie werden all diejenigen mit der Nahrung des Lebens versorgen, die sich bemühen, die Realpräsenz Meines Sohnes ausfindig zu machen.

Die Feinde Gottes werden schreckliche Sakrilegien begehen, bis sie die Tabernakel entheiligt haben. Wenn sie das erreicht haben, dann werden sie den Thron bereiten, auf dem der Antichrist sitzen wird.

Betet, betet, betet, dass diejenigen von euch, die die Wahrheit kennen, fähig sein werden, denjenigen Trost zu spenden, die sehr leiden werden wegen des größten Glaubensabfalls aller Zeiten, der sich vor euch entfaltet, um die Kirche Meines Sohnes, Jesus Christus, zu verschlingen.

Meine Trauer ist groß und Mein Herz ist schwer aufgrund der bösen Täuschung, die auch denjenigen, die Meinen Sohn von ganzem Herzen lieben, widerfahren wird. Ihr Leiden wird das schwerste von allen sein.

Eure geliebte Mutter
Mutter der Erlösung

981. Der Himmel wird bald den letzten Teil von Gottes Großem Plan, die Menschheit zu retten, verkünden.

Dienstag, 26. November 2013, 00:53 Uhr

Meine innig geliebte Tochter, an alle, die in Meinem Namen verfolgt werden: Ich will, dass sie verstehen, warum dies geschieht. Denkt daran, Mein Tod am Kreuz und das Leiden, das Ich ertrug, geschah, damit Ich die Menschheit aus der Sklaverei des Tieres befreien konnte. Wisst, dass Mein Kreuz, wenn ihr feststellt, dass ihr es tragen müsst, eine sehr schwierige Last ist. Ihr werdet gehasst werden, nicht nur von den bösen, sondern auch von heiligen Menschen, die Mich wirklich lieben, denen es aber an der Gabe der Unterscheidung fehlt, wenn ihr Mein Kreuz auf euch nehmt.

Wenn ihr Mein Kreuz aufnehmt und Meine Lehren befolgt, werdet ihr verachtet werden. Wenn ihr Mein Kreuz aufnehmt, indem ihr die Wahrheit verkündet, die in diesen Botschaften enthalten ist, werdet ihr geschmäht und gehasst werden, mehr als jeder andere Meiner Jünger, die vor euch kamen. Keine andere Mission, seit Meinem Tod am Kreuze, wird mit dieser zu vergleichen sein, der

allerletzten Mission, die von Meinem Vater im Himmel genehmigt wurde. Wäre dies nicht so, dann würde sie ignoriert werden. Stattdessen wird Mein Wort aber in jeder Ecke der Erde gehört werden und es wird durch die Kraft des Heiligen Geistes von allen gehört werden, auch von Meinen Feinden. Niemand wird Mein Wort ignorieren, denn das kann nicht sein. Denn wenn das Wort Gottes gehört wird, wird jeder Mensch – unabhängig vom Zustand seiner Seele – unweigerlich auf irgendeine Weise reagieren. Diejenigen, die es Mir erlauben, in ihr Herz hinein zu gelangen, werden von Liebe zu Mir ergriffen sein, aber sie werden auch überwältigt sein, weil nur die Stimme Gottes in der Lage ist, solch eine Reaktion hervorzurufen.

Diejenigen von euch, die Mich jetzt hören, müssen jetzt aufmerksam hinhören: Bitte akzeptiert das Gewicht Meines Kreuzes, wie schwer eure Bürde auch ist, als ein Ergebnis. Dieses Kreuz wird euch erschöpfen, aber es wird die Früchte der Vergebung für Meine Feinde hervorbringen, deren Seelen zu retten Ich Mich sehne. Eure Verfolgung mag groß sein, sie mag euch Kummer und Sorgen bereiten, aber wisst, dass sie durch die Tatsache verursacht ist, dass dies Mein Werk ist. Mein Werk, wenn es makellos ist, verursacht schreckliches Leid unter denen, die Mir antworten. Wisst aber, dass euer Leiden von kurzer Dauer und bald vergessen sein wird, da der Himmel bald den letzten Teil von Gottes Großem Plan, die Menschheit zu retten, verkünden wird. Dann wird die Welt erneuert werden und die Liebe Gottes wird sich ausbreiten, bis der Wille Gottes erfüllt sein wird.

Euer Jesus

982. Schmerz, Verfolgung, Leid, Spott und Hohn werden immer das Los der auserwählten Seelen Gottes sein.

Freitag, 29. November 2013, 16:45 Uhr

Meine innig geliebte Tochter, wenn du fragst, warum Ich, Jesus Christus, das Leid in der Welt zulasse, dann solltest du den Willen Gottes verstehen. Viele Menschen leiden in der Welt und haben es immer getan. Das Leid wird aufgrund der Tatsache verursacht, dass die Sünde Spaltung unter den Menschen schafft. Die Sünde trennt den Menschen von Gott, und von daher wird der Mensch gegen den Menschen sündigen. Ich lasse das Leid zu, weil es Seelen näher zu Mir bringt, und zwar durch die Reinigung, welche solche Seelen ertragen. Ich erfreue Mich nicht am Leid. Im Gegenteil, Ich Bin Gegenwärtig in jeder einzelnen Seele, die Schmerzen und Qualen zu ertragen hat. Es ist der Wille Gottes, dass bestimmte Seelen mehr leiden als andere, denn es wird durch solche Opfer sein, dass andere Seelen, die Meine Barmherzigkeit weniger verdienen, gerettet werden können.

Ich litt bereitwillig während Meiner Passion, aber Mein Schmerz und Meine Demut haben viel von der Macht Satans besiegt.

Satan kann sich selbst niemals demütigen, denn das ist unmöglich. Und daher ist es durch die Demut, die sich aus dem Schmerz des Leidens ergibt, dass Seelen seine Macht über andere abschwächen können. Schmerz, Verfolgung, Leid, Spott und Hohn werden immer das Los der auserwählten Seelen Gottes sein. Solche Seelen sind Mir am nächsten und Ich werde dieses ihr Opfer dazu verwenden, jene anderen Seelen, die Meiner Barmherzigkeit am meisten bedürfen, in den Zufluchtsort der Rettung zu ziehen.

Diese Lektion ist sehr schwierig für alle, die Mich lieben, und sie scheint ungerecht zu sein. Aber wisst, dass Leiden euch noch näher zu Mir bringt und dass ihr dafür das Ewige Leben mit Mir im Paradies ernten werdet. Gebt niemals Gott die Schuld am Leid in der Welt, denn es wurde zuallererst verursacht durch den Fall der Menschheit, als Gottes Kinder der Sünde des Stolzes erlagen.

Der Stolz ist die Wurzel aller Sünde und er ist die Ursache für einen großen Teil des Leides in der Welt. Der Stolz führt zu jeder anderen Sünde, und das schafft dann Spaltung in der Welt und einen Mangel an Gerechtigkeit. Seid versichert, dass die Welt sehr bald letztendlich die wahre Bedeutung des Willen Gottes verstehen wird. Dann wird sich der Wille des Menschen beugen aus Achtung vor dem Heiligen Willen Meines Vaters. Bis jener Tag kommt, an dem sich der Mensch vom Stolz befreit und sich vor Gott, dem Herrn, dem Allerhöchsten, erniedrigt, kann das Leid kein Ende nehmen.

Wenn die Welt schließlich die Wahrheit und die von Mir gemachte Verheißung wiederzukommen akzeptiert, werde Ich jede Träne aus euren Augen wischen. Ich werde die Lebenden und die Toten in Herrlichkeit erheben, und sie werden in großer Pracht im Neuen Himmel und der Neuen Erde herrschen, wenn die zwei in Mir Eins werden. Wenn ihr Leid ertragt, dann seid im Frieden, denn es wird bald zu Ende sein.

Euer Jesus

983. Satans Strategie ist es, den Gläubigen zunächst etwas vorzugaukeln und sie zu täuschen, bevor er sie vernichtet.

Samstag, 30. November 2013, 15:50 Uhr

Meine innig geliebte Tochter, wie Ich die Welt doch liebe! Wie verzehre Ich Mich doch nach jeder einzelnen Seele, die in dieser Zeit für Mich verloren ist! Ich werde, das verspreche Ich, jede einzelne Person ausfindig machen und versuchen, sie in Meine Göttliche Barmherzigkeit zu ziehen. Es verlangt Mir danach, Meine Gegenwart, Meine Liebe und Mein Erbarmen jedem Einzelnen von ihnen bekannt zu machen. Meine Tränen fließen jetzt in dieser Zeit, die Ich dir, Mein Kind, offenbare, für diejenigen, die Mein Göttliches Eingreifen ablehnen werden und die aufgrund dessen sich kopfüber in ein Vakuum aus bösem Betrug stürzen werden.

Meine Passion wird nun noch einmal durchlebt werden, da Mein Leib einer neuen Geißelung ausgesetzt sein wird, wenn die Heiden — die mit einer falschen Fassade des Friedens, der Liebe und der Demut daherkommen werden — Meine Kirche zertreten, bevor sie sie kreuzigen. Wer spirituell weise ist, wird die Wahrheit kennen. Es wird ein erbitterter Krieg sein, und der Große Preis, den Satans Armee erringen will, werden die Seelen aller Kinder Gottes sein.

Die Seelen der Gläubigen werden das Hauptangriffsziel Satans sein, und genau auf dieses Ziel wird er all seine Energie richten. Satans Strategie ist es, den Gläubigen zunächst etwas vorzugaukeln und sie zu täuschen, bevor er sie vernichtet. Die Ungläubigen sind für Satan von geringem Interesse, denn ihre Seelen hat er bereits für sich gewonnen und sie stellen für ihn keine große Herausforderung dar. Mein Vater wird nicht abseits stehen und diesem Horror zusehen, der vorausgesagt worden ist. Jedes Wunder, jeder Ruf vom Himmel und jedes Eingreifen wird erlebt werden, während sich die letzte Schlacht — der größte spirituelle Krieg aller Zeiten — entfaltet.

Diejenigen, die mit Intelligenz geboren sind, werden in Bezug auf die Wahrheit um nichts klüger sein, denn sie werden die Realität ihrer Erschaffung anhand menschlicher Logik analysieren. Diejenigen, die mit einer reinen Liebe für Gott in ihrem Herzen geboren sind, werden die Wahrheit annehmen, auch wenn sie sie verwirrt, denn ihre Herzen gehören Gott, und sie werden mit der Gabe der Unterscheidung gesegnet werden. Diejenigen, die das Wort Gottes und das Eingreifen Meines Vaters, um Seelen zu retten, bekämpfen und die versuchen, Ihn daran zu hindern, Seelen zu retten, werden hart gerichtet werden.

Während sich der Kampf um Seelen fortsetzt, müsst ihr euch immerzu an Mich wenden und Mich bitten, euch zu stützen, euch zu schützen und euch zu trösten. Wenn ihr mit Mir seid, werdet ihr diese schreckliche Verwüstung mit einer Gelassenheit ertragen, die euch überraschen wird. Wenn ihr aber nicht auf Mich vertrauen könnt und euch Mir nicht völlig hingeben könnt, werden euch diese Prüfungen, die in Meiner Kirche auf euch zukommen, so schwer fallen, dass ihr fast unmöglich damit fertig werden könnt, so schmerzhaft werden sie sein.

Ihr dürft niemals vergessen, dass Gott Allmächtig ist und dass Satan diesen Krieg um Seelen nicht gewinnen kann. Leider werden viele nicht stark genug sein in ihrem Glauben oder nicht die Fähigkeit besitzen, die Täuschung zu erkennen, der sie in Meinem Namen ausgesetzt sein werden, und sie werden nie in der Lage sein, sich in Meinen Augen reinzuwaschen.

Dies sind die Seelen, die Mir in dieser Zeit solch bitteren Kummer verursachen.

Euer Jesus

984. Mutter der Erlösung: Ich bitte euch, jetzt die Novene der Erlösung zu beginnen.

Sonntag, 1. Dezember 2013, 16:12 Uhr

Mein Kind, Ich bin die Frau mit der Sonne bekleidet, und es ist die Sonne, die das Licht Gottes in der Welt darstellt. Ohne Sonne gibt es kein Licht. Ohne Licht gibt es kein Leben. Ohne Gott gibt es nur den Tod.

Meine Rolle als die Mutter der Erlösung, wo Ich Meinem Sohn in dieser Seiner letzten Mission helfen werde, in Seinem letzten Plan, den Bund Seines Vaters, jeder Seele die Erlösung zu bringen, zu vollenden, bedeutet, dass Ich alles tun werde, was Ich kann, um Ihm die Seelen zu bringen, nach denen Er sich so sehr sehnt. Ich wünsche, dass es bekannt wird, dass Ich nicht nur zur Königin des Himmels ernannt worden bin, sondern auch zur Königin über die zwölf Stämme Israels. Zwölf Nationen werden im Neuen Jerusalem herrschen. Die zwölf Sterne, mit denen Mein Haupt von Meinem geliebten Sohn, Jesus Christus, bei Meiner Krönung bekränzt worden ist, deuten auf diese Prophetie hin. Jeder dieser Sterne symbolisiert die zwölf Nationen, die sich am Tag des Gerichts herausbilden werden.

Alle Seelen, einschließlich derer, die von den Toten auferstehen werden, sowie derjenigen, die in der Welt heute leben und die im Licht Gottes bleiben, werden den Übergang in den Neuen Himmel und die Neue Erde vollziehen. Sie werden sich zu Eins verbinden, in Einheit mit Meinem Sohn, und sie werden auferweckt werden zu vollkommenem Leib und Seele, genauso wie es war, als Mein Sohn von den Toten auferstanden ist. Dieser Zustand der Vollkommenheit ist das Größte Geschenk von Gott und beweist, wie barmherzig Er ist. Das ist die Erlösung, die Mein Sohn verheißen hat, als Er Seine Agonie am Kreuz durchlitten hat. Und aufgrund Seiner großen Liebe zur Menschheit will Er jede einzelne Seele retten und vor allem diejenigen, die für Ihn verloren sind.

Ich gebe euch allen jetzt ein besonderes, von Meinem Sohn gesegnetes Geschenk, damit allen Seelen Immunität vor dem Feuer der Hölle gewährt und Erlösung geschenkt werden wird. Mein Sohn wünscht, dass jede Seele gerettet werden soll, wie schwer ihre Sünde auch sein mag. Ich bitte euch, jetzt die Novene der Erlösung zu beginnen. Ihr müsst sofort damit beginnen und sie — so wie Ich euch die Anweisungen gebe — bis zum Ende der Zeit fortsetzen. Ihr müsst dieses Gebet für volle sieben aufeinanderfolgende Tage in einem Kalendermonat beten, beginnend an einem Montag in den Morgenstunden. Ihr müsst es drei Mal an jedem der sieben Tage beten, und an einem dieser Tage müsst ihr fasten. Beim Fasten sollt ihr nur eine Hauptmahlzeit am Tag zu euch nehmen und dann bei den beiden anderen Mahlzeiten nur Brot und Wasser.

Dies ist das Gebet, das ihr an jedem der sieben Tage sprechen müsst.

Kreuzzuggebet (130) Novene-der-Erlösung-Kreuzuggebet:

„Meine geliebte Mutter der Erlösung, bitte erlange für alle Seelen das Geschenk des ewigen Heils durch die Barmherzigkeit Deines Sohnes, Jesus Christus.

Durch Deine Fürsprache flehe ich, dass Du beten mögest, um alle Seelen aus der Knechtschaft Satans zu befreien.

Wir bitten Dich: Bitte Deinen Sohn, Er möge Gnade und Vergebung jenen Seelen zeigen, die Ihn ablehnen oder Ihn mit ihrer Gleichgültigkeit verletzen und die falsche Lehre und falsche Götter anbeten.

Wir flehen zu Dir, liebe Mutter: Erbitte die Gnaden, um die Herzen jener Seelen zu öffnen, die Deiner Hilfe am meisten bedürfen. Amen."

Mein Versprechen, Meinem Sohn, Jesus Christus, in Seinem Plan für die Menschheit zu helfen, bedeutet, euch alle, die Meine Rolle als Mittlerin aller Gnaden und Miterlöserin anerkennen, zusammenzuführen, damit die ganze Welt als Eins vereint werden kann in Einheit mit Jesus Christus, eurem Heiland und Erlöser.

Geht hin in Frieden. Ich werde immer für euch beten, liebe Kinder, und Ich werde immer auf euren Ruf, die Menschheit in den Augen Gottes zu erlösen, antworten.

Eure Mutter
Mutter der Erlösung

985. Ich werde niemals wieder im Fleische wandeln.
Dienstag, 3. Dezember 2013, 19:45 Uhr

Meine innig geliebte Tochter, all diejenigen, die sagen, sie kämen in Meinem Namen, und die behaupten, sie würden für den Herrn den Weg bereiten, werden sich in jedem Teil der Welt Gehör verschaffen — viele Stimmen, viele Propheten, viele Lügner — keiner von ihnen im Besitz Göttlicher Autorität.

Seid wachsam, vor allem wenn ihr den Propheten hört, der euch sagt, dass er die Pflicht habe, euch auf Mein Zweites Kommen vorzubereiten. Wenn ihr von diesen Dingen hört und gesagt bekommt, dass Ich in der Welt mit Leib und Seele erscheinen werde, dann wisst, dass dies nicht die Wahrheit ist. Ich wiederhole noch einmal Meine Warnung an die Welt: Ich werde niemals wieder im Fleische wandeln. Ich kam das erste Mal im Fleische, aber wenn Ich wiederkomme, dann werde Ich auf genau die gleiche Weise kommen, auf die Ich die Erde verließ: in den Wolken.

Bald wird euch ein großes Theater vorgespielt werden, das man für großartige Werke in der Vorbereitung auf Mein Zweites Kommen halten wird. Eine Reihe von sorgfältig inszenierten Wunderheilungen wird der Welt durch diejenigen Feinde Gottes präsentiert werden, die sagen werden, dass sie von Mir seien. Viele werden so verblüfft sein, dass sie auf diese böse Täuschung reinfallen werden. So viele Wunder, große Taten — alle vermeintlich durch die Hand Gottes bewirkt — werden sogar die Skepti-

ker überzeugen, dass göttliche Wunder geschehen seien. Mit großem Lob und Auszeichnungen werden diese falschen Repräsentanten überhäuft werden, die von sich sagen, sie würden Mein Volk führen. Bald wird die Welt öffentlich erklären, dass diese Betrüger lebende Heilige seien, und es wird nicht lange dauern, bis sie den Antichristen einführen.

Diese ganze Vorbereitung ist seit sieben Jahren geplant, und die Geschwindigkeit, mit der solch radikale Änderungen eingeführt werden, ist kein Zufall. Mein Zweites Kommen wird ein regelmäßiges Diskussionsthema werden. Alle werden aufgefordert werden, sich auf dieses große Ereignis vorzubereiten, aber die Irrtümer in der christlichen Lehre werden reichlich sein. Nur diejenigen mit offenen Augen, die die Wahrheit sehen können, und diejenigen, die keine Angst davor haben, sich der Wahrheit zu stellen, werden hinter diese Falschheit blicken können. Und für sie wird dies eine sehr schwere Bürde darstellen. Inmitten von all dem Geschrei, dem überschwänglichen Lob, das auf diejenigen gehäuft werden wird, die den Sitz der Weisheit gestohlen haben, wird von Meinem Heiligen Wort kaum die Rede sein. Alles, vom dem gesprochen werden wird, wird die Wichtigkeit guter Taten sein. Nicht ein Wort über die Anstrengung, die notwendig ist, um das Heil zu suchen, dem Worte Gottes entsprechend.

Wenn die säkulare Welt schließlich nachgibt und sich mit den falschen Betrügern zusammenschließt, die vom Tempel Gottes Besitz ergreifen werden, dann kommt bald darauf die Zeit, wo der größte Gräuel erlebt werden wird. Das wird sein, wenn der Tempel geschaffen sein wird, um der Sitz des Antichristen zu werden. Dann werden diejenigen, die den Antichristen anbeten werden, in die Milliarden gehen. Diejenigen, die die Wahrheit kennen, werden jedoch nicht lange warten müssen, denn die Herrschaft des Tieres wird sehr kurz sein. Und dann wird die Posaune zu hören sein. An diesem Tag werden diese Feinde Gottes in den Feuersee geworfen werden, genau so, wie es prophezeit worden ist.

Denkt an die Prophezeiungen. Sie werden eintreffen, genau so wie sie vorhergesagt wurden: Diese Betrüger, die sagen, sie kämen in Meinem Namen, werden geliebt, gelobt und abgöttisch verehrt werden. Diejenigen, die tatsächlich in Meinem Namen kommen, werden verachtet und gehasst werden. Aber aus ihrem Munde wird das Feuer des Geistes der Wahrheit kommen, und durch ihr Leiden werden viele andere Menschen gerettet werden, die ansonsten nicht gerettet worden wären.

Euer Jesus

986. Wehe allen von euch Betrügern, denn ihr kommt nicht von Mir.
Mittwoch, 4. Dezember 2013, 10:30 Uhr

Meine innig geliebte Tochter, wisse, dass jedes Wort, das aus Meinem Munde kommt, aus dem Mund von Ihm kommt, Der Mich gesandt hat. Jede Warnung an die Welt, gegeben durch diese Botschaften, kommt von Ihm, Der Der Allmächtig ist. Ich komme im Namen Meines Vaters, und Er sendet Mich, den Weg zu bereiten, um die Erde zu weihen, vor dem großen Tag Meines Zweiten Kommens.

Nur Meine Stimme bringt euch Kunde davon, was es ist, wovon Mein Vater wünscht, dass Seine Kinder Kenntnis davon haben. Dies sind die einzigen Botschaften, welche öffentlich die Wahrheit von den unheiligen Zweien verkünden, die durch den großen Glaubensabfall die Welt entzwei reißen werden. Ihr werdet die Wahrheit in Bezug auf Mein Zweites Kommen nirgendwo anders hören, denn nicht einem von euch ist die Autorität gegeben, im Namen des Einen, Der euch erschuf, zur ganzen Welt zu sprechen.

Wie der wahre Endzeitprophet (Mary) euch die Wahrheit offenbart, so wird auch der falsche Prophet (wörtlich: die Fälschung) seine Stimme erheben und wie ein Lamm sprechen, als ob er das Wahre Wort Gottes sprechen würde. Dann, während der König der Erde — der Teufel — gegen das Eingreifen des Himmels kämpft, werden sich Hunderte falsche Propheten unter euch erheben, und sie werden euch niemals die Wahrheit sagen. Ihre Visionen und ihre Worte, die aus ihrer eigenen Fantasie entspringen — und in vielen Fällen aus dem Geist des Bösen —, werden euch die guten Dinge offenbaren, die ihr hören wollt. Sie werden euch beruhigen, wenn ihr der Beruhigung bedürft, aber sie werden euch irreführen. Sie werden von Frieden sprechen — wo kein Friede herrschen wird, von Wahrheit — wenn Häresie herrschen wird, von Ernte in Fülle — wenn Hunger herrschen wird. Ihr werdet niemals die Wahrheit hören, denn diese Lügner wollen nicht euren Zorn auf sich ziehen.

Die Wahrheit bereitet euch darauf vor, mit der Realität schwieriger Zeiten umzugehen, die im Buch Meines Vaters vorausgesagt sind. Sie wird euch gegeben, um euch stark zu machen. Aber die falschen Propheten, die unter euch umherstreifen, werden euch verwirren und euch sagen, dass alle Dinge gut seien, wenn sie schlecht sind, und heilig seien, wenn sie nicht heilig sind. Sie werden die Wölfe abschirmen, die die Seelen der Kinder Gottes verschlingen wollen. Ihre Worte der Liebe und ihre Zitate aus der Heiligen Schrift werden nur dazu dienen, euch zu betrügen. Doch viele von euch werden lieber Lügen annehmen, statt sich der Wahrheit zu stellen.

Wehe allen von euch Betrügern, denn ihr kommt nicht von Mir. Wenn ihr zu Mir kommt und sagt: „Aber Jesus, alles, was wir wollten, war, die Frohe Botschaft zu verbreiten", werde Ich euch verstoßen und ihr werdet verbannt sein. Ihr habt Mich verraten durch Lügen über Missionen, die euch niemals gegeben worden sind. Ihr verleugnet Mich, indem ihr Mir widersprecht und wenn ihr öffentlich erklärt, Mein Wort sei eine Lüge.

Versucht niemals, Gottes Wirken im Wege zu stehen, denn der Himmel wird sich öffnen und ihr werdet am letzten Tag die Ersten sein, die niedergestreckt werden zusammen mit dem falschen Propheten und dem Tier. Strafe wird all denjenigen widerfahren, die behaupten, sie kämen in Meinem Namen, und die nur einem einzigen Zweck dienen: Und zwar das Wort Gottes zu manipulieren und zu verzerren. Da die Schlacht von Armageddon näher rückt und zu diesem tobenden Krieg von Satans Armee gegen die Kinder Gottes gerüstet ist, müsst ihr — und zwar jetzt — zur Seite ausweichen, denn wenn ihr das nicht tut, werdet ihr dem Zorn Gottes gegenüberstehen, und keine Barmherzigkeit wird euch gezeigt werden noch denjenigen, die die Lügen — das aus euren Mündern Erbrochene — schlucken, um sich der Wahrheit zu widersetzen.

Euer Erlöser
Jesus Christus

987. Mutter der Erlösung: Mein Sohn starb, um eure Seelen zu retten, nicht, um euch von den Nöten dieser Welt zu befreien.

Donnerstag, 5. Dezember 2013, 14:00 Uhr

Mein Kind, die Welt wird Zeuge der Prophezeiungen von La Salette werden, da die Feinde Gottes – verkleidet als Wölfe im Schafspelz – jetzt innerhalb der Kirche Meines Sohnes auf Erden stolz aufstehen werden und anfangen, die Häresien zu verkünden, vor denen Ich die Welt gewarnt habe. Diese Zeit ist gekommen.

Wie vorausgesagt, hat sich die Finsternis bereits auf die Kirche herabgesenkt und dieser Plan, die Seelen der Gläubigen zu verschlingen, wird fortgesetzt werden, bis der Leib Meines Sohnes geschändet ist entsprechend dem Plan des Antichristen. Was viele Menschen nicht wissen, ist, dass die Feinde Gottes, geführt durch den Antichristen — der sich noch nicht bekannt gemacht hat —, an Gott glauben. Nicht nur, dass sie tatsächlich an Gott glauben, aber weil sie alles verabscheuen, was mit Gott zu tun hat, werden sie sich gegen Seine Pläne verschwören, die Welt auf das Zweite Kommen Meines Sohnes, Jesus Christus, vorzubereiten.

Bei jedem Wort, das Mein Sohn durch diese Botschaften verkündet, werden sie Ihm widersprechen, indem sie nachahmen, was Er sagt. Wenn Mein Sohn sagt: „Bereitet euch jetzt vor durch die Sakramente und Gebet!", werden sie — Seine Feinde — ähnliche Aussagen machen, die aber doch anders sein werden. Der Aufruf, der Menschheit zu helfen — den Armen — den Verfolgten —, wird ihr Schwerpunkt sein, nicht die Verkündigung des Wortes. Sie werden euch nicht ermahnen, für eure Seele oder für die Rettung der anderen Seelen zu beten. Nein, stattdessen werdet ihr aufgefordert werden, diesen Seelen in humanitärer Sicht zu helfen.

Wenn ihr keinen Aufruf, eure Seelen zu retten, von denjenigen hört, die behaupten, die Kirche Meines Sohnes zu repräsentieren, dann werdet ihr in eurem Herzen wissen, dass etwas schrecklich falsch ist.

Mein Sohn starb, um eure Seelen zu retten, nicht, um euch von den Nöten dieser Welt zu befreien, die es immer geben wird, bis Mein Sohn Seinen rechtmäßigen Thron, der Ihm von Gott, dem Allerhöchsten, versprochen ist, zurückfordert. Ihr dürft niemals das Wort Gottes vergessen. Alles, was jetzt zählt, ist, für das Heil aller Seelen zu bitten — unabhängig davon, ob sie Könige oder Bettler sind.

Eure geliebte Mutter
Mutter der Erlösung

Hier die kirchlich anerkannte Botschaft von La Salette

987b. Häresie stammt nicht von der Kirche Gottes.

Donnerstag, 5. Dezember 2013, 15:00 Uhr

Diese Botschaft wurde im Vorfeld eines Pilot-Seminars am 8. Dezember 2013 in Köln veröffentlicht und ist an das deutsche Volk gerichtet. Sie wurde im Englischen bisher noch nicht veröffentlicht.

Meine innig geliebten Jünger, ihr, das deutsche Volk, dürft niemals euren Glauben aufgeben oder dem Irrtum verfallen. Akzeptiert niemals eine verwässerte Version der Heiligen Lehre, welche auf Fels, auf dem Felsen Petri, gebaut ist, denn sie kann niemals manipuliert werden.

Wenn Mein Wort manipuliert wird, dann würden das niemals jene tun, die von Mir bestellt oder im Himmel gesegnet worden sind. Jeder, der euch auffordert, eure Treue zu den Heiligen Sakramenten, so wie sie sind, zu ändern oder irgendeine neue Version von Gottes Wort zu akzeptieren, ist der Häresie schuldig. Häresie stammt nicht von der Kirche Gottes, und falls und/oder wenn ihr seht, dass dies geschieht, müsst ihr wissen, dass eine Häresie nicht von Meinen ernannten Führern kommen wird. Häresie kann nur von den Feinden Meiner Kirche kommen, selbst wenn sie innerhalb der Mauern Meines Tempels sitzen.

Bitte betet für Meinen geliebten Papst Benedikt, denn er ist ein wahrer Diener von Mir und braucht eure Gebete in dieser Zeit.

Euer Jesus

988. Ich Bin vor allem ein Gott Großer Barmherzigkeit.

Samstag, 7. Dezember 2013, 14:25 Uhr

Meine innig geliebte Tochter, Ich will, dass ihr alle, die ihr Mich liebt, wisst, dass Ich euch in dieser Zeit rufe, zu Mir zu kommen wie kleine Kinder und vor Mir zu knien.

Öffnet eure Herzen und setzt euer ganzes Vertrauen auf Mich. Dann bittet Mich, durch Meine Liebe zu euch allen denjenigen Barmherzigkeit zu zeigen, die Mich während der Warnung ablehnen werden. Bitte betet für diese armen verlorenen Seelen, die von Mir so weit entfernt sind, denn sie werden es äußerst schmerzhaft finden, während der Erleuchtung des Gewissens vor Meinen all-sehenden Augen ihr Gesicht zu zeigen.

Ich werde vom Schmerz verzehrt, wann immer Ich auf jene Menschen blicke, die Mich nicht kennen oder die nicht verstehen, was in der Welt geschehen wird, wo Meine Zeit fast da ist. Es wird fast unmöglich sein, diese Seelen vorzubereiten, denn sie werden niemals ihre Ohren für das wahre Wort Gottes öffnen. Und daher müsst ihr — durch eure Gebete — um Gnade für sie flehen. Ich werde sie mit Gnaden überschütten, aber diese Aufgabe wird nicht einfach sein.

Ich rufe die ganze Welt auf, diesen Ruf heute zu hören. Meine Zeit, die Zeit, dass Gott sich endlich der Welt bekannt macht, in der größten Offenbarung seit dem Moment, wo Mein Herz zu schlagen aufgehört hat, als Ich am Kreuze starb, ist fast da.

Wenn diejenigen von euch, die die Verheißung Meiner Wiederkunft kennen, vor Mich hintreten, bitte Ich euch dringend: Betet bitte — nicht nur für eure eigene Seele — sondern für die Seelen der Verdammten. Vergesst nicht, was Ich euch jetzt sage. An diesem Tag möchte Ich, dass ihr Mich bittet:

„Jesus, ich bitte um Barmherzigkeit für all jene, die Dich ablehnen und die Deiner Hilfe am meisten bedürfen. Amen."

Wenn ihr Mich bittet, anderen zu helfen, kann Ich in diesem Moment ganz besondere Gnaden herabgießen auf diejenigen, deren Schicksal wegen der Täuschung des Teufels vereitelt worden ist.

Ich Bin vor allem ein Gott Großer Barmherzigkeit. Vergesst niemals, wie groß Meine Barmherzigkeit ist, denn es gibt immer Hoffnung für diejenigen, die von Mir abgefallen sind. Es gibt nichts, was Ich nicht tun würde, um sie in Meine Liebenden Arme zu bringen. Helft Mir, sie zu retten.

Euer Jesus

989. Ich bereite die Welt auf Mein Zweites Kommen vor und viele werden Mich dafür hassen.

Montag, 9. Dezember 2013, 16:15 Uhr

Meine innig geliebte Tochter, es gibt nichts, was Mich mehr beleidigt als diejenigen, die zwar Meine Lehre kennen, die der Welt durch das Buch Meines Vaters gegeben wurde, die aber das Wort Gottes zum Nutzen ihrer eigenen Wünsche auslegen. Diejenigen, die versuchen, andere zu schikanieren, und die sie quälen unter Berufung auf Mein Heiliges Wort, begehen einen schweren Fehler. Sie wenden nicht die Gabe der Liebe an, um die Wahrheit zu vermitteln. Stattdessen strömt durch ihre Adern Hass, der von der Sünde des Stolzes verursacht wird. Wisst ihr nicht, dass Mein Wort ewig ist? Es ist einfach, so dass alle Menschen, sowohl solche, die mit wenig Verstand geboren wurden, als auch diejenigen, die keinerlei Wissen über Mich haben, verstehen können, was Ich ihnen sage. Warum sollte Ich eine Bedeutung Meines Wortes dem einen Menschen geben und dann eine andere Bedeutung einem anderen?

Auf Weisung Meines Vaters bereite Ich die Welt auf Mein Zweites Kommen vor, und viele werden Mich dafür hassen. Diejenigen von euch, die sich für die Elite halten, für die wenigen Auserwählten und die selbsternannten Propheten, ihr seid nicht geeignet, Mir die Füße abzuputzen, so voller Hass seid ihr. Getrieben vom Geist des Bösen und so stolz, seid ihr blind für die Wahre Stimme des Heiligen Geistes. Der Heilige Geist kann niemals auf eure verhärteten, hasserfüllten Seelen herabfallen, denn ihr repräsentiert nicht Mich. Für diejenigen von euch, die die Wahrheit verstehen, die im Höchstheiligen Buch, in der Bibel enthalten ist, wisst, dass ihr dieses Große Geschenk des Wissens nicht missbrauchen dürft. Ihr dürft niemals etwas von der Bibel wegnehmen oder ihr etwas hinzufügen. Auch dürft ihr nicht versuchen, irgendwelche neue Interpretationen oder Bedeutungen aus ihr zu schaffen.

Ich bereite nun euch alle vor, nur deshalb, weil die Mehrheit von euch Meine Göttliche Barmherzigkeit sonst nicht annehmen würde. Würde Ich euch nicht eingehend vorbereiten, dann wäret ihr nicht bereit. Und doch, obwohl Ich jetzt zu euch spreche, beleidigen Mich viele von euch. Wenn ihr anderen Menschen Böses antut, dann werdet ihr sehr leiden. Diejenigen von euch, die anderen Menschen Böses antun und dann sagen, dass ihr dies in Meinem Namen tut, wisset, dass ihr niemals bei Mir im Paradies sein werdet. Wenn ihr das Wort Gottes ablehnt, dann werdet ihr niemals die Wahrheit annehmen. So störrisch seid ihr, so voller Ego und Selbstgerechtigkeit, dass ihr die wahre Liebe nicht fühlen könnt, die nur von Mir, Jesus Christus, kommen kann. Geht weg von Mir, Ich kenne euch nicht. Ihr seid nicht von Mir.

Der Geist des Bösen wird viele davon überzeugen, dass Meine Gerechtigkeit so barmherzig sein werde, dass alle in Mein Neues Paradies aufgenommen werden können. Bald wird jede Wahrheit, die im Evangelium belegt ist, überarbeitet und dann in einem anderen Licht interpretiert werden. Viele werden getäuscht werden und viele werden sich nicht die Mühe machen, ihre Seele vorzubereiten, einschließlich derjenigen, die an Mein Zweites Kommen glauben. Dieses falsche Gefühl der Sicherheit wird die größte Täuschung sein, ausgedacht, um dem Menschen sein natürliches Recht auf das Reich Gottes zu verwehren. Wo keine Versöhnung von den Menschen zur Vergebung ihrer Sünden gesucht wird, da kann es keine Erlösung in Meinen Augen geben.

Meine Hand der Gerechtigkeit wird auf die Menschheit niederfahren. Ich werde die undankbaren Seelen — diejenigen, die sich entschieden haben, ihre falschen Götter aus Gold und Silber abgöttisch zu lieben und weltliche und stolze Führer anzuhimmeln — trennen von den Sanftmütigen und Demütigen. Ich werde allen Barmherzigkeit zeigen, die Mich bitten, sie zu beschützen, aber diese lauten und unersättlichen selbsternannten Propheten, die Mir Seelen vorenthalten haben werden, werden niemals Meine Barmherzigkeit suchen, denn ihr Stolz wird nur dazu dienen, sie für die Ewigkeit von Mir zu trennen.

Euer Jesus

990. Er, der Antichrist, wird viele Sprachen sprechen, aber nicht ein Wort Latein wird von seinen Lippen kommen.

Montag, 9. Dezember 2013, 19:46 Uhr

Meine innig geliebte Tochter, Meine Zeit ist nahe. Je näher der Große Tag heranrückt, desto mehr Zeichen werden in der Welt gesehen werden.

Der Mann, den sie der Welt als den ‚Mann des Friedens' offenbaren werden, bereitet sich jetzt vor, Mich in jeder erdenklichen Art und Weise zu imitieren. Er kennt die Heilige Schrift in und auswendig, und aufgrund seiner Herkunft wird er die Worte verkehrt herum von sich geben, so dass deren Bedeutung umgekehrt ist. Aus seinem Mund werden sich die Gotteslästerungen, die Häresien, die Lügen und die Schändung Meines Wortes ergießen. Er wird jeden mit seinem Wissen über alles Heilige beeindrucken. Er wird aus Meinen Lehren Zitate aufsagen, die er leidenschaftlich von allen säkularen Bühnen der Welt verkünden wird, bis die Leute aufhorchen und Notiz von ihm nehmen.

Viele werden sagen: „Wer ist dieser Mann, der mit solcher Weisheit spricht? Wer ist er, der mit Liebe für die Massen in seinem Herzen zur Welt ruft? Ist er der Herrgott, Jesus Christus?" werden sie fragen, wenn man ihm viele Wunder zuschreiben wird. Und wenn er mit Meinen anderen Feinden, die als heilige Diener Gottes verkleidet sein werden, an den Altären wandelt, wird er von beiden Seiten in der Welt, von den wahren Gläubigen und den Heiden, vollständig akzeptiert werden.

Er, der Antichrist, wird die Wahrheit verdrehen und die Lüge verkünden, dass er Ich sei und dass er käme, um euch das Heil zu bringen. Es wird die Lüge verkündet werden, dass er im Fleische käme. Er wird niemals auf Jesus Christus anspielen — Der im Fleische kam — bis zu Seinem Tod am Kreuz, denn das ist unmöglich. Nein, er wird die Tatsache umgekehrt verkünden. Er wird sagen, dass er endlich — in dieser Zeit — im Fleisch gekommen sei. Viele werden glauben, dass er der Christus sei. Er, der Antichrist, wird viele Sprachen sprechen, aber nicht ein Wort Latein wird von seinen Lippen kommen.

Das Tier wird vergöttert werden, während Ich, der Wahre Erlöser der Welt, vergessen werde und Mein Wort mit Füßen getreten werden wird. Ihr dürft die Lügen nicht glauben, die von dem Tier ausgesprochen werden, wenn er (Satan) stolz im Tempel sitzt, eingerichtet, um ihn zu ehren.

Euer Jesus

991. Ihr könnt die Wahrheit nicht vermitteln, wenn euer Ego auf das Beliebtsein ausgerichtet ist.

Dienstag, 10. Dezember 2013, 23:00 Uhr

Meine innig geliebte Tochter, wie es Mich schmerzt zu sehen, wie so viele Menschen die falsche Demut akzeptieren, die sich hinter dem Humanismus verbirgt, der von denen in Meiner Kirche so begünstigt wird.

Meine Rolle als Retter und Erlöser der Menschheit ist jetzt vergessen. Die falsche Demut in Meiner Kirche wird auch weiterhin zu sehen sein, und alle werden denjenigen applaudieren, die sich stark machen für die Wichtigkeit dessen, dass man sich für das Wohlergehen der Menschen in Not einsetzt. All dies wird in eine falsche Religion münden.

Wann habt ihr, die ihr euch Diener Gottes nennt, beschlossen, das Wahre Wort Gottes gegen eure eigene fehlerhafte Interpretation von diesem auszutauschen? Wann habt ihr beschlossen, das Christentum gegen den Humanismus auszutauschen, wo Ich nicht erwähnt werde? Wisst ihr nicht, dass nichts von dem kommt, was nicht von Gott kommt? Wie wenig habt ihr gelernt und wie töricht seid ihr, wenn ihr glaubt, dass eure sogenannten guten Werke — wenn ihr euren Schwerpunkt auf materielle Fürsorge setzt — jemals die Wahrheit ersetzen können.

Wenn ihr eure vorrangige Rolle — die über alles wichtige Lehre von der Rettung der Seelen der Kinder Gottes — ignoriert, dann könnt ihr niemals sagen, dass ihr ein Diener von Mir seid. Wie leicht ist es für euch, dazu aufzurufen, die Armen, die Elenden und die wirtschaftlich benachteiligten Mitglieder eurer Gesellschaft zu retten. Wenn ihr diesem Irrweg folgt, auf dem ihr die Bewunderung der Welt für eure sogenannten guten Werke sucht, dann vergesst ihr die wichtigste Rolle, für die ihr berufen wurdet. Diese heißt, Mir, eurem Jesus, zu dienen. Sie bedeutet nicht, in Meinem Heiligen Namen persönliches Beliebtsein zu suchen. Wem nützt es etwas, wenn für sein leibliches Wohl im Leben gesorgt ist, wenn er seine Seele nicht retten kann? Wenn ihr Bewunderung von der säkularen Welt sucht, durch öffentliche Aktionen, die darauf angelegt sind, euch beliebt zu machen, dann tragt ihr nicht Mein Kreuz. Wenn ihr Mich nicht nachahmt, dann könnt ihr nicht für Mich sprechen. Ihr könnt die Wahrheit nicht vermitteln, wenn euer Ego auf das Beliebtsein ausgerichtet ist.

Wenn ihr das Opfer vergesst, das Ich brachte, um eure Seelen zu retten, dann könnt ihr Mir nicht dienen. Wenn ein Priester den Grund vergisst, warum er ein Diener von Mir geworden ist, dann ist sein Sündenfall zehnmal schlimmer als der einer gewöhnlichen Seele. Denn wenn er sich von Mir entfernt, dann nimmt er die Seelen, die er beeinflusst und die seinem Urteil vertrauen, mit sich mit. Meine Diener, hört jetzt diesen Meinen Aufruf, die Seelen all jener zu retten, für die ihr durch das Sakrament der Priesterweihe bestellt worden seid. Wenn ihr es unterlasst, das weiterzugeben, was euch gelehrt worden ist, dann lehrt ihr nicht die Wahrheit. Wenn ihr den Humanismus fördert und jene Seelen in eurer Diözese drängt, das gleiche zu tun, dann lehnt ihr Mich ab. Ihr tauscht Mich, Jesus Christus, gegen das Verlangen aus, nicht nur die soziale Gerechtigkeit zu fördern, sondern auch in den Augen der anderen Bewunderung für eure guten Werke zu suchen. Ihre Bewunderung und euer Verlangen, beliebt zu sein, bedeuten, dass ihr Mir nicht mehr dient. Wenn ihr Mir nicht mehr dient, dann lasst ihr zu, dass ihr in Irrtum fallt, und bald werdet ihr Mich überhaupt nicht mehr so würdigen, wie ihr es solltet.

Nur die Wenigen, die Auserwählten, werden Mir bis zum letzten Tag dienen. An diesem Tag werden viele von denen, die sich Diener in Meiner Kirche auf Erden nennen, weinen und schreien und Mich anflehen, ihnen Barmherzigkeit zu zeigen. Bis dahin werden sie Mir Milliarden Seelen verloren haben, und viele von ihnen werden so in dem Gräuel verfangen sein, dass es ihnen nicht gelingen wird, die Wahrheit über ihr Schicksal zu verstehen, bis es zu spät ist.

Wacht auf, diejenigen von euch, die ein ungutes Gefühl der Trostlosigkeit und Verwirrung haben, das euch als Meine Diener in dieser Zeit umgibt. Bleibt jederzeit fest verwurzelt in der Wahrheit. Vergesst nicht eure Rolle als Meine heiligen Diener, die darin besteht, Meine Herde mit der Wahrheit zu nähren und dafür zu sorgen, dass sie die Nahrung erhält, die notwendig ist, um ihre Seelen zu retten.

Eure Aufgabe ist es, Mir Seelen zu bringen.

Euer Jesus

992. Mutter der Erlösung: Ihnen werden in der frisch erneuerten Kirche des falschen Propheten Ehrendoktortitel verliehen werden.

Mittwoch, 11. Dezember 2013, 22:05 Uhr

Mein Kind, die Welt wird durch viele Aktionen getäuscht werden, die für Werke großer Nächstenliebe gehalten werden. Es wird erklärt werden, dass die tätige Nächstenliebe in den Augen Gottes die größte und am meisten gewünschte Eigenschaft sei.

Wenn sich diejenigen, die Regierungen, Kirchen und Staaten kontrollieren, zusammenschließen, werden sie große Kontrolle über die Kinder Gottes erlangen. Die Kontrolle über die weniger Glücklichen in eurer Gesellschaft kann zweierlei bedeuten: Sie wird entweder für gute Maßnahmen eingesetzt oder für falsche Beweggründe.

Ich muss euch alle bitten, konzentriert euch auf diesem schwierigen Weg zum Heil – mit all eurer Aufmerksamkeit – weiterhin darauf, was Mein Sohn wünscht. Viele von Gottes treuen Dienern werden, auch wenn sie guter Absicht sind, zu schwach sein, um auf dem Weg zum Heil zu bleiben. So stark wird der Druck auf sie sein, Meinen Sohn zu verleugnen, von Seiten jener Feinde Gottes, dass sie von der Wahrheit abfallen werden.

Der falsche Prophet wird einen starken ökumenischen Glauben einführen, und das wird jeden Häretiker befriedigen. Die Mehrheit derjenigen in der Kirche Meines Sohnes wird getäuscht werden, aber fast die Hälfte der heiligen Diener Meines Sohnes wird sich weigern, den Eid auf den endgültigen Fluch abzulegen, der fälschlicherweise als ein Schwur auf die Heilige Eucharistie erklärt werden wird. Die Heilige Eucharistie und ihre Schändung werden der Kern aller Unzufriedenheit und aller Widerstände sein. Dann, wenn man ihm die falschen Wunder zuschreiben wird, werden viele Prominente der Welt den falschen Propheten umgeben, um an seinem Hofe Gunst zu erlangen. Danach wird er eine Ehrenliste erstellen, und ihnen werden Ehrendoktortitel verliehen werden, in der frisch erneuerten Kirche, die bloß eine leere Hülle der früheren Kirche sein wird. Alle werden ihre Auszeichnungen für die großen Werke der tätigen Nächstenliebe annehmen, deren Vorsitz sie unter der Leitung des Betrügers innehatten. Jeder wird ein Loblied auf den anderen singen, bis sie öffentlich erklären werden, der falsche Prophet sei ein lebender Heiliger aufgrund der sogenannten Wunder, die er, wie sie sagen werden, als Diener Gottes wirke. Und dann werden er und der Antichrist einen Großteil der Welt kontrollieren, aber Russland und Asien werden darin nicht einbezogen sein, denn diese beiden Reiche werden sich gegen das Neue Babylon erheben, bis Rom zerstört ist.

All diese Ereignisse werden stattfinden, und wenn ihr seht, wie sie die Kirchen als Orte verwenden, wo sie stolz ihre Größe, ihre Werke der tätigen Nächstenliebe kundtun werden, dann werdet ihr klar erkennen, wie Hochmut ihre Absicht diktiert. Wenn Rom gefallen ist, dann wird es mehr Drangsale geben, aber sie werden von kurzer Dauer sein. Dann wird die Zeit für die Rückkehr Meines Sohnes, Jesus Christus, reif sein.

Ihr dürft diese Prophezeiungen nicht ignorieren. Sobald ihr den neuen falschen Glauben annehmt, der bald verkündet werden wird, werdet ihr Meinen Sohn, Jesus Christus, verwerfen und ihr werdet von Seiner Barmherzigkeit abdriften. Gebt niemals euer Recht auf das Ewige Leben auf für irgendjemanden, der versucht, euch in die Häresie zu führen.

Eure liebe nde Mutter
Mutter der Erlösung

993. Denn wenn ihr auf diese Weise leidet, dann bringt ihr Mir Seelen, und diejenigen, die Mir Seelen bringen, gehören zu Mir.

Mittwoch, 11. Dezember 2013, 22:30 Uhr

Meine innig geliebte Tochter, da der Betrug innerhalb Meiner Kirche auf Erden zunimmt, werden viel mehr Seelen durch falsche Demut verführt werden und durch sogenannte öffentliche Akte großer Nächstenliebe für die Bedürfnisse der Armen.

So schwierig wird es sein und so schwer wird es sein, die Wahrheit zu erkennen, dass viele es einfach zulassen werden, in eine neue Lehre, die nicht von Mir kommt, hineingezogen zu werden. Wenn ihr, Meine geliebten Anhänger, zu bemerken beginnt, wie die Menschen euch öffentlich tadeln, euch unfair kritisieren, mit ungewöhnlicher Aggression euch gegenüber auftreten und euch quälen, dann müsst ihr wissen, dass Satan alles tut, was er kann, um in euren Herzen Zweifel über diese Mission zu säen. Er und seine Anhänger bekämpfen jeden von euch, der mit der Gabe des Heiligen Geistes gesegnet ist — jede Sekunde. Nicht einer von euch, der kämpft, um Mir zu helfen, Seelen zu retten, wird in Ruhe gelassen werden. Ihr werdet auf viele Hindernisse stoßen, damit ihr euch von dieser Mission entfernt und Mein Wort ablehnt. Jedes Mal, wenn dies geschieht, wisst, dass Ich euch mit Meinem Schutz einhüllen werde, und ihr werdet euch Meiner Gegenwart in euch bewusst sein, denn nicht ihr seid es, die sie bekämpfen, Ich bin es.

Wenn ihr verletzt wurdet aufgrund eurer Liebe zu Mir, dann ist es Mein Schmerz, den ihr fühlt. Wenn ihr vor Kummer Tränen vergießt, weil ihr Mir nachfolgt und dann dafür gequält werdet, dann sind es Meine Tränen, die aus euch fließen. Wenn sie euch verachten und verspotten, dann bin Ich es, den sie beleidigen, und alles, was mit Mir zusammenhängt — nicht ihr seid es. Und wenn sie eure Liebe wegwerfen und euch den Rücken kehren, dann bin Ich es, von dem sie weggehen. Wisst dann, dass, wenn ihr solch schwere und schrecklich quälende Prüfungen in Meinem Namen erleidet, Meine Gegenwart dann am stärksten ist. Wenn Ich auf diese Weise gegenwärtig bin, dann werdet ihr mit absoluter Sicherheit wissen, dass einzig und allein Mein Werk diese Art von Leiden auf sich ziehen wird. Wisst dann, dass Ich euch niemals verlassen werde, denn eure Liebe zu Mir wird euch die höchste Belohnung in Meinem Reich einbringen. Denn wenn ihr auf diese Weise leidet, dann bringt ihr Mir Seelen, und diejenigen, die Mir Seelen bringen, gehören zu Mir in Leib, Seele und Geist. Ihr seid in Mir und mit Mir, und Ich lebe in euch.

Ich liebe euch.

Euer Jesus

994. Während Meiner ganzen Kindheit wusste Ich, Wer Ich war.

Donnerstag, 12. Dezember 2013, 23:15 Uhr

Meine innig geliebte Tochter, da die Zeit Meines Geburtstages näher rückt, wünsche Ich, dass alle Christen überall über den Grund für Meine Geburt nachsinnen.

Meine Geburt wurde von Meinem Vater geplant, aus Seiner Großen Barmherzigkeit und aus Seiner außergewöhnlichen Liebe zu Seinen Kindern heraus. Sein größtes Opfer war es, Seinen einzigen Sohn, gezeugt von Ihm, in eine undankbare Welt zu senden, voll von Sündern, die von Ihm — zu Seinen Bedingungen — nichts wissen wollten. Jedes Eingreifen wurde unternommen — durch die Propheten —, um zu versuchen, ihre verhärteten Herzen umzuwandeln, damit sie nach Seiner Herrlichkeit streben würden. Aber sie wandten sich gegen Ihn und töteten die Propheten, welche sie mit der Nahrung für ihre Seelen versorgten.

Indem Er ein unschuldiges Kind, Seinen eingeborenen Sohn, in die Welt sandte, platzierte Er Sich Selbst als niederer Diener im menschlichen Fleische vor denjenigen, die ihrem Meister hätten dienen sollen. Der Meister wurde daher der Diener, was die größte Form der Demut war. Doch da Er Seine Kinder so liebte, war Er bereit, alles zu tun, um sie aus der Täuschung und der Versuchung Satans zurückzugewinnen.

Während Meiner ganzen Kindheit wusste Ich, Wer Ich war und was von Mir erwartet wurde. Ich war auch sehr erschrocken und überwältigt von dem Wissen, Wer Ich war und was von Mir erwartet wurde. Weil Ich ein Mensch war, litt Ich unter der Angst. Ich war leicht verletzlich. Ich liebte alle, die mit Mir in Kontakt kamen, und Ich vertraute allen, weil Ich sie liebte. Ich wusste nicht, dass sie Mich töten würden, denn Ich dachte, dass Mein Königreich gekommen sei. Es gab bestimmte Dinge, die von Meinem Vater von Mir ferngehalten wurden, Der nicht mit Mir kommunizierte, wie ihr vielleicht glaubt. Stattdessen erhielt Ich ein eingegossenes Wissen, wenn es von Meinem Vater gewünscht war, in der Aufgabe, die Mir zugewiesen war, um allen Menschen Erlösung zu bringen.

Jede Art Göttlichen Eingreifens wurde unternommen, um die Seelen derer zu gewinnen, die dachten, dass sie die Gebote Meines Vaters kannten, sie aber verdrehten,

um sie ihren eigenen Wünschen und ihrem Ego anzupassen.

Ich verbrachte viele Jahre Meines Lebens mit Meiner geliebten Mutter und Meinem Vater, dem Heiligen Joseph, genauso wie jede Familie. Ich liebte sie so sehr und Ich war glücklich. Wir waren innig verbunden und Meine Mutter war mit besonderen Gnaden beschenkt, die Ihr durch die Kraft des Heiligen Geistes gegeben worden sind. Dies bedeutete, dass Sie genau wusste, was Meine Mission mit sich brachte. Sie kannte die Schwierigkeiten, die auf Mich zukommen würden. Die Ablehnung. Den Spott. Aber auch Sie wusste nicht, dass Ich ermordet werden würde.

Es war nach den ersten beiden Jahren in Meiner Mission, nachdem Ich zwanzig Stunden am Tag damit verbracht hatte, die Wahrheit zu predigen, dass Ich erkannte, dass der Widerstand zugenommen hatte. All diejenigen, die Mein Wort hörten, waren davon in Alarm versetzt, auch wenn sie nicht genau verstehen konnten, was Ich ihnen zu sagen versuchte. Vielen, die akzeptierten, dass das, was Ich sagte, die Wahrheit war, fiel es schwer, Mir nachzufolgen, wegen des Spottes, dem sie ausgesetzt waren. Wie auch immer, Meine Feinde konnten Mich nicht ignorieren. Ich war das Thema vieler Debatten, vieler Auseinandersetzungen und großer Reibereien.

Sie verbreiteten schreckliche Lügen über Mich, einschließlich Meiner Moral, Meiner Zurechnungsfähigkeit und Meiner Absichten — und doch konnten sie das nicht ignorieren, was Ich tat, was Ich sagte und was Ich ihnen vom Königreich Meines Vaters erzählte.

Ich wurde von denen verraten, die Mich liebten, denen aber der Mut fehlte, Mir nachzufolgen.

Durch die Gnade Meines Vaters ertrug Ich all diesen Schmerz, bis Mir klar wurde, worauf dies endgültig hinauslaufen würde. Ich wusste dann, dass sie Mich nicht annehmen würden. Ich wusste — gegen Ende — die Wahrheit, aber Ich wusste auch, dass Ich nicht aufgeben konnte. Und so – durch den größten Akt der Demut – wurde Gott ein Opfer, durch Seinen Einzigen Sohn, und so ließ Er es zu, dass die Menschen Ihm ein schreckliches Leid, eine fürchterliche Geißelung und einen gewaltsamen Tod zufügten. Dieser – in den Augen Satans – scheinbar feige Akt von Mir bedeutete, dass er bezweifelte, dass Ich tatsächlich der Menschensohn war. Und so wurde er getäuscht. Satan konnte daher diesem Großen Akt der Demut nicht entgegenwirken, denn es gab niemanden mehr, den er hätte in Versuchung führen können. Als Ich in Meinen Tod ging, ein williges und schweigsames Opfer, voller Liebe für die Menschheit, konnte er, Satan, mit dieser Tat nicht wetteifern, denn er besitzt keinerlei Demut. Also ging Ich bereitwillig und mit einem brennenden Verlangen, Seelen zu retten und der Welt das Erbe des Ewigen Lebens zu hinterlassen. Mein Königreich blieb je-

doch zum größten Teil unter der Herrschaft Satans. Die Seelen kannten allerdings die Wahrheit.

Um nun sicherzustellen, dass die Menschheit die Wahrheit versteht, komme Ich jetzt, um Mein Königreich zurückzufordern. Damit habe Ich den Zorn Satans auf Mich geladen. Seine Pläne, die Wahrheit zu verbergen, sind kompliziert und ausgeklügelt. Schlau hat er Meine Kirche unterwandert in diesem seinem letzten Versuch, Mir die Seelen streitig zu machen, für die Ich gekommen Bin. Die Seelen, die ein natürliches Recht auf das Glorreiche Königreich haben, das Ich ihnen versprochen habe. Dieses Mal wird er nicht gewinnen. Aber viele Seelen werden getäuscht und von daher um das Größte Geschenk, das der Menschheit von Meinem geliebten Vater gegeben ist, betrogen werden. In Ewigkeit ein Leben in der Herrlichkeit Gottes zu leben, mit einem vollkommenen Leib und einer vollkommenen Seele, steht euch zu. Euch allen. Verspielt dieses nicht, indem ihr zulasst, dass ihr für das Wahre Wort Gottes blind gemacht werdet.

Euer Jesus

995. Ihr seid jetzt drei Jahre lang vorbereitet worden. Erhebt euch und nehmt euer Kreuz auf euch und folgt Mir nach.

Samstag, 14. Dezember 2013, 15:17 Uhr

Meine innig geliebte Tochter, die Vorbereitungen für Mein Eingreifen Großer Barmherzigkeit, um die Herzen der Menschen von Stein zu Gold zu verwandeln, haben heute begonnen. Die Zeichen am Wetter werden für diejenigen bezeugt werden, die Augen haben und sehen können, und für jene, die wachsam sind hinsichtlich Meiner Verheißung, jedem die gleiche Chance der Rettung zu geben.

Jene, deren Glaube schwach geworden ist, werden mit dem Feuer des Heiligen Geistes erneuert werden. So stark wird der Heilige Geist sein, wenn sie das Licht, die Strahlen Meiner Barmherzigkeit, sehen, dass viele durch dessen Kraft zu Boden gestreckt werden.

Diejenigen, die Mich hassen und denen ihre Sünden nichts bedeuten, werden weiter im Geist sterben und vor Entsetzen von Mir davonkriechen. Einige werden Mein Eingreifen nicht überleben, denn der Schock wird ihre Kräfte übersteigen.

Ich bereite in dieser Zeit alle auserwählten Seelen vor, indem Ich sie anweise, zur Beichte zu gehen und wegen der Sünden anderer Menschen zu beten. Meine Zeit kommt bald. Mein Eingreifen wird schnell und gewaltig sein, und von diesem Tage an wird sich die Welt in zwei Hälften teilen. An diesem Tag wird die Welt von innen nach außen gekehrt werden, und nur diejenigen, die in Meiner Gnade bleiben, werden die Prüfungen aushalten, die überall zu sehen sein werden.

Ihr seid jetzt drei Jahre lang vorbereitet worden. Erhebt euch und nehmt euer Kreuz auf euch und folget Mir nach. Seid stark. Ich werde euch Mut geben, denn ihr werdet ihn brauchen, da die Finsternis jener Seelen, die Meine Barmherzigkeit zurückweisen werden, über die Erde fallen und sich dann ausbreiten wird. Nur diejenigen, die mit dem Heiligen Geist gesegnet sind, werden das Licht bieten, das all jene führen wird, die in Mein Königreich eingehen möchten, so dass sie ihren Weg in Richtung Ewiges Leben finden können.

Euer Jesus

996. Stolz ist eine gefährliche Eigenschaft, weil er den Menschen glauben macht, er sei größer als Gott.

Sonntag, 15. Dezember 2013, 16:45 Uhr

Meine innig geliebte Tochter, der Mensch kennt nicht die Göttlichen Gesetze und den Göttlichen Willen Meines Vaters. Der Mensch ist ein Geschöpf Gottes und als solchem wurde ihm nicht das Geschenk des Wissens gegeben in Bezug auf viele Geheimnisse, die nur die Engel und die Heiligen im Himmel kennen. Daher kann ein Mensch nicht sagen, er wisse, warum Mein Vater zulasse, dass bestimmte Ereignisse in der Welt stattfänden, während ein anderer Mensch behauptet, er sei in die Entstehung des Universums eingeweiht. Der Mensch ist einfach ein Diener Gottes, aber Gott gewährte ihm, weil Er den Menschen nach Seinem vollkommenen Bild erschaffen wollte, viele Gaben und Talente. Er gab dem Menschen niemals die Kenntnis vom Baum des Lebens, und das hatte einen Grund: Der Mensch zerstörte seine Stellung in den Augen Gottes, als Adam und Eva sich selbst von Ihm trennten — aufgrund der Sünde des Stolzes. Die Sünde des Stolzes setzt sich heute fort und ist die Ursache großer Trennung von Gott. Der Stolz ist eine gefährliche Eigenschaft, weil er den Menschen glauben macht, er sei größer als Gott. Der Stolz verleitet den Menschen dazu, sich in Gottes Göttliche Gesetze einzumischen. Dies schließt die Meinung ein, dass der Mensch das Recht habe zu entscheiden, wer das Geschenk des Lebens erhalten hat, und wer das Recht habe, es wegzunehmen.

Stolz lässt den Menschen auch glauben, dass er wisse, wie das Universum entstanden ist, während er tatsächlich aber keine Kenntnis von solch einem Wunder hat. Nur Gott hat die Macht, etwas zu erschaffen. Allein Gott kann entscheiden, wie weit Er den Menschen Seine Schöpfung erforschen oder manipulieren lassen will. Dennoch glaubt der Mensch, dass er all die Antworten kenne. Wenn der Mensch glaubt, dass er sein eigenes Schicksal und das Schicksal anderer Menschen unter Kontrolle habe, fällt er in großen Irrtum, denn wenn er die Sünde Luzifers nachahmt, wird er weggeworfen werden. Wenn der Mensch sich weigert, seinem Schöpfer zu antworten, dann wird Er, sein Schöpfer, nicht mehr da sein, um ihn am letzten Tag zu trösten.

Ihr dürft dem Stolz niemals erlauben, euch glauben machen, dass ihr alle Dinge dieser Welt und darüber hinaus kennt, denn das ist unmöglich. Stattdessen müsst ihr auf die im Heiligen Evangelium enthaltenen Anweisungen hören und sie annehmen, damit ihr in Frieden und in Übereinstimmung mit dem Willen Meines Vaters leben könnt. Denn wenn ihr euch vor Ihm demütig macht, wird Er euch große Herrlichkeit zeigen, und dann werdet ihr am letzten Tag das große Mysterium Seines Glorreichen Königreiches verstehen.

Euer Jesus

997. Durch das Sakrament der Taufe ist die Macht des Tieres geschwächt.

Montag, 16. Dezember 2013, 19:25 Uhr

Meine innig geliebte Tochter, wenn ihr nahe Meinem Herzen seid und wenn Seelen sich Mir völlig hingeben, dann geschehen einige Dinge.

Als erstes wird jegliche Furcht vor menschlichen Eingriffen in euer Leben verschwinden. An die Stelle dieser Furcht werden der Friede und die Zufriedenheit treten, die aus Mir kommen, wenn Ich wirklich in eurem Herzen und eurer Seele wohne. Keine noch so große Beleidigung, Grausamkeit oder Kritik kann eure Seele durchdringen, denn ihr werdet diesen Schmerz Mir übergeben haben. Deshalb müsst ihr angesichts solcher Angriffe immer ruhig bleiben und schweigen.

Die nächste Gnade, die euch gegeben werden wird, wird die Stärke sein, der Versuchung zur Sünde zu widerstehen. Diese Versuchung, der alle Seelen tagtäglich durch den Teufel ausgesetzt sind, ist sehr gewaltig, und sehr wenige Menschen haben die Willenskraft, es zu vermeiden, in Sünde zu fallen. Wenn ihr aber euren Willen dem Meinen hingegeben habt, dann ist es Mein Wille, der in eurer Seele wohnen wird und der dann die Versuchungen überwinden wird, denen ihr ausgesetzt seid.

Unterschätzt nie und nimmer, welch starken Würgegriff Satan auf die Menschheit ausübt. Diese Macht ist wie ein gewaltiger Sturm, und ebenso, wie ein starker, heftiger Windstoß euch zu Boden schmettern kann, ähnelt die Verführung, der euch der Teufel aussetzt, einer Kraft, die euch in Sekundenschnelle hochheben und in die Sünde saugen wird, die ihr zu vermeiden sucht.

Der Mensch wird mit der Sünde geboren. Durch das Sakrament der Taufe ist die Macht des Tieres geschwächt. Danach wird, während ihr durch die vielen Prüfungen und Versuchungen des Lebens geht, jeder Mensch zu jeder Art von Sünde verleitet werden. Nur diejenigen, die hart arbeiten, um die Sünde zu vermeiden, werden den erbitterten Kampf bewältigen, den der Teufel inszeniert, um ihre Seelen zu verschlingen. Eine regelmäßige Kommunikation mit Mir ist wichtig. Alles, was ihr tun müsst, ist, mit Mir in euren eigenen Worten zu sprechen. Bittet Mich regelmäßig, euch

die Sünden zu vergeben, die ihr bereut. Empfangt die Sakramente regelmäßig. Dann schließlich vertraut auf Mich, denn wenn ihr das tut, dann habe Ich die Macht, euch vom Abgrund der Sünde zurückzuziehen. Wenn ihr Mir euren Willen übergebt, wird Mein Wille die treibende Kraft werden, euch vor Satan zu schützen.

Dadurch, dass ihr euch Mir völlig hingebt, werdet ihr eure Seele vervollkommnen.

Euer Jesus

998. Allein das Licht Gottes kann ewige Glückseligkeit bringen.

Mittwoch, 18. Dezember 2013, 16:40 Uhr

Meine innig geliebte Tochter, der Anfang ist ohne Ende. Sobald Leben von Meinem Vater geschaffen ist und sobald der Mensch seinen ersten Atemzug tut, wird er im Leib existieren und dann in der Seele in alle Ewigkeit.

Das größte Geheimnis des Ewigen Lebens besteht darin, dass es existiert, unabhängig davon, ob der Mensch sich dafür entscheidet oder nicht. Dem Menschen ist das Geschenk des freien Willen gegeben worden — und bis zum Tag seines letzten Atemzuges auf Erden hat er eine Wahl: Er kann sein Leben leben, so gut er kann und nach den Geboten Gottes, und sein Heil verdienen — oder er kann die Wahrheit von Gottes Existenz vergeuden und sein Leben nach seinem eigenen Belieben leben. Wenn er seine eigenen Begierden, seine Gier und seine Wünsche im Widerspruch zum Wort Gottes befriedigt, geht er schreckliche Risiken ein, welche Konsequenzen für die Ewigkeit haben werden.

Diejenigen, die das Glück haben, die höchstherrliche Erlösung zu erlangen, werden ein Ewiges Leben der Verzückung im Reich Gottes leben. Sie werden jede Form von Herrlichkeit in Einheit mit dem Willen Gottes genießen und sie werden eine vollkommene Existenz leben, die niemals enden wird. Diejenigen, die sich entscheiden, Gott den Rücken zu kehren, selbst wenn von Mir alle Anstrengungen unternommen worden sein werden, ihre bedauernswerten Seelen zu retten, werden auch eine ewige Existenz haben. Traurigerweise werden sie eine schreckliche Qual ertragen in einsamer und verzweifelter Trostlosigkeit. Auch sie werden auferweckt werden, zugleich mit den Lebenden und den Toten, aber ihre Existenz wird eine schmerzhafte sein, da sie niemals das Licht Gottes sehen werden. Allein das Licht Gottes kann ewige Glückseligkeit bringen.

Wenn ihr euren letzten Atemzug auf Erden tut, bedeutet das lediglich, dass ihr dann in die nächste Etappe eurer Reise in die Ewigkeit mitgenommen werdet. Es gibt nur einen Weg zu nehmen, und das ist der eine, auf dem ihr zu Mir kommt. Jeder andere Weg wird euch in eine schreckliche Existenz führen — und doch glauben viele irregeführte Seelen, sie würden die Wahrheit kennen, wenn sie die Existenz der Ewigkeit zurückweisen.

Ihr dürft niemals die Wahrheit ablehnen, denn allein die Wahrheit kann euch ewiges Heil bringen.

Euer Jesus

999. Am Tag des Gerichtes werdet ihr endlich die Macht Gottes verstehen.

Freitag, 20. Dezember 2013, 23:16 Uhr

Meine innig geliebte Tochter, wenn Ich es befehle, werden Satan und all seine Dämonen nachgeben. Trotz all ihrer Macht sind sie nichts vor Mir, dem Menschensohn, Jesus Christus. Trotz all Meiner Demut, Meiner Opfer, Meiner Appelle an die Menschen, Meiner Liebe zu erlauben, sie an Mich zu ziehen, darf Meine Gottheit niemals unterschätzt werden. Meine Macht darf niemals verkannt werden, denn Ich Bin Allmächtig und Mein Reich wird ewig herrschen, mit oder ohne den Menschen, der den freien Willen hat und daher die Wahl hat, Mir nachzufolgen oder nicht.

Auch wenn die durch die Sünde entstandene Schwachheit der Menschheit jeden Menschen für die Versuchung durch Satan anfällig macht, dürft ihr niemals glauben, dass er alle Macht in Händen halte, denn das tut er nicht. Jeder Dämon, auch ihr aller Meister, das Tier, wird auf Meinen Befehl hin Mir zu Füßen fallen. Wisst ihr das nicht? Denn es gibt nur Einen, Der die Gottheit hat, alle unter Seine Füße zu unterwerfen, und das Bin Ich, Jesus Christus.

Um das Wohlwollen Gottes zu gewinnen, muss jeder von euch zu Mir kommen. Ich liebe euch. Ich ziehe euch an Mich. Ich flehe euch an. Ich demütige Mich vor euch. Ich ließ Mich für euch am Boden, durch den Schlamm, schleifen, bevor Ich starb. Bald werdet ihr vor Meinem Angesicht stehen. Am Tag des Gerichtes werdet ihr endlich die Macht Gottes verstehen, und dann werdet ihr wissen, wie es ist, Angesicht zu Angesicht mit Meinem Göttlichen Licht zu kommen. So mächtig ist Mein Licht, dass nur die Reinen und Demütigen ihm standhalten werden. Es wird viele von euch zu Boden zwingen, wenn ihr euer Gesicht vor Mir abschirmen werdet. Sehr wenige von euch sind tauglich, vor Mir zu stehen, und doch werde Ich euch an Mich ziehen, bis ihr dort steht, wie ihr es hättet sollen, in voller Hingabe und im totalen Gehorsam Mir gegenüber. An diesem Tag wird euer freier Willen zu einem Ende kommen.

Euer Jesus

1000. Ihr könnt Meine Kirche nicht vom Wort — vom Fleisch — trennen, denn dann kann sie nicht existieren.

Samstag, 21. Dezember 2013, 20:13 Uhr

Meine innig geliebte Tochter, denen, die dir durch Mein Heiliges Wort vorwerfen, du würdest die Autorität Meiner Kirche bekämpfen, sage Ich: Sie müssen Meinen Ruf hören.

Die Kirche, die von Mir, Jesus Christus, geschaffen worden ist, wurde auf einem festen Fels gebaut, und wie sehr auch immer Meine Kirche — Mein Leib — angegriffen wird, die Pforten der Hölle werden sie niemals zerstören. Satan und seine Agenten werden nur das angreifen, was echt ist, was wahr ist und was von Mir ist. Dies ist es, worauf er all seine Energie richten wird: auf Meine Kirche. Ich Bin in Meiner Kirche Gegenwärtig, durch Meinen Leib, die Allerheiligste Eucharistie. Meine Feinde werden immer auf die Allerheiligste Eucharistie abzielen, da Sie nicht nur ein Symbol für Meine Liebe ist, für Mein Versprechen, die Welt zu erlösen — Sie ist Mein Leib. Sie lebt und atmet, denn Ich Bin es, Jesus Christus, Der in Ihr wohnt. Ich werde in der Heiligen Eucharistie Gegenwärtig bleiben, bis kurz vor dem Ende, aber Meine Kirche wird niemals sterben.

Mein Wort ist Fleisch geworden, und durch Mein Fleisch werdet ihr, Gottes Kinder, Mir nahe bleiben. Wenn Meine Feinde in der Vergangenheit Meine Kirche angegriffen haben, hat sich Meine Kirche geeint und gegen ihre Gegner gekämpft. Doch wenn Meine Kirche durch den Geist des Bösen von innen heraus angegriffen wird, wird sie auf sehr wenige Hindernisse seitens einer säkularen Welt stoßen.

Satan greift nicht sein eigenes Werk an. Als der Menschensohn werde Ich Meine Kirche niemals verlassen, denn sie ist undurchdringbar für den Teufel. Meine Anhänger werden Meiner Kirche bis zum letzten Tag treu bleiben. Allerdings wird die Zahl der Menschen hoch sein, die die Angriffe, denen Meine Kirche von innen heraus ausgesetzt sein wird, nicht verstehen werden. Sie werden zum größten Teil zufrieden sein mit den vielen Anpassungen, die bei den Heiligen Sakramenten und den Geboten Gottes eingeführt werden. Sie werden die Lüge schlucken, dass das moderne Leben eine moderne Kirche erfordere, dass die Menschen von heute es brauchen würden, Entscheidungen auf der Grundlage ihres eigenen freien Willens zu treffen — unabhängig davon, ob sie Gott beleidigen oder nicht. Dann, wenn sie Gott beleidigen und Gotteslästerungen begehen, wenn sie die Heilige Eucharistie entweihen, werden sie nicht mehr Teil Meiner Kirche sein. Meine Kirche wird intakt bleiben. Meine Kirche wird stehen bleiben, wegen derjenigen, die dem Wort Gottes treu bleiben werden — dem Wort, das Fleisch geworden ist. Denn ihr könnt Meine Kirche nicht vom Wort — vom

Fleisch — trennen, denn dann kann sie nicht existieren.

Ich habe versprochen, dass Ich Meine Kirche gegen die Tore der Hölle schützen würde, und Ich tue das jetzt, indem Ich Meine treuen gottgeweihten Diener vorbereite, zu Mir zu stehen und treu und standhaft zu bleiben, bis zum Großen Tag. Ich breche niemals Mein Versprechen.

Euer Jesus

1001. Mutter der Erlösung: Durch das Wunder der Erleuchtung des Gewissens wird Er, Mein Sohn, der Welt Freude, Liebe und Hoffnung bringen.

Sonntag, 22. Dezember 2013, 15:19 Uhr

Mein Kind, bitte lass es bekannt werden, dass Mein kostbarer Sohn Sich für Sein großes Eingreifen der Barmherzigkeit bereit macht. Die Welt wird aufgrund dessen erneuert werden, und viele werden jubeln in ihrem neu gefunden Freisein vom Zweifel an der Existenz Gottes.

Wie einsam sind jene, die Meinen Sohn nicht kennen. Als Mein Sohn auf dem Berge stand, kurz vor Seiner Himmelfahrt, waren Seine Jünger verwirrt und verängstigt aufgrund der Trennung, der sie ohne Ihn entgegensahen. Viele von ihnen gerieten in Panik und baten Meinen Sohn innig, sie nicht zu verlassen. Er tröstete sie, indem Er ihnen geduldig erklärte, dass diese Trennung nur vorübergehend sei, und dass Er ihnen Hilfe senden würde. Die Hilfe, auf die Er sich bezog, war das Geschenk des Heiligen Geistes. Danach sagte Er zu ihnen: „Fürchtet euch nicht, denn aufgrund der Hilfe Dessen, Den Ich euch senden werde, werdet ihr nicht alleine sein. Ich werde immer bei euch sein in Gestalt des Heiligen Geistes."

Denn obwohl Er an diesem Tage allen sagte, Er werde wiederkommen, haben sie nicht wirklich verstanden, was Er meinte. Einige dachten, es würde Wochen dauern, bis Er sich selbst bekannt macht. Aber vergesst nicht: Ein Tag in Gottes Zeit kann jederzeit sein. Jetzt rückt dieser Tag nahe und alle Prophetien, die hinsichtlich der Zeichen der Endzeit vorhergesagt sind, treten jetzt ein. Habt keine Furcht in eurem Herzen, liebe Kinder, denn die Zeit zu jubeln ist fast da. Es wird keine Tränen mehr geben noch Traurigkeit, denn der Große Tag Meines Sohnes wird plötzlich anbrechen und Er, Mein Sohn, wird all die Seinen in Seine Heiligen Arme einsammeln.

Betet um Gottes Große Segnungen und um die Große Barmherzigkeit, die Mein Sohn für jedes von Gottes Kindern in großer Fülle bereithält. Dies schließt die Guten, die Schlechten und die Gleichgültigen mit ein. Durch das Wunder der Erleuchtung des Gewissens wird Er, Mein Sohn, der Welt Freude, Liebe und Hoffnung bringen.

Seid dankbar für diese Große Barmherzigkeit. Die Liebe Meines Sohnes zu euch wird niemals sterben, schwächer werden oder euch vorenthalten werden, denn ihr gehört

Ihm. Ihr seid Sein. Ihr seid die Kinder Gottes. Ihr gehört nicht Satan.

Betet, betet, betet, dass die Menschheit die Barmherzige Hand Meines Sohnes dem Betrug und dem bösen Würgegriff, den der Teufel über die Schwachen ausübt, vorziehen wird.

Eure geliebte Mutter
Mutter der Erlösung

1002. Bald werdet ihr Mich in all Meiner Himmlischen Herrlichkeit sehen, und dann werdet ihr endlich das Mysterium Meiner Göttlichkeit verstehen.

Sonntag, 22. Dezember 2013, 15:56 Uhr

Meine innig geliebte Tochter, wie die Welt doch bald aufhorchen und Meine Gegenwart eingestehen wird! Meine Gegenwart wird in jeder Nation, in jedem Land und in jedem Haus gespürt werden, und niemand wird Meine Gegenwart leugnen — doch einige werden Mein Eingreifen nicht sehen wollen. Ihr müsst alle akzeptieren, dass, wenn die Warnung stattfindet, dass diese ein Großes Zeichen vom Himmel ist. Sie wird die Liebe bestätigen, die Gott für alle Seine Kinder hat.

Eure einsame Trennung von Gott wird an diesem Tag zu einem Ende kommen. Diejenigen, die den Schutz wollen, den sie ersehnen, den Schutz vor dem Leid, das heute in der Welt existiert, sollen Folgendes wissen: Ich werde eure Tränen abwischen. Euch eure Sünden vergeben. Ich werde euch alle segnen, einschließlich jener, die Mir den Rücken kehren werden, in der Hoffnung, dass sie zu Mir zurückgelaufen kommen, so dass Ich sie retten kann.

Die Welt ist Mein. Gottes Kinder werden versammelt werden, und all diejenigen, deren Namen im Buch des Lebens verzeichnet sind, werden in Meine Arme hineingefegt werden. Betet, dass diejenigen, die Zweifel haben, von diesen frei werden, dass diejenigen, die sich in schrecklicher Finsternis befinden, Mich um Barmherzigkeit bitten werden, und dass diejenigen, die Mich ablehnen, Mich letztendlich erkennen werden.

Ihr dürft niemals erlauben, dass die Gegner Meines Heiligen Wortes euch von Mir, eurem geliebten Jesus, abbringen. Bald werdet ihr Mich in all Meiner himmlischen Herrlichkeit sehen, und dann werdet ihr endlich das Mysterium Meiner Göttlichkeit verstehen.

Euer Jesus

1003. Mutter der Erlösung: Diese neue und obszöne Imitation des Wortes Gottes wird viele glauben lassen, dass es sich lediglich um eine moderne, aktualisierte Version des Neuen Testamentes handle.

Montag, 23. Dezember 2013, 18:36 Uhr

Mein Kind, die Finsternis wird so plötzlich über die Kirche Meines Sohnes hereinbrechen, dass viele sofort verstummen werden, so schockiert werden sie sein. Mein Sohn, Jesus Christus, der König, sei — so wird verkündet werden — nicht länger König. An Seine Stelle werden die erhöhten heidnischen Götter treten und alle Religionen, auch jene, die nicht von Gott kommen, und alle werden in der Kirche Meines Sohnes auf Erden Position beziehen.

Für die Welt wird die neue Verkündigung sogenannten Christentums eine gute Nachricht zu sein scheinen. Die Welt wird jubeln, denn viele werden das begrüßen, was sie als große Toleranz sehen werden für jede Art von Handlung, die bis dahin für eine Sünde in den Augen Gottes gehalten worden war.

Als Mein Sohn auf der Erde wandelte, lehnten die Pharisäer die Wahrheit ab. Sie glaubten nur an das, was ihnen passte, und sie glaubten an viele Unwahrheiten. Sie wollten die ausgestreckten Arme Meines Sohnes nicht ergreifen, während Er das Heilige Wort Gottes verkündete. Und wieder ist die Zeit gekommen, für jene, die behaupten, die Wahrheit zu kennen, Meinen Sohn abzulehnen. Damit meine Ich Sein Heiliges Wort, wie es im Höchstheiligen Evangelium verkündet ist. Bald wird das Höchstheilige Buch verworfen werden und ein neuer blasphemischer Ersatz wird allen innerhalb der Kirche Meines Sohnes und außerhalb von ihr verkündet werden. Viele werden getäuscht werden.

So gerissen sind die Feinde Meines Sohnes, dass diese neue und obszöne Imitation des Wortes Gottes viele glauben lassen wird, dass es sich lediglich um eine moderne, aktualisierte Version des Neuen Testamentes handle. Das Wort Meines Sohnes wird missbraucht und verändert werden, damit es etwas Neues bedeutet — etwas, was Er niemals gesagt hat. Der Teufel wird — durch die Feinde Meines Sohnes — immer die Welt täuschen, indem er die Wahrheit als eine Basis für Lügen benutzt. Sie werden immer das angreifen, was Wahr ist, indem sie mit der Wahrheit werken, um das Wort Meines Sohnes zu verleumden.

Sie werden zuerst mit Seinem Wort beginnen und es zerstören — zunächst, indem sie sich darüber lustig machen, und dann, indem sie es verwerfen, zu Gunsten von Häresien. Dann werden sie Sein Fleisch attackieren. Das Wort ist Fleisch geworden in Gestalt Meines Sohnes. Damals kreuzigten sie Meinen Sohn — und jetzt, wo Er wiederkommt, um die Erde zu erneuern, werden sie die Heilige Eucharistie zerstören. Alle von jenen, die Glauben haben, müssen durchhalten während dieser schrecklichen Geburtswehen, denn wenn alles vorbei ist, wird der Menschensohn Sich erheben und kommen, um Sein Königreich auf Erden zurückzufordern. Diejenigen, die Meinen Sohn lieben, müssen Ihm zu allen Zeiten Ehre erweisen und dürfen Ihn niemals verleugnen.

Ihr müsst vorbereitet sein, aus der Wahrheit zu leben, und dürft euch niemals (dem Druck) beugen, Lügen zu akzeptieren, die über die ganze Welt verbreitet werden, oder die neue Eine-Welt-Religion, die bald verkündet werden wird. Wenn ihr diese Dinge geschehen seht, könnt ihr euch sicher sein, dass die Zeit für das Zweite Kommen des Einzigen Wahren Erlösers — Jesus Christus, des Königs der Menschheit, nahe sein wird.

Eure geliebte Mutter
Mutter der Erlösung

1004. Nächste Weihnachten wird die Feier Meiner Geburt durch eine große Zeremonie ersetzt werden.

Mittwoch, 25. Dezember 2013, 5:10 Uhr

Meine innig geliebte Tochter, Ich Bin das Wort, das Fleisch geworden ist. Mein Leib umarmt heute die Welt, aber die Welt — mag sie auch Weihnachten feiern — lässt sich von Meinem Heilsplan nicht berühren.

Weihnachten ist nicht mehr eine Feier Meiner Geburt, sondern ein heidnischer Ersatz, wo im Streben nach dem Falschen auf jede Ehrerbietung verzichtet wird. Wie schwach ist doch der Glaube der Christen geworden! Wie haben sie doch all das vergessen, was Ich die Welt gelehrt habe! Wie sehr kümmern sie sich doch um materielle Annehmlichkeiten, die einmal nur zu Staub werden, und ignorieren dabei vollkommen den Zustand ihrer Seele.

Über euch ist die Zeit hereingebrochen, da der Glaube der meisten Christen so schwach geworden ist, dass über Meine Glorreiche Gottheit kaum gesprochen bzw. sie kaum erwähnt wird. Meine Lehren gelten in eurem Leben nichts mehr und viele Priester lieben Mich nicht mehr so, wie sie es sollten. Nein, Meine Tochter, eigentlich kennen sie Mich überhaupt nicht.

Ich werde nicht ruhen, bis Meine Stimme gehört worden ist, bis Ich euch wachrüttle für den Ruf, euren Glauben zu erneuern. Bald wird euer Glauben an Mich noch schwächer werden. So beschäftigt werdet ihr sein, in Anspruch genommen von politischen Angelegenheiten in Bezug auf Länder, in denen Krieg und Armut um sich greifen, dass ihr Mich vergessen werdet. Ich werde ersetzt werden in eurem Glauben, durch Meine Feinde, die sich als Meine Diener ausgeben und die euch immer weiter von Mir wegführen werden.

Nächste Weihnachten wird die Feier Meiner Geburt durch eine große Zeremonie ersetzt werden, die dem Werken jener Betrüger Beifall zollen wird, die in Meiner Kirche aufmarschieren und dabei Gewänder tragen, die nur dazu dienen, die Gläubigen zu täuschen. An diesem Tag werden sie dem

Gott der sozialen Gerechtigkeit applaudieren, den Menschenrechten und dem Geld, dass sie, wie sie sagen werden, für die Hungernden der Welt gesammelt haben. Aber wisst Folgendes: All diese Dinge, die der Welt in Meinem Heiligen Namen präsentiert werden, dienen nur einem einzigen Zweck, und zwar, euch vom Wort, das Mein Fleisch ist, abzubringen. Mein Fleisch ist von Meinem Leib. Mein Leib ist Meine Kirche. Wenn diejenigen, die sagen, sie seien von Meiner Kirche, nicht Mein Heiliges Wort verehren, sondern stattdessen sich in der Weltpolitik engagieren und versuchen, sie zu kontrollieren, dann können sie niemals sagen, dass sie von Mir seien. Die Zeit ist gekommen, dass die Spaltung — das vorausgesagte Schisma — sich vollzieht, und es wird rasch gehen.

Ihr könnt nur einen Gott lieben, und der einzige Weg zu Meinem Vater ist durch Mich, Seinen eingeborenen Sohn. Trennt euch von Mir, indem ihr euch in politischen Kampagnen betätigt, die das Ziel haben, Menschenrechte und soziale Gerechtigkeit als Ersatz für das Wort zu fördern, — dann werdet ihr Mich verleugnen.

Mein Herz ist schwer in dieser Zeit. Ich gebe euch diese Warnung, damit ihr nicht in Irrtum fallt und in die raffinierteste Falle tappt, die von den Jüngern Meines Erzfeindes — des Teufels — vor euch aufgestellt werden wird.

Euer Jesus

1005. Meine Pläne, die ganze Welt zu retten, sind fertig, und nicht eine Seele werde Ich so ohne weiteres aufgeben.

Donnerstag, 26. Dezember 2013, 14 : 20 Uhr

Meine innig geliebte Tochter, es ist Mein Wunsch, euch allen in dieser Zeit Trost zu spenden. Meine Pläne, die ganze Welt zu retten, sind fertig, und nicht eine Seele werde Ich so ohne weiteres aufgeben. Jedes einzelne Kind Gottes hat die Fähigkeit zu lieben — selbst diejenigen, die von Gott getrennt sind. Jede Seele ist mit der Gabe der Liebe geboren — der Gabe Gottes, Der in den Seelen wohnt, selbst wenn sie Ihn nicht erkennen.

Die Liebe ist eine Eigenschaft, die von Satan gehasst wird, denn Gott ist die Liebe. Jeder Mensch, der einen anderen Menschen liebt, empfindet Freude in seinem Herzen. Die Liebe ist das natürlichste Gefühl und sie ist das, was das Licht Gottes am Strahlen hält in einer Welt der Finsternis. Satan wird die Liebe bei jeder Gelegenheit attackieren. Er wird sie denen entreißen, die es ihm erlauben, und er wird die Liebe gegen viel bösen Ersatz austauschen. Wenn er das Sakrament der Ehe attackiert, schwächt er die Liebe in jeder solcher Vereinigung, bis nur noch Hass bleibt. Er wird Freundschaften zerbrechen. Er wird Spaltung, Misstrauen und Hass hervorrufen, wann immer und wo immer er kann. Er ist der Grund von Mord, Gewalttaten zwischen Menschen, Akten der Unterdrückung, Folter

und Krieg. Wenn Satan das von Meinem Vater geschaffene natürliche Gesetz der Liebe attackiert, zieht er die Menschen in schreckliche Angst hinein. Sie werden keinen Frieden verspüren, wenn die Liebe in ihrem Leben fehlt. Sie werden anderen nicht vertrauen, dort wo es keine Liebe gibt, und wenn in der Seele eines Menschen Hass ist, wird er oder sie andere mit einer schrecklichen Grausamkeit behandeln.

Hass kann niemals von Gott kommen. Hass kommt vom Teufel. Wer hasst, ahmt die Eigenschaften nach, die mit Satan assoziiert werden. Weil er Satan imitiert, wird der Mensch Hass oft mit einer süßen und listigen Fassade tarnen. Sehr oft werden Menschen, die andere hassen, mit diese zu verwirren, sagen, dass sie nur aus Liebe sprächen, während sie anderen Schaden zufügen. Der Mensch, der hasst, wird sich – genau wie Satan – in Acht nehmen, um seinen Hass nicht zu offenbaren. Viele werden sagen, sie würden in gutem Glauben handeln, aufgrund der Notwendigkeit, ehrlich zu sein. Doch kein Akt des Hasses kann jemals gute Früchte bringen, denn wie faulendes Fleisch wird er Verwesung bringen und dann den Tod der Seele.

Die Liebe ist alles, was in Meinen Augen zählt. Seid dessen versichert, dass all jene, die von Liebe erfüllt sind — entweder für andere oder für Gott —, dass sie bereits begünstigt sind. Denjenigen, die in Gottes Gunst stehen, wird Große Barmherzigkeit gezeigt werden, durch Mich. Denjenigen, die Hass in ihren Seelen haben, wird keine Barmherzigkeit gezeigt werden, solange sie sich nicht zuerst in Meinen Augen reinwaschen. Ihr dürft nicht vergessen, dass jede Form von Hass — und ganz besonders dann, wenn er in Meinem Heiligen Namen ausgeführt wird — nur Trostlosigkeit der Seele bringen wird.

Meine Liebe ist größer als die Liebe, die von einem Menschen empfunden wird. Sie übersteigt eure Vorstellungskraft. Aufgrund der unfassbaren Größe Meiner Liebe zu euch werde Ich jeden von euch mit Meinem Heiligen Geist erfüllen. Meine Liebe wird die Liebe in euren Herzen hervorziehen, unabhängig davon, wie verschwindend klein sie in jeder Seele sein mag. Daher dürft ihr bitte niemals die Hoffnung aufgeben, dass Ich der ganzen Welt das Heil bringen werde, denn Meine Geduld ist endlos und Meine Liebe ewig.

Euer Jesus

1006. Alle Kinder Gottes sind Teil Seiner außergewöhnlichen Familie.

Samstag, 28. Dezember 2013, 23:36 Uhr

Meine innig geliebte Tochter, viele, die an Gott glauben, haben nur eine vage Vorstellung davon, Wer Er ist und warum Er die Welt erschuf.

Mein Vater ist die Liebe. Alle, die Ihn umgeben, lieben Ihn, so wie man sich die Liebe zu einem von ganzem Herzen geliebten Vater vorstellen würde. Bei Ihm zu sein ist das natürlichste Gefühl, und jeder im Himmel befindet sich in völliger Einheit mit Ihm. Sie fühlen sich umsorgt und umworben, sehr geliebt, und das bringt ihnen ein vollkommenes Gefühl der Zugehörigkeit. Wenn all jene, die im Reich Meines Vaters begünstigt sind, sich mit Ihm vereinen, erleben sie eine Verzückung, wie ihr sie auf Erden nicht kennt. Wenn jene von euch, die Mir, Jesus Christus, folgen und sich in Vereinigung mit Mir anschließen, Meinen Vater kennenlernen, werdet auch ihr dieses Gefühl der Zugehörigkeit erfahren.

Alle Kinder Gottes sind Teil Seiner außergewöhnlichen Familie, und jedes einzelne wird von Ihm mit einer unvergänglichen Leidenschaft geliebt. Jenen, die mit den Gnaden vom Himmel gesegnet sind und die eine Nähe zu Meinem Vater spüren, sage Ich: Ihr müsst wissen, dass ihr ein Gefühl der Ehrfurcht empfinden werdet, wenn ihr in eurem Herzen mit Ihm sprecht — auf der einen Seite. Aber auf der anderen Seite werdet ihr euch geliebt fühlen, und mit einem Instinkt, den ihr nicht verstehen werdet, werdet ihr wissen, dass ihr Sein Kind seid. Dies gilt für alle Kinder Gottes, unabhängig vom Alter. Denn in Gottes Königreich existiert kein Alter. Alle Seelen werden erhoben wie es ihrem Zustand entspricht und wie sie den Willen Meines Vaters erfüllt haben.

Oh, wie wurde Mein Vater doch vergessen und wie sehr wird Er verkannt! Er ist nicht furchterregend. Sogar Seine Gerechtigkeit hat Grenzen. Er ist liebevoll und fair und wird alles tun, was Er kann, um die Welt zu erneuern, so dass sie in rechter Weise vorbereitet ist, Mich, Seinen geliebten Sohn, zu empfangen.

Ihr dürft niemals das Gefühl haben, dass ihr Meinen Vater nicht anrufen könnt, denn Er ist euer Vater, der Allmächtige, Der den Befehl gab, dass Leben beginnt, und Der den Befehl gibt, dass Leben weggenommen wird. Folgt den Geboten Meines Vaters. Nehmt mit Dankbarkeit Sein Geschenk Meiner Geburt, Meines Todes und Meiner Auferstehung an, und das Ewige Leben wird euer sein.

Euer Jesus

1007. Mutter der Erlösung: Mein Sohn hat Mich beauftragt, der Welt diese wichtige Botschaft zu bringen.

Samstag, 28. Dezember 2013, 23:50 Uhr

Mein Kind, Mein Sohn hat Mich beauftragt, der Welt diese wichtige Botschaft zu bringen. Er wünscht, dass all jene, die Familie und Freunde haben, welche Gott zurückweisen und Meinen geliebten Sohn, Jesus Christus, ablehnen, wissen müssen, dass Er diese mit Seinen Gnaden überschütten wird, wenn ihr dieses besondere Kreuzzuggebet für sie betet. Wenn ihr dieses Gebet sprecht, wird Er jedem von ihnen großes Erbarmen zeigen und Er wird sie retten und sie vom Abgrund der Trostlosigkeit zurückziehen.

Kreuzzuggebet (131) Das Barmherzigkeitsgebet

„O Meine liebe Mutter der Erlösung, ich bitte Dich, bitte Deinen Sohn, Jesus Christus, Er möge (alle Namen hier einfügen...) Barmherzigkeit gewähren während der Warnung und auch am letzten Tag, bevor sie vor Deinen Sohn hintreten.

Bitte bete, dass jeder von ihnen gerettet werden wird und die Früchte des Ewigen Lebens genießen wird.

Schütze sie, jeden Tag, und bring sie zu Deinem Sohn, damit ihnen Seine Gegenwart gezeigt werden und ihnen der Friede des Geistes gewährt werden wird und sie große Gnaden erlangen werden. Amen."

Mein Sohn wird aufgrund dieser Mission Seelen, die Seiner Barmherzigkeit bedürfen, mit außerordentlichen Gnaden überschütten. Er wird immer großzügig sein, wenn Seelen nach Seinem Heiligen Wort leben und Ihn in ihrem Herzen willkommen heißen.

Gehet hin und jubelt, denn dies ist eines der außergewöhnlichsten Geschenke, das Er all jenen gegeben hat, die diesem Ruf vom Himmel geantwortet haben.

Eure geliebte Mutter
Mutter der Erlösung

1008. Euch allen wurde die Wahrheit gegeben, aber viele von euch haben sie vergessen. Sie langweilt euch. Sie ist euch zu mühsam.

Sonntag, 29. Dezember 2013, 19:48 Uhr

Meine innig geliebte Tochter, von Anfang an, als Ich die Geheimnisse des Buches der Wahrheit enthüllt habe, habe Ich dir gesagt, dass dieses Buch den Propheten vorausgesagt worden ist — insgesamt dreien (*) — die symbolhaft sind für die Allerheiligste Dreifaltigkeit. Ich sage euch diese Dinge nicht, um euch Angst einzuflößen. Ich sage euch diese Tatsachen, damit ihr Mir vollkommen vertrauen werdet.

Meine Tochter, der Plan Meines Vaters, Bekehrung zu verbreiten, begann in dem Moment, als diese Mission begann. Diese Bekehrung in einer Zeit großen Glaubensabfalls, großer Gleichgültigkeit und beschämender Interesselosigkeit gegenüber dem

Wort Gottes ist dringend notwendig. Gottes Kindern wurde die Wahrheit im Allerheiligsten Buch (d.h. in der Heiligen Schrift) gegeben, aber viel von dem, was darin enthalten ist, hat kaum Einfluss auf die Menschen in der Welt von heute. Wie könnte es auch? So viele werden von dem abgelenkt, was der Unterhaltung dient, sind leicht zu amüsieren und schnell dabei, nach allem zu greifen, was Spannung und Spaß verspricht. Selbst die Wahrheit über die Erschaffung des Menschen wurde geleugnet. Stattdessen ersetzten sie die Wahrheit durch einen lächerlichen Glauben an viele falsche selbstgemachte Götter. Dass sie Magie praktizieren und sich böse mit Okkultem beschäftigen, hat die Aufmerksamkeit vieler angezogen und die Phantasie derjenigen angefeuert, die in ihrem Leben sensationsgierig sind.

Dann gibt es jene, die ihr Wissen von der geistigen Welt missbrauchen und die viele Seelen dazu gebracht haben, sich von Mir zu entfernen. Um sich selbst mit spirituellen Gaben Vollmacht zu geben, laden diese armen Seelen stattdessen den Geist des Bösen ein, wenn sie die Geister derjenigen anrufen, die in die Hölle gefahren sind. Diese Geister werden sie nur in ein Netz ziehen, aus dem sie sich niemals selbst befreien werden. Diejenigen, die sich in New-Age-Praktiken, Zauberei, Tarot-Karten und Hellsehen versuchen, werden für andere Menschen die Ursache von furchtbaren Bedrängnissen sein, obwohl sie sich in vielen Fällen nicht des Schadens bewusst sind, den sie anrichten. All diese Menschen, die falsche Götter über den Einen Wahren Gott stellen, sind des Heidentums schuldig — ein abscheuliches Verbrechen —, weil sie die Wahrheit kannten, bevor sie sich von ihr abwandten.

Dann gibt es diejenigen, die andere verfluchen, wenn sie sich im Satanismus versuchen. So verdorben sind sie, dass sie Mich ständig verhöhnen und derart böse Handlungen ausführen, weil sie bereits einen Pakt mit dem Teufel geschlossen haben. Nichts von dem, was Ich tue, wird sie ändern. Oh, wie weine Ich doch solch bittere Tränen über diese armen irregeleiteten Seelen!

Dann gibt es diejenigen, die Mich kennen, die aber wenig Zeit in Meiner Gesellschaft verbringen. Sie machen Mich sehr traurig, denn sie nehmen ihr Seelenheil als selbstverständlich hin. Sie glauben, dass sie ein naturgegebenes Recht auf Ewiges Leben haben, aber sie glauben nicht, dass sie es sich verdienen müssen. Viele von ihnen sind so überheblich, dass sie sich nicht um die Sakramente scheren und den Zehn Geboten kaum Beachtung schenken, weil sie nicht glauben, dass diese für sie heute gelten. Die meisten glauben nicht an die Hölle oder das Fegefeuer. Sie gehen einen sehr gefährlichen Weg. Bald werden sie sogar noch mehr getäuscht werden, wenn sie mit einer neuen verwässerten Lehre gefüttert werden, die von Meinen Feinden eingeführt werden wird. Sie brauchen jetzt viel Gebet.

Schließlich gibt es noch jene, die Mir am nächsten sind und die sich in allen Heiligen Dingen auskennen. Dies sind die Seelen, die Mir großen Trost bringen und auf die Ich Mich stütze. Doch gibt es solche unter ihnen, die die Wahrheit nicht leben. Sie predigen die Wahrheit, praktizieren aber nicht die Grundlagen Meiner Lehren. Sie lieben andere Menschen nicht so, wie sie es sollten. Sie schauen auf diejenigen herab, von denen sie denken, dass sie über alle heiligen Dinge weniger Bescheid wissen als sie. Einige halten sich selbst den anderen überlegen und von Gott mehr geliebt. Diese Heuchler machen Mich am meisten wütend, denn sie versagen darin zu erkennen, wie sie in Meinen Augen sündigen.

Ihr seht also, die Wahrheit darf niemals für selbstverständlich hingenommen werden. Euch allen wurde die Wahrheit gegeben, aber viele von euch haben sie vergessen. Sie langweilt euch. Sie ist euch zu mühsam — zu zeitaufwändig —, denn viele von euch sehen die Wahrheit als etwas, das in eurem beschäftigten Alltag heute nicht mehr relevant ist. Viele von euch werden Mich verleugnen und Mich dann schließlich völlig zurückweisen, wenn ihr mit Lügen genährt werdet von denen, die euch vom Heil wegführen wollen. Deshalb müsst ihr die Wahrheit noch mal von vorn lernen.

Es kann nur eine einzige Wahrheit geben, und das ist die Wahrheit, die von Anfang an von Gott festgelegt worden ist.

Euer Jesus

(*) "Das Buch der Wahrheit" wurde d en beiden Propheten Daniel und Johannes vorausgesagt. Wer der dritte Prophet ist, ist noch unklar.

1009. Wenn ihr versucht, das Wort Gottes umzuschreiben, dann seid ihr der Gotteslästerung schuldig.

Montag, 30. Dezember 2013, 20:06 Uhr

Meine innig geliebte Tochter, wenn ihr Meine Autorität in Frage stellt, dann verleugnet ihr die Wahrheit. Wenn Mein Wort, das in Stein gemeißelt ist, von euch in Frage gestellt wird, dann nehmt ihr die Wahrheit nicht an. Wenn ihr versucht, das Wort Gottes umzuschreiben, dann seid ihr der Gotteslästerung schuldig. Die Welt wurde gewarnt, dass niemand — kein gottgeweihter Diener, keine auserwählte Seele, kein Prophet — dem Wort, das im Buch Meines Vaters festgelegt ist, jemals etwas hinzufügen oder ihm wegnehmen dürfe. Doch genau das ist es, was geschehen wird, wenn diejenigen, die behaupten, auserwählte Führer in Meiner Kirche auf Erden zu sein, die Wahrheit manipulieren. Dieser Tag ist sehr nahe. Das ist der Tag, vor dem ihr gewarnt worden seid. Denn wer es wagt, das Wort zu manipulieren, sagt, dass er über Gott stünde. Wer durch Handlungen und Taten behauptet, über Gott zu stehen, kann niemals Mich repräsentieren.

Weil der Glaube des Menschen so schwach ist und weil es wenig Kenntnis des

437

Neuen Testamentes gibt, werden viele dazu verleitet werden, Häresien als die Wahrheit anzunehmen. Dies wird ihr Untergang sein.

Mein Eingreifen wird durch die Ausgießung des Heiligen Geistes geschehen, um diejenigen, die Mir treu bleiben, zu erleuchten. Diese Prüfung wird jetzt folgende sein: Wenn ihr wirklich an Meine Existenz glaubt, an Meine Mission, an Meine Kreuzigung, an Meine Auferstehung von den Toten und Meine Verheißung des Heils, dann werdet ihr niemals Mein Wort, das euch in der Bibel gegeben worden ist, in Frage stellen. Wenn ihr für eine Minute glaubt, Ich würde irgendeine neue Interpretation Meiner Evangelien gutheißen, der Gebote Gottes und von allem, was euch von Mir gelehrt worden ist, um es der modernen Gesellschaft anzupassen, dann irrt ihr euch gewaltig.

Der Tag, an dem das Oberhaupt, das behauptet, Meine Kirche auf Erden zu führen, euch sagt, dass gewisse Sünden keine Rolle mehr spielen würden, ist der Tag des Anfangs vom Ende. Denn dies wird der Tag sein, vor dem ihr euch in Acht nehmen müsst. Dies wird der Tag sein, an dem Meine Kirche in die Ära der Finsternis eingehen wird. An diesem Tag dürft ihr niemals versucht sein, Mich zu verleugnen, — die Wahrheit zu verleugnen. Lügen können niemals die Wahrheit ersetzen.

Euer Jesus

1010. Mutter der Erlösung: Die Wahrheit wird verdreht werden und das Wort Gottes verkehrt herum präsentiert werden.

Mittwoch, 1. Januar 2014, 13:44 Uhr

Mein Kind, bitte ermutige alle Kinder Gottes während der bevorstehenden Prüfungen durchzuhalten. So viele Herausforderungen werden jetzt auf alle Christen zukommen, die den bösen Glaubensabfall werden miterleben müssen, der ihnen von jenen vorexerziert werden wird, bei denen sie nach Führung suchen werden, um ein rundum christliches Leben zu leben.

Diejenigen, deren Ernennung in den höchsten Rängen der Kirche Meines Sohnes auf Erden in Kürze erfolgen wird, werden nicht von Gott sein. Sie werden Meinem Sohn nicht dienen und werden viele Lehren und Gesetze innerhalb der Kirche ändern. So schnell werden sie diese Veränderungen herbeiführen, wobei viele neue Bücher, Messbücher und Literatur eingeführt werden, dass ihr dann erkennen werdet, dass diese Arbeiten Jahre in Anspruch hätten nehmen müssen, um sie vorzubereiten. Es wäre nicht möglich, solch radikale Veränderungen in so vielerlei Gestalt einzuführen, hätte es keine jahrelange Vorbereitung gegeben. Dies wird eines der ersten Zeichen sein, wo ihr sicher sein könnt, dass diese kurz vor ihrer Einführung stehende verdrehte Lehre mit großer Sorgfalt geschaffen worden sein wird.

Viele Menschen werden diese Veränderungen in der Kirche nicht erkennen, und diejenigen, die sie erkennen, werden diese Änderungen begrüßen, denn sie werden die Schuld, die sie wegen ihrer Sünden empfinden, mindern. Schließlich werden sie erleichtert sein, denn das wird jetzt bedeuten, dass sie in der Lage sein werden, ihre Akzeptanz aller Dinge, die Gott beleidigen, offen zu verkünden. Denn wenn die Kirche erklärt, Sünde sei eine natürliche Sache und Teil der menschlichen Natur, dann würde das doch sicher bedeuten, dass die Sünde nicht mehr wichtig sei. Und indem sie dann verkünden, wie wichtig es ist, sich um die Armen und Hungernden in der Welt zu kümmern, werden sie sich für Heilige in Gottes Augen halten.

Wenn Mein Sohn öffentlich abgelehnt wird und wenn Sein Wort verdreht wird, dann wird großes Augenmerk auf große öffentliche Akte der Nächstenliebe gelegt werden. Dies wird die Aufmerksamkeit von der Realität ablenken. Es wird Zerstreuung bewirken, und schließlich wird das Wahre Wort Gottes nicht mehr diskutiert werden. Wenn alle Religionen unter einem Dach gebracht sein werden, wo die Ansichten der Heiden mit großem Respekt behandelt werden, dann werden die Menschen Angst haben, aufzustehen und die Wahrheit zu verkünden. Falls bzw. wenn sie es trotzdem wagen, dies zu tun, werden sie der Gotteslästerung beschuldigt werden.

Der Tag naht jetzt schnell, dass ihr, wenn ihr erklärt, wahre Christen zu sein, und wenn ihr die Menschen an das Wort Gottes erinnert, dass man euch dann der Häresie beschuldigen wird. Die Wahrheit wird verdreht werden und das Wort Gottes verkehrt herum präsentiert werden. Nichts wird geordnet sein. Nichts wird Sinn machen in den neuen Vorschriften, die nun bald in der Kirche Meines Sohnes eingeführt werden. Es ist wichtig, dass ihr, wie unbeliebt ihr euch auch machen möget, dem Wort Gottes immer treu bleiben müsst.

Eure geliebte Mutter
Mutter der Erlösung

1011. Drei von Vieren werden Mich verleugnen.

Donnerstag, 2. Januar 2014, 20:40 Uhr

Meine Tochter, die Zeit ist fast da, wo alles öffentliche Bekenntnis hinsichtlich dessen, Wer Ich Bin, nicht mehr sein wird, als ein schwaches Flackern im Docht einer Kerze, die bis zum Ende heruntergebrannt ist.

Diejenigen, die sagen, sie seien von Mir, werden kaum von Mir sprechen. Diejenigen, die Mir treu sind, werden schockiert sein, wenn sie so viele sehen, die Mich verleugnen werden. Die Zeit, wo die Gläubigen von denen getrennt werden, die in schwere Irrtümer geführt werden, ist fast da. In den Tagen, die da kommen werden, werden die Blinden, die Tauben und diejenigen, die dabei gescheitert sein werden, für das Wahre Wort Gottes wachsam zu bleiben, sich zu Milliarden sammeln und eine falsche Lehre annehmen — eine Lehre, die nicht von Mir ist.

Wenn ihr von der neuen Erneuerung des Taufversprechens reden hört, das eine Form des Sakraments der Firmung sein wird, wisst dann, dass dieses von Menschen gemacht sein wird. Es wird in Meinen Augen ohne Bedeutung sein. Es wird von dem falschen Propheten präsentiert werden als Teil seines globalen Planes, alle Religionen in der Welt zu vereinen. Meine Gottheit wird beiseite geschoben sein; Mein Wort vergessen und begraben, während Meine Lehren verdreht werden, mit dem Ziel, die Gläubigen zu nötigen, eine neue Form einer sogenannten Evangelisation anzunehmen.

Mein Wort wird jedoch lebendig bleiben, weil diejenigen, die in Meiner Kirche, wie sie von Anfang an gegründet war, bleiben werden, Mich nicht verleugnen werden. Drei von Vieren werden Mich verleugnen. Nur Mein Rest wird sich an Mich klammern und an Meinem Wort festhalten, und viele von ihnen werden fassungslos sein. Jene bedauernswerten Seelen, die in Meiner Kirche bleiben werden, wenn diese von der neuen Lehre erfasst worden sein wird, werden nicht wissen, wohin sie sich wenden sollen. Ihnen sage Ich Folgendes: Seid stark. Seid standhaft. Verleugnet Mich nicht. Betet um Meine Führung und fahrt fort, Mir zu dienen, wie ihr es immer getan habt. Wenn von euch verlangt wird, Mich zu verleugnen, von denen, die behaupten, zum Wohle aller — aller Religionen — zu handeln, dann kehrt ihnen den Rücken, denn ihr werdet aufgefordert werden, das Heidentum zu umarmen, das als Christentum getarnt sein wird.

Da diese Betrüger, Feinde Gottes, in Meine Kirche eindringen, in ihre Hierarchie, wird Mein Vater eine furchtbare Züchtigung herabsenden. Er wird die Welt kippen, und niemand, kein Mann, keine Frau und kein Kind wird diese Umbrüche ignorieren können. Wenn Meine Feinde Meinen Mystischen Leib angreifen, werden sie viel Schaden, viel Verwirrung verursachen und viele von der Wahrheit wegführen. Aber sie werden niemals Meine Kirche zerstören, weil Meine Restarmee niemals von der Wahrheit lassen wird oder sich niemals zwingen lassen wird, Satan oder seinen Agenten Treue zu schwören.

Viele Kriege werden jetzt eskalieren und Stürme und Erdbeben werden zunehmen, bis das Brüllen des Zornes Meines Vaters überall gespürt wird.

Diesen Meinen Feinden, die unter euch wandeln und die Meine Kirche in die Irre führen, sage Ich: Wisset Folgendes. Ich werde euch niemals erlauben, jene Seelen, für die Ich Mein Leben gab, auf eure Seite zu bringen. Eure Arroganz wird von kurzer Dauer sein, eure bösen Handlungen werden gestoppt werden und eure Versuche, jenen Seelen Leid anzutun, die ihr dazu vorgesehen habt, werden zu einem abrupten Ende gebracht werden. Ihr werdet euch niemals gegen das Wort Gottes erheben, ohne dass ihr es dafür mit Göttlichem Eingreifen zu tun bekommt. Eure Treue zum Teufel wird in einer Katastrophe enden, für euch und für jeden, den es euch gelingt zu täuschen. Wenn ihr versucht, in Richtung der Tore des Himmels voranzurücken, um euch eurer Treue zu Satan zu brüsten, werdet ihr niedergestreckt, in Ketten gelegt und in den Abgrund geworfen werden, ohne dass euch irgendeine Barmherzigkeit gezeigt worden wäre.

Geht jetzt, all diejenigen von euch, die diese Dinge bezeugen, die jetzt kommen werden, und bleibt jederzeit wachsam. Ihr müsst fortfahren, Mir zu dienen, denn es kann nur einen Meister geben.

Euer Jesus

1012. Vieles wird den Kindern Gottes offenbart werden vor dem Großen Tag des Herrn.
Freitag, 3. Januar 2014, 21:45 Uhr

Meine innig geliebte Tochter, als die Propheten früherer Tage von Gott gerufen wurden, die Wahrheit zu verkünden, waren sie — keiner von ihnen — allzu sehr begeistert von dem Kelch des Wahren Wortes Gottes, der ihnen gereicht wurde. Es war so überwältigend für jeden von ihnen — die meisten von ihnen waren in den Worten der Schrift nicht ausgebildet —, vieles von dem, was ihnen gegeben wurde, ergab für sie keinen Sinn. Doch die Kraft des Heiligen Geistes zog sie, und dies versetzte sie in die Lage, das Wort Gottes zu sprechen, genau so, wie es ihnen gegeben worden war. Viele schreckten ängstlich zurück. Einige gingen weg. Diejenigen, die weggingen, kamen zurück. Wenn Gott einen Propheten sendet, dann bedeutet das, dass etwas von großer Bedeutung von Ihm geplant ist. Propheten, Boten Gottes, offenbaren der Welt nur das, was für das Heil der Seelen notwendig ist.

Meine Tochter, mache es bekannt, dass diese Mission diejenige sein wird, wo die Stimme Gottes gespürt werden wird, als ob sie ein Donner wäre, der in jedem Teil der Erde gespürt werden wird. Vieles wird den Kindern Gottes offenbart werden, bevor der Morgen des Großen Tages des Herrn dämmert. Es ist notwendig, dass dies geschieht, denn würde Er die Menschheit nicht warnen, dann würde sich Seine Verheißung, die den Propheten — Moses, Daniel und Johannes — gemacht worden ist, nicht erfüllen. Wenn Gott eine Verheißung macht, erfüllt sie sich immer.

Fürchtet niemals einen wahren Propheten, denn diese sprechen die Worte, die euch zuliebe von Gott in ihren Mund gelegt werden.

Das Wort Gottes heute ausgesprochen zu hören, kann Angst machen. Es kann überwältigend sein und eine gewisse Besorgnis hervorrufen. Doch ohne, dass das Wort neu belebt wird, wieder zum Atmen gebracht wird und unter euch lebt, würdet ihr die Kluft – die Entfernung zwischen euch und Gott – zu groß finden. Die Kluft schließt sich jetzt, da Meine Worte, die euch von Meinem Vater gebracht werden, euch Trost bringen werden — mehr Freude als Kummer, mehr

Mut als Angst und mehr Aufmunterung als Weinen.

Hör Mir jetzt aufmerksam zu, Meine Tochter. Du darfst niemals versuchen, Mich wegzustoßen, wo alles, was Ich tun will, es ist, euch alle in Meine Heiligen Arme zu schließen und euch in Mein Herz zu ziehen. Mein Wort kann düster, Meine Prophezeiungen schwer anzuhören und die bösen Taten der Menschen erschütternd anzusehen sein, aber vergiss niemals, dass all diese Dinge vorübergehen werden. Sie werden vergessen sein. Sie werden kaum von Bedeutung sein. Denn die (neue) Welt, das vor euch liegende Leben, wird große Freude und Lachen mit sich bringen, da die Liebe Gottes an jedem Ort, in jedem Haus, in jeder Seele und in jedem Herzen zu spüren sein wird.

Dies ist der letzte Teil Meines Plans, die Erde und alle Lebewesen zu retten. Er wird viele Schwierigkeiten und Prüfungen bieten. Des Menschen Grausamkeit standzuhalten wird am leidvollsten von allem sein — und die Ablehnung von Mir, Jesus Christus, die der letzte Tropfen sein wird, der — in den Augen Meines Vaters — das Fass zum Überlaufen bringt. Doch diese letzte Konfrontation wird nicht lange dauern, bis der Mensch von dem schrecklichen Hass, der in der Welt existiert, befreit sein wird.

Die Macht des Himmels darf nicht unterschätzt werden, denn das Eingreifen Meines Vaters wird zu gewaltig sein, als dass Seine Feinde standhalten können. So seid im Frieden. Akzeptiert Gottes Eingreifen — Seinen Großen Akt der Liebe, der euch durch das Wort gegeben wird, das aus dem Mund Seiner Propheten kommt. Alle diese Dinge sollen euch schützen, euch näher zu Mir bringen und einen neuen Anfang schaffen, wo es kein Ende geben wird.

Euer Jesus

1013. Ich werde denjenigen von euch, die um Barmherzigkeit für andere Seelen flehen, immer antworten.
Samstag, 4. Januar 2014, 13:40 Uhr

Meine innig geliebte Tochter, obwohl Meine Gerechtigkeit gefürchtet werden muss, werde Ich denjenigen von euch, die um Barmherzigkeit für andere Seelen flehen, immer antworten. Ich verspreche euch, dass Ich, wenn ihr Meine Kreuzzuggebete und andere Gebete betet, in denen ihr Mich bittet, Gnade zu zeigen, dass Ich hören und entsprechend handeln werde.

Meine Barmherzigkeit ist grenzenlos und erstreckt sich auf alle Sünder, wenn sie und andere Erlösung suchen. Meine Liebe ist endlos. Mein Erbarmen ist endlos. Niemand soll zweifeln an Meiner Verheißung und Meinem Verlangen, alle — auch Meine Feinde – zu retten. Ich bitte euch dringend, Meine geliebten Anhänger auf der ganzen Welt — auch diejenigen, die nicht mit diesen Botschaften vertraut sind —, zu beten, zu beten, zu beten für die eigene Seele und die Seelen der anderen. Das geht alle an,

Gläubige, Ungläubige und jene, die die Wahrheit nicht kennen.

Meine Liebe zu euch ist da für euch alle, sie zu sehen, sie zu fühlen und sie zu leben. Alles, was ihr tun müsst, ist zu antworten, wie Ich es euch gelehrt habe. Liebt einander, wie Ich euch liebe. Seid barmherzig, wenn sie euch geißeln, indem ihr für sie betet. Seid großzügig mit eurer Zeit, indem ihr hart arbeitet und betet, um die Seelen derer zu retten, die fern sind von Mir.

Das ist Mein größter Wunsch. Geht hin in Frieden.

Euer Jesus

1014. Mutter der Erlösung: Wir gingen zuerst nach Judäa, und dann wurde Mein Sohn nach Indien, Persien, Ägypten, Griechenland und England gebracht.
Samstag, 4. Januar 2014, 13:50 Uhr

Mein Kind, während der Zeit vor der Geburt Meines Sohnes waren die Wehen offensichtlich, in allem, was uns widerfuhr. Ich floh zu Elizabeth um Trost, in dem Wissen, dass sie mit einer Kenntnis gesegnet war, die ihr vom Heiligen Geist geschenkt war. Ich und Mein geliebter Gemahl suchten diesen Zufluchtsort der Ruhe auf in einer Zeit, wo wir so überwältigt waren von dem Wissen, was kommen sollte.

Als Meine Zeit nahte, wurde uns jedes Hindernis — durch den Geist des Bösen gepflanzt — entgegengestellt, bei jedem Schritt, den wir taten. Türen wurden uns vor der Nase zugeschlagen, Menschen, die uns kannten, mieden uns, und wir waren wie Ausgestoßene. Und so waren wir am Ende ohne ein Dach über dem Kopf und landeten in einem Unterschlupf, der nur für Tiere geeignet war, während der Heilige Messias als ein Bettler in die Welt kam. Es gab keine Zeremonien, keine Krönung, keine Danksagungen. Es waren nur ein paar Menschen über, die Mich in Meiner Einsamkeit trösteten. Aber dann, als Mein Sohn geboren war, verließen Mich alle Gefühle der Angst. Alles, was Ich fühlte, war eine Liebe der Allergöttlichsten Gegenwart. Frieden herrschte endlich in Meinem Herzen.

Durch die Kraft des Heiligen Geistes wurde uns Hilfe und Trost geschickt, wenn es auch zahlenmäßig nicht viele waren. Obwohl die Geburt Jesu Christi ein ärmliches und bescheidenes Ereignis war — an dem nur wenige Menschen beteiligt waren —, hatte das Wort sich verbreitet. Dies ist es, wie der Heilige Geist wirkt. Viele hatten die Geburt erwartet. Viele hatten von dem Ereignis gehört und viele sprachen dann darüber. Als es bekannt wurde, dass Jesus Christus, der der Menschheit verheißene Messias, geboren war, begann die Gegenseite sich in Stellung zu bringen. Der bösartige Angriff von Herodes und all seiner Knechte zeigte, wie sehr die Gegenwart Gottes die Herzen der bösen Menschen in Angst versetzt.

Von diesem Tag an wurde Ich die Beschützerin Meines Sohnes und Mein geliebter Gemahl, Joseph, organisierte danach bei vielen Gelegenheiten unsere Sicherheit. Wir haben viele Jahre auf der Flucht verbracht, von einem Ort zum anderen. So großem Widerstand waren wir ausgesetzt — so großer Angst, so großem Hass. Das war unser Los. In dem Moment, als Mein Sohn im Alter von zwölf Jahren, im Tempel predigend, gefunden war, tauchten wir mit Ihm unter.

Josephs Familie war daran beteiligt, uns herauszuschmuggeln, und wir reisten viele Jahre umher. Wir gingen zuerst nach Judäa, und dann wurde Mein Sohn nach Indien, Persien, Ägypten, Griechenland und England gebracht. Überall, wohin wir kamen, bewirkte die Gegenwart Meines Sohnes viele Wunder, obwohl Er sich niemals öffentlich als der Messias präsentierte. Er war gut behütet und wir sahen viel von Ihm. Wir lebten in Frieden, Liebe und Harmonie, und ohne Meinen Gemahl Joseph hätten wir keinen Ort gehabt, wohin wir hätten gehen können, um Meinen Sohn zu schützen, bis Seine öffentliche Mission begann.

Und jetzt, da Sein Zweites Kommen unmittelbar bevorsteht, wird Seiner Ankunft jedes erdenkliche Hindernis entgegengestellt werden. Jedes Wort aus dem Mund Seiner Prophetin wird zerrissen und verspottet werden. Nur eine Handvoll Menschen wird in die Wahrheit rund um diese Mission eingeweiht sein und viele Türen werden denjenigen vor der Nase zugeschlagen werden, die Seinen Anweisungen folgen. Diese Mission ist für dich, Mein Kind, eine einsame Mission, und du bist angewiesen, in allen Dingen, die dir von Gott bekannt gemacht werden, gehorsam zu bleiben.

Hilfe wird geschickt werden. Hilfe wird auch aufhören, wenn es der Wunsch Meines Sohnes ist. Auch wenn man nur Wenige sieht, die dieser Mission folgen, glauben weitere Millionen vollständig an sie. Denn das Wort Gottes wird die Seinen immer anziehen, durch die Kraft des Heiligen Geistes.

Die Geburtswehen haben begonnen, aber die Wehen werden nicht zu lange dauern. Bald wird die Geburt eines Neubeginns heraufdämmern und dann wird endlich der Tag des Herrn kommen. Kinder, seid in Frieden, denn all diese Dinge müssen geschehen, bevor die Erde von der Sünde gereinigt ist.

Eure geliebte Mutter
Mutter der Erlösung

1015. Wenn es aber auch nur einen Funken Stolz in der Seele gibt, wird der Heilige Geist nicht einziehen.

Sonntag, 5. Januar 2014, 19:34 Uhr

Meine innig geliebte Tochter, wenn das Feuer des Heiligen Geistes in die Seele einer Person eingeht, dann reagiert diese als Erstes mit Tränen. Die zweite Reaktion ist Verwunderung. Die dritte Reaktion ist die Erkenntnis, dass etwas Wunderbares — ein inneres Verstehen der Wahrheit Gottes und von allem, was Er wünscht, — diese spezielle Seele unversehens erfasst hat. Plötz-

lich kommt ein Frieden herab wie auch ein intensives Verstehen des Mysteriums der Existenz Gottes — der Liebe Gottes. Alle Dinge, d ie gemäß dem Wort Gottes sind, werden klar.

Nur diejenigen, die ihren Willen Gott übergeben haben und die jeden menschlichen Stolz und Intellekt abgelegt und diese Dinge Ihm übergeben haben, sind in der Lage, diese Gabe des Heiligen Geistes zu empfangen. Wenn es aber auch nur einen Funken Stolz in der Seele gibt, wird der Heilige Geist nicht einziehen.

Nur diejenigen, die wirklich glauben, dass Gott Allmächtig ist und dass der Mensch nichts ist und unwürdig ist, vor Ihm zu stehen, können ihren Willen übergeben. Nur denjenigen, die bereit sind, alles zu tun, was von ihnen verlangt wird, um den Heiligen Willen Gottes zu tun, gemäß Seinem Wort, können die Gaben gegeben werden, das Wort zu verkünden, so dass es reale Auswirkungen haben wird.

Kein Mensch, der für sich in Anspruch nimmt, die Wahrheit zu verkünden, und der sagt, dass er durch den Heiligen Geist geführt werde, wird sich jemals seiner eigenen Größe rühmen. Er wird niemals die Aufmerksamkeit auf seine Gaben ziehen, seine Talente, sein Wissen, seine Heiligkeit oder seine Demut. Denn wenn ein Mensch das tut, im Heiligen Namen Gottes, ist er nicht mit dem Geist des Feuers gesegnet — mit der Flamme, die die Herzen der Menschen entzündet, so dass diese mit Liebe auf das Wort Gottes antworten.

Während Meiner Zeit auf Erden habe Ich es euch allen klar gemacht, dass der, der sich vor Mir verherrlicht, in die Wildnis geworfen werden wird. Wer sich vor Mir selbst erniedrigt, wird erhöht werden.

Euer Jesus

1016. Ihr seid dabei, die größte Täuschung zu erleben, die der Welt jemals von Satan zugefügt worden ist.

Dienstag, 7. Januar 2014, 0:15 Uhr

Meine innig geliebte Tochter, Mein Wort wird intakt bleiben, weil Meine geliebten treuen Anhänger auf der ganzen Welt, die den Rest Meiner Kirche bilden werden, niemals von der Wahrheit abweichen werden.

So viele Meiner Anhänger werden hervortreten, u m in jeder Nation in der Welt, einschließlich der kommunistischen Regime, Meine Restarmee zu bilden. Der Heilige Geist wird jetzt gesendet, um ausnahmslos jeden einzelnen, auch noch so winzigen Teil dieser kleinen, aber starken Armee von Mir zu bedecken. Bald werden alle Meine Jünger die Worte der Prophezeiungen verbreiten, die der Welt durch diese Mission gegeben werden — überall. Sie gehen jetzt hinausgehen und das Evangelium, Mein Wort und Meine Verheißungen an alle verbreiten. Ich werde niemals zulassen, dass der Glaube Meiner Anhänger welkt und verblasst. Doch werden jener Seelen, die dem Wort

treu bleiben, wie es der Menschheit in der Bibel gegeben worden ist, nur wenige sein.

Mein Licht wird wie die Sonne auf all jene Orte scheinen, wo Meine geliebten Jünger in dieser Zeit auf Meinen Ruf antworten. Dies ist ein Ruf vom Himmel, um euch einzuladen, Mein Kreuz aufzunehmen und Mir, eurem Jesus, nachzufolgen, bis ans Ende der Erde. Ich wünsche, dass ihr, indem ihr ausströmt, um die Wahrheit der Allerheiligsten Dreifaltigkeit zu verkünden, Mir helfen werdet, die Verlorenen, die Verwirrten, die Umherschweifenden und diejenigen, die Mich nicht kennen, zu sammeln.

Ihr werdet euch an alle Religionen wenden und ihnen Mein Wort geben. Durch die Gebete, die Ich euch gebe, werden sie gesegnet sein. Jubelt, diejenigen von euch, die wissen, dass Ich es bin, Jesus Christus, Der sich in dieser Zeit großer Veränderungen an euch wendet. Ihr seid in der Tat gesegnet. Wisst, dass Meine Liebe zu euch derart ist, dass Ich euch führen und euch stärken werde und dass Ich euch in eurer Mission den Mut eines Löwen geben werde. Ihr werdet mit Liebe und Beredsamkeit sprechen — und das Feuer des Heiligen Geistes wird sich aus eurem Munde ergießen. Diese Gabe wird Millionen zurück zu Mir ziehen. Ich bereite euch jetzt vor, denn Ihr seid dabei, die größte Täuschung zu erleben, die der Welt jemals von Satan zugefügt worden ist.

Wenn ihr für Mich seid, dann werdet ihr in der Lage sein, die Welt dagegen zu verteidigen, in ihren letzten Tagen von der Bosheit des Teufels verschlungen zu werden. Ihr werdet nicht scheitern. Ihr werdet leiden. Ihr werdet Missfallen, Widerstand und Vorwürfen der Häresie ausgesetzt sein, obwohl alles, woran ihr die Menschen lediglich erinnern werdet, schon in den Heiligen Evangelien enthalten ist.

Seid in Frieden, denn Meine Gaben werden euch während dieser Schlacht aufrechterhalten. Ihr seid jetzt bereit, denn Meine Feinde, die darauf gewartet haben, sich der Welt dreist kundzutun, werden in Kürze bekannt werden. Das wird dann die Zeit sein, um Meinen letzten Plan für die Rettung der Menschheit abzuschließen.

Ich Bin in euch, mit euch und Ich wohne immer in eurem Herzen und in eurer Seele.

Euer geliebter Jesus

1017. Wenn Meine Anhänger, die auf den bevorstehenden Betrug hereinfallen, Mich verleugnen, dann bedeutet dies nicht, dass sie sagen werden: „Ich glaube nicht an Jesus." Nein, es wird Folgendes bedeuten.

Dienstag, 7. Januar 2014, 23:15 Uhr

Meine innig geliebte Tochter, in dem Moment, wo die Gläubigen ausrufen: „Es reicht — wir können es nicht ertragen zuzusehen, wie das Böse über das Gute triumphiert", wird aller Schmerz zu einem abrupten Ende kommen.

Die Reinigung vom Bösen setzt voraus, dass ihm erlaubt wird, sich zuerst auszubreiten. Dies ist eine Prüfung für jene Menschen mit einem bösen Herzen, die als erste angezogen werden. Während sie in ein Vakuum des Bösen eintauchen, werden sie sich entweder wehren gegen den Schmerz, den dies in ihrer Seele verursachen wird, oder sie werden selbst zulassen, dass sie in neue Tiefen gebracht werden, weiter und weiter weg vom Reiche Gottes.

Die Seelen der Gläubigen werden bis an ihre Grenzen geprüft werden, und sie werden gequält werden durch die Verwirrung, die vor ihnen liegt. Viele werden in ihrem Herzen wissen, dass das, von dem sie geglaubt haben, dass es wahr sei, und das sie in ihrem Herzen bewahrt haben, nicht mehr für die Wahrheit erachtet wird. Und so werden sie nicht in der Lage sein sich zu entscheiden, was von Mir ist und was nicht. Ihr Glaube wird zerrissen werden, und viele werden sich in eine neue menschengemachte Lehre verwickelt finden, die dem Gefühl nach nie richtig sein wird. Sie werden ein Unbehagen verspüren, und viele werden nicht in der Lage sein, ihre Ängste jenen anzuvertrauen, die als Meine gottgeweihten Diener eingesetzt sind. Sie werden nicht wissen, an wen sie sich wenden können, um die Wahrheit zu erfahren.

Sie werden die öffentliche Verkündigung erleben müssen, welche die Sünde verherrlichen wird, wenn erklärt wird, dass die Menschheit schwach sei — Gott wisse doch, dass der Mensch — durch die Sünde geschwächt — nur ein Opfer sei. Statt die Sünde in all ihrer Hässlichkeit sehen zu müssen, werden sie gezwungen werden, nickend zuzustimmen und die neuen Gesetze zu akzeptieren, die in der Kirche eingeführt werden. Von ihnen wird erwartet, dass sie den neuen Gesetzen Ehrerbietung erweisen und diese Gesetze respektieren, die euch alle dazu aufrufen werden, die Individualität des Menschen zu respektieren und euer Recht, das zu sein, was ihr wollt, und das zu tun, wofür ihr euch entscheidet.

Wenn Meine Anhänger, die auf den bevorstehenden Betrug hereinfallen, Mich verleugnen, dann bedeutet dies nicht, dass sie sagen werden: „Ich glaube nicht an Jesus." Nein, es wird Folgendes bedeuten: Sie werden sich aussuchen, an welchen Teil Meiner Lehren sie glauben wollen. Dann werden sie entscheiden, mit welchen Teilen sie nicht einverstanden sind. Dann werden sie sagen, dass Jesus diese neue Auslegung befürworten würde, würde er heute auf Erden wandeln. Oh, wie wenig haben sie doch dazugelernt und wie wird sie doch der Stolz zerreißen! Wenn die Züchtigung rund um sie herabfällt und wenn sie realisieren, wie sehr sie Mich beleidigt haben, werden sie vor Entsetzen schreien, wenn sie von Angesicht zu Angesicht vor dem Gericht stehen werden, das über sie gehalten werden wird.

An diesem Tag, an dem die Wahrheit offenbart wird, wird es nur aufgrund der Gebete Meiner Restarmee sein, dass diejenigen, die Schande über sich selbst gebracht haben und die Mich, ihren geliebten Jesus, bekämpft haben, Der ihnen nur Barmherzigkeit bringen wollte — dass sie gerettet werden.

Euer Jesus

1018. Wenn ihr diese neue Litanei in Zeiten großer Prüfungen betet, werde Ich euch eine Ruhepause gewähren.

Mittwoch, 8. Januar 2014, 21:15 Uhr

Meine innig geliebte Tochter, es muss bekannt gemacht werden, dass ihr alle, wenn ihr das Wort Gottes in der Zeit der Finsternis verteidigt, jede Gnade von Mir nötig haben werdet, wenn ihr standhaft bleiben wollt. Wenn ihr Mich anruft, eure Seelen mit Meinen besonderen Gnaden zu durchströmen, dann werdet ihr es einfacher finden, Mir nachzufolgen.

Ich vermache jetzt euch allen, euch mutigen und treuen Seelen, diese besonderen Gnaden. Wenn ihr diese neue Litanei in Zeiten großer Prüfungen betet, werde Ich euch eine Ruhepause gewähren.

Litanei (6) Um Gnadengaben

„O liebster Jesus, mein geliebter Heiland,
Erfülle mich mit Deiner Liebe.
Erfülle mich mit Deiner Stärke.
Erfülle mich mit Deiner Weisheit.
Erfülle mich mit Deiner Beharrlichkeit.
Erfülle mich mit Deiner Demut.
Erfülle mich mit Deinem Mut.
Erfülle mich mit Deiner Leidenschaft.
Amen."

An die Seelen, die dies in Zeiten der Verfolgung beten: Wisset, dass Ich diese Gnaden über euch ausgießen werde. Ihr werdet gelassener, stärker und mutiger werden, während ihr Mein schweres Kreuz zu den Toren des Neuen Himmels und der Neuen Erde tragt. Am wichtigsten ist: Ihr werdet euch von den Schikanen nicht unterkriegen lassen, mit denen ihr möglicherweise sein Meinem Heiligen Namen konfrontiert sein werdet.

Aufrecht und würdevoll werdet ihr gehen, während ihr fortfahrt, das Wort Gottes hochzuhalten. All jenen, die auf diesen Ruf antworten und diese besondere Litanei beten, sage Ich: Ihr werdet eine Freude in eurem Herzen spüren, wie es sie vorher dort nicht gab. Ihr werdet auch zuversichtlich sein in dem Wissen, dass ihr durch die Kraft des Heiligen Geistes gesegnet seid, und die Wahrheit wird immer in eurem Herzen herrschen.

Ich liebe und segne jetzt jeden Einzelnen von euch — im Namen des Vaters und des Sohnes und des Heiligen Geistes.

Euer Jesus

1019. Meine Liebe zur Menschheit ist allumfassend. Ich liebe alle, auch diejenigen, die die bösesten Taten begehen.

Donnerstag, 9. Januar 2014, 21:40 Uhr

Meine innig geliebte Tochter, schau dich um — und was siehst du? Eine Welt voller Widersprüche. Auf der einen Seite wirst du Liebe, Freude und guten Willen sehen. Aber dann wird dem auf der anderen Seite entgegengewirkt werden durch den Hass, den der Teufel auf die Menschheit hat.

Alles, was ihr in der Welt geschehen seht an Unruhe, Leid, Verwirrung, Mangel an Vertrauen, Gift, Hass und Bösem — wisset, dass dies nur aus einer einzigen Quelle kommen kann. Die Geißel der Menschheit, das ist Satan, hat verzweifeltes Unglücklichsein unter den Kindern Gottes verursacht. Ihr Schmerz wird dann zu Meinem, und dies ist der Grund, warum der Teufel solches Chaos schafft: um Mich zu verletzen.

Meine Tochter, wohin du ab heute auch gehst und welches Gesicht du auch siehst, es wird sein, wie Ich sie sehe — jedes ein Kind Gottes. Wie Ich sie doch alle liebe, wie Ich doch jedes von ihnen umsorgen möchte — unabhängig von ihren Fehlern oder ihren Sünden! Es macht keinen Unterschied, was sie getan haben, um Mich zu beleidigen, Ich liebe sie immer noch — jedes Einzelne von ihnen. Ich fühle große Freude, wenn Ich aus ihnen die Liebe strahlen sehe — eine Liebe, die sie als Geschenk von Meinem Vater empfangen haben, Der sie erschaffen hat. Ihre Liebe ist Meine Liebe, und sie zieht andere Seelen zu ihnen hin, und dies verbreitet dann die Liebe Gottes überall.

Aber wenn Ich in irgendeiner Seele Schmerz und Leid sehe, dann wird ihr Schmerz zu Meinem Schmerz. Ihr Schmerz kann durch schreckliches Leid verursacht sein, entstanden durch Mangel an Liebe für andere, was ein Gefühl verzweifelter Trostlosigkeit mit sich bringt. Ihre Einsamkeit und Isolation wird auch von Mir gefühlt, und dies entfacht Mein Erbarmen weiter.

Dann gibt es jene Seelen, die ihre ganze Zeit damit verbringen, Dingen nachzujagen, die nicht von Mir stammen. Diejenigen, die Mich ablehnen, brechen Mir das Herz ganz und gar. Wie Ich doch viele Bluttränen um diese Seelen vergieße, denn sie haben die Nabelschnur durchschnitten, die sie mit ihrem Heiland verbindet — mit ihrer einzigen Hoffnung auf Rettung! Wenn du diese Seelen siehst, Meine Tochter, wirst du eine schreckliche Trauer in deinem Herzen empfinden, genau so wie Ich für sie empfinde.

Schließlich gibt es jene, die sagen, sie würden Mich repräsentieren, die aber nicht würdig sind, Mir die Füße abzuputzen. Ihr Hass auf Mich wird durch ihre Liebe zu sich selbst verursacht. Doch unabhängig davon, wie oft sie Mich beleidigen und Meine Herde in die Irre führen, Ich sehne Mich immer noch nach ihrer Seele.

Meine Liebe zur Menschheit ist allumfassend. Ich liebe alle, auch diejenigen, die die bösesten Taten begehen. So wird es bis zum Ende sein. Ich werde alle Seelen umarmen, bis zum letzten Tag, wo, nachdem alle Bemühungen von Mir, Seelen zu retten, ausgeschöpft sein werden, nur diejenigen, die in den Abgrund des Tieres laufen und die Mich ablehnen, obwohl sie wissen, wie sehr Ich sie liebe, für Mich für immer verloren sein werden.

Liebt immer einander, trotz all eurer Fehler — so, wie Ich euch liebe. Wenn ihr jemanden missbilligt, dann denkt an Meine Liebe und schweigt. Wenn ihr einen anderen verachtet, dann wisset, dass dieser Hass nicht von Mir kommt. Wenn ihr auf einen anderen schaut, dann schaut auf ihn wie durch Meine Augen. Nicht einer von ihnen sollte von euch gemieden werden. Zeigt stattdessen Erbarmen für jene, die euch missfallen, euch beleidigen oder euch Schaden zufügen, denn sie werden von Mir geliebt. Wenn ihr Mich liebt, dann werdet ihr all jenen, mit denen ihr in Kontakt kommt, Liebe zeigen.

Liebe ist ansteckend, weil sie von Gott kommt. Von der Liebe kann nur Gutes kommen.

Euer Jesus

1020. Menschen, die in der heutigen Welt leben, sind nicht anders als jene, die vor Tausenden von Jahren gelebt haben.

Samstag, 11. Januar 2014, 10:48 Uhr

Meine innig geliebte Tochter, Ich will, dass die Welt weiß, wie sehr Ich die Menschen liebe, denn Ich liebe selbst den Geringsten, den Geplagtesten und den Unwürdigsten. Wer auch immer glaubt, dass Ich irgendeinen Menschen vor einen anderen stelle, der kennt Mich nicht. Ich mag vielleicht bestimmte Seelen begünstigen, besonders auserwählte Seelen, aber Ich liebe sie nicht mehr und nicht weniger als die Seelen der Unglücklichen.

Ich schaue auf jede Seele mit Liebe in Meinem Herzen. Ich hänge an jedem von euch, denn ihr seid von Mir — von Meinem Vater. Obwohl Ich vielleicht durch eure Schwächen beleidigt sein mag und verärgert sein mag wegen eurer bösen Absichten und Begierden, Meine Liebe zu euch stirbt niemals. Alle Sünder sind von Gott geliebt — was auch immer sie getan haben. Gott hat die endgültige Macht über das Schicksal jeder Seele, und diese Macht ist die Seine.

Ich habe die alleinige Autorität zu richten. Nicht einem Einzigen von euch ist dieses Recht gegeben. Wenn der Mensch einen anderen der Sünde für schuldig erachtet, so darf er diese Person nur mit einer Buße bestrafen, nicht mit dem Tode. Kein Mensch, kein Richter, Politiker oder Mitglied Meiner Kirche auf Erden kann jemals einen Menschen zum Sterben verurteilen, wegen seiner Sünden — wie schlimm sie auch immer sein mögen. Kein Mensch kann einen anderen in die Hölle verdammen, denn wenn er eine Seele für verdammt erklärt, dann wird stattdessen er es sein, der verdammt werden wird, unabhängig davon, wie viele heilige Taten er in Meinem Namen ausgeführt haben mag.

Wie verschwendet ihr doch so viel damit, euch gegenseitig zu verurteilen, statt das Geschenk anzunehmen, das euch gegeben wurde — das Geschenk der Liebe für einander! Liebt das Geschenk, das euch allen von Gott gegeben ist und das euch gehört, um es nach eurem Wunsche weiterzugeben — wenn es dem Willen Meines Vaters entspricht. Doch so viele Menschen, die Mich, Jesus Christus, lieben, glauben, Ich würde irgendeine Handlung dulden, die Hass aufeinander schürt. Ihr müsst stattdessen wissen, dass Ich lediglich will, dass ihr einander liebt und an dem Wort Gottes festhaltet, das sowohl im Alten als auch im Neuen Testament enthalten ist.

Das Wort ist ewig — es ändert sich nicht — niemals. Menschen, die in der heutigen Welt leben, sind nicht anders als jene, die vor Tausenden von Jahren gelebt haben. Ihr mögt vielleicht mehr Wissen und mehr Informationen haben, aber ihr seid nicht größer als irgendeine Generation, die vor euch kam. Der Mensch ist sterblich. Nichts wird sich in dieser Hinsicht ändern, bis Ich euch das Ewige Leben bringe.

Haltet inne und denkt nach. Meine Anweisungen sind immer noch die gleichen, wie sie der Menschheit während Meiner Zeit auf Erden gegeben wurden. Der einzige Unterschied besteht heute darin, dass viele Menschen aufgrund der Fortschritte in der Wissenschaft glauben, sie seien größer als Gott. Viele glauben so sehr an ihre eigene Unsterblichkeit, dass sie sich entschieden haben, nicht zu akzeptieren, dass sie von Gott geschaffen wurden. Viele denken, sie hätten die Macht, Gottes Gesetze umzuschreiben.

Viele haben sich entschieden, einen neuen Turm zu Babel zu errichten, und wenn sie dies tun, wird er durch nur einen Schlag mit der Hand Meines Vaters zum Einsturz kommen. Dann wird der Mensch erkennen, dass Leben nur existieren kann mit Gott und für Gott, in Übereinstimmung mit dem Willen Gottes. Es gibt kein Leben ohne Gott.

Euer Jesus

1021. Sehr bald wird die Hölle offiziell als ein Ort erklärt werden, der nicht existiere.

Sonntag, 12. Januar 2014, 20:28 Uhr

Meine innig geliebte Tochter, wäre es nicht dank Meiner, Jesus Christus, wo Ich in dieser Zeit zur Welt spreche, viele Seelen würden niemals die Tore des Paradieses betreten.

So viele undankbare Seelen gehorchen Meinen Geboten nicht mehr und so machen sie sich ihre eigene Interpretation, die Ich abstoßend finde. Euch sind Regeln, die mit der Wahrheit zusammenhängen, gegeben, als Geschenk an die Menschheit, als ein Mittel, um es dem Menschen möglich zu machen, sich das Recht auf Erlösung zu verdienen. Wisst ihr nicht, dass ihr nicht nach eurer Version von den Geboten Gottes leben könnt und gleichzeitig erwarten könnt, in das Paradies einzugehen?

Die Arroganz des Menschen hat den Geist der Demut überholt. Der Mensch dient Gott nicht mehr so, wie es ihm befohlen war. Stattdessen schafft er sich — aus seiner eigenen Vorstellungskraft heraus — ein Bild von dem, was seiner Ansicht nach der Himmel sei. Heute nimmt keiner von Meinen Dienern — diejenigen, die eingesetzt sind, um Mir zu dienen — jemals Bezug auf die Existenz der Hölle. Die bloße Erwähnung des Wortes Hölle bringt Meine gottgeweihten Diener in Verlegenheit, denn sie fürchten die Lächerlichkeit, der sie damit ausgesetzt wären seitens einer säkularen Gesellschaft, die getäuscht worden ist. Die Hölle ist das Zuhause vieler unglücklicher Seelen, und wie schmerzt es Mich zu sehen, wie nichts ahnende Seelen in den Abgrund des Schreckens stürzen, in dem Moment, wo sie ihren letzten Atemzug tun.

Gottes Kindern muss jetzt gesagt werden, wie dringend notwendig es ist, für Seelen zu beten, die blind für die Wahrheit sind. Sehr bald wird die Hölle offiziell als ein Ort erklärt werden, der nicht existiere. Den Seelen wird erzählt werden, dass allen Kindern Gottes, sofern sie ihr Leben vernünftig und würdevoll leben — unabhängig davon, ob sie an Gott glauben oder nicht —, das Ewige Leben geschenkt werde. Aber das wird eine Lüge sein. Es gibt keine Rückkehr aus der Hölle. Sie ist für die Ewigkeit.

Viele Seelen, die Mich nach außen hin abgelehnt haben, sowohl insgeheim als auch in der Öffentlichkeit, schmachten in der Hölle. Ihr bitteres Bedauern wird schlimmer gemacht durch ihre schrecklichen schmerzhaften Leiden und den Hass Satans. Einmal in der Hölle offenbart Satan sich ihnen in all seinen bösen und abscheulichen Formen und sein Hass auf sie erfüllt sie jede Sekunde. Ihre Abscheu vor ihm an sich — vor demselben Tier, dem sie im Laufe ihres Lebens auf Erden gehuldigt haben — ist die Ursache vieler ihrer Qualen. Aber es ist ihre Trennung von Mir und der Schmerz der Finsternis, den sie erleben, was ihnen die größte Qual bereitet.

Wer auch immer euch in Meinem Namen sagt, dass die Hölle nicht existiere, hat kein Interesse daran, euch zu helfen, eure Seele zu retten. Wenn ihr davon überzeugt seid, dass die Hölle nicht existiere, dann geht ihr fälschlicherweise davon aus, dass die Sünde belanglos sei.

Ihr könnt Mir nicht dienen, wenn ihr glaubt, dass die Sünde nicht existiere. Ihr könnt kein glorreiches Leben für die Ewigkeit in Meinem Königreiche leben, wenn ihr Mich nicht bittet, euch eure Sünden zu vergeben. Dies ist der Kern der neuen Lehre, die bald eingeführt werden soll, die ihr gezwungen sein werdet zu schlucken. Dies ist, wenn ihr durch Täuschung dazu gebracht werdet, es zu vernachlässigen, eure Seele auf den Großen Tag des Herrn vorzubereiten, an dem Ich komme, um euch als Mein Eigentum zu beanspruchen.

Ich sage euch das, um euch zu warnen — nicht, um euch zu erschrecken. Ich bitte euch, die Sünde als Teil eures Lebens zu akzeptieren, aber Ich bitte euch dringend, weiterhin die sieben Todsünden zu vermeiden, denn wenn ihr das tut, werdet ihr in Meiner Gunst stehen. Ihr müsst immer eure Sünden bekennen. Tut dies täglich. Sprecht mit Mir und bittet Mich, euch zu vergeben. Denjenigen von euch, die das Sakrament der Beichte nicht empfangen können — denjenigen, die vielen (anderen) Glaubensrichtungen und Religionen folgen —, sage Ich: Dann müsst ihr das Geschenk des vollkommenen Ablasses annehmen, das Ich euch gegeben habe.

www.dasbuchderwahrheit.de/gebete/kr24.htm

Sorgt euch um eure Seele, denn es ist eure Seele, die ewig leben wird. Ihr werdet für die Ewigkeit in nur einem von zwei Orten leben: in der Hölle oder in Meinem Königreich.

Euer Jesus

1022. Gott der Vater: Ich komme jetzt, um die Gläubigen zu sammeln. Meine Zeit ist bald, da die Barmherzigkeit Meines Sohnes euch knapp bevorsteht.
Montag, 13. Januar 2014, 16:56 Uhr

Ich Bin Gott, der Vater. Ich Bin, Der Ich Bin. Ich Bin euer Schöpfer — das Alpha und das Omega.

Meine liebste Tochter, höre Mir zu, während Ich bekannt gebe, dass Mein Eingreifen, um die Vernichtung der Menschheit zu verhindern, demnächst stattfinden wird.

Wenn ihr nichts Böses hört — dann bedeutet das nicht, dass es nicht existiert. Es wird gerade eine böse Aktion geplant, um Krieg zu beginnen, mit dem alleinigen Ziel, so viele Menschen wie möglich zu vernichten. Die Möglichkeiten des Menschen, Meinen Kindern Böses anzutun, waren niemals größer. Die Fähigkeit des Menschen, Technik zu produzieren, war niemals größer, aber dieses Wissen wird in großem Maß missbraucht, und Pläne, jeden Teil eures

Lebens zu kontrollieren, befinden sich in einem fortgeschrittenen Stadium.

Sie, Meine Feinde, wollen kontrollieren, was ihr esst und trinkt sowie alles, was ihr zur Verbreitung der Wahrheit, so wie Ich sie euch gegeben habe, tut. Sie werden nicht ruhen bis zu dem Tag, an dem sie eure Länder, eure Finanzen und eure Gesundheit unter Kontrolle haben. Während diese Pläne dabei sind, offenkundig zu werden, werden sie auch die Führung über alle Religionen übernehmen. Weil so viele Menschen nicht an Meine Existenz glauben, wird es wenig Widerstand gegen ihren hinterhältigen Plan geben, Mir Seelen zu stehlen.

Wenn der Mensch glaubt, dass er sich Gott widersetzen kann, dann weiß er eigentlich nicht, Wer Ich Bin. Wenn er nicht weiß, Wer Ich Bin, dann weiß er nichts. Sein Herz wurde verhärtet, sein Verstand getrübt und seine Seele schwer wie Blei gemacht.

Wer sich selbst von Mir entfernt, ist verloren. Wer gegen Mich kämpft, mit der Absicht, die Seelen Meiner Kinder zu stehlen, ist für Mich gestorben und sein Schicksal ist besiegelt.

Ich werde jetzt eingreifen, um die Durchführung dieser schrecklichen, bösen Gräueltat zu verhindern. Nach Meinem Eingreifen werde Ich eure Augen öffnen, eure Herzen tief berühren und euch mit Erstaunen erfüllen. Bald werde Ich die Wahrheit offenbaren, weil so viele von euch nicht mehr an sie glauben.

Ich Bin alles, was ist, und was sein wird. Ich Bin euer Vater, Allwissend, Allsehend, Allliebend und Allbarmherzig. Ich komme jetzt, um die Gläubigen zu sammeln. Meine Zeit ist bald, da die Barmherzigkeit Meines Sohnes euch knapp bevorsteht.

Euer geliebter Vater

Gott der Allerhöchste

1023. Wenn Meine Kirche das Wort Gottes bewahrt, müsst ihr Meiner Kirche gehorsam bleiben.
Dienstag, 14. Januar 2014, 16:53 Uhr

Meine innig geliebte Tochter, wenn Meine Diener, Meine Anhänger und all diejenigen, die bekennen, von Mir zu sein, sagen, dass sie Mich lieben, bedeutet das zwei Dinge: Sie lieben Mich, weil sie Mein Wort annehmen, und sie ehren Mich, indem sie sich zur Wahrheit bekennen.

Wenn ihr Mich liebt, müsst ihr Meinem Heiligen Wort treu bleiben. Das heißt, Meinem Wort in allen Dingen, die mit der Wahrheit zusammenhängen, gehorsam sein. Wenn ihr euch zur Wahrheit Meines Wortes bekennt, als Meine gottgeweihten Diener, müsst ihr dem Wort Gottes gehorsam bleiben.

Wenn Meine Kirche das Wort Gottes bewahrt, müsst ihr Meiner Kirche gehorsam bleiben. Aber wenn der Tag kommt, wenn die Verantwortlichen in Meiner Kirche nicht mehr die Wahrheit verkünden, dann müsst ihr allein Mir gehorsam bleiben. Denn Ich

Bin die Kirche. Ohne Mich, euren Jesus, gibt es keine Kirche.

Wenn Mein Wort manipuliert und dann angepasst wird, dann wird es nicht mehr Mein Wort sein. Ihr könnt nur dem Wahren Wort Gottes gehorsam sein. Solltet ihr einer neuen menschengemachten Lehre folgen, die Mein Heiliges Wort in Meinen Kirchen in der ganzen Welt ersetzen wird, dann werden jene, die für dieses Sakrileg verantwortlich sind, Mich verleugnen. Bleibt nur denjenigen gehorsam, die das Wort Gottes verkünden, denn wenn es nicht Mein Wort ist, dann ist es nicht von Gott.

Das Wort Gottes ist Sakrosankt (Anm. Hochheilig, unantastbar). Es darf niemals von irgendjemandem geändert werden. Der Gehorsam gegenüber Meiner Kirche ist wichtig. Der Gehorsam gegenüber dem Wort Gottes ist das, woran sich entscheidet, ob ihr ein Christ seid. Der Tag, an dem ihr das Wort Gottes durch einen menschengemachten Ersatz austauscht, ist der Tag, an dem ihr dem Wort Gottes den Gehorsam verweigern werdet.

Ihr könnt in Meinen Augen nur gehorsam bleiben, in Meiner Kirche auf Erden, wenn die Wahrheit bewahrt wird. Ihr dürft niemals Angst haben, die Wahrheit zu verkünden, denn nur die Wahrheit wird euch frei machen.

Euer Jesus

1024. Diese neue und schnell geschaffene Hierarchie wird die Macht über Meine Kirche ergreifen.
Donnerstag, 16. Januar 2014, 19:41 Uhr

Meine innig geliebte Tochter, die Wahrheit spaltet. Das hat sie immer schon getan. Wenn ein Mensch sagt, dass er die Wahrheit kenne, dann wird ein anderer sie leugnen. Aber wenn die Wahrheit aus dem Wort Gottes kommt, dann wird sie die größte Spaltung verursachen. Viele fürchten die Wahrheit, denn sie ist nicht immer angenehm, und doch würdet ihr ohne die Wahrheit in der Verleugnung leben. Wenn ihr in der Verleugnung des Wortes Gottes lebt, werdet ihr niemals wahren Frieden in eurem Herzen finden.

Wenn ihr die Wahrheit kennt, die im Buch Meines Vaters enthalten ist, dann kennt ihr den Weg des Herrn und ihr müsst diesem Weg folgen, bis zu eurem letzten Atemzug. Weicht nicht davon ab. Wenn aber Mein Wort manipuliert, umgeschrieben und zerstört wird, dann würdet ihr dies gewiss niemals akzeptieren. Das ist gut so. Wenn aber neue Lehren, die sich von Meinem Heiligen Wort unterscheiden, für euch eingeführt werden, und zwar ausgehend vom Inneren der Dächer Meiner Kirchen, was werdet ihr dann tun?

Werdet ihr eine Lüge statt der Wahrheit akzeptieren? Werdet ihr eine Lehre akzeptieren, die in Meinen Augen gottlos sein wird?

Die Antwort muss „Nein" lauten. Ihr dürft niemals Mein Wort leugnen — bei niemandem. Niemand, auch wenn er in das Leinen

443

der Elite innerhalb der Hierarchie Meiner Kirche gekleidet ist, kein Armer, kein König und kein Fürst — keiner, der verlangt, dass ihr eine neue Lehre hinsichtlich Meines Wortes annehmt, kommt von Mir.

Meine Kirche wird jetzt diskret von innen heraus zerstört und jeder Teil wird demontiert. Während die (hierarchischen) Ränge abgebaut und treue Diener verworfen werden — und dann für nicht mehr nützlich erachtet werden —, wird der Weg dafür frei gemacht werden, dass die Lehren aus der Hölle verkündet werden.

Wehe den Priestern, Bischöfen und Kardinälen, die das Wort Gottes zu verteidigen wagen, denn sie werden am meisten leiden. Während einige exkommuniziert und der Häresie beschuldigt werden — obwohl sie nur für das Wahre Wort Gottes eintreten werden —, werden andere zu schwach sein. Viele bedauernswerte gottgeweihte Diener werden dem Druck nachgeben, die Gebote Gottes aufzukündigen. Wenn sie nicht einverstanden sind, die Lehre von Lügen anzunehmen, werden sie den Wölfen vorgeworfen werden. Diejenigen, deren Glaube bereits geschwächt sein wird und die weltliche Dinge lieben und die einen glühenden Ehrgeiz in ihrer Seele haben, werden in der ersten Reihe stehen, um dem neuen "Versprechen" Treue zu schwören.

Diese neue und schnell geschaffene Hierarchie wird die Macht über Meine Kirche ergreifen. Sie werden im Namen Gottes Irrtümer verkünden und viele unschuldige Seelen von Gläubigen mit sich ziehen. Den Gemeinden wird ohne deren Wissen ein Giftkelch angeboten werden, gefüllt mit nichts, — nur Brot. Die Heilige Eucharistie wird nicht mehr ihre Seelen erfüllen. Sie werden bald mit Predigten gefüttert werden, die das Wort Gottes der Lächerlichkeit preisgeben werden, wenn sie die Menschenrechte zur wichtigsten Lehre erklären werden. Und dann werden sie die größte Häresie verkünden, dass dem Mensch das Ewige Leben gegeben werde, ob er seine Sünden bereue oder nicht. Auf diese Weise werden sie die Seelen von Millionen vernichten.

Während sie fortfahren, Meine Kirche von innen heraus auseinanderzunehmen, werden Meine treuen Priester und Meine gläubigen Anhänger Meine Kirche wieder aufbauen, Stein für Stein. Meine Kirche, wisst ihr, kann niemals sterben, denn Ich werde es nicht zulassen.

All die Priester, all die Bischöfe und all die Kardinäle, die entthront sein werden und die Mir treu bleiben, werden niemals die Gerechten im Stich lassen oder jene Anhänger von Mir, die mit dem Geschenk der Weisheit gesegnet sind. Dann, während das falsche Wissen die Herzen der schwachen Diener in Meiner Kirche füllen wird, wird die Gabe des Heiligen Geistes nicht nur Licht sein in den Seelen Meiner Restkirche, sondern auch das Licht spenden, für all jene, deren Namen im Buch des Lebens verzeichnet sind, hin zu Meiner Tür.

Nie zuvor werden Meine Jünger so geprüft worden sein, wie man sie in Zukunft prüfen wird. Ihnen wird Göttlicher Beistand gegeben werden, um sie zu befähigen, das Licht Gottes weiterhin leuchten zu lassen in einer Welt, die langsam und qualvoll in Finsternis getaucht werden wird, die durch die Ankunft des Feindes, des Antichristen, verursacht wird.

Euer Jesus

1025. Jedes Wort, das du in dieser Mission aussprichst, kommt von Mir. Jede Aktion, die du unternimmst, kommt von Mir.

Freitag, 17. Januar 2014, 20:42 Uhr

Meine innig geliebte Tochter, sei gelassen, jedes Mal, wenn du den vielen Hindernissen begegnest, denen du und alle Meine Anhänger täglich bei diesem Werk, Seelen zu retten, gegenübersteht.

Denk immer daran, dass Satan niemals aufhören wird, diese und andere Missionen, die echt sind, zu drangsalieren, weil sie von Gott kommen. Die echten Missionen, die Ich heute segne, und jene, die Ich im Laufe der Jahrhunderte gesegnet habe, litten immer aufgrund des Widerstandes.

Nur die Missionen, die wirklich von Gott kommen, ziehen solchen Hass auf sich. Nur wahre Propheten ziehen Hass auf sich. Moses, Elias, Noah und Johannes der Täufer und wie sie auch andere zogen Hass auf sich aufgrund von Satans Einfluss auf schwache Seelen. Nur Ich, Jesus Christus, einer von Hunderten von Propheten während Meiner Zeit auf Erden, zog einen derartigen Hass auf Mich, wie er (nur) Mir zugefügt wurde. Und jetzt wirst nur du, Meine letzte Prophetin, einen Hass von der Art auf dich ziehen, wie er seit langer Zeit nicht gesehen wurde — auch wenn andere, wie du, in jüngster Zeit gelitten haben.

Wenn du im Namen Gottes aktiven Widerstand zu ertragen hast, wisse, dass, wenn die Heilige Dreifaltigkeit der Menschheit das Wort durch einen Propheten präsentiert, dies ein Widerstand der schlimmsten Art sein wird. Hättest du nicht den Göttlichen Beistand, der dir gewährt wird, würdest du vor Entsetzen fliehen. Mein Vater schützt dich, Meine Kleine, und so musst du voranschreiten — immer in dem Wissen, dass es Ihm nach Seelen verlangt, nach jedem Wort, das von deinen Lippen kommt, nach jedem Wort, das von deiner Hand aufgeschrieben wird, und nach jeder Seele, die du zu erreichen suchst. All dieses Leid wird Mir mehr Seelen bringen.

Sei versichert, dass die Zeit, wiederzukommen, um Meinen Thron zu beanspruchen, für Mich nahe ist, und während der Tag näher rückt, werden viele Taktiken verwendet werden, um dich in dieser Mission zum Stolpern zu bringen. Jede Lüge wird auf dich geworfen werden, jeder Stein geschleudert werden, jede Qual wird dein Los sein und jeder Feind Gottes wird auf jedem Weg, den du einschlägst, platziert sein. Aber als der Erlöser der Menschheit werde

Ich sicherstellen, dass jeder dornige Zweig vorsichtig entfernt wird, jeder Stein zur Seite geworfen wird, jeder Weg geräumt wird, damit du darin erfolgreich bist, Mein Wort vor die Welt zu bringen, zu einer Zeit, wo Ich fast vergessen sein werde.

Ich gehe mit dir, Meine Tochter. Ich lasse Meine Hand auf deiner linken Schulter ruhen, um dich vor Bösem zu bewahren, und Ich führe dich in jeder Hinsicht. Jedes Wort, das du in dieser Mission aussprichst, kommt von Mir. Jede Aktion, die du unternimmst, kommt von Mir. Jedes Leid, das du erträgst, ist Mein Leid. Dein Wille ist Mein Wille, denn du hast ihn Mir geschenkt, und jetzt wohne Ich gänzlich in dir. Wenn sie dich verletzen, beleidigen sie Mich. Wenn sie dich verspotten, leugnen sie die Wahrheit. Wenn sie das Wort leugnen, verleugnen sie Mich, aber wenn sie Mein Wort annehmen, das dir gegeben wird, werden sie Teil von Mir, und so wird auch ihnen Mein Schutz gegeben werden.

Geh jetzt, Meine Tochter, und sorge dich nicht, wenn dir in dieser Mission Hass gezeigt wird; denn du und all jene, die Meinen Ruf hören, werden dann keinen Zweifel daran haben, Wer es ist, Dem sie sich entgegenstellen. Nicht ihr seid es, sondern Ich, Jesus Christus, Bin es, Den sie zur Seite stoßen. Wenn ihr für Mich, mit Mir, in Mir seid und Mein Wort sprecht, dann seid ihr wirklich ein Kind Gottes.

Euer Jesus

1026. Wer von euch wäre stark genug, Meinen Leidenskelch anzunehmen, in allem, was dieser mit sich bringt?

Sonntag, 19. Januar 2014, 14:35 Uhr

Meine innig geliebte Tochter, wer von euch, der sich selbst als einen heiligen Anhänger von Mir bezeichnet und der mit dieser Tatsache prahlt, wird Meinen Kelch annehmen?

Wer von euch wäre stark genug, Meinen Leidenskelch anzunehmen, in allem, was dieser mit sich bringt? Die Antwort ist: Sehr wenige von euch. Und doch fühlt ihr euch im Recht, wenn ihr Mich geißelt, in Meinen auserwählten Seelen, die Meinen Kelch bereitwillig angenommen haben.

Auserwählte Seelen, Visionäre, Propheten und Seher nehmen Meinen Kelch an, denn sie geben Mir ihren freien Willen, zu Meinen Bedingungen — nicht zu ihren eigenen. Wenn ihr euch selbst als allwissend und sehr versiert in Meinem Heiligen Wort ausgebt und nicht das Leiden annehmt, das von Meinen armen verfolgten Propheten getragen wird, dann kennt ihr Mich nicht. Wenn ihr Mich nicht kennt, dann könnt ihr Mich nicht wirklich lieben. Wenn ihr Mich nicht liebt, dann verbreitet ihr nicht die Wahrheit. Stattdessen wählt ihr aus, welche Teile im Allerheiligsten Evangelium euch passen, und gebraucht diese dann als Maßstab, um damit Meine Propheten zu schlagen und all jene auserwählten Seelen, die Mein leidvolles Kreuz tragen.

Wenn ihr auf anderen Seelen herumtrampelt, sie in Meinem Namen grausam behandelt, dann seid ihr vom Hass befallen. Hass kommt von Satan. Er kommt nicht von Mir. Wenn ihr vor Mein Antlitz kommt, während der „Warnung" — der Erleuchtung des Gewissens —, werde Ich euch zeigen, wie ihr Mich beleidigt habt. Dennoch werden viele von euch, die dessen schuldig sind, Meine Worte der Liebe in Worte des Hasses gegen Meine Propheten verdreht zu haben, trotzig vor Mir stehen. Denn ihr seid so vollgestopft mit Selbstliebe und Stolz, dass es selbst für Mich, Jesus Christus, schwierig sein wird, euch zu Mir hinzuziehen.

Euer Hass auf andere trennt euch von Mir.

Euer Jesus

1027. Mutter der Erlösung: Diese letzte Medaille, die euch durch die Gnade Gottes von Mir gebracht worden ist, wird Milliarden von Seelen zum Ewigen Leben ziehen.

Montag, 20. Januar 2014, 12:09 Uhr

Mein liebes Kind, Gott will jeden einzelnen Menschen aus jeder einzelnen Glaubensrichtung retten, ebenso wie diejenigen, die Seine Existenz und die Existenz Seines Sohnes, Jesus Christus, leugnen. Das ist der Grund, warum Menschen jeden Alters, jeder Kultur und jeder Konfession eine Medaille der Erlösung erhalten müssen.

Jeder Person, der eine Medaille gegeben wird, selbst wenn diese Medaille nicht gesegnet werden kann, wird ein außerordentliches Geschenk gegeben werden. Bald danach wird Gott in ihnen eine Gnade wecken, einen Einblick in ihre eigene Hilflosigkeit und ein Bewusstsein von Gottes Allmächtiger Liebe. Er wird sogar die hartnäckigsten Seelen und jene Menschen mit Herzen aus Stein erleuchten. Bald werden sie die Wahrheit suchen, und dann werden sie zu Gott rufen und Ihn anflehen, ihnen das Herz leichter zu machen und sie mit Seiner großen Barmherzigkeit zu erfüllen.

Weist das Geschenk der Medaille nicht zurück, denn diese letzte Medaille, die euch durch die Gnade Gottes von Mir gebracht worden ist, wird Milliarden von Seelen zum Ewigen Leben ziehen. Als Mein Vater Mir die Anweisung gab, die Welt mit dem Höchstheiligen Rosenkranz zu beschenken und ihn dem Heiligen Dominik zu geben, haben diesen viele abgelehnt. Sie tun es heute noch, denn sie denken, dieser wäre von Mir geschaffen. Er wurde Mir gegeben, damit jeder, der ihn betet, sich vor dem Teufel schützen könne. Es ist durch Meine Fürsprache, dass den Seelen besondere Gnaden und Schutz gegen den Einfluss des Teufels vermacht wird.

Begeht nicht den Fehler, diese Medaille abzulehnen, denn sie ist für die ganze Welt bestimmt, und viele Wunder werden mit ihr verknüpft sein. Jene, die sie zurückweisen oder versuchen, andere daran zu hindern, sie anzunehmen, werden das Heil ablehnen — vor allem Atheisten, die des Göttlichen Eingreifens am meisten bedürfen. Ihr müsst jene Menschen, die Gott ablehnen, immer vor den Thron Meines Vaters bringen und um Barmherzigkeit für ihre Seelen flehen.

Bitte stellt sicher, dass die Medaille der Erlösung so vielen Menschen wie möglich zur Verfügung gestellt wird.

Eure geliebte Mutter
Mutter der Erlösung

1028. Gott der Vater: Der der Menschheit gegebene freie Wille hat dazu geführt, dass viele Meiner Kinder von Mir weggezogen worden sind.

Dienstag, 21. Januar 2014, 15:44 Uhr

Meine liebste Tochter, Mein Wille geschehe, denn die Zeit für die freie Wahl des Menschen, zu tun, was seinem eigenen Wunsch entspricht, kommt zu einem Ende.

Ich gab dem Menschen den freien Willen. Er ist ein Geschenk. Ich vermachte Meinen Kindern dieses Geschenk, zusammen mit vielen anderen Geschenken. Obwohl sie sich entscheiden, ihrem eigenen Willen zu folgen — über das hinaus, was Ich für sie gewünscht habe —, respektiere Ich immer noch ihren freien Willen.

Ich liebe Meine Kinder — bedingungslos. Ich könnte sie niemals nicht lieben, obwohl sie Mich in so vieler Hinsicht beleidigen. Der der Menschheit gegebene freie Wille hat dazu geführt, dass viele Meiner Kinder von Mir weggezogen worden sind, zugunsten der glitzernden Versprechungen, durch die sie täglich versucht werden, wenn sie sich nach Schönheit, Reichtum, Ruhm und Macht sehnen, die sie allesamt von Mir wegführen.

Ich Bin ihre Zuflucht, aber sie verstehen das nicht. In Mir werden sie den Anfang und das Ende von allem finden, was ihnen Freude, Frieden und Liebe bringen kann.

Obwohl der Teufel den freien Willen, den Ich den Menschen gegeben habe, dazu verwendet hat, sie zu verführen, werde Ich alle Sünder zurück in Mein Reich nehmen, wenn sie erkennen werden, dass alles, wonach sie gestrebt hatten, um damit Frieden zu finden, sie nicht erfüllen konnte. Die Zeit ist nahe, dass Mein Königreich vollendet wird. Die Seelen werden — das verspreche Ich euch — einen Drang fühlen, zu Mir, ihrem geliebten Vater, gelaufen zu kommen, wenn die Zeit da ist. Dann werden sie die Spinnweben von ihren Augen abstreifen, die verhärteten Schalen um ihre Herzen und die Finsternis in ihren Seelen abwerfen und Mich ausfindig machen.

Meine Kinder, vertraut immer auf Meine Große Liebe zu jedem von euch, denn wie könnte es anders sein? Ihr seid Mein, wie ein Glied, ein Stück von Meinem Herzen. Euch zur Seite zu schieben und euch zu verbannen wäre das Gleiche, als ob Ich ein Stück von Mir selbst verlöre. Wenn Ich also zum letzten Mal rufe und alle Maßnahmen ergriffen worden sind, um eure Herzen zu gewinnen — dann beeilt euch! Ich werde warten. Ich werde euch nehmen und euch in Mein Heiliges Reich aufnehmen, weit weg von allem Leid.

An diesem Tag werdet ihr euren Willen vergessen und mit Meinem Willen verflochten werden, denn euer Wille wird für euch von keinem Nutzen, von keinem Interesse mehr sein, denn wenn ihr zu Mir nach Hause kommt, werden wir zu Eins vereint sein.

Euer geliebter Vater
Gott der Allerhöchste

1029. Mutter der Erlösung: Diese Erscheinungen werden in diesem Frühjahr beginnen, so wie Mein Sohn es angeordnet hat.

Freitag, 24. Januar 2014, 20:05 Uhr

Mein liebes Kind, mach es bekannt, dass Ich bei allen Mariengrotten, die von der Kirche Meines Sohnes im Laufe der Jahrhunderte anerkannt wurden, einmal noch erscheinen werde.

Ich werde Mich an Heiligen Stätten kundtun, welche unter anderen Lourdes, Fatima, La Salette und Guadalupe sein werden. Ich werde auch in Garabandal erscheinen. Diese Erscheinungen werden in diesem Frühjahr beginnen, so wie Mein Sohn es angeordnet hat.

Ich werde von auserwählten Seelen gesehen werden, mit der Sonne hinter Meinem Haupt. Zwölf Sterne werden rund um die Dornenkrone eingeflochten sein, die von Meinem Sohn während Seiner Kreuzigung getragen wurde, und die Mir aufs Haupt gesetzt ist, als Zeichen für alle, die Meinem Beispiel folgen werden. Meine Rolle ist es, alle Kinder Gottes auf dem Weg der Wahrheit zu führen und sie zu Meinem Sohn zu bringen.

Wenn diese Erscheinungen stattfinden, dann wird es keinen Zweifel geben — vor allem nicht bei denen, die Mir Ehrerbietung erweisen —, dass Ich die Wahrheit spreche, wenn Ich sage, dass bald der letzte Weg, der euch zu Meinem Sohn bringen wird, in dieser Endzeit, durch das Buch der Wahrheit führen wird.

Wenn ihr Mir, eurer Mutter, folgt, werde Ich euch nehmen und euch hin zu Meinem Sohn führen. Mein Sohn hat viele Wunder versprochen, damit Er eure Augen öffnen kann für die Prophetien, die Er der Welt durch Meine eigene Mission gegeben hat. Viele akzeptieren nicht, dass Ich an diesen besonderen Erscheinungsorten erschienen bin, und lehnen ihre Bedeutung für das Heil der Seelen ab.

Wenn Ich an diesen Orten ein letztes Mal erscheine und Mich als die Mutter der Erlösung vorstelle, dann werdet ihr wissen, dass diese Mission Meine letzte ist, und dass alle Erscheinungen zu dieser letzten Mission hin führen, nämlich der Welt die Erlösung zu bringen, die das Geburtsrecht jeder einzelnen Person ist.

Jubelt, denn diese Tage sind nahe, und wenn ihr von diesen Dingen hört, dann wisst, dass diese Prophezeiung, wenn sie sich erfüllt hat, nur von Mir gekommen sein

445

kann, von eurer geliebten Mutter, der Mutter der Erlösung, der Mutter Gottes.

Eure geliebte Mutter
Mutter der Erlösung

1030. Die Rolle Meiner Mutter als Miterlöserin wird endlich gut und wirklich verstanden werden.

Freitag, 24. Januar 2014, 20:19 Uhr

Meine innig geliebte Tochter, wenn Meine Mutter noch ein letztes Mal erscheint, an Marienerscheinungsorten überall, dann müsst ihr wissen, dass die Welt umkehren wird und schließlich zu Mir gelaufen kommen wird. Es ist durch Meine geliebte Mutter, dass mehr Seelen zu Mir gebracht werden. Ihre Rolle war es immer, Mir zu dienen zum Wohl der Menschen. Die Rolle Meiner Mutter als Miterlöserin wird endlich gut und wirklich verstanden werden.

Ich werde jeder Seele die Gelegenheit geben, Zeuge Meines Machtvollen Eingreifens zu sein, damit Ich sie bekehren kann. Durch Bekehrung kann Ich Millionen retten. Das Versprechen der Erlösung wurde von Mir gegeben und wurde erfüllt durch Meinen Tod am Kreuz. Jetzt werde Ich die Seelen sammeln, die Ich zu Mir hinziehen werde, und durch diese Mission werde Ich die Wahrheit Meines Wortes überall verbreiten.

Jenen, denen die Wahrheit nie gegeben worden ist, wird sie zum ersten Mal geschenkt werden. Jene, denen die Wahrheit gegeben wurde, die sie aber vergessen haben, werden an Mein Versprechen erinnert werden. Jene, die die Wahrheit kennen, die sie aber abgeändert ihren eigenen Wünschen angepasst haben, werden daran erinnert werden, dass es nur eine einzige Wahrheit geben kann.

Ich bringe den Menschen die Wahrheit zu einer Zeit, wo ihre Gedanken verwirrt und ihre Seelen von Zweifeln zerrissen sind — aber Ich werde ihre Ängste zerstreuen. Nur Ich, Jesus Christus, ihr Erlöser, habe die Macht, so einzugreifen. Nur Ich habe die Macht, ihnen Frieden zu bringen und ihnen das Heil zu schenken, das berechtigterweise ihnen gehört.

Alle Stränge dieser Mission werden jetzt zusammengezogen, um ein Muster zu bilden. Wenn die verschiedenen Teile miteinander verbunden und zusammengepasst sind, wie die Teile eines Puzzles, — wenn all diese Stücke beginnen zu verschmelzen, dann wird das letzte Bild deutlich werden. Dann werdet ihr Meine Gegenwart überall finden — wobei alles mit jeder echten heiligen Mission verbunden ist, die der Welt von Meinem Vater gewährt worden ist, bis schließlich die ganze Wahrheit jedem klar werden wird.

Mein Vater hat verheißen, dass Er der Welt die Wahrheit offenbaren werde, durch das Buch der Wahrheit, wie es dem Propheten Daniel und Johannes dem Evangelisten vorausgesagt worden ist. Mein Vater bringt euch jetzt zu dieser Zeit die Wahrheit, aber Er tut es Stück für Stück, nach und nach, bis der letzte Teil das Ganze bildet.

Erst dann wird das Buch der Wahrheit Sinn machen. Erst dann werden die letzten Hürden überwunden werden, wenn die Mehrheit der Menschheit singen und jubeln wird in Erwartung Meines Zweiten Kommens. Erst wenn Meine Mission abgeschlossen ist, wird der Welt der Große Tag angekündigt werden.

Geht in Frieden und wisst, dass, wenn ihr all euer Vertrauen auf Mich setzt, dass Ich den letzten Teil des Bundes Meines Vaters vollenden kann und euch in das Gefilde Seines Allmächtigen Königreiches bringen kann.

Euer Jesus

1031. Der Plan, jede Spur von Mir zu entfernen, hat begonnen.

Sonntag, 26. Januar 2014, 15:00 Uhr

Meine innig geliebte Tochter, lass niemals zu, dass die Ansichten von denjenigen mit Bitterkeit im Herzen, gegen dieses Werk, dich in Meiner Mission zum Zögern bringen.

Was macht es schon, wenn du und Meine geliebten treuen Seelen, die sich weigern, vom Wort Gottes abzuweichen, abgelehnt werden? Was macht es schon, ob sie euch mit Hohn und Spott überschütten oder dies nicht tun? Ihre menschlichen Meinungen, die das Wort leugnen, sind ohne Bedeutung in eurem Streben nach der Ewigen Erlösung. Wenn ihr Mich verherrlicht und Mein Heiliges Wort ehrt, werdet ihr von allen Seiten versucht werden, damit ihr Mir den Rücken kehrt.

So viele werden diese Mission ablehnen, bis ihnen die schreckliche Wahrheit dämmert, wenn sie Zeugen der Gotteslästerungen sein werden, die sich aus dem Mund des falschen Propheten ergießen werden. Wenn jemand, der die Existenz der Heiligen Dreifaltigkeit bestreitet, es wagt, die Roben eines hohen Priesters unter dem Dach Meiner Kirche zu tragen, und dann versucht, euch davon zu überzeugen, dass das, von dem ihr bis heute wusstet, dass es wahr ist, nicht mehr wahr sei, dann werdet ihr wissen, dass der Geist des Bösen Meine Kirche von innen heraus verschlungen hat.

Wenn ihr mit neuen Ideologien, neuen Lehren umgeben seid und wenn euch erzählt wird, dass die Menschheit heute diese Änderungen verlange, wird das die Zeit sein, in der Gottes Wünschen nicht mehr entsprochen werden wird. Stattdessen wird — wenn vom Menschen gemachte Lehren, voller Irrtümer und Mängel, erklären, dass es die Sünde nicht mehr gäbe, — für Mich die Zeit nahe sein, Meine Feinde zu vernichten, wie vorausgesagt.

Viel mehr von euch werden für die Wahrheit und für die schreckliche Schmach wach werden, die Mir, Jesus Christus, in Meiner Kirche auf Erden angetan werden wird. Jene treuen Diener werden die Bosheit erkennen, und viele von ihnen werden dann fliehen. Aber wenn die Zeit kommt und wenn ihr alle vor diese Entscheidung gestellt werdet, werden Mich traurigerweise viele verlassen und an heidnischen Praktiken teilnehmen.

Der Plan, jede Spur von Mir zu entfernen, hat begonnen. Die Wahrheit Meines Wortes wird aus euren Verfassungen, euren Schulen verbannt werden, bis sie schließlich in Meiner eigenen Kirche aufgekündigt werden wird. Diejenigen von euch, die glauben, dass dies nie geschehen könne — dass Gott diese Dinge niemals erlauben würde, irren sich. Diese Gräueltaten werden in der letzten Reinigung des Menschen vor Meinem Zweiten Kommen zugelassen. Wenn ihr nicht wachsam bleibt, unabhängig davon, wie sehr ihr Mich liebt, werdet ihr in die Teilnahme an einer Reihe von Zeremonien hineingezogen werden, die keine Ehrerbietung an Gott darstellen werden. Wenn sie Mich nicht ehren, dann müsst ihr euch fragen: Was soll das? Warum wurden diese Änderungen vorgenommen, und warum so plötzlich? Die Antwort ist: aus Zeitnot — denn es bleibt nur mehr wenig Zeit.

Der Wettlauf, Seelen auf beiden Seiten für sich zu gewinnen, wird auf einen erbitterten Kampf hinauslaufen. Die eine Seite wird euch überzeugen, das Wort Gottes zu Gunsten abscheulicher Praktiken, die Satan vergöttern werden, zurückzuweisen. Sie werden sogar diejenigen täuschen, die mit Meinem Wort gut vertraut sind, so listig wird ihr Anliegen, Mich aus Meiner Kirche zu entfernen, präsentiert sein. Die andere Seite wird aufgrund ihrer Treue leiden, nicht nur wegen ihrer Treue zu diesen Botschaften allein, sondern auch zum Wahren Wort Gottes, das der Welt im Buch Meines Vaters gegeben ist.

Euer Jesus

1032. Gott der Vater: Ich habe eine sehr lange Zeit geduldig gewartet, um Meine Kinder wieder in Meinen Heiligen Willen hinein zu sammeln.

Montag, 27. Januar 2014, 17:18 Uhr

Meine liebste Tochter, wie sehr ängstigt ihr euch, wenn es doch ganz und gar unnötig ist. Wenn Ich der Welt ein Geschenk dieses Ausmaßes gebe, geschieht dies aus einem Pflichtgefühl heraus, das aus Meiner Großen Liebe für alle Meine Kinder geboren ist.

Ich warne euch, um euch alle zu schützen. Ich offenbare euch einen Teil von Mir in jeder einzelnen Botschaft, die Ich euch für die Welt gebe. Dir, Meine Tochter, zeige Ich Meine große Sehnsucht, Meinen Kindern vertraut zu werden. Ich zeige euch Mein Erbarmen, Meine Freude, Mein Missfallen, Meinen Zorn, Meine Liebe und Meine Barmherzigkeit. Warum habt ihr dann, wenn Ich euch so zu erreichen versuche, Angst vor Mir? Ihr dürft niemals einen Vater fürchten, der alle Seine Sprösslinge liebt, und vor allem die Sünder, die jedes Gebot öffentlich schänden, das euch von Mir gegeben worden ist, um die Menschheit in Meine Zärtlichkeit hineinzuziehen.

Kinder, seid bereit, Meine große Barmherzigkeit anzunehmen. Öffnet eure Herzen, um Mich, euren geliebten Vater, willkommen zu heißen. Bereitet euch vor, Mich zu begrüßen, und ruft jedes Mal nach Mir, wenn Angst eure Gedanken dann beschleicht, wenn ihr versucht, diese Botschaften zu verarbeiten. Diese Botschaften sind einzigartig. Sie werden der Welt von der Allerheiligsten Dreifaltigkeit dargeboten. Sie gelten bei Mir als die wichtigste Mission auf Erden, seit Ich Meinen einzigen Sohn gesandt habe, um euch zu erlösen.

Dieses Mein Wort sollte mit einem wohlwollenden und dankbaren Herzen angenommen werden. Heißt Meine Worte willkommen. Seid zufrieden in dem Wissen, dass alles, was ist, unter Meiner Herrschaft bleibt und immer bleiben wird. Ich Bin alles, was ist und was sein wird. Jede Entscheidung über die Zukunft der Menschheit und das Schicksal der kommenden Welt bleibt bei Mir. Ich würde euch niemals absichtlich in Angst versetzen, Kinder. Was Ich tun werde, ist, euch auf Mein Neues Königreich vorbereiten, damit ihr fähig seid, es zu betreten — wenn alle Schmerzen und alles Leid nicht mehr sein werden.

Seid in Frieden, Meine wunderbaren, vielgeliebten Kinder. Ihr bedeutet Mir alles. Ich schließe hier euch alle ein. Alle Sünder. All diejenigen, die Mich nicht anerkennen werden. All diejenigen, die Satan anbeten. Alle Meine treuen Kinder. Diejenigen, deren Seelen entrissen wurden. Ihr gehört Mir, allein Mir. Ich werde nicht eine Seele unbeachtet lassen in diesem Meinem letzten Versuch, die Welt auf das Zweite Kommen Meines Geliebten Sohnes vorzubereiten.

Nicht einer von euch wird von Meiner Hand der Barmherzigkeit unberührt bleiben. Erlaubt Mir eure Herzen zu öffnen, damit ihr von Meiner Hand gesegnet werdet.

Sprecht zu Mir: „Liebster Vater, strecke Deine Hand aus und berühre meinen Leib und meine Seele mit Deiner Hand der Barmherzigkeit. Amen." Ich werde augenblicklich auf euren Ruf antworten.

Geht voran, Meine lieben Kleinen, und seid in Frieden, denn Mein Eingreifen wird eure rettende Gnade sein, wie schwer auch immer die vor euch liegende Zeit sein wird. Ich werde warten, um die Tür zu Meinem Neuen Paradies zu öffnen, mit Liebe in Meinem Herzen, während Ich euch winke, zu Mir, eurem Vater, zu kommen.

Ich habe eine sehr lange Zeit geduldig gewartet, um Meine Kinder wieder in Meinen Heiligen Willen hinein zu sammeln. Dieser Tag ist nahe und Mein Herz jubelt in Erwartung des Augenblicks, wo der Mensch zurückkommt auf seinen rechtmäßigen Platz neben Mir.

Euer liebender Vater
Gott der Allerhöchste

1033. Heute glauben weniger Menschen als je zuvor an das Wort Gottes.

Dienstag, 28. Januar 2014, 23:15 Uhr

Meine innig geliebte Tochter, niemand soll daran zweifeln, dass man im Buch Meines Vaters, in der Höchstheiligen Bibel, die Wahrheit finden kann. Das Wort ist dort, sichtbar für alle, wie es Jahrhunderte lang gewesen ist. Die Heilige Bibel enthält die Wahrheit, und alles, was von der Menschheit erwartet wird, ist in ihren Seiten offengelegt.

Alles, was Er hat fließen lassen aus den Mündern der Propheten und Meiner Jünger, die vom Heiligen Geist geführt waren, ist darin enthalten. Die Wahrheit ist in dem Wort enthalten – und das ist: das Buch Meines Vaters. Warum also stellt dann der Mensch die Gültigkeit des Wortes in Frage? Alles, was dem Menschen seiner Seele zuliebe gegeben wird, kann in der Heiligen Bibel gefunden werden.

Die Wahrheit wird von Seelen in unterschiedlicher Weise verdaut. Diejenigen, die demütige Seelen sind und die das Wort Gottes annehmen, stellen es nicht in Frage. Andere nehmen es und verwerfen Teile davon, bis es der Wahrheit nicht mehr ähnelt. Dann gibt es diejenigen, die das Wort niemals annehmen werden, weil es für sie von wenig Interesse ist. Sie sehen in der Wahrheit, die in der Heiligen Bibel enthalten ist, nicht mehr als Folklore.

Heute glauben weniger Menschen als je zuvor an das Wort Gottes. Diejenigen, die daran glauben, nehmen nur Abschnitte daraus, die attraktiv sind für ihren eigenen Lebensstil und rücken von Gottes Geboten ab, zu denen sie sich nicht hingezogen fühlen. Heute ist die Wahrheit, die gelehrt wird, nur ein Schatten von dem, was in der Bibel enthalten ist.

Aus drei Gründen spreche Ich jetzt zu euch von der Wahrheit: Erstens, um euch an das Wort der Wahrheit zu erinnern — das im Buch Meines Vaters enthalten ist. Zweitens, um die Tatsache zu bekräftigen, dass ihr das Wort Gottes nicht umschreiben könnt. Der dritte Grund ist, damit Ich die Kinder Gottes mit dem Wort Gottes nähren kann in einer Zeit, wo es euch bald vorenthalten werden wird. Ich tue das jetzt durch das Buch der Wahrheit, das euch durch die Propheten versprochen worden ist. Wenn euch die Wahrheit nicht passt, dann nehmt ihr das Wort Gottes nicht an. Wenn ihr das Wort Gottes nicht annehmt, dann kann Ich euch nicht zu Meinem Neuen Königreich mitnehmen und euch die Erlösung bringen, die Ich euch versprochen habe, als Ich für eure Sünden am Kreuz gestorben bin.

Euer Jesus

1034. Ich muss eingreifen, um die Menschheit davor zu bewahren, sich selbst zu zerstören, vor dem Großen Tag des Herrn.

Mittwoch, 29. Januar 2014, 15:00 Uhr

Meine innig geliebte Tochter, weint nicht um euch selbst, sondern um Mich, euren Jesus, Der weint und leidet wegen der Geschwindigkeit, mit der die Menschheit in ein verkommenes und sündhaftes Leben fällt.

Weil Mein Wort von so vielen, so lange Zeit hindurch, abgelehnt worden ist, haben viele Menschen keine Richtungsweisung und kein Wissen, wenn es darum geht, die Entscheidungen in ihrem Leben zu fällen. Seelen, die von der Wahrheit weit abgedriftet sind, haben nur ihre eigenen Wünsche, Begierden und ihre Ichbezogenheit, von denen sie sich führen lassen. Selbstbesessenheit, sexuelle Unmoral, Selbsterfüllung und das Streben nach materiellen Gütern stürzen ihre Seelen in ein Chaos. Nichts wird noch kann sie befriedigen. Wenn sie die Tiefen der Sünde erreicht haben, dann gehen sie aktiv auf die Suche nach anderen Seelen, um sie zu umgarnen. Das ist, weil Satan ihre Seele in einem solchen Maße verschlungen hat, dass er sie benutzt, um andere Seelen in seine abscheuliche Falle zu ziehen.

Die Moral der Menschheit ist so tief gesunken, dass dieser Geist des Bösen jetzt Millionen von Seelen täglich verschlingt. Oh, wie Mein Schmerz doch vergrößert wird und wie viel Arbeit doch notwendig ist, um diese Verseuchung auszumerzen! Es wird eine Zeit kommen, wo nur einem Drittel der Menschheit die Gnade gegeben werden wird, den Unterschied zwischen Gut und Böse zu entschlüsseln.

Diejenigen, die das Böse in jedweder Form willkommen heißen, werden es als eine gute Sache hinstellen. Bald wird es einen Menschen mit sehr viel Mut erfordern, um den Mund aufzumachen und zu erklären: „Das ist falsch!", ohne verteufelt und verachtet zu werden für das, was als ein irrationaler Ausbruch betrachtet werden wird.

Oh, wie tief Gottes Kinder doch sinken werden! Seelen mit verhärteten Herzen, mit einem Hass auf andere, ohne Mitgefühl, voller Gier und Lust auf Gewalt, werden zahlenmäßig stark zunehmen. Sie werden in der Welt bewundert werden, während man sich vor einigen Jahrzehnten vor ihnen gefürchtet hätte. Deshalb muss Ich eingreifen, um die Menschheit davor zu bewahren, sich selbst zu zerstören, vor dem Großen Tag des Herrn.

Satans Plan ist es, so viele Seelen wie möglich zu zerstören. Mein Plan ist es, diese Heimsuchung zu stoppen, und Ich werde nicht zögern, die Zeichen zu geben, die notwendig sind, um euch für die Liebe Gottes wachzurütteln und für die Notwendigkeit, euch hinreichend auf die kommende Welt vorzubereiten.

Lehnt niemals die Hand Gottes ab. Ignoriert niemals das Wort Gottes, denn ohne diese Dinge seid ihr nichts.

Euer Jesus

1035. Mutter der Erlösung: Denkt daran, dass Satan diese Mission verachtet, weil er durch sie Milliarden von Seelen verlieren wird.

Freitag, 31. Januar 2014, 15:27 Uhr

Meine lieben Kinder, lasst den Hass auf diese Mission nicht eure Herzen in Unruhe versetzen. Neigt stattdessen euer Haupt in Danksagung für das Geschenk des Buches der Wahrheit in diesen beunruhigenden Zeiten auf Erden.

Mein geliebter Sohn, Jesus Christus, wurde gequält, verhöhnt und beschimpft während Seiner Mission, in der Er die Wahrheit gepredigt hat, während Seiner Zeit auf Erden. Diejenigen, die das Wort Gottes kannten, weigerten sich, den verheißenen Messias anzuerkennen, als Er vor ihnen stand. Seine Worte wurden in Fetzen gerissen, aber trotzdem wurden diese Worte nicht ignoriert. Wenn Gott durch Seine Propheten spricht und im Fall Meines Sohnes — durch den Wahren Messias —, dann ist es für den Menschen unmöglich, das Wort zu ignorieren. Diejenigen, die das Wort Gottes nicht annehmen, wenn es aus dem Munde der Propheten fließt, werden nicht in der Lage sein, sich abzuwenden. Stattdessen wird ihr Hass sie quälen, und nicht einen Moment Frieden werden sie in ihrem Herzen verspüren.

Während der Kreuzigung Meines Sohnes wurde Er brutal gefoltert, mit einer schändlichen Bösartigkeit, die diejenigen, die am gleichen Tag mit Ihm gekreuzigt wurden, nicht zu ertragen hatten, obwohl sie verurteilte Verbrecher waren und das einzige Verbrechen Meines Sohnes darin bestand, dass Er die Wahrheit sprach. Wenn die Wahrheit — das Wort Gottes —durch die Propheten gesprochen wird, dann ist sie wie ein zweischneidiges Schwert. Sie wird einigen Freude und besondere Gnaden bringen, aber anderen wird sie Angst bringen, was zu Hass führen kann. Wenn ihr also Hass in Form von bösen Taten, von Lügen und der absichtlichen Verdrehung des Wortes seht, dann wisst, dass diese Mission von Gott kommt. Die vielen falschen Propheten, die in dieser Zeit die Erde durchstreifen, provozieren keine derartige Reaktion, denn sie kommen nicht von Gott.

Denkt daran, dass Satan diese Mission verachtet, weil er durch sie Milliarden von Seelen verlieren wird. Deshalb wird es für diejenigen, die ihr folgen, ein sehr schwerer Weg sein. Ich bitte euch dringend, nehmt euch vor denen in Acht, die sagen, dass sie im Namen Meines Sohnes kämen, und dann erklären, dass dieses, das Wort Gottes, von Satan käme. Sie begehen einen der schwersten Fehler von Lästerung gegen den Heiligen Geist. Betet, betet, betet für diese bedauernswerten Seelen. Fühlt keinen Zorn auf sie. Stattdessen müsst ihr um Barmherzigkeit für ihre Seelen bitten.

Um diese Mission zu schützen, gegen die Boshaftigkeit Satans, bitte Ich euch, dass ihr beginnt, dieses machtvolle Gebet zu sprechen, um Satan zu widersagen. Wenn ihr dieses Kreuzzuggebet betet, mindestens zweimal in der Woche, dann werdet ihr helfen, diese Mission der Erlösung zu schützen und mehr Seelen in das Reich von Gottes Königtum zu bringen.

Kreuzzuggebet (132) Widersagt Satan, um diese Mission zu schützen

„O Mutter der Erlösung, komme dieser Mission zu Hilfe. Hilf uns, Gottes Restarmee, Satan zu widersagen. Wir bitten Dich, zertritt den Kopf des Tieres mit Deiner Ferse und räume alle Hindernisse aus in unserer Mission zur Rettung von Seelen. Amen."

Kinder, ihr müsst daran denken, dass es niemals einfach ist, wenn ihr Meinem Sohn helft, Sein Kreuz zu tragen. Sein Leiden wird euer Leiden, wenn ihr Ihm eure Treue erklärt. Dadurch dass ihr vollkommen auf Ihn vertraut und auf eurer Reise, Ihm zu helfen, Seelen zu retten, beharrlich durchhaltet, werdet ihr stärker werden. Euch wird der Mut, die Kraft und die Würde gegeben werden, euch über den Spott, die Gotteslästerung und die Versuchungen zu erheben, die euer täglich Los sein werden, bis zum Tag der Wiederkunft Meines geliebten Sohnes, Jesus Christus.

Geht in Frieden. Setzt euer ganzes Vertrauen auf Meinen Sohn und ruft Mich, eure geliebte Mutter der Erlösung, immer an, euch zu Hilfe zu kommen, in eurer Mission euch für die Rettung von Seelen einzusetzen.

Eure geliebte Mutter
Mutter der Erlösung

1036. Bereitet euch immer vor, jeden Tag, als ob die Warnung morgen wäre, denn sie wird plötzlich über euch kommen.

Freitag, 31. Januar 2014, 16:13 Uhr

Meine innig geliebte Tochter, höre Mir jetzt zu, da Ich über die kommende Warnung spreche. Ohne Mein Eingreifen würde der Großteil der Welt in den Abgrund des Tieres stürzen und würde niemals das Licht Gottes sehen. Ohne dieses Wunder würden Milliarden von Seelen zur Hölle fahren.

Daher muss Ich euch daran erinnern, dass ihr euch auf dieses Ereignis vorbereiten müsst, denn es wird vielen riesengroßen Schmerz und Leid verursachen. Es wird so sein, als wenn viele in die unterste Ebene des Fegefeuers gestürzt wären, das die Seele mit einer gewaltigen Hitze reinigt und ein schreckliches Gefühl der Reue schafft, was Schmerzen des Fleisches verursacht.

Viele Seelen werden jubeln. Jedoch werden selbst jene Seelen, die Mir nahe sind, auch Angst empfinden, wenn sie vor Meinem Angesicht auf ihre Missetaten werden schauen müssen. Die Scham, die sie empfinden werden, wird jedoch schnell vergessen sein, da das Licht Meiner Barmherzig- keit sie umhüllen und sie mit Gnaden erfüllen wird. Die Seelen, die Mich überhaupt nicht kennen, werden wie gebannt sein, und viele werden glauben, dass sie gestorben seien und von Mir nun gerichtet würden, am Jüngsten Tag. Auch sie werden jubeln, wenn ihnen die Wahrheit offenbart werden wird. Und dann die armen, elenden Seelen, die ihr sündiges Leben auskosten, sie werden immens leiden. Einige werden zusammenbrechen und zu Meinen Füßen liegen und ihre Augen vor Meinem Licht schützen, denn der Schmerz, vor Mir zu stehen, allein und schutzlos, wird für sie zu groß sein, um ihn auszuhalten. Sie werden nicht um Meine Barmherzigkeit bitten, denn ihr Hass auf Mich sitzt tief.

Schließlich werden die Seelen, die sich vollständig von Mir losgesagt und sich mit Leib und Seele dem Teufel übergegeben haben, eine größere Qual erleiden, als ob sie in die Tiefen der Hölle hineingekrochen wären. Viele werden nicht in der Lage sein, Meine Gegenwart auszuhalten, und sie werden tatsächlich tot vor Mich hinfallen. Andere werden versuchen, Mich anzurufen, aber sie werden vom Teufel von Mir weggezogen werden.

Nachdem dieses machtvolle Eingreifen durch Mich erfolgt ist, werden jedoch Milliarden Seelen bekehrt worden sein — und auch sie werden sich Meiner Restkirche anschließen, um für jene Seelen Buße zu tun, die sich von Meiner Barmherzigkeit völlig abgeschnitten haben, um Mir zu helfen, deren Seelen zu retten.

Alles wird gut sein, denn schlussendlich Bin Ich Allbarmherzig, Allgütig, Allliebend. Denjenigen, die Mich lieben, wird das Geschenk Meiner Liebe in Hülle und Fülle gegeben werden. Meine Liebe in ihnen wird das Bild Meiner Passion entzünden, und das wird sie ermutigen, große Opfer zu bringen zur Sühne für die Sünden der verlorenen Seelen, die Meiner Barmherzigkeit am meisten bedürfen.

Bereitet euch immer vor, jeden Tag, als ob die Warnung morgen wäre, denn sie wird plötzlich über euch kommen.

Euer Jesus

1037. Vieles von dem, was die Menschheit für selbstverständlich hält, wird auf den Kopf gestellt und von innen nach außen gekehrt werden, aber das muss sein.

Samstag, 1. Februar 2014, 19:53 Uhr

Meine innig geliebte Tochter, wegen der Drangsal, die die Menschheit während der Reinigung zu erdulden hat, wäre es ein Fehler, das Leiden, das diese verursachen wird, mit dem Schmerz der Hoffnungslosigkeit zu verwechseln.

Vieles von dem, was die Menschheit für selbstverständlich hält, wird auf den Kopf gestellt und von innen nach außen gekehrt werden, aber das muss sein. Wenn die Reinigung vollständig vollzogen ist, wird eine neue Morgendämmerung heraufziehen — plötzlich und ohne Ankündigung — und die neue Welt wird Gottes Kindern vorgestellt werden.

Ich will nicht, dass — während viel Leid zu erdulden sein wird von denen, die Mich lieben, wie auch von denen, die Mich nicht lieben — auch nur einer von euch jemals glaubt, es gäbe keine Hoffnung. Jubelt stattdessen, denn es liegt vor euch nur Liebe, Freude, Friede und Glück in Meinem Neuen Paradies. Wenn die Welt von der Sünde gesäubert ist und so viele Seelen wie möglich gereinigt sind, dann werde Ich als ein Bräutigam kommen, bereit, euch zu empfangen. Der Große und Herrliche Tag muss mit Freude, Spannung und Sehnsucht erwartet werden, denn Mein Herz wird hervorbrechen und sich mit der ganzen Welt vereinen.

Der Neubeginn ist zum Greifen nah. Erduldet, was auch immer an Schmerz und Leid ihr jetzt seht, denn dieses wird keine Bedeutung haben, wenn ihr in Mein Licht kommt, wenn Ich euch mit der Liebe und der Glückseligkeit überschütten werde, auf die ihr euer ganzes Leben lang gewartet habt, die ihr aber bis dahin nicht wirklich habt ergreifen können.

Helft Mir, die Seelen, die für Mich verloren sind, zurück in Meine Arme zu bringen. Betet füreinander. Seid voller Freude. Seid voller Hoffnung. Seid in Frieden. Was auch immer kommen mag, wisst, dass Meine Liebe stärker ist als Hass. Meine Macht ist Allmächtig. Meine Barmherzigkeit ist endlos. Meine Geduld ist groß.

Geht in Frieden und dient Mir, bis zum letzten Tag, denn der folgende Tag wird der Anfang der Welt sein, die kein Ende haben wird und wo der Tod nicht mehr sein wird.

Ich liebe und schätze euch alle.

Euer Jesus

1038. Mutter der Erlösung: All jene, die anderen Glaubensrichtungen angehören, müssen ebenfalls damit beginnen, Meinen Heiligen Rosenkranz zu beten, denn er wird jedem von euch großen Schutz bringen.

Sonntag, 2. Februar 2014, 17:09 Uhr

Meine liebsten Kinder, Ich bitte euch, betet von heute an Meinen Höchstheiligen Rosenkranz jeden Tag, um diese Mission vor satanischen Angriffen zu schützen. Indem ihr Meinen Allerheiligsten Rosenkranzes jeden Tag betet, werdet ihr die Boshaftigkeit Satans und derjenigen, die er beeinflusst, abschwächen, wenn er versucht, Seelen davon abzuhalten, diesem besonderen Ruf vom Himmel zu folgen.

All jene, die anderen Glaubensrichtungen angehören, müssen ebenfalls damit beginnen, Meinen Heiligen Rosenkranz zu beten, denn er wird jedem von euch großen Schutz bringen. Der Höchstheilige Rosenkranz ist für jedermann da, für diejenigen, die von Meinem Schutz profitieren wollen — von dem Geschenk, das Ich von Gott empfangen habe, um Seelen gegen den Teufel zu verteidigen.

So viele von euch, liebe Kinder, werden gequält werden, wenn ihr nicht nachgebt. Gebt ihr aber nach, dann werdet ihr von dieser Mission abkommen. Die Feinde Gottes werden alle ihnen möglichen Kräfte einsetzen, um euch zu stoppen. Sie werden an euch zerren, euch lauthals beschimpfen und euch böser Dinge beschuldigen. Ignoriert dies und erlaubt Mir, eurer geliebten Mutter der Erlösung, euch Trost zu schenken und euch mit all dem Schutz auszustatten, den ihr braucht.

Während der Mission Meines Sohnes auf Erden wurde Er auf so viele Arten verraten. Sie warteten in den Dörfern auf Ihn, mit Steinen in der Hand. Wenn Er vorüberging, mit Hunderten, die Ihm folgten, warfen sie diese Steine von einem Versteck aus auf Ihn, damit niemand wusste, wer sie waren. Sie hassten Ihn, zeigten Ihn bei den kirchlichen Behörden an, verbreiteten böse Lügen über Ihn und sagten, Er spräche mit einer bösen Zunge und lästere gegen Gott. Aber nicht einer von ihnen konnte genau erklären, inwiefern Er solcher Dinge schuldig wäre. Danach wandten sie viel Zeit auf, Seine Jünger zu drängen, Ihn zu verleugnen. Viele von ihnen taten es. Dann warnten die Pharisäer all diejenigen, die in den Tempeln anbeteten, dass — sollten sie Meinem Sohn weiterhin folgen — sie niemals wieder ins Haus Gottes hineingelassen würden. Und viele von ihnen hörten auf, Meinem Sohn zu folgen. Diese selben Seelen weinten bittere, kummervolle Tränen, nachdem Mein Sohn gekreuzigt war, denn erst da merkten sie, wie unrecht sie Ihm doch getan hatten.

Das gleiche wird auf diese Mission zutreffen, die den Weg für den Herrn und für den Großen Tag für die Wiederkunft Meines Sohnes ebnet. Alle Anstrengungen werden unternommen werden, um die Restkirche zu schwächen. Jeder Versuch wird gemacht werden, um eure Entschlossenheit zu schwächen. Jeder Plan wird geschmiedet werden, um euch zu ermutigen, dem eigenen Heil und dem Heil der anderen den Rücken zu kehren.

Ihr dürft niemals zulassen, dass der Geist des Bösen euren Geist umnebelt, euren Glauben schwächt oder euch ermutigt, Meinen Sohn zu verleugnen. Verliert niemals das Vertrauen in Meinen Sohn oder in Seine Verheißung wiederzukommen, um den Menschen den Neubeginn zu bringen. Er wird euch niemals im Stich lassen. Er versteht, wie schwer es für euch alle ist: der Schmerz, den ihr ertragt, wie auch die Opfer, die ihr für Ihn bringt.

Denkt daran, ihr seid Sein, und wenn ihr wirklich Teil von Ihm seid und euch Ihm hingebt, dann werdet ihr Teil Seines Lichtes werden. Das Licht Gottes — gegenwärtig in Seelen — zieht die Finsternis, die in anderen Seelen gegenwärtig ist, heraus. Wenn Satan Seelen auf diese Weise benutzt, dann wird er seine Wut zeigen und sie spürbar werden lassen. Wenn Einwände gegen diese von Gott gesegnete Mission erhoben werden, dann werden sie nie rational oder ruhig vorgebracht werden. Die an den Tag gelegte Raserei wird ein deutliches Zeichen dafür sein, wie sehr diese Mission von Satan gehasst wird. Das ist der Grund, warum Mein Heiliger Rosenkranz gebetet werden muss, jeden Tag, von jedem von euch, um diese Mission zu schützen.

Vertraut immer auf Meine Anweisungen, denn Ich bin von Meinem Sohn beauftragt worden, euch allen zu helfen, mit den Belastungen umzugehen, die ihr für Ihn zu ertragen haben werdet.

Eure geliebte Mutter
Mutter der Erlösung

1039. Während die Zahl derer, die Satan folgen, wächst, werden sie sich große Mühe geben, ihre Anbetung des Teufels öffentlich zu verkünden.

Montag, 3. Februar 2014, 21:00 Uhr

Meine innig geliebte Tochter, ihr werdet Meine Jünger erkennen, nicht nur aufgrund ihres Glaubens, sondern anhand ihrer Werke. Es bringt nichts zu sagen, dass ihr Mich liebt, wenn ihr euren Glauben nicht lebt in euren Gedanken, Worten und Werken. Nur aufgrund der Früchte, die ihr hervorbringt, könnt ihr wirklich sagen, dass ihr ein ergebener Jünger von Mir seid. Wenn ihr sagt, dass ihr Mich liebt, dann könnt ihr nicht diejenigen zurückweisen, die euch um Beistand anrufen — diejenigen, die dringend des Trostes bedürfen. Dann scheut ihr euch nicht, anderen zu helfen, die verfolgt werden oder leiden, wenn ihr wirklich Mein seid. Ihr sprecht nicht grausam oder unfreundlich über eine andere Seele, wenn ihr Meinen Lehren treu seid.

Zum anderen werdet ihr in der Lage sein, jene klar zu erkennen, die Mir Ehre erweisen, und zwar an den Früchten, die sie hervorbringen. Sie werden niemals davor Angst haben, das Wahre Wort Gottes zu verkünden. Sie werden immer die Wahrheit sagen, sie werden niemals über einen anderen schlecht sprechen und sie werden die Ersten sein, die den Kranken, den Notleidenden und denen, die auf der Suche nach der Wahrheit sind, Trost spenden. Sie werden die Bedürfnisse der anderen immer über ihre eigenen Bedürfnisse stellen; sie werden immer Geduld zeigen, wenn sie in Meinem Heiligen Namen herausgefordert werden, und sie werden schweigen, wenn sie Verfolgung erleiden wegen ihrer Treue zu Mir. Sie werden immer für die Seelen der anderen beten und für die gesamte Menschheit um Barmherzigkeit bitten. Während Ich also großen Trost und Freude in solchen Seelen finde, kämpfe Ich allein darum, die Seelen, die durch den Schleier der Täuschung bedeckt sind, verursacht durch den Einfluss Satans in ihrem Leben, in Meine Barmherzigkeit zu ziehen.

Während Ich auf den Großen Tag warte, an dem Ich Meinen Thron zurückverlangen werde, muss Ich die Qual ertragen, das

Tier, Satan, auf seinem Thron sitzen zu sehen, die Arme stolz entspannt, breitbeinig, mit dem Kopf einer Ziege, wie er sich in der Vergötterung suhlt, die ihm von denen, die er umgarnt, aus freien Stücken erwiesen wird. Die Ziege ist ein Symbol für seine Verseuchung, wobei er die Körper und die Seelen aller verschlingt, die er im Besitz hat, durch die Sünde der sexuellen Unmoral. Sein erstes Ziel ist es, den menschlichen Leib zu verunreinigen, indem er Seelen ermutigt, sich in jeder Weise selbst zu erniedrigen, durch die Sinne. Sein Einfluss ist überall, und das Symbol der Ziege und ihrer Hörner wird in jeder Geste sichtbar sein. Seine Arroganz wird bald durch die Symbole zu sehen sein, die er seine Anhänger ermutigt zu zeigen, um ihre Treue zu ihm zu demonstrieren, in allen Bereichen des Lebens.

Während die Zahl derer, die Satan folgen, wächst, werden sie sich große Mühe geben, ihre Anbetung des Teufels öffentlich zu verkünden, und jeder, der glaubt, dass dies harmlos sei, wäre klug, jetzt innezuhalten. Ihr müsst Mich, Jesus Christus, anflehen, ihnen zu helfen, die böse Macht zu überwinden, die in der Welt angewandt werden wird, aufgrund der Herrschaft, die Satan in diesen Zeiten ausüben wird.

Für jeden Akt des Trotzes gegen Meine Kirche wird Mein Vater die Schuldigen bestrafen. Für jeden Akt der Entweihung, den sie innerhalb der Heiligen Tempel Gottes ausführen, werden sie immens leiden. Aber an dem Tag, an dem sie Meinen Leib, die Heilige Eucharistie, entweihen, wird eine so große Züchtigung, wie sie noch nie zuvor gesehen worden ist, Meinen Feinden widerfahren.

Ich bitte all diejenigen, die an Mich, euren geliebten Jesus Christus, glauben, eindringlich: Haltet die Augen offen für den größten Gräuel, der zu dieser Zeit geplant wird, um Gottes Kinder zu vernichten. Der böse Plan, Seelen dazu zu verführen, Gott zu leugnen, indem sie sich mit Leib und Seele dem Tier verkaufen, wird jetzt raffiniert eingefädelt, durch die Welt der Rockmusik, der Filme, der Politik und der Religion.

Die Zeit ist gekommen, dass der Welt die Verseuchung bekannt gemacht wird, und zwar aus dem Inneren des Tempel Gottes heraus. Auch wenn viele Menschen solch einen Gräuel ablehnen würden — würde er ihnen offen präsentiert werden —, ist es in Wahrheit so, dass viele von ihnen nichts dazugelernt haben werden. Aber wenn die satanischen Symbole in den Kirchen angebracht sind, dann werden sie über die Unschuldigen eine Macht ausüben, und ohne eure Gebete, Opfer und Leiden werden diese Mir weggenommen werden.

Wenn diese Zeit — in der Zukunft — kommt, dann werden diese Seelen denjenigen von euch, die die Wahrheit kennen, nicht glauben. Dann, wenn der Kern von Gottes Gegenwart angegriffen wird, durch Seine Kirche auf Erden, werden die Auswirkungen auf der gesamten Erde zu spüren

sein. Dann wird das Licht Gottes abnehmen, weil die Gegenwart Gottes ausgelöscht sein wird. Nur Finsternis wird um sich greifen.

Ich bitte euch, Meine treuen Diener, eure Pflicht zu tun und wachsam zu bleiben für all die Dinge, vor denen ihr gewarnt worden seid. Meine gottgeweihten Diener, die ihr bald klar verstehen werdet, was jetzt vor euren Augen geschieht, euch sage Ich: Es wird durch Meinen Befehl sein, dass Ich euch anweisen werde, eure heilige Pflicht zu erfüllen, so viele Seelen wie möglich zu retten, indem ihr Meinem Wort treu bleibt und Meine Herde nährt, bis Ich Mich an dem Großen Tag selbst bekannt mache.

Euer Jesus

1040. Gott der Vater: Ich wünsche, dass ihr die Wahrheit annehmt, nicht mit Zweifel in eurem Herzen, sondern mit Liebe und Vertrauen.

Dienstag, 4. Februar 2014, 15:00 Uhr

Meine liebste Tochter, heute ist ein besonderer Tag, denn Mir ist endlich das Geschenk deiner vollständigen Akzeptanz dieser Mission gegeben worden.

Wenn Ich die Herzen von Seelen berühre, die Ich berufe, Mein Wort zu verkünden, dann ist das für die auserwählte Seele überwältigend. Meine Gegenwart schockt genauso wie sie beruhigt. Sie verursacht einen gewaltigen Umbruch, und das erfordert das volle Vertrauen der Seele. Es ist beängstigend für alle, die Zeugen Meines Eingreifens sind, da es große Unterscheidungsfähigkeit verlangt, aufgrund des Konfliktes der Emotionen, die in der Seele entstehen.

Die Seele ist zunächst geschwächt durch die bloße Kraft der Gegenwart des Heiligen Geistes, und der Körper fühlt sich schwer. Die Sinne sind geschärft und der Verstand ist gedämpft. Kurz darauf gibt es einen natürlichen Drang, zu hinterfragen, was passiert ist, und Zweifel können einsetzen. Aber die Gegenwart des Heiligen Geistes ist unergründlich und wird auch so bleiben, bis Mein Wille geschehen ist, solange die Seele das akzeptiert, was von ihr erwartet wird. Dann verschlingt die Sehnsucht nach Klarheit, gepaart mit einem Bedürfnis nach einem Gefühl der Sicherheit, die Seele. Und während sie Trost und Mut sucht, kann die Kraft des Heiligen Geistes nicht angehalten, gestoppt oder zurückgehalten werden.

Die Bereitschaft der Seele, zuzulassen, ein Werkzeug des Heiligen Geistes zu werden, um die Wahrheit zu verkünden, bedeutet, dass sie machtlos ist, das Wort zu beeinflussen, es zu beeinträchtigen oder es in irgendeiner Weise zu manipulieren.

Der menschliche Verstand kämpft von Zeit zu Zeit dagegen an. Während die Seele durch den Heiligen Geist beruhigt wird und sich nicht länger vor Ihm ängstigt, ist da immer die Hoffnung, dass das Leben dann, wenn die Mission vorüber ist, für die Seele weitergehen wird wie zuvor. Aber natürlich ist dies nicht immer der Fall. So ist es bei

dieser Meiner Mission, um Meine Kinder zu sammeln und sie in Meine Welt ohne Ende in Sicherheit zu bringen: Diese Mission hat kein Ende. Sie wird bis zum letzten Tag bestehen bleiben. Nun, da du diese Tatsache akzeptierst und keine andere Alternative mehr wünschst, kannst du endlich Frieden in deinem Herzen finden, Meine Tochter.

Kinder, nur wenn ihr endlich Mein Geschenk an die Welt, das Buch der Wahrheit, annehmt, werdet ihr Frieden in eurem Herzen finden. Nur wenn ihr akzeptiert, dass Ich, Gott, der Allerhöchste, — Alles, was Ist und Sein wird — zu dieser Zeit mit der Welt kommuniziere, werdet ihr in der Lage sein, vollkommen auf Mich zu vertrauen.

Ich wünsche, dass ihr die Wahrheit annehmt, nicht mit Zweifel in eurem Herzen, sondern mit Liebe und Vertrauen. Wenn ihr das tut, werde Ich euch mit Meinem Frieden und mit Meiner Liebe überfluten. Nur dann werdet ihr mit Freude und Glück erfüllt werden. Nur dann werdet ihr frei sein.

Euer Vater

Gott der Allerhöchste

1041. Mutter der Erlösung: Diese Gebete, liebe Kinder, sind mit großen Gnaden ausgestattet.

Mittwoch, 5. Februar 2014, 15:27 Uhr

Mein Kind, es ist für die Seelen, die Meinen Sohn einst gekannt haben und dann von Ihm abgeirrt sind, schwieriger, zu Ihm zurückzukommen, als für jene, die Ihn überhaupt nie gekannt haben.

Wenn ihr die Liebe Jesu erfahrt und Ihm dann den Rücken kehrt, dann verursacht dies eine große Leere in eurem Leben. Nichts kann jemals Seine Gegenwart ersetzen. Wenn also eine Seele versucht, zu Ihm zurückzukommen — und obwohl Mein Sohn sie immer mit großer Liebe und Geduld erwartet —, ist sich diese Person immer noch unsicher, wie sie ihr Herz öffnen soll.

Wenn ihr euch von Meinem Sohn entfremdet fühlt, dann dürft ihr niemals davor Angst haben, Ihn anzurufen. Ihr dürft euch niemals schämen, euch vor Ihm zu zeigen, denn Er ist Allzeit-Barmherzig und wird jedem Sünder vergeben, wenn Er von einer reumütigen Seele darum gebeten wird.

Wenn ihr Meinen Sohn anrufen möchtet, dann müsst ihr Ihn einfach bitten, euch in Seine Barmherzigkeit zu nehmen, und den Rest dann Ihm überlassen.

Hier ist ein besonderes Kreuzzuggebet (133) „Ein Ruf der Rückkehr zu Gott":

„Lieber Jesus, vergib mir, einer entfremdeten Seele, die ich mich von Dir losgesagt habe, weil ich blind war. Verzeihe mir, dass ich Deine Liebe durch nutzlose Dinge ersetzt habe, die bedeutungslos sind. Hilf mir, den Mut zu fassen, um an Deiner Seite zu wandeln und Deine Liebe und Barmherzigkeit mit Dankbarkeit anzunehmen. Hilf mir, Deinem Heiligsten Herzen nahe zu bleiben und niemals wieder von Deiner Seite zu weichen. Amen."

Diejenigen, die Meinen Sohn nicht kennen und die vor den Thron Gottes, des Allerhöchsten, gebracht werden möchten, müssen dieses Kreuzzuggebet (134) beten: „Um an die Existenz Gottes zu glauben"

„O Gott, der Allerhöchste, hilf mir, an Deine Existenz zu glauben. Wirf all meine Zweifel beiseite. Öffne meine Augen für die Wahrheit über das Leben nach diesem Leben und führe mich auf dem Weg zum Ewigen Leben. Bitte, lass mich Deine Gegenwart fühlen und gewähre mir das Geschenk des wahren Glaubens vor meinem Sterbetag. Amen."

Diese Gebete, liebe Kinder, sind mit großen Gnaden ausgestattet, und denjenigen, die sie beten, wird die Wahrheit gezeigt werden und ihre Herzen werden mit einer großen Liebe erfüllt werden, die sie nie zuvor auf Erden erfahren haben. Dann werden ihre Seelen gereinigt werden.

Geht jetzt und seid euch dessen bewusst, dass ihr, wenn ihr Gott nahe seid, mit der Gnade eines tiefen Friedens gesegnet sein werdet.

Eure geliebte Mutter
Mutter der Erlösung

1042. Mutter der Erlösung: Wenn die Priester Meines Sohnes entsetzlicher Angst und gerichtlichen Fehlurteilen ausgesetzt sein werden, müssen sie Mich anrufen.

Donnerstag, 6. Februar 2014, 16:15 Uhr

Mein Kind, wenn die Zeit kommt, in der die Priester Meines Sohnes entsetzlicher Angst und gerichtlichen Fehlurteilen ausgesetzt sein werden, müssen sie Mich anrufen. Mir ist die Gnade gegeben worden, in der Lage zu sein, ihnen den Mut zu geben, den sie benötigen werden, um weiterhin Meinem Sohn zu dienen. Ich beziehe Mich insbesondere auf Priester in der Katholischen Kirche, denn sie werden mehr leiden als irgendwelche anderen Diener Gottes.

Wenn der Tag kommt und wenn sie aufgerufen werden, einen Eid zu schwören, der die Göttlichkeit Meines geliebten Sohnes, Jesus Christus, leugnen wird, dann dürfen sie niemals über die wahren Absichten jener im Zweifel sein, die dies von ihnen verlangen. Wenn von ihnen verlangt wird, sich von der Bedeutung der Heiligen Eucharistie loszusagen und eine neue Interpretation zu akzeptieren, dann werden sie wissen, dass die Stunde gekommen ist. Das wird der Tag sein, an dem die Fäulnis einsetzen wird und das Abbröckeln der Mauern sichtbar werden wird unter den Dächern von Kirchen allerorts.

Ich wünsche, dass alle Priester, die diesen traurigen Prüfungen ausgesetzt sein werden, dieses Kreuzzuggebet (135) „Zur Verteidigung der Wahrheit" beten:

„O geliebte Mutter der Erlösung, hilf mir in meiner Stunde der Not. Bete, dass ich mit den auf meine unwürdige Seele ausgegossenen Gnaden durch die Kraft des Heiligen Geistes gesegnet werde, um die Wahrheit zu allen Zeiten zu verteidigen. Stütze mich

bei jedem Geschehen, wo von mir verlangt werden wird, die Wahrheit, das Wort Gottes, die Heiligen Sakramente und die Allerheiligste Eucharistie zu leugnen.

Hilf mir, die Gnaden, die ich erhalte, zu nutzen, um unerschütterlich zu bleiben gegenüber der Boshaftigkeit Satans und all der bedauernswerten Seelen, die er benutzt, um deinen Sohn, Jesus Christus, zu entehren.

Hilf mir in meiner Stunde der Not. Um der Seelen willen gib mir den Mut, jedem Kind Gottes die Sakramente bereitzustellen, wenn mir durch die Feinde Gottes vielleicht verboten werden wird, dies zu tun. Amen."

Wenn diese Zeiten beginnen, dann müsst ihr bereit (und vorbereitet) sein, das Werk Gottes fortzusetzen und unverwüstlich und mit Würde Sein Kreuz zu tragen, um eurer eigenen Seele und um der Seelen aller Kinder Gottes willen.

Eure geliebte Mutter
Mutter der Erlösung

1043. Mutter der Erlösung: Viele werden glauben, dass der Antichrist ein sehr heiliger Mann sei.

Freitag, 7. Februar 2014, 15:50 Uhr

Mein Kind, würde Mein Sohn, Jesus Christus, zu dieser Zeit auf der Erde wandeln, Er würde ermordet werden. Kein Amtsträger in Seiner Kirche würde Ihn akzeptieren. Er würde zum allgemeinen Gespött werden, dann gefürchtet und so verachtet werden, dass sie Ihn kreuzigen lassen würden, genauso wie damals.

Dieses Mal kommt Mein Sohn nur im Geist und auf Befehl Meines Vaters, Er wird auf Erden nicht als Mensch, nicht im Fleische, erscheinen. Ich bitte dringend, dass diese Botschaft allen deutlich gemacht wird, denn viele werden in Seinem Namen kommen, aber einer von ihnen wird zur Berühmtheit aufsteigen und sagen, dass er Mein Sohn sei, aber das wird eine Lüge sein.

Der Antichrist wird sich erheben und so mächtig werden, dass sein Bild überall zu sehen sein wird. Statuen nach seinem Ebenbild werden errichtet werden, und sein Gesicht wird ständig in den Nachrichten und auf den Fernsehschirmen auf der ganzen Welt erscheinen. Er wird von den mächtigsten Staats- und Regierungschefs Beifall erhalten, aber erst wenn er öffentlich willkommen geheißen und vom falschen Propheten dann bestätigt sein wird, wird er wirklich seinen Einfluss auf die Menschheit ausüben.

Würde Mein Sohn sich wieder in Fleisch und Blut bekannt machen und Aufmerksamkeit verlangen — sie würden Ihn vernichten. Der Antichrist wird jedoch in der Welt willkommen geheißen werden und fälschlicher Weise für Jesus Christus gehalten werden.

Jedes in der Bibel enthaltene Wort, das die Wiederkunft Meines Sohnes betrifft, wird angepasst und verdreht werden, um die Welt davon zu überzeugen, dass sie Zeuge der Rückkehr Jesu Christi sei. Die Feinde Meines Sohnes, die sich unter jene, Seine

unschuldigen Diener in den Kirchen Meines Sohnes allerorts mischen, werden in schweren Irrtum geführt werden. Ihre Führer werden den Antichristen umarmen und Seelen ermutigen, ihn zu vergöttern. Sein Einfluss wird viele, die Gott treu bleiben, schockieren — und es ist wichtig, dass ihr eure Seele gegen seine hypnotische Anziehungskraft schützt.

Die Medaille der Erlösung wird, wenn ihr sie am Leib tragt, euch zusammen mit den anderen Gnaden, die sie verheißt, Schutz gewähren gegen die Macht des Antichristen. Gebt euch keiner Illusion hin, der Antichrist wird viele begeistern, und er wird als der mächtigste, beliebteste, charismatischste und einflussreichste Führer aller Zeiten gesehen werden. Viele werden glauben, der Antichrist sei ein sehr heiliger Mann, und wegen seiner Verbindungen zur Kirche Meines Sohnes werden die Menschen zu Millionen konvertieren zu dem, von dem sie glauben, dass es die Wahrheit sei. Diese falsche Fassade der Heiligkeit wird Tränen der Freude hervorrufen bei allen, die bis dahin in ihrem Leben kein Vertrauen, noch Glauben an Gott gehabt haben. Sie werden diesen Mann mit Lob überhäufen und die Rettung ihrer Seelen ihm zuschreiben.

Zunächst wird der Antichrist als ein großer Führer gesehen werden mit einem ansprechenden, charmanten und liebenswerten Reiz. Dann, mit der Zeit, wird er beginnen, Heilkräfte an den Tag zu legen, und viele Menschen werden sich melden und behaupten, von ihm geheilt worden zu sein. Viele werden auch behaupten, in seiner Gegenwart Wunder zu sehen. Dann wird es überall zu einer Reihe von falschen Erscheinungen kommen, in denen das Bild des Zeichens des Heiligen Geistes gesehen werden wird.

Die Medien werden ein gottgleiches Bild von ihm schaffen, und nur sehr wenige werden es wagen, ihn öffentlich zurechtzuweisen. Weil er viele Sprachen beherrscht, wird er in einem sehr kurzen Zeitraum Millionen täuschen. Dann werden die Gerüchte beginnen, dass Jesus Christus ein zweites Mal gekommen sei. Diese Gerüchte werden angeheizt werden von denen, die unermüdlich für den Antichristen arbeiten werden, indem sie Lügen verbreiten, bis er schließlich für Meinen Sohn gehalten werden wird. All diese Ereignisse scheinen jetzt weit hergeholt, aber wenn sie sich alle vor euren Augen entwirren, dann werden sie wie eine natürliche Reihe von Ereignissen erscheinen, die von vielen als erbaulich gesehen werden.

Dann, so wie eben jede böse Falschheit der Welt von Satan verkehrt herum präsentiert wird, wird man den Antichristen — durch satanische Rituale — in den Himmel aufsteigen sehen. Meinen Sohn wird man bei Seiner Rückkehr auf den Wolken herabsteigen sehen — das Gegenteil von damals, als Er in den Himmel aufgefahren ist — so wie Er es verheißen hat.

Dann wird der Antichrist und all jene, die ihn sklavisch angebetet haben, in den Feuersee geworfen werden — und ihr werdet Frieden haben, liebe Kinder. Für alle, die der Wahrheit treu bleiben: Sie werden innerhalb eines Augenblicks in das Neue Paradies gehoben werden, wenn Himmel und Erde Eins werden.

Eure geliebte Mutter
Mutter der Erlösung

1044. Ich werde niemals diejenigen unbeachtet lassen, die einsam, traurig und ängstlich sind und unsicher, ob Gott existiert oder nicht.

Freitag, 7. Februar 2014, 23:38 Uhr

Meine innig geliebte Tochter, während sich Meine Botschaften verbreiten und während sie das Verlangen entfachen, viele zu ermuntern, sich Mir zuzuwenden, werden viele Wunder erlebt werden.

Nichtgläubige, jene jeglicher Glaubensrichtung und jene, die sich selbst von Mir abgeschnitten haben wegen ihres sündhaften Lebens, werden konvertieren. Das verspreche Ich euch. Der Mensch, dessen Augen geschlossen sind, wird seine Augen öffnen. Diejenigen mit Hass in ihrem Herzen werden Freudentränen weinen, wenn das Gewicht ihrer Last hochgehoben wird. Der Mensch, der Mich überhaupt nicht kennt, wird Mich erkennen. So viele werden kommen und zu Mir rufen, und die Gegenwart des Heiligen Geistes wird von vielen gefühlt werden, wenn sie endlich akzeptieren, dass Ich eingegriffen habe, um sie vor allem Unheil zu bewahren.

Meine Tochter, bitte beruhige all jene, die es traurig macht, wie Meine Existenz in der Welt geleugnet wird. Sage ihnen, dass, obwohl jede Spur von Mir beseitigt werden wird, Ich durch die Gnade Gottes weiterhin die Seelen derer, die zu Mir rufen, erleuchten werde. Ich werde niemals Mein Eigen im Stich lassen. Ich werde niemals diejenigen unbeachtet lassen, die einsam, traurig und ängstlich sind und unsicher, ob Gott existiert oder nicht. Indem sie ihren Stolz einfach beiseite schieben und Mich um ein Zeichen Meiner Gegenwart bitten, werde Ich ihnen antworten. Nie zuvor habe Ich in einem solch großen Umfang eingegriffen, wie Ich es jetzt tue. Es ist aufgrund Meines Verlangens, die ganze Menschheit zu retten, dass Ich zu den Herzen derer, die Mich bis jetzt geleugnet haben, durchdringe, falls sie Mich rufen.

Ich warte auf eure Antwort. Ich sehe im Voraus die Liebe und Freude, mit der Ich euer Herz und eure Seele erfüllen werde, im Augenblick der Versöhnung, denn das ist die Süße eurer Bekehrung. Das wird die Zeit sein, wenn ihr eure Seele aufsperrt und dem Licht Gottes erlaubt, euch das größte Geschenk zu bringen, das ihr euch jemals vorstellen könntet : das Geschenk des Ewigen Lebens.

Euer Jesus

1045. Mutter der Erlösung: Mein Vater wird die Welt schütteln, sowohl physisch als auch geistig.

Samstag, 8. Februar 2014, 16:00 Uhr

Mein liebes Kind, so wie der Heilige Geist — ein Geschenk von Gott — auf die Apostel Meines Sohnes herabgekommen ist, so wird Er auch in dieser Zeit über all jene ausgegossen werden, die Meinen Sohn lieben.

Mein Vater hat viele Pläne, die Er umsetzen wird, um jedes einzelne Seiner Kinder zu retten. Diese Pläne umfassen viele Wundersame Ereignisse, einschließlich der Ausgießung besonderer Gnade, Offenbarungen, die euch durch diese Botschaften gegeben werden, um sicherzustellen, dass Gottes Kinder nicht entlang des falschen Weges umherirren, und zahlreiches anderes Eingreifen. Zu diesem Eingreifen werden auch ökologische Strafen zählen. Wenn sie so regelmäßig werden, wird der Mensch nicht mehr sagen können, dass Überschwemmungen, Erdbeben, Tsunamis, Vulkanausbrüche und Wirbelstürme durch die Vernachlässigung der Erde durch den Menschen verursacht würden.

Gott hat die Erde unter Seiner Kontrolle, denn Er hat sie geschaffen. Er wird ihr Schicksal entscheiden — niemand sonst —, denn alle Macht gehört Ihm.

Mein Vater wird die Welt schütteln, sowohl physisch als auch geistig, während die Pläne und bösen Taten des Teufels in jeder Nation großen Erfolg haben. Jeder Akt der Entheiligung gegen Gott wird von entsprechenden Vergeltungsschlägen Seinerseits begleitet sein, wodurch eine unerträgliche Züchtigung ausgeübt wird. Die Sünde des Menschen wird von Meinem Vater heftig bekämpft werden — und der Mensch darf die Macht Gottes niemals unterschätzen.

Gottes Liebe darf niemals für selbstverständlich genommen werden. Er darf niemals als schwach angesehen werden, nur weil Seine Liebe zu Seinen Kindern unergründlich ist. Seine Barmherzigkeit ist groß, und all diejenigen, die Gott lieben, werden geschont werden in den Drangsalen, die auf die Menschheit losgelassen werden, da Gott zur Seite geworfen wird zu Gunsten falscher Götter und der Selbstbesessenheit der Menschheit.

Betet, betet, betet, denn alle Dinge, die vorausgesagt worden sind, in der Vorbereitung auf die Wiederkunft Meines Sohnes, werden nun beginnen. Die Ereignisse werden schnell vonstatten gehen und Satans Armee wird die Kirchen Meines Sohnes mit wohlüberlegten Schritten stürmen, so dass nur wenige es bemerken werden. Danach werden sie sich um nichts mehr scheren, denn nicht lange danach werden sie so viele getäuscht und in ihren Fängen haben, dass sie ihre wahren Absichten nicht länger werden verbergen müssen.

Ihr, Meine lieben Kinder, müsst euch jetzt vorbereiten, ruhig bleiben, alles tun, was ihr angewiesen worden seid zu tun, und beten. Bleibt zusammen. Bringt anderen Seelen die Wahrheit, betet innig für die Bekehrung jener, die nicht an Gott glauben, und für all diejenigen, die das Gedenken an Meinen Sohn, Jesus Christus, beleidigen.

Eure geliebte Mutter
Mutter der Erlösung

1046. Gott der Vater: Es gibt nichts, was Ich nicht tun würde für Meine Kinder. Kein Opfer ist zu groß.

Sonntag, 9. Februar 2014, 19:00 Uhr

Meine liebste Tochter, es gibt nichts, was Ich nicht tun würde für Meine Kinder. Kein Opfer ist zu groß.

Ich erniedrige Mich Selbst, damit Ich ihnen Mein Herz zu Füßen legen kann, — und dennoch werden sie fortfahren, darauf herumzutrampeln. Ich demütige Mich, indem Ich durch diese Botschaften nach ihnen rufe, — und sie verspotten und verhöhnen Mich.

Ich erlaubte ihnen, Meinen Sohn zu geißeln und zu ermorden, — und sie schätzen das Große Opfer gering, das Ich für sie gebracht habe, um ihnen Leben zu geben und sie von der Sklaverei des Bösen zu befreien.

Ich bitte sie eindringlich, ihre Wege zu ändern, — und sie ignorieren Mich. Ich schickte auserwählte Seelen, damit sie mit ihnen sprechen und ihnen Mein Wort verkünden, — und sie spuckten ihnen ins Gesicht.

Ich schickte ihnen Strafen — und sie lernten nicht daraus. Stattdessen behaupteten sie, diese wären lediglich eine Fügung des Schicksals und hätten mit Mir nichts zu tun.

Ich schickte ihnen Meine Liebe, durch wundersame Geschenke, gegeben an Visionäre, Seher, Heilige und Propheten, — und nur wenige machten Gebrauch davon. Lasst euch jetzt eines gesagt sein: Das Buch der Wahrheit ist das größte Geschenk, das der Welt von Mir gegeben ist, seit Ich Meinen einzigen Sohn gesandt habe, um euch zu erlösen. Ich vermache euch dieses kostbare Geschenk, damit es euer Herz öffnet, eure Seele von ihrer Zuneigung zu den Versuchungen des Teufels befreit und hilft, euch auf Mein Königreich vorzubereiten.

Mein Machtvolles Eingreifen zu dieser Zeit bedeutet, dass die Geschwindigkeit, mit der Mein Wort sich ausgebreitet hat und ab heute sich ausbreiten wird, viele schockieren und überraschen wird. Wenn ihr Mein Wort hört, in jeder Sprache gesprochen, wobei wenig Organisation durch menschliche Hand beteiligt ist, dann wird euch der Beweis für die Kraft des Heiligen Geistes gegeben werden.

Ich werde dafür sorgen, dass Mein Werk weiterhin besteht. Ich werde über all jene hinweggehen, die versuchen, Meine Hand aufzuhalten. Ich werde jene zur Seite drängen, die vom Geist des Bösen geleitet sind, und den Klang ihrer erbärmlichen Stimmen betäuben.

Ich werde mit einer Handbewegung jene zum Schweigen bringen, die versuchen, Mich zu stoppen, wo Ich nur wünsche, jede einzelne Seele zu retten. Ich Bin entschlossen, nicht zuzulassen, dass dieses Werk ignoriert wird, denn wenn Ich einmal einer Mission Meine Autorität gebe, wie zum Beispiel dieser Mission, dann könnt ihr sicher sein, dass menschliche Macht im Vergleich dazu nichts ist.

Seid ruhig, liebe Kinder, und vertraut auf Mich, euren geliebten Vater. Meine Liebe ist so groß, dass sie nicht gemindert werden kann, wie schwer ihr auch sündigt. Ich erlaube diese Prüfungen, Drangsale und bösen Pläne, alle Spuren Meines Sohnes auszulöschen — aber nur für eine kurze Zeit.

Habt niemals Angst vor Meinen Plänen, denn sie haben einen Zweck, und der ist, alles Böse auszumerzen und euch allen ein Leben in Herrlichkeit zu bringen, in Übereinstimmung mit Meinem Heiligen Willen. Ihr dürft euch auf Vieles freuen. Alles, um was Ich euch bitte, ist, dass ihr betet und alles befolgt, was Ich euch in dieser Zeit durch Meine Heilige Mission gegeben habe, um euch allen das allergrößte Geschenk von unschätzbarem Wert zu bringen, das Ich für euch in dem Neuen Himmel und der Neuen Erde geschaffen habe: Mein Neues Paradies, so wie es gedacht war, als Ich Adam und Eva geschaffen habe.

Denkt immer an Meine Liebe zu euch allen, wenn ihr euch schwach oder verwundbar fühlt, denn sie ist so groß, sie übersteigt eure Vorstellungskraft.

Euer geliebter Vater
Gott der Allerhöchste

1047. Wisst ihr denn nicht, dass, nachdem Mein Zweites Kommen stattgefunden hat, eure Seele in Ewigkeit existieren wird?

Montag, 10. Februar 2014, 15:43 Uhr

Meine innig geliebte Tochter, Meine Zeit ist nahe und der Himmel bereitet gerade das große Bankett vor, wenn der Himmel sich mit der Erde verbindet, um Eins zu werden.

Viele Vorbereitungen sind im Gange, und Mein geliebter Vater plant, denjenigen, die Ihn nicht kennen, viele Geschenke zu bringen. Alle Engel und Heiligen haben sich zusammengeschlossen, um für alle Seelen zu beten, in der Hoffnung, dass allen Menschen die Wahrheit gegeben wird, insbesondere denjenigen, die von der Existenz des Himmels und der Hölle in Unkenntnis sind.

Wenn Seelen das Wort Gottes dargeboten wird, dann heißen sie es nicht immer willkommen. Stattdessen meiden sie das Wort, wo es doch ihre einzige Möglichkeit der Rettung ist. Warum ist der Mensch so stur und so erpicht darauf, nur an das zu glauben, was er will, und nur an das, was sein eigenes Ego befriedigt? Warum gelingt es dem Menschen nicht, den Zusammenhang zu erkennen zwischen der Sünde in seinem Leben und dem Gefühl der Unzufriedenheit, das er empfindet, verursacht durch sein Nicht-Akzeptieren-Können der Tatsache, dass er nichts ist? Es ist einzig aufgrund der Liebe Meines Vaters für die Welt und zu all Seinen Kindern, dass dem Menschen so viele Chancen gegeben werden, um heil zu werden. Dennoch würde der Mensch lieber ein halbes Leben leben, wo Gott nur in bestimmten Teilbereichen und nur dort, wo es dem Menschen passt, Seinen Platz bekommt.

Ich, Jesus Christus, werde in Kürze den Geist jener öffnen, die das Wort Gottes in diesen Botschaften nicht erkennen. Ich werde ihre Herzen berühren und sie mit einer Sehnsucht nach der Wahrheit erfüllen. Wenn ihr mit Irrtümern gefüllt werdet, mit Unwahrheiten „beglückt" und mit Lügen gefüttert werdet über die Sünde und darüber, wie sie in den Augen Gottes gesehen wird, — dann werde Ich wie ein Schutzwall dastehen, um euch zu schützen. Ich werde viele frustrieren, denn Ich gebe nicht so schnell auf, wenn der Mensch die Gabe des Heiligen Geistes ignoriert. Ich werde wie ein Stachel in eurer Seite werden — wie das Brennen von Alkohol, wenn er über eine offene Wunde gegossen wird. Sehr wenigen wird es gelingen, Mich zu ignorieren, aber nicht alle werden Mein Endgültiges Geschenk des Ewigen Heils annehmen.

Leider werden viele Meinen Letzten Ruf ablehnen, und sie werden stattdessen dem Tier folgen, und dies bedeutet, dass sie für die Ewigkeit verloren gehen werden. Wisst ihr denn nicht, dass, nachdem Mein Zweites Kommen stattgefunden hat, eure Seele in Ewigkeit existieren wird?

Ihr werdet wählen müssen zwischen dem Ewigen Leben mit Mir und der ewigen Verdammnis mit dem Teufel. Etwas anderes gibt es nicht. Jeder Mensch wird sich den Weg seiner Wahl aussuchen.

Euer Jesus

1048. Schließlich wird den Juden der Beweis des Bundes Meines Vaters gezeigt werden.

Dienstag, 11. Februar 2014, 23:41 Uhr

Meine innig geliebte Tochter, wie diese Mission doch gewachsen ist und wie sie sich doch jetzt sehr schnell entwickeln wird, da Ich die Vorbereitungen für Meine Zeit, wo Ich komme, treffe.

Ich habe den nächsten Plan begonnen, nämlich allen Kindern Gottes die große neue Welt, die auf euch wartet, ins Bewusstsein zu bringen, und diese Vorbereitung wird in Stufen erfolgen. Die erste Stufe ist die Reinigung. Dies wird Störungen bedeuten, Klimaveränderungen, Umbrüche und einen schrecklichen Glaubensabfall, der über die Erde fegen wird. Dies wird alles gleichzeitig stattfinden. Dann wird Meine Kirche fallen, und nur der Rest wird an der Wahrheit festhalten und Zeugnis ablegen von Meinem Heiligen Wort.

Ich werde Menschen aus jeder Ecke der Welt sammeln — zuerst alle Menschen christlichen Glaubens. Dann werde Ich andere Menschen zu Mir hinziehen. Schließlich wird den Juden der Beweis des Bundes Meines Vaters gezeigt werden, und sie werden — wie vorausgesagt — in das Königreich Gottes gebracht werden.

Viele Stimmen übertönen jetzt Meine eigene Stimme, aber dennoch wird es nur Meine Stimme sein, die sie bemerken werden, denn Meine Zunge ist wie ein Schwert und Meine Gegenwart wie ein weitverzweigter Blitz. Wenn Ich Meine Gegenwart fühlbar mache, dann wird es in den bescheidensten Behausungen sein und sie wird mit lieben Seelen geteilt werden — sowohl mit den Sanftmütigen als auch mit den Aufgeweckten. Ich werde Meine Gegenwart unter den Heiden bekannt machen, und zum ersten Mal werden sie ihre zukünftige Ewigkeit hinterfragen und beginnen, Mir ihre Herzen zu öffnen. Ihr seht: Nicht eine Seele wird unberührt gelassen werden. Einige werden Mich nicht willkommen heißen, aber sie werden wissen: Ich Bin da.

Meine Zeit, Meine Gegenwart fühlbar zu machen, durch die Kraft des Heiligen Geistes, ist ganz nahe. Ich wünsche, dass ihr eure Seele vor Meinem Angesicht versöhnt und bereit seid, Mich zu empfangen, denn ihr werdet weder die Zeit noch die Stunde kennen. Eines aber sage Ich euch: Es wird plötzlich sein.

Euer geliebter Jesus

1049. Mutter der Erlösung: Bald wird das Gebet „Gegrüßet seist Du, Maria" weder innerhalb noch außerhalb der Kirche Meines Sohnes gehört werden.

Mittwoch, 12. Februar 2014, 22:45 Uhr

Mein Kind, ebenso wie das Bild Meines Sohnes, Sein Wort und Seine Verheißung, dass Er wiederkommen werde, ignoriert werden und dann vollends beseitigt werden wird, so wird es auch mit jedem Bezug auf Mich, eure geliebte Mutter, sein.

Bald wird das Gebet „Gegrüßet seist Du, Maria" weder innerhalb noch außerhalb der Kirche Meines Sohnes gehört werden. Viel Missbilligung wird jenen gezeigt werden, die Meine Heiligtümer besuchen, und Marianische Gruppen werden aus vielerlei Gründen kritisiert werden, alles ohne Grund. Ein Zugeständnis hinsichtlich der Echtheit von Erscheinungen von Mir, der seligen Jungfrau Maria, der Mutter Gottes, wird nicht zu hören sein. Alle Verweise auf Mich werden bald durch die neu aufpolierte Hülse der Kirche Meines Sohnes missbilligt werden. Andachten zu Mir werden in vielen Kirchen gestoppt werden unter dem neu ernannten Regime, das in der Zukunft eingeführt werden wird. Ich werde vergessen und dann verachtet werden, von denen, die behaupten werden, eine neue, moderne, all-inklusive Kirche zu vertreten, die wenig Ähnlichkeit mit der Kirche haben wird, die auf dem Felsen gebaut worden ist, durch Petrus, den geliebten Apostel Meines Sohnes.

Wenn ihr seht, wie alle Andachten zu Mir, der Heiligen Mutter Gottes, auf diese Art und Weise behandelt werden, bitte seid euch dann dessen bewusst, dass diese neuen Regeln auf Geheiß des Teufels eingeführt werden. Der Teufel verachtet Mich, genauso sehr wie er vor Mir Angst hat. Er weiß, dass, wenn Seelen Mich verehren, seine bösen Wege in Schach gehalten werden und dass das Beten Meines Höchstheiligen Rosenkranzes ihn geißelt und ihn machtlos macht. Diesen kommenden Tagen werden jene, die Mich lieben, ins Auge sehen müssen, und es wird eine Zeit kommen, in der die Verbindung der Kirche mit Meinen Heiligtümern durchtrennt werden wird. Wenn das passiert, dann werdet ihr wissen, dass dies geschehen wird, um Gottes Kinder von Meinem Einfluss zu trennen, der in jenen Zeiten notwendig sein wird, wenn Ich euch helfen soll, sich Meinem Sohn zu nähern.

Meine Rolle ist es, euch auf den großen Tag der Wiederkunft Meines Sohnes vorzubereiten. Ich habe vor, weiterhin Meine Kinder zu rufen, bis dieser Tag kommt. Ich wünsche einzig und allein, Seelen vor das Angesicht Meines Sohnes zu bringen, damit Er ihnen Ewige Erlösung schenken kann. Es dreht sich alles um die Rettung von Seelen, aber jede Anstrengung wird vom Teufel unternommen werden, um zu verhindern, dass dies geschieht.

Eure geliebte Mutter
Mutter der Erlösung

1050. Sie legen ein Lippenbekenntnis ab darüber, was Mein Zweites Kommen bedeutet.

Mittwoch, 12. Februar 2014, 23:00 Uhr

Meine innig geliebte Tochter, wie lange — dachte der Mensch — würde Ich warten, bis Ich vor Meiner Wiederkunft wieder mit ihm kommunizieren würde? Hat er gedacht, dass Ich dies das Jahr davor tun würde? Den Monat davor? Die Woche davor? Oder hat er geglaubt, dass Ich ihn überhaupt nicht vorwarnen würde?

Vor Meiner Geburt wurde der Welt ein Messias versprochen. Mein Vater sprach durch die Propheten, damit der Menschheit Hoffnung und Weisheit gegeben würde und die Gnade, das Wort Gottes anzunehmen, damit sie für Meine Ankunft bereit wären. Haben sie gehört? Viele haben gehört und haben sich auf Meine Zeit vorbereitet. Leider waren sie dann, als Ich geboren wurde, nicht bereit. Dann gab Johannes der Täufer ihnen das Wort und ermahnte sie, sich vorzubereiten. Waren sie bereit? Nein, denn sie haben ihm nicht geglaubt. Und doch wurden viele gerettet, denn durch Meinen Tod am Kreuz, der dadurch verursacht war, dass sie Mich ablehnten, habe Ich sie in den Augen Meines Vaters erlöst.

So viele haben damals gegen Meine Mission gekämpft, und trotzdem sind Mir so viele gefolgt. Jetzt wird die Welt aufs Neue vorbereitet, aufgrund der Liebe Meines Vaters für alle Seine Kinder. Dieses Mal wird es schwieriger sein. Denn trotz all ihres Wissens über Mich werden sie sich immer noch weigern zu akzeptieren, dass Gott jetzt eingreift und sie durch Seine Prophetin vorbereitet. Je weiter weg sie sich selbst von Gott entfernen, desto weniger kennen sie Meine Verheißung. Sie legen ein Lippenbekenntnis ab darüber, was Mein Zweites Kommen bedeutet, weil viele von ihnen tatsächlich überhaupt nichts darüber wissen.

Dieses Mal wird ihnen kaum eine andere Möglichkeit bleiben, als die Zeichen zu sehen, von denen sie Zeugen sein werden müssen, denn Ich werde alles offenbaren. Wenn Ich sage, dass etwas geschehen wird, und wenn es eintrifft, dann werden sie immer noch leugnen, dass diese Prophezeiung von den Worten kam, die durch Meine Lippen ausgesprochen waren. Wenn sie die Erde drehen und beben sehen, und andere Strafen auf sie herab gegossen worden sind, dann werden sie immer noch argumentieren, dass es dafür einen wissenschaftlichen Grund gäbe.

Wenn der große Glaubensabfall die Welt verschlingt und das Christentum zermalmt, zugunsten des Heidentums, werden sie dann sagen, dass dies eine gute Sache sei? Die Antwort ist: Ja! Da also Meine Gegenwart von so vielen immer weniger verehrt wird, welche Chance hat die Welt dann noch, Satan Widerstand zu leisten? Das ist der Grund, warum Mein Vater euch jetzt vorbereitet, denn Er gibt niemals auf, wenn Er Seine Kinder auf Seine Große Barmherzigkeit vorbereitet.

Die Vorbereitung der Menschheit wird weitergehen, und der Welt wird die Wahrheit gegeben werden, um den Menschen vor der endgültigen Vernichtung zu retten. Meine Zeit ist nahe und die ganze Menschheit muss die Zeit aufbringen, die sie braucht, um ihre Seelen vorzubereiten. Ihr dürft niemals Zeit vergeuden bei eurer Vorbereitung, um Mich willkommen zu heißen. Ihr dürft niemals das Wort abweisen, das einem Propheten Gottes gegeben wird. Wenn ihr das tut, dann schlagt ihr Mir, eurem Jesus, ins Gesicht.

Euer geliebter Heiland
Jesus Christus

1051. Mutter der Erlösung: Dies ist die Zeit, in der die Seelen die Qual des Fegefeuers auf Erden zu ertragen haben werden.

Donnerstag, 13. Februar 2014, 13:43 Uhr

Mein süßes Kind, warum machst du dir Sorgen über die Schwierigkeiten, denen du jeden Tag in dieser Mission ausgesetzt bist? Weißt du nicht, dass alle Macht in den Händen Meines Vaters, Gott des Allerhöchsten, liegt?

Wenn jetzt von der Menschheit die endgültige Reinigung durchlitten wird, dann mag das nicht angenehm sein, aber ohne sie werden die Seelen nicht gereinigt werden. Dies ist die Zeit, in der die Seelen die Qual des Fegefeuers auf Erden zu ertragen haben werden. Nur diejenigen, die rein sind und eine makellose Seele haben, können in das Neue Paradies, das das Reich Gottes ist, eingehen. Also: Statt ängstlich zu sein, bitte Ich euch alle dringend, Gottes Eingreifen in der Welt zu akzeptieren. Findet euch mit dem ab, was sein muss, was stattfinden muss und welche Aktionen auch immer erforderlich sind, um euch alle vor der Boshaftigkeit und Ungerechtigkeit zu schützen, die der Menschheit von denen zugefügt werden wird, deren einzige Loyalität sich selbst gilt wie auch jenen, die Agenten Satans sind.

Es ist der Wunsch Meines Sohnes, all diese unschuldigen Seelen, die nicht an Gott glauben, als Erste zu vereinen. Mein Sohn weiß, dass diejenigen, die Gott lieben, die Ihn aber vielleicht nicht annehmen, sich mit der Zeit Ihm zuwenden werden. Er hat Vertrauen in diejenigen, die Ihn wirklich lieben, die aber Sein Eingreifen durch diese Göttlichen Botschaften ablehnen, da auch sie zu Ihm gelaufen kommen werden. Es sind jene, die Ihn nicht kennen, und jene, die sich weigern zu akzeptieren, Wer Er Ist, um die Er Sich am meisten sorgt. Denkt also immer daran, dass diese verlorenen Seelen die ersten Seelen sein werden, nach denen Mein Sohn Sich am meisten sehnt. Dies sind die Menschen, die Ihn am meisten verletzen, die Ihm schrecklichen Schmerz und entsetzliches Leid verursachen, und welche die Ursache Seiner Blutränen waren, als Er im Garten die Todesangst erlitt.

Züchtigungen werden gesendet, nicht bloß als Strafe für die Sünden der Menschheit, sondern als ein Mittel, um die Menschheit zur Vernunft und demütig auf die Knie zu bringen. Wenn der Mensch gereinigt wird von seiner Arroganz, von seinem Glauben an seine eigene Größe und von dem irrigen Glauben, dass seine Macht größer sei als die Macht Gottes, dann kann er nur durch eine solche Reinigung bereit gemacht werden, vor dem Angesichte Gottes zu stehen.

Eine Person, die in Todsünde lebt und die sich weigert, Reue zu zeigen, wird niemals in der Lage sein, dem Schmerz von Gottes Licht standzuhalten. Daher ist es ein Akt der Barmherzigkeit, dass Gott eingreift, um diese Seele vorzubereiten, so dass auch sie an der Herrlichkeit Gottes teilhaben kann. Es ist aufgrund der Liebe Gottes und Seiner Großzügigkeit, dass Er zulassen wird, dass diese schweren Zeiten, die bereits begonnen haben, stattfinden. Nicht weil Er Seine Kinder einfach nur für ihre Boshaftigkeit bestrafen will, sondern um dafür zu sorgen, dass sie des Ewigen Lebens würdig gemacht werden.

Eure geliebte Mutter
Mutter der Erlösung

1052. Leidet ohne etwas zu sagen, wenn ihr gequält werdet, wenn ihr in Meinem Namen niederträchtige Formen von Grausamkeit erleidet, verleumdet, geschmäht und verspottet werdet.

Freitag, 14. Februar 2014, 22:00 Uhr

Meine innig geliebte Tochter, wenn ein Mensch sagt, dass er sich in der Wissenschaft auskenne, dann muss er dies beweisen, damit ihr ihm glaubt. Wenn ein Lehrer sagt, dass er über viele Dinge Bescheid wisse, dann werdet ihr wissen, wie gut er ist, wenn ihr von ihm lernen könnt. Wenn ein Mann Gottes sagt, dass er alles über Gott wisse, kann er diese Informationen vermitteln und ihr werdet unterrichtet sein. Aber wenn ein Mann Gottes sagt, dass er vom Heiligen Geist inspiriert sei, dann werdet ihr ihn nur an den Früchten erkennen, die er hervorbringt, und nicht an dem Wissen, das er vermittelt.

Wenn der Heilige Geist am Werk ist, dann wird dies zu vielen Früchten führen, die sich wie folgt darstellen: Die Menschen, die zum Heiligen Geist hingezogen werden, werden näher zu Gott gezogen werden. Sie werden andere Menschen mit einer größeren Intensität lieben als zuvor. Sie werden ihre Liebe teilen. Dann werden sie mehr Zeit im Gebet verbringen wollen, wo sie vor allem auch mehr für die Seelen der anderen beten werden als für ihre eigenen Anliegen.

Die Gottesliebe wird tiefer und persönlicher werden. Und während sie dem Heiligen Geist erlauben, sie zu überfluten, werden sie die dringende Notwendigkeit fühlen, sich voll und ganz dem Willen Gottes hinzugeben. Diejenigen, die vom Heiligen Geist inspiriert sind, werden jenen, von denen sie verachtet werden, keinen Hass zeigen. Stattdessen werden sie sich bemühen, durch Gebet, Mich anzuflehen, deren Seele zu retten.

Die Gottesliebe kann die Seele nur durch die Kraft des Heiligen Geistes durchdringen. Die Seele wird immer Frieden und Ruhe fühlen, trotz der Leiden, die sie unweigerlich zu ertragen haben wird, je näher sie Mir, ihrem Jesus, kommt.

Ich teile Menschen nicht (in verschiedene Gruppen ein). Ich ziehe die Gesegneten — jene mit genug Liebe, die aus einem tiefen Gefühl der Demut Gott gegenüber entspringt — in Mein Heiligstes Herz. Haben sie einmal in Mir Wohnung bezogen, ist es ihr einziger Wunsch, Mir Seelen zu bringen. Wenn sie wirklich Mein werden, in Einheit mit Mir, dann werden sie Gegenstand des Hasses sein. Der Hass, der ihnen gezeigt wird, wird ihnen nichts ausmachen, weil sie Mich nicht im Stich lassen werden, wenn ihre Liebe zu Mir stark genug ist. Sie fallen möglicherweise von Zeit zu Zeit, weil sie ein Ziel der Unterdrückung sein werden. Sie werden den Schmerz der Ablehnung fühlen — genauso wie Ich ihn fühle. Sie werden verspottet, gezüchtigt und Narren genannt sein — genauso wie Ich es War. Sie werden eine schwere Bürde fühlen, aufgrund der Art, wie sie ausgegrenzt sein werden, — genauso wie Ich es War. Ihr Wissen und ihre Weisheit, die ihnen durch den Heiligen Geist gegeben sind, werden brutal bekämpft werden, und doch wird das, was sie in Meinem Namen sagen, im Gedächtnis aller, mit denen sie in Kontakt kommen, verankert bleiben.

Also, Meine geliebten Jünger, denkt an Mich, denn Ich gehe mit euch. Ihr mögt Mich vielleicht nicht sehen, Mich nicht berühren und nicht in das Licht Meines Antlitzes schauen, aber wisst: Ich Bin bei euch, genauso wie Ich es War, als Ich mit Meinen geliebten Aposteln auf Erden wandelte. Ich suche nicht die Intelligenten, die Kenntnisreichen oder die treuen Anhänger der Gesellschaft heraus — auch wenn Ich sie willkommen heiße und sie umarme, so wie Ich es mit allen Kindern Gottes tue. Ich suche nicht die Zustimmung der Gelehrten, der Hochrangigen unter euch, der Führer eurer Länder oder Kirchen. Ich suche nicht den Stempel der Anerkennung, den der Mensch so heiß begehrt. Stattdessen mache Ich die Sanftmütigen ausfindig, die Demütigen und diejenigen, die sich nur um das Wohl anderer kümmern, über ihre eigenen Bedürfnisse hinaus. Dies sind die Seelen, die von Meiner Hand gesegnet sind. Ihre Liebe für andere spiegelt Meine Eigene Liebe. Sie nehmen Leiden an genauso, wie Ich es tue, und dieses Leid macht ihnen nicht viel aus. Diese Menschen sind das Rückgrat des Christentums, und der Heilige Geist ist in ihrer Seele tief eingewurzelt, zum Wohle aller Kinder Gottes.

Schämt euch niemals wegen der Gabe des Heiligen Geistes. Leidet ohne etwas zu sagen, wenn ihr gequält werdet, wenn ihr in Meinem Namen niederträchtige Formen von Grausamkeit erleidet, verleumdet, geschmäht und verspottet werdet, denn wenn ihr mit eurem Haupt gebeugt bleibt, werden der Teufel und all jene unglücklichen Seelen, die er benutzt, um euch zu quälen, scheitern in ihren Versuchen, euch Mir wegzunehmen.

Steht auf und erklärt Mir eure Gefolgschaftstreue mit einem leichten Herzen und mit reiner Seele — und Ich werde euch mit dem Geschenk des Friedens und der Seelenruhe segnen.

Euer Jesus

1053. Mutter der Erlösung: Der Antichrist wird seine sogenannten Stigmata als Mittel einsetzen, um die Welt zu überzeugen, dass er Jesus Christus sei.

Samstag, 15. Februar 2014, 17:14 Uhr

Mein Kind, wenn die Täuschung Seelen verschlingt unter dem Einfluss des Antichristen, werden die Menschen durch viele Akte, Taten und Worte, die von ihm kommen werden, hereingelegt werden. Süß und besänftigend und mit einem ruhigen Auftreten wird er selbstbewusst jede Sünde gegen Gott rechtfertigen. Selbst die abscheulichste Sünde gegen die Menschheit wird sanft wegerklärt werden, als ob sie ohne Konsequenzen sei. Er wird viele davon überzeugen, dass das Nehmen von Leben dem Wohl der anderen Menschen diene und ein wichtiger Teil der Menschenrechte sei. Blasphemien, die sich aus seinem Munde ergießen werden, werden als gerecht und angemessen gesehen werden. Er wird alles mit Zitaten aus der Heiligen Schrift — falsch herum gelesen — rechtfertigen. Diejenigen, die an seinen Lippen hängen, werden das Wort Gottes nicht gut genug kennen, um in der Lage zu sein, ihm zu widersprechen. Dann wird er den Eindruck vermitteln, dass er ständig bete, und wird erklären, dass er spirituell begabt sei.

Der Antichrist wird sich um die Gesellschaft jener bemühen, die man dabei sieht, wie sie große Werke der Nächstenliebe tun, und er wird um diejenigen bemüht sein, die als heilig in den Augen Gottes gesehen werden.

Mit der Zeit werden die Menschen zu dem konvertieren, von dem sie glauben werden, dass es eine wirklich erleuchtete Eine-Welt-Religion sei, in der der Antichrist eine große Rolle spielen wird. Dann wird er jede dämonische Macht nutzen, die ihm von Satan gegeben wird, um die Welt zu überzeugen, dass er die Wundmale habe, die mit den Heiligen assoziiert werden. Der Antichrist wird seine sogenannten Stigmata als Mittel einsetzen, um die Welt zu überzeugen, dass er Jesus Christus sei und dass er gekommen sei, um die Welt zu retten. Dann wird er sagen, dass er jetzt die Wiederkunft ankündige, und diejenigen, die ihm zu Füßen fallen, in Anbetung, werden mit ihm vom Engel des Herrn hinweggefegt werden, der sie in den Feuersee werfen wird.

Eure Mutter
Mutter der Erlösung

1054. Nichts Gutes kann vom Hass kommen, denn er kommt nur von Satan.

Sonntag, 16. Februar 2014, 15 : 47 Uhr

Meine innig geliebte Tochter, wenn Hass in Seelen eindringt, dann müssen sie mit jeder Faser ihres Seins kämpfen, um ihn auszurotten. Andernfalls wird er die betroffene Seele verschlingen und weiterhin an ihr nagen, bis sie aufgefressen ist.

Der Teufel verursacht Misstrauen, Unruhe, Verwirrung und Angst, und dann wird er nicht ruhen, bis die Seele, auf die er es abgesehen hat, voller Hass ist, auf sich selbst und auf andere. Hass in einer Seele schafft Chaos in jeder Person, mit der diese Seele in Berührung kommt. Die befallene Seele wird jede Taktik verwenden und jeden Trick, um andere zu ermutigen, sich mit ihr einzulassen, bis die andere Seele auch befallen ist, — und so setzt sich dieses Muster fort. Hass breitet sich wie ein Virus aus und wächst, weil er die Seele verschlingt und in Besitz hat, bis diese Seele sich dann gezwungen fühlt, diesen Hass auch unter anderen Menschen zu züchten. Auf diese Art werden Morde begangen, aufgrund des Hasses, den der Mensch für andere empfindet. Hass wird von Lügen und Unwahrheiten angeheizt und er wächst weiter, bis er so viele Seelen ergreift, dass nur Böses davon ausstrahlen kann. Nichts Gutes kann vom Hass kommen, denn er kommt nur von Satan.

Satan ist ein Lügner und pflanzt Samen des Zweifels in diejenigen Seelen, die nicht auf der Hut sind. Er benutzt jedes Mal die Sünde des Stolzes, um in der Seele Hass gegen eine andere Person zu schaffen. Er schafft Zwietracht unter den Kindern Gottes, die aufgrund der Erbsünde schwach sind, und wenn sie keine echten Anhänger von Mir sind und nicht an dem Wort Meines Vaters festhalten, werden sie Opfer einer Täuschung werden.

Wagt es niemals, euch selbst auf der einen Seite als ein Kind Gottes hinzustellen und auf der anderen Seite eine andere Person zu zerstören. Sagt niemals auf der einen Seite, ihr wäret mit dem Heiligen Geist erfüllt, und eine andere Seele, auf der anderen Seite, sei ein Diener Satans. Urteilt niemals über eine andere Person aufgrund dessen, was ihr für eine Sünde haltet, wenn ihr, ihr selbst, Mein Bild entstellt habt. Stellt euch niemals über Mich und sagt niemals, dass ihr mehr wüsstet als Ich, wenn ihr den Anweisungen Satans folgt. Jene, die Augen haben, die Meine Eigenen Augen widerspiegeln, sind all-sehend, und sie müssen für solche Seelen beten, damit diesen die Gnade gegeben wird, sich aus den Klauen des Tieres zu befreien.

Mein Weg nach vorne wird immer beschwerlicher. Nur jene, denen Mut gewährt wird, der ihnen durch die Kraft des Heiligen Geistes gegeben wird, werden in der Lage sein, ihn zu erklimmen. Leider werden viele auf der Strecke bleiben, sehr zur Freude des Teufels.

Die Dornen dieser Mission mögen euer Fleisch zerreißen und grausame Sticheleien des Hasses mögen eure Herzen durchbohren, aber Ich Bin der Eine, der vor euch hergeht, und Ich Bin daher der Eine, der die volle Wucht des Hasses wegsteckt. Denkt immer daran, dass die Angriffe auf diese Mission Angriffe gegen Mich sind. Hass gegen diese Mission ist Hass gegen Mich, Jesus Christus. Ihr könnt nicht auf die eine Weise sagen, ihr würdet Mich lieben, und dann auf verschiedenste Weise euren Hass auf Mich zum Ausdruck bringen. Ihr seid entweder für Mich oder gegen Mich. Entweder glaubt ihr Mir, oder ihr glaubt Mir nicht. Wenn ihr an Mich glaubt, dann dürft ihr niemals eine andere Seele verfolgen, denn wenn ihr das tut, dann seid ihr Mir weggenommen worden von Meinem Feind und ihr habt dann kein Recht zu erklären, ihr würdet zu Mir gehören.

Euer Jesus

1055. Nehmt eine Seele — ein Leben — von Mir weg — und euer eigenes Leben — euer Ewiges Heil — wird nicht mehr euer Recht sein.

Montag, 17. Februar 2014, 00:15 Uhr

Meine innig geliebte Tochter, wenn die Zeit kommt, für den Letzten Tag des Gerichts, dann werden viele Seelen Mich verleugnet haben und viel Angst wird in ihren Herzen sein. Denn dann wird die Wahrheit wie ein kristallklarer See sein, ohne einen Makel. So klar wird die Wahrheit sein, dass es ganz so sein wird, als ob sie (die Seelen) in einen Spiegel blicken würden. Und was werden sie sehen? Sie werden Mein Antlitz sehen, Meinen Schmerz, Meine Liebe, Mein Bedauern, Meinen Zorn, und dann werden sie Meine Gerechtigkeit sehen, denn dann kann es kein Zurück mehr geben.

Die Zeit, die der Menschheit gegeben ist, um sich reinzuwaschen, ist jetzt. Mir wurde diese Zeit gewährt, um euch alle in dieser Zeit vorzubereiten. Nutzt sie weise — und ihr werdet die Herrlichkeit Gottes sehen. Vergeudet sie — und ihr werdet niemals das Licht oder die Herrlichkeit Meines Königreiches sehen. Ihr werdet stattdessen die ewige Trennung von Mir ertragen müssen. Mit einem Rudel Wölfen – bösen Dämonen – als eure einzige Gesellschaft, in dem Abgrund, der die Heimat des Tieres ist. All diejenigen, die der Bosheit erliegen, gleich welchen Ausmaßes, werden weiter und weiter von Mir abfallen — je mehr ihr das Wort Gottes ablehnt.

Diese Zeit ist der Menschheit gegeben worden, damit sie sich richtig vorbereiten wird. Meine Mission ist es, die Spinnweben von euren Augen wegzuziehen, damit Ich euch zeigen kann, was ihr tun müsst, damit Ich euch in Meinem Neuen Paradies willkommen heißen kann.

Diese Mission ist vielleicht eure einzige Chance, es euch zu ermöglichen, Meine Hand zu ergreifen, bevor ihr in ein großes Vakuum von Täuschung eingetaucht werdet. Satan hat erklärt, dass er damit fortfahren wird, die Seelen derer, die Mich lieben, zu stehlen. Er konzentriert sich in dieser Zeit voll und ganz darauf, jene von Mir wegzuziehen, die Mich aufrichtig lieben. Daher wird er jeden Zweifel, jede Lüge und jede Gotteslästerung in diejenigen Seelen pflanzen, die ihr Leben nach der Wahrheit leben. Durch seinen Einfluss werden diese Menschen Mich verlassen. Satan verhöhnt Mich stolz, jetzt und jedes Mal, wenn Ich eine Seele an ihn verliere, schwört er, dass er niemals aufhören werde, jede von Mir gesegnete Mission auf Erden zur Rettung von Seelen zu stören.

Ihr dürft euch niemals mit Meinen Feinden einlassen oder Mich gegen sie verteidigen. Verliert niemals die Heiligste Bibel aus den Augen. Lasst niemanden sie manipulieren. Ignoriert jene, die versuchen, euch davon zu überzeugen, dass Gott auch nur irgendeinen Versuch, ein einziges Wort, eine einzige Prophezeiung, ein einziges Gebot zu ändern, dulden würde, denn das ist die größte Sünde. Brecht niemals das Erste Gebot. Niemand kann sich über Gott stellen.

Wer auch immer unter euch sündigt, er muss zu Mir zurückkommen, immer und immer wieder. Schämt euch niemals, zu Mir gelaufen zu kommen. Lasst nicht zu, dass ihr von Hass, wie auch immer er geartet sei, erfüllt werdet. Es ist eure Sünde, die Ich verabscheue — und doch vergebe Ich sie. Ich liebe euch und werde fortfahren, euch zu lieben. Es ist, weil Ich euch liebe, dass Mir diese Zeit gewährt worden ist, um euch alle zusammenzubringen. Erlaubt dem Bösen nicht, euch von eurem Bruder oder eurer Schwester zu trennen. Hört nicht auf irgendetwas oder irgendjemanden, der versucht, euch wegzuziehen von Meinem Werk — von dieser Mission der Rettung.

Eure Treue zu Mir ist wichtig, denn es seid ihr, Meine Restarmee, die maßgeblich daran beteiligt sein wird, den Rest der Welt davor zu bewahren, das gleiche Schicksal zu erleiden wie jene, die es abgelehnt haben, auf Noah zu hören. Jeder, der dafür verantwortlich ist, eine einzige Seele von Mir weggenommen zu haben, wird dafür leiden. Mein Zorn ist am schlimmsten, wenn ihr — nicht zufrieden damit, euch auf den Zustand eurer eigenen Seele zu konzentrieren — bewusst versucht, einen anderen mit euch zu nehmen und wegzubringen von Meiner Liebe und Meinem Königreich.

Ihr seid früher schon vor den Folgen gewarnt worden. Jetzt erinnere Ich euch noch einmal daran. Nehmt eine Seele — ein Leben — von Mir weg — und euer eigenes Leben — euer Ewiges Heil — wird nicht mehr euer Recht sein.

Euer Jesus

1056. Wenn Ich komme, um zu richten, wird die Welt beben.

Dienstag, 18. Februar 2014, 18:09 Uhr

Meine innig geliebte Tochter, wenn sich diese Schlacht um Seelen verstärkt, werden viele Menschen zuallererst beginnen, Meine Existenz anzuzweifeln, bevor sie Mich vollständig ablehnen.

Ein neuer, falscher Ersatz von Mir wird in den Köpfen der Welt geschaffen werden. Mein Name wird kühn verwendet werden, aber die Worte, die sie Mir zuschreiben, werden nicht von Mir sein. Sie werden erklären, dass Gott den Sünden des Menschen nicht erlauben würde, Sein Urteil zu trüben. Vielmehr werde Gott die Sünde ignorieren, denn sie habe kaum Konsequenzen, weil der Mensch schwach sei und soundso immer sündigen werde. Jesus, so wird euch erzählt werden, vergebe allen, denn Seine Barmherzigkeit trete an die Stelle Seines Gerichts. Dies wird eine Lüge sein, aber viele Menschen werden es glauben und keine Verpflichtung fühlen, welcher Art auch immer, die Sünde zu meiden oder um Vergebung zu bitten, denn inzwischen werden sie glauben, dass die Sünde nicht wirklich existiere. Diese Seelen sind es, die das Gebet am meisten benötigen. Niemand soll jemals Meine Barmherzigkeit mit Meinem Gericht verwechseln, denn das sind zwei verschiedene Dinge.

Meine Barmherzigkeit wird nur all jenen gezeigt werden, die Reue für ihre Sünden zeigen. Sie wird nicht denjenigen gezeigt werden, die stolz vor Mir stehen und wo kein Versuch ihrerseits gemacht worden ist, Meine Vergebung zu suchen. Wenn Ich komme, um zu richten, wird die Welt beben. Und wenn Meine Barmherzigkeit erschöpft ist, wird Meine Gerechtigkeit wie eine Axt herniederfallen. Ich werde die Bösen strafen, denen nicht mehr zu helfen sein wird.

Der Mensch darf niemals — nicht einmal eine Minute lang — Meine Verheißung ignorieren. Ich werde kommen, um alle Kinder Gottes zu sammeln, aber leider werden viele von ihnen niemals in Mein Paradies eingehen, weil sie Mich, Meine Existenz und die Existenz der Sünde geleugnet haben.

Euer Jesus

1057. Erdbeben werden eine solche Stärke haben, dass sie in mehreren Ländern gleichzeitig zu spüren sein werden.

Donnerstag, 20. Februar 2014, 18:39 Uhr

Meine innig geliebte Tochter, wenn für Mich die Zeit kommt, dass Ich Mich bekannt mache — bei Meiner Wiederkunft —, dann werdet ihr die Welt nicht wiedererkennen, denn sie wird sich so sehr verändert haben.

Die Geschwindigkeit, mit der die Menschheit in die Tiefen der Sünde fallen wird, wird euch schockieren. Jede hässliche Sünde des Fleisches wird sichtbar werden, und viele werden zuschauen müssen, wie diese Sünden an öffentlichen Orten begangen werden. Sehr wenig Scham wird von den Übeltätern gezeigt werden, die wie Löwen in einem Blutrausch zu den tiefsten Tiefen der Verderbtheit sinken werden, wie sie seit den Tagen von Sodom und Gomorra nicht gesehen worden ist. Derart wird die durch den Teufel bewirkte Verseuchung der Menschheit sein, dass Morde überall begangen und Selbstmorde um sich greifen werden. Während Satan Seelen verschlingt, wird er sicherstellen, dass jedes Gebot, das von Meinem Vater festgelegt worden ist, gebrochen werden wird. Kalte Herzen, verödete Seelen und Besessenheit von falschen Göttern und bösen Geistern werden an die Stelle der Liebe treten, die zu diesem Zeitpunkt noch in der Welt existiert.

Mein Name wird verwendet werden, um affektiert Obszönitäten von sich zu geben, und sie werden sich gegenseitig in ihren Herzen verfluchen. Meine Tochter, die Wahrheit kann manchmal unerträglich sein, aber Gerechtigkeit wird — durch die Hand Meines Vaters — jenen Ländern widerfahren, die Sein Wort entweihen. Alle Strafen, die von Meinem Vater herabgesandt werden, werden vor Meiner Wiederkunft stattfinden. Städte werden verschwinden, Länder werden unter Wasser stehen, durch die Fluten des Zornes Meines Vaters, und Erdbeben werden eine solche Stärke haben, dass sie in mehreren Ländern gleichzeitig zu spüren sein werden.

Meine Tochter, dir sind bereits die Informationen über jene Städte gegeben worden, die stark leiden werden. Ihr müsst Mir eure Tränen anbieten, in Sühne für die Sünden derer, deren Schicksal im Dunkeln liegt. Ohne euer Leiden kann Ich nicht das tun, was notwendig ist, um diese Seelen zu retten. Daher seid bitte großzügig mit eurem Schmerz, und Ich werde jenen Barmherzigkeit zeigen, die ihr Mir bringt.

Berge werden versinken, Seen werden mit dem Meer verschmelzen und die Landfläche wird um ein Drittel reduziert werden. Regenfälle, die Meinen Tränen des Schmerzes gleichkommen, ob des Hasses in den Herzen der Menschen, werden andauernd sein, bis Meine Tränen weggewischt sind, durch die Versöhnung von Sündern, die bekehrt sein werden.

Wisst jetzt, dass ihr Geschenke, die der Welt im Laufe der Jahrhunderte durch Meine Mutter gegeben worden sind, nutzen müsst, um euch zu schützen. Wisst auch, dass die Medaille der Erlösung — machtvoller als jede andere — eure Verteidigung gegen die Lockmittel des Antichristen sein wird. Jeder Versuch wird unternommen werden, um die Medaille der Erlösung aufzuhalten, aber nichts wird die Kraft, die mit diesem Geschenk verbunden ist, stoppen.

Meine geliebten Anhänger, ihr müsst euch in diesen Tagen auf das Gebet konzentrieren und all euer Vertrauen auf Mich setzen, denn diejenigen, die zu Mir gehören, werden geschützt sein, und ihr werdet für Mich der Grund sein, den Elenden und den Heiden Barmherzigkeit zu zeigen. Ihr dürft niemals nachlassen oder aufgeben, denn wenn ihr das tut, werdet ihr euch auf diesem Weg zu Mir unmöglich zurechtfinden können, ohne Mein Licht, das jeden Schritt des Weges notwendig sein wird, wenn ihr das Ziel dieser Reise erreichen sollt.

Euer Jesus

1058. Wenn Gott die Verfolgung der Christen und der Juden erlaubt, dann hat das einen guten Grund.

Freitag, 21. Februar 2014, 18:00 Uhr

Meine innig geliebte Tochter, der Mensch ist ein verletzliches und schwaches Geschöpf, aber er ist ein Kind Gottes. Aufgrund eines tief eingewurzelten Selbsterhaltungsinstinktes wird der Mensch alles tun, was er tun muss, um zu überleben. In Zeiten großer körperlicher Leiden werden die Bruchstücke der Kraft in seinem Inneren deutlicher hervortreten. Große Stärke kann man in der Regel in den Schwachen sehen, in den Hungernden, den körperlich Geplagten, den Verfolgten und jenen, die in den Händen der Fanatiker leiden. Es sind die Schwächsten unter euch, die die Stärksten sein werden, und diejenigen, die denken, sie seien die Stärksten, werden die Schwächsten werden.

Ich scheide jetzt die Schwachen, die Sanftmütigen, die Demütigen und die Gerechten von denen, die sich selbst erhöhen und gegenüber Meinen Lehren ein Lippenbekenntnis ablegen, die aber andere Menschen in ihrem Herzen verfluchen. Ich trenne jetzt die Spreu vom Weizen, und aus diesem Grund wird jedermanns Glaube geprüft werden, bis er oder sie an die Grenzen des Erträglichen gebracht ist. Ich schließe all diejenigen mit ein, die nicht an Gott glauben, diejenigen, die den Wahren Gott ablehnen, und diejenigen, die ihr Herz Meinem Feind — dem Teufel — übergeben haben. Jede Seele wird vor Mir gleichgestellt sein, und jede Gnade wird jenen gegeben werden, die Mich in dieser Zeit nicht annehmen.

Die Welt wird nach dem Stand der Liebe geprüft werden, die jeder Mensch für andere Menschen hat, was ein getreues Spiegelbild und ein echter Messwert ihrer Liebe zu Gott ist. Eure Zeit ist begrenzt, und um dann in der Lage zu sein, diesen Weg der Buße zu ertragen, müsst ihr akzeptieren, dass Gottes Propheten lediglich Seinen Willen verkünden, einzig damit ihr die Seinen werdet im Fleisch und im Geist. Widersetzt euch nicht der Hand Gottes. Freut euch, denn die Prüfungen, die von Meinem Vater nun zugelassen werden, werden eine große Vereinigung Seiner Zwei Zeugen auf Erden — der Christen und der Juden — bewirken, und von diesen beiden wird eine große Bekehrung ausgehen. Wenn Gott die Verfolgung der Christen und der Juden erlaubt, dann hat das einen guten Grund. Denn das, was sie zu ertragen haben werden, wird große Umkehr bewirken, und Milliarden von Menschen werden die Herrlichkeit Gottes sehen, mit einem klaren Geist, wo keine Verwirrung ihre Freude beeinträchtigen wird, wenn sie endlich die Wahrheit erkennen.

Die Zeit, dass die Wahrheit als das gesehen wird, was sie ist, einschließlich des Guten und des Schlechten, ist nahe. Und dann wird euch nichts mehr verletzen. Es wird keine Trennung von Gott mehr geben. Die Liebe wird schließlich alles besiegen. Die Liebe ist Gott, und Seine Herrschaft ist ewig. Es wird keinen Hass mehr geben, denn dieser wird gestorben sein.

Euer Jesus

1059. Viele von euch, die jetzt sagen, sie würden Mich lieben, werden Mich verraten, genauso wie Judas es tat.

Samstag, 22. Februar 2014, 18:35 Uhr

Meine innig geliebte Tochter, aus Schmerz wird Freude kommen, aus Verzweiflung wird Hoffnung kommen und aus Verfolgung wird Freiheit kommen, wenn alles Mir übergeben wird, im vollen Vertrauen und zum Ruhme Gottes.

Jedes Geschöpf im Himmel, auf Erden und unter der Erde wird vor dem Herrn seine Knie beugen — alle, ohne Ausnahme. Aber der Mensch, schwach und gefallen, gibt Gott nicht die Ehre — selbst die Frommsten und Heiligsten nicht —, wenn es ihm nicht gelingt, sich dem Vater vollkommen hinzugeben, durch Mich, Seinen eingeborenen Sohn, Jesus Christus. Solange der Geist des Bösen in der Welt existiert, ist der Mensch nicht würdig, vor Mir zu stehen. Ihr könnt nicht vor Mir knien, wenn ihr voll von eurer eigenen aufgeblasenen Selbstgefälligkeit seid. Ich kann euch nicht hören, wenn ihr Mich aussperrt, wie die Tyrannen, die ihr werdet, wenn Satan eure Gedanken mit Sünden der Sinne füllt. Nur diejenigen, die rein vor Mein Angesicht kommen, nachdem sie mit Mir versöhnt worden sind, können wirklich mit Mir vereint sein.

Wenn ihr wie Könige einhergeht und anderen Menschen Vorschriften macht, wenn ihr auf irdischen Thronen sitzt, dann könnt ihr niemals Diener von Mir sein. Wenn ihr Mir wirklich dient, was auch immer eure Rolle ist, dann werdet ihr immer die Wahrheit sprechen. Ihr werdet immer wissen, dass, wenn ihr Mein Wahres Wort verkündet, dieses Mein Wort euch immer viel Kritik einbr ingen wird. Bald wird das Wahre Wort nicht mehr gesprochen werden, von denen, die Meine Kirche in den höchsten Rängen unterwandern und so tun, als ob sie Mich lieben, die Mich aber in Wirklichkeit hassen. Dann werdet ihr, die Gläubigen, — um in Mir und mit Mir zu bleiben — viel Mut brauchen.

Wie viele von euch haben diesen Mut? Wie viele von euch werden in der Lage sein, die Verfolgung zu ertragen, zu der es kommen wird, wenn ihr die Wahrheit verkündet? So muss Ich euch schweren Herzens darüber informieren, dass viele von euch, die jetzt sagen, sie würden Mich lieben, Mich verraten werden — genauso wie Judas es tat. Denn dann, wenn Mein Heiliges Wort verändert wird, so dass es ein leeres und gehaltloses Gefäß wird, werden viele von euch diese falsche Lehre annehmen. So viele von euch werden diese Mission ablehnen und Meinem Kelch der Erlösung den Rücken kehren.

Ihr müsst dieses Kreuzzuggebet beten, damit euch geholfen wird, Meinem Wort treu zu bleiben.

Kreuzzuggebet (136) „Um Dein Wort zu bewahren"

„Liebster Jesus, hilf mir, Dein Wort zu hören. Dein Wort zu leben. Dein Wort zu sprechen. Dein Wort zu vermitteln.

Gib mir die Stärke, die Wahrheit aufrecht zu erhalten, auch wenn ich dafür verfolgt werde. Hilf mir, Dein Wort lebendig zu halten, wenn es vom Lärm Deiner Feinde übertönt wird.

Lass mich Deinen Mut fühlen, wenn ich niedergeschlagen bin.

Erfülle mich mit Deiner Stärke, wenn ich schwach bin.

Gib mir die Gnade, meine Würde zu bewahren, wenn die Tore der Hölle sich gegen mich durchsetzen, dafür dass ich Deinem Allerheiligsten Willen treu bleibe. Amen. "

Jeder Dämon aus der Hölle verflucht diese Mission, Meine letzte Mission auf Erden. Es wird große Widerstandsfähigkeit, enormen Mut und eine tiefe Liebe zu Mir, eurem Jesus, brauchen, um Mir treu zu bleiben. Die Schwächsten werden zuerst fallen. Die Lauen werden als nächste folgen, und dann werden nur jene, die reinen Herzens und furchtlos sind, stehen bleiben.

Euer Jesus

1060. Wenn eines Menschen Wille mit dem Willen Gottes kollidiert, wird auf beiden Seiten großer Schmerz erlitten.

Sonntag, 23. Februar 2014, 16:03 Uhr

Meine innig geliebte Tochter, wenn eines Menschen Wille mit dem Willen Gottes kollidiert, wird auf beiden Seiten großer Schmerz erlitten. Dem Menschen ist von Meinem Vater das Geschenk des freien Willens gewährt worden, und von daher ist er frei, seine Entscheidungen im Leben zu treffen, wie er es wünscht, und Gott wird niemals vom Himmel aus dieses Geschenk beeinträchtigen. Doch für diejenigen, die Mir ganz dienen möchten, mit der Absicht, Mir zu helfen, die Seelen anderer Menschen zu retten, und die Mir das Geschenk ihres freien Willens geben: Für sie wird es eine sehr schwierige Reise sein.

Wenn ihr Mir euren freien Willen gebt, zu tun, was notwendig ist bei der Rettung der Seelen, wird das Leiden, das ihr ertragen werdet, sehr hart sein. Da euer Wille dann nicht mehr euch gehört und da die menschliche Natur das ist, was sie ist, bedeutet dies, dass ein Kampf stattfinden wird zwischen dem freien Willen des Menschen und dem Willen Gottes. Viele Menschen, die Mich lieben und die in ihrem Leben den Willen Gottes ausführen wollen, werden ständig im Kampf sein. Um dem Willen Gottes Genüge zu tun, muss die Seele jedes Gefühl von Stolz und das Bedürfnis, ihre eigenen Wünsche zu erfüllen, aufgeben. Ihr könnt Gott nur dann wirklich dienen, wenn ihr völlig auf Ihn vertraut und Ihm all eure Prüfungen und Sorgen aufopfert, zum Wohle aller.

Wenn gutgesinnte Menschen, die Gott dienen und versuchen, ihr Leben nach Seinen Geboten zu leben, aus der Gnade fallen, dann schämen sie sich. Beschämt, Gott gemieden zu haben und Ihn im Stich gelassen zu haben durch Selbstsucht, Selbstwertgefühl oder Arroganz, verstecken sie dann ihr Gesicht vor dem Licht Gottes. Wenn sie von der Wahrheit erleuchtet werden, können diese Seelen plötzlich und ohne Vorwarnung beginnen, an ihrem Glauben zu zweifeln. Die eine Minute lieben sie Gott von ganzem Herzen und geben sich völlig in Seine Obhut, und die nächste Minute schneiden sie sich selbst ab von der Quelle des Lichtes. Es ist dann so, dass diese Person — menschlich denkend — Gott vorschreibt, was sie zu tun bereit ist, um Gott zu dienen, und dies wird in der Regel zu ihren eigenen Bedingungen sein. Ja, die Seele kann auch zu Gott sagen: „Ich werde Dir dienen, aber unter der Bedingung, dass Du mir diese oder jene Gunst erweist." Wisst ihr nicht, dass ihr nicht zwei Herren dienen könnt, denn es gibt nur Einen Gott, und Er hat das Sagen. Gott ist der Herr von allem, was ist und was sein wird. Der Mensch ist da, um Gott zu dienen, aber dennoch wird Gott alles tun, was Er kann, um Seinen Kindern Trost zu spenden.

Wenn ihr feststellt, dass ihr an Gott zu zweifeln beginnt oder dass ihr anfangt, das Vertrauen in Seine Liebe und Seine Verheißungen zu verlieren, dann müsst ihr dieses Kreuzzuggebet beten, das als Gebet zur Wiederherstellung bekannt sein soll.

Kreuzzuggebet (137) „Gebet zur Wiederherstellung"

„O Gott, Du, der Eine Allmächtige Gott, o Gott, Du, der Allerhöchste, schaue auf mich, Deinen demütigen Diener, mit Liebe und Erbarmen in Deinem Herzen. Stelle mich wieder her in Deinem Lichte.

Hebe mich zurück in Deine Gunst. Erfülle mich mit der Gnade, damit ich mich als Dein demütiger Diener — und Deinem Heiligsten Willen gemäß — Dir darbringen kann.

Nimm von mir die Sünde des Stolzes und alles, was Dich beleidigt, und hilf mir, Dich zu lieben mit einem tiefen und unvergänglichen Verlangen, Dir zu dienen, alle meine Tage, für immer und ewig. Amen."

Bitte denkt daran, dass es sehr einfach ist, Gott den Rücken zu kehren, und es bedarf nur einer einzigen Person, um in eure Seele Zweifel zu säen über die Güte Gottes und Seine Große Barmherzigkeit für all Seine Kinder.

Es braucht viel Mut und Widerstandfähigkeit, um dem Wort Gottes treu zu bleiben, aber ohne die Gnaden zu erbitten, gebührend zu dienen, werdet ihr es aus euch selbst heraus nicht vermögen.

Euer Jesus

1061. Mutter der Erlösung: Alle Hinweise auf die Hölle sind abgeschafft, und der Mensch ist irregeführt worden in ein falsches Gefühl von Sicherheit.

Sonntag, 23. Februar 2014, 16:28 Uhr

Mein Kind, solange Satans Herrschaft auf Erden existiert, wird die Wahrheit immer unterdrückt werden.

Seit dem Tod Meines Sohnes am Kreuz ist jeder Versuch, Sein Wort zu verbreiten, aufs Schärfste bekämpft worden. Und seit sich das Christentum ausgebreitet hat, sind viele Brüche aufgetreten, und die Lehre — von Meinem Sohn, Jesus Christus, durch Seine Jünger diktiert — wurde angepasst. Die Wahrheit ist immer manipuliert worden, aber trotzdem bleibt das Wort Gottes immer noch in der Welt lebendig, und die Gegenwart Meines Sohnes, durch die Heilige Eucharistie, ist erhalten geblieben.

Die Wahrheit in Hinsicht auf die Existenz Satans und auf die Realität der Hölle ist seit vielen Jahrzehnten unterdrückt worden, und dies hatte eine schädliche Auswirkung auf das Heil der Menschheit. Alle Hinweise auf die Hölle sind abgeschafft und die Menschen irregeführt worden in ein falsches Gefühl von Sicherheit. So glauben jetzt — heute — nur wenige Menschen an die Existenz des Teufels oder an den Abgrund der Hölle. Diese Lüge ist die Geißel der Menschheit geworden, und als Folge davon sind viele Seelen verloren gegangen, weil die Hölle geleugnet wird. Die Todsünde wird nicht mehr für eine Realität gehalten, und so wird kein Versuch gemacht, sie zu vermeiden. Diejenigen, die Meinem Sohn, Jesus Christus, in Seinen Kirchen dienen, haben die Pflicht, die Seelen vorzubereiten, damit sie fähig sind, in das Himmelreich einzugehen.

Die Hölle kann vermieden werden, durch ein Verständnis der Folgen der Todsünde, doch nicht ein Wort davon wird erwähnt. Seelen gehen verloren, weil sie nie richtig unterwiesen werden, wie man die Sünde meidet und sich um Buße bemüht. Um würdig zu werden, in das Königreich Meines Sohnes einzugehen, müsst ihr Zeit damit verbringen, euer Leben nach dem Wort Gottes zu leben. Bitte ignoriert die Wahrheit nicht, denn wenn ihr das tut, werdet ihr verloren sein.

Betet, betet, betet, dass die Menschen die Existenz Satans akzeptieren werden, denn solange sie das nicht tun, werden sie die Verheißung Meines Sohnes, sie zu erlösen, niemals wirklich annehmen.

Eure geliebte Mutter
Mutter der Erlösung

1062. Ihr, Meine Zwei Zeugen auf Erden, müsst standhaft bleiben.

Montag, 24. Februar 2014, 16:00 Uhr

Meine innig geliebte Tochter, Meine Feinde befinden sich nicht innerhalb der Hierarchie falscher Religionen. Viele solche Seelen wissen es nicht besser und sie werden Mich annehmen, wenn Ich Selbst Mich ihnen bekannt mache. Es sind diejenigen, die als führende Köpfe hinter dem größten Glaubensabfall stehen werden, aus den Reihen Meiner Eigenen Kirche auf Erden, die die Gefährlichsten von allen sind.

Nicht alle, die als Meine Diener gekleidet kommen, sind von Mir, aber ihr sollt wissen: Meine Stunde ist nahe und unmittelbar vor Meinem Zweiten Kommen wird die Plage des Glaubensabfalls herabsteigen und Meine Kirche auf Erden verschlingen. Genauso wie diese Wölfe im Schafspelz der Welt weismachen, dass das Haus Gottes jede Glaubensrichtung akzeptiere, einschließlich jener, die Mich, Jesus Christus, verleugnen, werden sie euch davon überzeugen, dass dieser Gräuel die größte Evangelisierung der Welt sein werde, die jemals gesehen worden sei. Und dies wird den Zorn Gottes nach sich ziehen. Während die Welt und all ihre Religionen in diese neue, falsche Kirche hineingesaugt werden, wird für sie der Weg bereitet sein, voller Stolz den Mann der Gesetzlosigkeit aufzubauen.

Während diejenigen von euch, die ob Meiner Warnung wachsam bleiben und die hartnäckig an Meinem Wort festhalten werden, leiden, werde Ich euch auch die Stärke geben, dieses traurige Ereignis zu ertragen. Diese Betrüger, die sich in Meine Kirche eingeschleust haben werden, werden viele getäuscht haben, und sie werden weiterhin Millionen täuschen, einschließlich aller christlichen Konfessionen, ebenso wie diejenigen, die Mich überhaupt nicht ehren. All diese Betrüger werden Häresien verbreiten, und mit der Zeit werden sie eine einzige Religion für die Welt aufbauen. Kein anderer Glaube wird toleriert werden, außer der neuen falschen Lehre: der Lehre aus der Hölle. Christen und Juden werden die beiden Glaubensrichtungen sein, aus denen der Rest gebildet werden wird.

Wenn Meine Prophezeiungen euch Tränen in die Augen treiben, dann wisst, dass weil Ich euch durch diese Mission mit Nerven aus Stahl und einem eisernen Willen segne, ihr Mir, eurem Jesus, treu bleiben werdet.

Ihr, Meine Zwei Zeugen auf Erden, müsst standhaft bleiben. Widersteht jeder Versuchung, euch von Mir abzuwenden, und bleibt zu allen Zeiten beharrlich in eurer Liebe zu Mir. Meine Restkirche wird sowohl von außerhalb dieser Mission gebildet werden als auch aus ihrem Inneren heraus. Diejenigen von euch, die jetzt diese Mission ablehnen, die Mich aber aufrichtig lieben, auch ihr werdet in Meine Restarmee auf Erden gezogen werden. An dem Tag, an dem dies geschieht, werdet ihr erkannt haben, dass das Buch der Wahrheit in der Tat ein Geschenk aus dem Himmel war, um euch auf eurer letzten Reise in Mein Königreich und in das Ewige Leben zu helfen. Dann erst werdet ihr jubeln und ohne Furcht sein, denn ihr werdet all das Vertrauen haben, das nötig ist, um Gott die Ehre zu erweisen.

Euer Jesus

1063. Der „Gott", den sie verkünden werden, wird nicht Mein geliebter Vater sein.

Dienstag, 25. Februar 2014, 13:50 Uhr

Meine innig geliebte Tochter, es ist vorhergesagt worden, dass in der Endzeit der Hass der Menschheit auf Gott nie dagewesene Ausmaße erreichen wird. Die Menschen werden dann nicht in der Lage sein, zwischen Gut und Böse zu unterscheiden. Große Verwirrung wird sie wie eine Fäulnis befallen, und es wird in ihnen eine Finsternis der Seele herrschen, die ihnen wenig Frieden bringen wird.

Gott wird geleugnet werden. Ich, Sein eingeborener Sohn, werde verspottet werden und Meine Gottheit wird abgelehnt werden. Alle, die Mich lieben, werden versucht werden, sich von allem abzuwenden, was Ich sie gelehrt habe. Jede Person, die Mich leugnet, wird versuchen, ihren Grund dafür zu rechtfertigen. Ihre Gründe werden folgende sein: „Jesus — werden sie sagen — ist einfach eine Galionsfigur, ein Prophet, gesandt, um den Menschen die Wahrheit zu lehren." Sie werden bald glauben, dass Meine Gottheit eine Lüge sei und dass einzig und alleine eine Treue zu Gott — einem Gott der Güte — alles sei, was notwendig sei, und zwar für alle Religionen, so dass sie zu einer einzigen Religion vereint werden könnten.

Der „Gott", den sie verkünden werden, wird nicht Mein geliebter Vater sein. Stattdessen werden sie falsche Geister, die als Engel Gottes verkleidet sind, vergöttern. Während die Welt jubelt, zusammen mit den Christen, die Mir treu bleiben, und den Juden, die Meinem Vater treu bleiben werden, wird die Zeit für Mein Zweites Kommen so plötzlich hereinbrechen, dass nur sehr wenige bereit sein werden. Dann werden die Verfolger zum Schweigen gebracht, die Bösen vernichtet werden und diejenigen, deren Namen im Buch des Lebens verzeichnet sind, werden sich vereinen und ein Leben der ewigen Herrlichkeit leben.

Euer Jesus

1064. Gott der Vater: Die Vollkommenheit des verlorenen Paradieses wird zu seiner früheren Herrlichkeit erneuert werden.

Mittwoch, 26. Februar 2014, 16:26 Uhr

Meine Kinder, hört Mir zu, wenn Ich euch rufe und euch Meine tiefe und beständige Liebe zu euch allen verkünde. Inmitten der Prüfungen, der Traurigkeit, der Grausamkeit, der Bosheit und — in der Tat — der Freude und des Friedens liegt alles in Meiner Hand.

Die Zeit ist reif, dass die Reinigung intensiver wird, aber nur Gutes wird aus diesen Zeiten hervorgehen. Stellt euch diese Zeiten so vor, als ob ein krankes Kind bettlägerig und mit einer Krankheit geschlagen wäre, die es schwach und kraftlos macht, wo es ihm an Energie und Nährstoffen mangelt und es sehr hohes Fieber hat. Es wird sich nicht erholen, bis das Fieber verflogen ist, und doch ist es das Fieber, das es von der Krankheit befreit.

Die Reinigung des Menschen ist vorhergesagt worden, und Ich lasse sie zu, damit Ich die Menschheit von jener Krankheit befreien kann, welche die Herzen und Seelen derer geißelt, die Mich nicht wirklich kennen. Die Spaltungen in der Welt werden zunehmen, bis sie sich schließlich erschöpft haben. Kriege, die ausgebrochen sind und zu Zerstörung geführt haben, werden verschwinden und Frieden wird herrschen. Der Glaubensabfall wird viele Seelen einhüllen, aber danach werden die meisten Meiner Kinder die Wahrheit erkennen und zu Mir gelaufen kommen, aufgrund der Liebe, die sie für Meinen geliebten Sohn, Jesus Christus, empfinden werden.

Meine Schöpfung wird vollkommen werden, wenn Satan und jeder Dämon, der die Erde heimsucht, verbannt worden sind. Das Licht wird heller werden, die Vollkommenheit des verlorenen Paradieses wird zu seiner früheren Herrlichkeit erneuert werden und die Menschheit wird Eins werden in Mir.

Meine Verheißung, euch in das Paradies zurückzubringen, das Ich für jeden Einzelnen von euch geschaffen habe, sogar noch bevor ihr euren ersten Atemzug tatet, steht kurz davor, sich vor euren Augen zu verwirklichen. Jedem von euch ist dieses Geburtsrecht gegeben worden. Bereitet euch vor. Ihr werdet in Mein Paradies gezogen werden durch die Liebe, die Ich euch ins Herz geben werde, und durch die Gnaden, die euch in euren Seelen gewährt werden. Nicht eine Seele unter euch wird sagen können, dass Ich euch nicht jede Chance, jedes Zeichen, jede Atempause gegeben hätte. Betet, dass ihr die Güte haben werdet, das herrliche Leben von einer Welt ohne Ende, wie Ich es für euch schon bereit habe, anzunehmen.

Euer geliebter Vater
Gott der Allerhöchste

1065. Mutter der Erlösung: Liebe und nur Liebe kommt von Gott. Hass kommt nur von Satan. Es gibt nichts dazwischen.

Donnerstag, 27. Februar 2014, 14:48 Uhr

Mein Kind, es gibt viel Hass gegen diese Mission der Erlösung, denn der Teufel will nicht eine einzige Seele an Gott verlieren. Wenn Gott durch einen Propheten spricht, ruft das in der Hölle gewaltige Empörung hervor. In solchen Situationen wird vom Teufel jede Anstrengung unternommen, um das Wort Gottes zum Schweigen zu bringen. Er, Satan, wird alles nur Mögliche tun, um die Menschen gegen alles, was die Seelen der Menschheit retten wird, aufzuhetzen.

Er wird Hass verbreiten, bis die Seelen, die von seinem Hass erfüllt sind, willige Agenten von ihm werden, bis sie das, was sie tun, nicht mehr unter Kontrolle haben. Erfüllt von seiner Empörung, wird es ihnen unmöglich sein, Liebe in ihren Herzen für diejenigen zu empfinden, die sie für ihre Feinde halten. Dann werden sie anfangen, sich selbst zu hassen, und je mehr sie gegen Gott sündigen, desto mehr werden sie von einer schrecklichen Angst erfüllt sein. Schließlich, wenn ein derartiger Hass die Seelen ergreift, werden sie nicht mehr in der Lage sein, sich selbst von Satan zu befreien. Es braucht viel Gebet für solche Seelen. Wenn eine Seele gegen Gottes Wort lästert, dann wird sie einem Kampf gegen das Tier ausgesetzt sein, so heftig, dass sie das unfähig machen wird, sich nicht seiner Macht auszuliefern. Ihr Fluch gegen Gott wird ihr Fluch werden, und nichts kann in diesem Stadium für sie getan werden.

Seelen, die voller Hass sind, sprechen nicht das Wort Gottes, denn das kann nicht sein. Hass wird sich niemals von den Lippen jener ergießen, die Gott wirklich lieben. Ihr dürft niemals die Macht Satans unterschätzen, denn er kann jede Seele in die Falle locken, so gut sie auch sein mag. Zuerst wird er, der Teufel, sehr überzeugend sein, wenn er das Opfer mit seinen Lügen füllt. Er wird sogar ein spirituelles Empfinden schaffen, dass Ich es bin, die Mutter Gottes, die mit der Seele kommuniziert. Er wird die Gottesliebe der Seele dazu verwenden, ihr ein Gefühl der Empörung einzuflößen gegen das, was die Seele als eine böse Handlung, eine böse Tat oder ein böses Wort wahrnimmt. Er verführt jene Seelen, die bisweilen treue Diener Gottes sein können. Aber sobald eine Seele dem Teufel erlaubt, sie mit irgendeiner Form von Hass zu erfüllen, wird er oder sie es unmöglich finden, von ihm frei zu kommen. Nur Gebet und große Akte der Buße und der Demut können ihn vertreiben. Nach einer Weile wird die Seele erkennen, dass sie etwas beunruhigt, wenn der Ärger, das Unbehagen, die Angst und das völlige Fehlen von Frieden die Seele ergreift. Der Teufel wird nicht ruhen, bis die Seele sich schließlich gegen Gott wendet und gegen Ihn lästert.

Kinder, ihr dürft euch niemals mit denen einlassen, die Zweifel über die Vollkommenheit Gottes in eure Seelen pflanzen. Wenn ihr euch mit denen einlasst, die Gott fluchen, werdet ihr verseucht werden. Wenn ihr dies tut, dann werdet ihr auch mit einem Hass erfüllt werden, den ihr nie zuvor gefühlt habt. Dann werdet ihr viel Hilfe und Eingreifen benötigen, bevor ihr würdig gemacht werden könnt, wieder in der Gegenwart Gottes zu stehen.

Ignoriert jede Form von Hass, denn er kann niemals von Gott kommen. Es gibt nur eine Quelle, aus der Hass entspringt, und das ist Satan. Lasst euch mit Satan ein und mit denjenigen, deren Herz er mit Hass erfüllt, dann wird dieses Gift in eure Seele überfließen. Ignoriert diese Situation. Schweigt. Betet für jene Seelen, die andere hassen. Ihr müsst Meinen Heiligen Rosenkranz beten, um euch vor dieser Versuchung zu schützen.

Ich warne euch vor diesen Dingen, da die Macht Satans so gewaltig ist in dieser Zeit, wo er versucht, die Seelen all jener Menschen in der ganzen Welt zu stehlen, die an Meinen Sohn, Jesus Christus, glauben, und jener, die Mir, Seiner geliebten Mutter, treu sind. Bitte nehmt euch Meine Worte zu Herzen, in dieser Zeit, indem ihr dieses Gebet sprecht, um euch gegen Hass zu schützen.

Kreuzzuggebet (138) „Schutz gegen Hass"

„O Mutter der Erlösung, schütze mich gegen jede Art von Hass. Hilf mir zu schweigen, wenn ich Hass ausgesetzt bin. Halte mich stark in meiner Treue zu Jesus Christus, wenn ich am schwächsten bin. Versiegle meine Lippen. Hilf mir, jenen den Rücken zu kehren, die mich hineinziehen in Worte, welche die Lehren Deines Sohnes leugnen, oder jenen, die mich wegen meines Glaubens verspotten. Bete für diese Seelen, liebe Mutter, damit sie Satan widersagen und den Frieden Deiner Liebe und die Herrschaft des Heiligen Geistes in ihren Seelen fühlen. Amen."

Liebe und nur Liebe kommt von Gott. Hass kommt nur von Satan. Es gibt nichts dazwischen. Es gibt keinen Mittelweg. Ihr seid entweder für Meinen Sohn oder gegen Ihn.

Eure geliebte Mutter
Mutter der Erlösung

1066. Die Welt wird sich verneigen, auf beide Knie niederknien und das Tier vergöttern.

Freitag, 28. Februar 2014, 21:42 Uhr

Meine innig geliebte Tochter, Ich gebe Meiner Restarmee und all denjenigen, die niemals von Meinem Heiligen Wort abweichen, Autorität über Nationen, wenn der Glaubensabfall im Namen der Einigung alle blendet.

Euch werden große Gunsterweise, große Gnaden und die Kraft gegeben werden, die Gläubigen, die Schwachen und diejenigen zu führen, die in einer öden und kargen Wüste die Orientierung verlieren. Ihr werdet der Wahre Geist werden, der einzig verbleibende Rest vom Geist des Herrn in einer Kirche, die Meiner Heiligen Gegenwart beraubt sein wird. Meine Gegenwart wird einzig und alleine nur in denjenigen wohnen, denen die Autorität gegeben werden wird, das Wort Gottes zu diktieren und durstige Seelen zur Quelle des Lebens zu führen.

Wenn die falschen Boten, die sagen, sie würden aus dem Himmel Worte und Führung empfangen, bald auftauchen, werden sie wie Fürsten werden auf dem Throne, der bald in dem neuen Tempel des Gräuels enthüllt werden wird. Dieses neue Führungszentrum wird geschmückt sein mit seinen eigenen ergebenen Dienern, Wahrsagern und denjenigen, die mit dem Geist der Finsternis gefüllt sind — die alle um den Antichristen herumscharwenzeln werden.

Die Welt wird sich verneigen, auf beide Knie niederknien, und das Tier vergöttern. Nicht die geringste Spur reiner Liebe wird in ihren Herzen bleiben — aber wisst dies: Wenn ihr euren rechten Arm von Gott abschneidet, werdet ihr mit der linken Hand dem Tier die Hand schütteln, welches euch ziehen und in seinen bösen Griff hinein verschlingen wird. Wenn ihr dem Teufel eure Seele öffnet, wird er in sie eintreten, und er wird euch niemals einen Moment Frieden gewähren. Aufgrund eures freien Willens werdet ihr versuchen, ihn zu bekämpfen, aber ihr werdet nicht stark genug sein.

Voranschreiten wird Meine Armee, furchtlos und mit dem Licht Meines Angesichtes gekennzeichnet, während sie Millionen Menschen von den vier Ecken der Erde sammeln, um ihnen die Wahrheit zu bringen. Sie werden das Evangelium predigen, Mein Wort verkünden und niemals von der Wahrheit abweichen. Sie werden verachtet, verspottet, verfolgt, verraten werden — selbst von denen, die ihnen am nächsten sind — und doch werden sie niemals ihren Blick von Mir abwenden.

Die Welt wird die Wahrheit nicht begrüßen, nachdem sie mit falscher Frömmigkeit indoktriniert worden ist und aufgrund der Genugtuung, die sie empfinden wird, weil in diesem Stadium die Sünde in all ihren Formen geleugnet sein wird.

In jedem Krieg kann es nur einen Sieger geben. Wenn der Mensch gegen Gott kämpft, wird er immer scheitern. Wenn er auf der Seite des Betrügers steht, wird er hinausgeworfen werden und niemals das Licht Meines Angesichtes sehen.

Betet, Mein geliebter Rest, betet für diejenigen, die in Zukunft vom Antichristen getäuscht werden. Ich wünsche, dass diese Seelen unter Meinen Schutz gebracht werden. Sie werden Mich nicht ausfindig machen, aber aufgrund eurer Gebete wird Mein Vater einschreiten, so dass sie unter Meine Große Barmherzigkeit kommen können.

Euer Jesus

1067. Wenn ihr Mich habt, dann habt ihr alles.

Sonntag, 2. März 2014, 20:14 Uhr

Meine innig geliebte Tochter, es gibt Zeiten des Kampfes, wo Menschen sich hilflos fühlen können. Es gibt Zeiten der Tragödien, wo sie Angst haben. Und es gibt Zeiten, wo der Mensch verzweifelt ist und alle Hoffnung aus seinem Leben schwindet. Dann gibt es Zeiten des Elends, wo der Mensch sich von denen abschneidet, die er liebt, — wo er das Gefühl hat, dass das Leben für ihn einfach zu schwer zu ertragen ist. Ich sage denen, die solch einen Schmerz ertragen: Ruft Mich an und bittet Mich, euren Jesus, all euer Leiden hinwegzunehmen. Opfert Mir all eure Prüfungen auf, wenn sie euch zu viel werden, um sie zu ertragen. Es wird in dem Moment sein, in dem ihr Mir eure schreckliche Angst übergebt, dass Ich die Wolke anhebe, die eure Seele und euren Geist verdunkelt und die euren Kopf verwirrt.

Lasst euch vom Leiden niemals unterkriegen. Habt niemals das Gefühl, dass alles hoffnungslos sei, denn wenn ihr Mich habt, dann habt ihr alles. Ich Bin eure Stütze in diesem Leben, und allein Ich kann euch helfen. Der Mensch muss immer bemüht sein zu überleben, gegen Unrecht anzukämpfen, die Tugend hochzuhalten und niemals Angst zu haben, die Wahrheit zu verkünden. Aber wenn das, was ihr erlebt, euch großen Schmerz und Leid bereitet, aufgrund der Ungerechtigkeiten, dann kann allein Ich euch bei solchen Widerwärtigkeiten aufrechterhalten.

Nichts, was die Welt zu bieten hat, kann euch in euren Zeiten der Not wahren Trost bringen. Allein Ich, Jesus Christus, kann euch den Frieden des Geistes und die Stärke und den Mut gewähren, um Hass, Ungerechtigkeit, Verfolgung und Isolation standzuhalten. Ich muss eure erste Wahl sein in eurer Zeit der Not, in der ihr Mich rufen müsst. Alleine Ich werde euch Ruhe, Frieden und Freisein von Angst bringen, denn Ich Bin die Liebe, und wenn die Liebe in eurer Seele wohnt, dann könnt ihr alles schaffen.

Euer Jesus

1068. Die Liebe kann jedes Elend, das von der Menschheit erlitten wird, überwinden.

Montag, 3. März 2014, 23:37 Uhr

Meine innig geliebte Tochter, denke an Mich, mit Liebe in deinem Herzen, denn es ist allein durch die Liebe, dass Ich mit der Welt kommuniziere, durch das Buch der Wahrheit.

Auf Befehl Meines Vaters sammle Ich alle Seine kostbaren Kinder in Einheit mit Ihm und in Ihm. Es ist die Liebe, die dieses Göttliche Eingreifen erlaubt. Mein Vater erduldet Schmerz, Zorn, Ungeduld und Frustration aufgrund des Makels der Sünde, welche die Seele jedes einzelnen Seiner Kinder verdirbt. Aber es ist Seine ewige Liebe für euch alle, die das Licht Gottes auf Erden am Glühen hält.

Ohne dieses Licht gäbe es nur Finsternis, nicht nur des Geistes, sondern auch auf der Erde selber. Das Tageslicht würde nicht existieren. Die Sonne würde nicht scheinen noch würde der Mond die Nacht erhellen. Die Sterne würden verschwinden. Doch all diese Geschenke bleiben an ihrem Platz aufgrund der Liebe Gottes. Wenn diese Liebe erwidert wird, dann bereitet das Meinem Vater große Freude, denn Er weiß, dass, wenn der Geist der Liebe einmal in Seelen gegenwärtig ist, dieser alle Finsternis der Seele überwinden kann.

Die Liebe kann jedes Elend, das von der Menschheit erlitten wird, überwinden. Die Liebe zueinander wird das Böse zunichte machen. Die Liebe zu Gott wird Satans Macht über den Menschen zerstören. Die Treue zu den Geboten Gottes wird die Seele vervollkommnen und im Gegenzug dann die Menschheit vor der Verbannung und der Trennung von Gott retten.

Wenn das Licht Gottes in euren Herzen bewahrt ist und die Liebe Gottes füreinander in euren Seelen gegenwärtig ist, dann kann und wird alles Böse besiegt werden. Wenn ihr Gott liebt, werdet ihr in euch einen tiefen Frieden fühlen, denn wenn ihr eure Liebe zu Ihm zeigt, wird Er euch mit Seinen Gnaden erfüllen. Ihr müsst euren Trost immer aus der mächtigen Liebe schöpfen, die Gott für jeden von euch in Seinem Herzen hält. Wer immer ihr seid, welchen Kummer auch immer ihr Ihm verursacht haben mögt und wie boshaft eure Sünden auch immer sind, Er wird euch vergeben — immer! Alles, was ihr tun müsst, ist, Ihn anrufen, indem ihr Mich, Seinen geliebten Sohn, Jesus Christus, bittet, in eurem Namen einzugreifen, durch Versöhnung.

Kommt zu Mir mit eurem Gebet und sagt: „Jesus, führe mich unter Deinem Schutz zu meinem Vater und bring mir Ewige Erlösung!"

Wenn ihr zu Mir kommt, mit aufrichtiger Reue in eurer Seele, soll euch das Himmelreich gehören.

Euer Jesus

1069. Kriege werden eskalieren, bis der Große Krieg erklärt ist.

Dienstag, 4. März 2014, 17:00 Uhr

Meine innig geliebte Tochter, es ist wichtig, dass jetzt, zu diesem Zeitpunkt Menschen auf der ganzen Welt umkehren und Mich bitten, sie vor der Geißel des Krieges zu schützen.

Kriege werden eskalieren, bis der Große Krieg erklärt ist, und dann wird der größte Feind, das ist der Kommunismus, großen Aufruhr unter allen Nationen verursachen. Macht und Machthunger werden aus der Selbstsucht geboren. Diejenigen, die nach Macht suchen, werden dann, wenn sie vor Mir stehen müssen, keine haben. Diejenigen, die die Schwachen und die Verwundbaren verfolgen, werden ihre eigene Verfolgung erleiden, dreimal mehr, als sie anderen zugefügt haben.

Diese Kriege werden im Chaos enden. Leben wird verloren gehen, aber dann wird der Krieg im Osten einen noch größeren Krieg auslösen. Wenn dieser Krieg stattfindet, werden Millionen Leben verloren gehen. Wenn alles hoffnungslos erscheint, wird der Mann des Friedens auftreten, und dann wird der Anfang vom Ende erlebt werden.

Mein Leben, Meine Gegenwart, wird sicherstellen, dass Hoffnung, Liebe und Gebet weitergehen werden, um während dieser Zeiten den Schmerz der Kinder Gottes zu mildern. Alle Kriege, das versichere Ich euch, werden kurz sein. Alle diese schrecklichen Ereignisse werden von kurzer Dauer sein, aber wisst, dass, wenn sie stattfinden, die zeitliche Abfolge von allem, was sein soll, in den Händen Meines Vaters liegen wird.

Euer Jesus

1070. Ich Bin All-Barmherzig. Ich suche keine Rache.

Dienstag, 4. März 2014, 21:25 Uhr

Meine innig geliebte Tochter, denke daran, dass Gott immer zugunsten der Unterdrückten richtet. Er wird niemals diejenigen erhöhen, die sich selbst erhöhen. An jeden Menschen, der erhöht ist: Die Niedrigsten der Niedrigen in eurer Welt werden in Meinem Reich erhöht sein. Die Unterdrücker in eurer Welt werden die Unterdrückten werden, am Letzten Tag des Gerichts.

Ich Bin All-Barmherzig. Ich suche keine Rache. Ich maßregle euch nicht, indem Ich das Unrecht nachmache, das ihr anderen Menschen angetan habt, den Hass, den ihr anderen zugefügt habt, oder die brutale Art, wie ihr über andere geurteilt habt. So groß ist Meine Liebe, dass Ich euch jede beliebige Sünde verzeihen werde, außer der ewigen Sünde, die das Wort Gottes verflucht. Ich werde euch immer vergeben, wie sehr ihr Mich oder Meine Diener, die gesandt sind, um euch zu retten, auch kreuzigt. Niemals seit Meiner Kreuzigung hat die Menschheit Mein Eingreifen erlebt wie jetzt, wo Ich euch das Buch der Wahrheit bringe.

Die Zeit ist jetzt nahe, da Ich alle Nationen für die endgültige Vereinigung sammle. Ich werde diejenigen, die Mir angehören — durch ihre Handlungen, durch ihre Worte und durch ihre Werke —, in einen Neubeginn bringen, den die neue Welt, das Neue Paradies darstellen werden. Mein Königreich wird euch gehören. Ich werde Mein Volk sammeln, aus allen Ecken der Erde. Einige werden Mein sein, während die anderen für ihre Bosheit bestraft werden. Diejenigen, die berufen sind, sowie diejenigen von euch, die von Anbeginn der Zeit auserwählt waren, werden wie Löwen sein. Mut wird euch vonseiten des Himmels gegeben werden, und ihr werdet diesen benötigen, wenn ihr den Hass überwinden sollt, der euch entgegengebracht werden wird.

Bitte fürchtet niemals Meine Feinde. Ignoriert ihr Gift. Ihre Stimmen mögen brüllen und ihre Schreie mögen ohrenbetäubend sein, aber sie haben keine Macht über euch. Wenn ihr wirklich Mein seid, dann werden die Feuer der Hölle euch niemals überwinden.

Euer Jesus

1071. Falsch wird als richtig gesehen werden und richtig als falsch.

Donnerstag, 6. März 2014, 13:45 Uhr

Meine innig geliebte Tochter, wenn Menschen versuchen, andere zum Sündigen zu animieren, dann tun sie dies auf verschiedene Weisen, die vielleicht nicht offensichtlich zu sein scheinen.

Die Versuchung zu sündigen ist verführerisch, und dem Opfer wird es immer schwer fallen, sich davon loszureißen. Im Falle von Diebstahl wird der Sünder davon angezogen sein, den Großen Preis zu gewinnen, sollte er einwilligen zu stehlen. Im Fall von tätlichen Angriffen und Körperverletzungen, die einem anderen zugefügt werden, wird sich das Opfer (der Versuchung) vom Hass verleiten lassen, der ihm als etwas Gutes dargestellt wird. Das Opfer der Versuchung wird davon überzeugt sein, dass es einfach an einer Bestrafung beteiligt sei, die im Namen der Gerechtigkeit notwendig sei. In anderen Fällen wird das Opfer (der Versuchung) in das Begehen einer Sünde hineingezogen und es wird darin nichts Falsches erkennen, weil der Anreiz so verlockend sein wird.

Die Sünde und die Versuchung, dabei mitzumachen, wird immer als eine gute Sache dargestellt werden, als etwas Harmloses, und wird in vielen Fällen als richtig wahrgenommen werden. Falsch wird als richtig gesehen werden und richtig als falsch. Jede Sache, an der Satan beteiligt ist, und besonders, wenn er den Menschen — mit allen erdenklichen Gründen — in Versuchung führt, Gott den Rücken zu kehren, wird verkehrt herum sein. Überall, wo Satan gegenwärtig ist, wird es Verwirrung geben. Nichts wird so sein, wie es sein sollte. Nichts Gutes kann aus dem, was er verseucht hat, kommen. Seelen, die bei seinen Machenschaften mitmachen, werden — während die Sünde begangen wird und auch danach — unter tief beunruhigenden Gewissensbissen leiden. Die wichtigste Lektion ist hier: Vermeidet Situationen, in denen ihr der Versuchung ausgesetzt seid. Um dies zu tun, müsst ihr um die Stärke beten, im Stande der Gnade zu bleiben.

Niemand soll jemals glauben, er habe genug Willensstärke, um dem Druck standzuhalten, der vom Geist des Bösen auf ihn ausgeübt wird. Wenn ihr das glaubt, dann werdet ihr plötzlich und unerwartet fallen. Ihr müsst wachsam bleiben, jede Minute jedes Tages, denn ihr wisst niemals, wann der Teufel am Werke ist. Er ist sehr gerissen und sehr vorsichtig. Für viele gilt: Sie haben keine Ahnung, wie Satan arbeitet, aber Eines ist klar: Er bringt euch nichts als Elend und Leid. Ihr müsst daher jeden Tag das Gebet zum Heiligen Erzengel Michael beten.

Heiliger Erzengel Michael, verteidige uns im Kampfe gegen die Bosheit und die Nachstellungen des Teufels. Sei Du unser Schutz! Gott gebiete ihm, so bitten wir flehentlich. Du aber, Fürst der himmlischen Heerscharen, stürze den Satan und die anderen bösen Geister, die zum Verderben der Seelen die Welt durchziehen, durch die Kraft Gottes in die Hölle. Amen.

Satan und alle Dämonen, die die Welt durchstreifen, sind in dieser Zeit sehr hart am Arbeiten, um euch Mir wegzunehmen — mehr als zu jeder anderen Zeit, seit Ich auf Erden wandelte. Ihr müsst euren Blick auf Mich gerichtet halten und Mir zuhören, damit Ich euch auch weiterhin beschützen kann.

Euer Jesus

1072. Es ist durch den Einfluss des Teufels, dass ihr in Meinen Augen unrein werdet.

Samstag, 8. März 2014, 13:37 Uhr

Meine innig geliebte Tochter, die Kraft des Heiligen Geistes ist in dieser Zeit in der Welt am stärksten, und zwar durch diese Botschaften. Ebenso wie der Hass intensiv geworden ist, den Satan in der ganzen Welt auf die Menschheit hat, so hat auch die Macht des Heiligen Geistes zugenommen, und mit großer Stärke wird Er den Kern des Bösen angreifen.

Denkt immer daran, dass der Kampf, der zwischen Gott und Satan existiert, um die Seelen der Menschen geht. Und während jede Kraft und jede Gnade von Meinem Vater über die Menschheit ausgegossen wird, wird jede böse Tat und jede böse Handlung von Satan an den Seelen verbrochen. Viele Menschen sind gleichgültig gegenüber dem, was gerade geschieht, und leider liefern sich viele bereitwillig Satan aus, indem sie ihre Seelen öffnen und ihm erlauben, in sie einzutreten.

Es kann einige Zeit dauern, bevor Satan sich wirklich in den Seelen offenbart, — und was diejenigen angeht, die sich ständig um Versöhnung bemühen durch Mich, Jesus

Christus: Ihnen werden die Gnaden gegeben werden, Satan standzuhalten, um sich davor zu schützen, Handlungen zu erliegen, die zu einer totalen Verdorbenheit führen können. Ich bitte euch alle dringend, für die Seelen zu beten, die Satans böse Machenschaften und Absichten zum Opfer fallen. Bitte betet dieses Gebet:

Kreuzzuggebet (139) „Um die Stärke, das Böse zu besiegen"

„Lieber Jesus, schütze mich vor dem Übel des Teufels. Bedecke mich und all jene, die in seiner Gegenwart schwach und wehrlos sind, mit Deinem Kostbaren Blut. Gib mir täglich neu den Mut, ihn zurückzuweisen, und hilf mir jeden Tag, jedem seiner Versuche mich einzuspannen aus dem Weg zu gehen. Amen."

Bitte ignoriert nicht Meine Warnung bezüglich der Gefahren, sich mit Satan einzulassen, indem ihr seinen bösen Wegen erliegt. Wenn ihr seine Eigenschaften nachahmt, zu denen lügen, maßlos sein, anderen Menschen Schmerz bereiten und euren Nächsten verleumden gehört, dann werdet ihr wissen, dass er euch verschlungen hat, und es wird nur durch Mich und durch die Gnaden sein, die Ich euch gewähre, dass ihr in der Lage sein werdet, euch dem Griff zu entziehen, mit dem er euch in der Hand haben wird.

Ruft Mich, Jesus Christus, immer an, wenn ihr in eurem Herzen wisst, dass es durch den Einfluss des Teufels ist, dass ihr in Meinen Augen unrein werdet.

Euer Jesus

1073. Mutter der Erlösung: Nach der „Warnung" wird ein großes Verlangen aufkommen, Gott die Ehre zu geben.

Sonntag, 9. März 2014, 17:25 Uhr

Meine Kinder, ihr werdet immer unter Meinem Schutz stehen, wenn ihr Mich, die Mutter der Erlösung, anruft, diese ganze Mission hindurch. Ich bin eine Dienerin Gottes und Meine Rolle ist es, Meinem Sohn, Jesus Christus, zu Diensten zu sein und Ihm bei Seinem Streben nach Seelen, das sich über die ganze Welt erstrecken wird, zu helfen. Nicht eine Nation wird von Ihm ausgeschlossen werden. Die Pläne Meines Sohnes, die Welt vorzubereiten, schließen alle Rassen, Nationen und Religionen ein, und jedem Mann, jeder Frau und jedem Kind wird bewusst werden, dass Er kommt, um ihnen zu helfen. Er tut dies aufgrund der tiefen Liebe, die Gott in Seinem Herzen für Seine Kinder hat.

Viele Menschen, die keinerlei Religion praktizieren, werden das Eingreifen Meines Sohnes, Jesus Christus, in der Welt nicht ignorieren können. Sie werden überwältigt und zunächst außerstande sein, die außergewöhnliche spirituelle Erfahrung, die sie in jeder Faser ihres Herzens und ihrer Seele fühlen werden, zu begreifen. Welch eine Freude die „Warnung" für viele Menschen doch sein wird, da sie den Beweis der Existenz Meines Sohnes mit sich bringen wird!

Mit diesem Geschenk werden viele von einem Frieden erfüllt sein, den sie nie zuvor gefühlt haben, sowie von einer großen Sehnsucht, in der Gesellschaft Jesu zu sein.

Obwohl alle Zweifel an der Existenz Meines Sohnes aus den Köpfen derer weichen werden, die blind sind für die Wahrheit des Wortes Gottes, werden doch viele geistiger Führung bedürfen, sobald die Wahrheit der „Warnung" offenbart ist. Nach der „Warnung" wird ein großes Verlangen aufkommen, Gott die Ehre zu geben. Das wird eine Periode großer Prüfungen sein, weil die Feinde Gottes alles nur Mögliche tun werden, um die Welt davon zu überzeugen, dass die „Warnung" — die Erleuchtung des Gewissens — nicht stattgefunden habe.

Wenn Gott Sich Selbst dazu erniedrigt, Seine Kinder zu rufen, und wenn Er sie anfleht, auf Ihn zu hören, ist dies einer der größten Akte der Großzügigkeit Seinerseits. Kinder, nehmt die „Warnung" bereitwillig an, denn für viele wird sie die Rettungsleine sein, die sie benötigen, um in der Welt ohne Ende zu leben. Lehnt niemals große Werke oder Wunder vonseiten des Himmels ab, denn sie dienen dem Wohle aller, damit das Heil der breiten Masse gewährt wird und nicht nur den Wenigen.

Sagt immer Dank für die Große Barmherzigkeit Meines Sohnes. Ihr habt gehört, wie Großzügig Er ist, und bald werdet ihr selbst Zeugnis geben vom Ausmaß Seiner Barmherzigkeit, welche die Welt umfassen wird.

Eure geliebte Mutter
Mutter der Erlösung

1074. Die Rechte der Christen einzufordern wird bedeuten, das Gesetz zu brechen.

Montag, 10. März 2014, 15:30 Uhr

Meine innig geliebte Tochter, sehr bald wirst du eine Reihe von Ankündigungen von Betrügern hören, die Mein Haus auf Erden unterwandert haben. Die Häresien, die aus ihren Mündern hervorkullern werden, wie auch aus ihren Handlungen, werden auf neue Gesetze hinauslaufen, die das Wort Gottes beschmutzen und welche all denjenigen aufgezwungen werden, die dem Wort treu sind.

Die Sakramente werden weniger werden und die Zahl der Messen wird langsam eingeschränkt werden, bis Messen nur selten gehalten werden. Jede Entschuldigung wird hervorgebracht werden, aber all dies wird den wahren Grund hinter ihren Motiven verbergen. Ihr, Meine geliebten Anhänger, erlebt alles, was Meine geliebte Mutter in La Salette und Fatima vorausgesagt hat. Ihr müsst verstehen, dass es der Plan ist, jede Kirche Gottes zu entweihen, bevor der Antichrist auf dem Thron in Meinem Tempel sitzt, in all seiner abscheulichen Herrlichkeit. Diejenigen, die Antworten verlangen, werden ignoriert und später dafür lächerlich gemacht werden, weil sie es gewagt hatten, diejenigen anzuzweifeln, die den Anspruch erheben, Meine Kirche auf Erden zu leiten.

Jede Sünde in den Augen Gottes wird letztendlich abgetan werden. Nicht nur, dass die Sünde verworfen werden wird, sie wird sogar in jeder abscheulichen Form auf Meinem Altar präsentiert werden. Die Abschaffung der Sünde wird in der Bildung und Erziehung der Kinder zu erkennen sein. Besonders Kindern werden Häresien aufgezwungen werden. Ihnen wird gesagt werden, dass, wenn sie diese Lehren nicht annähmen, sie sich schuldig machen würden, jene hart zu verurteilen, die verkünden, dass die Sünde eine gute Sache sei. Kinder werden angewiesen werden, das Wort Gottes niemals in der Gegenwart anderer öffentlich zu verkünden, aus Angst, beschuldigt zu werden, gegen die Menschenrechte zu sein.

Jeder Versuch, die Moral unter der Jugend in irgendeiner Weise zu fördern, wird heftig bekämpft und verurteilt werden. Christen und diejenigen, die öffentlich ihr Recht erklären, christliche Lehren umzusetzen, werden kleingekriegt und zum Schweigen gebracht werden. Ihre Worte werden ein Flüstern werden und die Menschen werden sich schämen zuzugeben, dass sie Christen seien. Und während die Rechte von Nicht-Christen hochgehalten werden, werden es die Rechte der Atheisten sein, die zu den Rechten höchster Priorität erklärt werden. Wie Ich euch gesagt habe: Hass gegen Christen wird außerhalb Meiner Kirche zunehmen. In ihrem Inneren wird sie dann Stück für Stück zerlegt werden, bis nichts mehr übrig ist als eine Hülle. Die Ziegel und der Mörtel werden noch an Ort und Stelle sein, aber Meine Kirche auf Erden, wie ihr sie kennt, wird sich so verändert haben, dass es euch unbegreiflich sein wird.

Mein Volk, das sind Meine Menschen — das sind diejenigen, die das Heilige Wort Gottes bewahren werden und die weiterhin Meine Heiligen Sakramente in Anspruch nehmen werden, die euch Meine tapferen und mutigen heiligen Diener, die Mich nie verlassen werden, zur Verfügung stellen werden.

Wenn ihr hört, wie Mein Wort — enthalten in dem geschriebenen Wort und über Jahrhunderte überliefert im Buch Meines Vaters — in Frage gestellt und analysiert wird, mit einem Verlangen, Es umzuschreiben, dann müsst ihr wissen: Ich autorisiere solche Häresie nicht. Ich verdamme diese Verräter wegen der Seelen, die sie in die Irre führen werden. Auch ihr dürft niemals auf jemanden hören, der euch sagt, dass ihr Mein Wort ablehnen sollt.

Bald werdet ihr in euren Ländern und Kirchen alle Gesetze sich ändern sehen, um jede Art von Sünde willkommen zu heißen und zu legalisieren. Staatsrecht und Kirchenrecht werden zu einem verschmelzen, bis letztendlich das Wort Gottes nicht mehr diskutiert oder eingehalten werden wird. Die Rechte der Christen einzufordern wird bedeuten, das Gesetz zu brechen, und wird auf vielerlei Weise strafbar sein. Für diejenigen von euch, die nicht glauben, dass diese Dinge möglich sind: Dann werdet ihr leider diese Dinge in eurer eigenen Lebenszeit und wie vorausgesagt erleben.

Wie viele von euch werden Meinem Wort treu bleiben? Meinen Lehren? Nicht viele. Doch es sind diejenigen, die jetzt sagen, dass sie Mich ehren, und die sich in Meiner Kirche engagieren, die die Ersten sein werden, die der Wahrheit den Rücken kehren werden.

Euer Jesus

1075. Mutter der Erlösung: Sie werden ein neues rotes Buch vorstellen, mit dem Kopf einer Ziege auf seinem Umschlag eingebettet.

Dienstag, 11. März 2014, 20:39 Uhr

Mein liebes Kind, als Ich Meinen Sohn gebar, bedeutete dies, dass Ich nicht nur den Menschensohn, den Retter der Welt, zur Welt brachte, sondern auch einen Neubeginn herbeiführte. Die Welt wurde durch die Geburt Meines kostbaren Sohnes erlöst und der Menschheit wurde ein ganz besonderes Geschenk gegeben. Dieses Geschenk wurde abgelehnt, aber die Menschheit profitiert noch heute davon, denn so viele haben die Wahrheit angenommen.

Die Geburt Meines Sohnes läutete die Geburt Seiner Kirche auf Erden ein, denn beide waren aus Mir, bloß einer Magd des Herrn, geboren. Ich werde es sein, die Frau, mit der Sonne bekleidet, die von der Schlange in die Wüste hinein verbannt werden wird, zusammen mit der Kirche Meines Sohnes. Jede Spur von Mir, der Mutter Gottes, wird ausgelöscht werden. Erscheinungen, die Mir als Attribut beigefügt sind, werden lächerlich gemacht werden, und die Menschen werden von den Feinden Meines Sohnes in der Kirche angewiesen werden, alle mit diesen Erscheinungen verbundene Glaubwürdigkeit abzulehnen. Dann wird die Kirche Meines Sohnes ausrangiert werden, zusammen mit denen, die wahre Nachfolger Christi sind. Die Heiligen Messen werden aufhören, und während all dies vonstatten geht, wird die Schlange (Satan) seine Diener ausstreuen, und sie werden ihre Sitze in allen christlichen Kirchen beanspruchen. Derart wird das Ausmaß dieser Übernahme sein, dass viele Menschen, wahre Gläubige, so überrascht sein werden, dass sie zu eingeschüchtert sein werden, um aufzustehen und gegen die Entheiligung, die sie erleben werden müssen, zu protestieren, aus Angst um ihr Leben.

Während dieser Zeit wird sich die Restarmee Meines Sohnes, in jeder Nation, in der ganzen Welt, sammeln und die Verlorenen und Verwirrten führen während dieser schrecklichen Periode der Verseuchung. Dieser Armee wird große Macht über das Böse gegeben werden, das in dem, was einmal die Kirchen Meines Sohnes waren, erlebt werden wird. Sie werden — durch die Kraft des Heiligen Geistes — die Wahrheit predigen — das Wahre Evangelium — das Wahre Wort, das der Welt in der Heiligen Bibel gegeben ist. Die Bibel wird offen in Frage gestellt werden, durch Betrüger in

christlichen Kirchen, und diese werden jede Lehre anzweifeln, die vor der Gefahr der Sünde warnt. Sie werden ihre Inhalte verdrehen und sie werden ein neues rotes Buch vorstellen, mit dem Kopf einer Ziege auf seinem Umschlag eingebettet, versteckt im Inneren vom Symbol des Kreuzes.

Der Welt der Ungläubigen draußen wird dies als eine Revolution erscheinen und als eine, die sie faszinieren wird und diejenigen ansprechen wird, die die Existenz Gottes ablehnen. Große Feierlichkeiten werden in vielen Nationen beginnen. Sie werden dieses Feiern der Freiheit willkommen heißen, der Freiheit von allen moralischen Verpflichtungen im Namen der globalen Einheit, und das Feiern der Menschenrechte.

Das Licht der Gegenwart Meines Sohnes wird hoch gehalten werden, wie ein Leuchtfeuer, von denen, die die Restarmee Meines Sohnes führen werden. Dieses Licht wird weiterhin Seelen anziehen, überall, trotz der Ausbreitung des Heidentums in allen Kirchen jedes Bekenntnisses, mit Ausnahme der beiden Zeugen — der Christen und der Juden, die Gottes Willen treu bleiben werden.

Dann, wenn der Große Tag anbricht und nachdem die drei schrecklichen Tage der Finsternis vorüber sind, wird ein großes Licht über der Erde erscheinen. Dieses Licht wird Meinen Sohn umgeben und die Sonne, die ihre größte Stärke erreicht haben wird, wird auf die ganze Welt herabsinken — beides gleichzeitig. Nicht einer einzigen Person wird dieses übernatürliche Schauspiel entgehen. Das laute Brüllen der Ankündigung, wird von allen gehört werden durch jede Form der dem Menschen bekannten Kommunikation. Daher werden alle ein großes Ereignis erwarten, aber sie werden weder die Zeit noch die Stunde noch das Datum kennen. Und dann werden diejenigen, deren Namen im Buch des Lebens aufgeführt sind, zusammengeführt werden.

Betet, betet, betet, dass die Welt die Vorbereitung nicht ablehnt, die notwendig ist, bevor die Menschheit das Licht des Antlitzes Meines Sohnes sehen kann.

Eure geliebte Mutter
Mutter der Erlösung

1076. Meine Tränen werden dann aufgehört haben, aber Meine Traurigkeit wird unendlich sein.

Mittwoch, 12. März 2014, 21:08 Uhr

Meine innig geliebte Tochter, wenn sich ein Mensch von Mir trennt, folge Ich ihm bis an die Enden der Erde, um ihn zu Mir zurückzuziehen. Er kann Mich beleidigen, schreckliche Gräueltaten begehen und so weit gehen, alles Böse anzubeten, sogar sich selbst zum Sklaven Satans zu machen, aber Ich werde niemals aufgeben.

Ich werde in vielerlei Hinsicht in sein Leben eingreifen. Ich werde ihn in seinem Leben mit echter Liebe Bekanntschaft machen lassen, Ich werde sein Herz öffnen für die Liebe zu anderen Menschen, Ich werde an seinem Gewissen zerren und Ich werde zu-

lassen, dass er durch die Hand anderer Menschen leidet — nur, um ihn demütig zu machen und damit offener für Mich, Jesus Christus. Ich werde ihn die Einfachheit der Welt in all ihrer herrlichen Schönheit sehen lassen, in der sie von Meinem Vater geschaffen wurde, um ihn von Irrtümern wegzulocken, die sein Leben kaputt machen. Ich werde ihm durch kleine Kinder zeigen, wie wichtig es ist, die Bedürfnisse derer, die auf ihn angewiesen sind, vor seine eigenen Bedürfnisse zu stellen. Ich werde ihm frohes Lachen bringen, ihm große Akte der Liebe zeigen, durch reine Seelen, und Ich werde ihm Beispiele seiner eigenen Schwäche zeigen, damit er weiß, dass er nicht größer ist als Gott. Ich lasse vielleicht zu, dass er krank wird, sollte ihn das dazu bringen, sich Mir hinzugeben, und in solchen Fällen wird Meine Barmherzigkeit am größten sein. Denn das sind die Seelen, die sich am ehesten Mir zuwenden, und sie werden und können von Mir gerettet werden.

Wie viel Mühe wird von Mir, eurem geliebten Jesus Christus, aufgewendet, um jeden von euch in die Sicherheit Meiner Arme zu bringen — in Meinen Zufluchtsort. Und wie viele von euch schauen immer noch in die andere Richtung und ignorieren Mich!

Ich greife durch Botschaften ein, die den echten Sehern und Visionären gegeben werden, und diese haben Millionen bekehrt. Ich schicke Zeichen, Ich gieße Gnaden vom Himmel, Ich bringe euch Geschenke durch die Heiligen Sakramente, und Millionen haben sich bekehrt. Bedauerlicherweise haben sich nicht genug Seelen Mir zugewandt, und deshalb werde Ich nicht ruhen, bis alle Zeichen, alle Wunder, alle Geschenke, alle Prophezeiungen und alles Eingreifen erschöpft sein wird, bevor Ich komme, um zu richten.

Es wird ein trauriger Tag sein, wenn diejenigen, die Meine Geschenke und Mein Eingreifen ablehnen, vor Mir stehen müssen an dem Großen Tag und Mich immer noch leugnen. Selbst dann, wenn Ich ihnen die Chance gebe, ihren Stolz abzulegen und zu Mir zu kommen, werden sie immer noch ablehnen. Zu diesem Zeitpunkt wird es nichts mehr geben, was Ich tun kann, um ihnen das Ewige Leben zu bringen, da es ihnen nicht willkommen sein wird. Ihr werdet euch vielleicht fragen, warum dies der Fall ist, und so werde Ich es euch erklären:

Wenn der Teufel die Seele verführt, dauert es einige Zeit, bis er in der Person fest Fuß fasst. Aber sobald er sie verschlingt, diktiert er jede Bewegung, die die Person macht — wie sie denkt, wie sie mit Menschen kommuniziert, wie sie sündigt, und die Art der Sünde, die er will, dass die Seele ihr frönt. Der größte Griff, den Satan auf sie ausübt, ist, sie davon zu überzeugen, dass Gott böse sei. Satan will die Seele davon überzeugen, dass er Gott sei und dass Gott in Wirklichkeit der Teufel sei. Das ist es, wie diese Seelen durch die hinterhältige List und Manipulation des Teufels zerstört werden. So dunkel werden diese Seelen werden, dass in Meinem Licht zu stehen unerträglich schmerzhaft für sie sein wird, und sie werden ihr Gesicht vor Mir verbergen. Meine Tränen werden dann aufgehört haben, aber Meine Traurigkeit wird unendlich sein.

Euer Jesus

1077. Gott der Vater: Denn dies ist der letzte Zeitabschnitt — das letzte Kapitel in der Erfüllung Meines Heiligen Willens.

Donnerstag, 13. März 2014, 20:45 Uhr

Meine liebste Tochter, Mein Schutz wird gerade jetzt ausgedehnt über alle Meine Kinder in der Welt, die Mich lieben. Ich tue dies in Hülle und Fülle, wegen der Bedrohungen, denen die Menschheit in dieser Zeit in der Geschichte ausgesetzt ist.

Ihr, Meine Kinder, müsst für jeden Einzelnen von denjenigen beten, die für Mich verloren sind. Ich verzehre Mich nach ihnen. Ich sehne Mich nach ihrer Liebe. Ich weine um sie. Ich warte auf den Tag, an dem sie Meinen Bund verstehen werden, der von Mir im Anfang geschaffen wurde. Denn dies ist der letzte Zeitabschnitt — das letzte Kapitel in der Erfüllung Meines Heiligen Willens. Denn es war durch Meinen Bund, dass Ich dem Menschen die Zeit gab, die nötig war, um zur Besinnung zu kommen und sich selbst als das zu erkennen, was er ist und was er nicht ist. Der Mensch wurde von Meiner liebevollen Hand geschaffen, nach Meinem Eigenen Bild. Ich überflutete seine Seele mit Meiner Liebe, Ich gab ihm völlige Freiheit, durch Mein Geschenk des freien Willens und der freien Wahl. Ich wollte nie, dass der Mensch Mir seine Liebe aus Angst vor Mir gibt. Ich wollte nur, dass er Mich liebt, ebenso wie Ich ihn liebe. Ich habe Meine Engel vor dem Menschen geschaffen, dass sie Mir dienen, aber aufgrund Meiner Liebe zu ihnen, wurde auch ihnen das Geschenk des freien Willens gegeben.

Es war wegen des Verrates von Luzifer, dass der Mensch litt. Er, Luzifer, wurde von Mir geliebt und mit Wohlwollen behandelt. Er wurde mit außerordentlichen Gaben und Kräften ausgestattet, und viele Engel dienten unter ihm. Als Ich den Menschen schuf, begann Luzifer vor Eifersucht zu toben. Er konnte es nicht ertragen, dass Ich Meine Kinder in einem so großen Ausmaß liebe, und so machte er sich daran, Mich und Meine Kinder zu entzweien. Er führte Adam und Eva in Versuchung, und das bedeutete, dass sie aufgrund ihres eigenen freien Willens Meine Macht ablehnten und dachten — ebenso wie Luzifer gedacht hatte —, dass sie Meine Macht erlangen und ein Stück Meiner Göttlichkeit beanspruchen könnten.

Luzifer wurde zusammen mit seinen loyalen Engeln — von denen alle gegen Meine Kinder Gräueltaten verübten und verüben — damals wie heute — für die Ewigkeit in den Abgrund geworfen. Aber aufgrund ihres freien Willens — der Menschheit von Mir aus freien Stücken und mit Liebe gegeben — habe Ich den freien Willen niemals zu-

rückgefordert. Also habe Ich den Bund geschaffen, um ihre Seelen zurückzugewinnen, durch Meine Pläne, sie zu erlösen. Sie erhielten von Mir enorme Gunsterweise. Ich sandte Propheten, um sie vor den Gefahren zu warnen, der Versuchung durch den Teufel nachzugeben. Ich gab ihnen die Zehn Gebote, um sie zu führen und ihnen zu helfen, Meinem Willen entsprechend zu leben. Ich sandte ihnen Meinen einzigen Sohn, von Meinem eigenen Fleisch genommen, um ihnen Freiheit von der Hölle zu bringen. Sie wollten dies nicht annehmen, aber Sein Tod am Kreuz war der Wendepunkt in Meinem Plan des Letzen Bundes.

Das Buch der Wahrheit ist der letzte Teil Meines Eingreifens, vor dem Jüngsten Tag, an dem Ich alle Meine Kinder zusammenführe und zurück zu dem Paradies bringe, das Ich ursprünglich für sie geschaffen habe. Diejenigen, die auf die Wahrheit hören und die Meinem Heiligen Wort treu bleiben, werden bei Mir großes Wohlwollen finden. Diejenigen, die das nicht tun, werden trotzdem Mein Wohlwollen finden: Wegen des Lebens, das sie führen, der Liebe, die sie anderen zeigen, und der Reinheit ihrer Seele. Ich werde sie willkommen heißen, sobald sie anerkennen, dass sie die Hand der Barmherzigkeit, die ihnen von Meinem Sohn gereicht werden wird, annehmen.

Die letzte Phase der Erfüllung Meines Bundes wird eine schmerzhafte Phase sein. Wegen des Einflusses Satans und seiner Dämonen werden viele Menschen durch Täuschung dazu gebracht werden, ihn und all seine Diener, die unter euch wandeln, zu verehren. Ich werde das Leiden von Seelen und die Nöte, die viele unschuldige Menschen werden zu ertragen haben, tolerieren, aber nur für kurze Zeit. Dann werde Ich Meine Feinde vom Angesicht der Erde hinwegwischen. Ich verspreche euch, liebe Kinder, dass Ich euren Schmerz, eure Trauer und eure Angst erleichtern werde, indem Ich euch mächtige Gnaden und Segnungen gewähren werde. Ihr werdet umringt von Meiner Engelhierarchie geschützt werden.

Um Mich zu bitten, eure Angst und Trauer aufzulösen und euch das Freisein von Verfolgung zu gewähren, bitte Ich euch, dieses Gebet zu sprechen:

Kreuzzuggebet (140) Um Schutz durch die Engelhierarchie:

„Liebster Vater, Gott der ganzen Schöpfung, Gott der Allerhöchste, gewähre mir Gnade und Schutz durch Deine Engelhierarchie. Mach mich fähig, mein Augenmerk auf Deine Liebe für jedes Deiner Kinder zu richten, wie sehr sie Dich auch beleidigen. Hilf mir, ohne Angst in meinem Herzen die Kunde vom Letzten Bund zu verbreiten, um die Welt auf das Zweite Kommen Jesu Christi vorzubereiten. Gewähre mir Deine besonderen Gnaden und Segnungen, um über die Verfolgung hinauszuwachsen, die mir von Satan, seinen Dämonen und seinen Agenten auf Erden zugefügt wird. Lass nicht zu, dass ich jemals Deine Feinde fürchte. Gib mir die Stärke, meine Feinde

wie auch diejenigen, die mich im Namen Gottes verfolgen, zu lieben. Amen."

Kinder, ihr müsst in dieser Zeit stark bleiben. Hört niemals auf den Hass und das Gift, welche die Erde bedecken werden wegen der künftigen Verseuchung. Wenn ihr beides ignoriert, könnt ihr Mir auf die wirkungsvollste Art dienen, ohne jegliche Bosheit in eurem Herzen.

Bereitet euch vor, denn die Welt steht kurz vor dem Ausbruch großer Wut, die gegen Mich, Gott den Allerhöchsten, und gegen Meinen geliebten Sohn, Jesus Christus, gerichtet sein wird. Betet für diejenigen, die in ein Vakuum von Lügen gesaugt werden, die nichts als Leid für sie bringen werden.

Bleibt in Mir, mit Mir und für Mich.

Euer geliebter Vater
Gott der Allerhöchste

1078. Erst dann, wenn die Heilige Eucharistie vollständig abgeschafft ist, wird der Antichrist in Meine Kirche einziehen.

Samstag, 15. März 2014, 20:10 Uhr

Meine innig geliebte Tochter, während der Glaubensabfall durch Meine Kirche schlendert, werden all diejenigen, die Mir dienen, vom Inneren der Kirche vor die größte aller Prüfungen gestellt werden. Die Krisen innerhalb Meiner Kirche auf Erden werden bedeuten, dass viele Priester unter einem schrecklichen Dilemma leiden werden. Der Glaube von vielen von ihnen wurde bereits erschüttert, und sie werden wählen müssen, ob sie oder ob sie nicht die neue Ersatzlehre annehmen wollen, die das Wort ersetzen wird, oder ob sie dem wahren Glauben treu bleiben. Selbst die Frömmsten unter ihnen werden von den lauten Stimmen der Betrüger überwältigt sein, und sie werden beginnen, die Bedeutung Meiner Lehren in der Welt von heute in Frage zu stellen, wo die Sünde nicht länger zu etwas erklärt werden wird, was von Bedeutung sei.

Der Boden wird gerade bereitet für die Aussaat des Samens und der Sohn Satans wird bald so weit sein, die neue falsche Kirche zu umarmen. Meine Kirche wird eine Phase schrecklicher Finsternis durchmachen und Meine Kreuzigung wird von jeder Seele ertragen werden, die Mir treu bleibt. Meine Feinde werden drastische und radikale Aussagen machen, indem sie fordern, dass alles, was Meinen Heiligen Namen beleidigt, in den Augen Meiner Kirche als akzeptabel erklärt werden müsse. Sehr wenige aus dem Klerus werden gegen die Entheiligung ankämpfen, aufgrund der Sünde der Feigheit, aber wisst Folgendes: Wenn sie an falschen Opfern teilhaben, an falschen Sakramenten und falschen Lehren, welche sie dann versuchen werden, Meinen treuen Anhängern unterzujubeln, werde Ich sie als nicht mehr tauglich erklären, vor Mir zu stehen.

Viel von dem Schaden, der den einfachen Menschen zugefügt werden wird, wird durch die Hand derer geschehen, die durch falsche Mittel in Meine Kirche eingegangen sind. Wenn sie euch sagen, dass Mein Leib etwas anderes bedeute als Mein physischer Leib, wisst dann, dass die „heilige Kommunion", die ihr empfangen werdet, nicht von Mir sein wird. Ihr dürft ihnen niemals erlauben, dass sie die Bedeutung der Heiligen Eucharistie ändern. Erst dann, wenn die Heilige Eucharistie vollständig abgeschafft ist, wird der Antichrist in Meine Kirche einziehen und sie übernehmen. Dies ist der Tag, an dem ihr wissen werdet, dass die Welt der Politik überall mit Christlichen Kirchen verschmelzen wird und dass Ich in ihnen nicht mehr gegenwärtig sein werde. Meine Kirche jedoch kann niemals sterben, und so wird es Mein Rest sein, der Mein Licht am Leuchten und Meine Gegenwart am Leben halten wird, und viele werden verborgene Kirchen ausfindig machen müssen und jene Meine heiligen Diener suchen müssen, die es durch die Gnade Gottes fertig bringen, Meine Kirche intakt zu halten.

Geht niemals davon aus, dass der Sohn Satans, der Antichrist, aggressiv oder als böser Diktator erscheinen werde, denn das wird nicht sein Stil sein. Stattdessen wird er viele Freunde haben. Er wird von vielen Regierungen geliebt werden und auch von den Feinden innerhalb Meiner Kirche, die jeder seiner Aktionen lautstark applaudieren werden, bis ihm eine Ehrenstellung in Meiner Kirche gegeben wird. Kardinäle, Bischöfe und andere Mitglieder Meiner Kirche werden ständig von ihm sprechen und ihn in ihren Predigten loben. Seine Verführungskraft wird so groß sein, dass sie hypnotisierend sein wird. Er wird durch die übernatürliche Macht Satans all jene anziehen, die in Meiner Kirche Entscheidungen treffen, bis sie sich mit der Zeit vor ihm verbeugen werden, als ob er Ich sei.

Es wird durch ehrgeizige Mitglieder des Klerus sein, die in ihrem Glauben gefallen sein werden, die aber immer noch nichtsdestotrotz mit der Gabe Heiliger Weihen gesegnet sind, dass der Antichrist zusätzliche Macht gewinnen wird. Er wird aus diesen armen irregeleiteten Verrätern an Mir das letzte Stück Macht aus dem Inneren Meiner Kirche ziehen, bis sie bereit ist, dass er als ihr neuer Führer in sie einziehen kann. In dieser ganzen Periode der Finsternis werden Meine Feinde eine außergewöhnliche Fähigkeit haben, mit einer besänftigenden und charmanten Art Lügen als die Wahrheit zu präsentieren. Nur diejenigen, die weiterhin um Schutz beten und die Satan (nicht gutheißen, sondern) verurteilen, auf jede Art und Weise, wie sie es gelernt haben, werden in der Lage sein, den Fängen des Antichristen zu entwischen.

Euer Jesus

1079. Das Paradies, von Meinem Vater für Seine Kinder geschaffen, wird ihnen endlich zurückgegeben werden, in seiner ursprünglichen Herrlichkeit.

Sonntag, 16. März 2014, 18:00 Uhr

Meine innig geliebte Tochter, als das Wort Fleisch geworden ist, durch Meine Geburt, bedeutete dies, dass das Heilige Wort Gottes sich verkörperlichte, wie im Buch Meines Vaters prophezeit.

Das Wort Gottes ist sehr klar und es ändert sich nicht. Es wird fortdauern bis in alle Ewigkeit. Jeder, der das Wort Gottes zerreißt und es ändert, damit es ihm — oder anderen — zusagt, ist der Häresie schuldig. Als Ich in die Welt kam, kannten Gottes Kinder — und vor allem Seine gebildeten Diener in Seinen Tempeln auf Erden — die Prophezeiungen, die im Buch Meines Vaters enthalten sind. Es war kein Geheimnis, dass Mein Vater Seinen Messias senden würde, um die Menschheit zu erlösen, und diese Tatsache wurde in den Tempeln gelehrt und bei jedem Lesen der Heiligen Schriften miteinbezogen. Alles, was von Meinem Vater kommt, ist die Wahrheit. Er lügt nicht. Das Wort Gottes ist in Stein gemeißelt. Was Mein Vater am Anfang gesagt hat, wird eintreffen. Was Er versprochen hat, wird sich erfüllen, unabhängig davon, ob die Menschheit die Tatsache annimmt oder nicht.

Mein Vater gab der Welt Sein Wort, dann Sein Fleisch, durch Meine Geburt — durch die Geburt Seines einzigen Sohnes Jesus Christus —, und versprach dann dem Menschen das Ewige Heil. Jedes Wort, das in der Heiligen Schrift enthalten ist, wie es in seiner ursprünglichen Form gegeben worden ist, einschließlich der Offenbarung des Johannes, ist die Wahrheit. Daher darf die Verheißung Meines Vaters an die Welt, dass Er Seinen Sohn noch einmal senden werde — nur dieses Mal, um zu richten die Lebenden und die Toten — niemals abgelehnt werden. Die Zeit vor diesem Großen Tag wird turbulent sein, und Details über die Zeit, die zu Meiner Wiederkunft hinführt, sind in dem Buch der Offenbarung enthalten, wie es Johannes vom Engel des Herrn diktiert worden ist.

Zu sagen, dass ihr einen Teil aus dem Buch Meines Vaters annehmt und nicht den anderen, bedeutet, das Wort Gottes zu leugnen. Ihr könnt nicht einen Teil der Wahrheit akzeptieren und erklären, dass der Rest von Gottes Wort eine Lüge sei. Das Buch der Wahrheit wurde Daniel vorausgesagt und dann teilweise Johannes dem Evangelisten gegeben. Vieles von dem, was in dem Buch der Offenbarung enthalten ist, wird sich erst entfalten. Viele Menschen fürchten seinen Inhalt, und von daher werden sie versuchen, ihn zu leugnen, denn die Wahrheit ist eine bittere Pille. Und doch ist die Wahrheit, wenn sie angenommen wird, etwas, das man sehr viel leichter begreifen kann, weil mit ihr Klarheit kommt. Klarheit bedeutet, dass ihr euch leichter und mit Frieden in eurer Seele und Freude in eurem Herzen vorbereiten könnt, weil ihr wisst, dass Ich jetzt komme, um die Welt zu erneuern. Ihr werdet wissen, dass das Paradies — von Meinem Vater für Seine Kinder geschaffen — ihnen jetzt endlich zurückgegeben werden wird, in seiner ursprünglichen Herrlichkeit.

Niemand kann das Buch der Offenbarung wirklich verstehen, denn nicht jedes Ereignis ist im Detail oder der Reihe nach aufgezeichnet noch sollte das so sein. Aber wisst Folgendes: Ihr könnt sicher sein, dass dies die Zeit ist, wo Satans Herrschaft stirbt, und da er das Ende erreicht, wird er Mir jede Strafe auferlegen. Er wird dies tun, indem er Meine Kirche auf Erden von innen heraus unterwandern. Er wird Mir Seelen stehlen und Meinen Leib, die Heilige Eucharistie, schänden. Aber Ich bin die Kirche, und Ich werde Mein Volk führen. Satan kann Mich nicht zerstören, denn das ist unmöglich. Er kann allerdings viele Seelen zerstören, indem er sie täuscht und sie glauben lässt, dass er Ich sei.

Genauso wie die Welt auf Mein Erstes Kommen vorbereitet worden war, so wird sie auch jetzt auf Mein Zweites Kommen vorbereitet. An diejenigen, die sich Mir entgegenstellen in Meinen Bemühungen, Seelen zu retten, und die Meine Feinde umarmen, Ihr sollt Folgendes wissen: Ihr werdet niemals die Macht Gottes besiegen. Ihr werdet niemals das Wort zerstören. Ihr werdet niemals Meinen Leib schänden und dann aufrecht stehen gelassen werden.

Wenn die Prophezeiungen, die im Buch der Offenbarung enthalten sind, sich entfalten, dürft ihr niemals verzweifeln, denn seid versichert, dass die Liebe Gottes zu Seinen Kinder bedeutet, dass Er mit Seinen Feinden hart umgehen wird und bestrebt sein wird, alle Seine Kinder, die Mich, Seinen eingeborenen Sohn, anerkennen, in Seinen Göttlichen Zufluchtsort des Friedens zu bringen. Und während die Feinde Gottes die Seelen von vielen stehlen werden, durch eine Fassade von Charme und Täuschung, werden viele Menschen das Wahre Wort Gottes mit Hohn und Spott überschütten.

An diejenigen, die mit der Gabe des Sehens gesegnet sind: Fürchtet nicht Meine Feinde, sondern den Zorn Gottes, wenn er auf diejenigen hinabsteigt, die versuchen, die Seelen derer zu stehlen, die nicht mitbekommen, was vor sich geht.

Gottes Liebe ist Allmächtig und Sein Festhalten an der Treue zum Überleben eines jeden Menschen ist grenzenlos. Aber Seine Bestrafung Seiner Feinde ist genauso heftig wie endgültig.

Euer Jesus

1080. Es ist weit besser, in Meinem Namen Schmerz auszuhalten, als von Sündern dafür verherrlicht zu werden, dass man etwas in Meinen Augen Falsches tut.

Dienstag, 18. März 2014, 16:20 Uhr

Meine innig geliebte Tochter, niemand soll sich der Verfolgung schämen, der er möglicherweise ausgesetzt ist, weil er als Christ Mich verteidigt. Ihr dürft Verfolgung in Meinem Namen niemals fürchten, denn wenn ihr feststellt, dass ihr kritisiert werdet, weil ihr die Wahrheit sprecht, dann wisst, dass ihr ein wahrer Diener von Mir seid.

Nur diejenigen, die in Mir und mit Mir sind, erleiden Spott oder Hass in Meinem Namen. Diejenigen von euch, die wirklich Mein sind, und wenn ihr Mir euren Willen übergebt, so dass er Mein wird, werden am meisten leiden. Ihr müsst immer verstehen, dass, wenn der Hass gegen irgendeinen Meiner geliebten Anhänger am intensivsten ist, ihr sicher sein könnt, dass dies dort ist, wo Meine Gegenwart am stärksten ist. Es ist weit besser, in Meinem Namen Schmerz auszuhalten, als von Sündern dafür verherrlicht zu werden, dass man etwas in Meinen Augen Falsches tut.

Liebste Anhänger von Mir, lasst Mich euch versichern, dass Meine Hand euch jeden Tag führt in dieser Meiner letzten Mission auf Erden. Mein Wort wird eure Seele aufwühlen und die Seelen all jener Milliarden, die euch folgen werden — denn bald wird die Welt Meine Stimme hören. Duldet kein Hindernis auf eurem Weg, wenn ihr von Mir sprecht, und wenn ihr die Menschen an Meine Lehren erinnert, wenn ihr Meine heiligen Diener an ihre Pflicht erinnert, Meinem Wort, das in dem Heiligen Evangelium enthalten ist, treu zu bleiben.

Wenn von euch verlangt wird, Mich preiszugeben, sei es durch die Heilige Eucharistie oder durch eine veränderte Version der Bibel, dann müsst ihr euch weigern, dies zu tun, offen und ohne Scham. Ihr müsst das Wort verteidigen, indem ihr euch weigert, Lügen in Meinem Namen zu akzeptieren. Um euch vor den Verfolgern zu schützen, die gegen Meine Kirche und gegen all jene, die dem Wort Gottes treu bleiben, Schandtaten verüben, betet bitte dieses Kreuzzuggebet.

Kreuzzuggebet (141) Um Schutz vor Verfolgung

„ Lieber Jesus, verteidige mich in meinem Kampf, Deinem Wort um jeden Preis treu zu bleiben. Behüte mich vor Deinen Feinden. Beschütze mich vor denen, die mich Deinetwegen verfolgen.

Teile meinen Schmerz mit mir. Lindere mein Leiden. Erhebe mich im Licht Deines Angesichtes bis hin zu dem Tag, an dem Du wiederkommst, um der Welt Ewiges Heil zu bringen.

Vergib denen, die mich verfolgen. Verwende mein Leiden als Sühne für ihre Sünden, damit sie in ihrem Herzen Frieden finden können und Dich am Letzten Tag mit Reue in ihrer Seele begrüßen können. Amen."

Geht und findet Trost in der Hoffnung, dass Ich alle Meine Feinde und diejenigen, die jemanden von euch in Meinem Namen verfolgen, in den Zufluchtsort Meiner Großen Barmherzigkeit bringen werde.

Euer Jesus

1081. Diejenigen, die Mich verfluchen, werden verflucht sein.

Mittwoch, 19. März 2014, 16:05 Uhr

Meine innig geliebte Tochter, wenn Ich Mich auf Meine Feinde beziehe, meine Ich immer diejenigen, die — durch hinterhältige Mittel — versuchen, Mir Seelen zu stehlen. Ich beziehe Mich insbesondere auf diejenigen, die die Fassade der Heiligkeit benutzen, um Seelen absichtlich zur Sünde zu verleiten. Wenn jemand versucht, eine andere Seele dazu zu verleiten, Irrtümer über Mein Heiliges Wort zu glauben, das der Welt durch das Buch Meines Vaters gegeben ist, dann ist er ein Feind von Mir.

Der meiste Schmerz, den Ich erleide, geschieht durch die Hand derer, die offen bekunden, fromme Anhänger von Mir zu sein, und die sich ihres Wissens über Mich rühmen. Wenn diese Menschen versuchen, andere zu verletzen, und sich nichts dabei denken, sie in Meinem Namen zu tadeln, dann ist dies für Mich äußerst schmerzhaft. Ich suche Seelen, die Mir gegenüber verschlossen sind, und Ich ziehe sie in vielerlei Hinsicht zu Mir her und Ich beziehe nicht nur diejenigen mit ein, die bereits Teil Meiner Kirche auf Erden sind. Ich gehe immer zuerst denjenigen nach, die sich zerstreut haben, die verloren sind und die nicht sehen können. Sie sind die ersten Seelen, die Ich suche, und sie sind diejenigen, die — in den falschen Händen — irregeführt werden können und auch irregeführt werden.

Ich bitte euch, in euren Gebeten jener Nationen, jener Religionen, jener ohne jeden Glauben an Mich immer zu gedenken. Bitte heißt sie willkommen, genau so wie Ich es tun würde. Versucht niemals, ihnen eure Meinung aufzuzwingen oder sie in Meinem Namen einzuschüchtern. Streckt ihnen eure Hand mit Liebe und Großmut entgegen, denn sie sind für Mich genauso wichtig wie die Frömmigen von euch. Wen auch immer ihr zu erreichen versucht, wisst, dass nicht einer von euch verdienstvoller ist als der andere, denn ihr alle seid Sünder.

Alle Kinder Gottes werden rechtzeitig die letzte Wahrheit Seines Planes, Seinen Bund zu erfüllen, sehen. Jeder wird die Wahrheit erkennen, und dann werden sie sich leichter tun, Meine Hand der Barmherzigkeit anzunehmen. An diesem Tag werden Menschen aller Religionen, Glaubensrichtungen, Hautfarben und Nationalitäten den Beweis Meiner Existenz sehen. Diejenigen, die die Barrieren, die sie zwischen sich und ihrem Schöpfer gestellt haben, beiseite räumen, werden vor Dankbarkeit weinen, denn endlich werden sie die Liebe Gottes sehen. Und wenn ihr für die kommenden Zeiten plant und dafür Vorbereitungen trefft, wisst, dass, welche Hindernisse euch auch immer in den Weg gelegt werden auf diesem Marsch in Richtung Ewiges Heil, dass mit Meinen Feinden aufs Härteste verfahren werden wird.

Diejenigen, die Mich verfluchen, werden verflucht sein. Diejenigen, die den Plan Meines Vaters, Seelen zu retten, bekämpfen, werden besiegt sein. Und diejenigen, die Gottes Kinder verfolgen und dem Herrn im Wege stehen, werden selbst verfolgt sein, durch den Diener, dem sie ihre Gefolgschaft erwiesen haben. Nichts wird Mir im Weg stehen, denn das ist unmöglich. Durch die Macht Gottes wird jeder Feind vernichtet werden, und all diejenigen, die die Worte, die Taten und Aktionen des Antichristen verkünden, werden weggeworfen werden und Gottes Königreich wird dann vollendet sein.

Euer Jesus

1082. Es wird sich eine furchtbare Armee erheben, dergleichen nie zuvor gesehen worden sein wird.

Donnerstag, 20. März 2014, 21:42 Uhr

Meine innig geliebte Tochter, die Welt steht am Rande vieler Kriege, und diese werden viele Auswirkungen auf die Geschwindigkeit haben, mit der es in der Kirche zum vulkanartigen Ausbruch kommen wird. Es wird während sämtlicher abschließenden Friedensverhandlungen sein, die nach viel Blutvergießen und Zerstörung stattfinden werden, dass viele Menschen sich hilflos fühlen werden, allein, ängstlich und ohne irgendwelche echte Führung. Es wird aufgrund der schwachen Bindungen in der Politik sein, dass die Welt am verwundbarsten sein wird. Aus diesem Grund wird sich eine furchtbare Armee erheben, dergleichen nie zuvor gesehen worden sein wird. Wie die Welt in Stücke brechen wird, so werden auch viele Kirchen zerfallen. Dann, wenn alles hoffnungslos erscheint, wird eine vereinte Gruppe, bestehend aus politischen Führern und christlichen Kirchenführern, unter einer Eine-Welt-Organisation geschaffen werden — aus welcher ein neuer Gräuel aufkeimen wird — eine neue Eine-Welt-Religion.

Alle diese Ereignisse werden schrittweise stattfinden. Ihr, Meine geliebten Anhänger, seid Mir verpflichtet, da Ich euch führe, denn es gibt nur einen Weg zu Frieden und Sicherheit, und das ist durch Mich, Jesus Christus. Ich werde euch durch die Dornen, die Schmerzen und den Horror des Gräuels der Verwüstung führen. Ihr werdet sicher sein, wenn ihr euch an Mich klammert.

Sei stark, Meine geliebte Tochter, in diesen schweren Prüfungen, denn es wird durch deine Stärke und deinen Mut sein, dass Ich in der Lage sein werde, den Weg der Wahrheit zu zeigen, wenn die Welt von innen nach außen gekehrt wird, wegen der Boshaftigkeit, die durch die Liebe zu Macht und Korruption herbeigeführt wird, die diese

Kriege und dann den Großen Krieg verursachen wird.

Beeilt euch und stellt sicher, dass ihr euer Leben dem Gebet widmet und dem Schutz Meiner Kirche auf Erden. Meine Geschenke werden jeden von euch schützen, und Ich werde immer jenen antworten, die Mich suchen, in dieser Zeit der bevorstehenden großen Wirren. Wenn sich diese Ereignisse entfalten, wird Meine Armee auf Erden anwachsen. Diejenigen, die sich dieser Mission entgegenstellen, werden Mir folgen, denn dann werden sie nicht mehr in der Lage sein, die Wahrheit zu leugnen — wenn sie feststellen, dass auch sie die Verfolgung erleiden werden, die auf Christen überall zukommen wird, wenn sie die Herrschaft des Drachen ertragen müssen. Ihre einzige Hoffnung in diesem Stadium wird es sein, Mir, ihrem Jesus, zu folgen, denn nur durch Mich werden sie in der Lage sein, zum Königreich Meines Vaters zu kommen.

Euer Jesus

1083. Sobald eine Seele von Meinem Vater geschaffen ist, wird sie in Ewigkeit bestehen.

Samstag, 22. März 2014, 14:00 Uhr

Meine innig geliebte Tochter, der Tod darf niemals gefürchtet werden, wenn ihr Meinen Tod am Kreuz annehmt. Der Tod ist nur ein Moment des Hinübergangs aus dieser Welt in das Haus des Königreiches Meines Vaters. Den Tod zu fürchten bedeutet, Meine Barmherzigkeit zu leugnen, denn Ich werde jede Seele retten, die Mich anerkennt und die Mich bittet, ihr ihre Sünden zu vergeben.

Sobald eine Seele von Meinem Vater geschaffen ist, wird sie in Ewigkeit bestehen. Sie wird Ewiges Leben haben, wenn die Seele Mir erlauben wird, Anspruch auf sie zu erheben. Ansonsten wird sie an Satan verloren sein, sollte die Seele Mich dann ablehnen, wenn sie weiß, Wer Ich Bin.

Der Tod einer Seele auf Erden ist genau so natürlich wie die Geburt. Wenn eine Seele den Körper verlässt und zu Mir kommt, dann wird sie mit einer Fülle von Gnaden erfüllt werden und wird in die Familie Meines Vaters hineingehüllt werden — in Sein Königreich, das von großer Liebe, Freude und Glückseligkeit erfüllt ist, wie es auf Erden niemals erreicht werden kann. Viele von euch, die Liebe, Freude und Glückseligkeit in ihrem Leben erfahren haben, haben nur einen winzigen Bissen von dem genossen, wie Ewiges Leben schmeckt. Ihr müsst immer — mit Freude in eurem Herzen — hinstreben auf diesen Augenblick, in dem ihr in das Königreich Meines Vaters eingehen werdet, denn dieser Augenblick ist zu begrüßen — nicht zu fürchten.

Wenn ihr den Tod vor Augen habt oder wenn einer eurer Lieben dem Tod gegenübersteht, dann wendet euch immer an Mich, euren Jesus, um Hilfe. Wenn ihr das tut, dann werde Ich euch im Geist erheben, eure Tränen abwischen, alle Furcht aus eu-

rem Herzen vertreiben, wenn ihr dieses Gebet sprecht:

Kreuzzuggebet (142) „In Vorbereitung auf den Tod"

„Mein liebster Jesus, vergib mir meine Sünden. Reinige meine Seele und bereite mich vor, in Dein Königreich einzugehen.

Gib mir die Gnaden, mich auf meine Vereinigung mit Dir vorzubereiten. Hilf mir, alle Angst zu überwinden.

Gib mir den Mut, meinen Geist und meine Seele vorzubereiten, damit ich tauglich bin, vor Dir zu stehen.

Ich liebe Dich. Ich vertraue auf Dich. Ich gebe mich Dir hin mit Leib, Geist und Seele in Ewigkeit. Mach Deinen Willen zu meinem Willen und erlöse mich von Schmerz, Zweifel oder Verwirrung. Amen."

Ich heiße alle Seelen willkommen, die dieses Gebet sprechen, ohne Ausnahme. Meine Barmherzigkeit wird ausgeweitet, besonders auf Seelen, die im Angesicht des Todes sind, die aber nicht an Mich glauben, wenn sie in ihren letzten Tagen dieses Gebet dreimal am Tag sprechen.

Euer Jesus

1084. Was nützt es Mir, wenn ein Mensch nur widerwillig vor Mein Angesicht gebracht wird? Es ist nutzlos.

Sonntag, 23. März 2014, 11:30 Uhr

Meine innig geliebte Tochter, es ist wichtig, die Liebe, die jeder von euch für seine Familie hat, über euer Haus hinaus auszudehnen. Ich bitte euch alle dringend, diejenigen, die ihr kennt, und diejenigen, die ihr nicht kennt, eure Feinde sowie jene, die euch nahe sind, genauso zu sehen, wie ihr sie sehen würdet, wenn sie eure natürlichen Geschwister wären. So viele Menschen haben vergessen, wie man andere liebt, so wie Ich euch geliebt habe. Es ist nicht leicht, Fremde zu lieben, aber Ich sage euch: Seid freundlich zu anderen und zeigt ihnen Respekt, auch wenn sie euch ablehnen. Vor allem müsst ihr ihnen Barmherzigkeit zeigen. Ihr müsst euch so um die Bedürfnisse der anderen kümmern, als ob Ich euch gesandt hätte, um euch um sie direkt zu kümmern.

Als Ich euch Mein Wort gab, war es Mein Wunsch, dass alle Seelen gerettet werden. Um gerettet zu werden, dürft ihr nicht egoistisch sein und euch nicht nur mit eurer eigenen Seele befassen. Ihr, Meine geliebten Anhänger, habt die Pflicht, die Geschenke, die Ich euch jetzt durch diese Botschaften bringe, mit anderen zu teilen. Teilt Meine Liebe mit anderen und vor allem mit euren Feinden. Betet für all jene, die Meines Eingreifens bedürfen. Behandelt sie mit Geduld. Wenn ihr ihnen Meine Geschenke gebt, Meine Gebete und das Siegel des Schutzes des Lebendigen Gottes, dann müsst ihr euch zurückhalten und ihnen Zeit geben, sich Mir zuzuwenden.

Ich weise euch nicht an, die Menschen zu zwingen, das Buch der Wahrheit anzunehmen. Aufgrund ihres freien Willens wird es

ihre eigene Wahl sein, ob sie auf Mich hören wollen oder nicht. Versichert den Menschen, dass von Mir, Jesus Christus, jedes Eingreifen unternommen werden wird, ihre Seelen für Mich zu gewinnen. Die Schwächsten unter ihnen werden auf Meinen Ruf — irgendwie — reagieren. Diejenigen, die in ihrer Seele Hass auf Mich haben, werden — irgendwann — ein Erweichen ihres Herzens erkennen, und sie werden nicht verstehen, warum das so ist. Daher müsst ihr Mir immer Seelen durch Liebe und Geduld bringen.

Was nützt es Mir, wenn ein Mensch nur widerwillig vor Mein Angesicht gebracht wird? Es bringt nichts. Die Kreuzzuggebete, die Ich der Welt gegeben habe, sind so mächtig, dass durch Gottes Liebe den Seelen all derer, für die ihr betet, von Mir große Liebe, viel Erbarmen und Barmherzigkeit gezeigt werden wird. Alles, was ihr tun müsst, ist, ihnen die Gebete zu geben, und Mich dann zu bitten, diese Seelen zu Mir hin zu ziehen. Denn Ich lehne niemals den Sünder ab, der Meiner Barmherzigkeit am meisten bedarf.

Euer Jesus

1085. Gott der Vater: Die Hungersnot, welche die Welt ergreifen wird, wenn das Dritte Siegel geöffnet wird, wird nicht auf den Mangel an Nahrung beschränkt sein.

Montag, 24. März 2014, 15:33 Uhr

Meine liebste Tochter, die Hungersnot, welche die Welt ergreifen wird, wenn das Dritte Siegel geöffnet wird, wird nicht auf den Mangel an Nahrung für den Körper beschränkt sein. Der Hunger, von dem Ich spreche, wird ein Aushungern des Geistes sein, da jede Spur der Wahrheit von den Feinden ausgelöscht werden wird, welche die Kirche unterwandern, die auf Erden von Meinem Sohn, Jesus Christus, in Einheit mit Seinem Leib geschaffen worden ist.

Bald wird die Wahrheit verwirrend werden und der Heilige Geist wird durch den Geist des Bösen ersetzt werden. Diejenigen, die die neue Form falscher Evangelisierung verbreiten werden, werden dafür verantwortlich sein, dass die Speise des Lebens Meinen Kindern vorenthalten wird. Wenn euch die Wahrheit verweigert wird, dann werdet ihr wenig haben, um eure Seele zu nähren, und dann werdet ihr mit der Zeit in das Heidentum abgleiten. Ich greife jetzt in jeden Schritt des Prozesses ein, mit dem man euch in die Irre führen wird. Jede Anstrengung wird von Mir unternommen werden, und Ich werde — durch die Barmherzigkeit Meines Sohnes — vielen Seiner gottgeweihten Diener die Gnaden bringen, die sie benötigen, um Wahrheit und Fantasiegebilde zu unterscheiden.

Während Ich euch von dem Feind wegziehe, werden viele von euch es schwer finden, dem Wort Gottes treu zu bleiben. Ihr werdet von Zweifeln geplagt werden, von einem Mangel an Mut, an dem Heiligen Wort festzuhalten, und von einer schrecklichen Angst davor, zu einem Verräter an der Kirche erklärt zu werden. Die Schlacht um die Seelen wird ebenso intensiv sein, wie sie während der Zeit Meines Sohnes auf Erden war. Zur größten Schwierigkeit wird es kommen, weil die gottgeweihten Diener Meines Sohnes darin scheitern, den Betrug in den eigenen Reihen zu erkennen. Und so werden sie wegen ihres lauen Glaubens und aus Mangel an Unterscheidungsvermögen viele ihrer Mitbrüder in schwerwiegende Irrtümer führen, wie vorausgesagt.

Ich verkünde euch, dass die Zeit drängt. Es wird euch nicht die notwendige Zeit eingeräumt werden, die ihr braucht, um alle Meine Kinder in die Barmherzigen Arme Meines Sohnes zu ziehen. An diejenigen von euch, die privilegiert sind, die Gnade erhalten zu haben, das Geschenk des Buches der Wahrheit anzuerkennen: Viel wird deshalb von euch erwartet werden. Durch euren Glauben und euer Vertrauen auf Mich, euren geliebten Vater, werdet ihr helfen, Meine Kinder zurückzuführen, so dass sie bereitwillig das Eingreifen der „Warnung" annehmen werden, wenn Mein Sohn die Welt umarmt in den Strahlen Seiner Großen Barmherzigkeit.

Die Zeit ist jetzt da und es ist Zeit, eure Waffenrüstung aufzunehmen und zu kämpfen, dass das Wahre Wort — die Wahrheit — bewahrt wird. Ohne Wahrheit gibt es kein Leben.

Euer Vater
Gott der Allerhöchste

1086. Mutter der Erlösung: Bittet Mich, eure geliebte Mutter, euch die Stärke zu geben weiterzumachen und die Mission der Erlösung zu schützen.

Dienstag, 25. März 2014, 15:30 Uhr

Meine lieben Kinder, als Gott Mich zur Mutter Seines Eingeborenen Sohnes erwählte, war es so, damit Ich Gott die Ehre geben konnte, indem Ich Ihm diente, den lang erwarteten Messias in die Welt zu bringen. Ich war einfach nur eine demütige Magd, damals genauso wie Ich es heute bin.

Denkt immer daran, dass, wenn ihr Gott dient in Seinem Plan, der Welt Ewige Erlösung zu bringen, ihr einfach nur Seine Diener seid. Gott zu dienen verlangt einen tiefen Sinn für Demut. Es kann nicht anders sein. Diese Mission, die letzte, die von Meinem Vater gebilligt ist in Seinem Plan, Seinen Kindern die endgültige Erlösung zu bringen, wird Millionen von Seelen dazu bringen, Ihm zu dienen. Sie werden aus allen Ecken der Erde kommen. Viele werden sich ihrer Berufung nicht bewusst sein, bis sie die Kreuzzuggebete beten. Es wird durch das Beten der Kreuzzuggebete sein, dass der Heilige Geist diese Seelen begeistern wird, und dann werden sie bereit sein, das Kreuz Meines Sohnes zu tragen.

Wenn ihr wirklich Meinem Sohn dient und Ihm zu Hilfe kommt, damit Er jedem Sünder Erlösung bringen kann, dann werdet ihr das Gewicht des Kreuzes annehmen müssen. Wenn ihr Meinem Sohn dient, euch dann aber später über die Leiden, die das mit sich bringt, ärgert, wird dieses Verhalten die Barriere, die euch vor dem Teufel schützt, einstürzen lassen.

Satan wird niemals jene belästigen, die falschen Visionären oder ihren Anhängern folgen, weil er weiß, dass sie keine Frucht bringen. Er wird jedoch im Fall von echten Missionen mit großer Grausamkeit angreifen. Er wird schwache Seelen, die von der Sünde des Stolzes befallen sind, dazu benutzen, über wahre Jünger Meines Sohnes herzufallen. Denjenigen, die Mir, der Mutter der Erlösung, antworten, sage Ich: Sein Hass wird am offensichtlichsten sein, wenn Meine Medaille der Erlösung auf der ganzen Welt zur Verfügung gestellt ist.

Die Medaille der Erlösung wird Milliarden von Seelen bekehren, und deshalb wird vom Teufel jede Anstrengung unternommen werden, sie zu stoppen. Ihr werdet durch solche Angriffe das schiere Gift erkennen, das vom Teufel und jedem seiner Agenten triefen wird, denn er will nicht, dass diese Medaille den Kindern Gottes gegeben wird. Kinder, ihr dürft euch niemals dem Druck oder der Bosheit beugen, die von jenen ausgehen wird, die von Meinem Sohn abgefallen sind. Das zu tun bedeutet, euch Satan zu ergeben. Stattdessen müsst ihr jetzt, zum Jahrestag der Verkündigung, Mich, eure geliebte Mutter, bitten, euch die Stärke zu geben weiterzumachen und die Mission der Erlösung zu schützen.

Ihr müsst dieses Kreuzzuggebet (143) beten: Zum Schutz der Mission der Erlösung:

„O Mutter der Erlösung, schütze diese Mission, ein Geschenk von Gott, um all Seinen Kindern allerorts Ewiges Leben zu bringen. Bitte lege in unserem Namen Fürsprache ein durch Deinen geliebten Sohn, Jesus Christus, um uns den Mut zu geben, unseren Pflichten nachzukommen, Gott allezeit zu dienen, und besonders dann, wenn wir aus diesem Grund leiden. Hilf dieser Mission, Milliarden Seelen zu bekehren, in Übereinstimmung mit dem Göttlichen Willen Gottes, und diese Herzen aus Stein in liebevolle Diener Deines Sohnes zu verwandeln. Schenke uns allen, die wir Jesus in dieser Mission dienen, die Stärke, den Hass und die Verfolgung des Kreuzes zu überwinden und das Leid, das dieses mit sich bringt, anzunehmen mit einem großzügigen Herzen und in voller Akzeptanz dessen, was kommen mag. Amen."

Meine lieben Kinder, lasst niemals zu, dass Angst, Gott zu dienen, euch im Wege steht, Sein Heiliges Wort zu verkünden. Angst kommt von Satan — nicht von Gott. Mut und Stärke, gepaart mit Demut und dem Wunsch, am Willen Gottes festzuhalten, kann nur von Gott kommen.

Ich danke heute, an diesem Jahrestag der Verkündigung, Meinem geliebten Vater, Gott, dem Allerhöchsten, für das Geschenk, das Er der Welt gab, als Er Mich bat, Seinen geliebten Sohn zu gebären, um die Menschheit zu erlösen und die Welt in Sein Ewiges Königreich zu bringen.

Eure geliebte Mutter
Mutter der Erlösung

1087. Sie gehören Mir. Ich gehöre ihnen. Das wird immer der Fall sein. Ich liebe sie alle. So einfach ist das.

Mittwoch, 26. März 2014, 14:52 Uhr

Meine innig geliebte Tochter, Ich wende Mich an alle Meine Anhänger auf der ganzen Welt, dass sie sich in Mir zu Eins vereinen, um für die Seelen derer zu beten, die sich von Mir getrennt haben. Ich rufe vor allem Meine Kreuzzuggebetsgruppen allerorten zu und allen, die Meinem Ruf durch das Buch der Wahrheit gefolgt sind, einander zu lieben, wie Ich euch liebe. Schiebt eure Differenzen beiseite — sollten sie auftreten; ignoriert Spaltung, sollte sie entstehen, und schenkt dem Hass keine Beachtung, den Satan und die Seelen, die er getäuscht hat, euch zeigen, denn dies ist Meine letzte Mission in Vorbereitung auf Mein Zweites Kommen.

Ihr müsst den Zweck Meines Planes, durch das Buch der Wahrheit die Welt zu erlösen, verstehen. Der Zweck besteht darin, alle Seelen zu retten, überall, unabhängig davon, wer sie sind, was sie glauben, wie sie sündigen, was sie einander antun und welche Ansichten sie auch haben mögen. Sie gehören Mir. Ich gehöre ihnen. Das wird immer der Fall sein. Ich liebe sie alle. So einfach ist das. Es kann nicht anders sein.

Wann immer ihr in Meinem Namen verfolgt werdet, erhebt euch immer darüber und betet für die Seelen, die euch fluchen, denn es bricht Mir das Herz ihretwegen. Ich leide schrecklich für solche Seelen. Bringt sie zu Mir, damit sie ihre Herzen öffnen können für Meine Liebe zu ihnen. Helft Mir, ihre unglücklichen und gebrochenen Seelen und ihre verhärteten Herzen zu erreichen, denn ohne Mich und ohne Mein Eingreifen werden sie verkümmern und sterben. Das ist nicht Mein Wunsch. Kommt, ihr alle. Ich appelliere an diejenigen, die in Mir und mit Mir sind. Ich appelliere an diejenigen, die Mich nicht wirklich kennen, die aber meinen, sie würden Mich kennen. Ich appelliere an diejenigen, die Meinen Lehren gegenüber untreu sind. Ich appelliere an jene, die diese Mission ablehnen und sie für falsch erklären. Verlasst Mich nicht, denn Ich habe euch nicht verlassen. Fürchtet euch nicht vor Mir, denn Ich Bin nicht euer Feind und Ich verlange nach eurer Seele, damit ihr ein Teil von Mir sein könnt, und dann werdet ihr in eurem Herzen Frieden finden.

Meine Zeit ist jetzt, da Ich euch führe, eure Herzen öffne und euch an die Wahrheit Meines Wortes erinnere, das sich niemals ändert. Die Zeit für Mein Kommen ist nahe, und es ist wichtig, dass ihr eure Seele vorbereitet und jene, mit denen ihr in Kontakt kommt. Meine Ankunft wird plötzlich sein, und ohne Vorwarnung für euch. Vernachlässigt nicht eure Seele, denn ihr werdet bereit sein müssen, um das Licht Meines Antlitzes zu sehen und damit ihr vor Mir stehen bleiben könnt, wenn ihr in Mein Königreich eingehen wollt.

Ich werde euch immer lieben, wenn ihr Mir von ganzem Herzen dient. Ich werde euch immer lieben, wenn ihr Mich ablehnt, Meine Mission verurteilt, oder andere in Meinem Namen beleidigt, denn ihr wisst nicht, was ihr tut. Wenn der Tag kommt, werde Ich euch rufen, einen nach dem anderen, und euch dann in Meine Arme nehmen, um euch den Trost zu geben, den ihr nötig haben werdet. Denn an diesem Tag werde Ich alle, die Mich lieben, vereinen, und Ich werde die Tore für geöffnet erklären, um allen Kindern Gottes aus der ganzen Welt den Eintritt zu erlauben, einschließlich derer, die gestorben sind und die wieder auferstehen werden — als Eins in Mich. Dann wird der Wille Meines Vaters endlich erfüllt sein.

Euer Jesus

1088. Dadurch, dass sie sich von den Heiden unter Druck setzen lassen, werden sie den Heiden gleich werden.

Donnerstag, 27. März 2014, 14:30 Uhr

Meine innig geliebte Tochter, es ist Mein Wunsch, dass Meine Anhänger, einschließlich Christen aller Konfessionen, in dieser Zeit mehr Zeit in Meiner Gesellschaft verbringen.

Unabhängig davon, wie nah ihr Mir vielleicht zu sein glaubt, wird vom Teufel jegliche Anstrengung unternommen werden, um euch in jede Art von sündhaftem Verhalten hineinzulocken. Nicht einer von euch ist so stark im Glauben, dass ihr dem Einfluss des Geistes des Bösen widerstehen könnt. Ihr müsst danach trachten, täglich mehr Zeit im Gebet zu verbringen und diese Zeit dazu zu nutzen, um die Rüstung rund um euch herzustellen, die ihr zu eurem Schutz braucht, wenn ihr Mir treu bleiben wollt. Ein Scheitern darin, mit Mir zu sprechen, durch Gebet und die Sakramente, wird euch schwach machen und euch eurer Liebe zu Mir unsicher machen, und dann werdet ihr euch offen lassen für Zweifel über Meine Lehre, Meine Verheißungen und Meine Macht. Die Prüfungen, denen ihr ausgesetzt sein werdet, verursacht durch das Aufkommen des Terrors, der Meinen wahren Anhängern zugefügt werden wird, die absolut loyal gegenüber dem Heiligen Wort Gottes bleiben werden, werden sehr schwer sein.

Euch ist von Gott der freie Wille gegeben worden, als euer natürliches Geburtsrecht, und doch werden diese Betrüger, die in Meine Kirche eindringen werden, versuchen, ihn euch wegzunehmen. Ihr werdet gezwungen werden, Unwahrheiten zu akzeptieren, die euch unter dem Deckmantel von neuen Aufmachungen des Heiligen Evangeliums präsentiert werden, und solltet ihr es wagen, diese in Frage zu stellen, werdet ihr mit Schimpf und Schande ausgeschlossen werden. So viele von euch werden durch Feigheit, Blindheit und eine fehlgeleitete Hingabe an jene, von denen ihr glaubt, dass sie Meine Herde führen, sich in der Situation wiederfinden, eine falsche Lehre anzunehmen.

Die falsche Lehre, die eingeführt werden wird, wird mit liebevollen Worten sorgfältig getarnt werden. Auf dreifache Weise wird zu erkennen sein, dass sie nicht von Mir kommt: Erstens wird sie die Bedürfnisse von Sündern an die erste Stelle setzen, indem sie verkündet, dass ihr beten müsst, um die Rechte des Menschen auf Sünde vor dem Herrn aufzuwerten. Zweitens werdet ihr aufgefordert werden zu beteuern, dass die Sünde etwas Natürliches sei und dass ihr wegen der Sünde niemals Angst vor der Zukunft haben sollt, dass Gott niemals einen Sünder zurückweisen wird und dass alle Seine Kinder in das Paradies eingehen werden. Drittens wird euch gesagt werden, dass die Sakramente angepasst werden müssen von ihrem Ursprung im Christentum her, um die Heiden anzusprechen, die es verdienen, dass auch für ihre Menschenrechte in den Augen Gottes gesorgt wird. Wenn dies alles geschieht, wird das nur eines bedeuten: Der Mensch wird vor den Altären Meiner Kirchen, allerorten, seine Interpretation von dem präsentieren, was ihm von Regeln, die von Gott festgelegt sind, passt und was nicht. Er wird dann erwarten, dass Gott sich seinen Forderungen beugt. Er wird in der Tat Gott Vorschriften machen, weil er glauben wird, größer zu sein als Ich.

Ich werde diese Seelen wegwerfen, hinweg von Mir, denn sie werden sich nicht mehr als Christen bezeichnen können. Dadurch, dass sie sich von den Heiden unter Druck setzen lassen, werden sie den Heiden gleich werden. Es gibt keinen Platz in Meinem Königreich für diejenigen, die sich Mir nicht auf die Art und Weise hingeben, wie Ich sie gelehrt habe, als Ich auf Erden wandelte. Ihr werdet es in den kommenden Jahren schwer finden, Meinen Lehren treu zu bleiben, denn diejenigen, die behaupten, Mich zu vertreten, werden euch in großen Irrtum führen, wie vorausgesagt. Seid vorsichtig. Gebt Acht, was man von euch verlangen wird anzunehmen, als Ersatz für Mein Heiliges Wort. Diejenigen mit wahrem Unterscheidungsvermögen, das ihnen durch die Kraft des Heiligen Geistes gegeben wird, werden sofort erkennen, wenn solche Dinge geschehen. Andere werden nicht gesegnet sein, weil sie nicht allem Beachtung geschenkt haben, was Ich sie gelehrt habe. Sie werden sich an einem sehr dunklen, einsamen Ort wiederfinden, ohne dass Meine Gegenwart den Weg der Wahrheit erhellt. Diese Zeit rückt jetzt sehr nahe.

Euer Jesus

1089. Jede Anstrengung wird die nächsten zwei Jahre über von Männern der Wissenschaft unternommen werden, um die Existenz Gottes zu widerlegen.

Samstag, 29. März 2014, 14:30 Uhr

Meine innig geliebte Tochter, jede Anstrengung wird die nächsten zwei Jahre über von Männern der Wissenschaft unternommen werden, um die Existenz Gottes zu widerlegen. Sie werden fälschlicherweise behaupten, dass der Mensch, abgesehen von der Erde, auf anderen Planeten leben kann. Die Erde ist im Universum der einzige Ort zum Leben, von Gott für Seine Kinder geschaffen. Aber das ist nicht der einzige Grund, dass diese Behauptungen aufgestellt werden, um zu beweisen, dass Gott nicht existiere. Sie werden die Größe des Menschen verkünden, seine Intelligenz und seine Fortschritte in der Wissenschaft, um die Vorstellung zu zerstreuen, dass der Mensch von Gott geschaffen sei. Die größte Beleidigung wird sein, wenn sie erklären, dass der Mensch durch ein Wunder der Wissenschaft geschaffen worden sei. Sie werden sich große Mühe geben, um zu beweisen, dass der Mensch unbesiegbar sei, und doch haben sie keine Antwort auf die Frage, was danach geschieht, wenn der physische Tod des Körpers stattfindet, der auf jeden Menschen zukommt. Dieser Teil wird von denen ignoriert werden, die lügen und Gott leugnen.

Sie werden jedermann verlachen, der einen Glauben an die Existenz des Himmels oder an ihren wahren Schöpfer, Gott den Allerhöchsten, verkündet. Und die ganze Zeit während dieser öffentlichen Erklärungen gegen die Wahrheit wird von denjenigen, die behaupten, Meine Kirche zu führen, nicht ein Wort geäußert werden. In den letzten Tagen wird Religion zu einer heidnischen Auffassung werden, wenn eine Verherrlichung der Erde, der Sonne, des Mondes und der Sterne der Ersatz werden wird, wenn sie Gott huldigen.

Der Großteil der Welt wird sich dem Heidentum zuwenden, und sie werden ihren Seelen den Tod bringen. Trotz allem Eingreifen durch Meinen Vater werden sie die andere Richtung einschlagen. Der Grund, warum Mein Vater der Welt das Buch der Wahrheit, die Entwirrung der Offenbarung des Johannes, verheißen hat, ist, um eure jämmerlichen Seelen zu retten. Der Mensch ist störrisch. Der Mensch ist stolz und eitel, und je mehr Fortschritte er in der Wissenschaft macht, desto weniger weiß er und desto mehr entfernt er sich von der Wahrheit.

Nehmt euch jetzt Mein Wort zu Herzen, denn bald wird alles, was Ich euch gelehrt habe, Meinen Kirchen auf Erden nach und nach, Zug um Zug, entzogen werden. Das Wort wird euch weggenommen werden, aber Ich werde euch niemals verlassen, denn Ich werde immer bei euch bleiben, euch führen, euch lehren und euch mit Meiner Liebe erfüllen. Ihr werdet immer in Meinem Herzen sein, und es wird wegen eurer Liebe zu Mir sein, dass Ich in der Lage sein werde, jene zu retten, die verloren sind. Ihr, Meine geliebten Anhänger, seid Mein Bindeglied zu Gottes Kindern, und aufgrund eurer Gebete werde Ich darum ringen, die Welt zu vereinen. Aus diesem Grund dürft ihr niemals verzweifeln, selbst wenn alles hoffnungslos erscheint.

Euer Jesus

1090. Wehe denen, die vom Herrn erwählt sind, um Ihm in den letzten Tagen zu dienen, denn sie werden nicht wach sein für Meinen Ruf.

Sonntag, 30. März 2014, 20:00 Uhr

Meine innig geliebte Tochter, ihr dürft Meine Worte an euch niemals für selbstverständlich nehmen, denn sie werden euch als ein Akt Großer Barmherzigkeit gegeben. Sie werden der Welt nicht gegeben, weil der Mensch würdig ist, sondern vielmehr, weil man ihm das Wort vorenthält.

Jedes dem Menschen — durch die Vermittlung Meiner Mutter — gegebene Geschenk, seit Meinem Tod am Kreuz, sollte helfen, alle Sünder auf den Großen Tag vorzubereiten. Meine Mutter antwortete auf den Göttlichen Willen Meines Vaters, als sie Mich gebar, den Heiland und Erlöser der Welt. Sie wiederum war berufen worden zur Mittlerin zwischen dem Menschen und der Göttlichen Gerechtigkeit Gottes. Ihre Aufgabe ist die der Mittlerin im Interesse der Sünder, um sie zu warnen und sie darauf vorzubereiten, Mich, Ihren Sohn, am letzten Tag zu empfangen.

Jede einzelne Erscheinung Meiner geliebten und Gebenedeiten Mutter, die in der Welt stattfand, geschah kraft der Autorität Meines Vaters. Alles, was Sie vorausgesagt hat, wird nun geschehen, und alles, was Sie verkündet hat, ist vergessen worden — von den meisten Meiner gottgeweihten Diener, die sich entschieden haben, Ihre Warnungen zu ignorieren.

Wehe denen, die vom Herrn erwählt sind, um Ihm in den letzten Tagen zu dienen, denn sie werden nicht wach sein für Meinen Ruf. Taub und blind werden sie einer verwässerten Version des Buches Meines Vaters folgen, und statt der Frucht, die zu bringen sie berufen sind, wird nichts anderes als Verfaultes aus ihren Mündern kommen. Hochmütig und arrogant haben sie die Vermittlung Meiner Mutter abgelehnt, Ihre Erscheinungen und Ihren Ruf, sie zu sammeln, um sie in die Weisheit der Himmlischen Hierarchie zu bringen, wo die Wahrheit als König herrscht. Die Wahrheit ist ihnen entflohen, und statt sich in blanker Demut vor dem Throne Gottes niederzuwerfen, folgen sie den Regeln des Menschen — des fehlbaren Menschen —, der die Wahrheit der Verheißungen, die Gott Seinem Volk gemacht hat, nicht kennt.

Die heutige Welt mag große Fortschritte in der Medizin, in der Technik und im Wissen gemacht haben, aber sie haben die Weisheit dessen, was notwendig ist, um in Mein Königreich einzugehen, eingetauscht gegen Geld, Reichtum und Macht. Alle Dinge dieser Welt — Geld, Macht, Besitz, staatliche Machtpositionen — sind nichts in Meinen Augen. Ich kann sie hinwegwischen mit nur einer Handbewegung. Die Achtung vor dem menschlichen Wissen und den Fortschritten in der Wissenschaft ist wertlos, denn all dies kommt nicht von euch — es sind Talente, die den Menschen von Gott gegeben sind wegen Seiner Liebe zu Seinen Kindern. Würde Er sie wegnehmen, zusammen mit all dem materiellen Komfort, den ihr habt, was würde euch dann bleiben? Nichts.

Diejenigen, die Mich wirklich kennen, kümmern sich in der Regel um nichts, weil sie wissen, dass, wenn sie Mein sind, sie Hilfe nur erlangen werden, wenn sie vollkommen auf Mich vertrauen, weil sie wissen, dass Ich sie niemals sich selbst überlassen würde. Warum bemüht ihr euch dann um Dinge, die nicht von Mir sind — Dinge, die euch niemals erfüllen werden? Je mehr ihr Mich ablehnt und leere Versprechungen sucht, desto mehr werdet ihr euch isoliert fühlen, da für Mich die Zeit kommt, um die Spreu vom Weizen zu trennen.

Die einzige Wahl, die ihr treffen könnt, ist, ein wahres Kind Gottes zu werden, ohne Den ihr nichts seid. Nicht, wer ihr seid, welche Position ihr in diesem Leben habt, welche Rolle ihr spielt, ist das, was zählt. Es ist nur, weil ihr von Gott geliebt seid, dass ihr gerettet sein werdet. Kein Mensch ist tauglich, um vor Mir zu stehen. Keines Menschen Seele ist so rein, dass er Heiligkeit erlangen kann. Nicht einer von euch kann aufgrund eigener Verdienste zu Meinem Königreich erhöht werden. Es ist nur wegen Meiner Barmherzigkeit, dass ihr würdig gemacht werdet, Ewiges Leben zu leben.

Euer Jesus

1091. Gott der Vater: Erdbeben werden eure Städte erschüttern.

Montag, 31. März 2014, 14:00 Uhr

Meine liebste Tochter, die Zeit ist gekommen, wo der Mensch — nachdem er so lange Zeit gesündigt und sich in Meinen Augen selbst beschmutzt hat — jetzt in die letzten Tiefen der Verdorbenheit absinken wird, wenn er danach trachten wird, alles zu zerstören, was heilig und Mein ist.

Alles Leben kommt von Mir. Das Leben der Seele ist Mein. Das Leben des Fleisches ist auch von Mir. Lasst keinen Menschen in das eine oder das andere eingreifen — damit nicht sein eigenes Leben von Mir weggenommen wird. Dessen könnt ihr sicher sein: Jede Form von Leben, das von Meiner Hand hervorgebracht wurde und hervorgebracht wird, wird von den Händen böser Menschen getötet werden. Sie werden das Leben von jenen im Mutterleib wegnehmen und erklären, dass dies eine Form von Menschenrecht sei. Ihr, Meine Kinder, habt nicht das Recht, das Leben Meiner Kinder zu zerstören — weder vor noch nach ihrer Geburt — und wenn ihr das tut, dann werdet ihr eine schreckliche Züchtigung erleiden. Ohne Versöhnung bei nichterfolgter Reue für diese abscheuliche Sünde, werde Ich euch vernichten, ebenso wie jene Länder, die dieses Übel fördern. Wenn ihr euer eigenes Leben zerstört, dann beleidigt ihr Mich, denn dieses Leben gehört euch nicht, und nur Ich habe das Recht, Leben zu geben und es zu nehmen, zu Meiner Zeit. Indem ihr euch am Leben des Fleisches zu schaffen macht, greift ihr störend in Meine Göttlichkeit ein, und Ich werde niemals tatenlos zusehen und solch einen Affront gegen Meine Schöpfung ignorieren.

Wenn das Nehmen von Leben nicht genug ist, wird der Mensch hinterhältig und über Umwege das Leben der Seele angreifen, indem er den Tod für Mein Heiliges Wort bringen, auf dem er herumtrampeln wird, bis er jedes Stück zerkleinert haben wird, so dass es unter seinen Füßen wie Kies werden wird. Dann wird der Mensch — arrogant und voll von seiner eigenen verzerrten Sicht seiner Fähigkeiten — versuchen, einen neuen Planeten ausfindig zu machen, um für die Menschheit eine neue Heimat zu finden, obwohl dies unmöglich ist. Das Geschenk von genau dem Boden, auf den Ich die Menschheit gesetzt habe, wird als nicht ausreichend für die Bedürfnisse des Menschen angesehen werden. Und so wird er sich fortsetzen — dieser Marsch in Richtung Selbstzerstörung. Der Mensch wird der Urheber seines eigenen Unterganges sein. Er wird systematisch alles zerstören, was Mir heilig ist.

Das Geschenk des Lebens, das Ich jedem Meiner Geschöpfe gegeben habe, wird Mir — vom Menschen — gestohlen werden, ohne eine Spur von Reue. Er wird jeden Teil seiner mörderischen Absichten gutheißen, indem er erklärt, dass das Nehmen von Leben eine gute Sache sei. Der Tod durch Abtreibung ist die größte Beleidigung von allen, und Ich warne die Menschheit, dass Gerechtigkeit Mein sein wird, denn Ich werde nicht länger zulassen, dass ihr Mir auf diese Weise flucht.

Erdbeben werden eure Städte erschüttern, und jeder Nation, die das Nehmen von Leben billigt, sage Ich: Ihr werdet den Sog Meines Zorns spüren, wenn Mein Schlag eure betrüblichen und hasserfüllten Herzen treffen wird. Jene, die sich wegen dieser Verbrechen um Reue bemühen, werden verschont werden, aber wisst, dass nicht eine Nation unter euch dieser Züchtigung entgehen wird.

Der Tod Meiner Kirche wird nicht geduldet werden, da der Mensch, zusammen mit den falschen Führern, denen er sklavisch folgen wird, die Sakramente zerstören und neuschaffen wird, so dass sie verschwinden werden. Ich werde eure Tempel und eure Kirchen niederreißen, da ihr mit eurer Entweihung des Leibes Meines Sohnes fortfahrt. Ihr habt Ihn gegeißelt, Ihn verspottet und Seine Anhänger verfolgt — bis ihr Ihn brutal ermordet habt, als ihr Ihn kreuzigtet. Dennoch habt ihr nichts dazugelernt. Euer Mangel an demütiger Unterwerfung unter

Ihn, Der euch Leben gab, Der euch Erlösung brachte und Der jetzt versucht, euch auf den Großen Tag vorzubereiten, widert Mich an.

Ich Bin Betrübt. Ich Bin Traurig und Ich Bin Zornig, denn es ist euch schlussendlich gelungen, jede Form von Leben, das Ich euch gegeben habe, zu töten. Ich beziehe Mich auf beides, auf das Leben des Fleisches und auf das Leben der Seele. Das Leben, das Ich euch gegeben habe, ist euch nicht mehr genug, deshalb werde Ich es am Jüngsten Tag zurücknehmen, von denen von euch, die es Mir zurückgeworfen haben. Während euer kriegerischer Akt gegen Mich — den Schöpfer der Welt, von allem, was ist — andauert, werde Ich eure bösen Akte der Zerstörung nur eine sehr kurze Zeit andauern lassen.

Ich gebe euch jetzt die Zeit, um die Sünden der Menschheit gegen alles, was Mir heilig ist, genau zu betrachten, damit ihr für die Sünden der Welt Buße tun könnt. Die letzte Schlacht hat begonnen, und viel Leben — das Geschenk des von Mir geschaffenen Lebens — wird durch den Menschen zerstört werden. Und dafür werde Ich die Welt bestrafen.

Euer Vater

Gott der Allerhöchste

1092. Es war um diese unglücklichen Seelen, dass Ich im Garten von Gethsemane Blutränen geweint habe.

Dienstag, 1. April 2014, 21:00 Uhr

Meine innig geliebte Tochter, manchmal kann die Geschwindigkeit und das Anwachsen dieser Heiligen Mission überwältigend sein. Es ist wichtig, dass Mein Wort in allen Ländern gehört wird und dass die Kreuzzuggebetsgruppen in jeder Nation gegründet werden, und vor allem in Ländern, wo Ich nicht verehrt werde.

Lasst niemals die Intensität dieses Wortes den Grund überschatten, warum Ich die Welt erreichen muss. Ich will, dass selbst die verhärtetsten Seelen, die kein Verlangen haben, ihre Herzen vom Heiligen Geist berühren zu lassen, zuhören und hören, was Ich sage, und Meine Verheißung verstehen.

Mein Plan der Erlösung ist nicht das Vorrecht derer, die im Glauben am stärksten sind, — er gilt für alle, auch für diejenigen, deren geschwärzte Seelen euch vielleicht anekeln mögen. Es war um diese unglücklichen Seelen, dass Ich im Garten von Gethsemane Blutränen geweint habe. Es waren die Seelen der Verbitterten, der Verlorenen — der Liebhaber des Tieres, die Mir von Satan vor Augen geführt wurden. Er zeigte Mir, wie viele Mich immer noch ablehnen würden, trotzdem Ich für Gott Meine Bereitschaft aufopferte und Mein Verlangen, die Welt durch Meinen Tod am Kreuz zu erlösen. Mein Schmerz um diese Seelen ist unerträglich, und du, Meine Tochter, darfst niemals Mein Verlangen ignorieren, die Nicht-Gläubigen zu erreichen. Wie sehr du

auch verachtet, bespuckt und verflucht wirst, du musst dich über den Hass erheben, der immer gegen diese Mission erhoben werden wird, und Mir diese Seelen bringen, koste es, was es wolle. Bringt Mir Meine geliebten Anhänger, und dann diejenigen, die Mich nicht kennen, oder jene, die Mich möglicherweise nicht kennen. Dann bringt Mir die Seelen derer, die Mich hassen. Das muss das Ziel eines jeden von euch sein. Wenn ihr Mir diese armen, unglücklichen Seelen bringt, dann werde Ich ihnen große Gnaden schenken, damit Ich sie hinein in Meine Barmherzigkeit ziehen kann.

Wenn ihr euch umschaut und die Seelen der Menschen seht, mit denen ihr in Kontakt kommt, die sich Meines Planes, wiederzukommen, nicht bewusst sind, müsst ihr sie zu erreichen versuchen und sie Mir weihen. Ihr werdet Mir großen Trost und große Freude bringen, wenn ihr das tut, denn dann kann Ich wirklich alles tun, um alle Seelen überall zu vereinen.

Geht und vervielfacht euch, denn der Weg ist vorbereitet worden. Es war eine kurze Zeit, seit Ich — durch diese Mission — das erste Mal zur Welt gerufen habe. Dennoch war es eine anstrengende Reise, und jetzt werden sich alle Pfade aufteilen und sich verzweigen, so dass nicht eine Nation ausgeschlossen sein wird, derart ist Meine Barmherzigkeit.

Euer Jesus

1093. Mutter der Erlösung: Die von Meinem Vater versprochene Bekehrung wird in diesem Monat beginnen.

Mittwoch, 2. April 2014, 16:27 Uhr

Mein Kind, die von Meinem Vater versprochene Bekehrung wird in diesem Monat beginnen und wird sich durch die Kraft des Heiligen Geistes über die ganze Welt ausbreiten. Seelen werden verschont werden und den verhärtetsten Sündern wird von Meinem Sohn große Barmherzigkeit gezeigt werden.

Viele Menschen, die keinen Glauben an Gott haben und die ihr Leben so leben, als gäbe es kein Ewiges Leben, werden die ersten Menschen sein, von denen Mein Vater wünscht, dass ihnen das Licht der Wahrheit gezeigt wird. Diese Menschen sind sehr geliebt, und ihr Mangel an Glauben wird ersetzt werden durch die Liebe und die Sehnsucht nach Versöhnung mit Jesus Christus, Den sie verlassen hatten. Die Seelen derer, die schrecklich gesündigt haben und die durch den Einfluss Satans verseucht sind, werden die nächsten sein. Ihnen werden große Gnaden gegeben werden, und die Barmherzigkeit Meines Sohnes wird ihre Herzen durchbohren, so plötzlich, dass ihre Bekehrung spontan stattfinden wird. So unerwartet wird dieses Wunder sein, dass, wenn sie beginnen, die Botschaft des Evangeliums zu verbreiten, viele sich aufrichten und ihnen zuhören werden.

Es wird wegen der Bekehrung der am stärksten Betroffenen sein, dass viel mehr Seelen gerettet werden können und werden. Es wird dann von all denjenigen, die bereits der Wahrheit folgen, abhängen, ob sie Meinem Sohn und Seinen Lehren treu bleiben wollen oder nicht. Es werden diese Seelen sein, die am meisten leiden werden, denn sie sind von Gott, und aus diesem Grund wird vom Teufel jede Anstrengung unternommen werden, sie mit Zweifeln an der Wahrheit zu quälen. Dies sind die Seelen, die weg von Meinem Sohn gezogen werden und die der Teufel am meisten begehrt.

Für den Schutz des Glaubens der Christen überall betet bitte dieses Kreuzzuggebet:

Kreuzzuggebet (144): „Um den christlichen Glauben zu schützen"

„O Mutter der Erlösung, bitte lege Fürsprache ein für die Seelen der Christen auf der ganzen Welt.

Bitte hilf ihnen, ihren Glauben zu bewahren und den Lehren Jesu Christi treu zu bleiben. Bete, dass sie die Stärke des Verstandes und des Geistes haben mögen, um zu allen Zeiten ihren Glauben zu bewahren.

Lege für sie Fürsprache ein, liebe Mutter, um ihre Augen für die Wahrheit zu öffnen und ihnen die Gnade zu geben, jede falsche Lehre zu erkennen, die ihnen im Namen Deines Sohnes präsentiert wird.

Hilf ihnen, wahre und treue Diener Gottes zu bleiben und dem Bösen und den Lügen zu widersagen, auch wenn sie deswegen Schmerz und Spott zu erleiden haben.

O Mutter der Erlösung, schütze Deine Kinder und bete, dass jeder Christ dem Weg des Herrn folgen wird, bis zu seinem letzten Atemzug. Amen."

Kinder, Jesus liebt jeden. Er wird immer kämpfen, um euch vor Schaden zu schützen, und Er wird auf die außergewöhnlichsten Weisen eingreifen, um euch vor allem Bösen zu schützen, in den Tagen der Finsternis, die ihr in Seinem Namen zu ertragen haben werdet. Vertraut auf Mich, eure geliebte Mutter, da Ich für euch Fürsprache einlegen werde, um euch während der kommenden Prüfungen näher zu Meinem Sohn zu bringen.

Danke, dass ihr diesem Ruf vom Himmel folgt.

Eure geliebte Mutter

Mutter der Erlösung

Mutter Gottes

1094. Solange die Liebe blüht und gedeiht, kann die Menschheit überleben.

Donnerstag, 3. April 2014, 17:11 Uhr

Meine innig geliebte Tochter, die Liebe ist eines der mächtigsten Geschenke von Gott. Solange die Liebe blüht und gedeiht, kann die Menschheit überleben. Die Liebe überwindet alles Böse, jede Spaltung und allen Hass, denn sie ist von Gott, dem Allmächtigen, und keine Macht des Bösen kann sie vollständig zerstören.

Wenn eine Seele Meinem Herzen wirklich nahe ist, werde Ich sie mit Liebe erfüllen. Ich werde diese Person mit diesem Geschenk überfluten, und aus diesem Grunde wird es ihr unmöglich sein einen anderen Menschen zu hassen, auch diejenigen nicht, die sie quälen. Die Liebe, wenn sie in einer Seele gegenwärtig ist, wird von Gott benutzt, um andere Seelen zu Ihm hinzuziehen. Sie wird verwendet, um Freude und Trost jenen zu bringen, die in Not sind und die leiden. Sie ist allerdings eine Gnade und wird jenen Seelen gewährt, die auserwählt sind, damit sie diese mit anderen teilen, zur Ehre Gottes. Oh welche Freude bringen Mir diese Seelen, wenn sie die Liebe — ohne Bedingung — von Mir annehmen. Wenn sie Meine Gegenwart mit offenem Herzen begrüßen und Mir erlauben, ihre Seelen zu überfluten, werden diese Seelen zu Meinen Gefäßen, und wie ein guter Wein werden sie die Seelen derer füllen und stillen, die durstig sind nach Meiner Gegenwart.

Liebe ist die Art und Weise, auf die Ich mit der Welt kommuniziere, bis zu dem Großen Tag, an dem Ich komme, um Mein Königreich zurückzuverlangen. Wenn wahre Liebe da ist, Bin Ich da. Wenn keine Liebe da ist, wird Meine Gegenwart zurückgenommen. Viele Menschen schließen Mich aus und sind daher nicht in der Lage, die Fülle des Geschenkes der Liebe so zu fühlen, wie es sein sollte.

Ich verspreche euch allen, dass Ich das Geschenk Meiner Liebe durch diese Mission ausbreiten werde. Meine Liebe wird ein Unterscheidungsmerkmal sein, und all diejenigen, die auf Meinen Ruf antworten, werden mit Meiner Liebe umhüllt werden, wenn sie dieses Kreuzzuggebet beten:

Kreuzzuggebet (145) Erfülle mich mit Deinem Geschenk der Liebe

„Liebster Jesus, erfülle mich, ein leeres Gefäß, mit dem Geschenk Deiner Liebe. Überflute meine Seele mit Deiner Gegenwart. Hilf mir, andere so zu lieben, wie Du mich liebst. Hilf mir, ein Gefäß Deines Friedens, Deiner Ruhe und Deiner Barmherzigkeit zu sein. Öffne allezeit mein Herz für die Not der anderen und gib mir die Gnade, jenen zu verzeihen, die Dich ablehnen und die sich an mir schuldig machen. Hilf mir, Deine Liebe durch mein Beispiel zu verkünden, wie Du es tun würdest, wenn Du an meiner Stelle wärest. Amen."

Ich werde die Seele eines jeden berühren, der Mir Eintritt gewährt. Die Liebe wird euch ewige Glückseligkeit bringen. Indem ihr Meine Liebe annehmt, ohne Zweifel und mit einem offenen Herzen, werdet ihr Mir große Freude bringen. Mein Geschenk gehört jetzt euch, und Ich wünsche, dass ihr von diesem Tag an das Geschenk der Liebe an die erste Stelle stellt, bei allem, was ihr tut. Auf diese Weise werdet ihr dazu beitragen, den Hass zu besiegen, der die Menschheit verseucht und der von Satan kommt. Mit diesem Geschenk der Liebe übergieße Ich euch über und über mit einem besonderen Segen — einem Segen, der einzigartig und mächtig ist, den ihr fühlen werdet, wenn ihr dieses Gebet betet, und vor allem in einer Kreuzzug-Gebetsgruppe, was besonders wichtig ist in dieser Meiner Mission der Erlösung.

Euer Jesus

1095. Sie werden Millionen von Katholiken in schweren Irrtum führen und Meine Kirchen werden ihre Heiligkeit verlieren.

Freitag, 4. April 2014, 23:20 Uhr

Meine innig geliebte Tochter, Prophezeiungen werden dem Menschen von Gott nicht offenbart, um Sensationen zu schaffen. Sie werden gegeben, um den Menschen auf ihre Zukunft in Meinem Königreich vorzubereiten, damit sie vor möglichen Gefahren für ihre Seelen vorgewarnt werden können. Jedes Eingreifen in euer Leben auf Befehl Meines Vaters ist in eurem eigenen Interesse und im Interesse anderer Seelen.

Meine Prophezeiungen, die dir, Meine Tochter, gegeben wurden, haben endgültig begonnen. Die Betrüger haben die Kontrolle übernommen, von innen her, und sie werden weiterhin die Welt täuschen und sie glauben lassen, dass eine neue Lehre — eine Lehre, wo Änderungen zu der bestehenden Heiligen Lehre, die von Gott festgelegt wurde, gemacht worden sind, — umgeändert werden kann, um sie dem Leben aller Menschen und allen Religionen anzupassen. Hütet euch vor dem Wort „ökumenisch" oder jeglichem Versuch, Meine Kirche auf Erden zu nehmen und sie ihrer Göttlichkeit zu berauben.

Wer die Liturgie verfälscht, ist kein echter Diener von Mir, und dennoch, genau das ist es, was geschehen wird. Und was werden Meine gottgeweihten Diener tun? Sie werden ihre Häupter beugen, ihre Arme erheben zum herrlichen Lob für die neue, falsche Lehre und Alles leugnen, was Ich der Welt gegeben habe. Ihre Liebe zu weltlichen Dingen, ihr Verlangen, bewundert zu werden, und ihre hochfliegenden Ambitionen werden sie ihrer Gelübde berauben. Sie werden zu Verrätern werden und Mir den Rücken kehren. Sie werden Millionen von Katholiken in schweren Irrtum führen und Meine Kirchen werden ihre Heiligkeit verlieren. Bald danach, wenn der Kern Meiner Kirche entheiligt ist, werden sie alle anderen christlichen Glaubensrichtungen sammeln und neue ökumenische Sekten erfinden, die auf die öffentliche Erklärung, die die Existenz der Hölle leugnen wird, hinauslaufen werden. Dann wird, indem sie verkehrt arbeiten, in die genau entgegengesetzte Richtung zur Wahrheit, all den Gläubigen gesagt werden, dass das, was Sünde sei, vom Standpunkt des Betrachters abhänge, und dass es aufgrund der Erbsünde unmöglich sei, sie zu vermeiden. Daher wird euch gesagt werden, sie sei nicht etwas, worüber man sich Sorgen machen müsste. Die Sünde selbst wird neu definiert werden. Sobald das geschieht, wird aller Sinn für Moral sterben. Wenn die Moral nicht mehr für wichtig gehalten wird, dann wird die Sünde überhand nehmen. Die Sünde wird sich ausbreiten, eskalieren, bis hin zum Zusammenbruch der Gesellschaft — und denjenigen, die Meiner Kirche — der Wahren Kirche — treu bleiben werden, sage Ich: Es wird ein Bild des Grauens sein, was ihr erleben werdet.

Die Menschen werden mit der Sünde prahlen und ihren Mangel an Moral offen zur Schau stellen, und die neue Weltreligion wird diktieren, dass die Sünde euch niemals im Wege stehen werde oder euch in den Augen Gottes niemals schaden werde. Der Gott, auf den sie sich beziehen werden, ist Satan, aber sie werden euch das niemals sagen. Um Mich zu verspotten, werden sie euch mit dem Antichristen "beglücken", der begeistert aufgenommen werden wird, weil er von dem falschen Propheten beklatscht und von ihm vergöttert werden wird. Der Antichrist wird alles tun, was Meinen Lehren widerspricht, aber er wird es mit Charisma und Charme tun. Millionen werden ihn vergöttern. Er wird alles sein, was Ich nicht Bin. Er wird so viele täuschen, dass es für ihn einfach sein wird, Gottes Kinder in Häresie und schreckliche Trostlosigkeit zu führen.

Ich bereite euch alle jetzt auf diesen Tag vor. Es ist für viele von euch sehr schwer, diese Botschaft zu hören, aber sie ist die Wahrheit. Die Wahrheit wird eure Seele vom Tod befreien. Bekämpft die Wahrheit — und nichts Gutes wird von diesem Tun kommen — nur Verzweiflung. Haltet andere Menschen davon ab, Meiner Kirche treu zu bleiben, indem ihr sie anspornt, der Häresie zu folgen, die der Welt schon bald durch Meine Kirche aufgedrängt wird, von innen heraus, — und ihr werdet den Löwen vorgeworfen werden. Diejenigen, die die Seelen anderer Menschen gewaltsam zerstören, sehen der größten Strafe durch Meine Hand entgegen.

Nehmt die Wahrheit an und bereitet euch vor. Folgt Mir und Ich werde euch sicher zu Meinem Königreich führen. Folgt dem Tier (Satan), und er wird euch und jene, die ihr mitbringt, für ewig ins Feuer der Hölle führen.

Euer Jesus

1096. Mein letzter Plan, Meine Kirche hinein in Meinen Zufluchtsort zu sammeln, steht kurz vor seiner Enthüllung.

Samstag, 5. April 2014, 18:15 Uhr

Meine innig geliebte Tochter, indem Ich durch diese Botschaften zur Welt spreche, will Ich jedem von euch, dem es durch die Gabe der Unterscheidung gegeben ist, Meine Stimme zu erkennen, Mut und innere Stärke geben.

Während ihr, Mein Rest, vorwärts marschiert in Einheit mit Meiner Kirche auf Erden, werdet ihr bald viele Menschen sich von den Heiligen Sakramenten zurückziehen sehen. Dies wird für euch erschütternd sein und wird dann zur Qual werden, denn bald werden die Sakramente entheiligt werden und werden nicht mehr die gleichen Sakramente sein, die Ich der Welt gegeben habe. Ihr dürft niemals Zeit vergeuden, wenn ihr wirklich glaubt, dass Ich jetzt mit euch spreche. Geht — sammelt Meine Priester und diejenigen, die Meinem Ruf antworten. Dann trefft für die bevorstehenden Jahre Vorbereitungen, damit sie Meine Herde mit der Speise des Lebens nähren können, wenn von Meiner Gegenwart keine Spur mehr übrig sein wird.

Wenn alles, was von Mir ist und von Dem, Der Ich Bin, aus Meinen Kirchen entfernt ist, wird alles, was übrig sein wird, von allem kommen, was Ich nicht Bin. Der leibhaftige Teufel wird in Meine Kirche eingehen und er wird jeden verseuchen, der sich vor ihm verbeugt und ihn anbetet. Er wird Seelen für die Ewigkeit verschlingen, und ihr müsst zu jeder Zeit wachsam bleiben im Hinblick auf die Zeiten, die euch bevorstehen. Verschließt euch gegenüber der Häresie, die in Meine Kirche eindringen wird, sowohl von innen als auch von außen. Ihr werdet jetzt vorbereitet, daher müsst ihr alles befolgen, was Ich euch sagen werde, damit ihr Meine Kirche, soweit es in eurem Einflussbereich liegt, vor Meinen Feinden retten könnt.

Mein letzter Plan, Meine Kirche hinein in Meinen Zufluchtsort zu sammeln, steht kurz vor seiner Enthüllung. Wenn Ich euch die Anweisungen gebe, werdet ihr große Stärke und Ausdauer brauchen, denn euer Widersacher wird der Antichrist sein — und seine Armee wird bedauerlicherweise zahlenmäßig größer sein als Meine. Und daher wird dies für euch entmutigend sein — aber wisst Folgendes. Sie wird nicht die Macht Gottes hinter sich haben und sie wird euch niemals besiegen, solange ihr Meinem Wort treu bleibt.

Geht in Frieden und erwartet Meine Anweisungen.

Euer Jesus

1097. Diejenigen, die innerhalb Meiner Kirchen das Wort zu bewahren versuchen, werden durch ihren Ausschluss zum Schweigen gebracht werden.

Montag, 7. April 2014, 19:15 Uhr

Meine innig geliebte Tochter, der Samen ist gesät und jedes Detail des Plans, um die Welt auf den Antichristen vorzubereiten, ist abgeschlossen. Alle Veränderungen, die ihr in der Welt der Politik und in Meiner Kirche auf Erden erleben werdet, sind vernetzt — genauso wie jede Geste, die zwischen den Nationen gemacht wird — wie zum Beispiel jedes Gesetz, das Gottes Gebote verachtet. Es ist kein Zufall, dass solche Gesetze rund um die Welt mit solcher Geschwindigkeit eingeführt werden, wie es heute der Fall ist, denn sie wurden sorgfältig arrangiert.

Ihr werdet unerwartet mit neuen, plötzlichen Ankündigungen hinsichtlich eines Schmiedens von Verbindungen zwischen Staat und Kirche, wo ihre Gesetze miteinander verflochten werden, konfrontiert werden. Diejenigen, die innerhalb Meiner Kirchen das Wort zu bewahren versuchen, werden durch ihren Ausschluss zum Schweigen gebracht werden. Keine Nachsicht wird denjenigen gezeigt werden, die Meine Kirche zu verteidigen versuchen, denn Meine Feinde werden erklären, dass das Gegenteil wahr sei. Ihr, Meine Anhänger, werdet zu Häretikern erklärt werden dafür, dass ihr den neuen Regeln, die bald durch Meine Kirche festgelegt werden, den Gehorsam verweigert. Man wird euch sagen, dass Meine Kirche nicht irren könne, und daher werdet ihr, selbst wenn ihr die Wahrheit bewahrt, isoliert werden. Meine Kirche wird niemals irren. Meine auserwählten Führer werden niemals irren, aber wenn ein Betrüger die Macht an sich reißt, dürft ihr ihm nicht folgen, wenn er die Wahrheit zu einer Lüge erklärt.

Ihr werdet es erkennen, durch die Kraft des Heiligen Geistes, wann dieser Tag anbricht. Und an diesem Tag müsst ihr Mir, eurem Jesus, folgen. Betet um Meinen Mut, damit Ich euch aufrechterhalten kann, weil ihr Nerven aus Stahl brauchen werdet, um Mir treu zu bleiben, wenn die Welt genötigt werden wird, sich vor dem Antichristen niederzuwerfen, in völliger Hingabe des freien Willens.

Euer Jesus

1098. Ihr werdet diese Verräter an ihren symbolischen Gesten erkennen, welche Meine Göttlichkeit beleidigen.

Dienstag, 8. April 2014, 20:20 Uhr

Meine innig geliebte Tochter, diejenigen, die Meine Feinde sind, sind nicht diejenigen, die nicht an Mich glauben. Nein, es sind diejenigen, die genau wissen, Wer Ich Bin, die Mich aber hassen. Nicht alle von ihnen verstehen, warum sie Mich hassen, aber sie können in zwei Lager geteilt werden.

Die erste Gruppe hat eine Abneigung gegen die Wahrheit. Sie genießen es, bei sündhaften Beschäftigungen mitzumachen, rechtfertigen jede böse Tat und jeden bösen Akt, und befriedigen nur ihre eigenen Lüste auf Kosten der Bedürfnisse anderer. Sie kümmern sich nur um sich selbst und imitieren jede Eigenschaft Satans. Dann gibt es diejenigen, die wissen, Wer Ich Bin und Was Ich Bin, die Mich aber vollkommen ablehnen, zugunsten Satans, in dessen Bann sie gefangen sind. Dies sind die Menschen, die nicht nur alles tun werden, was das Gegenteil von dem ist, was Ich sie gelehrt habe, sondern die Mich auch immer, bei jeder Gelegenheit, beleidigen werden.

Genauso wie der Satanskult Symbole einbezieht, werden diese Meine Verräter Mich verhöhnen, indem sie solch böse Symbole des Teufels vor Mich hinplatzieren. Für jedes Ritual, an dem sie teilnehmen, um Satan anzubeten, werden sie Mein Kreuz entheiligen und alles, was mit Meiner Passion zu tun hat. Ihr werdet diese Verräter an ihren symbolischen Gesten erkennen, welche Meine Göttlichkeit beleidigen. Bald werden diejenigen von euch, die Augen haben, welche die Wahrheit sehen können, in der Lage sein, zu unterscheiden zwischen denen, die Mir wahrhaft dienen, und denen, die das nicht tun.

Jene heiligen Diener, die Mir treu sind, werden Mich in der Karwoche ehren, durch ihre demütigen Gesten, einschließlich dessen, dass sie vor Meinem Heiligen Kreuz auf ihrem Angesicht liegen und dass sie ihre Lippen mit einem versiegelten Kuss auf Meine Füße drücken. Ihr Augenmerk wird auf allem liegen, was Mich, Jesus Christus, betrifft, Meinen Tod am Kreuz und Mein Versprechen, den Menschen von der Sünde zu erlösen. Aber wisst: Ab der Karwoche in diesem Jahr werden sich die Brüche zeigen und die Bedeutung der Kreuzigung wird verdreht werden. Neue Interpretationen werden den Gläubigen vorgelegt werden und Lügen werden aus den Mündern Meiner Feinde hervorquellen. Meine Passion wird auf subtile Weise verspottet werden, nicht sofort offensichtlich. Aber wenn sich das Hauptaugenmerk von Meinem Tod am Kreuz wegbewegt und wenn seltsame Gesten in Meinen Kirchen stattfinden, dann werdet ihr wissen, dass dies der Beginn der Demontage Meiner Kirche auf Erden ist.

Wenn Satan die Menschheit attackiert, wird er zuerst immer auf die Familie abzielen, denn die Familie steht für alles, was von Meinem Vater ist. Er wird Ehen zerstören, die Bedeutung dessen, was Ehe ist, ändern, zur Abtreibung ermutigen, Menschen verleiten, Selbstmord zu begehen, und er wird Familien spalten und zerbrechen. Dann wird er Meine Familie — Meine Kirche auf Erden — zerstören und zerbrechen, denn das ist, was er schwor, dass er es in der letzten Stunde Mir antun würde. Er hat bereits begonnen, Meine Kirche zu demontieren, und er wird nicht damit aufhören, bis sie zu Meinen Füßen zu Boden gesackt ist. Mein Vater hat zugelassen, dass ein Zerstörer — in der Gestalt des Antichristen — dies tut, aber weiter kann er (Satan) nicht gehen. Meine Kirche ist Meine Familie, und obwohl ein großer Teil von Gottes Kindern weggehen wird, um einer neu strukturierten falschen Kirche zu folgen, werden sich viele immer noch an Mich klammern — und daher kann Meine Kirche — Mein Leib — nicht sterben.

Bitte verlasst Mich nicht, Meine geliebten Anhänger. Ihr dürft dieser Hinterhältigkeit nicht erliegen. Wenn ihr Mich liebt, dann müsst ihr euch an alles erinnern, was Ich euch gelehrt habe. Nehmt nichts Neues an, wenn es um Mein Heiliges Wort geht. Ich werde niemals ein Wort billigen, das nicht von Meinen Heiligen Lippen gekommen ist. Auch ihr sollt das nicht tun. Ihr seid entweder für Mich oder gegen Mich. Akzeptiert irgendeine neue Interpretation Meines Wortes, das in der Heiligen Schrift enthalten ist, — und ihr werdet Mich verraten. Sobald ihr dies tut, werdet ihr eine umfassende neue Lehre schlucken, die eure Seele zerstören wird. Ich liebe euch, und wenn ihr Mich wirklich liebt, werdet ihr Meinem Wort, das sich nie ändern wird, immer treu bleiben.

Jeder, der sagt, er käme in Meinem Namen — sei es ein gottgeweihter Diener, ein Kirchenführer oder ein Prophet — und erklärt, Mein Wort sei eine Lüge, ist nicht von Mir.

Euer Jesus

1099. Mutter der Erlösung: Mein Sohn, Jesus Christus, wird von einem anderen Judas verraten werden, einem Judas mit großer Autorität.

Mittwoch, 9. April 2014, 15:30 Uhr

Mein liebes Kind, als Judas Iskariot Meinen Sohn, Jesus Christus, verriet, hatte das weitreichende Folgen. Weil er einer der engsten Verbündeten Meines Sohnes war und als ein Mitglied Seiner kostbaren Apostel, war sein Verrat für Meinen Sohn sehr schmerzhaft. Weil er — ein Verräter — aus dem innersten Wirkungskreis Meines Sohnes kam, bedeutete dies, dass sich Zweifel einschlichen unter jenen, die sich nicht sicher waren, ob Mein Sohn tatsächlich der Wahre Messias ist oder nicht. Die Zweifel breiteten sich aus, und viele Seiner Apostel und Anhänger fühlten sich verwirrt, verloren und verängstigt. Sie wussten, dass, sobald Er von Seinen Feinden ergriffen wird, die

Wahrheit in Frage gestellt und dann abgelehnt werden wird. Sie wussten auch, dass, sollten sie Meinen Sohn öffentlich verteidigen, sie ebenfalls leiden würden und so enden könnten, dass sie die gleiche Strafe zu erleiden hätten, die Ihm auferlegt worden war. Sie wussten auch, dass sie — aus Angst vor Spott — nicht den Mut gehabt hätten, Seinen Feinden zu trotzen.

Deshalb wird der Verrat an Meinem Sohn aus dem Inneren Seiner Kirche auf Erden heraus der gleiche sein. Mein Sohn wird von einem anderen Judas — einem Judas mit großer Autorität — aus dem Inneren Seiner Kirche auf Erden, verraten werden. Wenn dieser Verrat stattfindet, der zweite, größte Verrat, seit Judas Iskariot Meinen Sohn für dreißig Silberstücke verkaufte, wird das Menschen jeder Rasse, jeder Nation und jeder christlichen Glaubensrichtung an der Wahrheit zweifeln lassen. Dieser Verrat wird ebenfalls weitreichende Konsequenzen haben, denn er wird jeden einzelnen Aspekt der Gottheit Meines Sohnes in Frage stellen. Wenn dies geschieht, wird die Wahrheit zusammenbrechen. An ihre Stelle wird eine Leiche erhoben werden, durch und durch verwest, ohne Anzeichen von Leben. Eine tote Lehre wird erhoben werden und mit all den falschen Attributen ausgestattet sein, die mit Meinem Sohn in Verbindung gebracht werden, aber sie wird keine Früchte tragen. Doch sie wird den Anschein einer Neubekehrung haben.

Wahre Bekehrung kommt aus der Liebe der Menschen zu Gott, angetrieben durch die Gabe des Heiligen Geistes und aus ihrem eigenen freien Willen heraus. Diese neue Lehre wird der Welt aufgedrängt werden, ohne euren freien Willen. Lehnt sie ab — und ihr werdet von den Feinden Meines Sohnes bestraft werden.

Diejenigen, die Meinen Sohn in den letzten Tagen verraten, werden kein Leben haben. Diejenigen, die Ihn nicht verraten, werden für immer in der Herrlichkeit Gottes leben.

Eure geliebte Mutter
Mutter der Erlösung

1100. Mein am meisten geschätzter Bischof wird Gegenstand eines schrecklichen (gerichtlichen) Fehlurteils sein.

Donnerstag, 10. April 2014, 17:22 Uhr

Meine innig geliebte Tochter, wie Mir das Herz bricht wegen der Notlage Meiner heiligen Diener und der schweren Prüfungen, denen sie aufgrund Meiner Feinde ausgesetzt sein werden. Mein am meisten geschätzter Bischof wird Gegenstand eines schrecklichen (gerichtlichen) Fehlurteils sein. Dann, nachdem er dämonisiert worden ist, werden viele Meiner heiligen Diener zurechtgewiesen werden, sollten sie es wagen, offen Beschwerden zu äußern gegen die neuen Gesetze, die nicht von Mir sind und deren Einführung in Meine Kirchen sie werden erleben müssen.

Viele heilige Diener werden verschwinden und gegen ihren Willen inhaftiert werden. Andere, die dem Feind entflohen sein werden, werden unerbittlich gejagt werden — und daher werden sie für die kommenden Tage sehr sorgfältig planen müssen. Es wird nicht lange danach sein, dass das Porträt des Antichristen auf jedem Altar hängen wird, während jede Spur Meines Antlitzes, Mein Kreuz, die Heiligen und die Sakramente spurlos verschwinden werden. Diese Diktatur wird ähnlich sein wie jene Diktaturen, die ihr schon erlebt habt, in Ländern, wo die Menschen mit Füßen getreten werden. Von den Anhängern dieser neuen Weltreligion wird erwartet werden, dass sie sich vor dem Bild des Antichristen verneigen. Diese „Gläubigen" werden sich vor diesem Gräuel segnen, aber es wird nicht das Kreuzzeichen sein, das sie machen werden — es wird eine Art Handzeichen sein. All diejenigen, die sich vor dem Tier (Satan) verneigen, werden seine Sklaven werden und sie werden auf diejenigen losgehen, die sich weigern ihn zu vergöttern. Sie werden sogar Mitglieder der eigenen Familie verraten und sie der Strafe ausliefern, derart wird die Macht sein, die das Tier über sie ausübt.

Ich werde jedem von euch — und vor allem Meinen heiligen Dienern — eine Form des Schutzes gegen die Macht des Tieres vermachen und Ich werde euch unterweisen, jeden Schritt des Weges entlang dieses grauenhaften Pfades. Ich werde euch mutige Diener von Mir senden, treue Bischöfe, Priester und andere heilige Diener — alle von Mir —, die Mir weiterhin dienen werden. Sie werden mit Gaben gesegnet sein, die euch helfen werden, in Mir und für Mich zu bleiben, so dass ihr in der Lage sein werdet, diese Unterdrückung zu ertragen, bis zu dem Tag, an dem Ich komme, um Mein Volk zu retten und sie in Mein Reich zu nehmen. Fürchtet diese Zeiten nicht, denn sie werden nicht schwer sein, wenn ihr Meine Hand der Barmherzigkeit annehmt und lernt, vollkommen auf Mich zu vertrauen. Ich segne euch heute im Namen Meines Vaters und vermache jedem von euch Meine Stärke, Meinen Mut und Meine Widerstandsfähigkeit, denn ihr werdet diese Eigenschaften brauchen, wenn ihr wahre Christen, treu zu Meinem Heiligen Wort, bleiben wollt.

Euer Jesus

1101. Mutter der Erlösung: Jesus war wie ihr, in allem, außer der Sünde, denn das wäre unmöglich gewesen.

Freitag, 11. April 2014, 15:22 Uhr

Mein liebes Kind, sieben gefallene Engel werden diese Mission attackieren und sie werden versuchen, Gottes Kinder zu täuschen, dass sie von ihrer Treue zu Seiner Restarmee ablassen. Denjenigen, die sie täuschen, werden sie als Engel des Lichts erscheinen, während sie in Wirklichkeit alles andere als das sind.

Satans Macht ist sehr stark und seine Anwesenheit in der Welt ist offensichtlich, da er alle seine Anhänger herausgreift, um sie zu ermutigen, seine Anwesenheit offen zur Schau zu stellen. Er tut dies durch Musik, Religionen, die nicht von Meinem Sohn, Jesus Christus, sind, und durch jene, die hinter sogenannten heiligen Gruppen posieren, die das Tier (Satan) und seinen Bereich auf Erden vergöttern.

Kinder, ihr müsst immer Meinem Sohn folgen, indem ihr alles anwendet, was Er während Seiner Zeit auf Erden gelehrt hat. Sein Heiliges Wort ist sakrosankt (unantastbar), und es ist alles, was ihr wissen müsst, wenn ihr Seinem Pfad zum Ewigen Leben folgen sollt. Ihr müsst konzentriert bleiben auf euren Wunsch, das Ewige Leben zu gewinnen, und deshalb euer Leben so leben, wie Mein Sohn es euch gezeigt hat. Akzeptiert niemals irgendetwas, was Zweifel auf Seine Gottheit wirft. Der Mann, der sich erdreistet, öffentlich Unwahrheiten über Meinen Sohn zu verkünden, hat nicht die Gabe des Heiligen Geistes und ist daher unwürdig, all das, was Mein Sohn ist, zu beschreiben.

Mein Sohn ist euer Göttlicher Erlöser, Der sich erniedrigt hat, um Mensch zu werden. Als Er geboren wurde, ist das Wort Fleisch geworden — und daher war Jesus Christus in jeder Hinsicht ein Mensch. Jesus war wie ihr, in allem, außer der Sünde, denn das wäre unmöglich gewesen. Der Sohn Gottes war gesandt, um die Menschheit zu erlösen und jeden von euch vor dem Tod zu retten, der von der Versklavung an Satan kommt. Seine Göttlichkeit ist Allmächtig, Ganz und Gar Gut, Ganz und Gar Unergründlich, und Seine Gottheit zu leugnen bedeutet, die Macht Gottes zu leugnen. Wenn ihr das tut, dann erklärt ihr eure Verbundenheit mit dem Teufel.

Kinder, ihr müsst dieses Kreuzzuggebet beten und Mich, eure Mutter, anrufen, euch vor den Täuschungen zu schützen, die man vor euch hinplatzieren wird, um euch zu ermutigen, die Macht Gottes zu leugnen.

Kreuzzuggebet (146) Um Schutz gegen Täuschungen

„Liebe Mutter der Erlösung, schütze mich mit der Gnade des Schutzes gegen Täuschungen, die von Satan geschaffen werden, um den Glauben von Christen zu zerstören. Beschütze uns gegen jene, die die Feinde Gottes sind. Bewahre uns vor Lügen und Häresie, die benutzt werden, um unse-re Liebe zu Deinem Sohn zu schwächen. Öffne unsere Augen gegenüber Unwahrheiten, Täuschungen und jedem Versuch, dem wir möglicherweise begegnen, der uns ermutigen soll, die Wahrheit zu leugnen. Amen.“

Ich danke euch, dass ihr Meinem Ruf, um euch vor der großen Täuschung zu warnen, die sich bald über die Kirche Meines Sohnes auf Erden senken wird, folgt.

Eure geliebte Mutter
Mutter der Erlösung

1102. Meine Liebe und euer Glaube, miteinander kombiniert, werden das Schwert der Erlösung werden.

Samstag, 12. April 2014, 15:42 Uhr

Meine innig geliebte Tochter, wenn Gott in die Welt eingreift, durch Seine erwählten Propheten, ist das Wort wie ein Schwert. Es schneidet direkt ins Herz und verursacht innerhalb der Seele eine zweifache Reaktion. Auf der einen Seite bietet es große Einsicht und Verstehen, aber auf der anderen Seite kann es schwer anzunehmen sein. Denn die Wahrheit ist niemals bequem, wenn sie empfangen wird, da sie schmerzhaft sein kann.

In einer Welt, in der Satan als König herrscht, wird die Wahrheit immer die hässliche Seite aufzeigen. Sie wird in den Herzen vieler Menschen Angst verursachen. Bosheit kommt fast immer unter einem farbigen Anstrich verkleidet, aber wenn all ihre attraktiven Schichten entfernt sind, ist das, was übrig bleibt, ein sehr hässlicher Kern.

Vielen Menschen fällt es aufgrund der Täuschung Satans schwer zu akzeptieren, dass bestimmte Handlungen oder Taten böse sind. Jede Form von Bosheit, geschaffen durch die Hand Satans, ist sorgfältig getarnt, so dass sie problemlos gerechtfertigt wird in den Köpfen der Unschuldigen, die solch abscheulichen Betrug ohne Gewissensbisse akzeptieren werden. Sie werden um nichts klüger sein. Welche Hoffnung, fragt ihr dann vielleicht, hat der Mensch, wenn er vom Antichristen verführt wird, der geliebt und für seine großen Taten der Nächstenliebe verehrt werden wird? Die Antwort ist: Gebet. Eure Hoffnung liegt in euren Gebeten, denn, wenn ihr um die Befreiung vom Bösen betet, werde Ich auf euer Rufen antworten.

Meine Liebe und euer Glaube, miteinander kombiniert, werden das Schwert der Erlösung werden, durch das diese unschuldigen Seelen, die leicht durch das Tier getäuscht werden, gerettet werden können — und dann wird das Königreich Mein sein. Ich komme bald, um Meinen rechtmäßigen Thron zurückzuverlangen, und daher dürft ihr niemals die Hoffnung verlieren.

Euer Jesus

1103. Da der Karfreitag naht, werden diejenigen, die Mich quälen und die versuchen, alle Spuren von Mir auszulöschen, an diesem Tag stark leiden.

Sonntag, 13. April 2014, 19:00 Uhr

Meine innig geliebte Tochter, es ist Mein Wunsch, dass diejenigen, die Mich wahrlich lieben, während der Karwoche Wiedergutmachung leisten durch das Geschenk der Versöhnung. Wenn ihr Mir echte Reue für eure Sünden zeigt, werde Ich über euch eine besondere Gabe der Annahme — im Einklang mit Meinem Heiligen Willen — ausgießen. Ich bitte euch dringend, zu diesem Zeitpunkt in der Geschichte auf Mich zu vertrauen wie nie zuvor, weil Ich, wenn ihr aufmerksam auf Mich hört, in der Lage sein werde, Mein Wort allen, auch denen, die Mich überhaupt nicht kennen, zu Gehör zu bringen.

Als Meine Feinde Jagd auf Mich machten, ließen sie nichts unversucht, um Mich in Verruf zu bringen. Sie ließen ihre Wut an vielen armen Unschuldigen aus und quälten Männer, von denen sie glaubten, dass sie Ich seien. Sie verbreiteten Lügen über Meine Apostel, versuchten, Mich in vielerlei Hinsicht in Verruf zu bringen und bekamen Wutanfälle, wenn sie physisch nicht über Mich herfallen konnten. Sie hätten Mich umgebracht, hätten sie Mich vor Karfreitag gefangen genommen — hätte Ich Mich nicht geschützt. Ihr Hass, ihre Lügen, die Verleumdung, die sie über Meine Mission verbreiteten, und ihre falschen Anschuldigungen gegen Mich breiteten sich bis in jede Stadt und jedes Dorf hinein aus, vor dem Tag, an dem Ich schließlich von einem der Meinen verraten wurde.

Das Gift, das sich aus den Mündern Meiner Feinde ergoss, kam von der Schlange (Satan), der ihre Seelen verseuchte. Sie imitierten ihn in jeder Weise — sie schrien in einer rasenden Wut gegen Mich an, obwohl ihre Anschuldigungen falsch und sinnlos waren. Sie spuckten auf Meine Apostel, folterten sowohl Meine Jünger als auch jene Unglücklichen, die sie irrtümlich für Mich hielten. Sie versuchten, andere gegen Mich aufzubringen, die gar nichts von Mir gehört hatten, und redeten böse Dinge über jene, die sie nicht davon überzeugen konnten, Mich zu denunzieren. Jeder Teufel aus den Tiefen der Hölle quälte Mich während Meiner letzten Wochen auf Erden, als Mein Wort die Herzen vieler durchbohrt und Tausende bekehrt hatte.

Als Meine Gegenwart am stärksten war, verstärkte sich der Hass — und das Gebrüll derer, die Mich bekämpften, war wie jenes, das von wilden Tieren kommt. Menschen, die sich den Gruppen der Pharisäer anschlossen, um Mich bestrafen zu lassen, wurden genauso schlecht wie diejenigen, die sie zu einer bösen Wut auf Meine Person aufstachelten. Mir wurde vorgeworfen, Ich sei unrein an Leib und Seele. Sie sagten, Mein Wort käme von unreinen Geistern. Sie sagten, Ich würde falsches Zeugnis reden gegen Moses und Ich wäre vom Teufel gesandt, um ihre Seelen zu verderben. Sie ignorierten die Liebe, die Ich verbreitete, die Verwandlung, die Ich unter ihnen bewirkte, dass sie einander liebten, und die Wunder, die Ich wirkte. Während sie Obszönitäten gegen Mich skandierten, standen sie groß und stolz da und gleichzeitig lästerten sie gegen Gott, in Dessen Namen zu sprechen sie erklärten.

Diejenigen, die während Meiner Kreuzigung gegen Mich lästerten, leben nicht in Meinem Königreich, denn sie erhielten die schlimmste Strafe. Mein Vater wird jeden vernichten, der sagt, dass Ich mit der Stimme Satans spräche. Daher sage Ich denjenigen von euch, die behaupten, dass Meine Stimme die Stimme des Teufels sei: Wisst, dass euer Leiden schlimmer sein wird als der Tod. Eure Zungen werden nicht mehr das Gift ausspeien, das Satan in eure Seelen gelegt hat; eure Augen werden nicht mehr sehen, denn es ist nur Dunkelheit, nach der ihr verlangt — und so soll es sein. Eure Ohren werden nie die Süße Meiner Stimme hören, denn ihr weigert euch zu hören — und so soll es sein. Euer Herz hat keine Liebe, und daher wird es nie jemals Liebe fühlen, wenn ihr die Liebe Gottes aussperrt. Eure Worte werden euer Untergang sein — und wenn ihr Mir, eurem Herrgott, Heiland und Erlöser der ganzen Menschheit, vorwerft, Böses zu sprechen, dann werden sie nicht mehr gehört werden. Sie werden sterben.

Mein Zorn in dieser Zeit — gegen die Heuchler, die die Welt durchstreifen und vorgeben, von Mir zu kommen — ist unerträglich, und Meine Strafe wird jedem von euch widerfahren, der auf Mich spuckt. Hinweg von Mir — ihr könnt Mir wenig anhaben. Ich werde euch wegwerfen.

Wenn Ich höre, wie die Schreie von denen, die vom Hass Satans in ihren Seelen besessen sind, sich erdreisten, ihre Treue zu Mir öffentlich zu erklären, dann überkommt Mich Übelkeit. Sie ekeln Mich an und sie sind nicht besser als diejenigen, die um das Los rauften, um den ersten Nagel in Meinen Leib zu schlagen.

Da der Karfreitag naht, werden diejenigen, die Mich quälen und die versuchen, alle Spuren von Mir auszulöschen, an diesem Tag stark leiden. An diesem Tag, wenn ihr Meinen Schmerz erleidet, der euch gegeben wird, um euch zur Vernunft zu bringen, werdet ihr wissen, dass Ich euch jetzt rufe. Ich tue dies, nicht weil ihr nur ein Fünkchen Meiner Sympathie verdient, sondern weil Ich euch liebe — trotz allem. Ich bitte euch, ruft Mich an diesem Tag wie folgt an:

„Jesus, vergib mir den Schmerz, den ich Deinem Leib, Deinem Wort und Deiner Göttlichkeit zugefügt habe."

Ich werde antworten und euch helfen, zu Mir zu kommen, mit Liebe und Freude in Meinem Herzen.

Euer Jesus

1104. Das Kreuz ist euer Bindeglied zum Ewigen Leben. Gebt das Kreuz niemals auf.

Dienstag, 15. April 2014, 20:15 Uhr

Meine innig geliebte Tochter, wenn Meine geliebten Anhänger den Karfreitag feiern, müssen sie eingedenk sein, wie Meine Liebe sich auf die Menschheit erstreckt.

Diejenigen, die Mich verfolgt haben und Mich dann getötet haben, waren voller Hass und hatten Herzen aus Stein. Ich starb für sie, trotz ihres Hasses, und Ich erlitt eine große Agonie, damit sie gerettet werden konnten. Immer noch hassen und verachten Mich heute so viele Menschen in einem solch hohen Maße, dass, würde Ich das Böse, das ihre Seelen verwüstet, enthüllen, ihr nicht in der Lage wäret auszustehen.

Meine Versuche, die Welt vorzubereiten, durch das Buch der Wahrheit, werden von Meinen Gegnern bekämpft werden, überall. Die bösesten Angriffe werden von satanischen Gruppen kommen, von denen sich viele als Christen darstellen, so dass sie ihrem Ärger Luft machen können, indem sie vorgeben, ihren Glauben zu verteidigen. Das ist die Art, wie Satan seine bereitwilligen Opfer benutzt, um Mein Werk anzugreifen. Wie erbärmlich sind ihre Seelen und wie betrübt Bin Ich, während sie fortfahren, Mich zu verraten, Schlamm auf Mich zu werfen und Lügen über Mein Wort zu verbreiten, in dem Bemühen, Seelen aus Meinem Barmherzigen Herzen zu stehlen.

Ich weine Tränen der Agonie in dieser Woche; denn die Zeit ist knapp, und Ich weiß, dass, wie sehr Ich Mich auch anstrenge, viele Seelen Mir immer noch den Rücken kehren werden. Warum hassen Mich diese Seelen so? Die Antwort ist: Weil sie überhaupt keine Liebe zu Mir haben. Viele von ihnen finden es erschreckend, dass der Hass, den sie in ihrem Herzen gegen Mich empfinden, nicht weggewaschen werden kann. Sie sind dermaßen vom Teufel besessen, dass sie jede Minute ihres Tages damit verbringen, Mich zu verfluchen.

Die überwiegende Mehrheit der Menschen glaubt nicht mehr an Mich — es ist eine kleine Zahl, die glaubt, eine kleine Zahl in einem Meer von Seelen, dessen Ausmaß sich von der einen Seite der Erde zur anderen erstreckt. Aber Ich verspreche euch, dass Ich so viele Seelen, wie Ich kann, sammeln werde, und aufgrund der Liebe, die Ich für euch habe, wird sich Meine Barmherzigkeit selbst unter denen ausweiten, die sie nicht verdienen. Wie Ich doch die guten, die liebevollen und diese reinen Seelen, die vor Mein Antlitz kommen, willkommen heiße. Sie erfüllen Mich mit großer Freude! Oh, wie sie Meine Wunden lindern! Wie sie Mir Erleichterung bringen von dem Leiden, das Ich für Meine armen Sünder ertrage, die keine Ahnung haben, was für große Freude Ich ihnen verheißen habe, in Meinem Neuen Königreich. So viele Seelen werden bedauerlicherweise den Schlüssel wegwerfen, den Ich ihnen zum Ewigen Leben gegeben habe — und für was? Für ein Leben ohne Sinn, ein Leben voll von Spaß und leeren Versprechungen. Für ein ermüdendes Leben voll Mühe und Plage, das kein Leben bringt — nur jenes, das im Staub endet. Ich Bin euer Leben. Ich bringe euch das Leben. Wenn ihr Meinen Tod am Kreuz annehmt und Meine Auferstehung anerkennt, dann werdet ihr niemals den Tod erleiden.

Euch, dieser Generation, sage Ich Folgendes: Ihr, die ihr mit Mir seid, werdet den Tod nicht erleiden — nicht einmal den Tod des Leibes. Jene, die Mich — durch die Sünde — verraten, wenn euch die Wahrheit gegeben ist, werden kein Leben haben. Daher dürft ihr, Meine geliebten Anhänger, euch niemals vor dieser Mission fürchten. Ich werde euch nehmen und euch mit all den Gaben überschütten, die Mein Vater euch allen so sehr zu schenken wünscht, da Er endlich Seine Kinder in das Königreich sammelt, das Er euch verheißen hat, als Er Mich, Seinen eingeborenen Sohn, sandte, um eure Seelen zu retten, durch Meinen Tod am Kreuz. Das Kreuz ist euer Bindeglied zum Ewigen Leben. Gebt das Kreuz niemals auf. Mein Tod war euer Weg zum Ewigen Leben. Ohne Mein Kreuz wird der Tod obsiegen bei denjenigen, die Mein Kreuz ablehnen.

Euer Jesus

1105. Mein Neues Paradies wird die Welt ohne Ende werden — wie vorhergesagt.

Donnerstag, 17. April 2014, 21:00 Uhr

Meine innig geliebte Tochter, Meine Auferstehung von den Toten geschah aus einem bestimmten Grund. Sie fand nicht einfach statt, um denjenigen Meine Göttlichkeit zu beweisen, die nicht akzeptieren wollten, wer Ich Bin. Bis zu diesem Zeitpunkt konnten die Seelen, die gestorben waren, nicht in den Himmel eingehen. Sie mussten warten. Aber kaum hatte Meine Auferstehung stattgefunden, als ihnen neues Leben in Meinem Reich gegeben wurde. Meine Auferstehung brachte Ewiges Leben für die Seelen, und der Tod hat daher keine Macht mehr über die Menschheit.

Meine Auferstehung wird bei Meiner Wiederkunft wirklich offensichtlich sein, denn dann werden all jene Seelen, die in Mir und für Mich gestorben sind, ebenfalls von den Toten auferweckt werden und Ewiges Leben erhalten. Sie werden mit Leib und Seele auferstehen, in vollkommener Einheit mit dem Willen Gottes, und sie werden in Meinem Neuen Königreich leben, wenn die alte Erde und der alte Himmel verschwinden werden und eine Neue Welt sich auftun wird. Mein Neues Paradies wird die Welt ohne Ende werden — wie vorhergesagt. All diejenigen, die Gott lieben und Meine Hand der Barmherzigkeit annehmen, werden in Mein Glorreiches Königreich eingehen. Das war die Verheißung, die Ich gemacht habe, als Ich Meinen irdischen Leib gegen den Tod eintauschte, um euch allen das Ewige Leben zu geben. Vergesst nicht: Das, was

Gott verspricht, wird Er immer halten. Was Gott all Seinen Propheten vorausgesagt hat, wird stattfinden, denn Er sagt nicht die eine Sache und meint eine andere.

Als Gott Johannes sagte, dass die Welt sich in den letzten Tagen spalten werde und Sein Tempel zerstört werde, hat Er nicht gelogen. Die Herrschaft derer, die das Wort Gottes zerstören wollen, hat begonnen, und die Zeit für all jene Prophetien, wie sie an Daniel und Johannes vorausgesagt wurden, ist jetzt für euch gekommen. Meine Verheißung, zu kommen und die Böcke von den Schafen zu trennen, steht kurz davor, Realität zu werden. Dem Menschen wird — durch das Eingreifen vom Himmel her — jede Art von Hilfe gegeben werden und reichlich Gelegenheit, eine endgültige Entscheidung zu treffen. Der Mensch wird entweder Mir folgen — oder zurückbleiben.

Euer Jesus

1106. Es gibt nur einen Weg zu Gott, und der führt durch Mich, Jesus Christus. Es gibt keinen anderen Weg.

Freitag, 18. April 2014, 23:24 Uhr

Meine innig geliebte Tochter, die Welt wird sich wieder erheben, aus der Asche, aus dem Blutbad. Ich werde — das verspreche Ich — die Pest des Antichristen vom Antlitz der Erde hinwegwischen. Ich werde die Feinde Gottes vernichten und jene, die dafür verantwortlich sind, dass Elend, Ungerechtigkeit und Leid über Gottes Kinder gebracht wird.

Das Böse, das die Herzen der heutigen Menschen in jedem Teil der Welt ergreift, nimmt unterschiedliche Formen an. In seiner brutalsten Form werden Menschen gefoltert, ermordet und hart bestraft. Oder, auf andere Weise, müssen Menschen große Not ertragen, einschließlich Mangel an Nahrung, Mangel an Wohnraum und schreckliche Armut, während ihre Führer sich jedes Recht einverleiben, das diesen Menschen zusteht. Dann gibt es die ungerechten Gesetze, welche die Mächtigen begünstigen, wohlhabende Menschen reicher machen und arme Menschen ärmer, Gesetze, wo jenen in großer Not wenig Barmherzigkeit oder Liebe gezeigt wird. Schließlich gibt es die Verfolgung von Christen — von Meinen Anhängern — überall auf der ganzen Welt. Sie werden verachtet, mehr als alle anderen, und leiden schrecklich in Meinem Namen. Christen werden von den Anhängern des Teufels gehasst, der seine Erfüllungsgehilfen benutzt, um Christen auf unterschiedliche Weise zum Schweigen zu bringen. Viele ihrer Pläne betreffen Zensur oder das Recht, öffentlich ihre Treue zu Mir zu erklären. Und während Regierungen heute unerschütterlich die Rechte jeder anderen Glaubensrichtung oder ziviles Recht verteidigen werden, werden sie sich den Rechten von Christen nicht beugen.

Christen wird es bald verboten sein, ihren Glauben auf öffentlichen Plätzen zu praktizieren, oder in Schulen oder Hochschulen,

bis schließlich hin zu den Tempeln Gottes. Ihr könntet vielleicht sagen: Das ist doch sicher unmöglich, Christen die Ausübung ihres Glaubens in ihren eigenen Kirchen zu verwehren!? Dazu wird es auf die raffinierteste Art und Weise kommen, wobei Millionen Menschen getäuscht werden, ohne dass groß Notiz davon genommen wird, wie jedes einzelne Detail des Wortes, so, wie es jetzt ist, geändert werden wird, aber das wird still und leise passieren. Nur diejenigen, die aufmerksam sind, werden die Änderungen erkennen, und nach einer Weile wird es akzeptabel werden, alle christlichen Kirchen zu öffnen, um alle Glaubensrichtungen willkommen zu heißen, auch diejenigen, die nicht an Mich glauben. Doch nicht all jene, die Religionen folgen, die nicht den Dreifaltigen Gott anbeten, werden in die neue Eine-Welt-Kirche gezwungen werden. Nein, es werden die Christen sein, die dazu gebracht werden, das Heidentum zu vergöttern, das sorgsam als eine neue Kirche präsentiert werden wird und das sich eine neue Form von „Kommunion", von „Gemeinschaft", zueigen machen wird — eine Kirche für jedermann — wo Ich, Jesus Christus, nicht mit dabei sein werde.

Mit diesem Jahr werden Meine Kreuze zu verschwinden beginnen, und während gleichzeitig Meine Kirchen und jene, die sagen, sie würden Mir dienen, über die Wichtigkeit des Humanismus sprechen, werdet ihr nicht über die Wichtigkeit der Hingabe an Mich, Jesus Christus, euren Erlöser sprechen hören. Ihr werdet daher nicht auf das Ewige Heil vorbereitet werden. Die Wichtigkeit, Meinem Weg zum Vater zu folgen, wird nicht erwähnt werden, noch wird über die Bedeutung der Heiligen Sakramente gesprochen werden. Stattdessen wird euch erzählt werden, wie wichtig es sei, sich um die Not und das Wohlergehen anderer Menschen zu kümmern, was als Ersatz dafür benutzt werden wird, Mich anzubeten. Ich Bin die Kirche. Mein Leib ist Meine Kirche, aber mit der Zeit werde Ich vollkommen zur Seite geschoben werden. Eure Köpfe werden mit Unwahrheiten gefüllt werden. Man wird euch von jeglicher Art Weg erzählen, der notwendig sei, um euch Gott näher zu bringen. Aber jeder Weg, von dem man euch erzählt, dass ihr ihn gehen sollt, wird in die entgegengesetzte Richtung führen.

Wisst jetzt, dass es nur eine Wahrheit gibt. Es gibt nur einen Weg zu Gott, und der führt durch Mich, Jesus Christus. Es gibt keinen anderen Weg.

Euer Jesus

1107. Gott der Vater: Sehr wenige von euch werden die neue Eine-Welt-Kirche ablehnen, und deshalb wird Mein Eingreifen schnell sein.

Sonntag, 20. April 2014, 17:40 Uhr

Meine liebste Tochter, als Ich Meinen Sohn sandte, um die Menschheit zu erlösen, lehnte die Welt Ihn ab, ebenso wie sie die Propheten ablehnten, die Ich vor Ihm gesandt hatte.

Während Ich jetzt Vorbereitungen treffe, Meinen Sohn zu senden, das zweite und letzte Mal, um Meine Kinder zu sammeln und ihnen das Ewige Leben zu schenken, werden sie ebenfalls diesen Großen Akt der Barmherzigkeit ablehnen. Ich habe — durch Mein Wort — dem Menschen die Wahrheit gegeben — und noch immer lehnt er sie ab. Wie leicht vergessen die Menschen! Wie blind sind sie, denn Ich sagte der Welt, dass Ich ihnen Mein Königreich bringen würde — eine Neue Welt, ohne Ende —, aber sie haben kein wirkliches Verständnis bezüglich dessen, was ihr Erbe bedeuten wird. Nicht alle werden die Barmherzigkeit Meines Sohnes annehmen, und deshalb erinnere Ich die Welt an das, was kommen muss, damit sie kommen und Mein Königreich annehmen werden.

Es wird großen Widerstand von Meinen Kindern gegen die vielen Wunder geben, die Ich der Welt zeigen werde, vor dem Kommen Meines Sohnes. Es wird viel geredet werden, aber Meine Feinde werden dafür sorgen, dass Meine Kinder getäuscht werden, damit sie ihre Seelen nicht für das Glorreiche Leben vorbereiten werden, das Ich für jeden Einzelnen von euch bereitet habe.

Gerade so, wie Mein Sohn am dritten Tag von den Toten auferstanden ist, so wird Er sich auch am dritten Tag, nach drei Tagen der Finsternis, offenbaren, bei Seinem Zweiten Kommen. Ich wünsche, dass ihr über diese drei Tage der Finsternis Bescheid wisst, damit ihr sie nicht fürchtet. Heilige Kerzen werden das einzige Licht spenden, das von Mir zugelassen ist, um jenen, die Mich lieben, zu erlauben, zu sehen und die Ankunft Meines Sohnes mit Freude zu erwarten.

Fürchtet nicht Meine Liebe zu euch oder die Macht, die Ich ausübe, denn es ist zu eurem Besten, dass Ich zulasse, dass Ich alle Ereignisse stattfinden lasse, in den Tagen, die zum Großen Tag hinführen. Ich erlaube Meinen Feinden, die Erde zu durchstreifen. Ich erlaube den Zerstörern, die Menschen zu täuschen, denn auf diese Art werde Ich den Glauben derer prüfen, die mit der Wahrheit gesegnet worden sind. Aber wisst Folgendes: Diejenigen, die das Wort Gottes verraten, werden in die Wildnis hinausgeworfen werden. Diejenigen, die Meine heiligen Diener, die Meinen Sohn lieben, attackieren und sie strafen, werden hart bestraft werden. Ich werde es zulassen, dass die Schwachen und diejenigen, die leicht beeinflussbar sind, getäuscht werden, damit sie — wenn Meine Prophezeiungen, die dir,

Meine Tochter, gegeben werden, in Erfüllung gehen — bereuen und zu Mir finden.

Kinder, Ich bereite euch jetzt vor, damit Mein Wille geschehe und damit ihr in Meinem Reich leben werdet, wofür ihr geboren seid. Die Welt, in der ihr lebt, hat ihren Glanz verloren, aufgrund des Teufels und seines Einflusses. Die Erde ist durch die Sünde verpestet, in dieser Zeit mehr als je zuvor, und die Sünde wird nun eskalieren, was jeder von euch, der wahren Glauben hat, bezeugen wird. Ab heute — Ostersonntag — werdet ihr es brauchen, jeden einzelnen Tag an die Wahrheit erinnert zu werden, denn ohne sie werdet ihr abschweifen und die Orientierung verlieren.

Sehr wenige von euch werden die neue Eine-Welt-Kirche ablehnen, und deshalb wird Mein Eingreifen schnell sein. Ich werde euch zu Mir ziehen, euch hochhalten, wenn der Schmerz des Glaubensabfalls unerträglich wird, und Ich werde eure Seelen retten, welches Mittel Ich dazu auch wähle, statt euch an Meine Feinde zu verlieren. Ich wünsche, dass ihr freundlich auf jene schaut, die gegen Meinen Sohn kämpfen wegen dieser Seiner Mission, die Welt auf Sein Zweites Kommen vorzubereiten. Ich bitte, dass ihr — durch dieses besondere Kreuzzuggebet — Mich, euren Ewigen Vater, bittet, all jenen Barmherzigkeit zu zeigen, die versuchen, sich in Meine Hand, Meine Großzügigkeit, Meine Macht und Meine Göttlichkeit einzumischen:

Kreuzzuggebet (147) Gott Vater, zeige jenen Barmherzigkeit, die Deinen Sohn ablehnen

„O Gott, Mein Ewiger Vater, Ich bitte Dich, zeige jenen Barmherzigkeit, die Deinen Sohn ablehnen. Ich flehe für die Seelen derer, die versuchen, Deine Propheten zu vernichten. Ich bitte um die Bekehrung von Seelen, die für Dich verloren sind, und Ich bitte, dass Du all Deinen Kindern hilfst, ihre Seele vorzubereiten und ihr Leben zu ändern, im Einklang mit Deinem Göttlichen Willen, in Erwartung der Wiederkunft Deines geliebten Sohnes, Jesus Christus. Amen."

Geht, Meine Kinder, und bereitet all jene vor, die euch bekannt sind, indem ihr Mir, eurem Ewigen Vater, besondere Gebete aufopfert für Meine große Barmherzigkeit.

Ich liebe euch alle. Ich Bin Ganz und Gar Liebend, Ganz und Gar Geduldig, und Ich erwarte eure Antwort. Denkt niemals, dass Ich eure Gebete nicht höre, denn eure Stimmen sind Süße in Meinen Ohren und eure Liebe zu Mir bereitet Mir große Freude. Es gibt nichts, was Ich nicht für Meine Kinder tun werde. Nichts.

Geht in Liebe und Freude, denn ihr könnt sicher sein, dass Ich Allbarmherzig Bin.

Euer geliebter Vater

Gott, der Allerhöchste

1108. Der Anfang und das Ende der Welt werden eins werden.

Montag, 21. April 2014, 15:56 Uhr

Meine innig geliebte Tochter, es ist sehr schwer für Seelen, selbst für jene mit großem Glauben, die Welt, in der sie leben, mit der Welt Meines Königreiches in Einklang zu bringen.

Die Welt, wie sie besteht, ist mit Meinem Königreich unvereinbar, und dies bedeutet, dass diejenigen von euch, die Mich kennen und die Mich wirklich lieben, es bisweilen schmerzlich finden, euer tägliches Leben zu leben. Mich zu lieben bedeutet, Meine Lehren zu befolgen und Mich anzurufen, euch eure Sünden zu vergeben. Dies ist der einzige Weg, auf dem ihr Teil Dessen werden könnt, Wer Ich Bin. Ihr könnt nicht Teil Meines Königreiches werden, bevor ihr nicht die Wahrheit anerkennt und akzeptiert, dass, während die Sünde existiert, die Welt niemals perfekt sein kann. Solange der Mensch alles nach seinem eigenen freien Willen tut, wird er, wenn er ständig versucht wird, seinen eigenen egoistischen Bedürfnissen nachzugeben, ein Sklave bleiben.

Wenn ihr euer Leben gemäß dem Wort Gottes lebt, werdet ihr in der Lage sein, die Welt als das zu sehen, was sie ist. Ihr werdet Zeuge des Wunders sein, welches das Wunderwerk Erde ist, das von Meinem Vater geschaffen wurde. Aber ihr werdet auch sehen, wie die Schwäche des Menschen ihn von Gott getrennt hat. Solange dies der Fall ist, kann die Welt, wie ihr sie kennt, nicht wieder zu ihrem früheren Glanz erhöht werden. Das ist der Grund, warum ihr nur wahren Frieden finden werdet, wenn Ich wiederkomme, um euch in das Paradies zu bringen, das Mein Vater im Anfang für euch geschaffen hat.

Der Anfang und das Ende der Welt werden eins werden. Es wird keinen Himmel geben, kein Fegefeuer und keine Erde — es werden nur zwei Daseinsformen existieren: Mein Königreich — wo das Leben niemals enden wird, für diejenigen, die Mir erlauben, sie in Mein Herz zu sammeln, — und die Hölle für diejenigen, die sich Mir nicht zuwenden werden.

Alle Dinge werden gemäß Meiner Barmherzigkeit und dem Heiligen Willen Meines Vaters sein, Der alle Seine Kinder liebt. Er will jeden retten, und zwar durch Mich. Ich kann diejenigen, die nicht Teil Meines Königreiches sein wollen oder die alle Meine Anstrengungen, ihnen eine wundervolle herrliche Ewigkeit zu bringen, zurückweisen, nicht zwingen, Mir zu folgen. Ignoriert nicht Meine Bitten, diesen armen Seelen zu helfen!

Euer Jesus

1109. Meine Lehren sind nicht kompliziert.

Dienstag, 22. April 2014, 20:00 Uhr

Meine innig geliebte Tochter, wie schwer diese Mission auch immer ist, es muss zu jeder Zeit die Wahrheit herrschen.

Was nützt es, wenn Mein Wort verdreht wird? Wozu dient das? Wenn Mein Wort und alles, was Ich Bin und Sein Werde, angepasst wird, um den Absichten des Menschen zu entsprechen, dann wird es eine Unwahrheit. Welchen Sinn hat Mein Tod am Kreuz, wenn ihr nicht dadurch von der Sünde erlöst werden solltet? Trotz der Grausamkeit Meines Todes am Kreuz ist der Sinn für Christen simpel. Ich habe euch von der Sünde erlöst, aber nur, wenn ihr Mich bittet, das zu tun. Wenn ihr nicht bittet, kann Ich euch nicht erlösen.

Wenn ihr Mich, Jesus Christus, nicht annehmt, dann werdet ihr nicht in der Lage sein, Meine Barmherzigkeit zu finden. Wenn ihr Meine Barmherzigkeit nicht sucht, dann werde Ich vor euch stehen und euch anflehen, dies zu tun, so Groß ist Meine Liebe zu euch. Ich werde wie ein verarmter König vor euch, den Sündern, stehen. Ich werde euch die Wahrheit offenbaren, bis euch die Augen endlich aufgehen, und dann werdet ihr sehen. Diejenigen von euch, die die Wahrheit sehen, werden dann ihre Arme nach Mir ausstrecken, und Ich werde euch in den Zufluchtsort Meines Herzen nehmen. Genauso, wie jene, die Mich kennen, und die gerettet werden, einen Vorteil haben, so werde Ich ebenfalls allen Seelen aller Religionen und aller Glaubensbekenntnisse den Vorteil geben, ihnen die Wahrheit zu zeigen, bevor Meine Zeit gekommen ist.

Vergesst niemals Meine Unkompliziertheit. Ich lehre euch die Wahrheit auf einfache Weise. Ich habe euch gelehrt, einander zu lieben, wie Ich euch geliebt habe. Wenn ihr einander liebt und einander behandelt, wie Ich es euch gezeigt habe, werdet ihr Mein sein. Wenn ihr anderen Menschen nicht Liebe und Respekt zeigt, sondern euch in Meinem Namen gegenseitig richtet, dann könnt ihr nicht sagen, dass ihr Mein seid. Meine Lehren sind nicht kompliziert. Sie müssen es auch nicht sein, denn die Liebe ist das Wesen von all dem, was Ich gelehrt habe. Ohne Liebe zu einander in eurem Herzen könnt ihr Mich auch nicht aufrichtig lieben. Wenn ihr die Liebe ablehnt, dann werdet ihr Mich immer ablehnen. Wenn ihr Mein Wort ablehnt, dann kann die Liebe Gottes nicht in eurem Herzen gedeihen.

Euer Jesus

1110. Ich werde nicht zulassen, dass diejenigen von euch, die in Mein Neues Paradies kommen, den Schmerz des körperlichen Todes erleiden.

Mittwoch, 23. April 2014, 15:30 Uhr

Meine innig geliebte Tochter, viele Menschen glauben fälschlicherweise, dass Meine Warnungen an die Menschheit ein Gefühl der Verzweiflung und unnötige Sorgen hervorrufen. Das ist verständlich, aber wisst Folgendes: Die Zukunft der kommenden Welt ist von atemberaubender Herrlichkeit in jeder Hinsicht. Das Paradies, das für euch vorbereitet ist, würde euch mit Ehrfurcht, Staunen und einem großen Gefühl der Begeisterung erfüllen, würde Ich euch auch nur einen kurzen Blick darauf werfen lassen. Weil der Mensch eine Angst vor dem Unbekannten hat und es ihm an Vertrauen in Mein Versprechen mangelt, jedem Einzelnen von euch das Ewige Leben zu bringen, tun sich viele, die sich auf Mein Königreich vorzubereiten versuchen, schwer.

Meine geliebten Anhänger, Meine kostbaren Kleinen, bitte wisst, dass Ich es nicht zulassen werde, dass diejenigen von euch, die in Mein Neues Paradies kommen, den Schmerz des körperlichen Todes erleiden — dieses ist Mein Geschenk an diese gesegnete Generation. Dieser Übergang von der Welt, in der ihr heute lebt, in Mein Neues Paradies wird innerhalb eines Augenblickes geschehen; derart ist Meine Große Liebe zu euch. Bis zu diesem großen Tag muss Ich euch vorbereiten, damit alle von euch Mein Königreich erben werden. Ich muss euch nicht durch diese Prüfungen gehen lassen, die ihr jetzt ertragt, und durch jene, die noch kommen werden, — das ist wahr. Viele Menschen jedoch, die Mein Wort und Meine Barmherzigkeit für selbstverständlich halten, muss Ich vorbereiten. Wie kann Ich euch reinigen, ohne dass Ich euch nicht an die Wahrheit erinnere? Nur die Wahrheit wird euch frei machen von den Fesseln, die euch an den Teufel binden, der euch von Mir wegziehen wird, bei jeder Gelegenheit, die er bekommt. Er weiß, dass, wenn ihr nicht auf Meinen Ruf, euer rechtmäßiges Erbe in Meinem Reich zu sichern, antwortet, dass er siegen wird. Dann, nachdem ihr von ihm getäuscht worden seid, wird es euch nicht gelingen, eure Seele im Rahmen Meiner Göttlichen Barmherzigkeit zu versöhnen.

Nur diejenigen, die Mir auf Schritt und Tritt zum Paradies folgen, werden darin erfolgreich sein, das Ewige Heil zu erlangen. Bitte seid geduldig. Seid wachsam für Meinen Ruf. Schiebt Mich nicht beiseite, wenn Ich versuche, euch durch diese Botschaften zu erreichen. Lernt, auf Mich zu vertrauen, durch Mein Heiliges Wort, das euch im Buch Meines Vaters bereits bekannt ist.

Wenn Ich vom Bösen spreche, enthülle Ich euch nur die Täuschung, mit der ihr künftig konfrontiert werdet. Das Problem mit der Täuschung ist es, dass sie euch gegen-über der Wahrheit blind macht und euch abdriften lässt, an eine Überzeugung zu glauben, die euch in eine falsche Lehre hineinsaugen wird. Wenn nicht Ich, Jesus Christus, es Bin, Der in dieser neuen Lehre verehrt wird, dann könnt ihr sicher sein, dass sie nicht vom Heiligen Geist diktiert wird.

Erlaubt es eurem Herzen, ruhig zu sein, und eurem Vertrauen so zu sein, wie das Vertrauen eines Kindes, und liebt einfach Mich, so wie Ich euch liebe. Widersteht niemals Meiner Barmherzigkeit, habt niemals Angst vor Mir, empfindet Mir gegenüber niemals Ärger, vor allem dann nicht, wenn ihr in diesem Leben leidet. Denn bald werde Ich euch nach Hause bringen. Sobald der Große Tag anbricht, wird die Welt geboren werden, und ein neues und wundervolles Leben erwartet euch und all eure Lieben. Ihr alle werdet mit Mir verbunden sein, ohne einen Feind in Sicht — ohne Angst, Gefahr und Leid jeglicher Art. Warum solltet ihr also Angst vor Meinem Königreich haben? Es wird euch die Glückseligkeit bringen und die Liebe, die ihr euer ganzes Leben lang auf Erden gesucht habt — was aber nie wirklich in Erfüllung gegangen ist, wie sehr ihr euch auch bemüht habt, diese Gaben zu fördern.

Mein Größtes Geschenk an euch ist das Ewige Leben. Erwartet Mein Geschenk — ohne Angst. Erwartet es stattdessen mit Liebe und Vorfreude auf Mein Neues Königreich, denn es gibt vieles, worauf ihr euch freuen könnt.

Euer Jesus

1111. Die Zeit, wo erklärt wird, dass es die Sünde nicht mehr gäbe, rückt näher.

Donnerstag, 24. April 2014, 16:45 Uhr

Meine innig geliebte Tochter, die Zeit ist jetzt nahe, wo die Sünden des Menschen von Meiner Kirche für unbedeutend und harmlos in Meinen Augen gehalten werden.

Sünde ist nicht etwas, das von Mir für eine Schwäche oder für einen Defekt gehalten wird. Die Sünde wird aufgrund dieser beiden Wesenszüge geschaffen, aber sie entsteht aufgrund der Existenz Satans. Meine Kirche wird bald Meine Anhänger beschwichtigen, indem sie diese dazu verleitet, die Lüge zu akzeptieren, dass die Sünde nur eine Metapher (ein Bild) sei, dass sie als ein Symbol für Gottes Kinder verwendet werde, um sie zu bewegen, auf einem gottgefälligen Weg zu bleiben. Die Sünde sollte euch nicht das Gefühl geben, von anderen getrennt zu sein, werden sie sagen. Sünde, werden sie sagen, sei nicht wirklich von Bedeutung, denn Gott sei Allverzeihend. Ja, Ich Bin Allverzeihend und vergebe jede Sünde — abgesehen von der ewigen Sünde —, sobald der Sünder Reue zeigt und sich bemüht, jede Versuchung aus dem Weg zu räumen, um zu vermeiden, diese Sünde zu wiederholen. Ihr könnt Mich nicht bitten, die Sünde zu vergeben, wenn ihr in dieser Sünde lebt. Ein Mörder, der mordet, andere verstümmelt und tötet, kann Mich nicht bitten, ihm zu vergeben, während er weiter mordet und nicht die Absicht hat, mit seinen Verbrechen aufzuhören. Was nützt es, Mich zu bitten, euch von der Sünde zu erlösen, wenn ihr nicht zu allererst akzeptiert, dass ihr sündigt?

Die Sünde wird durch Schwachheit verursacht, und Ich vergebe dem Sünder, der aufrichtig bereut. Wenn der Sünder nicht mehr glaubt, dass er der Sünde schuldig ist, dann wird sie in der Seele fest verwurzelt. Die Zeit, wo erklärt wird, dass es die Sünde nicht mehr gäbe, rückt näher. Wenn diese Zeit kommt, dann wird es große Erleichterung und Jubel geben, denn was einst als Sünde in Meinen Augen galt, wird nicht mehr als solche betrachtet werden.

Die Sünde wird als eine natürliche Sache gesehen werden und als etwas, das ihr alle akzeptieren solltet. Euch wird nicht aufgetragen werden, den Sünder bloß zu lieben, wie Ich es tue. Nein, ihr werdet ermutigt werden zu akzeptieren, dass die Sünde nicht existiere. All dies wird zu dem äußersten Verrat an Meiner Gottheit führen, wo die Welt sich selbst, ihre Talente, ihre Intelligenz, vergöttern wird, bis sie ihre Großartigkeit erklärt, in direkter Missachtung Gottes, des Ewigen Vaters.

Oh, wie viele werden in Irrtum, Verzweiflung und Missetaten geführt werden. Meine Kirche wird benutzt werden, um in Meinem Heiligen Namen Häresien zu verkünden. Diese Fehlgeleiteten, alles werden sie auf den Kopf stellen und von innen nach außen kehren, und nicht ein Teil dieser Veränderungen wird von Mir, Jesus Christus, angeordnet sein. Der Heilige Geist wird nicht über dem Gräuel walten und es wird große Verwirrung geben, großes Leid und ein Gefühl der Hilflosigkeit auf Seiten derer, die den Lehren Meiner Kirche treu bleiben werden. Die traditionellen Lehren werden nicht mehr toleriert werden. Dann, wenn all das, was heilig gehalten wird, zusammenbricht, wird die Zeit reif sein für den Mann des Verderbens, um seinen Sitz in Meiner Kirche einzunehmen.

Euer Jesus

1112. Gott der Vater: Es ist besser, dass ihr diesen geistigen Schmerz jetzt ertragt als in den ewigen Flammen.

Samstag, 26. April 2014, 13:42 Uhr

Meine liebste Tochter, die Kräfte des Bösen werden von Tag zu Tag immer stärker, da die Stunde der Großen Barmherzigkeit Meines Sohnes ohne Vorwarnung anbrechen wird.

Jene Menschen unter euch, die Meinen Sohn nicht annehmen, werden in jeden Strahl Seiner Barmherzigkeit eingehüllt werden, so plötzlich, dass nur wenige von euch verstehen werden, was über euch gekommen ist, derart wird die Kraft Seiner Göttlichen Gegenwart sein. Diejenigen von euch mit Hass in ihrem Herzen werden großen Schmerz und großen Kummer empfinden. Ihr werdet dreimal mehr den gleichen Schmerz erleben, den ihr Meinen Kindern zugefügt habt, denn täuscht euch nicht, die Warnung ist eine Form von Gericht. Ihr werdet den Schmerz und das intensive Leiden erleben, das ihr ertragen würdet, würdet ihr in das Feuer der Hölle geworfen werden. Viele von euch werden die Warnung entsetzlich schmerzhaft finden. Dennoch müsst ihr Mein Geschenk willkommen heißen, denn es ist besser, dass ihr diesen geistigen Schmerz jetzt ertragt als in den ewigen Flammen.

Ich bemühe Mich, euch durch Meine Gesegnete Mission vorzubereiten, damit Ich nicht eine einzige Seele verlieren werde. Meine letzte Mission auf Erden — die Ich erlaubt habe, in Gestalt der Allerheiligsten und Seligsten Dreifaltigkeit — wird heftig bekämpft werden, während sie fortfährt auf ihrem Weg, Seelen zu retten, vor dem Großen Tag. Keine andere Mission seit der Kreuzigung Meines Sohnes wird so sehr gehasst werden wie diese. Wehe denen von euch, die sich Mir, eurem Ewigen Vater, entgegenstellen, denn solltet ihr in Mein Antlitz spucken, mit einer unflätigen Zunge, werde Ich euch bestrafen.

Ich werde den Hass und die Gotteslästerungen, die ihr irregeführten Sünder auf Mich werft, nicht lange zulassen. Wenn ihr versucht, Mich aufzuhalten in Meinem Bestreben, euch alle vor dem Teufel zu retten, dann werdet ihr wegen der Seelen, die Mir euretwegen verloren gegangen sein werden, schwerst leiden.

Meine Göttlichkeit wird nicht zerdrückt werden noch wird das Kommen Meines Sohnes aufgehalten werden. Niemand hat die Macht, dies zu tun. Der Mensch, der versucht, sich zwischen den Sünder und Mich, den Ewigen Vater, zu stellen, mit der Absicht, diese Seele zu verleiten, Mein Wort abzulehnen, wird gestoppt werden.

Ich Bin die Wahrheit. Ich Bin der Anfang und Ich Bin das Ende. Meine Liebe zu all Meinen Kindern ist groß, aber wehe dem Sünder, der Meinen Zorn auf sich zieht, wenn er versucht, sich über Mich zu erheben. Ich werde die Köpfe der im Herzen stolzen gottgeweihten Diener zermalmen, die Mir — durch Häresien — Seelen stehlen. Ich werde diejenigen vernichten, deren Aktionen Seelen in schweren Irrtum führen werden. Keine Sekunde dürft ihr Meine Warnung falsch auslegen, denn während Ich dazu getrieben Bin, in die Rettung von Seelen einzugreifen, werden diese Meine Feinde zu Boden geschmettert werden.

Mein Machtvolles Eingreifen hat begonnen, und bald werden wenige von euch, die Meine Stimme hören — durch diese Botschaften —, jemals wieder zweifeln, denn ihr werdet Zeugnis ablegen von jeder Prophezeiung, die in Meinem Buch der Wahrheit enthalten ist.

Geht und seid dankbar für Meine Große Barmherzigkeit. Nehmt Meine Eingriffe an, denn sie werden helfen, die Welt zur Vernunft zu bringen. Erst nach der Reinigung wird der Mensch in der Lage sein, wirklich auf Meine Stimme zu hören.

Euer Ewiger Vater
Gott der Allerhöchste

1113. Viele der Geheimnisse Meines Königreiches sind dem Menschen unbekannt.
Sonntag, 27. April 2014, 18:00 Uhr

Meine innig geliebte Tochter, Mein Plan, die gesamte Welt zu retten und jeden Einzelnen von euch in den Zufluchtsort Meines Herzens zu nehmen, ist fertig und alle Teile sind richtig platziert, so dass die Vollendung Meiner Verheißung zur Reife gebracht ist.

Es sind viele Mysterien mit Meiner Göttlichkeit verbunden, die der Mensch, und sei er noch so versiert in spirituellen Dingen, niemals wirklich verstehen kann. Viele der Geheimnisse Meines Königreiches sind dem Menschen unbekannt und Mein Vater hat der Menschheit nur das offenbart, was Er zu offenbaren gewünscht hat. Dem Menschen wurden das Wissen und die Wahrheit gegeben, damit er, so gut er nur kann, Gott verehren und Ihm dienen kann. Der Mensch wurde durch die Propheten informiert, wie er sich an die Zehn Gebote halten muss, um sicherzustellen, dass er nicht dem Irrtum verfällt. Dann wurde Gott, um Seine Liebe für die Welt zu beweisen, Mensch und zeigte durch Mich, Seinen eingeborenen Sohn, Jesus Christus, dem Menschen genau das, was zum Guten führt und was böse ist. Ich offenbarte die Wahrheit — allerdings nur einen Bruchteil von dem, was Mein Vater wünschte — für die Bedürfnisse des Menschen. Aber der Mensch war so stolz im Herzen, so arrogant und so ehrgeizig, dass er die Wahrheit nicht kennen wollte, da sie ihm nicht passte.

Die Pharisäer schlossen ihre Augen, schauten in die andere Richtung und erklärten, dass Ich ein Mann sei, der Seinen Verstand verloren hätte und in Rätseln sprechen würde. Sie besaßen nicht die Fähigkeit, die Wahrheit zu hören, obwohl Meine Lehren lediglich die Worte, die Lektionen und die Gebote, die im Buch Meines Vaters stehen, wiederholten. Einen schmalen Weg gingen sie entlang, schauten weder nach links noch nach rechts, während sie ihrer eigenen Version folgten, wie man Gott zu dienen habe. Sie taten dies nach außen hin fromm, mieden dabei die Schwachen, die Armen und die Ungebildeten, während sie Gott priesen. Sie haben Mich damals verbannt — und ihre Kollegen von heute werden dies noch einmal tun, wenn sie mit ihrer eigenen menschengemachten Lehre in den nächsten Jahren weitergemacht haben.

So seht ihr jetzt, dass der Mensch, trotz allem, was er behauptet zu wissen, in Wahrheit sehr wenig über die Wege des Herrn weiß. Das, was ihm gegeben wurde, wird angenommen, aber nur Teile der Wahrheit, die ihm behagen. Zum Beispiel habe Ich Gottes Kinder immer angewiesen, einander zu lieben, aber sie scheitern darin, dies zu tun. Wie viele von euch liegen vor Mir auf ihrem Angesicht und überschütten Mich mit Lobpreis und Dank — und verleumden dann eure Brüder und Schwestern? Einige von euch gehen so weit, Mir zu sagen, welch böse Menschen diese seien, anstatt Liebe und Vergebung zu zeigen.

Der Mensch wird immer schwach sein, denn es ist unmöglich für die Menschen, vollkommen zu sein. Aber warum nehmen sie Meine Lehren auf der einen Seite an und lehnen sie dann auf der anderen Seite ab? Gebt niemals der Versuchung nach, einander in Meinem Namen zu verurteilen, denn ihr seid nicht berechtigt, dies zu tun. Erhöht euch niemals selbst vor Mir, wenn ihr einen anderen Menschen gleichzeitig beschmutzt oder herabsetzt. Dies ist eine Beleidigung für Mich. Um die Wahrheit anzunehmen, müsst ihr ohne Bosheit, Stolz, Selbstgerechtigkeit oder Selbstsucht sein. Ihr müsst euren Mantel der Arroganz ablegen, denn Arroganz ist ein Merkmal des Teufels, und Ich finde sie abstoßend.

Bitte vergesst nicht Meine Lehren und lebt euer Leben gemäß dem, was Ich euch gesagt habe. Wenn ihr merkt, dass euer Herz aufgewühlt ist, voller Angst oder Hass, dann müsst ihr immer Meine Hilfe aufsuchen. Denn wenn ihr das nicht tut, dann wird euch dieses Gefühl der Verzweiflung und des Hasses verschlingen. Ihr müsst die Tatsache akzeptieren, dass ihr der Sünde immer erliegen werdet, aber wisst auch, dass ihr echte Reue zeigen müsst, bevor ihr so etwas wie Frieden oder Ruhe in eurer Seele fühlen werdet.

Euer Jesus

1114. Mutter der Erlösung: Die Tage vor der Ankunft des Antichristen werden Tage großer Feierlichkeiten sein.
Sonntag, 27. April 2014, 23:20 Uhr

Meine lieben Kinder, erlaubt es dem Licht Gottes, auf euch herabzukommen, da die Pläne, die Welt auf das Zweite Kommen Meines Sohnes, Jesus Christus, vorzubereiten, fertig sind. Alle Dinge werden jetzt gemäß dem Heiligen Willen Gottes sein, und Ich bitte euch, dass ihr Gebet als eure größte Waffenrüstung einsetzt, da die Schlacht um Gottes Kinder intensiver werden wird. Im Gegensatz zu früheren Kriegen wird die Schlacht um Seelen sehr verwirrend sein, weil der Feind als Freund wahrgenommen werden wird, während die wahre Kirche Christi zum Feind erklärt werden wird.

Wie stark werdet ihr doch sein müssen, wenn ihr ein wahrer Christlicher Soldat werden sollt. Ihr dürft euch niemals dem Druck beugen, die Gotteslästerungen in den Mund zu nehmen, an denen man euch auffordern wird, sich zu beteiligen — in der Öffentlichkeit wie auch vor den Altären Meines Sohnes. Wenn ihr seht, wie Männer im Tempel Meines Sohnes in Machtpositionen gehievt werden, die dann verlangen, dass ihr euch in Ehrerbietung vor ihnen verbeugt, wo es aber kein Kreuzzeichen gibt, dann rennt weg, denn ihr werdet in den Irrtum gezogen werden. Ihr werdet wissen, dass die Zeit gekommen ist, dass der Antichrist die Kirche

Meines Sohnes betritt, wenn die Tabernakel angepasst und in vielen Fällen durch hölzerne Modelle ersetzt sein werden.

Kinder, bitte seid euch darüber im Klaren, dass viele von euch der Wahrheit den Rücken kehren werden, weil die Wahrheit für euch fast unmöglich anzunehmen sein wird. Die Tage vor der Ankunft des Antichristen werden Tage großer Feierlichkeiten sein, in vielen Kirchen aller christlichen Konfessionen und anderer Glaubensgemeinschaften. All die Regeln werden geändert sein, die Liturgie erneuert sein, die Sakramente manipuliert sein, bis schließlich die Messe nicht mehr gemäß der Heiligen Lehre gefeiert werden wird. Dann und an dem Tag, wo der Antichrist stolz auf seinem Thron sitzt, wird die Gegenwart Meines Sohnes nicht mehr sein. Dann, ab diesem Tag, wird es für jene, die Meinen Sohn lieben, schwer werden, Ihm treu zu bleiben, wie sie es sollten, denn jeder Gräuel wird vor euch präsentiert werden. Wenn euch genügend Ablenkungen umgeben und wenn es eine Straftat werden wird, die neue Hierarchie in Frage zu stellen, werdet ihr versucht sein aufgeben und die Eine-Welt-Religion anzunehmen, aus Furcht, Freunde und Familie zu verlieren.

Gottes Armee — der Rest — wird wachsen und sich ausbreiten und die Kreuzzuggebete werden allen große Kraft geben. Mein Sohn wird eingreifen und euch durch die vor euch liegenden Herausforderungen tragen, und ihr werdet wissen, dass es Seine Macht sein wird, die euch Mut und Ausdauer geben wird. Denn nur die Starken unter euch werden dem Heiligen Wort Gottes treu bleiben, aber selbst wenn die Restarmee nur einen Bruchteil von der Größe der Armee des Tieres ausmacht, wird Gott sie mit der Kraft eines Löwen erfüllen. Er wird die Schwachen stärken und ihnen große Gnaden schenken. Er wird die Macht derer schwächen, die zu Verehrern des Antichristen werden. Alle diese Ereignisse werden beängstigend erscheinen, aber in Wahrheit werden diese Ereignisse vielen wie eine neue Ära der Einheit und des Friedens in der Welt vorkommen. Die Menschen werden der neuen Eine-Welt-Kirche Beifall spenden und sagen: „Welch großes Wunder ist von Gott geschaffen worden." Sie werden große Ehrfurcht vor den Männern haben, sowohl aus dem Inneren wie auch von außerhalb der Kirche. Mit großem Lob und mit großen Ehren werden diese Männer überhäuft werden und dann werden sie mit lautem Gesang sowie mit einem besonderen Zeichen der Anerkennung begrüßt werden, in jeder öffentlichen Versammlung.

Es wird Jubel, Feierlichkeiten und Ehrenveranstaltungen geben, wo Häretikern große Auszeichnungen verliehen werden. Ihr werdet großen Reichtum sehen, Einheit unter den verschiedenen Glaubensrichtungen und Ehrenmänner — die wie lebende Heilige behandelt werden —- alle bis auf einen. Der Eine, auf den Ich Mich beziehe, ist der Antichrist, und sie werden glauben, dass er Jesus Christus sei.

Eure geliebte Mutter
Mutter der Erlösung

1115. Dieses Mal komme Ich, um die Erde zu erneuern, um Mein Königreich auf Erden wiederherzustellen.
Dienstag, 29. April 2014, 09:00 Uhr

Meine innig geliebte Tochter, viele mögen sich fragen, wie Gott, der Vater, der Allmächtige Schöpfer von allem, was ist und was für immer sein wird, leiden könne. Die Wahrheit ist, dass Mein Vater, der vollkommen ist in allem, was sein kann, von Liebe durchdrungen ist. Da Er der Schöpfer der Liebe ist, verursacht es Leid in Seinem Herzen, wenn Er zurückgewiesen wird.

Gottes Kinder haben Sein großes Geschenk des Paradieses abgelehnt, durch die Sünde von Adam und Eva, als sie von Seiner Gnade abfielen. Stattdessen ließen sie sich durch die listige Täuschung verführen, die der Teufel ihnen präsentierte. Wie Mein Vater doch damals wegen dieses Verrates gelitten hat und wie Er immer noch leidet wegen der Sünde des Verrates in der heutigen Welt. Nichts hat sich geändert, ausgenommen das Wunder der Erlösung, das Er der Welt hinterließ, durch Mein Opfer für die Menschheit.

Die Liebe Meines Vaters zu euch allen ist so Groß, dass Sein Leid, das durch des Menschen Blindheit und Ablehnung Seiner Großen Barmherzigkeit verursacht worden ist, ebenfalls Sein Geschenk an die Menschheit ist. Wegen Seines Leides sehnt Er Sich nach Seelen, und daher wird Er sogar den widerwilligsten Nichtgläubigen zu erreichen und zu erfassen versuchen. Denjenigen, die nicht an Gott glauben, die aber einen Beweis wünschen und irgendein Zeichen, das ihnen Trost in ihrem Elend bringen wird, sage Ich Folgendes: Ich, Jesus Christus, kam beim ersten Mal nicht, um lediglich diejenigen zu retten, die die Wahrheit annehmen — Ich kam, um diejenigen zu retten, die nicht fähig waren, an Gott zu glauben. Ich tue jetzt das Gleiche. Während die Gläubigen gegeneinander kämpfen werden, indem sie streiten, ob Ich es Bin, Jesus Christus, oder nicht, Der in dieser Zeit mit der Welt kommuniziert, verspreche Ich euch Folgendes: Ich werde euch aus Meiner Liebe zu euch heraus beweisen, dass es tatsächlich Ich Bin, Der jetzt spricht, und dass Ich noch einmal von Meinem Vater gesandt Bin, um euch zu retten.

Dieses Mal komme Ich, um die Erde zu erneuern, um Mein Königreich auf Erden wiederherzustellen — das Paradies, geschaffen von Meinem Vater für Adam und Eva. Jener Tag wird bald anbrechen, und bevor die Zeit kommt, werde Ich euren Leib, euren Geist und eure Seele erleuchten. Ich werde euch mit Meiner Macht — mit Meiner Göttlichkeit — schockieren, aber ihr werdet solch eine Woge von Liebe fühlen, dass ihr keinen Zweifel mehr haben werdet, dass dies nur von Mir kommen kann. Das ist Mein Versprechen. Es sind die Kinder Got-

tes, die Ihn nicht kennen noch an Ihn glauben, die Ich zuerst versuchen werde zu erreichen. Die meisten von ihnen werden zu Mir gelaufen kommen, weil sie keine vorgefasste Meinung haben, die sich aus zu vielen Kenntnissen von spirituellen Dingen entwickeln kann. Zur gleichen Zeit werde Ich versuchen, die Seelen zu erreichen, die sich in großer Finsternis befinden, die verzweifelt, verloren und mit großem Leid in ihrem Herzen beladen sind. Wenn ihr daher Mein Wort lest, das hier in den Botschaften enthalten ist, dann wisst, dass sich Meine Botschaften nicht nur an diejenigen richten, die Mich lieben, — sie werden gegeben, um euch zu erreichen.

Ich gebe euch Frieden. Ich bringe euch eine großartige Botschaft, denn Ich habe für euch eine herrliche Zukunft gestaltet, wo der Tod keine Macht über euch haben wird. Ich erwarte diesen Tag mit großer Freude. Bitte wartet, mit Geduld und Vertrauen, denn wenn Ich euer Herz öffne, dann werden eure Sorgen nicht mehr sein.

Euer geliebter Jesus

1116. Mein Versprechen wiederzukommen wird zu Lebzeiten dieser Generation erfüllt werden.
Donnerstag, 1. Mai 2014, 23:30 Uhr

Meine innig geliebte Tochter, Mein Versprechen wiederzukommen wird zu Lebzeiten dieser Generation erfüllt werden. Viele Menschen in der Welt, zu dieser Zeit, sind blind für die Prophezeiungen in Bezug auf den Großen Tag des Herrn, die in der Höchstheiligen Bibel enthalten sind. Zur Vorbereitung auf diese Zeit hat Mein Vater Mich beauftragt, euch zu informieren, dass das Datum für Mein Zweites Kommen festgesetzt ist, aber nur Gott, der Ewige Vater, kennt dieses Datum. Selbst Ich, Sein eingeborener Sohn, habe keine Kenntnis von diesem Datum — nur, dass es bald sein wird.

Viele Ereignisse müssen vorher stattfinden, vor der großen Erneuerung, aber wisst, dass sie alle schnell und in rascher Folge ablaufen werden. Diejenigen, die den Großen Tag fürchten, müssen stattdessen auf Mich vertrauen und für die Seelen derer beten, die alles tun werden, was sie können, sich Mir in Meiner Suche nach Seelen entgegenzustellen. Mein Plan ist es, selbst die Widerspenstigsten unter euch in Mein Königreich zu bringen, denn er (Mein Plan) ist für die Welt. Mein Reich wird kommen, denn es ist Gottes Plan und wird den Letzten Bund abschließen gemäß dem Göttlichen Willen Gottes.

Betet mit Großmut in eurem Herzen für die Seelen jener, die Meiner Barmherzigkeit am meisten bedürfen, und Ich werde sie mit Meinem Kostbaren Blut bedecken. Alles, was im Anfang war, wird am Ende verwirklicht werden, und dann wird eine Welt ohne Ende existieren. Alles beginnt und endet mit Meinem Vater.

Nichts wird Mein Zweites Kommen verhindern. Niemandem, der sich Mir entgegenstellt oder der versucht, Seelen von Mir wegzuziehen, wird erlaubt werden, Mir die Stirn zu bieten, denn wenn Ich komme, werden alle Meine Feinde weggeworfen werden. Ich werde die Schwachen, die Ängstlichen, die Reumütigen, die Häretiker, die Heiden, die Lügner, die Diebe, die Mörder — alle Sünder — retten. Nicht einer von euch ist von Meiner Barmherzigkeit ausgenommen. Ich liebe euch alle.

Euer Jesus

1117. Mutter der Erlösung: Bei der Apokalypse wird sich alles um die Besitzergreifung der Kirche Meines Sohnes auf Erden durch Seine Feinde drehen.

Freitag, 2. Mai 2014, 19:00 Uhr

Mein Kind, wenn Menschen das Wort „Apokalypse" hören, kann es ihre Herzen in Angst und Schrecken versetzen. Das ist, weil sehr wenige wirklich darüber informiert sind, was sie symbolisiert. Diese Zeit ist vorausgesagt worden als der letzte Teil vom Plan Meines Vaters, die Welt zu vereinen und sie aus dem Griff des Bösen zu befreien, das so lange seinen Würgegriff ausgeübt hat.

Das wichtigste Zeichen, dass die Zeit nahe ist, wird kurz vor dem Zweiten Kommen Meines Sohnes stattfinden, wenn Seine ganze Kreuzigung noch einmal durchlebt werden wird. Folgendes werden die Zeichen sein: So wie Er gegeißelt worden ist, wird ebenso auch Sein Leib — Seine Kirche auf Erden — durch Korruption und Verseuchung gegeißelt werden. Dann werden, so wie die Dornen auf Sein Haupt gesetzt worden sind, die Dornen ebenso auf die Häupter der Führer Seiner Kirche gesetzt werden. Die Hände Seiner heiligen Diener werden festgenagelt sein, wie an das Kreuz, wenn sie (die Hände) — in den bevorstehenden Zeiten — nicht mehr als Werkzeug der Heiligen Sakramente eingesetzt werden. Ebenso wie die Nägel die Füße Meines Sohnes durchbohrt haben, so wird es ebenso jenen wahren Dienern Gottes untersagt sein, Seelen auf dem wahren Weg des Herrn zu führen. Die Kreuzigung der Kirche Meines Sohnes auf Erden wird weitergehen, bis sie stirbt, und an diesem Tag wird der Leib Meines Sohnes, Jesus Christus, nicht mehr in der Heiligen Eucharistie gegenwärtig sein. Wenn die Kirche Meines Sohnes zerstört ist, auf welchem Weg werden dann Seine Anhänger gehen? Wenn ihr daher nicht dem Weg Meines Sohnes folgt, dann werdet ihr nicht in der Lage sein, zu Seinem Königreich zu finden.

Wenn die Kirche Meines Sohnes übernommen worden sein wird und der Feind auf dem Thron sitzt, dann müsst ihr Meinem Sohn immer treu bleiben. Ihr werdet dazu nicht in der Lage sein, wenn ihr die Gesetze der säkularen Welt als einen Ersatz für die Wahrheit annehmt.

Das Buch der Wahrheit zusammen mit den Kreuzzuggebeten wird euch auf Meinen Sohn konzentriert halten. Jene treuen heiligen Diener von Ihm werden euch mit der Speise des Lebens nähren, dann, wenn sie nirgends zu finden sein wird. Dann werdet ihr in der Lage sein, die Monate zu zählen, als ob sie Wochen wären, und die Wochen, als ob sie Tage wären, denn beim Klang der Posaune wird sich das Neue Jerusalem aus der Asche erheben und die Verfolgung wird zu Ende sein.

Bei der Apokalypse wird alles um die Besitzergreifung der Kirche Meines Sohnes auf Erden durch Seine Feinde gehen. Es wird um den Kampf um Seelen gehen. Bei der Züchtigung wird es um Gottes Warnung an die Menschheit gehen, um ihre Augen für die Wahrheit zu öffnen. Die Restarmee wird mithelfen, die Flamme der Liebe zu Meinem Sohn am Leben zu halten und gleichzeitig für Seelen eine große Verschonung von der Strafe zu bringen, die ihnen sonst widerfahren würde, gäbe es nicht die Barmherzigkeit Meines Sohnes.

Eure geliebte Mutter
Mutter der Erlösung

1118. „Bittet und ihr werdet empfangen" ist kein leeres Versprechen, das Ich mache.

Samstag, 3. Mai 2014, 15:50 Uhr

Meine innig geliebte Tochter, wenn Ich die Menschen bitte, Mir zu vertrauen, dann ist das für viele Menschen sehr schwer umzusetzen. So viele finden es schwer, auf Meine Liebe zur Menschheit zu vertrauen, wenn sie sich auf ihren eigenen Glauben verlassen, um sich Mir vollkommen hinzugeben. Nur wenn ihr euch voll und ganz Meiner Obhut überlasst, könnt ihr euch sicher, geschützt und in Frieden fühlen.

Meine Liebe, wenn sie von euch gesucht und gefunden wird, wird euch bedecken, wenn ihr eure Arme (nach Mir) ausstreckt und wie ein kleines Kind nach Mir ruft. Kinder setzen ihr ganzes Vertrauen in ihre Eltern, wenn sie klein sind. Sie kennen nur den Unterschied zwischen dem, was sich richtig anfühlt, und dem, was sich falsch anfühlt, und so verlassen sie sich ganz darauf, dass die Erwachsenen sie schützen. Kinder überlegen nicht lange, zu ihren Eltern zu laufen, um sich trösten zu lassen und um Zuflucht zu suchen. Das Vertrauen eines Kindes ist stark. Es hinterfragt nicht, denn es glaubt ehrlich und aufrichtig, dass es in den Armen der liebenden Eltern Sicherheit finden wird.

Ich Bin des Vertrauens würdig, denn alles, was von Mir erbeten wird, wird geschehen, wenn es zum Wohle der Seele ist. „ Bittet und ihr werdet empfangen" ist kein leeres Versprechen, das Ich mache. Ich habe Gefallen daran, jeden Einzelnen von euch mit Meinen Geschenken zu überhäufen. Wenn ihr Mich bittet, euch zu helfen, dann höre, fühle und antworte Ich auf alles, was ihr verlangt. Gebt Mir die Gelegenheit, jedem von euch Meine Liebe zu beweisen. Lasst Mich euch den Beweis Meines Eingreifens zeigen. Es ist in dieser Zeit der Existenz, dass Ich, Jesus Christus, Meine Gegenwart in allem erkennbar machen werde, um was ihr Mich bittet. Es ist in dieser Zeit, dass Ich euch fähig machen werde, Meine Gegenwart zu fühlen, Meine Großen Interventionen in eurem täglichen Leben zu erfahren und die Macht eurer Gebete zu verstehen. Denn dies sind die Tage großer Wunder, die Ich der Menschheit hinterlasse, mehr als zu jeder anderen Zeit, seit Ich auf Erden wandelte.

Wenn ihr aufrichtig all euer Vertrauen auf Mich setzt, dann kann Ich große Wunder wirken, nicht nur um euer Leiden zu lindern, sondern auch, um euch noch näher an Mein Heiligstes Herz zu ziehen. Wenn ein Kind weiß, dass die Eltern es lieben, fühlt es sich sicher in dem Wissen, dass es geschützt ist. Wisst, dass dadurch, dass ihr auf Mich vertraut, Ich euch alle schütze und Ich jede eurer Seelen mit einem tiefen Gefühl von Frieden überschwemmen werde, den ihr nirgendwo sonst auf dieser Erde finden werdet.

Kommt heute zu Mir und ruft Mich an, euch zu helfen — welche Sorgen ihr auch immer haben mögt. Sprecht dieses besondere Gebet, jedes Mal, wenn ihr in Not seid, und Ich werde jedes einzelne Mal antworten.

Kreuzzuggebet (148) „Komme mir zu Hilfe":

„O mein Jesus, hilf mir in meiner Zeit großer Not. Halte mich in Deinen Armen und bring mich in den Zufluchtsort Deines Herzens. Wische meine Tränen ab. Lass mich zur Ruhe kommen. Schenk mir Mut und erfülle mich mit Deinem Frieden. Bitte gewähre mir diesen besonderen Wunsch (hier das Anliegen erwähnen...). Komme mir zu Hilfe, auf dass meine Bitte erhört wird und damit mein Leben friedvoll werden und zur Einheit mit Dir gelangen kann, lieber Herr. Sollte meine Bitte nicht erhört werden können, dann erfülle mich mit der Gnade zu akzeptieren, dass Dein Heiliger Wille zum Wohle meiner Seele ist, und dass ich Deinem Wort für immer treu bleiben werde, mit einem frohen und gütigen Herzen. Amen."

Ruft Mich immer an, wann immer ihr bekümmert seid oder Hilfe benötigt, und Ich verspreche, euch ein Zeichen zu geben, dass Ich auf euren Ruf zu Mir, euren geliebten Heiland, geantwortet habe.

Euer Jesus

1119. Mutter der Erlösung: Gott würde niemals erlauben, dass Sein Wort geändert oder falsch interpretiert wird, damit es dem Menschen gelegen kommt.

Sonntag, 4. Mai 2014, 16:23 Uhr

Meine lieben Kinder, wenn Gott Propheten in die Welt sandte, waren es lediglich Boten. Sie wurden gesandt, um die Wahrheit — das Wort Gottes — zu vermitteln.

Im Laufe der Jahrhunderte haben viele von Gottes Kindern die Rolle der Propheten missverstanden. Einige begannen, die Propheten zu vergöttern, anstatt einfach das Wort Gottes anzunehmen und Gott die Ehre zu geben. Sie machten die Propheten zu

Göttern, und die Botschaften, die der Welt vermittelt wurden — auch die Meines Sohnes, Jesus Christus, — wurden weniger wichtig als die Propheten, die sie vermittelten.

Kinder, es war nicht angemessen, die Propheten Gottes, die Engel Gottes, die Visionäre und die Seher zu vergöttern. Sie alle waren einfache Menschen mit wenig oder gar keinen Kenntnissen von göttlichen Dingen, was der Grund ist, warum sie erwählt worden sind. Die Botschaften sind das, was wichtig ist, und die Boten sind nur die Kanäle des Wortes. Das Wort Gottes, geschenkt durch die Propheten, darf niemals beiseite geworfen werden, während der Prophet auf ein selbstgemachtes Podest gehoben wird.

Das Wort Gottes darf niemals ignoriert werden. Das Bild Gottes darf niemals ersetzt werden durch Bilder Seiner Propheten oder der Heiligen, die Sein Wohlwollen gefunden haben. Ihr dürft die Heiligen und die Propheten bitten, für euch Fürsprache einzulegen, aber ihr dürft sie niemals mit dem Lob überhäufen, das Gott, dem Schöpfer von allem, was zum Himmel gehört, vorbehalten bleiben muss. Das gleiche gilt heute. Ihr müsst an erster Stelle Gott ehren und Ihn über alles stellen, was ist. Ihr müsst an dem Wort festhalten, das im Anfang festgelegt wurde, und dürft niemals davon abweichen, denn es wird sich niemals ändern, noch kann es sich jemals ändern. Gottes Wort ist endgültig.

Die Lehren Meines Sohnes wurden der Menschheit bekannt gemacht, als Er auf Erden wandelte. Sie erklärten lediglich das Wort ausführlicher, aber sie wichen niemals von der Wahrheit ab. Heute ist der Mensch immer noch gleich, wie er war, als Mein Sohn das erste Mal kam. Der Mensch ist immer noch schwach, leicht zu beeinflussen und bleibt ein Sünder, heute wie damals. Wenn ein Prophet oder ein Mensch, der behauptet, im Namen Gottes zu sprechen, euch sagt, dass das Wort den modernen Bedürfnissen des Menschen angepasst werden müsse, dann müsst ihr auf der Hut sein. Wenn euch gesagt wird, dass das Wort in Wirklichkeit etwas völlig anderes bedeute, dann akzeptiert das nicht. Der Mensch — auch jene, die Gott dienen — hat nicht das Recht, die Wahrheit zu manipulieren.

Wenn ein Mensch behauptet, göttlich inspiriert zu sein, und dann das Wort abändert, damit es einer säkularen Welt entspricht, dürft ihr ihm nicht vertrauen. Gott würde niemals erlauben, dass Sein Wort geändert oder falsch interpretiert wird, damit es dem Menschen gelegen kommt. Vergesst nicht: Wenn ihr einen Propheten vergöttert und ihn mit Lob überhäuft, dann beleidigt ihr Gott. Wenn ihr Änderungen akzeptiert von dem, was in der Heiligsten Bibel steht, die dem Wort Gottes widersprechen, dann schneidet ihr selbst euch von der Wahrheit ab. Wenn ihr Unwahrheiten akzeptiert, um auf diese Weise Gott nach euren eigenen Vorstellungen zu dienen, dann trennt ihr selbst euch von Gott.

Eure geliebte Mutter
Mutter der Erlösung

1120. Das Buch der Wahrheit wird das genaue Gegenteil von dem neuen falschen Buch sein.
Montag, 5. Mai 2014, 16:10 Uhr

Meine innig geliebte Tochter, allen, die Meiner Stimme durch diese Botschaften folgen, wird auch weiterhin großer Segen zuteil werden, während ihr Durchhaltevermögen derart geprüft werden wird, wie man es seit den Tagen, in denen Christen im Mittelalter gelitten haben, nicht kannte. Jeder Einzelne von ihnen wird vom Teufel verhöhnt werden, der schwache und stolze Seelen verwendet, um Angriffe auf diejenigen zu starten, die Mir nahe stehen. Jeder Versuch, um — sowohl offen wie auch verdeckt — abfällige Bemerkungen über dieses Mein großes Werk zu machen, wird unternommen werden.

Während die Verfolgung intensiver werden wird, wisst, dass Satans Macht eingeschränkt worden ist, und alles, was er machen wird, ist, weiterhin mit Steinen zu werfen, Lügen zu verbreiten und zu versuchen, Seelen von Mir wegzuziehen. Es wird ihm durch verschiedene Mittel gelingen, Seelen von dieser Mission wegzuziehen. Er wird Visionäre benutzen, um diese Mission anzugreifen, und dies wird zu einer großen Verwirrung führen.

Wenn der Mensch fortfährt zu fallen und das Wort Gottes nicht mehr in seiner Gesamtheit angenommen wird, dann wird der Himmel immer eingreifen. Vertraut Mir, wenn Ich euch jetzt sage: Dies ist Meine Mission, und wenn euch etwas anderes gesagt wird, dann könnt ihr sicher sein, dass ihr in die Irre geführt werdet. Mein Versprechen ist es, Gottes Kindern treu zu bleiben — bis zum Ende und bis eine Seele die Hand Gottes ganz und gar zurückweist. Ich werde vorwärts schreiten und euch mit allen Geschenken versorgen, die Ich vermache, um euch gegen Meine Feinde zu schützen, die wie Wölfe im Schafspelz zu euch kommen. Meine Geschenke werden das genaue Gegenteil von dem sein, was der Welt von den Feinden Gottes gegeben werden wird. Das Buch der Wahrheit wird das genaue Gegenteil von dem neuen falschen Buch sein, das — voll von menschengemachten fehlerhaften Lehren, welche die Sünde rechtfertigen werden — der Welt bald aufgedrängt werden wird. Das Siegel des Lebendigen Gottes wird euch gegen das Zeichen des Tieres und die Medaille der Erlösung gegen die Häresie schützen, welche herauspurzeln wird aus den Mündern Meiner Feinde, die Meine Kirche auf Erden an sich reißen werden.

Es ist ganz natürlich, dass diese Mission von Satan verachtet wird, und er wird sogar gute Seelen benutzen, die — aus einem Gefühl falsch verstandener Treue zu jenen heiligen Dienern von Mir, die den Glauben verloren haben und die Mir nicht wirklich dienen, weil sie nicht mehr wissen, wie —

Mein Heiliges Wort niedermachen werden. Ihr dürft euch nicht beirren lassen. Seid nicht wie jene, die vor euch kamen, — jene, die Mich abgelehnt haben, als Ich auf Erden wandelte.

Ich gebe euch Mein Wort: Ihr werdet all die Beweise, die ihr euch wünscht, bekommen — und zwar bald. Ich gebe euch Mein Versprechen, dass Ich jetzt kommen werde, einzig, um euch Erlösung zu bringen, in einer Zeit, wo von Meinen Feinden jeder Versuch unternommen werden wird, euch, als Kinder Gottes, euer Gottgegebenes Recht auf Erlösung vorzuenthalten.

Verlasst Mich nicht, wenn ihr in eurem Herzen wisst, dass Ich es Bin, Jesus Christus, Der jetzt spricht. Versucht nicht, Seelen von Mir wegzuziehen, wenn ihr irgendwelche Zweifel habt bezüglich dessen, Wer Ich Bin. Verletzt Gottes Propheten nicht — oder ihr werdet außerordentlich leiden. Kämpft nicht gegen den Plan Meines Vaters, die Welt auf Mein Zweites Kommen vorzubereiten, — oder ihr werdet den Zorn Meines Vaters auf euch ziehen. Seid dankbar. Seid edelmütig und nehmt dieses Geschenk des Eingreifens mit Liebe und Freude an, denn es ist nur zu eurem Besten und im Interesse jeder (auf Erden) lebenden Seele, dass es der Welt angeboten wird.

Euer Jesus

1121. Wie viele Menschen sind im Namen der Gerechtigkeit bereit, an Unrecht zu glauben?
Dienstag, 6. Mai 2014, 20:02 Uhr

Meine innig geliebte Tochter, der Grund, warum Mein Wort von so vielen abgelehnt wird, ist, weil die Wahrheit wie ein Stachel ist in der Seite derer, denen es peinlich ist, Meine Lehren öffentlich zu verkünden.

Der Mensch, der glaubt, dass die freie Meinungsäußerung wichtiger sei als das Festhalten am Wort Gottes, geht einen sehr gefährlichen Weg. Jeder Mensch, der an sein Recht glaubt, öffentlich seine Ansichten kundzutun, als seien sie heilig und unantastbar, während sie die Sünde billigen, ist ein Verräter an Mir.

Wie viele Menschen sind im Namen der Gerechtigkeit bereit, an Unrecht zu glauben? Solche Menschen, die eure Gesetze diktieren, einschließlich der Gesetze, die eure Kirche regeln, möchten euch glauben lassen, dass das Recht auf freie Meinungsäußerung jedes Gesetz Gottes übertreffe, selbst wenn es die Sünde verherrlicht.

Die Sünde ist sehr facettenreich, und in der heutigen Welt wird jede einzelne Sünde wegerklärt, durch die Proklamation des individuellen Rechtes jeder Person, das zu tun, was ihr gefällt. Während nicht einer von euch das Recht hat, irgendjemanden in Meinem Namen zu richten, hat niemand von euch das Recht, Unrecht als eine gute Sache hinzustellen.

Euer Jesus

1122. So viele von euch haben heute überhaupt keine Ahnung, was es bedeutet, Mir als Christ zu dienen.

Dienstag, 6. Mai 2014, 23:00 Uhr

Meine innig geliebte Tochter, kein Mensch soll, sei es auch nur für einen Moment, Zweifel hegen, dass Gott jemals erlauben würde, dass Seine Kinder von Ihm abfallen, ohne dass Er alles in Seiner Macht liegende tun würde, um sie zu retten.

Euch sind durch die Propheten so viele Geschenke gegeben worden, von Anfang an. Viele Propheten haben die gleichen Botschaften immer und immer wiederholt, und doch wurden viele von ihnen entweder ignoriert oder lächerlich gemacht. Viele wurden verfolgt und umgebracht. Warum provoziert das Wort Gottes solchen Hass? Es ist nicht das Wort Gottes, das den Seelen der Schwachen oder derjenigen, die sich vom Glauben weit entfernt haben, so zu schaffen macht. Nein, es ist die Art, wie Satan reagiert, wenn Gott Seine Hand hebt, in Bereitschaft, den Teufel zu strafen, dass dieser brutal attackiert. Er weiß, dass das Wort Gottes, wenn es Seinen Propheten gegeben wird, sich so schnell ausbreitet, durch die Kraft des Heiligen Geistes, und dass, wenn dies geschieht, die Macht des Teufels geschwächt wird, und daher ist seine Vergeltung brutal.

Wenn der Heilige Geist auf diese Weise über die Menschheit ausgegossen wird, dann erheben sich die gefallenen Engel — ihre Schwerter bereit, um jeden Meiner Anhänger zu durchbohren, auf jede mögliche Weise. Ihr müsst solchen Hass auf Mein Wort akzeptieren und dies als das erkennen, was es ist: ein Versuch, euch von der Wahrheit wegzuführen. Jeder Meiner Apostel, jeder Prophet und jeder gottgeweihte Diener, der an der Wahrheit — an dem Heiligen Wort Gottes — festhält, wird durch die Kräfte des Bösen erbittert bekämpft werden. Das ist immer so gewesen. Ihr dürft jedoch niemals erlauben, dass Hass auf Mich, euren geliebten Jesus, euch entmutigt, denn es ist genau in diesem Moment, dass Ich in eurer Seele wahrhaft Gegenwärtig Bin. Leidet in Meinem Namen — und Ich werde euch in glorreicher Vereinigung mit Mir aufrichten, in Meinem Königreich, das kommt. Fügt anderen in Meinem Namen Leid zu, wie gerechtfertigt dies nach eurer Meinung auch sein mag, — und Ich werde euch auf ewig von Mir abschneiden.

Meine Warnungen, die euch jetzt gegeben werden, sollen euch an das erinnern, was Ich gelehrt habe, wo so viele von euch heute überhaupt keine Ahnung haben, was es bedeutet, Mir als Christ zu dienen.

Euer Jesus

1123. Ich benutze Opferseelen, um andere Seelen, die sonst niemals gerettet würden, zu Mir zu bringen.

Mittwoch, 7. Mai 2014, 23:43 Uhr

Meine innig geliebte Tochter, wenn Ich Seelen aufrufe, Mir nachzufolgen, dann hat dies ein Gemisch von Gefühlen zur Folge, vom Jubel bis hin zu großer Bedrängnis. Denn wenn Ich in Seelen das Feuer des Heiligen Geistes erwecke, wird dies große Segnungen bringen, aber diese werden die Spur eines Gefühles der Trauer an sich haben.

Wenn Ich auserwähle, welche Seelen Meiner Geschenke würdig sind, werden diese ein Gefühl der Zugehörigkeit zu Mir erleben, aber sie werden sich auch irgendwie nicht der Welt zugehörig fühlen, in der sie leben. Sie werden ihre Brüder und Schwestern in einem neuen Licht sehen. Sie werden besonders feinfühlig sein für die Schönheit von Gottes Schöpfung, wenn sie in die Gesichter anderer Menschen blicken, denn sie werden die Gegenwart Gottes sehen. Nicht eine Seele, der sie begegnen, wird nicht die Gegenwart Gottes ausstrahlen, wie tief diese Seele in Seinen Augen auch gefallen sein mag. Sie werden auch von einem überwältigenden Mitgefühl erfüllt sein, wie es nur Eltern für ihr eigenes Kind empfinden können. Sie werden eine plötzliche und intensive Liebe für diese Person fühlen, die sie erstaunen und schockieren wird. Allerdings werden sie auch die Finsternis wahrnehmen, die in Seelen lauert, bereit, sie zu verschlingen. Die auserwählte Seele wird in diesem Augenblick sofort erkennen, was von ihr erwartet wird; denn dann wird sie zu Mir laufen und Mich bitten, jene Seelen retten zu helfen, die in großer Gefahr sind, in einen Zustand der Finsternis abzustürzen, so groß wird ihre Angst um diese Seele sein.

Eine Opferseele, eine auserwählte Seele, gibt alle Äußerlichkeiten in ihrem Leben auf, und indem sie das tut, erweist sie Gott große Ehre. Das Leiden, das die auserwählte Seele zu ertragen hat, befreit andere Seelen von der ewigen Verdammnis, und aufgrund dessen wird sie zum meistbegehrten Angriffsziel Satans und seiner Agenten. Solche Seelen ertragen Meine Passion als ein Geschenk an Gott, denn einmal auserwählt, können danach die meisten von ihnen Gott nicht den Rücken kehren. Es gibt jedoch diejenigen, die zwar auserwählt sind, die aber Meinen Kelch ablehnen. Ihr müsst für diese armen Seelen beten, denn ihr Mangel an Mut, Mein Kreuz auf sich zu nehmen, wird sie in eine von zwei Richtungen führen. Sie werden innere Leiden ertragen, denn es wird ihnen schwer fallen, mit Mir vertraut zu werden. Dann werden sie sich in eine säkulare Welt vertiefen, um ihrer Berufung zu entfliehen, und das wird ihnen nichts bringen — nur ein Gefühl falscher Hoffnung.

Wenn eine liebende Seele betet und sich selbst vor Mir erniedrigt, besänftigt sie den Zorn Meines Vaters. Dies mindert dann die Auswirkung der Züchtigungen Meines Va-

ters auf die Welt. Würde eine auserwählte Seele, die wegen ihrer Liebe zu Mir verfolgt wird, und die am Ende ihrer Kräfte ist, nur zu Mir sagen: „Jesus, nimm mein Leiden und tu damit, was Du willst!", dann würde Ich sie mit außergewöhnlichen Gnaden überhäufen. Die Seele würde gegen das Böse immun werden und dann ohne Furcht sein. Aufgrund ihres vollkommenen Vertrauens in Mich würde sie dann zu seelischer Vervollkommnung aufsteigen und eine friedvolle und ruhige Haltung erlangen. So viel Opfer ist beteiligt, aber wenn solche Seelen Mir alles übergeben, in vollkommenem Gehorsam, und sich weigern, sich mit dem Feind Meines Wortes einzulassen, wird dies die Erlösung vieler Seelen zum Ergebnis haben.

Ich benutze Opferseelen, um andere Seelen, die sonst niemals gerettet würden, zu Mir zu bringen. Allein auf diese Weise werden und können solche Opferseelen für die Seelen von Millionen von Menschen, die die Nabelschnur zu Mir durchtrennt haben, Sühne leisten. Habt in dieser Zeit niemals zu große Angst um Seelen in der Finsternis, denn Meine auserwählten Opferseelen in der Welt sind gerade jetzt sehr zahlreich. Ihre Gelassenheit bringt die Seelen, die verloren sind, zurück in Meinen Zufluchtsort.

Euer Jesus

1124. Es gibt keinen Grund zur Sorge, denn Gott liebt euch alle.

Donnerstag, 8. Mai 2014, 23:30 Uhr

Meine innig geliebte Tochter, schaut euch um und ihr werdet viele Menschen sehen, die ein unbeschwertes Leben führen. Ihr werdet Lachen, Freude und große Kameradschaft sehen, und ihr werdet wissen, dass nur dies von Gott kommen kann. Viele Menschen werden, sobald sie die Wahrheit kennen, Mich mit einem offenen und dankbaren Herzen in die Arme schließen, und dann werden wir eins sein.

Mein Plan ist es, alle zu sammeln und sie mit großer Liebe, Freude und Glückseligkeit zu überfluten. Ich werde an Meinem Neuen Königreich große Freude haben und es wird dort viel Lachen, Freude und Schönheit geben wie auch das Ewige Leben. Die Liebe wird von jedem einzelnen Geschöpf ausstrahlen; jede einzelne Seele und das Leben werden vollkommen sein.

Wenn ihr euch um die Zukunft der Welt Sorgen macht, dann erinnert euch an das, was Ich euch gesagt habe: Alles wird gut sein, wenn Ich komme, um euch zu sammeln, hinein in die neue Welt, die kein Ende haben wird. Es gibt keinen Grund zur Sorge, denn Gott liebt euch alle. Was die Seelen angeht, die ein benachteiligtes und trauriges Leben führen, sie werden zuerst gesammelt werden, falls sie akzeptieren, Wer Ich Bin. Denjenigen, die sich in schrecklicher Finsternis befinden, werden außerordentliche Gnaden gegeben werden, um ihre Seelen zu reinigen, damit Ich den Griff, den der Teufel auf sie ausübt, lösen und sie in die Sicherheit Meiner Barmherzigkeit hineinnehmen kann. Dies ist eine Schlacht, und es wird hart gekämpft werden, aber die Macht der Heiligsten Dreifaltigkeit wird aufgeboten werden, und die Seelen werden erleuchtet werden, damit sie nicht zugrunde gehen.

Ich werde unter euch wichtige Führer einsetzen und mit einer Armee, die in jeder Nation verbreitet ist, werdet ihr wachsen und die meisten von Gottes Kindern in das Neue Paradies mitbringen. Schaut auf Mich mit Vertrauen und habt keine Angst vor Meiner Liebe, denn ihr müsst wissen, dass es niemals Meine Absicht sein würde, euch Angst einzuflößen, denn wenn Ich Meine Gegenwart bekannt mache, wird sie euch mit großem Staunen und großer Freude erfüllen. Ich versichere euch, ihr braucht keine Angst haben, denn Ich Bin die Liebe Selbst. Die Liebe wird euch beruhigen, und wenn ihr Mir, eurem Jesus, gegenübersteht, wird euch ein Gefühl augenblicklicher Vertrautheit erfassen, das nur vorhanden ist, wenn euer Herz mit Meinem eng verbunden ist.

Wie Ich euch doch alle liebe und wie sehr Ich Mich nach euren Seelen sehne!

Euer Jesus

1125. Gott der Vater: Meinem Göttlichen Willen darf man sich niemals widersetzen.

Freitag, 9. Mai 2014, 17:00 Uhr

Meine liebste Tochter, die Welt wurde von Mir geschaffen, denn das war Mein Wille. Meinen Willen hat es immer gegeben und wird es immer geben. Mein Wille wird geschehen, mit oder ohne den Willen der Menschheit. Der dem Menschen durch Meine Hand gegebene freie Wille wurde missbraucht und dies hat zu einer Trennung zwischen dem Menschen und Mir, dem Ewigen Vater, geführt. Solange der Mensch die Gabe des freien Willens hat, bedeutet dies, dass nur diejenigen, die sich entscheiden, zu Mir zu kommen, durch Meinen Sohn, Jesus Christus, Teil von Mir — wieder heil — werden können.

Wenn der Wille des Menschen sich Meinem Willen widersetzt, dann ergibt sich ein erbitterter Kampf, denn nur Mein Wille kann sich hinwegsetzen über alles, was ist. Mein Göttlicher Wille steuert alles, was Ich erlaube, alles, was Ich zulasse, denn Ich werde den freien Willen, den Ich dem Menschen gegeben habe, immer akzeptieren, denn Ich nehme nicht zurück, was Ich gebe. Manchmal verursacht der Mensch durch seine eigene freie Wahl schreckliches Leid in der Welt und beleidigt Mich durch seine Gier und Selbstsucht zutiefst. Dennoch greife Ich nicht in den Willen des Menschen ein, denn nur er kann entscheiden, ob er tun will, was Mein Wille wünscht, oder nicht. Und obwohl Ich nicht versuchen werde, den freien Willen wegzunehmen, bedeutet die freie Wahl nicht, dass der Mensch Mir seinen Willen diktieren kann, über das, was Mein ist.

Meinem Göttlichen Willen darf man sich niemals widersetzen, denn der Mensch kann Meinen Willen niemals überwinden.

Wenn er es tut, wird er sich Mir unmöglich widersetzen können, ohne unter den Folgen zu leiden. Nur Ich bestimme über den Ausgang von Leben und Tod, denn dies zu entscheiden steht nur Mir zu. Wenn Ich eine Entscheidung treffe über die Durchführung Meiner Pläne, Meine Kinder zu schützen, hat kein Mensch die Macht, diese Entscheidung aufzuheben. Sollte der Mensch versuchen, sich in Meine Geschenke an die Welt einzumischen, zu denen das Leben in all seinen Formen gehört, dann wird er nicht nur scheitern, sondern er wird leiden, als Folge davon.

Niemand soll versuchen, Mich in Meinem Plan, Meinen Heiligen Bund zu vollenden, aufzuhalten.

Niemand soll gegen Mich lästern oder Meinem Willen im Wege stehen, um nicht abrupt abgeschnitten zu werden.

Niemand soll versuchen, Mich aufzuhalten, den Seelen das Ewige Leben zu geben — oder sein eigenes Leben wird enden. Wenn ihr versucht, euch Mir zu widersetzen, wird euch das niemals gelingen. Wenn der Mensch fortfährt, Mein Wort abzulehnen und Meine Göttlichkeit zu bekämpfen, wird das nur zu Chaos, Katastrophen, Verlust von Leben und schrecklichen Züchtigungen führen. Das ist der Grund — wenn eine Seele aufgefordert ist, Mir oder Meinen Weisungen zu gehorchen —, warum einer Seele, die durch ihren freien Willen diese Bitten akzeptieren wird, es unmöglich sein wird, sich Meinem Willen zu widersetzen.

Du, Meine Tochter, hast versucht, Meinen Willen zu bekämpfen — obwohl du dich Mir bereits ganz hingegeben hattest. Inzwischen wirst du wissen, dass dies wenig nützt, denn nur das, was von Mir vorgegeben wird, auf Meine eigene Weise, kann getan werden.

Kinder — Ich Bin euer Vater. Ich Bin euer Schöpfer. Nur Ich weiß, was die Zukunft für euch bereithält, aber ihr werdet getröstet sein zu wissen, dass alle Meine Pläne fertig sind. Nur wenn euer Wille mit dem Meinen verbunden ist, kann Mein Königreich voll verwirklicht und schließlich vollendet sein. Nur dann werden alle Konflikte zwischen dem Menschen und Mir, eurem Ewigen Vater, vorbei sein. Friede wird dann herrschen in der kommenden neuen Welt — einer Welt, so vollkommen, dass sie niemals enden wird.

Euer Vater

Gott der Allerhöchste

1126. Ich werde innerhalb Meiner Kirche einen Mann erheben, der aufstehen und die Wahrheit verkünden wird.

Samstag, 10. Mai 2014, 17:30 Uhr

Meine innig geliebte Tochter, das zu verstehen, ist dir — jetzt — nicht gegeben, aber wisse, dass Ich innerhalb Meiner Kirche einen Mann erheben werde, der aufstehen und die Wahrheit verkünden wird. Er wird dies in einer Zeit tun, wo kein anderer Kardinal, Bischof, Priester oder irgendein

gottgeweihter Diener von Mir den Mut haben wird, dies zu tun. Wenn die neue falsche Lehre die Kirche verschlingt, werden viele innerhalb der Kirche in ihrem Herzen wissen, wie fehlerhaft diese sein wird. Sie werden in Alarmbereitschaft versetzt sein, aber zu viel Angst haben, ihre Stimme zu erheben. Sie werden zahlenmäßig eine so große Minderheit darstellen gegenüber jenen, deren Glaube so schwach ist, dass sie bereitwillig jede Häresie annehmen werden, die Gottes Kindern in Meinem Heiligen Namen präsentiert wird.

Der Mann, den Ich einsetzen werde, ist eine tapfere Seele, und viele werden erleichtert sein, wenn er den Mund aufmacht. Wenn er dies tut, werden viele andere aufstehen und ihre Stimme erheben und dabei viele Seelen retten. Sobald er eingesetzt ist, habe Ich weitere Pläne, um all jene Glaubensrichtungen zusammenzubringen, die Mich, Jesus Christus, nicht als den Sohn Gottes akzeptieren. Alle diese Göttlichen Pläne wurden vorausgesagt, und Millionen und Abermillionen Menschen aus der ganzen Welt werden dann die Wahrheit erkennen. Sie werden dann wachsen und von Mir gesegnet sein, damit sie alle Glaubensrichtungen sammeln können, einzig und allein, um sicherzustellen, dass das Wahre Wort Gottes verkündet wird. Der Glaube wird sich dann ausbreiten, so dass Mein Wort, wie es im Heiligen Evangelium enthalten ist, von den Männern, Frauen und ihren Söhnen und Töchtern in allen vier Ecken der Welt gepredigt werden wird. Sie werden prophezeien, indem sie der Welt diese Göttlichen Botschaften offenbaren werden, und Meine Gegenwart wird sie bedecken, um ihnen die Tapferkeit und Kraft zu geben, die sie benötigen werden.

So mächtig wird diese Meine Generation bei der Verbreitung der Wahrheit sein, dass viele von denen, die fehlgeleitet und die auf einen Weg großen Irrtums geführt worden waren, umkehren und zu Mir zurückgelaufen kommen werden. Sie werden sich so schnell ausbreiten, dass für jede Häresie, die gegen Mich begangen wird, Millionen von Seelen bekehrt werden. Ich werde zuerst die Heiden anziehen, denn ihnen ist die Wahrheit nicht gegeben worden, und daher wird die Welt keinen Zweifel daran hegen hinsichtlich dessen, wie mächtig Mein Eingreifen sein wird. Dann werde Ich alle anderen Religionen zusammenziehen, und ihnen wird deutlich gezeigt werden, dass es nur einen Weg zu Meinem Vater gibt, und der kann nur durch Mich sein. Und während Ich Millionen von Seelen zu Mir ziehen werde und zu der Wahrheit dessen, Wer Ich Bin, werden Millionen andere Seelen in eine menschengemachte Religion gezogen werden, entworfen und geschaffen vom Geist des Bösen.

Der große Plan des Teufels ist so ausgeklügelt und ist so einfach ist, und zwar so vielen Seelen wie möglich Verdammnis zu bringen durch die Zerstörung ihres Glaubens an Mich, Jesus Christus. Sie werden dies durch ein Leugnen der Wahrheit tun. Obwohl die neue Religion Seelen durch Lügen verschlingen wird, werde Ich dreimal mehr Seelen zurückgewinnen, indem Ich sicherstelle, dass die Kinder Gottes die Wahrheit nicht vergessen.

Euer Jesus

1127. Ich suche nicht die Bösen heraus, um sie leichthin zu vernichten. Mein einziger Wunsch ist es, sie alle zu retten.
Sonntag, 11. Mai 2014, 18:00 Uhr

Meine innig geliebte Tochter, Mein innigster Wunsch ist es, allen Kindern Gottes Liebe, Frieden und Glück zu bringen. Niemals verlange Ich nach Vergeltung, wie böse die Taten der Menschen auch immer sein mögen. Ich strebe auch nicht danach, Menschen zu demütigen, auch wenn diese vielleicht andere in Meinem Namen demütigen. Ich strebe niemals danach, den Ruf eines Menschen zu ruinieren, wenn er die Ursache für viel Zerstörung in der Welt ist. Ich suche nicht die Bösen heraus, um sie leichthin zu vernichten. Mein einziger Wunsch ist es, sie alle zu retten. Ich liebe die Seele eines jeden von Gottes Kindern. Ich suche ständig nach ihnen. Ich versuche, sie zu Mir hinzuziehen. Selbst diejenigen, die Meine Existenz nicht akzeptieren, werden von Mir jeden Tag gesucht. Ich mache Meine Gegenwart in ihrem Leben fühlbar, indem Ich ihre Seelen mit Liebe für andere erfülle, dadurch dass Ich auf die Güte in ihnen zurückgreife, damit negative Gedanken, Taten und Handlungen besiegt werden können.

Manche Seelen sind von Natur aus für Mich empfänglich, und Ich freue Mich an ihrer großzügigen Antwort und ihrem sanften Herzen. Andere haben eine Barriere zwischen sich und Mir, so dass es schwierig ist für Mich, ihre Seelen zu berühren. Aber Ich werde weiter versuchen, diese Seelen auf viele unterschiedliche Arten zu erreichen, bis Ich ihre Herzen für die Macht der Liebe Gottes öffnen kann.

Die Liebe ist die treibende Kraft, die zu allen guten Dingen führt. Die Liebe ist in jedem Kind Gottes gegenwärtig, ab dem Moment, wo es geboren wird. Gottes Geschenk der Liebe hilft der Menschheit, den Teufel zu besiegen. Wenn Gott eingreift und die Liebe in einer Seele vermehrt, tut Er dies, um Seine Kinder gegen die Bosheit des Teufels zu verteidigen. Die Liebe ist stärker als Hass, Hass aber ist zäh und ausdauernd. Satan, voll von Hass auf die Menschheit, besitzt keine wie auch immer geartete Liebe, außer zu sich selbst. Er befällt die Menschheit, indem er Hass in Seelen pflanzt, die aufgrund der Sünde geschwächt sind. Hass findet bereite Aufnahme in den Seelen derer, die eifersüchtig, voller Stolz, einsam und verwirrt sind. Satan wird niemals eine Seele zum Hass verleiten, indem er der Seele den Hass als das zeigt, was er ist. Stattdessen wird er immer die Seele durch die Sünde des Stolzes verführen, als seine Taktik der Wahl. Die Seele wird dazu gebracht werden, zu glauben, sie

müsse Anstoß nehmen, weil ihre eigenen Bedürfnisse dies verlangen würden, weil sie es am besten wüsste, und dass sie damit etwas Gutes tun würde.

Gottes Liebe breitet sich zu dieser Zeit unter all Seinen Kindern aus. Er tut dies aus Seiner Barmherzigkeit heraus. Er wird die Liebe in den Herzen der Menschen vermehren, um der Menschheit zu helfen, gegen den Hass zu kämpfen, der sich bald in der Welt verstärken wird, wenn die Herzen der Menschen kalt wie Stein werden.

Ich bitte, dass ihr dieses Kreuzzuggebet sprecht, um in dieser Zeit nach Gottes Liebe zu suchen.

Kreuzzuggebet (149) „Nach Gottes Liebe suchen".

„O Jesus, erfülle mich mit der Liebe Gottes. Erfülle mich mit Deinem Göttlichen Licht und überflute mich mit der Liebe, die ich brauche, um den Samen der Barmherzigkeit Gottes unter allen Nationen zu verbreiten.

Erlaube, dass Deine Göttliche Liebe von mir unter all jenen verbreitet wird, mit denen ich in Kontakt komme. Verbreite Deine Liebe, damit sie sich herabsenkt auf alle Seelen, alle Religionen, alle Glaubensbekenntnisse und alle Nationen — wie ein Nebelschleier, um alle Kinder Gottes in Einheit zu verzücken.

Hilf uns, Gottes Liebe zu verbreiten, damit sie alles Böse in der Welt besiegen kann und besiegen wird. Amen."

Setzt die Liebe immer mit der Gegenwart Gottes gleich. Wisst, dass nur die Liebe Mir Seelen bringen kann. Wisst, dass von Gott nur Liebe kommen kann. Nur die Liebe hat die Macht, Frieden, Zufriedenheit und Einheit unter den Völkern zu bringen. Hass kommt von Satan, und wo immer ihr Hass seht, müsst ihr das obige Gebet sprechen, um Gottes Liebe ausfindig zu machen. Denkt daran: Die Liebe wird alles besiegen, denn sie kommt von Gott.

Euer Jesus.

1128. Der Himmel wird für drei Tage verdunkelt sein, unmittelbar bevor Ich wiederkomme.
Dienstag, 13. Mai 2014, 08:50 Uhr

Meine innig geliebte Tochter, es ist Meine größte Freude, Meine geliebten Anhänger zu sehen, die Meinem Ruf gefolgt sind, die Kreuzzuggebete zu beten, die durch die Kraft des Heiligen Geistes Milliarden von Seelen retten werden.

Ich werde die Kreuzzuggebete dazu verwenden, die Seelen der Menschheit zu erneuern und zu reinigen, zur gleichen Zeit, da Ich das Gesicht der Erde erneuere. Die große Erneuerung wird abgeschlossen sein, alles zur gleichen Zeit, so dass die Welt bereit und würdig gemacht sein wird, Mich, Jesus Christus, als den zurückkehrenden Retter zu empfangen.

Genau wie bei Nationen, die Monarchen begrüßen, werden viele Vorbereitungen notwendig sein, bevor der König seinen Fuß auf ihr Land setzt. Ihr würdet es niemals zu-

lassen, dass ein König zu Besuch kommt und bei seiner Ankunft sich alles in Unordnung und Verfall befindet, oder die Straßen mit Müll gesäumt sind. Repräsentanten solcher Länder werden daher dafür sorgen, dass sie angemessen gekleidet und richtig vorbereitet sind, um die zu Besuch kommenden Würdenträger zu empfangen. Sie werden sich erhebliche Mühe gegeben haben, einen großen Empfang vorzubereiten, und sie werden Repräsentanten ausgewählt haben, die sie für würdig halten, den zu Besuch kommenden König zu begrüßen. Schließlich werden sie eine große Zeremonie vorbereiten, um die Ankunft des Königs zu feiern, und am großen Tag werden sie die Straßen säumen und Loblieder über ihn singen. Sie werden den zu Besuch gekommenen Monarchen und sein Gefolge mit Auszeichnungen überhäufen. So wird es am Großen Tag des Herrn sein, wenn Ich, Jesus Christus, kommen werde, um zu richten.

Ich werde plötzlich kommen, zum Klang der Posaunen und zum süßen Klang des Chors der Engel. Der Himmel wird für drei Tage verdunkelt sein, unmittelbar bevor Ich wiederkomme. Dann wird er erstrahlen, in einer Fülle von Farben, wie es noch kein Mensch jemals gesehen hat. Ich werde sichtbar sein für jeden Mann, jede Frau und jedes Kind, jeden Alters, und es wird einen großen Schock geben, aber auch große, freudige Erregung. Die Menschen werden ihren Augen nicht trauen, und viele werden sprachlos sein — andere werden Tränen der Erleichterung und Freude weinen. Viele werden unvorbereitet sein und das Ereignis so überwältigend finden, dass sie Tränen der Trauer vergießen werden, denn sie werden in ihrem Herzen wissen, wie sie den Wahren Messias zurückgewiesen haben und wie unwürdig sie sind, Mein Königreich zu betreten. Aber Ich sage diesen Menschen jetzt: An diesem Tag müsst ihr Mich anrufen und Mich bitten, euch zu vergeben. Dann werdet auch ihr in Mein Neues Königreich mitgenommen werden.

So wie jeder zu Besuch kommende König bitte Ich diejenigen unter euch, die Mich lieben, sich auf diesen Großen Tag vorzubereiten. Vertraut auf Mich, bereitet eure Seelen vor, betet für die Rettung aller Seelen und kommt angekleidet, bereit und in Erwartung — so wie eine Braut den Bräutigam erwartet. An diesem Tag werdet ihr, Gottes Kinder, euch mit Mir vereinen als Eins, in Heiliger Union mit Meinem Vater, für den Beginn der neuen Welt und das Glorreiche Zeitalter, das euch seit Anbeginn versprochen wurde.

Seid in Frieden. Bereitet euch mit einer Liebe und Einfachheit des Herzens auf diesen Großen Tag vor. Habt keine Angst davor. Freut euch darauf. Selbst wenn ihr in großer Finsternis seid, werde Ich euch in Mein Licht nehmen. Alles, was ihr tun müsst, ist, eure Arme nach Mir ausstrecken, und Ich werde euch als Mein Eigen umarmen.

Euer Jesus

1129. Meine Liebe, Meine Barmherzigkeit und Mein Mitleid werden eure rettende Gnade sein.

Mittwoch, 14. Mai 2014, 23:30 Uhr

Meine innig geliebte Tochter, die Gnaden, die Ich der Welt anbiete, werden Nichtgläubige in fromme Anhänger von Mir verwandeln. Sie werden sofort bekehrt werden und werden vor Mir zu Boden niederfallen in liebevoller Unterwerfung.

Diejenigen, die Mich ihr ganzes Leben lang verraten und beiseite geschoben haben, werden sich melden und Mich bitten, sie als Mein Eigen anzunehmen. Diejenigen, die sich gegen Mein Wort verschwören, werden jedoch am schwersten zu retten sein. Denn sie sind sich mehr als die Unwissenden der Bedeutung Meines Wortes bewusst, und dennoch versuchen sie wissentlich Mein Wort umzuschreiben, damit es ihrem arroganten Selbstwertgefühl entspricht. Bei all ihrem Wissen erkennen sie nicht die Wahrheit, weil sie sich weigern, sie zu sehen. Sie werden die absolute Wahrheit nicht verkünden, sondern sie stattdessen selbst erfinden, mit dem Ziel, andere zu täuschen.

Einige Menschen haben sich gegen Mich gewendet, weil sie glauben, dass ihre Berufung, Mir zu dienen, dazu geführt habe, dass ihnen Erleuchtung verliehen sei. Sie glauben, dass sie die — ihnen durch die Kraft des Heiligen Geistes gewährte — Autorität hätten, Meine Lehren anzupassen, damit sie kein Ärgernis für die moderne Gesellschaft darstellen. Ihr Stolz wird ihr Untergang sein und ihr Fall in die Ungnade wird von vielen gesehen werden, die sich betrogen fühlen werden, weil sie in die Irre geführt wurden. Andere unter ihnen wissen genau, was sie tun, denn nicht Ich Bin es, Dem sie dienen — es ist der Teufel, dem sie dienen. Sie wandeln mit Absicht unter euch, um das Wahre Wort Gottes zu zerstören. Sie werden nicht bereuen noch werden sie Meine Hand annehmen, denn sie glauben den Lügen des Tieres (Satans), der Meinen Feinden seit Jahrhunderten sein kommendes Paradies versprochen hat. Und sie haben bewusst die Entscheidung getroffen, diesen ausgeklügelten Betrug zu glauben, aufgrund ihrer Gier und ihres Ehrgeizes. Wenn sie die Wahrheit erkennen, werden sie bereits in den Abgrund geworfen sein. Dies sind nur einige der Unglücklichen und in die Irre Geführten, die die Existenz des Teufels als das, was er ist, und den Abgrund, in dem er für die Ewigkeit wohnen wird, geleugnet haben werden.

Ich warne alle Kinder Gottes, dass das Beschreiten böser Wege, die Zurückweisung des Wortes Gottes und das Begehen von Todsünde Bestrafung nach sich ziehen wird. Jeder, der euch etwas anderes sagt, führt euch in die Irre. Dennoch werde Ich diejenigen retten, die bereuen, bis zur letzten Sekunde, so sehr sehne Ich Mich danach, jeden von euch zu retten.

Meine Liebe, Meine Barmherzigkeit und Mein Mitleid werden eure rettende Gnade sein. Ich will euch nicht erschrecken, aber Ich muss euch die Wahrheit sagen. Indem ihr zu Mir kommt — was auch immer euer Glaube sei, dann, ganz am Ende —, werde Ich euch als Mein Eigen mitnehmen. Vergesst niemals dieses Versprechen. Ich werde, das verspreche Ich, in der Tiefe eurer Verzweiflung nach euch greifen.

Euer Jesus

1130. Ich Bin Gegenwärtig in der Person, die alle Menschen liebt, unabhängig von ihrer Rasse, Religion, Geschlecht oder Hautfarbe.

Freitag, 16. Mai 2014, 16:05 Uhr

Meine innig geliebte Tochter, Ich bitte alle von euch, die Mich lieben, Meinem Herzen die Seelen all derer zu weihen, die Meine Barmherzigkeit ablehnen. Ich bitte euch, Mir die Nichtgläubigen zu bringen, die Meine Existenz nicht akzeptieren werden, und diejenigen, die — selbst wenn Ich höchstpersönlich vor ihnen stehen würde — Mich immer noch zurückweisen würden. Diese verhärteten Seelen finden Trost in anderen Formen spiritueller Beschäftigungen, weil sie sich weigern, Mich anzunehmen. Würden sie die Wahrheit annehmen, würden sie einen großen inneren Frieden finden, den keine Form anderweitiger spiritueller Beschäftigung jemals bringen könnte. Diejenigen, die nicht an Mich glauben — oder an Den, Der Mich gesandt hat —, werden ihre Seelen niemals mit Frieden erfüllen.

Nur Ich, Jesus Christus, kann euch wahren Frieden im Herzen bringen, denn Ich Bin von Dem, Der euch geschaffen hat, gesandt worden, um euch zu Ihm zu bringen. Durch Mich werdet ihr Meinen Vater finden. Und wenn der Vater sich mit den Kindern vereint, die Er geschaffen hat, wird Frieden herrschen. Ohne den Frieden Gottes kann es niemals Harmonie auf Erden geben. Wo es keinen Frieden gibt, da werdet ihr wissen, dass dies durch einen Mangel an demütiger Unterwerfung Gott gegenüber verursacht ist.

Diejenigen, die Kenntnisse über Mein Höchstheiliges Wort besitzen, dürfen eines niemals vergessen: Welches Wissen ihr auch immer über Mich haben mögt, es darf niemals gegen Mich verwendet werden. Damit meine Ich: Ihr müsst auf Mich vertrauen als Den, Der Ich Bin. Nehmt Mich mit einem demütigen Herzen an. Erlaubt niemals, dass Arroganz eure Treue zu Mir überschattet. Wer sanft und zärtlich von Herzen ist, liebt Mich. Ich Bin Gegenwärtig in dem, der alle Menschen liebt, — unabhängig von ihrer Rasse, ihrer Religion, ihrem Geschlecht oder ihrer Hautfarbe. Ich Bin in allen Menschen, die ihr Leben so leben, wie Ich es sie gelehrt habe. Ich Bin auch in denjenigen Gegenwärtig, die Mich vielleicht nicht kennen, die aber Meine Eigenschaften nachahmen.

Als Ich auf Erden wandelte, habe Ich Mich niemals Meines Wissens gerühmt — Ich habe lediglich die Wahrheit vermittelt. Ich habe Mich niemals abfällig geäußert, habe niemals jene, die Mir nicht folgen mochten, verfolgt oder ermahnt. Ich redete niemals schlecht über irgend jemanden. Ich nahm alle Kinder Gottes an und nahm jeden Fehler hin, den sie Mir gegenüber an den Tag legten. Ich habe niemals gesagt, Ich würde Mein Leben für einige wenige aufopfern. Nein, Ich habe Mich für alle hingegeben und besonders für verhärtete Sünder. Ich habe niemals einen Menschen einem anderen vorgezogen. Ich habe niemals einen mit Lob überhäuft und einen anderen verleumdet, denn das wäre unmöglich gewesen.

Ich habe versucht, die Wahrheit zu verbreiten, in der Hoffnung, dass Mein Wort gehört werde. Ich brachte vielen bekümmerten Seelen, die die Demut hatten, auf Mich zu hören, Frieden. Ich war fest entschlossen, aber fair zu all denen, die Mich quälten wegen ihres Hasses und ihrer bösen Zungen. Ich trieb Dämonen aus Seelen aus, die sich gegen Mich erhoben, und gab jenen in großem Leid große Geschenke. Ich ignorierte die Sticheleien der so genannten heiligen Männer der damaligen Zeit, die nur sich selbst liebten. Gott hatte nie Priorität in ihrem Leben, so beschäftigt waren sie damit, sich um ihre eigenen Belange zu kümmern. Aber die Seelen, nach denen Ich am meisten suchte, waren jene, die nicht an Gott glaubten. Sie griffen nach Mir und verstanden nicht, warum sie zu Mir hingezogen wurden. Sie kamen zu Mir aus eigenem, freien Willen, aber viele wurden Mir von jenen Seelen gebracht, die wussten, Wer Ich Bin und Wer Mich gesandt hat. Aus diesem Grund schüttete Ich besondere Gnaden über sie aus — und sie wurden augenblicklich bekehrt.

Heute, da Ich mit euch spreche, vor dem Großen Tag, wünsche Ich, dass ihr Mir die Seelen von Nichtgläubigen bringt. Ihr müsst dies tun durch Gebet und indem ihr dieses Kreuzzuggebet (150) betet: „Um die Seelen von Nichtgläubigen zu retten".

„Lieber Jesus, ich bitte Dich, rette all jene, die — ohne selbst schuld zu sein — sich weigern, Dich anzuerkennen. Ich opfere Dir meine Leiden auf, um Dir die Seelen derer zu bringen, die Dich zurückweisen, und für die Barmherzigkeit, die Du über die ganze Welt ausgießen wirst. Erbarme Dich ihrer Seelen. Bring sie in Deinen Himmlischen Zufluchtsort und vergib ihnen ihre Sünden. Amen."

Euer Jesus

1131. Mutter der Erlösung: Ihr dürft niemals einen anderen Menschen verfluchen, wenn ihr um Gottes Gnaden bittet.

Samstag, 17. Mai 2014, 15:54 Uhr

Mein liebes Kind, wenn Mein Sohn Gottes Kindern besondere Gunsterweise gewährt, bedeutet dies, dass im Gegenzug der Empfänger Verantwortung übernehmen muss. Für jede Gnade, liebe Kinder, die ihr von Meinem Sohn erhaltet, müsst ihr immer Gott danken. Wenn Mein Sohn einer Seele himmlische Gnaden schenkt, dann wird von dieser Person viel erwartet. Jede Seele muss dann ihr Leben im Einklang mit den Lehren Meines Sohnes leben.

Mein Sohn macht Seine Gegenwart fühlbar, wenn Er angerufen wird. Je offener die Seele für Seine Liebe ist, desto näher wird er oder sie Seinem Heiligsten Herzen kommen. Wenn allerdings eine Seele sich vor Meinem Sohn selbst erhöht, wenn sie um Seine Hilfe bittet, dann wird sie von Ihm nichts erhalten. Gott liebt die demütigen Seelen. Er überhäuft sie mit großen Gnaden. Je mehr Gnaden sie erhalten, desto mehr wird Er in ihnen Gegenwärtig sein. Dann, wenn Seine Gegenwart bekannt gemacht ist, wird diese selbe Seele Gegenstand des Hasses sein. Der Teufel wird zu Seelen hingezogen, die im Licht Gottes sind. Er wird dann alle Mittel einsetzen, um die auserwählte Seele zu demütigen, und in der Regel tut er dies, indem er die schwache Seele, die er verwendet, täuscht, um der demütigen Seele Schmerz und Leid zuzufügen.

Traurigerweise kommen viele Menschen, die Mich, die Muttergottes, lieben, zu Mir und bitten Mich ihnen zu helfen, andere Seelen zu zerstören. Diese Seelen — so sagen sie — verdienten Gottes Strafe. Wenn sie verlangen, dass Mein Sohn über solche Seelen das Urteil fällt, wegen des Hasses, der in ihren Herzen wohnt, werden ihre Gebete niemals gehört werden. Wie könnt ihr Mich lieben, Meinen Sohn anbeten und eure Treue zur Wahrheit schwören, wenn ihr andere hasst? Oh, wie listig ist der Teufel, wenn er heilige Seelen verschlingt, die dem Stolz erlaubt haben, sie vom Weg abzubringen. Sobald der Stolz eine Seele ergreift, verliert sie augenblicklich ihr Licht. Je dunkler sie wird, desto weiter entfernt sie sich vom Licht Gottes.

Wenn ihr Mich bittet, euretwegen bei Meinem Sohn Fürsprache einzulegen, dann müsst ihr immer mit der Fülle der Liebe in eurem Herzen zu Mir kommen. Ihr dürft niemals einen anderen Menschen verfluchen, wenn ihr um Gottes Gnaden bittet, denn das ist Ihm ein Gräuel. Im Himmel gibt es keinen Hass.

Kommt zu Mir, liebe Kinder, mit nichts als Liebe im Herzen für eure Feinde, und all eure Gebete werden gemäß Gottes Heiligem Willen erhört werden.

Eure geliebte Mutter
Mutter der Erlösung

1132. Man wird Mein Haus dazu benutzen, heidnischen Göttern Ehre zu erweisen als ein Zeichen des Respekts, was — wie der Welt gesagt werden wird — nur fair sei.

Sonntag, 18. Mai 2014, 19:15 Uhr

Meine innig geliebte Tochter, alle euch gegebenen Prophezeiungen werden nun beginnen überzuschwappen — Tropfen für Tropfen, bis sich alles schnell ergießen wird wie Wasser, das aus einem Wasserhahn rauscht. Die Ereignisse, die Taten und die Handlungen in Verbindung mit Meiner Kirche auf Erden werden bald von euch erlebt werden. Diejenigen, die abfällige Behauptungen über Mein Heiliges Wort aufstellen, werden zum Schweigen gebracht, so geschockt werden sie von den kommenden Ereignissen sein.

Alles, was von Mir kommt, kommt von Meinem Vater. Wenn Mein Vater Einzelheiten künftiger Ereignisse diktiert, als Teil Seiner Mission, Seelen zu retten, seid versichert, dass sie eintreffen werden. Da die neue Ära radikaler Reformen in Meiner Kirche beginnt, werden viele nicht-christliche Gruppen in die Arme geschlossen werden. Und, obwohl Ich alle Seelen willkommen heiße, werde Ich niemals erlauben, dass Mein Wort — auf dem Meine Kirche gebaut ist — beiseite geschoben wird. Diejenigen, die Mich nicht annehmen, weil sie nicht daran glauben, Wer Ich Bin, werden in Meinem Haus willkommen geheißen werden. Ihnen wird jegliche Gastfreundschaft gezeigt werden; sie werden mit großer Höflichkeit behandelt und mit Geschenken bedacht werden — und doch werden sie sich weigern, den Herrn des Hauses anzuerkennen. Mit der Zeit wird man dann Mein Haus dazu benutzen, heidnischen Göttern Ehre zu erweisen als ein Zeichen des Respekts, was — wie der Welt gesagt werden wird — nur fair sei. Den Christen wird gesagt werden, dass Gott von ihnen erwarten würde, dass sie Nichtgläubige in der Kirche willkommen heißen. Dass einige Praktiken, die Mich ehren, angepasst werden müssten, um bei diesen Besuchern keinen Anstoß zu erregen. Bald wird Mein Haus nicht mehr Mir gehören, denn von Meinem Wahren Heiligen Wort wird dort wenig die Rede sein.

Neue Worte, die, wie man euch sagen wird, von Mir kämen, werden von Meiner Kirche auf Erden dazu verwendet werden, um Fremde in Meinem Haus willkommen zu heißen. Und während Ich still in der Ecke sitze, werden sie in Meinem Haus Amok laufen und Schätze und alle Symbole, die mit Mir, Meiner geliebten Mutter und den Kreuzwegstationen in Verbindung stehen, wegbringen. Mein Haus wird leergeräumt sein von allem, was Mir lieb und teuer ist, und Betrüger werden darin Wohnung nehmen. Es wird ein Ort seltsamer Gedenkzeremonien werden; neue und ungewöhnliche Gebete und das neue Buch werden das Bisherige ersetzen. Dies wird sich fortsetzen, bis Ich gezwungen Bin, Mein Haus zu verlassen, da es für Meine Heilige Gegenwart ungeeignet sein wird. Was all die unschuldigen Anhänger von Mir betrifft: Sie werden nur das sehen, was sie für einen Versuch halten, die katholische Religion zu modernisieren.

Bald werde Ich nicht mehr den Schlüssel zu Meinem Haus besitzen, denn sie werden auch diesen wegnehmen. Ich werde Mein Zuhause dann nur in den Herzen Meiner treuen heiligen Diener, Meiner geliebten Anhänger und jener, deren Herzen für Mich offen stehen, einrichten. Mein Haus gehört euch. Mein Haus ist für jedermann. Aber wenn Ich die Heiden in Meinem Haus willkommen heiße, gibt ihnen dies nicht das Recht, Gottes Kinder zu zwingen, ihre Bräuche zu akzeptieren oder zuzulassen, dass ihre Zeremonien im Haus des Herrn stattfinden.

Ihr dürft niemals erlauben, dass euer Glaube auf diese Weise missbraucht oder kompromittiert wird, mit dem Ziel, den Heiden zu erlauben, Meinem Haus den Glanz zu nehmen.

Euer Jesus

1133. Satan ist die größte Geißel der Menschheit und seine Verseuchung ist tödlich.

Dienstag, 20. Mai 2014, 11:14 Uhr

Meine innig geliebte Tochter, der Mensch, der nicht an das Böse glaubt, glaubt nicht an die Sünde. Wer erklärt, dass das Böse vom jeweiligen Standpunkt abhängen würde, ist fähig, das Böse in jeder Verkleidung zu akzeptieren und er wird schließlich immun gegen das Böse werden.

Wenn das Böse ignoriert wird, dann hat Satan einen großen Sieg errungen, denn der König der Lügen nimmt viel Mühe auf sich, um das Böse zu verschleiern, und er tut dies in der Regel, indem er das Argument vorbringt, die Toleranz in der Gesellschaft zu fördern. Wenn menschliche Intelligenz dazu benutzt wird, all die rationalen Gründe zu bestreiten, um das Böse zu entschuldigen, werden diese Seelen, die der Verbreitung solcher Unwahrheiten schuldig sind, Hauptangriffsziel des Teufels werden.

Sobald eine Seele ihn hereinlässt, wird der große Betrüger seine Opfer davon überzeugen, dass sie in gutem Glauben und zum Wohle der Welt handelten, wenn sie böse Handlungen, die gegen Gott gerichtet sind, rechtfertigen. Der Teufel hat eine derartige Täuschung geschaffen, dass viele Menschen, die nicht mehr an Satan oder das Böse glauben, das er überall in der Welt verbreitet hat, unfähig werden, den Unterschied zu erkennen zwischen dem, was richtig ist, und dem, was falsch ist. Diese Leute werden argumentieren und jede rationale Sichtweise präsentieren, um die Unmoral in allen Bereichen zu fördern. Dann wird der Mensch, der es wagt, die Moral zu verteidigen, von ihnen dämonisiert werden. So sieht der Weg der Menschheit in der heutigen Welt aus. Wenn die Existenz des Bösen abgelehnt wird, dann wird die Existenz Satans geleugnet. Dies ist dann, wenn der König der Lügen und jeder Feind von Mir an Stärke gewinnt und seine willigen Opfer, die als seine Sprachrohre fungieren werden, gegen göttliche Gnaden immun werden.

Wenn Satan von Meiner Kirche auf Erden geleugnet wird, dann kann für diejenigen, die wirklich vom Bösen befallen sind, sehr wenig getan werden. Wenn Meine Kirche die Existenz des Tieres (die Existenz Satans) oder den ewigen Abgrund leugnet, in den er und alle gefallenen Engel geworfen worden sind, dann werdet ihr wissen, dass die Wahrheit Gottes Kindern (hier) nicht offenbart wird.

Wenn die Menschen die Gefahren nicht kennen, in die Satan die Seelen bringt, dann werden sie nicht fähig sein, sich gegen das Böse zu wappnen. Wenn dies geschieht, dann werden die Wahren Lehren Gottes nicht mehr als das angenommen, was sie sind.

Die Zeit ändert sich nicht in Meinem Königreich. Satan ist die größte Geißel der Menschheit und seine Versuchung ist tödlich. Derart darauf bedacht, sich zu verstecken, ist er ein Meister der Täuschung, denn er wird immer das Gute als böse und das Böse als gut präsentieren. Nur diejenigen, deren Augen für Gott wirklich offen sind, werden die Bedrohung verstehen, die Satan bei der Rettung der Welt darstellt.

Euer Jesus

1134. Gruppen, die die Häresie gegen die Heilige Bibel unterstützen werden, werden diejenigen ausforschen, die im Glauben standhaft bleiben werden.
Mittwoch, 21. Mai 2014, 20:40 Uhr

Meine innig geliebte Tochter, Mein Vater wünscht, dass alle Seine Kinder einander Liebe und Nächstenliebe zeigen. Die Sünde breitet sich so schnell aus, als eine direkte Folge der Sünde des Stolzes, dass die Verseuchung, vor allem bei denen, die behaupten, Christen zu sein, viele Seelen gefordert hat, die einst Meinem Heiligsten Herzen nahe gewesen waren.

Satan mit allen Dämonen, die er geschickt hat, um die Menschheit zu vernichten, hat in der Welt große Spaltung geschaffen. Sie versuchen, Nationen und Gemeinschaften in Streit miteinander zu bringen. Terroristische Anschläge werden weiter ausufern, aber das am meisten Besorgnis erregende Zeichen wird die Christenverfolgung sein. Nie zuvor werden Christen so erniedrigt — ihr Recht auf Religionsfreiheit so eingeschränkt und ihr Recht, dem Wort treu zu bleiben, so verletzt worden sein —, wie es jetzt sein wird.

Christen werden nicht nur von Meinen Feinden ins Visier genommen werden, sondern sie werden sich auch gegeneinander wenden. Gruppen, die die Häresie gegen die Heilige Bibel unterstützen werden, werden diejenigen ausforschen, die im Glauben standhaft bleiben werden. Sie werden diese öffentlich kritisieren, ihre Treue zur Wahr-

heit lächerlich machen und jeden heiligen Diener von Mir aufspüren, der es wagt, gegen ihren Verrat an Mir, Jesus Christus, aufzutreten.

Der Teufel bekämpft Mich in dieser Zeit in einer schrecklichen Wut, weil er weiß, dass Meine Zeit fast da ist. Erkennt jede Form von Verfolgung gegen euch als Christen, als wahre Visionäre, Propheten oder heilige Diener als das, was sie ist: ein vulgärer und böser Angriff auf Mich, euren geliebten Jesus Christus. Denkt daran, Meine geliebten Anhänger, ihr dürft der Verfolgung — aus Liebe zu Mir — nicht nachgeben. Betet für jene bedauernswerten Seelen, die zugelassen haben, dass Böses aus ihren Mündern strömt. Seid geduldig und ruhig, wenn ihr Zeuge von Christenverfolgung seid, denn allein Meine Göttlichkeit währt Ewig. Böse Taten, Handlungen oder Häresien gegen Mich werden in einem Augenblick verschwinden. Und nur diejenigen, die wirklich für Mich sind, werden Frieden und Erlösung finden.

Betet für eure Verfolger und eure Peiniger, denn wenn ihr das tut, schwächt ihr die Macht des Teufels.

Euer Jesus

1135. Mutter der Erlösung: Als Christen müsst ihr euch rüsten, für euren Glauben zu kämpfen.
Donnerstag, 22. Mai 2014, 15:26 Uhr

Meine lieben Kinder, das Leiden, das Mein Sohn wegen der Sünden der Menschen erträgt, ist in dieser Zeit intensiv. Der Hass gegen Ihn und Sein Höchstheiliges Wort — wie es in der Höchstheiligen Bibel enthalten ist — ist in den Herzen vieler Menschen fest verankert, und dazu gehören die falschen Religionen, in denen man den Dreifaltigen Gott nicht anerkennt, ebenso wie jene Menschen, die sich dazu bekennen, Christen zu sein.

Jede Sünde, die begangen wird, verletzt Meinen Sohn, und jede Todsünde wird von Ihm gefühlt wie ein brutaler Schlag, der Seinem Leib versetzt wird. Für jeden Akt der Häresie, der begangen wird, ist es so, als ob ein weiterer Dorn in die Krone der Schmerzen, die Er bereits erträgt, gesteckt wird. So wie das Leiden Meines Sohnes zunimmt, in einer Zeit, wo jede Sünde gegen Gott geleugnet werden wird, so wird auch das Leiden der wahren Christen zunehmen.

Obwohl Leiden etwas Schreckliches ist und obwohl der Schmerz derer, die Sein Wort verteidigen, unerträglich ist, kann es der Weg sein, mit Meinem Sohn inniger vertraut zu werden. Wenn ihr Leiden als einen Segen annehmt, statt es als einen Fluch zu sehen, werdet ihr verstehen, wie Mein Sohn es benutzt, um die Macht des Teufels zu besiegen. Wenn ihr den Schmerz von Beleidigungen und Spott annehmt, der immer zu erwarten ist, wenn ihr in Einheit mit Meinem Sohn wandelt, dann werden euch viele Gnaden geschenkt. Nicht nur stärker machen euch solche Schmerzen, Mein Sohn wird euch auch Sein Erbarmen für an-

dere zeigen, deren Sünden Er abwaschen kann, aufgrund eures Opfers für Ihn.

So viele Menschen erkennen nicht, dass, wenn ihr eine Nähe zu Meinem Sohn entwickelt und wenn Er in bestimmten Seelen Wohnung nimmt, dass dies immer Schmerz zur Folge haben wird für diejenigen, die zustimmen, Sein Kreuz auf sich zu nehmen. Mein Sohn kann nur in diejenigen Seelen wahrhaft eintauchen, die für Ihn offen sind und die ohne Stolz, Bosheit oder Eigenliebe sind. Aber sobald Er in solchen Seelen wahrhaft Wohnung genommen hat, wird das Licht Seiner Gegenwart von vielen, mit denen diese Seelen in Kontakt kommen, gespürt werden. Sie werden für andere Menschen zum Ansporn werden, Jünger Meines Sohnes zu werden. Sie werden auch zur Zielscheibe für den Teufel werden, der hart kämpfen wird, um sie von Meinem Sohn wegzuziehen. Wenn es dem Teufel nicht gelingt, diese Seelen zu verführen, wird sein Kampf gegen sie noch heftiger werden, und er wird andere Menschen heimsuchen mit dem Ziel, diese Seelen anzugreifen, zu beleidigen und zu verleumden.

Es ist wichtig, dass alle Christen wachsam bleiben gegenüber den Plänen, die von Satan entworfen worden sind, um die Seelen derer zu verschlingen, die Meinen Sohn lieben und Ihm dienen. Er giert nach diesen Seelen mehr als nach allen anderen und er wird niemals zufrieden sein, bis sie seinen Versuchungen erliegen.

Als Christen müsst ihr euch rüsten, für euren Glauben zu kämpfen, denn alles, was eurem Herzen lieb und teuer ist, wird entfernt werden, Schicht um Schicht. Ihr müsst das Sakrament der Versöhnung erstreben wie nie zuvor, denn ohne dieses werdet ihr nicht in der Lage sein, der Verseuchung standzuhalten, die in der Welt zu dieser Zeit gegen das Christentum vorgenommen wird.

Erinnert euch, liebe Kinder, an all das, was Mein Sohn euch gelehrt hat, denn Sein Wort wird nun in Frage gestellt werden, bis es nicht mehr wiederzuerkennen sein wird. Kommt und bittet Mich, eure geliebte Mutter, die Mutter der Erlösung, für jeden Einzelnen von euch zu beten, damit ihr der Wahrheit treu bleiben könnt, indem ihr dieses Gebet zur Verteidigung eures Glaubens sprecht.

Kreuzzuggebet (151) „Um den Glauben zu verteidigen":

„O Mutter Gottes, Unbeflecktes Herz Mariä, Mutter der Erlösung, bete, dass wir dem Wahren Wort Gottes zu allen Zeiten treu bleiben. Bereite uns darauf vor, den Glauben zu verteidigen, die Wahrheit hochzuhalten und Häresien zurückzuweisen.

Schütze alle Deine Kinder in Zeiten der Not und schenke jedem Einzelnen von uns die Gnaden, mutig zu sein, wenn von uns verlangt wird, die Wahrheit zu verwerfen und Deinen Sohn zu verleugnen.

Heilige Mutter Gottes, erbitte für uns das Eingreifen Gottes, damit wir Christen bleiben, in Übereinstimmung mit dem Heiligen Wort Gottes. Amen."

Jeder Einzelne von euch wird mit großem Mut gesegnet, wenn ihr dieses Kreuzzuggebet sprecht. Geht in Frieden, Meine Kinder, um Meinen Sohn, Jesus Christus, zu lieben und Ihm zu dienen.

Eure geliebte Mutter
Mutter der Erlösung

1136. Ihr müsst die Wege Gottes nicht verstehen — ihr sollt sie einfach nur annehmen.

Freitag, 23. Mai 2014, 18:00 Uhr

Meine innig geliebte Tochter, kommt, ihr alle, die ihr Mich liebt, und bringt Mir eure Liebe, denn Ich bedarf eures Trostes sehr. Ich Bin euer Jesus, der Menschensohn, der Erlöser der Welt, und doch weine Ich. Jede Gnade, die Ich dem Menschen vermacht habe, wird Mir von undankbaren Seelen zurückgeworfen. Mein großmütiges Herz steht offen, so dass Ich euch alle an Mich ziehen kann, aber ihr wendet euch ab. Selbst diejenigen von euch, die Mich lieben, schenken Mir nicht ihre Zeit. Statt zu Mir zu sprechen, redet ihr miteinander über Mich. Zu viel Gerede über das Mysterium von Gottes Plänen und über das, was kommen wird, kann Ablenkung und Verwirrung stiften. Zu viel Analyse und sogenannter intelligenter Meinungsaustausch führt von Mir weg.

Ihr müsst die Wege Gottes nicht verstehen — ihr sollt sie einfach nur annehmen. Ich habe euch nie gebeten, das Geheimnis Meiner Göttlichkeit zu verstehen, denn die Seelen, die Mich wirklich lieben, werden Mich aufgrund dessen lieben, Wer Ich Bin, und nicht, was Ich bringe. Sie werden nicht nach Ruhm für sich selbst streben. Sie werden nicht an ihrer Spiritualität arbeiten, nur um eine gute Ausgangsposition in Meinem Königreich zu erlangen. Sie werden niemals ihr Wissen über Mich in einer prahlerischen Art und Weise verwenden, um zu punkten. Die Seelen, die in Mir Wohnung nehmen, sind die Seelen, die um nichts bitten, nur um das, was sie für das Wohl der eigenen Seele und das Wohl anderer Seelen erbitten.

Wenn ihr sagt, dass ihr Mich repräsentiert, dann redet ihr nicht und schreit nicht herum, wie gut ihr Mich angeblich kennt. Ihr müsst einfach nur anderen Menschen Liebe zeigen und Meinen Lehren folgen, mit einer Seele, in der sich kein Stolz findet. Also, wenn ihr wirklich Mein Eigen seid, werdet ihr weniger Zeit damit verbringen zu definieren, was Ich euch gesagt habe; was Ich euch gelehrt habe und was Ich versprochen habe. Ich bitte euch, kommt zu Mir und verbringt mehr Zeit mit Mir in stiller Betrachtung. Wenn ihr das tut, dann werde Ich Mich euch deutlicher offenbaren, und ihr werdet in eurem Herzen wissen, was es tatsächlich bedeutet, Mir aufrichtig zu dienen.

Euer Jesus

1137. Sobald das Heidentum nach Meiner Kirche greift, wird das letzte Kapitel aufgeschlagen werden.

Samstag, 24. Mai 2014, 21:20 Uhr

Meine innig geliebte Tochter, der Hauptgrund, warum heute so viele Menschen, vor allem die jungen Menschen, nichts von Mir wissen wollen, ist ihre grenzenlose Selbstsucht. Selbstbesessenheit und ein Verlangen, nur sich selbst und die eigenen Begierden zufriedenzustellen, haben dazu geführt, dass echte Liebe zueinander fehlt, — und in solchen Seelen ist wenig Nächstenliebe zugegen. Wenn sie sich von anderen Menschen trennen, im Streben nach Selbstverwirklichung, können sie ihren Nächsten nicht lieben. Wenn sie ihren Nächsten nicht lieben, dann können sie Mich nicht lieben.

Die Trennung von Gott war noch nie so weit verbreitet. Bei wenig Liebe im Herzen findet das Böse einen Nährboden, um darin Wurzeln zu schlagen. Sobald das Böse in die Seelen, die eine leichte Beute sind, gepflanzt ist, wird es wachsen und sich schnell ausbreiten. Je weiter es sich ausbreitet, desto weniger Liebe wird in der Seele sein, und der Hass auf andere Menschen wird sich in ihr breit machen. Bald werden Hass, Eifersucht, Neid, Geiz und Gier Eigenschaften sein, die in der modernen Gesellschaft charakteristisch sein werden. Sie werden schließlich eine Synthese bilden, bis die Seelen nichts mehr fühlen werden. Geistige Leere birgt eine große Gefahr, denn der Teufel ist intelligent und er wird Seelen in diesem Stadium benutzen, um Krieg gegen die Gegenwart Gottes in der Welt zu führen. Wenn die Welt von sich selbst besessen ist und jede Art von Recht fordert, was sie für wichtiger erachtet, als sich selbst großzügig zu verschenken, — dann kann nichts Gutes daraus werden.

Als Luzifer Meinem Vater ungehorsam war, war es Stolz, der zu seinem Sturz führte. Stolz und Selbstliebe, wo alles andere an zweiter Stelle steht, werden zum endgültigen Untergang der Menschheit führen. Der Ungehorsam gegen Gott wuchert üppig in dieser Zeit. So wenig Respekt vor Seinen Geboten kann man beobachten, und das heißt, dass der Mensch jedes einzelne der Zehn Gebote missachten wird. Wenn das Erste Gebot von Meiner Kirche auf Erden gebrochen wird — dem letzten Bollwerk Meines Vaters über Seine Kinder —, dann wird die Welt die schlimmste Züchtigung seit der Sintflut erleben.

Sobald das Heidentum nach Meiner Kirche greift, wird das letzte Kapitel aufgeschlagen werden.

Wenn Gottes Kinder sich selbst lieben und sich vor Ihm brüsten, weint Er bittere Tränen. Aber wenn Er in den Herzen aller durch das Heidentum und einen falschen Gott ersetzt wird, dann wird Sein Zorn ohnegleichen sein.

Euer Jesus

1138. Gott der Vater: Das Glaubensbekenntnis, das anerkennt, Wer Ich Bin, wird geändert werden.

Montag, 26. Mai 2014, 16:22 Uhr

Meine liebste Tochter, die Zeit wird kommen, wo das Glaubensbekenntnis, das anerkennt, Wer Ich Bin, geändert werden wird, um stattdessen falsche Götter zu ehren.

Wenn die Eine-Welt-Religion eingeführt wird, dann wird das mit Vorsicht geschehen, um nicht den Eindruck zu erwecken, dass Ich, der Ewige Vater, nicht mehr verehrt werde. Wenn Ich nicht verehrt werde, dann wird dieses neue Gebet ein Gräuel sein und es darf niemals gebetet werden, wenn Meine Kinder bei Mir bleiben wollen und sie sich das Ewige Leben wünschen. Weit besser ist es, wenn ihr schweigt, als ein einziges Wort der Gotteslästerung auszusprechen, die überall eingeführt werden wird in allen Kirchen, die Mich, euren Vater ehren und die Meinen Sohn, Jesus Christus, als Retter anerkennen.

Worte, die Meinen Namen und den Namen Meines Sohnes ehren, werden verdreht werden, und zu den Ausdrücken, die sich auf Meinen Sohn beziehen, werden solche Bezeichnungen gehören wie „Jesus vom Licht". Dieses neue Gebet wird die Betonung auf die Überlegenheit des Menschen legen, auf seine Verantwortung, das Wohlergehen seines Bruders zu gewährleisten und darauf — um Gott zu ehren — alle Religionen in einer vereint willkommen zu heißen. Alle Hinweise auf Meinen Sohn, in der Art und Weise, wie Er verehrt werden soll, werden durch diesen neuen Titel ersetzt werden, den sie Ihm geben werden. Die Welt wird aufgefordert werden, die Schönheit der Erde zu ehren, die Wunder der Welt, die von einem Gott geschaffen wurden, Der Einer für alle sei und Der jede Art der Anbetung akzeptiere. Das wird die Zeit sein, wo die Welt sich zu der einen Welt vereinen wird, als eine heidnische Religion. Weil dieses neue Glaubensbekenntnis mit so vielen religiösen Ausdrücken übersät sein wird, wird es jener Menschen bedürfen, die mit Unterscheidungsvermögen gesegnet sind, um wirklich zu verstehen, was geschieht.

Wie sinnlos werden ihre Bemühungen sein, denn jene, die Meinen Kindern diese Finsternis auferlegen, werden für ihre Zurückweisung ihres Schöpfers leiden. Und sobald dieses Gebet für bare Münze genommen wird, wird (Meinen Kindern) ein weiterer Gräuel auferlegt werden: die Einführung des umgeschriebenen Wortes, das nur faule Frucht hervorbringen wird.

Mit der Zeit wird ein besonderes Symbol, das den neuen vom Menschen gemachten Gott repräsentieren wird, geschaffen werden, so dass diejenigen, die aufgefordert werden, es zu tragen, glauben werden, etwas Gutes zu tun, wenn sie Solidarität miteinander zeigen. All diese Dinge, so wird man ihnen sagen, dienten dem Wohle aller, wobei es eure oberste Pflicht sei, nach der

Vollkommenheit des Menschen zu streben. Dies, so wird man euch sagen, sei wichtig, bevor ihr Gott gegenübertreten könnt. Ihr könntet nicht Gottes Willen tun, wenn ihr nicht nach Gerechtigkeit strebt, um die Menschheit aus der Knechtschaft von religiöser Verfolgung, Armut und Kriegen zu befreien. Der Schwerpunkt wird auf allem liegen, was mit Meiner Schöpfung zu tun hat: auf der Erde; den Nationen; den Menschen und den politischen Führern. Alles würde zu Einem verbunden werden, um, so werden sie sagen, Gott besser zu dienen. Einzig und allein einem werden sie dienen: dem König der Lügen, der all diese Dinge hervorbringen wird. Und während die Welt diesen neuen scheinbar innovativen Fortschritten in globalen Angelegenheiten applaudieren wird, wird die Menschheit in das Heidentum gezwungen werden. Das Heidentum wird eine entsetzliche Finsternis der Seele mit sich bringen. Dann werde Ich — für alles, was gegen Mich gerichtet ist, — ihre Gräuel auf der Erde, auf der sie wandeln, vervielfältigen: beim Wasser, das sie trinken, bei den Bergen, die sie erklimmen, bei den Meeren, die sie durchkreuzen, und beim Regen, der ihre Ernte nährt.

Die Schlacht zwischen den Mächtigen, den Stolzen und den Bösen unter den Menschen und Mir, ihrem Ewigen Vater, ihrem Schöpfer, wird auf harte Weise ausgetragen werden.

Euer Ewiger Vater
Gott der Allerhöchste

1139. Ihr werdet genauso schuldig sein wie diejenigen, die für Meine Auslieferung an Meine Henker verantwortlich waren.

Mittwoch, 28. Mai 2014, 08:40 Uhr

Meine innig geliebte Tochter, Mein Versprechen, wiederzukommen, wird sich erfüllen. Nichts kann Mein Zweites Kommen verhindern, aber immer noch glauben diejenigen, die wissen, Wer Ich Bin, und die mit offenem und bereitwilligem Herzen für Meine Erzfeinde arbeiten, dass sie vor diesem Großen Tag Seelen zerstören können.

Zu Meinen Feinden sage Ich: Wisset: Ich kenne euch. Ich kann eure Seelen sehen. Ich kann sehen, wie viel Böses in euren Herzen wohnt. Ich kann auch das Gute sehen, das Seite an Seite mit dem Bösen in euch wohnt. Hört Mich, da Ich euch die Wahrheit dessen offenbare, was kommen wird.

Wenn ihr Mich liebt, dann werdet ihr dazu ermutigt werden, Mich nicht zu lieben.

Wenn ihr an Meine Lehren glaubt, werdet ihr aufgefordert werden, an einen neuen falschen Ersatz zu glauben.

Wenn ihr glaubt, dass Ich mit euch kommuniziere, durch diese Botschaften, werdet ihr vom Teufel überzeugt werden, dass diese Worte nicht von Mir kämen. Ihr werdet deshalb versucht sein, Mich zu verraten, und ihr werdet dies tun, indem ihr Meine Diener, die diese Mission unterstützen, verfolgt. Ihr werdet zu Verrätern an dieser Mis-

sion werden, und als solche werdet ihr genauso schuldig sein wie diejenigen, die für Meine Auslieferung an Meine Henker verantwortlich waren.

Wenn ihr nicht auf Mich hört, dann ist das eure Sache, und Ich werde euch nicht zur Rechenschaft ziehen, denn Ich werde euch niemals Meinen Willen aufzwingen. Weit besser ist es, ihr ignoriert Mich und folgt Meinen Lehren, als dass ihr anderen Leid zufügt.

Jetzt, da Mein Plan, Milliarden von Seelen zu retten, begonnen hat, wisset, dass Ich Mich über den Willen der Menschen, die sich Mir entgegenstellen, erheben werde. Nichts — keine Worte — keine Aktionen — keine Taten — keine wie auch immer geartete Bosheit — kann Mich aufhalten in Meinem Bestreben, die Menschheit zu retten. Diejenigen, die sich Gott in den Weg stellen, werden machtlos sein und werden am Ende schmerzerfüllt ausgestreckt vor Mir liegen, an dem Tag, an dem Ich komme, um zu richten.

Euer Jesus

1140. Wenn ein Mensch Mich verrät, dann sündigt er gegen Mich.

Donnerstag, 29. Mai 2014, 00:45 Uhr

Meine innig geliebte Tochter, wenn Meine Apostel zu Mir kamen, weinten und Tränen bitterer Enttäuschung vergossen wegen der grausamen Art, mit der sie in Meinem Heiligen Namen behandelt wurden, sagte Ich ihnen Folgendes:

Fürchtet niemals Ablehnung in Meinem Namen.

Lasst euch niemals erschrecken durch das Geheul des Teufels, der durch den Mund seiner Diener schreit.

Empfindet niemals Angst, wenn ihr in Meinem Namen zur Verantwortung gezogen werdet. Aber wenn ihr von Menschen betrogen werdet, die euch nahe stehen, dann wisst, dass Ich es Bin, Dem sie ins Gesicht geschlagen haben.

Wenn ein Mensch Mich verrät, dann sündigt er gegen Mich. Wenn er Gottes Propheten verrät, dann verrät er den Dreifaltigen Gott, und dafür wird er sehr leiden.

Wenn das Eingreifen des Dreifaltigen Gottes von Seelen zurückgewiesen wird, die sich der größten Himmlischen Macht entgegenstellen, dann werden sie Aufruhr in ihrem Gewissen ertragen müssen. Diese Unruhe wird sie nie verlassen, es sei denn, sie versöhnen ihre Seele mit Mir, ihrem Jesus. Mich zurückzuweisen, wenn die Seele weiß, dass Ich, Jesus Christus, es Bin, Der spricht, ist bedauerlich. Aber dem Dreifaltigen Gott zu trotzen, indem man sich in das Eingreifen Gottes einmischt, in Sein Werk, Seelen zu retten, das wird zu einer schnellen Bestrafung durch Meinen Vater führen.

Die Menschheit mag spotten, Mein Wort, wie es jetzt gegeben wird, in Frage stellen und analysieren, aber wenn die Menschen es wagen, Mich herauszufordern und Mich daran zu hindern, Seelen zu retten, indem sie Mein Vertrauen verraten und sich Mei-

ner Barmherzigkeit entgegenstellen, dann wird ihnen keine Gnade gezeigt werden.

Euer Jesus

1141. Meine Liebe welkt niemals, zögert niemals, stirbt niemals, was auch immer ihr getan habt.

Samstag, 31. Mai 2014, 08:20 Uhr

Meine innig geliebte Tochter, wie ein Schmelzofen brennt Meine Liebe für jeden Einzelnen von euch. Sie wird sogar noch stärker angefeuert aufgrund des bösen Einflusses, der auf die Menschheit ausgeübt wird. Jede Art von Täuschung überschattet die Seelen zu dieser Zeit in der Geschichte aufgrund des Einflusses des Teufels in der Welt, da die letzte Schlacht um Seelen weitergeht.

Jeder Mann, jede Frau und jedes Kind über sieben Jahre wird um die Unterscheidung zwischen richtig und falsch ringen. Viele werden böse Taten gutheißen und sagen, dass man mit Recht so handle. Diejenigen, die die bösen Worte, Taten und Aktionen, die vom Betrüger in ihre Herzen gepflanzt sind, als gut billigen, werden keine Reue empfinden.

Jede Seele, unabhängig von Religion, Rasse, Hautfarbe oder Lebensumständen, wird umherirren in Verwirrung darüber, was in den Augen Gottes recht ist und was für falsch erklärt ist. Und während die Massen irrtümlich der Sünde in jeglicher Gestalt applaudieren werden, werden jene, die Mich verraten, nicht die geringste Spur von Zufriedenheit in ihrer Seele haben. Diejenigen, die nicht abweichen von der Wahrheit all dessen, was von Mir kommt, werden dämonisiert werden. Aber wenn sie Zeit in Meiner Gesellschaft verbringen, werden sie sich nicht sorgen, weil Ich ihnen einen inneren Frieden geben werde, der nicht erschüttert werden wird.

Ich verspreche euch allen, auch denen, die schwach sind und die den von Satan in euch eingepflanzten Lügen erliegen, dass Ich euch niemals aufgeben werde. Ich werde euch an Mich ziehen und euch mit Meiner Liebe erfüllen, wann immer ihr es Mir erlaubt. Meine Liebe welkt niemals, zögert niemals, stirbt niemals, was auch immer ihr getan habt. Aber seid euch dessen bewusst: Es ist eure Seele, die der Hauptpreis ist, und der Teufel wird niemals in seinem Bestreben nachlassen, euch für sich zu gewinnen.

Meine Liebe ist so stark, dass, selbst wenn ihr Mich verratet, Ich in eurem Gewissen dafür sorgen werde, dass ihr euch eures Fehlers bewusst seid. Das ist der Grund, warum ihr das Gefühl haben werdet, etwas verloren zu haben, denn wenn ihr etwas im Namen der Gerechtigkeit getan habt, von dem ihr in eurem Herzen wisst, dass es falsch ist, werdet ihr nichts als Schmerz empfinden. Das ist der Punkt, wo ihr Mich, euren Jesus, anrufen müsst, mit diesem Gebet, euch in der Stunde der Hilflosigkeit zu helfen.

Kreuzzuggebet (152) „Hilf mir in meiner Stunde der Hilflosigkeit"

„Lieber Jesus, hilf mir in meiner Stunde der Hilflosigkeit.

Befreie mich von der Sünde und öffne meine Augen, mein Herz und meine Seele, um die Täuschungen des Teufels und seine bösen Wege zu erkennen.

Erfülle mich mit Deiner Liebe, wenn ich Hass in meinem Herzen empfinde.

Erfülle mich mit Deinem Frieden, wenn ich Kummer fühle.

Erfülle mich mit Deiner Stärke, wenn ich schwach bin.

Rette mich aus dem Gefängnis, in dem ich mich befinde, damit ich frei sein kann und Du mich in Deinen Heiligen Armen sicher halten kannst. Amen."

Meine Liebe ist ewig. Eure Seele ist ewig. Mein Reich ist ewig — und ebenso auch das Reich des Teufels.

Wenn ihr schrecklicher Sünden schuldig seid, dann müsst ihr jede einzelne Sekunde darum kämpfen, euch der Gefahr zu entziehen, und euch bemühen, Mir zu jeder Zeit treu zu bleiben. Der einfachste Weg, dies zu tun, ist, einander zu lieben, wie Ich euch liebe. Alles, was euch von der Liebe zueinander entfernt, kommt nicht von Mir.

Euer Jesus

1142. Mutter der Erlösung: Dieses Geschenk des Schutzes für Kinder ist von Meinem geliebten Vater angeordnet worden.

Samstag, 31. Mai 2014, 16:20 Uhr

Mein liebes Kind, Ich möchte Eltern von Kindern und Jugendlichen auf der ganzen Welt dazu aufrufen, diese Meinem Unbefleckten Herzen zu weihen.

Mein Kostbarer Sohn, Jesus Christus, wünscht, dass Ich das tue, da Er sie mit Seinem Kostbaren Blut bedecken und sie auf diese Weise sicher bewahren wird. Er will, dass ihr, liebe Kinder, dies tut, denn Er wird ihnen große Gnaden gewähren. Dieses Geschenk des Schutzes für Kinder ist von Meinem geliebten Vater angeordnet worden. Durch Seinen Sohn, Jesus Christus, verspricht Er große Gnaden, und diejenigen Kinder, die Mir dargeboten werden, werden vor dem Einfluss des Geistes des Bösen geschützt sein.

Mein Sohn wird alles tun, was erforderlich ist, um alle Familien in Seinem Neuen Paradies zu vereinen, und indem ihr eure Kinder Mir, der Mutter der Erlösung, weiht, wird jeder Familie, deren Kinder Mir namentlich aufgeopfert werden, großer Schutz gegeben werden.

Meine Liebe zu Gottes Kindern ist etwas ganz Besonderes, denn Ich bin die Mutter aller Kinder Gottes. Es wird durch Mich, die Mutter der Erlösung, sein, dass Seelen, die Mir geweiht wurden, durch die Barmherzigkeit Meines Sohnes gerettet werden. Diese Seelen werden von der Täuschung, die der Welt durch den Antichristen präsentiert werden wird, nicht versucht werden.

Ihr müsst dieses Gebet einmal in der Woche beten, vor einem Bild von Mir, eurer geliebten Mutter, und euch — bevor ihr es betet — mit Weihwasser segnen.

Kreuzzuggebet (153) „Das Geschenk des Schutzes für Kinder":

„O Mutter Gottes, Mutter der Erlösung,

Ich bitte Dich, weihe die Seelen dieser Kinder (die Namen hier auflisten...) Deinem geliebten Sohn und überreiche sie Ihm.

Bete, Jesus möge diese kleinen Seelen durch die Macht Seines Kostbaren Blutes bedecken und beschützen, durch jede Art des Schutzes vor dem Bösen.

Ich bitte Dich, liebe Mutter, schütze meine Familie in Zeiten großer Bedrängnis, und dass Dein Sohn gnädig auf meine Bitte schauen möge, meine Familie in Einheit mit Christus zu vereinen und uns das Ewige Heil zu schenken. Amen."

Geht und seid dankbar für die Liebe, die Gott für Seine Kinder hat. Große Barmherzigkeit und viel Segen wird jedem Kind bzw. jedem Jugendlichen zuteil werden, dessen Namen ihr Mir zur Weihe an Meinen Sohn vorlegt.

Eure geliebte Mutter
Mutter der Erlösung

1143. Ich habe Meinem Vater versprochen, jeder Seele, für die Ich Mein Leben geopfert habe, nachzugehen. Und das werde Ich.

Dienstag, 3. Juni 2014, 18:22 Uhr

Meine innig geliebte Tochter, es ist Meine Absicht, jeder Nation in der Welt Bekehrung zu bringen — und Ich werde dies schnell tun. Meine Liebe zu euch allen ist so groß, dass Ich — selbst in Fällen, wo Verwirrung in den Herzen derer herrscht, die Mich nicht kennen, — in einer für die Menschheit bisher noch nie dagewesenen Weise eingreifen werde.

Mein Friede wird jeder Seele gegeben werden, die das Licht der Wahrheit erkennt. Meine Liebe wird ihnen spirituelle Ruhe bringen, die solche Seelen niemals wirklich gekannt haben. Der Geist der Wahrheit wird Mein Geschenk sein an die Welt und die Menschheit, die Mich nicht anerkennt. Erst dann kann der Mensch für das Göttliche Eingreifen offen sein, welches auf Anordnung Meines geliebten Vaters stattfindet, damit Er jedes Seiner Kinder umarmen kann.

Bald werden ausgedörrte Seelen — Seelen, die gegenüber dem Einfluss des Heiligen Geistes fest verschlossen bleiben — Zeugen der Liebe Gottes werden. Die Flamme des Heiligen Geistes wird ihnen wie ein Schwert durchs Herz schneiden, und aus diesem wird ein angeborenes Wissen davon, wie sehr jede Seele in den Augen Gottes geliebt wird, überströmen.

Der Geist der Wahrheit wird die Seelen jener wachrufen, die Mich ablehnen, die diejenigen, die an Mich glauben, mit Hohn und Spott überschütten, wie auch jene, die an ihre eigene Unbesiegbarkeit glauben. Er

wird die Herzen der Hochmütigen, der Stolzen und der Arroganten berühren, wie auch die Unwissenden und die verhärteten Sünder, die Hass im Herzen haben, wie auch die Geringen unter euch. Nicht einer von euch wird von diesem großen Wunder ausgeschlossen werden. Ich habe Meinem Vater versprochen, jeder Seele, für die Ich Mein Leben geopfert habe, nachzugehen. Und das werde Ich. Denn welchen Nutzen hätte Mein Tod gehabt, wenn dadurch auch nur ein einziger Sünder nicht gerettet werden könnte? Ich komme bald, euch alle auf Meine Rettung vorzubereiten. Freut euch, denn Meine Zeit ist nahe.

Geht, Meine geliebten Anhänger, und bleibt in der Liebe, in der Hoffnung und in der Erwartung Meiner großen Barmherzigkeit. Ich werde Mein Versprechen an jeden Einzelnen von euch erfüllen, und ihr werdet den Lohn Meines Königreiches ernten, wenn ihr Meine großen Liebesströme, die Ich über euch ausgieße, demütig annehmt.

Euer Jesus

1144. Mutter der Erlösung: Der Festtag der Mutter der Erlösung, wird der letzte Tag sein, der Mir, der Mutter Gottes, als Festtag geweiht ist.

Mittwoch, 4. Juni 2014, 14:13 Uhr

Meine lieben Kinder, die Erlösung kann Mein Sohn, Jesus Christus, nur jenen Seelen vermachen, die Seine Göttliche Barmherzigkeit annehmen.

Die Medaille der Erlösung jedoch ist ein einzigartiges Geschenk vom Himmel, das der Welt gegeben ist aufgrund der großen Liebe, die Mein Sohn für alle Kinder Gottes hat. Durch die Macht, die Mir auf Anordnung Meines Ewigen Vaters gegeben ist, wird diese Medaille für die Rettung von Milliarden Seelen verantwortlich sein. Diese Rettung wird möglich, weil jede Seele, die diese Medaille mit einem offenen Herzen annimmt, bekehrt werden wird.

Meine Rolle als Miterlöserin, indem Ich Meinen Sohn in Seinem großen Plan, alle zu vereinen und ihnen das Ewige Leben zu bringen, unterstütze, steht fest. Als Mutter der Erlösung mit all den Vollmachten, die Mir verliehen sind, um den Kopf der Schlange (Satans) zu zertreten, bedeutet dies, dass Satans Macht schnell abnehmen wird. Das ist der Grund, warum er, der Teufel, diese Medaille verabscheut, und er wird jede Seele, die er versucht, benutzen, um Obszönitäten hinauszuschreien und diese Medaille zu bekämpfen. Ihr müsst den Geist des Bösen zu allen Zeiten ignorieren und an diesem besonderen Tag in den kommenden Jahren Mich, eure geliebte Mutter, um besondere Gnaden bitten. Ich erkläre diesen Tag, den 4. Juni 2014, zum Festtag der Mutter der Erlösung. An diesem Tag (d.h. an jedem 4. Juni), wenn ihr dieses Gebet sprecht, werde Ich im Namen aller Seelen Fürsprache einlegen für das Geschenk der Erlösung, vor allem für diejenigen, die sich in großer geistiger Finsternis der Seele befinden.

Kreuzzuggebet (154) „Gebet zum Festtag der Mutter der Erlösung":

„O Mutter der Erlösung, ich bringe Dir heute, an diesem Tag, dem 4. Juni, dem Festtag der Mutter der Erlösung, folgende Seelen: (die Namen auflisten).

Bitte gib mir und all jenen, die Dich, liebe Mutter, ehren und die die Medaille der Erlösung verteilen, jede Art von Schutz vor dem Teufel und vor all jenen, die die Barmherzigkeit Deines geliebten Sohnes, Jesus Christus, wie auch all die Geschenke, die Er der Menschheit hinterlässt, ablehnen.

Bete, liebe Mutter, dass allen Seelen das Geschenk der Ewigen Erlösung gewährt werden wird. Amen."

Kinder, denkt an das, was Ich euch gesagt habe: Ruft Mich, eure Mutter, in Zeiten großer Not immer an, euch zu Hilfe zu kommen. Ich werde immer in eurem Namen Fürsprache einlegen, um euch, zu allen Zeiten, Frieden und Trost zu bringen bei eurem Bestreben, Meinem Sohn nahe zu kommen.

Der heutige Tag, der Festtag der Mutter der Erlösung, wird der letzte Festtag sein, der Mir, der Mutter Gottes, als Festtag geweiht ist. Freut euch, denn alle Engel und Heiligen vereinen sich in dieser Zeit wegen der Seelen, die jetzt vor dem Teufel geschützt sein werden und deren Schicksal nun in den Händen Meines Sohnes ruhen wird.

Eure geliebte Mutter
Mutter der Erlösung

1145. Mutter der Erlösung: Die Ziffer Eins wird als ein Symbol in dem neuen Buch verwendet werden.

Freitag, 6. Juni 2014, 23:15 Uhr

Mein liebes Kind, die Welt wird von den Feinden Gottes bald mit einem gottlosen Buch beschenkt werden, das die Zahl Eins in Rot und Schwarz auf seiner Umschlagseite eingebettet haben wird, mit dem Kopf einer Ziege im Design versteckt.

Denjenigen, die nichts dazugelernt haben, wird weisgemacht werden, dieses Buch sei eine wichtige Publikation, die die Welt vereinen werde. Es wird zur großartigsten Quelle für Erlangung der globalen Einheit deklariert werden, und es wird all diejenigen, die es lesen, dazu ermutigen, sich eine neue Denkweise anzueignen; eine neue Art, an euch selbst zu glauben; zu euch selbst nett zu sein, so dass ihr euch zu einer Einheit verbinden könnt mit allen anderen, die diesem Weg in Richtung Selbstverherrlichung folgen. Dieses Buch wird zur Doktrin werden, um alle Völker zu vereinen, alle Religionen, jede Politik, alle Regeln und Wirtschaftsformen. Es wird verwendet werden, um eine neue Eine-Welt-Gesellschaft zu schaffen, frei von den Religionen, die Meinen Sohn, Jesus Christus, ehren. Es wird Teil der Lehrpläne an Schulen sein, und alle Regierungen werden aufgefordert werden, seine Philosophie in die Verfassung der jeweiligen Länder mit aufzunehmen.

Die Ziffer Eins wird in dem neuen Buch als ein Symbol verwendet werden, und die Menschen werden Abzeichen tragen, um ihre Verbundenheit mit dieser Eine-Welt-Allianz öffentlich zu bekunden. Alles wird bereit sein, so dass man beim Auftreten des Antichristen sehen wird, dass das Buch in seiner Diktatur eine Rolle spielt. Das Buch wird jede falsche Lehre, jeden Irrtum in den Augen Gottes, Unwahrheiten und eine gefährliche Philosophie gutheißen, die all jene, die ihre Inhalte annehmen, auf folgenschwere Irrwege führen wird. Die Fähigkeit der Menschen, richtig von falsch zu unterscheiden, wird durch dieses Buch geschwächt werden. Die Moral wird in Frage gestellt werden und das Heidentum, verkleidet als eine Religion, die alle willkommen heißt, wird in jeden Absatz listig eingewoben sein.

Viele Menschen werden dieses Buch kaufen wollen, denn es wird als überwältigender Durchbruch in der Politik dargestellt werden. Es wird ein Buch sein, das eine Form des Kommunismus fördert, aber es wird als höchst spirituell dargestellt werden und somit die Herzen vieler berühren. Es wird das krasse Gegenteil vom Wahren Wort Gottes sein. Es wird ein Buch sein, das die Welt zum Glauben an die Bedeutung des Humanismus bekehren möchte. Es wird die Menschheit verherrlichen, die Intelligenz des Menschen, den Fortschritt des Menschen, die großen wissenschaftlichen Errungenschaften des Menschen und die Wichtigkeit, alle Länder auf dieselbe Weise zu beherrschen.

Alles wird vorausgeplant, um sicherzustellen, dass der Antichrist inmitten großer Feierlichkeiten willkommen geheißen wird. Denn täuscht euch nicht: Er steckt hinter diesem Buch — er, der sich selbst zum König der Welt erklären wird. Und alle Völker werden begeistert sein von einer neuen Welt, einem neuen Anfang und einem neuen Führer. Mit der Zeit wird er, der Antichrist, zusammen mit dem Buch der Häresie in der Kirche Meines Sohnes willkommen geheißen werden. Und wenn er auf dem Throne im neuen Tempel sitzt, werden ihn alle als den Christus behandeln. Schon bald danach wird er die Welt glauben machen, dass er Mein Sohn, Jesus Christus, sei.

Während dieser Zeit werden viele bittere Tränen vergossen werden — Tränen, die der Himmel weint angesichts der Täuschung, der so viele Menschen zum Opfer fallen werden. All diese Vorbereitungen haben begonnen — und so trifft auch Gott Vorbereitungen für Seinen Kampf um diejenigen, die unter den Einfluss des Antichristen geraten werden. Bereitet euch gut vor, liebe Kinder, denn ihr werdet jede Hilfe vom Himmel brauchen, um euch während der bevorstehenden Zeiten zu stützen.

Schreitet voller Hoffnung voran, weil diese Zeit kurz sein wird, denn laut der Heiligen Schrift wird Gott dem Tier nicht erlauben, länger als notwendig zu herrschen. Vertraut, hofft und seid dankbar, dass euch jetzt die Wahrheit geschenkt wird, denn so seid ihr in der Lage, euch vorzubereiten. Dankt Gott jederzeit für solche Gnaden, denn Er ist so großzügig, dass, je mehr ihr Ihn durch Seinen geliebten Sohn anruft, Er die Auswirkungen solcher Prüfungen umso mehr abschwächen wird.

Eure geliebte Mutter
Mutter der Erlösung

1146. Der Glaube des Klerus wird vom größten Feind Gottes, der jemals auf Erden wandeln wird, — dem Antichristen — mit Füßen getreten werden.

Samstag, 7. Juni 2014, 20:00 Uhr

Meine innig geliebte Tochter, der Geist der Wahrheit, der durch Meine Kirche auf Erden vorherrscht, muss gewahrt, genährt und hochgehalten werden, und zwar von jenen Meinen gottgeweihten Dienern, in deren Obhut Ich alle Kinder Gottes gegeben habe.

Die Priester in Meiner Kirche werden bald vor Herausforderungen stehen, die darauf hinauslaufen werden, dass viele es sehr schwer finden werden, Mein Wort hochzuhalten. Alles, was nicht von Mir ist, wird ihnen von den Verrätern unter ihnen präsentiert werden.

Wie Ich Mich danach sehne, sie zu trösten, und wie Ich alles in Meiner Macht Stehende tun werde, um ihre Seelen mit dem Feuer des Heiligen Geistes zu erfüllen. Ich werde dies tun, damit sie wachsam, ruhig und zweifelsfrei bleiben werden, wenn sie aufgefordert werden, bei der Lehre mitzumachen, die nicht von Mir sein wird. Sie müssen — als Hüter Meines Wortes — bereit sein, Mir treu zu bleiben. Aber sie werden überredet werden, einer neuen Interpretation Meines Wortes zu folgen, und das wird zu schweren Irrtümern führen. Sollten sie unschuldige Seelen und jene, die Mir treu sind, in die Irre führen und dazu bringen, Gotteslästerungen zu begehen, werden sie schuldig sein, die Lehren der Hölle angenommen zu haben. Dafür werden sie den Zorn Meines Vaters zu spüren bekommen.

Die Priester, die Mein sind, werden ihre Gelübde der Liebe, der Nächstenliebe und der Keuschheit erneuern müssen, wenn sie im Zustand der Gnade bleiben wollen, um Mir zu dienen, wie sie sich in Meinem Namen verpflichtet haben, es zu tun. Leider wird die Macht des Bösen, die sich gegen sie stellen wird, so stark sein, dass es für viele zu schwer sein wird, dem Druck, der auf sie ausgeübt wird, standzuhalten. Andere werden die neue Lehre umarmen und sie werden Teil des Neue-Welt-Priestertums werden, das bald verkündet werden wird, — wo sie nicht mehr dem Dreifaltigen Gott dienen werden. Sie werden dann viele Seelen in den Glaubensabfall führen. Nur wenige werden Mir treu bleiben, und sie werden jene Christen trösten, die niemals von der Wahrheit abweichen werden. Diejenigen, die Mich verraten, werden selbst zu Opfern des Antichristen und seiner Armee werden, die sie mit solchen Mitteln verfolgt wird, dass man sie, sollten sie keinen Pakt mit dem Tier (Satan) schließen, wie Kriminelle ausstoßen und sie der Verbrechen ähnlich einem Verrat beschuldigen wird.

Die Gläubigen werden sich gegenseitig trösten, und durch Meine Gnade werden ihnen diejenigen Geschenke von Gott gegeben werden, die sie benötigen, um sich gegen die Verfolgung zu schützen, einschließlich des Siegels des Lebendigen Gottes, das es ihnen ermöglichen wird, den Widerstand zu überwinden, auf den sie treffen werden, wenn die Christenheit verrohen wird. Diejenigen, die für Mich und in Mir sind, werden in ihrem Herzen großen Mut verspüren, denn sie werden in der Lage sein, den Geist der Wahrheit vom Geist des Bösen zu unterscheiden. Und während dieser ganzen Zeit wird der Glaube des Klerus vom größten Feind Gottes, der jemals auf Erden wandeln wird, — dem Antichristen — mit Füßen getreten werden. Er wird sie verführen und sie in ein großes Netz aus Betrug und Verzweiflung ziehen. Sein Einfluss auf sie wird wie eine große Finsternis sein, die sich auf sie herabsenken und das Licht ihrer Seele auslöschen wird, und danach werden viele ihre Seele an Satan verkaufen.

Alle diese Ereignisse klingen so, als ob sie von einem lauten Paukenschlag begleitet werden würden, aber das ist nicht die Art, wie das Tier (Satan) vorgeht. Nein, seine Mission wird als eine große Evangelisierung der Welt gesehen werden, die sich auf vielerlei Weise zeigen wird. Sie wird so anziehend wirken, dass nicht nur die gottgeweihten Diener, die Leuchten Gottes, auserwählt, um Sein Volk auf Erden zur Heiligkeit zu führen, der Täuschung erliegen werden. Die Feinde Gottes werden auch die neue evangelikale Bewegung umarmen, was schrittweise angekündigt werden wird und nicht mit lauten Fanfaren, denn das würde nur zu viele Fragen aufwerfen.

Neue Gesetze werden eingeführt werden, die man als eine Verbesserung des Lebens der Armen der Welt verstehen wird. Dann wird die Vereinheitlichung von Ländern geschaffen werden — durch ihre Banken, Unternehmen, Allianzen als Verbündete in den kommenden Kriegen, durch die Politik und schließlich — die Religion. Die Schritte haben bereits begonnen, und der Plan ist seit über sieben Jahren bis ins kleinste Detail koordiniert.

Alles, um was Ich euch bitte, ist: Bleibt wachsam und betet für alle Meine Priester, damit sie die Gnaden behalten werden, die Ich ihnen gewähre, um Mir zu dienen, und damit sie den wahren Glauben bewahren können.

Allein die Wahrheit ist ewig.

Allein die Wahrheit Meines Wortes wird das Leben aufrechterhalten — das Leben der Seele ebenso wie das Leben dieser Erde.

Lügen, die als Wahrheit präsentiert werden, kommen von Satan, der auf ewig verdammt ist. Diejenigen, die ihm folgen, seine Methoden übernehmen und seine Diener werden, stürzen in tiefe Finsternis und setzen sich großer Gefahr aus.

Allein die Wahrheit wird euch retten. Ich Bin die Wahrheit. Folgt nur Mir, denn nichts anderes kann euch Liebe, Frieden, ewige Freude oder Glückseligkeit bringen. Nur indem ihr Mir und Meinem Heiligen Wort folgt — wie Ich es der Welt gegeben habe, ohne dass es manipuliert wurde —, könnt ihr gerettet werden.

Euer Jesus

1147. Mutter der Erlösung: Ich bitte diejenigen, die diesen Botschaften folgen, für diese Mission zu beten.

Sonntag, 8. Juni 2014, 14:45 Uhr

Mein Kind, darf Ich diejenigen, die diesen Botschaften folgen, bitten, für diese Mission zu beten? Eure Gebete sind nötig, damit dieses Werk geschützt ist gegen alle bösen Fallstricke und Taten des Teufels durch jene, die ihm dienen und ihn ehren. Nie zuvor waren eure Gebete dringender notwendig als zu dieser Zeit. Der Teufel arbeitet mit geballter Kraft gegen diese Mission der Erlösung und sein Hass nimmt jetzt zu. Wenn ihr Gott nicht bittet, dass Er Satans Hass und seinen Einfluss auf die Menschheit mindert, werden seine Werke gedeihen und Seelen zerstören, deren einzige Hoffnung auf Erlösung nur auf den Geschenken beruht, die Gott Seinen Kindern gibt.

Ich bitte euch, liebe Kinder, für all diejenigen zu beten, die ihr Leben dem Ruf Gottes und dieser Mission widmen. Das Gebet soll für alle Propheten, Visionäre und heiligen Diener Gottes gesprochen werden, damit sie Ihm weiterhin dienen, während Er den letzten Bund erfüllt.

Kreuzzuggebet (155) „Um Schutz für die Mission der Erlösung":

„O liebste Mutter der Erlösung, höre unseren Ruf nach Schutz für die Mission der Erlösung und für die Kinder Gottes. Wir beten für diejenigen, die sich in diesem großen Augenblick in der Geschichte dem Willen Gottes widersetzen. Wir bitten Dich, beschütze all jene, die auf Deinen Ruf und auf das Wort Gottes, alle vor den Feinden Gottes zu retten, antworten. Bitte hilf, jene Seelen zu befreien, die der Täuschung des Teufels zum Opfer fallen, und öffne ihre Augen für die Wahrheit.

O Mutter der Erlösung, hilf uns armen Sündern, würdig zu werden, die Gnade der Beharrlichkeit zu empfangen in unserer Zeit des Leidens im Namen Deines geliebten Sohnes, Jesus Christus.

Schütze diese Mission vor Schaden. Schütze Deine Kinder vor Verfolgung. Bedecke uns alle mit Deinem Allerheiligsten Mantel und erlange uns das Geschenk, an unserem Glauben zu stehen, jedes Mal, wenn wir vor der Herausforderung stehen, die Wahrheit auszusprechen und das Heilige Wort Gottes zu übermitteln, für den Rest unserer Tage, jetzt und immerdar. Amen."

Meine geliebten Kinder, ihr müsst eure Gebete jeden Tag Meinem Sohn darbieten, für den Schutz dieser Mission gegen den Hass Satans. Wenn ihr dies tut, wird euch jeder Segen gegeben werden. Denjenigen von euch, denen es möglich ist, sage Ich: Bitte lasst Messen lesen, so oft ihr könnt, für Gottes Prophetin Maria von der Göttlichen Barmherzigkeit und für alle Diener Gottes, so dass durch die Barmherzigkeit Gottes alle Seelen für immer mit Ihm in Seinem Königreich vereint sein werden.

Eure geliebte Mutter

Mutter der Erlösung

1148. Nur die Liebe kann den Hass besiegen. Der Hass kann die Liebe, wenn sie von Gott kommt, nicht besiegen.

Montag, 9. Juni 2014, 21:42 Uhr

Meine innig geliebte Tochter, wie sehr sehne Ich Mich danach, diejenigen zu erreichen, die den Glauben verloren haben, diejenigen, die nicht mehr an Mich glauben, und ebenso die Unwissenden.

Diese Botschaften sind für die ganze Welt bestimmt — nicht nur für die Auserwählten, die Mich ehrfurchtsvoll grüßen und deren Seele voller Liebe zu Mir ist. Ich liebe jeden Einzelnen, aber Ich verlasse Mich auf die Gläubigen, wenn es darum geht, das Wort Gottes zu verbreiten, damit es in diesen verhärteten, verschlossenen Herzen das Feuer Meiner Liebe entzündet.

Wenn ihr Mich liebt, werdet ihr anderen Menschen all das Gute tun, was Ich euch gelehrt habe. Ihr werdet euren Nächsten so behandeln, wie Ich euch geliebt habe. Ihr werdet mit denjenigen Geduld haben, die euch verachten, weil ihr das Abzeichen der Christen tragt. Ihr werdet die Schwachen umarmen: Lehrt sie Meine Liebe durch jedes eurer Worte und jede eurer Taten. Christ sein bedeutet, Mein Wort in jeder Hinsicht hochzuhalten. Ihr dürft niemals vergessen, dass Meine Liebe Göttlich ist. Meine Göttlichkeit steht außer Frage, und es besteht kein Zweifel, dass die Kraft des Heiligen Geistes unbesiegbar ist, wenn sie in einem Meiner Werke wirkt. Meine Werke sind machtvoll und werden wachsen und sich ausbreiten wie ein starker Windstoß, mit einer Geschwindigkeit, die für euch unvorstellbar ist. Wenn Ich Mich daher durch Mein Wort — durch Meine Botschaften an die Welt — bekannt mache, werde Ich, wenn ihr Mich umarmt, all denen große Barmherzigkeit zeigen, die Meinen Kelch bereitwillig annehmen. Wenn ihr die Geschenke, die Ich euch gebe, annehmt und sie so verwendet, wie Ich es wünsche, nämlich zum Wohle anderer Menschen, dann werden große Wunder der Bekehrung stattfinden. Meine Liebe wird, wenn ihr sie von Mir annehmt, wie ein Funke auf andere Menschen überspringen. Wenn andere Menschen eure Liebe empfangen, dann werden auch sie erkennen, woher sie kommt.

Meine Liebe wird, wenn sie durch die Kraft des Heiligen Geistes in eure Seele eindringt, euch vor Mir auf die Knie zwingen, und ihr werdet vor Freude weinen. Gebt euch keiner Täuschung hin: Ihr werdet die Liebe Gottes sofort erkennen, wenn sie euer Herz durchdringt durch die Kraft des Parakletos (des Heiligen Geistes). Dann werdet ihr die Macht der Liebe verstehen, denn Ich Bin die Liebe. Ich Bin die Macht, durch die jeder Dämon, jeder gefallene Engel und sogar Satan selbst in Agonie zu Boden fallen, denn sie haben keine Macht über Mich.

Wenn ihr Meiner Liebe erlaubt, eure Seele zu erfüllen, dann werdet auch ihr die Macht haben, alles Böse auf der Welt zu besiegen. Meine Liebe zerstört die Macht Satans und all seiner Dämonen. Meine Liebe wird eure Waffe gegen die Bosheit sein, der ihr ausgeliefert sein werdet, weil ihr in Meinem Namen sprecht. Nehmt Meine Liebe an und liebt auch immer Meine Feinde. Hasst Meine Feinde nicht, denn genau das will der Teufel von euch, damit er seinen Hass weiterverbreiten kann. Wenn sich d ie Liebe ausbreitet, dann erzeugt sie auch in anderen Menschen Liebe, genauso wie der Hass Zweifel, Angst und Wut hervorbringt. Die Liebe ist der einzige Weg, um den Hass zu besiegen. Der Hass kann die Liebe, wenn sie von Gott kommt, nicht besiegen.

Ich möchte euch folgendes Kreuzzuggebet geben, damit ihr euch vor dem Hass schützen könnt.

Kreuzzuggebet (156) „Schutz vor dem Hass":

„Lieber Jesus, gib mir Deine Liebe und öffne mein Herz, damit ich Deine Liebe mit Dankbarkeit annehme. Durch die Kraft des Heiligen Geistes lass Deine Liebe über mich leuchten, damit ich ein Leuchtfeuer Deiner Barmherzigkeit werde.

Umgib mich mit Deiner Liebe und lass meine Liebe zu Dir jede Art von Hass mindern, auf den ich treffe, wenn ich die frohe Botschaft Deines Wortes verbreite. Gieße Deine Barmherzigkeit über uns aus und vergib denen, die Dich ablehnen, Dich beleidigen und gegenüber Deiner Göttlichkeit gleichgültig sind, und gib ihnen das Geschenk der Liebe.

Lass Deine Liebe alles überstrahlen in Zeiten der Unsicherheit und schwachen Glaubens, in Zeiten der Prüfungen und Leiden, und hilf mir durch die Kraft des Heiligen Geistes, jenen die Wahrheit zu bringen, die Deiner Hilfe am meisten bedürfen. Amen."

Meine lieben Anhänger, ihr werdet Meinen Schutz mehr denn je benötigen, je mehr diese Mission anwächst. Meine Liebe wird euch immer bedecken, und Ich werde Mich euch bekannt machen, durch Mein Wort, durch die Gnade des Heiligen Geistes und durch die Bekehrung, die diese Mission der Erlösung durch Gebete auf der Welt bewirken wird.

Zweifelt niemals an Meiner Göttlichkeit oder an der Macht Gottes, denn ohne Mich seid ihr nichts.

Euer Jesus

1149. Ohne Mein Licht gibt es nichts als die Finsternis der Seele. Keinen Frieden. Keine Liebe. Keine Hoffnung. Kein Leben.

Dienstag, 10. Juni 2014, 00:05 Uhr

Meine innig geliebte Tochter, die Menschen mögen sich vielleicht fragen, warum es wichtig ist, dass das Opfer in der Heiligen Messe um jeden Preis beibehalten werden soll? Die Messe ist das Zentrum Meiner Gegenwart — Meine Realpräsenz in der Welt. Meine Gegenwart bringt sowohl Leben als auch Licht. Sie bringt der Seele Leben und erfüllt sie mit einer einzigartigen Gnade. Sie bringt Licht mit sich — Mein Licht —, das stärker ist als die Sonne. Ein Schimmer Meines Lichtes genügt, um einen Raum, in dem Finsternis herrscht, zu erhellen. Solange Meine Heilige Eucharistie in großer Herrlichkeit auf den Altären Meiner Kirchen gefeiert wird, wird es Leben geben. Ohne sie wird Finsternis herrschen. Wenn Ich nicht Gegenwärtig Bin, dann gibt es kein Licht. Ohne Mein Licht gibt es nichts als die Finsternis der Seele. Keinen Frieden. Keine Liebe. Keine Hoffnung. Kein Leben.

Welche Regeln auch immer euch — in Meinem Namen — im Namen der Evangelisierung und der Moderne aufgezwungen werden, wisset, wenn Meine Eucharistie nicht mehr verehrt wird, wie Sie verehrt werden sollte und wie es für Sie bestimmt war, dann könnt ihr sicher sein, dass es nicht lange dauern wird, bis Sie vollkommen verschwinden wird. An dem Tag, an dem dies geschehen wird, wird es eine Finsternis geben, die sich auf die Erde senken wird. Ihr werdet sie nicht sehen, aber ihr werdet sie in den kalten Herzen der Menschen spüren, denn dann wird die Menschheit sich verändert haben. Sobald Meine Gegenwart abnimmt, werden die Tore der Hölle geöffnet werden und der Antichrist wird Meinen Platz in Meiner Kirche einnehmen. Er, der nicht von Mir ist, wird es sein, der auf dem Throne sitzen wird, der rechtmäßig Mir gehört. Und zu seinen Füßen wird sich Meine Kirche niederwerfen. Das wird der größte Verrat an Mir, eurem Jesus, sein, seit Judas Mich Meinen Feinden zur Kreuzigung ausgeliefert hat.

Es wird Meine Kirche sein, die als Erste verfolgt werden wird, und jene, die schwach im Glauben sind, werden dem Tier (Satan) Ehre erweisen. Es werden jene Männer sein, die behaupten, Meine Kirche zu vertreten, die Mich noch einmal kreuzigen werden. Wenn der Betrüger erklärt, dass er Ich sei, beginnt die Uhr zu ticken, und dann werden sich unter ohrenbetäubendem Getöse und Donnergrollen die Himmel teilen und Meine Wiederkunft wird bekannt gemacht werden. Die Welt wird dann endlich die Wahrheit Meines Versprechens verstehen, nämlich am Ende zurückzukehren und

Mein Königreich zurückzufordern und Meiner Kirche, Meiner Wahren Kirche — jenen, die Mir durch alle Prüfungen und Kümmernisse hindurch treu geblieben sind, — Einheit zu bringen.

Nichts kann Meine Kirche überwältigen, denn unter Meiner Leitung und Führung wird sie uneinnehmbar sein für das Tier (Satan) und all die Verräter, die Mich verraten haben, um des eigenen Vorteils willen.

Hört jetzt Mein Versprechen. Alles, was Ich euch gesagt habe, dass es geschehen werde, wird geschehen. Alles, was Ich euch verheißen habe, wird sich erfüllen. Alles, was Mein ist, gehört euch. Ihr alle gehört Mir. Haltet euch gut an Mir fest, denn ohne Meinen Schutz werdet ihr Irrtümern verfallen, und das würde Mein Herz brechen. Verlasst Mich niemals für den, der euch hasst. Ich werde euch niemals verlassen, denn Ich liebe euch zu sehr. Ich ziehe euch zu Mir hin — und trotzdem weicht ihr zurück. Warum? Wovor habt ihr Angst? Wisst ihr nicht, dass ihr Mir gehört und dass dies ein natürliches Geburtsrecht ist? Verlasst euch auf Mich, Meine geliebten Anhänger, denn bald werdet ihr euch verloren fühlen und nicht wissen, wohin ihr euch wenden sollt. Und Ich werde da sein und warten, um euch Meine Liebe zu bringen und euch Trost zu spenden.

Kommt zu Mir. Fürchtet Mich nicht. Ich bringe nichts als Liebe, um euch Meinen Frieden zu schenken.

Mein Licht bringt euch Erleuchtung.

Meine Liebe bringt euch Hoffnung.

Mein Herz bringt euch Trost.

Meine Hände heilen euch.

Meine Augen sehen euch.

Meine Wunden ziehen euch an.

Mein Leib nährt euch.

Mein Schmerz ist euer Schmerz.

Euer Schmerz ist Mein Schmerz.

Meine Barmherzigkeit wird euch retten.

Mein Wort ist euer Weg zu Meinem Königreich.

Euer Jesus

1150. Gott der Vater: Die Macht der Allerheiligsten Dreifaltigkeit liegt jenseits jeglicher menschlicher Einmischung.

Mittwoch, 11. Juni 2014, 00:25 Uhr

Meine liebste Tochter, Mein Wunsch ist es, dass jetzt jeder Einzelne von euch auf den Ruf der Allerheiligsten Dreifaltigkeit antwortet. Die Macht der Allerheiligsten Dreifaltigkeit liegt jenseits jeglicher menschlicher Einmischung, und durch die Gnade Meiner Liebe wende Ich Mich an die Menschheit, um die Wahrheit öffentlich kundzutun.

Fürchtet euch nicht vor eurem Vater, denn Ich Bin euer und ihr seid Mein. Alle Macht liegt in Meinen Händen, und Ich mache große Ausnahmen, um die Welt zu vereinen. Viele Seelen sind Mir gegenüber gleichgültig. Sie meiden Mich, leugnen Meine Existenz und beleidigen Meine Göttlichkeit, indem sie falsche, aus geschmolzenem Gold hergestellte Götter vor Mich platzieren. Alles, was aus Lehm entstanden ist, wird durch neues Leben ersetzt werden. Nichts auf dieser Erde ist ewig. Alles wird wieder zu Staub. Alles, was ewig ist, ist nicht von eurer Welt. Ich schuf den Menschen nach Meinem Ebenbild. Ich hauchte euch Leben ein, und euch wurde der Atem gegeben — und Ich Bin es, Der das Leben hinwegnehmen wird. Alles beginnt und endet mit Mir — und kein Mensch kann oder wird Mir vorschreiben, wie Ich Meine Kinder vereinen werde. Dies ist Meine Aufgabe — nicht eure. Meine Pläne zur Rettung von Seelen — der Guten, der Bösen und der Elenden —, werden nicht zerstört werden. Beschädigt vielleicht, aber niemals zerstört, denn alles, was Ich sage, wird sein, und alles, was Ich wünsche, wird geschehen.

Ich kenne jeden Einzelnen von euch, da ihr aus Meiner Liebe heraus geboren seid. Was auch immer eure Lebensumstände sind, sie haben sich aufgrund Göttlicher Vorsehung entwickelt, und es gibt für alles einen Grund. Diejenigen von euch, die Mich nicht kennen: Ihr gehört ebenfalls Mir, denn Ich habe euch erschaffen. Ihr habt euch nicht aus den Tierarten heraus entwickelt. Das zu glauben ist Selbstbetrug und dient nur als ein Mittel, vom Betrüger in euer Herz gepflanzt, um Mich zu leugnen. Indem ihr Mich, euren Ewigen Vater, leugnet, leugnet ihr das ewige Heil. Und durch das Leugnen der Wahrheit Meiner Existenz werdet ihr euch selbst abtrennen von einer Existenz in ewiger Herrlichkeit.

Alle Barmherzigkeit ist Mein. Ich überhäufe jene mit Meiner Barmherzigkeit, deren Herzen rein sind, die Liebe in ihren Seelen haben, weil sie Mir erlaubt haben, in sie einzutreten. Das Haupthindernis für die Erlangung Ewigen Lebens ist der Stolz der Menschheit. Stolz ist die größte Barriere, euch mit Mir zu vereinen. Ihr mögt Mich vielleicht kennen, durch Meinen Sohn, mögt vielleicht Mein Wort verstehen, aber ihr praktiziert nicht das, was euch gelehrt worden ist. Die Liebe kommt von Mir. Wenn in der Seele Stolz herrscht, dann stirbt die Liebe in der Seele und an ihre Stelle tritt der Hass. Stolz kommt von Satan, und Stolz ist Mir ein Gräuel, ebenso wie er Mich betrübt.

Erlaubt Mir, euch zu lieben, indem ihr Mein Wort annehmt und die Geschenke, die Ich der Welt durch das größte Opfer, den Kreuzestod Meines Sohnes, gegeben habe. Ich habe euch das Leben gegeben. Ich habe euch Mich Selbst gegeben, indem Ich Meinen Sohn offenbart habe. Ich habe Mich Selbst erniedrigt, in Demut vor euch, um die Sünde des Stolzes zu besiegen. Ich habe euch durch die Propheten gelehrt. Ich habe euch das Geschenk des freien Willens gegeben, aber ihr habt ihn missbraucht, um eure eigenen Begierden und Wünsche zu befriedigen. Das Geschenk des freien Willens hat einen doppelten Zweck: um euch die Freiheit zu geben, eure eigene Wahl zu treffen, so dass ihr nicht aus Angst, sondern aus Liebe zu Mir kommt, und um die Macht des Teufels zu besiegen. Es ist euer freier

Wille, nach dem Satan am meisten giert, und er wird jede Täuschung einsetzen, um euch dazu zu bringen, ihm euren freien Willen zu übergeben. Wenn Seelen das tun, durch die Sünde des Stolzes, durch New-Age-Praktiken und den Okkultismus, dann werden sie vom Teufel versklavt. Er wird dann in den Seelen, die ihm ihren freien Willen übergeben, jede einzelne seiner Eigenschaften offen zeigen. Ihr werdet sie an ihrem Verhalten erkennen. Aber das deutlichste Zeichen, dass sie ihren freien Willen dem Teufel übergeben haben, ist, wenn diese Seelen ständig suchen, Meinen Sohn, Jesus Christus, und Seine Mutter, die Unbefleckte Jungfrau Maria, die Mutter der Welt, öffentlich zu verspotten. Satan verachtet Sie beide.

Wenn ihr stattdessen den freien Willen, den Ich euch gegeben habe, zum Wohle eurer Seele nutzt und um einander zu lieben, ist dies ein mächtiges Mittel, um die Macht Satans zu schwächen. Aber es sind jene Seelen, welche Mir das Geschenk ihres freien Willens geben — durch Meinen Sohn, Jesus Christus —, die Mir das mächtigste aller Geschenke geben. Durch diese Seelen werde Ich den Teufel überwältigen, und mit ihrer Hilfe werde Ich die Seelen derer retten, die sich von Mir vollkommen getrennt haben.

Das ist Mein Versprechen: Ich werde die Seelen selbst der hoffnungslosesten Fälle retten durch die Opfer jener, die Mir ihren freien Willen schenken, durch Meinen Sohn, Jesus Christus.

Euer Ewiger Vater
Gott der Allerhöchste

1151. Das wird der Größte Tag sein, seit Gott Adam und Eva erschaffen hat.

Freitag, 13. Juni 2014, 22:20 Uhr

Meine innig geliebte Tochter, Meine Zeit ist sehr nahe, und aus diesem Grund ist es wichtig, dass sich jede einzelne Person auf der Welt so vorbereitet, als sollte sie jeden Moment aus dem Leben genommen werden. Ignoriert Meinen Ruf nicht, denn diejenigen, denen es nicht gelingt, sich auf den Großen Tag vorzubereiten, werden in großer Angst zurückgelassen werden.

Am Tag Meines Zweiten Kommens, dem die „Warnung" vorausgehen wird, wo Ich der Welt beweisen werde, Wer Ich Bin, müsst ihr bereit sein. Ich komme, um euch alle in das herrliche neue und glorreiche Paradies zu bringen. Ich möchte keinen Menschen davon ausschließen. Jeder von euch ist ein geliebtes Kind Gottes. Diejenigen, die sich dessen nicht bewusst sind, von Wem sie abstammen, werden sofort erkennen, Wer Ich Bin. Denn das wird aus einem tief verwurzelten menschlichen Instinkt kommen, genau so wie ein Kind, das von seinen natürlichen Eltern getrennt ist, sein eigenes Fleisch und Blut erkennen wird, auch wenn es ein Leben lang dauert, sich miteinander zu vereinen. Es wird sich ganz natürlich anfühlen, und für die warmherzigen Menschen

unter euch wird der letzte Moment von einer erhebenden Liebe erfüllt sein. Ihr habt nichts zu befürchten.

Denjenigen, die sich entscheiden, an falsche Götter zu glauben, und die den Dreifaltigen Gott nicht anerkennen, sage Ich: Ihr werdet Mich nicht sogleich annehmen, denn ihr habt Mich immer abgelehnt. Und doch werde Ich euch zu Mir hinziehen und euch umarmen. Die Macht Gottes wird über euch kommen, durch die Gabe des Heiligen Geistes, und es wird euch schwer fallen, Mir den Rücken zu kehren. Daher sage Ich allen, die Mich sehen, einschließlich derer, die Mich ihr Leben lang abgelehnt haben: Die meisten von euch werden zu diesem Zeitpunkt die Wahrheit erkennen. Ihr werdet Mir erlauben, euch in Meine Heiligen Arme zu schließen.

Ich werde euch alle auf der Stelle, schneller als ein Wimpernschlag, in Mein neues Königreich heben. Und dann wird der Anfang vom Ende beginnen. Jene Seelen, die das Tier (Satan) vergöttert und sich Satan mit Leib, Geist und Seele hingegeben haben und die seine ergebenen Handlanger geworden sind, werden sich nirgendwo hinwenden können, sich nirgendwo verstecken können, und sie werden ohne jede Hilfe auf sich allein gestellt sein, denn Satan wird sie verlassen haben. Denn zu diesem Zeitpunkt wird Satan in den Abgrund geworfen sein und seine Macht wird dann vollständig enden. Jenen Seelen sage Ich: Selbst zu diesem Zeitpunkt werde Ich euch Barmherzigkeit zeigen. Ihr müsst Mich anrufen und sprechen:

„Jesus, hilf mir! Jesus, vergib mir alle meine Sünden!",

und Ich werde auch euch in Mein Neues Paradies heben.

Ich werde jede Seele retten, die Mich anruft, bevor die Himmel sich schließen, die Berge in sich zusammenfallen und das Meer die Erde überflutet — und dann wird der Himmel verschwinden und mit ihm die alte Erde. Und erheben wird sich Mein Neues Paradies, der Neue Himmel und die Neue Erde, so wie es für Adam und Eva geschaffen war, und alle werden jubeln. Denn das wird der Größte Tag sein, seit Gott Adam und Eva erschaffen hat. Verliert niemals die Hoffnung und denkt immer an diese Meine Worte an euch.

Meine Barmherzigkeit ist so Groß, dass selbst diejenigen, die ihre Seele dem Teufel verkauft haben, gerettet werden, wenn sie dies wünschen, indem sie Mich am Letzten Tag anrufen. Auch sie können ein Ewiges Leben in großer Herrlichkeit leben, mit allen Kindern Gottes. Das Neue Paradies ist euer rechtmäßiges Erbe. Verspielt es nicht um Satans falscher und leerer Versprechungen willen.

Ich liebe euch alle. Behaltet Meine Liebe stets in euren Herzen — und Ich werde euch immer vor allem Bösen beschützen.

Euer Jesus

1152. Ihr dürft niemals irgendeinen anderen Gott anbeten außer den Dreifaltigen Gott.

Samstag, 14. Juni 2014, 12:40 Uhr

Meine innig geliebte Tochter, es gibt nur einen Gott — Gott den Vater, Gott den Sohn und Gott den Heiligen Geist — drei eigenständige Personen in Einer. Es sind nicht drei getrennte Wesenseinheiten, denn Wir sind Eins — Gott, der Vater, Schöpfer von Allem, Gott, der Sohn, wie Er sich offenbarte, um unter euch zu leben, und Gott, der Heilige Geist, Der der Menschheit als das Geschenk gegeben ist, mit dem die Wahrheit eure Herzen mit Wissen, neuem Leben und der Macht Meiner Liebe erfüllt.

Wenn ihr zu Mir kommt, kommt ihr zu Meinem Vater. Wenn der Heilige Geist euch ruft, kommt Er aus dem Vater. Alles kommt von Gott. Ihr dürft niemals irgendeinen anderen Gott anbeten außer den Dreifaltigen Gott. Aber wisset dies: Um den Vater zu kennen, müsst ihr Gott den Sohn anerkennen, denn ohne Mich, Jesus Christus, könnt ihr den Vater nicht kennen.

Gott liebt alle Seine Kinder, aber Seine Kinder lieben Ihn nicht so, wie sie es sollten. Das ist in Ordnung, denn durch Mich werden sie Teil Meines Neuen Königreiches auf Erden werden. Dann gibt es diejenigen, die dem Teufel folgen und ihm wissentlich ihren freien Willen schenken. Daraufhin haben sie keine Kontrolle mehr über ihre Handlungen, denn die bösen Geister in ihnen benutzen sie, um andere schwache Seelen anzuwerben. Diese Seelen beten nicht Gott an — stattdessen beten sie Satan an. Ich bitte euch eindringlich: Helft Mir, diese armen, unglücklichen Seelen zu retten, denn sie sind nicht mehr in der Lage, frei zu entscheiden, um ihre eigenen Seelen zu retten. Ich wünsche, dass ihr — durch euer Gebet — um die Befreiung von Seelen aus ihrer (satanischen) Gefangenschaft bittet, damit sie zu Mir zurückkommen.

Kreuzzuggebet (157) „Für Seelen in Gefangenschaft":

„O lieber Jesus, befreie jene Seelen, die Sklaven von falschen Göttern und von Satan sind. Hilf uns, durch unsere Gebete, ihnen Befreiung von der Qual der Besessenheit zu bringen.

Öffne die Tore ihres Gefängnisses und zeige ihnen den Weg zum Reich Gottes, bevor sie von Satan als Geiseln in den Abgrund der Hölle gerissen werden.

Wir bitten Dich, Jesus, bedecke diese Seelen mit der Kraft des Heiligen Geistes, damit sie die Wahrheit suchen, und hilf ihnen, den Mut zu finden, den Fallstricken und der Bosheit des Teufels den Rücken zu kehren. Amen."

Das Problem, das die Seelen erfahren, die falsche Götter anbeten, ist, dass sie sich dem Geist des Bösen öffnen, der nur einen winzigen Bruchteil ihres freien Willens benötigt, um sich ihrer zu bemächtigen. Falsche Götter bringen Seelen in schreckliche Gefahr. Die größte Gefa r, die auf sie lau-

ert, ist, dass sie glauben, solche Praktiken seien normal, gesund für ihren Geist und ein Mittel, um in ihrem Leben Frieden und Ruhe zu finden. Alles, was sie finden werden, ist Schmerz und Leid.

Seid gewarnt vor den Gefahren, okkulten Praktiken und New-Age-Praktiken zu folgen, denn sie sind nicht von Mir. Nur indem ihr Mir, Jesus Christus, folgt, könnt ihr Ewiges Leben haben. Das Gegenteil von Leben ist Tod. Der Tod des Körpers bedeutet nicht das Ende eurer Existenz. Eure Existenz ist für die Ewigkeit. Ewiges Leben kommt nur durch Mich. Ewiger Tod kommt von Satan.

Euer Jesus

1153. Ich werde die Tempel dieser Sekten niederreißen und sie in ihren abscheulichen Handlungen gegen Gottes Kinder stoppen.

Sonntag, 15. Juni 2014, 09:30 Uhr

Meine innig geliebte Tochter, das Ausmaß, in dem Ich ignoriert, abgelehnt und gehasst werde, entzieht sich der Kenntnis der meisten Menschen.

Es gibt Gruppen und Sekten, die sich der Anbetung Satans widmen und die unter der Leitung von ihm, der Mich hasst, schreckliche Gräueltaten begehen. Die armen Sünder, die beteiligt sind, haben ihre Seelen dem Teufel verkauft und werden von Außenstehenden nur als eine Quelle der Belustigung angesehen, aber hört Mir jetzt zu: Sie haben nur einen Meister und dieser Meister hat große Macht über sie, weil sie ihm ihren freien Willen geschenkt haben. Und weil Satan die Menschheit verachtet, benutzt er diese Seelen, auch wenn diese sich dieser Tatsache nicht wirklich bewusst sind. Sie hassen Mich und diejenigen, die Mir, Jesus Christus, dienen, gleichermaßen intensiv.

Die letzte Schlacht um Seelen wird in jedem Teil der Welt ausgetragen werden, und es werden diese Gruppen sein, die sehr hart kämpfen werden, um die Menschen von Mir und von der endgültigen Erlösung, die Ich Gottes Kindern bringe, wegzuziehen. Weil Ich alle Menschen liebe — auch diejenigen, die ihr Leben und ihr Recht auf Ewiges Heil für die leeren Versprechungen des Königs der Lügen geopfert haben, ist es Meine Aufgabe, alle Hindernisse zu überwinden, um sie zu erreichen, damit Ich sie retten kann.

Ich werde die Tempel dieser Sekten niederreißen und sie in ihren abscheulichen Handlungen gegen Gottes Kinder stoppen. Ich verspreche, dass Ich auch auf diejenigen warten werde, die aus diesen Gefängnissen des Hasses befreit werden. Für jede einzelne Seele, die — auf ihrer Suche nach Frieden — aus diesen Gruppen zu Mir kommt, werde Ich die zehnfache Zahl bekehren. Ich werde den Teufel überwältigen und Ich werde Gottes Kinder — was auch immer sie getan haben — vom Rand des Abgrundes der Hölle zurückreißen.

Wenn ihr Mir vollkommen vertraut, dann fürchtet niemals die Macht des Geistes des

Bösen. Meine Macht, die Macht Gottes, das Alpha und das Omega (wörtlich: der Anfang und das Ende), wird niemals zerstört werden. Jeder Mensch aber, der den Versuch macht, die Macht Gottes zu zerstören, obwohl er die Konsequenzen kennt, und der alle Bemühungen, die Ich zur Rettung seiner Seele unternehme, ablehnt – der wird für alle Ewigkeit leiden.

Euer Jesus

1154. Ich Bin Sanftmütig, Liebevoll und Geduldig.

Sonntag, 15. Juni 2014, 14:25 Uhr

Meine innig geliebte Tochter, Mein Plan, die Menschheit zu retten und Mein Neues Königreich bekannt zu machen, kommt — wie vorhergesagt — voran. Ich werde der Welt ein großes Geschenk bringen, und diejenigen, die dies überwältigend und beängstigend finden, sollen Folgendes wissen:

Ich Bin Sanftmütig, Liebevoll und Geduldig, und alles wird durch den Heiligen Willen Meines Vaters geschehen, Der keinem Seiner Kinder Schmerz und Qual zufügen will, wie dunkel ihre Seelen auch sein mögen. Denn wäre dies der Fall, hätte Er die Welt zerstört und nur die Auserwählten in das Neue Paradies genommen. Aber so hat Mein Vater gewartet und gewartet, bis die Weltbevölkerung zahlenmäßig ihren höchsten Stand erreicht hat. Er hat den letzten Teil Seines Planes zur Rettung der Menschheit begonnen, so dass eine große Anzahl von Menschen auf einmal gerettet werden kann.

Vor diesem Plan dürft ihr keine Angst haben oder euch ihm entgegenstellen, denn die Belohnung, die euch am Schluss erwartet, wird euch allen größte Herrlichkeit bringen. Ihr dürft euch diesem Plan nicht widersetzen; ihr dürft ihn nicht lächerlich machen oder verwerfen, denn ihr werdet diese Entscheidung für alle Ewigkeit bereuen. Kein Mensch soll in den Willen Gottes eingreifen. Um die Massen zu retten, wird Mein Vater nicht zögern, diejenigen zu bestrafen, die Ihm dabei im Wege stehen, Milliarden von Seelen zu retten. Und obwohl Ihm jede Seele kostbar ist und obwohl Er in jeder Weise eingreifen wird, um Seelen zur Vernunft zu bringen, wird Er diejenigen vernichten, die dafür verantwortlich sind, dass Ihm die Seelen von Millionen Menschen vorenthalten werden. Ihr könnt euch sicher sein, dass sie dafür leiden werden, und lasst euch gesagt sein, dass man diese Seelen an ihren Taten und danach an ihrer Strafe erkennen wird. Ihre Bestrafung wird auf Erden beginnen — in dieser Zeit —, in der Hoffnung, dass sie die Wahrheit erkennen werden. Gelingt das nicht, wird Mein Vater sie entfernen.

Die Macht Gottes ist in dieser Zeit auf Erden offenkundig, und ihr werdet sehen, wie diese Parteien in der Schlacht um Seelen zu Tage treten werden. Sie werden sich zusammensetzen aus denjenigen, die Mir aufrichtig dienen, denjenigen, die Mich nicht kennen, und denjenigen, die Mich zwar kennen, die sich aber entscheiden, einem anderen Meister, der nicht von Mir ist, zu dienen. Die alleinigen Sieger werden diejenigen sein, denen durch die Barmherzigkeit Gottes die Schlüssel zum Königreich Gottes gegeben werden.

Euer Jesus

1155. Die Türen sind geöffnet, um den Heiden zu erlauben, Meine Kirche zu entweihen.

Montag, 16. Juni 2014, 17:27 Uhr

Meine innig geliebte Tochter, diejenigen von euch, die nicht wünschen, dass Ich mit euch kommuniziere, sollen Folgendes wissen: Euer freier Wille bedeutet, dass ihr frei entscheiden könnt, ob ihr annehmt, was Ich sage und wünsche, oder eben nicht. Ob ihr glaubt oder nicht glaubt — das ist eure Wahl, und wie auch immer ihr euch entscheidet, Ich werde euch dafür niemals richten.

Aber ihr dürft niemals über andere Menschen in Meinem Namen richten. Damit meine Ich, über jene richten, die Mich ablehnen, aber genauso über jene, die Mein Eingreifen akzeptieren. Nicht einer von euch hat das Recht, öffentlich zu erklären, ein anderer Mensch sei böse oder einer Missetat schuldig. Diejenigen von euch, die hart ins Gericht gehen mit jenen Menschen, von denen ihr glaubt, dass sie im Irrtum seien, dass sie eines Vergehens oder einer Häresie schuldig seien, haben kein Recht dazu. Ihr müsst schweigen und für die eurer Meinung nach Betroffenen beten. Nur Ich, Jesus Christus, habe die Macht, die Menschheit zu richten.

Wenn ihr eine andere Person in Meinem Heiligen Namen erniedrigt, macht ihr euch einer Sünde schuldig, und Ich werde euch dies anlasten. Wenn ihr Menschen durch eure Worte verletzt, werde Ich euch zum Schweigen bringen. Wenn ihr den Ruf einer anderen Person beschädigt, wird euer eigener Ruf von anderen in Frage gestellt werden. Scheinheiligkeit widert Mich an, und wenn ihr schuldig seid, jemanden in Meinem Namen geschmäht zu haben, dann macht ihr nicht nur euch selbst, sondern auch Meinem Heiligen Namen große Schande.

Jeder Mensch, der einer anderen Person Schmerz zufügt und freiweg behauptet, im Namen Gottes zu sprechen, betrügt sich nur selbst. Diejenigen, die andere Menschen bestrafen und sagen, dass sie lediglich tun, was ihnen aufgetragen wurde, aufgrund ihrer Ergebenheit und Hingabe für Gott, sind nicht von Mir. Schande über euch, denn ihr kennt Mich nicht! Und während ihr gegeneinander kämpft — Christen gegen Christen — dringen die Heiden unter euch in Meine Kirche ein. Der Feind arbeitet sehr geschickt. Sein raffinierter Plan ist es, in Meiner Kirche Zwietracht zu säen, und da die wahre Treue zu Mir nachlässt, sind die Türen geöffnet, um den Heiden zu erlauben, Meine Kirchen und die Heilige Eucharistie zu entweihen.

Schande über diejenigen von euch, die die Wahrheit kennen — Mein Heiliges Wort, das euch in der Höchstheiligen Schrift gegeben ist! Jedes Opfer wurde für euch erbracht; die zu euch gesandten Propheten Gottes wurden (von euch) geschändet, verfolgt und getötet; die Visionäre, die Seher und die Heiligen — alle wurden sie verehrt — aber erst nach ihrem Tod, dafür aber von euch gegeißelt, wenn sie Mein Wort vermittelten, — und dann Mein Eigenes Opfer, als ihr Mich gekreuzigt habt. Und was macht ihr heute? Ihr erlaubt jenen, die falsche Götter anbeten, diesen Göttern Ehrerbietung zu erweisen auf Meinen Altären, die dazu bestimmt sind, Mir die Ehre zu geben. Würden diese Heiden euch erlauben, in ihren Tempeln desgleichen zu tun?

Die Geschichte wiederholt sich. Die Heiden haben die Kirche Meines Vaters übernommen — und sie wurden hinausgeworfen. Wenn ihr Meine Kirche und Meinen Leib entweiht, dann taugt ihr nicht mehr dazu, Mir zu dienen, und Ich werde jeden Meiner gottgeweihten Diener, der Mich in dieser Weise verrät, hinauswerfen. Eure Sünden sind schwärzer als die Sünden derer, denen ihr in Meinem Namen dient, denn ihr werdet die Seelen, die ihr Mir wegnehmt, mit euch tragen. Es ist Zeit, dass ihr euch entscheidet. Entweder nehmt ihr Mich, Jesus Christus, so an, wie Ich Bin, und nicht so, wie ihr Mich gern hättet, — oder ihr verleugnet Mich. Es gibt nichts dazwischen.

Euer Jesus

1156. Der Welt wird die Wahrheit Meines Wortes vorenthalten.

Dienstag, 17. Juni 2014, 22:23 Uhr

Meine innig geliebte Tochter, Meine Restarmee hat sich in großer Zahl versammelt und ist über die ganze Welt verteilt. Die Meinen kennen Mich, und mit der Kraft des Heiligen Geistes habe Ich Mich durch die Macht Meiner Worte, die in diesen Heiligen Botschaften enthalten sind, bekannt gemacht.

Mein Wort wird jene, die bereits mit dem Heiligen Geist gesegnet sind, schnell zu Mir hinziehen. Für diese Seelen gibt es keinen Zweifel. Der Heilige Geist wird — durch Meine Worte — die eher Zögerlichen anziehen, und während diese sich vielleicht nicht sicher sind, ob wirklich Ich es Bin, Jesus Christus, der sie einlädt, auf Meinen Ruf zu antworten, werden sie sich Mir vorsichtig nähern. Irgendwann werden sie Mich voll und ganz umarmen. Dann gibt es diejenigen, die an Mich glauben, die aber nicht akzeptieren, dass Ich sie rufe. Auch sie werden mit der Zeit auf Meinen Ruf antworten. Aber was ist Mein Ruf? Geht es einfach nur darum, zu beweisen, dass Ich es Bin? Nein, denn das ist nicht notwendig. Mein Ruf soll euch sammeln, um euch vorzubereiten, damit alle Christen Mir helfen werden in Meinem Bestreben, die Menschheit zu retten. Durch Meine geliebten Jünger kann Ich vieles bewirken.

Meine Mission ist es, Seelen zu retten, und Ich werde dies mit dem freien Willen des Menschen tun. Der Wille Gottes ist es, Leben zu geben und alle Kinder Gottes unter Seinen Schutz zu bringen. Durch den Willen Gottes können alle Seelen gerettet werden, aber der Weg zum Ewigen Heil liegt im freien Willen, der dem Menschen von Gott gegeben ist. Durch euren freien Willen werdet ihr eure Zukunft bestimmen. Ihr werdet nicht gezwungen werden, die Barmherzigkeit Gottes anzunehmen, aber ihr werdet gebeten werden, Mir zu folgen. Ich werde euch niemals befehlen, dies zu tun, denn es ist euer Recht — das Recht auf euren freien Willen —, für euch selbst zu entscheiden, was ihr tun wollt.

Einige Menschen werden eine weise Entscheidung treffen, denn sie werden wissen, was Ich biete: den Weg der Wahrheit — den Weg zum Ewigen Leben. Einige Menschen werden unklug wählen und dem falschen Weg folgen. Sie werden dies tun, weil es ihnen nicht gelungen ist, die Wahrheit, das Wort Gottes, zu verstehen. Sie werden den Verlockungen materieller Reize, sexueller Ausschweifungen und Vergnügungen erliegen und sich von Mir entfernen. Sie glauben nicht an ein Leben nach dem Tod und empfinden keine Reue für die Sünden, die sie begehen, indem sie ihre eigenen egoistischen Wünsche erfüllen. Doch wenn ihnen die Wahrheit gezeigt wird und sie von anderen ermutigt werden, auf das Wort Gottes und Meine Verheißung für die Zukunft zu hören, können sie sich ändern. Sie können durch das Geschenk der Bekehrung in Meinem Königreich wohnen.

Mein Ruf soll daher alle Seelen ermutigen, die Wahrheit zu suchen. Durch ihren freien Willen — und es muss ihre eigene Entscheidung sein — werden sie Mir, ihrem geliebten Jesus, erlauben, sie zu retten. Ich rufe allen Christen jetzt zu: Nehmt eure Waffenrüstung auf, marschiert vorwärts und helft Mir, diese verstreuten und verlorenen Seelen zu sammeln. Durch eure Hilfe kann Ich alle Seelen jeder Religion, Rasse und Hautfarbe ermutigen, zu Mir zu kommen. Wenn ihr sie zu erreichen sucht, werde Ich euch mit den großen Gaben des Heiligen Geistes bedecken, damit ihr Erfolg haben und Mir die verlorenen Seelen bringen könnt, nach denen Ich Mich jede Sekunde sehne.

Der Wille Gottes ist es, jeden zu retten. Aber es geschieht durch den freien Willen des Menschen, der sich selbst, durch seine eigene freie Wahl, dafür entscheidet, in Meine Arme gelaufen zu kommen, dass der Wille Gottes erfüllt werden wird, so wie es sein sollte. Geht, ihr alle, und lehrt die Wahrheit des Heiligen Evangeliums. Der Welt wird die Wahrheit Meines Wortes vorenthalten. Mein Wort wird nicht mehr auf die Art gelehrt, wie es gelehrt werden sollte. Den Menschen muss die Wahrheit gegeben werden — denn dafür habe Ich Mein Leben gegeben. Ohne Zugang zu der Wahrheit — zu Meinem Heiligen Wort — könnt ihr euch nicht für den rechten Weg zum Ewigen Heil entscheiden.

Das ist der Grund, warum Ich jetzt komme, euch die Wahrheit zu bringen. Euch zur Vernunft zu bringen, damit ihr vorbereitet seid, bereit und in Erwartung des Großen Tages, ohne Angst, Kummer oder Sorge in eurem Herzen. Wenn ihr Mich annehmt und auf Mich vollkommen vertraut, werdet ihr im Frieden sein.

Euer Jesus

1157. Mutter der Erlösung: Für jeden Schritt, den ihr macht, um Meinem Kostbaren Sohn näher zu kommen, werdet ihr zwei Schritte rückwärts tun.

Mittwoch, 18. Juni 2014, 14:51 Uhr

Meine Kinder, folgt Mir, der Mutter der Erlösung, und nehmt Meine Hand, während Ich euch auf dem Weg der Wahrheit hin zu Meinem Sohn führe. Durch Meine Fürsprache wird es sein, dass viele von euch den Mut finden, diesen dornigen und steinigen Weg zum Ewigen Heil zu gehen.

Liebe Kinder, um Meinen Sohn wirklich kennenzulernen, bedarf es großer Beharrlichkeit. Ihr müsst euren Geist, euer Herz und eure Seele öffnen, ohne eine Spur von Zweifel oder Stolz, bevor ihr in der Lage sein werdet zu sehen. Wenn euch die Wahrheit in eurem Herzen offenbart wird, müsst ihr sie festhalten, denn durch sie werdet ihr frei sein.

Für jeden Schritt, den ihr macht, um Meinem Kostbaren Sohn näher zu kommen, werdet ihr zwei Schritte rückwärts tun, denn das ist die Art, wie euch der Teufel verhöhnen wird. Er wird niemals aufhören euch zu versuchen und von Christus wegzuziehen, denn er hat es zu seiner abscheulichen Mission gemacht, euch in die entgegengesetzte Richtung zu ziehen. Wenn ihr daher auf eurer Reise fallt, dann müsst ihr wieder aufstehen und von vorn beginnen. Jedes Mal, wenn ihr einen Schritt rückwärts geht, wisst, dass alles, was unter dem Einfluss Satans steht, immer rückwärtsgerichtet ist — das Gegenteil von allem, was Mein Sohn der Menschheit vermacht. Ihr werdet daher viel Geduld benötigen, aber sobald ihr jede Hürde genommen habt, werdet ihr auf dem Weg zu Meinem Sohn schneller vorankommen. Jeder Rückschlag, den ihr überwunden habt, wird euch in eurem Glauben stärken. Und wenn euer Glaube erstarkt ist, dann ist der Weg für euch frei, ein wahrer Jünger Jesu Christi zu werden.

Geht in Frieden, liebe Kinder, und erlaubt Mir, der Mutter der Erlösung, euch zu helfen, stärker in eurer Liebe zu Jesus Christus zu werden, denn ohne Ihn werdet ihr nie den Frieden und den Trost finden, den ihr in diesem Leben oder danach sucht.

Eure liebende Mutter
Mutter der Erlösung

1158. Mutter der Erlösung: Diese Wunder werden über einen Zeitraum von drei Jahren geschehen.

Donnerstag, 19. Juni 2014, 13:48 Uhr

Mein Kind, die von Meinem Ewigen Vater angeordneten Wunder werden bald in allen Teilen der Erde bekannt gemacht werden. Diese Wunder werden sich über jegliche menschliche Vernunft, alle wissenschaftlichen Erkenntnisse und Erfahrungen hinwegsetzen. Die Erde, die Sonne und der Mond werden reagieren und sehr ungewöhnliche Schauspiele hervorbringen, und viele werden wissen, dass nur die Hand Gottes sie entstehen lassen konnte. Diese Wunder werden über einen Zeitraum von drei Jahren geschehen, und sie werden aus einem bestimmten Grund stattfinden: Sie sollen helfen, den Glauben der Menschen zu entfachen, damit sie erkennen, dass alles durch die Hand Gottes gelenkt wird.

Wenn der Mensch böse Handlungen und Taten begeht, dann kann Gott eingreifen und sie beenden. Der Kampf zwischen dem Teufel und Gott ist für die Menschen schwer zu verstehen. Wenn sich Ungerechtigkeiten ereignen, werden sie aus unterschiedlichen Gründen zugelassen, der Hauptgrund ist jedoch, dass eine Reinigung notwendig ist. Das mag ungerecht erscheinen, doch der Mensch kann all das erst begreifen, wenn ihm die Gabe der Erkenntnis geschenkt wird, die vom Heiligen Geist kommt. Immer wenn Seelen gereinigt werden, beginnen sie zu begreifen, wie Gott wirkt, um Seine Kinder in einen Zustand zu bringen, in dem sie Ihn erkennen können.

Die Wunder, von denen Ich spreche, werden große Taten Gottes sein, zu denen auch Tragödien gehören, die aber abgewendet werden und die aus wissenschaftlicher Sicht nicht zu erklären sind. Zu ihnen werden auch große Zeichen am Himmel gehören, die Bewegung der Erde und die in der Natur vorkommenden Farben.

Mein eigenes Mitwirken an diesen Wundern wird durch die Zeichen zu erkennen sein, die an Meinen Erscheinungsorten auf der ganzen Welt sichtbar sein werden. Fürchtet diese Wunder nicht, denn sie sind ein Geschenk Gottes. Seid dankbar für Seine Gnade; denn keine Aufgabe ist zu groß, dass Er sie nicht in Angriff nehmen würde, um sicherzustellen, dass die Menschheit wachgerüttelt werden kann, damit sie Ihn annimmt. Das ist der Wille Gottes, denn Er liebt jeden Einzelnen von euch.

Eure geliebte Mutter
Mutter der Erlösung

1159. Mutter der Erlösung: Um Meinem Sohn wirklich zu dienen, müsst ihr Ihn zuerst lieben. Um Meinen Sohn zu lieben, müsst ihr Ihn zuerst kennen.

Samstag, 21. Juni 2014, 15:40 Uhr

Mein liebes Kind, Ich lebte Mein eigenes Leben auf Erden durch Meinen Sohn, Jesus Christus. Meine Seele wurde im Himmel von Meinem Vater, Gott, dem Allerhöchsten, erschaffen, und Meine Geburt war ein außerordentliches Geschenk an die Menschheit. Ich wurde von Gott allein deshalb gesandt, um den lang ersehnten Messias auf die Welt zu bringen. Die Geburt Meines Sohnes war übernatürlich, und von dem Moment an, als Er Seinen ersten Atemzug tat, war es Mein einziger Wunsch, Ihm in all Seinen Bedürfnissen zu dienen.

Ich betete Meinen Sohn an und begegnete Ihm mit großer Ehrfurcht. Sein wunderschönes göttliches Wesen offenbarte sich bereits drei Monate nach Seiner Geburt. Sein Lächeln war strahlend, und auch wenn Er noch sehr jung war, besaßen Seine durchdringenden blauen Augen eine außergewöhnliche Tiefe und Reife. Ich wusste, Ich war da, um Ihm in jeder Weise zu dienen, aber Er zeigte Mir schon in frühester Kindheit große Liebe. Diese Liebe war nicht nur die Liebe, die ein Kind für seine Mutter hat — sie war viel größer als das. Er beruhigte Mich, liebkoste Mein Gesicht, wenn Ich Mir Sorgen machte über die Gefahren, denen wir — und Mein Gatte, der Heilige Joseph, — ausgesetzt waren.

Nach der Flucht nach Ägypten fiel es Mir schwer, zur Ruhe zu kommen, und Ich war ständig in Alarmbereitschaft vor jeder möglichen Bedrohung oder Gefahr, was bedeutete, dass Ich in der Nacht nur wenige Stunden schlief. Noch bevor Mein Sohn sich bekannt machte, waren für Mich die Gefahren, denen Er in der Zukunft ausgesetzt sein würde, ganz deutlich. Seine Hände streckten sich immer in Liebe und Freundschaft den Menschen entgegen. Als kleiner Junge zog Er viele an Sich, obwohl sie keine Ahnung hatten, Wer Er war. Er war auch ungerechtfertigter Kritik seitens Freunden und Bekannten ausgesetzt. Er wurde schikaniert und ausgelacht, und auch Ich wurde von vielen brüskiert. Von dem Tag an, als Mein Sohn geboren wurde, zog die Gegenwart Gottes die Guten ebenso wie Menschen mit dunklen Seelen zu unserer kleinen Familie hin. Meine Liebe zu Ihm war sehr stark. Ich liebte Ihn als Den, Der Er ist, aber Ich liebte Ihn auch als eine Mutter, und diese Liebe dauert bis heute an.

Ich war im Hinblick auf Meinen Sohn ein bisschen überängstlich, und als Ich Ihn auf dem Heimweg von Jerusalem verlor, war Ich in Angst und Schrecken versetzt. Ich spürte Seinen Verlust in jedem Teil von Mir und Ich konnte nicht eher ruhen, als bis Ich Ihn gefunden hatte. An dem Tag, als Ich Ihn fand, wie Er zu den Ältesten im Tempel sprach und predigte, realisierte Ich, dass Ich von nun an nur Ihm zu dienen hatte und jedem Seiner Wünsche gehorchen musste.

Um Meinem Sohn wirklich zu dienen, müsst ihr Ihn zuerst lieben. Um Meinen Sohn zu lieben, müsst ihr Ihn zuerst kennen. Meinen Sohn zu kennen, bedeutet, sich mit Seinem Wort zu befassen und zu verstehen, was Er Seinen Jüngern während Seiner Zeit auf Erden gesagt hat. Kennenlernen könnt ihr Jesus Christus nur durch Sein Wort. Wenn ihr Sein Heiliges Wort annehmt, dann könnt ihr Ihm dienen. Ihr könnt Ihm nicht dienen, wenn ihr Sein Wort nicht ehrt und nicht alles tut, was Er euch gelehrt hat. Gehorsam gegenüber dem Wort Gottes ist unerlässlich, wenn ihr wie wahre Christen leben wollt. Wenn ihr Sein Wort predigt, dann müsst ihr praktizieren, was Mein Sohn gepredigt hat: einander lieben; für andere Menschen das tun, was ihr auch von ihnen erwarten würdet; Gott ehren, durch die Heiligen Sakramente, wie Er es euch gelehrt hat.

Ihr dürft Gott niemals euren Wunsch diktieren, Sein Wort zu ändern, weil ihr dieses Recht nicht habt. Diener Meines Sohnes könnt ihr nur werden, wenn ihr Seinen Lehren gehorsam bleibt. Geht in Frieden und liebt und dient dem Herrn.

Eure geliebte Mutter
Mutter der Erlösung

1160. Vergleicht Mich mit einer Mutter, die sich nach der Geburt von ihrem Kind trennen muss.

Montag, 23. Juni 2014, 01:45 Uhr

Meine innig geliebte Tochter, Ich bringe dir und all Meinen geliebten Anhängern heute großen Segen. Mein Herz zerspringt vor Liebe zu euch allen. Ich weiß, dass eure Reise in Meinen Diensten manchmal sehr beschwerlich sein kann, aber Ich möchte euch wissen lassen, dass Ich euch jede Sekunde führe. Jede Prüfung, die ihr vielleicht bestehen müsst, kann überwunden werden. Deshalb dürft ihr, wenn ihr euch hilflos und ängstlich fühlt, nicht aufgeben, und wenn ihr auf Mich vertraut, wird euch alles leichter vorkommen.

Vergleicht Mich mit einer Mutter, die sich nach der Geburt von ihrem Kind trennen muss und die dieses Kind ihr ganzes Leben lang nie wiedersehen kann. Die Mutter wird dieses Kind niemals vergessen und sehnt sich tagtäglich nach ihrem Fleisch und Blut, in der Hoffnung, dass sie und ihr Kind irgendwann einmal wieder vereint werden. Jeden Tag ist sie in Gedanken bei ihrem Kind; sie betet für sein Wohlergehen und der Verlust bereitet ihr permanente Schmerzen tief in ihrem Herzen. Sie wird erst zufrieden sein, wenn sie ihr Kind wieder in ihre Arme schließen kann. Sie hat viel Geduld, große Hoffnung und eine tiefe Sehnsucht, dem Kind, das sie auf die Welt gebracht hat, von Angesicht zu Angesicht zu begegnen, egal, wie viele Jahre dazwischen lagen. Alles, was für sie zählt, ist,

dass sie und ihr Kind wieder vereint sind — in inniger Verbundenheit.

Ich Bin wie alle Eltern, die solches Leid zu ertragen haben. Für Mich ist das Warten quälend. Aber der Schmerz des Verlustes — wie bei dem lang verlorenen Kind, das sich weigert, zu den Eltern zurückzukommen — ist der größte Schmerz überhaupt. Der Schmerz, den Ich empfinde, wenn Ich von Gottes Kindern abgelehnt werde, quält Mich unablässig. Ich werde alles tun, um diese Seelen hinein in Mein Herz zu ziehen. Ich werde andere Seelen — ihre Brüder und Schwestern, die Mich trösten wollen — einsetzen in Meinem Streben, ihre schlafenden Seelen zu wecken. Ich brauche Meine geliebten Anhänger, die Geschwister dieser verlorenen Kinder Gottes, dass sie in die ganze Welt ausschwärmen und Meine Familie zusammenbringen.

Wir müssen uns gegen den Geist der Finsternis vereinen, der es für diese Seelen fast unmöglich macht, die Wahrheit ihrer Geburt zu entschlüsseln. Diesen Menschen muss von ihrem Geburtsrecht erzählt werden; von ihrem Erbe und ihrem Ewigen Heil. Denn die Zeit ist nahe, wo die ganze Wahrheit offenbart werden wird. Mit eurer Hilfe, Meine geliebten Anhänger, werden sie zu Mir kommen, zurück in Meine Familie, wo wir uns endlich alle vereinen. So wie es eigentlich gedacht war.

Ich liebe euch alle mit einer tiefen Zärtlichkeit und Ich freue Mich, wenn ihr mit Liebe in eurem Herzen auf Meinen Ruf antwortet.

Euer Jesus

1161. Brecht nicht die Verbindung zu denen ab, die euch Meinetwegen hassen.

Mittwoch, 25. Juni 2014, 23:37 Uhr

Meine innig geliebte Tochter, die Menschen müssen nicht ihre Alltagsaktivitäten aufgeben, wenn sie Mir Treue geloben. Ich Bin kein Gott, der euch befiehlt, zu Meinen Füßen niederzufallen und dafür eure täglichen Verpflichtungen zu vernachlässigen. Ich protze nicht, Ich stehe nicht mit majestätisch stolzem Gehabe vor euch, um über euch alle zu herrschen; Ich diktiere euch auch nicht jeden eurer Schritte und versuche, euch zwangsweise Mir zu unterwerfen. So Bin Ich nicht, denn Ich kam als demütiger Diener, um die Menschen aus der Knechtschaft des Teufels zu befreien.

Ich kam, um euch zu retten, und Ich komme wieder, um Meinen Heilsplan abzuschließen. Ich Bin hier, um euch zu dienen. Ich komme, um euch an Mich zu ziehen, und obwohl Ich Mich an eurer Liebe zu Mir erfreue und an der Zeit, die ihr Mir widmet, möchte Ich, dass es auf eine Art geschieht, die euch nicht über Gebühr belastet. Obwohl Ich die Zeit begrüße, die ihr Mir schenkt, und die Gebete, die ihr Mir aufopfert, müsst ihr immer noch euer Leben leben, um euch und eure Familie zu nähren und zu kleiden. Alles, was Ich verlange, ist, dass ihr euer Leben so lebt, wie es notwendig ist, um Mir zu dienen. Und wenn sich

eure Beziehung zu Mir vertieft, werdet ihr einen unwiderstehlichen Wunsch verspüren, mit Mir zu sprechen, durch eure Gedanken und Worte.

Ich verlange, dass ihr andere mit dem Respekt behandelt, den ihr Mir zeigt. Ihr dürft Meinetwegen weder streiten noch auf andere wütend sein. Rechtfertigt aber auch niemals die Handlungen oder Worte derer, die Mich beleidigen — stattdessen betet für sie. Während eure Liebe zu Mir wächst, wird eure Beziehung zu Mir inniger werden. Dann ist der Zeitpunkt gekommen, an dem ihr den Zorn jener auf euch ziehen werdet, deren Glauben schwach ist. Stellt euch darauf ein und seid nicht beunruhigt oder bekümmert, denn wenn ihr eins mit Mir seid, dann werdet ihr dafür gehasst werden. Seid geduldig mit diesen Menschen. Seid freundlich. Seid höflich. Bemüht euch nicht zu argumentieren, denn nichts, was ihr sagt, wird etwas ändern. Zeigt ihnen stattdessen die Bedeutung des Christentums, indem ihr Hass mit Liebe beantwortet.

Brecht nicht die Verbindung zu denen ab, die euch Meinetwegen hassen. Stattdessen betet bitte für sie. Ihr müsst, wenn ihr eins mit Mir seid, versuchen, euer Leben im Gleichgewicht zu halten. Obwohl Ich nach eurer Gesellschaft verlange, wünsche Ich auch, dass ihr jene liebt, die Meiner bedürfen, Mich aber nicht erkennen können, die sich nicht durchringen können, Mich anzunehmen, oder die keine Vorstellung von dem haben, was das Ewige Leben bedeutet. Ihr seid Mir verpflichtet und Mein Wunsch ist es, dass ihr eure Zeit sinnvoll einsetzt, um diese Seelen zu lieben. Durch eure Worte, Taten, Handlungen und Gebete könnt und werdet ihr Mir diese Seelen zuführen.

Euer Jesus

1162. Keiner von euch ist imstande, Göttliche Gesetze zu verstehen.

Donnerstag, 26. Juni 2014, 14:00 Uhr

Meine innig geliebte Tochter, ihr dürft niemals glauben, dass Mein Wort, das der Welt durch diese Botschaften geschenkt wird, ohne Weiteres angenommen wird. Diejenigen, die diese Botschaften nicht annehmen, werden von Zeit zu Zeit darum kämpfen, diese Botschaften und alles, was Ich von ihnen verlange, umzusetzen. Anstatt die Botschaften zu leben und ihr Leben darauf auszurichten, hinterfragen sie immer wieder jedes Wort, das aus Meinem Heiligen Munde kommt. Würden sie sich stattdessen an Meine unabänderbaren Lehren halten, dann würden sie Mir besser dienen.

Keiner von euch ist imstande, die Göttlichen Gesetze, die von Meinem geliebten Vater kommen, zu verstehen. Wenn ihr versucht, die Mysterien der Gottheit der Heiligen Dreifaltigkeit zu analysieren, wird es euch nicht gelingen, denn euch steht es nicht zu, alles zu wissen. Alle von euch, die glauben, die Ereignisse zu verstehen, die sich vor bzw. nach Meiner Wiederkunft ereignen werden, müssen Folgendes wissen:

Ich offenbare bestimmte Ereignisse nur, um euch zu helfen, eure Seele vorzubereiten. Meine Offenbarungen werden euch nicht gegeben, um Sensationslust, Streit oder Hass hervorzurufen, denn Ich würde niemals solche Verwirrung stiften. Verwirrung resultiert aus einem Mangel an Vertrauen in Mich und aus einer brennenden menschlichen Neugier, die verständlich ist. Ihr müsst einfach nur Meinem Heiligen Wort treu bleiben — mehr verlange Ich nicht.

Ich habe ein einfaches Leben gelebt, als Ich auf Erden wandelte. Ich lehrte Mein Wort auf eine einfache Weise, damit Meine Lehren von allen verstanden würden. Ich zeigte Meine Abscheu jenen gegenüber, die behaupteten, Gott zu repräsentieren, und deren Pflicht es war, sicherzustellen, dass die Zehn Gebote geachtet würden. Doch diese gelehrten Männer, die vor Stolz beinahe platzten, trugen mit Edelsteinen geschmückte Gewänder und rühmten sich ihrer Stellung innerhalb des Tempels Gottes. Sie waren so damit beschäftigt, sich zur Schau zu stellen, zu diktieren, die Armen, die Geringen und die Unwissenden zu ermahnen, dass sie eine wichtige Tatsache vergaßen. Nämlich, dass es ihre Aufgabe war, Gott zu dienen. Und um Gott zu dienen, mussten sie Seinen Kindern dienen. Stattdessen forderten sie Respekt, suchten sie Bewunderung und begehrten sie die Positionen des jeweils anderen innerhalb der Tempelhierarchie. Zu keinem Zeitpunkt habe Ich Sensationsgier gefördert, obwohl Mein Wort, das Ich den Massen vermittelte — wenn auch auf eine sehr einfache Weise —, Kontroversen hervorrief. Denn nur das Wort Gottes, welches einfach und klar ist, kann in dieser Weise Anstoß erregen. Die Wahrheit schafft für viele Menschen Spaltung, weil sie ihr nicht ins Gesicht schauen können. Doch es ist nur die Wahrheit — das Wort Gottes —, womit ihr euch befassen müsst. Mein Wort zu analysieren oder über die Bedeutung der Wahrheit zu diskutieren und das Wort Gottes als Sensation hinzustellen, ist reine Zeitverschwendung. Weit besser ist es, Mir zu dienen, indem ihr anderen Menschen in Meinem Namen dient.

Habt keine Angst vor der Wahrheit, weist sie nicht zurück, lehnt sie nicht ab und interpretiert sie nicht neu! Die Wahrheit bleibt dieselbe, wie sie schon immer war. Mein Wort ist Mein Wort. Was Ich sage, wird Sein. Gottes Wille kann nicht manipuliert werden. Indem ihr die Wahrheit annehmt, wird sie euch Klarheit des Geistes bringen, Frieden in euren Seelen und ein Verlangen, Meinem Wort — wie es gegeben ist — jederzeit gehorsam zu sein. Es gibt nichts, das ihr ihm hinzufügen könnt, denn es wird für alle Ewigkeit unangetastet bleiben.

Euer Jesus

1163. Wenn Meine Kirche sich spaltet und fällt, wird sie den Humanismus mit großer Freude annehmen.

Freitag, 27. Juni 2014, 22:11 Uhr

Meine innig geliebte Tochter, die Arbeit Satans in der Welt ist für euch nie leicht zu durchschauen, denn er ist sehr gerissen. Nur selten zeigt er sich durch seine Taten auf eine Weise, dass die Menschen seine Handschrift darin erkennen. Während seiner Herrschaft auf Erden hat er ganze Arbeit geleistet, die Welt davon zu überzeugen, dass er nicht existiert. Selten werdet ihr die Wahrheit erkennen, denn sie wird von jenen Menschen verschleiert, die er benutzt, um die Menschen zu überzeugen, dass Gott nicht existiert.

Das Ziel des Teufels ist es, dem Menschen vorzugaukeln, dass die Welt und die Existenz der Menschheit ein Mittel zum Zweck sei. Sein größter Triumph war die Einführung des Humanismus und insbesondere des säkularen Humanismus.

Der Humanismus, ein sogenannter Wunsch, sich durch die Beseitigung sozialer Ungerechtigkeiten um die Bedürfnisse der Menschheit zu kümmern, ist fehlerhaft. Diejenigen, die während ihres Lebens den Humanismus annehmen, tun dies als Ersatz für den Glauben an Gott, und es ist verständlich, warum sie das tun. Leider sind aus vielen Religionen Dissidenten hervorgegangen, deren Verhalten nicht von Gott beeinflusst ist. Ihr Hass auf andere Menschen und ihre mörderischen Absichten werden im Namen Gottes vollzogen, während in Wahrheit jede ihrer Bewegungen von Satan selbst gelenkt wird. Er tut dies, um die Menschen von Gott wegzutreiben. Diese dunklen Seelen begehen schreckliche Ungerechtigkeiten und missbrauchen den Namen Meines geliebten Vaters, um schändlichste Taten zu begehen. Sie rechtfertigen dann diese Taten im Namen ihrer Religion, und sie bringen viele Menschen dazu, jeden Glauben an Gott abzulehnen.

Der säkulare Humanismus befasst sich mit allen guten Dingen im Namen der sozialen Gerechtigkeit und wirkt dabei sehr anziehend auf gutmütige Seelen, deren Absichten gut sind. Doch wenn diese Seelen dann diese Lehre annehmen, behaupten sie leider, dass die Erschaffung der Welt ein Zufall war, den die Natur verursacht hat. Aber das ist nicht wahr, denn die Welt wurde von Meinem Ewigen Vater erschaffen. Kein Wissenschaftler wird je in der Lage sein, die Erschaffung der Welt zu erklären, denn dieses Wissen wird dem Menschen niemals bekannt gemacht werden.

Das Übernatürliche und die Existenz Gottes abzulehnen bedeutet, die von Gott aufgestellten moralischen Richtlinien abzulehnen. Dies bedeutet, dass die Moral, d.h. das innere Gespür dafür, was gottgefällig ist und was nicht, verfällt und in die Dunkelheit führt. Stattdessen wird sich der Mensch nur noch auf seine körperlichen Bedürfnisse konzentrieren und seine Seele vernachläs-

sigen. Selbst in der Todesstunde wird seine Seele, die er während seiner Lebzeiten nicht als Leben spendendes Geschenk Gottes anerkannte, immer noch nicht die Barmherzigkeit Gottes annehmen. Viele dieser Seelen werden sich zu diesem Zeitpunkt völlig von Gottes Barmherzigkeit entfremdet haben.

Wenn Meine Kirche sich spaltet und fällt, wird sie den Humanismus mit großer Freude annehmen. Und als Folge davon wird sie all jene Seelen dazu bringen, eine fehlerhafte Interpretation über die Wahrheit ihrer Existenz zu akzeptieren. Die Welt wird dann diese neue Art von Kirche — eine Kirche, die sich nur um soziale Ungerechtigkeiten kümmert — umarmen, und es wird nicht ein Wort über die Bedeutung der Seelenrettung fallen.

Euer Jesus

1164. Mutter der Erlösung: Die Wahre Kirche wird zu einer Restkirche werden.

Samstag, 28. Juni 2014, 15:03 Uhr

Mein liebstes Kind, die größte Täuschung, die sich auf die Menschheit senken wird, kommt aus dem Inneren der Kirche Meines Sohnes auf Erden. Die Täuschung wird von den Feinden Meines Sohnes ausgehen, die die Kirche auf undurchsichtigen Wegen unterwandert haben. Satan wird in die Kirche Meines Sohnes einziehen, und diejenigen, die den Geist Gottes in ihrer Seele fest verankert haben, werden die Zeichen deutlich erkennen.

Der Glaube der gottgeweihten Diener Meines Sohnes wird erschüttert werden, da viele sich gezwungen fühlen werden, Ihn durch frevelhafte Handlungen im Stich zu lassen. Viele arme unglückliche Diener werden aufgefordert werden, einen neuen Treueeid zu schwören, und sie werden zu große Angst haben sich zu weigern, obwohl viele tief in ihrem Herzen wissen werden, dass es falsch ist.

Viele neue Regeln werden in der Kirche Meines Sohnes auf Erden eingeführt und Tausende neue Anhänger werden auf die Kirche eingeschworen werden, doch sie werden nicht glaubwürdig sein, da ihnen der Wahre Geist Christi in ihren Herzen fehlt. Sie werden in die Kirche eintreten und von einer neuen Eine-Welt-Religion künden, die Meinem Sohn, Jesus Christus, keine Ehre erweisen wird. Nicht nur, dass sie Ihm nicht dienen, ihre Aufgabe wird es sein, den Anforderungen des Humanismus zu dienen, der in seinem Kern die Existenz des Übernatürlichen Status Gottes leugnet und damit alles, wofür Er steht.

Die Geistlichen, die einst ihr Leben Gott versprochen haben, werden in diese große Täuschung hineingezogen werden, und als Folge davon den Wahren Glauben verlieren. Sie werden sich nicht für die Bedeutung der Seelenrettung stark machen, die durch den Kreuzestod Meines Sohnes möglich gemacht wurde. Das Kreuz steht im Zentrum des Christentums. Es gibt nur ein einziges Kreuz, und durch dieses Kreuz werden die ersten sichtbaren Zeichen des Verrates an Meinem Sohn erkennbar werden. Neue Kreuze werden eingeführt werden, die das Zeichen des Kreuzes und das, wofür es in den Herzen der Menschen steht, verhöhnen.

Nichtgläubige, die bisher kein Interesse am Christentum hatten, werden in die sogenannte neue Eine-Welt-Kirche hineingezogen werden. Zusammen mit allen anderen Religionen, die nicht der Wahrheit entspringen, werden sie über die Kinder Gottes, die dem Wort Gottes treu bleiben, spotten und lästern.

Die Wahre Kirche wird zu einer Restkirche werden, sich weltweit zu einer Armee vereinen und die Heiligen der Letzten Tage bilden, die ihre Macht durch den Heiligen Geist erhalten, um die Wahrheit am Leben zu halten. Sie werden angespuckt und ausgelacht werden; und ihnen wird vorgeworfen werden, radikal zu sein, ebenso wie Mein Sohn, Jesus Christus, der Häresie beschuldigt wurde, als Er auf Erden wandelte und die Wahrheit predigte.

Es wird enormen Mut erfordern, dem Wort Gottes treu zu bleiben, denn ihr werdet Verbrechen beschuldigt werden. Laut den Feinden Gottes werden eure Vergehen darin bestehen, dass ihr über diese Abscheulichkeiten Unwahrheiten verbreitet. Alles, was von Gott kommt, wird zur Lüge erklärt werden, während doch die scheinbare Wahrheit, wie sie durch die neue Eine-Welt-Religion repräsentiert wird, eine Lüge sein wird.

Der Heilige Geist wird jedoch diejenigen bedecken, die das Heilige Evangelium weiterhin verbreiten werden, und Mein Sohn wird euch bedecken und euch beschützen. Das Überleben der Menschheit und das Recht auf das Ewige Leben, das jedem Mann, jeder Frau und jedem Kind versprochen wurde, wird auf euren Schultern lasten. Diese Restkirche wird das Licht Gottes am Leuchten halten in einer Welt, die in Finsternis versunken sein wird.

Viele von euch werden herausgefordert werden, und Lügen werden in eure Herzen gepflanzt werden, vom Geist des Bösen, um euch von der Wahrheit abzubringen. Leider wird es vielen von euch zu schwer fallen, euren Überzeugungen treu zu bleiben und ihr werdet versucht sein, Meinem Sohn den Rücken zu kehren.

Um sicherzustellen, dass ihr stark, mutig, ruhig und in Frieden bleibt, während ihr das Kreuz Meines Sohnes auf eure Schultern nehmt, müsst ihr dieses Kreuzzuggebet sprechen. Für viele von euch, die nur schwer akzeptieren können, dass diese Dinge bevorstehen: Es wird ein Tag kommen, an dem ihr dieses Kreuzzuggebet (158) drei Mal am Tag beten werdet, weil der Druck, der auf euch ausgeübt werden wird, damit ihr Meinen Sohn verleugnet, überwältigend sein wird.

Kreuzzuggebet (158) „Schütze mich vor der Eine-Welt-Religion":

„Lieber Jesus, schütze mich vor dem Übel der neuen Eine-Welt-Religion, die nicht von Dir kommt. Steh mir bei auf meiner Reise in die Freiheit, auf dem Weg zu Deinem Heiligen Königreich.

Lass mich mit Dir vereint bleiben, wann immer ich gequält und gezwungen werde, Lügen zu schlucken, die von Deinen Feinden verbreitet werden, um Seelen zu zerstören.

Hilf mir, der Verfolgung standzuhalten und an dem Wahren Wort Gottes festzuhalten gegen falsche Lehren und andere Sakrilegien, die man mir möglicherweise aufzwingen will.

Durch das Geschenk meines freien Willens bring mich in den Herrschaftsbereich Deines Königreiches, damit ich in der Lage bin, aufzustehen und die Wahrheit zu verkünden, wenn sie zur Lüge erklärt werden wird.

Lass mich niemals ins Wanken geraten, zögern oder voll Angst davonlaufen, wenn ich verfolgt werde. Hilf mir, mein ganzes Leben lang fest und unerschütterlich zur Wahrheit zu stehen. Amen."

Geht, Meine lieben Kinder, und akzeptiert, dass diese Dinge geschehen werden, aber wisst: Wenn ihr Meinem Sohn treu bleibt, werdet ihr helfen, jene Seelen zu retten, die in den Irrtum gestürzt sein werden.

Eure geliebte Mutter
Mutter der Erlösung

1165. Ihr dürft Gott niemals ablehnen aufgrund des bösen Tuns jener, die fälschlicherweise behaupten, Ihm zu dienen.
Sonntag, 29. Juni 2014, 20:20 Uhr

Meine innig geliebte Tochter, jeder, der sich hinter der Religion versteckt, um Menschen aus anderen Religionen Böses anzutun, kommt nicht von Mir. Religionen, die Hass verschleiern und andere Religionsgemeinschaften dämonisieren, dienen nicht Gott.

Wenn Menschen Mich, Jesus Christus, als Schutzschild benutzen, hinter dem sie sich verstecken in ihrem Bestreben, Unschuldige zu morden und abzuschlachten, dann ist dies der größte Frevel. Menschen, die an Gott glauben, müssen wissen, Wer Gott Ist, was Er der Welt gesagt hat und wie Er Seine Kinder durch die Zehn Gebote instruiert hat, Ihm zu dienen.

Gott ist die Liebe. Er heißt keinen wie auch immer gearteten Hass gut. Wann immer ihr Menschen den Deckmantel der Religion benutzen seht, um anderen Menschen Schmerz zuzufügen, egal aus welchem Grund, dann müsst ihr wissen, dass dies nichts mit der Liebe zu Gott zu tun hat. Hass kommt von Satan, und er verbreitet sein Gift unter religiösen Fanatikern, um seinem Zorn gegen Gott Luft zu machen. Indem er in diejenigen eindringt, die ein verzerrtes Verständnis davon haben, Wer Ich Bin, gelingt es ihm, Hass auf Gott zu verbreiten. Die Menschen werden dann fragen: „Wie konnte Gott so etwas Böses in Seinem

Namen zulassen?" Die Antwort ist: Das Böse wird immer an Orten zu finden sein, wo Gott verehrt wird, da solche Orte vom Teufel sorgfältig ausgesucht werden, um jeder Religion, die Gott Ehre erweist, Schande zu bringen. Durch seine Aktionen werden die Menschen sich dann von Gott abwenden, und Gott wird die Schuld gegeben werden an jedem abscheulichen Akt, der von denen verübt wird, die behaupten, Ihm zu dienen.

Der Hass ist sorgsam darauf bedacht, sich zu tarnen. In der Regel wird er von jenen an den Tag gelegt, die behaupten, Gott zu repräsentieren, damit es so aussieht, als ob damit den Feinden Gottes Recht geschehe. Sie werden den Hass mit ihrer „Besorgnis" und der Verurteilung dessen rechtfertigen, was sie der Welt als „böse Sache" verkaufen wollen. Kirchen verschiedener Konfessionen auf der ganzen Welt werden von innen her von Gottes Feinden unterwandert. Das Ziel ist es, Schande über den Namen Meines Ewigen Vaters zu bringen. Die Folge davon ist, dass überall auf der Welt ein tiefes Misstrauen und mangelndes Gottvertrauen herrscht. Für die Menschen liegt es auf der Hand, dass Gottes Repräsentanten in Seinem Namen Böses getan haben, und so nimmt der Glaube an Gott Schaden. Das ist der Grund, weshalb die Welt in Hass, Korruption und Kriegen versinkt, denn Satans Plan ist es, jede Religion, die den Wahren Gott verehrt, zu zerstören. Diejenigen, die diese Übel verursachen, haben keine Liebe in ihrer Seele.

Ihr dürft Gott niemals ablehnen aufgrund des bösen Tuns jener, die fälschlicherweise behaupten, Ihm zu dienen. Wenn ihr das tut und euch aufgrund dessen von Gott entfernt, seid ihr auf die Lügen hereingefallen, die Satan euch glauben machen will. Verurteilt niemals andere aufgrund ihres Glaubens — sei er nun gut oder schlecht. Verurteilt niemals Meinen Ewigen Vater oder Mich, Jesus Christus, Seinen geliebten Sohn, wegen der Sünden, die Seine Kirchendiener begehen. Der Mensch ist ein Sünder, und er wird es immer sein auf dieser Erde. Die Sünde wird immer der Fluch des Menschen sein, bis Ich wiederkomme. Aber Gott der Sünde zu beschuldigen ist sowohl ein schreckliches Sakrileg wie auch unmöglich.

Werdet euch der Tatsache bewusst, dass Satan existiert und dass er diese Tatsache sorgsam versteckt, um Seelen dazu verleiten zu können, Gott, den Schöpfer von allem, was ist und jemals sein wird, zu verfluchen. Bald werden all diese Gräueltaten ein Ende haben und alle Herrlichkeit wird Mein sein. Schon bald wird Satan vernichtet sein, und die Menschheit wird Mich und das Herrliche Leben, das Ich bei Meinem Zweiten Kommen bringen werde, klar erkennen.

Ihr müsst wachsam bleiben bei allem, was in Meinem Heiligen Namen präsentiert wird, denn ihr werdet feststellen, dass nicht alles von Mir kommt.

Euer Jesus

1166. Ihr könnt nur die Wahrheit hochhalten, denn Ich Bin die Wahrheit. Leugnet die Wahrheit, und ihr leugnet Mich.

Montag, 30. Juni 2014, 23:50 Uhr

Meine innig geliebte Tochter, ihr, Meine lieben Anhänger, müsst wissen, dass die Pforten der Hölle Meine Kirche niemals überwältigen werden, obwohl ein Großteil Meiner Kirche auf Erden — wie vorhergesagt — zermalmt werden wird. Aber die Wahrheit kann niemals sterben. Mein Wort wird niemals untergehen, noch werden Meine Lehren von denen vergessen werden, die wahrhaft eins mit Mir sind.

Nur diejenigen, die Meinem Wort treu bleiben, können sich als Meiner Kirche auf Erden zugehörig betrachten. Diejenigen, die Manipulationen des Heiligen Evangeliums oder Anpassungen Meiner Lehren zustimmen, können nicht mehr behaupten, Meine Diener zu sein. Jeder Meiner gottgeweihter Diener, der es wagt, eine Lehre zu verkünden, die von der Lehre abweicht, die den Menschen von Meinen Aposteln und Propheten vor Meiner Zeit gegeben wurde, wird unverzüglich (aus Meiner Kirche) ausgeschlossen.

Ich warne all jene, die etwas willkommen heißen, das sie für heilig halten — das aber von Menschenhand konstruiert und geschaffen wurde —, und es als von Mir kommend annehmen: Ich werde euch ausschließen, denn ihr könnt euch nicht mehr Meine Diener nennen. Und solltet ihr Seelen in die Irre leiten, dann wird eure Strafe noch zu euren Lebzeiten beginnen und noch lange, nachdem ihr aus diesem Leben geschieden seid, andauern.

Ihr kennt Meinen Zorn bisher noch nicht, weil ihr ihn noch nicht erlebt habt. Aber ihr sollt Folgendes wissen: Ihr, die ihr Mich verraten werdet, wisst bereits, wer ihr seid, denn euer Glaube ist bereits schwach geworden. Viele von euch sind bereits gefallen, und eure Schwäche wird euer Untergang sein. Ihr werdet Mich verraten, Mich verleugnen und Meine Feinde umarmen; denn ihr werdet so in der neuen Religion verfangen sein — dem säkularen Humanismus, der wie ein Wolf im Schafspelz kommen wird, um euch zu verschlingen —, dass Ich vergessen sein werde. Durch euren Ehrgeiz und euren Wunsch, diesen Meinen Feinden zu gefallen, die in der Hierarchie Meiner Kirche bis zu den obersten Rängen aufsteigen werden, werdet ihr für die Wahrheit blind sein. Dies wird die Ursache eures Untergangs sein, und all jener, die ihr in schweren Irrtum ziehen werdet.

Dann, wenn Meine Kirche Meine Lehren verdreht, sie von innen nach außen und von vorn nach hinten umkrempelt, dann werdet ihr wissen, dass die Zeit gekommen ist, dass der Antichrist die Weltbühne betritt. Diejenigen, die das Tier anbeten, werden ihr eigenes Todesurteil unterschreiben und werden ihren freien Willen, ein Heiliges Geschenk von Gott, Meinen Feinden übergeben. Sobald ihr einen Eid auf diese neue Irr-

lehre schwört, werdet ihr Mich kreuzigen, und eure Strafe wird hart sein.

Ihr fragt vielleicht: Warum sollen wir für unseren Gehorsam den Ältesten gegenüber bestraft werden? Die Antwort ist einfach. Als ihr Mir eure Treue geschworen habt, habt ihr zugestimmt, zur Wahrheit zu stehen. Wenn ihr diesen Eid brecht, weil ihr Meinen zukünftigen Feinden Gehorsam gelobt, dann dient ihr nicht mehr Mir, Jesus Christus.

Ihr könnt nur die Wahrheit hochhalten, denn Ich Bin die Wahrheit. Leugnet die Wahrheit, und ihr leugnet Mich. Wenn ihr, als Diener Gottes, Mich verleugnet, dann seid ihr nicht mehr dazu geeignet, Gottes Kindern den Weg ihrer Ewigen Rettung zu lehren.

Euer Jesus

1167. Euer Glaube wird wie nie zuvor geprüft werden.

Dienstag, 1. Juli 2014, 20:20 Uhr

Meine innig geliebte Tochter, die Liebe, die aus Meinen Jüngern, die Mir in dieser Zeit folgen, strahlt, ist allumfassend. Das Licht, das in eurer Mitte flammend erstrahlt, hält Meine Liebe am Leben, die überall zu spüren ist, wo Mir Ehre erwiesen wird. Der Heilige Geist wird weiterhin auf Meine Kirche auf Erden herabgegossen, während sie gegen die Prüfungen und Drangsale kämpft, mit denen sie jeden Tag konfrontiert ist.

Der Geist der Finsternis jedoch lastet weiterhin schwer auf den Nationen, während die Handlanger des Teufels jede Anstrengung unternehmen, um alle Spuren von Mir, von Meinem Wort und von Meiner Wahren Kirche vom Antlitz der Erde auszulöschen. Seid versichert: Egal wie schwer eure Bürde auch ist, Ich Bin mit euch, Ich begleite euch auf jedem Schritt eures Weges, und helfe euch, alle Widrigkeiten zu überwinden. Euer Glaube wird wie nie zuvor geprüft werden, euer Mut mag euch von Zeit zu Zeit verlassen, eure Beharrlichkeit wird bis an ihre Grenzen geprüft und eure Bereitwilligkeit, die Wahrheit anzunehmen, wird auf eine harte Probe gestellt werden. Sie werden euch drangsalieren, verspotten und verhöhnen, wobei das alles von den niederträchtigen Taten der Handlanger Satans ausgeht, der alles daransetzt, um Mich, Jesus Christus, zu bekämpfen. Aber nichts wird Meine Kirche — Meine wahren Anhänger — zerstören.

Diejenigen, die dem Wort Gottes, wie es von jeher existiert hat, gehorsam bleiben, werden Mich weiterhin auf Erden repräsentieren. Ich werde euch wie mit einem unsichtbaren Schutzmantel bedecken und euer Glaube wird immer stark bleiben, wenn ihr mit dem Schwert Gottes kämpft.

Bleibt Mir treu, und Mein Licht wird auch weiterhin auf die Menschheit scheinen. Ich verspreche, dass Meine Kirche intakt bleiben wird, wenn auch kleiner als jetzt, — bis der Große Tag des Herrn anbricht.

Euer Jesus

1168. Mutter der Erlösung: Bald wird es gesetzwidrig sein zu erklären, dass ihr Jesus Christus nachfolgt.

Mittwoch, 2. Juli 2014, 16:40 Uhr

Liebe Kinder, wenn die Menschen die Majestät Meines Sohnes sehen könnten, Der auf dem Himmlischen Throne sitzt, zur Rechten des Ewigen Vaters, sie würden ihre Köpfe senken vor Scham und Reue.

Mein geliebter Sohn, Jesus Christus, wird von den Engeln und Heiligen im Himmel angebetet, geehrt und mit großer Liebe überhäuft. Auf Erden wird Ihm, Der einen schrecklichen Tod erlitten hat, um die Menschheit aus der Sünde zu retten, nur sehr wenig Respekt entgegen gebracht. Wie weint doch der Himmel zu diesem Zeitpunkt in der Geschichte, wo überall alles versucht wird, die Erde von allen Zeichen zu säubern, die für Meinen Sohn stehen! Sie werden sich nicht damit zufrieden geben, die Höchstheiligen Kreuze aus der Öffentlichkeit zu verbannen, sondern werden es schon bald als gesetzwidrig erklären, sich als Anhänger Jesu Christi zu bekennen.

Christen, die dem Wort treu bleiben und die dem Weg zu Gott folgen, wird kaum noch Toleranz gezeigt. Selbst jene gottgeweihten Diener, die sich als Diener von Jesus Christus bekennen, werden zu schwach sein, das Christentum zu verteidigen und werden sich zwingen lassen, diese Gesetze zu akzeptieren. In vielen Fällen werden die Verräter unter ihnen die Abschaffung des Kreuzes und die Abschaffung der Wahrheit des Christentums noch beschleunigen. Mit der Zeit werden sie alle — zusammen mit anderen Glaubensrichtungen, die nicht von Gott kommen — einer falschen Lehre anhängen. Da sie aber diesen Irrweg aus ihrem freien Willen heraus einschlagen, bedeutet dies, dass sie sich weigern, die Barmherzigkeit Gottes anzunehmen, und sie werden sich selbst zur Finsternis verurteilen.

Ihr dürft Meinen Sohn niemals und unter keinen Umständen verraten, denn Er ist der Weg der Wahrheit und nur Er kann euch Ewiges Heil bringen.

Eure geliebte Mutter
Die Mutter der Erlösung

1169. Gott der Vater: Ich Bin die Wahrheit. Nehmt Meine Hand und folgt Mir nach. Alles Leben kommt von Mir.

Donnerstag, 3. Juli 2014, 16:40 Uhr

Meine liebste Tochter, der Mensch entscheidet über sein eigenes Schicksal, denn ihm ist die Freiheit der Wahl gegeben, als ein Geschenk von Mir.

Einige wählen den richtigen Weg zu Meinem Himmlischen Königreich, nämlich Meinen Eingeborenen Sohn, Jesus Christus. Andere wählen unklug. Aufgrund der dem Menschen verliehenen Gaben, zu denen Intelligenz, Wissen und der freie Wille gehören, werden viele stolz. Andere suchen Unwahrheiten und große materielle Geschenke, welche die Welt zu bieten hat, bis ihnen schließlich nur mehr ihre eigenen Wünsche wichtig sind. Durch ihr selbstsüchtiges Handeln und Tun, ihre Selbstbesessenheit und ihr Streben nach persönlicher Selbstverwirklichung auf Kosten anderer, verurteilen sie sich selbst zu den Sünden, die sie versklaven werden.

Indem ihr euch weigert, das Geschenk des Ewigen Lebens anzunehmen, das Ich euch allen bringe, die ihr an Meinem Königreich teilhaben werdet, werdet ihr, liebe Kinder, euch für alle Ewigkeit von Mir trennen. Ich komme jetzt zu dieser Zeit, um einzugreifen, weil die Welt nur noch mit sich selbst beschäftigt ist und alle Liebe zu Mir aus ihren Herzen verbannt hat. Ich komme, um euch die Wahrheit und das Wissen um Mein Königreich zu bringen und um euch an die beiden Wahlmöglichkeiten zu erinnern, die ihr haben werdet. Die erste Möglichkeit ist, Meine Hand der Barmherzigkeit anzunehmen und ein herrliches Leben zu leben, weil ihr am Göttlichen Leben Meines Neuen Königreiches teilhabt. Die zweite Möglichkeit ist, die ewige Finsternis zu wählen und Sklaven der Finsternis zu werden, in der Satan für immer herrschen wird.

So viele von euch lehnen Meine Liebe ab, das Wissen, das Ich euch durch Mein Heiliges Wort gegeben habe, und die Warnungen, die euch durch die Propheten übermittelt werden. Glaubt nicht, dass sich die heutige Welt von derjenigen vergangener Zeiten unterscheiden würde. Die Sünde ist noch immer euer Fluch, und nur indem ihr den Feind bekämpft, der euch Elend und Leid bringt, seid ihr in der Lage, das Leben anzunehmen, das Ich für euch erschaffen habe.

Hört jetzt zu, da Ich euch an Meine Verheißung erinnere. Ich habe ein Ewiges Paradies geschaffen, das euch gehört. Dort erwartet euch Ewiges Leben für Leib und Seele. Verspielt euer Erbe nicht. Es würde Mir das Herz brechen, wenn ihr das tut, und ihr werdet diese Entscheidung für alle Ewigkeit bereuen.

Hört jetzt Meinen Ruf, denn Ich werde euch jedes Zeichen, jedes Wunder und jede Gnade senden, um eure abgestumpften Herzen wachzurütteln, bis sich in euch die Erkenntnis der Wahrheit rührt.

Ich Bin die Wahrheit. Nehmt Meine Hand und folgt Mir nach. Alles Leben kommt von Mir.

Euer Ewiger Vater
Gott der Allerhöchste

1170. Der Mensch antwortet auf Liebe mit Liebe, genauso wie Hass wiederum Hass erzeugt.

Samstag, 5. Juli 2014, 17:46 Uhr

Meine innig geliebte Tochter, Ich will der Welt heute große Gnaden bringen, indem Ich über jede Nation den Geist der Liebe ausgieße, durch die Kraft des Heiligen Geistes.

Dieses Geschenk der Liebe wird viele umhüllen, darunter auch diejenigen, die Mich nicht annehmen, und die Welt wird große Akte von Nächstenliebe sehen. Wenn ihr von solchen Wundern hört, wenn Nationen anderen, notleidenden Nationen helfen, dann versteht diese Wunder als Zeichen des Himmels.

Meine Liebe wird viele anlocken, wenn sie sich durch Mein besonderes Eingreifen in dieser besonderen Zeit ausbreitet. Hört Mir zu, Meine geliebten Jünger, denn Ich will, dass ihr dieses wisst: Wenn ihr um Frieden betet, gebe Ich euch Meinen Frieden. Wenn ihr um Liebe betet, um den Hass zu besiegen, werde Ich euch Meine Liebe geben. Wenn ihr um Stärkung eures Glaubens betet, werde Ich Meine Liebe über euch ausgießen — und euer Glaube wird wachsen. Wenn euer Glaube wächst, werdet ihr Mein Wort durch euer Beispiel verbreiten. Wenn ihr anderen bedingungslose Liebe zeigt, wandelt ihr in Meinem Namen. Durch euer Handeln werden andere eurem Vorbild folgen.

Der Mensch antwortet auf Liebe mit Liebe, genauso wie Hass wiederum Hass erzeugt. Um den Hass zu besiegen, müsst ihr immer mit Liebe antworten, denn die Liebe schwächt den Geist des Bösen. Wenn genug Menschen einander Liebe zeigen würden, und zwar in allen Lebensbereichen, dann könnte kein Hass gedeihen.

Meine Liebe wächst unter euch. Tragt sie in die Welt hinaus, damit sie sich verbreiten kann, denn sie wird allen Leben schenken, auch denen, die es am nötigsten haben.

Euer Jesus

1171. Mutter der Erlösung: Ich werde mit Meinem geliebten Sohn, Jesus Christus, eng zusammenarbeiten in Seinem letzten Akt zur Rettung der Menschheit.

Sonntag, 6. Juli 2014, 14:25 Uhr

Mein Kind, Meine Zeit als Mutter der Erlösung, in der Ich mit Meinem geliebten Sohn, Jesus Christus, in Seinem letzten Akt zur Rettung der Menschheit eng zusammenarbeite, steht fest.

Ich werde von diesem Tag an alles Erforderliche tun, um Ihn dabei zu unterstützen, wenn Er in das Weltgeschehen eingreift, um Seine Barmherzigkeit zu offenbaren.

Der Weg zur Erlösung ist ein sehr schwieriger Weg, denn es ist nie einfach, die Augen der Blinden für die Wahrheit zu öffnen. Es gibt nichts Enttäuschenderes als zu beobachten, wie jene bedauernswerten Seelen ihre Augen vor allem verschließen, was sie nicht sehen wollen. Die Verbohrtheit des Menschen ist ein großes Hindernis, und aus diesem Grund bedarf es großer Akte des Gebetes und Opfers von allen, die mit dem Licht Gottes im Herzen gesegnet sind. Weil ihr euren freien Willen Meinem Sohn als großzügiges Geschenk darbietet, ist es möglich, dass sich der Heilige Geist auch über jene Seelen ergießt, die der Barmherzigkeit Meines Sohnes besonders bedürfen.

Es kann eine große Herausforderung sein, die Wahrheit zu verkünden, und zwar allein durch euren Glauben. Aber obwohl viele Menschen Meinem Sohn treu sind, haben sie nicht die Gabe der Einsicht. Blinder Glaube an Gott ist ein großes Geschenk und ist denjenigen gegeben, die ein empfindsames Herz haben und ohne Stolz sind. Erhebt euch deshalb, liebe Kinder, und bereitet euch auf die große Schlacht um Seelen vor. Es wird die größte Aufgabe sein, selbst für die Stärksten von euch. Erlaubt Mir, eurer Mutter, euch in den bevorstehenden Zeiten zu führen; denn Ich bin eure Fürsprecherin, und Jesus Christus hat Mir große Gnaden gegeben, so dass Ich in der Lage sein werde, euch mitzunehmen auf dem Weg zur großen Herrlichkeit.

Geht in Frieden und liebt und dient Gott. Für diejenigen, die Ihm wie kleine Kinder folgen: Jeder Schutz wird euch gewährt werden.

Eure geliebte Mutter
Mutter der Erlösung

1172. Mutter der Erlösung: Nur mit der Liebe Gottes in eurer Seele könnt ihr das Wort Gottes verbreiten.

Dienstag, 8. Juli 2014, 16:00 Uhr

Meine süßen Kinder, wisst ihr denn, dass Gott aus Liebe zu euch Mir, der Mutter Gottes, erlaubt hat, Sein Höchstheiliges Wort bei allen Marienerscheinungen auf der ganzen Welt zu verkünden?

Es war der Wunsch Meines geliebten Sohnes, Jesus Christus, dass Ich Mich bekannt machen sollte, damit die Menschen zur Wahrheit bekehrt würden. Und daher wird Gott in all Meinen Heiligtümern auf der ganzen Welt die Wahrheit bekannt machen, bis der Große Tag des Herrn anbricht. Ihr müsst gemeinsam in all Meinen Heiligtümern Gott die Ehre erweisen, damit Er in Seiner Barmherzigkeit große Gnaden selbst über die unwürdigsten Seelen ausgießt, denn gerade sie sind es, die Er aufsuch t.

Er, Mein Sohn, will nicht, dass nur diejenigen zu Mir kommen, die sich mit dem Heiligen Evangelium gut auskennen. Nein, es sind diejenigen, die eine Leere in ihrem Herzen verspüren und die keinen inneren Frieden finden, egal, wie sehr sie sich auch bemühen. Viele Menschen suchen nach Glück, Frieden und Freude in diesem Leben und werden doch nur selten fündig. Sie können niemals wahren Frieden finden, wenn sie die Liebe nicht finden können. Nur die Liebe zu anderen Menschen kann euch nahe zu Gott bringen, denn ohne Liebe werdet ihr niemals Gottes Gegenwart finden.

Ich bitte euch, liebe Kinder, kommt zu Mir, der Mutter der Erlösung, und bittet Mich, dafür zu beten, dass Gott euch mit Seiner Liebe erfüllen möge. Wenn ihr folgendes Gebet sprecht, werde Ich Meinen Sohn bitten, auf euer Rufen zu antworten. Sucht nach der Liebe, zeigt euren Mitmenschen diese Liebe, die ihr in eurem Herzen tragt, und gebt sie weiter. Wenn ihr das tut, wird Mein Sohn euch mit so viel Liebe erfüllen, dass ihr dann fähig seid, diese Liebe mit anderen zu teilen. Liebe besiegt Hass. Wenn ihr für einen Mitmenschen Hass empfindet, dann müsst ihr Meinen Sohn, Jesus Christus, anflehen, euch von dieser Verseuchung zu befreien.

Kreuzzuggebet (159) „Bitte um Gottes Liebe“:

„O Mutter der Erlösung, ich bitte Dich, sei meine Fürsprecherin, da ich um Gottes Liebe flehe. Fülle meine Seele, ein leeres Gefäß, mit der Liebe Gottes, so dass diese Liebe, wenn sie überquillt, sich über die Seelen ergießt, denen ich nur mit Mühe Mitgefühl zeigen kann.

Durch die Macht Gottes bitte ich, dass ich von allen Hassgefühlen befreit werden möge, die ich vielleicht für jene hege, die Deinen Sohn verraten.

Mache mich demütig im Geist und erfülle meine Seele mit Großmut, damit ich den Lehren Christi folge und Seine Liebe in alle Teilbereiche meines Lebens ausbreiten kann. Amen.“

Man spricht über die Liebe, als ob ein jeder sie empfinden könnte, doch viele Menschen müssen erst demütig und selbstlos werden. Ohne euch vor Gott klein zu machen, werdet ihr Seine Liebe nicht fühlen. Und ohne die Liebe Gottes könnt ihr nicht gedeihen. Nur mit der Liebe Gottes in eurer Seele könnt ihr das Wort Gottes verbreiten.

Ohne Seine Liebe werden die Worte, die ihr in Seinem Namen sprecht, wertlos und ohne Leben sein.

Eure geliebte Mutter
Mutter der Erlösung

1173. Mein Wort ist sehr einfach, ist leicht zu verstehen, aber nicht so einfach zu leben.

Mittwoch, 9. Juli 2014, 15:48 Uhr

Meine innig geliebte Tochter, Meine Anweisung an all jene, die Mich verehren, lautet: Betet, denn bald wird in der Welt das Chaos ausbrechen. Es wird sich viel ereignen, und alles wird auf Spaltungen zurückzuführen sein, die aus religiösem Hass und Gier entstehen. Wenn aber die Geringschätzung Meiner Person, wie sie in der Welt bereits sichtbar ist, aus Meinen Eigenen vier Wänden kommt, dann werdet ihr wissen, dass die Zeit nahe ist. Denn wenn sie Mich verfluchen und jene verfolgen, die Mich lieben, dann werden sie Mein Eingreifen erleben, das einschlagen wird wie ein Blitz.

Viele werden Meine Zulassung von Verfolgung, die immer das Los derer sein wird, die Mir nachfolgen, mit der Zulassung verwechseln, das Böse bereitwillig gedeihen zu lassen. Aber dem ist nicht so. Alle Liebe kommt von Mir. Alles Böse kommt von Satan. Wenn beides aufeinanderprallt, kommt es zu großen Spaltungen. Das Böse kann nicht gedeihen, wenn Ich Mich dagegen erhebe. Selbst Satan kann sein Gift nur in dem Maße versprühen, wie es der Wille Gottes zulässt.

Das Böse, das die Welt verseucht, wird vernichtet werden. Daran dürft ihr nicht zweifeln. Ihr müsst jedoch das Böse als solches erkennen, denn Satan präsentiert es immer, als wäre es etwas Gutes. Seine bevorzugte Taktik ist es, ein verzerrtes Bild Meiner Lehren zu präsentieren, in die er große Täuschungen eingebettet hat, die nur diejenigen erkennen können, die vom Geist Gottes beseelt sind. So viele verbreiten verschiedene Versionen Meiner Lehre und schaffen ihre eigenen Interpretationen, und dies verwirrt viele. Wenn diejenigen, die Mich angeblich kennen, Mich kreuzigen, indem sie jene quälen, die Mir dienen, dann wisst, dass sie nicht von Mir sind — denn wie könnte das sein?

Seid in Frieden, denn alles, was ihr wissen müsst, ist in Meinem Heiligen Wort enthalten. Mein Wort ist sehr einfach, ist leicht zu verstehen, aber nicht so einfach zu leben. Lebt nach Meinem Wort und die Liebe wird die treibende Kraft sein hinter jedem Wort, das ihr aussprecht, hinter jeder Handlung, die ihr begeht, und jeder Geste, die von euch ausgeführt wird. Wenn ihr keine Liebe spürt bei den Worten derer, die behaupten, heilig zu sein, dann ist es nicht das Wort Gottes, das ihr gerade hört. Stattdessen hört ihr eine menschliche Interpretation, die fehlerhaft ist.

Euer Jesus

1174. Nur zu wissen, was Ich gelehrt habe, reicht nicht, solange ihr nicht einander liebt, wie Ich euch liebe.

Sonntag, 13. Juli 2014, 16:27 Uhr

Meine innig geliebte Tochter, Gottes Kinder können mit den Knospen einer Blume verglichen werden. Die Knospen gedeihen, weil der Boden, in dem sie wachsen, sie mit den nötigen Nährstoffen versorgt. Wenn aber der Boden nicht fruchtbar ist, können aus den Knospen keine Blüten werden, die das Auge des Betrachters erfreuen.

Ist der Boden gut, ist die Blume gesund. Wenn er aber voller Schädlinge ist, dann wird die Blume nicht blühen. Sogar ein gesunder Boden kann, wenn er mit Gift verseucht wird, keine gesunden Pflanzen hervorbringen. Wenn die Kinder Gottes auf das Wort Gottes nicht hören, die Wahrheit nicht verinnerlichen und die Gebote Gottes nicht befolgen, werden sie leer sein und es wird ihnen an spirituellem Frieden mangeln. Nur wenn ihr auf die Verheißungen hört, die das Wort Gottes enthält, könnt ihr damit rechnen, dass ihr gedeiht und Frieden findet.

Viele Menschen fühlen sich verloren und haben kein spirituelles Leben, weil Satan seine Lügen auf der ganzen Welt verbreitet, um Seelen zu täuschen. Leben kann nur erlangt werden, indem ihr Mich, Jesus Christus, als euren Erlöser anerkennt. Selbst das ist an sich noch nicht genug. Ihr müsst auch an das denken, was Ich euch gelehrt habe. Nur zu wissen, was Ich gelehrt habe, reicht nicht, solange ihr nicht einander liebt, wie Ich euch liebe. Wenn ihr aufsteht und stolz verkündet, ihr wäret Mein Jünger, aber anderen keine Liebe zeigt und sie nicht so behandelt, wie ihr selbst gern behandelt würdet, dann seid ihr ein Heuchler.

Wenn ihr Mich kennt, werdet ihr andere Menschen lieben, welche Sünden sie auch immer auf sich geladen haben. Ihr werdet niemals andere Menschen in Meinem Namen richten, denn dazu habt ihr kein Recht.

Euer Jesus

1175. Die Welt hat Mich verlassen, wie vorhergesagt, und an Meinem Leib wurde der größte Verrat verübt.

Dienstag, 15. Juli 2014, 6:00 Uhr

Meine innig geliebte Tochter, die Welt hat Mich verlassen, wie vorhergesagt, und der größte Verrat an Meinem Leib ist verübt worden.

Mein Wort wird in Fetzen gerissen, und viele von denen, die behaupten, Meine Lehren zu kennen, sind blind gegenüber der Verfolgung, die Meiner Kirche zugefügt wird. Ebenso, wie Ich während Meiner Kreuzigung von denen verflucht wurde, die sich mit ihren außerordentlichen Kenntnissen über Meine Lehren brüsteten, so werde Ich auch dieses Mal angeprangert werden, wenn Ich bei Meinem Zweiten Kommen Mein Königreich zurückfordere.

Undankbare Seelen, ohne Einfachheit oder Demut, die werden niemals die Stimme derer akzeptieren, die sie für unwürdig erachten, die Wahrheit auszusprechen. Sie werden niemals die Wahrheit annehmen, denn wenn sie in Meinem Namen Irrtümer akzeptieren, wird es in ihrem Herzen keinen Raum geben, dass der Geist Gottes ihre Seele durchfluten kann. Statt die Menschheit auf Meine Große Barmherzigkeit vorzubereiten — auf den Tag, den Ich der Welt verheißen habe —, werden sie Mir den Rücken kehren. Wegen ihrer stolzen und verhärteten Herzen werden sie die Göttlichen Zeichen — gesandt um ihre Herzen zu öffnen und auf Mich vorzubereiten — nicht erkennen. Sie werden alles tun, um zu verhindern, dass das Wort Gottes jeden Sünder in der Welt erreicht, und dafür werde Ich sie dies niemals vergessen lassen.

Wer daran schuld ist, dass Mir eine Seele verloren geht, verliert seine eigene Seele. Wer Mir den Weg versperrt, wird keinen Ort mehr haben, wohin er sich wenden kann. Wer gegen den Willen Gottes flucht, wird verflucht sein. Was habt ihr wirklich von Mir gelernt, wenn ihr euch nicht an die Wahrheit Meiner Verheißung erinnern könnt, dass Ich wiederkomme werde? Mein Königreich wird auf Erden kommen, wie es im Himmel ist, und diejenigen, die es versäumt haben, Meine Worte zu begreifen, haben nichts dazugelernt. Sie haben die Gnaden vergeudet, die Ich jetzt sende, und sie verbarrikadieren sich in einem Gefängnis solcher Finsternis, dass sie am Großen Tag von Meinem Licht geblendet werden.

Meine Zeit ist nah, und alles, was Ich tun kann, um euch vorzubereiten, tue Ich auch. Meine Liebe bleibt ebenso Groß wie Barmherzig, aber ihr müsst euch auch selbst bemühen, denn es ist nicht leicht, Meiner Verheißung der Erlösung würdig zu sein.

Euer Jesu

1176. Der menschliche Verstand ist nicht fähig, alles, was von Mir ist, zu verstehen.

Donnerstag, 17. Juli 2014, 17:17 Uhr

Meine innig geliebte Tochter, der größte Schmerz, den diejenigen, die Mich lieben, ertragen müssen, ist der Schmerz der Dunkelheit der Seele. Je mehr ihr euch mit Mir und in Mir verbindet, desto mehr werde Ich in euch leiden. Denn wenn Ich in eurer Seele wohne, werdet ihr aufgrund dessen umso mehr Schmerz zu ertragen haben.

Wenn eine Seele ein Teil von Mir wird, sich vollkommen mit Mir vereint und Mir ihren Willen übergibt, dann wird Meine Gegenwart in dieser Person immer stärker erkennbar sein. Sie wird den Hass anderer auf sich ziehen, sie wird Meinen Eigenen Schmerz empfinden, da sie die Ungerechtigkeit, das Unrecht und die Bosheit aufgrund der Sünde in der Welt mitansehen muss. Ihre Sinne werden geschärft werden, ihr Verständnis von geistigen Dingen — als Folge des Leidens mit Mir — wird sie viele Dinge erkennen lassen, die in ihr ein tieferes Verständnis erwecken über die Schlacht zwischen Gott und Satan.

Sie wird verstehen, was ihre Seele, ihren Leib und ihre Sinne vereinnahmt hat, was aber nicht bedeutet, dass sie es leicht akzeptieren kann. Der menschliche Verstand ist nicht fähig, alles, was von Mir ist, zu verstehen. Aber wenn die Seele auf Mich vertraut und akzeptiert, dass alles Gute von Mir kommt, dann wird sie es Mir möglich machen, in ihr zu wachsen, zum Wohle aller.

Ich kann große Dinge erreichen, wenn ihr Mir erlaubt, in eurer Seele zu wohnen. So vielen Menschen kann das Geschenk der Barmherzigkeit gegeben werden, wenn ihr Meiner Liebe erlaubt, sich auf diese Weise auszubreiten. Durch die Sühneseelen kann Ich eingreifen, um die Seelen anderer Menschen zu retten. Ihr müsst akzeptieren, dass wenn Ich euch das Geschenk des Leidens bringe, es große Belohnungen für die gesamte Menschheit bringt. Meine Barmherzigkeit ist Mein Geschenk an euch. Akzeptiert bereitwillig die unterschiedliche Art und Weise, wie Ich arbeite, denn der Schmerz der Vereinigung mit Mir wird von kurzer Dauer sein.

Nehmt Mich an, so wie Ich Bin, und nicht so, wie ihr Mich gern hättet.

Euer Jesus

1177. Gott der Vater: Wenn Mein Wille geschieht, wird Friede herrschen.

Freitag, 18. Juli 2014, 15:52 Uhr

Meine liebste Tochter, die Welt ist Mein, und Ich gehöre all Meinen Kindern. Ich Bin euer.

Meine Nachkommen werden einen großen Umbruch erleben, wenn Ich Meine Engel sende, um Meine Getreuen heimzuführen, und schon bald wird allem Bösen Einhalt geboten. Meine Feinde werde Ich zermalmen, bis jede Spur von Schmerz und Leid, das die Menschheit erträgt, ausgelöscht ist. Keine Tränen mehr, keine Trauer mehr, kein Schmerz mehr, denn alle Macht ist Mein.

Mein Plan wird bereits durchgeführt, obwohl sich nur wenige Menschen dessen bewusst sind. Aber Ich sage euch: Wischt eure Tränen ab. Habt keine Angst vor Meinem Eingreifen, denn es ist Mein Wille, der sich mit dem Willen Meiner Kinder vereinen wird — und das schon bald. Wenn Mein Wille geschieht, wird Friede herrschen, nicht nur in euren Herzen, sondern auch auf Erden, wie es auch im Himmel ist. Vertraut auf Mich.

Fürchtet euch nicht vor Meiner Hand, denn nur diejenigen, die Mich völlig zurückweisen, werden leiden. Ich will keine Rache und Ich werde selbst die Herzen jener durchdringen, die Mich verfluchen. Meine Barmherzigkeit bedeutet, dass nur noch sehr wenige von Mir getrennt sein wollen, wenn Ich Mich durch Meinen Sohn, Jesus Christus, offenbare. Die Schwachen werden stark sein. Die Ängstlichen werden mutig und jene mit hasserfüllten Herzen werden von Meiner Liebe durchdrungen sein.

Ich liebe all Meine Kinder und sehne Mich nach ihnen, und deshalb werde Ich Mein Königreich mit möglichst wenig Leid zurückholen.

Bitte habt volles Vertrauen in Mich. Denn der Tag ist nahe, wo nur das Licht Meiner Göttlichkeit auf Erden leuchten wird und unter euch allen Friede herrscht.

Euer Ewiger Vater
Gott der Allerhöchste

1178. Eine vom Menschen gemachte Lehre ist keine Nahrung für eure Seele.

Sonntag, 20. Juli 2014, 16:45 Uhr

Meine innig geliebte Tochter, wenn die Welt vom Geist der Finsternis beherrscht wird, ist es für diejenigen, die an Mich, Jesus Christus, glauben, sehr schwer, Meinem Wort treu zu bleiben. Wenn Meine Kirche ins Wanken gerät, dann werden sich die Gläubigen von Meiner Lehre desillusioniert fühlen und um ihren Glauben zu kämpfen haben.

Ich will nicht, dass ihr dem Wort Gottes keine Aufmerksamkeit mehr schenkt, denn wenn ihr das tut, werde Ich nicht Gegenwärtig sein. Wenn ihr nicht an Meinem Wort festhaltet und euch von einem Gefühl von falscher Sicherheit einlullen lasst — wenn die Sünde beiseite geschoben wird, als ziehe sie keine Konsequenzen nach sich —, dann wird es für euch schwer sein, Meinen Lehren treu zu bleiben.

Erhebt euch alle, und hört Meine Stimme — jetzt, wo Ich euch Folgendes sage: Alles, was Ich euch als Heilig gelehrt habe, wird auseinandergerissen werden. Viele von euch werden verwirrt sein, wenn so viele Lehren, die Ich Meiner Kirche geschenkt habe, bald als nicht mehr zeitgemäß abgelehnt werden. Die Zeiten, denen ihr entgegenseht, werden viel Angst mit sich bringen, denn euch wird nicht die Führung zuteil werden, auf die Meine Kirche gebaut ist. Das Gebäude wird zerbröckeln, der Glaube Meiner gottgeweihten Diener wird geschwächt werden, in einem für euch unvorstellbaren Maße, und alle Wahrheit wird zerstört werden. Eine vom Menschen gemachte Lehre ist keine Nahrung für eure Seele. Nur Ich, Jesus Christus, kann euch mit dem Glauben nähren, der euch die Stärke verleiht, Mir nachzufolgen. Egal, was euch gesagt wird, ihr müsst Mir immer treu bleiben, so wie Ich euch immer treu bleibe.

Wenn ihr euch von Mir trennt, werde Ich ständig in eurer Nähe sein und versuchen, euch zurück zu Mir zu ziehen. Und obwohl ihr euch vielleicht entfernt und euer Leben darauf ausrichtet, Irrtümer zu akzeptieren, werde Ich euch niemals verlassen. Und wenn ihr euch auch ganz und gar verirrt habt, Ich werde euch finden und euch in Mein Reich zurückbringen. Ich werde euch niemals verlassen, wenngleich ihr Mich schon verlassen werdet.

Euer Jesus

1179. Gott der Vater: Seid tapfer, Meine Kleinen, denn Mein Großartiges Königreich wird bald euer sein.

Montag, 21. Juli 2014, 14:23 Uhr

Meine lieben Kinder, Ich schuf die Welt, um jeden von euch an Meiner Existenz teilhaben zu lassen. Daraufhin wurde Meine Liebe geteilt und die Welt wurde eins in Mir. Meine Engel frohlockten in Meinem neu gefundenen Königreich und Meine Liebe breitete sich über Mein Reich hinaus aus, weil Ich dies so wünschte.

Während Meine Liebe getadelt wurde, wusste Ich, dass sich Mein Leid noch vermehren würde, wenn Ich die Erde erneuern würde, um der Sünde ein Ende zu bereiten. Meine Zeit, wo alle im Einklang mit Meinem Willen leben werden, ist nahe. Mein Heiliger Wille wird in den Herzen Meiner Kinder gegenwärtig sein. Alle werden wieder froh sein. Bis zu diesem Großen Tag werden die Menschen viel Schmerz ertragen müssen, denn die Sünde hat sie von Mir getrennt.

Solange die Sünde existiert, wird der Mensch die Prüfungen erleiden, die ihm von dem, der Mich hasst, auferlegt werden. Er, der Teufel, wird so tun, als ob er euch liebe, als ob er sich um euch kümmere, und er wird auch weiterhin jeden Einzelnen von euch beeinflussen, bis Ich Meinen Sohn sende, um euch in Seinen Heiligen Armen zu sammeln. Seid tapfer, Meine Kleinen, denn Mein Großes Königreich wird bald euer sein, und ihr werdet, zusammen mit euren Familien, in Meinem Heiligen Willen leben. Wenn Mein Göttlicher Wille sich unter euch erfüllt hat, wird die Welt, die aus Himmel und Erde besteht, eins werden. Wenn Wir eins sind, wird kein Schmerz und kein Leid mehr sein, denn die Sünde wird vollkommen ausgerottet sein.

Euer Ewiger Vater

Gott der Allerhöchste

1180. Mutter der Erlösung: Jesus Christus wird heute von den Menschen nicht so geliebt, wie Er einst geliebt wurde.

Dienstag, 22. Juli 2014, 16:50 Uh r

Meine lieben Kinder, Mein Sohn, Jesus Christus, wird heute von den Menschen nicht so geliebt, wie Er einst geliebt wurde. Die Gleichgültigkeit gegenüber Seiner Existenz hat sich zu einer Abneigung entwickelt gegen alles, Was Er ist, gegen alles, für was Er steht, und gegen alles, was Er verheißen hat. Das bereitet Mir viel Schmerz und Kummer.

Während der Glaubensabfall zunimmt und sich ausbreitet, wird Er, Jesus Christus, von jeder Nation verurteilt werden, bis jene, die Ihn lieben und Seine Lehren befolgen, sich nicht mehr zu Ihm bekennen können, ohne Spott, Hohn und Verleumdung zu ernten. Diejenigen, die Ihm treu sind, werden die Wahrheit nicht verkünden können, wenn sie nicht viel Zeit im Gebet verbringen, um Ihn um Beistand zu bitten, damit sie dem Wi-

derstand gewachsen sind, dem sie jeden Tag ausgesetzt sein werden.

Um Jesus Christus treu zu bleiben, müsst ihr Ihn bedingungslos lieben. Ihn wirklich zu lieben ist ein großer Segen und auch ein Gottesgeschenk. Diejenigen, deren Liebe zu Meinem Sohn nachgelassen hat, mögen bitte dieses Gebet sprechen.

Kreuzzuggebet (160) „Hilf Mir, Dich mehr zu lieben":

„O mein Jesus, Retter der Welt, hilf mir, Dich mehr zu lieben. Hilf mir, in meiner Liebe zu Dir zu wachsen. Erfülle mein Herz mit Deiner Liebe und Deinem Erbarmen, damit ich die Gnaden erlangen kann, Dich so zu lieben, wie Du mich liebst.

Erfülle meine undankbare Seele mit einer tiefen und beständigen Liebe zu Dir und zu allem, wofür Du stehst. Durch die Kraft Deiner Gnaden hilf mir, meinen Nächsten so zu lieben, wie Du jedes Kind Gottes liebst, und jenen Erbarmen zu zeigen, die Deiner Liebe bedürfen und die ohne Glauben sind.

Vereine mich mit Dir, damit ich das Christliche Leben führen kann, das Du uns während Deiner Zeit auf Erden durch Dein Beispiel gelehrt hast. Amen."

Liebt Meinen Sohn, Kinder, und Er wird Seine Liebe verbreiten, damit jedes Kind Gottes von Seiner Großen Barmherzigkeit umfangen wird.

Eure geliebte Mutter

Mutter der Erlösung

1181. Euer Vertrauen in Mich muss bedingungslos sein.

Mittwoch, 23. Juli 2014, 17:04 Uhr

Meine innig geliebte Tochter, der Begriff Vertrauen wird oft missverstanden, wenn es um Meine Beziehung zu euch geht. Vertrauen zu haben, ist nicht einfach, denn der Mensch ist ein Sünder und kann jederzeit ein Vertrauensverhältnis — selbst im Kreise derer, die er liebt — verraten.

Auf Mich zu vertrauen, bedeutet für die Seele große Anstrengung. Euer Vertrauen in Mich muss bedingungslos und aus euch selbst heraus sein. Wenn ihr sagt, dass ihr Mich liebt, dann durchlauft ihr mehrere Stufen. Die erste Stufe besteht aus Glauben und Liebe für alles, was Ich gelehrt habe und für Meine Person an sich. Die zweite Stufe ist inspiriert von der Liebe zu Meinen Lehren und einem tiefen Mitgefühl zu Mir. Auf der dritten Stufe seid ihr vollkommen eins mit Mir, ihr fühlt Meine Liebe, Meinen Schmerz und Meine Trauer, und ihr versteht — ohne zu wissen, warum —, was es bedeutet, ein wahres Kind Gottes zu sein. Es bedeutet anzuerkennen, dass Ich das Alpha (der Anfang) und das Omega (das Ende) Bin und dass alles von Mir kommt.

Wenn ihr Mich — wie ein Kind — mit einem offenen Herzen liebt, dann liebt ihr Mich bedingungslos. Ihr wisst dann, dass Ich euch in aussichtslosen Situationen zu Hilfe komme, ihr wisst, dass Meine Liebe zu den Menschen nie nachlässt, dass sie frei von Bosheit und Benachteiligung ist und dass Ich nicht einen einzigen Sünder zurückweise, egal, was er getan hat. Dann werdet ihr keinen Zweifel mehr an Meiner Göttlichkeit haben, und ihr werdet euch Mir vollkommen hingeben. Ihr werdet alles in Meine Hände legen, obwohl ihr zweifellos durch die Menschen Leid erfahren werdet, wenn ihr Mich so liebt.

Weil Mein Licht in eurer Seele leuchten wird, werden diejenigen, die Mich ablehnen, alles Menschenmögliche tun, um euch schlecht zu machen, zu verspotten, zu quälen und euch das Leben schwer zu machen. Denn täuscht euch nicht, Christen wurden schon immer verachtet und werden — genau wie Ich — auch weiterhin verfolgt werden bis zum Letzten Tag.

Vertraut auf Mich, und Ich werde eure Bürde leichter machen, und ihr werdet im Frieden sein, selbst wenn euch Meine Gegner mit Hasstiraden überschütten. Bitte betet dieses Gebet, wann immer ihr euch von Mir getrennt fühlt, und Ich werde euch zu Hilfe kommen. Ich werde euch mit einem Frieden erfüllen, der sonst nirgendwo auf dieser Welt empfunden werden kann und wird.

Kreuzzuggebet (161) „Um Vertrauen und Frieden"

„Jesus, ich vertraue auf Dich. Hilf mir, Dich mehr zu lieben. Erfülle mich mit dem Vertrauen, dass ich mich Dir voll und ganz hingeben und vollkommen eins mit Dir werden kann. Hilf mir, Dir in schweren Zeiten noch mehr zu vertrauen. Erfülle mich mit Deinem Frieden.

Ich komme zu Dir, lieber Jesus, wie ein Kind, frei von allen weltlichen Bindungen, ohne irgendwelche Bedingungen, und übergebe Dir meinen Willen, damit Du ihn sowohl zum Wohle meiner eigenen Seele als auch meiner Mitmenschen einsetzt. Amen."

Euer Jesus

1182. Mutter der Erlösung: Wer keinen Respekt vor dem menschlichen Leben zeigt, erkennt Gott nicht an.

Donnerstag, 24. Juli 2014, 16:48 Uhr

Meine lieben Kinder Gottes, ihr dürft niemals vergessen, dass ihr etwas ganz Besonderes in den Augen Gottes seid, denn Er liebt euch alle bedingungslos. Wie Er euch liebt, übersteigt euer Vorstellungsvermögen. Er lächelt, wenn ihr lächelt. Er lacht, wenn ihr lacht. Er weint, wenn ihr von Schmerz und Leid erdrückt werdet, und Er wird zornig, wenn ihr durch die Hände anderer Verfolgung erleidet.

Zu diesem Zeitpunkt in der Geschichte, wo überall Hass die Nationen befällt und wo Unschuldige gequält, unterdrückt und getötet werden, wird Er mit Seiner strafenden Hand die Bösen niederstrecken. Wenn die Menschheit sich Gott widersetzt, indem sie keine Achtung vor den Geboten Gottes zeigt und — insbesondere — keinen Respekt vor dem Leben eines anderen Menschen, wird Seine Strafe die ganze Welt umfassen. Wer keinen Respekt vor dem menschlichen Leben zeigt, erkennt Gott und Seine Göttlichkeit nicht an

Gott ist der Schöpfer und Urheber des Lebens — Er gibt es, und nur Er hat das Recht, es wieder zu nehmen. Oh, welcher Schmerz herrscht in dieser Zeit in Seinem himmlischen Königreich aufgrund der vom Teufel angeheizten Aggression gegen Seine Schöpfung!

Ihr müsst Gott bitten, das Leiden zu lindern, das in der Welt von Menschen verursacht wird, deren Herzen kalt und voller Wut und Hass sind. Diejenigen, die andere terrorisieren, bedürfen eurer Gebete. Bitte sprecht dieses Gebet, um die Schwachen und die Unschuldigen zu schützen und die schrecklichen Ereignisse abzuschwächen, die der Mensch in dieser Zeit ertragen muss.

Kreuzzuggebet (162) „Um die Schwachen und Unschuldigen zu schützen":

„O Gott, Allmächtiger Vater, bitte schütze die Schwachen und Unschuldigen, die durch die Hand jener Menschen leiden, deren Herz voller Hass ist. Lindere das Leiden, das Deine armen, hilflosen Kinder ertragen.

Gib ihnen all die Gnaden, die sie benötigen, um sich vor Deinen Feinden zu schützen. Erfülle sie mit Mut, Hoffnung und Liebe, damit sie sich in ihrem Herzen dazu durchringen können, ihren Peinigern zu vergeben.

Ich bitte Dich, lieber Herr, mein Ewiger Vater, vergib jenen, die gegen das Gesetz des Lebens verstoßen, und hilf ihnen zu erkennen, wie sehr ihr Handeln Dich beleidigt, damit sie ihr Verhalten ändern und in Deinen Armen Trost suchen können. Amen. "

Kinder, betet, betet, betet um den Schutz jener, die wegen ihrer Treue zu Gott, dem Ewigen Vater, leiden, und für jene, die Opfer grausamer und sinnloser Kriege sind.

Eure geliebte Mutter
Mutter der Erlösung

1183. Wenn Vertrauen missbraucht wird, geschieht das meist, weil der Schuldige zugelassen hat, dass Stolz seine Gedanken beherrscht.

Samstag, 26. Juli 2014, 19:59 Uhr

Meine innig geliebte Tochter, Ich kam als König, doch hier und jetzt rufe Ich nach euch wie ein Bettler, denn in Mir ist nicht der geringste Stolz, denn das wäre unmöglich.

Ich rufe Gottes Kindern voll Sehnsucht zu, damit Ich in ihren verhärteten Herzen vielleicht doch einen Schimmer Liebe erwecken kann — eine Liebe, die aus Meinem Ewigen Vater hervorgeht, die aber brachliegt, schlummernd und vergessen. Ich, Jesus Christus, Bin ebenfalls vergessen, obwohl es nicht eine Person in der Welt gibt, die nicht von Mir gehört hat. Sie kennen Mich, vergessen aber, Wer Ich Bin. Einige kennen Meinen Namen, aber er sagt ihnen nichts. Einige lieben Mich, sind aber zu beschäftigt, um mit Mir zu sprechen, es bleibt nur ein Kopfnicken hier und da in Anerkennung Meiner Person. Andere haben von Mir gehört, aber Ich Bin in ihren Augen einfach ein

Symbol, etwas aus einer längst vergangenen Ära — ein Prophet vielleicht, der möglicherweise authentisch ist oder auch nicht. Und für andere Seelen, die von spirituellen Dingen wenig verstehen, Existiere Ich nicht. Ich Bin ein Hirngespinst, eine Figur, geschaffen in den Köpfen inbrünstig frommer Menschen, die sich an Strohhalme klammern, in der Hoffnung, dass nach dieser Welt eine neue Welt existieren werde. Seid versichert: Gott ist Gott. Die Menschheit wurde von Meinem Ewigen Vater erschaffen, weil sie Teil Seines Plans für das ewige Universum ist. Alles War, Ist und Wird Sein auf Weisung und durch den Willen Dessen, Der Ist und Der Sein wird. In Meines Vaters Schöpfung verneigen sich alle vor Gott, auch Seine Feinde.

Da der Mensch sich immer sklavischer bestimmen lässt von allem, was er sieht, berührt und durch sein körperliches Ich fühlt, wird seine Spiritualität veröden. Wenn ihr glaubt, dass alles mit dieser Welt beginnt und endet, sagt ihr damit, dass Ich nicht Existiere. Ihr leugnet Mich, den Menschensohn, Der gesandt ist, euch vor der Täuschung des Teufels zu retten. Ich Bin von Meinem Vater. Ich war Teil Seines Großen Göttlichen Planes. Wir sind alle eins, aber ihr, Meine lieben Kinder, lebt in einer Wüste, ohne Leben und in Unkenntnis dessen, was Meine Gottheit bedeutet. Mein Königreich ist vollkommen und wurde von Meinem Vater geschaffen. Die Menschheit war vollkommen, bis sie durch die in den Augen Meines Vaters größte Sünde zerstört wurde: durch die Sünde des Stolzes. Hütet euch vor der Sünde des Stolzes, denn sie entstand durch Luzifers Eigenliebe. Luzifer, der Höchste in der Hierarchie Meines Vaters, glaubte, dass er tun und lassen konnte, was er wolle, weil ihm der freie Wille geschenkt wurde, aber er konnte folgendes nicht begreifen: Mein Vater schenkte ihm nicht nur den freien Willen, sondern auch Sein Vertrauen. Mein Vater brachte Seiner ganzen Schöpfung volles Vertrauen entgegen. Doch leider beruhte dies nicht auf Gegenseitigkeit.

Wenn Vertrauen missbraucht wird, geschieht das meist, weil der Schuldige zugelassen hat, dass seine Gedanken, sein Geist und sein Handeln von Stolz beherrscht werden. Mit Stolz in eurer Seele schafft ihr sofort eine Distanz zwischen euch und Dem, Der euch aus nichts als einer Handvoll Lehm geschaffen hat. Er formte euch und beschenkte euch mit Gaben. Der Stolz ist die größte Bedrohung für den Menschen, weil er euch glauben macht, ihr hättet mehr Wissen als Gott. Wenn ihr das glaubt, dann seid ihr es nicht wert, in Seinem Namen zu sprechen oder überhaupt zu sprechen. Und wenn ihr dennoch sprecht, dann werdet ihr eine Umgebung schaffen, in der alle Sünden als gute Sache akzeptiert werden. Wenn das geschieht, werdet ihr nicht nur andere Menschen täuschen, sondern ihr werdet auch euch selbst betrügen.

Euer Lehrer
Euer geliebter Jesus

1184. Eine vollkommene Welt wird an die Stelle von all dem treten, was befleckt und verdorben ist.

Sonntag, 27. Juli 2014, 15:15 Uhr

Meine innig geliebte Tochter, Mein Frieden wird bald euch gehören und allen, die Mir, Jesus Christus, in diesem Leben dienen, das der Welt durch die Macht Meines geliebten Vaters gegeben ist.

Ich segne euch alle, die ihr versucht, Meinem Wort treu zu bleiben, und Ich segne besonders all jene, denen Mein Wort vorenthalten wird. Solltet ihr glauben, dass die Menschen aller anderen Religionen, einschließlich derjenigen, die nicht an Meinen Ewigen Vater glauben, oder diejenigen, die Mich, Jesus Christus, den Erlöser der Welt, nicht annehmen, verloren sind, dann wäre das falsch. Jede Seele, die nach spiritueller Vollkommenheit strebt und die die Wahrheit möglicherweise nicht kennt, wird von Meinem Allmächtigen Vater geliebt, Dessen Liebe Allumfassend ist und Dessen Werke vollkommen sind.

Das Menschengeschlecht ist unvollkommen aufgrund der Sünde, und doch ist jeder Mensch nach dem Ebenbild Dessen geschaffen, Der ihm das Leben gab. Daher wird jeder Mann, jede Frau und jedes Kind wieder vollkommen werden, sowohl an Leib als auch an der Seele, sobald die Geißel der Sünde beseitigt ist. Wenn die Feinde Gottes verbannt sind und wenn die Unvollkommenheit des Leibes und der Seele nicht länger zwischen Gott und den Menschen steht, dann werden alle mit Meinem Vater Eins sein. Das Neue Königreich, das aus Himmel und Erde besteht, wird eins werden. Der Mensch wird Eins werden in Gott, durch Mich, Seinen Eingeborenen Sohn, und Sein Plan für die Welt wird sich erfüllen.

Ihr könnt euch niemals vollkommen fühlen, denn wo die Sünde existiert, trennt sie den Menschen von Gott. Aber die Zeit wird kommen, wo alles Leid, das die Erde erdrückt, ausgelöscht ist. Die Erde wird von Liebe und Freude eingehüllt sein, und alles Unreine und Verdorbene wird durch eine vollkommene Welt ersetzt werden.

Dann erst wird die ganze Schöpfung Gottes wieder heil werden.

Euer Jesus

1185. Ich wurde verspottet, verleumdet und beschuldigt, unmoralisch zu sein, ein Lügner und ein Ketzer.

Montag, 28. Juli 2014, 21:00 Uhr

Meine geliebte Tochter, wenn Ich auf die Kinder Gottes schaue, zerspringt Mir das Herz vor Liebe, die so zärtlich ist, wie die Liebe zu einem neugeborenen Baby, aber auch zu einem Hundertjährigen. Es macht keinen Unterschied. Jeder von euch ist ein Kind Gottes, sorgfältig gewoben im Schoß eurer Mutter, gemäß dem Heiligen Willen Meines Vaters. Ihr müsst wissen, dass alles, was geschaffen wurde, vom Anfang bis zum Ende, immer gemäß dem Heiligen Willen Gottes geschah und geschehen wird. Also, ganz gleich, wer ihr seid, an welchen Beschwerden ihr leidet, welche Demütigung ihr zu ertragen habt, wenn ihr von der Gesellschaft ausgestoßen seid aufgrund eurer Rasse, Religion, eures Geschlechts oder Hautfarbe —, wisset, dass ihr in den Augen Gottes alle wertvoll seid. Die Sünde ist das Einzige, was euch von Ihm trennt.

Es sind die Verfolgten unter euch, die an Meine Liebe und Mein Leiden appellieren. Euer Leiden ist Mein Leiden. Ich suche die Einsamen und Bedrängten heraus, die schreckliche Diskriminierung ertragen, — die Ausgestoßenen eurer Gesellschaft, — und Ich ziehe sie als Erste zu Mir hin. Sie sind diejenigen, über die Ich zuallererst Meine Große Barmherzigkeit ausgieße. Wenn ihr von anderen abgelehnt und in diesem Leben mit grausamer Verachtung behandelt werdet, dann wisst, dass Ich mit euch Bin. Euch wurde das Kreuz von Golgatha geschenkt und ihr seid gesegnet, ganz gleich, was ihr denkt. Euer Los ist Mein Los. Ich erlitt Diskriminierung während Meines Lebens auf Erden. Ich wurde verspottet, verleumdet und beschuldigt, unmoralisch zu sein, ein Lügner und ein Ketzer.

Habt keine Angst, denn wenn ihr — zu Unrecht — solcher Verbrechen beschuldigt werdet, seid ihr Mein — ganz Mein. Und Ich Bin Euer.

Euer geliebter Jesus

1186. Ich bleibe immer Derselbe. Ich passe Mich niemals neuen Wegen an, denn Ich Bin, wie Ich immer War und immer Sein werde. Ich Bin Ewig.

Donnerstag, 31. Juli 2014, 15:50 Uhr

Meine innig geliebte Tochter, jeder Visionär, Seher oder Prophet, der von Mir kommt, sieht sich schon bald großen Prüfungen gegenüber, wie er sie noch nie zuvor aushalten musste. Viele Menschen, die die Echtheit jener Propheten erkennen und die ihnen gegenüber treu gewesen sind, werden ihnen den Rücken kehren und sie verwerfen, da der Geist der Finsternis eine Nation nach der anderen umfängt, so dass Liebe und Nächstenliebe verschwinden. Mensch gegen Mensch, Land gegen Land, Mensch gegen Gott.

Diese Zeit des Umbruchs wird für viele quälend sein, und eure einzige Quelle des Trostes und der Kraft werde Ich sein, aber nur, wenn ihr zu Mir kommt. Ich Bin euer Fels; der Fels, der undurchdringlich ist; der Fels, der nicht zerbröckeln kann; der Fels, den ihr umarmen werdet, wenn in den Häusern, die Meinen Geist beherbergen, nichts mehr von Bestand sein wird. Gebäude, die errichtet worden sind, um Mich zu ehren, werden einstürzen. Einige davon werden umgewandelt und für andere Zwecke verwendet werden, aber nicht, um Mich zu ehren.

Ich Bin der Fels, auf dem die Kirche erbaut wurde, und Ich werde bestehen bleiben bis in alle Ewigkeit. Viele sind zu Mir gekommen, und Ich schenkte ihnen Leben. Andere kamen, konnten Mich aber nicht finden, weil es ihren verbohrten Herzen an Liebe und Großmut mangelte. Und nun, da alles, was Ich euch gelehrt habe, angefochten wird und das Fundament, auf dem Meine Kirche gebaut ist, so erschüttert wird, dass es eure Vorstellungskraft übersteigt, werde Ich trotzdem bestehen bleiben. Fest wie der Fels, der Ich Bin, und ihr werdet zu Mir kommen auf der Suche nach Trost, Kraft und Mut. Ich werde jedem von euch antworten, indem Ich die großen Gnaden über euch ausgieße, die für die kommende Zeit für euch bereitgestellt wurden. Ich Bin die Kirche. Ich Bin in der Kirche Gegenwärtig. Das Gebäude ist aus Stein gemacht, aber Ich Bin der Fels, auf dem das Fundament Meiner Kirche gebaut ist. Ich bleibe immer Derselbe. Ich passe Mich niemals neuen Wegen an, denn Ich Bin, wie Ich immer War und immer Sein werde. Ich Bin Ewig.

Meine Kirche wird bestehen bleiben, denn Ich Bin die Kirche, bis zum Ende der Zeit.

Euer geliebter Jesus

1187. Viele sind berufen, aber wenige sind auserwählt, um Mir treu zu bleiben.

Samstag, 2. August 2014, 10:16 Uhr

Meine innig geliebte Tochter, Mir zu folgen auf dieser Meiner letzten Reise, um den Bund Meines Vaters zu erfüllen, kann mit dem Aufstieg einer Gruppe von Bergsteigern verglichen werden. Wisset, dass dies ein hoher Berg ist, ein schwieriges Gelände voller Hindernisse, die selbst für die erfahrensten Bergsteiger Probleme darstellen werden, da dieses Gelände überraschende und unerwartete Windungen und Biegungen auf jeder Ebene und an jeder Ecke aufweist. Diejenigen, die auf das vertrauen, was Ich sage, und Mir mit einem offenen und bereitwilligen Herzen folgen, werden diese Reise leichter finden als andere. Doch viele, die zu Beginn dieser Reise selbstbewusst sind, gehen vielleicht zu schnell und nehmen große Sprünge beim Versuch, nach oben zu klettern. Dies sind die Menschen, die am härtesten fallen werden, und ihr Abstieg ins Tal wird der schmerzhafteste sein.

Andere, die keine erfahrenen Kletterer sind, die aber den klaren Anweisungen folgen, die ihnen von Dem gegeben werden, Der sie führt, werden in vielen Fällen als Erste den Gipfel erreichen. Ihr Vertrauen, ihre Geduld und ihre Bereitschaft, den Gipfel zu erreichen, koste es, was es wolle, werden ihnen große Energie und Begeisterung verleihen, die sie bei ihrem Aufstieg zum Gipfel aufrechterhalten werden. Diejenigen, die nicht regelmäßig anhalten und trinken, um ihren Durst zu stillen, werden zuviel Flüssigkeit verlieren, und jene, die vergessen, Lebensmittel mitzunehmen, werden unmöglich bei Kräften bleiben können.

Jeder Schritt auf dieser Reise bringt neue Herausforderungen, gefährliche Biegungen und fast unübersteigbare Felsblöcke. Man wird sehr stark sein müssen, mit gesundem Verstand und Leib, um beim Aufstieg zum Gipfel auf dem richtigen Weg zu bleiben. Die Menschen werden sich durch andere abgelenkt sehen, die ihren Glauben an die eigene Fähigkeit, den Weg auf den Berg hinauf zu finden, verloren haben, und diese werden ständig versuchen, sie von ihrer Aufgabe abzubringen.

Dann wird es andere geben, die eifersüchtig sind auf diejenigen, die große Fortschritte machen, und sie werden versuchen, die Bergsteiger zum Stolpern zu bringen, indem sie Fallen und andere Hindernisse vor ihnen aufstellen, um sie zu bremsen. Diese enttäuschten und eifersüchtigen Seelen werden alles in ihrer Macht Stehende tun, die entschlossenen und engagierten Bergsteiger davon abzuhalten, den Gipfel zu erreichen. Sie werden Lügen erfinden; um jene auf ihrer Reise zum Stehenbleiben zu bewegen und zum Weggehen, aus Angst vor großen Gefahren, die möglicherweise bevorstehen. Sie werden ihnen sagen, dass der Bergführer ungeeignet sei, sie zum Gipfel zu bringen, und sie aus diesem Grund in großer Gefahr seien, sollten sie so dumm sein, die Reise fortzusetzen, die, wie sie sagen werden, gefährlich und beschwerlich sei.

Und so wird sich diese Meine Reise fortsetzen, bis zu dem Tag, an dem Ich wiederkommen werde. Viele sind berufen, aber wenige sind auserwählt, um Mir treu zu bleiben. Einige sind berufen und folgen Mir tatsächlich. Doch dann verraten sie Mich. Ihr Hass auf Mich ist der schlimmste überhaupt, denn sie sind es, die Mir auf dieser Reise zum Heil Seelen zugeführt haben. Aber wenn sie Satans Versuchung nicht standhalten, der schreckliche Lügen in ihre Seelen pflanzt, werden sie diejenigen sein, die Seelen von Mir wegziehen.

Nur denjenigen mit einer demütigen Seele, mit einem sanften Herzen — frei von Bosheit, Stolz und Ego — wird es gelingen, den Gipfel des Berges zu erreichen. Wenn dieser Tag kommt, werden jene, die sich von Mir entfernt haben und die Mich verraten haben, keinen Ort finden, wohin sie gehen können, denn den Weg, der den Hang hinaufführt, wird es nicht mehr geben.

Euer Jesus

1188. Viele Menschen bezeichnen sich als Christen, aber sie lieben Mich nicht.

Dienstag, 5. August 2014, 14:16 Uhr

Meine innig geliebte Tochter, jetzt, wo sich die Wahrheit über die kommenden Ereignisse verbreitet hat, erfolgte die Bekehrung überall da, wo Meine Gebete für die Menschheit gebetet werden. Meine Restarmee wird wachsen und sich vervielfachen, aber mit ihr auch Meine Feinde. Wohin Meine Armee auch marschiert — die Feinde dieses Werkes werden ihr unerbittlich folgen: Sie wird bekämpft, getreten und mit Gift und Galle bespuckt. Ihr werdet Meine Feinde an den bösen Worten erkennen, die aus ihren Mündern strömen. Ihr werdet die Meinen daran erkennen, wie sie in Meinem Namen verleumdet werden.

Ihr dürft niemals den Mut verlieren, wenn euch Hass entgegenschlägt. Ihr müsst verstehen, wer in diesen Fällen am Werke ist, und müsst ihn (Satan) einfach ignorieren, denn sonst verleiht ihr ihm nur noch mehr Macht. Der Einfluss des Teufels auf Gottes Kinder ist offensichtlich und zeigt sich durch die Spaltungen, die Nationen entzweien, durch die Morde, durch die Verfolgung und die Versuche, das Christentum auszulöschen.

Viele Menschen bezeichnen sich als Christen, aber sie lieben Mich nicht. Sie beleidigen Mich und bereiten Mir große Schande. Sie verurteilen andere hart und empfinden keinerlei Schuld oder Reue, wenn sie andere verleumden, — nur den brennenden Wunsch, Hass zu schüren. All jene sind Feiglinge, die sich hinter einem Schleier von Frömmigkeit verstecken und die Dreistigkeit besitzen, darüber entscheiden zu wollen, ob ein Mensch fähig ist, Mir zu dienen oder nicht. Sie wagen es, anderen ihr Wissen darüber aufzudrängen, was es ihrer Meinung nach bedeutet, ein Christ zu sein, und sind dabei doch voller Hass auf Mich. Ihr dürft euch niemals mit einem Menschen einlassen, dessen Herz voller Hass ist, wenn er sagt, er spreche in Meinem Namen. Ignoriert ihn. Betet für ihn. Denn wenn ihr Mich wirklich liebt, dann werdet ihr Barmherzigkeit für jedermann zeigen. Ihr werdet einen anderen Menschen nicht verurteilen, ihn nicht verleumden, keine Lügen über ihn verbreiten — und es dann wagen zu behaupten, ihr wäret von Mir. Hinweg von Mir. Bald werdet ihr vor Mich hintreten und für euer Handeln Rechenschaft ablegen müssen.

Das Christentum ist die Lebenskraft, die die Welt trägt. Ich Bin das Licht, das die Nacht vom Tag schied, und ohne Mich würdet ihr im Finstern ringen. Kommt mit Mir, da Ich euch berufen habe — oder lasst es sein.

Euer Jesus

1189. Mutter der Erlösung: Mein Sohn hat niemanden gesandt, der euch von diesen Botschaften ablenken soll.

Mittwoch, 6. August 2014, 13:00 Uhr

Meine lieben Kinder, achtet auf jene, die euch im Namen Meines Sohnes, Jesus Christus, verfolgen, denn sie werden sich sorgfältig hinter einer Fassade von Heiligkeit verstecken. Der Teufel wird sich niemals so zeigen, wie er wirklich ist, denn er ist viel zu gerissen. Stattdessen wird er sich euch durch die Seelen, die er beeinflusst, mit einer Fassade aus Liebe nähern, und viele werden auf diese Täuschung hereinfallen. Die Worte, die er verwendet, mögen beruhigend und verlockend erscheinen, aber sie werden ein ungutes Gefühl in eurer Seele hinterlassen.

Wenn der Welt auf Befehl Meines Ewigen Vaters Botschaften gegeben werden, werden diese niemals an euch Forderungen stellen. Sie werden niemals einem Menschen Macht über euch geben, damit ihr irgendeiner lebenden Person Treue schwört. Alle Ehre gebührt Gott. Kein Mensch kann euch Erlösung versprechen, denn diese kann nur von Gott kommen. Ihr dürft eure Seelen vorbereiten, wie es euch von Meinem Sohn, Jesus Christus, gelehrt worden ist, und die Sakramente empfangen. Ihr dürft die Gnadengeschenke annehmen, die euch durch Mich, die Unbefleckte Jungfrau Maria, überreicht werden, aber ihr braucht von niemandem eine Erlaubnis, um würdig gemacht zu werden, Meinem Sohn zu dienen, in dieser oder einer anderen vom Himmel zugelassenen Mission.

Nehmt euch vor den Feinden Meines Sohnes in Acht, denn sie sind überall und tun alles in ihrer Macht Stehende, um die Menschheit blind zu machen für die Wahrheit der Wiederkunft Meines Sohnes, die Er verheißen hat. Er wird bald zurückkehren, und dann wird die Wahrheit bekannt gemacht, und alles, was Er versprochen hat, wird ans Licht kommen. Bis zum Großen Tag des Herrn müsst ihr euch einzig auf Meinen Sohn konzentrieren und all euer Vertrauen auf Ihn setzen. Mein Sohn hat niemanden gesandt, der euch von diesen Botschaften, den letzten ihrer Art, ablenken soll, und jeder, der das Gegenteil behauptet, kommt nicht von Ihm.

Vertraut, vertraut, vertraut auf die Barmherzigkeit Meines Sohnes. Hört auf das, was Er euch gelehrt hat — alles ist in der Heiligen Bibel enthalten. Sein Wort ist einfach. Es ist nicht kompliziert. Folgt einfach Seinen Lehren, die sich über 2.000 Jahre erstrecken, und dann werdet ihr Frieden finden.

Eure geliebte Mutter
Mutter der Erlösung

1190. Mein Wort — werden sie sagen — verursache so viel Ärgernis, dass es für politisch unkorrekt gehalten werden würde.

Donnerstag, 7. August 2014, 23:40 Uhr

Meine innig geliebte Tochter, hätte Ich nicht so viel Geduld, dann würde Meine Strafe jetzt über die Ungerechten kommen, die Meine Kirche auf Erden geißeln.

Ihr werdet auf dreierlei Weise Opfer des Hasses auf das Christentum. Auf die erste Weise durch den weltweiten Glaubensabfall, der von Meinem Erzfeind angeführt wird und der die Welt täuscht, damit sie alles ablehnt, was von Mir ist, und Mich in eine Wüste wirft und verrotten lässt. Zweitens durch den Rationalismus und die menschliche Einmischung in Mein Wort durch Gelehrte, die nicht vom Geist der Wahrheit erfüllt sind, sondern stattdessen voller Selbstgerechtigkeit und Stolz sind. Im Interpretieren Meiner Lehren halten sie sich für so gelehrt, dass sie neue Abschnitte hinzufügen und Mein Wort an ihre eigenen selbstsüchtigen Bedürfnisse anpassen. Und schließlich gibt es diejenigen, deren Herzen aus Stein sind — kalt, gefühllos und erfüllt mit einem tiefen Hass auf Mich und auf alle, die das Christentum für alle sichtbar praktizieren.

Der Einfluss des Teufels zeigt sich auf so viele Weisen, dass der Mensch ohne Beistand nicht fähig sein wird, den Forderungen zu widerstehen, die von allen drei Gruppen an ihn gestellt werden, die versuchen werden, ihn zu stoppen, das Wahre Wort Gottes zu verkünden. Mein Wort — werden sie sagen — verursache so viel Ärgernis, dass es für politisch unkorrekt gehalten werden würde, und so wird dies als Hauptgrund genannt werden, um das Gesicht des Christentums radikal zu verändern. Nur die einfachen Menschen, die Menschen, die Mich wie kleine Kinder lieben, werden Mir treu bleiben, denn die Übrigen werden zu sehr damit beschäftigt sein, die Änderungen in Bezug auf die Interpretation Meines Wortes umzusetzen. Und während dieser ganzen Zeit werden die Priester, die Ich berufen habe, die Wahrheit zu bezeugen, Vorbereitungen treffen, um die Wahrheit aufrechtzuerhalten.

Die Wahrheit zu verbergen, wird eine schreckliche Finsternis herbeiführen. Die Wahrheit zu ändern, ist eine Verhöhnung Meiner Kreuzigung. Einen Ersatz für die Wahrheit zu präsentieren, heißt, Mich vollkommen abzulehnen. Die größten Übeltäter werden jedoch diejenigen sein, die sich ihres Wissens über Mich rühmen — ihre Heiligkeit verdeckt Irrtümer und ihre Worte und Taten werden euch niemals zu Mir hinziehen, denn der Heilige Geist wird nicht in ihren Seelen gegenwärtig sein. Wenn der Heilige Geist nicht vorhanden ist, werden sie — diese Verräter an Meinem Wort — die Finsternis in andere Seelen ziehen, die ihre Lügen mit Begeisterung begrüßen werden. All diese Irrtümer werden das Zeichen Satans tragen — die Sünde des Stolzes — das Tor in die Wüste. Sobald sich dieses Tor öffnet, werden alle anderen Ungerechtigkeiten hindurchfließen und die Seelen all jener, die der Häresie verfallen, werden ausgedörrt werden.

Ohne die Wahrheit werdet ihr in einer Welt leben, in der nichts, was ihr hört, euch Frieden bringen wird. Ohne das Licht Meiner Gegenwart wird die Sonne nicht scheinen — sie wird trüb und matt werden, und dann wird sie ein Dunstschleier werden, bis — durch die Hand des sterblichen Menschen — sie kein Licht mehr spenden wird, so dass jene, die Augen haben und sich geweigert haben, zu sehen, nicht mehr sehen werden, während jene, die gesehen haben und den Geist Gottes angenommen haben, sehen werden.

Euer Jesus

1191. Mutter der Erlösung: Der Humanismus wird der Ersatz für das Christentum werden, wo von Gott keine Rede mehr sein wird.

Freitag, 8. August 2014, 21:15 Uhr

Mein Kind, während Christen auf der ganzen Welt weiterhin verfolgt, verspottet und verhöhnt werden, sei dir auch darüber im Klaren, dass es unter den Christen zu Spaltungen kommen wird. Jeder, wie es ihm gefällt: Jeder verfolgt seine eigenen Wünsche und jeder liefert seine eigene Interpretation davon, was es tatsächlich heißt, Meinem geliebten Sohn zu dienen.

Während die Menschen durch den Terror, den Christen tagtäglich durch die Hand bösartiger Menschen erfahren, in Angst und Schrecken versetzt werden, müssen sie wissen, dass dies nur eine der Formen von Geißelung ist, die die Verkünder des Wortes Jesu zu ertragen haben. Regierungen, Menschenrechtsorganisationen und andere Mächte, die behaupten, zum Wohle der Menschheit zu handeln, lassen nichts aus, um das Christentum zu untergraben. Der Humanismus wird der Ersatz für das Christentum werden, wo von Gott keine Rede mehr sein wird.

Der Humanismus, d.h. der von Satan verwendete Rationalismus, der die Menschen dazu anhält, mit Hilfe der Wissenschaft die Göttlichkeit Meines Ewigen Vaters zu untergraben, wird die Welt verschlingen. Nach außen hin werden seine einschmeichelnden Worte jeden Menschen, der keine Liebe zu Gott in seinem Herzen trägt, überzeugen, dass er erstrebenswerter sei als die Wahrheit. Den Menschen zu überzeugen, dass der Humanismus über dem Wort Gottes stehe, ist das eigentliche Ziel der Feinde Meines Sohnes. Der Humanismus bietet einen listigen Deckmantel für die Verräter innerhalb der Kirche Meines Sohnes, die gerne als liebevoll, fürsorglich und mit einem offenen Ohr für die Bedürfnisse ihrer Mitmenschen erscheinen wollen. Sie werden den Humanismus und all seine leeren Versprechungen von den Kanzeln in Christlichen Kirchen predigen, bis die Wichtigkeit der Rettung eurer Seele so gut wie gar nicht mehr erwähnt werden wird. Die Sünde wird abgeschafft werden, als ob sich dadurch Konflikte in der Welt vermeiden ließen, sie wird aber nicht als Realität anerkannt werden.

Die größte Täuschung aller Zeiten hat sich über die Erde gelegt, und bald werdet ihr alle es schwer finden, der Wahrheit treu zu bleiben. Die Wahrheit bringt Verständnis und die Erkenntnis darüber, wie man wahren Frieden und Liebe in der Seele erlangen kann. Sie bedeutet, dass ihr sowohl die Liebe als auch die Gerechtigkeit Gottes kennen werdet. Sie bedeutet auch, dass ihr euch der Barmherzigkeit Gottes bewusst sein werdet.

Wenn die Sünde mit keinem Wort mehr erwähnt wird, und wenn die Kirche Meines Sohnes nicht mehr von der Wichtigkeit der Rettung eurer Seele spricht, dann werdet ihr wissen, dass die Zeit gekommen ist und dass die Zeit Meines Sohnes nahe ist.

Eure geliebte Mutter
Mutter der Erlösung

1192. Macht euch nicht selbst das Herz schwer, streitet nicht über Mich oder versucht nicht, Mich zu überlisten, denn das würde zu nichts führen.

Samstag, 9. August 2014, 17:43 Uhr

Meine innig geliebte Tochter, während die Stürme toben und Frieden ausbricht, wisset, dass die Zeit für das Zuschlagen Meines Eingreifens immer näher rückt. Der Mensch wird überall, wohin er auch blickt, Unordnung sehen, und einige werden sagen, dass die Zeit bald da sei. Erst wenn ihr in verschiedenen Teilen der Welt Kriege ausbrechen seht und wenn massenhaft neue Lehren auftreten und unter den spirituell Ausgehungerten ausgestreut werden, die als erste zulangen werden wie die Bienen nach Honig, erst dann könnt ihr der großen Veränderungen sicher sein, die dem Zweiten Kommen vorangehen.

Die Wolken werden sich vor den Stürmen zusammenziehen und die Stürme werden wüten, bevor der endgültige Blitz vom Himmel geschleudert wird. Die Zeichen werden immer deutlicher für jene, die Augen haben und sehen können, aber die Übrigen werden einfach glauben, dass es wenig Gerechtigkeit in der Welt gibt — Umbrüche wie eh und je — so, wie es schon immer gewesen ist. Aber wisset, dass die vor ausgesagten Prophezeiungen eintreten werden und dass sie von vielen vor dem Großen Tag gesehen werden.

Macht euch nicht selbst das Herz schwer, streitet nicht über Mich oder versucht nicht, Mich zu überlisten, denn das würde zu nichts anderem führen, als zu nagender Angst im Herzen. Es bekümmert Mich, die Spaltung in der Welt zu sehen; es schmerzt Mich, die Bosheit zu sehen, die zur Tötung von Unschuldigen führt und zum Leiden, das den Schwachen zugefügt wird. Es schmerzt Mich, so viele in der Finsternis zu sehen, die schmerzvolle Tränen vergießen, weil sie nicht an eine Zukunft glauben. Sie glauben nicht an Mein Versprechen, dass Ich Mein Königreich zurückfordern und die Menschheit zur Herrlichkeit führen werde. Oh, wie Mich das bekümmert und wie Ich Mich danach sehne, diesen Seelen den Trost Meiner Liebe zu bringen und den Frieden, den Ich in das Innerste ihrer Seele pflanzen möcht e.

Wenn der Zusammenbruch, der die Welt heimsucht, in seiner Intensität zunimmt, dann müsst ihr all eure Waffen niederlegen und euer defensives Handeln, das ihr zu eurem Selbstschutz Mir gegenüber zeigt, unterlassen und Mich mit diesem Gebet anrufen:

Kreuzzuggebet (163) "Rette mich vor Verfolgung"

„O Jesus bewahre mich vor dem Schmerz von Verfolgung in Deinem Namen.

Lass mich die Zuneigung Deines Herzens finden.

Befreie meine Seele von Stolz, Habgier, Bosheit, Egoismus und Hass.

Hilf mir, mich Deiner Barmherzigkeit voll und ganz zu übergeben.

Nimm mir meine Ängste.

Hilf mir, meinen Schmerz abzulegen, und nimm alle Verfolgung hinweg von mir, so dass ich Dir wie ein kleines Kind folgen kann, in dem Wissen, dass alles in Deiner Hand liegt.

Befreie mich von dem Hass, der mir von all jenen entgegenschlägt, die behaupten, Dein zu sein, Dich aber in Wirklichkeit leugnen.

Lass nicht zu, dass ihre spitzen Zungen mich geißeln oder dass ihre bösen Taten mich vom Weg der Wahrheit abbringen.

Hilf mir, mich nur auf Dein kommendes Königreich zu konzentrieren und mit Würde auszuharren entgegen aller Beleidigungen, die ich möglicherweise in Deinem Namen erleide.

Bring mir Frieden des Geistes, Frieden des Herzens, Frieden der Seele.

Amen."

Bitte bleibt ruhig, wenn die Stürme an Wucht zunehmen, denn wenn ihr nicht vollkommen auf Mich vertraut, werdet ihr ins Wanken geraten, und euer Schmerz, wenn ihr das Böse sich als etwas Gutes ausgeben seht, wird unerträglich werden. Vertraut auf Mich. Weicht niemals von Meinen Lehren ab und betet mit der Hingabe eurer Seele, frei von Bosheit. Das wird von euch als Meine Anhänger erwartet. Wenn ihr das tut, dann werdet ihr befreit werden, und nichts wird euch jemals wieder beunruhigen.

Euer Jesus

1193. Bittet — und ihr werdet empfangen. Schweigt und seid verschlossen — und Ich kann euch nicht antworten.

Sonntag, 10. August 2014, 18:00 Uhr

Meine innig geliebte Tochter, das Blatt hat sich gewendet und in der Folge werden viele Änderungen kommen, wie vorhergesagt. Habt keine Angst, denn Ich habe euch viele Male Mein Wort gegeben, dass am Ende Meine Große Barmherzigkeit steht, die jede Seele in das Licht Meiner Liebe und Meines Erbarmens hineintragen wird. Fürchtet alleine Meine Gerechtigkeit, doch wenn sie entfesselt wird, wisset, dass dies nur zugelassen wird, weil es zum Wohle anderer und zur Rettung der Welt dient. Ich führe Bestrafungen nur durch, um zu verhindern, dass sich der Hass weiter ausbreitet und um in jenen vom Makel der Sünde geschwärzten Seelen ein Fünkchen Liebe zu wecken, das vielleicht noch in ihnen schlummert, so dass sie zu Mir kommen.

Warum glaubt der Mensch, und vor allem der fromme Mensch, dass er mehr wisse als Ich? Dass er intelligenter sei als Der, Der ihn erschaffen hat? Dass seine rationa-

le Beurteilung aller Dinge, die von Mir kommen, Meine Gegenwart auslöschen könne? Die Arroganz und der Stolz des Menschen auf seine eigenen Fähigkeiten werden sein Untergang sein. Der Mensch hat keine Macht, nur die, welche in seiner Seele liegt. Der Glaube ist, wenn er rein ist, etwas Machtvolles, und durch den Glauben, und nur durch den Glauben allein, bringe Ich, Jesus Christus, euch Hoffnung, Liebe und Freude. Nur Ich kann den Menschen mit großen Gaben ausstatten, aber wenn er Mich nicht um diese Gaben bittet, kann Ich sie ihm nicht entgegen seinem freien Willen aufzwingen.

Bittet — und ihr werdet empfangen. Schweigt und seid verschlossen — und Ich kann euch nicht antworten, weil ihr nicht zu Mir kommt. Wendet euch immer an Mich und bittet Mich um jeden Gefallen, denn Ich werde jedes Mal auf euer Rufen antworten. Kehrt Mir nicht den Rücken zu und sagt nicht, es wird schon alles in Ordnung sein und das Leben nimmt seinen Lauf. Das Leben muss verdient werden. Die Ewigkeit ist ein Geschenk von Gott, und sie wird jenen gegeben, die darum bitten. Leider werden viele ihre Chance auf das Ewige Leben verspielen, weil sie glauben, dass die Menschen mehr Macht besäßen als irgendein Gott, der vielleicht existiert oder auch nicht. Und so werden sie ihr Schicksal selbst zu verantworten haben, und sie werden — wegen der Sünde des Stolzes — dem Ewigen Leben den Rücken kehren — so stur sind sie.

Sie haben Mich in ihrem Leben auf Erden abgelehnt, und sie werden Mich wieder ablehnen, wenn Ich — mit ausgestreckten Armen — an dem Großen Tag vor ihnen stehen werde. Sie werden sich abwenden und in die Höhle des Löwen gehen, wo sie niemals auch nur eine Minute Frieden finden werden.

Euer Jesus

1194. Das Christentum wird verhasst sein, weil es als Hindernis für die persönliche Freiheit angesehen wird.

Montag, 11. August 2014, 19:36 Uhr

Meine innig geliebte Tochter, die Welt wird überschwemmt von einer neuen Form von Spiritualität, d.h. einem Glauben an ein höheres Wesen — ein Wesen, das sie den Christus nennen —, doch das bin nicht Ich, Jesus Christus, auf den sich das bezieht. Satan, in der Gestalt Luzifers, den sie „König des Lichts" nennen, wird vergöttert, aber nicht als ein böses Wesen, sondern als einer, der für Gott Taten wirkt. Diese Ideologie wird von geheimen Sekten gefördert, die sich vorgenommen haben, das Christentum zu zerstören. Viele werden in die okkulten und magischen Praktiken hineingezogen, weil sie nach Nervenkitzel lechzen. Einmal hineingezogen, werden sie zu Schachfiguren und — mit der Zeit — von Satan besessen.

Viele Menschen dürsten nach spiritueller Befriedigung und sehnen sich nach Frieden. Jede Ideologie, die behauptet, sie bringe ihnen Selbstverwirklichung, Frieden, Ruhe und ein tieferes Verständnis ihres Menschseins, wird für sie attraktiv sein. Vielen jedoch wird es zuwider sein, Mir, Jesus Christus, zu folgen, denn die Gesellschaft hat Mich ins Innerste der Erde verdammt. Sie werden mit der falschen Lehre, dass alle Wege zu Gott führen, ruhig gestellt werden. Das ist eine Lüge, denn der Weg zu Gott führt nur durch Mich, Seinen eingeborenen Sohn, Jesus Christus.

Ich Bin Eins mit Dem, Der alles geschaffen hat. Es gibt nur einen Gott, und Ich, Jesus Christus, Bin das Wort, das Fleisch geworden ist, damit die Menschheit wieder heil werden kann. Ohne Mich könnt ihr niemals Erfüllung finden, weder in diesem Leben noch im nächsten.

Der Welt wird gesagt werden, dass Freiheit das Wichtigste im Leben sei — Freiheit um jeden Preis. Aber Gott wirklich Ehre zu erweisen, bedeutet, eure Eigennützigkeit aufzugeben — und deshalb wird das Christentum verhasst sein, weil es als Hindernis für die persönliche Freiheit angesehen wird. Gott zu dienen, irgendeinem Gott, wird das Ziel vieler Menschen werden, die die Wahrheit suchen. Aber wenn Satan von den Menschen als göttlich verehrt wird, dann wird Gott — in Seiner unendlichen Gerechtigkeit — diejenigen, die das Tier (Satan) verehren, vernichten. Das Tier, das sich unter der Elite und den Mächtigen versteckt, verleiht denjenigen große Macht, die die Lüge verbreiten, Ich, Jesus Christus, würde nicht existieren. Das ist der größte Fluch, den Satan der Menschheit auferlegt hat, und weil der Mensch schwach ist, fällt er auf die Lügen herein, die sich aus den Mündern der Gottlosen ergießen.

Es gibt nur einen Gott. Es gibt nur einen Weg zu Gott. Kein anderer Weg, wie schillernd er euch auch präsentiert werden mag, kann euch zum Vater führen, sondern einzig und allein der Weg, der durch Mich, Jesus Christus, den Retter der Welt, führt.

Euer Jesus

1195. Mutter der Erlösung: Die Zeit, dass sich die Prophezeiungen von La Salette und Fatima erfüllen, ist sehr nahe.

Mittwoch, 13. August 2014, 14:39 Uhr

Meine lieben Kinder, die Zeit, dass sich die Prophezeiungen von La Salette und Fatima erfüllen, ist sehr nahe. Ihr braucht keine Angst zu haben vor dieser Zeit, im Gegenteil, ihr solltet sie freudig erwarten, denn ihr müsst wissen, dass der Bund Meines Vaters endlich wie geplant vollendet wird. Der Antichrist wird letztendlich seinen Sitz in der Kirche Meines Sohnes auf Erden einnehmen und nichts wird das verhindern. Viele werden die Prophezeiungen, die Ich der Welt offenbart habe, ablehnen, und sie werden das auf eigene Gefahr tun. Diejenigen, die sich weigern, die Warnungen, die der Welt gegeben werden, anzunehmen, und die den Feinden Gottes folgen, werden ihre Seele in Gefahr bringen, und gerade für diese fehlgeleiteten Seelen bitte Ich euch, inbrünstig zu beten.

Die Schlacht um die Menschheit und um die Rettung aller Kinder Gottes ist in vollem Gange, und viel Leid wird jetzt all jenen angetan, die fest zur Wahrheit all dessen stehen, was Mein Sohn der Welt offenbart hat. Ihr könnt niemals einen Teil Seines Wortes oder der Heiligen Bibel verwerfen und durch etwas ersetzen, das euch vielleicht besser gefällt. Die Wahrheit ist niemals leicht anzunehmen, denn sie kann selbst die Herzen der tapfersten und mutigsten Christen mit Angst erfüllen. Die Wahrheit wird immer abgelehnt, und als die Dornenkrone auf das Heilige Haupt Meines Sohnes, Jesus Christus, gesetzt wurde, beteten die Priester und die Ältesten damals im Tempel und gaben Gott die Ehre, während ihre Kohorten Ihn verfluchten, als Er am Kreuze starb. So war es damals und so wird es sein, wenn die Welt an dem Wort Gottes Vergeltung übt und es von innen nach außen und von oben nach unten kehrt. Ich bitte euch dringend, liebe Kinder, die Wahrheit anzunehmen, denn mit ihrer Hilfe wird euch euer Weg ins Königreich der Neuen Ära leichter fallen. Wenn ihr das, was euch jetzt gesagt wird, nicht anerkennt, werden viele Seelen dem Irrtum verfallen und das Tier (Satan) umarmen. Sie werden jedes individuelle Bürgerrecht und jede Freiheit aufgeben, wenn sie die Feinde Meines Sohnes vergöttern, bis sie schließlich ihre Seele dem Teufel übergeben werden.

Angst vor der Wahrheit kann Unmut verursachen, denn es kann (manchmal) sehr schwer sein, die Wahrheit zu schlucken. Unmut führt zu Zorn und Zorn führt zu Hass. Der Hass gegen diese Mission und gegen jede andere Mission davor wird eskalieren, und jenen, die Mich, die Mutter Gottes, lieben, wird zugeredet werden, diese Mission zu verurteilen. Wie traurig macht es Mich, wenn Mein Name verwendet wird, um das Wort Jesu Christi, des einzig wahren Erlösers der Menschheit, zu beleidigen. Verwirrung wird in Meinen Marianischen Gruppen gestiftet werden, so dass sie an den Warnungen, die Mir aufgetragen waren, in La Salette und Fatima der Welt zu geben, zu zweifeln beginnen. Die Menschen werden dem, was Ich gesagt habe, ausweichen, und sie werden glauben, die gegebenen Prophezeiungen würden sich auf eine andere Zeit in ferner Zukunft beziehen.

Wenn das Chaos ganz ausbricht und wenn die Lehre, die im Buch Meines Vaters enthalten ist, umgeschrieben wird und der Welt als authentisch präsentiert wird, werden nur jene mit echtem Unterscheidungsvermögen die Wahrheit verstehen. Inbrünstig müsst ihr für das Überleben der Kirche Meines Sohnes, Seines Leibes auf Erden, beten, damit Er nicht verworfen und den Hunden vorgeworfen wird. Wenn dieser Tag stattfindet, wird die Gerechtigkeit Gottes eingreifen, und die Menschheit wird letzt-

endlich verstehen, was es heißt, in Finsternis getaucht zu werden. Der Tag, an dem das Licht Gottes ausgelöscht wird, ist die Zeit, wo sich alles wie prophezeit erfüllen wird.

Eure geliebte Mutter
Mutter der Erlösung

1196. Hütet euch immer vor den Spaltungen, die ihr auf der Welt seht.

Mittwoch, 13. August 2014, 16:03 Uhr

Meine innig geliebte Tochter, die Wut Satans war noch nie so intensiv wie jetzt, wo er Gottes Kindern in jedem Winkel der Welt Leid jeglicher Art antut. Je größer die Störung desto größer ist seine Präsenz und sein Einfluss. Aber er alleine ist machtlos, und nur durch den Einfluss, den er bei denjenigen geltend macht, die für ihn offen sind, kann er solch teuflische Verfolgungen verursachen. Je mehr Seelen er einfängt, desto schlimmer ist die Verfolgung und desto mehr quält er die Menschen. Wenn die Menschen, die Mir treu sind, ihm erlauben, in ihrem Herzen Verwirrung und Verzweiflung zu schaffen, dann ist das Gift, das verströmt wird, das schlimmste aller Gifte. Das ist der Moment, wo sie sich gegeneinander wenden, sich bekämpfen und sich spalten, bis sie sich gegenseitig vernichten.

Hütet euch immer vor den Spaltungen, die ihr auf der Welt seht, sei es in der Politik, sei es in der Religion oder unter Meinen Anhängern, denn sie wurzeln immer im Schlupfwinkel des Tieres (Satans), dessen Herrschaft über die Menschheit zu einem Ende gekommen ist. Er wird jedoch nicht eine Sekunde innehalten in seinem Plan, alle Treue zu Mir, Jesus Christus, zu zerstören.

Nur wenn ihr Mein Wort annehmt, wie Ich es euch jetzt schenke, werdet ihr die Gnade finden, Mich zu bitten, euch durch dieses hinterhältige Minenfeld zu führen. Keiner von euch ist stark genug in seinem Glauben, um den Einfluss des Bösen abzuwehren. Ohne das tägliche Gebet, in dem ihr Mich um Hilfe bittet, werdet ihr nicht in der Lage sein, dicht an Meiner Seite zu bleiben. Aber wenn Ich euch solche Gnaden gewähre, dann werdet ihr mutiger werden und die Stärke haben, Mir treu zu bleiben. Nur dann wird die Wahrheit euch aufrechterhalten.

Euer Jesus

1197. Diejenigen, die den Willen Gottes stören in Seinem Plan, Seelen zu retten, werden den Zorn Meines Vaters auf sich ziehen.

Donnerstag, 14. August 2014, 15:00 Uhr

Meine innig geliebte Tochter, Ich will bekanntmachen, dass diejenigen, die den Willen Gottes stören in Seinem Plan, Seelen zu retten, den Zorn Meines Vaters auf sich ziehen werden.

Wenn dem Menschen ein großes Geschenk gegeben wird, durch den Göttlichen Willen Meines Ewigen Vaters, und er es Ihm dann zurückwirft, weint Mein Vater.

Aber wenn ein Mensch versucht, Meinen Plan, den Bund Meines Vaters zu vollenden und der Welt das Heil zu bringen, zu stoppen, zu beeinträchtigen oder sich in Meinen Plan einzumischen, wird er dafür sehr leiden. Wenn ein Mensch an seine eigene Macht mehr als an die Macht Gottes glaubt, dann wird er machtlos gemacht werden. Und wenn ein Mensch Mich umarmt, so wie Judas es tat, Mir sagt, dass er Mich liebe, Mich auf die Wange küsst und Mich dann verrät, ist er nicht besser als jener, der Mich Meinen Henkern übergab.

Ich bringe der Menschheit in dieser Zeit große Gnaden. Ich bringe dem Menschen durch diese Mission große Geschenke — und was macht der Mensch? Er spuckt Mir ins Angesicht, so voller Eifersucht, Bosheit und Hass ist er in seiner Seele. Diejenigen, die dies tun, werden überwältigt sein von einer tiefen Trauer, entstanden aus einer Einsamkeit, wie sie sie noch nie zuvor erfahren haben. Sie werden den Schmerz der Trennung von Gott in diesem Leben auf Erden erleiden, und wenn das geschieht, werden sie wissen, dass ihr Verrat an Mir, Jesus Christus, ihrem einzigen Erlöser, die Ursache dafür ist. Sie werden jedoch auch das volle Ausmaß Meiner Großen Barmherzigkeit verstehen, denn indem Ich ihnen dieses Leid auf Erden gebe, gebe Ich ihnen eine Chance, zu bereuen und wieder ganz heil zu werden. Wenn sie Meinen Willen mit Würde annehmen, werde Ich ihnen das Leben in Meinem Neuen Königreich bringen.

Wachet auf, ihr alle, und versteht, dass es Mein einziger Wunsch ist, euch in Meinen liebenden Armen zu verzücken. Ich Bin nicht euer Feind — Ich liebe euch und sehne Mich nach euch mit einer Sehnsucht, die ihr unfähig seid zu verstehen. Ich sende Propheten, nicht, um euch zu erschrecken, sondern um die Wahrheit zu enthüllen, damit Ich euch allen das Ewige Heil bringen kann — und vor allem denjenigen, die am unwürdigsten von allen sind.

Kommt. Hört auf Meinen Ruf — Mein Plan wird ausgeführt werden, wie sehr ihr ihn auch bekämpft. Die volle Wahrheit dessen, was erforderlich ist, um euer Gottgegebenes Recht auf euer Erbe einzufordern, wird bald bekannt gemacht werden. Wenn Ich mit dieser Botschaft komme, müsst ihr sie willkommen heißen — oder ihr verliert eure Seele.

Euer Geliebter Jesus

1198. Mutter der Erlösung: Selbst wenn ihr Meinen Sohn nicht leibhaftig begegnet, werdet ihr Ihn doch auf jede Weise erfahren.

Samstag, 16. August 2014, 20:15 Uhr

Meine lieben Kinder, viele Menschen suchen zu einem bestimmten Zeitpunkt in ihrem Leben nach Meinem Sohn, Jesus Christus. Wenn eine Seele Meinen Sohn entdeckt, ist es eine Reise auf unterschiedlichen Wegen und in verschiedenen Etappen, die durchlaufen werden müssen. Wenn ihr Meinem Sohn nahe kommt, wird es ein Kampf sein, und daher müsst ihr darauf gefasst sein. Je näher ihr Ihm kommt, desto ähnlicher werdet ihr Ihm, und Seine Eigenschaften werden euch vertraut werden. Selbst wenn ihr Meinem Sohn nicht leibhaftig begegnet, werdet ihr Ihn doch auf jede Weise erfahren. Seine Liebe werdet ihr spüren. Sein Schmerz wird euer Schmerz werden. Seine Sanftmut wird mit euch geteilt werden, und die Freude, die Er fühlt, wegen Seiner bedingungslosen Liebe zu den Menschen, wird eure Freude werden. Seine Geduld wird eurer Seele eingegeben werden, und Sein Wort wird in euch verwurzelt sein, mit einem Verständnis, das euch durch den Heiligen Geist geschenkt wird.

Wenn ihr Meinen Sohn wirklich liebt, dann werdet ihr demütig werden wie Er und ein brennendes Verlangen haben, Ihm zu dienen, koste es, was es wolle. Einige Seelen erreichen im Laufe der Zeit den spirituellen Weg der Vollkommenheit, aber sie werden diese Reise nicht vollenden, solange sie nicht all ihr Vertrauen Gott schenken. Wenn eine Seele auf dem Weg ins Wanken gerät, werden ihr die Gnaden gegeben werden, sich selbst aufzufangen und ihre Reise fortzusetzen. Aber wenn eine Seele mit Meinem Sohn einen Konkurrenzkampf austrägt und sich für würdig hält, das Wort, das Fleisch geworden ist, herauszufordern, dann wird sie sich von Gott trennen.

Der Mensch, der Jesus in diesem Leben auf Erden findet und der Ihm treu dient, wird Frieden haben. Kaum etwas anderes auf dieser Welt wird ihn jemals wieder zufriedenstellen. Wenn eine Seele, nachdem sie mit Meinem Sohn vertraut geworden ist, sich wieder von Ihm trennt, wird sie einen schrecklichen Schmerz ertragen. Nachdem die Seele Meinen Sohn gekannt und in Seinem Herzen gewohnt hat, ist dieser Schmerz der Trennung von Meinem Sohn der schlimmste Schmerz, den der Mensch kennt.

Wenn ihr verleitet werdet, die Lehren Christi anzufechten, oder wenn ihr eingeschüchtert werdet, Ihn in jeder Hinsicht abzulehnen, wisset, dass nichts von dieser Welt euch den Frieden, die Liebe oder die Freude bringen wird, die von Ihm kommen.

Eure geliebte Mutter
Mutter der Erlösung

1199. Macht euch zuerst Gedanken über eure eigene Seele, dann erst betet für andere.

Sonntag, 17. August 2014, 17:18 Uhr

Meine innig geliebte Tochter, lasst es unter den Anhängern dieser Mission zur Rettung von Seelen zu keiner Spaltung kommen, denn das ist der Wunsch von dem, der Mich hasst. Wenn sich Meine geliebten Christlichen Anhänger spalten und wenn sie sich gegenseitig in Meinem Namen bekämpfen, macht Mich das sehr traurig. Meine Trauer wird noch größer, wenn diejenigen, die Mein Wort verkünden, es dadurch verleugnen, dass sie andere auf grausame Art verletzen, um Gift zu versprühen.

Alle Kinder Gottes sind in Meinen Augen gleich. Wisset, dass die Guten unter euch nicht immun sind gegen die Versuchungen Satans, während diejenigen mit Verzweiflung und Hass in ihrem Herzen nicht immun gegen Meine Geschenke sind. Jeder von euch ist ein Sünder. Kommt niemals vor Mein Angesicht und sagt Mir, dass eine bestimmte Seele Meiner nicht würdig sei. Denunziert keine andere Person vor Mir, indem ihr sie für böse erklärt; denn wer seid ihr in Meinen Augen, wenn nicht ein armer Sünder?

Die Welt ist voller Liebe. Aber sie ist auch voller Hass und Gleichgültigkeit Mir, Jesus Christus, gegenüber, weil die Sünde existiert. Erst wenn die Sünde ausgerottet ist, wird die Welt heil werden. Ihr müsst euch daher zuerst Gedanken über eure eigene Seele machen und dann erst für andere beten. Wenn ihr das tut, werde Ich euch alle mit Meiner Barmherzigkeit überschütten. Der Mensch, der sich vor Mir erhöht und schlecht über einen anderen Menschen spricht, wird als Letzter vor Meinen Richterstuhl treten, während der Mensch, der sich vor Mir erniedrigt, Erster sein wird.

Wann werdet ihr Meine Lehren wirklich annehmen? Warum sagt ihr, ihr würdet zu Mir gehören, wenn ihr anderen mit Hass begegnet; ihr werdet niemals Meines Königreiches würdig werden, solange ihr nicht euren Mantel der Selbstgerechtigkeit und eure Rüstung des Stolzes ablegt.

Euer Jesus

1200. Die Welt steht an der Schwelle großer Veränderungen.

Montag, 18. August 2014, 18:47 Uhr

Meine innig geliebte Tochter, wenn Gottes Kinder in der Welt Kämpfe und schreckliche Gräueltaten sehen, die im Namen der Gerechtigkeit begangen werden, dann wisset: Böses erzeugt Böses. Was ihr anderen zufügt, das wird auch euch getan werden. Ich bin von Meinem Wesen her gerecht, und wenn auch Meine Barmherzigkeit überreich ist, so müssen doch alle undankbaren und bösen Menschen Meine Strafe fürchten.

Ich füge niemandem Schaden zu, denn so etwas kommt nicht von Mir. Aber wenn Gottes Kindern Böses angetan wird und wenn die Bosheit sich ausbreitet, werde Ich Meine Gerechtigkeit ausgießen, — und damit kein Zweifel aufkommt: Diese Zeit ist jetzt da. Die Bosheit ist die Frucht der Sünde. Seelen, die der Sünde erliegen, müssen stets versuchen, sich in Meinen Augen schnell davon reinzuwaschen. Andernfalls nagt die Sünde an ihnen, — und solltet ihr daran zweifeln, dass Satan die hasserfüllten und gewalttätigen Seelen in seinem Würgegriff hält, dann müsst ihr wissen, dass es extrem schwer ist, solche Seelen aus seiner Gewalt zu befreien.

Sobald Satan eine Seele befällt, wird er diese Person ständig quälen, bis ihr Geist, ihre Taten und ihr Handeln im Einklang mit dem Teufel stehen. Die befallene Seele wird schließlich besessen, und nur Ich, Jesus Christus, kann diese Seele durch den Exorzismus befreien. Eine Seele kann sehr schnell besessen werden, aber es kann Jahre dauern, sie aus dem Griff der Schlange zu befreien. Wenn also jemand Meine Strafe zu spüren bekommt, um das Böse auszurotten und die Täter zu bestrafen, die anderen das Leben rauben, Ich werde diejenigen bestrafen, die das Leben des Leibes und das Leben der Seele rauben. Kein Bösewicht wird sich verbergen können, da Meine Augen alles sehen.

So viel wisst ihr von Meiner Liebe. Ihr zweifelt nicht an der Größe Meiner Barmherzigkeit. Aber der sterbliche Mensch hat keine Ahnung vom Zorne Gottes, denn vom Zorn Gottes hat man nicht zu euch gesprochen. Gottes Zorn ist real. Glaubt ihr, dass Er Satan erlauben würde, Seine Kinder zu vernichten, um sich dann zurückzulehnen und zuzuschauen? Habt ihr etwa geglaubt, Er würde nicht die Seelen bestrafen, die jeder Laune und jedem Wunsch Satans nachgeben? Gute Seelen können zwar umkommen, doch sie werden das Leben haben. Böse Seelen hingegen werden kein Leben haben, auch wenn sie nicht umkommen.

Die Welt steht an der Schwelle großer Veränderungen, und alles, was Gott vorausgesagt hat, wird stattfinden. Alle Ereignisse, die Er prophezeit hat, werden eintreten. Und obwohl Ich euch die Propheten gegeben habe, um euch zu warnen, habt ihr immer noch nicht auf sie gehört. Ihr habt die vielen Privatoffenbarungen abgewiesen, die der Welt gegeben wurden, um die Menschheit vorzubereiten. Und ihr hört immer noch nicht auf sie.

Ihr müsst beten, dass das Ausmaß der Zerstörung in der Welt abgeschwächt wird, denn würdet ihr sehen, was in der Zukunft liegt, ihr würdet zu Meinen Füßen niederfallen und um Barmherzigkeit flehen. Diejenigen, die es versäumt haben, das Wort Gottes in Meinen Kirchen auf Erden am Leben zu halten, werden sich für den Verlust von vielen Millionen Seelen verantworten müssen, die andernfalls gerettet worden wären.

Schande über euch, die ihr Mich euer Eigen nennt, während ihr auf der einen Seite einen Teil der Wahrheit verkündet und Mir auf der anderen Seite flucht. Der Schmerz und die Trauer, die Ich aufgrund der Sünde

515

erleide, und die Trennung des Menschen von seinem Schöpfer kommen zu einem Ende, denn Meine Zeit ist jetzt da. In der letzten Schlacht um Seelen wisset, dass, während das Böse eskaliert, Gottes Strafe das Zehnfache von dem sein wird, was böse Menschen ihren Brüdern und Schwestern antun.

Fürchtet euch nicht vor Meiner Liebe, sondern vor Meiner Gerechtigkeit.

Euer Jesus

1201. Mutter der Erlösung: Kein Mensch hat das Recht, einem anderen Menschen im Namen Gottes Schaden zuzufügen.

Donnerstag, 21. August 2014, 16:25 Uhr

Meine lieben Kinder, wenn ein Mensch einen anderen Menschen verfolgt und ihm Leid verursacht, kann der Geist Gottes nicht in dieser Seele bleiben, denn dann wohnt der Teufel in ihr. Wenn ein Mensch einen anderen verfolgt, ihn verletzt, ob geistig oder körperlich, und sein Handeln dann rechtfertigt, indem er sagt, dass er das Wort Gottes verteidige, wisst, dass dies die größte Sünde ist, da sie die Göttlichkeit Gottes beleidigt.

Kein Mensch hat das Recht, einem anderen Menschen im Namen Gottes Schaden zuzufügen, da dies niemals von Meinem Sohn, Jesus Christus, geduldet oder erlaubt würde. So wie die Katastrophen in der Welt zunehmen, so wird auch jede böse Handlung von jenen gut geheißen werden, die schrecklicher Sünden gegen Christus schuldig sind. Sie werden jede beliebige Entschuldigung vorbringen, um ihre bösen Handlungen zu rechtfertigen, und nicht einer von ihnen wird der Züchtigung in Gottes Heilsplan entkommen. Wenn jemand einer Seele Böses zufügt, dann wird er sich für seine Sünden gegen Gott, gegen Seine Schöpfung und gegen jedes Seiner Kinder verantworten müssen.

In dieser Zeit großer Täuschung, wo es für Sünder schwer ist, richtig und falsch zu unterscheiden, ist es wichtig, sich an die Worte Meines Sohnes Jesus Christus zu erinnern: Wer ohne Sünde ist, werfe den ersten Stein. Die Person, die anderen schreckliches Leid antut, wird nach ihren Handlungen gerichtet werden.

Ihr müsst in dieser Zeit für die Menschheit beten und um die Gnaden bitten, den Unterschied zu erkennen zwischen Sünden, die sich gegen die Menschheit richten, und jenen, die sich gegen Gott richten. Sünde ist Sünde, aber wenn böse Handlungen in Gottes Heiligem Namen begangen werden, dann wird das schwerwiegende Konsequenzen nach sich ziehen. Wenn Hass sich ausbreitet, so wird sich auch die Liebe Gottes ausbreiten, und zwar durch die sanftmütigen und demütigen Seelen, denn sie tragen die Fackel der Rettung vor dem Hintergrund der Finsternis. Nur durch die Gnade Gottes kann der Mensch vor der Sünde bewahrt werden, und nur durch jene Seelen, die Gott bedingungslos lieben, können die verirrten Seelen gerettet werden.

Ihr müsst für alle Sünder beten, beten, beten, weil die Finsternis sie für die Wahrheit blind macht. Ohne die Wahrheit würde die Welt in völlige Finsternis stürzen. Betet, dass ihr, Meine lieben Kinder, der Hässlichkeit standhalten könnt, die die Sünde in euer Leben bringt. Betet für jene, die Gottes Kinder verfolgen, dass sie sich ein Herz nehmen mögen und Liebe und Mitgefühl für andere zeigen.

Betet für das Heil der Seelen, und vor allem für diejenigen, die dem Hass erlaubt haben, ihre Herzen zu überschatten, und die der Barmherzigkeit Gottes am meisten bedürfen.

Eure geliebte Mutter
Mutter der Erlösung

1202. Ich werde Meine Engel und Meine Auserwählten rüsten für den Kampf mit denen, die Mich denunzieren.

Samstag, 23. August 2014, 20:00 Uhr

Meine innig geliebte Tochter, zwei Zeichen werden sichtbar werden, während die Schar der auserwählten Seelen sich erhebt, um Mir zu helfen, Mein Königreich auf Erden zurückzufordern. Das erste Zeichen bezieht sich auf den Hochmut von Seelen in Meiner Kirche auf Erden, wo menschliche Vernunft, Intelligenz und Ehrgeiz den wahren Glauben Meiner gottgeweihten Diener zerstören. Stolz und Arroganz, gepaart mit einer angeborenen Sehnsucht nach einem tieferen Glauben, der (aber) immer knapp außerhalb ihrer Reichweite sein wird, werden in eine falsche Kirche der Finsternis münden. Sie wird eine hochnäsige Hierarchie hervorbringen, die Unwahrheiten und einen fruchtlosen Glauben mit sich bringt.

Das zweite Zeichen bezieht sich auf die armseligen Körper, wo der menschliche Leib — ein heiliges Geschenk Gottes — auf ein bloßes Schaustück für weltlichen Schmuck reduziert wird und ihm nicht mit Ehrfurcht begegnet wird. Der Mangel an Moral führt zu einem Mangel an Ehrfurcht vor dem menschlichen Leib, sowie zu einem Missbrauch des Leibes, bei dem der Körper nur als Objekt eingesetzt wird, um sich an schweren Sünden des Fleisches zu beteiligen. Der Mangel an Respekt für menschliches Leben wird auch bedeuten, dass Mord so alltäglich wird, dass viele schließlich völlig immun werden gegenüber den Schrecken eines physischen Todes durch die Hände böser Menschen.

Die Reinigung des Menschen geht weiter, denn ohne das Leiden bereitwilliger Seelen wären viele Menschen verloren. Erst wenn die Dinge unerträglich erscheinen, werden die Leiden derer, die das Siegel des Lebendigen Gottes besitzen, gelindert werden - Leiden, die Sünde, Krieg, Hungersnöte und Krankheiten umfassen, welche die Menschheit vernichten. Ihr dürft Kriege — so klein sie auch sein mögen — niemals ignorieren, denn sie werden sich ausbreiten. Ignoriert niemals den Mangel an wahrem Glauben in Meiner Kirche, denn auch dieser Mangel wird sich ausbreiten. Ignoriert niemals den Hass unter Völkern, die die Religion als Mittel benutzen, um ihre Feinde zu terrorisieren, denn auch dieser Hass wird sich ausbreiten, um die Seelen derer, die Mich lieben, zu verschlingen. Ignoriert niemals den Hass auf Gottes Visionäre und auserwählte Propheten, denn wenn sie diese Seelen hassen, dann hassen sie Mich. Ihr dürft ihren bösen Zungen nicht erlauben, dass sie euch dazu bringen, sich ihnen anzuschließen in ihren abscheulichen Versuchen, den Klang Meiner Stimme zu übertönen. Sonst werdet auch ihr ebenso verseucht werden wie sie.

Und während all diese Unruhen stattfinden, werde Ich Meine Engel und Meine Auserwählten rüsten für den Kampf mit denen, die Mich denunzieren. Dann, genau dann, wenn die Welt jeden Funken menschlicher Würde verloren hat, wird das Tier (Satan) den Abgrund öffnen, und alle Feinde Gottes werden Meine Kirche unterwandern. Aber es ist dem freien Willen des Menschen überlassen, ob er sich mit solchen Ungerechtigkeiten bereitwillig abfindet oder nicht.

Diejenigen, die aufstehen und den Willen Gottes verteidigen, werden mit großen Gnaden erfüllt werden, und mit ihrem Glauben werden sie Sühne leisten für die Sünden derer, die zu verbohrt oder zu ängstlich sind, sich gegen all das, was dem Wort Gottes widerspricht, zur Wehr zu setzen. Wenn alle bösen Gräueltaten zunehmen und wenn der Mensch erkennt, dass er zu schwach ist, um solche Bosheit zu bekämpfen oder unter Kontrolle zu bekommen, muss er sich an Mich wenden und sprechen:

"Jesus, erlöse uns hilflose Sünder von Deinen Feinden."

Erst dann kann Ich eingreifen, um die Auswirkungen von Gewalt, Mord, Hass und Kriegen, verursacht durch die Sünde des Menschen, abzuschwächen. Wendet euch jeden Tag an Mich und ruft Meine Barmherzigkeit an. Ich werde niemals diejenigen im Stich lassen, die sich nach Mir ausstrecken.

Euer Jesus

1203. Mutter der Erlösung: Betet um den Frieden in der Welt. Sonntag 24. August 2014, 17:00 Uhr

Meine lieben Kinder, Ich bitte euch dringend, um den Frieden in der Welt zu beten; denn sehr bald werden viele Länder in Kriege verwickelt werden, die schwer zu kontrollieren sein werden, und in denen viele Unschuldige ihr Leben verlieren werden.

Der Friede, den Ich euch bitte von Meinem Lieben Sohn zu erflehen, soll die Auswirkungen des Hasses vermindern, der in die Herzen der Fehlgeleiteten, die andere terrorisieren, gesät ist. Wenn der Friede durch die Macht Gottes über die Erde ausgegossen wird, dann erhaltet ihr einen Einblick, wie ihr euch gegenseitig — so unterschiedlich ihr auch sein mögt — mit Liebe und Respekt begegnen sollt.

Ich bitte euch, jeden Tag dieses Kreuzzuggebet, das Gebet des Friedens, für eure Nationen zu beten.

Kreuzzuggebet (164) „Gebet des Friedens für die Nationen"

„O Jesus, bring mir Frieden.

Bring meinem Volk Frieden, und ebenso all jenen Ländern, die durch Krieg und Spaltungen zerrissen sind.

Säe aus die Saat des Friedens unter jenen verhärteten Herzen, die anderen im Namen der Gerechtigkeit Leid zufügen.

Gib allen Kindern Gottes die Gnaden, Deinen Frieden zu empfangen, damit Liebe und Harmonie gedeihen können, damit die Liebe zu Gott über das Böse triumphieren wird und damit die Seelen vor der Verderbnis der Irrtümer, der Grausamkeit und des bösen Ehrgeizes bewahrt werden.

Lass Frieden herrschen unter all denen, die ihr Leben der Wahrheit Deines Heiligen Wortes widmen, und auch unter denen, die Dich überhaupt nicht kennen. Amen."

Der Friede sei mit euch, liebe Kinder, und denkt daran: Ohne die Liebe zu Gott könnt ihr niemals wahren Frieden finden.

Eure geliebte Mutter
Mutter der Erlösung

1204. Gott der Vater: Ich werde eure Tränen abwischen, die Welt vereinen und Frieden bringen.

Sonntag, 24. August 2014, 17:15 Uhr

Meine liebste Tochter, kennt der Mensch wirklich das Ausmaß Meiner Liebe zu Meinen Kindern? Weiß er, dass mit der Liebe auch schreckliche Schmerzen verbunden sein können? Liebe, die rein ist, kann großen Schmerz verursachen, wenn diese Liebe zurückgewiesen wird.

Ich liebe Meine Kinder, Meine Schöpfung, Mein Fleisch und Blut. Daher leide Ich großen Schmerz, weil durch die Sünde Meine Kinder von Mir, ihrem Ewigen Vater, getrennt wurden. Ich weine, wenn Ich den Hass in ihren Herzen sehe, den sie füreinander empfinden. Ich weine, wenn Ich die Sünden der Fleischeslust, der Eifersucht, des Stolzes, der Gier sehe, und ihr Verlangen, einander zu übertrumpfen, und den Schmerz und die Qualen, die sie einander zufügen.

Wenn sie das Leben nehmen, das Ich dem Menschen gegeben habe, ist Mein Schmerz so groß, dass Ich vor lauter Qual so aufschreie, dass der gesamte Himmel mit Mir Tränen der Trauer vergießt. Meine Zeit ist nahe, und wenn ihr hört, dass sich die Kriege, Seuchen, Hungersnöte und Erdbeben häufen, wisset, dass dann die Stunde gekommen ist, wo Ich sage: Es reicht!

Ich werde die Bösen in einem einzigen Atemzug verbannen, die Mörder mit einem einzigen Flüstern und Meine Feinde im Bruchteil einer Sekunde. Dann werde Ich die Stunde, die Zeit verkünden, zu der Mein

Sohn Sein Rechtmäßiges Königreich zurückfordern wird.

Ich werde eure Tränen abwischen, die Welt vereinen und Frieden bringen, Ich werde jene verbannen, die Meine Kinder verfolgt haben, und jene in das Licht Meines Königreiches bringen, die in Meinem Namen gelitten haben; denn sie werden in Meinem Neuen Königreich auf Erden erhöht werden.

Macht euch bereit, Meine Kinder, denn das Leben voller Freude in Meinem Neuen Paradies wird schon bald euch gehören. Das Leid auf dieser Erde wird nicht mehr existieren und die Tränen der Trauer werden durch Tränen der Freude ersetzt werden. Das ist Meine Verheißung. Wenn ihr also glaubt, dass ihr es nicht mehr aushalten könnt, dann wisset, dass das Neue Zeitalter schon bald anbrechen wird.

Euer Ewiger Vater
Gott der Allerhöchste

1205. Wenn ein Mensch sagt, dass er Mich liebt, wird er alles in Übereinstimmung mit Meinem Heiligen Willen tun.

Montag, 25. August 2014, 19:05 Uhr

Meine innig geliebte Tochter, wenn ein Mensch sagt, dass er Mich liebt, wird er alles in Übereinstimmung mit Meinem Heiligen Willen tun. Er wird alles in Meine Heiligen Hände legen, und er wird seine eigenen Bedürfnisse und Wünsche vergessen. Dann wird er zu Mir sagen: „Jesus, alles, was ich sage und tue, geschehe nach Deinem Heiligen Willen — mach mit mir, was dem Willen Gottes entspricht."

Der Mensch, der in Mir lebt, und Ich in ihm, wird alles dem unterordnen, was Gott die Ehre gibt. Dieser Mensch wird keine selbstsüchtigen Motive haben, kein verstecktes Verlangen, zu tun, was ihm selbst gefällt, und er wird in diesem Leben alles tun, was er kann, um mit Mir vollkommen vereint zu sein. Er wird Mir jeden Gedanken, jede Bewegung, jeden Schritt und jede Handlung übergeben, so dass Ich in seiner Seele wirken kann. Er wird sein Vertrauen auf Mich setzen, ganz und gar, und er wird wissen, dass alles, was Ich tue, alles, was Ich zulasse, und alles, was Ich durchführe, um die Erde zu reinigen, nur ein einziges Ziel haben wird, nämlich Gott die Ehre zu geben.

Von sich aus kann der Mensch Mir niemals solch ein Geschenk geben, nur wenn er Meinem Heiligen Geist ermöglicht, in ihm zu wohnen. Erst dann kann er zur Vollkommenheit emporsteigen, die ihn verwandeln wird, sodass sein Herz und seine Seele von Mir umschlungen werden. Ich kann dann durch Meine Göttlichkeit in dieser Seele große Wunder wirken, die in ihrem vollkommenen Vertrauen auf Mich immer noch ihr Gottgegebenes Recht, das Recht des freien Willens, behalten wird.

Indem ihr Mir, Jesus Christus, erlaubt, in euch zu wohnen, werden große Opfer eurerseits erforderlich sein. Ihr müsst jeden

hochmütigen Gedanken ablegen, jede Schwäche und jedes bisschen Selbstmitleid. Wenn ihr zu Mir kommt und Mich darum bittet, euch zu führen, dann wird jedes Leid, das zuvor euer Los war, verworfen sein. Nichts wird euch Sorge machen. Ihr werdet unfähig sein, Hass auf andere zu empfinden, auch nicht auf jene, die euch großen Schaden zufügen und großen Kummer verursachen. Ihr werdet leicht verzeihen, ihr werdet keinen Groll in eurem Herzen tragen wegen eurer Lebensumstände, seien sie auch noch so schwierig, und ihr werdet die Dinge so sehen, wie Ich sie sehe.

Um euch für ein Leben in Mir bereit zu machen, dürft ihr nicht vergessen, dass alles Gute von Gott kommt. Der Mensch kann durch seinen eigenen Verstand und seine Entschlusskraft niemals Frieden erlangen, bis zu dem Tag, an dem er sich Gott aufopfert, mit Leib, Geist und Seele. Indem er Mir, Jesus Christus, das Geschenk seines vollen Vertrauens anbietet. Ich werde in dieser Seele wohnen und sie wird Teil all Meiner Herrlichkeit werden. Ich werde solche Seelen erhöhen. Welche Freude wird ihre Herzen durchfluten! Sie werden keine Angst mehr vor dem Unbekannten haben. Auf diese Weise werde Ich die Welt auf Meine große Herrlichkeit vorbereiten — auf Mein Neues Herrliches Königreich, wo alles Leben in Übereinstimmung mit dem Willen Gottes gelebt werden wird — wie im Himmel, so auf Erden.

Wenn Mein Wille in den Seelen derer tief verwurzelt wird, die ihr Leben nur nach Meinem Wunsch leben, werden sie niemals wieder irgendwelche Hassgefühle in ihrem Herzen empfinden. Denn das wäre unmöglich. Ich Bin nicht fähig zu hassen, und wenn ihr Mir erlaubt, in eurer Seele zu leben, dann kann nichts in euch bleiben, was nicht von Mir kommt.

Euer Jesus

1206. Ich werde auf eine Weise eingreifen, die die Welt in Erstaunen versetzen wird.

Donnerstag, 28. August 2014, 20:40 Uhr

Meine innig geliebte Tochter, Ich kenne die Meinen und die Meinen kennen Mich. Sie kennen auch jene, die von Mir sind, so wie sie jene kennen, die nicht von Mir kommen.

Diejenigen, die von Mir sind, sind sanftmütig von Herzen, voller Liebe für alle Sünder, auch für Meine Feinde, und voller Demut, denn sie wissen, dass sie ohne Mich nichts sind. Ihre Seelen sind frei von Arglist, Boshaftigkeit und Hass — und aus diesem Grunde leiden sie. Sie strahlen wie Leuchtfeuer, denn ihre Seelen sind vom Lichte Gottes erfüllt. Genau auf dieses Licht haben es Satan und seine gefallenen Engel abgesehen, wenn sie die Menschen in jede Art von Versuchung führen. Diese Seelen sind das oberste Ziel Satans, und in den kommenden Zeiten, werden sie von Lügen überschwemmt werden. Einige werden von der Wahrheit ganz und gar abfallen. Andere werden an ihr festhalten, werden aber darum kämpfen müssen, während diejenigen, die die Gnade des Göttlichen Willens Gottes im Herzen haben, niemals die Wahrheit verlassen werden.

Die Welt wird sich zu einem großen Schlachtfeld wandeln, wo Verwirrung herrschen wird, und die Seelen, die von Mir sind, werden den schwersten Prüfungen ausgesetzt sein. Es ist Satans Wunsch, Mir diejenigen wegzunehmen, die Mich kennen. Dies sind die Seelen, die Meinem Herzen am nächsten sind, denn sie stellen für ihn die größte Siegestrophäe dar. Sollten diese Seelen dem Irrtum verfallen, dann wird sie Mir Mein größter Feind vorführen. Ich werde verhöhnt werden wegen ihres Verrates und Ich werde bittere Tränen der Reue um diese armen Kinder Gottes weinen. Aber wisset: Ich werde um diese Seelen kämpfen. Ich werde auf eine Weise eingreifen, die die Welt in Erstaunen versetzen wird, damit Ich sie aus den Klauen der Täuschung entreißen kann, und sie werden es erkennen, wenn Ich dies tue. An diesem Tag werde Ich sie erneut fragen: „Seid ihr von Mir oder nicht?" Dann werden sie wissen, dass Ich es Bin, und Ich werde sie zurückgewinnen und sie mitnehmen in Mein Neues Königreich. Diejenigen, die stark bleiben aufgrund ihres unerschütterlichen Glaubens an Mein Heiliges Wort, werden jene, die von Mir sind, führen. Wegen dieser Seelen — Meinem Rest — wird Meine Barmherzigkeit weit über das hinausgehen, was für das menschliche Auge sichtbar ist.

Ich rufe jetzt denen zu, die Mich kennen. Ich wünsche, dass ihr jeden Tag so lebt, als gäbe es kein Morgen. Vertraut auf Mich. Bittet Mich um Schutz und erfleht von Mir besondere Gnadengeschenke auf eurer Reise hin zu Meiner Neuen Ära des Friedens. Ich werde euch jederzeit zu Hilfe kommen und euch mit außerordentlichen Gnaden überschütten. Dann werdet ihr nichts mehr fürchten, denn ihr werdet wissen, dass Ich mit euch gehe. Ich werde eure Hand halten, während Ich euch zu der Zufluchtsstätte Meines Friedens und Meiner Großen Herrlichkeit führe.

Kommt zu Mir und fürchtet euch nicht, denn Mein Großer Tag wird unerwartet und plötzlich anbrechen, und keine einzige Träne werdet ihr mehr vergießen, denn ihr werdet mit dem Göttlichen Willen Gottes für alle Ewigkeit vereint sein.

Nehmt Meine Liebe, Meine Segnungen und Meine Große Barmherzigkeit an, denn wenn ihr das tut, dann könnt ihr wahrlich behaupten, von Mir zu sein.

Euer Jesus

1207. Mutter der Erlösung: Stellt euch das Leben als Phase zwischen der Geburt und dem Neuen Glorreichen Königreich vor.

Freitag, 29. August 2014, 14:25 Uhr

Meine lieben Kinder, kein einziges von euch soll jemals Angst haben vor dem Eingreifen des Himmels in dieser Mission der Rettung. Seid stattdessen dankbar für Gottes Große Barmherzigkeit und Seine unfassbare Liebe zur Menschheit. Ihr müsst Gott die Ehre geben, in dem Wissen, dass alles bei Ihm beginnt und bei Ihm endet. Dazwischen gibt es nichts. Stellt euch das Leben als Phase zwischen der Geburt und dem Neuen Glorreichen Königreich vor, das euch alle erwartet, solltet ihr die Verheißung Gottes annehmen, dass Sein eingeborener Sohn, Jesus Christus, zurückkehren wird, um Sein Königreich zurückzufordern.

So viele glauben nicht an Ihn, Der sie erschuf. Sie sehen durchaus Seine Liebe, und glauben dennoch nicht, dass die Liebe von Gott kommt bzw. dass Gott die Liebe ist. Diejenigen, die die Existenz des Bösen anerkennen, glauben nicht an Gottes Liebe noch erkennen sie die Existenz des Teufels an. Nur diejenigen, denen es gelingt, das Böse in all seinen Formen zu überwinden, verstehen wirklich die Macht, die das Böse über die Worte, die Taten und die Werke der Menschen hat. Erst wenn eine Seele sich dem Einfluss des Bösen entziehen kann, ist sie wirklich frei. Wahre Freiheit könnt ihr nur erlangen, wenn ihr die Wahrheit annehmt. Wenn ihr das Fleischgewordene Wort, das Mein Sohn, Jesus Christus, ist, nicht annehmt, dann werdet ihr niemals frei sein.

Kinder, ihr müsst gegen das Böse in all seinen trügerischen Formen ankämpfen, aber es ist nicht leicht, es immer eindeutig zu identifizieren. Satan ist der König der Lügen. Er ist der Verführer, der es fertig bringt, die Welt zu überzeugen, dass er nicht existiere. Er präsentiert die Wahrheit immer, als wäre sie etwas Böses, und er wird die Schwachen unter euch überzeugen, dass das Böse immer seine Berechtigung hat. Ihr dürft niemals zulassen, dass ihr getäuscht werdet, denn die Wahrheit ist der Welt gegeben worden und sie ist im Buch Meines Vaters enthalten. Alles, was vom Wahren Wort Gottes abweicht, ist zu meiden. Hört nicht auf jene, die euch sagen, dass eine böse Handlung etwas Gutes sei, oder dass sie hingenommen werden müsse aufgrund der Zeiten, in denen ihr lebt.

Die Menschheit hat sich nicht geändert. Die Sünde hat sich nicht geändert. Alles, was sich geändert hat, ist der Widerstand des Menschen, Gott als seinen Schöpfer anzuerkennen.

Eure geliebte Mutter
Mutter der Erlösung

1208. Achtet nicht auf das Geschrei der Gegenseite, denn menschliche Meinung zählt in Meinem Königreich nicht.

Samstag, 30. August 2014, 18:15 Uhr

Meine innig geliebte Tochter, Ausharren im Leiden bringt eine Seele näher zu Mir, und Ich belohne solche Prüfungen. Denkt niemals, dass Meine Gegenwart in einer Seele von Satan unbemerkt bleibt: Er wird von jenen Seelen schnell angezogen, in denen Meine Gegenwart am stärksten ist. Nehmt euer Leiden in Meinem Namen an und begreift, dass Ich der Grund für dieses Leiden bin. Wäre Ich nicht gegenwärtig, würde der Teufel euch ignorieren.

Zu den Gnaden, mit denen Ich jene überhäufe, die Mich am meisten lieben und die jeden Aspekt der Eigenliebe und des Stolzes abgelegt haben, gehört die Gabe der Unterscheidung. Dies ist ein ganz besonderes Geschenk des Himmels — und gesegnet sind jene, die die Gnade haben, die Wahrheit zu erkennen, denn sie sind diejenigen, die sich niemals durch Irrtümer beeinflussen lassen werden. Diejenigen von euch, denen diese Gabe geschenkt ist, werden Mir Seelen bringen. Aber für jede Seele, die ihr Mir bringt, und auch wegen eurer Gebete und Leiden wird der Teufel versuchen, euch zu stoppen. Wisset, dass die Herrlichkeit Gottes, die euch begleitet, schreckliches Gift nach sich ziehen wird — und ihr werdet in Meinem Namen verflucht werden von den schwachen Seelen, die ein gefundenes Fressen für Satan und alle Dämonen sind, die er losgelassen hat, um Seelen auf Erden zu zerstören.

Seid in Frieden und wisset, dass, wenn ihr die Wahrheit — das Wort Gottes — angesichts von Widrigkeiten aufrechterhaltet, all Meine Macht ausgeübt wird, um Seelen zu retten. Für jede Seele, die ihr Mir bringt, werde Ich euch mit weiteren Gnaden überhäufen und so wird sich das fortsetzen. Achtet nicht auf das Geschrei der Gegenseite, denn menschliche Meinung zählt in Meinem Königreich nicht. Ihr müsst einander immer durch Meine Augen betrachten. Habe Ich euch das nicht schon früher gesagt? Versteht ihr nicht einmal die grundlegendste Lektion, die Ich während Meiner Zeit auf Erden gelehrt habe? Liebet einander, wie Ich euch liebe! Wenn ihr eure Feinde nicht lieben könnt, dann wird es für euch schwerer sein, näher zu Mir zu kommen. Wenn ihr euch über andere erhebt, dann könnt ihr nicht sagen, dass ihr Mich bedingungslos liebt, denn würdet ihr das tun, würdet ihr zu Mir sagen :

„Jesus, ich bin nicht würdig, vor Dir zu stehen, aber mir geschehe nach Deinem Willen, und ich werde tun, was Du verlangst. "

Gehet, ihr alle, und seid euch dessen eingedenk, Wer Ich Bin. Nur wenn ihr euer Leben nach Meinen Lehren lebt, könnt ihr wirklich sagen, dass ihr von Mir seid. Ihr könnt nicht einen Teil Meines Wortes nehmen und lautstark verkünden und dann andere Teile leugnen. Ich sage denjenigen, die ihre Überlegenheit gegenüber anderen kundtun, ihnen ihre verdrehten Versionen von Meinem Wort präsentieren und Mir dadurch Seelen entziehen: An dem Tag, an dem Ich Meine Gegenwart in der Welt zurückziehe, werden die Mächtigen und Stolzen Tränen der Wut und dann der Verzweiflung weinen, denn sie werden dann wissen, wie durch ihre Täuschung viele Seelen zu Fall gebracht wurden, und der Zorn Gottes wird sie erzittern lassen. Sie werden heulen und mit den Zähnen knirschen. Aber zu diesem Zeitpunkt werden sie keinen Ort haben, wohin sie sich wenden können. Sie werden niemanden haben, der ihnen antwortet, denn sie werden niemals Mein Antlitz schauen.

Euer Jesus

1209. Sie werden Meine Kirche niemals überwinden.

Montag, 1. September 2014, 20:05 Uhr

Meine innig geliebte Tochter, Mein Geist ist in Meiner Kirche auf Erden in dieser Zeit, wo Meine Feinde sich heftig gegen sie erheben, sehr stark präsent. Sie können Meinen Leib, der Meine Kirche ist, geißeln — sie können Spott und Hohn über das Wahre Wort Gottes ergießen — sie können sich über die Wege des Herrn lustig machen, aber sie werden Meine Kirche niemals überwinden. Meine Kirche besteht aus denen, die das Wahre Wort Gottes verkünden und die dem Volk Gottes die Sakramente spenden, wie es von Meinen Aposteln festgelegt wurde. Nur diejenigen, die Meinen Lehren, Meinem Wort, Meinem Leib und dem Heiligen Messopfer, wie Ich es vorgeschrieben habe, getreu bleiben, können sagen, dass sie von Meiner Kirche sind. Meine Kirche, wie sie jetzt besteht, wird zerschmettert werden — sie werden die Gebäude abreißen bzw. übernehmen, Meine heiligen Diener auf die Straßen werfen, wo sie betteln müssen, und das Heilige Messopfer abschaffen. Doch Meine Kirche wird fortbestehen, wenn auch nur als Überrest ihrer einstigen Größe.

Der Heilige Geist Gottes wird Meine Kirche durch das kommende Chaos geleiten, und so wird die Wahrheit überleben. Jeder Feind von Mir wird versuchen, Meine Wahre Kirche zu zerstören. Dann werden sie Meine Kirche durch eine falsche Kirche ersetzen. Sie werden neue Schriften, neue Sakramente und viele andere Gotteslästerungen in Meinem Heiligen Namen hervorbringen. Aber Meine Kirche, die Mein Leib ist, und Meine wahren Anhänger werden vereint bleiben in Heiliger Gemeinschaft mit Mir. Dann, wenn es aussieht, als wäre sie vollkommen zerstört und niedergebrannt, wird die Glut Meiner Kirche immer noch flackern bis zu dem Tag, an dem Ich wiederkomme. An diesem Tag, an dem Meine Kirche — erneuert und in großer Herrlichkeit erstrahlend — neu erstanden ist und an dem die ganze Welt verkündet, dass sie die einzig Wahre Kirche ist — das Neue Jerusalem —, wird jeder gute Mensch aus ihrem Kelch trinken. Alles, was am Anfang war,

wird auch am Ende sein. Alles von Gott geschaffene Leben wird neu gemacht sein, genauso wie es war, als das Paradies für die Menschheit geschaffen wurde.

Mein Geist ist lebendig und kann niemals sterben, denn Ich Bin das Ewige Leben — der Geber von allem, was der Mensch braucht, um ein Leben zu leben, in dem der Tod keinen Platz hat. Vertraut immer auf die Macht Gottes, wenn alles, was ihr in der Welt seht, unfair, grausam, ungerecht und manchmal angsteinflößend zu sein scheint. Meine Macht wird die Welt umhüllen und Meine Liebe wird all jene vereinen, die Liebe in ihrem Herzen haben. Ich werde alles Böse vertreiben und — wenn Meine Geduld erschöpft ist — all Meine Feinde wegwerfen. Ich Bin da. Ich Bin nicht fortgegangen. Ich führe euch jetzt auf diesem dornigen Pfad hin zu Meinem Glorreichen Königreich. Sobald dieser Tag kommt, an dem Ich Mein Zweites Kommen verkünde, werden alle Tränen weggewaschen werden. Alles Leid wird blitzartig zu Ende sein und an seine Stelle wird die Liebe, der Frieden und die Freude treten, die nur Ich, Jesus Christus, euch bringen kann.

Haltet durch, Meine Kleinen. Betet, betet, betet, damit die Liebe in der Welt überleben kann und dass all jenen armen leidenden Unschuldigen, die auf der ganzen Welt in von Kriegen zerrissenen Ländern verstreut sind, Frieden gebracht wird. Alle Kinder Gottes gehören Mir und Ich liebe jede Seele, jede Nation und jeden Sünder. Ich bringe euch das Geschenk Meiner Kreuzzuggebete, damit ihr, indem ihr sie betet, Mir helft, so viele Seelen wie nur möglich zu retten.

Geht in Frieden und Liebe.

Euer Jesus

1210. Mutter der Erlösung: Gott wird die Seinen niemals verlassen.

Dienstag, 2. September 2014, 15:40 Uhr

Mein liebes Kind, du musst Meinen Kindern sagen, dass Gott die Seinen niemals verlassen wird, denn das könnte niemals geschehen. Er liebt alle Seine Kinder, wie viel Leid sie Seinem einzigen Sohn, Jesus Christus, auch immer zufügen.

Mein Schutz wird jede Seele bedecken, die das Wort Gottes verkündet, und durch die Macht Gottes werde Ich den Kopf der Schlange (Satans) in all seinen Erscheinungsformen zermalmen. Ich werde die Anwältin sein, die Lügen aufdeckt, die sich aus dem Maul des Tieres ergießen, und die Welt wird die unlogischen Lügen erkennen, die er (Satan) unter jenen verbreiten wird, die erlauben, bereitwillige Gefäße für ihn zu werden, in völliger Unterwerfung unter seine bösen Wege. Der König der Lügen wird weiterhin Seelen von der Wahrheit abbringen, und er, der Betrüger, wird niemals Ruhe geben bis zur letzten Stunde.

Wenn Menschen durch Lügen vom Wahren Wort Gottes abgelenkt werden, werde Ich einschreiten, um die Wahrheit zu enthüllen. Der Menschheit stehen zwei Möglichkeiten zur Auswahl: der Wahrheit treu zu

bleiben oder Lügen als Ersatz für die Wahrheit zu akzeptieren. Verwirrung wird die Herzen der Verwundbaren, der Schwachen und jener, die in ihrer Seele nicht den Geist Gottes haben, verderben. So wird die Schlacht um Seelen ausgetragen werden, in der die Menschen entweder an Lügen glauben oder an die Wahrheit.

Ich bringe große Kunde von der Barmherzigkeit Meines Sohnes und Ich bin Sein Werkzeug bei der Rettung von Seelen. Keine Seele wird von dieser Mission der Erlösung ausgeschlossen sein. Ihr müsst beten, dass der Mensch die Lügen entlarven wird, die von den Feinden Meines Sohnes verbreitet werden, um sie von der Wahrheit, vom Licht und von der Liebe Meines Sohnes abzubringen. Vertraut auf Meinen Sohn, und euch wird Seine Große Barmherzigkeit zuteilwerden. Glaubt an die Verheißung Meines Sohnes wiederzukommen, und ihr werdet Ewiges Leben haben. Lasst euch nicht durch Lügen täuschen, denn wenn ihr das zulasst, wird es für euch sehr schwer sein, Meinem Sohn die Treue zu halten.

Eure geliebte Mutter
Mutter der Erlösung

1211. Satan lechzt nach Seelen, sein Appetit ist unersättlich und sein Wille unerbittlich.

Donnerstag, 4. September 2014, 23:03 Uhr

Meine innig geliebte Tochter, alle vor so langer Zeit vorhergesagten Prophezeiungen, die Gottes Propheten, Sehern und Visionären sowohl in öffentlichen als auch in privaten Offenbarungen gegeben wurden, werden sich jetzt erfüllen.

Der skeptische Mensch wird die Echtheit des Wortes Gottes in Frage stellen, aber wenn er sieht, dass all die im Buch der Offenbarung vorhergesagten Ereignisse eintreffen, dann wird er still werden, denn dann, wenn die Menschheit von diesen Geschehnissen heimgesucht wird, findet er nur Trost, wenn er zu Mir kommt. Wenn euer Herz voller Trauer ist wegen der bösen Taten, die von niederträchtigen Menschen gegen Gottes Kinder begangen werden, dann werdet ihr Tränen voller Kummer vergießen. Dann werdet ihr sehen, wie weit sich das Böse in den Seelen derer ausbreiten kann, deren Herz aus Stein ist. Wenn ihr seht, wie wenig Achtung und Respekt diese Feinde Gottes vor dem menschlichen Leben haben, dann werdet ihr endlich begreifen, wie viel Macht der Teufel über die Menschheit ausübt. In seinen letzten Stunden wird Satan — der in Gestalt derjenigen Seelen auftritt, die er durch seine Art verdorben hat, — der Welt zeigen, wie intensiv sein Hass auf die Menschen ist.

Für jede Entschuldigung, die der Mensch vorbringt, um das Böse zu rechtfertigen, werden die Übeltäter den Hass zeigen, den sie in ihrem Herzen für Gottes Kinder empfinden. Sie werden abscheuliche Gräueltaten ausüben im Namen Gottes, und sie werden keine Liebe in ihren Seelen haben. Sie schüren Hass, und die meisten von ihnen verstehen nicht einmal, warum sie so viel Hass für ihre Mitmenschen empfinden. Da ja viele Menschen nicht an die Existenz des Teufels glauben, müsst ihr jetzt wissen, dass er nicht widerstehen kann, sich durch diejenigen zu erkennen zu geben, die er befällt. Seine Dunstschwaden breiten sich aus, bis sie jede Nation, jede schwache Seele und mächtige Führer verschlingen, deren Hang zum Ehrgeiz sie für seinen Einfluss offen macht.

Bald schon werdet ihr sehen, wie in allen Schichten der Gesellschaft, in jedem Land und auf unterschiedlichste Art und Weise böse Taten verübt werden. Satan lechzt nach Seelen, sein Appetit ist unersättlich und sein Wille unerbittlich. Wenn sein Hass sich in Seelen wirklich manifestiert, werden diese Menschen nicht fähig sein, ihre Aktionen zu verbergen. Allein in diesen Situationen können viele von euch den Teufel wahrhaftig erkennen, als das, was er wirklich ist, und zwar in den Taten jener bedauernswerter Seelen, die sich seinem Willen unterworfen haben.

Ihr dürft euch niemals selbstzufrieden zurücklehnen, wenn böse Handlungen und Taten, einschließlich Kriege und Unruhen, in der Welt ausbrechen. Denn gerade dann werden eure Gebete am meisten gebraucht.

Euer Jesus

1212. Schneidet euch nicht von Mir ab. Wenn ihr das tut, dann wird großes Wehklagen herrschen.

Freitag, 5. September 2014

Meine innig geliebte Tochter, gib bekannt, dass der Tod keine Macht hat über diejenigen von Mir, deren Glaube ihnen Kraft gegeben hat bis zum letzten Atemzug. Diese Seelen haben keine Angst vor dem physischen Tod, weil sie wissen, dass in diesem Augenblick das Ewige Leben beginnt. Ich erwarte solche Seelen mit offenen Armen und sie laufen wie kleine Kinder hin zum Licht Meiner Liebe. Ich umarme sie und bringe sie in Mein Königreich, und Ich erwarte jede einzelne dieser Seelen zusammen mit der Engelhierarchie und allen Heiligen — dann herrscht großer Jubel.

Ich vereine sie wieder mit ihren Familien — und es herrscht große Freude, viel Liebe und große Begeisterung. Keine Tränen mehr. Keine Gedanken mehr an die Leiden. Alle Sorgen, Trauer und Verzweiflung sind in einem Augenblick wie weggewischt und vergessen. Für diejenigen, die im Stande der Gnade sterben, eröffnet der Tod ihnen den Pfad in ihr neues Leben. Für alle Seelen, die in Meinem Königreich willkommen geheißen werden, gibt es verschiedene Ebenen, und jede Seele erhält ihren Lohn entsprechend der Ehre, die sie Gott erwiesen ha t.

Für die Seelen, die im Zustand der Sünde sterben: Wisset, dass Ich Allbarmherzig Bin, und nach ihrer Reinigung werden sie in Meinem Königreich willkommen geheißen werden. Betet immer für solche Seelen, weil sie in diesem Stadium nicht für sich selbst beten können. Eure Gebete werden erhört werden, und Ich werde diese Seelen mit offenen und liebenden Armen erwarten. Es ist für jedes Kind Gottes wichtig, eine grundlegende Sache über das Leben nach dem Tod zu verstehen: Ihr müsst Mich, euren Jesus, bitten, euch zu vergeben, eure Fehler, eure Schwächen und eure Verfehlungen, und zwar bevor ihr sterbt, denn zu diesem Zeitpunkt ist Meine Barmherzigkeit am größten. Wenn ihr nicht an Gott glaubt, lehnt ihr das Ewige Leben ab. Ohne Liebe zu Gott könnt ihr nach dem Tod die Liebe nicht haben. Ich Bin die Liebe, und ohne Mich werdet ihr nichts als Schmerz fühlen. Fürchtet eine Trennung von Gott. Wenn ihr euch über Meine Existenz verwirrt fühlt, dann müsst ihr Mich einfach bitten, euch ein Zeichen Meiner Liebe zu geben, und Ich werde antworten.

Schneidet euch nicht von Mir ab. Wenn ihr das tut, dann wird großes Wehklagen herrschen und ihr könnt niemals getröstet werden, denn Ich werde euch nicht helfen können. Mein Königreich wird euch das Ewige Leben geben, aber ihr müsst Mich um Hilfe bitten, indem ihr dieses Gebet betet :

Kreuzzuggebet (165) „Für das Geschenk des Ewigen Lebens"

„Jesus, hilf mir, an Deine Existenz zu glauben.

Gib mir ein Zeichen, damit mein Herz Dir antworten kann.

Erfülle meine leere Seele mit der Gnade, die ich brauche, um meinen Geist und mein Herz für Deine Liebe zu öffnen.

Hab Erbarmen mit mir und reinige meine Seele von jeder Verfehlung, die ich in meinem Leben begangen habe.

Verzeih mir, dass ich Dich abgelehnt habe, aber, bitte, erfülle mich mit der Liebe, die ich brauche, um für das Ewige Leben würdig gemacht zu werden.

Hilf mir, Dich zu erkennen und Deine Gegenwart in anderen Menschen zu sehen, und erfülle mich mit der Gnade, die Handschrift Gottes in jeder wundervollen Gabe zu erkennen, die Du der Menschheit geschenkt hast.

Hilf mir, Deine Wege zu verstehen, und bewahre mich vor der Trennung von Dir und vor dem Schmerz der Finsternis, den ich in meiner Seele fühle. Amen."

Erlaubt nicht, dass menschlicher Stolz und menschliche, intellektuelle Analysen oder Meinungen euch von der Wahrheit abbringen. Als ein Kind Gottes seid ihr Mir sehr kostbar. Geht mir nicht verloren. Kommt zu Mir. Ich Bin da. Ich Bin Real. Lasst Mich eure Seele mit Meiner Gegenwart erfüllen. Sobald das geschieht, werdet ihr Mich schwerlich ignorieren können.

Ich liebe euch alle. Ich segne euch. Ich warte auf eure Antwort.

Euer Jesus

1213. Bald wird ein Mann kommen und euch erzählen, er enthülle euch die Wahrheit über Meine Existenz.

Samstag, 6. September 2014, 16:00 Uhr

Meine innig geliebte Tochter, Meine Weisheit ist Göttlichen Ursprungs und der Mensch ist nicht in der Lage, das Ausmaß dessen zu verstehen, Wer Ich Bin.

Ich schenke der Menschheit genügend Wissen durch die Gabe des Heiligen Geistes. Meine Lehren wurden der Welt in einer einfachen Form gegeben, damit jeder Mensch die Wahrheit verstehen kann. Die Weisheit von Gott ist nie kompliziert und wird dem Menschen gegeben, damit er die nötige Erkenntnis erhält, um seine Seele auf Mein Königreich vorzubereiten. Die Liebe ist rein. Die Liebe ist einfach. Wahre Liebe beruht auf Gegenseitigkeit. Es ist Mein einziger Wunsch, dass die Seelen auf Meine Liebe antworten, damit sie — durch die Kraft des Heiligen Geistes — sofort verstehen, was von ihnen verlangt wird, damit sie Teil Meines Königreiches sein können.

Ich sende euch Boten, damit euch die Erkenntnis zuteil wird und ihr versteht. Allerdings ist es — wegen der bestehenden Verwirrung — nicht einfach, die Wahrheit in eurem täglichen Leben anzunehmen. Meinem Wort wird ständig widersprochen, es wird zum x-ten Mal untersucht, analysiert, bewertet — und missverstanden, so dass es schwer ist, am Wahren Wort Gottes festzuhalten. Wenn ihr offen ausssprecht, dass ihr an Mein Wort, an Meine Lehren und an Meine Sakramente glaubt, dann werdet ihr bald deswegen verspottet werden.

Viele selbsternannte Kirchenlehrer werden bald Meine Wahre Identität und die Existenz der Heiligen Dreifaltigkeit in Frage stellen. Sie werden großartige Argumente verwenden, um euch für das Wahre Wort Gottes blind zu machen, und sie werden jede Art von theologischen Argumenten benutzen, um zu beweisen, dass alle Religionen gleich seien. Bald werden sie die Wahrheit — das Wort Gottes — ablehnen. Sie werden das Wort Gottes mit komplizierten und widersprüchlichen Lehren entheiligen, und die Kirchgänger allerorten werden daraus keinen Nutzen ziehen, da sie mit Unsinn gefüttert werden. Mein Wort wird versteckt und dem Verstauben überlassen werden. Denkt immer daran, dass Mein Wort so verstanden werden muss, wie es gegeben wurde. Details Meiner Göttlichkeit und des Mysteriums Gottes wurden der Menschheit nicht offenbart, denn das soll nicht sein, bis die neue Ära des Friedens beginnt. Bald wird ein Mann kommen und euch erzählen, er enthülle euch die Wahrheit über Meine Existenz und Details Meiner Wiederkunft. Er wird die Welt begeistern. Dann wird er behaupten, Ich zu sein. Viele werden ihm glauben, weil sie das Wort, so wie es in der Heiligen Bibel festgeschrieben steht, nicht verstanden haben.

Ich, Jesus Christus, werde wiederkommen, zu richten die Lebenden und die Toten, und dies wird nicht und kann nicht auf dieser Erde geschehen.

Euer Jesus

1214. Mutter der Erlösung: Der Antichrist wird Position beziehen, weil er dazu eingeladen werden wird.

Sonntag, 7. September 2014, 19:30 Uhr

Meine lieben Kinder, seid wachsam für die Zeichen der Zeit, wo der Antichrist seinen Sitz in der Kirche Meines Sohnes auf Erden einnehmen wird, so dass dies für euch deutlich zu sehen sein wird.

Glaubt nicht einen Moment lang, dass der Antichrist sich der Kirche Meines Sohnes mit Gewalt bemächtigen wird. Vom Betrüger höchstpersönlich inspiriert und angetrieben, wird der Antichrist Position beziehen, weil er dazu eingeladen werden wird.

All die Anpassungen in den Messbüchern der Kirche werden bald bekannt gemacht werden, und die offizielle Begründung wird sein, dass sie eine moderne Welt widerspiegeln und daher alle anderen Konfessionen und Religionen einschließen und gerecht werden müssen. Sobald das Wahre Wort Gottes und die Lehren Meines Sohnes, Jesus Christus, geändert werden, werden sie fruchtlos werden, denn sie werden nicht die Wahrheit widerspiegeln, die der Welt von Meinem Sohn gegeben wurde.

Der Antichrist wird zunächst wegen seiner politischen Fähigkeiten populär werden. Dann wird er seine Aufmerksamkeit verschiedenen Religionen zuwenden, aber sein Hauptaugenmerk wird auf das Christentum gerichtet sein. Christus ist sein größter Feind und das Objekt seines Hasses, und daher wird sein oberstes und eigentliches Ziel sein, die Kirche Meines Sohnes zu zerstören. Die Kirche wird auf unterschiedliche Weise demontiert werden, bevor er, der Antichrist, gebeten werden wird, sich zu engagieren. Er wird an der Beschlussfassung in dem Plan, eine neue Eine-Welt-Religion in Gang zu setzen, beteiligt sein. All diese Veränderungen — nachdem die Kirche öffentlich die Vereinigung aller Religionen gefordert haben wird — werden stattfinden, bevor der Antichrist seinen Sitz auf dem Thron Meines Sohnes auf Erden einnimmt. Dann wird der Weg frei sein für das Tier (Satan), sich in der Kirche Meines Sohnes frei zu bewegen, wo ihm ein Ehrenplatz zuteil werden wird. Schließlich wird es bekannt gegeben werden, dass er die Leitung der Eine-Welt-Ordnung übernehmen wird, und eine aufwendige Krönungsfeier wird stattfinden. Dieses Ereignis wird auf der ganzen Welt gesehen werden, es wird besucht sein von Politikern, Würdenträgern und Prominenten, und wenn die Krone auf seinen Kopf gesetzt wird, dann ist das, als ob der letzte Nagel in den Leib Meines Sohnes getrieben wird. An diesem Tag wird die katholische Kirche entweiht werden, und viele Bischöfe und Priester werden fliehen, weil sie inzwischen verstanden haben werden, dass sich die vorhergesagten Prophezeiungen vor ihren Augen erfüllt haben.

Von diesem Tag an, wenn der Sitz Gottes dem Antichristen geschenkt wird, wird er große physische Zeichen präsentieren, die die Menschen von seiner Heiligkeit überzeugen werden. Der Antichrist wird — so werden sie sagen — die Zeichen der Wundmale tragen, und man wird ihn die Kranken und die unheilbar Kranken heilen sehen. Große Wunder werden ihm zugeschrieben werden, und er wird mit der Zeit viele überzeugen, dass er Jesus Christus sei und dass seine Inthronisierung an die Spitze der falschen Kirche ein Zeichen der Wiederkunft sei. Und wenn bis dahin die Laien für die Gründung der Restkirche — d.h. den Rest der durch Meinen Sohn gegründeten Kirche auf Erden — verantwortlich waren, so werden es ab diesem Zeitpunkt die Priester sein, die sie weiterführen werden. Der Heilige Geist wird die Wahre Kirche während der Herrschaft des Antichristen aufrechterhalten. Weder der Antichrist noch die Feinde Meines Sohnes werden sie (die Restkirche) jemals besiegen.

Die Wahrheit wird niemals sterben. Das Wort Gottes — wenn auch entweiht — wird niemals sterben. Die Kirche kann niemals sterben, auch wenn sie in die Wüste geschleudert werden mag. Selbst in ihrer schwächsten Stunde wird sie immer noch am Leben bleiben, und wie sehr die Kirche Meines Sohnes auch angegriffen wird, Gott wird niemals zulassen, dass sie zerstört wird.

In diesen kommenden Tagen dürft ihr euch niemals dazu verleiten lassen, diesen Betrug anzunehmen. Ihr werdet vom Antichristen verführt werden, und die Feinde der Kirche Meines Sohnes werden ihn in seinem Tun bekräftigen. Er wird von den falschen Führern in den Kirchen umarmt werden und für seine karitativen Werke auf der ganzen Welt bekannt gemacht werden. Er wird in vielen Ländern große Ehren erhalten, und die Menschen werden in ihren Häusern Fotos von ihm eingerahmt haben. Er, der Antichrist, wird mehr als Gott verehrt werden, und doch wird er durch die Hand Gottes in den Abgrund gestoßen werden, zusammen mit denen, die die Seelen der Kinder Gottes gestohlen haben, als sie an der versuchten Zerstörung der Kirche Meines Sohnes mitgewirkt haben.

Eure geliebte Mutter
Mutter der Erlösung

1215. Diejenigen, die über Meine Propheten fluchen, fluchen über Mich.

Dienstag, 9. September 2014, 17:00 Uhr

Meine innig geliebte Tochter, Mein Herz seufzt voller Kummer in dieser Zeit. Manche von euch haben Mich auf grausamste Art und Weise verraten, nachdem sie Mein Wort durch diese Heiligen Botschaften empfangen haben, die euch aufgrund Meiner Liebe und Meines Erbarmens gegeben wurden. Dieser Verrat gleicht demjenigen, den Ich während Meiner Zeit auf Erden erfahren musste.

Diejenigen, die durch den Hass und die Lügen, die ihnen Satan ins Herz gepflanzt hat, in die Irre geführt wurden, streuen die Saat des Zweifels unter ihren Mitmenschen aus. Er, der Mich hasst, wird fortfahren, Hass gegen Mich zu schüren, indem er einige von denen verseucht, die an dieser Mission und an anderen himmlischen Missionen zur Rettung von Seelen beteiligt sind. Er wird lügen und er wird Meine Auserwählten verleumden, damit er Seelen von Mir abbringen kann. Denjenigen, die Mir den Rücken kehren, sage Ich: Wisset, euer Verrat schneidet Mein Herz entzwei. Wisset, dass das, was ihr gegen Mich betreibt, eure eigene Angelegenheit ist, weil euer freier Wille euch gehört. Aber wenn ihr euren Einfluss nutzt, um Mir Seelen wegzunehmen, werde Ich euch persönlich zur Verantwortung ziehen für jede einzelne Seele, die ihr Meiner Großen Barmherzigkeit entreißen könnt. Wehe dem Menschen, der Hass gegen Mich, Jesus Christus, schürt, wo es Mein einziger Wunsch ist, jedes Kind Gottes mitzunehmen.

Ich komme, um Seelen in Meine Barmherzigkeit zu hüllen, und wenn ihr Mir Hindernisse in den Weg legt, Lügen verbreitet und andere dazu bringt, Meine Propheten zu verachten, dann werde Ich euch streng bestrafen, denn dies ist eine der größten Sünden gegen Gott. Wenn ihr bewusst versucht, Meinen Rettungsplan zu stören, werde Ich euch am letzten Tag vor Mich zitieren, und ihr werdet zur Verantwortung gezogen werden für die Sünde, Mich jener Seelen beraubt zu haben, die wegen eurer Taten an den Teufel verloren gegangen sind. Und wenn ihr erklärt, dass das Wort Gottes vom Geist des Bösen komme, werde Ich euch diese Bosheit niemals verzeihen. Schweigt lieber. Begeht nicht diese schwere Verfehlung gegen Gott. Wenn ihr Meine Mission nicht mehr annehmen könnt, dann entfernt euch mit Würde und seid still. Euer Schweigen wird euch retten. Wenn ihr Böses gegen Mich ausspecht, werde Ich euch in die Wüste werfen, und ihr werdet niemals Teil Meines Königreiches sein.

Mein Herz ist gebrochen, aber Meine Entschlossenheit nicht. Fürchtet nicht eure Irrtümer, sondern den Zorn Gottes, denn diejenigen, die über Meine Propheten fluchen, fluchen über Mich.

Jesus Christus
Der Menschensohn

1216. Gott der Vater: Liebt Mich, so wie Ich euch liebe.

Mittwoch, 10. September 2014, 3:00 Uhr

Meine liebste Tochter, lass alle wissen, dass jedes Mal, wenn ein Mensch gegen Mich sündigt, Ich ihm vergeben werde. Die Sünde mag ihn von Mir trennen, Ich aber liebe den Sünder immer noch. Lass die Menschen wissen, dass Ich diejenigen liebe, die Mich nicht wahrnehmen. Ich wünsche, dass alle, die vielleicht denken, dass Ich nicht existiere, jetzt zuhören :

Ich Bin euch zum Greifen nahe. Bitte ruft Mich an. Ich will euch. Ich liebe euch. Ich brauche euch, denn ihr seid Teil von Meinem Fleische. Und da ihr Teil von Meinem Fleische seid, fühle Ich Mich verloren, wenn ihr Mir nicht antwortet. Wie Eltern, die einem Kind das Leben schenken, warte Ich auf eure Antwort. Ein Baby antwortet naturgemäß den Eltern. Die Eltern lieben naturgemäß ihr Kind, denn dies ist Teil des Geschenks, das Ich der Menschheit gebe.

Ich Bin euer Vater. Ich Bin euer Schöpfer. Ich Bin, Der Ich Bin. Wisst ihr denn nicht, dass Ich euch alle mit einer Sehnsucht liebe, die nur diejenigen von euch kennen, die selbst Eltern sind? Ich weine Tränen großen Kummers, wenn ihr nicht wisst, Wer Ich Bin. Mein Herz ist schwer, jetzt wo Ich nach euch rufe. Liebt Mich, so wie Ich euch liebe.

Euer Ewiger Vater
Gott der Allerhöchste

1217. Habt keine Angst vor diesen Ereignissen, denn sie werden schnell vorübergehen.

Donnerstag, 11. September 2014, 14:15 Uhr

Meine innig geliebte Tochter, viele böse Aktionen gegen die Menschheit werden von den geheimen Sekten, vor denen Ich Meine Anhänger gewarnt habe, schon bald durchgeführt werden.

Ihr müsst stets wachsam bleiben und alles in Frage stellen, was euch ungewöhnlich erscheint. Denkt daran, was Ich euch gesagt habe, und haltet eure Augen jederzeit auf Mich gerichtet. Verbringt mindestens eine Stunde pro Tag im Gebet, damit die Auswirkun gen solcher Prüfungen gemindert und in einigen Fällen sogar ganz beseitigt werden. Bald werde Ich kommen und allem Leid ein Ende machen.

Meine geliebten Anhänger, bitte nehmt euch Meine Warnungen zu Herzen. Ignoriert sie nicht. Wenn ihr auf solche Ereignisse vorbereitet seid und wenn ihr all euer Vertrauen auf Meine Barmherzigkeit setzt, dann werde Ich euch Trost schenken und euch von eurer Angst befreien. Alles wird gut sein, aber ihr sollt wissen: Während der großen Schlacht werden jene Seelen, die Ich Mir zur Unterstützung auswähle, zu kämpfen haben. Jedem Einzelnen von ihnen wird es schwerfallen, auf Mich, auf diese Mission oder auf dich, Meine geliebte Tochter, zu vertrauen. Nicht eine Sekunde wird der König der Lügen, der Teufel, innehalten in seinem Bestreben, diese Meine

Mission zu zerstören. Jede gemeine Lüge wird verbreitet werden, um die Seelen davon abzuhalten, auf Meine Stimme zu hören. Viele werden sich durch Zweifel davon abbringen lassen, Meine Anweisungen auszuführen, aber sie können nichts dagegen tun, dass Gott, der Ewige Vater, eingreift, um Seine Kinder zu retten.

Jeder von euch muss klar verstehen, dass Ich, euer Jesus, die Leitende Hand Bin in allem, was getan wird, um Mein Wort zu verbreiten und die Gaben, mit denen der Himmel die Menschen in diesen schweren Zeiten beschenkt, zu verteilen. Die Macht der Menschen ist groß, wenn es darum geht, Böses zu verbreiten und sich dem Wort Gottes zu widersetzen. Die Macht der Menschen aber, die von Gott mit der Gabe des Heiligen Geistes beschenkt wurden, ist nicht zu übertreffen. Lasst nicht zu, dass Mein Werk beschmutzt und durch böse Gerüchte oder gemeinen Klatsch entweiht wird, denn Ich Bin es, euer Jesus, der verraten wird, nicht die Seelen, die Ich erwählt habe, Mein Heiliges Wort zu verkünden.

Euer Jesus

1218. Unter den Predigern werden sich viele falsche Propheten erheben.

Samstag, 13. September 2014, 22:50 Uhr

Meine innig geliebte Tochter, bald werden sich die von Mir vorausgesagten Veränderungen bei Meiner Kirche auf Erden erfüllen.

Die weltlichen Sekten werden in Kürze versuchen, alles an sich zu nehmen, was Meinen Anhängern heilig ist, und eine neue, moderne Bewegung innerhalb der Kirche einführen. Sie werden sagen, dass dieser Modernismus helfen wird, neue gottgeweihte Diener anzuwerben und akzeptablere Formen zur Ehrerweisung Gottes einzuführen, so dass die Kirchen Gottes auch für eine neue, jüngere Generation wieder attraktiv werden. Alle diese neuen Rituale, Gebete und Foren werden nur eine Fassade sein, hinter der sich eine inhaltsleere Doktrin verbirgt, die nicht von Mir kommen wird.

Die neue Bewegung wird beworben werden als Teil einer globalen Evangelisation, deren falsche Doktrin in sorgsam formulierten Worten daherkommen wird, damit sie theologisch einwandfrei erscheint und Millionen anlocken wird. So viele Menschen werden in diese Form von Modernismus gezogen werden und sich deshalb vom Wahren Glauben abwenden. Durch diese scheinbare radikale Erneuerung des christlichen Glaubens wird die Wahrheit denunziert werden.

Viele werden getäuscht werden, und unter den Predigern werden sich viele falsche Propheten erheben. Diese falschen Propheten werden sich für ein falsches Christentum einsetzen, das an die Stelle des Heiligen Evangeliums, das von Mir und Meinen Aposteln festgelegt wurde, treten wird. Während die Stimmen des Glaubensabfalls

in jedem Land, in verschiedenen Sprachen und Bevölkerungsgruppen gehört werden, wird das Wahre Wort Gottes in Vergessenheit geraten. Und von den Lippen dieser falschen Propheten und selbsternannten Predigern des Glaubens werden sich viele Lügen ergießen. Man wird erklären, dass Meine Heilige Schrift den Bedürfnissen der Menschheit und den Vorstellungen des im 21. Jahrhundert lebenden Menschen nicht gerecht werde.

Weil bei vielen Menschen der Glaube an Mich fehlt, zeigen sie bis heute kein Interesse an Meinem Heiligen Wort. Bald werden sie sich wandeln und die größte Täuschung, die die Welt jemals erlebt hat, begeistert annehmen. Und während viele das ergreifen werden, was sie für eine erfrischende Wiederbelebung des Christentums halten, wird alles, was ihnen vorgesetzt wird, von den Feinden Gottes diktiert werden.

Lass die Menschen wissen, dass eine falsche Doktrin niemals als Lebensgrundlage dienen kann und nur vollkommene Zerstörung mit sich bringt, weil Seelen durch Gotteslästerungen verschlungen werden. Das, was nicht von Mir kommt, wird zu einer globalen Gruppe führen, die von den Menschen überall Beifall erhalten wird. Dann wird die Zeit dafür gekommen sein, dass die Neue-Welt-Religion verkündet und in Meiner Kirche begrüßt werden wird. Das wird dann dazu führen, dass der Antichrist — wie vorausgesagt — seinen Ehrenplatz in Meiner Kirche einnehmen wird, wenn er als Ehrengast derer eingeladen wird, die in völliger Unterwerfung unter Satan arbeiten.

Denjenigen unter euch, die versucht sein werden, diese falsche Doktrin anzunehmen, sage Ich: Seid gewarnt, denn der Mensch lebt nicht vom Brot allein, sondern nur vom Wort, das aus dem Munde Gottes kommt.

Euer Jesus

1219. Viele Laien werden von Meinen Feinden erhöht und für die Evangelisierung ausgebildet werden.

Sonntag, 14. September 2014, 17:45 Uhr

Meine innig geliebte Tochter, komme, was da wolle, das Wahre Wort Gottes wird dennoch lebendig gehalten werden, obwohl nur ein Rest Meiner Kirche es wahren wird.

Die vorhergesagten falschen Propheten werden sich in Scharen erheben und Lügen verbreiten, durch eine betrügerische weltweite Form der Evangelisation. Diejenigen, die behaupten, Mich zu vertreten, werden ihnen die Autorität dafür verleihen, um Millionen in ihre neue, sogenannte modernisierte Version Meiner Heiligen Kirche auf Erden zu locken. Oh, wie viele es doch sein werden, die sie mit ihrer verdrehten, viele versteckte Häresien enthaltenden Version Meines Wortes in die Irre leiten werden. Nur die Scharfsinnigen werden diese Unwahrheiten erkennen, denn sie werden sorgfältig versteckt sein in einer falschen Doktrin, die als ein frischer Wind gesehen wird.

Mit viel Lob werden jene Feinde von Mir überhäuft werden, die Meine Kirche unterwandert haben, um sie auf die Ankunft des Antichristen vorzubereiten. Sie werden viel Lärm machen in ihren öffentlichen Versammlungen, und während sie Mich mit ihren Lügen verfluchen, werden unwahre Enthüllungen auch über Mich gemacht werden: Wer Ich wirklich Bin, Meine Beziehung zu Meinem Ewigen Vater, Meine Lehren und Meine Göttlichkeit. Sie werden die Wahrheit mit Lügen vermischen, um die Christen zu täuschen, aus Angst, dass sie als das erkannt werden, was sie sind.

Viele Laien werden von Meinen Feinden erhöht und für die Evangelisierung ausgebildet werden. Viele werden bereitwillige Gefäße des Tieres (Satans) werden, der sie mit den Worten der Doktrin aus der Hölle füllen wird. Ihr, Meine geliebten Anhänger, müsst alles hinterfragen, von dem man euch sagt, dass ihr darauf hören sollt, von dem sie, Meine Feinde, euch sagen werden, dass es dem Wort, das in der Heiligen Schrift enthalten ist, neues Leben geben solle. Euch werden von diesen falschen Propheten neue Gebete gegeben werden, die Mich beleidigen und Meiner Gottheit lästern. In dem Maße wie sich Millionen Menschen erheben und diese neuen Gebete beten werden, wird auch die Zahl der falschen Propheten wachsen. Sie werden Gottes Kinder lehren, wie man das Tier (Satan) vergöttert, durch eine neue Form religiöser Zeremonie. Diese neue Zeremonie wird all jene, die sich erheben und diesen falschen Propheten folgen, in die Eine-Welt-Kirche führen, die das Tier (Satan) verehren wird.

Jene Meiner gottgeweihten Diener, die ziemlich schnell den hinterhältigen Plan, Meine Anhänger in die Irre zu führen, verstehen werden, werden sich hilflos fühlen. Viele werden auf den Betrug hereinfallen, weil sie so wenig Glauben haben, dass sie sich kaum die Mühe machen, die neue falsche Lehre zu lesen, und so wird sie ohne viel Widerstand in den Kirchen eingeführt werden können.

Wenn Mein Wort entweiht wird, wird nichts Gutes daraus entstehen, sondern das Böse gedeihen. Ich gebe euch diese Warnung zum Wohle eurer Seelen und um euch auf den großen Glaubensabfall in der Geschichte der Menschheit vorzubereiten.

Euer Jesus

1220. Zu sagen, dass ihr von Mir seid, ist eine Sache, tatsächlich von Mir zu sein, eine andere.

Dienstag, 16. September 2014, 20:25 Uhr

Meine innig geliebte Tochter, wenn die Welt in Unordnung zu sein scheint, habt niemals Angst, denn Gott hat alle Dinge unter (Seiner) Kontrolle.

Er gesteht dem Teufel nur so viel Macht zu — und Er (Gott) wird darum kämpfen, dass der Heilige Geist lebendig bleibt —, dass es den guten Menschen immer noch gelingt, den Kampf in Meinem Heilsplan erfolgreich zu Ende zu führen. Bosheit in all

ihren Formen ist eine Eigenschaft des Teufels. Um zu vermeiden, von Satan verseucht zu werden, dürft ihr nichts Böses sprechen, nichts Böses hören und keine bösen Handlungen gegen lebende Personen durchführen. Zu sagen, dass ihr von Mir seid, ist eine Sache, tatsächlich von Mir zu sein, eine andere.

Ich werde, wenn Ich wirklich in einer Seele gegenwärtig Bin, alles in Meiner Macht Stehende tun, solche Seelen davon abzuhalten, böse Handlungen zu begehen. Wenn die Seele Mir vollkommen vertraut, dann wird es ihr leichter fallen, von Mir geführt zu werden. Wenn der Wille eines Menschen sehr stark ist und wenn dieser Mensch stolz und eigensinnig ist, dann wird es dem Betrüger leicht fallen, ihn zu führen, und er wird ihn auf vielerlei Weise irreleiten. Er wird diesen Menschen überzeugen, dass eine böse Tat, eine böse Zunge oder ein Akt von Gotteslästerung in bestimmten Fällen akzeptabel seien. Und dann wird diese Seele auf die Täuschung hereinfallen. Solchen Seelen sage Ich:

Sprecht nicht schlecht über andere, lasst euch nicht dazu hinreißen, andere zu verleumden, macht euch nicht zum Richter über andere und denunziert keine andere Seele in Meinem Heiligen Namen. Solltet ihr solche Verfehlungen gegen Mich begehen, dann werdet ihr von dieser Sündenebene in eine Finsternis stürzen, die eine große Kluft zwischen uns beiden schaffen wird. Wenn diese Kluft größer wird und ihr noch weiter von Mir abdriftet, werdet ihr eine schreckliche Leere fühlen — ein tiefes Empfinden zermürbender Einsamkeit, so dass ihr aus unerfindlichen Gründen Panik empfinden werdet. Dann werdet ihr die Trennung von Gott fühlen, welche die Seelen im Fegefeuer und in der Hölle durchleiden. Wenn ihr jetzt daraus lernen könnt, dann wird es euch leichter fallen, euch Mir anzunähern.

Denkt daran: Ihr müsst zuerst alle Gedanken des Hasses, die in eurer Seele sind, verscheuchen. Ich kann in keiner Seele gegenwärtig sein, die voller Hass ist, denn das ist unmöglich.

Euer Jesus

1221. Mutter der Erlösung: Betet um Meines Sohnes Barmherzigkeit, damit alles Leid abgemildert werden kann.

Donnerstag, 18. September 2014, 15:30 Uhr

Mein liebes Kind, du musst alle bitten, sie mögen in all jenen Angelegenheiten, bei denen es um die Zerstörung der Menschheit geht, um Gottes Barmherzigkeit bitten. Ich meine damit die bösen Pläne, die mit Kriegen zu tun haben, die Pläne, einen globalen Impfstoff einzuführen — vor dem ihr in der Botschaft vom 26. November 2010 gewarnt wurdet —, den Völkermord und die Ermordung von Christen wie auch von Mitgliedern anderer Religionen durch die Hände böser Menschen.

Wenn eine Seele von Satan verseucht ist, dann ist sie zu intensivstem Hass auf Got-

tes Kinder fähig. Wenn Gruppen von Menschen zusammenarbeiten, in völliger Unterwerfung unter den Teufel, zeigt sich ihre Bosheit in jeder Handlung, um Tod und Zerstörung jenen zu bringen, über die sie Kontrolle haben.

Ihr müsst alle beten, um die Pläne der bösen Menschen aufzuhalten, deren Wunsch es ist, zum eigenen Vorteil die Weltbevölkerung zu reduzieren. Jene, denen dieses Übel erspart bleibt, werden sich unter der Kontrolle einer unsichtbaren Gruppe wiederfinden. Ich rufe jeden Einzelnen von euch auf, zu Meinem Sohn, Jesus Christus, zu beten, damit diese Tragödien und Bosheiten abgemildert werden können. Einige dieser Gräuel können abgemildert werden, aber nicht alle. Eure Gebete aber werden die Auswirkungen dieser schrecklichen Taten, die von Anhängern des Teufels durchgeführt werden, abmildern. Bitte betet dieses Kreuzzuggebet, um zu helfen, den Mord an Unschuldigen in Grenzen zu halten.

Kreuzzuggebet (166): „Um die Ermordung von Unschuldigen einzuschränken"

„Liebste Mutter der Erlösung, bitte bring diese unsere Bitte, die Ermordung von Unschuldigen einzuschränken, vor Deinen geliebten Sohn, Jesus Christus.

Wir bitten, dass Er in Seiner Barmherzigkeit jede Form von Bedrohung durch Völkermord, Verfolgung und Terror gegen Gottes Kinder abwendet.

Wir bitten Dich flehentlich, liebe Mutter der Erlösung, höre unseren Ruf nach Liebe, Einheit und Frieden in dieser traurigen Welt.

Wir bitten Jesus Christus, den Menschensohn, uns alle zu beschützen in diesen Zeiten voller Schmerz und Leid auf Erden. Amen."

Kinder, wenn die Prophezeiungen eintreffen, ist es wichtig, dass ihr um Meines Sohnes Barmherzigkeit betet, damit alles Leid abgemildert werden kann und damit böse Taten gegen die Menschen verringert werden können.

Geht hin in Frieden und Liebe, um dem Herrn zu dienen.

Eure geliebte Mutter
Mutter der Erlösung

1222. Mutter der Erlösung: Hütet euch vor dem Mann, der sich als Menschensohn bezeichnet.

Freitag, 19. September 2014, 13:14 Uhr

Mein liebes Kind, es ist vorhergesagt worden, dass viele falsche Propheten auftreten werden und dass sie während dieser Zeit Unwahrheiten über das Wort Gottes verbreiten werden.

Sie werden zu Hunderttausenden auftreten und von denen, die behaupten, Diener Meines Sohnes zu sein, auch noch bestätigt werden. Sie werden sowohl in kleinen als auch großen Gruppen predigen, und ihr werdet sie an den falschen Prophezeiungen erkennen, die sie der Welt offenbaren werden. Man wird sie für sehr heilige Menschen halten, und einige werden sagen, dass sie große Kräfte zur Heilung des Leibes wie auch des Geistes besäßen. Einige werden im Gewand von Heiligen kommen und sie werden für ein neues Messbuch werben, das von der Wahrheit abweichen wird. Viele Menschen werden durch ihre Lehren verwirrt werden, da sie ihre falschen Behauptungen mit einem Teil der Wahrheit vermischen werden. Eines ihrer Ziele wird es sein, von den Menschen als Wegbereiter für die Wiederkunft Christi angesehen zu werden, und sie werden unter den Anhängern Meines Sohnes große Vorfreude auf dieses Ereignis hervorrufen. Aber es wird nicht Mein Sohn, Jesus Christus, sein, auf dessen Ankunft sie Gottes Kinder vorbereiten werden. Nein. Es wird der Antichrist sein.

Sie werden im Zusammenhang mit dem Buch der Offenbarung schwere Irrtümer als „Offenbarung" kundtun, da sie die Inhalte dieses heiligen Buches verdrehen werden. Wenige werden wissen, dass sie mit Lügen gefüttert werden, und die größte Unwahrheit, die sie verkünden werden, wird sein, dass sie sagen, Jesus Christus, der Menschensohn, werde sich in Kürze der Welt bekannt machen. Dass Er im Fleische kommen werde. Dass Er unter Seinem Volk wandeln werde und dass Er sie am letzten Tag erhöhen werde. Dies kann niemals geschehen, denn Mein Sohn, Der durch Seine Geburt beim ersten Mal im Fleische kam, wird bei Seinem Zweiten Kommen niemals im Fleische kommen.

Hütet euch vor dem Mann, der sich als Menschensohn bezeichnet und euch zu sich ruft, denn er wird nicht von Gott sein. Mein Sohn wird in den Wolken kommen; genauso, wie Er während Seiner Himmelfahrt die Erde verließ, wird es auch am letzten Tage sein.

Eure geliebte Mutter
Mutter der Erlösung

1223. Ich habe die Sünder niemals kritisiert. Ich habe sie niemals verflucht. Ich habe sie niemals verletzt.

Samstag, 20. September 2014, 16:38 Uhr

Meine innig geliebte Tochter, wisse, dass Ich aus der menschlichen Schwäche große Stärke ziehe. Meine Macht ist am größten, wenn Ich die Seelen der Schwachen berühre, und gerade in ihrer Schwachheit kann Ich Mich ihrer bedienen, damit Ich in ihnen wirken kann.

Denjenigen von euch, die schwach sind, sage Ich: Ihr müsst Mich um die Gabe des Vertrauens bitten. Vertraut auf Mich, Meine lieben Kleinen, denn dann habe Ich alle Macht. Ich kann Mich nicht der Seelen der Stolzen, der Hochmütigen und der Arroganten bedienen, da sie sich niemals in Meinen Augen verdemütigen werden. Der Stolz ist eine Barriere zwischen Mensch und Gott, weil der stolze Mensch glaubt, dass seine Stimme größer sei als die Meine. So ist es schon immer gewesen. Heute ist es nicht anders. Ich bitte, dass ihr alle für jene Seelen betet, die Mich missverstehen und die glauben, dass es notwendig sei, die Bedeutung Meines Wortes nach ihrer eigenen Interpretation zu erklären.

Wenn ein Mensch auf einen anderen flucht und dann sagt: „ Das würde sich Gott zur Verteidigung Seines Wortes wünschen", oder wenn er ein Fehlverhalten rechtfertigt und sagt, dass dies in Meinen Augen etwas Gutes sei, dann sollt ihr wissen: Wenn ihr Mich liebt, dann werdet ihr niemals von der Liebe abweichen, die Ich gelehrt habe, oder von der Art und Weise, wie ihr Mir nachfolgen sollt. Ich habe die Sünder niemals kritisiert. Ich habe niemals auf sie geflucht. Ich habe sie niemals verletzt und habe sie niemals bloßgestellt. So müsst auch ihr tun, was Ich getan habe.

Umarmt die Sünder. Betet für sie. Denn wenn ihr das nicht tut, werdet ihr euch Meinem Willen widersetzen und euer Handeln wird nur eurer eigenen fehlerhaften Meinung von dem, Wer Ich Bin, dienen. Ihr könnt nicht sagen, ihr wäret von Mir, wenn ihr das Gegenteil von dem predigt, was Ich gelehrt habe. Schaut niemals auf diejenigen herab, von denen ihr glaubt, dass sie in Meinen Augen Sünder seien. Betet für sie, aber richtet niemals über sie, denn das ist nicht euer Recht.

Euer Jesus

1224. Gott behütet Seine Liebe zum Menschen durch die Einheit der Familie.

Sonntag, 21. September 2014, 17:45 Uhr

Meine innig geliebte Tochter, Mein Herz gehört allen Familien, und es ist Mein Wunsch, jede Familie — ob klein, mittel oder groß — in dieser Zeit zu segnen. Wenn die Liebe in der Familie gegenwärtig ist, bedeutet dies, dass Gottes Macht aufrechterhalten wird, denn all Seine Kinder gehören Ihm. Er war es, der jeden Einzelnen von ihnen schuf.

Gott behütet Seine Liebe zum Menschen durch die Einheit der Familie, denn unter diesen Umständen kann Seine Liebe von Natur aus gedeihen. Die Liebe in Familien, in denen Zusammenhalt herrscht, bringt große Gnaden, denn die Liebe der Familienmitglieder zueinander ist eines der größten Geschenke Gottes. Gott benutzt die Liebe in der Familie dazu, dass sie ihre Flügel ausbreiten kann, d.h. alle Mitglieder einer liebevollen Familie tragen dazu bei, auf all ihren Wegen diese Liebe auszubreiten. Wenn aber die Einheit der Familie zerbricht, dann wirkt sich dies ebenfalls direkt auf eure Gemeinde, eure Gesellschaft und auf eure Nationen aus.

Als Gott Adam und Eva schuf, wollte Er eine Eigene Familie, die Er mit all Seinen Gaben überschüttete. Er wird immer danach streben, die Familien zu schützen, denn die Familie ist der Ort, an dem der sterbliche Mensch die Liebe als Allererstes erfährt. Wenn die Liebe in Familien gedeiht, so wird sie auch in diesen Ländern gedeihen. Weil sich die Liebe zu den Mitmenschen aus der Familie heraus entwickelt, wird die Familie genau aus diesem Grund von Satan angegriffen. Satan wird seinen ganzen Einfluss dafür einsetzen, um Menschen dazu zu bringen, die Einheit der Familie aufzulösen und dafür auch noch eine Rechtfertigung zu finden. Er wird verhindern, dass sich Familien bilden, und er wird — entgegen dem Willen Gottes — versuchen, eine erneute Familienzusammenführung zu unterbinden.

Die Familie, aus der Liebe Gottes entstanden, wird immer vom Bösen angegriffen werden. Um eure Familie vor dem Teufel zu schützen betet bitte dieses Kreuzzuggebet.

Kreuzzuggebet (167) „Schütze meine Familie"

„O Gott, mein Ewiger Vater, durch die Gnade Deines geliebten Sohnes, Jesus Christus, schütze bitte meine Familie jederzeit vor dem Bösen.

Gib uns die Kraft, uns über böse Absichten zu erheben und vereint zu bleiben, in unserer Liebe zu Dir und zueinander.

Hilf uns, alle Prüfungen und alles Leid, das uns widerfahren kann, zu ertragen, und halte die Liebe lebendig, die wir füreinander haben, so dass wir mit Jesus vereint sind.

Segne unsere Familien und gib uns das Geschenk der Liebe, auch in Zeiten von Streit und Zwietracht.

Stärke unsere Liebe, auf dass wir die Freude in unserer Familie mit anderen teilen mögen und dadurch die ganze Welt an Deiner Liebe Anteil haben kann. Amen."

Denkt daran, dass Gott jeden Einzelnen von euch nach Seinem Ebenbild geschaffen hat, um die vollkommene Familie zu erschaffen. Seid dankbar für eure Familien, denn die Familie ist eines der größten Geschenke, die Er der Menschheit verliehen hat. Wenn das Leiden auf dieser Erde zu Ende geht und der Hass ausgelöscht ist, wird Gott die ganze Menschheit in Sich vereinen. Ihr werdet wieder ganz heil werden, und Seine Familie wird das Ewige Leben haben.

Euer Jesus

1225. Es ist leicht zu sagen, dass ihr ein Christ seid, solange ihr dafür nicht einstehen müsst.

Dienstag, 23. September 2014, 23:30 Uhr

Meine innig geliebte Tochter, da Ich Meine Hand nach den Kindern Gottes, d.h. nach Christen, Nichtgläubigen und Anhängern aller Religionen ausstrecke, werden sich viele auf Meinen Ruf hin zum Christentum bekehren. Dies wird durch die Gnade Gottes, mit der Kraft des Heiligen Geistes, geschehen.

In der Zwischenzeit werden wohlmeinende Christen und engagierte Anhänger von Mir die Prüfungen, die sie zu bewältigen haben, als sehr schwer empfinden. Diese frage Ich jetzt: Wer von euch ist so stark, dass er an Meiner Seite stehen und an der Wahrheit festhalten wird, ohne dass Ich zu diesem Zeitpunkt eingreife? Viele von euch, die mutigen Herzens sind, werden Mir treu bleiben, aber nur innerhalb eurer eigenen Gruppen.

Solange ihr euch alle untereinander einig seid, wird es euch leichter fallen, Mir zu dienen. Aber wenn ihr auf Widerstand stoßt — und das werdet ihr irgendwann seitens Meiner Feinde, die versuchen werden, euch in eine falsche Doktrin zu locken —, werdet ihr es nicht leicht haben.

Wenn ihr dafür kritisiert werdet, dass ihr dem wahren Wort Gottes folgt, werden viele von euch zu schwach sein, um das Wort Gottes zu verteidigen. Wenn ihr bei euren Mitchristen auf Widerstand stoßt und genötigt werdet, eine neue, angepasste, aber falsche Bibel zu akzeptieren, werdet ihr schmerzerfüllt sein. Zu diesem Zeitpunkt wird euer Glaube wirklich geprüft werden. Ihr werdet zwei Möglichkeiten haben: Entweder an die Wahrheit zu glauben, wie sie von Gott festgelegt worden ist und für die viel Blut vergossen wurde, um den Menschen mit Seinem Schöpfer zu versöhnen. Oder — eine verwässerte, mit Unwahrheiten durchsetzte Version Meines Wortes zu akzeptieren.

Entscheidet ihr euch für die erste Option, wird euch dies viel Schmerz, Kummer und Leid einbringen, denn ihr werdet — wegen eurer Treue zu Mir - von euren Mitmenschen in Verruf gebracht werden. Aber wenn ihr die zweite Möglichkeit wählt — wobei es durchaus sein kann, dass ihr sowohl von euresgleichen als auch Meinen Feinden viel Lob erntet und akzeptiert werdet —, werdet ihr in Finsternis getaucht und eure Seele in Gefahr bringen.

Es ist leicht zu sagen, dass ihr ein Christ seid, solange ihr dafür nicht einstehen müsst. Aber wenn ihr verachtet, verspottet, lächerlich gemacht oder in Meinem Namen verleumdet werdet, dann werden einige von euch nicht stark genug sein, diese Prüfungen auszuhalten. Viele von euch werden Mich verlassen und fortgehen, weil sie die öffentliche Meinung fürchten. Viele von euch werden Mich verraten. Viele von euch werden Mir den Rücken kehren, weil sie sich zu sehr schämen werden, Mein Kreuz zu tragen.

Glaubt niemals, dass es einfach ist, Mir nachzufolgen, denn das ist es nicht. Aber es wird eine Zeit kommen, wo euer Glaube auf die äußerste Probe gestellt werden wird, und dann werde Ich wissen, wer von Mir ist und wer nicht.

Euer Jesus

1226. Die Schönheit des nach dem lebendigen Abbild Gottes geschaffenen Menschen ist unbeschreiblich.

Mittwoch, 24. September 2014, 15:05 Uhr

Meine innig geliebte Tochter, so wie Meine Geliebte Mutter von Gott erwählt wurde, das Kommen des Messias anzukünden, so ist Sie auch berufen worden, die Menschheit auf Mein Zweites Kommen vorzubereiten.

Mein Ewiger Vater hat Sie in die höchste Hierarchie im Himmel erhoben und Ihr große Macht verliehen. Dennoch bleibt Sie —

so wie es damals war, so wie es jetzt ist und wie es immer sein wird — eine ergebene und demütige Magd Gottes. Sie dient Ihm in Seinem Plan, den Menschen in den vollkommenen Zustand zu erheben, der ihm eigentlich zugedacht war.

Die Schönheit des nach dem lebendigen Abbild Gottes geschaffenen Menschen ist unbeschreiblich. Kein Mann, keine Frau, kein Kind auf dieser Erde kann jemals dem gleichkommen, was Gott mit Adam und Eva erschuf. Die Sünde war ihr Untergang und Luzifer ihr Feind. Damals wurde dieser vollkommene Zustand zerstört. Von der Sünde befleckt, wird der Mensch diesen vollkommenen Zustand niemals wiedererlangen, solange die Schlange (Satan) und alle, die ihn anbeten, nicht verbannt sind. Bis dieser Tag kommt, wird die Schönheit des menschlichen Leibes und der menschlichen Seele glanzlos bleiben.

Der Mensch ist Gottes größte Liebe. Die Engel sind Seine Diener, und somit müssen auch sie Gottes Geschöpfen Liebe erweisen. Gottes Liebe zu Seiner Familie ist Ihm wichtiger als alles, was Er geschaffen hat, und solange Er die Seelen Seiner Kinder nicht zurückgewonnen hat, wird Er niemals ruhen. Gott lässt viele Leiden zu, viele Demütigungen und Tragödien, die alle durch den Hass desjenigen verursacht sind, den Er in der höchsten Hierarchie gehalten hatte — den ehemaligen Erzengel Luzifer, der Satan wurde. Gefallen wegen seiner Eifersucht, seines Stolzes und seiner Eigenliebe, bereitete er Meinem Vater unvorstellbar große Schmerzen. Und heute — genau wie damals — macht er immer noch dasselbe.

Die treuen Engel Meines Vaters, all die Heiligen und Meine geliebte Mutter haben einen Bund geschlossen, der niemals gebrochen werden kann. Was auch immer Mein Vater anordnet, wird von Seiner Höchsten Hierarchie durchgeführt. Er wird niemals in Frage gestellt. Was auch immer Mein Vater wünscht, ist der richtige Weg und der machtvollste Weg. Es ist der Weg, auf dem die Menschheit von dem Fluch des Teufels gerettet werden kann. Das ist Sein Vorrecht. Niemand würde es jemals wagen, Ihn in Frage zu stellen. In Seinem abschließenden Plan, der Endphase, in der Er Seinen Heilsplan zu Ende bringen wird, wird Er in vielerlei Hinsicht eingreifen.

Die Anrede Meiner Mutter als „Die Mutter der Erlösung", der letzte Titel, der Ihr von Meinem Ewigen Vater verliehen wurde, ist kein Zufall. Sie wurde gesandt, um die Welt zu warnen und sie auf den massiven Endangriff auf die Menschheit durch den Teufel vorzubereiten. Ihr ist diese Aufgabe erteilt worden, und Ich bitte euch, dass ihr dies akzeptiert und jederzeit auf Ihren Ruf nach Gebet antwortet.

Die Heiligste Dreifaltigkeit wird jenen viel Segen bringen, die auf diese letzte Mission vom Himmel — die Mission der Erlösung — antworten. Nehmt es mit Liebe und Herzensgüte an und seid dankbar, dass der

Menschheit eine solche Gnade erwiesen wird.

Euer geliebter Jesus

1227. Mutter der Erlösung: Die Sünde ist eine Tatsache. Sie existiert und wird weiter existieren, bis zur Wiederkunft Christi.

Samstag, 27. September 2014, 19:20 Uhr

Meine lieben Kinder, wie bricht Mir doch das Herz in diesen schrecklichen Zeiten, wo der Mensch sich erhoben hat, um sich Gott auf so vielerlei Weise zu widersetzen.

Um Gottes Gebote schert man sich auf der ganzen Welt nicht, weil die Sünde nicht mehr als falsch anerkannt wird. Stattdessen wird sie bei jeder Gelegenheit gerechtfertigt, so dass der Mensch nicht mehr zwischen richtig und falsch unterscheiden kann. Wenn ihr die Sünde in all ihren Formen umarmt und erklärt, dass sie keine Konsequenzen habe, dann werdet ihr niemals zufrieden sein. Sobald die Sünde bloß als menschlicher Fehler angesehen wird, wird sie zu größeren und schwereren Sünden führen, bis sie schließlich in eine Finsternis des Geistes münden und eine Trennung von Gott bewirken wird. Dies wird ein Vakuum in eurer Seele hinterlassen, das eine Form des Elends hervorbringen wird, von dem man sich nur schwer befreien kann.

Die Finsternis stammt vom Geist des Bösen. Das Licht stammt von Gott. Die Sünde bringt Finsternis, und solange ihr die Sünde nicht als solche anerkennt und Versöhnung sucht, wird sie wachsen und an euch nagen, bis sie den Geist erwürgt. Nichts in dieser Welt wird — noch kann — der Seele die ersehnte Erleichterung bringen. Nur die Versöhnung zwischen der Seele und Gott kann sie aus dieser Umklammerung befreien.

Die Sünde ist eine Tatsache. Sie existiert und wird weiter existieren, bis zur Wiederkunft Christi. Gottes Kinder, die die von Ihm festgelegten Zehn Gebote verstehen, werden wissen, dass der Mensch jedes Mal, wenn er sündigt, Gott um Vergebung bitten muss. Es macht nichts, dass er immer wieder vor Gott hintritt und um Seine Vergebung bittet, denn dies ist der einzige Weg, um in Gemeinschaft mit Ihm zu bleiben. Auf diese Weise werdet ihr viele Gnaden empfangen und ihr werdet im Lichte Gottes reifen und in Seinem Lichte verweilen.

Der Mensch muss seine Schwachheit akzeptieren, die eine Folge der Sünde ist. Er muss akzeptieren, wie sehr die Sünde ihn von Gott trennen kann. Wenn er diese Tatsache nicht akzeptiert, dann sagt er damit, dass er Gott gleich sei. Ohne Glauben an die Existenz der Sünde kann der Mensch Gott nicht dienen. Dann geschieht es, dass die Trennung zwischen der Seele des Menschen und der Seele seines Schöpfers immer größer wird, bis es zwischen Mensch und Gott keine Kommunikation mehr gibt.

Es ist der Wunsch Satans, Seelen für sich zu gewinnen und ihre Rettung zu verhindern. Solange der Mensch nicht akzeptiert, wie wichtig es ist, die Gebote Gottes anzuerkennen, wird er Gott leugnen.

Eure geliebte Mutter
Mutter der Erlösung

1228. Klammert euch stets an die Wahrheit, denn ohne die Wahrheit werdet ihr eine Lüge leben.

Sonntag, 28. September 2014, 18:15 Uhr

Meine innig geliebte Tochter, das Wort Gottes, wie es von Ihm gegeben wurde, und das Wort, das Meinen Heiligen Aposteln diktiert worden ist, ist das Fundament, auf dem Mein Mystischer Leib, die Kirche, gebaut worden ist.

Das Ewige Wort ist das Fundament, auf dem die Kirche steht. Es ist nicht umgekehrt. Das Wort Gottes ist Ewig — es ist in Stein gemeißelt. Es ist das Fundament der Wahrheit. Das Fundament Meiner Kirche kann nicht erschüttert werden, aber das Gebäude, das darauf steht, kann verändert und ergänzt werden. Ändert sich allerdings das Gebäude, dann wird das Fundament es nicht tragen, wenn es von der Gebäudestruktur abweicht, für die es entworfen wurde.

Das Wort Gottes darf niemals verändert werden, weil es sich niemals ändern kann. Denn wie könnte es? Gott hat nicht das eine gesagt und das andere gemeint. Die Kirche muss sich dem Wort Gottes unterordnen. Das Wort Gottes hat sich nicht den Kirchenmitgliedern unterzuordnen, die vielleicht anders darüber denken. Wenn ihr es wa gt, das Wort zu manipulieren, dann verratet ihr Mich, Jesus Christus. Ich Bin die Kirche. Mein Leib ist die Kirche und alles, was von Mir stammt, ist heilig. Solange die Wahrheit von euch, Meinen heiligen Dienern, gewahrt wird, könnt ihr Mich vertreten. Solange ihr auf Mich vertraut und Mich ehrt und sicherstellt, dass das richtige Prozedere in Meiner Kirche gewahrt ist, könnt ihr sagen, dass ihr von Mir seid.

Als Gott in der Kraft des Heiligen Geistes die Evangelien diktiert hat, mögen vielleicht unterschiedliche Begriffe verwendet worden sein, das Wort an sich blieb jedoch gleich. Als Gott durch die Propheten und Meine Apostel sprach, die mit der Gabe des Heiligen Geistes gesegnet waren, war die Sprache klar, einfach und ließ keinen Spielraum für Interpretationen zu. Das gleiche gilt heute, wenn Gott zu Seinen Propheten spricht. Die Worte sind klar, einfach und werden mit Autorität übermittelt, denn sie kommen von Gott. Die Worte, die von Mir, eurem Erlöser, gegeben werden, entsprechen genau dem in der Heiligen Schrift enthaltenen Heiligen Wort, denn sie stammen aus derselben Quelle. Daher nehmt euch vor jedem in Acht, der euch eine neue Version der Wahrheit gibt, die schwer zu verstehen, schwierig zu erfassen und vage ist. Wenn die Wahrheit verdreht wird, entsteht daraus eine falsche Doktrin. Diese wird viele Schwachstellen aufweisen, unlogisch und dem Heiligen Wort Gottes entgegengesetzt sein.

Wenn euch gesagt wird, dass Gott — aufgrund Seiner Barmherzigkeit — die Sünde akzeptieren würde, dann wisset, dass dies eine Lüge ist. Gott wird die reumütige Seele akzeptieren, aber niemals die Sünde, denn das ist unmöglich.

Klammert euch stets an die Wahrheit, denn ohne die Wahrheit werdet ihr eine Lüge leben.

Euer Jesus

1229. Gott der Vater: Meine Liebe wird das Böse und den Hass besiegen.

Montag, 29. September 2014, 20:50 Uhr

Meine liebste Tochter, wenn sie von euch angenommen wird, kann Meine Liebe großartige Früchte hervorbringen. Wird sie aber vom Menschen abgelehnt, dann trocknet die Erde aus. Ohne Meine Liebe gibt es kein Leben, keine Freude, keinen Frieden. Wenn Meine Liebe vom Menschen gefühlt wird, bewirkt sie großes Staunen, Ehrfurcht und ein Gefühl tiefer Dankbarkeit in der Seele des Menschen, dem dieses Geschenk gewährt wurde.

Meine lieben Kinder, wenn ihr Liebe in irgendeiner Form für einen anderen Menschen empfindet, dann ist es Meine Liebe, die ihr fühlt. Sie kann nur von Mir kommen, denn Ich Bin die Liebe. Die Liebe ist ein Geschenk, und ihr müsst sie ergreifen, wenn ihr fühlt, wie sie sich in eurem Herzen regt. Denjenigen, die Meine Liebe annehmen, sage Ich: Wisset, dass Ich euch noch mehr von Meinem Geschenk geben werde, wenn ihr es mit denen teilt, die diese Gunst nicht gewährt bekamen.

Meine Liebe wird das Böse und den Hass besiegen. Die Liebe löscht den Hass aus, da der Teufel, der Stachel im Fleisch der Menschen, unfähig ist, zu lieben. Wenn ihr sagt, dass ihr Mich liebt, dann müsst ihr sehr hart kämpfen, um zu verhindern, dass Hass jeglicher Art eure Seele befleckt. Wenn ihr Mich liebt, werdet ihr euren Feinden vergeben, weil ihr sie so seht, wie Ich sie sehe. Dies erfordert Beharrlichkeit und Disziplin euerseits, die euch davon abhalten werden, euren Mitmenschen weder mit Worten noch durch Taten Schaden zuzufügen.

Wenn ihr zulasst, dass Meine Liebe durch eure Adern fließt, werdet ihr vollkommenen Frieden und völlige Freiheit fühlen. Das ist so, weil ihr keine Bosheit, keinen Zorn, weder Rache noch Groll gegen ein anderes Kind von Mir fühlen werdet. Dies ist das Geschenk Meiner Liebe in ihrer reinsten Form. Nehmt es von Mir an, indem ihr dieses Gebet sprecht.

Kreuzzuggebet (168) „Um das Geschenk der Liebe Gottes"

„ O Liebster Vater,

O Ewiger,

O Gott der Allerhöchste,

Mache mich Deiner Liebe würdig.

Bitte vergib mir, wenn ich andere verletze, und verzeih mir jedes Fehlverhalten, das irgendeinem Deiner Kinder Leid verursacht.

Öffne mein Herz, damit ich Dich in meiner Seele willkommen heißen kann, und reinige mich von jedem Hass, den ich möglicherweise gegen eine andere Person empfinde.

Hilf mir, meinen Feinden zu vergeben und die Saat Deiner Liebe auf all meinen Wegen und unter allen Menschen, die mir jeden Tag begegnen, auszusäen.

Schenke mir, Lieber Vater, die Gaben der Beharrlichkeit und des Vertrauens, damit ich Dein Heiliges Wort aufrechterhalten und in unserer dunklen Welt die Flamme Deiner Großen Liebe und Barmherzigkeit lebendig halten kann. Amen. "

Kinder, bitte tröstet euch mit dem Wissen, dass Ich euch alle liebe, unabhängig davon, wer ihr seid, welche Sünden ihr begangen habt und ob ihr Mich verflucht oder nicht. Meine Liebe zu euch ist bedingungslos.

Ich muss allerdings diejenigen, die versuchen, Meine Kinder hinsichtlich der Wahrheit ihrer Rettung im Dunkeln zu lassen, von denen trennen, die von Mir sind. Würde Ich nicht eingreifen, wären viele für Mich verloren, und Ich bin nicht bereit, Seelen denjenigen zu opfern, die trotz aller Bemühungen Meinerseits Mich am letzten Tag ablehnen werden.

Ich bitte euch, setzt all euer Vertrauen in Mich und habt Mein Siegel des Schutzes in irgendeiner Form bei euch. Der Kampf hat bereits begonnen, und Ich werde Gerechtigkeit üben, indem Ich diejenigen bestrafe, die Meine Kinder zu vernichten versuchen.

Vergesst niemals, Wer Ich Bin. Ich Bin der Anfang und das Ende. Alle, die zu Mir kommen, werden Ewiges Leben finden. Erlaubt Mir, euch in Sicherheit zu bringen, in ein herrliches Leben in Einklang mit Meinem Willen. Ich werde das Neue Paradies zu Meiner Eigenen Zeit offenbaren und Ich wünsche, dass ihr Geduld zeigt. Lebt euer Leben in Harmonie mit anderen. Kümmert euch um eure Familien wie zuvor. Kommt zu Mir in euren Kirchen wie zuvor. Aber denkt immer daran, dass die Wahrheit, das Wahre Wort Gottes, sich niemals ändern kann, denn Ich Bin die Wahrheit. Ich kann Mich niemals ändern, denn das kann niemals sein.

Ich liebe euch. Ich segne euch. Ich schütze euch.

Euer liebender Vater
Gott der Allerhöchste

1230. Ihr dient entweder Gott oder ihr beugt euch der Torheit der Menschen.

Mittwoch, 1. Oktober 2014, 21:15 Uhr

Meine innig geliebte Tochter, der Verrat an Mir, Jesus Christus, dem Menschensohn, ist weit verbreitet unter denjenigen, die sagen, sie würden Mir dienen. Selbst jene, die sagen, sie seien Meine treuen Diener, haben Mich verlassen, und ihr Glaube ist nur ein schwacher Schimmer dessen, was er einmal war. Von der Liebe und dem Mitgefühl, das sie anfangs für Mich empfanden, ist nur ein Bruchteil übrig geblieben — und die Ursache dafür liegt in vielen Dingen begründet.

Aufgrund der gefallenen und in schwere Sünde geführten Seelen innerhalb Meiner Kirche erfährt sie heute so viel Geringschätzung. Viele unschuldige heilige Diener von Mir litten wegen der Sünden der anderen, und das brachte ihnen große Schande ein. Dann, als die Gesetze Gottes zur Seite geschoben und kaum mehr erwähnt wurden, vergaßen viele, dass die Gebote Gottes unter allen Umständen einzuhalten sind. Wenn Meine heiligen Diener aufgehört haben, die Wahrheit zu predigen, und es als unwichtig abgetan haben, die Existenz der Sünde anzusprechen, wie hätten da die Kinder Gottes etwas dazulernen sollen? Meine heiligen Diener haben eine moralische Pflicht, das Wort Gottes hochzuhalten und die Kinder Gottes vor der Gefahr der Sünde zu warnen. Doch sie haben sich dagegen entschieden. Viele haben Angst davor, die Wahrheit zu predigen, aus Furcht, von denen verfolgt zu werden, die sie für die Sünden anderer zur Verantwortung ziehen.

Während Meiner Zeit auf Erden habe Ich niemals gezögert, über die Strafe zu predigen, die den Menschen widerfährt, wenn sie nicht Gottes Vergebung für ihre Sünden suchen. Die Furcht vor Gottes Strafe sollte nicht der Grund sein, die Sünde zu meiden, sondern einzig die Rettung der eigenen Seele. Ihr müsst nun mal mit der Sünde leben, dürft sie aber niemals akzeptieren. Ihr müsst sie bekämpfen, denn Ich wünsche, eure Seelen zu retten. Warum sollte Ich nicht wünschen, eure Seelen um jeden Preis zu retten? Habe Ich nicht für euch gelitten und bin Ich nicht einen qualvollen Tod am Kreuz gestorben, damit ihr in Gottes Augen gerettet werden könnt? Warum predigen dann Meine heiligen Diener nicht über die absolute Notwendigkeit, nach dem ewigen Leben zu streben? Wenn ihr das ewige Leben nicht sucht, dann werdet ihr es nicht finden.

Es ist die Pflicht all jener, die Mir dienen, dabei mitzuwirken den Menschen vor der ewigen Verdammnis zu retten. Die Wahrheit ist so lange versteckt worden, dass aufgrund der Selbstgefälligkeit Meiner Diener viele Seelen für Mich verloren sind. Wisset, dass Ich am letzten Tag Meine Engel aussenden werde und dass die Menschen in zwei Hälften geteilt werden: diejenigen, die Gräueltaten begangen haben, und diejenigen, die von Mir sind. Ich bitte euch, Meine heiligen Diener, die Wahrheit zu sagen, denn wenn ihr das nicht tut, dann werdet ihr Mir viele Seelen verlieren, und das werde Ich euch niemals vergeben.

Ihr dient entweder Gott oder ihr beugt euch der Torheit der Menschen.

Euer Jesus

1231. Legt eure Rüstung ab, denn sie wird in winzige Stücke zerbröselt werden.

Donnerstag, 2. Oktober 2014, 23:15 Uhr

Meine innig geliebte Tochter, Meine Feinde mögen Mein Wort — die Wahrheit — verachten, aber der Tag wird kommen, an dem sie ihre Köpfe in Scham und Reue hängen lassen, wenn sie vor Mir stehen.

In den Tagen von Noah wurden er und jene, die zu seinen auserwählten Helfern zählten, ausgelacht, weil sie die Menschen auf die Gerechtigkeit Gottes vorbereiten wollten. Sie wurden belächelt, verfolgt und es wurde jeder Versuch unternommen, die von Gott an Noah gegebenen Anweisungen zu diskreditieren. Gehorsam bis zuletzt, bat Noah um Barmherzigkeit für ihre Seelen. Er bat sie dringend, in seiner Arche Zuflucht zu suchen, aber er wurde ignoriert. Und so wird es bis zum Großen Tag des Herrn sein. Nur ein Rest wird bereit sein, Mich zu begrüßen, zusammen mit all jenen, die während der Warnung auf ihr Herz hören und Meine Barmherzigkeit annehmen.

Ich bitte all jene, die an Mich und Meine Verheißung, in großer Herrlichkeit wiederzukommen, glauben, für diejenigen zu beten, die diese Mission verachten, denn ihnen wurde das Geschenk der Wahrheit zwar gegeben, doch sie haben es vorgezogen, es mir ins Gesicht zu schleudern. All jene mit einem warmen und liebevollen Herzen und mit einer sanftmütigen Seele werden in Meine Arme gezogen werden, ungeachtet, welchem Glauben oder welcher Religion sie angehören, denn sie sind von Mir. Denjenigen, die das Wort Gottes nicht kennen, wird große Barmherzigkeit gezeigt werden, und diejenigen, die sich während der Warnung bekehren, werden ebenfalls in Meinen Armen verweilen. Ich werde Meine Hand nach allen Seelen ausstrecken, die warmherzig sind und ihren Brüdern und Schwestern Liebe und Barmherzigkeit zeigen.

Der größte Kampf wird sein, wenn Ich versuche, die Arroganten und Stolzen zu erreichen, denen es an wahrer Liebe mangelt und die ohne Großmut sind. Gerade für diese Seelen erbitte Ich dringend eure Gebete. Doch für diejenigen, die ihre Seele in vollem Bewusstsein dem Teufel verkauft haben, erbitte Ich von euch, dass ihr am meisten um Meine Barmherzigkeit flehen möget. Sie werden nicht aus eigenem Antrieb zu Mir kommen, und so können sie nur durch das Leiden auserwählter Seelen, die sich Mir geweiht haben, und durch eure eigenen Op-fer gerettet werden. Bitte betet dieses Gebet, um alle Sünder zu retten.

Kreuzzuggebet (169) „Für die Rettung derer, die Christus ablehnen"

„Liebster Jesu, durch Dein Mitleid und Deine Barmherzigkeit

bitte ich Dich um die Rettung jener, die Dich ablehnen,

die Deine Existenz leugnen,

die sich Deinem Heiligen Wort bewusst widersetzen und deren verbitterte Herzen ihre Seelen für das Licht und die Wahrheit Deiner Göttlichkeit vergiftet haben.

Hab Erbarmen mit allen Sündern.

Vergib jenen, die gegen die Heiligste Dreifaltigkeit lästern, und

hilf mir, nach meinen Möglichkeiten und durch meine persönlichen Opfer jene Sünder in Deinen Liebenden Armen zu umfangen, die Deiner Barmherzigkeit am meisten bedürfen.

Ich verspreche, Dir in Gedanken, Werken und durch das gesprochene Wort so gut ich kann zu dienen, in Deiner Mission der Erlösung.

Amen."

Gehet alle hin und versammelt euch im Gebet, denn die Gerechtigkeit Gottes wird sich schon bald — sichtbar für die Welt — offenbaren. Wegen der Boshaftigkeit und Sturheit des Menschen, sowie wegen des Hasses auf seine Mitmenschen wird Gott eingreifen und der Zerstörung Einhalt gebieten, die auf allen Ebenen gegen die Menschheit eingefädelt wird.

Legt eure Rüstung ab, denn sie wird von der Hand Meines Ewigen Vaters in winzige Stücke zerschmettert werden. Stellt euch Gott entgegen — und ihr werdet dafür leiden. Wenn ihr aber versucht, der Menschheit im großen Umfang durch Machtmissbrauch zu schaden, werdet ihr schlagartig gestoppt werden. Ihr werdet keine Zeit haben, Gottes Barmherzigkeit zu erflehen.

Euer Jesus

1232. Die weltweite Impfung, über die Ich euch im Jahr 2010 unterrichtet habe, wird bald erlebt werden.

Freitag, 3. Oktober 2014, 15:10 Uhr

Meine innig geliebte Tochter, beachte jetzt Meine Verheißung. Ich werde wiederkommen, um einen neuen Anfang, eine neue Welt ohne Ende, zu verkünden. All diejenigen, die die Gnade Gottes annehmen, wenn Ich Meine Barmherzigkeit über die ganze Welt ausgieße, werden Teil Meines Königreichs sein.

Ich habe der Menschheit jedes Zeichen, jede Warnung und jede Gnade gegeben, um ihre Seelen vorzubereiten. Einige haben das Wort Gottes, wie es im Heiligen Evangelium festgeschrieben ist, gehört und Beachtung geschenkt. Andere haben die Wahrheit gehört und gesehen, weigern sich aber, sie anzunehmen. Es wird bald ein Tag kommen, an dem die volle Wahrheit und der Beweis dafür, Wer Ich Bin, offenbart

527

werden, und den Sündern wird eine angemessene Zeit gegeben werden, um nach ihrem freien Willen zu entscheiden. Nicht einer von euch wird gezwungen werden, Meine Barmherzigkeit anzunehmen, denn nur ihr könnt diese Entscheidung treffen. Andere werden sich weigern, von der Wahrheit Zeugnis abzulegen, selbst wenn sie diese deutlich sehen. Diese werden leider verloren gehen. Andere werden ihre Zeit brauchen, bevor sie Mir Treue schwören, aber die Zeit, nachdem die Warnung stattgefunden hat, wird kurz sein

Ich komme, um euch jetzt von den Ereignissen zu künden, die euch die Zeichen dieser Zeit zeigen werden und die Zeichen Meiner Gegenwart in dieser Mission. In vielen Ländern werden Stürme auftreten, die wochenlang andauern. Die weltweite Impfung, über die Ich euch im Jahr 2010 unterrichtet habe, wird bald erlebt werden. Die Hand Gottes — in Seiner Göttlichen Gerechtigkeit — wird sichtbar in den Versuchungen, die Er unter den Dienern Meiner Kirche zulässt. Wenn diese und all die anderen Prophezeiungen zum Tragen kommen, werde Ich noch warten. Und dann wird die Warnung kommen. Sie wird kurz vor dem Großen Tag kommen, an dem die Verheißung Meiner Wiederkunft endlich erfüllt werden wird.

Ihr müsst auf Meine Güte, Meine Liebe und Meine Barmherzigkeit vertrauen. Wenn ihr das tut, werdet ihr stark genug sein, euch jeder Prüfung zu stellen, die Beleidigungen hinzunehmen, die euch in Meinem Namen zuteilwerden und durch Meine Gnade Meinem Heiligen Wort treu zu bleiben.

Bleibt in Frieden und in der Hoffnung, denn Meine Liebe zu euch und eure Liebe zu Mir wird das Böse vernichten, das die Seelen derer vereinnahmt hat, die sich von Mir getrennt haben.

Euer Jesus

1233. Mutter der Erlösung: Die Gebote Gottes werden bald von Millionen von Menschen gekippt werden.

Montag, 6. Oktober 2014, 13:55 Uhr

Meine lieben Kinder, die Zehn Gebote, die von Gott festgelegt wurden, können niemals umgeschrieben werden, denn das wäre ein Sakrileg. Der Mensch kann niemals das Wort verfälschen, und der Tag wird kommen, an dem sich der Zorn Gottes über die Menschheit ergießen wird, und zwar dann, wenn die Zehn Gebote vom Menschen als fehlerhaft erachtet werden. Wenn dies geschieht, dann wisset, dass Gottes Wort nicht mehr geehrt und die Menschheit in schweren Irrtum geführt wird.

Keinem Menschen, auch keinem gottgeweihten Diener, ist das Recht gegeben, die Zehn Gebote oder das Wort Gottes zu kippen. Es gibt niemals eine Entschuldigung dafür, die Wahrheit des Wortes Gottes zu leugnen. Die Gebote Gottes werden bald von Millionen von Menschen gekippt werden. Dann werden all diejenigen, die auf

den sich daraus ergebenden Betrug hereinfallen, von der Finsternis umnachtet sein. Der Heilige Geist kann niemals jene erleuchten, die das Wort leugnen oder die Sünde gutheißen. Wenn der Heilige Geist nicht mehr gegenwärtig ist und das Wort angepasst wurde, um den egoistischen Bedürfnissen des Menschen gelegen zu kommen, dann werden sämtliche neuen Gebote in Gottes Augen nichtig sein.

Die Feinde Gottes werden rasch handeln, um die Wahrheit umzustoßen, und die Kirche Meines Sohnes wird zweigeteilt werden. Diejenigen, die die Wahrheit standhaft verteidigen, werden für das Aussprechen der Wahrheit verflucht werden. Denjenigen, die Profanitäten von sich geben und diese für die Wahrheit erklären, wird applaudiert werden. Der Geist des Bösen wird sich in den Herzen der Fehlgeleiteten breitmachen, und viele Seelen werden verloren gehen. Sie werden nicht in der Lage sein, vor Meinen Sohn hinzutreten und zu erklären, heil zu sein, weil sie sich weigern, die ihnen durch Gottes Gnade gegebene Wahrheit anzuerkennen.

Es wird bald erklärt werden, dass Gott gegenüber allen Sündern barmherzig sei, unabhängig davon, was sie tun, um Ihn zu beleidigen. Das ist zwar wahr, aber wenn sie Ihn beleidigen, indem sie sämtliche Gräuel und Häresien vor Ihm zur Schau stellen und dann erklären, diese seien für Gott annehmbar, wird Er Sich angewidert von ihnen abwenden.

Der Mensch wird so voll von seinen eigenen Wünschen sein, um seinem sündigen Leben nachzukommen, dass er gesetzeswidrige Handlungen für wünschenswert in Gottes Augen erklären wird. Das wird auf Lügen hinauslaufen. Und wenn sie es wagen, diese vor den Altären Gottes zu präsentieren, werden diese Seelen hinausgeworfen werden. Solltet ihr zulassen, dass ihr in schweren Irrtum geführt werdet, dann wird eure Seele in großer Gefahr schweben.

Ich bitte euch, sagt die Zehn Gebote so oft wie möglich auf. Indem ihr das tut, werdet ihr wissen, was tatsächlich von euch verlangt wird, um Gott wahrhaft zu dienen.

Eure geliebte Mutter
Mutter der Erlösung

1234. Wenn die Liebe keinen Platz hat, hat auch Gott keinen Platz in eurem Leben.

Mittwoch, 8. Oktober 2014, 20:25 Uhr

Meine innig geliebte Tochter, wie kalt doch die Herzen der Menschen geworden sind! Wie wenig kümmern sie sich um die Bedürfnisse anderer und um das Geschenk des Lebens! Sie haben zugelassen, dass ihre Herzen verdorren, weil in ihren Seelen die wahre Liebe nicht mehr wohnen kann. Sobald die Liebe abnimmt und die Menschen sich nur noch in seltenen Fällen um die Bedürfnisse ihrer Mitmenschen kümmern, wird daraus nichts als Ungerechtigkeit entstehen.

Wenn die Liebe keinen Platz hat, hat auch Gott keinen Platz in eurem Leben. Denn die Herzen derer, die Mich zwar einmal geliebt haben mögen, jetzt aber nicht mehr an Mich glauben, werden zu Stein werden. Wenn ihr der Nächstenliebe den Rücken kehrt, werdet ihr innerlich leer und ruhelos werden. Euer Mangel an Liebe wird dazu führen, dass ihr alle möglichen Praktiken akzeptiert, die Mir zuwider sind. All das, wofür Ich stehe, wird von euch abgelehnt werden. Ihr werdet in alles Leben eingreifen, das der Menschheit durch die Macht Gottes gegeben wurde, und in vielen Fällen wird das Leben von euch zerstört werden. Eure Achtung vor den Geboten Gottes und vor dem menschlichen Leben hat alle Bedeutung verloren. Euer Hang zu allen irdischen Dingen und den weltlichen Gütern, die sie hervorbringen, wird euch nicht befriedigen.

Wenn ihr eure Herzen gegen Gott verhärtet, leidet die Menschheit schwer. Wenn die Macht des Bösen die Liebe ersetzt, die die Welt einmal für Mich, Jesus Christus, hatte, dann wisset, dass die Zeit fast gekommen ist.

Gebt eure eigensinnige und törichte Jagd nach Vergnügen auf. Versucht nicht, die Gebote Gottes zu ändern, um sie eurem sündhaften Leben anzupassen. Bittet, bittet, bittet um Mein Eingreifen, damit Ich euch den Weg zeigen kann. Wenn ihr nicht zum Weg des Ewigen Lebens umkehrt, der für jedes Kind Gottes angelegt wurde, dann könnt ihr niemals Teil Meines Königreiches sein.

Euer Jesus

1235. Meine Kirche, Meine Wahre Kirche, wird auf dem Bauch kriechen.

Mittwoch, 8. Oktober 2014, 20:45 Uhr

Meine innig geliebte Tochter, Meine Kirche wird gestürzt werden, und diejenigen, die den Geboten Gottes treu bleiben, werden großes Leid erfahren.

Meine Kirche, Meine Wahre Kirche, wird auf dem Bauch kriechen, weil ihr jede Beleidigung Meiner Göttlichkeit und der von Meinem Ewigen Vater festgelegten Gebote entgegengeschleudert wird. Da viele Meiner Diener hinter den Toren eines goldenen Gefängnisses eingesperrt sind, werden sie gezwungenermaßen die Häresien schlucken müssen. Nicht nur das — sie werden auch dazu gebracht werden, diese Häresien zu predigen und Unschuldige zu überzeugen, dass das umgeschriebene Wort Gottes in der heutigen Welt annehmbar sei.

Der Zorn Meines Vaters hat sich zum jetzigen Zeitpunkt zur Empörung gesteigert, denn sehr bald wird die Kirche — nachdem sie sich bis zur Unkenntlichkeit verändert hat — neue Rituale, neue Regeln und Praktiken vorbereiten, so dass nichts mehr an die von Mir erbaute Kirche erinnert wird.

All diese Dinge sind von Meinem Vater zugelassen worden, da Satan den Glauben derer prüft, die von Mir sind. Wehe denen, die Mich verraten, denn sie werden jene

Seelen mit sich nehmen, deren Namen Mir vorbehalten sind. Ich werde für diese Seelen kämpfen. Ich werde diese Meine Feinde bestrafen, denn durch ihren Betrug und ihre List haben sie Seelen verführt und von Mir weggenommen. Wegen dieser Sünden werden sie für Mich verloren sein.

Meine Kirche entsprang Meinen Lenden. Ich habe euch im Tode Meinen Leib gegeben, und dieser wurde Meine Kirche. Jetzt wird sie geschändet und Mein Leib erneut gekreuzigt werden. Nicht die geringste Scham werden Meine Feinde empfinden, denn ihre hochfliegenden Ambitionen und ihre Selbstherrlichkeit haben mit Mir nichts zu tun.

Wie leicht sind doch jene zu manipulieren, deren Glaube schwach ist. Wie leicht zu manipulieren sind aber auch jene Seelen mit einem starken Glauben, denn sie werden Angst haben, die Wahrheit zu verteidigen. Nur der Rest und jene, die mit aufrichtiger Treue zu Meinem Wort stehen, werden Meiner Kirche treu ergeben bleiben. Und ihretwegen wird Meine Kirche niemals sterben.

Euer Jesus

1236. Ich gebe euch jetzt das letzte Kreuzzuggebet.

Mittwoch, 8. Oktober 2014, 21:10 Uhr

Meine innig geliebte Tochter, Mein Herz ist so gebrochen zu diesem Zeitpunkt. Die Verräter haben Meine Seite durchbohrt, und die Erde wird nun überflutet von Meinem Schmerz, der sich auf sie ergießt und der so intensiv ist, dass Ich untröstlich bin.

Ich frage euch jetzt: Wer von Meinen gottgeweihten Dienern wird stark genug sein, die Wahrheit zu verteidigen?

Ich gebe euch das letzte Kreuzzuggebet. Es ist für die Priester bestimmt. Ich möchte, dass Meine gottgeweihten Diener es täglich beten.

Kreuzzuggebet (170) „Um das Heilige Wort Gottes aufrechtzuerhalten"

„O Lieber Herr, mein geliebter Jesus Christus!

Halte mich.

Schütze mich.

Bewahre mich im Lichte Deines Angesichtes, wenn meine Verfolgung intensiver wird und meine einzige „ Sünde " darin besteht, dass ich die Wahrheit, das Heilige Wort Gottes, aufrechterhalte.

Hilf mir, den Mut zu finden, Dir allzeit treu zu dienen.

Gib mir Deinen Mut und Deine Stärke, während ich kämpfe, um Deine Lehren gegen heftigen Widerstand zu verteidigen.

Jesus, verlasse mich niemals in meiner Zeit der Not und gib mir alles, was ich brauche, um Dir weiterhin zu dienen, indem ich die Heiligen Sakramente und im Heiligen Messopfer Deinen Kostbaren Leib und Dein Blut bereitstelle.

Segne mich, Jesus.

Geh an meiner Seite.

Ruhe in mir.

Bleibe bei mir.

Amen."

Euer Jesus

1237. Denkt daran, dass nach dem Zweiten Kommen kein Fegefeuer mehr existieren wird.

Donnerstag, 9. Oktober 2014, 20:40 Uhr

Meine innig geliebte Tochter, wie dürste Ich doch nach der Liebe der Menschen und wie dürsten sie doch nach Mir! Aber die Spaltung, welche den Menschen von Mir, Dem Lebensspender, trennt, ist der größte Feind der Menschheit.

Satan mit seinen gerissenen, hinterlistigen Machenschaften hat absichtlich große Spaltungen in der Welt geschaffen. Die Tatsache, dass er verborgen bleibt, gibt ihm große Macht über die Seelen der Menschen. Sein böser Einfluss bewirkt bei den Kleingläubigen Zweifel an Meiner Existenz. Diejenigen, die nicht an Mich glauben, überzeugt er davon, dass der Mensch mündig genug sei für sämtliche Entscheidungen, die er trifft. Sein beruhigender Einfluss, wenn er den Menschen in Versuchung führt, überzeugt diejenigen, zu denen er Zugang erhält, dass das Falsche richtig und das Richtige falsch sei. Er stellt die Liebe als Lust dar, den Hass als eine Form der Begierde und Neid und Eifersucht als Mittel, um die Zerstörung des Lebens anderer zu rechtfertigen.

Jede Idee, jeder Wunsch, jede Sehnsucht und jedes Verlangen, die er in die Seelen der Menschen pflanzt, führt sie in die Sünde. So viel Verseuchung unter den Menschen in dieser Zeit hat dazu geführt, dass an die Stelle der reinen Liebe, die von Gott kommt, die Lust getreten ist. Alles, was der Schlange entspringt, wird in den Herzen der Sünder als eine gute Sache dargestellt werden. Einmal gerechtfertigt, wird die Sünde dann glorifiziert, bis sie einer großen Tat gleichkommt, die Anerkennung verdient.

Wehe dem Menschen, der es wagt, jene an den Pranger zu stellen, die die Sünde verherrlichen. Der Sünder, der die Sünde mit großer Freude umarmt, wird andere beeinflussen, es ihm nachzumachen. Heute kann man den Einfluss des Teufels überall sehen. Wurden sündige Handlungen früher sorgfältig verborgen, hat man heute keinerlei Scham, sie vor aller Welt zur Schau zu stellen. Alles, was Mir zuwider ist, wird genussvoll umarmt. Falsches wird als richtig präsentiert und alles, was richtig ist und den Geboten Gottes entspricht, gilt als falsch. Wenn der Teufel am Werke ist, wird alles auf den Kopf gestellt und als Gegenteil zu dem, was von Mir kommt, präsentiert. Wisset: Wenn Mein Wort für falsch erklärt wird, hat der Einfluss des Bösen seinen Höhepunkt erreicht.

Denkt daran, dass nach dem Zweiten Kommen kein Fegefeuer mehr existieren wird. Himmel und Erde werden eins werden und die Hölle wird zur Wohnstätte für diejenigen werden, die den Teufel anbeten und alles, was von ihm kommt. Der Rauch sei-

ner bösen und niederträchtigen Machenschaften hat sowohl diejenigen verseucht, die an Mich glauben als auch diejenigen, die Mich ablehnen. Niemand ist sicher.

Gebet, Meine geliebten Anhänger, ist eure Zuflucht. Bewahrt Mein Wort und betet, nicht für euch selbst, sondern für diejenigen, die einen Pakt mit dem Teufel geschlossen haben. Sie brauchen eure Gebete, morgens, mittags und abends.

Euer Jesus

1238. Mutter der Erlösung: Der Tod wird bald keine Macht mehr über den Menschen haben.

Freitag, 10. Oktober 2014, 13:10 Uhr

Meine lieben Kinder, die Kreuzigung Meines Sohnes war bezeichnend, in vielerlei Hinsicht. Er wurde nicht nur durch die Hände der römischen Soldaten getötet, sondern ebenso auf Befehl derjenigen, die sich als fromme Anhänger des Wortes Gottes bezeichneten.

Seine Geißelung, Seine Verfolgung und Sein Tod wurden in die Tat umgesetzt nach Anweisung von denjenigen, die die Gläubigen im Tempel Gottes anführten. Sie haben alles verworfen, von dem sie wussten, dass es die Wahrheit ist, denn sie weigerten sich zu akzeptieren, dass Mein Sohn, Jesus Christus, der Messias ist. Über jedes von Gott diktierte Gebot setzten sie sich hinweg, da sie an der Hinrichtung Meines Sohnes Gefallen fanden.

Bevor der Tag des Herrn kommt, werden sie Seine Kreuzigung noch einmal inszenieren. Sie werden Ihn geißeln durch ihren Verrat an Seinem Heiligen Wort. Sie werden diejenigen verfolgen, die Ihm treu bleiben, und dann werden sie Seinen Leib entweihen. Aber es wird ihnen nicht gelingen, Ihn zu töten, denn Sein Leib — Seine Kirche — kann nicht sterben, und sie wird bis zum Ende stehen bleiben, wenn auch in einem zerbrechlichen Zustand.

Zu diesem Zeitpunkt müsst ihr daran denken, dass alles Leben von Gott kommt. Der Tod hat keine Macht über Gott. Leben, einmal gegeben, kann niemals sterben. Der Tod wird bald keine Macht mehr über den Menschen haben, und durch die Auferstehung Meines Sohnes wird der Mensch auch das Ewige Leben des Leibes und der Seele besitzen. Diejenigen, die auf Christus vertrauen und Ihm treu bleiben, werden das Leben haben. Nur diejenigen, die Ihn völlig ablehnen, werden es nicht haben.

Freut euch in dem Wissen, dass auf alle von euch, die am Heiligen Wort Gottes festhalten, ein herrliches Leben wartet, denn der Tod wird euch niemals zerstören.

Eure geliebte Mutter

1239. Meine Liebe für die Menschheit ist grenzenlos.

Samstag, 11. Oktober 2014, 1:00 Uhr

Meine innig geliebte Tochter, Meine Liebe für die Menschheit ist grenzenlos. Meine Liebe ist stark und schützend. Sie ist rein, und Ich sehe über viele Fehler hinweg aufgrund Meiner tiefen Zuneigung für die Sünder.

Ich bewahre die Seelen in Meiner Barmherzigkeit, und es gibt nichts, was Ich nicht tun würde, um sie zu retten, damit Ich jede Seele in Mir vereinen kann. Meine Tränen fließen jedoch zu dieser Zeit in großen Strömen, da Gottes Kinder von den Feinden Dessen, Der die Welt geschaffen hat, verletzt, missbraucht, gefoltert, gedemütigt, gegeißelt und getötet werden. Diejenigen, die solches Leiden verursachen, stehen vollkommen unter dem Einfluss der bösen Geister, die ihren Verstand mit Lügen, Hass und einer Missachtung für menschliches Leben vergiften. Unter keinen Umständen kann ein Mensch sagen, er handle im Namen Gottes, wenn er einen anderen Menschen tötet. Diejenigen, die Kriege und Völkermord in irgendeiner Form verursachen und die sagen, sie würden zur Ehre Gottes handeln, täuschen nicht nur sich selbst, sondern auch diejenigen, die sie für die Durchführung ihrer bösen Absichten rekrutieren.

Meine Liebe ist so stark, dass Ich diesen armen verlorenen Seelen, die glauben, andere im Namen Gottes zu töten sei eine gute und ehrenvolle Sache, Meine Barmherzigkeit zeigen werde, indem Ich in ihnen den Geist der Wahrheit wecke, vorausgesetzt, ihr betet für sie. Lasst nicht euer Herz schwer werden. Wisset vielmehr, dass, während diese überaus widerlichen Taten, die von denjenigen begangen werden, die Leben zerstören, Schrecken verbreiten, Ich in Meiner Göttlichen Gerechtigkeit diesem Gräuel ein Ende setzen werde.

Ich werde alle von euch, die warmherzig und sanftmütig sind, in einem Augenblick in Mein Heiligstes Herz erheben und euch retten, derart ist Meine Liebe zu euch. Meine geliebten Anhänger, ihr werdet nicht den Schmerz des körperlichen Todes ertragen müssen. Das verspreche Ich euch, wenn ihr Mir durch euer Gebet helft, die Seelen derjenigen zu retten, die Meiner Vergebung und Meiner Barmherzigkeit am meisten bedürfen.

Helft Mir in diesem großen Bemühen, und bald wird alles von der Helligkeit und Herrlichkeit Meines Neuen Königreiches erstrahlen. Hier werdet ihr für immer ohne weltliche Sorgen leben. Die Liebe zu Mir, zu Meinem Ewigen Vater, zu eurer Familie und euren Freunden wird in der ganzen Welt herrschen, die kein Ende haben wird.

Gehet hin in Frieden, um Mich zu lieben und Mir zu dienen.

Euer Jesus

1240. Die Göttliche Vorsehung wird sich immer durchsetzen.

Samstag, 11. Oktober 2014, 20:30 Uhr

Meine innig geliebte Tochter, niemand soll die Macht Gottes in allen Dingen, die sich in diesen Zeiten entwickeln, unterschätzen. Gottes Macht ist grenzenlos und kein Mensch kann die Gottheit oder den Willen Gottes bezwingen. Keiner Meiner Feinde kann sich rühmen, größer als Gott zu sein, Der mit einem einzigen Hauch Seine Gerechtigkeit über die Welt ergießen kann. Obwohl Gott zwar geduldig, fair, gerecht und voller bedingungsloser Liebe für alle Seine Kinder — auch für die bösen unter ihnen — ist, so wird Er doch Vergeltung üben an der Bosheit des Menschen, die durch den bösen Einfluss des Teufels verursacht ist.

Verflucht sind diejenigen, die sich gegen Gott erheben unter Missachtung des Heiligen Wortes. Sie werden nach Gottes Zeit bestraft werden, nachdem ihnen jede Gelegenheit gegeben worden ist, ihre Wege zu ändern. Diejenigen, die das Böse und das Tier (Satan) anbeten, werden vom Blitz getroffen werden, genauso wie damals Luzifer wie ein Blitz aus heiterem Himmel in den Abgrund der Hölle geworfen wurde.

Wenn Meine Feinde andere verletzen, wenn sie versuchen, sie zu töten und zu verstümmeln, um die Schwachen zu beherrschen, werden sie eine fürchterliche Strafe erleiden. Wenn die Anbeter des Teufels einen wie auch immer gearteten Völkermord an Unschuldigen verüben, werden sie in der Hölle schmoren, und ihnen wird in dem Moment Einhalt geboten, wenn sie bereits an ihren Sieg glauben.

Die Göttliche Vorsehung wird sich immer durchsetzen, denn es gibt keine Macht, die es mit Ihm, Der alles aus dem Nichts heraus erschaffen hat, aufnehmen kann.

Euer Jesus

1241. Gott der Vater: Die Erde wird gereinigt werden, ebenso wie Meine Kinder von allem Übel gereinigt werden.

Sonntag, 12. Oktober 2014, 18:40 Uhr

Meine liebste Tochter, viele Veränderungen werden kommen, da die Zeit für die Wiederkunft Meines geliebten Sohnes, Jesus Christus, näher rückt.

Habt keine Angst, Meine Kinder, denn diese Dinge müssen geschehen, damit Meine Kinder gereinigt werden, so dass sie sich auf den Tag freuen können, an dem die Welt ohne Ende beginnt. Meine Verheißungen haben sich immer erfüllt, und alles wird gut enden.

Ich wünsche, dass ihr um Barmherzigkeit fleht, für jede einzelne Seele auf dieser Welt, so dass die Menschheit in Meinen Augen eine Einheit wird. Bald werden der Hass, das Böse und die Ungerechtigkeiten in der Welt zu einem abrupten Ende kommen, und das Licht Meines Königreiches wird auf euch herabscheinen. Frieden wird herrschen und Liebe wird die Erde erfüllen, wenn sich das Neue Paradies in seiner ganzen Pracht offenbart. Meine Gerechtigkeit wird alles Böse ausrotten, und diejenigen, die am Teufel festhalten, trotz Meines Eingreifens, werden weggeworfen. Dann werden keine Tränen mehr vergossen und der letzte Teil Meines Bundes wird abgeschlossen sein.

Steht auf, Meine Kinder, erhebt eure Herzen voll Hoffnung und Vertrauen. Ich werde in vielerlei Hinsicht eingreifen, um zu verhindern, dass böse Handlungen, betrügerischer Verrat und Häresie euch zerstören. Meine Zeit ist angebrochen und Meine Feinde werden niedergestreckt werden, da Ich alles in seine angestammte Ordnung bringen möchte, so dass alles bereit sein wird. Die Erde wird gereinigt werden, ebenso wie Meine Kinder von allem Übel gereinigt werden, und Ich werde die Sanftmütigen, die Demütigen und diejenigen mit zartfühlenden Herzen erheben, damit sie ihren Platz im Neuen Himmel und auf der Neuen Erde einnehmen.

Verliert niemals die Hoffnung, denn alle Macht ist Mein. Kommt zu Mir, Meine Kinder, und schöpft Trost aus Meiner bedingungslosen Liebe zu euch. Vertraut auf Mich, und alle Herrlichkeit wird euer sein.

Euer geliebter Vater
Gott der Allerhöchste

1242. Ich komme zuerst wegen jener, die Meiner Barmherzigkeit am wenigsten würdig sind.

Sonntag, 12. Oktober 2014, 21:20 Uhr

Meine innig geliebte Tochter, Ich Bin der Beschützer aller Kinder Gottes — jedes einzelnen von euch, unabhängig von eurem Geschlecht, eurem Alter oder eurer Religion. Ich Bin der Beschützer Meiner Kirche auf Erden, und kein Mensch wird sie unterkriegen. Sie wird intakt bleiben, auch wenn Mich viele verlassen haben werden.

Diejenigen, die Mich verlassen, die das Wort Gottes verändern, können nicht sagen, sie seien von Meiner Kirche, denn Ich kann keine Kirche beschützen, die nicht die Wahrheit spricht. Die wahre Prüfung eures Glaubens hat begonnen, und bald werdet ihr verwirrt sein und nicht wissen, wohin ihr euch wenden sollt. Seid versichert: So barmherzig Ich auch Bin, werde Ich doch niemals tatenlos zusehen, wenn Verräter Meinen Leib entweihen. Sie werden nur so weit gehen, bis die Hand Gottes mit Donnergrollen zu hören sein wird.

Ihr müsst euch auf Mich ausrichten und akzeptieren, dass die Drangsal intensiver geworden ist und dass alle vorausgesagten Ereignisse eintreten müssen. Nur wenn die Prophezeiungen, die der Welt zu Anfang gegeben wurden, offenbar werden, wird der Mensch voll verstehen, dass Meine Zeit fast da ist. Ihr dürft niemals Angst haben vor Mir, denn Meine Liebe und Barmherzigkeit erstrecken sich auf alle Menschen. Fürchtet nur diejenigen, die nicht von Mir kommen, denn sie werden vom Geist des Bösen getrieben, um schreckliche Dinge zu tun. Nur durch eure Gebete könnt ihr helfen, ihre Sünden zu sühnen, und durch solch eine großzügige Tat könnt ihr den Rauch Satans zerstreuen. Zurzeit umhüllt sein Rauch die ganze Welt, aber seine Gegenwart erkennen zu können, ist schwieriger, als ihr euch vorstellen könnt. Er beeinflusst die Menschen immer versteckt hinter einer Maske der Fürsorge und der humanitären Akte, und er präsentiert sich auf unerwartete, aber respektvolle Art und Weise. Der mit der Gabe der Unterscheidung gesegnete Mensch wird verstehen, wie Satan arbeitet. Er wird seine Werke erkennen, egal wie sorgfältig getarnt sie der Welt präsentiert werden, die für die Wahrheit blind ist.

Bald wird Meine Stimme in den Herzen der Menschen ihre Spiritualität wecken; ein Gefühl dafür, wer sie sind; ein Verständnis darüber, wem sie angehören, und ein Bewusstsein für das ewige Leben, das Ich ihnen bringen werde. Wisset, dass, wenn dieses Erwachen beginnt, die Macht Gottes zu spüren sein wird, wenn Gottes Gerechtigkeit sich aus der Asche erhebt, und wenn ein Feuerwerk aus Licht das verödete Feld zum Leben erweckt, das der Teufel verwüstet hinterlassen hat. Meine Stimme wird gehört werden, und viele werden schockiert sein, wenn dieser Tag beginnt. Meine Stimme wird wie Donner erschallen und jeder rechtschaffene Mensch wird sein Knie beugen und Gott preisen. Ich komme zuerst wegen jener, die Meiner Barmherzigkeit am wenigsten würdig sind. Sie sollten eigentlich die Letzten sein, wegen der Art, wie sie Mich behandelt haben. Und doch werden sie als Erste in Mein Königreich gewunken werden. Die Gerechten werden als Letzte kommen. Die Bösen werden zurückgelassen werden.

Kein Stein wird auf dem anderen bleiben, bis zur letzten Sekunde, und denjenigen, die um Meine Barmherzigkeit flehen, wird sie gegeben werden. Diejenigen, die Mir fluchen, werden verflucht sein.

Euer Jesus

1243. Die Schlüssel Meines Königreiches — der kommenden Welt — liegen bereit.
Dienstag, 14. Oktober 2014, 18:15 Uhr

Meine innig geliebte Tochter, alles, was Ich der Welt durch diese Botschaften offenbart habe, wird sich erfüllen. Viele von denen, die diese Botschaften kennen, werden leider weiterhin Mein Wort den Menschen vorenthalten. Andere, die nicht in diese Botschaften eingeweiht sind, werden sich gegen Mein Wort stellen, das ihnen im Heiligen Evangelium gegeben ist.

Ich appelliere an all jene, die auf dieser Erde an Meiner Seite gehen, und bitte sie, auf Mich zu vertrauen. Lebt nach Meinem Wort und ihr werdet nicht sterben. Lebt euer Leben nach der Wahrheit, und Ich werde große Gnaden über euch ausgießen und über diejenigen, die ihr Mir namentlich nennt. Während die Welt in Finsternis versinkt — wenn überall Kriege ausbrechen, und wenn Krankheiten und Hungersnöte die Menschheit in Atem halten — wird Mein Eingreifen für alle sichtbar werden. Ich beschütze all jene, die sich Meinem Heiligsten Herzen weihen. Ich erhebe jene, deren Herzen schwer sind, und Ich bringe jenen Frieden und Seelenruhe, die Mich um diese Gaben bitten.

Nur Ich, Jesus Christus, kann eure Last erleichtern. Nur Ich kann eure Feinde und diejenigen besiegen, die Macht und Einfluss missbrauchen, um euch zu ihrem eigenen Vorteil zu vernichten. Nur ihr, Meine geliebten Anhänger, könnt Mir die Seelen jener bringen, die Mich zurückweisen, die Mich ablehnen und die Mich leugnen. Viele von ihnen werden nie zu Mir kommen, obwohl Ich sie herzlich in Meine Barmherzigkeit einlade.

Ihr müsst fortfahren, die Gebete, die euch gegeben sind, zu verwenden. Bleibt nah bei Mir, denn wenn ihr das tut, wird euch jeder Schutz vor dem Bösen gewährt werden. Ihr müsst stark und mutig sein und ruhig bleiben, denn Ich werde nie von eurer Seite weichen. Ich werde mit euch gehen und euch Halt geben. Ich werde euch trösten. Ich werde jede Träne abwischen, und bald werde Ich euch und eure Lieben in Meine liebenden Arme schließen.

Die Schlüssel Meines Königreiches — der kommenden Welt — liegen bereit für alle, deren Namen im Buch des Lebens stehen. Aber Meine Barmherzigkeit ist so groß, dass Ich in Meinem Neuen Paradies auch jene willkommen heißen werde, deren Namen nicht darin enthalten sind, wenn ihr Mir diese Seelen durch eure Gebete bringt.

Euer geliebter Jesus

1244. Fehlt es an Nahrung für den Geist, wird die Seele leer, elend und verloren.
Dienstag, 16. Oktober 2014, 19:10 Uhr

Meine innig geliebte Tochter, fehlt es an Nahrung, die den Leib nährt, ist das eine schreckliche Not. Fehlt es aber an Nahrung für den Geist, wird die Seele leer, elend und verloren. Wenn eine Seele sich von Mir entfernt, wird sie umherschweifen und jede Art von Erfüllung suchen. Sie wird bis ans Ende der Erde gehen, auf der Suche nach spiritueller Ruhe und Erleichterung, aber nichts kann diese Leere füllen, nur Ich. Sie kann vielleicht eine vorübergehende Erleichterung finden bei all dem weltlichen Zeitvertreib zur Entspannung, aber den Frieden, den Ich ihr bringen kann, wird sie niemals finden.

Wenn Ich die Seele eines Menschen mit Meinen Segnungen nähre, wird sie erfüllt sein von Meiner Liebe und Gegenwart. Obwohl Meine Gegenwart in der Seele das Gift der bösen Geister auf sie herabziehen wird, die alles nur Mögliche tun werden, um sie zu beunruhigen, wird das die Seele nicht kümmern. Meine Liebe ist alles, was ihr braucht, um euch erfüllt zu fühlen, und Mein Friede, der euch erfüllt, ist nicht von dieser Welt. Er kommt mit großen Gnaden, und die Seelen, die diesen Frieden erlangen, werden ihn niemals wieder so leicht loslassen, wenn sie ihn einmal erfahren haben.

Wenn ein Mensch keine Mühe scheut, um Mich zu leugnen, betrügt er sich nur selbst. Mich zu leugnen, ist eure eigene Entscheidung. Wozu dann eure Hassbekundungen Mir gegenüber, wenn ihr gar nicht glaubt, dass Ich existiere? Ich appelliere an diejenigen von euch, die sich mit Ich appelliere an diejenigen von euch, die sich mit spirituellen Kämpfen herumplagen: Hört auf Meine Stimme, wenn Ich euch jetzt rufe. Wenn ihr Mich leugnet, dann schweigt. Macht es nicht so, dass ihr Mich leugnet und Mich dann verflucht, denn wenn ihr das tut, widersprecht ihr euch selbst. Ihr könnt nicht etwas hassen, das nicht existiert. Wenn ihr wie auch immer gearteten Hass verspürt: Wisst ihr nicht, dass dieser aus einer bestimmten Quelle kommt, genauso wie die Liebe tut? Die Liebe kommt von Gott. Der Hass kommt von Satan. An dem Tag, an dem ihr merkt, dass das Böse sich fortpflanzt und Verseuchung verbreitet, wenn es sich wie eine Schlange windet, werdet ihr erkennen, dass es eine reale Wesenheit ist. Erst dann werdet ihr endlich die Existenz des Teufels akzeptieren. Der Grund, warum er, Satan, so gerissen ist, liegt darin, dass es für ihn nicht von Vorteil ist, wenn er sich bekannt macht. Würde er sich zu erkennen geben, wäre es für euch unmöglich, nicht an Gott zu glauben.

Öffnet eure Augen und seht das Böse als das, was es ist. Wisset, dass dadurch, dass ihr Mich leugnet, der Teufel euch benutzen wird, um Hass gegen diejenigen zu schüren, die Mich lieben.

Euer Jesus

1245. Mutter der Erlösung: Vielen werden ihre Titel aberkannt werden.
Freitag, 17. Oktober 2014, 15:30 Uhr

Meine lieben Kinder, betet bitte für die treuen gottgeweihten Diener Meines Sohnes, jetzt da die prophezeiten Ereignisse eintreffen. Vielen werden ihre Titel aberkannt werden und sie werden mit Schimpf und Schande in die Wüste geschickt werden. Aufruhr und Verwirrung werden sich innerhalb der Kirche Meines Sohnes ausbreiten, doch die Verräter werden sich in großer Zahl erheben, und viele werden ihnen folgen. Andere Christliche Kirchen werden mit der neu angepassten Kirche eine enge Verbindung eingehen, und dann wird alles für die neue globale Religion bereit sein. Diese neue Form von Kirche wird vielen, die Veränderungen wünschen, zuerst wie ein frischer Wind vorkommen. Dann wird klar werden, dass sie nur denjenigen dient, die die Gebote Gottes geändert haben wollen, um sie ihrem sündhaften Leben anzupassen. Diese Kirche wird den gesamten Glauben verlieren. Sie wird alle Anzeichen einer neuen, reformierten Kirche Gottes haben, aber alle Symbole, die Meinen Sohn verherrlichen sollen, wird es nicht mehr geben.

Dann, wenn die Zeit reif ist, wird die neue Eine-Welt-Kirche verkündet werden, und sie wird als eine große humanitäre Institution gesehen werden. Sie wird untrennbar mit der Welt der Politik und Wirtschaft verknüpft sein. Dann werden diejenigen, die nie irgendeiner Glaubensgemeinschaft angehört haben, sich ihr anschließen. Wie werden sie sich freuen, denn jede Sünde wird verziehen werden, und somit werden viele Menschen erleichtert sein, weil sie ihr Leben so leben können, wie sie es wollen. Sie werden sich keine Gedanken machen müssen, ob sie Gott beleidigen, denn die Sünde wird als verzeihlich betrachtet werden.

Die neue Kirche wird, um sich mit einem Hauch von Ehrenhaftigkeit zu umgeben, humanitäre Werke und Wohltätigkeiten fördern, und die ganze Welt wird ihr applaudieren. Bald danach wird kein Unterschied mehr gemacht werden zwischen ihr und globalen politischen Allianzen und Wirtschaftsverbänden, die sich der Philanthropie verschrieben haben.

Währenddessen wird die wahre Kirche Meines Sohnes, wie sie von Ihm errichtet worden ist, am Leben bleiben, aber geschwächt. Wenn auch zahlenmäßig klein, wird die Restkirche niemals aufgeben, selbst dann nicht, wenn der Antichrist die Macht ergreift.

Betet, betet, betet, dass die gottgeweihten Diener Meines Sohnes ihre Angst überwinden und aufstehen werden, um die Wahrheit zu verkünden, selbst wenn ihre Stimmen von denen übertönt werden, die Meinen Sohn verraten.

Eure geliebte Mutter
Mutter der Erlösung Mutter der Erlösung

1246. Verflucht sind jene, die Mich verfluchen.

Sonntag, 18. Oktober 2014, 14:20 Uhr

Meine innig geliebte Tochter, der Teufel hat die Herzen von vielen, die an Mich glauben, ergriffen, weil sie ihm den Zugang zu ihren Seelen so leicht machen.

Satan führt die Seelen in Versuchung sowohl durch die Sinne als auch durch die Sünde des Stolzes. Diejenigen, die glauben, dass ihre Intelligenz und ihre Kenntnisse des Heiligen Wortes Gottes ihnen das Recht gäben, in Meinem Namen über andere zu urteilen, beleidigen Mich sehr. Sie sind voller Stolz und ihr Narzissmus macht sie glauben, sie hätten das Recht, andere zu verachten und in Meinem Namen Gift zu versprühen. Hütet euch vor jenen, die andere verfluchen und dann sagen, sie seien von Mir, denn sie sprechen mit einer bösen Zunge. An dem Tag, an dem Ich komme, werden diese Seelen voller Angst auf dem Boden kauern und ihre Augen vor Meinem Licht bedecken, das sie blenden wird.

Vertraut immer auf Meine Barmherzigkeit, denn Ich werde immer denen vergeben, die vor Mich hintreten mit wahrer Reue in ihren Seelen für alles, was sie gesagt, getan und ausgeführt haben und was Mich beleidigt hat. Fürchtet jedoch Meine Gerechtigkeit, denn sie ist schrecklich. Ich entschuldige Mich nicht dafür. Wisset, dass die Stolzen und Mächtigen leiden werden, da sie Mir die von Mir ersehnten Seelen durch ihren bösen Einfluss raubten. Sie werden vor Meinem Throne vor Angst zittern, aber sie werden dann immer noch mit Mir streiten und ihre bösen Wege verteidigen, in der irrigen Annahme, dass Ich auf sie höre.

Verflucht sind jene, die Mich verfluchen. Selig sind jene, die ihr Leben in Liebe für andere leben und die Meinen Lehren folgen, selbst wenn ihnen das Schmerz einbringt. Ich werde die Gerechten aufrichten, aber die Bösen, die sich vom Wort Gottes abwenden, werde Ich zermalmen. Wer anderen Schmerz zufügt — vor allem in Meinem Namen —, wird Mir am Jüngsten Tag Rechenschaft ablegen müssen.

Euer Jesus

1247. Mutter der Erlösung: Selig sind jene, die die Schlüssel des Paradieses empfangen werden.

Sonntag, 19. Oktober 2014, 20:40 Uhr

Mein liebes Kind, Ich bin eure Mutter, die Königin des Himmels. Euch alle, die ihr Mich um Fürsprache in euren Anliegen anruft, damit Ich Meinen Sohn bitte, euch zu schützen, überschütte Ich mit besonderen Gnaden. Der ganze Himmel betet in dieser Zeit für die Menschheit, damit der Übergang in die neue Welt, die nicht enden wird, reibungslos verlaufen wird. Der größte Wunsch Meines Sohnes ist, die Herzen aller Sünder zu erreichen; die Spinnweben der Verwirrung, die ihre Seelen bedecken, zurückzuziehen; und selbst jene mit Herzen aus Stein in Seine Große Barmherzigkeit zu ziehen.

Mein Sohn gibt niemals auf in Seinem Bestreben, das Herz jedes Einzelnen zu berühren. Er sucht niemals Rache an denen, die Ihn beleidigen, und Er zieht niemals eine Seele einer anderen vor. Er liebt jeden Einzelnen, selbst Seine größten Feinde, und das wird immer der Fall sein. Ihr dürft euch von Meinem Sohn nicht entfernen, auch wenn ihr in diesem Leben leiden müsst, einen geliebten Menschen unter tragischen Umständen verloren habt oder das Opfer schrecklicher Ungerechtigkeiten geworden seid. Gott ist der Urheber des Lebens. Er gibt es und Er nimmt es hinweg. Nur wenn eine von bösen Geistern besessene Seele jemand anderen ermordet, wird Gott diese Seele für ihre Tat teuer bezahlen lassen.

Solange die Sünde existiert, wird das Böse auf Erden bestehen bleiben. Erst dann, wenn die Sünde verbannt ist, wird sich das Böse auflösen. Kinder, Ich bitte euch, seid geduldig. Ich bitte euch, verbringt eure Zeit im Gebet, so oft ihr könnt. Ich bitte euch, betet weiterhin den Höchstheiligen Rosenkranz für den Schutz eurer Familien, eures Volkes und eures Landes. Nie zuvor war Mein Rosenkranz so machtvoll wie in dieser Zeit, und ihr werdet große Gnaden erhalten, wenn ihr ihn betet, vor allem wenn ihr ihn laut und in Gruppen betet.

Gottes Pläne für das Zweite Kommen Jesu Christi liegen bereit. Ich bitte euch, durch eure Gebete den Weg zu bereiten, damit alle Sünder sich um Buße bemühen, auf dass sie sich in der kommenden Welt, die kein Ende kennt, des ewigen Lebens erfreuen. Selig sind jene, die die Schlüssel des Paradieses empfangen werden.

Eure geliebte Mutter
Mutter der Erlösung

1248. Nehmt die Wahrheit an, die euch im Buch der Offenbarung gegeben ist.

Dienstag, 21. Oktober 2014, 23:40 Uhr

Meine innig geliebte Tochter, wenn den Kindern Gottes Prophezeiungen gegeben wurden, erzeugten diese von Anfang an Angst in den Herzen der Menschen. Dies war wegen der Zweifel, die in den Köpfen derer existierten, die nicht an Gott glaubten, und wegen der Geborgenheit, die der Mensch in seiner natürlichen irdischen Umgebung fühlte. Es war leichter, ein Leben der Unvollkommenheit zu akzeptieren, als an eines zu glauben, das im Übernatürlichen existiert.

Gott hat Seine Propheten nicht gesandt, um Seine Kinder in Schrecken zu versetzen. Er sandte sie, um sie vor den Gefahren zu warnen, die auftreten, wenn sich die Menschen zu weit von Gott entfernen. Als diese Kluft so groß wurde, dass die Mehrheit der Seelen Gott ablehnte, griff Er immer ein, um sie zu retten. Gott ist immer durch Seine Propheten eingeschritten, und durch Seine Propheten konnte Gott Seine Kinder über die Wege des Herrn unterrichten. Ohne Gottes Propheten wäre den Menschen nicht die Wahrheit geschenkt worden. Was Gott Seinem Volk gibt, durch das geschriebene Wort, soll der Mensch nicht zerreißen.

Der Mensch ist nicht würdig, das Wort Gottes zu ändern, noch ist er fähig, die Bedeutung des Wortes zu ändern, noch hat er das Recht, dies zu tun. Wenn ein Mensch das Wort Gottes bewusst missdeutet, um anderen zu schaden, dann ist dies eine schwere Sünde. Viele haben versucht, die Bedeutung des Wortes zu ändern, sind aber gescheitert. Und doch gibt es welche, die das Wort so abgewandelt haben, dass es von der vollen Wahrheit abgewichen ist und die Menschen keine Lehre daraus ziehen konnten. Ich ziehe diese Seelen nicht zur Rechenschaft, weil sie das Wort nur verwendet haben, um Gott die Ehre zu erweisen.

Als Ich kam, um die Wahrheit zu predigen, wurde Ich gefürchtet. Alle Propheten vor Mir wurden ebenfalls gefürchtet. Sie wurden — genau wie Ich — dafür gehasst, dass sie der Menschheit — durch das gesprochene Wort — die Wahrheit vermittelten. Das Buch der Offenbarung, das Johannes dem Evangelisten durch die Kraft des Heiligen Geistes gegeben wurde, wird von Meinen

Christlichen Kirchen ignoriert. Es wird selten erörtert, und viele in Meiner Kirche lehnen es als unwichtig ab.

Die Zeit, dass die Wahrheit endlich ausgesprochen und der Mensch sich entscheiden muss, ist jetzt gekommen. Nehmt die Wahrheit an, die euch im Buch der Offenbarung gegeben ist, und bereitet euch so vor, dass am Großen Tag alles bereit ist und Mir zur Freude gereicht. Oder ignoriert das Wort und Meine Verheißung, wiederzukommen. Stellt euch Meinen Bitten gegenüber taub — aber denkt daran: Ich werde wie ein Dieb in der Nacht kommen, und nur diejenigen, die Mich willkommen heißen und Meine Barmherzigkeit annehmen, werden Mein sein.

Meine Warnungen geschehen nur aus Liebe zu euch. Wäre da nicht Meine Liebe, Ich würde die Menschheit in die Wildnis werfen, so undankbar sind ihre Seelen.

Euer Jesus

1249. Oh, wie überheblich ist doch der Mensch, der sich über Meine Existenz lustig macht.

Donnerstag, 23. Oktober 2014, 15:14 Uhr

Meine innig geliebte Tochter, mit jeder guten Tat und jedem Akt der Nächstenliebe werden die Kräfte des Teufels geschwächt. Mit jedem Gebet und jedem Leiden, aufgeopfert für die Seelen derer, die sich in der Finsternis befinden, werden böse Handlungen und Hass an der Wurzel ausgerissen. Wisset, dass gute Taten, die von jeder von der Kraft des Heiligen Geistes berührten Person ausgehen, den Einfluss Satans in der Welt vernichten.

Erhebt euch alle, die ihr die Wahrheit — die im Buch der Offenbarung enthalten ist — angenommen habt, und betet für die Rettung aller Kinder Gottes. Bittet, bittet, bittet, und Ich werde euch antworten, wenn ihr für diejenigen betet, von denen ihr wisst, dass sie fest entschlossen sind, allen Glauben an Mich, Jesus Christus, zu zerstören.

Oh, wie überheblich ist doch der Mensch, der sich über Meine Existenz, Meine Gottheit und die Verheißung Meiner Wiederkunft lustig macht. Wie verschlossen ist sein Geist gegenüber der Liebe, die Ich in Meinem Herzen für alle Sünder habe, auch für jene, die Mich verraten. Wie leicht beeinflussbar sind diejenigen, die den Heiligen Geist nicht in sich haben. Wehe denen, die sich gegen die Gabe des Heiligen Geistes erheben, der die Lebenskraft aller Dinge ist, die aus Mir entspringen. Wie durstig seid ihr, die ihr Mich leugnet. Wasser wird euren Durst niemals löschen, und es wird ein Tag kommen, an dem ihr Mich um die Quelle des Lebens anflehen werdet. Bis dieser Tag kommt, werdet ihr kein Leben haben — es sei denn, ihr bittet darum, aus Meiner Quelle trinken zu dürfen.

Kommt — bittet Mich, euch zu erleuchten. Erlaubt dem Feuer des Heiligen Geistes, eure Seele zu überfluten. Wenn ihr zu Mir kommt, mit ganzem Vertrauen und in Demut, werde Ich euch mit Meiner Gegenwart

erfüllen, und wenn ihr Mich anerkennt, werde Ich euch das Leben schenken, nach dem ihr euch sehnt. Erst dann wird in eurem Herzen Frieden herrschen.

Euer Jesus

1250. Die Hand Gottes wird die Sonne einsetzen, um die Welt zu warnen.

Freitag, 24. Oktober 2014, 22:50 Uhr

Meine innig geliebte Tochter, die Sonne ist eines der größten Zeichen, wenn das Göttliche Eingreifen im Begriff ist, sich zu offenbaren. Wenn ihr Veränderungen an der Sonne seht, wenn sie größer wirkt, länger und zu ungewöhnlichen Jahreszeiten scheint, dann wisset, dass die Zeit für Meine Wiederkunft näher rückt.

Die Hand Gottes wird die Sonne einsetzen, um die Welt auf ihre ungewöhnliche Aktivität aufmerksam zu machen. Die Wissenschaftler werden keine Begründung geben können, wenn sich plötzliche Bewegungen an der Sonne zeigen und dieser Stern, der euch das Sonnenlicht spendet, sich auffällig verhält. Ohne das Licht der Sonne würde die Erde in Dunkelheit versinken. So, wie die Sünden der Menschen zunehmen und die Sünde ganz einfach als Teil der menschlichen Natur gesehen wird, wird die Erde mit dem Geist der Finsternis bedeckt werden. Während die Sünde die Welt einhüllt, wird die Sonne langsam ihren Glanz verlieren und trübe werden. Während der Mensch sein Gefühl der Liebe für andere verliert und immun wird gegen den Schmerz, den er anderen aufgrund der Sünde zufügt, wird die Welt immer dunkler — dunkler im Geist, dunkler bei Tag.

Ich werde auch weiterhin die Kinder Gottes bis zu dieser Zeit führen. Ich werde euch den Weg zu Meinem Königreich zeigen, und ihr werdet Mein Licht sehen. Nichts wird euch entlang des Weges ablenken, denn ihr werdet deutlich sehen, wie das Böse eine schreckliche Finsternis mit sich bringt.

Das Sonnenlicht wird sich verflüchtigen, bis schließlich drei Tage lang kein Licht die Erde bedecken wird. Das einzige Licht wird das sein, welches aus der Wahrheit kommt. Und am vierten Tag wird der Himmel aufreißen und das Licht — in einer Helligkeit, die ihr nie für möglich gehalten hättet — wird aus dem Himmel herab strömen. Dann werde Ich — von jeder Person, in jedem Land, zur selben Zeit — in all Meiner Herrlichkeit gesehen werden, wie Ich komme, um das Mir von Meinem Vater versprochene Königreich zurückzufordern.

Habt niemals Angst vor der Vorbereitung, die notwendig ist, damit jeder von euch bereit ist, Mich zu treffen. Ihr müsst sicherstellen, dass ihr auf Mich gut vorbereitet seid, denn das wird der Tag sein, an dem Ich euch die Schlüssel zu Meinem Königreich übergebe, und das wird mit großen Festlichkeiten begangen werden. Das Böse wird in Meiner kommenden Neuen Welt nicht mehr existieren, und die Gerechten werden sich

mit Mir und all den Engeln und Heiligen vereinen.

Ihr müsst diese Mission als eine Reise ansehen. Jeder Teil der Reise bringt neue Entdeckungen — Wege, auf denen ihr alles Nötige lernt, um euch für die nächste Etappe vorzubereiten. Mit jeder erklommenen Hürde werdet ihr stärker. Selbst die Schwächsten unter euch werden diese Reise ganz zu Ende gehen, denn Ich werde euch auf Schritt und Tritt begleiten, und bald wird sie vollbracht sein.

Freut euch, denn Mein Königreich wartet und wird in Kürze euch gehören.

Euer Jesus

1251. Manchmal erscheint euch etwas ungerecht, weil es jenseits eures Verständnisses liegt.

Sonntag, 26. Oktober 2014, 23:10 Uhr

Meine innig geliebte Tochter, denjenigen, die Mich leugnen, weil sie glauben, wenn Gott wirklich existierte, würde Er in Seiner Liebe niemals Leiden, unerwartete Tragödien, Erkrankungen oder frühzeitige Todesfälle zulassen, sage Ich:

Gott gibt Leben und Er nimmt es, so wie Er will, und bei jedem Akt Gottes entsteht immer Gutes, sei es in eurer irdischen Welt, oder in Meinem Himmelreich. Es ist ein Mangel an Vertrauen in Mich, der Bitterkeit in den Seelen hervorruft, die Mich für Handlungen verurteilen, die sie für grausam und unnötig halten. Was sie nicht wissen, ist, dass alles seine Zeit hat; eine Zeit zum Leben und eine Zeit zum Sterben, und dass Gott der Urheber allen Lebens ist und nur Er entscheiden kann, wann ein Leben zu Ende ist.

Leiden durch die Hand anderer Menschen wird durch Sünde verursacht — nicht durch Gott. Wenn die Menschen unterschiedliche Lebenswege einschlagen, ist es ganz und gar ihre eigene freie Entscheidung. Einige wählen weise und im Einklang mit ihrem eigenen Gewissen und verstehen den Unterschied zwischen richtig und falsch. Andere wählen einen Weg, vom dem sie glauben, dass er ihnen die notwendigen Güter für ihren Lebensunterhalt in der Welt beschert. Doch es gibt auch diejenigen, die unklug wählen und sich auf einen Weg der Selbstsucht, Bosheit und Gier begeben.

Alles Gute kommt von Gott. Manchmal erscheint euch etwas ungerecht, weil es jenseits eures Verständnisses liegt, aber wisset, dass Gott immer so wählt, dass es zum Wohle der Menschen Früchte trägt. Und — Leiden ist Bestandteil des göttlichen Plans zur Seelenrettung. Er findet keinen Gefallen am Leiden, aber Leiden ist eine Form der Reinigung. Wenn ihr leidet, wird Gott versuchen, dieses Leiden zum Wohle einer eigenen Seele zu verwenden. Aber Er wird euch niemals dazu zwingen, etwas zu tun, denn Er gibt euch den freien Willen. Ein Missbrauch eures freien Willens kann zu schrecklicher Sünde führen, und dennoch wird Gott euch niemals euren freien Willen nehmen. Der freie Wille ist unantastbar. Er wurde dem Menschen von Gott geschenkt, und der freie Wille ist das Geschenk, das Er euch niemals nehmen wird. Allerdings geschieht es gerade durch den freien Willen, dass der Mensch aus der Gnade und in die Sünde fällt.

Der Teufel nutzt den freien Willen des Menschen durch die Versuchung der Sinne geschickt aus. Wenn der freie Wille richtig eingesetzt wird, dann kann er Gott zu großer Ehre gereichen. Aber wenn er missbraucht wird, um schreckliche Gräueltaten zu begehen, wird er von Satan dazu verwendet, um die Menschheit zu verfluchen.

Der Kampf um Seelen wird enden, wenn der freie Wille des Menschen und der Wille Gottes eins werden. Erst dann wird der Mensch frei von allen Dingen sein, die ihm Sorgen und Leid jeglicher Art einbringen.

In der kommenden Welt, die kein Ende hat, wird allein der Wille Gottes herrschen.

Euer Jesus

1252. Mutter der Erlösung: Meine Rolle als die Mutter der Kinder Gottes wird untergraben.

Montag, 27. Oktober 2014, 16:20 Uhr

Mein Kind, es ist wichtig, daran zu denken, jeden Tag Meinen Höchstheiligen Rosenkranz zu beten, um diese Mission und andere Missionen, die von Meinem Ewigen Vater für die Welt zugelassen sind, zu schützen.

Christen, die den Glauben bewahren, werden es in diesen Zeiten sehr schwer finden, weiterhin ihre Hingabe an Mich, die Unbefleckte Jungfrau Maria, die Mutter Gottes, kundzutun. Meine Rolle als die Mutter der Kinder Gottes wird untergraben und verworfen, und insbesondere durch bestimmte katholische Gruppen, die nicht von Meinem Sohn kommen. Solche Gruppen erwecken den Eindruck, dass sie Anhänger der Kirche Meines Sohns seien, praktizieren aber nicht, was Er gelehrt hat. Sie verfolgen jene, die die Wahrheit hochhalten, und unternehmen außergewöhnliche Anstrengungen, um jede Art von Privatoffenbarung an die Menschheit seit dem Tod Mein es Sohnes am Kreuz als Unsinn abzulehnen. Gäbe es nicht die Privatoffenbarungen, die der Welt von Mir, der Mutter Gottes, als Botin Christi, gegeben werden, hätten viele sich niemals zur Wahrheit bekehrt. Stattdessen wären viele weiterhin im Dunkeln gegangen, hätten die Existenz Gottes abgelehnt und das Gebet gemieden — die Tür, die, wenn sie geöffnet wird, die Seele erleuchtet. Meine Rolle als Mutter Gottes wird jetzt auf der ganzen Welt angegriffen, wegen der Macht, die Mir gegeben wurde, um den bösen Widersacher zu vernichten. Ich werde den Kopf der Schlange zertreten — wie vorausgesagt —, aber diejenigen, die Mir Hingabe zeigen, werden verhöhnt und verspottet werden von Betrügern, die es wagen, sich als Experten in der Lehre der Kirche auszugeben.

Mein Sohn verabscheut jede Art von Hass, den ein Mensch für Seinen Bruder zeigt. Er vergießt Tränen, wenn jemand, der sagt, dass er die Kirche Mein es Sohnes vertrete, dann Hass gegen ein Kind Gottes schürt. Er leidet den Schmerz Seiner Kreuzigung jedes Mal, wenn ein Diener in Seiner Kirche einen anderen Menschen verletzt oder Unschuldigen schreckliches Leid zufügt.

Kinder, ihr müsst innig für die Kirche Meines Sohnes beten, da sie dem größten Angriff seit ihrer Gründung ausgesetzt ist. Die Feinde Mein es Sohnes haben viele Pläne, um sie zu zerstören, und die meisten von diesen werden aus dem Inneren der Kirche kommen. Nehmt euch Meine Warnung zu Herzen, und auch jene, die Ich der Welt in Fatima offenbart habe. Der Feind wartet ab und bald wird er die Kirche Mein es Sohnes auf Erden komplett kontrollieren, und Millionen werden in die Irre geführt werden.

Verschließt eure Ohren, wenn ihr davon hört, dass Diener Mein es Sohnes verachtet oder verleumdet werden, weil sie das Wort Gottes verteidigen. Denkt immer daran, dass von Gott nur Liebe kommt, und jede Person oder Organisation, die euch dazu ermutigt, über einen Menschen ein Urteil zu fällen — unabhängig davon, was er getan hat —, muss in Frage gestellt werden. Ihr könnt nicht erklären, ihr seiet ein Diener Gottes, dann aber der Welt sagen, sie solle sich abfällig über eine andere Person äußern. Ihr dürft niemals eine Aufstachelung zum Hass jeglicher Art dulden. Jede Person, die dies im Namen Mein es Sohnes tut, darf niemals dazu aufgemuntert werden, denn Hass kann niemals von Gott kommen. Mein Rosenkranz muss so oft wie möglich gebetet werden, um das Böse zu zertreten, das die Welt in einer Zeit ergreift, wo Grausamkeit jeglicher Art für gerecht erachtet wird.

Die Liebe des Menschen zu sein em Bruder ist selten geworden und die Nächstenliebe unter Christen wurde aufgeweicht. Ihr müsst eure Augen für die Wahrheit öffnen und euch in Erinnerung rufen, was Mein Sohn euch gelehrt hat. Seine Lehre ist klar wie der helle Tag, denn sie wurde niedergeschrieben, damit die Welt sie in der Höchstheiligen Bibel lesen kann.

Eure geliebte Mutter
Mutter der Erlösung

1253. Gott der Vater: Ohne Mich könntet ihr nicht existieren.

Dienstag, 28. Oktober 2014, 20:20 Uhr

Meine liebste Tochter, Meine Kinder müssen wissen, dass es nur einen Gott gibt. Nur einen einzigen. Jeder andere existiert nur in den Köpfen der Menschen. Alle anderen Götter sind ein Gräuel in Meinen Augen, und der Mensch, der der Versuchung erliegt, falsche Götter anzubeten, dient nur dem Teufel, der seine Freude daran hat, wenn der Mensch aus dem Stande der Gnade fällt.

Ich Bin der Anfang und das Ende. Nichts kann sich gegen Mich behaupten. Selbst die Dämonen und gefallenen Engel, die Ich in den Abgrund geworfen habe, werden niemals stehen und Mich herausfordern, denn diese Macht ist ihnen nicht gegeben.

Der fehlbare Mensch hat so viele Religionen gegründet und damit große Verwirrung gestiftet. Von Anfang an sprach Ich mit Einer Stimme, und bis zum Ende kann es nur diese Eine Stimme geben. Die Welt ist Mein, denn Ich habe sie erschaffen. Ich schuf jedes Lebewesen. Ich habe auch Meine himmlische Hierarchie erschaffen, aus der Ich jene Engel hinausgeworfen habe, die sich Mir widersetzt und Mich verraten haben. Viele dieser gefallenen Engel kommunizieren mit jenen von Meinen Kindern, die eine New-Age-Variante der Spiritualität geschaffen haben. Ich warne jene von euch, die falsche Götter anbeten, indem sie sich mit solchen Praktiken beschäftigen. Durch diese Art der Spiritualität öffnet ihr eure Seele bösen Geistern, deren einziger Wunsch es ist, eure Seele zu zerstören.

Diese falschen Engel sind Dämonen, als lebendige Geistwesen des Lichts getarnt, und sie werden euch dazu verleiten, an Irrtümer zu glauben. Jede Lüge über Meine Himmlische Hierarchie wird euch vorgesetzt werden, so dass ihr all eure Bedürfnisse Satan und den bösen Geistern zu Füßen legen werdet. Das Einzige, was sie tun, ist, sich wie wilde Tiere auf eure Seele zu stürzen, damit ihr am Ende leer und ohne jegliche Liebe dasteht. Wenn ihr solche Götzen anbetet, werdet ihr anfangs ein falsches Gefühl von Frieden empfinden. Dämonen können euch solche Kräfte geben, aber diese sind nur von kurzer Dauer. Denn sobald sie Zugang zu eurer Seele erlangen, werden sie euch quälen und zu dämonischen Handlungen aufstacheln.

Ich Bin all das, was am Anfang war, und Ich Bin das Ende. Alles beginnt und endet mit Mir. Wenn ihr wegen eures selbstsüchtigen Strebens nach Vergnügen, Macht und Kontrolle über euer Schicksal falsche Götter Mir vorzieht, dann seid ihr schuldig, Mein erstes Gebot zu brechen.

Ohne Mich könntet ihr nicht existieren. Ohne Mich habt ihr keine Zukunft. Ohne Meinen Sohn könnt ihr nicht zu Mir kommen. Lehnt Meinen einzigen, geliebten Sohn, Jesus Christus, den Wahren Messias ab, und ihr lehnt Mich ab.

Zum ersten Mal wurde der Welt die Wahrheit gegeben, als das Heidentum noch weit verbreitet war. Dann wurde die Wahrheit der Welt mit der Geburt Meines Sohnes gegeben, und Generationen wurden bekehrt. Jetzt wird die Wahrheit der Welt wieder gegeben, weil der große Glaubensabfall den Seelen derjenigen, die an Meinen Sohn glauben, den Atem nimmt, und weil in der jetzigen Zeit das Heidentum wiederum weit verbreitet ist. Genauso wie es am Anfang war, als Ich von undankbaren Menschen abgelehnt wurde, so wird es auch am Ende sein, wenn sich die Herzen der Menschen zu Stein verwandeln werden und sie ihre Seelen aus freien Stücken dem Teufel übergeben. Dann wird die Welt, wie ihr sie kennt, nicht mehr existieren, weil dann der Neue Himmel und die Neue Erde eins werden. Schließlich wird wieder Frieden herrschen, und Ich werde diejenigen vereinen, die sich entscheiden, mit Mir zu kommen.

Euer geliebter Vater
Gott der Allerhöchste

1254. Mutter der Erlösung: Der Glaube ist das Fundament der Kirche.

Mittwoch, 29. Oktober 2014, 14:25 Uhr

Meine lieben Kinder, wenn ihr euch niedergeschlagen, entmutigt und verängstigt fühlt wegen der schrecklichen Ungerechtigkeiten, die ihr seht, dann bittet bitte um Meinen mächtigen Schutz. Ich werde für euch Fürsprache einlegen und Meinen Sohn bitten, eure Bitten um Frieden und Ruhe zu erhören. Er wird euch mit den Gnaden erfüllen, die ihr benötigt, um durchzuhalten und die Flamme des Heiligen Geistes in eurer Seele lebendig zu halten.

Wenn ihr nach den Gaben des Heiligen Geistes strebt und Mein Sohn auf euer Rufen antwortet, wird euer Glaube an Ihn erheblich gestärkt werden. Sobald dies geschieht, wird euer Glaube euch befähigen, mehr auf Seine Große Barmherzigkeit zu vertrauen. Der Glaube ist das Fundament der Kirche, wodurch sie stark bleiben kann. Der Glaube macht euch frei von Angst und Verzweiflung. Er wird euch in turbulenten Zeiten Trost, Frieden und Ruhe bringen. Er erlaubt euch, die Dinge klar zu sehen, so wie ihr sie klar sehen sollt, um euch vor der Verfolgung, der ihr täglich ausgesetzt seid, zu schützen.

Diejenigen, die Jesus Christus treu ergeben sind, werden immer den Schmerz Seines Leidens zu ertragen haben. Das müsst ihr akzeptieren, wenn ihr in Seine Fußstapfen tretet. Wenn ihr dieses Kreuz annehmt, dann müsst ihr euer Leiden Meinem Sohn übergeben, für die Rettung der Seelen derer, die sonst niemals imstande wären, das Königreich Meines Sohnes zu betreten. Auch wenn euer Opfer schwer sein mag, so bringt es doch Meinem Sohn große Freude, Der in großem Kummer um diejenigen weint, die Er am Jüngsten Tag an den Teufel verlieren wird.

Glaube, Hoffnung und Vertrauen in Meinen Sohn werden euer Leid lindern und euch Frieden und Freude bringen. In dem Moment, wo ihr diese Segnungen empfangt, werdet ihr wissen, dass ihr jede Barriere, die euch von Gott trennt, überwunden habt. Dafür müsst ihr dankbar sein — nicht traurig —, denn das Königreich Gottes wird euer sein.

Geht, Meine Kinder, liebt und dient Meinem Sohn.

Eure geliebte Mutter
Mutter der Erlösung

1255. Ich gieße zu dieser Zeit große Gnaden über Meine Anhänger aus.

Mittwoch, 29. Oktober 2014, 15:00 Uhr

Ich gieße jetzt große Gnaden über Meine Anhänger aus, in einer Zeit, wo sie ihrer am meisten bedürfen.

Zu den Gnaden, die Ich über euch, Meine Anhänger, ausgieße, gehört das Geschenk der Einsicht, um euch zu befähigen, die Täuschung zu erkennen, die die ganze Welt verdirbt. Ich vermache euch auch das Geschenk der Ausdauer, so dass ihr euch gegen Meine Widersacher erheben und für das Überleben des Christentums weiterkämpfen werdet. Ich gebe euch auch das Geschenk der Geduld, so dass ihr imstande sein werdet, auch weiterhin die Wahrheit zu sprechen, wenn ihr die Unwahrheiten hören müsst, die jene — von Meinen Feinden fehlgeleiteten — Anhänger äußern werden.

Schließlich gebe Ich euch das Geschenk der Liebe, und wenn Ich euch mit diesem Geschenk erfülle, werdet ihr in der Lage sein, das Böse zu verringern durch eure Worte und Taten und eure Werke. Liebe zu Mir bedeutet, dass ihr selbst eure Feinde lieben werdet, und durch dieses Geschenk werdet ihr den Hass zerstören.

Geht und nehmt Meine Geschenke an. Alles, was ihr tun müsst, ist, zu Mir zu sagen:

„Jesus, gib mir die Geschenke, die ich benötige, um Dir treu zu bleiben."

Euer geliebter Jesus

1256. Mutter der Erlösung: Nehmt das Kreuz mit Würde auf euch. Klagt nicht.

Donnerstag, 30. Oktober 2014, 17:30 Uhr

Meine lieben Kinder, wenn ihr Meinem Sohn in diesem Leben dient, ist das mit Schwierigkeiten verbunden. Auf eine Art ist es leicht, Ihm zu folgen, aber wenn ihr die Gabe des Heiligen Geistes in eurer Seele tragt, wird das die Wut des Teufels und aller Feinde Meines Sohnes auf euch ziehen. Das macht eure Reise auf dem Pfad der Wahrheit extrem schwer. An jeder Ecke werdet ihr auf Ablehnung stoßen, selbst wenn ihr Meinen Sohn im Stillen anbetet.

Viele, die Meinen Sohn wirklich lieben, können es nicht verstehen, wenn sie von anderen ohne ersichtlichen Grund schikaniert werden. Oder wenn sie fälschlicherweise beschuldigt werden, etwas Unrechtes zu tun. Das ist so, weil Gott im Heiligen Geist wahrhaft gegenwärtig ist und diese Tatsache dem Teufel niemals verborgen bleibt, so dass er alles daransetzt, um euch Kummer und Leid zu bereiten. Er, der Teufel, wird euch schonungslos verspotten, und zwar entweder auf direkte Weise oder durch die Seelen, zu denen er sich Zugang verschaffen konnte.

Ihr werdet es nicht begreifen können, aber all diese Schmerzen entstehen, weil ihr Jesus Christus treu ergeben seid. So wie Er Spott, Hohn und Hass erlitten hat, so werden dies auch all diejenigen erleiden, die Ihm dienen. Wenn ihr in Seinem Namen auf

dieser Erde leidet, dann werdet ihr schließlich in Seinem Königreich ewigen Frieden, ewige Liebe und Freude finden. Nehmt das Kreuz mit Würde auf euch. Klagt nicht. Lasst euch nicht mit denen ein, die euch Hass entgegenbringen, damit euer eigenes Herz nicht mit dem gleichen Gift gefüllt wird.

Hass erzeugt Hass, wenn ihr darauf reagiert. Liebe, die von Gott kommt, erzeugt Liebe. Zeigt euren Feinden Liebe, betet für sie, habt Mitleid mit ihnen. Wenn ihr das tut, ist Satan machtlos gegen euch.

Eure geliebte Mutter

1257. Jene, die sich Meinem Ersten Kommen entgegenstellten, weigerten sich, den Willen Gottes anzunehmen.

Freitag, 31. Oktober 2014, 18:25 Uhr

Meine innig geliebte Tochter, Mein Wille ist in Stein gemeißelt, und alle, die Mich wahrhaft lieben, werden mit dem Göttlichen Willen des Herrn aufs Engste verbunden sein. Lehnt Meinen Willen ab — und ihr könnt nicht Mein werden. Erhebt euch gegen Mich — und Ich werde euch nicht erlauben, Mein Königreich zu betreten, denn nur diejenigen, die zu Mir kommen, indem sie Mir endgültig ihren eigenen freien Willen überlassen, werden wahrhaft sagen können, dass sie von Mir sind. Wenn ihr nicht von Mir seid, wie kann Ich dann gegen eure undankbaren Herzen gewinnen? Jene von euch, die Mir fluchen, die diejenigen verhöhnen, die Mein Wort bewahren, oder die versuchen, sich in den Heiligen Willen Gottes einzumischen, werden in den Abgrund geworfen werden, wenn alle Rettungsversuche gescheitert sind.

Nach Meiner Geburt machten viele Meiner Feinde, deren Seelen von bösen Geistern verseucht waren, Meiner Mutter das Leben sehr schwer. Jene, die Sie während Meiner Zeit auf Erden verfolgten, wussten in vielen Fällen nicht, warum sie Ihr gegenüber solch einen Hass empfanden. Was Sie aber gelitten hat, litt Sie in Meinem Namen. Jene, die sich Meinem Ersten Kommen entgegenstellten, weigerten sich, den Willen Gottes anzunehmen, der sie von den Fußfesseln befreien wollte, die ihnen von Dämonen angelegt worden waren.

Ich verbrachte bei Meiner Mission auf Erden viel Zeit damit, die bösen Geister aus den Seelen der Geplagten auszutreiben, während Ich jene erleuchtete, die in Unkenntnis des Willens Gottes waren. Heute, wo Ich Mich auf Meine Wiederkunft vorbereite, wird Meine Mission noch schwieriger sein. Allen von euch, deren Herzen verhärtet sind und die sich weigern, auf Mich zu hören, sage Ich: Wenn ihr Mir nicht wahrhaft treu ergeben seid durch ein Leben des Gebetes und der Hingabe, werdet ihr diese Reise zum Ewigen Leben nicht aufgrund eures Glaubens alleine vollenden. Ihr seid nicht mit genügend Einsicht oder Kenntnis Meines Wortes gesegnet, um jetzt Meine Warnung abzuweisen. Warum überschüttet ihr Mich jetzt mit Hohn und Spott? Was wird euch eurer Meinung nach würdig machen, vor Mir zu stehen, dann, wenn ihr Mich um das ewige Leben bittet? Ich sage euch, dass euer Eigensinn euch blind macht für die Wahrheit der Göttlichen Offenbarung, deren Zeuge ihr jetzt durch diese, Meine Heiligen Botschaften für die Welt seid.

Undankbare Seelen, ihr seid nicht bewandert in dem Wissen, das euch mit peinlichster Genauigkeit in der Höchstheiligen Bibel gegeben wurde. Bei keiner Lektion, die euch gelehrt wurde, habt ihr etwas gelernt. Euer Stolz und Euer Streben nach Selbsterfüllung frustrieren Mich. Eure Augen können nicht sehen, und ihr werdet infolgedessen nicht auf Mich vorbereitet sein. Für jede Verleumdung gegen diejenigen, die die Wahrheit sprechen und die Mein Heiliges Wort – trotz eures Widerstandes – bewahren, werdet ihr euch vor Mir verantworten müssen. Ich werde euch dann auffordern, eure Worte, eure Taten und eure Handlungen gegen Mich zu rechtfertigen. Ihr könnt niemals sagen, dass ihr für Mich seid, wenn ihr Mich durch Mein eigenes Wort bekämpft, das euch aus der Barmherzigkeit Gottes — der stets alles versucht, eure Seelen zu retten — gegeben wurde.

Wenn euch das Geschenk der Privatoffenbarung gegeben wird, habt ihr das Recht zu unterscheiden. Aber ihr habt nicht die Autorität, andere zu richten oder ihnen Schaden zuzufügen, selbst wenn sie nicht von Mir kommen. Ich Selbst, Jesus Christus, habe verkündet, dass der Mensch nicht das Recht hat, irgendeine Seele zu richten. Wenn ihr euch Mir widersetzt, und selbst wenn ihr Groll gegen falsche Propheten hegt, werde Ich euch richten und bestrafen, genau so, wie ihr diejenigen bestraft habt, die ihr gehasst habt. Ihr könnt keinen anderen Menschen in Meinem Namen hassen. Wenn ihr einen anderen Menschen hasst, dann tut ihr dies im Namen Satans. Ich werde euch von eurer Schuld nur reinwaschen, wenn ihr kommt und Mich bittet, euch eine solche Sünde zu vergeben. Aber viele von euch werden dies niemals tun, denn ihr habt euch über Mich gestellt, und dafür werdet ihr leiden.

Keiner von euch soll von einer anderen Seele sagen, dass sie vom Teufel sei, denn er, Satan, hat seine Freude an denjenigen, die diesen Fehler begehen. Keiner von euch ist sündenfrei und darf ein solches Urteil fällen.

Wer von Mir ist und wer Mich wirklich kennt, würde niemals eine andere Seele in Meinem Namen geißeln.

Euer Jesus

1258. Nichts kommt von nichts.

Samstag, 1. November 2014, 13:35 Uhr

Meine innig geliebte Tochter, hütet euch vor denen, die die Göttlichkeit Meines Vaters leugnen. Er, und nur Er, schuf die Welt — alles kam von Ihm. Nichts kommt von nichts. Alles, was ist und sein wird, kommt von Meinem Ewigen Vater.

Das Wort kann nicht zerschlagen werden, und wenn bzw. falls das getan wird, dann akzeptiert nichts, was der Wahrheit widerspricht. Ihr lebt in einer Zeit, wo jeder Beweis für die Existenz Gottes und das, was Er geschaffen hat, geleugnet wird. Alles, was Ihm lieb und teuer ist, wird zerstört. Seine Schöpfung wird von denen zerstört, die Ihn leugnen. Das Leben, das von Ihm kommt, wird vernichtet und die Wahrheit, die Er Seinen Kindern durch Sein Heiliges Buch mit dem Alten und Neuen Testament gab, wird jetzt in Frage gestellt. Bald wird vieles von Seinem Wort für unwahr gehalten werden.

Wie wenig liebt ihr doch Ihn, euren Ewigen Vater, und wie wenig wert ist euch euer eigenes Schicksal, denn euren eingeschlagenen Weg habt ihr mit großer Sorgfalt so ausgewählt, dass er zu eurer Überheblichkeit und Genugtuung passt. Der Mensch, der von seinem eigenen Verstand, seinem Wissen und seiner Eitelkeit besessen ist, wird trotz allem versuchen, einen Weg zu Gott zu finden, aber nach seiner eigenen Vorstellung. Das wird ihn in die Irre führen, und am Ende wird er eine Lüge leben. Wenn ihr in eurem Leben nach dem Sinn eures Daseins sucht, dann werdet ihr diesen niemals finden, solange ihr nicht die Wahrheit der Schöpfung akzeptiert.

Gott, Mein Ewiger Vater, hat euch erschaffen. Solange ihr das nicht akzeptiert, werdet ihr weiterhin falsche Götter anbeten, und euer Heidentum wird euch in eurer Verzweiflung in die Knie zwingen. Die Zeit ist gekommen, wo ihr jeden Beweis dafür akzeptiert, dass Mein Vater nicht existiert.

Euch ist die Wahrheit gegeben. Nehmt sie an. Erlaubt Mir, euch an der Hand zu Meinem Vater zu führen, damit Ich euch Ewiges Heil bringen kann. Alles außerhalb der Wahrheit wird euch in die Hölle führen.

Euer Jesus

1259. Ich werde zu einer Zeit kommen, wo ihr es am wenigsten erwartet.

Sonntag, 2. November 2014, 17:20 Uhr

Meine innig geliebte Tochter, Ich wünsche, dass ihr, Meine kostbaren Anhänger, auf alles vertraut, was Ich euch gelehrt habe, und auf alles, was Ich euch jetzt sage, denn all Meine Pläne entsprechen dem Willen Meines Ewigen Vaters. Ihr dürft niemals Angst vor der Zukunft haben, denn alles liegt in Seinen Heiligen Händen.

Vertraut und ihr werdet Frieden finden. Mein Plan wird letztendlich umgesetzt, alles Leid besiegt und alles Böse abgeschafft werden. Es ist Zeit, die Wahrheit zu akzeptieren, wenn sie auch beängstigend sein mag. Wenn ihr all euer Vertrauen auf Mich setzt, werde Ich eure Last leichter machen, und Meine Gnaden werden euch mit Meiner Liebe erfüllen, die euch in diesen grauenvollen Zeiten großen Trost bringen wird.

Ich werde zu einer Zeit kommen, wo ihr es am wenigsten erwartet, und bis dahin müsst ihr beten, beten, beten für diejenigen, die

Mich nicht kennen, ebenso wie für diejenigen, die Mich zwar kennen, die sich aber weigern, anzuerkennen, Wer Ich Bin.

Ich gieße weiterhin das Geschenk des Parakletos (des Heiligen Geistes) über euch aus, um sicherzustellen, dass ihr nicht von Mir abirrt. Jedes Geschenk wird denen gegeben werden, die Mich mit demütigem und reumütigem Herzen lieben. Meine Liebe wird jedoch jene Seelen nicht erreichen, die sich entscheiden, Mich zu ihren eigenen, mit Fehlern behafteten Bedingungen zu ehren. Noch wird sie die Herzen der starrsinnigen Seelen berühren, die Mich zu kennen glauben, deren Stolz sie aber blind macht.

Die Wahrheit kommt von Gott. Die Wahrheit wird bis zum Ende der Zeit weiterleben. Die Wahrheit wird bald in ihrer Gesamtheit offenbart werden, und dann wird sie durch die Herzen derer schneiden, die Meine versöhnende Hand abgelehnt haben. Dann wird Meine Armee gemeinsam in die Herrlichkeit Gottes aufsteigen, um das Wahre Wort Gottes bis zum letzten Tag zu verkünden. Sie werden die Seelen der Heiden mit sich nehmen, die dann erkennen werden, dass es nur Einen Gott gibt. Nicht die Heiden werden es sein, die Mich nicht annehmen werden. Es werden vielmehr die Seelen der Christen sein, denen die Wahrheit gegeben wurde, die aber in schweren Irrtum fallen werden. Wegen dieser christlichen Seelen leide Ich am meisten und für sie bitte Ich euch, jede Stunde des Tages zu beten.

Euer geliebter Jesus

1260. Euthanasie ist in Meinen Augen eine grauenhafte Tat.

Montag, 3. November 2014, 23:50 Uhr

Meine innig geliebte Tochter, Euthanasie ist eine Todsünde und kann nicht vergeben werden. Wer — aus welchem Grund auch immer — dabei hilft, es unterstützt oder die Entscheidung trifft, einem Mann/einer Frau das Leben zu nehmen, begeht in den Augen Gottes eine schreckliche Sünde.

Es ist eine der schwersten Sünden überhaupt, ein Leben zu nehmen und dann noch zu erklären, dass der bewusst geplante Tod einer Person etwas Gutes sei. Die Sünde der Euthanasie ist eine der vielen sorgfältig geplanten Aktionen gegen Gott, die der Welt absichtlich zum jetzigen Zeitpunkt präsentiert werden, um die Menschen zur Sünde gegen Gott zu ermutigen. Täuscht euch nicht, Euthanasie ist in Meinen Augen eine grauenhafte Tat, und sie zieht für alle Beteiligten schwerwiegende Folgen nach sich.

Eine Seele zu töten ist eine Todsünde: Und das umfasst alle Seelen vom Moment ihrer Empfängnis bis zu ihren letzten Lebensmonaten auf Erden. Nichts rechtfertigt die Beendigung eines Menschenlebens, wenn es in dem Wissen durchgeführt wird, dass der Tod zu einem vorbestimmten Zeitpunkt eintreten soll. Durch die Tötung einer lebenden Seele wird die Existenz Gottes geleugnet. Wenn jene, die sich der Euthanasie schuldig gemacht haben, die Existenz

Gottes anerkennen, dann haben sie durch ihr Handeln das fünfte Gebot gebrochen.

In der jetzigen Zeit gibt es einen Plan, Millionen dazu zu ermuntern, Menschenleben zu beenden — sowohl das Leben des Körpers als auch das Leben der Seele. Wenn ihr euch bereitwillig an einer Handlung beteiligt, welche die Heiligkeit menschlichen Lebens beschmutzt, werdet ihr kein Leben — kein Ewiges Leben — haben; dann könnt und werdet ihr nicht erlöst werden.

Euer Jesus

1261. Sobald Verwirrung in die Kirche einzieht, kommt es zu r Uneinigkeit. Wisset, dass dies nicht von Gott kommt.

Dienstag, 4. November 2014, 16:33 Uhr

Meine innig geliebte Tochter, das Buch der Offenbarung ist geöffnet und wird der Welt nun Stück für Stück offenbart. Jede Kirche auf Erden, die Gott ehrt, trägt intern Kämpfe aus, um ihren Glauben an Gott zu bewahren. Jede Kirche wurde angegriffen und bloßgestellt durch jene, die schreckliche Sünden begangen haben und die dann ihre Handlungen damit entschuldigten, dass sie angeblich dem Willen Gottes entsprächen. Dort, wo das Böse Fuß gefasst hat und die Wahrheit durch einen Vorwand ersetzt wurde, um Gott in Seiner Herrlichkeit zu leugnen, blieb keine einzige Kirche, die den Willen Gottes vertritt, davon verschont.

Sobald Verwirrung in die Kirche einzieht, kommt es zu r Uneinigkeit. Wisset, dass dies nicht von Gott kommt. Sobald verschiedene Interpretationen der Wahrheit eingeführt werden, wird der Weg, der zu Meinem Vater im Himmel führt, mit Unkraut übersät, das sich schnell vermehrt. Wenn dies geschieht, entsteht daraus eine schlammige Straße, die unpassierbar ist. Der Weg zu Meinem Himmlischen Königreich wurde dem Menschen bekannt gemacht. Es ist ein einfacher Weg, frei von jedem Hindernis, wenn ihr ihn mit Vertrauen in eurem Herz en geht. Meine Feinde werden immer versuchen, euren Weg zu blockieren, und wenn ihr auf ihre Sticheleien hört, euch mit ihren Lügen beschäftigt und erlaubt, dass Zweifel euer Urteil trüben, dann werdet ihr euren Weg als steinig empfinden.

Das Wort Gottes bleibt jetzt, wie es immer war, und die Zehn Gebote sind klar — sie werden sich niemals ändern. Der Weg zu Gott besteht darin, an dem festzuhalten, was Er gelehrt hat. Gott macht keine Kompromisse noch duldet Er irgendeinen Versuch des Menschen, die Wahrheit zu verändern. Wenn ihr an Gott glaubt, werdet ihr Sein e Gebote befolgen, das Wort annehmen, wie es in der Heiligen Bibel enthalten ist, und auf dem einen, wahren Weg zu Sein em Königreich bleiben. Selig der Mensch, der gerecht ist, denn er wird durch seine Demut gegenüber Gott die Schlüssel zum Paradies erhalten.

Vertraut niemandem, der euch dazu überreden will, etwas anderes als die Wahrheit zu akzeptieren. Vertraut nur auf Gott und seid niemals versucht, von Sein em Wort abzuweichen, denn wenn ihr diesem Druck nachgebt, werdet ihr für Mich verloren sein.

Euer geliebter Jesus

1262. Gott der Vater: Lasst keinen Menschen in Unkenntnis über Meine Gerechtigkeit.

Mittwoch, 5. November 2014, 13:30 Uhr

Meine liebste Tochter, liebt Mich und wisset, dass Ich alle Meine Kinder liebe und umsorge. Wisset aber auch, dass Meine Gerechtigkeit zu fürchten ist. Lasst keinen Menschen in Unkenntnis über Meine Gerechtigkeit, denn sie wird wie ein entsetzlicher Sturm entfesselt werden und die Seelen derer hinwegfegen, die Meine Barmherzigkeit ablehnen.

Mein Zorn ist vielen unbekannt, aber wisset: Wenn ein Mensch, der Mich kennt, gegen den Heiligen Geist lästert, werde Ich ihm niemals vergeben. Nichts kann noch wird diese Tatsache ändern, denn ein solcher Mensch hat sein eigenes Schicksal gewählt, und es kann keine Versöhnung geben. Jeder Mensch, der sich vor Mir erhebt und das Beenden menschlichen Lebens rechtfertigt, soll wissen, dass Ich ihm dafür sein eigenes Leben nehmen werde. Wenn ein Mensch seine Seele an Satan verkauft, kann Ich sie nicht zurücknehmen, denn dieser Mensch wird eins mit dem Teufel. Wenn ein Mensch, der im Namen Meines Sohnes, Jesus Christus, spricht, die Seelen derer zerstört, die Mein sind, wird er von Mir für ewig weggeworfen werden. Fürchtet jetzt Meinen Zorn, denn Ich werde jede Seele bestrafen, die sich Meinem Willen bis zum Ende widersetzt.

Ihr dürft vor der Wiederkunft Meines Sohnes keine Angst haben, denn sie ist ein Geschenk. Ihr dürft auch keine Angst haben vor irgendwelchem Leid, das ihr vielleicht vor diesem Tag zu ertragen habt, denn es wird von kurzer Dauer sein. Bangt nur um die Seelen derer, die Ich nicht retten kann und die keinerlei Verlangen haben werden, sich zu retten. Diese Seelen wissen, dass Ich existiere, entscheiden sich aber für Meinen Feind anstatt für Mich.

Ich werde in vielerlei Hinsicht eingreifen, um diejenigen zu retten, die Mich überhaupt nicht kennen. Ich werde die Seelen derer entblößen, die jedem Meiner Gebote trotzen, und sie werden die Pein der Hölle und des Fegefeuers auf dieser Erde erleiden. Dadurch werden sie gereinigt werden und sie werden Mir dankbar dafür sein, dass Ich ihnen jetzt diese Barmherzigkeit zeige. Weit besser ist es, sie ertragen das jetzt, als dass sie in Ewigkeit in der Hölle leiden. Ihr dürft niemals Meine Wege in Frage stellen, weil alles, was Ich tue, dem Wohl Meiner Kinder dient, damit sie bei Mir sein können in einem Leben von Ewiger Herrlichkeit.

Meine Strafe, die über die Menschen kommen wird, schmerzt Mich. Es bricht Mir das Herz, aber sie ist notwendig. All dieser Schmerz wird vergessen sein, und Licht wird die Finsternis zerstören. Die Finsternis wird nicht länger ihren schrecklichen Fluch auf Meine Kinder legen. Ich sage euch dies, weil ihr jetzt durch die Täuschung des Teufels in eine schreckliche Finsternis geführt werdet. Wenn Ich euch nicht über die Folgen informiere, werdet ihr keine Zukunft in Meinem Paradies haben.

Wie schnell ist jegliche Erinnerung an Meine Gebote in Vergessenheit geraten. Wie schnell fällt der Mensch aus der Gnade, wenn es ihm nicht gelingt, Mein Wort zu bewahren.

Euer geliebter Vater
Gott der Allerhöchste

1263. Diejenigen, die glauben, dass Gott die Bösen nicht bestraft, kennen Ihn nicht.

Donnerstag, 6. November 2014, 17:40 Uhr

Meine innig geliebte Tochter, die Zeit ist gekommen, dass Mein Ewiger Vater die Schandflecke vom Antlitz der Erde abwischt, die die Seelen der Menschen in Dunkelheit hüllen. Er wird die Bösen bestrafen und jene in Seine Heiligen Arme nehmen, die das Wahre Wort Gottes bewahren. Seine Engel werden in einem gewaltigen Sturm herbeieilen, um mit mächtigen Sensen die Krankheit, die die Seelen der Menschen zerstört, an der Wurzel abzumähen, damit die Welt wieder rein werden kann.

Fürchtet den Zorn Gottes, denn wenn der Zorn Gottes erst einmal entfacht wurde, werden die Menschen vor Angst zittern. Diejenigen, die glauben, dass Gott die Bösen nicht bestraft, kennen Ihn nicht. Ihre lauten, stolzen Stimmen, die die Erde mit Unwahrheiten füllen, und diejenigen, die sich großen Wohlwollens in den Augen Meines Vaters für würdig halten, die aber die Sanftmütigen unter Meinem Volke verfluchen, werden der Erde entrissen und die größte Züchtigung seit der Sintflut erleiden.

Die Engel Gottes werden herabsteigen und mit einer Sense in der rechten Hand die Spreu vom Weizen trennen. Diejenigen, die Gott fluchen, werden zum Schweigen gebracht; diejenigen, die den Menschensohn beschmutzen, werden zum Schweigen gebracht; diejenigen, die Seinen Leib entehren, werden verwirrt, verloren und orientierungslos umherirren, bevor sie der Wildnis ausgesetzt werden.

Die Liebe Gottes wurde nicht erwidert und Seine Barmherzigkeit bereits abgelehnt. Undankbare Seelen, deren Augen fest auf ihre eigenen Vergnügungen gerichtet sind — und die entschlossen sind, dem Willen Gottes zuwider zu handeln —, werden den Schmerz der Strafe Gottes fühlen. Wie ein Meer von Blitzen, wie ein gewaltiger Sturm, wird eine große Umwälzung der Erde, die in jedem Teil der Welt spürbar sein wird, über die Menschen hereinbrechen.

Diejenigen, die die Wahrheit kennen, werden keine Angst haben, denn sie werden dankbare Zeugen der in der Heiligen Schrift verheißenen Großen Drangsal sein. Diejenigen, die Gott aus ihrem Leben verbannt haben — wie wenn sie sich ein Glied ihres eigenen Körpers abgeschnitten hätten —, werden sich der Konsequenzen, Gott zu fluchen erst bewusst werden, wenn es zu spät ist.

Ihr, die ihr Mich verraten habt, werdet am meisten leiden. Ihr, die ihr auf andere Steine geschleudert habt, in der irrigen Annahme, dass ihr Mich repräsentiert, werdet niemanden haben, an den ihr euch wenden könnt. Denn überall, wo ihr versucht, euch zu verbergen, werdet ihr nackt gefunden werden, ohne irgendetwas, um eure Scham zu verbergen. Ich sage euch das, weil die Geduld Meines Vaters erschöpft ist, und auf dem Schlachtfeld werden zwei Armeen auftreten: diejenigen, die für Mich sind, und diejenigen, die gegen Mich sind.

Betet um Gottes Barmherzigkeit. Und denjenigen, die Meinen Leib geißeln, sage Ich: Ihr glaubt vielleicht, dass Ich aus Meinem Haus vertrieben werden kann, aber das ist ein schwerwiegender Irrtum euerseits.

Weg von Mir, denn ihr gehört nicht zu Mir. Eure Bosheit wird euer Untergang sein, und durch eure Treue zum Teufel habt ihr euch von Meinem Glorreichen Königreich abgeschnitten.

Euer Jesus

1264. Mutter der Erlösung: Das Buch der Wahrheit ist in der Öffentlichen Offenbarung enthalten.

Samstag, 8. November 2014, 17:05 Uhr

Mein liebes Kind, heute ist ein besonderer Tag, da der Himmel den Jahrestag Meiner ersten Botschaft feiert, die dir als Botin Gottes gegeben wurde. Ich komme heute, um euch die frohe Botschaft zu überbringen, dass viele Millionen Menschen sich wegen dieser Mission bekehren werden.

Ich wurde als demütige Magd des Herrn auserwählt, um der Welt den Messias zu schenken. In Seinem Rettungsplan für Seine Kinder wurde Mir eine ganz besondere Rolle zuteil, und heute, in Meiner Rolle als Mutter der Erlösung, rufe Ich allen Seinen Kindern zu:

Ihr dürft Gottes Versuche, euch die Wahrheit zu bringen, niemals ablehnen. Er, Mein Ewiger Vater, liebt jeden Einzelnen, und diese Mission wurde vorausgesagt. Er bringt der Welt die Geheimnisse, die in den Prophetien von Daniel und Seinem auserwählten Jünger, Johannes dem Evangelisten, enthalten sind. Das Buch der Wahrheit ist in der Öffentlichen Offenbarung enthalten, und es ist wichtig, dass ihr dieses Heilige Buch nicht zurückweist.

Viele Menschen haben sich durch diese Botschaften bereits bekehrt, und durch diese Mission wird einem großen Teil der Menschheit Gottes Barmherzigkeit gezeigt werden. Weist Seine Großzügigkeit nicht zurück, denn es ist Sein größter Wunsch, die gesamte Menschheit in die neue, kommende Welt zu bringen.

Als Mein Sohn von den Toten auferstand, war dies eine Botschaft an die Welt. Genau wie Mein Sohn werden auch diejenigen, die Ihm treu bleiben, am letzten Tag mit Leib und Seele auferstehen. Niemand, der um Seine Barmherzigkeit bittet, wird zurückgelassen werden. Traurigerweise können Ihm diejenigen, die aus Eigensinn und Hass Gott bekämpfen, bei Seinem Bemühen, all Seine Kinder zu vereinen, noch Steine in den Weg legen.

Seid dankbar für Gottes Barmherzigkeit. Seid dankbar für die Kreuzzugsgebete, denn sie bringen große Segnungen mit sich. Ich bitte euch, erlaubt Mir, eurer geliebten Mutter, eure Herzen mit Freude zu erfüllen. Im Wissen um eure Zukunft müsst ihr die Glückseligkeit, die nur von Gott geschenkt werden kann, in eure Seele einfließen lassen. Mein Sohn wird bald kommen, um das Königreich, das Ihm gehört, zurückzufordern. Das Neue Königreich wird aus der schwelenden Asche erstehen und jedem Einzelnen von euch große Freude und Glückseligkeit bringen. Dann werdet ihr am Ziel eurer Reise angekommen sein und von eurem Messias, Der für eure Erlösung ein großes Opfer gebracht hat, mit Offenen Armen willkommen geheißen werden.

Bitte nehmt dieses große Geschenk an. Lasst nicht zu, dass jene Seelen, in deren Herzen Hass gärt, euch von der Wahrheit wegziehen. Ohne die Wahrheit kann es kein Leben geben.

Geht, Meine lieben Kinder, und bittet Mich, euch immer zu beschützen, denn es ist Meine Aufgabe, euch auf dem schwierigen Weg zum Thron Meines Kostbaren Sohnes, Jesus Christus, zu begleiten.

Eure Mutter

Mutter der Erlösung

1265. Ich werde durch diese Mission 5 Milliarden Seelen retten.

Sonntag, 9. November 2014, 15:20 Uhr

Meine innig geliebte Tochter, es war schon immer Mein einziger Wunsch, die Seelen der Kinder Gottes zu retten. Der einzige Wunsch Meines Ewigen Vaters war, dass Seine Kinder Ihn so lieben, wie Er sie liebt.

Selbst als Sein Erstgeborener Seine Liebe ablehnte, stellte Mein geliebter Vater Seine Zehn Gebote auf, damit der Mensch nach Seinen Regeln leben konnte. Der Mensch muss stets bestrebt sein, seinem Schöpfer zu dienen, und dazu muss er seine Brüder und Schwestern lieben. Wenn der Mensch die Gesetze Gottes befolgt, bleibt er Ihm treu und kommt Ihm näher. Lehnt er aber die Zehn Gebote ab, dann schafft der Mensch eine große Distanz zwischen sich und Gott.

Durch Meine Letzte Mission, dem Menschen die Früchte seiner Erlösung zu bringen, wurden ihm viele Geschenke gegeben. Ich wünsche jetzt, dass jeder von euch ab sofort täglich das Kreuzzuggebet Nummer 33 betet und dass ihr ein Exemplar des Siegels des Lebendigen Gottes nah bei euch habt. Viele Menschen, die keine Kenntnis von dieser Mission haben, können ebenfalls den Schutz des Siegels erhalten, wenn ihr sie in dieses Gebet mit einschließt.

Alle Kinder Gottes, die das Siegel des Lebendigen Gottes haben, werden gegen all die künftigen Schwierigkeiten immun sein, die die Große Drangsal mit sich bringt. Ich bitte euch, dies heute noch zu tun, und Ich verspreche euch großen Schutz gegen die Verfolger des christlichen Glaubens und die Umwälzungen, die in jedem Winkel der Erde stattfinden werden. Ich bitte euch, lasst nicht zu, dass Ängste gleich welcher Art, euer Herz beunruhigen. Während Ich aus Meiner Barmherzigkeit heraus wünsche, die ganze Welt zu retten, tue Ich jetzt kund, dass Ich durch diese Mission fünf Milliarden Seelen retten werde. Ich sage euch, dass dies eine der größten Gnaden ist, die Ich den Kindern Gottes jemals in der gesamten Erdgeschichte vermacht habe.

Ebenso sollt ihr wissen, dass Meine Barmherzigkeit so groß ist, dass Ich das Leid, das der Menschheit durch das Tier zugefügt werden wird, abkürzen werde. Doch zunächst wird die Strafe Gottes erlebt werden, denn sie wurde vorhergesagt und ist ein notwendiger Bestandteil der endgültigen Reinigung des Menschen.

Vertraut auf Mich. Erhebet eure Herzen und habt niemals Angst vor dem Bösen und der Bosheit, die ihr in Kürze erleben werdet. Lasst Freude eure Seelen erfüllen, wenn ihr an Mich glaubt. Ich werde all jene retten, für die ihr um Meine Barmherzigkeit bittet, durch das Beten Meiner Kreuzzuggebete. Die einzige Sünde, die nicht vergeben werden kann, ist die ewige Sünde der Lästerung gegen den Heiligen Geist.

Heute ist der Tag, an dem Ich feierlich gelobe, der Menschheit die Liebe, den Frieden und die Freude Meines Königreiches zu bringen durch die Rettung von fünf Milliarden Seelen.

Ich liebe und umsorge euch alle. Es gibt nichts, was Ich nicht für euch tun werde, wenn es der Wille Gottes ist. Alles, was ihr tun müsst, ist zu bitten.

Euer Jesus

1266. Euer Leben auf Erden ist eine Prüfung eurer Liebe zu Mir.

Mittwoch, 12. November 2014, 23:45 Uhr

Meine innig geliebte Tochter, die Menschen fürchten den Tod, weil sie von Natur aus alles Unbekannte fürchten. In den Köpfen der Menschen gehört der Tod zu den bedrohlichsten Dingen überhaupt, denn viele sind blind gegenüber Meiner Verheißung des Ewigen Lebens. Würden sie Mein Glorreiches Königreich sehen, dann hätte der Tod keine Macht über sie.

Ich heiße alle Seelen in Meinem Königreich willkommen. Nicht nur für die Heiligen und Auserwählten halte Ich Plätze bereit, obwohl es für sie in Meinem Königreich durchaus einen besonderen Ort gibt. Ich heiße alle Sünder willkommen, einschließlich derer, die schreckliche Sünden begangen haben, denn Ich Bin zuallererst ein Gott Großer Liebe. Ich werde jeden Einzelnen willkommen heißen, der Mich versöhnlich und reumütig anruft. Geschieht dies vor Eintreten des Todes, wird jede Seele von Mir begrüßt und mit offenen Armen empfangen.

Die einzige Barriere zwischen einer menschlichen Seele und Meinem Königreich ist die Sünde des Stolzes. Der stolze Mensch mag sich zwar seiner Sünden schämen, er wird jedoch dabei stets versuchen, seine Sünde in irgendeiner Weise zu rechtfertigen. Ich sage ihm jetzt: Durch doppeltes Fehlverhalten wird eine böse Tat nicht besser. Der stolze Mensch verschwendet zu viel Zeit damit, darüber nachzudenken, ob er der Erlösung durch Mich bedarf oder nicht. Aber der Tod kann jeden Augenblick und völlig unerwartet eintreten. Der Mensch, der frei von Stolz ist, wird vor Mir niederfallen und Mich um Verzeihung bitten, und dadurch erhöht werden.

Habt keine Angst vor dem Tod, denn er ist eine Tür, die zu Meinem Königreich führt. Alles, um was Ich euch bitte, ist, dass ihr euch auf diesen Tag vorbereitet, indem ihr das Leben so lebt, wie Ich es euch gelehrt habe. Ich verlange von euch nicht, eure täglichen Pflichten zu vernachlässigen. Ihr habt eine Verantwortung anderen Menschen gegenüber; ihr dürft nicht das Gefühl haben, ihr müsstet euch vor euren Lieben zurückziehen, wenn ihr Mir nachfolgt. Ich wünsche, dass ihr eure Familien und eure Freunde liebt und ihnen die Zeit schenkt, damit ihr eure Liebe zueinander offen zum Ausdruck bringen könnt. Liebt jeden so, wie Ich euch liebe. Eure Liebe zeigt sich in der Art und Weise, wie ihr mit euren Mitmenschen umgeht; durch die Zeit, die ihr in Harmonie mit anderen verbringt; wie ihr über andere Menschen redet, und wie ihr denen helft, die sich nicht selbst helfen können. Euer Leben auf Erden ist eine Prüfung eurer Liebe zu Mir. Ihr zeigt eure Liebe zu Mir durch die Liebe, die ihr anderen zeigt, einschließlich derer, die euch verfluchen.

Es ist immer wichtig, täglich mit Mir zu sprechen, und sei es auch nur für ein paar Minuten. Während dieser Zeit werde Ich euch segnen. Bitte, lasst niemals zu, dass ihr aus Angst vor der zukünftigen neuen Welt diejenigen zu verlassen gedenkt, die euch nahe sind. Ihr müsst euch auf Mich konzentrieren, und wenn ihr das tut, werdet ihr Frieden finden. Dieses Geschenk des Friedens sollt ihr dann an eure Lieben weitergeben. Wisst aber, dass ihr wegen eurer Liebe zu Mir leiden und von euren Mitmenschen gehasst werdet. Nur durch die Liebe könnt ihr über diesem Hass stehen. Einzig und allein durch sie.

Ich befreie euch von den Fesseln des Todes, damit er keine Macht über euch hat. Durch Meine Auferstehung werdet ihr in Meinem Neuen Königreich wieder ganz heil werden, vollkommen an Leib und Seele. Was gibt es da zu fürchten, wenn Ich euch dieses Geschenk des Ewigen Lebens bringe?

Euer geliebter Jesus

1267. Ich galt als gottloser Mensch und falscher Prophet und daher geißelten sie Mich.

Donnerstag, 13. November 2014, 11:10 Uhr

Meine innig geliebte Tochter, Ich offenbare euch heute eines der größten Geheimnisse der Endzeit.

Die Abfolge der Ereignisse bis hin zum letzten Tag gleicht Meiner Kreuzigung, die in jeder Phase nachvollzogen werden wird, bis hin zu dem Tag, an dem Ich wiederkommen werde, um die Welt zu retten.

Als Ich im Garten Gethsemane war, war Ich isoliert, allein und tieftraurig, weil nur sehr wenige geglaubt haben, dass Ich die Wahrheit spreche. Meine Liebe zu Meinem Vater hielt Mich aufrecht, aber Meine Liebe zur Menschheit bedeutete, dass die Qualen, die Ich erlitt, einschließlich mentaler und physischer Folter durch die Hände Satans, von Mir akzeptiert wurden, wenn auch mit enormer Anstrengung.

Wie litt Ich doch in diesem Garten. Wie bat Ich doch Meinen Vater um Erleichterung. Wie brach es Mir doch das Herz, als der Teufel Mir zeigte, wie die Welt enden würde. Er verhöhnte Mich, lachte über Mich, spuckte Mich an und spottete über Mich, als er Mir die Seelen Meiner Feinde zeigte, die sich eines Tages der Welt als Diener Meiner Kirche präsentieren würden. Das war, als hätte Ich Meine geliebten Apostel gezeigt bekommen, wie sie Mich denunzieren und dann Satan die Treue schwören. Er zeigte Mir die Seelen der Gläubigen, die als radikale Fanatiker angesehen und denen schreckliche Verbrechen vorgeworfen werden würden. Ich sah jene, die sich als Meine Repräsentanten ausgeben würden und dabei die Propheten und Seher verfolgten, sowie diejenigen, die ihre Vernichtung anstrebten. Ich musste große Finsternis ertragen, als Ich die Welt sah, die Ich einst bewohnte, wie sie nicht nur blind wurde dafür, Wer Ich Bin, sondern wie sie niemals von Mir gehört hätte.

Ich wurde zu Boden geworfen, Mein Antlitz in die Erde gedrückt, Ich wurde getreten, ausgepeitscht und Meine Kleider wurden Mir von Satan heruntergerissen. Er quälte Mich über Meine menschliche Leidensfähigkeit hinaus und unter extremer Belastung des physischen Körpers. Trotz alledem wurde Mir die Kraft gegeben, weiterhin Meiner unvermeidlichen Kreuzigung entgegenzusehen, die Mich mit Angst und Schrecken erfüllte. Meine Liebe zum Menschen verdrängte jedoch Meine menschliche Angst.

Meine heiligen Diener, die sich weigern werden, Mich zu denunzieren, werden ebenfalls eine ähnliche Isolation erleiden. Sie werden in Ungnade fallen und beiseite geworfen werden. Meine Kirche wird deren Isolierung aus Angst nicht verurteilen.

Diejenigen, die Meinen Leib auf grausamste und gemeinste Art und Weise geißelten, ergötzten sich an Meinem Leid. Ich galt als gottloser Mensch und falscher Prophet, und daher geißelten sie Mich. Sie rühmten sich ihrer Heiligkeit, Gerechtigkeit und Kenntnisse der Heiligen Schrift, während sie Meinen Leib schmähten. Sie schenkten der Prophezeiung, dass ihr Messias kommen würde, um sie zu retten, keinen Glauben. Und auch diejenigen, die Mein Zweites Kommen verkünden, werden die gleiche Behandlung erleiden.

Als sie Mich nackt auszogen, wollten sie Mich weiter demütigen, und so kleideten sie Mich in ein rotes Tuch, das Mich kaum bedeckte, um Meinen Leib weiter zu entweihen. Als sie aber nadelspitze Dornen in Meinen Kopf stachen, erklärten sie, dass der Menschensohn ein Betrüger sei und ihm daher kein Gehör geschenkt werden sollte. Sie rissen Mir ein Auge aus seiner Augenhöhle, aber der Schmerz war belanglos verglichen mit ihrer Erklärung, dass Ich nicht als der Erlöser der Kinder Gottes anerkannt würde.

All diese Dinge werden sich schon bald wiederholen, wenn Ich, Jesus Christus, als Haupt Meiner Kirche, verworfen werde und Mir Meine Krone weggenommen wird. Ein falscher Führer, der Antichrist, wird Mich als Haupt der Kirche ersetzen, und im Gegensatz zum Opferlamm wird er eine glitzernde Krone aus Gold tragen. Der Kern hinter dieser Fassade wird faul sein, und all die Lügen, Falschheiten, Gotteslästerungen und Irrlehren, die sich aus seinem Mund ergießen werden, wird er euch wie süßen Honig aus einer Bienenwabe übermitteln. Lasst euch nicht täuschen: Das Tier wird schön anzusehen sein, mit einer beruhigenden Stimme und staatsmännischem Auftreten. Er wird gutaussehend und anziehend sein, aber aus seinem Mund wird sich Gift ergießen, das eure Seele vergiften wird.

Als Ich Mein Kreuz getragen habe, konnte Ich dies nicht alleine tun. Es war so schwer, dass Ich immer nur einen Schritt machen und nur sehr langsam gehen konnte. Mein Leib war an vielen Stellen zerrissen und wegen des Blutverlustes fiel Ich viele Male in Ohnmacht, so schwach war Ich. Ich war auf einem Auge blind und durch die Dornen auf Meinem Kopf musste das aus Meinen Wunden strömende Blut ständig von denen, die neben Mir gingen, abgewischt werden. Ansonsten wäre Ich nie in der Lage gewesen, den nächsten Schritt vorwärts zu machen.

Dasselbe gilt für Meine Restkirche, den letzten Stall Meines Leibes. Meine Anhänger werden wie Ich damals, mit einem schweren Kreuz beladen vorangehen, aber trotz der Schmerzen, der Beleidigungen, des Leidens und des Blutvergießens werden sie bis zum Ende durchhalten. Denn Mein Kostbares Blut wird über ihre Seelen fließen zusammen mit Meinem Eigenen Leid — Meiner Eigenen Kreuzigung. Und an dem Tag, an dem sie nicht mehr das tägliche Messeopfer halten, wird Meine Gegenwart erlöschen. Wenn der Tag kommt, dass Mein Leib — Meine Kirche auf Erden — schließlich geplündert, gekreuzigt und geschändet wird, wird sich alles für immer verändern.

Es ist Mein Leib, Meine Kirche, solange sie in der Welt noch am Leben ist, die das Leben aufrechterhält. Aber wenn sie zerstört ist, wird das Leben, wie ihr es kennt, vorbei sein. Wenn Meine Kirche verraten, aufgeopfert und weggeworfen ist, genau wie bei Meiner Kreuzigung, wird dies das Ende der Zeit markieren.

Euer Jesus

1268. Das einzige Ziel von Privatoffenbarungen ist die Rettung von Seelen.

Donnerstag, 13. November 2014, 23:20 Uhr

Meine innig geliebte Tochter, durch Privatoffenbarungen sorgte Gott dafür, dass Seine Kinder die Heilige Schrift besser verstehen konnten. Wenn Gott beschließt, Seinen Kindern zusätzliche Geschenke zu geben, dann ist das Sein Vorrecht. Ohne solche Geschenke wie beispielsweise den Heiligen Rosenkranz, wären Ihm Seelen verloren gegangen.

Ihr, Meine geliebten Anhänger, müsst verstehen, dass das einzige Ziel von Privatoffenbarungen die Rettung von Seelen ist. Zu Privatoffenbarungen gehören immer auch Gebete, und ihr werdet dann wissen, dass sie vom Himmel kommen.

Ihr müsst Mir jetzt nicht zuhören, denn alles, was Gott euch mitteilen wollte, ist in den Höchstheiligen Evangelien enthalten. Leider haben nur sehr wenige Meiner Anhänger die darin enthaltenen Lehren erfasst. Die Wahrheit ist sowohl im Alten als auch im Neuen Testament enthalten. Es war immer schon Gottes Wunsch, in der Welt einzugreifen, indem Er auserwählten Seelen die Wahrheit offenbarte, damit ihr besser versteht, was zur Rettung eurer Seele notwendig ist. Privatoffenbarungen sind auch dazu da, Seine Kinder zu warnen, wenn sie von Seinen Feinden in die Irre geführt werden.

Das Buch Meines Vaters enthält die Wahrheit, und es darf niemals ergänzt oder korrigiert werden. Noch darf es in irgendeiner Weise geändert werden. Es ist jetzt Meine Pflicht, euch den Inhalt des Buches der Offenbarung zu erklären, damit ihr versteht, dass jede darin enthaltene Prophezeiung eintreffen wird, denn das Wort wurde auf ewig festgeschrieben.

Dieses Buch ist inhaltlich schwierig zu lesen, weil es den letzten Verrat an Mir, Jesus Christus, voraussagt, der von denjenigen begangen wird, die Anspruch auf Meine Kirche erheben. Verkündet die Wahrheit, denn sie steht geschrieben, und was von Gott geschrieben wurde, ist unantastbar.

Euer Jesus

1269. Heiden, die die Wahrheit scheuen, werden in Mein Haus eingehen.

Samstag, 15. November 2014, 10:22 Uhr

Meine innig geliebte Tochter, teile den Menschen mit, dass jeder, der das Buch der Offenbarung ablehnt, das Wort Gottes leugnet. Die Wahrheit ist darin enthalten und sollte irgendein Mensch etwas von der Wahrheit wegnehmen, die Prophezeiungen leugnen oder ihnen auch nur irgendetwas hinzufügen, wird er in die Wüste geworfen werden.

Die Wahrheit führt euch zum Heil, und der Weg zum Neuen Paradies führt zu Mir. Nur durch Mich, Jesus Christus, dem Menschensohn, wird dem Menschen das Heil geschenkt werden. Ich Bin der Weg und das Licht, und dadurch, dass ihr anerkennt, Wer Ich Bin, werdet ihr in der Lage sein, das Licht Gottes zu sehen. Es gibt keinen anderen Weg. Folgt irgendeinem anderen Weg eurer Wahl, doch keiner wird euch zu Gott führen.

Wenn ihr für Mich seid, müsst ihr eure Brüder und Schwestern durch Liebe, Güte und Geduld ehren. Ihr dürft andere wegen ihrer religiösen Überzeugungen nicht verurteilen. Ihr müsst sie lieben, wie Ich sie liebe. Dies bedeutet nicht, dass ihr ihren Glauben annehmen oder ihm Ehrerbietung entgegenbringen sollt, denn wenn ihr das tut, dann verleugnet ihr Mich. Ihr könnt nicht zwei Herren dienen. Ihr dürft Mich niemals beleidigen, indem ihr falschen Göttern, die ihr über Mich stellt, Treue erweist.

Der Tag, an dem ihr unter Meinem Dach falschen Göttern huldigt, wird der Tag sein, an dem Ich Meinen Tempel stürmen und alles in seinem Inneren zerstören werde. Wie lau ist doch der Glaube einiger Meiner Diener, die danach streben, die breite Masse zu beeindrucken und Popularität zu erlangen. Wie wenig Respekt wird Mir in Meinem Eigenen Haus erwiesen, wenn alles, was Ich euch gegeben habe, achtlos beiseite geworfen wird, bis schließlich in Meiner Kirche nichts mehr von Meiner Gegenwart zeugt.

Ihr, Meine geliebten Anhänger und heiligen Diener, die ihr dem Wort treu bleibt, werdet eine schwere Bürde haben. Ihr werdet Schmerz und Demütigungen erleiden müssen, wenn ihr die Sakrilegien, die Irrlehren und okkulten Praktiken mitansehen müsst. Viele dieser Entehrungen Meines Heiligsten Leibes werden gut getarnt werden, und diejenigen mit echtem Unterscheidungsvermögen werden angesichts dieser Ereignisse schockiert, aber machtlos sein. Die Täuschung wird so groß sein, dass sie aus jeder Felsritze widerhallen wird und eine Armee von zweitausend Mann nötig wäre, um diese Betrüger davon abzuhalten, weiteren Schaden anzurichten.

Diese Betrüger werden von denen angeführt, die nicht von Mir kommen. Sie haben Meinen Leib auf heimtückischste Weise unterwandert, und sie werden lange gebraucht haben, um Meine Kirche am Ende vollstän-

dig in Besitz zu nehmen. Bald werden ihre Handlungen von denen, die mit der Gabe des Heiligen Geistes gesegnet sind, als das erkannt werden, was sie sind.

Heiden, die die Wahrheit scheuen, werden in Mein Haus eingehen, wo sie mit offenen Armen empfangen werden. Man wird euch sagen, dass ihr allen Kindern Gottes Liebe entgegenbringen müsst, um jene zum Schweigen zu bringen, die dagegen sind. Sehr wenige Menschen werden Mich, Jesus Christus, verteidigen, und diejenigen, die es wagen, sich diesen gotteslästerlichen Zeremonien entgegenzustellen, die auf denselben Altären abgehalten werden, die sonst Meine Höchstheilige Eucharistie beherbergen, werden zum Schweigen gebracht werden.

Meine Feinde mögen sich Meines Hauses bemächtigen, aber nicht Meiner Kirche, weil alle Christen auf der ganzen Welt Meine Kirche ausmachen. Die Gläubigen, bestehend aus denen, die sich weigern werden, das Wort Gottes zu leugnen, und die niemals irgendwelche Manipulationen des Heiligen Wort Gottes akzeptieren werden, werden Meine Kirche auf Erden aufrechterhalten. Nichts wird Meine Kirche besiegen können.

Euer Jesus

1270. Mutter der Erlösung: Wenn ihr nicht bittet, wie kann Mein Sohn euch dann helfen?

Sonntag, 16. November 2014, 14:20 Uhr

Meine lieben Kinder, in Zeiten des Kummers und der Verzweiflung müsst ihr Mich, eure Mutter, immer anrufen, auf dass Ich eure Sorgen lindern helfe, egal wie schwer eure Situation auch ist.

Denkt daran, dass Mein Sohn, wenn Ich Ihm euer besonderes Anliegen überreiche und wenn dieses Anliegen eine Bitte für euer Seelenheil oder das einer anderen Person einschließt, immer auf Meine Bitten eingehen wird. Wenn es darum geht, um eine besondere Gnade oder Heilung zu bitten, dann werde Ich immer Fürsprache für euch einlegen. Nicht ein Anliegen wird ignoriert werden, und wenn es der Wille Gottes ist, werden eure Gebete erhört werden. Es gibt nicht eine Seele auf Erden, die nicht um die Hilfe Meines Sohnes bitten kann, wenn sie Ihn um ihr Seelenheil bittet.

Mein Sohn wird jeder Seele, für die ihr betet, besondere Vergünstigungen gewähren. Seine Barmherzigkeit ist groß, Seine Liebe unfassbar. Habt niemals Angst, euch Ihm zu nähern und Ihn um Sein Erbarmen zu bitten. Gebet, Meine lieben Kinder, ist ein sehr machtvolles Mittel, um die Barmherzigkeit Gottes zu gewinnen. Nicht ein Gebet wird jemals ignoriert. Aber wenn ihr nicht bittet, wie kann Mein Sohn euch dann helfen?

Betet, betet, betet mit euren eigenen Worten, denn Gott wird euch immer antworten.

Eure geliebte Mutter
Mutter der Erlösung

1271. Gott würde niemals eine andere Lehre diktieren, weil Er der Welt Sein Wort geschenkt hat.

Sonntag, 16. November 2014, 20:10 Uhr

Meine innig geliebte Tochter, Satan ist der König der Lügen, der Meister der Täuschung, und er durchstreift ungehindert die Erde und verschlingt jede Sekunde Seelen. Seine Macht wird genährt durch die Tatsache, dass die meisten Menschen nicht an seine Existenz glauben. Er hat die Herzen und Seelen vieler in Besitz genommen, und das ist seine Vorgehensweise:

Er erzählt denen, die er befällt, Lügen, um sie zur Sünde zu ermutigen. Er überzeugt die Seele, dass die Sünde harmlos sei, so dass es in Ordnung ist, jedwede Sünde zu begehen, die eine besondere Verbindung zu ihm hat. Zu diesen Sünden gehört auch die Rechtfertigung abartiger sexueller Handlungen, einschließlich Promiskuität (d.h. häufiger Partnerwechsel); Unmoral; Ausschweifung und Dekadenz. Wenn der menschliche Leib zu Handlungen missbraucht wird, die in Gottes Augen schändlich sind, werdet ihr wissen, dass dies ein Zeichen satanischen Einflusses ist.

Wenn der Teufel die Seelen derjenigen, die in Meiner Kirche mit der geistlichen Führung der Seelen betraut sind, dahingehend beeinflusst, die Akzeptanz der Sünde zu fördern, so tut er dies auf gerissene Weise. Ihr werdet getadelt werden, wenn ihr die Sünder verurteilt, aber nicht ein Wort wird fallen, das die Sünde in Gottes Augen verurteilt.

Wenn Satan die Liebe zerstören will, wird er dies tun, indem er Zwietracht in den Beziehungen sät; er wird Hass in den Herzen der Menschen schüren, indem er ihre Köpfe mit Lügen füllt, um die Menschen aufzustacheln, durch Konflikte und Kriege gegeneinander zu kämpfen. Er wird die Menschen durch Seelen, die bereits seinen Versuchungen erlegen sind, manipulieren.

Lügen, Gotteslästerungen und Hass sind die Mittel, mit denen Satan arbeitet, um seine Versuchung zu verbreiten. Er wiegt Seelen in falscher Sicherheit, indem er die Menschen verkünden lässt, dass die Sünde nicht gegen die Gebote Gottes verstoße, weil sie etwas ganz Natürliches sei. Gottes Kinder geraten deshalb in große Verwirrung, weil damit die von Ihm festgelegten Gebote mit der Wurzel ausgerissen werden, und die Menschen sind verunsichert, welchen Weg sie nun einschlagen sollen.

Ihr habt nur eine einzige Wahl: Lest die Höchstheilige Bibel und lasst euch an die Wahrheit erinnern. Ihr könnt sie dort Schwarz auf Weiß lesen. Wenn ihr die im Heiligen Buch Meines Vaters enthaltene Wahrheit annehmt und glaubt, dass Er Moses Seine Zehn Gebote diktiert hat, dann dürft ihr niemals eine andere Lehre annehmen.

Gott würde niemals eine andere Lehre diktieren, weil Er der Welt Sein Wort geschenkt hat. Nichts darin kann verändert werden.

Der Mensch, der es wagt, es zu ändern, damit es dem Leben der Sünder dienlich ist, wird einer schrecklichen Sünde schuldig sein und wird für diese Beleidigung des Heiligen Geistes leiden.

Euer Jesus

1272. Mutter der Erlösung: Je mehr ihr betet, desto stärker wird eure Beziehung zu Gott sein.

Montag, 17. November 2014, 19:20 Uhr

Meine lieben Kinder, für die überwiegende Mehrheit der Menschen ist das Beten nicht einfach. Für diejenigen mit wenig Vertrauen kann es eine schwere Aufgabe sein, und viele verstehen nicht die Bedeutung des Gebets oder warum es wichtig ist.

In einer Liebesbeziehung zu einem anderen Menschen ist es wichtig, miteinander zu sprechen. Ohne Kommunikation wird die Beziehung ins Wanken geraten und schließlich zerbrechen. Das Gleiche gilt für die Kommunikation mit Gott. Auch wenn ihr Ihn weder sehen noch anfassen oder spüren könnt, so wird Er euch doch antworten, wenn ihr mit Ihm sprecht. Das ist das Mysterium Seiner Göttlichkeit. Mit der Zeit werden diejenigen, die zu Gott sprechen — durch Seinen geliebten Sohn Jesus Christus — eine enge Bindung zu Ihm aufbauen.

Kinder, wenn ihr Meinen Sohn mit euren eigenen Worten anruft, so hört Er jeden Angstschrei und jede an Ihn gerichtete Bitte. Wenn ihr stets fortfahrt, auf eure eigene Weise mit Meinem Sohn zu sprechen, werdet ihr nach einer Weile wissen, dass Er euch hört. Jene Seelen, die Sein Erbarmen erflehen, sei es für ihre eigene Seele oder zur Rettung anderer, werden vom Himmel immer besondere Geschenke erhalten.

Beten ist nicht kompliziert. Es ist genauso einfach, wie jemanden anzurufen, den man liebt. Und wenn ihr jemanden liebt, könnt ihr sicher sein, dass Gott anwesend ist, denn Er ist die Liebe. Wenn ihr jemanden aufrichtig liebt, habt ihr immer Vertrauen in eurem Herzen. Wenn ihr Meinen Sohn liebt, müsst ihr Ihm vertrauen. Wenn ihr Ihm vertraut, dann wisset, dass Er immer mit Liebe und Zärtlichkeit auf euch warten wird. Er freut Sich, wenn ihr Ihn anruft, denn Er wird alles tun, um euch Seinen Frieden und Trost zu bringen.

Ihr dürft niemals zögern, mit Meinem Sohn durch das Gebet zu sprechen. Er sehnt Sich nach eurer Gesellschaft, und bald werdet ihr an Seiner Existenz keinen Zweifel mehr haben. Je mehr ihr betet, desto enger wird eure Beziehung zu Gott sein. Diejenigen, die mit einer tiefen und beständigen Liebe zu Meinem Sohn gesegnet sind, werden Frieden in ihren Herzen tragen, so dass kein Leid der Erde sie aus der Ruhe bringen kann.

Betet jeden Tag. Sprecht mit Meinem Sohn während eurer täglichen Arbeiten. Bittet Mich, euch näher zu Meinem Sohn zu bringen. Und wenn ihr Ihn noch mehr lieben wollt, werde Ich Ihn bitten, euch zu segnen. Gott mit einer tiefen Vertrautheit zu lieben,

ist ein Geschenk von Gott, das nur durch regelmäßiges Gebet erhalten wird.

Eure geliebte Mutter

1273. Bald werden die Christen zu Heiden werden.

Dienstag, 18. November 2014, 12:18 Uh

Meine innig geliebte Tochter, Meine Stimme ist die einzige Stimme, die ihr in allen Winkeln der Erde hören werdet, wenn Ich die Menschheit auf den großen Angriff vorbereite. Ihr mögt viele Stimmen aus dem Mund falscher Seher und Propheten hören, aber keine wird durch eure Seele schneiden wie die Flamme des Heiligen Geistes.

Hütet euch vor den Stimmen des falschen Spiritismus, die nicht von Gott kommen, die sich aber in verschiedenen Teilen der Welt auswirken werden. Der Einfluss böser Geister manifestiert sich in terroristischen Kriegen, wo man mit säuselnder Stimme fehlgeleitete Ideologien propagiert und versucht, die bösen Gräueltaten zu rechtfertigen, die im Namen Gottes begangen werden.

Schon bald wird man Stimmen vernehmen, die das Heidentum propagieren, und zwar in Häusern, die zu Meiner Ehre errichtet wurden, und dort werden sie Meine Altäre entweihen. Diese Stimmen, die vom Geist des Bösen kommen, werden als spannende Interpretationen der Sehnsüchte von Menschen angesehen werden, die nach Erfüllung in ihrem Leben suchen. Sie werden laut rufen, falsche Götter ehren, die Seelen der Verwundbaren zerstören und gegen Mich lästern. Dies sind die Seelen, die Mich am meisten erzürnen, weil sie sehr überzeugend sind und dadurch große Verwirrung stiften. Wie Magnete werden sie viele Christen von Mir wegziehen.

Meine Feinde werden Mein Volk für die Wahrheit blind machen, und bald werden die Christen zu Heiden werden. Ich werde in die Gosse geworfen werden wie ein Bettler und die Türen Meiner Kirche werden vor Meiner Nase zugeschlagen werden. Und wenn Ich an die Türe klopfe, werden diejenigen, die behaupten von Mir zu kommen, den Riegel von innen vorschieben.

Ich habe euch vor diesen Tagen gewarnt, und sie werden bald da sein. Wiederum sage Ich euch: Mein Wort ist Unantastbar. Dies sind die letzten Botschaften vom Himmel und sie sind einer Welt gegeben, die Mir gegenüber ebenso gleichgültig wie undankbar ist.

Wacht auf und stellt euch der Wahrheit. Es gibt nur einen Herrn. Ihr könnt Mir nicht treu bleiben, wenn ihr noch anderen Herren dient.

Euer Jesus

1274. Mutter der Erlösung: Lasst Mich den Geplagten Liebe und Trost bringen.

Mittwoch, 19. November 2014, 14:47 Uhr

Mein liebes Kind, lasst Mich den Geplagten Liebe und Trost bringen, ganz besonders denjenigen, die an schrecklichen Krankheiten leiden.

Ich bringe euch große Segnungen von Meinem geliebten Sohn, der all jene erreichen möchte, die so sehr leiden müssen. Er wird euch, die ihr von körperlichen Leiden schwer gezeichnet seid, helfen, indem Er euch mit Seiner Heiligen Gegenwart erfüllt. Er bittet darum, dass ihr euch in eurer Stunde der Not an Ihn wendet und bittet, euch Frieden und Ruhe zu bringen.

Bittet Meinen Sohn, euch in Seine Arme zu nehmen und euch vor euren Schmerzen zu schützen. Bittet Ihn, Er möge eure Leiden auf Seine Schultern nehmen, und Er wird euch helfen. Mein Sohn wird auf vielerlei Weise eingreifen, um der Welt zu beweisen, dass Er durch diese Botschaften zu euch spricht.

Allen, die um Heilung der Seele wie auch des Leibes bitten und die das Kreuzzuggebet (94) beten, sage Ich: Mein Sohn wird diesen Seelen durch eine von Ihm auserwählte Person antworten, um Seinen Heiligen Willen zu erfüllen.

Ihr dürft niemals die Hoffnung verlieren, denn wenn ihr Meinem Sohn vollkommen vertraut, wird Er immer auf eure Hilferufe antworten.

Eure geliebte Mutter
Mutter der Erlösung

1275. Mutter der Erlösung: Ich habe eine Botschaft für den Römisch-Katholischen Klerus.

Freitag, 21. November 2014, 16:15 Uhr

Ich bin die Unbefleckt Empfangene Jungfrau Maria, die Mutter Gottes — die Mutter der Erlösung. Heute habe Ich eine Botschaft für den Römisch-Katholischen Klerus und Ich komme zu euch im Namen Meines geliebten Sohnes, Jesus Christus.

Ich spreche zu allen gottgeweihten Dienern Meines Sohnes, die Ihm in diesen Zeiten großer Prüfungen in der Kirche dienen. Ihr seid die Hüter Seiner Höchstheiligen Sakramente und von Meinem Sohn berufen worden, Ihm bei der Rettung aller Seelen zu helfen, wodurch ihr eine große Verantwortung Ihm gegenüber habt. Eure Pflicht muss stets sein, Meinem Sohn und Seinem Leib — Seiner Kirche — zu dienen und sicherzustellen, dass jederzeit an Seinem Heiligsten Wort festgehalten wir d.

Es werden Zeiten großen Schmerzes und heftiger Verfolgung kommen, und ihr müsst euch jetzt darauf vorbereiten. In der Zukunft wird euer Glaube bis an seine Grenzen geprüft werden, und ihr werdet gezwungen werden zuzustimmen, ein neues Gelübde abzulegen, bei dem ihr einer neuen Lehre, die nicht von Meinem Sohn stammen wird, Treue geloben sollt.

Diejenigen unter euch, die die falsche Lehre — sobald sie euch präsentiert wird — erkennen werden, dürfen ihr unter keinen Umständen erliegen. Wenn ihr aufgefordert werdet, die Allerheiligsten Sakramente anzupassen und abzuändern, müsst ihr davonlaufen. Die Kirche Meines Sohnes steht vor ihrer härtesten Bewährungsprobe. Denjenigen unter euch, die die Wahrheit zu Gunsten einer neuen, abgeänderten Lehre verwerfen möchten — einer Lehre, die ihrer Meinung nach notwendig sei, um den Bedürfnissen der Menschen gerecht zu werden —, sage Ich: Wisset, dass dies ein schwerer Verrat am Wort Gottes ist.

Aufgrund der Heiligen Gelübde, die ihr abgelegt habt, um Meinem Sohn zu dienen, seid ihr verpflichtet, Gottes Kinder mit dem Leib und Blut Meines Sohnes, Jesus Christus, zu nähren. Es wird jedoch eine Zeit kommen, wo man euch zwingen wird, das Heilige Messopfer zu verändern. Manche unter euch werden dann sofort wissen, dass dies ein großes Unrecht darstellt, und daher müsst ihr euch abwenden.

Ihr müsst fortfahren, die Seelen derer zu nähren, die darauf angewiesen sind, dass ihr sie mit der Allerheiligsten Eucharistie nährt. Wenn ihr Meinem Sohn treu bleibt und fortfahrt, Gottes Kindern zu dienen, wie es eure Pflicht ist, werdet ihr Ihm mit großer Würde dienen. Ich bitte euch, betet täglich Meinen Höchstheiligen Rosenkranz, damit ihr die Kraft erhaltet, die ihr braucht und damit ihr vor Satan geschützt seid, denn die vor euch liegenden Zeiten, die schon fast da sind, werden unerträglich. Indem ihr das Siegel-Gebet des Lebendigen Gottes jederzeit nahe bei euch habt, werdet ihr zusätzlichen Schutz vor dem Teufel erhalten.

Es wird viele Priester unter euch geben, die nicht den Mut haben, für das Wort Gottes einzustehen, aber ihr dürft niemals Angst haben, eure Treue zu Meinem Sohn öffentlich zu bekunden. Wenn ihr Meinen Sohn verratet, werdet ihr unschuldige Seelen mit euch ziehen, die durch euch ahnungslos in die Irre und in eine schreckliche Finsternis geführt werden.

Satan ist schon einige Male in die Kirche Meines Sohnes eingedrungen, aber jedes Mal, wenn das von ihm verursachte Chaos und die Verwirrung unerträglich wurden, konnten sie durch den Glauben der geliebten gottgeweihten Diener Meines Sohnes aufgelöst werden. Jetzt, wo der Glaube vieler Priester schwach geworden und in einigen Fällen vollständig zerstört worden ist, haben sich die Pforten der Hölle geöffnet, und es droht große Gefahr.

Ihr dürft niemals versucht sein, auf all das, was Mein Sohn gelehrt hat, zu verzichten. Mein Sohn hat sich nie geändert. Sein Wort bleibt in den Fels gehauen, in dem Fels, auf dem Seine Kirche erbaut ist. Seine Sakramente bringen den Seelen das Licht, das sie brauchen, um ihr Leben aufrechtzuerhalten. Wenn ihr Meinen Sohn verratet, zerstört ihr das Leben selbst, denn ohne die Gegenwart Meines Sohnes würde die Welt heute nicht existieren.

Selig sind jene, die Meinen Sohn wahrhaft lieben, denn sie werden diejenigen sein, die mit gutem Beispiel vorangehen werden.

Eure geliebte Mutter
Mutter der Erlösung

1276. Der böse Geist der Isebel wird alles tun, um Meine Kirche auf Erden zu unterwandern.

Sonntag, 23. November 2014, 18:20 Uhr

Meine innig geliebte Tochter, der böse Geist der Isebel hat einen großen Angriff gegen Meine Mission zur Rettung von Seelen geplant.

Diese Verräterin und Zerstörerin der Propheten Gottes hat sich auf Erden als Gottes Lehrerin etabliert und sich unter Mein Volk gemischt, um es zu verführen und von Meiner Kirche abzubringen, was den größten Glaubensabfall aller Zeiten zur Folge haben wird. Sie (Isebel) wird dafür verantwortlich sein, wenn Meine Kirche mit den weltlichen Fürsten Ehebruch begeht: Diese Verbindung ist in den Augen Gottes eine Abscheulichkeit und ein Gräuel.

Isebel ist in den Herzen von Männern und Frauen gleichermaßen gegenwärtig und ist somit einer der hinterhältigsten, intelligentesten und gerissensten Dämonen in Satans Hierarchie, die auf vielfältige Weise Mein Volk in die Irre zu führen versucht. Sie arbeitet durch eine Gruppe, die behauptet, von Mir zu sein, die aber in Wirklichkeit einem satanischen Kult angehört. Dieser dämonische Geist kennt sich in der Theologie gut aus und spricht zu dieser Gruppe in verschiedenen Sprachen: Dadurch verursacht er große Verwirrung, Schmerz und Spaltung unter denen, die Meinen Kelch angenommen haben. Diese selbsternannten Experten Meines Wortes kommen nicht von Mir. Und während ihr Hass auf Mich offensichtlich ist, durch den Unflat, der aus ihrem Mund fließt, gibt es andere Wege, mit denen sie versuchen werden, Meiner letzten Mission zu schaden.

Ihr werdet diesen Feind Gottes (Isebel) an ihren ständigen Versuchen erkennen, ihre (Isebels) Anhänger zu Propheten Gottes zu erklären. Viele von ihnen werden auftreten und erklären, dass Ich, Jesus Christus, durch sie spreche. Isebel wird aufblühen und Lügen verbreiten, indem sie ihren bösen und arroganten Geist auf die selbsternannten Propheten ausgießt, die dann mit Hilfe dieser Mission versuchen werden, ihrer Stimme Gehör zu verschaffen.

Der böse Geist Isebel wird alles tun, um Meine Kirche auf Erden zu unterwandern, wobei ihr jedes Mittel recht ist. Durch ihren Einfluss wird sie viele gute Seelen in Meiner Kirche von Mir abbringen und das Wort Gottes untergraben. Sie wird unter Männern und Frauen wirken und mit Hilfe von Zauberei und Hexerei den Eindruck erwecken, sie könne Wunder wirken. Sie ist nur ein weiterer Widersacher von Mir, der unter dem Einfluss von Baal versuchen wird, Gottes echten Visionären und Propheten in der letzten Schlacht um Seelen zu schaden.

Hütet euch vor denen, die sich ihrer Kenntnisse der Theologie rühmen und die zu behaupten wagen, dass sie von Mir kämen, während all ihre Worte aus Eifersucht und einem tiefen Hass auf Gottes Propheten entspringen. Solche verseuchten Seelen werden versuchen, euch zu manipulieren und jeden einzuschüchtern, der sich ihnen entgegenstellt. Wenn ihr Mir weiterhin auf Meiner letzten Mission auf Erden zur Rettung von Seelen folgt, werden sie alles tun, um euch zu zermürben.

Diejenigen, die unter dem Einfluss der Isebel stehen, werden Mich rücksichtslos immer weiter angreifen. Dieser böse Geist wird durch die schwachen Seelen, die sie (Isebel) in Besitz nimmt, dämonische Mittel anwenden, um Meine Anhänger zu verleumden, schlecht zu machen und Hass auf sie zu schüren. Lauft weg, wenn ihr mit diesen verseuchten Seelen konfrontiert werdet. Unterschätzt sie nicht, denn unter dem Einfluss von Isebel werden sie versuchen, denjenigen unvorstellbaren Schaden zuzufügen, die sich mit ihnen einlassen.

Ihr müsst den bösen Geist der Isebel erkennen lernen, denn sie (Isebel) wird mit großer Autorität über Mich sprechen durch jene, derer sie sich bemächtigt hat. Diese werden mit gründlichen Kenntnissen über die Heiligen Sakramente sprechen und Auszüge aus der Heiligen Bibel verwenden, aber nur, um mit falschen Zitaten Mein Wort zu untergraben. Ihr werdet sehen, welch gehässiges Vergnügen es Isebel bereitet, diese Mission anzugreifen. Ihre ergebenen Anhänger sind verbohrt, herrschsüchtig, voller Stolz und Meiner Gegnerin vollständig ergeben, die ihre Seelen durch ihren starken Einfluss für sich eingenommen hat. Ihr dürft euch auf keinen Fall auf den Geist der Isebel einlassen, denn wenn ihr das tut, wird sie euch zerstören, so wie sie es bei ihren ergebenen Kohorten bereits getan hat.

Nehmt euch vor jedem in Acht, der auftritt und sagt, er sei von Mir geschickt worden, um zu helfen, Mein Wort zu verbreiten. Wisset, dass Ich nicht einen einzigen Propheten berufen habe, Mein Wort an die Welt weiterzugeben, seit diese Mission begann. Aber in Scharen werden sie kommen, diese falschen Propheten, jeder wird versuchen, den anderen zu übertrumpfen. Sie werden dann versuchen, durch diese Mission Unterstützung für die Verbreitung ihrer Unwahrheiten zu erlangen. Alle, die möglicherweise von dem bösen Geist der Isebel verführt werden und die in irgendeiner Weise auf diesen Geist reagieren, werden bald feststellen, dass alle Liebe zu Mir ganz schnell erlöschen wird. Ihr bringt eure Seele in große Gefahr, wenn ihr auf die Lügen der Isebel hereinfallt, die aus den Tiefen des Abgrundes geschickt wurde, um Meine Kirche und Meine Propheten in dieser Zeit zu zerstören.

Euer Jesus

1277. Die Erde, verseucht durch die Gottlosigkeit Meiner Feinde, wird vor Schmerz stöhnen.

Montag, 24. November 2014, 15:30 Uhr

Meine innig geliebte Tochter, wie viel Trost benötige Ich zu dieser Zeit, wo so viele von Mir abgefallen sind. Meine Tränen fließen in großen Strömen, da Satans Armee, verseucht mit einem der abscheulichsten seiner Dämonen, Isebel, viele von denen in Versuchung führt, die behaupten, Mich zu vertreten. Wie viel haben sie vergessen und wie wenig denken sie an Meine Verheißung, wiederzukommen.

Die Zeit Meiner Wiederkunft rückt immer näher, und Satans Armee hat sich in großer Zahl versammelt, bereit zum Kampf gegen jene, die Ich Mein Eigen nenne. Diese böse Armee wird von Meinen Feinden angeführt werden, und sie werden nichts unversucht lassen, um die Welt zu täuschen und ihre Irrtümer glaubhaft zu vermitteln. Da sie in Meinem Namen sprechen, werden sie heilige Männer und Frauen mit sich ziehen und zu einer Kraft anwachsen, die nicht unterschätzt werden darf. Von der säkularen Welt werden sie mit Begeisterung begrüßt werden, so dass sich als Folge das Gesicht der Erde verändern und verheerende Zustände eintreten werden.

Die Erde, verseucht durch ihre Gottlosigkeit, wird vor Schmerz stöhnen und es wird ein großer Umbruch erfolgen. Jeder böse Akt von Entweihung, den sie Meinem Leib zufügen werden, wird durch Veränderungen des Klimas, durch Missernten, durch Veränderungen in der Atmosphäre und einer Überschwemmung solchen Ausmaßes offenbar werden, dass es nur wenige Länder auf der Welt geben wird, die von den Aktionen Meiner Feinde nicht in Mitleidenschaft gezogen werden. Mein Vater wird großes Leid über sie bringen.

Für jeden Einzelnen, den sie in Meinem Namen verdammen, werden auch sie verdammt sein. Für jeden Akt des Schmerzes, den sie Gottes Kindern zufügen, werden sie den gleichen Schmerz erleiden. Die Hölle, die sie Millionen bringen werden, wird für sie eine Strafe nach sich ziehen, die vergleichbar sein wird mit den Feuern, die täglich in dem ewigen Abgrund brennen.

Die Tore des Himmels werden vor ihrer Nase zugeschlagen werden, und sie werden vor Schmerz schreien, wenn sie am Jüngsten Tag von Meinem Licht geblendet werden. Feige wie sie sind, werden sie davonrennen und versuchen, Meiner Gerechtigkeit zu entkommen, aber sie werden keinen Ort des Trostes finden. Geblendet werden sie davonlaufen, fallen, und keinen Ort finden, der ihnen Zuflucht bietet. Sie werden zurückgelassen, weil nicht einer von ihnen die Stärke oder Willenskraft aufbringen wird, Mich um Hilfe zu bitten, denn sie haben sich selbst von dem Leben abgeschnitten, das sie hätten haben können, auf das sie dann aber keinen Anspruch mehr haben.

Hört Mir jetzt zu, wenn Ich euch feierlich erkläre: Der Mensch, der nach Meinem Wort lebt und der Mir treu bleibt, hat nichts zu befürchten. Der Mensch, der Mich verflucht und der die Tür zu Meinem Königreich von außen zuschlägt, wird weggeworfen werden.

Euer Jesus

1278. Häresien werden wie Pilze aus dem Boden schießen und Mein Name wird ausgelöscht werden.

Mittwoch, 26. November 2014, 23:10 Uhr

Meine innig geliebte Tochter, für die Welt Bin Ich ein Mysterium, und nur diejenigen, die Mir nahe sind, kennen das Ausmaß der Liebe, die Ich in Meinem Herzen für die Menschen habe.

Wenn sie Mein Antlitz sehen könnten, würden sie wissen, wie groß Meine Liebe, Meine Sorge, Meine Enttäuschung, Mein Zorn, Mein Mitgefühl und Mein Kummer für sie alle ist. All diese Gefühle entstammen Meiner Liebe für euch alle; und nur Meiner Göttlichkeit und dem geheimnisvollen Bund Meines Vaters ist es zu verdanken, dass den Menschen so viele Informationen über die Existenz Gottes gegeben werden. Die volle Wahrheit über Mein kommendes Königreich wird nur denjenigen bekannt gemacht werden, die es betreten. Bis dahin seid versichert, dass Meine Große Herrlichkeit in jedem von euch offenbar wird, wenn der Tod keine Macht mehr über euch hat.

Ihr müsst mit ganzem Herzen auf diese Botschaften vertrauen und ihr müsst wissen, dass sie die Quelle allen Lebens enthalten. Meine Gegenwart unter euch, Meine geliebten Anhänger, wird immer stärker, und je stärker sie wird, desto mehr Hass wird Mir und all jenen Menschen entgegen geschleudert werden, die auf Meinen Ruf zur Rettung der Seelen antworten. Dämonen aus jeder Kategorie und Hierarchie Satans haben die Seelen vieler guter Menschen, die Mich lieben, befallen. Diese bedauernswerten Seelen wurden durch Täuschung dazu gebracht, Meinen Letzten Plan zur Vorbereitung Meines Restes abzulehnen. Stattdessen werden sie dazu gebracht, willige Mitläufer in Satans Armee zu werden. Oft erweckt Satans Armee den Anschein, als ob sie mir nicht feindselig gesinnt sei. Ja, Satan ist viel zu gerissen, als dass er seine Gegenwart preisgeben würde, und so wird jede Taktik seiner Kriegsführung gegen diese Mission sorgfältig geplant, doch ihr werdet seine Handschrift erkennen können. Stolz, Überheblichkeit, subtile Aufrufe zur Gerechtigkeit, die nur dazu dienen, blasphemische und gotteslästerliche Worte zu verschleiern, werden der Menschheit als mitfühlende Statements und öffentliche Aufrufe zur Durchsetzung der Menschenrechte präsentiert. Während Meine Kirche einer Zerreißprobe ausgesetzt ist, werden die meisten Meiner treuen Anhänger dies auf den Wandel der Zeit schieben; auf eine neue Ära, in der die Welt trotz religiöser Unterschiede immer mehr zusammenwächst und sich im Aufbruch befindet.

Die neue Ära der Kirche wird als eine globale Evangelisierung gesehen werden, wie sie in Meiner Kirche noch niemals erlebt worden ist, seit den Tagen, als Meine Apostel ihre Mission begannen. Sie wird zuerst von der säkularen Welt begrüßt werden. Sobald die säkulare Welt diesen Plan annimmt, werden auch Meine Kirchenführer gezwungen sein, dieser neuen Ära, in der Kirche und säkulare Welt eins werden, Beifall zu spenden. Häresien werden wie Pilze aus dem Boden schießen und Mein Name wird ausgelöscht werden.

Die Meinen werden niemals aufgeben und ihnen werden in vielerlei Hinsicht große Gunsterweise gewährt werden. Auch Furcht wird sie in ihrem Kampf gegen Satans Armee nicht aufhalten können. Ihre Stimmen werden laut erschallen, da der Heilige Geist sie in einer Weise stärken wird, die viele überraschen wird. Sie werden die Wahrheit um jeden Preis aufrechterhalten, und die Himmlische Hierarchie, alle Engel und Heiligen, werden mit ihnen marschieren. Sie werden jede Beleidigung erfahren, jedes Hindernis auf ihrem Weg zu überwinden und jeden Fluch auszuhalten haben. Aber nichts wird sie aufhalten, und Ich, Jesus Christus, werde ihre Herzen mit Mut und Entschlossenheit füllen und mit dem Willen, all jenen die Stirn zu bieten, die Mich verraten und die sie wegen der Wahrheit verfolgen.

Ihr dürft niemals Angst haben, das Heilige Wort Gottes immer und immer wieder zu wiederholen, denn Millionen Menschen werden die Lügen nicht erkennen, die bald an die Stelle Meiner Heiligen Lehre treten werden.

Ich werde viele mutige Männer und Frauen aus allen Ecken der Welt berufen, das Wahre Wort Gottes zu verkünden, wie es in der Höchstheiligen Bibel festgelegt ist. Während sie für die Wahrheit eintreten, werden sie von Lügnern bekämpft werden, die ihnen ihre Worte im Mund umdrehen, um sie zu widerlegen. Meine Feinde werden sich in großer Zahl erheben und sich mit theologischen Argumenten wappnen, um in der Zeit bis zu Meiner Wiederkunft das Wort Gottes zu untergraben. Meine Feinde werden angeführt werden von vielen fehlgeleiteten gottgeweihten Dienern von Mir, die sich von Meinem Widersacher täuschen ließen.

Meine Feinde werden mit heiserer Stimme ihre Obszönitäten hinausschreien, mit einem Hass, der sich aus jeder Pore ihrer Leiber auf diejenigen ergießt, die Meine Restarmee anführen. Sie werden niemals aufgeben bei ihrer Christenverfolgung, bis zu dem Tag, an dem Ich komme, um zu richten. Und dann werden alle verstummen — nicht einen Ton werden sie von sich geben, denn dann erst werden sie die schreckliche Wahrheit erkennen und wie sie Mich verraten haben.

Euer Jesus

1279. Mutter der Erlösung: Die falsche Kirche der Finsternis wird leblos sein.

Donnerstag, 27. November 2014, 08:40 Uhr

Meine lieben Kinder, die falsche Kirche — d.h. jene, die die Kirche Meines Sohnes auf Erden ersetzen wird — steht bereit, und all die Häresien werden zwischen den Abschnitten des neuen Messbuches, das das alte Messbuch ersetzen wird, geschickt verborgen sein.

Die falsche Kirche der Finsternis wird erbaut, um nach dem großen Inferno die alte Kirche zu ersetzen. Alles, was in der Kirche Meines Sohnes gegenwärtig war, wird ausnahmslos durch Neues ersetzt. Aber Eines wird sich niemals ändern. Das Fundament, auf dem die Kirche Meines Sohnes gebaut ist, bleibt unverrückbar bestehen, denn es ist fest im Boden verankert. Kein Mensch kann oder wird es je verrücken können, denn Gott wird das nicht zulassen.

Die Kirche der Finsternis wird leblos sein. Frucht wird sie keine hervorbringen, da sie auf verrottetem Boden gebaut sein wird. Aus den Mündern derjenigen, die von den Kanzeln dieser Kirche herab predigen werden, sprudeln nur gotteslästerliche Worte. Sie wird ein Sündenpfuhl werden, und nichts von dem, was die Menschen großspurig über die Großartigkeit dieser Kirche verkünden werden, wird irgendeinen Sinn machen.

In jenen Tagen werden viele Christen, die zu verängstigt, zu müde und ohne rechten Glauben sind, den Gottesdienst innerhalb der Mauern dieser Kirche feiern. Dort werden sie jedoch nicht Meinen Sohn anbeten, sondern den Antichristen, denn dann wird er auf dem Throne sitzen, den sie ihm innerhalb dieser Kirchenmauern errichtet haben.

Der Antichrist wird nahe dem Ort herrschen, wo Mein Sohn Seine Kirche erbaut hat, und viele Menschen werden glauben, dass sie (die neue Kirche) von Ihm (Jesus) sei, aber das wäre der größte Irrtum. Jeder, der dieser Kirche widerspricht oder sie kritisiert, wird lächerlich gemacht und von den Verrätern Meines Sohnes der Häresie beschuldigt werden, obwohl diese ja ihrerseits die größten Häretiker sein werden, die die Kirche Gottes seit dem Tage ihrer Gründung jemals unterwandert haben.

Betet, betet, betet, dass eine starke Armee aus Priestern Meines Sohnes übrigbleiben wird, die dem bevorstehenden Druck standhalten wird.

Eure geliebte Mutter
Mutter der Erlösung

1280. Die Menschen haben die Liebe in ihrem Leben verloren, weil sie Mich nicht mehr verehren.

Donnerstag, 27. November 2014, 19:50 Uhr

Meine innig geliebte Tochter, in den kommenden Jahren wird ein Großteil des Leids, das die Menschen erfahren, spiritueller Natur sein.

Dieses geistige Leiden wird nicht nur von Meinen Anhängern empfunden werden, die dem Wort Gottes treu bleiben, sondern von allen Menschen, unabhängig davon, welchem Glauben sie angehören. Satan und seine Dämonen — vom höchsten bis zum niedrigsten Rang — durchstreifen die ganze Welt und verbreiten Hass unter den Kindern Gottes. Der Hass hat von der Menschheit Besitz ergriffen und macht sich in vielen Bereichen bemerkbar. Wenn Satan eine Seele in einen Kokon des Hasses locken will, dann erzeugt er in der dafür empfänglichen Person zuerst ein Gefühl von Eifersucht, das schon bald in Hass umschlägt. Der Hass breitet sich aus und kein Mensch — egal welchen Alters — ist davor gefeit.

Der Geist der Liebe und Nächstenliebe, der früher einmal in den Herzen der Menschen herrschte, ist schwach geworden, und dies bedeutet, dass die Liebe, welche die Gemeinschaften, Nationen und Länder miteinander verbunden hat, erloschen ist. Die Menschen haben die Liebe in ihrem Leben verloren, weil sie Mich nicht mehr verehren. Ich, Jesus Christus, bin in Vergessenheit geraten. So beschäftigt sind sie mit weltlichen Dingen, dass sie sich ihr einsames Dasein selbst geschaffen haben. Sobald die Liebe in eurem Leben fehlt, verkümmert ein großer Teil von euch und verwelkt wie eine Pflanze ohne Wasser.

Gott ist die Liebe, und wenn die Liebe in der Welt gegenwärtig ist, gibt es größere Harmonie und Frieden. Das Gegenteil von Liebe ist Hass, der vom Teufel kommt. Wenn ihr zulasst, dass Hass euer Herz beherrscht, dann wird er in euch nagen und wie ein Krebsgeschwür wachsen, bis er euch verschlingt. Hass zerstört jedes Leben und verursacht schreckliche Spaltungen. Er vergiftet eure Seele. Er erzeugt eine tiefe Unzufriedenheit in den Seelen derer, die zulassen, dass er ihr ganzes Handeln bestimmt. Hass überträgt sich sehr schnell von einer Seele auf die andere, denn sobald ihr euch mit einer Person einlasst, die voller Hass ist, wird er auch von euch Besitz ergreifen, indem er euch dazu verleitet, den Rechtfertigungen dieser Person Gehör zu schenken.

Christen, die sich von Hassgefühlen beherrschen lassen, dürfen niemals Meinen Heiligen Namen dazu missbrauchen, Hass jeglicher Art gegen ihre Mitmenschen zu schüren. Ihr müsst Mich bitten, eure Seele vom Hass zu befreien, denn wenn ihr zulasst, dass sich Hass eurer Seele bemächtigt, werdet ihr Mein Angesicht niemals schauen.

Nutzt die verbleibende Zeit, um Mich mehr zu lieben, denn wenn ihr Mich wahrhaft liebt, wird diese Liebe erwidert werden. Dann werdet ihr unfähig sein, euch an Gesprächen welcher Art auch immer zu beteiligen, in denen Hass eine Rolle spielt.

Liebt Mich, und es wird euch leichter fallen, andere zu lieben. Wenn ihr eine andere Person hasst, dann kennt ihr Mich nicht.

Euer Jesus

1281. Titel, die mit Mir verbunden sind, werden neue Namen erhalten.

Freitag, 28. November 2014, 23:50 Uhr

Meine innig geliebte Tochter, die Welt wird jetzt auf Mein Zweites Kommen vorbereitet, und der Weg dorthin wird von zwei Gegenspielern geebnet.

Ebenso wie Ich, Jesus Christus, euch durch Mein Eingreifen vorbereite, so bereitet auch Satan seine Armee vor. Meine Feinde haben Jahre der Planung aufgewendet, um Meinen Heilsplan zu durchkreuzen, obwohl sie die Wahrheit durchaus kennen. Viele — auch Auserwählte — sind gefallen und haben sich stattdessen dem Okkultismus zugewandt.

Meine Feinde haben viele raffinierte Pläne ausgeklügelt, darunter auch Völkermord an Unschuldigen, die man darüber in Unkenntnis ließ. Aus Gier und Machtkontrolle werden zwar viele böse Aktionen gegen die Menschheit eingefädelt, doch das ambitionierteste Ziel wird schließlich die Besitzergreifung von Meinem Haus sein.

Es gibt Pläne, Mein Heiliges Haus in die Knie zu zwingen. Es wurden Vorbereitungen getroffen, damit das Tier (Satan) seinen Platz einnehmen kann. Um sicherzustellen, dass er von der Welt auch wirklich begrüßt wird, wurde ein detaillierter Plan aufgestellt, der alle Bereiche der globalen Politik und der einzelnen Religionen umfasst. Doch bevor das Tier gekrönt wird und in Meiner Kirche den Thron besteigt, werden auf den Altären Meiner Kirche im Verborgenen viele Akte der Schändung stattfinden. Die Anzahl an Schwarzen Messen wird in die Höhe schnellen und Satan und seiner Hierarchie große Macht verleihen. Sie werden alles verschlingen, was Heilig ist, und hemmungslos alles unternehmen, um das Christentum zu zerstören: Es wird der größte Betrug in der Geschichte Meiner Kirche auf Erden sein. Bei all ihrem Tun werden sie vorgeben, im Sinne des Christentums zu handeln. Nichts wird so sein, wie es scheint, und nur diejenigen, die mit der Gabe der Unterscheidung gesegnet sind, werden die Vorgänge wirklich begreifen.

Jede Sünde wird für akzeptabel befunden werden. Ich, Jesus Christus, werde verflucht werden, aber Mein Name wird verwendet werden, um die Todsünde gutzuheißen. Mit Hilfe seiner treuen Kohorten wird der Teufel alles, was von Mir kommt, auf den Kopf stellen. Titel, die mit Mir bzw. Meinen Vertretern in Verbindung stehen, werden umbenannt werden. Ihre früheren Titel werden durch neue ersetzt werden, und der Welt wird gesagt werden, dies sei ein neu-

er, innovativer und menschenfreundlicher Ansatz in Richtung Gleichberechtigung.

Als Geste der Missachtung Meiner Person werden die Sünden der Menschen vor Meinen Augen erhöht und vor Meine Altäre gelegt werden. Wisset, dass diejenigen, die behaupten, von Mir zu kommen, Lügner sind, wenn sie Mein Heiliges Wort nicht achten und sich weigern, die Wahrheit zu verkünden. Sie sind Betrüger. Ich werde zum Gegenstand ihres Spottes, und zwar nicht allein durch Worte, Handlungen und Veränderungen in der Heiligen Lehre, sondern auch durch sorgfältig inszenierte Rituale, die auf Meinen Altären stattfinden werden.

Der Tag wird kommen, an dem Mein Vater eingreifen und diese letzte Entweihung unterbinden wird. Meine Feinde werden vergeblich versuchen, ihren neuen heidnischen Zeremonien Leben einzuhauchen. Sie werden gut inszenierte und unterhaltsame Event-"Gottesdienste" präsentieren, aus denen jedoch nichts Gutes kommen kann, weil die Flamme des Heiligen Geistes fehlen wird. Stattdessen wird nur der schwelende Rauch eines Feuers zu sehen sein, das nicht entfacht werden kann. Dies ist der Rauch Satans, und er wird Gottes Kinder ersticken.

Euer Jesus

1282. Diejenigen, die ihr Geburtsrecht an das Tier abgegeben haben, werden niemals vor Mein Angesicht kommen.

Samstag, 29. November 2014, 14:25 Uhr

Meine innig geliebte Tochter, Ich offenbare Meine Göttlichkeit durch die Schwachen, die Verwundbaren, die Einsamen und die Demütigen. Meine Kraft durchströmt diese Seelen, bis sie mit Meinem Heiligen Willen eins werden und Ich durch sie Meinen Rettungsplan für die Menschheit vollenden kann.

Wenn diejenigen, die von Mir berufen wurden, Mein Heiliges Wort zu verkünden, durch die Sünde des Stolzes von ihrem Heiligen Wirken abgelenkt werden, dann versuchen sie in ihrer maßlosen Selbstüberschätzung Mein Wort mit Hilfe ihres menschlichen Intellekts zu interpretieren. Sie vergessen dabei, dass es bereits festgelegt wurde, wie man Mir nachzufolgen hat, und dass nicht ihre eigenen Stimmen, sondern Mein Heiliges Wort gehört werden muss. Durch die Sünde der Wollust werden sie Mein Wort verwerfen, da sie das ambitionierte Ziel verfolgen, Mich in den Schatten zu stellen und selbst verherrlicht zu werden. Die Sünde der Trägheit, die aus Faulheit entsteht, wird dazu führen, dass sie sich des ultimativen Verrates schuldig machen, nämlich dann, wenn sie Mir aus Mangel an Glauben und Mut die Treue aufkündigen.

Und so wird es in der letzten Phase vor Meiner Wiederkunft passieren, dass diejenigen, die sich für würdiger und geeigneter halten, dabei aber voller Stolz sind, eine harsche Zurechtweisung erfahren und tief

fallen werden. Die Schwachen, die Demütigen und die Geringsten, denen von den Anhängern in Meiner Kirche wenig Bedeutung zugemessen wird, die sich aber an die Wahrheit klammern, werden von Mir an dem Großen Tag umarmt werden. Ich werde sie rufen und zu Mir herwinken, wenn Ich sie in Mein Königreich aufnehmen werde. Sie werden Freudentränen weinen.

Und dann werde Ich diejenigen um Mich scharen, die Mich nicht kennen, die aber durch Mein Licht erweckt werden — gute Seelen mit Herzen aus Gold —, und Ich werde sagen "Kommt her zu Mir in Meinen Zufluchtsort". Und dann werde Ich die Sünder, die schreckliche Gräueltaten begangen haben, die aber Meine Gnade erfleht haben, zu Mir rufen und ihnen sagen: "Kommt zu Mir, Ich vergebe euch, weil ihr Versöhnung gesucht habt."

Und dann werden jene kommen, die Mich verraten haben, die Mich einst kannten, Mir dann aber den Rücken kehrten, und sie werden Mir nicht in die Augen schauen können. Und sie werden Mich auch nicht um Meine Barmherzigkeit bitten, so dass Ich ihnen sagen werde: "Hinweg von Mir, ihr taugt nicht, um in Mein Königreich einzugehen."

Jene schließlich, die ihr Geburtsrecht an das Tier abgegeben haben, werden niemals vor Mein Angesicht kommen, denn sie werden in den Feuerofen geworfen werden, zusammen mit denen, die dafür verantwortlich waren, dass Mir diejenigen Seelen in Meiner Kirche auf Erden verloren gingen, die ihnen blind in die Dunkelheit der Nacht folgten.

Dann wird alles vorbei sein, und im Bruchteil einer Sekunde wird es einen neuen Anfang geben — eine neue Welt auf Erden, wie es von Anfang an gedacht war. Eine Welt ohne Ende.

Euer Jesus

1283. Mutter der Erlösung: Ihr könnt Gottes Engel bitten, für euch zu beten, aber niemals darum, euch Macht zu verleihen.

Sonntag, 30. November 2014, 17:20 Uhr

Meine lieben Kinder, ihr dürft die Engel Gottes niemals anbeten, denn sie sind Seine Diener und nur bestrebt, Gott Ehre zu erweisen und Seinen Heiligsten Willen zu tun. Das Gebet ist ein Akt der Anbetung, und wenn ihr Gottes Engel in Seiner Himmlischen Hierarchie anruft, so muss es immer mit der Absicht geschehen, sie zu bitten, für euch zu beten. Wenn ihr versucht, mit der Himmlischen Engelshierarchie zu kommunizieren, dann nur, um sie um Hilfe und Führung zu bitten, damit ihr Gottes Heiligsten Willen tun könnt.

Denjenigen von euch, die glauben, dass Gottes Engel ihnen Macht verleihen können, sage Ich: Ihr irrt euch. Die Macht, die den Engeln gegeben ist, kann nur von Gott kommen, und ihr dürft anstatt zu Gott selbst, niemals ersatzweise zu den Engeln beten. So viele Seelen versuchen heute, mit

Engeln zu kommunizieren, doch nur aus egoistischen Gründen und um Kräfte zu erhalten, die nichts mit Gott zu tun haben. Ein Engelwahn kann zu schrecklicher Unzufriedenheit führen, weil dadurch der Geist des Bösen angelockt werden kann, wenn ihr nicht vorsichtig seid.

Wenn ihr Gottes Engel um Hilfe anruft, dann müsst ihr euch immer erst mit Weihwasser segnen und sie dann im Namen Jesu Christi um Hilfe bitten. Wenn ihr das nicht tut und zum Anrufen der Engel irgendeinen Gegenstand verwendet, der nichts mit dem Christentum zu tun hat, dann könntet ihr dem Geist des Bösen Tür und Tor öffnen. Wenn dies geschieht, ist es beinahe unmöglich, ihn wieder loszuwerden.

Wenn ihr euch zu intensiv damit beschäftigt, mit Engeln Kontakt aufzunehmen, dann ist es nur noch ein kleiner Schritt bis hin zum Okkultismus. In diesem Fall werdet ihr jene Engel anziehen, die von Meinem Himmlischen Vater aus dem Himmel hinausgeworfen wurden. Auf der Suche nach einer neuen Heimat durchstreifen sie jetzt die Erde zu Hunderttausenden. Seelen, die sich ihrem Einfluss öffnen, können schnell in eine geistige Welt geraten, die nicht von Gott ist. Wenn ihr euch einmal mit der Unterwelt eingelassen habt, werdet ihr keinen Frieden mehr haben. Diese gefallenen Engel werden euch in ein Netz aus Täuschung locken. Zuallererst werdet ihr ein Gefühl der Hoffnung verspüren und danach glauben, dass ihr mit Hilfe dieser Engel alle Aspekte eures Lebens unter Kontrolle habt. Schließlich werdet ihr dann dem Irrglauben erliegen, ihr hättet die volle Kontrolle über euer eigenes Schicksal. Falsche Empfindungen eines inneren Friedens werden euren Geist füllen, die schon bald danach einem Gefühl von Elend Platz machen werden.

Sich oberflächlich mit solchen Geistern zu befassen, die ihr für Engel Gottes haltet, die aber nicht in Sein Reich gehören, wird euch in den Okkultismus führen, der euch für die Wahrheit blind macht und eure Seele zerstört.

Gott gestattet Seinen Engeln nicht, euch Geschenke zu geben, denn Geschenke können nur von Ihm kommen. Ihr könnt Gottes Engel bitten, für euch zu beten, aber niemals, euch weltliche Güter oder spirituelle Kräfte zu verleihen. Wenn ihr Engel vergöttert und diese Dinge sucht, dann macht ihr euch schuldig, das Erste Gebot Gottes zu brechen.

Eure geliebte Mutter
Mutter der Erlösung

1284. Jeder Mensch besitzt Eigenschaften Meines Vaters.

Dienstag, 2. Dezember 2014, 23:10 Uhr

Meine innig geliebte Tochter, trotz der Tage der Finsternis, die vor uns liegen, an denen die Welt von der Sünde gereinigt wird und in denen Ich als unbedeutend zurückgewiesen werde, Bin Ich ein Gott Großer Barmherzigkeit.

Ich möchte euch ins Gedächtnis rufen, dass Ich leicht verzeihe und jeden Menschen mit jeder Faser Meines Wesens liebe, obwohl Mich viele mit ihrer Gleichgültigkeit und ihrem Hass auf Mich peinigen. Ich habe Mich mit der Tatsache abgefunden, dass Ich nicht mehr so geliebt werde wie früher und dass der Glaube Meines Volkes erkaltet ist, denn all dies wurde vorhergesagt. Meine Aufgabe besteht nun darin, den Menschen von den Fesseln zu befreien, die ihm von Satan durch die Versuchung angelegt wurden. Solange der Mensch nicht an Satan — die größte Geißel der Menschheit — glaubt, wird er Meine Güte, Meine Liebe und Meine Existenz nicht akzeptieren.

Selbst für euch, die ihr Mich kennt, ist es schwer, im Zustand der Gnade zu bleiben. Wie verloren müssen dann erst jene Seelen sein, die Mir überhaupt keine Beachtung schenken; die Seelen, die wissen, wer Ich Bin, die Mir aber nichts von ihrer Zeit schenken; diejenigen, denen die Sakramente und die Wahrheit gegeben wurden, die aber auf ihr Recht auf Mein Königreich verzichten. Viele von ihnen verehren falsche Götter und geben sich fast täglich mit Dingen ab, die nicht von Mir stammen. Keiner von ihnen liebt Mich, aber dennoch liebe Ich sie und werde sie immer lieben, denn sie sind Teil von Meinem Fleisch.

Und dann gibt es noch jene Seelen, die Mir untreu sind, die Mich verraten und bereitwillig an neue Offenbarungen glauben, in denen Meine Göttlichkeit in Frage gestellt wird. Auch ihre Liebe zu Mir ist erloschen, und trotzdem liebe Ich sie genauso wie jene, deren Herz Mir voll und ganz gehört. Ich werde niemals aufhören zu versuchen, einen Platz in ihrem Herzen zu finden, einen Augenblick zu erhaschen, in dem sie Mir einmal antworten oder Meine Große Barmherzigkeit endlich annehmen.

Der Mensch wurde nach Gottes Ebenbild erschaffen. Wie alle Eltern erkennt Sich Gott in Seinen Kindern wieder, und das bringt Ihm große Freude. Jeder Mensch besitzt Eigenschaften Meines Vaters. Jeder Mensch trägt Gutes in sich, und diese guten Eigenschaften beweisen euch, dass Gott gegenwärtig ist. Freut euch, wenn ihr Freundlichkeit, Liebe, Geduld und große Akte der Nächstenliebe seht, denn ihr könnt euch sicher sein, dass Gottes Gegenwart in diesen Seelen wirkt, die diese Charakterzüge aufweisen. Diese Güte in den Herzen der Sünder wird das Böse besiegen. Ihr dürft die Hoffnung niemals aufgeben, denn Ich Bin allbarmherzig und Mein Erbarmen ist allumfassend. Ich werde niemals jemanden zurückweisen, der Mich anfleht. Mein

einziger Wunsch ist, den Menschen Meine Liebe, Meinen Frieden und Mein Glorreiches Königreich zu bringen.

Betet, Meine lieben Anhänger, dass Ich in den Herzen jener, die von Mir abgefallen sind, Liebe entfachen kann. Ich werde bis zum bitteren Ende kämpfen, damit Ich alle Kinder Gottes — vor allem auch Meine Feinde — um Mich sammeln und ihnen das ewige Heil bringen kann.

Euer Jesus

1285. Meine Gegenwart wird die Erde erschüttern und der Erdboden wird erzittern.

Donnerstag, 4. Dezember 2014, 22:55 Uhr

Meine innig geliebte Tochter, wenn die Zeit für Meine Wiederkunft kommt, wird ein gewaltiges Donnergrollen zu vernehmen sein und die Himmel werden sich öffnen, wie wenn ein riesiger Vorhang nach oben gezogen würde. Ich werde in einem überwältigenden weißen Licht erscheinen, das heller als die Sonne strahlt, und viele Menschen werden durch dieses Große Licht, das Mich umgibt, geblendet werden. Je reiner die Seelen, desto klarer werden sie Mich erblicken, und sie werden sich freuen, wenn sie Mein Angesicht sehen.

Meine Gegenwart wird die Erde erschüttern und der Boden wird beben. Eine große Stille wird sich über die Erde herabsenken und aus dieser Stille heraus wird Meine Stimme erschallen, die euch verkündet, dass Ich es Bin, Jesus Christus. Unter denjenigen, die Ich rufe, d.h. die mit Meiner Großen Barmherzigkeit gesegnet sind, wird große Freude herrschen. Doch neben all der Liebe und Freude wird auch großer Jammer und Furcht herrschen. Die Menschen, die nur Hass für Mich empfinden, werden bei Meinem Anblick auf ihre Knie sinken, vor Schmerz stöhnen und vor Wut und Angst um sich schlagen.

Diejenigen, die sich an diesem Tag nach Mir ausstrecken und Mich bitten, sie in Meine Barmherzigen Arme zu nehmen, werde Ich retten. Ich werde den Niedrigen, den Verlorenen, Meine Hand entgegen strecken, und auch jenen, die zu schwach sind, um zu Mir zu kommen. Sie brauchen nur die Worte „Jesus, vergib mir meine Sünden" zu flüstern und Ich werde sie hinwegtragen in Mein Glorreiches Königreich.

Alle von euch, die den Großen Tag Meiner Wiederkunft fürchten, sollen wissen, dass, wenn ihr Mich liebt, dieser Tag euch die größte Freude bringen wird. Alle, die Mich nicht kennen und Mich an diesem Tag sehen, werden zu Mir kommen und Mich mit offenen Armen begrüßen. Nur diejenigen, die Mich hassen, werden Meine Hand der Barmherzigkeit zurückweisen. Ich bitte euch, vertraut darauf, dass Ich euch Frieden bringe, denn es könnte niemals Meine Absicht sein, euch Angst einzujagen, denn Ich Bin ein Gott unendlicher Liebe. Denjenigen von euch, die Mein Großes Geschenk des Ewigen Lebens annehmen, sage Ich: Es gibt überhaupt nichts zu fürchten, denn

Ich werde euch auf diesem Weg begleiten, bis hin zu dem Großen Tag.

Meine Worte mögen hart klingen und die Wahrheit schwer zu akzeptieren sein, doch so ist nun mal der Zustand der Welt — als Folge der hässlichen Sünden der Menschen: Wenn Ich euch nicht vor diesem Tag warnen würde, dann wärt ihr nicht vorbereitet. Satan ist der Grund, weshalb die schmerzhaften Sünden so viel Zwietracht, Betrübnis und Leid in der Welt verursachen, — doch schon bald werde Ich aller Sünde ein Ende setzen.

Euer Jesus

1286. Mutter der Erlösung: Gott schuf eine natürliche Ordnung für die Menschheit.

Freitag, 5. Dezember 2014, 21:50 Uhr

Meine lieben Kinder, Gott schuf das Universum in all seiner Perfektion. Da dieses von Gott kommt, hat alles eine präzise und natürliche Ordnung nach dem Heiligen Willen Gottes.

Die Gesetze für die Menschen und die Naturgesetze wurden von Ihm geschaffen, Der über allen Dingen steht. Deshalb müssen alle erschaffenen Dinge genauso bleiben, wie sie sind. Gott schuf eine natürliche Ordnung für die Menschheit, einen Ort zum Leben, Nahrung zum Essen und das Geschenk des freien Willens. Alles, was in der Natur vorhanden ist, kommt von Gott. Gott hat diese Ordnung geschaffen, damit der Mensch überleben kann. Wenn der Mensch in die natürliche Ordnung des Universums — d.h. in die Nahrung, die er isst, in das Wasser, das er trinkt, und in die natürliche Fortpflanzung — eingreift, dann wird er die Rache Gottes auf sich ziehen.

So viele haben versucht, die Ordnung der Welt, die von Gott für die Menschheit geschaffen wurde, zu ändern. Sie werden dafür leiden, denn Gott wird sich von jenen abwenden, die die Wahrheit über Seine Schöpfung durch falsche Behauptungen ersetzt haben. Wenn die Menschen weiterhin nur ihre eigenen Interessen verfolgen, dann wird Gott zulassen, dass sie sich selbst vernichten, indem sie alles Natürliche durch Widernatürliches ersetzen.

Unter dem Einfluss Satans haben die Menschen die Gesetze Gottes verändert, und das wird Zerstörung mit sich bringen. Die Menschen halten alles, was von Gott kommt, für unzureichend und versuchen, die Naturgesetze zu ändern, dass sie ihren sündigen Begierden dienlich sind. Sie werden so weit gehen, dass sie die Erschaffung des Universums leugnen und falsche Behauptungen über dessen Ursprung aufstellen werden. Alles begann mit Gott und alles wird mit Gott enden. Für die Menschen, die sich trotzig gegen Gott erheben, werden alle guten Dinge zu Ende sein. Sobald in die Gesetze der Schöpfung eingegriffen wird, wird die Erde eine große Züchtigung erfahren. Gott ist zwar geduldig, doch wird Er niemals zulassen, dass der Mensch Ihm

diktiert, wie Er Sein Königreich zu regieren hat.

Sobald die Menschen auf das unterste Niveau gesunken sind, d.h. keine Achtung mehr vor dem Leben, dem menschlichen Körper, ihren Brüdern und Schwestern oder vor den Geboten Gottes haben, werden mächtige Stürme in großer Zahl aufkommen und wochenlang andauern. Das Tosen dieser Stürme wird in vielen Ländern zu spüren sein. Wenn ihr diese Stürme erlebt, dann wisset, dass der Zorn Gottes über euch gekommen ist und dass der Mensch jetzt bestraft wird für die schlimmen Gotteslästerungen, die er gegen seinen Schöpfer begangen hat.

Eure Mutter
Mutter der Erlösung

1287. Wenn ihr euch New-Age-Praktiken zuwendet, verleugnet ihr Mich.

Samstag, 6. Dezember 2014, 14:20 Uhr

Meine innig geliebte Tochter, wie kommt es, dass jene, die Meine Existenz oder die Göttlichkeit Meines Ewigen Vaters nicht anerkennen, so bereitwillig falsche, selbstgemachte Götter annehmen?

Wenn Seelen, die Meine Existenz leugnen, Meine Gegenwart fühlen, dann verspüren sie einen Drang nach Vergeltung, ohne dabei Gewissensbisse zu haben. Sie werden über Meine Gegenwart spotten und sie bei jeder sich bietenden Gelegenheit ins Lächerliche ziehen, sei es in Meiner Kirche, in Büchern; im Wort (d.h. in der Heiligen Schrift) oder wenn Ich in anderen Seelen gegenwärtig Bin. Die Gegenwart Gottes ist allmächtig, und sie wird von jenen Seelen, die sich in der Finsternis befinden, auf die schmerzhafteste Weise empfunden. Dies ist der Grund, warum sie bei jeder Erwähnung Meines Namens so giftig reagieren. Diese Menschen bringen Mir einen tief verwurzelten Hass entgegen und übersehen dabei, wie sie denn jemanden hassen können, der in ihren Augen gar nicht existiert.

Ich warne all diejenigen, die sich mit falscher Spiritualität befassen bzw. etwas verehren oder verfolgen, das nicht von Mir kommt. Wenn ihr eure Seele einer spirituellen Welt öffnet, die nicht von Mir stammt, dann lasst ihr Dämonen ein, die euch listig in ihre dunkle Welt locken. Wenn ihr glaubt, durch New-Age-Praktiken zu innerem Frieden zu gelangen, so wird dieser nur von kurzer Dauer sein. Und je intensiver ihr euch damit beschäftigt, umso schneller werdet ihr einen Zustand erreichen, in dem euer Gewissen von den Feinden Gottes beherrscht wird, bis ihr schließlich nicht mehr in der Lage seid, euch selbst aus ihren Fängen zu befreien. Ihr werdet niemals Frieden finden, wenn ihr falsche Götter anbetet.

Die Welt ist durchsetzt von verkehrten Lehren, Göttern und Religionen. Es gibt nur einen wahren Gott, und zu Ihm könnt ihr nur kommen, indem ihr das Große Opfer anerkennt, das Er gebracht hat, als Er Mich, Seinen einzigen eingeborenen Sohn, sandte,

um euch die Erlösung aus den Fallstricken des Teufels zu bringen.

Denjenigen, die Mich kennen, die aber auch mit falschen Lehren herumspielen, sage Ich: Wenn ihr euch New-Age-Praktiken zuwendet, dann verleugnet ihr Mich. Sollte Meine Kirche andere Glaubensbekenntnisse anerkennen, die nicht von Mir sind, dann verübt sie Verrat an Mir.

Die Zeit, in der Meine Geburt gefeiert wird, indem man seine Verbundenheit mit anderen, nicht von Mir stammenden Religionen bekundet, wird eine Zeit sein, in der die Wahrheit am schlimmsten verraten wird.

Euer Jesus

1288. Gott der Vater: Ohne Mich gäbe es nichts. Kein Universum. Keine Liebe. Kein Leben.

Sonntag, 7. Dezember 2014, 16:30 Uhr

Meine liebste Tochter, niemand von euch soll je vergessen, Wer Ich Bin. Ich Bin es, euer geliebter Vater, Schöpfer von allem, was im Anfang war, und Der das Ende ist. Alles kommt von Mir, und jeder Mensch wird sich vor Mir beugen, es sei denn, er wünscht aus Meiner Höchsthimmlischen Hierarchie hinausgeworfen zu werden.

Ihr, Meine geliebten Kinder, seid alles, wonach sich Mein Herz sehnt, und jede Schlacht auf Erden, die ihr miterlebt, geschieht zur Rettung von Seelen. Alles, was böse ist, wird von Meinem Widersacher verursacht, dem König der Lügen, dem Verführer, dem Ankläger, Meinem größten Feind und damit auch dem größten Feind Meiner Kinder. Er, der gegen Mich ist, ist auch gegen euch. Alles, was Mir Ehre gibt, gibt auch allem, was Mir gehört, die Ehre. Das schließt Meinen eingeborenen Sohn mit ein und auch euch, Meine geliebten Kinder.

Jeder, der Meine Kinder verfolgt, kommt nicht von Mir. Ihr müsst wissen, dass jedes Leid, jeder Schmerz und jede Ausgrenzung, die diejenigen zu ertragen haben, die Mir am nächsten sind, durch Satan und seine Hierarchie der gefallenen Engel verursacht wird. Ihr größter Wunsch ist es, euch Mir wegzunehmen, und aufgrund dessen werdet ihr leiden.

Da Ich niemals etwas zurücknehme, was Ich gegeben habe, wird euer freier Wille sowohl euer Triumph als auch euer Untergang sein, je nachdem, welchen Weg ihr wählt. Das bedeutet, dass ihr — wenn ihr Mir euren freien Willen aufopfert, sowohl zum Wohle eurer als auch anderer Seelen — euren größten Feind, den Teufel, besiegen könnt und werdet. Aber wenn ihr zulasst, dass das Böse in eure Seele eindringt, dann werdet ihr aus eigenem freien Willen alle Bande zu Mir durchschneiden.

Ich kann nicht in euren freien Willen eingreifen, denn das würde bedeuten, dass Ich dann Mein Versprechen gebrochen hätte. Ich kann euch nicht zwingen, eine bestimmte Wahl zu treffen. Ich kann euch nur den Weg, die Richtung zum ewigen Heil aufzeigen. Dann ist es an euch, eine Entscheidung nach eurem Willen zu fällen. Alle Geschenke aus Meiner Himmlischen Hierarchie werden euch unentgeltlich gegeben, wenn ihr euch entscheidet, dass dies das Leben ist, das ihr wünscht. Ich bitte euch in eurem eigenen Interesse, Mich nicht um des Prunkes und Glanzes willen zu verlassen, die euch von den Dämonen als Versuchung präsentiert werden.

Viele von euch sind sich Meiner nicht gewiss oder sind sich nicht sicher, Wer Ich Bin, weil Satan — durch die Kräfte, die er erhalten hat — euch hinsichtlich Meiner Existenz blind macht. Er wird euch mit Hilfe menschlicher Logik und des menschlichen Verstandes offen verhöhnen, um Meine Göttlichkeit zu leugnen. Die Menschen werden in aller Öffentlichkeit verächtlich über Mich sprechen, doch Satan wird sich niemals zu erkennen geben, weil er ein gerissener Feigling ist und dies seinem Ziel nicht dienlich wäre. Solange ihr nicht an die Existenz des Teufels glaubt, werdet ihr wohl kaum an Mich glauben. Doch Ich warne euch. Glaubt über Mich, was ihr wollt, doch leugnet nie die Existenz des Bösen, denn es lauert überall. Wenn ihr das Böse leugnet, dann verleugnet ihr Mich, denn das Böse ist das Gegenteil von allem, wofür Ich stehe. Ich Bin die Liebe. Die Liebe ist Mein. Diejenigen, die voller Liebe sind, mögen Mich vielleicht nicht anerkennen, doch ohne Mich, gäbe es nichts. Kein Universum. Keine Liebe. Kein Leben.

Macht nicht den Fehler, den Urheber alles Bösen Meiner Göttlichkeit vorzuziehen. Der Tag wird bald anbrechen, an dem ihr alles verstehen werdet, was Ich euch sage. Wenn die Spinnweben über euren Augen weggezogen sind, dann müsst ihr zu Mir gelaufen kommen. Ich werde warten, um euch in Meine Arme zu nehmen und euch in Meinen Zufluchtsort zu bringen, und von diesem Moment an werde Ich eure Tränen wegwischen, alles Leid verbannen und euch für die Ewigkeit in das Licht Meines Königreiches bringen.

Ich liebe euch, liebe Kinder. Ich erwarte mit Sehnsucht den Tag, an dem ihr in Meine Himmlische Umarmung zurückkehrt.

Euer geliebter Vater
Gott der Allerhöchste

1289. Mutter der Erlösung: Mein Sohn gab Mir die Macht, den Kopf der Schlange zu zertreten.
Montag, 8. Dezember 2014, 17:30 Uhr

Meine lieben Kinder, wenn ihr Gerüchte über neue Kriege hört, die an Orten ausbrechen, an denen man sie nicht erwarten würde, dann muss euch klar sein, dass sich damit die im Buch der Offenbarung enthaltenen Prophezeiungen erfüllen.

Wenn die natürliche Ordnung der Erde und das Verhalten der Menschheit in allen Ecken der Welt aus den Fugen gerät, dann ist die Zeit gekommen, um Vorkehrungen zu treffen. All dies muss geschehen in der letzten Bastion gegen alles Böse, das der hinterhältigen Durchseuchung mit Satan entspringt.

Jeder wird sich gegen jeden wenden, die Menschen werden sich ohne eine Spur von Reue Grausamkeiten antun, und jeder wird das Vertrauen des anderen missbrauchen. So sieht es aus, wenn die Liebe, die von Gott kommt, in den Herzen der Menschen dahinschwindet. Selbst diejenigen, die an Meinen Sohn glauben, werden sich gegen Seine Lehren wenden. Diejenigen, die Ihm am nächsten sind, werden Ihn — obwohl sie Ihn lieben — verraten. Diejenigen, die Ihn repräsentieren, werden Ihn Seinen Feinden ausliefern, genauso wie Judas es tat.

Nur wenige sind stark genug, aufzustehen und die Wahrheit des Heiligen Wortes Gottes zu verkünden. Der Mensch ist schwach und kann wegen seiner Sündhaftigkeit nicht heil werden. Bis die Sünde ausgerottet ist, wird noch viel Schmerz bis zur Wiederkunft Meines Sohnes ertragen werden müssen. Bis dahin ist das Gebet eure einzige Waffe gegen die Macht Satans. Betet vor allem jeden Tag Meinen Höchstheiligen Rosenkranz, weil er die Macht hat, Satan und all jene zu schwächen, die er in der letzten Schlacht gegen Jesus Christus und Seine Kirche auf Erden anführt.

Ich sage euch jetzt, dass Ich, eure geliebte Mutter, die Unbefleckte Jungfrau Maria, die Mutter Gottes, euch heute ein besonderes Geschenk gebe. Mir wurde die Gnade verliehen, die Beschützerin der Menschheit zu werden. In Zeiten des Kampfes müsst ihr bei Mir Schutz suchen. Ich werde jeden von euch beschützen, der Mich um Hilfe gegen die Bosheit des Teufels anruft. Unter Meinem Schutz werden seine Angriffe, die er gegen jeden Christen unternimmt, der versucht, Meinem Sohn in den bevorstehenden Prüfungen treu zu bleiben, für euch leichter zu ertragen sein.

Mein Sohn gab Mir die Macht, den Kopf der Schlange zu zertreten, damit Er euch näher an Sich ziehen kann. Nehmt Meinen Schutz an, und Ich werde allen antworten, die Mich um Hilfe bitten.

Ich bin Gott verpflichtet und Meine Treue gilt Meinem geliebten Sohn, Jesus Christus, der euch über alles liebt. Es gibt nichts, was Ich nicht für Meinen Sohn tun würde, und es gibt nichts, was Er nicht tun würde, um euch von Schmerz und Leid zu befreien.

Ich danke euch, Meine lieben Kinder, für die Liebe, die ihr Mir entgegenbringt, aber ihr müsst wissen, dass Ich die von euch empfangene Liebe zur Ehre Gottes an Meinen Sohn weitergebe.

Ich bleibe eine demütige Magd Gottes.

Eure geliebte Mutter
Mutter der Erlösung

1290. Mutter der Erlösung: Ich wurde zu allen Zeiten als Seine Botin gesandt.
Dienstag, 9. Dezember 2014, 17:00 Uhr

Mein liebes Kind, Ich bin die Unbefleckte Jungfrau Maria, die Mutter Gottes, und Ich komme, um euch den Zweck Meiner Mission auf Erden zu offenbaren.

Ich bin die Magd des Herrn, und Ich wurde von Meinem Vater im Himmel berufen, Seinen Sohn, Jesus Christus, den Erlöser der Welt zu gebären. Ebenso wie Ich berufen wurde, durch die Geburt Seines eingeborenen Sohnes, der gesandt wurde, um all Seinen Kindern das ewige Leben zu geben, Seinen Heiligsten Willen zu erfüllen, so wurde Mir zu allen Zeiten die Rolle Seiner Botin verliehen. Ich bin als Seine Botin gesandt worden, um die Geheimnisse Seines Himmlischen Königreiches zu offenbaren, und Ich kam stets in Seinem Heiligen Namen, um wichtige Botschaften an die Welt zu vermitteln. Ich kam nicht aus eigenem Entschluss, denn dazu wäre Ich nicht befugt. Ich kam im Namen Gottes, als Seine treue Magd, zur Ehre Gottes, damit Er Seelen in Seine Göttliche Barmherzigkeit rufen konnte. Jetzt komme Ich erneut, in dieser letzten Mission, die von der Allerheiligsten Dreifaltigkeit zur Rettung von Seelen zugelassen wird.

Beim ersten Kommen des Messias war Mir eine wichtige Rolle zugedacht, und jetzt in dieser Endzeit, bevor Er, Mein Sohn, sich in Seinem Zweiten Kommen offenbart, komme Ich als Seine Heilige Botin.

Immer, wenn Ich Mich bei den Erscheinungen auf Erden zeigte, wurde der Welt ein Zeichen gegeben. In vielen Fällen offenbarte Ich wichtige Prophezeiungen durch die Gabe der inneren Eingebung, in einigen Fällen wurde hingegen überhaupt nichts gesprochen. Stattdessen wurde ein Zeichen gegeben, und jene, die mit dem Unterscheidungsvermögen gesegnet sind, haben verstanden, was Gott Seinen Kindern hat mitteilen wollen. Seine Großzügigkeit hat dieses Göttliche Eingreifen möglich gemacht, denn Sein einziger Wunsch ist die Rettung von Seelen.

Mein Ewiger Vater, Der alles aus dem Nichts heraus erschuf, greift nur dann ein, wenn Er Seine Kinder vor den Täuschungen, die in ihre Herzen eingepflanzt werden, retten will. Immer wenn der Teufel Chaos stiftet, greift Gott ein, um die Herzen Seiner Kinder für die Große Liebe zu öffnen, die Er für jedes von ihnen hat. Nehmt diese Mission gütig an, liebe Kinder, und dankt Gott für Seine Große Barmherzigkeit, ohne die viele Seelen verloren wären.

Eure geliebte Mutter
Mutter der Erlösung

1291. Die neue Religion für alle Menschen wird die nicht-christlichen Religionen anziehen.

Donnerstag, 11. Dezember 2014, 21:50 Uhr

Meine innig geliebte Tochter, Ich bringe euch heute eine gute Botschaft, die euer Herz leichter machen wird. Ihr, Meine geliebten Jünger, die ihr Meinem Heiligen Wort treu seid, werdet von Mir besondere Gnaden bekommen. Diese Gnaden, die über alle ausgegossen werden, die in Meinem Heiligen Namen leiden, werden euch in den bevorstehenden Prüfungen außerordentlichen Trost bringen.

Ich gebe euch auch die Gnade, all jene armen verwirrten, irregeführten und aufgewühlten Seelen zu retten, die Mich aus ihrem Leben gestrichen haben. Eure Gebete und eure Ausdauer sind alles, was Ich brauche, wenn ihr Mir diese zur Sühne für solche Seelen aufopfert. Dieses Geschenk ist ein außergewöhnliches Geschenk, und Ich gewähre es euch, weil sehr bald in allen christlichen Konfessionen eine Verwirrung solchen Ausmaßes ausbrechen wird, dass Mich viele verlassen werden.

Wie Rekruten sich für den Kriegsdienst einer Armee anschließen, so werden sich die Menschen einer neuen, nach außen hin christlichen Religion zuwenden, welche sie zur Volksreligion ausrufen werden — eine Religion, die die Starken, die Schwachen und alle Sünder in sich vereint und die — wie sie es ausdrücken werden — alle politischen Gräben überbrückt. Viele werden glauben, sie würden ihre eigene Religion unterstützen, doch stattdessen werden sie Mich verlassen. Der Weg für diese große Täuschung ist nun geebnet, und die neuen Religionsführer stehen fest. Ganz im Stillen und mit großer Entschlossenheit wurde bereits vor einiger Zeit in vielen Ländern der Samen gesät, so dass schon bald Ergebnisse sichtbar sein werden.

Die neue Religion wird als barmherzig angesehen werden. Die neue Religion für alle Menschen wird die nicht-christlichen Religionen anziehen und sie wird mit jeder Menge überzeugender Lügen verteidigt werden. Gottes Gebote werden komplett außer Acht gelassen und sie werden ihren neuen Ansatz zur globalen Evangelisierung mit allen Mitteln zu rechtfertigen versuchen.

Die Reden, die von den Befürwortern jener Änderungen — die erforderlich sind, um den ersten Teil dieser Pseudolehre einzuführen — in Meiner Kirche gehalten werden, werden ein wesentliches Merkmal der Falschheit aufweisen. Die Worte, mit denen Meine Lehren beschrieben werden, werden den Christen, die Mich wahrhaft kennen, nicht vertraut sein. Die Sprache, die verwendet wird, wenn von Mir die Rede ist, wird Meine Göttlichkeit erniedrigen und beleidigen.

Ich kenne die Meinen, und die Meinen kennen Mich. Ich kenne Meine Feinde, und diese werden zu jedem sagen, der ihnen Gehör schenkt, dass sie Mich kennen.

Wenn Meine Feinde, die sagen, dass sie von Mir seien, abfällig über Mich sprechen, wenig Respekt für Mein Wort zeigen oder versuchen, es neu zu definieren, dann seid auf der Hut. Denn selbst die gerissensten Meiner Feinde werden sich in Widersprüche verstricken, weil alles, was von Meinen Gegnern kommt, Verwirrung stiftet. Nichts, was von Gott kommt und wo der Heilige Geist gegenwärtig ist, wird Mich, Jesus Christus, jemals verspotten.

Sobald ihr Verwirrung in Meiner Kirche seht und eine neue Lehre erlebt, welche die Bedürfnisse und die Wünsche des Menschen ehrt, wird sich nichts mehr richtig anfühlen. Ihr, Meine lieben Anhänger, werdet verunsichert, erschrocken und schmerzerfüllt sein. Wegen all dem Bevorstehenden gebe Ich jenen von euch, die Mich wahrlich lieben, die Gnaden, Mir zu helfen, Gottes Kinder aus diesem großen Gräuel zu erretten, der bald seine hässliche Fratze zeigen wird.

Nehmt Meine Geschenke, die Ich euch jetzt bringe, an — Mein Versprechen, euch zu helfen und euch zu führen. Mein Wort wurde der Menschheit vor langer Zeit gegeben. Das Wort ist nicht neu. Der Mensch, der Meinem Wort etwas hinzufügt und es ändert, wird erheblich leiden. Das ist in der Bibel vorausgesagt worden, und jetzt wird genau das geschehen. Mein Wort wird von Meinem Widersacher manipuliert werden und die Welt wird die Lügen schlucken, die als ein Ergebnis zustande kommen werden.

Euer Jesus

1292. Das Gewissen eines Menschen ist wie ein Spiegel seiner Seele.

Samstag, 13. Dezember 2014. 0:15 Uhr

Meine innig geliebte Tochter, das Gewissen eines Menschen ist wie ein Spiegel seiner Seele. Was das Gewissen fühlt, worauf es antwortet und woran es glaubt, spiegelt sich in seiner Seele wider. Das bedeutet, wenn euch euer Gewissen vor etwas warnt, von dem ihr in eurem Herzen wisst, dass es in den Augen Gottes falsch ist, dann müsst ihr darauf hören.

Wenn euch euer Gewissen sagt, ihr sollt angesichts böser Dinge das Wort Gottes verteidigen, dann müsst ihr darauf reagieren, weil ihr wisst, dass ihr es tun müsst. Wenn ihr gegen euer Gewissen Böses akzeptiert, dann werdet ihr dem Wort Gottes untreu. Wenn ihr euch Christen nennt, dann müsst ihr euch von eurem Gewissen leiten lassen. In der christlichen Seele, die mit dem Geschenk des Heiligen Geistes gesegnet ist, ist das Gewissen stets wachsam gegenüber allen Formen teuflischer Täuschung.

Wenn ihr euer Gewissen leugnet, dann leugnet ihr Gott. Wenn ihr Gott leugnet, dann leugnet ihr euer eigenes Erbe. Redet euch niemals heraus, wenn ihr etwas akzeptiert, von dem ihr wisst, dass es nicht von Mir kommt, denn wenn ihr die eurem Gewissen entgegengesetzte Richtung ein-

schlagt, dann habt ihr Meinen Kelch nicht angenommen. Was meine Ich mit Meinem Kelch? Wenn ihr ein Christ seid, dann werdet ihr immer mit Meinen Feinden konfrontiert. Christen werden von denen, die nicht von Mir kommen, verachtet. Es mag Zeiten geben, wo ihr einmal nicht unter Vorurteilen zu leiden habt, aber dann wird immer wieder eine Zeit kommen, wo ihr zu Meinem Namen stehen müsst. Wenn dieser Tag kommt, werdet ihr Mich dann verlassen, indem ihr Mein Heiliges Wort leugnet?

Wie stark ist euer Glaube und eure Liebe für Mich? Nur wenn ihr mit großen Widrigkeiten konfrontiert seid, werdet ihr wissen, wie weit ihr bereit seid zu gehen, wenn man euch vor die Wahl stellt, etwas Richtiges gegen etwas Falsches einzutauschen. Diejenigen, die stark genug sind und sich weigern, etwas zu akzeptieren, was das Dogma (= Glaubenssätze) leugnet, das in der Heiligen Bibel festgelegt ist, werden Meinen Kelch annehmen. Der „Kelch" steht für Mein Blut und für das Gefäß, das Mein Blut enthält. Der „Kelch" steht für das Leiden, das sich zwangsläufig ergibt, wenn ihr mit großer Zuversicht voranmarschiert, um das Wort Gottes zu bewahren.

Wenn Gott Seine Gebote als Faktum festgelegt hat, durch Sein Wort, das in der Heiligen Bibel enthalten ist, dann dürft ihr niemals etwas akzeptieren, was dem widerspricht. Das Dogma in Meinem Namen zu verurteilen, bedeutet, Mich abzulehnen. Der Tag wird kommen, an dem Meine Kirche auf Erden das in Stein gemeißelte Dogma ablehnen und es gegen die Lehren der Finsternis eintauschen wird. Wenn ihr diese Täuschung akzeptiert, obwohl euer Gewissen euch etwas anderes sagt, dann seid ihr der Häresie schuldig. Sobald ihr dies tut, könnt ihr euch nicht mehr Christen oder Meine Jünger nennen, denn dann werde Ich sagen, dass Ich euch nicht kenne.

Euer Jesus

1293. Eure Werke für eure Mitmenschen haben in Meinen Augen keine Bedeutung, denn ihr werdet nach eurer Treue zur Wahrheit gerichtet.

Sonntag, 14. Dezember 2014, 18:00 Uhr

Meine innig geliebte Tochter, durch Meinen Tod am Kreuz habe Ich Meinem Volk ein großes Geschenk gemacht. Mein Opfer, das die Welt vor dem sicheren Tod erretten sollte, ist Teil des Letzten Bundes Meines Vaters vor dem Großen Tag, an dem Er Meine Restarmee von der Erde rettet.

Eine Generation nach der anderen hat von der Wahrheit gesprochen, die im Buch Meines Vaters enthalten ist, und Seine gottgeweihten Diener haben das Wort Gottes bekräftigt. Wie viel habt ihr doch vergessen und wie wenig wisst ihr! Viele von euren berufenen Kirchenführern wurden in die Irre geleitet, und während sie sich jetzt noch mit stolz erhobenem Kopf mit dem Wort Gottes versuchen, werden sie bei der himmlischen Warnung ihr Haupt vor Scham und Angst hängen lassen. Diesen gottgeweihten Dienern habe Ich Folgendes zu sagen :

Eure Werke für eure Mitmenschen werden in Meinen Augen keine Bedeutung haben, denn ihr werdet nach eurer Treue zur Wahrheit gerichtet. Ich werde euch bestrafen und Meine Gerechtigkeit wird unerbittlich sein, wenn ihr euch nicht von euren heidnischen Gesetzen lossagt und das Wort verkündet, das euch vor so langer Zeit gegeben wurde. Eure Missachtung der Gebote Gottes bringt Mir große Schande, aber eure Täuschung, die Mich Seelen kostet, wird euer Untergang sein. Diejenigen von Meinem Volk, die nach dem Wort Gottes leben, und die in euren Augen nichts wert sind, werden einst auf dem Richterstuhl sitzen, wenn ihr vor Meinem Angesichte dafür Rechenschaft ablegen müsst, warum ihr Mein Volk in die Irre geführt habt. Ihr mögt zwar glauben, dass eure Macht und euer Einfluss über jeden Vorwurf erhaben sei, Ich aber sage euch, dass euer Ruhm schon sehr bald verblassen wird: Die goldenen und weißen Umhänge, die ihr tragt, werden sich in Lumpen verwandeln, und eure glitzernden Kronen werden durch Gestrüpp ersetzt werden.

Von allen Sünden der Welt gibt es nichts Schlimmeres in Meinen Augen, als diese Heuchler, die sich als Meine Diener ausgeben, Mir in Wahrheit aber nicht dienen. Wenn die Zeit kommt, in der ihr gegen Mich lästert und Gottes Kinder mit Lügen über die Bedeutung der Sünde füttert, werde Ich euch so hart bestrafen, dass es euch den Atem nimmt. Es wird riesige Hagelkörner vom Himmel herabregnen, und für jede Kirche, die in die Hände Meiner Feinde fiel und in der Meine Altäre entweiht wurden, wird es verheerende Überschwemmungen geben. Denn jedes Verbrechen, das ihr gegen Mich begeht, begeht ihr gegen ein Kind Gottes. Und so werde Ich euch eine Warnung nach der anderen schicken, bis ihr die neue falsche Lehre ablehnt, bis ihr die Wahrheit — das Heilige Wort Gottes — sprecht und die Sakramente hochhaltet, wie es euch am Anfang gelehrt wurde.

Durch diese Botschaften werde Ich euch an die Wahrheit erinnern, und Ich werde fortfahren, euch zu warnen bis zu dem Tag, an dem ihr vor die Wahl gestellt werdet, ob ihr euch für Mich entscheidet oder aber für die Heuchler, die behaupten, sie seien von Mir, die aber in Wahrheit Sklaven des Tieres (Satans) sind.

Euer Jesus

1294. Stattdessen werden sie in die Falle tappen und Dogma und Doktrin trennen.

Montag, 15. Dezember 2014, 21:55 Uhr

Meine innig geliebte Tochter, als die Pharisäer ihre Leute aussandten, um Mich anzugreifen, und dabei jede denkbare List anwendeten, predigten sie zur gleichen Zeit in den Tempeln die Prophezeiungen über das Kommen des Messias. Während sie Mich verhöhnten und versuchten, Unwahrheiten über Meine Moral zu verbreiten, zitierten sie aus der Heiligen Schrift. Als die Pharisäer Mich verfolgten — und Mich mit sämtlichen Schimpfworten bedachten, die Meinen Vater beleidigten —, fuhren sie fort, das Volk Gottes auf das Kommen des Messias vorzubereiten. Obwohl Ich unter ihnen lebte, weigerten sie sich, Mich anzuerkennen, wenngleich sie Mich nicht ignorieren konnten, denn Ich war erfüllt vom Heiligen Geist. Als Ich von den Toten auferstand, wurde den Pharisäern der Beweis für Meine Auferstehung gegeben, aber stattdessen verbreiteten sie lieber Lügen, um die Wahrheit zu verheimlichen. Als Folge ihres Handelns brachten sie Millionen Seelen um ihr rechtmäßiges Erbe — das Geschenk des Ewigen Heils.

Jetzt, da Ich die Welt auf Mein Zweites Kommen vorbereite, werden gottgeweihte Diener in Meiner Kirche auf Erden wieder das Gleiche tun. Sie werden über den Großen Tag predigen, an dem Ich wiederkomme, dabei aber davon ausgehen, dass dieser Tag in einem anderen Jahrhundert stattfinden wird. Sie werden die Seelen nicht so vorbereiten, wie Ich es wünsche. Sie werden Mein Volk nicht ermahnen, sich um Versöhnung zu bemühen, zu beten, die Sakramente anzustreben und sich strikt an das Geschriebene Wort zu halten. Stattdessen werden sie in die Falle tappen, Dogma und Doktrin zu trennen, und sich weigern, die Botschaften anzunehmen, die Gottes Propheten gegeben werden.

Sie sind so blind, dass sie nicht erkennen, dass Ich jetzt zu ihnen durch das Buch der Wahrheit spreche. Diejenigen, die sagen, sie würden euch zu Meinem Königreich führen, kennen in Wirklichkeit nicht einmal den richtigen Weg, der dorthin führt. Als Erstes müssen sie die Heilige Bibel lesen, sie studieren und die darin enthaltenen Inhalte annehmen, denn wie sollten sie Mich sonst kennen? Wie ein Dieb in der Nacht werde Ich kommen, und sie werden nicht bereit sein, Mich zu begrüßen, weil sie keine Notwendigkeit gesehen haben, sich vorzubereiten.

Jetzt stehe Ich vor euch, Meine gottgeweihten Diener, und fordere euch auf, Mir Gehör zu schenken. Ich bitte euch, glaubt an Den, Der Ich Bin, an das, was Ich getan habe, um den Menschen aus der Sünde zu erlösen, und an das, was Ich jetzt tun muss, um den Bund Meines Vaters zu vollenden. Während die Zeit immer näher rückt, werden euch Zeichen gegeben werden, dass Mein Tag bald bevorsteht. Ich werde dies tun, damit ihr aus eurem Schlummer erwacht und auf Meine Stimme hört. Ich bitte euch dringend, sprecht die Wahrheit über die Sünde, Meine Göttlichkeit und die Wahrheit des Heiligen Wortes Gottes, das niemals manipuliert werden kann.

Ich gelobe feierlich, dass, wenn euch diese Zeichen gegeben werden, der Heilige Geist über euch ausgegossen wird, und diejenigen, die Mich mit demütigem Gehorsam lieben, werden augenblicklich wissen, dass Ich es Bin, Der zu ihnen spricht. Ich werde euch dann mit Meiner Liebe erfüllen, und ihr werdet die Dinge so sehen, wie sie wirklich sind, mit einer Klarheit des Geistes und der Einsicht, was von euch genau verlangt wird, um Mir bei Meinem Rettungsplan für die Welt und jedes einzelne Kind Gottes zu helfen.

Hört genau zu. Trefft Vorbereitungen. Betet um Meine Stärke, um Meinen Mut und vergesst niemals eure Pflicht Mir gegenüber.

Geht in Frieden, um Mich zu lieben und Mir zu dienen, jetzt und in Ewigkeit.

Euer Jesus

1295. Wenn ihr Gutes tut, dann sprecht nicht darüber.

Dienstag, 16. Dezember 2014, 23:00 Uhr

Meine innig geliebte Tochter, jene, die sagen, von Mir zu kommen, und die mit dem Heiligen Geist gesegnet sind, sind für diejenigen mit wahrem Unterscheidungsvermögen leicht zu erkennen. Sie werden niemals persönliche Anerkennung oder Bewunderung suchen. Sie werden niemals Popularität suchen, noch werden sie populär sein, denn wenn ihr mit der Stimme Gottes sprecht, dann bringt euch das viel Kritik ein, weil die Wahrheit von der säkularen Welt verachtet wird.

Das Wort Gottes wird immer seine Gegner haben, und es wird von einer säkularen Welt niemals mit Begeisterung aufgenommen. Wenn der Tag kommt, an dem ihr die Verschmelzung Meiner Kirche mit der säkularen Welt erlebt, seid auf der Hut. Meine Diener, die Mir treu bleiben und das Wort öffentlich so verkünden, wie es der Menschheit in der Heiligen Bibel gegeben wurde, sind niemals populär. Sie werden vielleicht toleriert, aber man wird sie nur selten anhören, denn die Wahrheit wird meist verachtet.

Es gibt Menschen, die sich als Lehrer Meines Wortes in den Vordergrund stellen und Unwahrheiten über das Wort Gottes verbreiten, wobei sie sich hinter sorgfältig gewählten Worten verstecken. Ich weiß, warum ihr dies tut, und es geschieht nicht, um Mir zu helfen, Seelen zu retten. Stattdessen wollt ihr Mir Seelen abspenstig machen, weil ihr gegen Mich seid.

Den Verrätern Meiner Kirche, auch den Laien, habe Ich Folgendes zu sagen: Kümmert euch um euren eigenen Garten, denn er ist vernachlässigt und der Boden ist unfruchtbar. Unkraut hat Wurzeln geschlagen, so dass gesunde Pflanzen erst gedeihen können, wenn ihr die verfaulten ausgrabt und den Boden erneuert und düngt. Nur wenn ihr euren Garten erneuert und alles frisch anpflanzt, kann er neues Leben hervorbringen. Anderenfalls wird sich kein Leben mehr regen und er stirbt ab. Ihr werdet nicht nur euer eigenes Leben zerstören, sondern auch das der euch nahestehenden Menschen, denn Mein Gegner kennt keine Treue, auch nicht gegenüber denen, die er zu seinen Sklaven gemacht hat, damit er sich mit ihrer Hilfe an Mir rächen kann.

Diejenigen, die Mein sind, ähneln Mir in vielem. Je näher sie Meinem Herzen sind, desto mehr gleichen sie Mir. Sie sind demütig, denn sie könnten sich niemals ihres Wissens über Mich rühmen. Sie sprechen nur das, was Ich auch sagen würde — nämlich die Wahrheit —, auch wenn sie dadurch Hass auf sich ziehen. Sie empfinden es als unangenehm, erhöht oder gelobt zu werden für die guten Werke, die sie tun, denn das liegt nicht in ihrer Absicht. Sie wollen einfach nur Meinen Heiligen Willen tun.

Die Menschen, die mit lauter Stimme schreien: „Schaut mich an — ich bin ein Diener Gottes", und die stolz und für die ganze Welt sichtbar ihre guten Werke präsentieren, die sie in Meinem Namen tun, ekeln Mich an. Wenn ihr ein Werk der Nächstenliebe zu Ende gebracht habt, dann widmet euch der nächsten Aufgabe — und redet nicht darüber. Sucht kein Lob, denn es ist Mein Werk, das ihr tut. Alle guten Taten, die in Meinem Namen ausgeführt werden, müssen Mir in demütiger Unterwerfung aufgeopfert werden.

Ihr dürft euch niemals in Meinem Namen erhöhen, denn dies ist Mir zuwider. Wenn ihr Gott dient, dann dient ihr Seinem Volk, und ihr müsst Ihm danken, dass Er euch die Gnade erweist, diese Dinge tun zu dürfen. Ihr könnt nicht sagen, dass ihr solche Taten in Meinem Namen ausführt, wenn ihr Dank, Anerkennung oder Lob von anderen Menschen sucht. Wenn ihr das tut, dann seid ihr Heuchler.

Euer Jesus

1296. Mutter der Erlösung: Die euch geschenkte Liebe wird zu Weihnachten noch stärker.

Samstag, 20. Dezember 2014, 16:25 Uhr

Meine lieben Kinder, die Liebe Meines Sohnes ist zu keiner Zeit stärker als zu Weihnachten.

Zu dieser Zeit, wenn Seine Geburt gefeiert wird, durchflutet Er die Seelen mit Seiner Liebe. Zu dieser Zeit müsst ihr die Liebe leben, die euch Kindern Gottes von Natur aus gegeben ist. Ihr müsst das Göttliche Geschenk der Liebe wertschätzen und dieses Geschenk mit jedem Menschen teilen, den ihr kennt.

Das Geschenk der Liebe ist zu Weihnachten in den Seelen aller Kinder Gottes noch viel stärker, und zu dieser Zeit müsst ihr euch bewusst werden, dass die Liebe in der Familie beginnt. Mein Sohn wurde in eine Familie hineingeboren, und das aus gutem Grund. Gott offenbarte Sich Selbst — nicht als eine Einzelperson, die eine Mission zu erfüllen hat, mit keinem einzigen Menschen an der Seite, sondern in der Heiligen Familie.

Liebt eure Familien und verzeiht vergangene Verfehlungen. Liebt sie alle, einschließlich derer, die euch hassen. Ihr könnt den Hass überwinden, indem ihr eure Liebe mit anderen teilt, und obwohl dies manchmal schwer sein mag, werdet ihr dabei stärker werden und von Frieden erfüllt sein. Hass ist ein negatives Gefühl und zehrt die Seele durch ein starkes Gefühl der Unzufriedenheit auf. Er zerfrisst den Kern der Seele, bis diese stirbt. Lasst nicht zu, dass euch der Hass vom Geschenk der Liebe trennt, weil es die mächtigste Gnade ist und von Gott kommt.

Dieses Weihnachten sollt ihr einander so lieben wie Gott jeden Einzelnen von euch liebt. Betet für diejenigen, die euch Böses angetan haben, und bittet Meinen Sohn, euch von der Bürde des Hasses zu befreien.

In den Familien, wo die Liebe gedeihen kann, ist Gottes Liebe in all ihrer Herrlichkeit zu spüren. Solche Familien, die das Glück haben, Liebe füreinander zu empfinden, müssen diese Liebe an Menschen weitergeben, die in ihrem eigenen Leben keine Liebe kennen. Der Mensch, der liebevoll in einer Familie aufwachsen durfte und der mit einem zärtlichen Herzen liebt, berührt die Seelen anderer Menschen. So breitet sich Gottes Liebe aus — aus dem Schoß der Familie.

Mein Sohn, Jesus Christus, begann Seine Mission auf Erden, um die Menschen von der Sünde zu erlösen, aus dem Herzen einer liebenden Familie. Und so bitte Ich euch, dass ihr dieses Weihnachten einander liebt und Meinen Sohn bittet, alle Familien mit den Gnaden zu segnen, einander mehr zu lieben.

Die Liebe, die in einer Familie herrscht, kann alle Hindernisse überwinden, die Satan ihr in den Weg legt. Satan verachtet die Familie, denn sie ist das Fundament der Liebe Gottes. Satan hat es auf die Familie abgesehen und setzt alles daran, um die Einheit der Familie zu zerstören.

Liebe und Einheit in der Familie sind ein großes Geschenk des Himmels, und ihr müsst immer danach streben, zu allen Zeiten vereint zu bleiben.

Eure geliebte Mutter
Mutter der Erlösung

1297. Oh welch eine Freude würde es Mir bereiten, wenn sie sich am Weihnachtstag Mir zuwenden würden.

Montag, 22. Dezember 2014, 20:45 Uhr

Meine innig geliebte Tochter, das ist eine Botschaft für die Welt, für den Weihnachtstag. Da ihr alle Meinen Geburtstag feiert, erlaubt Mir, an diesem besonderen Tag in eure Herzen einzutreten — denn dieser Tag ist Mein Tag.

Ladet Mich als besonderen Gast in euer Heim ein und stellt Mich denjenigen in eurer Familie, eurem Freundeskreis und euren Nachbarn vor, die Mich vielleicht vergessen haben. Weihnachten ist zwar Mein Festtag, doch inmitten all des Jubels und der Freude ist für Mich kein Platz mehr. Lasst Mich nicht außer Acht, so dass Ich eure Herzen erfreuen, euch Freude bringen und Hoffnung für die Zukunft schenken kann — eine Zukunft, die Ich seit dem Tag Meiner Geburt für euch vorgesehen habe.

Erinnert jene, die Mich nicht mehr verehren, an die Liebe, die Ich für sie habe, und wie Ich Mich danach sehne, wieder Teil ihres Lebens zu sein. Oh welch eine Freude würde es Mir bereiten, wenn sie sich am Weihnachtstag Mir zuwenden und Mich bitten, ihnen Meinen Frieden und Meine Liebe zu bringen. Wenn sie an Weihnachten zu Mir kommen, hülle Ich sie in die Sicherheit Meines Göttlichen Zufluchtsortes, und lasse nicht zu, dass sie sich jemals wieder von Mir trennen.

Meine geliebten Anhänger, ihr seid Meine Familie, und Ich bin eure Familie. Durch Meine Barmherzigkeit bringe Ich euch in den Schoß Meines geliebten Vaters, Der euch mit der Leidenschaft zärtlicher Eltern liebt. Oh, wie sehr Er euch doch liebt und wie viel Freude Er empfindet, wenn ihr Mich anerkennt und um Meine Hilfe bittet.

Ihr bedeutet Mir alles und Meine Liebe zu euch ist allumfassend, weit mehr als ihr verstehen könnt. Daher werde Ich mit glühender Leidenschaft und unerschütterlicher Entschlossenheit für jeden Einzelnen von euch kämpfen, um euch vor der Bosheit Meiner Feinde zu retten. Ich bewache eure Seelen mit großer Eifersucht und werde den guten Kampf kämpfen, um euch sicher und heil in Mein Königreich zu bringen. Wie sehr Ich auch bekämpft werde, wie viele Christen in Meinem Namen Demütigungen zu erleiden haben, wie viele Versuchungen Mein Widersacher euch auch in den Weg legt, — Ich werde diese Schlacht um Seelen gewinnen. Das ist eine Tatsache, denn nichts kann zwischen Gott und Seinen Kindern stehen, denn Er wird das nicht zulassen. Der Mensch, der das tut, wird gestürzt werden. Hass wird zerstört und Lügen aufgedeckt werden, weil sie auf wackeligen Füßen stehen. Die Wahrheit wird die Zeit überdauern.

Ich komme bald, um Gottes Kinder — Seine kostbare Familie — zu vereinen. Erhebet die Herzen, erlaubt Meinen Feinden nicht, euch zu entmutigen, und tragt stets eine Hoffnung in euren Herzen. Habt volles Vertrauen in Meine Große Barmherzigkeit und seid bereit, Mich, euren Retter und Erlöser, wieder in eurem Leben willkommen zu heißen. Freuet euch, denn Meine Verheißungen werden größte Freude mit sich bringen. Dieses Weihnachten wird voll Freude sein, denn Meine Zeit steht kurz bevor.

Euer geliebter Jesus

1298. Der Tag, an dem Ich in Meiner Göttlichen Barmherzigkeit komme, wird der Tag der Erleuchtung sein.

Dienstag, 23. Dezember 2014, 16:55 Uhr

Meine innig geliebte Tochter, Ich rufe in dieser besonderen Zeit Meinen geliebten Anhängern zu: Kommt zu Mir und lasst euch mit Meinem Kostbaren Blute bedecken. Ich gab Mein Leben auf Erden hin als ein Zeichen Meiner Großen Barmherzigkeit und Ich werde die Berge und Meere bewegen und die Erde erbeben lassen, wenn Ich noch einmal komme, um euch alle zu Mir zu bringen.

Ich liebe euch und bringe euch großen Segen und Trost, während Ich euch auf Meine Zeit vorbereite. Erlaubt eurem Herzen, Mich willkommen zu heißen. Lasst Meine Liebe, die Ich für euch habe, in die Herzen aller Kinder Gottes eingehen, selbst in die Herzen derer, die euch in Meinem Heiligen Namen verfolgen. Dieses Jahr bringe Ich euch Frieden an Weihnachten und versichere euch, dass Meine Zeit sehr nahe ist. Ich werde bald kommen, um euch Meine Barmherzigkeit zu offenbaren. Jenen von euch, die Mich in dieser Mission verachten, sage Ich: Ich werde eure verhärteten Herzen mit der Gabe des Heiligen Geistes durchbohren. Bald werden sämtliche Zweifel, die ihr vielleicht noch habt, ausgeräumt sein und eure Bürde wird euch abgenommen. Bis dahin werdet ihr den Schmerz der Trennung von Mir erdulden müssen, der euch vom König der Lügen auferlegt ist und der seine Freude daran hat, dass ihr Mich ablehnt. Widersteht Mir nicht, Meine Geliebten, denn Ich liebe euch mit unerschöpflicher Sehnsucht. Mit einer bitteren Süße komme Ich zu euch und bitte jene von euch, die sagen, dass sie Mich lieben: Wendet euch Mir zu. Ich weine Tränen des Schmerzes, weil ihr Mich nicht durch dieses Göttliche Eingreifen annehmen könnt, wo es euch doch großzügig geschenkt wird. Ihr solltet versuchen, die Wahrheit zu verkünden, aber stattdessen habt ihr Mich grausam abgelehnt, und das in einer Weise, die sich Meiner Göttlichkeit nicht ziemt.

Der Tag, an dem Ich in Meiner Göttlichen Barmherzigkeit komme, wird der Tag der Erleuchtung sein. Ihr werdet sofort wissen, dass dort, wo Ich Euch hinbringe, alles offengelegt wird, und dass nichts, was ihr getan habt, vor euren Augen verborgen bleibt. Für jede Tat, die ihr als schwache Menschen begangen habt, werdet ihr den Schmerz Meines Leidens empfinden, der zu eurem eigenen werden wird. Die Reue, die ihr fühlen werdet, wird nur so stark sein wie euer Glaube an Mich. Sehr viele von euch werden erkennen, was sie tun müssen, um von Mir angenommen zu werden. Aber einige von euch werden die Erleuchtung des Gewissens auch leugnen, weil die Distanz zwischen ihnen und Mir zu groß ist.

Den Stolzen und Hochmütigen unter euch, die ihr während der „Warnung" euer Gesicht vor Mir verbergen werdet, habe Ich Folgendes zu sagen: Habt keine Angst, denn ihr seid Mein. Weil ihr ein Kind Gottes seid, nach Seinem Abbild geschaffen, werde Ich euch große Barmherzigkeit zeigen. Habt keine Angst vor dem, der euch liebt — fürchtet nur denjenigen, der euch verachtet, denn er, der Teufel, ist euer größter Feind. Weist Mich zurück, und ihr werdet von Meinem größten Widersacher versklavt werden; aber wenn ihr ihn zurückweist, dann wird euch Meine Macht umgeben, euch schützen und euch sicher in Mein Königreich bringen. Ich gebe euch diese Informationen, damit ihr wisst, dass alles, was Ich vorhersage, auch eintreffen wird. Und wenn dieser Tag kommt, dann müsst ihr euch an

Meine Worte erinnern. Fürchtet Mich nicht, denn was solltet ihr fürchten? Wenn Ich Mein Leben für euch hingegeben habe, warum solltet ihr dann dem Teufel euer Leben schenken wollen, der nur die Zerstörung eurer unsterblichen Seele sucht?

Es gibt nur einen Weg, den ihr einschlagen könnt, und das ist der Weg zu Mir, eurem liebenden Heiland und Erlöser. Ich Bin das Sicherheitsnetz, das euch auffängt. Lauft vor eurem Heil nicht davon. Denkt immer an Mein Erbarmen, Meine Liebe und Meine Große Barmherzigkeit. Meine Göttliche Barmherzigkeit ist dafür da, dass sie angenommen wird.

Euer geliebter Jesus

1299. Der Humanismus ist eine Beleidigung Gottes.

Donnerstag, 25. Dezember 2014, 15:10 Uhr

Meine innig geliebte Tochter, befasst euch nicht mit dem Geist des Bösen, der die Welt verdirbt. Überlasst alles Mir. Solange ihr Mich — gemäß Meinem Heiligen Willen — liebt, verehrt und eure Mitmenschen liebt, werde Ich euch vor dem Schmerz, der durch all die Dinge entsteht, die von Meinen Feinden kommen, bewahren.

Der schlimmste Schmerz, den ihr zu ertragen habt, werden die sogenannten Werke der Nächstenliebe und humanitäre Anliegen auf globaler Ebene sein, welche die wahren Absichten Meiner Feinde verschleiern. In euren Herzen werdet ihr wissen, dass dort der Betrüger am Werke ist. Wenn die säkulare Welt und jene, die behaupten, Mich zu repräsentieren, von Politik und humanitären Aktionen sprechen, dabei jedoch verschweigen, wie wichtig die Bewahrung menschlichen Lebens um jeden Preis ist, dann wisset, dass dies nicht Meinem Willen entspricht. Wenn diejenigen, die sagen, dass sie Mich repräsentieren, nicht mit der gleichen Leidenschaft über das Übel der Abtreibung sprechen, wie sie es bei anderen Vergehen gegen die Menschlichkeit tun, dann seid euch darüber im Klaren, dass etwas nicht stimmt.

Mein Vater wird all jene bestrafen, die Seine Kinder ermorden, einschließlich der Kinder, die noch im Mutterleib genährt werden und darauf warten, geboren zu werden. Diejenigen, die solche Verbrechen begangen haben, werden eine schwere Strafe erleiden, es sei denn, sie bereuen ihre Sünden gegen Gott. Diejenigen, die Mein sind und die Meine Kirche auf Erden repräsentieren, haben es unterlassen, die Wahrheit zu verkünden. Mord, einschließlich Abtreibung, ist eine der größten Sünden gegen Gott. Es braucht einen außerordentlichen Akt der Buße, um von einer solchen Sünde losgesprochen zu werden. Warum kämpft dann Meine Kirche nicht mit Nachdruck gegen diese Sünde — einem der abscheulichsten Akte der Missachtung Meines Vaters? Warum lenken sie euch von der schwersten aller Sünden ab, während sie über die Wichtigkeit humanitärer Akte predigen?

Der Humanismus ist eine Beleidigung Gottes, weil er die Bedürfnisse des Menschen in den Mittelpunkt rückt und nicht das Bereuen der Sünden vor dem Angesicht des Schöpfers. Wenn ihr die Todsünden ignoriert, die in den von Gott festgelegten Geboten klar definiert sind und die in die ewige Verdammnis führen, dann wird kein auch noch so großes Mitgefühl für die Bürgerrechte der Menschen diese Sünden sühnen.

Wenn ihr an Mich glaubt und Mir dient, dann müsst ihr ausschließlich die Wahrheit sprechen. Die Wahrheit ist, dass die Sünde euer größter Feind ist — nicht diejenigen, die euch verfolgen. Die Todsünde wird euch, wenn ihr sie nicht bereut, in die Hölle führen. Wenn ihr in der Todsünde lebt und eure Zeit in die Unterstützung großer Akte der Nächstenliebe und humanitärer Werke investiert, aber nicht bereut, dann wird eure Seele verloren sein.

Denkt an die Wahrheit. Lasst euch nicht vom Gerede, von karitativen Akten oder Werken in die Irre führen, während eure wichtigste Aufgabe doch darin besteht, die Todsünde zu bekämpfen. Ein gottgeweihter Diener von Mir, der sich weigert, euch an die Konsequenzen der Todsünde zu erinnern, hat seine bzw. ihre Mission in Meinem Dienste nicht verstanden. Ihr könnt die Sünde nicht unter den Teppich kehren — aus den Augen, aus dem Sinn —, als ob sie nicht existiere. Kein noch so großes Mitgefühl für Menschen, die in Meinem Namen verfolgt werden, wird die Tatsache aufwiegen können, dass sich ein Sünder nicht an Mich, Jesus Christus, gewandt hat, um die Vergebung der Sünden zu erlangen.

Euer Jesus

1300. Diejenigen, die die Feuerzungen empfangen, werden die Sünde nicht tolerieren.

Freitag, 26. Dezember 2014, 14:00 Uhr

Meine innig geliebte Tochter, Meine Zeit rückt näher und bald werden das Leid, das Elend und der Schmerz, die durch die Sünde verursacht werden, ausgelöscht sein.

In der Zwischenzeit wird Meine Liebe die Welt aufrechterhalten, und für alle durch Meine Feinde verübten Verbrechen und Akte des Bösen werde Ich die Ausgangsquelle austrocknen lassen. Der Kampf gegen das Böse wird von der Liebe gewonnen werden, die Ich in die Herzen der guten Seelen eingeben werde. Diese Liebe wird alle begeistern, die mit ihr in Berührung kommen, und das Feuer des Heiligen Geistes wird die Seelen aller füllen, die mit der Liebe Gottes gesegnet sind.

Diese Ausgießung des Heiligen Geistes, die ohnegleichen ist, seit Meine Apostel zu Pfingsten damit gesegnet wurden, wird die Menschheit erwecken. Nur sehr wenige werden von der Kraft des Heiligen Geistes nicht berührt werden, und diese werden dagegen machtlos sein.

Gott schickt der Menschheit dieses großartige Geschenk, weil Er Seine Kinder liebt.

Die Seelen werden reiner werden und diejenigen, die die Feuerzungen empfangen, werden die Sünde nicht tolerieren.

Es wird unmöglich sein, die Liebe zu ignorieren, die von jenen weitergegeben wird, die mit der Kraft des Parakletos (des Heiligen Geistes) gesegnet sind, und aus diesem Grund wird die Macht Satans geschwächt und sein Würgegriff, in dem er die ganze Welt hält, wird gelockert, bis er dann in den Abgrund fällt.

Freut euch, Meine geliebten Anhänger, denn durch die Macht Meiner Liebe werde Ich die Welt und all jene, die Meine Barmherzigkeit annehmen, retten.

Geht in Meiner Liebe. Liebt einander, so wie Gott euch liebt.

Euer Jesus

1301. Mutter der Erlösung: Gottes Wille ist für die meisten von euch ein Mysterium.

Samstag, 27. Dezember 2014, 24:55 Uhr

Meine lieben Kinder, ihr müsst immer auf den Heiligen Willen Meines Sohnes vertrauen, denn Mein Sohn wird nur deshalb zulassen, dass so viel Böses die Welt verschlingt, weil Seine Barmherzigkeit so groß ist.

Wenn Mein Sohn in irgendeinen Akt der Entweihung eingreift, so tut Er dies, um den Glauben zu schützen. Das Wort Meines Sohnes ist unantastbar und durch Seinen Eigenen Willen kann Er tun, was Er will. Auch ihr habt euren eigenen Willen, aber wenn ihr diesen aus freien Stücken an Gott übergebt, dann kann nur mehr Sein Wille geschehen.

Vertraut, vertraut, vertraut auf Meinen Sohn, denn alle Dinge geschehen in Übereinstimmung mit Seinem Willen. Wenn Er zulässt, dass das Böse gedeiht und dass Seine Anhänger von Seinen Feinden getäuscht werden, dann geschieht es nach Seinem Willen, um die Glaubensstärke der Gläubigen zu prüfen. Gottes Wille ist für die meisten von euch ein Mysterium, und Gott kann jederzeit darüber entscheiden, was zum Wohle der Menschheit notwendig ist.

Ihr müsst Sorge tragen, dass eure Herzen im Frieden, in der Liebe und im Vertrauen zu Meinem Sohn, Jesus Christus, bleiben. Er ist unter euch stets präsent und ihr müsst dafür dankbar sein, denn ohne Seine Heilige Gegenwart würde Finsternis die Erde bedecken.

Eure geliebte Mutter
Mutter der Erlösung

1302. Schützt Mein Wort. Verkündet Mein Wort.

Sonntag, 28. Dezember 2014, 18:30 Uhr

Meine innig geliebte Tochter, der größte Schmerz der Drangsal geht von den Gesetzen eurer Nationen aus, die — sowohl offen ersichtlich als auch auf versteckte Weise — gänzlich im Widerspruch zu den Gesetzen Gottes stehen. Das heißt, jedes Gebot Gottes, das die Regierenden eurer Nationen brechen, wird jetzt insgeheim durch ein Gesetz ersetzt, das lautlos Seelen tötet. Jede Schandtat wird als eine gute Sache dargestellt werden. Je gemeiner die Tat, desto mehr wird sie gelobt werden. Denjenigen, die die Wahrheit — das Wahre Wort Gottes — verkünden, wird keine Möglichkeit eingeräumt werden, sich zu äußern. Ihre Stimmen werden in den meisten Fällen ignoriert werden. Wenn sie aber Gehör finden, werden sie als böse abgeurteilt werden.

Die Zeit ist wahrlich gekommen, dass die Wahrheit verdreht und als Lüge dargestellt wird. Mein Wort wird jetzt von der Mehrheit für eine frei erfundene Geschichte — für eine Lüge — gehalten werden. Gottes Gebote kann man jedoch schwerlich ignorieren, und daher werden die Regierenden eurer Länder ihre bösen Taten damit erklären, dass das Wort Gottes fehlerhaft und überholt sei.

Die Hinterlist des Teufels hat zum Ziel, dass seine Bosheit von allen Menschen akzeptiert wird, indem jede moralisch einwandfreie Tat als unmenschlich und als Verstoß gegen die bürgerliche Freiheit angesehen wird. Aber diejenigen, die mit der Gabe des Heiligen Geistes gesegnet sind, werden immer noch in der Lage sein, zwischen richtig und falsch zu unterscheiden. Noch nie seit den Tagen des Noah wurde die Welt Opfer einer solch großen Täuschung. Nie zuvor hat der Mensch so gesündigt wie in der heutigen Zeit. Und genauso wie in den Tagen des Noah geht die Selbstbesessenheit des Menschen so weit, dass er glaubt, er könne über sein eigenes Schicksal bestimmen, derart ist das Ausmaß seines Narzissmus.

Die Sünde wird heute begeistert begrüßt und gefördert, als sei sie ein Bürgerrecht, und deshalb wird von euch erwartet, dass ihr sie respektiert. Wenn ihr keinen Respekt mehr vor sündhaftem Handeln zeigt, dann könnte es passieren, dass ihr euch eines „Verbrechens" schuldig macht. Euer „Verbrechen" wird sein, dass ihr für das Wort Gottes eintretet, und dafür wird man euch leiden lassen.

Wie leicht lässt sich der Mensch doch täuschen durch den weltweiten Plan, jede Form von Schuld für sündhafte Handlungen zu verbannen, die jetzt in die Gesetze eurer Nationen aufgenommen werden. All diese Dinge wurden vorausgesagt, und sehr bald wird kein Vergehen — nicht einmal Mord, Euthanasie und Abtreibung — als falsch angesehen werden. Die Zeit wird kommen, in der als Folge dieser neuen Gesetze, Völkermord im großen Stil durchgeführt wird, so dass die Tötung von Behinderten bzw. Menschen mit körperlichen Beeinträchtigungen legalisiert wird.

Die in euren Nationen eingeführten Gesetze werden zu noch weitreichenderen Gesetzen führen, die euch aller Macht berauben. Ihr habt jenen Autorität gegeben, die Mich ablehnen — die die Gebote Gottes verachten —, und aus diesem Grund werden sie noch mehr böse Verordnungen einführen, die unvorstellbares Leid verursachen werden. Was aussehen mag wie Landesgesetze, die zivile und humane Rechte fördern, wird zu einer Form von Diktatur führen, in der es bei Strafe verboten ist, ein Christ zu sein.

Schützt Mein Wort. Verkündet Mein Wort. Geht nicht in die Falle, irgendeine globale Bürgerrechtskampagne zu begrüßen, die darauf ausgelegt ist, die Welt in eine neue Eine-Welt-Religion umzuwandeln. Meine gottgeweihten Diener, Ich fordere euch auf, das Wort Gottes zu verkünden und die bösen Aktionen abzulehnen, die fast von jeder Nation Besitz ergriffen haben und die das Wort Gottes leugnen.

Es ist sehr einfach, die Verbreitung von Menschenrechten zu fordern, aber man muss Mut zeigen, sich als Mein Diener zu erheben und zu erklären, dass Handlungen — die für Gott ein Gräuel sind — gegen Mich gerichtet sind. Denn dann würde es Kritik auf euch herabhageln und ihr würdet euch unbeliebt machen.

Erinnert euch an das, was Ich gesagt habe: Der Mensch, der Mir wahrlich in ehrlicher Weise dient, wird niemals Angst haben, die Wahrheit zu sprechen, und er wird niemals versuchen, populär zu sein. Sein einziges Ziel wird es sein, Seelen zu retten.

Euer Jesus

1303. Mutter der Erlösung: Der Wille Gottes ist unumstößlich.

Montag, 29. Dezember 2014, 17:30 Uhr

Meine lieben Kinder, habt keine Angst vor den Verheißungen Christi, denn sie sind euer Rettungsanker. Mein Sohn Jesus Christus ist unter euch gegenwärtig und Er wird euch niemals im Stich lassen oder von eurer Seite weichen. Sein Versprechen, die Welt zu retten, wird sich erfüllen, denn das ist der Wille Meines Ewigen Vaters.

Ihr müsst wissen, dass der Wille Gottes unumstößlich ist, und egal wie groß die Hindernisse sind, die euch in den Weg gelegt werden, Er wird durch Seine Göttlichkeit alle Seine Feinde vernichten. Ihr dürft niemals denken, dass das Böse triumphieren wird, denn das ist unmöglich. Durch die große Liebe Gottes werdet ihr zum Ewigen Heil geleitet werden und nichts wird euch auf eurem Weg behindern. Wenn die Feinde Meines Sohnes versuchen, euch zu zwingen, Gesetze zu akzeptieren, die nicht von Gott sind, dann müsst ihr euch dagegen wehren. Es kann für euch durchaus schwierig werden, aber euch wird die Kraft gegeben, euren unberechenbaren Weg fortzusetzen, und der Himmel wird euch jegliche Hilfe zuteil werden lassen.

Lernt, die Werke des Teufels zu erkennen: in den Kriegen, die überall entstehen, in den bösen Gesetzen, die in fast jeder Nation eingeführt werden und die das Wort Gottes leugnen, und im Verrat an Jesus Christus durch diejenigen, die behaupten, sie würden Ihn repräsentieren, während sie sich zurücklehnen und nichts tun, um Sein Heiliges Wort zu verkünden. Lernt auch, den

Hass zu erkennen, der Gottes auserwählten Seelen entgegengebracht wird, denn dann werdet ihr erkennen, wie schwer ihre Mission ist, die Welt daran zu erinnern, dass Gottes Liebe immer noch lebt.

Ihr müsst Gott, dem Allerhöchsten, auch Dank sagen für das Leben, das Er der Menschheit durch Seinen eingeborenen Sohn, Jesus Christus, gegeben hat. Ohne die Geburt und Kreuzigung Meines Sohnes hätte es keinen Neuen Bund gegeben, um euch das glorreiche Leben zu bringen, das euch erwartet, wenn ihr euch entscheidet, es anzunehmen.

In der jetzigen Zeit müsst ihr euch auf die neue Welt, den neuen Himmel und die neue Erde vorbereiten. Verschwendet keine Zeit, indem ihr versucht, über das, was Mein Sohn euch jetzt sagt, zu streiten. Lernt stattdessen, die Wahrheit widerspruchslos anzunehmen. Ich, eure geliebte Mutter, werde euch zu Meinem Sohn führen, und eure Gebete werden euch in jeder Hinsicht stärken, so dass ihr der Verheißungen Christi würdig gemacht werden werdet.

Eure geliebte Mutter
Mutter der Erlösung

1304. Meine Wiederkunft wird große Glückseligkeit mit sich bring en.
Dienstag, 30. Dezember 2014, 19:45 Uhr

Meine innig geliebte Tochter, die Welt gehört Meinem Vater und Mein Königreich wird sich erheben, was auch immer geschieht.

Die Welt wird auferstehen — wie es der Wille Meines Vaters ist —, und Ich werde in Meiner Glorie allen Menschen Friede, Liebe und Freude bringen. Den Pesthauch der Sünde wird es nicht mehr geben, und alle Kinder Gottes, die Mich, Seinen geliebten Sohn, annehmen, werden das ewige Leben haben.

Meine Wiederkunft wird große Glückseligkeit mit sich bringen und an diesem Tag wird jede Träne abgewischt werden. Meine Hand der Barmherzigkeit wird sich nach euch allen ausstrecken und nur sehr wenige werden Mein Königreich ablehnen. Diejenigen, die Meine Hand zurückweisen, werden es nicht betreten und werden ihre Entscheidung auf ewig bereuen.

Habt keine Angst vor dem großen Umbruch, denn die Zeit, um die Fäulnis zu beseitigen, hat begonnen, und wenn neues Leben aus dem Boden sprießt, wird die neue Welt, die ohne Ende sein wird, jede Seele beglücken, die sich an Mich klammert. Ich Bin die Liebe, und die Liebe wird Mir folgen genauso wie jede Seele, die vom Heiligen Geist durchdrungen ist. Seid stark, Meine geliebten Anhänger, Mein Eingreifen ist jetzt notwendig, und bald wird das Neue Jerusalem vom Himmel herabsteigen, und die Welt, wie sie ursprünglich gedacht war, wird sich aus der Asche erheben.

Ihr dürft nicht zulassen, dass Furcht eure Herzen ergreift, da es nichts zu fürchten gibt, denn Ich Bin es, Der kommt, und Ich liebe euch alle. Lasst zu, dass Ich jetzt je-dem von euch Meine Hand reiche und eure armen Herzen tröste. Ich Bin unter euch Gegenwärtig, und Meine Verheißungen an die Menschheit werden sich zu Meiner Zeit erfüllen. Seid geduldig, voller Hoffnung und vertraut auf Meine Liebe. Aber vor allem vertraut auf Mich, denn Ich gab für euch Mein Leben und somit werde Ich nichts unversucht lassen, um euch in Mein Glorreiches Königreich zu bringen.

Legt alles in Meine Heiligen Hände. Gehet hin in Frieden. Zweifelt niemals an Meinem Großen Erbarmen.

Euer Jesus

1305. Die einzige Gefahr für die Menschheit ist der Mensch selbst.
Donnerstag, 1. Januar 2015, 23:50 Uhr

Meine innig geliebte Tochter, die Person, die im Gebet nicht nachlässt, wird Mir näher kommen.

Angesichts so großer Verwirrung sowohl in der Welt als auch in Meiner Kirche steht die Menschheit vor der Herausforderung, zwischen richtig und falsch zu unterscheiden — in den Augen Gottes. Doch viele Christen werden von Mir weggezogen werden durch eine neue weltweite Form der Evangelisierung, die sich ausschließlich auf die Politik konzentrieren wird. Anstatt ermutigt zu werden, Mir treu zu bleiben, und auf all das zu vertrauen, was Ich Bin, werdet ihr von Mir weggezogen werden. Ihr dürft niemals Mein Wort mit den Bestrebungen einer säkularen Welt vermengen. Ich habe, durch das Buch Meines Vaters, der Menschheit stets die Gefahren solchen Tuns klargemacht. Eine säkulare Welt dient nur den eigenen Bedürfnissen, und Menschen mit Macht, Ambitionen und selbstsüchtigen Bestrebungen stellen die Regeln auf, die diese Welt regieren.

Es wurden so viele Falschinformationen in Bezug auf die Umwelt verbreitet, wo doch Gott allein bestimmen kann, was auf der Erde geschieht. Der Mensch kann die Erde zwar schädigen und verwüsten, aber niemals zerstören, denn all diese Dinge liegen in Gottes Händen. Ein Mangel an Vertrauen in Gott bedeutet, dass der Mensch glaubt, er könne das Universum kontrollieren. Der törichte Mensch denkt, durch sein Handeln könnten Gottes Gesetze geändert werden. Der weise Mensch weiß, dass Gott Allmächtig ist und dass das Überleben der Menschheit gesichert ist, solange man Ihn verehrt und Seine Gebote einhält. Auf das Überleben der Erde hat der sterbliche Mensch keinen Einfluss. Nur Gott besitzt die Macht über die Luft, die ihr atmet, das Wasser, das ihr trinkt und den Fortbestand des Lebens. Die einzige Gefahr für die Menschheit ist der Mensch selbst.

Der Mensch betrügt seine Mitmenschen, um sich selbst zu bereichern. Er lügt, wenn es ihm Vorteile bringt und ihm dienlich ist. Vertrauen wird leichtfertig missbraucht, und jetzt lebt ihr in einer Zeit, wo ihr wissen müsst, dass die Erde bleiben wird, wie sie gedacht war, und dass jeder Klimaumbruch nur durch die Hand Gottes geschieht. Menschliche Eingriffe in die Göttliche Schöpfung werden nur zugelassen, wenn es dem Willen Gottes entspricht.

Meine Kirche ist Mein Leib. All jene, die an Mich glauben, sind Teil Meines Leibes. Diejenigen, die Teil von Mir sind, werden Meinen Lehren folgen. Diejenigen, die sagen, sie würden Meine Anhänger führen, müssen am Wort Gottes festhalten. Ihre Rolle ist es, die Wahrheit zu verteidigen — und nicht, von der Wahrheit abzuweichen.

Wenn ihr von Mir weggezogen werdet und wenn Mein Wort von der Welt abgelehnt wird, dann ist es die Pflicht Meiner gottgeweihten Diener, die Welt daran zu erinnern, was richtig und was falsch ist. Wenn sie sich aus Dingen heraushalten, die die Seele betreffen, und sich stattdessen um Dinge kümmern, die auf den Sozialismus hinauslaufen, dann wisset, dass dies eine subtile und raffinierte Täuschung ist. Damit verraten sie auch jegliches Vertrauen in Mich.

Euer Jesus

1306. Mutter der Erlösung: Vieles wird ausgetauscht werden, bis die neue Religion am Ende steht.
Samstag, 3. Januar 2015, 17:05 Uhr

Meine lieben Kinder, das Erscheinungsbild der Kirche Meines Sohnes auf Erden wird sich bis zur Unkenntlichkeit verändern und wird durch eins ersetzt werden, das nicht von Meinem Sohne ist. Nach und nach wird die gesamte Lehre Meines Sohnes ersetzt, auf den Kopf gestellt und durch falsche säkulare Lehren ersetzt werden.

In keiner Kirche, die sich dazu bekennt, in den Fußstapfen Jesu Christi zu wandeln, ist Platz für irgendetwas anderes als das Wort Gottes. Aber es wird eine Zeit kommen, wo die Kirche Meines Sohnes Teil einer politischen Bewegung im großen Stil sein wird: Sie wird dann in allen weltlichen Dingen wegweisend sein, dabei aber dem Wort, wie es von Gott festgelegt wurde, nicht treu bleiben. All diese Dinge werden — wie vorausgesagt — geschehen, da Mein Ewiger Vater Seinen Feinden erlaubt, den Leib Seines eingeborenen Sohnes zu verschlingen — aber nur für eine begrenzte Zeit. Er lässt diese Prüfungen zu, um die Glaubensstärke jener auf die Probe zu stellen, die die Wahrheit kennen, und jener, die Seiner Kirche treu bleiben, ebenso wie jener, die die Wahrheit zu Gunsten der Lehre der Finsternis verwerfen.

Es wird etwas dauern, bis all diese Veränderungen kommen, aber die Saat ist ausgebracht. Alle Religionen werden sich zu einer einzigen vereinen, die dann mit den Regierungen zu einer neuen globalen Einheit fusioniert, die die Richtung vorgibt, bis der Mann der Sünde (Anm: der Antichrist) kommt, um seinen Platz einzunehmen. Vieles wird ausgetauscht werden, bis die neue Religion am Ende steht und verkündet, was — oberflächlich betrachtet — dem Wohle aller dient.

Betet, betet, betet, liebe Kinder, um die Kraft, die sich daraus ergebenden Schmerzen ertragen zu können. Mein Sohn, Jesus Christus, weint bittere Tränen über die Art und Weise, wie Er betrogen wird, und um die Seelen, die Ihm auf dem Weg verloren gehen. Seinen treuen gottgeweihten Dienern wird die Aufgabe zukommen, das Schiff zu steuern, welches Seine Wahre Kirche auf Kurs halten wird, während es durch stürmische Gewässer segelt. Aber ihr dürft sicher sein, dass denjenigen, die in diesen grauenvollen und schweren Zeiten dem Heiland und Erlöser der Welt treu bleiben, jede Gnade zuteil werden wird.

Eure geliebte Mutter
Mutter der Erlösung

1307. Blitz und Donner werden auf den Tempel des Herrn herabkommen.

Samstag, 3. Januar 2015, 20:20 Uhr

Meine innig geliebte Tochter, als Gott der Welt durch Seine Propheten die Wahrheit schenkte, war das ein Akt der Barmherzigkeit Seinerseits. So viele hatten Gott vergessen und beteten falsche Götter an — die aus der Hierarchie Satans kommen —, dass sie anfingen, an ihre eigene Unbesiegbarkeit zu glauben. Hätte Gott nicht eingegriffen, hätten viele Menschen eine schreckliche Strafe erlitten.

Was Gott den Propheten seit Anbeginn gesagt hat, ist eingetroffen. Die Warnungen, die Er der Menschheit gab, führten dazu, dass diejenigen, die sie sich zu Herzen nahmen, gerettet wurden, während jene, die sie ignorierten, weggeworfen wurden. Alle Prophezeiungen werden eintreffen, und jene, die sich gegen Gott stellen, wenn Er Seinen Kindern Frieden und Heil bringen will, werden für ihren Starrsinn Rechenschaft ablegen müssen. Weil die Wahrheit verdreht und das Wort Gottes ignoriert wird, werden sich die Menschen auch weiterhin vom Heiligen Wort Gottes abwenden. Ihr Abstieg in die Finsternis wird eine Strafe Gottes, des Allerhöchsten, nach sich ziehen.

Es schmerzt Meinen Ewigen Vater, wenn Er mitansehen muss, wie tief der Mensch gefallen ist, weil er nur nach Vergnügungen sucht. Aber der Tag, an dem das Heilige Opfer eingestellt wird, und die Stunde, in der die Betrüger Meinen Altar entweihen, wird der letzte Dorn sein, mit dem sie Meine Seite durchbohren werden. Zur festgesetzten Zeit werden Blitz und Donner auf den Tempel des Herrn herabkommen und ihn zum Einsturz bringen. Wehe dem, der an diesem Sakrileg teilnimmt, denn ihm wird keine Gnade widerfahren, und er wird wie ein Stein in den Abgrund stürzen. Niemand wird bereit sein, diejenigen zu verteidigen, die Meinen Altar entweihen, denn wenn erst die Hand Gottes wie eine schwere Axt herniederfällt, werden sie die Wahrheit erkennen.

Viele haben sich von Gott abgewandt, aber auch viele werden nach Ihm rufen, um in Seinen Armen Trost zu finden. Aber es wird einen harten Kern geben — menschliche Ungeheuer —, deren äußere Erscheinung über die Bosheit in ihrem Inneren hinwegtäuscht, und die diejenigen Seelen aufstacheln, verführen und an sich ziehen, die sich aufgrund ihrer verhärteten Herzen perfekt als Mitläufer eignen bei der Verschwörung, Meinen Leib zu entweihen. Dies ist die vor langer Zeit vorausgesagte Gruppe, die versuchen wird, die Menschheit zu zerstören. Ihre Macht ist jedoch begrenzt, auch wenn es nicht so scheinen mag. Mein Vater wird so viel Widerstand gegen Mich, Seinen eingeborenen Sohn, nur eine gewisse Zeit zulassen.

Die gutherzigen Menschen werden sich sammeln und zu Mir kommen. Die Sünde des Stolzes und des Hochmuts wird die größte Spaltung unter den Menschen hervorrufen, und wenn sie ihre Schwächen nicht ablegen, wird es ihnen nicht möglich sein, Meine Barmherzigkeit anzunehmen.

Die Wahrheit muss hochgehalten werden, denn wenn ihr etwas anderes als die Wahrheit — als das Wort Gottes — akzeptiert, dann werdet ihr schließlich mit leeren Händen dastehen.

Euer Jesus

1308. Diejenigen, die sich vor Mir selbst erhöhen, aber über andere schlecht reden, werden von Mir abgeschnitten werden.

Sonntag, 4. Januar 2015, 16:00 Uhr

Meine innig geliebte Tochter, wenn ein Mensch, der nicht an Mich bzw. nicht an Mein Wort glaubt, und dem die Gabe der Unterscheidung gegeben ist, zu Mir kommt und Mich um Meine Hilfe und um Meine Barmherzigkeit bittet, werde Ich ihn erlösen und ihm das Heil schenken. Wenn ein Mensch, der Mich kennt, Mich aber verrät, dann zu Mir kommt und versucht, Sein Handeln zu verteidigen, werde Ich ihn wegwerfen, denn er hat die schlimmste Sünde begangen.

Meine größten Feinde sind diejenigen, die mit der Wahrheit gesegnet wurden, die in ihrem Stolz aber glauben, sie wären dazu ausersehen, in Meinem Namen zu agieren. Ich wurde von einem der Meinen verraten, als Ich auf Erden wandelte, nicht von denen, die Mich nicht kannten. Und das Gleiche wird sich wiederholen, bis der Große Tag gekommen ist.

Diejenigen, die sich vor Mir selbst erhöhen, aber über andere schlecht reden, werden von Mir abgeschnitten werden. Diejenigen, die von Mir abgeschnitten sind, weil sie Mich ablehnen, die sich Mir aber letztendlich zuwenden, werden als Erste gerettet werden. Seid vorsichtig, wenn ihr verkündet, von Mir zu sein, denn der weise Mensch liebt Mich unabhängig von den Gnaden, die er erhält. Er rühmt sich niemals seiner Heiligkeit, seines frommen Lebenswandels oder seiner Kenntnisse über Meine Lehre. Stolz ist der Untergang für all diejenigen, die glauben, ihre Kenntnisse über Mich seien größer als die anderer Menschen. All

diejenigen, die wie kleine Kinder zu Mir kommen, ziehe Ich näher an Mein Heiligstes Herz. Sie sind die Seelen, die Mich bedingungslos lieben und die es nicht für notwendig erachten, ihre Liebe zu Mir zur Schau zu stellen, damit andere sie bewundern und zu ihnen aufschauen. Wenn ein Mensch alles in Meine Hände legt und die Wahrheit spricht, dann bringt er Mir die Seelen, nach denen Mich verlangt — nicht der Mensch, der für seine Taten gelobt werden will.

Der Teufel erlangt Zugang zu den Seelen derer, deren Meinung über ihre eigene Größe, in Meinen Augen, jede Liebe übertrifft, die sie für Mich haben mögen. Er benutzt dann diese Seelen, damit sie durch ihre Schlauheit in Meinem Namen Irrtümer verbreiten. Die Sünde des Stolzes ist die Hauptursache aller erdenklichen Sünden gegen Mich. Ihr müsst stets die Versuchung niederkämpfen, Mich zu verraten, wenn ihr glaubt, dass euer Wissen über Mein Heiliges Wort euch das Recht gibt, eure Meinung über Gottes Vorgehensweise in Seinem Heilsplan zu äußern. Nur Er, Der über allem steht, hat das Recht, dies zu tun. Alle Seelen müssen vor Ihm das Knie beugen, keiner darf im Alleingang etwas tun, das er für den Heiligen Willen Gottes hält, wenn dies bedeutet, eine lebende Seele in Seinem Heiligen Namen zu beleidigen.

Hört genau zu, was Ich euch jetzt sage: Wenn ihr Mein Wort bzw. die Wahrheit verraten habt, müsst ihr Mich bitten, euch von eurer Schuld zu befreien, denn euch wird nicht die Zeit gegeben werden, die ihr zu haben glaubt, um in Meiner Göttlichen Barmherzigkeit Trost zu suchen.

Euer Jesus

1309. Ohne Mich würde die gesamte Menschheit sowohl den Tod des Leibes als auch der Seele erleiden.

Dienstag, 6. Januar 2015, 19:30 Uhr

Meine innig geliebte Tochter, wenn ein Mensch sich von Mir abwendet, weine Ich bittere Tränen, bin aber geduldig und nachsichtig. Wenn er Mein Wort ablehnt und anderen Menschen keine Liebe mehr entgegenbringt, wie er es eigentlich tun sollte, wenn er Mir nachfolgen will, bereitet Mir dies großen Schmerz. Dennoch Bin Ich geduldig und hoffe, dass er wieder zu Mir zurückkommen wird. Wenn ein Mensch Mir Seelen stiehlt und sie in die ewige Finsternis führt, dann übe Ich Vergeltung, indem Ich ihn schwer bestrafe. Diese Strafe kann in Form von Leiden erfolgen, die seine Rettung sein können, wenn er zum Glück sein Los in Demut annimmt.

Meine Barmherzigkeit ist grenzenlos, wenn man Mich aber durch grausame Taten an Gottes Kindern entehrt, dann müsst ihr Meinen Zorn fürchten. Ihr sollt wissen, dass die Bestrafung Meiner Feinde zu ihrem Besten und zum Wohle aller Menschen, mit denen sie in Kontakt kommen, geschieht. Gibt es irgendetwas, zu dem sich die Stolzen, Hochmütigen und Unwissen-

den, die Mich, Mein Wort und Meinen Heilsplan verachten, nicht hergeben würden?
Die Antwort lautet: Nein, denn ihre Bosheit
ist unerschöpflich.

Noch nie hat es den Menschen so sehr an
Liebe gefehlt, wie es heute der Fall ist. Keine einzige Seele auf der Welt kann sich
dem Einfluss Satans entziehen. Diejenigen,
die fälschlicherweise glauben, in Meiner
Gunst zu stehen, die aber hart zu anderen
sind, werden die volle Wucht Meiner Hand
spüren. Meine Geduld schwindet, Mein
Herz ist schwer und Mein Verlangen, diejenigen zu retten, die andere Menschen vernichten wollen, lässt nach.

Die Gerissenheit des Teufels geht weit
über euer Verständnis hinaus. Er wird
selbst jene mit dem stärksten Glauben dazu
bringen, Mich durch schwere Sünden zu beleidigen, und solche mit wenig Glauben
noch tiefer in Verzweiflung stürzen. Keiner
ist sicher vor Satan, und wenn ihr nicht um
Meine Barmherzigkeit betet, Mir keine persönlichen Opfer bringt, dann wird die Zerstörung der Seelen eskalieren.

Millionen Seelen gehen Mir in dieser Zeit
verloren, und dennoch verstehen nur wenige Christen, wie dringend notwendig ihre
Gebete sind. Nur eure Gebete können den
Einfluss des Teufels schwächen, und Ich
bitte euch, mehr Zeit im Gebet zu verbringen, um seinen Würgegriff, in dem er die
Menschheit hält, zu lockern.

Ohne Mein Eingreifen würden viele weitere Millionen Seelen verloren gehen. Ohne
Meine Barmherzigkeit würden viele von denen, die auf dem Weg in die ewige Finsternis sind, niemals Mein Antlitz erblicken.
Ohne Meine Gegenwart in der Heiligen Eucharistie gäbe es kein Leben — weder des
Leibes noch der Seele. Ohne Mich würde
die gesamte Menschheit sowohl den Tod
des Leibes als auch der Seele erleiden,
aber durch Mich wird es in der kommenden
neuen Welt den Tod nicht mehr geben. Weil
Ich den Tod durch Meine Auferstehung besiegt habe, werdet auch ihr ihn besiegen.
Der Tod wird in Meinem Neuen Königreich
auf Erden nicht mehr existieren. Der Leib
und die Seele werden eine lebendige Einheit sein — ein Geschenk, das nicht abgelehnt werden darf.

Ihr dürft Meine Verheißung niemals vergessen: All jene, die mit Mir und in Mir sind,
werden das ewige Leben haben.

Euer Jesus

1310. Mutter der Erlösung: Entweder ihr nehmt das Wort Gottes an, das von Ihm festgeschrieben ist, oder ihr nehmt es nicht an.
Mittwoch, 7. Januar 2015, 16:30 Uhr

Meine lieben Kinder, ihr müsst euch auf
die Pläne Meines Sohnes, euch alle in Seinen Augen zu erlösen, vorbereiten. Die Zeit
Seines Eingreifens, um den Geist in euch
zu erwecken, rückt immer näher.

Betet, betet, betet für all die verlorenen
Kinder auf der Welt, die alle Verbindungen
zu Meinem Sohn durchtrennt haben, obwohl ihnen die Wahrheit in die Wiege gelegt
wurde. Bald werden sie keinen Zweifel
mehr an Seiner Existenz haben, und ihr
müsst beten, dass nicht der menschliche
Stolz zwischen ihnen und der Barmherzigkeit Gottes steht. Ihr müsst beten, besonders für jene Seelen, die Meinen Sohn in so
vielfacher Weise verraten haben, dass ihnen der Mut gegeben wird, sich vor Ihm zu
verdemütigen und Ihn um Barmherzigkeit
zu bitten.

Die Wahrheit, liebe Kinder, die der
Menschheit gegeben wurde, dadurch dass
sich Mein Ewiger Vater in Seinem eingeborenen Sohn Jesus Christus manifestierte,
wird jetzt zerpflückt. Nehmt keinerlei Lehre
an, die die Wahrheit nicht voll und ganz verkündet. Ihr dürft niemals nur einen Teil der
Wahrheit für wichtig erachten und den Rest
ablehnen. Entweder nehmt ihr das Wort
Gottes an, das von Ihm festgeschrieben ist,
oder ihr nehmt es nicht an. Die Zeit spielt
keine Rolle. Was vor Tausenden von Jahren dem Menschen durch das Wort Gottes
gegeben wurde, hat sich nicht geändert,
noch kann es sich ändern. Alles, was von
Gott kommt, darf nicht geändert werden,
und wenn es noch so schwer sein mag.
Gottes Lehren treu zu bleiben erfordert viel
Kraft, Durchhaltevermögen und einen entschlossenen Willen.

Die Liebe ist der Weg, wie ihr Meinem
Sohn treu bleiben könnt, aber diese Liebe
muss bedingungslos sein. Sie darf auf keinen Fall durch Selbstliebe beschmutzt werden, denn das erweist Gott keine Ehre.
Wenn ihr Gott wahrhaft liebt, werdet ihr dem
Wort treu bleiben. Wenn ihr euch Jünger
Meines Sohnes Jesus Christus nennt, dann
müsst ihr Seinen Lehren bedingungslos folgen. Ihr müsst einander lieben, wie Er euch
liebt — bedingungslos. Ihr könnt nicht sagen, ihr würdet Gott lieben, wenn ihr nicht
einander liebt. Ihr könnt nicht in Seinen
Fußstapfen gehen, wenn ihr nicht denen
verzeiht, die sich an euch schuldig machen.

Nur wenn ihr an den Geboten Gottes festhaltet, werdet ihr in Sein Glorreiches Königreich eingehen.

Eure geliebte Mutter
Mutter der Erlösung

1311. Wenn die Liebe fehlt, Bin Ich nicht in der Seele gegenwärtig.
Freitag, 9. Januar 2015, 15:30 Uhr

Meine innig geliebte Tochter, es ist Zeit,
dass sich auf der ganzen Welt die Christen
zusammenschließen, um sich gegen die
Verachtung zu stellen, die von Milliarden
von Menschen der Wahrheit — dem Heiligen Wort Gottes — entgegen gebracht wird.

Jede Sünde gegen Gott wird heute so hingestellt, als ob sie in Meinen Augen hinnehmbar sei. Sünden, die Mir zuwider sind,
werden bald als in Meinen Augen heilig dargestellt werden, aber das können sie niemals sein. Wenn ihr etwas, das nicht von
Mir kommt, in Meinen Kirchen vor Mir präsentiert, dann bereitet ihr Mir großen
Schmerz.

Noch nie war es für Christen so schwer
wie heute, Meinem Dornigen Weg zu folgen. Lügen, Lügen, Lügen werden euch in
Meinem Namen vorgesetzt, und ihr dürft
niemals Meine Lehren vergessen, sonst
werdet ihr von denen getäuscht werden, die
sich gegen das Wort Gottes verschworen
haben. Christ zu sein erfordert viel mehr als
nur ein Lippenbekenntnis. Wenn ihr ein
wahrer Christ seid, dann werdet ihr alles
tun, was Ich gelehrt habe, und der in der
Heiligen Bibel enthaltenen Heiligen Lehre
gehorsam sein. Mein Wort anzuerkennen,
ist eine Sache, aber danach zu leben, ist
eine andere.

Einander zu lieben, ist niemals einfach,
weil die Sünde existiert. Eure Feinde zu lieben, verlangt euch viel ab, aber wenn ihr
um die Gnaden bittet, dies tun zu können,
werdet ihr feststellen, dass eure Liebe zu
Mir wächst. Wenn ihr Mich wahrhaft liebt,
werdet ihr frei von Hass sein, und dann werdet ihr den wahren Frieden des Geistes und
der Seele finden. Wenn ihr zulasst, dass
Satan euch dazu verführt, andere Menschen zu hassen, dann werdet ihr in eine
schreckliche Finsternis stürzen. Hass ist wie
ein Unkraut, das wächst und sich schnell
ausbreitet. Wenn der Hass an der Seele
nagt, wird er sie schließlich vollends verschlingen. Er verursacht eine quälende Unruhe und die Betroffenen finden keinen Frieden mehr. Hass erzeugt Hass und überträgt
sich schnell von einer Seele auf die nächste. Wenn Satan sich erst in diesen Seelen
eingenistet hat, müssen sie Buße tun und
wahre Reue zeigen, um ihn wieder loszuwerden.

Die Liebe bezwingt jede Art von Hass,
aber wenn ihr eure Seelen nicht von denen
fernhaltet, die zum Hass aufstacheln, werdet ihr in Verzweiflung gestürzt werden. Ich
kann keine Seele retten, die ihre Bosheit
nicht bereut. Ich warte auf eure Beichte,
und wenn ihr zu Mir kommt und Mich bittet,
euch vom Fluch des Hasses zu befreien,
werde Ich euch Meine Hand reichen und
euch zurück in Meinen Zufluchtsort des
Friedens ziehen.

Frieden und Liebe können nur von Gott
kommen. Sucht immer Meine Nähe, denn

Ich Bin die Liebe. Wenn die Liebe fehlt, Bin Ich nicht in der Seele gegenwärtig.

Euer Jesus

1312. Gott der Allerhöchste: Meine Macht übertrifft alles, was von dieser Welt und jenseits davon ist.

Samstag, 10. Januar 2015, 15:36 Uhr

Meine liebste Tochter, die Menschheit hat sich gegen Mich und alles, was Ich nach Meinem Abbild schuf, gewendet, und das betrübt Mich sehr.

Meine Kinder werden durch das Eingreifen Meines geliebten Sohnes, Jesus Christus, gerettet werden, und das wird sehr bald geschehen. Vor diesem Tag bitte Ich all jene, die Mich lieben, die Wahrheit, Meinen Sohn und Seine Liebe anzuerkennen und um Seine Barmherzigkeit zu beten.

Ihr, die ihr Meinen Sohn liebt, müsst an Sein Versprechen denken, die Welt zu erlösen und die Sünde auszulöschen, bevor Sein Glorreiches Königreich anbricht. Leib und Seele werden ewig leben, und diejenigen, die die Barmherzigkeit Meines Sohnes annehmen, werden dieses große Geschenk erhalten. Diejenigen, die es nicht annehmen, werden es nicht erhalten.

Kommt, Meine Kinder, und nehmt Mein Wort an, denn es ist ewig, und nichts wird es zerstören. Mein Widersacher schäumt zu dieser Zeit vor Wut, weil er weiß, dass die Welt von seinem Einfluss befreit werden wird, und er wird unsagbares Elend über diejenigen Seelen bringen, von denen er möchte, dass sie das Geschenk des ewigen Lebens ablehnen.

Ihr werdet über eure Belastungsgrenze hinaus in eurem Glauben an die Allerheiligste Dreifaltigkeit geprüft werden, und viele von euch werden fallen. Wahrer Glaube erfordert wirkliches Vertrauen, und wenn ihr nicht auf die Verheißungen Meines Sohnes vertraut, werdet ihr von Ihm getrennt werden.

Jedem einzelnen Meiner Kinder wird in Kürze der Beweis Meiner Existenz gegeben werden. Wenn euch dieses Zeichen gegeben wird, dann zweifelt nicht daran, denn es soll euch in Meinen Zufluchtsort bringen, den Ich euch vermache.

Viele Zeichen Meiner Existenz wurden der Welt gegeben, und jetzt werden euch noch viel mehr gegeben. Fürchtet euch nicht, denn Ich werde jeder Seele nachgehen, und es gibt keinen unter euch, den Ich nicht mit zärtlichem Herzen liebe. Ich liebe Meine Feinde, auch jene, die Mich mit ihrer Bosheit quälen. Aber bald wird das Geschenk, das Ich ihnen bringe, die Liebe zu ihrem Schöpfer wecken, die in ihren Herzen schlummert. Ihre Liebe, verbunden mit Meiner Göttlichen Liebe, wird das Böse besiegen. Ich werde all ihre Ängste und Tränen wegwischen.

Euch, Meinen lieben Kindern, wird dieses Geschenk gegeben, wenn ihr es am wenigsten erwartet. Denn diese Zeit rückt immer näher, und das Angesicht der Erde wird

sich für alle Zeit und zum Wohle aller Menschen verändern.

Meine Macht übertrifft alles, was von dieser Welt und jenseits davon ist. Mein Königreich ist unvergänglich.

Euer geliebter Vater
Gott der Allerhöchste

1313. Vertrauen ist der Schlüssel zur wahren Liebe.

Mittwoch, 14. Januar 2015, 15:40 Uhr

Meine innig geliebte Tochter, wenn ein Kind mit fürsorglichen Eltern Liebe erfährt, wird ihm ein großes Maß an Geborgenheit und Nähe mitgegeben.

Die Liebe zwischen einem Kind — das das Glück hat, liebevolle Eltern zu haben — und seiner Familie stammt aus dem Vertrauen, das ihm in die Wiege gelegt wurde. Dieses Vertrauen ist absolut. Das Gleiche gilt für jede lebende Seele, die Mich bedingungslos liebt. Meine Liebe zu jeder Seele ist unerschütterlich. Vertrauen ist der Schlüssel zur wahren Liebe. Jedes Meiner Kinder wird gleichermaßen geliebt, obwohl sie Mich nicht immer lieben.

Liebt Mich — und ihr werdet Frieden empfinden. Liebt Mich — und ihr werdet all jene lieben, die Kinder Gottes sind. Diese Liebe liegt in eurer Natur. Ohne sie seid ihr nicht vollständig.

Wenn Ich in euch Bin, dann seht ihr die Welt mit Meinen Augen — all ihre Herrlichkeit, aber auch alle Unvollkommenheiten. Ihr erkennt die Hindernisse, denen die Menschheit gegenübersteht, und ihr fühlt euch elend, wenn ihr mit Hass in irgendeiner Form konfrontiert werdet, denn Hass ist das Gegenteil von Liebe.

Betet, betet, betet, dass in der Welt die Liebe zu Gott lebendig bleibt, denn ohne sie werdet ihr euch einsam und verlassen fühlen.

Liebt Mich, wie Ich alle Kinder Gottes liebe, und Ich werde große Gnaden über euch ausgießen, so dass ihr das Böse in all seinen Erscheinungsformen besiegen werdet.

Euer geliebter Jesus

1314. Sie rechtfertigen die Sünde, um ihr Leben nicht ändern zu müssen.

Freitag, 16. Januar 2015, 11:10 Uhr

Meine innig geliebte Tochter, Mein Wille kann niemals besiegt werden, denn er ist ewig.

Der Mensch hat sich auf so vielfältige Weise gegen Gott aufgelehnt, doch wenn der Wille des Menschen mit dem Willen Gottes eins wird, dann werden diejenigen, die den Willen Gottes bekämpft haben, alles verlieren. Die Sanftmütigen und diejenigen, die Mich nach der „Warnung" annehmen, werden die Neue Erde gewinnen.

Die kommende Welt hat kein Ende und wird frei von aller Sünde sein. Die Herrlichkeit gehört all jenen, die ihr rechtmäßiges Erbe antreten, denn das ist von Anbeginn Teil des Planes Meines Vaters — der Göttli-

che Plan, in den der Mensch nicht vollständig eingeweiht ist.

Wichtig ist, dass jeder von euch gegen die Versuchung zur Sünde ankämpft, obwohl dies niemals einfach ist. Ruft Mich stets an, wenn ihr glaubt, Mich gekränkt zu haben. Ich Bin immer da und vergebe euch jede Sünde, mit Ausnahme der ewigen Sünde der Lästerung gegen den Heiligen Geist. Alles, was ihr tun müsst, ist, euch Mir zuzuwenden.

Diese Meine Welt ist voll von Bosheit, von Betrug und vom Geist des Bösen, aber es gibt auch Liebe in ihr. Die Liebe, die der Mensch für seinen Mitbruder fühlt, hält Mich noch unter euch, und das Gebet, das das Böse in Schach hält.

Ich bitte euch nicht, euer Leben aufzugeben, um täglich 24 Stunden lang im Gebet zu verbringen, denn das ist es nicht, was Ich von euch verlange. Alles, worum Ich euch bitte, ist, dass ihr Mich um Hilfe anruft und dass ihr Gott die Ehre erweist. Zur Erfüllung Meiner Verheißung an die Welt und um sicherzustellen, dass alle von euch das ewige Leben erlangen, müsst ihr euch nur an die Gebote Gottes halten, wie sie in den Zehn Geboten klar und eindeutig festgeschrieben sind.

Folgt Mir, eurem Jesus, und behaltet alles, was Ich euch gelehrt habe. Es nützt nichts zu verkünden, dass ihr Mich liebt, wenn ihr das Wort Gottes ablehnt. Zuerst müsst ihr einander lieben und andere so behandeln, wie ihr selbst behandelt werden möchtet. Lebt Mein Wort durch eure Gedanken, Taten und Werke, dann werdet ihr wahrhaft von Mir sein. Hass spielt keine Rolle in Meinem Werk, obwohl alles, was Ich sagte, als Ich auf Erden wandelte, auf große Kritik stieß, weil die Menschen ihr Leben nicht ändern wollten. Heute wird Mein Wort abgelehnt, weil die Menschen nicht an der Wahrheit festhalten wollen. Stattdessen rechtfertigen sie die Sünde, damit sie ihr Leben nicht ändern müssen. Daher hat sich nicht wirklich etwas verändert.

Die Fesseln der Sünde, mit denen sich der Mensch selbst an den Einfluss Satans kettet, sind heute stärker als je zuvor. Schneidet euch jetzt davon los und sucht nach Mir. Denkt daran: Euch können eure Sünden nur vergeben werden, solange ihr lebt — nicht, nachdem ihr diese Erde verlassen habt.

Wann wird der Mensch das Wort Gottes annehmen und erkennen, dass alles, was Er gesagt hat, wahr ist? Alles, was Er gesagt hat, das Er tun wird, ist wahr, und alles, was Ich euch jetzt sage, ist wahr. Leider werden viele von euch niemals hören, und wenn ihr dann die Wahrheit erkennt, wird es zu spät sein. Ihr müsst eure Zukunft jetzt schützen, indem ihr das Wort Gottes lebt.

Euer Jesus

1315. Ich brauche euch, so wie ihr Mich braucht.

Samstag, 17. Januar 2015, 18:18 Uhr

Meine innig geliebte Tochter, Ich Bin es, euer Jesus, euer Erlöser, der spricht.

So viele Menschen, die diese Botschaften lesen, haben Angst. Angst bringt eine Art Hass mit sich, weil so viele Mich nicht anerkennen wollen. Angst ist verständlich, aber ihr dürft nicht zulassen, dass sie euer Vertrauen trübt. Ich rufe euch einzig und allein, damit ihr zu Mir kommt. Ich habe kein Verlangen, euch Angst zu machen. Eure Zeit auf Erden ist kurz, aber die Zeit, die ihr mit Mir verbringt, ist für die Ewigkeit.

Wenn Ich euch doch liebe, warum sollte Ich euch dann nicht davor warnen, welche Folgen es hat, Meine Barmherzigkeit abzulehnen? Alles, was Ich brauche und will, ist, euch alle in Mein Königreich zu bringen. Ich spreche zu euch nicht über Dinge, die nicht in Meinem Heiligen Buch enthalten sind. Nein. Vielmehr erinnere Ich euch bloß an die Wahrheit und an all die kommenden Ereignisse, damit ihr zu Mir kommt.

Kommt, Meine Kleinen, fürchtet Meine Liebe nicht. Habt keine Furcht vor Meinem Königreich, denn es ist euer natürliches Geburtsrecht. Dafür gab Ich Mein Leben auf Erden. Ich brauche euch, so wie ihr Mich braucht. Meine Wünsche sind bescheiden, denn Ich möchte euch lediglich in ein Leben großer Herrlichkeit führen, wo ihr euch Ewigen Lebens erfreuen werdet. Warum fürchtet ihr dann Meinen Ruf? Ich liebe euch. Ich würde euch niemals ein Leid antun. Das einzige Leid, mit dem ihr konfrontiert seid, kommt von euch selbst. Ich Bin da, allezeit, und warte mit großer Freude auf eure Liebe.

Meine Welt ohne Ende übertrifft alles, was ihr euch jemals auf dieser Erde wünschen könntet. Euer Leben auf Erden verblasst angesichts der Einzigartigkeit Meines Königreichs. Um euch das Ewige Leben — euer rechtmäßiges Erbe — zu garantieren, starb Ich für eure Sünden. Schlagt dieses große Opfer nicht aus, denn Mein Kreuzestod für euch war sehr ehrenvoll.

Lehnt Mich bei Meinem Zweiten Kommen nicht noch einmal ab.

Euer geliebter Jesus

1316. Nur Ich kenne den Tag und die Stunde, in der ihr euren letzten Atemzug tun werdet.

Sonntag, 18. Januar 2015, 12:45 Uhr

Meine innig geliebte Tochter, wenn ein Mensch sich von Mir entfernt, aus welchem Grund auch immer, wird er niemals wahren Frieden finden. Wenn ein Mensch entdeckt, Wer Ich Bin, dann wird sein Herz vor Liebe zu Mir überlaufen. Ein Mensch, der sein ganzes Vertrauen in Mich setzt, wird jedes Leid ertragen können, denn Ich werde ihm innere Freiheit schenken.

Das Wort Gottes verursacht große Uneinigkeit unter denen, deren Glaube schwach ist. Diejenigen, die an Mich glauben, empfinden großen Schmerz in ihren Herzen, wenn sie sehen, wie sich die Menschen gegen das Wort Gottes auflehnen. Dieser Schmerz ist Mein Schmerz. Wenn ihr an Mich glaubt, dann fühlt ihr in eurer Seele die gleiche Liebe, die Ich für euch empfinde. Öffnet Mir immer euer Herz. Heißt Mich willkommen, nicht mit Angst, sondern mit Vorfreude. Nehmt Mich um Meiner selbst willen an, und ebenso das Wort, das euch gegeben ist. Und lebt dann euer Leben genau so, wie es in der Heiligen Bibel geschrieben steht, und Ich werde auf euch warten.

Wenn ihr aber Meine Lehren ablehnt und euch der Sünde hingebt, so wird dies euer Untergang sein. Nur Ich kenne den Tag und die Stunde, in der ihr euren letzten Atemzug tun werdet. Ihr müsst jederzeit bereit sein. Ihr müsst Mich — so oft ihr könnt — bitten, euch eure Sünden zu vergeben. Ich vergebe den verhärtetsten Sündern, und daher dürft ihr niemals Meine Barmherzigkeit fürchten. Fürchtet allein die Stunde, in der ihr vor Mir stehen und für jedes Unrecht gegen Gott Rechenschaft ablegen müsst. Wenn ihr euch bis dahin in den Augen Gottes nicht reingewaschen habt, wird es für euch keine zweite Chance mehr dafür geben.

Euer Jesus

1317. Mutter der Erlösung: Die Menschen wählen ihr eigenes Schicksal.

Dienstag, 20. Januar 2015, 15:30 Uhr

Meine lieben Kinder, in Kürze werdet ihr eine große Täuschung erleben, die sich wie ein Vorhang über die ganze Welt herabsenken wird. Diese Täuschung wird die Wahrheit fast auslöschen, aber diejenigen, die mit dem Licht der Barmherzigkeit Meines Sohnes gesegnet sind, werden die Irrtümer, die das Wort Gottes verdecken, erkennen.

Nie zuvor seit der Erschaffung des Menschen hat Gott zugelassen, dass Seine Feinde die Welt mit einer solchen Täuschung überziehen — einer Täuschung, die nur ein Ziel hat: Alle Spuren von Gott in eurer Gesellschaft auszulöschen, damit all diejenigen, die nicht von Gott kommen, in hohe Machtpositionen gehoben werden. Gott erlaubt dies als die größte Prüfung der Menschheit, um festzustellen, wer für Ihn ist und wer gegen Ihn.

Die Welt hat Meinem Ewigen Vater schwere Beleidigungen zugefügt und sie versinkt immer tiefer in die Todsünde. Gottgeweihte Diener, darunter Priester, Bischöfe und Kardinäle, haben seit über vierzig Jahren darin versagt, Gottes Kindern die Wahrheit zu lehren. Viele von ihnen erkennen die Existenz der Sünde nicht an noch warnen sie die Menschen vor den großen Gefahren, die die Todsünde für die Seelen mit sich bringt. Gottes Diener haben eine Pflicht, und zwar, die Gläubigen in allen moralischen Dingen zu unterweisen und den Seelen aufzuzeigen, welche Gefahren ein schlechter Lebenswandel mit sich bringt. Die Sünde wird nicht mehr als der größte Feind angesehen, der die Menschen von Gott trennt.

Kinder, Gott will euch keine Angst einjagen, aber ihr dürft niemals versucht sein zu glauben, es gäbe keine Hölle, denn es gibt sie. Die Menschen wählen ihr eigenes Schicksal und jene Seelen, die Gott nicht bitten, ihnen ihre Sünden zu vergeben, werden nur schwerlich in das Königreich Meines Sohnes kommen.

Ihr müsst euch immer an die Wahrheit halten. Gott hat die Wahrheit durch Seine Propheten offenbart. Wendet euch nicht von der Wahrheit ab, denn sonst werdet ihr falsche Lehren annehmen und fälschlicherweise glauben, dass sie euch die Tore zu eurem Erbe aufschließen.

So viele Menschen werden jetzt in die Irre geführt und glauben, dass es nur darauf ankommt, sich um das materielle Wohlergehen von Gottes Kindern zu kümmern. Kümmert euch um eure eigene Seele, liebe Kinder, denn ihr habt eine Seele und sie wird ewig existieren, ob ihr mit Meinem Sohn in Seinem Königreich wohnt oder von Ihm verworfen werdet. Vernachlässigt niemals eure eigene Seele sonst werdet ihr es schwer haben, euch mit Meinem Sohn zu vereinen.

Die Wahrheit wird ewig leben, denn sie ist das Wort Gottes. Sie kann sich niemals ändern.

Eure geliebte Mutter

Mutter der Erlösung

1318. Die „Warnung" wird der Welt helfen, den größten Glaubensabfall aller Zeiten zu bekämpfen.

Dienstag, 20. Januar 2015, 20:40 Uhr

Meine innig geliebte Tochter, wenn die „Warnung" stattfindet, wird das die erste Stufe der Vorbereitung auf Mein Zweites Kommen sein. Jenen, die Mich annehmen, wird eine außergewöhnliche Chance gegeben werden, über die Wahrheit nachzudenken, so groß ist Meine Barmherzigkeit.

Bitte seht diesem Tag mit großer Freude entgegen, denn das wird der Tag sein, an dem die Ungläubigen endlich realisieren, Wer Ich Bin. Sie werden aus ihrer Apathie aufgerüttelt und mit Staunen erfüllt werden.

Die „Warnung" wird der Welt helfen, den größten Glaubensabfall aller Zeiten zu bekämpfen. Indem ihr euch Mir zuwendet in diesen 15 Minuten, in denen ihr vollkommen allein sein werdet, und Mich bittet, euch zu vergeben, werdet ihr mit der Gabe des Heiligen Geistes erfüllt werden. Dann müsst ihr euch darauf vorbereiten zu kämpfen, um anderen zu helfen, ihre herrliche Zukunft zu verwirklichen.

Während die „Warnung" den Glauben der Gläubigen befeuern und viele bekehren wird, wird es eine große Zahl Menschen geben, darunter Priester und hochrangige Mitglieder des Klerus, die leugnen werden, dass sie stattgefunden hat. Sie werden viele von Mir abbringen und werden dafür ein strenges Gericht erfahren. Bei dieser Erleuchtung des Gewissens wird über jene, deren Namen im Buch des Lebens verzeichnet sind, viel Liebe ausgegossen werden. Das sind die Menschen — und zu ihnen gehören viele Ungläubige —, die sich bekehren werden und die für die Rettung ihrer Brüder und Schwestern kämpfen werden.

Meine Zeit wird dazu benutzt werden, jene zu Mir hinzuziehen, die Mich überhaupt nicht kennen, die aber noch zu Mir kommen werden, wenn sie dieses große Ereignis erleben. Sie werden Mich sofort erkennen und werden Mir auf die ihnen vertraute Weise antworten.

All diese Ereignisse werden bald kommen und wenn sich die Prophezeiungen, die dem Menschen von Anbeginn gegeben wurden, erfüllen, dann werden sie einen Sinn ergeben. Viele der im Buch der Offenbarung niedergeschriebenen Prophezeiungen wurden durch die Verwendung von Symbolen für die Menschen verständlicher gemacht. Die Wirklichkeit sieht anders aus, aber ihr sollt Folgendes wissen: Mein Eingreifen wird die Welt für immer verändern. Danach werden jene, die von Mir sind und die Mich lieben, Mir helfen, Milliarden Seelen Ewiges Leben zu bringen.

Euer Jesus

1319. Mit der Weisheit kommt die Fähigkeit, die Wahrheit zu erkennen.

Mittwoch, 21. Januar 2015, 20:24 Uhr

Meine innig geliebte Tochter, die Weisheit ist eine Gabe, die dem Menschen durch die Kraft des Heiligen Geistes gegeben wird. Alle Reichtümer, Edelsteine und Macht auf Erden, die ein Mensch für sich erlangen kann, sind für ihn nichts wert, wenn er nicht die Gabe der Weisheit besitzt.

Mit der Weisheit kommt die Fähigkeit, die Wahrheit zu erkennen, die der Menschheit von Gott — durch die Propheten — gegeben worden ist. Weisheit ist in der heutigen Welt leider eine Seltenheit. Indem ihr all den Dingen erliegt, die von Menschen für Menschen erschaffen wurden, könnt ihr nicht hinter den verführerischen und besänftigenden Dunstschleier sehen, der die Welt bedeckt, weil die Menschen jedem Vergnügen, Werk, Wort und jedem spirituellen Anreiz hinterherjagen, die allesamt nicht von Gott kommen.

Der Mensch kommt nackt und hilflos auf die Welt, und ist auf andere angewiesen, die ihn ernähren und kleiden. Er wird mit einem Leib und einer Seele geboren, und er verlässt diese Welt ohne etwas mitnehmen zu können, nicht einmal die Kleidung, die er trägt. Der Mensch lernt vom Menschen, aber er muss auch vom Wort Gottes lernen. Jedes zusätzliche Wissen kann ein großer Vorteil sein, aber wenn es unklug verwendet wird, kann es anderen Menschen schreckliches Leid verursachen. Wenn Wissen klug angewendet wird, kann es Gottes Plan gerecht werden, Seinen Kindern zu helfen und sie zu erziehen.

Die Menschheit wird um die Wahrheit betrogen. Diese große Täuschung laugt das Wissen und den menschlichen Geist aus. Die Sünde wird nicht nur bloß toleriert, sondern gilt als eine Tugend. Die Tugend ist nun verpönt, und bald wird die bloße Erwähnung Meines Namens in der Öffentlichkeit als ein Verbrechen gelten.

Der Einfluss des Teufels verdreht den menschlichen Geist und kehrt alles ins Gegenteil. Der Teufel ist das genaue Gegenteil von Gott, d.h. wenn nach Gottes Wort etwas richtig ist, dann wird er, der Teufel, euch davon überzeugen, dass es falsch sei. Richtiges wird als falsch gelten, und eine böse Tat oder ein böses Wort werden für richtig erklärt werden. Jede — in den Augen Gottes beklagenswerte — Sünde wird gerechtfertigt werden, und dies wird jede Form des Bösen einschließen.

Die Sünde wird in der kommenden Neue-Welt-Kirche niemals erwähnt werden und Handlungen derer, die für das Wort Gottes eintreten, werden gegen das Gesetz sein. Und daher wird es in eurer Gesellschaft an der Weisheit, dieser Gabe Gottes, fehlen, da die Menschheit das von Gott verurteilte Tun freudig begrüßt.

Wenn die Welt euch sagt, dass das Wort Gottes ignoriert werden soll, und darauf besteht, dass ihr euch an Handlungen beteiligt, die auf eine Todsünde hinauslaufen, dann kann Ich euch nicht retten. Der Mensch wird dazu gedrängt, jedes raffiniert ausgedachte Gesetz zu billigen, das das Wort Gottes leugnet, und Meine Feinde setzen alles daran, um den Lauf der Geschichte zu ändern.

Alles Gute, das aus dem christlichen Glauben stammt, wird bald verschwinden, bis der Tag kommt, wo ihr dafür verfolgt werdet, wenn ihr die Heiligen Sakramente empfangt. Aber für jede böse Tat, die von denen ausgeführt wird, die Mich verachten, wird Gott Seinen Geist über die Seinen ausgießen, um diesem Übel entgegenzuwirken. Würde Er dies nicht tun, gäbe es wenig Hoffnung auf die Rettung Seiner Kinder aus dem Griff der Finsternis. Satan hat seinen Einfluss in jedem Winkel der Welt manifestiert. Diejenigen, die er verführt, sind seine willigen Handlanger, die ihre Freude daran haben, jeden Widerstand von Gottes Volk zu brechen und die Welt in die Knie zu zwingen. Aber Gott wird aufgrund Seiner Liebe zu euch dafür sorgen, dass die Weisheit, die den Menschen durch die Kraft des Heiligen Geistes gewährt wird, die Waffe sein wird, mit der Seine treuen Diener die Menschen aus dem Rauch Satans herausführen werden.

Das Licht Gottes wird unter Seinem Volk im hellen Glanz strahlen und unter Seinem Schutz werden sie Sein Wort bewahren und andere Menschen in den Geist der Weisheit führen. Seelen, die Mich wahrhaft kennen, werden zu Gottes Gabe der Weisheit gezogen werden, denn sie wird wie die Sonne scheinen und dem ganzen Volk Gottes Trost bringen, das verachtet wird, wenn es offen seine Liebe zu Gott bekennt.

Das Böse wird und kann niemals über die Gabe der Weisheit triumphieren, die Gott bald all jenen vermachen wird, die Ihn lieben. Dann wird Gott nichts im Wege stehen, wenn Er voranschreitet, um jede Nation in Seine Liebenden und Schützenden Arme einzusammeln.

Allen Religionen, allen Seelen, allen Nationen wird die Gabe der Weisheit gegeben werden. Aber sie kann nur von denen empfangen werden, die Gott wahrlich lieben, denn nur durch ihre Liebe zu Ihm werden sie in der Lage sein, für diejenigen zu beten, die nichts mit Ihm zu tun haben wollen.

Euer Jesus

1320. Gott ist Allgegenwärtig — Er ist überall.

Donnerstag, 22. Januar 2015, 20:20 Uhr

Meine innig geliebte Tochter, der Glaubensabfall hat die Welt erfasst und greift mit seinen Fangarmen nach jeder Religion, die Mich, Jesus Christus, anerkennt, sowie nach den Religionen, die Meinen geliebten Vater anerkennen.

Diejenigen, die den Glaubensabfall verbreiten, tun dies auf subtile Art und Weise, und die Betrüger gehen sehr umsichtig vor, wenn sie die Seelen dahingehend erziehen, eine falsche Lehre anzunehmen. Z wei Drittel der Christen werden vom Glauben abfallen, und werden dann nicht klüger sein als vorher. Jedes Gebot Gottes wird zurecht gebogen und so präsentiert, dass es sich der modernen Welt anpasst. So überzeugend werden Meine Feinde sein, so fürsorglich und so bescheiden im Auftreten, dass sie selbst die standhaftesten und treuesten Meiner Anhänger davon überzeugen werden, dass diese Änderungen in Gottes Augen annehmbar sind.

Sobald ein Christ von der Wahrheit abweicht, macht er sich schuldig, Lügen zu akzeptieren. Bald danach wird er falsche Lehren annehmen und dann sehr schnell vom Glauben abfallen. Wenn die Zeit reif ist, wird der Mann des Verderbens alle Christen, die das Wahre Wort Gottes ablehnen, davon überzeugen, sich einer neuen Eine-Welt-Religion anzuschließen. Und auf diese Weise wird Meine Kirche gekreuzigt werden. Aber das Licht Gottes wird über Christen und Juden ausgegossen werden und sie werden mit ihrem Munde — inspiriert von Henoch und Elias — das Wort Gottes predigen. Diese beiden Religionen werden von Meinen Feinden ins Visier genommen und schonungslos verfolgt, bis man ihnen die Ausübung ihrer Religion auf öffentlichen Plätzen verbieten wird. Letztendlich werden ihre Kirchen und Tempel von Meinen Feinden übernommen werden. Aber erfüllt vom Feuer des Heiligen Geistes werden sie das Wort Gottes verbreiten. Sie werden den Mut und die Stärke finden, Gott treu zu bleiben.

Die der Wahrheit treu ergebenen Priester werden fortfahren, das tägliche Messopfer in Meinem Namen und so, wie es gedacht ist, darzubringen. Die verbliebenen Restanhänger in jeder Nation, die auf das Feuer des Heiligen Geistes antworten, werden ihnen folgen. Gottes Macht darf niemals unterschätzt werden. Er wird die Seinen auf ihrem Marsch zum Sieg führen. Er wird jeden dornigen Zweig, der ihnen den Weg versperrt, hinwegfegen. Er wird sie mit dem Kreis Seines Himmlischen Schutzes umgeben und ihre Seelen mit Weisheit und der Wahrheit erfüllen.

Gott ist Allgegenwärtig — Er ist überall und Er sieht alles. Satans Macht ist furchterregend, aber er ist nicht allgegenwärtig. Er kann seinen Einfluss nur durch diejenigen Seelen ausweiten, die sich von ihm und seinem Dämonenheer täuschen ließen. Gottes Macht kann sich augenblicklich in jedem Winkel der Erde vervielfachen. Jede Tat, ob gut, schlecht oder lau, kommt durch den freien Willen des Menschen zustande, der entweder vom Heiligen Geist oder vom Geist des Bösen beeinflusst wird.

Gottes Macht wird obsiegen, und am Großen Tag des Herrn werden Seine Feinde ihrer Macht beraubt sein und durch die Hand Meines Vaters in den Abgrund gestürzt. Die größte Strafe wird Gottes geweihte Diener treffen, die Falschheiten predigen. Weil sie mit der Wahrheit gesegnet waren, diese aber abgelehnt haben, um stattdessen absichtlich Seelen vom Wort Gottes wegzuziehen, wird ihre Sünde die schlimmste von allen sein, und sie werden das Antlitz Gottes niemals erblicken.

Euer Jesus

1321. Mutter der Erlösung: Mit dem Einfluss der säkularen Welt ist es wie mit einer großen Überschwemmung.

Sonntag, 25. Januar 2015, 14:40 Uhr

Meine lieben Kinder, die Gabe der Unterscheidung kommt aus der Kraft des Heiligen Geistes und wird nicht einfach so geschenkt. Sie muss verdient werden. Sie wird nur denjenigen gegeben, die sich in Vereinigung mit Christus befinden und die sich von den Versuchungen des Teufels nicht ablenken lassen. Der Teufel kann diejenigen, die mit dieser Gabe gesegnet sind, nicht täuschen.

Wehe dem, der getäuscht wird, denn er wird sich in den Irrtum führen lassen. Täuschung kommt von Satan selbst und von denjenigen, die er heimsucht. Jedem, der die Existenz Jesu Christi nicht anerkennt, wird es nahezu unmöglich sein, dem Rauch Satans zu widerstehen, der jeden Einzelnen von euch, der sich der Sünde des Stolzes schuldig gemacht hat, blind macht, um euch zu verschlingen. Jeder geweihte Diener Gottes, der von der Wahrheit abirrt, wird all jene, die bei ihm Führung suchen, mit sich in die Irre führen. Dafür wird er am Tage des Gerichts eine schwere Strafe erleiden.

Mit dem Einfluss der säkularen Welt ist es wie mit einer großen Überschwemmung, und Seelen, die der säkularen Welt erlauben ihre Sichtweise oder ihre Meinung vom Wort Gottes zu verändern, werden ertrinken. Die Täuschung ist ein Werkzeug des Bösen, dessen vorrangiges Ziel es ist, die Kirche Meines Sohnes auf Erden zu zerstören, indem er jene innerhalb der Kirche verführt. Öffnet eure Augen gegenüber Neuerungen, die man einführen wird und die den Namen Gottes lästern.

Ihr dürft niemals zulassen, dass Unwahrheiten in die Lehren Meines Sohnes einfließen, denn Mein Sohn ist niemals von Seinem geschriebenen Wort abgewichen noch wird Er dies jemals tun. Die Wahrheit wird eure Stütze sein während der bevorstehenden Prüfungen, die die Kirche Meines Sohnes auf Erden geißeln werden. Ihr müsst euch darauf vorbereiten, denn es bleibt nicht mehr viel Zeit.

Eure geliebte Mutter
Mutter der Erlösung

1322. Gott der Vater: Ich werde jede Person, jede Rasse, jedes Glaubensbekenntnis und jede Religion hineinnehmen.

Sonntag, 25. Januar 2015, 15:45 Uhr

Meine liebste Tochter, Mein Eingreifen, um die Augen Meiner Kinder für die Liebe Meines geliebten Sohnes, Jesus Christus, zu öffnen, rückt immer näher.

Ich liebe alle Meine Kinder und Ich werde jeden Mann, jede Frau und jedes Kind über sieben Jahre in das Licht der Barmherzigkeit Meines Sohnes rufen. Bereitet euch auf Mein Eingreifen vor, denn es kommt schneller als ihr denkt, und seid dankbar für dieses Große Geschenk. Der geistige Kampf, den ihr in der Welt erlebt, ist auf Erden offensichtlich und es wird zur Schlacht kommen zwischen Meinen Feinden, die all jene zum Schweigen bringen wollen, die sich den Unwahrheiten widersetzen, und jenen, die Meinen Sohn nicht verraten.

Wenn die Hand Meiner Gerechtigkeit herabfällt, wird sie den Glauben all jener prüfen, die sagen, sie wären für Meinen Sohn, und nur diejenigen, die bereit sind, dem Kreuz zu folgen, werden stark genug bleiben, um die Wahrheit zu verkünden. Bald werden die Spinnweben zurückgezogen werden und der volle Umfang eures Erbes wird euch bekannt gemacht werden. Meine Feinde werden dieses Eingreifen größtenteils ablehnen und bis zum bitteren Ende darum kämpfen, Jesus Christus zu verleugnen.

Ich werde jede Person, jede Rasse, jedes Glaubensbekenntnis und jede Religion in das Licht Meines Sohnes hineinnehmen und viele werden Ihn sehen. Als Folge davon werden sich viele bekehren und um das Recht bitten, auf ewig in der Herrlichkeit des Königreiches Meines Sohnes auf Erden zu leben.

Ich habe verheißen, dass Mein Sohn auf Seinem Thron Platz nehmen wird, und das wird sich erfüllen. Jene, die nicht Teil Seines Königreiches sein möchten, werden sich nach ihrem freien Willen entscheiden, den Ich jedem von euch gegeben habe.

Ich, euer geliebter Vater, Schöpfer von allem, was ist und sein wird, bitte euch inständig, euer Geburtsrecht nicht zu verschleudern. Denn wenn ihr das tut, werdet ihr von Satan verschlungen, dem erbarmungslosen Lügner, Betrüger und Ankläger. Euch wird ein Geschenk gegeben, das noch keine Generation vor euch erhalten hat, und ihr müsst beten, dass euch die Gnaden gegeben werden, Meinen Gunsterweis anzunehmen.

Kommt in das Licht, denn wenn ihr das nicht tut, dann wird euch die Finsternis auf ewig blind machen. Dies würde Mein Herz entzweireißen, denn Ich möchte keinen von euch verlieren.

Ich segne euch, Ich führe euch durch diese Heilige Mission, die euch von der Allerheiligsten Dreifaltigkeit — wie vorausgesagt — gegeben ist.

Euer geliebter Vater
Gott der Allerhöchste

1323. Ihr müsst Mich gemäß Meinem Wort lieben, andernfalls liebt ihr Mich überhaupt nicht.

Dienstag, 27. Januar 2015, 14:35 Uhr

Meine innig geliebte Tochter, in den Köpfen derer, die das Heilige Wort Gottes heftig ablehnen, einschließlich jener, die ohnehin gegen Mich sind, und jener, die dem Wort nicht vollkommen treu bleiben, spielt die Vernunft keine Rolle. Ihr könnt nur als Ganzes sagen, dass ihr von Mir seid — nicht nur mit einem Teil eures Körpers. Ihr könnt nicht sagen, dass ihr Mich nur teilweise liebt. Ihr müsst Mich gemäß Meinem Wort lieben, andernfalls liebt ihr Mich überhaupt nicht.

Wenn ihr Mich verratet, dann dadurch, dass ihr eure Beweggründe rechtfertigt, um Lügen diesbezüglich akzeptieren zu können, Wer Ich Bin, Was Ich Bin und Was Ich gesagt habe. Ihr werdet Mich abweisen, genauso wie es schon eure Vorfahren getan haben und falsche Anschuldigungen gegen Mich vorbringen. Ihr werdet Mein Wort nach euren Ansichten auslegen und dann den Gerechten vorwerfen, sie seien lieblos. Ihr werdet Mich geißeln durch euren Verrat an Meinem Leib, und ihr werdet jenen schrecklichen Schmerz und Leid zufügen, die ihr in Meinem Heiligen Namen der Häresie beschuldigt.

Ihr werdet die Vernunft ausschalten, wenn ihr euch dafür in jeder Weise rechtfertigt, einen Weg zu beschreiten, der in die entgegengesetzte Richtung von dem Pfad führt, der für euch durch Meinen Tod am Kreuz vorgesehen wurde.

Satan ist der große Ankläger der Kinder Gottes, und er beschuldigt — durch die von ihm befallenen Seelen — Gottes Kinder auf jede erdenkliche Weise, um Mein Wort in Verruf zu bringen. Er wird euch täuschen, damit ihr die Liebe, die Gott für euch hat, nicht kennen lernt. Er wird jedes Fünkchen Glauben, das ihr besitzt, zerstören, wenn ihr ihm nachgebt. Er wird euren freien Willen — euer Gottgegebenes Recht — ausnutzen und euch glauben machen, ihr könntet ein Leben ohne Gott führen.

Euer Jesus

1324. Die Heilige Bibel wird fast nicht mehr zu bekommen sein.

Mittwoch, 28. Januar 2015, 17:00 Uhr

Meine innig geliebte Tochter, Ich Bin in die Wüste geworfen worden und fühle Mich elend in Meinem Schmerz darüber, wie das Christentum in der Welt verunglimpft wird.

Meine Stimme ist nicht mehr als ein Flüstern inmitten des Gebrülls des Tieres und derjenigen, die Mich verachten. Diese Stimmen des Unmuts werden sich vervielfachen und das Wort übertönen, das aus Meinem Leben stammt. Häretiker, Heiden, falsche Seher und Propheten, Verräter und Liebhaber des geschmolzenen Goldes werden sich einmütig erheben, um gegen Mich zu rebellieren. Diejenigen, die in Meinen Fußstapfen folgen, werden unterdrückt und mit dem Gewicht Meines Kreuzes beladen werden und werden einen steilen Berg erklimmen müssen, wenn sie alles bewahren wollen, was ihnen von Mir gelehrt wurde.

Die Heilige Bibel wird fast nicht mehr zu bekommen sein, bevor sie dann schließlich ganz verschwindet. Man wird nichts unversucht lassen, um Gott zu leugnen, bis dann schließlich Sein Wort durch eine Lehre der Finsternis ersetzt wird. Diejenigen von euch, die an Mich, euren Jesus, glauben, dürfen keiner Lehre folgen, die nicht von Mir kommt. Nur Ich schütze euch vor Schaden und nur durch Mich werdet ihr das Ewige Heil finden.

Nehmt euch in Acht vor falschen Gebeten, die man euch vielleicht vorlegen wird, denn sie werden nicht vom Heiligen Geist inspiriert sein und müssen deshalb gemieden werden. Hier und da ein kleines Wort, ein kleiner Satzteil oder einfach das Weglassen von Worten können einem Gebet einen falschen Sinn geben. Das Böse tötet den Geist auf lautlose Weise und ist nicht leicht zu erkennen, wenn es als Wahrheit getarnt ist. Es ist Zeit, das Unkraut aus eurem Garten herauszureißen und all dem treu zu bleiben, was Ich euch gelehrt habe, denn alles andere ist ohne Bedeutung und kann dazu führen, dass ihr euren Glauben verliert.

Der Glaube an Mich und das Vertrauen in Meine Verheißung, dass Ich wiederkomme in Großer Herrlichkeit, dürfen niemals beiseite geschoben werden, nur weil euch falsche Propheten, Zauberer, Heiden und Häretiker mehr reizen. Meine Feinde arbeiten hart daran, euch zu täuschen, und die meisten von ihnen wissen genau, Wer Ich Bin, aber sie wollen um jeden Preis erreichen, dass ihr Mich zurückweist. Ihr müsst Mich wie kleine und vertrauensvolle Kinder anrufen, und Ich werde euch auf dem Weg zu Meinem Königreich führen. Ich werde all diejenigen von euch schützen, die ganz auf Meine Liebe und Meinen Heiligen Willen vertrauen. Nur dann kann Ich eingreifen, um Meine Feinde hinweg zu fegen und die Wahrheit zu verbreiten, damit jedes Kind Gottes in der kommenden neuen Welt eine Wohnstätte findet.

Vertrauen, Glaube, Hoffnung und Liebe sind wichtig, wenn ihr die Kraft aufbringen wollt, an Meiner Seite zu bleiben. Eure bedingungslose Liebe zu Mir wird euch große Gnaden einbringen auf eurer Reise zu Meinem Glorreichen Königreich — der Welt, die kein Ende haben wird.

Euer geliebter Jesus

1325. Henoch und Elija werden nicht in menschlicher Gestalt gegenwärtig sein.

Donnerstag, 29. Januar 2015, 21:30 Uhr

Meine innig geliebte Tochter, Katholiken und Juden werden in den nun kommenden Zeiten auf den größten Widerstand stoßen. Sie werden Diskriminierung, Widerstand und Hass erleiden, da der Glaubensabfall die Menschheit erstickt. Ihre Stimmen werden zum Schweigen gebracht, während falsche Lehren den Geist von Gottes Kindern verschlingen werden, wenn der Teufel die Welt durch Täuschung dazu bringt, das Wort Gottes abzulehnen.

Diese beiden Zeugen werden die Wahrheit immer weiter verkünden, und zwar durch diejenigen, die stark genug sind, um das Feuer des Heiligen Geistes zu verbreiten, bis der Große Tag des Herrn für die Menschheit anbricht. Ihre Seelen werden vom Geist Henochs und Elijas durchflutet werden und ihr Zeugnis, das sie für Gott, die Wahrheit und das Leben, das Milliarden Menschen ablehnen, ablegen, wird große Empörung hervorrufen. Diese zwei Zeugen werden — wie vorhergesagt — abgelehnt und bekämpft werden, aber wehe dem Menschen, der versucht, die beiden zu vernichten, denn Gott wird Seine Feinde bestrafen, um Seinen Zeugen zu ermöglichen, die Flamme Seiner Liebe lebendig zu halten, in einer Welt, die von der Finsternis des Glaubensabfalls überzogen sein wird.

Henoch und Elija werden nicht in menschlicher Gestalt gegenwärtig sein, aber ihr sollt wissen: Sie werden im Geist dieser beiden Zeugen gegenwärtig sein, und durch ihr Leiden wird Gott diejenigen retten, die für die Wahrheit blind sind.

Fürchtet niemals die Wahrheit, fürchtet nur diejenigen, die mit einem solchen Hass auf Mich, Jesus Christus, erfüllt sind, dass sie sich für jede böse Handlung hergeben, um diese zwei Zeugen zum Schweigen zu bringen. Aber sie werden nichts bewirken, denn das Feuer des Heiligen Geistes wird sich aus ihrem Mund ergießen wie ein Schwert und in die Herzen derer schneiden, die der Barmherzigkeit Gottes am meisten bedürfen. Dann, wenn die Zeit gekommen ist, werden diese beiden Religionen verboten werden, und diejenigen, die es wagen, sie offen auszuüben, begehen eine Straftat. Niedergebrannt bis auf die Grundmauern werden die Tempel zu Asche zerfallen und die Welt wird sich an der Vernichtung von Gottes Getreuen erfreuen und ihren Untergang feiern.

Danach wird Gottes Stimme erschallen und in jeder Ecke der Welt zu hören sein und aus der Asche wird sich der Neubeginn, das Neue Jerusalem, erheben, eine neue reine Welt ohne Sünde.

Euer Jesus

1326. Bald wird der Himmel sich teilen und das Feuer des Heiligen Geistes wird über euch sein.

Mittwoch, 4. Februar 2015, 20:06 Uhr

Meine innig geliebte Tochter, der Hass auf alles Gute, was von Gott kommt, einschließlich Seinem Heiligen Wort, ist zurzeit sehr intensiv. In den Herzen der Menschen ist die Liebe erkaltet, die von Natur aus in der Seele eines jeden Kindes vorhanden ist, das in diese Welt hineingeboren wird.

Barmherzigkeit und Nächstenliebe sind verflogen, und wenn die letzte Schlacht um Seelen ihren Höhepunkt erreicht hat, wird sich der Mensch, wie vorhergesagt, gegen Bruder, Schwester, Vater, Mutter und Nachbarn stellen. Die Guten, Sanftmütigen und Demütigen werden mit Füßen getreten werden, und jene voller Bosheit und ohne Liebe in ihren Seelen werden diejenigen schikanieren, die es wagen, die Wahrheit auszusprechen.

Mein Vater, in dessen Heiligem Auftrag Ich zur Welt spreche, hat Mich beauftragt, euch diese Warnung mitzuteilen. Bereitet euch darauf vor, Mir gegenüberzutreten, denn bald wird sich der Himmel teilen und das Feuer des Heiligen Geistes wird über euch sein. Diejenigen Menschen mit sanftmütigen Herzen und Liebe in ihren Seelen werden mit den Gaben belohnt, die Ich an diesem Tag mitbringen werde. Zu den anderen sage Ich: Für jede böse Handlung, jedes böse Wort oder jede böse Tat, derer ihr schuldig geworden seid, und für den Schmerz, den ihr anderen zugefügt habt, werdet ihr den Schmerz erfahren, den Ich angesichts eurer Übeltaten empfinde. Weil so viele schockiert sein werden, wenn sie den Zustand ihrer Seele sehen, bitte Ich euch, habt keine Angst. Vertraut einfach auf Meine Große Barmherzigkeit. Ich komme nicht, um euch zu strafen oder zu richten, sondern um in euch die Liebe zu Mir zu erwecken, die ihr verloren habt.

Kommt alle, die Zeit für Gottes Eingreifen ist nahe und denjenigen, die ihre Seele durch den Akt der Versöhnung und durch die Beichte vorbereiten, wird der Schmerz der Reinigung erspart bleiben.

Euer Jesus

1327. Ich Bin euer einzig wahrer Trost in einer Welt, die gegen Mich ist.

Samstag, 7. Februar 2015, 21:37 Uhr

Meine innig geliebte Tochter, Mein Kampf, um allen Kindern Gottes Frieden zu bringen und jeden Menschen in die Herrlichkeit des Neuen Himmels und der Neuen Erde mitzunehmen, wird immer schwerer. Ich werde bis zum Ende kämpfen, um die Menschheit vor der Bosheit zu retten, die ihr von Meinem Widersacher zugefügt wird

Ich bitte, dass alle von euch, die Mich lieben und Mein Wort bewahren, stark bleiben angesichts des Hasses, der Meinem Heiligen Wort entgegengebracht wird. Wenn ihr Mein Wort ablehnt, dann lehnt ihr Mich ab. Dann werdet ihr den Sinn Meines Todes am Kreuz nicht verstehen.

Ein Leben in Mir zu leben erfordert viel Mut und Durchhaltevermögen, denn ihr werdet niemals in Ruhe gelassen werden, wenn ihr euren Glauben an Mich offen bekennt.

Ich Bin euer einzig wahrer Trost in einer Welt, die gegen Mich ist. Ich Bin euer Rettungsanker in stürmischen Zeiten. Ich Bin das Leben selbst, und alles Gute kommt von Mir. Alles Böse kann nicht von Mir kommen, denn das ist unmöglich. Solange die Welt nicht akzeptiert, dass Satan existiert, wird sie niemals die Existenz Gottes akzeptieren.

Satan und alle gefallenen Engel, die von Meinem geliebten Vater aus dem Himmel geworfen wurden, erzeugen Hass in den Seelen derer, die sich von der Sünde ersticken lassen. Alle Sünden haben ihren Ursprung in der Sünde des Stolzes. Stolz führte zum Sturz Luzifers. Durch den Stolz gleicht sich der Mensch Satan an. Stolz wird der Untergang der Menschheit sein.

Ihr müsst Mich bedingungslos lieben, und das ist kein leichtes Unterfangen. Mich lieben heißt, am Wort Gottes festhalten. Wenn ihr davon abweicht, wird eure Liebe zu Mir immer schwächer, bis ihr schließlich nach euren eigenen Regeln leb t.

Euer Jesus

1328. Der Geist des Bösen ist stärker als der Wille des Menschen.

Sonntag, 8. Februar 2015, 20:31 Uhr

Meine innig geliebte Tochter, da der Heilige Geist diese Botschaften durchdringt, breitet sich Mein Wort blitzschnell aus, genauso wie es während Meiner Zeit auf Erden war. Die Geschwindigkeit, mit der sich der Heilige Geist ausbreitet, übersteigt die Vorstellungskraft eines sterblichen Menschen. Und da der Parakletos (der Heilige Geist) durch die Kraft Gottes die Seelen all jener, die im Herzen demütig sind, überflutet, folgt auch der Geist des Bösen überallhin, wo der Heilige Geist gegenwärtig ist.

Der Geist des Bösen ist stärker als der Wille des Menschen, aber er ist machtlos angesichts der Kinder Gottes, die ihr ganzes Vertrauen auf Gott setzen. Den Geist des Bösen treibt ein Motiv an, und das ist, die Menschheit zu täuschen. Satan, der große Betrüger, bedient sich des Stolzes in den Seelen, um den Menschen zu überzeugen, dass sein unzulänglicher Verstand über richtig oder falsch entscheiden könne. Die so getäuschten Menschen glauben, sie hätten die Kontrolle über ihr eigenes Schicksal, und somit tritt ihr — oft schwacher — Glaube in den Hintergrund.

Die Freiheit des Gewissens kann schwache Seelen dazu bringen, die Existenz Gottes abzulehnen. Andere Seelen, die die Existenz Gottes zwar anerkennen, lassen zu, dass ihnen ihre persönliche Meinung dazu verhelfen kann, herauszufinden, Wer Gott ist und wie Gott auf Sünder reagiert. So oder so lehnen sie die Autorität Gottes zugunsten ihrer eigenen Glaubensvorstellung ab. Ihr Stolz wird ihr Untergang sein.

Der Teufel ist sehr gerissen und flüstert diesen Seelen ein: ‚Handle nach deinem Gewissen!‛; damit überzeugt er sie, sich über das Wort Gottes zu stellen. Oh, wie leicht manipulierbar ist doch der Mensch, der — aufgrund der Sünde — solcher Täuschung zum Opfer fällt. Wer seid ihr, dass ihr euch herausnehmt, mehr über Mich zu wissen, als das, was Ich euch gelehrt habe? Meine Lehren sind klar, präzise und können nicht unterschiedlich ausgelegt werden. Wenn ihr nicht auf das Wort Gottes vertrauen könnt, dann könnt ihr Ihn nicht wahrhaft lieben. Ihr könnt mit eurem freien Willen darüber entscheiden, was ihr glauben wollt. Aber der Mensch, der das Wort Gottes verdreht, damit es mit seiner Auslegung Meines Wortes übereinstimmt und sich seinen eigenen Bedürfnissen anpasst, wird der Versuchung des Teufels erliegen.

Überall, wo Mein Wort hochgehalten wird, schleicht der Teufel umher und wartet auf eine Gelegenheit, um diejenigen Seelen zu verschlingen, die ihre eigenen Ansichten und Meinungen über das Wort Gottes stellen. Jeder, der an der Wahrheit festhält, wird vom Betrüger — der nichts unversucht lässt, die Menschen irre zu führen — schrecklichen Prüfungen ausgesetzt. Daher wird überall, wo der Heilige Geist Seine Flügel ausbreitet, auf Schritt und Tritt der Geist des Bösen folgen. Unermüdlich, frustriert und entschlossen quält er all jene Seelen, die durch die Kraft des Heiligen Geistes gesegnet sind.

Niemals versucht der Geist des Bösen die Seelen derer, die er bereits für sich gewonnen hat, zu manipulieren, denn das wäre Zeitverschwendung. Ein Mensch, der Mich liebt und der dem Wort Gottes folgt, ist verwundbar, denn er ist heiß umkämpft. Ihr dürft niemals glauben, stark genug für solche Attacken auf euren Glauben zu sein, denn ihr seid alle Sünder. Und als Sünder werdet auch ihr Mich verraten, es sei denn ihr reinigt eure Seele durch regelmäßige Versöhnung, denn ansonsten werdet ihr nicht stark genug sein, aus eigener Kraft dem Druck, Mich zu verleugnen, zu widerstehen.

Vergesst niemals, wovor Ich euch gewarnt habe. Ihr befindet euch inmitten des größten geistigen Kampfes aller Zeiten. Nur die geeignetsten, stärksten und reinsten Seelen werden ihn überleben.

Euer Jesus

1329. Mutter der Erlösung: Betet um Schutz für die Kirche Meines Sohnes auf Erden.

Dienstag, 10. Februar 2015, 14:36 Uhr

Meine lieben Kinder, es ist wichtig, dass ihr alle die Kreuzzug-Gebete und Meinen Höchstheiligen Rosenkranz als Teil eures täglichen Gebetspensums betet. Es muss nicht jedes Gebet sein, sondern ihr könnt euch die Gebete auswählen, die zu euren Anliegen am besten passen. Mein Höchstheiliger Rosenkranz muss täglich gegen den Einfluss des Teufels gebetet werden.

Das Gebet bringt euch näher zu Gott und schützt die Seelen all derer, die Meinen Sohn um Hilfe gegen die Macht des Betrügers bitten. Das Gebet ist die stärkste Waffe gegen das Böse, und ihr dürft niemals die Macht unterschätzen, die es ausübt.

Betet um Schutz für die Kirche Meines Sohnes auf Erden und bittet Meinen Sohn, auch denen Barmherzigkeit zu gewähren, die versuchen, sie zu kreuzigen. Diese Kirche — der Leib und der Tempel Meines Sohnes — ist der Weg, durch den Gott aller Ruhm gegeben wird. Die Lehren, das Wort und die Heilige Eucharistie — also der Leib und das Blut Meines Sohnes, Jesus Christus — sind Geschenke, die der Menschheit zur Seelenrettung gegeben wurden. Ihr müsst die Wahrheit hochhalten und euch vorbereiten, die Barmherzigkeit Meines Sohnes anzunehmen.

Ich bitte euch dringend, für die Seelen zu beten, die sich der Wahrheit widersetzen, und bittet Meinen Sohn, Seine Barmherzigkeit über ihre Seelen auszugießen. Mein Sohn ist Leben. Alles Leben kommt von Ihm. Lehnt Meinen Sohn ab — und ihr werdet nicht in Seinem künftigen Königreich leben dürfen.

Mein Sohn hat Mich gebeten, euch anzuflehen, für die Seelen derer zu beten, die Ihn ablehnen. Er wird eure Gebete erhören, die ihr für all eure Lieben aufopfert und für diejenigen, die nicht in der Lage sein werden, das Licht anzunehmen, wenn es wie ein Leuchtfeuer über der gesamten Menschheit scheint.

Die Seelen, die von Liebe und Demut erfüllt sind, die für den Empfang Meines Sohnes notwendig sind, werden frohlocken. Jene mit dunklen Seelen werden das Licht meiden, da es für sie schmerzhaft sein wird, die Wahrheit zu sehen. Betet von nun an jeden Tag mit ganzem Herzen für die Seelen derer, die am meisten der Barmherzigkeit Meines Sohnes bedürfen.

Ohne eure Gebete werden viele verloren gehen, die sich dann auf ewig nach Meinem Sohn verzehren, ihn jedoch nirgendwo werden finden können.

Ich gebe euch Meine Liebe, Meinen Schutz und Meinen Frieden. Bitte antwortet auf Meinen Ruf nach der Rettung von Seelen.

Eure geliebte Mutter

Mutter der Erlösung

1330. Mehr kann Ich euch nicht offenbaren, bevor Ich die Schafe von den Böcken scheide.

Mittwoch, 11. Februar 2015, 15:16 Uhr

Meine innig geliebte Tochter, während Meiner Zeit auf Erden haben Mir so viele ins Gesicht gespuckt, Mich verflucht und verleugnet, und sie tun es bis zum heutigen Tag.

Jedes Geschenk, das Gott der Menschheit durch Seher, Visionäre und Propheten gegeben hat, wurde von den meisten Menschen abgelehnt. Schon bald wird es für die Menschen schwer sein, die Flamme der Wahrheit zu finden — wobei es jedoch nicht unmöglich ist. Meine Feinde werden sich freuen und feiern, wenn Meine Zeugen auf Erden am Boden liegen und mit Füßen getreten werden. Oh wie undankbar sind doch die erkalteten Herzen der Menschen und wie wenig Liebe haben sie für Mich!

Meine Strafe steht unmittelbar bevor, und Ich werde jene, deren Liebe zu Mir lebendig bleibt, von den Seelen trennen, die Mich ablehnen. Mein Eingreifen wird schnell erfolgen, und wehe dem, der Mich verflucht, denn Ich werde ihn aus dem Zufluchtsort Meines Heiligsten Herzens herausschneiden, und er wird unter den Dämonen herumirren, die die Erde auf der Suche nach Seelen durchstreifen, nach deren Vernichtung sie verlangen.

Heute spreche Ich, euer Herr, zu euch, und heute ist der Tag, an dem die Veränderungen — wie vorausgesagt — beginnen. Meine Barmherzigkeit wird sich in großen Strömen über euch ergießen, aber danach werdet ihr euer Schicksal selbst wählen. Diejenigen, in deren Seelen sich der Hass eingenistet hat, werden Mich rundweg ablehnen. Jene mit lauen Seelen werden nicht die Gnaden haben, Mir treu zu bleiben, und somit werden auch sie Mich ablehnen.

Ich habe euch das Wort, die Wahrheit, gegeben, und viele haben Mich deswegen verflucht. Mehr kann Ich euch vor dem Großen Tag nicht geben. Also nehmt, was Ich euch gegeben habe, und erinnert euch an jedes Wort, denn Meine Zeit ist nahe und Ich kann euch nicht mehr offenbaren, bevor Ich die Schafe von den Böcken scheide.

Diejenigen von euch, die Mich verfluchen, werden verflucht sein. Diejenigen, die an Mich glauben, werden das Ewige Leben haben. Leidet in Meinem Namen — und Ich werde euch in Meinem kommenden Reich erhöhen.

Der Tag der Ersten Auferstehung steht bevor, und diejenigen, die Mich nicht annehmen, werden auf ewig verworfen werden. Mein Zorn ist groß in dieser Zeit, und wenn ihr die schmutzig-grauen und dunklen Seelen derer sehen könntet, die ein laues Herz

haben, würde euch das zum Weinen bringen. Leider befinden sich die meisten Seelen in der Finsternis, und könntet ihr den Seelenzustand der Menschen sehen, so würdet ihr vor Schock tot umfallen.

Euer Jesus

1331. Gebet versetzt den Teufel in Angst und Schrecken.

Donnerstag, 12. Februar 2015, 18:00 Uhr

Meine innig geliebte Tochter, Ich bitte alle Christen in allen Teilen der Welt, mehr Zeit im Gebet zu verbringen, damit sie die Kraft erhalten, die Sünde zu besiegen, die die Welt erstickt, Leid verursacht und Elend nach sich zieht.

Sünde kann durch Gebet zunichte gemacht werden. Das Gebet ist die mächtigste Waffe gegen das Böse, und je mehr ihr euch an Mich, euren Jesus, wendet, desto mehr kann Ich Meinen Widersacher besiegen. Ich verlange nichts von euch, was euer Herz belasten würde, Ich möchte nur, dass ihr Mich bittet, den Sündern zu helfen, dass sie das Böse meiden, das jederzeit in ihrem Herzen aufkeimen kann.

Die Macht Satans ist an einem Punkt angelangt, wo diejenigen, die weder auf Gott vertrauen noch an Ihn glauben, von Satan leicht manipuliert werden. Er stachelt sie auf und führt sie bei jeder Gelegenheit in Versuchung. Der Mensch ist — in Satans Augen — das Spiegelbild Gottes, Der den Menschen nach Seinem Eigenen Abbild geschaffen hat. Satan hasst jeden einzelnen Menschen mit einer Intensität, die euch den Atem rauben würde. Nur der Mensch, der vor diesen Taktiken auf der Hut ist, kann die Wahrheit erkennen, da das Böse viele Formen annehmen kann. Nur der Mensch, der offen für das Wort Gottes ist — der Gott liebt und Ihn kennt — kann durch die Kraft des Gebets den Einfluss des Betrügers abwehren.

Gebet versetzt den Teufel in Angst und Schrecken und lockert den Würgegriff, in dem er die Menschheit festhält. Gebet ist machtvoller als ein Kampfschwert, denn es verwundet den Feind nicht bloß, sondern es vernichtet ihn.

Euer Jesus

1332. Meine Mission zur Rettung der Menschheit ist fast abgeschlossen.

Freitag, 13. Februar 2015, 18:00 Uhr

Meine innig geliebte Tochter, durch die Kraft der Heiligsten Dreifaltigkeit verkünde Ich euch, dass Ich euch die Wahrheit gegeben habe. Ich habe eure Herzen und Seelen mit den Gaben erfüllt, die der Menschheit — durch das Buch der Wahrheit — versprochen wurden.

Nehmt Mein Geschenk der Wahrheit und all die anderen Gaben, die euch durch diese Mission gegeben wurden, mit Dankbarkeit an. Lebt das Wort Gottes! Nehmt diese Botschaften an und lebt euer Leben entsprechend!

Meine Mission zur Rettung der Menschheit ist fast abgeschlossen. Meine Restar-

mee hat sich formiert. Ihr wurdet mit dem Siegel des Lebendigen Gottes, der Medaille der Erlösung und den Kreuzzuggebeten beschenkt. Sie sind eure Waffen im Kampf gegen Meinen Widersacher. Ich werde von jetzt an nur noch zeitweise zu euch sprechen, und durch die Restarmee. Ihr seid nun bereit, eure Waffen aufzunehmen und dafür zu kämpfen, dass Mein Wort an diesem trostlosen Ort am Leben erhalten wird.

Mein Plan sieht vor, dass ihr alle Mein Wort verbreitet und betend betrachtet, was Ich euch gegeben habe. Ich werde Meine letzte Mission niemals im Stich lassen, denn das ist unmöglich. Seid geduldig und vertraut vollkommen auf Mich. Diese Botschaften werden euch in Zeiten großer geistiger Prüfungen viel Trost und Zuspruch bringen. Seid dankbar für Meine Barmherzigkei t.

Der Heilige Geist wird euch führen und schützen und Ich werde euch den Trost spenden, den ihr benötigt, um die Schwierigkeiten zu meistern, die auf euch zukommen werden.

Danke, Meine Kleinen, dass ihr Mein Eingreifen akzeptiert. Nun liegt es an euch, die Wahrheit zu verbreiten. Ich liebe und sorge für euch und Ich sehne Mich nach dem Großen Tag des Herrn, an dem Ich die Welt vereinen und euch in Mein neues Königreich auf Erden führen werde.

Ich segne euch und gebe euch den Mut, die Weisheit, das Wissen und die Gnaden, um Mein Werk auf Erden fortzusetzen.

Euer geliebter Jesus

Retter und Erlöser aller Menschen

1333. Mutter der Erlösung: Nur Mut, Meine lieben Kinder, alles liegt in den Händen Meines Sohnes.

Dienstag, 17. Februar 2015, 17:00 Uhr

Meine lieben Kinder, euch wurden die Gebete, die Geschenke und die Waffen gegeben, um auf eurem Weg bis zur Wiederkunft Meines kostbaren Sohnes, Jesus Christus, voranzukommen.

Seine Restarmee hat sich formiert, und sie wird auf der ganzen Welt weiter anwachsen, damit Seelen gerettet werden können. In den bevorstehenden Zeiten wird Gottes Restarmee in jedem Winkel der Welt die Wahrheit Seines Heiligen Wortes aufrechterhalten. Mit der Gnade des Heiligen Geistes gesegnet, wird die Restarmee durch ihre Gebete und Opfer den Zorn Gottes besänftigen, wenn sich der Große Tag des Herrn auf die Welt herabsenkt.

Ihr dürft niemals vergessen, dass Gott jeden Menschen liebt, und wegen des Widerstandes, den Gottes Kinder erfahren, wird es für euch nicht einfach sein, dem Wort treu zu bleiben.

Gottes Restarmee wird sich, unabhängig von Religion oder Nationalität, in den kommenden Zeiten, in denen das Heilige Wort keine Erwähnung mehr findet, zusammenschließen. Gott wird durch diese Mission mit euch kommunizieren, wenn ihr Trost benötigt, so dass Er über euch die Gnaden ausgießen kann, die ihr braucht, um euren Glauben zu bewahren.

Nur Mut, Meine lieben Kinder, alles liegt in den Händen Meines Sohnes, der jeder Seele nachgehen wird, selbst den verhärtetsten Seelen unter euch. Meine Liebe zu euch hört niemals auf, und Ich wünsche, dass ihr alle Geschenke, die euch durch das Heilige Evangelium und durch diese Botschaften gegeben wurden, für die Rettung von Seelen nutzt.

Gott wird Seine Restarmee niemals im Stich lassen, und durch eure — sowie alle anderen — Gebetsgruppen, die aus Missionen entstanden sind, in denen Ich der Welt Botschaften übermittelte, können und werden Seelen gerettet werden.

Tröstet einander in Zeiten geistiger Prüfungen, und Gott wird euch jeden Schritt eures Weges führen. Ich, die Mutter der Erlösung, werde eure Beschützerin bleiben und Ich werde auf jede Bitte, die ihr an Mich richtet, antworten. Ich werde an eurer Seite bleiben bis zu dem Tag, an dem Mein Sohn wiederkommen wird, um Sein Königreich auf Erden zurückzufordern.

Danke, dass ihr mit Glaube, Hoffnung und Vertrauen auf Meinen Ruf und auf den Ruf Meines Sohnes reagiert habt.

Eure geliebte Mutter
Mutter der Erlösung

1334. Meine Mir ergebenen gottgeweihten Diener, die Meinem Wort treu bleiben, werden aufstehen und euch führen.

Mittwoch, 4. März 2015, 22:12 Uhr

Meine innig geliebte Tochter, Meine Stimme wurde durch den Geist der Finsternis unterdrückt, zu einer Zeit, in der die Menschheit Mich am meisten braucht.

Die geistige Schlacht wütet und wird von Meinem Reich gegen die Kräfte des Teufels ausgefochten. Doch sind sich viele Menschen dieser Tatsache nicht bewusst, weil der Geist des Bösen eine neue falsche Lehre ausgießt, die — oberflächlich betrachtet — beliebt, bewunderns- und begrüßenswert zu sein scheint und von denen beklatscht wird, die behaupten, Mein Wort zu verkünden, was aber nicht der Fall ist.

Der Teufel ist vorsichtig, gerissen und hinterhältig, und daher könnt ihr sicher sein, dass, wenn seine Handlanger eine neue Auslegung Meiner Lehren präsentieren, diese auf so populäre Weise verpackt wird, dass man sie für richtig hält. Die Macht Meiner Feinde erstickt den Glauben Meines Volkes, so dass es nicht erkennt, was ihm vorgesetzt wird.

Verwirrung kommt nicht von Mir. Mein Wort ist klar, Meine Lehren sind für die Ewigkeit. Als Ersatz für Mich hat die Menschheit den Humanismus und den Atheismus freudig begrüßt. Ich bin weggeworfen worden, und Mein Wort wird nur teilweise angenommen, während andere Teile daraus so verdreht wurden, dass sie den Sündern gerecht werden, die damit ihre Freveltaten rechtfertigen möchten. Auch

wenn sie Häresien unter sich dulden, so sehe Ich doch alles, und Ich werde die Christen danach richten, wie sie Mein Wort zurückweisen, und wie sie Handlungen begrüßen, die gegen Mich gerichtet sind.

Christen werden in der Welt schnell geächtet und sie werden große Not leiden aufgrund des Hasses, der in der Welt gegen Mich existiert. Ich werde von denen verachtet, die Mich einst kannten, die Mich aber jetzt ablehnen. Ich werde selbst von denen kaum noch angenommen, die wissen, Wer Ich Bin, die aber einige Meiner Lehren ablehnen, weil ihnen die Wahrheit unbequem ist.

Ich wurde während Meiner Zeit auf Erden von vielen gemieden, und vor allem von jenen stolzen Seelen, die in den Tempeln Meine Herde anführten. Sie predigten das Wort Gottes, hörten aber nicht gern die Wahrheit von Meinen Lippen, von den Lippen des wahren Messias.

Heute gibt es untreue Diener von Mir, die nicht an der Wahrheit festhalten. Viele von ihnen nehmen Mein Heiliges Wort nicht mehr an, das kristallklar wie Quellwasser ist und immer bleiben wird. Sie haben das Wasser, das sich aus dem Heiligen Geist ergießt, schlammig gemacht, und unschuldige Seelen trinken davon. Die Wahrheit wird verzerrt werden und viele werden gezwungen sein, die Lehre der Finsternis zu schlucken, die wie ein greller Stern hell leuchten wird. Diese neue falsche Lehre wird nichts mit Mir zu tun haben, und nur diejenigen, die an das Heilige Evangelium glauben und die sich weigern, davon abzuweichen, werden das Ewige Leben finden.

Ich kam, um euch die Wahrheit zu bringen, die euch errettet, und ihr habt Mich dafür gekreuzigt. Doch durch Meinen Tod am Kreuz habe Ich den Tod besiegt. Alles, was Ich tat, tat Ich für euch, und alles, was von Meinem Sieg über den Tod kommt, gehört euch. Das Leben des Leibes wird euch zu Eigen, wenn ihr an Mich glaubt, und eure Seele wird in Ewigkeit leben. Lehnt Mich vor Meinem Zweiten Kommen ab — und ihr werdet nicht bereit sein, Mich zu empfangen. Solltet ihr Lügen annehmen, obwohl ihr bereits die Wahrheit Meines Wortes kennt, werdet ihr in Verzweiflung fallen. Und jetzt werde Ich noch einmal gekreuzigt, und dieses Mal wird man um Meinen Leib — Meine Kirche — kaum trauern, denn bis Ich an Meinem Großen Tag wiederkomme, werdet ihr Mich längst verlassen haben. Ich werde in Vergessenheit geraten sein, aber der Betrüger wird vergöttert, angebetet und wie ein König begrüßt werden, während Ich in der Gosse liegen und mit Füßen getreten werde.

Nur durch die Kraft des Heiligen Geistes werden Meine wahren Nachfolger in der Lage sein, diese Schlacht um Seelen zu überstehen, und Ich gebe euch jetzt jede Gnade, um eure Augen für die Wahrheit zu öffnen und zu verhindern, dass ihr dem Betrug zum Opfer fallt.

Meine Mir ergebenen gottgeweihten Diener, die Meinem Wort treu bleiben, werden aufstehen und euch auf dem Weg der Wahrheit führen. Diese tapferen heiligen Diener von Mir werden außerordentliche Gnaden erhalten, um die Christen zu befähigen, den Unterschied zwischen richtig und falsch klar zu erkennen. Seid guten Mutes und wisset, dass diese Gnaden jetzt auf diese Meine Diener gegossen werden, denn ohne ihre Führung fiele es euch schwer, die Wahrheit zu verkünden.

Ich liebe euch alle. Ich werde euch niemals im Stich lassen. Ich ziehe euch zu Mir hin und bitte euch dringend, Meine Kreuzzuggebete zu beten, um die Gnaden zu erhalten, die ihr für die vor euch liegende Reise benötigt. Der Heilige Geist ruht auf euch, und ihr werdet mit jeder möglichen Gabe erfüllt werden, um eure Hingabe an Mich aufrechtzuerhalten.

Ruft Mich immer an, wenn ihr Hilfe braucht: Ich werde euch Mut und Kraft geben, sowie die Fähigkeit, eure Feinde mit der Liebe und dem Mitgefühl zu behandeln, wie es sich für einen wahren Jünger von Mir geziemt. Meine Feinde zu lieben bedeutet jedoch nicht, dass ihr deren Häresien annehmen sollt. Ich bitte euch auch, dass ihr euch an nichts beteiligt, was mit irgendeiner Art von Hass in Meinem Heiligen Namen zu tun hat.

Verkündet Mein Wort. Es besteht keine Notwendigkeit, es zu verteidigen.

Euer geliebter Jesus Christus
Retter und Erlöser der ganzen Menschheit

1335. Noch nie seit Meiner Kreuzigung hat das Christentum solch eine Verfolgung erduldet.

Mittwoch, 6. Mai 2015, 22:31 Uhr

Meine innig geliebte Tochter, Meine Tränen fließen zurzeit in großen Strömen, da das Heilige Wort Gottes in Stücke gerissen wird.

Die Liebe zu Mir, Jesus Christus, ist verflogen und der Geist Meiner Kirche ist am Austrocknen, so dass schon bald nur noch eine Wüste übrig sein wird. Meine Kirche wird bald ihres Lebens beraubt sein, und nur die wahren Gläubigen inmitten Meiner Kirche werden das Herz Meiner Liebe weiterhin schlagen lassen, während alles andere, was sie umgibt, austrocknet und jedes bisschen Leben aus ihr herausgesaugt wird.

Noch nie seit Meiner Kreuzigung hat das Christentum solch eine Verfolgung erduldet als Folge der Missachtung von Gottes Wort.

Alles, was im Himmlischen Königreich Meines Vaters für heilig erachtet wird, wird jetzt durch die Menschen dezimiert, deren Herzen keine Liebe mehr für ihren Schöpfer, Gott den Allerhöchsten, empfinden. Diejenigen, die Ihm treu bleiben, Ihn lieben und in Ehren halten, werden Seinen Schmerz in ihren Herzen spüren, wie ein Schwert, das sie durchbohrt und schrecklich leiden lässt, sie aber nicht tötet. Denn jene, die wahre Liebe für Gott empfinden, werden nicht fähig sein, sich von Ihm zu trennen, weil sie durch eine Nabelschnur mit Ihm verbunden sind, die nicht durchtrennt werden kann.

Gott wird in Seiner Barmherzigkeit Seine Feinde vernichten, die versuchen, die Seelen jener zu stehlen, deren Namen im Buch des Lebens verzeichnet sind. Meine Zeit ist fast gekommen.

Gebt niemals die Hoffnung auf oder verzweifelt, wenn ihr das Wirken Meines Erzfeindes seht und die Geschwindigkeit, in der ahnungslose Seelen ihm auf seinen hinterhältigen, bösen Wegen folgen. An erster Stelle bin Ich ein Gott Großer Geduld, und Meine Barmherzigkeit wird in Fülle über die Menschheit ausgegossen werden inmitten der Flammen Meiner Liebe. Diese Flammen werden bei jenen, die von Mir abgefallen sind, eine Erneuerung des Glaubens an Mich bewirken, und sie werden Satan und jeden Dämon und gefallenen Engel vernichten, die jene Seelen als Geiseln halten, die zu Mir gehören, sich aber von Mir getrennt haben.

Meine Zeit wird kommen, aber nicht, bevor die Welt die Zeichen sieht, die im Buch der Offenbarung und dem Buch der Wahrheit vorausgesagt sind. Fürchtet Mich nicht. Bereitet euch auf Mich vor. Hört nicht auf die falschen Versprechungen Meiner Feinde. Bleibt Meinem Wort immer treu. Meine Feinde werden an Meinem Königreich keinen Anteil haben. Meine geliebten Gläubigen — auch diejenigen, die sich während der Warnung Mir zuwenden — werden niemals sterben. Denn ihnen gehört das Neue Königreich — Mein Königreich — das Eine, das Mir, dem Messias, dem König aller Zeiten, versprochen ist, — eine Welt ohne Ende.

Dies mag eine Zeit der Verwirrung, Spaltung, Betrübnis und Sehnsucht für diejenigen sein, die Mich auf dieser Erde vertreten, um die Wahrheit zu verkünden. Aber wisset: Ich Bin die Wahrheit. Die Wahrheit stirbt niemals. Mein Königreich ist ewig, und ihr, Meine geliebten Kinder, gehört zu Mir. Kommt. Bleibt nahe bei Mir. Ich werde euch zu eurem rechtmäßigen Erbe hinführen. Vertraut Mir. Hört auf Mich durch diese Botschaften — das Buch der Wahrheit. Es ist Gottes Geschenk an euch, damit ihr niemals Mein Versprechen vergesst, dass Ich wiederkommen werde, um die Lebenden zu richten — jene, die auf dieser Erde leben und auch diejenigen, die im Stand Meiner Gnade gestorben sind.

Ich werde jetzt auf der ganzen Welt Zeichen jeglicher Art zeigen. Diejenigen, die mit der Gabe des Heiligen Geistes gesegnet sind, werden wissen, dass sie euch auf Geheiß Meines geliebten Vaters gesandt wurden.

Gehet hin in Frieden. Hört in dieser Zeit nur durch diese Botschaften auf Mich.

Ich liebe euch alle innig und Ich habe Anspruch auf euch erhoben als die Meinen. Kein Mensch soll versuchen, Mir eine einzige Seele zu stehlen, denn dann wird er für seine Taten ewige Qual erleiden.

Euer Jesus

Die Prophezeiung vom 19. Juni 1965 in Garabandal an Conchita Gonzales

Die Warnung

wird eine Strafe sein, um die Guten Gott noch näher zu bringen und die anderen zu warnen. Worin diese Warnung bestehen wird, kann ich nicht preisgeben. Die Gottesmutter hat mir nicht den Auftrag gegeben, es zu sagen. Und auch nicht mehr darüber.

Gott möchte, dass wir dank dieser Warnung besser werden und dass wir weniger Sünden gegen ihn begehen. Wenn wir daran sterben, wird es nicht durch das Geschehen der Warnung selbst sein, sondern durch die starke Erregung, die wir beim Anblick und Verspüren der Warnung empfinden. Wenn ich nicht auch die nächste Strafe kennen würde, so würde ich sagen, dass es keine ärgere Strafe als die Warnung geben kann. Alle Menschen werden Angst haben, aber die Katholiken werden es mit mehr Ergebung tragen können als die anderen. Es wird nur von ganz kurzer Dauer sein. Die Warnung ist eine Sache, die direkt von GOTT kommt. Alle Menschen auf der Erde werden sie sehen können, egal wo immer sie sich auch befinden sollten. Es wird eine Offenbarung unserer Sünden sein (im Innern einen jeden Einzelnen von uns). Gläubige wie Ungläubige aller Erdteile werden sie sehen und spüren.....Die Warnung wird schrecklich sein. Viel, viel schrecklicher als ein Erdbeben. Es wird wie Feuer sein. Es wird nicht unseren Körper verbrennen, aber wir werden es an Leib und Seele spüren. Alle Nationen und alle Menschen werden es gleich spüren. Niemand kann ihm entgehen. Und die Ungläubigen selbst werden die Angst vor GOTT spüren. Wir können uns nicht vorstellen, wie sehr wir GOTT beleidigen. (Conchita)

Das Wunder

»Die heilige Jungfrau sagte mir etwas über das Wunder. Sie verbot mir, bis acht Tagen bevor das Ereignis eintritt, das Datum zu verraten. Was mir erlaubt wurde zu sagen ist, dass wenn ein Ereignis der Kirche mit einem Fest eines Heiligen übereinstimmt, dann wird dieses Wunder sein. Dieser Heilige ist ein Märtyrer des heiligen Eucharistie.« Es wird an einem Donnerstagabend um halb neun Uhr (Ortszeit) sein und für jeden zu sehen sein im Dorf und den umliegenden Bergen. Anwesende Kranke werden geheilt und Ungläubige werden glauben. Es wird das größte Wunder sein, das Jesus jemals in der Welt bewirkt hat. Es wird nicht den geringsten Zweifel geben, dass es von Gott kommt. Im Pinienhain wird ein Zeichen dieses Wunders für immer bleiben. Es ist möglich, dieses Wunder im Fernsehen zu sehen. Man kann es fotografieren, aber ein anderes Mal anfassen. Ein anderes Mal sagte sie über das große Wunder: »Es wird 15 Minuten dauern.« Am 10. August 1971 sagte sie während eines Gespräches mit einer Gruppe Amerikaner folgendes: »Es wird

am 8. oder zwischen dem 8. und 16. März, April oder Mai passieren. Es wird nicht im Februar oder Juni sein. Acht Tage vor dem Wunder wird Conchita es bekannt geben.«

Die Strafe

»Die Strafe hängt davon ab, ob die Menschheit die Botschaft und das Wunder der heiligen Jungfrau beachtet oder nicht. Ich habe die Strafe gesehen. Was ich euch versichern kann, ist, dass es schlimmer ist, als wenn wir in Feuer eingeschlossen sind, schlimmer wie Feuer über uns und Feuer unter uns. Ich weiß nicht wie viel Zeit nach dem Wunder vergeht, bevor Gott sie sendet.« Im Januar 1965 erhielt Conchita auch folgende Mahnung: »... für die Überlebenden wird das neue Reich Gottes gegründet werden, und die Menschheit wird ihm wieder dienen wie in den Zeiten, die der großen Verderbnis vorausgingen. Welches Unglück, wenn sich die Menschen nicht bekehren werden, alles bleiben sollte, wie es heute ist oder wenn die Menschheit noch mehr Schuld auf sich laden würde.«

Die GROSSE WARNUNG

Conchita: Die Warnung, die uns die Gottesmutter schicken wird, wird wie eine Strafe sein, um die Guten Gott noch näher zu bringen und die anderen zu warnen. Worin diese Warnung bestehen wird, kann ich nicht preisgeben. Die Gottesmutter hat mir nicht den Auftrag gegeben, es zu sagen. Und auch nicht mehr darüber. Gott möchte, dass wir dank dieser Warnung besser werden und dass wir weniger Sünden gegen ihn begehen.

Conchita: Wenn ich nicht auch die nächste Strafe kennen würde, so würde ich sagen dass es keine ärgere Strafe als die Warnung geben kann. Alle Menschen werden Angst haben, aber die Katholiken werden es mit mehr Ergebung tragen als die anderen. Es wird nur von ganz kurzer Dauer sein.

Conchita: Die Warnung ist eine Sache, die direkt von Gott kommt. Alle Menschen auf der ganzen Erde werden sie sehen können, egal wo immer sie sich auch gerade befinden sollten. Es wird wie die Offenbarung unserer Sünden sein. Gläubige und Ungläubige Menschen aller Erdteile werden sie sehen und spüren...

Conchita: Alle Nationen und alle Menschen werden es gleich spüren. Niemand kann ihm entgehen. Und die Ungläubigen selbst werden die Angst vor Gott spüren. Selbst, wenn du dich in dein Zimmer einschließt und die Fensterflügel schließt, kannst du ihm nicht entgehen, du wirst es trotzdem sehen und spüren.

Conchita: Ich glaube, das beste wäre es, wenn wir in diesem Moment in einer Kirche in der Nähe des Allerheiligsten sein könnten. Jesus würde uns die Kraft geben, es besser zu ertragen.

Frage: Könntest Du beschreiben, wie die Warnung sein wird?

Mari Loli: Wir werden sie in uns selbst fühlen, und es wird absolut klar sein, dass

sie von Gott kommt. Wir werden den Schmerz fühlen, den wir Gott mit unseren Sünden zufügen.

Frage: Hast Du jemals mit Conchita über die Daten der Warnung (von der du das Jahr weißt) und des Wunders, das sie kennt, gesprochen? Kannst du uns eine ungefähre Zeitangabe machen für die Spanne zwischen diesen beiden Ereignissen, so dass sich die Leute vorbereiten können, zum Wunder zu gehen?

Mari Loli: Ich habe nie mit Conchita über diese Daten gesprochen. Die Zeitspanne von der Warnung bis zum Wunder wird kürzer sein als ein Jahr.

Frage: Kennst Du das genaue Datum der Warnung?

Mari Loli: Nein. Das einzige, was ich weiß, ist das Jahr.

Frage: Was ist mit den inmitten der Luft anhaltenden Flugzeugen? 'Sahst' du es oder wurde dir davon etwas gesagt?

Mari Loli: Die Heiligste Jungfrau sagte mir, dass alle Maschinen und Motoren zu einem Stillstand kommen werden.

Frage: Hast Du irgendwelche Ratschläge für die Leute, so dass sie sich auf dieses Ereignis vorbereiten können?

Mari Loli: Sie mögen viel Buße tun, viele Opfer bringen und das Allerheiligste Altarssakrament jeden Tag besuchen, wenn sie dazu in der Lage sind, und den Rosenkranz täglich beten.

Frage: Kannst Du uns sagen, wie die Warnung sein wird?

Jacinta: Die Warnung ist etwas, das zuerst in der Luft überall in der Welt gesehen und unmittelbar in das Innere unserer Seelen übertragen werden wird. Sie wird nur eine ganz kurze Zeit dauern, aber es wird sehr lange scheinen wegen ihrer Wirkung in uns. Sie wird für das Wohl unserer Seelen sein, damit wir in uns selbst unser Gewissen sehen... das Gute und das Böse, das wir getan haben. Dann werden wir eine große Liebe fühlen zu unseren himmlischen Eltern und für alle unsere Beleidigungen um Vergebung bitten.

Frage: Wird die Warnung von allen Leuten empfunden werden, ungeachtet ihres Glaubens?

Jacinta: Die Warnung ist für jedermann, weil Gott unser Heil (unsere Rettung) will. Die Warnung geschieht, um uns Ihm näherzubringen und unseren Glauben zu vermehren. Deshalb sollte man sich auf diesen Tag vorbereiten, aber nicht, indem man ihn mit Furcht erwartet; denn Gott schickt uns nichts um der Furcht willen, sondern vielmehr mit Gerechtigkeit und Liebe, und Er tut es für das Wohl aller Seiner Kinder, damit sie ewige Glückseligkeit genießen können und nicht verloren gehen.

Bei einem Besuch von Conchita bei Pater Pio habe dieser ihr gesagt, bzw. aufgeschrieben: "Das große Wunder wird von Gott durch viel Blut über Europa erkauft werden."

Inhaltsverzeichnis

Milton Keynes UK
Ingram Content Group UK Ltd.
UKHW051601270224
438492UK00028B/556

9 781387 323227